■ 2020年度国家出版基金资助项目

■ 中国敦煌石窟保护研究基金会出版基金资助项目

■ 国家社科基金重大项目“敦煌遗书数据库建设”(12&ZD141)子项目阶段性成果

GANSU CANG DUNHUANGYISHU YANJIUWENXIAN YINDE

甘肃藏敦煌遗书研究文献引得

李国 师俊杰 主编

AN INDEX OF THE RESEARCH LITERATURES ON DUNHUANG DOCUMENTS COLLECTED IN GANSU

读者出版传媒股份有限公司
甘肃教育出版社

图书在版编目（CIP）数据

甘肃藏敦煌遗书研究文献引得 / 李国，师俊杰主编
. -- 兰州：甘肃教育出版社，2021.4
ISBN 978-7-5423-4836-4

Ⅰ. ①甘… Ⅱ. ①李… ②师… Ⅲ. ①敦煌学－文献
－研究 Ⅳ. ①K870.64

中国版本图书馆CIP数据核字(2019)第293707号

甘肃藏敦煌遗书研究文献引得

李 国 师俊杰 主编

责任编辑 白 鑫
书籍设计 纸尚平面设计中心

出 版 甘肃教育出版社
社 址 兰州市读者大道 568 号 730030
网 址 www.gseph.cn E-mail gseph@duzhe.cn
电 话 0931-8773145（编辑部） 0931-8773056（发行部）
传 真 0931-8773056
淘宝官方旗舰店 http://shop111038270.taobao.com

发 行 甘肃教育出版社 印 刷 兰州新华印刷厂
开 本 889 毫米×1194 毫米 1/16 印 张 79.75 插 页 6 字 数 2040 千
版 次 2021 年 4 月第 1 版
印 次 2021 年 4 月第 1 次印刷
印 数 1~2 000
书 号 ISBN 978-7-5423-4836-4 定 价 288.00 元

序

敦煌石窟是举世闻名的人类古代文明象征与文化艺术宝库。120年前,莫高窟“藏经洞”出土了一批公元3~10世纪的写本文献和美术品、印刷品等,成为近代世界考古史上最伟大的发现之一。从内容方面讲,藏经洞文献主要是写(印)经和社会文书,其中社会文书内容包罗万象,被誉为中国古代社会的百科全书。遗憾的是,由于历史原因,敦煌藏经洞出土文献大部分流失海外,分藏于世界各地。但也正因为这个原因,敦煌文献和敦煌石窟艺术吸引着全世界的目光,敦煌历史文化的研究遂成为一百多年来的国际显学,敦煌石窟作为世界文化遗产,其保护和研究也始终得到国际上的关注。

在从事任何一项研究之始,全面了解和掌握前人的研究成果是基础性工作。近120年来,关于敦煌历史文化的研究成果颇丰,研究文献目录也不断涌现,主要有刘进宝编《敦煌学论著目录(1909—1983)》,卢善焕、师勤编《中国敦煌吐鲁番学著述资料目录索引(1909—1984)》,师勤编《中国敦煌吐鲁番学著述资料目录索引续编(1985—1989)》,郑阿财、朱凤玉编《敦煌学研究论著目录(1908—1997)》和《1998—2005敦煌学研究论著目录》,邝士元编《敦煌学研究论著目录》,樊锦诗、李国、杨富学编《中国敦煌学论著总目》等等。在敦煌遗书研究文献方面,2001年,申国美编写的《1900—2001国家图书馆藏敦煌遗书研究论著目录索引》,收录了国内外发表的关于国家图书馆藏敦煌遗书研究论文、专著8576条。2007年,申国美又编写了《中国散藏敦煌文献分类目录》,该目录按佛经内容及道教、四部古籍、社会文书、杂写印张、民族文字等分为28类排列,收录国内32个单位收藏的敦煌文献2414种。进入21世纪,每年都有敦煌历史文化研究文献目录被公布,其不仅可以总结和检阅当年的研究成果,也给学者及时提供了研究信息。作为区域性专题研究文献汇编,《甘肃藏敦煌遗书研究文献引得》则独辟蹊径,对甘肃各地收藏的敦煌遗书以收藏地和收藏机构为单位,对每一件文书的研究信息,包括其在相关图录中的说明都详细记录,可以为学者提供尽可能全面的文献信息。

已知甘肃各地所藏敦煌遗书有11393件，其中汉文文献2123件，藏文文献7029件，另外尚有回鹘文、西夏文、叙利亚文和梵文等写本、印本、活字等2241件，其中藏文写经的数量与世界上其他地方所藏数量的总和相近，相比而言汉文文献数量较少，但其历史文献价值并不比其他地方的藏品逊色。所以甘肃藏敦煌遗书一直以来也是学者们追逐的重点。从本书稿所收录文献数量逾17000条来看，详尽的整理和研究成果令人振奋。

与以往出版的各种目录索引相比，《甘肃藏敦煌遗书研究文献引得》在内容和形式方面有许多特色和创新之处。特别是本《引得》对研究文献信息做了较全面的整理，增加了6家较少提及的收藏单位的研究文献信息，收录了1988—1995年敦煌研究院对莫高窟北区248个洞窟先后6次进行考古发掘出土的汉文、藏文、西夏文、回鹘文、回鹘蒙古文、八思巴文、梵文、婆罗迷文字母书写的梵文、叙利亚文等文献资料的研究成果。同时内容条目比其他同类目录更加详细和具体，而这恰好满足了数据库建设的要求。"敦煌遗书数据库"工程浩大，要求极高，短期内还不可能提供给学界使用，因此，我们只好先行出版纸质文本，一方面给学者提供方便，另一方面也想广泛听取各方面的意见，以便在今后的工作中不断改进和完善。

编纂《甘肃藏敦煌遗书研究文献引得》源于2012年通过竞标获得批准立项的敦煌研究院历史上第一个国家哲学社会科学基金重大项目——"敦煌遗书数据库建设"。本项目分为基本信息、图片信息、录文信息和研究文献信息四大部分，其中图片信息由于敦煌遗书藏于世界各地，搜集困难；录文信息也因为工作量巨大而进度缓慢；基本信息和研究文献信息的搜集整理，有正式出版的大量成果作支撑，进展得相对快一些。在数据库项目的建设过程中，我们将甘肃藏敦煌遗书作为前期工作最先展开，也是基于工作方面的便利。而关于这些部分收藏的研究文献目录，即是本项目重要的阶段性成果。承担《甘肃藏敦煌遗书研究文献引得》主编工作的敦煌研究院同事李国和师俊杰同志，虽然没有接受过编目学方面的专业训练，但凭着高度的责任心和神圣的使命感，从2013年开始，在之前工作的基础上，按照"引得"的体例，边干边学，为"敦煌遗书数据库建设"提供了详细的研究文献数据资料，其意义已经远远超出了作者个人基础训练的范围。作为这个项目的首席专家，我对他们的辛勤付出表示感谢和敬意！

《甘肃藏敦煌遗书研究文献引得》能获得国家出版基金项目资助并顺利出版，仍然要感谢甘肃教育出版社，感谢他们一如既往对敦煌学术研究成果出版的大力支持。甘肃教育出版社是读者集团旗下成立于20世纪80年代的一家专业出版社，虽然起步较晚，但经过白玉岱、黄强、王光辉、薛英昭等几任社长30年的奠基和两代编辑的不懈努力，事业蓬勃发展，在敦煌学界和出版界都有着重大影响和良好的声誉。也是机缘巧合，我的博士论文《敦煌莫高窟史研究》于1996年出版时，玉岱社长担任该书责任编辑；24年后，我作为首席专家的国家社科基金重大项目阶段性成果——《甘肃藏敦煌遗书研究文献引得》即将付梓，恰由白鑫副社长担任责编。这个世界上有七八十亿人，能相互结识当是非常有缘分的，何况还是因为这样的工作机遇而延续了两代人的情谊，真是令人感慨不已！

草就此文之时，追今抚昔，潸然泪下。我为有像李国、师俊杰这样的后来者而感到欣慰和骄傲！同时，期待能有更多更精的学术研究成果不断涌现并及时出版；也期待学者与出版人的友情，研究机构与出版单位的密切联系能长久延续。

是为序。

马　德

2020年5月于兰州

目　　录

编制说明

一、敦煌遗书收藏单位及收藏情况

《甘肃藏敦煌遗书研究文献引得》根据国内外公开出版的著作、图册、论文以及目录编制，共收入甘肃省内17个单位及个人所收藏的敦煌出土文献11393件(号)。其收藏单位和私家收藏情况如下：

1. 敦煌研究院：收录敦煌文献4523件(号)

其中：汉文1778件(含北区150件，碎片734件)；藏文514件(含北区88件，碎片251片)；西夏文489件(含北区100件，碎片354片，木牍书刻等3件)；回鹘文1453件(含北区128件，碎片1241片，回鹘文木活字等12件)；北区出土回鹘蒙古文69件(含碎片17片)；北区出土八思巴文10件(含碎片4片)；叙利亚文基督教文献2件(含北区1件)；北区出土梵文26件(含北区23件，碎片8片)；婆罗迷文字母书写梵文22件(含北区5件，碎片7片)；还有待整理碎片约152件以及北魏太和刺绣、过所勘验录记、汉简、经幢、北区出土疑似八思八文或梵文等8件。

2. 麦积山石窟艺术研究所：收录敦煌文献1件(号)

其中：藏文1件。

3. 甘肃省博物馆：收录敦煌文献174件(号)

其中：汉文138件；藏文34件；回鹘文2件。

4. 甘肃省图书馆：收录敦煌文献383件(号)

其中：汉文32件(附032为日本写经)；藏文351件。

5. 敦煌市博物馆：收录敦煌文献6148件(号)

其中：汉文82件；藏文6062件；北凉石塔4件。

6. 敦煌市档案馆：收录敦煌文献12件(号)

其中：藏文12件。

7. 酒泉市博物馆：收录敦煌文献47件(号)

其中：汉文28件；藏文19件。

8. 张掖博物馆：收录敦煌文献3件(号)

其中:汉文1件;藏文2件。

9. 高台县博物馆:收录敦煌文献8件(号)

其中:汉文6件;藏文2件。

10. 武威市博物馆:收录敦煌文献2件(号)

其中:藏文2件。

11. 永登县博物馆:收录敦煌文献8件(号)

其中:汉文8件。今编号005~008号实际为吐鲁番写本。

12. 定西博物馆:收录敦煌文献14件(号)

其中:汉文14件。

13. 西北师范大学博物馆:收录敦煌文献24件(号)

其中:汉文19件;藏文5件。

14. 西北民族大学图书馆:收录敦煌文献3件(号)

其中:藏文3件。

15. 甘肃中医药大学图书馆:收录敦煌文献5件(号)

其中:汉文4件;藏文1件。

16. 甘肃省档案馆:收录敦煌文献2件(号)

其中:汉文2件。

17. 兰山范氏收藏:收录敦煌文献28件(号)

其中:汉文3件;藏文24件;回鹘文1件。

18. 甘肃私人庋藏(或散失):收录敦煌文献7件(号)

其中:汉文7件。

二、敦煌遗书研究文献著录方式与内容

1. 本《引得》著录依次为:

(1)收藏单位

(2)藏家简称、馆藏编号、遗书名称

2. 本《引得》著录体例为:

(1)期刊论文

作者(译者) 篇名 期刊名称 出版时间 卷期 页码

(2)报纸文章

作者(译者) 篇名 报刊名称 出版年月日 版次

(3)论文集及著作篇章

作者(译者) 篇名 图书名称 出版社 出版年月 页码

(4)图书

作(编)者,译者 图书名称 出版地 出版社 出版年月 版次 页数

(5)博士、硕士论文

作者　论文名称　在读高校名称　答辩年月　页数

3. 为方便著录,将收藏单位全称改为缩写,收藏单位名称对照如下:

(1)敦煌研究院

敦煌汉文文献,其中藏经洞出土汉文文献(含土地庙)——敦研;莫高窟北区石窟出土汉文文献——B××:××或第××:××

敦煌藏文文献,其中藏经洞出土藏文文献——Dy.t.(收藏号 D××);莫高窟北区石窟出土藏文文献——B××:××或第××:××

敦煌西夏文文献——G11·00[原藏编号第×:×]或[原藏编号 B×:×]或 B××:××

敦煌回鹘文文献——敦研;莫高窟北区石窟出土回鹘文文献——B××:××或第××:××

敦煌回鹘蒙古文文献——B××:××或第××:××

敦煌八思巴文文献——B××:××

敦煌叙利亚文基督教文献——敦研(编号 D.××)或 B××:××

敦煌梵文文献——B××:××或第××:××

婆罗迷文字母书写敦煌梵文文献——B××:××或第××:××

其他——B××:××或敦研等

(2)麦积山石窟艺术研究所

敦煌藏文文献——My.t.

(3)甘肃省博物馆

敦煌汉文文献——甘博

敦煌藏文文献——GM.t.

敦煌回鹘文文献——甘博

(4)甘肃省图书馆

敦煌汉文文献——甘图

敦煌藏文文献——GL.t.

(5)敦煌市博物馆

敦煌汉文文献——敦博

敦煌藏文文献——Db.t.

(6)敦煌市档案馆

敦煌藏文文献——Dd.t.(敦煌档案局全宗号)

(7)酒泉市博物馆

敦煌汉文文献——酒博

敦煌藏文文献——Jb.t.

(8)张掖博物馆

敦煌汉文文献——张博

敦煌藏文文献——Zhb.t.

(9)高台县博物馆

敦煌汉文文献——高博

敦煌藏文文献——Gb.t.

(10)武威市博物馆

敦煌藏文文献——武博或 Wb.t.

(11)永登县博物馆

敦煌汉文文献——永博

(12)定西博物馆

敦煌汉文文献——定博

(13)西北师范大学博物馆

敦煌汉文文献——西北师大

敦煌藏文文献——NNUM.t.

(14)西北民族大学图书馆

敦煌藏文文献——NUNL.t.

(15)甘肃中医药大学图书馆

敦煌汉文文献——甘肃中医

敦煌藏文文献——Gzy.t.

(16)甘肃省档案馆

敦煌汉文文献——甘肃省档案馆

(17)兰山范氏收藏

敦煌汉文文献——LF

敦煌藏文文献——LF.t.

敦煌回鹘文文献——LF

(18)甘肃私人庋藏(或散失)

私人庋藏(或散失)——LAL.01“散”或“无编号”

三、收录范围

《甘肃藏敦煌遗书研究文献引得》收录了1910—2019年一百多年来国内外发表的有关甘肃藏敦煌遗书的研究论文、专著17000余条。其收录原则是凡在论著中出现的甘肃藏敦煌遗书卷号均作著录,其中包括:引用、目录、校勘、研究等。国外专家学者研究成果亦尽量予以收录。本《引得》容量较大,搜集尽量齐全,力求思路清晰而准确。在体例上,参考了前贤的既有成例,又略有变化,努力优化检索功能,便于读者查询。需要说明的是,由于受各方面条件的制约,笔者所能接触到的论文、专著毕竟有限,尤其是国内早期发表的文章和国外的一些著述很难一见,因此收集时缺漏、错误在所难免,敬请广大读者批评指正。

一

敦煌研究院藏

敦煌文献

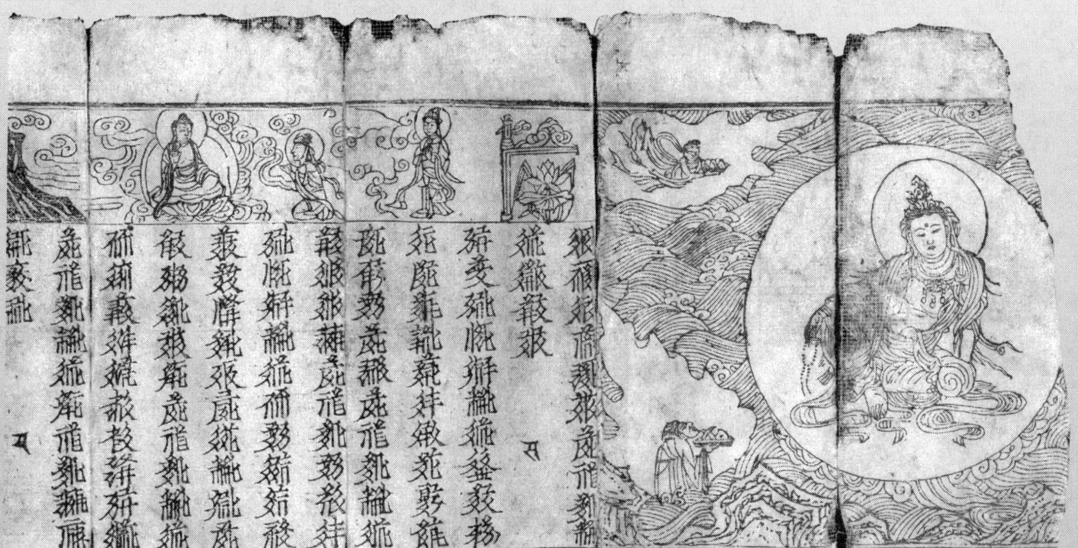

敦煌研究院是负责管理世界文化遗产敦煌莫高窟、天水麦积山石窟、永靖炳灵寺石窟，全国重点文物保护单位瓜州榆林窟、敦煌西千佛洞、庆阳北石窟寺的综合性研究型事业单位。办院方针为“保护、研究、弘扬”。其前身是1944年成立的国立敦煌艺术研究所，1950年改组为敦煌文物研究所，1984年扩建为敦煌研究院。

敦煌研究院藏敦煌文献主要来自五个途径：一是莫高窟中寺土地庙发现的写卷；二是在敦煌古城墙中发现的写经残片；三是敦煌名士和国际友人旧藏以及零散征集品等；四是从北京购得的李盛铎旧藏；五是敦煌研究院对莫高窟北区石窟前后6次考古发掘的出土文献。根据文字种类可细分为汉文、藏文、西夏文、回鹘文、回鹘蒙古文、八思巴文、叙利亚文、梵文以及婆罗迷文字母书写的梵文文书等。

敦煌研究院藏敦煌文献总计4523件(号)，馆藏来源清楚，数量可观，且书法鉴赏和研究价值极高。此外，还有部分馆藏文书碎片尚在整理之中。

1. 敦煌研究院藏敦煌汉文文献

敦煌研究院藏敦煌汉文文献主要来自20世纪40年代敦煌艺术研究所修建宿舍时，在中寺土地庙残损塑像内发现的一批写卷；土改时从敦煌古城墙中发现的一麻袋写经残片；张大千、任子宜、周炳南、青山庆示等人旧藏以及一些零散征集品；还有23件系1951年购自北京，原始记录云："传出自李木斋家。"以上经过整理编号，共计894件。1988—1995年，敦煌研究院对莫高窟北区石窟前后6次考古发掘出土的汉文献，共计884件（含碎片734件）。经过整理，敦煌研究院藏敦煌汉文文献共计1778件，研究著录情况如下：

土地庙藏经

苏莹辉 国立敦煌艺术研究所新发现北魏写经颠末记《西北日报》（兰州），1944年11月1日

方回 国立敦煌艺术研究所发现六朝残经《图书季刊》新第5卷第4期，1944年12月 p.107~110；影印收入王志庚、顾烨青主编《近代著名图书馆馆刊荟萃四编》第6册，北京：国家图书馆出版社，2013年5月 p.243~246

向达 国立敦煌艺术研究所发现六朝残经[①]《向达先生纪念论文集》，乌鲁木齐：新疆人民出版社，1986年1月 p.3~11；收入敦煌研究院编《敦煌研究文集·敦煌研究院藏敦煌文献研究篇》，兰州：甘肃民族出版社，2000年9月 p.1~9；收入荣新江编《向达先生敦煌遗墨》，北京：中华书局，2010年3月 p.328~330

苏莹辉 记本所新发见北魏写经[附目(1~2)] 《西北文化》第23期（敦煌艺术）特辑一，1945年4月24日；《西北文化》第25期（敦煌艺术）特辑二，1945年5月9日；收入冯志文、杨际平主编《中国敦煌学百年文库·综述卷》（一），兰州：甘肃文化出版社，1999年 p.69~70；又题名作《敦煌艺术研究所新发现北魏写经》，收入敦煌研究院编《敦煌研究文集·敦煌研究院藏敦煌文献研究篇》，兰州：甘肃民族出版社，2000年9月 p.10~12

常书鸿 敦煌艺术研究所发现六朝残经《史学杂志》（创刊号），重庆：重庆史学杂志出版社，1945年12月 p.101~109；收入孙彦、萨仁高娃、胡月平选编《民国期刊资料分类汇编·敦煌学研究》第1册，北京：国家图书馆出版社，2009年4月 p.425~433

---

①《国立敦煌艺术研究所发现六朝残经》原文署名方回，收入继后出版诸文集时原附《民国三十三年八月三十日国立敦煌艺术研究所在本所（即中寺）后园土地庙残塑像中发现藏经初步检点报告》从略，作者更名为向达。

傅振伦 敦煌千佛洞文物发现的经过《文物参考资料》第2卷第4期，1951年5月 p.14

宿白 莫高窟大事年表《文物参考资料》第2卷第5期，1951年5月 p.227；收入兰州大学历史系敦煌学研究室、兰州大学图书馆合编《敦煌学文选》(上集)，兰州：兰州大学编印，1983年8月 p.445；收入冯志文、杨际平主编《中国敦煌学百年文库·综述卷》(二)，兰州：甘肃文化出版社，1999年 p.77

阎文儒 莫高窟与敦煌《敦煌》，北京：北京学习书店，1951年5月 p.33；收入冯志文、杨际平主编《中国敦煌学百年文库·综述卷》(二)，兰州：甘肃文化出版社，1999年 p.13

敦煌文物研究所资料室，刘忠贵、施娉婷 敦煌文物研究所藏敦煌遗书目录[附：关于《敦煌遗书目录》的说明]《文物资料丛刊》(1)，北京：文物出版社，1977年12月 p.54~67；收入冯志文、杨际平主编《中国敦煌学百年文库·综述卷》(二)，兰州：甘肃文化出版社，1999年 p.264~286；收入施萍婷著《敦煌习学集》(下)，兰州：甘肃民族出版社，2004年12月 p.341~345

常书鸿著，宋光明整理 铁马响叮当——敦煌的春天《文化史料丛刊》(第三辑)，北京：文史资料出版社，1982年5月 p.184~186

李正宇 土地庙遗书的发现、特点和入藏年代《敦煌研究》(第三期·总第五期)，兰州：甘肃人民出版社，1985年12月 p.92~97；收入政协甘肃省敦煌市委员会编《敦煌文史资料选辑》第三辑，敦煌：政协甘肃省敦煌市委员会编印，1995年9月 p.96~108

尚林 北京图书馆与敦煌学——以建馆八十年来收藏保护敦煌文献资料为中心 《中国敦煌吐鲁番学会研究通讯》1993年第1期 p.4

李浴 一段重要而难忘的经历——敦煌艺术研究所二年《敦煌研究》1994年第2期 p.43；又载《美苑》2005年第4期 p.40

沙知 土地庙遗书《敦煌学大辞典》，上海：上海辞书出版社，1998年12月 p.17

施萍婷 敦煌研究院藏土地庙写本源自藏经洞《敦煌研究》1999年第2期 p.39~46；略为删减修订后收入敦煌研究院编《敦煌研究文集·敦煌研究院藏敦煌文献研究篇》，兰州：甘肃民族出版社，2000年9月 p.13~21；收入氏著《敦煌习学集》(上)，兰州：甘肃民族出版社，2004年12月 p.275~283；收入氏著《敦煌石窟与文献研究》，杭州：浙江大学出版社，2015年12月 p.365~373

施萍婷 甘肃藏敦煌文献概述《甘肃藏敦煌文献精粹》，兰州：甘肃人民出版社，1999年 p.4~5；又载段文杰主编《甘肃藏敦煌文献》(第一至六卷)，兰州：甘肃人民出版社，1999年9~12月 p.4~5

池田温 1944年莫高窟土地庙塑像中发现文献管见 《敦煌文薮》(上)，台北：新文丰出版公司印行，1999年4月 p.1~38

杨森 敦煌研究院藏敦煌文献论著目录《敦煌研究文集·敦煌研究院藏敦煌文献研究篇》，兰州：甘肃民族出版社，2000年9月 p.568~569

李正宇 评莫高窟土地庙藏经来源问题的探讨《敦煌吐鲁番研究》(第七卷)，北京：中华书局，2004年1月 p.128~137

荣新江 惊沙撼大漠——向达的敦煌考察及其学术意义《敦煌吐鲁番研究》(第七卷)，北京：中华书局，2004年1月 p.99~127；收入氏著《辨伪与存真——敦煌学论集》，上海：上海古籍出版社，2010年3月

p.199~235；收入氏编《向达先生敦煌遗墨》，北京：中华书局，2010年3月 p.5~40；收入沙知编《向达学记》，北京：生活·读书·新知三联书店，2010年6月 p.92~118

李并成、李玉林 “三宝崇拜”与敦煌藏经洞——莫高窟藏经洞的性质再探《五邑大学学报》(社会科学版)2008年第1期 p.50

王素 敦煌土地庙发现的《诗经注》残卷——读《王重民向达所摄敦煌西域文献照片合集》札记之一《敦煌文献·考古·艺术综合研究——纪念向达先生诞辰110周年国际学术研讨会论文集》，北京：中华书局，2011年12月 p.476~477

苏莹辉著 敦煌学概要(增订再版) 台北：编译馆中华丛书编审委员会，1981年10月 p.249~258；p.273~275

苏莹辉著 敦煌学概要 台北：五南图书出版公司，1988年12月 p.249~263；p.273~275

黄征、程惠新著 劫尘遗珠——敦煌遗书 兰州：甘肃教育出版社，1999年7月 p.15~18

王素著 敦煌吐鲁番文献 北京：文物出版社，2002年4月；2005年7月 p.62~63；p.74注[12-17]

许建平 敦煌经籍叙录 兰州：兰州大学博士研究生学位论文，2006年6月 p.213

常书鸿 莫高窟の风铎の音(私の敦煌生活36年〈その五〉)《人民中国》(日文版)，1978年10月号 p.92~96

金岡照光 敦煌の現状(一九七九年五月) 《講座敦煌1〈敦煌の自然と現状〉》，東京：大東出版社，昭和五五年四月二三日(1980.04.23) p.110

池田溫 一九四四年於莫高窟土地廟發現之敦煌寫本管見“國際敦煌吐魯番學術會議(香港)參加報告”《東方學》第七十五輯，東京：東方學會，昭和六十三年一月二十日(1988.01.20) p.152~153(3~4)

常書鴻著，秋岡家栄訳 敦煌の風鐸 東京：学習研究社，1982年6月 p.192~196

敦研001(收藏号38)归义军衙府酒破历

敦煌文物研究所资料室，刘忠贵、施娉婷 敦煌文物研究所藏敦煌遗书目录《文物资料丛刊》(1)，北京：文物出版社，1977年12月 p.54；收入冯志文、杨际平主编《中国敦煌学百年文库·综述卷》(二)，兰州：甘肃文化出版社，1999年 p.264

张天来 敦煌研究所研究人员施萍亭，从一份距今千年左右的“酒帐单”中研究当时敦煌的政治、经济、文化情况《光明日报》1983年10月31日第2版

施萍婷 本所藏《酒帐》研究 《敦煌研究》(创刊号·总第三期)，兰州：甘肃人民出版社，1983年12月 p.142~155；图版20；插图1；写卷本照片；收入敦煌研究院编《敦煌研究文集·敦煌研究院藏敦煌文献研究篇》，兰州：甘肃民族出版社，2000年9月 p.471~492；图版15；略作修订后收入氏著《敦煌石窟与文献研究》，杭州：浙江大学出版社，2015年12月 p.229~257

施萍亭 酒帐《敦煌》，兰州：甘肃人民出版社、南京：江苏美术出版社，1990年7月；1993年7月；1997年11月 图版p.265；p.291第287条图版说明

段文杰 莫高窟晚期的艺术《中国石窟·敦煌莫高窟》(第五卷)，北京：文物出版社、东京：株式会社平凡社，1987年9月 p.161注①；又题名作《晚期的莫高窟艺术》，收入氏著《段文杰敦煌石窟艺术研究》，兰州：

甘肃人民出版社，1994年6月 p.225；p.247注①；收入氏著《敦煌石窟艺术研究》，兰州：甘肃人民出版社，2007年8月 p.103；p.124注①

李正宇 敦煌地区古代祠庙寺观简志《敦煌学辑刊》1988年第1、2期 p.82；收入氏著《敦煌史地新论》，台北：新文丰出版股份有限公司，1996年3月 p.84

孙修身 敦煌遗书吐蕃文书P.t.1284号第三件书信有关问题考《敦煌研究》1989年第2期 p.69；p.60注㉙；收入杨富学、杨铭主编《中国敦煌学百年文库·民族卷》（二），兰州：甘肃文化出版社，1999年 p.337；注⑥

刘铭恕 敦煌遗书丛识之四《敦煌吐鲁番学研究论文集》，上海：汉语大词典出版社，1990年6月 p.32

陆庆夫 略论敦煌民族史料的价值《敦煌学辑刊》1991年第1期 p.31、35；收入郑炳林主编《敦煌吐鲁番文献研究》，兰州：兰州大学出版社，1995年8月 p.67、75

孙修身 伯3718《李府君邈真赞》有关问题考《敦煌研究》1991年第1期 p.74；p.76注㉞

孙修身 西夏占据沙州时间之我见《敦煌学辑刊》1991年第2期 p.37；收入陈国灿、陆庆夫主编《中国敦煌学百年文库·历史卷》（一），兰州：甘肃文化出版社，1999年 p.545~546

孙修身 伯2155《曹元忠致甘州回鹘可汗状》时代考《敦煌研究》1991年第2期 p.29；p.32注③

谢重光 吐蕃占领时期与归义军时期的敦煌僧官制度《敦煌研究》1991年第3期 p.58；p.61注㊸

荣新江 沙州归义军历任节度使称号研究（修订稿）《敦煌学》第19辑，台北：敦煌学会编印，1992年10月 p.49

谭蝉雪 敦煌岁时掇琐《九州学刊》（敦煌学专辑）第5卷第4期，1993年6月 p.93、97

孙修身 试论瓜沙曹氏与甘州回鹘之关系《1990年敦煌学国际研讨会文集·史地语文编》，沈阳：辽宁美术出版社，1995年7月 p.114；p.117注⑦；收入杨富学、杨铭主编《中国敦煌学百年文库·民族卷》（四），兰州：甘肃文化出版社，1999年 p.12注①

王进玉 敦煌古代酒帐与西北少数民族浑脱酒《阳关》1995年第5期 p.41~42转48

郑炳林 唐五代敦煌酿酒业研究《敦煌吐鲁番文献研究》，兰州：兰州大学出版社，1995年8月 p.575、592；p.593注①；收入郑炳林主编《敦煌归义军史专题研究三编》，兰州：甘肃文化出版社，2005年5月 p.393、410；p.412注①

马德 论莫高窟佛教的社会性《敦煌佛教文化研究——敦煌佛教文化研讨会论文集》（《社科纵横》增刊），兰州：社科纵横编辑部出版，1996年1月 p.141

谭蝉雪 敦煌马文化《敦煌研究》1996年第1期 p.114~115、119；p.120注㉜

郑炳林 唐五代敦煌手工业研究《敦煌学辑刊》1996年第1期 p.26、27、31、32、34；收入郑炳林主编《敦煌归义军史专题研究》，兰州：兰州大学出版社，1997年9月 p.251、252、254、260、261、262、263、267；收入陈国灿、陆庆夫主编《中国敦煌学百年文库·历史卷》（二），兰州：甘肃文化出版社，1999年 p.488、489、495、496、497、499

冯培红 唐五代归义军政权中队职问题辨析《敦煌学辑刊》1996年第2期 p.27；收入郑炳林主编《敦煌归义军史专题研究》，兰州：兰州大学出版社，1997年9月 p.38；收入陈国灿、陆庆夫主编《中国敦煌学百年文库·历史卷》（二），兰州：甘肃文化出版社，1999年 p.565

马德 敦煌工匠与敦煌石窟《段文杰敦煌研究五十年纪念文集》,北京:世界图书出版公司北京公司,1996年8月 p.120

马德 九、十世纪敦煌工匠史料述论《庆祝潘石禅先生九秩华诞敦煌学特刊》,台北:文津出版社,1996年9月 p.305

李江 敦煌文物:一个民族的荣辱沧桑史《瞭望(周刊)》1997年第51期 p.37

杨森 晚唐五代两件《女人社》文书札记《敦煌研究》1998年第1期 p.70~72;p.74注⑪

谭婵雪 驼马神《敦煌学大辞典》,上海:上海辞书出版社,1998年12月 p.449

谭婵雪 马毬《敦煌学大辞典》,上海:上海辞书出版社,1998年12月 p.600

李正宇 圣寿寺《敦煌学大辞典》,上海:上海辞书出版社,1998年12月 p.632

王进玉 从敦煌文物看中西文化交流《西域研究》1999年第1期 p.60注④

谭婵雪 青山庆示所捐敦煌文献及三件校释《敦煌研究》1999年第2期 p.51

张振阳、陈秋香撰文 酒帐单《沙漠中的明珠·敦煌石窟》,台北:大地地理出版事业股份有限公司,1999年4月 p.122~123;附彩图1幅

施萍婷 甘肃藏敦煌文献概述《甘肃藏敦煌文献精粹》,兰州:甘肃人民出版社,1999年 p.8;又载段文杰主编《甘肃藏敦煌文献》(第一至六卷),兰州:甘肃人民出版社,1999年9~12月 p.8

邰惠莉、罗华庆、陈雪静撰稿,施萍婷、邵国秀审订 敦煌研究院藏敦煌文献叙录(上)《甘肃藏敦煌文献》(第一卷),兰州:甘肃人民出版社,1999年9月 p.267;图版p.1;彩图1幅

韩惠言 甘藏敦煌汉文文献概况《敦煌学辑刊》2000年第2期 p.70;收入敦煌研究院编《2000年敦煌学国际学术讨论会文集——纪念敦煌藏经洞发现暨敦煌学百年》历史文化卷(上),兰州:甘肃民族出版社,2003年9月 p.520

高启安 唐五代敦煌人的饮酒习俗述论《敦煌研究》2000年第3期 p.82

樊锦诗 敦煌研究院藏敦煌文献研究概述《敦煌研究文集·敦煌研究院藏敦煌文献研究篇》,兰州:甘肃民族出版社,2000年9月 p.4

施萍婷、邰惠莉 敦煌研究院藏敦煌文献叙录《敦煌研究文集·敦煌研究院藏敦煌文献研究篇》,兰州:甘肃民族出版社,2000年9月 p.22

邰惠莉 敦煌写本《佛图堂所化经》初探《敦煌研究文集·敦煌研究院藏敦煌文献研究篇》,兰州:甘肃民族出版社,2000年9月 p.185

杨森 敦煌研究院藏敦煌文献论著目录《敦煌研究文集·敦煌研究院藏敦煌文献研究篇》,兰州:甘肃民族出版社,2000年9月 p.569~572

王志佑 百年祭 何时归——愿敦煌文物早日回归故里《北京第二外国语学院学报》2001年第3期 p.74

陈国灿 略论吐鲁番出土的敦煌文书《吐鲁番学研究》2002年第1期 p.4;又载《西域研究》2002年第3期 p.4;收入项楚、郑阿财主编《新世纪敦煌学论集》,成都:巴蜀书社,2003年3月 p.54

刘进宝 P.4525(8)《官布籍》所见归义军政权的赋税免征《新世纪敦煌学论集》,成都:巴蜀书社,2003年3月 p.307

谭蝉雪 敦煌的粟特居民及袄神祈赛《2000年敦煌学国际学术讨论会文集——纪念敦煌藏经洞发现暨敦煌学百年》历史文化卷(下),兰州:甘肃民族出版社,2003年9月 p.65(续表)

石江年 敦煌古代体育文化植根的地域性因素考释《南京体育学院学报》2005年第1期 p.60

解梅 唐五代敦煌地区赛祆仪式考《敦煌学辑刊》2005年第2期 p.145、147

高启安、赵红 敦煌"玉女"考屑《敦煌研究》2005年第2期 p.70;收入国家图书馆善本特藏部敦煌吐鲁番学资料研究中心编《敦煌学国际研讨会论文集》,北京:北京图书馆出版社,2005年3月 p.227

僧海霞 唐宋时期敦煌药酒文化透视——基于药用酒状况的敦煌文书考察《甘肃社会科学》2009年第4期 p.207

李寻玉 敦煌文献述略《广州大学学报》(社会科学版)2011年第12期 p.91

林聪明 敦煌文书的装潢与印信《港台敦煌学文库》第33册,兰州:甘肃人民出版社,2014年12月 p.228

韩春平、马德、许端清 关于敦煌遗书数据库《敦煌学辑刊》2018年第4期 p.153

邰惠莉 敦煌研究院藏敦煌遗书的来源和价值《中国书法》2019年第9期 p.51;图1幅

林聪明著 敦煌文书学(敦煌学导论丛刊①) 台北:新文丰出版股份有限公司,1991年8月 p.122

姜伯勤著 敦煌吐鲁番文书与丝绸之路 北京:文物出版社,1994年2月 p.64、70、255

王惠民著 敦煌宝藏(中华文明宝库) 上海:上海古籍出版社,1996年9月 p.102~103

马德著 敦煌莫高窟史研究 兰州:甘肃教育出版社,1996年12月 p.200

荣新江著 归义军史研究——唐宋时代敦煌历史考索 上海:上海古籍出版社,1996年11月;2015年3月 p.121;p.145注[228]

马德编著 敦煌工匠史料 兰州:甘肃人民出版社,1997年11月 p.50、51、54、55、56、61、85、108、110

李正宇著 敦煌历史地理导论(敦煌学导论丛刊⑬) 台北:新文丰出版股份有限公司,1997年4月 p.226

谭蝉雪著 敦煌岁时文化导论(敦煌学导论丛刊⑭)台北:新文丰出版股份有限公司,1998年12月 p.122、204

黄征、程惠新著 劫尘遗珠——敦煌遗书 兰州:甘肃教育出版社,1999年7月 p.235

颜廷亮著 敦煌文化[东方文化集成·中华文化编] 北京:光明日报出版社,2000年12月 p.282、408

申国美编 中国散藏敦煌文献分类目录 北京:北京图书馆出版社,2007年10月 p.85、153~155

沈乐平著 敦煌书法综论 杭州:浙江古籍出版社,2009年10月 p.157图、175(钤用印章列表)

马德著 敦煌古代工匠研究 北京:文物出版社,2018年4月 p.57、129、334、335、340~342、345、367;p.462附录一:敦煌古代工匠人名索引

甘肃省地方史志编纂委员会编 甘肃省志·文物志(中册) 北京:文物出版社,2018年11月 p.1540~1541

沈乐平 敦煌书法综论 杭州:中国美术学院博士研究生学位论文,2008年5月 p.171(钤用印章列表)

土肥義和編 八世紀末期~十一世紀初期燉煌氏族人名集成(氏族人名篇 人名篇) 東京:汲古書院,2015年2月3日発行 p.289、527、756、1223

土肥義和編 八世紀末期~十一世紀初期燉煌氏族人名集成(索引篇) 東京:汲古書院,2016年5月26日発行 p.32、381

收藏号D.0038、0784

敦煌研究院编 敦煌：纪念敦煌藏经洞发现一百周年 北京：朝花出版社，2000年 p.158~159；图1幅

樊锦诗、海蔚蓝主编，娄婕、梁旭澍、黄苑薇图录介绍《敦煌：丝路佛光》，敦煌研究院、华美协进社中国美术馆，2013年 p.59图版及说明

《丝绸之路：敦煌、龟兹、麦积山石窟》编辑委员会编著 丝绸之路：敦煌、龟兹、麦积山石窟 成都：四川人民出版社、北京：商务印书馆，2018年3月 图版p.198~199；p.352

施萍亭 酒帳［敦煌美術展］（岐阜展、岡山展、佐賀展、横浜展，2001年9月8日~2002年3月12日），東京：大塚巧藝社，2001年 p.116~117図版71及図版解説；p.131出品目錄

施萍婷 本所藏《酒帐》研究《敦煌石窟与文献研究》，杭州：浙江大学出版社，2015年12月 p.229~257

敦研0001+敦研总784+P.2629

杨森 五代宋时期于阗皇太子在敦煌的太子庄《敦煌研究》2003年第4期 p.41

杜海 敦煌"于阗太子"与"曹氏太子"考《敦煌研究》2019年第6期 p.58、60

敦研001+董希文旧藏+P.2629

张广达、荣新江 关于敦煌出土于阗文献的年代及其相关问题《纪念陈寅恪先生诞辰百年学术论文集》，北京：北京大学出版社，1989年12月 p.293、296；p.303注［79］［80］；收入张广达、荣新江著《于阗史丛考》，上海：上海书店出版，1993年12月 p.116、121；p.135注［79］［80］

荣新江 公元十世纪沙州归义军与西州回鹘的文化交往《第二届敦煌学国际研讨会论文集》，台北：汉学研究中心编印，1991年6月 p.589

荣新江 敦煌藏经洞的性质及其封闭原因《敦煌吐鲁番研究》（第二卷），北京：北京大学出版社，1997年10月 p.37；收入氏著《鸣沙集——敦煌学学术史和方法论的探讨》，台北：新文丰出版股份有限公司，1999年9月 p.45；p.60注［77］；收入氏著《辨伪与存真——敦煌学论集》，上海：上海古籍出版社，2010年3月 p.22注②

荣新江 敦煌藏经洞的原状及其封闭原因《敦煌学十八讲》（第四讲），北京：北京大学出版社，2001年8月 p.91注②

冯培红 归义军时期敦煌与周边地区之间的僧使交往《敦煌归义军史专题研究续编》，兰州：兰州大学出版社，2003年7月 p.613~615

荣新江 略谈于阗对敦煌石窟的贡献《2000年敦煌学国际学术讨论会文集——纪念敦煌藏经洞发现暨敦煌学百年》历史文化卷（上），兰州：甘肃民族出版社，2003年9月 p.75

陆离 吐蕃统治敦煌时期的官府劳役《魏晋南北朝隋唐史资料》第22辑，武汉：武汉大学文科编辑部编辑出版，2005年12月 p.186

林聪明 敦煌文书的割裂《港台敦煌学文库》第34册，兰州：甘肃人民出版社，2014年12月 p.222注①

林聪明著 敦煌文书学（敦煌学导论丛刊①）台北：新文丰出版股份有限公司，1991年8月 p.360；p.367④

荣新江著 归义军史研究——唐宋时代敦煌历史考索 上海：上海古籍出版社，1996年11月；2015年3月 p.28；p.340~341；p.349注［96］；p.370；p.389注［71］［72］

雷绍锋著 归义军赋役制度初探 台北：洪叶文化事业有限公司，2000年4月 p.53、55、112~113、115；p.128注121、124；p.139、148、150、152、153、155、156、157、160、166、182、225；p.228~229注⑨⑩；p.285

陈明著 殊方异药——出土文书与西域医学 北京：北京大学出版社，2005年6月 p.43（表1）

杨富学著 敦煌民族史探幽 兰州：甘肃文化出版社，2016年12月 p.103、197

董希文旧藏+敦研001+P.2629

冯培红 客司与归义军的外交活动《敦煌学辑刊》，1999年第1期 p.76；收入郑炳林主编《敦煌归义军史专题研究续编》，兰州：兰州大学出版社，2003年7月 p.314

冯培红、姚桂兰 归义军时期敦煌与周边地区之间的僧使交往《敦煌佛教艺术文化国际学术研讨会论文集》，兰州：兰州大学出版社，2002年7月 p.460~461；收入郑炳林主编《敦煌归义军史专题研究续编》，兰州：兰州大学出版社，2003年7月 p.613~615

冯培红 唐五代敦煌官府宴设机构考略《敦煌归义军史专题研究续编》，兰州：兰州大学出版社，2003年7月 p.341；p.350~351、353、354（列表）；收入敦煌研究院编《2000年敦煌学国际学术讨论会文集——纪念敦煌藏经洞发现暨敦煌学百年》历史文化卷·上，兰州：甘肃民族出版社，2003年9月 p.177；p.186~187、188、190（列表）

冯培红 晚唐五代宋初沙州上佐考论《敦煌学国际研讨会论文集》，北京：北京图书馆出版社，2005年3月 p.71

陈菊霞 悬泉镇与榆林窟《丝路文明》第二辑，上海：上海古籍出版社，2017年12月 p.178

魏睿骜 敦煌文书中"使客""客僧"考释《邯郸学院学报》2018年第2期 p.94~95；又署名魏睿骜、陈红静，同题目刊载《天水师范学院学报》2018年第3期 p.27~28

董希文旧藏+敦煌研究院藏+P.2629 年代不明（964年？）归义军衙府酒破历

冯培红 归义军时期敦煌县诸乡置废申论《敦煌研究》2000年第3期 p.99；收入郑炳林主编《敦煌归义军史专题研究续编》，兰州：兰州大学出版社，2003年7月 p.69

董希文旧藏（敦研第0369号）+敦煌研究院藏001号+P.2629 归义军衙内用酒破历

沙武田、赵晓星 归义军时期敦煌文献中的太子《敦煌研究》2003年第4期 p.46

沙武田、赵晓星 归义军时期敦煌文书中之"太子"探微《敦煌归义军史专题研究续编》，兰州：兰州大学出版社，2003年7月 p.131~133

DY.001、369 归义军衙府酒破历

马德著 敦煌古代工匠研究 北京：文物出版社，2018年4月 p.134；p.464附录二：敦煌史料索引·遗书

史料

敦研001+敦研369+P.2629

李军 晚唐五代肃州相关史实考述《敦煌学辑刊》2005年第3期 p.97

冯培红 归义军节度观察使官印问题申论《转型期的敦煌学》,上海:上海古籍出版社,2007年11月 p.316;p.327注[99]

施萍婷 本所藏《酒帐》研究《敦煌石窟与文献研究》,杭州:浙江大学出版社,2015年12月 p.229~257

邰惠莉 敦煌研究院藏敦煌遗书的来源和价值《中国书法》2019年第9期 p.54

马德著 敦煌古代工匠研究 北京:文物出版社,2018年4月 p.136

王使臻 敦煌遗书中的唐宋尺牍研究 兰州:兰州大学博士研究生学位论文,2012年5月 p.256

敦研001+P.2629

黄盛璋 敦煌文书中"南山"与仲云《西北民族研究》1989年第1期 p.4~12下转116

郑炳林、高伟 唐五代敦煌酿酒业初探《西北史地》1994年第1期 p.29~36

郑炳林 唐五代敦煌酿酒业研究《敦煌吐鲁番文献研究》,兰州:兰州大学出版社,1995年8月 p.577;收入郑炳林主编《敦煌归义军史专题研究三编》,兰州:甘肃文化出版社,2005年5月 p.395

郑炳林 唐五代敦煌粟特人与归义军政权《敦煌研究》1996年第4期 p.81、94;收入郑炳林主编《敦煌归义军史专题研究》,兰州:兰州大学出版社,1997年9月 p.402、422;收入陈国灿、陆庆夫主编《中国敦煌学百年文库·历史卷》(二),兰州:甘肃文化出版社,1999年 p.533、550

李重申 凝固在丝绸之路上的体育文化《段文杰敦煌研究五十年纪念文集》,北京:世界图书出版公司北京公司,1996年8月 p.467

谭蝉雪《君者者状》辨析——河西达怛国的一份书状《1994年敦煌学国际研讨会文集——纪念敦煌研究院成立50周年·宗教文史卷》(下),兰州:甘肃民族出版社,2000年6月 p.103;p.113注⑧

冯培红 敦煌曹氏族属与曹氏归义军政权《历史研究》,2001年第1期 p.82(列表);收入郑炳林主编《敦煌归义军史专题研究续编》,兰州:兰州大学出版社,2003年7月 p.178(列表)

谭蝉雪 敦煌的粟特居民及祆神祈赛 《2000年敦煌学国际学术讨论会文集——纪念敦煌藏经洞发现暨敦煌学百年》历史文化卷(下),兰州:甘肃民族出版社,2003年9月 p.65、68

陈明《医理精华》:印度古典医学在敦煌的实例分析《敦煌吐鲁番研究》(第五卷),北京:北京大学出版社,2001年5月 p.236;p.259注[24]

施萍婷 敦煌研究院、上海图书馆、天津艺术博物馆藏敦煌遗书巡礼《浙江与敦煌学——常书鸿先生诞辰一百周年纪念文集》,杭州:浙江古籍出版社,2004年12月 p.306;日文见池田温訳《敦煌研究院、上海圖書館及び天津芸術博物館所藏の敦煌遺書をめぐって》,《東洋學報》第72卷第1·2號,1990年12月 p.92

郑炳林 敦煌碑铭赞辑释 兰州:甘肃教育出版社,1992年7月 p.17;p.271注⑧;p.348注⑧;p.551注④

李重申著 敦煌古代体育文化 兰州:甘肃人民出版社,2000年6月 p.61注③

李重申、李金梅 敦煌马球史料探析《丝绸之路体育文化论集》,北京:中华书局,2005年10月 p.250

马德著 敦煌古代工匠研究 北京:文物出版社,2018年4月 p.58~61

敦煌研究院藏、P.2629 年代不明(964)归义军衙府酒破历

郑炳林 晚唐五代敦煌村庄聚落辑考《敦煌归义军史专题研究续编》,兰州:兰州大学出版社,2003年7月 p.81、84、110;收入敦煌研究院编《2000年敦煌学国际学术讨论会文集——纪念敦煌藏经洞发现暨敦煌学百年》历史文化卷·上,兰州:甘肃民族出版社,2003年9月 p.127、131、155

敦研002(收藏号76)大般若波罗蜜多经卷第二百五十

敦煌文物研究所资料室,刘忠贵、施娉婷 敦煌文物研究所藏敦煌遗书目录《文物资料丛刊》(1),北京:文物出版社,1977年12月 p.54;收入冯志文、杨际平主编《中国敦煌学百年文库·综述卷》(二),兰州:甘肃文化出版社,1999年 p.264

邰惠莉、罗华庆、陈雪静撰稿,施萍婷、邵国秀审订 敦煌研究院藏敦煌文献叙录(上)《甘肃藏敦煌文献》(第一卷),兰州:甘肃人民出版社,1999年9月 p.267;图版p.2

施萍婷、邰惠莉 敦煌研究院藏敦煌文献叙录《敦煌研究文集·敦煌研究院藏敦煌文献研究篇》,兰州:甘肃民族出版社,2000年9月 p.22~23

陈红彦、林世田 敦煌遗书近现代鉴藏印章辑述(上)《文献》2007年第2期 p.47;收入林世田著《敦煌遗书研究论集》,北京:中国藏学出版社,2010年3月 p.292

林聪明著 敦煌吐鲁番文书解诂指例(敦煌丛刊二集⑮) 台北:新文丰出版公司,2001年6月 p.107

申国美编 中国散藏敦煌文献分类目录 北京:北京图书馆出版社,2007年10月 p.6、155

沈乐平著 敦煌书法综论 杭州:浙江古籍出版社,2009年10月 p.231(鉴藏印章检索表)

沈乐平 敦煌书法综论 杭州:中国美术学院博士研究生学位论文,2008年5月 p.230(鉴藏印章检索表)

敦研003(收藏号78)大般若波罗蜜多经卷第一百六十二

敦煌文物研究所资料室,刘忠贵、施娉婷 敦煌文物研究所藏敦煌遗书目录《文物资料丛刊》(1),北京:文物出版社,1977年12月 p.54;收入冯志文、杨际平主编《中国敦煌学百年文库·综述卷》(二),兰州:甘肃文化出版社,1999年 p.264

邰惠莉、罗华庆、陈雪静撰稿,施萍婷、邵国秀审订 敦煌研究院藏敦煌文献叙录(上)《甘肃藏敦煌文献》(第一卷),兰州:甘肃人民出版社,1999年9月 p.267;图版p.2~3

施萍婷、邰惠莉 敦煌研究院藏敦煌文献叙录《敦煌研究文集·敦煌研究院藏敦煌文献研究篇》,兰州:甘肃民族出版社,2000年9月 p.23

陈红彦、林世田 敦煌遗书近现代鉴藏印章辑述(上)《文献》2007年第2期 p.47;收入林世田著《敦煌遗书研究论集》,北京:中国藏学出版社,2010年3月 p.292

申国美编 中国散藏敦煌文献分类目录 北京:北京图书馆出版社,2007年10月 p.5、155

沈乐平著 敦煌书法综论 杭州：浙江古籍出版社，2009年10月 p.231（鉴藏印章检索表）

沈乐平 敦煌书法综论 杭州：中国美术学院博士研究生学位论文，2008年5月 p.230（鉴藏印章检索表）

敦研004（收藏号130）优婆塞戒经卷第七业品第二十四之余

敦煌文物研究所资料室，刘忠贵、施娉婷 敦煌文物研究所藏敦煌遗书目录《文物资料丛刊》（1），北京：文物出版社，1977年12月 p.54；收入冯志文、杨际平主编《中国敦煌学百年文库·综述卷》（二），兰州：甘肃文化出版社，1999年 p.264

施萍亭 优婆塞戒经卷第七业品第二十四之余《敦煌》，兰州：甘肃人民出版社、南京：江苏美术出版社，1990年7月；1993年7月；1997年11月 图版p.236；p.287第251条图版说明

杨森 敦研0010号《佛说祝毒经》书法风格——从北朝经生体书法谈起《敦煌研究》1995年第1期 p.169

邰惠莉、罗华庆、陈雪静撰稿，施萍婷、邵国秀审订 敦煌研究院藏敦煌文献叙录（上）《甘肃藏敦煌文献》（第一卷），兰州：甘肃人民出版社，1999年9月 p.267~268；图版p.2~3

施萍婷、邰惠莉 敦煌研究院藏敦煌文献叙录《敦煌研究文集·敦煌研究院藏敦煌文献研究篇》，兰州：甘肃民族出版社，2000年9月 p.23

杨森 敦煌研究院藏敦煌文献论著目录《敦煌研究文集·敦煌研究院藏敦煌文献研究篇》，兰州：甘肃民族出版社，2000年9月 p.572

林世田、汪桂海 敦煌写本《优婆塞戒经》版本研究《文献》2008年第2期 p.33、35；收入林世田著《敦煌遗书研究论集》，北京：中国藏学出版社，2010年3月 p.76、78

孙占鳌 敦煌遗书书法艺术研究《丝绸之路》2015年第20期 p.8

徐祖蕃、秦明智、荣恩奇编选 敦煌遗书书法选 兰州：甘肃人民出版社，1985年10月 p.34图版及简要说明

黄征编 敦煌俗字典 上海：上海教育出版社，2005年5月 正文p.32、73、79、82、86、93、100、101、102、104、106、107、112、129、131、143、167、181、195、198、206、208、211、213、238、246、264、336、344、351、354、358、364、369、371、372、373、380、389、393、419、422、488、494、517、537、556、557、563、565、575、577、579；顺序索引 p.742；分类索引 p.748

申国美编 中国散藏敦煌文献分类目录 北京：北京图书馆出版社，2007年10月 p.59、155

林世田、杨学勇、刘波著 敦煌佛典的流通与改造 兰州：甘肃教育出版社，2013年11月 p.148~149

肖瑜《三国志》古写本用字研究 上海：复旦大学博士研究生学位论文，2006年4月 p.49、81

陶家骏 敦煌研究院藏佚本《维摩诘经注》写卷研究 苏州：苏州大学博士研究生学位论文，2012年3月 俗字表p.97、154、163；p.189

井米兰 敦煌俗字与宋本《玉篇》文字比较研究 上海：华东师范大学硕士研究生学位论文，2009年5月 p.37

宋丽丽 敦煌写本《篇金》俗字研究 南京：南京师范大学硕士研究生学位论文，2011年5月 p.26~27、30

周远军 敦煌写卷《道行般若经》用字研究及校勘 南宁：广西大学硕士研究生学位论文，2011年6月

p.19、86、107、108

陈瑞峰《甘肃藏敦煌文献》俗字研究 金华：浙江师范大学硕士研究生学位论文，2012年5月 p.28、29、39、40、43；例证表 p.69、84；俗字表 p.119、141、146、147、149、160、162、182、186、187、190、193、217、220、233、235

王翠《甘肃藏敦煌文献》俗字研究 南京：南京师范大学硕士研究生学位论文，2014年5月 p.23、25

王惠民撰文，勝木言一郎訳 優婆塞戒業品之余巻第七『砂漠の美術馆–永遠なる敦煌』中国敦煌研究院創立50周年記念（東京展、福岡展、神户展，1996年10月26日~1997年4月20日），東京：朝日新聞社，1996年 p.138図版及第72条日文図版解説

敦研005（收藏号132）佛说佛名经卷第十四

敦煌文物研究所资料室，刘忠贵、施娉婷 敦煌文物研究所藏敦煌遗书目录《文物资料丛刊》（1），北京：文物出版社，1977年12月 p.54；收入冯志文、杨际平主编《中国敦煌学百年文库·综述卷》（二），兰州：甘肃文化出版社，1999年 p.264

邰惠莉、罗华庆、陈雪静撰稿，施萍婷、邵国秀审订 敦煌研究院藏敦煌文献叙录（上）《甘肃藏敦煌文献》（第一卷），兰州：甘肃人民出版社，1999年9月 p.268；图版p.4

施萍婷、邰惠莉 敦煌研究院藏敦煌文献叙录《敦煌研究文集·敦煌研究院藏敦煌文献研究篇》，兰州：甘肃民族出版社，2000年9月 p.23~24

陈红彦、林世田 敦煌遗书近现代鉴藏印章辑述（上）《文献》2007年第2期 p.47；收入林世田著《敦煌遗书研究论集》，北京：中国藏学出版社，2010年3月 p.292

申国美编 中国散藏敦煌文献分类目录 北京：北京图书馆出版社，2007年10月 p.47、155

沈乐平著 敦煌书法综论 杭州：浙江古籍出版社，2009年10月 p.231（鉴藏印章检索表）

沈乐平 敦煌书法综论 杭州：中国美术学院博士研究生学位论文，2008年5月 p.230（鉴藏印章检索表）

刘溪 敦煌本早期《佛名经》写本研究 金华：浙江师范大学硕士研究生学位论文，2016年5月 p.90（写卷总目）

敦研006（收藏号136）妙法莲华经卷第七妙音菩萨品第二十四

敦煌文物研究所资料室，刘忠贵、施娉婷 敦煌文物研究所藏敦煌遗书目录《文物资料丛刊》（1），北京：文物出版社，1977年12月 p.54；收入冯志文、杨际平主编《中国敦煌学百年文库·综述卷》（二），兰州：甘肃文化出版社，1999年 p.264

邰惠莉、罗华庆、陈雪静撰稿，施萍婷、邵国秀审订 敦煌研究院藏敦煌文献叙录（上）《甘肃藏敦煌文献》（第一卷），兰州：甘肃人民出版社，1999年9月 p.268；图版p.5

施萍婷、邰惠莉 敦煌研究院藏敦煌文献叙录《敦煌研究文集·敦煌研究院藏敦煌文献研究篇》，兰州：甘肃民族出版社，2000年9月 p.24

申国美编 中国散藏敦煌文献分类目录 北京：北京图书馆出版社，2007年10月 p.30、155

敦研007(收藏号214)大慈如来十月二十四日告疏

方回 国立敦煌艺术研究所发现六朝残经《图书季刊》新第5卷第4期,1944年12月 p.107~110;影印收入王志庚、顾烨青主编《近代著名图书馆馆刊荟萃四编》第6册,北京:国家图书馆出版社,2013年5月 p.243~246

向达 国立敦煌艺术研究所发现六朝残经《向达先生纪念论文集》,乌鲁木齐:新疆人民出版社,1986年1月 p.3~11;收入敦煌研究院编《敦煌研究文集·敦煌研究院藏敦煌文献研究篇》,兰州:甘肃民族出版社,2000年9月 p.1~9;收入荣新江编《向达先生敦煌遗墨》,北京:中华书局,2010年3月 p.329

敦煌文物研究所资料室,刘忠贵、施娉婷 敦煌文物研究所藏敦煌遗书目录《文物资料丛刊》(1),北京:文物出版社,1977年12月 p.54;收入冯志文、杨际平主编《中国敦煌学百年文库·综述卷》(二),兰州:甘肃文化出版社,1999年 p.264

敦煌文物研究所资料室,刘忠贵、施娉婷 附:关于《敦煌遗书目录》的说明《文物资料丛刊》(1),北京:文物出版社,1977年12月 p.67;图版捌:2;收入冯志文、杨际平主编《中国敦煌学百年文库·综述卷》(二),兰州:甘肃文化出版社,1999年 p.285;收入施萍婷著《敦煌习学集》(下),兰州:甘肃民族出版社,2004年12月 p.343

常书鸿著,宋光明整理 铁马响叮当——敦煌的春天《文化史料丛刊》(第三辑),北京:文史资料出版社,1982年5月 p.185

白玉岱 隋唐五代时期甘肃的图书出版事业《甘肃出版》1989年第3期 p.59

施萍亭 兴安三年大慈如来告疏《敦煌》,兰州:甘肃人民出版社、南京:江苏美术出版社,1990年7月;1993年7月;1997年11月 图版p.237;p.287第253条图版说明

郑汝中 敦煌书法管窥《敦煌研究》1991年第4期 p.38;收入林保尧、关友惠主编《中国敦煌学百年文库·艺术卷》(三),兰州:甘肃文化出版社,1999年 p.44

赵声良 敦煌南北朝写本的书法艺术《敦煌研究》1991年第4期 p.44;图6;收入林保尧、关友惠主编《中国敦煌学百年文库·艺术卷》(三),兰州:甘肃文化出版社,1999年 p.31~32

谭蝉雪 敦煌岁时掇琐《九州学刊》(敦煌学专辑)第5卷第4期,1993年6月 p.95

戴仁(Jean-Pierre Drège)著,耿昇译 敦煌和吐鲁番写本的断代研究《法国学者敦煌学论文选萃》,北京:中华书局,1993年12月 p.527;收入郑炳林主编,耿昇译《法国敦煌学精粹》Ⅰ,兰州:甘肃人民出版社,2011年4月 p.732

郑汝中 敦煌书法概述《敦煌书法库》(第一辑)[魏晋南北朝时期],兰州:甘肃人民美术出版社,1994年1月 p.11

赵声良 南北朝写经书法艺术《敦煌书法库》(第一辑)[魏晋南北朝时期],兰州:甘肃人民美术出版社,1994年1月 p.17;图4

郑汝中 敦煌写卷书法钩沉《敦煌写卷书法精选》,合肥:安徽美术出版社,1994年12月 p.7;又刊于《书法之友》1996年第2期 p.4

赵声良 大慈如来告疏《敦煌写卷书法精选》,合肥:安徽美术出版社,1994年12月 p.8~10图版及说明

文字

赵声良 早期敦煌写本书法的时代分期和类型《敦煌书法库》(第二辑)[魏晋南北朝时期],兰州:甘肃人民美术出版社,1995年4月 p.3

赵声良 北魏写本《大慈如来告疏》《敦煌书法库》(第二辑)[魏晋南北朝时期],兰州:甘肃人民美术出版社,1995年4月 p.23;图p.23~31

赵声良 敦煌写卷书法(上)《文史知识》1997年第4期 p.73

施萍婷 敦煌遗书题记隋董孝缵写经考略《周绍良先生欣开九秩庆寿文集》,北京:中华书局,1997年3月 p.123;收入氏著《敦煌习学集》(上),兰州:甘肃民族出版社,2004年12月 p.263;收入氏著《敦煌石窟与文献研究》,杭州:浙江大学出版社,2015年12月 p.426

王惠民 北魏佛教传帖原件《大慈如来告疏》研究《敦煌研究》1998年第1期 p.42~47;收入敦煌研究院编《敦煌研究文集·敦煌研究院藏敦煌文献研究篇》,兰州:甘肃民族出版社,2000年9月 p.173~184

赵声良 大慈如来告疏《敦煌学大辞典》,上海:上海辞书出版社,1998年12月 p.279;附图1幅

池田温 1944年莫高窟土地庙塑像中发现文献管见《敦煌文薮》(上),台北:新文丰出版公司,1999年4月 p.1、18、22~24;p.31注③;p.36注[15][17]

施萍婷 甘肃藏敦煌文献概述《甘肃藏敦煌文献精粹》,兰州:甘肃人民出版社,1999年 p.8;又载段文杰主编《甘肃藏敦煌文献》(第一至六卷),兰州:甘肃人民出版社,1999年9~12月 p.8

邰惠莉、罗华庆、陈雪静撰稿,施萍婷、邵国秀审订 敦煌研究院藏敦煌文献叙录(上)《甘肃藏敦煌文献》(第一卷),兰州:甘肃人民出版社,1999年9月 p.268;图版p.5;彩图

赵声良 早期敦煌写本书法的分期研究《1994年敦煌学国际研讨会文集——纪念敦煌研究院成立50周年》(石窟艺术卷),兰州:甘肃民族出版社,2000年6月 p.263;图9

韩惠言 甘藏敦煌汉文文献概况《敦煌学辑刊》2000年第2期 p.70;收入敦煌研究院编《2000年敦煌学国际学术讨论会文集——纪念敦煌藏经洞发现暨敦煌学百年》历史文化卷(上),兰州:甘肃民族出版社,2003年9月 p.520

樊锦诗 敦煌研究院藏敦煌文献研究概述《敦煌研究文集·敦煌研究院藏敦煌文献研究篇》,兰州:甘肃民族出版社,2000年9月 p.4

施萍婷、邰惠莉 敦煌研究院藏敦煌文献叙录《敦煌研究文集·敦煌研究院藏敦煌文献研究篇》,兰州:甘肃民族出版社,2000年9月 p.24

杨森 敦煌研究院藏敦煌文献论著目录《敦煌研究文集·敦煌研究院藏敦煌文献研究篇》,兰州:甘肃民族出版社,2000年9月 p.572~573

谭蝉雪 唐宋敦煌岁时佛俗——二月至七月《敦煌研究》2001年第1期 p.98

张涌泉 敦煌故里对敦煌学的新奉献——《甘肃藏敦煌文献》读后《敦煌研究》2001年第1期 p.183

毛秋瑾 北魏时期敦煌写经书法研究《第五届中国书法史论国际研讨会论文集》,北京:文物出版社,2002年8月 p.285、293;p.306(附表)

温宪 敦煌写本瓷板复制试验项目开始启动《敦煌研究》2003年第1期 p.93

温玉成《大慈如来告疏》研究《佛学研究》第12期，2003年 p.211~213；收入氏著《中国佛教与考古》，北京：宗教文化出版社，2009年7月 p.616~620

秋子 敦煌书法的书体及特色（一）《甘肃日报》2003年8月1日；又载《青少年书法》（青年版）2005年第20期 p.34

李正宇 晚唐至宋敦煌僧人听食“净肉”《敦煌学》第25辑（潘重规先生逝世周年纪念专辑），台北：乐学书局有限公司，2004年9月 p.192

施萍婷 敦煌研究院、上海图书馆、天津艺术博物馆藏敦煌遗书巡礼《浙江与敦煌学——常书鸿先生诞辰一百周年纪念文集》，杭州：浙江古籍出版社，2004年12月 p.305；日文见池田温訳《敦煌研究院、上海圖書館及び天津芸術博物館所藏の敦煌遺書をめぐって》，《東洋學報》第72卷第1·2號，1990年12月 p.91

黄征 敦煌俗字种类考辨 《敦煌学·日本学——石塚晴通教授退职纪念文集》，上海：上海辞书出版社，2005年12月 p.118；又载赵生群、方向东主编《古文献研究集刊》（第一辑），南京：凤凰出版社，2007年4月 p.34

古正美 从《大慈如来告疏》说起——北魏孝文帝的云冈弥勒佛王造像《2005年云冈国际学术研讨会论文集·研究卷》，北京：文物出版社，2006年8月 p.7~40

吴新钦 北魏平城时期敦煌写经书法的章法及其书史意义《屏东教育大学学报》第26期，2007年3月 p.712；p.723（表二）；p.734；图一

吴新钦 北魏平城时期敦煌写经书法的结体及其书史意义《屏东教育大学学报》第28期，2007年9月 p.50注[22]；p.74；图三

赵声良 敦煌写本书法艺术《敦煌艺术十讲》，上海：上海古籍出版社，2007年7月 p.214；p.213；图135

文化 敦煌遗书书法的分期及艺术风格《文艺研究》2009年第6期 p.133

秋子 大慈如来告疏《敦煌写卷墨迹精选丛帖》（壹），兰州：甘肃人民美术出版社，2009年10月；2010年6月 p.27~30简介/赏析及图版

林世田、刘波 国图藏西域出土《观世音菩萨劝攘灾经》研究《敦煌文献·考古·艺术综合研究——纪念向达先生诞辰110周年国际学术研讨会论文集》，北京：中华书局，2011年12月 p.309、312、318

张永强（考释）大慈如来告疏《中国书法全集》第14卷[三国两晋南北朝编 两晋南北朝写经写本]，北京：荣宝斋出版社，2013年1月 p.335；图版p.162~163

李辉《国家珍贵古籍名录》中甘肃藏古籍特色《盐城师范学院学报》（人文社会科学版）2015年第6期 p.117

孙占鳌 敦煌遗书书法艺术研究《丝绸之路》2015年第20期 p.8

徐祖蕃、秦明智、荣恩奇编选 敦煌遗书书法选 兰州：甘肃人民出版社，1985年10月 p.26~28图版及简要说明

苏莹辉著 敦煌学概要（增订再版）台北：编译馆中华丛书编审委员会，1981年10月 p.274

苏莹辉著 敦煌学概要 台北：五南图书出版公司，1988年12月 p.274

薄小莹 敦煌遗书汉文纪年卷编年 长春：长春出版社，1990年3月 p.3

沃兴华著 敦煌书法艺术 上海:上海人民出版社1994年12月 p.102;p.101;图7–7

敦煌市志编纂委员会编 敦煌市志 北京:新华出版社,1994年6月;图版

王靖宪编著 中国书法艺术·第三卷[魏晋南北朝] 北京:文物出版社,1996年3月第1版;1998年12月第2次印刷 p.313;图282

陆锡兴著《诗经》异文研究 北京:中国社会科学出版社,2001年12月第1版;2002年10月第2次印刷 p.146

刘胜角著 古代楷书发展史 北京:中国戏剧出版社,2002年5月 p.132;图122

黄征编 敦煌俗字典 上海:上海教育出版社,2005年5月 前言p.26;正文p.9、12、20、49、116、117、160、167、175、201、203、230、235、239、244、276、288、290、291、315、344、352、359、365、367、405、427、447、458、496、511、515、556、570、578、580;顺序索引p.742;分类索引p.751

申国美编 中国散藏敦煌文献分类目录 北京:北京图书馆出版社,2007年10月 p.79、155~156

沈乐平著 敦煌书法综论 杭州:浙江古籍出版社,2009年10月 p.37;p.38;图1幅

林世田、杨学勇、刘波著 敦煌佛典的流通与改造 兰州:甘肃教育出版社,2013年11月 p.83

林世田、杨学勇、刘波著 敦煌遗珍——国家珍贵古籍名录·敦煌遗书 北京:国家图书馆出版社,2014年9月 p.206;图1幅

朱瑶著 敦煌汉文文献题记整理与研究 北京:中国社会科学出版社,2016年7月 p.82、179

马国俊主编 敦煌书法艺术研究 北京:文物出版社,2017年9月 p.171

甘肃省地方史志编纂委员会编 甘肃省志·文物志(中册) 北京:文物出版社,2018年11月 p.1520;图1幅

陈琪 敦煌遗书书法浅探 兰州:兰州大学博士研究生学位论文,2007年5月 p.152(表);p.153、156;p.171;图8

沈乐平 敦煌书法综论 杭州:中国美术学院博士研究生学位论文,2008年5月 p.41

陶家骏 敦煌研究院藏佚本《维摩诘经注》写卷研究 苏州:苏州大学博士研究生学位论文,2012年3月 p.26~27、28(表)、29;俗字表p.127、160

毛秋瑾 北魏时期敦煌写经书法研究 苏州:苏州大学硕士研究生学位论文,2002年1月 p.24图3;p.43(附表)

陈瑞峰《甘肃藏敦煌文献》俗字研究 金华:浙江师范大学硕士研究生学位论文,2012年5月 p.15、24;俗字表p.109、110、123、151、152、173、177~178、198、200、203、204、207、218、221~222、232、236、237

高静怡 北图藏敦煌汉文写经《金光明经》异文研究 南宁:广西大学硕士研究生学位论文,2013年5月 p.30

王翠《甘肃藏敦煌文献》俗字研究 南京:南京师范大学硕士研究生学位论文,2014年5月 p.5~6;p.14~15(表);p.23;p.51(附录:中古经卷"表")

肖倩 敦煌写卷中古俗字研究 南京:南京师范大学硕士研究生学位论文,2014年5月 p.6;统计表p.17;p.36、52~53、69

刘春红 敦煌遗书对近现代书法艺术的影响 济南:齐鲁工业大学硕士研究生学位论文,2015年6月 p.8;

图2-8

王宏琳 敦煌六朝写经对当代书法影响研究 南京：东南大学硕士研究生学位论文，2016年6月 p.9；图5

李艳 敦煌俗字偏旁研究 杭州：杭州师范大学硕士研究生学位（学术学位）论文，2016年6月 p.23、37

刘文章 南北朝时期敦煌汉文纪年写卷俗字字形演变及其应用 南宁：广西大学硕士研究生学位论文，2016年6月 p.12（表2-1）；p.14~15；p.100（附录1……俗字字形演变表）

金岡照光 敦煌の現状（一九七九年五月）《講座敦煌1〈敦煌の自然と現状〉》，東京：大東出版社，昭和五五年四月二三日（1980.4.23） p.111；p.114注①

金岡照光 敦煌——その現状と問題点《中央学術研究所紀要》第9号，東京：中央学術研究所，1980年6月1日 p.14~15

常書鴻著，秋岡家栄訳 敦煌の風鐸 東京：学習研究社，1982年6月 p.193

池田温編 中國古代寫本識語集錄 東京：東京大学東洋文化研究所発行，1990年3月30日 p.87（第87号題記錄文）；附圖p.16；圖17

说明：土地庙出土。

敦研008（收藏号215）维摩诘经卷下观人物品第七

敦煌文物研究所资料室，刘忠贵、施娉婷 敦煌文物研究所藏敦煌遗书目录 《文物资料丛刊》（1），北京：文物出版社，1977年12月 p.54；收入冯志文、杨际平主编《中国敦煌学百年文库·综述卷》（二），兰州：甘肃文化出版社，1999年 p.264

邰惠莉、罗华庆、陈雪静撰稿，施萍婷、邵国秀审订 敦煌研究院藏敦煌文献叙录（上）《甘肃藏敦煌文献》（第一卷），兰州：甘肃人民出版社，1999年9月 p.268；图版p.6

施萍婷、邰惠莉 敦煌研究院藏敦煌文献叙录《敦煌研究文集·敦煌研究院藏敦煌文献研究篇》，兰州：甘肃民族出版社，2000年9月 p.24~25

杨森 敦煌研究院藏敦煌文献论著目录《敦煌研究文集·敦煌研究院藏敦煌文献研究篇》，兰州：甘肃民族出版社，2000年9月 p.573

林聪明 敦煌文书的形态《港台敦煌学文库》第33册，兰州：甘肃人民出版社，2014年12月 p.176

林聪明著 敦煌文书学（敦煌学导论丛刊①） 台北：新文丰出版股份有限公司，1991年8月 p.61

黄征编 敦煌俗字典 上海：上海教育出版社，2005年5月 前言p.30；正文p.43、65、78、79、100、114、185、197、198、240、343、346、363、365、368、392、424、425、441、512、526、535、551、552、559；顺序索引p.742；分类索引p.749

申国美编 中国散藏敦煌文献分类目录 北京：北京图书馆出版社，2007年10月 p.50、156

周远军 敦煌写卷《道行般若经》用字研究及校勘 南宁：广西大学硕士研究生学位论文，2011年6月 p.60、104

陈瑞峰《甘肃藏敦煌文献》俗字研究 金华：浙江师范大学硕士研究生学位论文，2012年5月 俗字表p.121、128、131、132~133、185、186、218~219、224~225

薛皖东《干禄字书》所收俗字与敦煌俗字比较研究 南京师范大学硕士研究生学位论文,2013年4月 p.37

高静怡 北图藏敦煌汉文写经《金光明经》异文研究 南宁:广西大学硕士研究生学位论文,2013年5月 p.30、32

说明:土地庙出土。

敦研008V 涅槃无名论第四

邰惠莉、罗华庆、陈雪静撰稿,施萍婷、邵国秀审订 敦煌研究院藏敦煌文献叙录(上)《甘肃藏敦煌文献》(第一卷),兰州:甘肃人民出版社,1999年9月 p.268~269;图版p.6

施萍婷、邰惠莉 敦煌研究院藏敦煌文献叙录《敦煌研究文集·敦煌研究院藏敦煌文献研究篇》,兰州:甘肃民族出版社,2000年9月 p.25

林聪明 敦煌文书的形态《港台敦煌学文库》第33册,兰州:甘肃人民出版社,2014年12月 p.176

林聪明著 敦煌文书学(敦煌学导论丛刊①) 台北:新文丰出版股份有限公司,1991年8月 p.61

黄征编 敦煌俗字典 上海:上海教育出版社,2005年5月 正文p.115、292、343、545;顺序索引p.742;分类索引p.751

申国美编 中国散藏敦煌文献分类目录 北京:北京图书馆出版社,2007年10月 p.74、156

肖瑜《三国志》古写本用字研究 上海:复旦大学博士研究生学位论文,2006年4月 p.98

陈瑞峰《甘肃藏敦煌文献》俗字研究 金华:浙江师范大学硕士研究生学位论文,2012年5月 俗字表 p.151、208

王翠《甘肃藏敦煌文献》俗字研究 南京:南京师范大学硕士研究生学位论文,2014年5月 p.15(表);p.51(附录:中古经卷"表")

敦研009(收藏号216)佛说灌顶章句拔除过罪生死得度经卷第十二

方回 国立敦煌艺术研究所发现六朝残经《图书季刊》新第5卷第4期,1944年12月 p.107~110;影印收入王志庚、顾烨青主编《近代著名图书馆馆刊荟萃四编》第6册,北京:国家图书馆出版社,2013年5月 p.243~246

向达 国立敦煌艺术研究所发现六朝残经《向达先生纪念论文集》,乌鲁木齐:新疆人民出版社,1986年1月 p.3~11;收入敦煌研究院编《敦煌研究文集·敦煌研究院藏敦煌文献研究篇》,兰州:甘肃民族出版社,2000年9月 p.1~9;收入荣新江编《向达先生敦煌遗墨》,北京:中华书局,2010年3月 p.329

敦煌文物研究所资料室,刘忠贵、施娉婷 敦煌文物研究所藏敦煌遗书目录《文物资料丛刊》(1),北京:文物出版社,1977年12月 p.54;收入冯志文、杨际平主编《中国敦煌学百年文库·综述卷》(二),兰州:甘肃文化出版社,1999年 p.264

敦煌文物研究所资料室,刘忠贵、施娉婷 附:关于《敦煌遗书目录》的说明《文物资料丛刊》(1),北京:文物出版社,1977年12月 p.67;收入冯志文、杨际平主编《中国敦煌学百年文库·综述卷》(二),兰州:甘肃文化出版社,1999年 p.285;收入施萍婷著《敦煌习学集》(下),兰州:甘肃民族出版社,2004年12月 p.343

常书鸿著,宋光明整理 铁马响叮当——敦煌的春天《文化史料丛刊》(第三辑),北京:文史资料出版社,1982年5月 p.185

戴仁(Jean-Pierre Drège)著,耿昇译 敦煌和吐鲁番写本的断代研究《法国学者敦煌学论文选萃》,北京:中华书局,1993年12月 p.527;收入郑炳林主编,耿昇译《法国敦煌学精粹》Ⅰ,兰州:甘肃人民出版社,2011年4月 p.732

杨森 浅谈北朝经生体楷笔的演化《社科纵横》1994年第4期 p.61

赵秀荣 北朝石窟中的神王像《敦煌学辑刊》1995年第1期 p.69

赵声良 早期敦煌写本书法的时代分期和类型《敦煌书法库》(第二辑)[魏晋南北朝时期],兰州:甘肃人民美术出版社,1995年4月 p.2

方广锠 灌顶章句拔除过罪生死得度经《敦煌学大辞典》,上海:上海辞书出版社,1998年12月 p.702

邰惠莉、罗华庆、陈雪静撰稿,施萍婷、邵国秀审订 敦煌研究院藏敦煌文献叙录(上)《甘肃藏敦煌文献》(第一卷),兰州:甘肃人民出版社,1999年9月 p.269;图版p.7

赵声良 早期敦煌写本书法的分期研究 《1994年敦煌学国际研讨会文集——纪念敦煌研究院成立50周年》(石窟艺术卷),兰州:甘肃民族出版社,2000年6月 p.261

施萍婷、邰惠莉 敦煌研究院藏敦煌文献叙录《敦煌研究文集·敦煌研究院藏敦煌文献研究篇》,兰州:甘肃民族出版社,2000年9月 p.25

杨森 敦煌研究院藏敦煌文献论著目录《敦煌研究文集·敦煌研究院藏敦煌文献研究篇》,兰州:甘肃民族出版社,2000年9月 p.573~574

毛秋瑾 北魏时期敦煌写经书法研究《第五届中国书法史论国际研讨会论文集》,北京:文物出版社,2002年8月 p.294;p.306(附表)

郑阿财 论敦煌俗字与写本学之关系《敦煌研究》2006年第6期 p.164~165

吴新钦 北魏平城时期敦煌写经书法的章法及其书史意义《屏东教育大学学报》第26期,2007年3月 p.714;p.721(表一);p.738;图八

吴新钦 北魏平城时期敦煌写经书法的结体及其书史意义《屏东教育大学学报》第28期,2007年9月 p.50注[22];p.78;图十

彭建兵 敦煌早期密教写经的分类《兴义民族师范学院学报》2011年第1期 p.30

党燕妮 中古时期敦煌地区的药师佛信仰《南京晓庄学院学报》2013年第6期 p.84~85

林聪明 敦煌文书的题记《港台敦煌学文库》第34册,兰州:甘肃人民出版社,2014年12月 p.141

韩春平、马德、许端清 关于敦煌遗书数据库《敦煌学辑刊》2018年第4期 p.150

徐祖蕃、秦明智、荣恩奇编选 敦煌遗书书法选 兰州:甘肃人民出版社,1985年10月 p.32图版及简要说明

薄小莹 敦煌遗书汉文纪年卷编年 长春:长春出版社,1990年3月 p.4、84

林聪明著 敦煌文书学(敦煌学导论丛刊①) 台北:新文丰出版股份有限公司,1991年8月 p.274

林聪明著 敦煌吐鲁番文书解诂指例(敦煌丛刊二集⑮) 台北:新文丰出版公司,2001年6月 p.126

陆锡兴著《诗经》异文研究 北京:中国社会科学出版社,2001年12月第1版;2002年10月第2次印刷 p.146

刘胜角著 古代楷书发展史 北京:中国戏剧出版社,2002年5月 p.134~135;图126

李小荣著 敦煌密教文献论稿 北京:人民文学出版社,2003年7月 p.3、26

黄征编 敦煌俗字典 上海:上海教育出版社,2005年5月 正文p.142、167、359、364、515;顺序索引p.742;分类索引p.749

中国美编 中国散藏敦煌文献分类目录 北京:北京图书馆出版社,2007年10月 p.66、156~157

赵红著 敦煌写本汉字论考 上海:上海古籍出版社,2012年4月 p.229

陈琪 敦煌遗书书法浅探 兰州:兰州大学博士研究生学位论文,2007年5月 p.152(表);p.153、156;p.181;图47

党燕妮 晚唐五代宋初敦煌民间佛教信仰研究 兰州:兰州大学博士研究生学位论文,2009年5月 p.59

伍小劼《大灌顶经》研究——以《灌顶拔除过罪生死得度经》为中心 上海:上海师范大学博士研究生学位论文,2010年4月 p.129、149

陶家骏 敦煌研究院藏佚本《维摩诘经注》写卷研究 苏州:苏州大学博士研究生学位论文,2012年3月 p.27;p.29(表)

毛秋瑾 北魏时期敦煌写经书法研究 苏州:苏州大学硕士研究生学位论文,2002年1月 p.26图7;p.43(附表)

彭建兵 敦煌石窟早期密教状况研究 兰州:兰州大学硕士研究生学位论文,2006年5月 p.34、63

陈瑞峰《甘肃藏敦煌文献》俗字研究 金华:浙江师范大学硕士研究生学位论文,2012年5月 p.37~38;俗字表p.165~166、176、217

王翠《甘肃藏敦煌文献》俗字研究 南京:南京师范大学硕士研究生学位论文,2014年5月 p.15(表);p.51(附录:中古经卷"表")

肖倩 敦煌写卷中古俗字研究 南京:南京师范大学硕士研究生学位论文,2014年5月 p.17~18(表);p.69~70

常書鴻著,秋岡家栄訳 敦煌の風鐸 東京:学習研究社,1982年6月 p.193

池田温编 中國古代寫本識語集錄 東京:東京大学東洋文化研究所発行,1990年3月30日 p.93(第104号题記錄文)

说明:土地庙出土。

敦研055(土) 北魏太和十一年写本

施萍亭 北魏太和十一年写本《敦煌》,兰州:甘肃人民出版社、南京:江苏美术出版社,1990年7月;1993年7月;1997年11月 图版p.243;p.288第259条图版说明

赵晓星著 吐蕃统治时期敦煌密教研究 兰州:甘肃教育出版社,2017年3月 p.102(表8)

赵晓星 吐蕃统治敦煌时期的密教研究 兰州:兰州大学博士研究生学位论文,2007年6月 p.50(表)

敦研010(收藏号217) A.佛说柸特罗麻油述经

邰惠莉、罗华庆、陈雪静撰稿,施萍婷、邵国秀审订 敦煌研究院藏敦煌文献叙录(上)《甘肃藏敦煌文献》(第一卷),兰州:甘肃人民出版社,1999年9月 p.269;图版p.7

黄征编 敦煌俗字典 上海:上海教育出版社,2005年5月 前言p.22;正文p.113、141、143、223、234、313、335、359、385、407、428、448、496、497、517、546;顺序索引p.742;分类索引p.750

申国美编 中国散藏敦煌文献分类目录 北京:北京图书馆出版社,2007年10月 p.67、157

甘肃省地方史志编纂委员会编 甘肃省志·文物志(中册) 北京:文物出版社,2018年11月 p.1523;图1幅

井米兰 敦煌俗字与宋本《玉篇》文字比较研究 上海:华东师范大学硕士研究生学位论文,2009年5月 p.73

周远军 敦煌写卷《道行般若经》用字研究及校勘 南宁:广西大学硕士研究生学位论文,2011年6月 p.46

陈瑞峰《甘肃藏敦煌文献》俗字研究 金华:浙江师范大学硕士研究生学位论文,2012年5月 俗字表p.165、200、209

薛皖东《干禄字书》所收俗字与敦煌俗字比较研究 南京:南京师范大学硕士研究生学位论文,2013年4月 p.5

王翠《甘肃藏敦煌文献》俗字研究 南京:南京师范大学硕士研究生学位论文,2014年5月 p.15(表);p.51(附录:中古经卷"表")

说明:土地庙出土。

敦研010(收藏号217) B.佛说祝毒经

敦煌文物研究所资料室,刘忠贵、施娉婷 敦煌文物研究所藏敦煌遗书目录《文物资料丛刊》(1),北京:文物出版社,1977年12月 p.54;收入冯志文、杨际平主编《中国敦煌学百年文库·综述卷》(二),兰州:甘肃文化出版社,1999年 p.264

敦煌文物研究所资料室,刘忠贵、施娉婷 附:关于《敦煌遗书目录》的说明《文物资料丛刊》(1),北京:文物出版社,1977年12月 p.67;收入冯志文、杨际平主编《中国敦煌学百年文库·综述卷》(二),兰州:甘肃文化出版社,1999年 p.285;收入施萍婷著《敦煌习学集》(下),兰州:甘肃民族出版社,2004年12月 p.343

周丕显 敦煌遗书概述《敦煌学辑刊》(第1集),1980年2月 p.28;又载《兰州大学学报》(哲学社会科学版)[敦煌学专刊],1980年第2期 p.28;收入氏著《敦煌文献研究》,兰州:甘肃文化出版社,1995年6月 p.19

李正宇 土地庙遗书的发现、特点和入藏年代《敦煌研究》(第三期·总第五期),兰州:甘肃人民出版社,1985年12月 p.95;收入政协甘肃省敦煌市委员会编《敦煌文史资料选辑》第三辑,敦煌:政协甘肃省敦煌市委员会编印,1995年9月 p.102

苏晋仁 敦煌逸经《祝毒经》考《中国史研究》1986年第1期 p.69~72;收入杨曾文、杜斗城主编《中国敦煌学百年文库·宗教卷》(二),兰州:甘肃文化出版社,1999年 p.150~154;收入敦煌研究院编《敦煌研究文集·敦煌研究院藏敦煌文献研究篇》,兰州:甘肃民族出版社,2000年9月 p.167~172;收入氏著《佛学文史论丛》,香港:中国佛教文化出版有限公司,2002年7月 p.199~207

施萍亭 佛说祝毒经《敦煌》,兰州:甘肃人民出版社、南京:江苏美术出版社,1990年7月;1993年7月;1997年11月 图版p.240~241;p.287第255条图版说明

杨森 浅谈北朝经生体楷笔的演化《社科纵横》1994年第4期 p.59

杨森 敦研0010号《佛说祝毒经》书法风格——从北朝经生体书法谈起《敦煌研究》1995年第1期 p.168~171

赵声良 早期敦煌写本书法的时代分期和类型《敦煌书法库》(第二辑)[魏晋南北朝时期],兰州:甘肃人民美术出版社,1995年4月 p.1

沙知 土地庙遗书《敦煌学大辞典》,上海:上海辞书出版社,1998年12月 p.17

施萍婷 甘肃藏敦煌文献概述《甘肃藏敦煌文献精粹》,兰州:甘肃人民出版社,1999年 p.7;又载段文杰主编《甘肃藏敦煌文献》(第一至六卷),兰州:甘肃人民出版社,1999年9~12月 p.7

邰惠莉、罗华庆、陈雪静撰稿,施萍婷、邵国秀审订 敦煌研究院藏敦煌文献叙录(上)《甘肃藏敦煌文献》(第一卷),兰州:甘肃人民出版社,1999年9月 p.269;图版p.8

赵声良 早期敦煌写本书法的分期研究《1994年敦煌学国际研讨会文集——纪念敦煌研究院成立50周年》(石窟艺术卷),兰州:甘肃民族出版社,2000年6月 p.258

樊锦诗 敦煌研究院藏敦煌文献研究概述《敦煌研究文集·敦煌研究院藏敦煌文献研究篇》,兰州:甘肃民族出版社,2000年9月 p.3

施萍婷、邰惠莉 敦煌研究院藏敦煌文献叙录《敦煌研究文集·敦煌研究院藏敦煌文献研究篇》,兰州:甘肃民族出版社,2000年9月 p.25~26

韩惠言 甘藏敦煌汉文文献概况《敦煌学辑刊》2000年第2期 p.69;收入敦煌研究院编《2000年敦煌学国际学术讨论会文集——纪念敦煌藏经洞发现暨敦煌学百年》历史文化卷(上),兰州:甘肃民族出版社,2003年9月 p.519

杨森 敦煌研究院藏敦煌文献论著目录《敦煌研究文集·敦煌研究院藏敦煌文献研究篇》,兰州:甘肃民族出版社,2000年9月 p.574

张涌泉 敦煌故里对敦煌学的新奉献——《甘肃藏敦煌文献》读后《敦煌研究》2001年第1期 p.183

施萍婷 敦煌研究院、上海图书馆、天津艺术博物馆藏敦煌遗书巡礼《浙江与敦煌学——常书鸿先生诞辰一百周年纪念文集》,杭州:浙江古籍出版社,2004年12月 p.306;日文见池田温訳《敦煌研究院、上海圖書館及び天津芸術博物館所藏の敦煌遺書をめぐって》,《東洋學報》第72卷第1·2號,1990年12月 p.92

黄征 敦煌俗字种类考辨《敦煌学·日本学——石塚晴通教授退职纪念文集》,上海:上海辞书出版社,2005年12月 p.113;又载赵生群、方向东主编《古文献研究集刊》(第一辑),南京:凤凰出版社,2007年4月 p.29

彭建兵 敦煌早期密教写经的分类《兴义民族师范学院学报》2011年第1期 p.31

李小荣著 敦煌密教文献论稿 北京:人民文学出版社,2003年7月 p.3

黄征编 敦煌俗字典 上海:上海教育出版社,2005年5月 正文p.58、59、292、427、540

中国美编 中国散藏敦煌文献分类目录 北京:北京图书馆出版社,2007年10月 p.67、157

赵红著 敦煌写本汉字论考 上海：上海古籍出版社，2012年4月 p.69、87、184

甘肃省地方史志编纂委员会编 甘肃省志·文物志（中册）北京：文物出版社，2018年11月 p.1523

陈琪 敦煌遗书书法浅探 兰州：兰州大学博士研究生学位论文，2007年5月 p.7

彭建兵 敦煌石窟早期密教状况研究 兰州：兰州大学硕士研究生学位论文，2006年5月 p.64

宋丽丽 敦煌写本《籯金》俗字研究 南京：南京师范大学硕士研究生学位论文，2011年5月 p.36

陈瑞峰《甘肃藏敦煌文献》俗字研究 金华：浙江师范大学硕士研究生学位论文，2012年5月 p.9、45、46、50；俗字表p.125、208

王翠《甘肃藏敦煌文献》俗字研究 南京：南京师范大学硕士研究生学位论文，2014年5月 p.15（表）；p.51（附录：中古经卷"表"）

介生 遍记甘藏敦煌遗书 兼具资料学术价值——《甘肃藏敦煌文献》介评① 《图书与情报》2000年第2期 p.79

说明：土地庙出土。

敦研011（收藏号218）俗家弟子诵经录

敦煌文物研究所资料室，刘忠贵、施娉婷 敦煌文物研究所藏敦煌遗书目录《文物资料丛刊》（1），北京：文物出版社，1977年12月 p.54；收入冯志文、杨际平主编《中国敦煌学百年文库·综述卷》（二），兰州：甘肃文化出版社，1999年 p.265

邰惠莉、罗华庆、陈雪静撰稿，施萍婷、邵国秀审订 敦煌研究院藏敦煌文献叙录（上）《甘肃藏敦煌文献》（第一卷），兰州：甘肃人民出版社，1999年9月 p.269；图版p.8~9

施萍婷、邰惠莉 敦煌研究院藏敦煌文献叙录《敦煌研究文集·敦煌研究院藏敦煌文献研究篇》，兰州：甘肃民族出版社，2000年9月 p.26

张先堂 一件珍贵的唐五代敦煌俗家弟子诵经录——敦煌研究院藏D0218号残卷新探②《敦煌研究》，2013年第6期 p.40~49；图版42

张元林 "中国敦煌吐鲁番学会成立三十周年国际学术研讨会"论文观点述要《2014敦煌学国际联络委员会通讯集刊》，上海：上海古籍出版社，2014年8月 p.288

中国美编 中国散藏敦煌文献分类目录 北京：北京图书馆出版社，2007年10月 p.87、157

说明：土地庙出土。

敦研011V 俗家弟子诵经录

邰惠莉、罗华庆、陈雪静撰稿，施萍婷、邵国秀审订 敦煌研究院藏敦煌文献叙录（上）《甘肃藏敦煌文

①《佛说祝毒经》敦研编号010（收藏号217）。介生《遍记甘藏敦煌遗书 兼具资料学术价值——〈甘肃藏敦煌文献〉介评》第79页作"敦研101《佛说祝毒经》"，有误。为引用正确，此处更正之。

②施萍婷将该经定名为"抄经勘误录（拟题）"。张先堂在《一件珍贵的唐五代敦煌俗家弟子诵经录》中研究认为，施先生定名不准确。经张先堂释文研究，该卷正、背面内容相关，均为诵经录。

献》(第一卷),兰州:甘肃人民出版社,1999年9月 p.269;图版p.10

施萍婷、邰惠莉 敦煌研究院藏敦煌文献叙录《敦煌研究文集·敦煌研究院藏敦煌文献研究篇》,兰州:甘肃民族出版社,2000年9月 p.26

张先堂 一件珍贵的唐五代敦煌俗家弟子诵经录——敦煌研究院藏D0218号残卷新探① 《敦煌研究》,2013年第6期 p.41~43

申国美编 中国散藏敦煌文献分类目录 北京:北京图书馆出版社,2007年10月 p.88

敦研012(收藏号219)粮食入破历(拟题)

敦煌文物研究所资料室,刘忠贵、施娉婷 敦煌文物研究所藏敦煌遗书目录《文物资料丛刊》(1),北京:文物出版社,1977年12月 p.54;收入冯志文、杨际平主编《中国敦煌学百年文库·综述卷》(二),兰州:甘肃文化出版社,1999年 p.265

邰惠莉、罗华庆、陈雪静撰稿,施萍婷、邵国秀审订 敦煌研究院藏敦煌文献叙录(上)《甘肃藏敦煌文献》(第一卷),兰州:甘肃人民出版社,1999年9月 p.269;图版p.10~11

韩惠言 甘藏敦煌汉文文献概况《敦煌学辑刊》2000年第2期 p.70;收入敦煌研究院编《2000年敦煌学国际学术讨论会文集——纪念敦煌藏经洞发现暨敦煌学百年》历史文化卷(上),兰州:甘肃民族出版社,2003年9月 p.520

施萍婷、邰惠莉 敦煌研究院藏敦煌文献叙录《敦煌研究文集·敦煌研究院藏敦煌文献研究篇》,兰州:甘肃民族出版社,2000年9月 p.26

杨森 敦煌研究院藏敦煌文献论著目录《敦煌研究文集·敦煌研究院藏敦煌文献研究篇》,兰州:甘肃民族出版社,2000年9月 p.574~575

张涌泉 敦煌故里对敦煌学的新奉献——《甘肃藏敦煌文献》读后《敦煌研究》2001年第1期 p.184

申国美编 中国散藏敦煌文献分类目录 北京:北京图书馆出版社,2007年10月 p.85、157

张涌泉著 敦煌写本文献学 兰州:甘肃教育出版社,2013年12月 p.651;图19-2

说明:土地庙出土。

敦研013(收藏号220)中论卷第二、卷第三

敦煌文物研究所资料室,刘忠贵、施娉婷 敦煌文物研究所藏敦煌遗书目录《文物资料丛刊》(1),北京:文物出版社,1977年12月 p.54;收入冯志文、杨际平主编《中国敦煌学百年文库·综述卷》(二),兰州:甘肃文化出版社,1999年 p.265

李正宇 土地庙遗书的发现、特点和入藏年代《敦煌研究》(第三期·总第五期),兰州:甘肃人民出版社,1985年12月 p.93;收入政协甘肃省敦煌市委员会编《敦煌文史资料选辑》第三辑,敦煌:政协甘肃省敦煌

①施萍婷将该经定名为"记事杂写等九行(拟题)",张先堂在《一件珍贵的唐五代敦煌俗家弟子诵经录》中研究认为,施先生定名不准确。经张先堂释文研究,该卷正、背面内容相关,均为诵经录。

市委员会编印，1995年9月 p.98

邰惠莉、罗华庆、陈雪静撰稿，施萍婷、邵国秀审订 敦煌研究院藏敦煌文献叙录（上）《甘肃藏敦煌文献》（第一卷），兰州：甘肃人民出版社，1999年9月 p.269~270；图版p.12~13

施萍婷、邰惠莉 敦煌研究院藏敦煌文献叙录《敦煌研究文集·敦煌研究院藏敦煌文献研究篇》，兰州：甘肃民族出版社，2000年9月 p.26~27

林聪明 敦煌文书的割裂《港台敦煌学文库》第34册，兰州：甘肃人民出版社，2014年12月 p.220

林聪明著 敦煌文书学（敦煌学导论丛刊①） 台北：新文丰出版股份有限公司，1991年8月 p.357

申国美编 中国散藏敦煌文献分类目录 北京：北京图书馆出版社，2007年10月 p.61、157

说明：土地庙出土。此卷可与014、015、124号缀合。缀合依次顺序为：124、014、013、015号。

敦研0013（土）、0014（土）、0015（土）、0124 中论卷第二观行品第十三

李正宇 土地庙遗书的发现、特点和入藏年代《敦煌研究》（第三期·总第五期），兰州：甘肃人民出版社，1985年12月 p.96（列表）；收入政协甘肃省敦煌市委员会编《敦煌文史资料选辑》第三辑，敦煌：政协甘肃省敦煌市委员会编印，1995年9月 p.105（列表）

杨森 敦煌研究院藏敦煌文献论著目录《敦煌研究文集·敦煌研究院藏敦煌文献研究篇》，兰州：甘肃民族出版社，2000年9月 p.575

敦研0013、0014、0015 中论

沙知 土地庙遗书《敦煌学大辞典》，上海：上海辞书出版社，1998年12月 p.17

敦研014（收藏号221） 中论卷第二观行品第十三

敦煌文物研究所资料室，刘忠贵、施娉婷 敦煌文物研究所藏敦煌遗书目录《文物资料丛刊》（1），北京：文物出版社，1977年12月 p.54；收入冯志文、杨际平主编《中国敦煌学百年文库·综述卷》（二），兰州：甘肃文化出版社，1999年 p.265

李正宇 土地庙遗书的发现、特点和入藏年代《敦煌研究》（第三期·总第五期），兰州：甘肃人民出版社，1985年12月 p.93；收入政协甘肃省敦煌市委员会编《敦煌文史资料选辑》第三辑，敦煌：政协甘肃省敦煌市委员会编印，1995年9月 p.98

邰惠莉、罗华庆、陈雪静撰稿，施萍婷、邵国秀审订 敦煌研究院藏敦煌文献叙录（上）《甘肃藏敦煌文献》（第一卷），兰州：甘肃人民出版社，1999年9月 p.270；图版p.13~14

施萍婷、邰惠莉 敦煌研究院藏敦煌文献叙录《敦煌研究文集·敦煌研究院藏敦煌文献研究篇》，兰州：甘肃民族出版社，2000年9月 p.27

林聪明 敦煌文书的割裂《港台敦煌学文库》第34册，兰州：甘肃人民出版社，2014年12月 p.220

林聪明著 敦煌文书学（敦煌学导论丛刊①） 台北：新文丰出版股份有限公司，1991年8月 p.357

申国美编 中国散藏敦煌文献分类目录 北京：北京图书馆出版社，2007年10月 p.61、157

说明：土地庙出土。此卷可与013、015、124号缀合。缀合依次顺序为：124、014、013、015号。

敦研015（收藏号222）中论卷第三观有无品第十五

敦煌文物研究所资料室，刘忠贵、施娉婷 敦煌文物研究所藏敦煌遗书目录《文物资料丛刊》（1），北京：文物出版社，1977年12月 p.54；收入冯志文、杨际平主编《中国敦煌学百年文库·综述卷》（二），兰州：甘肃文化出版社，1999年 p.265

李正宇 土地庙遗书的发现、特点和入藏年代《敦煌研究》（第三期·总第五期），兰州：甘肃人民出版社，1985年12月 p.93；收入政协甘肃省敦煌市委员会编《敦煌文史资料选辑》第三辑，敦煌：政协甘肃省敦煌市委员会编印，1995年9月 p.98

邰惠莉、罗华庆、陈雪静撰稿，施萍婷、邵国秀审订 敦煌研究院藏敦煌文献叙录（上）《甘肃藏敦煌文献》（第一卷），兰州：甘肃人民出版社，1999年9月 p.270；图版p.14

施萍婷、邰惠莉 敦煌研究院藏敦煌文献叙录《敦煌研究文集·敦煌研究院藏敦煌文献研究篇》，兰州：甘肃民族出版社，2000年9月 p.27

杨森 敦煌研究院藏敦煌文献论著目录《敦煌研究文集·敦煌研究院藏敦煌文献研究篇》，兰州：甘肃民族出版社，2000年9月 p.575

林聪明 敦煌文书的题记《港台敦煌学文库》第34册，兰州：甘肃人民出版社，2014年12月 p.157、162、174

林聪明 敦煌文书的割裂《港台敦煌学文库》第34册，兰州：甘肃人民出版社，2014年12月 p.220

林聪明著 敦煌文书学（敦煌学导论丛刊①）台北：新文丰出版股份有限公司，1991年8月 p.290、295、306、357

林聪明著 敦煌吐鲁番文书解诂指例（敦煌丛刊二集⑮）台北：新文丰出版公司，2001年6月 p.156

申国美编 中国散藏敦煌文献分类目录 北京：北京图书馆出版社，2007年10月 p.61、157

朱瑶著 敦煌汉文文献题记整理与研究 北京：中国社会科学出版社，2016年7月 p.54、81、158

池田温編 中國古代寫本識語集錄 東京：東京大学東洋文化研究所発行，1990年3月30日 p.98（第142号題記錄文）

说明：土地庙出土。此卷可与013、014、124号缀合。缀合依次顺序为：124、014、013、015号。

敦研016（收藏号223）自在王菩萨经卷上

敦煌文物研究所资料室，刘忠贵、施娉婷 敦煌文物研究所藏敦煌遗书目录《文物资料丛刊》（1），北京：文物出版社，1977年12月 p.54；收入冯志文、杨际平主编《中国敦煌学百年文库·综述卷》（二），兰州：甘肃文化出版社，1999年 p.265

邰惠莉、罗华庆、陈雪静撰稿，施萍婷、邵国秀审订 敦煌研究院藏敦煌文献叙录（上）《甘肃藏敦煌文献》（第一卷），兰州：甘肃人民出版社，1999年9月 p.270；图版p.15~16

施萍婷、邰惠莉 敦煌研究院藏敦煌文献叙录《敦煌研究文集·敦煌研究院藏敦煌文献研究篇》，兰州：甘肃民族出版社，2000年9月 p.27~28

黄征编 敦煌俗字典 上海:上海教育出版社,2005年5月 正文p.16、23、51、76、83、104、124、142、197、208、264、346、357、364、368、397、405、422、439、441、478、494、495、520、525、531、532、537; 顺序索引p.742; 分类索引p.750

中国美编 中国散藏敦煌文献分类目录 北京:北京图书馆出版社,2007年10月 p.45、157~158

赵红著 敦煌写本汉字论考 上海:上海古籍出版社,2012年4月 p.77、228~229

陶家骏 敦煌研究院藏佚本《维摩诘经注》写卷研究 苏州:苏州大学博士研究生学位论文,2012年3月 俗字表p.82、109、129、151

宋丽丽 敦煌写本《籯金》俗字研究 南京:南京师范大学硕士研究生学位论文,2011年5月 p.35

周远军 敦煌写卷《道行般若经》用字研究及校勘 南宁:广西大学硕士研究生学位论文,2011年6月 p.86

陈瑞峰《甘肃藏敦煌文献》俗字研究 金华:浙江师范大学硕士研究生学位论文,2012年5月 p.15、26、49、54;例证表p.70;俗字表p.111、116、123、134、144、158、166、185、191、217、221、229

赵丹 敦煌本道液《净名经》疏解二种异文研究 金华:浙江师范大学硕士研究生学位论文,2013年5月 p.123

说明:土地庙出土。

敦研017(1)(收藏号224–1) 大方等大集经卷第六宝女品第三之二

敦煌文物研究所资料室,刘忠贵、施娉婷 敦煌文物研究所藏敦煌遗书目录《文物资料丛刊》(1),北京:文物出版社,1977年12月 p.54;收入冯志文、杨际平主编《中国敦煌学百年文库·综述卷》(二),兰州:甘肃文化出版社,1999年 p.265

邰惠莉、罗华庆、陈雪静撰稿,施萍婷、邵国秀审订 敦煌研究院藏敦煌文献叙录(上)《甘肃藏敦煌文献》(第一卷),兰州:甘肃人民出版社,1999年9月 p.270;图版p.16;彩版(局部)

施萍婷、邰惠莉 敦煌研究院藏敦煌文献叙录《敦煌研究文集·敦煌研究院藏敦煌文献研究篇》,兰州:甘肃民族出版社,2000年9月 p.28

黄征编 敦煌俗字典 上海: 上海教育出版社,2005年5月 正文p.15、137、202、208、211、223、238、260、288、309、324、343、369、502、562

中国美编 中国散藏敦煌文献分类目录 北京:北京图书馆出版社,2007年10月 p.45、158

陶家骏 敦煌研究院藏佚本《维摩诘经注》写卷研究 苏州:苏州大学博士研究生学位论文,2012年3月 俗字表p.118

陈瑞峰《甘肃藏敦煌文献》俗字研究 金华:浙江师范大学硕士研究生学位论文,2012年5月 例证表p.70;俗字表p.163、192、195、202

周小旭 敦煌本《大方等大集经》汉文写本考 金华:浙江师范大学硕士研究生学位论文,2017年5月 p.11;p.95(附录五)

邢蕴荠《敦煌俗字典》所收俗字分类研究 锦州:渤海大学硕士研究生学位论文,2019年6月 p.24

说明:土地庙出土。

敦研017（2）金光明经卷第二题签

施萍婷、邰惠莉 敦煌研究院藏敦煌文献叙录《敦煌研究文集·敦煌研究院藏敦煌文献研究篇》，兰州：甘肃民族出版社，2000年9月 p.28

敦研018（收藏号226）佛说阿难律经

敦煌文物研究所资料室，刘忠贵、施娉婷 敦煌文物研究所藏敦煌遗书目录《文物资料丛刊》（1），北京：文物出版社，1977年12月 p.55；收入冯志文、杨际平主编《中国敦煌学百年文库·综述卷》（二），兰州：甘肃文化出版社，1999年 p.265

敦煌文物研究所资料室，刘忠贵、施娉婷 附：关于《敦煌遗书目录》的说明《文物资料丛刊》（1），北京：文物出版社，1977年12月 p.67；收入冯志文、杨际平主编《中国敦煌学百年文库·综述卷》（二），兰州：甘肃文化出版社，1999年 p.285；收入施萍婷著《敦煌习学集》（下），兰州：甘肃民族出版社，2004年12月 p.343

李正宇 土地庙遗书的发现、特点和入藏年代《敦煌研究》（第三期·总第五期），兰州：甘肃人民出版社，1985年12月 p.93、95；收入政协甘肃省敦煌市委员会编《敦煌文史资料选辑》第三辑，敦煌：政协甘肃省敦煌市委员会编印，1995年9月 p.98、102

沙知 土地庙遗书《敦煌学大辞典》，上海：上海辞书出版社，1998年12月 p.17

施萍婷 甘肃藏敦煌文献概述《甘肃藏敦煌文献精粹》，兰州：甘肃人民出版社，1999年 p.7；又载段文杰主编《甘肃藏敦煌文献》（第一至六卷），兰州：甘肃人民出版社，1999年9~12月 p.7

邰惠莉、罗华庆、陈雪静撰稿，施萍婷、邵国秀审订 敦煌研究院藏敦煌文献叙录（上）《甘肃藏敦煌文献》（第一卷），兰州：甘肃人民出版社，1999年9月 p.270~271；图版p.17

韩惠言 甘藏敦煌汉文文献概况《敦煌学辑刊》2000年第2期 p.69；收入敦煌研究院编《2000年敦煌学国际学术讨论会文集——纪念敦煌藏经洞发现暨敦煌学百年》历史文化卷（上），兰州：甘肃民族出版社，2003年9月 p.519

介生 遍记甘藏敦煌遗书 兼具资料学术价值——《甘肃藏敦煌文献》介评《图书与情报》2000年第2期 p.79

施萍婷、邰惠莉 敦煌研究院藏敦煌文献叙录《敦煌研究文集·敦煌研究院藏敦煌文献研究篇》，兰州：甘肃民族出版社，2000年9月 p.28

杨森 敦煌研究院藏敦煌文献论著目录《敦煌研究文集·敦煌研究院藏敦煌文献研究篇》，兰州：甘肃民族出版社，2000年9月 p.575

张涌泉 敦煌故里对敦煌学的新奉献——《甘肃藏敦煌文献》读后《敦煌研究》2001年第1期 p.183

肖瑜 敦煌研究院藏《三国志·步骘传》残卷疑难俗字补释《敦煌研究》2008年第5期 p.36；p.37（附："诣"、"封"二字体对照表）

黄征编 敦煌俗字典 上海：上海教育出版社，2005年5月 正文p.45、48、78、83、103、153、197、199、217、239、276、331、336、359、361、362、377、378、383、387、397、431、453、482、497、502、516、525、528、561；顺序索引p.742；分类索引p.750

申国美编 中国散藏敦煌文献分类目录 北京:北京图书馆出版社,2007年10月 p.79、158

甘肃省地方史志编纂委员会编 甘肃省志·文物志(中册) 北京:文物出版社,2018年11月 p.1520;图1幅

肖瑜《三国志》古写本用字研究 上海:复旦大学博士研究生学位论文,2006年4月 p.36

周远军 敦煌写卷《道行般若经》用字研究及校勘 南宁:广西大学硕士研究生学位论文,2011年6月 p.77

陈瑞峰《甘肃藏敦煌文献》俗字研究 金华:浙江师范大学硕士研究生学位论文,2012年5月 p.46、56;俗字表p.131、134、144、187、194、225、229

说明:土地庙出土。此卷可与050号缀合。018号下接050号。

敦研0018、0050 佛说阿难律经

周丕显 敦煌遗书概述《敦煌学辑刊》(第1集),1980年2月 p.28;又载《兰州大学学报》(哲学社会科学版)[敦煌学专刊],1980年第2期 p.28;收入氏著《敦煌文献研究》,兰州:甘肃文化出版社,1995年6月 p.19

沙知 土地庙遗书《敦煌学大辞典》,上海:上海辞书出版社,1998年12月 p.17

施萍婷 敦煌研究院、上海图书馆、天津艺术博物馆藏敦煌遗书巡礼《浙江与敦煌学——常书鸿先生诞辰一百周年纪念文集》,杭州:浙江古籍出版社,2004年12月 p.306;日文见池田温訳《敦煌研究院、上海圖書館及び天津芸術博物館所藏の敦煌遺書をめぐって》,《東洋學報》第72卷第1·2號,1990年12月 p.92

曹凌 中国佛教疑伪经综录① 上海:上海师范大学硕士研究生学位论文,2009年5月 p.49

敦研019(收藏号227)大般涅槃经卷第八如来性品第四之五

敦煌文物研究所资料室,刘忠贵、施娉婷 敦煌文物研究所藏敦煌遗书目录《文物资料丛刊》(1),北京:文物出版社,1977年12月 p.55;收入冯志文、杨际平主编《中国敦煌学百年文库·综述卷》(二),兰州:甘肃文化出版社,1999年 p.265

郑汝中 敦煌书法管窥《敦煌研究》1991年第4期 p.38;收入林保尧、关友惠主编《中国敦煌学百年文库·艺术卷》(三),兰州:甘肃文化出版社,1999年 p.44

郑汝中 敦煌书法概述《敦煌书法库》(第一辑)[魏晋南北朝时期],兰州:甘肃人民美术出版社,1994年1月 p.11

郑汝中 敦煌写卷书法钩沉《敦煌写卷书法精选》,合肥:安徽美术出版社,1994年12月 p.7;又载《书法之友》1996年第2期 p.4

赵声良 大般涅槃经卷如来性品《敦煌写卷书法精选》,合肥:安徽美术出版社,1994年12月 p.30~31图版及说明文字

赵声良 早期敦煌写本书法的时代分期和类型《敦煌书法库》(第二辑)[魏晋南北朝时期],兰州:甘肃

①曹凌《中国佛教疑伪经综录》第49页"附:《佛说阿难律经》现在敦煌遗书中存有两号"引甘博18号、甘博50号为"佛说阿难律经",有误。甘博18号为"金刚般若波罗蜜经",甘博50号为"思益经卷第四"。经核查,应更正为敦研018号和敦研050号"佛说阿难律经"。

人民美术出版社,1995年4月 p.2~3

赵声良 北魏写本《大般涅槃经如来性品》《敦煌书法库》(第二辑)[魏晋南北朝时期],兰州:甘肃人民美术出版社,1995年4月 p.72;图p.72~102

赵声良 敦煌写卷书法(上)《文史知识》1997年第4期 p.72

刘涛《敦煌书法库》第一辑、第二辑(书评)《敦煌吐鲁番研究》(第二卷),北京:北京大学出版社,1997年10月 p.403

施萍婷 敦煌研究院藏土地庙写本源自藏经洞《敦煌研究》1999年第2期 p.45(附表)

施萍婷 甘肃藏敦煌文献概述《甘肃藏敦煌文献精粹》,兰州:甘肃人民出版社,1999年 p.6~7;又载段文杰主编《甘肃藏敦煌文献》(第一至六卷),兰州:甘肃人民出版社,1999年9~12月 p.6~7

邰惠莉、罗华庆、陈雪静撰稿,施萍婷、邵国秀审订 敦煌研究院藏敦煌文献叙录(上)《甘肃藏敦煌文献》(第一卷),兰州:甘肃人民出版社,1999年9月 p.271;图版p.18~20

韩惠言 甘藏敦煌汉文文献概况《敦煌学辑刊》2000年第2期 p.68;收入敦煌研究院编《2000年敦煌学国际学术讨论会文集——纪念敦煌藏经洞发现暨敦煌学百年》历史文化卷(上),兰州:甘肃民族出版社,2003年9月 p.517

赵声良 早期敦煌写本书法的分期研究 《1994年敦煌学国际研讨会文集——纪念敦煌研究院成立50周年》(石窟艺术卷),兰州:甘肃民族出版社,2000年6月 p.261~262

施萍婷、邰惠莉 敦煌研究院藏敦煌文献叙录《敦煌研究文集·敦煌研究院藏敦煌文献研究篇》,兰州:甘肃民族出版社,2000年9月 p.28~29

杨森 敦煌研究院藏敦煌文献论著目录《敦煌研究文集·敦煌研究院藏敦煌文献研究篇》,兰州:甘肃民族出版社,2000年9月 p.575~576

张涌泉 敦煌故里对敦煌学的新奉献——《甘肃藏敦煌文献》读后《敦煌研究》2001年第1期 p.182

王志铭 论敦煌书法的艺术价值《敦煌佛教艺术文化国际学术研讨会论文集》,兰州:兰州大学出版社,2002年7月 p.610~613

赵声良 敦煌写本书法艺术《敦煌艺术十讲》,上海:上海古籍出版社,2007年7月 p.213

文化 敦煌遗书书法的分期及艺术风格《文艺研究》2009年第6期 p.133

秋子 大般涅槃经残卷《敦煌写卷墨迹精选丛帖》(壹),兰州:甘肃人民美术出版社,2009年10月;2010年6月 p.13~20简介/赏析及图版

徐祖蕃、秦明智、荣恩奇编选 敦煌遗书书法选 兰州:甘肃人民出版社,1985年10月 p.20~22图版及简要说明

刘胜角著 古代楷书发展史 北京:中国戏剧出版社,2002年5月 p.131;图120

胡同庆、安忠义著 佛教艺术 兰州:敦煌文艺出版社,2004年2月 p.296

黄征编 敦煌俗字典 上海:上海教育出版社,2005年5月 正文p.10、47、55、68、76、85、99、108、112、117、160、175、212、221、255、271、295、313、341、342、350、360、389、409、451、471、487、488、496; 顺序索引p.743;分类索引p.748

申国美编 中国散藏敦煌文献分类目录 北京:北京图书馆出版社,2007年10月 p.36、158

景盛轩著《大般涅槃经》異文研究 成都:巴蜀书社,2009年2月 p.102

樊锦诗、海蔚蓝主编,娄婕、梁旭澍、黄苑薇图录介绍《敦煌:丝路佛光》,敦煌研究院、华美协进社中国美术馆,2013年 p.56图版及说明

敦煌研究院编 中国石窟艺术——莫高窟 南京:江苏凤凰美术出版社,2015年12月 p.153图

马国俊主编 敦煌书法艺术研究 北京:文物出版社,2017年9月 p.171

景盛轩 敦煌本《大般涅槃经》研究——以版本、异文及训诂为中心 杭州:浙江大学博士研究生学位论文,2004年5月 p.42、199

肖瑜《三国志》古写本用字研究 上海:复旦大学博士研究生学位论文,2006年4月 p.53、126

陈琪 敦煌遗书书法浅探 兰州:兰州大学博士研究生学位论文,2007年5月 p.172;图12

陶家骏 敦煌研究院藏佚本《维摩诘经注》写卷研究 苏州:苏州大学博士研究生学位论文,2012年3月 俗字表p.116、121、145;p.200

井米兰 敦煌俗字与宋本《玉篇》文字比较研究 上海:华东师范大学硕士研究生学位论文,2009年5月 p.24

周远军 敦煌写卷《道行般若经》用字研究及校勘 南宁:广西大学硕士研究生学位论文,2011年6月 p.93、121、126

陈瑞峰《甘肃藏敦煌文献》俗字研究 金华:浙江师范大学硕士研究生学位论文,2012年5月 p.29;俗字表p.122~123、148、152、173、215、220

王翠《甘肃藏敦煌文献》俗字研究 南京:南京师范大学硕士研究生学位论文,2014年5月 p.15(表);p.51(附录:中古经卷"表")

李艳 敦煌俗字偏旁研究 杭州:杭州师范大学硕士研究生学位(学术学位)论文,2016年6月 p.19

王惠民撰文,勝木言一郎訳 大般涅槃経巻第八如来性品第四之五[砂漠の美術馆-永遠なる敦煌]中国敦煌研究院創立50周年記念(東京展、福岡展、神户展,1996年10月26日~1997年4月20日),東京:朝日新聞社,1996年 p.136~137図版及第70条日文図版解説

说明:土地庙出土。此卷与敦研020号、021号、031、127号、310号等为同一人书写。

敦研020(收藏号228)大般涅槃经卷第六如来性品第四之三

敦煌文物研究所资料室,刘忠贵、施娉婷 敦煌文物研究所藏敦煌遗书目录《文物资料丛刊》(1),北京:文物出版社,1977年12月 p.55;收入冯志文、杨际平主编《中国敦煌学百年文库·综述卷》(二),兰州:甘肃文化出版社,1999年 p.265

赵声良 敦煌南北朝写本的书法艺术《敦煌研究》1991年第4期 p.44;图7;收入林保尧、关友惠主编《中国敦煌学百年文库·艺术卷》(三),兰州:甘肃文化出版社,1999年 p.32

赵声良 南北朝写经书法艺术《敦煌书法库》(第一辑)[魏晋南北朝时期],兰州:甘肃人民美术出版社,1994年1月 p.17;图6

杨森 浅谈北朝经生体楷笔的演化《社科纵横》1994年第4期 p.61;附图4

杨森 敦研0010号《佛说祝毒经》书法风格——从北朝经生体书法谈起《敦煌研究》1995年第1期 p.169

赵声良 早期敦煌写本书法的时代分期和类型《敦煌书法库》(第二辑)[魏晋南北朝时期],兰州:甘肃人民美术出版社,1995年4月 p.2~3

赵声良 北魏写本《大般涅槃经如来性品》《敦煌书法库》(第二辑)[魏晋南北朝时期],兰州:甘肃人民美术出版社,1995年4月 p.72;图p.72~102

刘涛《敦煌书法库》第一辑、第二辑(书评)《敦煌吐鲁番研究》(第二卷),北京:北京大学出版社,1997年10月 p.403

赵声良 敦煌写卷书法(上)《文史知识》1997年第4期 p.72

赵声良 大般涅槃经如来性品第四《敦煌学大辞典》,上海:上海辞书出版社,1998年12月 p.280;附图1幅

张振阳、陈秋香撰文 大般涅槃经第六如来性品第四之三《沙漠中的明珠·敦煌石窟》,台北:大地地理出版事业股份有限公司,1999年4月 p.118~119;附图1幅

邰惠莉、罗华庆、陈雪静撰稿,施萍婷、邵国秀审订 敦煌研究院藏敦煌文献叙录(上)《甘肃藏敦煌文献》(第一卷),兰州:甘肃人民出版社,1999年9月 p.271;图版p.20~24

赵声良 早期敦煌写本书法的分期研究 《1994年敦煌学国际研讨会文集——纪念敦煌研究院成立50周年》(石窟艺术卷),兰州:甘肃民族出版社,2000年6月 p.261~262;图6

施萍婷、邰惠莉 敦煌研究院藏敦煌文献叙录《敦煌研究文集·敦煌研究院藏敦煌文献研究篇》,兰州:甘肃民族出版社,2000年9月 p.29

韩惠言 甘藏敦煌汉文文献概况《敦煌学辑刊》2000年第2期 p.68;收入敦煌研究院编《2000年敦煌学国际学术讨论会文集——纪念敦煌藏经洞发现暨敦煌学百年》历史文化卷(上),兰州:甘肃民族出版社,2003年9月 p.517

张涌泉 敦煌故里对敦煌学的新奉献——《甘肃藏敦煌文献》读后《敦煌研究》2001年第1期 p.182

景盛轩 试论敦煌佛经异文研究的价值和意义——以《大般涅槃经》为例《敦煌研究》2004年第5期 P.86、88

黄征 敦煌俗字例释《敦煌吐鲁番研究》(第八卷),北京:中华书局,2005年1月 p.249、252

赵声良 敦煌写本书法艺术《敦煌艺术十讲》,上海:上海古籍出版社,2007年7月 p.213

于淑健 中国古文字俗体探源——以敦煌佛经书法写本为例《艺术百家》2009年第3期 p.25

秋子 大般涅槃经残卷《敦煌写卷墨迹精选丛帖》(壹),兰州:甘肃人民美术出版社,2009年10月;2010年6月 p.13~20简介/赏析及图版

徐祖蕃、秦明智、荣恩奇编选 敦煌遗书书法选 兰州:甘肃人民出版社,1985年10月 p.17~18图版及简要说明

敦煌研究院编 敦煌:纪念敦煌藏经洞发现一百周年 北京:朝花出版社,2000年 p.158~159;附图1幅

吴健摄影 艺术的敦煌——吴健摄影集 上海:上海古籍出版社,2000年7月 p.326图版及说明

黄征编 敦煌俗字典 上海：上海教育出版社，2005年5月 正文p.1、3、9、11、15、18、19、22、27、29~30、47、57、68、72、82、84、96、104、105、119、121、150、153、167、192、194、198、211、213、221、226、234、239、259、264、275、295、308、331、336、350、355、366、377、381、383、392、394、421、427、437、442、456、459、463、477、482、494、507、525、545、551、553、561、578；顺序索引p.742、743、744；分类索引p.748

申国美编 中国散藏敦煌文献分类目录 北京：北京图书馆出版社，2007年10月 p.36、158~159

景盛轩著《大般涅槃经》異文研究 成都：巴蜀书社，2009年2月 p.47、48、65、82

沈乐平著 敦煌书法综论 杭州：浙江古籍出版社，2009年10月 p.36；p.38图；p.96

于淑健著 敦煌佛典语词和俗字研究——以敦煌古佚和疑伪经为中心 上海：上海古籍出版社，2012年4月 p.330

张涌泉著 敦煌写本文献学 兰州：甘肃教育出版社，2013年12月 p.181、182

敦煌研究院编 中国石窟艺术——莫高窟 南京：江苏凤凰美术出版社，2015年12月 p.153；图1幅

《丝绸之路：敦煌、龟兹、麦积山石窟》编辑委员会编著 丝绸之路：敦煌、龟兹、麦积山石窟 成都：四川人民出版社、北京：商务印书馆，2018年3月 图版p.192~193；p.352

景盛轩 敦煌本《大般涅槃经》研究——以版本、异文及训诂为中心 杭州：浙江大学博士研究生学位论文，2004年5月 p.37、149、151、159、163

肖瑜《三国志》古写本用字研究 上海：复旦大学博士研究生学位论文，2006年4月 p.18、78

陈琪 敦煌遗书书法浅探 兰州：兰州大学博士研究生学位论文，2007年5月 p.173；图13

沈乐平 敦煌书法综论 杭州：中国美术学院博士研究生学位论文，2008年5月 p.41、91

陶家骏 敦煌研究院藏佚本《维摩诘经注》写卷研究 苏州：苏州大学博士研究生学位论文，2012年3月 俗字表p.104、108~109

井米兰 敦煌俗字与宋本《玉篇》文字比较研究 上海：华东师范大学硕士研究生学位论文，2009年5月 p.38、72

周远军 敦煌写卷《道行般若经》用字研究及校勘 南宁：广西大学硕士研究生学位论文，2011年6月 p.19、30、44、47、106、122

陈瑞峰《甘肃藏敦煌文献》俗字研究 金华：浙江师范大学硕士研究生学位论文，2012年5月 p.28、31、54；俗字表p.114、117、118、129、130、134、135、138、145、155、167、175、184、186、192~193、194、199、203、230

高静怡 北图藏敦煌汉文写经《金光明经》异文研究 南宁：广西大学硕士研究生学位论文，2013年5月 p.37

王翠《甘肃藏敦煌文献》俗字研究 南京：南京师范大学硕士研究生学位论文，2014年5月 p.15（表）；p.26、36；p.51（附录：中古经卷“表”）

施萍亭 大般涅槃経如來性品［敦煌美術展］（岐阜展、岡山展、佐賀展、横浜展，2001年9月8日~2002年3月12日），東京：大塚巧藝社，2001年 p.102~103図版63及図版解説；p.131出品目錄

Fan jinshi Art of Dunhuang Cave Shrines-A Splendid Achievement 《敦煌：丝路佛光》，敦煌研究院、华美协进社中国美术馆，2013年 p.17；图1幅

说明:土地庙出土。此卷可与021、127号缀合。缀合顺序依次为021、127、020号。

敦研021(收藏号229) 大般涅槃经卷第六如来性品第四之三

敦煌文物研究所资料室,刘忠贵、施娉婷 敦煌文物研究所藏敦煌遗书目录《文物资料丛刊》(1),北京:文物出版社,1977年12月 p.55;收入冯志文、杨际平主编《中国敦煌学百年文库·综述卷》(二),兰州:甘肃文化出版社,1999年 p.265

施萍亭 大般涅槃经卷第六如来性品第四之三《敦煌》,兰州:甘肃人民出版社、南京:江苏美术出版社,1990年7月;1993年7月;1997年11月 图版p.232~233;p.287第248条图版说明

杨森 浅谈北朝经生体楷笔的演化《社科纵横》1994年第4期 p.61

郑炳林 唐五代敦煌的医事研究《敦煌归义军史专题研究》,兰州:兰州大学出版社,1997年9月 p.526

施萍婷 甘肃藏敦煌文献概述《甘肃藏敦煌文献精粹》,兰州:甘肃人民出版社,1999年 p.7;又载段文杰主编《甘肃藏敦煌文献》(第一至六卷),兰州:甘肃人民出版社,1999年9~12月 p.7

邰惠莉、罗华庆、陈雪静撰稿,施萍婷、邵国秀审订 敦煌研究院藏敦煌文献叙录(上)《甘肃藏敦煌文献》(第一卷),兰州:甘肃人民出版社,1999年9月 p.272;图版p.25

施萍婷、邰惠莉 敦煌研究院藏敦煌文献叙录《敦煌研究文集·敦煌研究院藏敦煌文献研究篇》,兰州:甘肃民族出版社,2000年9月 p.29

黄征编 敦煌俗字典 上海:上海教育出版社,2005年5月 正文p.9、63、78、109、110、120、123、170、365、367、488、546、547、578;顺序索引p.742;分类索引p.748

申国美编 中国散藏敦煌文献分类目录 北京:北京图书馆出版社,2007年10月 p.36、159

张涌泉著 敦煌写本文献学 兰州:甘肃教育出版社,2013年12月 p.181

景盛轩 敦煌本《大般涅槃经》研究——以版本、异文及训诂为中心 杭州:浙江大学博士研究生学位论文,2004年5月 p.37

井米兰 敦煌俗字与宋本《玉篇》文字比较研究 上海:华东师范大学硕士研究生学位论文,2009年5月 p.26

周远军 敦煌写卷《道行般若经》用字研究及校勘 南宁:广西大学硕士研究生学位论文,2011年6月 p.58

陈瑞峰《甘肃藏敦煌文献》俗字研究 金华:浙江师范大学硕士研究生学位论文,2012年5月 p.34;俗字表p.154、156、177、232

王翠《甘肃藏敦煌文献》俗字研究 南京:南京师范大学硕士研究生学位论文,2014年5月 p.15(表);p.51(附录:中古经卷"表")

说明:土地庙出土。此卷可与020、127号缀合。缀合顺序依次为021、127、020号。

敦研0021(土)+0127+0020(土) 大般涅槃经卷第六如来性品第四之三

施萍婷 敦煌研究院藏土地庙写本源自藏经洞《敦煌研究》1999年第2期 p.45(附表)

杨森 敦煌研究院藏敦煌文献论著目录《敦煌研究文集·敦煌研究院藏敦煌文献研究篇》，兰州：甘肃民族出版社，2000年9月 p.576

敦博2号……敦研21号+敦研127号+敦研20号……敦研19号 大般涅槃经

景盛轩 公元五世纪敦煌本《大般涅槃经》写卷缀合研究[①]《浙江师范大学学报》（社会科学版）2014年第6期 p.27；p.28图1

敦研022（1）（收藏号230-1）大般涅槃经卷第十四圣行品第七之四

敦煌文物研究所资料室，刘忠贵、施娉婷 敦煌文物研究所藏敦煌遗书目录《文物资料丛刊》（1），北京：文物出版社，1977年12月 p.55；收入冯志文、杨际平主编《中国敦煌学百年文库·综述卷》（二），兰州：甘肃文化出版社，1999年 p.265

施萍婷 敦煌研究院藏土地庙写本源自藏经洞《敦煌研究》1999年第2期 p.45（附表）

施萍婷 甘肃藏敦煌文献概述《甘肃藏敦煌文献精粹》，兰州：甘肃人民出版社，1999年 p.6；又载段文杰主编《甘肃藏敦煌文献》（第一至六卷），兰州：甘肃人民出版社，1999年9~12月 p.6

邰惠莉、罗华庆、陈雪静撰稿，施萍婷、邵国秀审订 敦煌研究院藏敦煌文献叙录（上）《甘肃藏敦煌文献》（第一卷），兰州：甘肃人民出版社，1999年9月 p.272~273；图版p.26~27；彩版（卷首）

施萍婷、邰惠莉 敦煌研究院藏敦煌文献叙录《敦煌研究文集·敦煌研究院藏敦煌文献研究篇》，兰州：甘肃民族出版社，2000年9月 p.29~30

杨森 敦煌研究院藏敦煌文献论著目录《敦煌研究文集·敦煌研究院藏敦煌文献研究篇》，兰州：甘肃民族出版社，2000年9月 p.576~577

张涌泉 敦煌故里对敦煌学的新奉献——《甘肃藏敦煌文献》读后《敦煌研究》2001年第1期 p.182

景盛轩 敦煌北本《大般涅槃经》分卷考《〈大般涅槃经〉異文研究》，成都：巴蜀书社，2009年2月 调查表p.322

邰惠莉 敦煌研究院藏敦煌遗书的来源和价值《中国书法》2019年第9期 p.48~49；图1幅

申国美编 中国散藏敦煌文献分类目录 北京：北京图书馆出版社，2007年10月 p.38、159

景盛轩著《大般涅槃经》異文研究 成都：巴蜀书社，2009年2月 p.108

景盛轩 敦煌本《大般涅槃经》研究——以版本、异文及训诂为中心 杭州：浙江大学博士研究生学位论文，2004年5月 p.57；p.131（表二）；p.154、202

说明：土地庙出土。

①据景盛轩《公元五世纪敦煌本〈大般涅槃经〉写卷缀合研究》，敦博2号、敦研21号、敦研127号、敦研20号、敦研19号5个写卷，直接缀合3个（敦研21号、敦研127号、敦研20号可以直接缀合），间接缀合2个。

敦研022(2)(收藏号230-2) 大般涅槃经卷第十二圣行品第七之二

敦煌文物研究所资料室,刘忠贵、施娉婷 敦煌文物研究所藏敦煌遗书目录《文物资料丛刊》(1),北京:文物出版社,1977年12月 p.55;收入冯志文、杨际平主编《中国敦煌学百年文库·综述卷》(二),兰州:甘肃文化出版社,1999年 p.265

邰惠莉、罗华庆、陈雪静撰稿,施萍婷、邵国秀审订 敦煌研究院藏敦煌文献叙录(上)《甘肃藏敦煌文献》(第一卷),兰州:甘肃人民出版社,1999年9月 p.273;图版p.28

施萍婷、邰惠莉 敦煌研究院藏敦煌文献叙录《敦煌研究文集·敦煌研究院藏敦煌文献研究篇》,兰州:甘肃民族出版社,2000年9月 p.30

邰惠莉 敦煌研究院藏敦煌遗书的来源和价值《中国书法》2019年第9期 p.54

中国美编 中国散藏敦煌文献分类目录 北京:北京图书馆出版社,2007年10月 p.37

说明:土地庙出土。

敦研022(3)(收藏号230-3) 大般涅槃经卷第七如来性品第四之四

敦煌文物研究所资料室,刘忠贵、施娉婷 敦煌文物研究所藏敦煌遗书目录《文物资料丛刊》(1),北京:文物出版社,1977年12月 p.55;收入冯志文、杨际平主编《中国敦煌学百年文库·综述卷》(二),兰州:甘肃文化出版社,1999年 p.265

邰惠莉、罗华庆、陈雪静撰稿,施萍婷、邵国秀审订 敦煌研究院藏敦煌文献叙录(上)《甘肃藏敦煌文献》(第一卷),兰州:甘肃人民出版社,1999年9月 p.273;图版p.28

施萍婷、邰惠莉 敦煌研究院藏敦煌文献叙录《敦煌研究文集·敦煌研究院藏敦煌文献研究篇》,兰州:甘肃民族出版社,2000年9月 p.30

中国美编 中国散藏敦煌文献分类目录 北京:北京图书馆出版社,2007年10月 p.36

景盛轩 敦煌本《大般涅槃经》研究——以版本、异文及训诂为中心 杭州:浙江大学博士研究生学位论文,2004年5月 p.39

说明:土地庙出土。此卷可与315缀合。

敦研0022(3)+0315 大般涅槃经卷第七如来性品第四之四

施萍婷 敦煌研究院藏土地庙写本源自藏经洞《敦煌研究》1999年第2期 p.45(附表)

杨森 敦煌研究院藏敦煌文献论著目录《敦煌研究文集·敦煌研究院藏敦煌文献研究篇》,兰州:甘肃民族出版社,2000年9月 p.577

敦研023(收藏号231) 大般涅槃经卷第二十梵行品第八之六

敦煌文物研究所资料室,刘忠贵、施娉婷 敦煌文物研究所藏敦煌遗书目录《文物资料丛刊》(1),北京:文物出版社,1977年12月 p.55;收入冯志文、杨际平主编《中国敦煌学百年文库·综述卷》(二),兰州:甘肃文化出版社,1999年 p.265~266

邰惠莉、罗华庆、陈雪静撰稿，施萍婷、邵国秀审订 敦煌研究院藏敦煌文献叙录（上）《甘肃藏敦煌文献》（第一卷），兰州：甘肃人民出版社，1999年9月 p.273；图版p.29

施萍婷、邰惠莉 敦煌研究院藏敦煌文献叙录《敦煌研究文集·敦煌研究院藏敦煌文献研究篇》，兰州：甘肃民族出版社，2000年9月 p.30~31

景盛轩 敦煌北本《大般涅槃经》分卷考《〈大般涅槃经〉異文研究》，成都：巴蜀书社，2009年2月 调查表p.324

申国美编 中国散藏敦煌文献分类目录 北京：北京图书馆出版社，2007年10月 p.39、159

张涌泉著 敦煌写本文献学 兰州：甘肃教育出版社，2013年12月 p.181

景盛轩 敦煌本《大般涅槃经》研究——以版本、异文及训诂为中心 杭州：浙江大学博士研究生学位论文，2004年5月 p.71；p.131（表二）

说明：土地庙出土。此卷可与182号缀合。

敦研0023+0182 大般涅槃经卷第二十梵行品第八之六

施萍婷 敦煌研究院藏土地庙写本源自藏经洞《敦煌研究》1999年第2期 p.46（附表）

杨森 敦煌研究院藏敦煌文献论著目录《敦煌研究文集·敦煌研究院藏敦煌文献研究篇》，兰州：甘肃民族出版社，2000年9月 p.577

敦研024（收藏号232） 大方等大集经卷第六宝女品第三之二

敦煌文物研究所资料室，刘忠贵、施娉婷 敦煌文物研究所藏敦煌遗书目录《文物资料丛刊》（1），北京：文物出版社，1977年12月 p.55；收入冯志文、杨际平主编《中国敦煌学百年文库·综述卷》（二），兰州：甘肃文化出版社，1999年 p.266

邰惠莉、罗华庆、陈雪静撰稿，施萍婷、邵国秀审订 敦煌研究院藏敦煌文献叙录（上）《甘肃藏敦煌文献》（第一卷），兰州：甘肃人民出版社，1999年9月 p.273；图版p.30~32

施萍婷、邰惠莉 敦煌研究院藏敦煌文献叙录《敦煌研究文集·敦煌研究院藏敦煌文献研究篇》，兰州：甘肃民族出版社，2000年9月 p.31

黄征 敦煌俗字例释《敦煌吐鲁番研究》（第八卷），北京：中华书局，2005年1月 p.252

黄征 敦煌俗字种类考辨《敦煌学·日本学——石塚晴通教授退职纪念文集》，上海：上海辞书出版社，2005年12月 p.115；又载赵生群、方向东主编《古文献研究集刊》（第一辑），南京：凤凰出版社，2007年4月 p.31

肖瑜 敦煌吐鲁番出土《三国志》古写本疑难字形四例《唐山师范学院学报》2009年第3期 p.3、4

黄征编 敦煌俗字典 上海：上海教育出版社，2005年5月 前言p.24；正文p.3、9、11、12、21、38、54、59、63、68、94、101、103、104、106、107、120、129、135、137、139、143、155、159、168、181、196、202、208、210、215、260、265、277、283、286、289、311、312、329、342、345、350、358、362、367、372、380、381、390、392、408、419、421、424、439、443、445、451、461、462、471、472、475、479、488、495、500、521、531、532、533、540、548、559、568；顺序索引p.743；分类索引p.750

中国美编 中国散藏敦煌文献分类目录 北京：北京图书馆出版社，2007年10月 p.45、159

赵红著 敦煌写本汉字论考 上海：上海古籍出版社，2012年4月 p.80、164

张涌泉著 敦煌写本文献学 兰州：甘肃教育出版社，2013年12月 p.182

肖瑜《三国志》古写本用字研究 上海：复旦大学博士研究生学位论文，2006年4月 p.16、17、28、52、55、124

陶家骏 敦煌研究院藏佚本《维摩诘经注》写卷研究 苏州：苏州大学博士研究生学位论文，2012年3月 俗字表p.80、102、113、122、131、132、153、154；p.178、195

井米兰 敦煌俗字与宋本《玉篇》文字比较研究 上海：华东师范大学硕士研究生学位论文，2009年5月 p.34

周远军 敦煌写卷《道行般若经》用字研究及校勘 南宁：广西大学硕士研究生学位论文，2011年6月 p.32、50、72、93、113

陈瑞峰《甘肃藏敦煌文献》俗字研究 金华：浙江师范大学硕士研究生学位论文，2012年5月 p.23、24、27、30；例证表p.70；俗字表p.108、110、113、129、138、140、145、146、160、163、166、169、171、172、176、177、181、184、185、189、191、192、219、220~221、223~224、228~229、231

薛皖东《干禄字书》所收俗字与敦煌俗字比较研究 南京：南京师范大学硕士研究生学位论文，2013年4月 p.15、24

李艳 敦煌俗字偏旁研究 杭州：杭州师范大学硕士研究生学位（学术学位）论文，2016年6月 p.18

周小旭 敦煌本《大方等大集经》汉文写本考 金华：浙江师范大学硕士研究生学位论文，2017年5月 p.11；p.95（附录五）

说明：土地庙出土。

敦研025（收藏号233）大智度论卷第六大智度初品中十喻释论第十一

敦煌文物研究所资料室，刘忠贵、施娉婷 敦煌文物研究所藏敦煌遗书目录《文物资料丛刊》（1），北京：文物出版社，1977年12月 p.55；收入冯志文、杨际平主编《中国敦煌学百年文库·综述卷》（二），兰州：甘肃文化出版社，1999年 p.266

李正宇 土地庙遗书的发现、特点和入藏年代《敦煌研究》（第三期·总第五期），兰州：甘肃人民出版社，1985年12月 p.93；收入政协甘肃省敦煌市委员会编《敦煌文史资料选辑》第三辑，敦煌：政协甘肃省敦煌市委员会编印，1995年9月 p.98

邰惠莉、罗华庆、陈雪静撰稿，施萍婷、邵国秀审订 敦煌研究院藏敦煌文献叙录（上）《甘肃藏敦煌文献》（第一卷），兰州：甘肃人民出版社，1999年9月 p.273~274；图版p.32~33

施萍婷、邰惠莉 敦煌研究院藏敦煌文献叙录《敦煌研究文集·敦煌研究院藏敦煌文献研究篇》，兰州：甘肃民族出版社，2000年9月 p.31

黄征编 敦煌俗字典 上海：上海教育出版社，2005年5月 顺序索引p.744；分类索引p.751

中国美编 中国散藏敦煌文献分类目录 北京：北京图书馆出版社，2007年10月 p.59、159

说明：土地庙出土。此卷可与026号缀合。

敦研0025（土）+0026（土） 大智度论卷第六大智度初品中十喻释论第十一

沙知 土地庙遗书《敦煌学大辞典》，上海：上海辞书出版社，1998年12月 p.17

施萍婷 敦煌研究院藏土地庙写本源自藏经洞《敦煌研究》1999年第2期 p.42；修订后收入敦煌研究院编《敦煌研究文集·敦煌研究院藏敦煌文献研究篇》，兰州：甘肃民族出版社，2000年9月 p.18；收入氏著《敦煌习学集》（上），兰州：甘肃民族出版社，2004年12月 p.280；收入氏著《敦煌石窟与文献研究》，杭州：浙江大学出版社，2015年12月 p.371

杨森 敦煌研究院藏敦煌文献论著目录《敦煌研究文集·敦煌研究院藏敦煌文献研究篇》，兰州：甘肃民族出版社，2000年9月 p.577

敦研026（收藏号234） 大智度论卷第六大智度初品中十喻释论第十一

敦煌文物研究所资料室，刘忠贵、施娉婷 敦煌文物研究所藏敦煌遗书目录《文物资料丛刊》（1），北京：文物出版社，1977年12月 p.55；收入冯志文、杨际平主编《中国敦煌学百年文库·综述卷》（二），兰州：甘肃文化出版社，1999年 p.266

李正宇 土地庙遗书的发现、特点和入藏年代《敦煌研究》（第三期·总第五期），兰州：甘肃人民出版社，1985年12月 p.93；收入政协甘肃省敦煌市委员会编《敦煌文史资料选辑》第三辑，敦煌：政协甘肃省敦煌市委员会编印，1995年9月 p.98

邰惠莉、罗华庆、陈雪静撰稿，施萍婷、邵国秀审订 敦煌研究院藏敦煌文献叙录（上）《甘肃藏敦煌文献》（第一卷），兰州：甘肃人民出版社，1999年9月 p.274；图版p.33

施萍婷、邰惠莉 敦煌研究院藏敦煌文献叙录《敦煌研究文集·敦煌研究院藏敦煌文献研究篇》，兰州：甘肃民族出版社，2000年9月 p.31~32

黄征编 敦煌俗字典 上海：上海教育出版社，2005年5月 顺序索引p.744；分类索引p.751

申国美编 中国散藏敦煌文献分类目录 北京：北京图书馆出版社，2007年10月 p.59、159

于淑健著 敦煌佛典语词和俗字研究——以敦煌古佚和疑伪经为中心 上海：上海古籍出版社，2012年4月 p.236、346

说明：土地庙出土。此卷可与025号缀合。

敦研027（收藏号236） 优婆塞戒经卷第四

敦煌文物研究所资料室，刘忠贵、施娉婷 敦煌文物研究所藏敦煌遗书目录《文物资料丛刊》（1），北京：文物出版社，1977年12月 p.55；收入冯志文、杨际平主编《中国敦煌学百年文库·综述卷》（二），兰州：甘肃文化出版社，1999年 p.266

李正宇 土地庙遗书的发现、特点和入藏年代《敦煌研究》（第三期·总第五期），兰州：甘肃人民出版社，1985年12月 p.93；收入政协甘肃省敦煌市委员会编《敦煌文史资料选辑》第三辑，敦煌：政协甘肃省敦煌

市委员会编印,1995年9月 p.98

邰惠莉、罗华庆、陈雪静撰稿,施萍婷、邵国秀审订 敦煌研究院藏敦煌文献叙录(上)《甘肃藏敦煌文献》(第一卷),兰州:甘肃人民出版社,1999年9月 p.274;图版p.34~36

施萍婷、邰惠莉 敦煌研究院藏敦煌文献叙录《敦煌研究文集·敦煌研究院藏敦煌文献研究篇》,兰州:甘肃民族出版社,2000年9月 p.32

林世田、汪桂海 敦煌写本《优婆塞戒经》版本研究《文献》2008年第2期 p.33;收入林世田著《敦煌遗书研究论集》,北京:中国藏学出版社,2010年3月 p.76

黄征编 敦煌俗字典 上海:上海教育出版社,2005年5月 顺序索引p.744;分类索引p.748

中国美编 中国散藏敦煌文献分类目录 北京:北京图书馆出版社,2007年10月 p.58、159~160

林世田、杨学勇、刘波著 敦煌佛典的流通与改造 兰州:甘肃教育出版社,2013年11月 p.147

说明:土地庙出土。此卷可与028号缀合。027号下接028号。

敦研0027(土)+0028(土) 优婆塞戒经波罗蜜品第十八、杂品第十九

沙知 土地庙遗书《敦煌学大辞典》,上海:上海辞书出版社,1998年12月 p.17

施萍婷 敦煌研究院藏土地庙写本源自藏经洞《敦煌研究》1999年第2期 p.42;略为删减修订后收入敦煌研究院编《敦煌研究文集·敦煌研究院藏敦煌文献研究篇》,兰州:甘肃民族出版社,2000年9月 p.18;收入氏著《敦煌习学集》(上),兰州:甘肃民族出版社,2004年12月 p.280;收入氏著《敦煌石窟与文献研究》,杭州:浙江大学出版社,2015年12月 p.370

杨森 敦煌研究院藏敦煌文献论著目录《敦煌研究文集·敦煌研究院藏敦煌文献研究篇》,兰州:甘肃民族出版社,2000年9月 p.577~578

敦研028(收藏号237) 优婆塞戒经卷第四杂品第十九

敦煌文物研究所资料室,刘忠贵、施娉婷 敦煌文物研究所藏敦煌遗书目录《文物资料丛刊》(1),北京:文物出版社,1977年12月 p.55;收入冯志文、杨际平主编《中国敦煌学百年文库·综述卷》(二),兰州:甘肃文化出版社,1999年 p.266

李正宇 土地庙遗书的发现、特点和入藏年代《敦煌研究》(第三期·总第五期),兰州:甘肃人民出版社,1985年12月 p.93;收入政协甘肃省敦煌市委员会编《敦煌文史资料选辑》第三辑,敦煌:政协甘肃省敦煌市委员会编印,1995年9月 p.98

邰惠莉、罗华庆、陈雪静撰稿,施萍婷、邵国秀审订 敦煌研究院藏敦煌文献叙录(上)《甘肃藏敦煌文献》(第一卷),兰州:甘肃人民出版社,1999年9月 p.274;图版p.36~37

施萍婷、邰惠莉 敦煌研究院藏敦煌文献叙录《敦煌研究文集·敦煌研究院藏敦煌文献研究篇》,兰州:甘肃民族出版社,2000年9月 p.32

林世田、汪桂海 敦煌写本《优婆塞戒经》版本研究《文献》2008年第2期 p.33;收入林世田著《敦煌遗书研究论集》,北京:中国藏学出版社,2010年3月 p.76

黄征编 敦煌俗字典 上海:上海教育出版社,2005年5月 顺序索引p.744;分类索引p.748

申国美编 中国散藏敦煌文献分类目录 北京:北京图书馆出版社,2007年10月 p.58、160

林世田、杨学勇、刘波著 敦煌佛典的流通与改造 兰州:甘肃教育出版社,2013年11月 p.147~148

说明:土地庙出土。此卷可与028号缀合。028号上接027号。

敦研029(收藏号238)大般涅槃经卷第三十九憍陈如品第十三之一

敦煌文物研究所资料室,刘忠贵、施娉婷 敦煌文物研究所藏敦煌遗书目录《文物资料丛刊》(1),北京:文物出版社,1977年12月 p.55;收入冯志文、杨际平主编《中国敦煌学百年文库·综述卷》(二),兰州:甘肃文化出版社,1999年 p.266

林聪明 从敦煌文书看佛教徒的造经祈福《第二届敦煌学国际研讨会论文集》,台北:汉学研究中心编印,1991年6月 p.536;收入杨曾文、杜斗城主编《中国敦煌学百年文库·宗教卷》(一),兰州:甘肃文化出版社,1999年 p.215;收入郑炳林、郑阿财主编《港台敦煌学文库》第35册,兰州:甘肃人民出版社,2014年12月 p.20

方广锠 大般涅槃经《敦煌学大辞典》,上海:上海辞书出版社,1998年12月 p.693~695

邰惠莉、罗华庆、陈雪静撰稿,施萍婷、邵国秀审订 敦煌研究院藏敦煌文献叙录(上)《甘肃藏敦煌文献》(第一卷),兰州:甘肃人民出版社,1999年9月 p.274;图版p.38

施萍婷、邰惠莉 敦煌研究院藏敦煌文献叙录《敦煌研究文集·敦煌研究院藏敦煌文献研究篇》,兰州:甘肃民族出版社,2000年9月 p.32~33

杨森 敦煌研究院藏敦煌文献论著目录《敦煌研究文集·敦煌研究院藏敦煌文献研究篇》,兰州:甘肃民族出版社,2000年9月 p.578

于淑健 俗字零札——以敦煌写本为例《鲁东大学学报》(哲学社会科学版)2013年第3期 p.57

林聪明 敦煌文书的抄写《港台敦煌学文库》第34册,兰州:甘肃人民出版社,2014年12月 p.72

林聪明 敦煌文书的题记《港台敦煌学文库》第34册,兰州:甘肃人民出版社,2014年12月 p.162、186~188

邰惠莉 敦煌研究院藏敦煌遗书的来源和价值《中国书法》2019年第9期 p.52;图1幅

林聪明著 敦煌文书学(敦煌学导论丛刊①) 台北:新文丰出版股份有限公司,1991年8月 p.204、295、319

黄征编 敦煌俗字典 上海:上海教育出版社,2005年5月 正文p.82、111、119、129、131、187、194、255、276、385、446、478、487、517、551;顺序索引p.742;分类索引p.748

申国美编 中国散藏敦煌文献分类目录 北京:北京图书馆出版社,2007年10月 p.43、160

张涌泉著 敦煌写本文献学 兰州:甘肃教育出版社,2013年12月 p.97~98;图4-6

朱瑶著 敦煌汉文文献题记整理与研究 北京:中国社会科学出版社,2016年7月 p.107、162

景盛轩 敦煌本《大般涅槃经》研究——以版本、异文及训诂为中心 杭州:浙江大学博士研究生学位论文,2004年5月 p.114

周远军 敦煌写卷《道行般若经》用字研究及校勘 南宁:广西大学硕士研究生学位论文,2011年6月 p.106

陈瑞峰《甘肃藏敦煌文献》俗字研究 金华:浙江师范大学硕士研究生学位论文,2012年5月 俗字表

p.134、148~149、153、160、182~183、205~206

王翠《甘肃藏敦煌文献》俗字研究 南京：南京师范大学硕士研究生学位论文，2014年5月 p.15（表）；p.25；p.51（附录：中古经卷"表"）

池田温编 中國古代寫本識語集錄 東京：東京大学東洋文化研究所発行，1990年3月30日 p.96（第126号題記錄文）

说明：土地庙出土。

敦研030（收藏号239）大智度论卷第二十二释初品中念义第三十六之余

敦煌文物研究所资料室，刘忠贵、施娉婷 敦煌文物研究所藏敦煌遗书目录《文物资料丛刊》（1），北京：文物出版社，1977年12月 p.55；收入冯志文、杨际平主编《中国敦煌学百年文库·综述卷》（二），兰州：甘肃文化出版社，1999年 p.266

邰惠莉、罗华庆、陈雪静撰稿，施萍婷、邵国秀审订 敦煌研究院藏敦煌文献叙录（上）《甘肃藏敦煌文献》（第一卷），兰州：甘肃人民出版社，1999年9月 p.274~275；图版p.38~39

施萍婷、邰惠莉 敦煌研究院藏敦煌文献叙录《敦煌研究文集·敦煌研究院藏敦煌文献研究篇》，兰州：甘肃民族出版社，2000年9月 p.33

杨森 敦煌研究院藏敦煌文献论著目录《敦煌研究文集·敦煌研究院藏敦煌文献研究篇》，兰州：甘肃民族出版社，2000年9月 p.578

林聪明 敦煌文书的用纸《港台敦煌学文库》第33册，兰州：甘肃人民出版社，2014年12月 p.212

林聪明 敦煌文书的题记《港台敦煌学文库》第34册，兰州：甘肃人民出版社，2014年12月 p.174

林聪明著 敦煌文书学（敦煌学导论丛刊①） 台北：新文丰出版股份有限公司，1991年8月 p.102、307

黄征编 敦煌俗字典 上海：上海教育出版社，2005年5月 正文p.18、59、180、183、210、213、292、309、346、356、477、542、555；顺序索引p.742；分类索引p.751

申国美编 中国散藏敦煌文献分类目录 北京：北京图书馆出版社，2007年10月 p.60、160

赵红著 敦煌写本汉字论考 上海：上海古籍出版社，2012年4月 p.225、226

周远军 敦煌写卷《道行般若经》用字研究及校勘 南宁：广西大学硕士研究生学位论文，2011年6月 p.168

陈瑞峰《甘肃藏敦煌文献》俗字研究 金华：浙江师范大学硕士研究生学位论文，2012年5月 俗字表p.111、181、183、193~194

邢蕴荠《敦煌俗字典》所收俗字分类研究 锦州：渤海大学硕士研究生学位论文，2019年6月 p.36

池田温编 中國古代寫本識語集錄 東京：東京大学東洋文化研究所発行，1990年3月30日 p.98（第139号題記錄文）

说明：土地庙出土。

敦研031（收藏号240）大般涅槃经卷第八如来性品第四之五、卷第九如来性品第四之六

敦煌文物研究所资料室，刘忠贵、施娉婷 敦煌文物研究所藏敦煌遗书目录《文物资料丛刊》（1），北

京:文物出版社,1977年12月 p.55;收入冯志文、杨际平主编《中国敦煌学百年文库·综述卷》(二),兰州:甘肃文化出版社,1999年 p.266

施萍婷 敦煌研究院藏土地庙写本源自藏经洞《敦煌研究》1999年第2期 p.45(附表)

邰惠莉、罗华庆、陈雪静撰稿,施萍婷、邵国秀审订 敦煌研究院藏敦煌文献叙录(上)《甘肃藏敦煌文献》(第一卷),兰州:甘肃人民出版社,1999年9月 p.275;图版p.39~41

施萍婷、邰惠莉 敦煌研究院藏敦煌文献叙录《敦煌研究文集·敦煌研究院藏敦煌文献研究篇》,兰州:甘肃民族出版社,2000年9月 p.33

杨森 敦煌研究院藏敦煌文献论著目录《敦煌研究文集·敦煌研究院藏敦煌文献研究篇》,兰州:甘肃民族出版社,2000年9月 p.578~579

张涌泉 敦煌故里对敦煌学的新奉献——《甘肃藏敦煌文献》读后《敦煌研究》2001年第1期 p.182

黄征编 敦煌俗字典 上海:上海教育出版社,2005年5月 前言p.29;正文p.10、32、155、168、175、178、225、234、237、243、247、252、263、292、302、353、362、363、383、415、467、472、478、488、490、521、532、535、536、559、577;顺序索引p.742;分类索引p.748

申国美编 中国散藏敦煌文献分类目录 北京:北京图书馆出版社,2007年10月 p.36~37、160

景盛轩著《大般涅槃经》異文研究 成都:巴蜀书社,2009年2月 p.148~149

景盛轩 敦煌本《大般涅槃经》研究——以版本、异文及训诂为中心 杭州:浙江大学博士研究生学位论文,2004年5月 p.42、218

陶家骏 敦煌研究院藏佚本《维摩诘经注》写卷研究 苏州:苏州大学博士研究生学位论文,2012年3月 俗字表p.107

井米兰 敦煌俗字与宋本《玉篇》文字比较研究 上海:华东师范大学硕士研究生学位论文,2009年5月 p.73

陈瑞峰《甘肃藏敦煌文献》俗字研究 金华:浙江师范大学硕士研究生学位论文,2012年5月 俗字表p.109、169、178、180、197、199、228、234

说明:土地庙出土。

敦研032(收藏号241)四分律卷第四十二药犍度之一

敦煌文物研究所资料室,刘忠贵、施娉婷 敦煌文物研究所藏敦煌遗书目录《文物资料丛刊》(1),北京:文物出版社,1977年12月 p.55;收入冯志文、杨际平主编《中国敦煌学百年文库·综述卷》(二),兰州:甘肃文化出版社,1999年 p.266

邰惠莉、罗华庆、陈雪静撰稿,施萍婷、邵国秀审订 敦煌研究院藏敦煌文献叙录(上)《甘肃藏敦煌文献》(第一卷),兰州:甘肃人民出版社,1999年9月 p.275;图版p.42~43

施萍婷、邰惠莉 敦煌研究院藏敦煌文献叙录《敦煌研究文集·敦煌研究院藏敦煌文献研究篇》,兰州:甘肃民族出版社,2000年9月 p.33~34

杨森 敦煌研究院藏敦煌文献论著目录《敦煌研究文集·敦煌研究院藏敦煌文献研究篇》,兰州:甘肃

民族出版社，2000年9月 p.579

于淑健 中国古文字俗体探源——以敦煌佛经书法写本为例《艺术百家》2009年第3期 p.27

井米兰 敦煌俗字与宋本《玉篇》俗字字形之差异及其原因初探《宁夏大学学报》（人文社会科学版）2010年第5期 p.11

金双平 敦煌写本《四分律》及其校勘价值《湖北民族学院学报》（哲学社会科学版）2012年第5期 p.79、81

金双平 敦煌写本《四分律》的文化价值《兰台世界》2013年第8期 p.122

仝正涛 敦煌诗歌误校献疑《安庆师范学院学报》（社会科学版）2014年第3期 p.128

薄小莹 敦煌遗书汉文纪年卷编年① 长春：长春出版社，1990年3月 p.73

黄征编 敦煌俗字典 上海：上海教育出版社，2005年5月 正文p.13、16、22、27、31、32、40、81、97、107、110、128、129、134、135、156、161、162、205、208、222、251、252、269、291、297、314、316、327、328、341、350、355、358、366、373、383、392、429、451、470、472、501、531、545、564、580；顺序索引p.742；分类索引p.751

申国美编 中国散藏敦煌文献分类目录 北京：北京图书馆出版社，2007年10月 p.57、160

赵红著 敦煌写本汉字论考 上海：上海古籍出版社，2012年4月 p.192

于淑健著 敦煌佛典语词和俗字研究——以敦煌古佚和疑伪经为中心 上海：上海古籍出版社，2012年4月 p.354~355

井米兰 敦煌俗字与宋本《玉篇》文字比较研究 上海：华东师范大学硕士研究生学位论文，2009年5月 p.60

周远军 敦煌写卷《道行般若经》用字研究及校勘 南宁：广西大学硕士研究生学位论文，2011年6月 p.59

陈瑞峰《甘肃藏敦煌文献》俗字研究 金华：浙江师范大学硕士研究生学位论文，2012年5月 p.36、57；例证表p.80；俗字表p.117、118、120、133、140、148、160、163、169、174、205、210、211、214、232、235~236

薛皖东《干禄字书》所收俗字与敦煌俗字比较研究 南京：南京师范大学硕士研究生学位论文，2013年4月 p.24

金双平 敦煌写本《四分律》俗字研究 南京：南京师范大学博士研究生学位论文，2014年5月 p.21、28、35、106、135

胡方方 敦煌本《四分律》及其戒本写本考 金华：浙江师范大学硕士研究生学位论文，2016年5月 p.8

说明：土地庙出土。

敦研033（收藏号242）大般涅槃经卷第三十九憍陈如品第十三之一

敦煌文物研究所资料室，刘忠贵、施娉婷 敦煌文物研究所藏敦煌遗书目录《文物资料丛刊》（1），北京：文物出版社，1977年12月 p.55；收入冯志文、杨际平主编《中国敦煌学百年文库·综述卷》（二），兰州：甘肃文化出版社，1999年 p.266

①薄小莹《敦煌遗书汉文纪年卷编年》第73页作"敦研032 妙法莲华经卷第七记：天宝十五载八月廿日"，有误。经编者核查，应为敦研324号文书。

邰惠莉、罗华庆、陈雪静撰稿，施萍婷、邵国秀审订 敦煌研究院藏敦煌文献叙录（上）《甘肃藏敦煌文献》（第一卷），兰州：甘肃人民出版社，1999年9月 p.275；图版p.43~44

韩惠言 甘藏敦煌汉文文献概况《敦煌学辑刊》2000年第2期 p.69；收入敦煌研究院编《2000年敦煌学国际学术讨论会文集——纪念敦煌藏经洞发现暨敦煌学百年》历史文化卷（上），兰州：甘肃民族出版社，2003年9月 p.518

施萍婷、邰惠莉 敦煌研究院藏敦煌文献叙录《敦煌研究文集·敦煌研究院藏敦煌文献研究篇》，兰州：甘肃民族出版社，2000年9月 p.34

张涌泉 敦煌故里对敦煌学的新奉献——《甘肃藏敦煌文献》读后《敦煌研究》2001年第1期 p.182

黄征 敦煌俗字例释《敦煌吐鲁番研究》（第八卷），北京：中华书局，2005年1月 p.251

黄征编 敦煌俗字典 上海：上海教育出版社，2005年5月 正文p.2、22、39、54、59、60、83、105、139、140、156、158、207、331、337、383、405、410、463、465、490、525、528、531、547、558、580；顺序索引p.742；分类索引p.748

申国美编 中国散藏敦煌文献分类目录 北京：北京图书馆出版社，2007年10月 p.43、160

景盛轩 敦煌本《大般涅槃经》研究——以版本、异文及训诂为中心 杭州：浙江大学博士研究生学位论文，2004年5月 p.116

陶家骏 敦煌研究院藏佚本《维摩诘经注》写卷研究 苏州：苏州大学博士研究生学位论文，2012年3月 俗字表p.94、101、163

井米兰 敦煌俗字与宋本《玉篇》文字比较研究 上海：华东师范大学硕士研究生学位论文，2009年5月 p.72

周远军 敦煌写卷《道行般若经》用字研究及校勘 南宁：广西大学硕士研究生学位论文，2011年6月 p.108、127

陈瑞峰《甘肃藏敦煌文献》俗字研究 金华：浙江师范大学硕士研究生学位论文，2012年5月 p.15、48；俗字表p.114、120、134、170、221、230、236

高静怡 北图藏敦煌汉文写经《金光明经》异文研究 南宁：广西大学硕士研究生学位论文，2013年5月 p.13、30

王翠 《甘肃藏敦煌文献》俗字研究 南京：南京师范大学硕士研究生学位论文，2014年5月 p.15~16（表）；p.51（附录：中古经卷“表”）

说明：土地庙出土。

敦研034（收藏号243）道行般若经卷第七摩诃般若波罗蜜远离品第十八

敦煌文物研究所资料室，刘忠贵、施娉婷 敦煌文物研究所藏敦煌遗书目录《文物资料丛刊》（1），北京：文物出版社，1977年12月 p.55；收入冯志文、杨际平主编《中国敦煌学百年文库·综述卷》（二），兰州：甘肃文化出版社，1999年 p.266

邰惠莉、罗华庆、陈雪静撰稿，施萍婷、邵国秀审订 敦煌研究院藏敦煌文献叙录（上）《甘肃藏敦煌文

献》(第一卷),兰州:甘肃人民出版社,1999年9月 p.275~276;图版p.45

施萍婷、邰惠莉 敦煌研究院藏敦煌文献叙录《敦煌研究文集·敦煌研究院藏敦煌文献研究篇》,兰州:甘肃民族出版社,2000年9月 p.34

黄征编 敦煌俗字典 上海:上海教育出版社,2005年5月 正文p.100、160、233、372、377、437、485、551、577;顺序索引p.742;分类索引p.749

中国美编 中国散藏敦煌文献分类目录 北京:北京图书馆出版社,2007年10月 p.12、160

周远军 敦煌写卷《道行般若经》用字研究及校勘 南宁:广西大学硕士研究生学位论文,2011年6月 p.4、24、26、33、36、45、61、62、63、65、67、77、84、99、114、123、128、131、136

陈瑞峰《甘肃藏敦煌文献》俗字研究 金华:浙江师范大学硕士研究生学位论文,2012年5月 例证表p.83;俗字表p.143、173、198、233

常書鴻著,秋岡家栄訳 敦煌の風鐸 東京:学習研究社,1982年6月 p.193

说明:土地庙出土。

敦研035(收藏号244)妙法莲华经卷第一序品第一

敦煌文物研究所资料室,刘忠贵、施娉婷 敦煌文物研究所藏敦煌遗书目录《文物资料丛刊》(1),北京:文物出版社,1977年12月 p.55;收入冯志文、杨际平主编《中国敦煌学百年文库·综述卷》(二),兰州:甘肃文化出版社,1999年 p.266

邰惠莉、罗华庆、陈雪静撰稿,施萍婷、邵国秀审订 敦煌研究院藏敦煌文献叙录(上)《甘肃藏敦煌文献》(第一卷),兰州:甘肃人民出版社,1999年9月 p.276;图版p.46

施萍婷、邰惠莉 敦煌研究院藏敦煌文献叙录《敦煌研究文集·敦煌研究院藏敦煌文献研究篇》,兰州:甘肃民族出版社,2000年9月 p.34~35

黄征 敦煌俗字种类考辨《敦煌学·日本学——石塚晴通教授退职纪念文集》,上海:上海辞书出版社,2005年12月 p.121;又载赵生群、方向东主编《古文献研究集刊》(第一辑),南京:凤凰出版社,2007年4月 p.38

井米兰 敦煌俗字与宋本《玉篇》俗字字形之差异及其原因初探《宁夏大学学报》(人文社会科学版)2010年第5期 p.8

黄征编 敦煌俗字典 上海:上海教育出版社,2005年5月 前言p.29;正文p.15、67、76、96、139、150、159、160、175、213、264、269、307、329、361、366、369、382、412、456、461、465、489、494、512、517、534;顺序索引p.742;分类索引p.749

中国美编 中国散藏敦煌文献分类目录 北京:北京图书馆出版社,2007年10月 p.19、161

陶家骏 敦煌研究院藏佚本《维摩诘经注》写卷研究 苏州:苏州大学博士研究生学位论文,2012年3月 俗字表p.141、150、151

井米兰 敦煌俗字与宋本《玉篇》文字比较研究 上海:华东师范大学硕士研究生学位论文,2009年5月 p.26、58

陈瑞峰《甘肃藏敦煌文献》俗字研究 金华：浙江师范大学硕士研究生学位论文，2012年5月 p.18、23；俗字表p.129、172、173、179、222、226

说明：土地庙出土。此卷已与218、222号缀合。缀合顺序依次为035、218、222号。

敦研0035（土）+0218+0222 妙法莲华经卷第一序品第一

施萍婷 敦煌研究院藏土地庙写本源自藏经洞《敦煌研究》1999年第2期 p.41；略为删减修订后收入敦煌研究院编《敦煌研究文集·敦煌研究院藏敦煌文献研究篇》，兰州：甘肃民族出版社，2000年9月 p.17；收入氏著《敦煌习学集》（上），兰州：甘肃民族出版社，2004年12月 p.279；收入氏著《敦煌石窟与文献研究》，杭州：浙江大学出版社，2015年12月 p.371

池田温 1944年莫高窟土地庙塑像中发现文献管见《敦煌文薮》（上），台北：新文丰出版公司，1999年4月 p.1；p.30注②

施萍婷 甘肃藏敦煌文献概述《甘肃藏敦煌文献精粹》，兰州：甘肃人民出版社，1999年 p.5；又载段文杰主编《甘肃藏敦煌文献》（第一至六卷），兰州：甘肃人民出版社，1999年9~12月 p.5

杨森 敦煌研究院藏敦煌文献论著目录《敦煌研究文集·敦煌研究院藏敦煌文献研究篇》，兰州：甘肃民族出版社，2000年9月 p.579

施萍亭 妙法蓮華経序品第一『中国敦煌展』（東京展、福岡展、長野展、奈良展、静岡展，1985年10月5日~1986年3月26日），東京：財団法人富士美術館発行，昭和60年10月5日；図版93及日文図版解説

敦研036（收藏号245）金光明经卷第四舍身品第十七

敦煌文物研究所资料室，刘忠贵、施娉婷 敦煌文物研究所藏敦煌遗书目录《文物资料丛刊》（1），北京：文物出版社，1977年12月 p.55；收入冯志文、杨际平主编《中国敦煌学百年文库·综述卷》（二），兰州：甘肃文化出版社，1999年 p.266

施萍婷 甘肃藏敦煌文献概述《甘肃藏敦煌文献精粹》，兰州：甘肃人民出版社，1999年 p.7；又载段文杰主编《甘肃藏敦煌文献》（第一至六卷），兰州：甘肃人民出版社，1999年9~12月 p.7

邰惠莉、罗华庆、陈雪静撰稿，施萍婷、邵国秀审订 敦煌研究院藏敦煌文献叙录（上）《甘肃藏敦煌文献》（第一卷），兰州：甘肃人民出版社，1999年9月 p.276；图版p.47

施萍婷、邰惠莉 敦煌研究院藏敦煌文献叙录《敦煌研究文集·敦煌研究院藏敦煌文献研究篇》，兰州：甘肃民族出版社，2000年9月 p.35

杨森 敦煌研究院藏敦煌文献论著目录《敦煌研究文集·敦煌研究院藏敦煌文献研究篇》，兰州：甘肃民族出版社，2000年9月 p.579

黄征编 敦煌俗字典 上海：上海教育出版社，2005年5月 正文p.25、37、55、79、104、158、178、200、223、235、286、368、383、429、434、451、468；顺序索引p.742；分类索引p.749

中国美编 中国散藏敦煌文献分类目录 北京：北京图书馆出版社，2007年10月 p.53、161

陶家骏 敦煌研究院藏佚本《维摩诘经注》写卷研究 苏州：苏州大学博士研究生学位论文，2012年3月

p.181

朱若溪《金光明经》敦煌写本研究 杭州:浙江大学博士研究生学位论文,2017年6月 p.498(四)卷四简表

周远军 敦煌写卷《道行般若经》用字研究及校勘 南宁:广西大学硕士研究生学位论文,2011年6月 p.62

陈瑞峰《甘肃藏敦煌文献》俗字研究 金华:浙江师范大学硕士研究生学位论文,2012年5月 俗字表p.124~125、142、171、180、188、201、227

李艳 敦煌俗字偏旁研究 杭州:杭州师范大学硕士研究生学位(学术学位)论文,2016年6月 p.19、36

说明:土地庙出土。

敦研037(收藏号246)佛说舍弗悔过经

敦煌文物研究所资料室,刘忠贵、施娉婷 敦煌文物研究所藏敦煌遗书目录《文物资料丛刊》(1),北京:文物出版社,1977年12月 p.55;收入冯志文、杨际平主编《中国敦煌学百年文库·综述卷》(二),兰州:甘肃文化出版社,1999年 p.266

敦煌文物研究所资料室,刘忠贵、施娉婷 附:关于《敦煌遗书目录》的说明《文物资料丛刊》(1),北京:文物出版社,1977年12月 p.67;收入冯志文、杨际平主编《中国敦煌学百年文库·综述卷》(二),兰州:甘肃文化出版社,1999年 p.285;收入施萍婷著《敦煌习学集》(下),兰州:甘肃民族出版社,2004年12月 p.343

李正宇 土地庙遗书的发现、特点和入藏年代《敦煌研究》(第三期·总第五期),兰州:甘肃人民出版社,1985年12月 p.95;收入政协甘肃省敦煌市委员会编《敦煌文史资料选辑》第三辑,敦煌:政协甘肃省敦煌市委员会编印,1995年9月 p.102

施萍亭 佛说悔过经《敦煌》,兰州:甘肃人民出版社、南京:江苏美术出版社,1990年7月;1993年7月;1997年11月 图版p.240~241;p.288第256条图版说明

沙知 土地庙遗书《敦煌学大辞典》,上海:上海辞书出版社,1998年12月 p.17

邰惠莉、罗华庆、陈雪静撰稿,施萍婷、邵国秀审订 敦煌研究院藏敦煌文献叙录(上)《甘肃藏敦煌文献》(第一卷),兰州:甘肃人民出版社,1999年9月 p.276;图版p.48

施萍婷、邰惠莉 敦煌研究院藏敦煌文献叙录《敦煌研究文集·敦煌研究院藏敦煌文献研究篇》,兰州:甘肃民族出版社,2000年9月 p.35

杨森 敦煌研究院藏敦煌文献论著目录《敦煌研究文集·敦煌研究院藏敦煌文献研究篇》,兰州:甘肃民族出版社,2000年9月 p.579

施萍婷 敦煌研究院、上海图书馆、天津艺术博物馆藏敦煌遗书巡礼《浙江与敦煌学——常书鸿先生诞辰一百周年纪念文集》,杭州:浙江古籍出版社,2004年12月 p.306;日文见池田温訳《敦煌研究院、上海圖書館及び天津芸術博物館所藏の敦煌遺書をめぐって》,《東洋學報》第72卷第1·2號,1990年12月 p.92

黄征 敦煌俗字种类考辨《敦煌学·日本学——石塚晴通教授退职纪念文集》,上海:上海辞书出版社,2005年12月 p.120;又载赵生群、方向东主编《古文献研究集刊》(第一辑),南京:凤凰出版社,2007年4月 p.37

黄征编 敦煌俗字典 上海:上海教育出版社,2005年5月 前言p.29;正文p.45、92、101、234、289、329、

434;顺序索引p.742;分类索引p.749

中国美编　中国散藏敦煌文献分类目录　北京:北京图书馆出版社,2007年10月　p.59、161

陶家骏　敦煌研究院藏佚本《维摩诘经注》写卷研究　苏州:苏州大学博士研究生学位论文,2012年3月　俗字表p.119;p.180

陈瑞峰《甘肃藏敦煌文献》俗字研究　金华:浙江师范大学硕士研究生学位论文,2012年5月　p.35;俗字表p.122、142

说明:土地庙出土。

敦研038(收藏号247)妙法莲华经卷第一方便品第二

敦煌文物研究所资料室,刘忠贵、施娉婷　敦煌文物研究所藏敦煌遗书目录《文物资料丛刊》(1),北京:文物出版社,1977年12月　p.55;收入冯志文、杨际平主编《中国敦煌学百年文库·综述卷》(二),兰州:甘肃文化出版社,1999年　p.266

邰惠莉、罗华庆、陈雪静撰稿,施萍婷、邵国秀审订　敦煌研究院藏敦煌文献叙录(上)《甘肃藏敦煌文献》(第一卷),兰州:甘肃人民出版社,1999年9月　p.276

施萍婷、邰惠莉　敦煌研究院藏敦煌文献叙录《敦煌研究文集·敦煌研究院藏敦煌文献研究篇》,兰州:甘肃民族出版社,2000年9月　p.35

韩惠言　甘藏敦煌汉文文献概况《敦煌学辑刊》2000年第2期　p.69;收入敦煌研究院编《2000年敦煌学国际学术讨论会文集——纪念敦煌藏经洞发现暨敦煌学百年》历史文化卷(上),兰州:甘肃民族出版社,2003年9月　p.519

中国美编　中国散藏敦煌文献分类目录　北京:北京图书馆出版社,2007年10月　p.19、161

说明:土地庙出土。此卷已与175、046号缀合。缀合顺序依次为175、046、038号。

敦研039(收藏号248)　妙法莲华经卷第七药王菩萨本事品第二十二

敦煌文物研究所资料室,刘忠贵、施娉婷　敦煌文物研究所藏敦煌遗书目录《文物资料丛刊》(1),北京:文物出版社,1977年12月　p.55;收入冯志文、杨际平主编《中国敦煌学百年文库·综述卷》(二),兰州:甘肃文化出版社,1999年　p.266

邰惠莉、罗华庆、陈雪静撰稿,施萍婷、邵国秀审订　敦煌研究院藏敦煌文献叙录(上)《甘肃藏敦煌文献》(第一卷),兰州:甘肃人民出版社,1999年9月　p.276;图版p.49

施萍婷、邰惠莉　敦煌研究院藏敦煌文献叙录《敦煌研究文集·敦煌研究院藏敦煌文献研究篇》,兰州:甘肃民族出版社,2000年9月　p.35~36

中国美编　中国散藏敦煌文献分类目录　北京:北京图书馆出版社,2007年10月　p.30、161

说明:土地庙出土。

敦研040(收藏号249)妙法莲华经卷第一序品第一

敦煌文物研究所资料室,刘忠贵、施娉婷 敦煌文物研究所藏敦煌遗书目录《文物资料丛刊》(1),北京:文物出版社,1977年12月 p.55;收入冯志文、杨际平主编《中国敦煌学百年文库·综述卷》(二),兰州:甘肃文化出版社,1999年 p.267

邰惠莉、罗华庆、陈雪静撰稿,施萍婷、邵国秀审订 敦煌研究院藏敦煌文献叙录(上)《甘肃藏敦煌文献》(第一卷),兰州:甘肃人民出版社,1999年9月 p.276

施萍婷、邰惠莉 敦煌研究院藏敦煌文献叙录《敦煌研究文集·敦煌研究院藏敦煌文献研究篇》,兰州:甘肃民族出版社,2000年9月 p.36

李正宇 评莫高窟土地庙藏经来源问题的探讨《敦煌吐鲁番研究》(第七卷),北京:中华书局,2004年1月 p.129

中国美编 中国散藏敦煌文献分类目录 北京:北京图书馆出版社,2007年10月 p.19、161

说明:此卷已与267、265号缀合,缀合顺序为267、265、040号。

敦研041(收藏号250)大般涅槃经卷第十一现病品第六

敦煌文物研究所资料室,刘忠贵、施娉婷 敦煌文物研究所藏敦煌遗书目录《文物资料丛刊》(1),北京:文物出版社,1977年12月 p.55;收入冯志文、杨际平主编《中国敦煌学百年文库·综述卷》(二),兰州:甘肃文化出版社,1999年 p.267

施萍婷 敦煌研究院藏土地庙写本源自藏经洞《敦煌研究》1999年第2期 p.45(附表)

邰惠莉、罗华庆、陈雪静撰稿,施萍婷、邵国秀审订 敦煌研究院藏敦煌文献叙录(上)《甘肃藏敦煌文献》(第一卷),兰州:甘肃人民出版社,1999年9月 p.276;图版p.49~50

施萍婷、邰惠莉 敦煌研究院藏敦煌文献叙录《敦煌研究文集·敦煌研究院藏敦煌文献研究篇》,兰州:甘肃民族出版社,2000年9月 p.36

杨森 敦煌研究院藏敦煌文献论著目录《敦煌研究文集·敦煌研究院藏敦煌文献研究篇》,兰州:甘肃民族出版社,2000年9月 p.579

黄征编 敦煌俗字典 上海:上海教育出版社,2005年5月 正文p.245、271、370、460、525;顺序索引p.742;分类索引p.748

中国美编 中国散藏敦煌文献分类目录 北京:北京图书馆出版社,2007年10月 p.37、161

景盛轩 敦煌本《大般涅槃经》研究——以版本、异文及训诂为中心 杭州:浙江大学博士研究生学位论文,2004年5月 p.49

陈瑞峰《甘肃藏敦煌文献》俗字研究 金华:浙江师范大学硕士研究生学位论文,2012年5月 p.55;俗字表p.230

说明:土地庙出土。

敦研042(收藏号251) 妙法莲华经卷第三化城喻品第七

敦煌文物研究所资料室,刘忠贵、施娉婷 敦煌文物研究所藏敦煌遗书目录《文物资料丛刊》(1),北京:文物出版社,1977年12月 p.56;收入冯志文、杨际平主编《中国敦煌学百年文库·综述卷》(二),兰州:甘肃文化出版社,1999年 p.267

池田温 1944年莫高窟土地庙塑像中发现文献管见《敦煌文薮》(上),台北:新文丰出版公司,1999年4月 p.1;p.30注②

邰惠莉、罗华庆、陈雪静撰稿,施萍婷、邵国秀审订 敦煌研究院藏敦煌文献叙录(上)《甘肃藏敦煌文献》(第一卷),兰州:甘肃人民出版社,1999年9月 p.277;图版p.50~51

施萍婷、邰惠莉 敦煌研究院藏敦煌文献叙录《敦煌研究文集·敦煌研究院藏敦煌文献研究篇》,兰州:甘肃民族出版社,2000年9月 p.36~37

杨森 敦煌研究院藏敦煌文献论著目录《敦煌研究文集·敦煌研究院藏敦煌文献研究篇》,兰州:甘肃民族出版社,2000年9月 p.580

黄征 敦煌俗字要论《敦煌研究》2005年第1期 p.87

黄征 敦煌俗字例释《敦煌吐鲁番研究》(第八卷),北京:中华书局,2005年1月 p.250~251

黄征 敦煌俗字种类考辨《敦煌学·日本学——石塚晴通教授退职纪念文集》,上海:上海辞书出版社,2005年12月 p.120;又载赵生群、方向东主编《古文献研究集刊》(第一辑),南京:凤凰出版社,2007年4月 p.37

肖瑜 敦煌研究院藏《三国志·步骘传》残卷疑难俗字补释《敦煌研究》2008年第5期 p.36;p.37(附:"诣"、"封"二字体对照表)

黄征编 敦煌俗字典 上海:上海教育出版社,2005年5月 前言p.14、28;正文p.1、2、59、62、85、96、128、155、161、175、180、199、234、271、277、327、360、362、363、369、372、421、423、449、457、475、486、495、497、509、525、527、530、580;顺序索引p.742;分类索引p.749

申国美编 中国散藏敦煌文献分类目录 北京:北京图书馆出版社,2007年10月 p.23、161

沈乐平著 敦煌书法综论 杭州:浙江古籍出版社,2009年10月 p.93

赵红著 敦煌写本汉字论考 上海:上海古籍出版社,2012年4月 p.146

张涌泉著 敦煌写本文献学 兰州:甘肃教育出版社,2013年12月 p.381~382;图12-10

肖瑜《三国志》古写本用字研究 上海:复旦大学博士研究生学位论文,2006年4月 p.24、32、51、68、106

沈乐平 敦煌书法综论 杭州:中国美术学院博士研究生学位论文,2008年5月 p.89

陶家骏 敦煌研究院藏佚本《维摩诘经注》写卷研究 苏州:苏州大学博士研究生学位论文,2012年3月 俗字表p.140

井米兰 敦煌俗字与宋本《玉篇》文字比较研究 上海:华东师范大学硕士研究生学位论文,2009年5月 p.72、73

唐帅彬 敦煌俗字论辨 南京:南京师范大学硕士研究生学位论文,2012年5月 p.7

周远军 敦煌写卷《道行般若经》用字研究及校勘 南宁:广西大学硕士研究生学位论文,2011年6月 p.72、110、127

陈瑞峰《甘肃藏敦煌文献》俗字研究 金华:浙江师范大学硕士研究生学位论文,2012年5月 p.14、58;例证表p.84;俗字表p.106、107、127、135、138、159、173、178、181、187、199、206、215、219、229、236、237

施萍亭 妙法蓮華経化城喻品第七『中国敦煌展』(東京展、福岡展、長野展、奈良展、静岡展,1985年10月5日~1986年3月26日),東京:財団法人富士美術館発行,昭和60年10月5日;図版101及日文図版解説

中国对外文物展覽公司『妙法蓮華経』化城喻品第七『敦煌·西夏王国展』,大阪:電通印刷(株),1988年 p.66(37-2)図版;p.167第37-2条日文図版解説

王惠民撰文,勝木言一郎訳 妙法蓮華経化城喻品第七『砂漠の美術馆-永遠なる敦煌』中国敦煌研究院創立50周年記念(東京展、福岡展、神户展,1996年10月26日~1997年4月20日),東京:朝日新聞社,1996年 p.140図版及第75条日文図版解説

说明:土地庙出土。

敦研043(收藏号252)妙法莲华经卷第五从地踊出品第十五

敦煌文物研究所资料室,刘忠贵、施娉婷 敦煌文物研究所藏敦煌遗书目录《文物资料丛刊》(1),北京:文物出版社,1977年12月 p.56;收入冯志文、杨际平主编《中国敦煌学百年文库·综述卷》(二),兰州:甘肃文化出版社,1999年 p.267

池田温 1944年莫高窟土地庙塑像中发现文献管见《敦煌文薮》(上),台北:新文丰出版公司,1999年4月 p.1;p.30注②

邰惠莉、罗华庆、陈雪静撰稿,施萍婷、邵国秀审订 敦煌研究院藏敦煌文献叙录(上)《甘肃藏敦煌文献》(第一卷),兰州:甘肃人民出版社,1999年9月 p.277;图版p.51~52

施萍婷、邰惠莉 敦煌研究院藏敦煌文献叙录《敦煌研究文集·敦煌研究院藏敦煌文献研究篇》,兰州:甘肃民族出版社,2000年9月 p.37

杨森 敦煌研究院藏敦煌文献论著目录《敦煌研究文集·敦煌研究院藏敦煌文献研究篇》,兰州:甘肃民族出版社,2000年9月 p.580

黄征编 敦煌俗字典 上海:上海教育出版社,2005年5月 正文p.233、274、370、483、487、493、497、533、540、577;顺序索引p.742;分类索引p.749

申国美编 中国散藏敦煌文献分类目录 北京:北京图书馆出版社,2007年10月 p.27、161

肖瑜《三国志》古写本用字研究 上海:复旦大学博士研究生学位论文,2006年4月 p.29

陶家骏 敦煌研究院藏佚本《维摩诘经注》写卷研究 苏州:苏州大学博士研究生学位论文,2012年3月 俗字表p.154~155;p.200

周远军 敦煌写卷《道行般若经》用字研究及校勘 南宁:广西大学硕士研究生学位论文,2011年6月 p.85、126

陈瑞峰《甘肃藏敦煌文献》俗字研究 金华:浙江师范大学硕士研究生学位论文,2012年5月 p.51;俗字表p.228、231、234

施萍亭 妙法蓮華経従地涌出品第十五『中国敦煌展』(東京展、福岡展、長野展、奈良展、静岡展,1985

年10月5日~1986年3月26日),東京:財团法人富士美術館発行,昭和60年10月5日;図版104及日文図版解説

说明:土地庙出土。

敦研044(收藏号253) 鞞婆沙论卷第十四中阴处第四十一

敦煌文物研究所资料室,刘忠贵、施娉婷 敦煌文物研究所藏敦煌遗书目录《文物资料丛刊》(1),北京:文物出版社,1977年12月 p.56;收入冯志文、杨际平主编《中国敦煌学百年文库·综述卷》(二),兰州:甘肃文化出版社,1999年 p.267

敦煌文物研究所资料室,刘忠贵、施娉婷 附:关于《敦煌遗书目录》的说明《文物资料丛刊》(1),北京:文物出版社,1977年12月 p.67;收入冯志文、杨际平主编《中国敦煌学百年文库·综述卷》(二),兰州:甘肃文化出版社,1999年 p.285;收入施萍婷著《敦煌习学集》(下),兰州:甘肃民族出版社,2004年12月 p.343

李正宇 土地庙遗书的发现、特点和入藏年代《敦煌研究》(第三期·总第五期),兰州:甘肃人民出版社,1985年12月 p.95;收入政协甘肃省敦煌市委员会编《敦煌文史资料选辑》第三辑,敦煌:政协甘肃省敦煌市委员会编印,1995年9月 p.102

沙知 土地庙遗书《敦煌学大辞典》,上海:上海辞书出版社,1998年12月 p.17

邰惠莉、罗华庆、陈雪静撰稿,施萍婷、邵国秀审订 敦煌研究院藏敦煌文献叙录(上)《甘肃藏敦煌文献》(第一卷),兰州:甘肃人民出版社,1999年9月 p.277;图版p.52~53

施萍婷、邰惠莉 敦煌研究院藏敦煌文献叙录《敦煌研究文集·敦煌研究院藏敦煌文献研究篇》,兰州:甘肃民族出版社,2000年9月 p.37

施萍婷 敦煌研究院、上海图书馆、天津艺术博物馆藏敦煌遗书巡礼《浙江与敦煌学——常书鸿先生诞辰一百周年纪念文集》,杭州:浙江古籍出版社,2004年12月 p.306;日文见池田温訳《敦煌研究院、上海圖書館及び天津芸術博物館所蔵の敦煌遺書をめぐって》,《東洋學報》第72卷第1·2號,1990年12月 p.92

徐祖蕃、秦明智、荣恩奇编选 敦煌遗书书法选 兰州:甘肃人民出版社,1985年10月 p.37图版及简要说明

黄征编 敦煌俗字典 上海:上海教育出版社,2005年5月 正文p.17、21、43、59、129、390、543、578;顺序索引p.742;分类索引p.751

申国美编 中国散藏敦煌文献分类目录 北京:北京图书馆出版社,2007年10月 p.162

周远军 敦煌写卷《道行般若经》用字研究及校勘 南宁:广西大学硕士研究生学位论文,2011年6月 p.49

陈瑞峰《甘肃藏敦煌文献》俗字研究 金华:浙江师范大学硕士研究生学位论文,2012年5月 p.11、35;俗字表p.113、122、161

说明:土地庙出土。此卷可与321号缀合。交叉接茬,321号在前。

敦研0044(土)、0321 鞞婆沙论卷第十四中阴处第四十一

李正宇 土地庙遗书的发现、特点和入藏年代《敦煌研究》(第三期·总第五期),兰州:甘肃人民出版社,1985年12月 p.96(列表);收入政协甘肃省敦煌市委员会编《敦煌文史资料选辑》第三辑,敦煌:政协甘肃省敦煌市委员会编印,1995年9月 p.104(列表)

施萍亭 鞞婆沙论卷第十四中阴处第四十一《敦煌》，兰州：甘肃人民出版社、南京：江苏美术出版社，1990年7月；1993年7月；1997年11月 图版p.236；p.287第250条图版说明

杨森 敦煌研究院藏敦煌文献论著目录《敦煌研究文集·敦煌研究院藏敦煌文献研究篇》，兰州：甘肃民族出版社，2000年9月 p.580~581

敦研045（收藏号254）旧杂譬喻经卷上

敦煌文物研究所资料室，刘忠贵、施娉婷 敦煌文物研究所藏敦煌遗书目录《文物资料丛刊》（1），北京：文物出版社，1977年12月 p.56；收入冯志文、杨际平主编《中国敦煌学百年文库·综述卷》（二），兰州：甘肃文化出版社，1999年 p.267

敦煌文物研究所资料室，刘忠贵、施娉婷 附：关于《敦煌遗书目录》的说明《文物资料丛刊》（1），北京：文物出版社，1977年12月 p.67；收入冯志文、杨际平主编《中国敦煌学百年文库·综述卷》（二），兰州：甘肃文化出版社，1999年 p.285；收入施萍婷著《敦煌习学集》（下），兰州：甘肃民族出版社，2004年12月 p.343~344

李正宇 土地庙遗书的发现、特点和入藏年代《敦煌研究》（第三期·总第五期），兰州：甘肃人民出版社，1985年12月 p.95；收入政协甘肃省敦煌市委员会编《敦煌文史资料选辑》第三辑，敦煌：政协甘肃省敦煌市委员会编印，1995年9月 p.102

施萍亭 旧杂譬喻经卷上《敦煌》，兰州：甘肃人民出版社、南京：江苏美术出版社，1990年7月；1993年7月；1997年11月 图版p.237；p.287第252条图版说明

沙知 土地庙遗书《敦煌学大辞典》，上海：上海辞书出版社，1998年12月 p.17

施萍婷 甘肃藏敦煌文献概述《甘肃藏敦煌文献精粹》，兰州：甘肃人民出版社，1999年 p.7；又载段文杰主编《甘肃藏敦煌文献》（第一至六卷），兰州：甘肃人民出版社，1999年9~12月 p.7

邰惠莉、罗华庆、陈雪静撰稿，施萍婷、邵国秀审订 敦煌研究院藏敦煌文献叙录（上）《甘肃藏敦煌文献》（第一卷），兰州：甘肃人民出版社，1999年9月 p.277；图版p.53~54

施萍婷、邰惠莉 敦煌研究院藏敦煌文献叙录《敦煌研究文集·敦煌研究院藏敦煌文献研究篇》，兰州：甘肃民族出版社，2000年9月 p.37

杨森 敦煌研究院藏敦煌文献论著目录《敦煌研究文集·敦煌研究院藏敦煌文献研究篇》，兰州：甘肃民族出版社，2000年9月 p.581

张涌泉 敦煌故里对敦煌学的新奉献——《甘肃藏敦煌文献》读后《敦煌研究》2001年第1期 p.183

施萍婷 敦煌研究院、上海图书馆、天津艺术博物馆藏敦煌遗书巡礼《浙江与敦煌学——常书鸿先生诞辰一百周年纪念文集》，杭州：浙江古籍出版社，2004年12月 p.306；日文见池田温訳《敦煌研究院、上海圖書館及び天津芸術博物館所藏の敦煌遺書をめぐって》，《東洋學報》第72卷第1·2號，1990年12月 p.92

黄征 敦煌俗字种类考辨《敦煌学·日本学——石塚晴通教授退职纪念文集》，上海：上海辞书出版社，2005年12月 p.113；又载赵生群、方向东主编《古文献研究集刊》（第一辑），南京：凤凰出版社，2007年4月 p.29

邰惠莉 敦煌研究院藏敦煌遗书的来源和价值《中国书法》2019年第9期 p.53；图1幅

黄征编 敦煌俗字典 上海：上海教育出版社，2005年5月 前言p.22；正文p.15、22、113、114、132、143、

351、389、392、517、564;顺序索引p.742;分类索引p.750

中国美编 中国散藏敦煌文献分类目录 北京:北京图书馆出版社,2007年10月 p.3、162

于淑健著 敦煌佛典语词和俗字研究——以敦煌古佚和疑伪经为中心 上海:上海古籍出版社,2012年4月 p.152

井米兰 敦煌俗字与宋本《玉篇》文字比较研究 上海:华东师范大学硕士研究生学位论文,2009年5月 p.31

周远军 敦煌写卷《道行般若经》用字研究及校勘[①] 南宁:广西大学硕士研究生学位论文,2011年6月 p.133

陈瑞峰《甘肃藏敦煌文献》俗字研究 金华:浙江师范大学硕士研究生学位论文,2012年5月 p.9;俗字表p.111、114、150、162、196、220

说明:土地庙出土。

敦研046(收藏号255)妙法莲华经卷第一方便品第二

敦煌文物研究所资料室,刘忠贵、施娉婷 敦煌文物研究所藏敦煌遗书目录《文物资料丛刊》(1),北京:文物出版社,1977年12月 p.56;收入冯志文、杨际平主编《中国敦煌学百年文库·综述卷》(二),兰州:甘肃文化出版社,1999年 p.267

邰惠莉、罗华庆、陈雪静撰稿,施萍婷、邵国秀审订 敦煌研究院藏敦煌文献叙录(上)《甘肃藏敦煌文献》(第一卷),兰州:甘肃人民出版社,1999年9月 p.277

施萍婷、邰惠莉 敦煌研究院藏敦煌文献叙录《敦煌研究文集·敦煌研究院藏敦煌文献研究篇》,兰州:甘肃民族出版社,2000年9月 p.38

中国美编 中国散藏敦煌文献分类目录 北京:北京图书馆出版社,2007年10月 p.19、162

说明:此卷已与175、038号缀合。上接175号,下接038号。

敦研047(收藏号256)思益梵天所问经卷第四

敦煌文物研究所资料室,刘忠贵、施娉婷 敦煌文物研究所藏敦煌遗书目录《文物资料丛刊》(1),北京:文物出版社,1977年12月 p.56;收入冯志文、杨际平主编《中国敦煌学百年文库·综述卷》(二),兰州:甘肃文化出版社,1999年 p.267

邰惠莉、罗华庆、陈雪静撰稿,施萍婷、邵国秀审订 敦煌研究院藏敦煌文献叙录(上)《甘肃藏敦煌文献》(第一卷),兰州:甘肃人民出版社,1999年9月 p.277;图版p.54

施萍婷、邰惠莉 敦煌研究院藏敦煌文献叙录《敦煌研究文集·敦煌研究院藏敦煌文献研究篇》,兰州:甘肃民族出版社,2000年9月 p.38

---

①周远军硕士论文《敦煌写卷〈道行般若经〉用字研究及校勘》作"敦研054《旧杂譬喻经》",有误。敦研054为《道行般若经》。

黄征 敦煌俗字种类考辨《敦煌学·日本学——石塚晴通教授退职纪念文集》,上海:上海辞书出版社,2005年12月 p.121;又载赵生群、方向东主编《古文献研究集刊》(第一辑),南京:凤凰出版社,2007年4月 p.38

肖瑜 敦煌研究院藏《三国志·步骘传》残卷疑难俗字补释《敦煌研究》2008年第5期 p.36;p.37(附:"诣"、"封"二字体对照表)

黄征编 敦煌俗字典 上海:上海教育出版社,2005年5月 前言p.29;正文p.115、381、497;顺序索引p.742;分类索引p.749

中国美编 中国散藏敦煌文献分类目录 北京:北京图书馆出版社,2007年10月 p.51、162

高静怡 北图藏敦煌汉文写经《金光明经》异文研究 南宁:广西大学硕士研究生学位论文,2013年5月 p.31

说明:土地庙出土。

敦研048(收藏号257)大宝积经卷第八密迹金刚力士会第三之一

敦煌文物研究所资料室,刘忠贵、施娉婷 敦煌文物研究所藏敦煌遗书目录《文物资料丛刊》(1),北京:文物出版社,1977年12月 p.56;收入冯志文、杨际平主编《中国敦煌学百年文库·综述卷》(二),兰州:甘肃文化出版社,1999年 p.267

邰惠莉、罗华庆、陈雪静撰稿,施萍婷、邵国秀审订 敦煌研究院藏敦煌文献叙录(上)《甘肃藏敦煌文献》(第一卷),兰州:甘肃人民出版社,1999年9月 p.277;图版p.55

施萍婷、邰惠莉 敦煌研究院藏敦煌文献叙录《敦煌研究文集·敦煌研究院藏敦煌文献研究篇》,兰州:甘肃民族出版社,2000年9月 p.38

黄征 敦煌俗字要论《敦煌研究》2005年第1期 p.84

黄征编 敦煌俗字典 上海:上海教育出版社,2005年5月 前言p.10~11、23;正文p.125、140、200;顺序索引p.742;分类索引p.750

中国美编 中国散藏敦煌文献分类目录 北京:北京图书馆出版社,2007年10月 p.33、162

邱湘 敦煌《大宝积经》写本考暨异体字汇辑 金华:浙江师范大学硕士研究生学位论文,2011年5月 p.10~11、126、141;异体字字表p.151、153、154、156、157、158、170、174、177、182、189、196、203、205、207、214、231、242、245

陈瑞峰《甘肃藏敦煌文献》俗字研究 金华:浙江师范大学硕士研究生学位论文,2012年5月 俗字表p.165、187

说明:土地庙出土。

敦研48号+?+敦研121号 大宝积经卷第八残卷

邱湘 敦煌《大宝积经》写本考暨异体字汇辑① 金华:浙江师范大学硕士学位论文,2011年5月 p.102~

①敦研48号、敦研121号两号均为《大宝积经》卷第八之残卷,内容首尾不相衔,中间缺行,其行款格式一致,书风相似,书迹相同,卷面均有墨渍,极有可能为同一卷之撕裂,或可缀合。但《甘肃藏敦煌文献》称敦研048号为白麻纸,敦研121号为黄麻纸,用纸不同;又称此二号天头、地脚、栏宽均不同。

103;图2

敦研049(收藏号258) 悲华经卷第五诸菩萨本授记品第四之三

敦煌文物研究所资料室,刘忠贵、施娉婷 敦煌文物研究所藏敦煌遗书目录《文物资料丛刊》(1),北京:文物出版社,1977年12月 p.56;收入冯志文、杨际平主编《中国敦煌学百年文库·综述卷》(二),兰州:甘肃文化出版社,1999年 p.267

邰惠莉、罗华庆、陈雪静撰稿,施萍婷、邵国秀审订 敦煌研究院藏敦煌文献叙录(上)《甘肃藏敦煌文献》(第一卷),兰州:甘肃人民出版社,1999年9月 p.277~278;图版p.55

施萍婷、邰惠莉 敦煌研究院藏敦煌文献叙录《敦煌研究文集·敦煌研究院藏敦煌文献研究篇》,兰州:甘肃民族出版社,2000年9月 p.38

申国美编 中国散藏敦煌文献分类目录 北京:北京图书馆出版社,2007年10月 p.2、162

王翠《甘肃藏敦煌文献》俗字研究 南京:南京师范大学硕士研究生学位论文,2014年5月 p.16(表);p.51(附录:中古经卷"表")

说明:土地庙出土。

敦研050(收藏号259) 佛说阿难律经

敦煌文物研究所资料室,刘忠贵、施娉婷 敦煌文物研究所藏敦煌遗书目录《文物资料丛刊》(1),北京:文物出版社,1977年12月 p.56;收入冯志文、杨际平主编《中国敦煌学百年文库·综述卷》(二),兰州:甘肃文化出版社,1999年 p.267

李正宇 土地庙遗书的发现、特点和入藏年代《敦煌研究》(第三期·总第五期),兰州:甘肃人民出版社,1985年12月 p.93;收入政协甘肃省敦煌市委员会编《敦煌文史资料选辑》第三辑,敦煌:政协甘肃省敦煌市委员会编印,1995年9月 p.98

邰惠莉、罗华庆、陈雪静撰稿,施萍婷、邵国秀审订 敦煌研究院藏敦煌文献叙录(上)《甘肃藏敦煌文献》(第一卷),兰州:甘肃人民出版社,1999年9月 p.278;图版p.56

施萍婷、邰惠莉 敦煌研究院藏敦煌文献叙录《敦煌研究文集·敦煌研究院藏敦煌文献研究篇》,兰州:甘肃民族出版社,2000年9月 p.38~39

张涌泉 敦煌故里对敦煌学的新奉献——《甘肃藏敦煌文献》读后《敦煌研究》2001年第1期 p.183

申国美编 中国散藏敦煌文献分类目录 北京:北京图书馆出版社,2007年10月 p.79、162

说明:土地庙出土。此卷可与018号缀合。050号上接018号。

敦研051(收藏号260) 大方等大集经卷第六宝女品第三之二

敦煌文物研究所资料室,刘忠贵、施娉婷 敦煌文物研究所藏敦煌遗书目录《文物资料丛刊》(1),北京:文物出版社,1977年12月 p.56;收入冯志文、杨际平主编《中国敦煌学百年文库·综述卷》(二),兰州:甘肃文化出版社,1999年 p.267

邰惠莉、罗华庆、陈雪静撰稿，施萍婷、邵国秀审订 敦煌研究院藏敦煌文献叙录（上）《甘肃藏敦煌文献》（第一卷），兰州：甘肃人民出版社，1999年9月 p.278；图版p.56

施萍婷、邰惠莉 敦煌研究院藏敦煌文献叙录《敦煌研究文集·敦煌研究院藏敦煌文献研究篇》，兰州：甘肃民族出版社，2000年9月 p.39

黄征编 敦煌俗字典 上海：上海教育出版社，2005年5月 正文p.80、189、419、461、508

申国美编 中国散藏敦煌文献分类目录 北京：北京图书馆出版社，2007年10月 p.45、162

陶家骏 敦煌研究院藏佚本《维摩诘经注》写卷研究 苏州：苏州大学博士研究生学位论文，2012年3月 俗字表p.149

李艳 敦煌俗字偏旁研究 杭州：杭州师范大学硕士研究生学位（学术学位）论文，2016年6月 p.39

周小旭 敦煌本《大方等大集经》汉文写本考 金华：浙江师范大学硕士研究生学位论文，2017年5月 p.10~11；p.95（附录五）

说明：土地庙出土。

敦研052（收藏号261） 大智度论卷第三十三释初品中到彼岸义第五十

敦煌文物研究所资料室，刘忠贵、施娉婷 敦煌文物研究所藏敦煌遗书目录《文物资料丛刊》（1），北京：文物出版社，1977年12月 p.56；收入冯志文、杨际平主编《中国敦煌学百年文库·综述卷》（二），兰州：甘肃文化出版社，1999年 p.267

邰惠莉、罗华庆、陈雪静撰稿，施萍婷、邵国秀审订 敦煌研究院藏敦煌文献叙录（上）《甘肃藏敦煌文献》（第一卷），兰州：甘肃人民出版社，1999年9月 p.278；图版p.57

施萍婷、邰惠莉 敦煌研究院藏敦煌文献叙录《敦煌研究文集·敦煌研究院藏敦煌文献研究篇》，兰州：甘肃民族出版社，2000年9月 p.39

申国美编 中国散藏敦煌文献分类目录 北京：北京图书馆出版社，2007年10月 p.60、162

说明：土地庙出土。此卷可与224、264号缀合。缀合顺序依次为052、224、264号。

敦研0052（土）、0171、0224、0264 大智度论卷第三十三释初品中到彼岸义第五十

李正宇 土地庙遗书的发现、特点和入藏年代《敦煌研究》（第三期·总第五期），兰州：甘肃人民出版社，1985年12月 p.96（列表）；收入政协甘肃省敦煌市委员会编《敦煌文史资料选辑》第三辑，敦煌：政协甘肃省敦煌市委员会编印，1995年9月 p.104（列表）

杨森 敦煌研究院藏敦煌文献论著目录《敦煌研究文集·敦煌研究院藏敦煌文献研究篇》，兰州：甘肃民族出版社，2000年9月 p.581

敦研0052（土）+0224+0264 大智度论卷第三十三释初品中到彼岸义第五十

施萍婷 敦煌研究院藏土地庙写本源自藏经洞《敦煌研究》1999年第2期 p.42；略为删减修订后收入敦煌研究院编《敦煌研究文集·敦煌研究院藏敦煌文献研究篇》，兰州：甘肃民族出版社，2000年9月 p.19；收入氏著《敦煌习学集》(上),兰州:甘肃民族出版社,2004年12月 p.281;收入氏著《敦煌石窟与文献研究》,杭州:浙江大学出版社,2015年12月 p.372

施萍婷 甘肃藏敦煌文献概述《甘肃藏敦煌文献精粹》,兰州:甘肃人民出版社,1999年 p.5;又载段文杰主编《甘肃藏敦煌文献》(第一至六卷),兰州:甘肃人民出版社,1999年9~12月 p.5

敦研053(收藏号262)大般涅槃经卷第一寿命品第一

敦煌文物研究所资料室,刘忠贵、施娉婷 敦煌文物研究所藏敦煌遗书目录《文物资料丛刊》(1),北京:文物出版社,1977年12月 p.56;收入冯志文、杨际平主编《中国敦煌学百年文库·综述卷》(二),兰州:甘肃文化出版社,1999年 p.267

邰惠莉、罗华庆、陈雪静撰稿,施萍婷、邵国秀审订 敦煌研究院藏敦煌文献叙录(上)《甘肃藏敦煌文献》(第一卷),兰州:甘肃人民出版社,1999年9月 p.278;图版p.57

施萍婷、邰惠莉 敦煌研究院藏敦煌文献叙录《敦煌研究文集·敦煌研究院藏敦煌文献研究篇》,兰州:甘肃民族出版社,2000年9月 p.39~40

申国美编 中国散藏敦煌文献分类目录 北京:北京图书馆出版社,2007年10月 p.35、163

景盛轩 敦煌本《大般涅槃经》研究——以版本、异文及训诂为中心 杭州:浙江大学博士研究生学位论文,2004年5月 p.22、23

说明:土地庙出土。

敦研054(收藏号263)道行般若经卷第五摩诃般若波罗蜜照明品第一

敦煌文物研究所资料室,刘忠贵、施娉婷 敦煌文物研究所藏敦煌遗书目录《文物资料丛刊》(1),北京:文物出版社,1977年12月 p.56;收入冯志文、杨际平主编《中国敦煌学百年文库·综述卷》(二),兰州:甘肃文化出版社,1999年 p.267

施萍婷 甘肃藏敦煌文献概述《甘肃藏敦煌文献精粹》,兰州:甘肃人民出版社,1999年 p.7;又载段文杰主编《甘肃藏敦煌文献》(第一至六卷),兰州:甘肃人民出版社,1999年9~12月 p.7

邰惠莉、罗华庆、陈雪静撰稿,施萍婷、邵国秀审订 敦煌研究院藏敦煌文献叙录(上)《甘肃藏敦煌文献》(第一卷),兰州:甘肃人民出版社,1999年9月 p.278~279;图版p.58~59

施萍婷、邰惠莉 敦煌研究院藏敦煌文献叙录《敦煌研究文集·敦煌研究院藏敦煌文献研究篇》,兰州:甘肃民族出版社,2000年9月 p.40

杨森 敦煌研究院藏敦煌文献论著目录《敦煌研究文集·敦煌研究院藏敦煌文献研究篇》,兰州:甘肃民族出版社,2000年9月 p.581

张涌泉 敦煌故里对敦煌学的新奉献——《甘肃藏敦煌文献》读后《敦煌研究》2001年第1期 p.182

申国美编 中国散藏敦煌文献分类目录 北京:北京图书馆出版社,2007年10月 p.12、163

周远军 敦煌写卷《道行般若经》用字研究及校勘 南宁:广西大学硕士研究生学位论文,2011年6月 p.4、25、28、29、34、38、41、42、45、50、53、56、57、62、65、67、76、77、79、80、89、94、95、98、102、107、112、118、121、

123、125、126、129、131、134、136、169~172

王翠《甘肃藏敦煌文献》俗字研究 南京：南京师范大学硕士研究生学位论文，2014年5月 p.16（表）；p.25；p.51（附录：中古经卷"表"）

说明：土地庙出土。

敦研055（收藏号264）佛说灌顶章句拔除过罪生死得度经卷第十二

敦煌文物研究所资料室，刘忠贵、施娉婷 敦煌文物研究所藏敦煌遗书目录《文物资料丛刊》（1），北京：文物出版社，1977年12月 p.56；收入冯志文、杨际平主编《中国敦煌学百年文库·综述卷》（二），兰州：甘肃文化出版社，1999年 p.267

池田温 1944年莫高窟土地庙塑像中发现文献管见《敦煌文薮》（上），台北：新文丰出版公司，1999年4月 p.18~19、22~23；p.36注［15］

郃惠莉、罗华庆、陈雪静撰稿，施萍婷、邵国秀审订 敦煌研究院藏敦煌文献叙录（上）《甘肃藏敦煌文献》（第一卷），兰州：甘肃人民出版社，1999年9月 p.279；图版p.60

施萍婷、郃惠莉 敦煌研究院藏敦煌文献叙录《敦煌研究文集·敦煌研究院藏敦煌文献研究篇》，兰州：甘肃民族出版社，2000年9月 p.40

党燕妮 中古时期敦煌地区的药师佛信仰《南京晓庄学院学报》2013年第6期 p.85

苏莹辉著 敦煌学概要（增订再版）台北：编译馆中华丛书编审委员会，1981年10月 p.274

苏莹辉著 敦煌学概要 台北：五南图书出版公司，1988年12月 p.274

李小荣著 敦煌密教文献论稿 北京：人民文学出版社，2003年7月 p.3

申国美编 中国散藏敦煌文献分类目录 北京：北京图书馆出版社，2007年10月 p.66、163

赵晓星著 吐蕃统治时期敦煌密教研究 兰州：甘肃教育出版社，2017年3月 p.102（表8）

赵晓星 吐蕃统治敦煌时期的密教研究 兰州：兰州大学博士研究生学位论文，2007年6月 p.50（表）

党燕妮 晚唐五代宋初敦煌民间佛教信仰研究 兰州：兰州大学博士研究生学位论文，2009年5月 p.59

彭建兵 敦煌石窟早期密教状况研究 兰州：兰州大学硕士研究生学位论文，2006年5月 p.34

说明：土地庙出土。

敦研055（土）+065（土）佛说灌顶章句拔除过罪生死得度经卷第十二

杨森 敦煌研究院藏敦煌文献论著目录《敦煌研究文集·敦煌研究院藏敦煌文献研究篇》，兰州：甘肃民族出版社，2000年9月 p.581~582

敦研056（1）（收藏号265-1）大般涅槃经卷第五如来性品第四之二

敦煌文物研究所资料室，刘忠贵、施娉婷 敦煌文物研究所藏敦煌遗书目录《文物资料丛刊》（1），北京：文物出版社，1977年12月 p.56；收入冯志文、杨际平主编《中国敦煌学百年文库·综述卷》（二），兰州：甘肃文化出版社，1999年 p.267

邰惠莉、罗华庆、陈雪静撰稿，施萍婷、邵国秀审订 敦煌研究院藏敦煌文献叙录（上）《甘肃藏敦煌文献》（第一卷），兰州：甘肃人民出版社，1999年9月 p.279

邰惠莉、罗华庆、陈雪静撰稿，施萍婷、邵国秀审订 敦煌研究院藏敦煌文献叙录（上）《甘肃藏敦煌文献》（第一卷），兰州：甘肃人民出版社，1999年9月 p.279

施萍婷、邰惠莉 敦煌研究院藏敦煌文献叙录《敦煌研究文集·敦煌研究院藏敦煌文献研究篇》，兰州：甘肃民族出版社，2000年9月 p.40

中国美编 中国散藏敦煌文献分类目录 北京：北京图书馆出版社，2007年10月 p.36、163

说明：此卷已与125号缀合。上接125号。

敦研056（2）（收藏号265-3）大般涅槃经卷第二十四光明遍照高贵德王菩萨品第十之四

敦煌文物研究所资料室，刘忠贵、施娉婷 敦煌文物研究所藏敦煌遗书目录《文物资料丛刊》（1），北京：文物出版社，1977年12月 p.56；收入冯志文、杨际平主编《中国敦煌学百年文库·综述卷》（二），兰州：甘肃文化出版社，1999年 p.267

施萍婷 敦煌研究院藏土地庙写本源自藏经洞《敦煌研究》1999年第2期 p.46（附表）

邰惠莉、罗华庆、陈雪静撰稿，施萍婷、邵国秀审订 敦煌研究院藏敦煌文献叙录（上）《甘肃藏敦煌文献》（第一卷），兰州：甘肃人民出版社，1999年9月 p.279；图版p.60

施萍婷、邰惠莉 敦煌研究院藏敦煌文献叙录《敦煌研究文集·敦煌研究院藏敦煌文献研究篇》，兰州：甘肃民族出版社，2000年9月 p.40~41

邰惠莉 敦煌写本《佛图堂所化经》初探《敦煌研究文集·敦煌研究院藏敦煌文献研究篇》，兰州：甘肃民族出版社，2000年9月 p.185

杨森 敦煌研究院藏敦煌文献论著目录《敦煌研究文集·敦煌研究院藏敦煌文献研究篇》，兰州：甘肃民族出版社，2000年9月 p.582

中国美编 中国散藏敦煌文献分类目录 北京：北京图书馆出版社，2007年10月 p.40

景盛轩 敦煌本《大般涅槃经》研究——以版本、异文及训诂为中心 杭州：浙江大学博士研究生学位论文，2004年5月 p.82

说明：土地庙出土。

敦研056（3）（收藏号265-4）大般涅槃经卷第三十六迦叶菩萨品第十二之四

敦煌文物研究所资料室，刘忠贵、施娉婷 敦煌文物研究所藏敦煌遗书目录《文物资料丛刊》（1），北京：文物出版社，1977年12月 p.56；收入冯志文、杨际平主编《中国敦煌学百年文库·综述卷》（二），兰州：甘肃文化出版社，1999年 p.267

施萍婷 敦煌研究院藏土地庙写本源自藏经洞《敦煌研究》1999年第2期 p.46（附表）

邰惠莉、罗华庆、陈雪静撰稿，施萍婷、邵国秀审订 敦煌研究院藏敦煌文献叙录（上）《甘肃藏敦煌文献》（第一卷），兰州：甘肃人民出版社，1999年9月 p.279；图版p.61~62

施萍婷、郃惠莉 敦煌研究院藏敦煌文献叙录《敦煌研究文集·敦煌研究院藏敦煌文献研究篇》，兰州：甘肃民族出版社，2000年9月 p.41

杨森 敦煌研究院藏敦煌文献论著目录《敦煌研究文集·敦煌研究院藏敦煌文献研究篇》，兰州：甘肃民族出版社，2000年9月 p.582

中国美编 中国散藏敦煌文献分类目录 北京：北京图书馆出版社，2007年10月 p.42

景盛轩著《大般涅槃经》異文研究 成都：巴蜀书社，2009年2月 p.74

景盛轩 敦煌本《大般涅槃经》研究——以版本、异文及训诂为中心 杭州：浙江大学博士研究生学位论文，2004年5月 p.109、160

说明：土地庙出土。

敦研056(4)(收藏号265-5) 大般涅槃经卷第三十九憍陈如品第十三之一

敦煌文物研究所资料室，刘忠贵、施娉婷 敦煌文物研究所藏敦煌遗书目录《文物资料丛刊》(1)，北京：文物出版社，1977年12月 p.56；收入冯志文、杨际平主编《中国敦煌学百年文库·综述卷》(二)，兰州：甘肃文化出版社，1999年 p.267

施萍婷 敦煌研究院藏土地庙写本源自藏经洞《敦煌研究》1999年第2期 p.46(附表)

郃惠莉、罗华庆、陈雪静撰稿，施萍婷、邵国秀审订 敦煌研究院藏敦煌文献叙录(上)《甘肃藏敦煌文献》(第一卷)，兰州：甘肃人民出版社，1999年9月 p.279；图版p.62

施萍婷、郃惠莉 敦煌研究院藏敦煌文献叙录《敦煌研究文集·敦煌研究院藏敦煌文献研究篇》，兰州：甘肃民族出版社，2000年9月 p.41

杨森 敦煌研究院藏敦煌文献论著目录《敦煌研究文集·敦煌研究院藏敦煌文献研究篇》，兰州：甘肃民族出版社，2000年9月 p.582

景盛轩 敦煌北本《大般涅槃经》分卷考《〈大般涅槃经〉異文研究》，成都：巴蜀书社，2009年2月 调查表p.331

中国美编 中国散藏敦煌文献分类目录 北京：北京图书馆出版社，2007年10月 p.43

景盛轩著《大般涅槃经》異文研究 成都：巴蜀书社，2009年2月 p.41

景盛轩 敦煌本《大般涅槃经》研究——以版本、异文及训诂为中心 杭州：浙江大学博士研究生学位论文，2004年5月 p.115~116；p.134(表二)；p.147

王翠《甘肃藏敦煌文献》俗字研究 南京：南京师范大学硕士研究生学位论文，2014年5月 p.16(表)；p.51(附录：中古经卷"表")

说明：土地庙出土。

敦研057(收藏号266) 贤愚经卷第四出家功德尸利苾提品第二十二

敦煌文物研究所资料室，刘忠贵、施娉婷 敦煌文物研究所藏敦煌遗书目录《文物资料丛刊》(1)，北京：文物出版社，1977年12月 p.56；收入冯志文、杨际平主编《中国敦煌学百年文库·综述卷》(二)，兰州：甘

肃文化出版社，1999年 p.267

邰惠莉、罗华庆、陈雪静撰稿，施萍婷、邵国秀审订 敦煌研究院藏敦煌文献叙录（上）《甘肃藏敦煌文献》（第一卷），兰州：甘肃人民出版社，1999年9月 p.279~280；图版p.63

施萍婷、邰惠莉 敦煌研究院藏敦煌文献叙录《敦煌研究文集·敦煌研究院藏敦煌文献研究篇》，兰州：甘肃民族出版社，2000年9月 p.41~42

申国美编 中国散藏敦煌文献分类目录 北京：北京图书馆出版社，2007年10月 p.2、163

说明：土地庙出土。

敦研058（收藏号268）太子瑞应本起经卷上

敦煌文物研究所资料室，刘忠贵、施娉婷 敦煌文物研究所藏敦煌遗书目录《文物资料丛刊》（1），北京：文物出版社，1977年12月 p.56；收入冯志文、杨际平主编《中国敦煌学百年文库·综述卷》（二），兰州：甘肃文化出版社，1999年 p.267

邰惠莉、罗华庆、陈雪静撰稿，施萍婷、邵国秀审订 敦煌研究院藏敦煌文献叙录（上）《甘肃藏敦煌文献》（第一卷），兰州：甘肃人民出版社，1999年9月 p.280；图版p.63~64

施萍婷、邰惠莉 敦煌研究院藏敦煌文献叙录《敦煌研究文集·敦煌研究院藏敦煌文献研究篇》，兰州：甘肃民族出版社，2000年9月 p.42

申国美编 中国散藏敦煌文献分类目录 北京：北京图书馆出版社，2007年10月 p.2、163

说明：土地庙出土。

敦研059（收藏号269）佛说沙弥所应奉行诫

敦煌文物研究所资料室，刘忠贵、施娉婷 敦煌文物研究所藏敦煌遗书目录《文物资料丛刊》（1），北京：文物出版社，1977年12月 p.56；收入冯志文、杨际平主编《中国敦煌学百年文库·综述卷》（二），兰州：甘肃文化出版社，1999年 p.267

邰惠莉、罗华庆、陈雪静撰稿，施萍婷、邵国秀审订 敦煌研究院藏敦煌文献叙录（上）《甘肃藏敦煌文献》（第一卷），兰州：甘肃人民出版社，1999年9月 p.280；图版p.65

施萍婷、邰惠莉 敦煌研究院藏敦煌文献叙录《敦煌研究文集·敦煌研究院藏敦煌文献研究篇》，兰州：甘肃民族出版社，2000年9月 p.42

申国美编 中国散藏敦煌文献分类目录 北京：北京图书馆出版社，2007年10月 p.59、163

说明：土地庙出土。

敦研060（收藏号270）陀罗尼（拟）

敦煌文物研究所资料室，刘忠贵、施娉婷 敦煌文物研究所藏敦煌遗书目录《文物资料丛刊》（1），北京：文物出版社，1977年12月 p.56；收入冯志文、杨际平主编《中国敦煌学百年文库·综述卷》（二），兰州：甘肃文化出版社，1999年 p.267~268

郃惠莉、罗华庆、陈雪静撰稿，施萍婷、邵国秀审订 敦煌研究院藏敦煌文献叙录（上）《甘肃藏敦煌文献》（第一卷），兰州：甘肃人民出版社，1999年9月 p.280；图版p.65

施萍婷、邰惠莉 敦煌研究院藏敦煌文献叙录《敦煌研究文集·敦煌研究院藏敦煌文献研究篇》，兰州：甘肃民族出版社，2000年9月 p.42

中国美编 中国散藏敦煌文献分类目录 北京：北京图书馆出版社，2007年10月 p.67、163

说明：土地庙出土。

敦研061（收藏号272）正法华经卷第十七光世音普门品第二十三

敦煌文物研究所资料室，刘忠贵、施娉婷 敦煌文物研究所藏敦煌遗书目录《文物资料丛刊》（1），北京：文物出版社，1977年12月 p.56；收入冯志文、杨际平主编《中国敦煌学百年文库·综述卷》（二），兰州：甘肃文化出版社，1999年 p.268

池田温 1944年莫高窟土地庙塑像中发现文献管见《敦煌文薮》（上），台北：新文丰出版公司，1999年4月 p.1；p.30注②

郃惠莉、罗华庆、陈雪静撰稿，施萍婷、邵国秀审订 敦煌研究院藏敦煌文献叙录（上）《甘肃藏敦煌文献》（第一卷），兰州：甘肃人民出版社，1999年9月 p.280；图版p.66~68

施萍婷、郃惠莉 敦煌研究院藏敦煌文献叙录《敦煌研究文集·敦煌研究院藏敦煌文献研究篇》，兰州：甘肃民族出版社，2000年9月 p.42~43

杨森 敦煌研究院藏敦煌文献论著目录《敦煌研究文集·敦煌研究院藏敦煌文献研究篇》，兰州：甘肃民族出版社，2000年9月 p.583

施萍婷 敦煌研究院、上海图书馆、天津艺术博物馆藏敦煌遗书巡礼《浙江与敦煌学——常书鸿先生诞辰一百周年纪念文集》，杭州：浙江古籍出版社，2004年12月 p.303；日文见池田温訳《敦煌研究院、上海圖書館及び天津芸術博物館所藏の敦煌遺書をめぐって》，《東洋學報》第72卷第1·2號，1990年12月 p.88

崔中慧 初期佛教写经反映的文化交流——以竺法护译场为例《敦煌研究》2019年第4期 p.15；图7

黄征编 敦煌俗字典 上海：上海教育出版社，2005年5月 正文p.222、446；顺序索引p.742；分类索引p.750

中国美编 中国散藏敦煌文献分类目录 北京：北京图书馆出版社，2007年10月 p.31、163

陶家骏 敦煌研究院藏佚本《维摩诘经注》写卷研究 苏州：苏州大学博士研究生学位论文，2012年3月 俗字表p.138

施萍亭 正法華経光世音菩薩普門品第二十二『中国敦煌展』(東京展、福岡展、長野展、奈良展、静岡展，1985年10月5日~1986年3月26日)，東京：財団法人富士美術館発行，昭和60年10月5日；図版108及日文図版解説

说明：土地庙出土。

敦研062（收藏号273）金光明经卷第一序品第一

敦煌文物研究所资料室，刘忠贵、施娉婷 敦煌文物研究所藏敦煌遗书目录《文物资料丛刊》（1），北

京:文物出版社,1977年12月 p.56;收入冯志文、杨际平主编《中国敦煌学百年文库·综述卷》(二),兰州:甘肃文化出版社,1999年 p.268

敦煌文物研究所资料室,刘忠贵、施娉婷 附:关于《敦煌遗书目录》的说明《文物资料丛刊》(1),北京:文物出版社,1977年12月 p.67;收入冯志文、杨际平主编《中国敦煌学百年文库·综述卷》(二),兰州:甘肃文化出版社,1999年 p.285;收入施萍婷著《敦煌习学集》(下),兰州:甘肃民族出版社,2004年12月 p.343

林聪明 谈敦煌文书的抄写问题《东吴文史学报》第9期,1991年3月 p.25;又刊载王永兴编《纪念陈寅恪先生诞辰百年学术论文集》,南昌:江西教育出版社,1989年12月 p.292~293;略为修订收入郑炳林、郑阿财主编《港台敦煌学文库》第33册,兰州:甘肃人民出版社,2014年12月 p.249

林聪明 从敦煌文书看佛教徒的造经祈福《第二届敦煌学国际研讨会论文集》,台北:汉学研究中心编印,1991年6月 p.532;收入杨曾文、杜斗城主编《中国敦煌学百年文库·宗教卷》(一),兰州:甘肃文化出版社,1999年 p.211;收入郑炳林、郑阿财主编《港台敦煌学文库》第35册,兰州:甘肃人民出版社,2014年12月 p.16

戴仁(Jean-Pierre Drège)著,耿昇译 敦煌和吐鲁番写本的断代研究《法国学者敦煌学论文选萃》,北京:中华书局,1993年12月 p.527;收入郑炳林主编,耿昇译《法国敦煌学精粹》Ⅰ,兰州:甘肃人民出版社,2011年4月 p.732

杨森 浅谈北朝经生体楷笔的演化《社科纵横》1994年第4期 p.61;附图5

赵声良 早期敦煌写本书法的时代分期和类型《敦煌书法库》(第二辑)[魏晋南北朝时期],兰州:甘肃人民美术出版社,1995年4月 p.2

林聪明 敦煌文书年代考探略述《1990年敦煌学国际研讨会文集·史地语文编》,沈阳:辽宁美术出版社,1995年7月 p.551

方广锠 金光明经《敦煌学大辞典》,上海:上海辞书出版社,1998年12月 p.678

池田温 1944年莫高窟土地庙塑像中发现文献管见《敦煌文薮》(上),台北:新文丰出版公司,1999年4月 p.18;p.20;图1幅;p.22~23;p.36注[15]

邰惠莉、罗华庆、陈雪静撰稿,施萍婷、邵国秀审订 敦煌研究院藏敦煌文献叙录(上)《甘肃藏敦煌文献》(第一卷),兰州:甘肃人民出版社,1999年9月 p.280;图版p.68

赵声良 早期敦煌写本书法的分期研究 《1994年敦煌学国际研讨会文集——纪念敦煌研究院成立50周年》(石窟艺术卷),兰州:甘肃民族出版社,2000年6月 p.261

施萍婷、邰惠莉 敦煌研究院藏敦煌文献叙录《敦煌研究文集·敦煌研究院藏敦煌文献研究篇》,兰州:甘肃民族出版社,2000年9月 p.43

杨森 敦煌研究院藏敦煌文献论著目录《敦煌研究文集·敦煌研究院藏敦煌文献研究篇》,兰州:甘肃民族出版社,2000年9月 p.583

毛秋瑾 北魏时期敦煌写经书法研究《第五届中国书法史论国际研讨会论文集》,北京:文物出版社,2002年8月 p.294、298;p.306(附表)

吴新钦 北魏平城时期敦煌写经书法的章法及其书史意义《屏东教育大学学报》第26期,2007年3月

p.714；p.721（表一）；p.738；图九

吴新钦 北魏平城时期敦煌写经书法的结体及其书史意义《屏东教育大学学报》第28期，2007年9月 p.50注[22]；p.79；图十一

彭建兵 敦煌早期密教写经的分类《兴义民族师范学院学报》2011年第1期 p.31

毛秋瑾 汉唐之间的写经书法——以敦煌吐鲁番写本为中心《南京艺术学院学报》（美术与设计版）2012年第3期 p.6~7；图7

毛秋瑾 两晋南北朝写经书法探析《中国书法全集》第14卷[三国两晋南北朝编 两晋南北朝写经写本]，北京：荣宝斋出版社，2013年1月 p.34

林聪明 敦煌文书的抄写《港台敦煌学文库》第34册，兰州：甘肃人民出版社，2014年12月 p.72

林聪明 敦煌文书的题记《港台敦煌学文库》第34册，兰州：甘肃人民出版社，2014年12月 p.144

林聪明 敦煌文书年代探考略论《港台敦煌学文库》第34册，兰州：甘肃人民出版社，2014年12月 p.260

韩春平、马德、许端清 关于敦煌遗书数据库《敦煌学辑刊》2018年第4期 p.150~151

徐祖蕃、秦明智、荣恩奇编选 敦煌遗书书法选 兰州：甘肃人民出版社，1985年10月 p.33图版及简要说明

苏莹辉著 敦煌学概要（增订再版）台北：编译馆中华丛书编审委员会，1981年10月 p.274

苏莹辉著 敦煌学概要 台北：五南图书出版公司，1988年12月 p.274

薄小莹 敦煌遗书汉文纪年卷编年 长春：长春出版社，1990年3月 p.4、84

林聪明著 敦煌文书学（敦煌学导论丛刊①）台北：新文丰出版股份有限公司，1991年8月 p.204、279、416

林聪明著 敦煌吐鲁番文书解诂指例（敦煌丛刊二集⑮）台北：新文丰出版公司，2001年6月 p.253

申国美编 中国散藏敦煌文献分类目录 北京：北京图书馆出版社，2007年10月 p.52、163~164

毛秋瑾著 墨香佛音——敦煌写经书法研究 北京：北京大学出版社，2014年4月 p.183；图5-7

朱瑶著 敦煌汉文文献题记整理与研究 北京：中国社会科学出版社，2016年7月 p.84

陈琪 敦煌遗书书法浅探 兰州：兰州大学博士研究生学位论文，2007年5月 p.152（表）；p.153、156；p.181；图48

陶家骏 敦煌研究院藏佚本《维摩诘经注》写卷研究 苏州：苏州大学博士研究生学位论文，2012年3月 p.27、29（表）

朱若溪《金光明经》敦煌写本研究 杭州：浙江大学博士研究生学位论文，2017年6月 p.492（一）卷一简表

毛秋瑾 北魏时期敦煌写经书法研究 苏州：苏州大学硕士研究生学位论文，2002年1月 p.26；图8、33；p.43（附表）

彭建兵 敦煌石窟早期密教状况研究 兰州：兰州大学硕士研究生学位论文，2006年5月 p.66

王翠《甘肃藏敦煌文献》俗字研究 南京：南京师范大学硕士研究生学位论文，2014年5月 p.16（表）；p.51（附录：中古经卷"表"）

肖倩 敦煌写卷中古俗字研究 南京:南京师范大学硕士研究生学位论文,2014年5月 p.18(表);p.70

池田温編 中國古代寫本識語集錄 東京:東京大学東洋文化研究所発行,1990年3月30日 p.93(第105号題記錄文)

说明:土地庙出土。

敦研062 北魏太和十二年张宁安习字

施萍亭 太和十二年张宁安习字《敦煌》,兰州:甘肃人民出版社、南京:江苏美术出版社,1990年7月;1993年7月;1997年11月 图版p.244;p.288第261条图版说明

敦研063(收藏号274) 大方广佛华严经卷第五十九入法界品第三十四之十六

敦煌文物研究所资料室,刘忠贵、施娉婷 敦煌文物研究所藏敦煌遗书目录《文物资料丛刊》(1),北京:文物出版社,1977年12月 p.56;收入冯志文、杨际平主编《中国敦煌学百年文库·综述卷》(二),兰州:甘肃文化出版社,1999年 p.268

邰惠莉、罗华庆、陈雪静撰稿,施萍婷、邵国秀审订 敦煌研究院藏敦煌文献叙录(上)《甘肃藏敦煌文献》(第一卷),兰州:甘肃人民出版社,1999年9月 p.280;图版p.69

施萍婷、邰惠莉 敦煌研究院藏敦煌文献叙录《敦煌研究文集·敦煌研究院藏敦煌文献研究篇》,兰州:甘肃民族出版社,2000年9月 p.43

黄征编 敦煌俗字典 上海:上海教育出版社,2005年5月 正文p.150、251、340、378、478、499;顺序索引p.742~743;分类索引p.750

申国美编 中国散藏敦煌文献分类目录 北京:北京图书馆出版社,2007年10月 p.164

井米兰 敦煌俗字与宋本《玉篇》文字比较研究 上海:华东师范大学硕士研究生学位论文,2009年5月 p.38

陈瑞峰《甘肃藏敦煌文献》俗字研究 金华:浙江师范大学硕士研究生学位论文,2012年5月 p.57;例证表p.80;俗字表p.205

傅及斯 敦煌本《华严经》整理与研究 上海:复旦大学硕士研究生学位论文,2014年5月 p.51

说明:土地庙出土。

敦研0063(土)、0308 大方广佛华严经卷第五十九入法界品第三十四之十六

李正宇 土地庙遗书的发现、特点和入藏年代《敦煌研究》(第三期·总第五期),兰州:甘肃人民出版社,1985年12月 p.96(列表);收入政协甘肃省敦煌市委员会编《敦煌文史资料选辑》第三辑,敦煌:政协甘肃省敦煌市委员会编印,1995年9月 p.104(列表)

杨森 敦煌研究院藏敦煌文献论著目录《敦煌研究文集·敦煌研究院藏敦煌文献研究篇》,兰州:甘肃民族出版社,2000年9月 p.583

敦研063号+ ? +敦研308号[①] 大方广佛华严经卷第五十九

傅及斯 敦煌本《华严经》整理与研究 上海：复旦大学硕士研究生学位论文，2014年5月 p.51~52、123~124；表十一p.162

敦研064（收藏号275）大智度论卷第八十五释菩萨行品第七十二

敦煌文物研究所资料室，刘忠贵、施娉婷 敦煌文物研究所藏敦煌遗书目录《文物资料丛刊》(1)，北京：文物出版社，1977年12月 p.56；收入冯志文、杨际平主编《中国敦煌学百年文库·综述卷》(二)，兰州：甘肃文化出版社，1999年 p.268

邰惠莉、罗华庆、陈雪静撰稿，施萍婷、邵国秀审订 敦煌研究院藏敦煌文献叙录（上）《甘肃藏敦煌文献》(第一卷)，兰州：甘肃人民出版社，1999年9月 p.280~281；图版p.70

施萍婷、邰惠莉 敦煌研究院藏敦煌文献叙录《敦煌研究文集·敦煌研究院藏敦煌文献研究篇》，兰州：甘肃民族出版社，2000年9月 p.43~44

申国美编 中国散藏敦煌文献分类目录 北京：北京图书馆出版社，2007年10月 p.60、164

说明：土地庙出土。

敦研065（收藏号276）佛说灌顶章句拔除过罪生死得度经卷第十二

敦煌文物研究所资料室，刘忠贵、施娉婷 敦煌文物研究所藏敦煌遗书目录《文物资料丛刊》(1)，北京：文物出版社，1977年12月 p.56；收入冯志文、杨际平主编《中国敦煌学百年文库·综述卷》(二)，兰州：甘肃文化出版社，1999年 p.268

邰惠莉、罗华庆、陈雪静撰稿，施萍婷、邵国秀审订 敦煌研究院藏敦煌文献叙录（上）《甘肃藏敦煌文献》(第一卷)，兰州：甘肃人民出版社，1999年9月 p.281；图版p.71

施萍婷、邰惠莉 敦煌研究院藏敦煌文献叙录《敦煌研究文集·敦煌研究院藏敦煌文献研究篇》，兰州：甘肃民族出版社，2000年9月 p.44

于淑健 中国古文字俗体探源——以敦煌佛经书法写本为例《艺术百家》2009年第3期 p.26

党燕妮 中古时期敦煌地区的药师佛信仰《南京晓庄学院学报》2013年第6期 p.85

李小荣著 敦煌密教文献论稿 北京：人民文学出版社，2003年7月 p.3

黄征编 敦煌俗字典 上海：上海教育出版社，2005年5月 正文p.101、238、250、289、423、446、525；顺序索引p.743；分类索引p.749

申国美编 中国散藏敦煌文献分类目录 北京：北京图书馆出版社，2007年10月 p.66、164

于淑健著 敦煌佛典语词和俗字研究——以敦煌古佚和疑伪经为中心 上海：上海古籍出版社，2012年4月 p.337

---

①敦研063号与308号两卷不能直接缀合，但行款、字体、书写风格相同，应为同一书手抄写，可能原为一卷。据《中华藏》卷四九、《大正藏》卷五九，两卷内容属于大方广佛华严经卷第五十九。

赵晓星著 吐蕃统治时期敦煌密教研究 兰州：甘肃教育出版社，2017年3月 p.102（表8）

赵晓星 吐蕃统治敦煌时期的密教研究 兰州：兰州大学博士研究生学位论文，2007年6月 p.50（表）

党燕妮 晚唐五代宋初敦煌民间佛教信仰研究 兰州：兰州大学博士研究生学位论文，2009年5月 p.59

彭建兵 敦煌石窟早期密教状况研究 兰州：兰州大学硕士研究生学位论文，2006年5月 p.34

陈瑞峰《甘肃藏敦煌文献》俗字研究 金华：浙江师范大学硕士研究生学位论文，2012年5月 p.55；俗字表p.141、202、204、230

说明：土地庙出土。

敦研066（收藏号277）[①] 维摩诘经注弟子品第三（下）

敦煌文物研究所资料室，刘忠贵、施娉婷 敦煌文物研究所藏敦煌遗书目录《文物资料丛刊》（1），北京：文物出版社，1977年12月 p.56；收入冯志文、杨际平主编《中国敦煌学百年文库·综述卷》（二），兰州：甘肃文化出版社，1999年 p.268

李正宇 土地庙遗书的发现、特点和入藏年代《敦煌研究》（第三期·总第五期），兰州：甘肃人民出版社，1985年12月 p.93；收入政协甘肃省敦煌市委员会编《敦煌文史资料选辑》第三辑，敦煌：政协甘肃省敦煌市委员会编印，1995年9月 p.98

邰惠莉、罗华庆、陈雪静撰稿，施萍婷、邵国秀审订 敦煌研究院藏敦煌文献叙录（上）《甘肃藏敦煌文献》（第一卷），兰州：甘肃人民出版社，1999年9月 p.281；图版p.72~73

施萍婷、邰惠莉 敦煌研究院藏敦煌文献叙录《敦煌研究文集·敦煌研究院藏敦煌文献研究篇》，兰州：甘肃民族出版社，2000年9月 p.44

杨森 敦煌研究院藏敦煌文献论著目录《敦煌研究文集·敦煌研究院藏敦煌文献研究篇》，兰州：甘肃民族出版社，2000年9月 p.583~584

申国美编 中国散藏敦煌文献分类目录 北京：北京图书馆出版社，2007年10月 p.69、164

曾晓红 敦煌本《维摩经》注疏叙录 上海：上海师范大学硕士研究生学位论文，2008年2月 p.5、9、77

张瑞兰 敦煌本《维摩诘经》异文研究 金华：浙江师范大学硕士研究生学位论文，2013年4月 p.4

说明：土地庙出土。

敦研0066（土）、0067（土）、0247、0248、0249、0250、0251、0252 维摩诘经疏

李正宇 土地庙遗书的发现、特点和入藏年代《敦煌研究》（第三期·总第五期），兰州：甘肃人民出版社，1985年12月 p.96（列表）；收入政协甘肃省敦煌市委员会编《敦煌文史资料选辑》第三辑，敦煌：政协甘肃

①土地庙出土的敦研066、067号以及收集品247、248、249、250、251、252、375号（青山庆示捐赠）九件写卷皆为北朝写本，为同一形式、同一人书写，内容没有重复，当年应是一件，源自敦煌莫高窟第17窟（藏经洞）。根据研究成果显示，敦研375号和066号首尾相连，顺序为375号、066号、（此处缺一纸）、247号、248号、067号、（此处似缺二纸）、249号、（此处缺一纸）、250号、251号、252号、（下缺）……

省敦煌市委员会编印，1995年9月 p.98（列表）

敦研066（土）、067（土）、247、248、249、250、251、252、375（青山庆示）① 维摩诘经注

袁德领 敦煌研究院藏《佚本〈维摩诘经注〉》的几个问题《敦煌研究》2008年第3期 p.75~79

陶家骏 敦煌佚本《维摩诘经注》写卷俗字辑考《苏州大学学报》（哲学社会科学版）2011年第5期 p.181~184

陶家骏、苗昱 敦煌研究院藏佚本《维摩诘经注》写卷再探——兼及“子母注”问题《敦煌研究》2012年第3期 p.91~96

陶家骏 敦煌研究院藏佚本《维摩诘经注》写卷注者考《东亚文献研究》第9辑，忠州：韩国忠州大学东亚文献研究所，2012年2月 p.27~40

陶家骏 敦煌研究院藏佚本《维摩诘经注》写卷研究 苏州：苏州大学博士研究生学位论文，2012年3月，Ⅱ+Ⅱ+267

曾晓红 敦煌本《维摩经》注疏叙录 上海：上海师范大学硕士研究生学位论文，2008年2月 p.5~6；p.29（注疏略表）；p.36（注疏的文本渊源）；p.76

陈瑞峰《甘肃藏敦煌文献》俗字研究 金华：浙江师范大学硕士研究生学位论文，2012年5月 p.3

张瑞兰 敦煌本《维摩诘经》异文研究 金华：浙江师范大学硕士研究生学位论文，2013年4月 p.4

敦研0066、0067

沙知 土地庙遗书《敦煌学大辞典》，上海：上海辞书出版社，1998年12月 p.17

敦研066V 佛经注解

邰惠莉、罗华庆、陈雪静撰稿，施萍婷、邰国秀审订 敦煌研究院藏敦煌文献叙录（上）《甘肃藏敦煌文献》（第一卷），兰州：甘肃人民出版社，1999年9月 p.281；图版p.74

施萍婷、邰惠莉 敦煌研究院藏敦煌文献叙录《敦煌研究文集·敦煌研究院藏敦煌文献研究篇》，兰州：甘肃民族出版社，2000年9月 p.44

叶贵良《甘肃藏敦煌文献》残卷未识原因初探《敦煌研究》2003年第4期 p.90

袁德领 敦煌研究院藏《佚本〈维摩诘经注〉》的几个问题《敦煌研究》2008年第3期 p.77

陶家骏、苗昱 敦煌研究院藏佚本《维摩诘经注》写卷再探——兼及“子母注”问题 《敦煌研究》2012年第3期 p.94~96

---

①土地庙出土的敦研066、067以及收集品247、248、249、250、251、252、375（青山庆示捐赠）写卷皆为北朝写本，为同一形式、同一人书写，内容没有重复，当年应是一件，源自敦煌莫高窟第17窟（藏经洞）。根据研究成果显示，敦研375号和066号首尾相连，顺序为375号、066号、（此处缺一纸）、247号、248号、067号、（此处似缺二纸）、249号、（此处缺一纸）、250号、251号、252号、（下缺）……

申国美编 中国散藏敦煌文献分类目录 北京:北京图书馆出版社,2007年10月 p.70

说明:土地庙出土。

敦研067(收藏号278) 维摩诘经注文殊师利问疾品第五(下)

敦煌文物研究所资料室,刘忠贵、施娉婷 敦煌文物研究所藏敦煌遗书目录《文物资料丛刊》(1),北京:文物出版社,1977年12月 p.56;收入冯志文、杨际平主编《中国敦煌学百年文库·综述卷》(二),兰州:甘肃文化出版社,1999年 p.268

李正宇 土地庙遗书的发现、特点和入藏年代《敦煌研究》(第三期·总第五期),兰州:甘肃人民出版社,1985年12月 p.93;收入政协甘肃省敦煌市委员会编《敦煌文史资料选辑》第三辑,敦煌:政协甘肃省敦煌市委员会编印,1995年9月 p.98

邰惠莉、罗华庆、陈雪静撰稿,施萍婷、邵国秀审订 敦煌研究院藏敦煌文献叙录(上)《甘肃藏敦煌文献》(第一卷),兰州:甘肃人民出版社,1999年9月 p.281;图版p.75

施萍婷、邰惠莉 敦煌研究院藏敦煌文献叙录《敦煌研究文集·敦煌研究院藏敦煌文献研究篇》,兰州:甘肃民族出版社,2000年9月 p.45

申国美编 中国散藏敦煌文献分类目录 北京:北京图书馆出版社,2007年10月 p.69、164

曾晓红 敦煌本《维摩经》注疏叙录 上海:上海师范大学硕士研究生学位论文,2008年2月 p.5、9、78

张瑞兰 敦煌本《维摩诘经》异文研究 金华:浙江师范大学硕士研究生学位论文,2013年4月 p.4

说明:土地庙出土。

敦研067V 佛经注解

邰惠莉、罗华庆、陈雪静撰稿,施萍婷、邵国秀审订 敦煌研究院藏敦煌文献叙录(上)《甘肃藏敦煌文献》(第一卷),兰州:甘肃人民出版社,1999年9月 p.281;图版p.76

施萍婷、邰惠莉 敦煌研究院藏敦煌文献叙录《敦煌研究文集·敦煌研究院藏敦煌文献研究篇》,兰州:甘肃民族出版社,2000年9月 p.45

叶贵良《甘肃藏敦煌文献》残卷未识原因初探《敦煌研究》2003年第4期 p.90

袁德领 敦煌研究院藏《佚本〈维摩诘经注〉》的几个问题《敦煌研究》2008年第3期 p.77

陶家骏、苗昱 敦煌研究院藏佚本《维摩诘经注》写卷再探——兼及"子母注"问题《敦煌研究》2012年第3期 p.95

申国美编 中国散藏敦煌文献分类目录 北京:北京图书馆出版社,2007年10月 p.70

说明:土地庙出土。

敦研068(收藏号279) 北魏禁军军官籍簿

敦煌文物研究所资料室,刘忠贵、施娉婷 敦煌文物研究所藏敦煌遗书目录《文物资料丛刊》(1),北京:文物出版社,1977年12月 p.56;收入冯志文、杨际平主编《中国敦煌学百年文库·综述卷》(二),兰州:甘

肃文化出版社，1999年 p.268

杨森 敦煌研究院藏卷《北魏禁军军官籍薄》考述《敦煌研究》1987年第2期 p.20~24；附图版1幅；收入敦煌研究院编《敦煌研究文集·敦煌研究院藏敦煌文献研究篇》，兰州：甘肃民族出版社，2000年9月 p.196~203

杨森 敦研0010号《佛说祝毒经》书法风格——从北朝经生体书法谈起《敦煌研究》1995年第1期 p.169

汤长平 敦煌研究院藏《北魏军官籍簿》辨析《敦煌学辑刊》1998年第2期 p.61~64；收入敦煌研究院编《敦煌研究文集·敦煌研究院藏敦煌文献研究篇》，兰州：甘肃民族出版社，2000年9月 p.204~210

施萍婷 甘肃藏敦煌文献概述《甘肃藏敦煌文献精粹》，兰州：甘肃人民出版社，1999年 p.8；又载段文杰主编《甘肃藏敦煌文献》（第一至六卷），兰州：甘肃人民出版社，1999年9~12月 p.8

邰惠莉、罗华庆、陈雪静撰稿，施萍婷、邵国秀审订 敦煌研究院藏敦煌文献叙录（上）《甘肃藏敦煌文献》（第一卷），兰州：甘肃人民出版社，1999年9月 p.281~282；图版p.77

韩惠言 甘藏敦煌汉文文献概况《敦煌学辑刊》2000年第2期 p.70；收入敦煌研究院编《2000年敦煌学国际学术讨论会文集——纪念敦煌藏经洞发现暨敦煌学百年》历史文化卷（上），兰州：甘肃民族出版社，2003年9月 p.520

樊锦诗 敦煌研究院藏敦煌文献研究概述《敦煌研究文集·敦煌研究院藏敦煌文献研究篇》，兰州：甘肃民族出版社，2000年9月 p.4

施萍婷、邰惠莉 敦煌研究院藏敦煌文献叙录《敦煌研究文集·敦煌研究院藏敦煌文献研究篇》，兰州：甘肃民族出版社，2000年9月 p.45

杨森 敦煌研究院藏敦煌文献论著目录《敦煌研究文集·敦煌研究院藏敦煌文献研究篇》，兰州：甘肃民族出版社，2000年9月 p.584

张涌泉 敦煌故里对敦煌学的新奉献——《甘肃藏敦煌文献》读后《敦煌研究》2001年第1期 p.183

林聪明 敦煌文书的形态《港台敦煌学文库》第33册，兰州：甘肃人民出版社，2014年12月 p.190

李辉《国家珍贵古籍名录》中甘肃藏古籍特色《盐城师范学院学报》（人文社会科学版）2015年第6期 p.117

林聪明著 敦煌文书学（敦煌学导论丛刊①） 台北：新文丰出版股份有限公司，1991年8月 p.77

申国美编 中国散藏敦煌文献分类目录 北京：北京图书馆出版社，2007年10月 p.84、164

甘肃省地方史志编纂委员会编 甘肃省志·文物志（中册） 北京：文物出版社，2018年11月 p.1524；图1幅

王翠 《甘肃藏敦煌文献》俗字研究 南京：南京师范大学硕士研究生学位论文，2014年5月 p.1；p.16（表）；p.51（附录：中古经卷"表"）

说明：土地庙出土。

敦研068V 杂写

邰惠莉、罗华庆、陈雪静撰稿，施萍婷、邵国秀审订 敦煌研究院藏敦煌文献叙录（上）《甘肃藏敦煌文献》（第一卷），兰州：甘肃人民出版社，1999年9月 p.282；图版p.77

施萍婷、邰惠莉 敦煌研究院藏敦煌文献叙录《敦煌研究文集·敦煌研究院藏敦煌文献研究篇》，兰州：

甘肃民族出版社,2000年9月 p.45

林聪明 敦煌文书的形态《港台敦煌学文库》第33册,兰州:甘肃人民出版社,2014年12月 p.190

林聪明著 敦煌文书学(敦煌学导论丛刊①) 台北:新文丰出版股份有限公司,1991年8月 p.77

申国美编 中国散藏敦煌文献分类目录 北京:北京图书馆出版社,2007年10月 p.87

敦研069(收藏号280) 普曜经卷第六诸天贺佛成道品第二十

敦煌文物研究所资料室,刘忠贵、施娉婷 敦煌文物研究所藏敦煌遗书目录《文物资料丛刊》(1),北京:文物出版社,1977年12月 p.56;收入冯志文、杨际平主编《中国敦煌学百年文库·综述卷》(二),兰州:甘肃文化出版社,1999年 p.268

邰惠莉、罗华庆、陈雪静撰稿,施萍婷、邵国秀审订 敦煌研究院藏敦煌文献叙录(上)《甘肃藏敦煌文献》(第一卷),兰州:甘肃人民出版社,1999年9月 p.282;图版p.78

施萍婷、邰惠莉 敦煌研究院藏敦煌文献叙录《敦煌研究文集·敦煌研究院藏敦煌文献研究篇》,兰州:甘肃民族出版社,2000年9月 p.45~46

申国美编 中国散藏敦煌文献分类目录 北京:北京图书馆出版社,2007年10月 p.2、164

说明:土地庙出土。

敦研070(收藏号281) 大德沙门百一羯磨法

敦煌文物研究所资料室,刘忠贵、施娉婷 敦煌文物研究所藏敦煌遗书目录《文物资料丛刊》(1),北京:文物出版社,1977年12月 p.56;收入冯志文、杨际平主编《中国敦煌学百年文库·综述卷》(二),兰州:甘肃文化出版社,1999年 p.268

邰惠莉、罗华庆、陈雪静撰稿,施萍婷、邵国秀审订 敦煌研究院藏敦煌文献叙录(上)《甘肃藏敦煌文献》(第一卷),兰州:甘肃人民出版社,1999年9月 p.282;图版p.79

施萍婷、邰惠莉 敦煌研究院藏敦煌文献叙录《敦煌研究文集·敦煌研究院藏敦煌文献研究篇》,兰州:甘肃民族出版社,2000年9月 p.46

申国美编 中国散藏敦煌文献分类目录 北京:北京图书馆出版社,2007年10月 p.71、164

说明:土地庙出土。

敦研071(收藏号282) 妙法莲华经卷第二譬喻品第三

敦煌文物研究所资料室,刘忠贵、施娉婷 敦煌文物研究所藏敦煌遗书目录《文物资料丛刊》(1),北京:文物出版社,1977年12月 p.56;收入冯志文、杨际平主编《中国敦煌学百年文库·综述卷》(二),兰州:甘肃文化出版社,1999年 p.268

邰惠莉、罗华庆、陈雪静撰稿,施萍婷、邵国秀审订 敦煌研究院藏敦煌文献叙录(上)《甘肃藏敦煌文献》(第一卷),兰州:甘肃人民出版社,1999年9月 p.282;图版p.80

施萍婷、邰惠莉 敦煌研究院藏敦煌文献叙录《敦煌研究文集·敦煌研究院藏敦煌文献研究篇》,兰州:

甘肃民族出版社,2000年9月 p.46

黄征 敦煌俗字例释《敦煌吐鲁番研究》(第八卷),北京:中华书局,2005年1月 p.251

黄征编 敦煌俗字典 上海:上海教育出版社,2005年5月 正文p.2、83、225、359、500、517;顺序索引p.743;分类索引p.749

中国美编 中国散藏敦煌文献分类目录 北京:北京图书馆出版社,2007年10月 p.20、165

陈瑞峰《甘肃藏敦煌文献》俗字研究 金华:浙江师范大学硕士研究生学位论文,2012年5月 俗字表p.107、197

说明:土地庙出土。

敦研072(收藏号283) 佛说无垢贤女经

敦煌文物研究所资料室,刘忠贵、施娉婷 敦煌文物研究所藏敦煌遗书目录《文物资料丛刊》(1),北京:文物出版社,1977年12月 p.56;收入冯志文、杨际平主编《中国敦煌学百年文库·综述卷》(二),兰州:甘肃文化出版社,1999年 p.268

邰惠莉、罗华庆、陈雪静撰稿,施萍婷、邵国秀审订 敦煌研究院藏敦煌文献叙录(上)《甘肃藏敦煌文献》(第一卷),兰州:甘肃人民出版社,1999年9月 p.282;图版p.80

施萍婷、邰惠莉 敦煌研究院藏敦煌文献叙录《敦煌研究文集·敦煌研究院藏敦煌文献研究篇》,兰州:甘肃民族出版社,2000年9月 p.46~47

中国美编 中国散藏敦煌文献分类目录 北京:北京图书馆出版社,2007年10月 p.51、165

甘肃省地方史志编纂委员会编 甘肃省志·文物志(中册) 北京:文物出版社,2018年11月 p.1524

周远军 敦煌写卷《道行般若经》用字研究及校勘[①] 南宁:广西大学硕士研究生学位论文,2011年6月 p.94

说明:土地庙出土。

敦研073 妙法莲华经卷第一(尾题)

敦煌文物研究所资料室,刘忠贵、施娉婷 敦煌文物研究所藏敦煌遗书目录《文物资料丛刊》(1),北京:文物出版社,1977年12月 p.56;收入冯志文、杨际平主编《中国敦煌学百年文库·综述卷》(二),兰州:甘肃文化出版社,1999年 p.268

邰惠莉 甘肃藏非敦煌文献的真伪、来源及相关问题《敦煌学辑刊》2000年第2期 p.73;图9

施萍婷、邰惠莉 敦煌研究院藏敦煌文献叙录《敦煌研究文集·敦煌研究院藏敦煌文献研究篇》,兰州:甘肃民族出版社,2000年9月 p.47

邰惠莉 敦煌研究院藏敦煌遗书的来源和价值《中国书法》2019年第9期 p.53

①周远军硕士论文《敦煌写卷〈道行般若经〉用字研究及校勘》作"敦研072《妙法莲华经》",有误。敦研072为《佛说无垢贤女经》。

申国美编 中国散藏敦煌文献分类目录 北京:北京图书馆出版社,2007年10月 p.165

敦研074(收藏号287) 妙法莲华经卷第一方便品第二

敦煌文物研究所资料室,刘忠贵、施娉婷 敦煌文物研究所藏敦煌遗书目录《文物资料丛刊》(1),北京:文物出版社,1977年12月 p.57;收入冯志文、杨际平主编《中国敦煌学百年文库·综述卷》(二),兰州:甘肃文化出版社,1999年 p.268

邰惠莉、罗华庆、陈雪静撰稿,施萍婷、邵国秀审订 敦煌研究院藏敦煌文献叙录(上)《甘肃藏敦煌文献》(第一卷),兰州:甘肃人民出版社,1999年9月 p.282

施萍婷、邰惠莉 敦煌研究院藏敦煌文献叙录《敦煌研究文集·敦煌研究院藏敦煌文献研究篇》,兰州:甘肃民族出版社,2000年9月 p.47

申国美编 中国散藏敦煌文献分类目录 北京:北京图书馆出版社,2007年10月 p.18、165

说明:此卷已与083号缀合。083号下接074号。

敦研075(收藏号288) 佛藏经卷上念僧品第四

敦煌文物研究所资料室,刘忠贵、施娉婷 敦煌文物研究所藏敦煌遗书目录《文物资料丛刊》(1),北京:文物出版社,1977年12月 p.57;收入冯志文、杨际平主编《中国敦煌学百年文库·综述卷》(二),兰州:甘肃文化出版社,1999年 p.268

邰惠莉、罗华庆、陈雪静撰稿,施萍婷、邵国秀审订 敦煌研究院藏敦煌文献叙录(上)《甘肃藏敦煌文献》(第一卷),兰州:甘肃人民出版社,1999年9月 p.282;图版p.81~82

施萍婷、邰惠莉 敦煌研究院藏敦煌文献叙录《敦煌研究文集·敦煌研究院藏敦煌文献研究篇》,兰州:甘肃民族出版社,2000年9月 p.47

申国美编 中国散藏敦煌文献分类目录 北京:北京图书馆出版社,2007年10月 p.52、165

于淑健著 敦煌佛典语词和俗字研究——以敦煌古佚和疑伪经为中心 上海:上海古籍出版社,2012年4月 p.266

敦研076(收藏号289) 佛经戒律(拟)

敦煌文物研究所资料室,刘忠贵、施娉婷 敦煌文物研究所藏敦煌遗书目录《文物资料丛刊》(1),北京:文物出版社,1977年12月 p.57;收入冯志文、杨际平主编《中国敦煌学百年文库·综述卷》(二),兰州:甘肃文化出版社,1999年 p.268

邰惠莉、罗华庆、陈雪静撰稿,施萍婷、邵国秀审订 敦煌研究院藏敦煌文献叙录(上)《甘肃藏敦煌文献》(第一卷),兰州:甘肃人民出版社,1999年9月 p.283;图版p.83

施萍婷、邰惠莉 敦煌研究院藏敦煌文献叙录《敦煌研究文集·敦煌研究院藏敦煌文献研究篇》,兰州:甘肃民族出版社,2000年9月 p.48

申国美编 中国散藏敦煌文献分类目录 北京:北京图书馆出版社,2007年10月 p.59、165

甘肃省地方史志编纂委员会编 甘肃省志·文物志(中册) 北京:文物出版社,2018年11月 p.1524~1525;图1幅

敦研077(收藏号290) 救护众生恶疾经

敦煌文物研究所资料室,刘忠贵、施娉婷 敦煌文物研究所藏敦煌遗书目录《文物资料丛刊》(1),北京:文物出版社,1977年12月 p.57;收入冯志文、杨际平主编《中国敦煌学百年文库·综述卷》(二),兰州:甘肃文化出版社,1999年 p.268

邰惠莉、罗华庆、陈雪静撰稿,施萍婷、邵国秀审订 敦煌研究院藏敦煌文献叙录(上)《甘肃藏敦煌文献》(第一卷),兰州:甘肃人民出版社,1999年9月 p.283;图版p.84

施萍婷、邰惠莉 敦煌研究院藏敦煌文献叙录《敦煌研究文集·敦煌研究院藏敦煌文献研究篇》,兰州:甘肃民族出版社,2000年9月 p.48

申国美编 中国散藏敦煌文献分类目录 北京:北京图书馆出版社,2007年10月 p.78、165

于淑健著 敦煌佛典语词和俗字研究——以敦煌古佚和疑伪经为中心 上海:上海古籍出版社,2012年4月 p.68

曹凌 中国佛教疑伪经综录 上海:上海师范大学硕士研究生学位论文,2009年5月 p.177

敦研078(收藏号291) 大般涅槃经卷第七如来性品第四之四

敦煌文物研究所资料室,刘忠贵、施娉婷 敦煌文物研究所藏敦煌遗书目录《文物资料丛刊》(1),北京:文物出版社,1977年12月 p.57;收入冯志文、杨际平主编《中国敦煌学百年文库·综述卷》(二),兰州:甘肃文化出版社,1999年 p.268

施萍婷 敦煌研究院藏土地庙写本源自藏经洞《敦煌研究》1999年第2期 p.45(附表)

邰惠莉、罗华庆、陈雪静撰稿,施萍婷、邵国秀审订 敦煌研究院藏敦煌文献叙录(上)《甘肃藏敦煌文献》(第一卷),兰州:甘肃人民出版社,1999年9月 p.283;图版p.85

施萍婷、邰惠莉 敦煌研究院藏敦煌文献叙录《敦煌研究文集·敦煌研究院藏敦煌文献研究篇》,兰州:甘肃民族出版社,2000年9月 p.48

杨森 敦煌研究院藏敦煌文献论著目录《敦煌研究文集·敦煌研究院藏敦煌文献研究篇》,兰州:甘肃民族出版社,2000年9月 p.584

景盛轩 敦煌北本《大般涅槃经》分卷考《〈大般涅槃经〉異文研究》,成都:巴蜀书社,2009年2月 调查表p.319

申国美编 中国散藏敦煌文献分类目录 北京:北京图书馆出版社,2007年10月 p.36、165

景盛轩著《大般涅槃经》異文研究 成都:巴蜀书社,2009年2月 p.158

景盛轩 敦煌本《大般涅槃经》研究——以版本、异文及训诂为中心 杭州:浙江大学博士研究生学位论文,2004年5月 p.39;p.129(表二);p.223

敦研079(收藏号292) 金刚般若波罗蜜经

敦煌文物研究所资料室,刘忠贵、施娉婷 敦煌文物研究所藏敦煌遗书目录《文物资料丛刊》(1),北京:文物出版社,1977年12月 p.57;收入冯志文、杨际平主编《中国敦煌学百年文库·综述卷》(二),兰州:甘肃文化出版社,1999年 p.268

邰惠莉、罗华庆、陈雪静撰稿,施萍婷、邵国秀审订 敦煌研究院藏敦煌文献叙录(上)《甘肃藏敦煌文献》(第一卷),兰州:甘肃人民出版社,1999年9月 p.283;图版p.85~86

施萍婷、邰惠莉 敦煌研究院藏敦煌文献叙录《敦煌研究文集·敦煌研究院藏敦煌文献研究篇》,兰州:甘肃民族出版社,2000年9月 p.48~49

罗慕君、张涌泉 散藏敦煌本《金刚经》缀合研究《敦煌吐鲁番研究》(第十八卷),上海:上海古籍出版社,2019年4月 p.634

申国美编 中国散藏敦煌文献分类目录 北京:北京图书馆出版社,2007年10月 p.13、165

张开媛《金刚经》鸠摩罗什译本在唐代的流传和接受 北京:北京外国语大学博士研究生学位论文,2015年12月 p.354

王惠民撰文,勝木言一郎訳 金剛般若波羅密経『砂漠の美術馆–永遠なる敦煌』中国敦煌研究院創立50周年記念(東京展、福岡展、神户展,1996年10月26日~1997年4月20日),東京:朝日新聞社,1996年 p.142 図版及第78条日文図版解説

敦研080(收藏号293) 妙法莲华经卷第六药王菩萨本事品第二十二

敦煌文物研究所资料室,刘忠贵、施娉婷 敦煌文物研究所藏敦煌遗书目录《文物资料丛刊》(1),北京:文物出版社,1977年12月 p.57;收入冯志文、杨际平主编《中国敦煌学百年文库·综述卷》(二),兰州:甘肃文化出版社,1999年 p.268

邰惠莉、罗华庆、陈雪静撰稿,施萍婷、邵国秀审订 敦煌研究院藏敦煌文献叙录(上)《甘肃藏敦煌文献》(第一卷),兰州:甘肃人民出版社,1999年9月 p.283;图版p.86~87

施萍婷、邰惠莉 敦煌研究院藏敦煌文献叙录《敦煌研究文集·敦煌研究院藏敦煌文献研究篇》,兰州:甘肃民族出版社,2000年9月 p.49

杨森 敦煌研究院藏敦煌文献论著目录《敦煌研究文集·敦煌研究院藏敦煌文献研究篇》,兰州:甘肃民族出版社,2000年9月 p.584~585

申国美编 中国散藏敦煌文献分类目录 北京:北京图书馆出版社,2007年10月 p.29、165

施萍亭 妙法蓮華経藥王菩薩本事品第二十三『中国敦煌展』(東京展、福岡展、長野展、奈良展、静岡展,1985年10月5日~1986年3月26日),東京:財団法人富士美術館発行,昭和60年10月5日;図版121及日文図版解説

敦研081(收藏号294) 大般涅槃经卷第二十六光明遍照高贵德王菩萨品第十之五

敦煌文物研究所资料室,刘忠贵、施娉婷 敦煌文物研究所藏敦煌遗书目录《文物资料丛刊》(1),北

京:文物出版社,1977年12月 p.57;收入冯志文、杨际平主编《中国敦煌学百年文库·综述卷》(二),兰州:甘肃文化出版社,1999年 p.268

邰惠莉、罗华庆、陈雪静撰稿,施萍婷、邵国秀审订 敦煌研究院藏敦煌文献叙录(上)《甘肃藏敦煌文献》(第一卷),兰州:甘肃人民出版社,1999年9月 p.283;图版p.87~88

施萍婷、邰惠莉 敦煌研究院藏敦煌文献叙录《敦煌研究文集·敦煌研究院藏敦煌文献研究篇》,兰州:甘肃民族出版社,2000年9月 p.49

中国美编 中国散藏敦煌文献分类目录 北京:北京图书馆出版社,2007年10月 p.41、165

景盛轩 敦煌本《大般涅槃经》研究——以版本、异文及训诂为中心 杭州:浙江大学博士研究生学位论文,2004年5月 p.87

敦研082(收藏号295)大般涅槃经卷第二十七狮子吼菩萨品第十一之一

敦煌文物研究所资料室,刘忠贵、施娉婷 敦煌文物研究所藏敦煌遗书目录《文物资料丛刊》(1),北京:文物出版社,1977年12月 p.57;收入冯志文、杨际平主编《中国敦煌学百年文库·综述卷》(二),兰州:甘肃文化出版社,1999年 p.268

邰惠莉、罗华庆、陈雪静撰稿,施萍婷、邵国秀审订 敦煌研究院藏敦煌文献叙录(上)《甘肃藏敦煌文献》(第一卷),兰州:甘肃人民出版社,1999年9月 p.283;图版p.88

施萍婷、邰惠莉 敦煌研究院藏敦煌文献叙录《敦煌研究文集·敦煌研究院藏敦煌文献研究篇》,兰州:甘肃民族出版社,2000年9月 p.49

中国美编 中国散藏敦煌文献分类目录 北京:北京图书馆出版社,2007年10月 p.41、165

景盛轩 敦煌本《大般涅槃经》研究——以版本、异文及训诂为中心 杭州:浙江大学博士研究生学位论文,2004年5月 p.90

敦研083(收藏号296)妙法莲华经卷第一方便品第二

敦煌文物研究所资料室,刘忠贵、施娉婷 敦煌文物研究所藏敦煌遗书目录《文物资料丛刊》(1),北京:文物出版社,1977年12月 p.57;收入冯志文、杨际平主编《中国敦煌学百年文库·综述卷》(二),兰州:甘肃文化出版社,1999年 p.268

邰惠莉、罗华庆、陈雪静撰稿,施萍婷、邵国秀审订 敦煌研究院藏敦煌文献叙录(上)《甘肃藏敦煌文献》(第一卷),兰州:甘肃人民出版社,1999年9月 p.283~284;图版p.89~91

施萍婷、邰惠莉 敦煌研究院藏敦煌文献叙录《敦煌研究文集·敦煌研究院藏敦煌文献研究篇》,兰州:甘肃民族出版社,2000年9月 p.49~50

中国美编 中国散藏敦煌文献分类目录 北京:北京图书馆出版社,2007年10月 p.19、165~166

说明:此卷已与074号缀合。083号下接074号。

敦研0083+0074 妙法莲华经卷第一方便品第二

施萍婷 敦煌研究院藏土地庙写本源自藏经洞《敦煌研究》1999年第2期 p.41;略为删减修订后收入敦煌研究院编《敦煌研究文集·敦煌研究院藏敦煌文献研究篇》,兰州:甘肃民族出版社,2000年9月 p.17;收入氏著《敦煌习学集》(上),兰州:甘肃民族出版社,2004年12月 p.279;收入氏著《敦煌石窟与文献研究》,杭州:浙江大学出版社,2015年12月 p.371

杨森 敦煌研究院藏敦煌文献论著目录《敦煌研究文集·敦煌研究院藏敦煌文献研究篇》,兰州:甘肃民族出版社,2000年9月 p.585

施萍亭 妙法蓮華経方便品第二『中国敦煌展』(東京展、福岡展、長野展、奈良展、静岡展,1985年10月5日~1986年3月26日),東京:財団法人富士美術館発行,昭和60年10月5日;図版112及日文図版解説

收藏号D.0296、0287 妙法莲华经方便品

王惠民撰文,勝木言一郎訳 妙法蓮華経方便品第二『砂漠の美術馆–永遠なる敦煌』中国敦煌研究院創立50周年記念(東京展、福岡展、神户展,1996年10月26日~1997年4月20日),東京:朝日新聞社,1996年 p.141図版及第76条日文図版解説

施萍亭 妙法蓮華経方便品『敦煌美術展』(岐阜展、岡山展、佐賀展、横浜展,2001年9月8日~2002年3月12日),東京:大塚巧藝社,2001年 p.106~107図版65及図版解説;p.131出品目錄

敦研084(收藏号297) 昙无德律部杂羯磨

敦煌文物研究所资料室,刘忠贵、施娉婷 敦煌文物研究所藏敦煌遗书目录《文物资料丛刊》(1),北京:文物出版社,1977年12月 p.57;收入冯志文、杨际平主编《中国敦煌学百年文库·综述卷》(二),兰州:甘肃文化出版社,1999年 p.269

邰惠莉、罗华庆、陈雪静撰稿,施萍婷、邵国秀审订 敦煌研究院藏敦煌文献叙录(上)《甘肃藏敦煌文献》(第一卷),兰州:甘肃人民出版社,1999年9月 p.284;图版p.92

施萍婷、邰惠莉 敦煌研究院藏敦煌文献叙录《敦煌研究文集·敦煌研究院藏敦煌文献研究篇》,兰州:甘肃民族出版社,2000年9月 p.50

申国美编 中国散藏敦煌文献分类目录 北京:北京图书馆出版社,2007年10月 p.71、166

敦研085(收藏号298) 妙法莲华经卷第二譬喻品第二

敦煌文物研究所资料室,刘忠贵、施娉婷 敦煌文物研究所藏敦煌遗书目录《文物资料丛刊》(1),北京:文物出版社,1977年12月 p.57;收入冯志文、杨际平主编《中国敦煌学百年文库·综述卷》(二),兰州:甘肃文化出版社,1999年 p.269

邰惠莉、罗华庆、陈雪静撰稿,施萍婷、邵国秀审订 敦煌研究院藏敦煌文献叙录(上)《甘肃藏敦煌文献》(第一卷),兰州:甘肃人民出版社,1999年9月 p.284;图版p.92~93

施萍婷、邰惠莉 敦煌研究院藏敦煌文献叙录《敦煌研究文集·敦煌研究院藏敦煌文献研究篇》,兰州:

甘肃民族出版社,2000年9月 p.50

杨森 敦煌研究院藏敦煌文献论著目录《敦煌研究文集·敦煌研究院藏敦煌文献研究篇》,兰州:甘肃民族出版社,2000年9月 p.585

中国美编 中国散藏敦煌文献分类目录 北京:北京图书馆出版社,2007年10月 p.20、166

施萍亭 妙法蓮華経譬喩品第三『中国敦煌展』(東京展、福岡展、長野展、奈良展、静岡展,1985年10月5日~1986年3月26日),東京:財団法人富士美術館発行,昭和60年10月5日;図版115及日文図版解説

敦研086(收藏号299)金刚般若波罗蜜经

敦煌文物研究所资料室,刘忠贵、施娉婷 敦煌文物研究所藏敦煌遗书目录《文物资料丛刊》(1),北京:文物出版社,1977年12月 p.57;收入冯志文、杨际平主编《中国敦煌学百年文库·综述卷》(二),兰州:甘肃文化出版社,1999年 p.269

邰惠莉、罗华庆、陈雪静撰稿,施萍婷、邵国秀审订 敦煌研究院藏敦煌文献叙录(上)《甘肃藏敦煌文献》(第一卷),兰州:甘肃人民出版社,1999年9月 p.284;图版p.93

施萍婷、邰惠莉 敦煌研究院藏敦煌文献叙录《敦煌研究文集·敦煌研究院藏敦煌文献研究篇》,兰州:甘肃民族出版社,2000年9月 p.50

罗慕君、张涌泉 散藏敦煌本《金刚经》缀合研究《敦煌吐鲁番研究》(第十八卷),上海:上海古籍出版社,2019年4月 p.634

中国美编 中国散藏敦煌文献分类目录 北京:北京图书馆出版社,2007年10月 p.13、166

张开媛《金刚经》鸠摩罗什译本在唐代的流传和接受 北京:北京外国语大学博士研究生学位论文,2015年12月 p.354

敦研0086+0079 金刚般若波罗蜜经

施萍婷 敦煌研究院藏土地庙写本源自藏经洞《敦煌研究》1999年第2期 p.42;略为删减修订后收入敦煌研究院编《敦煌研究文集·敦煌研究院藏敦煌文献研究篇》,兰州:甘肃民族出版社,2000年9月 p.18;收入氏著《敦煌习学集》(上),兰州:甘肃民族出版社,2004年12月 p.280;收入氏著《敦煌石窟与文献研究》,杭州:浙江大学出版社,2015年12月 p.371

杨森 敦煌研究院藏敦煌文献论著目录《敦煌研究文集·敦煌研究院藏敦煌文献研究篇》,兰州:甘肃民族出版社,2000年9月 p.585

罗慕君、张涌泉 散藏敦煌本《金刚经》缀合研究《敦煌吐鲁番研究》(第十八卷),上海:上海古籍出版社,2019年4月 p.637

敦研087(收藏号300)妙法莲华经卷第七妙音菩萨品第二十四

敦煌文物研究所资料室,刘忠贵、施娉婷 敦煌文物研究所藏敦煌遗书目录《文物资料丛刊》(1),北京:文物出版社,1977年12月 p.57;收入冯志文、杨际平主编《中国敦煌学百年文库·综述卷》(二),兰州:甘

肃文化出版社，1999年 p.269

邰惠莉、罗华庆、陈雪静撰稿，施萍婷、邵国秀审订 敦煌研究院藏敦煌文献叙录（上）《甘肃藏敦煌文献》（第一卷），兰州：甘肃人民出版社，1999年9月 p.284；图版p.94

施萍婷、邰惠莉 敦煌研究院藏敦煌文献叙录《敦煌研究文集·敦煌研究院藏敦煌文献研究篇》，兰州：甘肃民族出版社，2000年9月 p.50~51

杨森 敦煌研究院藏敦煌文献论著目录《敦煌研究文集·敦煌研究院藏敦煌文献研究篇》，兰州：甘肃民族出版社，2000年9月 p.585~586

申国美编 中国散藏敦煌文献分类目录 北京：北京图书馆出版社，2007年10月 p.30、166

施萍亭 妙法蓮華経妙音菩薩品第二十四『中国敦煌展』（東京展、福岡展、長野展、奈良展、静岡展，1985年10月5日~1986年3月26日），東京：財団法人富士美術館発行，昭和60年10月5日；図版117及日文図版解説

敦研088（收藏号301）金光明经卷第二四天王品第六

敦煌文物研究所资料室，刘忠贵、施娉婷 敦煌文物研究所藏敦煌遗书目录《文物资料丛刊》（1），北京：文物出版社，1977年12月 p.57；收入冯志文、杨际平主编《中国敦煌学百年文库·综述卷》（二），兰州：甘肃文化出版社，1999年 p.269

邰惠莉、罗华庆、陈雪静撰稿，施萍婷、邵国秀审订 敦煌研究院藏敦煌文献叙录（上）《甘肃藏敦煌文献》（第一卷），兰州：甘肃人民出版社，1999年9月 p.284；图版p.94

施萍婷、邰惠莉 敦煌研究院藏敦煌文献叙录《敦煌研究文集·敦煌研究院藏敦煌文献研究篇》，兰州：甘肃民族出版社，2000年9月 p.51

申国美编 中国散藏敦煌文献分类目录 北京：北京图书馆出版社，2007年10月 p.53、166

朱若溪《金光明经》敦煌写本研究 杭州：浙江大学博士研究生学位论文，2017年6月 p.494（二）卷二简表

陈瑞峰《甘肃藏敦煌文献》俗字研究 金华：浙江师范大学硕士研究生学位论文，2012年5月 p.36

敦研089（收藏号302）金刚般若波罗蜜经

敦煌文物研究所资料室，刘忠贵、施娉婷 敦煌文物研究所藏敦煌遗书目录《文物资料丛刊》（1），北京：文物出版社，1977年12月 p.57；收入冯志文、杨际平主编《中国敦煌学百年文库·综述卷》（二），兰州：甘肃文化出版社，1999年 p.269

邰惠莉、罗华庆、陈雪静撰稿，施萍婷、邵国秀审订 敦煌研究院藏敦煌文献叙录（上）《甘肃藏敦煌文献》（第一卷），兰州：甘肃人民出版社，1999年9月 p.284；图版p.95

施萍婷、邰惠莉 敦煌研究院藏敦煌文献叙录《敦煌研究文集·敦煌研究院藏敦煌文献研究篇》，兰州：甘肃民族出版社，2000年9月 p.51

罗慕君、张涌泉 散藏敦煌本《金刚经》缀合研究《敦煌吐鲁番研究》（第十八卷），上海：上海古籍出版

社，2019年4月 p.634

中国美编 中国散藏敦煌文献分类目录 北京：北京图书馆出版社，2007年10月 p.13、166

BD8881+敦研89号 金刚般若波罗蜜经

罗慕君、张涌泉 散藏敦煌本《金刚经》缀合研究《敦煌吐鲁番研究》（第十八卷），上海：上海古籍出版社，2019年4月 p.660~661

敦研090（收藏号303）四分比丘尼戒本

敦煌文物研究所资料室，刘忠贵、施娉婷 敦煌文物研究所藏敦煌遗书目录《文物资料丛刊》（1），北京：文物出版社，1977年12月 p.57；收入冯志文、杨际平主编《中国敦煌学百年文库·综述卷》（二），兰州：甘肃文化出版社，1999年 p.269

邰惠莉、罗华庆、陈雪静撰稿，施萍婷、邵国秀审订 敦煌研究院藏敦煌文献叙录（上）《甘肃藏敦煌文献》（第一卷），兰州：甘肃人民出版社，1999年9月 p.284；图版p.96

施萍婷、邰惠莉 敦煌研究院藏敦煌文献叙录《敦煌研究文集·敦煌研究院藏敦煌文献研究篇》，兰州：甘肃民族出版社，2000年9月 p.51

中国美编 中国散藏敦煌文献分类目录 北京：北京图书馆出版社，2007年10月 p.57、166

胡方方 敦煌本《四分律》及其戒本写本考 金华：浙江师范大学硕士研究生学位论文，2016年5月 p.10

敦研091（收藏号304）大般涅槃经卷第二十梵行品第八之六

敦煌文物研究所资料室，刘忠贵、施娉婷 敦煌文物研究所藏敦煌遗书目录《文物资料丛刊》（1），北京：文物出版社，1977年12月 p.57；收入冯志文、杨际平主编《中国敦煌学百年文库·综述卷》（二），兰州：甘肃文化出版社，1999年 p.269

邰惠莉、罗华庆、陈雪静撰稿，施萍婷、邵国秀审订 敦煌研究院藏敦煌文献叙录（上）《甘肃藏敦煌文献》（第一卷），兰州：甘肃人民出版社，1999年9月 p.284；图版p.97

施萍婷、邰惠莉 敦煌研究院藏敦煌文献叙录《敦煌研究文集·敦煌研究院藏敦煌文献研究篇》，兰州：甘肃民族出版社，2000年9月 p.51~52

中国美编 中国散藏敦煌文献分类目录 北京：北京图书馆出版社，2007年10月 p.39、166

景盛轩 敦煌本《大般涅槃经》研究——以版本、异文及训诂为中心 杭州：浙江大学博士研究生学位论文，2004年5月 p.73

敦研092（收藏号305）太玄真一本际经道行品第四

敦煌文物研究所资料室，刘忠贵、施娉婷 敦煌文物研究所藏敦煌遗书目录《文物资料丛刊》（1），北京：文物出版社，1977年12月 p.57；收入冯志文、杨际平主编《中国敦煌学百年文库·综述卷》（二），兰州：甘肃文化出版社，1999年 p.269

邰惠莉、罗华庆、陈雪静撰稿，施萍婷、邵国秀审订 敦煌研究院藏敦煌文献叙录(上)《甘肃藏敦煌文献》(第一卷)，兰州：甘肃人民出版社，1999年9月 p.284~285；图版p.97

施萍婷、邰惠莉 敦煌研究院藏敦煌文献叙录《敦煌研究文集·敦煌研究院藏敦煌文献研究篇》，兰州：甘肃民族出版社，2000年9月 p.52

申国美编 中国散藏敦煌文献分类目录 北京：北京图书馆出版社，2007年10月 p.80、166

叶贵良著 敦煌道经写本与词汇研究 成都：巴蜀书社，2007年9月 p.166

甘肃省地方史志编纂委员会编 甘肃省志·文物志(中册) 北京：文物出版社，2018年11月 p.1527~1528；图1幅

叶贵良 敦煌道经词汇研究 杭州：浙江大学博士研究生学位论文，2004年11月 p.57

敦研092+S.8266+P.2425 太玄真一本际经第四

王卡著 敦煌道教文献研究——综述·目录·索引 北京：中国社会科学出版社，2004年10月 p.201；p.280“敦煌道教文献编号索引”续表

敦研093(收藏号306) 四分比丘尼戒本

敦煌文物研究所资料室，刘忠贵、施娉婷 敦煌文物研究所藏敦煌遗书目录《文物资料丛刊》(1)，北京：文物出版社，1977年12月 p.57；收入冯志文、杨际平主编《中国敦煌学百年文库·综述卷》(二)，兰州：甘肃文化出版社，1999年 p.269

邰惠莉、罗华庆、陈雪静撰稿，施萍婷、邵国秀审订 敦煌研究院藏敦煌文献叙录(上)《甘肃藏敦煌文献》(第一卷)，兰州：甘肃人民出版社，1999年9月 p.285；图版p.98

施萍婷、邰惠莉 敦煌研究院藏敦煌文献叙录 《敦煌研究文集·敦煌研究院藏敦煌文献研究篇》，兰州：甘肃民族出版社，2000年9月 p.52

申国美编 中国散藏敦煌文献分类目录 北京：北京图书馆出版社，2007年10月 p.57、166

胡方方 敦煌本《四分律》及其戒本写本考 金华：浙江师范大学硕士研究生学位论文，2016年5月 p.10

敦研094(收藏号307) 佛顶尊胜咒

敦煌文物研究所资料室，刘忠贵、施娉婷 敦煌文物研究所藏敦煌遗书目录《文物资料丛刊》(1)，北京：文物出版社，1977年12月 p.57；收入冯志文、杨际平主编《中国敦煌学百年文库·综述卷》(二)，兰州：甘肃文化出版社，1999年 p.269

邰惠莉、罗华庆、陈雪静撰稿，施萍婷、邵国秀审订 敦煌研究院藏敦煌文献叙录(上)《甘肃藏敦煌文献》(第一卷)，兰州：甘肃人民出版社，1999年9月 p.285；图版p.99

施萍婷、邰惠莉 敦煌研究院藏敦煌文献叙录《敦煌研究文集·敦煌研究院藏敦煌文献研究篇》，兰州：甘肃民族出版社，2000年9月 p.52

李小荣著 敦煌密教文献论稿 北京：人民文学出版社，2003年7月 p.21

中国美编 中国散藏敦煌文献分类目录 北京:北京图书馆出版社,2007年10月 p.65、166

敦研095(收藏号312)李翰自注蒙求

敦煌文物研究所资料室,刘忠贵、施娉婷 敦煌文物研究所藏敦煌遗书目录《文物资料丛刊》(1),北京:文物出版社,1977年12月 p.57;收入冯志文、杨际平主编《中国敦煌学百年文库·综述卷》(二),兰州:甘肃文化出版社,1999年 p.269

敦煌文物研究所资料室,刘忠贵、施娉婷 附:关于《敦煌遗书目录》的说明《文物资料丛刊》(1),北京:文物出版社,1977年12月 p.67;收入冯志文、杨际平主编《中国敦煌学百年文库·综述卷》(二),兰州:甘肃文化出版社,1999年 p.286;收入施萍婷著《敦煌习学集》(下),兰州:甘肃民族出版社,2004年12月 p.344~345

杨宝玉 蒙求《敦煌学大辞典》,上海:上海辞书出版社,1998年12月 p.781~782

施萍婷 甘肃藏敦煌文献概述《甘肃藏敦煌文献精粹》,兰州:甘肃人民出版社,1999年 p.8;又载段文杰主编《甘肃藏敦煌文献》(第一至六卷),兰州:甘肃人民出版社,1999年9~12月 p.8

邰惠莉、罗华庆、陈雪静撰稿,施萍婷、邵国秀审订 敦煌研究院藏敦煌文献叙录(上)《甘肃藏敦煌文献》(第一卷),兰州:甘肃人民出版社,1999年9月 p.285;图版p.100~103

韩惠言 甘藏敦煌汉文文献概况《敦煌学辑刊》2000年第2期 p.69;收入敦煌研究院编《2000年敦煌学国际学术讨论会文集——纪念敦煌藏经洞发现暨敦煌学百年》历史文化卷(上),兰州:甘肃民族出版社,2003年9月 p.519

汪泛舟 敦煌古代儿童课本简述(代前言)《敦煌古代儿童课本》,兰州:甘肃人民出版社,2000年6月 p.4

樊锦诗 敦煌研究院藏敦煌文献研究概述《敦煌研究文集·敦煌研究院藏敦煌文献研究篇》,兰州:甘肃民族出版社,2000年9月 p.4

施萍婷、邰惠莉 敦煌研究院藏敦煌文献叙录《敦煌研究文集·敦煌研究院藏敦煌文献研究篇》,兰州:甘肃民族出版社,2000年9月 p.52~53

汪泛舟《蒙求》(补足本)《敦煌研究文集·敦煌研究院藏敦煌文献研究篇》,兰州:甘肃民族出版社,2000年9月 p.366~436

邰惠莉 敦煌本《李翰自注蒙求》初探 《敦煌研究文集·敦煌研究院藏敦煌文献研究篇》,兰州:甘肃民族出版社,2000年9 月 p.437~451

杨森 敦煌研究院藏敦煌文献论著目录《敦煌研究文集·敦煌研究院藏敦煌文献研究篇》,兰州:甘肃民族出版社,2000年9月 p.586

张涌泉 敦煌故里对敦煌学的新奉献——《甘肃藏敦煌文献》读后《敦煌研究》2001年第1期 p.183

张娜丽 敦煌研究院藏李翰《蒙求》试解——与日藏古抄本之比较《敦煌研究》2002年第5期 p.81~94

郑阿财 敦煌本《蒙求》及注文之考订与研究《敦煌学》第24辑,台北:乐学书局有限公司,2003年6月 p.177~197

傅璇琮 寻根索源:《蒙求》流传与作者新考《寻根》2004年第6期 p.58~64;图1幅;收入氏著《唐翰林学士传论》,沈阳:辽海出版社,2005年12月 p.143~153

施萍婷 敦煌研究院、上海图书馆、天津艺术博物馆藏敦煌遗书巡礼《浙江与敦煌学——常书鸿先生诞辰一百周年纪念文集》,杭州:浙江古籍出版社,2004年12月 p.311;日文见池田温訳《敦煌研究院、上海圖書館及び天津芸術博物館所藏の敦煌遺書をめぐって》,《東洋學報》第72卷第1·2號,1990年12月 p.100

许保华 敦煌蒙书与唐五代的科举制度——兼与郑阿财先生商榷《枣庄学院学报》2007年第1期 p.82~84

唐雯《蒙求》作者新考《中国典籍与文化》2008年第3期 p.18~22

李树亮 唐五代民间典籍初探——以敦煌文献为考察对象《河北学刊》2011年第1期 p.79、80

郭丽《蒙求》作者及作年新考《中国典籍与文化》2011年第3期 p.49~58

章剑 唐古注《蒙求》考略——兼论《蒙求》在日本的流传与接受《中天学刊》2012年第1期 p.75~78

王金娥 敦煌写本文献《古贤集》校释商补《图书馆理论与实践》2013年第11期 p.63

林聪明 敦煌文书的形态《港台敦煌学文库》第33册,兰州:甘肃人民出版社,2014年12月 p.144

朱凤玉 唐宋蒙书在丝路的传布与发展《丝路文明的传承与发展》,杭州:浙江大学出版社,2017年9月 p.443

李军《蒙求》作者李瀚生平事迹考实《敦煌学辑刊》2018年第3期 p.177

邰惠莉 敦煌研究院藏敦煌遗书的来源和价值《中国书法》2019年第9期 p.53

苏莹辉著 敦煌学概要(增订再版) 台北:编译馆中华丛书编审委员会,1981年10月 p.275

苏莹辉著 敦煌学概要 台北:五南图书出版公司,1988年12月 p.275

林聪明著 敦煌文书学(敦煌学导论丛刊①) 台北:新文丰出版股份有限公司,1991年8月 p.24

徐俊纂辑 敦煌诗集残卷辑考 北京:中华书局,2000年6月 p.355

郑阿财、朱凤玉著 敦煌蒙书研究 兰州:甘肃教育出版社,2002年12月 p.230~231、233~239、241、245、247;p.283注[41]

申国美编 中国散藏敦煌文献分类目录 北京:北京图书馆出版社,2007年10月 p.82、166~167

甘肃省地方史志编纂委员会编 甘肃省志·文物志(中册) 北京:文物出版社,2018年11月 p.1539;图1幅

常捷 李瀚《蒙求》研究 南昌:南昌大学硕士研究生学位论文,2007年5月 p.17

任丽鑫 敦煌类书叙录 兰州:兰州大学硕士研究生学位论文,2008年6月 p.48~49;p.103(附录卷号索引)

郭丽 唐代教育与文学 天津:南开大学博士研究生学位论文,2012年5月 p.265~268、270、274

王翠《甘肃藏敦煌文献》俗字研究 南京:南京师范大学硕士研究生学位论文,2014年5月 p.27~28(表)

郑亦宁 唐代童蒙读物《蒙求》研究 北京:首都师范大学硕士研究生学位论文,2014年5月 p.4+109

姚荣环《蒙求》及其续书研究 长春:东北师范大学硕士研究生学位论文,2014年5月 p.2、4、40~41

郭姗姗 敦煌蒙书俗字研究 南京:南京师范大学硕士研究生学位论文,2016年5月 p.13、14、20、21、22、28、29、31、32、33、36、39、48、51、56

敦研096(收藏号313) 金刚般若波罗蜜经注

敦煌文物研究所资料室,刘忠贵、施娉婷 敦煌文物研究所藏敦煌遗书目录《文物资料丛刊》(1),北

京：文物出版社，1977年12月 p.57；收入冯志文、杨际平主编《中国敦煌学百年文库·综述卷》（二），兰州：甘肃文化出版社，1999年 p.269

敦煌文物研究所资料室，刘忠贵、施娉婷 附：关于《敦煌遗书目录》的说明《文物资料丛刊》（1），北京：文物出版社，1977年12月 p.67；收入冯志文、杨际平主编《中国敦煌学百年文库·综述卷》（二），兰州：甘肃文化出版社，1999年 p.286；收入施萍婷著《敦煌习学集》（下），兰州：甘肃民族出版社，2004年12月 p.344

林聪明 敦煌吐鲁番写本朱书略探《九州学刊》（台）第6卷第4期，1995年3月 p.108；收入郑炳林、郑阿财主编《港台敦煌学文库》第35册，兰州：甘肃人民出版社，2014年12月 p.116

马德 敦煌文书《道家杂斋文范集》及有关问题述略《道家文化研究》（第十三辑）［敦煌道教文献专号］，北京：生活·读书·新知三联书店，1998年4月 p.245

邰惠莉、罗华庆、陈雪静撰稿，施萍婷、邵国秀审订 敦煌研究院藏敦煌文献叙录（上）《甘肃藏敦煌文献》（第一卷），兰州：甘肃人民出版社，1999年9月 p.285~286；图版p.103~140

韩惠言 甘藏敦煌汉文文献概况《敦煌学辑刊》2000年第2期 p.67；收入敦煌研究院编《2000年敦煌学国际学术讨论会文集——纪念敦煌藏经洞发现暨敦煌学百年》历史文化卷（上），兰州：甘肃民族出版社，2003年9月 p.515

施萍婷、邰惠莉 敦煌研究院藏敦煌文献叙录《敦煌研究文集·敦煌研究院藏敦煌文献研究篇》，兰州：甘肃民族出版社，2000年9月 p.53

杨森 敦煌研究院藏敦煌文献论著目录《敦煌研究文集·敦煌研究院藏敦煌文献研究篇》，兰州：甘肃民族出版社，2000年9月 p.586

张涌泉 敦煌故里对敦煌学的新奉献——《甘肃藏敦煌文献》读后《敦煌研究》2001年第1期 p.182

陈丽萍 敦煌女性写经题记及反映的妇女问题《敦煌佛教艺术文化国际学术研讨会论文集》，兰州：兰州大学出版社，2002年7月 p.435

施萍婷 敦煌研究院、上海图书馆、天津艺术博物馆藏敦煌遗书巡礼《浙江与敦煌学——常书鸿先生诞辰一百周年纪念文集》，杭州：浙江古籍出版社，2004年12月 p.310；日文见池田温訳《敦煌研究院、上海圖書館及び天津芸術博物館所藏の敦煌遺書をめぐって》，《東洋學報》第72卷第1·2號，1990年12月 p.98

刘永明 盛唐时期敦煌的道观问题——兼论经戒传授盟文中的题名方式 《敦煌学辑刊》2006年第4期 p.70；收入王希隆主编《历史文化探研——兰州大学历史文化学院专门史论文集》，兰州：甘肃民族出版社，2009年4月 p.78

方俊琦 从敦煌遗书看古籍形态的演变与发展《浙江师范大学学报》（社会科学版）2013年第6期 p.53

林聪明 敦煌文书的形态《港台敦煌学文库》第33册，兰州：甘肃人民出版社，2014年12月 p.146

林聪明 敦煌文书的题记《港台敦煌学文库》第34册，兰州：甘肃人民出版社，2014年12月 p.212

韩春平、马德、许端清 关于敦煌遗书数据库《敦煌学辑刊》2018年第4期 p.149~150

薄小莹 敦煌遗书汉文纪年卷编年 长春：长春出版社，1990年3月 p.66

林聪明著 敦煌文书学（敦煌学导论丛刊①） 台北：新文丰出版股份有限公司，1991年8月 p.27、344

敦煌研究院编 敦煌：纪念敦煌藏经洞发现一百周年 北京：朝花出版社，2000年 p.155；图1幅

林聪明著 敦煌吐鲁番文书解诂指例(敦煌丛刊二集⑮) 台北:新文丰出版公司,2001年6月 p.211注④;p.223

王卡著 敦煌道教文献研究——综述·目录·索引 北京:中国社会科学出版社,2004年10月 p.24

杨宝玉著 敦煌文献探析 北京:人民美术出版社,2005年6月 p.27

申国美编 中国散藏敦煌文献分类目录 北京:北京图书馆出版社,2007年10月 p.13、167

郝春文著 石室写经——敦煌遗书(走近敦煌丛书) 兰州:甘肃教育出版社,2007年12月 p.13;图29

沈乐平著 敦煌书法综论 杭州:浙江古籍出版社,2009年10月 p.153

于淑健著 敦煌佛典语词和俗字研究——以敦煌古佚和疑伪经为中心 上海:上海古籍出版社,2012年4月 p.217

朱瑶著 敦煌汉文文献题记整理与研究 北京:中国社会科学出版社,2016年7月 p.190~191

甘肃省地方史志编纂委员会编 甘肃省志·文物志(中册) 北京:文物出版社,2018年11月 p.1528

沈乐平 敦煌书法综论 杭州:中国美术学院博士研究生学位论文,2008年5月 p.147

董大学 敦煌本《金刚经》注疏叙录 上海:上海师范大学硕士研究生学位论文,2009年5月 p.13、72~73

王翠《甘肃藏敦煌文献》俗字研究 南京:南京师范大学硕士研究生学位论文,2014年5月 p.28(表)

伊吹敦 北宗禪の新資料—金剛藏菩薩撰とされる『觀世音經讚』と『金剛般若經注』について《禅文研紀要》17,1992年,p.183~212

伊吹敦 金剛藏菩薩撰『金剛般若經註』校訂テキスト《東洋學研究》第40號,東京:東洋大學東洋學研究所,2003年1月,p.101~136

田中良昭、程正 敦煌禪宗文獻分類目錄 東京:大東出版社,2014年12月 p.212~214

敦研097(收藏号316) 清油账单

敦煌文物研究所资料室,刘忠贵、施娉婷 敦煌文物研究所藏敦煌遗书目录《文物资料丛刊》(1),北京:文物出版社,1977年12月 p.57;收入冯志文、杨际平主编《中国敦煌学百年文库·综述卷》(二),兰州:甘肃文化出版社,1999年 p.269

邰惠莉、罗华庆、陈雪静撰稿,施萍婷、邵国秀审订 敦煌研究院藏敦煌文献叙录(上)《甘肃藏敦煌文献》(第一卷),兰州:甘肃人民出版社,1999年9月 p.286;图版p.141

施萍婷、邰惠莉 敦煌研究院藏敦煌文献叙录《敦煌研究文集·敦煌研究院藏敦煌文献研究篇》,兰州:甘肃民族出版社,2000年9月 p.53

申国美编 中国散藏敦煌文献分类目录 北京:北京图书馆出版社,2007年10月 p.84、167

敦研098(收藏号319) 金光明经卷第一序品第一

敦煌文物研究所资料室,刘忠贵、施娉婷 敦煌文物研究所藏敦煌遗书目录《文物资料丛刊》(1),北京:文物出版社,1977年12月 p.57;收入冯志文、杨际平主编《中国敦煌学百年文库·综述卷》(二),兰州:甘肃文化出版社,1999年 p.269

邰惠莉、罗华庆、陈雪静撰稿，施萍婷、邵国秀审订 敦煌研究院藏敦煌文献叙录（上）《甘肃藏敦煌文献》（第一卷），兰州：甘肃人民出版社，1999年9月 p.286；图版p.141

施萍婷、邰惠莉 敦煌研究院藏敦煌文献叙录《敦煌研究文集·敦煌研究院藏敦煌文献研究篇》，兰州：甘肃民族出版社，2000年9月 p.53

中国美编 中国散藏敦煌文献分类目录 北京：北京图书馆出版社，2007年10月 p.52、167

朱若溪《金光明经》敦煌写本研究 杭州：浙江大学博士研究生学位论文，2017年6月 p.492（一）卷一简表

王翠《甘肃藏敦煌文献》俗字研究 南京：南京师范大学硕士研究生学位论文，2014年5月 p.16（表）；p.52（附录：中古经卷“表”）

敦研099（收藏号320）妙法莲华经卷第四

敦煌文物研究所资料室，刘忠贵、施娉婷 敦煌文物研究所藏敦煌遗书目录《文物资料丛刊》（1），北京：文物出版社，1977年12月 p.57；收入冯志文、杨际平主编《中国敦煌学百年文库·综述卷》（二），兰州：甘肃文化出版社，1999年 p.269

邰惠莉、罗华庆、陈雪静撰稿，施萍婷、邵国秀审订 敦煌研究院藏敦煌文献叙录（上）《甘肃藏敦煌文献》（第一卷），兰州：甘肃人民出版社，1999年9月 p.286；图版p.142

施萍婷、邰惠莉 敦煌研究院藏敦煌文献叙录《敦煌研究文集·敦煌研究院藏敦煌文献研究篇》，兰州：甘肃民族出版社，2000年9月 p.53~54

杨森 敦煌研究院藏敦煌文献论著目录《敦煌研究文集·敦煌研究院藏敦煌文献研究篇》，兰州：甘肃民族出版社，2000年9月 p.586

黄征编 敦煌俗字典 上海：上海教育出版社，2005年5月 正文p.116、127、213、233、320、504、509、527；顺序索引p.743；分类索引p.749

中国美编 中国散藏敦煌文献分类目录 北京：北京图书馆出版社，2007年10月 p.23、167

陶家骏 敦煌研究院藏佚本《维摩诘经注》写卷研究 苏州：苏州大学博士研究生学位论文，2012年3月 俗字表p.90

井米兰 敦煌俗字与宋本《玉篇》文字比较研究 上海：华东师范大学硕士研究生学位论文，2009年5月 p.26

周远军 敦煌写卷《道行般若经》用字研究及校勘 南宁：广西大学硕士研究生学位论文，2011年6月 p.19

陈瑞峰《甘肃藏敦煌文献》俗字研究 金华：浙江师范大学硕士研究生学位论文，2012年5月例证表 p.61；俗字表p.157~158、159、193

施萍亭 妙法蓮華経授学無学人記品第九·法師品第十『中国敦煌展』（東京展、福岡展、長野展、奈良展、静岡展，1985年10月5日~1986年3月26日），東京：財団法人富士美術館発行，昭和60年10月5日；図版102及日文図版解説

敦研100(收藏号321) 优婆塞戒经卷第一集会品第一

敦煌文物研究所资料室,刘忠贵、施娉婷 敦煌文物研究所藏敦煌遗书目录《文物资料丛刊》(1),北京:文物出版社,1977年12月 p.57;收入冯志文、杨际平主编《中国敦煌学百年文库·综述卷》(二),兰州:甘肃文化出版社,1999年 p.269

邰惠莉、罗华庆、陈雪静撰稿,施萍婷、邵国秀审订 敦煌研究院藏敦煌文献叙录(上)《甘肃藏敦煌文献》(第一卷),兰州:甘肃人民出版社,1999年9月 p.286;图版p.143

施萍婷、邰惠莉 敦煌研究院藏敦煌文献叙录《敦煌研究文集·敦煌研究院藏敦煌文献研究篇》,兰州:甘肃民族出版社,2000年9月 p.54

林世田、汪桂海 敦煌写本《优婆塞戒经》版本研究《文献》2008年第2期 p.33;收入林世田著《敦煌遗书研究论集》,北京:中国藏学出版社,2010年3月 p.76

申国美编 中国散藏敦煌文献分类目录 北京:北京图书馆出版社,2007年10月 p.58、167

林世田、杨学勇、刘波著 敦煌佛典的流通与改造 兰州:甘肃教育出版社,2013年11月 p.147

敦研101(收藏号322) 妙法莲华经卷第六

敦煌文物研究所资料室,刘忠贵、施娉婷 敦煌文物研究所藏敦煌遗书目录《文物资料丛刊》(1),北京:文物出版社,1977年12月 p.57;收入冯志文、杨际平主编《中国敦煌学百年文库·综述卷》(二),兰州:甘肃文化出版社,1999年 p.269

邰惠莉、罗华庆、陈雪静撰稿,施萍婷、邵国秀审订 敦煌研究院藏敦煌文献叙录(上)《甘肃藏敦煌文献》(第一卷),兰州:甘肃人民出版社,1999年9月 p.286;图版p.144

施萍婷、邰惠莉 敦煌研究院藏敦煌文献叙录《敦煌研究文集·敦煌研究院藏敦煌文献研究篇》,兰州:甘肃民族出版社,2000年9月 p.54

张涌泉 敦煌故里对敦煌学的新奉献——《甘肃藏敦煌文献》读后《敦煌研究》2001年第1期 p.182

黄征编 敦煌俗字典 上海:上海教育出版社,2005年5月 正文p.16、23~24、159、491~492、568

申国美编 中国散藏敦煌文献分类目录 北京:北京图书馆出版社,2007年10月 p.28、167

陈瑞峰《甘肃藏敦煌文献》俗字研究 金华:浙江师范大学硕士研究生学位论文,2012年5月 俗字表p.172

王翠《甘肃藏敦煌文献》俗字研究 南京:南京师范大学硕士研究生学位论文,2014年5月 p.16~17(表);p.52(附录:中古经卷"表")

敦研101 添品妙法莲华经法师功德品第十八常不轻菩萨品第十九

杨森 敦煌研究院藏敦煌文献论著目录《敦煌研究文集·敦煌研究院藏敦煌文献研究篇》,兰州:甘肃民族出版社,2000年9月 p.586~587

施萍亭 妙法蓮華経法師功德品第十九·常不軽菩薩品第二十『中国敦煌展』(東京展、福岡展、長野展、奈良展、静岡展,1985年10月5日~1986年3月26日),東京:財団法人富士美術館発行,昭和60年10月5日;図版106及日文図版解説

敦研102(收藏号323)佛说梵摩渝经(首题)

敦煌文物研究所资料室,刘忠贵、施娉婷 敦煌文物研究所藏敦煌遗书目录《文物资料丛刊》(1),北京:文物出版社,1977年12月 p.57;收入冯志文、杨际平主编《中国敦煌学百年文库·综述卷》(二),兰州:甘肃文化出版社,1999年 p.269

邰惠莉、罗华庆、陈雪静撰稿,施萍婷、邵国秀审订 敦煌研究院藏敦煌文献叙录(上)《甘肃藏敦煌文献》(第一卷),兰州:甘肃人民出版社,1999年9月 p.287;图版p.144

施萍婷、邰惠莉 敦煌研究院藏敦煌文献叙录《敦煌研究文集·敦煌研究院藏敦煌文献研究篇》,兰州:甘肃民族出版社,2000年9月 p.54

黄征编 敦煌俗字典 上海:上海教育出版社,2005年5月 前言p.29;正文p.25、153、408、518、550;顺序索引p.743;分类索引p.750

申国美编 中国散藏敦煌文献分类目录 北京:北京图书馆出版社,2007年10月 p.1、167

张涌泉著 敦煌俗字研究(第二版)上海:上海教育出版社,2015年12月 p.294

陈瑞峰《甘肃藏敦煌文献》俗字研究 金华:浙江师范大学硕士研究生学位论文,2012年5月 p.15;俗字表p.168

李艳 敦煌俗字偏旁研究 杭州:杭州师范大学硕士研究生学位(学术学位)论文,2016年6月 p.31

敦研103(收藏号324)道行般若经卷第一摩诃般若波罗蜜道行品第一

敦煌文物研究所资料室,刘忠贵、施娉婷 敦煌文物研究所藏敦煌遗书目录《文物资料丛刊》(1),北京:文物出版社,1977年12月 p.57;收入冯志文、杨际平主编《中国敦煌学百年文库·综述卷》(二),兰州:甘肃文化出版社,1999年 p.269

邰惠莉、罗华庆、陈雪静撰稿,施萍婷、邵国秀审订 敦煌研究院藏敦煌文献叙录(上)《甘肃藏敦煌文献》(第一卷),兰州:甘肃人民出版社,1999年9月 p.287;图版p.145

施萍婷、邰惠莉 敦煌研究院藏敦煌文献叙录《敦煌研究文集·敦煌研究院藏敦煌文献研究篇》,兰州:甘肃民族出版社,2000年9月 p.54~55

申国美编 中国散藏敦煌文献分类目录 北京:北京图书馆出版社,2007年10月 p.12、167

周远军 敦煌写卷《道行般若经》用字研究及校勘 南宁:广西大学硕士研究生学位论文,2011年6月 p.4、45、79、85、86、98、106、107、111、118、123、125、131、136

敦研104(收藏号325)摩诃般若波罗蜜经卷第八散花品第二十九

敦煌文物研究所资料室,刘忠贵、施娉婷 敦煌文物研究所藏敦煌遗书目录《文物资料丛刊》(1),北京:文物出版社,1977年12月 p.57;收入冯志文、杨际平主编《中国敦煌学百年文库·综述卷》(二),兰州:甘肃文化出版社,1999年 p.270

邰惠莉、罗华庆、陈雪静撰稿,施萍婷、邵国秀审订 敦煌研究院藏敦煌文献叙录(上)《甘肃藏敦煌文献》(第一卷),兰州:甘肃人民出版社,1999年9月 p.287;图版p.145

施萍婷、邰惠莉 敦煌研究院藏敦煌文献叙录《敦煌研究文集·敦煌研究院藏敦煌文献研究篇》,兰州:甘肃民族出版社,2000年9月 p.55

申国美编 中国散藏敦煌文献分类目录 北京:北京图书馆出版社,2007年10月 p.10、167

敦研105(收藏号326) 妙法莲华经卷第四

敦煌文物研究所资料室,刘忠贵、施娉婷 敦煌文物研究所藏敦煌遗书目录《文物资料丛刊》(1),北京:文物出版社,1977年12月 p.57;收入冯志文、杨际平主编《中国敦煌学百年文库·综述卷》(二),兰州:甘肃文化出版社,1999年 p.270

邰惠莉、罗华庆、陈雪静撰稿,施萍婷、邵国秀审订 敦煌研究院藏敦煌文献叙录(上)《甘肃藏敦煌文献》(第一卷),兰州:甘肃人民出版社,1999年9月 p.287;图版p.146~148

施萍婷、邰惠莉 敦煌研究院藏敦煌文献叙录《敦煌研究文集·敦煌研究院藏敦煌文献研究篇》,兰州:甘肃民族出版社,2000年9月 p.55

肖瑜 敦煌吐鲁番出土《三国志》古写本疑难字形四例《唐山师范学院学报》2009年第3期 p.4

黄征编 敦煌俗字典 上海:上海教育出版社,2005年5月 正文p.60、78、83、101、102、104、106、114、123、162、168、182、202、214、221、247、280、286、289、320、321、330、341、361、370、395、397、414、418、424、466、492、501、524、533、535、547、580;顺序索引p.743;分类索引p.749

申国美编 中国散藏敦煌文献分类目录 北京:北京图书馆出版社,2007年10月 p.23、168

肖瑜《三国志》古写本用字研究 上海:复旦大学博士研究生学位论文,2006年4月 p.17、29、42、52

陶家骏 敦煌研究院藏佚本《维摩诘经注》写卷研究 苏州:苏州大学博士研究生学位论文,2012年3月 俗字表p.82、100、130

井米兰 敦煌俗字与宋本《玉篇》文字比较研究 上海:华东师范大学硕士研究生学位论文,2009年5月 p.55

周远军 敦煌写卷《道行般若经》用字研究及校勘 南宁:广西大学硕士研究生学位论文,2011年6月 p.111

唐帅彬 敦煌俗字论辨 南京:南京师范大学硕士研究生学位论文,2012年5月 p.14

陈瑞峰《甘肃藏敦煌文献》俗字研究 金华:浙江师范大学硕士研究生学位论文,2012年5月 p.46、58;例证表p.61;俗字表p.126、132、134、135、142、143、145、151、157、176、182、189、194、195、204、212、219、220、224、229、231、236

说明:此卷由105、240、153、227号四件依次缀合。

敦研0105+0240+0153+0227 妙法莲华经法师品第十

杨森 敦煌研究院藏敦煌文献论著目录《敦煌研究文集·敦煌研究院藏敦煌文献研究篇》,兰州:甘肃民族出版社,2000年9月 p.587

施萍亭 妙法蓮華経法師品第十·見宝塔品第十一『中国敦煌展』(東京展、福岡展、長野展、奈良展、静岡展,1985年10月5日~1986年3月26日),東京:財団法人富士美術館発行,昭和60年10月5日;図版103及日

文図版解説

中国对外文物展覧公司『妙法蓮華経』法師品第十『敦煌·西夏王国展』,大阪:電通印刷(株),1988年 p.66(37-1)図版;p.167第37-1条日文図版解説

敦研106(收藏号327)大般涅槃经卷第十如来性品中卷第十

敦煌文物研究所资料室,刘忠贵、施娉婷 敦煌文物研究所藏敦煌遗书目录《文物资料丛刊》(1),北京:文物出版社,1977年12月 p.57;收入冯志文、杨际平主编《中国敦煌学百年文库·综述卷》(二),兰州:甘肃文化出版社,1999年 p.270

邰惠莉、罗华庆、陈雪静撰稿,施萍婷、邵国秀审订 敦煌研究院藏敦煌文献叙录(上)《甘肃藏敦煌文献》(第一卷),兰州:甘肃人民出版社,1999年9月 p.287;图版p.148~149

施萍婷、邰惠莉 敦煌研究院藏敦煌文献叙录《敦煌研究文集·敦煌研究院藏敦煌文献研究篇》,兰州:甘肃民族出版社,2000年9月 p.55~56

景盛轩 敦煌北本《大般涅槃经》分卷考《〈大般涅槃经〉異文研究》,成都:巴蜀书社,2009年2月 调查表p.320

黄征编 敦煌俗字典 上海:上海教育出版社,2005年5月 正文p.39、63、132、137、197、374、525;顺序索引p.743;分类索引p.748

申国美编 中国散藏敦煌文献分类目录 北京:北京图书馆出版社,2007年10月 p.37、168

景盛轩 敦煌本《大般涅槃经》研究——以版本、异文及训诂为中心 杭州:浙江大学博士研究生学位论文,2004年5月 p.130(表二)

井米兰 敦煌俗字与宋本《玉篇》文字比较研究 上海:华东师范大学硕士研究生学位论文,2009年5月 p.72

陈瑞峰《甘肃藏敦煌文献》俗字研究 金华:浙江师范大学硕士研究生学位论文,2012年5月 p.55;俗字表p.120

金双平 敦煌写本《四分律》俗字研究 南京:南京师范大学博士研究生学位论文,2014年5月 p.124

说明:此卷已与163号缀合。106号下接163号。

敦研0106+0163 大般涅槃经卷第十如来性品第四之七

施萍婷 敦煌研究院藏土地庙写本源自藏经洞《敦煌研究》1999年第2期 p.45(附表)

杨森 敦煌研究院藏敦煌文献论著目录《敦煌研究文集·敦煌研究院藏敦煌文献研究篇》,兰州:甘肃民族出版社,2000年9月 p.587

景盛轩 敦煌本《大般涅槃经》研究——以版本、异文及训诂为中心 杭州:浙江大学博士研究生学位论文,2004年5月 p.46

敦研107(收藏号328)妙法莲华经卷第一

敦煌文物研究所资料室,刘忠贵、施娉婷 敦煌文物研究所藏敦煌遗书目录《文物资料丛刊》(1),北京:文物出版社,1977年12月 p.57;收入冯志文、杨际平主编《中国敦煌学百年文库·综述卷》(二),兰州:甘肃文化出版社,1999年 p.270

邰惠莉、罗华庆、陈雪静撰稿,施萍婷、邵国秀审订 敦煌研究院藏敦煌文献叙录(上)《甘肃藏敦煌文献》(第一卷),兰州:甘肃人民出版社,1999年9月 p.287;图版p.149

施萍婷、邰惠莉 敦煌研究院藏敦煌文献叙录《敦煌研究文集·敦煌研究院藏敦煌文献研究篇》,兰州:甘肃民族出版社,2000年9月 p.56

黄征 敦煌俗字种类考辨《敦煌学·日本学——石塚晴通教授退职纪念文集》,上海:上海辞书出版社,2005年12月 p.121;又载赵生群、方向东主编《古文献研究集刊》(第一辑),南京:凤凰出版社,2007年4月 p.38

黄征编 敦煌俗字典 上海:上海教育出版社,2005年5月 前言p.29;正文p.22、65、208、342、501;顺序索引p.743;分类索引p.749

申国美编 中国散藏敦煌文献分类目录 北京:北京图书馆出版社,2007年10月 p.18、168

于淑健著 敦煌佛典语词和俗字研究——以敦煌古佚和疑伪经为中心 上海:上海古籍出版社,2012年4月 p.312

周远军 敦煌写卷《道行般若经》用字研究及校勘 南宁:广西大学硕士研究生学位论文,2011年6月 p.155

陈瑞峰《甘肃藏敦煌文献》俗字研究 金华:浙江师范大学硕士研究生学位论文,2012年5月 例证表p.69;俗字表p.115、128、191

说明:此卷由107、158号依次缀合。

敦研0107+0158 妙法莲华经卷第一

施萍婷 敦煌研究院藏土地庙写本源自藏经洞《敦煌研究》1999年第2期 p.41;略为删减修订后收入敦煌研究院编《敦煌研究文集·敦煌研究院藏敦煌文献研究篇》,兰州:甘肃民族出版社,2000年9月 p.17;收入氏著《敦煌习学集》(上),兰州:甘肃民族出版社,2004年12月 p.279;收入氏著《敦煌石窟与文献研究》,杭州:浙江大学出版社,2015年12月 p.371

杨森 敦煌研究院藏敦煌文献论著目录《敦煌研究文集·敦煌研究院藏敦煌文献研究篇》,兰州:甘肃民族出版社,2000年9月 p.587~588

施萍亭 妙法蓮華経序品第一·方便品第二『中国敦煌展』(東京展、福岡展、長野展、奈良展、静岡展,1985年10月5日~1986年3月26日),東京:財団法人富士美術館発行,昭和60年10月5日;図版97及日文図版解説

敦研108(收藏号329)大般涅槃经卷第二十三光明遍照高贵德王菩萨品第十之三

敦煌文物研究所资料室,刘忠贵、施娉婷 敦煌文物研究所藏敦煌遗书目录《文物资料丛刊》(1),北京:文物出版社,1977年12月 p.57~58;收入冯志文、杨际平主编《中国敦煌学百年文库·综述卷》(二),兰州:

甘肃文化出版社，1999年 p.270

邰惠莉、罗华庆、陈雪静撰稿，施萍婷、邵国秀审订 敦煌研究院藏敦煌文献叙录（上）《甘肃藏敦煌文献》（第一卷），兰州：甘肃人民出版社，1999年9月 p.287；图版p.150

施萍婷、邰惠莉 敦煌研究院藏敦煌文献叙录《敦煌研究文集·敦煌研究院藏敦煌文献研究篇》，兰州：甘肃民族出版社，2000年9月 p.56

张涌泉 敦煌故里对敦煌学的新奉献——《甘肃藏敦煌文献》读后《敦煌研究》2001年第1期 p.182

黄征 敦煌俗字种类考辨《敦煌学·日本学——石塚晴通教授退职纪念文集》，上海：上海辞书出版社，2005年12月 p.120；又载赵生群、方向东主编《古文献研究集刊》（第一辑），南京：凤凰出版社，2007年4月 p.37

黄征 敦煌俗字例释《敦煌吐鲁番研究》（第八卷），北京：中华书局，2005年1月 p.254

黄征编 敦煌俗字典 上海：上海教育出版社，2005年5月 前言p.29；正文p.4、55、62、101、106、235、279；顺序索引p.743；分类索引p.748

申国美编 中国散藏敦煌文献分类目录 北京：北京图书馆出版社，2007年10月 p.40、168

景盛轩著《大般涅槃经》異文研究 成都：巴蜀书社，2009年2月 p.64

景盛轩 敦煌本《大般涅槃经》研究——以版本、异文及训诂为中心 杭州：浙江大学博士研究生学位论文，2004年5月 p.78~79、161

陶家骏 敦煌研究院藏佚本《维摩诘经注》写卷研究 苏州：苏州大学博士研究生学位论文，2012年3月 p.181

周远军 敦煌写卷《道行般若经》用字研究及校勘① 南宁：广西大学硕士研究生学位论文，2011年6月 p.109

陈瑞峰《甘肃藏敦煌文献》俗字研究 金华：浙江师范大学硕士研究生学位论文，2012年5月 p.13、35；俗字表p.127、142、146、200~201

高静怡 北图藏敦煌汉文写经《金光明经》异文研究 南宁：广西大学硕士研究生学位论文，2013年5月 p.24

说明：此卷由108、122号依次缀合。

敦研0108+0122 大般涅槃经卷第二十三光明遍照高贵德王菩萨品第十之三

施萍婷 敦煌研究院藏土地庙写本源自藏经洞《敦煌研究》1999年第2期 p.46（附表）

杨森 敦煌研究院藏敦煌文献论著目录《敦煌研究文集·敦煌研究院藏敦煌文献研究篇》，兰州：甘肃民族出版社，2000年9月 p.588

①周远军硕士论文《敦煌写卷〈道行般若经〉用字研究及校勘》作“敦研108《佛说阿难律经》”，有误。敦研108为《大般涅槃经》。敦煌研究院编号《佛说阿难律经》有两号，分别为：敦研018、050。

敦研109(收藏号330)妙法莲华经卷第五

敦煌文物研究所资料室,刘忠贵、施娉婷 敦煌文物研究所藏敦煌遗书目录《文物资料丛刊》(1),北京:文物出版社,1977年12月 p.58;收入冯志文、杨际平主编《中国敦煌学百年文库·综述卷》(二),兰州:甘肃文化出版社,1999年 p.270

邰惠莉、罗华庆、陈雪静撰稿,施萍婷、邵国秀审订 敦煌研究院藏敦煌文献叙录(上)《甘肃藏敦煌文献》(第一卷),兰州:甘肃人民出版社,1999年9月 p.287~288;图版p.151

施萍婷、邰惠莉 敦煌研究院藏敦煌文献叙录《敦煌研究文集·敦煌研究院藏敦煌文献研究篇》,兰州:甘肃民族出版社,2000年9月 p.56~57

杨森 敦煌研究院藏敦煌文献论著目录《敦煌研究文集·敦煌研究院藏敦煌文献研究篇》,兰州:甘肃民族出版社,2000年9月 p.588

张涌泉 敦煌故里对敦煌学的新奉献——《甘肃藏敦煌文献》读后《敦煌研究》2001年第1期 p.182

申国美编 中国散藏敦煌文献分类目录 北京:北京图书馆出版社,2007年10月 p.26、168

施萍亭 妙法蓮華経従地涌出品第十五·如来寿量品第十六『中国敦煌展』(東京展、福岡展、長野展、奈良展、静岡展,1985年10月5日~1986年3月26日),東京:財団法人富士美術館発行,昭和60年10月5日;図版105及日文図版解説

段文傑著,東山健吾訳 美しき敦煌 東京:潮出版社,昭和61年3月2日,p.149;图1幅

敦研110(收藏号331)妙法莲华经卷第三授记品第六

敦煌文物研究所资料室,刘忠贵、施娉婷 敦煌文物研究所藏敦煌遗书目录《文物资料丛刊》(1),北京:文物出版社,1977年12月 p.58;收入冯志文、杨际平主编《中国敦煌学百年文库·综述卷》(二),兰州:甘肃文化出版社,1999年 p.270

邰惠莉、罗华庆、陈雪静撰稿,施萍婷、邵国秀审订 敦煌研究院藏敦煌文献叙录(上)《甘肃藏敦煌文献》(第一卷),兰州:甘肃人民出版社,1999年9月 p.288

施萍婷、邰惠莉 敦煌研究院藏敦煌文献叙录《敦煌研究文集·敦煌研究院藏敦煌文献研究篇》,兰州:甘肃民族出版社,2000年9月 p.57

申国美编 中国散藏敦煌文献分类目录 北京:北京图书馆出版社,2007年10月 p.22、168

说明:此卷已与179号缀合。上接179号。

敦研111(收藏号332)妙法莲华经卷第一序品第一、方便品第二

敦煌文物研究所资料室,刘忠贵、施娉婷 敦煌文物研究所藏敦煌遗书目录《文物资料丛刊》(1),北京:文物出版社,1977年12月 p.58;收入冯志文、杨际平主编《中国敦煌学百年文库·综述卷》(二),兰州:甘肃文化出版社,1999年 p.270

池田温 1944年莫高窟土地庙塑像中发现文献管见《敦煌文薮》(上),台北:新文丰出版公司印行,1999年4月 p.27

邰惠莉、罗华庆、陈雪静撰稿，施萍婷、邵国秀审订 敦煌研究院藏敦煌文献叙录（上）《甘肃藏敦煌文献》（第一卷），兰州：甘肃人民出版社，1999年9月 p.288

施萍婷、邰惠莉 敦煌研究院藏敦煌文献叙录《敦煌研究文集·敦煌研究院藏敦煌文献研究篇》，兰州：甘肃民族出版社，2000年9月 p.57

李正宇 评莫高窟土地庙藏经来源问题的探讨《敦煌吐鲁番研究》（第七卷），北京：中华书局，2004年1月 p.129

中国美编 中国散藏敦煌文献分类目录 北京：北京图书馆出版社，2007年10月 p.19、168

说明：此卷已与277号缀合。111号上接277号。

敦研112（收藏号333）妙法莲华经卷第七普贤菩萨劝发品第二十八

敦煌文物研究所资料室，刘忠贵、施娉婷 敦煌文物研究所藏敦煌遗书目录《文物资料丛刊》（1），北京：文物出版社，1977年12月 p.58；收入冯志文、杨际平主编《中国敦煌学百年文库·综述卷》（二），兰州：甘肃文化出版社，1999年 p.270

邰惠莉、罗华庆、陈雪静撰稿，施萍婷、邵国秀审订 敦煌研究院藏敦煌文献叙录（上）《甘肃藏敦煌文献》（第一卷），兰州：甘肃人民出版社，1999年9月 p.288

施萍婷、邰惠莉 敦煌研究院藏敦煌文献叙录《敦煌研究文集·敦煌研究院藏敦煌文献研究篇》，兰州：甘肃民族出版社，2000年9月 p.57

中国美编 中国散藏敦煌文献分类目录 北京：北京图书馆出版社，2007年10月 p.31、168

说明：此卷已与196号缀合。112号上接196号。

敦研113（收藏号334）天安二年令狐归儿课（拟）

敦煌文物研究所资料室，刘忠贵、施娉婷 敦煌文物研究所藏敦煌遗书目录《文物资料丛刊》（1），北京：文物出版社，1977年12月 p.58；收入冯志文、杨际平主编《中国敦煌学百年文库·综述卷》（二），兰州：甘肃文化出版社，1999年 p.270

敦煌文物研究所资料室，刘忠贵、施娉婷 附：关于《敦煌遗书目录》的说明《文物资料丛刊》（1），北京：文物出版社，1977年12月 p.67；收入冯志文、杨际平主编《中国敦煌学百年文库·综述卷》（二），兰州：甘肃文化出版社，1999年 p.285；收入施萍婷著《敦煌习学集》（下），兰州：甘肃民族出版社，2004年12月 p.343

戴仁（Jean-Pierre Drège）著，耿昇译 敦煌和吐鲁番写本的断代研究《法国学者敦煌学论文选萃》，北京：中华书局，1993年12月 p.527；收入郑炳林主编，耿昇译《法国敦煌学精粹》Ⅰ，兰州：甘肃人民出版社，2011年4月 p.732

方广锠、许培玲 敦煌遗书中的《维摩诘所说经》及其注疏《敦煌研究》1994年第4期 p.146~147；全文转载人大复印报刊资料《宗教》1995年第1期 p.41~42；收入方广锠著《敦煌学佛教学论丛》（下），香港：中国佛教文化出版有限公司，1998年8月 p.109

池田温 1944年莫高窟土地庙塑像中发现文献管见《敦煌文薮》（上），台北：新文丰出版公司，1999年4

月 p.29；p.37注［23］

施萍婷 甘肃藏敦煌文献概述《甘肃藏敦煌文献精粹》，兰州：甘肃人民出版社，1999年 p.8；又载段文杰主编《甘肃藏敦煌文献》（第一至六卷），兰州：甘肃人民出版社，1999年9~12月 p.8

邰惠莉、罗华庆、陈雪静撰稿，施萍婷、邵国秀审订 敦煌研究院藏敦煌文献叙录（上）《甘肃藏敦煌文献》（第一卷），兰州：甘肃人民出版社，1999年9月 p.288；图版p.151

韩惠言 甘藏敦煌汉文文献概况《敦煌学辑刊》2000年第2期 p.70；收入敦煌研究院编《2000年敦煌学国际学术讨论会文集——纪念敦煌藏经洞发现暨敦煌学百年》历史文化卷（上），兰州：甘肃民族出版社，2003年9月 p.520

施萍婷、邰惠莉 敦煌研究院藏敦煌文献叙录《敦煌研究文集·敦煌研究院藏敦煌文献研究篇》，兰州：甘肃民族出版社，2000年9月 p.57

杨森 敦煌研究院藏敦煌文献论著目录《敦煌研究文集·敦煌研究院藏敦煌文献研究篇》，兰州：甘肃民族出版社，2000年9月 p.588

毛秋瑾 北魏时期敦煌写经书法研究《第五届中国书法史论国际研讨会论文集》，北京：文物出版社，2002年8月 p.292、298；p.306（附表）

何剑平 作为民间写经和礼忏仪式的维摩诘信仰《敦煌学辑刊》2005年第4期 p.55

吴新钦 北魏平城时期敦煌写经书法的章法及其书史意义《屏东教育大学学报》第26期，2007年3月 p.713；p.719（表一）；p.736；图四

吴新钦 北魏平城时期敦煌写经书法的结体及其书史意义《屏东教育大学学报》第28期，2007年9月 p.50注［22］；p.76；图六

衣川贤次 以敦煌写经校订《大正藏》刍议《转型期的敦煌学》，上海：上海古籍出版社，2007年11月 p.423

林聪明 敦煌文书的题记《港台敦煌学文库》第34册，兰州：甘肃人民出版社，2014年12月 p.144

苏莹辉著 敦煌学概要（增订再版） 台北：编译馆中华丛书编审委员会，1981年10月 p.274

苏莹辉著 敦煌学概要 台北：五南图书出版公司，1988年12月 p.274

薄小莹 敦煌遗书汉文纪年卷编年 长春：长春出版社，1990年3月 p.3

林聪明著 敦煌文书学（敦煌学导论丛刊①） 台北：新文丰出版股份有限公司，1991年8月 p.279

申国美编 中国散藏敦煌文献分类目录 北京：北京图书馆出版社，2007年10月 p.86、168~169

邹清泉著 虎头金粟影——维摩诘变相研究 北京：北京大学出版社，2013年5月 p.32（表1–5）；p.33

甘肃省地方史志编纂委员会编 甘肃省志·文物志（中册） 北京：文物出版社，2018年11月 p.1521

陈琪 敦煌遗书书法浅探 兰州：兰州大学博士研究生学位论文，2007年5月 p.152（表）

陶家骏 敦煌研究院藏佚本《维摩诘经注》写卷研究 苏州：苏州大学博士研究生学位论文，2012年3月 p.28（表）

毛秋瑾 北魏时期敦煌写经书法研究 苏州：苏州大学硕士研究生学位论文，2002年1月 p.33；图2；p.43（附表）

王翠《甘肃藏敦煌文献》俗字研究 南京：南京师范大学硕士研究生学位论文，2014年5月 p.1；p.17（表）；p.52（附录：中古经卷"表"）

肖倩 敦煌写卷中古俗字研究 南京：南京师范大学硕士研究生学位论文，2014年5月 p.6；统计表p.17；p.69

刘文章 南北朝时期敦煌汉文纪年写卷俗字字形演变及其应用 南宁：广西大学硕士研究生学位论文，2016年6月 p.12（表2–1）

池田温编 中國古代寫本識語集錄 東京：東京大学東洋文化研究所発行，1990年3月30日 p.88（第94号題記錄文）

敦研113 维摩诘所说经一名不可思议解脱佛国品第一①

赵声良 早期敦煌写本书法的分期研究《1994年敦煌学国际研讨会文集——纪念敦煌研究院成立50周年》（石窟艺术卷），兰州：甘肃民族出版社，2000年6月 p.260~261

黄征编 敦煌俗字典 上海：上海教育出版社，2005年5月 p.525

赵声良 早期敦煌写本书法的时代分期和类型《敦煌书法库》（第二辑）[魏晋南北朝时期]，兰州：甘肃人民美术出版社，1995年4月 p.2

施安昌 北凉体书迹叙录——兼谈铭石书与写经书《第五届中国书法史论国际研讨会论文集》，北京：文物出版社，2002年8月 p.241

毛秋瑾 汉唐之间的写经书法——以敦煌吐鲁番写本为中心《南京艺术学院学报》（美术与设计版）2012年第3期 p.6~7；图7；p.13（"北凉体"写经表）

毛秋瑾 两晋南北朝写经书法探析《中国书法全集》第14卷[三国两晋南北朝编 两晋南北朝写经写本]，北京：荣宝斋出版社，2013年1月 p.33~34

徐祖蕃、秦明智、荣恩奇编选 敦煌遗书书法选 兰州：甘肃人民出版社，1985年10月 p.29图版及简要说明

黄征编 敦煌俗字典 上海：上海教育出版社，2005年5月 正文p.525；顺序索引p.743；分类索引p.750

毛秋瑾著 墨香佛音——敦煌写经书法研究 北京：北京大学出版社，2014年4月 p.182~183；图5–6；p.198（表5–4"北凉体"写经）

敦研114（收藏号335）菩萨忏悔经

敦煌文物研究所资料室，刘忠贵、施娉婷 敦煌文物研究所藏敦煌遗书目录《文物资料丛刊》（1），北京：文物出版社，1977年12月 p.58；收入冯志文、杨际平主编《中国敦煌学百年文库·综述卷》（二），兰州：甘肃文化出版社，1999年 p.270~271

邰惠莉、罗华庆、陈雪静撰稿，施萍婷、邵国秀审订 敦煌研究院藏敦煌文献叙录（上）《甘肃藏敦煌文献》（第一卷），兰州：甘肃人民出版社，1999年9月 p.288；图版p.152~153

①敦研113号写本又作"北魏天安二年（467）令狐归儿课"。

施萍婷、邰惠莉 敦煌研究院藏敦煌文献叙录《敦煌研究文集·敦煌研究院藏敦煌文献研究篇》,兰州:甘肃民族出版社,2000年9月 p.57

中国美编 中国散藏敦煌文献分类目录 北京:北京图书馆出版社,2007年10月 p.79、169

敦研115(收藏号336)金光明经卷第二四天王品第六

敦煌文物研究所资料室,刘忠贵、施娉婷 敦煌文物研究所藏敦煌遗书目录《文物资料丛刊》(1),北京:文物出版社,1977年12月 p.58;收入冯志文、杨际平主编《中国敦煌学百年文库·综述卷》(二),兰州:甘肃文化出版社,1999年 p.271

邰惠莉、罗华庆、陈雪静撰稿,施萍婷、邵国秀审订 敦煌研究院藏敦煌文献叙录(上)《甘肃藏敦煌文献》(第一卷),兰州:甘肃人民出版社,1999年9月 p.288;图版p.154

施萍婷、邰惠莉 敦煌研究院藏敦煌文献叙录《敦煌研究文集·敦煌研究院藏敦煌文献研究篇》,兰州:甘肃民族出版社,2000年9月 p.57~58

黄征 敦煌俗字种类考辨《敦煌学·日本学——石塚晴通教授退职纪念文集》,上海:上海辞书出版社,2005年12月 p.114;又载赵生群、方向东主编《古文献研究集刊》(第一辑),南京:凤凰出版社,2007年4月 p.30

黄征编 敦煌俗字典 上海:上海教育出版社,2005年5月 前言p.23;正文p.58、117、139、175、185、200、225、259、263、305、367、419、465、475、507、517;顺序索引p.743;分类索引p.749

中国美编 中国散藏敦煌文献分类目录 北京:北京图书馆出版社,2007年10月 p.53、169

朱若溪《金光明经》敦煌写本研究 杭州:浙江大学博士研究生学位论文,2017年6月 p.495(二)卷二简表

井米兰 敦煌俗字与宋本《玉篇》文字比较研究 上海:华东师范大学硕士研究生学位论文,2009年5月 p.40

陈瑞峰《甘肃藏敦煌文献》俗字研究 金华:浙江师范大学硕士研究生学位论文,2012年5月 俗字表p.178、197~198、209、223

敦研116(收藏号337)佛说首楞严三昧经卷下

敦煌文物研究所资料室,刘忠贵、施娉婷 敦煌文物研究所藏敦煌遗书目录《文物资料丛刊》(1),北京:文物出版社,1977年12月 p.58;收入冯志文、杨际平主编《中国敦煌学百年文库·综述卷》(二),兰州:甘肃文化出版社,1999年 p.271

邰惠莉、罗华庆、陈雪静撰稿,施萍婷、邵国秀审订 敦煌研究院藏敦煌文献叙录(上)《甘肃藏敦煌文献》(第一卷),兰州:甘肃人民出版社,1999年9月 p.288;图版p.155

施萍婷、邰惠莉 敦煌研究院藏敦煌文献叙录《敦煌研究文集·敦煌研究院藏敦煌文献研究篇》,兰州:甘肃民族出版社,2000年9月 p.58

黄征编 敦煌俗字典 上海:上海教育出版社,2005年5月 正文p.33、38、253、275、360、367、456、488、524、555;顺序索引p.743;分类索引p.750

中国美编 中国散藏敦煌文献分类目录 北京：北京图书馆出版社，2007年10月 p.52、169

陶家骏 敦煌研究院藏佚本《维摩诘经注》写卷研究 苏州：苏州大学博士研究生学位论文，2012年3月 p.64；俗字表p.152

周远军 敦煌写卷《道行般若经》用字研究及校勘① 南宁：广西大学硕士研究生学位论文，2011年6月 p.134

陈瑞峰《甘肃藏敦煌文献》俗字研究 金华：浙江师范大学硕士研究生学位论文，2012年5月 p.21、37、50；俗字表p.119、216

敦研117（收藏号338）维摩诘所说经卷上菩萨品第四

敦煌文物研究所资料室，刘忠贵、施娉婷 敦煌文物研究所藏敦煌遗书目录《文物资料丛刊》(1)，北京：文物出版社，1977年12月 p.58；收入冯志文、杨际平主编《中国敦煌学百年文库·综述卷》(二)，兰州：甘肃文化出版社，1999年 p.271

郈惠莉、罗华庆、陈雪静撰稿，施萍婷、邵国秀审订 敦煌研究院藏敦煌文献叙录（上）《甘肃藏敦煌文献》(第一卷)，兰州：甘肃人民出版社，1999年9月 p.288~289；图版p.155

施萍婷、郈惠莉 敦煌研究院藏敦煌文献叙录《敦煌研究文集·敦煌研究院藏敦煌文献研究篇》，兰州：甘肃民族出版社，2000年9月 p.58

黄征 敦煌俗字例释《敦煌吐鲁番研究》(第八卷)，北京：中华书局，2005年1月 p.251

黄征 敦煌俗字种类考辨《敦煌学·日本学——石塚晴通教授退职纪念文集》，上海：上海辞书出版社，2005年12月 p.121；又载赵生群、方向东主编《古文献研究集刊》(第一辑)，南京：凤凰出版社，2007年4月 p.38

衣川贤次 以敦煌写经校订《大正藏》刍议《转型期的敦煌学》，上海：上海古籍出版社，2007年11月 p.423

黄征编 敦煌俗字典 上海：上海教育出版社，2005年5月 前言p.29；正文p.2、19、42、76、91、96、100、109、133、223、225、226、235、306、316、317、338、341、356、358、359、382、424、436、498、524、532、535、563、570；顺序索引p.743；分类索引p.750；分类索引p.750

中国美编 中国散藏敦煌文献分类目录 北京：北京图书馆出版社，2007年10月 p.49、169

肖瑜《三国志》古写本用字研究 上海：复旦大学博士研究生学位论文，2006年4月 p.57

陶家骏 敦煌研究院藏佚本《维摩诘经注》写卷研究 苏州：苏州大学博士研究生学位论文，2012年3月 俗字表p.154；p.196

周远军 敦煌写卷《道行般若经》用字研究及校勘 南宁：广西大学硕士研究生学位论文，2011年6月 p.56、127

陈瑞峰《甘肃藏敦煌文献》俗字研究 金华：浙江师范大学硕士研究生学位论文，2012年5月 p.38、54；

①周远军硕士论文《敦煌写卷〈道行般若经〉用字研究及校勘》作“敦研116《旧维摩诘所说经》”，有误。敦研116为《佛说首楞严三昧经》。

俗字表p.139、214、229

敦研118(收藏号339)小品般若波罗蜜经卷第九称扬菩萨品第二十三

敦煌文物研究所资料室,刘忠贵、施娉婷 敦煌文物研究所藏敦煌遗书目录《文物资料丛刊》(1),北京:文物出版社,1977年12月 p.58;收入冯志文、杨际平主编《中国敦煌学百年文库·综述卷》(二),兰州:甘肃文化出版社,1999年 p.271

邰惠莉、罗华庆、陈雪静撰稿,施萍婷、邵国秀审订 敦煌研究院藏敦煌文献叙录(上)《甘肃藏敦煌文献》(第一卷),兰州:甘肃人民出版社,1999年9月 p.289;图版p.156

施萍婷、邰惠莉 敦煌研究院藏敦煌文献叙录《敦煌研究文集·敦煌研究院藏敦煌文献研究篇》,兰州:甘肃民族出版社,2000年9月 p.58

黄征 敦煌俗字例释《敦煌吐鲁番研究》(第八卷),北京:中华书局,2005年1月 p.251

黄征编 敦煌俗字典 上海:上海教育出版社,2005年5月 正文p.2、9、18、61、105、110、150、175、202、228、273、274、293、360、420、424、427、553;顺序索引p.743;分类索引p.750

申国美编 中国散藏敦煌文献分类目录 北京:北京图书馆出版社,2007年10月 p.12、169

沈乐平著 敦煌书法综论 杭州:浙江古籍出版社,2009年10月 p.93

沈乐平 敦煌书法综论 杭州:中国美术学院博士研究生学位论文,2008年5月 p.89

陶家骏 敦煌研究院藏佚本《维摩诘经注》写卷研究 苏州:苏州大学博士研究生学位论文,2012年3月 俗字表p.96;p.190

宋丽丽 敦煌写本《籯金》俗字研究 南京:南京师范大学硕士研究生学位论文,2011年5月 p.27

陈瑞峰《甘肃藏敦煌文献》俗字研究 金华:浙江师范大学硕士研究生学位论文,2012年5月 p.37、38;俗字表p.107、109、111、148、216~217

薛皖东《干禄字书》所收俗字与敦煌俗字比较研究 南京:南京师范大学硕士研究生学位论文,2013年4月 p.43

敦研119(收藏号340)佛说太子瑞应本起经卷上

敦煌文物研究所资料室,刘忠贵、施娉婷 敦煌文物研究所藏敦煌遗书目录《文物资料丛刊》(1),北京:文物出版社,1977年12月 p.58;收入冯志文、杨际平主编《中国敦煌学百年文库·综述卷》(二),兰州:甘肃文化出版社,1999年 p.271

邰惠莉、罗华庆、陈雪静撰稿,施萍婷、邵国秀审订 敦煌研究院藏敦煌文献叙录(上)《甘肃藏敦煌文献》(第一卷),兰州:甘肃人民出版社,1999年9月 p.289;图版p.157

施萍婷、邰惠莉 敦煌研究院藏敦煌文献叙录《敦煌研究文集·敦煌研究院藏敦煌文献研究篇》,兰州:甘肃民族出版社,2000年9月 p.58~59

黄征 敦煌俗字种类考辨《敦煌学·日本学——石塚晴通教授退职纪念文集》,上海:上海辞书出版社,2005年12月 p.115;又载赵生群、方向东主编《古文献研究集刊》(第一辑),南京:凤凰出版社,2007年4月 p.30

黄征编 敦煌俗字典 上海:上海教育出版社,2005年5月 前言p.23;正文p.40、83、120、156、178、253、308、315、378、401、510;顺序索引p.743;分类索引p.750

中国美编 中国散藏敦煌文献分类目录 北京:北京图书馆出版社,2007年10月 p.2、169

井米兰 敦煌俗字与宋本《玉篇》文字比较研究 上海:华东师范大学硕士研究生学位论文,2009年5月 p.72

周远军 敦煌写卷《道行般若经》用字研究及校勘 南宁:广西大学硕士研究生学位论文,2011年6月 p.115

陈瑞峰《甘肃藏敦煌文献》俗字研究 金华:浙江师范大学硕士研究生学位论文,2012年5月 俗字表p.120、134、154、170、180

高静怡 北图藏敦煌汉文写经《金光明经》异文研究[①] 南宁:广西大学硕士研究生学位论文,2013年5月 p.38

敦研120(收藏号341)大智度论卷第三十一释初品中十八空义第四十八

敦煌文物研究所资料室,刘忠贵、施娉婷 敦煌文物研究所藏敦煌遗书目录《文物资料丛刊》(1),北京:文物出版社,1977年12月 p.58;收入冯志文、杨际平主编《中国敦煌学百年文库·综述卷》(二),兰州:甘肃文化出版社,1999年 p.271

邰惠莉、罗华庆、陈雪静撰稿,施萍婷、邵国秀审订 敦煌研究院藏敦煌文献叙录(上)《甘肃藏敦煌文献》(第一卷),兰州:甘肃人民出版社,1999年9月 p.289;图版p.158

施萍婷、邰惠莉 敦煌研究院藏敦煌文献叙录《敦煌研究文集·敦煌研究院藏敦煌文献研究篇》,兰州:甘肃民族出版社,2000年9月 p.59

黄征编 敦煌俗字典 上海:上海教育出版社,2005年5月 正文p.31、225、348、358、372、415、433;顺序索引p.743;分类索引p.751

中国美编 中国散藏敦煌文献分类目录 北京:北京图书馆出版社,2007年10月 p.60、169

陶家骏 敦煌研究院藏佚本《维摩诘经注》写卷研究 苏州:苏州大学博士研究生学位论文,2012年3月 p.196

陈瑞峰《甘肃藏敦煌文献》俗字研究 金华:浙江师范大学硕士研究生学位论文,2012年5月 p.53;俗字表p.198、213

敦研121(收藏号342)大宝积经卷第八密迹金刚力士会第三之一

敦煌文物研究所资料室,刘忠贵、施娉婷 敦煌文物研究所藏敦煌遗书目录《文物资料丛刊》(1),北京:文物出版社,1977年12月 p.58;收入冯志文、杨际平主编《中国敦煌学百年文库·综述卷》(二),兰州:甘

---

①高静怡硕士论文《北图藏敦煌汉文写经〈金光明经〉异文研究》第38页作"敦研117《佛说太子瑞应本起经》卷上",有误。敦研117为《维摩诘所说经卷上菩萨品第四》。此处所指可能为敦研117《佛说太子瑞应本起经》卷上或敦研145《佛说太子瑞应本起经》卷上。

肃文化出版社,1999年 p.271

邰惠莉、罗华庆、陈雪静撰稿,施萍婷、邵国秀审订 敦煌研究院藏敦煌文献叙录(上)《甘肃藏敦煌文献》(第一卷),兰州:甘肃人民出版社,1999年9月 p.289;图版p.159

施萍婷、邰惠莉 敦煌研究院藏敦煌文献叙录《敦煌研究文集·敦煌研究院藏敦煌文献研究篇》,兰州:甘肃民族出版社,2000年9月 p.59

申国美编 中国散藏敦煌文献分类目录 北京:北京图书馆出版社,2007年10月 p.33、169

邱湘 敦煌《大宝积经》写本考暨异体字汇辑 金华:浙江师范大学硕士学位论文,2011年5月 p.11、131;异体字字表p.150、155、164、166、168、170、173、195、201、205、214、220、223、232、233、238

敦研122(收藏号343)大般涅槃经卷第二十三光明遍照高贵德王菩萨品第十之三

敦煌文物研究所资料室,刘忠贵、施娉婷 敦煌文物研究所藏敦煌遗书目录《文物资料丛刊》(1),北京:文物出版社,1977年12月 p.58;收入冯志文、杨际平主编《中国敦煌学百年文库·综述卷》(二),兰州:甘肃文化出版社,1999年 p.271

邰惠莉、罗华庆、陈雪静撰稿,施萍婷、邵国秀审订 敦煌研究院藏敦煌文献叙录(上)《甘肃藏敦煌文献》(第一卷),兰州:甘肃人民出版社,1999年9月 p.289

施萍婷、邰惠莉 敦煌研究院藏敦煌文献叙录《敦煌研究文集·敦煌研究院藏敦煌文献研究篇》,兰州:甘肃民族出版社,2000年9月 p.59

申国美编 中国散藏敦煌文献分类目录 北京:北京图书馆出版社,2007年10月 p.40、169

说明:此卷与108号缀合。108号下接122号。

敦研123(收藏号344)思益梵天所问经卷第二难问品第五

敦煌文物研究所资料室,刘忠贵、施娉婷 敦煌文物研究所藏敦煌遗书目录《文物资料丛刊》(1),北京:文物出版社,1977年12月 p.58;收入冯志文、杨际平主编《中国敦煌学百年文库·综述卷》(二),兰州:甘肃文化出版社,1999年 p.271

邰惠莉、罗华庆、陈雪静撰稿,施萍婷、邵国秀审订 敦煌研究院藏敦煌文献叙录(上)《甘肃藏敦煌文献》(第一卷),兰州:甘肃人民出版社,1999年9月 p.289;图版p.159~160

施萍婷、邰惠莉 敦煌研究院藏敦煌文献叙录《敦煌研究文集·敦煌研究院藏敦煌文献研究篇》,兰州:甘肃民族出版社,2000年9月 p.59~60

黄征 敦煌俗字种类考辨《敦煌学·日本学——石塚晴通教授退职纪念文集》,上海:上海辞书出版社,2005年12月 p.113;又载赵生群、方向东主编《古文献研究集刊》(第一辑),南京:凤凰出版社,2007年4月 p.29

左丽萍 敦煌本《大乘无量寿经》异体字考释三则《语文学刊》2013年第14期 p.32

黄征编 敦煌俗字典 上海:上海教育出版社,2005年5月 前言p.22;正文p.143、176、178、327、360、369、418、435、526、578;顺序索引p.743;分类索引p.750

申国美编 中国散藏敦煌文献分类目录 北京:北京图书馆出版社,2007年10月 p.51、170

肖瑜《三国志》古写本用字研究 上海:复旦大学博士研究生学位论文,2006年4月 p.31

陈瑞峰《甘肃藏敦煌文献》俗字研究 金华:浙江师范大学硕士研究生学位论文,2012年5月 俗字表 p.179、211、223

敦研124(收藏号345) 中论卷第二观行品第十三

敦煌文物研究所资料室,刘忠贵、施娉婷 敦煌文物研究所藏敦煌遗书目录《文物资料丛刊》(1),北京:文物出版社,1977年12月 p.58;收入冯志文、杨际平主编《中国敦煌学百年文库·综述卷》(二),兰州:甘肃文化出版社,1999年 p.271

邰惠莉、罗华庆、陈雪静撰稿,施萍婷、邵国秀审订 敦煌研究院藏敦煌文献叙录(上)《甘肃藏敦煌文献》(第一卷),兰州:甘肃人民出版社,1999年9月 p.289;图版p.160

施萍婷、邰惠莉 敦煌研究院藏敦煌文献叙录《敦煌研究文集·敦煌研究院藏敦煌文献研究篇》,兰州:甘肃民族出版社,2000年9月 p.60

林聪明 敦煌文书的割裂《港台敦煌学文库》第34册,兰州:甘肃人民出版社,2014年12月 p.220

林聪明著 敦煌文书学(敦煌学导论丛刊①) 台北:新文丰出版股份有限公司,1991年8月 p.357

申国美编 中国散藏敦煌文献分类目录 北京:北京图书馆出版社,2007年10月 p.61、170

说明:此卷可与土地庙出土014、013、015号缀合。缀合顺序依次为124号下接014、013、015号。

敦研0124+0014(土)+0013(土)+0015(土) 中论观行品、观佛合品、观有无品

施萍婷 敦煌研究院藏土地庙写本源自藏经洞《敦煌研究》1999年第2期 p.42;略为删减修订后收入敦煌研究院编《敦煌研究文集·敦煌研究院藏敦煌文献研究篇》,兰州:甘肃民族出版社,2000年9月 p.18;收入氏著《敦煌习学集》(上),兰州:甘肃民族出版社,2004年12月 p.280;收入氏著《敦煌石窟与文献研究》,杭州:浙江大学出版社,2015年12月 p.370

施萍婷 甘肃藏敦煌文献概述《甘肃藏敦煌文献精粹》,兰州:甘肃人民出版社,1999年 p.5;又载段文杰主编《甘肃藏敦煌文献》(第一至六卷),兰州:甘肃人民出版社,1999年9~12月 p.5

杨森 敦煌研究院藏敦煌文献论著目录《敦煌研究文集·敦煌研究院藏敦煌文献研究篇》,兰州:甘肃民族出版社,2000年9月 p.588~589

敦研125(收藏号346) 大般涅槃经卷第五如来性品第四之二

敦煌文物研究所资料室,刘忠贵、施娉婷 敦煌文物研究所藏敦煌遗书目录《文物资料丛刊》(1),北京:文物出版社,1977年12月 p.58;收入冯志文、杨际平主编《中国敦煌学百年文库·综述卷》(二),兰州:甘肃文化出版社,1999年 p.271

邰惠莉、罗华庆、陈雪静撰稿,施萍婷、邵国秀审订 敦煌研究院藏敦煌文献叙录(上)《甘肃藏敦煌文献》(第一卷),兰州:甘肃人民出版社,1999年9月 p.289;图版p.161

施萍婷、邰惠莉 敦煌研究院藏敦煌文献叙录《敦煌研究文集·敦煌研究院藏敦煌文献研究篇》,兰州:

甘肃民族出版社，2000年9月 p.60

黄征编 敦煌俗字典 上海：上海教育出版社，2005年5月 正文p.81、253、304、333、579；顺序索引p.743；分类索引p.748

申国美编 中国散藏敦煌文献分类目录 北京：北京图书馆出版社，2007年10月 p.36、170

景盛轩著《大般涅槃经》異文研究 成都：巴蜀书社，2009年2月 p.47、139

景盛轩 敦煌本《大般涅槃经》研究——以版本、异文及训诂为中心 杭州：浙江大学博士研究生学位论文，2004年5月 p.35、149、214

陶家骏 敦煌研究院藏佚本《维摩诘经注》写卷研究 苏州：苏州大学博士研究生学位论文，2012年3月 俗字表p.120

周远军 敦煌写卷《道行般若经》用字研究及校勘 南宁：广西大学硕士研究生学位论文，2011年6月 p.43、45

陈瑞峰《甘肃藏敦煌文献》俗字研究 金华：浙江师范大学硕士研究生学位论文，2012年5月 p.20；俗字表p.133、208、235

薛皖东《干禄字书》所收俗字与敦煌俗字比较研究 南京：南京师范大学硕士研究生学位论文，2013年4月 p.27

说明：此卷已与056(1)号缀合。下接056(1)号。

敦研0125+0056(1) 大般涅槃经卷第五如来性品第四之二

施萍婷 敦煌研究院藏土地庙写本源自藏经洞《敦煌研究》1999年第2期 p.42；略为删减修订后收入敦煌研究院编《敦煌研究文集·敦煌研究院藏敦煌文献研究篇》，兰州：甘肃民族出版社，2000年9月 p.18；收入氏著《敦煌习学集》(上)，兰州：甘肃民族出版社，2004年12月 p.279；收入氏著《敦煌石窟与文献研究》，杭州：浙江大学出版社，2015年12月 p.371

杨森 敦煌研究院藏敦煌文献论著目录《敦煌研究文集·敦煌研究院藏敦煌文献研究篇》，兰州：甘肃民族出版社，2000年9月 p.589

敦研126(收藏号347) 佛说首楞严三昧经卷下

敦煌文物研究所资料室，刘忠贵、施娉婷 敦煌文物研究所藏敦煌遗书目录《文物资料丛刊》(1)，北京：文物出版社，1977年12月 p.58；收入冯志文、杨际平主编《中国敦煌学百年文库·综述卷》(二)，兰州：甘肃文化出版社，1999年 p.271

邰惠莉、罗华庆、陈雪静撰稿，施萍婷、邵国秀审订 敦煌研究院藏敦煌文献叙录(上)《甘肃藏敦煌文献》(第一卷)，兰州：甘肃人民出版社，1999年9月 p.289~290；图版p.161

施萍婷、邰惠莉 敦煌研究院藏敦煌文献叙录《敦煌研究文集·敦煌研究院藏敦煌文献研究篇》，兰州：甘肃民族出版社，2000年9月 p.60

黄征编 敦煌俗字典 上海：上海教育出版社，2005年5月 正文p.183、367、369、422；顺序索引p.743；分

类索引p.750

中国美编 中国散藏敦煌文献分类目录 北京:北京图书馆出版社,2007年10月 p.52、170

说明:此卷与137、238、132同为一卷。

敦研0126、0137、0238 佛说首楞严三昧经卷下

施萍婷 敦煌研究院藏土地庙写本源自藏经洞《敦煌研究》1999年第2期 p.42;略为删减修订后收入敦煌研究院编《敦煌研究文集·敦煌研究院藏敦煌文献研究篇》,兰州:甘肃民族出版社,2000年9月 p.19;收入氏著《敦煌习学集》(上),兰州:甘肃民族出版社,2004年12月 p.281;收入氏著《敦煌石窟与文献研究》,杭州:浙江大学出版社,2015年12月 p.372

杨森 敦煌研究院藏敦煌文献论著目录《敦煌研究文集·敦煌研究院藏敦煌文献研究篇》,兰州:甘肃民族出版社,2000年9月 p.589

敦研127(收藏号348)大般涅槃经卷第六如来性品第四之三

敦煌文物研究所资料室,刘忠贵、施娉婷 敦煌文物研究所藏敦煌遗书目录《文物资料丛刊》(1),北京:文物出版社,1977年12月 p.58;收入冯志文、杨际平主编《中国敦煌学百年文库·综述卷》(二),兰州:甘肃文化出版社,1999年 p.271

施萍亭 大般涅槃经卷第六如来性品第四之三《敦煌》,兰州:甘肃人民出版社、南京:江苏美术出版社,1990年7月;1993年7月;1997年11月 图版p.232~233;p.287第248条图版说明

邰惠莉、罗华庆、陈雪静撰稿,施萍婷、邵国秀审订 敦煌研究院藏敦煌文献叙录(上)《甘肃藏敦煌文献》(第一卷),兰州:甘肃人民出版社,1999年9月 p.290;图版p.162

施萍婷、邰惠莉 敦煌研究院藏敦煌文献叙录《敦煌研究文集·敦煌研究院藏敦煌文献研究篇》,兰州:甘肃民族出版社,2000年9月 p.60~61

黄征编 敦煌俗字典 上海:上海教育出版社,2005年5月 正文p.59、123、210、434、437、448、546;顺序索引p.743;分类索引p.748

中国美编 中国散藏敦煌文献分类目录 北京:北京图书馆出版社,2007年10月 p.36、170

景盛轩 敦煌本《大般涅槃经》研究——以版本、异文及训诂为中心 杭州:浙江大学博士研究生学位论文,2004年5月 p.37

陈瑞峰《甘肃藏敦煌文献》俗字研究 金华:浙江师范大学硕士研究生学位论文,2012年5月 p.25、34;俗字表p.142、156、226、232

王翠《甘肃藏敦煌文献》俗字研究 南京:南京师范大学硕士研究生学位论文,2014年5月 p.17(表);p.23;p.52(附录:中古经卷"表")

说明:此卷可与021、020号缀合。缀合顺序依次为021、127、020号。

敦研128(收藏号349) 大般涅槃经卷第三十七迦叶菩萨品第十二之五

敦煌文物研究所资料室,刘忠贵、施娉婷 敦煌文物研究所藏敦煌遗书目录《文物资料丛刊》(1),北京:文物出版社,1977年12月 p.58;收入冯志文、杨际平主编《中国敦煌学百年文库·综述卷》(二),兰州:甘肃文化出版社,1999年 p.271

邰惠莉、罗华庆、陈雪静撰稿,施萍婷、邵国秀审订 敦煌研究院藏敦煌文献叙录(上)《甘肃藏敦煌文献》(第一卷),兰州:甘肃人民出版社,1999年9月 p.290;图版p.162

施萍婷、邰惠莉 敦煌研究院藏敦煌文献叙录《敦煌研究文集·敦煌研究院藏敦煌文献研究篇》,兰州:甘肃民族出版社,2000年9月 p.61

黄征 敦煌俗字例释《敦煌吐鲁番研究》(第八卷),北京:中华书局,2005年1月 p.251

黄征编 敦煌俗字典 上海:上海教育出版社,2005年5月 正文p.2、12、28、234、500;顺序索引p.743;分类索引p.748

中国美编 中国散藏敦煌文献分类目录 北京:北京图书馆出版社,2007年10月 p.42、170

景盛轩 敦煌本《大般涅槃经》研究——以版本、异文及训诂为中心 杭州:浙江大学博士研究生学位论文,2004年5月 p.112

井米兰 敦煌俗字与宋本《玉篇》文字比较研究 上海:华东师范大学硕士研究生学位论文,2009年5月 p.73

周远军 敦煌写卷《道行般若经》用字研究及校勘 南宁:广西大学硕士研究生学位论文,2011年6月 p.127

陈瑞峰《甘肃藏敦煌文献》俗字研究 金华:浙江师范大学硕士研究生学位论文,2012年5月 俗字表p.107、110、199~200

敦研129(收藏号350) 金光明经卷第二四天王品第六

敦煌文物研究所资料室,刘忠贵、施娉婷 敦煌文物研究所藏敦煌遗书目录《文物资料丛刊》(1),北京:文物出版社,1977年12月 p.58;收入冯志文、杨际平主编《中国敦煌学百年文库·综述卷》(二),兰州:甘肃文化出版社,1999年 p.271

邰惠莉、罗华庆、陈雪静撰稿,施萍婷、邵国秀审订 敦煌研究院藏敦煌文献叙录(上)《甘肃藏敦煌文献》(第一卷),兰州:甘肃人民出版社,1999年9月 p.290;图版p.163

施萍婷、邰惠莉 敦煌研究院藏敦煌文献叙录《敦煌研究文集·敦煌研究院藏敦煌文献研究篇》,兰州:甘肃民族出版社,2000年9月 p.61

黄征编 敦煌俗字典 上海:上海教育出版社,2005年5月 正文p.59、112、282;顺序索引p.743;分类索引p.749

中国美编 中国散藏敦煌文献分类目录 北京:北京图书馆出版社,2007年10月 p.53、170

陈瑞峰《甘肃藏敦煌文献》俗字研究 金华:浙江师范大学硕士研究生学位论文,2012年5月 俗字表p.149

说明:此卷可与136、135号缀合。135号下接136、129号。136号与129号交叉接茬。

敦研130(收藏号351)大般涅槃经卷第三十六迦叶菩萨品第十二之四

敦煌文物研究所资料室,刘忠贵、施娉婷 敦煌文物研究所藏敦煌遗书目录《文物资料丛刊》(1),北京:文物出版社,1977年12月 p.58;收入冯志文、杨际平主编《中国敦煌学百年文库·综述卷》(二),兰州:甘肃文化出版社,1999年 p.271

邰惠莉、罗华庆、陈雪静撰稿,施萍婷、邵国秀审订 敦煌研究院藏敦煌文献叙录(上)《甘肃藏敦煌文献》(第一卷),兰州:甘肃人民出版社,1999年9月 p.290

施萍婷、邰惠莉 敦煌研究院藏敦煌文献叙录《敦煌研究文集·敦煌研究院藏敦煌文献研究篇》,兰州:甘肃民族出版社,2000年9月 p.61

申国美编 中国散藏敦煌文献分类目录 北京:北京图书馆出版社,2007年10月 p.42、170

说明:此卷已与305号缀合。130号上接305号。

敦研131(收藏号352)大般涅槃经卷第二十三光明遍照高贵德王菩萨品第十之三

敦煌文物研究所资料室,刘忠贵、施娉婷 敦煌文物研究所藏敦煌遗书目录《文物资料丛刊》(1),北京:文物出版社,1977年12月 p.58;收入冯志文、杨际平主编《中国敦煌学百年文库·综述卷》(二),兰州:甘肃文化出版社,1999年 p.271

施萍婷 敦煌研究院藏土地庙写本源自藏经洞《敦煌研究》1999年第2期 p.46(附表)

邰惠莉、罗华庆、陈雪静撰稿,施萍婷、邵国秀审订 敦煌研究院藏敦煌文献叙录(上)《甘肃藏敦煌文献》(第一卷),兰州:甘肃人民出版社,1999年9月 p.290;图版p.163

施萍婷、邰惠莉 敦煌研究院藏敦煌文献叙录《敦煌研究文集·敦煌研究院藏敦煌文献研究篇》,兰州:甘肃民族出版社,2000年9月 p.61~62

杨森 敦煌研究院藏敦煌文献论著目录《敦煌研究文集·敦煌研究院藏敦煌文献研究篇》,兰州:甘肃民族出版社,2000年9月 p.589

张涌泉 敦煌故里对敦煌学的新奉献——《甘肃藏敦煌文献》读后《敦煌研究》2001年第1期 p.182

申国美编 中国散藏敦煌文献分类目录 北京:北京图书馆出版社,2007年10月 p.40、170

景盛轩 敦煌本《大般涅槃经》研究——以版本、异文及训诂为中心 杭州:浙江大学博士研究生学位论文,2004年5月 p.79

说明:此卷可与敦研207号、敦博018号缀合。敦研207号下接敦博018号、敦研131号。

敦研132(收藏号353)佛说首楞严三昧经卷下

敦煌文物研究所资料室,刘忠贵、施娉婷 敦煌文物研究所藏敦煌遗书目录《文物资料丛刊》(1),北京:文物出版社,1977年12月 p.58;收入冯志文、杨际平主编《中国敦煌学百年文库·综述卷》(二),兰州:甘肃文化出版社,1999年 p.271

邰惠莉、罗华庆、陈雪静撰稿，施萍婷、邵国秀审订 敦煌研究院藏敦煌文献叙录（上）《甘肃藏敦煌文献》（第一卷），兰州：甘肃人民出版社，1999年9月 p.290；图版p.164

施萍婷、邰惠莉 敦煌研究院藏敦煌文献叙录《敦煌研究文集·敦煌研究院藏敦煌文献研究篇》，兰州：甘肃民族出版社，2000年9月 p.62

黄征编 敦煌俗字典 上海：上海教育出版社，2005年5月 正文p.24、234、367、488、518、551；顺序索引p.743；分类索引p.750

申国美编 中国散藏敦煌文献分类目录 北京：北京图书馆出版社，2007年10月 p.52、170

陶家骏 敦煌研究院藏佚本《维摩诘经注》写卷研究 苏州：苏州大学博士研究生学位论文，2012年3月 俗字表p.145

井米兰 敦煌俗字与宋本《玉篇》文字比较研究 上海：华东师范大学硕士研究生学位论文，2009年5月 p.73

周远军 敦煌写卷《道行般若经》用字研究及校勘 南宁：广西大学硕士研究生学位论文，2011年6月 p.34

陈瑞峰《甘肃藏敦煌文献》俗字研究 金华：浙江师范大学硕士研究生学位论文，2012年5月 俗字表p.116、199

敦研133（收藏号354）大般涅槃经卷第二寿命品第一之二

敦煌文物研究所资料室，刘忠贵、施娉婷 敦煌文物研究所藏敦煌遗书目录《文物资料丛刊》（1），北京：文物出版社，1977年12月 p.58；收入冯志文、杨际平主编《中国敦煌学百年文库·综述卷》（二），兰州：甘肃文化出版社，1999年 p.271

施萍婷 敦煌研究院藏土地庙写本源自藏经洞《敦煌研究》1999年第2期 p.45（附表）

邰惠莉、罗华庆、陈雪静撰稿，施萍婷、邵国秀审订 敦煌研究院藏敦煌文献叙录（上）《甘肃藏敦煌文献》（第一卷），兰州：甘肃人民出版社，1999年9月 p.290；图版p.164

施萍婷、邰惠莉 敦煌研究院藏敦煌文献叙录《敦煌研究文集·敦煌研究院藏敦煌文献研究篇》，兰州：甘肃民族出版社，2000年9月 p.62

杨森 敦煌研究院藏敦煌文献论著目录《敦煌研究文集·敦煌研究院藏敦煌文献研究篇》，兰州：甘肃民族出版社，2000年9月 p.589

申国美编 中国散藏敦煌文献分类目录 北京：北京图书馆出版社，2007年10月 p.35、171

景盛轩 敦煌本《大般涅槃经》研究——以版本、异文及训诂为中心 杭州：浙江大学博士研究生学位论文，2004年5月 p.26

敦研134（收藏号355）大般涅槃经卷第二十梵行品第八之五

敦煌文物研究所资料室，刘忠贵、施娉婷 敦煌文物研究所藏敦煌遗书目录《文物资料丛刊》（1），北京：文物出版社，1977年12月 p.58；收入冯志文、杨际平主编《中国敦煌学百年文库·综述卷》（二），兰州：甘肃文化出版社，1999年 p.271

邰惠莉、罗华庆、陈雪静撰稿，施萍婷、邵国秀审订 敦煌研究院藏敦煌文献叙录（上）《甘肃藏敦煌文献》（第一卷），兰州：甘肃人民出版社，1999年9月 p.290~291；图版p.165

施萍婷、邰惠莉 敦煌研究院藏敦煌文献叙录《敦煌研究文集·敦煌研究院藏敦煌文献研究篇》，兰州：甘肃民族出版社，2000年9月 p.62

景盛轩 敦煌写本《大般涅槃经》著录商补《浙江与敦煌学——常书鸿先生诞辰一百周年纪念文集》，杭州：浙江古籍出版社，2004年12月 p.345；收入氏著《〈大般涅槃经〉異文研究》，成都：巴蜀书社，2009年2月 p.335~336

中国美编 中国散藏敦煌文献分类目录 北京：北京图书馆出版社，2007年10月 p.39、171

景盛轩 敦煌本《大般涅槃经》研究——以版本、异文及训诂为中心 杭州：浙江大学博士研究生学位论文，2004年5月 p.70

敦研135（收藏号356） 金光明经卷第二四天王品第六

敦煌文物研究所资料室，刘忠贵、施娉婷 敦煌文物研究所藏敦煌遗书目录《文物资料丛刊》(1)，北京：文物出版社，1977年12月 p.58~59；收入冯志文、杨际平主编《中国敦煌学百年文库·综述卷》(二)，兰州：甘肃文化出版社，1999年 p.271

邰惠莉、罗华庆、陈雪静撰稿，施萍婷、邵国秀审订 敦煌研究院藏敦煌文献叙录（上）《甘肃藏敦煌文献》（第一卷），兰州：甘肃人民出版社，1999年9月 p.291；图版p.165

施萍婷、邰惠莉 敦煌研究院藏敦煌文献叙录《敦煌研究文集·敦煌研究院藏敦煌文献研究篇》，兰州：甘肃民族出版社，2000年9月 p.62~63

黄征编 敦煌俗字典 上海：上海教育出版社，2005年5月 正文p.13、19、22、27、84、140、212、247、250、286、348、378、400、426、531、573；顺序索引p.743；分类索引p.749

中国美编 中国散藏敦煌文献分类目录 北京：北京图书馆出版社，2007年10月 p.53、171

肖瑜《三国志》古写本用字研究 上海：复旦大学博士研究生学位论文，2006年4月 p.45

陈瑞峰《甘肃藏敦煌文献》俗字研究 金华：浙江师范大学硕士研究生学位论文，2012年5月 p.37；俗字表p.110~111、114、117、204~205

说明：此卷可与129、136号缀合。135号下接136、129号。136号与129号交叉接茬。

敦研0135+0136+0129 金光明经卷第二四天王品第六

施萍婷 敦煌研究院藏土地庙写本源自藏经洞《敦煌研究》1999年第2期 p.42；略为删减修订后收入敦煌研究院编《敦煌研究文集·敦煌研究院藏敦煌文献研究篇》，兰州：甘肃民族出版社，2000年9月 p.18；收入氏著《敦煌习学集》（上），兰州：甘肃民族出版社，2004年12月 p.280；收入氏著《敦煌石窟与文献研究》，杭州：浙江大学出版社，2015年12月 p.370

杨森 敦煌研究院藏敦煌文献论著目录《敦煌研究文集·敦煌研究院藏敦煌文献研究篇》，兰州：甘肃民族出版社，2000年9月 p.589~590

朱若溪《金光明经》敦煌写本研究 杭州:浙江大学博士研究生学位论文,2017年6月 p.48、495(二)卷二简表

敦研136(收藏号357) 金光明经卷第二四天王品第六

敦煌文物研究所资料室,刘忠贵、施娉婷 敦煌文物研究所藏敦煌遗书目录《文物资料丛刊》(1),北京:文物出版社,1977年12月 p.59;收入冯志文、杨际平主编《中国敦煌学百年文库·综述卷》(二),兰州:甘肃文化出版社,1999年 p.271

邰惠莉、罗华庆、陈雪静撰稿,施萍婷、邵国秀审订 敦煌研究院藏敦煌文献叙录(上)《甘肃藏敦煌文献》(第一卷),兰州:甘肃人民出版社,1999年9月 p.291;图版p.166

施萍婷、邰惠莉 敦煌研究院藏敦煌文献叙录《敦煌研究文集·敦煌研究院藏敦煌文献研究篇》,兰州:甘肃民族出版社,2000年9月 p.63

黄征编 敦煌俗字典 上海:上海教育出版社,2005年5月 正文p.85、97、103、190、320、325、378、431、496;顺序索引p.743;分类索引p.749

申国美编 中国散藏敦煌文献分类目录 北京:北京图书馆出版社,2007年10月 p.53、171

陈瑞峰《甘肃藏敦煌文献》俗字研究 金华:浙江师范大学硕士研究生学位论文,2012年5月 p.14、36;俗字表p.135、139、211、225

说明:此卷可与135、129号交叉相接缀合。135号下接136、129号。

敦研137(收藏号358) 佛说首楞严三昧经卷下

敦煌文物研究所资料室,刘忠贵、施娉婷 敦煌文物研究所藏敦煌遗书目录《文物资料丛刊》(1),北京:文物出版社,1977年12月 p.59;收入冯志文、杨际平主编《中国敦煌学百年文库·综述卷》(二),兰州:甘肃文化出版社,1999年 p.272

邰惠莉、罗华庆、陈雪静撰稿,施萍婷、邵国秀审订 敦煌研究院藏敦煌文献叙录(上)《甘肃藏敦煌文献》(第一卷),兰州:甘肃人民出版社,1999年9月 p.291;图版p.166

施萍婷、邰惠莉 敦煌研究院藏敦煌文献叙录《敦煌研究文集·敦煌研究院藏敦煌文献研究篇》,兰州:甘肃民族出版社,2000年9月 p.63

黄征编 敦煌俗字典 上海:上海教育出版社,2005年5月 正文p.92、93、107、161、183、357、381、422、481、562;顺序索引p.743;分类索引p.750

申国美编 中国散藏敦煌文献分类目录 北京:北京图书馆出版社,2007年10月 p.52、171

周远军 敦煌写卷《道行般若经》用字研究及校勘 南宁:广西大学硕士研究生学位论文,2011年6月 p.86

陈瑞峰《甘肃藏敦煌文献》俗字研究 金华:浙江师范大学硕士研究生学位论文,2012年5月 俗字表p.136~137、173、182

敦研138(收藏号359)道行般若经卷第四摩诃般若波罗蜜道行经觉品第九

敦煌文物研究所资料室,刘忠贵、施娉婷 敦煌文物研究所藏敦煌遗书目录《文物资料丛刊》(1),北京:文物出版社,1977年12月 p.59;收入冯志文、杨际平主编《中国敦煌学百年文库·综述卷》(二),兰州:甘肃文化出版社,1999年 p.272

邰惠莉、罗华庆、陈雪静撰稿,施萍婷、邵国秀审订 敦煌研究院藏敦煌文献叙录(上)《甘肃藏敦煌文献》(第一卷),兰州:甘肃人民出版社,1999年9月 p.291;图版p.167

施萍婷、邰惠莉 敦煌研究院藏敦煌文献叙录《敦煌研究文集·敦煌研究院藏敦煌文献研究篇》,兰州:甘肃民族出版社,2000年9月 p.63

黄征编 敦煌俗字典 上海:上海教育出版社,2005年5月 前言p.15;正文p.118、362、446、517;顺序索引p.743;分类索引p.749

申国美编 中国散藏敦煌文献分类目录 北京:北京图书馆出版社,2007年10月 p.12、171

周远军 敦煌写卷《道行般若经》用字研究及校勘 南宁:广西大学硕士研究生学位论文,2011年6月 p.4、20、22、42、62、67、70、85、96、97、115、118、120、123、130、136、167~168

陈瑞峰《甘肃藏敦煌文献》俗字研究 金华:浙江师范大学硕士研究生学位论文,2012年5月 俗字表p.152

敦研139(收藏号360)百喻经卷上

敦煌文物研究所资料室,刘忠贵、施娉婷 敦煌文物研究所藏敦煌遗书目录《文物资料丛刊》(1),北京:文物出版社,1977年12月 p.59;收入冯志文、杨际平主编《中国敦煌学百年文库·综述卷》(二),兰州:甘肃文化出版社,1999年 p.272

敦煌文物研究所资料室,刘忠贵、施娉婷 附:关于《敦煌遗书目录》的说明《文物资料丛刊》(1),北京:文物出版社,1977年12月 p.67;收入冯志文、杨际平主编《中国敦煌学百年文库·综述卷》(二),兰州:甘肃文化出版社,1999年 p.285;收入施萍婷著《敦煌习学集》(下),兰州:甘肃民族出版社,2004年12月 p.343~344

施萍婷 甘肃藏敦煌文献概述《甘肃藏敦煌文献精粹》,兰州:甘肃人民出版社,1999年 p.7;又载段文杰主编《甘肃藏敦煌文献》(第一至六卷),兰州:甘肃人民出版社,1999年9~12月 p.7

邰惠莉、罗华庆、陈雪静撰稿,施萍婷、邵国秀审订 敦煌研究院藏敦煌文献叙录(上)《甘肃藏敦煌文献》(第一卷),兰州:甘肃人民出版社,1999年9月 p.291;图版p.168

介生 遍记甘藏敦煌遗书 兼具资料学术价值——《甘肃藏敦煌文献》介评《图书与情报》2000年第2期 p.79

施萍婷、邰惠莉 敦煌研究院藏敦煌文献叙录《敦煌研究文集·敦煌研究院藏敦煌文献研究篇》,兰州:甘肃民族出版社,2000年9月 p.64

杨森 敦煌研究院藏敦煌文献论著目录《敦煌研究文集·敦煌研究院藏敦煌文献研究篇》,兰州:甘肃民族出版社,2000年9月 p.590

张涌泉 敦煌故里对敦煌学的新奉献——《甘肃藏敦煌文献》读后《敦煌研究》2001年第1期 p.183

苏莹辉著 敦煌学概要(增订再版) 台北:编译馆中华丛书编审委员会,1981年10月 p.275

苏莹辉著 敦煌学概要 台北:五南图书出版公司,1988年12月 p.275

黄征编 敦煌俗字典 上海:上海教育出版社,2005年5月 正文p.78、225、239、288、383、407、556、579;顺序索引p.743;分类索引p.750

中国美编 中国散藏敦煌文献分类目录 北京:北京图书馆出版社,2007年10月 p.3、171

陈瑞峰《甘肃藏敦煌文献》俗字研究 金华:浙江师范大学硕士研究生学位论文,2012年5月 p.9;俗字表p.197、235

王惠民撰文,勝木言一郎訳 百喻経巻上『砂漠の美術馆–永遠なる敦煌』中国敦煌研究院創立50周年記念(東京展、福岡展、神户展,1996年10月26日~1997年4月20日),東京:朝日新聞社,1996年 p.138~139図版及第73条日文図版解説

敦研140(收藏号361)思益梵天所问经卷第三谈论品第七

敦煌文物研究所资料室,刘忠贵、施娉婷 敦煌文物研究所藏敦煌遗书目录《文物资料丛刊》(1),北京:文物出版社,1977年12月 p.59;收入冯志文、杨际平主编《中国敦煌学百年文库·综述卷》(二),兰州:甘肃文化出版社,1999年 p.272

邰惠莉、罗华庆、陈雪静撰稿,施萍婷、邵国秀审订 敦煌研究院藏敦煌文献叙录(上)《甘肃藏敦煌文献》(第一卷),兰州:甘肃人民出版社,1999年9月 p.291;图版p.168

施萍婷、邰惠莉 敦煌研究院藏敦煌文献叙录《敦煌研究文集·敦煌研究院藏敦煌文献研究篇》,兰州:甘肃民族出版社,2000年9月 p.64

黄征编 敦煌俗字典 上海:上海教育出版社,2005年5月 正文p.72、202、328、533;顺序索引p.743;分类索引p.750

申国美编 中国散藏敦煌文献分类目录 北京:北京图书馆出版社,2007年10月 p.51、171

陈瑞峰《甘肃藏敦煌文献》俗字研究 金华:浙江师范大学硕士研究生学位论文,2012年5月 俗字表p.131、189、231

敦研141(收藏号362)佛经偈语

敦煌文物研究所资料室,刘忠贵、施娉婷 敦煌文物研究所藏敦煌遗书目录《文物资料丛刊》(1),北京:文物出版社,1977年12月 p.59;收入冯志文、杨际平主编《中国敦煌学百年文库·综述卷》(二),兰州:甘肃文化出版社,1999年 p.272

邰惠莉、罗华庆、陈雪静撰稿,施萍婷、邵国秀审订 敦煌研究院藏敦煌文献叙录(上)《甘肃藏敦煌文献》(第一卷),兰州:甘肃人民出版社,1999年9月 p.291;图版p.169

施萍婷、邰惠莉 敦煌研究院藏敦煌文献叙录《敦煌研究文集·敦煌研究院藏敦煌文献研究篇》,兰州:甘肃民族出版社,2000年9月 p.64

申国美编 中国散藏敦煌文献分类目录 北京:北京图书馆出版社,2007年10月 p.74、171

敦研142(收藏号363) 佛说须摩提菩萨经

敦煌文物研究所资料室,刘忠贵、施娉婷 敦煌文物研究所藏敦煌遗书目录《文物资料丛刊》(1),北京:文物出版社,1977年12月 p.59;收入冯志文、杨际平主编《中国敦煌学百年文库·综述卷》(二),兰州:甘肃文化出版社,1999年 p.272

邰惠莉、罗华庆、陈雪静撰稿,施萍婷、邵国秀审订 敦煌研究院藏敦煌文献叙录(上)《甘肃藏敦煌文献》(第一卷),兰州:甘肃人民出版社,1999年9月 p.291~292;图版p.169

施萍婷、邰惠莉 敦煌研究院藏敦煌文献叙录《敦煌研究文集·敦煌研究院藏敦煌文献研究篇》,兰州:甘肃民族出版社,2000年9月 p.64

于淑健 敦煌佛经俗字误读释正《文献》2008年第2期 p.55

黄征编 敦煌俗字典 上海:上海教育出版社,2005年5月 正文p.116、139、159、189、215、439、463、489、549、551;顺序索引p.743;分类索引p.750

申国美编 中国散藏敦煌文献分类目录 北京:北京图书馆出版社,2007年10月 p.34、171

赵红著 敦煌写本汉字论考 上海:上海古籍出版社,2012年4月 p.84

陶家骏 敦煌研究院藏佚本《维摩诘经注》写卷研究 苏州:苏州大学博士研究生学位论文,2012年3月 俗字表p.103

周远军 敦煌写卷《道行般若经》用字研究及校勘 南宁:广西大学硕士研究生学位论文,2011年6月 p.25、74

陈瑞峰《甘肃藏敦煌文献》俗字研究 金华:浙江师范大学硕士研究生学位论文,2012年5月 俗字表p.164、172、227

敦研142V 佛说须摩提菩萨经

邰惠莉、罗华庆、陈雪静撰稿,施萍婷、邵国秀审订 敦煌研究院藏敦煌文献叙录(上)《甘肃藏敦煌文献》(第一卷),兰州:甘肃人民出版社,1999年9月 p.291~292;图版p.170

敦研143(收藏号364) 大智度论卷第三十三释初品中到彼岸义第五十

敦煌文物研究所资料室,刘忠贵、施娉婷 敦煌文物研究所藏敦煌遗书目录《文物资料丛刊》(1),北京:文物出版社,1977年12月 p.59;收入冯志文、杨际平主编《中国敦煌学百年文库·综述卷》(二),兰州:甘肃文化出版社,1999年 p.272

邰惠莉、罗华庆、陈雪静撰稿,施萍婷、邵国秀审订 敦煌研究院藏敦煌文献叙录(上)《甘肃藏敦煌文献》(第一卷),兰州:甘肃人民出版社,1999年9月 p.292;图版p.170

施萍婷、邰惠莉 敦煌研究院藏敦煌文献叙录《敦煌研究文集·敦煌研究院藏敦煌文献研究篇》,兰州:甘肃民族出版社,2000年9月 p.64~65

黄征编 敦煌俗字典 上海:上海教育出版社,2005年5月 正文p.263、336、353、372、517;顺序索引p.743;分类索引p.751

中国美编 中国散藏敦煌文献分类目录 北京:北京图书馆出版社,2007年10月 p.60、171~172

陈瑞峰《甘肃藏敦煌文献》俗字研究 金华:浙江师范大学硕士研究生学位论文,2012年5月 俗字表p.212

说明:此卷可与171号缀合。171号下接143号。两件交叉接茬。

敦研144(收藏号365) 修行本起经卷下出家品第五

敦煌文物研究所资料室,刘忠贵、施娉婷 敦煌文物研究所藏敦煌遗书目录《文物资料丛刊》(1),北京:文物出版社,1977年12月 p.59;收入冯志文、杨际平主编《中国敦煌学百年文库·综述卷》(二),兰州:甘肃文化出版社,1999年 p.272

邰惠莉、罗华庆、陈雪静撰稿,施萍婷、邵国秀审订 敦煌研究院藏敦煌文献叙录(上)《甘肃藏敦煌文献》(第一卷),兰州:甘肃人民出版社,1999年9月 p.292;图版p.171

施萍婷、邰惠莉 敦煌研究院藏敦煌文献叙录《敦煌研究文集·敦煌研究院藏敦煌文献研究篇》,兰州:甘肃民族出版社,2000年9月 p.65

中国美编 中国散藏敦煌文献分类目录 北京:北京图书馆出版社,2007年10月 p.2、172

敦研145(收藏号366) 佛说太子瑞应本起经卷上

敦煌文物研究所资料室,刘忠贵、施娉婷 敦煌文物研究所藏敦煌遗书目录《文物资料丛刊》(1),北京:文物出版社,1977年12月 p.59;收入冯志文、杨际平主编《中国敦煌学百年文库·综述卷》(二),兰州:甘肃文化出版社,1999年 p.272

邰惠莉、罗华庆、陈雪静撰稿,施萍婷、邵国秀审订 敦煌研究院藏敦煌文献叙录(上)《甘肃藏敦煌文献》(第一卷),兰州:甘肃人民出版社,1999年9月 p.292;图版p.171

施萍婷、邰惠莉 敦煌研究院藏敦煌文献叙录《敦煌研究文集·敦煌研究院藏敦煌文献研究篇》,兰州:甘肃民族出版社,2000年9月 p.65

黄征 敦煌俗字例释《敦煌吐鲁番研究》(第八卷),北京:中华书局,2005年1月 p.252

黄征编 敦煌俗字典 上海:上海教育出版社,2005年5月 正文p.3、19、100、123、139、228、234、267、367、417、419、521、553;顺序索引p.743;分类索引p.750

中国美编 中国散藏敦煌文献分类目录 北京:北京图书馆出版社,2007年10月 p.2、172

陶家骏 敦煌研究院藏佚本《维摩诘经注》写卷研究 苏州:苏州大学博士研究生学位论文,2012年3月 俗字表p.151

井米兰 敦煌俗字与宋本《玉篇》文字比较研究 上海:华东师范大学硕士研究生学位论文,2009年5月 p.73

陈瑞峰《甘肃藏敦煌文献》俗字研究 金华:浙江师范大学硕士研究生学位论文,2012年5月 p.18、55;例证表p.61;俗字表p.112、143、157、200、223

说明:此卷可与194号缀合。145号上接194号。

敦研146(收藏号367)小品般若波罗蜜经卷第九嘱累品第二十四

敦煌文物研究所资料室,刘忠贵、施娉婷 敦煌文物研究所藏敦煌遗书目录《文物资料丛刊》(1),北京:文物出版社,1977年12月 p.59;收入冯志文、杨际平主编《中国敦煌学百年文库·综述卷》(二),兰州:甘肃文化出版社,1999年 p.272

邰惠莉、罗华庆、陈雪静撰稿,施萍婷、邵国秀审订 敦煌研究院藏敦煌文献叙录(上)《甘肃藏敦煌文献》(第一卷),兰州:甘肃人民出版社,1999年9月 p.292;图版p.172

施萍婷、邰惠莉 敦煌研究院藏敦煌文献叙录《敦煌研究文集·敦煌研究院藏敦煌文献研究篇》,兰州:甘肃民族出版社,2000年9月 p.65

申国美编 中国散藏敦煌文献分类目录 北京:北京图书馆出版社,2007年10月 p.12、172

敦研147(收藏号368)道行般若经卷第三泥犁拘舍罗劝助品第四

敦煌文物研究所资料室,刘忠贵、施娉婷 敦煌文物研究所藏敦煌遗书目录《文物资料丛刊》(1),北京:文物出版社,1977年12月 p.59;收入冯志文、杨际平主编《中国敦煌学百年文库·综述卷》(二),兰州:甘肃文化出版社,1999年 p.272

邰惠莉、罗华庆、陈雪静撰稿,施萍婷、邵国秀审订 敦煌研究院藏敦煌文献叙录(上)《甘肃藏敦煌文献》(第一卷),兰州:甘肃人民出版社,1999年9月 p.292;图版p.172

施萍婷、邰惠莉 敦煌研究院藏敦煌文献叙录《敦煌研究文集·敦煌研究院藏敦煌文献研究篇》,兰州:甘肃民族出版社,2000年9月 p.65~66

申国美编 中国散藏敦煌文献分类目录 北京:北京图书馆出版社,2007年10月 p.12、172

周远军 敦煌写卷《道行般若经》用字研究及校勘 南宁:广西大学硕士研究生学位论文,2011年6月 p.4、20、29、37、58、63、65、75、81、97、98、103、107、123、125、136、163、218

敦研148(收藏号369)维摩诘所说经卷上弟子品第三

敦煌文物研究所资料室,刘忠贵、施娉婷 敦煌文物研究所藏敦煌遗书目录《文物资料丛刊》(1),北京:文物出版社,1977年12月 p.59;收入冯志文、杨际平主编《中国敦煌学百年文库·综述卷》(二),兰州:甘肃文化出版社,1999年 p.272

邰惠莉、罗华庆、陈雪静撰稿,施萍婷、邵国秀审订 敦煌研究院藏敦煌文献叙录(上)《甘肃藏敦煌文献》(第一卷),兰州:甘肃人民出版社,1999年9月 p.292;图版p.173

施萍婷、邰惠莉 敦煌研究院藏敦煌文献叙 《敦煌研究文集·敦煌研究院藏敦煌文献研究篇》,兰州:甘肃民族出版社,2000年9月 p.66

衣川贤次 以敦煌写经校订《大正藏》刍议《转型期的敦煌学》,上海:上海古籍出版社,2007年11月 p.423

申国美编 中国散藏敦煌文献分类目录 北京:北京图书馆出版社,2007年10月 p.49、172

敦研149(收藏号370) 道行般若经卷第四道行经觉品第九

敦煌文物研究所资料室,刘忠贵、施娉婷 敦煌文物研究所藏敦煌遗书目录《文物资料丛刊》(1),北京:文物出版社,1977年12月 p.59;收入冯志文、杨际平主编《中国敦煌学百年文库·综述卷》(二),兰州:甘肃文化出版社,1999年 p.272

邰惠莉、罗华庆、陈雪静撰稿,施萍婷、邵国秀审订 敦煌研究院藏敦煌文献叙录(上)《甘肃藏敦煌文献》(第一卷),兰州:甘肃人民出版社,1999年9月 p.292~293;图版p.173

施萍婷、邰惠莉 敦煌研究院藏敦煌文献叙录《敦煌研究文集·敦煌研究院藏敦煌文献研究篇》,兰州:甘肃民族出版社,2000年9月 p.66

黄征编 敦煌俗字典 上海:上海教育出版社,2005年5月 正文p.120、139、239、360、383;顺序索引p.743;分类索引p.749

申国美编 中国散藏敦煌文献分类目录 北京:北京图书馆出版社,2007年10月 p.12、172

周远军 敦煌写卷《道行般若经》用字研究及校勘 南宁:广西大学硕士研究生学位论文,2011年6月 p.4、20、50、56、61、62、78、81、86、96、102、103、113、118、121、123、131、136、168

陈瑞峰《甘肃藏敦煌文献》俗字研究 金华:浙江师范大学硕士研究生学位论文,2012年5月 俗字表p.154、164~165、203、214~215

说明:此卷可与151号缀合。149号下接151号。

敦研150(收藏号371) 小品般若波罗蜜经卷第十随知品第二十六

敦煌文物研究所资料室,刘忠贵、施娉婷 敦煌文物研究所藏敦煌遗书目录《文物资料丛刊》(1),北京:文物出版社,1977年12月 p.59;收入冯志文、杨际平主编《中国敦煌学百年文库·综述卷》(二),兰州:甘肃文化出版社,1999年 p.272

邰惠莉、罗华庆、陈雪静撰稿,施萍婷、邵国秀审订 敦煌研究院藏敦煌文献叙录(上)《甘肃藏敦煌文献》(第一卷),兰州:甘肃人民出版社,1999年9月 p.293;图版p.174

施萍婷、邰惠莉 敦煌研究院藏敦煌文献叙录《敦煌研究文集·敦煌研究院藏敦煌文献研究篇》,兰州:甘肃民族出版社,2000年9月 p.66~67

黄征编 敦煌俗字典 上海:上海教育出版社,2005年5月 正文p.9~10、21、145、177、238、273、362、369、475、562、568;顺序索引p.743;分类索引p.750

申国美编 中国散藏敦煌文献分类目录 北京:北京图书馆出版社,2007年10月 p.12~13、172

陈瑞峰《甘肃藏敦煌文献》俗字研究 金华:浙江师范大学硕士研究生学位论文,2012年5月 p.56;俗字表p.109、114、166~167、179~180、202

说明:此卷可与266号缀合。150号下接266号。交叉接茬。

敦研0150+0266 小品般若波罗蜜经

施萍婷 敦煌研究院藏土地庙写本源自藏经洞《敦煌研究》1999年第2期 p.42;略为删减修订后收入敦

煌研究院编《敦煌研究文集·敦煌研究院藏敦煌文献研究篇》,兰州:甘肃民族出版社,2000年9月 p.18;收入氏著《敦煌习学集》(上),兰州:甘肃民族出版社,2004年12月 p.280;收入氏著《敦煌石窟与文献研究》,杭州:浙江大学出版社,2015年12月 p.371

杨森 敦煌研究院藏敦煌文献论著目录《敦煌研究文集·敦煌研究院藏敦煌文献研究篇》,兰州:甘肃民族出版社,2000年9月 p.590

敦研151(收藏号372)道行般若经卷第四道行经觉品第九

敦煌文物研究所资料室,刘忠贵、施娉婷 敦煌文物研究所藏敦煌遗书目录《文物资料丛刊》(1),北京:文物出版社,1977年12月 p.59;收入冯志文、杨际平主编《中国敦煌学百年文库·综述卷》(二),兰州:甘肃文化出版社,1999年 p.272

邰惠莉、罗华庆、陈雪静撰稿,施萍婷、邵国秀审订 敦煌研究院藏敦煌文献叙录(上)《甘肃藏敦煌文献》(第一卷),兰州:甘肃人民出版社,1999年9月 p.293;图版p.174

施萍婷、邰惠莉 敦煌研究院藏敦煌文献叙录《敦煌研究文集·敦煌研究院藏敦煌文献研究篇》,兰州:甘肃民族出版社,2000年9月 p.67

于淑健 中国古文字俗体探源——以敦煌佛经书法写本为例《艺术百家》2009年第3期 p.27

黄征编 敦煌俗字典 上海:上海教育出版社,2005年5月 正文p.19、59、66、96、98、122、158、162、222、313、314、437、456、479、536;顺序索引p.743;分类索引p.749

中国美编 中国散藏敦煌文献分类目录 北京:北京图书馆出版社,2007年10月 p.12、172

赵红著 敦煌写本汉字论考 上海:上海古籍出版社,2012年4月 p.90

肖瑜《三国志》古写本用字研究 上海:复旦大学博士研究生学位论文,2006年4月 p.48

陶家骏 敦煌研究院藏佚本《维摩诘经注》写卷研究 苏州:苏州大学博士研究生学位论文,2012年3月 p.194

周远军 敦煌写卷《道行般若经》用字研究及校勘 南宁:广西大学硕士研究生学位论文,2011年6月 p.4~5、20、56、59、62、63、72、81、85、86、96、99、100、112、118、123、132、136、168、169

陈瑞峰《甘肃藏敦煌文献》俗字研究 金华:浙江师范大学硕士研究生学位论文,2012年5月 p.31、50;例证表p.61;俗字表p.112、139、156、171、174、210、226

敦研0372 修行本起经游观品第三、出家品第四(敦研0309+0311+敦研0372+敦博003)

流失百年敦煌文物归去来《光明日报》1997年12月17日(影印照片)

敦研152(收藏号373)大般涅槃经卷第十二圣行品第七之二

敦煌文物研究所资料室,刘忠贵、施娉婷 敦煌文物研究所藏敦煌遗书目录《文物资料丛刊》(1),北京:文物出版社,1977年12月 p.59;收入冯志文、杨际平主编《中国敦煌学百年文库·综述卷》(二),兰州:甘肃文化出版社,1999年 p.272

邰惠莉、罗华庆、陈雪静撰稿，施萍婷、邵国秀审订　敦煌研究院藏敦煌文献叙录（上）《甘肃藏敦煌文献》（第一卷），兰州：甘肃人民出版社，1999年9月　p.293；图版p.175

施萍婷、邰惠莉　敦煌研究院藏敦煌文献叙录《敦煌研究文集·敦煌研究院藏敦煌文献研究篇》，兰州：甘肃民族出版社，2000年9月　p.67

黄征编　敦煌俗字典　上海：上海教育出版社，2005年5月　前言p.7、9；正文p.28、32、101、225、233、286、361、383、424、442、456、495；顺序索引p.743；分类索引p.748

申国美编　中国散藏敦煌文献分类目录　北京：北京图书馆出版社，2007年10月　p.37、172

陶家骏　敦煌研究院藏佚本《维摩诘经注》写卷研究　苏州：苏州大学博士研究生学位论文，2012年3月　俗字表p.135、138

陈瑞峰《甘肃藏敦煌文献》俗字研究　金华：浙江师范大学硕士研究生学位论文，2012年5月　俗字表p.140、197、223

高静怡　北图藏敦煌汉文写经《金光明经》异文研究　南宁：广西大学硕士研究生学位论文，2013年5月　p.36

说明：此卷与157号缀合。152号下接157号。

敦研0152+0157　大般涅槃经卷第十二圣行品第七之二

施萍婷　敦煌研究院藏土地庙写本源自藏经洞《敦煌研究》1999年第2期　p.45（附表）

杨森　敦煌研究院藏敦煌文献论著目录《敦煌研究文集·敦煌研究院藏敦煌文献研究篇》，兰州：甘肃民族出版社，2000年9月　p.590

敦研153（收藏号374）妙法莲华经卷第四

敦煌文物研究所资料室，刘忠贵、施娉婷　敦煌文物研究所藏敦煌遗书目录《文物资料丛刊》（1），北京：文物出版社，1977年12月　p.59；收入冯志文、杨际平主编《中国敦煌学百年文库·综述卷》（二），兰州：甘肃文化出版社，1999年　p.272

邰惠莉、罗华庆、陈雪静撰稿，施萍婷、邵国秀审订　敦煌研究院藏敦煌文献叙录（上）《甘肃藏敦煌文献》（第一卷），兰州：甘肃人民出版社，1999年9月　p.293

施萍婷、邰惠莉　敦煌研究院藏敦煌文献叙录《敦煌研究文集·敦煌研究院藏敦煌文献研究篇》，兰州：甘肃民族出版社，2000年9月　p.67

申国美编　中国散藏敦煌文献分类目录　北京：北京图书馆出版社，2007年10月　p.24、172

说明：此卷并入105号。与240、227号缀合。

敦研154（收藏号375）大般涅槃经卷第二十二光明遍照高贵德王菩萨品第十之二

敦煌文物研究所资料室，刘忠贵、施娉婷　敦煌文物研究所藏敦煌遗书目录《文物资料丛刊》（1），北京：文物出版社，1977年12月　p.59；收入冯志文、杨际平主编《中国敦煌学百年文库·综述卷》（二），兰州：甘

肃文化出版社，1999年 p.272

邰惠莉、罗华庆、陈雪静撰稿，施萍婷、邵国秀审订 敦煌研究院藏敦煌文献叙录（上）《甘肃藏敦煌文献》（第一卷），兰州：甘肃人民出版社，1999年9月 p.293；图版p.175

施萍婷、邰惠莉 敦煌研究院藏敦煌文献叙录《敦煌研究文集·敦煌研究院藏敦煌文献研究篇》，兰州：甘肃民族出版社，2000年9月 p.67

中国美编 中国散藏敦煌文献分类目录 北京：北京图书馆出版社，2007年10月 p.39~40、172

景盛轩 敦煌本《大般涅槃经》研究——以版本、异文及训诂为中心 杭州：浙江大学博士研究生学位论文，2004年5月 p.77

敦研155（收藏号376）大般涅槃经卷第十一现病品第六

敦煌文物研究所资料室，刘忠贵、施娉婷 敦煌文物研究所藏敦煌遗书目录《文物资料丛刊》（1），北京：文物出版社，1977年12月 p.59；收入冯志文、杨际平主编《中国敦煌学百年文库·综述卷》（二），兰州：甘肃文化出版社，1999年 p.272

邰惠莉、罗华庆、陈雪静撰稿，施萍婷、邵国秀审订 敦煌研究院藏敦煌文献叙录（上）《甘肃藏敦煌文献》（第一卷），兰州：甘肃人民出版社，1999年9月 p.293；图版p.176

施萍婷、邰惠莉 敦煌研究院藏敦煌文献叙录《敦煌研究文集·敦煌研究院藏敦煌文献研究篇》，兰州：甘肃民族出版社，2000年9月 p.68

黄征编 敦煌俗字典 上海：上海教育出版社，2005年5月 正文p.80、146、184、191、248、271、306、318、358、370、380、441、538；顺序索引p.743；分类索引p.748

中国美编 中国散藏敦煌文献分类目录 北京：北京图书馆出版社，2007年10月 p.37、173

景盛轩 敦煌本《大般涅槃经》研究——以版本、异文及训诂为中心 杭州：浙江大学博士研究生学位论文，2004年5月 p.49

陶家骏 敦煌研究院藏佚本《维摩诘经注》写卷研究 苏州：苏州大学博士研究生学位论文，2012年3月 俗字表p.107；p.179

陈瑞峰《甘肃藏敦煌文献》俗字研究 金华：浙江师范大学硕士研究生学位论文，2012年5月 俗字表p.133、184、204、214

说明：此卷与031号为同一人所写。

敦研156（收藏号377）佛说首楞严三昧经卷下

敦煌文物研究所资料室，刘忠贵、施娉婷 敦煌文物研究所藏敦煌遗书目录《文物资料丛刊》（1），北京：文物出版社，1977年12月 p.59；收入冯志文、杨际平主编《中国敦煌学百年文库·综述卷》（二），兰州：甘肃文化出版社，1999年 p.272

邰惠莉、罗华庆、陈雪静撰稿，施萍婷、邵国秀审订 敦煌研究院藏敦煌文献叙录（上）《甘肃藏敦煌文献》（第一卷），兰州：甘肃人民出版社，1999年9月 p.293；图版p.176

施萍婷、邰惠莉 敦煌研究院藏敦煌文献叙录《敦煌研究文集·敦煌研究院藏敦煌文献研究篇》,兰州:甘肃民族出版社,2000年9月 p.68

于淑健 敦煌佛经俗字误读释正《文献》2008年第2期 p.57

黄征编 敦煌俗字典 上海:上海教育出版社,2005年5月 正文p.208、573

申国美编 中国散藏敦煌文献分类目录 北京:北京图书馆出版社,2007年10月 p.52、173

于淑健著 敦煌佛典语词和俗字研究——以敦煌古佚和疑伪经为中心 上海:上海古籍出版社,2012年4月 p.370

肖瑜《三国志》古写本用字研究[①] 上海:复旦大学博士研究生学位论文,2006年4月 p.49

陶家骏 敦煌研究院藏佚本《维摩诘经注》写卷研究 苏州:苏州大学博士研究生学位论文,2012年3月 俗字表p.161

陈瑞峰《甘肃藏敦煌文献》俗字研究 金华:浙江师范大学硕士研究生学位论文,2012年5月 例证表p.70;俗字表p.191、233

敦研157(收藏号378)大般涅槃经卷第十二圣行品第七之二

敦煌文物研究所资料室,刘忠贵、施娉婷 敦煌文物研究所藏敦煌遗书目录《文物资料丛刊》(1),北京:文物出版社,1977年12月 p.59;收入冯志文、杨际平主编《中国敦煌学百年文库·综述卷》(二),兰州:甘肃文化出版社,1999年 p.272

邰惠莉、罗华庆、陈雪静撰稿,施萍婷、邵国秀审订 敦煌研究院藏敦煌文献叙录(上)《甘肃藏敦煌文献》(第一卷),兰州:甘肃人民出版社,1999年9月 p.293

施萍婷、邰惠莉 敦煌研究院藏敦煌文献叙录《敦煌研究文集·敦煌研究院藏敦煌文献研究篇》,兰州:甘肃民族出版社,2000年9月 p.68

申国美编 中国散藏敦煌文献分类目录 北京:北京图书馆出版社,2007年10月 p.37、173

说明:此卷与152号缀合。152号下接157号。

敦研158(收藏号379)妙法莲华经卷第一

敦煌文物研究所资料室,刘忠贵、施娉婷 敦煌文物研究所藏敦煌遗书目录《文物资料丛刊》(1),北京:文物出版社,1977年12月 p.59;收入冯志文、杨际平主编《中国敦煌学百年文库·综述卷》(二),兰州:甘肃文化出版社,1999年 p.272

邰惠莉、罗华庆、陈雪静撰稿,施萍婷、邵国秀审订 敦煌研究院藏敦煌文献叙录(上)《甘肃藏敦煌文献》(第一卷),兰州:甘肃人民出版社,1999年9月 p.293

施萍婷、邰惠莉 敦煌研究院藏敦煌文献叙录《敦煌研究文集·敦煌研究院藏敦煌文献研究篇》,兰州:

---

①肖瑜博士论文《〈三国志〉古写本用字研究》第49页作"敦研156《道行般若经》",有误。敦研156号为《佛说首楞严三昧经》。敦煌研究院藏《修行本起经》共有11个编号,分别为敦研034、054、103、138、147、149、151、168、186、219、268。

甘肃民族出版社，2000年9月 p.68

中国美编 中国散藏敦煌文献分类目录 北京：北京图书馆出版社，2007年10月 p.18、173

说明：此卷已与107号缀合。107号下接158号。

敦研159（收藏号380） 维摩诘所说经卷上弟子品第三

敦煌文物研究所资料室，刘忠贵、施娉婷 敦煌文物研究所藏敦煌遗书目录《文物资料丛刊》（1），北京：文物出版社，1977年12月 p.59；收入冯志文、杨际平主编《中国敦煌学百年文库·综述卷》（二），兰州：甘肃文化出版社，1999年 p.272

邰惠莉、罗华庆、陈雪静撰稿，施萍婷、邵国秀审订 敦煌研究院藏敦煌文献叙录（上）《甘肃藏敦煌文献》（第一卷），兰州：甘肃人民出版社，1999年9月 p.293；图版p.177

施萍婷、邰惠莉 敦煌研究院藏敦煌文献叙录《敦煌研究文集·敦煌研究院藏敦煌文献研究篇》，兰州：甘肃民族出版社，2000年9月 p.68

衣川贤次 以敦煌写经校订《大正藏》刍议《转型期的敦煌学》，上海：上海古籍出版社，2007年11月 p.423

中国美编 中国散藏敦煌文献分类目录 北京：北京图书馆出版社，2007年10月 p.49、173

周远军 敦煌写卷《道行般若经》用字研究及校勘[①] 南宁：广西大学硕士研究生学位论文，2011年6月 p.76

敦研160（收藏号382） 大般涅槃经卷第二十四光明遍照高贵德王菩萨品第十之四

敦煌文物研究所资料室，刘忠贵、施娉婷 敦煌文物研究所藏敦煌遗书目录《文物资料丛刊》（1），北京：文物出版社，1977年12月 p.59；收入冯志文、杨际平主编《中国敦煌学百年文库·综述卷》（二），兰州：甘肃文化出版社，1999年 p.272

邰惠莉、罗华庆、陈雪静撰稿，施萍婷、邵国秀审订 敦煌研究院藏敦煌文献叙录（上）《甘肃藏敦煌文献》（第一卷），兰州：甘肃人民出版社，1999年9月 p.293~294；图版p.177

施萍婷、邰惠莉 敦煌研究院藏敦煌文献叙录《敦煌研究文集·敦煌研究院藏敦煌文献研究篇》，兰州：甘肃民族出版社，2000年9月 p.68~69

张涌泉 敦煌故里对敦煌学的新奉献——《甘肃藏敦煌文献》读后《敦煌研究》2001年第1期 p.182

黄征编 敦煌俗字典 上海：上海教育出版社，2005年5月 正文p.28、32、49、124、200、208、223、288、500、522；顺序索引p.743；分类索引p.748

中国美编 中国散藏敦煌文献分类目录 北京：北京图书馆出版社，2007年10月 p.40、173

景盛轩 敦煌本《大般涅槃经》研究——以版本、异文及训诂为中心 杭州：浙江大学博士研究生学位论文，2004年5月 p.82

①周远军《敦煌写卷〈道行般若经〉用字研究及校勘》作"敦研159《大方广三戒经》"，有误。敦研159号为《维摩诘所说经》。敦研173、195为《大方广三戒经》。

陈瑞峰《甘肃藏敦煌文献》俗字研究 金华：浙江师范大学硕士研究生学位论文，2012年5月 p.31；例证表p.70；俗字表p.118、119、158、188、191、196

敦研161（收藏号383）大般涅槃经卷第十一现病品第六

敦煌文物研究所资料室，刘忠贵、施娉婷 敦煌文物研究所藏敦煌遗书目录《文物资料丛刊》（1），北京：文物出版社，1977年12月 p.59；收入冯志文、杨际平主编《中国敦煌学百年文库·综述卷》（二），兰州：甘肃文化出版社，1999年 p.272

邰惠莉、罗华庆、陈雪静撰稿，施萍婷、邵国秀审订 敦煌研究院藏敦煌文献叙录（上）《甘肃藏敦煌文献》（第一卷），兰州：甘肃人民出版社，1999年9月 p.294；图版p.178

施萍婷、邰惠莉 敦煌研究院藏敦煌文献叙录《敦煌研究文集·敦煌研究院藏敦煌文献研究篇》，兰州：甘肃民族出版社，2000年9月 p.69

中国美编 中国散藏敦煌文献分类目录 北京：北京图书馆出版社，2007年10月 p.37、173

景盛轩著《大般涅槃经》異文研究 成都：巴蜀书社，2009年2月 p.148

景盛轩 敦煌本《大般涅槃经》研究——以版本、异文及训诂为中心 杭州：浙江大学博士研究生学位论文，2004年5月 p.49~50

敦研162（收藏号384）优婆塞戒经卷第三受戒品第十四

敦煌文物研究所资料室，刘忠贵、施娉婷 敦煌文物研究所藏敦煌遗书目录《文物资料丛刊》（1），北京：文物出版社，1977年12月 p.59；收入冯志文、杨际平主编《中国敦煌学百年文库·综述卷》（二），兰州：甘肃文化出版社，1999年 p.273

邰惠莉、罗华庆、陈雪静撰稿，施萍婷、邵国秀审订 敦煌研究院藏敦煌文献叙录（上）《甘肃藏敦煌文献》（第一卷），兰州：甘肃人民出版社，1999年9月 p.294；图版p.178

施萍婷、邰惠莉 敦煌研究院藏敦煌文献叙录《敦煌研究文集·敦煌研究院藏敦煌文献研究篇》，兰州：甘肃民族出版社，2000年9月 p.69

林世田、汪桂海 敦煌写本《优婆塞戒经》版本研究《文献》2008年第2期 p.33；收入林世田著《敦煌遗书研究论集》，北京：中国藏学出版社，2010年3月 p.76

中国美编 中国散藏敦煌文献分类目录 北京：北京图书馆出版社，2007年10月 p.58、173

林世田、杨学勇、刘波著 敦煌佛典的流通与改造 兰州：甘肃教育出版社，2013年11月 p.147

说明：此卷可与262号缀合。262号下接162号。交叉接茬。

敦研163（收藏号386）大般涅槃经卷第十如来性品中卷第十

敦煌文物研究所资料室，刘忠贵、施娉婷 敦煌文物研究所藏敦煌遗书目录《文物资料丛刊》（1），北京：文物出版社，1977年12月 p.59；收入冯志文、杨际平主编《中国敦煌学百年文库·综述卷》（二），兰州：甘肃文化出版社，1999年 p.273

邰惠莉、罗华庆、陈雪静撰稿，施萍婷、邵国秀审订 敦煌研究院藏敦煌文献叙录(上)《甘肃藏敦煌文献》(第一卷)，兰州：甘肃人民出版社，1999年9月 p.294

施萍婷、邰惠莉 敦煌研究院藏敦煌文献叙录《敦煌研究文集·敦煌研究院藏敦煌文献研究篇》，兰州：甘肃民族出版社，2000年9月 p.69

申国美编 中国散藏敦煌文献分类目录 北京：北京图书馆出版社，2007年10月 p.37、173

说明：此卷已与163号缀合。106号下接163号。

敦研164(收藏号387)佛说斋经

敦煌文物研究所资料室，刘忠贵、施娉婷 敦煌文物研究所藏敦煌遗书目录《文物资料丛刊》(1)，北京：文物出版社，1977年12月 p.59；收入冯志文、杨际平主编《中国敦煌学百年文库·综述卷》(二)，兰州：甘肃文化出版社，1999年 p.273

邰惠莉、罗华庆、陈雪静撰稿，施萍婷、邵国秀审订 敦煌研究院藏敦煌文献叙录(上)《甘肃藏敦煌文献》(第一卷)，兰州：甘肃人民出版社，1999年9月 p.294；图版p.179

施萍婷、邰惠莉 敦煌研究院藏敦煌文献叙录《敦煌研究文集·敦煌研究院藏敦煌文献研究篇》，兰州：甘肃民族出版社，2000年9月 p.69~70

申国美编 中国散藏敦煌文献分类目录 北京：北京图书馆出版社，2007年10月 p.1、173

说明：此卷可与241号缀合。241号下接164号。

敦研165(收藏号388)妙法莲华经卷第五从地踊出品第十五

敦煌文物研究所资料室，刘忠贵、施娉婷 敦煌文物研究所藏敦煌遗书目录《文物资料丛刊》(1)，北京：文物出版社，1977年12月 p.59；收入冯志文、杨际平主编《中国敦煌学百年文库·综述卷》(二)，兰州：甘肃文化出版社，1999年 p.273

邰惠莉、罗华庆、陈雪静撰稿，施萍婷、邵国秀审订 敦煌研究院藏敦煌文献叙录(上)《甘肃藏敦煌文献》(第一卷)，兰州：甘肃人民出版社，1999年9月 p.294；图版p.179

施萍婷、邰惠莉 敦煌研究院藏敦煌文献叙录《敦煌研究文集·敦煌研究院藏敦煌文献研究篇》，兰州：甘肃民族出版社，2000年9月 p.70

申国美编 中国散藏敦煌文献分类目录 北京：北京图书馆出版社，2007年10月 p.27、173

敦研166(收藏号389)太子瑞应本起经卷上

敦煌文物研究所资料室，刘忠贵、施娉婷 敦煌文物研究所藏敦煌遗书目录《文物资料丛刊》(1)，北京：文物出版社，1977年12月 p.59；收入冯志文、杨际平主编《中国敦煌学百年文库·综述卷》(二)，兰州：甘肃文化出版社，1999年 p.273

邰惠莉、罗华庆、陈雪静撰稿，施萍婷、邵国秀审订 敦煌研究院藏敦煌文献叙录(上)《甘肃藏敦煌文献》(第一卷)，兰州：甘肃人民出版社，1999年9月 p.294；图版p.180~181

施萍婷、邰惠莉 敦煌研究院藏敦煌文献叙录《敦煌研究文集·敦煌研究院藏敦煌文献研究篇》，兰州：甘肃民族出版社，2000年9月 p.70

黄征编 敦煌俗字典 上海：上海教育出版社，2005年5月 正文p.61、96、127、223、315、354、368、396、426；顺序索引p.743；分类索引p.750

申国美编 中国散藏敦煌文献分类目录 北京：北京图书馆出版社，2007年10月 p.2、173

肖瑜《三国志》古写本用字研究 上海：复旦大学博士研究生学位论文，2006年4月 p.32

陈瑞峰《甘肃藏敦煌文献》俗字研究 金华：浙江师范大学硕士研究生学位论文，2012年5月 俗字表p.139、159、213、219

敦研167（收藏号390） 贤愚经卷第四出家功德尸利苾提品第二十二

敦煌文物研究所资料室，刘忠贵、施娉婷 敦煌文物研究所藏敦煌遗书目录《文物资料丛刊》（1），北京：文物出版社，1977年12月 p.59；收入冯志文、杨际平主编《中国敦煌学百年文库·综述卷》（二），兰州：甘肃文化出版社，1999年 p.273

邰惠莉、罗华庆、陈雪静撰稿，施萍婷、邵国秀审订 敦煌研究院藏敦煌文献叙录（上）《甘肃藏敦煌文献》（第一卷），兰州：甘肃人民出版社，1999年9月 p.294；图版p.181

施萍婷、邰惠莉 敦煌研究院藏敦煌文献叙录《敦煌研究文集·敦煌研究院藏敦煌文献研究篇》，兰州：甘肃民族出版社，2000年9月 p.70

申国美编 中国散藏敦煌文献分类目录 北京：北京图书馆出版社，2007年10月 p.2、173~174

说明：此卷可与257号缀合。167号下接257号。

敦研0167+0257 贤愚经卷第四出家功德尸利苾提品第二十二

施萍婷 敦煌研究院藏土地庙写本源自藏经洞《敦煌研究》1999年第2期 p.42；略为删减修订后收入敦煌研究院编《敦煌研究文集·敦煌研究院藏敦煌文献研究篇》，兰州：甘肃民族出版社，2000年9月 p.18；收入氏著《敦煌习学集》（上），兰州：甘肃民族出版社，2004年12月 p.280；收入氏著《敦煌石窟与文献研究》，杭州：浙江大学出版社，2015年12月 p.370

杨森 敦煌研究院藏敦煌文献论著目录《敦煌研究文集·敦煌研究院藏敦煌文献研究篇》，兰州：甘肃民族出版社，2000年9月 p.591

敦研168（收藏号391） 道行般若经卷第二功德品第三

敦煌文物研究所资料室，刘忠贵、施娉婷 敦煌文物研究所藏敦煌遗书目录《文物资料丛刊》（1），北京：文物出版社，1977年12月 p.59；收入冯志文、杨际平主编《中国敦煌学百年文库·综述卷》（二），兰州：甘肃文化出版社，1999年 p.273

邰惠莉、罗华庆、陈雪静撰稿，施萍婷、邵国秀审订 敦煌研究院藏敦煌文献叙录（上）《甘肃藏敦煌文献》（第一卷），兰州：甘肃人民出版社，1999年9月 p.294~295；图版p.182

施萍婷、邰惠莉 敦煌研究院藏敦煌文献叙录《敦煌研究文集·敦煌研究院藏敦煌文献研究篇》，兰州：甘肃民族出版社，2000年9月 p.70~71

中国美编 中国散藏敦煌文献分类目录 北京：北京图书馆出版社，2007年10月 p.12、174

周远军 敦煌写卷《道行般若经》用字研究及校勘 南宁：广西大学硕士研究生学位论文，2011年6月 p.5、28、36、42、58、65、84、89、103、111、113、125、131、136

王翠 《甘肃藏敦煌文献》俗字研究 南京：南京师范大学硕士研究生学位论文，2014年5月 p.17（表）；p.24；p.52（附录：中古经卷“表”）

说明：此卷可与186号缀合。168号上接186号。

敦研169（收藏号392）妙法莲华经卷第一序品第一

敦煌文物研究所资料室，刘忠贵、施娉婷 敦煌文物研究所藏敦煌遗书目录《文物资料丛刊》（1），北京：文物出版社，1977年12月 p.59；收入冯志文、杨际平主编《中国敦煌学百年文库·综述卷》（二），兰州：甘肃文化出版社，1999年 p.273

邰惠莉、罗华庆、陈雪静撰稿，施萍婷、邵国秀审订 敦煌研究院藏敦煌文献叙录（上）《甘肃藏敦煌文献》（第一卷），兰州：甘肃人民出版社，1999年9月 p.295；图版p.182

施萍婷、邰惠莉 敦煌研究院藏敦煌文献叙录《敦煌研究文集·敦煌研究院藏敦煌文献研究篇》，兰州：甘肃民族出版社，2000年9月 p.71

中国美编 中国散藏敦煌文献分类目录 北京：北京图书馆出版社，2007年10月 p.19、174

敦研170（收藏号393）小品般若波罗蜜经卷第九嘱累品第二十四

敦煌文物研究所资料室，刘忠贵、施娉婷 敦煌文物研究所藏敦煌遗书目录《文物资料丛刊》（1），北京：文物出版社，1977年12月 p.59；收入冯志文、杨际平主编《中国敦煌学百年文库·综述卷》（二），兰州：甘肃文化出版社，1999年 p.273

邰惠莉、罗华庆、陈雪静撰稿，施萍婷、邵国秀审订 敦煌研究院藏敦煌文献叙录（上）《甘肃藏敦煌文献》（第一卷），兰州：甘肃人民出版社，1999年9月 p.295；图版p.183

施萍婷、邰惠莉 敦煌研究院藏敦煌文献叙录《敦煌研究文集·敦煌研究院藏敦煌文献研究篇》，兰州：甘肃民族出版社，2000年9月 p.71

黄征编 敦煌俗字典 上海：上海教育出版社，2005年5月 前言p.29；正文p.129、295、337、431、499；顺序索引p.743；分类索引p.750

中国美编 中国散藏敦煌文献分类目录 北京：北京图书馆出版社，2007年10月 p.12、174

陶家骏 敦煌研究院藏佚本《维摩诘经注》写卷研究 苏州：苏州大学博士研究生学位论文，2012年3月 俗字表p.120~121

井米兰 敦煌俗字与宋本《玉篇》文字比较研究 上海：华东师范大学硕士研究生学位论文，2009年5月 p.38

陈瑞峰《甘肃藏敦煌文献》俗字研究 金华:浙江师范大学硕士研究生学位论文,2012年5月 俗字表 p.161

敦研171(收藏号394) 大智度论卷第三十三释初品中到彼岸义第五十

敦煌文物研究所资料室,刘忠贵、施娉婷 敦煌文物研究所藏敦煌遗书目录《文物资料丛刊》(1),北京:文物出版社,1977年12月 p.59;收入冯志文、杨际平主编《中国敦煌学百年文库·综述卷》(二),兰州:甘肃文化出版社,1999年 p.273

邰惠莉、罗华庆、陈雪静撰稿,施萍婷、邵国秀审订 敦煌研究院藏敦煌文献叙录(上)《甘肃藏敦煌文献》(第一卷),兰州:甘肃人民出版社,1999年9月 p.295;图版p.183

施萍婷、邰惠莉 敦煌研究院藏敦煌文献叙 《敦煌研究文集·敦煌研究院藏敦煌文献研究篇》,兰州:甘肃民族出版社,2000年9月 p.71

申国美编 中国散藏敦煌文献分类目录 北京:北京图书馆出版社,2007年10月 p.60、174

此卷可与143号缀合。171号下143号。

敦研0171+0143 大智度论卷第三十三释初品中到彼岸义第五十

施萍婷 敦煌研究院藏土地庙写本源自藏经洞《敦煌研究》1999年第2期 p.42;略为删减修订后收入敦煌研究院编《敦煌研究文集·敦煌研究院藏敦煌文献研究篇》,兰州:甘肃民族出版社,2000年9月 p.19;收入氏著《敦煌习学集》(上),兰州:甘肃民族出版社,2004年12月 p.281;收入氏著《敦煌石窟与文献研究》,杭州:浙江大学出版社,2015年12月 p.372

杨森 敦煌研究院藏敦煌文献论著目录《敦煌研究文集·敦煌研究院藏敦煌文献研究篇》,兰州:甘肃民族出版社,2000年9月 p.591

敦研172(收藏号395) 大般涅槃经卷第二十三光明遍照高贵德王菩萨品第十之三

敦煌文物研究所资料室,刘忠贵、施娉婷 敦煌文物研究所藏敦煌遗书目录《文物资料丛刊》(1),北京:文物出版社,1977年12月 p.59;收入冯志文、杨际平主编《中国敦煌学百年文库·综述卷》(二),兰州:甘肃文化出版社,1999年 p.273

邰惠莉、罗华庆、陈雪静撰稿,施萍婷、邵国秀审订 敦煌研究院藏敦煌文献叙录(上)《甘肃藏敦煌文献》(第一卷),兰州:甘肃人民出版社,1999年9月 p.295;图版p.184

施萍婷、邰惠莉 敦煌研究院藏敦煌文献叙录《敦煌研究文集·敦煌研究院藏敦煌文献研究篇》,兰州:甘肃民族出版社,2000年9月 p.71~72

申国美编 中国散藏敦煌文献分类目录 北京:北京图书馆出版社,2007年10月 p.40、174

景盛轩 敦煌本《大般涅槃经》研究——以版本、异文及训诂为中心 杭州:浙江大学博士研究生学位论文,2004年5月 p.79

王翠《甘肃藏敦煌文献》俗字研究 南京:南京师范大学硕士研究生学位论文,2014年5月 p.17(表);

p.52(附录:中古经卷"表")

敦研173(收藏号396) 大方广三戒经卷中

敦煌文物研究所资料室,刘忠贵、施娉婷 敦煌文物研究所藏敦煌遗书目录《文物资料丛刊》(1),北京:文物出版社,1977年12月 p.59;收入冯志文、杨际平主编《中国敦煌学百年文库·综述卷》(二),兰州:甘肃文化出版社,1999年 p.273

敦煌文物研究所资料室,刘忠贵、施娉婷 附:关于《敦煌遗书目录》的说明《文物资料丛刊》(1),北京:文物出版社,1977年12月 p.67;收入冯志文、杨际平主编《中国敦煌学百年文库·综述卷》(二),兰州:甘肃文化出版社,1999年 p.285;收入施萍婷著《敦煌习学集》(下),兰州:甘肃民族出版社,2004年12月 p.343

施萍亭 大方广三戒经卷中《敦煌》,兰州:甘肃人民出版社、南京:江苏美术出版社,1990年7月;1993年7月;1997年11月 图版p.238~239;p.287第254条图版说明

邰惠莉、罗华庆、陈雪静撰稿,施萍婷、邵国秀审订 敦煌研究院藏敦煌文献叙录(上)《甘肃藏敦煌文献》(第一卷),兰州:甘肃人民出版社,1999年9月 p.295

施萍婷、邰惠莉 敦煌研究院藏敦煌文献叙录《敦煌研究文集·敦煌研究院藏敦煌文献研究篇》,兰州:甘肃民族出版社,2000年9月 p.72

杨森 敦煌研究院藏敦煌文献论著目录《敦煌研究文集·敦煌研究院藏敦煌文献研究篇》,兰州:甘肃民族出版社,2000年9月 p.591

申国美编 中国散藏敦煌文献分类目录 北京:北京图书馆出版社,2007年10月 p.34、174

说明:此卷已与195号缀合。173号下接195号。

敦研174(收藏号397) 大般涅槃经卷第十如来性品第四之七

敦煌文物研究所资料室,刘忠贵、施娉婷 敦煌文物研究所藏敦煌遗书目录《文物资料丛刊》(1),北京:文物出版社,1977年12月 p.59;收入冯志文、杨际平主编《中国敦煌学百年文库·综述卷》(二),兰州:甘肃文化出版社,1999年 p.273

邰惠莉、罗华庆、陈雪静撰稿,施萍婷、邵国秀审订 敦煌研究院藏敦煌文献叙录(上)《甘肃藏敦煌文献》(第一卷),兰州:甘肃人民出版社,1999年9月 p.295;图版p.184

施萍婷、邰惠莉 敦煌研究院藏敦煌文献叙录《敦煌研究文集·敦煌研究院藏敦煌文献研究篇》,兰州:甘肃民族出版社,2000年9月 p.72

申国美编 中国散藏敦煌文献分类目录 北京:北京图书馆出版社,2007年10月 p.37、174

景盛轩著《大般涅槃经》異文研究 成都:巴蜀书社,2009年2月 p.20、47、64

景盛轩 敦煌本《大般涅槃经》研究——以版本、异文及训诂为中心 杭州:浙江大学博士研究生学位论文,2004年5月 p.47、149、172、187

说明:此卷与敦研202号为同一人所写。

敦研175(收藏号398) 妙法莲华经卷第一方便品第二

敦煌文物研究所资料室,刘忠贵、施娉婷 敦煌文物研究所藏敦煌遗书目录《文物资料丛刊》(1),北京:文物出版社,1977年12月 p.59;收入冯志文、杨际平主编《中国敦煌学百年文库·综述卷》(二),兰州:甘肃文化出版社,1999年 p.273

邰惠莉、罗华庆、陈雪静撰稿,施萍婷、邵国秀审订 敦煌研究院藏敦煌文献叙录(上)《甘肃藏敦煌文献》(第一卷),兰州:甘肃人民出版社,1999年9月 p.295;图版p.185~186

施萍婷、邰惠莉 敦煌研究院藏敦煌文献叙录《敦煌研究文集·敦煌研究院藏敦煌文献研究篇》,兰州:甘肃民族出版社,2000年9月 p.72

黄征编 敦煌俗字典 上海:上海教育出版社,2005年5月 正文p.76、114、180、360、377、493、542;顺序索引p.743;分类索引p.749

申国美编 中国散藏敦煌文献分类目录 北京:北京图书馆出版社,2007年10月 p.19、174

井米兰 敦煌俗字与宋本《玉篇》文字比较研究 上海:华东师范大学硕士研究生学位论文,2009年5月 p.37

陈瑞峰《甘肃藏敦煌文献》俗字研究 金华:浙江师范大学硕士研究生学位论文,2012年5月 p.27;俗字表p.131、215

说明:此卷已与046、038号缀合。缀合顺序依次为175、046、038号。

敦研0175+0046(土)+0038(土) 妙法莲华经卷第一序品第一

施萍婷 敦煌研究院藏土地庙写本源自藏经洞《敦煌研究》1999年第2期 p.41;略为删减修订后收入敦煌研究院编《敦煌研究文集·敦煌研究院藏敦煌文献研究篇》,兰州:甘肃民族出版社,2000年9月 p.17;收入氏著《敦煌习学集》(上),兰州:甘肃民族出版社,2004年12月 p.279;收入氏著《敦煌石窟与文献研究》,杭州:浙江大学出版社,2015年12月 p.371

池田温 1944年莫高窟土地庙塑像中发现文献管见《敦煌文薮》(上),台北:新文丰出版公司,1999年4月 p.1;p.30注②

施萍婷 甘肃藏敦煌文献概述《甘肃藏敦煌文献精粹》,兰州:甘肃人民出版社,1999年 p.5;又载段文杰主编《甘肃藏敦煌文献》(第一至六卷),兰州:甘肃人民出版社,1999年9~12月 p.5

杨森 敦煌研究院藏敦煌文献论著目录《敦煌研究文集·敦煌研究院藏敦煌文献研究篇》,兰州:甘肃民族出版社,2000年9月 p.591~592

邰惠莉 敦煌研究院藏敦煌遗书的来源和价值《中国书法》2019年第9期 p.49~50;图1幅

施萍亭 妙法蓮華経方便品第二『中国敦煌展』(東京展、福岡展、長野展、奈良展、静岡展,1985年10月5日~1986年3月26日),東京:財団法人富士美術館発行,昭和60年10月5日;図版98及日文図版解説

敦研176(收藏号399) 维摩诘所说经卷上菩萨品第四

敦煌文物研究所资料室,刘忠贵、施娉婷 敦煌文物研究所藏敦煌遗书目录《文物资料丛刊》(1),北

京:文物出版社,1977年12月 p.59;收入冯志文、杨际平主编《中国敦煌学百年文库·综述卷》(二),兰州:甘肃文化出版社,1999年 p.273

邰惠莉、罗华庆、陈雪静撰稿,施萍婷、邵国秀审订 敦煌研究院藏敦煌文献叙录(上)《甘肃藏敦煌文献》(第一卷),兰州:甘肃人民出版社,1999年9月 p.295;图版p.186

韩惠言 甘藏敦煌汉文文献概况 《敦煌学辑刊》2000年第2期 p.69;收入敦煌研究院编《2000年敦煌学国际学术讨论会文集——纪念敦煌藏经洞发现暨敦煌学百年》历史文化卷(上),兰州:甘肃民族出版社,2003年9月 p.518

施萍婷、邰惠莉 敦煌研究院藏敦煌文献叙录《敦煌研究文集·敦煌研究院藏敦煌文献研究篇》,兰州:甘肃民族出版社,2000年9月 p.72

张涌泉 敦煌故里对敦煌学的新奉献——《甘肃藏敦煌文献》读后《敦煌研究》2001年第1期 p.182

衣川贤次 以敦煌写经校订《大正藏》刍议《转型期的敦煌学》,上海:上海古籍出版社,2007年11月 p.423

中国美编 中国散藏敦煌文献分类目录 北京:北京图书馆出版社,2007年10月 p.49、174

王翠《甘肃藏敦煌文献》俗字研究 南京:南京师范大学硕士研究生学位论文,2014年5月 p.17(表);p.52(附录:中古经卷"表")

敦研177(收藏号400)大般涅槃经卷第三十六迦叶菩萨品第十二之四

敦煌文物研究所资料室,刘忠贵、施娉婷 敦煌文物研究所藏敦煌遗书目录《文物资料丛刊》(1),北京:文物出版社,1977年12月 p.59~60;收入冯志文、杨际平主编《中国敦煌学百年文库·综述卷》(二),兰州:甘肃文化出版社,1999年 p.273

邰惠莉、罗华庆、陈雪静撰稿,施萍婷、邵国秀审订 敦煌研究院藏敦煌文献叙录(上)《甘肃藏敦煌文献》(第一卷),兰州:甘肃人民出版社,1999年9月 p.295;图版p.187

施萍婷、邰惠莉 敦煌研究院藏敦煌文献叙录《敦煌研究文集·敦煌研究院藏敦煌文献研究篇》,兰州:甘肃民族出版社,2000年9月 p.72~73

景盛轩 敦煌北本《大般涅槃经》分卷考《〈大般涅槃经〉異文研究》,成都:巴蜀书社,2009年2月 调查表p.330

中国美编 中国散藏敦煌文献分类目录 北京:北京图书馆出版社,2007年10月 p.42、174

景盛轩 敦煌本《大般涅槃经》研究——以版本、异文及训诂为中心 杭州:浙江大学博士研究生学位论文,2004年5月 p.109;p.134(表二)

敦研178(收藏号401)佛说幻士仁贤经

敦煌文物研究所资料室,刘忠贵、施娉婷 敦煌文物研究所藏敦煌遗书目录《文物资料丛刊》(1),北京:文物出版社,1977年12月 p.60;收入冯志文、杨际平主编《中国敦煌学百年文库·综述卷》(二),兰州:甘肃文化出版社,1999年 p.273

敦煌文物研究所资料室，刘忠贵、施娉婷 附：关于《敦煌遗书目录》的说明《文物资料丛刊》（1），北京：文物出版社，1977年12月 p.67；收入冯志文、杨际平主编《中国敦煌学百年文库·综述卷》（二），兰州：甘肃文化出版社，1999年 p.285；收入施萍婷著《敦煌习学集》（下），兰州：甘肃民族出版社，2004年12月 p.343

施萍亭 佛说幻士仁贤经《敦煌》，兰州：甘肃人民出版社、南京：江苏美术出版社，1990年7月；1993年7月；1997年11月 图版p.242；p.288第257条图版说明

邰惠莉、罗华庆、陈雪静撰稿，施萍婷、邵国秀审订 敦煌研究院藏敦煌文献叙录（上）《甘肃藏敦煌文献》（第一卷），兰州：甘肃人民出版社，1999年9月 p.296；图版p.187

施萍婷、邰惠莉 敦煌研究院藏敦煌文献叙录《敦煌研究文集·敦煌研究院藏敦煌文献研究篇》，兰州：甘肃民族出版社，2000年9月 p.73

杨森 敦煌研究院藏敦煌文献论著目录《敦煌研究文集·敦煌研究院藏敦煌文献研究篇》，兰州：甘肃民族出版社，2000年9月 p.592

施萍婷 敦煌研究院、上海图书馆、天津艺术博物馆藏敦煌遗书巡礼《浙江与敦煌学——常书鸿先生诞辰一百周年纪念文集》，杭州：浙江古籍出版社，2004年12月 p.306；日文见池田温訳《敦煌研究院、上海圖書館及び天津芸術博物館所藏の敦煌遺書をめぐって》，《東洋學報》第72卷第1·2號，1990年12月 p.92

文化 敦煌遗书书法的分期及艺术风格《文艺研究》2009年第6期 p.133

林聪明 敦煌文书的形态《港台敦煌学文库》第33册，兰州：甘肃人民出版社，2014年12月 p.176

孙占鳌 敦煌遗书书法艺术研究《丝绸之路》2015年第20期 p.8

徐祖蕃、秦明智、荣恩奇编选 敦煌遗书书法选 兰州：甘肃人民出版社，1985年10月 p.35图版及简要说明

林聪明著 敦煌文书学（敦煌学导论丛刊①）台北：新文丰出版股份有限公司，1991年8月 p.62

黄征编 敦煌俗字典 上海：上海教育出版社，2005年5月 正文p.114、163、191、192、196、199、267、298、300、315、336、394、504、554；顺序索引p.743；分类索引p.750

中国美编 中国散藏敦煌文献分类目录 北京：北京图书馆出版社，2007年10月 p.34、174~175

周远军 敦煌写卷《道行般若经》用字研究及校勘 南宁：广西大学硕士研究生学位论文，2011年6月 p.132

陈瑞峰《甘肃藏敦煌文献》俗字研究 金华：浙江师范大学硕士研究生学位论文，2012年5月 俗字表p.150、178、184

王翠《甘肃藏敦煌文献》俗字研究 南京：南京师范大学硕士研究生学位论文，2014年5月 p.17（表）；p.52（附录：中古经卷"表"）

敦研178V 佛说八师经

敦煌文物研究所资料室，刘忠贵、施娉婷 敦煌文物研究所藏敦煌遗书目录《文物资料丛刊》（1），北京：文物出版社，1977年12月 p.60；收入冯志文、杨际平主编《中国敦煌学百年文库·综述卷》（二），兰州：甘肃文化出版社，1999年 p.273

敦煌文物研究所资料室，刘忠贵、施娉婷 附：关于《敦煌遗书目录》的说明《文物资料丛刊》（1），北京：文物出版社，1977年12月 p.67；收入冯志文、杨际平主编《中国敦煌学百年文库·综述卷》（二），兰州：甘肃文

化出版社，1999年 p.285；收入施萍婷著《敦煌习学集》（下），兰州：甘肃民族出版社，2004年12月 p.343

施萍亭 佛说幻士仁贤经《敦煌》，兰州：甘肃人民出版社、南京：江苏美术出版社，1990年7月；1993年7月；1997年11月 图版p.242；p.288第258条图版说明

邰惠莉、罗华庆、陈雪静撰稿，施萍婷、邵国秀审订 敦煌研究院藏敦煌文献叙录（上）《甘肃藏敦煌文献》（第一卷），兰州：甘肃人民出版社，1999年9月 p.296；图版p.188

韩惠言 甘藏敦煌汉文文献概况《敦煌学辑刊》2000年第2期 p.69；收入敦煌研究院编《2000年敦煌学国际学术讨论会文集——纪念敦煌藏经洞发现暨敦煌学百年》历史文化卷（上），兰州：甘肃民族出版社，2003年9月 p.519

施萍婷、邰惠莉 敦煌研究院藏敦煌文献叙录《敦煌研究文集·敦煌研究院藏敦煌文献研究篇》，兰州：甘肃民族出版社，2000年9月 p.73

杨森 敦煌研究院藏敦煌文献论著目录《敦煌研究文集·敦煌研究院藏敦煌文献研究篇》，兰州：甘肃民族出版社，2000年9月 p.592

张涌泉 敦煌故里对敦煌学的新奉献——《甘肃藏敦煌文献》读后《敦煌研究》2001年第1期 p.183

施萍婷 敦煌研究院、上海图书馆、天津艺术博物馆藏敦煌遗书巡礼《浙江与敦煌学——常书鸿先生诞辰一百周年纪念文集》，杭州：浙江古籍出版社，2004年12月 p.306；日文见池田温訳《敦煌研究院、上海圖書館及び天津芸術博物館所藏の敦煌遺書をめぐって》，《東洋學報》第72卷第1·2號，1990年12月 p.92

于淑健 中国古文字俗体探源——以敦煌佛经书法写本为例《艺术百家》2009年第3期 p.25

文化 敦煌遗书书法的分期及艺术风格《文艺研究》2009年第6期 p.133

秋子 佛说八师经《敦煌写卷墨迹精选丛帖》（壹），兰州：甘肃人民美术出版社，2009年10月；2010年6月 p.31~34简介/赏析及图版

定源 敦研178V《佛说八师经》译者小考《敦煌研究》2012年第6期 p.73~79；略有修订后收入王招国（定源）著《佛教文献论稿》，桂林：广西师范大学出版社，2017年4月 p.34~50

林聪明 敦煌文书的形态《港台敦煌学文库》第33册，兰州：甘肃人民出版社，2014年12月 p.176

孙占鳌 敦煌遗书书法艺术研究《丝绸之路》2015年第20期 p.8

徐祖蕃、秦明智、荣恩奇编选 敦煌遗书书法选 兰州：甘肃人民出版社，1985年10月 p.36图版及简要说明

苏莹辉著 敦煌学概要（增订再版） 台北：编译馆中华丛书编审委员会，1981年10月 p.275

苏莹辉著 敦煌学概要 台北：五南图书出版公司，1988年12月 p.275

林聪明著 敦煌文书学（敦煌学导论丛刊①） 台北：新文丰出版股份有限公司，1991年8月 p.62

黄征编 敦煌俗字典 上海：上海教育出版社，2005年5月 正文p.52、56、57、239、244、259、260、364、497、501、562、578；顺序索引p.743；分类索引p.750

赵红著 敦煌写本汉字论考 上海：上海古籍出版社，2012年4月 p.150

中国美编 中国散藏敦煌文献分类目录 北京：北京图书馆出版社，2007年10月 p.79、175

于淑健著 敦煌佛典语词和俗字研究——以敦煌古佚和疑伪经为中心 上海：上海古籍出版社，2012年4月 p.330

陶家骏 敦煌研究院藏佚本《维摩诘经注》写卷研究 苏州:苏州大学博士研究生学位论文,2012年3月 p.189

井米兰 敦煌俗字与宋本《玉篇》文字比较研究 上海:华东师范大学硕士研究生学位论文,2009年5月 p.25

周远军 敦煌写卷《道行般若经》用字研究及校勘 南宁:广西大学硕士研究生学位论文,2011年6月 p.91

陈瑞峰《甘肃藏敦煌文献》俗字研究 金华:浙江师范大学硕士研究生学位论文,2012年5月 俗字表 p.124、125、203、206、218、234~235

王翠《甘肃藏敦煌文献》俗字研究 南京:南京师范大学硕士研究生学位论文,2014年5月 p.17(表); p.52(附录:中古经卷"表")

敦研179(收藏号402)妙法莲华经卷第四法师品第十

敦煌文物研究所资料室,刘忠贵、施娉婷 敦煌文物研究所藏敦煌遗书目录《文物资料丛刊》(1),北京:文物出版社,1977年12月 p.60;收入冯志文、杨际平主编《中国敦煌学百年文库·综述卷》(二),兰州:甘肃文化出版社,1999年 p.273

邰惠莉、罗华庆、陈雪静撰稿,施萍婷、邵国秀审订 敦煌研究院藏敦煌文献叙录(上)《甘肃藏敦煌文献》(第一卷),兰州:甘肃人民出版社,1999年9月 p.296;图版p.188~189

施萍婷、邰惠莉 敦煌研究院藏敦煌文献叙录《敦煌研究文集·敦煌研究院藏敦煌文献研究篇》,兰州:甘肃民族出版社,2000年9月 p.73

黄征编 敦煌俗字典 上海:上海教育出版社,2005年5月 正文p.103、141、251、286、330、442、510、539、550、559;顺序索引p.743;分类索引p.749

申国美编 中国散藏敦煌文献分类目录 北京:北京图书馆出版社,2007年10月 p.24、175

陈瑞峰《甘肃藏敦煌文献》俗字研究 金华:浙江师范大学硕士研究生学位论文,2012年5月 俗字表 p.165

说明:此卷已与110号缀合。下接110号。

敦研0179+0110 妙法莲华经授记品第六

施萍婷 敦煌研究院藏土地庙写本源自藏经洞《敦煌研究》1999年第2期 p.41;略为删减修订后收入敦煌研究院编《敦煌研究文集·敦煌研究院藏敦煌文献研究篇》,兰州:甘肃民族出版社,2000年9月 p.17;收入氏著《敦煌习学集》(上),兰州:甘肃民族出版社,2004年12月 p.279;收入氏著《敦煌石窟与文献研究》,杭州:浙江大学出版社,2015年12月 p.371

杨森 敦煌研究院藏敦煌文献论著目录《敦煌研究文集·敦煌研究院藏敦煌文献研究篇》,兰州:甘肃民族出版社,2000年9月 p.592~593

施萍亭 妙法蓮華経授記品第六『中国敦煌展』(東京展、福岡展、長野展、奈良展、静岡展,1985年10月5日~1986年3月26日),東京:財団法人富士美術館発行,昭和60年10月5日;図版99及日文図版解説

敦研180(收藏号403) 普曜经卷第七商人奉麨品第二十二

敦煌文物研究所资料室,刘忠贵、施娉婷 敦煌文物研究所藏敦煌遗书目录《文物资料丛刊》(1),北京:文物出版社,1977年12月 p.60;收入冯志文、杨际平主编《中国敦煌学百年文库·综述卷》(二),兰州:甘肃文化出版社,1999年 p.273

邰惠莉、罗华庆、陈雪静撰稿,施萍婷、邵国秀审订 敦煌研究院藏敦煌文献叙录(上)《甘肃藏敦煌文献》(第一卷),兰州:甘肃人民出版社,1999年9月 p.296;图版p.190

施萍婷、邰惠莉 敦煌研究院藏敦煌文献叙录《敦煌研究文集·敦煌研究院藏敦煌文献研究篇》,兰州:甘肃民族出版社,2000年9月 p.73~74

黄征编 敦煌俗字典 上海:上海教育出版社,2005年5月 正文p.42、114、234、316、383、469、508、517;顺序索引p.743;分类索引p.750

中国美编 中国散藏敦煌文献分类目录 北京:北京图书馆出版社,2007年10月 p.2、175

井米兰 敦煌俗字与宋本《玉篇》文字比较研究 上海:华东师范大学硕士研究生学位论文,2009年5月 p.72~73

陈瑞峰《甘肃藏敦煌文献》俗字研究 金华:浙江师范大学硕士研究生学位论文,2012年5月 俗字表p.199

敦研181(收藏号404) 太子瑞应本起经卷上

敦煌文物研究所资料室,刘忠贵、施娉婷 敦煌文物研究所藏敦煌遗书目录《文物资料丛刊》(1),北京:文物出版社,1977年12月 p.60;收入冯志文、杨际平主编《中国敦煌学百年文库·综述卷》(二),兰州:甘肃文化出版社,1999年 p.273

邰惠莉、罗华庆、陈雪静撰稿,施萍婷、邵国秀审订 敦煌研究院藏敦煌文献叙录(上)《甘肃藏敦煌文献》(第一卷),兰州:甘肃人民出版社,1999年9月 p.296;图版p.190

施萍婷、邰惠莉 敦煌研究院藏敦煌文献叙录《敦煌研究文集·敦煌研究院藏敦煌文献研究篇》,兰州:甘肃民族出版社,2000年9月 p.74

黄征 敦煌俗字种类考辨《敦煌学·日本学——石塚晴通教授退职纪念文集》,上海:上海辞书出版社,2005年12月 p.121;又载赵生群、方向东主编《古文献研究集刊》(第一辑),南京:凤凰出版社,2007年4月 p.38

黄征编 敦煌俗字典 上海:上海教育出版社,2005年5月 前言p.29;正文p.50、91、125、212、267、320、439、515、552;顺序索引p.743;分类索引p.750

中国美编 中国散藏敦煌文献分类目录 北京:北京图书馆出版社,2007年10月 p.2、175

陈瑞峰《甘肃藏敦煌文献》俗字研究 金华:浙江师范大学硕士研究生学位论文,2012年5月 俗字表p.136、159

敦研182(收藏号405) 大般涅槃经卷第二十一梵行品第八之六

敦煌文物研究所资料室,刘忠贵、施娉婷 敦煌文物研究所藏敦煌遗书目录《文物资料丛刊》(1),北

京：文物出版社，1977年12月 p.60；收入冯志文、杨际平主编《中国敦煌学百年文库·综述卷》(二)，兰州：甘肃文化出版社，1999年 p.273

邰惠莉、罗华庆、陈雪静撰稿，施萍婷、邵国秀审订 敦煌研究院藏敦煌文献叙录(上)《甘肃藏敦煌文献》(第一卷)，兰州：甘肃人民出版社，1999年9月 p.296；图版p.191

施萍婷、邰惠莉 敦煌研究院藏敦煌文献叙录《敦煌研究文集·敦煌研究院藏敦煌文献研究篇》，兰州：甘肃民族出版社，2000年9月 p.74

黄征编 敦煌俗字典 上海：上海教育出版社，2005年5月 正文p.245、304、307、389、489~490；顺序索引p.743；分类索引p.748

申国美编 中国散藏敦煌文献分类目录 北京：北京图书馆出版社，2007年10月 p.39、175

景盛轩 敦煌本《大般涅槃经》研究——以版本、异文及训诂为中心 杭州：浙江大学博士研究生学位论文，2004年5月 p.73

陈瑞峰《甘肃藏敦煌文献》俗字研究 金华：浙江师范大学硕士研究生学位论文，2012年5月 俗字表p.220、228

高静怡 北图藏敦煌汉文写经《金光明经》异文研究 南宁：广西大学硕士研究生学位论文，2013年5月 p.33

敦研183(收藏号406) 大般涅槃经卷第十八梵行品第八之四、卷第十九梵行品第八之五

敦煌文物研究所资料室，刘忠贵、施娉婷 敦煌文物研究所藏敦煌遗书目录《文物资料丛刊》(1)，北京：文物出版社，1977年12月 p.60；收入冯志文、杨际平主编《中国敦煌学百年文库·综述卷》(二)，兰州：甘肃文化出版社，1999年 p.273

邰惠莉、罗华庆、陈雪静撰稿，施萍婷、邵国秀审订 敦煌研究院藏敦煌文献叙录(上)《甘肃藏敦煌文献》(第一卷)，兰州：甘肃人民出版社，1999年9月 p.296；图版p.191~192

施萍婷、邰惠莉 敦煌研究院藏敦煌文献叙录《敦煌研究文集·敦煌研究院藏敦煌文献研究篇》，兰州：甘肃民族出版社，2000年9月 p.74

黄征编 敦煌俗字典 上海：上海教育出版社，2005年5月 正文p.12、19、57~58、62、118、133、202、235、313、338、351、369、431、486、516、517、518、553；顺序索引p.743；分类索引p.748

申国美编 中国散藏敦煌文献分类目录 北京：北京图书馆出版社，2007年10月 p.39、175

景盛轩著《大般涅槃经》異文研究 成都：巴蜀书社，2009年2月 p.16、48

景盛轩 敦煌本《大般涅槃经》研究——以版本、异文及训诂为中心 杭州：浙江大学博士研究生学位论文，2004年5月 p.67~68、138、151

肖瑜《三国志》古写本用字研究 上海：复旦大学博士研究生学位论文，2006年4月 p.57

陶家骏 敦煌研究院藏佚本《维摩诘经注》写卷研究 苏州：苏州大学博士研究生学位论文，2012年3月 俗字表p.157

陈瑞峰《甘肃藏敦煌文献》俗字研究 金华：浙江师范大学硕士研究生学位论文，2012年5月 p.31；

俗字表p.125、152、189、209

说明：此卷已与201号缀合。下接201号。

敦研0183+0201 大般涅槃经卷第十八梵行品第八之四、卷第十九梵行品第八之五

施萍婷 敦煌研究院藏土地庙写本源自藏经洞《敦煌研究》1999年第2期 p.45（附表）

杨森 敦煌研究院藏敦煌文献论著目录《敦煌研究文集·敦煌研究院藏敦煌文献研究篇》，兰州：甘肃民族出版社，2000年9月 p.593

敦研184（收藏号407）佛说孛经抄

敦煌文物研究所资料室，刘忠贵、施娉婷 敦煌文物研究所藏敦煌遗书目录《文物资料丛刊》（1），北京：文物出版社，1977年12月 p.60；收入冯志文、杨际平主编《中国敦煌学百年文库·综述卷》（二），兰州：甘肃文化出版社，1999年 p.273

敦煌文物研究所资料室，刘忠贵、施娉婷 附：关于《敦煌遗书目录》的说明《文物资料丛刊》（1），北京：文物出版社，1977年12月 p.67；收入冯志文、杨际平主编《中国敦煌学百年文库·综述卷》（二），兰州：甘肃文化出版社，1999年 p.285；收入施萍婷著《敦煌习学集》（下），兰州：甘肃民族出版社，2004年12月 p.343

邰惠莉、罗华庆、陈雪静撰稿，施萍婷、邵国秀审订 敦煌研究院藏敦煌文献叙录（上）《甘肃藏敦煌文献》（第一卷），兰州：甘肃人民出版社，1999年9月 p.297；图版p.192

施萍婷、邰惠莉 敦煌研究院藏敦煌文献叙录《敦煌研究文集·敦煌研究院藏敦煌文献研究篇》，兰州：甘肃民族出版社，2000年9月 p.74~75

申国美编 中国散藏敦煌文献分类目录 北京：北京图书馆出版社，2007年10月 p.56、175

敦研185（收藏号408）佛说辩意长者子经

敦煌文物研究所资料室，刘忠贵、施娉婷 敦煌文物研究所藏敦煌遗书目录《文物资料丛刊》（1），北京：文物出版社，1977年12月 p.60；收入冯志文、杨际平主编《中国敦煌学百年文库·综述卷》（二），兰州：甘肃文化出版社，1999年 p.273

邰惠莉、罗华庆、陈雪静撰稿，施萍婷、邵国秀审订 敦煌研究院藏敦煌文献叙录（上）《甘肃藏敦煌文献》（第一卷），兰州：甘肃人民出版社，1999年9月 p.297；图版p.193

施萍婷、邰惠莉 敦煌研究院藏敦煌文献叙录《敦煌研究文集·敦煌研究院藏敦煌文献研究篇》，兰州：甘肃民族出版社，2000年9月 p.75

黄征 敦煌俗字种类考辨《敦煌学·日本学——石塚晴通教授退职纪念文集》，上海：上海辞书出版社，2005年12月 p.115；又载赵生群、方向东主编《古文献研究集刊》（第一辑），南京：凤凰出版社，2007年4月 p.31

黄征编 敦煌俗字典 上海：上海教育出版社，2005年5月 前言p.24、29；正文p.21、48、67、78、93、101、102、103、114、152、159、188、235、241、270、278、291、314、315、316、322、336、348、354、359、405、428、431、470、477、498、499、503、522；顺序索引p.743；分类索引p.750

中国美编 中国散藏敦煌文献分类目录 北京:北京图书馆出版社,2007年10月 p.51、175

沈乐平著 敦煌书法综论 杭州:浙江古籍出版社,2009年10月 p.96

肖瑜《三国志》古写本用字研究 上海:复旦大学博士研究生学位论文,2006年4月 p.49、57

沈乐平 敦煌书法综论 杭州:中国美术学院博士研究生学位论文,2008年5月 p.90

陶家骏 敦煌研究院藏佚本《维摩诘经注》写卷研究 苏州:苏州大学博士研究生学位论文,2012年3月 俗字表p.86、120、142~143、147;p.194

周远军 敦煌写卷《道行般若经》用字研究及校勘 南宁:广西大学硕士研究生学位论文,2011年6月 p.59、100

陈瑞峰《甘肃藏敦煌文献》俗字研究 金华:浙江师范大学硕士研究生学位论文,2012年5月 例证表p.60;俗字表p.115、123、130、140、143、144、168、172、183、200、209~210、225

敦研186(收藏号409)道行般若经卷第二功德品第三

敦煌文物研究所资料室,刘忠贵、施娉婷 敦煌文物研究所藏敦煌遗书目录《文物资料丛刊》(1),北京:文物出版社,1977年12月 p.60;收入冯志文、杨际平主编《中国敦煌学百年文库·综述卷》(二),兰州:甘肃文化出版社,1999年 p.273

邰惠莉、罗华庆、陈雪静撰稿,施萍婷、邵国秀审订 敦煌研究院藏敦煌文献叙录(上)《甘肃藏敦煌文献》(第一卷),兰州:甘肃人民出版社,1999年9月 p.297;图版p.194

施萍婷、邰惠莉 敦煌研究院藏敦煌文献叙录《敦煌研究文集·敦煌研究院藏敦煌文献研究篇》,兰州:甘肃民族出版社,2000年9月 p.75

黄征 敦煌俗字种类考辨《敦煌学·日本学——石塚晴通教授退职纪念文集》,上海:上海辞书出版社,2005年12月 p.120;又载赵生群、方向东主编《古文献研究集刊》(第一辑),南京:凤凰出版社,2007年4月 p.37

周远军《道行般若经》敦煌写本与刊本的互校《乐山师范学院学报》2016年第9期 p.44

黄征编 敦煌俗字典 上海:上海教育出版社,2005年5月 前言p.29;正文p.19、32、51、100、109、120、167、214、236、237、240、259、348、360、395、488、498、517、524;顺序索引p.743;分类索引p.749

中国美编 中国散藏敦煌文献分类目录 北京:北京图书馆出版社,2007年10月 p.12、175

井米兰 敦煌俗字与宋本《玉篇》文字比较研究 上海:华东师范大学硕士研究生学位论文,2009年5月 p.75(俗字表)

周远军 敦煌写卷《道行般若经》用字研究及校勘 南宁:广西大学硕士研究生学位论文,2011年6月 p.5、20、21、24、25、26、27、28、36、38、40、41、45、51、64、80、81、82、85、89、105、114、119、121、125、131、134、136、145~147、217

陈瑞峰《甘肃藏敦煌文献》俗字研究 金华:浙江师范大学硕士研究生学位论文,2012年5月 俗字表p.112、141、147、153~154、176、194、201、212、216、230

说明:此卷可与168号缀合。186号下接168号。

敦研187(收藏号410)太子瑞应本起经卷上

敦煌文物研究所资料室,刘忠贵、施娉婷 敦煌文物研究所藏敦煌遗书目录《文物资料丛刊》(1),北京:文物出版社,1977年12月 p.60;收入冯志文、杨际平主编《中国敦煌学百年文库·综述卷》(二),兰州:甘肃文化出版社,1999年 p.273

邰惠莉、罗华庆、陈雪静撰稿,施萍婷、邵国秀审订 敦煌研究院藏敦煌文献叙录(上)《甘肃藏敦煌文献》(第一卷),兰州:甘肃人民出版社,1999年9月 p.297;图版p.194

施萍婷、邰惠莉 敦煌研究院藏敦煌文献叙录《敦煌研究文集·敦煌研究院藏敦煌文献研究篇》,兰州:甘肃民族出版社,2000年9月 p.75

黄征 敦煌俗字种类考辨《敦煌学·日本学——石塚晴通教授退职纪念文集》,上海:上海辞书出版社,2005年12月 p.115、124;又载赵生群、方向东主编《古文献研究集刊》(第一辑),南京:凤凰出版社,2007年4月 p.30、42

于淑健 中国古文字俗体探源——以敦煌佛经书法写本为例《艺术百家》2009年第3期 p.27

黄征编 敦煌俗字典 上海:上海教育出版社,2005年5月 前言p.23、26、33;正文p.20、43、53、124、139、156、183、197、208、210、223、264、269、304、312、345、358、379、397、401、442、450、458、461、466、488、511、546、555、579;顺序索引p.743;分类索引p.750

中国美编 中国散藏敦煌文献分类目录 北京:北京图书馆出版社,2007年10月 p.2、176

沈乐平著 敦煌书法综论 杭州:浙江古籍出版社,2009年10月 p.100

肖瑜《三国志》古写本用字研究 上海:复旦大学博士研究生学位论文,2006年4月 p.28、124

沈乐平 敦煌书法综论 杭州:中国美术学院博士研究生学位论文,2008年5月 p.93

陶家骏 敦煌研究院藏佚本《维摩诘经注》写卷研究 苏州:苏州大学博士研究生学位论文,2012年3月 俗字表p.94、140

宋丽丽 敦煌写本《籯金》俗字研究 南京:南京师范大学硕士研究生学位论文,2011年5月 p.30

周远军 敦煌写卷《道行般若经》用字研究及校勘 南宁:广西大学硕士研究生学位论文,2011年6月 p.57、95

陈瑞峰《甘肃藏敦煌文献》俗字研究 金华:浙江师范大学硕士研究生学位论文,2012年5月 p.18、24、50;例证表p.70;俗字表p.121、124、158、164、170、184~185、191、196、227

高静怡 北图藏敦煌汉文写经《金光明经》异文研究 南宁:广西大学硕士研究生学位论文,2013年5月 p.34

刘文章 南北朝时期敦煌汉文纪年写卷俗字字形演变及其应用 南宁:广西大学硕士研究生学位论文,2016年6月 p.52

说明:此卷可与215号缀合。187号上接215号。

敦研188(收藏号411)悲华经卷第四诸菩萨本授记品第四之二

敦煌文物研究所资料室,刘忠贵、施娉婷 敦煌文物研究所藏敦煌遗书目录《文物资料丛刊》(1),北

京:文物出版社,1977年12月 p.60;收入冯志文、杨际平主编《中国敦煌学百年文库·综述卷》(二),兰州:甘肃文化出版社,1999年 p.274

邰惠莉、罗华庆、陈雪静撰稿,施萍婷、邵国秀审订 敦煌研究院藏敦煌文献叙录(上)《甘肃藏敦煌文献》(第一卷),兰州:甘肃人民出版社,1999年9月 p.297;图版p.195

施萍婷、邰惠莉 敦煌研究院藏敦煌文献叙录《敦煌研究文集·敦煌研究院藏敦煌文献研究篇》,兰州:甘肃民族出版社,2000年9月 p.75~76

黄征编 敦煌俗字典 上海:上海教育出版社,2005年5月 正文p.24、80、103、200、369~370、377、490、552;顺序索引p.743;分类索引p.750

中国美编 中国散藏敦煌文献分类目录 北京:北京图书馆出版社,2007年10月 p.2、176

周远军 敦煌写卷《道行般若经》用字研究及校勘 南宁:广西大学硕士研究生学位论文,2011年6月 p.34

陈瑞峰《甘肃藏敦煌文献》俗字研究 金华:浙江师范大学硕士研究生学位论文,2012年5月 俗字表p.116、144、188

敦研189(收藏号412) 妙法莲华经卷第七观世音菩萨普门品第二十五

敦煌文物研究所资料室,刘忠贵、施娉婷 敦煌文物研究所藏敦煌遗书目录《文物资料丛刊》(1),北京:文物出版社,1977年12月 p.60;收入冯志文、杨际平主编《中国敦煌学百年文库·综述卷》(二),兰州:甘肃文化出版社,1999年 p.274

邰惠莉、罗华庆、陈雪静撰稿,施萍婷、邵国秀审订 敦煌研究院藏敦煌文献叙录(上)《甘肃藏敦煌文献》(第一卷),兰州:甘肃人民出版社,1999年9月 p.297;图版p.195

施萍婷、邰惠莉 敦煌研究院藏敦煌文献叙录《敦煌研究文集·敦煌研究院藏敦煌文献研究篇》,兰州:甘肃民族出版社,2000年9月 p.76

黄征编 敦煌俗字典 上海:上海教育出版社,2005年5月 正文p.11、32、44、46、53、97、143、190、205、238、256、309、355、409、537、579;顺序索引p.743;分类索引p.749

中国美编 中国散藏敦煌文献分类目录 北京:北京图书馆出版社,2007年10月 p.30、176

井米兰 敦煌俗字与宋本《玉篇》文字比较研究 上海:华东师范大学硕士研究生学位论文,2009年5月 p.39

周远军 敦煌写卷《道行般若经》用字研究及校勘 南宁:广西大学硕士研究生学位论文,2011年6月 p.28、91

陈瑞峰《甘肃藏敦煌文献》俗字研究 金华:浙江师范大学硕士研究生学位论文,2012年5月 p.16;俗字表p.122、124、139、203、213、235

高静怡 北图藏敦煌汉文写经《金光明经》异文研究 南宁:广西大学硕士研究生学位论文,2013年5月 p.30

敦研190(收藏号413) 妙法莲华经卷第六常不轻菩萨品第二十一

敦煌文物研究所资料室,刘忠贵、施娉婷 敦煌文物研究所藏敦煌遗书目录《文物资料丛刊》(1),北京:文物出版社,1977年12月 p.60;收入冯志文、杨际平主编《中国敦煌学百年文库·综述卷》(二),兰州:甘肃文化出版社,1999年 p.274

邰惠莉、罗华庆、陈雪静撰稿,施萍婷、邵国秀审订 敦煌研究院藏敦煌文献叙录(上)《甘肃藏敦煌文献》(第一卷),兰州:甘肃人民出版社,1999年9月 p.297;图版p.196

施萍婷、邰惠莉 敦煌研究院藏敦煌文献叙录《敦煌研究文集·敦煌研究院藏敦煌文献研究篇》,兰州:甘肃民族出版社,2000年9月 p.76

黄征编 敦煌俗字典 上海:上海教育出版社,2005年5月 正文p.371、377、421、451、518、550;顺序索引p.744;分类索引p.749

申国美编 中国散藏敦煌文献分类目录 北京:北京图书馆出版社,2007年10月 p.29、176

敦研191(收藏号414) 大般涅槃经卷第二十梵行品第八之六

敦煌文物研究所资料室,刘忠贵、施娉婷 敦煌文物研究所藏敦煌遗书目录《文物资料丛刊》(1),北京:文物出版社,1977年12月 p.60;收入冯志文、杨际平主编《中国敦煌学百年文库·综述卷》(二),兰州:甘肃文化出版社,1999年 p.274

邰惠莉、罗华庆、陈雪静撰稿,施萍婷、邵国秀审订 敦煌研究院藏敦煌文献叙录(上)《甘肃藏敦煌文献》(第一卷),兰州:甘肃人民出版社,1999年9月 p.297;图版p.196

施萍婷、邰惠莉 敦煌研究院藏敦煌文献叙录《敦煌研究文集·敦煌研究院藏敦煌文献研究篇》,兰州:甘肃民族出版社,2000年9月 p.76

申国美编 中国散藏敦煌文献分类目录 北京:北京图书馆出版社,2007年10月 p.39、176

景盛轩 敦煌本《大般涅槃经》研究——以版本、异文及训诂为中心 杭州:浙江大学博士研究生学位论文,2004年5月 p.73

敦研191号……敦研207号+敦博18号+敦研131号……敦博024号 大般涅槃经卷

景盛轩 公元五世纪敦煌本《大般涅槃经》写卷缀合研究① 《浙江师范大学学报》(社会科学版)2014年第6期 p.29~30;图3

敦研192(收藏号415) 佛说须摩蝭菩萨经

敦煌文物研究所资料室,刘忠贵、施娉婷 敦煌文物研究所藏敦煌遗书目录《文物资料丛刊》(1),北京:文物出版社,1977年12月 p.60;收入冯志文、杨际平主编《中国敦煌学百年文库·综述卷》(二),兰州:甘

①据景盛轩《公元五世纪敦煌本〈大般涅槃经〉写卷缀合研究》,敦研191号、敦研207号、敦博18号、敦研131号、敦博024号5个写卷,直接缀合3个(敦研207号、敦博18号、敦研131号可以直接缀合)。

肃文化出版社,1999年 p.274

邰惠莉、罗华庆、陈雪静撰稿,施萍婷、邵国秀审订 敦煌研究院藏敦煌文献叙录(上)《甘肃藏敦煌文献》(第一卷),兰州:甘肃人民出版社,1999年9月 p.297

施萍婷、邰惠莉 敦煌研究院藏敦煌文献叙录《敦煌研究文集·敦煌研究院藏敦煌文献研究篇》,兰州:甘肃民族出版社,2000年9月 p.76

申国美编 中国散藏敦煌文献分类目录 北京:北京图书馆出版社,2007年10月 p.34、176

说明:此卷已与286号缀合。上接286号。

敦研193(收藏号416) 大般涅槃经卷第十一现病品第六

敦煌文物研究所资料室,刘忠贵、施娉婷 敦煌文物研究所藏敦煌遗书目录《文物资料丛刊》(1),北京:文物出版社,1977年12月 p.60;收入冯志文、杨际平主编《中国敦煌学百年文库·综述卷》(二),兰州:甘肃文化出版社,1999年 p.274

邰惠莉、罗华庆、陈雪静撰稿,施萍婷、邵国秀审订 敦煌研究院藏敦煌文献叙录(上)《甘肃藏敦煌文献》(第一卷),兰州:甘肃人民出版社,1999年9月 p.297~298;图版p.197

韩惠言 甘藏敦煌汉文文献概况《敦煌学辑刊》2000年第2期 p.69;收入敦煌研究院编《2000年敦煌学国际学术讨论会文集——纪念敦煌藏经洞发现暨敦煌学百年》历史文化卷(上),兰州:甘肃民族出版社,2003年9月 p.518

施萍婷、邰惠莉 敦煌研究院藏敦煌文献叙录《敦煌研究文集·敦煌研究院藏敦煌文献研究篇》,兰州:甘肃民族出版社,2000年9月 p.77

张涌泉 敦煌故里对敦煌学的新奉献——《甘肃藏敦煌文献》读后《敦煌研究》2001年第1期 p.182

黄征编 敦煌俗字典 上海:上海教育出版社,2005年5月 前言p.15、29;正文p.16、55、89、144、153、191、223、258、276、283、288、307、338、350、421、428、488、516、531、564、568;顺序索引p.744;分类索引p.748

申国美编 中国散藏敦煌文献分类目录 北京:北京图书馆出版社,2007年10月 p.37、176

景盛轩 敦煌本《大般涅槃经》研究——以版本、异文及训诂为中心 杭州:浙江大学博士研究生学位论文,2004年5月 p.50

陶家骏 敦煌研究院藏佚本《维摩诘经注》写卷研究 苏州:苏州大学博士研究生学位论文,2012年3月 俗字表p.112、121;p.193

井米兰 敦煌俗字与宋本《玉篇》文字比较研究 上海:华东师范大学硕士研究生学位论文,2009年5月 p.26

周远军 敦煌写卷《道行般若经》用字研究及校勘[①] 南宁:广西大学硕士研究生学位论文,2011年6月 p.50、80、105、117

---

①周远军硕士论文《敦煌写卷〈道行般若经〉用字研究及校勘》第105页作"敦研193《妙法莲华经·见宝塔品》",有误。敦煌研究院藏《妙法莲华经见宝塔品》计有4个卷号,分别为:敦研227、240、271、273。

陈瑞峰《甘肃藏敦煌文献》俗字研究 金华:浙江师范大学硕士研究生学位论文,2012年5月 p.14、56;俗字表p.136、166、195、217、231

薛皖东《干禄字书》所收俗字与敦煌俗字比较研究 南京:南京师范大学硕士研究生学位论文,2013年4月 p.24

王翠《甘肃藏敦煌文献》俗字研究 南京:南京师范大学硕士研究生学位论文,2014年5月 p.17(表);p.52(附录:中古经卷"表")

说明:此卷可与213号缀合。缀合顺序依次为:敦研193号+ ? +敦研213号。

敦研194(收藏号417)太子瑞应本起经卷上

敦煌文物研究所资料室,刘忠贵、施娉婷 敦煌文物研究所藏敦煌遗书目录《文物资料丛刊》(1),北京:文物出版社,1977年12月 p.60;收入冯志文、杨际平主编《中国敦煌学百年文库·综述卷》(二),兰州:甘肃文化出版社,1999年 p.274

邰惠莉、罗华庆、陈雪静撰稿,施萍婷、邵国秀审订 敦煌研究院藏敦煌文献叙录(上)《甘肃藏敦煌文献》(第一卷),兰州:甘肃人民出版社,1999年9月 p.298;图版p.197

施萍婷、邰惠莉 敦煌研究院藏敦煌文献叙录《敦煌研究文集·敦煌研究院藏敦煌文献研究篇》,兰州:甘肃民族出版社,2000年9月 p.77

黄征编 敦煌俗字典 上海:上海教育出版社,2005年5月 前言p.26;正文p.28、43、96、100、150、156、164、181、192、198、203、204、211、225、226、234、247、269、284、293、313、316、317、320、324、329、358、363、367、383、385、390、396、407、424、427、497、509、515、519、524、528、543、565、569;顺序索引p.744;分类索引p.750

申国美编 中国散藏敦煌文献分类目录 北京:北京图书馆出版社,2007年10月 p.2、176

张涌泉著 敦煌俗字研究(第二版) 上海:上海教育出版社,2015年12月 p.254

陶家骏 敦煌研究院藏佚本《维摩诘经注》写卷研究 苏州:苏州大学博士研究生学位论文,2012年3月 俗字表p.132;p.197

井米兰 敦煌俗字与宋本《玉篇》文字比较研究 上海:华东师范大学硕士研究生学位论文,2009年5月 p.41、73

周远军 敦煌写卷《道行般若经》用字研究及校勘 南宁:广西大学硕士研究生学位论文,2011年6月 p.49、63、115、132、133、134

陈瑞峰《甘肃藏敦煌文献》俗字研究 金华:浙江师范大学硕士研究生学位论文,2012年5月 p.23、35、37;俗字表p.117、121~122、143、169、174、182、189~190、197、200、209、210、221、224

薛皖东《干禄字书》所收俗字与敦煌俗字比较研究 南京:南京师范大学硕士研究生学位论文,2013年4月 p.42

说明:此卷可与145号缀合。194号下接145号,交叉接茬。

敦研0194+0145+0166 太子瑞应本起经卷上

施萍婷 敦煌研究院藏土地庙写本源自藏经洞 《敦煌研究》1999年第2期 p.42;略为删减修订后收入敦煌研究院编《敦煌研究文集·敦煌研究院藏敦煌文献研究篇》,兰州:甘肃民族出版社,2000年9月 p.18;收入氏著《敦煌习学集》(上),兰州:甘肃民族出版社,2004年12月 p.280;收入氏著《敦煌石窟与文献研究》,杭州:浙江大学出版社,2015年12月 p.370

杨森 敦煌研究院藏敦煌文献论著目录《敦煌研究文集·敦煌研究院藏敦煌文献研究篇》,兰州:甘肃民族出版社,2000年9月 p.593

敦研195(收藏号418) 大方广三戒经卷中

敦煌文物研究所资料室,刘忠贵、施娉婷 敦煌文物研究所藏敦煌遗书目录《文物资料丛刊》(1),北京:文物出版社,1977年12月 p.60;收入冯志文、杨际平主编《中国敦煌学百年文库·综述卷》(二),兰州:甘肃文化出版社,1999年 p.274

邰惠莉、罗华庆、陈雪静撰稿,施萍婷、邵国秀审订 敦煌研究院藏敦煌文献叙录(上)《甘肃藏敦煌文献》(第一卷),兰州:甘肃人民出版社,1999年9月 p.298;图版p.198

施萍婷、邰惠莉 敦煌研究院藏敦煌文献叙录《敦煌研究文集·敦煌研究院藏敦煌文献研究篇》,兰州:甘肃民族出版社,2000年9月 p.77

黄征编 敦煌俗字典 上海:上海教育出版社,2005年5月 正文p.52、79、101、146、167、168、170、175、176、198、238、272、299、316、324、329、356、358、367、427、437、510、523、550、553、559、562、577; 顺序索引p.744;分类索引p.750

申国美编 中国散藏敦煌文献分类目录 北京:北京图书馆出版社,2007年10月 p.34、176

肖瑜《三国志》古写本用字研究 上海:复旦大学博士研究生学位论文,2006年4月 p.34、36

井米兰 敦煌俗字与宋本《玉篇》文字比较研究 上海:华东师范大学硕士研究生学位论文,2009年5月 p.41

周远军 敦煌写卷《道行般若经》用字研究及校勘① 南宁:广西大学硕士研究生学位论文,2011年6月 p.85、98

陈瑞峰《甘肃藏敦煌文献》俗字研究 金华:浙江师范大学硕士研究生学位论文,2012年5月 俗字表p.140、175、176、178、179、186、202、210、225、234

说明:此卷已与173号缀合。195号下接173号。

敦研0195+0173 大方广三戒经卷中

施萍婷 敦煌研究院藏土地庙写本源自藏经洞 《敦煌研究》1999年第2期 p.42;略为删减修订后收入敦

①周远军硕士论文《敦煌写卷〈道行般若经〉用字研究及校勘》第85页作“敦研195《修行本起经》卷下”,有误。敦研195号为《大方广三戒经》卷中。敦煌研究院藏《修行本起经》卷下共有3个编号,分别为敦研144、300、372。

煌研究院编《敦煌研究文集·敦煌研究院藏敦煌文献研究篇》，兰州：甘肃民族出版社，2000年9月 p.18；收入氏著《敦煌习学集》（上），兰州：甘肃民族出版社，2004年12月 p.280；收入氏著《敦煌石窟与文献研究》，杭州：浙江大学出版社，2015年12月 p.370

杨森 敦煌研究院藏敦煌文献论著目录《敦煌研究文集·敦煌研究院藏敦煌文献研究篇》，兰州：甘肃民族出版社，2000年9月 p.593

施萍婷 敦煌研究院、上海图书馆、天津艺术博物馆藏敦煌遗书巡礼《浙江与敦煌学——常书鸿先生诞辰一百周年纪念文集》，杭州：浙江古籍出版社，2004年12月 p.306；日文见池田温訳《敦煌研究院、上海圖書館及び天津芸術博物館所藏の敦煌遺書をめぐって》，《東洋學報》第72卷第1·2號，1990年12月 p.92

敦研0418+0396 大方广三戒经卷中

王惠民撰文，勝木言一郎訳 大方広三戒経卷中『砂漠の美術馆–永遠なる敦煌』中国敦煌研究院創立50周年記念（東京展、福岡展、神户展，1996年10月26日~1997年4月20日），東京：朝日新聞社，1996年 p.136~137図版及第71条日文図版解説

敦研196（收藏号419） 妙法莲华经卷第七普贤菩萨劝发品第二十八

敦煌文物研究所资料室，刘忠贵、施娉婷 敦煌文物研究所藏敦煌遗书目录《文物资料丛刊》（1），北京：文物出版社，1977年12月 p.60；收入冯志文、杨际平主编《中国敦煌学百年文库·综述卷》（二），兰州：甘肃文化出版社，1999年 p.274

邰惠莉、罗华庆、陈雪静撰稿，施萍婷、邰国秀审订 敦煌研究院藏敦煌文献叙录（上）《甘肃藏敦煌文献》（第一卷），兰州：甘肃人民出版社，1999年9月 p.298；图版p.199

施萍婷、邰惠莉 敦煌研究院藏敦煌文献叙录《敦煌研究文集·敦煌研究院藏敦煌文献研究篇》，兰州：甘肃民族出版社，2000年9月 p.77~78

黄征 敦煌俗字种类考辨《敦煌学·日本学——石塚晴通教授退职纪念文集》，上海：上海辞书出版社，2005年12月 p.115；又载赵生群、方向东主编《古文献研究集刊》（第一辑），南京：凤凰出版社，2007年4月 p.31

左丽萍 敦煌本《大乘无量寿经》异体字考释三则《语文学刊》2013年第14期 p.33

黄征编 敦煌俗字典 上海：上海教育出版社，2005年5月 前言p.24；正文p.16、21、57、64、91、92、101、104、114、120、131、135、143~144、159、193、205、213、231、240、245~246、280、294、315、343、350、364、366、371、375、415、421、453、456、467、468、471、517；顺序索引p.744；分类索引p.749

中国美编 中国散藏敦煌文献分类目录 北京：北京图书馆出版社，2007年10月 p.31、176~177

沈乐平著 敦煌书法综论 杭州：浙江古籍出版社，2009年10月 p.96

沈乐平 敦煌书法综论 杭州：中国美术学院博士研究生学位论文，2008年5月 p.91

陶家骏 敦煌研究院藏佚本《维摩诘经注》写卷研究 苏州：苏州大学博士研究生学位论文，2012年3月 俗字表p.130；p.194

周远军 敦煌写卷《道行般若经》用字研究及校勘 南宁：广西大学硕士研究生学位论文，2011年6月 p.19

陈瑞峰《甘肃藏敦煌文献》俗字研究 金华:浙江师范大学硕士研究生学位论文,2012年5月 p.57;俗字表 p.114~115、136、145、150、153、161~162、166、172、184、198、203、227

薛皖东《干禄字书》所收俗字与敦煌俗字比较研究 南京:南京师范大学硕士研究生学位论文,2013年4月 p.24

说明:此卷已与112号缀合。196号下接112号。

敦研0196+0112 妙法莲华经卷第七

施萍婷 敦煌研究院藏土地庙写本源自藏经洞《敦煌研究》1999年第2期 p.41;略为删减修订后收入敦煌研究院编《敦煌研究文集·敦煌研究院藏敦煌文献研究篇》,兰州:甘肃民族出版社,2000年9月 p.17;收入氏著《敦煌习学集》(上),兰州:甘肃民族出版社,2004年12月 p.279;收入氏著《敦煌石窟与文献研究》,杭州:浙江大学出版社,2015年12月 p.371

杨森 敦煌研究院藏敦煌文献论著目录《敦煌研究文集·敦煌研究院藏敦煌文献研究篇》,兰州:甘肃民族出版社,2000年9月 p.593~594

施萍亭 妙法蓮華経普賢菩薩勧発品第二十八『中国敦煌展』(東京展、福岡展、長野展、奈良展、静岡展,1985年10月5日~1986年3月26日),東京:財団法人富士美術館発行,昭和60年10月5日;図版109及日文図版解説

敦研197(收藏号420)大般涅槃经卷第二十五光明遍照高贵德王菩萨品第十之五

敦煌文物研究所资料室,刘忠贵、施娉婷 敦煌文物研究所藏敦煌遗书目录《文物资料丛刊》(1),北京:文物出版社,1977年12月 p.60;收入冯志文、杨际平主编《中国敦煌学百年文库·综述卷》(二),兰州:甘肃文化出版社,1999年 p.274

邰惠莉、罗华庆、陈雪静撰稿,施萍婷、邵国秀审订 敦煌研究院藏敦煌文献叙录(上)《甘肃藏敦煌文献》(第一卷),兰州:甘肃人民出版社,1999年9月 p.298

施萍婷、邰惠莉 敦煌研究院藏敦煌文献叙录《敦煌研究文集·敦煌研究院藏敦煌文献研究篇》,兰州:甘肃民族出版社,2000年9月 p.78

申国美编 中国散藏敦煌文献分类目录 北京:北京图书馆出版社,2007年10月 p.40、177

说明:此卷已与260号缀合。197号上接260号。

敦研198(收藏号421)大般涅槃经卷第三寿命品第一之三

敦煌文物研究所资料室,刘忠贵、施娉婷 敦煌文物研究所藏敦煌遗书目录《文物资料丛刊》(1),北京:文物出版社,1977年12月 p.60;收入冯志文、杨际平主编《中国敦煌学百年文库·综述卷》(二),兰州:甘肃文化出版社,1999年 p.274

邰惠莉、罗华庆、陈雪静撰稿,施萍婷、邵国秀审订 敦煌研究院藏敦煌文献叙录(上)《甘肃藏敦煌文献》(第一卷),兰州:甘肃人民出版社,1999年9月 p.298;图版p.200

施萍婷、邰惠莉 敦煌研究院藏敦煌文献叙录《敦煌研究文集·敦煌研究院藏敦煌文献研究篇》，兰州：甘肃民族出版社，2000年9月 p.78

申国美编 中国散藏敦煌文献分类目录 北京：北京图书馆出版社，2007年10月 p.35、177

景盛轩著《大般涅槃经》異文研究 成都：巴蜀书社，2009年2月 p.13、100

景盛轩 敦煌本《大般涅槃经》研究——以版本、异文及训诂为中心 杭州：浙江大学博士研究生学位论文，2004年5月 p.29、137

敦研199（收藏号422）大般涅槃经卷第十八梵行品第八之四

敦煌文物研究所资料室，刘忠贵、施娉婷 敦煌文物研究所藏敦煌遗书目录《文物资料丛刊》（1），北京：文物出版社，1977年12月 p.60；收入冯志文、杨际平主编《中国敦煌学百年文库·综述卷》（二），兰州：甘肃文化出版社，1999年 p.274

邰惠莉、罗华庆、陈雪静撰稿，施萍婷、邵国秀审订 敦煌研究院藏敦煌文献叙录（上）《甘肃藏敦煌文献》（第一卷），兰州：甘肃人民出版社，1999年9月 p.298；图版p.200~201

施萍婷、邰惠莉 敦煌研究院藏敦煌文献叙录《敦煌研究文集·敦煌研究院藏敦煌文献研究篇》，兰州：甘肃民族出版社，2000年9月 p.78

申国美编 中国散藏敦煌文献分类目录 北京：北京图书馆出版社，2007年10月 p.39、177

景盛轩 敦煌本《大般涅槃经》研究——以版本、异文及训诂为中心 杭州：浙江大学博士研究生学位论文，2004年5月 p.68

说明：此卷已与212号缀合。199号下接212号。

敦研0199+0212 大般涅槃经卷第十八梵行品第八之四

施萍婷 敦煌研究院藏土地庙写本源自藏经洞《敦煌研究》1999年第2期 p.45（附表）

杨森 敦煌研究院藏敦煌文献论著目录《敦煌研究文集·敦煌研究院藏敦煌文献研究篇》，兰州：甘肃民族出版社，2000年9月 p.594

敦研200（收藏号423）大般涅槃经卷第二十八狮子吼菩萨品第十一之二

敦煌文物研究所资料室，刘忠贵、施娉婷 敦煌文物研究所藏敦煌遗书目录《文物资料丛刊》（1），北京：文物出版社，1977年12月 p.60；收入冯志文、杨际平主编《中国敦煌学百年文库·综述卷》（二），兰州：甘肃文化出版社，1999年 p.274

邰惠莉、罗华庆、陈雪静撰稿，施萍婷、邵国秀审订 敦煌研究院藏敦煌文献叙录（上）《甘肃藏敦煌文献》（第一卷），兰州：甘肃人民出版社，1999年9月 p.298；图版p.201~202

施萍婷、邰惠莉 敦煌研究院藏敦煌文献叙录《敦煌研究文集·敦煌研究院藏敦煌文献研究篇》，兰州：甘肃民族出版社，2000年9月 p.78

申国美编 中国散藏敦煌文献分类目录 北京：北京图书馆出版社，2007年10月 p.41、177

景盛轩 敦煌本《大般涅槃经》研究——以版本、异文及训诂为中心 杭州：浙江大学博士研究生学位论文，2004年5月 p.92

说明：此卷可与210号缀合。缀合顺序依次为：敦研210号+ ？ +敦研200号。

敦研201（收藏号424）大般涅槃经卷第十九梵行品第八之四

敦煌文物研究所资料室，刘忠贵、施娉婷 敦煌文物研究所藏敦煌遗书目录《文物资料丛刊》（1），北京：文物出版社，1977年12月 p.60；收入冯志文、杨际平主编《中国敦煌学百年文库·综述卷》（二），兰州：甘肃文化出版社，1999年 p.274

邰惠莉、罗华庆、陈雪静撰稿，施萍婷、邵国秀审订 敦煌研究院藏敦煌文献叙录（上）《甘肃藏敦煌文献》（第一卷），兰州：甘肃人民出版社，1999年9月 p.298

施萍婷、邰惠莉 敦煌研究院藏敦煌文献叙录《敦煌研究文集·敦煌研究院藏敦煌文献研究篇》，兰州：甘肃民族出版社，2000年9月 p.78

中国美编 中国散藏敦煌文献分类目录 北京：北京图书馆出版社，2007年10月 p.39、177

说明：此卷已与183号缀合。201号上接183号。

敦研202（收藏号425）大般涅槃经卷第六如来性品第四之三

敦煌文物研究所资料室，刘忠贵、施娉婷 敦煌文物研究所藏敦煌遗书目录《文物资料丛刊》（1），北京：文物出版社，1977年12月 p.60；收入冯志文、杨际平主编《中国敦煌学百年文库·综述卷》（二），兰州：甘肃文化出版社，1999年 p.274

邰惠莉、罗华庆、陈雪静撰稿，施萍婷、邵国秀审订 敦煌研究院藏敦煌文献叙录（上）《甘肃藏敦煌文献》（第一卷），兰州：甘肃人民出版社，1999年9月 p.299；图版p.202

施萍婷、邰惠莉 敦煌研究院藏敦煌文献叙录《敦煌研究文集·敦煌研究院藏敦煌文献研究篇》，兰州：甘肃民族出版社，2000年9月 p.79

中国美编 中国散藏敦煌文献分类目录 北京：北京图书馆出版社，2007年10月 p.36、177

景盛轩 敦煌本《大般涅槃经》研究——以版本、异文及训诂为中心 杭州：浙江大学博士研究生学位论文，2004年5月 p.37

敦研202号……敦研174号 大般涅槃经

景盛轩 公元五世纪敦煌本《大般涅槃经》写卷缀合研究[①]《浙江师范大学学报》（社会科学版）2014年第6期 p.36；图9

①据景盛轩《公元五世纪敦煌本〈大般涅槃经〉写卷缀合研究》分析，敦研202号和敦研174号为同一抄写系列，当予以缀合，只不过两号之间残缺文字较多。

敦研203(收藏号426) 大般涅槃经卷第十九梵行品第八之五

敦煌文物研究所资料室,刘忠贵、施娉婷 敦煌文物研究所藏敦煌遗书目录《文物资料丛刊》(1),北京:文物出版社,1977年12月 p.60;收入冯志文、杨际平主编《中国敦煌学百年文库·综述卷》(二),兰州:甘肃文化出版社,1999年 p.274

邰惠莉、罗华庆、陈雪静撰稿,施萍婷、邵国秀审订 敦煌研究院藏敦煌文献叙录(上)《甘肃藏敦煌文献》(第一卷),兰州:甘肃人民出版社,1999年9月 p.299;图版p.203

施萍婷、邰惠莉 敦煌研究院藏敦煌文献叙录《敦煌研究文集·敦煌研究院藏敦煌文献研究篇》,兰州:甘肃民族出版社,2000年9月 p.79

申国美编 中国散藏敦煌文献分类目录 北京:北京图书馆出版社,2007年10月 p.39、177

景盛轩著《大般涅槃经》異文研究 成都:巴蜀书社,2009年2月 p.38、51、84

景盛轩 敦煌本《大般涅槃经》研究——以版本、异文及训诂为中心 杭州:浙江大学博士研究生学位论文,2004年5月 p.70、145

说明:此卷已与263号缀合。203号下接263号。

敦研0203+0263 大般涅槃经卷第十九梵行品第八之五

施萍婷 敦煌研究院藏土地庙写本源自藏经洞《敦煌研究》1999年第2期 p.46(附表)

杨森 敦煌研究院藏敦煌文献论著目录《敦煌研究文集·敦煌研究院藏敦煌文献研究篇》,兰州:甘肃民族出版社,2000年9月 p.594

敦研204(收藏号427) 大般涅槃经卷第十九梵行品第八之五

敦煌文物研究所资料室,刘忠贵、施娉婷 敦煌文物研究所藏敦煌遗书目录《文物资料丛刊》(1),北京:文物出版社,1977年12月 p.60;收入冯志文、杨际平主编《中国敦煌学百年文库·综述卷》(二),兰州:甘肃文化出版社,1999年 p.274

邰惠莉、罗华庆、陈雪静撰稿,施萍婷、邵国秀审订 敦煌研究院藏敦煌文献叙录(上)《甘肃藏敦煌文献》(第一卷),兰州:甘肃人民出版社,1999年9月 p.299;图版p.204

施萍婷、邰惠莉 敦煌研究院藏敦煌文献叙录《敦煌研究文集·敦煌研究院藏敦煌文献研究篇》,兰州:甘肃民族出版社,2000年9月 p.79

申国美编 中国散藏敦煌文献分类目录 北京:北京图书馆出版社,2007年10月 p.39、177

景盛轩 敦煌本《大般涅槃经》研究——以版本、异文及训诂为中心 杭州:浙江大学博士研究生学位论文,2004年5月 p.70

敦研205(收藏号428) 大般涅槃经卷第三十七迦叶菩萨品第十二之五

敦煌文物研究所资料室,刘忠贵、施娉婷 敦煌文物研究所藏敦煌遗书目录《文物资料丛刊》(1),北京:文物出版社,1977年12月 p.60;收入冯志文、杨际平主编《中国敦煌学百年文库·综述卷》(二),兰州:甘

肃文化出版社，1999年 p.274

邰惠莉、罗华庆、陈雪静撰稿，施萍婷、邵国秀审订 敦煌研究院藏敦煌文献叙录（上）《甘肃藏敦煌文献》（第一卷），兰州：甘肃人民出版社，1999年9月 p.299；图版p.204~205

施萍婷、邰惠莉 敦煌研究院藏敦煌文献叙录《敦煌研究文集·敦煌研究院藏敦煌文献研究篇》，兰州：甘肃民族出版社，2000年9月 p.79~80

申国美编 中国散藏敦煌文献分类目录 北京：北京图书馆出版社，2007年10月 p.42、177

景盛轩 敦煌本《大般涅槃经》研究——以版本、异文及训诂为中心 杭州：浙江大学博士研究生学位论文，2004年5月 p.112

说明：此卷可与283、233、214号缀合。283号下接233、214、205号。其中233号与214号为交叉接茬、缀合。

敦研206（收藏号429）妙法莲华经卷第三化城喻品第七

敦煌文物研究所资料室，刘忠贵、施娉婷 敦煌文物研究所藏敦煌遗书目录《文物资料丛刊》（1），北京：文物出版社，1977年12月 p.60；收入冯志文、杨际平主编《中国敦煌学百年文库·综述卷》（二），兰州：甘肃文化出版社，1999年 p.274

邰惠莉、罗华庆、陈雪静撰稿，施萍婷、邵国秀审订 敦煌研究院藏敦煌文献叙录（上）《甘肃藏敦煌文献》（第一卷），兰州：甘肃人民出版社，1999年9月 p.299；图版p.205

施萍婷、邰惠莉 敦煌研究院藏敦煌文献叙录《敦煌研究文集·敦煌研究院藏敦煌文献研究篇》，兰州：甘肃民族出版社，2000年9月 p.80

申国美编 中国散藏敦煌文献分类目录 北京：北京图书馆出版社，2007年10月 p.23、177

敦研207（收藏号431）大般涅槃经卷第二十三光明遍照高贵德王菩萨品第十之三

敦煌文物研究所资料室，刘忠贵、施娉婷 敦煌文物研究所藏敦煌遗书目录《文物资料丛刊》（1），北京：文物出版社，1977年12月 p.60；收入冯志文、杨际平主编《中国敦煌学百年文库·综述卷》（二），兰州：甘肃文化出版社，1999年 p.274

施萍婷 敦煌研究院藏土地庙写本源自藏经洞《敦煌研究》1999年第2期 p.46（附表）

邰惠莉、罗华庆、陈雪静撰稿，施萍婷、邵国秀审订 敦煌研究院藏敦煌文献叙录（上）《甘肃藏敦煌文献》（第一卷），兰州：甘肃人民出版社，1999年9月 p.299；图版p.206

施萍婷、邰惠莉 敦煌研究院藏敦煌文献叙录《敦煌研究文集·敦煌研究院藏敦煌文献研究篇》，兰州：甘肃民族出版社，2000年9月 p.80

杨森 敦煌研究院藏敦煌文献论著目录《敦煌研究文集·敦煌研究院藏敦煌文献研究篇》，兰州：甘肃民族出版社，2000年9月 p.594

张涌泉 敦煌故里对敦煌学的新奉献——《甘肃藏敦煌文献》读后《敦煌研究》2001年第1期 p.182

黄征编 敦煌俗字典 上海：上海教育出版社，2005年5月 正文p.59、180、292、299、343、494；顺序索引p.744；分类索引p.748

申国美编 中国散藏敦煌文献分类目录 北京:北京图书馆出版社,2007年10月 p.40、177

景盛轩 敦煌本《大般涅槃经》研究——以版本、异文及训诂为中心 杭州:浙江大学博士研究生学位论文,2004年5月 p.79

陶家骏 敦煌研究院藏佚本《维摩诘经注》写卷研究 苏州:苏州大学博士研究生学位论文,2012年3月 俗字表p.97

周远军 敦煌写卷《道行般若经》用字研究及校勘① 南宁:广西大学硕士研究生学位论文,2011年6月 p.37、60

陈瑞峰《甘肃藏敦煌文献》俗字研究 金华:浙江师范大学硕士研究生学位论文,2012年5月 p.49;俗字表p.126、180

说明:此卷可与敦研131号、敦博018号缀合。敦研207号下接敦博018号、敦研131号。

敦研208(收藏号432)优婆塞戒经卷第三受戒品第十四

敦煌文物研究所资料室,刘忠贵、施娉婷 敦煌文物研究所藏敦煌遗书目录《文物资料丛刊》(1),北京:文物出版社,1977年12月 p.60;收入冯志文、杨际平主编《中国敦煌学百年文库·综述卷》(二),兰州:甘肃文化出版社,1999年 p.274

邰惠莉、罗华庆、陈雪静撰稿,施萍婷、邵国秀审订 敦煌研究院藏敦煌文献叙录(上)《甘肃藏敦煌文献》(第一卷),兰州:甘肃人民出版社,1999年9月 p.299;图版p.206~207

施萍婷、邰惠莉 敦煌研究院藏敦煌文献叙录《敦煌研究文集·敦煌研究院藏敦煌文献研究篇》,兰州:甘肃民族出版社,2000年9月 p.80

林世田、汪桂海 敦煌写本《优婆塞戒经》版本研究《文献》2008年第2期 p.33;收入林世田著《敦煌遗书研究论集》,北京:中国藏学出版社,2010年3月 p.76

于淑健 中国古文字俗体探源——以敦煌佛经书法写本为例《艺术百家》2009年第3期 p.26

黄征编 敦煌俗字典 上海:上海教育出版社,2005年5月 正文p.93、101、139、150、293、356、360、487;顺序索引p.744;分类索引p.748

申国美编 中国散藏敦煌文献分类目录 北京:北京图书馆出版社,2007年10月 p.58、177~178

于淑健著 敦煌佛典语词和俗字研究——以敦煌古佚和疑伪经为中心 上海:上海古籍出版社,2012年4月 p.337

林世田、杨学勇、刘波著 敦煌佛典的流通与改造 兰州:甘肃教育出版社,2013年11月 p.147

陶家骏 敦煌研究院藏佚本《维摩诘经注》写卷研究 苏州:苏州大学博士研究生学位论文,2012年3月 俗字表p.145

周远军 敦煌写卷《道行般若经》用字研究及校勘 南宁:广西大学硕士研究生学位论文,2011年6月 p.86

①周远军硕士论文《敦煌写卷〈道行般若经〉用字研究及校勘》第37页作"敦研207《妙法莲华经》",有误。敦研207号为《大般涅槃经》。

陈瑞峰《甘肃藏敦煌文献》俗字研究 金华:浙江师范大学硕士研究生学位论文,2012年5月 俗字表p.141、165、214

说明:此卷可与228号缀合。208号下接228号。

敦研0208+0228 优婆塞戒经卷第三受戒品第十四

施萍婷 敦煌研究院藏土地庙写本源自藏经洞《敦煌研究》1999年第2期 p.42;略为删减修订后收入敦煌研究院编《敦煌研究文集·敦煌研究院藏敦煌文献研究篇》,兰州:甘肃民族出版社,2000年9月 p.18;收入氏著《敦煌习学集》(上),兰州:甘肃民族出版社,2004年12月 p.280;收入氏著《敦煌石窟与文献研究》,杭州:浙江大学出版社,2015年12月 p.370

杨森 敦煌研究院藏敦煌文献论著目录《敦煌研究文集·敦煌研究院藏敦煌文献研究篇》,兰州:甘肃民族出版社,2000年9月 p.594

敦研209(收藏号433)大般涅槃经卷第十七梵行品第八之三

敦煌文物研究所资料室,刘忠贵、施娉婷 敦煌文物研究所藏敦煌遗书目录《文物资料丛刊》(1),北京:文物出版社,1977年12月 p.60;收入冯志文、杨际平主编《中国敦煌学百年文库·综述卷》(二),兰州:甘肃文化出版社,1999年 p.274

邰惠莉、罗华庆、陈雪静撰稿,施萍婷、邵国秀审订 敦煌研究院藏敦煌文献叙录(上)《甘肃藏敦煌文献》(第一卷),兰州:甘肃人民出版社,1999年9月 p.299~300;图版p.207~208

施萍婷、邰惠莉 敦煌研究院藏敦煌文献叙录《敦煌研究文集·敦煌研究院藏敦煌文献研究篇》,兰州:甘肃民族出版社,2000年9月 p.80~81

黄征编 敦煌俗字典 上海:上海教育出版社,2005年5月 正文p.28、65、124、223;顺序索引p.744;分类索引p.748

申国美编 中国散藏敦煌文献分类目录 北京:北京图书馆出版社,2007年10月 p.38、178

景盛轩 敦煌本《大般涅槃经》研究——以版本、异文及训诂为中心 杭州:浙江大学博士研究生学位论文,2004年5月 p.65

周远军 敦煌写卷《道行般若经》用字研究及校勘 南宁:广西大学硕士研究生学位论文,2011年6月 p.117

陈瑞峰《甘肃藏敦煌文献》俗字研究 金华:浙江师范大学硕士研究生学位论文,2012年5月 俗字表p.117~118、159、195

说明:此卷已与259号缀合。209号下接259号。

敦研0209+0259 大般涅槃经卷第十七梵行品第八之三

施萍婷 敦煌研究院藏土地庙写本源自藏经洞《敦煌研究》1999年第2期 p.45(附表)

杨森 敦煌研究院藏敦煌文献论著目录《敦煌研究文集·敦煌研究院藏敦煌文献研究篇》,兰州:甘肃民族出版社,2000年9月 p.594~595

敦研209号……敦研199号……敦研183号……敦研272号……敦研245号……敦研203号……敦研204号……敦研134号……敦研258号……敦研260号……敦研229号……敦研210号……敦研200号……敦研282号……敦研283号+敦研233号+敦研205号 大般涅槃经卷

景盛轩 公元五世纪敦煌本《大般涅槃经》写卷缀合研究① 《浙江师范大学学报》(社会科学版)2014年第6期 p.33;图5

敦研210(收藏号434) 大般涅槃经卷第二十八狮子吼菩萨品第十一之二

敦煌文物研究所资料室,刘忠贵、施娉婷 敦煌文物研究所藏敦煌遗书目录《文物资料丛刊》(1),北京:文物出版社,1977年12月 p.60;收入冯志文、杨际平主编《中国敦煌学百年文库·综述卷》(二),兰州:甘肃文化出版社,1999年 p.274

邰惠莉、罗华庆、陈雪静撰稿,施萍婷、邵国秀审订 敦煌研究院藏敦煌文献叙录(上)《甘肃藏敦煌文献》(第一卷),兰州:甘肃人民出版社,1999年9月 p.300;图版p.208

施萍婷、邰惠莉 敦煌研究院藏敦煌文献叙录《敦煌研究文集·敦煌研究院藏敦煌文献研究篇》,兰州:甘肃民族出版社,2000年9月 p.81

申国美编 中国散藏敦煌文献分类目录 北京:北京图书馆出版社,2007年10月 p.41、178

景盛轩 敦煌本《大般涅槃经》研究——以版本、异文及训诂为中心 杭州:浙江大学博士研究生学位论文,2004年5月 p.92

说明:此卷可与200号缀合。缀合顺序依次为:敦研210号+ ? +敦研200号。

敦研0210+0200 大般涅槃经卷第二十八狮子吼菩萨品第十一之二

施萍婷 敦煌研究院藏土地庙写本源自藏经洞《敦煌研究》1999年第2期 p.46(附表)

杨森 敦煌研究院藏敦煌文献论著目录《敦煌研究文集·敦煌研究院藏敦煌文献研究篇》,兰州:甘肃民族出版社,2000年9月 p.595

敦研211(收藏号435) 大般涅槃经卷第六如来性品第四之三

敦煌文物研究所资料室,刘忠贵、施娉婷 敦煌文物研究所藏敦煌遗书目录《文物资料丛刊》(1),北京:文物出版社,1977年12月 p.60;收入冯志文、杨际平主编《中国敦煌学百年文库·综述卷》(二),兰州:甘肃文化出版社,1999年 p.274

邰惠莉、罗华庆、陈雪静撰稿,施萍婷、邵国秀审订 敦煌研究院藏敦煌文献叙录(上)《甘肃藏敦煌文献》(第一卷),兰州:甘肃人民出版社,1999年9月 p.300

---

①据景盛轩《公元五世纪敦煌本〈大般涅槃经〉写卷缀合》,敦研209号、敦研199号、敦研183号、敦研272号、敦研245号、敦研203号、敦研204号、敦研134号、敦研258号、敦研260号、敦研229号、敦研210号、敦研200号、敦研282号、敦研283号、敦研233号、敦研205号等17个写卷,直接缀合3个(敦研283号、敦研233号、敦研205号可直接缀合),间接缀合14个。

施萍婷、邰惠莉 敦煌研究院藏敦煌文献叙录《敦煌研究文集·敦煌研究院藏敦煌文献研究篇》,兰州:甘肃民族出版社,2000年9月 p.81

申国美编 中国散藏敦煌文献分类目录 北京:北京图书馆出版社,2007年10月 p.36、178

说明:此卷已与216号缀合。211号上接216号。

敦研212(收藏号436)大般涅槃经卷第十八梵行品第八之四

敦煌文物研究所资料室,刘忠贵、施娉婷 敦煌文物研究所藏敦煌遗书目录《文物资料丛刊》(1),北京:文物出版社,1977年12月 p.60;收入冯志文、杨际平主编《中国敦煌学百年文库·综述卷》(二),兰州:甘肃文化出版社,1999年 p.274

邰惠莉、罗华庆、陈雪静撰稿,施萍婷、邵国秀审订 敦煌研究院藏敦煌文献叙录(上)《甘肃藏敦煌文献》(第一卷),兰州:甘肃人民出版社,1999年9月 p.300

施萍婷、邰惠莉 敦煌研究院藏敦煌文献叙录《敦煌研究文集·敦煌研究院藏敦煌文献研究篇》,兰州:甘肃民族出版社,2000年9月 p.81

申国美编 中国散藏敦煌文献分类目录 北京:北京图书馆出版社,2007年10月 p.39、178

说明:此卷已与199号缀合。212号上接199号。

敦研213(收藏号437)大般涅槃经卷第十一现病品第六

敦煌文物研究所资料室,刘忠贵、施娉婷 敦煌文物研究所藏敦煌遗书目录《文物资料丛刊》(1),北京:文物出版社,1977年12月 p.60;收入冯志文、杨际平主编《中国敦煌学百年文库·综述卷》(二),兰州:甘肃文化出版社,1999年 p.275

邰惠莉、罗华庆、陈雪静撰稿,施萍婷、邵国秀审订 敦煌研究院藏敦煌文献叙录(上)《甘肃藏敦煌文献》(第一卷),兰州:甘肃人民出版社,1999年9月 p.300;图版p.209

施萍婷、邰惠莉 敦煌研究院藏敦煌文献叙录《敦煌研究文集·敦煌研究院藏敦煌文献研究篇》,兰州:甘肃民族出版社,2000年9月 p.81

张涌泉 敦煌故里对敦煌学的新奉献——《甘肃藏敦煌文献》读后《敦煌研究》2001年第1期 p.182

黄征编 敦煌俗字典 上海:上海教育出版社,2005年5月 正文p.40、127、155、161、170、238、320、348、361~362、383、432、509、527、531、553;顺序索引p.744;分类索引p.748

申国美编 中国散藏敦煌文献分类目录 北京:北京图书馆出版社,2007年10月 p.37、178

景盛轩 敦煌本《大般涅槃经》研究——以版本、异文及训诂为中心 杭州:浙江大学博士研究生学位论文,2004年5月 p.50

陶家骏 敦煌研究院藏佚本《维摩诘经注》写卷研究 苏州:苏州大学博士研究生学位论文,2012年3月 p.171

周远军 敦煌写卷《道行般若经》用字研究及校勘 南宁:广西大学硕士研究生学位论文,2011年6月 p.55、59、91

陈瑞峰《甘肃藏敦煌文献》俗字研究 金华：浙江师范大学硕士研究生学位论文，2012年5月 p.56；例证表p.60~61；俗字表p.120~121、157、159、169、177、201

王翠《甘肃藏敦煌文献》俗字研究 南京：南京师范大学硕士研究生学位论文，2014年5月 p.17~18（表）；p.52（附录：中古经卷“表”）

敦研214（收藏号438）大般涅槃经卷第三十七迦叶菩萨品第十二之五

敦煌文物研究所资料室，刘忠贵、施娉婷 敦煌文物研究所藏敦煌遗书目录《文物资料丛刊》(1)，北京：文物出版社，1977年12月 p.60；收入冯志文、杨际平主编《中国敦煌学百年文库·综述卷》(二)，兰州：甘肃文化出版社，1999年 p.275

邰惠莉、罗华庆、陈雪静撰稿，施萍婷、邵国秀审订 敦煌研究院藏敦煌文献叙录（上）《甘肃藏敦煌文献》(第一卷)，兰州：甘肃人民出版社，1999年9月 p.300

施萍婷、邰惠莉 敦煌研究院藏敦煌文献叙录《敦煌研究文集·敦煌研究院藏敦煌文献研究篇》，兰州：甘肃民族出版社，2000年9月 p.81~82

中国美编 中国散藏敦煌文献分类目录 北京：北京图书馆出版社，2007年10月 p.43、178

说明：此卷已与233号缀合。214号上接233号。此卷尚可与283、205号缀合。顺序依次为283、233、214、205号。

敦研215（收藏号439）太子瑞应本起经卷上

敦煌文物研究所资料室，刘忠贵、施娉婷 敦煌文物研究所藏敦煌遗书目录《文物资料丛刊》(1)，北京：文物出版社，1977年12月 p.60；收入冯志文、杨际平主编《中国敦煌学百年文库·综述卷》(二)，兰州：甘肃文化出版社，1999年 p.275

邰惠莉、罗华庆、陈雪静撰稿，施萍婷、邵国秀审订 敦煌研究院藏敦煌文献叙录（上）《甘肃藏敦煌文献》(第一卷)，兰州：甘肃人民出版社，1999年9月 p.300；图版p.209

施萍婷、邰惠莉 敦煌研究院藏敦煌文献叙录《敦煌研究文集·敦煌研究院藏敦煌文献研究篇》，兰州：甘肃民族出版社，2000年9月 p.82

井米兰 敦煌俗字与宋本《玉篇》俗字字形之差异及其原因初探《宁夏大学学报》（人文社会科学版）2010年第5期 p.9

黄征编 敦煌俗字典 上海：上海教育出版社，2005年5月 前言p.30；正文p.38、66~67、77、81、85、88、91、107、190、239、246、252、284、318、341、359、407、434、451、491、523；顺序索引p.744；分类索引p.750

中国美编 中国散藏敦煌文献分类目录 北京：北京图书馆出版社，2007年10月 p.2、178

沈乐平著 敦煌书法综论 杭州：浙江古籍出版社，2009年10月 p.96

沈乐平 敦煌书法综论 杭州：中国美术学院博士研究生学位论文，2008年5月 p.90

陶家骏 敦煌研究院藏佚本《维摩诘经注》写卷研究 苏州：苏州大学博士研究生学位论文，2012年3月 俗字表p.117

井米兰 敦煌俗字与宋本《玉篇》文字比较研究 上海:华东师范大学硕士研究生学位论文,2009年5月 p.59

陈瑞峰《甘肃藏敦煌文献》俗字研究 金华:浙江师范大学硕士研究生学位论文,2012年5月 p.16、35;俗字表p.119;俗字表p.128~129、132、133、136、142、147、205、206、210~211

赵丹 敦煌本道液《净名经》疏解二种异文研究 金华:浙江师范大学硕士研究生学位论文,2013年5月 p.115

高静怡 北图藏敦煌汉文写经《金光明经》异文研究 南宁:广西大学硕士研究生学位论文,2013年5月 p.32

王翠《甘肃藏敦煌文献》俗字研究 南京:南京师范大学硕士研究生学位论文,2014年5月 p.25

说明:此卷可与187号缀合。215号下接187号。

敦研0215+0187 太子瑞应本起经卷上

施萍婷 敦煌研究院藏土地庙写本源自藏经洞《敦煌研究》1999年第2期 p.42;略为删减修订后收入敦煌研究院编《敦煌研究文集·敦煌研究院藏敦煌文献研究篇》,兰州:甘肃民族出版社,2000年9月 p.19;收入氏著《敦煌习学集》(上),兰州:甘肃民族出版社,2004年12月 p.281;收入氏著《敦煌石窟与文献研究》,杭州:浙江大学出版社,2015年12月 p.372

杨森 敦煌研究院藏敦煌文献论著目录《敦煌研究文集·敦煌研究院藏敦煌文献研究篇》,兰州:甘肃民族出版社,2000年9月 p.595

敦研216(收藏号440)大般涅槃经卷第六如来性品第四之三

敦煌文物研究所资料室,刘忠贵、施娉婷 敦煌文物研究所藏敦煌遗书目录《文物资料丛刊》(1),北京:文物出版社,1977年12月 p.60~61;收入冯志文、杨际平主编《中国敦煌学百年文库·综述卷》(二),兰州:甘肃文化出版社,1999年 p.275

邰惠莉、罗华庆、陈雪静撰稿,施萍婷、邵国秀审订 敦煌研究院藏敦煌文献叙录(上)《甘肃藏敦煌文献》(第一卷),兰州:甘肃人民出版社,1999年9月 p.300;图版p.210

施萍婷、邰惠莉 敦煌研究院藏敦煌文献叙录《敦煌研究文集·敦煌研究院藏敦煌文献研究篇》,兰州:甘肃民族出版社,2000年9月 p.82

申国美编 中国散藏敦煌文献分类目录 北京:北京图书馆出版社,2007年10月 p.36、178

说明:此卷已与211号缀合。216号下接211号。

敦研216 大般涅槃经卷

景盛轩 公元五世纪敦煌本《大般涅槃经》写卷缀合研究[1]《浙江师范大学学报》(社会科学版)2014年

[1]《甘肃藏敦煌文献》(第一卷)第210页上图版包含216号和211号两件残片,直接缀合在了一起,并且说明:"此卷已与211号缀合,216号下接211号。"据景盛轩《公元五世纪敦煌本〈大般涅槃经〉写卷缀合研究》分析认为,"《甘藏》的缀合没有到位"。

第6期 p.30~32;图4-1、4-2、4-3、4-4、4-5

敦研0216+0211 大般涅槃经卷第六如来性品第四之三

施萍婷 敦煌研究院藏土地庙写本源自藏经洞《敦煌研究》1999年第2期 p.45(附表)

杨森 敦煌研究院藏敦煌文献论著目录《敦煌研究文集·敦煌研究院藏敦煌文献研究篇》,兰州:甘肃民族出版社,2000年9月 p.595

景盛轩 敦煌本《大般涅槃经》研究——以版本、异文及训诂为中心 杭州:浙江大学博士研究生学位论文,2004年5月 p.37

敦研217(收藏号441) 金光明经卷第二四天王品第六

敦煌文物研究所资料室,刘忠贵、施娉婷 敦煌文物研究所藏敦煌遗书目录《文物资料丛刊》(1),北京:文物出版社,1977年12月 p.61;收入冯志文、杨际平主编《中国敦煌学百年文库·综述卷》(二),兰州:甘肃文化出版社,1999年 p.275

邰惠莉、罗华庆、陈雪静撰稿,施萍婷、邵国秀审订 敦煌研究院藏敦煌文献叙录(上)《甘肃藏敦煌文献》(第一卷),兰州:甘肃人民出版社,1999年9月 p.300;图版p.210

施萍婷、邰惠莉 敦煌研究院藏敦煌文献叙录《敦煌研究文集·敦煌研究院藏敦煌文献研究篇》,兰州:甘肃民族出版社,2000年9月 p.82

中国美编 中国散藏敦煌文献分类目录 北京:北京图书馆出版社,2007年10月 p.53、178

朱若溪《金光明经》敦煌写本研究 杭州:浙江大学博士研究生学位论文,2017年6月 p.495(二)卷二简表

敦研218(收藏号442) 妙法莲华经卷第一序品第一

敦煌文物研究所资料室,刘忠贵、施娉婷 敦煌文物研究所藏敦煌遗书目录《文物资料丛刊》(1),北京:文物出版社,1977年12月 p.61;收入冯志文、杨际平主编《中国敦煌学百年文库·综述卷》(二),兰州:甘肃文化出版社,1999年 p.275

邰惠莉、罗华庆、陈雪静撰稿,施萍婷、邵国秀审订 敦煌研究院藏敦煌文献叙录(上)《甘肃藏敦煌文献》(第一卷),兰州:甘肃人民出版社,1999年9月 p.300

施萍婷、邰惠莉 敦煌研究院藏敦煌文献叙录《敦煌研究文集·敦煌研究院藏敦煌文献研究篇》,兰州:甘肃民族出版社,2000年9月 p.82

中国美编 中国散藏敦煌文献分类目录 北京:北京图书馆出版社,2007年10月 p.19、178

说明:此卷已与035、222号缀合。缀合顺序依次为035、218、222号。

敦研219(收藏号443) 道行般若经卷第十昙无竭菩萨品第二十九

敦煌文物研究所资料室,刘忠贵、施娉婷 敦煌文物研究所藏敦煌遗书目录《文物资料丛刊》(1),北

京：文物出版社，1977年12月 p.61；收入冯志文、杨际平主编《中国敦煌学百年文库·综述卷》(二)，兰州：甘肃文化出版社，1999年 p.275

邰惠莉、罗华庆、陈雪静撰稿，施萍婷、邵国秀审订 敦煌研究院藏敦煌文献叙录(上)《甘肃藏敦煌文献》(第一卷)，兰州：甘肃人民出版社，1999年9月 p.300；图版p.211

施萍婷、邰惠莉 敦煌研究院藏敦煌文献叙录《敦煌研究文集·敦煌研究院藏敦煌文献研究篇》，兰州：甘肃民族出版社，2000年9月 p.83

肖瑜 敦煌研究院藏《三国志·步骘传》残卷疑难俗字补释《敦煌研究》2008年第5期 p.36；p.37(附："诣"、"封"二字体对照表)

黄征编 敦煌俗字典 上海：上海教育出版社，2005年5月 正文p.113、197、199、212、362、424、437、450、475、502、547、562；顺序索引p.744；分类索引p.749

申国美编 中国散藏敦煌文献分类目录 北京：北京图书馆出版社，2007年10月 p.12、178~179

肖瑜《三国志》古写本用字研究 上海：复旦大学博士研究生学位论文，2006年4月 p.25

陶家骏 敦煌研究院藏佚本《维摩诘经注》写卷研究 苏州：苏州大学博士研究生学位论文，2012年3月 俗字表p.126、135

周远军 敦煌写卷《道行般若经》用字研究及校勘 南宁：广西大学硕士研究生学位论文，2011年6月 p.5、36、39、57、58、60、89、103、112、117、118、133、136

陈瑞峰《甘肃藏敦煌文献》俗字研究 金华：浙江师范大学硕士研究生学位论文，2012年5月 俗字表p.149~150、185、224、232

敦研219V 杂写

邰惠莉、罗华庆、陈雪静撰稿，施萍婷、邵国秀审订 敦煌研究院藏敦煌文献叙录(上)《甘肃藏敦煌文献》(第一卷)，兰州：甘肃人民出版社，1999年9月 p.300；图版p.211

申国美编 中国散藏敦煌文献分类目录 北京：北京图书馆出版社，2007年10月 p.87

敦研220(收藏号444) 妙法莲华经卷第一序品第一

敦煌文物研究所资料室，刘忠贵、施娉婷 敦煌文物研究所藏敦煌遗书目录《文物资料丛刊》(1)，北京：文物出版社，1977年12月 p.61；收入冯志文、杨际平主编《中国敦煌学百年文库·综述卷》(二)，兰州：甘肃文化出版社，1999年 p.275

邰惠莉、罗华庆、陈雪静撰稿，施萍婷、邵国秀审订 敦煌研究院藏敦煌文献叙录(上)《甘肃藏敦煌文献》(第一卷)，兰州：甘肃人民出版社，1999年9月 p.300~301；图版p.211~212；彩版(局部)

施萍婷、邰惠莉 敦煌研究院藏敦煌文献叙录《敦煌研究文集·敦煌研究院藏敦煌文献研究篇》，兰州：甘肃民族出版社，2000年9月 p.83

施安昌 北京体书迹叙录——兼谈铭石书与写经书《第五届中国书法史论国际研讨会论文集》，北京：文物出版社，2002年8月 p.241；p.245；图5

黄征 敦煌俗字例释《敦煌吐鲁番研究》(第八卷),北京:中华书局,2005年1月 p.254

郑阿财 论敦煌俗字与写本学之关系《敦煌研究》2006年第6期 p.165

井米兰 敦煌俗字与宋本《玉篇》俗字字形之差异及其原因初探《宁夏大学学报》(人文社会科学版)2010年第5期 p.8

黄征编 敦煌俗字典 上海:上海教育出版社,2005年5月 正文p.4、7、24、28、29、33、48、72、77、128、214、263、288、297、346、358、361、364、368、377、397、412、461、487、515、542、559、567;顺序索引p.744;分类索引p.749

申国美编 中国散藏敦煌文献分类目录 北京:北京图书馆出版社,2007年10月 p.19、179

沈乐平著 敦煌书法综论 杭州:浙江古籍出版社,2009年10月 p.93、96

肖瑜《三国志》古写本用字研究 上海:复旦大学博士研究生学位论文,2006年4月 p.36

沈乐平 敦煌书法综论 杭州:中国美术学院博士研究生学位论文,2008年5月 p.89、90

陶家骏 敦煌研究院藏佚本《维摩诘经注》写卷研究 苏州:苏州大学博士研究生学位论文,2012年3月 俗字表p.77、130、159;p.200

井米兰 敦煌俗字与宋本《玉篇》文字比较研究 上海:华东师范大学硕士研究生学位论文,2009年5月 p.47、58

宋丽丽 敦煌写本《籯金》俗字研究 南京:南京师范大学硕士研究生学位论文,2011年5月 p.31

周远军 敦煌写卷《道行般若经》用字研究及校勘 南宁:广西大学硕士研究生学位论文,2011年6月 p.86、104

陈瑞峰《甘肃藏敦煌文献》俗字研究 金华:浙江师范大学硕士研究生学位论文,2012年5月 p.21、26、56;俗字表p.107、116~117、119、123、130、160、194、207、218、222

高静怡 北图藏敦煌汉文写经《金光明经》异文研究 南宁:广西大学硕士研究生学位论文,2013年5月 p.24

敦研221(收藏号445)优婆塞戒经卷第三摄取品第十三

敦煌文物研究所资料室,刘忠贵、施娉婷 敦煌文物研究所藏敦煌遗书目录《文物资料丛刊》(1),北京:文物出版社,1977年12月 p.61;收入冯志文、杨际平主编《中国敦煌学百年文库·综述卷》(二),兰州:甘肃文化出版社,1999年 p.275

邰惠莉、罗华庆、陈雪静撰稿,施萍婷、邰国秀审订 敦煌研究院藏敦煌文献叙录(上)《甘肃藏敦煌文献》(第一卷),兰州:甘肃人民出版社,1999年9月 p.301;图版p.212

施萍婷、邰惠莉 敦煌研究院藏敦煌文献叙录《敦煌研究文集·敦煌研究院藏敦煌文献研究篇》,兰州:甘肃民族出版社,2000年9月 p.83

林世田、汪桂海 敦煌写本《优婆塞戒经》版本研究《文献》2008年第2期 p.33;收入林世田著《敦煌遗书研究论集》,北京:中国藏学出版社,2010年3月 p.76

黄征编 敦煌俗字典 上海:上海教育出版社,2005年5月 正文p.7、251、365、578;顺序索引p.744;分类

索引p.748

申国美编 中国散藏敦煌文献分类目录 北京:北京图书馆出版社,2007年10月 p.58、179

林世田、杨学勇、刘波著 敦煌佛典的流通与改造 兰州:甘肃教育出版社,2013年11月 p.147

敦研222(收藏号446) 妙法莲华经卷第一序品第一

敦煌文物研究所资料室,刘忠贵、施娉婷 敦煌文物研究所藏敦煌遗书目录《文物资料丛刊》(1),北京:文物出版社,1977年12月 p.61;收入冯志文、杨际平主编《中国敦煌学百年文库·综述卷》(二),兰州:甘肃文化出版社,1999年 p.275

邰惠莉、罗华庆、陈雪静撰稿,施萍婷、邵国秀审订 敦煌研究院藏敦煌文献叙录(上)《甘肃藏敦煌文献》(第一卷),兰州:甘肃人民出版社,1999年9月 p.301

施萍婷、邰惠莉 敦煌研究院藏敦煌文献叙录《敦煌研究文集·敦煌研究院藏敦煌文献研究篇》,兰州:甘肃民族出版社,2000年9月 p.83

申国美编 中国散藏敦煌文献分类目录 北京:北京图书馆出版社,2007年10月 p.19、179

说明:此卷已与035、218号缀合。缀合顺序依次为035、218、222号。

敦研223(收藏号447) 大智度论卷八十五释道树品第七十一

敦煌文物研究所资料室,刘忠贵、施娉婷 敦煌文物研究所藏敦煌遗书目录《文物资料丛刊》(1),北京:文物出版社,1977年12月 p.61;收入冯志文、杨际平主编《中国敦煌学百年文库·综述卷》(二),兰州:甘肃文化出版社,1999年 p.275

邰惠莉、罗华庆、陈雪静撰稿,施萍婷、邵国秀审订 敦煌研究院藏敦煌文献叙录(上)《甘肃藏敦煌文献》(第一卷),兰州:甘肃人民出版社,1999年9月 p.301;图版p.213

施萍婷、邰惠莉 敦煌研究院藏敦煌文献叙录《敦煌研究文集·敦煌研究院藏敦煌文献研究篇》,兰州:甘肃民族出版社,2000年9月 p.83~84

黄征编 敦煌俗字典 上海:上海教育出版社,2005年5月 正文p.84、96、235、360、497、523;顺序索引p.744;分类索引p.751

申国美编 中国散藏敦煌文献分类目录 北京:北京图书馆出版社,2007年10月 p.60、179

肖瑜《三国志》古写本用字研究 上海:复旦大学博士研究生学位论文,2006年4月 p.57

周远军 敦煌写卷《道行般若经》用字研究及校勘 南宁:广西大学硕士研究生学位论文,2011年6月 p.123

陈瑞峰《甘肃藏敦煌文献》俗字研究 金华:浙江师范大学硕士研究生学位论文,2012年5月 俗字表p.138、200、214

敦研224(收藏号448) 大智度论卷第三十三释初品中到彼岸义第五十

敦煌文物研究所资料室,刘忠贵、施娉婷 敦煌文物研究所藏敦煌遗书目录《文物资料丛刊》(1),北京:文物出版社,1977年12月 p.61;收入冯志文、杨际平主编《中国敦煌学百年文库·综述卷》(二),兰州:甘

肃文化出版社,1999年 p.275

邰惠莉、罗华庆、陈雪静撰稿,施萍婷、邵国秀审订 敦煌研究院藏敦煌文献叙录(上)《甘肃藏敦煌文献》(第一卷),兰州:甘肃人民出版社,1999年9月 p.301;图版p.213

施萍婷、邰惠莉 敦煌研究院藏敦煌文献叙录《敦煌研究文集·敦煌研究院藏敦煌文献研究篇》,兰州:甘肃民族出版社,2000年9月 p.84

申国美编 中国散藏敦煌文献分类目录 北京:北京图书馆出版社,2007年10月 p.60、179

说明:此卷可同052、264号缀合。缀合顺序依次为052、224、264号。其中224号与264号为交叉接茬。

敦研225(收藏号449)大般涅槃经卷第三十七迦叶菩萨品第十二之五

敦煌文物研究所资料室,刘忠贵、施娉婷 敦煌文物研究所藏敦煌遗书目录《文物资料丛刊》(1),北京:文物出版社,1977年12月 p.61;收入冯志文、杨际平主编《中国敦煌学百年文库·综述卷》(二),兰州:甘肃文化出版社,1999年 p.275

邰惠莉、罗华庆、陈雪静撰稿,施萍婷、邵国秀审订 敦煌研究院藏敦煌文献叙录(上)《甘肃藏敦煌文献》(第一卷),兰州:甘肃人民出版社,1999年9月 p.301;图版p.214

施萍婷、邰惠莉 敦煌研究院藏敦煌文献叙录《敦煌研究文集·敦煌研究院藏敦煌文献研究篇》,兰州:甘肃民族出版社,2000年9月 p.84

黄征 敦煌俗字例释《敦煌吐鲁番研究》(第八卷),北京:中华书局,2005年1月 p.251

黄征编 敦煌俗字典 上海:上海教育出版社,2005年5月 正文p.2、93、123、161、329、331、369、415、487、494、579;顺序索引p.744;分类索引p.748

申国美编 中国散藏敦煌文献分类目录 北京:北京图书馆出版社,2007年10月 p.43、179

景盛轩 敦煌本《大般涅槃经》研究——以版本、异文及训诂为中心 杭州:浙江大学博士研究生学位论文,2004年5月 p.112

肖瑜《三国志》古写本用字研究 上海:复旦大学博士研究生学位论文,2006年4月 p.78

周远军 敦煌写卷《道行般若经》用字研究及校勘 南宁:广西大学硕士研究生学位论文,2011年6月 p.127

陈瑞峰《甘肃藏敦煌文献》俗字研究 金华:浙江师范大学硕士研究生学位论文,2012年5月 p.28;例证表p.61;俗字表p.106、157、175、235

赵丹 敦煌本道液《净名经》疏解二种异文研究 金华:浙江师范大学硕士研究生学位论文,2013年5月 p.113

敦研226(收藏号450)妙法莲华经卷第一方便品第二

敦煌文物研究所资料室,刘忠贵、施娉婷 敦煌文物研究所藏敦煌遗书目录《文物资料丛刊》(1),北京:文物出版社,1977年12月 p.61;收入冯志文、杨际平主编《中国敦煌学百年文库·综述卷》(二),兰州:甘肃文化出版社,1999年 p.275

邰惠莉、罗华庆、陈雪静撰稿，施萍婷、邵国秀审订 敦煌研究院藏敦煌文献叙录（上）《甘肃藏敦煌文献》（第一卷），兰州：甘肃人民出版社，1999年9月 p.301；图版p.214

施萍婷、邰惠莉 敦煌研究院藏敦煌文献叙录《敦煌研究文集·敦煌研究院藏敦煌文献研究篇》，兰州：甘肃民族出版社，2000年9月 p.84

申国美编 中国散藏敦煌文献分类目录 北京：北京图书馆出版社，2007年10月 p.19、179

敦研227（收藏号451）妙法莲华经卷第四见宝塔品第十一

敦煌文物研究所资料室，刘忠贵、施娉婷 敦煌文物研究所藏敦煌遗书目录《文物资料丛刊》（1），北京：文物出版社，1977年12月 p.61；收入冯志文、杨际平主编《中国敦煌学百年文库·综述卷》（二），兰州：甘肃文化出版社，1999年 p.275

邰惠莉、罗华庆、陈雪静撰稿，施萍婷、邵国秀审订 敦煌研究院藏敦煌文献叙录（上）《甘肃藏敦煌文献》（第一卷），兰州：甘肃人民出版社，1999年9月 p.301

施萍婷、邰惠莉 敦煌研究院藏敦煌文献叙录《敦煌研究文集·敦煌研究院藏敦煌文献研究篇》，兰州：甘肃民族出版社，2000年9月 p.84~85

李正宇 评莫高窟土地庙藏经来源问题的探讨《敦煌吐鲁番研究》（第七卷），北京：中华书局，2004年1月 p.129

申国美编 中国散藏敦煌文献分类目录 北京：北京图书馆出版社，2007年10月 p.25、179

说明：此卷已与240、153号缀合入105号。缀合顺序依次为105、240、153、227号。

敦研228（收藏号452）优婆塞戒经卷第三受戒品第十四

敦煌文物研究所资料室，刘忠贵、施娉婷 敦煌文物研究所藏敦煌遗书目录《文物资料丛刊》（1），北京：文物出版社，1977年12月 p.61；收入冯志文、杨际平主编《中国敦煌学百年文库·综述卷》（二），兰州：甘肃文化出版社，1999年 p.275

邰惠莉、罗华庆、陈雪静撰稿，施萍婷、邵国秀审订 敦煌研究院藏敦煌文献叙录（上）《甘肃藏敦煌文献》（第一卷），兰州：甘肃人民出版社，1999年9月 p.301；图版p.215

施萍婷、邰惠莉 敦煌研究院藏敦煌文献叙录《敦煌研究文集·敦煌研究院藏敦煌文献研究篇》，兰州：甘肃民族出版社，2000年9月 p.85

郑阿财 论敦煌俗字与写本学之关系《敦煌研究》2006年第6期 p.164~165

林世田、汪桂海 敦煌写本《优婆塞戒经》版本研究《文献》2008年第2期 p.33；收入林世田著《敦煌遗书研究论集》，北京：中国藏学出版社，2010年3月 p.76

申国美编 中国散藏敦煌文献分类目录 北京：北京图书馆出版社，2007年10月 p.58、179

林世田、杨学勇、刘波著 敦煌佛典的流通与改造 兰州：甘肃教育出版社，2013年11月 p.147

说明：此卷可与208号交叉接茬缀合。228号上接208号。

敦研229(收藏号453)大般涅槃经卷第二十八狮子吼菩萨品第十一之二

敦煌文物研究所资料室,刘忠贵、施娉婷 敦煌文物研究所藏敦煌遗书目录《文物资料丛刊》(1),北京:文物出版社,1977年12月 p.61;收入冯志文、杨际平主编《中国敦煌学百年文库·综述卷》(二),兰州:甘肃文化出版社,1999年 p.275

邰惠莉、罗华庆、陈雪静撰稿,施萍婷、邵国秀审订 敦煌研究院藏敦煌文献叙录(上)《甘肃藏敦煌文献》(第一卷),兰州:甘肃人民出版社,1999年9月 p.301~302;图版p.215

施萍婷、邰惠莉 敦煌研究院藏敦煌文献叙录《敦煌研究文集·敦煌研究院藏敦煌文献研究篇》,兰州:甘肃民族出版社,2000年9月 p.85

申国美编 中国散藏敦煌文献分类目录 北京:北京图书馆出版社,2007年10月 p.41、179

景盛轩 敦煌本《大般涅槃经》研究——以版本、异文及训诂为中心 杭州:浙江大学博士研究生学位论文,2004年5月 p.92~93

敦研230(收藏号454)佛说首楞严三昧经卷下

敦煌文物研究所资料室,刘忠贵、施娉婷 敦煌文物研究所藏敦煌遗书目录《文物资料丛刊》(1),北京:文物出版社,1977年12月 p.61;收入冯志文、杨际平主编《中国敦煌学百年文库·综述卷》(二),兰州:甘肃文化出版社,1999年 p.275

邰惠莉、罗华庆、陈雪静撰稿,施萍婷、邵国秀审订 敦煌研究院藏敦煌文献叙录(上)《甘肃藏敦煌文献》(第一卷),兰州:甘肃人民出版社,1999年9月 p.302;图版p.216

施萍婷、邰惠莉 敦煌研究院藏敦煌文献叙录《敦煌研究文集·敦煌研究院藏敦煌文献研究篇》,兰州:甘肃民族出版社,2000年9月 p.85

申国美编 中国散藏敦煌文献分类目录 北京:北京图书馆出版社,2007年10月 p.52、179

敦研231(收藏号455)妙法莲华经卷第一方便品第二

敦煌文物研究所资料室,刘忠贵、施娉婷 敦煌文物研究所藏敦煌遗书目录《文物资料丛刊》(1),北京:文物出版社,1977年12月 p.61;收入冯志文、杨际平主编《中国敦煌学百年文库·综述卷》(二),兰州:甘肃文化出版社,1999年 p.275

邰惠莉、罗华庆、陈雪静撰稿,施萍婷、邵国秀审订 敦煌研究院藏敦煌文献叙录(上)《甘肃藏敦煌文献》(第一卷),兰州:甘肃人民出版社,1999年9月 p.302;图版p.216

施萍婷、邰惠莉 敦煌研究院藏敦煌文献叙录《敦煌研究文集·敦煌研究院藏敦煌文献研究篇》,兰州:甘肃民族出版社,2000年9月 p.85~86

申国美编 中国散藏敦煌文献分类目录 北京:北京图书馆出版社,2007年10月 p.20、179

敦研232(收藏号456)大般涅槃经卷第九如来性品第四之六

敦煌文物研究所资料室,刘忠贵、施娉婷 敦煌文物研究所藏敦煌遗书目录《文物资料丛刊》(1),北

京：文物出版社，1977年12月 p.61；收入冯志文、杨际平主编《中国敦煌学百年文库·综述卷》（二），兰州：甘肃文化出版社，1999年 p.275

施萍婷 敦煌研究院藏土地庙写本源自藏经洞《敦煌研究》1999年第2期 p.45（附表）

邰惠莉、罗华庆、陈雪静撰稿，施萍婷、邵国秀审订 敦煌研究院藏敦煌文献叙录（上）《甘肃藏敦煌文献》（第一卷），兰州：甘肃人民出版社，1999年9月 p.302；图版p.217~218

施萍婷、邰惠莉 敦煌研究院藏敦煌文献叙录《敦煌研究文集·敦煌研究院藏敦煌文献研究篇》，兰州：甘肃民族出版社，2000年9月 p.86

杨森 敦煌研究院藏敦煌文献论著目录《敦煌研究文集·敦煌研究院藏敦煌文献研究篇》，兰州：甘肃民族出版社，2000年9月 p.595

张涌泉 敦煌故里对敦煌学的新奉献——《甘肃藏敦煌文献》读后《敦煌研究》2001年第1期 p.182

景盛轩 敦煌写本《大般涅槃经》著录商补《浙江与敦煌学——常书鸿先生诞辰一百周年纪念文集》，杭州：浙江古籍出版社，2004年12月 p.349；收入氏著《〈大般涅槃经〉異文研究》，成都：巴蜀书社，2009年2月 p.340

黄征编 敦煌俗字典 上海：上海教育出版社，2005年5月 正文p.16、84、91、115、197、303、343、354、356、260、363、366、425、513、546；顺序索引p.744；分类索引p.748

申国美编 中国散藏敦煌文献分类目录 北京：北京图书馆出版社，2007年10月 p.37、180

景盛轩 敦煌本《大般涅槃经》研究——以版本、异文及训诂为中心 杭州：浙江大学博士研究生学位论文，2004年5月 p.45

井米兰 敦煌俗字与宋本《玉篇》文字比较研究 上海：华东师范大学硕士研究生学位论文，2009年5月 p.44

周远军 敦煌写卷《道行般若经》用字研究及校勘 南宁：广西大学硕士研究生学位论文，2011年6月 p.60、100、122

陈瑞峰《甘肃藏敦煌文献》俗字研究 金华：浙江师范大学硕士研究生学位论文，2012年5月 p.50；俗字表p.135、136、185、215

王翠《甘肃藏敦煌文献》俗字研究 南京：南京师范大学硕士研究生学位论文，2014年5月 p.18（表）；p.52（附录：中古经卷"表"）

说明：此卷已与236号缀合。

敦研232号……敦研236号 大般涅槃经

景盛轩 公元五世纪敦煌本《大般涅槃经》写卷缀合研究[1]《浙江师范大学学报》（社会科学版）2014年

---

①《甘肃藏敦煌文献》（第一卷）第217~218页图版系敦研232号与敦研236号缀合而成，并说明："此卷已与236号缀合。"据景盛轩《公元五世纪敦煌本〈大般涅槃经〉写卷缀合研究》分析认为，"《甘藏》的缀合图不妥当。缀合件首尾残，中间有十多纸的脱漏"。

第6期 p.32;图4-4、4-5

敦研233(收藏号457) 大般涅槃经卷第三十七迦叶菩萨品第十二之五

敦煌文物研究所资料室,刘忠贵、施娉婷 敦煌文物研究所藏敦煌遗书目录《文物资料丛刊》(1),北京:文物出版社,1977年12月 p.61;收入冯志文、杨际平主编《中国敦煌学百年文库·综述卷》(二),兰州:甘肃文化出版社,1999年 p.275

邰惠莉、罗华庆、陈雪静撰稿,施萍婷、邵国秀审订 敦煌研究院藏敦煌文献叙录(上)《甘肃藏敦煌文献》(第一卷),兰州:甘肃人民出版社,1999年9月 p.302;图版p.218

施萍婷、邰惠莉 敦煌研究院藏敦煌文献叙录《敦煌研究文集·敦煌研究院藏敦煌文献研究篇》,兰州:甘肃民族出版社,2000年9月 p.86

申国美编 中国散藏敦煌文献分类目录 北京:北京图书馆出版社,2007年10月 p.43、180

说明:此卷已与214号缀合。233号下接214号。此卷尚可与283、205号缀合,顺序依次为283、233、214、205号。

敦研234(收藏号458) 大般涅槃经卷第三十九憍陈如品第十三之一

敦煌文物研究所资料室,刘忠贵、施娉婷 敦煌文物研究所藏敦煌遗书目录《文物资料丛刊》(1),北京:文物出版社,1977年12月 p.61;收入冯志文、杨际平主编《中国敦煌学百年文库·综述卷》(二),兰州:甘肃文化出版社,1999年 p.275

邰惠莉、罗华庆、陈雪静撰稿,施萍婷、邵国秀审订 敦煌研究院藏敦煌文献叙录(上)《甘肃藏敦煌文献》(第一卷),兰州:甘肃人民出版社,1999年9月 p.302;图版p.219

施萍婷、邰惠莉 敦煌研究院藏敦煌文献叙录《敦煌研究文集·敦煌研究院藏敦煌文献研究篇》,兰州:甘肃民族出版社,2000年9月 p.86

黄征编 敦煌俗字典 上海:上海教育出版社,2005年5月 前言p.30;正文p.65、109、234、238、331、383、396、420、423、514、523、578;顺序索引p.744;分类索引p.748

申国美编 中国散藏敦煌文献分类目录 北京:北京图书馆出版社,2007年10月 p.43、180

景盛轩 敦煌本《大般涅槃经》研究——以版本、异文及训诂为中心 杭州:浙江大学博士研究生学位论文,2004年5月 p.116

井米兰 敦煌俗字与宋本《玉篇》文字比较研究 上海:华东师范大学硕士研究生学位论文,2009年5月 p.73

周远军 敦煌写卷《道行般若经》用字研究及校勘 南宁:广西大学硕士研究生学位论文,2011年6月 p.72

唐帅彬 敦煌俗字论辨 南京:南京师范大学硕士研究生学位论文,2012年5月 p.7

陈瑞峰《甘肃藏敦煌文献》俗字研究 金华:浙江师范大学硕士研究生学位论文,2012年5月 俗字表p.128、147~148、201

敦研235(收藏号459) 小品般若波罗蜜经卷第九嘱累品第二十四

方广锠等 摩诃般若波罗蜜经《敦煌学大辞典》,上海:上海辞书出版社,1998年12月 p.680

敦煌文物研究所资料室,刘忠贵、施娉婷 敦煌文物研究所藏敦煌遗书目录《文物资料丛刊》(1),北京:文物出版社,1977年12月 p.61;收入冯志文、杨际平主编《中国敦煌学百年文库·综述卷》(二),兰州:甘肃文化出版社,1999年 p.275

邰惠莉、罗华庆、陈雪静撰稿,施萍婷、邵国秀审订 敦煌研究院藏敦煌文献叙录(上)《甘肃藏敦煌文献》(第一卷),兰州:甘肃人民出版社,1999年9月 p.302;图版p.219

施萍婷、邰惠莉 敦煌研究院藏敦煌文献叙录《敦煌研究文集·敦煌研究院藏敦煌文献研究篇》,兰州:甘肃民族出版社,2000年9月 p.87

黄征编 敦煌俗字典 上海:上海教育出版社,2005年5月 正文p.96、135、150、159、194、284、494、517、564;顺序索引p.744;分类索引p.750

中国美编 中国散藏敦煌文献分类目录 北京:北京图书馆出版社,2007年10月 p.12、180

周远军 敦煌写卷《道行般若经》用字研究及校勘 南宁:广西大学硕士研究生学位论文,2011年6月 p.95

陈瑞峰《甘肃藏敦煌文献》俗字研究 金华:浙江师范大学硕士研究生学位论文,2012年5月 俗字表p.139、162~163、168、171

敦研236(收藏号460) 大般涅槃经卷第九如来性品第四之六

敦煌文物研究所资料室,刘忠贵、施娉婷 敦煌文物研究所藏敦煌遗书目录《文物资料丛刊》(1),北京:文物出版社,1977年12月 p.61;收入冯志文、杨际平主编《中国敦煌学百年文库·综述卷》(二),兰州:甘肃文化出版社,1999年 p.276

施萍婷 敦煌研究院藏土地庙写本源自藏经洞《敦煌研究》1999年第2期 p.45(附表)

邰惠莉、罗华庆、陈雪静撰稿,施萍婷、邵国秀审订 敦煌研究院藏敦煌文献叙录(上)《甘肃藏敦煌文献》(第一卷),兰州:甘肃人民出版社,1999年9月 p.302

施萍婷、邰惠莉 敦煌研究院藏敦煌文献叙录《敦煌研究文集·敦煌研究院藏敦煌文献研究篇》,兰州:甘肃民族出版社,2000年9月 p.87

杨森 敦煌研究院藏敦煌文献论著目录《敦煌研究文集·敦煌研究院藏敦煌文献研究篇》,兰州:甘肃民族出版社,2000年9月 p.595~596

中国美编 中国散藏敦煌文献分类目录 北京:北京图书馆出版社,2007年10月 p.37、180

说明:此卷已与232号缀合。

敦研237(收藏号461) 太子瑞应本起经卷上

敦煌文物研究所资料室,刘忠贵、施娉婷 敦煌文物研究所藏敦煌遗书目录《文物资料丛刊》(1),北京:文物出版社,1977年12月 p.61;收入冯志文、杨际平主编《中国敦煌学百年文库·综述卷》(二),兰州:甘肃文化出版社,1999年 p.276

邰惠莉、罗华庆、陈雪静撰稿，施萍婷、邵国秀审订 敦煌研究院藏敦煌文献叙录（上）《甘肃藏敦煌文献》（第一卷），兰州：甘肃人民出版社，1999年9月 p.302；图版p.220

施萍婷、邰惠莉 敦煌研究院藏敦煌文献叙录《敦煌研究文集·敦煌研究院藏敦煌文献研究篇》，兰州：甘肃民族出版社，2000年9月 p.87

黄征编 敦煌俗字典 上海：上海教育出版社，2005年5月 正文p.207、274、316、338、349、354、361、375、420、423、492；顺序索引p.744；分类索引p.750

申国美编 中国散藏敦煌文献分类目录 北京：北京图书馆出版社，2007年10月 p.2、180

陶家骏 敦煌研究院藏佚本《维摩诘经注》写卷研究 苏州：苏州大学博士研究生学位论文，2012年3月 p.190

陈瑞峰《甘肃藏敦煌文献》俗字研究 金华：浙江师范大学硕士研究生学位论文，2012年5月 p.52；俗字表p.190、212

说明：此卷与317号同经同卷。

敦研0237+0317 太子瑞应本起经卷上

施萍婷 敦煌研究院藏土地庙写本源自藏经洞《敦煌研究》1999年第2期 p.42；略为删减修订后收入敦煌研究院编《敦煌研究文集·敦煌研究院藏敦煌文献研究篇》，兰州：甘肃民族出版社，2000年9月 p.19；收入氏著《敦煌习学集》（上），兰州：甘肃民族出版社，2004年12月 p.281；收入氏著《敦煌石窟与文献研究》，杭州：浙江大学出版社，2015年12月 p.372

杨森 敦煌研究院藏敦煌文献论著目录《敦煌研究文集·敦煌研究院藏敦煌文献研究篇》，兰州：甘肃民族出版社，2000年9月 p.596

敦研238（收藏号462）佛说首楞严三昧经卷下

敦煌文物研究所资料室，刘忠贵、施娉婷 敦煌文物研究所藏敦煌遗书目录《文物资料丛刊》（1），北京：文物出版社，1977年12月 p.61；收入冯志文、杨际平主编《中国敦煌学百年文库·综述卷》（二），兰州：甘肃文化出版社，1999年 p.276

邰惠莉、罗华庆、陈雪静撰稿，施萍婷、邵国秀审订 敦煌研究院藏敦煌文献叙录（上）《甘肃藏敦煌文献》（第一卷），兰州：甘肃人民出版社，1999年9月 p.303；图版p.220

施萍婷、邰惠莉 敦煌研究院藏敦煌文献叙录《敦煌研究文集·敦煌研究院藏敦煌文献研究篇》，兰州：甘肃民族出版社，2000年9月 p.87

黄征 敦煌俗字种类考辨《敦煌学·日本学——石塚晴通教授退职纪念文集》，上海：上海辞书出版社，2005年12月 p.121；又载赵生群、方向东主编《古文献研究集刊》（第一辑），南京：凤凰出版社，2007年4月 p.38

黄征编 敦煌俗字典 上海：上海教育出版社，2005年5月 前言p.29；正文p.358、422、516；顺序索引p.744；分类索引p.750

申国美编 中国散藏敦煌文献分类目录 北京：北京图书馆出版社，2007年10月 p.52、180

敦研239(收藏号464)佛说首楞严三昧经卷上

敦煌文物研究所资料室,刘忠贵、施娉婷 敦煌文物研究所藏敦煌遗书目录《文物资料丛刊》(1),北京:文物出版社,1977年12月 p.61;收入冯志文、杨际平主编《中国敦煌学百年文库·综述卷》(二),兰州:甘肃文化出版社,1999年 p.276

邰惠莉、罗华庆、陈雪静撰稿,施萍婷、邵国秀审订 敦煌研究院藏敦煌文献叙录(上)《甘肃藏敦煌文献》(第一卷),兰州:甘肃人民出版社,1999年9月 p.303;图版p.221

施萍婷、邰惠莉 敦煌研究院藏敦煌文献叙录《敦煌研究文集·敦煌研究院藏敦煌文献研究篇》,兰州:甘肃民族出版社,2000年9月 p.87~88

黄征编 敦煌俗字典 上海:上海教育出版社,2005年5月 正文p.39、46、110、159、365、547、580;顺序索引p.744;分类索引p.750

申国美编 中国散藏敦煌文献分类目录 北京:北京图书馆出版社,2007年10月 p.52、180

陶家骏 敦煌研究院藏佚本《维摩诘经注》写卷研究 苏州:苏州大学博士研究生学位论文,2012年3月 俗字表p.75、156;p.168

井米兰 敦煌俗字与宋本《玉篇》文字比较研究 上海:华东师范大学硕士研究生学位论文,2009年5月 p.72

陈瑞峰《甘肃藏敦煌文献》俗字研究 金华:浙江师范大学硕士研究生学位论文,2012年5月 p.38;俗字表p.120、148、171、236

敦研240(收藏号465)妙法莲华经卷第四见宝塔品第十一

敦煌文物研究所资料室,刘忠贵、施娉婷 敦煌文物研究所藏敦煌遗书目录《文物资料丛刊》(1),北京:文物出版社,1977年12月 p.61;收入冯志文、杨际平主编《中国敦煌学百年文库·综述卷》(二),兰州:甘肃文化出版社,1999年 p.276

邰惠莉、罗华庆、陈雪静撰稿,施萍婷、邵国秀审订 敦煌研究院藏敦煌文献叙录(上)《甘肃藏敦煌文献》(第一卷),兰州:甘肃人民出版社,1999年9月 p.303

施萍婷、邰惠莉 敦煌研究院藏敦煌文献叙录《敦煌研究文集·敦煌研究院藏敦煌文献研究篇》,兰州:甘肃民族出版社,2000年9月 p.88

申国美编 中国散藏敦煌文献分类目录 北京:北京图书馆出版社,2007年10月 p.25、180

说明:此卷已与105、153、227号缀合。缀合顺序依次为105、240、153、227号。

敦研241(收藏号466)佛说斋经

敦煌文物研究所资料室,刘忠贵、施娉婷 敦煌文物研究所藏敦煌遗书目录《文物资料丛刊》(1),北京:文物出版社,1977年12月 p.61;收入冯志文、杨际平主编《中国敦煌学百年文库·综述卷》(二),兰州:甘肃文化出版社,1999年 p.276

邰惠莉、罗华庆、陈雪静撰稿,施萍婷、邵国秀审订 敦煌研究院藏敦煌文献叙录(上)《甘肃藏敦煌文

献》(第一卷),兰州:甘肃人民出版社,1999年9月 p.303;图版p.221

施萍婷、邰惠莉 敦煌研究院藏敦煌文献叙录《敦煌研究文集·敦煌研究院藏敦煌文献研究篇》,兰州:甘肃民族出版社,2000年9月 p.88

黄征编 敦煌俗字典 上海:上海教育出版社,2005年5月 前言p.29~30;正文p.31、52、90、101、117、199、274、371、420、423、424、487、512、519、523、524、538、551;顺序索引p.744;分类索引p.750

申国美编 中国散藏敦煌文献分类目录 北京:北京图书馆出版社,2007年10月 p.1、180

陶家骏 敦煌研究院藏佚本《维摩诘经注》写卷研究 苏州:苏州大学博士研究生学位论文,2012年3月 p.200

陈瑞峰《甘肃藏敦煌文献》俗字研究 金华:浙江师范大学硕士研究生学位论文,2012年5月 俗字表p.119、187、223、229

说明:此卷可与164号缀合。241号下接164号。

敦研0241+0164 佛说斋经

施萍婷 敦煌研究院藏土地庙写本源自藏经洞《敦煌研究》1999年第2期 p.42;略为删减修订后收入敦煌研究院编《敦煌研究文集·敦煌研究院藏敦煌文献研究篇》,兰州:甘肃民族出版社,2000年9月 p.18;收入氏著《敦煌习学集》(上),兰州:甘肃民族出版社,2004年12月 p.280;收入氏著《敦煌石窟与文献研究》,杭州:浙江大学出版社,2015年12月 p.370

杨森 敦煌研究院藏敦煌文献论著目录《敦煌研究文集·敦煌研究院藏敦煌文献研究篇》,兰州:甘肃民族出版社,2000年9月 p.596

甘肃省地方史志编纂委员会编 甘肃省志·文物志(中册) 北京:文物出版社,2018年11月 p.1522;图1幅

敦研242(收藏号467) 妙法莲华经卷第七观世音菩萨普门品第二十五

敦煌文物研究所资料室,刘忠贵、施娉婷 敦煌文物研究所藏敦煌遗书目录《文物资料丛刊》(1),北京:文物出版社,1977年12月 p.61;收入冯志文、杨际平主编《中国敦煌学百年文库·综述卷》(二),兰州:甘肃文化出版社,1999年 p.276

邰惠莉、罗华庆、陈雪静撰稿,施萍婷、邵国秀审订 敦煌研究院藏敦煌文献叙录(上)《甘肃藏敦煌文献》(第一卷),兰州:甘肃人民出版社,1999年9月 p.303;图版p.222

施萍婷、邰惠莉 敦煌研究院藏敦煌文献叙录《敦煌研究文集·敦煌研究院藏敦煌文献研究篇》,兰州:甘肃民族出版社,2000年9月 p.88

黄征编 敦煌俗字典 上海:上海教育出版社,2005年5月 正文p.9、475、554;顺序索引p.744;分类索引p.749

申国美编 中国散藏敦煌文献分类目录 北京:北京图书馆出版社,2007年10月 p.31、181

陈瑞峰《甘肃藏敦煌文献》俗字研究 金华:浙江师范大学硕士研究生学位论文,2012年5月 俗字表p.109

敦研243(收藏号468) 大般涅槃经卷第六如来性品第四之三

敦煌文物研究所资料室,刘忠贵、施娉婷 敦煌文物研究所藏敦煌遗书目录《文物资料丛刊》(1),北京:文物出版社,1977年12月 p.61;收入冯志文、杨际平主编《中国敦煌学百年文库·综述卷》(二),兰州:甘肃文化出版社,1999年 p.276

邰惠莉、罗华庆、陈雪静撰稿,施萍婷、邵国秀审订 敦煌研究院藏敦煌文献叙录(上)《甘肃藏敦煌文献》(第一卷),兰州:甘肃人民出版社,1999年9月 p.303;图版p.222

施萍婷、邰惠莉 敦煌研究院藏敦煌文献叙录《敦煌研究文集·敦煌研究院藏敦煌文献研究篇》,兰州:甘肃民族出版社,2000年9月 p.88

张涌泉 敦煌故里对敦煌学的新奉献——《甘肃藏敦煌文献》读后《敦煌研究》2001年第1期 p.182

黄征编 敦煌俗字典 上海:上海教育出版社,2005年5月 正文p.311、531、538;顺序索引p.744;分类索引p.748

申国美编 中国散藏敦煌文献分类目录 北京:北京图书馆出版社,2007年10月 p.36、181

景盛轩 敦煌本《大般涅槃经》研究——以版本、异文及训诂为中心 杭州:浙江大学博士研究生学位论文,2004年5月 p.37

陶家骏 敦煌研究院藏佚本《维摩诘经注》写卷研究 苏州:苏州大学博士研究生学位论文,2012年3月 俗字表p.154

陈瑞峰《甘肃藏敦煌文献》俗字研究 金华:浙江师范大学硕士研究生学位论文,2012年5月 俗字表p.230

王翠《甘肃藏敦煌文献》俗字研究 南京:南京师范大学硕士研究生学位论文,2014年5月 p.18(表);p.25;p.52(附录:中古经卷"表")

说明:此卷可与244号缀合。243号上接244号。

敦研244(收藏号469) 大般涅槃经卷第六如来性品第四之三

敦煌文物研究所资料室,刘忠贵、施娉婷 敦煌文物研究所藏敦煌遗书目录《文物资料丛刊》(1),北京:文物出版社,1977年12月 p.61;收入冯志文、杨际平主编《中国敦煌学百年文库·综述卷》(二),兰州:甘肃文化出版社,1999年 p.276

邰惠莉、罗华庆、陈雪静撰稿,施萍婷、邵国秀审订 敦煌研究院藏敦煌文献叙录(上)《甘肃藏敦煌文献》(第一卷),兰州:甘肃人民出版社,1999年9月 p.303;图版p.223

施萍婷、邰惠莉 敦煌研究院藏敦煌文献叙录《敦煌研究文集·敦煌研究院藏敦煌文献研究篇》,兰州:甘肃民族出版社,2000年9月 p.89

黄征编 敦煌俗字典 上海:上海教育出版社,2005年5月 正文p.59、150、175、453;顺序索引p.744;分类索引p.748

申国美编 中国散藏敦煌文献分类目录 北京:北京图书馆出版社,2007年10月 p.36、181

景盛轩 敦煌本《大般涅槃经》研究——以版本、异文及训诂为中心 杭州:浙江大学博士研究生学位论文,2004年5月 p.37~38

说明：此卷可与243号缀合。244号下接243号。

敦研0244+0243 大般涅槃经卷第六如来性品第四之三

施萍婷 敦煌研究院藏土地庙写本源自藏经洞《敦煌研究》1999年第2期 p.45（附表）

杨森 敦煌研究院藏敦煌文献论著目录《敦煌研究文集·敦煌研究院藏敦煌文献研究篇》，兰州：甘肃民族出版社，2000年9月 p.596

敦研244号……敦研243号 大般涅槃经

景盛轩 公元五世纪敦煌本《大般涅槃经》写卷缀合研究① 《浙江师范大学学报》（社会科学版）2014年第6期 p.31~32；图4–3

敦研245（收藏号470） 大般涅槃经卷第十九梵行品第八之五

敦煌文物研究所资料室，刘忠贵、施娉婷 敦煌文物研究所藏敦煌遗书目录《文物资料丛刊》（1），北京：文物出版社，1977年12月 p.61；收入冯志文、杨际平主编《中国敦煌学百年文库·综述卷》（二），兰州：甘肃文化出版社，1999年 p.276

邰惠莉、罗华庆、陈雪静撰稿，施萍婷、邵国秀审订 敦煌研究院藏敦煌文献叙录（上）《甘肃藏敦煌文献》（第一卷），兰州：甘肃人民出版社，1999年9月 p.303；图版p.223

施萍婷、邰惠莉 敦煌研究院藏敦煌文献叙录《敦煌研究文集·敦煌研究院藏敦煌文献研究篇》，兰州：甘肃民族出版社，2000年9月 p.89

中国美编 中国散藏敦煌文献分类目录 北京：北京图书馆出版社，2007年10月 p.39、181

景盛轩 敦煌本《大般涅槃经》研究——以版本、异文及训诂为中心 杭州：浙江大学博士研究生学位论文，2004年5月 p.70

敦研246（收藏号471） 妙法莲华经卷第七观世音菩萨普门品第二十五

敦煌文物研究所资料室，刘忠贵、施娉婷 敦煌文物研究所藏敦煌遗书目录《文物资料丛刊》（1），北京：文物出版社，1977年12月 p.61；收入冯志文、杨际平主编《中国敦煌学百年文库·综述卷》（二），兰州：甘肃文化出版社，1999年 p.276

邰惠莉、罗华庆、陈雪静撰稿，施萍婷、邵国秀审订 敦煌研究院藏敦煌文献叙录（上）《甘肃藏敦煌文献》（第一卷），兰州：甘肃人民出版社，1999年9月 p.303~304；图版p.224

施萍婷、邰惠莉 敦煌研究院藏敦煌文献叙录《敦煌研究文集·敦煌研究院藏敦煌文献研究篇》，兰州：甘肃民族出版社，2000年9月 p.89

---

①《甘肃藏敦煌文献》（第一卷）中说明244号可与243号缀合，244号下接243号。两件卷、品与书法均相同，之间约缺4行。据景盛轩《公元五世纪敦煌本〈大般涅槃经〉写卷缀合研究》分析认为，“244号可与243号间接缀合”。

中国美编 中国散藏敦煌文献分类目录 北京:北京图书馆出版社,2007年10月 p.31、181

敦研247(收藏号472)维摩诘经注菩萨品第四(下)

敦煌文物研究所资料室,刘忠贵、施娉婷 敦煌文物研究所藏敦煌遗书目录《文物资料丛刊》(1),北京:文物出版社,1977年12月 p.61;收入冯志文、杨际平主编《中国敦煌学百年文库·综述卷》(二),兰州:甘肃文化出版社,1999年 p.276

李正宇 土地庙遗书的发现、特点和入藏年代《敦煌研究》(第三期·总第五期),兰州:甘肃人民出版社,1985年12月 p.97;收入政协甘肃省敦煌市委员会编《敦煌文史资料选辑》第三辑,敦煌:政协甘肃省敦煌市委员会编印,1995年9月 p.105

施萍婷 敦煌研究院藏土地庙写本源自藏经洞《敦煌研究》1999年第2期 p.43

邰惠莉、罗华庆、陈雪静撰稿,施萍婷、邵国秀审订 敦煌研究院藏敦煌文献叙录(上)《甘肃藏敦煌文献》(第一卷),兰州:甘肃人民出版社,1999年9月 p.304;图版p.225

施萍婷、邰惠莉 敦煌研究院藏敦煌文献叙录《敦煌研究文集·敦煌研究院藏敦煌文献研究篇》,兰州:甘肃民族出版社,2000年9月 p.89~90

杨森 敦煌研究院藏敦煌文献论著目录《敦煌研究文集·敦煌研究院藏敦煌文献研究篇》,兰州:甘肃民族出版社,2000年9月 p.596

中国美编 中国散藏敦煌文献分类目录 北京:北京图书馆出版社,2007年10月 p.69、181

曾晓红 敦煌本《维摩经》注疏叙录 上海:上海师范大学硕士研究生学位论文,2008年2月 p.5、9、77~78

张瑞兰 敦煌本《维摩诘经》异文研究 金华:浙江师范大学硕士研究生学位论文,2013年4月 p.4

敦研247V 佛经注解

邰惠莉、罗华庆、陈雪静撰稿,施萍婷、邵国秀审订 敦煌研究院藏敦煌文献叙录(上)《甘肃藏敦煌文献》(第一卷),兰州:甘肃人民出版社,1999年9月 p.304;图版p.226

施萍婷、邰惠莉 敦煌研究院藏敦煌文献叙录《敦煌研究文集·敦煌研究院藏敦煌文献研究篇》,兰州:甘肃民族出版社,2000年9月 p.90

叶贵良《甘肃藏敦煌文献》残卷未识原因初探《敦煌研究》2003年第4期 p.90

袁德领 敦煌研究院藏《佚本〈维摩诘经注〉》的几个问题《敦煌研究》2008年第3期 p.77

陶家骏、苗昱 敦煌研究院藏佚本《维摩诘经注》写卷再探——兼及"子母注"问题《敦煌研究》2012年第3期 p.94~95

中国美编 中国散藏敦煌文献分类目录 北京:北京图书馆出版社,2007年10月 p.70

敦研248(收藏号473)维摩诘经注文殊师利问疾品第五(上)

敦煌文物研究所资料室,刘忠贵、施娉婷 敦煌文物研究所藏敦煌遗书目录《文物资料丛刊》(1),北京:文物出版社,1977年12月 p.61;收入冯志文、杨际平主编《中国敦煌学百年文库·综述卷》(二),兰州:甘

肃文化出版社，1999年 p.276

李正宇 土地庙遗书的发现、特点和入藏年代《敦煌研究》（第三期·总第五期），兰州：甘肃人民出版社，1985年12月 p.97；收入政协甘肃省敦煌市委员会编《敦煌文史资料选辑》第三辑，敦煌：政协甘肃省敦煌市委员会编印，1995年9月 p.105

施萍婷 敦煌研究院藏土地庙写本源自藏经洞《敦煌研究》1999年第2期 p.43

邰惠莉、罗华庆、陈雪静撰稿，施萍婷、邵国秀审订 敦煌研究院藏敦煌文献叙录（上）《甘肃藏敦煌文献》（第一卷），兰州：甘肃人民出版社，1999年9月 p.304；图版p.227

施萍婷、邰惠莉 敦煌研究院藏敦煌文献叙录《敦煌研究文集·敦煌研究院藏敦煌文献研究篇》，兰州：甘肃民族出版社，2000年9月 p.90

杨森 敦煌研究院藏敦煌文献论著目录《敦煌研究文集·敦煌研究院藏敦煌文献研究篇》，兰州：甘肃民族出版社，2000年9月 p.596

申国美编 中国散藏敦煌文献分类目录 北京：北京图书馆出版社，2007年10月 p.69、181

曾晓红 敦煌本《维摩经》注疏叙录 上海：上海师范大学硕士研究生学位论文，2008年2月 p.5、9、78

张瑞兰 敦煌本《维摩诘经》异文研究 金华：浙江师范大学硕士研究生学位论文，2013年4月 p.4

敦研248V 佛经注解

邰惠莉、罗华庆、陈雪静撰稿，施萍婷、邵国秀审订 敦煌研究院藏敦煌文献叙录（上）《甘肃藏敦煌文献》（第一卷），兰州：甘肃人民出版社，1999年9月 p.304；图版p.228

施萍婷、邰惠莉 敦煌研究院藏敦煌文献叙录《敦煌研究文集·敦煌研究院藏敦煌文献研究篇》，兰州：甘肃民族出版社，2000年9月 p.90

叶贵良《甘肃藏敦煌文献》残卷未识原因初探《敦煌研究》2003年第4期 p.90

袁德领 敦煌研究院藏《佚本〈维摩诘经注〉》的几个问题《敦煌研究》2008年第3期 p.77

陶家骏、苗昱 敦煌研究院藏佚本《维摩诘经注》写卷再探——兼及"子母注"问题《敦煌研究》2012年第3期 p.94~95

申国美编 中国散藏敦煌文献分类目录 北京：北京图书馆出版社，2007年10月 p.70

敦研249（收藏号474）维摩诘经注观众生品第七（上）

敦煌文物研究所资料室，刘忠贵、施娉婷 敦煌文物研究所藏敦煌遗书目录《文物资料丛刊》（1），北京：文物出版社，1977年12月 p.61；收入冯志文、杨际平主编《中国敦煌学百年文库·综述卷》（二），兰州：甘肃文化出版社，1999年 p.276

李正宇 土地庙遗书的发现、特点和入藏年代《敦煌研究》（第三期·总第五期），兰州：甘肃人民出版社，1985年12月 p.97；收入政协甘肃省敦煌市委员会编《敦煌文史资料选辑》第三辑，敦煌：政协甘肃省敦煌市委员会编印，1995年9月 p.105

施萍婷 敦煌研究院藏土地庙写本源自藏经洞《敦煌研究》1999年第2期 p.43

邰惠莉、罗华庆、陈雪静撰稿，施萍婷、邵国秀审订 敦煌研究院藏敦煌文献叙录(上)《甘肃藏敦煌文献》(第一卷)，兰州：甘肃人民出版社，1999年9月 p.304；图版p.229

施萍婷、邰惠莉 敦煌研究院藏敦煌文献叙录《敦煌研究文集·敦煌研究院藏敦煌文献研究篇》，兰州：甘肃民族出版社，2000年9月 p.90

杨森 敦煌研究院藏敦煌文献论著目录《敦煌研究文集·敦煌研究院藏敦煌文献研究篇》，兰州：甘肃民族出版社，2000年9月 p.597

申国美编 中国散藏敦煌文献分类目录 北京：北京图书馆出版社，2007年10月 p.69、181

曾晓红 敦煌本《维摩经》注疏叙录 上海：上海师范大学硕士研究生学位论文，2008年2月 p.5、9、78~79

张瑞兰 敦煌本《维摩诘经》异文研究 金华：浙江师范大学硕士研究生学位论文，2013年4月 p.4

敦研249V 佛经注解

邰惠莉、罗华庆、陈雪静撰稿，施萍婷、邵国秀审订 敦煌研究院藏敦煌文献叙录(上)《甘肃藏敦煌文献》(第一卷)，兰州：甘肃人民出版社，1999年9月 p.304；图版p.230

施萍婷、邰惠莉 敦煌研究院藏敦煌文献叙录《敦煌研究文集·敦煌研究院藏敦煌文献研究篇》，兰州：甘肃民族出版社，2000年9月 p.90

叶贵良《甘肃藏敦煌文献》残卷未识原因初探《敦煌研究》2003年第4期 p.90

袁德领 敦煌研究院藏《佚本〈维摩诘经注〉》的几个问题《敦煌研究》2008年第3期 p.77

陶家骏、苗昱 敦煌研究院藏佚本《维摩诘经注》写卷再探——兼及“子母注”问题《敦煌研究》2012年第3期 p.95

申国美编 中国散藏敦煌文献分类目录 北京：北京图书馆出版社，2007年10月 p.70

敦研250(收藏号475)维摩诘经注佛道品第八(上)

敦煌文物研究所资料室，刘忠贵、施娉婷 敦煌文物研究所藏敦煌遗书目录《文物资料丛刊》(1)，北京：文物出版社，1977年12月 p.61；收入冯志文、杨际平主编《中国敦煌学百年文库·综述卷》(二)，兰州：甘肃文化出版社，1999年 p.276

李正宇 土地庙遗书的发现、特点和入藏年代《敦煌研究》(第三期·总第五期)，兰州：甘肃人民出版社，1985年12月 p.97；收入政协甘肃省敦煌市委员会编《敦煌文史资料选辑》第三辑，敦煌：政协甘肃省敦煌市委员会编印，1995年9月 p.105

施萍婷 敦煌研究院藏土地庙写本源自藏经洞《敦煌研究》1999年第2期 p.43

邰惠莉、罗华庆、陈雪静撰稿，施萍婷、邵国秀审订 敦煌研究院藏敦煌文献叙录(上)《甘肃藏敦煌文献》(第一卷)，兰州：甘肃人民出版社，1999年9月 p.304；图版p.231~232

施萍婷、邰惠莉 敦煌研究院藏敦煌文献叙录《敦煌研究文集·敦煌研究院藏敦煌文献研究篇》，兰州：甘肃民族出版社，2000年9月 p.91

杨森 敦煌研究院藏敦煌文献论著目录《敦煌研究文集·敦煌研究院藏敦煌文献研究篇》，兰州：甘肃

民族出版社，2000年9月 p.597

中国美编 中国散藏敦煌文献分类目录 北京：北京图书馆出版社，2007年10月 p.69、181

于淑健著 敦煌佛典语词和俗字研究——以敦煌古佚和疑伪经为中心 上海：上海古籍出版社，2012年4月 p.351

曾晓红 敦煌本《维摩经》注疏叙录 上海：上海师范大学硕士研究生学位论文，2008年2月 p.5、9、79

张瑞兰 敦煌本《维摩诘经》异文研究 金华：浙江师范大学硕士研究生学位论文，2013年4月 p.4

敦研250V 佛经注解

邰惠莉、罗华庆、陈雪静撰稿，施萍婷、邵国秀审订 敦煌研究院藏敦煌文献叙录（上）《甘肃藏敦煌文献》（第一卷），兰州：甘肃人民出版社，1999年9月 p.304；图版p.233~234

施萍婷、邰惠莉 敦煌研究院藏敦煌文献叙录《敦煌研究文集·敦煌研究院藏敦煌文献研究篇》，兰州：甘肃民族出版社，2000年9月 p.91

叶贵良《甘肃藏敦煌文献》残卷未识原因初探《敦煌研究》2003年第4期 p.90

袁德领 敦煌研究院藏《佚本〈维摩诘经注〉》的几个问题《敦煌研究》2008年第3期 p.77

陶家骏、苗昱 敦煌研究院藏佚本《维摩诘经注》写卷再探——兼及"子母注"问题《敦煌研究》2012年第3期 p.95

中国美编 中国散藏敦煌文献分类目录 北京：北京图书馆出版社，2007年10月 p.70

敦研251（收藏号476）维摩诘经注佛道品第八（下）、入不二法门品第九、香积佛品第十（上）

敦煌文物研究所资料室，刘忠贵、施娉婷 敦煌文物研究所藏敦煌遗书目录《文物资料丛刊》（1），北京：文物出版社，1977年12月 p.61；收入冯志文、杨际平主编《中国敦煌学百年文库·综述卷》（二），兰州：甘肃文化出版社，1999年 p.276

李正宇 土地庙遗书的发现、特点和入藏年代《敦煌研究》（第三期·总第五期），兰州：甘肃人民出版社，1985年12月 p.97；收入政协甘肃省敦煌市委员会编《敦煌文史资料选辑》第三辑，敦煌：政协甘肃省敦煌市委员会编印，1995年9月 p.105

施萍婷 敦煌研究院藏土地庙写本源自藏经洞《敦煌研究》1999年第2期 p.43

邰惠莉、罗华庆、陈雪静撰稿，施萍婷、邵国秀审订 敦煌研究院藏敦煌文献叙录（上）《甘肃藏敦煌文献》（第一卷），兰州：甘肃人民出版社，1999年9月 p.304~305；图版p.235~236

施萍婷、邰惠莉 敦煌研究院藏敦煌文献叙录《敦煌研究文集·敦煌研究院藏敦煌文献研究篇》，兰州：甘肃民族出版社，2000年9月 p.91

杨森 敦煌研究院藏敦煌文献论著目录《敦煌研究文集·敦煌研究院藏敦煌文献研究篇》，兰州：甘肃民族出版社，2000年9月 p.597

中国美编 中国散藏敦煌文献分类目录 北京：北京图书馆出版社，2007年10月 p.69、181

曾晓红 敦煌本《维摩经》注疏叙录 上海：上海师范大学硕士研究生学位论文，2008年2月 p.5、9、79

张瑞兰 敦煌本《维摩诘经》异文研究 金华:浙江师范大学硕士研究生学位论文,2013年4月 p.4

敦研251V 佛经注解

邰惠莉、罗华庆、陈雪静撰稿,施萍婷、邵国秀审订 敦煌研究院藏敦煌文献叙录(上)《甘肃藏敦煌文献》(第一卷),兰州:甘肃人民出版社,1999年9月 p.305;图版p.237~238

施萍婷、邰惠莉 敦煌研究院藏敦煌文献叙录《敦煌研究文集·敦煌研究院藏敦煌文献研究篇》,兰州:甘肃民族出版社,2000年9月 p.91

叶贵良《甘肃藏敦煌文献》残卷未识原因初探《敦煌研究》2003年第4期 p.90

袁德领 敦煌研究院藏《佚本〈维摩诘经注〉》的几个问题《敦煌研究》2008年第3期 p.77

陶家骏、苗昱 敦煌研究院藏佚本《维摩诘经注》写卷再探——兼及"子母注"问题《敦煌研究》2012年第3期 p.95

申国美编 中国散藏敦煌文献分类目录 北京:北京图书馆出版社,2007年10月 p.70

敦研252(收藏号477)维摩诘经注香积佛品第十(下)、菩萨行品第十一(上)

敦煌文物研究所资料室,刘忠贵、施娉婷 敦煌文物研究所藏敦煌遗书目录《文物资料丛刊》(1),北京:文物出版社,1977年12月 p.61;收入冯志文、杨际平主编《中国敦煌学百年文库·综述卷》(二),兰州:甘肃文化出版社,1999年 p.276

李正宇 土地庙遗书的发现、特点和入藏年代《敦煌研究》(第三期·总第五期),兰州:甘肃人民出版社,1985年12月 p.97;收入政协甘肃省敦煌市委员会编《敦煌文史资料选辑》第三辑,敦煌:政协甘肃省敦煌市委员会编印,1995年9月 p.105

施萍婷 敦煌研究院藏土地庙写本源自藏经洞《敦煌研究》1999年第2期 p.43

邰惠莉、罗华庆、陈雪静撰稿,施萍婷、邵国秀审订 敦煌研究院藏敦煌文献叙录(上)《甘肃藏敦煌文献》(第一卷),兰州:甘肃人民出版社,1999年9月 p.305;图版p.239~240

施萍婷、邰惠莉 敦煌研究院藏敦煌文献叙录《敦煌研究文集·敦煌研究院藏敦煌文献研究篇》,兰州:甘肃民族出版社,2000年9月 p.91~92

杨森 敦煌研究院藏敦煌文献论著目录《敦煌研究文集·敦煌研究院藏敦煌文献研究篇》,兰州:甘肃民族出版社,2000年9月 p.597

黄征编 敦煌俗字典 上海:上海教育出版社,2005年5月 正文p.31、135、201;顺序索引p.743;分类索引p.749

申国美编 中国散藏敦煌文献分类目录 北京:北京图书馆出版社,2007年10月 p.69、181~182

曾晓红 敦煌本《维摩经》注疏叙录 上海:上海师范大学硕士研究生学位论文,2008年2月 p.5、9~10、79~80

陈瑞峰《甘肃藏敦煌文献》俗字研究 金华:浙江师范大学硕士研究生学位论文,2012年5月 俗字表p.118、162

张瑞兰 敦煌本《维摩诘经》异文研究 金华：浙江师范大学硕士研究生学位论文，2013年4月 p.4

敦研252V 佛经注解

邰惠莉、罗华庆、陈雪静撰稿，施萍婷、邵国秀审订 敦煌研究院藏敦煌文献叙录（上）《甘肃藏敦煌文献》（第一卷），兰州：甘肃人民出版社，1999年9月 p.305；图版p.241

施萍婷、邰惠莉 敦煌研究院藏敦煌文献叙录《敦煌研究文集·敦煌研究院藏敦煌文献研究篇》，兰州：甘肃民族出版社，2000年9月 p.92

叶贵良《甘肃藏敦煌文献》残卷未识原因初探《敦煌研究》2003年第4期 p.90

袁德领 敦煌研究院藏《佚本〈维摩诘经注〉》的几个问题《敦煌研究》2008年第3期 p.77

陶家骏、苗昱 敦煌研究院藏佚本《维摩诘经注》写卷再探——兼及"子母注"问题《敦煌研究》2012年第3期 p.95

申国美编 中国散藏敦煌文献分类目录 北京：北京图书馆出版社，2007年10月 p.70

敦研253（收藏号478）佛经

敦煌文物研究所资料室，刘忠贵、施娉婷 敦煌文物研究所藏敦煌遗书目录《文物资料丛刊》（1），北京：文物出版社，1977年12月 p.61；收入冯志文、杨际平主编《中国敦煌学百年文库·综述卷》（二），兰州：甘肃文化出版社，1999年 p.276

邰惠莉、罗华庆、陈雪静撰稿，施萍婷、邵国秀审订 敦煌研究院藏敦煌文献叙录（上）《甘肃藏敦煌文献》（第一卷），兰州：甘肃人民出版社，1999年9月 p.305；图版p.242

施萍婷、邰惠莉 敦煌研究院藏敦煌文献叙录《敦煌研究文集·敦煌研究院藏敦煌文献研究篇》，兰州：甘肃民族出版社，2000年9月 p.92

叶贵良《甘肃藏敦煌文献》残卷未识原因初探《敦煌研究》2003年第4期 p.90~91

申国美编 中国散藏敦煌文献分类目录 北京：北京图书馆出版社，2007年10月 p.94、182

敦研254（收藏号479）佛说辩意长者子经

敦煌文物研究所资料室，刘忠贵、施娉婷 敦煌文物研究所藏敦煌遗书目录《文物资料丛刊》（1），北京：文物出版社，1977年12月 p.61；收入冯志文、杨际平主编《中国敦煌学百年文库·综述卷》（二），兰州：甘肃文化出版社，1999年 p.276

邰惠莉、罗华庆、陈雪静撰稿，施萍婷、邵国秀审订 敦煌研究院藏敦煌文献叙录（上）《甘肃藏敦煌文献》（第一卷），兰州：甘肃人民出版社，1999年9月 p.305；图版p.242

施萍婷、邰惠莉 敦煌研究院藏敦煌文献叙录《敦煌研究文集·敦煌研究院藏敦煌文献研究篇》，兰州：甘肃民族出版社，2000年9月 p.92

黄征编 敦煌俗字典 上海：上海教育出版社，2005年5月 正文p.47、146、252、315、356、424、485、522、544；顺序索引p.744；分类索引p.750

申国美编 中国散藏敦煌文献分类目录 北京:北京图书馆出版社,2007年10月 p.51、182

肖瑜《三国志》古写本用字研究 上海:复旦大学博士研究生学位论文,2006年4月 p.42、123

陶家骏 敦煌研究院藏佚本《维摩诘经注》写卷研究 苏州:苏州大学博士研究生学位论文,2012年3月 p.202

周远军 敦煌写卷《道行般若经》用字研究及校勘 南宁:广西大学硕士研究生学位论文,2011年6月 p.86、115

敦研255(收藏号480)增壹阿含经摘要(拟)

敦煌文物研究所资料室,刘忠贵、施娉婷 敦煌文物研究所藏敦煌遗书目录《文物资料丛刊》(1),北京:文物出版社,1977年12月 p.61;收入冯志文、杨际平主编《中国敦煌学百年文库·综述卷》(二),兰州:甘肃文化出版社,1999年 p.276

施萍婷 新发现《〈增一阿含经〉摘要》——敦煌遗书编目杂记之二《饶宗颐学术研讨会论文集》,香港:翰墨轩出版有限公司,1997年11月 p.103~109;插图1;又载《丝绸之路·学术专辑》第1辑,1998年10月 p.4~6;收入敦煌研究院编《敦煌研究文集·敦煌研究院藏敦煌文献研究篇》,兰州:甘肃民族出版社,2000年9月 p.160~166;收入氏著《敦煌习学集》(上),兰州:甘肃民族出版社,2004年12月 p.268~274

邰惠莉、罗华庆、陈雪静撰稿,施萍婷、邵国秀审订 敦煌研究院藏敦煌文献叙录(上)《甘肃藏敦煌文献》(第一卷),兰州:甘肃人民出版社,1999年9月 p.305;图版p.243

樊锦诗 敦煌研究院藏敦煌文献研究概述《敦煌研究文集·敦煌研究院藏敦煌文献研究篇》,兰州:甘肃民族出版社,2000年9月 p.4

施萍婷、邰惠莉 敦煌研究院藏敦煌文献叙录《敦煌研究文集·敦煌研究院藏敦煌文献研究篇》,兰州:甘肃民族出版社,2000年9月 p.92

杨森 敦煌研究院藏敦煌文献论著目录《敦煌研究文集·敦煌研究院藏敦煌文献研究篇》,兰州:甘肃民族出版社,2000年9月 p.597

王小盾 从敦煌本共住修道故事看唐代佛教诗歌文体的来源《中国俗文化研究》(第一辑),成都:巴蜀书社,2003年5月 p.21;收入韩国敦煌学会编辑委员会编《东西文化交流研究》第6辑,首尔:韩国敦煌学会,2003年12月;收入清华大学中文系编《清华大学古代汉文学论集》,北京:中华书局,2005年3月 p.217;收入氏著《起源与传承——中国古代文学与文化论集》,南京:凤凰出版社,2010年9月 p.311;收入氏著《从敦煌学到域外汉文献研究》,北京:商务印书馆,2013年8月 p.149

荒见泰史 敦煌的故事纲要本《汉语史学报专辑·总第三辑》(姜亮夫、蒋礼鸿、郭在贻先生纪念文集),上海:上海教育出版社,2003年5月 p.328

荒见泰史 汉文譬喻经典及其纲要本的作用《佛经文学研究论集》,上海:复旦大学出版社,2004年12月 p.280

陈明 佛教譬喻故事"略要本"在西域和敦煌的流传——以敦研256号写卷为例《文史》2016年第4辑 p.202~205、215

申国美编 中国散藏敦煌文献分类目录 北京:北京图书馆出版社,2007年10月 p.1、182

甘肃省地方史志编纂委员会编 甘肃省志·文物志(中册) 北京:文物出版社,2018年11月 p.1522~1523;图1幅

施萍婷撰文,勝木言一郎訳 增一阿含経摘要『砂漠の美術馆—永遠なる敦煌』中国敦煌研究院創立50周年記念(東京展、福岡展、神户展,1996年10月26日~1997年4月20日),東京:朝日新聞社,1996年 p.139图版及第74条日文図版解説

敦研256(收藏号481)佛经

敦煌文物研究所资料室,刘忠贵、施娉婷 敦煌文物研究所藏敦煌遗书目录《文物资料丛刊》(1),北京:文物出版社,1977年12月 p.61;收入冯志文、杨际平主编《中国敦煌学百年文库·综述卷》(二),兰州:甘肃文化出版社,1999年 p.276

邰惠莉、罗华庆、陈雪静撰稿,施萍婷、邵国秀审订 敦煌研究院藏敦煌文献叙录(上)《甘肃藏敦煌文献》(第一卷),兰州:甘肃人民出版社,1999年9月 p.305;图版p.244~245

施萍婷、邰惠莉 敦煌研究院藏敦煌文献叙录《敦煌研究文集·敦煌研究院藏敦煌文献研究篇》,兰州:甘肃民族出版社,2000年9月 p.92~93

叶贵良《甘肃藏敦煌文献》残卷未识原因初探《敦煌研究》2003年第4期 p.90

陈明 佛教譬喻故事"略要本"在西域和敦煌的流传——以敦研256号写卷为例《文史》2016年第4辑 p.201~228

黄征编 敦煌俗字典 上海:上海教育出版社,2005年5月 正文p.52、91、92、107、118、120、131、144、162、195、201、205、244、311、340、349、351、354、358、376、393、405、426、427、547、551;顺序索引p.744;分类索引p.750

申国美编 中国散藏敦煌文献分类目录 北京:北京图书馆出版社,2007年10月 p.94、182

于淑健著 敦煌佛典语词和俗字研究——以敦煌古佚和疑伪经为中心 上海:上海古籍出版社,2012年4月 p.126、357

陶家骏 敦煌研究院藏佚本《维摩诘经注》写卷研究 苏州:苏州大学博士研究生学位论文,2012年3月 俗字表p.100、124、151;p.189

宋丽丽 敦煌写本《籯金》俗字研究 南京:南京师范大学硕士研究生学位论文,2011年5月 p.36

周远军 敦煌写卷《道行般若经》用字研究及校勘 南宁:广西大学硕士研究生学位论文,2011年6月 p.68、91

陈瑞峰《甘肃藏敦煌文献》俗字研究 金华:浙江师范大学硕士研究生学位论文,2012年5月 俗字表p.146、152、153、154、161、188、213、219、232

高静怡 北图藏敦煌汉文写经《金光明经》异文研究 南宁:广西大学硕士研究生学位论文,2013年5月 p.35

敦研257（收藏号482）贤愚经卷第四出家功德尸利苾提品第二十二

敦煌文物研究所资料室，刘忠贵、施娉婷 敦煌文物研究所藏敦煌遗书目录《文物资料丛刊》（1），北京：文物出版社，1977年12月 p.61；收入冯志文、杨际平主编《中国敦煌学百年文库·综述卷》（二），兰州：甘肃文化出版社，1999年 p.276

邰惠莉、罗华庆、陈雪静撰稿，施萍婷、邵国秀审订 敦煌研究院藏敦煌文献叙录（上）《甘肃藏敦煌文献》（第一卷），兰州：甘肃人民出版社，1999年9月 p.305；图版p.245

施萍婷、邰惠莉 敦煌研究院藏敦煌文献叙录《敦煌研究文集·敦煌研究院藏敦煌文献研究篇》，兰州：甘肃民族出版社，2000年9月 p.93

黄征 敦煌俗字例释《敦煌吐鲁番研究》（第八卷），北京：中华书局，2005年1月 p.251

黄征编 敦煌俗字典 上海：上海教育出版社，2005年5月 前言p.7；正文p.2、12、18、53、55、66、108、146、162、182、198、246、315、340、354、358、364、385、408、433、442、487、522、532、554；顺序索引p.744；分类索引p.749

申国美编 中国散藏敦煌文献分类目录 北京：北京图书馆出版社，2007年10月 p.2~3、182

陶家骏 敦煌研究院藏佚本《维摩诘经注》写卷研究 苏州：苏州大学博士研究生学位论文，2012年3月 俗字表p.121、153

周远军 敦煌写卷《道行般若经》用字研究及校勘 南宁：广西大学硕士研究生学位论文，2011年6月 p.28、68、94、127

陈瑞峰《甘肃藏敦煌文献》俗字研究 金华：浙江师范大学硕士研究生学位论文，2012年5月 p.16；俗字表p.107、124、125、128、167、186、212、213、217~218

薛皖东《干禄字书》所收俗字与敦煌俗字比较研究 南京：南京师范大学硕士研究生学位论文，2013年4月 p.25

李艳 敦煌俗字偏旁研究 杭州：杭州师范大学硕士研究生学位（学术学位）论文，2016年6月 p.19

敦研258（收藏号483）大般涅槃经卷第二十五光明遍照高贵德王菩萨品第十之三

敦煌文物研究所资料室，刘忠贵、施娉婷 敦煌文物研究所藏敦煌遗书目录《文物资料丛刊》（1），北京：文物出版社，1977年12月 p.61；收入冯志文、杨际平主编《中国敦煌学百年文库·综述卷》（二），兰州：甘肃文化出版社，1999年 p.276

邰惠莉、罗华庆、陈雪静撰稿，施萍婷、邵国秀审订 敦煌研究院藏敦煌文献叙录（上）《甘肃藏敦煌文献》（第一卷），兰州：甘肃人民出版社，1999年9月 p.305~306；图版p.246

施萍婷、邰惠莉 敦煌研究院藏敦煌文献叙录《敦煌研究文集·敦煌研究院藏敦煌文献研究篇》，兰州：甘肃民族出版社，2000年9月 p.93

黄征编 敦煌俗字典 上海：上海教育出版社，2005年5月 正文p.146、431；顺序索引p.744；分类索引p.748

申国美编 中国散藏敦煌文献分类目录 北京：北京图书馆出版社，2007年10月 p.40、182

景盛轩 敦煌本《大般涅槃经》研究——以版本、异文及训诂为中心 杭州：浙江大学博士研究生学位论

文,2004年5月 p.79

敦研259(收藏号484) 大般涅槃经卷第十七梵行品第八之三

敦煌文物研究所资料室,刘忠贵、施娉婷 敦煌文物研究所藏敦煌遗书目录《文物资料丛刊》(1),北京:文物出版社,1977年12月 p.61;收入冯志文、杨际平主编《中国敦煌学百年文库·综述卷》(二),兰州:甘肃文化出版社,1999年 p.276

邰惠莉、罗华庆、陈雪静撰稿,施萍婷、邵国秀审订 敦煌研究院藏敦煌文献叙录(上)《甘肃藏敦煌文献》(第一卷),兰州:甘肃人民出版社,1999年9月 p.306

施萍婷、邰惠莉 敦煌研究院藏敦煌文献叙录《敦煌研究文集·敦煌研究院藏敦煌文献研究篇》,兰州:甘肃民族出版社,2000年9月 p.93

申国美编 中国散藏敦煌文献分类目录 北京:北京图书馆出版社,2007年10月 p.38、182

说明:此卷已与209号缀合。259号上接209号。

敦研260(收藏号485) 大般涅槃经卷第二十五光明遍照高贵德王菩萨品第十之五

敦煌文物研究所资料室,刘忠贵、施娉婷 敦煌文物研究所藏敦煌遗书目录《文物资料丛刊》(1),北京:文物出版社,1977年12月 p.61;收入冯志文、杨际平主编《中国敦煌学百年文库·综述卷》(二),兰州:甘肃文化出版社,1999年 p.276~277

邰惠莉、罗华庆、陈雪静撰稿,施萍婷、邵国秀审订 敦煌研究院藏敦煌文献叙录(上)《甘肃藏敦煌文献》(第一卷),兰州:甘肃人民出版社,1999年9月 p.306;图版p.246

施萍婷、邰惠莉 敦煌研究院藏敦煌文献叙录《敦煌研究文集·敦煌研究院藏敦煌文献研究篇》,兰州:甘肃民族出版社,2000年9月 p.93~94

申国美编 中国散藏敦煌文献分类目录 北京:北京图书馆出版社,2007年10月 p.40、182

景盛轩著《大般涅槃经》異文研究 成都:巴蜀书社,2009年2月 p.158

景盛轩 敦煌本《大般涅槃经》研究——以版本、异文及训诂为中心 杭州:浙江大学博士研究生学位论文,2004年5月 p.86、223

说明:此卷已与197号缀合。260号下接197号。

敦研0260+0197 大般涅槃经卷第二十五光明遍照高贵德王菩萨品第十之五

施萍婷 敦煌研究院藏土地庙写本源自藏经洞《敦煌研究》1999年第2期 p.46(附表)

杨森 敦煌研究院藏敦煌文献论著目录《敦煌研究文集·敦煌研究院藏敦煌文献研究篇》,兰州:甘肃民族出版社,2000年9月 p.597~598

敦研261(收藏号486) 佛说孛经抄

敦煌文物研究所资料室,刘忠贵、施娉婷 敦煌文物研究所藏敦煌遗书目录《文物资料丛刊》(1),北

京:文物出版社,1977年12月 p.62;收入冯志文、杨际平主编《中国敦煌学百年文库·综述卷》(二),兰州:甘肃文化出版社,1999年 p.277

邰惠莉、罗华庆、陈雪静撰稿,施萍婷、邰国秀审订 敦煌研究院藏敦煌文献叙录(上)《甘肃藏敦煌文献》(第一卷),兰州:甘肃人民出版社,1999年9月 p.306;图版p.247

施萍婷、邰惠莉 敦煌研究院藏敦煌文献叙录《敦煌研究文集·敦煌研究院藏敦煌文献研究篇》,兰州:甘肃民族出版社,2000年9月 p.94

中国美编 中国散藏敦煌文献分类目录 北京:北京图书馆出版社,2007年10月 p.56、182

敦研262(收藏号487) 优婆塞戒经卷第三受戒品第十四

敦煌文物研究所资料室,刘忠贵、施娉婷 敦煌文物研究所藏敦煌遗书目录《文物资料丛刊》(1),北京:文物出版社,1977年12月 p.62;收入冯志文、杨际平主编《中国敦煌学百年文库·综述卷》(二),兰州:甘肃文化出版社,1999年 p.277

邰惠莉、罗华庆、陈雪静撰稿,施萍婷、邰国秀审订 敦煌研究院藏敦煌文献叙录(上)《甘肃藏敦煌文献》(第一卷),兰州:甘肃人民出版社,1999年9月 p.306;图版p.247

施萍婷、邰惠莉 敦煌研究院藏敦煌文献叙录《敦煌研究文集·敦煌研究院藏敦煌文献研究篇》,兰州:甘肃民族出版社,2000年9月 p.94

林世田、汪桂海 敦煌写本《优婆塞戒经》版本研究《文献》2008年第2期 p.33;收入林世田著《敦煌遗书研究论集》,北京:中国藏学出版社,2010年3月 p.76

中国美编 中国散藏敦煌文献分类目录 北京:北京图书馆出版社,2007年10月 p.58、183

林世田、杨学勇、刘波著 敦煌佛典的流通与改造 兰州:甘肃教育出版社,2013年11月 p.147

说明:此卷可与162号缀合。262号下接162号,交叉接茬。

敦研0262+0162 优婆塞戒经卷第三受戒品第十四

施萍婷 敦煌研究院藏土地庙写本源自藏经洞《敦煌研究》1999年第2期 p.42;略为删减修订后收入敦煌研究院编《敦煌研究文集·敦煌研究院藏敦煌文献研究篇》,兰州:甘肃民族出版社,2000年9月 p.19;收入氏著《敦煌习学集》(上),兰州:甘肃民族出版社,2004年12月 p.281;收入氏著《敦煌石窟与文献研究》,杭州:浙江大学出版社,2015年12月 p.372

杨森 敦煌研究院藏敦煌文献论著目录《敦煌研究文集·敦煌研究院藏敦煌文献研究篇》,兰州:甘肃民族出版社,2000年9月 p.598

敦研263(收藏号488) 大般涅槃经卷第十九梵行品第八之五

敦煌文物研究所资料室,刘忠贵、施娉婷 敦煌文物研究所藏敦煌遗书目录《文物资料丛刊》(1),北京:文物出版社,1977年12月 p.62;收入冯志文、杨际平主编《中国敦煌学百年文库·综述卷》(二),兰州:甘肃文化出版社,1999年 p.277

邰惠莉、罗华庆、陈雪静撰稿，施萍婷、邵国秀审订 敦煌研究院藏敦煌文献叙录（上）《甘肃藏敦煌文献》（第一卷），兰州：甘肃人民出版社，1999年9月 p.306

施萍婷、邰惠莉 敦煌研究院藏敦煌文献叙录《敦煌研究文集·敦煌研究院藏敦煌文献研究篇》，兰州：甘肃民族出版社，2000年9月 p.94

申国美编 中国散藏敦煌文献分类目录 北京：北京图书馆出版社，2007年10月 p.39、183

说明：此卷已与203号缀合。263号上接203号。

敦研264（收藏号489）大智度论卷第三十三释初品中到彼岸义第五十

敦煌文物研究所资料室，刘忠贵、施娉婷 敦煌文物研究所藏敦煌遗书目录《文物资料丛刊》（1），北京：文物出版社，1977年12月 p.62；收入冯志文、杨际平主编《中国敦煌学百年文库·综述卷》（二），兰州：甘肃文化出版社，1999年 p.277

李正宇 土地庙遗书的发现、特点和入藏年代《敦煌研究》（第三期·总第五期），兰州：甘肃人民出版社，1985年12月 p.96

邰惠莉、罗华庆、陈雪静撰稿，施萍婷、邵国秀审订 敦煌研究院藏敦煌文献叙录（上）《甘肃藏敦煌文献》（第一卷），兰州：甘肃人民出版社，1999年9月 p.306；图版p.248

施萍婷、邰惠莉 敦煌研究院藏敦煌文献叙录《敦煌研究文集·敦煌研究院藏敦煌文献研究篇》，兰州：甘肃民族出版社，2000年9月 p.94~95

申国美编 中国散藏敦煌文献分类目录 北京：北京图书馆出版社，2007年10月 p.60、183

说明：此卷可同224号缀合。264号上接224号，交叉接茬。

敦研265（收藏号490）妙法莲华经卷第一序品第一

敦煌文物研究所资料室，刘忠贵、施娉婷 敦煌文物研究所藏敦煌遗书目录《文物资料丛刊》（1），北京：文物出版社，1977年12月 p.62；收入冯志文、杨际平主编《中国敦煌学百年文库·综述卷》（二），兰州：甘肃文化出版社，1999年 p.277

邰惠莉、罗华庆、陈雪静撰稿，施萍婷、邵国秀审订 敦煌研究院藏敦煌文献叙录（上）《甘肃藏敦煌文献》（第一卷），兰州：甘肃人民出版社，1999年9月 p.306

施萍婷、邰惠莉 敦煌研究院藏敦煌文献叙录《敦煌研究文集·敦煌研究院藏敦煌文献研究篇》，兰州：甘肃民族出版社，2000年9月 p.95

李正宇 评莫高窟土地庙藏经来源问题的探讨《敦煌吐鲁番研究》（第七卷），北京：中华书局，2004年1月 p.129

申国美编 中国散藏敦煌文献分类目录 北京：北京图书馆出版社，2007年10月 p.19、183

说明：此卷已与040、267号缀合，缀合顺序为267、265、040号。

敦研266(收藏号491)小品般若波罗蜜经卷第十随知品第二十六

敦煌文物研究所资料室，刘忠贵、施娉婷 敦煌文物研究所藏敦煌遗书目录《文物资料丛刊》(1)，北京：文物出版社，1977年12月 p.62；收入冯志文、杨际平主编《中国敦煌学百年文库·综述卷》(二)，兰州：甘肃文化出版社，1999年 p.277

邰惠莉、罗华庆、陈雪静撰稿，施萍婷、邵国秀审订 敦煌研究院藏敦煌文献叙录(上)《甘肃藏敦煌文献》(第一卷)，兰州：甘肃人民出版社，1999年9月 p.306；图版p.248

施萍婷、邰惠莉 敦煌研究院藏敦煌文献叙录《敦煌研究文集·敦煌研究院藏敦煌文献研究篇》，兰州：甘肃民族出版社，2000年9月 p.95

中国美编 中国散藏敦煌文献分类目录 北京：北京图书馆出版社，2007年10月 p.13、183

说明：此卷可与150号缀合。266号上接150号，交叉接茬。

敦研267(收藏号492)妙法莲华经卷第一序品第一

敦煌文物研究所资料室，刘忠贵、施娉婷 敦煌文物研究所藏敦煌遗书目录《文物资料丛刊》(1)，北京：文物出版社，1977年12月 p.62；收入冯志文、杨际平主编《中国敦煌学百年文库·综述卷》(二)，兰州：甘肃文化出版社，1999年 p.277

邰惠莉、罗华庆、陈雪静撰稿，施萍婷、邵国秀审订 敦煌研究院藏敦煌文献叙录(上)《甘肃藏敦煌文献》(第一卷)，兰州：甘肃人民出版社，1999年9月 p.306~307；图版p.249

施萍婷、邰惠莉 敦煌研究院藏敦煌文献叙录《敦煌研究文集·敦煌研究院藏敦煌文献研究篇》，兰州：甘肃民族出版社，2000年9月 p.95

李正宇 评莫高窟土地庙藏经来源问题的探讨《敦煌吐鲁番研究》(第七卷)，北京：中华书局，2004年1月 p.129

黄征编 敦煌俗字典 上海：上海教育出版社，2005年5月 正文p.225、234、342、361；顺序索引p.744；分类索引p.749

中国美编 中国散藏敦煌文献分类目录 北京：北京图书馆出版社，2007年10月 p.19、183

陶家骏 敦煌研究院藏佚本《维摩诘经注》写卷研究 苏州：苏州大学博士研究生学位论文，2012年3月 俗字表p.122

井米兰 敦煌俗字与宋本《玉篇》文字比较研究 上海：华东师范大学硕士研究生学位论文，2009年5月 p.26、72

周远军 敦煌写卷《道行般若经》用字研究及校勘 南宁：广西大学硕士研究生学位论文，2011年6月 p.63、92

陈瑞峰《甘肃藏敦煌文献》俗字研究 金华：浙江师范大学硕士研究生学位论文，2012年5月 p.27；俗字表p.196~197、199

说明：此卷已与267、040号缀合，缀合顺序为267、265、040号。

敦研267V 妙法莲华经卷第一序品第一

邰惠莉、罗华庆、陈雪静撰稿，施萍婷、邵国秀审订 敦煌研究院藏敦煌文献叙录（上）《甘肃藏敦煌文献》（第一卷），兰州：甘肃人民出版社，1999年9月 p.306~307；图版p.249

敦研0267+0256+0040（土）妙法莲华经卷第一序品第一

施萍婷 敦煌研究院藏土地庙写本源自藏经洞《敦煌研究》1999年第2期 p.41；略为删减修订后收入敦煌研究院编《敦煌研究文集·敦煌研究院藏敦煌文献研究篇》，兰州：甘肃民族出版社，2000年9月 p.17；收入氏著《敦煌习学集》（上），兰州：甘肃民族出版社，2004年12月 p.279；收入氏著《敦煌石窟与文献研究》，杭州：浙江大学出版社，2015年12月 p.371

施萍婷 甘肃藏敦煌文献概述《甘肃藏敦煌文献精粹》，兰州：甘肃人民出版社，1999年 p.5；又载段文杰主编《甘肃藏敦煌文献》（第一至六卷），兰州：甘肃人民出版社，1999年9~12月 p.5

池田温 1944年莫高窟土地庙塑像中发现文献管见《敦煌文薮》（上），台北：新文丰出版公司，1999年4月 p.1；p.30注②

杨森 敦煌研究院藏敦煌文献论著目录《敦煌研究文集·敦煌研究院藏敦煌文献研究篇》，兰州：甘肃民族出版社，2000年9月 p.598

施萍亭 妙法蓮華経序品第一『中国敦煌展』（東京展、福岡展、長野展、奈良展、静岡展，1985年10月5日~1986年3月26日），東京：財団法人富士美術館発行，昭和60年10月5日；図版92及日文図版解説

敦研268（收藏号493）道行般若经卷第十一昙无竭菩萨品第二十九

敦煌文物研究所资料室，刘忠贵、施娉婷 敦煌文物研究所藏敦煌遗书目录《文物资料丛刊》（1），北京：文物出版社，1977年12月 p.62；收入冯志文、杨际平主编《中国敦煌学百年文库·综述卷》（二），兰州：甘肃文化出版社，1999年 p.277

邰惠莉、罗华庆、陈雪静撰稿，施萍婷、邵国秀审订 敦煌研究院藏敦煌文献叙录（上）《甘肃藏敦煌文献》（第一卷），兰州：甘肃人民出版社，1999年9月 p.307；图版p.250

施萍婷、邰惠莉 敦煌研究院藏敦煌文献叙录《敦煌研究文集·敦煌研究院藏敦煌文献研究篇》，兰州：甘肃民族出版社，2000年9月 p.95~96

黄征编 敦煌俗字典 上海：上海教育出版社，2005年5月 前言p.17；正文p.114、134、154、223、367、373、447、485；顺序索引p.744；分类索引p.749

中国美编 中国散藏敦煌文献分类目录 北京：北京图书馆出版社，2007年10月 p.12、183

肖瑜《三国志》古写本用字研究 上海：复旦大学博士研究生学位论文，2006年4月 p.18、43

周远军 敦煌写卷《道行般若经》用字研究及校勘[①] 南宁：广西大学硕士研究生学位论文，2011年6月

①周远军《敦煌写卷〈道行般若经〉用字研究及校勘》认为，敦研268号与219号《道行般若经》可完全缀合。

p.5、23、34、36、38、42、57、75、80、81、106、107、112、114、115、134、136

陈瑞峰《甘肃藏敦煌文献》俗字研究 金华：浙江师范大学硕士研究生学位论文，2012年5月 俗字表p.150、168、195

刘文章 南北朝时期敦煌汉文纪年写卷俗字字形演变及其应用 南宁：广西大学硕士研究生学位论文，2016年6月 p.52

敦研268V 杂写

邰惠莉、罗华庆、陈雪静撰稿，施萍婷、邵国秀审订 敦煌研究院藏敦煌文献叙录（上）《甘肃藏敦煌文献》（第一卷），兰州：甘肃人民出版社，1999年9月 p.307；图版p.250

申国美编 中国散藏敦煌文献分类目录 北京：北京图书馆出版社，2007年10月 p.87

周远军 敦煌写卷《道行般若经》用字研究及校勘 南宁：广西大学硕士研究生学位论文，2011年6月 p.5

敦研269（收藏号494）佛说无垢贤女经

敦煌文物研究所资料室，刘忠贵、施娉婷 敦煌文物研究所藏敦煌遗书目录《文物资料丛刊》（1），北京：文物出版社，1977年12月 p.62；收入冯志文、杨际平主编《中国敦煌学百年文库·综述卷》（二），兰州：甘肃文化出版社，1999年 p.277

邰惠莉、罗华庆、陈雪静撰稿，施萍婷、邵国秀审订 敦煌研究院藏敦煌文献叙录（上）《甘肃藏敦煌文献》（第一卷），兰州：甘肃人民出版社，1999年9月 p.307；图版p.250

施萍婷、邰惠莉 敦煌研究院藏敦煌文献叙录《敦煌研究文集·敦煌研究院藏敦煌文献研究篇》，兰州：甘肃民族出版社，2000年9月 p.96

韩惠言 甘藏敦煌汉文文献概况《敦煌学辑刊》2000年第2期 p.69；收入敦煌研究院编《2000年敦煌学国际学术讨论会文集——纪念敦煌藏经洞发现暨敦煌学百年》历史文化卷（上），兰州：甘肃民族出版社，2003年9月 p.519

张涌泉 敦煌故里对敦煌学的新奉献——《甘肃藏敦煌文献》读后《敦煌研究》2001年第1期 p.183

申国美编 中国散藏敦煌文献分类目录 北京：北京图书馆出版社，2007年10月 p.51、183

甘肃省地方史志编纂委员会编 甘肃省志·文物志（中册） 北京：文物出版社，2018年11月 p.1524

敦研270（收藏号495）佛经

敦煌文物研究所资料室，刘忠贵、施娉婷 敦煌文物研究所藏敦煌遗书目录《文物资料丛刊》（1），北京：文物出版社，1977年12月 p.62；收入冯志文、杨际平主编《中国敦煌学百年文库·综述卷》（二），兰州：甘肃文化出版社，1999年 p.277

邰惠莉、罗华庆、陈雪静撰稿，施萍婷、邵国秀审订 敦煌研究院藏敦煌文献叙录（上）《甘肃藏敦煌文献》（第一卷），兰州：甘肃人民出版社，1999年9月 p.307；图版p.251

施萍婷、邰惠莉 敦煌研究院藏敦煌文献叙录《敦煌研究文集·敦煌研究院藏敦煌文献研究篇》，兰州：

甘肃民族出版社,2000年9月 p.96

叶贵良《甘肃藏敦煌文献》残卷未识原因初探《敦煌研究》2003年第4期 p.90

左丽萍 敦煌本《大乘无量寿经》异体字考释三则《语文学刊》2013年第14期 p.32

黄征编 敦煌俗字典 上海:上海教育出版社,2005年5月 前言p.29;正文p.15、19、31、54、93、94、100、104、118、128、162、200、209、244、290、300、331、350、392、417、445、448、451、508、540;顺序索引p.744;分类索引p.750

申国美编 中国散藏敦煌文献分类目录 北京:北京图书馆出版社,2007年10月 p.94、183

肖瑜《三国志》古写本用字研究 上海:复旦大学博士研究生学位论文,2006年4月 p.75、81

陶家骏 敦煌研究院藏佚本《维摩诘经注》写卷研究 苏州:苏州大学博士研究生学位论文,2012年3月 俗字表p.85、90、114;p.189、194

井米兰 敦煌俗字与宋本《玉篇》文字比较研究 上海:华东师范大学硕士研究生学位论文,2009年5月 p.50

周远军 敦煌写卷《道行般若经》用字研究及校勘 南宁:广西大学硕士研究生学位论文,2011年6月 p.91

陈瑞峰《甘肃藏敦煌文献》俗字研究 金华:浙江师范大学硕士研究生学位论文,2012年5月 p.31、37;俗字表p.111、112、118、124、137、138、144、152~153、174、187~188、192

薛皖东《干禄字书》所收俗字与敦煌俗字比较研究 南京:南京师范大学硕士研究生学位论文,2013年4月 p.15

敦研271(收藏号496) 妙法莲华经卷第四见宝塔品第十一

敦煌文物研究所资料室,刘忠贵、施娉婷 敦煌文物研究所藏敦煌遗书目录《文物资料丛刊》(1),北京:文物出版社,1977年12月 p.62;收入冯志文、杨际平主编《中国敦煌学百年文库·综述卷》(二),兰州:甘肃文化出版社,1999年 p.277

邰惠莉、罗华庆、陈雪静撰稿,施萍婷、邵国秀审订 敦煌研究院藏敦煌文献叙录(上)《甘肃藏敦煌文献》(第一卷),兰州:甘肃人民出版社,1999年9月 p.307;图版p.252

施萍婷、邰惠莉 敦煌研究院藏敦煌文献叙录《敦煌研究文集·敦煌研究院藏敦煌文献研究篇》,兰州:甘肃民族出版社,2000年9月 p.96

申国美编 中国散藏敦煌文献分类目录 北京:北京图书馆出版社,2007年10月 p.25、183

敦研272(收藏号497) 大般涅槃经卷第十九梵行品第八之五

敦煌文物研究所资料室,刘忠贵、施娉婷 敦煌文物研究所藏敦煌遗书目录《文物资料丛刊》(1),北京:文物出版社,1977年12月 p.62;收入冯志文、杨际平主编《中国敦煌学百年文库·综述卷》(二),兰州:甘肃文化出版社,1999年 p.277

邰惠莉、罗华庆、陈雪静撰稿,施萍婷、邵国秀审订 敦煌研究院藏敦煌文献叙录(上)《甘肃藏敦煌文献》(第一卷),兰州:甘肃人民出版社,1999年9月 p.307;图版p.252

施萍婷、邰惠莉 敦煌研究院藏敦煌文献叙录《敦煌研究文集·敦煌研究院藏敦煌文献研究篇》,兰州:甘肃民族出版社,2000年9月 p.96~97

中国美编 中国散藏敦煌文献分类目录 北京:北京图书馆出版社,2007年10月 p.39、183

景盛轩 敦煌本《大般涅槃经》研究——以版本、异文及训诂为中心 杭州:浙江大学博士研究生学位论文,2004年5月 p.70

敦研273(收藏号498)妙法莲华经卷第四见宝塔品第十一

敦煌文物研究所资料室,刘忠贵、施娉婷 敦煌文物研究所藏敦煌遗书目录《文物资料丛刊》(1),北京:文物出版社,1977年12月 p.62;收入冯志文、杨际平主编《中国敦煌学百年文库·综述卷》(二),兰州:甘肃文化出版社,1999年 p.277

邰惠莉、罗华庆、陈雪静撰稿,施萍婷、邵国秀审订 敦煌研究院藏敦煌文献叙录(上)《甘肃藏敦煌文献》(第一卷),兰州:甘肃人民出版社,1999年9月 p.307;图版p.252

施萍婷、邰惠莉 敦煌研究院藏敦煌文献叙录《敦煌研究文集·敦煌研究院藏敦煌文献研究篇》,兰州:甘肃民族出版社,2000年9月 p.97

中国美编 中国散藏敦煌文献分类目录 北京:北京图书馆出版社,2007年10月 p.25、183

敦研274(收藏号499)大般涅槃经卷第十六梵行品第八之二

敦煌文物研究所资料室,刘忠贵、施娉婷 敦煌文物研究所藏敦煌遗书目录《文物资料丛刊》(1),北京:文物出版社,1977年12月 p.62;收入冯志文、杨际平主编《中国敦煌学百年文库·综述卷》(二),兰州:甘肃文化出版社,1999年 p.277

施萍婷 敦煌研究院藏土地庙写本源自藏经洞《敦煌研究》1999年第2期 p.45(附表)

邰惠莉、罗华庆、陈雪静撰稿,施萍婷、邵国秀审订 敦煌研究院藏敦煌文献叙录(上)《甘肃藏敦煌文献》(第一卷),兰州:甘肃人民出版社,1999年9月 p.307~308;图版p.252

施萍婷、邰惠莉 敦煌研究院藏敦煌文献叙录《敦煌研究文集·敦煌研究院藏敦煌文献研究篇》,兰州:甘肃民族出版社,2000年9月 p.97

杨森 敦煌研究院藏敦煌文献论著目录《敦煌研究文集·敦煌研究院藏敦煌文献研究篇》,兰州:甘肃民族出版社,2000年9月 p.598

中国美编 中国散藏敦煌文献分类目录 北京:北京图书馆出版社,2007年10月 p.38、184

景盛轩 敦煌本《大般涅槃经》研究——以版本、异文及训诂为中心 杭州:浙江大学博士研究生学位论文,2004年5月 p.63

敦研275(收藏号500)贤愚经卷第四出家功德尸利苾提品第二十二

敦煌文物研究所资料室,刘忠贵、施娉婷 敦煌文物研究所藏敦煌遗书目录《文物资料丛刊》(1),北京:文物出版社,1977年12月 p.62;收入冯志文、杨际平主编《中国敦煌学百年文库·综述卷》(二),兰州:甘

肃文化出版社，1999年 p.277

邰惠莉、罗华庆、陈雪静撰稿，施萍婷、邵国秀审订 敦煌研究院藏敦煌文献叙录（上）《甘肃藏敦煌文献》（第一卷），兰州：甘肃人民出版社，1999年9月 p.308；图版p.253

施萍婷、邰惠莉 敦煌研究院藏敦煌文献叙录《敦煌研究文集·敦煌研究院藏敦煌文献研究篇》，兰州：甘肃民族出版社，2000年9月 p.97

申国美编 中国散藏敦煌文献分类目录 北京：北京图书馆出版社，2007年10月 p.3、184

敦研276（收藏号501）金光明经卷第二坚牢地神品第九

敦煌文物研究所资料室，刘忠贵、施娉婷 敦煌文物研究所藏敦煌遗书目录《文物资料丛刊》（1），北京：文物出版社，1977年12月 p.62；收入冯志文、杨际平主编《中国敦煌学百年文库·综述卷》（二），兰州：甘肃文化出版社，1999年 p.277

邰惠莉、罗华庆、陈雪静撰稿，施萍婷、邵国秀审订 敦煌研究院藏敦煌文献叙录（上）《甘肃藏敦煌文献》（第一卷），兰州：甘肃人民出版社，1999年9月 p.308；图版p.253

施萍婷、邰惠莉 敦煌研究院藏敦煌文献叙录《敦煌研究文集·敦煌研究院藏敦煌文献研究篇》，兰州：甘肃民族出版社，2000年9月 p.97

黄征编 敦煌俗字典 上海：上海教育出版社，2005年5月 正文p.43、106、109、112、139、210、267、294、533、542；顺序索引p.744；分类索引p.749

申国美编 中国散藏敦煌文献分类目录 北京：北京图书馆出版社，2007年10月 p.53、184

赵红著 敦煌写本汉字论考 上海：上海古籍出版社，2012年4月 p.150

陶家骏 敦煌研究院藏佚本《维摩诘经注》写卷研究 苏州：苏州大学博士研究生学位论文，2012年3月 俗字表p.76

朱若溪《金光明经》敦煌写本研究 杭州：浙江大学博士研究生学位论文，2017年6月 p.495（二）卷二简表

周远军 敦煌写卷《道行般若经》用字研究及校勘 南宁：广西大学硕士研究生学位论文，2011年6月 p.49

陈瑞峰《甘肃藏敦煌文献》俗字研究 金华：浙江师范大学硕士研究生学位论文，2012年5月 p.35、37；俗字表p.121、145~146、149、192

敦研277（收藏号502）妙法莲华经卷第一

敦煌文物研究所资料室，刘忠贵、施娉婷 敦煌文物研究所藏敦煌遗书目录《文物资料丛刊》（1），北京：文物出版社，1977年12月 p.62；收入冯志文、杨际平主编《中国敦煌学百年文库·综述卷》（二），兰州：甘肃文化出版社，1999年 p.277

邰惠莉、罗华庆、陈雪静撰稿，施萍婷、邵国秀审订 敦煌研究院藏敦煌文献叙录（上）《甘肃藏敦煌文献》（第一卷），兰州：甘肃人民出版社，1999年9月 p.308；图版p.254

施萍婷、邰惠莉 敦煌研究院藏敦煌文献叙录《敦煌研究文集·敦煌研究院藏敦煌文献研究篇》，兰州：

甘肃民族出版社,2000年9月 p.98

李正宇 评莫高窟土地庙藏经来源问题的探讨《敦煌吐鲁番研究》(第七卷),北京:中华书局,2004年1月 p.129

黄征编 敦煌俗字典 上海:上海教育出版社,2005年5月 正文p.20、31、38、49、65、76、92、104、139、180、197、202、208、284、304、316、358、360、377、381、456、493~494、516、523、551、575;顺序索引p.744;分类索引p.749

申国美编 中国散藏敦煌文献分类目录 北京:北京图书馆出版社,2007年10月 p.18、184

肖瑜《三国志》古写本用字研究 上海:复旦大学博士研究生学位论文,2006年4月 p.16

陶家骏 敦煌研究院藏佚本《维摩诘经注》写卷研究 苏州:苏州大学博士研究生学位论文,2012年3月 俗字表p.140

周远军 敦煌写卷《道行般若经》用字研究及校勘 南宁:广西大学硕士研究生学位论文,2011年6月 p.95、103、107、176

陈瑞峰《甘肃藏敦煌文献》俗字研究 金华:浙江师范大学硕士研究生学位论文,2012年5月 p.28、29、50;例证表p.69;俗字表p.113、119、128、137、144、164、180、190、208、219、226、233

说明:此卷已与111号缀合。277号下接111号。

敦研0277+0111 妙法莲华经卷第一

施萍婷 敦煌研究院藏土地庙写本源自藏经洞《敦煌研究》1999年第2期 p.41;略为删减修订后收入敦煌研究院编《敦煌研究文集·敦煌研究院藏敦煌文献研究篇》,兰州:甘肃民族出版社,2000年9月 p.17;收入氏著《敦煌习学集》(上),兰州:甘肃民族出版社,2004年12月 p.279;收入氏著《敦煌石窟与文献研究》,杭州:浙江大学出版社,2015年12月 p.371

池田温 1944年莫高窟土地庙塑像中发现文献管见《敦煌文薮》(上),台北:新文丰出版公司,1999年4月 p.1、27;p.30注②

杨森 敦煌研究院藏敦煌文献论著目录《敦煌研究文集·敦煌研究院藏敦煌文献研究篇》,兰州:甘肃民族出版社,2000年9月 p.598~599

施萍亭 妙法蓮華経序品第一·方便品第二『中国敦煌展』(東京展、福岡展、長野展、奈良展、静岡展,1985年10月5日~1986年3月26日),東京:財団法人富士美術館発行,昭和60年10月5日;図版96及日文図版解説

敦研278(收藏号503)大般涅槃经卷第三十一狮子吼菩萨品第十一之五

敦煌文物研究所资料室,刘忠贵、施娉婷 敦煌文物研究所藏敦煌遗书目录《文物资料丛刊》(1),北京:文物出版社,1977年12月 p.62;收入冯志文、杨际平主编《中国敦煌学百年文库·综述卷》(二),兰州:甘肃文化出版社,1999年 p.277

邰惠莉、罗华庆、陈雪静撰稿,施萍婷、邵国秀审订 敦煌研究院藏敦煌文献叙录(上)《甘肃藏敦煌文献》(第一卷),兰州:甘肃人民出版社,1999年9月 p.308

施萍婷、邰惠莉 敦煌研究院藏敦煌文献叙录《敦煌研究文集·敦煌研究院藏敦煌文献研究篇》,兰州:甘肃民族出版社,2000年9月 p.98

中国美编 中国散藏敦煌文献分类目录 北京:北京图书馆出版社,2007年10月 p.42、184

说明:此卷已与282号缀合。278号上接282号。

敦研279(收藏号504)小品般若波罗蜜经卷第九

敦煌文物研究所资料室,刘忠贵、施娉婷 敦煌文物研究所藏敦煌遗书目录《文物资料丛刊》(1),北京:文物出版社,1977年12月 p.62;收入冯志文、杨际平主编《中国敦煌学百年文库·综述卷》(二),兰州:甘肃文化出版社,1999年 p.278

邰惠莉、罗华庆、陈雪静撰稿,施萍婷、邵国秀审订 敦煌研究院藏敦煌文献叙录(上)《甘肃藏敦煌文献》(第一卷),兰州:甘肃人民出版社,1999年9月 p.308;图版p.255

施萍婷、邰惠莉 敦煌研究院藏敦煌文献叙录《敦煌研究文集·敦煌研究院藏敦煌文献研究篇》,兰州:甘肃民族出版社,2000年9月 p.98

黄征编 敦煌俗字典 上海:上海教育出版社,2005年5月 正文p.236、360;顺序索引p.744;分类索引p.750

中国美编 中国散藏敦煌文献分类目录 北京:北京图书馆出版社,2007年10月 p.12、184

陈瑞峰《甘肃藏敦煌文献》俗字研究 金华:浙江师范大学硕士研究生学位论文,2012年5月 俗字表p.215

敦研280(收藏号505)思益梵天所问经卷第四嘱累品第十八

敦煌文物研究所资料室,刘忠贵、施娉婷 敦煌文物研究所藏敦煌遗书目录《文物资料丛刊》(1),北京:文物出版社,1977年12月 p.62;收入冯志文、杨际平主编《中国敦煌学百年文库·综述卷》(二),兰州:甘肃文化出版社,1999年 p.278

邰惠莉、罗华庆、陈雪静撰稿,施萍婷、邵国秀审订 敦煌研究院藏敦煌文献叙录(上)《甘肃藏敦煌文献》(第一卷),兰州:甘肃人民出版社,1999年9月 p.308;图版p.255

施萍婷、邰惠莉 敦煌研究院藏敦煌文献叙录《敦煌研究文集·敦煌研究院藏敦煌文献研究篇》,兰州:甘肃民族出版社,2000年9月 p.98

中国美编 中国散藏敦煌文献分类目录 北京:北京图书馆出版社,2007年10月 p.51、184

敦研281(收藏号506)妙法莲华经卷第一序品第一

敦煌文物研究所资料室,刘忠贵、施娉婷 敦煌文物研究所藏敦煌遗书目录《文物资料丛刊》(1),北京:文物出版社,1977年12月 p.62;收入冯志文、杨际平主编《中国敦煌学百年文库·综述卷》(二),兰州:甘肃文化出版社,1999年 p.278

邰惠莉、罗华庆、陈雪静撰稿,施萍婷、邵国秀审订 敦煌研究院藏敦煌文献叙录(上)《甘肃藏敦煌文献》(第一卷),兰州:甘肃人民出版社,1999年9月 p.308;图版p.256

施萍婷、邰惠莉 敦煌研究院藏敦煌文献叙录《敦煌研究文集·敦煌研究院藏敦煌文献研究篇》,兰州:

甘肃民族出版社,2000年9月 p.99

中国美编 中国散藏敦煌文献分类目录 北京:北京图书馆出版社,2007年10月 p.19、184

敦研282(收藏号507)大般涅槃经卷第三十一狮子吼菩萨品第十一之五

敦煌文物研究所资料室,刘忠贵、施娉婷 敦煌文物研究所藏敦煌遗书目录《文物资料丛刊》(1),北京:文物出版社,1977年12月 p.62;收入冯志文、杨际平主编《中国敦煌学百年文库·综述卷》(二),兰州:甘肃文化出版社,1999年 p.278

邰惠莉、罗华庆、陈雪静撰稿,施萍婷、邵国秀审订 敦煌研究院藏敦煌文献叙录(上)《甘肃藏敦煌文献》(第一卷),兰州:甘肃人民出版社,1999年9月 p.308;图版p.256

施萍婷、邰惠莉 敦煌研究院藏敦煌文献叙录《敦煌研究文集·敦煌研究院藏敦煌文献研究篇》,兰州:甘肃民族出版社,2000年9月 p.99

中国美编 中国散藏敦煌文献分类目录 北京:北京图书馆出版社,2007年10月 p.42、184

景盛轩 敦煌本《大般涅槃经》研究——以版本、异文及训诂为中心 杭州:浙江大学博士研究生学位论文,2004年5月 p.98

说明:此卷已与278号缀合。282号下接278号。

敦研0282+0278 大般涅槃经卷第三十一狮子吼菩萨品第十一之五

施萍婷 敦煌研究院藏土地庙写本源自藏经洞《敦煌研究》1999年第2期 p.46(附表)

杨森 敦煌研究院藏敦煌文献论著目录《敦煌研究文集·敦煌研究院藏敦煌文献研究篇》,兰州:甘肃民族出版社,2000年9月 p.599

敦研283(收藏号508)大般涅槃经卷第三十七迦叶菩萨品第十二之五

敦煌文物研究所资料室,刘忠贵、施娉婷 敦煌文物研究所藏敦煌遗书目录《文物资料丛刊》(1),北京:文物出版社,1977年12月 p.62;收入冯志文、杨际平主编《中国敦煌学百年文库·综述卷》(二),兰州:甘肃文化出版社,1999年 p.278

邰惠莉、罗华庆、陈雪静撰稿,施萍婷、邵国秀审订 敦煌研究院藏敦煌文献叙录(上)《甘肃藏敦煌文献》(第一卷),兰州:甘肃人民出版社,1999年9月 p.308~309;图版p.257

施萍婷、邰惠莉 敦煌研究院藏敦煌文献叙录《敦煌研究文集·敦煌研究院藏敦煌文献研究篇》,兰州:甘肃民族出版社,2000年9月 p.99

中国美编 中国散藏敦煌文献分类目录 北京:北京图书馆出版社,2007年10月 p.43、184

景盛轩 敦煌本《大般涅槃经》研究——以版本、异文及训诂为中心 杭州:浙江大学博士研究生学位论文,2004年5月 p.112

说明:此卷已与233、214、205号缀合。顺序依次为283、233、214、205号。

敦研0283+0233+0214+0205 大般涅槃经卷第三十七迦叶菩萨品第十二之五

施萍婷 敦煌研究院藏土地庙写本源自藏经洞《敦煌研究》1999年第2期 p.46(附表)

杨森 敦煌研究院藏敦煌文献论著目录《敦煌研究文集·敦煌研究院藏敦煌文献研究篇》,兰州:甘肃民族出版社,2000年9月 p.599

敦研284(收藏号509)佛经

敦煌文物研究所资料室,刘忠贵、施娉婷 敦煌文物研究所藏敦煌遗书目录《文物资料丛刊》(1),北京:文物出版社,1977年12月 p.62;收入冯志文、杨际平主编《中国敦煌学百年文库·综述卷》(二),兰州:甘肃文化出版社,1999年 p.278

邰惠莉、罗华庆、陈雪静撰稿,施萍婷、邵国秀审订 敦煌研究院藏敦煌文献叙录(上)《甘肃藏敦煌文献》(第一卷),兰州:甘肃人民出版社,1999年9月 p.309;图版p.257

施萍婷、邰惠莉 敦煌研究院藏敦煌文献叙录《敦煌研究文集·敦煌研究院藏敦煌文献研究篇》,兰州:甘肃民族出版社,2000年9月 p.99

叶贵良《甘肃藏敦煌文献》残卷未识原因初探《敦煌研究》2003年第4期 p.90~91

中国美编 中国散藏敦煌文献分类目录 北京:北京图书馆出版社,2007年10月 p.94、184

敦研285(收藏号510)维摩诘所说经卷上弟子品第三

敦煌文物研究所资料室,刘忠贵、施娉婷 敦煌文物研究所藏敦煌遗书目录《文物资料丛刊》(1),北京:文物出版社,1977年12月 p.62;收入冯志文、杨际平主编《中国敦煌学百年文库·综述卷》(二),兰州:甘肃文化出版社,1999年 p.278

邰惠莉、罗华庆、陈雪静撰稿,施萍婷、邵国秀审订 敦煌研究院藏敦煌文献叙录(上)《甘肃藏敦煌文献》(第一卷),兰州:甘肃人民出版社,1999年9月 p.309;图版p.258

施萍婷、邰惠莉 敦煌研究院藏敦煌文献叙录《敦煌研究文集·敦煌研究院藏敦煌文献研究篇》,兰州:甘肃民族出版社,2000年9月 p.99~100

衣川贤次 以敦煌写经校订《大正藏》刍议《转型期的敦煌学》,上海:上海古籍出版社,2007年11月 p.423

中国美编 中国散藏敦煌文献分类目录 北京:北京图书馆出版社,2007年10月 p.49、184

敦研285号+敦研159号+?+敦研148号+?+敦研117号+敦研302号+?+敦研176号 维摩诘所说经弟子品第三

张瑞兰 敦煌本《维摩诘经》异文研究 金华:浙江师范大学硕士研究生学位论文,2013年4月 p.118

说明:敦研285号和敦研159号可以缀合,敦研117号和敦研302号也可以直接缀合,其余当属同一写卷,但因残损,无法直接接合。

敦研286（收藏号511）佛说须摩提菩萨经

敦煌文物研究所资料室，刘忠贵、施娉婷 敦煌文物研究所藏敦煌遗书目录《文物资料丛刊》(1)，北京：文物出版社，1977年12月 p.62；收入冯志文、杨际平主编《中国敦煌学百年文库·综述卷》(二)，兰州：甘肃文化出版社，1999年 p.278

邰惠莉、罗华庆、陈雪静撰稿，施萍婷、邵国秀审订 敦煌研究院藏敦煌文献叙录（上）《甘肃藏敦煌文献》(第一卷)，兰州：甘肃人民出版社，1999年9月 p.309；图版p.258

施萍婷、邰惠莉 敦煌研究院藏敦煌文献叙录《敦煌研究文集·敦煌研究院藏敦煌文献研究篇》，兰州：甘肃民族出版社，2000年9月 p.100

中国美编 中国散藏敦煌文献分类目录 北京：北京图书馆出版社，2007年10月 p.34、185

说明：此卷已与192号缀合。下接192号。

敦研0286+0192 佛说须摩提菩萨经

施萍婷 敦煌研究院藏土地庙写本源自藏经洞《敦煌研究》1999年第2期 p.42；略为删减修订后收入敦煌研究院编《敦煌研究文集·敦煌研究院藏敦煌文献研究篇》，兰州：甘肃民族出版社，2000年9月 p.19；收入氏著《敦煌习学集》(上)，兰州：甘肃民族出版社，2004年12月 p.281；收入氏著《敦煌石窟与文献研究》，杭州：浙江大学出版社，2015年12月 p.372

杨森 敦煌研究院藏敦煌文献论著目录《敦煌研究文集·敦煌研究院藏敦煌文献研究篇》，兰州：甘肃民族出版社，2000年9月 p.599

敦研287（收藏号512）三国志步骘传残卷

敦煌文物研究所资料室，刘忠贵、施娉婷 敦煌文物研究所藏敦煌遗书目录《文物资料丛刊》(1)，北京：文物出版社，1977年12月 p.62；收入冯志文、杨际平主编《中国敦煌学百年文库·综述卷》(二)，兰州：甘肃文化出版社，1999年 p.278

敦煌文物研究所资料室，刘忠贵、施娉婷 附：关于《敦煌遗书目录》的说明《文物资料丛刊》(1)，北京：文物出版社，1977年12月 p.67；图版玖：1；收入冯志文、杨际平主编《中国敦煌学百年文库·综述卷》(二)，兰州：甘肃文化出版社，1999年 p.286；收入施萍婷著《敦煌习学集》(下)，兰州：甘肃民族出版社，2004年12月 p.345；图版63

刘忠贵 敦煌写本《三国志·步骘传》残卷考略《敦煌学辑刊》1984年第1期 p.45~50；图版1；收入陈国灿、陆庆夫主编《中国敦煌学百年文库·历史卷》(一)，兰州：甘肃文化出版社，1999年 p.276~284；收入敦煌研究院编《敦煌研究文集·敦煌研究院藏敦煌文献研究篇》，兰州：甘肃民族出版社，2000年9月 p.134~142

李永宁、刘忠贵《三国志·步骘传》写本(残卷)考释《敦煌》，兰州：甘肃人民出版社、南京：江苏美术出版社，1990年7月；1993年7月；1997年11月 p.36~39；图版p.230~231；p.287第247条图版解说

史苇湘 产生敦煌佛教艺术审美的社会因素《1987年敦煌石窟研究国际讨论会论文集·石窟艺术编》，沈阳：辽宁美术出版社，1990年10月 p.301；收入氏著《敦煌历史与莫高窟艺术研究》，兰州：甘肃教育出版

社,2002年12月 p.470

郑汝中 敦煌书法管窥《敦煌研究》1991年第4期 p.38;收入林保尧、关友惠主编《中国敦煌学百年文库·艺术卷》(三),兰州:甘肃文化出版社,1999年 p.44

赵声良 敦煌南北朝写本的书法艺术《敦煌研究》1991年第4期 p.43;图1;收入林保尧、关友惠主编《中国敦煌学百年文库·艺术卷》(三),兰州:甘肃文化出版社,1999年 p.31

方明 敦煌写本《三国志·步骘传》残卷公诸于世《文史知识》1992年第1期 p.28

池田温著,卢秀文译 用鲜明的图版全面介绍敦煌《敦煌研究》1992年第4期 p.115

杨森 浅谈北朝经生体楷笔的演化《社科纵横》1994年第4期 p.60;附图3

郑汝中 敦煌书法概述《敦煌书法库》(第一辑)[魏晋南北朝时期],兰州:甘肃人民美术出版社,1994年1月 p.11

赵声良 南北朝写经书法艺术《敦煌书法库》(第一辑)[魏晋南北朝时期],兰州:甘肃人民美术出版社,1994年1月 p.16;图1

郑汝中 敦煌写卷书法钩沉《敦煌写卷书法精选》,合肥:安徽美术出版社,1994年12月 p.7;又载《书法之友》1996年第2期 p.4

赵声良 三国志·步骘传《敦煌写卷书法精选》,合肥:安徽美术出版社,1994年12月 p.1~3图版及说明文字

赵声良 早期敦煌写本书法的时代分期和类型《敦煌书法库》(第二辑)[魏晋南北朝时期],兰州:甘肃人民美术出版社,1995年4月 p.1~2

赵声良 晋写本《三国志·步骘传》《敦煌书法库》(第二辑)[魏晋南北朝时期],兰州:甘肃人民美术出版社,1995年4月 p.11;图版p.10、12~22

杨森 敦研0010号《佛说祝毒经》书法风格——从北朝经生体书法谈起《敦煌研究》1995年第1期 p.171

刘涛《敦煌书法库》第一辑、第二辑(书评)《敦煌吐鲁番研究》(第二卷),北京:北京大学出版社,1997年10月 p.403~408

白化文 晋人抄三国志《敦煌学大辞典》,上海:上海辞书出版社,1998年12月 p.775

施萍婷 甘肃藏敦煌文献概述《甘肃藏敦煌文献精粹》,兰州:甘肃人民出版社,1999年 p.8;又载段文杰主编《甘肃藏敦煌文献》(第一至六卷),兰州:甘肃人民出版社,1999年9~12月 p.8

邰惠莉、罗华庆、陈雪静撰稿,施萍婷、邵国秀审订 敦煌研究院藏敦煌文献叙录(上)《甘肃藏敦煌文献》(第一卷),兰州:甘肃人民出版社,1999年9月 p.309;图版p.259

赵声良 早期敦煌写本书法的分期研究《1994年敦煌学国际研讨会文集——纪念敦煌研究院成立50周年》(石窟艺术卷),兰州:甘肃民族出版社,2000年6月 p.258;图2

韩惠言 甘藏敦煌汉文文献概况《敦煌学辑刊》2000年第2期 p.69;收入敦煌研究院编《2000年敦煌学国际学术讨论会文集——纪念敦煌藏经洞发现暨敦煌学百年》历史文化卷(上),兰州:甘肃民族出版社,2003年9月 p.519

介生 遍记甘藏敦煌遗书 兼具资料学术价值——《甘肃藏敦煌文献》介评《图书与情报》2000年第2

期 p.79

片山章雄著，季忠平译 吐鲁番、敦煌发现的《三国志》写本残卷《文教资料》2000年第3期 p.137~149下转第157

樊锦诗 敦煌研究院藏敦煌文献研究概述《敦煌研究文集·敦煌研究院藏敦煌文献研究篇》，兰州：甘肃民族出版社，2000年9月 p.4

施萍婷、邰惠莉 敦煌研究院藏敦煌文献叙录《敦煌研究文集·敦煌研究院藏敦煌文献研究篇》，兰州：甘肃民族出版社，2000年9月 p.100

杨森 敦煌研究院藏敦煌文献论著目录《敦煌研究文集·敦煌研究院藏敦煌文献研究篇》，兰州：甘肃民族出版社，2000年9月 p.599~600

张涌泉 敦煌故里对敦煌学的新奉献——《甘肃藏敦煌文献》读后《敦煌研究》2001年第1期 p.183

吴金华 对《三国志》校勘问题的新思考《中华文史论丛》（2001年第4辑·总第68辑），上海：上海古籍出版社，2002年4月 p.174注⑩

荣新江 敦煌四部书抄本与中古学术史研究 《敦煌学十八讲》（第十三讲），北京：北京大学出版社，2001年8月 p.267

刘涛《三国志·吴书·步骘传》写本残卷辨伪——兼说鉴定古代写本真伪的方法《收藏家》2002年第2期 p.50~55；收入国家图书馆善本特藏部敦煌吐鲁番学资料研究中心编《敦煌与丝路文化学术讲座》（第二辑），北京：北京图书馆出版社，2005年1月 p.95~107

温宪 敦煌写本瓷板复制试验项目开始启动①《敦煌研究》2003年第1期 p.93

秋子 敦煌书法的书体及特色（一）《甘肃日报》2003年8月1日；又载《青少年书法》（青年版）2005年第20期 p.34

施萍婷 敦煌研究院、上海图书馆、天津艺术博物馆藏敦煌遗书巡礼《浙江与敦煌学——常书鸿先生诞辰一百周年纪念文集》，杭州：浙江古籍出版社，2004年12月 p.302~311；日文见池田温訳《敦煌研究院、上海圖書館及び天津芸術博物館所藏の敦煌遺書をめぐって》，《東洋學報》第72卷第1·2號，1990年12月 p.87~99

刘涛 从书法的角度谈古代写本的辨伪——兼说建立古代写卷断代的"书法坐标"《敦煌学国际研讨会论文集》，北京：北京图书馆出版社，2005年3月 p.260

吴金华、萧瑜《三国志》古写本残卷中值得注意的异文《中国文字研究》第6辑，南宁：广西教育出版社，2005年10月 p.100、108；全文转载人大复印报刊资料《语言文字学》2006年第1期

张涌泉、江学旺《三国志·步骘传》非伪卷辨《敦煌研究》2006年第1期 p.82~84；修订后收入张涌泉著《张涌泉敦煌文献论丛》，上海：上海古籍出版社，2011年8月 p.83~90

赵声良 敦煌写本书法艺术《敦煌艺术十讲》，上海：上海古籍出版社，2007年7月 p.213

①温宪《敦煌写本瓷板复制试验项目开始启动》报道称："对已经试制的三块瓷板《三国志·步骘传》（晋写本，敦煌327）、《大慈如来告身》（北魏写本，敦煌007）、《文选·运命论》（唐写本，敦煌269）提出……"该报道《三国志·步骘传》（晋写本，敦煌327）、《文选·运命论》（唐写本，敦研269）两处"题""号"与敦研藏卷不能对应，有误。

肖瑜 略论吐鲁番、敦煌出土《三国志》古写本用字研究的意义《广西大学学报》(哲学社会科学版)2008年第4期 p.79~81

肖瑜 敦煌研究院藏《三国志·步骘传》残卷疑难俗字补释《敦煌研究》2008年第5期 p.35~37

肖瑜 敦煌吐鲁番出土《三国志》古写本疑难字形四例《唐山师范学院学报》2009年第3期 p.3~5

文化 敦煌遗书书法的分期及艺术风格《文艺研究》2009年第6期 p.133

冉前林 敦煌写经书法述略《丝绸之路》2009年第22期 p.97

赵声良 唐代敦煌写本书法艺术《中华书画家》2010年第3期 p.55;图1幅

秋子 三国志·步骘传《敦煌写卷墨迹精选丛帖》(壹),兰州:甘肃人民美术出版社,2009年10月;2010年6月 p.7~12简介/赏析及图版

肖瑜 百年来敦煌吐鲁番出土《三国志》古写本研究编年《艺术百家》2010年第3期 p.188~195

肖瑜、何红梅、倪永明 敦煌吐鲁番出土《三国志》古写本通假字例释《广西大学学报》(哲学社会科学版)2010年第4期 p.77~80

徐彪《三国志·吴书·孙权传》与《三国志·魏书·臧洪传》《西域遗珍——新疆历史文献暨古籍保护成果展》,北京:国家图书馆出版社,2011年1月 p.24

张永强(考释) 三国志吴书步骘传《中国书法全集》第14卷[三国两晋南北朝编 两晋南北朝写经写本],北京:荣宝斋出版社,2013年1月 p.321;图版p.70~72

孙占鳌 敦煌遗书书法艺术研究《丝绸之路》2015年第20期 p.6

费习宽 从敦煌吐鲁番史籍残卷看唐代科举史学考试《甘肃广播电视大学学报》2018年第3期 p.2

苏莹辉著 敦煌学概要(增订再版) 台北:编译馆中华丛书编审委员会,1981年10月 p.275

苏莹辉著 敦煌学概要 台北:五南图书出版公司,1988年12月 p.275

徐祖蕃、秦明智、荣恩奇编选 敦煌遗书书法选 兰州:甘肃人民出版社,1985年10月 p.10图版及简要说明

敦煌市志编纂委员会编 敦煌市志 北京:新华出版社,1994年6月 图版1幅

王靖宪编著 中国书法艺术·第三卷[魏晋南北朝] 北京:文物出版社,1996年3月第1版;1998年12月第2次印刷 p.187;图170

颜廷亮著 敦煌文化[东方文化集成·中华文化编] 北京:光明日报出版社,2000年12月 p.343

王素著 敦煌吐鲁番文献 北京:文物出版社,2002年4月;2005年7月 p.63

刘胜角著 古代楷书发展史 北京:中国戏剧出版社,2002年5月 p.85;图61;p.96~97;图75

王子今著 20世纪中国历史文献研究 北京:清华大学出版社,2002年10月 p.334

申国美编 中国散藏敦煌文献分类目录 北京:北京图书馆出版社,2007年10月 p.82、185

中国国家图书馆、中国国家古籍保护中心编 第一批国家珍贵古籍名录图录(第一册) 北京:国家图书馆出版社,2008年12月 p.7、199

秦川编著 敦煌书法:中国书法的基因库 南京:凤凰出版社,2010年7月 p.166~167;图1幅

毛秋瑾著 墨香佛音——敦煌写经书法研究 北京:北京大学出版社,2014年4月 p.12~14;图1-2

林世田、杨学勇、刘波著 敦煌遗珍——国家珍贵古籍名录·敦煌遗书 北京:国家图书馆出版社,2014

年9月 p.77

马国俊主编 敦煌书法艺术研究 北京:文物出版社,2017年9月 p.171

甘肃省地方史志编纂委员会编 甘肃省志·文物志(中册) 北京:文物出版社,2018年11月 p.1519;图1幅

江学旺 敦煌写本正史辑校 杭州:浙江大学博士后论文,2003年6月 p.2、6、10、12、76~80

张涌泉、江学旺 敦煌写本《步骘传》非伪卷辩《敦煌写本正史辑校》,杭州:浙江大学博士后论文(附录),2003年6月 p.121~124

肖瑜《三国志》古写本用字研究 上海:复旦大学博士研究生学位论文,2006年4月 p.33

韩锋 敦煌本儒家文献研究 兰州:兰州大学博士研究生学位论文,2007年5月 p.96

陈琪 敦煌遗书书法浅探 兰州:兰州大学博士研究生学位论文,2007年5月 p.171;图7

陈瑞峰《甘肃藏敦煌文献》俗字研究 金华:浙江师范大学硕士研究生学位论文,2012年5月 p.9

王翠《甘肃藏敦煌文献》俗字研究 南京:南京师范大学硕士研究生学位论文,2014年5月 p.1~6;p.18(表);p.23;p.52(附录:中古经卷"表")

金岡照光 敦煌の現状(一九七九年五月)《講座敦煌1〈敦煌の自然と現状〉》,東京:大東出版社,昭和五五年四月二三日(1980.4.23) p.114注①

片山章雄 敦煌(とんこう)·吐鲁番から発見された『三国志』の写本について書きました《东海史学》第26号,1991年 p.33~42

池田温 用鲜明的图版全面介绍敦煌《东方》127期,1991年 p.36

收藏号D.0554 三国志步骘传

敦煌研究院编 敦煌:纪念敦煌藏经洞发现一百周年 北京:朝花出版社,2000年 p.154~155;图1幅

刘忆谆主编 敦煌风华再现:续说石窟故事 台中:自然科学博物馆出版,2017年4月 p.213

《丝绸之路:敦煌、龟兹、麦积山石窟》编辑委员会编著 丝绸之路:敦煌、龟兹、麦积山石窟 成都:四川人民出版社、北京:商务印书馆,2018年3月 p.352

王驰 敦煌写本类书征引史籍研究 兰州:兰州大学硕士研究生学位论文,2014年6月 p.2

王惠民撰文,勝木言一郎訳『三国志』步騭伝『砂漠の美術馆-永遠なる敦煌』中国敦煌研究院創立50周年記念(東京展、福岡展、神户展,1996年10月26日~1997年4月20日),東京:朝日新聞社,1996年 p.144~145図版及第81条日文図版解説

施萍亭『三国志』步騭伝『敦煌美術展』(岐阜展、岡山展、佐賀展、横浜展,2001年9月8日~2002年3月12日),東京:大塚巧藝社,2001年 p.101図版62及図版解説;p.131出品目録

敦研288(收藏号565) 维摩诘所说经卷上弟子品第三

敦煌文物研究所资料室,刘忠贵、施娉婷 敦煌文物研究所藏敦煌遗书目录《文物资料丛刊》(1),北京:文物出版社,1977年12月 p.62;收入冯志文、杨际平主编《中国敦煌学百年文库·综述卷》(二),兰州:甘肃文化出版社,1999年 p.278

邰惠莉、罗华庆、陈雪静撰稿，施萍婷、邵国秀审订 敦煌研究院藏敦煌文献叙录(上)《甘肃藏敦煌文献》(第一卷)，兰州：甘肃人民出版社，1999年9月 p.309~310；图版p.259

施萍婷、邰惠莉 敦煌研究院藏敦煌文献叙录《敦煌研究文集·敦煌研究院藏敦煌文献研究篇》，兰州：甘肃民族出版社，2000年9月 p.100~101

中国美编 中国散藏敦煌文献分类目录 北京：北京图书馆出版社，2007年10月 p.49、185

张瑞兰 敦煌本《维摩诘经》异文研究 金华：浙江师范大学硕士研究生学位论文，2013年4月 p.118

敦研289(收藏号582) 大般若波罗蜜多经卷第三百九十五

敦煌文物研究所资料室，刘忠贵、施娉婷 敦煌文物研究所藏敦煌遗书目录《文物资料丛刊》(1)，北京：文物出版社，1977年12月 p.62；收入冯志文、杨际平主编《中国敦煌学百年文库·综述卷》(二)，兰州：甘肃文化出版社，1999年 p.278

邰惠莉、罗华庆、陈雪静撰稿，施萍婷、邵国秀审订 敦煌研究院藏敦煌文献叙录(上)《甘肃藏敦煌文献》(第一卷)，兰州：甘肃人民出版社，1999年9月 p.310；图版p.260

施萍婷、邰惠莉 敦煌研究院藏敦煌文献叙录《敦煌研究文集·敦煌研究院藏敦煌文献研究篇》，兰州：甘肃民族出版社，2000年9月 p.101

中国美编 中国散藏敦煌文献分类目录 北京：北京图书馆出版社，2007年10月 p.8、185

敦研290(收藏号583) 大般若波罗蜜多经卷第三百九十五

敦煌文物研究所资料室，刘忠贵、施娉婷 敦煌文物研究所藏敦煌遗书目录《文物资料丛刊》(1)，北京：文物出版社，1977年12月 p.62；收入冯志文、杨际平主编《中国敦煌学百年文库·综述卷》(二)，兰州：甘肃文化出版社，1999年 p.278

邰惠莉、罗华庆、陈雪静撰稿，施萍婷、邵国秀审订 敦煌研究院藏敦煌文献叙录(上)《甘肃藏敦煌文献》(第一卷)，兰州：甘肃人民出版社，1999年9月 p.310；图版p.260

施萍婷、邰惠莉 敦煌研究院藏敦煌文献叙录《敦煌研究文集·敦煌研究院藏敦煌文献研究篇》，兰州：甘肃民族出版社，2000年9月 p.101

中国美编 中国散藏敦煌文献分类目录 北京：北京图书馆出版社，2007年10月 p.8、185

敦研291(收藏号584) 大般若波罗蜜多经卷第三百九十五

敦煌文物研究所资料室，刘忠贵、施娉婷 敦煌文物研究所藏敦煌遗书目录《文物资料丛刊》(1)，北京：文物出版社，1977年12月 p.62；收入冯志文、杨际平主编《中国敦煌学百年文库·综述卷》(二)，兰州：甘肃文化出版社，1999年 p.278

邰惠莉、罗华庆、陈雪静撰稿，施萍婷、邵国秀审订 敦煌研究院藏敦煌文献叙录(上)《甘肃藏敦煌文献》(第一卷)，兰州：甘肃人民出版社，1999年9月 p.310；图版p.261

施萍婷、邰惠莉 敦煌研究院藏敦煌文献叙录《敦煌研究文集·敦煌研究院藏敦煌文献研究篇》，兰州：

甘肃民族出版社,2000年9月 p.101

中国美编 中国散藏敦煌文献分类目录 北京:北京图书馆出版社,2007年10月 p.8、186

敦研292(收藏号585)大般若波罗蜜多经卷第三百九十五

敦煌文物研究所资料室,刘忠贵、施娉婷 敦煌文物研究所藏敦煌遗书目录《文物资料丛刊》(1),北京:文物出版社,1977年12月 p.62~63;收入冯志文、杨际平主编《中国敦煌学百年文库·综述卷》(二),兰州:甘肃文化出版社,1999年 p.278

邰惠莉、罗华庆、陈雪静撰稿,施萍婷、邵国秀审订 敦煌研究院藏敦煌文献叙录(上)《甘肃藏敦煌文献》(第一卷),兰州:甘肃人民出版社,1999年9月 p.310;图版p.261

施萍婷、邰惠莉 敦煌研究院藏敦煌文献叙录《敦煌研究文集·敦煌研究院藏敦煌文献研究篇》,兰州:甘肃民族出版社,2000年9月 p.101~102

中国美编 中国散藏敦煌文献分类目录 北京:北京图书馆出版社,2007年10月 p.8、186

敦研293(收藏号606)妙法莲华经卷第六法师功德品第十九

敦煌文物研究所资料室,刘忠贵、施娉婷 敦煌文物研究所藏敦煌遗书目录《文物资料丛刊》(1),北京:文物出版社,1977年12月 p.63;收入冯志文、杨际平主编《中国敦煌学百年文库·综述卷》(二),兰州:甘肃文化出版社,1999年 p.278

邰惠莉、罗华庆、陈雪静撰稿,施萍婷、邵国秀审订 敦煌研究院藏敦煌文献叙录(上)《甘肃藏敦煌文献》(第一卷),兰州:甘肃人民出版社,1999年9月 p.310;图版p.262

施萍婷、邰惠莉 敦煌研究院藏敦煌文献叙录《敦煌研究文集·敦煌研究院藏敦煌文献研究篇》,兰州:甘肃民族出版社,2000年9月 p.102

中国美编 中国散藏敦煌文献分类目录 北京:北京图书馆出版社,2007年10月 p.186

敦研294(收藏号620)观佛三昧海经卷第三观相品第三

敦煌文物研究所资料室,刘忠贵、施娉婷 敦煌文物研究所藏敦煌遗书目录《文物资料丛刊》(1),北京:文物出版社,1977年12月 p.63;收入冯志文、杨际平主编《中国敦煌学百年文库·综述卷》(二),兰州:甘肃文化出版社,1999年 p.278

方广锠 观佛三昧海经《敦煌学大辞典》,上海:上海辞书出版社,1998年12月 p.663~664

邰惠莉、罗华庆、陈雪静撰稿,施萍婷、邵国秀审订 敦煌研究院藏敦煌文献叙录(上)《甘肃藏敦煌文献》(第一卷),兰州:甘肃人民出版社,1999年9月 p.310;图版p.262

施萍婷、邰惠莉 敦煌研究院藏敦煌文献叙录《敦煌研究文集·敦煌研究院藏敦煌文献研究篇》,兰州:甘肃民族出版社,2000年9月 p.102

中国美编 中国散藏敦煌文献分类目录 北京:北京图书馆出版社,2007年10月 p.52、186

敦研295(收藏号623) 观佛三昧海经卷第三观相品第三

敦煌文物研究所资料室,刘忠贵、施娉婷 敦煌文物研究所藏敦煌遗书目录《文物资料丛刊》(1),北京:文物出版社,1977年12月 p.63;收入冯志文、杨际平主编《中国敦煌学百年文库·综述卷》(二),兰州:甘肃文化出版社,1999年 p.278~279

邰惠莉、罗华庆、陈雪静撰稿,施萍婷、邵国秀审订 敦煌研究院藏敦煌文献叙录(上)《甘肃藏敦煌文献》(第一卷),兰州:甘肃人民出版社,1999年9月 p.310;图版p.263

施萍婷、邰惠莉 敦煌研究院藏敦煌文献叙录《敦煌研究文集·敦煌研究院藏敦煌文献研究篇》,兰州:甘肃民族出版社,2000年9月 p.102

中国美编 中国散藏敦煌文献分类目录 北京:北京图书馆出版社,2007年10月 p.52、186

敦研296(收藏号631) 深密解脱经卷第三圣者弥勒菩萨问品第九

敦煌文物研究所资料室,刘忠贵、施娉婷 敦煌文物研究所藏敦煌遗书目录《文物资料丛刊》(1),北京:文物出版社,1977年12月 p.63;收入冯志文、杨际平主编《中国敦煌学百年文库·综述卷》(二),兰州:甘肃文化出版社,1999年 p.279

邰惠莉、罗华庆、陈雪静撰稿,施萍婷、邵国秀审订 敦煌研究院藏敦煌文献叙录(上)《甘肃藏敦煌文献》(第一卷),兰州:甘肃人民出版社,1999年9月 p.310~311;图版p.263

施萍婷、邰惠莉 敦煌研究院藏敦煌文献叙录《敦煌研究文集·敦煌研究院藏敦煌文献研究篇》,兰州:甘肃民族出版社,2000年9月 p.102~103

中国美编 中国散藏敦煌文献分类目录 北京:北京图书馆出版社,2007年10月 p.56、186

说明:此卷可与297号缀合。296号下接297号。

敦研0296+0297 深密解脱经卷第三圣者弥勒菩萨问品第九

施萍婷 敦煌研究院藏土地庙写本源自藏经洞《敦煌研究》1999年第2期 p.42;略为删减修订后收入敦煌研究院编《敦煌研究文集·敦煌研究院藏敦煌文献研究篇》,兰州:甘肃民族出版社,2000年9月 p.18;收入氏著《敦煌习学集》(上),兰州:甘肃民族出版社,2004年12月 p.280;收入氏著《敦煌石窟与文献研究》,杭州:浙江大学出版社,2015年12月 p.370

杨森 敦煌研究院藏敦煌文献论著目录《敦煌研究文集·敦煌研究院藏敦煌文献研究篇》,兰州:甘肃民族出版社,2000年9月 p.600

敦研297(收藏号632) 深密解脱经卷第三圣者弥勒菩萨问品第九

敦煌文物研究所资料室,刘忠贵、施娉婷 敦煌文物研究所藏敦煌遗书目录《文物资料丛刊》(1),北京:文物出版社,1977年12月 p.63;收入冯志文、杨际平主编《中国敦煌学百年文库·综述卷》(二),兰州:甘肃文化出版社,1999年 p.279

邰惠莉、罗华庆、陈雪静撰稿,施萍婷、邵国秀审订 敦煌研究院藏敦煌文献叙录(上)《甘肃藏敦煌文

献》(第一卷),兰州:甘肃人民出版社,1999年9月 p.311;图版p.264

施萍婷、邰惠莉 敦煌研究院藏敦煌文献叙录《敦煌研究文集·敦煌研究院藏敦煌文献研究篇》,兰州:甘肃民族出版社,2000年9月 p.103

申国美编 中国散藏敦煌文献分类目录 北京:北京图书馆出版社,2007年10月 p.56、186

说明:此卷可与296号缀合。297号上接296号。

敦研298(收藏号639)唐代奴婢买卖市券副本

敦煌文物研究所资料室,执笔:施萍婷 从一件奴婢买卖文书看唐代的阶级压迫[附:奴婢买卖文书]《文物》1972年第12期 p.68~71;收入沙知、孔祥星编《敦煌吐鲁番文书研究》,兰州:甘肃人民出版社,1984年8月 p.381~387;收入陈国灿、陆庆夫主编《中国敦煌学百年文库·历史卷》(一),兰州:甘肃文化出版社,1999年 p.295~299;又题名作《本所藏敦煌唐代奴婢买卖文书介绍》[附:奴婢买卖文书],收入敦煌研究院编《敦煌研究文集·敦煌研究院藏敦煌文献研究篇》,兰州:甘肃民族出版社,2000年9月 p.277~282;图版11;收入氏著《敦煌习学集》(上),兰州:甘肃民族出版社,2004年12月 p.3~8;图版1;收入氏著《敦煌石窟与文献研究》,杭州:浙江大学出版社,2015年12月 p.405~411;图1;收入本书编委会主编《敦煌吐鲁番文书与中古史研究:朱雷先生八秩荣诞祝寿集》,上海:上海古籍出版社,2016年5月 p.8~13;图1幅

敦煌文物研究所资料室,刘忠贵、施娉婷 敦煌文物研究所藏敦煌遗书目录《文物资料丛刊》(1),北京:文物出版社,1977年12月 p.63;收入冯志文、杨际平主编《中国敦煌学百年文库·综述卷》(二),兰州:甘肃文化出版社,1999年 p.279

敦煌文物研究所资料室,刘忠贵、施娉婷 附:关于《敦煌遗书目录》的说明《文物资料丛刊》(1),北京:文物出版社,1977年12月 p.66;收入冯志文、杨际平主编《中国敦煌学百年文库·综述卷》(二),兰州:甘肃文化出版社,1999年 p.284;收入施萍婷著《敦煌习学集》(下),兰州:甘肃民族出版社,2004年12月 p.341

施萍亭 唐奴婢买卖市券副本《敦煌》,兰州:甘肃人民出版社、南京:江苏美术出版社,1990年7月;1993年7月;1997年11月 图版p.254~255;p.290第278条图版说明

李天石 敦煌所出卖身、典身契约年代考《敦煌学辑刊》1998年第1期 p.25、30

程喜霖 公验《敦煌学大辞典》,上海:上海辞书出版社,1998年12月 p.386~387

陈国灿 王修智请卖胡奴市券案记《敦煌学大辞典》,上海:上海辞书出版社,1998年12月 p.416

施萍婷 甘肃藏敦煌文献概述《甘肃藏敦煌文献精粹》,兰州:甘肃人民出版社,1999年 p.8;又载段文杰主编《甘肃藏敦煌文献》(第一至六卷),兰州:甘肃人民出版社,1999年9~12月 p.8

邰惠莉、罗华庆、陈雪静撰稿,施萍婷、邵国秀审订 敦煌研究院藏敦煌文献叙录(上)《甘肃藏敦煌文献》(第一卷),兰州:甘肃人民出版社,1999年9月 p.311;图版p.264

介生 遍记甘藏敦煌遗书 兼具资料学术价值——《甘肃藏敦煌文献》介评《图书与情报》2000年第2期 p.79

施萍婷、邰惠莉 敦煌研究院藏敦煌文献叙录《敦煌研究文集·敦煌研究院藏敦煌文献研究篇》,兰州:甘肃民族出版社,2000年9月 p.103~104

韩惠言 甘藏敦煌汉文文献概况《敦煌学辑刊》2000年第2期 p.70；收入敦煌研究院编《2000年敦煌学国际学术讨论会文集——纪念敦煌藏经洞发现暨敦煌学百年》历史文化卷（上），兰州：甘肃民族出版社，2003年9月 p.520

张涌泉 敦煌故里对敦煌学的新奉献——《甘肃藏敦煌文献》读后《敦煌研究》2001年第1期 p.183~184

杨惠玲 敦煌契约文书中的保人、见人、口承人、同便人、同取人《敦煌研究》2002年第6期 p.40（表1）

施萍婷 敦煌研究院、上海图书馆、天津艺术博物馆藏敦煌遗书巡礼《浙江与敦煌学——常书鸿先生诞辰一百周年纪念文集》，杭州：浙江古籍出版社，2004年12月 p.302~306；日文见池田温訳《敦煌研究院、上海圖書館及び天津芸術博物館所藏の敦煌遺書をめぐって》，《東洋學報》第72卷第1·2號，1990年12月 p.87~92

王震亚、赵荧著 敦煌残卷争讼文牒集释 兰州：甘肃人民出版社，1993年7月 p.1~2

王素著 敦煌吐鲁番文献 北京：文物出版社，2002年4月；2005年7月 p.86

申国美编 中国散藏敦煌文献分类目录 北京：北京图书馆出版社，2007年10月 p.85、186

刘清玄 敦煌吐鲁番文书与奴婢研究 兰州：西北师范大学硕士研究生论文，2008年5月 p.5

陈瑞峰《甘肃藏敦煌文献》俗字研究 金华：浙江师范大学硕士研究生学位论文，2012年5月 p.9

王翠《甘肃藏敦煌文献》俗字研究 南京：南京师范大学硕士研究生学位论文，2014年5月 p.28（表）；p.54（附录：唐代经卷“表”）

说明：此卷与299号原为一件，后被剪成两件。

敦研299（收藏号640）唐代奴婢买卖市券副本

敦煌文物研究所资料室，执笔：施萍婷 从一件奴婢买卖文书看唐代的阶级压迫［附：奴婢买卖文书］《文物》1972年第12期 p.68~71；收入沙知、孔祥星编《敦煌吐鲁番文书研究》，兰州：甘肃人民出版社，1984年8月 p.381~387；收入陈国灿、陆庆夫主编《中国敦煌学百年文库·历史卷》（一），兰州：甘肃文化出版社，1999年 p.295~299；又题名作《本所藏敦煌唐代奴婢买卖文书介绍》［附：奴婢买卖文书］，收入敦煌研究院编《敦煌研究文集·敦煌研究院藏敦煌文献研究篇》，兰州：甘肃民族出版社，2000年9月 p.277~282；图版11；收入氏著《敦煌习学集》（上），兰州：甘肃民族出版社，2004年12月 p.3~8；图版1；收入氏著《敦煌石窟与文献研究》，杭州：浙江大学出版社，2015年12月 p.405~411；图1；收入本书编委会主编《敦煌吐鲁番文书与中古史研究：朱雷先生八秩荣诞祝寿集》，上海：上海古籍出版社，2016年5月 p.8~13；图1幅

敦煌文物研究所资料室，刘忠贵、施娉婷 敦煌文物研究所藏敦煌遗书目录《文物资料丛刊》（1），北京：文物出版社，1977年12月 p.63；收入冯志文、杨际平主编《中国敦煌学百年文库·综述卷》（二），兰州：甘肃文化出版社，1999年 p.279

敦煌文物研究所资料室，刘忠贵、施娉婷 附：关于《敦煌遗书目录》的说明《文物资料丛刊》（1），北京：文物出版社，1977年12月 p.66；收入冯志文、杨际平主编《中国敦煌学百年文库·综述卷》（二），兰州：甘肃文化出版社，1999年 p.284；收入施萍婷著《敦煌习学集》（下），兰州：甘肃民族出版社，2004年12月 p.341

施萍亭 唐奴婢买卖市券副本《敦煌》，兰州：甘肃人民出版社、南京：江苏美术出版社，1990年7月；1993年7月；1997年11月 图版p.254~255；p.290第278条图版说明

李天石 敦煌吐鲁番文书中的奴婢资料及其价值《敦煌学辑刊》1990年第1期 p.2

李天石 敦煌所出卖身、典身契约年代考《敦煌学辑刊》1998年第1期 p.25、30

程喜霖 公验《敦煌学大辞典》,上海:上海辞书出版社,1998年12月 p.386~387

邰惠莉、罗华庆、陈雪静撰稿,施萍婷、邵国秀审订 敦煌研究院藏敦煌文献叙录(上)《甘肃藏敦煌文献》(第一卷),兰州:甘肃人民出版社,1999年9月 p.311;图版p.265

施萍婷、邰惠莉 敦煌研究院藏敦煌文献叙录《敦煌研究文集·敦煌研究院藏敦煌文献研究篇》,兰州:甘肃民族出版社,2000年9月 p.104

韩惠言 甘藏敦煌汉文文献概况《敦煌学辑刊》2000年第2期 p.70;收入敦煌研究院编《2000年敦煌学国际学术讨论会文集——纪念敦煌藏经洞发现暨敦煌学百年》历史文化卷(上),兰州:甘肃民族出版社,2003年9月 p.520

张涌泉 敦煌故里对敦煌学的新奉献——《甘肃藏敦煌文献》读后《敦煌研究》2001年第1期 p.183~184

杨惠玲 敦煌契约文书中的保人、见人、口承人、同便人、同取人《敦煌研究》2002年第6期 p.40(表1)

施萍婷 敦煌研究院、上海图书馆、天津艺术博物馆藏敦煌遗书巡礼《浙江与敦煌学——常书鸿先生诞辰一百周年纪念文集》,杭州:浙江古籍出版社,2004年12月 p.303~306;日文见池田温訳《敦煌研究院、上海圖書館及び天津芸術博物館所藏の敦煌遺書をめぐって》,《東洋學報》第72卷第1·2號,1990年12月 p.88~92

申国美编 中国散藏敦煌文献分类目录 北京:北京图书馆出版社,2007年10月 p.85、187

陈瑞峰《甘肃藏敦煌文献》俗字研究 金华:浙江师范大学硕士研究生学位论文,2012年5月 p.9

王翠《甘肃藏敦煌文献》俗字研究 南京:南京师范大学硕士研究生学位论文,2014年5月 p.28(表);p.54(附录:唐代经卷"表")

说明:此卷与298号原为一件,后被剪成两截,此卷在后。

敦研0298+0299 唐天宝至德间行客王修智卖胡奴市券公验

敦煌文物研究所资料室,执笔:施萍婷 从一件奴婢买卖文书看唐代的阶级压迫[附:奴婢买卖文书]《文物》1972年第12期 p.68~71;收入沙知、孔祥星编《敦煌吐鲁番文书研究》,兰州:甘肃人民出版社,1984年8月 p.381~387;收入陈国灿、陆庆夫主编《中国敦煌学百年文库·历史卷》(一),兰州:甘肃文化出版社,1999年 p.295~299;又题名作《本所藏敦煌唐代奴婢买卖文书介绍》[附:奴婢买卖文书],收入敦煌研究院编《敦煌研究文集·敦煌研究院藏敦煌文献研究篇》,兰州:甘肃民族出版社,2000年9月 p.277~282;图版11;收入氏著《敦煌习学集》(上),兰州:甘肃民族出版社,2004年12月 p.3~8;图版1;修改后收入氏著《敦煌石窟与文献研究》,杭州:浙江大学出版社,2015年12月 p.405~411;图1;收入本书编委会主编《敦煌吐鲁番文书与中古史研究:朱雷先生八秩荣诞祝寿集》,上海:上海古籍出版社,2016年5月 p.8~13

朱雷 敦煌所出《唐沙州某市时价簿口马行时沽》考《敦煌吐鲁番文书初探》,武汉:武汉大学出版社,1983年10月 p.508~515;收入浙江省博物馆、浙江省敦煌学研究会、浙江大学古籍研究所编《浙江与敦煌学——常书鸿先生诞辰一百周年纪念文集》,杭州:浙江古籍出版社,2004年12月 p.199~202;收入氏著《敦煌吐鲁番文书论丛》,兰州:甘肃人民出版社,2000年4月 p.217~224

杨森 敦煌研究院藏敦煌文献论著目录《敦煌研究文集·敦煌研究院藏敦煌文献研究篇》，兰州：甘肃民族出版社，2000年9月 p.601~602

李明伟著 隋唐丝绸之路——中世纪的中国西北社会与文明 兰州：甘肃人民出版社，1994年10月 p.48、147、148

沙知辑校 敦煌契约文书辑校（敦煌文献分类录校丛刊）南京：江苏古籍出版社，1998年10月 p.72~74

洪艺芳著 敦煌文献中主仆称谓词与社会文化研究 台北：文津出版社有限公司，2013年2月 p.29、56、67、160、174、188

甘肃省地方史志编纂委员会编 甘肃省志·文物志（中册）北京：文物出版社，2018年11月 p.1528~1529；图1幅

池田温著，龚泽铣译 中国古代籍帐研究 北京：中华书局，1984年8月 p.376（第225号录文目次）

池田温著，龚泽铣译 中国古代籍帐研究 北京：中华书局，2007年5月 p.346（第225号录文）

池田温著 中国古代籍帳研究 東京：東京大学東洋文化研究所発行，1979年3月30日 p.490（第225号錄文）

堀敏一 敦煌社会の変質——中国社会全般の発展とも関連して《講座敦煌3·敦煌の社会》，東京：大東出版社，昭和五五年八月二七日（1980.8.27）p.157；p.191注⑩

池田温 敦煌の流通経濟《講座敦煌3·敦煌の社会》，東京：大東出版社，昭和五五年八月二七日（1980.8.27）p.315；p.337注［54］

池田温 口馬行考《佐久間重男教授退休記念中国史·陶磁史論集》，東京：燎原書店，1983年3月 p.31~57

堀敏一 唐户令乡里、坊村、邻保关系条文の复原をめぐつて《中村治兵衛先生古稀記念洋史論集》，東京：刀水書房，1986年3月 p.449~467

仲森明正 日本律令制下の売買文書の特質《古代史論集》（中），東京：塙書房，1988年8月 p.343~372

吉田豊、森安孝夫、新疆ウィグル自治区博物館 麹氏高昌国時代ソグド文女奴隷売買文書《神戸市外国語大学外国学研究》19（内陆アジア言语の研究）第Ⅳ号，1989年3月 p.1~50

堀敏一著 中国古代の身分制——良と贱 東京：汲古书院，1987年8月；1997年1月 p.370

敦研298、299（收藏号D0639、D0640）胡奴多宝买卖契

盛丹丹 唐五代敦煌吐鲁番奴婢制度研究 上海：华东政法大学硕士研究生学位论文，2016年4月 p.24~25；p.49；图1幅

敦研0639、0640 唐奴婢买卖市券副本

王惠民撰文，勝木言一郎訳 唐奴婢売買市卷副本『砂漠の美術馆—永遠なる敦煌』中国敦煌研究院創立50周年記念（東京展、福岡展、神户展，1996年10月26日~1997年4月20日），東京：朝日新聞社，1996年 p.145図版及第82条日文図版解説

敦研300(收藏号647)修行本起经卷下出家品第四

敦煌文物研究所资料室,刘忠贵、施娉婷 敦煌文物研究所藏敦煌遗书目录《文物资料丛刊》(1),北京:文物出版社,1977年12月 p.63;收入冯志文、杨际平主编《中国敦煌学百年文库·综述卷》(二),兰州:甘肃文化出版社,1999年 p.279

邰惠莉、罗华庆、陈雪静撰稿,施萍婷、邰国秀审订 敦煌研究院藏敦煌文献叙录(上)《甘肃藏敦煌文献》(第一卷),兰州:甘肃人民出版社,1999年9月 p.311;图版p.265

施萍婷、邰惠莉 敦煌研究院藏敦煌文献叙录《敦煌研究文集·敦煌研究院藏敦煌文献研究篇》,兰州:甘肃民族出版社,2000年9月 p.104

申国美编 中国散藏敦煌文献分类目录 北京:北京图书馆出版社,2007年10月 p.2、187

敦研301(收藏号648)妙法莲华经卷第三化城喻品第七

敦煌文物研究所资料室,刘忠贵、施娉婷 敦煌文物研究所藏敦煌遗书目录《文物资料丛刊》(1),北京:文物出版社,1977年12月 p.63;收入冯志文、杨际平主编《中国敦煌学百年文库·综述卷》(二),兰州:甘肃文化出版社,1999年 p.279

邰惠莉、罗华庆、陈雪静撰稿,施萍婷、邰国秀审订 敦煌研究院藏敦煌文献叙录(下)《甘肃藏敦煌文献》(第二卷),兰州:甘肃人民出版社,1999年9月 p.301;图版p.1~2

施萍婷、邰惠莉 敦煌研究院藏敦煌文献叙录《敦煌研究文集·敦煌研究院藏敦煌文献研究篇》,兰州:甘肃民族出版社,2000年9月 p.104

杨森 敦煌研究院藏敦煌文献论著目录《敦煌研究文集·敦煌研究院藏敦煌文献研究篇》,兰州:甘肃民族出版社,2000年9月 p.602

黄征 敦煌俗字例释《敦煌吐鲁番研究》(第八卷),北京:中华书局,2005年1月 p.250

黄征编 敦煌俗字典 上海:上海教育出版社,2005年5月 正文p.1、21、38、49、59、62、139、233、244、275、285、287、295、358、423、578;顺序索引p.744;分类索引p.749

申国美编 中国散藏敦煌文献分类目录 北京:北京图书馆出版社,2007年10月 p.23、187

张涌泉著 敦煌写本文献学 兰州:甘肃教育出版社,2013年12月 p.381~382;图12-11

樊锦诗、海蔚蓝主编,娄婕、梁旭澍、黄苑薇图录介绍《敦煌:丝路佛光》,敦煌研究院、华美协进社中国美术馆,2013年 p.57图版及说明

陶家骏 敦煌研究院藏佚本《维摩诘经注》写卷研究 苏州:苏州大学博士研究生学位论文,2012年3月 俗字表p.113

井米兰 敦煌俗字与宋本《玉篇》文字比较研究 上海:华东师范大学硕士研究生学位论文,2009年5月 p.72

周远军 敦煌写卷《道行般若经》用字研究及校勘 南宁:广西大学硕士研究生学位论文,2011年6月 p.30、57、60、92、95

陈瑞峰《甘肃藏敦煌文献》俗字研究 金华:浙江师范大学硕士研究生学位论文,2012年5月 p.49;例证

表p.91；俗字表p.106、113、123、125~126、127、163、199、207

王翠《甘肃藏敦煌文献》俗字研究 南京：南京师范大学硕士研究生学位论文，2014年5月 p.18（表）；p.52（附录：中古经卷“表”）

施萍亭 妙法蓮華経 化城喩品第七『中国敦煌展』（東京展、福岡展、長野展、奈良展、静岡展，1985年10月5日~1986年3月26日），東京：財団法人富士美術館発行，昭和60年10月5日；図版100及日文図版解説

敦研302（收藏号649）维摩诘所说经卷上菩萨品第四

敦煌文物研究所资料室，刘忠贵、施娉婷 敦煌文物研究所藏敦煌遗书目录《文物资料丛刊》（1），北京：文物出版社，1977年12月 p.63；收入冯志文、杨际平主编《中国敦煌学百年文库·综述卷》（二），兰州：甘肃文化出版社，1999年 p.279

邰惠莉、罗华庆、陈雪静撰稿，施萍婷、邵国秀审订 敦煌研究院藏敦煌文献叙录（下）《甘肃藏敦煌文献》（第二卷），兰州：甘肃人民出版社，1999年9月 p.301；图版p.2~3

施萍婷、邰惠莉 敦煌研究院藏敦煌文献叙录《敦煌研究文集·敦煌研究院藏敦煌文献研究篇》，兰州：甘肃民族出版社，2000年9月 p.104~105

衣川贤次 以敦煌写经校订《大正藏》刍议《转型期的敦煌学》，上海：上海古籍出版社，2007年11月 p.423

肖瑜 敦煌研究院藏《三国志·步骘传》残卷疑难俗字补释《敦煌研究》2008年第5期 p.36；p.37（附：“诣”、“封”二字体对照表）

黄征编 敦煌俗字典 上海：上海教育出版社，2005年5月 正文p.176、208、234、364、367、392、424、497；顺序索引p.744；分类索引p.750

中国美编 中国散藏敦煌文献分类目录 北京：北京图书馆出版社，2007年10月 p.49、187

唐帅彬 敦煌俗字论辨 南京：南京师范大学硕士研究生学位论文，2012年5月 p.7

井米兰 敦煌俗字与宋本《玉篇》文字比较研究 上海：华东师范大学硕士研究生学位论文，2009年5月 p.73

周远军 敦煌写卷《道行般若经》用字研究及校勘 南宁：广西大学硕士研究生学位论文，2011年6月 p.72、134

陈瑞峰《甘肃藏敦煌文献》俗字研究 金华：浙江师范大学硕士研究生学位论文，2012年5月 p.57；例证表p.69；俗字表p.179、191、217、224

薛皖东《干禄字书》所收俗字与敦煌俗字比较研究 南京：南京师范大学硕士研究生学位论文，2013年4月 p.5

敦研303（收藏号650）大智度论卷第三十四释初品中信持无三毒义第五十二

敦煌文物研究所资料室，刘忠贵、施娉婷 敦煌文物研究所藏敦煌遗书目录《文物资料丛刊》（1），北京：文物出版社，1977年12月 p.63；收入冯志文、杨际平主编《中国敦煌学百年文库·综述卷》（二），兰州：甘

肃文化出版社，1999年 p.279

邰惠莉、罗华庆、陈雪静撰稿，施萍婷、邵国秀审订 敦煌研究院藏敦煌文献叙录（下）《甘肃藏敦煌文献》（第二卷），兰州：甘肃人民出版社，1999年9月 p.301；图版p.3

施萍婷、邰惠莉 敦煌研究院藏敦煌文献叙录《敦煌研究文集·敦煌研究院藏敦煌文献研究篇》，兰州：甘肃民族出版社，2000年9月 p.105

杨森 敦煌研究院藏敦煌文献论著目录《敦煌研究文集·敦煌研究院藏敦煌文献研究篇》，兰州：甘肃民族出版社，2000年9月 p.602

施安昌 北凉体书迹叙录——兼谈铭石书与写经书《第五届中国书法史论国际研讨会论文集》，北京：文物出版社，2002年8月 p.241

秋子 大智度论卷第三十四《敦煌写卷墨迹精选丛帖》（叁），兰州：甘肃人民美术出版社，2009年10月；2010年6月 p.1~4简介/赏析及图版

申国美编 中国散藏敦煌文献分类目录 北京：北京图书馆出版社，2007年10月 p.60、187

敦研304（收藏号651）太子瑞应本起经卷上

敦煌文物研究所资料室，刘忠贵、施娉婷 敦煌文物研究所藏敦煌遗书目录《文物资料丛刊》（1），北京：文物出版社，1977年12月 p.63；收入冯志文、杨际平主编《中国敦煌学百年文库·综述卷》（二），兰州：甘肃文化出版社，1999年 p.279

邰惠莉、罗华庆、陈雪静撰稿，施萍婷、邵国秀审订 敦煌研究院藏敦煌文献叙录（下）《甘肃藏敦煌文献》（第二卷），兰州：甘肃人民出版社，1999年9月 p.301；图版p.4

施萍婷、邰惠莉 敦煌研究院藏敦煌文献叙录《敦煌研究文集·敦煌研究院藏敦煌文献研究篇》，兰州：甘肃民族出版社，2000年9月 p.105

黄征编 敦煌俗字典 上海：上海教育出版社，2005年5月 正文p.316

申国美编 中国散藏敦煌文献分类目录 北京：北京图书馆出版社，2007年10月 p.2、187

敦研305（收藏号652）大般涅槃经卷第三十六迦叶菩萨品第十二之四

敦煌文物研究所资料室，刘忠贵、施娉婷 敦煌文物研究所藏敦煌遗书目录《文物资料丛刊》（1），北京：文物出版社，1977年12月 p.63；收入冯志文、杨际平主编《中国敦煌学百年文库·综述卷》（二），兰州：甘肃文化出版社，1999年 p.279

邰惠莉、罗华庆、陈雪静撰稿，施萍婷、邵国秀审订 敦煌研究院藏敦煌文献叙录（下）《甘肃藏敦煌文献》（第二卷），兰州：甘肃人民出版社，1999年9月 p.301~302；图版p.4~5

施萍婷、邰惠莉 敦煌研究院藏敦煌文献叙录《敦煌研究文集·敦煌研究院藏敦煌文献研究篇》，兰州：甘肃民族出版社，2000年9月 p.105

申国美编 中国散藏敦煌文献分类目录 北京：北京图书馆出版社，2007年10月 p.42、187

景盛轩 敦煌本《大般涅槃经》研究——以版本、异文及训诂为中心 杭州：浙江大学博士研究生学位论

文,2004年5月 p.109

周远军 敦煌写卷《道行般若经》用字研究及校勘 南宁:广西大学硕士研究生学位论文,2011年6月 p.80

说明:此卷已与130号缀合。305号下接130号。

敦研0305+0130+0056(3) 大般涅槃经卷第三十六迦叶菩萨品第十二之四

施萍婷 敦煌研究院藏土地庙写本源自藏经洞《敦煌研究》1999年第2期 p.42;略为删减修订后收入敦煌研究院编《敦煌研究文集·敦煌研究院藏敦煌文献研究篇》,兰州:甘肃民族出版社,2000年9月 p.18;收入氏著《敦煌习学集》(上),兰州:甘肃民族出版社,2004年12月 p.280;收入氏著《敦煌石窟与文献研究》,杭州:浙江大学出版社,2015年12月 p.371

杨森 敦煌研究院藏敦煌文献论著目录《敦煌研究文集·敦煌研究院藏敦煌文献研究篇》,兰州:甘肃民族出版社,2000年9月 p.603

敦研0305+0130 大般涅槃经卷第三十六迦叶菩萨品第十二之四

施萍婷 敦煌研究院藏土地庙写本源自藏经洞《敦煌研究》1999年第2期 p.46(附表)

敦研306(收藏号653) 小品般若波罗蜜经卷第九称扬菩萨品第二十三

敦煌文物研究所资料室,刘忠贵、施娉婷 敦煌文物研究所藏敦煌遗书目录《文物资料丛刊》(1),北京:文物出版社,1977年12月 p.63;收入冯志文、杨际平主编《中国敦煌学百年文库·综述卷》(二),兰州:甘肃文化出版社,1999年 p.279

邰惠莉、罗华庆、陈雪静撰稿,施萍婷、邵国秀审订 敦煌研究院藏敦煌文献叙录(下)《甘肃藏敦煌文献》(第二卷),兰州:甘肃人民出版社,1999年9月 p.302;图版p.5~6

施萍婷、邰惠莉 敦煌研究院藏敦煌文献叙录《敦煌研究文集·敦煌研究院藏敦煌文献研究篇》,兰州:甘肃民族出版社,2000年9月 p.105~106

黄征编 敦煌俗字典 上海:上海教育出版社,2005年5月 正文p.7、21、60、139、161、175、208、238、291、324、356、357、532、533;顺序索引p.744;分类索引p.750

申国美编 中国散藏敦煌文献分类目录 北京:北京图书馆出版社,2007年10月 p.12、187

肖瑜《三国志》古写本用字研究① 上海:复旦大学博士研究生学位论文,2006年4月 p.123

井米兰 敦煌俗字与宋本《玉篇》文字比较研究 上海:华东师范大学硕士研究生学位论文,2009年5月 p.24、47

周远军 敦煌写卷《道行般若经》用字研究及校勘 南宁:广西大学硕士研究生学位论文,2011年6月 p.86、91、131

①肖瑜博士论文《〈三国志〉古写本用字研究》第123页作"敦研306《修行本起经》",有误。敦研306号为《小品般若波罗蜜经》。敦煌研究院收藏《修行本起经》共有6个编号,分别为敦研144、300、309、311、320、372号。

陈瑞峰《甘肃藏敦煌文献》俗字研究 金华：浙江师范大学硕士研究生学位论文，2012年5月 p.11、57；例证表p.69；俗字表p.108、113、165、174、175、178、190、202、211、231

敦研307（收藏号654）金光明经卷第二四天王品第六

敦煌文物研究所资料室，刘忠贵、施娉婷 敦煌文物研究所藏敦煌遗书目录《文物资料丛刊》(1)，北京：文物出版社，1977年12月 p.63；收入冯志文、杨际平主编《中国敦煌学百年文库·综述卷》(二)，兰州：甘肃文化出版社，1999年 p.279

邰惠莉、罗华庆、陈雪静撰稿，施萍婷、邵国秀审订 敦煌研究院藏敦煌文献叙录(下)《甘肃藏敦煌文献》(第二卷)，兰州：甘肃人民出版社，1999年9月 p.302；图版p.6

施萍婷、邰惠莉 敦煌研究院藏敦煌文献叙录《敦煌研究文集·敦煌研究院藏敦煌文献研究篇》，兰州：甘肃民族出版社，2000年9月 p.106

中国美编 中国散藏敦煌文献分类目录 北京：北京图书馆出版社，2007年10月 p.53、187

朱若溪《金光明经》敦煌写本研究 杭州：浙江大学博士研究生学位论文，2017年6月 p.494(二)卷二简表

陈瑞峰《甘肃藏敦煌文献》俗字研究 金华：浙江师范大学硕士研究生学位论文，2012年5月 p.36

说明：此卷可与217号缀合。307号下接217号。

敦研0307+0217 金光明经卷第二四天王品第六

施萍婷 敦煌研究院藏土地庙写本源自藏经洞《敦煌研究》1999年第2期 p.42；略为删减修订后收入敦煌研究院编《敦煌研究文集·敦煌研究院藏敦煌文献研究篇》，兰州：甘肃民族出版社，2000年9月 p.18；收入氏著《敦煌习学集》(上)，兰州：甘肃民族出版社，2004年12月 p.280；收入氏著《敦煌石窟与文献研究》，杭州：浙江大学出版社，2015年12月 p.371

敦研307号+敦博26号+敦研135号+敦研136号+敦研129号……敦研217号 金光明经卷第二四天王品第六

张涌泉、朱若溪 敦煌本《金光明经》残卷缀合研究① 《敦煌研究》2016年第1期 p.61~62；图3

朱若溪《金光明经》敦煌写本研究 杭州：浙江大学博士研究生学位论文，2017年6月 p.49、52、138~141；图7-11、476

敦研307号……敦研217号 金光明经卷第一

朱若溪《金光明经》敦煌写本研究 杭州：浙江大学博士研究生学位论文，2017年6月 p.48

---

①据张涌泉、朱若溪《敦煌本〈金光明经〉残卷缀合研究》研究，此6号皆为《金光明经》第二卷《四天王品第六》残片，直接或间接可接合。

敦研308(收藏号655)大方广佛华严经卷第五十九入法界品第三十四之十六

敦煌文物研究所资料室,刘忠贵、施娉婷 敦煌文物研究所藏敦煌遗书目录《文物资料丛刊》(1),北京:文物出版社,1977年12月 p.63;收入冯志文、杨际平主编《中国敦煌学百年文库·综述卷》(二),兰州:甘肃文化出版社,1999年 p.279

李正宇 土地庙遗书的发现、特点和入藏年代《敦煌研究》(第三期·总第五期),兰州:甘肃人民出版社,1985年12月 p.96

邰惠莉、罗华庆、陈雪静撰稿,施萍婷、邵国秀审订 敦煌研究院藏敦煌文献叙录(下)《甘肃藏敦煌文献》(第二卷),兰州:甘肃人民出版社,1999年9月 p.302;图版p.7

施萍婷、邰惠莉 敦煌研究院藏敦煌文献叙录《敦煌研究文集·敦煌研究院藏敦煌文献研究篇》,兰州:甘肃民族出版社,2000年9月 p.106

中国美编 中国散藏敦煌文献分类目录 北京:北京图书馆出版社,2007年10月 p.188

傅及斯 敦煌本《华严经》整理与研究 上海:复旦大学硕士研究生学位论文,2014年5月 p.51~52

敦研309(收藏号656)修行本起经游观品第三、出家品第四

敦煌文物研究所资料室,刘忠贵、施娉婷 敦煌文物研究所藏敦煌遗书目录《文物资料丛刊》(1),北京:文物出版社,1977年12月 p.63;收入冯志文、杨际平主编《中国敦煌学百年文库·综述卷》(二),兰州:甘肃文化出版社,1999年 p.279

邰惠莉、罗华庆、陈雪静撰稿,施萍婷、邵国秀审订 敦煌研究院藏敦煌文献叙录(下)《甘肃藏敦煌文献》(第二卷),兰州:甘肃人民出版社,1999年9月 p.302;图版p.7

施萍婷、邰惠莉 敦煌研究院藏敦煌文献叙录《敦煌研究文集·敦煌研究院藏敦煌文献研究篇》,兰州:甘肃民族出版社,2000年9月 p.106

邰惠莉 敦煌写本《佛图堂所化经》初探《敦煌研究文集·敦煌研究院藏敦煌文献研究篇》,兰州:甘肃民族出版社,2000年9月 p.185

黄征 敦煌俗字种类考辨《敦煌学·日本学——石塚晴通教授退职纪念文集》,上海:上海辞书出版社,2005年12月 p.117;又载赵生群、方向东主编《古文献研究集刊》(第一辑),南京:凤凰出版社,2007年4月 p.33

邰惠莉 敦煌研究院藏敦煌遗书的来源和价值《中国书法》2019年第9期 p.55;图1幅

黄征编 敦煌俗字典 上海:上海教育出版社,2005年5月 前言p.26;正文p.12、40、49、52、55、71、85、86、91、109、129、145、152、156、157、161、163、209、223、232、254、262、272、294、329、337、354、366、376、428、458、462、463、468、475、479、485、488、491、497、504、532、564、570、575;顺序索引p.744;分类索引p.750

中国美编 中国散藏敦煌文献分类目录 北京:北京图书馆出版社,2007年10月 p.2、188

肖瑜《三国志》古写本用字研究 上海:复旦大学博士研究生学位论文,2006年4月 p.42

周远军 敦煌写卷《道行般若经》用字研究及校勘 南宁:广西大学硕士研究生学位论文,2011年6月 p.41、116

陈瑞峰《甘肃藏敦煌文献》俗字研究 金华:浙江师范大学硕士研究生学位论文,2012年5月 p.19;例证表

p.71;俗字表p.110、125、130、135~136、161、168、169、170、174~175、192、196、198、227~228

高静怡 北图藏敦煌汉文写经《金光明经》异文研究 南宁:广西大学硕士研究生学位论文,2013年5月 p.37

王翠《甘肃藏敦煌文献》俗字研究 南京:南京师范大学硕士研究生学位论文,2014年5月 p.24

肖倩 敦煌写卷中古俗字研究 南京:南京师范大学硕士研究生学位论文,2014年5月 p.49

李艳 敦煌俗字偏旁研究 杭州:杭州师范大学硕士研究生学位(学术学位)论文,2016年6月 p.18~19

说明:此卷可与311、372(青山)号缀合。309号下接311、372号。

敦研0309+敦研0331+青山捐赠品5+敦博003 修行本起经游观品第三、出家品第四

施萍婷 敦煌研究院藏土地庙写本源自藏经洞《敦煌研究》1999年第2期 p.42;略为删减修订后收入敦煌研究院编《敦煌研究文集·敦煌研究院藏敦煌文献研究篇》,兰州:甘肃民族出版社,2000年9月 p.19;收入氏著《敦煌习学集》(上),兰州:甘肃民族出版社,2004年12月 p.281;收入氏著《敦煌石窟与文献研究》,杭州:浙江大学出版社,2015年12月 p.372

敦研309+敦研331+敦研327(青山)+敦博003 修行本起经游观品第三、出家品第四

邰惠莉 敦煌研究院藏敦煌遗书的来源和价值《中国书法》2019年第9期 p.50

敦研310(收藏号657) 大般涅槃经卷第八如来性品第四之五

敦煌文物研究所资料室,刘忠贵、施娉婷 敦煌文物研究所藏敦煌遗书目录《文物资料丛刊》(1),北京:文物出版社,1977年12月 p.63;收入冯志文、杨际平主编《中国敦煌学百年文库·综述卷》(二),兰州:甘肃文化出版社,1999年 p.279

施萍婷 敦煌研究院藏土地庙写本源自藏经洞《敦煌研究》1999年第2期 p.45(附表)

邰惠莉、罗华庆、陈雪静撰稿,施萍婷、邵国秀审订 敦煌研究院藏敦煌文献叙录(下)《甘肃藏敦煌文献》(第二卷),兰州:甘肃人民出版社,1999年9月 p.302;图版p.8

施萍婷、邰惠莉 敦煌研究院藏敦煌文献叙录《敦煌研究文集·敦煌研究院藏敦煌文献研究篇》,兰州:甘肃民族出版社,2000年9月 p.107

杨森 敦煌研究院藏敦煌文献论著目录《敦煌研究文集·敦煌研究院藏敦煌文献研究篇》,兰州:甘肃民族出版社,2000年9月 p.603

申国美编 中国散藏敦煌文献分类目录 北京:北京图书馆出版社,2007年10月 p.36、188

景盛轩 敦煌本《大般涅槃经》研究——以版本、异文及训诂为中心 杭州:浙江大学博士研究生学位论文,2004年5月 p.42

金岡照光 敦煌の現状(一九七九年五月)《講座敦煌1〈敦煌の自然と現状〉》,東京:大東出版社,昭和五五年四月二三日(1980.4.23) p.111

敦研311(收藏号658)修行本起经出家品第五

敦煌文物研究所资料室,刘忠贵、施娉婷 敦煌文物研究所藏敦煌遗书目录《文物资料丛刊》(1),北京:文物出版社,1977年12月 p.63;收入冯志文、杨际平主编《中国敦煌学百年文库·综述卷》(二),兰州:甘肃文化出版社,1999年 p.279

邰惠莉、罗华庆、陈雪静撰稿,施萍婷、邵国秀审订 敦煌研究院藏敦煌文献叙录(下)《甘肃藏敦煌文献》(第二卷),兰州:甘肃人民出版社,1999年9月 p.302;图版p.8

施萍婷、邰惠莉 敦煌研究院藏敦煌文献叙录《敦煌研究文集·敦煌研究院藏敦煌文献研究篇》,兰州:甘肃民族出版社,2000年9月 p.107

邰惠莉 敦煌写本《佛图堂所化经》初探《敦煌研究文集·敦煌研究院藏敦煌文献研究篇》,兰州:甘肃民族出版社,2000年9月 p.185

黄征 敦煌俗字种类考辨《敦煌学·日本学——石塚晴通教授退职纪念文集》,上海:上海辞书出版社,2005年12月 p.118;又载赵生群、方向东主编《古文献研究集刊》(第一辑),南京:凤凰出版社,2007年4月 p.34

肖瑜 敦煌研究院藏《三国志·步骘传》残卷疑难俗字补释《敦煌研究》2008年第5期 p.36;p.37(附:"诣"、"封"二字体对照表)

邰惠莉 敦煌研究院藏敦煌遗书的来源和价值《中国书法》2019年第9期 p.54;图1幅

黄征编 敦煌俗字典 上海:上海教育出版社,2005年5月 前言p.23、26;正文p.31、45、62、65、70、77、78、79、109、112、118、138、158、174、188、190、202、225、236、315、318、321、361、369、378、385、422、428、483、488、489、497、523、577;顺序索引p.744;分类索引p.750

中国美编 中国散藏敦煌文献分类目录 北京:北京图书馆出版社,2007年10月 p.2、188

沈乐平著 敦煌书法综论 杭州:浙江古籍出版社,2009年10月 p.96

赵红著 敦煌写本汉字论考 上海:上海古籍出版社,2012年4月 p.74、90

肖瑜《三国志》古写本用字研究 上海:复旦大学博士研究生学位论文,2006年4月 p.24

沈乐平 敦煌书法综论 杭州:中国美术学院博士研究生学位论文,2008年5月 p.90

陶家骏 敦煌研究院藏佚本《维摩诘经注》写卷研究 苏州:苏州大学博士研究生学位论文,2012年3月 p.63、64;俗字表p.76、79、100、117、131、135、162

周远军 敦煌写卷《道行般若经》用字研究及校勘 南宁:广西大学硕士研究生学位论文,2011年6月 p.62、104、107

陈瑞峰《甘肃藏敦煌文献》俗字研究 金华:浙江师范大学硕士研究生学位论文,2012年5月 p.17、56;俗字表p.122、126、127~128、132、147、149、163、171、177、183、189、196、234

敦研312(收藏号659)金光明经卷第一序品第一

敦煌文物研究所资料室,刘忠贵、施娉婷 敦煌文物研究所藏敦煌遗书目录《文物资料丛刊》(1),北京:文物出版社,1977年12月 p.63;收入冯志文、杨际平主编《中国敦煌学百年文库·综述卷》(二),兰州:甘肃文化出版社,1999年 p.279

邰惠莉、罗华庆、陈雪静撰稿，施萍婷、邵国秀审订 敦煌研究院藏敦煌文献叙录（下）《甘肃藏敦煌文献》（第二卷），兰州：甘肃人民出版社，1999年9月 p.302~303；图版p.9

施萍婷、邰惠莉 敦煌研究院藏敦煌文献叙录《敦煌研究文集·敦煌研究院藏敦煌文献研究篇》，兰州：甘肃民族出版社，2000年9月 p.107

张涌泉、陈瑞峰 古代写本钩乙号研究《浙江社会科学》2011年第5期 p.132

黄征编 敦煌俗字典 上海：上海教育出版社，2005年5月 正文p.24、38、43、137、150、167、223、238、272、287、422、437、475、568；顺序索引p.744；分类索引p.749

申国美编 中国散藏敦煌文献分类目录 北京：北京图书馆出版社，2007年10月 p.52、188

张涌泉著 敦煌写本文献学 兰州：甘肃教育出版社，2013年12月 p.360~361

朱若溪《金光明经》敦煌写本研究 杭州：浙江大学博士研究生学位论文，2017年6月 p.492（一）卷一简表

陈瑞峰《甘肃藏敦煌文献》俗字研究 金华：浙江师范大学硕士研究生学位论文，2012年5月 p.31、46；例证表p.93；俗字表p.116、119~120、121、163、175~176、196、207、225

刘文章 南北朝时期敦煌汉文纪年写卷俗字字形演变及其应用 南宁：广西大学硕士研究生学位论文，2016年6月 p.49

敦研313（收藏号660）佛说首楞严三昧经卷上

敦煌文物研究所资料室，刘忠贵、施娉婷 敦煌文物研究所藏敦煌遗书目录《文物资料丛刊》（1），北京：文物出版社，1977年12月 p.63；收入冯志文、杨际平主编《中国敦煌学百年文库·综述卷》（二），兰州：甘肃文化出版社，1999年 p.279

邰惠莉、罗华庆、陈雪静撰稿，施萍婷、邵国秀审订 敦煌研究院藏敦煌文献叙录（下）《甘肃藏敦煌文献》（第二卷），兰州：甘肃人民出版社，1999年9月 p.303；图版p.9

施萍婷、邰惠莉 敦煌研究院藏敦煌文献叙录《敦煌研究文集·敦煌研究院藏敦煌文献研究篇》，兰州：甘肃民族出版社，2000年9月 p.107~108

黄征编 敦煌俗字典 上海：上海教育出版社，2005年5月 正文p.39、108、163、358、372；顺序索引p.744；分类索引p.750

申国美编 中国散藏敦煌文献分类目录 北京：北京图书馆出版社，2007年10月 p.52、188

于淑健著 敦煌佛典语词和俗字研究——以敦煌古佚和疑伪经为中心 上海：上海古籍出版社，2012年4月 p.346

陶家骏 敦煌研究院藏佚本《维摩诘经注》写卷研究 苏州：苏州大学博士研究生学位论文，2012年3月 俗字表p.95；p.196

井米兰 敦煌俗字与宋本《玉篇》文字比较研究 上海：华东师范大学硕士研究生学位论文，2009年5月 p.72

陈瑞峰《甘肃藏敦煌文献》俗字研究 金华：浙江师范大学硕士研究生学位论文，2012年5月 p.54；

俗字表p.120、213

敦研314(收藏号661)佛说首楞严三昧经卷上

敦煌文物研究所资料室,刘忠贵、施娉婷 敦煌文物研究所藏敦煌遗书目录《文物资料丛刊》(1),北京:文物出版社,1977年12月 p.63;收入冯志文、杨际平主编《中国敦煌学百年文库·综述卷》(二),兰州:甘肃文化出版社,1999年 p.279

邰惠莉、罗华庆、陈雪静撰稿,施萍婷、邵国秀审订 敦煌研究院藏敦煌文献叙录(下)《甘肃藏敦煌文献》(第二卷),兰州:甘肃人民出版社,1999年9月 p.303;图版p.10

施萍婷、邰惠莉 敦煌研究院藏敦煌文献叙录《敦煌研究文集·敦煌研究院藏敦煌文献研究篇》,兰州:甘肃民族出版社,2000年9月 p.108

中国美编 中国散藏敦煌文献分类目录 北京:北京图书馆出版社,2007年10月 p.52、188

敦研315(收藏号662)大般涅槃经卷第七如来性品第四之四

敦煌文物研究所资料室,刘忠贵、施娉婷 敦煌文物研究所藏敦煌遗书目录《文物资料丛刊》(1),北京:文物出版社,1977年12月 p.63;收入冯志文、杨际平主编《中国敦煌学百年文库·综述卷》(二),兰州:甘肃文化出版社,1999年 p.279

邰惠莉、罗华庆、陈雪静撰稿,施萍婷、邵国秀审订 敦煌研究院藏敦煌文献叙录(下)《甘肃藏敦煌文献》(第二卷),兰州:甘肃人民出版社,1999年9月 p.303;图版p.10

施萍婷、邰惠莉 敦煌研究院藏敦煌文献叙录《敦煌研究文集·敦煌研究院藏敦煌文献研究篇》,兰州:甘肃民族出版社,2000年9月 p.108

中国美编 中国散藏敦煌文献分类目录 北京:北京图书馆出版社,2007年10月 p.36、188

景盛轩著《大般涅槃经》異文研究 成都:巴蜀书社,2009年2月 p.47

景盛轩 敦煌本《大般涅槃经》研究——以版本、异文及训诂为中心 杭州:浙江大学博士研究生学位论文,2004年5月 p.39、149

敦研315号……敦研310号 大般涅槃经

景盛轩 公元五世纪敦煌本《大般涅槃经》写卷缀合研究① 《浙江师范大学学报》(社会科学版)2014年第6期 p.37;图10

①据景盛轩《公元五世纪敦煌本〈大般涅槃经〉写卷缀合研究》分析,敦研315号和敦研310号当属同一抄写系列,似可缀合。

敦研316(收藏号663)金光明经卷第三

敦煌文物研究所资料室,刘忠贵、施娉婷 敦煌文物研究所藏敦煌遗书目录《文物资料丛刊》(1),北京:文物出版社,1977年12月 p.63;收入冯志文、杨际平主编《中国敦煌学百年文库·综述卷》(二),兰州:甘肃文化出版社,1999年 p.279

邰惠莉、罗华庆、陈雪静撰稿,施萍婷、邵国秀审订 敦煌研究院藏敦煌文献叙录(下)《甘肃藏敦煌文献》(第二卷),兰州:甘肃人民出版社,1999年9月 p.303;图版p.11

施萍婷、邰惠莉 敦煌研究院藏敦煌文献叙录《敦煌研究文集·敦煌研究院藏敦煌文献研究篇》,兰州:甘肃民族出版社,2000年9月 p.108

申国美编 中国散藏敦煌文献分类目录 北京:北京图书馆出版社,2007年10月 p.53、188

朱若溪《金光明经》敦煌写本研究① 杭州:浙江大学博士研究生学位论文,2017年6月 p.86、497(三)卷三简表

敦研317(收藏号664)太子瑞应本起经卷上

敦煌文物研究所资料室,刘忠贵、施娉婷 敦煌文物研究所藏敦煌遗书目录《文物资料丛刊》(1),北京:文物出版社,1977年12月 p.63;收入冯志文、杨际平主编《中国敦煌学百年文库·综述卷》(二),兰州:甘肃文化出版社,1999年 p.279

邰惠莉、罗华庆、陈雪静撰稿,施萍婷、邵国秀审订 敦煌研究院藏敦煌文献叙录(下)《甘肃藏敦煌文献》(第二卷),兰州:甘肃人民出版社,1999年9月 p.303;图版p.11

施萍婷、邰惠莉 敦煌研究院藏敦煌文献叙录《敦煌研究文集·敦煌研究院藏敦煌文献研究篇》,兰州:甘肃民族出版社,2000年9月 p.108~109

申国美编 中国散藏敦煌文献分类目录 北京:北京图书馆出版社,2007年10月 p.2、188

陈瑞峰《甘肃藏敦煌文献》俗字研究 金华:浙江师范大学硕士研究生学位论文,2012年5月 p.25、27、38;俗字表p.130、143、148、162、195、198、224

敦研318(收藏号665)大般涅槃经卷第二十三光明遍照高贵德王菩萨品第十之三

敦煌文物研究所资料室,刘忠贵、施娉婷 敦煌文物研究所藏敦煌遗书目录《文物资料丛刊》(1),北京:文物出版社,1977年12月 p.63;收入冯志文、杨际平主编《中国敦煌学百年文库·综述卷》(二),兰州:甘肃文化出版社,1999年 p.279

邰惠莉、罗华庆、陈雪静撰稿,施萍婷、邵国秀审订 敦煌研究院藏敦煌文献叙录(下)《甘肃藏敦煌文献》(第二卷),兰州:甘肃人民出版社,1999年9月 p.303;图版p.12

---

①朱若溪博士论文《〈金光明经〉敦煌写本研究》认为《甘肃藏敦煌文献》拟题不确。考虑到敦研316号的书写风格,其可能属于识本的某个早期版本。以敦煌文献中现存的《金光明经》写卷来看,敦研316号有可能是五卷十八品本《金光明经》卷四的残卷。

施萍婷、邰惠莉　敦煌研究院藏敦煌文献叙录《敦煌研究文集·敦煌研究院藏敦煌文献研究篇》，兰州：甘肃民族出版社，2000年9月　p.109

申国美编　中国散藏敦煌文献分类目录　北京：北京图书馆出版社，2007年10月　p.40、188

景盛轩　敦煌本《大般涅槃经》研究——以版本、异文及训诂为中心　杭州：浙江大学博士研究生学位论文，2004年5月　p.79

陈瑞峰《甘肃藏敦煌文献》俗字研究　金华：浙江师范大学硕士研究生学位论文，2012年5月　p.20、38

王翠《甘肃藏敦煌文献》俗字研究　南京：南京师范大学硕士研究生学位论文，2014年5月　p.18（表）；p.52（附录：中古经卷"表"）

敦研319（收藏号666）大方广佛华严经卷第二十九心王菩萨问阿僧祇品第二十五

敦煌文物研究所资料室，刘忠贵、施娉婷　敦煌文物研究所藏敦煌遗书目录《文物资料丛刊》（1），北京：文物出版社，1977年12月　p.63；收入冯志文、杨际平主编《中国敦煌学百年文库·综述卷》（二），兰州：甘肃文化出版社，1999年　p.280

邰惠莉、罗华庆、陈雪静撰稿，施萍婷、邵国秀审订　敦煌研究院藏敦煌文献叙录（下）《甘肃藏敦煌文献》（第二卷），兰州：甘肃人民出版社，1999年9月　p.303；图版p.12

施萍婷、邰惠莉　敦煌研究院藏敦煌文献叙录《敦煌研究文集·敦煌研究院藏敦煌文献研究篇》，兰州：甘肃民族出版社，2000年9月　p.109

申国美编　中国散藏敦煌文献分类目录　北京：北京图书馆出版社，2007年10月　p.32、189

傅及斯　敦煌本《华严经》整理与研究　上海：复旦大学硕士研究生学位论文，2014年5月　p.52

敦研320（收藏号667）修行本起经菩萨降生品第二

敦煌文物研究所资料室，刘忠贵、施娉婷　敦煌文物研究所藏敦煌遗书目录《文物资料丛刊》（1），北京：文物出版社，1977年12月　p.63；收入冯志文、杨际平主编《中国敦煌学百年文库·综述卷》（二），兰州：甘肃文化出版社，1999年　p.280

邰惠莉、罗华庆、陈雪静撰稿，施萍婷、邵国秀审订　敦煌研究院藏敦煌文献叙录（下）《甘肃藏敦煌文献》（第二卷），兰州：甘肃人民出版社，1999年9月　p.303~304；图版p.13

施萍婷、邰惠莉　敦煌研究院藏敦煌文献叙录《敦煌研究文集·敦煌研究院藏敦煌文献研究篇》，兰州：甘肃民族出版社，2000年9月　p.109

黄征编　敦煌俗字典　上海：上海教育出版社，2005年5月　正文p.48、92、164、180、200、210、236、239、244、273、334、364、385、460、487、491、549、556、568；顺序索引p.744；分类索引p.750

申国美编　中国散藏敦煌文献分类目录　北京：北京图书馆出版社，2007年10月　p.2、189

肖瑜《三国志》古写本用字研究　上海：复旦大学博士研究生学位论文，2006年4月　p.56

陶家骏　敦煌研究院藏佚本《维摩诘经注》写卷研究　苏州：苏州大学博士研究生学位论文，2012年3月　俗字表p.95、102、106、107、158

周远军 敦煌写卷《道行般若经》用字研究及校勘 南宁：广西大学硕士研究生学位论文，2011年6月 p.92

陈瑞峰《甘肃藏敦煌文献》俗字研究 金华：浙江师范大学硕士研究生学位论文，2012年5月 p.50；俗字表p.123、137、174、180、188、192、201、203、218

敦研321（收藏号668）鞞婆沙论卷第十四中阴处第四十一

敦煌文物研究所资料室，刘忠贵、施娉婷 敦煌文物研究所藏敦煌遗书目录《文物资料丛刊》（1），北京：文物出版社，1977年12月 p.63；收入冯志文、杨际平主编《中国敦煌学百年文库·综述卷》（二），兰州：甘肃文化出版社，1999年 p.280

李正宇 土地庙遗书的发现、特点和入藏年代《敦煌研究》（第三期·总第五期），兰州：甘肃人民出版社，1985年12月 p.96

邰惠莉、罗华庆、陈雪静撰稿，施萍婷、邵国秀审订 敦煌研究院藏敦煌文献叙录（下）《甘肃藏敦煌文献》（第二卷），兰州：甘肃人民出版社，1999年9月 p.304；图版p.13

施萍婷、邰惠莉 敦煌研究院藏敦煌文献叙录《敦煌研究文集·敦煌研究院藏敦煌文献研究篇》，兰州：甘肃民族出版社，2000年9月 p.109~110

申国美编 中国散藏敦煌文献分类目录 北京：北京图书馆出版社，2007年10月 p.189

说明：此卷可与044号直接缀合。321号下接044号。

敦研0321+0044（土）鞞婆沙论卷第十四中阴处第四十一

施萍婷 敦煌研究院藏土地庙写本源自藏经洞《敦煌研究》1999年第2期 p.42；略为删减修订后收入敦煌研究院编《敦煌研究文集·敦煌研究院藏敦煌文献研究篇》，兰州：甘肃民族出版社，2000年9月 p.19；收入氏著《敦煌习学集》（上），兰州：甘肃民族出版社，2004年12月 p.281；收入氏著《敦煌石窟与文献研究》，杭州：浙江大学出版社，2015年12月 p.372

施萍婷 甘肃藏敦煌文献概述《甘肃藏敦煌文献精粹》，兰州：甘肃人民出版社，1999年 p.5；又载段文杰主编《甘肃藏敦煌文献》（第一至六卷），兰州：甘肃人民出版社，1999年9~12月 p.5

杨森 敦煌研究院藏敦煌文献论著目录《敦煌研究文集·敦煌研究院藏敦煌文献研究篇》，兰州：甘肃民族出版社，2000年9月 p.603

敦研322（收藏号671）辛亥年腊八燃灯分配窟龛名数

吴曼公 敦煌石窟腊八燃灯分配窟龛名数《文物》1959年第5期 p.49；附图1幅；收入金维诺著《中国美术史论集》，北京：人民美术出版社，1981年3月 p.341~343；收入金维诺著《中国美术史论集》（下），台北：南天书局有限公司，1995年3月 p.344~345；收入樊锦诗、刘玉权主编《中国敦煌学百年文库·考古卷》（一），兰州：甘肃文化出版社，1999年 p.180~181；收入敦煌研究院编《敦煌研究文集·敦煌研究院藏敦煌文献研究篇》，兰州：甘肃民族出版社，2000年9月 p.320~321

金维诺 敦煌窟龛名数考《文物》1959年第5期 p.50~54下接61；收入氏著《中国美术史论集》，北京：人民美术出版社，1981年3月 p.326~340；收入氏著《中国美术史论集》（下），台北：南天书局有限公司，1995年3月 p.338~344；收入樊锦诗、刘玉权主编《中国敦煌学百年文库·考古卷》（四），兰州：甘肃文化出版社，1999年 p.17~26；收入敦煌研究院编《敦煌研究文集·敦煌研究院藏敦煌文献研究篇》，兰州：甘肃民族出版社，2000年9月 p.322~335

金维诺 敦煌窟龛名数考补（摘要）《敦煌研究》1988年第2期 p.5；收入段文杰主编《1987年敦煌石窟研究国际讨论会文集·石窟考古编》，沈阳：辽宁美术出版社，1990年10月 p.32；收入氏著《中国美术史论集》（下），台北：南天书局有限公司，1995年3月 p.346

金维诺 敦煌窟龛名数考补（提要）《敦煌研究文集·敦煌研究院藏敦煌文献研究篇》，兰州：甘肃民族出版社，2000年9月 p.336~342

敦煌文物研究所资料室，刘忠贵、施娉婷 敦煌文物研究所藏敦煌遗书目录《文物资料丛刊》（1），北京：文物出版社，1977年12月 p.63；收入冯志文、杨际平主编《中国敦煌学百年文库·综述卷》（二），兰州：甘肃文化出版社，1999年 p.280

敦煌文物研究所资料室，刘忠贵、施娉婷 附：关于《敦煌遗书目录》的说明《文物资料丛刊》（1），北京：文物出版社，1977年12月 p.66；收入冯志文、杨际平主编《中国敦煌学百年文库·综述卷》（二），兰州：甘肃文化出版社，1999年 p.284；收入施萍婷著《敦煌习学集》（下），兰州：甘肃民族出版社，2004年12月 p.341

马世长 关于敦煌藏经洞的几个问题《文物》1978年第12期 p.29；收入北京大学中国传统文化研究中心编《北京大学百年国学文粹·考古卷》，北京：北京大学出版社，1998年4月 p.318

姜伯勤 敦煌寺院文书中"梁户"的性质《中国史研究》1980年第3期 p.13；p.24注⑨；收入沙知、孔祥星编《敦煌吐鲁番文书研究》，兰州：甘肃人民出版社，1984年8月 p.340注①；收入杨曾文、杜斗城主编《中国敦煌学百年文库·宗教卷》（四），兰州：甘肃文化出版社，1999年 p.377注①

贺世哲 敦煌莫高窟供养人题记校勘《中国史研究》1980年第3期 p.36、41；p.注⑨

贺世哲、孙修身 瓜沙曹氏与敦煌莫高窟《敦煌研究文集》，兰州：甘肃人民出版社，1982年3月 p.239~240

孙修身 敦煌三界寺《甘肃省史学会论文集》，兰州：甘肃省历史学会编印，1982年12月 p.176、177、180、182；收入杨曾文、杜斗城主编《中国敦煌学百年文库·宗教卷》（一），兰州：甘肃文化出版社，1999年 p.54、56、59、61

孙修身 敦煌石窟《腊八燃灯分配窟龛名数》写作时代考《丝路访古》，兰州：甘肃人民出版社，1983年4月；1984年9月 p.209~215；收入敦煌研究院编《敦煌研究文集·敦煌研究院藏敦煌文献研究篇》，兰州：甘肃民族出版社，2000年9月 p.343~349

陈祚龙 竭诚做好知己知彼、悉力做到精益求精——敦煌学散策之四（下）[（三）关于释道员的《腊八燃灯分配窟龛名数》]《敦煌学》第9辑，台北：敦煌学会编印，1985年1月 p.39~46；收入氏著《敦煌学林札记》（上册），台北：商务印书馆，1987年11月 p.227~243

贺世哲 从供养人题记看莫高窟部分洞窟的营造年代《敦煌莫高窟供养人题记》，北京：文物出版社，1986年2月 p.208、214；p.234注[28]、235注[58]；收入樊锦诗、刘玉权主编《中国敦煌学百年文库·考古卷》（四），兰州：甘肃文化出版社，1999年 p.112、121；收入敦煌研究院编《敦煌研究文集·敦煌石窟考古篇》，兰州:甘肃民族出版社,2000年9月 p.417、426;收入氏著《敦煌石窟论稿》,兰州:甘肃民族出版社,2004年8月 p.526、540

段文杰 唐代后期的莫高窟艺术《中国石窟·敦煌莫高窟》(第四卷),北京:文物出版社、东京:株式会社平凡社,1987年3月 p.167注[19];收入氏著《敦煌石窟艺术论集》,兰州:甘肃人民出版社,1988年4月 p.209;p.223注[19];收入氏著《段文杰敦煌石窟艺术论文集》,兰州:甘肃人民出版社,1994年6月 p.209;p.223注[19];收入氏著《敦煌石窟艺术研究》,兰州:甘肃人民出版社,2007年8月 p.89;p.101注[19]

马德 吴和尚·吴和尚窟·吴家窟——《腊八燃灯分配窟龛名数》丛识之一《敦煌研究》1987年第3期 p.62~64下转61

马德 灵图寺、灵图寺窟及其它——《腊八燃灯分配窟龛名数》丛识之二《敦煌研究》1989年第2期 p.1~4下转118

马德 都僧统之"家窟"及其营建——《腊八燃灯分配窟龛名数》丛识之三《敦煌研究》1989年第4期 p.54~58下转41;收入樊锦诗、刘玉权主编《中国敦煌学百年文库·考古卷》(二),兰州:甘肃文化出版社,1999年 p.298~304

马德 十世纪中期的莫高窟崖面概观——关于《腊八燃灯分配窟龛名数》的几个问题(摘要)《敦煌研究》1988年第2期 p.6~8

马德 10世纪中期的莫高窟崖面概观——关于《腊八燃灯分配窟龛名数》的几个问题《1987年敦煌石窟研究国际讨论会文集·石窟考古编》,沈阳:辽宁美术出版社,1990年10月 p.40~52;收入敦煌研究院编《敦煌研究文集·敦煌研究院藏敦煌文献研究篇》,兰州:甘肃民族出版社,2000年9月 p.350~361

郝春文 隋唐五代宋初佛社与寺院的关系《敦煌学辑刊》1990年第1期 p.17~18;收入杨曾文、杜斗城主编《中国敦煌学百年文库·宗教卷》(一),兰州:甘肃文化出版社,1999年 p.188~189

荣新江 沙州归义军历任节度使称号研究《敦煌吐鲁番学研究论文集》,上海:汉语大词典出版社,1990年6月 p.784

荣新江 沙州归义军历任节度使称号研究(修订稿)《敦煌学》第19辑,台北:敦煌学会编印,1992年10月 p.30

施萍亭 腊八燃灯分配窟龛名数单《敦煌》,兰州:甘肃人民出版社、南京:江苏美术出版社,1990年7月;1993年7月;1997年11月 图版p.264;p.291第285条图版说明

马德 曹氏三大窟营建的社会背景《敦煌研究》1991年第1期 p.114注③⑥

郑炳林 伯2641号背莫高窟再修功德记撰写人探微《敦煌学辑刊》1991年第2期 p.46~47;收入郑炳林主编《敦煌吐鲁番文献研究》,兰州:兰州大学出版社,1995年8月 p.313、314、331;p.332注④

马德《乘恩贴》述略《敦煌研究》1992年第1期 p.25参考文献③

李正宇 敦煌遗书宋人诗辑校《敦煌研究》1992年第2期 p.39

郑炳林、梁志胜《梁幸德邈真赞》与梁愿清《莫高窟功德记》《敦煌研究》1992年第2期 p.68;p.53注[15];收入郑炳林主编《敦煌吐鲁番文献研究》,兰州:兰州大学出版社,1995年8月 p.266~267;p.271注[15]

郑炳林 读敦煌文书P.3859《后唐清泰三年六月沙州僦司教授福集等状》札记《西北史地》1993年第4期

p.44；收入郑炳林主编《敦煌吐鲁番文献研究》，兰州：兰州大学出版社，1995年8月 p.610

李正宇 敦煌文学的作者队伍和传播途径[①]《敦煌文学概论》（第三章），兰州：甘肃人民出版社，1993年3月 p.104

马德 论莫高窟佛教的社会性 《敦煌佛教文化研究——敦煌佛教文化研讨会论文集》（《社科纵横》增刊），兰州：社科纵横编辑部，1996年1月 p.138

谭蝉雪 敦煌岁时掇琐《九州学刊》（敦煌学专辑）第5卷第4期，1993年6月 p.106

王惠民 独煞神与独煞神堂考《敦煌研究》1995年第1期 p.128；收入樊锦诗、刘玉权主编《中国敦煌学百年文库·考古卷》（四），兰州：甘肃文化出版社，1999年 p.410

施萍婷 三界寺·道真·敦煌藏经《1990年敦煌学国际研讨会文集·石窟考古编》，沈阳：辽宁美术出版社，1995年7月 p.178~208；收入杨曾文、杜斗城主编《中国敦煌学百年文库·宗教卷》（一），兰州：甘肃文化出版社，1999年 p.274~294；收入敦煌研究院编《敦煌研究文集·敦煌研究院藏敦煌文献研究篇》，兰州：甘肃民族出版社，2000年9月 p.289~319；收入氏著《敦煌习学集》（上），兰州：甘肃民族出版社，2004年12月 p.140~169；收入氏著《敦煌石窟与文献研究》，杭州：浙江大学出版社，2015年12月 p.319~347

马德 敦煌遗书莫高窟营建史料浅论《1990年敦煌学国际研讨会文集·石窟考古编》，沈阳：辽宁美术出版社，1995年7月 p.137、139、143、150

马德 莫高窟张都衙窟及有关问题《敦煌研究》1996年第2期 p.30；收入樊锦诗、刘玉权主编《中国敦煌学百年文库·考古卷》（四），兰州：甘肃文化出版社，1999年 p.418

施萍婷 敦煌遗书编目杂记一则——从'的无容免'说起 《敦煌语言文学研究通讯》1996年第2、3期 p.6；又刊载敦煌研究院编《敦煌研究文集·敦煌研究院藏敦煌文献研究篇》，兰州：甘肃民族出版社，2000年9月 p.362~365；收入氏著《敦煌习学集》（上），兰州：甘肃民族出版社，2004年12月 p.255~258

郑炳林 唐五代敦煌粟特人与归义军政权《敦煌研究》1996年第4期 p.92；收入郑炳林主编《敦煌归义军史专题研究》，兰州：兰州大学出版社，1997年9月 p.424；收入陈国灿、陆庆夫主编《中国敦煌学百年文库·历史卷》（二），兰州：甘肃文化出版社，1999年 p.548

湛如 论敦煌佛寺禅窟兰若的组织及其他《段文杰敦煌研究五十年纪念文集》，北京：世界图书出版公司北京公司，1996年8月 p.108

马德 敦煌工匠与敦煌石窟《段文杰敦煌研究五十年纪念文集》，北京：世界图书出版公司北京公司，1996年8月 p.129

马德 九、十世纪敦煌工匠史料述论《庆祝潘石禅先生九秩华诞敦煌学特刊》，台北：文津出版社，1996年9月 p.320

马德 尚书曹仁贵史事钩沉《敦煌学辑刊》1998年第2期 p.16注［11］；略有改动后收入田澍主编《中国古代史论萃——庆贺历史学家金宝祥先生九十华诞论文集》，兰州：甘肃人民出版社，2004年5月 p.275注［12］

杨森 跋《子年三月五日计料海济受戒衣钵具色一一如后》账及卷背《释门教授》文书《敦煌研究》1998

①李正宇先生在《敦煌文学概论》（第三章）中引作"敦博322"，有误。应为敦研322号。

年第4期 p.102

张先堂 唐宋时期敦煌天王堂寺、天王堂考《法门寺文化研究通讯》第13期，1998年11月 p.91~98；收入王维梅主编《「二十一世纪敦煌文献研究回顾与展望」研讨会论文集》，台中：(台湾)中华自然文化学会，1999年12月 p.98~101；收入韩金科主编《'98法门寺唐文化国际学术讨论会论文集》，西安：陕西人民出版社，2000年12月 p.192~193

宁可 燃灯社《敦煌学大辞典》，上海：上海辞书出版社，1998年12月 p.428

宁可 社邑燃灯文《敦煌学大辞典》，上海：上海辞书出版社，1998年12月 p.431

李正宇 道真(约915—987)《敦煌学大辞典》，上海：上海辞书出版社，1998年12月 p.365

谭婵雪 腊八燃灯《敦煌学大辞典》，上海：上海辞书出版社，1998年12月 p.436

谢重光 敦煌石窟腊八燃灯分配窟龛名数《敦煌学大辞典》，上海：上海辞书出版社，1998年12月 p.644

施萍婷 甘肃藏敦煌文献概述《甘肃藏敦煌文献精粹》，兰州：甘肃人民出版社，1999年 p.8；又载段文杰主编《甘肃藏敦煌文献》(第一至六卷)，兰州：甘肃人民出版社，1999年9~12月 p.8

邰惠莉、罗华庆、陈雪静撰稿，施萍婷、邵国秀审订 敦煌研究院藏敦煌文献叙录(下)《甘肃藏敦煌文献》(第二卷)，兰州：甘肃人民出版社，1999年9月 p.304；图版p.14

沙武田 关于莫高窟第130窟窟前殿堂建筑遗址的时代问题——兼及"藏经洞"封闭的年代关系《敦煌学辑刊》2000年第1期 p.70；收入郑炳林主编《敦煌归义军史专题研究续编》，兰州：兰州大学出版社，2003年7月 p.665

韩惠言 甘藏敦煌汉文文献概况《敦煌学辑刊》2000年第2期 p.70；收入敦煌研究院编《2000年敦煌学国际学术讨论会文集——纪念敦煌藏经洞发现暨敦煌学百年》历史文化卷(上)，兰州：甘肃民族出版社，2003年9月 p.520

介生 遍记甘藏敦煌遗书 兼具资料学术价值——《甘肃藏敦煌文献》介评《图书与情报》2000年第2期 p.79

袁德领 归义军时期莫高窟与敦煌寺院的关系《敦煌研究》2000年第3期 p.174

樊锦诗 敦煌研究院藏敦煌文献研究概述《敦煌研究文集·敦煌研究院藏敦煌文献研究篇》，兰州：甘肃民族出版社，2000年9月 p.2~4

施萍婷、邰惠莉 敦煌研究院藏敦煌文献叙录《敦煌研究文集·敦煌研究院藏敦煌文献研究篇》，兰州：甘肃民族出版社，2000年9月 p.110

杨森 敦煌研究院藏敦煌文献论著目录《敦煌研究文集·敦煌研究院藏敦煌文献研究篇》，兰州：甘肃民族出版社，2000年9月 p.603~606

谭蝉雪 唐宋敦煌岁时佛俗——八月至十二月《敦煌研究》2001年第1期 p.76~77

张涌泉 敦煌故里对敦煌学的新奉献——《甘肃藏敦煌文献》读后《敦煌研究》2001年第1期 p.183、184

李德龙 沙州三界寺《授戒牒》初探《甘肃民族研究论丛》，兰州：甘肃人民出版社，2002年12月 p.408

沙武田 莫高窟"天王堂"质疑《敦煌研究》2004年第2期 p.24

施萍婷 敦煌研究院、上海图书馆、天津艺术博物馆藏敦煌遗书巡礼《浙江与敦煌学——常书鸿先生

诞辰一百周年纪念文集》,杭州:浙江古籍出版社,2004年12月 p.303~306;日文见池田温訳《敦煌研究院、上海圖書館及び天津芸術博物館所藏の敦煌遺書をめぐって》,《東洋學報》第72卷第1·2號,1990年12月 p.88~92

党燕妮 晚唐五代敦煌地区的毗沙门天王信仰《敦煌归义军史专题研究三编》,兰州:甘肃文化出版社,2005年5月 p.311~312

郑阿财 观音经变与敦煌莫高窟寺院讲经之蠡测《普门学报》第35期,2006年9月 p.61;又载《潘重规教授百年诞辰纪念学术研讨会》,台北:台湾师范大学国文学系,2006年3月 p.164

陈红彦、林世田 敦煌遗书近现代鉴藏印章辑述(下)《文献》2007年第3期 p.142;收入林世田著《敦煌遗书研究论集》,北京:中国藏学出版社,2010年3月 p.317

沙武田 敦煌美术史资料拾零《山西档案》2013年第4期 p.15~16;图4;收入郑炳林、尹伟先主编《2010丝绸之路与西北历史文化学术讨论会论文集》,兰州:甘肃人民出版社,2013年9月 p.168~169;p.185;图4

陈明、王惠民 敦煌龙兴寺等寺院藏三阶教经籍《敦煌研究》2014年第2期 p.58

张景峰 敦煌大族与莫高窟营建研究史回顾与思考《2014敦煌学国际联络委员会通讯集刊》,上海:上海古籍出版社,2014年8月 p.214、216、217、219

林聪明 敦煌文书的形态《港台敦煌学文库》第33册,兰州:甘肃人民出版社,2014年12月 p.176

林聪明 敦煌文书的抄写《港台敦煌学文库》第34册,兰州:甘肃人民出版社,2014年12月 p.57

冯培红 唐五代敦煌佛教与大族社会《敦煌哲学》(第三辑),兰州:甘肃人民出版社,2016年7月 p.194~195

沙武田 敦煌莫高窟“太保窟”考《2014敦煌论坛:敦煌石窟研究国际学术研讨会论文集》(上),兰州:甘肃教育出版社,2016年12月 p.100~123

马德 敦煌石窟营造历史文献概述《敦煌风华再现:续说石窟故事》,台中:自然科学博物馆,2017年4月 p.46~47

冷江山 敦煌文学写本题记探析①《贵州师范大学学报》(社会科学版)2017年第5期 p.112

沙武田 敦煌西夏石窟营建史构建《西夏研究》2018第1期 p.6

郭俊叶 于阗皇室与敦煌涅槃寺《敦煌吐鲁番研究》(第十八卷),上海:上海古籍出版社,2019年4月 p.399、420~421

郭俊叶 敦煌文书《辛亥年腊八燃灯分配窟龛名数》中的法华塔考《敦煌研究》2019年第1期 p.28~35

杜海 敦煌“于阗太子”与“曹氏太子”考《敦煌研究》2019年第6期 p.60

邰惠莉 敦煌研究院藏敦煌遗书的来源和价值《中国书法》2019年第9期 p.50~54

唐耕耦、陆宏基 敦煌社会经济文献真迹释录(第一辑) 北京:书目文献出版社,1986年11月 p.393

林聪明著 敦煌文书学(敦煌学导论丛刊①) 台北:新文丰出版股份有限公司,1991年8月 p.61、188

郑炳林 敦煌碑铭赞辑释 兰州:甘肃教育出版社,1992年7月 p.56注①;p.57注⑥;p.67注⑦;p.262~264注②;p.328注⑦;p.353~356注②;p.516~529注⑧

---

①冷江山《敦煌文学写本题记探析》文中引作“敦博322号腊八燃灯”,有误。应为敦研322号。

马德著 敦煌莫高窟史研究 兰州:甘肃教育出版社,1996年12月 p.146~147、249

马德编著 敦煌工匠史料 兰州:甘肃人民出版社,1997年11月 p.87、110

谭蝉雪著 敦煌岁时文化导论(敦煌学导论丛刊⑭) 台北:新文丰出版公司,1998年12月 p.371~373

徐俊纂辑 敦煌诗集残卷辑考 北京:中华书局,2000年6月 p.114

湛如著 敦煌佛教律仪制度研究(中国佛教学术论典·51) 高雄:佛光山文教基金会,2002年3月 p.75

湛如著 敦煌佛教律仪制度研究(华林博士文库) 北京:中华书局,2003年8月 p.78

沙武田著 藏经洞史话[敦煌往事文丛] 北京:民族出版社,2004年5月 p.3

申国美编 中国散藏敦煌文献分类目录 北京:北京图书馆出版社,2007年10月 p.85、189~190

沈乐平著 敦煌书法综论 杭州:浙江古籍出版社,2009年10月 p.234~235(鉴藏印章检索表)

马德著 敦煌古代工匠研究 北京:文物出版社,2018年4月 p.44;图1幅;p.369;p.464附录二:敦煌史料索引·遗书史料

甘肃省地方史志编纂委员会编 甘肃省志·文物志(中册) 北京:文物出版社,2018年11月 p.1538~1539;图1幅

沈乐平 敦煌书法综论 杭州:中国美术学院博士研究生学位论文,2008年5月 p.231(鉴藏印章检索表)

党燕妮 晚唐五代宋初敦煌民间佛教信仰研究 兰州:兰州大学博士研究生学位论文,2009年5月 p.154、171

陈瑞峰《甘肃藏敦煌文献》俗字研究 金华:浙江师范大学硕士研究生学位论文,2012年5月 p.9

王惠民撰文,勝木言一郎訳 臘八燃灯分配窟龕名数『砂漠の美術馆-永遠なる敦煌』中国敦煌研究院創立50周年記念(東京展、福岡展、神户展,1996年10月26日~1997年4月20日),東京:朝日新聞社,1996年 p.146図版及第83条日文図版解説

竺沙雅章 敦煌の僧官制度『東方学報』第31冊,1961年3月 p.125、158、注13、注80、注82

竺沙雅章 敦煌出土「社」文书乃研究『東方学報』第35冊,1964年3月 p.265、注12

土肥義和 莫高窟千仏洞と大寺と蘭若と《講座敦煌3〈敦煌の社会〉》,東京:大東出版社,昭和五五年八月二七日(1980.8.27) p.351~253;录文及图版;p.269注⑦

川口久雄 敦煌窟龛造成资料ノ一卜续昭《東洋研究所二十周年紀念論文集》,東京:大東文化大學,1982年2月 p.39~83

土肥義和 九·十世纪の敦煌莫高窟を支えた人人——敦煌研究院编〈敦煌莫高窟供养人题记〉の数量的分析《中国の都市と农村》,東京:汲古书院,平成四年(1992.07) p.425~446

土肥義和編 八世紀末期~十一世紀初期燉煌氏族人名集成(氏族人名篇 人名篇) 東京:汲古書院,2015年2月3日発行 p.6、35、36、80、89、129、168、179、222、315、353、428、439、487、504、522、663、693、737、756、1048、1223

土肥義和編 八世紀末期~十一世紀初期燉煌氏族人名集成(索引篇) 東京:汲古書院,2016年5月26日発行 p.32、381、433

敦研322V 大般若波罗蜜多经

施萍亭 大般若波罗蜜多经《敦煌》,兰州:甘肃人民出版社、南京:江苏美术出版社,1990年7月;1993年7月;1997年11月 图版p.264;p.291第286条图版说明

邰惠莉、罗华庆、陈雪静撰稿,施萍婷、邵国秀审订 敦煌研究院藏敦煌文献叙录(下)《甘肃藏敦煌文献》(第二卷),兰州:甘肃人民出版社,1999年9月 p.304;图版p.15

施萍婷、邰惠莉 敦煌研究院藏敦煌文献叙录《敦煌研究文集·敦煌研究院藏敦煌文献研究篇》,兰州:甘肃民族出版社,2000年9月 p.110~111

杨森 敦煌研究院藏敦煌文献论著目录《敦煌研究文集·敦煌研究院藏敦煌文献研究篇》,兰州:甘肃民族出版社,2000年9月 p.606~607

林聪明 敦煌文书的形态《港台敦煌学文库》第33册,兰州:甘肃人民出版社,2014年12月 p.176

林聪明著 敦煌文书学(敦煌学导论丛刊①) 台北:新文丰出版股份有限公司,1991年8月 p.61

申国美编 中国散藏敦煌文献分类目录 北京:北京图书馆出版社,2007年10月 p.7、190

敦研323(收藏号673) 金刚般若波罗蜜经卷第一百三十六

敦煌文物研究所资料室,刘忠贵、施娉婷 敦煌文物研究所藏敦煌遗书目录《文物资料丛刊》(1),北京:文物出版社,1977年12月 p.63;收入冯志文、杨际平主编《中国敦煌学百年文库·综述卷》(二),兰州:甘肃文化出版社,1999年 p.280

敦煌文物研究所资料室,刘忠贵、施娉婷 附:关于《敦煌遗书目录》的说明《文物资料丛刊》(1),北京:文物出版社,1977年12月 p.67;收入冯志文、杨际平主编《中国敦煌学百年文库·综述卷》(二),兰州:甘肃文化出版社,1999年 p.285;收入施萍婷著《敦煌习学集》(下),兰州:甘肃民族出版社,2004年12月 p.343

戴仁(Jean-Pierre Drège)著,耿昇译 敦煌和吐鲁番写本的断代研究《法国学者敦煌学论文选萃》,北京:中华书局,1993年12月 p.527~328;收入郑炳林主编,耿昇译《法国敦煌学精粹》Ⅰ,兰州:甘肃人民出版社,2011年4月 p.732

杨森 浅谈北朝经生体楷笔的演化《社科纵横》1994年第4期 p.61;附图6

赵声良 南北朝写经书法艺术①《敦煌书法库》(第一辑)[魏晋南北朝时期],兰州:甘肃人民美术出版社,1994年1月 p.21

赵声良 金刚般若波罗蜜经《敦煌写卷书法精选》,合肥:安徽美术出版社,1994年12月 p.13~17图版及说明文字

郑汝中 南齐写本《金刚般若波罗蜜经》《敦煌书法库》(第二辑)[魏晋南北朝时期],兰州:甘肃人民美术出版社,1995年4月 p.103;图p.104~121

邰惠莉、罗华庆、陈雪静撰稿,施萍婷、邵国秀审订 敦煌研究院藏敦煌文献叙录(下)《甘肃藏敦煌文

①赵声良《南北朝写经书法艺术》第21页拟作(敦研0320)。经编者核查,应为敦研323号文书。

献》(第二卷),兰州:甘肃人民出版社,1999年9月 p.304~305;图版p.16~23

施萍婷、邰惠莉 敦煌研究院藏敦煌文献叙录《敦煌研究文集·敦煌研究院藏敦煌文献研究篇》,兰州:甘肃民族出版社,2000年9月 p.111

杨森 敦煌研究院藏敦煌文献论著目录《敦煌研究文集·敦煌研究院藏敦煌文献研究篇》,兰州:甘肃民族出版社,2000年9月 p.607

释永有 敦煌遗书中的金刚经《敦煌佛教艺术文化国际学术研讨会论文集》,兰州:兰州大学出版社,2002年7月 p.32

毛秋瑾 北魏时期敦煌写经书法研究《第五届中国书法史论国际研讨会论文集》,北京:文物出版社,2002年8月 p.294;p.306(附表)

张涌泉 大力加强近代汉字的研究《浙江大学汉语研究中心简报》2003年第4期(总第12期) p.8~9;又载《浙江教育学院学报》2003年第6期 p.5~6

张涌泉 敦煌卷子辨伪研究——基于字形分析角度的考察《文史》2003年第4辑,北京:中华书局,2003年11月 p.223、227、231;略有改订题作《敦煌写本辨伪研究——基于字形分析角度的考察》,收入氏著《张涌泉敦煌文献论丛》,上海:上海古籍出版社,2011年8月 p.92、98、104

施萍婷 敦煌研究院、上海图书馆、天津艺术博物馆藏敦煌遗书巡礼《浙江与敦煌学——常书鸿先生诞辰一百周年纪念文集》,杭州:浙江古籍出版社,2004年12月 p.311;日文见池田温訳《敦煌研究院、上海圖書館及び天津芸術博物館所藏の敦煌遺書をめぐって》,《東洋學報》第72卷第1·2號,1990年12月 p.99

刘涛 从书法的角度谈古代写本的辨伪——兼说建立古代写卷断代的“书法坐标”《敦煌学国际研讨会论文集》,北京:北京图书馆出版社,2005年3月 p.260

陈红彦、林世田 敦煌遗书近现代鉴藏印章辑述(下)《文献》2007年第3期 p.135;收入林世田著《敦煌遗书研究论集》,北京:中国藏学出版社,2010年3月 p.307

吴新钦 北魏平城时期敦煌写经书法的章法及其书史意义《屏东教育大学学报》第26期,2007年3月 p.728

吴新钦 北魏平城时期敦煌写经书法的结体及其书史意义《屏东教育大学学报》第28期,2007年9月 p.61

张涌泉 敦煌文献整理:百年行与思《光明日报》2009年2月19日第10~11版;修订后收入氏著《敦煌写本文献学》,兰州:甘肃教育出版社,2013年12月 p.15

毛秋瑾 汉唐之间的写经书法——以敦煌吐鲁番写本为中心 《南京艺术学院学报》(美术与设计版)2012年第3期 p.14(南朝写经表)注①

王菡薇 敦煌南齐建武本《金刚般若波罗蜜经》书法特色及辨伪《学术研究》2014年第12期 p.91

邰惠莉 敦煌研究院藏敦煌遗书的来源和价值《中国书法》2019年第9期 p.52

罗慕君、张涌泉 散藏敦煌本《金刚经》缀合研究《敦煌吐鲁番研究》(第十八卷),上海:上海古籍出版社,2019年4月 p.634、637

苏莹辉著 敦煌学概要(增订再版) 台北:编译馆中华丛书编审委员会,1981年10月 p.274

苏莹辉著 敦煌学概要 台北:五南图书出版公司,1988年12月 p.274

薄小莹 敦煌遗书汉文纪年卷编年 长春:长春出版社,1990年3月 p.4

刘胜角著 古代楷书发展史 北京：中国戏剧出版社，2002年5月 p.179；图183

中国美编 中国散藏敦煌文献分类目录 北京：北京图书馆出版社，2007年10月 p.13、191

沈乐平著 敦煌书法综论 杭州：浙江古籍出版社，2009年10月 p.237~238（鉴藏印章检索表）

王菡薇、陶小军著 敦煌南朝写本书法研究 北京：人民出版社，2011年12月 p.82~83、253~259；图5-3-1、图5-3-2、图5-3-3、图5-3-4、图5-3-5

张涌泉著敦煌写本文献学 兰州：甘肃教育出版社，2013年12月 p.656~657；图19-3；p.663~670

毛秋瑾著 墨香佛音——敦煌写经书法研究 北京：北京大学出版社，2014年4月 p.14~15；图1-5；p.205（表5-5 南朝写经表）注①

朱瑶著 敦煌汉文文献题记整理与研究 北京：中国社会科学出版社，2016年7月 p.160

《丝绸之路：敦煌、龟兹、麦积山石窟》编辑委员会编著 丝绸之路：敦煌、龟兹、麦积山石窟 成都：四川人民出版社、北京：商务印书馆，2018年3月 p.352

陈琪 敦煌遗书书法浅探 兰州：兰州大学博士研究生学位论文，2007年5月 p.152（表）；p.154、156；p.182；图52

沈乐平 敦煌书法综论 杭州：中国美术学院博士研究生学位论文，2008年5月 p.236（鉴藏印章检索表）

张开媛《金刚经》鸠摩罗什译本在唐代的流传和接受 北京：北京外国语大学博士研究生学位论文，2015年12月 p.354

毛秋瑾 北魏时期敦煌写经书法研究 苏州：苏州大学硕士研究生学位论文，2002年1月 p.26~27；图9；p.43（附表）

王翠《甘肃藏敦煌文献》俗字研究 南京：南京师范大学硕士研究生学位论文，2014年5月 p.18（表）；p.22~24；p.52（附录：中古经卷"表"）

肖倩 敦煌写卷中古俗字研究 南京：南京师范大学硕士学位论文，2014年5月 p.18（表）；p.70

刘文章 南北朝时期敦煌汉文纪年写卷俗字字形演变及其应用 南宁：广西大学硕士研究生学位论文，2016年6月 p.12（表2-1）、24（表3-3）；p.40、42、45；p.72、83、96、101（附录1俗字字形演变表）

平井宥慶 敦煌仏典と中国仏教［二、金剛般若経］《講座敦煌7〈敦煌と中国仏教〉》，東京：大東出版社，昭和五九年一二月一四日（1984.12.14） p.23

敦研324（收藏号674） 妙法莲华经卷第七普贤菩萨劝发品第二十八

敦煌文物研究所资料室，刘忠贵、施娉婷 敦煌文物研究所藏敦煌遗书目录《文物资料丛刊》(1)，北京：文物出版社，1977年12月 p.63~64；收入冯志文、杨际平主编《中国敦煌学百年文库·综述卷》(二)，兰州：甘肃文化出版社，1999年 p.280

施萍亭 妙法莲华经卷第七《敦煌》，兰州：甘肃人民出版社、南京：江苏美术出版社，1990年7月；1993年7月；1997年11月 图版p.244~245；p.288第263条图版说明

林聪明 谈敦煌文书的抄写问题《东吴文史学报》第9期，1991年3月 p.26；又刊载王永兴编《纪念陈寅恪先生百年诞辰学术论文集》，南昌：江西教育出版社，1994年8月 p.293；略为修订收入郑炳林、郑阿财主编

《港台敦煌学文库》第33册，兰州：甘肃人民出版社，2014年12月 p.250

林聪明 从敦煌文书看佛教徒的造经祈福《第二届敦煌学国际研讨会论文集》，台北：汉学研究中心编印，1991年6月 p.532；收入杨曾文、杜斗城主编《中国敦煌学百年文库·宗教卷》(一)，兰州：甘肃文化出版社，1999年 p.212；收入郑炳林、郑阿财主编《港台敦煌学文库》第35册，兰州：甘肃人民出版社，2014年12月 p.16

戴仁(Jean-Pierre Drège)著，耿昇译 敦煌和吐鲁番写本的断代研究《法国学者敦煌学论文选萃》，北京：中华书局，1993年12月 p.528；收入郑炳林主编，耿昇译《法国敦煌学精粹》Ⅰ，兰州：甘肃人民出版社，2011年4月 p.732

张振阳、陈秋香撰文 妙法莲华经普贤菩萨劝发品《沙漠中的明珠·敦煌石窟》，台北：大地地理出版事业股份有限公司，1999年4月 p.116~119；附图1幅

邰惠莉、罗华庆、陈雪静撰稿，施萍婷、邵国秀审订 敦煌研究院藏敦煌文献叙录(下)《甘肃藏敦煌文献》(第二卷)，兰州：甘肃人民出版社，1999年9月 p.305；图版p.24~26

施萍婷、邰惠莉 敦煌研究院藏敦煌文献叙录《敦煌研究文集·敦煌研究院藏敦煌文献研究篇》，兰州：甘肃民族出版社，2000年9月 p.111~112

杨森 敦煌研究院藏敦煌文献论著目录《敦煌研究文集·敦煌研究院藏敦煌文献研究篇》，兰州：甘肃民族出版社，2000年9月 p.607

潘亮文 沙漠传奇·艺术结晶——敦煌艺术大展《典藏古美术》2005年第4期 p.48~49；图1幅

陈红彦、林世田 敦煌遗书近现代鉴藏印章辑述(下)《文献》2007年第3期 p.139；收入林世田著《敦煌遗书研究论集》，北京：中国藏学出版社，2010年3月 p.312

林聪明 敦煌文书的抄写《港台敦煌学文库》第34册，兰州：甘肃人民出版社，2014年12月 p.79

林聪明 敦煌文书的题记《港台敦煌学文库》第34册，兰州：甘肃人民出版社，2014年12月 p.188~190

薄小莹 敦煌遗书汉文纪年卷编年① 长春：长春出版社，1990年3月 p.73

林聪明著 敦煌文书学(敦煌学导论丛刊①) 台北：新文丰出版股份有限公司，1991年8月 p.211、321

敦煌研究院编 敦煌：纪念敦煌藏经洞发现一百周年 北京：朝花出版社，2000年 p.163~165；图2幅

吴健摄影 艺术的敦煌——吴健摄影集 上海：上海古籍出版社，2000年7月 p.327图版及说明

林聪明著 敦煌吐鲁番文书解诂指例(敦煌丛刊二集⑮) 台北：新文丰出版公司，2001年6月 p.166

申国美编 中国散藏敦煌文献分类目录 北京：北京图书馆出版社，2007年10月 p.31、191

敦煌研究院编 中国石窟艺术——莫高窟 南京：江苏凤凰美术出版社，2015年12月 p.154；图1幅

施萍亭 妙法蓮華経普賢菩薩勧発品第二十八『中国敦煌展』(東京展、福岡展、長野展、奈良展、静岡展，1985年10月5日~1986年3月26日)，東京：財団法人富士美術館発行，昭和60年10月5日；図版118及日文図版解説

①薄小莹《敦煌遗书汉文纪年卷编年》第73页拟作"敦研032 妙法莲华经卷第七记：天宝十五载八月廿日"，有误。经编者核查，应为敦研324号文书。

敦研325(收藏号675) 大般若波罗蜜经卷第二百六十三

敦煌文物研究所资料室,刘忠贵、施娉婷 敦煌文物研究所藏敦煌遗书目录《文物资料丛刊》(1),北京:文物出版社,1977年12月 p.64;收入冯志文、杨际平主编《中国敦煌学百年文库·综述卷》(二),兰州:甘肃文化出版社,1999年 p.280

邰惠莉、罗华庆、陈雪静撰稿,施萍婷、邵国秀审订 敦煌研究院藏敦煌文献叙录(下)《甘肃藏敦煌文献》(第二卷),兰州:甘肃人民出版社,1999年9月 p.305;图版p.26~31

施萍婷、邰惠莉 敦煌研究院藏敦煌文献叙录《敦煌研究文集·敦煌研究院藏敦煌文献研究篇》,兰州:甘肃民族出版社,2000年9月 p.112

中国美编 中国散藏敦煌文献分类目录 北京:北京图书馆出版社,2007年10月 p.6、191

敦研325号A+北敦2721号1+敦研325号C 大般若波罗蜜经

徐浩、张涌泉 从缀合看古代写经的制作——以敦煌本汉文《大般若经》为例《人文杂志》2017第10期 p.78~81;图7-1、2

敦研326(收藏号676) 摩诃般若波罗蜜经

敦煌文物研究所资料室,刘忠贵、施娉婷 敦煌文物研究所藏敦煌遗书目录《文物资料丛刊》(1),北京:文物出版社,1977年12月 p.64;收入冯志文、杨际平主编《中国敦煌学百年文库·综述卷》(二),兰州:甘肃文化出版社,1999年 p.280

林聪明 谈敦煌文书的抄写问题《东吴文史学报》第9期,1991年3月 p.29;收入王永兴编《纪念陈寅恪先生百年诞辰学术论文集》,南昌:江西教育出版社,1994年8月 p.297;略为修订收入郑炳林、郑阿财主编《港台敦煌学文库》第33册,兰州:甘肃人民出版社,2014年12月 p.255

邰惠莉、罗华庆、陈雪静撰稿,施萍婷、邵国秀审订 敦煌研究院藏敦煌文献叙录(下)《甘肃藏敦煌文献》(第二卷),兰州:甘肃人民出版社,1999年9月 p.305~306;图版p.32~44

施萍婷、邰惠莉 敦煌研究院藏敦煌文献叙录《敦煌研究文集·敦煌研究院藏敦煌文献研究篇》,兰州:甘肃民族出版社,2000年9月 p.112~113

林聪明 敦煌文书的抄写《港台敦煌学文库》第34册,兰州:甘肃人民出版社,2014年12月 p.103

林聪明著 敦煌文书学(敦煌学导论丛刊①) 台北:新文丰出版股份有限公司,1991年8月 p.233

林聪明著 敦煌吐鲁番文书解诂指例(敦煌丛刊二集⑮) 台北:新文丰出版公司,2001年6月 p.48

中国美编 中国散藏敦煌文献分类目录 北京:北京图书馆出版社,2007年10月 p.10、191

敦研327(收藏号690) 大乘无量寿经

敦煌文物研究所资料室,刘忠贵、施娉婷 敦煌文物研究所藏敦煌遗书目录《文物资料丛刊》(1),北京:文物出版社,1977年12月 p.64;收入冯志文、杨际平主编《中国敦煌学百年文库·综述卷》(二),兰州:甘肃文化出版社,1999年 p.280

邰惠莉、罗华庆、陈雪静撰稿，施萍婷、邵国秀审订 敦煌研究院藏敦煌文献叙录（下）《甘肃藏敦煌文献》（第二卷），兰州：甘肃人民出版社，1999年9月 p.306；图版p.45~46

施萍婷、邰惠莉 敦煌研究院藏敦煌文献叙录《敦煌研究文集·敦煌研究院藏敦煌文献研究篇》，兰州：甘肃民族出版社，2000年9月 p.113

杨森 敦煌研究院藏敦煌文献论著目录《敦煌研究文集·敦煌研究院藏敦煌文献研究篇》，兰州：甘肃民族出版社，2000年9月 p.608

申国美编 中国散藏敦煌文献分类目录 北京：北京图书馆出版社，2007年10月 p.62、191

赵晓星著 吐蕃统治时期敦煌密教研究 兰州：甘肃教育出版社，2017年3月 p.629（附录一）

赵晓星 吐蕃统治敦煌时期的密教研究 兰州：兰州大学博士研究生学位论文，2007年6月 p.170（附录一）

左丽萍 敦煌《大乘无量寿经》写本考暨俗字汇辑 金华：浙江师范大学硕士研究生学位论文，2014年6月 俗字表p.131

王惠民撰文，勝木言一郎訳 仏説无量寿宗要経『砂漠の美術馆—永遠なる敦煌』中国敦煌研究院創立50周年記念（東京展、福岡展、神户展，1996年10月26日~1997年4月20日），東京：朝日新聞社，1996年 p.142図版及第79条日文図版解説

施萍亭 仏説無量寿宗要経『敦煌美術展』（岐阜展、岡山展、佐賀展、横浜展，2001年9月8日~2002年3月12日），東京：大塚巧藝社，2001年 p.110~111図版67及図版解説；p.131出品目錄

敦研328（收藏号694）说苑反质卷第二十

王利器 敦煌旧钞卷子本《说苑·反质篇》残卷校记识语《龙门杂志》第1卷第5期，1947年7月

王利器 敦煌本说苑跋《图书季刊》新第9卷第3·4合期，1948年12月 p.3~5；收入孙彦、萨仁高娃、胡月平选编《民国期刊资料分类汇编·敦煌学研究》第4册，北京：国家图书馆出版社，2009年4月 p.2007~2009；影印收入王志庚、顾烨青主编《近代著名图书馆馆刊荟萃四编》第7册，北京：国家图书馆出版社，2013年5月 p.231~233

斐云（赵万里）唐写本说苑反质篇读后记《文物》1961年第3期 p.18~19；图2幅；收入郑阿财、颜廷亮、伏俊连主编《中国敦煌学百年文库·文学卷》（五），兰州：甘肃文化出版社，1999年 p.2~4

敦煌文物研究所资料室，刘忠贵、施娉婷 敦煌文物研究所藏敦煌遗书目录《文物资料丛刊》（1），北京：文物出版社，1977年12月 p.64；收入冯志文、杨际平主编《中国敦煌学百年文库·综述卷》（二），兰州：甘肃文化出版社，1999年 p.280

王利器 敦煌唐写本《说苑·反质篇》残卷校记跋尾《学林漫录》（七集），北京：中华书局，1983年3月 p.158~160；收入氏著《晓传书斋集》，上海：华东师范大学出版社，1997年12月 p.339~341；收入郑阿财、颜廷亮、伏俊连主编《中国敦煌学百年文库·文学卷》（五），兰州：甘肃文化出版社，1999年 p.220~221；收入敦煌研究院编《敦煌研究文集·敦煌研究院藏敦煌文献研究篇》，兰州：甘肃民族出版社，2000年9月 p.223~225

李永宁 敦煌文物研究所藏《说苑·反质篇》残卷校勘《1983年全国敦煌学术讨论会文集》文史·遗书编（下），兰州：甘肃人民出版社，1987年4月 p.19~57；图版1；收入敦煌研究院编《敦煌研究文集·敦煌研究院藏

敦煌文献研究篇》，兰州：甘肃民族出版社，2000年9月 p.226~256；图版9

隋峰 敦煌文说苑反质篇《中国书法鉴赏大辞典》（上），北京：大地出版社，1989年10月 p.589；图1幅；中国人民大学出版社，2006年6月

施萍亭 说苑·反质第二十《敦煌》，兰州：甘肃人民出版社、南京：江苏美术出版社，1990年7月；1993年7月；1997年11月 图版p.246；p.288~289第264、265条图版说明

赵声良 说苑·反质篇《敦煌写卷书法精选》，合肥：安徽美术出版社，1994年12月 p.115~119图版及说明文字；彩图

郑汝中 唐代书法艺术与敦煌写卷《敦煌研究》1996年第2期 p.127；又载敦煌研究院编《敦煌书法库》（第四辑）［唐代］，兰州：甘肃人民美术出版社，1996年9月 p.11；p.14影印图版

赵声良 唐写本《说苑·反质篇》《敦煌书法库》（第四辑）［唐代］，兰州：甘肃人民美术出版社，1996年9月 p.62；图版p.63~77

白化文 说苑·反质篇《敦煌学大辞典》，上海：上海辞书出版社，1998年12月 p.777~778

邰惠莉、罗华庆、陈雪静撰稿，施萍婷、邵国秀审订 敦煌研究院藏敦煌文献叙录（下）《甘肃藏敦煌文献》（第二卷），兰州：甘肃人民出版社，1999年9月 p.306；图版p.47~51

韩惠言 甘藏敦煌汉文文献概况《敦煌学辑刊》2000年第2期 p.69；收入敦煌研究院编《2000年敦煌学国际学术讨论会文集——纪念敦煌藏经洞发现暨敦煌学百年》历史文化卷（上），兰州：甘肃民族出版社，2003年9月 p.519

施萍婷 甘肃藏敦煌文献概述《甘肃藏敦煌文献精粹》，兰州：甘肃人民出版社，1999年 p.8；又载段文杰主编《甘肃藏敦煌文献》（第一至六卷），兰州：甘肃人民出版社，1999年9~12月 p.8

樊锦诗 敦煌研究院藏敦煌文献研究概述《敦煌研究文集·敦煌研究院藏敦煌文献研究篇》，兰州：甘肃民族出版社，2000年9月 p.3~4

施萍婷、邰惠莉 敦煌研究院藏敦煌文献叙录《敦煌研究文集·敦煌研究院藏敦煌文献研究篇》，兰州：甘肃民族出版社，2000年9月 p.113

杨森 敦煌研究院藏敦煌文献论著目录《敦煌研究文集·敦煌研究院藏敦煌文献研究篇》，兰州：甘肃民族出版社，2000年9月 p.608~609

张涌泉 敦煌故里对敦煌学的新奉献——《甘肃藏敦煌文献》读后《敦煌研究》2001年第1期 p.183

施萍婷 敦煌研究院、上海图书馆、天津艺术博物馆藏敦煌遗书巡礼《浙江与敦煌学——常书鸿先生诞辰一百周年纪念文集》，杭州：浙江古籍出版社，2004年12月 p.304~306；日文见池田温訳《敦煌研究院、上海圖書館及び天津芸術博物館所藏の敦煌遺書をめぐって》，《東洋學報》第72卷第1·2號，1990年12月 p.88~92

邓明 敦煌卷子《说苑卷二十反质》的来龙去脉《（甘肃）档案》2007年第2期 p.49~50

陈红彦、林世田 敦煌遗书近现代鉴藏印章辑述（下）《文献》2007年第3期 p.133、139；收入林世田著《敦煌遗书研究论集》，北京：中国藏学出版社，2010年3月 p.305、312

刘雁翔 冯国瑞敦煌写经吐鲁番文书题跋叙录《敦煌学辑刊》2008年第3期 p.58

李辉《国家珍贵古籍名录》中甘肃藏古籍特色《盐城师范学院学报》（人文社会科学版）2015年第6期

p.117

孙占鳌 敦煌遗书书法艺术研究《丝绸之路》2015年第20期 p.6

徐祖蕃、秦明智、荣恩奇编选 敦煌遗书书法选 兰州:甘肃人民出版社,1985年10月 p.86~90图版及简要说明

敦煌市志编纂委员会编 敦煌市志 北京:新华出版社,1994年6月;图版1幅

敦煌研究院编 敦煌:纪念敦煌藏经洞发现一百周年 北京:朝花出版社,2000年 p.160~161;图1幅

王素著 敦煌吐鲁番文献 北京:文物出版社,2002年4月;2005年7月 p.143

刘胜角著 古代楷书发展史 北京:中国戏剧出版社,2002年5月 p.302;图284

杨宝玉著 敦煌文献探析 北京:人民美术出版社,2005年6月 p.22

申国美编 中国散藏敦煌文献分类目录 北京:北京图书馆出版社,2007年10月 p.82、191

沈乐平著 敦煌书法综论 杭州:浙江古籍出版社,2009年10月 p.49;p.237(鉴藏印章检索表)

《丝绸之路:敦煌、龟兹、麦积山石窟》编辑委员会编著 丝绸之路:敦煌、龟兹、麦积山石窟 成都:四川人民出版社、北京:商务印书馆,2018年3月 图版p.196~197;p.352

甘肃省地方史志编纂委员会编 甘肃省志·文物志(中册) 北京:文物出版社,2018年11月 p.1526~1527;图1幅

陈琪 敦煌遗书书法浅探 兰州:兰州大学博士研究生学位论文,2007年5月 p.178;图35

沈乐平 敦煌书法综论 杭州:中国美术学院博士研究生学位论文,2008年5月 p.50;p.235(鉴藏印章检索表)

陈瑞峰《甘肃藏敦煌文献》俗字研究 金华:浙江师范大学硕士研究生学位论文,2012年5月 p.9

王翠《甘肃藏敦煌文献》俗字研究 南京:南京师范大学硕士研究生学位论文,2014年5月 p.18(表);p.21、22、24;p.52~53(附录:中古经卷"表")

敦研329(收藏号697) 妙法莲华经卷第五从地踊出品第十五

敦煌文物研究所资料室,刘忠贵、施娉婷 敦煌文物研究所藏敦煌遗书目录《文物资料丛刊》(1),北京:文物出版社,1977年12月 p.64;收入冯志文、杨际平主编《中国敦煌学百年文库·综述卷》(二),兰州:甘肃文化出版社,1999年 p.280

邰惠莉、罗华庆、陈雪静撰稿,施萍婷、邵国秀审订 敦煌研究院藏敦煌文献叙录(下)《甘肃藏敦煌文献》(第二卷),兰州:甘肃人民出版社,1999年9月 p.306;图版p.52~53

施萍婷、邰惠莉 敦煌研究院藏敦煌文献叙录《敦煌研究文集·敦煌研究院藏敦煌文献研究篇》,兰州:甘肃民族出版社,2000年9月 p.114

杨森 敦煌研究院藏敦煌文献论著目录《敦煌研究文集·敦煌研究院藏敦煌文献研究篇》,兰州:甘肃民族出版社,2000年9月 p.609

张涌泉 敦煌卷子辨伪研究——基于字形分析角度的考察《文史》2003年第4辑,北京:中华书局,2003年11月 p.223;略有改订题作《敦煌写本辨伪研究——基于字形分析角度的考察》,收入氏著《张涌泉敦煌文

献论丛》,上海:上海古籍出版社,2011年8月 p.93

陈红彦、林世田 敦煌遗书近现代鉴藏印章辑述(下)《文献》2007年第3期 p.135;收入林世田著《敦煌遗书研究论集》,北京:中国藏学出版社,2010年3月 p.307

申国美编 中国散藏敦煌文献分类目录 北京:北京图书馆出版社,2007年10月 p.27、191~192

沈乐平著 敦煌书法综论 杭州:浙江古籍出版社,2009年10月 p.238(鉴藏印章检索表)

张涌泉著 敦煌写本文献学 兰州:甘肃教育出版社,2013年12月 p.657

沈乐平 敦煌书法综论 杭州:中国美术学院博士研究生学位论文,2008年5月 p.236(鉴藏印章检索表)

施萍亭 妙法蓮華経従地涌出品第十五『中国敦煌展』(東京展、福岡展、長野展、奈良展、静岡展,1985年10月5日~1986年3月26日),東京:財団法人富士美術館発行,昭和60年10月5日;図版124及日文図版解説

敦研330(收藏号698) 金光明最胜王经卷第九

敦煌文物研究所资料室,刘忠贵、施娉婷 敦煌文物研究所藏敦煌遗书目录《文物资料丛刊》(1),北京:文物出版社,1977年12月 p.64;收入冯志文、杨际平主编《中国敦煌学百年文库·综述卷》(二),兰州:甘肃文化出版社,1999年 p.280

邰惠莉、罗华庆、陈雪静撰稿,施萍婷、邵国秀审订 敦煌研究院藏敦煌文献叙录(下)《甘肃藏敦煌文献》(第二卷),兰州:甘肃人民出版社,1999年9月 p.306~307;图版p.54~62

施萍婷、邰惠莉 敦煌研究院藏敦煌文献叙录《敦煌研究文集·敦煌研究院藏敦煌文献研究篇》,兰州:甘肃民族出版社,2000年9月 p.114

张涌泉 敦煌卷子辨伪研究——基于字形分析角度的考察《文史》2003年第4辑,北京:中华书局,2003年11月 p.223;略有改订题作《敦煌写本辨伪研究——基于字形分析角度的考察》,收入氏著《张涌泉敦煌文献论丛》,上海:上海古籍出版社,2011年8月 p.93

张涌泉、李玲玲 敦煌本《金光明最胜王经音》研究《敦煌研究》2006年第6期 p.153;收入张涌泉著《张涌泉敦煌文献论丛》,上海:上海古籍出版社,2011年8月 p.329

张涌泉、李玲玲 敦煌本《金光明最胜王经音》辑校《出土文献与古文字研究》(第一辑),上海:复旦大学出版社,2006年12月 p.267~270

陈红彦、林世田 敦煌遗书近现代鉴藏印章辑述(下)《文献》2007年第3期 p.135;收入林世田著《敦煌遗书研究论集》,北京:中国藏学出版社,2010年3月 p.307

申国美编 中国散藏敦煌文献分类目录 北京:北京图书馆出版社,2007年10月 p.55、192

沈乐平著 敦煌书法综论 杭州:浙江古籍出版社,2009年10月 p.237~238(鉴藏印章检索表)

张涌泉著 敦煌写本文献学 兰州:甘肃教育出版社,2013年12月 p.657

沈乐平 敦煌书法综论 杭州:中国美术学院博士研究生学位论文,2008年5月 p.236(鉴藏印章检索表)

朱若溪《金光明经》敦煌写本研究 杭州:浙江大学博士研究生学位论文,2017年6月 p.540(九)卷九简表

敦研331（收藏号699）大智度论释初品中八念义第三十六之余、大智度论释初品中十想释论第三十七

敦煌文物研究所资料室，刘忠贵、施娉婷 敦煌文物研究所藏敦煌遗书目录《文物资料丛刊》（1），北京：文物出版社，1977年12月 p.64；收入冯志文、杨际平主编《中国敦煌学百年文库·综述卷》（二），兰州：甘肃文化出版社，1999年 p.281

邰惠莉、罗华庆、陈雪静撰稿，施萍婷、邵国秀审订 敦煌研究院藏敦煌文献叙录（下）《甘肃藏敦煌文献》（第二卷），兰州：甘肃人民出版社，1999年9月 p.307；图版p.62~67

施萍婷、邰惠莉 敦煌研究院藏敦煌文献叙录《敦煌研究文集·敦煌研究院藏敦煌文献研究篇》，兰州：甘肃民族出版社，2000年9月 p.114~115

张涌泉 敦煌卷子辨伪研究——基于字形分析角度的考察《文史》2003年第4辑，北京：中华书局，2003年11月 p.223；略有改订题作《敦煌写本辨伪研究——基于字形分析角度的考察》，收入氏著《张涌泉敦煌文献论丛》，上海：上海古籍出版社，2011年8月 p.93

陈红彦、林世田 敦煌遗书近现代鉴藏印章辑述（下）《文献》2007年第3期 p.135；收入林世田著《敦煌遗书研究论集》，北京：中国藏学出版社，2010年3月 p.307

申国美编 中国散藏敦煌文献分类目录 北京：北京图书馆出版社，2007年10月 p.59、192

沈乐平著 敦煌书法综论 杭州：浙江古籍出版社，2009年10月 p.237~238（鉴藏印章检索表）

张涌泉著 敦煌写本文献学 兰州：甘肃教育出版社，2013年12月 p.657

沈乐平 敦煌书法综论 杭州：中国美术学院博士研究生学位论文，2008年5月 p.236（鉴藏印章检索表）

敦研332（收藏号700）大方便佛报恩经卷第四恶友品第六

敦煌文物研究所资料室，刘忠贵、施娉婷 敦煌文物研究所藏敦煌遗书目录《文物资料丛刊》（1），北京：文物出版社，1977年12月 p.64；收入冯志文、杨际平主编《中国敦煌学百年文库·综述卷》（二），兰州：甘肃文化出版社，1999年 p.281

邰惠莉、罗华庆、陈雪静撰稿，施萍婷、邵国秀审订 敦煌研究院藏敦煌文献叙录（下）《甘肃藏敦煌文献》（第二卷），兰州：甘肃人民出版社，1999年9月 p.307；图版p.68~77

施萍婷、邰惠莉 敦煌研究院藏敦煌文献叙录《敦煌研究文集·敦煌研究院藏敦煌文献研究篇》，兰州：甘肃民族出版社，2000年9月 p.115

陈红彦、林世田 敦煌遗书近现代鉴藏印章辑述（下）《文献》2007年第3期 p.135；收入林世田著《敦煌遗书研究论集》，北京：中国藏学出版社，2010年3月 p.307

于淑健 中国古文字俗体探源——以敦煌佛经书法写本为例《艺术百家》2009年第3期 p.30

申国美编 中国散藏敦煌文献分类目录 北京：北京图书馆出版社，2007年10月 p.1、192

沈乐平著 敦煌书法综论 杭州：浙江古籍出版社，2009年10月 p.237~238（鉴藏印章检索表）

于淑健著 敦煌佛典语词和俗字研究——以敦煌古佚和疑伪经为中心 上海：上海古籍出版社，2012年4月 p.312、369

沈乐平 敦煌书法综论 杭州：中国美术学院博士研究生学位论文，2008年5月 p.236（鉴藏印章检索表）

敦研333(收藏号701)瑜伽师地论卷第九

敦煌文物研究所资料室,刘忠贵、施娉婷 敦煌文物研究所藏敦煌遗书目录《文物资料丛刊》(1),北京:文物出版社,1977年12月 p.64;收入冯志文、杨际平主编《中国敦煌学百年文库·综述卷》(二),兰州:甘肃文化出版社,1999年 p.281

邰惠莉、罗华庆、陈雪静撰稿,施萍婷、邵国秀审订 敦煌研究院藏敦煌文献叙录(下)《甘肃藏敦煌文献》(第二卷),兰州:甘肃人民出版社,1999年9月 p.307;图版p.78~80

施萍婷、邰惠莉 敦煌研究院藏敦煌文献叙录《敦煌研究文集·敦煌研究院藏敦煌文献研究篇》,兰州:甘肃民族出版社,2000年9月 p.115~116

陈红彦、林世田 敦煌遗书近现代鉴藏印章辑述(下)《文献》2007年第3期 p.135;收入林世田著《敦煌遗书研究论集》,北京:中国藏学出版社,2010年3月 p.307

申国美编 中国散藏敦煌文献分类目录 北京:北京图书馆出版社,2007年10月 p.61、192

沈乐平著 敦煌书法综论 杭州:浙江古籍出版社,2009年10月 p.237~238(鉴藏印章检索表)

沈乐平 敦煌书法综论 杭州:中国美术学院博士研究生学位论文,2008年5月 p.236(鉴藏印章检索表)

徐键 敦煌本《瑜伽师地论》写本考 金华:浙江师范大学硕士研究生学位论文,2015年5月 p.8

敦研334(收藏号702)大般若波罗蜜多经卷第三百六十九

敦煌文物研究所资料室,刘忠贵、施娉婷 敦煌文物研究所藏敦煌遗书目录《文物资料丛刊》(1),北京:文物出版社,1977年12月 p.64;收入冯志文、杨际平主编《中国敦煌学百年文库·综述卷》(二),兰州:甘肃文化出版社,1999年 p.281

邰惠莉、罗华庆、陈雪静撰稿,施萍婷、邵国秀审订 敦煌研究院藏敦煌文献叙录(下)《甘肃藏敦煌文献》(第二卷),兰州:甘肃人民出版社,1999年9月 p.307;图版p.80~81

施萍婷、邰惠莉 敦煌研究院藏敦煌文献叙录《敦煌研究文集·敦煌研究院藏敦煌文献研究篇》,兰州:甘肃民族出版社,2000年9月 p.116

陈红彦、林世田 敦煌遗书近现代鉴藏印章辑述(下)《文献》2007年第3期 p.135;收入林世田著《敦煌遗书研究论集》,北京:中国藏学出版社,2010年3月 p.307

申国美编 中国散藏敦煌文献分类目录 北京:北京图书馆出版社,2007年10月 p.7、192

沈乐平著 敦煌书法综论 杭州:浙江古籍出版社,2009年10月 p.238(鉴藏印章检索表)

沈乐平 敦煌书法综论 杭州:中国美术学院博士研究生学位论文,2008年5月 p.236(鉴藏印章检索表)

敦研335(收藏号703)大般若波罗蜜多经卷第三百七十三

敦煌文物研究所资料室,刘忠贵、施娉婷 敦煌文物研究所藏敦煌遗书目录《文物资料丛刊》(1),北京:文物出版社,1977年12月 p.64;收入冯志文、杨际平主编《中国敦煌学百年文库·综述卷》(二),兰州:甘肃文化出版社,1999年 p.281

邰惠莉、罗华庆、陈雪静撰稿,施萍婷、邵国秀审订 敦煌研究院藏敦煌文献叙录(下)《甘肃藏敦煌文

献》(第二卷),兰州:甘肃人民出版社,1999年9月 p.307~308;图版p.82

施萍婷、邰惠莉 敦煌研究院藏敦煌文献叙录《敦煌研究文集·敦煌研究院藏敦煌文献研究篇》,兰州:甘肃民族出版社,2000年9月 p.116

中国美编 中国散藏敦煌文献分类目录 北京:北京图书馆出版社,2007年10月 p.8、192

敦研336(收藏号704)佛说大药善巧方便经卷上

敦煌文物研究所资料室,刘忠贵、施娉婷 敦煌文物研究所藏敦煌遗书目录《文物资料丛刊》(1),北京:文物出版社,1977年12月 p.64;收入冯志文、杨际平主编《中国敦煌学百年文库·综述卷》(二),兰州:甘肃文化出版社,1999年 p.281

敦煌文物研究所资料室,刘忠贵、施娉婷 附:关于《敦煌遗书目录》的说明《文物资料丛刊》(1),北京:文物出版社,1977年12月 p.67;收入冯志文、杨际平主编《中国敦煌学百年文库·综述卷》(二),兰州:甘肃文化出版社,1999年 p.285;收入施萍婷著《敦煌习学集》(下),兰州:甘肃民族出版社,2004年12月 p.343

周丕显 敦煌遗书概述《敦煌学辑刊》(第1集),1980年2月 p.28;又载《兰州大学学报》(哲学社会科学版)[敦煌学专刊],1980年第2期 p.28;收入氏著《敦煌文献研究》,兰州:甘肃文化出版社,1995年6月 p.19

杨森 敦煌遗书《佛说大药善巧方便经·卷上》札记《敦煌研究》1989年第4期 p.108~111;收入敦煌研究院编《敦煌研究文集·敦煌研究院藏敦煌文献研究篇》,兰州:甘肃民族出版社,2000年9月 p.283~288

施萍亭 佛说大药善巧方便经卷上《敦煌》,兰州:甘肃人民出版社、南京:江苏美术出版社,1990年7月;1993年7月;1997年11月 图版p.248~249;p.289第268、270条图版说明

赵声良 佛说大药善巧方便经《敦煌写卷书法精选》,合肥:安徽美术出版社,1994年12月 p.109~114图版及说明文字;彩图

杨森 唐写本《佛说大药善巧方便经卷上》《敦煌书法库》(第三辑)[隋唐时期],兰州:甘肃人民美术出版社,1995年12月 p.159;图版p.160~184

郑汝中 唐代书法艺术与敦煌写卷《敦煌研究》1996年第2期 p.127;又载敦煌研究院编《敦煌书法库》(第四辑)[唐代],兰州:甘肃人民美术出版社,1996年9月 p.11

赵声良 敦煌写卷书法(下)《文史知识》1997年第5期 p.83

赵声良 佛说大药善巧方便经卷上《敦煌学大辞典》,上海:上海辞书出版社,1998年12月 p.284;图1幅

张鸿勋 敦煌遗书中的中印、中日文学因缘——读敦煌遗书札记① 《敦煌学辑刊》1998年第1期 p.47~50; 收入敦煌研究院编《1994年敦煌学国际研讨会文集——纪念敦煌研究院成立50周年·宗教文史卷》(上),兰州:甘肃民族出版社,2000年6月 p.188~203,收入氏著《敦煌俗文学研究》,兰州:甘肃教育出版社,2002年9月 p.390~397

施萍婷 甘肃藏敦煌文献概述《甘肃藏敦煌文献精粹》,兰州:甘肃人民出版社,1999年 p.7;又载段文

①张鸿勋《敦煌遗书中的中印、中日文学因缘——读敦煌遗书札记》中"一、敦编366号藏卷《佛说大药善巧方便经》……"引用馆藏编号有误,敦研366号为"孝经残片"。根据张氏录文及研究内容判断,应为敦研336号。

杰主编《甘肃藏敦煌文献》(第一至六卷),兰州:甘肃人民出版社,1999年9~12月 p.7

邰惠莉、罗华庆、陈雪静撰稿,施萍婷、邵国秀审订 敦煌研究院藏敦煌文献叙录(下)《甘肃藏敦煌文献》(第二卷),兰州:甘肃人民出版社,1999年9月 p.308;图版p.83~85

樊锦诗 敦煌研究院藏敦煌文献研究概述《敦煌研究文集·敦煌研究院藏敦煌文献研究篇》,兰州:甘肃民族出版社,2000年9月 p.4

施萍婷、邰惠莉 敦煌研究院藏敦煌文献叙录《敦煌研究文集·敦煌研究院藏敦煌文献研究篇》,兰州:甘肃民族出版社,2000年9月 p.116~117

杨森 敦煌研究院藏敦煌文献论著目录《敦煌研究文集·敦煌研究院藏敦煌文献研究篇》,兰州:甘肃民族出版社,2000年9月 p.609~610

施萍婷 敦煌研究院、上海图书馆、天津艺术博物馆藏敦煌遗书巡礼《浙江与敦煌学——常书鸿先生诞辰一百周年纪念文集》,杭州:浙江古籍出版社,2004年12月 p.306;日文见池田温訳《敦煌研究院、上海圖書館及び天津芸術博物館所藏の敦煌遺書をめぐって》,《東洋學報》第72卷第1·2號,1990年12月 p.92

赵声良 敦煌写本书法艺术《敦煌艺术十讲》,上海:上海古籍出版社,2007年7月 p.224

赵声良 唐代敦煌写本书法艺术《中华书画家》2010年第3期 p.58

陈明 义净的律典翻译及其流传——以敦煌西域出土写卷为中心《文史》2015年第3辑p.153、158~159;p.173表四(续)

邰惠莉 敦煌研究院藏敦煌遗书的来源和价值《中国书法》2019年第9期 p.52、54

徐祖蕃、秦明智、荣恩奇编选 敦煌遗书书法选 兰州:甘肃人民出版社,1985年10月 p.91~95图版及简要说明

薄小莹 敦煌遗书汉文纪年卷编年 长春:长春出版社,1990年3月 p.38

王进玉著 敦煌石窟探秘 成都:四川教育出版社,1994年8月;彩色插页局部

敦煌研究院编 敦煌:纪念敦煌藏经洞发现一百周年 北京:朝花出版社,2000年 p.156~157;图1幅

刘胜角著 古代楷书发展史 北京:中国戏剧出版社,2002年5月 p.308

申国美编 中国散藏敦煌文献分类目录 北京:北京图书馆出版社,2007年10月 p.59、192

秦川编著 敦煌书法:中国书法的基因库 南京:凤凰出版社,2010年7月 p.165;图1幅

于淑健著 敦煌佛典语词和俗字研究——以敦煌古佚和疑伪经为中心 上海:上海古籍出版社,2012年4月 p.223

张涌泉著 敦煌写本文献学 兰州:甘肃教育出版社,2013年12月 p.151

樊锦诗、海蔚蓝主编,娄婕、梁旭澍、黄苑薇图录介绍《敦煌:丝路佛光》,敦煌研究院、华美协进社中国美术馆,2013年 p.58图版及说明

《丝绸之路:敦煌、龟兹、麦积山石窟》编辑委员会编著 丝绸之路:敦煌、龟兹、麦积山石窟 成都:四川人民出版社、北京:商务印书馆,2018年3月 图版p.194~195;p.352

陈琪 敦煌遗书书法浅探 兰州:兰州大学博士研究生学位论文,2007年5月 p.177;图30

王惠民撰文,勝木言一郎訳 仏説大薬善巧方便経巻上『砂漠の美術馆—永遠なる敦煌』中国敦煌研

究院創立50周年記念(東京展、福岡展、神户展,1996年10月26日~1997年4月20日),東京:朝日新聞社,1996年 p.141図版及第77条日文図版解説

施萍亭 仏説大薬善巧方便経『敦煌美術展』(岐阜展、岡山展、佐賀展、横浜展,2001年9月8日~2002年3月12日),東京:大塚巧藝社,2001年 p.108図版66及図版解説;p.131出品目錄

秋子 佛说大药善巧方便经卷上[①]《敦煌写卷墨迹精选丛帖》(叁),兰州:甘肃人民美术出版社,2009年10月;2010年6月 p.18~26简介/赏析及图版

敦研337(收藏号705)妙法莲华经卷第二譬喻品第三

敦煌文物研究所资料室,刘忠贵、施娉婷 敦煌文物研究所藏敦煌遗书目录《文物资料丛刊》(1),北京:文物出版社,1977年12月 p.64;收入冯志文、杨际平主编《中国敦煌学百年文库·综述卷》(二),兰州:甘肃文化出版社,1999年 p.281

邰惠莉、罗华庆、陈雪静撰稿,施萍婷、邵国秀审订 敦煌研究院藏敦煌文献叙录(下)《甘肃藏敦煌文献》(第二卷),兰州:甘肃人民出版社,1999年9月 p.308;图版p.85~86

施萍婷、邰惠莉 敦煌研究院藏敦煌文献叙录《敦煌研究文集·敦煌研究院藏敦煌文献研究篇》,兰州:甘肃民族出版社,2000年9月 p.117

杨森 敦煌研究院藏敦煌文献论著目录《敦煌研究文集·敦煌研究院藏敦煌文献研究篇》,兰州:甘肃民族出版社,2000年9月 p.610

邰惠莉 敦煌研究院藏敦煌遗书的来源和价值《中国书法》2019年第9期 p.52

申国美编 中国散藏敦煌文献分类目录 北京:北京图书馆出版社,2007年10月 p.21、192

施萍亭 妙法蓮華経譬喻品第三『中国敦煌展』(東京展、福岡展、長野展、奈良展、静岡展,1985年10月5日~1986年3月26日),東京:財団法人富士美術館発行,昭和60年10月5日;図版114及日文図版解説

敦研338(收藏号706)妙法莲华经卷第四法师品第十

敦煌文物研究所资料室,刘忠贵、施娉婷 敦煌文物研究所藏敦煌遗书目录《文物资料丛刊》(1),北京:文物出版社,1977年12月 p.64;收入冯志文、杨际平主编《中国敦煌学百年文库·综述卷》(二),兰州:甘肃文化出版社,1999年 p.281

邰惠莉、罗华庆、陈雪静撰稿,施萍婷、邵国秀审订 敦煌研究院藏敦煌文献叙录(下)《甘肃藏敦煌文献》(第二卷),兰州:甘肃人民出版社,1999年9月 p.308;图版p.86

施萍婷、邰惠莉 敦煌研究院藏敦煌文献叙录《敦煌研究文集·敦煌研究院藏敦煌文献研究篇》,兰州:甘肃民族出版社,2000年9月 p.117

杨森 敦煌研究院藏敦煌文献论著目录《敦煌研究文集·敦煌研究院藏敦煌文献研究篇》,兰州:甘肃

①甘肃人民美术出版社、敦煌研究院文献研究所编《敦煌写卷墨迹精选丛帖》(叁)第18页秋子撰文《佛说大药善巧方便经卷上》简介、赏析和第19~26页图版,与敦研336《佛说大药善巧方便经卷上》完全不一致,当为选卷之误。

民族出版社，2000年9月 p.610

邰惠莉 敦煌研究院藏敦煌遗书的来源和价值《中国书法》2019年第9期 p.52

申国美编 中国散藏敦煌文献分类目录 北京：北京图书馆出版社，2007年10月 p.24、192

施萍亭 妙法蓮華経法師品第十『中国敦煌展』（東京展、福岡展、長野展、奈良展、静岡展，1985年10月5日~1986年3月26日），東京：財団法人富士美術館発行，昭和60年10月5日；図版116及日文図版解説

敦研339（1）（收藏号708-2）大乘无量寿经（首题）

敦煌文物研究所资料室，刘忠贵、施娉婷 敦煌文物研究所藏敦煌遗书目录《文物资料丛刊》（1），北京：文物出版社，1977年12月 p.64；收入冯志文、杨际平主编《中国敦煌学百年文库·综述卷》（二），兰州：甘肃文化出版社，1999年 p.281

邰惠莉、罗华庆、陈雪静撰稿，施萍婷、邵国秀审订 敦煌研究院藏敦煌文献叙录（下）《甘肃藏敦煌文献》（第二卷），兰州：甘肃人民出版社，1999年9月 p.308；图版p.87~89

施萍婷、邰惠莉 敦煌研究院藏敦煌文献叙录《敦煌研究文集·敦煌研究院藏敦煌文献研究篇》，兰州：甘肃民族出版社，2000年9月 p.117

邰惠莉 敦煌研究院藏敦煌遗书的来源和价值《中国书法》2019年第9期 p.53

申国美编 中国散藏敦煌文献分类目录 北京：北京图书馆出版社，2007年10月 p.62、192

敦研339（2）（收藏号708-3）大乘无量寿经（首题）

敦煌文物研究所资料室，刘忠贵、施娉婷 敦煌文物研究所藏敦煌遗书目录《文物资料丛刊》（1），北京：文物出版社，1977年12月 p.64；收入冯志文、杨际平主编《中国敦煌学百年文库·综述卷》（二），兰州：甘肃文化出版社，1999年 p.281

邰惠莉、罗华庆、陈雪静撰稿，施萍婷、邵国秀审订 敦煌研究院藏敦煌文献叙录（下）《甘肃藏敦煌文献》（第二卷），兰州：甘肃人民出版社，1999年9月 p.308；图版p.90~92

施萍婷、邰惠莉 敦煌研究院藏敦煌文献叙录《敦煌研究文集·敦煌研究院藏敦煌文献研究篇》，兰州：甘肃民族出版社，2000年9月 p.117~118

申国美编 中国散藏敦煌文献分类目录 北京：北京图书馆出版社，2007年10月 p.62

左丽萍 敦煌《大乘无量寿经》写本考暨俗字汇辑 金华：浙江师范大学硕士研究生学位论文，2014年6月 俗字表p.140、154

赵晓星著 吐蕃统治时期敦煌密教研究 兰州：甘肃教育出版社，2017年3月 p.617（附录一）

赵晓星 吐蕃统治敦煌时期的密教研究 兰州：兰州大学博士研究生学位论文，2007年6月 p.164（附录一）

敦研339（3）大乘无量寿经

敦煌文物研究所资料室，刘忠贵、施娉婷 敦煌文物研究所藏敦煌遗书目录《文物资料丛刊》（1），北京：文物出版社，1977年12月 p.64；收入冯志文、杨际平主编《中国敦煌学百年文库·综述卷》（二），兰州：甘

肃文化出版社，1999年 p.281

邰惠莉、罗华庆、陈雪静撰稿，施萍婷、邵国秀审订 敦煌研究院藏敦煌文献叙录（下）《甘肃藏敦煌文献》（第二卷），兰州：甘肃人民出版社，1999年9月 p.308；图版p.93

施萍婷、邰惠莉 敦煌研究院藏敦煌文献叙录《敦煌研究文集·敦煌研究院藏敦煌文献研究篇》，兰州：甘肃民族出版社，2000年9月 p.118

申国美编 中国散藏敦煌文献分类目录 北京：北京图书馆出版社，2007年10月 p.62

左丽萍 敦煌《大乘无量寿经》写本考暨俗字汇辑 金华：浙江师范大学硕士研究生学位论文，2014年6月 俗字表p.132、143

敦研339（4）（收藏号708-4）大乘无量寿经（首题）

敦煌文物研究所资料室，刘忠贵、施娉婷 敦煌文物研究所藏敦煌遗书目录《文物资料丛刊》（1），北京：文物出版社，1977年12月 p.64；收入冯志文、杨际平主编《中国敦煌学百年文库·综述卷》（二），兰州：甘肃文化出版社，1999年 p.281

邰惠莉、罗华庆、陈雪静撰稿，施萍婷、邵国秀审订 敦煌研究院藏敦煌文献叙录（下）《甘肃藏敦煌文献》（第二卷），兰州：甘肃人民出版社，1999年9月 p.308~309；图版p.94~95

施萍婷、邰惠莉 敦煌研究院藏敦煌文献叙录《敦煌研究文集·敦煌研究院藏敦煌文献研究篇》，兰州：甘肃民族出版社，2000年9月 p.118

申国美编 中国散藏敦煌文献分类目录 北京：北京图书馆出版社，2007年10月 p.62

左丽萍 敦煌《大乘无量寿经》写本考暨俗字汇辑 金华：浙江师范大学硕士研究生学位论文，2014年6月 俗字表p.130、140、152

赵晓星著 吐蕃统治时期敦煌密教研究 兰州：甘肃教育出版社，2017年3月 p.617（附录一）

赵晓星 吐蕃统治敦煌时期的密教研究 兰州：兰州大学博士研究生学位论文，2007年6月 p.164（附录一）

敦研339（5）（收藏号708-5）大乘无量寿经

敦煌文物研究所资料室，刘忠贵、施娉婷 敦煌文物研究所藏敦煌遗书目录《文物资料丛刊》（1），北京：文物出版社，1977年12月 p.64；收入冯志文、杨际平主编《中国敦煌学百年文库·综述卷》（二），兰州：甘肃文化出版社，1999年 p.281

邰惠莉、罗华庆、陈雪静撰稿，施萍婷、邵国秀审订 敦煌研究院藏敦煌文献叙录（下）《甘肃藏敦煌文献》（第二卷），兰州：甘肃人民出版社，1999年9月 p.309；图版p.96~97

施萍婷、邰惠莉 敦煌研究院藏敦煌文献叙录《敦煌研究文集·敦煌研究院藏敦煌文献研究篇》，兰州：甘肃民族出版社，2000年9月 p.118

左丽萍 敦煌本《大乘无量寿经》异体字考释三则《语文学刊》2013年第14期 p.32、33

申国美编 中国散藏敦煌文献分类目录 北京：北京图书馆出版社，2007年10月 p.62

左丽萍 敦煌《大乘无量寿经》写本考暨俗字汇辑 金华：浙江师范大学硕士研究生学位论文，2014年6

月 俗字表p.137、145、153

敦研340（收藏号709）采华违王上佛授决号妙华经（尾题）

向达 西征小记——瓜沙谈往之一《国立北京大学·国学季刊》第7卷第1期，1950年7月 p.23；收入氏著《唐代长安与西域文明》，北京：生活·读书·新知三联书店，1957年4月；1979年9月；1987年4月 p.370；收入氏著《唐代长安与西域文明》，石家庄：河北教育出版社，2001年11月 p.361；收入齐陈骏、李并成主编《中国敦煌学百年文库·地理卷》（一），兰州：甘肃文化出版社，1999年 p.309；收入荣新江编《向达先生敦煌遗墨》，北京：中华书局，2010年3月 p.305；收入敦煌研究院编《榆林窟研究论文集》（上册），上海：上海辞书出版社，2011年9月 p.54

敦煌文物研究所资料室，刘忠贵、施娉婷 敦煌文物研究所藏敦煌遗书目录《文物资料丛刊》（1），北京：文物出版社，1977年12月 p.64；收入冯志文、杨际平主编《中国敦煌学百年文库·综述卷》（二），兰州：甘肃文化出版社，1999年 p.281

敦煌文物研究所资料室，刘忠贵、施娉婷 附：关于《敦煌遗书目录》的说明《文物资料丛刊》（1），北京：文物出版社，1977年12月 p.66；图版捌：1；p.67；收入冯志文、杨际平主编《中国敦煌学百年文库·综述卷》（二），兰州：甘肃文化出版社，1999年 p.284~285；收入施萍婷著《敦煌习学集》（下），兰州：甘肃民族出版社，2004年12月 p.341、343

施安昌 敦煌写经断代发凡——兼论递变字群的规律《故宫博物院院刊》1985年第4期 p.63；收入氏著《善本碑帖论集》，北京：紫禁城出版社，2002年2月 p.316

施萍亭 采华违王上佛授决号妙华经《敦煌》，兰州：甘肃人民出版社、南京：江苏美术出版社，1990年7月；1993年7月；1997年11月 图版p.248~249；p.289第269条图版说明

邰惠莉、罗华庆、陈雪静撰稿，施萍婷、邵国秀审订 敦煌研究院藏敦煌文献叙录（下）《甘肃藏敦煌文献》（第二卷），兰州：甘肃人民出版社，1999年9月 p.309；图版p.97~98

樊锦诗 敦煌研究院藏敦煌文献研究概述《敦煌研究文集·敦煌研究院藏敦煌文献研究篇》，兰州：甘肃民族出版社，2000年9月 p.2~3

施萍婷、邰惠莉 敦煌研究院藏敦煌文献叙录《敦煌研究文集·敦煌研究院藏敦煌文献研究篇》，兰州：甘肃民族出版社，2000年9月 p.119

杨森 敦煌研究院藏敦煌文献论著目录《敦煌研究文集·敦煌研究院藏敦煌文献研究篇》，兰州：甘肃民族出版社，2000年9月 p.611

施安昌 唐武周时期的刻经与敦煌写经《善本碑帖论集》，北京：紫禁城出版社，2002年2月 p.119

荣新江 惊沙撼大漠——向达的敦煌考察及其学术意义《敦煌吐鲁番研究》（第七卷），北京：中华书局，2004年1月 p.102、112；收入氏著《辨伪与存真——敦煌学论集》，上海：上海古籍出版社，2010年3月 p.204、219；收入荣新江编《向达先生敦煌遗墨》，北京：中华书局，2010年3月 p.9、21；收入沙知编《向达学记》，北京：生活·读书·新知三联书店，2010年6月 p.97

施萍婷 敦煌研究院、上海图书馆、天津艺术博物馆藏敦煌遗书巡礼《浙江与敦煌学——常书鸿先生

诞辰一百周年纪念文集》,杭州:浙江古籍出版社,2004年12月 p.306;日文见池田温訳《敦煌研究院、上海圖書館及び天津芸術博物館所藏の敦煌遺書をめぐって》,《東洋學報》第72卷第1·2號,1990年12月 p.92

向达(手抄稿本) 采华违王上佛授决号妙华经《向达先生敦煌遗墨》,北京:中华书局,2010年3月 p.51~56

林聪明 敦煌文书年代探考略论《港台敦煌学文库》第34册,兰州:甘肃人民出版社,2014年12月 p.263

林聪明著 敦煌文书学(敦煌学导论丛刊①) 台北:新文丰出版股份有限公司,1991年8月 p.420

申国美编 中国散藏敦煌文献分类目录 北京:北京图书馆出版社,2007年10月 p.51、193

甘肃省地方史志编纂委员会编 甘肃省志·文物志(中册) 北京:文物出版社,2018年11月 p.1529;图1幅

金岡照光 敦煌の現状(一九七九年五月)《講座敦煌1〈敦煌の自然と現状〉》,東京:大東出版社,昭和五五年四月二三日(1980.4.23) p.114注①

敦研341(收藏号710) 唐景云二年张君义勋告

白化文、倪平 唐代的告身《文物》1977年第11期 p.79

敦煌文物研究所资料室,刘忠贵、施娉婷 敦煌文物研究所藏敦煌遗书目录《文物资料丛刊》(1),北京:文物出版社,1977年12月 p.64;收入冯志文、杨际平主编《中国敦煌学百年文库·综述卷》(二),兰州:甘肃文化出版社,1999年 p.281~282

敦煌文物研究所资料室,刘忠贵、施娉婷 附:关于《敦煌遗书目录》的说明《文物资料丛刊》(1),北京:文物出版社,1977年12月 p.66;图版玖:2;收入冯志文、杨际平主编《中国敦煌学百年文库·综述卷》(二),兰州:甘肃文化出版社,1999年 p.284;收入施萍婷著《敦煌习学集》(下),兰州:甘肃民族出版社,2004年12月 p.341;图版64

朱雷 跋敦煌所出《唐景云二年张君义勋告》——兼论"勋告"制度渊源《中国古代史论丛》第3辑,福州:福建人民出版社,1982年12月 p.331~349;收入敦煌研究院编《敦煌研究文集·敦煌研究院藏敦煌文献研究篇》,兰州:甘肃民族出版社,2000年9月 p.257~276;收入氏著《敦煌吐鲁番文书论丛》,兰州:甘肃人民出版社,2000年4月 p.225~243;收入氏著《朱雷敦煌吐鲁番文书论丛》(当代敦煌学者自选集),上海:上海古籍出版社,2012年12月 p.247~268;收入氏著《敦煌吐鲁番文书研究》,杭州:浙江大学出版社,2016年4月 p.341~362

史苇湘 丝绸之路上的敦煌与莫高窟《敦煌研究文集》,兰州:甘肃人民出版社,1982年3月 p.62;p.116注[42];收入陈国灿、陆庆夫主编《中国敦煌学百年文库·历史卷》(二),兰州:甘肃文化出版社,1999年 p.26注⑥;收入氏著《敦煌历史与莫高窟艺术研究》,兰州:甘肃教育出版社,2002年12月 p.64;p.119注[42]

朱雷 唐开元二年西州府兵——"西州营" 赴陇西御吐蕃始末 《敦煌学辑刊》1985年第2期 p.2;p.9注[13];收入氏著《敦煌吐鲁番文书论丛》,兰州:甘肃人民出版社,2000年4月 p.246;收入氏著《朱雷敦煌吐鲁番文书论丛》(当代敦煌学者自选集),上海:上海古籍出版社,2012年12月 p.271;p.284注[13]

李正宇 土地庙遗书的发现、特点和入藏年代《敦煌研究》(第三期·总第五期),兰州:甘肃人民出版社,1985年12月 p.92;收入政协甘肃省敦煌市委员会编《敦煌文史资料选辑》第三辑,敦煌:政协甘肃省敦煌市委员会编印,1995年9月 p.96

王三庆 国画大师张大千先生盗宝敦煌《美哉中华》第237期，1988年7月 p.70~72；又载《中国时报》1988年3月第12版

施萍亭 二年张君义告身《敦煌》，兰州：甘肃人民出版社、南京：江苏美术出版社，1990年7月；1993年7月；1997年11月 图版p.250~251；p.289~290第271条图版说明

王三庆 日本天理大学天理图书馆典藏之敦煌写卷《第二届敦煌学国际研讨会论文集》，台北：汉学研究中心编印，1991年6月 p.81~82；收入郑炳林、郑阿财主编《港台敦煌学文库》第5册，兰州：甘肃人民出版社，2014年12月 p.3~4

池田温著，卢秀文译 用鲜明的图版全面介绍敦煌《敦煌研究》1992年第4期 p.115

王三庆 敦煌研究院藏品张大千题署的《景云二年张君义告身》《敦煌学》第18辑，台北：敦煌学会编印，1992年3月 p.78~105；收入郑炳林、郑阿财主编《港台敦煌学文库》第5册，兰州：甘肃人民出版社，2014年12月 p.69~79

王三庆《般若波罗蜜多心经》注本价值试论——敦煌塔出土文物之一《敦煌学》第19辑，台北：敦煌学会编印，1992年10月 p.87；收入段文杰等编《1990年敦煌学国际研讨会文集·史地语文编》，沈阳：辽宁美术出版社，1995年7月 p.473；收入郑阿财、颜廷亮、伏俊连主编《中国敦煌学百年文库·文学卷》(四)，兰州：甘肃文化出版社，1999年 p.402；收入郑炳林、郑阿财主编《港台敦煌学文库》第5册，兰州：甘肃人民出版社，2014年12月 p.80

荣新江 日本天理图书馆藏敦煌文献考察纪略《敦煌研究》1995年第4期 p.131~132

施萍婷 甘肃藏敦煌文献概述《甘肃藏敦煌文献精粹》，兰州：甘肃人民出版社，1999年 p.8~10；又载段文杰主编《甘肃藏敦煌文献》(第一至六卷)，兰州：甘肃人民出版社，1999年9~12月 p.8~10

邰惠莉、罗华庆、陈雪静撰稿，施萍婷、邵国秀审订 敦煌研究院藏敦煌文献叙录(下)《甘肃藏敦煌文献》(第二卷)，兰州：甘肃人民出版社，1999年9月 p.309；图版p.99~100

韩惠言 甘藏敦煌汉文文献概况《敦煌学辑刊》2000年第2期 p.70；收入敦煌研究院编《2000年敦煌学国际学术讨论会文集——纪念敦煌藏经洞发现暨敦煌学百年》历史文化卷(上)，兰州：甘肃民族出版社，2003年9月 p.520

介生 遍记甘藏敦煌遗书 兼具资料学术价值——《甘肃藏敦煌文献》介评《图书与情报》2000年第2期 p.79

荣新江《敦煌莫高窟北区石窟》(第一卷)评介《敦煌研究》2000年第4期 p.179；收入彭金章主编《敦煌莫高窟北区石窟研究》(上册)，兰州：甘肃教育出版社，2011年4月 p.134

樊锦诗 敦煌研究院藏敦煌文献研究概述《敦煌研究文集·敦煌研究院藏敦煌文献研究篇》，兰州：甘肃民族出版社，2000年9月 p.2~3

施萍婷、邰惠莉 敦煌研究院藏敦煌文献叙录《敦煌研究文集·敦煌研究院藏敦煌文献研究篇》，兰州：甘肃民族出版社，2000年9月 p.119

杨森 敦煌研究院藏敦煌文献论著目录《敦煌研究文集·敦煌研究院藏敦煌文献研究篇》，兰州：甘肃民族出版社，2000年9月 p.611~613

张涌泉 敦煌故里对敦煌学的新奉献——《甘肃藏敦煌文献》读后《敦煌研究》2001年第1期 p.183

刘安志 唐代安西、北庭两任都护考补——以出土文书为中心《武汉大学学报》(人文科学版)2001年第1期 p.64;p.66注⑧;收入氏著《敦煌吐鲁番文书与唐代西域史研究》,北京:商务印书馆,2011年2月 p.350注①

陈国灿 莫高窟北区第47窟新出唐告身文书研究《敦煌研究》2001年第3期 p.84;收入氏著《敦煌学史事新证》,兰州:甘肃教育出版社,2002年9月 p.217;收入彭金章主编《敦煌莫高窟北区石窟研究》(上册),兰州:甘肃教育出版社,2011年4月 p.152~153;收入氏著《陈国灿吐鲁番敦煌出土文献史事论集》,上海:上海古籍出版社,2012年9月 p.515~516

彭金章 敦煌莫高窟北区石窟新发现的文献及其学术价值《新世纪敦煌学论集》,成都:巴蜀书社,2003年3月 p.65~66;收入彭金章主编《敦煌莫高窟北区石窟研究》(上册),兰州:甘肃教育出版社,2011年4月 p.92

朱雷 敦煌研究院藏《唐景云二年张君义勋告》真伪辨《2000年敦煌学国际学术讨论会文集——纪念敦煌藏经洞发现暨敦煌学百年》历史文化卷(上),兰州:甘肃民族出版社,2003年9月 p.257~263;收入氏著《朱雷敦煌吐鲁番文书论丛》(当代敦煌学者自选集),上海:上海古籍出版社,2012年12月 p.449~454;收入氏著《敦煌吐鲁番文书研究》,杭州:浙江大学出版社,2016年4月 p.363~368

沙武田 俄藏敦煌艺术品与莫高窟北区洞窟关系蠡测《敦煌学辑刊》2004年第2期 p.92;收入彭金章主编《敦煌莫高窟北区石窟研究》(上册),兰州:甘肃教育出版社,2011年4月 p.114

荣新江 惊沙撼大漠——向达的敦煌考察及其学术意义《敦煌吐鲁番研究》(第七卷),北京:中华书局,2004年1月 p.105;收入氏著《辨伪与存真——敦煌学论集》,上海:上海古籍出版社,2010年3月 p.209;收入荣新江编《向达先生敦煌遗墨》,北京:中华书局,2010年3月 p.13;收入沙知编《向达学记》,北京:生活·读书·新知三联书店,2010年6月 p.103

施萍婷 敦煌研究院、上海图书馆、天津艺术博物馆藏敦煌遗书巡礼《浙江与敦煌学——常书鸿先生诞辰一百周年纪念文集》,杭州:浙江古籍出版社,2004年12月 p.302~310;日文见池田温訳《敦煌研究院、上海圖書館及び天津芸術博物館所藏の敦煌遺書をめぐって》,《東洋學報》第72卷第1·2號,1990年12月 p.87~99

刘安志 敦煌所出张君义文书与唐中宗景龙年间西域政局之变化《魏晋南北朝隋唐史资料——唐长孺教授逝世十周年纪念专辑》第二十一辑,武汉:武汉大学文科学报编辑部,2004年12月 p.269~295;又载《武汉大学历史学集刊》第1辑,武汉:湖北人民出版社,2005年10月 p.44~66;略有修改收入氏著《敦煌吐鲁番文书与唐代西域史研究》,北京:商务印书馆,2011年2月 p.116~150

陆庆夫 敦煌汉文文书中的民族资料分布概述《敦煌学辑刊》2011年第1期 p.43

王旭送 唐代西域史研究的创新与拓展——《敦煌吐鲁番文书与唐代西域史研究》评介《西域研究》2012年第2期 p.134

徐畅 存世唐代告身及其相关研究述略《中国史研究动态》2012年第3期 p.35、36;p.43(续表)

李辉《国家珍贵古籍名录》中甘肃藏古籍特色《盐城师范学院学报》(人文社会科学版)2015年第6期 p.117

彭金章 关于张君义文书发现及文书卷尾题跋的思考——兼述张大千、罗寄梅在敦煌所获其他文书《2014敦煌论坛:敦煌石窟研究国际学术研讨会论文集》,兰州:甘肃教育出版社,2016年12月 p.1401~1412

邰惠莉 敦煌研究院藏敦煌遗书的来源和价值《中国书法》2019年第9期 p.55

徐祖蕃、秦明智、荣恩奇编选 敦煌遗书书法选 兰州:甘肃人民出版社,1985年10月 p.114图版及简要说明

唐耕耦、陆宏基编 敦煌社会经济文献真迹释录(第四辑) 北京:全国图书馆文献缩微复制中心,1990年9月 p.278~282

敦煌研究院编 敦煌:纪念敦煌藏经洞发现一百周年 北京:朝花出版社,2000年 p.155图1幅

王素著 敦煌吐鲁番文献 北京:文物出版社,2002年4月;2005年7月 p.85~86

彭金章、王建军 敦煌莫高窟北区石窟(第二卷) 北京:文物出版社,2004年7月 p.6、338~339

申国美编 中国散藏敦煌文献分类目录 北京:北京图书馆出版社,2007年10月 p.86、193

中国国家图书馆、中国国家古籍保护中心编 第一批国家珍贵古籍名录图录(第一册) 北京:国家图书馆出版社,2008年12月 p.7、200

甘肃省地方史志编纂委员会编 甘肃省志·文物志(中册) 北京:文物出版社,2018年11月 p.1529;图1幅

陈瑞峰《甘肃藏敦煌文献》俗字研究 金华:浙江师范大学硕士研究生学位论文,2012年5月 p.9

大庭脩 唐告身の古文書学的研究《西域文化研究》第三·敦煌吐鲁番社会经济资料(下),京都:法藏馆,1960年3月,p.279~373;附图1幅;收入氏著《唐告身と日本古代の位階制》,三重:皇學館大學出版部,2003年11月

大庭脩 敦煌発見の張君義文書について《天理圖書館報ビフリア》20,1961年10月,p.2~13;图版1;收入氏著《唐告身と日本古代の位階制》,三重:皇學館大學出版部,2003年11月,p.229~249

菊池英夫 西域出土文书中の唐代军制史料管见《史學雜誌》70:12,1961年12月,p.85~86

菊池英夫 節度使制確立以前における'軍'制度の展開《東洋學報》第44卷第2號,1961年9月,p.54~88

菊池英夫 節度使制確立以前における'軍'制度の展開(續編)《東洋學報》第45卷第1號,1962年6月,p.33~68

菊池英夫 西域出土文書を通じてみたる唐玄宗時代における府兵制の運用(上)《東洋學報》第52卷第3號,1969年12月,p.22~53

菊池英夫 西域出土文書を通じてみたる唐玄宗時代における府兵制の運用(下)《東洋學報》第52卷第4號,1970年3月 p.52~101

中村裕一 トルフヌ出土唐永淳元年汜德達告身と令書式について——唐公式令研究(一)《大手前女子大学论集》8,伊丹,1974年11月,p.109~136

池田温 唐朝处遇外族官制略考《隋唐帝國と東アジア世界》,東京:汲古书院,1979年8月,p.251~278

砺波护 唐刃三省六部《隋唐帝國と東アジア世界》,東京:汲古书院,1979年8月,p.165~188

金岡照光 敦煌の現状(一九七九年五月)《講座敦煌1〈敦煌の自然と現状〉》,東京:大東出版社,昭和五五年四月二三日(1980.4.23),p.111~112;p.114注①

菊池英夫 隋·唐王朝支配期の河西と敦煌《講座敦煌2〈敦煌の历史〉》,東京:大東出版社,昭和五五年七月三〇日(1980.7.30),p.154;p.178注③

中村裕一 吐鲁番出土の唐代版授文书に就いて 《武库川女子大学史学研究室报告》3,1984年10月,p.15~21+1

内藤みどり "張君義文書"と唐·突骑施娑葛の关系《小田义久博士还历纪念东洋史论集》,京都:龙谷大学东洋史学研究会,1995年,p.181~209

敦研342(收藏号712)四分律比丘含注戒本

敦煌文物研究所资料室,刘忠贵、施娉婷 敦煌文物研究所藏敦煌遗书目录《文物资料丛刊》(1),北京:文物出版社,1977年12月 p.64;收入冯志文、杨际平主编《中国敦煌学百年文库·综述卷》(二),兰州:甘肃文化出版社,1999年 p.282

邰惠莉、罗华庆、陈雪静撰稿,施萍婷、邵国秀审订 敦煌研究院藏敦煌文献叙录(下)《甘肃藏敦煌文献》(第二卷),兰州:甘肃人民出版社,1999年9月 p.309~310;图版p.101~104

施萍婷、邰惠莉 敦煌研究院藏敦煌文献叙录《敦煌研究文集·敦煌研究院藏敦煌文献研究篇》,兰州:甘肃民族出版社,2000年9月 p.120

王招国(定源) 敦煌遗书《比丘含注戒本》之基础研究——写本系统与成书年代《佛教文献论稿》,桂林:广西师范大学出版社,2017年4月 p.61~62、64、67、69

邰惠莉 敦煌研究院藏敦煌遗书的来源和价值《中国书法》2019年第9期 p.53

申国美编 中国散藏敦煌文献分类目录 北京:北京图书馆出版社,2007年10月 p.71、193

于淑健著 敦煌佛典语词和俗字研究——以敦煌古佚和疑伪经为中心 上海:上海古籍出版社,2012年4月 p.152

《丝绸之路:敦煌、龟兹、麦积山石窟》编辑委员会编著 丝绸之路:敦煌、龟兹、麦积山石窟 成都:四川人民出版社、北京:商务印书馆,2018年3月 p.352

王翠《甘肃藏敦煌文献》俗字研究 南京师范大学硕士研究生学位论文,2014年5月 p.9;p.28(表);p.31、32、34;p.54(附录:唐代经卷"表")

敦研343(收藏号713)皇兴二年四月八日清信士康那造幡发愿文

敦煌文物研究所资料室,刘忠贵、施娉婷 敦煌文物研究所藏敦煌遗书目录《文物资料丛刊》(1),北京:文物出版社,1977年12月 p.64;收入冯志文、杨际平主编《中国敦煌学百年文库·综述卷》(二),兰州:甘肃文化出版社,1999年 p.282

敦煌文物研究所资料室,刘忠贵、施娉婷 附:关于《敦煌遗书目录》的说明《文物资料丛刊》(1),北京:文物出版社,1977年12月 p.67;收入冯志文、杨际平主编《中国敦煌学百年文库·综述卷》(二),兰州:甘肃文化出版社,1999年 p.285;收入施萍婷著《敦煌习学集》(下),兰州:甘肃民族出版社,2004年12月 p.343

施萍亭 北魏·皇兴二年康那造幡发愿文墨迹《书法》1985年5期 p.33图版及文字说明

施萍亭 皇兴二年发愿文《敦煌》,兰州:甘肃人民出版社、南京:江苏美术出版社,1990年7月;1993年7月;1997年11月 图版p.243;p.288第260条图版说明

郑汝中 敦煌书法管窥《敦煌研究》1991年第4期 p.38;收入林保尧、关友惠主编《中国敦煌学百年文库·艺术卷》(三),兰州:甘肃文化出版社,1999年 p.44

谭蝉雪 敦煌岁时掇琐《九州学刊》(敦煌学专辑)第5卷第4期,1993年6月 p.95

杨森 “婆姨”与“优婆姨”称谓刍议①《敦煌研究》1994年第3期 p.125

杨森 浅谈北朝经生体楷笔的演化《社科纵横》1994年第4期 p.59

郑汝中 敦煌书法概述《敦煌书法库》(第一辑)[魏晋南北朝时期],兰州:甘肃人民美术出版社,1994年1月 p.11

郑汝中 敦煌写卷书法钩沉《敦煌写卷书法精选》,合肥:安徽美术出版社,1994年12月 p.7;又载《书法之友》1996年第2期 p.4

赵声良 康那造幡发愿文《敦煌写卷书法精选》,合肥:安徽美术出版社,1994年12月 p.11~12图版及说明文字

杨森 敦研0010号《佛说祝毒经》书法风格——从北朝经生体书法谈起《敦煌研究》1995年第1期 p.169

赵声良 早期敦煌写本书法的时代分期和类型《敦煌书法库》(第二辑)[魏晋南北朝时期],兰州:甘肃人民美术出版社,1995年4月 p.3

施萍婷 甘肃藏敦煌文献概述《甘肃藏敦煌文献精粹》,兰州:甘肃人民出版社,1999年 p.8;又载段文杰主编《甘肃藏敦煌文献》(第一至六卷),兰州:甘肃人民出版社,1999年9~12月 p.8

邰惠莉、罗华庆、陈雪静撰稿,施萍婷、邵国秀审订 敦煌研究院藏敦煌文献叙录(下)《甘肃藏敦煌文献》(第二卷),兰州:甘肃人民出版社,1999年9月 p.310;图版p.105

赵声良 早期敦煌写本书法的分期研究《1994年敦煌学国际研讨会文集——纪念敦煌研究院成立50周年》(石窟艺术卷),兰州:甘肃民族出版社,2000年6月 p.263

韩惠言 甘藏敦煌汉文文献概况《敦煌学辑刊》2000年第2期 p.70;收入敦煌研究院编《2000年敦煌学国际学术讨论会文集——纪念敦煌藏经洞发现暨敦煌学百年》历史文化卷(上),兰州:甘肃民族出版社,2003年9月 p.520

施萍婷、邰惠莉 敦煌研究院藏敦煌文献叙录《敦煌研究文集·敦煌研究院藏敦煌文献研究篇》,兰州:甘肃民族出版社,2000年9月 p.120

杨森 敦煌研究院藏敦煌文献论著目录《敦煌研究文集·敦煌研究院藏敦煌文献研究篇》,兰州:甘肃民族出版社,2000年9月 p.613

谭蝉雪 唐宋敦煌岁时佛俗——二月至七月《敦煌研究》2001年第1期 p.99

毛秋瑾 北魏时期敦煌写经书法研究《第五届中国书法史论国际研讨会论文集》,北京:文物出版社,

①杨森《“婆姨”与“优婆姨”称谓刍议》中“敦煌研究院藏遗书卷子0393号《皇兴二年(468年)四月八日康那造幡发愿文》写卷中书有‘清信士康那造五色幡’”,引用馆藏编号有误。应为敦研343号(收藏号713)。

2002年8月 p.293、300；p.306(附表)

秋子 敦煌书法的书体及特色(一)《甘肃日报》2003年8月1日；又载《青少年书法》(青年版)2005年第20期 p.34

施萍婷 敦煌研究院、上海图书馆、天津艺术博物馆藏敦煌遗书巡礼《浙江与敦煌学——常书鸿先生诞辰一百周年纪念文集》，杭州：浙江古籍出版社，2004年12月 p.305；日文见池田温訳《敦煌研究院、上海圖書館及び天津芸術博物館所藏の敦煌遺書をめぐって》，《東洋學報》第72卷第1·2號，1990年12月 p.90

吴新钦 北魏平城时期敦煌写经书法的章法及其书史意义《屏东教育大学学报》第26期，2007年3月 p.713；p.723(表二)；p.736；图五

吴新钦 北魏平城时期敦煌写经书法的结体及其书史意义《屏东教育大学学报》第28期，2007年9月 p.50注[22]；p.76；图七

党燕妮 中古时期敦煌地区的药师佛信仰《南京晓庄学院学报》2013年第6期 p.89

孙占鳌 敦煌遗书书法艺术研究《丝绸之路》2015年第20期 p.6

苏莹辉著 敦煌学概要(增订再版) 台北：编译馆中华丛书编审委员会，1981年10月 p.274

苏莹辉著 敦煌学概要 台北：五南图书出版公司，1988年12月 p.274

薄小莹 敦煌遗书汉文纪年卷编年 长春：长春出版社，1990年3月 p.4

王靖宪编著 中国书法艺术·第三卷[魏晋南北朝] 北京：文物出版社，1996年3月第1版；1998年12月第2次印刷 p.315；图283

谭蝉雪著 敦煌岁时文化导论(敦煌学导论丛刊⑭) 台北：新文丰出版公司，1998年12月 p.150~151

刘胜角著 古代楷书发展史 北京：中国戏剧出版社，2002年5月 p.133；图123

李小荣著 敦煌密教文献论稿 北京：人民文学出版社，2003年7月 p.26

申国美编 中国散藏敦煌文献分类目录 北京：北京图书馆出版社，2007年10月 p.75、193~194

颜廷亮著 敦煌文学千年史 北京：人民文学出版社，2013年11月 p.48、397

马国俊主编 敦煌书法艺术研究 北京：文物出版社，2017年9月 p.171

甘肃省地方史志编纂委员会编 甘肃省志·文物志(中册) 北京：文物出版社，2018年11月 p.1521；图1幅

陈琪 敦煌遗书书法浅探 兰州：兰州大学博士研究生学位论文，2007年5月 p.19；p.152(表)；p.154、156；p.182；图51

陶家骏 敦煌研究院藏佚本《维摩诘经注》写卷研究 苏州：苏州大学博士研究生学位论文，2012年3月 p.28(表)

毛秋瑾 北魏时期敦煌写经书法研究 苏州：苏州大学硕士研究生学位论文，2002年1月 p.25；图5、38；p.43(附表)

王翠《甘肃藏敦煌文献》俗字研究 南京：南京师范大学硕士研究生学位论文，2014年5月 p.18(表)；p.24

肖倩 敦煌写卷中古俗字研究 南京：南京师范大学硕士研究生学位论文，2014年5月 p.6；统计表p.17；p.49、50、53、59~60、69

刘文章 南北朝时期敦煌汉文纪年写卷俗字字形演变及其应用 南宁：广西大学硕士研究生学位论文，

2016年6月 p.12(表2-1)、26(表3-3);p.76、90、91、98、104、108(附录1俗字字形演变表)

敦研344(收藏号714) 大乘无量寿经(首题)

敦煌文物研究所资料室,刘忠贵、施娉婷 敦煌文物研究所藏敦煌遗书目录《文物资料丛刊》(1),北京:文物出版社,1977年12月 p.64;收入冯志文、杨际平主编《中国敦煌学百年文库·综述卷》(二),兰州:甘肃文化出版社,1999年 p.282

邰惠莉、罗华庆、陈雪静撰稿,施萍婷、邵国秀审订 敦煌研究院藏敦煌文献叙录(下)《甘肃藏敦煌文献》(第二卷),兰州:甘肃人民出版社,1999年9月 p.310;图版p.105~107

施萍婷、邰惠莉 敦煌研究院藏敦煌文献叙录《敦煌研究文集·敦煌研究院藏敦煌文献研究篇》,兰州:甘肃民族出版社,2000年9月 p.120~121

林聪明 敦煌文书的抄写《港台敦煌学文库》第34册,兰州:甘肃人民出版社,2014年12月 p.72

林聪明著 敦煌文书学(敦煌学导论丛刊①) 台北:新文丰出版股份有限公司,1991年8月 p.205

申国美编 中国散藏敦煌文献分类目录 北京:北京图书馆出版社,2007年10月 p.62、194

赵晓星著 吐蕃统治时期敦煌密教研究 兰州:甘肃教育出版社,2017年3月 p.617(附录一)

赵晓星 吐蕃统治敦煌时期的密教研究 兰州:兰州大学博士研究生学位论文,2007年6月 p.164(附录一)

敦研345(收藏号715) 三界寺藏内经论目录

向达 西征小记——瓜沙谈往之一《国立北京大学·国学季刊》第7卷第1期,1950年7月 p.22;收入氏著《唐代长安与西域文明》,北京:生活·读书·新知三联书店,1957年4月;1979年9月;1987年4月 p.368;收入氏著《唐代长安与西域文明》,石家庄:河北教育出版社,2001年11月 p.359~360;收入齐陈骏、李并成主编《中国敦煌学百年文库·地理卷》(一),兰州:甘肃文化出版社,1999年 p.308;收入荣新江编《向达先生敦煌遗墨》,北京:中华书局,2010年3月 p.303~304;收入敦煌研究院编《榆林窟研究论文集》(上册),上海:上海辞书出版社,2011年9月 p.53

敦煌文物研究所资料室,刘忠贵、施娉婷 敦煌文物研究所藏敦煌遗书目录《文物资料丛刊》(1),北京:文物出版社,1977年12月 p.65;收入冯志文、杨际平主编《中国敦煌学百年文库·综述卷》(二),兰州:甘肃文化出版社,1999年 p.282

敦煌文物研究所资料室,刘忠贵、施娉婷 附:关于《敦煌遗书目录》的说明《文物资料丛刊》(1),北京:文物出版社,1977年12月 p.66;收入冯志文、杨际平主编《中国敦煌学百年文库·综述卷》(二),兰州:甘肃文化出版社,1999年 p.284;收入施萍婷著《敦煌习学集》(下),兰州:甘肃民族出版社,2004年12月 p.341

孙修身 敦煌三界寺《甘肃省史学会论文集》,兰州:甘肃省历史学会编印,1982年12月 p.173~183;收入杨曾文、杜斗城主编《中国敦煌学百年文库·宗教卷》(一),兰州:甘肃文化出版社,1999年 p.51~62

荣新江 沙州归义军历任节度使称号研究《敦煌吐鲁番学研究论文集》,上海:汉语大词典出版社,1990年6月 p.794

荣新江 沙州归义军历任节度使称号研究(修订稿)《敦煌学》第19辑,台北:敦煌学会编印,1992年10

月 p.40

施萍亭 三界寺藏内经论目录《敦煌》,兰州:甘肃人民出版社、南京:江苏美术出版社,1990年7月;1993年7月;1997年11月 图版p.262~263;p.291第284条图版说明

郑炳林 伯2641号背莫高窟再修功德记撰写人探微《敦煌学辑刊》1991年第2期 p.46、49、51~54;收入郑炳林主编《敦煌吐鲁番文献研究》,兰州:兰州大学出版社,1995年8月 p.313、318、322、324~327;p.332注⑥

李正宇 敦煌遗书宋人诗辑校《敦煌研究》1992年第2期 p.39

李正宇 敦煌文学的作者队伍和传播途径[①]《敦煌文学概论》(第三章),兰州:甘肃人民出版社,1993年3月 p.103

施萍婷 三界寺·道真·敦煌藏经《1990年敦煌学国际研讨会文集·石窟考古编》,沈阳:辽宁美术出版社,1995年7月 p.178~208;收入杨曾文、杜斗城主编《中国敦煌学百年文库·宗教卷》(一),兰州:甘肃文化出版社,1999年 p.274~294;收入敦煌研究院编《敦煌研究文集·敦煌研究院藏敦煌文献研究篇》,兰州:甘肃民族出版社,2000年9月 p.289~319;收入氏著《敦煌习学集》(上),兰州:甘肃民族出版社,2004年12月 p.140~169;收入氏著《敦煌石窟与文献研究》,杭州:浙江大学出版社,2015年12月 p.319~347

荣新江 敦煌藏经洞的性质及其封闭原因《敦煌吐鲁番研究》(第二卷),北京:北京大学出版社,1997年10月 p.32;收入氏著《鸣沙集——敦煌学学术史和方法论的探讨》,台北:新文丰出版公司,1999年9月 p.32~33

李正宇 道真(约915—987)《敦煌学大辞典》,上海:上海辞书出版社,1998年12月 p.365

方广锠 见一切入藏经目录[②]《敦煌学大辞典》,上海:上海辞书出版社,1998年12月 p.756~757;插图1幅

邰惠莉、罗华庆、陈雪静撰稿,施萍婷、邵国秀审订 敦煌研究院藏敦煌文献叙录(下)《甘肃藏敦煌文献》(第二卷),兰州:甘肃人民出版社,1999年9月 p.310~311;图版p.108~112

樊锦诗 敦煌研究院藏敦煌文献研究概述《敦煌研究文集·敦煌研究院藏敦煌文献研究篇》,兰州:甘肃民族出版社,2000年9月 p.3~4

施萍婷、邰惠莉 敦煌研究院藏敦煌文献叙录《敦煌研究文集·敦煌研究院藏敦煌文献研究篇》,兰州:甘肃民族出版社,2000年9月 p.121

杨森 敦煌研究院藏敦煌文献论著目录《敦煌研究文集·敦煌研究院藏敦煌文献研究篇》,兰州:甘肃民族出版社,2000年9月 p.613~614

魏锦萍 任子宜与敦煌文物《丝绸之路》2001年第3期 p.56

荣新江 敦煌藏经洞的原状及其封闭原因《敦煌学十八讲》(第四讲),北京:北京大学出版社,2001年8月 p.84~85;图2

施萍婷 敦煌研究院、上海图书馆、天津艺术博物馆藏敦煌遗书巡礼《浙江与敦煌学——常书鸿先生诞辰一百周年纪念文集》,杭州:浙江古籍出版社,2004年12月 p.304、306;日文见池田温訳《敦煌研究院、上海

①李正宇先生在《敦煌文学概论》(第三章)中引作"敦博345",有误。应为敦研345号。

②方广锠先生在《敦煌学大辞典》"见一切入藏经目录"词条中将"敦研345(收藏号715)三界寺藏内经论目录"引录作"敦煌研究院0349号",有误。应为敦研345号。

圖書館及び天津芸術博物館所藏の敦煌遺書をめぐって》,《東洋學報》第72卷第1·2號,1990年12月 p.90~92

荣新江 惊沙撼大漠——向达的敦煌考察及其学术意义《敦煌吐鲁番研究》(第七卷),北京:中华书局,2004年1月 p.111、116;收入氏著《辨伪与存真——敦煌学论集》,上海:上海古籍出版社,2010年3月 p.225~226;收入荣新江编《向达先生敦煌遗墨》,北京:中华书局,2010年3月 p.19、25~26;收入沙知编《向达学记》,北京:生活·读书·新知三联书店,2010年6月 p.112

郑炳林 敦煌写本《张议潮处置凉州进表》拼接缀合与归义军对凉州的管理①《敦煌吐鲁番研究》(第七卷),北京:中华书局,2004年1月 p.384;收入郑炳林主编《敦煌归义军史专题研究三编》,兰州:甘肃文化出版社,2005年5月 p.488

郑炳林 晚唐五代敦煌诸寺藏经与管理《敦煌归义军史专题研究三编》,兰州:甘肃文化出版社,2005年5月 p.10

郑炳林 晚唐五代敦煌三界寺藏经研究《敦煌归义军史专题研究三编》,兰州:甘肃文化出版社,2005年5月 p.30~31

郑炳林 晚唐五代敦煌地区《大般若经》的流传与信仰《敦煌归义军史专题研究三编》,兰州:甘肃文化出版社,2005年5月 p.150

张乃翥、张成渝 从敦煌遗书存目看中古河西寺院系统的文化群落《普门学报》第32期,2006年3月 p.10

郑阿财 观音经变与敦煌莫高窟寺院讲经之蠡测《普门学报》第35期,2006年9月 p.61;又载《潘重规教授百年诞辰纪念学术研讨会》,台北:台湾师范大学国文学系,2006年3月 p.164

林世田、张平、赵大莹 国家图书馆所藏与道真有关写卷古代修复浅析《中国典籍与文化》2007年第3期 p.25;收入林世田著《敦煌遗书研究论集》,北京:中国藏学出版社,2010年3月 p.243

祁晓庆 晚唐五代敦煌三界寺寺学教育与佛教传播《青海社会科学》2009年第2期 p.154~157转169

向达(手抄稿本) 三界寺经录《向达先生敦煌遗墨》,北京:中华书局,2010年3月 p.151~168

陈明、王惠民 敦煌龙兴寺等寺院藏三阶教经籍《敦煌研究》2014年第2期 p.58~59

张涌泉、刘溪 古代写经修复缀接释例——以国图藏《佛名经》敦煌写卷为中心《宗教学研究》2015年第4期 p.80

林聪明 敦煌文书的形态《港台敦煌学文库》第33册,兰州:甘肃人民出版社,2014年12月 p.190~191

林聪明 敦煌文书的题记《港台敦煌学文库》第34册,兰州:甘肃人民出版社,2014年12月 p.144~145

冷江山 敦煌文学写本题记探析②《贵州师范大学学报》(社会科学版)2017年第5期 p.112

刘波 "但能修故,不假造新"——敦煌遗书中所见补缀旧经制作佛教功德写经现象《包容的丝路,交融的敦煌——敦煌丝绸之路国际学术研讨会文集》,全州:韩国敦煌学会,2017年11月 p.280

①郑炳林先生在《敦煌写本〈张议潮处置凉州进表〉拼接缀合与归义军对凉州的管理》《晚唐五代敦煌诸寺藏经与管理》《晚唐五代敦煌地区〈大般若经〉的流传与信仰》等文中将"敦研345三界寺藏内经论目录"引录作"敦煌研究院藏349号《见一切入藏经目录》",有误。应为敦研345号。

②冷江山《敦煌文学写本题记探析》文中引作"敦博345号《三界寺藏内经论目录》",有误。应为敦研345号。

林世田、赵洪雅 敦煌遗书对“中华古籍保护计划”的启示《文献》2019年第3期 p.38

薄小莹 敦煌遗书汉文纪年卷编年 长春:长春出版社,1990年3月 p.132

林聪明著 敦煌文书学(敦煌学导论丛刊①) 台北:新文丰出版股份有限公司,1991年8月 p.77、279~280

黄征、吴伟编校 敦煌愿文集 长沙:岳麓书社,1995年11月 p.925

方广锠辑校 敦煌佛教经录辑校(下)(敦煌文献分类录校丛刊)[①] 南京:江苏古籍出版社,1997年8月第1版;1999年10月第2次印刷 p.908、910~921

敦煌研究院编 敦煌:纪念敦煌藏经洞发现一百周年 北京:朝花出版社,2000年 p.160;图1幅

徐俊纂辑 敦煌诗集残卷辑考 北京:中华书局,2000年6月 p.114

林聪明著 敦煌吐鲁番文书解诂指例(敦煌丛刊二集⑮) 台北:新文丰出版公司,2001年6月 p.177~178

王素著 敦煌吐鲁番文献 北京:文物出版社,2002年4月;2005年7月 p.86

申国美编 中国散藏敦煌文献分类目录 北京:北京图书馆出版社,2007年10月 p.76、194

林世田、杨学勇、刘波著 敦煌佛典的流通与改造 兰州:甘肃教育出版社,2013年11月 p.120

张涌泉著 敦煌写本文献学 兰州:甘肃教育出版社,2013年12月 p.561

朱瑶著 敦煌汉文文献题记整理与研究 北京:中国社会科学出版社,2016年7月 p.65

甘肃省地方史志编纂委员会编 甘肃省志·文物志(中册) 北京:文物出版社,2018年11月 p.1537;图1幅

陈琪 敦煌遗书书法浅探 兰州:兰州大学博士研究生学位论文,2007年5月 p.75

魏郭辉 敦煌写本佛经题记研究——以唐宋写经为中心 兰州:兰州大学博士研究生学位论文,2009年6月 p.25

王翠 《甘肃藏敦煌文献》俗字研究 南京:南京师范大学硕士研究生学位论文,2014年5月 p.9;p.28(表);p.32~37、45;p.54(附录:唐代经卷“表”)

刘溪 敦煌本早期《佛名经》写本研究 金华:浙江师范大学硕士研究生学位论文,2016年5月 p.108

池田温编 中國古代寫本識語集錄 東京:東京大學東洋文化研究所発行,1990年3月30日 p.556(補30号题記錄文);附圖p.61圖173

敦研346(收藏号716) 诸星母陀罗尼经一卷(尾题)

敦煌文物研究所资料室,刘忠贵、施娉婷 敦煌文物研究所藏敦煌遗书目录《文物资料丛刊》(1),北京:文物出版社,1977年12月 p.65;收入冯志文、杨际平主编《中国敦煌学百年文库·综述卷》(二),兰州:甘肃文化出版社,1999年 p.282

邰惠莉、罗华庆、陈雪静撰稿,施萍婷、邰国秀审订 敦煌研究院藏敦煌文献叙录(下)《甘肃藏敦煌文献》(第二卷),兰州:甘肃人民出版社,1999年9月 p.311;图版p.113~115

施萍婷、邰惠莉 敦煌研究院藏敦煌文献叙录《敦煌研究文集·敦煌研究院藏敦煌文献研究篇》,兰州:

①方广锠《敦煌佛教经录辑校》(下)中作“敦研三四九号”,有误。根据录文内容判断,应为敦研345号(收藏号715)。

甘肃民族出版社，2000年9月 p.121

李小荣著 敦煌密教文献论稿 北京：人民文学出版社，2003年7月 p.11

中国美编 中国散藏敦煌文献分类目录 北京：北京图书馆出版社，2007年10月 p.66、194

赵晓星著 吐蕃统治时期敦煌密教研究 兰州：甘肃教育出版社，2017年3月 p.125（表12）

赵晓星 吐蕃统治敦煌时期的密教研究 兰州：兰州大学博士研究生学位论文，2007年6月 p.64（表）

党措 吐蕃时期法成在敦煌的密典传译及其影响 西安：陕西师范大学硕士研究生学位论文，2006年5月 p.21

敦研347（收藏号717）大般若波罗蜜多经卷第三十三

敦煌文物研究所资料室，刘忠贵、施娉婷 敦煌文物研究所藏敦煌遗书目录《文物资料丛刊》（1），北京：文物出版社，1977年12月 p.65；收入冯志文、杨际平主编《中国敦煌学百年文库·综述卷》（二），兰州：甘肃文化出版社，1999年 p.282

施萍婷 甘肃藏敦煌文献概述《甘肃藏敦煌文献精粹》，兰州：甘肃人民出版社，1999年 p.7；又载段文杰主编《甘肃藏敦煌文献》（第一至六卷），兰州：甘肃人民出版社，1999年9~12月 p.7

邰惠莉、罗华庆、陈雪静撰稿，施萍婷、邵国秀审订 敦煌研究院藏敦煌文献叙录（下）《甘肃藏敦煌文献》（第二卷），兰州：甘肃人民出版社，1999年9月 p.311；图版p.115~122

施萍婷、邰惠莉 敦煌研究院藏敦煌文献叙录《敦煌研究文集·敦煌研究院藏敦煌文献研究篇》，兰州：甘肃民族出版社，2000年9月 p.122

杨森 敦煌研究院藏敦煌文献论著目录《敦煌研究文集·敦煌研究院藏敦煌文献研究篇》，兰州：甘肃民族出版社，2000年9月 p.61

张涌泉 敦煌故里对敦煌学的新奉献——《甘肃藏敦煌文献》读后《敦煌研究》2001年第1期 p.182

中国美编 中国散藏敦煌文献分类目录 北京：北京图书馆出版社，2007年10月 p.4、194

说明：此卷为日本友人青山庆示捐赠品；青山7

青山7（敦研347）大般涅槃经

施萍婷 甘肃藏敦煌文献概述《甘肃藏敦煌文献精粹》，兰州：甘肃人民出版社，1999年 p.6；又载段文杰主编《甘肃藏敦煌文献》（第一至六卷），兰州：甘肃人民出版社，1999年9~12月 p.6

青山7 大般涅槃经卷第三十八迦叶菩萨品第十二之六

施萍婷 敦煌研究院藏土地庙写本源自藏经洞《敦煌研究》1999年第2期 p.46（附表）

敦博006+青山捐赠品7 大般涅槃经迦叶菩萨品第十二之六

施萍婷 敦煌研究院藏土地庙写本源自藏经洞《敦煌研究》1999年第2期 p.43；收入敦煌研究院编《敦煌研究文集·敦煌研究院藏敦煌文献研究篇》，兰州：甘肃民族出版社，2000年9月 p.19；收入氏著《敦煌习学

集》(上),兰州:甘肃民族出版社,2004年12月 p.281

敦研348(收藏号719)大乘百法明门论开宗义记

敦煌文物研究所资料室,刘忠贵、施娉婷 敦煌文物研究所藏敦煌遗书目录《文物资料丛刊》(1),北京:文物出版社,1977年12月 p.65;收入冯志文、杨际平主编《中国敦煌学百年文库·综述卷》(二),兰州:甘肃文化出版社,1999年 p.282

邰惠莉、罗华庆、陈雪静撰稿,施萍婷、邵国秀审订 敦煌研究院藏敦煌文献叙录(下)《甘肃藏敦煌文献》(第二卷),兰州:甘肃人民出版社,1999年9月 p.311;图版p.122~123

施萍婷、邰惠莉 敦煌研究院藏敦煌文献叙录《敦煌研究文集·敦煌研究院藏敦煌文献研究篇》,兰州:甘肃民族出版社,2000年9月 p.122

陈红彦、林世田 敦煌遗书近现代鉴藏印章辑述(上)《文献》2007年第2期 p.47;收入林世田著《敦煌遗书研究论集》,北京:中国藏学出版社,2010年3月 p.292

申国美编 中国散藏敦煌文献分类目录 北京:北京图书馆出版社,2007年10月 p.72、194

沈乐平著 敦煌书法综论 杭州:浙江古籍出版社,2009年10月 p.231(鉴藏印章检索表)

甘肃省地方史志编纂委员会编 甘肃省志·文物志(中册) 北京:文物出版社,2018年11月 p.1530;图1幅

沈乐平 敦煌书法综论 杭州:中国美术学院博士研究生学位论文,2008年5月 p.230(鉴藏印章检索表)

敦研349(收藏号720)妙法莲华经卷第二譬喻品第三

敦煌文物研究所资料室,刘忠贵、施娉婷 敦煌文物研究所藏敦煌遗书目录《文物资料丛刊》(1),北京:文物出版社,1977年12月 p.65;收入冯志文、杨际平主编《中国敦煌学百年文库·综述卷》(二),兰州:甘肃文化出版社,1999年 p.282

邰惠莉、罗华庆、陈雪静撰稿,施萍婷、邵国秀审订 敦煌研究院藏敦煌文献叙录(下)《甘肃藏敦煌文献》(第二卷),兰州:甘肃人民出版社,1999年9月 p.311;图版p.124

施萍婷、邰惠莉 敦煌研究院藏敦煌文献叙录《敦煌研究文集·敦煌研究院藏敦煌文献研究篇》,兰州:甘肃民族出版社,2000年9月 p.122

杨森 敦煌研究院藏敦煌文献论著目录《敦煌研究文集·敦煌研究院藏敦煌文献研究篇》,兰州:甘肃民族出版社,2000年9月 p.614

申国美编 中国散藏敦煌文献分类目录 北京:北京图书馆出版社,2007年10月 p.21、194

施萍亭 妙法蓮華経譬喻品第三『中国敦煌展』(東京展、福岡展、長野展、奈良展、静岡展,1985年10月5日~1986年3月26日),東京:財団法人富士美術館発行,昭和60年10月5日;図版123及日文図版解説

敦研350(收藏号721)千手千眼观世音菩萨广大圆满无碍大悲心陀罗尼经

敦煌文物研究所资料室,刘忠贵、施娉婷 敦煌文物研究所藏敦煌遗书目录《文物资料丛刊》(1),北京:文物出版社,1977年12月 p.65;收入冯志文、杨际平主编《中国敦煌学百年文库·综述卷》(二),兰州:甘

肃文化出版社，1999年 p.282

邰惠莉、罗华庆、陈雪静撰稿，施萍婷、邵国秀审订 敦煌研究院藏敦煌文献叙录（下）《甘肃藏敦煌文献》（第二卷），兰州：甘肃人民出版社，1999年9月 p.311；图版p.125~132

施萍婷、邰惠莉 敦煌研究院藏敦煌文献叙录《敦煌研究文集·敦煌研究院藏敦煌文献研究篇》，兰州：甘肃民族出版社，2000年9月 p.122~123

李小荣著 敦煌密教文献论稿 北京：人民文学出版社，2003年7月 p.7

申国美编 中国散藏敦煌文献分类目录 北京：北京图书馆出版社，2007年10月 p.65、194

赵晓星著 吐蕃统治时期敦煌密教研究 兰州：甘肃教育出版社，2017年3月 p.126

赵晓星 吐蕃统治敦煌时期的密教研究 兰州：兰州大学博士研究生学位论文，2007年6月 p.65

敦研351（收藏号722）大般若波罗蜜多经卷第二百三十二（首题）

敦煌文物研究所资料室，刘忠贵、施娉婷 敦煌文物研究所藏敦煌遗书目录《文物资料丛刊》（1），北京：文物出版社，1977年12月 p.65；收入冯志文、杨际平主编《中国敦煌学百年文库·综述卷》（二），兰州：甘肃文化出版社，1999年 p.282

邰惠莉、罗华庆、陈雪静撰稿，施萍婷、邵国秀审订 敦煌研究院藏敦煌文献叙录（下）《甘肃藏敦煌文献》（第二卷），兰州：甘肃人民出版社，1999年9月 p.311；图版p.133

施萍婷、邰惠莉 敦煌研究院藏敦煌文献叙录《敦煌研究文集·敦煌研究院藏敦煌文献研究篇》，兰州：甘肃民族出版社，2000年9月 p.123

陈红彦、林世田 敦煌遗书近现代鉴藏印章辑述（上）《文献》2007年第2期 p.47；收入林世田著《敦煌遗书研究论集》，北京：中国藏学出版社，2010年3月 p.292

申国美编 中国散藏敦煌文献分类目录 北京：北京图书馆出版社，2007年10月 p.6、195

沈乐平著 敦煌书法综论 杭州：浙江古籍出版社，2009年10月 p.231（鉴藏印章检索表）

沈乐平 敦煌书法综论 杭州：中国美术学院博士研究生学位论文，2008年5月 p.230（鉴藏印章检索表）

敦研352（收藏号723）大般涅槃经卷第三十六迦叶菩萨品第十二之四

敦煌文物研究所资料室，刘忠贵、施娉婷 敦煌文物研究所藏敦煌遗书目录《文物资料丛刊》（1），北京：文物出版社，1977年12月 p.65；收入冯志文、杨际平主编《中国敦煌学百年文库·综述卷》（二），兰州：甘肃文化出版社，1999年 p.282

邰惠莉、罗华庆、陈雪静撰稿，施萍婷、邵国秀审订 敦煌研究院藏敦煌文献叙录（下）《甘肃藏敦煌文献》（第二卷），兰州：甘肃人民出版社，1999年9月 p.312；图版p.134~139

施萍婷、邰惠莉 敦煌研究院藏敦煌文献叙录《敦煌研究文集·敦煌研究院藏敦煌文献研究篇》，兰州：甘肃民族出版社，2000年9月 p.123

张涌泉 敦煌卷子辨伪研究——基于字形分析角度的考察《文史》2003年第4辑，北京：中华书局，2003年11月 P.235；略有改订题作《敦煌写本辨伪研究——基于字形分析角度的考察》，收入氏著《张涌泉敦煌文

献论丛》,上海:上海古籍出版社,2011年8月 p.110

郑阿财 论敦煌俗字与写本学之关系《敦煌研究》2006年第6期 p.165

叶贵良著 敦煌道经写本与词汇研究 成都:巴蜀书社,2007年9月 p.204

申国美编 中国散藏敦煌文献分类目录 北京:北京图书馆出版社,2007年10月 p.42、195

张涌泉著 敦煌写本文献学 兰州:甘肃教育出版社,2013年12月 p.648

景盛轩 敦煌本《大般涅槃经》研究——以版本、异文及训诂为中心 杭州:浙江大学博士研究生学位论文,2004年5月 p.109

敦研352V 道经

邰惠莉、罗华庆、陈雪静撰稿,施萍婷、邵国秀审订 敦煌研究院藏敦煌文献叙录(下)《甘肃藏敦煌文献》(第二卷),兰州:甘肃人民出版社,1999年9月 p.312;图版p.139~144

张涌泉 敦煌故里对敦煌学的新奉献——《甘肃藏敦煌文献》读后《敦煌研究》2001年第1期 p.183

张涌泉 敦煌卷子辨伪研究——基于字形分析角度的考察《文史》2003年第4辑,北京:中华书局,2003年11月 P.235;略有改订题作《敦煌写本辨伪研究——基于字形分析角度的考察》,收入氏著《张涌泉敦煌文献论丛》,上海:上海古籍出版社,2011年8月 p.110

叶贵良《甘肃藏敦煌文献》残卷未识原因初探《敦煌研究》2003年第4期 p.90

周西波 敦研352V“道经”考论《敦煌学国际研讨会论文集》,北京:北京图书馆出版社,2005年3月 p.141~149;收入郑炳林、郑阿财主编《港台敦煌学文库》第25册,兰州:甘肃人民出版社,2014年12月 p.108~125

郑阿财 论敦煌俗字与写本学之关系《敦煌研究》2006年第6期 p.165~166

刘屹 王卡著《敦煌道教文献研究——综述·目录·索引》(书评)《敦煌吐鲁番研究》第九卷,北京:中华书局,2006年5月 p.498

叶贵良 敦煌道经形误字例释《敦煌研究》2009年第3期 p.80

张涌泉 敦博本《注心经》抄写时间考《汉字汉语研究》2018年第1期 p.11

王卡著 敦煌道教文献研究——综述·目录·索引 北京:中国社会科学出版社,2004年10月 p.252;p.280“敦煌道教文献编号索引”续表

叶贵良著 敦煌道经写本与词汇研究 成都:巴蜀书社,2007年9月 p.204

申国美编 中国散藏敦煌文献分类目录 北京:北京图书馆出版社,2007年10月 p.80、195

张涌泉著 敦煌写本文献学 兰州:甘肃教育出版社,2013年12月 p.648、676

叶贵良 敦煌道经词汇研究 杭州:浙江大学博士研究生学位论文,2004年11月 p.71、158

敦研353(收藏号724)大般涅槃经卷第十五梵行品第八之一

敦煌文物研究所资料室,刘忠贵、施娉婷 敦煌文物研究所藏敦煌遗书目录《文物资料丛刊》(1),北京:文物出版社,1977年12月 p.65;收入冯志文、杨际平主编《中国敦煌学百年文库·综述卷》(二),兰州:甘肃文化出版社,1999年 p.282

施萍婷 敦煌研究院藏土地庙写本源自藏经洞《敦煌研究》1999年第2期 p.45(附表)

邰惠莉、罗华庆、陈雪静撰稿,施萍婷、邵国秀审订 敦煌研究院藏敦煌文献叙录(下)《甘肃藏敦煌文献》(第二卷),兰州:甘肃人民出版社,1999年9月 p.312;图版p.145

施萍婷、邰惠莉 敦煌研究院藏敦煌文献叙录《敦煌研究文集·敦煌研究院藏敦煌文献研究篇》,兰州:甘肃民族出版社,2000年9月 p.123

杨森 敦煌研究院藏敦煌文献论著目录《敦煌研究文集·敦煌研究院藏敦煌文献研究篇》,兰州:甘肃民族出版社,2000年9月 p.614~615

申国美编 中国散藏敦煌文献分类目录 北京:北京图书馆出版社,2007年10月 p.38、195

景盛轩 敦煌本《大般涅槃经》研究——以版本、异文及训诂为中心 杭州:浙江大学博士研究生学位论文,2004年5月 p.61

敦研354(收藏号725) 佛说天地八阳神咒经

敦煌文物研究所资料室,刘忠贵、施娉婷 敦煌文物研究所藏敦煌遗书目录《文物资料丛刊》(1),北京:文物出版社,1977年12月 p.65;收入冯志文、杨际平主编《中国敦煌学百年文库·综述卷》(二),兰州:甘肃文化出版社,1999年 p.282

邰惠莉、罗华庆、陈雪静撰稿,施萍婷、邵国秀审订 敦煌研究院藏敦煌文献叙录(下)《甘肃藏敦煌文献》(第二卷),兰州:甘肃人民出版社,1999年9月 p.312;图版p.145

施萍婷、邰惠莉 敦煌研究院藏敦煌文献叙录《敦煌研究文集·敦煌研究院藏敦煌文献研究篇》,兰州:甘肃民族出版社,2000年9月 p.124

李小荣著 敦煌密教文献论稿 北京:人民文学出版社,2003年7月 p.2

申国美编 中国散藏敦煌文献分类目录 北京:北京图书馆出版社,2007年10月 p.77、195

于淑健著 敦煌佛典语词和俗字研究——以敦煌古佚和疑伪经为中心 上海:上海古籍出版社,2012年4月 p.80

赵晓星著 吐蕃统治时期敦煌密教研究 兰州:甘肃教育出版社,2017年3月 p.150(表15)

赵晓星 吐蕃统治敦煌时期的密教研究 兰州:兰州大学博士研究生学位论文,2007年6月 p.76(表)

翟兴龙 敦煌汉文《佛说天地八阳神咒经》研究 南充:西华师范大学硕士研究生学位论文,2016年5月 p.11

敦研354V 佛说天地八阳神咒经

邰惠莉、罗华庆、陈雪静撰稿,施萍婷、邵国秀审订 敦煌研究院藏敦煌文献叙录(下)《甘肃藏敦煌文献》(第二卷),兰州:甘肃人民出版社,1999年9月 p.312;图版p.145

敦研355(收藏号711) 佛说灌顶章句拔除过罪生死得度经卷第十二

敦煌文物研究所资料室,刘忠贵、施娉婷 敦煌文物研究所藏敦煌遗书目录《文物资料丛刊》(1),北

京：文物出版社，1977年12月 p.65；收入冯志文、杨际平主编《中国敦煌学百年文库·综述卷》(二)，兰州：甘肃文化出版社，1999年 p.283

邰惠莉、罗华庆、陈雪静撰稿，施萍婷、邵国秀审订 敦煌研究院藏敦煌文献叙录(下)《甘肃藏敦煌文献》(第二卷)，兰州：甘肃人民出版社，1999年9月 p.312；图版p.146~147

施萍婷、邰惠莉 敦煌研究院藏敦煌文献叙录《敦煌研究文集·敦煌研究院藏敦煌文献研究篇》，兰州：甘肃民族出版社，2000年9月 p.124

党燕妮 中古时期敦煌地区的药师佛信仰《南京晓庄学院学报》2013年第6期 p.85

李小荣著 敦煌密教文献论稿 北京：人民文学出版社，2003年7月 p.3

申国美编 中国散藏敦煌文献分类目录 北京：北京图书馆出版社，2007年10月 p.66、195

赵晓星著 吐蕃统治时期敦煌密教研究 兰州：甘肃教育出版社，2017年3月 p.102(表8)

赵晓星 吐蕃统治敦煌时期的密教研究 兰州：兰州大学博士研究生学位论文，2007年6月 p.50(表)

党燕妮 晚唐五代宋初敦煌民间佛教信仰研究 兰州：兰州大学博士研究生学位论文，2009年5月 p.59

彭建兵 敦煌石窟早期密教状况研究 兰州：兰州大学硕士研究生学位论文，2006年5月 p.34

敦研356(收藏号127) 文选运命论

敦煌文物研究所资料室，刘忠贵、施娉婷 敦煌文物研究所藏敦煌遗书目录《文物资料丛刊》(1)，北京：文物出版社，1977年12月 p.65；收入冯志文、杨际平主编《中国敦煌学百年文库·综述卷》(二)，兰州：甘肃文化出版社，1999年 p.283

敦煌文物研究所资料室，刘忠贵、施娉婷 附：关于《敦煌遗书目录》的说明《文物资料丛刊》(1)，北京：文物出版社，1977年12月 p.67；收入冯志文、杨际平主编《中国敦煌学百年文库·综述卷》(二)，兰州：甘肃文化出版社，1999年 p.285；收入施萍婷著《敦煌习学集》(下)，兰州：甘肃民族出版社，2004年12月 p.343

李永宁 本所藏《文选·运命论》残卷介绍《敦煌研究》(创刊号·总第三期)，兰州：甘肃人民出版社，1983年12月 p.164~172；图版21；收入敦煌研究院编《敦煌研究文集·敦煌研究院藏敦煌文献研究篇》，兰州：甘肃民族出版社，2000年9月 p.211~222；图版8

徐祖蕃、秦明智、荣恩奇 敦煌遗书的字体演变及书法艺术(代序)《敦煌遗书书法选》，兰州：甘肃人民出版社，1985年10月，序文无页码；附图三

白化文 敦煌遗书中《文选》残卷综述《昭明文选研究论文集》，长春：吉林文史出版社，1988年6月 p.217~219；收入郑州大学古籍所编《中外学者文选学论集》(上)，北京：中华书局，1998年8月 p.381~382

施萍亭 文选·运命论《敦煌》，兰州：甘肃人民出版社、南京：江苏美术出版社，1990年7月；1993年7月；1997年11月 图版p.247；p.289第266条图版说明

游志诚 敦煌古抄本文选五臣注研究《全国敦煌学研讨会论文集》，台北：中正大学中国文学系所，1995年4月 p.150

赵声良 唐写本《文选·运命论》《敦煌书法库》(第四辑)[唐代]，兰州：甘肃人民美术出版社，1996年9月 p.16；图版p.17~18

赵声良 敦煌写卷书法(下)《文史知识》1997年第5期 p.85

施萍婷 甘肃藏敦煌文献概述《甘肃藏敦煌文献精粹》,兰州:甘肃人民出版社,1999年 p.8;又载段文杰主编《甘肃藏敦煌文献》(第一至六卷),兰州:甘肃人民出版社,1999年9~12月 p.8

邰惠莉、罗华庆、陈雪静撰稿,施萍婷、邵国秀审订 敦煌研究院藏敦煌文献叙录(下)《甘肃藏敦煌文献》(第二卷),兰州:甘肃人民出版社,1999年9月 p.312;图版p.147

韩惠言 甘藏敦煌汉文文献概况《敦煌学辑刊》2000年第2期 p.69;收入敦煌研究院编《2000年敦煌学国际学术讨论会文集——纪念敦煌藏经洞发现暨敦煌学百年》历史文化卷(上),兰州:甘肃民族出版社,2003年9月 p.519

介生 遍记甘藏敦煌遗书 兼具资料学术价值——《甘肃藏敦煌文献》介评《图书与情报》2000年第2期 p.79

樊锦诗 敦煌研究院藏敦煌文献研究概述《敦煌研究文集·敦煌研究院藏敦煌文献研究篇》,兰州:甘肃民族出版社,2000年9月 p.3~4

施萍婷、邰惠莉 敦煌研究院藏敦煌文献叙录《敦煌研究文集·敦煌研究院藏敦煌文献研究篇》,兰州:甘肃民族出版社,2000年9月 p.124

杨森 敦煌研究院藏敦煌文献论著目录《敦煌研究文集·敦煌研究院藏敦煌文献研究篇》,兰州:甘肃民族出版社,2000年9月 p.615

张涌泉 敦煌故里对敦煌学的新奉献——《甘肃藏敦煌文献》读后《敦煌研究》2001年第1期 p.183

徐俊 饶宗颐编《敦煌吐鲁番本文选》、罗国威著《敦煌本〈昭明文选〉研究》、罗国威笺证《敦煌本〈文选注〉笺证》、傅刚著《文选版本研究》(书评)《敦煌吐鲁番研究》(第五卷),北京:北京大学出版社,2001年5月 p.371

李春远 关于敦煌遗书的书法化趋向《敦煌学辑刊》2002年第1期 p.62

温宪 敦煌写本瓷板复制试验项目开始启动①《敦煌研究》2003年第1期 p.93

李梅 试论敦煌本《文选》的语言文字价值《古籍整理研究学刊》2003年第3期 p.79

李永宁、程亮 王重民敦煌遗书手稿整理《敦煌研究》2004年第5期 p.70

荣新江 惊沙撼大漠——向达的敦煌考察及其学术意义《敦煌吐鲁番研究》(第七卷),北京:中华书局,2004年1月 p.102、111、114;收入氏著《辨伪与存真——敦煌学论集》,上海:上海古籍出版社,2010年3月 p.222;收入荣新江编《向达先生敦煌遗墨》,北京:中华书局,2010年3月 p.9、17、19、23;收入沙知编《向达学记》,北京:生活·读书·新知三联书店,2010年6月 p.97、112

施萍婷 敦煌研究院、上海图书馆、天津艺术博物馆藏敦煌遗书巡礼《浙江与敦煌学——常书鸿先生诞辰一百周年纪念文集》,杭州:浙江古籍出版社,2004年12月 p.305;日文见池田温訳《敦煌研究院、上海圖書館及び天津芸術博物館所藏の敦煌遺書をめぐって》,《東洋學報》第72卷第1·2號,1990年12月 p.91

---

①温宪报道称:"对已经试制的三块瓷板《三国志·步骘传》(晋写本,敦煌327)、《大慈如来告身》(北魏写本,敦煌007)、《文选·运命论》(唐写本,敦煌269)提出……"该报道《三国志·步骘传》(晋写本,敦煌327)、《文选·运命论》(唐写本,敦研269)两处"题""号"与敦研藏卷不能对应,有误。

陈红彦、林世田 敦煌遗书近现代鉴藏印章辑述(上)《文献》2007年第2期 p.47;收入林世田著《敦煌遗书研究论集》,北京:中国藏学出版社,2010年3月 p.292

赵声良 敦煌写本书法艺术《敦煌艺术十讲》,上海:上海古籍出版社,2007年7月 p.227;p.226;图150

秋子 文选·运命论《敦煌写卷墨迹精选丛帖》(叁),兰州:甘肃人民美术出版社,2009年10月;2010年6月 p.5~9简介/赏析及图版

赵声良 唐代敦煌写本书法艺术《中华书画家》2010年第3期 p.58~59;图1幅

向达(手抄稿本) 文选残篇《向达先生敦煌遗墨》,北京:中华书局,2010年3月 p.105~106

王翠《文选·运命论》校录整理《文教资料》2012年12月号(上旬刊) p.23~25

林聪明 敦煌文书年代探考略论《港台敦煌学文库》第34册,兰州:甘肃人民出版社,2014年12月 p.263

徐祖蕃、秦明智、荣恩奇编选 敦煌遗书书法选 兰州:甘肃人民出版社,1985年10月 p.73~74图版及简要说明

隋峰 敦煌文选运命论《中国书法鉴赏大辞典》(上),北京:大地出版社,1989年10月 p.588~589;图1幅;中国人民大学出版社,2006年6月

林聪明著 敦煌文书学(敦煌学导论丛刊①) 台北:新文丰出版股份有限公司,1991年8月 p.420

罗国威著 敦煌本《昭明文选》研究 哈尔滨:黑龙江教育出版社,1999年10月 p.237~239

饶宗颐编 敦煌吐鲁番本文选 北京:中华书局,2000年5月 p.80;图版1幅

傅刚著 文选版本研究 北京:北京大学出版社,2000年9月 p.129、336

中国美编 中国散藏敦煌文献分类目录 北京:北京图书馆出版社,2007年10月 p.82、195

沈乐平著 敦煌书法综论 杭州:浙江古籍出版社,2009年10月 p.231(鉴藏印章检索表)

金少华著 敦煌吐鲁番本《文选》辑校 杭州:浙江大学出版社,2017年4月 p.30、34(续表)

甘肃省地方史志编纂委员会编 甘肃省志·文物志(中册) 北京:文物出版社,2018年11月 p.1526~1527;图1幅

伏俊琏著 敦煌文学总论(修订本) 上海:上海古籍出版社,2019年4月 p.82

陈琪 敦煌遗书书法浅探 兰州:兰州大学博士研究生学位论文,2007年5月 p.177;图31

沈乐平 敦煌书法综论 杭州:中国美术学院博士研究生学位论文,2008年5月 p.230(鉴藏印章检索表)

金少华 敦煌吐鲁番本《文选》研究 杭州:浙江大学硕士研究生学位论文,2008年5月 p.9

陈瑞峰《甘肃藏敦煌文献》俗字研究 金华:浙江师范大学硕士研究生学位论文,2012年5月 p.9

王翠《甘肃藏敦煌文献》俗字研究 南京:南京师范大学硕士研究生学位论文,2014年5月 p.1~7;p.18~19(表);p.23~25、42、44;p.53(附录:中古经卷"表")

P.2645+敦研0356 运命论①

王重民遗稿 敦煌写本跋文(四篇)[①敦煌本文选残卷跋]《敦煌吐鲁番文献研究论集》,北京:中华书

①敦煌研究院藏0356《运命论》可与法藏P.2645缀合。缀合依次顺序为:敦研0356、法藏P.2645。

局,1982年5月 p.1~2

白化文 敦煌遗书中《文选》残卷综述《昭明文选研究论文集》,长春:吉林文史出版社,1988年6月 p.219;收入郑州大学古籍所编《中外学者文选学论集》(上),北京:中华书局,1998年8月 p.381~382

徐俊 饶宗颐编《敦煌吐鲁番本文选》、罗国威著《敦煌本〈昭明文选〉研究》、罗国威笺证《敦煌本〈文选注〉笺证》、傅刚著《文选版本研究》(书评)《敦煌吐鲁番研究》(第五卷),北京:北京大学出版社,2001年5月 p.380;收入氏著《鸣沙习学集——敦煌吐鲁番文学文献丛考》(下册),北京:中华书局,2016年11月 p.570

李永宁、程亮 王重民敦煌遗书手稿整理《敦煌研究》2004年第5期 p.70

郜惠莉 敦煌研究院藏敦煌遗书的来源和价值《中国书法》2019年第9期 p.52

刘胜角著 古代楷书发展史 北京:中国戏剧出版社,2002年5月 p.208~209;图213

林世田、杨学勇、刘波著 敦煌遗珍——国家珍贵古籍名录·敦煌遗书① 北京:国家图书馆出版社,2014年9月 p.91;图1幅

P.2645+敦研0356、北新1543、历博本 李萧远运命论

徐俊 敦煌本《文选》拾补② 《书品》2002年第5期 p.40~42; 收入中国文选学研究会编《文选与文选学——第五届文选学国际学术研讨会论文集》,北京:学苑出版社,2003年5月 p.661~664

徐俊 敦煌吐鲁番本《文选》拾补《鸣沙习学集——敦煌吐鲁番文学文献丛考》(下册),北京:中华书局,2016年11月 p.519~528

P.2645+敦研0356……北新1543……历博藏本+上野本③ 李萧远运命论、刘孝标辩命论

徐俊 饶宗颐编《敦煌吐鲁番本文选》、罗国威著《敦煌本〈昭明文选〉研究》、罗国威笺证《敦煌本〈文选注〉笺证》、傅刚著《文选版本研究》(书评)《敦煌吐鲁番研究》(第五卷),北京:北京大学出版社,2001年5月 p.381;收入氏著《鸣沙习学集——敦煌吐鲁番文学文献丛考》(下册),北京:中华书局,2016年11月 p.571

金少华 敦煌吐鲁番本《文选》研究④ 杭州:浙江大学硕士研究生学位论文,2008年5月 p.30~32、159~201

敦研357(收藏号129)一切经音义卷第二⑤

敦煌文物研究所资料室,刘忠贵、施娉婷 敦煌文物研究所藏敦煌遗书目录《文物资料丛刊》(1),北

---

①林世田、杨学勇、刘波著《敦煌遗珍——国家珍贵古籍名录·敦煌遗书》中"敦煌研究院藏敦煌269号"和"P.2645与敦研269《文选·运命论》缀合图"有误。《文选·运命论》敦煌研究院编号为敦研356号(收藏号127)。

②徐俊《敦煌本〈文选〉拾补》中论及李萧远《运命论》时作"P.2645+敦研0366、北新1543",有误。敦研0366号为《孝经》残片。

③据徐俊考定,上野本与P.2645、敦研0356、北新1543、历博藏本为一卷之裂,并"据现存四文分篇单行、各自首尾完具,且均为民间散藏品的特点(位于卷首的《运命论》除外),颇疑原本为早期从藏经洞流散出的敦煌写本,原为长卷,经过了后人的裁切"。

④金少华《敦煌吐鲁番本〈文选〉辑校》中第159页"BD.15343"编号有误。应为BD.1543。

⑤该卷原拟题"字书残段",张涌泉考订为"一切经音义卷第二"。

京：文物出版社，1977年12月 p.65；收入冯志文、杨际平主编《中国敦煌学百年文库·综述卷》（二），兰州：甘肃文化出版社，1999年 p.283

邰惠莉、罗华庆、陈雪静撰稿，施萍婷、邰国秀审订 敦煌研究院藏敦煌文献叙录（下）《甘肃藏敦煌文献》（第二卷），兰州：甘肃人民出版社，1999年9月 p.312；图版p.148

施萍婷、邰惠莉 敦煌研究院藏敦煌文献叙录《敦煌研究文集·敦煌研究院藏敦煌文献研究篇》，兰州：甘肃民族出版社，2000年9月 p.124~125

张涌泉 敦煌故里对敦煌学的新奉献——《甘肃藏敦煌文献》读后《敦煌研究》2001年第1期 p.183

陈红彦、林世田 敦煌遗书近现代鉴藏印章辑述（上）《文献》2007年第2期 p.47；收入林世田著《敦煌遗书研究论集》，北京：中国藏学出版社，2010年3月 p.292

张涌泉 敦煌文献整理：百年行与思《光明日报》2009年2月19日第10~11版；修订后收入氏著《敦煌写本文献学》，兰州：甘肃教育出版社，2013年12月 p.16

中国美编 中国散藏敦煌文献分类目录 北京：北京图书馆出版社，2007年10月 p.76、195~196

沈乐平著 敦煌书法综论 杭州：浙江古籍出版社，2009年10月 p.231（鉴藏印章检索表）

沈乐平 敦煌书法综论 杭州：中国美术学院博士研究生学位论文，2008年5月 p.230（鉴藏印章检索表）

S.3469+敦研357 一切经音义

张涌泉著 敦煌写本文献学 兰州：甘肃教育出版社，2013年12月 p.39

敦研358（收藏号381） 佛经

敦煌文物研究所资料室，刘忠贵、施娉婷 敦煌文物研究所藏敦煌遗书目录《文物资料丛刊》（1），北京：文物出版社，1977年12月 p.65；收入冯志文、杨际平主编《中国敦煌学百年文库·综述卷》（二），兰州：甘肃文化出版社，1999年 p.283

邰惠莉、罗华庆、陈雪静撰稿，施萍婷、邰国秀审订 敦煌研究院藏敦煌文献叙录（下） 甘肃藏敦煌文献》（第二卷），兰州：甘肃人民出版社，1999年9月 p.313；图版p.148

施萍婷、邰惠莉 敦煌研究院藏敦煌文献叙录《敦煌研究文集·敦煌研究院藏敦煌文献研究篇》，兰州：甘肃民族出版社，2000年9月 p.125

叶贵良《甘肃藏敦煌文献》残卷未识原因初探《敦煌研究》2003年第4期 p.90

黄征编 敦煌俗字典 上海：上海教育出版社，2005年5月 正文p.76、77、146、158、162、216、221、241、298、351、405、457、460、566、578；顺序索引p.744；分类索引p.750

中国美编 中国散藏敦煌文献分类目录 北京：北京图书馆出版社，2007年10月 p.94、196

赵红著 敦煌写本汉字论考 上海：上海古籍出版社，2012年4月 p.126

陶家骏 敦煌研究院藏佚本《维摩诘经注》写卷研究 苏州：苏州大学博士研究生学位论文，2012年3月 俗字表p.95

陈瑞峰《甘肃藏敦煌文献》俗字研究 金华：浙江师范大学硕士研究生学位论文，2012年5月 p.34；俗字表

p.132、171、174、194、226~227、233

宋丽丽 敦煌写本《籯金》俗字研究[①] 南京:南京师范大学硕士研究生学位论文,2011年5月 p.43

敦研359(收藏号385) 佛经

敦煌文物研究所资料室,刘忠贵、施娉婷 敦煌文物研究所藏敦煌遗书目录《文物资料丛刊》(1),北京:文物出版社,1977年12月 p.65;收入冯志文、杨际平主编《中国敦煌学百年文库·综述卷》(二),兰州:甘肃文化出版社,1999年 p.283

邰惠莉、罗华庆、陈雪静撰稿,施萍婷、邵国秀审订 敦煌研究院藏敦煌文献叙录(下)《甘肃藏敦煌文献》(第二卷),兰州:甘肃人民出版社,1999年9月 p.313;图版p.149

施萍婷、邰惠莉 敦煌研究院藏敦煌文献叙录《敦煌研究文集·敦煌研究院藏敦煌文献研究篇》,兰州:甘肃民族出版社,2000年9月 p.125

叶贵良《甘肃藏敦煌文献》残卷未识原因初探《敦煌研究》2003年第4期 p.90

黄征编 敦煌俗字典 上海:上海教育出版社,2005年5月 正文p.116、208、489、550、573

申国美编 中国散藏敦煌文献分类目录 北京:北京图书馆出版社,2007年10月 p.94、196

肖瑜《三国志》古写本用字研究 上海:复旦大学博士研究生学位论文,2006年4月 p.94

陶家骏 敦煌研究院藏佚本《维摩诘经注》写卷研究 苏州:苏州大学博士研究生学位论文,2012年3月 p.65;俗字表p.151

陈瑞峰《甘肃藏敦煌文献》俗字研究 金华:浙江师范大学硕士研究生学位论文,2012年5月 俗字表p.151

敦研360(收藏号271) 陀罗尼

敦煌文物研究所资料室,刘忠贵、施娉婷 敦煌文物研究所藏敦煌遗书目录《文物资料丛刊》(1),北京:文物出版社,1977年12月 p.65;收入冯志文、杨际平主编《中国敦煌学百年文库·综述卷》(二),兰州:甘肃文化出版社,1999年 p.283

邰惠莉、罗华庆、陈雪静撰稿,施萍婷、邵国秀审订 敦煌研究院藏敦煌文献叙录(下)《甘肃藏敦煌文献》(第二卷),兰州:甘肃人民出版社,1999年9月 p.313;图版p.149

施萍婷、邰惠莉 敦煌研究院藏敦煌文献叙录《敦煌研究文集·敦煌研究院藏敦煌文献研究篇》,兰州:甘肃民族出版社,2000年9月 p.125

申国美编 中国散藏敦煌文献分类目录 北京:北京图书馆出版社,2007年10月 p.67、196

敦研361(收藏号463) 佛经

敦煌文物研究所资料室,刘忠贵、施娉婷 敦煌文物研究所藏敦煌遗书目录《文物资料丛刊》(1),北

---

①宋丽丽硕士论文《敦煌写本〈籯金〉俗字研究》第43页作"敦研538《佛经》",有误。应为敦研358号《佛经》。

京:文物出版社,1977年12月 p.65;收入冯志文、杨际平主编《中国敦煌学百年文库·综述卷》(二),兰州:甘肃文化出版社,1999年 p.283

邰惠莉、罗华庆、陈雪静撰稿,施萍婷、邵国秀审订 敦煌研究院藏敦煌文献叙录(下)《甘肃藏敦煌文献》(第二卷),兰州:甘肃人民出版社,1999年9月 p.313;图版p.150

施萍婷、邰惠莉 敦煌研究院藏敦煌文献叙录《敦煌研究文集·敦煌研究院藏敦煌文献研究篇》,兰州:甘肃民族出版社,2000年9月 p.125

叶贵良《甘肃藏敦煌文献》残卷未识原因初探《敦煌研究》2003年第4期 p.90

黄征 敦煌俗字种类考辨《敦煌学·日本学——石塚晴通教授退职纪念文集》,上海:上海辞书出版社,2005年12月 p.121;又载赵生群、方向东主编《古文献研究集刊》(第一辑),南京:凤凰出版社,2007年4月 p.38

吴盼 敦煌写本相书文献校读札记《古籍整理研究学刊》2018年第1期 p.103

黄征编 敦煌俗字典 上海:上海教育出版社,2005年5月 前言p.29;正文p.12、43、46、49、54、72、94、95、105、124、146、152、156、167、179、181、189、212、219、222、247、259、260、313、322、326、354、368、394、408、416、428、430、434、441、455、464、497、503、521、562、566;顺序索引p.744;分类索引p.750

申国美编 中国散藏敦煌文献分类目录 北京:北京图书馆出版社,2007年10月 p.94、196

陶家骏 敦煌研究院藏佚本《维摩诘经注》写卷研究 苏州:苏州大学博士研究生学位论文,2012年3月 俗字表p.90、124、127、136;p.181、182

宋丽丽 敦煌写本《籯金》俗字研究 南京:南京师范大学硕士研究生学位论文,2011年5月 p.25

周远军 敦煌写卷《道行般若经》用字研究及校勘 南宁:广西大学硕士研究生学位论文,2011年6月 p.94

陈瑞峰《甘肃藏敦煌文献》俗字研究 金华:浙江师范大学硕士研究生学位论文,2012年5月 p.18、37;俗字表p.110、121、130、138、142、159、167、168、169、175、182、193、211、213

高静怡 北图藏敦煌汉文写经《金光明经》异文研究 南宁:广西大学硕士研究生学位论文,2013年5月 p.35

敦研362(收藏号430) 陀罗尼

敦煌文物研究所资料室,刘忠贵、施娉婷 敦煌文物研究所藏敦煌遗书目录《文物资料丛刊》(1),北京:文物出版社,1977年12月 p.65;收入冯志文、杨际平主编《中国敦煌学百年文库·综述卷》(二),兰州:甘肃文化出版社,1999年 p.283

邰惠莉、罗华庆、陈雪静撰稿,施萍婷、邵国秀审订 敦煌研究院藏敦煌文献叙录(下)《甘肃藏敦煌文献》(第二卷),兰州:甘肃人民出版社,1999年9月 p.313;图版p.151

施萍婷、邰惠莉 敦煌研究院藏敦煌文献叙录《敦煌研究文集·敦煌研究院藏敦煌文献研究篇》,兰州:甘肃民族出版社,2000年9月 p.125~126

申国美编 中国散藏敦煌文献分类目录 北京:北京图书馆出版社,2007年10月 p.67、196

敦研363(收藏号726)妙法莲华经卷第二譬喻品第三

敦煌文物研究所资料室,刘忠贵、施娉婷 敦煌文物研究所藏敦煌遗书目录《文物资料丛刊》(1),北京:文物出版社,1977年12月 p.65;收入冯志文、杨际平主编《中国敦煌学百年文库·综述卷》(二),兰州:甘肃文化出版社,1999年 p.283

戴仁(Jean-Pierre Drège)著,耿昇译 敦煌和吐鲁番写本的断代研究《法国学者敦煌学论文选萃》,北京:中华书局,1993年12月 p.528;收入郑炳林主编,耿昇译《法国敦煌学精粹》Ⅰ,兰州:甘肃人民出版社,2011年4月 p.732

邰惠莉、罗华庆、陈雪静撰稿,施萍婷、邵国秀审订 敦煌研究院藏敦煌文献叙录(下)《甘肃藏敦煌文献》(第二卷),兰州:甘肃人民出版社,1999年9月 p.313;图版p.151

施萍婷、邰惠莉 敦煌研究院藏敦煌文献叙录《敦煌研究文集·敦煌研究院藏敦煌文献研究篇》,兰州:甘肃民族出版社,2000年9月 p.126

杨森 敦煌研究院藏敦煌文献论著目录《敦煌研究文集·敦煌研究院藏敦煌文献研究篇》,兰州:甘肃民族出版社,2000年9月 p.615

林聪明 敦煌文书的题记《港台敦煌学文库》第34册,兰州:甘肃人民出版社,2014年12月 p.159~161

薄小莹 敦煌遗书汉文纪年卷编年 长春:长春出版社,1990年3月 p.28

林聪明著 敦煌文书学(敦煌学导论丛刊①)台北:新文丰出版股份有限公司,1991年8月 p.294

中国美编 中国散藏敦煌文献分类目录 北京:北京图书馆出版社,2007年10月 p.21、196

王翠《甘肃藏敦煌文献》俗字研究[①] 南京:南京师范大学硕士研究生学位论文,2014年5月 p.28(表);p.31、32、36~37;p.54(附录:唐代经卷"表")

施萍亭 妙法蓮華経譬喩品第三『中国敦煌展』(東京展、福岡展、長野展、奈良展、静岡展,1985年10月5日~1986年3月26日),東京:財団法人富士美術館発行,昭和60年10月5日;図版113及日文図版解説

敦研364(收藏号727)佛经

敦煌文物研究所资料室,刘忠贵、施娉婷 敦煌文物研究所藏敦煌遗书目录《文物资料丛刊》(1),北京:文物出版社,1977年12月 p.65;收入冯志文、杨际平主编《中国敦煌学百年文库·综述卷》(二),兰州:甘肃文化出版社,1999年 p.283

邰惠莉、罗华庆、陈雪静撰稿,施萍婷、邵国秀审订 敦煌研究院藏敦煌文献叙录(下)《甘肃藏敦煌文献》(第二卷),兰州:甘肃人民出版社,1999年9月 p.313;图版p.152

施萍婷、邰惠莉 敦煌研究院藏敦煌文献叙录《敦煌研究文集·敦煌研究院藏敦煌文献研究篇》,兰州:甘肃民族出版社,2000年9月 p.126

叶贵良《甘肃藏敦煌文献》残卷未识原因初探《敦煌研究》2003年第4期 p.90~91

---

①王翠硕士论文《〈甘肃藏敦煌文献〉俗字研究》第31、36~37页作"敦研365《妙法莲华经卷第二譬喻品第三》",有误。敦研365号为《大般涅槃经卷第十五、卷第十六梵行品》。此处应为甘图363号。

中国美编 中国散藏敦煌文献分类目录 北京:北京图书馆出版社,2007年10月 p.94、196

敦研364V 佛经

林聪明 谈敦煌文书的抄写问题《东吴文史学报》第9期,1991年3月 p.28;又刊载王永兴编《纪念陈寅恪先生百年诞辰学术论文集》,南昌:江西教育出版社,1994年8月 p.296;略为修订收入郑炳林、郑阿财主编《港台敦煌学文库》第33册,兰州:甘肃人民出版社,2014年12月 p.253

邰惠莉、罗华庆、陈雪静撰稿,施萍婷、邵国秀审订 敦煌研究院藏敦煌文献叙录(下)《甘肃藏敦煌文献》(第二卷),兰州:甘肃人民出版社,1999年9月 p.313;图版p.152

林聪明 敦煌文书的抄写《港台敦煌学文库》第34册,兰州:甘肃人民出版社,2014年12月 p.101

林聪明著 敦煌文书学(敦煌学导论丛刊①)台北:新文丰出版股份有限公司,1991年8月 p.231

中国美编 中国散藏敦煌文献分类目录 北京:北京图书馆出版社,2007年10月 p.196

敦研365(收藏号728)大般涅槃经卷第十五梵行品第八之一、卷第十六梵行品第八之二

敦煌文物研究所资料室,刘忠贵、施娉婷 敦煌文物研究所藏敦煌遗书目录《文物资料丛刊》(1),北京:文物出版社,1977年12月 p.65;收入冯志文、杨际平主编《中国敦煌学百年文库·综述卷》(二),兰州:甘肃文化出版社,1999年 p.283

邰惠莉、罗华庆、陈雪静撰稿,施萍婷、邵国秀审订 敦煌研究院藏敦煌文献叙录(下)《甘肃藏敦煌文献》(第二卷),兰州:甘肃人民出版社,1999年9月 p.313~314;图版p.153~164

施萍婷、邰惠莉 敦煌研究院藏敦煌文献叙录《敦煌研究文集·敦煌研究院藏敦煌文献研究篇》,兰州:甘肃民族出版社,2000年9月 p.126~127

杨森 敦煌研究院藏敦煌文献论著目录《敦煌研究文集·敦煌研究院藏敦煌文献研究篇》,兰州:甘肃民族出版社,2000年9月 p.615

景盛轩 敦煌北本《大般涅槃经》分卷考《〈大般涅槃经〉異文研究》,成都:巴蜀书社,2009年2月 调查表p.322

于淑健 俗字零札——以敦煌写本为例《鲁东大学学报》(哲学社会科学版)2013年第3期 p.56

黄征编 敦煌俗字典 上海:上海教育出版社,2005年5月 前言p.7、9;正文p.12、16、19、22、40、45、60、62、64、66、67、79、89、95、101、106、111、112、121、123、129、146、150、158、159、172、173、189、190、198、201、208、215、224、225、233、235、238、241、256、261、273、276、277、285、286、292、299、309、316、320、337、340、354、356、358、363、364、365、370、373、380、382、390、391、397、399、403、418、424、429、433、443、451、463、468、485、490、496、499、500、503、507、509、523、524、525、540、551、558、572、577;顺序索引p.744;分类索引p.748

中国美编 中国散藏敦煌文献分类目录 北京:北京图书馆出版社,2007年10月 p.38、196

景盛轩著《大般涅槃经》異文研究 成都:巴蜀书社,2009年2月 p.30、100、101、104、138、141

赵红著 敦煌写本汉字论考 上海:上海古籍出版社,2012年4月 p.180、192

张涌泉著 敦煌写本文献学 兰州:甘肃教育出版社,2013年12月 p.59~60

景盛轩 敦煌本《大般涅槃经》研究——以版本、异文及训诂为中心 杭州:浙江大学博士研究生学位论文,2004年5月 p.12、60;p.131(表二);p.153、155、175、188、198、199、214、215

陶家骏 敦煌研究院藏佚本《维摩诘经注》写卷研究 苏州:苏州大学博士研究生学位论文,2012年3月 p.58;俗字表p.111、115、148;p.188、196

井米兰 敦煌俗字与宋本《玉篇》文字比较研究 上海:华东师范大学硕士研究生学位论文,2009年5月 p.25、44

周远军 敦煌写卷《道行般若经》用字研究及校勘 南宁:广西大学硕士研究生学位论文,2011年6月 p.83、91、95

陈瑞峰《甘肃藏敦煌文献》俗字研究 金华:浙江师范大学硕士研究生学位论文,2012年5月 p.17、48、54;例证表p.65、68;俗字表p.112、113、115、126、127、128、129、132、146、149、154~157、160、170、190、196、202、206、221、229、233、234

薛皖东《干禄字书》所收俗字与敦煌俗字比较研究 南京:南京师范大学硕士研究生学位论文,2013年4月 p.7

赵丹 敦煌本道液《净名经》疏解二种异文研究 金华:浙江师范大学硕士研究生学位论文,2013年5月 p.77

刘欣声 敦煌写本唐五代俗字研究 南京:南京师范大学硕士研究生学位论文,2013年5月 p.24

高静怡 北图藏敦煌汉文写经《金光明经》异文研究 南宁:广西大学硕士研究生学位论文,2013年5月 p.13、35

王翠《甘肃藏敦煌文献》俗字研究 南京:南京师范大学硕士研究生学位论文,2014年5月 p.19(表);p.22;p.53(附录:中古经卷"表")

肖倩 敦煌写卷中古俗字研究 南京:南京师范大学硕士研究生学位论文,2014年5月 p.38~39

敦研366(收藏号225,原编号53)孝经(感应、丧亲)残片①

方回 国立敦煌艺术研究所发现六朝残经《图书季刊》新第5卷第4期,1944年12月 p.107~110;影印收入王志庚、顾烨青主编《近代著名图书馆馆刊荟萃四编》第6册,北京:国家图书馆出版社,2013年5月 p.243~246

向达 国立敦煌艺术研究所发现六朝残经《向达先生纪念论文集》,乌鲁木齐:新疆人民出版社,1986年1月 p.3~11;收入敦煌研究院编《敦煌研究文集·敦煌研究院藏敦煌文献研究篇》,兰州:甘肃民族出版社,2000年9月 p.1~9;收入荣新江编《向达先生敦煌遗墨》,北京:中华书局,2010年3月 p.329

①北朝《孝经》残卷原藏敦煌文物研究所。施萍婷、邰惠莉《敦煌研究院藏敦煌文献叙录》中关于敦研366号孝经残片的说明提道:"1952年调北京展出,现存国家文物局。"沙知先生在《敦煌学大辞典》"土地庙遗书"条目中说:"《诗经残卷》,1951年在北京举办敦煌文物展览以后,转归故宫博物院保管。"许建平《敦煌经籍叙录》中与沙说亦同。2010年6月,在中国国家图书馆召开的"敦煌文献、考古、艺术综合研究——纪念向达教授诞辰110周年国际学术研讨会"上,王素提交的《敦煌土地庙发现的〈诗经注〉残卷——读〈王重民向达所摄敦煌西域文献照片合集〉札记之一》一文谈到,残卷并不在故宫博物院,可能在中国历史博物馆。

苏莹辉 敦煌新出写本孝经校后记《西北日报》(西北文化)第5期,1944年12月12日

苏莹辉 敦煌新出写本毛诗孝经合考《东方杂志》第41卷第3号,1945年2月 p.47~53;收入孙彦、萨仁高娃、胡月平选编《民国期刊资料分类汇编·敦煌学研究》第3册,北京:国家图书馆出版社,2009年4月 p.1928~1933;收入周保明、吴平选编《民国期刊资料分类汇编·东方杂志·学术编》第3册,北京:国家图书馆出版社,2010年5月 p.1535~1541

苏莹辉 北魏写本孝经残叶补校记《大陆杂志》第20卷第5期,1960年3月 p.6~11;收入大陆杂志社编《通论·经学》(大陆杂志语文丛书第一辑第一册),台北:大陆杂志社编印,年月不详 p.275~280;收入氏著《敦煌论集》,台北:台湾学生书局,1969年8月;1979年4月;1983年6月 p.283~295;收入郑学檬、郑炳林主编《中国敦煌学百年文库·文献卷》(一),兰州:甘肃文化出版社,1999年 p.394~400

苏莹辉 从敦煌北魏写本论诗序真伪及孝经要义《孔孟学报》第1期,1961年4月 p.79~81

陈铁凡 敦煌本易书诗考略《孔孟学报》第17期,1969年4月 p.179

敦煌文物研究所资料室,刘忠贵、施娉婷 敦煌文物研究所藏敦煌遗书目录《文物资料丛刊》(1),北京:文物出版社,1977年12月 p.65;收入冯志文、杨际平主编《中国敦煌学百年文库·综述卷》(二),兰州:甘肃文化出版社,1999年 p.283

敦煌文物研究所资料室,刘忠贵、施娉婷 附:关于《敦煌遗书目录》的说明《文物资料丛刊》(1),北京:文物出版社,1977年12月 p.67;收入冯志文、杨际平主编《中国敦煌学百年文库·综述卷》(二),兰州:甘肃文化出版社,1999年 p.285;收入施萍婷著《敦煌习学集》(下),兰州:甘肃民族出版社,2004年12月 p.343

常书鸿著,宋光明整理 铁马响叮当——敦煌的春天《文化史料丛刊》(第三辑),北京:文史资料出版社,1982年5月 p.185

李正宇 土地庙遗书的发现、特点和入藏年代《敦煌研究》(第三期·总第五期),兰州:甘肃人民出版社,1985年12月 p.92;收入政协甘肃省敦煌市委员会编《敦煌文史资料选辑》第三辑,敦煌:政协甘肃省敦煌市委员会编印,1995年9月 p.97

史苇湘 产生敦煌佛教艺术审美的社会因素《1987年敦煌石窟研究国际讨论会论文集·石窟艺术编》,沈阳:辽宁美术出版社,1990年10月 p.301;p.326注②;收入氏著《敦煌历史与莫高窟艺术研究》,兰州:甘肃教育出版社,2002年12月 p.470;p.493注②

伏俊连 敦煌《诗经》残卷叙录《第三届诗经国际学术研讨会论文集》,香港:天马图书有限公司,1998年6月 p.370

沙知 土地庙遗书《敦煌学大辞典》,上海:上海辞书出版社,1998年12月 p.17

池田温 1944年莫高窟土地庙塑像中发现文献管见《敦煌文薮》(上),台北:新文丰出版公司,1999年4月 p.18、22~24;p.36注[17]

邰惠莉、罗华庆、陈雪静撰稿,施萍婷、邵国秀审订 敦煌研究院藏敦煌文献叙录(下)《甘肃藏敦煌文献》(第二卷),兰州:甘肃人民出版社,1999年9月 p.314

韩惠言 甘藏敦煌汉文文献概况《敦煌学辑刊》2000年第2期 p.69;收入敦煌研究院编《2000年敦煌学国际学术讨论会文集——纪念敦煌藏经洞发现暨敦煌学百年》历史文化卷(上),兰州:甘肃民族出版社,

2003年9月 p.519

施萍婷、邰惠莉 敦煌研究院藏敦煌文献叙录《敦煌研究文集·敦煌研究院藏敦煌文献研究篇》，兰州：甘肃民族出版社，2000年9月 p.127

杨森 敦煌研究院藏敦煌文献论著目录《敦煌研究文集·敦煌研究院藏敦煌文献研究篇》，兰州：甘肃民族出版社，2000年9月 p.615~616

毛秋瑾 北魏时期敦煌写经书法研究《第五届中国书法史论国际研讨会论文集》，北京：文物出版社，2002年8月 p.292；p.306（附表）

伏俊琏 敦煌《诗经》残卷的文献价值《敦煌研究》2004年第4期 p.40；收入氏著《敦煌文学文献丛稿》，北京：中华书局，2004年8月 p.1；收入氏著《敦煌文学文献丛稿》（增订本），北京：中华书局，2011年7月 p.1

吴新钦 北魏平城时期敦煌写经书法的结体及其书史意义《屏东教育大学学报》第28期，2007年9月 p.50注[22]

陈一风 论唐玄宗对《孝经》文本的整理《孝感学院学报》2009年第5期 p.23注④

王素 敦煌土地庙发现的《诗经注》残卷——读《王重民向达所摄敦煌西域文献照片合集》札记之一《敦煌文献·考古·艺术综合研究——纪念向达先生诞辰110周年国际学术研讨会论文集》，北京：中华书局，2011年12月 p.476~484

许建平 新见国家图书馆藏敦煌经部写本残页校录研究《敦煌吐鲁番研究》（第十三卷），上海：上海古籍出版社，2013年8月 p.77~78；收入氏著《敦煌经学文献论稿》，杭州：浙江大学出版社，2016年4月 p.62~64

许建平 敦煌《诗经》写卷研究综述《敦煌研究》2014年第1期 p.70

陈铁凡编纂 敦煌本孝经类纂 台北：燕京文化事业股份有限公司，1977年6月 p.55~56

苏莹辉著 敦煌学概要（增订再版）台北：编译馆中华丛书编审委员会，1981年10月 p.36、249、274；p.362；图57

苏莹辉著 敦煌学概要 台北：五南图书出版公司，1988年12月 p.36、249、274；p.362；图57

薄小莹 敦煌遗书汉文纪年卷编年 长春：长春出版社，1990年3月 p.3、18

王惠民著 敦煌宝藏（中华文明宝库）上海：上海古籍出版社，1996年9月 p.87

王素、李方著 魏晋南北朝敦煌文献编年 台北：新文丰出版公司，1997年12月 p.277

颜廷亮著 敦煌文化[东方文化集成·中华文化编] 北京：光明日报出版社，2000年12月 p.103

林聪明著 敦煌吐鲁番文书解诂指例（敦煌丛刊二集⑮）台北：新文丰出版公司，2001年6月 p.128

陆锡兴著《诗经》异文研究 北京：中国社会科学出版社，2001年12月第1版；2002年10月第2次印刷 p.146

中国美编 中国散藏敦煌文献分类目录 北京：北京图书馆出版社，2007年10月 p.196~197

伏俊琏著 敦煌文学总论（修订本）上海：上海古籍出版社，2019年4月 p.74

许建平 敦煌经籍叙录 兰州：兰州大学博士研究生学位论文，2006年6月 p.214

韩锋 敦煌本儒家文献研究 兰州：兰州大学博士研究生学位论文，2007年5月 p.91

陈琪 敦煌遗书书法浅探 兰州：兰州大学博士研究生学位论文，2007年5月 p.152（表）

陶家骏 敦煌研究院藏佚本《维摩诘经注》写卷研究 苏州：苏州大学博士研究生学位论文，2012年3月

p.27；p.28（表）；p.29

毛秋瑾 北魏时期敦煌写经书法研究 苏州：苏州大学硕士研究生学位论文，2002年1月 p.24；p.43（附表）

常書鴻著，秋岡家栄訳 敦煌の風鐸 東京：学習研究社，1982年6月 p.193

池田温编 中國古代寫本識語集錄 東京：東京大学東洋文化研究所発行，1990年3月30日 p.88（第92号題記錄文）；附圖p.17（圖18）

原编号No.53（T.53）孝经及御注孝经疏残卷①

苏莹辉 北魏写本孝经残叶补校记《大陆杂志》第20卷第5期，1960年3月 p.6~11；收入大陆杂志社编《通论·经学》（大陆杂志语文丛书第一辑第一册），台北：大陆杂志社编印，年月不详 p.275~280；收入氏著《敦煌论集》，台北：台湾学生书局，1969年8月；1979年4月；1983年6月 p.283~295；又题名作《敦煌北魏写本孝经残叶补校记》，收入郑学檬、郑炳林主编《中国敦煌学百年文库·文献卷》（一），兰州：甘肃文化出版社，1999年 p.394~440

苏莹辉 中外敦煌古写本纂要《东海大学图书馆学报》第4期，1962年8月 p.117~132；收入氏著《敦煌论集》，台北：台湾学生书局，1969年8月；1979年4月；1983年6月 p.312~313

陈一风 论唐玄宗对《孝经》文本的整理《孝感学院学报》2009年第5期 p.23注④

原编号T.11 毛诗注残页②

苏莹辉 敦煌新出写本毛诗孝经合考《东方杂志》第41卷第3号，1945年2月 p.47~53；收入孙彦、萨仁高娃、胡月平选编《民国期刊资料分类汇编·敦煌学研究》第3册，北京：国家图书馆出版社，2009年4月 p.1928~1933；收入周保明、吴平选编《民国期刊资料分类汇编·东方杂志·学术编》第3册，北京：国家图书馆出版社，2010年5月 p.1535~1541

苏莹辉 关于本所新发见北魏写本毛诗残叶《西北文化》第32期（敦煌艺术）特辑（四），1945年6月26日

苏莹辉 六朝写本毛诗注残叶斠记《孔孟学报》第3期，1962年4月 p.267~270；收入氏著《敦煌论集》，台北：台湾学生书局，1969年8月；1979年4月；1983年6月 p.297~300

苏莹辉 中外敦煌古写本纂要《东海大学图书馆学报》第4期，1962年8月 p.117~132；收入氏著《敦煌论集》，台北：台湾学生书局，1969年8月；1979年4月；1983年6月 p.311~312

苏莹辉著 敦煌学概要（增订再版）台北：编译馆中华丛书编审委员会，1981年10月 p.249~250；p.363；图58

---

①此残卷应为敦研366号（收藏号225）孝经残片，苏氏发文较早，当时还不曾有规范统一的编号，为使查阅、引用、研究便利，在此单列，仅供参考。

②北朝《诗经》残卷原藏敦煌文物研究所。刘进宝著《敦煌学通论》（增订本）称："苏莹辉所编目之第11号《诗经残卷》，1951年在首都举办敦煌文物展览时携至北京，一直为故宫博物院保存。"

苏莹辉著 敦煌学概要 台北:五南图书出版公司,1988年12月 p.249~250;p.363;图58

刘进宝著 敦煌学通论(增订本) 兰州:甘肃教育出版社,2019年4月 p.209

敦研367 大般若波罗蜜多经卷第五百二十四(尾题)

敦煌文物研究所资料室,刘忠贵、施娉婷 敦煌文物研究所藏敦煌遗书目录《文物资料丛刊》(1),北京:文物出版社,1977年12月 p.65;收入冯志文、杨际平主编《中国敦煌学百年文库·综述卷》(二),兰州:甘肃文化出版社,1999年 p.283

白化文 敦煌汉文遗书中雕版印刷资料综述 《中国敦煌吐鲁番学会研究通讯》1987年第2期 p.30~31;又载《大学图书馆通讯》1987年第3期 p.49;收入北大图书情报研究编辑部编《图书情报研究》(建系四十周年纪念刊1947—1987),北京:北京大学图书馆学情报学系编印,1988年1月 p.408~417;收入宋原放主编《中国出版史料》(古代部分)第一卷,武汉:湖北教育出版社,2004年10月 p.58;收入氏著《敦煌学与佛教杂稿》,北京:中华书局,2013年4月 p.69;北京:中国书籍出版社,2016年10月 p.94

舒学 敦煌汉文遗书中雕版印刷资料综述《敦煌语言文学研究》,北京:北京大学出版社,1988年7月 p.293~294

白化文 经折装《敦煌学大辞典》,上海:上海辞书出版社,1998年12月 p.592

邰惠莉 甘肃藏非敦煌文献的真伪、来源及相关问题《敦煌学辑刊》2000年第2期 p.73

施萍婷、邰惠莉 敦煌研究院藏敦煌文献叙录《敦煌研究文集·敦煌研究院藏敦煌文献研究篇》,兰州:甘肃民族出版社,2000年9月 p.127

杨森 敦煌研究院藏敦煌文献论著目录《敦煌研究文集·敦煌研究院藏敦煌文献研究篇》,兰州:甘肃民族出版社,2000年9月 p.616

邰惠莉 敦煌研究院藏敦煌遗书的来源和价值《中国书法》2019年第9期 p.53

中国美编 中国散藏敦煌文献分类目录 北京:北京图书馆出版社,2007年10月 p.197

敦研368(收藏号783) 国语卷三周语下

王利器 跋敦煌残卷两篇《文献》(丛刊),1980年第1辑 p.177~179

王利器 跋敦煌所出〈国语贾逵注〉残卷《王利器论学杂著》,北京:北京师范学院出版社,1990年1月 p.344~346;收入氏著《晓传书斋集》,上海:华东师范大学出版社,1997年12月 p.336~338

饶宗颐 敦煌所出北魏写本《国语·周语》旧注残叶跋《1990年敦煌学国际研讨会文集·史地语文编》,沈阳:辽宁美术出版社,1995年7月 p.522~525;收入季羡林、饶宗颐、周一良主编《敦煌吐鲁番研究》第1卷,北京:北京大学出版社,1996年4月 p.297~300;收入敦煌研究院编《敦煌研究文集·敦煌研究院藏敦煌文献研究篇》,兰州:甘肃民族出版社,2000年9月 p.143~146

姜洪源 八件敦煌遗书回归记《(甘肃)档案》1997年第6期 p.29

谭婵雪 青山庆示所捐敦煌文献及三件校释《敦煌研究》1999年第2期 p.47

施萍婷 甘肃藏敦煌文献概述 《甘肃藏敦煌文献精粹》,兰州:甘肃人民出版社,1999年 p.8;又载段文

杰主编《甘肃藏敦煌文献》(第一至六卷),兰州:甘肃人民出版社,1999年9~12月 p.8

邰惠莉、罗华庆、陈雪静撰稿,施萍婷、邵国秀审订 敦煌研究院藏敦煌文献叙录(下)《甘肃藏敦煌文献》(第二卷),兰州:甘肃人民出版社,1999年9月 p.3114;图版p.164~165

施萍婷 甘肃藏敦煌文献的来源、真伪及其价值《甘肃书讯》第4期(总第111期),1999年10月第4版1、4版中缝

韩惠言 甘藏敦煌汉文文献概况《敦煌学辑刊》2000年第2期 p.69;收入敦煌研究院编《2000年敦煌学国际学术讨论会文集——纪念敦煌藏经洞发现暨敦煌学百年》历史文化卷(上),兰州:甘肃民族出版社,2003年9月 p.519

樊锦诗 敦煌研究院藏敦煌文献研究概述《敦煌研究文集·敦煌研究院藏敦煌文献研究篇》,兰州:甘肃民族出版社,2000年9月 p.3

施萍婷、邰惠莉 敦煌研究院藏敦煌文献叙录《敦煌研究文集·敦煌研究院藏敦煌文献研究篇》,兰州:甘肃民族出版社,2000年9月 p.127

张涌泉 敦煌故里对敦煌学的新奉献——《甘肃藏敦煌文献》读后《敦煌研究》2001年第1期 p.183

郭万青 甘肃藏敦煌写本残卷《国语·周语下》校记《敦煌研究》2009年第3期 p.63~72

苏莹辉著 敦煌学概要(增订再版)台北:编译馆中华丛书编审委员会,1981年10月 p.250;p.365;图60

苏莹辉著 敦煌学概要 台北:五南图书出版公司,1988年12月 p.250;p.365;图60

申国美编 中国散藏敦煌文献分类目录 北京:北京图书馆出版社,2007年10月 p.81、197

甘肃省地方史志编纂委员会编 甘肃省志·文物志(中册)北京:文物出版社,2018年11月 p.1521~1522;图1幅

王翠《甘肃藏敦煌文献》俗字研究 南京:南京师范大学硕士研究生学位论文,2014年5月 p.3;p.19(表);p.23;p.53(附录:中古经卷"表")

陶家骏 敦煌研究院藏佚本《维摩诘经注》写卷研究 苏州:苏州大学博士研究生学位论文,2012年3月 p.27

说明:此卷为日本友人青山庆示捐赠品。

敦研368V 太平真君十一年至十二年历

苏莹辉 敦煌所出北魏写本历日《大陆杂志》第1卷第9期,1950年11月;收入氏著《敦煌论集》,台北:台湾学生书局,1969年8月;1979年4月;1983年6月 p.305~308;收入邓文宽、马德主编《中国敦煌学百年文库·科技卷》,兰州:甘肃文化出版社,1999年 p.40~42

王利器 跋敦煌残卷两篇《文献》(丛刊)1980年第1辑 p.177

周丕显 敦煌科技书卷丛谈《敦煌学辑刊》第2集,1981年10月 p.53;收入氏著《敦煌文献研究》,兰州:甘肃文化出版社,1995年6月 p.208;收入邓文宽、马德主编《中国敦煌学百年文库·科技卷》,兰州:甘肃文化出版社,1999年 p.7

孙国华 敦煌遗书中的科技文献《中国科技史料》1990年第2期 p.75

刘操南 北魏太平真君十一年、十二年残历读记《敦煌研究》1992年第1期 p.44~45；收入邓文宽、马德主编《中国敦煌学百年文库·科技卷》，兰州：甘肃文化出版社，1999年 p.217~219

邓文宽 关于敦煌历日研究的几点意见《敦煌研究》1993年第1期 p.69~72；收入氏著《敦煌吐鲁番天文历法研究》，兰州：甘肃教育出版社，2002年9月 p.182~188

邓文宽 敦煌本北魏历书与中国古代月蚀预报《敦煌吐鲁番学研究论集》，北京：书目文献出版社，1996年6月 p.360~372；收入氏著《敦煌吐鲁番学耕耘录》，台北：新文丰出版公司，1996年11月 p.21~35；收入邓文宽、马德主编《中国敦煌学百年文库·科技卷》，兰州：甘肃文化出版社，1999年 p.236~244；收入敦煌研究院编《敦煌研究文集·敦煌研究院藏敦煌文献研究篇》，兰州：甘肃民族出版社，2000年9月 p.147~159；收入氏著《敦煌吐鲁番天文历法研究》，兰州：甘肃教育出版社，2002年9月 p.189~200

邓文宽 敦煌历日的现代流变——香港民用历书文化探源《庆祝潘石禅先生九秩华诞敦煌学特刊》，台北：文津出版社，1996年9月 p.249；收入氏著《敦煌吐鲁番天文历法研究》，兰州：甘肃教育出版社，2002年9月 p.60

姜洪源 八件敦煌遗书回归记《(甘肃)档案》1997年第6期 p.29

邓文宽 敦煌历日《敦煌学大辞典》，上海：上海辞书出版社，1998年12月 p.604~605

邓文宽 太平真君十一年、十二年历日《敦煌学大辞典》，上海：上海辞书出版社，1998年12月 p.605

谭婵雪 青山庆示所捐敦煌文献及三件校释《敦煌研究》1999年第2期 p.47~51

邰惠莉、罗华庆、陈雪静撰稿，施萍婷、邵国秀审订 敦煌研究院藏敦煌文献叙录(下)《甘肃藏敦煌文献》(第二卷)，兰州：甘肃人民出版社，1999年9月 p.314；图版p.165~166

介生 遍记甘藏敦煌遗书 兼具资料学术价值——《甘肃藏敦煌文献》介评《图书与情报》2000年第2期 p.79

施萍婷、邰惠莉 敦煌研究院藏敦煌文献叙录《敦煌研究文集·敦煌研究院藏敦煌文献研究篇》，兰州：甘肃民族出版社，2000年9月 p.128

王朝霞 中国最早月蚀预报载于北魏历书《甘肃日报》2002年6月15日

王朝霞、茆琛 中国最早月蚀预报载于北魏历谱《光明日报》2002年6月24日

王成芳 中国最早月蚀预报起于北魏《人民日报》(海外版)2002年6月25日第2版

邓文宽 敦煌具注历日与《四时纂要》的比较研究《敦煌研究》2004年第1期 p.62；收入氏著《邓文宽敦煌天文历法考索》，上海：上海古籍出版社，2010年12月 p.205

林金泉 敦煌写本《北魏太平真君十一年、十二年历日》综研《成大中文学报》第20期，台南：成功大学中文系，2008年4月 p.37~78；收入郑炳林、郑阿财主编《港台敦煌学文库》第30册，兰州：甘肃人民出版社，2014年12月 p.1~50

邓文宽 吐蕃占领前的敦煌历法行用问题《敦煌研究》2013年第3期 p.145

李戈(Igor Akulenko) 俄藏敦煌文献探析《才智》2014年第13期 p.300

书林 清光绪纸质文书《光明日报》2015年6月12日第16版

邰惠莉 敦煌研究院藏敦煌遗书的来源和价值《中国书法》2019年第9期 p.53

苏莹辉著 敦煌学概要(增订再版) 台北:编译馆中华丛书编审委员会,1981年10月 p.172、250

苏莹辉著 敦煌学概要 台北:五南图书出版公司,1988年12月 p.172、250

申国美编 中国散藏敦煌文献分类目录 北京:北京图书馆出版社,2007年10月 p.82、197

王翠《甘肃藏敦煌文献》俗字研究 南京:南京师范大学硕士研究生学位论文,2014年5月 p.3;p.19(表)

陶家骏 敦煌研究院藏佚本《维摩诘经注》写卷研究 苏州:苏州大学博士研究生学位论文,2012年3月 p.27

说明:此卷为日本友人青山庆示捐赠品;青山1号。

青山1号(敦研368V) 太平真君十一年至十二年历

施萍婷 甘肃藏敦煌文献概述《甘肃藏敦煌文献精粹》,兰州:甘肃人民出版社,1999年 p.8;又载段文杰主编《甘肃藏敦煌文献》(第一至六卷),兰州:甘肃人民出版社,1999年9~12月 p.8

敦研369(收藏号784) 归义军衙府酒破历

姜洪源 八件敦煌遗书回归记《(甘肃)档案》1997年第6期 p.29

李江 敦煌文物:一个民族的荣辱沧桑史《瞭望(周刊)》1997年第51期 p.36

李江 敦煌遗书,一个民族的荣辱沧桑史《档案》1998年第1期 p.25

李江 敦煌流失国宝何日归《中华魂》1998年第3期 p.27

李江 敦煌文物首次回归故里《西北民族研究》1999年第1期 p.169

谭蝉雪 青山庆示所捐敦煌文献及三件校释《敦煌研究》1999年第2期 p.47、51

张振阳、陈秋香撰文 酒帐单《沙漠中的明珠·敦煌石窟》,台北:大地地理出版事业股份有限公司,1999年4月 p.122~123;附彩图1幅

邰惠莉、罗华庆、陈雪静撰稿,施萍婷、邵国秀审订 敦煌研究院藏敦煌文献叙录(下)《甘肃藏敦煌文献》(第二卷),兰州:甘肃人民出版社,1999年9月 p.314;图版p.166~167

韩惠言 甘藏敦煌汉文文献概况《敦煌学辑刊》2000年第2期 p.70;收入敦煌研究院编《2000年敦煌学国际学术讨论会文集——纪念敦煌藏经洞发现暨敦煌学百年》历史文化卷(上),兰州:甘肃民族出版社,2003年9月 p.520

高启安 唐五代敦煌人的饮酒习俗述论《敦煌研究》2000年第3期 p.82

施萍婷、邰惠莉 敦煌研究院藏敦煌文献叙录《敦煌研究文集·敦煌研究院藏敦煌文献研究篇》,兰州:甘肃民族出版社,2000年9月 p.128

王志佑 百年祭 何时归——愿敦煌文物早日回归故里《北京第二外国语学院学报》2001年第3期 p.74

韩春平、马德、许端清 关于敦煌遗书数据库《敦煌学辑刊》2018年第4期 p.153

王惠民著 敦煌宝藏(中华文明宝库) 上海:上海古籍出版社,1996年9月 p.102~103

申国美编 中国散藏敦煌文献分类目录 北京:北京图书馆出版社,2007年10月 p.85、197

沈乐平著 敦煌书法综论 杭州:浙江古籍出版社,2009年10月 p.157;图1幅

高启安著 唐五代敦煌饮食文化研究(敦煌往事论丛) 北京:民族出版社,2004年5月 p.120

说明:此卷为日本友人青山庆示捐赠;青山2号。可上接敦研001,下接P.2629。

青山2号(敦研369)+敦研001+P.2629

施萍婷 甘肃藏敦煌文献概述《甘肃藏敦煌文献精粹》,兰州:甘肃人民出版社,1999年 p.8;又载段文杰主编《甘肃藏敦煌文献》(第一至六卷),兰州:甘肃人民出版社,1999年9~12月 p.8

董希文旧藏(敦研0369号)+敦研001+P.2629

沙武田、赵晓星 归义军时期敦煌文献中的太子《敦煌研究》2003年第4期 p.46

陈菊霞 归义军中后期敦煌县非十乡制《敦煌研究》2008年第3期 p.94~95、97

敦研369V 金刚经注疏

姜洪源 八件敦煌遗书回归记《(甘肃)档案》1997年第6期 p.29

孟建国、柴金明、吴勇 八件敦煌文物归故里,敦煌研究院接受青山庆示先生捐赠《甘肃日报》1997年10月10日第1版

李江 敦煌八件文物首次回归故里《兰州晨报》1997年10月11日;又载《甘肃日报》1997年12月31日

李江 敦煌文物首次回归故里《西北民族研究》1999年第1期 p.169

谭婵雪 青山庆示所捐敦煌文献及三件校释《敦煌研究》1999年第2期 p.47

邰惠莉、罗华庆、陈雪静撰稿,施萍婷、邵国秀审订 敦煌研究院藏敦煌文献叙录(下)《甘肃藏敦煌文献》(第二卷),兰州:甘肃人民出版社,1999年9月 p.314;图版p.167~168

施萍婷、邰惠莉 敦煌研究院藏敦煌文献叙录《敦煌研究文集·敦煌研究院藏敦煌文献研究篇》,兰州:甘肃民族出版社,2000年9月 p.128

达照 敦煌本P.2039V号《金刚经赞》的考察《中国佛学院学报·法源》(第19期),北京:中国佛学院《法源》编辑部,2001年12月 p.100

达照 金刚经赞集《藏外佛教文献》(第九辑),北京:宗教文化出版社,2003年7月 p.39~40

中国美编 中国散藏敦煌文献分类目录 北京:北京图书馆出版社,2007年10月 p.68、197

董大学 敦煌本《金刚经》注疏叙录 上海:上海师范大学硕士研究生学位论文,2009年5月 p.13、76~77

说明:此卷为日本友人青山庆示捐赠。

敦研370(青山庆示原编号3-C,敦煌研究院新编号785) 佛图棠所化经

姜洪源 八件敦煌遗书回归记《(甘肃)档案》1997年第6期 p.29

邰惠莉 敦煌写本《佛图澄所化经》初探《敦煌研究》1998年第4期 p.96~100下转133;图版22;又载《法门寺文化研究通讯》总第11期('98法门寺唐文化国际学术讨论会专号),1998年11月 p.167~172;收入韩金科主编《'98法门寺唐文化国际学术讨论会论文集》,西安:陕西人民出版社,2000年12月 p.265~269;略作修

订后题作《敦煌写本〈佛图堂所化经〉初探》,收入敦煌研究院编《敦煌研究文集·敦煌研究院藏敦煌文献研究篇》,兰州:甘肃民族出版社,2000年9月 p.185~195;图6

高启安、索黛 唐五代敦煌饮食中的饼浅探——敦煌饮食文化研究之二《敦煌研究》1998年第4期 p.85

谭婵雪 青山庆示所捐敦煌文献及三件校释《敦煌研究》1999年第2期 p.47、51~53

邰惠莉、罗华庆、陈雪静撰稿,施萍婷、邵国秀审订 敦煌研究院藏敦煌文献叙录(下)《甘肃藏敦煌文献》(第二卷),兰州:甘肃人民出版社,1999年9月 p.314;图版p.168

韩惠言 甘藏敦煌汉文文献概况《敦煌学辑刊》2000年第2期 p.69;收入敦煌研究院编《2000年敦煌学国际学术讨论会文集——纪念敦煌藏经洞发现暨敦煌学百年》历史文化卷(上),兰州:甘肃民族出版社,2003年9月 p.519

樊锦诗 敦煌研究院藏敦煌文献研究概述《敦煌研究文集·敦煌研究院藏敦煌文献研究篇》,兰州:甘肃民族出版社,2000年9月 p.4

施萍婷、邰惠莉 敦煌研究院藏敦煌文献叙录《敦煌研究文集·敦煌研究院藏敦煌文献研究篇》,兰州:甘肃民族出版社,2000年9月 p.129

张涌泉 敦煌故里对敦煌学的新奉献——《甘肃藏敦煌文献》读后《敦煌研究》2001年第1期 p.183

林世田、刘波 国图藏西域出土《观世音菩萨劝攘灾经》研究《敦煌文献·考古·艺术综合研究——纪念向达先生诞辰110周年国际学术研讨会论文集》,北京:中华书局,2011年12月 p.309、312、318

张永强(考释) 佛图堂所化经《中国书法全集》第14卷[三国两晋南北朝编 两晋南北朝写经写本],北京:荣宝斋出版社,2013年1月 p.337~338;图版p.176

刘泓文 敦煌佛道关系研究综述《2014敦煌学国际联络委员会通讯集刊》,上海:上海古籍出版社,2014年8月 p.181

张雪松 "一带一路"背景下的丝路美食文化——从敦煌写卷《佛图澄所化经》谈起《美食研究》2015年第4期 p.7~9

章义和 敦煌佛教疑伪经中的道教因素《丝绸之路·肃州文化遗产保护与文化旅游产业发展学术研讨会》,兰州:甘肃文化出版社,2017年10月 p.3~15

高启安著 唐五代敦煌饮食文化研究(敦煌往事论丛) 北京:民族出版社,2004年5月 p.58

申国美编 中国散藏敦煌文献分类目录 北京:北京图书馆出版社,2007年10月 p.79、198

林世田、杨学勇、刘波著 敦煌佛典的流通与改造 兰州:甘肃教育出版社,2013年11月 p.82~83

甘肃省地方史志编纂委员会编 甘肃省志·文物志(中册) 北京:文物出版社,2018年11月 p.1522

陈瑞峰《甘肃藏敦煌文献》俗字研究 金华:浙江师范大学硕士研究生学位论文,2012年5月 p.9

说明:此卷为日本友人青山庆示捐赠。

敦研371(收藏号786) 大般涅槃经卷第三十七迦叶菩萨品第十二之五

谭婵雪 青山庆示所捐敦煌文献及三件校释《敦煌研究》1999年第2期 p.47~48

施萍婷 甘肃藏敦煌文献概述《甘肃藏敦煌文献精粹》,兰州:甘肃人民出版社,1999年 p.7;又载段文

杰主编《甘肃藏敦煌文献》(第一至六卷),兰州:甘肃人民出版社,1999年9~12月 p.7

邰惠莉、罗华庆、陈雪静撰稿,施萍婷、邵国秀审订 敦煌研究院藏敦煌文献叙录(下)《甘肃藏敦煌文献》(第二卷),兰州:甘肃人民出版社,1999年9月 p.314~315;图版p.169

韩惠言 甘藏敦煌汉文文献概况《敦煌学辑刊》2000年第2期 p.68;收入敦煌研究院编《2000年敦煌学国际学术讨论会文集——纪念敦煌藏经洞发现暨敦煌学百年》历史文化卷(上),兰州:甘肃民族出版社,2003年9月 p.517

施萍婷、邰惠莉 敦煌研究院藏敦煌文献叙录《敦煌研究文集·敦煌研究院藏敦煌文献研究篇》,兰州:甘肃民族出版社,2000年9月 p.129

张涌泉 敦煌故里对敦煌学的新奉献——《甘肃藏敦煌文献》读后《敦煌研究》2001年第1期 p.182

中国美编 中国散藏敦煌文献分类目录 北京:北京图书馆出版社,2007年10月 p.43、198

景盛轩 敦煌本《大般涅槃经》研究——以版本、异文及训诂为中心 杭州:浙江大学博士研究生学位论文,2004年5月 p.112

说明:此卷为日本友人青山庆示捐赠品;青山4。

青山4(敦研371) 大般涅槃经卷第三十七迦叶菩萨品第十二之五

施萍婷 甘肃藏敦煌文献概述《甘肃藏敦煌文献精粹》,兰州:甘肃人民出版社,1999年 p.6;又载段文杰主编《甘肃藏敦煌文献》(第一至六卷),兰州:甘肃人民出版社,1999年9~12月 p.6

敦研372(收藏号787) 修行本起经下

李江 敦煌文物:一个民族的荣辱沧桑史《瞭望(周刊)》1997年第51期 p.36

李江 敦煌遗书,一个民族的荣辱沧桑史《档案》1998年第1期 p.25

李江 敦煌流失国宝何日归《中华魂》1998年第3期 p.27

谭婵雪 青山庆示所捐敦煌文献及三件校释《敦煌研究》1999年第2期 p.48

邰惠莉、罗华庆、陈雪静撰稿,施萍婷、邵国秀审订 敦煌研究院藏敦煌文献叙录(下)《甘肃藏敦煌文献》(第二卷),兰州:甘肃人民出版社,1999年9月 p.315;图版p.170

施萍婷、邰惠莉 敦煌研究院藏敦煌文献叙录《敦煌研究文集·敦煌研究院藏敦煌文献研究篇》,兰州:甘肃民族出版社,2000年9月 p.129

邰惠莉 敦煌写本《佛图堂所化经》初探《敦煌研究文集·敦煌研究院藏敦煌文献研究篇》,兰州:甘肃民族出版社,2000年9月 p.185

王志佑 百年祭 何时归——愿敦煌文物早日回归故里《北京第二外国语学院学报》2001年第3期 p.74

中国美编 中国散藏敦煌文献分类目录 北京:北京图书馆出版社,2007年10月 p.2、198

说明:此卷为日本友人青山庆示捐赠。

敦研373(收藏号788) 大般涅槃经卷第二十四光明遍照高贵德王菩萨品第十之四

谭婵雪 青山庆示所捐敦煌文献及三件校释《敦煌研究》1999年第2期 p.48

施萍婷 甘肃藏敦煌文献概述《甘肃藏敦煌文献精粹》,兰州:甘肃人民出版社,1999年 p.7;又载段文杰主编《甘肃藏敦煌文献》(第一至六卷),兰州:甘肃人民出版社,1999年9~12月 p.7

邰惠莉、罗华庆、陈雪静撰稿,施萍婷、邵国秀审订 敦煌研究院藏敦煌文献叙录(下)《甘肃藏敦煌文献》(第二卷),兰州:甘肃人民出版社,1999年9月 p.315;图版p.170~171

施萍婷、邰惠莉 敦煌研究院藏敦煌文献叙录《敦煌研究文集·敦煌研究院藏敦煌文献研究篇》,兰州:甘肃民族出版社,2000年9月 p.129~130

中国美编 中国散藏敦煌文献分类目录 北京:北京图书馆出版社,2007年10月 p.40、198

景盛轩 敦煌本《大般涅槃经》研究——以版本、异文及训诂为中心 杭州:浙江大学博士研究生学位论文,2004年5月 p.82

说明:此卷为日本友人青山庆示捐赠品;青山6。此卷可与056(2)号缀合。373号下接056(2)号。

青山6(敦研373) 大般涅槃经卷第二十四光明遍照高贵德王菩萨品第十之四

施萍婷 甘肃藏敦煌文献概述《甘肃藏敦煌文献精粹》,兰州:甘肃人民出版社,1999年 p.6;又载段文杰主编《甘肃藏敦煌文献》(第一至六卷),兰州:甘肃人民出版社,1999年9~12月 p.6

青山6 大般涅槃经卷第二十四光明遍照高贵德王菩萨品第十之四

施萍婷 敦煌研究院藏土地庙写本源自藏经洞《敦煌研究》1999年第2期 p.46(附表)

青山捐赠品6(敦研373)+0056(2)(土) 大般涅槃经卷第二十四光明遍照高贵德王菩萨品第十之四

施萍婷 敦煌研究院藏土地庙写本源自藏经洞《敦煌研究》1999年第2期 p.43;略为删减修订后收入敦煌研究院编《敦煌研究文集·敦煌研究院藏敦煌文献研究篇》,兰州:甘肃民族出版社,2000年9月 p.19;收入氏著《敦煌习学集》(上),兰州:甘肃民族出版社,2004年12月 p.281;收入氏著《敦煌石窟与文献研究》,杭州:浙江大学出版社,2015年12月 p.372

施萍婷 甘肃藏敦煌文献概述《甘肃藏敦煌文献精粹》,兰州:甘肃人民出版社,1999年 p.5;又载段文杰主编《甘肃藏敦煌文献》(第一至六卷),兰州:甘肃人民出版社,1999年9~12月 p.5

陶家骏 敦煌研究院藏佚本《维摩诘经注》写卷研究 苏州:苏州大学博士研究生学位论文,2012年3月 p.18

敦研374(收藏号789) 大般涅槃经卷第三十八迦叶菩萨品第十二之六

施萍婷 敦煌研究院藏土地庙写本源自藏经洞《敦煌研究》1999年第2期 p.43

谭婵雪 青山庆示所捐敦煌文献及三件校释《敦煌研究》1999年第2期 p.48

邰惠莉、罗华庆、陈雪静撰稿,施萍婷、邵国秀审订 敦煌研究院藏敦煌文献叙录(下)《甘肃藏敦煌文

献》(第二卷),兰州:甘肃人民出版社,1999年9月 p.315;图版p.171~172

施萍婷、邰惠莉 敦煌研究院藏敦煌文献叙录《敦煌研究文集·敦煌研究院藏敦煌文献研究篇》,兰州:甘肃民族出版社,2000年9月 p.130

邰惠莉 敦煌写本《佛图堂所化经》初探《敦煌研究文集·敦煌研究院藏敦煌文献研究篇》,兰州:甘肃民族出版社,2000年9月 p.185

刘涛《三国志·吴书·步骘传》写本残卷辨伪——兼说鉴定古代写本真伪的方法《收藏家》2002年第2期 p.50~55;收入国家图书馆善本特藏部敦煌吐鲁番学资料研究中心编《敦煌与丝路文化学术讲座》(第二辑),北京:北京图书馆出版社,2005年1月 p.101

景盛轩 敦煌北本《大般涅槃经》分卷考《〈大般涅槃经〉異文研究》,成都:巴蜀书社,2009年2月 调查表p.331

张涌泉、罗慕君 敦煌佛经残卷缀合释例《浙江大学学报》(人文社会科学版)2016年第3期 p.16

申国美编 中国散藏敦煌文献分类目录 北京:北京图书馆出版社,2007年10月 p.43、198

景盛轩著《大般涅槃经》異文研究 成都:巴蜀书社,2009年2月 p.43

景盛轩 敦煌本《大般涅槃经》研究——以版本、异文及训诂为中心 杭州:浙江大学博士研究生学位论文,2004年5月 p.113;p.134(表二);p.148

说明:此卷为日本友人青山庆示捐赠。

敦研375(收藏号790)[①] 维摩诘经注弟子品第三(上)

谭婵雪 青山庆示所捐敦煌文献及三件校释《敦煌研究》1999年第2期 p.48

邰惠莉、罗华庆、陈雪静撰稿,施萍婷、邵国秀审订 敦煌研究院藏敦煌文献叙录(下)《甘肃藏敦煌文献》(第二卷),兰州:甘肃人民出版社,1999年9月 p.315;图版p.173

施萍婷、邰惠莉 敦煌研究院藏敦煌文献叙录《敦煌研究文集·敦煌研究院藏敦煌文献研究篇》,兰州:甘肃民族出版社,2000年9月 p.130

申国美编 中国散藏敦煌文献分类目录 北京:北京图书馆出版社,2007年10月 p.69、198

曾晓红 敦煌本《维摩经》注疏叙录 上海:上海师范大学硕士研究生学位论文,2008年2月 p.5、10、77

张瑞兰 敦煌本《维摩诘经》异文研究 金华:浙江师范大学硕士研究生学位论文,2013年4月 p.4

说明:此卷为日本友人青山庆示捐赠,原编号8-H。

敦研375V 佛经注解

姜洪源 八件敦煌遗书回归记《(甘肃)档案》1997年第6期 p.29

---

①土地庙出土的敦研066、067号以及收集品敦研247、248、249、250、251、252、375号等九件写卷皆为北朝写本,为同一形式、同一人书写,内容没有重复,当年应是一件,源自敦煌莫高窟第17窟(藏经洞),后流散各处。敦研375号写卷流至日本后,幸由日本友人回赠,方得完璧。根据研究,敦研375号和066号首尾相连,顺序为375号、066号、(此处缺一纸)、247号、248号、067号、(此处似缺二纸)、249号、(此处缺一纸)、250号、251号、252号、(下缺)……

谭蝉雪 青山庆示所捐敦煌文献及三件校释《敦煌研究》1999年第2期 p.48

邰惠莉、罗华庆、陈雪静撰稿，施萍婷、邵国秀审订 敦煌研究院藏敦煌文献叙录（下）《甘肃藏敦煌文献》（第二卷），兰州：甘肃人民出版社，1999年9月 p.315；图版p.174

施萍婷、邰惠莉 敦煌研究院藏敦煌文献叙录《敦煌研究文集·敦煌研究院藏敦煌文献研究篇》，兰州：甘肃民族出版社，2000年9月 p.130

叶贵良《甘肃藏敦煌文献》残卷未识原因初探《敦煌研究》2003年第4期 p.90

袁德领 敦煌研究院藏《佚本〈维摩诘经注〉》的几个问题《敦煌研究》2008年第3期 p.77

陶家骏、苗昱 敦煌研究院藏佚本《维摩诘经注》写卷再探——兼及"子母注"问题《敦煌研究》2012年第3期 p.94~95

申国美编 中国散藏敦煌文献分类目录 北京：北京图书馆出版社，2007年10月 p.70、198

敦研376（收藏号605）道经

邰惠莉、罗华庆、陈雪静撰稿，施萍婷、邵国秀审订 敦煌研究院藏敦煌文献叙录（下）《甘肃藏敦煌文献》（第二卷），兰州：甘肃人民出版社，1999年9月 p.315；图版p.175

施萍婷、邰惠莉 敦煌研究院藏敦煌文献叙录《敦煌研究文集·敦煌研究院藏敦煌文献研究篇》，兰州：甘肃民族出版社，2000年9月 p.130

叶贵良《甘肃藏敦煌文献》残卷未识原因初探《敦煌研究》2003年第4期 p.90

王卡著 敦煌道教文献研究——综述·目录·索引 北京：中国社会科学出版社，2004年10月 p.142；p.280"敦煌道教文献编号索引"续表

申国美编 中国散藏敦煌文献分类目录 北京：北京图书馆出版社，2007年10月 p.80、198

叶贵良 敦煌道经词汇研究 杭州：浙江大学博士研究生学位论文，2004年11月 p.35

程思尹 敦煌本《洞渊神咒经》研究——以文本和鬼神体系为中心 兰州：兰州大学硕士研究生学位论文，2017年5月 p.11、13~14

敦研377（收藏号612）金刚般若波罗蜜经

邰惠莉、罗华庆、陈雪静撰稿，施萍婷、邵国秀审订 敦煌研究院藏敦煌文献叙录（下）《甘肃藏敦煌文献》（第二卷），兰州：甘肃人民出版社，1999年9月 p.315；图版p.175

施萍婷、邰惠莉 敦煌研究院藏敦煌文献叙录《敦煌研究文集·敦煌研究院藏敦煌文献研究篇》，兰州：甘肃民族出版社，2000年9月 p.131

罗慕君、张涌泉 散藏敦煌本《金刚经》缀合研究《敦煌吐鲁番研究》（第十八卷），上海：上海古籍出版社，2019年4月 p.634

申国美编 中国散藏敦煌文献分类目录 北京：北京图书馆出版社，2007年10月 p.13、198

张开媛《金刚经》鸠摩罗什译本在唐代的流传和接受 北京：北京外国语大学博士研究生学位论文，2015年12月 p.354~355

敦研378(收藏号633)佛说佛名经卷第七

郃惠莉、罗华庆、陈雪静撰稿,施萍婷、邵国秀审订 敦煌研究院藏敦煌文献叙录(下)《甘肃藏敦煌文献》(第二卷),兰州:甘肃人民出版社,1999年9月 p.316;图版p.176

施萍婷、邰惠莉 敦煌研究院藏敦煌文献叙录《敦煌研究文集·敦煌研究院藏敦煌文献研究篇》,兰州:甘肃民族出版社,2000年9月 p.131

陈红彦、林世田 敦煌遗书近现代鉴藏印章辑述(下)《文献》2007年第3期 p.136;收入林世田著《敦煌遗书研究论集》,北京:中国藏学出版社,2010年3月 p.308~309

中国美编 中国散藏敦煌文献分类目录 北京:北京图书馆出版社,2007年10月 p.46、199

沈乐平著 敦煌书法综论 杭州:浙江古籍出版社,2009年10月 p.238(鉴藏印章检索表)

沈乐平 敦煌书法综论 杭州:中国美术学院博士研究生学位论文,2008年5月 p.236(鉴藏印章检索表)

敦研379(收藏号634)妙法莲华经卷第三

郃惠莉、罗华庆、陈雪静撰稿,施萍婷、邵国秀审订 敦煌研究院藏敦煌文献叙录(下)《甘肃藏敦煌文献》(第二卷),兰州:甘肃人民出版社,1999年9月 p.316;图版p.176~189

施萍婷、邰惠莉 敦煌研究院藏敦煌文献叙录《敦煌研究文集·敦煌研究院藏敦煌文献研究篇》,兰州:甘肃民族出版社,2000年9月 p.131

中国美编 中国散藏敦煌文献分类目录 北京:北京图书馆出版社,2007年10月 p.21、199

于淑健著 敦煌佛典语词和俗字研究——以敦煌古佚和疑伪经为中心 上海:上海古籍出版社,2012年4月 p.236

张涌泉著 敦煌写本文献学 兰州:甘肃教育出版社,2013年12月 p.381~382;图12-12

《丝绸之路:敦煌、龟兹、麦积山石窟》编辑委员会编著 丝绸之路:敦煌、龟兹、麦积山石窟① 成都:四川人民出版社、北京:商务印书馆,2018年3月 p.352

敦研380(收藏号754)大般若波罗蜜多经卷第十一

郃惠莉、罗华庆、陈雪静撰稿,施萍婷、邵国秀审订 敦煌研究院藏敦煌文献叙录(下)《甘肃藏敦煌文献》(第二卷),兰州:甘肃人民出版社,1999年9月 p.316;图版p.189~201

施萍婷、邰惠莉 敦煌研究院藏敦煌文献叙录《敦煌研究文集·敦煌研究院藏敦煌文献研究篇》,兰州:甘肃民族出版社,2000年9月 p.132

中国美编 中国散藏敦煌文献分类目录 北京:北京图书馆出版社,2007年10月 p.3、199

《丝绸之路:敦煌、龟兹、麦积山石窟》编辑委员会编著 丝绸之路:敦煌、龟兹、麦积山石窟② 成都:四川人民出版社、北京:商务印书馆,2018年3月 p.352

---

①《丝绸之路:敦煌、龟兹、麦积山石窟》编辑委员会编著《丝绸之路:敦煌、龟兹、麦积山石窟》收藏号作D.754,有误。

②《丝绸之路:敦煌、龟兹、麦积山石窟》编辑委员会编著《丝绸之路:敦煌、龟兹、麦积山石窟》收藏号作D.755,有误。

甘肃省地方史志编纂委员会编 甘肃省志·文物志(中册) 北京:文物出版社,2018年11月 p.1530~1531;图2幅

王翠《甘肃藏敦煌文献》俗字研究 南京:南京师范大学硕士研究生学位论文,2014年5月 p.34

莫秋新 唐宋时期敦煌报恩寺研究 上海:上海师范大学硕士研究生学位论文,2018年5月 p.107(附录1)

敦研附073(收藏号285) 妙法莲华经卷第一

邰惠莉、罗华庆、陈雪静撰稿,施萍婷、邵国秀审订 敦煌研究院藏敦煌文献叙录(下)《甘肃藏敦煌文献》(第二卷),兰州:甘肃人民出版社,1999年9月 p.316;图版p.201~213

施萍婷、邰惠莉 敦煌研究院藏敦煌文献叙录《敦煌研究文集·敦煌研究院藏敦煌文献研究篇》,兰州:甘肃民族出版社,2000年9月 p.133

石塚晴通 敦煌文献中混入日本抄本及伪抄本《新世纪敦煌学论集》,成都:巴蜀书社,2003年3月 p.7~13;图1幅

敦煌研究院编 敦煌:纪念敦煌藏经洞发现一百周年 北京:朝花出版社,2000年 p.162~163;图1幅

申国美编 中国散藏敦煌文献分类目录 北京:北京图书馆出版社,2007年10月 p.97、199

秦川编著 敦煌书法:中国书法的基因库 南京:凤凰出版社,2010年7月 p.140;图1幅

施萍亭 妙法蓮華経序品『敦煌美術展』(岐阜展、岡山展、佐賀展、横浜展,2001年9月8日~2002年3月12日),東京:大塚巧藝社,2001年 p.104~105図版64及図版解説;p.131出品目錄

敦研附367(收藏号315) 大般若波罗蜜多经卷第五百二十四

邰惠莉、罗华庆、陈雪静撰稿,施萍婷、邵国秀审订 敦煌研究院藏敦煌文献叙录(下)《甘肃藏敦煌文献》(第二卷),兰州:甘肃人民出版社,1999年9月 p.316~317;图版p.214~226

韩惠言 甘藏敦煌汉文文献概况《敦煌学辑刊》2000年第2期 p.67;收入敦煌研究院编《2000年敦煌学国际学术讨论会文集——纪念敦煌藏经洞发现暨敦煌学百年》历史文化卷(上),兰州:甘肃民族出版社,2003年9月 p.515

申国美编 中国散藏敦煌文献分类目录 北京:北京图书馆出版社,2007年10月 p.96

敦研附381(馆藏D0612号;收藏号755) 延祐三年永昌税吏司文书

施萍婷 延祐三年奴婢买卖文书跋《敦煌研究》1989年第2期 p.61~64;插图1幅;收入敦煌研究院编《敦煌研究文集·敦煌研究院藏敦煌文献研究篇》,兰州:甘肃民族出版社,2000年9月 p.548~554;图版16;收入氏著《敦煌习学集》(上),兰州:甘肃民族出版社,2004年12月 p.126~132;图版11;收入氏著《敦煌石窟与文献研究》,杭州:浙江大学出版社,2015年12月 p.412~419;图1幅

杨际平 元代买卖奴婢手续——从敦煌研究院藏元延祐三年永昌税使司文书谈起《敦煌研究》1990年第4期 p.64~70下转28;收入敦煌研究院编《敦煌研究文集·敦煌研究院藏敦煌文献研究篇》,兰州:甘肃民族出版社,2000年9月 p.555~567

邰惠莉、罗华庆、陈雪静撰稿，施萍婷、邵国秀审订 敦煌研究院藏敦煌文献叙录（下）《甘肃藏敦煌文献》（第二卷），兰州：甘肃人民出版社，1999年9月 p.317；图版p.227

邰惠莉 甘肃藏非敦煌文献的真伪、来源及相关问题《敦煌学辑刊》2000年第2期 p.73

樊锦诗 敦煌研究院藏敦煌文献研究概述《敦煌研究文集·敦煌研究院藏敦煌文献研究篇》，兰州：甘肃民族出版社，2000年9月 p.4

施萍婷、邰惠莉 敦煌研究院藏敦煌文献叙录《敦煌研究文集·敦煌研究院藏敦煌文献研究篇》，兰州：甘肃民族出版社，2000年9月 p.132

赵晓芳 两件甘藏敦煌文书释录《2009丝绸之路国际学术研讨会论文集》，西安：三秦出版社，2010年7月 p.334~344；图2

王素著 敦煌吐鲁番文献 北京：文物出版社，2002年4月；2005年7月 p.86

申国美编 中国散藏敦煌文献分类目录 北京：北京图书馆出版社，2007年10月 p.100、199

敦研附382（收藏号128） 龙种上尊王佛印法经

向达 西征小记——瓜沙谈往之一《国立北京大学·国学季刊》第7卷第1期，1950年7月 p.23；收入氏著《唐代长安与西域文明》，北京：生活·读书·新知三联书店，1957年4月；1979年9月；1987年4月 p.369；收入氏著《唐代长安与西域文明》，石家庄：河北教育出版社，2001年11月 p.361；收入齐陈骏、李并成主编《中国敦煌学百年文库·地理卷》（一），兰州：甘肃文化出版社，1999年 p.309；收入荣新江编《向达先生敦煌遗墨》，北京：中华书局，2010年3月 p.304；收入敦煌研究院编《榆林窟研究论文集》（上册），上海：上海辞书出版社，2011年9月 p.54

施萍婷 两件敦煌文物介绍《敦煌学辑刊》第3辑，1983年6月 p.76；图版拾伍之一；收入敦煌研究院编《敦煌研究文集·敦煌研究院藏敦煌文献研究篇》，兰州：甘肃民族出版社，2000年9月 p.545~546

施萍亭 龙种上尊王佛印法经《敦煌》，兰州：甘肃人民出版社、南京：江苏美术出版社，1990年7月；1993年7月；1997年11月 图版p.262~263；p.290~291第283条图版说明

邰惠莉、罗华庆、陈雪静撰稿，施萍婷、邵国秀审订 敦煌研究院藏敦煌文献叙录（下）《甘肃藏敦煌文献》（第二卷），兰州：甘肃人民出版社，1999年9月 p.317；图版p.227~228

邰惠莉 甘肃藏非敦煌文献的真伪、来源及相关问题《敦煌学辑刊》2000年第2期 p.73

樊锦诗 敦煌研究院藏敦煌文献研究概述《敦煌研究文集·敦煌研究院藏敦煌文献研究篇》，兰州：甘肃民族出版社，2000年9月 p.3~4

施萍婷、邰惠莉 敦煌研究院藏敦煌文献叙录《敦煌研究文集·敦煌研究院藏敦煌文献研究篇》，兰州：甘肃民族出版社，2000年9月 p.132~133

杨森 敦煌研究院藏敦煌文献论著目录《敦煌研究文集·敦煌研究院藏敦煌文献研究篇》，兰州：甘肃民族出版社，2000年9月 p.616

魏锦萍 任子宜与敦煌文物《丝绸之路》2001年第3期 p.56

荣新江 惊沙撼大漠——向达的敦煌考察及其学术意义《敦煌吐鲁番研究》（第七卷），北京：中华书

局，2004年1月 p.112；收入氏著《辨伪与存真——敦煌学论集》，上海：上海古籍出版社，2010年3月 p.219~220；收入荣新江编《向达先生敦煌遗墨》，北京：中华书局，2010年3月 p.21

向达（手抄稿本）龙种上尊王佛印法经《向达先生敦煌遗墨》，北京：中华书局，2010年3月 p.57~61

章义和 敦煌佛教疑伪经中的道教因素《丝绸之路·肃州文化遗产保护与文化旅游产业发展学术研讨会》，兰州：甘肃文化出版社，2017年10月 p.14

王素著 敦煌吐鲁番文献 北京：文物出版社，2002年4月；2005年7月 p.86

申国美编 中国散藏敦煌文献分类目录 北京：北京图书馆出版社，2007年10月 p.99、199

敦研383（收藏号695）至正二十四年借据

施萍婷 两件敦煌文物介绍《敦煌学辑刊》第3辑，1983年6月 p.77；图版拾伍之二；收入敦煌研究院编《敦煌研究文集·敦煌研究院藏敦煌文献研究篇》，兰州：甘肃民族出版社，2000年9月 p.546~547

施萍亭 元至正廿四年借据《敦煌》，兰州：甘肃人民出版社、南京：江苏美术出版社，1990年7月；1993年7月；1997年11月 图版p.227；p.286第244条图版说明

邰惠莉、罗华庆、陈雪静撰稿，施萍婷、邵国秀审订 敦煌研究院藏敦煌文献叙录（下）《甘肃藏敦煌文献》（第二卷），兰州：甘肃人民出版社，1999年9月 p.317；图版p.228

邰惠莉 甘肃藏非敦煌文献的真伪、来源及相关问题《敦煌学辑刊》2000年第2期 p.73

施萍婷、邰惠莉 敦煌研究院藏敦煌文献叙录《敦煌研究文集·敦煌研究院藏敦煌文献研究篇》，兰州：甘肃民族出版社，2000年9月 p.133

杨森 敦煌研究院藏敦煌文献论著目录《敦煌研究文集·敦煌研究院藏敦煌文献研究篇》，兰州：甘肃民族出版社，2000年9月 p.618~619

赵晓芳 两件甘藏敦煌文书释录《2009丝绸之路国际学术研讨会论文集》，西安：三秦出版社，2010年7月 p.334~344；图1

邰惠莉 敦煌研究院藏敦煌遗书的来源和价值《中国书法》2019年第9期 p.53

申国美编 中国散藏敦煌文献分类目录 北京：北京图书馆出版社，2007年10月 p.99、199

敦研D.0135 三阶观法略释残卷（拟）

梁旭澍、王海云、王惠民 敦煌研究院藏三阶教文献《三阶观法略释》残卷《敦煌研究》2013年第4期 p.89~92；图1幅

敦研（收藏号0314）敦煌写经残片

马德 辛普德搜集敦煌写经残片内容辨识《敦煌研究》2004年第5期 p.71~73

敦研0314-1 妙法莲华经卷第一序品第一残片（拟）

马德 辛普德搜集敦煌写经残片内容辨识《敦煌研究》2004年第5期 p.71

敦研0314-2 大般涅槃经卷第三十六迦叶菩萨品第十二之四残片（拟）

马德 辛普德搜集敦煌写经残片内容辨识《敦煌研究》2004年第5期 p.71~72

敦研0314-3 佛经残片

马德 辛普德搜集敦煌写经残片内容辨识《敦煌研究》2004年第5期 p.72

敦研0314-4 妙法莲华经卷第三化城喻品第七残片（拟）

马德 辛普德搜集敦煌写经残片内容辨识《敦煌研究》2004年第5期 p.72

敦研0314-5 佛经残片

马德 辛普德搜集敦煌写经残片内容辨识《敦煌研究》2004年第5期 p.72

敦研0314-6 摩诃般若波罗蜜经卷第二十二道树品第七十一残片（拟）

马德 辛普德搜集敦煌写经残片内容辨识《敦煌研究》2004年第5期 p.72

敦研0314-7 妙法莲华经卷第一序品第一残片（拟）

马德 辛普德搜集敦煌写经残片内容辨识《敦煌研究》2004年第5期 p.72

说明：此残片内容与0314-1可相接。本卷首行前与0314-1末行后边沿上有粘贴痕迹，拟为同卷脱开者。

敦研0314-8 国清百录敬礼法第二残片（拟）①

马德 辛普德搜集敦煌写经残片内容辨识《敦煌研究》2004年第5期 p.72~73

敦研0314-9 残片

马德 辛普德搜集敦煌写经残片内容辨识《敦煌研究》2004年第5期 p.73

敦研0314-10 维摩诘所说经佛国品第一残片（拟）

马德 辛普德搜集敦煌写经残片内容辨识《敦煌研究》2004年第5期 p.73

敦研（无编号）领物残账

李正宇 土地庙遗书的发现、特点和入藏年代《敦煌研究》（第三期·总第五期），兰州：甘肃人民出版社，1985年12月 p.92；收入政协甘肃省敦煌市委员会编《敦煌文史资料选辑》第三辑，敦煌：政协甘肃省敦煌

①据马德研究，目前尚无法确定此写本是否出自莫高窟藏经洞。从现存资料看，这是在敦煌发现的唯一的《国清百录》写本。

市委员会编印,1995年9月 p.96

李并成 敦煌遗书数量的新统计《古籍整理研究学刊》1992年第5期 p.46

王惠民著 敦煌宝藏(中华文明宝库) 上海:上海古籍出版社,1996年9月 p.87

黄征、程惠新著 劫尘遗珠——敦煌遗书 兰州:甘肃教育出版社,1999年7月 p.18

敦研(无编号) 佛顶尊胜陀罗尼经一卷①

水木 敦煌文物回归故里——新加坡友人袁婕女士向敦煌研究院捐赠敦煌文物《敦煌研究》2009年第3期 p.85

敦煌研究院藏0002 维摩写经②

邹清泉著 虎头金粟影——维摩诘变相研究 北京:北京大学出版社,2013年5月 p.173(表1.维摩写经〈5〉中国藏维摩写经)

B26:1 文书残页

彭金章、王建军 敦煌莫高窟北区石窟(第一卷) 北京:文物出版社,2000年7月 p.61~62;图版一〇,6

B43:26-1~3 文书残片

彭金章、王建军 敦煌莫高窟北区石窟(第一卷) 北京:文物出版社,2000年7月 p.113

B45:3-1~2 圣妙吉祥真实名经残页(拟)

张铁山《敦煌莫高窟北区石窟》第1卷所收部分汉文佛经残叶出处考《敦煌研究》2003年第2期 p.65~66

彭金章、王建军 敦煌莫高窟北区石窟(第一卷) 北京:文物出版社,2000年7月 p.126;图版二五,1

B45:2-1~2 文书残页

彭金章、王建军 敦煌莫高窟北区石窟(第一卷) 北京:文物出版社,2000年7月 p.126~127;图版二五,2

B47:8-1~3(正) 唐景龙二年奏授□楚计陪戎校尉残官告文书

荣新江《敦煌莫高窟北区石窟》(第一卷)评介《敦煌研究》2000年第4期 p.179;收入彭金章主编《敦煌莫高窟北区石窟研究》(上册),兰州:甘肃教育出版社,2011年4月 p.133

---

①新加坡作家袁婕女士将自己多年珍藏《佛顶尊胜陀罗尼经》一卷、于右任先生作品《右任诗存》等珍贵敦煌写卷及图书捐献给敦煌研究院。据考证,《佛顶尊胜陀罗尼经》为唐代写卷,卷子长320厘米,宽25.7厘米,首尾完整。

②邹清泉《虎头金粟影——维摩诘变相研究》所列"敦煌研究院藏0002维摩写经"暂时无法确定对应卷号。为研究需要,列出备学者参考。

陈国灿 莫高窟北区第47窟新出唐告身文书研究《敦煌研究》2001年第3期 p.83~89；收入氏著《敦煌学史事新证》，兰州：甘肃教育出版社，2002年9月 p.215~229；收入彭金章主编《敦煌莫高窟北区石窟研究》（上册），兰州：甘肃教育出版社，2011年4月 p.151~160；收入氏著《陈国灿吐鲁番敦煌出土文献史事论集》，上海：上海古籍出版社，2012年9月 p.514~527

陈国灿 莫高窟北区47窟新出唐告身文书的复原与研究《敦煌学史事新证》，兰州：甘肃教育出版社，2002年9月 p.215~229

彭金章 敦煌莫高窟北区石窟新发现的文献及其学术价值《新世纪敦煌学论集》，成都：巴蜀书社，2003年3月 p.65；收入彭金章主编《敦煌莫高窟北区石窟研究》（上册），兰州：甘肃教育出版社，2011年4月 p.92

徐畅 存世唐代告身及其相关研究述略《中国史研究动态》2012年第3期 p.36；p.43（续表）

彭金章、王建军 敦煌莫高窟北区石窟（第一卷）北京：文物出版社，2000年7月 p.137~138；图版二九，1、2、3

彭金章、王建军 敦煌莫高窟北区石窟（第二卷）北京：文物出版社，2004年7月 p.338

B47：8–2（正）……B47：17（正）……B47：42（正）……B47：8–1（正）

陈国灿 莫高窟北区第47窟新出唐《贷钱折粮还纳帐》的性质《敦煌研究》2001年第4期 p.99~104；收入氏著《敦煌学史事新证》，兰州：甘肃教育出版社，2002年9月 p.230~243；收入彭金章主编《敦煌莫高窟北区石窟研究》（上册），兰州：甘肃教育出版社，2011年4月 p.177~187；收入氏著《陈国灿吐鲁番敦煌出土文献史事论集》，上海：上海古籍出版社，2012年9月 p.528~540

B47：8–1（背）唐残贷钱折粮账

陈国灿 莫高窟北区第47窟新出唐告身文书研究《敦煌研究》2001年第3期 p.83；收入氏著《敦煌学史事新证》，兰州：甘肃教育出版社，2002年9月 p.215；彩图1幅；收入彭金章主编《敦煌莫高窟北区石窟研究》（上册），兰州：甘肃教育出版社，2011年4月 p.151；收入氏著《陈国灿吐鲁番敦煌出土文献史事论集》，上海：上海古籍出版社，2012年9月 p.515

陈国灿 莫高窟北区47窟新出唐告身文书的复原与研究《敦煌学史事新证》，兰州：甘肃教育出版社，2002年9月 p.215~229

彭金章、王建军 敦煌莫高窟北区石窟（第一卷）北京：文物出版社，2000年7月 p.142~143；图版三三，2

B47：8–2（背）残名籍

陈国灿 莫高窟北区第47窟新出唐告身文书研究《敦煌研究》2001年第3期 p.83；收入氏著《敦煌学史事新证》，兰州：甘肃教育出版社，2002年9月 p.215；收入彭金章主编《敦煌莫高窟北区石窟研究》（上册），兰州：甘肃教育出版社，2011年4月 p.151；收入氏著《陈国灿吐鲁番敦煌出土文献史事论集》，上海：上海古籍出版社，2012年9月 p.515

陈国灿 莫高窟北区47窟新出唐告身文书的复原与研究《敦煌学史事新证》,兰州:甘肃教育出版社,2002年9月 p.215~229

彭金章、王建军 敦煌莫高窟北区石窟(第一卷) 北京:文物出版社,2000年7月 p.145~146;图版三六,1

彭金章、王建军 敦煌莫高窟北区石窟(第二卷) 北京:文物出版社,2004年7月 p.338

B47:8-1(背)……B47:42(背)……B47:17(背)……B47:8-2(背) 贷钱折粮还纳账

陈国灿 莫高窟北区第47窟新出唐《贷钱折粮还纳帐》的性质《敦煌研究》2001年第4期 p.99~104;收入彭金章主编《敦煌莫高窟北区石窟研究》(上册),兰州:甘肃教育出版社,2011年4月 p.177~187;收入氏著《陈国灿吐鲁番敦煌出土文献史事论集》,上海:上海古籍出版社,2012年9月 p.528~540

陈国灿 莫高窟北区47窟新出唐贷钱折粮帐的性质《敦煌学史事新证》,兰州:甘肃教育出版社,2002年9月 p.230~243

B47:12 唐开元六年五月残牒

彭金章、王建军 敦煌莫高窟北区石窟(第一卷) 北京:文物出版社,2000年7月 p.138;图版二九,2

B47:22-1~7 唐开元二十四年后沙州检勘丁租脚窖钱粮残牒

荣新江《敦煌莫高窟北区石窟》(第一卷)评价《敦煌研究研究》2000年第4期 p.179;收入彭金章主编《敦煌莫高窟北区石窟研究》(上册),兰州:甘肃教育出版社,2011年4月 p.133

陈国灿 莫高窟北47窟新出《唐开元廿四年(736)后丁租牒》的复原与研究《敦煌研究》2002年第2期 p.1~10;修订后收入氏著《敦煌学史事新证》,兰州:甘肃教育出版社,2002年9月 p.244~264;收入彭金章主编《敦煌莫高窟北区石窟研究》(上册),兰州:甘肃教育出版社,2011年4月 p.161~176;又题名作《莫高窟北区新出唐开元廿三年后沙州检勘丁租并脚及营窖钱粮牒的复原与研究》,收入氏著《陈国灿吐鲁番敦煌出土文献史事论集》,上海:上海古籍出版社,2012年9月 p.541~560

彭金章 敦煌莫高窟北区石窟新发现的文献及其学术价值《新世纪敦煌学论集》,成都:巴蜀书社,2003年3月 p.64;收入彭金章主编《敦煌莫高窟北区石窟研究》(上册),兰州:甘肃教育出版社,2011年4月 p.91

彭金章 莫高窟北区洞窟——考古新课题《典藏古美术》2005年第4期 p.64;收入彭金章主编《敦煌莫高窟北区石窟研究》(上册),兰州:甘肃教育出版社,2011年4月 p.46

彭金章、王建军 敦煌莫高窟北区石窟(第一卷) 北京:文物出版社,2000年7月 p.138~140;图版三〇,1、2

彭金章、王建军 敦煌莫高窟北区石窟(第二卷) 北京:文物出版社,2004年7月 p.339

B47:19(正) 唐开元□年敦煌县史吕荣残牒

彭金章、王建军 敦煌莫高窟北区石窟(第一卷) 北京:文物出版社,2000年7月 p.140~141;图版三一,1

B47:19(背) 唐诸户地段顷亩残计账

彭金章、王建军 敦煌莫高窟北区石窟(第一卷) 北京:文物出版社,2000年7月 p.141;图版三一,2

B47:21 唐残户籍

陈国灿 莫高窟北区新发现的两件唐敦煌户籍残片《敦煌学与中国史研究论集——纪念孙修身先生逝世一周年》,兰州:甘肃人民出版社,2001年8月 p.113~117;又载氏著《敦煌学史事新证》,兰州:甘肃教育出版社,2002年9月 p.265~274

彭金章 关于张君义文书发现及文书卷尾题跋的思考——兼述张大千、罗寄梅在敦煌所获其他文书《2014敦煌论坛:敦煌石窟研究国际学术研讨会论文集》,兰州:甘肃教育出版社,2016年12月 p.1410

彭金章、王建军 敦煌莫高窟北区石窟(第一卷) 北京:文物出版社,2000年7月 p.141;图版三二,1

B47:1 唐残辞(状)

彭金章、王建军 敦煌莫高窟北区石窟(第一卷) 北京:文物出版社,2000年7月 p.142;图版三二,2

B47:2(正) 唐某军宴设本捉钱账

陈国灿 莫高窟北区47窟新出唐贷钱折粮帐的性质《敦煌学史事新证》,兰州:甘肃教育出版社,2002年9月 p.236~237

罗彤华 唐朝官方放贷机构试论《台湾师大历史学报》第38期,2007年12月 p.25

彭金章、王建军 敦煌莫高窟北区石窟(第一卷) 北京:文物出版社,2000年7月 p.142;图版三三,1右

B47:11 唐敦煌县慈 惠乡骁健兵残名籍

彭金章、王建军 敦煌莫高窟北区石窟(第一卷) 北京:文物出版社,2000年7月 p.143;图版三四,1

B47:13(背) 洪池乡残名籍

彭金章、王建军 敦煌莫高窟北区石窟(第一卷) 北京:文物出版社,2000年7月 p.143;图版三四,2

B47:13(正) 残名籍

彭金章、王建军 敦煌莫高窟北区石窟(第一卷) 北京:文物出版社,2000年7月 p.143~144;图版三四,3

B47:9 残名籍

彭金章、王建军 敦煌莫高窟北区石窟(第一卷) 北京:文物出版社,2000年7月 p.144;图版三三,1左

B47:10 残辞

彭金章、王建军 敦煌莫高窟北区石窟(第一卷) 北京:文物出版社,2000年7月 p.144;图版三四,4

B47:16(正) 残纳物折钱账

彭金章、王建军 敦煌莫高窟北区石窟(第一卷) 北京:文物出版社,2000年7月 p.144~145;图版三四,5

B47:16(背) 残付钱账

彭金章、王建军 敦煌莫高窟北区石窟(第一卷) 北京:文物出版社,2000年7月 p.145;图版三四,6

B47:7 唐残辩辞

彭金章、王建军 敦煌莫高窟北区石窟(第一卷) 北京:文物出版社,2000年7月 p.145;图版三五

B47:17(正) 残官告

彭金章、王建军 敦煌莫高窟北区石窟(第一卷) 北京:文物出版社,2000年7月 p.146;图版三六,2

彭金章、王建军 敦煌莫高窟北区石窟(第二卷) 北京:文物出版社,2004年7月 p.338

B47:17(背) 残文书

陈国灿 莫高窟北区47窟新出唐告身文书的复原与研究《敦煌学史事新证》,兰州:甘肃教育出版社,2002年9月 p.215~229

彭金章、王建军 敦煌莫高窟北区石窟(第一卷) 北京:文物出版社,2000年7月 p.146;图版三六,3

B47:2(背) 残文书

彭金章、王建军 敦煌莫高窟北区石窟(第一卷) 北京:文物出版社,2000年7月 p.146;图版三六,4

B47:5 残文书

彭金章、王建军 敦煌莫高窟北区石窟(第一卷) 北京:文物出版社,2000年7月 p.146~147;图版三七,1

B48:2-1~2(正) 武周万岁通天□年残勋告

荣新江《敦煌莫高窟北区石窟》(第一卷)评介《敦煌研究》2000年第4期 p.179;收入彭金章主编《敦煌莫高窟北区石窟研究》(上册),兰州:甘肃教育出版社,2011年4月 p.133

彭金章 敦煌莫高窟北区石窟新发现的文献及其学术价值《新世纪敦煌学论集》,成都:巴蜀书社,2003年3月 p.65;收入彭金章主编《敦煌莫高窟北区石窟研究》(上册),兰州:甘肃教育出版社,2011年4月 p.92

徐畅 存世唐代告身及其相关研究述略《中国史研究动态》2012年第3期 p.36;p.43(续表)

彭金章、王建军 敦煌莫高窟北区石窟(第一卷) 北京:文物出版社,2000年7月 p.152;彩版九,1

彭金章、王建军 敦煌莫高窟北区石窟(第二卷) 北京:文物出版社,2004年7月 p.338

B48:2-1~2(背) 残名籍

彭金章、王建军 敦煌莫高窟北区石窟(第一卷) 北京:文物出版社,2000年7月 p.152;彩版九,2

B48:1-1~3(正) 残名籍

彭金章、王建军 敦煌莫高窟北区石窟(第一卷) 北京:文物出版社,2000年7月 p.153;彩版一〇,1

B48:3 残文书

彭金章、王建军 敦煌莫高窟北区石窟(第一卷) 北京:文物出版社,2000年7月 p.153;图版四一,1

B49:20-1~4 残马匹用草账

彭金章、王建军 敦煌莫高窟北区石窟(第一卷) 北京:文物出版社,2000年7月 p.158~159;图版四三,1

B49:21-1~19 户籍残片

陈国灿 莫高窟北区新发现的两件唐敦煌户籍残片《敦煌学与中国史研究论集——纪念孙修身先生逝世一周年》,兰州:甘肃人民出版社,2001年8月 p.113~117;又载氏著《敦煌学史事新证》,兰州:甘肃教育出版社,2002年9月 p.265~274

彭金章、王建军 敦煌莫高窟北区石窟(第一卷) 北京:文物出版社,2000年7月 p.159~160;彩版一〇,2

B49:24 佛经残片

彭金章、王建军 敦煌莫高窟北区石窟(第一卷) 北京:文物出版社,2000年7月 p.160

B51:22 汉文文书

彭金章、王建军 敦煌莫高窟北区石窟(第一卷) 北京:文物出版社,2000年7月 p.171

B52(乙):1 大藏经纲目指要录卷第八残封面

彭金章、王建军 敦煌莫高窟北区石窟(第一卷) 北京:文物出版社,2000年7月 p.181;图版五七,1

B52(乙):2-1~3 瑜伽集要焰口施食仪残页

李刈 莫高窟北区出土部分写经残片内容初探《敦煌研究》2002年第5期 p.62

张铁山《敦煌莫高窟北区石窟》第1卷所收部分汉文佛经残叶出处考《敦煌研究》2003年第2期 p.66

彭金章、王建军 敦煌莫高窟北区石窟(第一卷) 北京:文物出版社,2000年7月 p.181~182;图版五七,2

B52(乙):3 大般若波罗蜜多经残页

李刈 莫高窟北区出土部分写经残片内容初探《敦煌研究》2002年第5期 p.62~63

张铁山《敦煌莫高窟北区石窟》第1卷所收部分汉文佛经残叶出处考《敦煌研究》2003年第2期 p.66

彭金章、王建军 敦煌莫高窟北区石窟(第一卷) 北京:文物出版社,2000年7月 p.182;图版五七,3

B52(乙):10(正) 四分律删繁补阙行事抄残页

李刈 莫高窟北区出土部分写经残片内容初探《敦煌研究》2002年第5期 p.63

张铁山《敦煌莫高窟北区石窟》第1卷所收部分汉文佛经残叶出处考《敦煌研究》2003年第2期 p.66

彭金章 莫高窟北区洞窟——考古新课题《典藏古美术》2005年第4期 p.64;收入彭金章主编《敦煌莫高窟北区石窟研究》(上册),兰州:甘肃教育出版社,2011年4月 p.46

彭金章、王建军 敦煌莫高窟北区石窟(第一卷) 北京:文物出版社,2000年7月 p.182;图版五七,4

B52(乙):10(背) 佛经残片

彭金章、王建军 敦煌莫高窟北区石窟(第一卷) 北京:文物出版社,2000年7月 p.182;图版五七,5

B52(乙):16 金光明最胜王经残页

李刈 莫高窟北区出土部分写经残片内容初探《敦煌研究》2002年第5期 p.63

张铁山《敦煌莫高窟北区石窟》第1卷所收部分汉文佛经残叶出处考《敦煌研究》2003年第2期 p.66~67

彭金章、王建军 敦煌莫高窟北区石窟(第一卷) 北京:文物出版社,2000年7月 p.183;图版五八,1

B52(乙):41 大般若波罗蜜多经残片

李刈 莫高窟北区出土部分写经残片内容初探《敦煌研究》2002年第5期 p.63

彭金章、王建军 敦煌莫高窟北区石窟(第一卷) 北京:文物出版社,2000年7月 p.183;图版五八,2

B53:2-1~2 金光明最胜王经残页

李刈 莫高窟北区出土部分写经残片内容初探《敦煌研究》2002年第5期 p.63~64

张铁山《敦煌莫高窟北区石窟》第1卷所收部分汉文佛经残叶出处考《敦煌研究》2003年第2期 p.67

彭金章、王建军 敦煌莫高窟北区石窟(第一卷) 北京:文物出版社,2000年7月 p.190;图版六二,1

B53:1-1 华严经卷首佛画部分残页

张铁山《敦煌莫高窟北区石窟》第1卷所收部分汉文佛经残叶出处考《敦煌研究》2003年第2期 p.64

竺沙雅章著,徐冲译 莫高窟北区石窟出土的版刻汉文大藏经本《转型期的敦煌学》,上海:上海古籍出版社,2007年11月 p.366;p.371;图1;收入彭金章主编《敦煌莫高窟北区石窟研究》(上册),兰州:甘肃教育出版社,2011年4月 p.246;图52

彭金章、王建军 敦煌莫高窟北区石窟(第一卷) 北京:文物出版社,2000年7月 p.190;彩版一六

彭金章、王建军 敦煌莫高窟北区石窟(第二卷) 北京:文物出版社,2004年7月 p.337

B53:1-2 华严经卷第十残页(拟)

张铁山《敦煌莫高窟北区石窟》第1卷所收部分汉文佛经残叶出处考《敦煌研究》2003年第2期 p.64~65

竺沙雅章著,徐冲译 莫高窟北区石窟出土的版刻汉文大藏经本《转型期的敦煌学》,上海:上海古籍出版社,2007年11月 p.366;收入彭金章主编《敦煌莫高窟北区石窟研究》(上册),兰州:甘肃教育出版社,2011年4月 p.246;图52

彭金章、王建军 敦煌莫高窟北区石窟(第一卷) 北京:文物出版社,2000年7月 p.190~191;彩版一六

B53:16-1~3 元某行省残牒为□路正官中统钞锭事

刘志月 莫高窟北区B59窟出土《西夏嵬名法宝达卖地帐》研究——兼论西夏土地买卖中的优先权①《河西学院学报》2016年第4期 p.46

彭金章、王建军 敦煌莫高窟北区石窟(第一卷) 北京:文物出版社,2000年7月 p.191~192;彩版一七

彭金章、王建军 敦煌莫高窟北区石窟(第二卷) 北京:文物出版社,2004年7月 p.340

B53:15-1~3 文书残片

彭金章、王建军 敦煌莫高窟北区石窟(第一卷) 北京:文物出版社,2000年7月 p.192;图版六二

B54:1(正) 大般若波罗蜜多经残页

李刈 莫高窟北区出土部分写经残片内容初探《敦煌研究》2002年第5期 p.64

张铁山《敦煌莫高窟北区石窟》第1卷所收部分汉文佛经残叶出处考《敦煌研究》2003年第2期 p.67

彭金章、王建军 敦煌莫高窟北区石窟(第一卷) 北京:文物出版社,2000年7月 p.202;图版六六,1

B55:1 汉文残文书

彭金章、王建军 敦煌莫高窟北区石窟(第一卷) 北京:文物出版社,2000年7月 p.206~207

B56:1 增一阿含经卷第二十残页

李刈 莫高窟北区出土部分写经残片内容初探《敦煌研究》2002年第5期 p.64

张铁山《敦煌莫高窟北区石窟》第1卷所收部分汉文佛经残叶出处考《敦煌研究》2003年第2期 p.67~68

竺沙雅章著,徐冲译 莫高窟北区石窟出土的版刻汉文大藏经本《转型期的敦煌学》,上海:上海古籍出版社,2007年11月 p.369;p.373;图5-1;收入彭金章主编《敦煌莫高窟北区石窟研究》(上册),兰州:甘肃教育出版社,2011年4月 p.252;图56

彭金章、王建军 敦煌莫高窟北区石窟(第一卷) 北京:文物出版社,2000年7月 p.210;图版七〇,1

①刘志月将《至元三十年(1293)元某行省残牒为□路正官中统钞锭》卷号引录作“B53:15”,有误。应为B53:16。

B57:1 大方广佛华严经残页

李刈 莫高窟北区出土部分写经残片内容初探《敦煌研究》2002年第5期 p.64

张铁山《敦煌莫高窟北区石窟》第1卷所收部分汉文佛经残叶出处考《敦煌研究》2003年第2期 p.68

竺沙雅章著,徐冲译 莫高窟北区石窟出土的版刻汉文大藏经本《转型期的敦煌学》,上海:上海古籍出版社,2007年11月 p.366;收入彭金章主编《敦煌莫高窟北区石窟研究》(上册),兰州:甘肃教育出版社,2011年4月 p.246

彭金章、王建军 敦煌莫高窟北区石窟(第一卷) 北京:文物出版社,2000年7月 p.220~221;图版八〇,3

彭金章、王建军 敦煌莫高窟北区石窟(第二卷) 北京:文物出版社,2004年7月 p.337

B59:3 佛经残页

彭金章、王建军 敦煌莫高窟北区石窟(第一卷) 北京:文物出版社,2000年7月 p.227;图版八三,1、2

B59:4 大方广佛华严经残页

竺沙雅章著,徐冲译 莫高窟北区石窟出土的版刻汉文大藏经本《转型期的敦煌学》,上海:上海古籍出版社,2007年11月 p.366;收入彭金章主编《敦煌莫高窟北区石窟研究》(上册),兰州:甘肃教育出版社,2011年4月 p.247

彭金章、王建军 敦煌莫高窟北区石窟(第一卷) 北京:文物出版社,2000年7月 p.227~228;图版八三,3

B59:5-1、2 排字韵

张金泉 莫高窟新出土的古韵书《排字韵》《敦煌研究》2001年第1期 p.151~160;图1、2;收入浙江大学古籍研究所编《雪泥鸿爪——浙江大学古籍研究所建所二十周年纪念文集》,北京:中华书局,2003年8月 p.42~53;收入彭金章主编《敦煌莫高窟北区石窟研究》(上册),兰州:甘肃教育出版社,2011年4月 p.255~267;图58、59

彭金章 敦煌莫高窟北区石窟新发现的文献及其学术价值 《新世纪敦煌学论集》, 成都: 巴蜀书社, 2003年3月 p.64;收入彭金章主编《敦煌莫高窟北区石窟研究》(上册),兰州:甘肃教育出版社,2011年4月 p.91

高田时雄 莫高窟北区石窟发现的《排字韵》劄记《敦煌学》第25辑:潘重规先生逝世周年纪念专辑,台北:乐学书局有限公司,2004年9月 p.303~310;图版1-4;收入高田时雄著,钟翀等译《敦煌·民族·语言》,北京:中华书局,2005年12月 p.459~468;又题名作《敦煌莫高窟北区石窟发现〈排字韵〉札记》,收入彭金章主编《敦煌莫高窟北区石窟研究》(上册),兰州:甘肃教育出版社,2011年4月 p.269~275;图60、61

王艳明 敦煌北区新发现《瞭望新闻周刊》第47期,2004年11月22日 p.56

彭金章 莫高窟北区洞窟——考古新课题《典藏古美术》2005年第4期 p.61;图1幅;p.64;收入彭金章主编《敦煌莫高窟北区石窟研究》(上册),兰州:甘肃教育出版社,2011年4月 p.46

彭金章、王建军 敦煌莫高窟北区石窟(第一卷) 北京:文物出版社,2000年7月 p.228~229;图版八四,1、2

彭金章、王建军 敦煌莫高窟北区石窟(第二卷) 北京:文物出版社,2004年7月 p.339~340

刘进宝著 敦煌学通论(增订本) 兰州:甘肃教育出版社,2019年4月 p.176

B59:7-1~2 汉文文书残块

彭金章、王建军 敦煌莫高窟北区石窟(第一卷) 北京:文物出版社,2000年7月 p.229~230;图版八五,1、2

B64:1 资治通鉴残页

荣新江《敦煌莫高窟北区石窟》(第一卷)评介《敦煌研究》2000年第4期 p.179;收入彭金章主编《敦煌莫高窟北区石窟研究》(上册),兰州:甘肃教育出版社,2011年4月 p.133

徐畅 莫高窟北区石窟所出刻本《资治通鉴》残片考订《敦煌研究》2011年第5期 p.68

彭金章、王建军 敦煌莫高窟北区石窟(第一卷) 北京:文物出版社,2000年7月 p.253;图版九九,6

B115:8 善见律毗婆沙卷十二残页

王建军 敦煌莫高窟北区石窟出土的汉文佛经考述(一)《敦煌研究》2005年第1期 p.20;收入彭金章主编《敦煌莫高窟北区石窟研究》(上册),兰州:甘肃教育出版社,2011年4月 p.203~204

竺沙雅章著,徐冲译 莫高窟北区石窟出土的版刻汉文大藏经本《转型期的敦煌学》,上海:上海古籍出版社,2007年11月 p.369;收入彭金章主编《敦煌莫高窟北区石窟研究》(上册),兰州:甘肃教育出版社,2011年4月 p.252

彭金章、王建军 敦煌莫高窟北区石窟(第二卷) 北京:文物出版社,2004年7月 p.103、337;图版三四,4

B118:1 汉文残文书

彭金章、王建军 敦煌莫高窟北区石窟(第二卷) 北京:文物出版社,2004年7月 p.121;图版四五,6

B121:1 汉文残文书

彭金章、王建军 敦煌莫高窟北区石窟(第二卷) 北京:文物出版社,2004年7月 p.138~139;图版五四,1

B125:1(正) 维摩诘经菩萨行品第十一、见阿閦佛品第十二残页

王建军 敦煌莫高窟北区石窟出土的汉文佛经考述(一)《敦煌研究》2005年第1期 p.20~21;收入彭金章主编《敦煌莫高窟北区石窟研究》(上册),兰州:甘肃教育出版社,2011年4月 p.204~206

张铁山 莫高窟北区B125窟出土回鹘文《增壹阿含经》残卷研究《敦煌学辑刊》2005年第3期 p.6;收入彭金章主编《敦煌莫高窟北区石窟研究》(下册),兰州:甘肃教育出版社,2011年4月 p.363;图13

彭金章、王建军 敦煌莫高窟北区石窟(第二卷) 北京:文物出版社,2004年7月 p.160~161、337;图版七一,1

B125:28 释摩诃衍论卷第十残页

王建军 敦煌莫高窟北区石窟出土的汉文佛经考述(一)《敦煌研究》2005年第1期 p.21;收入彭金章主编《敦煌莫高窟北区石窟研究》(上册),兰州:甘肃教育出版社,2011年4月 p.206

彭金章、王建军 敦煌莫高窟北区石窟(第二卷) 北京:文物出版社,2004年7月 p.161~162;图版七二,1

B127:17 大方广佛华严经入法界品第三十九之十六残页

王建军 敦煌莫高窟北区石窟出土的汉文佛经考述(一)《敦煌研究》2005年第1期 p.21;收入彭金章主编《敦煌莫高窟北区石窟研究》(上册),兰州:甘肃教育出版社,2011年4月 p.206

彭金章、王建军 敦煌莫高窟北区石窟(第二卷) 北京:文物出版社,2004年7月 p.176、337;图版七八,1

B128:1 增一阿含经声闻品第二十八残页

王建军 敦煌莫高窟北区石窟出土的汉文佛经考述(一)《敦煌研究》2005年第1期 p.21~22;收入彭金章主编《敦煌莫高窟北区石窟研究》(上册),兰州:甘肃教育出版社,2011年4月 p.207

竺沙雅章著,徐冲译 莫高窟北区石窟出土的版刻汉文大藏经本《转型期的敦煌学》,上海:上海古籍出版社,2007年11月 p.369;收入彭金章主编《敦煌莫高窟北区石窟研究》(上册),兰州:甘肃教育出版社,2011年4月 p.252

彭金章、王建军 敦煌莫高窟北区石窟(第二卷) 北京:文物出版社,2004年7月 p.182;图版八二,1

B128:2(正) 杂阿含经卷第三十四残页

王建军 敦煌莫高窟北区石窟出土的汉文佛经考述(一)《敦煌研究》2005年第1期 p.22;收入彭金章主编《敦煌莫高窟北区石窟研究》(上册),兰州:甘肃教育出版社,2011年4月 p.207~208

杨富学、阿依达尔·米尔卡马力 回鹘文《华严经·十无尽藏品》写本残卷研究《敦煌研究》2007年第2期 p.75

彭金章、王建军 敦煌莫高窟北区石窟(第二卷) 北京:文物出版社,2004年7月 p.182~183、337;图版八二,2

B128:18(正)[①] 大般若波罗蜜多经第二分观照品第四之三

王建军 敦煌莫高窟北区石窟出土的汉文佛经考述(一)《敦煌研究》2005年第1期 p.22~24;收入彭金章主编《敦煌莫高窟北区石窟研究》(上册),兰州:甘肃教育出版社,2011年4月 p.208~212

彭金章 关于张君义文书发现及文书卷尾题跋的思考——兼述张大千、罗寄梅在敦煌所获其他文书《2014敦煌论坛:敦煌石窟研究国际学术研讨会论文集》,兰州:甘肃教育出版社,2016年12月 p.1412

彭金章、王建军 敦煌莫高窟北区石窟(第二卷) 北京:文物出版社,2004年7月 p.183~187、337;图版八

①B128:18正面存手写体汉文佛经103行,在第76行至第96行间夹有手写体回鹘文20行。

三、八四、八五

阿依达尔·米尔卡马力著 回鹘文诗体注疏和新发现敦煌本韵文研究 上海:上海古籍出版社,2015年12月 p.161

B128:20 金刚般若波罗蜜经

王建军 敦煌莫高窟北区石窟出土的汉文佛经考述(一)《敦煌研究》2005年第1期 p.24;收入彭金章主编《敦煌莫高窟北区石窟研究》(上册),兰州:甘肃教育出版社,2011年4月 p.212~213

彭金章、王建军 敦煌莫高窟北区石窟(第二卷) 北京:文物出版社,2004年7月 p.187、337;图版八六,1

B128:21 入楞伽经总品第十八之一

王建军 敦煌莫高窟北区石窟出土的汉文佛经考述(一)《敦煌研究》2005年第1期 p.24;收入彭金章主编《敦煌莫高窟北区石窟研究》(上册),兰州:甘肃教育出版社,2011年4月 p.213

彭金章、王建军 敦煌莫高窟北区石窟(第二卷) 北京:文物出版社,2004年7月 p.187、337;图版八六,2

B465:4-1~4 汉文佛经残片

彭金章、王建军 敦煌莫高窟北区石窟(第二卷) 北京:文物出版社,2004年7月 p.232~233;图版一一二,1

B137:4-1~11 资治通鉴残页

徐畅 莫高窟北区石窟所出刻本《资治通鉴》残片考订《敦煌研究》2011年第5期 p.67~72;图1a、2a、3a、4a;图版25a

彭金章、王建军 敦煌莫高窟北区石窟(第二卷)[①] 北京:文物出版社,2004年7月 p.240~244;图版一一五,1、2、3、4;图版一一六,1、2、3、4;图版一一七,1、2、3

B140:7 汉文残文书

彭金章、王建军 敦煌莫高窟北区石窟(第二卷) 北京:文物出版社,2004年7月 p.257;图版一二三,1

B140:8 大智度论释大如品第五十四残页

王建军 敦煌莫高窟北区石窟出土的汉文佛经考述(一)《敦煌研究》2005年第1期 p.24;收入彭金章主编《敦煌莫高窟北区石窟研究》(上册),兰州:甘肃教育出版社,2011年4月 p.213~214

彭金章、王建军 敦煌莫高窟北区石窟(第二卷) 北京:文物出版社,2004年7月 p.257;图版一二三,2

---

①据彭金章、王建军《敦煌莫高窟北区石窟》(第二卷)记载,B137:4-2残片右部原出土于B64窟,编号B64:12,后与B137窟出土文书拼合,故归于B137窟,拼合后编号为B137:4-2。

B140:9 大宝积经清净陀罗尼第三之一残页

王建军 敦煌莫高窟北区石窟出土的汉文佛经考述(一)《敦煌研究》2005年第1期 p.24;收入彭金章主编《敦煌莫高窟北区石窟研究》(上册),兰州:甘肃教育出版社,2011年4月 p.214

竺沙雅章著,徐冲译 莫高窟北区石窟出土的版刻汉文大藏经本《转型期的敦煌学》,上海:上海古籍出版社,2007年11月 p.369;收入彭金章主编《敦煌莫高窟北区石窟研究》(上册),兰州:甘肃教育出版社,2011年4月 p.252~253

彭金章、王建军 敦煌莫高窟北区石窟(第二卷) 北京:文物出版社,2004年7月 p.257;图版一二三,3

B147:1-1~7 契约残片

彭金章、王建军 敦煌莫高窟北区石窟(第二卷) 北京:文物出版社,2004年7月 p.282~284;图版一三〇,5

B147:11 汉文文书残片

彭金章、王建军 敦煌莫高窟北区石窟(第二卷) 北京:文物出版社,2004年7月 p.284

B151:2-1~2 金光明最胜王经如来寿量品第二

王建军 敦煌莫高窟北区石窟出土的汉文佛经考述(一)《敦煌研究》2005年第1期 p.24~25;收入彭金章主编《敦煌莫高窟北区石窟研究》(上册),兰州:甘肃教育出版社,2011年4月 p.215

竺沙雅章著,徐冲译 莫高窟北区石窟出土的版刻汉文大藏经本《转型期的敦煌学》,上海:上海古籍出版社,2007年11月 p.370;收入彭金章主编《敦煌莫高窟北区石窟研究》(上册),兰州:甘肃教育出版社,2011年4月 p.254

彭金章、王建军 敦煌莫高窟北区石窟(第二卷) 北京:文物出版社,2004年7月 p.308~309、337;图版一六八,1

B151:1 金光明最胜王经重显空性品第九

王建军 敦煌莫高窟北区石窟出土的汉文佛经考述(一)《敦煌研究》2005年第1期 p.24;收入彭金章主编《敦煌莫高窟北区石窟研究》(上册),兰州:甘肃教育出版社,2011年4月 p.214~215

彭金章、王建军 敦煌莫高窟北区石窟(第二卷) 北京:文物出版社,2004年7月 p.309;图版一六八,2

朱若溪《金光明经》敦煌写本研究 杭州:浙江大学博士研究生学位论文,2017年6月 p.527(五)卷五简表

B151:3(正) 药师琉璃光如来愿功德经

王建军 敦煌莫高窟北区石窟出土的汉文佛经考述(一)《敦煌研究》2005年第1期 p.25;收入彭金章主编《敦煌莫高窟北区石窟研究》(上册),兰州:甘肃教育出版社,2011年4月 p.216

彭金章、王建军 敦煌莫高窟北区石窟(第二卷) 北京:文物出版社,2004年7月 p.309;图版一六八,3

B152:2-1~4 金光明最胜王经舍身品第二十六

沙武田 俄藏敦煌艺术品与莫高窟北区洞窟关系蠡测《敦煌学辑刊》2004年第2期 p.91~92;收入彭金章主编《敦煌莫高窟北区石窟研究》(上册),兰州:甘肃教育出版社,2011年4月 p.111~112;图39

王建军 敦煌莫高窟北区石窟出土的汉文佛经考述(一)《敦煌研究》2005年第1期 p.25;收入彭金章主编《敦煌莫高窟北区石窟研究》(上册),兰州:甘肃教育出版社,2011年4月 p.215~216

竺沙雅章著,徐冲译 莫高窟北区石窟出土的版刻汉文大藏经本《转型期的敦煌学》,上海:上海古籍出版社,2007年11月 p.370;收入彭金章主编《敦煌莫高窟北区石窟研究》(上册),兰州:甘肃教育出版社,2011年4月 p.254

彭金章、王建军 敦煌莫高窟北区石窟(第二卷) 北京:文物出版社,2004年7月 p.314;图版一七〇,1

B152:3 佛经残页

彭金章、王建军 敦煌莫高窟北区石窟(第二卷) 北京:文物出版社,2004年7月 p.314~315;图版一七〇,2

B154:53-1~3 汉文文书残片

彭金章、王建军 敦煌莫高窟北区石窟(第二卷) 北京:文物出版社,2004年7月 p.322~323;图版一七四,1

B157:7 添品妙法莲华经化城喻品第七

王建军 敦煌莫高窟北区石窟出土的汉文佛经考述(二)《敦煌研究》2006年第4期 p.72~73;收入彭金章主编《敦煌莫高窟北区石窟研究》(上册),兰州:甘肃教育出版社,2011年4月 p.216~217

竺沙雅章著,徐冲译 莫高窟北区石窟出土的版刻汉文大藏经本《转型期的敦煌学》,上海:上海古籍出版社,2007年11月 p.370;收入彭金章主编《敦煌莫高窟北区石窟研究》(上册),兰州:甘肃教育出版社,2011年4月 p.254

彭金章、王建军 敦煌莫高窟北区石窟(第三卷) 北京:文物出版社,2004年7月 p.15~16;图版五,1

B157:4 汉文残文书

彭金章、王建军 敦煌莫高窟北区石窟(第三卷) 北京:文物出版社,2004年7月 p.16;图版五,2

B157:5 夹科俱舍论颂残片

彭金章、王建军 敦煌莫高窟北区石窟(第三卷) 北京:文物出版社,2004年7月 p.16;图版六,1

B157:11 唐残籍

彭金章、王建军 敦煌莫高窟北区石窟(第三卷) 北京:文物出版社,2004年7月 p.16;图版六,2

B157:2 姚秦三藏残片

彭金章、王建军 敦煌莫高窟北区石窟(第三卷) 北京:文物出版社,2004年7月 p.16~17;图版六,3、4

B157:8-1~11 租契残件

彭金章、王建军 敦煌莫高窟北区石窟(第三卷) 北京:文物出版社,2004年7月 p.17~19;图版七,1、2、3、4

B159:3-1~3(正) 妙法莲华经从地涌出品第十五、如来寿量品第十六

彭金章、沙武田 敦煌莫高窟北区洞窟清理发掘简报《文物》1998年第10期 p.15;彩色插页壹:4;收入彭金章主编《敦煌莫高窟北区石窟研究》(上册),兰州:甘肃教育出版社,2011年4月 p.19

王建军 敦煌莫高窟北区石窟出土的汉文佛经考述(二)《敦煌研究》2006年第4期 p.73~74;收入彭金章主编《敦煌莫高窟北区石窟研究》(上册),兰州:甘肃教育出版社,2011年4月 p.217~219;彩版十八

彭金章、王建军 敦煌莫高窟北区石窟(第二卷) 北京:文物出版社,2004年7月 p.337~338

彭金章、王建军 敦煌莫高窟北区石窟(第三卷) 北京:文物出版社,2004年7月 p.33~35;图版一六,1、2

B159:2(正) 观药王药上二菩萨经

王建军 敦煌莫高窟北区石窟出土的汉文佛经考述(二)《敦煌研究》2006年第4期 p.75~76;收入彭金章主编《敦煌莫高窟北区石窟研究》(上册),兰州:甘肃教育出版社,2011年4月 p.224~225

竺沙雅章著,徐冲译 莫高窟北区石窟出土的版刻汉文大藏经本《转型期的敦煌学》,上海:上海古籍出版社,2007年11月 p.367~368;p.372;图3;收入彭金章主编《敦煌莫高窟北区石窟研究》(上册),兰州:甘肃教育出版社,2011年4月 p.250;图54

彭金章、王建军 敦煌莫高窟北区石窟(第三卷) 北京:文物出版社,2004年7月 p.35~36;图版一七,1

B159:22(正) 汉文残文书

彭金章、王建军 敦煌莫高窟北区石窟(第三卷) 北京:文物出版社,2004年7月 p.36;图版一七,2

B159:51 佛经残片

彭金章、王建军 敦煌莫高窟北区石窟(第三卷) 北京:文物出版社,2004年7月 p.36

第464:6 佛经残页

廖旸《大威德炽盛光如来吉祥陀罗尼经》文本研究《敦煌研究》2015年第4期 p.66~67;图2

彭金章、王建军 敦煌莫高窟北区石窟(第三卷) 北京:文物出版社,2004年7月 p.69~70;图版三〇,1

第464:67(正) 佛顶尊胜陀罗尼经

王建军 敦煌莫高窟北区石窟出土的汉文佛经考述(二)《敦煌研究》2006年第4期 p.78~79;收入彭金章主编《敦煌莫高窟北区石窟研究》(上册),兰州:甘肃教育出版社,2011年4月 p.234

彭金章、王建军 敦煌莫高窟北区石窟(第三卷) 北京:文物出版社,2004年7月 p.70;图版三〇,2

第464:65(正) 金光明经四天王品第六

王建军 敦煌莫高窟北区石窟出土的汉文佛经考述(二)《敦煌研究》2006年第4期 p.78;收入彭金章主编《敦煌莫高窟北区石窟研究》(上册),兰州:甘肃教育出版社,2011年4月 p.233~234

彭金章、王建军 敦煌莫高窟北区石窟(第三卷) 北京:文物出版社,2004年7月 p.70~71;图版三一

第464:38(正) 大般若波罗蜜多经初分观行品第十九之四

王建军 敦煌莫高窟北区石窟出土的汉文佛经考述(二)《敦煌研究》2006年第4期 p.76;收入彭金章主编《敦煌莫高窟北区石窟研究》(上册),兰州:甘肃教育出版社,2011年4月 p.227

彭金章、王建军 敦煌莫高窟北区石窟(第三卷) 北京:文物出版社,2004年7月 p.71;图版三二,1

第464:33-1~10 佛说长阿含经

王建军 敦煌莫高窟北区石窟出土的汉文佛经考述(二)《敦煌研究》2006年第4期 p.78;收入彭金章主编《敦煌莫高窟北区石窟研究》(上册),兰州:甘肃教育出版社,2011年4月 p.232~233

彭金章、王建军 敦煌莫高窟北区石窟(第三卷) 北京:文物出版社,2004年7月 p.71~75;图版三三,1、2

第464:35(正) 妙法莲华经药草喻品第五

王建军 敦煌莫高窟北区石窟出土的汉文佛经考述(二)《敦煌研究》2006年第4期 p.74;收入彭金章主编《敦煌莫高窟北区石窟研究》(上册),兰州:甘肃教育出版社,2011年4月 p.219~220

彭金章、王建军 敦煌莫高窟北区石窟(第三卷) 北京:文物出版社,2004年7月 p.75~76;图版三二,2

第464:39-1~2 大般若波罗蜜多经

王建军 敦煌莫高窟北区石窟出土的汉文佛经考述(二)《敦煌研究》2006年第4期 p.76~77;收入彭金章主编《敦煌莫高窟北区石窟研究》(上册),兰州:甘肃教育出版社,2011年4月 p.227~228

彭金章、王建军 敦煌莫高窟北区石窟(第三卷) 北京:文物出版社,2004年7月 p.76~77;图版三四,1、2、3、4

第464:2 五言偈语

王建军 敦煌莫高窟北区石窟出土的汉文佛经考述(二)《敦煌研究》2006年第4期 p.76;收入彭金章主编《敦煌莫高窟北区石窟研究》(上册),兰州:甘肃教育出版社,2011年4月 p.226;图49

彭金章、王建军 敦煌莫高窟北区石窟(第三卷) 北京:文物出版社,2004年7月 p.77;图版三五,1

第464:77 大方广佛华严经离世间品第三十八之三

王建军 敦煌莫高窟北区石窟出土的汉文佛经考述(二)《敦煌研究》2006年第4期 p.79;收入彭金章主编《敦煌莫高窟北区石窟研究》(上册),兰州:甘肃教育出版社,2011年4月 p.234~235

竺沙雅章著,徐冲译 莫高窟北区石窟出土的版刻汉文大藏经本《转型期的敦煌学》,上海:上海古籍出版社,2007年11月 p.366;收入彭金章主编《敦煌莫高窟北区石窟研究》(上册),兰州:甘肃教育出版社,2011年4月 p.247

彭金章、王建军 敦煌莫高窟北区石窟(第二卷) 北京:文物出版社,2004年7月 p.337

彭金章、王建军 敦煌莫高窟北区石窟(第三卷) 北京:文物出版社,2004年7月 p.77~78;彩版九,1

傅及斯 敦煌本《华严经》整理与研究 上海:复旦大学硕士研究生学位论文,2014年5月 p.92

第464:66 佛经残页

王建军 敦煌莫高窟北区石窟出土的汉文佛经考述(二)《敦煌研究》2006年第4期 p.77;收入彭金章主编《敦煌莫高窟北区石窟研究》(上册),兰州:甘肃教育出版社,2011年4月 p.228~229

霍巍 荒漠清灯苦行僧——敦煌莫高窟北区石窟考古发掘所见僧侣生活《历史教学》2015年第24期 p.4

彭金章、王建军 敦煌莫高窟北区石窟(第三卷) 北京:文物出版社,2004年7月 p.78~79;图版三六,1、2

第464:43 佛经残页

彭金章、王建军 敦煌莫高窟北区石窟(第三卷) 北京:文物出版社,2004年7月 p.79;图版三五,2

第464:1 圣妙吉祥真实名经

王建军 敦煌莫高窟北区石窟出土的汉文佛经考述(二)《敦煌研究》2006年第4期 p.76;收入彭金章主编《敦煌莫高窟北区石窟研究》(上册),兰州:甘肃教育出版社,2011年4月 p.225~226

竺沙雅章著,徐冲译 莫高窟北区石窟出土的版刻汉文大藏经本《转型期的敦煌学》,上海:上海古籍出版社,2007年11月 p.370;收入彭金章主编《敦煌莫高窟北区石窟研究》(上册),兰州:甘肃教育出版社,2011年4月 p.254

彭金章、王建军 敦煌莫高窟北区石窟(第二卷) 北京:文物出版社,2004年7月 p.337

彭金章、王建军 敦煌莫高窟北区石窟(第三卷) 北京:文物出版社,2004年7月 p.79~80;图版三七

B464:3 佛经残页

彭金章、王建军 敦煌莫高窟北区石窟(第三卷) 北京:文物出版社,2004年7月 p.80;图版三五,3

第464:7 大般若波罗蜜多经初分难信解品第三十四

王建军 敦煌莫高窟北区石窟出土的汉文佛经考述（二）《敦煌研究》2006年第4期 p.76；收入彭金章主编《敦煌莫高窟北区石窟研究》（上册），兰州：甘肃教育出版社，2011年4月 p.227

彭金章、王建军 敦煌莫高窟北区石窟（第三卷） 北京：文物出版社，2004年7月 p.80；图版三五，4

第464:83[①] 汉文残文书

彭金章、王建军 敦煌莫高窟北区石窟（第三卷） 北京：文物出版社，2004年7月 p.80；图版三八，1、2、3

第464:5 元至正二十八年戊申岁具注历日残页

邓文宽 莫高窟北区出土《元至正二十八年戊申岁（1368）具注历日》残页考《敦煌研究》2006年第2期 p.83~85；收入彭金章主编《敦煌莫高窟北区石窟研究》（上册），兰州：甘肃教育出版社，2011年4月 p.276~280

彭金章、王建军 敦煌莫高窟北区石窟（第三卷） 北京：文物出版社，2004年7月 p.81；图版三九，1

第464:63（正）汉文、回鹘文残文书（或：六十甲子纳音残片）

嘎日迪 敦煌莫高窟北区出土蒙古文和八思巴文文献标音释读（二）《敦煌莫高窟北区石窟》第三卷，北京：文物出版社，2004年7月 p.400~401

张铁山 汉—回鹘文合璧《六十甲子纳音》残片考释《敦煌学辑刊》2014年第4期 p.13~16

霍巍 荒漠清灯苦行僧——敦煌莫高窟北区石窟考古发掘所见僧侣生活《历史教学》2015年第24期 p.4

彭金章、王建军 敦煌莫高窟北区石窟（第三卷） 北京：文物出版社，2004年7月 p.81~82；p.96~97；图版六二，1

杨富学著 敦煌民族史探幽 兰州：甘肃文化出版社，2016年12月 p.256

敖特根著 敦煌莫高窟北区出土蒙古文文献研究 北京：民族出版社，2010年3月 p.6；p.156~159；p.192；图18

敖特根 敦煌莫高窟北区出土蒙古文文献研究 兰州：兰州大学博士研究生学位论文，2006年10月 p.3~4；p.81~84；p.102；图6

第464:4 金刚般若波罗蜜经

竺沙雅章著，徐冲译 莫高窟北区石窟出土的版刻汉文大藏经本[②]《转型期的敦煌学》，上海：上海古籍出版社，2007年11月 p.370；收入彭金章主编《敦煌莫高窟北区石窟研究》（上册），兰州：甘肃教育出版社，

---

①B464:83，共19片，《敦煌莫高窟北区石窟》（第三卷）仅介绍较大者B464:83-2、3、4三片。

②竺沙雅章《莫高窟北区石窟出土的版刻汉文大藏经本》原刊于《转型期的敦煌学》第370页时"（1）《金刚般若波罗蜜经》（B465:4）"，有误。《敦煌莫高窟北区石窟》（第二卷）第232页刊载："1.汉文佛经残片。标本第465:4，共计4片，为同一件文书，但不可拼接。"该文在收入彭金章主编《敦煌莫高窟北区石窟研究》（上册）时纠正为（1）《金刚般若波罗蜜经》（B464:4）。

2011年4月 p.254

B161:1 增一阿含经封面

王建军 敦煌莫高窟北区石窟出土的汉文佛经考述(二)《敦煌研究》2006年第4期 p.79;收入彭金章主编《敦煌莫高窟北区石窟研究》(上册),兰州:甘肃教育出版社,2011年4月 p.235

彭金章、王建军 敦煌莫高窟北区石窟(第二卷) 北京:文物出版社,2004年7月 p.337

彭金章、王建军 敦煌莫高窟北区石窟(第三卷) 北京:文物出版社,2004年7月 p.111;彩版一二,5

B163:1 汉文残文书

彭金章、王建军 敦煌莫高窟北区石窟(第二卷) 北京:文物出版社,2004年7月 p.337

彭金章、王建军 敦煌莫高窟北区石窟(第三卷) 北京:文物出版社,2004年7月 p.124~126;图版七七,1

B163:2 汉文残文书

彭金章、王建军 敦煌莫高窟北区石窟(第三卷) 北京:文物出版社,2004年7月 p.126;图版七七,2

B163:47 大般若波罗蜜多经初分较量品第三十五之五十二

王建军 敦煌莫高窟北区石窟出土的汉文佛经考述(二)《敦煌研究》2006年第4期 p.77;收入彭金章主编《敦煌莫高窟北区石窟研究》(上册),兰州:甘肃教育出版社,2011年4月 p.229

竺沙雅章著,徐冲译 莫高窟北区石窟出土的版刻汉文大藏经本《转型期的敦煌学》,上海:上海古籍出版社,2007年11月 p.368;p.372;图4;收入彭金章主编《敦煌莫高窟北区石窟研究》(上册),兰州:甘肃教育出版社,2011年4月 p.250~251;图54

彭金章、王建军 敦煌莫高窟北区石窟(第三卷) 北京:文物出版社,2004年7月 p.126;图版七七,3

B163:48 汉文残文书

彭金章、王建军 敦煌莫高窟北区石窟(第三卷) 北京:文物出版社,2004年7月 p.126;图版七七,4

B164:13 汉文契约残片

彭金章、王建军 敦煌莫高窟北区石窟(第三卷) 北京:文物出版社,2004年7月 p.150;图版九〇,1

B167:4 汉文残文书

彭金章、王建军 敦煌莫高窟北区石窟(第三卷) 北京:文物出版社,2004年7月 p.163~164

B168:1 大宝积经善臂菩萨会二十六之二

王建军 敦煌莫高窟北区石窟出土的汉文佛经考述(二)《敦煌研究》2006年第4期 p.79;收入彭金章主

编《敦煌莫高窟北区石窟研究》(上册),兰州:甘肃教育出版社,2011年4月 p.235~236

竺沙雅章著,徐冲译 莫高窟北区石窟出土的版刻汉文大藏经本《转型期的敦煌学》,上海:上海古籍出版社,2007年11月 p.367;p.372;图2;收入彭金章主编《敦煌莫高窟北区石窟研究》(上册),兰州:甘肃教育出版社,2011年4月 p.248~249;图53

彭金章、王建军 敦煌莫高窟北区石窟(第二卷) 北京:文物出版社,2004年7月 p.337

彭金章、王建军 敦煌莫高窟北区石窟(第三卷) 北京:文物出版社,2004年7月 p.167;图版一〇〇,1、2

邱湘 敦煌《大宝积经》写本考暨异体字汇辑 金华:浙江师范大学硕士研究生学位论文,2011年5月 p.40~41;异体字字表p.191、199、234

B168:39(正) 摩诃僧祇律大比丘戒本

王建军 敦煌莫高窟北区石窟出土的汉文佛经考述(二)《敦煌研究》2006年第4期 p.79;收入彭金章主编《敦煌莫高窟北区石窟研究》(上册),兰州:甘肃教育出版社,2011年4月 p.236~237

竺沙雅章著,徐冲译 莫高窟北区石窟出土的版刻汉文大藏经本《转型期的敦煌学》,上海:上海古籍出版社,2007年11月 p.370;收入彭金章主编《敦煌莫高窟北区石窟研究》(上册),兰州:甘肃教育出版社,2011年4月 p.254

彭金章、王建军 敦煌莫高窟北区石窟(第三卷) 北京:文物出版社,2004年7月 p.167~168;图版一〇一,1

B168:42 汉文残文书

彭金章、王建军 敦煌莫高窟北区石窟(第三卷) 北京:文物出版社,2004年7月 p.168;图版一〇一,2

B168:40-1~3 汉文残文书

彭金章、王建军 敦煌莫高窟北区石窟(第三卷) 北京:文物出版社,2004年7月 p.168;图版一〇一,3

B172:5-1~5(正) 大般若波罗蜜多经

王建军 敦煌莫高窟北区石窟出土的汉文佛经考述(二)《敦煌研究》2006年第4期 p.77~78;收入彭金章主编《敦煌莫高窟北区石窟研究》(上册),兰州:甘肃教育出版社,2011年4月 p.229~232;图50、51

竺沙雅章著,徐冲译 莫高窟北区石窟出土的版刻汉文大藏经本《转型期的敦煌学》,上海:上海古籍出版社,2007年11月 p.369~370;p.373;图6;收入彭金章主编《敦煌莫高窟北区石窟研究》(上册),兰州:甘肃教育出版社,2011年4月 p.253;图57

彭金章、王建军 敦煌莫高窟北区石窟(第三卷) 北京:文物出版社,2004年7月 p.185~186;图版一〇九,1

B175:1 救疾经残页

彭金章、沙武田 敦煌莫高窟北区洞窟清理发掘简报《文物》1998年第10期 p.15;彩色插页壹:1;收入彭金章主编《敦煌莫高窟北区石窟研究》(上册),兰州:甘肃教育出版社,2011年4月 p.19

王建军 敦煌莫高窟北区石窟出土的汉文佛经考述(二)《敦煌研究》2006年第4期 p.79~80;收入彭金章主编《敦煌莫高窟北区石窟研究》(上册),兰州:甘肃教育出版社,2011年4月 p.237

彭金章、王建军 敦煌莫高窟北区石窟(第二卷) 北京:文物出版社,2004年7月 p.337

彭金章、王建军 敦煌莫高窟北区石窟(第三卷) 北京:文物出版社,2004年7月 p.196~197;图版一一四,1

B175:2-1~3 佛说灌顶经、佛说灌顶拔除过罪生死得度经

王建军 敦煌莫高窟北区石窟出土的汉文佛经考述(二)《敦煌研究》2006年第4期 p.80;收入彭金章主编《敦煌莫高窟北区石窟研究》(上册),兰州:甘肃教育出版社,2011年4月 p.237~239

彭金章、王建军 敦煌莫高窟北区石窟(第三卷) 北京:文物出版社,2004年7月 p.197~198;图版一一四,2

B175:3 佛说灌顶经、佛说灌顶拔除过罪生死得度经

王建军 敦煌莫高窟北区石窟出土的汉文佛经考述(二)《敦煌研究》2006年第4期 p.80~81;收入彭金章主编《敦煌莫高窟北区石窟研究》(上册),兰州:甘肃教育出版社,2011年4月 p.239~241

彭金章、王建军 敦煌莫高窟北区石窟(第二卷) 北京:文物出版社,2004年7月 p.337~338

彭金章、王建军 敦煌莫高窟北区石窟(第三卷) 北京:文物出版社,2004年7月 p.198~199;图版一一五

B175:4 妙法莲华经嘱累品第二十二

王建军 敦煌莫高窟北区石窟出土的汉文佛经考述(二)《敦煌研究》2006年第4期 p.74;收入彭金章主编《敦煌莫高窟北区石窟研究》(上册),兰州:甘肃教育出版社,2011年4月 p.220~221

彭金章、王建军 敦煌莫高窟北区石窟(第二卷) 北京:文物出版社,2004年7月 p.337~338

彭金章、王建军 敦煌莫高窟北区石窟(第三卷) 北京:文物出版社,2004年7月 p.199~200;图版一一六

B175:5-1~3 妙法莲华经药王菩萨本事品

王建军 敦煌莫高窟北区石窟出土的汉文佛经考述(二)《敦煌研究》2006年第4期 p.74~75;收入彭金章主编《敦煌莫高窟北区石窟研究》(上册),兰州:甘肃教育出版社,2011年4月 p.221~223

彭金章、王建军 敦煌莫高窟北区石窟(第二卷) 北京:文物出版社,2004年7月 p.337

彭金章、王建军 敦煌莫高窟北区石窟(第三卷) 北京:文物出版社,2004年7月 p.200~202;图版一一七

B175:6 妙法莲华经如来神力品第二十一

王建军 敦煌莫高窟北区石窟出土的汉文佛经考述(二)《敦煌研究》2006年第4期 p.75;收入彭金章主编《敦煌莫高窟北区石窟研究》(上册),兰州:甘肃教育出版社,2011年4月 p.223~224

彭金章、王建军 敦煌莫高窟北区石窟(第二卷) 北京:文物出版社,2004年7月 p.337

彭金章、王建军 敦煌莫高窟北区石窟(第三卷) 北京:文物出版社,2004年7月 p.202~203;图版一一八

B175:7 佛说灌顶经、佛说灌顶拔除过罪生死得度经

王建军 敦煌莫高窟北区石窟出土的汉文佛经考述(二)《敦煌研究》2006年第4期 p.81~82;收入彭金章主编《敦煌莫高窟北区石窟研究》(上册),兰州:甘肃教育出版社,2011年4月 p.241~242

彭金章、王建军 敦煌莫高窟北区石窟(第三卷) 北京:文物出版社,2004年7月 p.203~204;图版一一九

B175:8–1~4 佛说灌顶经、佛说灌顶拔除过罪生死得度经

王建军 敦煌莫高窟北区石窟出土的汉文佛经考述(二)《敦煌研究》2006年第4期 p.82;收入彭金章主编《敦煌莫高窟北区石窟研究》(上册),兰州:甘肃教育出版社,2011年4月 p.243~244

彭金章、王建军 敦煌莫高窟北区石窟(第三卷) 北京:文物出版社,2004年7月 p.204~205;图版一二〇,1、2、3、4

B175:9 佛说无量寿□经

彭金章、王建军 敦煌莫高窟北区石窟(第三卷) 北京:文物出版社,2004年7月 p.205~206;图版一二一,1

B175:10[①] 佛说无量寿经卷第一

彭金章、王建军 敦煌莫高窟北区石窟(第二卷) 北京:文物出版社,2004年7月 p.337

B177:5 汉文咒符

彭金章、王建军 敦煌莫高窟北区石窟(第三卷) 北京:文物出版社,2004年7月 p.210;图版一二三,1

B177:8 汉文咒符

彭金章、王建军 敦煌莫高窟北区石窟(第三卷) 北京:文物出版社,2004年7月 p.210;图版一二三,2

B179:1 汉文残文书

彭金章、王建军 敦煌莫高窟北区石窟(第三卷) 北京:文物出版社,2004年7月 p.213;图版一二六,1

B179:14 汉文残文书

彭金章、王建军 敦煌莫高窟北区石窟(第三卷) 北京:文物出版社,2004年7月 p.213;图版一二六,2

---

①在《敦煌莫高窟北区石窟》(第三卷)第二章第二节"B175窟 五、出土遗物(一)文书"中仅有汉文佛经9件,并无B175:10编号,此处所列《佛说无量寿经》卷一(B175:10)可能为B175:9《佛说无量寿□经》。

B184:1 汉文残文书

彭金章、王建军 敦煌莫高窟北区石窟(第三卷) 北京:文物出版社,2004年7月 p.230;图版一三五,1

B184:13-1~7 汉文残文书

彭金章、王建军 敦煌莫高窟北区石窟(第三卷) 北京:文物出版社,2004年7月 p.230;图版一三五,2

B194:7-1~2 汉文残文书

彭金章、王建军 敦煌莫高窟北区石窟(第三卷) 北京:文物出版社,2004年7月 p.254;图版一四八,1

B206:1(正) 贷黑黍契残片

彭金章、王建军 敦煌莫高窟北区石窟(第三卷) 北京:文物出版社,2004年7月 p.280;图版一五八,3

B223:4 汉文文书残片

彭金章、王建军 敦煌莫高窟北区石窟(第三卷) 北京:文物出版社,2004年7月 p.326

B228:1 河西大凉国安乐三年郭方随葬衣物疏

彭金章 敦煌吐鲁番所出随葬衣物疏中"脚靡(躧)"新探 《敦煌研究》2002年第6期 p.4;p.9(续表);收入彭金章主编《敦煌莫高窟北区石窟研究》(上册),兰州:甘肃教育出版社,2011年4月 p.192;p.201(续表)

彭金章 敦煌莫高窟北区石窟新发现的文献及其学术价值《新世纪敦煌学论集》,成都:巴蜀书社,2003年3月 p.65;收入彭金章主编《敦煌莫高窟北区石窟研究》(上册),兰州:甘肃教育出版社,2011年4月 p.92

樊锦诗、彭金章 敦煌莫高窟北区B228窟出土河西大凉国安乐三年(619)郭方随葬衣物疏初探《敦煌学》第25辑:潘重规先生逝世周年纪念专辑,台北:乐学书局有限公司,2004年9月 p.515~528;收入彭金章主编《敦煌莫高窟北区石窟研究》(上册),兰州:甘肃教育出版社,2011年4月 p.139~150;彩版二七

彭金章 莫高窟北区洞窟——考古新课题《典藏古美术》2005年第4期 p.62;图1幅;p.64~65;收入彭金章主编《敦煌莫高窟北区石窟研究》(上册),兰州:甘肃教育出版社,2011年4月 p.47

关尾史郎 莫高窟北区出土《大凉国安乐三年(619)二月郭方随葬衣物疏》的两三个问题《敦煌吐鲁番研究》(第九卷),北京:中华书局,2006年5月 p.111~122

彭金章、王建军 敦煌莫高窟北区石窟(第二卷) 北京:文物出版社,2004年7月 p.340

彭金章、王建军 敦煌莫高窟北区石窟(第三卷) 北京:文物出版社,2004年7月 p.334、369;图版一七五

2. 敦煌研究院藏敦煌藏文文献

敦煌研究院藏敦煌藏文文献共514件，现保存于敦煌文物保护研究陈列中心。这些文献中，有出自莫高窟藏经洞的藏文文献175件，莫高窟北区考古发掘出土339件（含碎片251片），还有元、明、清三代的藏文文献，另有一部分如《大乘无量寿宗要经》是本院已故研究员霍熙亮先生（1915—2005）于1964年从民间征集；20世纪50年代以来，有敦煌本地群众陆续将自己家中所藏捐赠给敦煌文物研究所（敦煌研究院前身），如Dy.t.026、Dy.t.027、Dy.t.075三件是任子宜（1901—1972）旧藏，再如，Dy.t.134、Dy.t.137、Dy.t.138、Dy.t.141、Dy.t.154《大乘无量寿宗要经》为2002年敦煌三危乡农民李永德捐献，2011年9月，原兰州三毛厂退休技术干部刘道谦及其家人将其父亲刘仲曾（1912—1999）收藏的7件（Dy.t.169、Dy.t.170、Dy.t.171、Dy.t.172、Dy.t.173、Dy.t.174、Dy.t.175）藏文写经捐赠给了敦煌研究院。

敦煌研究院的这些敦煌藏文写经，虽然数量有限，内容单薄，但历史文献价值重大。敦煌研究院藏敦煌藏文文献具体情况可参见张延清、梁旭澍、勘措吉、郭俊叶《敦煌研究院藏敦煌古藏文写经叙录》[①]和张延清、勘措吉、邰惠莉《敦煌研究院藏敦煌藏文文献》[②]，由于篇幅所限，仅见于上述二目录者，本《引得》中不再列细目。敦煌研究院藏敦煌藏文文献研究著录情况如下：

Dy.t.001（收藏号D0014-1）十万颂般若波罗蜜多经第四卷第三十七、三十八品

张延清著 吐蕃敦煌抄经研究 北京：民族出版社，2016年11月 p.309、349、357

马德主编，甘肃省文物局、敦煌研究院编纂 甘肃藏敦煌藏文文献①敦煌研究院卷，上海：上海古籍出版社，2017年12月 p.1；图版R-V[③]

①张延清、梁旭澍、勘措吉、郭俊叶《敦煌研究院藏敦煌古藏文写经叙录》，《敦煌研究》2006年第3期，第42~63页。

②马德主编《甘肃藏敦煌藏文文献叙录》，兰州：甘肃民族出版社，2011年9月，第1~32页。

③马德主编，甘肃省文物局、敦煌研究院编纂《甘肃藏敦煌藏文文献》①敦煌研究院卷，编号使用Dy.t.×××（R-V）。文献双面书写的，正面用R（Recto），背面用V（Verso）。

Dy.t.002（收藏号D0014–2）十万颂般若波罗蜜多经

张延清著 吐蕃敦煌抄经研究 北京：民族出版社，2016年11月 p.324~325

勘措吉 从哲蚌寺藏《蝌蚌经》谈敦煌藏文写经誊抄年代《敦煌研究》2018年第4期 p.102；图3

马德主编，甘肃省文物局、敦煌研究院编纂 甘肃藏敦煌藏文文献①敦煌研究院卷，上海：上海古籍出版社，2017年12月 p.2；图版R–V

Dy.t.003（收藏号D0014–3）十万颂般若波罗蜜多经

张延清、梁旭澍、勘措吉、郭俊叶 敦煌研究院藏敦煌古藏文写经叙录[①]《敦煌研究》2006年第3期 p.43

马德主编，甘肃省文物局、敦煌研究院编纂 甘肃藏敦煌藏文文献①敦煌研究院卷，上海：上海古籍出版社，2017年12月 p.3；图版R–V

Dy.t.004 十万颂般若波罗蜜多经

马德主编，甘肃省文物局、敦煌研究院编纂 甘肃藏敦煌藏文文献①敦煌研究院卷，上海：上海古籍出版社，2017年12月 p.4；图版

Dy.t.005 十万颂般若波罗蜜多经

马德主编，甘肃省文物局、敦煌研究院编纂 甘肃藏敦煌藏文文献①敦煌研究院卷，上海：上海古籍出版社，2017年12月 p.5；图版R–V

Dy.t.006 十万颂般若波罗蜜多经

马德主编，甘肃省文物局、敦煌研究院编纂 甘肃藏敦煌藏文文献①敦煌研究院卷，上海：上海古籍出版社，2017年12月 p.6；图版R–V

Dy.t.007 十万颂般若波罗蜜多经

马德主编，甘肃省文物局、敦煌研究院编纂 甘肃藏敦煌藏文文献①敦煌研究院卷，上海：上海古籍出版社，2017年12月 p.7；图版R–V

Dy.t.008 十万颂般若波罗蜜多经

马德主编，甘肃省文物局、敦煌研究院编纂 甘肃藏敦煌藏文文献①敦煌研究院卷，上海：上海古籍出版社，2017年12月 p.8；图版R–V

---

①张延清、梁旭澍等《敦煌研究院藏敦煌古藏文写经叙录》刊于《敦煌研究》2006年第3期。其第43页Dy.t.003条目说明：“黄麻纸9页。无页码。首尾缺。”此处所说“黄麻纸9页”应与马德主编《甘肃藏敦煌藏文文献叙录》一书，第1~2页Dy.t.003至Dy.t.011编号条目相对应。

Dy.t.009 十万颂般若波罗蜜多经

马德主编，甘肃省文物局、敦煌研究院编纂 甘肃藏敦煌藏文文献①敦煌研究院卷，上海：上海古籍出版社，2017年12月 p.9；图版R–V

Dy.t.010 十万颂般若波罗蜜多经

马德主编，甘肃省文物局、敦煌研究院编纂 甘肃藏敦煌藏文文献①敦煌研究院卷，上海：上海古籍出版社，2017年12月 p.10；图版R–V

Dy.t.011 十万颂般若波罗蜜多经

马德主编，甘肃省文物局、敦煌研究院编纂 甘肃藏敦煌藏文文献①敦煌研究院卷，上海：上海古籍出版社，2017年12月 p.11；图版R–V

Dy.t.012 十万颂般若波罗蜜多经

马德主编，甘肃省文物局、敦煌研究院编纂 甘肃藏敦煌藏文文献①敦煌研究院卷，上海：上海古籍出版社，2017年12月 p.12；图版R–V

Dy.t.013（收藏号D0015）二万五千颂般若波罗蜜多经

张延清、梁旭澍、勘措吉、郭俊叶 敦煌研究院藏敦煌古藏文写经叙录《敦煌研究》2006年第3期 p.43

Dy.t.013–1 二万五千颂般若波罗蜜多经最后卷第六十品

马德主编，甘肃省文物局、敦煌研究院编纂 甘肃藏敦煌藏文文献①敦煌研究院卷，上海：上海古籍出版社，2017年12月 p.13；图版R–V

Dy.t.013–2 二万五千颂般若波罗蜜多经最后卷第六十品

马德主编，甘肃省文物局、敦煌研究院编纂 甘肃藏敦煌藏文文献①敦煌研究院卷，上海：上海古籍出版社，2017年12月 p.14；图版R–V

Dy.t.014（收藏号D0016）大乘无量寿宗要经

张延清著 吐蕃敦煌抄经研究 北京：民族出版社，2016年11月 p.297

赵晓星著 吐蕃统治时期敦煌密教研究 兰州：甘肃教育出版社，2017年3月 p.583（附录一）

马德主编，甘肃省文物局、敦煌研究院编纂 甘肃藏敦煌藏文文献①敦煌研究院卷，上海：上海古籍出版社，2017年12月 p.15~16；图版1–3

赵晓星 吐蕃统治敦煌时期的密教研究 兰州：兰州大学博士研究生学位论文，2007年6月 p.152（附录一）

Dy.t.015(收藏号D0080)大乘无量寿宗要经

赵晓星著 吐蕃统治时期敦煌密教研究 兰州:甘肃教育出版社,2017年3月 p.628(附录一)

马德主编,甘肃省文物局、敦煌研究院编纂 甘肃藏敦煌藏文文献①敦煌研究院卷,上海:上海古籍出版社,2017年12月 p.16~17;图版1–3

赵晓星 吐蕃统治敦煌时期的密教研究 兰州:兰州大学博士研究生学位论文,2007年6月 p.169(附录一)

Dy.t.016(收藏号D0118)大乘无量寿宗要经

韩春平、马德、许端清 关于敦煌遗书数据库《敦煌学辑刊》2018年第4期 p.150

林世田、杨学勇、刘波著 敦煌佛典的流通与改造 兰州:甘肃教育出版社,2013年11月 p.118

张延清著 吐蕃敦煌抄经研究 北京:民族出版社,2016年11月 p.148、295、330

赵晓星著 吐蕃统治时期敦煌密教研究 兰州:甘肃教育出版社,2017年3月 p.583(附录一)

马德主编,甘肃省文物局、敦煌研究院编纂 甘肃藏敦煌藏文文献①敦煌研究院卷,上海:上海古籍出版社,2017年12月 p.18~19;图版1–3

赵晓星 吐蕃统治敦煌时期的密教研究 兰州:兰州大学博士研究生学位论文,2007年6月 p.152(附录一)

Dy.t.017(收藏号D0119)大乘无量寿宗要经

张延清著 吐蕃敦煌抄经研究 北京:民族出版社,2016年11月 p.322、341~342、343

赵晓星著 吐蕃统治时期敦煌密教研究 兰州:甘肃教育出版社,2017年3月 p.583(附录一)

马德主编,甘肃省文物局、敦煌研究院编纂 甘肃藏敦煌藏文文献①敦煌研究院卷,上海:上海古籍出版社,2017年12月 p.19~20;图版1–3

赵晓星 吐蕃统治敦煌时期的密教研究 兰州:兰州大学博士研究生学位论文,2007年6月 p.152(附录一)

Dy.t.018(收藏号D0120)大乘无量寿宗要经

张延清著 吐蕃敦煌抄经研究 北京:民族出版社,2016年11月 p.314

赵晓星著 吐蕃统治时期敦煌密教研究 兰州:甘肃教育出版社,2017年3月 p.584(附录一)

马德主编,甘肃省文物局、敦煌研究院编纂 甘肃藏敦煌藏文文献①敦煌研究院卷,上海:上海古籍出版社,2017年12月 p.21~22;图版1–3

赵晓星 吐蕃统治敦煌时期的密教研究 兰州:兰州大学博士研究生学位论文,2007年6月 p.152(附录一)

Dy.t.019(收藏号D0121)般若波罗蜜多心经

马德 敦煌吐蕃文献新论《转型期的敦煌学》,上海:上海古籍出版社,2007年11月 p.557

张延清 简析敦煌古藏文经卷的抄写年代《敦煌研究》2007年第2期 p.91;收入郑炳林、樊锦诗、杨富学主编《敦煌佛教与禅宗学术讨论会文集》,西安:三秦出版社,2007年7月 p.519

张延清、谢尔萨 敦煌藏文写经生结构分析《丝绸之路民族古文字与文化学术讨论会文集》(上),西

安:三秦出版社,2007年7月 p.119;p.125(附表三)

张延清 吐蕃王妃贝吉昂楚及其敦煌校经题记 《西藏民族学院学报》(哲学社会科学版)2009年第5期 p.30、36;收入德吉卓玛编《吐蕃佛教史研究论文集》,北京:中国藏学出版社,2015年4月 p.621~622

张延清著 吐蕃敦煌抄经研究 北京:民族出版社,2016年11月 p.136~137;图40、41;p.340~341

马德主编,甘肃省文物局、敦煌研究院编纂 甘肃藏敦煌藏文文献①敦煌研究院卷,上海:上海古籍出版社,2017年12月 p.22图版

Dy.t.020(收藏号D0122)大乘无量寿宗要经

张延清著 吐蕃敦煌抄经研究 北京:民族出版社,2016年11月 p.325、331~332、354~355

赵晓星著 吐蕃统治时期敦煌密教研究 兰州:甘肃教育出版社,2017年3月 p.584(附录一)

马德主编,甘肃省文物局、敦煌研究院编纂 甘肃藏敦煌藏文文献①敦煌研究院卷,上海:上海古籍出版社,2017年12月 p.23~24;图版1-4

赵晓星 吐蕃统治敦煌时期的密教研究 兰州:兰州大学博士研究生学位论文,2007年6月 p.152(附录一)

Dy.t.021(收藏号D0123)大乘无量寿宗要经

张延清著 吐蕃敦煌抄经研究 北京:民族出版社,2016年11月 p.278

马德主编,甘肃省文物局、敦煌研究院编纂 甘肃藏敦煌藏文文献①敦煌研究院卷,上海:上海古籍出版社,2017年12月 p.25~26;图版1-3

Dy.t.021a(收藏号D0123a)

赵晓星著 吐蕃统治时期敦煌密教研究 兰州:甘肃教育出版社,2017年3月 p.584(附录一)

赵晓星 吐蕃统治敦煌时期的密教研究 兰州:兰州大学博士研究生学位论文,2007年6月 p.152(附录一)

Dy.t.021b(收藏号D0123b)

赵晓星著 吐蕃统治时期敦煌密教研究 兰州:甘肃教育出版社,2017年3月 p.628(附录一)

赵晓星 吐蕃统治敦煌时期的密教研究 兰州:兰州大学博士研究生学位论文,2007年6月 p.169(附录一)

Dy.t.022(收藏号D0124)大乘无量寿宗要经

张延清著 吐蕃敦煌抄经研究 北京:民族出版社,2016年11月 p.308

赵晓星著 吐蕃统治时期敦煌密教研究 兰州:甘肃教育出版社,2017年3月 p.584(附录一)

马德主编,甘肃省文物局、敦煌研究院编纂 甘肃藏敦煌藏文文献①敦煌研究院卷,上海:上海古籍出版社,2017年12月 p.26~27;图版1-3

赵晓星 吐蕃统治敦煌时期的密教研究 兰州:兰州大学博士研究生学位论文,2007年6月 p.152(附录一)

Dy.t.023（收藏号D0125）大乘无量寿宗要经

张延清著 吐蕃敦煌抄经研究 北京：民族出版社，2016年11月 p.340、352、354~355

赵晓星著 吐蕃统治时期敦煌密教研究 兰州：甘肃教育出版社，2017年3月 p.584（附录一）

马德主编，甘肃省文物局、敦煌研究院编纂 甘肃藏敦煌藏文文献①敦煌研究院卷，上海：上海古籍出版社，2017年12月 p.28~29；图版1–3

赵晓星 吐蕃统治敦煌时期的密教研究 兰州：兰州大学博士研究生学位论文，2007年6月 p.152（附录一）

Dy.t.024（收藏号D0126）大乘无量寿宗要经

张延清著 吐蕃敦煌抄经研究 北京：民族出版社，2016年11月 p.279、329、340、354~355

赵晓星著 吐蕃统治时期敦煌密教研究 兰州：甘肃教育出版社，2017年3月 p.584（附录一）

马德主编，甘肃省文物局、敦煌研究院编纂 甘肃藏敦煌藏文文献①敦煌研究院卷，上海：上海古籍出版社，2017年12月 p.29~30；图版1–3

赵晓星 吐蕃统治敦煌时期的密教研究 兰州：兰州大学博士研究生学位论文，2007年6月 p.152（附录一）

Dy.t.025（收藏号D0144）大乘无量寿宗要经

张延清、梁旭澍、勘措吉、郭俊叶 敦煌研究院藏敦煌古藏文写经叙录《敦煌研究》2006年第3期 p.46

Dy.t.025a（收藏号D0144a）

张延清著 吐蕃敦煌抄经研究 北京：民族出版社，2016年11月 p.289

赵晓星著 吐蕃统治时期敦煌密教研究 兰州：甘肃教育出版社，2017年3月 p.584（附录一）

马德主编，甘肃省文物局、敦煌研究院编纂 甘肃藏敦煌藏文文献①敦煌研究院卷，上海：上海古籍出版社，2017年12月 p.31~32；图版1–4

赵晓星 吐蕃统治敦煌时期的密教研究 兰州：兰州大学博士研究生学位论文，2007年6月 p.152（附录一）

Dy.t.025b（收藏号D0144b）

赵晓星著 吐蕃统治时期敦煌密教研究 兰州：甘肃教育出版社，2017年3月 p.628（附录一）

赵晓星 吐蕃统治敦煌时期的密教研究 兰州：兰州大学博士研究生学位论文，2007年6月 p.169（附录一）

Dy.t.025（V）任子宜抄录经文

马德主编，甘肃省文物局、敦煌研究院编纂 甘肃藏敦煌藏文文献①敦煌研究院卷，上海：上海古籍出版社，2017年12月 p.33~34；图版1–4

Dy.t.026（收藏号D0145）大乘无量寿宗要经

张延清著 吐蕃敦煌抄经研究 北京：民族出版社，2016年11月 p.299

Dy.t.026a(收藏号D0145a)

赵晓星著 吐蕃统治时期敦煌密教研究 兰州:甘肃教育出版社,2017年3月 p.584(附录一)

马德主编,甘肃省文物局、敦煌研究院编纂 甘肃藏敦煌藏文文献①敦煌研究院卷,上海:上海古籍出版社,2017年12月 p.35~36;图版1-4

赵晓星 吐蕃统治敦煌时期的密教研究 兰州:兰州大学博士研究生学位论文,2007年6月 p.152(附录一)

Dy.t.026b(收藏号D0145b)

赵晓星著 吐蕃统治时期敦煌密教研究 兰州:甘肃教育出版社,2017年3月 p.584(附录一)

赵晓星 吐蕃统治敦煌时期的密教研究 兰州:兰州大学博士研究生学位论文,2007年6月 p.152(附录一)

Dy.t.026(V) 任子宜抄录经文

马德主编,甘肃省文物局、敦煌研究院编纂 甘肃藏敦煌藏文文献①敦煌研究院卷,上海:上海古籍出版社,2017年12月 p.37~38;图版1-4

Dy.t.027(收藏号D0146) 大乘无量寿宗要经

张延清、梁旭澍、勘措吉、郭俊叶 敦煌研究院藏敦煌古藏文写经叙录《敦煌研究》2006年第3期 p.46

Dy.t.027a(收藏号D0146a)

张延清著 吐蕃敦煌抄经研究 北京:民族出版社,2016年11月 p.312

赵晓星著 吐蕃统治时期敦煌密教研究 兰州:甘肃教育出版社,2017年3月 p.584(附录一)

马德主编,甘肃省文物局、敦煌研究院编纂 甘肃藏敦煌藏文文献①敦煌研究院卷,上海:上海古籍出版社,2017年12月 p.39~46;图版1-15

赵晓星 吐蕃统治敦煌时期的密教研究 兰州:兰州大学博士研究生学位论文,2007年6月 p.152(附录一)

Dy.t.027b(收藏号D0146b)

赵晓星著 吐蕃统治时期敦煌密教研究 兰州:甘肃教育出版社,2017年3月 p.585(附录一)

赵晓星 吐蕃统治敦煌时期的密教研究 兰州:兰州大学博士研究生学位论文,2007年6月 p.152(附录一)

Dy.t.027c(收藏号D0146c)

赵晓星著 吐蕃统治时期敦煌密教研究 兰州:甘肃教育出版社,2017年3月 p.585(附录一)

赵晓星 吐蕃统治敦煌时期的密教研究 兰州:兰州大学博士研究生学位论文,2007年6月 p.153(附录一)

Dy.t.027d(收藏号D0146d)

赵晓星著 吐蕃统治时期敦煌密教研究 兰州:甘肃教育出版社,2017年3月 p.585(附录一)

赵晓星 吐蕃统治敦煌时期的密教研究 兰州:兰州大学博士研究生学位论文,2007年6月 p.153(附录一)

Dy.t.027e(收藏号D0146e)

赵晓星著 吐蕃统治时期敦煌密教研究 兰州:甘肃教育出版社,2017年3月 p.585(附录一)

赵晓星 吐蕃统治敦煌时期的密教研究 兰州:兰州大学博士研究生学位论文,2007年6月 p.153(附录一)

Dy.t.027(V) 任子宜抄录经文

马德主编,甘肃省文物局、敦煌研究院编纂 甘肃藏敦煌藏文文献①敦煌研究院卷,上海:上海古籍出版社,2017年12月 p.46~52;图版1–12

Dy.t.028(收藏号D0147) 大乘无量寿宗要经

张延清著 吐蕃敦煌抄经研究 北京:民族出版社,2016年11月 p.290

赵晓星著 吐蕃统治时期敦煌密教研究 兰州:甘肃教育出版社,2017年3月 p.585(附录一)

赵晓星 吐蕃统治敦煌时期的密教研究 兰州:兰州大学博士研究生学位论文,2007年6月 p.153(附录一)

Dy.t.028(R) 大乘无量寿宗要经

马德主编,甘肃省文物局、敦煌研究院编纂 甘肃藏敦煌藏文文献①敦煌研究院卷,上海:上海古籍出版社,2017年12月 p.52~53;图版1–3

Dy.t.028(V) 任子宜抄录经文

马德主编,甘肃省文物局、敦煌研究院编纂 甘肃藏敦煌藏文文献①敦煌研究院卷,上海:上海古籍出版社,2017年12月 p.54;图版1–2

Dy.t.029(收藏号D0672–1) 十万颂般若波罗蜜多经

张延清著 吐蕃敦煌抄经研究 北京:民族出版社,2016年11月 p.311~312

马德主编,甘肃省文物局、敦煌研究院编纂 甘肃藏敦煌藏文文献①敦煌研究院卷,上海:上海古籍出版社,2017年12月 p.55;图版R–V

Dy.t.030(收藏号D0672–2) 十万颂般若波罗蜜多经第一卷第四十二、四十三品

张延清著 吐蕃敦煌抄经研究 北京:民族出版社,2016年11月 p.311~312

马德主编,甘肃省文物局、敦煌研究院编纂 甘肃藏敦煌藏文文献①敦煌研究院卷,上海:上海古籍出版社,2017年12月 p.56;图版R–V

Dy.t.031（收藏号D0672-3）十万颂般若波罗蜜多经

张延清著 吐蕃敦煌抄经研究 北京：民族出版社，2016年11月 p.306、336

马德主编，甘肃省文物局、敦煌研究院编纂 甘肃藏敦煌藏文文献①敦煌研究院卷，上海：上海古籍出版社，2017年12月 p.57；图版R-V

Dy.t.032（收藏号D0672-4）十万颂般若波罗蜜多经

张延清著 吐蕃敦煌抄经研究 北京：民族出版社，2016年11月 p.319

马德主编，甘肃省文物局、敦煌研究院编纂 甘肃藏敦煌藏文文献①敦煌研究院卷，上海：上海古籍出版社，2017年12月 p.58；图版R-V

Dy.t.033（收藏号D0672-5）十万颂般若波罗蜜多经第一卷第二十三品

张延清、梁旭澍、勘措吉、郭俊叶 敦煌研究院藏敦煌古藏文写经叙录《敦煌研究》2006年第3期 p.47

马德主编，甘肃省文物局、敦煌研究院编纂 甘肃藏敦煌藏文文献①敦煌研究院卷，上海：上海古籍出版社，2017年12月 p.59；图版R-V

Dy.t.034（收藏号D0672-6）十万颂般若波罗蜜多经第一卷第二十二品

张延清、梁旭澍、勘措吉、郭俊叶 敦煌研究院藏敦煌古藏文写经叙录《敦煌研究》2006年第3期 p.47

马德主编，甘肃省文物局、敦煌研究院编纂 甘肃藏敦煌藏文文献①敦煌研究院卷，上海：上海古籍出版社，2017年12月 p.60；图版R-V

Dy.t.035（收藏号D0672-7）十万颂般若波罗蜜多经

张延清、梁旭澍、勘措吉、郭俊叶 敦煌研究院藏敦煌古藏文写经叙录[①]《敦煌研究》2006年第3期 p.47

马德主编，甘肃省文物局、敦煌研究院编纂 甘肃藏敦煌藏文文献①敦煌研究院卷，上海：上海古籍出版社，2017年12月 p.61；图版R-V

Dy.t.036 十万颂般若波罗蜜多经

马德主编，甘肃省文物局、敦煌研究院编纂 甘肃藏敦煌藏文文献①敦煌研究院卷，上海：上海古籍出版社，2017年12月 p.62；图版R-V

Dy.t.037 十万颂般若波罗蜜多经

马德主编，甘肃省文物局、敦煌研究院编纂 甘肃藏敦煌藏文文献①敦煌研究院卷，上海：上海古籍出

①张延清、梁旭澍等《敦煌研究院藏敦煌古藏文写经叙录》刊于《敦煌研究》2006年第3期。其第47页Dy.t.0672-7条目说明："黄麻纸24页。首尾缺。无页码。"此处所说"黄麻纸24页"应与马德主编《甘肃藏敦煌藏文文献叙录》一书，第7~9页Dy.t.035至Dy.t.058编号条目对应。

版社，2017年12月 p.63；图版R-V

Dy.t.038 十万颂般若波罗蜜多经

马德主编，甘肃省文物局、敦煌研究院编纂 甘肃藏敦煌藏文文献①敦煌研究院卷，上海：上海古籍出版社，2017年12月 p.64；图版R-V

Dy.t.039 十万颂般若波罗蜜多经

马德主编，甘肃省文物局、敦煌研究院编纂 甘肃藏敦煌藏文文献①敦煌研究院卷，上海：上海古籍出版社，2017年12月 p.65；图版R-V

Dy.t.040 十万颂般若波罗蜜多经

马德主编，甘肃省文物局、敦煌研究院编纂 甘肃藏敦煌藏文文献①敦煌研究院卷，上海：上海古籍出版社，2017年12月 p.66；图版R-V

Dy.t.041 十万颂般若波罗蜜多经

马德主编，甘肃省文物局、敦煌研究院编纂 甘肃藏敦煌藏文文献①敦煌研究院卷，上海：上海古籍出版社，2017年12月 p.67；图版R-V

Dy.t.042 十万颂般若波罗蜜多经

马德主编，甘肃省文物局、敦煌研究院编纂 甘肃藏敦煌藏文文献①敦煌研究院卷，上海：上海古籍出版社，2017年12月 p.68；图版R-V

Dy.t.043 十万颂般若波罗蜜多经

马德主编，甘肃省文物局、敦煌研究院编纂 甘肃藏敦煌藏文文献①敦煌研究院卷，上海：上海古籍出版社，2017年12月 p.69；图版R-V

Dy.t.044 十万颂般若波罗蜜多经

马德主编，甘肃省文物局、敦煌研究院编纂 甘肃藏敦煌藏文文献①敦煌研究院卷，上海：上海古籍出版社，2017年12月 p.70；图版R-V

Dy.t.045 十万颂般若波罗蜜多经

马德主编，甘肃省文物局、敦煌研究院编纂 甘肃藏敦煌藏文文献①敦煌研究院卷，上海：上海古籍出版社，2017年12月 p.71；图版R-V

Dy.t.046 十万颂般若波罗蜜多经

马德主编,甘肃省文物局、敦煌研究院编纂 甘肃藏敦煌藏文文献①敦煌研究院卷,上海:上海古籍出版社,2017年12月 p.72;图版R-V

Dy.t.047 十万颂般若波罗蜜多经

马德主编,甘肃省文物局、敦煌研究院编纂 甘肃藏敦煌藏文文献①敦煌研究院卷,上海:上海古籍出版社,2017年12月 p.73;图版R-V

Dy.t.048 十万颂般若波罗蜜多经

马德主编,甘肃省文物局、敦煌研究院编纂 甘肃藏敦煌藏文文献①敦煌研究院卷,上海:上海古籍出版社,2017年12月 p.74;图版R-V

Dy.t.049 十万颂般若波罗蜜多经

张延清著 吐蕃敦煌抄经研究 北京:民族出版社,2016年11月 p.298~299

马德主编,甘肃省文物局、敦煌研究院编纂 甘肃藏敦煌藏文文献①敦煌研究院卷,上海:上海古籍出版社,2017年12月 p.75;图版R-V

Dy.t.050 十万颂般若波罗蜜多经

马德主编,甘肃省文物局、敦煌研究院编纂 甘肃藏敦煌藏文文献①敦煌研究院卷,上海:上海古籍出版社,2017年12月 p.76;图版R-V

Dy.t.051 十万颂般若波罗蜜多经

马德主编,甘肃省文物局、敦煌研究院编纂 甘肃藏敦煌藏文文献①敦煌研究院卷,上海:上海古籍出版社,2017年12月 p.77;图版R-V

Dy.t.052 十万颂般若波罗蜜多经

马德主编,甘肃省文物局、敦煌研究院编纂 甘肃藏敦煌藏文文献①敦煌研究院卷,上海:上海古籍出版社,2017年12月 p.78;图版R-V

Dy.t.053 十万颂般若波罗蜜多经

马德主编,甘肃省文物局、敦煌研究院编纂 甘肃藏敦煌藏文文献①敦煌研究院卷,上海:上海古籍出版社,2017年12月 p.79;图版R-V

Dy.t.054 十万颂般若波罗蜜多经

马德主编，甘肃省文物局、敦煌研究院编纂 甘肃藏敦煌藏文文献①敦煌研究院卷，上海：上海古籍出版社，2017年12月 p.80；图版R-V

Dy.t.055 十万颂般若波罗蜜多经

马德主编，甘肃省文物局、敦煌研究院编纂 甘肃藏敦煌藏文文献①敦煌研究院卷，上海：上海古籍出版社，2017年12月 p.81；图版R-V

Dy.t.056 十万颂般若波罗蜜多经

马德主编，甘肃省文物局、敦煌研究院编纂 甘肃藏敦煌藏文文献①敦煌研究院卷，上海：上海古籍出版社，2017年12月 p.82；图版R-V

Dy.t.057 十万颂般若波罗蜜多经

马德主编，甘肃省文物局、敦煌研究院编纂 甘肃藏敦煌藏文文献①敦煌研究院卷，上海：上海古籍出版社，2017年12月 p.83；图版R-V

Dy.t.058 十万颂般若波罗蜜多经

马德主编，甘肃省文物局、敦煌研究院编纂 甘肃藏敦煌藏文文献①敦煌研究院卷，上海：上海古籍出版社，2017年12月 p.84；图版R-V

Dy.t.059（收藏号D0678）大乘无量寿宗要经

张延清著 吐蕃敦煌抄经研究 北京：民族出版社，2016年11月 p.309

马德主编，甘肃省文物局、敦煌研究院编纂 甘肃藏敦煌藏文文献①敦煌研究院卷，上海：上海古籍出版社，2017年12月 p.85~87；图版1-6

Dy.t.059a（收藏号D0678a）

赵晓星著 吐蕃统治时期敦煌密教研究 兰州：甘肃教育出版社，2017年3月 p.585(附录一)

赵晓星 吐蕃统治敦煌时期的密教研究 兰州：兰州大学博士研究生学位论文，2007年6月 p.153(附录一)

Dy.t.059b（收藏号D0678b）

赵晓星著 吐蕃统治时期敦煌密教研究 兰州：甘肃教育出版社，2017年3月 p.585(附录一)

赵晓星 吐蕃统治敦煌时期的密教研究 兰州：兰州大学博士研究生学位论文，2007年6月 p.153(附录一)

Dy.t.060(收藏号D0679) 大乘无量寿宗要经

张延清著 吐蕃敦煌抄经研究 北京:民族出版社,2016年11月 p.292

马德主编,甘肃省文物局、敦煌研究院编纂 甘肃藏敦煌藏文文献①敦煌研究院卷,上海:上海古籍出版社,2017年12月 p.88~90;图版1–5

Dy.t.060a(收藏号D0679a)

赵晓星著 吐蕃统治时期敦煌密教研究 兰州:甘肃教育出版社,2017年3月 p.585(附录一)

赵晓星 吐蕃统治敦煌时期的密教研究 兰州:兰州大学博士研究生学位论文,2007年6月 p.153(附录一)

Dy.t.060b(收藏号D0679b)

赵晓星著 吐蕃统治时期敦煌密教研究 兰州:甘肃教育出版社,2017年3月 p.585(附录一)

赵晓星 吐蕃统治敦煌时期的密教研究 兰州:兰州大学博士研究生学位论文,2007年6月 p.153(附录一)

Dy.t.061(收藏号D0680) 大乘无量寿宗要经

张延清著 吐蕃敦煌抄经研究 北京:民族出版社,2016年11月 p.282

马德主编,甘肃省文物局、敦煌研究院编纂 甘肃藏敦煌藏文文献①敦煌研究院卷,上海:上海古籍出版社,2017年12月 p.91~94;图版1–8

Dy.t.061a(收藏号D0680a)

赵晓星著 吐蕃统治时期敦煌密教研究 兰州:甘肃教育出版社,2017年3月 p.585(附录一)

赵晓星 吐蕃统治敦煌时期的密教研究 兰州:兰州大学博士研究生学位论文,2007年6月 p.153(附录一)

Dy.t.061b(收藏号D0680b)

赵晓星著 吐蕃统治时期敦煌密教研究 兰州:甘肃教育出版社,2017年3月 p.585(附录一)

赵晓星 吐蕃统治敦煌时期的密教研究 兰州:兰州大学博士研究生学位论文,2007年6月 p.153(附录一)

Dy.t.061c(收藏号D0680c)

赵晓星著 吐蕃统治时期敦煌密教研究 兰州:甘肃教育出版社,2017年3月 p.628(附录一)

赵晓星 吐蕃统治敦煌时期的密教研究 兰州:兰州大学博士研究生学位论文,2007年6月 p.169(附录一)

Dy.t.062(收藏号D0682) 大乘无量寿宗要经

张延清、梁旭澍、勘措吉、郭俊叶 敦煌研究院藏敦煌古藏文写经叙录《敦煌研究》2006年第3期 p.48

马德主编,甘肃省文物局、敦煌研究院编纂 甘肃藏敦煌藏文文献①敦煌研究院卷,上海:上海古籍出版社,2017年12月 p.94~96;图版1–4

Dy.t.062a（收藏号D0682a）

张延清著 吐蕃敦煌抄经研究 北京：民族出版社，2016年11月 p.292

赵晓星著 吐蕃统治时期敦煌密教研究 兰州：甘肃教育出版社，2017年3月 p.585（附录一）

赵晓星 吐蕃统治敦煌时期的密教研究 兰州：兰州大学博士研究生学位论文，2007年6月 p.153（附录一）

Dy.t.062b（收藏号D0682b）

赵晓星著 吐蕃统治时期敦煌密教研究 兰州：甘肃教育出版社，2017年3月 p.628（附录一）

赵晓星 吐蕃统治敦煌时期的密教研究 兰州：兰州大学博士研究生学位论文，2007年6月 p.169（附录一）

Dy.t.063（收藏号D0683）大乘无量寿宗要经

张延清著 吐蕃敦煌抄经研究 北京：民族出版社，2016年11月 p.309

马德主编，甘肃省文物局、敦煌研究院编纂 甘肃藏敦煌藏文文献①敦煌研究院卷，上海：上海古籍出版社，2017年12月 p.96~100；图版1-9

Dy.t.063a（收藏号D0683a）

赵晓星著 吐蕃统治时期敦煌密教研究 兰州：甘肃教育出版社，2017年3月 p.585（附录一）

赵晓星 吐蕃统治敦煌时期的密教研究 兰州：兰州大学博士研究生学位论文，2007年6月 p.153（附录一）

Dy.t.063b（收藏号D0683b）

赵晓星著 吐蕃统治时期敦煌密教研究 兰州：甘肃教育出版社，2017年3月 p.585（附录一）

赵晓星 吐蕃统治敦煌时期的密教研究 兰州：兰州大学博士研究生学位论文，2007年6月 p.153（附录一）

Dy.t.063c（收藏号D0683c）

赵晓星著 吐蕃统治时期敦煌密教研究 兰州：甘肃教育出版社，2017年3月 p.585（附录一）

赵晓星 吐蕃统治敦煌时期的密教研究 兰州：兰州大学博士研究生学位论文，2007年6月 p.153（附录一）

Dy.t.064（收藏号D0684）大乘无量寿宗要经

张延清著 吐蕃敦煌抄经研究 北京：民族出版社，2016年11月 p.314、341~342、343

赵晓星著 吐蕃统治时期敦煌密教研究 兰州：甘肃教育出版社，2017年3月 p.585（附录一）

马德主编，甘肃省文物局、敦煌研究院编纂 甘肃藏敦煌藏文文献①敦煌研究院卷，上海：上海古籍出版社，2017年12月 p.101~102；图版1-4

赵晓星 吐蕃统治敦煌时期的密教研究 兰州：兰州大学博士研究生学位论文，2007年6月 p.153（附录一）

Dy.t.065(收藏号D0686) 大乘无量寿宗要经

张延清著 吐蕃敦煌抄经研究 北京:民族出版社,2016年11月 p.289

赵晓星著 吐蕃统治时期敦煌密教研究 兰州:甘肃教育出版社,2017年3月 p.586(附录一)

马德主编,甘肃省文物局、敦煌研究院编纂 甘肃藏敦煌藏文文献①敦煌研究院卷,上海:上海古籍出版社,2017年12月 p.103~104;图版1-3

赵晓星 吐蕃统治敦煌时期的密教研究 兰州:兰州大学博士研究生学位论文,2007年6月 p.153(附录一)

Dy.t.066(收藏号D0687) 大乘无量寿宗要经

张延清著 吐蕃敦煌抄经研究 北京:民族出版社,2016年11月 p.214、285

赵晓星著 吐蕃统治时期敦煌密教研究 兰州:甘肃教育出版社,2017年3月 p.586(附录一)

马德主编,甘肃省文物局、敦煌研究院编纂 甘肃藏敦煌藏文文献①敦煌研究院卷,上海:上海古籍出版社,2017年12月 p.104~106;图版1-4

赵晓星 吐蕃统治敦煌时期的密教研究 兰州:兰州大学博士研究生学位论文,2007年6月 p.153(附录一)

Dy.t.067(收藏号D0688) 大乘无量寿宗要经

张延清著 吐蕃敦煌抄经研究 北京:民族出版社,2016年11月 p.309

马德主编,甘肃省文物局、敦煌研究院编纂 甘肃藏敦煌藏文文献①敦煌研究院卷,上海:上海古籍出版社,2017年12月 p.106~109;图版1-6

Dy.t.067a(收藏号D0688a)

赵晓星著 吐蕃统治时期敦煌密教研究 兰州:甘肃教育出版社,2017年3月 p.586(附录一)

赵晓星 吐蕃统治敦煌时期的密教研究 兰州:兰州大学博士研究生学位论文,2007年6月 p.153(附录一)

Dy.t.067b(收藏号D0688b)

赵晓星著 吐蕃统治时期敦煌密教研究 兰州:甘肃教育出版社,2017年3月 p.586(附录一)

赵晓星 吐蕃统治敦煌时期的密教研究 兰州:兰州大学博士研究生学位论文,2007年6月 p.153(附录一)

Dy.t.068(收藏号D0691) 大乘无量寿宗要经

张延清著 吐蕃敦煌抄经研究 北京:民族出版社,2016年11月 p.287

赵晓星著 吐蕃统治时期敦煌密教研究 兰州:甘肃教育出版社,2017年3月 p.586(附录一)

马德主编,甘肃省文物局、敦煌研究院编纂 甘肃藏敦煌藏文文献①敦煌研究院卷,上海:上海古籍出版社,2017年12月 p.109~110;图版1-3

赵晓星 吐蕃统治敦煌时期的密教研究 兰州:兰州大学博士研究生学位论文,2007年6月 p.153(附录一)

Dy.t.069（收藏号D0692）大乘无量寿宗要经

张延清著 吐蕃敦煌抄经研究 北京：民族出版社，2016年11月 p.287

马德主编，甘肃省文物局、敦煌研究院编纂 甘肃藏敦煌藏文文献①敦煌研究院卷，上海：上海古籍出版社，2017年12月 p.111~115；图版1–9

Dy.t.069a（收藏号D0692a）

赵晓星著 吐蕃统治时期敦煌密教研究 兰州：甘肃教育出版社，2017年3月 p.586（附录一）

赵晓星 吐蕃统治敦煌时期的密教研究 兰州：兰州大学博士研究生学位论文，2007年6月 p.153（附录一）

Dy.t.069b（收藏号D0692b）

赵晓星著 吐蕃统治时期敦煌密教研究 兰州：甘肃教育出版社，2017年3月 p.586（附录一）

赵晓星 吐蕃统治敦煌时期的密教研究 兰州：兰州大学博士研究生学位论文，2007年6月 p.153（附录一）

Dy.t.069c（收藏号D0692c）

赵晓星著 吐蕃统治时期敦煌密教研究 兰州：甘肃教育出版社，2017年3月 p.586（附录一）

赵晓星 吐蕃统治敦煌时期的密教研究 兰州：兰州大学博士研究生学位论文，2007年6月 p.153（附录一）

Dy.t.070（收藏号D0693）大乘无量寿宗要经

张延清著 吐蕃敦煌抄经研究 北京：民族出版社，2016年11月 p.278

赵晓星著 吐蕃统治时期敦煌密教研究 兰州：甘肃教育出版社，2017年3月 p.586（附录一）

马德主编，甘肃省文物局、敦煌研究院编纂 甘肃藏敦煌藏文文献①敦煌研究院卷，上海：上海古籍出版社，2017年12月 p.115~116；图版1–3

赵晓星 吐蕃统治敦煌时期的密教研究 兰州：兰州大学博士研究生学位论文，2007年6月 p.153（附录一）

Dy.t.071（收藏号D0729）大乘无量寿宗要经

张延清著 吐蕃敦煌抄经研究 北京：民族出版社，2016年11月 p.303、341~342、343

赵晓星著 吐蕃统治时期敦煌密教研究 兰州：甘肃教育出版社，2017年3月 p.586（附录一）

马德主编，甘肃省文物局、敦煌研究院编纂 甘肃藏敦煌藏文文献①敦煌研究院卷，上海：上海古籍出版社，2017年12月 p.117~118；图版1–3

赵晓星 吐蕃统治敦煌时期的密教研究 兰州：兰州大学博士研究生学位论文，2007年6月 p.153（附录一）

Dy.t.072（收藏号D0730）大乘无量寿宗要经

张延清著 吐蕃敦煌抄经研究 北京：民族出版社，2016年11月 p.341~342、343~344

赵晓星著 吐蕃统治时期敦煌密教研究 兰州：甘肃教育出版社，2017年3月 p.586（附录一）

马德主编，甘肃省文物局、敦煌研究院编纂 甘肃藏敦煌藏文文献①敦煌研究院卷，上海：上海古籍出版社，2017年12月 p.118~120；图版1–3

赵晓星 吐蕃统治敦煌时期的密教研究 兰州：兰州大学博士研究生学位论文，2007年6月 p.153（附录一）

Dy.t.073（收藏号D0731）大乘无量寿宗要经

张延清、谢尔萨 敦煌藏文写经生结构分析 《丝绸之路民族古文字与文化学术讨论会文集》（上），西安：三秦出版社，2007年7月 p.119；p.125（附表三）

张延清著 吐蕃敦煌抄经研究 北京：民族出版社，2016年11月 p.299、331~332、340、353

赵晓星著 吐蕃统治时期敦煌密教研究 兰州：甘肃教育出版社，2017年3月 p.586（附录一）

马德主编，甘肃省文物局、敦煌研究院编纂 甘肃藏敦煌藏文文献①敦煌研究院卷，上海：上海古籍出版社，2017年12月 p.120~122；图版1–4

赵晓星 吐蕃统治敦煌时期的密教研究 兰州：兰州大学博士研究生学位论文，2007年6月 p.153（附录一）

Dy.t.074（收藏号D0732）大乘无量寿宗要经

张延清著 吐蕃敦煌抄经研究 北京：民族出版社，2016年11月 p.314~315、337、343

赵晓星著 吐蕃统治时期敦煌密教研究 兰州：甘肃教育出版社，2017年3月 p.587（附录一）

马德主编，甘肃省文物局、敦煌研究院编纂 甘肃藏敦煌藏文文献①敦煌研究院卷，上海：上海古籍出版社，2017年12月 p.122~123；图版1–3

赵晓星 吐蕃统治敦煌时期的密教研究 兰州：兰州大学博士研究生学位论文，2007年6月 p.154（附录一）

Dy.t.075（收藏号D0733）大乘无量寿宗要经

左丽萍 敦煌本《大乘无量寿经》异体字考释三则《语文学刊》2013年第14期 p.33

张延清著 吐蕃敦煌抄经研究 北京：民族出版社，2016年11月 p.284

马德主编，甘肃省文物局、敦煌研究院编纂 甘肃藏敦煌藏文文献①敦煌研究院卷，上海：上海古籍出版社，2017年12月 p.124~131；图版1–15

Dy.t.075a（收藏号D0733a）

赵晓星著 吐蕃统治时期敦煌密教研究 兰州：甘肃教育出版社，2017年3月 p.587（附录一）

赵晓星 吐蕃统治敦煌时期的密教研究 兰州：兰州大学博士研究生学位论文，2007年6月 p.154（附录一）

Dy.t.075b（收藏号D0733b）

赵晓星著 吐蕃统治时期敦煌密教研究 兰州：甘肃教育出版社，2017年3月 p.587（附录一）

赵晓星 吐蕃统治敦煌时期的密教研究 兰州：兰州大学博士研究生学位论文，2007年6月 p.154（附录一）

Dy.t.075c(收藏号D0733c)

赵晓星著 吐蕃统治时期敦煌密教研究 兰州:甘肃教育出版社,2017年3月 p.587(附录一)

赵晓星 吐蕃统治敦煌时期的密教研究 兰州:兰州大学博士研究生学位论文,2007年6月 p.154(附录一)

Dy.t.075d(收藏号D0733d)

赵晓星著 吐蕃统治时期敦煌密教研究 兰州:甘肃教育出版社,2017年3月 p.587(附录一)

赵晓星 吐蕃统治敦煌时期的密教研究 兰州:兰州大学博士研究生学位论文,2007年6月 p.154(附录一)

Dy.t.075e(收藏号D0733e)

赵晓星著 吐蕃统治时期敦煌密教研究 兰州:甘肃教育出版社,2017年3月 p.587(附录一)

赵晓星 吐蕃统治敦煌时期的密教研究 兰州:兰州大学博士研究生学位论文,2007年6月 p.154(附录一)

Dy.t.076(收藏号D0734) 大乘无量寿宗要经

陈楠 吐蕃统辖敦煌时期之藏文抄经活动考述 《中国藏学》(国家重点课题《西藏通史》专刊)2013年第S2期 p.35

张延清著 吐蕃敦煌抄经研究 北京:民族出版社,2016年11月 p.289

赵晓星著 吐蕃统治时期敦煌密教研究 兰州:甘肃教育出版社,2017年3月 p.587(附录一)

马德主编,甘肃省文物局、敦煌研究院编纂 甘肃藏敦煌藏文文献①敦煌研究院卷,上海:上海古籍出版社,2017年12月 p.131~132;图版1-3

赵晓星 吐蕃统治敦煌时期的密教研究 兰州:兰州大学博士研究生学位论文,2007年6月 p.154(附录一)

Dy.t.077(收藏号D0735) 大乘无量寿宗要经

张延清著 吐蕃敦煌抄经研究 北京:民族出版社,2016年11月 p.298、333、355、358

赵晓星著 吐蕃统治时期敦煌密教研究 兰州:甘肃教育出版社,2017年3月 p.587(附录一)

马德主编,甘肃省文物局、敦煌研究院编纂 甘肃藏敦煌藏文文献①敦煌研究院卷,上海:上海古籍出版社,2017年12月 p.133~134;图版1-4

赵晓星 吐蕃统治敦煌时期的密教研究 兰州:兰州大学博士研究生学位论文,2007年6月 p.154(附录一)

Dy.t.078(收藏号D0736) 大乘无量寿宗要经

张延清著 吐蕃敦煌抄经研究 北京:民族出版社,2016年11月 p.291

马德主编,甘肃省文物局、敦煌研究院编纂 甘肃藏敦煌藏文文献①敦煌研究院卷,上海:上海古籍出版社,2017年12月 p.135~142;图版1-15

Dy.t.078a（收藏号D0736a）

赵晓星著 吐蕃统治时期敦煌密教研究 兰州：甘肃教育出版社，2017年3月 p.587（附录一）

赵晓星 吐蕃统治敦煌时期的密教研究 兰州：兰州大学博士研究生学位论文，2007年6月 p.154（附录一）

Dy.t.078b（收藏号D0736b）

赵晓星著 吐蕃统治时期敦煌密教研究 兰州：甘肃教育出版社，2017年3月 p.587（附录一）

赵晓星 吐蕃统治敦煌时期的密教研究 兰州：兰州大学博士研究生学位论文，2007年6月 p.154（附录一）

Dy.t.078c（收藏号D0736c）

赵晓星著 吐蕃统治时期敦煌密教研究 兰州：甘肃教育出版社，2017年3月 p.588（附录一）

赵晓星 吐蕃统治敦煌时期的密教研究 兰州：兰州大学博士研究生学位论文，2007年6月 p.154（附录一）

Dy.t.078d（收藏号D0736d）

赵晓星著 吐蕃统治时期敦煌密教研究 兰州：甘肃教育出版社，2017年3月 p.588（附录一）

赵晓星 吐蕃统治敦煌时期的密教研究 兰州：兰州大学博士研究生学位论文，2007年6月 p.154（附录一）

Dy.t.078e（收藏号D0736e）

赵晓星著 吐蕃统治时期敦煌密教研究 兰州：甘肃教育出版社，2017年3月 p.588（附录一）

赵晓星 吐蕃统治敦煌时期的密教研究 兰州：兰州大学博士研究生学位论文，2007年6月 p.154（附录一）

Dy.t.079（收藏号D0737）大乘无量寿宗要经

张延清著 吐蕃敦煌抄经研究 北京：民族出版社，2016年11月 p.280

马德主编，甘肃省文物局、敦煌研究院编纂 甘肃藏敦煌藏文文献①敦煌研究院卷，上海：上海古籍出版社，2017年12月 p.142~149；图版1-14

Dy.t.079a（收藏号D0737a）

赵晓星著 吐蕃统治时期敦煌密教研究 兰州：甘肃教育出版社，2017年3月 p.588（附录一）

赵晓星 吐蕃统治敦煌时期的密教研究 兰州：兰州大学博士研究生学位论文，2007年6月 p.154（附录一）

Dy.t.079b（收藏号D0737b）

赵晓星著 吐蕃统治时期敦煌密教研究 兰州：甘肃教育出版社，2017年3月 p.588（附录一）

赵晓星 吐蕃统治敦煌时期的密教研究 兰州：兰州大学博士研究生学位论文，2007年6月 p.154（附录一）

Dy.t.079c(收藏号D0737c)

赵晓星著 吐蕃统治时期敦煌密教研究 兰州:甘肃教育出版社,2017年3月 p.588(附录一)

赵晓星 吐蕃统治敦煌时期的密教研究 兰州:兰州大学博士研究生学位论文,2007年6月 p.154(附录一)

Dy.t.079d(收藏号D0737d)

赵晓星著 吐蕃统治时期敦煌密教研究 兰州:甘肃教育出版社,2017年3月 p.588(附录一)

赵晓星 吐蕃统治敦煌时期的密教研究 兰州:兰州大学博士研究生学位论文,2007年6月 p.154(附录一)

Dy.t.079e(收藏号D0737e)

赵晓星著 吐蕃统治时期敦煌密教研究 兰州:甘肃教育出版社,2017年3月 p.588(附录一)

赵晓星 吐蕃统治敦煌时期的密教研究 兰州:兰州大学博士研究生学位论文,2007年6月 p.154(附录一)

Dy.t.080(收藏号D0738)大乘无量寿宗要经

张延清著 吐蕃敦煌抄经研究 北京:民族出版社,2016年11月 p.290

马德主编,甘肃省文物局、敦煌研究院编纂 甘肃藏敦煌藏文文献①敦煌研究院卷,上海:上海古籍出版社,2017年12月 p.149~156;图版1–15

Dy.t.080a(收藏号D0738a)

赵晓星著 吐蕃统治时期敦煌密教研究 兰州:甘肃教育出版社,2017年3月 p.586(附录一)

赵晓星 吐蕃统治敦煌时期的密教研究 兰州:兰州大学博士研究生学位论文,2007年6月 p.154(附录一)

Dy.t.080b(收藏号D0738b)

赵晓星著 吐蕃统治时期敦煌密教研究 兰州:甘肃教育出版社,2017年3月 p.588(附录一)

赵晓星 吐蕃统治敦煌时期的密教研究 兰州:兰州大学博士研究生学位论文,2007年6月 p.154(附录一)

Dy.t.080c(收藏号D0738c)

赵晓星著 吐蕃统治时期敦煌密教研究 兰州:甘肃教育出版社,2017年3月 p.588(附录一)

赵晓星 吐蕃统治敦煌时期的密教研究 兰州:兰州大学博士研究生学位论文,2007年6月 p.154(附录一)

Dy.t.080d(收藏号D0738d)

赵晓星著 吐蕃统治时期敦煌密教研究 兰州:甘肃教育出版社,2017年3月 p.588(附录一)

赵晓星 吐蕃统治敦煌时期的密教研究 兰州:兰州大学博士研究生学位论文,2007年6月 p.154(附录一)

Dy.t.080e（收藏号D0738e）

赵晓星著 吐蕃统治时期敦煌密教研究 兰州：甘肃教育出版社，2017年3月 p.588（附录一）

赵晓星 吐蕃统治敦煌时期的密教研究 兰州：兰州大学博士研究生学位论文，2007年6月 p.154（附录一）

Dy.t.081（收藏号D0739）大乘无量寿宗要经

张延清著 吐蕃敦煌抄经研究 北京：民族出版社，2016年11月 p.287

马德主编，甘肃省文物局、敦煌研究院编纂 甘肃藏敦煌藏文文献①敦煌研究院卷，上海：上海古籍出版社，2017年12月 p.157~160；图版1–7

Dy.t.081a（收藏号D0739a）

赵晓星著 吐蕃统治时期敦煌密教研究 兰州：甘肃教育出版社，2017年3月 p.589（附录一）

赵晓星 吐蕃统治敦煌时期的密教研究 兰州：兰州大学博士研究生学位论文，2007年6月 p.154（附录一）

Dy.t.081b（收藏号D0739b）

赵晓星著 吐蕃统治时期敦煌密教研究 兰州：甘肃教育出版社，2017年3月 p.589（附录一）

赵晓星 吐蕃统治敦煌时期的密教研究 兰州：兰州大学博士研究生学位论文，2007年6月 p.154（附录一）

Dy.t.081c（收藏号D0739c）

赵晓星著 吐蕃统治时期敦煌密教研究 兰州：甘肃教育出版社，2017年3月 p.628（附录一）

赵晓星 吐蕃统治敦煌时期的密教研究 兰州：兰州大学博士研究生学位论文，2007年6月 p.169（附录一）

Dy.t.082（收藏号D0740）大乘无量寿宗要经

张延清、梁旭澍、勘措吉、郭俊叶 敦煌研究院藏敦煌古藏文写经叙录《敦煌研究》2006年第3期 p.55

马德主编，甘肃省文物局、敦煌研究院编纂 甘肃藏敦煌藏文文献①敦煌研究院卷，上海：上海古籍出版社，2017年12月 p.160~166；图版1–12

Dy.t.082a（收藏号D0740a）

赵晓星著 吐蕃统治时期敦煌密教研究 兰州：甘肃教育出版社，2017年3月 p.628（附录一）

赵晓星 吐蕃统治敦煌时期的密教研究 兰州：兰州大学博士研究生学位论文，2007年6月 p.169（附录一）

Dy.t.082b（收藏号D0740b）

陈楠 吐蕃统辖敦煌时期之藏文抄经活动考述《中国藏学》（国家重点课题《西藏通史》专刊）2013年第S2期 p.35

张延清著 吐蕃敦煌抄经研究 北京：民族出版社，2016年11月 p.289

赵晓星著 吐蕃统治时期敦煌密教研究 兰州:甘肃教育出版社,2017年3月 p.589(附录一)

赵晓星 吐蕃统治敦煌时期的密教研究 兰州:兰州大学博士研究生学位论文,2007年6月 p.154(附录一)

Dy.t.082c(收藏号D0740c)

陈楠 吐蕃统辖敦煌时期之藏文抄经活动考述《中国藏学》(国家重点课题《西藏通史》专刊)2013年第S2期 p.35

赵晓星著 吐蕃统治时期敦煌密教研究 兰州:甘肃教育出版社,2017年3月 p.589(附录一)

赵晓星 吐蕃统治敦煌时期的密教研究 兰州:兰州大学博士研究生学位论文,2007年6月 p.154(附录一)

Dy.t.082d(收藏号D0740d)

陈楠 吐蕃统辖敦煌时期之藏文抄经活动考述《中国藏学》(国家重点课题《西藏通史》专刊)2013年第S2期 p.35

赵晓星著 吐蕃统治时期敦煌密教研究 兰州:甘肃教育出版社,2017年3月 p.589(附录一)

赵晓星 吐蕃统治敦煌时期的密教研究 兰州:兰州大学博士研究生学位论文,2007年6月 p.155(附录一)

Dy.t.083(收藏号D0741) 大乘无量寿宗要经

张延清著 吐蕃敦煌抄经研究 北京:民族出版社,2016年11月 p.298、333、355、358

赵晓星著 吐蕃统治时期敦煌密教研究 兰州:甘肃教育出版社,2017年3月 p.589(附录一)

马德主编,甘肃省文物局、敦煌研究院编纂 甘肃藏敦煌藏文文献①敦煌研究院卷,上海:上海古籍出版社,2017年12月 p.166~168;图版1–4

赵晓星 吐蕃统治敦煌时期的密教研究 兰州:兰州大学博士研究生学位论文,2007年6月 p.155(附录一)

Dy.t.084(收藏号D0742) 大乘无量寿宗要经

张延清著 吐蕃敦煌抄经研究 北京:民族出版社,2016年11月 p.303、343~344、353

赵晓星著 吐蕃统治时期敦煌密教研究 兰州:甘肃教育出版社,2017年3月 p.589(附录一)

马德主编,甘肃省文物局、敦煌研究院编纂 甘肃藏敦煌藏文文献①敦煌研究院卷,上海:上海古籍出版社,2017年12月 p.168~170;图版1–4

赵晓星 吐蕃统治敦煌时期的密教研究 兰州:兰州大学博士研究生学位论文,2007年6月 p.155(附录一)

Dy.t.085(收藏号D0743) 大乘无量寿宗要经

张延清著 吐蕃敦煌抄经研究 北京:民族出版社,2016年11月 p.301

赵晓星著 吐蕃统治时期敦煌密教研究 兰州:甘肃教育出版社,2017年3月 p.589(附录一)

马德主编,甘肃省文物局、敦煌研究院编纂 甘肃藏敦煌藏文文献①敦煌研究院卷,上海:上海古籍出版社,2017年12月 p.170~171;图版1–3

赵晓星 吐蕃统治敦煌时期的密教研究 兰州:兰州大学博士研究生学位论文,2007年6月 p.155(附录一)

Dy.t.086(收藏号D0749–1)十万颂般若波罗蜜多经第二卷第八品

张延清、梁旭澍、勘措吉、郭俊叶 敦煌研究院藏敦煌古藏文写经叙录《敦煌研究》2006年第3期 p.56

马德主编,甘肃省文物局、敦煌研究院编纂 甘肃藏敦煌藏文文献①敦煌研究院卷,上海:上海古籍出版社,2017年12月 p.172;图版R–V

Dy.t.087(收藏号D0749–2)十万颂般若波罗蜜多经第二卷第十八、十九品

张延清著 吐蕃敦煌抄经研究 北京:民族出版社,2016年11月 p.317、331、346、348、349

马德主编,甘肃省文物局、敦煌研究院编纂 甘肃藏敦煌藏文文献①敦煌研究院卷,上海:上海古籍出版社,2017年12月 p.173;图版R–V

Dy.t.088(收藏号D0749–3)十万颂般若波罗蜜多经第一卷第三十八品

马德主编,甘肃省文物局、敦煌研究院编纂 甘肃藏敦煌藏文文献①敦煌研究院卷,上海:上海古籍出版社,2017年12月 p.174;图版R–V

Dy.t.089(收藏号D0749–4)十万颂般若波罗蜜多经

张延清著 吐蕃敦煌抄经研究 北京:民族出版社,2016年11月 p.295

马德主编,甘肃省文物局、敦煌研究院编纂 甘肃藏敦煌藏文文献①敦煌研究院卷,上海:上海古籍出版社,2017年12月 p.175;图版R–V

Dy.t.090(收藏号D0749–5)十万颂般若波罗蜜多经第一卷第三十六、三十七品

张延清著 吐蕃敦煌抄经研究 北京:民族出版社,2016年11月 p.295

马德主编,甘肃省文物局、敦煌研究院编纂 甘肃藏敦煌藏文文献①敦煌研究院卷,上海:上海古籍出版社,2017年12月 p.176;图版R–V

Dy.t.091(收藏号D0749–6)十万颂般若波罗蜜多经第一卷第三十六品

马德主编,甘肃省文物局、敦煌研究院编纂 甘肃藏敦煌藏文文献①敦煌研究院卷,上海:上海古籍出版社,2017年12月 p.177;图版R–V

Dy.t.092(收藏号D0749–7)十万颂般若波罗蜜多经第四卷第三十三品

马德主编,甘肃省文物局、敦煌研究院编纂 甘肃藏敦煌藏文文献①敦煌研究院卷,上海:上海古籍出版社,2017年12月 p.178;图版R–V

Dy.t.093（收藏号D0749-8）十万颂般若波罗蜜多经

张延清著 吐蕃敦煌抄经研究 北京：民族出版社，2016年11月 p.316、348

马德主编，甘肃省文物局、敦煌研究院编纂 甘肃藏敦煌藏文文献①敦煌研究院卷，上海：上海古籍出版社，2017年12月 p.179；图版R–V

Dy.t.094（收藏号D0749-9）十万颂般若波罗蜜多经

张延清、梁旭澍、勘措吉、郭俊叶 敦煌研究院藏敦煌古藏文写经叙录[①]《敦煌研究》2006年第3期 p.57

马德主编，甘肃省文物局、敦煌研究院编纂 甘肃藏敦煌藏文文献①敦煌研究院卷，上海：上海古籍出版社，2017年12月 p.180；图版R–V

Dy.t.095 十万颂般若波罗蜜多经

马德主编，甘肃省文物局、敦煌研究院编纂 甘肃藏敦煌藏文文献①敦煌研究院卷，上海：上海古籍出版社，2017年12月 p.181；图版R–V

Dy.t.096 十万颂般若波罗蜜多经

马德主编，甘肃省文物局、敦煌研究院编纂 甘肃藏敦煌藏文文献①敦煌研究院卷，上海：上海古籍出版社，2017年12月 p.182；图版R–V

Dy.t.097 十万颂般若波罗蜜多经

马德主编，甘肃省文物局、敦煌研究院编纂 甘肃藏敦煌藏文文献①敦煌研究院卷，上海：上海古籍出版社，2017年12月 p.183；图版R–V

Dy.t.098 十万颂般若波罗蜜多经

马德主编，甘肃省文物局、敦煌研究院编纂 甘肃藏敦煌藏文文献①敦煌研究院卷，上海：上海古籍出版社，2017年12月 p.184；图版R–V

Dy.t.099 十万颂般若波罗蜜多经

马德主编，甘肃省文物局、敦煌研究院编纂 甘肃藏敦煌藏文文献①敦煌研究院卷，上海：上海古籍出版社，2017年12月 p.185；图版R–V

---

①张延清、梁旭澍等《敦煌研究院藏敦煌古藏文写经叙录》刊于《敦煌研究》2006年第3期。其第57页Dy.t.0749–9条目说明：“黄麻纸38页，首尾缺，无题记，无页码。”此处所说“黄麻纸38页”应与马德主编《甘肃藏敦煌藏文文献叙录》一书，第20~23页Dy.t.094至Dy.t.131编号条目对应。

Dy.t.100 十万颂般若波罗蜜多经

马德主编,甘肃省文物局、敦煌研究院编纂 甘肃藏敦煌藏文文献①敦煌研究院卷,上海:上海古籍出版社,2017年12月 p.186;图版R–V

Dy.t.101 十万颂般若波罗蜜多经

马德主编,甘肃省文物局、敦煌研究院编纂 甘肃藏敦煌藏文文献①敦煌研究院卷,上海:上海古籍出版社,2017年12月 p.187;图版R–V

Dy.t.102 十万颂般若波罗蜜多经

马德主编,甘肃省文物局、敦煌研究院编纂 甘肃藏敦煌藏文文献①敦煌研究院卷,上海:上海古籍出版社,2017年12月 p.188;图版R–V

Dy.t.103 十万颂般若波罗蜜多经

马德主编,甘肃省文物局、敦煌研究院编纂 甘肃藏敦煌藏文文献①敦煌研究院卷,上海:上海古籍出版社,2017年12月 p.189;图版R–V

Dy.t.104 十万颂般若波罗蜜多经

马德主编,甘肃省文物局、敦煌研究院编纂 甘肃藏敦煌藏文文献①敦煌研究院卷,上海:上海古籍出版社,2017年12月 p.190;图版R–V

Dy.t.105 十万颂般若波罗蜜多经

马德主编,甘肃省文物局、敦煌研究院编纂 甘肃藏敦煌藏文文献①敦煌研究院卷,上海:上海古籍出版社,2017年12月 p.191;图版R–V

Dy.t.106 十万颂般若波罗蜜多经

马德主编,甘肃省文物局、敦煌研究院编纂 甘肃藏敦煌藏文文献①敦煌研究院卷,上海:上海古籍出版社,2017年12月 p.192;图版R–V

Dy.t.107 十万颂般若波罗蜜多经

马德主编,甘肃省文物局、敦煌研究院编纂 甘肃藏敦煌藏文文献①敦煌研究院卷,上海:上海古籍出版社,2017年12月 p.193;图版R–V

Dy.t.108 十万颂般若波罗蜜多经

马德主编,甘肃省文物局、敦煌研究院编纂 甘肃藏敦煌藏文文献①敦煌研究院卷,上海:上海古籍出

版社,2017年12月 p.194;图版R–V

Dy.t.109 十万颂般若波罗蜜多经

马德主编,甘肃省文物局、敦煌研究院编纂 甘肃藏敦煌藏文文献①敦煌研究院卷,上海:上海古籍出版社,2017年12月 p.195;图版R–V

Dy.t.110 十万颂般若波罗蜜多经

马德主编,甘肃省文物局、敦煌研究院编纂 甘肃藏敦煌藏文文献①敦煌研究院卷,上海:上海古籍出版社,2017年12月 p.196;图版R–V

Dy.t.111 十万颂般若波罗蜜多经

马德主编,甘肃省文物局、敦煌研究院编纂 甘肃藏敦煌藏文文献①敦煌研究院卷,上海:上海古籍出版社,2017年12月 p.197;图版R–V

Dy.t.112 十万颂般若波罗蜜多经

马德主编,甘肃省文物局、敦煌研究院编纂 甘肃藏敦煌藏文文献①敦煌研究院卷,上海:上海古籍出版社,2017年12月 p.198;图版R–V

Dy.t.113 十万颂般若波罗蜜多经

马德主编,甘肃省文物局、敦煌研究院编纂 甘肃藏敦煌藏文文献①敦煌研究院卷,上海:上海古籍出版社,2017年12月 p.199;图版R–V

Dy.t.114 十万颂般若波罗蜜多经

马德主编,甘肃省文物局、敦煌研究院编纂 甘肃藏敦煌藏文文献①敦煌研究院卷,上海:上海古籍出版社,2017年12月 p.200;图版R–V

Dy.t.115 十万颂般若波罗蜜多经

马德主编,甘肃省文物局、敦煌研究院编纂 甘肃藏敦煌藏文文献①敦煌研究院卷,上海:上海古籍出版社,2017年12月 p.201;图版R–V

Dy.t.116 十万颂般若波罗蜜多经

马德主编,甘肃省文物局、敦煌研究院编纂 甘肃藏敦煌藏文文献①敦煌研究院卷,上海:上海古籍出版社,2017年12月 p.202;图版R–V

Dy.t.117 十万颂般若波罗蜜多经

马德主编,甘肃省文物局、敦煌研究院编纂 甘肃藏敦煌藏文文献①敦煌研究院卷,上海:上海古籍出版社,2017年12月 p.203;图版R-V

Dy.t.118 十万颂般若波罗蜜多经

马德主编,甘肃省文物局、敦煌研究院编纂 甘肃藏敦煌藏文文献①敦煌研究院卷,上海:上海古籍出版社,2017年12月 p.204;图版R-V

Dy.t.119 十万颂般若波罗蜜多经

马德主编,甘肃省文物局、敦煌研究院编纂 甘肃藏敦煌藏文文献①敦煌研究院卷,上海:上海古籍出版社,2017年12月 p.205;图版R-V

Dy.t.120 十万颂般若波罗蜜多经

马德主编,甘肃省文物局、敦煌研究院编纂 甘肃藏敦煌藏文文献①敦煌研究院卷,上海:上海古籍出版社,2017年12月 p.206;图版R-V

Dy.t.121 十万颂般若波罗蜜多经

张延清 吐蕃王妃贝吉昂楚及其敦煌校经题记《西藏民族学院学报》(哲学社会科学版)2009年第5期 p.30;收入德吉卓玛编《吐蕃佛教史研究论文集》,北京:中国藏学出版社,2015年4月 p.606

张延清 吐蕃钵阐布考《历史研究》2011年第5期 p.166

张延清 从敦煌看丝绸之路上的吐蕃元素 《社会科学家》2017年第11期 p.28;图1

张延清著 吐蕃敦煌抄经研究 北京:民族出版社,2016年11月 p.217

马德主编,甘肃省文物局、敦煌研究院编纂 甘肃藏敦煌藏文文献①敦煌研究院卷,上海:上海古籍出版社,2017年12月 p.207;图版R-V

Dy.t.122 十万颂般若波罗蜜多经

马德主编,甘肃省文物局、敦煌研究院编纂 甘肃藏敦煌藏文文献①敦煌研究院卷,上海:上海古籍出版社,2017年12月 p.208;图版R-V

Dy.t.123 十万颂般若波罗蜜多经

马德主编,甘肃省文物局、敦煌研究院编纂 甘肃藏敦煌藏文文献①敦煌研究院卷,上海:上海古籍出版社,2017年12月 p.209;图版R-V

Dy.t.124 十万颂般若波罗蜜多经

马德主编，甘肃省文物局、敦煌研究院编纂 甘肃藏敦煌藏文文献①敦煌研究院卷，上海：上海古籍出版社，2017年12月 p.210；图版R–V

Dy.t.125 十万颂般若波罗蜜多经

马德主编，甘肃省文物局、敦煌研究院编纂 甘肃藏敦煌藏文文献①敦煌研究院卷，上海：上海古籍出版社，2017年12月 p.211；图版R–V

Dy.t.126 十万颂般若波罗蜜多经

马德主编，甘肃省文物局、敦煌研究院编纂 甘肃藏敦煌藏文文献①敦煌研究院卷，上海：上海古籍出版社，2017年12月 p.212；图版R–V

Dy.t.127 十万颂般若波罗蜜多经

马德主编，甘肃省文物局、敦煌研究院编纂 甘肃藏敦煌藏文文献①敦煌研究院卷，上海：上海古籍出版社，2017年12月 p.213；图版R–V

Dy.t.128 十万颂般若波罗蜜多经

马德主编，甘肃省文物局、敦煌研究院编纂 甘肃藏敦煌藏文文献①敦煌研究院卷，上海：上海古籍出版社，2017年12月 p.214；图版R–V

Dy.t.129 十万颂般若波罗蜜多经

马德主编，甘肃省文物局、敦煌研究院编纂 甘肃藏敦煌藏文文献①敦煌研究院卷，上海：上海古籍出版社，2017年12月 p.215；图版R–V

Dy.t.130 十万颂般若波罗蜜多经

马德主编，甘肃省文物局、敦煌研究院编纂 甘肃藏敦煌藏文文献①敦煌研究院卷，上海：上海古籍出版社，2017年12月 p.216；图版R–V

Dy.t.131 十万颂般若波罗蜜多经

马德主编，甘肃省文物局、敦煌研究院编纂 甘肃藏敦煌藏文文献①敦煌研究院卷，上海：上海古籍出版社，2017年12月 p.217；图版R–V

Dy.t.132（收藏号D0791）大乘无量寿宗要经

张延清著 吐蕃敦煌抄经研究 北京：民族出版社，2016年11月 p.305

赵晓星著 吐蕃统治时期敦煌密教研究 兰州:甘肃教育出版社,2017年3月 p.589(附录一)

马德主编,甘肃省文物局、敦煌研究院编纂 甘肃藏敦煌藏文文献①敦煌研究院卷,上海:上海古籍出版社,2017年12月 p.218~219;图版1-3

赵晓星 吐蕃统治敦煌时期的密教研究 兰州:兰州大学博士研究生学位论文,2007年6月 p.155(附录一)

Dy.t.133(收藏号D0792)大乘无量寿宗要经

张延清著 吐蕃敦煌抄经研究 北京:民族出版社,2016年11月 p.284、331~332、340、353

赵晓星著 吐蕃统治时期敦煌密教研究 兰州:甘肃教育出版社,2017年3月 p.590(附录一)

马德主编,甘肃省文物局、敦煌研究院编纂 甘肃藏敦煌藏文文献①敦煌研究院卷,上海:上海古籍出版社,2017年12月 p.219~221;图版1-4

赵晓星 吐蕃统治敦煌时期的密教研究 兰州:兰州大学博士研究生学位论文,2007年6月 p.155(附录一)

Dy.t.134(收藏号D0793)大乘无量寿宗要经

张延清著 吐蕃敦煌抄经研究 北京:民族出版社,2016年11月 p.305

赵晓星著 吐蕃统治时期敦煌密教研究 兰州:甘肃教育出版社,2017年3月 p.590(附录一)

马德主编,甘肃省文物局、敦煌研究院编纂 甘肃藏敦煌藏文文献①敦煌研究院卷,上海:上海古籍出版社,2017年12月 p.221~222;图版1-3

赵晓星 吐蕃统治敦煌时期的密教研究 兰州:兰州大学博士研究生学位论文,2007年6月 p.155(附录一)

Dy.t.135(收藏号D0794)大乘无量寿宗要经

张延清著 吐蕃敦煌抄经研究 北京:民族出版社,2016年11月 p.305

赵晓星著 吐蕃统治时期敦煌密教研究 兰州:甘肃教育出版社,2017年3月 p.590(附录一)

马德主编,甘肃省文物局、敦煌研究院编纂 甘肃藏敦煌藏文文献①敦煌研究院卷,上海:上海古籍出版社,2017年12月 p.223~224;图版1-4

赵晓星 吐蕃统治敦煌时期的密教研究 兰州:兰州大学博士研究生学位论文,2007年6月 p.155(附录一)

Dy.t.136(收藏号D0795)大乘无量寿宗要经

张延清著 吐蕃敦煌抄经研究 北京:民族出版社,2016年11月 p.317~318、341~342、343

赵晓星著 吐蕃统治时期敦煌密教研究 兰州:甘肃教育出版社,2017年3月 p.590(附录一)

马德主编,甘肃省文物局、敦煌研究院编纂 甘肃藏敦煌藏文文献①敦煌研究院卷,上海:上海古籍出版社,2017年12月 p.225~226;图版1-3

赵晓星 吐蕃统治敦煌时期的密教研究 兰州:兰州大学博士研究生学位论文,2007年6月 p.155(附录一)

Dy.t.137(收藏号D0796) 大乘无量寿宗要经

赵晓星著 吐蕃统治时期敦煌密教研究 兰州:甘肃教育出版社,2017年3月 p.628(附录一)

马德主编,甘肃省文物局、敦煌研究院编纂 甘肃藏敦煌藏文文献①敦煌研究院卷,上海:上海古籍出版社,2017年12月 图版p.226

赵晓星 吐蕃统治敦煌时期的密教研究 兰州:兰州大学博士研究生学位论文,2007年6月 p.169(附录一)

Dy.t.138(收藏号D0797) 大乘无量寿宗要经

赵晓星著 吐蕃统治时期敦煌密教研究 兰州:甘肃教育出版社,2017年3月 p.628(附录一)

马德主编,甘肃省文物局、敦煌研究院编纂 甘肃藏敦煌藏文文献①敦煌研究院卷,上海:上海古籍出版社,2017年12月 图版p.227

赵晓星 吐蕃统治敦煌时期的密教研究 兰州:兰州大学博士研究生学位论文,2007年6月 p.169(附录一)

Dy.t.139(收藏号D0798) 大乘无量寿宗要经

赵晓星著 吐蕃统治时期敦煌密教研究 兰州:甘肃教育出版社,2017年3月 p.628(附录一)

马德主编,甘肃省文物局、敦煌研究院编纂 甘肃藏敦煌藏文文献①敦煌研究院卷,上海:上海古籍出版社,2017年12月 图版p.227

赵晓星 吐蕃统治敦煌时期的密教研究 兰州:兰州大学博士研究生学位论文,2007年6月 p.169(附录一)

Dy.t.140(收藏号D0799) 大乘无量寿宗要经

赵晓星著 吐蕃统治时期敦煌密教研究 兰州:甘肃教育出版社,2017年3月 p.628(附录一)

马德主编,甘肃省文物局、敦煌研究院编纂 甘肃藏敦煌藏文文献①敦煌研究院卷,上海:上海古籍出版社,2017年12月 图版p.228

赵晓星 吐蕃统治敦煌时期的密教研究 兰州:兰州大学博士研究生学位论文,2007年6月 p.169(附录一)

Dy.t.141(收藏号D0800) 大乘无量寿宗要经

张延清著 吐蕃敦煌抄经研究 北京:民族出版社,2016年11月 p.292、331~332

赵晓星著 吐蕃统治时期敦煌密教研究 兰州:甘肃教育出版社,2017年3月 p.590(附录一)

马德主编,甘肃省文物局、敦煌研究院编纂 甘肃藏敦煌藏文文献①敦煌研究院卷,上海:上海古籍出版社,2017年12月 图版p.228

赵晓星 吐蕃统治敦煌时期的密教研究 兰州:兰州大学博士研究生学位论文,2007年6月 p.155(附录一)

Dy.t.142(收藏号D0801) 大乘无量寿宗要经

张延清著 吐蕃敦煌抄经研究 北京:民族出版社,2016年11月 p.297

赵晓星著 吐蕃统治时期敦煌密教研究 兰州:甘肃教育出版社,2017年3月 p.590(附录一)

马德主编，甘肃省文物局、敦煌研究院编纂 甘肃藏敦煌藏文文献①敦煌研究院卷，上海：上海古籍出版社，2017年12月 p.229~230；图版1-3

赵晓星 吐蕃统治敦煌时期的密教研究 兰州：兰州大学博士研究生学位论文，2007年6月 p.155（附录一）

Dy.t.143（收藏号D0802）大乘无量寿宗要经

马德主编，甘肃省文物局、敦煌研究院编纂 甘肃藏敦煌藏文文献①敦煌研究院卷，上海：上海古籍出版社，2017年12月 p.230~236；图版1-12

Dy.t.143a（收藏号D0802a）

张延清、梁旭澍、勘措吉、郭俊叶 敦煌研究院藏敦煌古藏文写经叙录《敦煌研究》2006年第3期 p.59

巴桑旺堆 关于古藏文写本的研究方法的再探索《中国藏学》2009年第3期 p.77；收入氏著《吐蕃历史文献研究论集》，上海：上海古籍出版社，2018年7月 p.35

赵晓星著 吐蕃统治时期敦煌密教研究 兰州：甘肃教育出版社，2017年3月 p.590（附录一）

赵晓星 吐蕃统治敦煌时期的密教研究 兰州：兰州大学博士研究生学位论文，2007年6月 p.155（附录一）

Dy.t.143b（收藏号D0802b）

张延清、梁旭澍、勘措吉、郭俊叶 敦煌研究院藏敦煌古藏文写经叙录《敦煌研究》2006年第3期 p.59

巴桑旺堆 关于古藏文写本的研究方法的再探索《中国藏学》2009年第3期 p.77；收入氏著《吐蕃历史文献研究论集》，上海：上海古籍出版社，2018年7月 p.35

赵晓星著 吐蕃统治时期敦煌密教研究 兰州：甘肃教育出版社，2017年3月 p.590（附录一）

赵晓星 吐蕃统治敦煌时期的密教研究 兰州：兰州大学博士研究生学位论文，2007年6月 p.155（附录一）

Dy.t.143c（收藏号D0802c）

张延清、梁旭澍、勘措吉、郭俊叶 敦煌研究院藏敦煌古藏文写经叙录《敦煌研究》2006年第3期 p.59

巴桑旺堆 关于古藏文写本的研究方法的再探索《中国藏学》2009年第3期 p.77；收入氏著《吐蕃历史文献研究论集》，上海：上海古籍出版社，2018年7月 p.35

赵晓星著 吐蕃统治时期敦煌密教研究 兰州：甘肃教育出版社，2017年3月 p.590（附录一）

赵晓星 吐蕃统治敦煌时期的密教研究 兰州：兰州大学博士研究生学位论文，2007年6月 p.155（附录一）

Dy.t.143d（收藏号D0802d）

赵晓星著 吐蕃统治时期敦煌密教研究 兰州：甘肃教育出版社，2017年3月 p.590（附录一）

赵晓星 吐蕃统治敦煌时期的密教研究 兰州：兰州大学博士研究生学位论文，2007年6月 p.155（附录一）

Dy.t.144(收藏号D0803) 大乘无量寿宗要经

马德主编,甘肃省文物局、敦煌研究院编纂 甘肃藏敦煌藏文文献①敦煌研究院卷,上海:上海古籍出版社,2017年12月 p.236~243;图版1-15

Dy.t.144a(收藏号D0803a)

赵晓星著 吐蕃统治时期敦煌密教研究 兰州:甘肃教育出版社,2017年3月 p.590(附录一)

赵晓星 吐蕃统治敦煌时期的密教研究 兰州:兰州大学博士研究生学位论文,2007年6月 p.155(附录一)

Dy.t.144b(收藏号D0803b)

赵晓星著 吐蕃统治时期敦煌密教研究 兰州:甘肃教育出版社,2017年3月 p.590(附录一)

赵晓星 吐蕃统治敦煌时期的密教研究 兰州:兰州大学博士研究生学位论文,2007年6月 p.155(附录一)

Dy.t.144c(收藏号D0803c)

赵晓星著 吐蕃统治时期敦煌密教研究 兰州:甘肃教育出版社,2017年3月 p.591(附录一)

赵晓星 吐蕃统治敦煌时期的密教研究 兰州:兰州大学博士研究生学位论文,2007年6月 p.155(附录一)

Dy.t.144d(收藏号D0803d)

赵晓星著 吐蕃统治时期敦煌密教研究 兰州:甘肃教育出版社,2017年3月 p.591(附录一)

赵晓星 吐蕃统治敦煌时期的密教研究 兰州:兰州大学博士研究生学位论文,2007年6月 p.155(附录一)

Dy.t.144e(收藏号D0803e)

赵晓星著 吐蕃统治时期敦煌密教研究 兰州:甘肃教育出版社,2017年3月 p.591(附录一)

赵晓星 吐蕃统治敦煌时期的密教研究 兰州:兰州大学博士研究生学位论文,2007年6月 p.155(附录一)

Dy.t.145(收藏号D0804) 大乘无量寿宗要经

张延清著 吐蕃敦煌抄经研究 北京:民族出版社,2016年11月 p.277~278

赵晓星著 吐蕃统治时期敦煌密教研究 兰州:甘肃教育出版社,2017年3月 p.591(附录一)

马德主编,甘肃省文物局、敦煌研究院编纂 甘肃藏敦煌藏文文献①敦煌研究院卷,上海:上海古籍出版社,2017年12月 p.244~245;图版1-3

赵晓星 吐蕃统治敦煌时期的密教研究 兰州:兰州大学博士研究生学位论文,2007年6月 p.155(附录一)

Dy.t.146(收藏号D0805) 大乘无量寿宗要经

张延清著 吐蕃敦煌抄经研究 北京:民族出版社,2016年11月 p.307

赵晓星著 吐蕃统治时期敦煌密教研究 兰州:甘肃教育出版社,2017年3月 p.591(附录一)

马德主编，甘肃省文物局、敦煌研究院编纂 甘肃藏敦煌藏文文献①敦煌研究院卷，上海：上海古籍出版社，2017年12月 p.245~246；图版1-3

赵晓星 吐蕃统治敦煌时期的密教研究 兰州：兰州大学博士研究生学位论文，2007年6月 p.155（附录一）

Dy.t.147（收藏号D0806）大乘无量寿宗要经

张延清著 吐蕃敦煌抄经研究 北京：民族出版社，2016年11月 p.295

赵晓星著 吐蕃统治时期敦煌密教研究 兰州：甘肃教育出版社，2017年3月 p.591（附录一）

马德主编，甘肃省文物局、敦煌研究院编纂 甘肃藏敦煌藏文文献①敦煌研究院卷，上海：上海古籍出版社，2017年12月 p.247~248；图版1-3

赵晓星 吐蕃统治敦煌时期的密教研究 兰州：兰州大学博士研究生学位论文，2007年6月 p.155（附录一）

Dy.t.148（收藏号D0807）大乘无量寿宗要经

赵晓星著 吐蕃统治时期敦煌密教研究 兰州：甘肃教育出版社，2017年3月 p.591（附录一）

马德主编，甘肃省文物局、敦煌研究院编纂 甘肃藏敦煌藏文文献①敦煌研究院卷，上海：上海古籍出版社，2017年12月 p.248~249；图版1-3

赵晓星 吐蕃统治敦煌时期的密教研究 兰州：兰州大学博士研究生学位论文，2007年6月 p.155（附录一）

Dy.t.149（收藏号D0808）大乘无量寿宗要经

赵晓星著 吐蕃统治时期敦煌密教研究 兰州：甘肃教育出版社，2017年3月 p.591（附录一）

马德主编，甘肃省文物局、敦煌研究院编纂 甘肃藏敦煌藏文文献①敦煌研究院卷，上海：上海古籍出版社，2017年12月 p.250~251；图版1-3

赵晓星 吐蕃统治敦煌时期的密教研究 兰州：兰州大学博士研究生学位论文，2007年6月 p.155（附录一）

Dy.t.150（收藏号D0809）大乘无量寿宗要经

张延清著 吐蕃敦煌抄经研究 北京：民族出版社，2016年11月 p.279

赵晓星著 吐蕃统治时期敦煌密教研究 兰州：甘肃教育出版社，2017年3月 p.591（附录一）

马德主编，甘肃省文物局、敦煌研究院编纂 甘肃藏敦煌藏文文献①敦煌研究院卷，上海：上海古籍出版社，2017年12月 p.251~252；图版1-3

赵晓星 吐蕃统治敦煌时期的密教研究 兰州：兰州大学博士研究生学位论文，2007年6月 p.155（附录一）

Dy.t.151（收藏号D0810）大乘无量寿宗要经

赵晓星著 吐蕃统治时期敦煌密教研究 兰州：甘肃教育出版社，2017年3月 p.628（附录一）

马德主编，甘肃省文物局、敦煌研究院编纂 甘肃藏敦煌藏文文献①敦煌研究院卷，上海：上海古籍出版社，2017年12月 p.253~254；图版1-3

赵晓星 吐蕃统治敦煌时期的密教研究 兰州:兰州大学博士研究生学位论文,2007年6月 p.169(附录一)

Dy.t.152(收藏号D0811)大乘无量寿宗要经

赵晓星著 吐蕃统治时期敦煌密教研究 兰州:甘肃教育出版社,2017年3月 p.591(附录一)

马德主编,甘肃省文物局、敦煌研究院编纂 甘肃藏敦煌藏文文献①敦煌研究院卷,上海:上海古籍出版社,2017年12月 p.254~255;图版1-3

赵晓星 吐蕃统治敦煌时期的密教研究 兰州:兰州大学博士研究生学位论文,2007年6月 p.155(附录一)

Dy.t.153(收藏号D0812)大乘无量寿宗要经

张延清著 吐蕃敦煌抄经研究 北京:民族出版社,2016年11月 p.130、277~278

赵晓星著 吐蕃统治时期敦煌密教研究 兰州:甘肃教育出版社,2017年3月 p.591(附录一)

马德主编,甘肃省文物局、敦煌研究院编纂 甘肃藏敦煌藏文文献①敦煌研究院卷,上海:上海古籍出版社,2017年12月 p.256~257;图版1-3

赵晓星 吐蕃统治敦煌时期的密教研究 兰州:兰州大学博士研究生学位论文,2007年6月 p.155(附录一)

Dy.t.154(收藏号D0813)大乘无量寿宗要经

赵晓星著 吐蕃统治时期敦煌密教研究 兰州:甘肃教育出版社,2017年3月 p.628(附录一)

马德主编,甘肃省文物局、敦煌研究院编纂 甘肃藏敦煌藏文文献①敦煌研究院卷,上海:上海古籍出版社,2017年12月 p.257~258;图版1-3

赵晓星 吐蕃统治敦煌时期的密教研究 兰州:兰州大学博士研究生学位论文,2007年6月 p.169(附录一)

Dy.t.155(收藏号D0819)大乘无量寿宗要经

张延清、谢尔萨 敦煌藏文写经生结构分析[①]《丝绸之路民族古文字与文化学术讨论会文集》(上),西安:三秦出版社,2007年7月 p.117;p.124(附表二)

张延清著 吐蕃敦煌抄经研究 北京:民族出版社,2016年11月 p.132~133、302

马德主编,甘肃省文物局、敦煌研究院编纂 甘肃藏敦煌藏文文献①敦煌研究院卷,上海:上海古籍出版社,2017年12月 p.259~261;图版1-6

Dy.t.155a(收藏号D0819a)

张延清、谢尔萨 敦煌藏文写经生结构分析 《丝绸之路民族古文字与文化学术讨论会文集》(上),西安:三秦出版社,2007年7月 p.117;p.124(附表二)

---

①张延清、谢尔萨《敦煌藏文写经生结构分析》一文第124页附表二,录文号9收藏地作"敦煌市博物馆",有误。收藏地应为敦煌研究院。

张延清著 吐蕃敦煌抄经研究 北京：民族出版社，2016年11月 p.132

赵晓星著 吐蕃统治时期敦煌密教研究 兰州：甘肃教育出版社，2017年3月 p.591（附录一）

赵晓星 吐蕃统治敦煌时期的密教研究 兰州：兰州大学博士研究生学位论文，2007年6月 p.156（附录一）

Dy.t.155b（收藏号D0819b）

张延清、谢尔萨 敦煌藏文写经生结构分析《丝绸之路民族古文字与文化学术讨论会文集》（上），西安：三秦出版社，2007年7月 p.117；p.124（附表二）

张延清著 吐蕃敦煌抄经研究 北京：民族出版社，2016年11月 p.132

赵晓星著 吐蕃统治时期敦煌密教研究 兰州：甘肃教育出版社，2017年3月 p.592（附录一）

赵晓星 吐蕃统治敦煌时期的密教研究 兰州：兰州大学博士研究生学位论文，2007年6月 p.156（附录一）

Dy.t.156（收藏号D0820）大乘无量寿宗要经

张延清著 吐蕃敦煌抄经研究 北京：民族出版社，2016年11月 p.307

马德主编，甘肃省文物局、敦煌研究院编纂 甘肃藏敦煌藏文文献①敦煌研究院卷，上海：上海古籍出版社，2017年12月 p.262~267；图版1-12

Dy.t.156a（收藏号D0820a）

赵晓星著 吐蕃统治时期敦煌密教研究 兰州：甘肃教育出版社，2017年3月 p.592（附录一）

赵晓星 吐蕃统治敦煌时期的密教研究 兰州：兰州大学博士研究生学位论文，2007年6月 p.156（附录一）

Dy.t.156b（收藏号D0820b）

赵晓星著 吐蕃统治时期敦煌密教研究 兰州：甘肃教育出版社，2017年3月 p.592（附录一）

赵晓星 吐蕃统治敦煌时期的密教研究 兰州：兰州大学博士研究生学位论文，2007年6月 p.156（附录一）

Dy.t.156c（收藏号D0820c）

赵晓星著 吐蕃统治时期敦煌密教研究 兰州：甘肃教育出版社，2017年3月 p.592（附录一）

赵晓星 吐蕃统治敦煌时期的密教研究 兰州：兰州大学博士研究生学位论文，2007年6月 p.156（附录一）

Dy.t.156d（收藏号D0820d）

赵晓星著 吐蕃统治时期敦煌密教研究 兰州：甘肃教育出版社，2017年3月 p.592（附录一）

赵晓星 吐蕃统治敦煌时期的密教研究 兰州：兰州大学博士研究生学位论文，2007年6月 p.156（附录一）

Dy.t.157（收藏号D0821）大乘无量寿宗要经

赵晓星著 吐蕃统治时期敦煌密教研究 兰州：甘肃教育出版社，2017年3月 p.628（附录一）

马德主编，甘肃省文物局、敦煌研究院编纂 甘肃藏敦煌藏文文献①敦煌研究院卷，上海：上海古籍出版社，2017年12月 p.268；图版1-2

赵晓星 吐蕃统治敦煌时期的密教研究 兰州：兰州大学博士研究生学位论文，2007年6月 p.169（附录一）

Dy.t.158（收藏号D0822）大乘无量寿宗要经

张延清著 吐蕃敦煌抄经研究 北京：民族出版社，2016年11月 p.280

马德主编，甘肃省文物局、敦煌研究院编纂 甘肃藏敦煌藏文文献①敦煌研究院卷，上海：上海古籍出版社，2017年12月 p.269~271；图版1-5

Dy.t.158a（收藏号D0822a）

赵晓星著 吐蕃统治时期敦煌密教研究 兰州：甘肃教育出版社，2017年3月 p.592（附录一）

赵晓星 吐蕃统治敦煌时期的密教研究 兰州：兰州大学博士研究生学位论文，2007年6月 p.156（附录一）

Dy.t.158b（收藏号D0822b）

赵晓星著 吐蕃统治时期敦煌密教研究 兰州：甘肃教育出版社，2017年3月 p.592（附录一）

赵晓星 吐蕃统治敦煌时期的密教研究 兰州：兰州大学博士研究生学位论文，2007年6月 p.156（附录一）

Dy.t.159（收藏号D0823）大乘无量寿宗要经

张延清著 吐蕃敦煌抄经研究 北京：民族出版社，2016年11月 p.279

马德主编，甘肃省文物局、敦煌研究院编纂 甘肃藏敦煌藏文文献①敦煌研究院卷，上海：上海古籍出版社，2017年12月 p.271~274；图版1-6

Dy.t.159a（收藏号D0823a）

赵晓星著 吐蕃统治时期敦煌密教研究 兰州：甘肃教育出版社，2017年3月 p.592（附录一）

赵晓星 吐蕃统治敦煌时期的密教研究 兰州：兰州大学博士研究生学位论文，2007年6月 p.156（附录一）

Dy.t.159b（收藏号D0823b）

赵晓星著 吐蕃统治时期敦煌密教研究 兰州：甘肃教育出版社，2017年3月 p.592（附录一）

赵晓星 吐蕃统治敦煌时期的密教研究 兰州：兰州大学博士研究生学位论文，2007年6月 p.156（附录一）

Dy.t.160（收藏号D0824）大乘无量寿宗要经

赵晓星著 吐蕃统治时期敦煌密教研究 兰州：甘肃教育出版社，2017年3月 p.628（附录一）

马德主编，甘肃省文物局、敦煌研究院编纂 甘肃藏敦煌藏文文献①敦煌研究院卷，上海：上海古籍出版社，2017年12月 p.274~275；图版1-3

赵晓星 吐蕃统治敦煌时期的密教研究 兰州:兰州大学博士研究生学位论文,2007年6月 p.169(附录一)

Dy.t.161(收藏号D0825) 大乘无量寿宗要经

赵晓星著 吐蕃统治时期敦煌密教研究 兰州:甘肃教育出版社,2017年3月 p.628(附录一)

马德主编,甘肃省文物局、敦煌研究院编纂 甘肃藏敦煌藏文文献①敦煌研究院卷,上海:上海古籍出版社,2017年12月 p.276~277;图版1–3

赵晓星 吐蕃统治敦煌时期的密教研究 兰州:兰州大学博士研究生学位论文,2007年6月 p.169(附录一)

Dy.t.162(收藏号D0826) 大乘无量寿宗要经

张延清著 吐蕃敦煌抄经研究 北京:民族出版社,2016年11月 p.319~320、341~342、343

赵晓星著 吐蕃统治时期敦煌密教研究 兰州:甘肃教育出版社,2017年3月 p.592(附录一)

马德主编,甘肃省文物局、敦煌研究院编纂 甘肃藏敦煌藏文文献①敦煌研究院卷,上海:上海古籍出版社,2017年12月 p.277~278;图版1–3

赵晓星 吐蕃统治敦煌时期的密教研究 兰州:兰州大学博士研究生学位论文,2007年6月 p.156(附录一)

Dy.t.163(收藏号D0681) 大乘无量寿宗要经

马德主编,甘肃省文物局、敦煌研究院编纂 甘肃藏敦煌藏文文献①敦煌研究院卷,上海:上海古籍出版社,2017年12月 p.279~280;图1–4

《丝绸之路:敦煌、龟兹、麦积山石窟》编辑委员会编著 丝绸之路:敦煌、龟兹、麦积山石窟 成都:四川人民出版社、北京:商务印书馆,2018年3月 图版p.194~195;p.352

施萍亭 チベット文大乘無量寿宗要経『敦煌美術展』(岐阜展、岡山展、佐賀展、横浜展,2001年9月8日~2002年3月12日),東京:大塚巧藝社,2001年 p.112~113図版69及図版解説;p.131出品目錄

Dy.t.164(收藏号D0718) 大乘无量寿宗要经

马德主编,甘肃省文物局、敦煌研究院编纂 甘肃藏敦煌藏文文献①敦煌研究院卷,上海:上海古籍出版社,2017年12月 p.281~282;图版1–4

Dy.t.165(收藏号D0081) 大乘无量寿宗要经

马德主编,甘肃省文物局、敦煌研究院编纂 甘肃藏敦煌藏文文献①敦煌研究院卷,上海:上海古籍出版社,2017年12月 图版p.283

Dy.t.166(收藏号D0235) 大乘无量寿宗要经

马德主编,甘肃省文物局、敦煌研究院编纂 甘肃藏敦煌藏文文献①敦煌研究院卷,上海:上海古籍出版社,2017年12月 图版p.283

Dy.t.167 十万颂般若波罗蜜多经

马德主编，甘肃省文物局、敦煌研究院编纂 甘肃藏敦煌藏文文献①敦煌研究院卷，上海：上海古籍出版社，2017年12月 p.284；图版R-V

Dy.t.168 大乘无量寿宗要经

马德主编，甘肃省文物局、敦煌研究院编纂 甘肃藏敦煌藏文文献①敦煌研究院卷，上海：上海古籍出版社，2017年12月 p.285~286；图版1-3

Dy.t.169 大乘无量寿宗要经

马德主编，甘肃省文物局、敦煌研究院编纂 甘肃藏敦煌藏文文献①敦煌研究院卷，上海：上海古籍出版社，2017年12月 p.286~292；图版1-12

Dy.t.170 大乘无量寿宗要经

马德主编，甘肃省文物局、敦煌研究院编纂 甘肃藏敦煌藏文文献①敦煌研究院卷，上海：上海古籍出版社，2017年12月 p.292~293；图版1-3

Dy.t.171 大乘无量寿宗要经

马德主编，甘肃省文物局、敦煌研究院编纂 甘肃藏敦煌藏文文献①敦煌研究院卷，上海：上海古籍出版社，2017年12月 p.294~295；图版1-3

Dy.t.172 大乘无量寿宗要经

马德主编，甘肃省文物局、敦煌研究院编纂 甘肃藏敦煌藏文文献①敦煌研究院卷，上海：上海古籍出版社，2017年12月 p.295~296；图版1-3

Dy.t.173 大乘无量寿宗要经

马德主编，甘肃省文物局、敦煌研究院编纂 甘肃藏敦煌藏文文献①敦煌研究院卷，上海：上海古籍出版社，2017年12月 p.297~298；图版1-3

Dy.t.174 大乘无量寿宗要经

马德主编，甘肃省文物局、敦煌研究院编纂 甘肃藏敦煌藏文文献①敦煌研究院卷，上海：上海古籍出版社，2017年12月 p.298~300；图版1-4

Dy.t.175（收藏号D0685）大乘无量寿宗要经

马德主编，甘肃省文物局、敦煌研究院编纂 甘肃藏敦煌藏文文献①敦煌研究院卷，上海：上海古籍出

版社，2017年12月 p.300~301；图版1-3

施萍亭 チベット文大乘無量寿宗要経『敦煌美術展』(岐阜展、岡山展、佐賀展、横浜展，2001年9月8日~2002年3月12日)，東京：大塚巧藝社，2001年 p.114~115図版70及図版解説；p.131出品目錄

B49:6 残文书

黄颢 敦煌莫高窟北区石窟出土藏文文献译释研究(一)《敦煌莫高窟北区石窟》第一卷，北京：文物出版社，2000年7月 p.372~373

彭金章、王建军 敦煌莫高窟北区石窟(第一卷) 北京：文物出版社，2000年7月 p.161；图版四五，1、2

B49:1 残文书

彭金章、王建军 敦煌莫高窟北区石窟(第一卷) 北京：文物出版社，2000年7月 p.161；图版四五，3、4

B49:13 残文书

黄颢 敦煌莫高窟北区石窟出土藏文文献译释研究(一)《敦煌莫高窟北区石窟》第一卷，北京：文物出版社，2000年7月 p.373~374

彭金章、王建军 敦煌莫高窟北区石窟(第一卷) 北京：文物出版社，2000年7月 p.161~162；图版四六，1、2

B50:1 残文书

黄颢 敦煌莫高窟北区石窟出土藏文文献译释研究(一)《敦煌莫高窟北区石窟》第一卷，北京：文物出版社，2000年7月 p.374~375

彭金章、王建军 敦煌莫高窟北区石窟(第一卷) 北京：文物出版社，2000年7月 p.166~167；图版四八，3、4

B52(甲):33 残文书

彭金章、王建军 敦煌莫高窟北区石窟(第一卷) 北京：文物出版社，2000年7月 p.181

B52(乙):4(正) 般若八千颂散花品

彭金章、王建军 敦煌莫高窟北区洞窟所出多种民族文字文献和回鹘文木活字综述《敦煌研究》2000年第2期 p.157；图版45；收入彭金章主编《敦煌莫高窟北区石窟研究》(上册)，兰州：甘肃教育出版社，2011年4月 p.85

黄颢 敦煌莫高窟北区石窟出土藏文文献译释研究(一)《敦煌莫高窟北区石窟》第一卷，北京：文物出版社，2000年7月 p.375；收入彭金章主编《敦煌莫高窟北区石窟研究》(下册)，兰州：甘肃教育出版社，2011年4月 p.512~513；彩版七

彭金章 敦煌莫高窟北区石窟新发现的文献及其学术价值《新世纪敦煌学论集》，成都：巴蜀书社，2003年3月 p.70；收入彭金章主编《敦煌莫高窟北区石窟研究》(上册)，兰州：甘肃教育出版社，2011年4月 p.96

彭金章 莫高窟北区洞窟——考古新课题《典藏古美术》2005年第4期 p.67;收入彭金章主编《敦煌莫高窟北区石窟研究》(上册),兰州:甘肃教育出版社,2011年4月 p.48

彭金章、王建军 敦煌莫高窟北区石窟(第一卷) 北京:文物出版社,2000年7月 p.184;彩版十三

B52(乙):4(背) 般若八千颂

黄颢 敦煌莫高窟北区石窟出土藏文文献译释研究(一)《敦煌莫高窟北区石窟》第一卷,北京:文物出版社,2000年7月 p.375;收入彭金章主编《敦煌莫高窟北区石窟研究》(下册),兰州:甘肃教育出版社,2011年4月 p.513;彩版八

彭金章、王建军 敦煌莫高窟北区石窟(第一卷) 北京:文物出版社,2000年7月 p.184;彩版十四

B54:5 残文书

彭金章、王建军 敦煌莫高窟北区石窟(第一卷) 北京:文物出版社,2000年7月 p.203;图版六七,2、3

B55:3 残文书

黄颢 敦煌莫高窟北区石窟出土藏文文献译释研究(一)《敦煌莫高窟北区石窟》第一卷,北京:文物出版社,2000年7月 p.375~376

彭金章、王建军 敦煌莫高窟北区石窟(第一卷) 北京:文物出版社,2000年7月 p.207

B59:8-1~2 残佛教文书

黄颢 敦煌莫高窟北区石窟出土藏文文献译释研究(一)《敦煌莫高窟北区石窟》第一卷,北京:文物出版社,2000年7月 p.376~377

彭金章、王建军 敦煌莫高窟北区石窟(第一卷) 北京:文物出版社,2000年7月 p.231~232;彩版二三,1、2

B59:9-1~3 残佛教文书

黄颢 敦煌莫高窟北区石窟出土藏文文献译释研究(一)《敦煌莫高窟北区石窟》第一卷,北京:文物出版社,2000年7月 p.377~378

彭金章、王建军 敦煌莫高窟北区石窟(第一卷) 北京:文物出版社,2000年7月 p.232~233;图版九〇,2

B59:15 残佛教文书

黄颢 敦煌莫高窟北区石窟出土藏文文献译释研究(一)《敦煌莫高窟北区石窟》第一卷,北京:文物出版社,2000年7月 p.378

彭金章、王建军 敦煌莫高窟北区石窟(第一卷) 北京:文物出版社,2000年7月 p.233;图版九〇,3

B59:13(正) 残医学文书

黄颢 敦煌莫高窟北区石窟出土藏文文献译释研究(一)《敦煌莫高窟北区石窟》第一卷,北京:文物出版社,2000年7月 p.379;收入彭金章主编《敦煌莫高窟北区石窟研究》(下册),兰州:甘肃教育出版社,2011年4月 p.513

彭金章、王建军 敦煌莫高窟北区石窟(第一卷) 北京:文物出版社,2000年7月 p.233~234;图版九一,1

B59:13(背) 残医学文书

黄颢 敦煌莫高窟北区石窟出土藏文文献译释研究(一)《敦煌莫高窟北区石窟》第一卷,北京:文物出版社,2000年7月 p.378

彭金章、王建军 敦煌莫高窟北区石窟(第一卷) 北京:文物出版社,2000年7月 p.234;图版九一,2

B59:81 残医学文书

黄颢 敦煌莫高窟北区石窟出土藏文文献译释研究(一)《敦煌莫高窟北区石窟》第一卷,北京:文物出版社,2000年7月 p.379~380;收入彭金章主编《敦煌莫高窟北区石窟研究》(下册),兰州:甘肃教育出版社,2011年4月 p.513~514

彭金章、王建军 敦煌莫高窟北区石窟(第一卷) 北京:文物出版社,2000年7月 p.234;图版九二,1、2

B59:10 残数学文书

黄颢 敦煌莫高窟北区石窟出土藏文文献译释研究(一)《敦煌莫高窟北区石窟》第一卷,北京:文物出版社,2000年7月 p.380~381;收入彭金章主编《敦煌莫高窟北区石窟研究》(下册),兰州:甘肃教育出版社,2011年4月 p.514~515

刘英华 敦煌本藏文算书研究《西藏大学学报》2015年第1期 p.74~81

才项多杰 敦煌出土藏文九九乘法写本与西藏筹算中的九九乘法表的关系研究《敦煌研究》2019年第5期 p.102~100

彭金章、王建军 敦煌莫高窟北区石窟(第一卷) 北京:文物出版社,2000年7月 p.234~235;图版九三,1、2

樊锦诗、海蔚蓝主编,娄婕、梁旭澍、黄苑薇图录介绍《敦煌:丝路佛光》,敦煌研究院、华美协进社中国美术馆,2013年 p.61图版及说明

B77:22 残碎画页

黄颢 敦煌莫高窟北区石窟出土藏文文献译释研究(一)《敦煌莫高窟北区石窟》第一卷,北京:文物出版社,2000年7月 p.381;收入彭金章主编《敦煌莫高窟北区石窟研究》(下册),兰州:甘肃教育出版社,2011年4月 p.515~516

彭金章、王建军 敦煌莫高窟北区石窟(第一卷) 北京:文物出版社,2000年7月 p.281;图版一一一,1

B77:11 转写梵文经咒

黄颢 敦煌莫高窟北区石窟出土藏文文献译释研究(一)《敦煌莫高窟北区石窟》第一卷,北京:文物出版社,2000年7月 p.381;收入彭金章主编《敦煌莫高窟北区石窟研究》(下册),兰州:甘肃教育出版社,2011年4月 p.516

B97:14 残文书

彭金章、王建军 敦煌莫高窟北区石窟(第二卷) 北京:文物出版社,2004年7月 p.18

B126:1 残文书

黄颢 敦煌莫高窟北区出土藏文文献译释研究(二)《敦煌莫高窟北区石窟》第二卷,北京:文物出版社,2004年7月 p.388~389;收入彭金章主编《敦煌莫高窟北区石窟研究》(下册),兰州:甘肃教育出版社,2011年4月 p.516

彭金章、王建军 敦煌莫高窟北区石窟(第二卷) 北京:文物出版社,2004年7月 p.168;图版七五,1、2

B127:1 残文书

黄颢 敦煌莫高窟北区出土藏文文献译释研究(二)《敦煌莫高窟北区石窟》第二卷,北京:文物出版社,2004年7月 p.389~390;收入彭金章主编《敦煌莫高窟北区石窟研究》(下册),兰州:甘肃教育出版社,2011年4月 p.516~517

彭金章、王建军 敦煌莫高窟北区石窟(第二卷) 北京:文物出版社,2004年7月 p.177~178;图版七九,1

B127:2 残文书

黄颢 敦煌莫高窟北区出土藏文文献译释研究(二)《敦煌莫高窟北区石窟》第二卷,北京:文物出版社,2004年7月 p.390;收入彭金章主编《敦煌莫高窟北区石窟研究》(下册),兰州:甘肃教育出版社,2011年4月 p.517

彭金章、王建军 敦煌莫高窟北区石窟(第二卷) 北京:文物出版社,2004年7月 p.178;图版七九,2、3

B127:3 残文书

黄颢 敦煌莫高窟北区出土藏文文献译释研究(二)《敦煌莫高窟北区石窟》第二卷,北京:文物出版社,2004年7月 p.390;收入彭金章主编《敦煌莫高窟北区石窟研究》(下册),兰州:甘肃教育出版社,2011年4月 p.518

彭金章、王建军 敦煌莫高窟北区石窟(第二卷) 北京:文物出版社,2004年7月 p.178;图版七九,4

B131:1 菩萨行经(或入菩萨行经)

黄颢 敦煌莫高窟北区出土藏文文献译释研究(二)《敦煌莫高窟北区石窟》第二卷,北京:文物出版社,2004年7月 p.391;收入彭金章主编《敦煌莫高窟北区石窟研究》(下册),兰州:甘肃教育出版社,2011年4月 p.518~519;彩版九、十

彭金章 莫高窟北区洞窟——考古新课题《典藏古美术》2005年第4期 p.64;图1幅;p.67;收入彭金章主编《敦煌莫高窟北区石窟研究》(上册),兰州:甘肃教育出版社,2011年4月 p.49

彭金章、王建军 敦煌莫高窟北区石窟(第二卷) 北京:文物出版社,2004年7月 p.197~198;彩版一七,1、2

B465:11 文书残片

彭金章、王建军 敦煌莫高窟北区石窟(第二卷) 北京:文物出版社,2004年7月 p.234

B138:1 残佛经

黄颢 敦煌莫高窟北区出土藏文文献译释研究(二)《敦煌莫高窟北区石窟》第二卷,北京:文物出版社,2004年7月 p.392;收入彭金章主编《敦煌莫高窟北区石窟研究》(下册),兰州:甘肃教育出版社,2011年4月 p.519~520

彭金章、王建军 敦煌莫高窟北区石窟(第二卷) 北京:文物出版社,2004年7月 p.248~249;彩版二八,1、2

B138:3 残佛经

黄颢 敦煌莫高窟北区出土藏文文献译释研究(二)《敦煌莫高窟北区石窟》第二卷,北京:文物出版社,2004年7月 p.392;收入彭金章主编《敦煌莫高窟北区石窟研究》(下册),兰州:甘肃教育出版社,2011年4月 p.520;彩版十一、十二

彭金章、王建军 敦煌莫高窟北区石窟(第二卷) 北京:文物出版社,2004年7月 p.249;彩版二八,3、4

B138:12 残文书

黄颢 敦煌莫高窟北区出土藏文文献译释研究(二)《敦煌莫高窟北区石窟》第二卷,北京:文物出版社,2004年7月 p.392~393;收入彭金章主编《敦煌莫高窟北区石窟研究》(下册),兰州:甘肃教育出版社,2011年4月 p.520~521

彭金章、王建军 敦煌莫高窟北区石窟(第二卷) 北京:文物出版社,2004年7月 p.249~250;图版一二〇,1、2

B138:13 残文书

黄颢 敦煌莫高窟北区出土藏文文献译释研究(二)《敦煌莫高窟北区石窟》第二卷,北京:文物出版社,2004年7月 p.393~394;收入彭金章主编《敦煌莫高窟北区石窟研究》(下册),兰州:甘肃教育出版社,2011年4月 p.521;彩版十三、十四

彭金章、王建军 敦煌莫高窟北区石窟(第二卷) 北京:文物出版社,2004年7月 p.250;彩版二九,1、2

B138:16 残文书

黄颢 敦煌莫高窟北区出土藏文文献译释研究(二)《敦煌莫高窟北区石窟》第二卷,北京:文物出版社,2004年7月 p.393;收入彭金章主编《敦煌莫高窟北区石窟研究》(下册),兰州:甘肃教育出版社,2011年4月 p.521~522;彩版十五、十六

彭金章、王建军 敦煌莫高窟北区石窟(第二卷) 北京:文物出版社,2004年7月 p.250~251;彩版二九,3、4

B138:17 残文书

黄颢 敦煌莫高窟北区出土藏文文献译释研究(二)《敦煌莫高窟北区石窟》第二卷,北京:文物出版社,2004年7月 p.394~395;收入彭金章主编《敦煌莫高窟北区石窟研究》(下册),兰州:甘肃教育出版社,2011年4月 p.522

彭金章、王建军 敦煌莫高窟北区石窟(第二卷) 北京:文物出版社,2004年7月 p.251;彩版三〇,1、2

B139:1 残文书

黄颢 敦煌莫高窟北区出土藏文文献译释研究(二)《敦煌莫高窟北区石窟》第二卷,北京:文物出版社,2004年7月 p.395;收入彭金章主编《敦煌莫高窟北区石窟研究》(下册),兰州:甘肃教育出版社,2011年4月 p.523

彭金章、王建军 敦煌莫高窟北区石窟(第二卷) 北京:文物出版社,2004年7月 p.254~255;图版一二一,4;彩版三〇,3

B147:16 残佛经

黄颢 敦煌莫高窟北区出土藏文文献译释研究(二)《敦煌莫高窟北区石窟》第二卷,北京:文物出版社,2004年7月 p.398;收入彭金章主编《敦煌莫高窟北区石窟研究》(下册),兰州:甘肃教育出版社,2011年4月 p.526

彭金章、王建军 敦煌莫高窟北区石窟(第二卷) 北京:文物出版社,2004年7月 p.284;图版一三一;图版一三二

B147:17 无量寿经

黄颢 敦煌莫高窟北区出土藏文文献译释研究(二)《敦煌莫高窟北区石窟》第二卷,北京:文物出版社,2004年7月 p.398~399;收入彭金章主编《敦煌莫高窟北区石窟研究》(下册),兰州:甘肃教育出版社,2011年4月 p.526~527

彭金章、王建军 敦煌莫高窟北区石窟(第二卷) 北京:文物出版社,2004年7月 p.284~285;图版一三三;图版一三四

B147:18 残佛经

黄题 敦煌莫高窟北区出土藏文文献译释研究(二)《敦煌莫高窟北区石窟》第二卷,北京:文物出版社,2004年7月 p.399;收入彭金章主编《敦煌莫高窟北区石窟研究》(下册),兰州:甘肃教育出版社,2011年4月 p.527~528;图32、33

彭金章、王建军 敦煌莫高窟北区石窟(第二卷) 北京:文物出版社,2004年7月 p.285;图版一三五;图版一三六

B147:19 残佛经

黄题 敦煌莫高窟北区出土藏文文献译释研究(二)《敦煌莫高窟北区石窟》第二卷,北京:文物出版社,2004年7月 p.399;收入彭金章主编《敦煌莫高窟北区石窟研究》(下册),兰州:甘肃教育出版社,2011年4月 p.528~529;图34、35

彭金章、王建军 敦煌莫高窟北区石窟(第二卷) 北京:文物出版社,2004年7月 p.286;图版一三七;图版一三八

B147:20-1~2 残佛教文书

黄题 敦煌莫高窟北区出土藏文文献译释研究(二)《敦煌莫高窟北区石窟》第二卷,北京:文物出版社,2004年7月 p.399;收入彭金章主编《敦煌莫高窟北区石窟研究》(下册),兰州:甘肃教育出版社,2011年4月 p.529

彭金章、王建军 敦煌莫高窟北区石窟(第二卷) 北京:文物出版社,2004年7月 p.286;图版一三九,1、2

B147:22 残佛教文书

黄题 敦煌莫高窟北区出土藏文文献译释研究(二)《敦煌莫高窟北区石窟》第二卷,北京:文物出版社,2004年7月 p.400;收入彭金章主编《敦煌莫高窟北区石窟研究》(下册),兰州:甘肃教育出版社,2011年4月 p.530~531

彭金章、王建军 敦煌莫高窟北区石窟(第二卷) 北京:文物出版社,2004年7月 p.286;图版一四〇,1、2

B147:21 残佛教文书

黄题 敦煌莫高窟北区出土藏文文献译释研究(二)《敦煌莫高窟北区石窟》第二卷,北京:文物出版社,2004年7月 p.399~400;收入彭金章主编《敦煌莫高窟北区石窟研究》(下册),兰州:甘肃教育出版社,2011年4月 p.529~530;图36、37

彭金章、王建军 敦煌莫高窟北区石窟(第二卷) 北京:文物出版社,2004年7月 p.286~287;图版一四一,1、2

B147:23 残佛教文书

黄颢 敦煌莫高窟北区出土藏文文献译释研究(二)《敦煌莫高窟北区石窟》第二卷,北京:文物出版社,2004年7月 p.400~401;收入彭金章主编《敦煌莫高窟北区石窟研究》(下册),兰州:甘肃教育出版社,2011年4月 p.531~533;图38、39

彭金章、王建军 敦煌莫高窟北区石窟(第二卷) 北京:文物出版社,2004年7月 p.287~288;图版一四二,1、2

B147:24 残佛教文书

黄颢 敦煌莫高窟北区出土藏文文献译释研究(二)《敦煌莫高窟北区石窟》第二卷,北京:文物出版社,2004年7月 p.401~403;收入彭金章主编《敦煌莫高窟北区石窟研究》(下册),兰州:甘肃教育出版社,2011年4月 p.533~535;图40、41

彭金章、王建军 敦煌莫高窟北区石窟(第二卷) 北京:文物出版社,2004年7月 p.288;图版一四三;一四四

B147:25 残佛教文书

黄颢 敦煌莫高窟北区出土藏文文献译释研究(二)《敦煌莫高窟北区石窟》第二卷,北京:文物出版社,2004年7月 p.403;收入彭金章主编《敦煌莫高窟北区石窟研究》(下册),兰州:甘肃教育出版社,2011年4月 p.535

彭金章、王建军 敦煌莫高窟北区石窟(第二卷) 北京:文物出版社,2004年7月 p.288~289;图版一四五;图版一四六

B147:26 残佛教文书

黄颢 敦煌莫高窟北区出土藏文文献译释研究(二)《敦煌莫高窟北区石窟》第二卷,北京:文物出版社,2004年7月 p.403;收入彭金章主编《敦煌莫高窟北区石窟研究》(下册),兰州:甘肃教育出版社,2011年4月 p.535

彭金章、王建军 敦煌莫高窟北区石窟(第二卷) 北京:文物出版社,2004年7月 p.289;图版一四七

B147:28 圣者无量寿智大乘经

黄颢 敦煌莫高窟北区出土藏文文献译释研究(二)《敦煌莫高窟北区石窟》第二卷,北京:文物出版社,2004年7月 p.403;收入彭金章主编《敦煌莫高窟北区石窟研究》(下册),兰州:甘肃教育出版社,2011年4月 p.535

彭金章、王建军 敦煌莫高窟北区石窟(第二卷) 北京:文物出版社,2004年7月 p.289;图版一四八

B147:27 圣者无量寿智大乘经

彭金章、王建军 敦煌莫高窟北区石窟(第二卷) 北京:文物出版社,2004年7月 p.289;图版一四九

B147:2 残佛教文书

黄颢 敦煌莫高窟北区出土藏文文献译释研究(二)《敦煌莫高窟北区石窟》第二卷,北京:文物出版社,2004年7月 p.395~396;收入彭金章主编《敦煌莫高窟北区石窟研究》(下册),兰州:甘肃教育出版社,2011年4月 p.523~524;图31

彭金章、王建军 敦煌莫高窟北区石窟(第二卷) 北京:文物出版社,2004年7月 p.289~290;图版一五〇,1

B147:3 残佛教文书

黄颢 敦煌莫高窟北区出土藏文文献译释研究(二)《敦煌莫高窟北区石窟》第二卷,北京:文物出版社,2004年7月 p.396、404;收入彭金章主编《敦煌莫高窟北区石窟研究》(下册),兰州:甘肃教育出版社,2011年4月 p.524~525

彭金章、王建军 敦煌莫高窟北区石窟(第二卷) 北京:文物出版社,2004年7月 p.290;图版一五〇,2;图版一五一

B147:36 残佛教文书

黄颢 敦煌莫高窟北区出土藏文文献译释研究(二)《敦煌莫高窟北区石窟》第二卷,北京:文物出版社,2004年7月 p.404;收入彭金章主编《敦煌莫高窟北区石窟研究》(下册),兰州:甘肃教育出版社,2011年4月 p.536

彭金章、王建军 敦煌莫高窟北区石窟(第二卷) 北京:文物出版社,2004年7月 p.290;图版一五二;图版一五三

B147:4 残佛教文书

黄颢 敦煌莫高窟北区出土藏文文献译释研究(二)《敦煌莫高窟北区石窟》第二卷,北京:文物出版社,2004年7月 p.396~397;收入彭金章主编《敦煌莫高窟北区石窟研究》(下册),兰州:甘肃教育出版社,2011年4月 p.525

彭金章、王建军 敦煌莫高窟北区石窟(第二卷) 北京:文物出版社,2004年7月 p.290~291;图版一五四;图版一五五

B147:9 残佛教文书

黄颢 敦煌莫高窟北区出土藏文文献译释研究(二)《敦煌莫高窟北区石窟》第二卷,北京:文物出版社,2004年7月 p.397;收入彭金章主编《敦煌莫高窟北区石窟研究》(下册),兰州:甘肃教育出版社,2011年4

月 p.525~526

彭金章、王建军 敦煌莫高窟北区石窟(第二卷) 北京:文物出版社,2004年7月 p.291;图版一五六,1、2

B147:29 残佛教文书

黄颢 敦煌莫高窟北区出土藏文文献译释研究(二)《敦煌莫高窟北区石窟》第二卷,北京:文物出版社,2004年7月 p.403~404;收入彭金章主编《敦煌莫高窟北区石窟研究》(下册),兰州:甘肃教育出版社,2011年4月 p.536

彭金章、王建军 敦煌莫高窟北区石窟(第二卷) 北京:文物出版社,2004年7月 p.291~292;图版一五七;图版一五八

B147:14 残佛教文书

黄颢 敦煌莫高窟北区出土藏文文献译释研究(二)《敦煌莫高窟北区石窟》第二卷,北京:文物出版社,2004年7月 p.397;收入彭金章主编《敦煌莫高窟北区石窟研究》(下册),兰州:甘肃教育出版社,2011年4月 p.526

彭金章、王建军 敦煌莫高窟北区石窟(第二卷) 北京:文物出版社,2004年7月 p.292;图版一五九

B147:15 残佛教文书

黄颢 敦煌莫高窟北区出土藏文文献译释研究(二)《敦煌莫高窟北区石窟》第二卷,北京:文物出版社,2004年7月 p.397~398;收入彭金章主编《敦煌莫高窟北区石窟研究》(下册),兰州:甘肃教育出版社,2011年4月 p.526

彭金章、王建军 敦煌莫高窟北区石窟(第二卷) 北京:文物出版社,2004年7月 p.290;图版一六〇;图版一六一

B147:31 残佛教文书

彭金章、王建军 敦煌莫高窟北区石窟(第二卷) 北京:文物出版社,2004年7月 p.292~293;彩版三二,1、2

B147:35 残佛教文书

彭金章、王建军 敦煌莫高窟北区石窟(第二卷) 北京:文物出版社,2004年7月 p.293

B147:33 残佛教文书

彭金章、王建军 敦煌莫高窟北区石窟(第二卷) 北京:文物出版社,2004年7月 p.293

B150:1 祈祷文残片

黄颢 敦煌莫高窟北区出土藏文文献译释研究(二)《敦煌莫高窟北区石窟》第二卷,北京:文物出版

社,2004年7月 p.404~405;收入彭金章主编《敦煌莫高窟北区石窟研究》(下册),兰州:甘肃教育出版社,2011年4月 p.537

彭金章、王建军 敦煌莫高窟北区石窟(第二卷) 北京:文物出版社,2004年7月 p.305;图版一六五,6

B151:11 碎片

彭金章、王建军 敦煌莫高窟北区石窟(第二卷) 北京:文物出版社,2004年7月 p.310

B159:32 佛经残页

黄颢 敦煌莫高窟北区石窟出土藏文文献译释研究(三)《敦煌莫高窟北区石窟》第三卷,北京:文物出版社,2004年7月 p.436;收入彭金章主编《敦煌莫高窟北区石窟研究》(下册),兰州:甘肃教育出版社,2011年4月 p.538

彭金章、王建军 敦煌莫高窟北区石窟(第三卷) 北京:文物出版社,2004年7月 p.41;图版一九,5

B159:4 残文书

黄颢 敦煌莫高窟北区石窟出土藏文文献译释研究(三)《敦煌莫高窟北区石窟》第三卷,北京:文物出版社,2004年7月 p.434~435;收入彭金章主编《敦煌莫高窟北区石窟研究》(下册),兰州:甘肃教育出版社,2011年4月 p.537~538

彭金章、王建军 敦煌莫高窟北区石窟(第三卷) 北京:文物出版社,2004年7月 p.41~42;图版二○,1、2

B159:5 佛经残页

黄颢 敦煌莫高窟北区石窟出土藏文文献译释研究(三)《敦煌莫高窟北区石窟》第三卷,北京:文物出版社,2004年7月 p.435~436;收入彭金章主编《敦煌莫高窟北区石窟研究》(下册),兰州:甘肃教育出版社,2011年4月 p.538

彭金章、王建军 敦煌莫高窟北区石窟(第三卷) 北京:文物出版社,2004年7月 p.42;图版二○,3、4

B159:7 佛经残页

彭金章、王建军 敦煌莫高窟北区石窟(第三卷) 北京:文物出版社,2004年7月 p.42;彩版二,5、6

B160:1 残文书

黄颢 敦煌莫高窟北区石窟出土藏文文献译释研究(三)《敦煌莫高窟北区石窟》第三卷,北京:文物出版社,2004年7月 p.437;收入彭金章主编《敦煌莫高窟北区石窟研究》(下册),兰州:甘肃教育出版社,2011年4月 p.539~540;图42、43

彭金章、王建军 敦煌莫高窟北区石窟(第三卷) 北京:文物出版社,2004年7月 p.51;图版二六,1、2

第464:10 诗偈体劝善文

黄颢 敦煌莫高窟北区石窟出土藏文文献译释研究（三）《敦煌莫高窟北区石窟》第三卷，北京：文物出版社，2004年7月 p.437~438；收入彭金章主编《敦煌莫高窟北区石窟研究》（下册），兰州：甘肃教育出版社，2011年4月 p.540~542；图44、45

彭金章、王建军 敦煌莫高窟北区石窟（第三卷）北京：文物出版社，2004年7月 p.91~92；图版五七，1、2

第464:11 残文书

黄颢 敦煌莫高窟北区石窟出土藏文文献译释研究（三）《敦煌莫高窟北区石窟》第三卷，北京：文物出版社，2004年7月 p.438；收入彭金章主编《敦煌莫高窟北区石窟研究》（下册），兰州：甘肃教育出版社，2011年4月 p.542~543

彭金章、王建军 敦煌莫高窟北区石窟（第三卷）北京：文物出版社，2004年7月 p.92~93；图版五八，1、2

第464:12 残文书

黄颢 敦煌莫高窟北区石窟出土藏文文献译释研究（三）《敦煌莫高窟北区石窟》第三卷，北京：文物出版社，2004年7月 p.438；收入彭金章主编《敦煌莫高窟北区石窟研究》（下册），兰州：甘肃教育出版社，2011年4月 p.543

彭金章、王建军 敦煌莫高窟北区石窟（第三卷）北京：文物出版社，2004年7月 p.93；图版五九，1、2

第464:13 残文书

黄颢 敦煌莫高窟北区石窟出土藏文文献译释研究（三）《敦煌莫高窟北区石窟》第三卷，北京：文物出版社，2004年7月 p.439

彭金章、王建军 敦煌莫高窟北区石窟（第三卷）北京：文物出版社，2004年7月 p.93；图版六〇，1

第464:14 残文书

黄颢 敦煌莫高窟北区石窟出土藏文文献译释研究（三）《敦煌莫高窟北区石窟》第三卷，北京：文物出版社，2004年7月 p.439

彭金章、王建军 敦煌莫高窟北区石窟（第三卷）北京：文物出版社，2004年7月 p.93；彩版一〇，4

第464:15 残文书

黄颢 敦煌莫高窟北区石窟出土藏文文献译释研究（三）《敦煌莫高窟北区石窟》第三卷，北京：文物出版社，2004年7月 p.439

彭金章、王建军 敦煌莫高窟北区石窟（第三卷）北京：文物出版社，2004年7月 p.93~94；彩版一一，1、2

第464:16 残文书

黄颢 敦煌莫高窟北区石窟出土藏文文献译释研究(三)《敦煌莫高窟北区石窟》第三卷,北京:文物出版社,2004年7月 p.439~440

彭金章、王建军 敦煌莫高窟北区石窟(第三卷) 北京:文物出版社,2004年7月 p.94;彩版一一,3、4

第464:17 残文书

黄颢 敦煌莫高窟北区石窟出土藏文文献译释研究(三)《敦煌莫高窟北区石窟》第三卷,北京:文物出版社,2004年7月 p.440

彭金章、王建军 敦煌莫高窟北区石窟(第三卷) 北京:文物出版社,2004年7月 p.94;彩版一一,5、6

第464:68 佛教赞颂咒语

黄颢 敦煌莫高窟北区石窟出土藏文文献译释研究(三)《敦煌莫高窟北区石窟》第三卷,北京:文物出版社,2004年7月 p.440~441

彭金章、王建军 敦煌莫高窟北区石窟(第三卷) 北京:文物出版社,2004年7月 p.94~95;图版六〇,2、3

第464:85 残文书

黄颢 敦煌莫高窟北区石窟出土藏文文献译释研究(三)《敦煌莫高窟北区石窟》第三卷,北京:文物出版社,2004年7月 p.441~442;收入彭金章主编《敦煌莫高窟北区石窟研究》(下册),兰州:甘肃教育出版社,2011年4月 p.543~544;图46

彭金章、王建军 敦煌莫高窟北区石窟(第三卷) 北京:文物出版社,2004年7月 p.95;图版六一,1、2

第464:86 佛经残页

彭金章、王建军 敦煌莫高窟北区石窟(第三卷) 北京:文物出版社,2004年7月 p.96;彩版一二,1

B163:4 残文书

黄颢 敦煌莫高窟北区石窟出土藏文文献译释研究(三)《敦煌莫高窟北区石窟》第三卷,北京:文物出版社,2004年7月 p.442;收入彭金章主编《敦煌莫高窟北区石窟研究》(下册),兰州:甘肃教育出版社,2011年4月 p.544~545

彭金章、王建军 敦煌莫高窟北区石窟(第三卷) 北京:文物出版社,2004年7月 p.132;图版八三,1、2

B163:41 残文书

黄颢 敦煌莫高窟北区石窟出土藏文文献译释研究(三)《敦煌莫高窟北区石窟》第三卷,北京:文物出版社,2004年7月 p.442~443;收入彭金章主编《敦煌莫高窟北区石窟研究》(下册),兰州:甘肃教育出版社,2011年4月 p.545

彭金章、王建军 敦煌莫高窟北区石窟(第三卷) 北京:文物出版社,2004年7月 p.132~133;图版八四,1、2

B164:1 残文书

黄颢 敦煌莫高窟北区石窟出土藏文文献译释研究(三)《敦煌莫高窟北区石窟》第三卷,北京:文物出版社,2004年7月 p.443~444;收入彭金章主编《敦煌莫高窟北区石窟研究》(下册),兰州:甘肃教育出版社,2011年4月 p.545~546

彭金章、王建军 敦煌莫高窟北区石窟(第三卷) 北京:文物出版社,2004年7月 p.151;图版九一,1

B168:2(正) 残文书

黄颢 敦煌莫高窟北区石窟出土藏文文献译释研究(三)《敦煌莫高窟北区石窟》第三卷,北京:文物出版社,2004年7月 p.444

彭金章、王建军 敦煌莫高窟北区石窟(第三卷) 北京:文物出版社,2004年7月 p.168~169;图版一〇二,1

B168:2(背) 残文书

黄颢 敦煌莫高窟北区石窟出土藏文文献译释研究(三)《敦煌莫高窟北区石窟》第三卷,北京:文物出版社,2004年7月 p.443~444;收入彭金章主编《敦煌莫高窟北区石窟研究》(下册),兰州:甘肃教育出版社,2011年4月 p.546

彭金章、王建军 敦煌莫高窟北区石窟(第三卷) 北京:文物出版社,2004年7月 p.169;图版一〇二,2

3. 敦煌研究院藏敦煌西夏文文献

敦煌研究院藏敦煌西夏文文献来源主要两个。1959年，敦煌文物研究所(敦煌研究院前身)对大泉河东岸的元代舍利塔进行维修、加固时，发现了西夏文佛经《妙法莲华经观世音菩萨普门品》《金刚般若波罗蜜经》等。1985年，刘玉权、陈炳应对《妙法莲华经观世音菩萨普门品》进行了研究，并有论文发表；史金波对页面散乱的《金刚般若波罗蜜经》亦有整理研究。1988—1995年，彭金章主持对莫高窟北区先后进行了6次大规模考古发掘，出土包括西夏文文献在内的一批珍贵文献，史金波亦对北区出土西夏文文献进行了考释，并有《敦煌莫高窟北区出土西夏文文献初探》等论文发表。有关北区出土的西夏文文献后又按洞窟顺序刊布于敦煌研究院编《敦煌莫高窟北区石窟》第一、二、三卷中。

敦煌研究院藏敦煌西夏文文献共489件，其中北区出土100余件，碎片354片，另外还有出土葫芦片上刻西夏文字、西夏文木印、木牍书写西夏文等。根据宁夏大学西夏学研究中心、国家图书馆、甘肃古籍文献整理编译中心编《中国藏西夏文献》⑯和敦煌研究院编《敦煌莫高窟北区石窟》所录中国藏西夏文献编号，敦煌研究院藏西夏文文献研究著录情况如下：

中国藏西夏文献编号G11·001［原藏编号第465:5］三才杂字(刻本)

史金波 敦煌莫高窟北区出土西夏文文献初探《敦煌研究》2000年第3期 p.5~6；收入彭金章主编《敦煌莫高窟北区石窟研究》(下册)，兰州：甘肃教育出版社，2011年4月 p.333~334；图6

史金波 敦煌莫高窟北区西夏文文献译释研究(二)《敦煌莫高窟北区石窟》第二卷，北京：文物出版社，2004年7月 p.373~374

彭金章主编 中国藏西夏文献·甘肃编·敦煌研究院藏卷《中国藏西夏文献》⑯，兰州：甘肃人民出版社、敦煌文艺出版社，2006年9月 p.15图版及文字说明

杜建录 中国藏西夏文献叙录《西夏学》第三辑(纪念《中国藏西夏文献》出版专号)，银川：宁夏人民出版社，2008年7月 p.102

彭金章、王建军 敦煌莫高窟北区石窟(第二卷) 北京：文物出版社，2004年7月 p.233；图版一一二，2

史金波著 西夏社会(上) 上海：上海人民出版社，2007年8月 p.400

杜建录编著 中国藏西夏文献研究 上海:上海古籍出版社,2012年9月 p.98

中国藏西夏文献编号G11·002［原藏编号B56:60(正)］三才杂字序(写本)

史金波 敦煌莫高窟北区出土西夏文文献初探《敦煌研究》2000年第3期 p.5;收入彭金章主编《敦煌莫高窟北区石窟研究》(下册),兰州:甘肃教育出版社,2011年4月 p.332~333;图5

史金波 敦煌莫高窟北区西夏文文献译释研究(一)《敦煌莫高窟北区石窟》第一卷,北京:文物出版社,2000年7月 p.364

彭金章 敦煌莫高窟北区石窟新发现的文献及其学术价值 《新世纪敦煌学论集》,成都:巴蜀书社,2003年3月 p.67;收入彭金章主编《敦煌莫高窟北区石窟研究》(上册),兰州:甘肃教育出版社,2011年4月 p.94

史金波 敦煌莫高窟北区西夏文文献译释研究(二)《敦煌莫高窟北区石窟》第二卷,北京:文物出版社,2004年7月 p.374

彭金章主编 中国藏西夏文献·甘肃编·敦煌研究院藏卷《中国藏西夏文献》(16),兰州:甘肃人民出版社、敦煌文艺出版社,2006年9月 p.16图版及文字说明

杜建录 中国藏西夏文献叙录《西夏学》第三辑(纪念《中国藏西夏文献》出版专号),银川:宁夏人民出版社,2008年7月 p.102

彭金章、王建军 敦煌莫高窟北区石窟(第一卷) 北京:文物出版社,2000年7月 p.213~214;图版七五,1

史金波著 西夏社会(上) 上海:上海人民出版社,2007年8月 p.400

杜建录编著 中国藏西夏文献研究 上海:上海古籍出版社,2012年9月 p.98

史金波著 西夏文珍贵典籍史话 北京:国家图书馆出版社,2015年9月 p.155(表)

中国藏西夏文献编号G11·002［原藏编号B56:60(背)］三才杂字(写本)

史金波 敦煌莫高窟北区西夏文文献译释研究(一)《敦煌莫高窟北区石窟》第一卷,北京:文物出版社,2000年7月 p.364

史金波 敦煌莫高窟北区西夏文文献译释研究(二)《敦煌莫高窟北区石窟》第二卷,北京:文物出版社,2004年7月 p.374

彭金章主编 中国藏西夏文献·甘肃编·敦煌研究院藏卷《中国藏西夏文献》(16),兰州:甘肃人民出版社、敦煌文艺出版社,2006年9月 p.16图版及文字说明

杜建录 中国藏西夏文献叙录《西夏学》第三辑(纪念《中国藏西夏文献》出版专号),银川:宁夏人民出版社,2008年7月 p.102

彭金章、王建军 敦煌莫高窟北区石窟(第一卷) 北京:文物出版社,2000年7月 p.213~214;图版七五,2

史金波著 西夏社会(上) 上海:上海人民出版社,2007年8月 p.400

杜建录编著 中国藏西夏文献研究 上海:上海古籍出版社,2012年9月 p.98

史金波著 西夏文珍贵典籍史话 北京:国家图书馆出版社,2015年9月 p.155(表)

中国藏西夏文献编号G11·003［原藏编号B184:11］三才杂字(写本)

史金波 敦煌莫高窟北区出土西夏文文献初探《敦煌研究》2000年第3期 p.5;收入彭金章主编《敦煌莫高窟北区石窟研究》(下册),兰州:甘肃教育出版社,2011年4月 p.333

史金波 敦煌莫高窟北区西夏文文献译释研究(二)《敦煌莫高窟北区石窟》第二卷,北京:文物出版社,2004年7月 p.374

史金波 敦煌莫高窟北区西夏文文献译释研究(三)《敦煌莫高窟北区石窟》第三卷,北京:文物出版社,2004年7月 p.429

彭金章主编 中国藏西夏文献·甘肃编·敦煌研究院藏卷《中国藏西夏文献》(16),兰州:甘肃人民出版社、敦煌文艺出版社,2006年9月 p.16图版及文字说明

杜建录 中国藏西夏文献叙录《西夏学》第三辑(纪念《中国藏西夏文献》出版专号),银川:宁夏人民出版社,2008年7月 p.102~103

彭金章、王建军 敦煌莫高窟北区石窟(第三卷) 北京:文物出版社,2004年7月 p.231;图版一三六,2

史金波著 西夏社会(上) 上海:上海人民出版社,2007年8月 p.400

杜建录编著 中国藏西夏文献研究 上海:上海古籍出版社,2012年9月 p.98

中国藏西夏文献编号G11·004［原藏编号第751–2］同音字汇残页(写本)

彭金章主编 中国藏西夏文献·甘肃编·敦煌研究院藏卷《中国藏西夏文献》(16),兰州:甘肃人民出版社、敦煌文艺出版社,2006年9月 p.17图版及文字说明

杜建录 中国藏西夏文献叙录《西夏学》第三辑(纪念《中国藏西夏文献》出版专号),银川:宁夏人民出版社,2008年7月 p.103

杜建录编著 中国藏西夏文献研究 上海:上海古籍出版社,2012年9月 p.98

中国藏西夏文献编号G11·005［原藏编号B56:22］碎金序言(写本)

史金波 敦煌莫高窟北区出土西夏文文献初探《敦煌研究》2000年第3期 p.3

史金波 敦煌莫高窟北区西夏文文献译释研究(一)《敦煌莫高窟北区石窟》第一卷,北京:文物出版社,2000年7月 p.362、364

彭金章主编 中国藏西夏文献·甘肃编·敦煌研究院藏卷《中国藏西夏文献》(16),兰州:甘肃人民出版社、敦煌文艺出版社,2006年9月 p.17图版及文字说明

杜建录 中国藏西夏文献叙录《西夏学》第三辑(纪念《中国藏西夏文献》出版专号),银川:宁夏人民出版社,2008年7月 p.103

彭金章、王建军 敦煌莫高窟北区石窟(第一卷) 北京:文物出版社,2000年7月 p.212;图版七〇,2

史金波著 西夏文珍贵典籍史话 北京:国家图书馆出版社,2015年9月 p.97~98;图1幅;p.154(表)

杜建录编著 中国藏西夏文献研究 上海:上海古籍出版社,2012年9月 p.98

中国藏西夏文献编号G11·005［原藏编号B56:14(正)-4~31］碎金(写本)

史金波 敦煌莫高窟北区出土西夏文文献初探《敦煌研究》2000年第3期 p.3~4;图版38;收入彭金章主编《敦煌莫高窟北区石窟研究》(下册),兰州:甘肃教育出版社,2011年4月 p.325~330

彭金章主编 中国藏西夏文献·甘肃编·敦煌研究院藏卷《中国藏西夏文献》(16),兰州:甘肃人民出版社、敦煌文艺出版社,2006年9月 p.18~22图版及文字说明;彩版G11·005［B56:14(正)-4、5、6］-1P

杜建录 中国藏西夏文献叙录《西夏学》第三辑(纪念《中国藏西夏文献》出版专号),银川:宁夏人民出版社,2008年7月 p.103

杜建录编著 中国藏西夏文献研究 上海:上海古籍出版社,2012年9月 p.99

B56:14-1~31(正) 碎金(写本)

史金波 敦煌莫高窟北区出土西夏文文献初探《敦煌研究》2000年第3期 p.3~4;图版38;收入彭金章主编《敦煌莫高窟北区石窟研究》(下册),兰州:甘肃教育出版社,2011年4月 p.325~330;图1、2、3、4

史金波 敦煌莫高窟北区西夏文文献译释研究(一)《敦煌莫高窟北区石窟》第一卷,北京:文物出版社,2000年7月 p.361~364

彭金章、王建军 敦煌莫高窟北区石窟(第一卷) 北京:文物出版社,2000年7月 p.210~213;图版七〇、七一、七二

刘进宝著 敦煌学通论(增订本) 兰州:甘肃教育出版社,2019年4月 p.176

B56:10 账籍(写本)

史金波 敦煌莫高窟北区出土西夏文文献初探《敦煌研究》2000年第3期 p.7;收入彭金章主编《敦煌莫高窟北区石窟研究》(下册),兰州:甘肃教育出版社,2011年4月 p.337

史金波 敦煌莫高窟北区西夏文文献译释研究(一)《敦煌莫高窟北区石窟》第一卷,北京:文物出版社,2000年7月 p.365

B56:13 账籍(写本)

史金波 敦煌莫高窟北区出土西夏文文献初探《敦煌研究》2000年第3期 p.7;收入彭金章主编《敦煌莫高窟北区石窟研究》(下册),兰州:甘肃教育出版社,2011年4月 p.337

史金波 敦煌莫高窟北区西夏文文献译释研究(一)《敦煌莫高窟北区石窟》第一卷,北京:文物出版社,2000年7月 p.365

B56:23 账籍(写本)

史金波 敦煌莫高窟北区出土西夏文文献初探《敦煌研究》2000年第3期 p.7;收入彭金章主编《敦煌莫高窟北区石窟研究》(下册),兰州:甘肃教育出版社,2011年4月 p.337

史金波 敦煌莫高窟北区西夏文文献译释研究(一)《敦煌莫高窟北区石窟》第一卷,北京:文物出版社,2000年7月 p.365

B56:27 账籍(写本)

史金波 敦煌莫高窟北区出土西夏文文献初探《敦煌研究》2000年第3期 p.7;收入彭金章主编《敦煌莫高窟北区石窟研究》(下册),兰州:甘肃教育出版社,2011年4月 p.337

史金波 敦煌莫高窟北区西夏文文献译释研究(一)《敦煌莫高窟北区石窟》第一卷,北京:文物出版社,2000年7月 p.365~366

B56:28 账籍(写本)

史金波 敦煌莫高窟北区出土西夏文文献初探《敦煌研究》2000年第3期 p.7;收入彭金章主编《敦煌莫高窟北区石窟研究》(下册),兰州:甘肃教育出版社,2011年4月 p.337

史金波 敦煌莫高窟北区西夏文文献译释研究(一)《敦煌莫高窟北区石窟》第一卷,北京:文物出版社,2000年7月 p.366

B56:47 账籍(写本)

史金波 敦煌莫高窟北区出土西夏文文献初探《敦煌研究》2000年第3期 p.7;收入彭金章主编《敦煌莫高窟北区石窟研究》(下册),兰州:甘肃教育出版社,2011年4月 p.337

史金波 敦煌莫高窟北区西夏文文献译释研究(一)《敦煌莫高窟北区石窟》第一卷,北京:文物出版社,2000年7月 p.366

B56:48 账籍(写本)

史金波 敦煌莫高窟北区出土西夏文文献初探《敦煌研究》2000年第3期 p.7;收入彭金章主编《敦煌莫高窟北区石窟研究》(下册),兰州:甘肃教育出版社,2011年4月 p.337

史金波 敦煌莫高窟北区西夏文文献译释研究(一)《敦煌莫高窟北区石窟》第一卷,北京:文物出版社,2000年7月 p.366

B56:54 账籍(写本)

史金波 敦煌莫高窟北区出土西夏文文献初探《敦煌研究》2000年第3期 p.7;收入彭金章主编《敦煌莫高窟北区石窟研究》(下册),兰州:甘肃教育出版社,2011年4月 p.337

史金波 敦煌莫高窟北区西夏文文献译释研究(一)《敦煌莫高窟北区石窟》第一卷,北京:文物出版社,2000年7月 p.366

B56:55 账籍(写本)

史金波 敦煌莫高窟北区出土西夏文文献初探《敦煌研究》2000年第3期 p.7;收入彭金章主编《敦煌莫高窟北区石窟研究》(下册),兰州:甘肃教育出版社,2011年4月 p.337

史金波 敦煌莫高窟北区西夏文文献译释研究(一)《敦煌莫高窟北区石窟》第一卷,北京:文物出版社,2000年7月 p.366

B56:77-3 账籍(写本)

史金波 敦煌莫高窟北区出土西夏文文献初探《敦煌研究》2000年第3期 p.7;收入彭金章主编《敦煌莫高窟北区石窟研究》(下册),兰州:甘肃教育出版社,2011年4月 p.337

史金波 敦煌莫高窟北区西夏文文献译释研究(一)《敦煌莫高窟北区石窟》第一卷,北京:文物出版社,2000年7月 p.366

中国藏西夏文献编号G11·006[原藏编号D.752-20]药方残页(写本)

彭金章主编 中国藏西夏文献·甘肃编·敦煌研究院藏卷《中国藏西夏文献》⑯,兰州:甘肃人民出版社、敦煌文艺出版社,2006年9月 p.23图版及文字说明

杜建录 中国藏西夏文献叙录《西夏学》第三辑(纪念《中国藏西夏文献》出版专号),银川:宁夏人民出版社,2008年7月 p.103

杜建录编著 中国藏西夏文献研究 上海:上海古籍出版社,2012年9月 p.99

中国藏西夏文献编号G11·007[原藏编号B56:14(背)-4~31]文书残页(写本)

彭金章主编 中国藏西夏文献·甘肃编·敦煌研究院藏卷《中国藏西夏文献》⑯,兰州:甘肃人民出版社、敦煌文艺出版社,2006年9月 p.24~28图版及文字说明

杜建录 中国藏西夏文献叙录《西夏学》第三辑(纪念《中国藏西夏文献》出版专号),银川:宁夏人民出版社,2008年7月 p.103

杜建录编著 中国藏西夏文献研究 上海:上海古籍出版社,2012年9月 p.99

B56:14-1、3、4、7、8、9、11、15、16、20、23、27、28、29(背)账籍(写本)

史金波 敦煌莫高窟北区出土西夏文文献初探《敦煌研究》2000年第3期 p.7;收入彭金章主编《敦煌莫高窟北区石窟研究》(下册),兰州:甘肃教育出版社,2011年4月 p.336~337

史金波 敦煌莫高窟北区西夏文文献译释研究(一)《敦煌莫高窟北区石窟》第一卷,北京:文物出版社,2000年7月 p.364~365

中国藏西夏文献编号G11·008-G11·026 文书残件(写本)

杜建录 中国藏西夏文献叙录《西夏学》第三辑(纪念《中国藏西夏文献》出版专号),银川:宁夏人民出

版社，2008年7月 p.103

杜建录编著 中国藏西夏文献研究 上海：上海古籍出版社，2012年9月 p.99

中国藏西夏文献编号G11·008［原藏编号B123：1–1~3］文书残页（写本）

史金波 敦煌莫高窟北区西夏文文献译释研究（二）《敦煌莫高窟北区石窟》第二卷，北京：文物出版社，2004年7月 p.372

彭金章主编 中国藏西夏文献·甘肃编·敦煌研究院藏卷《中国藏西夏文献》⑯，兰州：甘肃人民出版社、敦煌文艺出版社，2006年9月 p.29图版及文字说明

彭金章、王建军 敦煌莫高窟北区石窟（第二卷） 北京：文物出版社，2004年7月 p.152；图版六六，1

中国藏西夏文献编号G11·009［原藏编号B184：12–1~9（正）］文书残页（写本）

史金波 敦煌莫高窟北区出土西夏文文献初探《敦煌研究》2000年第3期 p.8

史金波 敦煌莫高窟北区西夏文文献译释研究（三）《敦煌莫高窟北区石窟》第三卷，北京：文物出版社，2004年7月 p.430

彭金章主编 中国藏西夏文献·甘肃编·敦煌研究院藏卷《中国藏西夏文献》⑯，兰州：甘肃人民出版社、敦煌文艺出版社，2006年9月 p.30~31图版及文字说明

彭金章、王建军 敦煌莫高窟北区石窟（第三卷） 北京：文物出版社，2004年7月 p.231；图版一三八

中国藏西夏文献编号G11·010［原藏编号B184：12–1~9（背）］文书残页（写本）

史金波 敦煌莫高窟北区西夏文文献译释研究（三）《敦煌莫高窟北区石窟》第三卷，北京：文物出版社，2004年7月 p.430

彭金章主编 中国藏西夏文献·甘肃编·敦煌研究院藏卷《中国藏西夏文献》⑯，兰州：甘肃人民出版社、敦煌文艺出版社，2006年9月 p.32~33图版及文字说明

彭金章、王建军 敦煌莫高窟北区石窟（第三卷） 北京：文物出版社，2004年7月 p.231；图版一三九

B184：12–1、3（正） 文书残页（写本）

史金波 敦煌莫高窟北区出土西夏文文献初探《敦煌研究》2000年第3期 p.8；收入彭金章主编《敦煌莫高窟北区石窟研究》（下册），兰州：甘肃教育出版社，2011年4月 p.338~339

B184：12–2、4（正） 文书残页（写本）

史金波 敦煌莫高窟北区出土西夏文文献初探《敦煌研究》2000年第3期 p.8；收入彭金章主编《敦煌莫高窟北区石窟研究》（下册），兰州：甘肃教育出版社，2011年4月 p.338~339

B184:12–5、6、8、9(正) 文书残页(写本)

史金波　中国藏西夏文文献新探　《西夏学》第二辑,银川:宁夏人民出版社,2007年8月　p.11

中国藏西夏文献编号G11·011［原藏编号B184:12–10~17(正)］文书残页(写本)

史金波　敦煌莫高窟北区西夏文文献译释研究(三)《敦煌莫高窟北区石窟》第三卷,北京:文物出版社,2004年7月　p.430

彭金章主编　中国藏西夏文献·甘肃编·敦煌研究院藏卷《中国藏西夏文献》⑯,兰州:甘肃人民出版社、敦煌文艺出版社,2006年9月　p.34~35图版及文字说明

彭金章、王建军　敦煌莫高窟北区石窟(第三卷)北京:文物出版社,2004年7月　p.231~232;图版一四〇

中国藏西夏文献编号G11·011［原藏编号B184:12–10~17(背)］文书残页(写本)

史金波　敦煌莫高窟北区西夏文文献译释研究(三)《敦煌莫高窟北区石窟》第三卷,北京:文物出版社,2004年7月　p.430

彭金章主编　中国藏西夏文献·甘肃编·敦煌研究院藏卷《中国藏西夏文献》⑯,兰州:甘肃人民出版社、敦煌文艺出版社,2006年9月　p.36图版及文字说明

彭金章、王建军　敦煌莫高窟北区石窟(第三卷)北京:文物出版社,2004年7月　p.232;图版一四一

中国藏西夏文献编号G11·012［原藏编号B184:10］钱物账残页(写本)

史金波　敦煌莫高窟北区出土西夏文文献初探《敦煌研究》2000年第3期　p.8;收入彭金章主编《敦煌莫高窟北区石窟研究》(下册),兰州:甘肃教育出版社,2011年4月　p.338

史金波　敦煌莫高窟北区西夏文文献译释研究(三)《敦煌莫高窟北区石窟》第三卷,北京:文物出版社,2004年7月　p.430

彭金章主编　中国藏西夏文献·甘肃编·敦煌研究院藏卷《中国藏西夏文献》⑯,兰州:甘肃人民出版社、敦煌文艺出版社,2006年9月　p.37图版及文字说明;彩图1幅

史金波　中国藏西夏文文献新探《西夏学》第二辑,银川:宁夏人民出版社,2007年8月　p.11

彭金章、王建军　敦煌莫高窟北区石窟(第三卷)北京:文物出版社,2004年7月　p.231;图版一三七,1

杜建录编著　中国藏西夏文献研究　上海:上海古籍出版社,2012年9月　p.184

中国藏西夏文献编号G11·013［原藏编号B56:30–1~2］文书残页(写本)

史金波　敦煌莫高窟北区出土西夏文文献初探《敦煌研究》2000年第3期　p.8;收入彭金章主编《敦煌莫高窟北区石窟研究》(下册),兰州:甘肃教育出版社,2011年4月　p.337~338

史金波　敦煌莫高窟北区西夏文文献译释研究(一)《敦煌莫高窟北区石窟》第一卷,北京:文物出版社,2000年7月　p.366~367

彭金章主编　中国藏西夏文献·甘肃编·敦煌研究院藏卷《中国藏西夏文献》⑯,兰州:甘肃人民出版社

社、敦煌文艺出版社，2006年9月 p.37图版及文字说明

彭金章、王建军 敦煌莫高窟北区石窟(第一卷) 北京：文物出版社，2000年7月 p.215；图版七八，1

中国藏西夏文献编号G11·014［原藏编号B56:21］文书残页(写本)

史金波 敦煌莫高窟北区出土西夏文文献初探《敦煌研究》2000年第3期 p.7~8；收入彭金章主编《敦煌莫高窟北区石窟研究》(下册)，兰州：甘肃教育出版社，2011年4月 p.337

史金波 敦煌莫高窟北区西夏文文献译释研究(一)《敦煌莫高窟北区石窟》第一卷，北京：文物出版社，2000年7月 p.366

彭金章主编 中国藏西夏文献·甘肃编·敦煌研究院藏卷《中国藏西夏文献》⑯，兰州：甘肃人民出版社、敦煌文艺出版社，2006年9月 p.37图版及文字说明

彭金章、王建军 敦煌莫高窟北区石窟(第一卷) 北京：文物出版社，2000年7月 p.215；图版七七，4

中国藏西夏文献编号G11·015［原藏编号B56:34-1~3］文书残页(写本)

史金波 敦煌莫高窟北区出土西夏文文献初探《敦煌研究》2000年第3期 p.8；收入彭金章主编《敦煌莫高窟北区石窟研究》(下册)，兰州：甘肃教育出版社，2011年4月 p.338

史金波 敦煌莫高窟北区西夏文文献译释研究(一)《敦煌莫高窟北区石窟》第一卷，北京：文物出版社，2000年7月 p.367

彭金章主编 中国藏西夏文献·甘肃编·敦煌研究院藏卷《中国藏西夏文献》⑯，兰州：甘肃人民出版社、敦煌文艺出版社，2006年9月 p.38图版及文字说明

彭金章、王建军 敦煌莫高窟北区石窟(第一卷) 北京：文物出版社，2000年7月 p.215；图版七八，2

中国藏西夏文献编号G11·016［原藏编号B56:83-1~2］文书残页(写本)

彭金章主编 甘肃编·敦煌研究院藏卷《中国藏西夏文献》⑯，兰州：甘肃人民出版社、敦煌文艺出版社，2006年9月 p.39图版及文字说明

中国藏西夏文献编号G11·017［原藏编号B56:84-1~2］文书残页(写本)

彭金章主编 中国藏西夏文献·甘肃编·敦煌研究院藏卷《中国藏西夏文献》⑯，兰州：甘肃人民出版社、敦煌文艺出版社，2006年9月 p.39图版及文字说明

中国藏西夏文献编号G11·018［原藏编号B119:6］文书残页(写本)

史金波 敦煌莫高窟北区西夏文文献译释研究(二)《敦煌莫高窟北区石窟》第二卷，北京：文物出版社，2004年7月 p.369

彭金章主编 中国藏西夏文献·甘肃编·敦煌研究院藏卷《中国藏西夏文献》⑯，兰州：甘肃人民出版社、敦煌文艺出版社，2006年9月 p.40图版及文字说明

彭金章、王建军 敦煌莫高窟北区石窟(第二卷) 北京:文物出版社,2004年7月 p.129;图版五〇,1

中国藏西夏文献编号G11·019［原藏编号B184:14］文书残页(写本)

彭金章主编 中国藏西夏文献·甘肃编·敦煌研究院藏卷《中国藏西夏文献》⑯,兰州:甘肃人民出版社、敦煌文艺出版社,2006年9月 p.40图版及文字说明

中国藏西夏文献编号G11·020［原藏编号B194:14］文书残页(写本)

彭金章主编 中国藏西夏文献·甘肃编·敦煌研究院藏卷《中国藏西夏文献》⑯,兰州:甘肃人民出版社、敦煌文艺出版社,2006年9月 p.40图版及文字说明

彭金章、王建军 敦煌莫高窟北区石窟(第三卷) 北京:文物出版社,2004年7月 p.255;图版一四八,3

中国藏西夏文献编号G11·021［原藏编号B206:16-1~2］文书残页(写本)

彭金章主编 中国藏西夏文献·甘肃编·敦煌研究院藏卷《中国藏西夏文献》⑯,兰州:甘肃人民出版社、敦煌文艺出版社,2006年9月 p.41图版及文字说明

中国藏西夏文献编号G11·022［原藏编号D.752-19］文书残页(写本)

史金波 中国藏西夏文文献新探《西夏学》第二辑,银川:宁夏人民出版社,2007年8月 p.11

彭金章主编 中国藏西夏文献·甘肃编·敦煌研究院藏卷《中国藏西夏文献》⑯,兰州:甘肃人民出版社、敦煌文艺出版社,2006年9月 p.41图版及文字说明

中国藏西夏文献编号G11·023［原藏编号B194:5(背)］文书残页(写本)

彭金章主编 中国藏西夏文献·甘肃编·敦煌研究院藏卷《中国藏西夏文献》⑯,兰州:甘肃人民出版社、敦煌文艺出版社,2006年9月 p.42图版及文字说明

彭金章、王建军 敦煌莫高窟北区石窟(第三卷) 北京:文物出版社,2004年7月 p.255

中国藏西夏文献编号G11·024［原藏编号第464:52］道教文书残页(写本)

史金波 敦煌莫高窟北区出土西夏文文献初探《敦煌研究》2000年第3期 p.14;收入彭金章主编《敦煌莫高窟北区石窟研究》(下册),兰州:甘肃教育出版社,2011年4月 p.351~352

史金波 敦煌莫高窟北区西夏文文献译释研究(三)《敦煌莫高窟北区石窟》第三卷,北京:文物出版社,2004年7月 p.424

彭金章主编 中国藏西夏文献·甘肃编·敦煌研究院藏卷《中国藏西夏文献》⑯,兰州:甘肃人民出版社、敦煌文艺出版社,2006年9月 p.42图版及文字说明

彭金章、王建军 敦煌莫高窟北区石窟(第三卷) 北京:文物出版社,2004年7月 p.82~83;图版三九,3

中国藏西夏文献编号G11·025［原藏编号B56:41］文书残页(写本)

彭金章主编 中国藏西夏文献·甘肃编·敦煌研究院藏卷《中国藏西夏文献》⑯,兰州:甘肃人民出版社、敦煌文艺出版社,2006年9月 p.43图版及文字说明

中国藏西夏文献编号G11·026［原藏编号B56:47-1~2］文书残页(写本)

史金波 敦煌莫高窟北区出土西夏文文献初探《敦煌研究》2000年第3期 p.7

彭金章主编 中国藏西夏文献·甘肃编·敦煌研究院藏卷《中国藏西夏文献》⑯,兰州:甘肃人民出版社、敦煌文艺出版社,2006年9月 p.43图版及文字说明

中国藏西夏文献编号G11·027［原藏编号B56:56］文书残页(写本)

彭金章主编 中国藏西夏文献·甘肃编·敦煌研究院藏卷《中国藏西夏文献》⑯,兰州:甘肃人民出版社、敦煌文艺出版社,2006年9月 p.44图版及文字说明

中国藏西夏文献编号G11·028［原藏编号B56:77］文书残页(写本)

史金波 敦煌莫高窟北区出土西夏文文献初探《敦煌研究》2000年第3期 p.7

彭金章主编 中国藏西夏文献·甘肃编·敦煌研究院藏卷《中国藏西夏文献》⑯,兰州:甘肃人民出版社、敦煌文艺出版社,2006年9月 p.44图版及文字说明

中国藏西夏文献编号G11·029［原藏编号B56:82-1~2］文书残页(写本)

彭金章主编 中国藏西夏文献·甘肃编·敦煌研究院藏卷《中国藏西夏文献》⑯,兰州:甘肃人民出版社、敦煌文艺出版社,2006年9月 p.44图版及文字说明

中国藏西夏文献编号G11·030［原藏编号B211:9-1~4］文书残页(写本)

彭金章主编 中国藏西夏文献·甘肃编·敦煌研究院藏卷《中国藏西夏文献》⑯,兰州:甘肃人民出版社、敦煌文艺出版社,2006年9月 p.45图版及文字说明

中国藏西夏文献编号G11·031［原藏编号B59:1］嵬名法宝达卖地契残页(汉文写本)

彭金章主编 中国藏西夏文献·甘肃编·敦煌研究院藏卷《中国藏西夏文献》⑯,兰州:甘肃人民出版社、敦煌文艺出版社,2006年9月 p.46图版及文字说明;彩图1幅

史金波 中国藏西夏文文献新探《西夏学》第二辑,银川:宁夏人民出版社,2007年8月 p.12

杜建录 中国藏西夏文献叙录《西夏学》第三辑(纪念《中国藏西夏文献》出版专号),银川:宁夏人民出版社,2008年7月 p.103

孙继民、宋坤、陈瑞青、杜立晖等著《中国藏西夏文献》所收西夏汉文文献《考古发现西夏汉文非佛教文献整理与研究》,北京:社会科学文献出版社,2014年10月 p.171~172;附图1幅

罗海山 "嵬名法宝达卖地文书"考辨《3个U集——霍存福教授从教三十年纪念文集》,北京:知识产权出版社,2015年 p.62~76

刘志月 莫高窟北区B59窟出土《西夏嵬名法宝达卖地帐》研究——兼论西夏土地买卖中的优先权《河西学院学报》2016年第4期 p.44~50

罗海山 "嵬名法宝达卖地文书"年代考 《西夏学》2017年第1期 p.157~165

彭金章、王建军 敦煌莫高窟北区石窟(第一卷) 北京:文物出版社,2000年7月 p.226~227;彩版二二,1

杜建录编著 中国藏西夏文献研究 上海:上海古籍出版社,2012年9月 p.99、184

郭进挺、李宪亮主编 西夏艺术荟萃·绘画书法卷 银川:阳光出版社,2017年12月 p.476;图1幅

中国藏西夏文献编号G11·032［原藏编号B206:1(背)］借贷文书残页(汉文写本)

史金波 敦煌莫高窟北区西夏文文献译释研究(三)《敦煌莫高窟北区石窟》第三卷,北京:文物出版社,2004年7月 p.431

彭金章主编 中国藏西夏文献·甘肃编·敦煌研究院藏卷《中国藏西夏文献》⑯,兰州:甘肃人民出版社、敦煌文艺出版社,2006年9月 p.46图版及文字说明

史金波 中国藏西夏文文献新探《西夏学》第二辑,银川:宁夏人民出版社,2007年8月 p.12

杜建录 中国藏西夏文献叙录《西夏学》第三辑(纪念《中国藏西夏文献》出版专号),银川:宁夏人民出版社,2008年7月 p.103

孙继民、宋坤、陈瑞青、杜立晖等著《中国藏西夏文献》所收西夏汉文文献《考古发现西夏汉文非佛教文献整理与研究》,北京:社会科学文献出版社,2014年10月 p.173

彭金章、王建军 敦煌莫高窟北区石窟(第三卷) 北京:文物出版社,2004年7月 p.280;图版一五八,4

杜建录编著 中国藏西夏文献研究 上海:上海古籍出版社,2012年9月 p.99、184

中国藏西夏文献编号G11·033［原藏编号D.0670］妙法莲华经观世音菩萨普门品(刻本,共54面)

刘玉权 本所藏图解本西夏文《观音经》版画初探《敦煌研究》(第三期·总第五期),兰州:甘肃人民出版社,1985年12月 p.41~48;图版十五:1–54;收入杨富学、杨铭主编《中国敦煌学百年文库·民族卷》(四),兰州:甘肃文化出版社,1999年 p.299~308;收入敦煌研究院《敦煌研究文集·敦煌研究院藏敦煌文献研究篇》,兰州:甘肃民族出版社,2000年9月 p.510~523

陈炳应 图解本西夏文《观音经》译释《敦煌研究》(第三期·总第五期),兰州:甘肃人民出版社,1985年12月 p.49~58;收入杨富学、杨铭主编《中国敦煌学百年文库·民族卷》(四),兰州:甘肃文化出版社,1999年 p.347~358;收入敦煌研究院《敦煌研究文集·敦煌研究院藏敦煌文献研究篇》,兰州:甘肃民族出版社,2000年9月 p.524~544

刘玉权 水月观音版画《敦煌》,兰州:甘肃人民出版社、南京:江苏美术出版社,1990年7月;1993年7月;1997年11月 图版p.228;p.286~287第245条图版说明

刘玉权 西夏文刻经《敦煌》,兰州:甘肃人民出版社、南京:江苏美术出版社,1990年7月;1993年7月;

1997年11月 图版p.229;p.287第246条图版说明

杨富学 从出土文献看《法华经》在西域、敦煌的传译《西域敦煌宗教论稿》,兰州:甘肃文化出版社,1998年6月 p.195注①;收入新疆龟兹石窟研究所编《鸠摩罗什和中国民族文化——纪念鸠摩罗什诞辰1650周年国际学术讨论会文集》,乌鲁木齐:新疆美术摄影出版社,2001年2月 p.126注⑥

史金波 西夏文出图本妙法莲华经观世音菩萨普门品《敦煌学大辞典》,上海:上海辞书出版社1998年12月 p.510~511;附:首页影印图版

杨森 敦煌研究院藏敦煌文献论著目录《敦煌研究文集·敦煌研究院藏敦煌文献研究篇》,兰州:甘肃民族出版社,2000年9月 p.617~618

史金波 中国古代少数民族的印刷出版《中国社会科学院学术咨询委员会集刊》第2辑,北京:社会科学文献出版社,2006年2月 p.296

彭金章主编 中国藏西夏文献·甘肃编·敦煌研究院藏卷《中国藏西夏文献》⑯,兰州:甘肃人民出版社、敦煌文艺出版社,2006年9月 p.47~73图版及文字说明;彩版G11·033［D.0670］27-1~3

史金波 中国藏西夏文文献新探《西夏学》第二辑,银川:宁夏人民出版社,2007年8月 p.11

彭金章 中国藏西夏文文献综述[六、敦煌研究院藏卷综述]《西夏学》第二辑,银川:宁夏人民出版社,2007年8月 p.47~51

李并成、李玉林 "三宝崇拜"与敦煌藏经洞——莫高窟藏经洞的性质再探《五邑大学学报》(社会科学版)2008年第1期 p.50

杜建录 中国藏西夏文献叙录《西夏学》第三辑(纪念《中国藏西夏文献》出版专号),银川:宁夏人民出版社,2008年7月 p.103

樊锦诗 敦煌研究院藏敦煌文献研究概述《敦煌研究文集·敦煌研究院藏敦煌文献研究篇》,兰州:甘肃民族出版社,2000年9月 p.3~4

党燕妮、郭向东、陈军 敦煌少数民族文献举要《图书与情报》2014年第2期 p.36

杨永生 酒泉古塔概况及价值述略《丝绸之路》2016年第14期 p.46

史金波、白滨、吴峰云编著 西夏文物 北京:文物出版社,1988年3月 p.330图版375及说明

陈炳应著 西夏文物研究 银川:宁夏人民出版社,1985年8月 p.54

史金波著 西夏佛教史略 银川:宁夏人民出版社1988年8月 p.133、345、389

王进玉著 敦煌石窟探秘 成都:四川教育出版社,1994年8月 p.94

白玉岱著 甘肃出版史略 兰州:甘肃人民出版社,1995年11月 p.242~244

王惠民著 敦煌宝藏(中华文明宝库)上海:上海古籍出版社,1996年9月 p.87

黄征、程惠新著 劫尘遗珠——敦煌遗书 兰州:甘肃教育出版社,1999年7月 p.18

胡同庆、安忠义著 佛教艺术 兰州:敦煌文艺出版社,2004年2月 p.299

史金波著 西夏社会(上、下)上海:上海人民出版社,2007年8月 p.365;p.433~434;图1幅

杜建录编著 中国藏西夏文献研究 上海:上海古籍出版社,2012年9月 p.92

史金波著 西夏文珍贵典籍史话 北京:国家图书馆出版社,2015年9月 前言p.4;正文p.76~77;p.151(表)

敦煌研究院编 中国石窟艺术——莫高窟 南京:江苏凤凰美术出版社,2015年12月 p.155;图1幅

刘忆谆主编 敦煌风华再现:续说石窟故事 台中:自然科学博物馆,2017年4月 p.212

郭进挺、李宪亮主编 西夏艺术荟萃·绘画书法卷 银川:阳光出版社,2017年12月 p.450~451;图1幅

段文傑著,東山健吾訳 美しき敦煌 東京:潮出版社,昭和61年3月2日,p.201;图1幅

刘玉權 図解本西夏文字 妙法蓮華経観世音菩薩普門品『中国敦煌展』(東京展、福岡展、長野展、奈良展、静岡展,1985年10月5日~1986年3月26日),東京:財団法人富士美術館発行,昭和60年10月5日;図版126及日文図版解説;插頁上部全卷黑白図版,下部陳炳應漢訳文對照

王惠民撰文,勝木言一郎訳 図入木刻本西夏文『観音経』『砂漠の美術馆—永遠なる敦煌』中国敦煌研究院創立50周年記念(東京展、福岡展、神户展,1996年10月26日~1997年4月20日),東京:朝日新聞社,1996年 p.143図版及第80条日文図版解説

中国藏西夏文献编号G11·034［原藏编号D.752-1、D.0696、D.0815］妙法莲华经观世音菩萨普门品(刻本,3件)

彭金章主编 中国藏西夏文献·甘肃编·敦煌研究院藏卷《中国藏西夏文献》⑯,兰州:甘肃人民出版社、敦煌文艺出版社,2006年9月 p.74~88图版及文字说明

杜建录 中国藏西夏文献叙录《西夏学》第三辑(纪念《中国藏西夏文献》出版专号),银川:宁夏人民出版社,2008年7月 p.103~104

杜建录编著 中国藏西夏文献研究 上海:上海古籍出版社,2012年9月 p.92

原藏编号D.696 妙法莲华经观世音菩萨普门品(刻本)

刘玉权 本所藏图解本西夏文《观音经》版画初探《敦煌研究》(第三期·总第五期),兰州:甘肃人民出版社,1985年12月 p.41;p.47注②;收入杨富学、杨铭主编《中国敦煌学百年文库·民族卷》(四),兰州:甘肃文化出版社,1999年 p.299注②;收入敦煌研究院编《敦煌研究文集·敦煌研究院藏敦煌文献研究篇》,兰州:甘肃民族出版社,2000年9月 p.510;p.522注②

杨富学 从出土文献看《法华经》在西域、敦煌的传译《西域敦煌宗教论稿》,兰州:甘肃文化出版社,1998年6月 p.195注①;收入新疆龟兹石窟研究所编《鸠摩罗什和中国民族文化——纪念鸠摩罗什诞辰1650周年国际学术讨论会文集》,乌鲁木齐:新疆美术摄影出版社,2001年2月 p.126注⑥

史金波 西夏文出图本妙法莲华经观世音菩萨普门品《敦煌学大辞典》,上海:上海辞书出版社,1998年12月 p.510~511

杨森 敦煌研究院藏敦煌文献论著目录《敦煌研究文集·敦煌研究院藏敦煌文献研究篇》,兰州:甘肃民族出版社,2000年9月 p.618

史金波 中国藏西夏文文献新探《西夏学》第二辑,银川:宁夏人民出版社,2007年8月 p.11

彭金章 中国藏西夏文文献综述［六、敦煌研究院藏卷综述］《西夏学》第二辑,银川:宁夏人民出版社,2007年8月 p.47~51

李并成、李玉林 “三宝崇拜”与敦煌藏经洞——莫高窟藏经洞的性质再探《五邑大学学报》(社会科学版)2008年第1期 p.50

樊锦诗 敦煌研究院藏敦煌文献研究概述《敦煌研究文集·敦煌研究院藏敦煌文献研究篇》,兰州:甘肃民族出版社,2000年9月 p.3~4

杨永生 酒泉古塔概况及价值述略《丝绸之路》,2016年第14期 p.46

陈炳应著 西夏文物研究 银川:宁夏人民出版社,1985年8月 p.54

史金波著 西夏佛教史略 银川:宁夏人民出版社1988年8月 p.133、345、389

王进玉著 敦煌石窟探秘 成都:四川教育出版社,1994年8月 p.94

白玉岱著 甘肃出版史略 兰州:甘肃人民出版社,1995年11月 p.242~244

王惠民著 敦煌宝藏（中华文明宝库）上海:上海古籍出版社,1996年9月 p.87

黄征、程惠新著 劫尘遗珠——敦煌遗书 兰州:甘肃教育出版社,1999年7月 p.18

胡同庆、安忠义著 佛教艺术 兰州:敦煌文艺出版社,2004年2月 p.299

史金波著 西夏社会(上) 上海:上海人民出版社,2007年8月 p.365

史金波著 西夏文珍贵典籍史话 北京:国家图书馆出版社,2015年9月 前言p.4;正文p.76~77;p.154(表)

中国藏西夏文献编号G11·035［原藏编号D.0669］金刚般若波罗蜜经(刻本,107面)

刘玉权 本所藏图解本西夏文《观音经》版画初探《敦煌研究》(第三期·总第五期),兰州:甘肃人民出版社,1985年12月 p.41;收入杨富学、杨铭主编《中国敦煌学百年文库·民族卷》(四),兰州:甘肃文化出版社,1999年 p.299;收入敦煌研究院《敦煌研究文集·敦煌研究院藏敦煌文献研究篇》,兰州:甘肃民族出版社,2000年9月 p.510

史金波 西夏文出图本妙法莲华经观世音菩萨普门品《敦煌学大辞典》,上海:上海辞书出版社,1998年12月 p.511

杨森 敦煌研究院藏敦煌文献论著目录《敦煌研究文集·敦煌研究院藏敦煌文献研究篇》,兰州:甘肃民族出版社,2000年9月 p.617

彭金章主编 中国藏西夏文献·甘肃编·敦煌研究院藏卷《中国藏西夏文献》⑯,兰州:甘肃人民出版社、敦煌文艺出版社,2006年9月 p.89~143图版及文字说明;彩版G11·035［D.0669]55-1~4

彭金章 中国藏西夏文文献综述[六、敦煌研究院藏卷综述]《西夏学》第二辑,银川:宁夏人民出版社,2007年8月 p.47~51

史金波 中国藏西夏文文献新探《西夏学》第二辑,银川:宁夏人民出版社,2007年8月 p.11

李并成、李玉林 “三宝崇拜”与敦煌藏经洞——莫高窟藏经洞的性质再探《五邑大学学报》(社会科学版)2008年第1期 p.50

杜建录 中国藏西夏文献叙录《西夏学》第三辑(纪念《中国藏西夏文献》出版专号),银川:宁夏人民出版社,2008年7月 p.104

杜建录、于光建 敦煌研究院藏0669西夏文《金刚般若波罗蜜经》考释《敦煌研究》2012年第6期

p.59~64

于光建 瓜州博物馆藏西夏文《金刚经》残页考释《火烧沟与玉门历史研究文集》,兰州:甘肃文化出版社,2015年12月 p.682~683

杨永生 酒泉古塔概况及价值述略《丝绸之路》,2016年第14期 p.45~46

陈炳应著 西夏文物研究 银川:宁夏人民出版社,1985年8月 p.54

史金波著 西夏佛教史略 银川:宁夏人民出版社,1988年8月 p.133、345、389

王进玉著 敦煌石窟探秘 成都:四川教育出版社,1994年8月 p.94

王惠民著 敦煌宝藏(中华文明宝库)上海:上海古籍出版社,1996年9月 p.87

黄征、程惠新著 劫尘遗珠——敦煌遗书 兰州:甘肃教育出版社,1999年7月 p.18

史金波著 西夏社会(上)上海:上海人民出版社,2007年8月 p.365

杜建录编著 中国藏西夏文献研究 上海:上海古籍出版社,2012年9月 p.93

史金波著 西夏文珍贵典籍史话 北京:国家图书馆出版社,2015年9月 前言p.4;正文p.76~77;p.151(表)

中国藏西夏文献编号G11·036[原藏编号B128:11]金刚般若波罗蜜经(刻本)

史金波 敦煌莫高窟北区西夏文文献译释研究(二)《敦煌莫高窟北区石窟》第二卷,北京:文物出版社,2004年7月 p.373

彭金章主编 中国藏西夏文献·甘肃编·敦煌研究院藏卷《中国藏西夏文献》⑯,兰州:甘肃人民出版社、敦煌文艺出版社,2006年9月 p.144图版及文字说明

杜建录 中国藏西夏文献叙录《西夏学》第三辑(纪念《中国藏西夏文献》出版专号),银川:宁夏人民出版社,2008年7月 p.104

彭金章、王建军 敦煌莫高窟北区石窟(第二卷) 北京:文物出版社,2004年7月 p.187~188;图版八六,3

杜建录编著 中国藏西夏文献研究 上海:上海古籍出版社,2012年9月 p.93

中国藏西夏文献编号G11·037[原藏编号B121:35-1~3]金刚般若波罗蜜经(刻本)

史金波 敦煌莫高窟北区西夏文文献译释研究(二)《敦煌莫高窟北区石窟》第二卷,北京:文物出版社,2004年7月 p.369~370

彭金章主编 中国藏西夏文献·甘肃编·敦煌研究院藏卷《中国藏西夏文献》⑯,兰州:甘肃人民出版社、敦煌文艺出版社,2006年9月 p.145图版及文字说明

杜建录 中国藏西夏文献叙录《西夏学》第三辑(纪念《中国藏西夏文献》出版专号),银川:宁夏人民出版社,2008年7月 p.104

彭金章、王建军 敦煌莫高窟北区石窟(第二卷) 北京:文物出版社,2004年7月 p.139、341;图版五四,2

杜建录编著 中国藏西夏文献研究 上海:上海古籍出版社,2012年9月 p.93

B121:35、B121:36 金刚般若波罗蜜经残页(刻本)

史金波 敦煌莫高窟北区出土西夏文文献初探《敦煌研究》2000年第3期 p.9;收入彭金章主编《敦煌莫高窟北区石窟研究》(下册),兰州:甘肃教育出版社,2011年4月 p.340~341

中国藏西夏文献编号G11·038［原藏编号B53:9］金光明最胜王经卷第五封面(刻本)

彭金章、王建军 敦煌莫高窟北区洞窟所出多种民族文字文献和回鹘文木活字综述《敦煌研究》2000年第2期 p.156;图版40;收入彭金章主编《敦煌莫高窟北区石窟研究》(上册),兰州:甘肃教育出版社,2011年4月 p.82

史金波 敦煌莫高窟北区出土西夏文文献初探《敦煌研究》2000年第3期 p.8~9;收入彭金章主编《敦煌莫高窟北区石窟研究》(下册),兰州:甘肃教育出版社,2011年4月 p.339

史金波 敦煌莫高窟北区西夏文文献译释研究(一)《敦煌莫高窟北区石窟》第一卷,北京:文物出版社,2000年7月 p.359

彭金章主编 中国藏西夏文献·甘肃编·敦煌研究院藏卷《中国藏西夏文献》⑯,兰州:甘肃人民出版社、敦煌文艺出版社,2006年9月 p.146~147图版及文字说明

杜建录 中国藏西夏文献叙录《西夏学》第三辑(纪念《中国藏西夏文献》出版专号),银川:宁夏人民出版社,2008年7月 p.104

董晓荣 蒙元时期藏传佛教在敦煌地区的传播《西藏大学学报》(社会科学版)2011年第3期 p.133

彭金章、王建军 敦煌莫高窟北区石窟(第一卷) 北京:文物出版社,2000年7月 p.192~193;彩版一八,1

彭金章、王建军 敦煌莫高窟北区石窟(第二卷) 北京:文物出版社,2004年7月 p.341

杜建录编著 中国藏西夏文献研究 上海:上海古籍出版社,2012年9月 p.93

郭进挺、李宪亮主编 西夏艺术荟萃·绘画书法卷 银川:阳光出版社,2017年12月 p.477;图1幅

中国藏西夏文献编号G11·039［原藏编号B159:26］龙树菩萨为禅陀迦王说法要偈残页(刻本)

彭金章、王建军 敦煌莫高窟北区洞窟所出多种民族文字文献和回鹘文木活字综述《敦煌研究》2000年第2期 p.156、158;收入彭金章主编《敦煌莫高窟北区石窟研究》(上册),兰州:甘肃教育出版社,2011年4月 p.82、88

史金波 敦煌莫高窟北区出土西夏文文献初探《敦煌研究》2000年第3期 p.9~10、15;收入彭金章主编《敦煌莫高窟北区石窟研究》(下册),兰州:甘肃教育出版社,2011年4月 p.341~342;图7;p.353

彭金章 敦煌莫高窟北区石窟新发现的文献及其学术价值 《新世纪敦煌学论集》,成都:巴蜀书社,2003年3月 p.67~68;收入彭金章主编《敦煌莫高窟北区石窟研究》(上册),兰州:甘肃教育出版社,2011年4月 p.94

胡玉冰 考古发现的西夏文献资料及其研究价值《人文杂志》2004年第3期 p.155

史金波 敦煌莫高窟北区西夏文文献译释研究(三)《敦煌莫高窟北区石窟》第三卷,北京:文物出版社,2004年7月 p.421~422

彭金章 莫高窟北区洞窟——考古新课题《典藏古美术》2005年第4期 p.65~66；收入彭金章主编《敦煌莫高窟北区石窟研究》(上册)，兰州：甘肃教育出版社，2011年4月 p.48

彭金章主编 中国藏西夏文献·甘肃编·敦煌研究院藏卷《中国藏西夏文献》⑯，兰州：甘肃人民出版社、敦煌文艺出版社，2006年9月 p.148图版及文字说明

彭金章 中国藏西夏文文献综述[六、敦煌研究院藏卷综述]《西夏学》第二辑，银川：宁夏人民出版社，2007年8月 p.49

杜建录 中国藏西夏文献叙录《西夏学》第三辑(纪念《中国藏西夏文献》出版专号)，银川：宁夏人民出版社，2008年7月 p.104

彭金章 关于张君义文书发现及文书卷尾题跋的思考——兼述张大千、罗寄梅在敦煌所获其他文书《2014敦煌论坛：敦煌石窟研究国际学术研讨会论文集》(下)，兰州：甘肃教育出版社，2016年12月 p.1408

彭金章、王建军 敦煌莫高窟北区石窟(第二卷) 北京：文物出版社，2004年7月 p.341~342

彭金章、王建军 敦煌莫高窟北区石窟(第三卷) 北京：文物出版社，2004年7月 p.38；图版一七，5

杜建录编著 中国藏西夏文献研究 上海：上海古籍出版社，2012年9月 p.93

史金波著 西夏文珍贵典籍史话 北京：国家图书馆出版社，2015年9月 p.98；图1幅；p.155(表)

中国藏西夏文献编号G11·040 [原藏编号B53：10(正)] 大方广佛华严经卷第二封面(刻本)

彭金章、沙武田 敦煌莫高窟北区洞窟清理发掘简报《文物》1998年第10期 p.15；彩色插图壹：2；收入彭金章主编《敦煌莫高窟北区石窟研究》(上册)，兰州：甘肃教育出版社，2011年4月 p.19

彭金章、王建军 敦煌莫高窟北区洞窟所出多种民族文字文献和回鹘文木活字综述《敦煌研究》2000年第2期 p.156；图版41；收入彭金章主编《敦煌莫高窟北区石窟研究》(上册)，兰州：甘肃教育出版社，2011年4月 p.82

史金波 敦煌莫高窟北区出土西夏文文献初探《敦煌研究》2000年第3期 p.9；收入彭金章主编《敦煌莫高窟北区石窟研究》(下册)，兰州：甘肃教育出版社，2011年4月 p.340

史金波 敦煌莫高窟北区西夏文文献译释研究(一)《敦煌莫高窟北区石窟》第一卷，北京：文物出版社，2000年7月 p.359~360

彭金章主编 中国藏西夏文献·甘肃编·敦煌研究院藏卷《中国藏西夏文献》⑯，兰州：甘肃人民出版社、敦煌文艺出版社，2006年9月 p.149图版及文字说明

杜建录 中国藏西夏文献叙录《西夏学》第三辑(纪念《中国藏西夏文献》出版专号)，银川：宁夏人民出版社，2008年7月 p.104

彭金章、王建军 敦煌莫高窟北区石窟(第一卷) 北京：文物出版社，2000年7月 p.193；彩版一八，2；B53：10(背)，即西夏文《大方广佛华严经卷》封面的衬里，图版六二，3

彭金章、王建军 敦煌莫高窟北区石窟(第二卷) 北京：文物出版社，2004年7月 p.341

杜建录编著 中国藏西夏文献研究 上海：上海古籍出版社，2012年9月 p.93

中国藏西夏文献编号G11·041［原藏编号D.752-6］大方广佛华严经卷第四十四残页(刻本)

彭金章主编 中国藏西夏文献·甘肃编·敦煌研究院藏卷《中国藏西夏文献》⑯,兰州:甘肃人民出版社、敦煌文艺出版社,2006年9月 p.150图版及文字说明

杜建录 中国藏西夏文献叙录《西夏学》第三辑(纪念《中国藏西夏文献》出版专号),银川:宁夏人民出版社,2008年7月 p.104

杜建录编著 中国藏西夏文献研究 上海:上海古籍出版社,2012年9月 p.93

中国藏西夏文献编号G11·042［原藏编号B54:13-1~3］种咒王阴大孔雀明王经残页(刻本)

彭金章、王建军 敦煌莫高窟北区洞窟所出多种民族文字文献和回鹘文木活字综述《敦煌研究》2000年第2期 p.156、158;收入彭金章主编《敦煌莫高窟北区石窟研究》(上册),兰州:甘肃教育出版社,2011年4月 p.82、87

史金波 敦煌莫高窟北区出土西夏文文献初探《敦煌研究》2000年第3期 p.9;收入彭金章主编《敦煌莫高窟北区石窟研究》(下册),兰州:甘肃教育出版社,2011年4月 p.340

史金波 敦煌莫高窟北区西夏文文献译释研究(一)《敦煌莫高窟北区石窟》第一卷,北京:文物出版社,2000年7月 p.360

彭金章 敦煌莫高窟北区石窟新发现的文献及其学术价值 《新世纪敦煌学论集》, 成都: 巴蜀书社, 2003年3月 p.67;收入彭金章主编《敦煌莫高窟北区石窟研究》(上册),兰州:甘肃教育出版社,2011年4月 p.94

彭金章 莫高窟北区洞窟——考古新课题《典藏古美术》2005年第4期 p.65;收入彭金章主编《敦煌莫高窟北区石窟研究》(上册),兰州:甘肃教育出版社,2011年4月 p.48

彭金章主编 中国藏西夏文献·甘肃编·敦煌研究院藏卷《中国藏西夏文献》⑯,兰州:甘肃人民出版社、敦煌文艺出版社,2006年9月 p.150图版及文字说明

彭金章 中国藏西夏文文献综述[六、敦煌研究院藏卷综述]《西夏学》第二辑,银川:宁夏人民出版社,2007年8月 p.50

杜建录 中国藏西夏文献叙录《西夏学》第三辑(纪念《中国藏西夏文献》出版专号),银川:宁夏人民出版社,2008年7月 p.104

彭金章、王建军 敦煌莫高窟北区石窟(第一卷) 北京:文物出版社,2000年7月 p.202~203;图版六七,1

彭金章、王建军 敦煌莫高窟北区石窟(第二卷) 北京:文物出版社,2004年7月 p.341

杜建录编著 中国藏西夏文献研究 上海:上海古籍出版社,2012年9月 p.94

中国藏西夏文献编号G11·043［原藏编号B160:4、B160:15］佛说圣佛母般若波罗蜜多经残页(刻本)

史金波 敦煌莫高窟北区西夏文文献译释研究(三)《敦煌莫高窟北区石窟》第三卷,北京:文物出版社,2004年7月 p.422~423

彭金章主编 中国藏西夏文献·甘肃编·敦煌研究院藏卷《中国藏西夏文献》⑯,兰州:甘肃人民出版社、敦煌文艺出版社,2006年9月 p.151图版及文字说明

杜建录 中国藏西夏文献叙录《西夏学》第三辑(纪念《中国藏西夏文献》出版专号),银川:宁夏人民出版社,2008年7月 p.104~105

彭金章、王建军 敦煌莫高窟北区石窟(第三卷) 北京:文物出版社,2004年7月 p.49~50;图版二三,1、2

杜建录编著 中国藏西夏文献研究 上海:上海古籍出版社,2012年9月 p.94

中国藏西夏文献编号G11·044 [原藏编号B160:22] 文殊师利问地经卷上残页(刻本)

彭金章主编 中国藏西夏文献·甘肃编·敦煌研究院藏卷《中国藏西夏文献》⑯,兰州:甘肃人民出版社、敦煌文艺出版社,2006年9月 p.152图版及文字说明

杜建录 中国藏西夏文献叙录《西夏学》第三辑(纪念《中国藏西夏文献》出版专号),银川:宁夏人民出版社,2008年7月 p.105

彭金章、王建军 敦煌莫高窟北区石窟(第三卷) 北京:文物出版社,2004年7月 p.50;图版二四,2

杜建录编著 中国藏西夏文献研究 上海:上海古籍出版社,2012年9月 p.94

中国藏西夏文献编号G11·045 [原藏编号D.0208] 佛说大白伞总持陀罗尼经(刻本)

彭金章主编 中国藏西夏文献·甘肃编·敦煌研究院藏卷《中国藏西夏文献》⑯,兰州:甘肃人民出版社、敦煌文艺出版社,2006年9月 p.152图版及文字说明

史金波 中国藏西夏文文献新探《西夏学》第二辑,银川:宁夏人民出版社,2007年8月 p.12

杜建录 中国藏西夏文献叙录《西夏学》第三辑(纪念《中国藏西夏文献》出版专号),银川:宁夏人民出版社,2008年7月 p.105

杜建录编著 中国藏西夏文献研究 上海:上海古籍出版社,2012年9月 p.94

中国藏西夏文献编号G11·046 [原藏编号第464:53] 佛说大白伞总持陀罗尼经残页(刻本)

史金波 敦煌莫高窟北区西夏文文献译释研究(三)《敦煌莫高窟北区石窟》第三卷,北京:文物出版社,2004年7月 p.424

彭金章主编 中国藏西夏文献·甘肃编·敦煌研究院藏卷《中国藏西夏文献》⑯,兰州:甘肃人民出版社、敦煌文艺出版社,2006年9月 p.153图版及文字说明

杜建录 中国藏西夏文献叙录《西夏学》第三辑(纪念《中国藏西夏文献》出版专号),银川:宁夏人民出版社,2008年7月 p.105

彭金章、王建军 敦煌莫高窟北区石窟(第三卷) 北京:文物出版社,2004年7月 p.83;图版三九,4

杜建录编著 中国藏西夏文献研究 上海:上海古籍出版社,2012年9月 p.94

第464A:53 佛说大白伞总持陀罗尼经残页(刻本)

史金波 敦煌莫高窟北区出土西夏文文献初探《敦煌研究》2000年第3期 p.10;收入彭金章主编《敦煌莫高窟北区石窟研究》(下册),兰州:甘肃教育出版社,2011年4月 p.343

中国藏西夏文献编号G11·047［原藏编号D.0043］慈悲道场忏法(刻本)

彭金章主编 中国藏西夏文献·甘肃编·敦煌研究院藏卷《中国藏西夏文献》⑯,兰州:甘肃人民出版社、敦煌文艺出版社,2006年9月 p.153图版及文字说明

杜建录 中国藏西夏文献叙录《西夏学》第三辑(纪念《中国藏西夏文献》出版专号),银川:宁夏人民出版社,2008年7月 p.105

杜建录编著 中国藏西夏文献研究 上海:上海古籍出版社,2012年9月 p.94

中国藏西夏文献编号G11·048［原藏编号D.0208］大朝戊午年印佛经残页(刻本)

彭金章主编 中国藏西夏文献·甘肃编·敦煌研究院藏卷《中国藏西夏文献》⑯,兰州:甘肃人民出版社、敦煌文艺出版社,2006年9月 p.154图版及文字说明

杜建录 中国藏西夏文献叙录《西夏学》第三辑(纪念《中国藏西夏文献》出版专号),银川:宁夏人民出版社,2008年7月 p.105

杜建录编著 中国藏西夏文献研究 上海:上海古籍出版社,2012年9月 p.94

中国藏西夏文献编号G11·049［原藏编号B125:22］持金牌讹二三等发愿诵读功效文(刻本)

史金波 敦煌莫高窟北区出土西夏文文献初探《敦煌研究》2000年第3期 p.10;收入彭金章主编《敦煌莫高窟北区石窟研究》(下册),兰州:甘肃教育出版社,2011年4月 p.342~343;图8

史金波 敦煌莫高窟北区西夏文文献译释研究(二)《敦煌莫高窟北区石窟》第二卷,北京:文物出版社,2004年7月 p.372~373

彭金章主编 中国藏西夏文献·甘肃编·敦煌研究院藏卷《中国藏西夏文献》⑯,兰州:甘肃人民出版社、敦煌文艺出版社,2006年9月 p.155图版及文字说明

杜建录 中国藏西夏文献叙录《西夏学》第三辑(纪念《中国藏西夏文献》出版专号),银川:宁夏人民出版社,2008年7月 p.105

彭金章、王建军 敦煌莫高窟北区石窟(第二卷) 北京:文物出版社,2004年7月 p.162;图版七二,2

杜建录编著 中国藏西夏文献研究 上海:上海古籍出版社,2012年9月 p.94

史金波著 西夏文珍贵典籍史话 北京:国家图书馆出版社,2015年9月 p.99~100;图1幅;p.154(表)

中国藏西夏文献编号G11·050［原藏编号B160:14］大般若波罗蜜多经(刻本)

史金波 敦煌莫高窟北区西夏文文献译释研究(三)《敦煌莫高窟北区石窟》第三卷,北京:文物出版社,2004年7月 p.423

彭金章主编 中国藏西夏文献·甘肃编·敦煌研究院藏卷《中国藏西夏文献》⑯,兰州:甘肃人民出版社、敦煌文艺出版社,2006年9月 p.156图版及文字说明

戴忠沛 莫高窟北区出土西夏文残片补考《西夏学》第二辑,银川:宁夏人民出版社,2007年8月 p.122~123

段玉泉 中国藏西夏文文献未定名残卷考补《西夏学》第三辑(纪念《中国藏西夏文献》出版专号),银

川:宁夏人民出版社,2008年7月 p.50

彭金章、王建军 敦煌莫高窟北区石窟(第三卷) 北京:文物出版社,2004年7月 p.50;图版二三,4

杜建录编著 中国藏西夏文献研究 上海:上海古籍出版社,2012年9月 p.96

中国藏西夏文献编号G11·050–G11·097 佛经残页(刻本)

杜建录 中国藏西夏文献叙录《西夏学》第三辑(纪念《中国藏西夏文献》出版专号),银川:宁夏人民出版社,2008年7月 p.105

中国藏西夏文献编号G11·051、054、055、056、059、060、061、063–G11·092、093、094、095、096、097 佛经残页(刻本)

杜建录编著 中国藏西夏文献研究 上海:上海古籍出版社,2012年9月 p.97

中国藏西夏文献编号G11·051[原藏编号第464:69]佛经残页(刻本)

史金波 敦煌莫高窟北区西夏文文献译释研究(三)《敦煌莫高窟北区石窟》第三卷,北京:文物出版社,2004年7月 p.426

彭金章主编 中国藏西夏文献·甘肃编·敦煌研究院藏卷《中国藏西夏文献》⑯,兰州:甘肃人民出版社、敦煌文艺出版社,2006年9月 p.156图版及文字说明

彭金章、王建军 敦煌莫高窟北区石窟(第二卷) 北京:文物出版社,2004年7月 p.341

彭金章、王建军 敦煌莫高窟北区石窟(第三卷) 北京:文物出版社,2004年7月 p.85;图版四一,3

中国藏西夏文献编号G11·052[原藏编号B160:13]佛说佛母出生三法藏般若波罗蜜经(刻本)

史金波 敦煌莫高窟北区西夏文文献译释研究(三)《敦煌莫高窟北区石窟》第三卷,北京:文物出版社,2004年7月 p.423

戴忠沛 莫高窟北区出土西夏文残片补考《西夏学》第二辑,银川:宁夏人民出版社,2007年8月 p.122

段玉泉 中国藏西夏文文献未定名残卷考补《西夏学》第三辑(纪念《中国藏西夏文献》出版专号),银川:宁夏人民出版社,2008年7月 p.50

彭金章主编 中国藏西夏文献·甘肃编·敦煌研究院藏卷《中国藏西夏文献》⑯,兰州:甘肃人民出版社、敦煌文艺出版社,2006年9月 p.157图版及文字说明

彭金章、王建军 敦煌莫高窟北区石窟(第三卷) 北京:文物出版社,2004年7月 p.50;图版二三,3

杜建录编著 中国藏西夏文献研究 上海:上海古籍出版社,2012年9月 p.94

中国藏西夏文献编号G11·053[原藏编号第464:54]圣胜慧到彼岸功德宝集偈(刻本)

史金波 敦煌莫高窟北区西夏文文献译释研究(三)《敦煌莫高窟北区石窟》第三卷,北京:文物出版社,2004年7月 p.425

彭金章主编 中国藏西夏文献·甘肃编·敦煌研究院藏卷《中国藏西夏文献》⑯,兰州:甘肃人民出版社、敦煌文艺出版社,2006年9月 p.157图版及文字说明

段玉泉 中国藏西夏文文献未定名残卷考补《西夏学》第三辑,银川:宁夏人民出版社,2008年7月 p.50

彭金章、王建军 敦煌莫高窟北区石窟(第三卷) 北京:文物出版社,2004年7月 p.83;图版四〇,1

杜建录编著 中国藏西夏文献研究 上海:上海古籍出版社,2012年9月 p.95

中国藏西夏文献编号G11·054［原藏编号第464:55］佛经残页(刻本)

史金波 敦煌莫高窟北区西夏文文献译释研究(三)《敦煌莫高窟北区石窟》第三卷,北京:文物出版社,2004年7月 p.425

彭金章主编 中国藏西夏文献·甘肃编·敦煌研究院藏卷《中国藏西夏文献》⑯,兰州:甘肃人民出版社、敦煌文艺出版社,2006年9月 p.158图版及文字说明

彭金章、王建军 敦煌莫高窟北区石窟(第三卷) 北京:文物出版社,2004年7月 p.83~84;图版四〇,2

中国藏西夏文献编号G11·055［原藏编号第464:56］佛经残页(刻本)

史金波 敦煌莫高窟北区西夏文文献译释研究(三)《敦煌莫高窟北区石窟》第三卷,北京:文物出版社,2004年7月 p.425

彭金章主编 甘肃编·敦煌研究院藏卷《中国藏西夏文献》⑯,兰州:甘肃人民出版社、敦煌文艺出版社,2006年9月 p.158图版及文字说明

彭金章、王建军 敦煌莫高窟北区石窟(第三卷) 北京:文物出版社,2004年7月 p.84;图版四〇,3

中国藏西夏文献编号G11·056［原藏编号第464:57］佛经残页(刻本)

史金波 敦煌莫高窟北区西夏文文献译释研究(三)《敦煌莫高窟北区石窟》第三卷,北京:文物出版社,2004年7月 p.426

彭金章主编 中国藏西夏文献·甘肃编·敦煌研究院藏卷《中国藏西夏文献》⑯,兰州:甘肃人民出版社、敦煌文艺出版社,2006年9月 p.159图版及文字说明

彭金章、王建军 敦煌莫高窟北区石窟(第三卷) 北京:文物出版社,2004年7月 p.85;图版四一,2

中国藏西夏文献编号G11·057［原藏编号第464:58(正)］圣观自在大悲心总持功德依经录(刻本)

史金波 敦煌莫高窟北区西夏文文献译释研究(三)《敦煌莫高窟北区石窟》第三卷,北京:文物出版社,2004年7月 p.425~426

彭金章主编 中国藏西夏文献·甘肃编·敦煌研究院藏卷《中国藏西夏文献》⑯,兰州:甘肃人民出版社、敦煌文艺出版社,2006年9月 p.160图版及文字说明

戴忠沛 莫高窟北区出土西夏文残片补考《西夏学》第二辑,银川:宁夏人民出版社,2007年8月 p.123~124

段玉泉 中国藏西夏文文献未定名残卷考补《西夏学》第三辑(纪念《中国藏西夏文献》出版专号),银

川:宁夏人民出版社,2008年7月 p.50

彭金章、王建军 敦煌莫高窟北区石窟(第三卷) 北京:文物出版社,2004年7月 p.84;图版四〇,4

杜建录编著 中国藏西夏文献研究 上海:上海古籍出版社,2012年9月 p.95

段玉泉 语言背后的文化流传:一组西夏藏传佛教文献解读 兰州:兰州大学博士研究生学位论文,2009年6月 p.18

中国藏西夏文献编号G11·058［原藏编号第464:59］圣胜慧到彼岸功德宝集偈(刻本)

史金波 敦煌莫高窟北区西夏文文献译释研究(三)《敦煌莫高窟北区石窟》第三卷,北京:文物出版社,2004年7月 p.426

彭金章主编 中国藏西夏文献·甘肃编·敦煌研究院藏卷《中国藏西夏文献》⑯,兰州:甘肃人民出版社、敦煌文艺出版社,2006年9月 p.160图版及文字说明

段玉泉 中国藏西夏文文献未定名残卷考补《西夏学》第三辑(纪念《中国藏西夏文献》出版专号),银川:宁夏人民出版社,2008年7月 p.50

彭金章、王建军 敦煌莫高窟北区石窟(第三卷) 北京:文物出版社,2004年7月 p.84~85;图版四一,1

杜建录编著 中国藏西夏文献研究 上海:上海古籍出版社,2012年9月 p.95

G11·058［第464:59］、G11·053［第464:54］号 圣胜慧到彼岸功德宝集偈之知识品第二十二残片(刻本)

段玉泉 中国藏西夏文文献未定名残卷考补[①]《西夏学》第三辑(纪念《中国藏西夏文献》出版专号),银川:宁夏人民出版社,2008年7月 p.41、43

段玉泉 语言背后的文化流传:一组西夏藏传佛教文献解读 兰州:兰州大学博士研究生学位论文,2009年6月 p.32~33、103

中国藏西夏文献编号G11·059［原藏编号第464:173］佛经残页(刻本)

彭金章主编 中国藏西夏文献·甘肃编·敦煌研究院藏卷《中国藏西夏文献》⑯,兰州:甘肃人民出版社、敦煌文艺出版社,2006年9月 p.161图版及文字说明

彭金章、王建军 敦煌莫高窟北区石窟(第三卷) 北京:文物出版社,2004年7月 p.87;图版四四,4

中国藏西夏文献编号G11·060［原藏编号第464:174］佛经残页(刻本)

彭金章主编 中国藏西夏文献·甘肃编·敦煌研究院藏卷《中国藏西夏文献》⑯,兰州:甘肃人民出版社、敦煌文艺出版社,2006年9月 p.161图版及文字说明

彭金章、王建军 敦煌莫高窟北区石窟(第三卷) 北京:文物出版社,2004年7月 p.87;图版四四,2

---

①据段玉泉考证,第464:59号的下残痕迹与第464:54号的上残痕迹走向完全一致,且前者第4行的最末一横与后者第4行的首个残缺字正好可以拼合成一表示“非”的西夏字,因此可以初步判断这两个残片为同一纸文献上下撕裂而致。

中国藏西夏文献编号G11·061［原藏编号第464:175］佛经残页(刻本)

彭金章主编 中国藏西夏文献·甘肃编·敦煌研究院藏卷《中国藏西夏文献》⑯,兰州:甘肃人民出版社、敦煌文艺出版社,2006年9月 p.161图版及文字说明

彭金章、王建军 敦煌莫高窟北区石窟(第三卷) 北京:文物出版社,2004年7月 p.87;图版四四,3

中国藏西夏文献编号G11·062［原藏编号B127:9–1~2］佛母大孔雀名王经(刻本)

彭金章主编 中国藏西夏文献·甘肃编·敦煌研究院藏卷《中国藏西夏文献》⑯,兰州:甘肃人民出版社、敦煌文艺出版社,2006年9月 p.162图版及文字说明

戴忠沛 莫高窟北区出土西夏文残片补考《西夏学》第二辑,银川:宁夏人民出版社,2007年8月 p.120~121

段玉泉 中国藏西夏文文献未定名残卷考补《西夏学》第三辑(纪念《中国藏西夏文献》出版专号),银川:宁夏人民出版社,2008年7月 p.50

彭金章、王建军 敦煌莫高窟北区石窟(第二卷) 北京:文物出版社,2004年7月 p.176;图版七八,2

杜建录编著 中国藏西夏文献研究 上海:上海古籍出版社,2012年9月 p.95

中国藏西夏文献编号G11·063［原藏编号B157:54–1~2(正)］佛经残页(刻本)

彭金章主编 中国藏西夏文献·甘肃编·敦煌研究院藏卷《中国藏西夏文献》⑯,兰州:甘肃人民出版社、敦煌文艺出版社,2006年9月 p.163图版及文字说明

彭金章、王建军 敦煌莫高窟北区石窟(第三卷) 北京:文物出版社,2004年7月 p.25;图版一三,4

中国藏西夏文献编号G11·064［原藏编号B157:55］佛经残页(刻本)

彭金章主编 中国藏西夏文献·甘肃编·敦煌研究院藏卷《中国藏西夏文献》⑯,兰州:甘肃人民出版社、敦煌文艺出版社,2006年9月 p.163图版及文字说明

中国藏西夏文献编号G11·065［原藏编号B159:54］佛经残页(刻本)

彭金章主编 中国藏西夏文献·甘肃编·敦煌研究院藏卷《中国藏西夏文献》⑯,兰州:甘肃人民出版社、敦煌文艺出版社,2006年9月 p.163图版及文字说明

中国藏西夏文献编号G11·066［原藏编号D.752–5］佛经残页(刻本)

彭金章主编 中国藏西夏文献·甘肃编·敦煌研究院藏卷《中国藏西夏文献》⑯,兰州:甘肃人民出版社、敦煌文艺出版社,2006年9月 p.164图版及文字说明

中国藏西夏文献编号G11·067［原藏编号D.752–7~1］佛经残页(刻本)

彭金章主编 中国藏西夏文献·甘肃编·敦煌研究院藏卷《中国藏西夏文献》⑯,兰州:甘肃人民出版社、敦煌文艺出版社,2006年9月 p.164图版及文字说明

中国藏西夏文献编号G11·068［原藏编号D.752-7~2］佛经残页(刻本)

彭金章主编 中国藏西夏文献·甘肃编·敦煌研究院藏卷《中国藏西夏文献》⑯,兰州:甘肃人民出版社、敦煌文艺出版社,2006年9月 p.165图版及文字说明

中国藏西夏文献编号G11·069［原藏编号D.752-8］佛经残页(刻本)

彭金章主编 中国藏西夏文献·甘肃编·敦煌研究院藏卷《中国藏西夏文献》⑯,兰州:甘肃人民出版社、敦煌文艺出版社,2006年9月 p.165图版及文字说明

中国藏西夏文献编号G11·070［原藏编号D.752-9~1］佛经残页(刻本)

彭金章主编 中国藏西夏文献·甘肃编·敦煌研究院藏卷《中国藏西夏文献》⑯,兰州:甘肃人民出版社、敦煌文艺出版社,2006年9月 p.165图版及文字说明

中国藏西夏文献编号G11·071［原藏编号D.752-9~2］佛经残页(刻本)

彭金章主编 中国藏西夏文献·甘肃编·敦煌研究院藏卷《中国藏西夏文献》⑯,兰州:甘肃人民出版社、敦煌文艺出版社,2006年9月 p.166图版及文字说明

中国藏西夏文献编号G11·072［原藏编号D.752-9~3］佛经残页(刻本)

彭金章主编 中国藏西夏文献·甘肃编·敦煌研究院藏卷《中国藏西夏文献》⑯,兰州:甘肃人民出版社、敦煌文艺出版社,2006年9月 p.166图版及文字说明

中国藏西夏文献编号G11·073［原藏编号D.752-10］佛经残页(刻本)

彭金章主编 中国藏西夏文献·甘肃编·敦煌研究院藏卷《中国藏西夏文献》⑯,兰州:甘肃人民出版社、敦煌文艺出版社,2006年9月 p.166图版及文字说明

中国藏西夏文献编号G11·074［原藏编号D.752-11~1］佛经残页(刻本)

彭金章主编 中国藏西夏文献·甘肃编·敦煌研究院藏卷《中国藏西夏文献》⑯,兰州:甘肃人民出版社、敦煌文艺出版社,2006年9月 p.166图版及文字说明

中国藏西夏文献编号G11·075［原藏编号D.752-11~2］佛经残页(刻本)

彭金章主编 中国藏西夏文献·甘肃编·敦煌研究院藏卷《中国藏西夏文献》⑯,兰州:甘肃人民出版社、敦煌文艺出版社,2006年9月 p.167图版及文字说明

中国藏西夏文献编号G11·076［原藏编号D.752-11~3］佛经残页(刻本)

彭金章主编 中国藏西夏文献·甘肃编·敦煌研究院藏卷《中国藏西夏文献》⑯,兰州:甘肃人民出版社

社、敦煌文艺出版社,2006年9月 p.167图版及文字说明

中国藏西夏文献编号G11·077［原藏编号D.752–11~4］佛经残页(刻本)

彭金章主编 中国藏西夏文献·甘肃编·敦煌研究院藏卷《中国藏西夏文献》⑯,兰州:甘肃人民出版社、敦煌文艺出版社,2006年9月 p.167图版及文字说明

中国藏西夏文献编号G11·078［原藏编号D.752–11~5］佛经残页(刻本)

彭金章主编 中国藏西夏文献·甘肃编·敦煌研究院藏卷《中国藏西夏文献》⑯,兰州:甘肃人民出版社、敦煌文艺出版社,2006年9月 p.167图版及文字说明

中国藏西夏文献编号G11·079［原藏编号B54:18］佛经残页(刻本)

彭金章主编 中国藏西夏文献·甘肃编·敦煌研究院藏卷《中国藏西夏文献》⑯,兰州:甘肃人民出版社、敦煌文艺出版社,2006年9月 p.168图版及文字说明

中国藏西夏文献编号G11·080［原藏编号B54:19–1~2］佛经残页(刻本)

彭金章主编 中国藏西夏文献·甘肃编·敦煌研究院藏卷《中国藏西夏文献》⑯,兰州:甘肃人民出版社、敦煌文艺出版社,2006年9月 p.168图版及文字说明

中国藏西夏文献编号G11·081［原藏编号B59:66］佛经残页(刻本)

史金波 敦煌莫高窟北区西夏文文献译释研究(一)《敦煌莫高窟北区石窟》第一卷,北京:文物出版社,2000年7月 p.369

彭金章、王建军 敦煌莫高窟北区石窟(第一卷) 北京:文物出版社,2000年7月 p.230;图版八六,2

彭金章主编 中国藏西夏文献·甘肃编·敦煌研究院藏卷《中国藏西夏文献》⑯,兰州:甘肃人民出版社、敦煌文艺出版社,2006年9月 p.168图版及文字说明

中国藏西夏文献编号G11·082［原藏编号B59:101］佛经残页(刻本)

彭金章主编 中国藏西夏文献·甘肃编·敦煌研究院藏卷《中国藏西夏文献》⑯,兰州:甘肃人民出版社、敦煌文艺出版社,2006年9月 p.169图版及文字说明

中国藏西夏文献编号G11·083［原藏编号第462:26］佛经残页(刻本)

彭金章主编 中国藏西夏文献·甘肃编·敦煌研究院藏卷《中国藏西夏文献》⑯,兰州:甘肃人民出版社、敦煌文艺出版社,2006年9月 p.169图版及文字说明

中国藏西夏文献编号G11·084［原藏编号B138:9］佛经残页(刻本)

史金波 敦煌莫高窟北区西夏文文献译释研究(二)《敦煌莫高窟北区石窟》第二卷,北京:文物出版社,2004年7月 p.374

彭金章主编 中国藏西夏文献·甘肃编·敦煌研究院藏卷《中国藏西夏文献》⑯,兰州:甘肃人民出版社、敦煌文艺出版社,2006年9月 p.169图版及文字说明

彭金章、王建军 敦煌莫高窟北区石窟(第二卷) 北京:文物出版社,2004年7月 p.248;图版一一九,1

中国藏西夏文献编号G11·085［原藏编号B142:8］佛经残页(刻本)

史金波 敦煌莫高窟北区西夏文文献译释研究(二)《敦煌莫高窟北区石窟》第二卷,北京:文物出版社,2004年7月 p.374

彭金章主编 中国藏西夏文献·甘肃编·敦煌研究院藏卷《中国藏西夏文献》⑯,兰州:甘肃人民出版社、敦煌文艺出版社,2006年9月 p.169图版及文字说明

彭金章、王建军 敦煌莫高窟北区石窟(第二卷) 北京:文物出版社,2004年7月 p.265;图版一二七,1

中国藏西夏文献编号G11·086［原藏编号第464:181］佛经残页(刻本)

彭金章主编 中国藏西夏文献·甘肃编·敦煌研究院藏卷《中国藏西夏文献》⑯,兰州:甘肃人民出版社、敦煌文艺出版社,2006年9月 p.170图版及文字说明

中国藏西夏文献编号G11·087［原藏编号第464:184］佛经残页(刻本)

彭金章主编 中国藏西夏文献·甘肃编·敦煌研究院藏卷《中国藏西夏文献》⑯,兰州:甘肃人民出版社、敦煌文艺出版社,2006年9月 p.170图版及文字说明

中国藏西夏文献编号G11·088［原藏编号第464:185-1、3］佛经残页(刻本)

彭金章主编 中国藏西夏文献·甘肃编·敦煌研究院藏卷《中国藏西夏文献》⑯,兰州:甘肃人民出版社、敦煌文艺出版社,2006年9月 p.170图版及文字说明

中国藏西夏文献编号G11·089［原藏编号B163:79］佛经残页(刻本)

彭金章主编 中国藏西夏文献·甘肃编·敦煌研究院藏卷《中国藏西夏文献》⑯,兰州:甘肃人民出版社、敦煌文艺出版社,2006年9月 p.171图版及文字说明

中国藏西夏文献编号G11·090［原藏编号B168:50］佛经残页(刻本)

彭金章主编 中国藏西夏文献·甘肃编·敦煌研究院藏卷《中国藏西夏文献》⑯,兰州:甘肃人民出版社、敦煌文艺出版社,2006年9月 p.171图版及文字说明

中国藏西夏文献编号G11·091［原藏编号D.0070］佛经残页(刻本)

彭金章主编 中国藏西夏文献·甘肃编·敦煌研究院藏卷《中国藏西夏文献》⑯,兰州:甘肃人民出版社、敦煌文艺出版社,2006年9月 p.171图版及文字说明

中国藏西夏文献编号G11·092［原藏编号第464:60］圣胜慧到彼岸功德宝集偈(刻本)

史金波 敦煌莫高窟北区西夏文文献译释研究(三)《敦煌莫高窟北区石窟》第三卷,北京:文物出版社,2004年7月 p.426~427

彭金章主编 中国藏西夏文献·甘肃编·敦煌研究院藏卷《中国藏西夏文献》⑯,兰州:甘肃人民出版社、敦煌文艺出版社,2006年9月 p.172图版及文字说明

段玉泉 中国藏西夏文文献未定名残卷考补《西夏学》第三辑(纪念《中国藏西夏文献》出版专号),银川:宁夏人民出版社,2008年7月 p.41~43、50

彭金章、王建军 敦煌莫高窟北区石窟(第三卷) 北京:文物出版社,2004年7月 p.85;图版四二,1

杜建录编著 中国藏西夏文献研究 上海:上海古籍出版社,2012年9月 p.95

段玉泉 语言背后的文化流传:一组西夏藏传佛教文献解读 兰州:兰州大学博士研究生学位论文,2009年6月 p.33、70

中国藏西夏文献编号G11·093［原藏编号第464:150］佛经残页(刻本)

史金波 敦煌莫高窟北区西夏文文献译释研究(三)《敦煌莫高窟北区石窟》第三卷,北京:文物出版社,2004年7月 p.427

彭金章主编 中国藏西夏文献·甘肃编·敦煌研究院藏卷《中国藏西夏文献》⑯,兰州:甘肃人民出版社、敦煌文艺出版社,2006年9月 p.172图版及文字说明

彭金章、王建军 敦煌莫高窟北区石窟(第三卷) 北京:文物出版社,2004年7月 p.85~86;图版四二,2

中国藏西夏文献编号G11·094［原藏编号D.751–3］佛经残页(刻本)

彭金章主编 中国藏西夏文献·甘肃编·敦煌研究院藏卷《中国藏西夏文献》⑯,兰州:甘肃人民出版社、敦煌文艺出版社,2006年9月 p.172图版及文字说明

中国藏西夏文献编号G11·095［原藏编号D.751–5］佛经残页(刻本)

彭金章主编 中国藏西夏文献·甘肃编·敦煌研究院藏卷《中国藏西夏文献》⑯,兰州:甘肃人民出版社、敦煌文艺出版社,2006年9月 p.173图版及文字说明

中国藏西夏文献编号G11·096［原藏编号D.751–6］佛经残页(刻本)

彭金章主编 中国藏西夏文献·甘肃编·敦煌研究院藏卷《中国藏西夏文献》⑯,兰州:甘肃人民出版社、敦煌文艺出版社,2006年9月 p.173图版及文字说明

中国藏西夏文献编号G11·097［原藏编号D.314–14］佛经残页(刻本)

彭金章主编 中国藏西夏文献·甘肃编·敦煌研究院藏卷《中国藏西夏文献》⑯,兰州:甘肃人民出版社、敦煌文艺出版社,2006年9月 p.173图版及文字说明

中国藏西夏文献编号G11·098［原藏编号D.0208］佛经残页(刻本)

彭金章主编 中国藏西夏文献·甘肃编·敦煌研究院藏卷《中国藏西夏文献》⑯,兰州:甘肃人民出版社、敦煌文艺出版社,2006年9月 p.174~176图版及文字说明

杜建录 中国藏西夏文献叙录《西夏学》第三辑(纪念《中国藏西夏文献》出版专号),银川:宁夏人民出版社,2008年7月 p.105

杜建录编著 中国藏西夏文献研究 上海:上海古籍出版社,2012年9月 p.97

中国藏西夏文献编号G11·099［原藏编号D.0208］佛经残页(刻本)

彭金章主编 中国藏西夏文献·甘肃编·敦煌研究院藏卷《中国藏西夏文献》⑯,兰州:甘肃人民出版社、敦煌文艺出版社,2006年9月 p.177图版及文字说明

杜建录 中国藏西夏文献叙录《西夏学》第三辑(纪念《中国藏西夏文献》出版专号),银川:宁夏人民出版社,2008年7月 p.105

杜建录编著 中国藏西夏文献研究 上海:上海古籍出版社,2012年9月 p.97

中国藏西夏文献编号G11·100［原藏编号B121:19–1~19］诸密咒要语(活字本)

彭金章、王建军 敦煌莫高窟北区洞窟所出多种民族文字文献和回鹘文木活字综述《敦煌研究》2000年第2期 p.158;收入彭金章主编《敦煌莫高窟北区石窟研究》(上册),兰州:甘肃教育出版社,2011年4月 p.87

彭金章主编 中国藏西夏文献·甘肃编·敦煌研究院藏卷《中国藏西夏文献》⑯,兰州:甘肃人民出版社、敦煌文艺出版社,2006年9月 p.178~193图版及文字说明;彩版G11·100［B121:19–5］;G11·100［B121:19–17］

杜建录 中国藏西夏文献叙录《西夏学》第三辑(纪念《中国藏西夏文献》出版专号),银川:宁夏人民出版社,2008年7月 p.105

杜建录编著 中国藏西夏文献研究 上海:上海古籍出版社,2012年9月 p.95

中国藏西夏文献编号G11·101［原藏编号B59:62–3］地藏菩萨本愿经残页(活字本)

史金波 敦煌莫高窟北区西夏文文献译释研究(一)《敦煌莫高窟北区石窟》第一卷,北京:文物出版社,2000年7月 p.368~369

黄润华、史金波 西夏文古籍《少数民族古籍版本——民族文字古籍》,南京:江苏古籍出版社,2002年12月第1版;2003年8月第2次印刷 p.90

尹富 "地藏菩萨本愿经"综考《四川大学学报》2007年第6期 p.51

王龙 西夏文“地藏三经”综考《西夏学》第十二辑，兰州：甘肃文化出版社，2016年12月 p.44

彭金章主编 中国藏西夏文献·甘肃编·敦煌研究院藏卷《中国藏西夏文献》⑯，兰州：甘肃人民出版社、敦煌文艺出版社，2006年9月 p.194图版及文字说明

杜建录 中国藏西夏文献叙录《西夏学》第三辑（纪念《中国藏西夏文献》出版专号），银川：宁夏人民出版社，2008年7月 p.105

彭金章、王建军 敦煌莫高窟北区石窟（第一卷） 北京：文物出版社，2000年7月 p.230；图版八六，1

杜建录编著 中国藏西夏文献研究[①] 上海：上海古籍出版社，2012年9月 p.95

B59:62-1~5 地藏菩萨本愿经残页（活字本）

彭金章、王建军 敦煌莫高窟北区洞窟所出多种民族文字文献和回鹘文木活字综述《敦煌研究》2000年第2期 p.156、158；图版42；收入彭金章主编《敦煌莫高窟北区石窟研究》（上册），兰州：甘肃教育出版社，2011年4月 p.82；p.83；图31、87

史金波 敦煌莫高窟北区出土西夏文文献初探《敦煌研究》2000年第3期 p.10~11；收入彭金章主编《敦煌莫高窟北区石窟研究》（下册），兰州：甘肃教育出版社，2011年4月 p.343~345；图9

史金波 敦煌莫高窟北区西夏文文献译释研究（一）《敦煌莫高窟北区石窟》第一卷，北京：文物出版社，2000年7月 p.368~369

尹富 “地藏菩萨本愿经”综考《四川大学学报》2007年第6期 p.51

彭金章、王建军 敦煌莫高窟北区石窟（第一卷） 北京：文物出版社，2000年7月 p.230；图版八六，1

彭金章、王建军 敦煌莫高窟北区石窟（第二卷） 北京：文物出版社，2004年7月 p.341

中国藏西夏文献编号G11·102［原藏编号第464:51］地藏菩萨本愿经残页（活字本）

史金波 敦煌莫高窟北区西夏文文献译释研究（三）《敦煌莫高窟北区石窟》第三卷，北京：文物出版社，2004年7月 p.427

彭金章主编 中国藏西夏文献·甘肃编·敦煌研究院藏卷《中国藏西夏文献》⑯，兰州：甘肃人民出版社、敦煌文艺出版社，2006年9月 p.195图版及文字说明

杜建录 中国藏西夏文献叙录《西夏学》第三辑（纪念《中国藏西夏文献》出版专号），银川：宁夏人民出版社，2008年7月 p.105~106

王龙 西夏文“地藏三经”综考《西夏学》第十二辑，兰州：甘肃文化出版社，2016年12月 p.44

彭金章、王建军 敦煌莫高窟北区石窟（第二卷） 北京：文物出版社，2004年7月 p.341

彭金章、王建军 敦煌莫高窟北区石窟（第三卷） 北京：文物出版社，2004年7月 p.86；图版四二，3

杜建录编著 中国藏西夏文献研究 上海：上海古籍出版社，2012年9月 p.95

---

①杜建录《中国藏西夏文献叙录》《中国藏西夏文献研究》编号均作“中国藏西夏文献编号G11·101［原藏编号B591:62-3］”，有误。经编者核查，应为B59:62号。

中国藏西夏文献编号G11·103［原藏编号第464:119］地藏菩萨本愿经残页（活字本）

史金波 敦煌莫高窟北区出土西夏文文献初探《敦煌研究》2000年第3期 p.12；收入彭金章主编《敦煌莫高窟北区石窟研究》（下册），兰州：甘肃教育出版社，2011年4月 p.347~348

史金波 敦煌莫高窟北区西夏文文献译释研究（三）《敦煌莫高窟北区石窟》第三卷，北京：文物出版社，2004年7月 p.428

王龙 西夏文“地藏三经”综考《西夏学》第十二辑，兰州：甘肃文化出版社，2016年12月 p.44

彭金章主编 中国藏西夏文献·甘肃编·敦煌研究院藏卷《中国藏西夏文献》⑯，兰州：甘肃人民出版社、敦煌文艺出版社，2006年9月 p.196图版及文字说明

彭金章、王建军 敦煌莫高窟北区石窟（第三卷） 北京：文物出版社，2004年7月 p.87；图版四四，1

中国藏西夏文献编号G11·104［原藏编号B159:24–1~3］地藏菩萨本愿经残页（活字本）

史金波 敦煌莫高窟北区西夏文文献译释研究（三）《敦煌莫高窟北区石窟》第三卷，北京：文物出版社，2004年7月 p.420~421

彭金章主编 中国藏西夏文献·甘肃编·敦煌研究院藏卷《中国藏西夏文献》⑯，兰州：甘肃人民出版社、敦煌文艺出版社，2006年9月 p.197图版及文字说明

杜建录 中国藏西夏文献叙录《西夏学》第三辑（纪念《中国藏西夏文献》出版专号），银川：宁夏人民出版社，2008年7月 p.106

王龙 西夏文“地藏三经”综考《西夏学》第十二辑，兰州：甘肃文化出版社，2016年12月 p.44~45

彭金章、王建军 敦煌莫高窟北区石窟（第二卷） 北京：文物出版社，2004年7月 p.341

彭金章、王建军 敦煌莫高窟北区石窟（第三卷） 北京：文物出版社，2004年7月 p.36~38；图版一七，3

杜建录编著 中国藏西夏文献研究 上海：上海古籍出版社，2012年9月 p.95

史金波著 西夏文珍贵典籍史话 北京：国家图书馆出版社，2015年9月 p.154（表）

中国藏西夏文献编号G11·105［原藏编号B59:62、B59:75］大乘大集地藏十轮经残页（活字本）

彭金章主编 中国藏西夏文献·甘肃编·敦煌研究院藏卷《中国藏西夏文献》⑯，兰州：甘肃人民出版社、敦煌文艺出版社，2006年9月 p.198~201图版及文字说明

史金波 中国藏西夏文文献新探《西夏学》第二辑，银川：宁夏人民出版社，2007年8月 p.12

杜建录 中国藏西夏文献叙录《西夏学》第三辑（纪念《中国藏西夏文献》出版专号），银川：宁夏人民出版社，2008年7月 p.106

王龙 西夏文“地藏三经”综考《西夏学》第十二辑，兰州：甘肃文化出版社，2016年12月 p.52~53

杜建录编著 中国藏西夏文献研究 上海：上海古籍出版社，2012年9月 p.95~96、184

中国藏西夏文献编号G11·106［原藏编号B124:12］月灯三昧经卷第九残页（活字本）

史金波 敦煌莫高窟北区西夏文文献译释研究（二）《敦煌莫高窟北区石窟》第二卷，北京：文物出版

社,2004年7月 p.372

彭金章主编 中国藏西夏文献·甘肃编·敦煌研究院藏卷《中国藏西夏文献》⑯,兰州:甘肃人民出版社、敦煌文艺出版社,2006年9月 p.202图版及文字说明

史金波 中国藏西夏文文献新探《西夏学》第二辑,银川:宁夏人民出版社,2007年8月 p.12

杜建录 中国藏西夏文献叙录《西夏学》第三辑(纪念《中国藏西夏文献》出版专号),银川:宁夏人民出版社,2008年7月 p.106

彭金章、王建军 敦煌莫高窟北区石窟(第二卷) 北京:文物出版社,2004年7月 p.154~155;图版六七,5

杜建录编著 中国藏西夏文献研究 上海:上海古籍出版社,2012年9月 p.96、185

中国藏西夏文献编号G11·107–G11·117 佛经残页(活字本)

杜建录 中国藏西夏文献叙录《西夏学》第三辑(纪念《中国藏西夏文献》出版专号),银川:宁夏人民出版社,2008年7月 p.106

杜建录编著 中国藏西夏文献研究 上海:上海古籍出版社,2012年9月 p.97

中国藏西夏文献编号G11·107［原藏编号B159:25］佛经残页(活字本)

史金波 敦煌莫高窟北区出土西夏文文献初探《敦煌研究》2000年第3期 p.12;收入彭金章主编《敦煌莫高窟北区石窟研究》(下册),兰州:甘肃教育出版社,2011年4月 p.347

史金波 敦煌莫高窟北区西夏文文献译释研究(三)《敦煌莫高窟北区石窟》第三卷,北京:文物出版社,2004年7月 p.421

彭金章主编 中国藏西夏文献·甘肃编·敦煌研究院藏卷《中国藏西夏文献》⑯,兰州:甘肃人民出版社、敦煌文艺出版社,2006年9月 p.202图版及文字说明

彭金章、王建军 敦煌莫高窟北区石窟(第三卷) 北京:文物出版社,2004年7月 p.38;图版一七,4

中国藏西夏文献编号G11·108［原藏编号B59:75–3–5］佛经残页(活字本)

彭金章主编 中国藏西夏文献·甘肃编·敦煌研究院藏卷《中国藏西夏文献》⑯,兰州:甘肃人民出版社、敦煌文艺出版社,2006年9月 p.203图版及文字说明

中国藏西夏文献编号G11·109［原藏编号B159:55–1~9］佛经残页(活字本)

彭金章主编 中国藏西夏文献·甘肃编·敦煌研究院藏卷《中国藏西夏文献》⑯,兰州:甘肃人民出版社、敦煌文艺出版社,2006年9月 p.204~205图版及文字说明

中国藏西夏文献编号G11·110［原藏编号D.752–2］佛经残页(活字本)

彭金章主编 中国藏西夏文献·甘肃编·敦煌研究院藏卷《中国藏西夏文献》⑯,兰州:甘肃人民出版社、敦煌文艺出版社,2006年9月 p.206图版及文字说明

中国藏西夏文献编号G11·111［原藏编号D.752–3］佛经残页(活字本)

彭金章主编 中国藏西夏文献·甘肃编·敦煌研究院藏卷《中国藏西夏文献》⑯,兰州:甘肃人民出版社、敦煌文艺出版社,2006年9月 p.206图版及文字说明

中国藏西夏文献编号G11·112［原藏编号D.752–4］佛经残页(活字本)

彭金章主编 中国藏西夏文献·甘肃编·敦煌研究院藏卷《中国藏西夏文献》⑯,兰州:甘肃人民出版社、敦煌文艺出版社,2006年9月 p.206图版及文字说明

中国藏西夏文献编号G11·113［原藏编号B59:99］佛经残页(活字本)

彭金章主编 中国藏西夏文献·甘肃编·敦煌研究院藏卷《中国藏西夏文献》⑯,兰州:甘肃人民出版社、敦煌文艺出版社,2006年9月 p.207图版及文字说明

中国藏西夏文献编号G11·114［原藏编号B59:100］佛经残页(活字本)

彭金章主编 中国藏西夏文献·甘肃编·敦煌研究院藏卷《中国藏西夏文献》⑯,兰州:甘肃人民出版社、敦煌文艺出版社,2006年9月 p.207图版及文字说明

中国藏西夏文献编号G11·115［原藏编号B156:4］佛经残页(活字本)

彭金章主编 中国藏西夏文献·甘肃编·敦煌研究院藏卷《中国藏西夏文献》⑯,兰州:甘肃人民出版社、敦煌文艺出版社,2006年9月 p.208图版及文字说明

彭金章、王建军 敦煌莫高窟北区石窟(第二卷) 北京:文物出版社,2004年7月 p.330;图版一七六,5

中国藏西夏文献编号G11·116［原藏编号第464:179］佛经残页(活字本)

彭金章主编 中国藏西夏文献·甘肃编·敦煌研究院藏卷《中国藏西夏文献》⑯,兰州:甘肃人民出版社、敦煌文艺出版社,2006年9月 p.208图版及文字说明

中国藏西夏文献编号G11·117［原藏编号D.751–7］佛经残页(活字本)

彭金章主编 中国藏西夏文献·甘肃编·敦煌研究院藏卷《中国藏西夏文献》⑯,兰州:甘肃人民出版社、敦煌文艺出版社,2006年9月 p.208图版及文字说明

中国藏西夏文献编号G11·118［原藏编号B56:8(正)］沙州麻则金刚王牒残页(活字本)

史金波 敦煌莫高窟北区出土西夏文文献初探《敦煌研究》2000年第3期 p.7;收入彭金章主编《敦煌莫高窟北区石窟研究》(下册),兰州:甘肃教育出版社,2011年4月 p.337

史金波 敦煌莫高窟北区西夏文文献译释研究(一)《敦煌莫高窟北区石窟》第一卷,北京:文物出版社,2000年7月 p.366

彭金章主编 中国藏西夏文献·甘肃编·敦煌研究院藏卷《中国藏西夏文献》⑯,兰州:甘肃人民出版社、敦煌文艺出版社,2006年9月 p.209图版及文字说明

杜建录 中国藏西夏文献叙录《西夏学》第三辑(纪念《中国藏西夏文献》出版专号),银川:宁夏人民出版社,2008年7月 p.106

彭金章、王建军 敦煌莫高窟北区石窟(第一卷) 北京:文物出版社,2000年7月 p.215;图版七七,2

杜建录编著 中国藏西夏文献研究 上海:上海古籍出版社,2012年9月 p.96

中国藏西夏文献编号G11·118［原藏编号B56:8(背)］沙州麻则金刚王牒(写本)

史金波 敦煌莫高窟北区西夏文文献译释研究(一)《敦煌莫高窟北区石窟》第一卷,北京:文物出版社,2000年7月 p.366

彭金章主编 中国藏西夏文献·甘肃编·敦煌研究院藏卷《中国藏西夏文献》⑯,兰州:甘肃人民出版社、敦煌文艺出版社,2006年9月 p.209图版及文字说明

杜建录 中国藏西夏文献叙录《西夏学》第三辑(纪念《中国藏西夏文献》出版专号),银川:宁夏人民出版社,2008年7月 p.106

彭金章、王建军 敦煌莫高窟北区石窟(第一卷) 北京:文物出版社,2000年7月 p.215;图版七七,3

杜建录编著 中国藏西夏文献研究 上海:上海古籍出版社,2012年9月 p.96

中国藏西夏文献编号G11·119［原藏编号第464:49］十相自在图残页(写本)

史金波 敦煌莫高窟北区出土西夏文文献初探《敦煌研究》2000年第3期 p.13;收入彭金章主编《敦煌莫高窟北区石窟研究》(下册),兰州:甘肃教育出版社,2011年4月 p.349;P.348;图10

史金波 敦煌莫高窟北区西夏文文献译释研究(三)《敦煌莫高窟北区石窟》第三卷,北京:文物出版社,2004年7月 p.423

彭金章主编 中国藏西夏文献·甘肃编·敦煌研究院藏卷《中国藏西夏文献》⑯,兰州:甘肃人民出版社、敦煌文艺出版社,2006年9月 p.210图版及文字说明

杜建录 中国藏西夏文献叙录《西夏学》第三辑(纪念《中国藏西夏文献》出版专号),银川:宁夏人民出版社,2008年7月 p.106

彭金章、王建军 敦煌莫高窟北区石窟(第三卷) 北京:文物出版社,2004年7月 p.82;图版三九,2

杜建录编著 中国藏西夏文献研究 上海:上海古籍出版社,2012年9月 p.96

中国藏西夏文献编号G11·120［原藏编号第464:50–1~4］圣观自在大悲心总持功能依经录(泥金字写本)

史金波 敦煌莫高窟北区出土西夏文文献初探《敦煌研究》2000年第3期 p.13;收入彭金章主编《敦煌莫高窟北区石窟研究》(下册),兰州:甘肃教育出版社,2011年4月 p.344~345

史金波 敦煌莫高窟北区西夏文文献译释研究(三)《敦煌莫高窟北区石窟》第三卷,北京:文物出版

社,2004年7月 p.423~424

彭金章主编 中国藏西夏文献·甘肃编·敦煌研究院藏卷《中国藏西夏文献》⑯,兰州:甘肃人民出版社、敦煌文艺出版社,2006年9月 p.211图版及文字说明

杜建录 中国藏西夏文献叙录《西夏学》第三辑(纪念《中国藏西夏文献》出版专号),银川:宁夏人民出版社,2008年7月 p.106

彭金章、王建军 敦煌莫高窟北区石窟(第二卷) 北京:文物出版社,2004年7月 p.340~341

彭金章、王建军 敦煌莫高窟北区石窟(第三卷) 北京:文物出版社,2004年7月 p.82;彩版九,2

杜建录编著 中国藏西夏文献研究 上海:上海古籍出版社,2012年9月 p.96

段玉泉 语言背后的文化流传:一组西夏藏传佛教文献解读 兰州:兰州大学博士研究生学位论文,2009年6月 p.18

中国藏西夏文献编号G11·121［原藏编号B56:33–1~3］大般若波罗蜜多经残页(写本)

史金波 敦煌莫高窟北区西夏文文献译释研究(一)《敦煌莫高窟北区石窟》第一卷,北京:文物出版社,2000年7月 p.368

彭金章主编 中国藏西夏文献·甘肃编·敦煌研究院藏卷《中国藏西夏文献》⑯,兰州:甘肃人民出版社、敦煌文艺出版社,2006年9月 p.212图版及文字说明

杜建录 中国藏西夏文献叙录《西夏学》第三辑(纪念《中国藏西夏文献》出版专号),银川:宁夏人民出版社,2008年7月 p.106

彭金章、王建军 敦煌莫高窟北区石窟(第一卷) 北京:文物出版社,2000年7月 p.214~215;图版七七,1

杜建录编著 中国藏西夏文献研究 上海:上海古籍出版社,2012年9月 p.96

中国藏西夏文献编号G11·122［原藏编号B184:8–1~3］千佛名经残页(写本)

史金波 敦煌莫高窟北区西夏文文献译释研究(三)《敦煌莫高窟北区石窟》第三卷,北京:文物出版社,2004年7月 p.431

彭金章主编 中国藏西夏文献·甘肃编·敦煌研究院藏卷《中国藏西夏文献》⑯,兰州:甘肃人民出版社、敦煌文艺出版社,2006年9月 p.213图版及文字说明

杜建录 中国藏西夏文献叙录《西夏学》第三辑(纪念《中国藏西夏文献》出版专号),银川:宁夏人民出版社,2008年7月 p.106

彭金章、王建军 敦煌莫高窟北区石窟(第二卷) 北京:文物出版社,2004年7月 p.341

彭金章、王建军 敦煌莫高窟北区石窟(第三卷) 北京:文物出版社,2004年7月 p.232;图版一三七,2

杜建录编著 中国藏西夏文献研究 上海:上海古籍出版社,2012年9月 p.96

中国藏西夏文献编号G11·123［原藏编号第462:21］佛教咒语(写本)

史金波 敦煌莫高窟北区西夏文文献译释研究(二)《敦煌莫高窟北区石窟》第二卷,北京:文物出版

社,2004年7月 p.369

彭金章主编 中国藏西夏文献·甘肃编·敦煌研究院藏卷《中国藏西夏文献》⑯,兰州:甘肃人民出版社、敦煌文艺出版社,2006年9月 p.214图版及文字说明

杜建录 中国藏西夏文献叙录《西夏学》第三辑(纪念《中国藏西夏文献》出版专号),银川:宁夏人民出版社,2008年7月 p.106

彭金章、王建军 敦煌莫高窟北区石窟(第二卷) 北京:文物出版社,2004年7月 p.95;图版三四,1

杜建录编著 中国藏西夏文献研究 上海:上海古籍出版社,2012年9月 p.96~97

中国藏西夏文献编号G11·124［原藏编号B192:3］佛教咒语(写本)

彭金章主编 中国藏西夏文献·甘肃编·敦煌研究院藏卷《中国藏西夏文献》⑯,兰州:甘肃人民出版社、敦煌文艺出版社,2006年9月 p.214图版及文字说明

杜建录 中国藏西夏文献叙录《西夏学》第三辑(纪念《中国藏西夏文献》出版专号),银川:宁夏人民出版社,2008年7月 p.106~107

彭金章、王建军 敦煌莫高窟北区石窟(第三卷) 北京:文物出版社,2004年7月 p.248;图版一四六,6

杜建录编著 中国藏西夏文献研究 上海:上海古籍出版社,2012年9月 p.97

中国藏西夏文献编号G11·125［原藏编号B172:3(背)］僧人名单残页(写本)

史金波 敦煌莫高窟北区西夏文文献译释研究(三)《敦煌莫高窟北区石窟》第三卷,北京:文物出版社,2004年7月 p.428~429

彭金章主编 中国藏西夏文献·甘肃编·敦煌研究院藏卷《中国藏西夏文献》⑯,兰州:甘肃人民出版社、敦煌文艺出版社,2006年9月 p.215图版及文字说明

杜建录 中国藏西夏文献叙录《西夏学》第三辑(纪念《中国藏西夏文献》出版专号),银川:宁夏人民出版社,2008年7月 p.107

彭金章、王建军 敦煌莫高窟北区石窟(第三卷) 北京:文物出版社,2004年7月 p.187;图版一一〇,1

杜建录编著 中国藏西夏文献研究 上海:上海古籍出版社,2012年9月 p.97

B172(74):3–1 僧人名单残页(写本)

史金波 敦煌莫高窟北区出土西夏文文献初探《敦煌研究》2000年第3期 p.13;收入彭金章主编《敦煌莫高窟北区石窟研究》(下册),兰州:甘肃教育出版社,2011年4月 p.349~350

中国藏西夏文献编号G11·126–G11·137 佛经封面(写本)

杜建录 中国藏西夏文献叙录《西夏学》第三辑(纪念《中国藏西夏文献》出版专号),银川:宁夏人民出版社,2008年7月 p.107

杜建录编著 中国藏西夏文献研究 上海:上海古籍出版社,2012年9月 p.97

中国藏西夏文献编号G11·126［原藏编号第464:118］佛经封面(写本)

史金波 敦煌莫高窟北区出土西夏文文献初探《敦煌研究》2000年第3期 p.14;收入彭金章主编《敦煌莫高窟北区石窟研究》(下册),兰州:甘肃教育出版社,2011年4月 p.351

史金波 敦煌莫高窟北区西夏文文献译释研究(三)《敦煌莫高窟北区石窟》第三卷,北京:文物出版社,2004年7月 p.427

彭金章主编 中国藏西夏文献·甘肃编·敦煌研究院藏卷《中国藏西夏文献》⑯,兰州:甘肃人民出版社、敦煌文艺出版社,2006年9月 p.216图版及文字说明

彭金章、王建军 敦煌莫高窟北区石窟(第三卷) 北京:文物出版社,2004年7月 p.86;图版四三,2

中国藏西夏文献编号G11·127［原藏编号第464:163］佛经封面(写本)

史金波 敦煌莫高窟北区西夏文文献译释研究(三)《敦煌莫高窟北区石窟》第三卷,北京:文物出版社,2004年7月 p.427

彭金章主编 中国藏西夏文献·甘肃编·敦煌研究院藏卷《中国藏西夏文献》⑯,兰州:甘肃人民出版社、敦煌文艺出版社,2006年9月 p.216图版及文字说明

彭金章、王建军 敦煌莫高窟北区石窟(第三卷) 北京:文物出版社,2004年7月 p.86;图版四三,3

中国藏西夏文献编号G11·128［原藏编号第464:166］佛经封面(写本)

史金波 敦煌莫高窟北区西夏文文献译释研究(三)《敦煌莫高窟北区石窟》第三卷,北京:文物出版社,2004年7月 p.427

彭金章主编 中国藏西夏文献·甘肃编·敦煌研究院藏卷《中国藏西夏文献》⑯,兰州:甘肃人民出版社、敦煌文艺出版社,2006年9月 p.217图版及文字说明

彭金章、王建军 敦煌莫高窟北区石窟(第三卷) 北京:文物出版社,2004年7月 p.86;图版四三,4

中国藏西夏文献编号G11·129［原藏编号第464:167］佛经封面(写本)

史金波 敦煌莫高窟北区西夏文文献译释研究(三)《敦煌莫高窟北区石窟》第三卷,北京:文物出版社,2004年7月 p.427

彭金章主编 中国藏西夏文献·甘肃编·敦煌研究院藏卷《中国藏西夏文献》⑯,兰州:甘肃人民出版社、敦煌文艺出版社,2006年9月 p.217图版及文字说明

彭金章、王建军 敦煌莫高窟北区石窟(第三卷) 北京:文物出版社,2004年7月 p.86;图版四三,5

中国藏西夏文献编号G11·130［原藏编号B159:27］佛经封面残页(写本)

史金波 敦煌莫高窟北区出土西夏文文献初探《敦煌研究》2000年第3期 p.14;收入彭金章主编《敦煌莫高窟北区石窟研究》(下册),兰州:甘肃教育出版社,2011年4月 p.350~351

史金波 敦煌莫高窟北区西夏文文献译释研究(三)《敦煌莫高窟北区石窟》第三卷,北京:文物出版

社,2004年7月 p.422

彭金章主编 中国藏西夏文献·甘肃编·敦煌研究院藏卷《中国藏西夏文献》⑯,兰州:甘肃人民出版社、敦煌文艺出版社,2006年9月 p.218图版及文字说明

彭金章、王建军 敦煌莫高窟北区石窟(第三卷) 北京:文物出版社,2004年7月 p.38;图版一七,6

中国藏西夏文献编号G11·131[原藏编号B159:37]佛经封面残页(写本)

史金波 敦煌莫高窟北区出土西夏文文献初探《敦煌研究》2000年第3期 p.14;收入彭金章主编《敦煌莫高窟北区石窟研究》(下册),兰州:甘肃教育出版社,2011年4月 p.351

史金波 敦煌莫高窟北区西夏文文献译释研究(三)《敦煌莫高窟北区石窟》第三卷,北京:文物出版社,2004年7月 p.422

彭金章主编 中国藏西夏文献·甘肃编·敦煌研究院藏卷《中国藏西夏文献》⑯,兰州:甘肃人民出版社、敦煌文艺出版社,2006年9月 p.218图版及文字说明

彭金章、王建军 敦煌莫高窟北区石窟(第三卷) 北京:文物出版社,2004年7月 p.38;图版一七,7

中国藏西夏文献编号G11·132[原藏编号B160:21]佛经封面残页(写本)

史金波 敦煌莫高窟北区西夏文文献译释研究(三)《敦煌莫高窟北区石窟》第三卷,北京:文物出版社,2004年7月 p.423

彭金章主编 中国藏西夏文献·甘肃编·敦煌研究院藏卷《中国藏西夏文献》⑯,兰州:甘肃人民出版社、敦煌文艺出版社,2006年9月 p.218图版及文字说明

彭金章、王建军 敦煌莫高窟北区石窟(第三卷) 北京:文物出版社,2004年7月 p.50;图版二四,1

中国藏西夏文献编号G11·133[原藏编号第464:164]佛经封面残页(写本)

史金波 敦煌莫高窟北区西夏文文献译释研究(三)《敦煌莫高窟北区石窟》第三卷,北京:文物出版社,2004年7月 p.427

彭金章主编 中国藏西夏文献·甘肃编·敦煌研究院藏卷《中国藏西夏文献》⑯,兰州:甘肃人民出版社、敦煌文艺出版社,2006年9月 p.219图版及文字说明

彭金章、王建军 敦煌莫高窟北区石窟(第三卷) 北京:文物出版社,2004年7月 p.86;图版四三,3

中国藏西夏文献编号G11·134[原藏编号第464:165]佛经封面残页(写本)

史金波 敦煌莫高窟北区西夏文文献译释研究(三)《敦煌莫高窟北区石窟》第三卷,北京:文物出版社,2004年7月 p.427

彭金章主编 中国藏西夏文献·甘肃编·敦煌研究院藏卷《中国藏西夏文献》⑯,兰州:甘肃人民出版社、敦煌文艺出版社,2006年9月 p.219图版及文字说明

彭金章、王建军 敦煌莫高窟北区石窟(第三卷) 北京:文物出版社,2004年7月 p.86;图版四三,4

中国藏西夏文献编号G11·135［原藏编号第464:168］佛经封面残页（写本）

史金波 敦煌莫高窟北区西夏文文献译释研究（三）《敦煌莫高窟北区石窟》第三卷，北京：文物出版社，2004年7月 p.427

彭金章主编 中国藏西夏文献·甘肃编·敦煌研究院藏卷《中国藏西夏文献》⑯，兰州：甘肃人民出版社、敦煌文艺出版社，2006年9月 p.220图版及文字说明

彭金章、王建军 敦煌莫高窟北区石窟（第三卷）北京：文物出版社，2004年7月 p.86；图版四三，5

中国藏西夏文献编号G11·136［原藏编号第464:169］佛经封面残页（写本）

史金波 敦煌莫高窟北区西夏文文献译释研究（三）《敦煌莫高窟北区石窟》第三卷，北京：文物出版社，2004年7月 p.428

彭金章主编 中国藏西夏文献·甘肃编·敦煌研究院藏卷《中国藏西夏文献》⑯，兰州：甘肃人民出版社、敦煌文艺出版社，2006年9月 p.220图版及文字说明

彭金章、王建军 敦煌莫高窟北区石窟（第三卷）北京：文物出版社，2004年7月 p.86；图版四三，6

中国藏西夏文献编号G11·137［原藏编号第464:170］佛经封面残页（写本）

史金波 敦煌莫高窟北区西夏文文献译释研究（三）《敦煌莫高窟北区石窟》第三卷，北京：文物出版社，2004年7月 p.428

彭金章主编 中国藏西夏文献·甘肃编·敦煌研究院藏卷《中国藏西夏文献》⑯，兰州：甘肃人民出版社、敦煌文艺出版社，2006年9月 p.221图版及文字说明

彭金章、王建军 敦煌莫高窟北区石窟（第三卷）北京：文物出版社，2004年7月 p.86~87；图版四三，6

中国藏西夏文献编号G11·138–G11·177 佛经残页（写本）

杜建录 中国藏西夏文献叙录《西夏学》第三辑（纪念《中国藏西夏文献》出版专号），银川：宁夏人民出版社，2008年7月 p.107

中国藏西夏文献编号G11·138、139、140、141、142、144–G11·177 佛经残页（写本）

杜建录编著 中国藏西夏文献研究 上海：上海古籍出版社，2012年9月 p.97

中国藏西夏文献编号G11·138［原藏编号D.751–1］佛经残页（写本）

彭金章主编 中国藏西夏文献·甘肃编·敦煌研究院藏卷《中国藏西夏文献》⑯，兰州：甘肃人民出版社、敦煌文艺出版社，2006年9月 p.221图版及文字说明

中国藏西夏文献编号G11·139［原藏编号B47:30–1~2］佛经残页（写本）

史金波 敦煌莫高窟北区西夏文文献译释研究（一）《敦煌莫高窟北区石窟》第一卷，北京：文物出版社

社,2000年7月 p.359

彭金章、王建军 敦煌莫高窟北区石窟(第一卷) 北京:文物出版社,2000年7月 p.147;图版三七,2

彭金章主编 中国藏西夏文献·甘肃编·敦煌研究院藏卷《中国藏西夏文献》⑯,兰州:甘肃人民出版社、敦煌文艺出版社,2006年9月 p.222图版及文字说明

中国藏西夏文献编号G11·140［原藏编号B59:67］佛经残页(泥金字写本)

彭金章主编 中国藏西夏文献·甘肃编·敦煌研究院藏卷《中国藏西夏文献》⑯,兰州:甘肃人民出版社、敦煌文艺出版社,2006年9月 p.222图版及文字说明

彭金章、王建军 敦煌莫高窟北区石窟(第一卷) 北京:文物出版社,2000年7月 p.231;彩版二二,2

彭金章、王建军 敦煌莫高窟北区石窟(第二卷) 北京:文物出版社,2004年7月 p.340~441

中国藏西夏文献编号G11·141［原藏编号第465:1-1~5］佛经残页(写本)

彭金章主编 中国藏西夏文献·甘肃编·敦煌研究院藏卷《中国藏西夏文献》⑯,兰州:甘肃人民出版社、敦煌文艺出版社,2006年9月 p.223图版及文字说明

彭金章、王建军 敦煌莫高窟北区石窟(第二卷) 北京:文物出版社,2004年7月 p.233~234;图版一一二,3

中国藏西夏文献编号G11·142［原藏编号B164:21］佛经残页(写本)

彭金章主编 中国藏西夏文献·甘肃编·敦煌研究院藏卷《中国藏西夏文献》⑯,兰州:甘肃人民出版社、敦煌文艺出版社,2006年9月 p.224图版及文字说明

彭金章、王建军 敦煌莫高窟北区石窟(第三卷) 北京:文物出版社,2004年7月 p.150;图版九○,2

中国藏西夏文献编号G11·143［原藏编号B166:5］圣六字增寿大明陀罗尼经(写本)

史金波 敦煌莫高窟北区西夏文文献译释研究(三)《敦煌莫高窟北区石窟》第三卷,北京:文物出版社,2004年7月 p.428

彭金章主编 中国藏西夏文献·甘肃编·敦煌研究院藏卷《中国藏西夏文献》⑯,兰州:甘肃人民出版社、敦煌文艺出版社,2006年9月 p.224图版及文字说明

戴忠沛 莫高窟北区出土西夏文残片补考《西夏学》第二辑,银川:宁夏人民出版社,2007年8月 p.123

段玉泉 中国藏西夏文文献未定名残卷考补《西夏学》第三辑(纪念《中国藏西夏文献》出版专号),银川:宁夏人民出版社,2008年7月 p.50

彭金章、王建军 敦煌莫高窟北区石窟(第三卷) 北京:文物出版社,2004年7月 p.160~161;图版九七,1

杜建录编著 中国藏西夏文献研究 上海:上海古籍出版社,2012年9月 p.96

中国藏西夏文献编号G11·144［原藏编号B194:6］佛经残页(写本)

史金波 敦煌莫高窟北区西夏文文献译释研究(三)《敦煌莫高窟北区石窟》第三卷,北京:文物出版社,2004年7月 p.431

彭金章主编 中国藏西夏文献·甘肃编·敦煌研究院藏卷《中国藏西夏文献》⑯,兰州:甘肃人民出版社、敦煌文艺出版社,2006年9月 p.224图版及文字说明

彭金章、王建军 敦煌莫高窟北区石窟(第三卷) 北京:文物出版社,2004年7月 p.255;图版一四八,2

中国藏西夏文献编号G11·145［原藏编号B49:22–1~2］佛经残页(写本)

彭金章、王建军 敦煌莫高窟北区石窟(第一卷) 北京:文物出版社,2000年7月 p.160

彭金章主编 中国藏西夏文献·甘肃编·敦煌研究院藏卷《中国藏西夏文献》⑯,兰州:甘肃人民出版社、敦煌文艺出版社,2006年9月 p.225图版及文字说明

中国藏西夏文献编号G11·146［原藏编号B52(乙):34］佛经残页(写本)

彭金章、王建军 敦煌莫高窟北区石窟(第一卷) 北京:文物出版社,2000年7月 p.183;图版五八,3

彭金章主编 中国藏西夏文献·甘肃编·敦煌研究院藏卷《中国藏西夏文献》⑯,兰州:甘肃人民出版社、敦煌文艺出版社,2006年9月 p.225图版及文字说明

中国藏西夏文献编号G11·147［原藏编号B184:15–1~2］佛经残页(写本)

彭金章主编 中国藏西夏文献·甘肃编·敦煌研究院藏卷《中国藏西夏文献》⑯,兰州:甘肃人民出版社、敦煌文艺出版社,2006年9月 p.226图版及文字说明

中国藏西夏文献编号G11·148［原藏编号B194:15–1~2］佛经残页(写本)

彭金章主编 中国藏西夏文献·甘肃编·敦煌研究院藏卷《中国藏西夏文献》⑯,兰州:甘肃人民出版社、敦煌文艺出版社,2006年9月 p.227图版及文字说明

中国藏西夏文献编号G11·149［原藏编号B194:16–1~2］佛经残页(写本)

彭金章主编 中国藏西夏文献·甘肃编·敦煌研究院藏卷《中国藏西夏文献》⑯,兰州:甘肃人民出版社、敦煌文艺出版社,2006年9月 p.227图版及文字说明

中国藏西夏文献编号G11·150［原藏编号D.0204］佛经残页(写本)

彭金章主编 中国藏西夏文献·甘肃编·敦煌研究院藏卷《中国藏西夏文献》⑯,兰州:甘肃人民出版社、敦煌文艺出版社,2006年9月 p.228图版及文字说明

中国藏西夏文献编号G11·151［原藏编号D.752–12］佛经残页(写本)

彭金章主编 中国藏西夏文献·甘肃编·敦煌研究院藏卷《中国藏西夏文献》⑯,兰州:甘肃人民出版社、敦煌文艺出版社,2006年9月 p.228图版及文字说明

中国藏西夏文献编号G11·152［原藏编号D.752–13］佛经残页(写本)

彭金章主编 中国藏西夏文献·甘肃编·敦煌研究院藏卷《中国藏西夏文献》⑯,兰州:甘肃人民出版社、敦煌文艺出版社,2006年9月 p.229图版及文字说明

中国藏西夏文献编号G11·153［原藏编号D.752–14］佛经残页(写本)

彭金章主编 中国藏西夏文献·甘肃编·敦煌研究院藏卷《中国藏西夏文献》⑯,兰州:甘肃人民出版社、敦煌文艺出版社,2006年9月 p.229图版及文字说明

中国藏西夏文献编号G11·154［原藏编号D.752–15］佛经残页(写本)

彭金章主编 中国藏西夏文献·甘肃编·敦煌研究院藏卷《中国藏西夏文献》⑯,兰州:甘肃人民出版社、敦煌文艺出版社,2006年9月 p.229图版及文字说明

中国藏西夏文献编号G11·155［原藏编号D.752–16］佛经残页(写本)

彭金章主编 中国藏西夏文献·甘肃编·敦煌研究院藏卷《中国藏西夏文献》⑯,兰州:甘肃人民出版社、敦煌文艺出版社,2006年9月 p.229图版及文字说明

中国藏西夏文献编号G11·156［原藏编号D.752–17］佛经残页(写本)

彭金章主编 中国藏西夏文献·甘肃编·敦煌研究院藏卷《中国藏西夏文献》⑯,兰州:甘肃人民出版社、敦煌文艺出版社,2006年9月 p.230图版及文字说明

中国藏西夏文献编号G11·157［原藏编号D.752–18］佛经残页(写本)

彭金章主编 中国藏西夏文献·甘肃编·敦煌研究院藏卷《中国藏西夏文献》⑯,兰州:甘肃人民出版社、敦煌文艺出版社,2006年9月 p.230图版及文字说明

中国藏西夏文献编号G11·158［原藏编号B56:26］佛经残页(写本)

彭金章主编 中国藏西夏文献·甘肃编·敦煌研究院藏卷《中国藏西夏文献》⑯,兰州:甘肃人民出版社、敦煌文艺出版社,2006年9月 p.231图版及文字说明

中国藏西夏文献编号G11·159［原藏编号B56:82–1~2］佛经残页（写本)

彭金章主编 中国藏西夏文献·甘肃编·敦煌研究院藏卷《中国藏西夏文献》⑯,兰州:甘肃人民出版

社、敦煌文艺出版社，2006年9月 p.231图版及文字说明

中国藏西夏文献编号G11·160［原藏编号B56:86］佛经残页(写本)

彭金章主编 中国藏西夏文献·甘肃编·敦煌研究院藏卷《中国藏西夏文献》⑯，兰州：甘肃人民出版社、敦煌文艺出版社，2006年9月 p.231图版及文字说明

中国藏西夏文献编号G11·161［原藏编号B147:30］佛经残页(写本)

彭金章主编 中国藏西夏文献·甘肃编·敦煌研究院藏卷《中国藏西夏文献》⑯，兰州：甘肃人民出版社、敦煌文艺出版社，2006年9月 p.232图版及文字说明

彭金章、王建军 敦煌莫高窟北区石窟(第二卷) 北京：文物出版社，2004年7月 p.284

中国藏西夏文献编号G11·162［原藏编号第464:178］佛经残页(写本)

彭金章主编 中国藏西夏文献·甘肃编·敦煌研究院藏卷《中国藏西夏文献》⑯，兰州：甘肃人民出版社、敦煌文艺出版社，2006年9月 p.232图版及文字说明

中国藏西夏文献编号G11·163［原藏编号第464:180］佛经残页(写本)

彭金章主编 中国藏西夏文献·甘肃编·敦煌研究院藏卷《中国藏西夏文献》⑯，兰州：甘肃人民出版社、敦煌文艺出版社，2006年9月 p.232图版及文字说明

中国藏西夏文献编号G11·164［原藏编号第464:182］佛经残页(写本)

彭金章主编 中国藏西夏文献·甘肃编·敦煌研究院藏卷《中国藏西夏文献》⑯，兰州：甘肃人民出版社、敦煌文艺出版社，2006年9月 p.232图版及文字说明

中国藏西夏文献编号G11·165［原藏编号第464:183］佛经残页(写本)

彭金章主编 中国藏西夏文献·甘肃编·敦煌研究院藏卷《中国藏西夏文献》⑯，兰州：甘肃人民出版社、敦煌文艺出版社，2006年9月 p.233图版及文字说明

中国藏西夏文献编号G11·166［原藏编号第464:185–2］佛经残页(写本)

彭金章主编 中国藏西夏文献·甘肃编·敦煌研究院藏卷《中国藏西夏文献》⑯，兰州：甘肃人民出版社、敦煌文艺出版社，2006年9月 p.233图版及文字说明

中国藏西夏文献编号G11·167［原藏编号B163:78］佛经残页(写本)

彭金章主编 中国藏西夏文献·甘肃编·敦煌研究院藏卷《中国藏西夏文献》⑯，兰州：甘肃人民出版社、敦煌文艺出版社，2006年9月 p.233图版及文字说明

中国藏西夏文献编号G11·168［原藏编号B163:80］佛经残页(写本)

彭金章主编 中国藏西夏文献·甘肃编·敦煌研究院藏卷《中国藏西夏文献》⑯,兰州:甘肃人民出版社、敦煌文艺出版社,2006年9月 p.233图版及文字说明

中国藏西夏文献编号G11·169［原藏编号D.0017(背)］佛经残页(写本)

彭金章主编 中国藏西夏文献·甘肃编·敦煌研究院藏卷《中国藏西夏文献》⑯,兰州:甘肃人民出版社、敦煌文艺出版社,2006年9月 p.234图版及文字说明

中国藏西夏文献编号G11·170［原藏编第464:62］佛经残页(写本)

史金波 敦煌莫高窟北区西夏文文献译释研究(三)《敦煌莫高窟北区石窟》第三卷,北京:文物出版社,2004年7月 p.427

彭金章主编 中国藏西夏文献·甘肃编·敦煌研究院藏卷《中国藏西夏文献》⑯,兰州:甘肃人民出版社、敦煌文艺出版社,2006年9月 p.234图版及文字说明

彭金章、王建军 敦煌莫高窟北区石窟(第三卷) 北京:文物出版社,2004年7月 p.86;图版四三,1

中国藏西夏文献编号G11·171［原藏编号D.751-4~1］佛经残页(写本)

彭金章主编 中国藏西夏文献·甘肃编·敦煌研究院藏卷《中国藏西夏文献》⑯,兰州:甘肃人民出版社、敦煌文艺出版社,2006年9月 p.234图版及文字说明

中国藏西夏文献编号G11·172［原藏编号D.751-4~2］佛经残页(写本)

彭金章主编 中国藏西夏文献·甘肃编·敦煌研究院藏卷《中国藏西夏文献》⑯,兰州:甘肃人民出版社、敦煌文艺出版社,2006年9月 p.234图版及文字说明

中国藏西夏文献编号G11·173［原藏编号D.314-13］佛经残页(写本)

彭金章主编 中国藏西夏文献·甘肃编·敦煌研究院藏卷《中国藏西夏文献》⑯,兰州:甘肃人民出版社、敦煌文艺出版社,2006年9月 p.235图版及文字说明

中国藏西夏文献编号G11·174［原藏编号D.558-4］佛经残页(写本)

彭金章主编 中国藏西夏文献·甘肃编·敦煌研究院藏卷《中国藏西夏文献》⑯,兰州:甘肃人民出版社、敦煌文艺出版社,2006年9月 p.235图版及文字说明

中国藏西夏文献编号G11·175［原藏编号南区第476:53］佛经残页(写本)

彭金章主编 中国藏西夏文献·甘肃编·敦煌研究院藏卷《中国藏西夏文献》⑯,兰州:甘肃人民出版社、敦煌文艺出版社,2006年9月 p.235图版及文字说明

中国藏西夏文献编号G11·176［原藏编号B56:9(正)］佛经残页(写本)

彭金章、王建军 敦煌莫高窟北区洞窟所出多种民族文字文献和回鹘文木活字综述《敦煌研究》2000年第2期 p.156;收入彭金章主编《敦煌莫高窟北区石窟研究》(上册),兰州:甘肃教育出版社,2011年4月 p.82;图29

史金波 敦煌莫高窟北区西夏文文献译释研究(一)《敦煌莫高窟北区石窟》第一卷,北京:文物出版社,2000年7月 p.367

彭金章主编 中国藏西夏文献·甘肃编·敦煌研究院藏卷《中国藏西夏文献》⑯,兰州:甘肃人民出版社、敦煌文艺出版社,2006年9月 p.236图版及文字说明

彭金章、王建军 敦煌莫高窟北区石窟(第一卷) 北京:文物出版社,2000年7月 p.214;图版七六,1

中国藏西夏文献编号G11·177［原藏编号B56:9(背)］佛经残页(写本)

彭金章、王建军 敦煌莫高窟北区洞窟所出多种民族文字文献和回鹘文木活字综述《敦煌研究》2000年第2期 p.156;收入彭金章主编《敦煌莫高窟北区石窟研究》(上册),兰州:甘肃教育出版社,2011年4月 p.82~83;图30

史金波 敦煌莫高窟北区出土西夏文文献初探《敦煌研究》2000年第3期 p.7

史金波 敦煌莫高窟北区西夏文文献译释研究(一)《敦煌莫高窟北区石窟》第一卷,北京:文物出版社,2000年7月 p.367~368

彭金章主编 中国藏西夏文献·甘肃编·敦煌研究院藏卷《中国藏西夏文献》⑯,兰州:甘肃人民出版社、敦煌文艺出版社,2006年9月 p.236图版及文字说明

彭金章、王建军 敦煌莫高窟北区石窟(第一卷) 北京:文物出版社,2000年7月 p.214;图版七六,2

中国藏西夏文献编号G11·178［原藏编号B121:28］佛教文献残页(写本)

史金波 中国藏西夏文文献新探《西夏学》第二辑,银川:宁夏人民出版社,2007年8月 p.12

杜建录 中国藏西夏文献叙录《西夏学》第三辑(纪念《中国藏西夏文献》出版专号),银川:宁夏人民出版社,2008年7月 p.107

杜建录编著 中国藏西夏文献研究 上海:上海古籍出版社,2012年9月 p.97、185

中国藏西夏文献编号G11·178［原藏编号B121:28(正)］佛教文献残页(写本)

彭金章主编 中国藏西夏文献·甘肃编·敦煌研究院藏卷《中国藏西夏文献》⑯,兰州:甘肃人民出版社、敦煌文艺出版社,2006年9月 p.237图版及文字说明

彭金章、王建军 敦煌莫高窟北区石窟(第二卷) 北京:文物出版社,2004年7月 p.142;图版六○,1

中国藏西夏文献编号G11·178［原藏编号B121:28(背)］佛教文献残页(写本)

彭金章主编 中国藏西夏文献·甘肃编·敦煌研究院藏卷《中国藏西夏文献》⑯,兰州:甘肃人民出版社

社、敦煌文艺出版社,2006年9月 p.238图版及文字说明

彭金章、王建军 敦煌莫高窟北区石窟(第二卷) 北京:文物出版社,2004年7月 p.142;图版六〇,2

B121:28–2 诗词残片(写本)

史金波 敦煌莫高窟北区出土西夏文文献初探《敦煌研究》2000年第3期 p.13~14;收入彭金章主编《敦煌莫高窟北区石窟研究》(下册),兰州:甘肃教育出版社,2011年4月 p.350

颜廷亮著 敦煌文学千年史 北京:人民文学出版社,2013年11月 p.378、462

中国藏西夏文献编号G11·179［原藏编号B121:30(正)–2~3］佛教文献残页(写本)

史金波 敦煌莫高窟北区西夏文文献译释研究(二)《敦煌莫高窟北区石窟》第二卷,北京:文物出版社,2004年7月 p.371~372

彭金章主编 中国藏西夏文献·甘肃编·敦煌研究院藏卷《中国藏西夏文献》⑯,兰州:甘肃人民出版社、敦煌文艺出版社,2006年9月 p.239~240图版及文字说明

杜建录 中国藏西夏文献叙录《西夏学》第三辑(纪念《中国藏西夏文献》出版专号),银川:宁夏人民出版社,2008年7月 p.107

彭金章、王建军 敦煌莫高窟北区石窟(第二卷) 北京:文物出版社,2004年7月 p.141~142;彩版一一,1、3

杜建录编著 中国藏西夏文献研究 上海:上海古籍出版社,2012年9月 p.97~98

中国藏西夏文献编号G11·179［原藏编号B121:30(背)–2~3］佛教文献残页(写本)

史金波 敦煌莫高窟北区西夏文文献译释研究(二)《敦煌莫高窟北区石窟》第二卷,北京:文物出版社,2004年7月 p.371~372

彭金章主编 中国藏西夏文献·甘肃编·敦煌研究院藏卷《中国藏西夏文献》⑯,兰州:甘肃人民出版社、敦煌文艺出版社,2006年9月 p.239~240图版及文字说明

杜建录 中国藏西夏文献叙录《西夏学》第三辑(纪念《中国藏西夏文献》出版专号),银川:宁夏人民出版社,2008年7月 p.107

彭金章、王建军 敦煌莫高窟北区石窟(第二卷) 北京:文物出版社,2004年7月 p.141~142;彩版一一,2、4

杜建录编著 中国藏西夏文献研究 上海:上海古籍出版社,2012年9月 p.98

中国藏西夏文献编号G11·180［原藏编号B194:5(正)］佛教文献残页(写本)

彭金章主编 中国藏西夏文献·甘肃编·敦煌研究院藏卷《中国藏西夏文献》⑯,兰州:甘肃人民出版社、敦煌文艺出版社,2006年9月 p.240图版及文字说明

彭金章、王建军 敦煌莫高窟北区石窟(第三卷) 北京:文物出版社,2004年7月 p.255

中国藏西夏文献编号G11·181［原藏编号B184:9］番汉合时掌中珠(刻本)

彭金章、沙武田 敦煌莫高窟北区洞窟清理发掘简报《文物》1998年第10期 p.15、20;彩色插图壹:3;收入彭金章主编《敦煌莫高窟北区石窟研究》(上册),兰州:甘肃教育出版社,2011年4月 p.19~20、29

彭金章、王建军 敦煌莫高窟北区洞窟所出多种民族文字文献和回鹘文木活字综述《敦煌研究》2000年第2期 p.156、158;收入彭金章主编《敦煌莫高窟北区石窟研究》(上册),兰州:甘肃教育出版社,2011年4月 p.82、88

史金波 敦煌莫高窟北区出土西夏文文献初探《敦煌研究》2000年第3期 p.6、15;收入彭金章主编《敦煌莫高窟北区石窟研究》(下册),兰州:甘肃教育出版社,2011年4月 p.334~335、353;彩版一

彭金章 敦煌莫高窟北区石窟新发现的文献及其学术价值 《新世纪敦煌学论集》,成都:巴蜀书社,2003年3月 p.67;收入彭金章主编《敦煌莫高窟北区石窟研究》(上册),兰州:甘肃教育出版社,2011年4月 p.93~94

史金波 敦煌莫高窟北区西夏文文献译释研究(二)《敦煌莫高窟北区石窟》第二卷,北京:文物出版社,2004年7月 p.374

史金波 敦煌莫高窟北区西夏文文献译释研究(三)《敦煌莫高窟北区石窟》第三卷,北京:文物出版社,2004年7月 p.429

胡玉冰 考古发现的西夏文献资料及其研究价值《人文杂志》2004年第3期 p.155

王艳明 敦煌北区新发现 《瞭望新闻周刊》第47期,2004年11月22日 p.56

彭金章 莫高窟北区洞窟——考古新课题《典藏古美术》2005年第4期 p.62;图1幅;p.65;收入彭金章主编《敦煌莫高窟北区石窟研究》(上册),兰州:甘肃教育出版社,2011年4月 p.48

彭金章主编 中国藏西夏文献·甘肃编·敦煌研究院藏卷《中国藏西夏文献》⑯,兰州:甘肃人民出版社、敦煌文艺出版社,2006年9月 p.241图版及文字说明;彩版1幅

彭金章 中国藏西夏文文献综述[六、敦煌研究院藏卷综述]《西夏学》第二辑,银川:宁夏人民出版社,2007年8月 p.49

杜建录 中国藏西夏文献叙录《西夏学》第三辑(纪念《中国藏西夏文献》出版专号),银川:宁夏人民出版社,2008年7月 p.107

穆旋《番汉合时掌中珠》管窥《牡丹江师范学院学报》(哲学社会科学版)2014年第5期 p.74

孙继民、宋坤、陈瑞青、杜立晖等著《中国藏西夏文献》所收西夏汉文文献《考古发现西夏汉文非佛教文献整理与研究》,北京:社会科学文献出版社,2014年10月 p.173~174

李辉《国家珍贵古籍名录》中甘肃藏古籍特色《盐城师范学院学报》(人文社会科学版)2015年第6期 p.118

霍巍 荒漠清灯苦行僧——敦煌莫高窟北区石窟考古发掘所见僧侣生活《历史教学》2015年第24期 p.4;图1幅

朱凤玉 唐宋蒙书在丝路的传布与发展《丝路文明的传承与发展》,杭州:浙江大学出版社,2017年9月 p.436~437

彭金章、王建军 敦煌莫高窟北区石窟(第二卷) 北京:文物出版社,2004年7月 p.343

彭金章、王建军 敦煌莫高窟北区石窟(第三卷) 北京:文物出版社,2004年7月 p.230~231;图版一三六,1

杜建录编著 中国藏西夏文献研究 上海:上海古籍出版社,2012年9月 p.98

樊锦诗、海蔚蓝主编,娄婕、梁旭澍、黄苑薇图录介绍《敦煌:丝路佛光》,敦煌研究院、华美协进社中国美术馆,2013年 p.60图版及说明

史金波著 西夏文珍贵典籍史话 北京:国家图书馆出版社,2015年9月 p.97~98;图1幅;p.154(表)

D.1512号 诸密咒要语(活字本)

刘忆谆主编 敦煌风华再现:续说石窟故事 台中:自然科学博物馆出版,2017年4月 p.211

B43:27 文书残片(写本)

彭金章、王建军 敦煌莫高窟北区石窟(第一卷) 北京:文物出版社,2000年7月 p.115

B56:40 文书残片(写本)

史金波 敦煌莫高窟北区出土西夏文文献初探《敦煌研究》2000年第3期 p.8;收入彭金章主编《敦煌莫高窟北区石窟研究》(下册),兰州:甘肃教育出版社,2011年4月 p.338

B56:50 文书残片(写本)

史金波 敦煌莫高窟北区出土西夏文文献初探《敦煌研究》2000年第3期 p.8;收入彭金章主编《敦煌莫高窟北区石窟研究》(下册),兰州:甘肃教育出版社,2011年4月 p.338

第462:21 诸密咒要语(活字本)

史金波 敦煌莫高窟北区出土西夏文文献初探《敦煌研究》2000年第3期 p.14;收入彭金章主编《敦煌莫高窟北区石窟研究》(下册),兰州:甘肃教育出版社,2011年4月 p.351

彭金章、王建军 敦煌莫高窟北区石窟(第二卷) 北京:文物出版社,2004年7月 p.95;图版三四,1

B121:18–1~16[①] 诸密咒要语(活字本)

彭金章、王建军 敦煌莫高窟北区洞窟所出多种民族文字文献和回鹘文木活字综述《敦煌研究》2000年第2期 p.158;收入彭金章主编《敦煌莫高窟北区石窟研究》(上册),兰州:甘肃教育出版社,2011年4月 p.87

史金波 敦煌莫高窟北区西夏文文献译释研究(二)《敦煌莫高窟北区石窟》第二卷,北京:文物出版社,2004年7月 p.370~371

①中国藏西夏文献编号G11·100[原藏编号B121:19–1~19]与B121:18–1~16图版除G11·100[B121:19–19]为新增一幅残片外,其余完全一致。

彭金章、王建军 敦煌莫高窟北区石窟(第二卷) 北京:文物出版社,2004年7月 p.139~141、341;图版五四,3;图版五五,1、2、3;图版五六,1、2、3、4;图版五七,1、2;图版五八,1、2;图版五九,1、2、3、4

史金波著 西夏文珍贵典籍史话 北京:国家图书馆出版社,2015年9月 p.154(表)

B121:18~27、29、31、34(1)、34(2)、36(1)、36(2) 诸密咒要语(活字本)

史金波 敦煌莫高窟北区出土西夏文文献初探《敦煌研究》2000年第3期 p.11~12;收入彭金章主编《敦煌莫高窟北区石窟研究》(下册),兰州:甘肃教育出版社,2011年4月 p.345~347

黄润华、史金波 西夏文古籍《少数民族古籍版本——民族文字古籍》,南京:江苏古籍出版社,2002年12月第1版;2003年8月第2次 p.91

B132:3 六角图形

史金波 敦煌莫高窟北区出土西夏文文献初探《敦煌研究》2000年第3期 p.13;收入彭金章主编《敦煌莫高窟北区石窟研究》(下册),兰州:甘肃教育出版社,2011年4月 p.350

B151:10 文书残片(木活字本)

彭金章、王建军 敦煌莫高窟北区石窟(第二卷) 北京:文物出版社,2004年7月 p.309;图版一六八,4

B160:5-1~2 佛经封面残页

史金波 敦煌莫高窟北区出土西夏文文献初探《敦煌研究》2000年第3期 p.14;收入彭金章主编《敦煌莫高窟北区石窟研究》(下册),兰州:甘肃教育出版社,2011年4月 p.351

B160:11-2 咒语

史金波 敦煌莫高窟北区出土西夏文文献初探《敦煌研究》2000年第3期 p.14;收入彭金章主编《敦煌莫高窟北区石窟研究》(下册),兰州:甘肃教育出版社,2011年4月 p.351

B160:47-2 咒语(写本)

彭金章、沙武田 敦煌莫高窟北区洞窟清理发掘简报《文物》1998年第10期 p.18;p.16;图22;收入彭金章主编《敦煌莫高窟北区石窟研究》(上册),兰州:甘肃教育出版社,2011年4月 p.23;图19

史金波 敦煌莫高窟北区西夏文文献译释研究(三)《敦煌莫高窟北区石窟》第三卷,北京:文物出版社,2004年7月 p.423

彭金章、王建军 敦煌莫高窟北区石窟(第三卷) 北京:文物出版社,2004年7月 p.50;图版二四,3左

B40:4(E50)西夏文字(刻于葫芦片上)

史金波 敦煌莫高窟北区出土西夏文文献初探《敦煌研究》2000年第3期 p.15;收入彭金章主编《敦煌

莫高窟北区石窟研究》(下册),兰州:甘肃教育出版社,2011年4月 p.352

彭金章、王建军 敦煌莫高窟北区石窟(第一卷) 北京:文物出版社,2000年7月 p.99、103;图五四,1

史金波 敦煌莫高窟北区西夏文文献译释研究(一)《敦煌莫高窟北区石窟》第1卷,北京:文物出版社,2000年7月 p.359

B85:2 木印一方

史金波 敦煌莫高窟北区出土西夏文文献初探《敦煌研究》2000年第3期 p.15;收入彭金章主编《敦煌莫高窟北区石窟研究》(下册),兰州:甘肃教育出版社,2011年4月 p.353

史金波 敦煌莫高窟北区西夏文文献译释研究(一)《敦煌莫高窟北区石窟》第一卷,北京:文物出版社,2000年7月 p.369

彭金章、王建军 敦煌莫高窟北区石窟(第一卷) 北京:文物出版社,2000年7月 p.306;图一三一,2;图版一二一,3、4

B201:1 木牍

史金波 敦煌莫高窟北区出土西夏文文献初探《敦煌研究》2000年第3期 p.15;收入彭金章主编《敦煌莫高窟北区石窟研究》(下册),兰州:甘肃教育出版社,2011年4月 p.353

彭金章、王建军 敦煌莫高窟北区石窟(第三卷) 北京:文物出版社,2004年7月 p.269~270;图版一五二,2

4. 敦煌研究院藏敦煌回鹘文文献

敦煌研究院藏敦煌回鹘文文献共1453件。1988—1995年，彭金章主持对莫高窟北区248个洞窟进行了考古发掘，出土了大量的各种文字文献。据统计，在6次考古挖掘中，莫高窟北区38个洞窟出土的回鹘文文献共128件，另外还出土回鹘文文书碎片1241片以及回鹘文木活字等。《敦煌莫高窟北区石窟》刊登的图版除少数为回鹘文题记、世俗文书、木活字外，绝大多数为回鹘文佛教内容的文献。敦煌研究院藏敦煌回鹘文文献研究著录情况如下：

敦研D707 圆觉经注释本残卷

张铁山、皮特·茨默 敦煌研究院藏回鹘文《圆觉经》注释本残片研究 《敦煌研究》2015年第2期 p.97~101；图2幅

杨富学、张田芳 敦煌本回鹘文《说心性经》为禅学原著说 《西南民族大学学报》(人文社科版)2018年第1期 p.83

敦煌研究院编 敦煌：纪念敦煌藏经洞发现一百周年 北京：朝花出版社，2000年 p.166~167；图1幅

杨宝玉著 敦煌文献探析 北京：人民美术出版社，2005年6月 p.100

张田芳 敦煌本回鹘文《说心性经》探原 兰州：兰州大学博士研究生学位论文，2018年12月 p.83

施萍亭 両面書回鶻語不明写本『敦煌美術展』(岐阜展、岡山展、佐賀展、横浜展，2001年9月8日~2002年3月12日)，東京：大塚巧藝社，2001年 p.109図版68及図版解説；p.131出品目録

D.0207 刻本残书

刘忆谆主编 敦煌风华再现：续说石窟故事 台中：自然科学博物馆，2017年4月 p.213

敦研(无编号)八十华严残经

耿世民 回鹘文《八十华严》残经研究 《民族语文》1986年第3期 p.59~65；收入敦煌研究院编《敦煌研究文集·敦煌研究院藏敦煌文献研究篇》，兰州：甘肃民族出版社，2000年9月 p.452~464；收入氏著《新疆文史

论集》，北京：中央民族大学出版社，2001年6月 p.448~462；收入卓新平、杨富学主编《中国西北宗教文献》（佛教新疆卷三），兰州：甘肃民族出版社，2012年7月 p.296~302

杨富学、牛汝极 敦煌研究院珍藏的一页回鹘文残卷《敦煌研究》1991年第2期 p.33~36；收入敦煌研究院编《敦煌研究文集·敦煌研究院藏敦煌文献研究篇》，兰州：甘肃民族出版社，2000年9月 p.465~470

牛汝极、杨富学 敦煌回鹘文书法艺术《甘肃民族研究》1995年第1期 p.101；收入北京图书馆敦煌吐鲁番学资料中心、《南海》杂志社合编《敦煌吐鲁番学研究论集》，北京：书目文献出版社，1996年6月 p.522；收入林保尧、关友惠主编《中国敦煌学百年文库·艺术卷》（三），兰州：甘肃文化出版社，1999年 p.87；又改题为《佛教与敦煌回鹘文书法艺术》，收入杨富学著《西域敦煌宗教论稿》，兰州：甘肃文化出版社，1998年6月 p.140

杨富学、阿依达尔·米尔卡马力 回鹘文《华严经·十无尽藏品》写本残卷研究《敦煌研究》2007年第2期 p.75

杨森 敦煌研究院藏敦煌文献论著目录《敦煌研究文集·敦煌研究院藏敦煌文献研究篇》，兰州：甘肃民族出版社，2000年9月 p.619

阿不都热西提·亚库甫 回鹘文雕版印刷密宗文献概述《突厥语文学研究——耿世民教授八十华诞纪念文集》，北京：中央民族大学出版社，2009年11月 p.4（表1）

李增祥、买提热依木、张铁山编著 回鹘文文献语言简志 乌鲁木齐：新疆大学出版社，1999年9月 p.34

杨富学著 回鹘文佛教文献研究 上海：上海古籍出版社，2018年4月 p.5

张田芳 敦煌本回鹘文《说心性经》探原 兰州：兰州大学博士研究生学位论文，2018年12月 p.99~100

阿依達爾·米爾卡馬力、楊富學 回鶻文《八十華嚴·毗盧遮那品》殘葉研究《内陆アジア言语の研究》第22号，2007年7月 p.39

敦研（无编号）阿毗达磨俱舍论

杨富学 敦煌回鹘文化遗产述要《新疆社会科学情报》1991年第1期 p.23~24转22；又载《中国文物报》1993年5月30日第3版

杨富学、牛汝极 敦煌研究院珍藏的一页回鹘文残卷《敦煌研究》1991年第2期 p.33~36；收入敦煌研究院编《敦煌研究文集·敦煌研究院藏敦煌文献研究篇》，兰州：甘肃民族出版社，2000年9月 p.465~470

牛汝极、杨富学 敦煌回鹘文书法艺术《甘肃民族研究》1995年第1期 p.99；收入北京图书馆敦煌吐鲁番学资料中心、《南海》杂志社合编《敦煌吐鲁番学研究论集》，北京：书目文献出版社，1996年6月 p.518；收入林保尧、关友惠主编《中国敦煌学百年文库·艺术卷》（三），兰州：甘肃文化出版社，1999年 p.84；又改题为《佛教与敦煌回鹘文书法艺术》，收入杨富学著《西域敦煌宗教论稿》，兰州：甘肃文化出版社，1998年6月 p.136；p.139注①

杨森 敦煌研究院藏敦煌文献论著目录《敦煌研究文集·敦煌研究院藏敦煌文献研究篇》，兰州：甘肃民族出版社，2000年9月 p.619~620

阿依达尔·米尔卡马力 敦煌研究院藏一叶回鹘文《俱舍论疏》再研究《西夏学辑刊》第一辑，银川：宁

夏人民出版社,2017年1月 p.186~189

B31:6 佛经残页

雅森·吾守尔 敦煌莫高窟北区石窟出土部分回鹘文文献概述(一)《敦煌莫高窟北区石窟》第一卷,北京:文物出版社,2000年7月 p.354

张铁山 敦煌莫高窟北区出土回鹘文文献过眼记《敦煌研究》2003年第1期 p.94

阿不都热西提·亚库甫 敦煌北区石窟出土回鹘文文献的综合研究《敦煌莫高窟北区石窟研究》(下册),兰州:甘肃教育出版社,2011年4月 p.432(附表,1.佛教文献)

阿不都热西提·亚库甫 敦煌北区石窟出土回鹘文佛教文献概述《敦煌莫高窟北区石窟研究》(下册),兰州:甘肃教育出版社,2011年4月 p.487(表:《敦煌莫高窟北区石窟·第一卷》所见回鹘文文献);p.499

彭金章、王建军 敦煌莫高窟北区石窟(第一卷) 北京:文物出版社,2000年7月 p.76;彩版二,1、2

阿依达尔·米尔卡马力 从敦煌出土回鹘文佛教文献看汉语对回鹘文佛典语言的影响 乌鲁木齐:新疆大学博士研究生学位论文,2007年6月 p.40(表)

Abdurishid Yakup, On the Newly Unearthed Uyghur Buddhist texts from the northern grottoes of Dunhuang, Indien und Zentralasien: Sprach und Kulturkontakt. *Vorträge des Göttinger Symposions*, Vol 7.Mai bis 10.Mai 2001. (Veröffemtlichungen der Societas Uralo-Altaica 61) Wiesbaden: Harrassowitz 2003 pp.259-276.

Abdurishid Yakup, Uighurica from the Northern Grottoes of Dunhuang, A Festschrife in Honour of Professor Masahiro Shōgaito's Retirement: Studies on Eurasian Languages, Kyoto 2006, pp.1-41.

B45:1 佛教文献残页

雅森·吾守尔 敦煌莫高窟北区石窟出土部分回鹘文文献概述(一)《敦煌莫高窟北区石窟》第一卷,北京:文物出版社,2000年7月 p.354

张铁山 敦煌莫高窟北区出土回鹘文文献过眼记《敦煌研究》2003年第1期 p.94

阿不都热西提·亚库甫 敦煌北区石窟出土回鹘文文献的综合研究《敦煌莫高窟北区石窟研究》(下册),兰州:甘肃教育出版社,2011年4月 p.432(附表,1.佛教文献)

阿不都热西提·亚库甫 敦煌北区石窟出土回鹘文佛教文献概述《敦煌莫高窟北区石窟研究》(下册),兰州:甘肃教育出版社,2011年4月 p.487(表:《敦煌莫高窟北区石窟·第一卷》所见回鹘文文献);p.499

彭金章、王建军 敦煌莫高窟北区石窟(第一卷) 北京:文物出版社,2000年7月 p.127;图版二五,4

阿依达尔·米尔卡马力 从敦煌出土回鹘文佛教文献看汉语对回鹘文佛典语言的影响 乌鲁木齐:新疆大学博士研究生学位论文,2007年6月 p.40(表)

Abdurishid Yakup, On the Newly Unearthed Uyghur Buddhist texts from the northern grottoes of Dunhuang, Indien und Zentralasien: Sprach und Kulturkontakt. *Vorträge des Göttinger Symposions*, Vol 7.Mai bis 10.Mai 2001. (Veröffemtlichungen der Societas Uralo-Altaica 61) Wiesbaden: Harrassowitz 2003 pp.259-276.

Abdurishid Yakup, Uighurica from the Northern Grottoes of Dunhuang, A Festschrife in Honour of Professor

Masahiro Shōgaito's Retirement: *Studies on Eurasian Languages*, Kyoto 2006, pp.1-41.

B45:4 佛教文献残页

雅森·吾守尔 敦煌莫高窟北区石窟出土部分回鹘文文献概述(一)《敦煌莫高窟北区石窟》第一卷,北京:文物出版社,2000年7月 p.354

张铁山 敦煌莫高窟北区出土回鹘文文献过眼记《敦煌研究》2003年第1期 p.94

阿不都热西提·亚库甫 敦煌北区石窟出土回鹘文文献的综合研究《敦煌莫高窟北区石窟研究》(下册),兰州:甘肃教育出版社,2011年4月 p.432(附表,1.佛教文献)

阿不都热西提·亚库甫 敦煌北区石窟出土回鹘文佛教文献概述《敦煌莫高窟北区石窟研究》(下册),兰州:甘肃教育出版社,2011年4月 p.487(表:《敦煌莫高窟北区石窟·第一卷》所见回鹘文文献);p.499~500

彭金章、王建军 敦煌莫高窟北区石窟(第一卷) 北京:文物出版社,2000年7月 p.127;图版二五,3

阿依达尔·米尔卡马力 从敦煌出土回鹘文佛教文献看汉语对回鹘文佛典语言的影响 乌鲁木齐:新疆大学博士研究生学位论文,2007年6月 p.40(表)

Abdurishid Yakup, On the Newly Unearthed Uyghur Buddhist texts from the northern grottoes of Dunhuang, Indien und Zentralasien: Sprach und Kulturkontakt. *Vorträge des Göttinger Symposions*, Vol 7.Mai bis 10.Mai 2001. (Veröffemtlichungen der Societas Uralo-Altaica 61) Wiesbaden: Harrassowitz 2003 pp.259-276.

Abdurishid Yakup, Uighurica from the Northern Grottoes of Dunhuang, A Festschrife in Honour of Professor Masahiro Shōgaito's Retirement: *Studies on Eurasian Languages*, Kyoto 2006, pp.1-41.

B45:11 文书封面

阿不都热西提·亚库甫 敦煌北区石窟出土回鹘文文献的综合研究《敦煌莫高窟北区石窟研究》(下册),兰州:甘肃教育出版社,2011年4月 p.441(续表,4.未分类残片)

阿不都热西提·亚库甫 敦煌北区石窟出土回鹘文佛教文献概述《敦煌莫高窟北区石窟研究》(下册),兰州:甘肃教育出版社,2011年4月 p.487(表:《敦煌莫高窟北区石窟·第一卷》所见回鹘文文献)

彭金章、王建军 敦煌莫高窟北区石窟(第一卷) 北京:文物出版社,2000年7月 p.127

B45:15 文书碎片

张铁山 敦煌莫高窟北区出土回鹘文文献过眼记《敦煌研究》2003年第1期 p.94

阿不都热西提·亚库甫 敦煌北区石窟出土回鹘文文献的综合研《敦煌莫高窟北区石窟研究》(下册),兰州:甘肃教育出版社,2011年4月 p.441(续表,4.未分类残片)

阿不都热西提·亚库甫 敦煌北区石窟出土回鹘文佛教文献概述《敦煌莫高窟北区石窟研究》(下册),兰州:甘肃教育出版社,2011年4月 p.487(表:《敦煌莫高窟北区石窟·第一卷》所见回鹘文文献)

彭金章、王建军 敦煌莫高窟北区石窟(第一卷) 北京:文物出版社,2000年7月 p.127

阿依达尔·米尔卡马力 从敦煌出土回鹘文佛教文献看汉语对回鹘文佛典语言的影响 乌鲁木齐:新疆

大学博士研究生学位论文，2007年6月 p.40（表）

B47:29 佛教文献残页

张铁山 敦煌莫高窟北区出土回鹘文文献过眼记《敦煌研究》2003年第1期 p.94

阿不都热西提·亚库甫 敦煌北区石窟出土回鹘文文献的综合研究《敦煌莫高窟北区石窟研究》（下册），兰州：甘肃教育出版社，2011年4月 p.432（附表，1.佛教文献）

阿不都热西提·亚库甫 敦煌北区石窟出土回鹘文佛教文献概述《敦煌莫高窟北区石窟研究》（下册），兰州：甘肃教育出版社，2011年4月 p.487（表：《敦煌莫高窟北区石窟·第一卷》所见回鹘文文献）；p.499

彭金章、王建军 敦煌莫高窟北区石窟（第一卷） 北京：文物出版社，2000年7月 p.147；图版三七，3、4

Abdurishid Yakup, Uighurica from the Northern Grottoes of Dunhuang, A Festschrife in Honour of Professor Masahiro Shōgaito's Retirement: *Studies on Eurasian Languages*, Kyoto 2006, pp.1–41.

B49:4 –1~9 玄奘传残片

雅森·吾守尔 敦煌莫高窟北区石窟出土部分回鹘文文献概述（一）《敦煌莫高窟北区石窟》第一卷，北京：文物出版社，2000年7月 p.354

张铁山 敦煌莫高窟北区出土回鹘文文献过眼记《敦煌研究》2003年第1期 p.94

阿依达尔·米尔卡马力 敦煌莫高窟北区新出回鹘文文献综述《敦煌学辑刊》2009年第2期 p.85

阿不都热西提·亚库甫 敦煌北区石窟出土回鹘文文献的综合研究《敦煌莫高窟北区石窟研究》（下册），兰州：甘肃教育出版社，2011年4月 p.432（附表，1.佛教文献）

阿不都热西提·亚库甫 敦煌北区石窟出土回鹘文佛教文献概述《敦煌莫高窟北区石窟研究》（下册），兰州：甘肃教育出版社，2011年4月 p.487~488（表：《敦煌莫高窟北区石窟·第一卷》所见回鹘文文献）；p.493~494

彭金章、王建军 敦煌莫高窟北区石窟（第一卷） 北京：文物出版社，2000年7月 p.160；图版四三，2、3

王红梅、杨富学、黎春林著 元代畏兀儿宗教文化研究 北京：科学出版社，2017年11月 p.46

阿依达尔·米尔卡马力 从敦煌出土回鹘文佛教文献看汉语对回鹘文佛典语言的影响 乌鲁木齐：新疆大学博士研究生学位论文，2007年6月 p.38

Abdurishid Yakup, On the Newly Unearthed Uyghur Buddhist texts from the northern grottoes of Dunhuang, Indien und Zentralasien: Sprach und Kulturkontakt. *Vorträge des Göttinger Symposions*, Vol 7.Mai bis 10.Mai 2001. (Veröffemtlichungen der Societas Uralo–Altaica 61) Wiesbaden: Harrassowitz 2003 pp.259–276.

Abdurishid Yakup, Uighurica from the Northern Grottoes of Dunhuang, A Festschrife in Honour of Professor Masahiro Shōgaito's Retirement: *Studies on Eurasian Languages*, Kyoto 2006, pp.1–41.

B49:25–1~4 玄奘传残片

雅森·吾守尔 敦煌莫高窟北区石窟出土部分回鹘文文献概述（一）《敦煌莫高窟北区石窟》第一卷，北

京:文物出版社,2000年7月 p.354

阿依达尔·米尔卡马力 敦煌莫高窟北区新出回鹘文文献综述《敦煌学辑刊》2009年第2期 p.85

阿不都热西提·亚库甫 敦煌北区石窟出土回鹘文文献的综合研究《敦煌莫高窟北区石窟研究》(下册),兰州:甘肃教育出版社,2011年4月 p.432(附表,1.佛教文献)

阿不都热西提·亚库甫 敦煌北区石窟出土回鹘文佛教文献概述《敦煌莫高窟北区石窟研究》(下册),兰州:甘肃教育出版社,2011年4月 p.488(续表);p.493~494、496

彭金章、王建军 敦煌莫高窟北区石窟(第一卷) 北京:文物出版社,2000年7月 p.161;图版四四,1、2

王红梅、杨富学、黎春林著 元代畏兀儿宗教文化研究 北京:科学出版社,2017年11月 p.46

阿依达尔·米尔卡马力 从敦煌出土回鹘文佛教文献看汉语对回鹘文佛典语言的影响 乌鲁木齐:新疆大学博士研究生学位论文,2007年6月 p.38

Abdurishid Yakup, On the Newly Unearthed Uyghur Buddhist texts from the northern grottoes of Dunhuang, Indien und Zentralasien: Sprach und Kulturkontakt. *Vorträge des Göttinger Symposions*, Vol 7.Mai bis 10.Mai 2001. (Veröffemtlichungen der Societas Uralo–Altaica 61) Wiesbaden: Harrassowitz 2003 pp.259–276.

Abdurishid Yakup, Uighurica from the Northern Grottoes of Dunhuang, A Festschrife in Honour of Professor Masahiro Shōgaito's Retirement: *Studies on Eurasian Languages*, Kyoto 2006, pp.1–41.

B49:17 佛经残片

阿不都热西提·亚库甫 敦煌北区石窟出土回鹘文文献的综合研究《敦煌莫高窟北区石窟研究》(下册),兰州:甘肃教育出版社,2011年4月 p.441(续表,4.未分类残片)

阿不都热西提·亚库甫 敦煌北区石窟出土回鹘文佛教文献概述《敦煌莫高窟北区石窟研究》(下册),兰州:甘肃教育出版社,2011年4月 p.488(续表)

彭金章、王建军 敦煌莫高窟北区石窟(第一卷) 北京:文物出版社,2000年7月 p.161

B49:19 残文书

雅森·吾守尔 敦煌莫高窟北区石窟出土部分回鹘文文献概述(一)《敦煌莫高窟北区石窟》第一卷,北京:文物出版社,2000年7月 p.354

阿不都热西提·亚库甫 敦煌北区石窟出土回鹘文文献的综合研究《敦煌莫高窟北区石窟研究》(下册),兰州:甘肃教育出版社,2011年4月 p.441(续表,4.未分类残片)

阿不都热西提·亚库甫 敦煌北区石窟出土回鹘文佛教文献概述《敦煌莫高窟北区石窟研究》(下册),兰州:甘肃教育出版社,2011年4月 p.488(续表)

彭金章、王建军 敦煌莫高窟北区石窟(第一卷) 北京:文物出版社,2000年7月 p.161;图版四四,3

B52(甲):18 中阿含经残卷

雅森·吾守尔 敦煌莫高窟北区石窟出土部分回鹘文文献概述(一)《敦煌莫高窟北区石窟》第一卷,北

京：文物出版社，2000年7月 p.354~355

张铁山 敦煌莫高窟北区出土回鹘文《中阿含经》残叶研究《中央民族大学学报》（人文社会科学版）2001年第4期 p.128~131

张铁山 敦煌莫高窟北区出土回鹘文文献过眼记《敦煌研究》2003年第1期 p.94

张铁山《阿含经》在回鹘人中的传译及其社会历史原因《西域研究》2003年第4期 p.68

彭金章 莫高窟北区洞窟——考古新课题《典藏古美术》2005年第4期 p.66；收入彭金章主编《敦煌莫高窟北区石窟研究》（上册），兰州：甘肃教育出版社，2011年4月 p.48

阿依达尔·米尔卡马力 敦煌莫高窟北区新出回鹘文文献综述《敦煌学辑刊》2009年第2期 p.82、84

阿不都热西提·亚库甫 敦煌北区石窟出土回鹘文文献的综合研究 《敦煌莫高窟北区石窟研究》（下册），兰州：甘肃教育出版社，2011年4月 p.432（附表，1.佛教文献）

阿不都热西提·亚库甫 敦煌北区石窟出土回鹘文佛教文献概述《敦煌莫高窟北区石窟研究》（下册），兰州：甘肃教育出版社，2011年4月 p.488（续表）、489~490；图29、30

杨富学 新世纪初国内回鹘佛教研究的回顾与展望《西夏研究》2013年第2期 p.60

彭金章、王建军 敦煌莫高窟北区石窟（第一卷） 北京：文物出版社，2000年7月 p.180~181；图版五六，1、2

彭金章、王建军 敦煌莫高窟北区石窟（第二卷） 北京：文物出版社，2004年7月 p.344

王红梅、杨富学、黎春林著 元代畏兀儿宗教文化研究 北京：科学出版社，2017年11月 p.34、35

阿依达尔·米尔卡马力 从敦煌出土回鹘文佛教文献看汉语对回鹘文佛典语言的影响 乌鲁木齐：新疆大学博士研究生学位论文，2007年6月 p.35、37

阿依达尔·米尔卡马力 普林斯顿大学图书馆藏回鹘文《中阿含经》研究《京都大学言语学研究》第29号，京都大学大学院研究科言语学研究室，2010年 p.4（列表）

阿依达尔·米尔卡马力 敦煌B157窟新発見ウイグル文「阿含経」断片二件《西南アジア研究》第74号，京都：京都：京都大学大学院文学研究科文学部，2011年 p.58（列表）

Abdurishid Yakup, On the Newly Unearthed Uyghur Buddhist texts from the northern grottoes of Dunhuang, Indien und Zentralasien: Sprach und Kulturkontakt. *Vorträge des Göttinger Symposions*, Vol 7.Mai bis 10.Mai 2001. (Veröffemtlichungen der Societas Uralo-Altaica 61) Wiesbaden: Harrassowitz 2003 pp.259-276.

Abdurishid Yakup, Uighurica from the Northern Grottoes of Dunhuang, A Festschrife in Honour of Professor Masahiro Shōgaito's Retirement: *Studies on Eurasian Languages*, Kyoto 2006, pp.1-41.

B52（乙）：17 阿毗达磨俱舍论实义疏卷第一

彭金章、王建军 敦煌莫高窟北区洞窟所出多种民族文字文献和回鹘文木活字综述《敦煌研究》2000年第2期 p.156；图版44；收入彭金章主编《敦煌莫高窟北区石窟研究》（上册），兰州：甘肃教育出版社，2011年4月 p.84~85；图33、34

雅森·吾守尔 敦煌莫高窟北区石窟出土部分回鹘文文献概述（一）《敦煌莫高窟北区石窟》第一卷，北京：文物出版社，2000年7月 p.355

张铁山 敦煌莫高窟北区B52窟出土回鹘文——《阿毗达磨俱舍论实义疏》残叶研究《敦煌学辑刊》2002年第1期 p.13~21；收入塔瓦库力·提力瓦尔地主编《中国维吾尔历史文化研究论丛》第4辑，北京：民族出版社，2006年4月 p.255~270

张铁山 敦煌莫高窟北区出土回鹘文文献过眼记《敦煌研究》2003年第1期 p.94

彭金章 敦煌莫高窟北区石窟新发现的文献及其学术价值《新世纪敦煌学论集》，成都：巴蜀书社，2003年3月 p.68；收入彭金章主编《敦煌莫高窟北区石窟研究》（上册），兰州：甘肃教育出版社，2011年4月 p.95

彭金章 莫高窟北区洞窟——考古新课题《典藏古美术》2005年第4期 p.66；收入彭金章主编《敦煌莫高窟北区石窟研究》（上册），兰州：甘肃教育出版社，2011年4月 p.48

阿依达尔·米尔卡马力 敦煌莫高窟北区B157窟出土回鹘文『阿毗达磨俱舍论实义疏』残叶研究《京都大学言语学研究》24号，京都：京都大学大学院文学研究科言语学研究室，2005年 p.1~13；收入彭金章主编《敦煌莫高窟北区石窟研究》（下册），兰州：甘肃教育出版社，2011年4月 p.412~415

阿依达尔·米尔卡马力 敦煌莫高窟北区新出回鹘文文献综述《敦煌学辑刊》2009年第2期 p.83~84

阿不都热西提·亚库甫 敦煌北区石窟出土回鹘文文献的综合研究《敦煌莫高窟北区石窟研究》（下册），兰州：甘肃教育出版社，2011年4月 p.432（附表，1.佛教文献）

阿不都热西提·亚库甫 敦煌北区石窟出土回鹘文佛教文献概述《敦煌莫高窟北区石窟研究》（下册），兰州：甘肃教育出版社，2011年4月 p.488（续表）；p.497

杨富学 新世纪初国内回鹘佛教研究的回顾与展望《西夏研究》2013年第2期 p.59

彭金章、王建军 敦煌莫高窟北区石窟（第一卷） 北京：文物出版社，2000年7月 p.183~184；图版五九，1、2

彭金章、王建军 敦煌莫高窟北区石窟（第二卷） 北京：文物出版社，2004年7月 p.344

王红梅、杨富学、黎春林著 元代畏兀儿宗教文化研究 北京：科学出版社，2017年11月 p.39

阿依达尔·米尔卡马力 从敦煌出土回鹘文佛教文献看汉语对回鹘文佛典语言的影响 乌鲁木齐：新疆大学博士研究生学位论文，2007年6月 p.36、45~47

庄垣内正弘 ロシア所蔵ウイグル語断片の研究2：『阿含経』『千字文』『阿毘達磨俱舎論実義疏』（中国所蔵）《京都大学言语学研究》19号，京都：京都大学大学院文学研究科言語学研究室，2000年12月 p.147-191.

庄垣内正弘 语訳《阿毘达磨俱舍论実义疏》断片1叶，*Contribution to the Studies of Eurasian Languages*（CSEL）series Kobe City College of Nursing，2004，Vol.7，pp.261-270.

Abdurishid Yakup，On the Newly Unearthed Uyghur Buddhist texts from the northern grottoes of Dunhuang，Indien und Zentralasien：Sprach und Kulturkontakt.*Vorträge des Göttinger Symposions*，Vol 7.Mai bis 10.Mai 2001.（Veröffemtlichungen der Societas Uralo-Altaica 61）Wiesbaden：Harrassowitz 2003 pp.259-276.

Abdurishid Yakup，Uighurica from the Northern Grottoes of Dunhuang，A Festschrife in Honour of Professor Masahiro Shōgaito's Retirement：*Studies on Eurasian Languages*，Kyoto 2006，pp.1-41.

B53:11 玄奘传残片

雅森·吾守尔 敦煌莫高窟北区石窟出土部分回鹘文文献概述（一）《敦煌莫高窟北区石窟》第一卷，北

京:文物出版社,2000年7月 p.355

张铁山 敦煌莫高窟北区出土回鹘文文献过眼记《敦煌研究》2003年第1期 p.94

阿依达尔·米尔卡马力 敦煌莫高窟北区新出回鹘文文献综述《敦煌学辑刊》2009年第2期 p.85

阿不都热西提·亚库甫 敦煌北区石窟出土回鹘文文献的综合研究《敦煌莫高窟北区石窟研究》(下册),兰州:甘肃教育出版社,2011年4月 p.433(续表,1.佛教文献)

阿不都热西提·亚库甫 敦煌北区石窟出土回鹘文佛教文献概述《敦煌莫高窟北区石窟研究》(下册),兰州:甘肃教育出版社,2011年4月 p.488(续表);p.494~496

彭金章、王建军 敦煌莫高窟北区石窟(第一卷) 北京:文物出版社,2000年7月 p.193;图版六三,1、2

王红梅、杨富学、黎春林著 元代畏兀儿宗教文化研究 北京:科学出版社,2017年11月 p.46

阿依达尔·米尔卡马力 从敦煌出土回鹘文佛教文献看汉语对回鹘文佛典语言的影响 乌鲁木齐:新疆大学博士研究生学位论文,2007年6月 p.38

Abdurishid Yakup, On the Newly Unearthed Uyghur Buddhist texts from the northern grottoes of Dunhuang, Indien und Zentralasien: Sprach und Kulturkontakt. *Vorträge des Göttinger Symposions*, Vol 7.Mai bis 10.Mai 2001.(Veröffemtlichungen der Societas Uralo-Altaica 61) Wiesbaden: Harrassowitz 2003 pp.265-266.

Abdurishid Yakup, Uighurica from the Northern Grottoes of Dunhuang, A Festschrife in Honour of Professor Masahiro Shōgaito's Retirement: *Studies on Eurasian Languages*, Kyoto 2006, pp.1-41.

B53:18 阿弥陀经残页

雅森·吾守尔 敦煌莫高窟北区石窟出土部分回鹘文文献概述(一)《敦煌莫高窟北区石窟》第一卷,北京:文物出版社,2000年7月 p.355

张铁山 敦煌莫高窟北区出土回鹘文文献过眼记《敦煌研究》2003年第1期 p.94

阿依达尔·米尔卡马力 敦煌莫高窟北区新出回鹘文文献综述《敦煌学辑刊》2009年第2期 p.82、84

阿不都热西提·亚库甫 敦煌北区石窟出土回鹘文文献的综合研究 《敦煌莫高窟北区石窟研究》(下册),兰州:甘肃教育出版社,2011年4月 p.433(续表,1.佛教文献)

阿不都热西提·亚库甫 敦煌北区石窟出土回鹘文佛教文献概述① 《敦煌莫高窟北区石窟研究》(下册),兰州:甘肃教育出版社,2011年4月 p.488(续表);p.490~492

彭金章、王建军 敦煌莫高窟北区石窟(第一卷) 北京:文物出版社,2000年7月 p.193;图版六三,3、4

阿依达尔·米尔卡马力 从敦煌出土回鹘文佛教文献看汉语对回鹘文佛典语言的影响 乌鲁木齐:新疆大学博士研究生学位论文,2007年6月 p.35、37

Abdurishit Yakup, On the Newly Unearthed Uyghur Buddhist Texts from the Northern Grottoes of Dunhuang, Indien und Zentralasien Sprach-und Kulturkon takt Wiesbaden: *Harrassowitz* 2003 p.263.

---

①阿不都热西提·亚库甫《敦煌北区石窟出土回鹘文佛教文献概述》图30引用有误,B52:18为回鹘文《中阿含经》,B53:18为回鹘文《阿弥陀经》,该图版与图下文字不符。

B53:12 残文书

雅森·吾守尔 敦煌莫高窟北区石窟出土部分回鹘文文献概述(一)《敦煌莫高窟北区石窟》第一卷,北京:文物出版社,2000年7月 p.355

张铁山 敦煌莫高窟北区出土回鹘文文献过眼记《敦煌研究》2003年第1期 p.94

阿依达尔·米尔卡马力 敦煌莫高窟北区新出回鹘文文献综述《敦煌学辑刊》2009年第2期 p.82

阿不都热西提·亚库甫 敦煌北区石窟出土回鹘文文献的综合研究《敦煌莫高窟北区石窟研究》(下册),兰州:甘肃教育出版社,2011年4月 p.442(续表,4.未分类残片)

阿不都热西提·亚库甫 敦煌北区石窟出土回鹘文佛教文献概述《敦煌莫高窟北区石窟研究》(下册),兰州:甘肃教育出版社,2011年4月 p.488(续表);p.500

彭金章、王建军 敦煌莫高窟北区石窟(第一卷) 北京:文物出版社,2000年7月 p.193

B53:13 杂阿含经残页

雅森·吾守尔 敦煌莫高窟北区石窟出土部分回鹘文文献概述(一)《敦煌莫高窟北区石窟》第一卷,北京:文物出版社,2000年7月 p.355

张铁山 莫高窟北区B53窟出土回鹘文《杂阿含经》残叶研究《敦煌研究》2001年第2期 p.101~106

张铁山 敦煌莫高窟北区出土回鹘文文献过眼记《敦煌研究》2003年第1期 p.94

张铁山《阿含经》在回鹘人中的传译及其社会历史原因《西域研究》2003年第4期 p.69

阿依达尔·米尔卡马力 敦煌莫高窟北区新出回鹘文文献综述《敦煌学辑刊》2009年第2期 p.82、84

阿不都热西提·亚库甫 敦煌北区石窟出土回鹘文文献的综合研究《敦煌莫高窟北区石窟研究》(下册),兰州:甘肃教育出版社,2011年4月 p.433(续表,1.佛教文献)

阿不都热西提·亚库甫 敦煌北区石窟出土回鹘文佛教文献概述《敦煌莫高窟北区石窟研究》(下册),兰州:甘肃教育出版社,2011年4月 p.488(续表);p.489~490

杨富学 新世纪初国内回鹘佛教研究的回顾与展望《西夏研究》2013年第2期 p.60

彭金章、王建军 敦煌莫高窟北区石窟(第一卷) 北京:文物出版社,2000年7月 p.193~194;图版六四,1、2

王红梅、杨富学、黎春林著 元代畏兀儿宗教文化研究 北京:科学出版社,2017年11月 p.34、35

阿依达尔·米尔卡马力 从敦煌出土回鹘文佛教文献看汉语对回鹘文佛典语言的影响 乌鲁木齐:新疆大学博士研究生学位论文,2007年6月 p.35、37

阿依达尔·米尔卡马力 普林斯顿大学图书馆藏回鹘文《中阿含经》研究《京都大学言语学研究》第29号,京都:京都大学大学院研究科言语学研究室,2010年 p.1

阿依达尔·米尔卡马力 敦煌B157窟新発見ウイグル文「阿含経」断片二件《西南アジア研究》第74号,京都:京都大学大学院文学研究科文学部,2011年 p.58(列表)

B53:14 韵头诗①

彭金章、王建军 敦煌莫高窟北区洞窟所出多种民族文字文献和回鹘文木活字综述《敦煌研究》2000年第2期 p.157;图版46;收入彭金章主编《敦煌莫高窟北区石窟研究》(上册),兰州:甘肃教育出版社,2011年4月 p.86

张铁山 叙利亚文文书中回鹘文部分的转写和翻译《敦煌莫高窟北区石窟》第1卷,北京:文物出版社,2000年7月 p.391~392

荣新江《敦煌莫高窟北区石窟》(第一卷)评介《敦煌研究》2000年第4期 p.179;收入彭金章主编《敦煌莫高窟北区石窟研究》(上册),兰州:甘肃教育出版社,2011年4月 p.134

牛汝极 莫高窟北区发现的叙利亚文景教——回鹘文佛教双语写本再研究《敦煌研究》2002年第2期 p.56~63;图1、2

张铁山 敦煌莫高窟北区出土回鹘文文献过眼记《敦煌研究》2003年第1期 p.94~95

阿依达尔·米尔卡马力 敦煌莫高窟北区新出回鹘文文献综述《敦煌学辑刊》2009年第2期 p.85

阿不都热西提·亚库甫 敦煌北区石窟出土回鹘文文献的综合研究《敦煌莫高窟北区石窟研究》(下册),兰州:甘肃教育出版社,2011年4月 p.433(续表,1.佛教文献)

阿不都热西提·亚库甫 敦煌新出叙利亚文文献行间加写的回鹘文头韵诗译释《敦煌莫高窟北区石窟研究》(下册),兰州:甘肃教育出版社,2011年4月 p.503~510

杨富学 新世纪初国内回鹘佛教研究的回顾与展望《西夏研究》2013年第2期 p.71;p.77注[12]

杨富学 元代敦煌伊斯兰文化觅踪《敦煌研究》2018年第2期 p.14~15;图3

胡蓉、杨富学、叶凯歌 敦煌文献与裕固族古代文学《民族文学研究》2019年第5期 p.164~165

彭金章、王建军 敦煌莫高窟北区石窟(第一卷) 北京:文物出版社,2000年7月 p.194、197~198;彩版一九,左1

彭金章、王建军 敦煌莫高窟北区石窟(第二卷) 北京:文物出版社,2004年7月 p.10

牛汝极著 十字莲花:中国元代叙利亚文景教碑铭文献研究 上海:上海古籍出版社,2008年11月 p.10;p.45~50;图版2-2

颜廷亮著 敦煌文学千年史 北京:人民文学出版社,2013年11月 p.378、462

杨富学、张海娟著 从蒙古豳王到裕固到裕固族大头目 兰州:甘肃文化出版社,2017年5月 p.213;图21

阿依达尔·米尔卡马力 从敦煌出土回鹘文佛教文献看汉语对回鹘文佛典语言的影响 乌鲁木齐:新疆大学博士研究生学位论文,2007年6月 p.38

Peter Zieme, Zwei uigurische Gedichte aus Dunhuang -Ein Deutungsversuch, *Türk Dilleri Aratlrmali Cilt* 11, 2001, pp.125-136.

Abdurishid Yakup, On the Interliner Uighur Poetry in the Newly Unearthed Nestorian Text. In: Simone -Chr.

①编号B53:14的叙利亚文文书首页上有16行加写的回鹘文佛教内容韵头诗。编者在编目时根据研究情况分别编为:B53:14回鹘文韵头诗和B53:14叙利亚文文书。

Raschmann and Mehmet Ölmez （eds.）Splitter aus der Gegend uon Turfan: *Festschrift für Peter Zieme anlässlich seines* 60.Geburtstags.Istanbul–Berlin 2002 pp.409–417.

B53:17 残文书

雅森·吾守尔 敦煌莫高窟北区石窟出土部分回鹘文文献概述(一)《敦煌莫高窟北区石窟》第一卷，北京：文物出版社，2000年7月 p.355

阿不都热西提·亚库甫 敦煌北区石窟出土回鹘文文献的综合研究《敦煌莫高窟北区石窟研究》(下册)，兰州：甘肃教育出版社，2011年4月 p.442(续表，4.未分类残片)

阿不都热西提·亚库甫 敦煌北区石窟出土回鹘文佛教文献概述《敦煌莫高窟北区石窟研究》(下册)，兰州：甘肃教育出版社，2011年4月 p.488(续表)；p.500

B54:1(背) 密宗文献残页

阿不都热西提·亚库甫 敦煌北区石窟出土回鹘文文献的综合研究《敦煌莫高窟北区石窟研究》(下册)，兰州：甘肃教育出版社，2011年4月 p.433(续表，1.佛教文献)

阿不都热西提·亚库甫 敦煌北区石窟出土回鹘文佛教文献概述《敦煌莫高窟北区石窟研究》(下册)，兰州：甘肃教育出版社，2011年4月 p.488(续表)；p.497~498

彭金章、王建军 敦煌莫高窟北区石窟(第一卷) 北京：文物出版社，2000年7月 p.202；图版六六，2

阿依达尔·米尔卡马力 从敦煌出土回鹘文佛教文献看汉语对回鹘文佛典语言的影响 乌鲁木齐：新疆大学博士研究生学位论文，2007年6月 p.40(表)

B54:15 中阿含经残片

张铁山《阿含经》在回鹘人中的传译及其社会历史原因《西域研究》2003年第4期 p.68

张铁山 敦煌莫高窟北区出土三件回鹘文佛经残片研究《民族语文》2003年第6期 p.44~47

阿依达尔·米尔卡马力 敦煌莫高窟北区新出回鹘文文献综述《敦煌学辑刊》2009年第2期 p.84

阿不都热西提·亚库甫 敦煌北区石窟出土回鹘文文献的综合研究 《敦煌莫高窟北区石窟研究》(下册)，兰州：甘肃教育出版社，2011年4月 p.433(续表，1.佛教文献)

阿不都热西提·亚库甫 敦煌北区石窟出土回鹘文佛教文献概述《敦煌莫高窟北区石窟研究》(下册)，兰州：甘肃教育出版社，2011年4月 p.488(续表)；p.500

王红梅、杨富学、黎春林著 元代畏兀儿宗教文化研究 北京：科学出版社，2017年11月 p.34、35

阿依达尔·米尔卡马力 从敦煌出土回鹘文佛教文献看汉语对回鹘文佛典语言的影响 乌鲁木齐：新疆大学博士研究生学位论文，2007年6月 p.37

阿依达尔·米尔卡马力 普林斯顿大学图书馆藏回鹘文《中阿含经》研究《京都大学言语学研究》第29号，京都：京都大学大学院研究科言语学研究室，2010年 p.3(列表)

阿依达尔·米尔卡马力 敦煌B157窟新発見ウイグル文「阿含経」断片二件《西南アジア研究》第74号，

京都:京都大学大学院文学研究科文学部,2011年 p.58(列表)

B54:15-1 佛经残片

雅森·吾守尔 敦煌莫高窟北区石窟出土部分回鹘文文献概述(一)《敦煌莫高窟北区石窟》第一卷,北京:文物出版社,2000年7月 p.355

B54:15-2 佛经、文书碎片

雅森·吾守尔 敦煌莫高窟北区石窟出土部分回鹘文文献概述(一)《敦煌莫高窟北区石窟》第一卷,北京:文物出版社,2000年7月 p.355

B54:14(背)别译杂阿含经卷第十五残片

张铁山 莫高窟北区出土两件回鹘文佛经残片研究《敦煌学辑刊》2003年第2期 p.79~86;附图1幅

阿依达尔·米尔卡马力 敦煌莫高窟北区新出回鹘文文献综述《敦煌学辑刊》2009年第2期 p.84

雅森·吾守尔 敦煌莫高窟北区石窟出土部分回鹘文文献概述(一)《敦煌莫高窟北区石窟》第一卷,北京:文物出版社,2000年7月 p.355

王红梅、杨富学、黎春林著 元代畏兀儿宗教文化研究 北京:科学出版社,2017年11月 p.35

阿依达尔·米尔卡马力 从敦煌出土回鹘文佛教文献看汉语对回鹘文佛典语言的影响 乌鲁木齐:新疆大学博士研究生学位论文,2007年6月 p.37

阿依达尔·米尔卡马力 敦煌B157窟新発見ウイグル文「阿含経」断片二件《西南アジア研究》第74号,京都:京都大学大学院文学研究科文学部,2011年 p.58(列表)

B59:72 白伞陀罗尼经残页

雅森·吾守尔 敦煌莫高窟北区石窟出土部分回鹘文文献概述(一)《敦煌莫高窟北区石窟》第一卷,北京:文物出版社,2000年7月 p.356

张铁山 敦煌莫高窟北区出土回鹘文文献过眼记《敦煌研究》2003年第1期 p.95

阿不都热西提·亚库甫 敦煌北区石窟出土回鹘文文献的综合研究《敦煌莫高窟北区石窟研究》(下册),兰州:甘肃教育出版社,2011年4月 p.433(续表,1.佛教文献)

阿不都热西提·亚库甫 敦煌北区石窟出土回鹘文佛教文献概述《敦煌莫高窟北区石窟研究》(下册),兰州:甘肃教育出版社,2011年4月 p.488(续表);p.498

彭金章、王建军 敦煌莫高窟北区石窟(第一卷) 北京:文物出版社,2000年7月 p.231;图版八七,1

阿依达尔·米尔卡马力 从敦煌出土回鹘文佛教文献看汉语对回鹘文佛典语言的影响 乌鲁木齐:新疆大学博士研究生学位论文,2007年6月 p.40(表)

B59:73 佛教文献残页

雅森·吾守尔 敦煌莫高窟北区石窟出土部分回鹘文文献概述(一)《敦煌莫高窟北区石窟》第一卷,北京:文物出版社,2000年7月 p.356

张铁山 敦煌莫高窟北区出土回鹘文文献过眼记《敦煌研究》2003年第1期 p.95

阿不都热西提·亚库甫 敦煌北区石窟出土回鹘文文献的综合研究《敦煌莫高窟北区石窟研究》(下册),兰州:甘肃教育出版社,2011年4月 p.433(续表,1.佛教文献)

阿不都热西提·亚库甫 敦煌北区石窟出土回鹘文佛教文献概述①《敦煌莫高窟北区石窟研究》(下册),兰州:甘肃教育出版社,2011年4月 p.489(续表);p.499

彭金章、王建军 敦煌莫高窟北区石窟(第一卷) 北京:文物出版社,2000年7月 p.231;图版八八,1

阿依达尔·米尔卡马力 从敦煌出土回鹘文佛教文献看汉语对回鹘文佛典语言的影响 乌鲁木齐:新疆大学博士研究生学位论文,2007年6月 p.40(表)

B59:68 信札残片

雅森·吾守尔 敦煌莫高窟北区石窟出土部分回鹘文文献概述(一)《敦煌莫高窟北区石窟》第一卷,北京:文物出版社,2000年7月 p.355~356

张铁山 敦煌莫高窟北区出土回鹘文文献过眼记《敦煌研究》2003年第1期 p.95

阿不都热西提·亚库甫 敦煌北区石窟出土回鹘文文献的综合研究《敦煌莫高窟北区石窟研究》(下册),兰州:甘肃教育出版社,2011年4月 p.441(续表,3.世俗文书)

阿不都热西提·亚库甫 敦煌新出回鹘文信札残片《敦煌莫高窟北区石窟研究》(下册),兰州:甘肃教育出版社,2011年4月 p.478~484;图28

阿不都热西提·亚库甫 敦煌北区石窟出土回鹘文佛教文献概述《敦煌莫高窟北区石窟研究》(下册),兰州:甘肃教育出版社,2011年4月 p.488(续表);p.501

杨富学 新世纪初国内回鹘佛教研究的回顾与展望《西夏研究》2013年第2期 p.62~63

彭金章、王建军 敦煌莫高窟北区石窟(第一卷) 北京:文物出版社,2000年7月 p.231;图版八八,2

颜廷亮著 敦煌文学千年史 北京:人民文学出版社,2013年11月 p.379、464

Abdurishid Yakup, On a Newly Unearthed Uygur Letter from Dunhuang.Desmond Durkin-Meisterernst, Simone-Christiane Rashmann, Jens Wilkens, Marianne Yaldiz, Peter Zieme (ed.), *Turfan Reuisited-The First Century of Research into the Arts and Cultures of the Silk Rood*, Berlin: Reimer, 2003, pp.398-400.

B59:69 佛祖历代通载卷第五、六节译残页

雅森·吾守尔 敦煌莫高窟北区石窟出土部分回鹘文文献概述(一)《敦煌莫高窟北区石窟》第一卷,北

①阿不都热西提·亚库甫《敦煌北区石窟出土回鹘文佛教文献概述》中"(2)B59:3",有误。据研究内容看应为B59:73,编号B59:3的是汉文残佛经。

京:文物出版社,2000年7月 p.356

张铁山 敦煌莫高窟北区出土回鹘文文献过眼记《敦煌研究》2003年第1期 p.95

张铁山 莫高窟北区出土两件回鹘文佛经残片研究《敦煌学辑刊》2003年第2期 p.79~86;附图2幅

阿依达尔·米尔卡马力 莫高窟北区出土回鹘文《佛祖历代通载》残叶再研究《新疆大学学报》(哲学·人文社会科学版)2008年第1期 p.145~148;收入彭金章主编《敦煌莫高窟北区石窟研究》(下册),兰州:甘肃教育出版社,2011年4月 p.405~411;图16、17

阿依达尔·米尔卡马力 敦煌莫高窟北区新出回鹘文文献综述《敦煌学辑刊》2009年第2期 p.86~88

阿不都热西提·亚库甫 敦煌北区石窟出土回鹘文文献的综合研究 《敦煌莫高窟北区石窟研究》(下册),兰州:甘肃教育出版社,2011年4月 p.433(续表,1.佛教文献)

阿不都热西提·亚库甫 敦煌北区石窟出土回鹘文佛教文献概述《敦煌莫高窟北区石窟研究》(下册),兰州:甘肃教育出版社,2011年4月 p.488(续表);p.496~497

杨富学 新世纪初国内回鹘佛教研究的回顾与展望《西夏研究》2013年第2期 p.62

张春海 回鹘文文献研究上演"接力赛"《中国社会科学报》2016年3月9日第1版

彭金章、王建军 敦煌莫高窟北区石窟(第一卷) 北京:文物出版社,2000年7月 p.231;图版八九,1、2

王红梅、杨富学著 元代畏兀儿历史文化与文献研究 兰州:甘肃教育出版社,2015年4月 p.23

杨富学著 敦煌民族史探幽 兰州:甘肃文化出版社,2016年12月 p.212

王红梅、杨富学、黎春林著 元代畏兀儿宗教文化研究 北京:科学出版社,2017年11月 p.46

阿依达尔·米尔卡马力 从敦煌出土回鹘文佛教文献看汉语对回鹘文佛典语言的影响 乌鲁木齐:新疆大学博士研究生学位论文,2007年6月 p.39、79~84

张田芳 敦煌本回鹘文《说心性经》探原 兰州:兰州大学博士研究生学位论文,2018年12月 p.139

Abdurishid Yakup, On the Newly Unearthed Uyghur Buddhist Texts from the Northern Grottoes of Dunhuang, Indien und Zentralasien Sprac-und Kulturkon takt Wiesbaden: *Harrassowitz* 2003 pp.264-268.

B59:70 残佛经

雅森·吾守尔 敦煌莫高窟北区石窟出土部分回鹘文文献概述(一)《敦煌莫高窟北区石窟》第一卷,北京:文物出版社,2000年7月 p.356

张铁山 敦煌莫高窟北区出土回鹘文文献过眼记《敦煌研究》2003年第1期 p.95

阿依达尔·米尔卡马力 敦煌莫高窟北区新出回鹘文文献综述《敦煌学辑刊》2009年第2期 p.87

阿不都热西提·亚库甫 敦煌北区石窟出土回鹘文文献的综合研究《敦煌莫高窟北区石窟研究》(下册),兰州:甘肃教育出版社,2011年4月 p.441(续表,3.世俗文书)

阿不都热西提·亚库甫 敦煌北区石窟出土回鹘文佛教文献概述《敦煌莫高窟北区石窟研究》(下册),兰州:甘肃教育出版社,2011年4月 p.488(续表)

彭金章、王建军 敦煌莫高窟北区石窟(第一卷) 北京:文物出版社,2000年7月 p.231;图版九〇,1

阿依达尔·米尔卡马力 从敦煌出土回鹘文佛教文献看汉语对回鹘文佛典语言的影响 乌鲁木齐:新疆

大学博士研究生学位论文,2007年6月 p.40(表)

B59:71-1 佛画残片

雅森·吾守尔 敦煌莫高窟北区石窟出土部分回鹘文文献概述(一)《敦煌莫高窟北区石窟》第一卷,北京:文物出版社,2000年7月 p.356

张铁山 敦煌莫高窟北区出土回鹘文文献过眼记《敦煌研究》2003年第1期 p.95

B59:71-2 残佛经(或契约文书残片)

雅森·吾守尔 敦煌莫高窟北区石窟出土部分回鹘文文献概述(一)《敦煌莫高窟北区石窟》第一卷,北京:文物出版社,2000年7月 p.356

张铁山 敦煌莫高窟北区出土回鹘文文献过眼记《敦煌研究》2003年第1期 p.95

阿依达尔·米尔卡马力 敦煌莫高窟北区新出回鹘文文献综述《敦煌学辑刊》2009年第2期 p.87

阿不都热西提·亚库甫 敦煌北区石窟出土回鹘文文献的综合研究《敦煌莫高窟北区石窟研究》(下册),兰州:甘肃教育出版社,2011年4月 p.441(续表,3.世俗文书)

阿不都热西提·亚库甫 敦煌北区石窟出土回鹘文佛教文献概述《敦煌莫高窟北区石窟研究》(下册),兰州:甘肃教育出版社,2011年4月 p.488(续表);p.501

彭金章、王建军 敦煌莫高窟北区石窟(第一卷) 北京:文物出版社,2000年7月 p.231;图版八七,2

阿依达尔·米尔卡马力 从敦煌出土回鹘文佛教文献看汉语对回鹘文佛典语言的影响 乌鲁木齐:新疆大学博士研究生学位论文,2007年6月 p.40(表)

B59:74-1~3 文书残片

雅森·吾守尔 敦煌莫高窟北区石窟出土部分回鹘文文献概述(一)《敦煌莫高窟北区石窟》第一卷,北京:文物出版社,2000年7月 p.356

B77:21 残文书

张铁山 敦煌莫高窟北区出土回鹘文文献过眼记《敦煌研究》2003年第1期 p.95

阿不都热西提·亚库甫 敦煌北区石窟出土回鹘文文献的综合研究《敦煌莫高窟北区石窟研究》(下册),兰州:甘肃教育出版社,2011年4月 p.441(续表,3.世俗文书)

阿不都热西提·亚库甫 敦煌北区石窟出土回鹘文佛教文献概述《敦煌莫高窟北区石窟研究》(下册),兰州:甘肃教育出版社,2011年4月 p.489(续表)

彭金章、王建军 敦煌莫高窟北区石窟(第一卷) 北京:文物出版社,2000年7月 p.281;图版一〇八,1

阿依达尔·米尔卡马力 从敦煌出土回鹘文佛教文献看汉语对回鹘文佛典语言的影响 乌鲁木齐:新疆大学博士研究生学位论文,2007年6月 p.40(表)

B77:23 佛教文献残页

雅森·吾守尔 敦煌莫高窟北区石窟出土部分回鹘文文献概述(一)《敦煌莫高窟北区石窟》第一卷,北京:文物出版社,2000年7月 p.356

张铁山 敦煌莫高窟北区出土回鹘文文献过眼记《敦煌研究》2003年第1期 p.95

阿不都热西提·亚库甫 敦煌北区石窟出土回鹘文文献的综合研究《敦煌莫高窟北区石窟研究》(下册),兰州:甘肃教育出版社,2011年4月 p.433(续表,1.佛教文献)

阿不都热西提·亚库甫 敦煌北区石窟出土回鹘文佛教文献概述《敦煌莫高窟北区石窟研究》(下册),兰州:甘肃教育出版社,2011年4月 p.489(续表);p.499

彭金章、王建军 敦煌莫高窟北区石窟(第一卷) 北京:文物出版社,2000年7月 p.281;图版一〇八,2、3

阿依达尔·米尔卡马力 从敦煌出土回鹘文佛教文献看汉语对回鹘文佛典语言的影响 乌鲁木齐:新疆大学博士研究生学位论文,2007年6月 p.40(表)

B77:24-1~2 密宗大成就者故事

彭金章、王建军 敦煌莫高窟北区洞窟所出多种民族文字文献和回鹘文木活字综述《敦煌研究》2000年第2期 p.156;收入彭金章主编《敦煌莫高窟北区石窟研究》(上册),兰州:甘肃教育出版社,2011年4月 p.84;图32

雅森·吾守尔 敦煌莫高窟北区石窟出土部分回鹘文文献概述(一)《敦煌莫高窟北区石窟》第一卷,北京:文物出版社,2000年7月 p.356

张铁山 敦煌莫高窟北区出土回鹘文文献过眼记《敦煌研究》2003年第1期 p.95

阿不都热西提·亚库甫 敦煌北区石窟出土回鹘文文献的综合研究 《敦煌莫高窟北区石窟研究》(下册),兰州:甘肃教育出版社,2011年4月 p.433(续表,1.佛教文献)

阿不都热西提·亚库甫 敦煌北区石窟出土回鹘文佛教文献概述《敦煌莫高窟北区石窟研究》(下册),兰州:甘肃教育出版社,2011年4月 p.489(续表);p.498

彭金章、王建军 敦煌莫高窟北区石窟(第一卷) 北京:文物出版社,2000年7月 p.281;图版一〇九、图版一一〇

阿依达尔·米尔卡马力 从敦煌出土回鹘文佛教文献看汉语对回鹘文佛典语言的影响 乌鲁木齐:新疆大学博士研究生学位论文,2007年6月 p.40(表)

B97:7 佛经残卷(佛教徒忏悔文、写本)

张铁山 敦煌莫高窟北区出土回鹘文文献过眼记《敦煌研究》2003年第1期 p.95

张铁山 敦煌莫高窟北区出土回鹘文文献译释研究(一)《敦煌莫高窟北区石窟》第二卷,北京:文物出版社,2004年7月 p.361

阿依达尔·米尔卡马力 敦煌莫高窟北区出土两件回鹘文佛教文献残片研究《敦煌佛教与禅宗学术讨论会文集》,西安:三秦出版社,2007年7月 p.484~494

阿依达尔·米尔卡马力 敦煌莫高窟北区出土的两件回鹘文佛教文献残片研究《敦煌研究》2008年第4期 p.84~88;图2、3

阿依达尔·米尔卡马力 敦煌莫高窟北区新出回鹘文文献综述 《敦煌学辑刊》2009年第2期 p.87

阿不都热西提·亚库甫 敦煌北区石窟出土回鹘文文献的综合研究《敦煌莫高窟北区石窟研究》(下册),兰州:甘肃教育出版社,2011年4月 p.433(续表,1.佛教文献)

彭金章、王建军 敦煌莫高窟北区石窟(第二卷) 北京:文物出版社,2004年7月 p.18;图版五,1、2

颜廷亮著 敦煌文学千年史 北京:人民文学出版社,2013年11月 p.379、463

阿依达尔·米尔卡马力 从敦煌出土回鹘文佛教文献看汉语对回鹘文佛典语言的影响 乌鲁木齐:新疆大学博士研究生学位论文,2007年6月 p.40、69、74~77

张田芳 敦煌本回鹘文《说心性经》探原 兰州:兰州大学博士研究生学位论文,2018年12月 p.124

B119:8 额卜只点羊年文书

嘎日迪 敦煌莫高窟北区出土蒙古文文献标音释读(一)[①]《敦煌莫高窟北区石窟》第二卷,北京:文物出版社,2004年7月 p.377~378

阿依达尔·米尔卡马力 敦煌莫高窟北区新出回鹘文文献综述《敦煌学辑刊》2009年第2期 p.87

阿不都热西提·亚库甫 敦煌北区石窟出土回鹘文文献的综合研究《敦煌莫高窟北区石窟研究》(下册),兰州:甘肃教育出版社,2011年4月 p.441(续表,3.世俗文书)

彭金章、王建军 敦煌莫高窟北区石窟(第二卷) 北京:文物出版社,2004年7月 p.130~131;图版五〇,3

敖特根著 敦煌莫高窟北区出土蒙古文文献研究 北京:民族出版社,2010年3月 p.4;p.30注②

敖特根 敦煌莫高窟北区出土蒙古文文献研究 兰州:兰州大学博士研究生学位论文,2006年10月 p.2;p.9注②

阿依达尔·米尔卡马力 从敦煌出土回鹘文佛教文献看汉语对回鹘文佛典语言的影响 乌鲁木齐:新疆大学博士研究生学位论文,2007年6月 p.40

B119:13 佛教文献残页

嘎日迪 敦煌莫高窟北区出土蒙古文文献标音释读(一)[②]《敦煌莫高窟北区石窟》第二卷,北京:文物出版社,2004年7月 p.378~379

---

①嘎日迪《敦煌莫高窟北区出土蒙古文文献标音释读(一)》认定该文献残片为回鹘蒙古文。阿不都热西提·亚库甫《敦煌北区石窟出土回鹘文文献的综合研究》和敖特根《敦煌莫高窟北区出土蒙古文文献研究》均认为,B119:8号为回鹘文文书。

②嘎日迪《敦煌莫高窟北区出土蒙古文文献标音释读(一)》认定该文献为蒙古文文献,并按蒙古文文献释读。对编号B119:13文书释读错误首先由世界著名蒙古学家和突厥学家,布达佩斯ELTE大学、美国印第安纳大学教授 G.卡拉(György Kara)发现。敖特根博士论文《莫高窟北区出土B119:13号文书系回鹘文书》和论著《敦煌莫高窟北区出土蒙古文文献研究》做了进一步研究,B119:13号确为回鹘文文书,而非蒙古文文书。

敖特根 莫高窟北区出土B119:13号文书系回鹘文书《敦煌学辑刊》2005年第1期 p.16~21;图2

阿依达尔·米尔卡马力 敦煌莫高窟北区新出回鹘文文献综述《敦煌学辑刊》2009年第2期 p.87

阿不都热西提·亚库甫 敦煌北区石窟出土回鹘文文献的综合研究《敦煌莫高窟北区石窟研究》(下册),兰州:甘肃教育出版社,2011年4月 p.434(续表,1.佛教文献)

彭金章、王建军 敦煌莫高窟北区石窟(第二卷) 北京:文物出版社,2004年7月 p.131~132;图版五一,2

敖特根著 敦煌莫高窟北区出土蒙古文文献研究 北京:民族出版社,2010年3月 p.4

敖特根 敦煌莫高窟北区出土蒙古文文献研究 兰州:兰州大学博士研究生学位论文,2006年10月 p.2

阿依达尔·米尔卡马力 从敦煌出土回鹘文佛教文献看汉语对回鹘文佛典语言的影响 乌鲁木齐:新疆大学博士研究生学位论文,2007年6月 p.40、41(表)

B121:37 佛教文献残卷

张铁山 敦煌莫高窟北区出土回鹘文文献过眼记《敦煌研究》2003年第1期 p.95

张铁山 敦煌莫高窟北区出土回鹘文文献译释研究(一)《敦煌莫高窟北区石窟》第二卷,北京:文物出版社,2004年7月 p.361

阿不都热西提·亚库甫 敦煌北区石窟出土回鹘文文献的综合研究《敦煌莫高窟北区石窟研究》(下册),兰州:甘肃教育出版社,2011年4月 p.434(续表,1.佛教文献)

彭金章、王建军 敦煌莫高窟北区石窟(第二卷) 北京:文物出版社,2004年7月 p.142;图版六一,2

阿依达尔·米尔卡马力 从敦煌出土回鹘文佛教文献看汉语对回鹘文佛典语言的影响 乌鲁木齐:新疆大学博士研究生学位论文,2007年6月 p.41(表)

B121:38 密宗文献残页

张铁山 敦煌莫高窟北区出土回鹘文文献过眼记《敦煌研究》2003年第1期 p.95

张铁山 敦煌莫高窟北区出土回鹘文文献译释研究(一)《敦煌莫高窟北区石窟》第二卷,北京:文物出版社,2004年7月 p.361

阿不都热西提·亚库甫 敦煌北区石窟出土回鹘文文献的综合研究《敦煌莫高窟北区石窟研究》(下册),兰州:甘肃教育出版社,2011年4月 p.434(续表,1.佛教文献)

彭金章、王建军 敦煌莫高窟北区石窟(第二卷) 北京:文物出版社,2004年7月 p.142;图版六一,3

阿依达尔·米尔卡马力 从敦煌出土回鹘文佛教文献看汉语对回鹘文佛典语言的影响 乌鲁木齐:新疆大学博士研究生学位论文,2007年6月 p.41(表)

B123:3 密宗文献残页

张铁山 敦煌莫高窟北区出土回鹘文文献过眼记《敦煌研究》2003年第1期 p.95

张铁山 敦煌莫高窟北区出土回鹘文文献译释研究(一)《敦煌莫高窟北区石窟》第二卷,北京:文物出版社,2004年7月 p.361~362

阿不都热西提·亚库甫 敦煌北区石窟出土回鹘文文献的综合研究《敦煌莫高窟北区石窟研究》(下册),兰州:甘肃教育出版社,2011年4月 p.434(续表,1.佛教文献)

彭金章、王建军 敦煌莫高窟北区石窟(第二卷) 北京:文物出版社,2004年7月 p.152;图版六六,2

阿依达尔·米尔卡马力 从敦煌出土回鹘文佛教文献看汉语对回鹘文佛典语言的影响 乌鲁木齐:新疆大学博士研究生学位论文,2007年6月 p.41(表)

B124:13-1~4 佛经残页

张铁山 敦煌莫高窟北区出土回鹘文文献过眼记《敦煌研究》2003年第1期 p.95

张铁山 敦煌莫高窟北区出土回鹘文文献译释研究(一)《敦煌莫高窟北区石窟》第二卷,北京:文物出版社,2004年7月 p.362

阿依达尔·米尔卡马力 敦煌莫高窟北区新出回鹘文文献综述《敦煌学辑刊》2009年第2期 p.86

阿不都热西提·亚库甫 敦煌北区石窟出土回鹘文文献的综合研究《敦煌莫高窟北区石窟研究》(下册),兰州:甘肃教育出版社,2011年4月 p.441(续表,3.世俗文书)

彭金章、王建军 敦煌莫高窟北区石窟(第二卷) 北京:文物出版社,2004年7月 p.155;彩版一四,1、2

阿依达尔·米尔卡马力 从敦煌出土回鹘文佛教文献看汉语对回鹘文佛典语言的影响 乌鲁木齐:新疆大学博士研究生学位论文,2007年6月 p.39

Peter Zieme,Ein alttürkischer"knigge",『内陸アジア言語の研究』X X号,中央ユーラシア学研究会,2005年8月 p.65-76

B125:1(背) 增壹阿含经残卷

张铁山 敦煌莫高窟北区出土回鹘文文献过眼记《敦煌研究》2003年第1期 p.95

张铁山《阿含经》在回鹘人中的传译及其社会历史原因《西域研究》2003年第4期 p.70

张铁山 敦煌莫高窟北区出土回鹘文文献译释研究(一)《敦煌莫高窟北区石窟》第二卷,北京:文物出版社,2004年7月 p.362

张铁山 莫高窟北区B125窟出土回鹘文《增壹阿含经》残卷研究《敦煌学辑刊》2005年第3期 p.6~21;收入彭金章主编《敦煌莫高窟北区石窟研究》(下册),兰州:甘肃教育出版社,2011年4月 p.363~387;图14

阿依达尔·米尔卡马力 敦煌莫高窟北区新出回鹘文文献综述《敦煌学辑刊》2009年第2期 p.84

阿不都热西提·亚库甫 敦煌北区石窟出土回鹘文文献的综合研究《敦煌莫高窟北区石窟研究》(下册),兰州:甘肃教育出版社,2011年4月 p.434(续表,1.佛教文献)

杨富学 新世纪初国内回鹘佛教研究的回顾与展望《西夏研究》2013年第2期 p.60

张海娟、杨富学 儒家孝道思想在回鹘中的流播与影响《敦煌哲学》(第三辑),兰州:甘肃人民出版社,2016年7月 p.108~109

彭金章、王建军 敦煌莫高窟北区石窟(第二卷) 北京:文物出版社,2004年7月 p.162、344;图版七一,2

王红梅、杨富学、黎春林著 元代畏兀儿宗教文化研究 北京:科学出版社,2017年11月 p.35

阿依达尔·米尔卡马力 从敦煌出土回鹘文佛教文献看汉语对回鹘文佛典语言的影响 乌鲁木齐:新疆大学博士研究生学位论文,2007年6月 p.37

阿依达尔·米尔卡马力 普林斯顿大学图书馆藏回鹘文《中阿含经》研究 《京都大学言语学研究》第29号,京都:京都大学大学院研究科言语学研究室,2010年 p.2(列表)

阿依达尔·米尔卡马力 敦煌B157窟新発見ウイグル文「阿含経」断片二件 《西南アジア研究》第74号,京都:京都大学大学院文学研究科文学部,2011年 p.58(列表)

B125:29 残文书

阿不都热西提·亚库甫 敦煌北区石窟出土回鹘文文献的综合研究 《敦煌莫高窟北区石窟研究》(下册),兰州:甘肃教育出版社,2011年4月 p.442(续表,4.未分类残片)

彭金章、王建军 敦煌莫高窟北区石窟(第二卷) 北京:文物出版社,2004年7月 p.162;图版七二,3

B128:12 慈悲道场忏法残页

张铁山 敦煌莫高窟北区出土回鹘文文献过眼记 《敦煌研究》2003年第1期 p.95

张铁山 敦煌莫高窟北区出土回鹘文文献译释研究(一) 《敦煌莫高窟北区石窟》第二卷,北京:文物出版社,2004年7月 p.363

张铁山 莫高窟北区B128窟出土回鹘文《慈悲道场忏法》残叶研究 《丝绸之路民族古文字与文化学术讨论会文集》(上),西安:三秦出版社,2007年7月 p.37~47;附图2幅;又载《民族语文》2008年第1期 p.51~57;收入彭金章主编《敦煌莫高窟北区石窟研究》(下册),兰州:甘肃教育出版社,2011年4月 p.388~396;彩版二、三

阿依达尔·米尔卡马力 敦煌莫高窟北区新出回鹘文文献综述 《敦煌学辑刊》2009年第2期 p.82、87

阿不都热西提·亚库甫 敦煌北区石窟出土回鹘文文献的综合研究 《敦煌莫高窟北区石窟研究》(下册),兰州:甘肃教育出版社,2011年4月 p.434(续表,1.佛教文献)

杨富学 新世纪初国内回鹘佛教研究的回顾与展望 《西夏研究》2013年第2期 p.62

张海娟、杨富学 儒家孝道思想在回鹘中的流播与影响 《敦煌哲学》(第三辑),兰州:甘肃人民出版社,2016年7月 p.108

彭金章、王建军 敦煌莫高窟北区石窟(第二卷) 北京:文物出版社,2004年7月 p.188;彩版一六,1、2

阿依达尔·米尔卡马力著 回鹘文诗体注疏和新发现敦煌本韵文研究 上海:上海古籍出版社,2015年12月 p.160

王红梅、杨富学、黎春林著 元代畏兀儿宗教文化研究 北京:科学出版社,2017年11月 p.26、44

阿依达尔·米尔卡马力 从敦煌出土回鹘文佛教文献看汉语对回鹘文佛典语言的影响 乌鲁木齐:新疆大学博士研究生学位论文,2007年6月 p.35、41(表)

牟成娟 回鹘佛教功德思想研究——以回鹘文佛教文献为中心 乌鲁木齐:新疆大学博士研究生学位论文,2012年5月 p.111

B128:13 佛经"疏第二卷第七十五叶"残页

张铁山 敦煌莫高窟北区出土回鹘文文献过眼记《敦煌研究》2003年第1期 p.95

张铁山 敦煌莫高窟北区出土回鹘文文献译释研究(一)《敦煌莫高窟北区石窟》第二卷,北京:文物出版社,2004年7月 p.363~364

阿依达尔·米尔卡马力 敦煌莫高窟北区新出回鹘文文献综述《敦煌学辑刊》2009年第2期 p.83

彭金章、王建军 敦煌莫高窟北区石窟(第二卷) 北京:文物出版社,2004年7月 p.188;图版八七,1、2

阿依达尔·米尔卡马力 敦煌莫高窟北区B157窟出土回鹘文『阿毗达磨俱舍论实义疏』残叶研究《京都大学言语学研究》24号,京都:京都大学大学院文学研究科言语学研究室,2005年 p.1~13;收入彭金章主编《敦煌莫高窟北区石窟研究》(下册),兰州:甘肃教育出版社,2011年4月 p.412~415、428

阿不都热西提·亚库甫 敦煌北区石窟出土回鹘文文献的综合研究《敦煌莫高窟北区石窟研究》(下册),兰州:甘肃教育出版社,2011年4月 p.434(续表,1.佛教文献)

王红梅、杨富学、黎春林著 元代畏兀儿宗教文化研究 北京:科学出版社,2017年11月 p.39

阿依达尔·米尔卡马力 从敦煌出土回鹘文佛教文献看汉语对回鹘文佛典语言的影响 乌鲁木齐:新疆大学博士研究生学位论文,2007年6月 p.36、45、59

庄垣内正弘 ロシア所蔵ウイグル語断片の研究2:『阿含経』『千字文』『阿毘達磨俱舍論実義疏』(中国所蔵)《京都大学言语学研究》19号,京都:京都大学大学院文学研究科言语学研究室,2000年12月 p.147–191.

庄垣内正弘 语訳《阿毗达磨俱舍论实义疏》〉断片1叶,Contribution to the Studies of Eurasian Languages(CSEL) series Kobe City College of Nursing,2004,Vol.7,pp.261–270.

B128:18(正)[①] 佛教内容韵文残页

阿不都热西提·亚库甫 敦煌北区石窟出土回鹘文文献的综合研究《敦煌莫高窟北区石窟研究》(下册),兰州:甘肃教育出版社,2011年4月 p.434(续表,1.佛教文献)

阿依达尔·米尔卡马力 Čisuin Tutung其人《西域——中亚语文学研究:2012年中央民族大学主办西域—中亚语文学国际学术研讨会论文集》,上海:上海古籍出版社,2015年12月 p.336~345

阿依达尔·米尔卡马力 回鹘佛经翻译家Čisuin都统其人《西域研究》2016年第3期 p.97~99

彭金章、王建军 敦煌莫高窟北区石窟(第二卷) 北京:文物出版社,2004年7月 p.183~187;图版八五

阿依达尔·米尔卡马力著 回鹘文诗体注疏和新发现敦煌本韵文研究 上海:上海古籍出版社,2015年12月 p.161;图版44

王红梅、杨富学、黎春林著 元代畏兀儿宗教文化研究 北京:科学出版社,2017年11月 p.45

阿依达尔·米尔卡马力 从敦煌出土回鹘文佛教文献看汉语对回鹘文佛典语言的影响 乌鲁木齐:新疆大学博士研究生学位论文,2007年6月 p.6、9、38、39、41(表)、85~107、160

张田芳 敦煌本回鹘文《说心性经》探原 兰州:兰州大学博士研究生学位论文,2018年12月 p.27~28、

①B128:18正面存手写体汉文佛经103行,在第76行至第96行间夹有手写体回鹘文20行。

30~31、44、50、132~124、129

B128:18(背) 佛教韵文诗残页

张铁山 敦煌莫高窟北区出土回鹘文文献过眼记《敦煌研究》2003年第1期 p.95~96

张铁山 敦煌莫高窟北区出土回鹘文文献译释研究(一)《敦煌莫高窟北区石窟》第二卷,北京:文物出版社,2004年7月 p.364

敖特根 莫高窟北区出土B119:13号文书系回鹘文书《敦煌学辑刊》2005年第1期 p.18

阿依达尔·米尔卡马力 敦煌莫高窟北区新出回鹘文文献综述《敦煌学辑刊》2009年第2期 p.85、86

阿不都热西提·亚库甫 敦煌北区石窟出土回鹘文文献的综合研究《敦煌莫高窟北区石窟研究》(下册),兰州:甘肃教育出版社,2011年4月 p.434(续表,1.佛教文献)

阿不都热西提·亚库甫《回鹘文诗体注疏和新发现敦煌本韵文研究》前言《回鹘文诗体注疏和新发现敦煌本韵文研究》,上海:上海古籍出版社,2015年12月 p.ⅰ、ⅳ

阿不都热西提·亚库甫《巴黎藏回鹘文诗体般若文献研究》前言《巴黎藏回鹘文诗体般若文献研究》,上海:上海古籍出版社,2015年12月 p.ⅳ

阿依达尔·米尔卡马力 Čisuin Tutung其人《西域——中亚语文学研究:2012年中央民族大学主办西域—中亚语文学国际学术研讨会论文集》,上海:上海古籍出版社,2015年12月 p.336~345

阿依达尔·米尔卡马力 回鹘佛经翻译家Čisuin都统其人《西域研究》2016年第3期 p.97~99

张春海 回鹘文文献研究上演“接力赛”《中国社会科学报》2016年3月9日第1版

皮特·茨默著,王平先译 解读敦煌文献B464:67之回鹘文诗歌《敦煌研究》2017年第1期 p.33

杨富学、张田芳 敦煌本回鹘文《说心性经》为禅学原著说《西南民族大学学报》(人文社科版)2018年第1期 p.79~80

杨富学、张田芳 回鹘文《说心性经》作者身份考《中国边疆学》第7辑,北京:社会科学文献出版社,2018年3月 p.192~199

彭金章、王建军 敦煌莫高窟北区石窟(第二卷) 北京:文物出版社,2004年7月 p.188、344;图版八八、八九、九〇

阿依达尔·米尔卡马力著 回鹘文诗体注疏和新发现敦煌本韵文研究 上海:上海古籍出版社,2015年12月 p.13~15、16、17(续表)、161~201、203~210、260;图版40~43

阿不都热西提·亚库甫著 古代维吾尔语赞美诗和描写性韵文的语文学研究 上海:上海古籍出版社,2015年12月 p.62~64

王红梅、杨富学、黎春林著 元代畏兀儿宗教文化研究 北京:科学出版社,2017年11月 p.45

阿依达尔·米尔卡马力 从敦煌出土回鹘文佛教文献看汉语对回鹘文佛典语言的影响 乌鲁木齐:新疆大学博士研究生学位论文,2007年6月 p.6、9、38、39、41(表)、85~107、160

B128:2(背)八十华严经残页

张铁山 敦煌莫高窟北区出土回鹘文文献过眼记《敦煌研究》2003年第1期 p.95

张铁山 莫高窟北区B128窟出土回鹘文《八十华严》残页研究《中央民族大学学报》(哲学社会科学版)2003年第4期 p.112~115;收入彭金章主编《敦煌莫高窟北区石窟研究》(下册),兰州:甘肃教育出版社,2011年4月 p.354~362;图11[B128:2(正) 汉文《八十华严》、图12,B128:2(背) 回鹘文《八十华严》]

杨富学、阿依达尔·米尔卡马力 回鹘文《华严经·十无尽藏品》写本残卷研究《敦煌研究》2007年第2期 p.75

张铁山 敦煌莫高窟北区出土回鹘文文献译释研究(一)《敦煌莫高窟北区石窟》第二卷,北京:文物出版社,2004年7月 p.362

彭金章 莫高窟北区洞窟——考古新课题《典藏古美术》2005年第4期 p.63;图1幅;p.66;收入彭金章主编《敦煌莫高窟北区石窟研究》(上册),兰州:甘肃教育出版社,2011年4月 p.48

阿依达尔·米尔卡马力 敦煌莫高窟北区新出回鹘文文献综述 《敦煌学辑刊》2009年第2期 p.82

阿不都热西提·亚库甫 敦煌北区石窟出土回鹘文文献的综合研究《敦煌莫高窟北区石窟研究》(下册),兰州:甘肃教育出版社,2011年4月 p.434(续表1.佛教文献)

阿不都热西提·亚库甫 敦煌北区石窟出土回鹘文文献的综合研究《敦煌莫高窟北区石窟研究》(下册),兰州:甘肃教育出版社,2011年4月 p.434(续表,1.佛教文献)

杨富学 新世纪初国内回鹘佛教研究的回顾与展望《西夏研究》2013年第2期 p.59

阿依达尔·米尔卡马力 安藏与回鹘文《华严经》《西域研究》2013年第3期 p.74~86

彭金章、王建军 敦煌莫高窟北区石窟(第二卷) 北京:文物出版社,2004年7月 p.188、344;图版九一

阿依达尔·米尔卡马力著 回鹘文诗体注疏和新发现敦煌本韵文研究 上海:上海古籍出版社,2015年12月 p.17(续表)、142~146、160、257、260;图版34

王红梅、杨富学、黎春林著 元代畏兀儿宗教文化研究 北京:科学出版社,2017年11月 p.35

杨富学著 回鹘文佛教文献研究 上海:上海古籍出版社,2018年4月 p.6

阿依达尔·米尔卡马力 从敦煌出土回鹘文佛教文献看汉语对回鹘文佛典语言的影响 乌鲁木齐:新疆大学博士研究生学位论文,2007年6月 p.35、110~111

阿依達爾·米爾卡馬力、楊富學 回鶻文《八十華嚴·毗盧遮那品》殘葉研究《内陸アジア言语の研究》第22号,2007年7月 p.39~40

B131:2 佛经残片(正面韵文,背面跋文)

张铁山 敦煌莫高窟北区出土回鹘文文献过眼记《敦煌研究》2003年第1期 p.96

张铁山 敦煌莫高窟北区出土回鹘文文献译释研究(一)《敦煌莫高窟北区石窟》第二卷,北京:文物出版社,2004年7月 p.364~365

阿不都热西提·亚库甫 回鹘文雕版印刷密宗文献概述《突厥语文学研究——耿世民教授八十华诞纪念文集》,北京:中央民族大学出版社,2009年11月 p.5(表5)

阿不都热西提·亚库甫 敦煌北区石窟出土回鹘文文献的综合研究《敦煌莫高窟北区石窟研究》(下册),兰州:甘肃教育出版社,2011年4月 p.435(续表,1.佛教文献)

彭金章、王建军 敦煌莫高窟北区石窟(第二卷) 北京:文物出版社,2004年7月 p.197;图版九七,1、2

阿依达尔·米尔卡马力著 回鹘文诗体注疏和新发现敦煌本韵文研究 上海:上海古籍出版社,2015年12月 p.161

阿依达尔·米尔卡马力 从敦煌出土回鹘文佛教文献看汉语对回鹘文佛典语言的影响 乌鲁木齐:新疆大学博士研究生学位论文,2007年6月 p.41(表)

Abdurishid Yakup, Uighurica from the Northern Grottoes of Dunhuang, A Festschrife in Honour of Professor Masahiro Shōgaito's Retirement: *Studies on Eurasian Languages*, Kyoto 2006, pp.1–41.

B465:6 文书残片

阿不都热西提·亚库甫 敦煌北区石窟出土回鹘文文献的综合研究《敦煌莫高窟北区石窟研究》(下册),兰州:甘肃教育出版社,2011年4月 p.442(续表,4.未分类残片)

彭金章、王建军 敦煌莫高窟北区石窟(第二卷) 北京:文物出版社,2004年7月 p.234;图版一一三,1

B465:7-1~2 文书残片

阿不都热西提·亚库甫 敦煌北区石窟出土回鹘文文献的综合研究《敦煌莫高窟北区石窟研究》(下册),兰州:甘肃教育出版社,2011年4月 p.442(续表,4.未分类残片)

彭金章、王建军 敦煌莫高窟北区石窟(第二卷) 北京:文物出版社,2004年7月 p.234;图版一一三,2

B137:2 大乘无量寿经残页

张铁山 敦煌莫高窟北区出土回鹘文文献过眼记《敦煌研究》2003年第1期 p.96

张铁山 敦煌莫高窟北区出土回鹘文文献译释研究(一)《敦煌莫高窟北区石窟》第二卷,北京:文物出版社,2004年7月 p.365~366

张铁山 敦煌出土回鹘文《大乘无量寿经》残页研究《民族语文》2005年第5期 p.64~68

阿依达尔·米尔卡马力 敦煌莫高窟北区新出回鹘文文献综述《敦煌学辑刊》2009年第2期 p.82、84

阿不都热西提·亚库甫 敦煌北区石窟出土回鹘文文献的综合研究《敦煌莫高窟北区石窟研究》(下册),兰州:甘肃教育出版社,2011年4月 p.435(续表,1.佛教文献)、449

彭金章、王建军 敦煌莫高窟北区石窟(第二卷) 北京:文物出版社,2004年7月 p.244、344;图版一一七,4

阿依达尔·米尔卡马力著 回鹘文诗体注疏和新发现敦煌本韵文研究 上海:上海古籍出版社,2015年12月 p.160

王红梅、杨富学、黎春林著 元代畏兀儿宗教文化研究 北京:科学出版社,2017年11月 p.37~38

阿依达尔·米尔卡马力 从敦煌出土回鹘文佛教文献看汉语对回鹘文佛典语言的影响 乌鲁木齐:新疆

大学博士研究生学位论文,2007年6月 p.35、37

B138:10 大乘无量寿经残页

张铁山 敦煌莫高窟北区出土回鹘文文献过眼记《敦煌研究》2003年第1期 p.96

张铁山 敦煌莫高窟北区出土回鹘文文献译释研究(一)《敦煌莫高窟北区石窟》第二卷,北京:文物出版社,2004年7月 p.365~366

张铁山 敦煌出土回鹘文《大乘无量寿经》残页研究《民族语文》2005年第5期 p.64~68

阿依达尔·米尔卡马力 敦煌莫高窟北区新出回鹘文文献综述《敦煌学辑刊》2009年第2期 p.82、84

阿不都热西提·亚库甫 敦煌北区石窟出土回鹘文文献的综合研究《敦煌莫高窟北区石窟研究》(下册),兰州:甘肃教育出版社,2011年4月 p.435(续表,1.佛教文献)、449

彭金章、王建军 敦煌莫高窟北区石窟(第二卷) 北京:文物出版社,2004年7月 p.248;图版一一九,2

阿依达尔·米尔卡马力著 回鹘文诗体注疏和新发现敦煌本韵文研究 上海:上海古籍出版社,2015年12月 p.160

王红梅、杨富学、黎春林著 元代畏兀儿宗教文化研究 北京:科学出版社,2017年11月 p.37~38

阿依达尔·米尔卡马力 从敦煌出土回鹘文佛教文献看汉语对回鹘文佛典语言的影响 乌鲁木齐:新疆大学博士研究生学位论文,2007年6月 p.35、37

B138:11 佛经残片

张铁山 敦煌莫高窟北区出土回鹘文文献过眼记《敦煌研究》2003年第1期 p.96

张铁山 敦煌莫高窟北区出土回鹘文文献译释研究(一)《敦煌莫高窟北区石窟》第二卷,北京:文物出版社,2004年7月 p.366

阿不都热西提·亚库甫 敦煌北区石窟出土回鹘文文献的综合研究《敦煌莫高窟北区石窟研究》(下册),兰州:甘肃教育出版社,2011年4月 p.435(续表,1.佛教文献)

彭金章、王建军 敦煌莫高窟北区石窟(第二卷) 北京:文物出版社,2004年7月 p.248;图版一一九,3、4

阿依达尔·米尔卡马力 从敦煌出土回鹘文佛教文献看汉语对回鹘文佛典语言的影响 乌鲁木齐:新疆大学博士研究生学位论文,2007年6月 p.41(表)

B139:3 佛经残片

张铁山 敦煌莫高窟北区出土回鹘文文献过眼记《敦煌研究》2003年第1期 p.96

张铁山 敦煌莫高窟北区出土回鹘文文献译释研究(一)《敦煌莫高窟北区石窟》第二卷,北京:文物出版社,2004年7月 p.366

彭金章、王建军 敦煌莫高窟北区石窟(第二卷) 北京:文物出版社,2004年7月 p.254

B140:4 残文书

张铁山 敦煌莫高窟北区出土回鹘文文献译释研究(一)《敦煌莫高窟北区石窟》第二卷,北京:文物出版社,2004年7月 p.366

阿依达尔·米尔卡马力 敦煌莫高窟北区新出回鹘文文献综述《敦煌学辑刊》2009年第2期 p.82

阿不都热西提·亚库甫 敦煌北区石窟出土回鹘文文献的综合研究《敦煌莫高窟北区石窟研究》(下册),兰州:甘肃教育出版社,2011年4月 p.442(续表,4.未分类残片)

彭金章、王建军 敦煌莫高窟北区石窟(第二卷)[①] 北京:文物出版社,2004年7月 p.258;图版一二三,4

阿依达尔·米尔卡马力著 回鹘文诗体注疏和新发现敦煌本韵文研究 上海:上海古籍出版社,2015年12月 p.160

阿依达尔·米尔卡马力 从敦煌出土回鹘文佛教文献看汉语对回鹘文佛典语言的影响 乌鲁木齐:新疆大学博士研究生学位论文,2007年6月 p.35、41(表)

B140:5 文殊师利所说不思议佛境界经跋文

张铁山 敦煌莫高窟北区出土回鹘文文献过眼记《敦煌研究》2003年第1期 p.96

张铁山 敦煌莫高窟北区出土回鹘文文献译释研究(一)《敦煌莫高窟北区石窟》第二卷,北京:文物出版社,2004年7月 p.366

张铁山 莫高窟北区出土三件珍贵的回鹘文佛经残片研究 《敦煌研究》2004年第1期 p.78~82

阿依达尔·米尔卡马力 敦煌莫高窟北区新出回鹘文文献综述《敦煌学辑刊》2009年第2期 p.83、85、86

阿不都热西提·亚库甫 回鹘文雕版印刷密宗文献概述《突厥语文学研究——耿世民教授八十华诞纪念文集》,北京:中央民族大学出版社,2009年11月 p.5(表5)

阿不都热西提·亚库甫 敦煌北区石窟出土回鹘文文献的综合研究《敦煌莫高窟北区石窟研究》(下册),兰州:甘肃教育出版社,2011年4月 p.440(续表,2.跋文);p.459~462;图26

阿依达尔·米尔卡马力 回鹘佛经翻译家Čisuin都统其人《西域研究》2016年第3期 p.96、97

杨富学、张田芳 敦煌本回鹘文《说心性经》为禅学原著说《西南民族大学学报》(人文社科版)2018年第1期 p.79

杨富学、张田芳 回鹘文《说心性经》作者身份考《中国边疆学》第7辑,北京:社会科学文献出版社,2018年3月 p.192~199

彭金章、王建军 敦煌莫高窟北区石窟(第二卷) 北京:文物出版社,2004年7月 p.258;图版一二三,5

阿依达尔·米尔卡马力著 回鹘文诗体注疏和新发现敦煌本韵文研究 上海:上海古籍出版社,2015年12月 p.16、160、205

---

①彭金章、王建军《敦煌莫高窟北区石窟》(第二卷)B140:4解说:"残存手写体文字12行。具体内容不可释读。"阿依达尔·米尔卡马力在《敦煌莫高窟北区新出回鹘文文献综述》和《回鹘文诗体注疏和新发现敦煌本韵文研究》中却作"《文殊师利所说不思议佛境界经》(B140:4)",有误。B140:5应为文殊师利所说不思议佛境界经残片。

阿不都热西提·亚库甫著 古代维吾尔语赞美诗和描写性韵文的语文学研究 上海:上海古籍出版社,2015年12月 p.60~62

王红梅、杨富学、黎春林著 元代畏兀儿宗教文化研究 北京:科学出版社,2017年11月 p.45

阿依达尔·米尔卡马力 从敦煌出土回鹘文佛教文献看汉语对回鹘文佛典语言的影响 乌鲁木齐:新疆大学博士研究生学位论文,2007年6月 p.35、38、39

张田芳 敦煌本回鹘文《说心性经》探原 兰州:兰州大学博士研究生学位论文,2018年12月 p.12、27、38~39

Abdurishit Yakup, Uighurica from the Northern Grottoes of Dunhuang, *Studies on Eurasian Languages*, Kyoto University, 2006, pp.1–41.

B140:6 残文书

张铁山 敦煌莫高窟北区出土回鹘文文献过眼记《敦煌研究》2003年第1期 p.96

张铁山 敦煌莫高窟北区出土回鹘文文献译释研究(一)《敦煌莫高窟北区石窟》第二卷,北京:文物出版社,2004年7月 p.366

阿不都热西提·亚库甫 敦煌北区石窟出土回鹘文文献的综合研究《敦煌莫高窟北区石窟研究》(下册),兰州:甘肃教育出版社,2011年4月 p.442(续表,4.未分类残片)

彭金章、王建军 敦煌莫高窟北区石窟(第二卷) 北京:文物出版社,2004年7月 p.258;图版一二四,1

阿依达尔·米尔卡马力 从敦煌出土回鹘文佛教文献看汉语对回鹘文佛典语言的影响 乌鲁木齐:新疆大学博士研究生学位论文,2007年6月 p.41(表)

B140:8(背) 佛教文献(韵文?)

阿不都热西提·亚库甫 敦煌北区石窟出土回鹘文文献的综合研究《敦煌莫高窟北区石窟研究》(下册),兰州:甘肃教育出版社,2011年4月 p.435(续表,1.佛教文献)

彭金章、王建军 敦煌莫高窟北区石窟(第二卷) 北京:文物出版社,2004年7月 p.258;图版一二四,2

阿依达尔·米尔卡马力 从敦煌出土回鹘文佛教文献看汉语对回鹘文佛典语言的影响 乌鲁木齐:新疆大学博士研究生学位论文,2007年6月 p.41(表)

B140:9(正) 汉文、回鹘文残文书

阿不都热西提·亚库甫 敦煌北区石窟出土回鹘文文献的综合研究《敦煌莫高窟北区石窟研究》(下册),兰州:甘肃教育出版社,2011年4月 p.435(续表,1.佛教文献)

彭金章、王建军 敦煌莫高窟北区石窟(第二卷) 北京:文物出版社,2004年7月 p.258;图版一二三,3

阿依达尔·米尔卡马力 从敦煌出土回鹘文佛教文献看汉语对回鹘文佛典语言的影响 乌鲁木齐:新疆大学博士研究生学位论文,2007年6月 p.41(表)

B140:9(背) 残文书

阿不都热西提·亚库甫 敦煌北区石窟出土回鹘文文献的综合研究《敦煌莫高窟北区石窟研究》(下册),兰州:甘肃教育出版社,2011年4月 p.442(续表,4.未分类残片)

彭金章、王建军 敦煌莫高窟北区石窟(第二卷) 北京:文物出版社,2004年7月 p.258;图版一二四,3

B142:9-1~2 佛经残片

张铁山 敦煌莫高窟北区出土回鹘文文献过眼记《敦煌研究》2003年第1期 p.96

张铁山 敦煌莫高窟北区出土回鹘文文献译释研究(一)《敦煌莫高窟北区石窟》第二卷,北京:文物出版社,2004年7月 p.367

阿不都热西提·亚库甫 敦煌北区石窟出土回鹘文文献的综合研究《敦煌莫高窟北区石窟研究》(下册),兰州:甘肃教育出版社,2011年4月 p.435(续表,1.佛教文献)

彭金章、王建军 敦煌莫高窟北区石窟(第二卷) 北京:文物出版社,2004年7月 p.265;图版一二七,2

B142:10 残文书

张铁山 敦煌莫高窟北区出土回鹘文文献过眼记《敦煌研究》2003年第1期 p.96

张铁山 敦煌莫高窟北区出土回鹘文文献译释研究(一)《敦煌莫高窟北区石窟》第二卷,北京:文物出版社,2004年7月 p.367

阿不都热西提·亚库甫 敦煌北区石窟出土回鹘文文献的综合研究《敦煌莫高窟北区石窟研究》(下册),兰州:甘肃教育出版社,2011年4月 p.441(续表,3.世俗文书)

彭金章、王建军 敦煌莫高窟北区石窟(第二卷) 北京:文物出版社,2004年7月 p.265~266;图版一二七,3

阿依达尔·米尔卡马力 从敦煌出土回鹘文佛教文献看汉语对回鹘文佛典语言的影响 乌鲁木齐:新疆大学博士研究生学位论文,2007年6月 p.41(表)

B142:11 残文书

张铁山 敦煌莫高窟北区出土回鹘文文献过眼记《敦煌研究》2003年第1期 p.96

张铁山 敦煌莫高窟北区出土回鹘文文献译释研究(一)《敦煌莫高窟北区石窟》第二卷,北京:文物出版社,2004年7月 p.367

阿不都热西提·亚库甫 敦煌北区石窟出土回鹘文文献的综合研究《敦煌莫高窟北区石窟研究》(下册),兰州:甘肃教育出版社,2011年4月 p.442(续表,4.未分类残片)

彭金章、王建军 敦煌莫高窟北区石窟(第二卷) 北京:文物出版社,2004年7月 p.266

B142:12 残文书

张铁山 敦煌莫高窟北区出土回鹘文文献过眼记《敦煌研究》2003年第1期 p.96

张铁山 敦煌莫高窟北区出土回鹘文文献译释研究(一)《敦煌莫高窟北区石窟》第二卷,北京:文物出版社,2004年7月 p.367

阿不都热西提·亚库甫 敦煌北区石窟出土回鹘文文献的综合研究《敦煌莫高窟北区石窟研究》(下册),兰州:甘肃教育出版社,2011年4月 p.442(续表,4.未分类残片)

彭金章、王建军 敦煌莫高窟北区石窟(第二卷) 北京:文物出版社,2004年7月 p.266

B147:10 残文书

张铁山 敦煌莫高窟北区出土回鹘文文献译释研究(一)《敦煌莫高窟北区石窟》第二卷,北京:文物出版社,2004年7月 p.367

阿不都热西提·亚库甫 敦煌北区石窟出土回鹘文文献的综合研究《敦煌莫高窟北区石窟研究》(下册),兰州:甘肃教育出版社,2011年4月 p.442(续表,4.未分类残片)

彭金章、王建军 敦煌莫高窟北区石窟(第二卷) 北京:文物出版社,2004年7月 p.284

B151:3(背) 残文书

阿不都热西提·亚库甫 敦煌北区石窟出土回鹘文文献的综合研究《敦煌莫高窟北区石窟研究》(下册),兰州:甘肃教育出版社,2011年4月 p.435(续表,1.佛教文献)

彭金章、王建军 敦煌莫高窟北区石窟(第二卷) 北京:文物出版社,2004年7月 p.310;图版一六八,5

阿依达尔·米尔卡马力 从敦煌出土回鹘文佛教文献看汉语对回鹘文佛典语言的影响 乌鲁木齐:新疆大学博士研究生学位论文,2007年6月 p.41(表)

B152:4 残文书

阿不都热西提·亚库甫 敦煌北区石窟出土回鹘文文献的综合研究《敦煌莫高窟北区石窟研究》(下册),兰州:甘肃教育出版社,2011年4月 p.442(续表,4.未分类残片)

彭金章、王建军 敦煌莫高窟北区石窟(第二卷) 北京:文物出版社,2004年7月 p.315

B154:52 文书残片

张铁山 敦煌莫高窟北区出土回鹘文文献译释研究(一)《敦煌莫高窟北区石窟》第二卷,北京:文物出版社,2004年7月 p.367

张铁山 敦煌莫高窟北区出土回鹘文文献过眼记[①] 《敦煌研究》2003年第1期 p.96

阿不都热西提·亚库甫 敦煌北区石窟出土回鹘文文献的综合研究《敦煌莫高窟北区石窟研究》(下册),兰州:甘肃教育出版社,2011年4月 p.435(续表,1.佛教文献)

---

①张铁山《敦煌莫高窟北区出土回鹘文文献过眼记》将此残片编号为B154-3。经核查,敦煌研究院编《敦煌莫高窟北区石窟》(第二卷)中B154:52说明与张氏简要译文相一致,故此处采用《敦煌莫高窟北区石窟》B154:52编号。

彭金章、王建军 敦煌莫高窟北区石窟(第二卷) 北京:文物出版社,2004年7月 p.323;图版一七四,2、3

B156:3 文书残页

张铁山 敦煌莫高窟北区出土回鹘文文献过眼记《敦煌研究》2003年第1期 p.96

张铁山 敦煌莫高窟北区出土回鹘文文献译释研究(一)《敦煌莫高窟北区石窟》第二卷,北京:文物出版社,2004年7月 p.367~368

阿不都热西提·亚库甫 敦煌北区石窟出土回鹘文文献的综合研究《敦煌莫高窟北区石窟研究》(下册),兰州:甘肃教育出版社,2011年4月 p.435(续表,1.佛教文献)

彭金章、王建军 敦煌莫高窟北区石窟(第二卷) 北京:文物出版社,2004年7月 p.330;图版一七六,6

B157:12 大乘无量寿经残页

张铁山 敦煌莫高窟北区出土回鹘文文献过眼记《敦煌研究》2003年第1期 p.96

张铁山 敦煌莫高窟北区出土回鹘文文献译释研究(二)《敦煌莫高窟北区石窟》第三卷,北京:文物出版社,2004年7月 p.383~384

阿依达尔·米尔卡马力 敦煌莫高窟北区新出回鹘文文献综述《敦煌学辑刊》2009年第2期 p.84

阿不都热西提·亚库甫 敦煌北区石窟出土回鹘文文献的综合研究《敦煌莫高窟北区石窟研究》(下册),兰州:甘肃教育出版社,2011年4月 p.435(续表,1.佛教文献)

彭金章、王建军 敦煌莫高窟北区石窟(第三卷) 北京:文物出版社,2004年7月 p.19~20;图版九,1

阿依达尔·米尔卡马力 从敦煌出土回鹘文佛教文献看汉语对回鹘文佛典语言的影响 乌鲁木齐:新疆大学博士研究生学位论文,2007年6月 p.37

Abdurishid Yakup, On the Uyghur Block Prints: Corpus and the Process of Cataloguing. *Lecture giuen at the Centre for Eurasian Studies*. Kyoto University, January 29, 2005. (For a summary see Eurasia kogo bunken no bunkengaku teki kenkyū.) Newsletter No.11 2005/9/16, pp.3-7.

B157:15-1~3 实义疏残片

张铁山 敦煌莫高窟北区出土回鹘文文献过眼记《敦煌研究》2003年第1期 p.96

张铁山 敦煌莫高窟北区出土回鹘文文献译释研究(二)《敦煌莫高窟北区石窟》第三卷,北京:文物出版社,2004年7月 p.384~385

阿依达尔·米尔卡马力 敦煌莫高窟北区新出回鹘文文献综述《敦煌学辑刊》2009年第2期 p.83~84

阿不都热西提·亚库甫 敦煌北区石窟出土回鹘文文献的综合研究《敦煌莫高窟北区石窟研究》(下册),兰州:甘肃教育出版社,2011年4月 p.436(续表,1.佛教文献)

杨富学 新世纪初国内回鹘佛教研究的回顾与展望《西夏研究》2013年第2期 p.59

彭金章、王建军 敦煌莫高窟北区石窟(第三卷) 北京:文物出版社,2004年7月 p.20;图版八,1、2

王红梅、杨富学、黎春林著 元代畏兀儿宗教文化研究 北京:科学出版社,2017年11月 p.39

阿依达尔·米尔卡马力 敦煌莫高窟北区B157窟出土回鹘文『阿毗达磨俱舍论实义疏』残叶研究《京都大学言語学研究》24号，京都：京都大学大学院文学研究科言語学研究室，2005年12月24日 p.1~13；收入彭金章主编《敦煌莫高窟北区石窟研究》（下册），兰州：甘肃教育出版社，2011年4月 p.412~428；图18、19

阿依达尔·米尔卡马力 从敦煌出土回鹘文佛教文献看汉语对回鹘文佛典语言的影响 乌鲁木齐：新疆大学博士研究生学位论文，2007年6月 p.36、45~59、162

B157:19 佛经残片

张铁山 敦煌莫高窟北区出土回鹘文文献过眼记《敦煌研究》2003年第1期 p.96~97

张铁山 敦煌莫高窟北区出土回鹘文文献译释研究（二）《敦煌莫高窟北区石窟》第三卷，北京：文物出版社，2004年7月 p.386

阿不都热西提·亚库甫 敦煌北区石窟出土回鹘文文献的综合研究《敦煌莫高窟北区石窟研究》（下册），兰州：甘肃教育出版社，2011年4月 p.436（续表，1.佛教文献）

彭金章、王建军 敦煌莫高窟北区石窟（第三卷） 北京：文物出版社，2004年7月 p.20~21；图版九，2、3

B157:20 文书

张铁山 敦煌莫高窟北区出土回鹘文文献过眼记《敦煌研究》2003年第1期 p.97

张铁山 敦煌莫高窟北区出土回鹘文文献译释研究（二）《敦煌莫高窟北区石窟》第三卷，北京：文物出版社，2004年7月 p.386

阿不都热西提·亚库甫 敦煌北区石窟出土回鹘文文献的综合研究《敦煌莫高窟北区石窟研究》（下册），兰州：甘肃教育出版社，2011年4月 p.436（续表，1.佛教文献）

彭金章、王建军 敦煌莫高窟北区石窟（第三卷） 北京：文物出版社，2004年7月 p.21；图版九，4

阿依达尔·米尔卡马力 从敦煌出土回鹘文佛教文献看汉语对回鹘文佛典语言的影响 乌鲁木齐：新疆大学博士研究生学位论文，2007年6月 p.41（表）

B157:14 佛说天地八阳神咒经残片

张铁山 敦煌莫高窟北区出土回鹘文文献过眼记《敦煌研究》2003年第1期 p.96

张铁山 敦煌莫高窟北区出土回鹘文文献译释研究（二）《敦煌莫高窟北区石窟》第三卷，北京：文物出版社，2004年7月 p.384

阿依达尔·米尔卡马力 敦煌莫高窟北区新出回鹘文文献综述《敦煌学辑刊》2009年第2期 p.83

阿不都热西提·亚库甫 回鹘文雕版印刷密宗文献概述《突厥语文学研究——耿世民教授八十华诞纪念文集》，北京：中央民族大学出版社，2009年11月 p.5（表2）

阿不都热西提·亚库甫 敦煌北区石窟出土回鹘文文献的综合研究《敦煌莫高窟北区石窟研究》（下册），兰州：甘肃教育出版社，2011年4月 p.436（续表，1.佛教文献）；p.452~454；图24

彭金章、王建军 敦煌莫高窟北区石窟（第三卷） 北京：文物出版社，2004年7月 p.21；图版九，5

阿依达尔·米尔卡马力著 回鹘文诗体注疏和新发现敦煌本韵文研究 上海：上海古籍出版社，2015年12月 p.160

阿依达尔·米尔卡马力 从敦煌出土回鹘文佛教文献看汉语对回鹘文佛典语言的影响 乌鲁木齐：新疆大学博士研究生学位论文，2007年6月 p.35

Abdurishid Yakup, Uighurica from the Northern Grottoes of Dunhuang, A Festschrife in Honour of Professor Masahiro Shōgaito's Retirement: *Studies on Eurasian Languages*, Kyoto 2006, pp.1–41.

B157:16 长阿含经残页

张铁山 敦煌莫高窟北区出土回鹘文文献过眼记《敦煌研究》2003年第1期 p.96

张铁山《阿含经》在回鹘人中的传译及其社会历史原因《西域研究》2003年第4期 p.66~67

张铁山 敦煌莫高窟北区出土三件回鹘文佛经残片研究《民族语文》2003年第6期 p.44、47~49

张铁山 敦煌莫高窟北区出土回鹘文文献译释研究（二）《敦煌莫高窟北区石窟》第三卷，北京：文物出版社，2004年7月 p.385~386

阿依达尔·米尔卡马力 敦煌莫高窟北区新出回鹘文文献综述《敦煌学辑刊》2009年第2期 p.84

阿不都热西提·亚库甫 敦煌北区石窟出土回鹘文文献的综合研究《敦煌莫高窟北区石窟研究》（下册），兰州：甘肃教育出版社，2011年4月 p.436（续表，1.佛教文献）

彭金章、王建军 敦煌莫高窟北区石窟（第三卷） 北京：文物出版社，2004年7月 p.21~22；图版九，6

王红梅、杨富学、黎春林著 元代畏兀儿宗教文化研究 北京：科学出版社，2017年11月 p.34、35

阿依达尔·米尔卡马力 从敦煌出土回鹘文佛教文献看汉语对回鹘文佛典语言的影响 乌鲁木齐：新疆大学博士研究生学位论文，2007年6月 p.37

阿依达尔·米尔卡马力 敦煌B157窟新発見ウイグル文「阿含経」断片二件《西南アジア研究》第74号，京都：京都大学大学院文学研究科文学部，2011年 p.58~59

B157:13 佛教徒发愿文残片（写本）

张铁山 敦煌莫高窟北区出土回鹘文文献过眼记《敦煌研究》2003年第1期 p.96

张铁山 敦煌莫高窟北区出土回鹘文文献译释研究（二）《敦煌莫高窟北区石窟》第三卷，北京：文物出版社，2004年7月 p.384

阿依达尔·米尔卡马力 敦煌莫高窟北区出土两件回鹘文佛教文献残片研究《敦煌佛教与禅宗学术讨论会文集》，西安：三秦出版社，2007年7月 p.484~494

阿依达尔·米尔卡马力 敦煌莫高窟北区出土的两件回鹘文佛教文献残片研究《敦煌研究》2008年第4期 p.84~88；图1

阿依达尔·米尔卡马力敦煌莫高窟北区新出回鹘文文献综述《敦煌学辑刊》2009年第2期 p.87

阿不都热西提·亚库甫 敦煌北区石窟出土回鹘文文献的综合研究《敦煌莫高窟北区石窟研究》（下册），兰州：甘肃教育出版社，2011年4月 p.436（续表，1.佛教文献）；p.463~465；图27

彭金章、王建军 敦煌莫高窟北区石窟(第三卷) 北京:文物出版社,2004年7月 p.22;图版一〇

颜廷亮著 敦煌文学千年史 北京:人民文学出版社,2013年11月 p.379、463

阿依达尔·米尔卡马力 从敦煌出土回鹘文佛教文献看汉语对回鹘文佛典语言的影响 乌鲁木齐:新疆大学博士研究生学位论文,2007年6月 p.40、69~72

B157:17 阿含经残页

张铁山 敦煌莫高窟北区出土回鹘文文献过眼记《敦煌研究》2003年第1期 p.96

张铁山 敦煌莫高窟北区出土回鹘文文献译释研究(二)《敦煌莫高窟北区石窟》第三卷,北京:文物出版社,2004年7月 p.386

阿不都热西提·亚库甫 敦煌北区石窟出土回鹘文文献的综合研究《敦煌莫高窟北区石窟研究》(下册),兰州:甘肃教育出版社,2011年4月 p.436(续表,1.佛教文献)

彭金章、王建军 敦煌莫高窟北区石窟(第三卷) 北京:文物出版社,2004年7月 p.22~23;图版一一,1、2

阿依达尔·米尔卡马力 从敦煌出土回鹘文佛教文献看汉语对回鹘文佛典语言的影响 乌鲁木齐:新疆大学博士研究生学位论文,2007年6月 p.41(表)

阿依达尔·米尔卡马力 敦煌B157窟新発見ウイグル文「阿含経」断片二件《西南アジア研究》第74号,京都:京都大学大学院文学研究科文学部,2011年 p.58~67;p.14;図2

B157:25 长阿含经残页

阿不都热西提·亚库甫 敦煌北区石窟出土回鹘文文献的综合研究《敦煌莫高窟北区石窟研究》(下册),兰州:甘肃教育出版社,2011年4月 p.436(续表,1.佛教文献)

彭金章、王建军 敦煌莫高窟北区石窟(第三卷) 北京:文物出版社,2004年7月 p.23;图版一一,3、4

阿依达尔·米尔卡马力 从敦煌出土回鹘文佛教文献看汉语对回鹘文佛典语言的影响 乌鲁木齐:新疆大学博士研究生学位论文,2007年6月 p.41(表)

阿依达尔·米尔卡马力 敦煌B157窟新発見ウイグル文「阿含経」断片二件《西南アジア研究》第74号,京都:京都大学大学院文学研究科文学部,2011年 p.58~67;p.14図1

B157:26 佛教文献残页

阿依达尔·米尔卡马力 莫高窟北区出土回鹘文《俱舍论颂疏论本》残卷研究《突厥语文学研究——耿世民教授八十华诞纪念文集》,北京:中央民族大学出版社,2009年11月 p.37注③;p.49~51

阿不都热西提·亚库甫 敦煌北区石窟出土回鹘文文献的综合研究《敦煌莫高窟北区石窟研究》(下册),兰州:甘肃教育出版社,2011年4月 p.436(续表,1.佛教文献)

彭金章、王建军 敦煌莫高窟北区石窟(第三卷) 北京:文物出版社,2004年7月 p.23;图版一一,5、6

阿依达尔·米尔卡马力 从敦煌出土回鹘文佛教文献看汉语对回鹘文佛典语言的影响 乌鲁木齐:新疆大学博士研究生学位论文,2007年6月 p.41(表)

B157:18 佛经残片

张铁山 敦煌莫高窟北区出土回鹘文文献过眼记《敦煌研究》2003年第1期 p.96

张铁山 敦煌莫高窟北区出土回鹘文文献译释研究(二)《敦煌莫高窟北区石窟》第三卷,北京:文物出版社,2004年7月 p.386

阿不都热西提·亚库甫 敦煌北区石窟出土回鹘文文献的综合研究《敦煌莫高窟北区石窟研究》(下册),兰州:甘肃教育出版社,2011年4月 p.436(续表,1.佛教文献)

彭金章、王建军 敦煌莫高窟北区石窟(第三卷) 北京:文物出版社,2004年7月 p.23;图版一二,1;彩版二,1

阿依达尔·米尔卡马力 从敦煌出土回鹘文佛教文献看汉语对回鹘文佛典语言的影响 乌鲁木齐:新疆大学博士研究生学位论文,2007年6月 p.41(表)

B157:23 佛经残片

张铁山 敦煌莫高窟北区出土回鹘文文献过眼记《敦煌研究》2003年第1期 p.97

张铁山 敦煌莫高窟北区出土回鹘文文献译释研究(二)《敦煌莫高窟北区石窟》第三卷,北京:文物出版社,2004年7月 p.386~387

阿不都热西提·亚库甫 敦煌北区石窟出土回鹘文文献的综合研究《敦煌莫高窟北区石窟研究》(下册),兰州:甘肃教育出版社,2011年4月 p.436(续表,1.佛教文献)

彭金章、王建军 敦煌莫高窟北区石窟(第三卷) 北京:文物出版社,2004年7月 p.23;图版一二,2、3

阿依达尔·米尔卡马力 从敦煌出土回鹘文佛教文献看汉语对回鹘文佛典语言的影响 乌鲁木齐:新疆大学博士研究生学位论文,2007年6月 p.41(表)

B157:24 密宗文献残页

张铁山 敦煌莫高窟北区出土回鹘文文献过眼记《敦煌研究》2003年第1期 p.97

张铁山 敦煌莫高窟北区出土回鹘文文献译释研究(二)《敦煌莫高窟北区石窟》第三卷,北京:文物出版社,2004年7月 p.387

阿不都热西提·亚库甫 敦煌北区石窟出土回鹘文文献的综合研究《敦煌莫高窟北区石窟研究》(下册),兰州:甘肃教育出版社,2011年4月 p.436(续表,1.佛教文献)

彭金章、王建军 敦煌莫高窟北区石窟(第三卷) 北京:文物出版社,2004年7月 p.23;图版一二,4、5

阿依达尔·米尔卡马力 从敦煌出土回鹘文佛教文献看汉语对回鹘文佛典语言的影响 乌鲁木齐:新疆大学博士研究生学位论文,2007年6月 p.41(表)

B157:54-1~2(背) 佛教文献残页

阿不都热西提·亚库甫 敦煌北区石窟出土回鹘文文献的综合研究《敦煌莫高窟北区石窟研究》(下册),兰州:甘肃教育出版社,2011年4月 p.436(续表,1.佛教文献)

彭金章、王建军 敦煌莫高窟北区石窟(第三卷) 北京:文物出版社,2004年7月 p.23;图版一二,6

阿依达尔·米尔卡马力 从敦煌出土回鹘文佛教文献看汉语对回鹘文佛典语言的影响 乌鲁木齐:新疆大学博士研究生学位论文,2007年6月 p.41(表)

松井太 敦煌出土のウイグル语曆占文书:通书『玉匣记』との關連を中心に《人文社会論叢》(人文科学編)26,青森:弘前大學人文學部,2011年8月 p.25、32~35;p.44;图1幅

B157:28 数碎片

张铁山 敦煌莫高窟北区出土回鹘文文献过眼记《敦煌研究》2003年第1期 p.97

B157:29 佛经、数碎片

张铁山 敦煌莫高窟北区出土回鹘文文献过眼记《敦煌研究》2003年第1期 p.97

B157-E89 碎片

张铁山 敦煌莫高窟北区出土回鹘文文献过眼记《敦煌研究》2003年第1期 p.97

B157-30 大包碎片

张铁山 敦煌莫高窟北区出土回鹘文文献过眼记《敦煌研究》2003年第1期 p.97

B157-32 大包碎片

张铁山 敦煌莫高窟北区出土回鹘文文献过眼记《敦煌研究》2003年第1期 p.97

B159:3-1~3(背) 别译杂阿含经残卷

张铁山 敦煌莫高窟北区B159窟出土回鹘文《别译杂阿含经》残卷研究《民族语文》2001年第6期 p.36~46

张铁山 敦煌莫高窟北区B159窟出土回鹘文《别译杂阿含经》残卷研究(二)《民族语文》2003年第1期 p.59~67

张铁山 敦煌莫高窟北区出土回鹘文文献过眼记《敦煌研究》2003年第1期 p.97

张铁山 莫高窟北区出土两件回鹘文佛经残片研究《敦煌学辑刊》2003年第2期 p.80~83

张铁山《阿含经》在回鹘人中的传译及其社会历史原因《西域研究》2003年第4期 p.70

张铁山 敦煌莫高窟北区出土回鹘文文献译释研究(二)《敦煌莫高窟北区石窟》第三卷,北京:文物出版社,2004年7月 p.387

阿依达尔·米尔卡马力 敦煌莫高窟北区新出回鹘文文献综述《敦煌学辑刊》2009年第2期 p.84

阿不都热西提·亚库甫 敦煌北区石窟出土回鹘文文献的综合研究《敦煌莫高窟北区石窟研究》(下册),兰州:甘肃教育出版社,2011年4月 p.436~437(续表,1.佛教文献)

杨富学 新世纪初国内回鹘佛教研究的回顾与展望《西夏研究》2013年第2期 p.60

彭金章、王建军 敦煌莫高窟北区石窟(第二卷) 北京:文物出版社,2004年7月 p.344

彭金章、王建军 敦煌莫高窟北区石窟(第三卷) 北京:文物出版社,2004年7月 p.39;图版一八,1、2

王红梅、杨富学、黎春林著 元代畏兀儿宗教文化研究 北京:科学出版社,2017年11月 p.35

阿依达尔·米尔卡马力 从敦煌出土回鹘文佛教文献看汉语对回鹘文佛典语言的影响 乌鲁木齐:新疆大学博士研究生学位论文,2007年6月 p.37

阿依达尔·米尔卡马力 普林斯顿大学图书馆藏回鹘文《中阿含经》研究《京都大学言语学研究》第29号,京都:京都大学大学院研究科言语学研究室,2010年 p.3(列表)

阿依达尔·米尔卡马力 敦煌B157窟新発見ウイグル文「阿含経」断片二件《西南アジア研究》第74号,京都:京都大学大学院文学研究科文学部,2011年 p.58(列表)

B159:28 佛顶心大陀罗尼残页

张铁山 敦煌莫高窟北区出土回鹘文文献过眼记《敦煌研究》2003年第1期 p.97

张铁山 敦煌莫高窟北区出土回鹘文文献译释研究(二)《敦煌莫高窟北区石窟》第三卷,北京:文物出版社,2004年7月 p.387

阿依达尔·米尔卡马力 敦煌莫高窟北区新出回鹘文文献综述《敦煌学辑刊》2009年第2期 p.83

阿不都热西提·亚库甫 敦煌北区石窟出土回鹘文文献的综合研究《敦煌莫高窟北区石窟研究》(下册),兰州:甘肃教育出版社,2011年4月 p.437(续表,1.佛教文献);p.454~456;彩版五、六

彭金章、王建军 敦煌莫高窟北区石窟(第三卷) 北京:文物出版社,2004年7月 p.39;彩版二,2、3

阿依达尔·米尔卡马力著 回鹘文诗体注疏和新发现敦煌本韵文研究 上海:上海古籍出版社,2015年12月 p.160

阿依达尔·米尔卡马力 从敦煌出土回鹘文佛教文献看汉语对回鹘文佛典语言的影响 乌鲁木齐:新疆大学博士研究生学位论文,2007年6月 p.35

B159:29 佛顶心大陀罗尼残页

张铁山 敦煌莫高窟北区出土回鹘文文献过眼记《敦煌研究》2003年第1期 p.97

张铁山 敦煌莫高窟北区出土回鹘文文献译释研究(二)《敦煌莫高窟北区石窟》第三卷,北京:文物出版社,2004年7月 p.387~388

阿依达尔·米尔卡马力 敦煌莫高窟北区新出回鹘文文献综述《敦煌学辑刊》2009年第2期 p.83

阿不都热西提·亚库甫 敦煌北区石窟出土回鹘文文献的综合研究《敦煌莫高窟北区石窟研究》(下册),兰州:甘肃教育出版社,2011年4月 p.437(续表,1.佛教文献);p.454~455;彩版四

彭金章、王建军 敦煌莫高窟北区石窟(第三卷) 北京:文物出版社,2004年7月 p.39~40;彩版二,4

阿依达尔·米尔卡马力著 回鹘文诗体注疏和新发现敦煌本韵文研究 上海:上海古籍出版社,2015年12月 p.160

阿依达尔·米尔卡马力 从敦煌出土回鹘文佛教文献看汉语对回鹘文佛典语言的影响 乌鲁木齐:新疆大学博士研究生学位论文,2007年6月 p.35

B159:39 佛顶心大陀罗尼残页

张铁山 敦煌莫高窟北区出土回鹘文文献过眼记《敦煌研究》2003年第1期 p.97

张铁山 敦煌莫高窟北区出土回鹘文文献译释研究(二)《敦煌莫高窟北区石窟》第三卷,北京:文物出版社,2004年7月 p.388

阿依达尔·米尔卡马力 敦煌莫高窟北区新出回鹘文文献综述《敦煌学辑刊》2009年第2期 p.83

阿不都热西提·亚库甫 敦煌北区石窟出土回鹘文文献的综合研究《敦煌莫高窟北区石窟研究》(下册),兰州:甘肃教育出版社,2011年4月 p.437(续表,1.佛教文献);p.454~458;图25

彭金章、王建军 敦煌莫高窟北区石窟(第三卷) 北京:文物出版社,2004年7月 p.40;图版一九,1

阿依达尔·米尔卡马力著 回鹘文诗体注疏和新发现敦煌本韵文研究 上海:上海古籍出版社,2015年12月 p.160

阿依达尔·米尔卡马力 从敦煌出土回鹘文佛教文献看汉语对回鹘文佛典语言的影响 乌鲁木齐:新疆大学博士研究生学位论文,2007年6月 p.35

B159:40 佛经残页

张铁山 敦煌莫高窟北区出土回鹘文文献过眼记《敦煌研究》2003年第1期 p.97

张铁山 敦煌莫高窟北区出土回鹘文文献译释研究(二)《敦煌莫高窟北区石窟》第三卷,北京:文物出版社,2004年7月 p.388

阿不都热西提·亚库甫 敦煌北区石窟出土回鹘文文献的综合研究《敦煌莫高窟北区石窟研究》(下册),兰州:甘肃教育出版社,2011年4月 p.437(续表,1.佛教文献)

彭金章、王建军 敦煌莫高窟北区石窟(第三卷) 北京:文物出版社,2004年7月 p.40;图版一九,2

B159:22(背) 佛经残页

张铁山 敦煌莫高窟北区出土回鹘文文献过眼记《敦煌研究》2003年第1期 p.97

张铁山 敦煌莫高窟北区出土回鹘文文献译释研究(二)《敦煌莫高窟北区石窟》第三卷,北京:文物出版社,2004年7月 p.387

阿不都热西提·亚库甫 敦煌北区石窟出土回鹘文文献的综合研究《敦煌莫高窟北区石窟研究》(下册),兰州:甘肃教育出版社,2011年4月 p.437(续表,1.佛教文献)

彭金章、王建军 敦煌莫高窟北区石窟(第三卷) 北京:文物出版社,2004年7月 p.40;图版一九,3

B159:2(背) 回鹘文书眉汉文佛经残页

张铁山 敦煌莫高窟北区出土回鹘文文献过眼记《敦煌研究》2003年第1期 p.97

张铁山 敦煌莫高窟北区出土回鹘文文献译释研究(二)《敦煌莫高窟北区石窟》第三卷,北京:文物出版社,2004年7月 p.387

阿不都热西提·亚库甫 敦煌北区石窟出土回鹘文文献的综合研究《敦煌莫高窟北区石窟研究》(下册),兰州:甘肃教育出版社,2011年4月 p.436(续表,1.佛教文献)

彭金章、王建军 敦煌莫高窟北区石窟(第三卷) 北京:文物出版社,2004年7月 p.40;图版一九,4

阿依达尔·米尔卡马力 从敦煌出土回鹘文佛教文献看汉语对回鹘文佛典语言的影响 乌鲁木齐:新疆大学博士研究生学位论文,2007年6月 p.41(表)

B159–5 大包碎片

张铁山 敦煌莫高窟北区出土回鹘文文献过眼记《敦煌研究》2003年第1期 p.97

B160:6 大乘无量寿经残片

张铁山 敦煌莫高窟北区出土回鹘文文献过眼记《敦煌研究》2003年第1期 p.97

张铁山 敦煌莫高窟北区出土回鹘文文献译释研究(一)《敦煌莫高窟北区石窟》第二卷,北京:文物出版社,2004年7月 p.365

张铁山 敦煌莫高窟北区出土回鹘文文献译释研究(二)《敦煌莫高窟北区石窟》第三卷,北京:文物出版社,2004年7月 p.388

张铁山 敦煌出土回鹘文《大乘无量寿经》残页研究《民族语文》2005年第5期 p.64~68

阿依达尔·米尔卡马力 敦煌莫高窟北区新出回鹘文文献综述《敦煌学辑刊》2009年第2期 p.82、84

阿不都热西提·亚库甫 敦煌北区石窟出土回鹘文文献的综合研究《敦煌莫高窟北区石窟研究》(下册),兰州:甘肃教育出版社,2011年4月 p.437(续表,1.佛教文献)、449

彭金章、王建军 敦煌莫高窟北区石窟(第三卷) 北京:文物出版社,2004年7月 p.50;图版二五,1

阿依达尔·米尔卡马力著 回鹘文诗体注疏和新发现敦煌本韵文研究 上海:上海古籍出版社,2015年12月 p.160

王红梅、杨富学、黎春林著 元代畏兀儿宗教文化研究 北京:科学出版社,2017年11月 p.37~38

阿依达尔·米尔卡马力 从敦煌出土回鹘文佛教文献看汉语对回鹘文佛典语言的影响 乌鲁木齐:新疆大学博士研究生学位论文,2007年6月 p.35、37

B160:7 残文书(死亡书)

张铁山 敦煌莫高窟北区出土回鹘文文献过眼记《敦煌研究》2003年第1期 p.97

张铁山 敦煌莫高窟北区出土回鹘文文献译释研究(二)《敦煌莫高窟北区石窟》第三卷,北京:文物出版社,2004年7月 p.388

阿不都热西提·亚库甫 敦煌北区石窟出土回鹘文文献的综合研究《敦煌莫高窟北区石窟研究》(下册),兰州:甘肃教育出版社,2011年4月 p.437(续表,1.佛教文献)

彭金章、王建军 敦煌莫高窟北区石窟(第三卷) 北京:文物出版社,2004年7月 p.50;图版二五,2

阿依达尔·米尔卡马力 从敦煌出土回鹘文佛教文献看汉语对回鹘文佛典语言的影响 乌鲁木齐:新疆大学博士研究生学位论文,2007年6月 p.41(表)

B160:12 大乘无量寿经残片

张铁山 敦煌莫高窟北区出土回鹘文文献过眼记《敦煌研究》2003年第1期 p.97

张铁山 敦煌莫高窟北区出土回鹘文文献译释研究(一)《敦煌莫高窟北区石窟》第二卷,北京:文物出版社,2004年7月 p.365

张铁山 敦煌莫高窟北区出土回鹘文文献译释研究(二)《敦煌莫高窟北区石窟》第三卷,北京:文物出版社,2004年7月 p.388~389

张铁山 敦煌出土回鹘文《大乘无量寿经》残页研究《民族语文》2005年第5期 p.64~68

阿依达尔·米尔卡马力 敦煌莫高窟北区新出回鹘文文献综述《敦煌学辑刊》2009年第2期 p.82、84

阿不都热西提·亚库甫 敦煌北区石窟出土回鹘文文献的综合研究《敦煌莫高窟北区石窟研究》(下册),兰州:甘肃教育出版社,2011年4月 p.437(续表,1.佛教文献)、449

彭金章、王建军 敦煌莫高窟北区石窟(第三卷) 北京:文物出版社,2004年7月 p.51;图版二五,3

阿依达尔·米尔卡马力著 回鹘文诗体注疏和新发现敦煌本韵文研究 上海:上海古籍出版社,2015年12月 p.160

王红梅、杨富学、黎春林著 元代畏兀儿宗教文化研究 北京:科学出版社,2017年11月 p.37~38

阿依达尔·米尔卡马力 从敦煌出土回鹘文佛教文献看汉语对回鹘文佛典语言的影响 乌鲁木齐:新疆大学博士研究生学位论文,2007年6月 p.35、37

第464:171 三品经封面

张铁山 敦煌莫高窟北区出土回鹘文文献过眼记《敦煌研究》2003年第1期 p.99

阿不都热西提·亚库甫 敦煌北区石窟出土回鹘文文献的综合研究《敦煌莫高窟北区石窟研究》(下册),兰州:甘肃教育出版社,2011年4月 p.440(续表,1.佛教文献)

彭金章、王建军 敦煌莫高窟北区石窟(第三卷) 北京:文物出版社,2004年7月 p.87;彩版九,3

第464:67(背) 佛教文献残页

张铁山 敦煌莫高窟北区出土回鹘文文献过眼记《敦煌研究》2003年第1期 p.98

张铁山 敦煌莫高窟北区出土回鹘文文献译释研究(二)《敦煌莫高窟北区石窟》第三卷,北京:文物出版社,2004年7月 p.389

阿不都热西提·亚库甫 敦煌北区石窟出土回鹘文文献的综合研究《敦煌莫高窟北区石窟研究》(下册),兰州:甘肃教育出版社,2011年4月 p.438(续表,1.佛教文献)

皮特·茨默著,王平先译 解读敦煌文献B464:67之回鹘文诗歌《敦煌研究》2017年第1期 p.31~34;图1

彭金章、王建军 敦煌莫高窟北区石窟(第三卷) 北京:文物出版社,2004年7月 p.87;图版四五,1

阿依达尔·米尔卡马力 从敦煌出土回鹘文佛教文献看汉语对回鹘文佛典语言的影响 乌鲁木齐:新疆大学博士研究生学位论文,2007年6月 p.42(表)

第464:66(正)佛经残页(观世音菩萨)

张铁山 敦煌莫高窟北区出土回鹘文文献过眼记《敦煌研究》2003年第1期 p.98

张铁山 敦煌莫高窟北区出土回鹘文文献译释研究(二)《敦煌莫高窟北区石窟》第三卷,北京:文物出版社,2004年7月 p.389

阿不都热西提·亚库甫 敦煌北区石窟出土回鹘文文献的综合研究《敦煌莫高窟北区石窟研究》(下册),兰州:甘肃教育出版社,2011年4月 p.438(续表,1.佛教文献)

霍巍 荒漠清灯苦行僧——敦煌莫高窟北区石窟考古发掘所见僧侣生活《历史教学》2015年第24期 p.4

彭金章、王建军 敦煌莫高窟北区石窟(第三卷) 北京:文物出版社,2004年7月 p.87~88;图版三六,1

阿依达尔·米尔卡马力 从敦煌出土回鹘文佛教文献看汉语对回鹘文佛典语言的影响 乌鲁木齐:新疆大学博士研究生学位论文,2007年6月 p.42(表)

第464:65(正)佛教文献(韵文?)

张铁山 敦煌莫高窟北区出土回鹘文文献过眼记《敦煌研究》2003年第1期 p.98

张铁山 敦煌莫高窟北区出土回鹘文文献译释研究(二)《敦煌莫高窟北区石窟》第三卷,北京:文物出版社,2004年7月 p.389

阿不都热西提·亚库甫 敦煌北区石窟出土回鹘文文献的综合研究《敦煌莫高窟北区石窟研究》(下册),兰州:甘肃教育出版社,2011年4月 p.438(续表,1.佛教文献)

彭金章、王建军 敦煌莫高窟北区石窟(第三卷) 北京:文物出版社,2004年7月 p.88;图版三一

阿依达尔·米尔卡马力著 回鹘文诗体注疏和新发现敦煌本韵文研究 上海:上海古籍出版社,2015年12月 p.15、161

阿依达尔·米尔卡马力 从敦煌出土回鹘文佛教文献看汉语对回鹘文佛典语言的影响 乌鲁木齐:新疆大学博士研究生学位论文,2007年6月 p.41(表)

第464:65(背)功德回向

张铁山 敦煌莫高窟北区出土回鹘文文献过眼记《敦煌研究》2003年第1期 p.98

张铁山 敦煌莫高窟北区出土回鹘文文献译释研究(二)《敦煌莫高窟北区石窟》第三卷,北京:文物出版社,2004年7月 p.389

阿不都热西提·亚库甫 敦煌北区石窟出土回鹘文文献的综合研究《敦煌莫高窟北区石窟研究》(下册),兰州:甘肃教育出版社,2011年4月 p.438(续表,1.佛教文献)

彭金章、王建军 敦煌莫高窟北区石窟(第三卷) 北京:文物出版社,2004年7月 p.88;图版四五,2

阿依达尔·米尔卡马力 从敦煌出土回鹘文佛教文献看汉语对回鹘文佛典语言的影响 乌鲁木齐：新疆大学博士研究生学位论文，2007年6月 p.42(表)

第464:121 梁朝傅大士颂金刚经残片

彭金章 敦煌莫高窟北区石窟新发现的文献及其学术价值《新世纪敦煌学论集》，成都：巴蜀书社，2003年3月 p.69；收入彭金章主编《敦煌莫高窟北区石窟研究》(上册)，兰州：甘肃教育出版社，2011年4月 p.95

张铁山 敦煌莫高窟北区出土回鹘文文献过眼记《敦煌研究》2003年第1期 p.98

张铁山 敦煌莫高窟北区出土回鹘文文献译释研究(二)《敦煌莫高窟北区石窟》第三卷，北京：文物出版社，2004年7月 p.390~391

张铁山 莫高窟北区出土三件珍贵的回鹘文佛经残片研究《敦煌研究》2004年第1期 p.78~82

阿依达尔·米尔卡马力 敦煌莫高窟北区石窟出土《梁朝傅大士颂金刚经》残叶研究《新疆大学学报》(哲学·人文社会科学版)2006年第3期 p.55~58；又题名作《敦煌莫高窟北区石窟出土回鹘文〈梁朝傅大士颂金刚经〉残页研究》，收入彭金章主编《敦煌莫高窟北区石窟研究》(下册)，兰州：甘肃教育出版社，2011年4月 p.397~404；图15

阿依达尔·米尔卡马力 敦煌莫高窟北区新出回鹘文文献综述《敦煌学辑刊》2009年第2期 p.82、83、86~88

阿不都热西提·亚库甫 回鹘文雕版印刷密宗文献概述《突厥语文学研究——耿世民教授八十华诞纪念文集》，北京：中央民族大学出版社，2009年11月 p.5(表4)

阿不都热西提·亚库甫 敦煌北区石窟出土回鹘文文献的综合研究《敦煌莫高窟北区石窟研究》(下册)，兰州：甘肃教育出版社，2011年4月 p.439(续表，1.佛教文献)；p.458~459

杨富学 新世纪初国内回鹘佛教研究的回顾与展望《西夏研究》2013年第2期 p.62

彭金章、王建军 敦煌莫高窟北区石窟(第二卷) 北京：文物出版社，2004年7月 p.344

彭金章、王建军 敦煌莫高窟北区石窟(第三卷) 北京：文物出版社，2004年7月 p.88；彩版一〇，1

阿依达尔·米尔卡马力著 回鹘文诗体注疏和新发现敦煌本韵文研究 上海：上海古籍出版社，2015年12月 p.160

王红梅、杨富学、黎春林著 元代畏兀儿宗教文化研究 北京：科学出版社，2017年11月 p.44

阿依达尔·米尔卡马力 从敦煌出土回鹘文佛教文献看汉语对回鹘文佛典语言的影响 乌鲁木齐：新疆大学博士研究生学位论文，2007年6月 p.35、39、42、61~67

Abdurishid Yakup, Uighurica from the Northern Grottoes of Dunhuang, A Festschrife in Honour of Professor Masahiro Shōgaito's Retirement: *Studies on Eurasian Languages*, Kyoto 2006, pp.1–41.

第464:122 佛教文献残页

阿不都热西提·亚库甫 敦煌北区石窟出土回鹘文文献的综合研究《敦煌莫高窟北区石窟研究》(下册)，兰州：甘肃教育出版社，2011年4月 p.439(续表，1.佛教文献)

彭金章、王建军 敦煌莫高窟北区石窟(第三卷) 北京:文物出版社,2004年7月 p.88;图版四六,1、2

阿依达尔·米尔卡马力 从敦煌出土回鹘文佛教文献看汉语对回鹘文佛典语言的影响 乌鲁木齐:新疆大学博士研究生学位论文,2007年6月 p.42(表)

第464:61 密宗文献("五大"之描写)

张铁山 敦煌莫高窟北区出土回鹘文文献过眼记《敦煌研究》2003年第1期 p.98

张铁山 敦煌莫高窟北区出土回鹘文文献译释研究(二)《敦煌莫高窟北区石窟》第三卷,北京:文物出版社,2004年7月 p.389

阿不都热西提·亚库甫 敦煌北区石窟出土回鹘文文献的综合研究《敦煌莫高窟北区石窟研究》(下册),兰州:甘肃教育出版社,2011年4月 p.438(续表,1.佛教文献);p.447~449;图22

彭金章、王建军 敦煌莫高窟北区石窟(第三卷) 北京:文物出版社,2004年7月 p.88;图版四七

第464:142 圣无量寿经残片

张铁山 敦煌莫高窟北区出土回鹘文文献过眼记《敦煌研究》2003年第1期 p.98

张铁山 敦煌莫高窟北区出土回鹘文文献译释研究(二)《敦煌莫高窟北区石窟》第三卷,北京:文物出版社,2004年7月 p.392~393

彭金章 莫高窟北区洞窟——考古新课题《典藏古美术》2005年第4期 p.66;收入彭金章主编《敦煌莫高窟北区石窟研究》(上册),兰州:甘肃教育出版社,2011年4月 p.48

阿依达尔·米尔卡马力 敦煌莫高窟北区新出回鹘文文献综述《敦煌学辑刊》2009年第2期 p.82~84

阿不都热西提·亚库甫 敦煌北区石窟出土回鹘文文献的综合研究《敦煌莫高窟北区石窟研究》(下册),兰州:甘肃教育出版社,2011年4月 p.439(续表,1.佛教文献)

彭金章、王建军 敦煌莫高窟北区石窟(第三卷) 北京:文物出版社,2004年7月 p.88~89;图版四八,1

阿依达尔·米尔卡马力著 回鹘文诗体注疏和新发现敦煌本韵文研究 上海:上海古籍出版社,2015年12月 p.160

阿依达尔·米尔卡马力 从敦煌出土回鹘文佛教文献看汉语对回鹘文佛典语言的影响 乌鲁木齐:新疆大学博士研究生学位论文,2007年6月 p.35、37

B464:142+B157:12 大乘无量寿宗要经残片

阿不都热西提·亚库甫 敦煌北区石窟出土回鹘文文献的综合研究《敦煌莫高窟北区石窟研究》(下册),兰州:甘肃教育出版社,2011年4月 p.449~450

说明:第464:142和B157:12两块残片可缀合。

第464:141 佛教文献残页

张铁山 敦煌莫高窟北区出土回鹘文文献过眼记《敦煌研究》2003年第1期 p.98

张铁山 敦煌莫高窟北区出土回鹘文文献译释研究(二)《敦煌莫高窟北区石窟》第三卷,北京:文物出版社,2004年7月 p.392

阿不都热西提·亚库甫 敦煌北区石窟出土回鹘文文献的综合研究《敦煌莫高窟北区石窟研究》(下册),兰州:甘肃教育出版社,2011年4月 p.439(续表,1.佛教文献)

彭金章、王建军 敦煌莫高窟北区石窟(第三卷) 北京:文物出版社,2004年7月 p.89;图版四八,2

第464:146 佛说随求即得大自在陀罗尼神咒经

张铁山 敦煌莫高窟北区出土回鹘文文献过眼记《敦煌研究》2003年第1期 p.99

张铁山 敦煌莫高窟北区出土回鹘文文献译释研究(二)《敦煌莫高窟北区石窟》第三卷,北京:文物出版社,2004年7月 p.393

阿不都热西提·亚库甫 敦煌北区石窟出土回鹘文文献的综合研究《敦煌莫高窟北区石窟研究》(下册),兰州:甘肃教育出版社,2011年4月 p.439(续表,1.佛教文献)

彭金章、王建军 敦煌莫高窟北区石窟(第三卷) 北京:文物出版社,2004年7月 p.89;图版四九,1

阿依达尔·米尔卡马力 从敦煌出土回鹘文佛教文献看汉语对回鹘文佛典语言的影响 乌鲁木齐:新疆大学博士研究生学位论文,2007年6月 p.42(表)

第464:143 卜鲁罕时代所印印本跋文

张铁山 敦煌莫高窟北区出土回鹘文文献过眼记《敦煌研究》2003年第1期 p.99

张铁山 敦煌莫高窟北区出土回鹘文文献译释研究(二)《敦煌莫高窟北区石窟》第三卷,北京:文物出版社,2004年7月 p.393

阿依达尔·米尔卡马力 敦煌莫高窟北区新出回鹘文文献综述《敦煌学辑刊》2009年第2期 p.85、86

阿不都热西提·亚库甫 敦煌北区石窟出土回鹘文文献的综合研究《敦煌莫高窟北区石窟研究》(下册),兰州:甘肃教育出版社,2011年4月 p.440(续表,2.跋文);p.462~463

彭金章、王建军 敦煌莫高窟北区石窟(第三卷) 北京:文物出版社,2004年7月 p.89;图版四九,2

王红梅、杨富学、黎春林著 元代畏兀儿宗教文化研究 北京:科学出版社,2017年11月 p.45

阿依达尔·米尔卡马力 从敦煌出土回鹘文佛教文献看汉语对回鹘文佛典语言的影响 乌鲁木齐:新疆大学博士研究生学位论文,2007年6月 p.38、39、42(表)

第464:139 佛教韵文诗残片(正面佛教文献,背面跋文)

张铁山 敦煌莫高窟北区出土回鹘文文献过眼记《敦煌研究》2003年第1期 p.98

张铁山 敦煌莫高窟北区出土回鹘文文献译释研究(二)《敦煌莫高窟北区石窟》第三卷,北京:文物出版社,2004年7月 p.391~392

彭金章 莫高窟北区洞窟——考古新课题《典藏古美术》2005年第4期 p.68;图1幅

阿依达尔·米尔卡马力 敦煌莫高窟北区新出回鹘文文献综述《敦煌学辑刊》2009年第2期 p.85、86

阿不都热西提·亚库甫 敦煌北区石窟出土回鹘文文献的综合研究《敦煌莫高窟北区石窟研究》(下册),兰州:甘肃教育出版社,2011年4月 p.439(续表,1.佛教文献);p.440(续表,2.跋文)

彭金章、王建军 敦煌莫高窟北区石窟(第三卷) 北京:文物出版社,2004年7月 p.89;图版五〇,1、2

阿依达尔·米尔卡马力著 回鹘文诗体注疏和新发现敦煌本韵文研究 上海:上海古籍出版社,2015年12月 p.15

王红梅、杨富学、黎春林著 元代畏兀儿宗教文化研究 北京:科学出版社,2017年11月 p.45

阿依达尔·米尔卡马力 从敦煌出土回鹘文佛教文献看汉语对回鹘文佛典语言的影响 乌鲁木齐:新疆大学博士研究生学位论文,2007年6月 p.38、39、42(表)

第464:134–1~2 圣救度母二十一种礼赞经(插线绘菩萨像)

阿依达尔·米尔卡马力 敦煌莫高窟北区新出回鹘文文献综述《敦煌学辑刊》2009年第2期 p.85、86

阿不都热西提·亚库甫 回鹘文雕版印刷密宗文献概述《突厥语文学研究——耿世民教授八十华诞纪念文集》,北京:中央民族大学出版社,2009年11月 p.9

阿不都热西提·亚库甫 敦煌北区石窟出土回鹘文文献的综合研究《敦煌莫高窟北区石窟研究》(下册),兰州:甘肃教育出版社,2011年4月 p.440(续表,1.佛教文献)

彭金章、王建军 敦煌莫高窟北区石窟(第三卷) 北京:文物出版社,2004年7月 p.89~90;彩版一〇,2、3

王红梅、杨富学、黎春林著 元代畏兀儿宗教文化研究 北京:科学出版社,2017年11月 p.45

阿依达尔·米尔卡马力 从敦煌出土回鹘文佛教文献看汉语对回鹘文佛典语言的影响 乌鲁木齐:新疆大学博士研究生学位论文,2007年6月 p.38、39、42(表)

第464:137 密宗文献

张铁山 敦煌莫高窟北区出土回鹘文文献过眼记《敦煌研究》2003年第1期 p.98

张铁山 敦煌莫高窟北区出土回鹘文文献译释研究(二)《敦煌莫高窟北区石窟》第三卷,北京:文物出版社,2004年7月 p.391

阿不都热西提·亚库甫 敦煌北区石窟出土回鹘文文献的综合研究《敦煌莫高窟北区石窟研究》(下册),兰州:甘肃教育出版社,2011年4月 p.439(续表,1.佛教文献)

彭金章、王建军 敦煌莫高窟北区石窟(第三卷) 北京:文物出版社,2004年7月 p.90;图版五一,1

阿依达尔·米尔卡马力 从敦煌出土回鹘文佛教文献看汉语对回鹘文佛典语言的影响 乌鲁木齐:新疆大学博士研究生学位论文,2007年6月 p.42(表)

第464:138 佛教文献残页

张铁山 敦煌莫高窟北区出土回鹘文文献过眼记《敦煌研究》2003年第1期 p.98

张铁山 敦煌莫高窟北区出土回鹘文文献译释研究(二)《敦煌莫高窟北区石窟》第三卷,北京:文物出版社,2004年7月 p.391

阿不都热西提·亚库甫 敦煌北区石窟出土回鹘文文献的综合研究《敦煌莫高窟北区石窟研究》(下册),兰州:甘肃教育出版社,2011年4月 p.439(续表,1.佛教文献)

彭金章、王建军 敦煌莫高窟北区石窟(第三卷) 北京:文物出版社,2004年7月 p.90;图版五一,2

阿依达尔·米尔卡马力 从敦煌出土回鹘文佛教文献看汉语对回鹘文佛典语言的影响 乌鲁木齐:新疆大学博士研究生学位论文,2007年6月 p.42(表)

第464:144 残文书

张铁山 敦煌莫高窟北区出土回鹘文文献过眼记《敦煌研究》2003年第1期 p.99

张铁山 敦煌莫高窟北区出土回鹘文文献译释研究(二)《敦煌莫高窟北区石窟》第三卷,北京:文物出版社,2004年7月 p.393

第464:145 佛经残片

张铁山 敦煌莫高窟北区出土回鹘文文献过眼记《敦煌研究》2003年第1期 p.99

张铁山 敦煌莫高窟北区出土回鹘文文献译释研究(二)《敦煌莫高窟北区石窟》第三卷,北京:文物出版社,2004年7月 p.393

阿不都热西提·亚库甫 敦煌北区石窟出土回鹘文文献的综合研究《敦煌莫高窟北区石窟研究》(下册),兰州:甘肃教育出版社,2011年4月 p.439(续表,1.佛教文献)

彭金章、王建军 敦煌莫高窟北区石窟(第三卷) 北京:文物出版社,2004年7月 p.90;图版五一,3

阿依达尔·米尔卡马力 从敦煌出土回鹘文佛教文献看汉语对回鹘文佛典语言的影响 乌鲁木齐:新疆大学博士研究生学位论文,2007年6月 p.42(表)

第464:73 上师赞残片

张铁山 敦煌莫高窟北区出土回鹘文文献过眼记《敦煌研究》2003年第1期 p.98

张铁山 敦煌莫高窟北区出土回鹘文文献译释研究(二)《敦煌莫高窟北区石窟》第三卷,北京:文物出版社,2004年7月 p.389~390

阿依达尔·米尔卡马力 敦煌莫高窟北区新出回鹘文文献综述《敦煌学辑刊》2009年第2期 p.82

阿不都热西提·亚库甫 敦煌北区石窟出土回鹘文文献的综合研究《敦煌莫高窟北区石窟研究》(下册),兰州:甘肃教育出版社,2011年4月 p.438(续表,1.佛教文献);p.443~446;图20、21

杨富学 裕固族与晚期敦煌石窟《敦煌研究》2017年第6期 p.54

彭金章、王建军 敦煌莫高窟北区石窟(第三卷) 北京:文物出版社,2004年7月 p.90;图版五二,1、2

阿依达尔·米尔卡马力著 回鹘文诗体注疏和新发现敦煌本韵文研究 上海:上海古籍出版社,2015年12月 p.160

阿依达尔·米尔卡马力 从敦煌出土回鹘文佛教文献看汉语对回鹘文佛典语言的影响 乌鲁木齐:新疆大学博士研究生学位论文,2007年6月 p.35、160~161

第464:140 佛教文献残页

张铁山 敦煌莫高窟北区出土回鹘文文献过眼记《敦煌研究》2003年第1期 p.98

张铁山 敦煌莫高窟北区出土回鹘文文献译释研究(二)《敦煌莫高窟北区石窟》第三卷,北京:文物出版社,2004年7月 p.392

阿不都热西提·亚库甫 敦煌北区石窟出土回鹘文文献的综合研究《敦煌莫高窟北区石窟研究》(下册),兰州:甘肃教育出版社,2011年4月 p.439(续表,1.佛教文献)

彭金章、王建军 敦煌莫高窟北区石窟(第三卷) 北京:文物出版社,2004年7月 p.90;图版五三,1

第464:148 七星经残片

张铁山 敦煌莫高窟北区出土回鹘文文献过眼记《敦煌研究》2003年第1期 p.99

张铁山 敦煌莫高窟北区出土回鹘文文献译释研究(二)《敦煌莫高窟北区石窟》第三卷,北京:文物出版社,2004年7月 p.393

阿不都热西提·亚库甫 回鹘文雕版印刷密宗文献概述《突厥语文学研究——耿世民教授八十华诞纪念文集》,北京:中央民族大学出版社,2009年11月 p.5(表2)

阿不都热西提·亚库甫 敦煌北区石窟出土回鹘文文献的综合研究《敦煌莫高窟北区石窟研究》(下册),兰州:甘肃教育出版社,2011年4月 p.440(续表,1.佛教文献)

彭金章、王建军 敦煌莫高窟北区石窟(第三卷) 北京:文物出版社,2004年7月 p.90~91;图版五三,2

Peter Zieme, Magische Texte des uigurischen Buddhismus. Takao Moriyasu: *Die Geschichte des uigurischen Manichaismus an der SeidenstraBe*, 2005.

第464:136 残文书

张铁山 敦煌莫高窟北区出土回鹘文文献过眼记《敦煌研究》2003年第1期 p.98

张铁山 敦煌莫高窟北区出土回鹘文文献译释研究(二)《敦煌莫高窟北区石窟》第三卷,北京:文物出版社,2004年7月 p.391

阿不都热西提·亚库甫 敦煌北区石窟出土回鹘文文献的综合研究《敦煌莫高窟北区石窟研究》(下册),兰州:甘肃教育出版社,2011年4月 p.441(续表,3.世俗文书)

彭金章、王建军 敦煌莫高窟北区石窟(第三卷) 北京:文物出版社,2004年7月 p.91;图版五四,1

阿依达尔·米尔卡马力 从敦煌出土回鹘文佛教文献看汉语对回鹘文佛典语言的影响 乌鲁木齐:新疆大学博士研究生学位论文,2007年6月 p.42(表)

第464:147 残文书

张铁山 敦煌莫高窟北区出土回鹘文文献过眼记《敦煌研究》2003年第1期 p.99

张铁山 敦煌莫高窟北区出土回鹘文文献译释研究(二)《敦煌莫高窟北区石窟》第三卷,北京:文物出版社,2004年7月 p.393

阿依达尔·米尔卡马力 敦煌莫高窟北区新出回鹘文文献综述《敦煌学辑刊》2009年第2期 p.87

阿不都热西提·亚库甫 敦煌北区石窟出土回鹘文文献的综合研究《敦煌莫高窟北区石窟研究》(下册),兰州:甘肃教育出版社,2011年4月 p.441(续表,3.世俗文书)

彭金章、王建军 敦煌莫高窟北区石窟(第三卷) 北京:文物出版社,2004年7月 p.91;图版五四,2

阿依达尔·米尔卡马力 从敦煌出土回鹘文佛教文献看汉语对回鹘文佛典语言的影响 乌鲁木齐:新疆大学博士研究生学位论文,2007年6月 p.42(表)

第464:135-1~2 佛教文献残页

张铁山 敦煌莫高窟北区出土回鹘文文献过眼记《敦煌研究》2003年第1期 p.98

张铁山 敦煌莫高窟北区出土回鹘文文献译释研究(二)《敦煌莫高窟北区石窟》第三卷,北京:文物出版社,2004年7月 p.391

阿不都热西提·亚库甫 敦煌北区石窟出土回鹘文文献的综合研究《敦煌莫高窟北区石窟研究》(下册),兰州:甘肃教育出版社,2011年4月 p.439(续表,1.佛教文献)

彭金章、王建军 敦煌莫高窟北区石窟(第三卷) 北京:文物出版社,2004年7月 p.91;图版五五,1、2、3、4

阿依达尔·米尔卡马力 从敦煌出土回鹘文佛教文献看汉语对回鹘文佛典语言的影响 乌鲁木齐:新疆大学博士研究生学位论文,2007年6月 p.42(表)

第464:64 佛教文献残页

张铁山 敦煌莫高窟北区出土回鹘文文献过眼记《敦煌研究》2003年第1期 p.98

张铁山 敦煌莫高窟北区出土回鹘文文献译释研究(二)《敦煌莫高窟北区石窟》第三卷,北京:文物出版社,2004年7月 p.389

阿不都热西提·亚库甫 敦煌北区石窟出土回鹘文文献的综合研究《敦煌莫高窟北区石窟研究》(下册),兰州:甘肃教育出版社,2011年4月 p.438(续表,1.佛教文献)

彭金章、王建军 敦煌莫高窟北区石窟(第三卷) 北京:文物出版社,2004年7月 p.91;图版五六,1

阿依达尔·米尔卡马力 从敦煌出土回鹘文佛教文献看汉语对回鹘文佛典语言的影响 乌鲁木齐:新疆大学博士研究生学位论文,2007年6月 p.41(表)

第464:38(背) 密宗文献(吉祥轮律曼陀罗)

阿不都热西提·亚库甫 敦煌北区石窟出土回鹘文文献的综合研究《敦煌莫高窟北区石窟研究》(下册),兰州:甘肃教育出版社,2011年4月 p.438(续表,1.佛教文献)

彭金章、王建军 敦煌莫高窟北区石窟(第三卷) 北京:文物出版社,2004年7月 p.91;图版五六,2

阿依达尔·米尔卡马力 从敦煌出土回鹘文佛教文献看汉语对回鹘文佛典语言的影响 乌鲁木齐:新疆大学博士研究生学位论文,2007年6月 p.41(表)

第464:72-1~2 佛教文献残页

嘎日迪 敦煌莫高窟北区出土蒙古文和八思巴文文献标音释读(二)① 《敦煌莫高窟北区石窟》第三卷，北京:文物出版社,2004年7月 p.402~403

阿依达尔·米尔卡马力 敦煌莫高窟北区新出回鹘文文献综述《敦煌学辑刊》2009年第2期 p.87

阿不都热西提·亚库甫 敦煌北区石窟出土回鹘文文献的综合研究《敦煌莫高窟北区石窟研究》(下册)，兰州:甘肃教育出版社,2011年4月 p.438(续表,1.佛教文献)

彭金章、王建军 敦煌莫高窟北区石窟(第三卷) 北京:文物出版社,2004年7月 p.98~99;图版六三,4

敖特根著 敦煌莫高窟北区出土蒙古文文献研究 北京:民族出版社,2010年3月 p.4

敖特根 敦煌莫高窟北区出土蒙古文文献研究 兰州:兰州大学博士研究生学位论文,2006年10月 p.2

阿依达尔·米尔卡马力 从敦煌出土回鹘文佛教文献看汉语对回鹘文佛典语言的影响 乌鲁木齐:新疆大学博士研究生学位论文,2007年6月 p.40

第464:161 残文书

阿依达尔·米尔卡马力 敦煌莫高窟北区新出回鹘文文献综述《敦煌学辑刊》2009年第2期 p.82~83

阿依达尔·米尔卡马力著 回鹘文诗体注疏和新发现敦煌本韵文研究 上海:上海古籍出版社,2015年12月 p.160

阿依达尔·米尔卡马力 从敦煌出土回鹘文佛教文献看汉语对回鹘文佛典语言的影响 乌鲁木齐:新疆大学博士研究生学位论文,2007年6月 p.35

B161:9-1~2 残文书(死亡书)

张铁山 敦煌莫高窟北区出土回鹘文文献过眼记《敦煌研究》2003年第1期 p.97

张铁山 敦煌莫高窟北区出土回鹘文文献译释研究(二)《敦煌莫高窟北区石窟》第三卷,北京:文物出版社,2004年7月 p.393

阿不都热西提·亚库甫 敦煌北区石窟出土回鹘文文献的综合研究《敦煌莫高窟北区石窟研究》(下册)，兰州:甘肃教育出版社,2011年4月 p.437(续表,1.佛教文献)

彭金章、王建军 敦煌莫高窟北区石窟(第三卷) 北京:文物出版社,2004年7月 p.111;图版七一,1

阿依达尔·米尔卡马力 从敦煌出土回鹘文佛教文献看汉语对回鹘文佛典语言的影响 乌鲁木齐:新疆大学博士研究生学位论文,2007年6月 p.41(表)

①嘎日迪《敦煌莫高窟北区出土蒙古文和八思巴文文献标音释读(二)》认定该文献为回鹘蒙古文文书。阿不都热西提·亚库甫《敦煌北区石窟出土回鹘文文献的综合研究》和敖特根《敦煌莫高窟北区出土蒙古文文献研究》均认为编号464:72-1~2为回鹘文文书。

B161:10 残文书

张铁山 敦煌莫高窟北区出土回鹘文文献过眼记《敦煌研究》2003年第1期 p.97

张铁山 敦煌莫高窟北区出土回鹘文文献译释研究(二)《敦煌莫高窟北区石窟》第三卷,北京:文物出版社,2004年7月 p.394

阿不都热西提·亚库甫 敦煌北区石窟出土回鹘文文献的综合研究《敦煌莫高窟北区石窟研究》(下册),兰州:甘肃教育出版社,2011年4月 p.437(续表,1.佛教文献)

彭金章、王建军 敦煌莫高窟北区石窟(第三卷) 北京:文物出版社,2004年7月 p.111;图版七一,2

阿依达尔·米尔卡马力 从敦煌出土回鹘文佛教文献看汉语对回鹘文佛典语言的影响 乌鲁木齐:新疆大学博士研究生学位论文,2007年6月 p.41(表)

B163–73 残片

张铁山 敦煌莫高窟北区出土回鹘文文献过眼记《敦煌研究》2003年第1期 p.97

B164:22–1~3 佛教文献残页

阿不都热西提·亚库甫 敦煌北区石窟出土回鹘文文献的综合研究《敦煌莫高窟北区石窟研究》(下册),兰州:甘肃教育出版社,2011年4月 p.437(续表,1.佛教文献)

彭金章、王建军 敦煌莫高窟北区石窟(第三卷) 北京:文物出版社,2004年7月 p.150~151;图版九〇,3

阿依达尔·米尔卡马力 从敦煌出土回鹘文佛教文献看汉语对回鹘文佛典语言的影响 乌鲁木齐:新疆大学博士研究生学位论文,2007年6月 p.41(表)

B165:3 大乘无量寿经残页

张铁山 敦煌莫高窟北区出土回鹘文文献过眼记《敦煌研究》2003年第1期 p.98

张铁山 敦煌莫高窟北区出土回鹘文文献译释研究(二)《敦煌莫高窟北区石窟》第三卷,北京:文物出版社,2004年7月 p.394

阿不都热西提·亚库甫 敦煌北区石窟出土回鹘文文献的综合研究《敦煌莫高窟北区石窟研究》(下册),兰州:甘肃教育出版社,2011年4月 p.441(续表,3.世俗文书)

彭金章、王建军 敦煌莫高窟北区石窟(第三卷) 北京:文物出版社,2004年7月 p.155~156;图版九三,1、2

松井太 敦煌出土のウイグル语暦占文书:通书『玉匣记』との關連を中心に《人文社会論叢》(人文科学編)26,青森:弘前大學人文學部,2011年8月 p.25、28~32;p.43;图2幅

B165:4 佛教文献残页

张铁山 敦煌莫高窟北区出土回鹘文文献过眼记《敦煌研究》2003年第1期 p.98

张铁山 敦煌莫高窟北区出土回鹘文文献译释研究(二)《敦煌莫高窟北区石窟》第三卷,北京:文物出版社,2004年7月 p.394

阿不都热西提·亚库甫 敦煌北区石窟出土回鹘文文献的综合研究《敦煌莫高窟北区石窟研究》(下册),兰州:甘肃教育出版社,2011年4月 p.437(续表,1.佛教文献)

彭金章、王建军 敦煌莫高窟北区石窟(第三卷) 北京:文物出版社,2004年7月 p.156;图版九四,1

阿依达尔·米尔卡马力 从敦煌出土回鹘文佛教文献看汉语对回鹘文佛典语言的影响 乌鲁木齐:新疆大学博士研究生学位论文,2007年6月 p.41(表)

B165:5 佛教文献残页

阿不都热西提·亚库甫 敦煌北区石窟出土回鹘文文献的综合研究《敦煌莫高窟北区石窟研究》(下册),兰州:甘肃教育出版社,2011年4月 p.437(续表,1.佛教文献)、452

彭金章、王建军 敦煌莫高窟北区石窟(第三卷) 北京:文物出版社,2004年7月 p.156;图版九四,2

阿依达尔·米尔卡马力 从敦煌出土回鹘文佛教文献看汉语对回鹘文佛典语言的影响 乌鲁木齐:新疆大学博士研究生学位论文,2007年6月 p.41(表)

B166:6 残文书

张铁山 敦煌莫高窟北区出土回鹘文文献过眼记《敦煌研究》2003年第1期 p.98

张铁山 敦煌莫高窟北区出土回鹘文文献译释研究(二)《敦煌莫高窟北区石窟》第三卷,北京:文物出版社,2004年7月 p.394

阿依达尔·米尔卡马力 敦煌莫高窟北区新出回鹘文文献综述《敦煌学辑刊》2009年第2期 p.87

阿不都热西提·亚库甫 敦煌北区石窟出土回鹘文文献的综合研究《敦煌莫高窟北区石窟研究》(下册),兰州:甘肃教育出版社,2011年4月 p.441(续表,3.世俗文书)

彭金章、王建军 敦煌莫高窟北区石窟(第三卷) 北京:文物出版社,2004年7月 p.161;图版九七,2

阿依达尔·米尔卡马力 从敦煌出土回鹘文佛教文献看汉语对回鹘文佛典语言的影响 乌鲁木齐:新疆大学博士研究生学位论文,2007年6月 p.41(表)

B172:3(正) 佛说大乘圣无量寿决定光明王如陀罗尼经残片

张铁山 敦煌莫高窟北区出土回鹘文文献译释研究(二)《敦煌莫高窟北区石窟》第三卷,北京:文物出版社,2004年7月 p.394~395

张铁山 莫高窟北区出土三件珍贵的回鹘文佛经残片研究《敦煌研究》2004年第1期 p.78~82

阿依达尔·米尔卡马力 敦煌莫高窟北区新出回鹘文文献综述《敦煌学辑刊》2009年第2期 p.82~85

阿不都热西提·亚库甫 敦煌北区石窟出土回鹘文文献的综合研究《敦煌莫高窟北区石窟研究》(下册),兰州:甘肃教育出版社,2011年4月 p.437(续表,1.佛教文献);p.450~452;图23

彭金章、王建军 敦煌莫高窟北区石窟(第三卷) 北京:文物出版社,2004年7月 p.187~188;图版一一〇,2

阿依达尔·米尔卡马力著 回鹘文诗体注疏和新发现敦煌本韵文研究 上海:上海古籍出版社,2015年

12月 p.160

阿依达尔·米尔卡马力 从敦煌出土回鹘文佛教文献看汉语对回鹘文佛典语言的影响 乌鲁木齐：新疆大学博士研究生学位论文，2007年6月 p.35、37

Abdurishid Yakup, On the Uyghur Block Prints: Corpus and the Process of Cataloguing. *Lecture giuen at the Centre for Eurasian Studies*. Kyoto University, January 29, 2005. (For a summary see Eurasia kogo bunken no bunkengaku teki kenkyū.) *Newsletter* No.11 2005/9/16, pp.3–7.

B172：5–1~5（背）俱舍论颂疏论本残片

张铁山 敦煌莫高窟北区出土回鹘文文献过眼记《敦煌研究》2003年第1期 p.98

张铁山 敦煌莫高窟北区出土三件回鹘文佛经残片研究《民族语文》2003年第6期 p.44、49~52

张铁山 敦煌莫高窟北区出土回鹘文文献译释研究（二）《敦煌莫高窟北区石窟》第三卷，北京：文物出版社，2004年7月 p.395~396

阿依达尔·米尔卡马力 敦煌莫高窟北区新出回鹘文文献综述《敦煌学辑刊》2009年第2期 p.87

阿依达尔·米尔卡马力 莫高窟北区出土回鹘文《俱舍论颂疏论本》残卷研究《突厥语文学研究——耿世民教授八十华诞纪念文集》，北京：中央民族大学出版社，2009年11月 p.37~53；图1幅

阿不都热西提·亚库甫 敦煌北区石窟出土回鹘文文献的综合研究《敦煌莫高窟北区石窟研究》（下册），兰州：甘肃教育出版社，2011年4月 p.437~438（续表，1.佛教文献）

杨富学 新世纪初国内回鹘佛教研究的回顾与展望《西夏研究》2013年第2期 p.59

彭金章、王建军 敦煌莫高窟北区石窟（第三卷） 北京：文物出版社，2004年7月 p.188；图版一〇九，2

王红梅、杨富学、黎春林著 元代畏兀儿宗教文化研究 北京：科学出版社，2017年11月 p.40

阿依达尔·米尔卡马力 从敦煌出土回鹘文佛教文献看汉语对回鹘文佛典语言的影响 乌鲁木齐：新疆大学博士研究生学位论文，2007年6月 p.40

敦研759 木活字

张秀民 元明两代的木活字《图书馆》1962年第1期 p.56~60；收入氏著《张秀民印刷史论文集》，北京：印刷工业出版社，1988年11月 p.207；收入上海新四军历史研究会印刷印钞分会《活字印刷源流》（中国印刷史料选辑），北京：印刷工业出版社，1990年8月 p.182~183；收入程焕文编《中国图书论集》，北京：商务印书馆，1994年8月 p.240

杨富学 敦煌研究院藏回鹘文木活字——兼谈木活字的发明《敦煌研究》1990年第2期 p.34~37；封三：图四、图五

牛汝极、杨富学 敦煌回鹘文书法艺术《甘肃民族研究》1995年第1期 p.102；p.106注⑩；收入北京图书馆敦煌吐鲁番学资料中心、《南海》杂志社合编《敦煌吐鲁番学研究论集》，北京：书目文献出版社，1996年6月 p.523；收入林保尧、关友惠主编《中国敦煌学百年文库·艺术卷》（三），兰州：甘肃文化出版社，1999年 p.88注③；又改题为《佛教与敦煌回鹘文书法艺术》，收入杨富学著《西域敦煌宗教论稿》，兰州：甘肃文化出

版社,1998年6月 p.141~142注①

牛汝极 回鹘文木活字《敦煌学大辞典》,上海:上海辞书出版社,1998年12月 p.499~500

杨森 敦煌研究院藏敦煌文献论著目录《敦煌研究文集·敦煌研究院藏敦煌文献研究篇》,兰州:甘肃民族出版社,2000年9月 p.619

杨富学 敦煌回鹘文化遗产及其重要价值《新疆大学学报》(社会科学版)2004年第1期 p.84

阿不都热西提·亚库甫 回鹘文雕版印刷密宗文献概述《突厥语文学研究——耿世民教授八十华诞纪念文集》,北京:中央民族大学出版社,2009年11月 p.2

张秀民著 中国印刷史 上海:上海人民出版社,1989年9月 p.676

杨富学著 回鹘文佛教文献研究 上海:上海古籍出版社,2018年4月 p.247

B56:2 木活字

彭金章、王建军 敦煌莫高窟北区洞窟所出多种民族文字文献和回鹘文木活字综述《敦煌研究》2000年第2期 p.157;收入彭金章主编《敦煌莫高窟北区石窟研究》(上册),兰州:甘肃教育出版社,2011年4月 p.87

雅森·吾守尔 敦煌莫高窟北区石窟出土部分回鹘文文献概述(一)《敦煌莫高窟北区石窟》第一卷,北京:文物出版社,2000年7月 p.356

张铁山 敦煌莫高窟北区出土回鹘文文献过眼记《敦煌研究》2003年第1期 p.95

杨富学 敦煌回鹘文化遗产及其重要价值《新疆大学学报》(社会科学版)2004年第1期 p.84

彭金章 有关回鹘文木活字的几个问题《敦煌研究》2014年第3期 p.60

彭金章、王建军 敦煌莫高窟北区石窟(第一卷) 北京:文物出版社,2000年7月 p.216;图九一,2

彭金章、王建军 敦煌莫高窟北区石窟(第二卷) 北京:文物出版社,2004年7月 p.348~351

杨富学著 回鹘文佛教文献研究 上海:上海古籍出版社,2018年4月 p.247

B59:78-1~16 木活字

彭金章、王建军 敦煌莫高窟北区洞窟所出多种民族文字文献和回鹘文木活字综述《敦煌研究》2000年第2期 p.157;图版47;收入彭金章主编《敦煌莫高窟北区石窟研究》(上册),兰州:甘肃教育出版社,2011年4月 p.87;图35

雅森·吾守尔 敦煌莫高窟北区石窟出土部分回鹘文文献概述(一)《敦煌莫高窟北区石窟》第一卷,北京:文物出版社,2000年7月 p.357

张铁山 敦煌莫高窟北区出土回鹘文文献过眼记《敦煌研究》2003年第1期 p.95

杨富学 敦煌回鹘文化遗产及其重要价值《新疆大学学报》(社会科学版)2004年第1期 p.84

彭金章 有关回鹘文木活字的几个问题《敦煌研究》2014年第3期 p.60~61

彭金章、王建军 敦煌莫高窟北区石窟(第一卷) 北京:文物出版社,2000年7月 p.236~237;图九六,1~16;图版九四,2

彭金章、王建军 敦煌莫高窟北区石窟(第二卷) 北京:文物出版社,2004年7月 p.348~351

B160:2 木活字

彭金章、王建军 敦煌莫高窟北区洞窟所出多种民族文字文献和回鹘文木活字综述《敦煌研究》2000年第2期 p.157;收入彭金章主编《敦煌莫高窟北区石窟研究》(上册),兰州:甘肃教育出版社,2011年4月 p.87

张铁山 敦煌莫高窟北区出土回鹘文文献过眼记《敦煌研究》2003年第1期 p.97

雅森·吾守尔 敦煌莫高窟北区新出土回鹘文木活字解读、翻译《敦煌莫高窟北区石窟》第三卷,北京:文物出版社,2004年7月 p.446

彭金章 有关回鹘文木活字的几个问题《敦煌研究》2014年第3期 p.61

彭金章、王建军 敦煌莫高窟北区石窟(第三卷) 北京:文物出版社,2004年7月 p.51、349;图版一四,1

杨富学著 回鹘文佛教文献研究 上海:上海古籍出版社,2018年4月 p.247

第464:19-1~17 木活字

彭金章、王建军 敦煌莫高窟北区洞窟所出多种民族文字文献和回鹘文木活字综述《敦煌研究》2000年第2期 p.157;收入彭金章主编《敦煌莫高窟北区石窟研究》(上册),兰州:甘肃教育出版社,2011年4月 p.87

张铁山 敦煌莫高窟北区出土回鹘文文献过眼记《敦煌研究》2003年第1期 p.99

雅森·吾守尔 敦煌莫高窟北区新出土回鹘文木活字解读、翻译《敦煌莫高窟北区石窟》第三卷,北京:文物出版社,2004年7月 p.445

彭金章 有关回鹘文木活字的几个问题《敦煌研究》2014年第3期 p.61

彭金章、王建军 敦煌莫高窟北区石窟(第二卷) 北京:文物出版社,2004年7月 p.348~351

彭金章、王建军 敦煌莫高窟北区石窟(第三卷) 北京:文物出版社,2004年7月 p.103~105;图二七,1-18;图版六六,2

杨富学著 回鹘文佛教文献研究 上海:上海古籍出版社,2018年4月 p.247

第464:149-1~2 木活字

彭金章、王建军 敦煌莫高窟北区洞窟所出多种民族文字文献和回鹘文木活字综述《敦煌研究》2000年第2期 p.157;收入彭金章主编《敦煌莫高窟北区石窟研究》(上册),兰州:甘肃教育出版社,2011年4月 p.87

张铁山 敦煌莫高窟北区出土回鹘文文献过眼记《敦煌研究》2003年第1期 p.99

雅森·吾守尔 敦煌莫高窟北区新出土回鹘文木活字解读、翻译《敦煌莫高窟北区石窟》第三卷,北京:文物出版社,2004年7月 p.445

彭金章、王建军 敦煌莫高窟北区石窟(第二卷) 北京:文物出版社,2004年7月 p.348~351

彭金章、王建军 敦煌莫高窟北区石窟(第三卷) 北京:文物出版社,2004年7月 p.103~105;图二七,19、20;图版六六,2

B162:2 木活字

彭金章、王建军 敦煌莫高窟北区洞窟所出多种民族文字文献和回鹘文木活字综述《敦煌研究》2000

年第2期 p.157;收入彭金章主编《敦煌莫高窟北区石窟研究》(上册),兰州:甘肃教育出版社,2011年4月 p.87

张铁山 敦煌莫高窟北区出土回鹘文文献过眼记《敦煌研究》2003年第1期 p.97

杨富学 敦煌回鹘文化遗产及其重要价值《新疆大学学报》(社会科学版)2004年第1期 p.84

彭金章 有关回鹘文木活字的几个问题《敦煌研究》2014年第3期 p.61

彭金章、王建军 敦煌莫高窟北区石窟(第二卷) 北京:文物出版社,2004年7月 p.348~351

彭金章、王建军 敦煌莫高窟北区石窟(第三卷) 北京:文物出版社,2004年7月 p.119~120;图四一,1

杨富学著 回鹘文佛教文献研究 上海:上海古籍出版社,2018年4月 p.247

B163:49-1~10 木活字

彭金章、王建军 敦煌莫高窟北区洞窟所出多种民族文字文献和回鹘文木活字综述《敦煌研究》2000年第2期 p.157;收入彭金章主编《敦煌莫高窟北区石窟研究》(上册),兰州:甘肃教育出版社,2011年4月 p.87

张铁山 敦煌莫高窟北区出土回鹘文文献过眼记《敦煌研究》2003年第1期 p.97~98

杨富学 敦煌回鹘文化遗产及其重要价值《新疆大学学报》(社会科学版)2004年第1期 p.84

雅森·吾守尔 敦煌莫高窟北区新出土回鹘文木活字解读、翻译《敦煌莫高窟北区石窟》第三卷,北京:文物出版社,2004年7月 p.446

彭金章 有关回鹘文木活字的几个问题《敦煌研究》2014年第3期 p.61

彭金章、王建军 敦煌莫高窟北区石窟(第二卷) 北京:文物出版社,2004年7月 p.348~351

彭金章、王建军 敦煌莫高窟北区石窟(第三卷) 北京:文物出版社,2004年7月 p.136、138、139;图四一,2~13;图版八六,1

杨富学、张海娟著 从蒙古豳王到裕固到裕固族大头目 兰州:甘肃文化出版社,2017年5月 p.101

杨富学著 回鹘文佛教文献研究 上海:上海古籍出版社,2018年4月 p.247

B77:7-1~4 木骨题记

雅森·吾守尔 敦煌莫高窟北区石窟出土部分回鹘文文献概述(一)《敦煌莫高窟北区石窟》第一卷,北京:文物出版社,2000年7月 p.356

张铁山 敦煌莫高窟北区出土回鹘文文献过眼记《敦煌研究》2003年第1期 p.95

阿不都热西提·亚库甫 敦煌北区石窟出土回鹘文佛教文献概述《敦煌莫高窟北区石窟研究》(下册),兰州:甘肃教育出版社,2011年4月 p.500~501

彭金章、王建军 敦煌莫高窟北区石窟(第一卷) 北京:文物出版社,2000年7月 p.281;图版一一一,3

敦煌 决定毗尼经[①]

阿不都热西提·亚库甫 回鹘文雕版印刷密宗文献概述《突厥语文学研究——耿世民教授八十华诞纪念文集》,北京:中央民族大学出版社,2009年11月 p.4(表1)

Abdurishid Yakup, Uighurica from the Northern Grottoes of Dunhuang, A Festschrife in Honour of Professor Masahiro Shōgaito's Retirement: *Studies on Eurasian Languages*, Kyoto 2006, pp.1-41.

敦煌 大乘无量寿经[②]

阿不都热西提·亚库甫 回鹘文雕版印刷密宗文献概述《突厥语文学研究——耿世民教授八十华诞纪念文集》,北京:中央民族大学出版社,2009年11月 p.10(表9)

Peter Zieme, Magische Texte des uigurischen Buddhismus. Takao Moriyasu: *Die Geschichte des uigurischen Manichaismus an der SeidenstraBe*, 2005.

敦煌 佛说大白伞盖陀罗尼经[③]

阿不都热西提·亚库甫 回鹘文雕版印刷密宗文献概述《突厥语文学研究——耿世民教授八十华诞纪念文集》,北京:中央民族大学出版社,2009年11月 p.10(表9)

Peter Zieme, Magische Texte des uigurischen Buddhismus. Takao Moriyasu: *Die Geschichte des uigurischen Manichaismus an der SeidenstraBe*, 2005.

---

①阿不都热西提·亚库甫《回鹘文雕版印刷密宗文献概述》和 Abdurishid Yakub, Uighurica from the Northern Grottoes of Dunhuang 所列"敦煌 决定毗尼经"暂时无法确定对应卷号,为研究所需,列出备学者参考。

②阿不都热西提·亚库甫《回鹘文雕版印刷密宗文献概述》和 Abdurishid Yakub, Uighurica from the Northern Grottoes of Dunhuang 所列"敦煌 大乘无量寿经"暂时无法确定对应卷号,为研究所需,列出备学者参考。

③阿不都热西提·亚库甫《回鹘文雕版印刷密宗文献概述》和 Abdurishid Yakub, Uighurica from the Northern Grottoes of Dunhuang 所列"敦煌 佛说大白伞盖陀罗尼经"暂时无法确定对应卷号,为研究所需,列出备学者参考。

5. 敦煌研究院藏敦煌回鹘蒙古文文献

敦煌研究院藏回鹘蒙古文文献共69件(含碎片17片),均出自1988—1995年莫高窟北区考古挖掘现场。这些回鹘蒙古文文献是继敦煌石窟回鹘蒙古文题记研究后的又一重要发现，它对敦煌学和蒙古学两个国际性学科,具有参考和研究价值。敦煌研究院藏敦煌回鹘蒙古文文献研究著录情况如下:

B119:7 法律文书残页

张铁山 敦煌莫高窟北区出土回鹘文文献过眼记《敦煌研究》2003年第1期 p.95

嘎日迪 敦煌莫高窟北区出土蒙古文文献标音释读(一)《敦煌莫高窟北区石窟》第二卷,北京:文物出版社,2004年7月 p.376~377

敖特根 莫高窟北区出土“阿剌忒纳失里令旨”残片《敦煌学辑刊》2006年第3期 p.37;收入彭金章主编《敦煌莫高窟北区石窟研究》(下册),兰州:甘肃教育出版社,2011年4月 p.594

嘎日迪 近十几年来敦煌石窟区考古发现中的蒙古文文献 《丝绸之路民族古文字与文化学术讨论会文集》(上),西安:三秦出版社,2007年7月 p.167;收入彭金章主编《敦煌莫高窟北区石窟研究》(下册),兰州:甘肃教育出版社,2011年4月 p.565~566;图48、49

敖特根 莫高窟北区出土蒙古文残文书B119:7《丝绸之路民族古文字与文化学术讨论会文集》(上),西安:三秦出版社,2007年7月 p.171~191;附图1幅

彭金章、王建军 敦煌莫高窟北区石窟(第二卷) 北京:文物出版社,2004年7月 p.129~130;图版五〇,2

敖特根著 敦煌莫高窟北区出土蒙古文文献研究 北京:民族出版社,2010年3月 p.5;p.11(附表);p.17~38;图1

敖特根 敦煌莫高窟北区出土蒙古文文献研究 兰州:兰州大学博士研究生学位论文,2006年10月 p.3;p.7(附表);p.9~18;图1

B119:9 不详官方文书残页

嘎日迪 敦煌莫高窟北区出土蒙古文文献标音释读(一)《敦煌莫高窟北区石窟》第二卷,北京:文物出

版社,2004年7月 p.377

彭金章、王建军 敦煌莫高窟北区石窟(第二卷) 北京:文物出版社,2004年7月 p.131;图版五一,1

敖特根著 敦煌莫高窟北区出土蒙古文文献研究 北京:民族出版社,2010年3月 p.11(附表);p.140~143;p.190;图13

敖特根 敦煌莫高窟北区出土蒙古文文献研究 兰州:兰州大学博士研究生学位论文,2006年10月 p.7(附表);p.72~74;p.100;图1

B121:40 入菩萨行论残页

嘎日迪 敦煌莫高窟北区出土蒙古文文献标音释读(一)《敦煌莫高窟北区石窟》第二卷,北京:文物出版社,2004年7月 p.379

敖特根 莫高窟北区出土回鹘蒙古文《入菩萨行论》印本残叶《兰州学刊》2009年第12期 p.9~15;图1

张景峰 2009年敦煌学宗教文化研究综述《世界宗教研究》2010年第3期 p.182

嘎日迪 近十几年来敦煌石窟区考古发现中的蒙古文文献《敦煌莫高窟北区石窟研究》(下册),兰州:甘肃教育出版社,2011年4月 p.567~568;图51

彭金章、王建军 敦煌莫高窟北区石窟(第二卷) 北京:文物出版社,2004年7月 p.142~143;图版六一,4

敖特根著 敦煌莫高窟北区出土蒙古文文献研究 北京:民族出版社,2010年3月 p.6~7;p.11(附表);p.219~249;图31

敖特根 敦煌莫高窟北区出土蒙古文文献研究 兰州:兰州大学博士研究生学位论文,2006年10月 p.4;p.7(附表);p.121~136;图1

B127:10 不详佛教文书残页

嘎日迪 敦煌莫高窟北区出土蒙古文文献标音释读(一)《敦煌莫高窟北区石窟》第二卷,北京:文物出版社,2004年7月 p.379~380

敖特根 莫高窟北区出土回鹘蒙古文卖身契约残片《敦煌研究》2010年第1期 p.111注①

彭金章、王建军 敦煌莫高窟北区石窟(第二卷) 北京:文物出版社,2004年7月 p.176;图版七八,3

敖特根著 敦煌莫高窟北区出土蒙古文文献研究[1] 北京:民族出版社,2010年3月 p.4;p.53注②

敖特根 敦煌莫高窟北区出土蒙古文文献研究 兰州:兰州大学博士研究生学位论文,2006年10月 p.2;p.20注②

B127:11 赤达儿卖身契约残片

佚名 敦煌北区石窟发现蒙古人卖身契《敦煌研究》2002年第3期 p.109

佚名 敦煌发现蒙古人卖身契《北京日报》2002年8月21日;又载《北京档案》2002年第9期 p.43

---

①敖特根《敦煌莫高窟北区出土蒙古文文献研究》认为B127:10号为回鹘文文书。

张铁山 敦煌莫高窟北区出土回鹘文文献过眼记《敦煌研究》2003年第1期 p.95

嘎日迪 敦煌莫高窟北区出土蒙古文文献标音释读(一)《敦煌莫高窟北区石窟》第二卷，北京：文物出版社，2004年7月 p.380~381

嘎日迪 近十几年来敦煌石窟区考古发现中的蒙古文文献《丝绸之路民族古文字与文化学术讨论会文集》(上)，西安：三秦出版社，2007年7月 p.167~169；收入彭金章主编《敦煌莫高窟北区石窟研究》(下册)，兰州：甘肃教育出版社，2011年4月 p.565、567；图50

敖特根 莫高窟北区出土回鹘蒙古文卖身契约残片《敦煌研究》2010年第1期 p.111~116；图1

彭金章、王建军 敦煌莫高窟北区石窟(第二卷) 北京：文物出版社，2004年7月 p.177；图版七八，4

敖特根著 敦煌莫高窟北区出土蒙古文文献研究 北京：民族出版社，2010年3月 p.5~6；p.11(附表)；p.40~58；图3

敖特根 敦煌莫高窟北区出土蒙古文文献研究 兰州：兰州大学博士研究生学位论文，2006年10月 p.3；p.7(附表)；p.20~28；图1

第465:8 不详社会文书残片

嘎日迪 敦煌莫高窟北区出土蒙古文文献标音释读(一)《敦煌莫高窟北区石窟》第二卷，北京：文物出版社，2004年7月 p.381~382

彭金章、王建军 敦煌莫高窟北区石窟(第二卷) 北京：文物出版社，2004年7月 p.234~235；图版一一三，3

敖特根著 敦煌莫高窟北区出土蒙古文文献研究[①] 北京：民族出版社，2010年3月 p.4；p.212注②

敖特根 敦煌莫高窟北区出土蒙古文文献研究 兰州：兰州大学博士研究生学位论文，2006年10月 p.2；p.105注②

第465:12 不详社会文书残片

嘎日迪 敦煌莫高窟北区出土蒙古文文献标音释读(一)《敦煌莫高窟北区石窟》第二卷，北京：文物出版社，2004年7月 p.381

彭金章、王建军 敦煌莫高窟北区石窟(第二卷) 北京：文物出版社，2004年7月 p.235；图版一一三，4

敖特根著 敦煌莫高窟北区出土蒙古文文献研究 北京：民族出版社，2010年3月 p.11(附表)；p.195~197；p.214；图23

敖特根 敦煌莫高窟北区出土蒙古文文献研究 兰州：兰州大学博士研究生学位论文，2006年10月 p.7(附表)；p.105~107；p.117；图1

①敖特根《敦煌莫高窟北区出土蒙古文文献研究》认为第465:8[正]号为回鹘文文书。

第465:13 不详社会文书残片

嘎日迪 敦煌莫高窟北区出土蒙古文文献标音释读(一)《敦煌莫高窟北区石窟》第二卷,北京:文物出版社,2004年7月 p.381

彭金章、王建军 敦煌莫高窟北区石窟(第二卷) 北京:文物出版社,2004年7月 p.235~236;图版一一三,5

敖特根著 敦煌莫高窟北区出土蒙古文文献研究[①] 北京:民族出版社,2010年3月 p.4;p.212注②

敖特根 敦煌莫高窟北区出土蒙古文文献研究 兰州:兰州大学博士研究生学位论文,2006年10月 p.2;p.105注②

B147:12–1~9 不详社会文书残片

嘎日迪 敦煌莫高窟北区出土蒙古文文献标音释读(一)《敦煌莫高窟北区石窟》第二卷,北京:文物出版社,2004年7月 p.382~386

阿不都热西提·亚库甫 敦煌北区石窟出土回鹘文文献的综合研究《敦煌莫高窟北区石窟研究》(下册),兰州:甘肃教育出版社,2011年4月 p.442(续表,4.未分类残片)

彭金章、王建军 敦煌莫高窟北区石窟(第二卷) 北京:文物出版社,2004年7月 p.293~296;图版一六二,1、2、3、4

敖特根著 敦煌莫高窟北区出土蒙古文文献研究 北京:民族出版社,2010年3月 p.11(附表);p.176~182;p.194;图21

敖特根 敦煌莫高窟北区出土蒙古文文献研究 兰州:兰州大学博士研究生学位论文,2006年10月 p.7(附表);p.93~98;p.104;图9

B147:42 不详社会文书残片

嘎日迪 敦煌莫高窟北区出土蒙古文文献标音释读(一)《敦煌莫高窟北区石窟》第二卷,北京:文物出版社,2004年7月 p.386

彭金章、王建军 敦煌莫高窟北区石窟(第二卷) 北京:文物出版社,2004年7月 p.296~297;图版一六二,5、6

敖特根著 敦煌莫高窟北区出土蒙古文文献研究 北京:民族出版社,2010年3月 p.11(附表);p.195、197~198;p.214;图24

敖特根 敦煌莫高窟北区出土蒙古文文献研究 兰州:兰州大学博士研究生学位论文,2006年10月 p.7(附表);p.105、107;p.117;图2

---

①敖特根《敦煌莫高窟北区出土蒙古文文献研究》认为第465:13号为回鹘文文书。

B157:21-1~3 不详社会文书残页

嘎日迪 敦煌莫高窟北区出土蒙古文和八思巴文文献标音释读(二)《敦煌莫高窟北区石窟》第三卷,北京:文物出版社,2004年7月 p.398~399

彭金章、王建军 敦煌莫高窟北区石窟(第三卷) 北京:文物出版社,2004年7月 p.24~25;图版一三,1

敖特根著 敦煌莫高窟北区出土蒙古文文献研究 北京:民族出版社,2010年3月 p.11(附表);p.195、198~202;p.214;图25

敖特根 敦煌莫高窟北区出土蒙古文文献研究 兰州:兰州大学博士研究生学位论文,2006年10月 p.7(附表);p.105、107~109;p.117;图3

B157:52 不详社会文书残页

嘎日迪 敦煌莫高窟北区出土蒙古文和八思巴文文献标音释读(二)《敦煌莫高窟北区石窟》第三卷,北京:文物出版社,2004年7月 p.399

彭金章、王建军 敦煌莫高窟北区石窟(第三卷) 北京:文物出版社,2004年7月 p.25;图版一三,2

敖特根著 敦煌莫高窟北区出土蒙古文文献研究 北京:民族出版社,2010年3月 p.11(附表);p.195、202~204;p.215;图26

敖特根 敦煌莫高窟北区出土蒙古文文献研究 兰州:兰州大学博士研究生学位论文,2006年10月 p.7(附表);p.105、109~110;p.118;图4

B157:53 不详佛教文书残页

嘎日迪 敦煌莫高窟北区出土蒙古文和八思巴文文献标音释读(二)《敦煌莫高窟北区石窟》第三卷,北京:文物出版社,2004年7月 p.399~400

彭金章、王建军 敦煌莫高窟北区石窟(第三卷) 北京:文物出版社,2004年7月 p.25;图版一三,3

敖特根著 敦煌莫高窟北区出土蒙古文文献研究 北京:民族出版社,2010年3月 p.12(附表);p.335~336;p.347;图42

敖特根 敦煌莫高窟北区出土蒙古文文献研究 兰州:兰州大学博士研究生学位论文,2006年10月 p.7(附表);p.185~186;p.192;图1

第464:63(背) 松赤昆平章习字文书

张铁山 敦煌莫高窟北区出土回鹘文文献过眼记《敦煌研究》2003年第1期 p.98

张铁山 敦煌莫高窟北区出土回鹘文文献译释研究(二)《敦煌莫高窟北区石窟》第三卷,北京:文物出版社,2004年7月 p.389

嘎日迪 敦煌莫高窟北区出土蒙古文和八思巴文文献标音释读(二)《敦煌莫高窟北区石窟》第三卷,北京:文物出版社,2004年7月 p.400

阿不都热西提·亚库甫 敦煌北区石窟出土回鹘文文献的综合研究《敦煌莫高窟北区石窟研究》(下册),

兰州：甘肃教育出版社，2011年4月 p.438（续表，1.佛教文献）

张铁山 汉—回鹘文合璧《六十甲子纳音》残片考释《敦煌学辑刊》2014年第4期 p.13~16

霍巍 荒漠清灯苦行僧——敦煌莫高窟北区石窟考古发掘所见僧侣生活《历史教学》2015年第24期 p.4

彭金章、王建军 敦煌莫高窟北区石窟（第三卷）北京：文物出版社，2004年7月 p.96；图版六二，2

敖特根著 敦煌莫高窟北区出土蒙古文文献研究 北京：民族出版社，2010年3月 p.6；p.12（附表）；p.156、160~164；p.193；图19

敖特根 敦煌莫高窟北区出土蒙古文文献研究 兰州：兰州大学博士研究生学位论文，2006年10月 p.3~4；p.7（附表）；p.81、84~86；p.103；图7

阿依达尔·米尔卡马力 从敦煌出土回鹘文佛教文献看汉语对回鹘文佛典语言的影响 乌鲁木齐：新疆大学博士研究生学位论文，2007年6月 p.41（表）

第464:63（正）六十甲子纳音残片（或：德勒格儿卜花平章习字文书）（汉—回鹘文）

嘎日迪 敦煌莫高窟北区出土蒙古文和八思巴文文献标音释读（二）《敦煌莫高窟北区石窟》第三卷，北京：文物出版社，2004年7月 p.400~401

张铁山 汉—回鹘文合璧《六十甲子纳音》残片考释《敦煌学辑刊》2014年第4期 p.13~16

霍巍 荒漠清灯苦行僧——敦煌莫高窟北区石窟考古发掘所见僧侣生活《历史教学》2015年第24期 p.4

彭金章、王建军 敦煌莫高窟北区石窟（第三卷）北京：文物出版社，2004年7月 p.96~97；图版六二，1

敖特根著 敦煌莫高窟北区出土蒙古文文献研究 北京：民族出版社，2010年3月 p.6；p.12（附表）；p.156~159；p.192；图18

王红梅、杨富学、黎春林著 元代畏兀儿宗教文化研究 北京：科学出版社，2017年11月 p.129~130

杨富学著、敦煌民族史探幽 兰州：甘肃文化出版社，2016年12月 p.256

敖特根、敦煌莫高窟北区出土蒙古文文献研究 兰州：兰州大学博士研究生学位论文，2006年10月 p.7（附表）；p.81~84

第464:71 致统树昆文书

嘎日迪 敦煌莫高窟北区出土蒙古文和八思巴文文献标音释读（二）《敦煌莫高窟北区石窟》第三卷，北京：文物出版社，2004年7月 p.401

彭金章、王建军 敦煌莫高窟北区石窟（第三卷）北京：文物出版社，2004年7月 p.97；图版六三，1

敖特根著 敦煌莫高窟北区出土蒙古文文献研究 北京：民族出版社，2010年3月 p.12（附表）；p.140、143~146；p.190；图14

敖特根 敦煌莫高窟北区出土蒙古文文献研究 兰州：兰州大学博士研究生学位论文，2006年10月 p.7（附表）；p.72、74~76；p.100；图2

第464:163 不详社会文书残页

嘎日迪 敦煌莫高窟北区出土蒙古文和八思巴文文献标音释读(二)《敦煌莫高窟北区石窟》第三卷，北京:文物出版社,2004年7月 p.404

彭金章、王建军 敦煌莫高窟北区石窟(第三卷) 北京:文物出版社,2004年7月 p.97~98;图版六三,2

敖特根著 敦煌莫高窟北区出土蒙古文文献研究 北京：民族出版社,2010年3月 p.12 (附表)p.176、182~189;p.194;图22

敖特根 敦煌莫高窟北区出土蒙古文文献研究 兰州：兰州大学博士研究生学位论文,2006年10月 p.7(附表);p.93、98~99;p.104;图10

第464:58(背) 般若波罗蜜多心经残页

嘎日迪 敦煌莫高窟北区出土蒙古文和八思巴文文献标音释读(二)《敦煌莫高窟北区石窟》第三卷，北京:文物出版社,2004年7月 p.401~402

敖特根 莫高窟北区出土回鹘蒙古文《般若心经》抄本残片《西域历史语言研究集刊》第2辑,科学出版社,2009年7月 p.257~266

彭金章、王建军 敦煌莫高窟北区石窟(第三卷) 北京:文物出版社,2004年7月 p.98;图版六三,3

敖特根著 敦煌莫高窟北区出土蒙古文文献研究 北京:民族出版社,2010年3月 p.7;p.12(附表);p.147;p.255~273;图37

敖特根 敦煌莫高窟北区出土蒙古文文献研究 兰州:兰州大学博士研究生学位论文,2006年10月 p.4;p.7(附表);p.76;p.142~151;图1

第464:162-1~2 不详社会文书残页

嘎日迪 敦煌莫高窟北区出土蒙古文和八思巴文文献标音释读(二)《敦煌莫高窟北区石窟》第三卷，北京:文物出版社,2004年7月 p.403~404

阿依达尔·米尔卡马力 敦煌莫高窟北区新出回鹘文文献综述《敦煌学辑刊》2009年第2期 p.87

阿不都热西提·亚库甫 敦煌北区石窟出土回鹘文文献的综合研究《敦煌莫高窟北区石窟研究》(下册)，兰州:甘肃教育出版社,2011年4月 p.442(续表,4.未分类残片)

彭金章、王建军 敦煌莫高窟北区石窟(第三卷) 北京:文物出版社,2004年7月 p.99~100;图版六三,5

敖特根著 敦煌莫高窟北区出土蒙古文文献研究 北京:民族出版社,2010年3月 p.12(附表);p.195、204~205;p.215;图27

敖特根 敦煌莫高窟北区出土蒙古文文献研究 兰州:兰州大学博士研究生学位论文,2006年10月 p.7(附表);p.105、110~111;p.118;图5

阿依达尔·米尔卡马力 从敦煌出土回鹘文佛教文献看汉语对回鹘文佛典语言的影响 乌鲁木齐:新疆大学博士研究生学位论文,2007年6月 p.40

第464:176 不详社会文书残页

嘎日迪 敦煌莫高窟北区出土蒙古文和八思巴文文献标音释读(二)《敦煌莫高窟北区石窟》第三卷,北京:文物出版社,2004年7月 p.403

彭金章、王建军 敦煌莫高窟北区石窟(第三卷) 北京:文物出版社,2004年7月 p.100;图版六三,6

敖特根著 敦煌莫高窟北区出土蒙古文文献研究 北京:民族出版社,2010年3月 p.12(附表);p.195、205~206;p.215;图28

敖特根 敦煌莫高窟北区出土蒙古文文献研究 兰州:兰州大学博士研究生学位论文,2006年10月 p.7(附表);p.105、111~112;p.118;图6

B161:12-1~9 不详社会文书

嘎日迪 敦煌莫高窟北区出土蒙古文和八思巴文文献标音释读(二)《敦煌莫高窟北区石窟》第三卷,北京:文物出版社,2004年7月 p.404~406

彭金章、王建军 敦煌莫高窟北区石窟(第三卷) 北京:文物出版社,2004年7月 p.111~113;图版七二,1、2、3、4、5、6、7

敖特根著 敦煌莫高窟北区出土蒙古文文献研究 北京:民族出版社,2010年3月 p.12(附表);p.195、206~210;p.216;图29

敖特根 敦煌莫高窟北区出土蒙古文文献研究 兰州:兰州大学博士研究生学位论文,2006年10月 p.7(附表);p.105、112~116;p.119;图7

B162:8 官方文书残片

张铁山 敦煌莫高窟北区出土回鹘文文献过眼记《敦煌研究》2003年第1期 p.97

嘎日迪 敦煌莫高窟北区出土蒙古文和八思巴文文献标音释读(二)《敦煌莫高窟北区石窟》第三卷,北京:文物出版社,2004年7月 p.406

彭金章、王建军 敦煌莫高窟北区石窟(第三卷) 北京:文物出版社,2004年7月 p.119;图版七五,1

敖特根著 敦煌莫高窟北区出土蒙古文文献研究 北京:民族出版社,2010年3月 p.12(附表);p.140、146~149;p.191;图15

敖特根 敦煌莫高窟北区出土蒙古文文献研究 兰州:兰州大学博士研究生学位论文,2006年10月 p.7(附表);p.72、76~77;p.101;图3

B163:3(背) 致斡朵失黑大王的文书

嘎日迪 敦煌莫高窟北区出土蒙古文和八思巴文文献标音释读(二)《敦煌莫高窟北区石窟》第三卷,北京:文物出版社,2004年7月 p.406~408

嘎日迪 近十几年来敦煌石窟区考古发现中的蒙古文文献 《丝绸之路民族古文字与文化学术讨论会文集》(上),西安:三秦出版社,2007年7月 p.168;收入彭金章主编《敦煌莫高窟北区石窟研究》(下册),兰

州:甘肃教育出版社,2011年4月 p.568

彭金章、王建军 敦煌莫高窟北区石窟(第三卷) 北京:文物出版社,2004年7月 p.127~128;图版七八

敖特根著 敦煌莫高窟北区出土蒙古文文献研究 北京:民族出版社,2010年3月 p.6;p.12(附表);p.95;p.164~176;p.193;图20

杨富学、张海娟著 从蒙古豳王到裕固到裕固族大头目 兰州:甘肃文化出版社,2017年5月 p.101

敖特根 敦煌莫高窟北区出土蒙古文文献研究 兰州:兰州大学博士研究生学位论文,2006年10月 p.3;p.7(附表);p.14注⑥;p.46;p.87~93;p.103;图8

B163:40-1 因明入正理论残页

嘎日迪 敦煌莫高窟北区出土蒙古文和八思巴文文献标音释读(二)《敦煌莫高窟北区石窟》第三卷,北京:文物出版社,2004年7月 p.409

彭金章、王建军 敦煌莫高窟北区石窟(第三卷) 北京:文物出版社,2004年7月 p.129;图版七九,1、2

敖特根著 敦煌莫高窟北区出土蒙古文文献研究 北京:民族出版社,2010年3月 p.7;p.12(附表);p.274~282;图39、40

敖特根 敦煌莫高窟北区出土蒙古文文献研究 兰州:兰州大学博士研究生学位论文,2006年10月 p.4;p.7(附表);p.153~157;图1、2

B163:40-2 佛顶尊胜陀罗尼经残页

嘎日迪 敦煌莫高窟北区出土蒙古文和八思巴文文献标音释读(二)《敦煌莫高窟北区石窟》第三卷,北京:文物出版社,2004年7月 p.409~410

彭金章、王建军 敦煌莫高窟北区石窟(第三卷) 北京:文物出版社,2004年7月 p.129;图版七九,3、4

敖特根著 敦煌莫高窟北区出土蒙古文文献研究 北京:民族出版社,2010年3月 p.7;p.12(附表);p.305~334;图41

敖特根 敦煌莫高窟北区出土蒙古文文献研究 兰州:兰州大学博士研究生学位论文,2006年10月 p.4;p.7(附表);p.170~184

B163:42 客都门拔阿秃儿台旨残页

嘎日迪 敦煌莫高窟北区出土蒙古文和八思巴文文献标音释读(二)《敦煌莫高窟北区石窟》第三卷,北京:文物出版社,2004年7月 p.410~411

敖特根 莫高窟北区出土"阿剌忒纳失里令旨"残片《敦煌学辑刊》2006年第3期 p.29;收入彭金章主编《敦煌莫高窟北区石窟研究》(下册),兰州:甘肃教育出版社,2011年4月 p.580

董晓荣 蒙元时期藏传佛教在敦煌地区的传播《西藏大学学报》(社会科学版)2011年第3期 p.133

松井太著,杨富学、刘宏梅译 东西察合台系诸王族与回鹘藏传佛教徒——再论敦煌出土察合台汗国蒙古文令旨《甘肃民族研究》2011年第3期 p.46~63;图1、2;又载晓克、何天明、云广主编《朔方论丛》第2辑,

呼和浩特:内蒙古大学出版社,2012年12月 p.108~139;收入杨富学编著《回鹘学译文集新编》,兰州:甘肃教育出版社,2015年5月 p.93~116

松井太著,贺小萍译 东西察合台系诸王家与回鹘人藏传佛教徒——敦煌新发现蒙古语文书的再讨论《敦煌莫高窟北区石窟研究》(下册),兰州:甘肃教育出版社,2011年4月 p.547~564;彩版十八;图47

杨富学、张海娟、安玉军 蒙古豳王家族与裕固族的形成《七世顾嘉堪布教育思想研讨会文集》(第1辑),兰州:甘肃文化出版社,2016年6月 p.226

彭金章、王建军 敦煌莫高窟北区石窟(第三卷) 北京:文物出版社,2004年7月 p.129~130;图版八〇

敖特根著 敦煌莫高窟北区出土蒙古文文献研究 北京:民族出版社,2010年3月 p.4~5;p.12(附表);p.46;p.56~57注[34];p.59~90;图4;p.93、146、147

阿不都热西提·亚库甫著 古代维吾尔语赞美诗和描写性韵文的语文学研究 上海:上海古籍出版社,2015年12月 p.278

杨富学、张海娟著 从蒙古豳王到裕固到裕固族大头目 兰州:甘肃文化出版社,2017年5月 p.41;图3;p.91~93、162、212

敖特根 敦煌莫高窟北区出土蒙古文文献研究 兰州:兰州大学博士研究生学位论文,2006年10月 p.3;p.7(附表);p.24、29~43;图1;p.45~46、75、76

松井太 東西チャガタイ系諸王家とウイグル人チベット仏教徒——敦煌新発現モンゴル語文書の再検討から『内陸アジア史研究』(23),2008-03,25-48;図1、2

Dai Matsui, A Mongolian Decree from the Chaghataid Khanate Discovered at Dunhuang, Peter Zieme (ed.) Aspects of Research into Central Asian Buddhism: *In Memoriam Kōgi Kudara*, Tumhout: Brepols (2008), pp.159-178.

B163:46 阿剌忒纳失里令旨残片

嘎日迪 敦煌莫高窟北区出土蒙古文和八思巴文文献标音释读(二)《敦煌莫高窟北区石窟》第三卷,北京:文物出版社,2004年7月 p.411~412

敖特根 莫高窟北区出土"阿剌忒纳失里令旨"残片 《敦煌学辑刊》2006年第3期 p.28~40;图1;收入彭金章主编《敦煌莫高窟北区石窟研究》(下册),兰州:甘肃教育出版社,2011年4月 p.578~595;图53

彭金章、王建军 敦煌莫高窟北区石窟(第三卷) 北京:文物出版社,2004年7月 p.130~132;图版八一

敖特根著 敦煌莫高窟北区出土蒙古文文献研究 北京:民族出版社,2010年3月 p.12(附表);p.92~114;图6;p.146、147

杨富学、张海娟著 从蒙古豳王到裕固到裕固族大头目 兰州:甘肃文化出版社,2017年5月 p.101

敖特根 敦煌莫高窟北区出土蒙古文文献研究 兰州:兰州大学博士研究生学位论文,2006年10月 p.7(附表);p.45~55;图1;p.75、76

B163:43 对汉语音译残文书

张铁山 敦煌莫高窟北区出土回鹘文文献过眼记《敦煌研究》2003年第1期 p.97

彭金章 莫高窟北区洞窟——考古新课题《典藏古美术》2005年第4期 p.68;图1幅

彭金章、王建军 敦煌莫高窟北区石窟(第三卷) 北京:文物出版社,2004年7月 p.132;图版八二

敖特根著 敦煌莫高窟北区出土蒙古文文献研究① 北京:民族出版社,2010年3月 p.4

敖特根 敦煌莫高窟北区出土蒙古文文献研究 兰州:兰州大学博士研究生学位论文,2006年10月 p.2;p.14注⑦

B163:76 不详社会文书残片

嘎日迪 敦煌莫高窟北区出土蒙古文和八思巴文文献标音释读(二)《敦煌莫高窟北区石窟》第三卷,北京:文物出版社,2004年7月 p.408~409

彭金章、王建军 敦煌莫高窟北区石窟(第三卷) 北京:文物出版社,2004年7月 p.132;图版八五,1

敖特根著 敦煌莫高窟北区出土蒙古文文献研究 北京:民族出版社,2010年3月 p.12(附表);p.195、210~213;p.216;图30

敖特根 敦煌莫高窟北区出土蒙古文文献研究 兰州:兰州大学博士研究生学位论文,2006年10月 p.7(附表);p.105、116;p.119;图8

B168:38 不详军事文书残页

张铁山 敦煌莫高窟北区出土回鹘文文献过眼记《敦煌研究》2003年第1期 p.98

嘎日迪 敦煌莫高窟北区出土蒙古文和八思巴文文献标音释读(二)《敦煌莫高窟北区石窟》第三卷,北京:文物出版社,2004年7月 p.412~413

彭金章、王建军 敦煌莫高窟北区石窟(第三卷) 北京:文物出版社,2004年7月 p.169;图版一〇三,1

敖特根著 敦煌莫高窟北区出土蒙古文文献研究 北京:民族出版社,2010年3月 p.5;p.13(附表);p.140、149~151;p.186注[12];p.191;图16

敖特根 敦煌莫高窟北区出土蒙古文文献研究 兰州:兰州大学博士研究生学位论文,2006年10月 p.3;p.7(附表);p.72、77~79;p.101;图4

B168:37 佛经残片

张铁山 敦煌莫高窟北区出土回鹘文文献过眼记《敦煌研究》2003年第1期 p.98

彭金章、王建军 敦煌莫高窟北区石窟(第三卷) 北京:文物出版社,2004年7月 p.170;图版一〇三,2

敖特根著 敦煌莫高窟北区出土蒙古文文献研究 北京:民族出版社,2010年3月 p.13(附表);p.335、336~337;p.348;图43;p.351

---

①敖特根《敦煌莫高窟北区出土蒙古文文献研究》认为B163:43号为回鹘文文书。

敖特根 敦煌莫高窟北区出土蒙古文文献研究 兰州:兰州大学博士研究生学位论文,2006年10月 p.7(附表);p.14注⑦;p.185~186;p.192;图2

B172:9 不详佛教文书残页

嘎日迪 敦煌莫高窟北区出土蒙古文和八思巴文文献标音释读(二)《敦煌莫高窟北区石窟》第三卷,北京:文物出版社,2004年7月 p.413~415

彭金章、王建军 敦煌莫高窟北区石窟(第三卷) 北京:文物出版社,2004年7月 p.188~189;图版一一一,1、2

敖特根著 敦煌莫高窟北区出土蒙古文文献研究 北京:民族出版社,2010年3月 p.13(附表);p.335、337~342;p.348;图44、45

敖特根 敦煌莫高窟北区出土蒙古文文献研究 兰州:兰州大学博士研究生学位论文,2006年10月 p.7(附表);p.185~189;p.192~193;图3、4

B172:11 不详佛教文书残页

嘎日迪 敦煌莫高窟北区出土蒙古文和八思巴文文献标音释读(二)《敦煌莫高窟北区石窟》第三卷,北京:文物出版社,2004年7月 p.413

彭金章、王建军 敦煌莫高窟北区石窟(第三卷) 北京:文物出版社,2004年7月 p.189~190;图版一一一,3

敖特根著 敦煌莫高窟北区出土蒙古文文献研究 北京:民族出版社,2010年3月 p.13(附表);p.335、342~344;p.349;图46

敖特根 敦煌莫高窟北区出土蒙古文文献研究 兰州:兰州大学博士研究生学位论文,2006年10月 p.7(附表);p.185、189~190;p.193;图5

6. 敦煌研究院藏敦煌八思巴文文献

敦煌研究院藏敦煌八思巴文文献共10件（含碎片4片），均出自1988—1995年莫高窟北区考古发掘现场,研究著录情况如下：

B163:3(正) 萨迦格言(又称《善说宝藏》)印本残页

彭金章 敦煌莫高窟北区石窟新发现的文献及其学术价值《新世纪敦煌学论集》,成都:巴蜀书社,2003年3月 p.71;收入彭金章主编《敦煌莫高窟北区石窟研究》(上册),兰州:甘肃教育出版社,2011年4月 p.97

彭金章 莫高窟北区洞窟——考古新课题《典藏古美术》2005年第4期 p.67;p.69;图1幅;收入彭金章主编《敦煌莫高窟北区石窟研究》(上册),兰州:甘肃教育出版社,2011年4月 p.49

嘎日迪 敦煌莫高窟北区出土蒙古文和八思巴文文献标音释读(二)《敦煌莫高窟北区石窟》第三卷,北京:文物出版社,2004年7月 p.415~417

嘎日迪 近十几年来敦煌石窟区考古发现中的蒙古文文献《丝绸之路民族古文字与文化学术讨论会文集》(上),西安:三秦出版社,2007年7月 p.167~168;收入彭金章主编《敦煌莫高窟北区石窟研究》(下册),兰州:甘肃教育出版社,2011年4月 p.567~568

敖特根 莫高窟北区出土八思巴蒙古文《萨迦格言》残片研究《中国藏学》2007年第4期 p.58~65

胡蓉、杨富学、叶凯歌 敦煌文献与裕固族古代文学《民族文学研究》2019年第5期 p.165、171

彭金章、王建军 敦煌莫高窟北区石窟(第三卷) 北京:文物出版社,2004年7月 p.133~135;图版八五,2

敖特根著 敦煌莫高窟北区出土蒙古文文献研究 北京:民族出版社,2010年3月 p.6;p.13(附表);p.115~137;图7

敖特根 敦煌莫高窟北区出土蒙古文文献研究 兰州:兰州大学博士研究生学位论文,2006年10月 p.3;p.7(附表);p.14注⑥;p.56~68;图1

B163:77 不详佛教文书残页

嘎日迪 敦煌莫高窟北区出土蒙古文和八思巴文文献标音释读(二)《敦煌莫高窟北区石窟》第三卷,

北京:文物出版社,2004年7月 p.417

彭金章、王建军 敦煌莫高窟北区石窟(第三卷) 北京:文物出版社,2004年7月 p.135;图版八五,3

敖特根著 敦煌莫高窟北区出土蒙古文文献研究 北京:民族出版社,2010年3月 p.13(附表);p.335、344~345;p.349;图47

敖特根 敦煌莫高窟北区出土蒙古文文献研究 兰州:兰州大学博士研究生学位论文,2006年10月 p.7(附表);p.185、190;p.193;图6

B168:4 皇帝圣旨残片

彭金章 敦煌莫高窟北区石窟新发现的文献及其学术价值《新世纪敦煌学论集》,成都:巴蜀书社,2003年3月 p.71;收入彭金章主编《敦煌莫高窟北区石窟研究》(上册),兰州:甘肃教育出版社,2011年4月 p.97

嘎日迪 敦煌莫高窟北区出土蒙古文和八思巴文文献标音释读(二)《敦煌莫高窟北区石窟》第三卷,北京:文物出版社,2004年7月 p.417~418

嘎日迪 莫高窟北区B168窟新出土八思巴文书残页考释《敦煌研究》2008年第4期 p.80~83;收入彭金章主编《敦煌莫高窟北区石窟研究》(下册),兰州:甘肃教育出版社,2011年4月 p.571~577;图52

彭金章、王建军 敦煌莫高窟北区石窟(第三卷) 北京:文物出版社,2004年7月 p.170;图版一〇三,4

敖特根著 敦煌莫高窟北区出土蒙古文文献研究 北京:民族出版社,2010年3月 p.4;p.13(附表);p.140、151~156;p.192;图17

敖特根 敦煌莫高窟北区出土蒙古文文献研究 兰州:兰州大学博士研究生学位论文,2006年10月 p.3;p.7(附表);p.72、79~81;p.102;图5

B168:5 不详佛教文书残页

嘎日迪 敦煌莫高窟北区出土蒙古文和八思巴文文献标音释读(二)《敦煌莫高窟北区石窟》第三卷,北京:文物出版社,2004年7月 p.418~419

彭金章、王建军 敦煌莫高窟北区石窟(第三卷) 北京:文物出版社,2004年7月 p.170~171;图版一〇三,5

敖特根著 敦煌莫高窟北区出土蒙古文文献研究 北京:民族出版社,2010年3月 p.13(附表);p.335、345~347;p.349;图48

敖特根 敦煌莫高窟北区出土蒙古文文献研究 兰州:兰州大学博士研究生学位论文,2006年10月 p.7(附表);p.185、191;p.194;图7

B168:3 不详文书残页

嘎日迪 敦煌莫高窟北区出土蒙古文和八思巴文文献标音释读(二)《敦煌莫高窟北区石窟》第三卷,北京:文物出版社,2004年7月 p.419

彭金章、王建军 敦煌莫高窟北区石窟(第三卷) 北京:文物出版社,2004年7月 p.171;图版一〇三,6

敖特根著 敦煌莫高窟北区出土蒙古文文献研究[①] 北京:民族出版社,2010年3月 p.4

敖特根 敦煌莫高窟北区出土蒙古文文献研究 兰州:兰州大学博士研究生学位论文,2006年10月 p.2

B172:10 文残文书

彭金章、王建军 敦煌莫高窟北区石窟(第三卷) 北京:文物出版社,2004年7月 p.190

①敖特根《敦煌莫高窟北区出土蒙古文文献研究》认为B168:3号为八思巴字汉文文书,非蒙古文文书。

7. 敦煌研究院藏敦煌叙利亚文基督教文献

叙利亚语曾是东方基督教的教会用语，如同拉丁语之于西方的罗马教会。从东方基督教分出的景教历史上曾在中亚地区流行，并于唐、元两度在中国内陆传播。敦煌研究院馆藏敦煌叙利亚文基督教文献共2件，均出自莫高窟，研究著录情况如下：

敦研(编号D.0071)景教徒礼仪书残片①

克罗恩·土巴奇著，赵崇民、杨富学译 敦煌出土叙利亚文基督教文献残卷《甘肃民族研究》2000年第4期 p.114~119；收入敦煌研究院编《敦煌研究文集·敦煌研究院藏敦煌文献研究篇》，兰州：甘肃民族出版社，2000年9月 p.493~509；Klein, Wassilion & Tubach, Jürgen, 1994. "Ein syrisch-christliches Fragment aus Dunhuang/ China", *Zeitschrift der Deutschen Morgenlandischen Gesellschaft*, Band 144, Heft 1, pp.1-13.

牛汝极 莫高窟北区发现的叙利亚文景教——回鹘文佛教双语写本再研究 《敦煌研究》2002年第2期 p.63；图3

牛汝极 元代景教碑铭和文献及叙利亚文突厥语的语音系统《民族语文》2005年第2期 p.48~49

彭金章 敦煌新近发现的景教遗物——兼述藏经洞所出景教文献与画幡《敦煌研究》2013年第3期 p.54~55；图版4、5

牛汝极著 十字莲花：中国元代叙利亚文景教碑铭文献研究 上海：上海古籍出版社，2008年11月 p.42~45；图版2-1

Klein, Wassilion & Tubach, Jürgen, 1994.Ein syrisch-christliches Fragment aus Dunhuang/ China, *Zeitschrift der Deutschen Morgenlandischen Gesellschaft*, Band 144, Heft 1, pp.1-13.

Kaudhold, Hubert, 1996.Anmerkungen zur Veroeffentlichung eines syrischen Lejtionarfragments, *Zeitschrift der Deutschen Morgenlandischen Gesellschaft*, Vol.146, No, 1, pp.49-60.

---

①敦煌研究院收藏编号D.0071"摩尼文经典残片"系任子宜先生于20世纪50年代初捐献给敦煌研究院前身敦煌文物研究所的一件文献。后经彭金章等专家研究，为叙利亚文《圣经》。

B53:14 圣经

彭金章、王建军 敦煌莫高窟北区洞窟所出多种民族文字文献和回鹘文木活字综述《敦煌研究》2000年第2期 p.157、158;图版46;收入彭金章主编《敦煌莫高窟北区石窟研究》(上册),兰州:甘肃教育出版社,2011年4月 p.86、88

荣新江《敦煌莫高窟北区石窟》(第一卷)评介《敦煌研究》2000年第4期 p.179;收入彭金章主编《敦煌莫高窟北区石窟研究》(上册),兰州:甘肃教育出版社,2011年4月 p.134

段晴 敦煌新出土叙利亚文书释读报告《敦煌莫高窟北区石窟》第一卷,北京:文物出版社,2000年7月 p.382~390

段晴 敦煌新出土叙利亚文书释读报告(续篇)《敦煌研究》2000年第4期 p.120~126;收入彭金章主编《敦煌莫高窟北区石窟研究》(下册),兰州:甘肃教育出版社,2011年4月 p.596~604;彩版十九、二十

李明伟 敦煌莫高窟北区石窟揭密——中国基督教史又获珍贵文献《中国天主教》2000年第6期 p.42~44;收入彭金章主编《敦煌莫高窟北区石窟研究》(下册),兰州:甘肃教育出版社,2011年4月 p.605~609

牛汝极 莫高窟北区发现的叙利亚文景教——回鹘文佛教双语写本再研究《敦煌研究》2002年第2期 p.56~63;图1、2

彭金章 敦煌莫高窟北区石窟新发现的文献及其学术价值《新世纪敦煌学论集》,成都:巴蜀书社,2003年3月 p.71~72;收入彭金章主编《敦煌莫高窟北区石窟研究》(上册),兰州:甘肃教育出版社,2011年4月 p.97

吴其昱 敦煌北窟叙利亚文课经(Lectionary)诗篇残叶考释《新世纪敦煌学论集》,成都:巴蜀书社,2003年3月 p.191~232

廖旸 新疆克孜尔石窟早期洞窟研究(下)《新疆艺术学院学报》2004年第2期 p.26

姜伯勤 敦煌莫高窟北区新发现中的景教艺术《艺术史研究》第6辑,广州:中山大学出版社,2004年12月 p.337;p.348注①②;收入彭金章主编《敦煌莫高窟北区石窟研究》(上册),兰州:甘肃教育出版社,2011年4月 p.116注①;p.125注①②;p.126注①②③④

牛汝极 元代景教碑铭和文献及叙利亚文突厥语的语音系统《民族语文》2005年第2期 p.48~49

彭金章 莫高窟北区洞窟——考古新课题《典藏古美术》2005年第4期 p.63;图1幅;p.67;收入彭金章主编《敦煌莫高窟北区石窟研究》(上册),兰州:甘肃教育出版社,2011年4月 p.49

彭金章 从敦煌莫高窟北区石窟考古发现看古代文化交流《敦煌研究》2005年第5期 p.2~6;图版1

茨默撰,王丁译 从吐鲁番考古到吐鲁番考证《吐鲁番学研究》2008年第1期 p.129

阿不都热西提·亚库甫 敦煌北区石窟出土回鹘文佛教文献概述《敦煌莫高窟北区石窟研究》(下册),兰州:甘肃教育出版社,2011年4月 p.488(续表);p.498~499

阿不都热西提·亚库甫 敦煌新出叙利亚文文献行间加写的回鹘文头韵诗译释《敦煌莫高窟北区石窟研究》(下册),兰州:甘肃教育出版社,2011年4月 p.503~510

吴其昱著,王平先译 敦煌北区石窟出土叙利亚文课经诗篇残片考释《敦煌莫高窟北区石窟研究》(下册),兰州:甘肃教育出版社,2011年4月 p.610~621

杨富学 新世纪初国内回鹘佛教研究的回顾与展望《西夏研究》2013年第2期 p.71;p.77注[12]

彭金章 敦煌新近发现的景教遗物——兼述藏经洞所出景教文献与画幡《敦煌研究》2013年第3期 p.54~55;图版2、3

杨富学 裕固族与晚期敦煌石窟《敦煌研究》2017年第6期 p.54

胡蓉、杨富学、叶凯歌 敦煌文献与裕固族古代文学《民族文学研究》2019年第5期 p.164~165、170

彭金章、王建军 敦煌莫高窟北区石窟(第一卷) 北京:文物出版社,2000年7月 p.194~199;彩版一九、二〇

彭金章、王建军 敦煌莫高窟北区石窟(第二卷) 北京:文物出版社,2004年7月 p.9~10、346

王素著 敦煌吐鲁番文献 北京:文物出版社,2002年4月;2005年7月 p.64;彩色插图

牛汝极著 十字莲花:中国元代叙利亚文景教碑铭文献研究 上海:上海古籍出版社,2008年11月 p.10;p.45~56;图版2-2、2-3

牛汝极著 十字莲花:中国出土叙利亚文景教碑铭文献研究(公元13~14世纪)(法文版) 上海:上海古籍出版社,2010年6月

阿不都热西提·亚库甫著 古代维吾尔语赞美诗和描写性韵文的语文学研究 上海:上海古籍出版社,2015年12月 p.276~277、359~368

王红梅、杨富学、黎春林著 元代畏兀儿宗教文化研究 北京:科学出版社,2017年11月 p.45

W.Klein und J.Tubach:"Ein syrischchristliches Fragment aus Dunhuang/China," *Zeitschrift der Deutschen Morgenlandischen Gesellschaft* 144/1(1994),pp.1-13.

H.Kaufhold:对新刊叙利亚文课经(Lectionary)残叶之评论 *Zeitschrift der Morgenlandischen Gesellschaft* 146:1(1996),pp.49-60.

Peter Zieme,Von der Turfanexpedition zur Turfanedition,Turfan revisited -*The first century of research into the arts and cultures of the Silk Road*,Berlin 2004,pp.13-18.

8.敦煌研究院藏敦煌梵文文献

敦煌研究院藏敦煌梵文文献共26件,其中有23件(含碎片8片)出自1988—1995年莫高窟北区考古发掘现场,研究著录情况如下:

D.0006 梵字陀罗尼残片(元代)

刘忆谆主编 敦煌风华再现:续说石窟故事 台中:自然科学博物馆出版,2017年4月 p.211

B59:17 残文书

阿不都热西提·亚库甫 敦煌北区石窟出土回鹘文佛教文献概述《敦煌莫高窟北区石窟研究》(下册),兰州:甘肃教育出版社,2011年4月 p.486

彭金章、王建军 敦煌莫高窟北区石窟(第一卷) 北京:文物出版社,2000年7月 p.235;图版九四,1

Abdurishid Yakup, On the Newly Unearthed Uyghur Buddhist texts from the northern grottoes of Dunhuang, Indien und Zentralasien: Sprach und Kulturkontakt. *Vorträge des Göttinger Symposions*, Vol 7.Mai bis 10.Mai 2001. (Veröffemtlichungen der Societas Uralo-Altaica 61) Wiesbaden: *Harrassowitz* 2003 pp.259-276.

第462:1 蓝扎体梵字陀罗尼十二因缘咒

张保胜 敦煌梵字陀罗尼《敦煌莫高窟北区石窟》第三卷,北京:文物出版社,2004年7月 p.467~468;图版一九一,1;收入彭金章主编《敦煌莫高窟北区石窟研究》(下册),兰州:甘肃教育出版社,2011年4月 p.634~635;彩版二十一

彭金章、王建军 敦煌莫高窟北区石窟(第二卷) 北京:文物出版社,2004年7月 p.95~96;彩版九,1

第462:2 蓝扎体梵字陀罗尼十二因缘咒

张保胜 敦煌梵字陀罗尼[1]《敦煌莫高窟北区石窟》第三卷,北京:文物出版社,2004年7月 p.468~469;图版一九一,2;收入彭金章主编《敦煌莫高窟北区石窟研究》(下册),兰州:甘肃教育出版社,2011年4月 p.635;彩版二十二

彭金章 从敦煌莫高窟北区石窟考古发现看古代文化交流《敦煌研究》2005年第5期 p.3;图版4

彭金章、王建军 敦煌莫高窟北区石窟(第二卷) 北京:文物出版社,2004年7月 p.96;图版三四,2

B138:2 藏文字母拼写的梵文文书残页

张保胜 敦煌梵字陀罗尼《敦煌莫高窟北区石窟》第三卷,北京:文物出版社,2004年7月 p.469~470;收入彭金章主编《敦煌莫高窟北区石窟研究》(下册),兰州:甘肃教育出版社,2011年4月 p.636~637

彭金章、王建军 敦煌莫高窟北区石窟(第二卷) 北京:文物出版社,2004年7月 p.251、346;图版一二〇,3

B154:64 咒语

彭金章、王建军 敦煌莫高窟北区石窟(第二卷) 北京:文物出版社,2004年7月 p.323;图版一七四,4下

B154:63 咒语

彭金章、王建军 敦煌莫高窟北区石窟(第二卷) 北京:文物出版社,2004年7月 p.323~324;图版一七四,4上

B154:55 咒语

彭金章、王建军 敦煌莫高窟北区石窟(第二卷) 北京:文物出版社,2004年7月 p.324;图版一七四,4中

第464:87-1~2 蓝扎体梵字陀罗尼十二因缘咒

张保胜 敦煌梵字陀罗尼《敦煌莫高窟北区石窟》第三卷,北京:文物出版社,2004年7月 p.470~471;图版一九一,4;收入彭金章主编《敦煌莫高窟北区石窟研究》(下册),兰州:甘肃教育出版社,2011年4月 p.637~639;图54、55

彭金章、王建军 敦煌莫高窟北区石窟(第三卷) 北京:文物出版社,2004年7月 p.102~103;图版六六,1

第464:125-2 蓝扎体梵字陀罗尼十二因缘咒

张保胜 敦煌梵字陀罗尼《敦煌莫高窟北区石窟》第三卷,北京:文物出版社,2004年7月 p.471;图版

---

①张保胜《敦煌梵字陀罗尼》在收入彭金章主编《敦煌莫高窟北区石窟研究》(下册)第635页"2.标本第462:2(彩版二十二)与",标注有误。该图版应为第464:125-2号。

一九一,5;收入彭金章主编《敦煌莫高窟北区石窟研究》(下册),兰州:甘肃教育出版社,2011年4月 p.639

彭金章、王建军 敦煌莫高窟北区石窟(第三卷) 北京:文物出版社,2004年7月 p.103;彩版一二,2右

第464:49 陀罗尼残片

张保胜 敦煌梵字陀罗尼《敦煌莫高窟北区石窟》第三卷,北京:文物出版社,2004年7月 p.470;图版一九一,3;收入彭金章主编《敦煌莫高窟北区石窟研究》(下册),兰州:甘肃教育出版社,2011年4月 p.637

彭金章、王建军 敦煌莫高窟北区石窟(第三卷) 北京:文物出版社,2004年7月 p.103;图版三九,2

第464:172-2 蓝扎体梵字陀罗尼残片

彭金章、王建军 敦煌莫高窟北区石窟(第三卷) 北京:文物出版社,2004年7月 p.103;彩版一二,3

B168:48 蓝扎体梵字陀罗尼十二因缘咒

张保胜 敦煌梵字陀罗尼《敦煌莫高窟北区石窟》第三卷,北京:文物出版社,2004年7月 p.472;图版一九一,6;收入彭金章主编《敦煌莫高窟北区石窟研究》(下册),兰州:甘肃教育出版社,2011年4月 p.639~640

彭金章、王建军 敦煌莫高窟北区石窟(第三卷) 北京:文物出版社,2004年7月 p.170;图版一〇三,3

9. 敦煌研究院藏婆罗迷文字母书写敦煌梵文文献

敦煌研究院藏婆罗迷文字母书写敦煌梵文文献共22件，其中有10件为任子宜先生于20世纪三四十年代任敦煌县民众教育馆馆长、教育局局长期间获得,后捐献给敦煌研究院前身——敦煌文物研究所,并由敦煌文物研究所收藏;另外12件(含碎片7片)出自1988—1995年莫高窟北区考古发掘现场。敦煌研究院藏婆罗迷文字母书写敦煌梵文文献研究著录情况如下:

D0201 阿毗达磨顺正理论残页

叶少勇、彭金章、梁旭澍 敦煌研究院旧藏阿毗达磨梵文残叶《敦煌研究》2018年第2期 p.123~130;图1、2;全文转载人大复印报刊资料《宗教》2018年第4期 p.45~52;图1、2

D0865 阿毗达磨文献残页

叶少勇、彭金章、梁旭澍 敦煌研究院旧藏阿毗达磨梵文残叶《敦煌研究》2018年第2期 p.123~130;图3、4;全文转载人大复印报刊资料《宗教》2018年第4期 p.45~52;图3、4

D0866+D0867 阿毗达磨注释文献残页

叶少勇、彭金章、梁旭澍 敦煌研究院旧藏阿毗达磨梵文残叶《敦煌研究》2018年第2期 p.123~130;图5、6;全文转载人大复印报刊资料《宗教》2018年第4期 p.45~52;图5、6

D0868 阿毗达磨文献残页

叶少勇、彭金章、梁旭澍 敦煌研究院旧藏阿毗达磨梵文残叶《敦煌研究》2018年第2期 p.123~130;图7、8;全文转载人大复印报刊资料《宗教》2018年第4期 p.45~52;图7、8

D0869 阿毗达磨文献残页

叶少勇、彭金章、梁旭澍 敦煌研究院旧藏阿毗达磨梵文残叶《敦煌研究》2018年第2期 p.123~130;图

9、10;全文转载人大复印报刊资料《宗教》2018年第4期 p.45~52;图9、10

D0871 阿毗达磨文献残页

叶少勇、彭金章、梁旭澍 敦煌研究院旧藏阿毗达磨梵文残叶《敦煌研究》2018年第2期 p.123~130;图11、12;全文转载人大复印报刊资料《宗教》2018年第4期 p.45~52;图11、12

D203-1、D203-2、D203-3 法身经残片(婆罗迷字梵文—回鹘文)

范晶晶、彭金章、王海云 敦煌藏3叶婆罗谜字梵语—回鹘语双语《法身经》残片释读《敦煌研究》2018年第3期 p.91~100;图6幅

B142:1 婆罗迷字母书写梵文残文书

段晴、彭金章著,王平先译 敦煌新发现的一件梵文残片《敦煌莫高窟北区石窟研究》(下册),兰州:甘肃教育出版社,2011年4月 p.643~644

彭金章、王建军 敦煌莫高窟北区石窟(第二卷) 北京:文物出版社,2004年7月 p.266、347;图版一二七,4、5

B157:27 婆罗迷字母书写梵文文书

彭金章、王建军 敦煌莫高窟北区石窟(第三卷) 北京:文物出版社,2004年7月 p.26

B157:31 婆罗迷字母书写梵文文书

彭金章、王建军 敦煌莫高窟北区石窟(第三卷) 北京:文物出版社,2004年7月 p.26

第464:18 婆罗迷字母书写梵文文书

彭金章、王建军 敦煌莫高窟北区洞窟所出多种民族文字文献和回鹘文木活字综述《敦煌研究》2000年第2期 p.157;收入彭金章主编《敦煌莫高窟北区石窟研究》(上册),兰州:甘肃教育出版社,2011年4月 p.86

段晴 敦煌莫高窟北区出土的一件梵语残卷《戒幢佛学》第2卷,长沙:岳麓书社,2002年12月 p.68~78;又刊载彭金章、王建军《敦煌莫高窟北区石窟》第三卷,北京:文物出版社,2004年7月 p.447~457

彭金章 从敦煌莫高窟北区石窟考古发现看古代文化交流《敦煌研究》2005年第5期 p.3;图版5

段晴、彭金章著,王平先译 敦煌新发现的一件梵文残片《敦煌莫高窟北区石窟研究》(下册),兰州:甘肃教育出版社,2011年4月 p.643~652;图56、57

彭金章、王建军 敦煌莫高窟北区石窟(第二卷) 北京:文物出版社,2004年7月 p.347

彭金章、王建军 敦煌莫高窟北区石窟(第三卷) 北京:文物出版社,2004年7月 p.100~101;图版六四,1、2

Duan Qing and Peng Jinzhang, A Newly found Sanskrit Fragments from Dunhuang,『創価大学·国際仏教学高等研究所·年報』vol.Ⅵ(Annual Report of the International Research Institute for Advanced Buddhology at Soka

University) for the Academic Year 2002, vol.March 2003.pp.197–206.

第464:75–1~6 婆罗迷字母书写梵文文书

彭金章、王建军 敦煌莫高窟北区洞窟所出多种民族文字文献和回鹘文木活字综述 《敦煌研究》2000年第2期 p.157;收入彭金章主编《敦煌莫高窟北区石窟研究》(上册),兰州:甘肃教育出版社,2011年4月 p.86

段晴、彭金章著,王平先译 敦煌新发现的一件梵文残片《敦煌莫高窟北区石窟研究》(下册),兰州:甘肃教育出版社,2011年4月 p.643

彭金章、王建军 敦煌莫高窟北区石窟(第三卷) 北京:文物出版社,2004年7月 p.101~102;图版六五,1、2

10. 其　他

敦煌研究院馆藏文物、文献极为丰富，既有1965年3月在莫高窟第125~126窟窟前岩石裂缝中出土的《北魏太和十一年广阳王慧安发愿文刺绣》,1965年秋在莫高窟第122窟窟前遗址发掘时出土的《天宝七载过所》及《领物残账》,又有周炳南旧藏汉简及《敦煌六朝婆罗谜字因缘经幢残石》,还有1988—1995年莫高窟北区考古发掘出土的疑似八思巴文或梵文的2件木印章等,研究著录情况如下:

敦研0054　北魏太和十一年广阳王慧安发愿文刺绣

敦煌文物研究所　新发现的北魏刺绣《文物》1972年第2期　p.54~60;图版11、12;收入樊锦诗、刘玉权主编《中国敦煌学百年文库·考古卷》(一),兰州:甘肃文化出版社,1999年　p.225~231

马世长　新发现的北魏刺绣①《中国佛教研究考古论文集》,台北:觉风佛教艺术文化基金,2001年12月　p.231~239;图5幅

宿白　两汉魏晋南北朝时期的敦煌——《敦煌两千年》之一《丝路访古》,兰州:甘肃人民出版社,1983年4月第1版;1984年9月第2次印刷　p.36;收入氏著《中国石窟寺研究》,北京:文物出版社,1996年8月　p.242

樊锦诗　刺绣《敦煌》,兰州:甘肃人民出版社、南京:江苏美术出版社,1990年7月;1993年7月;1997年11月　图版p.222;p.286第238条图版说明

荣新江　敦煌藏经洞的性质及其封闭原因《敦煌吐鲁番研究》(第二卷),北京:北京大学出版社,1997年10月　p.37;p.46注[78];收入氏著《鸣沙集——敦煌学学术史和方法论的探讨》,台北:新文丰出版股份有限公司,1999年9月　p.46;p.60注[78];收入氏著《辨伪与存真——敦煌学论集》,上海:上海古籍出版社,2010年3月　p.22注③

张振阳、陈秋香撰文　刺绣佛画《沙漠中的明珠·敦煌石窟》,台北:大地地理出版事业股份有限公司,1999年4月　p.128~129;附彩图1幅

---

①《新发现的北魏刺绣》一文,原载于《文物》1972年第2期,作者署名为"敦煌文物研究所"。收入《中国佛教研究考古论文集》时恢复作者名"马世长"。

王进玉著 敦煌石窟探秘 成都：四川教育出版社，1994年8月 p.69~70

段文杰、何富麟主编，吴健摄影 丝路胜迹——吴健摄影作品集 乌鲁木齐：新疆人民出版社，1996年1版，1998年4月3刷 p.35；图55

吴健摄影 艺术的敦煌——吴健摄影集 上海：上海古籍出版社，2000年7月 p.325图版及说明

王素著 敦煌吐鲁番文献 北京：文物出版社，2002年4月；2005年7月 p.63~64

胡同庆、安忠义著 佛教艺术 兰州：敦煌文艺出版社，2004年2月 p.290~291

胡同庆著 敦煌文化（普及本）兰州：甘肃文化出版社，2016年1月 p.220~222；图41

金岡照光 敦煌の現状（一九七九年五月）《講座敦煌1〈敦煌の自然と現状〉》，東京：大東出版社，昭和五五年四月二三日（1980.4.23） p.113

樊锦诗 刺繍仏画『中国敦煌展』（東京展、福岡展、長野展、奈良展、静岡展，1985年10月5日~1986年3月26日），東京：財団法人富士美術館発行，昭和60年10月5日；図版65及日文図版解説

樊锦诗撰文，岡田健訳 刺繍仏画『砂漠の美術馆—永遠なる敦煌』中国敦煌研究院創立50周年記念（東京展、福岡展、神户展，1996年10月26日~1997年4月20日），東京：朝日新聞社，1996年 p.128~129図版及第60条日文図版解説

段文傑著，東山健吾訳 美しき敦煌 東京：潮出版社，昭和61年3月2日，p.140~141；图1幅

敦研总0779 唐敦煌县给碱泉戍粟牒

陈国灿 唐五代敦煌四出道路考《1990年敦煌学国际研讨会文集·史地语文编》，沈阳：辽宁美术出版社，1995年7月 p.225；p.235注[21]；收入齐陈骏、李并成主编《中国敦煌学百年文库·地理卷》（二），兰州：甘肃文化出版社，1999年 p.359注③；重新订正后收入氏著《敦煌学史事新证》，兰州：甘肃教育出版社，2002年9月 p.433；p.443注[21]

陈国灿 碱泉戍《敦煌学大辞典》，上海：上海辞书出版社，1998年12月 p.401

敦研K122：14 天宝七载过所勘验录记

李正宇 土地庙遗书的发现、特点和入藏年代《敦煌研究》（第三期·总第五期），兰州：甘肃人民出版社，1985年12月 p.92；收入政协甘肃省敦煌市委员会编《敦煌文史资料选辑》第三辑，敦煌：政协甘肃省敦煌市委员会编印，1995年9月 p.96

程喜霖 从唐代过所文书所见通"西域"的中道《敦煌研究》1988年第1期 p.58；收入齐陈骏、李并成主编《中国敦煌学百年文库·地理卷》（二），兰州：甘肃文化出版社，1999年 p.154

李正宇 唐宋时代敦煌县河渠泉泽简志（二）《敦煌研究》1989年第1期 p.61；收入氏著《敦煌史地新论》，台北：新文丰出版股份有限公司，1996年3月 p.145

李并成 敦煌遗书数量的新统计《古籍整理研究学刊》1992年第5期 p.46

程喜霖 汉代敦煌军防《1990敦煌学国际研讨会文集》史地、语文编，沈阳：辽宁美术出版社，1995年7月 p.41；p.49注[27]；收入陈国灿、陆庆夫主编《中国敦煌学百年文库·历史卷》（二），兰州：甘肃文化出版

社,1999年 p.280注③

李并成 唐代瓜、沙二州间驿站考《1990年敦煌学国际研讨会文集·史地语文编》,沈阳:辽宁美术出版社,1995年7月 p.214;又载《历史地理》第13辑,上海:上海人民出版社,1996年6月 p.100;收入齐陈骏、李并成主编《中国敦煌学百年文库·地理卷》(一),兰州:甘肃文化出版社,1999年 p.170;又改题为《唐代瓜沙二州间诸驿考》,收入李并成、李春元著《瓜沙史地研究》,兰州:甘肃文化出版社,1996年6月 p.144

李明伟著 隋唐丝绸之路——中世纪的中国西北社会与文明 兰州:甘肃人民出版社,1994年10月 p.280

王惠民著 敦煌宝藏(中华文明宝库) 上海:上海古籍出版社,1996年9月 p.87

黄征、程惠新著 劫尘遗珠——敦煌遗书 兰州:甘肃教育出版社,1999年7月 p.18

段文傑著,東山健吾訳 美しき敦煌 東京:潮出版社,昭和61年3月2日,p.200;图1幅

金岡照光 敦煌の現状(一九七九年五月)《講座敦煌1〈敦煌の自然と現状〉》,東京:大東出版社,昭和五五年四月二三日(1980.4.23),p.112

金岡照光 敦煌写本と民众佛教《続シルクロードと仏教文化》,東京:東洋哲学研究所,1980.4,p.131~156

中村裕一 唐代の制,敕の公布就いこ——唐公式令研究(20)《武库川女子大学纪要》(文学部教育学科编),1986.2,p.1~42

樊锦诗 唐天宝七年 文書断片『中国敦煌展』(東京展、福岡展、長野展、奈良展、静岡展,1985年10月5日~1986年3月26日),東京:財団法人富士美術館発行,昭和60年10月5日;図版84及日文図版解説

敦研 周炳南收藏十七枚汉简

牛龙菲 敦煌东汉元嘉二年五弦琴谱研究[二、敦煌东汉元嘉二年简书考释]《敦煌研究》(第3期·总第5期),兰州:甘肃人民出版社,1985年 p.20~28

初师宾 关于敦煌文物研究所收藏的一组汉简《敦煌研究》(第3期·总第5期),兰州:甘肃人民出版社,1985年12月 p.59~62;图1

何双全 汉代敦煌史概观《1990年敦煌学国际研讨会文集·史地语文编》,沈阳:辽宁美术出版社,1995年7月 p.22注①;收入氏著《双玉兰堂文集》(下),台北:兰台出版社,2001年1月 p.508~541

吴礽骧、李永良、马建华释校 敦煌汉简释文 兰州:甘肃人民出版社,1991年1月 前言p.2;释文p.148~150

段文杰、何富麟主编,吴健摄影 丝路胜迹——吴健摄影作品集 乌鲁木齐:新疆人民出版社,1996年1月,1998年4月3次 p.34;图54

李正宇 敦煌漢簡『中国敦煌展』(東京展、福岡展、長野展、奈良展、静岡展,1985年10月5日~1986年3月26日),東京:財団法人富士美術館発行,昭和60年10月5日;図版47及日文図版解説

敦研 敦煌六朝婆罗谜字因缘经幢残石

苏莹辉 跋敦煌岷州庙经幢残石《西北文化》第37期(敦煌艺术)特辑七,1945年8月7日;收入氏著《敦

煌论集》,台北:学生书局,1969年8月;1979年4月;1983年6月 p.391~393;收入杨曾文、杜斗城主编《中国敦煌学百年文库·宗教卷》(二),兰州:甘肃文化出版社,1999年 p.15~16

戈哈理(V.V.Gokhale)著,景行译 敦煌所出婆罗谜字石刻(拓本)之研究《现代佛学》1963年第1期 p.13~14

觉明居士 记敦煌出六朝婆罗谜字因缘经经幢残石《现代佛学》1963年第1期 p.8~12;收入杨曾文、杜斗城主编《中国敦煌学百年文库·宗教卷》(二),兰州:甘肃文化出版社,1999年 p.27~30

向达 记敦煌出六朝婆罗谜字因缘经经幢残石《向达先生纪念论文集》,乌鲁木齐:新疆人民出版社,1986年1月 p.12~19;收入荣新江编《向达先生敦煌遗墨》,北京:中华书局,2010年3月 p.331~338;图3幅;收入姜德治主编《敦煌文史资料》(第五辑),敦煌:政协甘肃省敦煌市文史资料委员会编印(无编印年月) p.92~98

李函阔 关于《记敦煌出六朝婆罗谜字因缘经经幢残石》的一点意见《现代佛学》1963年第4期 p.47;收入杨曾文、杜斗城主编《中国敦煌学百年文库·宗教卷》(二),兰州:甘肃文化出版社,1999年 p.31~32

王毅 北凉石塔《文物资料丛刊》1,北京:文物出版社,1977年12月 p.184

朱雷 出土石刻及文书中北凉沮渠氏不见于史籍的年号《出土文献研究》,北京:文物出版社,1985年6月 p.205;p.211~212注③;收入氏著《敦煌吐鲁番文书论丛》,兰州:甘肃人民出版社,2000年4月 p.32;收入氏著《朱雷敦煌吐鲁番文书论丛》(当代敦煌学者自选集),上海:上海古籍出版社,2012年12月 p.34;p.45注③;收入氏著《敦煌吐鲁番文书研究》,杭州:浙江大学出版社,2016年4月 p.88

宿白 凉州石窟遗迹与"凉州模式"《考古学报》1986年第4期 p.439;收入氏著《中国石窟寺研究》,北京:文物出版社,1996年8月 p.44;收入樊锦诗、刘玉权主编《中国敦煌学百年文库·考古卷》(四),兰州:甘肃文化出版社,1999年 p.153

暨远志 中国早期佛教供养人服饰《敦煌研究》1995年第1期 p.140

殷光明 北凉石塔分期试论《敦煌研究》1997年第3期 p.84~94;收入卓新平、杨富学主编《中国西北宗教文献》(佛教甘肃卷十一),兰州:甘肃民族出版社,2012年7月 p.271~281;收入郑炳林、魏迎春、赵青山主编《陇东河西石窟研究文集》(下册),兰州:甘肃文化出版社,2014年3月 p.1285~1293

殷光明 从北凉石塔看莫高窟早期三窟的建造年代 《2000年敦煌学国际学术讨论会文集——纪念敦煌藏经洞发现暨敦煌学百年》石窟考古卷,兰州:甘肃民族出版社,2003年9月 p.250~278

荣新江 惊沙撼大漠——向达的敦煌考察及其学术意义《敦煌吐鲁番研究》(第七卷),北京:中华书局,2004年1月 p.103、120、121;收入氏著《辨伪与存真——敦煌学论集》,上海:上海古籍出版社,2010年3月 p.205、231、233注②③;收入荣新江编《向达先生敦煌遗墨》,北京:中华书局,2010年3月 p.9、30~32;收入沙知编《向达学记》,北京:生活·读书·新知三联书店,2010年6月 p.98、114、116

潘亮文 沙漠传奇·艺术结晶——敦煌艺术大展 《典藏古美术》2005年第4期 p.49;p.53;图1幅

彭建兵 北凉时期敦煌民间杂密信仰问题考察——以北凉石塔为中心 《敦煌学辑刊》2009年第4期 p.140~146

崔中慧 北凉石塔刻经与写经生《丝绸之路研究集刊》第一辑,北京:商务印书馆,2017年5月 p.191~199

苏莹辉著 敦煌学概要(增订再版) 台北:编译馆中华丛书编审委员会,1981年10月 p.231~232

苏莹辉著 敦煌学概要 台北：五南图书出版公司，1988年12月 p.231~232

史金波著 西夏佛教史略 银川：宁夏人民出版社，1988年8月 p.341

殷光明著 北凉石塔研究 新竹：财团法人觉风佛教艺术文化基金会，2000年6月 p.51~53

张宝玺著 北凉石塔艺术 上海：上海辞书出版社，2006年9月 p.66、87、106~107

彭建兵 敦煌石窟早期密教状况研究 兰州：兰州大学硕士研究生学位论文，2006年5月 p.34

V.V.Gokhale, A Brāhmī Stone Inscription from Tunhuang, *Sino–Indian Studies*, Vol. Ⅰ, Part Ⅰ, pp.18–22.

收藏号Z.1111 石塔

久野美樹 石塔『砂漠の美術馆—永遠なる敦煌』中国敦煌研究院創立50周年記念（東京展、福岡展、神户展，1996年10月26日~1997年4月20日），東京：朝日新聞社，1996年 p.126~127図版及第59条日文図版解説

施萍亭 石塔『敦煌美術展』（岐阜展、岡山展、佐賀展、横浜展，2001年9月8日~2002年3月12日），東京：大塚巧藝社，2001年 p.86~87図版45及図版解説；p.131出品目錄

B112:1 木印章（似八思巴文或梵文）

彭金章、王建军 敦煌莫高窟北区石窟（第二卷） 北京：文物出版社，2004年7月 p.61~62；图三六；图版二〇，4

B137:1 木印章（似梵文）

张保胜 敦煌梵字陀罗尼[①]《敦煌莫高窟北区石窟》第三卷，北京：文物出版社，2004年7月 p.469；收入彭金章主编《敦煌莫高窟北区石窟研究》（下册），兰州：甘肃教育出版社，2011年4月 p.635~636

彭金章、王建军 敦煌莫高窟北区石窟（第二卷） 北京：文物出版社，2004年7月 p.244；图一二二，1、2；图版一一七，5

①张保胜《敦煌梵字陀罗尼》一文，在收入《敦煌莫高窟北区石窟研究》（下册）时误将B137:1写成B137:3。

二

麦积山石窟艺术研究所藏敦煌文献

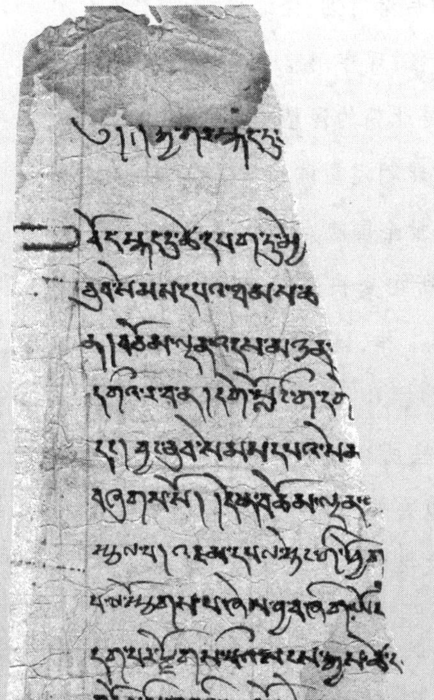

麦积山石窟位于甘肃省天水市东南的秦岭山脉余脉东麓。石窟开凿于独立突起的山峰上,其山形似农家麦垛之状,故名。麦积山石窟开创于公元5世纪初的十六国后秦时期,经北魏、西魏、北周、隋、唐继凿以及宋元之后的多次重修,现存洞窟221个。麦积山石窟现存的造像以泥塑为主,尤其是北朝的泥塑作品代表了中国泥塑造像艺术的最高成就,被誉为“北朝泥塑陈列馆”。麦积山石窟于1962年被国务院公布为第一批全国重点文物保护单位。1953年9月,天水麦积山文物保管所在麦积山石窟设立,从事麦积山石窟的保护、研究、旅游接待等工作,1986年6月更名为麦积山石窟艺术研究所。

麦积山石窟艺术研究所文献资料室所存珍贵的文献资料,主要来自麦积山瑞应寺历代僧众遗存,也有部分是陇上著名学者冯国瑞先生捐赠,本章所述My.t.16号文书就是其中之一。

麦积山石窟艺术研究所藏敦煌藏文文献

麦积山石窟艺术研究所藏敦煌古藏文写本《大乘无量寿宗要经》来自敦煌莫高窟藏经洞(第17窟),这件文献是由陇上著名学者冯国瑞先生于1955年捐赠给麦积山瑞应寺的,研究著录情况如下:

My.t.16 大乘无量寿宗要经

张延清、李晓红 麦积山石窟艺术研究所藏古藏文经卷考录《敦煌研究》2009年第5期 p.95

马德主编,张延清、勘措吉、邰惠莉编写 麦积山石窟艺术研究所藏敦煌藏文文献《甘肃藏敦煌藏文文献叙录》,兰州:甘肃民族出版社,2011年9月 p.869

三

甘肃省博物馆藏敦煌文献

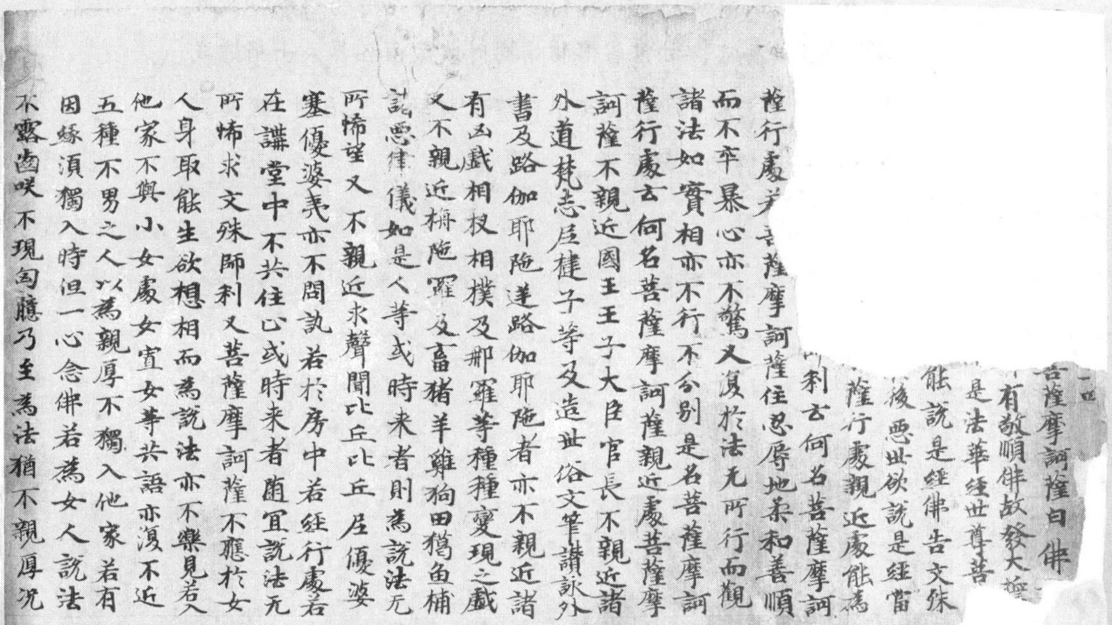
菩薩摩訶薩白佛
有敬順佛故發大誓
是法華經世尊菩
能說是經佛告文殊
後惡世欲說是經當
菩薩行處親近處能為
利云何名菩薩摩訶
薩行處若菩薩摩訶薩住忍辱地柔和善順
而不卒暴心亦不驚又復於法无所行而觀
諸法如實相亦不行不分別是名菩薩摩訶
薩行處云何名菩薩摩訶薩親近處菩薩摩
訶薩不親近國王王子大臣官長不親近諸
外道梵志尼揵子等及造世俗文筆讚詠外
書及路伽耶陀逆路伽耶陀者亦不親近諸
有凶戲相扠相撲及那羅等種種變現之戲
又不親近旃陀羅及畜猪羊雞狗田獵魚捕
諸惡律儀如是人等或時來者則為說法无
所悕望又不親近求聲聞比丘比丘尼優婆
塞優婆夷亦不問訊若於房中若經行處若
在講堂中不共住止或時來者隨宜說法无
所悕求文殊師利又菩薩摩訶薩不應於女
人身取能生欲想相而為說法亦不樂見若入
他家不與小女處女寡女等共語亦復不近
五種不男之人以為親厚不獨入他家若有
因緣須獨入時但一心念佛若為女人說法
不露齒咲不現胸臆乃至為法猶不親厚況

甘肃省博物馆前身为1939年1月中英庚子赔款董事会组建成立的甘肃省科学教育馆,1943年改名为国立甘肃科学教育馆,1950年改名为西北人民科学馆,1956年在此基础上成立甘肃省博物馆,1958年迁入新馆。

甘肃省博物馆馆藏珍贵历史文物、自然标本共计35万余件,汇集了甘肃从远古时期到近现代的大量文化珍宝,尤以新石器时代之冠的甘肃彩陶、汉代简牍文书、汉唐丝绸之路珍品、佛教艺术粹宝、古生物化石等珍贵文物独具特色。东汉铜奔马、魏晋墓“驿使图”画像砖,已分别被定为国家旅游标志和邮电事业的标志。甘肃省博物馆同时收藏由各界人士捐赠或征集的敦煌文献174件,其中敦煌汉文写经138件,藏文文献34件,回鹘文文献2件。

1. 甘肃省博物馆藏敦煌汉文文献

甘肃省博物馆藏敦煌汉文文献来源比较复杂，既有文博部门移交，也有冯国瑞、慕寿祺、许以栗等旧藏，亦有部分购自兰州本地，还有部分捐赠品，共计138件。除一件大唐景龙三年(709)道教《十戒经传授盟文》外，其余均为佛教典籍，内容涉及经、律、论、疏等，其中有题记者达23件。写经题记最早的是晋穆帝升平十二年(368)的《法句经》，最晚为写于北宋真宗咸平元年(998)的《大般若波罗蜜多经》。甘肃省博物馆藏敦煌汉文文献研究著录情况如下：

甘博001(收藏号13087) 法句经卷下

秦明智 前凉写本《法句经》及其有关问题《敦煌学辑刊》第3辑，1983年6月 p.23~27

徐祖蕃、秦明智、荣恩奇 敦煌遗书的字体演变及书法艺术(代序)《敦煌遗书书法选》，兰州：甘肃人民出版社，1985年10月，序文无页码；附图一

秦明智 关于甘肃省博物馆藏敦煌遗书之浅考和目录《1983年全国敦煌学术讨论会文集》文史·遗书编(上)，兰州：甘肃人民出版社，1987年3月 p.460~461；p.470；图版13

杨森 "婆姨"与"优婆姨"称谓刍议《敦煌研究》1994年第3期 p.125

赵声良 早期敦煌写本书法的时代分期和类型《敦煌书法库》(第二辑)[魏晋南北朝时期]，兰州：甘肃人民美术出版社，1995年4月 p.2

黄征 敦煌写本异文综析《敦煌吐鲁番学研究论集》，北京：书目文献出版社，1996年6月 p.465；收入氏著《敦煌语文丛说》，台北：新文丰出版股份有限公司，1997年1月 p.27；增订后收入氏著《敦煌语言文字学研究》，兰州：甘肃教育出版社，2002年12月 p.47；彩图四

赵声良 敦煌写卷书法(上)《文史知识》1997年第4期 p.72

文化 敦煌佛教写经与士人书法的审美意识《敦煌研究》1997年第4期 p.54

王素 敦煌出土前凉文献所见"建元"年号的归属——兼谈敦煌莫高窟的创建年代《敦煌吐鲁番研究》(第二卷)，北京：北京大学出版社，1997年10月 p.18；收入氏著《汉唐历史与出土文献》，北京：故宫出版社，2011年12月 p.223

赵声良 道行品法句经《敦煌学大辞典》，上海：上海辞书出版社，1998年12月 p.279；附图1幅

陈国灿 升平十二年净明写法句经记《敦煌学大辞典》，上海：上海辞书出版社，1998年12月 p.453

方广锠 法句经《敦煌学大辞典》，上海：上海辞书出版社，1998年12月 p.742

方广锠 法句经疏《敦煌学大辞典》，上海：上海辞书出版社，1998年12月 p.742

施萍婷 甘肃藏敦煌文献概述《甘肃藏敦煌文献精粹》，兰州：甘肃人民出版社，1999年 p.7；彩版（经文局部、卷尾、年代题记）；又载段文杰主编《甘肃藏敦煌文献》（第一至六卷），兰州：甘肃人民出版社，1999年9~12月 p.7

徐祖蕃撰稿 施萍婷、邵国秀审订 甘肃省博物馆藏敦煌文献叙录（上）《甘肃藏敦煌文献》（第四卷），兰州：甘肃人民出版社，1999年9月 p.369；图版p.1~3；彩版（经文局部、卷尾、年代题记）

施萍婷 甘肃省藏敦煌汉文文献概述《"二十一世纪敦煌文献研究回顾与展望"研讨会论文集》，台中：（台湾）中华自然文化学会，1999年12月 p.43；收入氏著《敦煌习学集》（上），兰州：甘肃民族出版社，2004年12月 p.297

韩惠言 甘藏敦煌汉文文献概况《敦煌学辑刊》2000年第2期 p.68；收入敦煌研究院编《2000年敦煌学国际学术讨论会文集——纪念敦煌藏经洞发现暨敦煌学百年》历史文化卷（上），兰州：甘肃民族出版社，2003年9月 p.516~517

介生 遍记甘藏敦煌遗书 兼具资料学术价值——《甘肃藏敦煌文献》介评《图书与情报》2000年第2期 p.78~79

赵声良 早期敦煌写本书法的分期研究《1994年敦煌学国际研讨会文集——纪念敦煌研究院成立50周年》（石窟艺术卷），兰州：甘肃民族出版社，2000年6月 p.260~263

张涌泉 敦煌故里对敦煌学的新奉献——《甘肃藏敦煌文献》读后《敦煌研究》2001年第1期 p.182

毛秋瑾 北魏时期敦煌写经书法研究《第五届中国书法史论国际研讨会论文集》，北京：文物出版社，2002年8月 p.284；p.306（附表）

陈国灿 敦煌藏经洞魏晋写经系年订补——纪念姜亮夫先生编撰《莫高窟年表》六十年《汉语史学报专辑·总第三辑》（姜亮夫、蒋礼鸿、郭在贻先生纪念文集），上海：上海教育出版社，2003年5月 p.47；p.52注[13]；收入氏著《陈国灿吐鲁番敦煌出土文献史事论集》，上海：上海古籍出版社，2012年9月 p.39~40；p.47注[13]

秋子 敦煌书法的书体及特色（一）《甘肃日报》2003年8月1日；又载《青少年书法》（青年版）2005年第20期 p.34

施萍婷 甘肃藏敦煌汉文文献精品简述《敦煌习学集》（上），兰州：甘肃民族出版社，2004年12月 p.306；图版21

黄征 敦煌俗字例释《敦煌吐鲁番研究》（第八卷），北京：中华书局，2005年1月 p.251

黄征 敦煌俗字种类考辨《敦煌学·日本学——石塚晴通教授退职纪念文集》，上海：上海辞书出版社，2005年12月 p.120；又载赵生群、方向东主编《古文献研究集刊》（第一辑），南京：凤凰出版社，2007年4月 p.37

赵声良 敦煌写本书法艺术《敦煌艺术十讲》，上海：上海古籍出版社，2007年7月 p.213；p.212；图134

文化 敦煌遗书书法的分期及艺术风格《文艺研究》2009年第6期 p.133

冉前林 敦煌写经书法述略《丝绸之路》2009年第22期 p.97

秋子 道行品法句经《敦煌写卷墨迹精选丛帖》(壹),兰州:甘肃人民美术出版社,2009年10月;2010年6月 p.1~6简介/赏析及图版

毛秋瑾 汉唐之间的写经书法——以敦煌吐鲁番写本为中心《南京艺术学院学报》(美术与设计版)2012年第3期 p.7~11;图10

王菡薇 现阶段敦煌书法研究存在的问题及其意义《江苏社会科学》2012年第6期 p.185

王菡薇 敦煌东晋纪年《法句经》写本研究《学术研究》2012年第12期 p.111~117

华人德 论六朝写经体——兼及“兰亭论辨”《中国书法全集》第14卷[三国两晋南北朝编 两晋南北朝写经写本],北京:荣宝斋出版社,2013年1月 p.2;图1幅

毛秋瑾(考释) 道行品法句经《中国书法全集》第14卷[三国两晋南北朝编 两晋南北朝写经写本],北京:荣宝斋出版社,2013年1月 p.323~324;图版p.98~104

张涌泉 敦煌文献整理:百年行与思《敦煌写本文献学》,兰州:甘肃教育出版社,2013年12月 p.2

林聪明 敦煌文书的用纸《港台敦煌学文库》第33册,兰州:甘肃人民出版社,2014年12月 p.203

林聪明 敦煌文书的题记《港台敦煌学文库》第34册,兰州:甘肃人民出版社,2014年12月 p.197

孙占鳌 敦煌遗书书法艺术研究《丝绸之路》2015年第20期 p.6、8

苏锦坤 试论“甘肃博物馆001号《法句经》写本”的异读《福严佛学研究》第10期,新竹:福严佛学院,2015年 p.19~39

薄小莹 敦煌遗书汉文纪年卷编年 长春:长春出版社,1990年3月 p.1~2

林聪明著 敦煌文书学(敦煌学导论丛刊①) 台北:新文丰出版股份有限公司,1991年8月 p.91、328

沃兴华著 敦煌书法艺术[①] 上海:上海人民出版社1994年12月 p.94;p.96;图7-2

王靖宪编著 中国书法艺术·第三卷[魏晋南北朝] 北京:文物出版社,1996年3月第1版;1998年12月第2次印刷 p.117;图114

黄征、程惠新著 劫尘遗珠——敦煌遗书 兰州:甘肃教育出版社,1999年7月 p.217

敦煌研究院编 敦煌:纪念敦煌藏经洞发现一百周年 北京:朝花出版社,2000年 p.166~167;图1幅

颜廷亮著 敦煌文化[东方文化集成·中华文化编] 北京:光明日报出版社,2000年12月 p.88、342~343

刘胜角著 古代楷书发展史 北京:中国戏剧出版社,2002年5月 p.109;图87

胡同庆、安忠义著 佛教艺术 兰州:敦煌文艺出版社,2004年2月 p.295~296;图120

黄征编 敦煌俗字典 上海:上海教育出版社,2005年5月 前言p.16、29;正文p.2、12、27、28、49、68、75、77、79、97、98、116、119、121、132、139、146、159、181、202、212、226、235、238、243、267、299、311、321、325、333、337、341、343、357、361、383、396、420、432、454、463、464、478、479、490、499、501、511、520、522、550、555、577;顺序索引p.744;分类索引p.750

①沃兴华《敦煌书法艺术》误作“甘肃敦煌博物馆藏《法句经》”。

中国美编 中国散藏敦煌文献分类目录 北京:北京图书馆出版社,2007年10月 p.3、199~200

沈乐平著 敦煌书法综论 杭州:浙江古籍出版社,2009年10月 p.29、96

秦川编著 敦煌书法:中国书法的基因库 南京:凤凰出版社,2010年7月 p.110~111;图1幅

王菡薇、陶小军著 敦煌南朝写本书法研究 北京:人民出版社,2011年12月 p.64、67、69~70、233~252;图5-2-1、图5-2-2、图5-2-3、图5-2-4、图5-2-5、图5-2-6、图5-2-7、图5-2-8、图5-2-10、图5-2-11

于淑健著 敦煌佛典语词和俗字研究——以敦煌古佚和疑伪经为中心 上海:上海古籍出版社,2012年4月 p.82

张涌泉著 敦煌写本文献学 兰州:甘肃教育出版社,2013年12月 p.100;图4-9

毛秋瑾著 墨香佛音——敦煌写经书法研究 北京:北京大学出版社,2014年4月 p.127;图4-1;p.187;图5-11、190

林世田、杨学勇、刘波著 敦煌遗珍——国家珍贵古籍名录·敦煌遗书① 北京:国家图书馆出版社,2014年9月 p.191

朱瑶著 敦煌汉文文献题记整理与研究 北京:中国社会科学出版社,2016年7月 p.105

马国俊主编 敦煌书法艺术研究 北京:文物出版社,2017年9月 p.226

甘肃省地方史志编纂委员会编 甘肃省志·文物志(中册) 北京:文物出版社,2018年11月 p.1519;图1幅

伏俊琏著 敦煌文学总论(修订本) 上海:上海古籍出版社,2019年4月 p.21

刘进宝著 敦煌学通论(增订本) 兰州:甘肃教育出版社,2019年4月 p.4

肖瑜《三国志》古写本用字研究 上海:复旦大学博士研究生学位论文,2006年4月 p.18、41、71

陈琪 敦煌遗书书法浅探 兰州:兰州大学博士研究生学位论文,2007年5月 p.152(表)

沈乐平 敦煌书法综论 杭州:中国美术学院博士研究生学位论文,2008年5月 p.34、90

魏郭辉 敦煌写本佛经题记研究——以唐宋写经为中心 兰州:兰州大学博士研究生学位论文,2009年6月 p.7

陶家骏 敦煌研究院藏佚本《维摩诘经注》写卷研究 苏州:苏州大学博士研究生学位论文,2012年3月 俗字表p.120;p.180、200

纪韦彤《甘博001法句经下》字样研究 桃园:"中央大学"中文研究所硕士研究生学位论文,2011年6月

周远军 敦煌写卷《道行般若经》用字研究及校勘 南宁:广西大学硕士研究生学位论文,2011年6月 p.85、91、104、111、127

毛秋瑾 北魏时期敦煌写经书法研究 苏州:苏州大学硕士研究生学位论文,2002年1月 p.8;图1;p.43(附表)

吕丽军 从敦煌写经看楷书的成熟新论 临汾:山西师范大学硕士研究生学位论文,2011年5月 p.26

陈瑞峰《甘肃藏敦煌文献》俗字研究 金华:浙江师范大学硕士研究生学位论文,2012年5月 p.29、30、45;俗字表p.107、110、117、123、131~132、151、164、181、189、201、233

①林世田、杨学勇、刘波《敦煌遗珍——国家珍贵古籍名录·敦煌遗书》误作"甘肃敦煌博物馆藏《法句经》"。

高静怡 北图藏敦煌汉文写经《金光明经》异文研究 南宁：广西大学硕士研究生学位论文，2013年5月 p.38

王翠《甘肃藏敦煌文献》俗字研究 南京：南京师范大学硕士研究生学位论文，2014年5月 p.20（表）；p.23、24；p.53（附录：中古经卷“表”）

肖倩 敦煌写卷中古俗字研究 南京：南京师范大学硕士研究生学位论文，2014年5月 p.17（表）；p.20、21、22、23、27~28、32、34、44、47、48~49、53、58、60、62~63、69

刘春红 敦煌遗书对近现代书法艺术的影响 济南：齐鲁工业大学硕士研究生学位论文，2015年6月 p.8；图2.7

刘文章 南北朝时期敦煌汉文纪年写卷俗字字形演变及其应用 南宁：广西大学硕士研究生学位论文，2016年6月 p.53~60；p.116~126（附录2甘博001与同时期真卷字形对照表）

池田温编 中國古代寫本識語集錄 東京：東京大学東洋文化研究所発行，1990年3月30日 p.76（第39号题記錄文）

甘博 法句经道行品第三十八、法句经泥洹品第三十九

徐祖蕃、秦明智、荣恩奇编选 敦煌遗书书法选 兰州：甘肃人民出版社，1985年10月 p.1~9图版及简要说明

甘博002（收藏号2482）入楞伽经卷第九

秦明智 关于甘肃省博物馆藏敦煌遗书之浅考和目录《1983年全国敦煌学术讨论会文集》文史·遗书编（上），兰州：甘肃人民出版社，1987年3月 p.471

赵声良 早期敦煌写本书法的时代分期和类型《敦煌书法库》（第二辑）[魏晋南北朝时期]，兰州：甘肃人民美术出版社，1995年4月 p.7

方广锠 入楞伽经《敦煌学大辞典》，上海：上海辞书出版社，1998年12月 p.666~667

徐祖蕃撰稿，施萍婷、邵国秀审订 甘肃省博物馆藏敦煌文献叙录（上）《甘肃藏敦煌文献》（第四卷），兰州：甘肃人民出版社，1999年9月 p.369~370；图版p.3~13

陈丽萍 敦煌女性写经题记及反映的妇女问题《敦煌佛教艺术文化国际学术研讨会论文集》，兰州：兰州大学出版社，2002年7月 p.430、437

施萍婷 甘肃藏敦煌汉文文献精品简述《敦煌习学集》（上），兰州：甘肃民族出版社，2004年12月 p.307~308；图版28

崔峰 敦煌文书中北朝时期写经及相关问题探讨 《丝绸之路民族古文字与文化学术讨论会文集》（下），西安：三秦出版社，2007年7月 p.843

华人德 论六朝写经体——兼及“兰亭论辨”《中国书法全集》第14卷[三国两晋南北朝编 两晋南北朝写经写本]，北京：荣宝斋出版社，2013年1月 p.3；图1幅

毛秋瑾（考释）入楞伽经卷第九《中国书法全集》第14卷[三国两晋南北朝编 两晋南北朝写经写本]，

北京：荣宝斋出版社，2013年1月 p.352~353；图版p.279~287

林聪明 敦煌文书的抄写《港台敦煌学文库》第34册，兰州：甘肃人民出版社，2014年12月 p.57

徐祖蕃、秦明智、荣恩奇编选 敦煌遗书书法选 兰州：甘肃人民出版社，1985年10月 p.67~70图版及简要说明

林聪明著 敦煌文书学（敦煌学导论丛刊①）台北：新文丰出版股份有限公司，1991年8月 p.188

申国美编 中国散藏敦煌文献分类目录 北京：北京图书馆出版社，2007年10月 p.55、200

张涌泉著 敦煌写本文献学 兰州：甘肃教育出版社，2013年12月 p.447

朱瑶著 敦煌汉文文献题记整理与研究 北京：中国社会科学出版社，2016年7月 p.70

甘肃省地方史志编纂委员会编 甘肃省志·文物志（中册）北京：文物出版社，2018年11月 p.1525~1526；图1幅

王翠《甘肃藏敦煌文献》俗字研究 南京：南京师范大学硕士研究生学位论文，2014年5月 p.20（表）；p.22、24、49；p.53（附录：中古经卷"表"）

肖倩 敦煌写卷中古俗字研究① 南京：南京师范大学硕士研究生学位论文，2014年5月 p.18（表）；p.70

池田温编 中國古代寫本識語集錄 東京：東京大学東洋文化研究所発行，1990年3月30日 p.129（第249号题記錄文）

甘博003（收藏号10563）佛说观佛三昧海经卷第五

秦明智 关于甘肃省博物馆藏敦煌遗书之浅考和目录《1983年全国敦煌学术讨论会文集》文史·遗书编（上），兰州：甘肃人民出版社，1987年3月 p.471

方广锠 观佛三昧海经《敦煌学大辞典》，上海：上海辞书出版社，1998年12月 p.663~664

徐祖蕃撰稿 施萍婷、邵国秀审订 甘肃省博物馆藏敦煌文献叙录（上）《甘肃藏敦煌文献》（第四卷），兰州：甘肃人民出版社，1999年9月 p.370；图版p.13~21

施萍婷 甘肃藏敦煌汉文文献精品简述《敦煌习学集》（上），兰州：甘肃民族出版社，2004年12月 p.310；图版32

黄征 敦煌俗字例释《敦煌吐鲁番研究》（第八卷），北京：中华书局，2005年1月 p.250、255

黄征 敦煌俗字种类考辨《敦煌学·日本学——石塚晴通教授退职纪念文集》，上海：上海辞书出版社，2005年12月 p.114、116、121；又载赵生群、方向东主编《古文献研究集刊》（第一辑），南京：凤凰出版社，2007年4月 p.30、32、38

吴新钦 北魏平城时期敦煌写经书法的章法及其书史意义《屏东教育大学学报》第26期，2007年3月 p.707~744

吴新钦 北魏平城时期敦煌写经书法的结体及其书史意义《屏东教育大学学报》第28期，2007年9月

①肖倩硕士论文《敦煌写卷中古俗字研究》第18、70页，将甘博002号《入楞伽经卷第九》误作"敦研〇〇二"。敦研002号应为"大般若波罗蜜多经卷第二百五十"。

p.45~89；p.84~85；图十六

于淑健 中国古文字俗体探源——以敦煌佛经书法写本为例《艺术百家》2009年第3期 p.26

井米兰 敦煌俗字与宋本《玉篇》俗字字形之差异及其原因初探《宁夏大学学报》（人文社会科学版）2010年第5期 p.8

黄征编 敦煌俗字典 上海：上海教育出版社，2005年5月 前言p.22~24、29~30；正文p.1、5、7、12、16、17、20、21、27、40、41、45、46、52、57、64、66、69、74、76、78、80、81、82、85、87、89、92、93、94、97、101、102、104、106、109、112、120、122、123、124、127、128、129、137、138、146、153、154~155、156、157、163、167、168、170、172、175、176、177、179、184、187、188、191、193、198、199、201、204、209、212、218、221、226、231、232、235、237、240、244、247、249、255、257、263、265、270、271、272、273、276、278、286、288、292、294、302、303、304、308、315、320、322、323、324、329、330、336、340、347、350、351、353、357、358、362、363、364、368、370、371、373、374、377、378、381、388、390、391、293、394、401、403、405、407、411、413、418、419、421、422、423、425、427、428、429、441、442、450、460、463、468、469、473、477、481、484、485、487、489、495、504、506、508、510、512、513、516、523、535、538、542、544、547、548、558、562、563、568、569、570、572、575、577；顺序索引p.744；分类索引p.750

中国美编 中国散藏敦煌文献分类目录 北京：北京图书馆出版社，2007年10月 p.52、200

沈乐平著 敦煌书法综论 杭州：浙江古籍出版社，2009年10月 p.97

赵红著 敦煌写本汉字论考 上海：上海古籍出版社，2012年4月 p.59、195

于淑健著 敦煌佛典语词和俗字研究——以敦煌古佚和疑伪经为中心 上海：上海古籍出版社，2012年4月 p.346

肖瑜《三国志》古写本用字研究 上海：复旦大学博士研究生学位论文，2006年4月 p.34、43、57、135

沈乐平 敦煌书法综论 杭州：中国美术学院博士研究生学位论文，2008年5月 p.91

陶家骏 敦煌研究院藏佚本《维摩诘经注》写卷研究 苏州：苏州大学博士研究生学位论文，2012年3月 p.64；俗字表p.85、88、90、96、99、107、115、143、150；p.171、189

井米兰 敦煌俗字与宋本《玉篇》文字比较研究 上海：华东师范大学硕士研究生学位论文，2009年5月 p.26、34、37、43、55~56、58

周远军 敦煌写卷《道行般若经》用字研究及校勘① 南宁：广西大学硕士研究生学位论文，2011年6月 p.32、55、71、74、80、86、91、94、103、108

唐帅彬 敦煌俗字论辨 南京：南京师范大学硕士研究生学位论文，2012年5月 p.14

陈瑞峰《甘肃藏敦煌文献》俗字研究 金华：浙江师范大学硕士研究生学位论文，2012年5月 p.14、21、22、28、29、53、55、56~57；例证表p.62；俗字表p.106、110、111、112、120、122、130、133、134、135、137、138、139、140、143、145、146、147、149、153、155、158、160~161、167、168、170、179、183~184、194、214、222、223、231~232

薛皖东《干禄字书》所收俗字与敦煌俗字比较研究 南京：南京师范大学硕士研究生学位论文，2013年

①周远军硕士论文《敦煌写卷〈道行般若经〉用字研究及校勘》第32页，将甘博003号《佛说观佛三昧海经》误作“甘博0303”。

4月 p.5、24、28、36

高静怡 北图藏敦煌汉文写经《金光明经》异文研究 南宁：广西大学硕士研究生学位论文，2013年5月 p.29、35、38

王翠《甘肃藏敦煌文献》俗字研究 南京：南京师范大学硕士研究生学位论文，2014年5月 p.20（表）；p.21~24、42~44；p.53（附录：中古经卷"表"）

李艳 敦煌俗字偏旁研究 杭州：杭州师范大学硕士研究生学位（学术学位）论文，2016年6月 p.12

甘博004（收藏号16966）贤愚经卷第一、卷第二

秦明智 关于甘肃省博物馆藏敦煌遗书之浅考和目录《1983年全国敦煌学术讨论会文集》文史·遗书编（上），兰州：甘肃人民出版社，1987年3月 p.461~467；p.471；图版14

赵声良 早期敦煌写本书法的时代分期和类型《敦煌书法库》（第二辑）[魏晋南北朝时期]，兰州：甘肃人民美术出版社，1995年4月 p.7

文化 敦煌佛教写经与士人书法的审美意识《敦煌研究》1997年第4期 p.56

方广锠 贤愚因缘经《敦煌学大辞典》，上海：上海辞书出版社，1998年12月 p.707

徐祖蕃撰稿，施萍婷、邵国秀审订 甘肃省博物馆藏敦煌文献叙录（上）《甘肃藏敦煌文献》（第四卷），兰州：甘肃人民出版社，1999年9月 p.370；图版p.21~31；彩版（局部）

赵声良 早期敦煌写本书法的分期研究 《1994年敦煌学国际研讨会文集——纪念敦煌研究院成立50周年》（石窟艺术卷），兰州：甘肃民族出版社，2000年6月 p.274；图22

张涌泉 敦煌故里对敦煌学的新奉献——《甘肃藏敦煌文献》读后《敦煌研究》2001年第1期 p.182

刘永增《贤愚经》的集成年代与莫高窟第275窟的开凿《敦煌研究》2001年第4期 p.71~72

陈丽萍 敦煌女性写经题记及反映的妇女问题《敦煌佛教艺术文化国际学术研讨会论文集》，兰州：兰州大学出版社，2002年7月 p.435、439

施萍婷 甘肃藏敦煌汉文文献精品简述《敦煌习学集》（上），兰州：甘肃民族出版社，2004年12月 p.310~311；图版37

黄征 敦煌俗字种类考辨《敦煌学·日本学——石塚晴通教授退职纪念文集》，上海：上海辞书出版社，2005年12月 p.118、121；又载赵生群、方向东主编《古文献研究集刊》（第一辑），南京：凤凰出版社，2007年4月 p.29、34、38

聂葛明 敦煌西魏写经及题记管窥《敦煌学辑刊》2007年第4期 p.311（表）；p.313

肖瑜 敦煌吐鲁番出土《三国志》古写本疑难字形四例《唐山师范学院学报》2009年第3期 p.5

秋子 贤愚经卷第二《敦煌写卷墨迹精选丛帖》（贰），兰州：甘肃人民美术出版社，2009年10月；2010年6月 p.41~46简介/赏析及图版

井米兰 敦煌俗字与宋本《玉篇》俗字字形之差异及其原因初探《宁夏大学学报》（人文社会科学版）2010年第5期 p.8、10

华人德 论六朝写经体——兼及"兰亭论辨"《中国书法全集》第14卷[三国两晋南北朝编 两晋南北朝

写经写本],北京:荣宝斋出版社,2013年1月 p.2~3;图1幅

林聪明 敦煌文书的用纸《港台敦煌学文库》第33册,兰州:甘肃人民出版社,2014年12月 p.205

林聪明 敦煌文书的割裂《港台敦煌学文库》第34册,兰州:甘肃人民出版社,2014年12月 p.222

徐祖蕃、秦明智、荣恩奇编选 敦煌遗书书法选 兰州:甘肃人民出版社,1985年10月 p.48~58图版及简要说明

林聪明著 敦煌文书学(敦煌学导论丛刊①) 台北:新文丰出版股份有限公司,1991年8月 p.94、360

敦煌研究院编 敦煌:纪念敦煌藏经洞发现一百周年 北京:朝花出版社,2000年 p.168~169;图1幅

黄征编 敦煌俗字典 上海:上海教育出版社,2005年5月 前言p.7、9、17、22、26、29~30;正文p.7、8、9、14、17、20、22、23、24、34、54、62、66、67、68、72、74、91、92、105、108、109、114、122、130、135、152、158、161、164、167、174、175、179、180、188、189、197、200、201、207 ~208、211、233、241、242、244、247、254、257、261、265、272、273、275、286、289、292、300、303、311、312、314、315、316、319、322、325、331、332、338、340、350、351、354、358、362、364、366、368、370、384、387、390、397、399、405、409、412、415、419、433、435、441、442、448、459、463、464、475、483、484、486、496、497、498、509、510、520、527、532、539、568、571、573、577、578、579; 顺序索引p.744~745;分类索引p.748~749

申国美编 中国散藏敦煌文献分类目录 北京:北京图书馆出版社,2007年10月 p.2、200

秦川编著 敦煌书法:中国书法的基因库 南京:凤凰出版社,2010年7月 p.112~113;图1幅

赵红著 敦煌写本汉字论考 上海:上海古籍出版社,2012年4月 p.84、118

于淑健著 敦煌佛典语词和俗字研究——以敦煌古佚和疑伪经为中心 上海:上海古籍出版社,2012年4月 p.273

张涌泉著 敦煌写本文献学 兰州:甘肃教育出版社,2013年12月 p.447~448

甘肃省地方史志编纂委员会编 甘肃省志·文物志(中册) 北京:文物出版社,2018年11月 p.1526

肖瑜《三国志》古写本用字研究 上海:复旦大学博士研究生学位论文,2006年4月 p.21、57、103、127

陶家骏 敦煌研究院藏佚本《维摩诘经注》写卷研究 苏州:苏州大学博士研究生学位论文,2012年3月 俗字表p.80、154、162;p.178、189

井米兰 敦煌俗字与宋本《玉篇》文字比较研究 上海:华东师范大学硕士研究生学位论文,2009年5月 p.24、25、28、29、37、58、59

宋丽丽 敦煌写本《籯金》俗字研究 南京:南京师范大学硕士研究生学位论文,2011年5月 p.23

周远军 敦煌写卷《道行般若经》用字研究及校勘 南宁:广西大学硕士研究生学位论文,2011年6月 p.68

陈瑞峰《甘肃藏敦煌文献》俗字研究 金华:浙江师范大学硕士研究生学位论文,2012年5月 p.8、17、19、21、22、26、28、32、51; 俗字表p.108、109、112、115、116、124、126、129、130、147、150、156、163、168、171、175、180、183、185、193、204、208、209、212、218、219、222、226、228、233、234

薛皖东《干禄字书》所收俗字与敦煌俗字比较研究 南京:南京师范大学硕士研究生学位论文,2013年4月 p.24

刘欣声 敦煌写本唐五代俗字研究 南京:南京师范大学硕士研究生学位论文,2013年5月 p.24

高静怡 北图藏敦煌汉文写经《金光明经》异文研究 南宁：广西大学硕士研究生学位论文，2013年5月 p.30、31、36

赵丹 敦煌本道液《净名经》疏解二种异文研究 金华：浙江师范大学硕士研究生学位论文，2013年5月 p.77

王翠《甘肃藏敦煌文献》俗字研究 南京：南京师范大学硕士研究生学位论文，2014年5月 p.20（表）；p.21~23、42、49；p.53~54（附录：中古经卷“表”）

李艳 敦煌俗字偏旁研究 杭州：杭州师范大学硕士研究生学位（学术学位）论文，2016年6月 p.17~18

池田温编 中國古代寫本識語集錄 東京：東京大学東洋文化研究所発行，1990年3月30日 p.123（第224号題記錄文）

甘博005（收藏号10456）优婆塞经卷第十

秦明智 关于甘肃省博物馆藏敦煌遗书之浅考和目录《1983年全国敦煌学术讨论会文集》文史·遗书编（上），兰州：甘肃人民出版社，1987年3月 p.471~472

徐祖蕃撰稿，施萍婷、邵国秀审订 甘肃省博物馆藏敦煌文献叙录（上）《甘肃藏敦煌文献》（第四卷），兰州：甘肃人民出版社，1999年9月 p.371；图版p.32~37

王惠民 敦煌隋至唐前期药师图像考察《艺术史研究》第2辑，广州：中山大学出版社，2000年12月 p.297

党燕妮 从写经题记看敦煌地区的阿弥陀佛教信仰《敦煌佛教与禅宗学术讨论会文集》，西安：三秦出版社，2007年7月 p.96

林世田、汪桂海 敦煌写本《优婆塞戒经》版本研究《文献》2008年第2期 p.33~41；收入林世田著《敦煌遗书研究论集》，北京：中国藏学出版社，2010年3月 p.75~88

赵青山 甘图藏017号敦煌文书《金光明最胜王经》题记解析《兰州大学学报》（社会科学版）2015年第5期 p.119

刘波“但能修故，不假造新”——敦煌遗书中所见补缀旧经制作佛教功德写经现象《包容的丝路，交融的敦煌——敦煌丝绸之路国际学术研讨论会文集》，全州：韩国敦煌学会，2017年11月 p.279~280

徐祖蕃、秦明智、荣恩奇编选 敦煌遗书书法选 兰州：甘肃人民出版社，1985年10月 p.71~72图版及简要说明

薄小莹 敦煌遗书汉文纪年卷编年 长春：长春出版社，1990年3月 p.23

林聪明著 敦煌吐鲁番文书解诂指例（敦煌丛刊二集⑮）台北：新文丰出版公司，2001年6月 p.163

黄征编 敦煌俗字典 上海：上海教育出版社，2005年5月 前言p.16；正文p.42、167、229、338、389、467、524、530、533、536；顺序索引p.745；分类索引p.748

中国美编 中国散藏敦煌文献分类目录 北京：北京图书馆出版社，2007年10月 p.59、200

沈乐平著 敦煌书法综论 杭州：浙江古籍出版社，2009年10月 p.45

秦川编著 敦煌书法：中国书法的基因库 南京：凤凰出版社，2010年7月 p.128；图1幅

颜廷亮著 敦煌文学千年史 北京：人民文学出版社，2013年11月 p.402

林世田、杨学勇、刘波著 敦煌佛典的流通与改造 兰州:甘肃教育出版社,2013年11月 p.148、150~159

甘肃省地方史志编纂委员会编 甘肃省志·文物志(中册) 北京:文物出版社,2018年11月 p.1526

党燕妮 晚唐五代宋初敦煌民间佛教信仰研究 兰州:兰州大学博士研究生学位论文,2009年5月 p.28

陶家骏 敦煌研究院藏佚本《维摩诘经注》写卷研究 苏州:苏州大学博士研究生学位论文,2012年3月 p.205

王翠《甘肃藏敦煌文献》俗字研究 南京:南京师范大学硕士研究生学位论文,2014年5月 p.20(表);p.23;p.54(附录:中古经卷"表")

肖倩 敦煌写卷中古俗字研究 南京:南京师范大学硕士研究生学位论文,2014年5月 p.19(表);p.39、40、42~43、47~48、54、55、70

池田温编 中國古代寫本識語集錄 東京:東京大学東洋文化研究所発行,1990年3月30日 p.169(第442号○備)

甘博006(收藏号10465)大般涅槃经卷第三十二迦叶菩萨品之二

秦明智 关于甘肃省博物馆藏敦煌遗书之浅考和目录《1983年全国敦煌学术讨论会文集》文史·遗书编(上),兰州:甘肃人民出版社,1987年3月 p.472;图版16

隋峰 敦煌大般涅槃经迦叶菩萨品之二《中国书法鉴赏大辞典》(上),北京:大地出版社,1989年10月 p.590;图1幅;北京:中国人民大学出版社,2006年6月

施萍婷 甘肃藏敦煌文献概述《甘肃藏敦煌文献精粹》,兰州:甘肃人民出版社,1999年 p.7;彩版(卷首、卷尾);又载段文杰主编《甘肃藏敦煌文献》(第一至六卷),兰州:甘肃人民出版社,1999年9~12月 p.7

徐祖蕃撰稿,施萍婷、邵国秀审订 甘肃省博物馆藏敦煌文献叙录(上)《甘肃藏敦煌文献》(第四卷),兰州:甘肃人民出版社,1999年9月 p.371;图版p.38~53;彩版(卷首、卷尾)

施萍婷 甘肃省藏敦煌汉文文献概述《"二十一世纪敦煌文献研究回顾与展望"研讨会论文集》,台中:(台湾)中华自然文化学会,1999年12月 p.44;收入氏著《敦煌习学集》(上),兰州:甘肃民族出版社,2004年12月 p.298~299

介生 遍记甘藏敦煌遗书 兼具资料学术价值——《甘肃藏敦煌文献》介评《图书与情报》2000年第2期 p.79

张涌泉 敦煌故里对敦煌学的新奉献——《甘肃藏敦煌文献》读后《敦煌研究》2001年第1期 p.183

施萍婷 甘肃藏敦煌汉文文献精品简述《敦煌习学集》(上),兰州:甘肃民族出版社,2004年12月 p.311~312;图版42

窦怀永 唐代避讳字与俗字关系试论《出土文献与古文字研究》(第一辑),上海:复旦大学出版社,2006年12月 p.308

陈红彦、林世田 敦煌遗书近现代鉴藏印章辑述(下)《文献》2007年第3期 p.133;收入林世田著《敦煌遗书研究论集》,北京:中国藏学出版社,2010年3月 p.305

秋子 大般涅槃经卷迦叶菩萨品之二《敦煌写卷墨迹精选丛帖》(叁),兰州:甘肃人民美术出版社,2009

年10月;2010年6月 p.27~34简介/赏析及图版

徐祖蕃、秦明智、荣恩奇编选 敦煌遗书书法选 兰州:甘肃人民出版社,1985年10月 p.96~105图版及简要说明

刘胜角著 古代楷书发展史 北京:中国戏剧出版社,2002年5月 p.307;图292

胡同庆、安忠义著 佛教艺术 兰州:敦煌文艺出版社,2004年2月 p.297~298;彩图45

申国美编 中国散藏敦煌文献分类目录 北京:北京图书馆出版社,2007年10月 p.44、200

景盛轩著《大般涅槃经》異文研究 成都:巴蜀书社,2009年2月 p.142

沈乐平著 敦煌书法综论 杭州:浙江古籍出版社,2009年10月 p.237(鉴藏印章检索表)

赵红著 敦煌写本汉字论考 上海:上海古籍出版社,2012年4月 p.59、176、201、203

景盛轩 敦煌本《大般涅槃经》研究——以版本、异文及训诂为中心 杭州:浙江大学博士研究生学位论文,2004年5月 p.20、215、216

沈乐平 敦煌书法综论 杭州:中国美术学院博士研究生学位论文,2008年5月 p.235(鉴藏印章检索表)

陈瑞峰《甘肃藏敦煌文献》俗字研究 金华:浙江师范大学硕士研究生学位论文,2012年5月 p.2

甘博007(收藏号10478)妙法莲华经卷第七陀罗尼品第二十六

秦明智 关于甘肃省博物馆藏敦煌遗书之浅考和目录《1983年全国敦煌学术讨论会文集》文史·遗书编(上),兰州:甘肃人民出版社,1987年3月 p.472

徐祖蕃撰稿,施萍婷、邵国秀审订 甘肃省博物馆藏敦煌文献叙录(上)《甘肃藏敦煌文献》(第四卷),兰州:甘肃人民出版社,1999年9月 p.371;图版p.53~55

申国美编 中国散藏敦煌文献分类目录 北京:北京图书馆出版社,2007年10月 p.31

于淑健著 敦煌佛典语词和俗字研究——以敦煌古佚和疑伪经为中心 上海:上海古籍出版社,2012年4月 p.264、301

甘博008(收藏号10464)妙法莲华经卷第三

秦明智 关于甘肃省博物馆藏敦煌遗书之浅考和目录《1983年全国敦煌学术讨论会文集》文史·遗书编(上),兰州:甘肃人民出版社,1987年3月 p.472

林聪明 谈敦煌文书的抄写问题《东吴文史学报》第9期,1991年3月 p.16;又刊载王永兴编《纪念陈寅恪先生百年诞辰学术论文集》,南昌:江西教育出版社,1994年8月 p.283;略为修订收入郑炳林、郑阿财主编《港台敦煌学文库》第33册,兰州:甘肃人民出版社,2014年12月 p.237

徐祖蕃撰稿,施萍婷、邵国秀审订 甘肃省博物馆藏敦煌文献叙录(上)《甘肃藏敦煌文献》(第四卷),兰州:甘肃人民出版社,1999年9月 p.371~372;图版p.56~65

窦怀永 唐代避讳字与俗字关系试论《出土文献与古文字研究》(第一辑),上海:复旦大学出版社,2006年12月 p.308

林聪明 敦煌文书的用纸《港台敦煌学文库》第33册,兰州:甘肃人民出版社,2014年12月 p.205

林聪明 敦煌文书的抄写《港台敦煌学文库》第34册，兰州：甘肃人民出版社，2014年12月 p.2

薄小莹 敦煌遗书汉文纪年卷编年 长春：长春出版社，1990年3月 p.38

林聪明著 敦煌文书学（敦煌学导论丛刊①）台北：新文丰出版股份有限公司，1991年8月 p.94、135

林聪明著 敦煌吐鲁番文书解诂指例（敦煌丛刊二集⑮）台北：新文丰出版公司，2001年6月 p.58注③

申国美编 中国散藏敦煌文献分类目录 北京：北京图书馆出版社，2007年10月 p.21、201

于淑健著 敦煌佛典语词和俗字研究——以敦煌古佚和疑伪经为中心 上海：上海古籍出版社，2012年4月 p.236

朱瑶著 敦煌汉文文献题记整理与研究 北京：中国社会科学出版社，2016年7月 p.81

甘肃省地方史志编纂委员会编 甘肃省志·文物志（中册）北京：文物出版社，2018年11月 p.1531

王翠 《甘肃藏敦煌文献》俗字研究 南京：南京师范大学硕士研究生学位论文，2014年5月 p.9、10；p.29（表）；p.31、33、35、40、46；p.55（附录：唐代经卷"表"）

池田温编 中國古代寫本識語集錄 東京大学東洋文化研究所，1990年3月30日発行 p.222（第603号题记录文○備）

甘博009（收藏号12553）妙法莲华经卷第五

秦明智 关于甘肃省博物馆藏敦煌遗书之浅考和目录《1983年全国敦煌学术讨论会文集》文史·遗书编（上），兰州：甘肃人民出版社，1987年3月 p.472

徐祖蕃撰稿，施萍婷、邵国秀审订 甘肃省博物馆藏敦煌文献叙录（上）《甘肃藏敦煌文献》（第四卷），兰州：甘肃人民出版社，1999年9月 p.372；图版p.66~69

申国美编 中国散藏敦煌文献分类目录 北京：北京图书馆出版社，2007年10月 p.26

甘博010（收藏号10481）大集经卷第五、第六

秦明智 关于甘肃省博物馆藏敦煌遗书之浅考和目录《1983年全国敦煌学术讨论会文集》文史·遗书编（上），兰州：甘肃人民出版社，1987年3月 p.472~473

徐祖蕃撰稿 施萍婷、邵国秀审订 甘肃省博物馆藏敦煌文献叙录（上）《甘肃藏敦煌文献》（第四卷），兰州：甘肃人民出版社，1999年9月 p.372；图版p.70~80

申国美编 中国散藏敦煌文献分类目录 北京：北京图书馆出版社，2007年10月 p.45

赵红著 敦煌写本汉字论考 上海：上海古籍出版社，2012年4月 p.165

周小旭 敦煌本《大方等大集经》汉文写本考 金华：浙江师范大学硕士研究生学位论文，2017年5月 p.10；p.95（附录五）

甘博011（收藏号2392）大般若波罗蜜多经卷第四百一十三

秦明智 关于甘肃省博物馆藏敦煌遗书之浅考和目录《1983年全国敦煌学术讨论会文集》文史·遗书编（上），兰州：甘肃人民出版社，1987年3月 p.473

徐祖蕃撰稿，施萍婷、邵国秀审订 甘肃省博物馆藏敦煌文献叙录（上）《甘肃藏敦煌文献》（第四卷），兰州：甘肃人民出版社，1999年9月 p.372；图版p.80~91

陈红彦、林世田 敦煌遗书近现代鉴藏印章辑述（下）《文献》2007年第3期 p.139；收入林世田著《敦煌遗书研究论集》，北京：中国藏学出版社，2010年3月 p.313

申国美编 中国散藏敦煌文献分类目录 北京：北京图书馆出版社，2007年10月 p.8

沈乐平著 敦煌书法综论 杭州：浙江古籍出版社，2009年10月 p.242（鉴藏印章检索表）

沈乐平 敦煌书法综论 杭州：中国美术学院博士研究生学位论文，2008年5月 p.240（鉴藏印章检索表）

甘博012（收藏号10467）妙法莲华经卷第二信解品第四

秦明智 关于甘肃省博物馆藏敦煌遗书之浅考和目录《1983年全国敦煌学术讨论会文集》文史·遗书编（上），兰州：甘肃人民出版社，1987年3月 p.473

徐祖蕃撰稿，施萍婷、邵国秀审订 甘肃省博物馆藏敦煌文献叙录（上）《甘肃藏敦煌文献》（第四卷），兰州：甘肃人民出版社，1999年9月 p.372；图版p.92~94

申国美编 中国散藏敦煌文献分类目录 北京：北京图书馆出版社，2007年10月 p.21

甘博013（收藏号13071）大般涅槃经卷第十八

秦明智 关于甘肃省博物馆藏敦煌遗书之浅考和目录《1983年全国敦煌学术讨论会文集》文史·遗书编（上），兰州：甘肃人民出版社，1987年3月 p.473

徐祖蕃撰稿，施萍婷、邵国秀审订 甘肃省博物馆藏敦煌文献叙录（上）《甘肃藏敦煌文献》（第四卷），兰州：甘肃人民出版社，1999年9月 p.372~373；图版p.94~105

景盛轩 敦煌北本《大般涅槃经》分卷考《〈大般涅槃经〉異文研究》，成都：巴蜀书社，2009年2月 调查表p.324

张秀清 敦煌文献整理中断代方法的具体应用《昆明学院学报》2012年第5期 p.97~99

林聪明 敦煌文书的抄写《港台敦煌学文库》第34册，兰州：甘肃人民出版社，2014年12月 p.72

林聪明著 敦煌文书学（敦煌学导论丛刊①）台北：新文丰出版股份有限公司，1991年8月 p.205

林聪明著 敦煌吐鲁番文书解诂指例（敦煌丛刊二集⑮）台北：新文丰出版公司，2001年6月 p.124

申国美编 中国散藏敦煌文献分类目录 北京：北京图书馆出版社，2007年10月 p.38、201

景盛轩著《大般涅槃经》異文研究 成都：巴蜀书社，2009年2月 p.8、51、72、87

景盛轩 敦煌本《大般涅槃经》研究——以版本、异文及训诂为中心 杭州：浙江大学博士研究生学位论文，2004年5月 p.15、66~67；p.131（表二）；p.150、155、165

池田温編 中國古代寫本識語集錄 東京：東京大学東洋文化研究所発行，1990年3月30日 p.561（補48号題記錄文）

甘博014（收藏号10431）大般涅槃经卷第十二

秦明智 关于甘肃省博物馆藏敦煌遗书之浅考和目录《1983年全国敦煌学术讨论会文集》文史·遗书编（上），兰州：甘肃人民出版社，1987年3月 p.473

徐祖蕃撰稿，施萍婷、邵国秀审订 甘肃省博物馆藏敦煌文献叙录（上）《甘肃藏敦煌文献》（第四卷），兰州：甘肃人民出版社，1999年9月 p.373；图版p.105~115

施萍婷 甘肃藏敦煌汉文文献精品简述《敦煌习学集》（上），兰州：甘肃民族出版社，2004年12月 p.311；图版41

陈红彦、林世田 敦煌遗书近现代鉴藏印章辑述（上）《文献》2007年第2期 p.37；收入林世田著《敦煌遗书研究论集》，北京：中国藏学出版社，2010年3月 p.278

刘雁翔 冯国瑞敦煌写经吐鲁番文书题跋叙录《敦煌学辑刊》2008年第3期 p.60注①

申国美编 中国散藏敦煌文献分类目录 北京：北京图书馆出版社，2007年10月 p.44

沈乐平著 敦煌书法综论 杭州：浙江古籍出版社，2009年10月 p.226（鉴藏印章检索表）

赵红著 敦煌写本汉字论考 上海：上海古籍出版社，2012年4月 p.86

沈乐平 敦煌书法综论 杭州：中国美术学院博士研究生学位论文，2008年5月 p.225（鉴藏印章检索表）

王翠《甘肃藏敦煌文献》俗字研究 南京：南京师范大学硕士研究生学位论文，2014年5月 p.9、24；p.29（表）；p.31~33、35、46；p.55（附录：唐代经卷“表”）

肖倩 敦煌写卷中古俗字研究 南京：南京师范大学硕士研究生学位论文，2014年5月 p.61

甘博015（收藏号10489）坛法仪则

秦明智 关于甘肃省博物馆藏敦煌遗书之浅考和目录《1983年全国敦煌学术讨论会文集》文史·遗书编（上），兰州：甘肃人民出版社，1987年3月 p.473~474

徐祖蕃撰稿，施萍婷、邵国秀审订 甘肃省博物馆藏敦煌文献叙录（上）《甘肃藏敦煌文献》（第四卷），兰州：甘肃人民出版社，1999年9月 p.373；图版p.115~135

韩惠言 甘藏敦煌汉文文献概况《敦煌学辑刊》2000年第2期 p.69；收入敦煌研究院编《2000年敦煌学国际学术讨论会文集——纪念敦煌藏经洞发现暨敦煌学百年》历史文化卷（上），兰州：甘肃民族出版社，2003年9月 p.519

张涌泉 敦煌故里对敦煌学的新奉献——《甘肃藏敦煌文献》读后《敦煌研究》2001年第1期 p.183

李小荣著 敦煌密教文献论稿 北京：人民文学出版社，2003年7月 p.9、21

申国美编 中国散藏敦煌文献分类目录 北京：北京图书馆出版社，2007年10月 p.62、201

赵红著 敦煌写本汉字论考 上海：上海古籍出版社，2012年4月 p.68、153、164

田中良昭、程正 敦煌禪宗文獻分類目錄 東京：大東出版社，2014年12月 p.14、17

甘博016（收藏号2490）劝善经一卷、佛说地藏菩萨经、佛说摩利支天经、佛说如来成道经、佛说延寿命经、佛说续命经、佛说观世音经、佛说炽盛光大威德消灾吉祥陀罗尼经

秦明智 关于甘肃省博物馆藏敦煌遗书之浅考和目录《1983年全国敦煌学术讨论会文集》文史·遗书编（上），兰州：甘肃人民出版社，1987年3月 p.474

黄威 敦煌文献首、尾题初探《文献》（季刊）2010年第4期 p.14~15

白玉岱著 甘肃出版史略 兰州：甘肃人民出版社，1995年11月 p.247

甘肃省地方史志编纂委员会编 甘肃省志·文物志（中册）北京：文物出版社，2018年11月 p.1536

甘博016A 劝善经一卷

圆空（袁德领）《新菩萨经》《劝善经》《救诸众生一切苦难经》校录及其流传背景之探讨《敦煌研究》1992年第1期 p.52~53、56

徐祖蕃撰稿，施萍婷、邵国秀审订 甘肃省博物馆藏敦煌文献叙录（上）《甘肃藏敦煌文献》（第四卷），兰州：甘肃人民出版社，1999年9月 p.373~374；图版p.136~137

林世田、刘波 国图藏西域出土《观世音菩萨劝攘灾经》研究《敦煌文献·考古·艺术综合研究——纪念向达先生诞辰110周年国际学术研讨会论文集》，北京：中华书局，2011年12月 p.309~310、318

方俊琦 从敦煌遗书看古籍形态的演变与发展《浙江师范大学学报》（社会科学版）2013年第6期 p.53

林聪明 敦煌文书的形态《港台敦煌学文库》第33册，兰州：甘肃人民出版社，2014年12月 p.146

张小艳 敦煌本《新菩萨经》、《劝善经》、《救诸众生苦难经》残卷缀合研究《复旦学报》（社会科学版）2015年第6期 p.17

薄小莹 敦煌遗书汉文纪年卷编年 长春：长春出版社，1990年3月 p.83

林聪明著 敦煌文书学（敦煌学导论丛刊①）台北：新文丰出版股份有限公司，1991年8月 p.27

申国美编 中国散藏敦煌文献分类目录 北京：北京图书馆出版社，2007年10月 p.78、201

于淑健著 敦煌佛典语词和俗字研究——以敦煌古佚和疑伪经为中心上海：上海古籍出版社，2012年4月 p.84

林世田、杨学勇、刘波著 敦煌佛典的流通与改造 兰州：甘肃教育出版社，2013年11月 p.83

白玉岱著 甘肃出版史略 兰州：甘肃人民出版社，1995年11月 p.247

王翠《甘肃藏敦煌文献》俗字研究 南京：南京师范大学硕士研究生学位论文，2014年5月 p.29（表）；p.55（附录：唐代经卷"表"）

甘博016B 佛说地藏菩萨经一卷

徐祖蕃撰稿，施萍婷、邵国秀审订 甘肃省博物馆藏敦煌文献叙录（上）《甘肃藏敦煌文献》（第四卷），兰州：甘肃人民出版社，1999年9月 p.373~374；图版p.137~138

申国美编 中国散藏敦煌文献分类目录 北京：北京图书馆出版社，2007年10月 p.45

甘博016C 佛说摩利支天经

徐祖蕃撰稿，施萍婷、邵国秀审订 甘肃省博物馆藏敦煌文献叙录（上）《甘肃藏敦煌文献》（第四卷），兰州：甘肃人民出版社，1999年9月 p.373~374；图版p.138~139

李小荣著 敦煌密教文献论稿 北京：人民文学出版社，2003年7月 p.4

申国美编 中国散藏敦煌文献分类目录 北京：北京图书馆出版社，2007年10月 p.66

赵晓星著 吐蕃统治时期敦煌密教研究 兰州：甘肃教育出版社，2017年3月 p.130

赵晓星 吐蕃统治敦煌时期的密教研究 兰州：兰州大学博士研究生学位论文，2007年6月 p.68（表）

甘博016D 佛说如来成道经

徐祖蕃撰稿，施萍婷、邵国秀审订 甘肃省博物馆藏敦煌文献叙录（上）《甘肃藏敦煌文献》（第四卷），兰州：甘肃人民出版社，1999年9月 p.373~374；图版p.139

申国美编 中国散藏敦煌文献分类目录 北京：北京图书馆出版社，2007年10月 p.95

曹凌 中国佛教疑伪经综录 上海：上海师范大学硕士研究生学位论文，2009年5月 p.261

甘博016E 佛说延寿命经

徐祖蕃撰稿，施萍婷、邵国秀审订 甘肃省博物馆藏敦煌文献叙录（上）《甘肃藏敦煌文献》（第四卷），兰州：甘肃人民出版社，1999年9月 p.373~374；图版p.139~140

申国美编 中国散藏敦煌文献分类目录 北京：北京图书馆出版社，2007年10月 p.79

曹凌 中国佛教疑伪经综录 上海：上海师范大学硕士研究生学位论文，2009年5月 p.250

甘博016F 佛说续命经

徐祖蕃撰稿，施萍婷、邵国秀审订 甘肃省博物馆藏敦煌文献叙录（上）《甘肃藏敦煌文献》（第四卷），兰州：甘肃人民出版社，1999年9月 p.373~374；图版p.140~141

李小荣《佛说续命经》研究《敦煌研究》2010年第5期 p.72~73（表一）

申国美编 中国散藏敦煌文献分类目录 北京：北京图书馆出版社，2007年10月 p.79

曹凌 中国佛教疑伪经综录 上海：上海师范大学硕士研究生学位论文，2009年5月 p.252

甘博016G 佛说观世音经

徐祖蕃撰稿，施萍婷、邵国秀审订 甘肃省博物馆藏敦煌文献叙录（上）《甘肃藏敦煌文献》（第四卷），兰州：甘肃人民出版社，1999年9月 p.373~374；图版p.141

申国美编 中国散藏敦煌文献分类目录 北京：北京图书馆出版社，2007年10月 p.32

甘博016H 佛说炽盛光大威德消灾吉祥陀罗尼经

徐祖蕃撰稿，施萍婷、邵国秀审订 甘肃省博物馆藏敦煌文献叙录（上）《甘肃藏敦煌文献》（第四卷），

兰州：甘肃人民出版社，1999年9月 p.373~374；图版p.142~143

廖旸《大威德炽盛光如来吉祥陀罗尼经》文本研究《敦煌研究》2015年第4期 p.65

申国美编 中国散藏敦煌文献分类目录 北京：北京图书馆出版社，2007年10月 p.64

甘博017（收藏号13091）十戒经传授盟文

秦明智 关于甘肃省博物馆藏敦煌遗书之浅考和目录《1983年全国敦煌学术讨论会文集》文史·遗书编（上），兰州：甘肃人民出版社，1987年3月 p.467~470；p.474~475；图版15

陈国灿 唐五代敦煌县乡里制的演变《敦煌研究》1989年第3期 p.48；收入齐陈骏、李并成主编《中国敦煌学百年文库·地理卷》（二），兰州：甘肃文化出版社，1999年 p.114；收入氏著《敦煌学史事新证》，兰州：甘肃教育出版社，2002年9月 p.379

林聪明 敦煌文书出处略考《季羡林教授八十华诞纪念论文集》（下），南昌：江西人民出版社，1991年12月 p.858~859；收入郑炳林、郑阿财主编《港台敦煌学文库》第34册，兰州：甘肃人民出版社，2014年12月 p.297

林聪明 谈敦煌文书的抄写问题《东吴文史学报》第9期，1991年3月 p.24；又刊载王永兴编《纪念陈寅恪先生百年诞辰学术论文集》，南昌：江西教育出版社，1994年8月 p.292；略为修订收入郑炳林、郑阿财主编《港台敦煌学文库》第33册，兰州：甘肃人民出版社，2014年12月 p.248

李并成 唐代瓜沙二州间驿站考《1990年敦煌学国际研讨会文集·史地语文编》，沈阳：辽宁美术出版社，1995年7月 p.203；又载中国地理学会历史地理专业委员会《历史地理》编辑委员会编《历史地理》第13辑，上海：上海人民出版社，1996年6月 p.94；收入齐陈骏、李并成主编《中国敦煌学百年文库·地理卷》（一），兰州：甘肃文化出版社，1999年 p.162；又改题为《唐代瓜沙二州间诸驿考》，收入李并成、李春元著《瓜沙史地研究》，兰州：甘肃文化出版社，1996年6月 p.133

邵文实 敦煌道教试述《世界宗教研究》1996年第2期 p.71（表一）；p.74、76；收入杨增文、杜斗城主编《中国敦煌学百年文库·宗教卷》（三），兰州：甘肃文化出版社，1999年 p.336（表一）；p.339、342~343

姜伯勤 道释相激：道教在敦煌《敦煌艺术宗教与礼乐文明——敦煌心史散论》，北京：中国社会科学出版社，1996年11月 p.298~300；收入陈鼓应主编《道家文化研究》（第十三辑）[敦煌道教文献专号]，北京：生活·读书·新知三联书店，1998年4月 p.58~61

王卡 十戒经《敦煌学大辞典》，上海：上海辞书出版社，1998年12月 p.765

李德范 敦煌道经所见道士名《敦煌学大辞典》，上海：上海辞书出版社，1998年12月 p.769

徐祖蕃撰稿，施萍婷、邵国秀审订 甘肃省博物馆藏敦煌文献叙录（上）《甘肃藏敦煌文献》（第四卷），兰州：甘肃人民出版社，1999年9月 p.375；图版p.143~144；彩图1幅

周维平 从敦煌遗书看敦煌道教《西北民族研究》1999年第2期 p.128

周维平 敦煌道教钩玄《青岛海洋大学学报》（社会科学版）1999年第4期 p.84（表）；p.87

荣新江 甘藏敦煌文献知多少？[①]《（甘肃）档案》2000年第3期 p.17

---

①荣新江《甘藏敦煌文献知多少？》第17页将《道教文约》（十戒经）编号作"甘博藏071号"，有误。应为甘博017号。甘博071号（收藏号10406）为《阿难问事佛吉凶经》。

杨富学、李永平 甘肃省博物馆藏道教《十戒经传授盟文》《宗教学研究》2001年第1期 p.97~100下转第111

荣新江 有关甘肃藏敦煌文献的珍贵记录《敦煌学新论》,兰州:甘肃教育出版社,2002年9月 p.88~89;图24

杨森 武则天至玄宗时代敦煌的三洞法师中岳先生述略《敦煌研究》2003年第3期 p.43

王卡 敦煌道教综述《敦煌与丝路文化学术讲座》(第二辑),北京:北京图书馆出版社,2005年1月 p.371~386

刘永明 盛唐时期敦煌的道观问题——兼论经戒传授盟文中的题名方式 《敦煌学辑刊》2006年第4期 p.63、69;收入王希隆主编《历史文化探研——兰州大学历史文化学院专门史论文集》,兰州:甘肃民族出版社,2009年4月 p.71、77

吴羽 敦煌写本中所见道教《十戒经》传授盟文及仪式考略——以P.2347敦煌写本为例 《敦煌研究》2007年第1期 p.73注①;全文转载人大复印报刊资料《宗教》2007年第3期 p.73注①

朱大星 敦煌本《十戒经》的形成及流传《浙江大学学报》(人文社会科学版)2007年第3期 p.43~51

窦怀永 敦煌道教文献避讳研究《敦煌研究》2009年第3期 p.57(表一)

刘永明 日本杏雨书屋藏敦煌道教及相关文献研读札记《敦煌学辑刊》2010年第3期 p.69、70

林聪明 敦煌文书的抄写《港台敦煌学文库》第34册,兰州:甘肃人民出版社,2014年12月 p.62、66~67

林聪明 敦煌文书的出处《港台敦煌学文库》第34册,兰州:甘肃人民出版社,2014年12月 p.244

杨秀清 唐宋时期敦煌道教大众化的特征——以敦煌文献为中心的研究 《敦煌研究》2015年第2期 p.31(表1)

杨秀清 唐宋时期敦煌大众的道教知识与思想——以敦煌文献为中心的研究 《敦煌研究》2015年第3期 p.81

林聪明著 敦煌文书学(敦煌学导论丛刊①) 台北:新文丰出版股份有限公司,1991年8月 p.193、198、391

李正宇著 敦煌历史地理导论(敦煌学导论丛刊⑬) 台北:新文丰出版股份有限公司,1997年4月 p.57

林聪明著 敦煌吐鲁番文书解诂指例(敦煌丛刊二集⑮) 台北:新文丰出版公司,2001年6月 p.44

王卡著 敦煌道教文献研究——综述·目录·索引 北京:中国社会科学出版社,2004年10月 p.8、134;p.280“敦煌道教文献编号索引”续表

叶贵良著 敦煌道经写本与词汇研究 成都:巴蜀书社,2007年9月 p.558~559

申国美编 中国散藏敦煌文献分类目录 北京:北京图书馆出版社,2007年10月 p.81、201

樊光春著 西北道教史 北京:商务印书馆,2010年3月 p.271

朱瑶著 敦煌汉文文献题记整理与研究 北京:中国社会科学出版社,2016年7月 p.67;p.135(表4-1)

甘肃省地方史志编纂委员会编 甘肃省志·文物志(中册) 北京:文物出版社,2018年11月 p.1533;图1幅

叶贵良 敦煌道经词汇研究 杭州:浙江大学博士研究生学位论文,2004年11月 p.32、33、125

朱大星 敦煌本《老子》研究 杭州:浙江大学博士研究生学位论文,2005年5月 p.117、118;p.122(列表)

王翠《甘肃藏敦煌文献》俗字研究 南京：南京师范大学硕士研究生学位论文，2014年5月 p.30（表）；p.55（附录：唐代经卷“表”）

クリストファー·シッペール（著）；福井文雅訳 敦煌文書に見える道士の法位階梯について《講座敦煌4〈敦煌と中国道教〉》，東京：大東出版社，昭和五八年一二月六日（1984.12.6） p.335

池田温編 中國古代寫本識語集錄 東京：東京大学東洋文化研究所発行，1990年3月30日 p.560（補40号題記錄文）

甘博018（收藏号20941）金刚般若波罗蜜经

秦明智 关于甘肃省博物馆藏敦煌遗书之浅考和目录《1983年全国敦煌学术讨论会文集》文史·遗书编（上），兰州：甘肃人民出版社，1987年3月 p.475

徐祖蕃撰稿，施萍婷、邵国秀审订 甘肃省博物馆藏敦煌文献叙录（上）《甘肃藏敦煌文献》（第四卷），兰州：甘肃人民出版社，1999年9月 p.375；图版p.144

释永有 敦煌遗书中的金刚经《敦煌佛教艺术文化国际学术研讨会论文集》，兰州：兰州大学出版社，2002年7月 p.39

赵青山、姚磊 敦煌写经题记的史料价值《图书与情报》2013年第6期 p.138

林聪明 敦煌文书的抄写《港台敦煌学文库》第34册，兰州：甘肃人民出版社，2014年12月 p.17

罗慕君、张涌泉 散藏敦煌本《金刚经》缀合研究《敦煌吐鲁番研究》（第十八卷），上海：上海古籍出版社，2019年4月 p.635

薄小莹 敦煌遗书汉文纪年卷编年 长春：长春出版社，1990年3月 p.93

林聪明著 敦煌文书学（敦煌学导论丛刊①）台北：新文丰出版股份有限公司，1991年8月 p.150

荣新江著 归义军史研究——唐宋时代敦煌历史考索 上海：上海古籍出版社，1996年11月；2015年3月 p.175；注[17]

林聪明著 敦煌吐鲁番文书解诂指例（敦煌丛刊二集⑮）台北：新文丰出版公司，2001年6月 p.113~114

李小荣著 敦煌密教文献论稿 北京：人民文学出版社，2003年7月 p.309

申国美编 中国散藏敦煌文献分类目录 北京：北京图书馆出版社，2007年10月 p.13、201

颜廷亮著 敦煌文学千年史 北京：人民文学出版社，2013年11月 p.420

朱瑶著 敦煌汉文文献题记整理与研究 北京：中国社会科学出版社，2016年7月 p.172

甘肃省地方史志编纂委员会编 甘肃省志·文物志（中册）北京：文物出版社，2018年11月 p.1533

魏郭辉 敦煌写本佛经题记研究——以唐宋写经为中心 兰州：兰州大学博士研究生学位论文，2009年6月 p.101、164、182

张开媛《金刚经》鸠摩罗什译本在唐代的流传和接受 北京：北京外国语大学博士研究生学位论文，2015年12月 p.335、355

池田温編 中國古代寫本識語集錄 東京：東京大学東洋文化研究所発行，1990年3月30日 p.561（補49号題記錄文）

甘博019(收藏号13087)合部金光明经卷第一分别三身品第三

秦明智 关于甘肃省博物馆藏敦煌遗书之浅考和目录《1983年全国敦煌学术讨论会文集》文史·遗书编(上),兰州:甘肃人民出版社,1987年3月 p.475

徐祖蕃撰稿,施萍婷、邵国秀审订 甘肃省博物馆藏敦煌文献叙录(上)《甘肃藏敦煌文献》(第四卷),兰州:甘肃人民出版社,1999年9月 p.375~376;图版p.145~150

韩惠言 甘藏敦煌汉文文献概况《敦煌学辑刊》2000年第2期 p.67;收入敦煌研究院编《2000年敦煌学国际学术讨论会文集——纪念敦煌藏经洞发现暨敦煌学百年》历史文化卷(上),兰州:甘肃民族出版社,2003年9月 p.514

中国美编 中国散藏敦煌文献分类目录 北京:北京图书馆出版社,2007年10月 p.53

赵红著 敦煌写本汉字论考 上海:上海古籍出版社,2012年4月 p.133

朱若溪《金光明经》敦煌写本研究 杭州:浙江大学博士研究生学位论文,2017年6月 p.500(写卷简表)

甘博020(收藏号13082)摩诃般若波罗蜜经卷第七无生品第二十五

秦明智 关于甘肃省博物馆藏敦煌遗书之浅考和目录《1983年全国敦煌学术讨论会文集》文史·遗书编(上),兰州:甘肃人民出版社,1987年3月 p.475~476

施萍婷 甘肃藏敦煌文献概述《甘肃藏敦煌文献精粹》,兰州:甘肃人民出版社,1999年 p.7;又载段文杰主编《甘肃藏敦煌文献》(第一至六卷),兰州:甘肃人民出版社,1999年9–12月 p.7

徐祖蕃撰稿,施萍婷、邵国秀审订 甘肃省博物馆藏敦煌文献叙录(上)《甘肃藏敦煌文献》(第四卷),兰州:甘肃人民出版社,1999年9月 p.376;图版p.150~158

施萍婷 甘肃省藏敦煌汉文文献概述《"二十一世纪敦煌文献研究回顾与展望"研讨会论文集》,台中:(台湾)中华自然文化学会,1999年12月 p.43;收入氏著《敦煌习学集》(上),兰州:甘肃民族出版社,2004年12月 p.298

窦怀永 唐代避讳字与俗字关系试论《出土文献与古文字研究》(第一辑),上海:复旦大学出版社,2006年12月 p.308

中国美编 中国散藏敦煌文献分类目录 北京:北京图书馆出版社,2007年10月 p.10

甘博021(收藏号10427)佛说佛名经卷第六、第七

秦明智 关于甘肃省博物馆藏敦煌遗书之浅考和目录《1983年全国敦煌学术讨论会文集》文史·遗书编(上),兰州:甘肃人民出版社,1987年3月 p.476

徐祖蕃撰稿,施萍婷、邵国秀审订 甘肃省博物馆藏敦煌文献叙录(上)《甘肃藏敦煌文献》(第四卷),兰州:甘肃人民出版社,1999年9月 p.376;图版p.159~168

中国美编 中国散藏敦煌文献分类目录 北京:北京图书馆出版社,2007年10月 p.46

赵红著 敦煌写本汉字论考 上海:上海古籍出版社,2012年4月 p.79

刘溪 敦煌本早期《佛名经》写本研究 金华:浙江师范大学硕士研究生学位论文,2016年5月 p.12(表

1)；p.76(表3-8)；p.86(写卷总目)；p.101(字表)

甘博022(收藏号13100) 大乘方广总持经一卷

秦明智 关于甘肃省博物馆藏敦煌遗书之浅考和目录《1983年全国敦煌学术讨论会文集》文史·遗书编(上)，兰州：甘肃人民出版社，1987年3月 p.476

徐祖蕃撰稿，施萍婷、邵国秀审订 甘肃省博物馆藏敦煌文献叙录(上)《甘肃藏敦煌文献》(第四卷)，兰州：甘肃人民出版社，1999年9月 p.376；图版p.169~177

申国美编 中国散藏敦煌文献分类目录 北京：北京图书馆出版社，2007年10月 p.31

甘博023(收藏号10451) 妙法莲华经卷第四

秦明智 关于甘肃省博物馆藏敦煌遗书之浅考和目录《1983年全国敦煌学术讨论会文集》文史·遗书编(上)，兰州：甘肃人民出版社，1987年3月 p.476

徐祖蕃撰稿，施萍婷、邵国秀审订 甘肃省博物馆藏敦煌文献叙录(上)《甘肃藏敦煌文献》(第四卷)，兰州：甘肃人民出版社，1999年9月 p.376；图版p.177~182

邰惠莉 甘肃藏非敦煌文献的真伪、来源及相关问题《敦煌学辑刊》2000年第2期 p.77

陈红彦、林世田 敦煌遗书近现代鉴藏印章辑述(下)《文献》2007年第3期 p.132；收入林世田著《敦煌遗书研究论集》，北京：中国藏学出版社，2010年3月 p.303

林聪明 敦煌文书的抄写《港台敦煌学文库》第34册，兰州：甘肃人民出版社，2014年12月 p.72

林聪明 敦煌文书的题记《港台敦煌学文库》第34册，兰州：甘肃人民出版社，2014年12月 p.140

林聪明著 敦煌文书学(敦煌学导论丛刊①) 台北：新文丰出版股份有限公司，1991年8月 p.205、273

申国美编 中国散藏敦煌文献分类目录 北京：北京图书馆出版社，2007年10月 p.24、201~202

沈乐平著 敦煌书法综论 杭州：浙江古籍出版社，2009年10月 p.236(鉴藏印章检索表)

沈乐平 敦煌书法综论 杭州：中国美术学院博士学位论文，2008年5月 p.235(鉴藏印章检索表)

池田温编 中國古代寫本識語集錄 東京：東京大学東洋文化研究所発行，1990年3月30日 p.560(補41号題記錄文)

甘博024(收藏号10426) 妙法莲华经卷第四

秦明智 关于甘肃省博物馆藏敦煌遗书之浅考和目录《1983年全国敦煌学术讨论会文集》文史·遗书编(上)，兰州：甘肃人民出版社，1987年3月 p.476

徐祖蕃撰稿，施萍婷、邵国秀审订 甘肃省博物馆藏敦煌文献叙录(上)《甘肃藏敦煌文献》(第四卷)，兰州：甘肃人民出版社，1999年9月 p.376~377；图版p.183~189

申国美编 中国散藏敦煌文献分类目录 北京：北京图书馆出版社，2007年10月 p.24

甘博025(收藏号10432) 妙法莲华经卷第五

秦明智 关于甘肃省博物馆藏敦煌遗书之浅考和目录《1983年全国敦煌学术讨论会文集》文史·遗书编(上),兰州:甘肃人民出版社,1987年3月 p.476~477

徐祖蕃撰稿,施萍婷、邵国秀审订 甘肃省博物馆藏敦煌文献叙录(上)《甘肃藏敦煌文献》(第四卷),兰州:甘肃人民出版社,1999年9月 p.377;图版p.190~198

陈红彦、林世田 敦煌遗书近现代鉴藏印章辑述(上)《文献》2007年第2期 p.46;收入林世田著《敦煌遗书研究论集》,北京:中国藏学出版社,2010年3月 p.290

申国美编 中国散藏敦煌文献分类目录 北京:北京图书馆出版社,2007年10月 p.26

沈乐平著 敦煌书法综论 杭州:浙江古籍出版社,2009年10月 p.230(鉴藏印章检索表)

于淑健著 敦煌佛典语词和俗字研究——以敦煌古佚和疑伪经为中心 上海:上海古籍出版社,2012年4月 p.136

沈乐平 敦煌书法综论 杭州:中国美术学院博士研究生学位论文,2008年5月 p.229(鉴藏印章检索表)

甘博026(收藏号2381) 妙法莲华经卷第六

秦明智 关于甘肃省博物馆藏敦煌遗书之浅考和目录《1983年全国敦煌学术讨论会文集》文史·遗书编(上),兰州:甘肃人民出版社,1987年3月 p.477

徐祖蕃撰稿,施萍婷、邵国秀审订 甘肃省博物馆藏敦煌文献叙录(上)《甘肃藏敦煌文献》(第四卷),兰州:甘肃人民出版社,1999年9月 p.377;图版p.198~204

陈红彦、林世田 敦煌遗书近现代鉴藏印章辑述(下)《文献》2007年第3期 p.139;收入林世田著《敦煌遗书研究论集》,北京:中国藏学出版社,2010年3月 p.313

申国美编 中国散藏敦煌文献分类目录 北京:北京图书馆出版社,2007年10月 p.28

沈乐平著 敦煌书法综论 杭州:浙江古籍出版社,2009年10月 p.242(鉴藏印章检索表)

沈乐平 敦煌书法综论 杭州:中国美术学院博士研究生学位论文,2008年5月 p.240(鉴藏印章检索表)

甘博027(收藏号10442) 妙法莲华经卷第四

秦明智 关于甘肃省博物馆藏敦煌遗书之浅考和目录《1983年全国敦煌学术讨论会文集》文史·遗书编(上),兰州:甘肃人民出版社,1987年3月 p.477

徐祖蕃撰稿,施萍婷、邵国秀审订 甘肃省博物馆藏敦煌文献叙录(上)《甘肃藏敦煌文献》(第四卷),兰州:甘肃人民出版社,1999年9月 p.377;图版p.205~206

申国美编 中国散藏敦煌文献分类目录 北京:北京图书馆出版社,2007年10月 p.24

甘博028(收藏号13080) 摩诃般若波罗蜜经卷第二、第三

秦明智 关于甘肃省博物馆藏敦煌遗书之浅考和目录《1983年全国敦煌学术讨论会文集》文史·遗书编(上),兰州:甘肃人民出版社,1987年3月 p.477

林聪明 从敦煌文书看佛教徒的造经祈福《第二届敦煌学国际研讨会论文集》，台北：汉学研究中心编印，1991年6月 p.536；收入杨曾文、杜斗城主编《中国敦煌学百年文库·宗教卷》（一），兰州：甘肃文化出版社，1999年 p.215；收入郑炳林、郑阿财主编《港台敦煌学文库》第35册，兰州：甘肃人民出版社，2014年12月 p.20~21

徐祖蕃撰稿，施萍婷、邵国秀审订 甘肃省博物馆藏敦煌文献叙录（上）《甘肃藏敦煌文献》（第四卷），兰州：甘肃人民出版社，1999年9月 p.377~378；图版p.206~215

施萍婷 甘肃藏敦煌汉文文献精品简述《敦煌习学集》（上），兰州：甘肃民族出版社，2004年12月 p.312；图版43

陈红彦、林世田 敦煌遗书近现代鉴藏印章辑述（下）《文献》2007年第3期 p.139；收入林世田著《敦煌遗书研究论集》，北京：中国藏学出版社，2010年3月 p.312

孔令梅 隋宋间敦煌令狐氏与佛教述论[①]《2009丝绸之路国际学术研讨会论文集》，西安：三秦出版社，2010年7月 p.131（统计表）

薄小莹 敦煌遗书汉文纪年卷编年 长春：长春出版社，1990年3月 p.32

黄征、吴伟编校 敦煌愿文集 长沙：岳麓书社出版，1995年11月 p.889

林聪明著 敦煌吐鲁番文书解诂指例（敦煌丛刊二集⑮）台北：新文丰出版公司，2001年6月 p.186

申国美编 中国散藏敦煌文献分类目录 北京：北京图书馆出版社，2007年10月 p.10、202

赵红著 敦煌写本汉字论考 上海：上海古籍出版社，2012年4月 p.82

朱瑶著 敦煌汉文文献题记整理与研究 北京：中国社会科学出版社，2016年7月 p.76

魏郭辉 敦煌写本佛经题记研究——以唐宋写经为中心 兰州：兰州大学博士研究生学位论文，2009年6月 p.156

王翠 《甘肃藏敦煌文献》俗字研究 南京：南京师范大学硕士研究生学位论文，2014年5月 p.9；p.30（表）；p.33；p.55（附录：唐代经卷“表”）

宁晴 敦煌莫高窟大乘菩萨戒坛窟研究——以莫高窟第196窟为例 兰州：兰州大学硕士研究生学位论文，2017年6月 p.35（表2-1）

莫秋新 唐宋时期敦煌报恩寺研究 上海：上海师范大学硕士研究生学位论文，2018年5月 p.107（附录1）

池田温编 中國古代寫本識語集錄 東京：東京大学東洋文化研究所発行，1990年3月30日 p.559（補38号题記錄文）

甘博029（收藏号2481）大般涅槃经后分卷第四十二

施安昌 敦煌写经断代发凡——兼论递变字群的规律《故宫博物院院刊》1985年第4期 p.63；图4；收入氏著《善本碑帖论集》，北京：紫禁城出版社，2002年2月 p.316

秦明智 关于甘肃省博物馆藏敦煌遗书之浅考和目录《1983年全国敦煌学术讨论会文集》文史·遗书

①孔令梅《隋宋间敦煌令狐氏与佛教述论》中“隋宋间敦煌令狐氏写经统计”把此经名计作《大集经》。

编（上），兰州：甘肃人民出版社，1987年3月 p.478

秦明智 跋唐人写本《大般涅槃经后分》《敦煌学研究专辑》（《西北师院学报》增刊），1984年10月 p.55~63；收入杨曾文、杜斗城主编《中国敦煌学百年文库·宗教卷》（二），兰州：甘肃文化出版社，1999年 p.110~118

林聪明 谈敦煌文书的抄写问题《东吴文史学报》第9期，1991年3月 p.19；又刊载王永兴编《纪念陈寅恪先生百年诞辰学术论文集》，南昌：江西教育出版社，1994年8月 p.286；略为修收入郑炳林、郑阿财主编《港台敦煌学文库》第33册，兰州：甘肃人民出版社，2014年12月 p.240

沙知 敦煌吐鲁番文献所见唐军府名掇拾《敦煌学辑刊》1998年第1期 p.9

方广锠 大般涅槃经后分《敦煌学大辞典》，上海：上海辞书出版社，1998年12月 p.695

徐祖蕃撰稿，施萍婷、邵国秀审订 甘肃省博物馆藏敦煌文献叙录（上）《甘肃藏敦煌文献》（第四卷），兰州：甘肃人民出版社，1999年9月 p.378；图版p.216~227；彩版（卷首、题记）

张涌泉 敦煌故里对敦煌学的新奉献——《甘肃藏敦煌文献》读后《敦煌研究》2001年第1期 p.182

施安昌 唐武周时期的刻经与敦煌写经《善本碑帖论集》，北京：紫禁城出版社，2002年2月 p.119

陈红彦、林世田 敦煌遗书近现代鉴藏印章辑述（下）《文献》2007年第3期 p.133；收入林世田著《敦煌遗书研究论集》，北京：中国藏学出版社，2010年3月 p.305

赵青山、姚磊 敦煌写经题记的史料价值《图书与情报》2013年第6期 p.138~140

林聪明 敦煌文书的抄写《港台敦煌学文库》第34册，兰州：甘肃人民出版社，2014年12月 p.18

徐祖蕃、秦明智、荣恩奇编选 敦煌遗书书法选 兰州：甘肃人民出版社，1985年10月 p.112~113图版及简要说明

薄小莹 敦煌遗书汉文纪年卷编年 长春：长春出版社，1990年3月 p.49

林聪明著 敦煌文书学（敦煌学导论丛刊①）台北：新文丰出版股份有限公司，1991年8月 p.151

林聪明著 敦煌吐鲁番文书解诂指例（敦煌丛刊二集⑮）台北：新文丰出版公司，2001年6月 p.32

中国美编 中国散藏敦煌文献分类目录 北京：北京图书馆出版社，2007年10月 p.44、202

沈乐平著 敦煌书法综论 杭州：浙江古籍出版社，2009年10月 p.237（鉴藏印章检索表）

赵红著 敦煌写本汉字论考 上海：上海古籍出版社，2012年4月 p.62、71、154、206、213

林世田、杨学勇、刘波著 敦煌佛典的流通与改造 兰州：甘肃教育出版社，2013年11月 p.97、104~105

甘肃省地方史志编纂委员会编 甘肃省志·文物志（中册）北京：文物出版社，2018年11月 p.1532~1533；图2幅

景盛轩 敦煌本《大般涅槃经》研究——以版本、异文及训诂为中心 杭州：浙江大学博士研究生学位论文，2004年5月 p.121

沈乐平 敦煌书法综论 杭州：中国美术学院博士研究生学位论文，2008年5月 p.235（鉴藏印章检索表）

魏郭辉 敦煌写本佛经题记研究——以唐宋写经为中心 兰州：兰州大学博士研究生学位论文，2009年6月 p.99、160~161

王翠《甘肃藏敦煌文献》俗字研究 南京：南京师范大学硕士研究生学位论文，2014年5月 p.30（表）；p.32~35、38；p.55（附录：唐代经卷“表”）

池田温編 中國古代寫本識語集錄 東京：東京大学東洋文化研究所発行，1990年3月30日 p.559（補39号题記錄文）

甘博030（收藏号10454）妙法莲华经卷第一

秦明智 关于甘肃省博物馆藏敦煌遗书之浅考和目录《1983年全国敦煌学术讨论会文集》文史·遗书编（上），兰州：甘肃人民出版社，1987年3月 p.478

徐祖蕃撰稿，施萍婷、邵国秀审订 甘肃省博物馆藏敦煌文献叙录（上）《甘肃藏敦煌文献》（第四卷），兰州：甘肃人民出版社，1999年9月 p.378；图版p.227~237

窦怀永 唐代避讳字与俗字关系试论《出土文献与古文字研究》（第一辑），上海：复旦大学出版社，2006年12月 p.308

李尚全 敦煌唐代皇家写本《妙法莲华经》残卷考述《兰州大学学报》（社会科学版）2017年第5期 p.65、66

中国美编 中国散藏敦煌文献分类目录 北京：北京图书馆出版社，2007年10月 p.18

甘博031（收藏号10450）妙法莲华经卷第四安乐行品第十四

秦明智 关于甘肃省博物馆藏敦煌遗书之浅考和目录《1983年全国敦煌学术讨论会文集》文史·遗书编（上），兰州：甘肃人民出版社，1987年3月 p.478

徐祖蕃撰稿，施萍婷、邵国秀审订 甘肃省博物馆藏敦煌文献叙录（上）《甘肃藏敦煌文献》（第四卷），兰州：甘肃人民出版社，1999年9月 p.378；图版p.237~240

中国美编 中国散藏敦煌文献分类目录 北京：北京图书馆出版社，2007年10月 p.27

甘博032（收藏号21000）观世音三昧经

秦明智 关于甘肃省博物馆藏敦煌遗书之浅考和目录《1983年全国敦煌学术讨论会文集》文史·遗书编（上），兰州：甘肃人民出版社，1987年3月 p.478

徐祖蕃撰稿，施萍婷、邵国秀审订 甘肃省博物馆藏敦煌文献叙录（上）《甘肃藏敦煌文献》（第四卷），兰州：甘肃人民出版社，1999年9月 p.378~379；图版p.241~244

中国美编 中国散藏敦煌文献分类目录 北京：北京图书馆出版社，2007年10月 p.77

于淑健著 敦煌佛典语词和俗字研究——以敦煌古佚和疑伪经为中心 上海：上海古籍出版社，2012年4月 p.91

曹凌 中国佛教疑伪经综录 上海：上海师范大学硕士研究生学位论文，2009年5月 p.110

甘博033（收藏号10408）大般若波罗蜜多经卷第六十七

秦明智 关于甘肃省博物馆藏敦煌遗书之浅考和目录《1983年全国敦煌学术讨论会文集》文史·遗书编（上），兰州：甘肃人民出版社，1987年3月 p.478~479

徐祖蕃撰稿，施萍婷、邵国秀审订 甘肃省博物馆藏敦煌文献叙录（上）《甘肃藏敦煌文献》（第四卷），

兰州:甘肃人民出版社,1999年9月 p.379;图版p.244~252

申国美编 中国散藏敦煌文献分类目录 北京:北京图书馆出版社,2007年10月 p.4

甘博034(收藏号20708)佛经

秦明智 关于甘肃省博物馆藏敦煌遗书之浅考和目录《1983年全国敦煌学术讨论会文集》文史·遗书编(上),兰州:甘肃人民出版社,1987年3月 p.479

徐祖蕃撰稿,施萍婷、邵国秀审订 甘肃省博物馆藏敦煌文献叙录(上)《甘肃藏敦煌文献》(第四卷),兰州:甘肃人民出版社,1999年9月 p.379;图版p.252~254

叶贵良《甘肃藏敦煌文献》残卷未识原因初探《敦煌研究》2003年第4期 p.90~91

申国美编 中国散藏敦煌文献分类目录 北京:北京图书馆出版社,2007年10月 p.94

赵红著 敦煌写本汉字论考 上海:上海古籍出版社,2012年4月 p.73、219

甘博035(收藏号10466)大方广佛华严经卷第三十七

秦明智 关于甘肃省博物馆藏敦煌遗书之浅考和目录《1983年全国敦煌学术讨论会文集》文史·遗书编(上),兰州:甘肃人民出版社,1987年3月 p.479

徐祖蕃撰稿,施萍婷、邵国秀审订 甘肃省博物馆藏敦煌文献叙录(上)《甘肃藏敦煌文献》(第四卷),兰州:甘肃人民出版社,1999年9月 p.379;图版p.255~264

申国美编 中国散藏敦煌文献分类目录 北京:北京图书馆出版社,2007年10月 p.33

傅及斯 敦煌本《华严经》整理与研究 上海:复旦大学硕士研究生学位论文,2014年5月 p.52

甘博036(收藏号13088)佛说大辩邪正经

秦明智 关于甘肃省博物馆藏敦煌遗书之浅考和目录《1983年全国敦煌学术讨论会文集》文史·遗书编(上),兰州:甘肃人民出版社,1987年3月 p.479

徐祖蕃撰稿,施萍婷、邵国秀审订 甘肃省博物馆藏敦煌文献叙录(上)《甘肃藏敦煌文献》(第四卷),兰州:甘肃人民出版社,1999年9月 p.379;图版p.264~266

陈红彦、林世田 敦煌遗书近现代鉴藏印章辑述(下)《文献》2007年第3期 p.140;收入林世田著《敦煌遗书研究论集》,北京:中国藏学出版社,2010年3月 p.313

张小艳 敦煌疑伪经四种残卷缀合研究《宗教学研究》,2015年第4期 p.92

申国美编 中国散藏敦煌文献分类目录 北京:北京图书馆出版社,2007年10月 p.79

沈乐平著 敦煌书法综论 杭州:浙江古籍出版社,2009年10月 p.242(鉴藏印章检索表)

于淑健著 敦煌佛典语词和俗字研究——以敦煌古佚和疑伪经为中心 上海:上海古籍出版社,2012年4月 p.77、224

沈乐平 敦煌书法综论 杭州:中国美术学院博士研究生学位论文,2008年5月 p.240(鉴藏印章检索表)

曹凌 中国佛教疑伪经综录 上海:上海师范大学硕士研究生学位论文,2009年5月 p.228

甘博037(收藏号11712)究竟大悲经卷第四

秦明智 关于甘肃省博物馆藏敦煌遗书之浅考和目录《1983年全国敦煌学术讨论会文集》文史·遗书编(上),兰州:甘肃人民出版社,1987年3月 p.479

徐祖蕃撰稿,施萍婷、邵国秀审订 甘肃省博物馆藏敦煌文献叙录(上)《甘肃藏敦煌文献》(第四卷),兰州:甘肃人民出版社,1999年9月 p.379~380;图版p.266~273

窦怀永 唐代避讳字与俗字关系试论《出土文献与古文字研究》(第一辑),上海:复旦大学出版社,2006年12月 p.308

张小艳 敦煌疑伪经四种残卷缀合研究《宗教学研究》,2015年第4期 p.87

申国美编 中国散藏敦煌文献分类目录 北京:北京图书馆出版社,2007年10月 p.77

赵红著 敦煌写本汉字论考 上海:上海古籍出版社,2012年4月 p.69、76、78~79、86~87、125~126、178~179、186~187

于淑健著 敦煌佛典语词和俗字研究——以敦煌古佚和疑伪经为中心 上海:上海古籍出版社,2012年4月 p.183、215、271、323

肖倩 敦煌写卷中古俗字研究 南京:南京师范大学硕士研究生学位论文,2014年5月 p.61

曹凌 中国佛教疑伪经综录 上海:上海师范大学硕士研究生学位论文,2009年5月 p.213

甘博038(收藏号163)楼炭经略一卷

秦明智 关于甘肃省博物馆藏敦煌遗书之浅考和目录《1983年全国敦煌学术讨论会文集》文史·遗书编(上),兰州:甘肃人民出版社,1987年3月 p.479~480

徐祖蕃撰稿,施萍婷、邵国秀审订 甘肃省博物馆藏敦煌文献叙录(上)《甘肃藏敦煌文献》(第四卷),兰州:甘肃人民出版社,1999年9月 p.380;图版p.273~281

韩惠言 甘藏敦煌汉文文献概况《敦煌学辑刊》2000年第2期 p.69;收入敦煌研究院编《2000年敦煌学国际学术讨论会文集——纪念敦煌藏经洞发现暨敦煌学百年》历史文化卷(上),兰州:甘肃民族出版社,2003年9月 p.519

陈红彦、林世田 敦煌遗书近现代鉴藏印章辑述(下)《文献》2007年第3期 p.139;收入林世田著《敦煌遗书研究论集》,北京:中国藏学出版社,2010年3月 p.313

申国美编 中国散藏敦煌文献分类目录 北京:北京图书馆出版社,2007年10月 p.79

沈乐平著 敦煌书法综论 杭州:浙江古籍出版社,2009年10月 p.242(鉴藏印章检索表)

赵红著 敦煌写本汉字论考 上海:上海古籍出版社,2012年4月 p.77、80、84、107、131、203

于淑健著 敦煌佛典语词和俗字研究——以敦煌古佚和疑伪经为中心 上海:上海古籍出版社,2012年4月 p.351

沈乐平 敦煌书法综论 杭州:中国美术学院博士学位论文,2008年5月 p.240(鉴藏印章检索表)

甘博039(收藏号21195)四分律卷第四十八比丘尼犍度率十七

秦明智 关于甘肃省博物馆藏敦煌遗书之浅考和目录《1983年全国敦煌学术讨论会文集》文史·遗书编(上),兰州:甘肃人民出版社,1987年3月 p.480

徐祖蕃撰稿,施萍婷、邵国秀审订 甘肃省博物馆藏敦煌文献叙录(上)《甘肃藏敦煌文献》(第四卷),兰州:甘肃人民出版社,1999年9月 p.380;图版p.282~297

金双平 敦煌写本《四分律》及其校勘价值《湖北民族学院学报》(哲学社会科学版)2012年第5期 p.79、80

金双平 敦煌写本《四分律》的文化价值《兰台世界》2013年第8期 p.122

张涌泉、胡方方 敦煌本《四分律》残卷缀合研究《浙江社会科学》2015年第6期 p.108

申国美编 中国散藏敦煌文献分类目录 北京:北京图书馆出版社,2007年10月 p.57

赵红著 敦煌写本汉字论考 上海:上海古籍出版社,2012年4月 p.64、79、139

金双平 敦煌写本《四分律》俗字研究 南京:南京师范大学博士研究生学位论文,2014年5月 p.2、5、25~26、37、38、41、42、57、62、65~75、79、87、89、91~97、100、104、105、113、116、125、132、134、137、139~141、144、151、153

胡方方 敦煌本《四分律》及其戒本写本考 金华:浙江师范大学硕士研究生学位论文,2016年5月 p.2、8;异体字表p.147、149、151、156~157、159、160、165、170~171、174

甘博040(收藏号20709)佛说无量寿佛经

秦明智 关于甘肃省博物馆藏敦煌遗书之浅考和目录《1983年全国敦煌学术讨论会文集》文史·遗书编(上),兰州:甘肃人民出版社,1987年3月 p.480

徐祖蕃撰稿,施萍婷、邵国秀审订 甘肃省博物馆藏敦煌文献叙录(上)《甘肃藏敦煌文献》(第四卷),兰州:甘肃人民出版社,1999年9月 p.380;图版p.298~304

邰惠莉 甘肃藏敦煌汉文文献巡礼《丝绸之路》2000年S1期 p.14

申国美编 中国散藏敦煌文献分类目录 北京:北京图书馆出版社,2007年10月 p.34

甘博041(收藏号10480)大般若波罗蜜多经卷第五十二

秦明智 关于甘肃省博物馆藏敦煌遗书之浅考和目录《1983年全国敦煌学术讨论会文集》文史·遗书编(上),兰州:甘肃人民出版社,1987年3月 p.480

徐祖蕃撰稿,施萍婷、邵国秀审订 甘肃省博物馆藏敦煌文献叙录(上)《甘肃藏敦煌文献》(第四卷),兰州:甘肃人民出版社,1999年9月 p.380~381;图版p.304~315

申国美编 中国散藏敦煌文献分类目录 北京:北京图书馆出版社,2007年10月 p.4

甘博042(收藏号10477)大般若波罗蜜多经卷第五百二十二

秦明智 关于甘肃省博物馆藏敦煌遗书之浅考和目录《1983年全国敦煌学术讨论会文集》文史·遗书

编(上),兰州:甘肃人民出版社,1987年3月 p.480

徐祖蕃撰稿,施萍婷、邵国秀审订 甘肃省博物馆藏敦煌文献叙录(上)《甘肃藏敦煌文献》(第四卷),兰州:甘肃人民出版社,1999年9月 p.381;图版p.316~324

林聪明 敦煌文书的用纸《港台敦煌学文库》第33册,兰州:甘肃人民出版社,2014年12月 p.204

林聪明著 敦煌文书学(敦煌学导论丛刊①) 台北:新文丰出版股份有限公司,1991年8月 p.92

中国美编 中国散藏敦煌文献分类目录 北京:北京图书馆出版社,2007年10月 p.3

赵红著 敦煌写本汉字论考 上海:上海古籍出版社,2012年4月 p.223

甘博043(收藏号13085) 大般若波罗蜜多经卷第五百四十四

秦明智 关于甘肃省博物馆藏敦煌遗书之浅考和目录《1983年全国敦煌学术讨论会文集》文史·遗书编(上),兰州:甘肃人民出版社,1987年3月 p.480~481

徐祖蕃撰稿,施萍婷、邵国秀审订 甘肃省博物馆藏敦煌文献叙录(上)《甘肃藏敦煌文献》(第四卷),兰州:甘肃人民出版社,1999年9月 p.381;图版p.324~334

中国美编 中国散藏敦煌文献分类目录 北京:北京图书馆出版社,2007年10月 p.4

甘博044(收藏号10581) 大般若波罗蜜多经卷第三百八十七

秦明智 关于甘肃省博物馆藏敦煌遗书之浅考和目录《1983年全国敦煌学术讨论会文集》文史·遗书编(上),兰州:甘肃人民出版社,1987年3月 p.481

徐祖蕃撰稿,施萍婷、邵国秀审订 甘肃省博物馆藏敦煌文献叙录(上)《甘肃藏敦煌文献》(第四卷),兰州:甘肃人民出版社,1999年9月 p.381;图版p.335~344

中国美编 中国散藏敦煌文献分类目录 北京:北京图书馆出版社,2007年10月 p.8

甘博045(收藏号10580) 大般若波罗蜜多经卷第四百二十五

秦明智 关于甘肃省博物馆藏敦煌遗书之浅考和目录《1983年全国敦煌学术讨论会文集》文史·遗书编(上),兰州:甘肃人民出版社,1987年3月 p.481

徐祖蕃撰稿,施萍婷、邵国秀审订 甘肃省博物馆藏敦煌文献叙录(上)《甘肃藏敦煌文献》(第四卷),兰州:甘肃人民出版社,1999年9月 p.381;图版p.344~348

中国美编 中国散藏敦煌文献分类目录 北京:北京图书馆出版社,2007年10月 p.8

甘博046(收藏号10422) 大般若波罗蜜多经卷第二百二十

秦明智 关于甘肃省博物馆藏敦煌遗书之浅考和目录《1983年全国敦煌学术讨论会文集》文史·遗书编(上),兰州:甘肃人民出版社,1987年3月 p.481

徐祖蕃撰稿,施萍婷、邵国秀审订 甘肃省博物馆藏敦煌文献叙录(上)《甘肃藏敦煌文献》(第四卷),兰州:甘肃人民出版社,1999年9月 p.381;图版p.349~358

陈红彦、林世田 敦煌遗书近现代鉴藏印章辑述(下)《文献》2007年第3期 p.139;收入林世田著《敦煌遗书研究论集》,北京:中国藏学出版社,2010年3月 p.313

中国美编 中国散藏敦煌文献分类目录 北京:北京图书馆出版社,2007年10月 p.6

甘博047(收藏号10434)大般若波罗蜜多经卷第十三

秦明智 关于甘肃省博物馆藏敦煌遗书之浅考和目录《1983年全国敦煌学术讨论会文集》文史·遗书编(上),兰州:甘肃人民出版社,1987年3月 p.481

徐祖蕃撰稿,施萍婷、邵国秀审订 甘肃省博物馆藏敦煌文献叙录(上)《甘肃藏敦煌文献》(第四卷),兰州:甘肃人民出版社,1999年9月 p.381;图版p.358~368

中国美编 中国散藏敦煌文献分类目录 北京:北京图书馆出版社,2007年10月 p.3

甘博048(收藏号10487)金刚般若波罗蜜经

秦明智 关于甘肃省博物馆藏敦煌遗书之浅考和目录《1983年全国敦煌学术讨论会文集》文史·遗书编(上),兰州:甘肃人民出版社,1987年3月 p.481~482

徐祖蕃撰稿,施萍婷、邵国秀审订 甘肃省博物馆藏敦煌文献叙录(下)《甘肃藏敦煌文献》(第五卷),兰州:甘肃人民出版社,1999年12月 p.343;图版p.1~9

罗慕君、张涌泉 散藏敦煌本《金刚经》缀合研究《敦煌吐鲁番研究》(第十八卷),上海:上海古籍出版社,2019年4月 p.635、637

中国美编 中国散藏敦煌文献分类目录 北京:北京图书馆出版社,2007年10月 p.13

张开媛《金刚经》鸠摩罗什译本在唐代的流传和接受 北京:北京外国语大学博士研究生学位论文,2015年12月 p.335、355

甘博049 大般若波罗蜜多经

秦明智 关于甘肃省博物馆藏敦煌遗书之浅考和目录《1983年全国敦煌学术讨论会文集》文史·遗书编(上),兰州:甘肃人民出版社,1987年3月 p.482

邰惠莉 甘肃藏非敦煌文献的真伪、来源及相关问题《敦煌学辑刊》2000年第2期 p.72~73

濮仲远 敦煌文献流散与晚清民国学风《天水师范学院学报》2013年第3期 p.76

林聪明 敦煌文书的用纸《港台敦煌学文库》第33册,兰州:甘肃人民出版社,2014年12月 p.205

林聪明著 敦煌文书学(敦煌学导论丛刊①)台北:新文丰出版股份有限公司,1991年8月 p.94

中国美编 中国散藏敦煌文献分类目录 北京:北京图书馆出版社,2007年10月 p.202

沈乐平著 敦煌书法综论 杭州:浙江古籍出版社,2009年10月 p.228、236(鉴藏印章检索表)

沈乐平 敦煌书法综论 杭州:中国美术学院博士研究生学位论文,2008年5月 p.227、235(鉴藏印章检索表)

甘博050(收藏号10578）思益经卷第四

秦明智 关于甘肃省博物馆藏敦煌遗书之浅考和目录《1983年全国敦煌学术讨论会文集》文史·遗书编(上),兰州:甘肃人民出版社,1987年3月 p.482

徐祖蕃撰稿,施萍婷、邵国秀审订 甘肃省博物馆藏敦煌文献叙录(下)《甘肃藏敦煌文献》(第五卷),兰州:甘肃人民出版社,1999年12月 p.343;图版p.9~23

申国美编 中国散藏敦煌文献分类目录 北京:北京图书馆出版社,2007年10月 p.51

甘博051(收藏号10417）大般若波罗蜜多经卷第二百六十四

秦明智 关于甘肃省博物馆藏敦煌遗书之浅考和目录《1983年全国敦煌学术讨论会文集》文史·遗书编(上),兰州:甘肃人民出版社,1987年3月 p.482

徐祖蕃撰稿,施萍婷、邵国秀审订 甘肃省博物馆藏敦煌文献叙录(下)《甘肃藏敦煌文献》(第五卷),兰州:甘肃人民出版社,1999年12月 p.343;图版p.24~31

陈红彦、林世田 敦煌遗书近现代鉴藏印章辑述(下)《文献》2007年第3期 p.139;收入林世田著《敦煌遗书研究论集》,北京:中国藏学出版社,2010年3月 p.313

李小荣著 敦煌密教文献论稿 北京:人民文学出版社,2003年7月 p.10

申国美编 中国散藏敦煌文献分类目录 北京:北京图书馆出版社,2007年10月 p.6

甘博052(收藏号10482）大般若波罗蜜多经卷第四百二十

秦明智 关于甘肃省博物馆藏敦煌遗书之浅考和目录《1983年全国敦煌学术讨论会文集》文史·遗书编(上),兰州:甘肃人民出版社,1987年3月 p.482

徐祖蕃撰稿,施萍婷、邵国秀审订 甘肃省博物馆藏敦煌文献叙录(下)《甘肃藏敦煌文献》(第五卷),兰州:甘肃人民出版社,1999年12月 p.343~344;图版p.32~36

申国美编 中国散藏敦煌文献分类目录 北京:北京图书馆出版社,2007年10月 p.8

甘博053(收藏号20800）大般若波罗蜜多经卷第二百五十五

秦明智 关于甘肃省博物馆藏敦煌遗书之浅考和目录《1983年全国敦煌学术讨论会文集》文史·遗书编(上),兰州:甘肃人民出版社,1987年3月 p.482~483

徐祖蕃撰稿,施萍婷、邵国秀审订 甘肃省博物馆藏敦煌文献叙录(下)《甘肃藏敦煌文献》(第五卷),兰州:甘肃人民出版社,1999年12月 p.344;图版p.36~39

申国美编 中国散藏敦煌文献分类目录 北京:北京图书馆出版社,2007年10月 p.6

甘博054(收藏号20951）维摩诘经卷下

秦明智 关于甘肃省博物馆藏敦煌遗书之浅考和目录《1983年全国敦煌学术讨论会文集》文史·遗书编(上),兰州:甘肃人民出版社,1987年3月 p.483

徐祖蕃撰稿，施萍婷、邵国秀审订 甘肃省博物馆藏敦煌文献叙录（下）《甘肃藏敦煌文献》（第五卷），兰州：甘肃人民出版社，1999年12月 p.344；图版p.40~49

衣川贤次 以敦煌写经校订《大正藏》刍议《转型期的敦煌学》，上海：上海古籍出版社，2007年11月 p.423、429

申国美编 中国散藏敦煌文献分类目录 北京：北京图书馆出版社，2007年10月 p.50

张瑞兰 敦煌本《维摩诘经》异文研究 金华：浙江师范大学硕士研究生学位论文，2013年4月 p.193

甘博055（收藏号10439）大般涅槃经卷第六如来性品第四之三

秦明智 关于甘肃省博物馆藏敦煌遗书之浅考和目录《1983年全国敦煌学术讨论会文集》文史·遗书编（上），兰州：甘肃人民出版社，1987年3月 p.483

徐祖蕃撰稿，施萍婷、邵国秀审订 甘肃省博物馆藏敦煌文献叙录（下）《甘肃藏敦煌文献》（第五卷），兰州：甘肃人民出版社，1999年12月 p.344；图版p.49~50

施萍婷 甘肃藏敦煌汉文文献精品简述《敦煌习学集》（上），兰州：甘肃民族出版社，2004年12月 p.312；图版44

秋子 大般涅槃经卷第六《敦煌写卷墨迹精选丛帖》（贰），兰州：甘肃人民美术出版社，2009年10月；2010年6月 p.33~40简介/赏析及图版

徐祖蕃、秦明智、荣恩奇编选 敦煌遗书书法选 兰州：甘肃人民出版社，1985年10月 p.62~66图版及简要说明

黄征编 敦煌俗字典 上海：上海教育出版社，2005年5月 正文p.22、105、134、138、161、172、216、238、300、304、363、372、389、502、572；顺序索引p.745；分类索引p.748

申国美编 中国散藏敦煌文献分类目录 北京：北京图书馆出版社，2007年10月 p.36、202

景盛轩著《大般涅槃经》異文研究 成都：巴蜀书社，2009年2月 p.10

景盛轩 敦煌本《大般涅槃经》研究——以版本、异文及训诂为中心 杭州：浙江大学博士研究生学位论文，2004年5月 p.36；p.129（表二）；p.135

周远军 敦煌写卷《道行般若经》用字研究及校勘 南宁：广西大学硕士研究生学位论文，2011年6月 p.43

陈瑞峰《甘肃藏敦煌文献》俗字研究 金华：浙江师范大学硕士研究生学位论文，2012年5月 俗字表p.115、162、173、208、220

王翠《甘肃藏敦煌文献》俗字研究 南京：南京师范大学硕士研究生学位论文，2014年5月 p.20（表）；p.23；p.54（附录：中古经卷"表"）

甘博055+上博03号 大般涅槃经卷第六

景盛轩 敦煌写本《大般涅槃经》著录商补《浙江与敦煌学——常书鸿先生诞辰一百周年纪念文集》，杭州：浙江古籍出版社，2004年12月 p.354；收入氏著《〈大般涅槃经〉異文研究》，成都：巴蜀书社，2009年2月 p.346

景盛轩 敦煌北本《大般涅槃经》分卷考《〈大般涅槃经〉異文研究》，成都：巴蜀书社，2009年2月 调查

表p.318

景盛轩 敦煌本《大般涅槃经》研究——以版本、异文及训诂为中心 杭州：浙江大学博士研究生学位论文，2004年5月 p.36

说明：此卷可与上博03号缀合。缀合依次顺序为：甘博055号下接上博03号。

甘博056（收藏号10435）梵网经卢舍那佛说菩萨心地戒品第十卷下

秦明智 关于甘肃省博物馆藏敦煌遗书之浅考和目录《1983年全国敦煌学术讨论会文集》文史·遗书编（上），兰州：甘肃人民出版社，1987年3月 p.483

徐祖蕃撰稿，施萍婷、邵国秀审订 甘肃省博物馆藏敦煌文献叙录（下）《甘肃藏敦煌文献》（第五卷），兰州：甘肃人民出版社，1999年12月 p.344；图版p.51~53

申国美编 中国散藏敦煌文献分类目录 北京：北京图书馆出版社，2007年10月 p.58

俄敦5244号+俄敦5259号+甘博56号 梵网经卢舍那佛说菩萨心地戒品第十卷下

孟雪 敦煌《梵网经》写本考暨俗字汇辑 金华：浙江师范大学硕士研究生学位论文，2014年6月 p.50~51；图6-2

说明：俄敦5244号、俄敦5259号、甘博56号三号皆为"梵网经卢舍那佛说菩萨心地戒品第十卷下"残文，且断痕吻合无隙，可缀合。

甘博057（收藏号10483）金光明最胜王经卷第四净地陀罗尼品第六

秦明智 关于甘肃省博物馆藏敦煌遗书之浅考和目录《1983年全国敦煌学术讨论会文集》文史·遗书编（上），兰州：甘肃人民出版社，1987年3月 p.483

徐祖蕃撰稿，施萍婷、邵国秀审订 甘肃省博物馆藏敦煌文献叙录（下）《甘肃藏敦煌文献》（第五卷），兰州：甘肃人民出版社，1999年12月 p.344；图版p.53~56

林聪明 敦煌文书的用纸《港台敦煌学文库》第33册，兰州：甘肃人民出版社，2014年12月 p.204

林聪明著 敦煌文书学（敦煌学导论丛刊①）台北：新文丰出版股份有限公司，1991年8月 p.92

申国美编 中国散藏敦煌文献分类目录 北京：北京图书馆出版社，2007年10月 p.54

朱若溪《金光明经》敦煌写本研究 杭州：浙江大学博士研究生学位论文，2017年6月 p.521（四）卷四简表

甘博058（收藏号20942）大佛顶如来密因修证了义诸菩萨万行首楞严经卷第六

秦明智 关于甘肃省博物馆藏敦煌遗书之浅考和目录《1983年全国敦煌学术讨论会文集》文史·遗书编（上），兰州：甘肃人民出版社，1987年3月 p.483~484

徐祖蕃撰稿，施萍婷、邵国秀审订 甘肃省博物馆藏敦煌文献叙录（下）《甘肃藏敦煌文献》（第五卷），兰州：甘肃人民出版社，1999年12月 p.344~345；图版p.57~59

张涌泉 敦煌故里对敦煌学的新奉献——《甘肃藏敦煌文献》读后《敦煌研究》2001年第1期 p.184

李小荣著 敦煌密教文献论稿 北京:人民文学出版社,2003年7月 p.10

申国美编 中国散藏敦煌文献分类目录 北京:北京图书馆出版社,2007年10月 p.64、202

赵红著 敦煌写本汉字论考 上海:上海古籍出版社,2012年4月 p.69

赵晓星著 吐蕃统治时期敦煌密教研究 兰州:甘肃教育出版社,2017年3月 p.123(表11)

赵晓星 吐蕃统治敦煌时期的密教研究 兰州:兰州大学博士研究生学位论文,2007年6月 p.62(表)

康小燕 敦煌《楞严经》写本考暨俗字汇辑 金华:浙江师范大学硕士研究生学位论文,2014年4月 p.27

甘博059(收藏号13096)诸星母陀罗尼经

秦明智 关于甘肃省博物馆藏敦煌遗书之浅考和目录《1983年全国敦煌学术讨论会文集》文史·遗书编(上),兰州:甘肃人民出版社,1987年3月 p.484

徐祖蕃撰稿,施萍婷、邵国秀审订 甘肃省博物馆藏敦煌文献叙录(下)《甘肃藏敦煌文献》(第五卷),兰州:甘肃人民出版社,1999年12月 p.345;图版p.59~61

邰惠莉 甘肃藏非敦煌文献的真伪、来源及相关问题《敦煌学辑刊》2000年第2期 p.77

陈红彦、林世田 敦煌遗书近现代鉴藏印章辑述(上)《文献》2007年第2期 p.36;收入林世田著《敦煌遗书研究论集》,北京:中国藏学出版社,2010年3月 p.277

李小荣著 敦煌密教文献论稿 北京:人民文学出版社,2003年7月 p.11

申国美编 中国散藏敦煌文献分类目录 北京:北京图书馆出版社,2007年10月 p.66、202

沈乐平著 敦煌书法综论 杭州:浙江古籍出版社,2009年10月 p.225(鉴藏印章检索表)

赵晓星著 吐蕃统治时期敦煌密教研究 兰州:甘肃教育出版社,2017年3月 p.125(表12)

赵晓星 吐蕃统治敦煌时期的密教研究 兰州:兰州大学博士研究生学位论文,2007年6月 p.64(表)

沈乐平 敦煌书法综论 杭州:中国美术学院博士研究生学位论文,2008年5月 p.224(鉴藏印章检索表)

党措 吐蕃时期法成在敦煌的密典传译及其影响 西安:陕西师范大学硕士研究生学位论文,2006年5月 p.21

甘博060(收藏号10413)金光明经卷第一

秦明智 关于甘肃省博物馆藏敦煌遗书之浅考和目录《1983年全国敦煌学术讨论会文集》文史·遗书编(上),兰州:甘肃人民出版社,1987年3月 p.484

徐祖蕃撰稿,施萍婷、邵国秀审订 甘肃省博物馆藏敦煌文献叙录(下)《甘肃藏敦煌文献》(第五卷),兰州:甘肃人民出版社,1999年12月 p.345;图版p.62~64

申国美编 中国散藏敦煌文献分类目录 北京:北京图书馆出版社,2007年10月 p.52

朱若溪《金光明经》敦煌写本研究 杭州:浙江大学博士研究生学位论文,2017年6月 p.493(一)卷一简表

甘博061(收藏号10468)大般若波罗蜜多经卷第三百九十九

秦明智 关于甘肃省博物馆藏敦煌遗书之浅考和目录《1983年全国敦煌学术讨论会文集》文史·遗书编(上),兰州:甘肃人民出版社,1987年3月 p.484

徐祖蕃撰稿,施萍婷、邵国秀审订 甘肃省博物馆藏敦煌文献叙录(下)《甘肃藏敦煌文献》(第五卷),兰州:甘肃人民出版社,1999年12月 p.345;图版p.64~65

申国美编 中国散藏敦煌文献分类目录 北京:北京图书馆出版社,2007年10月 p.8

赵红著 敦煌写本汉字论考 上海:上海古籍出版社,2012年4月 p.168、219

甘博062(收藏号20829)十一面神咒心经

秦明智 关于甘肃省博物馆藏敦煌遗书之浅考和目录《1983年全国敦煌学术讨论会文集》文史·遗书编(上),兰州:甘肃人民出版社,1987年3月 p.484

徐祖蕃撰稿,施萍婷、邵国秀审订 甘肃省博物馆藏敦煌文献叙录(下)《甘肃藏敦煌文献》(第五卷),兰州:甘肃人民出版社,1999年12月 p.345;图版p.66~70

李小荣著 敦煌密教文献论稿 北京:人民文学出版社,2003年7月 p.6

申国美编 中国散藏敦煌文献分类目录 北京:北京图书馆出版社,2007年10月 p.65

赵红著 敦煌写本汉字论考 上海:上海古籍出版社,2012年4月 p.215

赵晓星著 吐蕃统治时期敦煌密教研究 兰州:甘肃教育出版社,2017年3月 p.126

赵晓星 吐蕃统治敦煌时期的密教研究 兰州:兰州大学博士研究生学位论文,2007年6月 p.64

甘博063(收藏号10421)大般若波罗蜜多经卷第四百一十五

秦明智 关于甘肃省博物馆藏敦煌遗书之浅考和目录《1983年全国敦煌学术讨论会文集》文史·遗书编(上),兰州:甘肃人民出版社,1987年3月 p.484~485

徐祖蕃撰稿,施萍婷、邵国秀审订 甘肃省博物馆藏敦煌文献叙录(下)《甘肃藏敦煌文献》(第五卷),兰州:甘肃人民出版社,1999年12月 p.345;图版p.70~71

申国美编 中国散藏敦煌文献分类目录 北京:北京图书馆出版社,2007年10月 p.8

甘博064(收藏号16968)佛说咒魅经一卷

秦明智 关于甘肃省博物馆藏敦煌遗书之浅考和目录《1983年全国敦煌学术讨论会文集》文史·遗书编(上),兰州:甘肃人民出版社,1987年3月 p.485

徐祖蕃撰稿,施萍婷、邵国秀审订 甘肃省博物馆藏敦煌文献叙录(下)《甘肃藏敦煌文献》(第五卷),兰州:甘肃人民出版社,1999年12月 p.346;图版p.72~73

邰惠莉 甘肃藏非敦煌文献的真伪、来源及相关问题《敦煌学辑刊》2000年第2期 p.73

彭建兵 敦煌早期密教写经的分类《兴义民族师范学院学报》2011年第1期 p.32

王友奎 敦煌写本《咒魅经》研究《敦煌研究》2012年第2期 p.97~107;收入樊锦诗、才让、杨富学主编

《丝绸之路民族文献与文化研究》，兰州：甘肃教育出版社，2015年4月 p.478~501

陈红彦、林世田 敦煌遗书近现代鉴藏印章辑述（下）《文献》2007年第3期 p.139；收入林世田著《敦煌遗书研究论集》，北京：中国藏学出版社，2010年3月 p.312

申国美编 中国散藏敦煌文献分类目录 北京：北京图书馆出版社，2007年10月 p.78

彭建兵 敦煌石窟早期密教状况研究 兰州：兰州大学硕士研究生学位论文，2006年5月 p.65

甘博065（收藏号16967）妙法莲华经卷第二譬喻品第三

秦明智 关于甘肃省博物馆藏敦煌遗书之浅考和目录《1983年全国敦煌学术讨论会文集》文史·遗书编（上），兰州：甘肃人民出版社，1987年3月 p.485

徐祖蕃撰稿，施萍婷、邵国秀审订 甘肃省博物馆藏敦煌文献叙录（下）《甘肃藏敦煌文献》（第五卷），兰州：甘肃人民出版社，1999年12月 p.346；图版p.74~76

陈红彦、林世田 敦煌遗书近现代鉴藏印章辑述（下）《文献》2007年第3期 p.139；收入林世田著《敦煌遗书研究论集》，北京：中国藏学出版社，2010年3月 p.312

申国美编 中国散藏敦煌文献分类目录 北京：北京图书馆出版社，2007年10月 p.21

甘博066（收藏号10452）大般若波罗蜜多经

秦明智 关于甘肃省博物馆藏敦煌遗书之浅考和目录《1983年全国敦煌学术讨论会文集》文史·遗书编（上），兰州：甘肃人民出版社，1987年3月 p.485

徐祖蕃撰稿，施萍婷、邵国秀审订 甘肃省博物馆藏敦煌文献叙录（下）《甘肃藏敦煌文献》（第五卷），兰州：甘肃人民出版社，1999年12月 p.346；图版p.76~77

申国美编 中国散藏敦煌文献分类目录 北京：北京图书馆出版社，2007年10月 p.4

甘博067（收藏号13073）大般若波罗蜜多经卷第四百一十三

秦明智 关于甘肃省博物馆藏敦煌遗书之浅考和目录《1983年全国敦煌学术讨论会文集》文史·遗书编（上），兰州：甘肃人民出版社，1987年3月 p.485

徐祖蕃撰稿，施萍婷、邵国秀审订 甘肃省博物馆藏敦煌文献叙录（下）《甘肃藏敦煌文献》（第五卷），兰州：甘肃人民出版社，1999年12月 p.346；图版p.78~80

申国美编 中国散藏敦煌文献分类目录 北京：北京图书馆出版社，2007年10月 p.8

甘博068（收藏号10444）佛说阿弥陀经

秦明智 关于甘肃省博物馆藏敦煌遗书之浅考和目录《1983年全国敦煌学术讨论会文集》文史·遗书编（上），兰州：甘肃人民出版社，1987年3月 p.485

徐祖蕃撰稿，施萍婷、邵国秀审订 甘肃省博物馆藏敦煌文献叙录（下）《甘肃藏敦煌文献》（第五卷），兰州：甘肃人民出版社，1999年12月 p.346；图版p.81~83

中国美编 中国散藏敦煌文献分类目录 北京:北京图书馆出版社,2007年10月 p.35

陈琳 敦煌本《阿弥陀经》写本考 金华:浙江师范大学硕士研究生学位论文,2015年5月 p.22

甘博069(收藏号10438) 缘生论

秦明智 关于甘肃省博物馆藏敦煌遗书之浅考和目录《1983年全国敦煌学术讨论会文集》文史·遗书编(上),兰州:甘肃人民出版社,1987年3月 p.486

徐祖蕃撰稿,施萍婷、邵国秀审订 甘肃省博物馆藏敦煌文献叙录(下)《甘肃藏敦煌文献》(第五卷),兰州:甘肃人民出版社,1999年12月 p.346;图版p.83~84

胡同庆、安忠义著 佛教艺术 兰州:敦煌文艺出版社,2004年2月 p.297;彩图44

中国美编 中国散藏敦煌文献分类目录 北京:北京图书馆出版社,2007年10月 p.62

甘博070(收藏号12552) 大般涅槃经卷第十八梵行品第八之四

秦明智 关于甘肃省博物馆藏敦煌遗书之浅考和目录《1983年全国敦煌学术讨论会文集》文史·遗书编(上),兰州:甘肃人民出版社,1987年3月 p.486

徐祖蕃撰稿,施萍婷、邵国秀审订 甘肃省博物馆藏敦煌文献叙录(下)《甘肃藏敦煌文献》(第五卷),兰州:甘肃人民出版社,1999年12月 p.346~347;图版p.84~86

中国美编 中国散藏敦煌文献分类目录 北京:北京图书馆出版社,2007年10月 p.39

景盛轩著《大般涅槃经》異文研究 成都:巴蜀书社,2009年2月 p.72、113

赵红著 敦煌写本汉字论考 上海:上海古籍出版社,2012年4月 p.72

景盛轩 敦煌本《大般涅槃经》研究——以版本、异文及训诂为中心 杭州:浙江大学博士研究生学位论文,2004年5月 p.68、184

王翠《甘肃藏敦煌文献》俗字研究 南京:南京师范大学硕士研究生学位论文,2014年5月 p.20~21(表);p.54(附录:中古经卷"表")

甘博071(收藏号10406) 阿难问事佛吉凶经

秦明智 关于甘肃省博物馆藏敦煌遗书之浅考和目录《1983年全国敦煌学术讨论会文集》文史·遗书编(上),兰州:甘肃人民出版社,1987年3月 p.486

徐祖蕃撰稿,施萍婷、邵国秀审订 甘肃省博物馆藏敦煌文献叙录(下)《甘肃藏敦煌文献》(第五卷),兰州:甘肃人民出版社,1999年12月 p.347;图版p.86~87

邰惠莉 甘肃藏非敦煌文献的真伪、来源及相关问题《敦煌学辑刊》2000年第2期 p.73

施萍婷 甘肃藏敦煌汉文文献精品简述《敦煌习学集》(上),兰州:甘肃民族出版社,2004年12月 p.312~313;图版45

徐祖蕃、秦明智、荣恩奇编选 敦煌遗书书法选 兰州:甘肃人民出版社,1985年10月 p.110~111图版及简要说明

中国美编 中国散藏敦煌文献分类目录 北京:北京图书馆出版社,2007年10月 p.44

赵红著 敦煌写本汉字论考 上海:上海古籍出版社,2012年4月 p.70、127、168、173

甘博072(收藏号10475)大方广佛华严经卷第二十三

秦明智 关于甘肃省博物馆藏敦煌遗书之浅考和目录《1983年全国敦煌学术讨论会文集》文史·遗书编(上),兰州:甘肃人民出版社,1987年3月 p.486

徐祖蕃撰稿,施萍婷、邵国秀审订 甘肃省博物馆藏敦煌文献叙录(下)《甘肃藏敦煌文献》(第五卷),兰州:甘肃人民出版社,1999年12月 p.347;图版p.87~89

邰惠莉 甘肃藏敦煌汉文文献巡礼《丝绸之路》2000年S1期 p.14

林聪明 敦煌文书的用纸《港台敦煌学文库》第33册,兰州:甘肃人民出版社,2014年12月 p.205

林聪明著 敦煌文书学(敦煌学导论丛刊①) 台北:新文丰出版股份有限公司,1991年8月 p.94

中国美编 中国散藏敦煌文献分类目录 北京:北京图书馆出版社,2007年10月 p.33

赵红著 敦煌写本汉字论考 上海:上海古籍出版社,2012年4月 p.72~73、80

王翠《甘肃藏敦煌文献》俗字研究 南京:南京师范大学硕士研究生学位论文,2014年5月 p.21(表);p.22;p.54(附录:中古经卷"表")

傅及斯 敦煌本《华严经》整理与研究 上海:复旦大学硕士研究生学位论文,2014年5月 p.52;表十二 p.165

甘博073(收藏号13069)摩诃般若波罗蜜经卷第二十五

秦明智 关于甘肃省博物馆藏敦煌遗书之浅考和目录《1983年全国敦煌学术讨论会文集》文史·遗书编(上),兰州:甘肃人民出版社,1987年3月 p.486

徐祖蕃撰稿,施萍婷、邵国秀审订 甘肃省博物馆藏敦煌文献叙录(下)《甘肃藏敦煌文献》(第五卷),兰州:甘肃人民出版社,1999年12月 p.347;图版p.89~93

窦怀永 唐代避讳字与俗字关系试论《出土文献与古文字研究》(第一辑),上海:复旦大学出版社,2006年12月 p.308

中国美编 中国散藏敦煌文献分类目录 北京:北京图书馆出版社,2007年10月 p.11

于淑健著 敦煌佛典语词和俗字研究——以敦煌古佚和疑伪经为中心 上海:上海古籍出版社,2012年4月 p.296

朱瑶著 敦煌汉文文献题记整理与研究 北京:中国社会科学出版社,2016年7月 p.100

甘博074(收藏号10440)合部金光明经卷第三陀罗尼最净地品第六

秦明智 关于甘肃省博物馆藏敦煌遗书之浅考和目录《1983年全国敦煌学术讨论会文集》文史·遗书编(上),兰州:甘肃人民出版社,1987年3月 p.486~487

徐祖蕃撰稿,施萍婷、邵国秀审订 甘肃省博物馆藏敦煌文献叙录(下)《甘肃藏敦煌文献》(第五卷),

兰州:甘肃人民出版社,1999年12月 p.347;图版p.94~95;彩版(局部)

施萍婷 甘肃藏敦煌汉文文献精品简述《敦煌习学集》(上),兰州:甘肃民族出版社,2004年12月 p.314~315;图版54

徐祖蕃、秦明智、荣恩奇编选 敦煌遗书书法选 兰州:甘肃人民出版社,1985年10月 p.107~109图版及简要说明

中国美编 中国散藏敦煌文献分类目录 北京:北京图书馆出版社,2007年10月 p.53

北大D127号+甘博74号 合部金光明经卷第三陀罗尼最净地品

朱若溪 《金光明经》敦煌写本研究 杭州:浙江大学博士研究生学位论文,2017年6月 p.51~52、184~185;图7-43、501(写卷简表)

甘博075(收藏号13131)妙法莲华经卷第三信解品第四

秦明智 关于甘肃省博物馆藏敦煌遗书之浅考和目录《1983年全国敦煌学术讨论会文集》文史·遗书编(上),兰州:甘肃人民出版社,1987年3月 p.487

徐祖蕃撰稿,施萍婷、邵国秀审订 甘肃省博物馆藏敦煌文献叙录(下)《甘肃藏敦煌文献》(第五卷),兰州:甘肃人民出版社,1999年12月 p.347;图版p.95~98

赵红著 敦煌写本汉字论考 上海:上海古籍出版社,2012年4月 p.75、79~80、206

中国美编 中国散藏敦煌文献分类目录 北京:北京图书馆出版社,2007年10月 p.21

于淑健著 敦煌佛典语词和俗字研究——以敦煌古佚和疑伪经为中心 上海:上海古籍出版社,2012年4月 p.217、273

甘博076(收藏号10419)大般涅槃经卷第二十七、二十八狮子吼菩萨品

秦明智 关于甘肃省博物馆藏敦煌遗书之浅考和目录《1983年全国敦煌学术讨论会文集》文史·遗书编(上),兰州:甘肃人民出版社,1987年3月 p.487

徐祖蕃撰稿,施萍婷、邵国秀审订 甘肃省博物馆藏敦煌文献叙录(下)《甘肃藏敦煌文献》(第五卷),兰州:甘肃人民出版社,1999年12月 p.347~348;图版p.99~100

中国美编 中国散藏敦煌文献分类目录 北京:北京图书馆出版社,2007年10月 p.41

景盛轩著《大般涅槃经》異文研究 成都:巴蜀书社,2009年2月 p.74

景盛轩 敦煌本《大般涅槃经》研究——以版本、异文及训诂为中心 杭州:浙江大学博士研究生学位论文,2004年5月 p.92、160

甘博077(收藏号13093)小品般若波罗蜜经卷第一初品第一

秦明智 关于甘肃省博物馆藏敦煌遗书之浅考和目录《1983年全国敦煌学术讨论会文集》文史·遗书编(上),兰州:甘肃人民出版社,1987年3月 p.487

隋峰 敦煌小品般若波罗蜜经卷第一《中国书法鉴赏大辞典》(上),北京:大地出版社,1989年10月 p.589;图1幅,p.590;北京:中国人民大学出版社,2006年6月

徐祖蕃撰稿,施萍婷、邵国秀审订 甘肃省博物馆藏敦煌文献叙录(下)《甘肃藏敦煌文献》(第五卷),兰州:甘肃人民出版社,1999年12月 p.348;图版p.100~101

徐祖蕃、秦明智、荣恩奇编选 敦煌遗书书法选 兰州:甘肃人民出版社,1985年10月 p.115~119图版及简要说明

申国美编 中国散藏敦煌文献分类目录 北京:北京图书馆出版社,2007年10月 p.12

甘博078(收藏号13099)维摩诘所说经卷中观众生品第七

秦明智 关于甘肃省博物馆藏敦煌遗书之浅考和目录《1983年全国敦煌学术讨论会文集》文史·遗书编(上),兰州:甘肃人民出版社,1987年3月 p.487

徐祖蕃撰稿,施萍婷、邵国秀审订 甘肃省博物馆藏敦煌文献叙录(下)《甘肃藏敦煌文献》(第五卷),兰州:甘肃人民出版社,1999年12月 p.348;图版p.102~105

黄征编 敦煌俗字典 上海:上海教育出版社,2005年5月 正文p.24、85、163、178、184、202、285、291、309、313、324、346、356、364、375、411、420、434、435、439、493、494、495、528、531、532、537;顺序索引p.745;分类索引p.750

申国美编 中国散藏敦煌文献分类目录 北京:北京图书馆出版社,2007年10月 p.50、202

邹清泉著 虎头金粟影——维摩诘变相研究 北京:北京大学出版社,2013年5月 p.173(表1.维摩写经〈5〉中国藏维摩写经)

薛皖东《干禄字书》所收俗字与敦煌俗字比较研究 南京:南京师范大学硕士研究生学位论文,2013年4月 p.5

陈瑞峰《甘肃藏敦煌文献》俗字研究 金华:浙江师范大学硕士研究生学位论文,2012年5月 p.11、36

张瑞兰 敦煌本《维摩诘经》异文研究 金华:浙江师范大学硕士研究生学位论文,2013年4月 p.172~173

高静怡 北图藏敦煌汉文写经《金光明经》异文研究 南宁:广西大学硕士研究生学位论文,2013年5月 p.33

王翠《甘肃藏敦煌文献》俗字研究 南京:南京师范大学硕士研究生学位论文,2014年5月 p.21(表);p.54(附录:中古经卷"表")

甘博079(收藏号20943)大般若波罗蜜多经

秦明智 关于甘肃省博物馆藏敦煌遗书之浅考和目录《1983年全国敦煌学术讨论会文集》文史·遗书编(上),兰州:甘肃人民出版社,1987年3月 p.487~488

徐祖蕃撰稿,施萍婷、邵国秀审订 甘肃省博物馆藏敦煌文献叙录(下)《甘肃藏敦煌文献》(第五卷),兰州:甘肃人民出版社,1999年12月 p.348;图版p.105~106

申国美编 中国散藏敦煌文献分类目录 北京:北京图书馆出版社,2007年10月 p.9

甘博080(收藏号10471)合部金光明经卷第六正论品第十六

秦明智 关于甘肃省博物馆藏敦煌遗书之浅考和目录《1983年全国敦煌学术讨论会文集》文史·遗书编(上),兰州:甘肃人民出版社,1987年3月 p.488

隋峰 敦煌合部金光明经卷六《中国书法鉴赏大辞典》(上),北京:大地出版社,1989年10月 p.590;图1幅;中国人民大学出版社,2006年6月

徐祖蕃撰稿,施萍婷、邵国秀审订 甘肃省博物馆藏敦煌文献叙录(下)《甘肃藏敦煌文献》(第五卷),兰州:甘肃人民出版社,1999年12月 p.348;图版p.106

徐祖蕃、秦明智、荣恩奇编选 敦煌遗书书法选 兰州:甘肃人民出版社,1985年10月 p.106图版及简要说明

刘胜角著 古代楷书发展史 北京:中国戏剧出版社,2002年5月 p.307~308

申国美编 中国散藏敦煌文献分类目录 北京:北京图书馆出版社,2007年10月 p.53

朱若溪《金光明经》敦煌写本研究 杭州:浙江大学博士研究生学位论文,2017年6月 p.502(写卷简表)

甘博081 大般若波罗蜜多经

秦明智 关于甘肃省博物馆藏敦煌遗书之浅考和目录《1983年全国敦煌学术讨论会文集》文史·遗书编(上),兰州:甘肃人民出版社,1987年3月 p.488

邰惠莉 甘肃藏非敦煌文献的真伪、来源及相关问题《敦煌学辑刊》2000年第2期 p.72

申国美编 中国散藏敦煌文献分类目录 北京:北京图书馆出版社,2007年10月 p.202

沈乐平著 敦煌书法综论 杭州:浙江古籍出版社,2009年10月 p.236(鉴藏印章检索表)

沈乐平 敦煌书法综论 杭州:中国美术学院博士研究生学位论文,2008年5月 p.235(鉴藏印章检索表)

甘博082(收藏号13092)大方等大集经贤护分卷第四称赞功德品第八

秦明智 关于甘肃省博物馆藏敦煌遗书之浅考和目录《1983年全国敦煌学术讨论会文集》文史·遗书编(上),兰州:甘肃人民出版社,1987年3月 p.488

徐祖蕃撰稿,施萍婷、邵国秀审订 甘肃省博物馆藏敦煌文献叙录(下)《甘肃藏敦煌文献》(第五卷),兰州:甘肃人民出版社,1999年12月 p.348;图版p.107~108

申国美编 中国散藏敦煌文献分类目录 北京:北京图书馆出版社,2007年10月 p.45

甘博083(收藏号10433)金光明经最胜王经卷第一序品第一

秦明智 关于甘肃省博物馆藏敦煌遗书之浅考和目录《1983年全国敦煌学术讨论会文集》文史·遗书编(上),兰州:甘肃人民出版社,1987年3月 p.488

徐祖蕃撰稿,施萍婷、邵国秀审订 甘肃省博物馆藏敦煌文献叙录(下)《甘肃藏敦煌文献》(第五卷),兰州:甘肃人民出版社,1999年12月 p.348;图版p.108~110

申国美编 中国散藏敦煌文献分类目录 北京:北京图书馆出版社,2007年10月 p.53

朱若溪《金光明经》敦煌写本研究 杭州:浙江大学博士研究生学位论文,2017年6月 p.506(一)卷一简表

甘博084(收藏号10428)妙法莲华经卷第七妙音菩萨品第二十四

秦明智 关于甘肃省博物馆藏敦煌遗书之浅考和目录《1983年全国敦煌学术讨论会文集》文史·遗书编(上),兰州:甘肃人民出版社,1987年3月 p.488

徐祖蕃撰稿,施萍婷、邵国秀审订 甘肃省博物馆藏敦煌文献叙录(下)《甘肃藏敦煌文献》(第五卷),兰州:甘肃人民出版社,1999年12月 p.348~349;图版p.111~113

窦怀永 唐代避讳字与俗字关系试论《出土文献与古文字研究》(第一辑),上海:复旦大学出版社,2006年12月 p.308

中国美编 中国散藏敦煌文献分类目录 北京:北京图书馆出版社,2007年10月 p.30

甘博085(收藏号10418)大般若波罗蜜多经

秦明智 关于甘肃省博物馆藏敦煌遗书之浅考和目录《1983年全国敦煌学术讨论会文集》文史·遗书编(上),兰州:甘肃人民出版社,1987年3月 p.489

徐祖蕃撰稿,施萍婷、邵国秀审订 甘肃省博物馆藏敦煌文献叙录(下)《甘肃藏敦煌文献》(第五卷),兰州:甘肃人民出版社,1999年12月 p.349;图版p.113~114

邰惠莉 甘肃藏非敦煌文献的真伪、来源及相关问题《敦煌学辑刊》2000年第2期 p.73

中国美编 中国散藏敦煌文献分类目录 北京:北京图书馆出版社,2007年10月 p.7

甘博086(收藏号10424)金刚般若波罗蜜经

秦明智 关于甘肃省博物馆藏敦煌遗书之浅考和目录《1983年全国敦煌学术讨论会文集》文史·遗书编(上),兰州:甘肃人民出版社,1987年3月 p.489

徐祖蕃撰稿,施萍婷、邵国秀审订 甘肃省博物馆藏敦煌文献叙录(下)《甘肃藏敦煌文献》(第五卷),兰州:甘肃人民出版社,1999年12月 p.349;图版p.115

窦怀永 唐代避讳字与俗字关系试论《出土文献与古文字研究》(第一辑),上海:复旦大学出版社,2006年12月 p.308

罗慕君、张涌泉 散藏敦煌本《金刚经》缀合研究《敦煌吐鲁番研究》(第十八卷),上海:上海古籍出版社,2019年4月 p.635

中国美编 中国散藏敦煌文献分类目录 北京:北京图书馆出版社,2007年10月 p.13

张开媛《金刚经》鸠摩罗什译本在唐代的流传和接受 北京:北京外国语大学博士研究生学位论文,2015年12月 p.355

甘博087(收藏号20946) 金刚般若波罗蜜经

秦明智 关于甘肃省博物馆藏敦煌遗书之浅考和目录《1983年全国敦煌学术讨论会文集》文史·遗书编(上),兰州:甘肃人民出版社,1987年3月 p.489

徐祖蕃撰稿,施萍婷、邵国秀审订 甘肃省博物馆藏敦煌文献叙录(下)《甘肃藏敦煌文献》(第五卷),兰州:甘肃人民出版社,1999年12月 p.349;图版p.116

罗慕君、张涌泉 散藏敦煌本《金刚经》缀合研究《敦煌吐鲁番研究》(第十八卷),上海:上海古籍出版社,2019年4月 p.635

中国美编 中国散藏敦煌文献分类目录 北京:北京图书馆出版社,2007年10月 p.13

张开媛《金刚经》鸠摩罗什译本在唐代的流传和接受 北京:北京外国语大学博士研究生学位论文,2015年12月 p.355

甘博088(收藏号13107) 妙法莲华经卷第七观世音菩萨普门品第二十五

秦明智 关于甘肃省博物馆藏敦煌遗书之浅考和目录《1983年全国敦煌学术讨论会文集》文史·遗书编(上),兰州:甘肃人民出版社,1987年3月 p.489

徐祖蕃撰稿,施萍婷、邵国秀审订 甘肃省博物馆藏敦煌文献叙录(下)《甘肃藏敦煌文献》(第五卷),兰州:甘肃人民出版社,1999年12月 p.349;图版p.117

中国美编 中国散藏敦煌文献分类目录 北京:北京图书馆出版社,2007年10月 p.31

甘博089(收藏号10412) 妙法莲华经卷第一序品第一

秦明智 关于甘肃省博物馆藏敦煌遗书之浅考和目录《1983年全国敦煌学术讨论会文集》文史·遗书编(上),兰州:甘肃人民出版社,1987年3月 p.489

徐祖蕃撰稿,施萍婷、邵国秀审订 甘肃省博物馆藏敦煌文献叙录(下)《甘肃藏敦煌文献》(第五卷),兰州:甘肃人民出版社,1999年12月 p.349;图版p.117~118

中国美编 中国散藏敦煌文献分类目录 北京:北京图书馆出版社,2007年10月 p.19

甘博090(收藏号10469) 佛经戒律

秦明智 关于甘肃省博物馆藏敦煌遗书之浅考和目录《1983年全国敦煌学术讨论会文集》文史·遗书编(上),兰州:甘肃人民出版社,1987年3月 p.489

徐祖蕃撰稿,施萍婷、邵国秀审订 甘肃省博物馆藏敦煌文献叙录(下)《甘肃藏敦煌文献》(第五卷),兰州:甘肃人民出版社,1999年12月 p.349;图版p.118~119

黄征编 敦煌俗字典 上海:上海教育出版社,2005年5月 正文p.183、205、284、341、367、376、382、419、471、495;顺序索引p.745;分类索引p.751

中国美编 中国散藏敦煌文献分类目录 北京:北京图书馆出版社,2007年10月 p.59、202

陈瑞峰《甘肃藏敦煌文献》俗字研究 金华:浙江师范大学硕士研究生学位论文,2012年5月 俗字表p.182

王翠《甘肃藏敦煌文献》俗字研究 南京：南京师范大学硕士研究生学位论文，2014年5月 p.21（表）；p.54（附录：中古经卷"表"）

甘博091（收藏号20945）妙法莲华经卷第四安乐行品第十四

秦明智 关于甘肃省博物馆藏敦煌遗书之浅考和目录《1983年全国敦煌学术讨论会文集》文史·遗书编（上），兰州：甘肃人民出版社，1987年3月 p.489~490

施萍婷 甘肃藏敦煌文献概述《甘肃藏敦煌文献精粹》，兰州：甘肃人民出版社，1999年 p.7；又载段文杰主编《甘肃藏敦煌文献》（第一至六卷），兰州：甘肃人民出版社，1999年9~12月 p.7

徐祖蕃撰稿，施萍婷、邵国秀审订 甘肃省博物馆藏敦煌文献叙录（下）《甘肃藏敦煌文献》（第五卷），兰州：甘肃人民出版社，1999年12月 p.349~350；图版p.119

施萍婷 甘肃省藏敦煌汉文文献概述《"二十一世纪敦煌文献研究回顾与展望"研讨会论文集》，台中：中华自然文化学会，1999年12月 p.43~44；收入氏著《敦煌习学集》（上），兰州：甘肃民族出版社，2004年12月 p.298

申国美编 中国散藏敦煌文献分类目录 北京：北京图书馆出版社，2007年10月 p.27

甘博092（收藏号20944）妙法莲华经卷第四见宝塔品第十一

秦明智 关于甘肃省博物馆藏敦煌遗书之浅考和目录《1983年全国敦煌学术讨论会文集》文史·遗书编（上），兰州：甘肃人民出版社，1987年3月 p.490

徐祖蕃撰稿，施萍婷、邵国秀审订 甘肃省博物馆藏敦煌文献叙录（下）《甘肃藏敦煌文献》（第五卷），兰州：甘肃人民出版社，1999年12月 p.350；图版p.120

申国美编 中国散藏敦煌文献分类目录 北京：北京图书馆出版社，2007年10月 p.25

甘博093（收藏号13104）大般若波罗蜜多经

秦明智 关于甘肃省博物馆藏敦煌遗书之浅考和目录《1983年全国敦煌学术讨论会文集》文史·遗书编（上），兰州：甘肃人民出版社，1987年3月 p.490

徐祖蕃撰稿，施萍婷、邵国秀审订 甘肃省博物馆藏敦煌文献叙录（下）《甘肃藏敦煌文献》（第五卷），兰州：甘肃人民出版社，1999年12月 p.350；图版p.120~121

申国美编 中国散藏敦煌文献分类目录 北京：北京图书馆出版社，2007年10月 p.4

甘博094（收藏号10407）金刚般若波罗蜜经

秦明智 关于甘肃省博物馆藏敦煌遗书之浅考和目录《1983年全国敦煌学术讨论会文集》文史·遗书编（上），兰州：甘肃人民出版社，1987年3月 p.490

徐祖蕃撰稿，施萍婷、邵国秀审订 甘肃省博物馆藏敦煌文献叙录（下）《甘肃藏敦煌文献》（第五卷），兰州：甘肃人民出版社，1999年12月 p.350；图版p.121~122

罗慕君、张涌泉 散藏敦煌本《金刚经》缀合研究《敦煌吐鲁番研究》(第十八卷),上海:上海古籍出版社,2019年4月 p.635

申国美编 中国散藏敦煌文献分类目录 北京:北京图书馆出版社,2007年10月 p.13

张开媛《金刚经》鸠摩罗什译本在唐代的流传和接受 北京:北京外国语大学博士研究生学位论文,2015年12月 p.355

甘博095(收藏号13105)妙法莲华经卷第四安乐行品第十四

秦明智 关于甘肃省博物馆藏敦煌遗书之浅考和目录《1983年全国敦煌学术讨论会文集》文史·遗书编(上),兰州:甘肃人民出版社,1987年3月 p.490

徐祖蕃撰稿,施萍婷、邵国秀审订 甘肃省博物馆藏敦煌文献叙录(下)《甘肃藏敦煌文献》(第五卷),兰州:甘肃人民出版社,1999年12月 p.350;图版p.122~123

申国美编 中国散藏敦煌文献分类目录 北京:北京图书馆出版社,2007年10月 p.27

甘博096(收藏号10414)佛母经一卷

秦明智 关于甘肃省博物馆藏敦煌遗书之浅考和目录《1983年全国敦煌学术讨论会文集》文史·遗书编(上),兰州:甘肃人民出版社,1987年3月 p.490

徐祖蕃撰稿,施萍婷、邵国秀审订 甘肃省博物馆藏敦煌文献叙录(下)《甘肃藏敦煌文献》(第五卷),兰州:甘肃人民出版社,1999年12月 p.350;图版p.123~124

李际宁整理 佛母经《藏外佛教文献》(第一辑),北京:宗教文化出版社,1995年12月 p.375

申国美编 中国散藏敦煌文献分类目录 北京:北京图书馆出版社,2007年10月 p.78、202

赵红著 敦煌写本汉字论考 上海:上海古籍出版社,2012年4月 p.80

于淑健著 敦煌佛典语词和俗字研究——以敦煌古佚和疑伪经为中心 上海:上海古籍出版社,2012年4月 p.85

甘博097(收藏号10411)金刚般若波罗蜜经

秦明智 关于甘肃省博物馆藏敦煌遗书之浅考和目录《1983年全国敦煌学术讨论会文集》文史·遗书编(上),兰州:甘肃人民出版社,1987年3月 p.490~491

徐祖蕃撰稿,施萍婷、邵国秀审订 甘肃省博物馆藏敦煌文献叙录(下)《甘肃藏敦煌文献》(第五卷),兰州:甘肃人民出版社,1999年12月 p.350;图版p.124~125

罗慕君、张涌泉 散藏敦煌本《金刚经》缀合研究《敦煌吐鲁番研究》(第十八卷),上海:上海古籍出版社,2019年4月 p.635

申国美编 中国散藏敦煌文献分类目录 北京:北京图书馆出版社,2007年10月 p.13

甘博098(收藏号10409)妙法莲华经卷第七观世音菩萨普门品第二十五

秦明智 关于甘肃省博物馆藏敦煌遗书之浅考和目录《1983年全国敦煌学术讨论会文集》文史·遗书编(上),兰州:甘肃人民出版社,1987年3月 p.491

徐祖蕃撰稿,施萍婷、邵国秀审订 甘肃省博物馆藏敦煌文献叙录(下)《甘肃藏敦煌文献》(第五卷),兰州:甘肃人民出版社,1999年12月 p.350;图版p.125

中国美编 中国散藏敦煌文献分类目录 北京:北京图书馆出版社,2007年10月 p.31

甘博099(收藏号10470)金刚般若波罗蜜经

秦明智 关于甘肃省博物馆藏敦煌遗书之浅考和目录《1983年全国敦煌学术讨论会文集》文史·遗书编(上),兰州:甘肃人民出版社,1987年3月 p.491

徐祖蕃撰稿,施萍婷、邵国秀审订 甘肃省博物馆藏敦煌文献叙录(下)《甘肃藏敦煌文献》(第五卷),兰州:甘肃人民出版社,1999年12月 p.350~351;图版p.126

窦怀永 唐代避讳字与俗字关系试论《出土文献与古文字研究》(第一辑),上海:复旦大学出版社,2006年12月 p.308

罗慕君、张涌泉 散藏敦煌本《金刚经》缀合研究《敦煌吐鲁番研究》(第十八卷),上海:上海古籍出版社,2019年4月 p.635

中国美编 中国散藏敦煌文献分类目录 北京:北京图书馆出版社,2007年10月 p.13

张开媛《金刚经》鸠摩罗什译本在唐代的流传和接受 北京:北京外国语大学博士研究生学位论文,2015年12月 p.355~356

甘博100(收藏号13106)根本萨婆多部律摄卷第十二

秦明智 关于甘肃省博物馆藏敦煌遗书之浅考和目录《1983年全国敦煌学术讨论会文集》文史·遗书编(上),兰州:甘肃人民出版社,1987年3月 p.491

徐祖蕃撰稿,施萍婷、邵国秀审订 甘肃省博物馆藏敦煌文献叙录(下)《甘肃藏敦煌文献》(第五卷),兰州:甘肃人民出版社,1999年12月 p.351;图版p.127

中国美编 中国散藏敦煌文献分类目录 北京:北京图书馆出版社,2007年10月 p.58

甘博101(收藏号22701)佛说无量寿佛经疏

秦明智 关于甘肃省博物馆藏敦煌遗书之浅考和目录《1983年全国敦煌学术讨论会文集》文史·遗书编(上),兰州:甘肃人民出版社,1987年3月 p.491

徐祖蕃撰稿,施萍婷、邵国秀审订 甘肃省博物馆藏敦煌文献叙录(下)《甘肃藏敦煌文献》(第五卷),兰州:甘肃人民出版社,1999年12月 p.351;图版p.127

中国美编 中国散藏敦煌文献分类目录 北京:北京图书馆出版社,2007年10月 p.70

甘博102(收藏号13070)大方便佛报恩经卷第一至卷第三

秦明智 关于甘肃省博物馆藏敦煌遗书之浅考和目录《1983年全国敦煌学术讨论会文集》文史·遗书编(上),兰州:甘肃人民出版社,1987年3月 p.491

徐祖蕃撰稿,施萍婷、邵国秀审订 甘肃省博物馆藏敦煌文献叙录(下)《甘肃藏敦煌文献》(第五卷),兰州:甘肃人民出版社,1999年12月 p.351;图版p.128~141;彩版(卷尾)

林聪明 敦煌文书的用纸《港台敦煌学文库》第33册,兰州:甘肃人民出版社,2014年12月 p.204

薄小莹 敦煌遗书汉文纪年卷编年 长春:长春出版社,1990年3月 p.84

林聪明著 敦煌文书学(敦煌学导论丛刊①)台北:新文丰出版股份有限公司,1991年8月 p.92

林聪明著 敦煌吐鲁番文书解诂指例(敦煌丛刊二集⑮)台北:新文丰出版公司,2001年6月 p.139、190~191

申国美编 中国散藏敦煌文献分类目录 北京:北京图书馆出版社,2007年10月 p.1、203

景盛轩著《大般涅槃经》異文研究 成都:巴蜀书社,2009年2月 p.98

朱瑶著 敦煌汉文文献题记整理与研究 北京:中国社会科学出版社,2016年7月 p.110

甘肃省地方史志编纂委员会编 甘肃省志·文物志(中册)北京:文物出版社,2018年11月 p.1535

景盛轩 敦煌本《大般涅槃经》研究——以版本、异文及训诂为中心 杭州:浙江大学博士研究生学位论文,2004年5月 p.3

王翠 《甘肃藏敦煌文献》俗字研究 南京:南京师范大学硕士研究生学位论文,2014年5月 p.10;p.30(表);p.31~35、38、40、46、47;p.55(附录:唐代经卷"表")

莫秋新 唐宋时期敦煌报恩寺研究 上海:上海师范大学硕士研究生学位论文,2018年5月 p.18;p.107(附录1)

池田温編 中國古代寫本識語集錄 東京:東京大学東洋文化研究所発行,1990年3月30日 p.560(補42号题記錄文)

甘博103(收藏号20896)佛说佛名经卷第六

秦明智 关于甘肃省博物馆藏敦煌遗书之浅考和目录《1983年全国敦煌学术讨论会文集》文史·遗书编(上),兰州:甘肃人民出版社,1987年3月 p.491~492

徐祖蕃撰稿,施萍婷、邵国秀审订 甘肃省博物馆藏敦煌文献叙录(下)《甘肃藏敦煌文献》(第五卷),兰州:甘肃人民出版社,1999年12月 p.351;图版p.142~147

申国美编 中国散藏敦煌文献分类目录 北京:北京图书馆出版社,2007年10月 p.46

刘溪 敦煌本早期《佛名经》写本研究 金华:浙江师范大学硕士研究生学位论文,2016年5月 p.90(写卷总目)

甘博104(收藏号10420)佛名经卷第五

秦明智 关于甘肃省博物馆藏敦煌遗书之浅考和目录《1983年全国敦煌学术讨论会文集》文史·遗书

编(上),兰州:甘肃人民出版社,1987年3月 p.492

徐祖蕃撰稿,施萍婷、邵国秀审订 甘肃省博物馆藏敦煌文献叙录(下)《甘肃藏敦煌文献》(第五卷),兰州:甘肃人民出版社,1999年12月 p.351;图版p.147~155

申国美编 中国散藏敦煌文献分类目录 北京:北京图书馆出版社,2007年10月 p.46

刘溪 敦煌本早期《佛名经》写本研究 金华:浙江师范大学硕士研究生学位论文,2016年5月 p.89(写卷总目)

甘博105(收藏号10429)思益梵天所问经卷第一

秦明智 关于甘肃省博物馆藏敦煌遗书之浅考和目录《1983年全国敦煌学术讨论会文集》文史·遗书编(上),兰州:甘肃人民出版社,1987年3月 p.492

徐祖蕃撰稿,施萍婷、邵国秀审订 甘肃省博物馆藏敦煌文献叙录(下)《甘肃藏敦煌文献》(第五卷),兰州:甘肃人民出版社,1999年12月 p.351~352;图版p.155~161

陈红彦、林世田 敦煌遗书近现代鉴藏印章辑述(下)《文献》2007年第3期 p.139;收入林世田著《敦煌遗书研究论集》,北京:中国藏学出版社,2010年3月 p.313

申国美编 中国散藏敦煌文献分类目录 北京:北京图书馆出版社,2007年10月 p.51

甘博106(收藏号10430)思益梵天所问经卷第一、第二

秦明智 关于甘肃省博物馆藏敦煌遗书之浅考和目录《1983年全国敦煌学术讨论会文集》文史·遗书编(上),兰州:甘肃人民出版社,1987年3月 p.492

徐祖蕃撰稿,施萍婷、邵国秀审订 甘肃省博物馆藏敦煌文献叙录(下)《甘肃藏敦煌文献》(第五卷),兰州:甘肃人民出版社,1999年12月 p.352;图版p.162~173;彩版(局部)

韩惠言 甘藏敦煌汉文文献概况《敦煌学辑刊》2000年第2期 p.67;收入敦煌研究院编《2000年敦煌学国际学术讨论会文集——纪念敦煌藏经洞发现暨敦煌学百年》历史文化卷(上),兰州:甘肃民族出版社,2003年9月 p.515

申国美编 中国散藏敦煌文献分类目录 北京:北京图书馆出版社,2007年10月 p.51

于淑健著 敦煌佛典语词和俗字研究——以敦煌古佚和疑伪经为中心 上海:上海古籍出版社,2012年4月 p.312

甘博107(收藏号10579)四分戒本疏卷第四

秦明智 关于甘肃省博物馆藏敦煌遗书之浅考和目录《1983年全国敦煌学术讨论会文集》文史·遗书编(上),兰州:甘肃人民出版社,1987年3月 p.492

徐祖蕃撰稿,施萍婷、邵国秀审订 甘肃省博物馆藏敦煌文献叙录(下)《甘肃藏敦煌文献》(第五卷),兰州:甘肃人民出版社,1999年12月 p.352;图版p.173~185;彩版(卷尾)

林聪明著 敦煌吐鲁番文书解诂指例(敦煌丛刊二集⑮)台北:新文丰出版公司,2001年6月 p.139

申国美编 中国散藏敦煌文献分类目录 北京:北京图书馆出版社,2007年10月 p.71、203

张涌泉著 敦煌写本文献学 兰州:甘肃教育出版社,2013年12月 p.468~469;图14-30

池田温编 中國古代寫本識語集録 東京:東京大学東洋文化研究所発行,1990年3月30日 p.560(補43号题記録文)

甘博108(收藏号10488)四分律删繁补阙行事要抄卷第五

秦明智 关于甘肃省博物馆藏敦煌遗书之浅考和目录《1983年全国敦煌学术讨论会文集》文史·遗书编(上),兰州:甘肃人民出版社,1987年3月 p.492~493

徐祖蕃撰稿,施萍婷、邵国秀审订 甘肃省博物馆藏敦煌文献叙录(下)《甘肃藏敦煌文献》(第五卷),兰州:甘肃人民出版社,1999年12月 p.352;图版p.186~201

申国美编 中国散藏敦煌文献分类目录 北京:北京图书馆出版社,2007年10月 p.71

于淑健著 敦煌佛典语词和俗字研究——以敦煌古佚和疑伪经为中心 上海:上海古籍出版社,2012年4月 p.185

甘博109(收藏号10425)四分律删繁补阙行事要抄

秦明智 关于甘肃省博物馆藏敦煌遗书之浅考和目录《1983年全国敦煌学术讨论会文集》文史·遗书编(上),兰州:甘肃人民出版社,1987年3月 p.493

徐祖蕃撰稿,施萍婷、邵国秀审订 甘肃省博物馆藏敦煌文献叙录(下)《甘肃藏敦煌文献》(第五卷),兰州:甘肃人民出版社,1999年12月 p.352~353;图版p.202~224

林聪明 敦煌文书的抄写《港台敦煌学文库》第34册,兰州:甘肃人民出版社,2014年12月 p.57~59

林聪明著 敦煌文书学(敦煌学导论丛刊①)台北:新文丰出版股份有限公司,1991年8月 p.188

林聪明著 敦煌吐鲁番文书解诂指例(敦煌丛刊二集⑮)台北:新文丰出版公司,2001年6月 p.128

申国美编 中国散藏敦煌文献分类目录 北京:北京图书馆出版社,2007年10月 p.71、203

池田温编 中國古代寫本識語集録 東京:東京大学東洋文化研究所発行,1990年3月30日 p.560(補44号题記録文)

甘博110(收藏号12554)大方等大集经节抄

秦明智 关于甘肃省博物馆藏敦煌遗书之浅考和目录《1983年全国敦煌学术讨论会文集》文史·遗书编(上),兰州:甘肃人民出版社,1987年3月 p.493

徐祖蕃撰稿,施萍婷、邵国秀审订 甘肃省博物馆藏敦煌文献叙录(下)《甘肃藏敦煌文献》(第五卷),兰州:甘肃人民出版社,1999年12月 p.353;图版p.225~234

申国美编 中国散藏敦煌文献分类目录 北京:北京图书馆出版社,2007年10月 p.45

周小旭 敦煌本《大方等大集经》汉文写本考 金华:浙江师范大学硕士研究生学位论文,2017年5月 p.23;p.95(附录五)

甘博111(收藏号20947) 大乘无量寿经

秦明智 关于甘肃省博物馆藏敦煌遗书之浅考和目录《1983年全国敦煌学术讨论会文集》文史·遗书编(上),兰州:甘肃人民出版社,1987年3月 p.493

徐祖蕃撰稿,施萍婷、邵国秀审订 甘肃省博物馆藏敦煌文献叙录(下)《甘肃藏敦煌文献》(第五卷),兰州:甘肃人民出版社,1999年12月 p.353;图版p.235~237

申国美编 中国散藏敦煌文献分类目录 北京:北京图书馆出版社,2007年10月 p.63

赵晓星著 吐蕃统治时期敦煌密教研究 兰州:甘肃教育出版社,2017年3月 p.629(附录一)

赵晓星 吐蕃统治敦煌时期的密教研究 兰州:兰州大学博士研究生学位论文,2007年6月 p.170(附录一)

左丽萍 敦煌《大乘无量寿经》写本考暨俗字汇辑 金华:浙江师范大学硕士研究生学位论文,2014年6月 俗字表p.129、138、152

甘博112(收藏号10415) 大乘无量寿经

秦明智 关于甘肃省博物馆藏敦煌遗书之浅考和目录《1983年全国敦煌学术讨论会文集》文史·遗书编(上),兰州:甘肃人民出版社,1987年3月 p.493

徐祖蕃撰稿,施萍婷、邵国秀审订 甘肃省博物馆藏敦煌文献叙录(下)《甘肃藏敦煌文献》(第五卷),兰州:甘肃人民出版社,1999年12月 p.353;图版p.237~241

林聪明 敦煌文书的用纸《港台敦煌学文库》第33册,兰州:甘肃人民出版社,2014年12月 p.204.

林聪明著 敦煌文书学(敦煌学导论丛刊①) 台北:新文丰出版股份有限公司,1991年8月 p.93

申国美编 中国散藏敦煌文献分类目录 北京:北京图书馆出版社,2007年10月 p.63

赵晓星著 吐蕃统治时期敦煌密教研究 兰州:甘肃教育出版社,2017年3月 p.617(附录一)

甘肃省地方史志编纂委员会编 甘肃省志·文物志(中册) 北京:文物出版社,2018年11月 p.1535

赵晓星 吐蕃统治敦煌时期的密教研究 兰州:兰州大学博士研究生学位论文,2007年6月 p.165(附录一)

左丽萍 敦煌《大乘无量寿经》写本考暨俗字汇辑 金华:浙江师范大学硕士研究生学位论文,2014年6月 俗字表p.135、152

池田温编 中國古代寫本識語集錄 東京:東京大学東洋文化研究所発行,1990年3月30日 p.393(第1757~1762号);p.560~561(補45、46、47号)

甘博113(收藏号10486) 大乘无量寿经

秦明智 关于甘肃省博物馆藏敦煌遗书之浅考和目录《1983年全国敦煌学术讨论会文集》文史·遗书编(上),兰州:甘肃人民出版社,1987年3月 p.493~494

徐祖蕃撰稿,施萍婷、邵国秀审订 甘肃省博物馆藏敦煌文献叙录(下)《甘肃藏敦煌文献》(第五卷),兰州:甘肃人民出版社,1999年12月 p.353;图版p.241~243

林聪明 敦煌文书的题记《港台敦煌学文库》第34册,兰州:甘肃人民出版社,2014年12月 p.158

林聪明著 敦煌文书学(敦煌学导论丛刊①) 台北:新文丰出版股份有限公司,1991年8月 p.292

中国美编 中国散藏敦煌文献分类目录 北京:北京图书馆出版社,2007年10月 p.63

赵晓星著 吐蕃统治时期敦煌密教研究 兰州:甘肃教育出版社,2017年3月 p.629(附录一)

赵晓星 吐蕃统治敦煌时期的密教研究 兰州:兰州大学博士研究生学位论文,2007年6月 p.170(附录一)

左丽萍 敦煌《大乘无量寿经》写本考暨俗字汇辑 金华:浙江师范大学硕士研究生学位论文,2014年6月 俗字表p.138、140、147

池田温编 中國古代寫本識語集錄 東京:東京大学東洋文化研究所発行,1990年3月30日 p.560~561(補45、46、47号)

甘博114(收藏号20940)大乘无量寿经

秦明智 关于甘肃省博物馆藏敦煌遗书之浅考和目录《1983年全国敦煌学术讨论会文集》文史·遗书编(上),兰州:甘肃人民出版社,1987年3月 p.494

徐祖蕃撰稿,施萍婷、邵国秀审订 甘肃省博物馆藏敦煌文献叙录(下)《甘肃藏敦煌文献》(第五卷),兰州:甘肃人民出版社,1999年12月 p.354;图版p.244~246

中国美编 中国散藏敦煌文献分类目录 北京:北京图书馆出版社,2007年10月 p.63

赵晓星著 吐蕃统治时期敦煌密教研究 兰州:甘肃教育出版社,2017年3月 p.618(附录一)

赵晓星 吐蕃统治敦煌时期的密教研究 兰州:兰州大学博士研究生学位论文,2007年6月 p.165(附录一)

左丽萍 敦煌《大乘无量寿经》写本考暨俗字汇辑 金华:浙江师范大学硕士研究生学位论文,2014年6月 俗字表p.144

甘博115(收藏号20948)大乘无量寿经

秦明智 关于甘肃省博物馆藏敦煌遗书之浅考和目录《1983年全国敦煌学术讨论会文集》文史·遗书编(上),兰州:甘肃人民出版社,1987年3月 p.494

徐祖蕃撰稿,施萍婷、邵国秀审订 甘肃省博物馆藏敦煌文献叙录(下)《甘肃藏敦煌文献》(第五卷),兰州:甘肃人民出版社,1999年12月 p.354;图版p.246~248

中国美编 中国散藏敦煌文献分类目录 北京:北京图书馆出版社,2007年10月 p.63

赵晓星著 吐蕃统治时期敦煌密教研究 兰州:甘肃教育出版社,2017年3月 p.629(附录一)

赵晓星 吐蕃统治敦煌时期的密教研究 兰州:兰州大学博士研究生学位论文,2007年6月 p.170(附录一)

左丽萍 敦煌《大乘无量寿经》写本考暨俗字汇辑 金华:浙江师范大学硕士研究生学位论文,2014年6月 俗字表p.135、143

甘博116(收藏号20949)大乘无量寿经

秦明智 关于甘肃省博物馆藏敦煌遗书之浅考和目录《1983年全国敦煌学术讨论会文集》文史·遗书编(上),兰州:甘肃人民出版社,1987年3月 p.494

徐祖蕃撰稿,施萍婷、邵国秀审订 甘肃省博物馆藏敦煌文献叙录(下)《甘肃藏敦煌文献》(第五卷),

兰州:甘肃人民出版社,1999年12月 p.354;图版p.249~250

中国美编 中国散藏敦煌文献分类目录 北京:北京图书馆出版社,2007年10月 p.63

赵晓星著 吐蕃统治时期敦煌密教研究 兰州:甘肃教育出版社,2017年3月 p.629(附录一)

赵晓星 吐蕃统治敦煌时期的密教研究 兰州:兰州大学博士研究生学位论文,2007年6月 p.170(附录一)

左丽萍 敦煌《大乘无量寿经》写本考暨俗字汇辑 金华:浙江师范大学硕士研究生学位论文,2014年6月 俗字表p.138

甘博117(收藏号10416)佛说无量寿经

秦明智 关于甘肃省博物馆藏敦煌遗书之浅考和目录《1983年全国敦煌学术讨论会文集》文史·遗书编(上),兰州:甘肃人民出版社,1987年3月 p.494

徐祖蕃撰稿,施萍婷、邵国秀审订 甘肃省博物馆藏敦煌文献叙录(下)《甘肃藏敦煌文献》(第五卷),兰州:甘肃人民出版社,1999年12月 p.354;图版p.251~253

林聪明 敦煌文书的题记《港台敦煌学文库》第34册,兰州:甘肃人民出版社,2014年12月 p.158

林聪明著 敦煌文书学(敦煌学导论丛刊①) 台北:新文丰出版股份有限公司,1991年8月 p.292

中国美编 中国散藏敦煌文献分类目录 北京:北京图书馆出版社,2007年10月 p.63

赵晓星著 吐蕃统治时期敦煌密教研究 兰州:甘肃教育出版社,2017年3月 p.629(附录一)

赵晓星 吐蕃统治敦煌时期的密教研究 兰州:兰州大学博士研究生学位论文,2007年6月 p.170(附录一)

左丽萍 敦煌《大乘无量寿经》写本考暨俗字汇辑 金华:浙江师范大学硕士研究生学位论文,2014年6月 俗字表p.130

池田温编 中國古代寫本識語集錄 東京:東京大学東洋文化研究所発行,1990年3月30日 p.560~561(補45、46、47号)

甘博118(收藏号13077)大乘无量寿经

秦明智 关于甘肃省博物馆藏敦煌遗书之浅考和目录《1983年全国敦煌学术讨论会文集》文史·遗书编(上),兰州:甘肃人民出版社,1987年3月 p.494

徐祖蕃撰稿,施萍婷、邵国秀审订 甘肃省博物馆藏敦煌文献叙录(下)《甘肃藏敦煌文献》(第五卷),兰州:甘肃人民出版社,1999年12月 p.354;图版p.253~255

中国美编 中国散藏敦煌文献分类目录 北京:北京图书馆出版社,2007年10月 p.63

赵晓星著 吐蕃统治时期敦煌密教研究 兰州:甘肃教育出版社,2017年3月 p.629(附录一)

赵晓星 吐蕃统治敦煌时期的密教研究 兰州:兰州大学博士研究生学位论文,2007年6月 p.170(附录一)

甘博119(收藏号13089)大乘无量寿经

秦明智 关于甘肃省博物馆藏敦煌遗书之浅考和目录《1983年全国敦煌学术讨论会文集》文史·遗书编(上),兰州:甘肃人民出版社,1987年3月 p.494~495

徐祖蕃撰稿，施萍婷、邵国秀审订 甘肃省博物馆藏敦煌文献叙录（下）《甘肃藏敦煌文献》（第五卷），兰州：甘肃人民出版社，1999年12月 p.354；图版p.255~257

申国美编 中国散藏敦煌文献分类目录 北京：北京图书馆出版社，2007年10月 p.63

赵晓星著 吐蕃统治时期敦煌密教研究 兰州：甘肃教育出版社，2017年3月 p.629（附录一）

赵晓星 吐蕃统治敦煌时期的密教研究 兰州：兰州大学博士研究生学位论文，2007年6月 p.170（附录一）

甘博120（收藏号20950）佛经

秦明智 关于甘肃省博物馆藏敦煌遗书之浅考和目录《1983年全国敦煌学术讨论会文集》文史·遗书编（上），兰州：甘肃人民出版社，1987年3月 p.495

徐祖蕃撰稿，施萍婷、邵国秀审订 甘肃省博物馆藏敦煌文献叙录（下）《甘肃藏敦煌文献》（第五卷），兰州：甘肃人民出版社，1999年12月 p.354；图版p.257

叶贵良《甘肃藏敦煌文献》残卷未识原因初探《敦煌研究》2003年第4期 p.90~91

申国美编 中国散藏敦煌文献分类目录 北京：北京图书馆出版社，2007年10月 p.94

甘博121（收藏号10437）大般若波罗蜜多经卷第九十九

秦明智 关于甘肃省博物馆藏敦煌遗书之浅考和目录《1983年全国敦煌学术讨论会文集》文史·遗书编（上），兰州：甘肃人民出版社，1987年3月 p.495

徐祖蕃撰稿，施萍婷、邵国秀审订 甘肃省博物馆藏敦煌文献叙录（下）《甘肃藏敦煌文献》（第五卷），兰州：甘肃人民出版社，1999年12月 p.354~355；图版p.258~265

韩惠言 甘藏敦煌汉文文献概况《敦煌学辑刊》2000年第2期 p.68；收入敦煌研究院编《2000年敦煌学国际学术讨论会文集——纪念敦煌藏经洞发现暨敦煌学百年》历史文化卷（上），兰州：甘肃民族出版社，2003年9月 p.517

施萍婷 甘肃藏敦煌汉文文献精品简述《敦煌习学集》（上），兰州：甘肃民族出版社，2004年12月 p.318；图版60

荣新江著 归义军史研究——唐宋时代敦煌历史考索 上海：上海古籍出版社，1996年11月；2015年3月 p.56

林聪明 敦煌文书的题记《港台敦煌学文库》第34册，兰州：甘肃人民出版社，2014年12月 p.141、182~184

薄小莹 敦煌遗书汉文纪年卷编年 长春：长春出版社，1990年3月 p.170

林聪明著 敦煌文书学（敦煌学导论丛刊①）台北：新文丰出版股份有限公司，1991年8月 p.276、316

申国美编 中国散藏敦煌文献分类目录 北京：北京图书馆出版社，2007年10月 p.5、203

于淑健著 敦煌佛典语词和俗字研究——以敦煌古佚和疑伪经为中心 上海：上海古籍出版社，2012年4月 p.113

池田温编 中國古代寫本識語集錄 東京：東京大学東洋文化研究所発行，1990年3月30日 p.561~562（補52号題記錄文）

甘博122(收藏号10476)大宝积经卷第四十一柁那波罗蜜品第六

秦明智 关于甘肃省博物馆藏敦煌遗书之浅考和目录《1983年全国敦煌学术讨论会文集》文史·遗书编(上),兰州:甘肃人民出版社,1987年3月 p.495

徐祖蕃撰稿,施萍婷、邵国秀审订 甘肃省博物馆藏敦煌文献叙录(下)《甘肃藏敦煌文献》(第五卷),兰州:甘肃人民出版社,1999年12月 p.355;图版p.266

中国美编 中国散藏敦煌文献分类目录 北京:北京图书馆出版社,2007年10月 p.34

邱湘 敦煌《大宝积经》写本考暨异体字汇辑 金华:浙江师范大学硕士研究生学位论文,2011年5月 p.20

甘博123(收藏号10551)大般若波罗蜜多经卷第二百七十六①

秦明智 关于甘肃省博物馆藏敦煌遗书之浅考和目录《1983年全国敦煌学术讨论会文集》文史·遗书编(上),兰州:甘肃人民出版社,1987年3月 p.495

徐祖蕃撰稿,施萍婷、邵国秀审订 甘肃省博物馆藏敦煌文献叙录(下)《甘肃藏敦煌文献》(第五卷),兰州:甘肃人民出版社,1999年12月 p.355;图版p.267~268

中国美编 中国散藏敦煌文献分类目录 北京:北京图书馆出版社,2007年10月 p.7

甘博124(收藏号10455)合部金光明经卷第五四天王品第十

秦明智 关于甘肃省博物馆藏敦煌遗书之浅考和目录《1983年全国敦煌学术讨论会文集》文史·遗书编(上),兰州:甘肃人民出版社,1987年3月 p.495~496

徐祖蕃撰稿,施萍婷、邵国秀审订 甘肃省博物馆藏敦煌文献叙录(下)《甘肃藏敦煌文献》(第五卷),兰州:甘肃人民出版社,1999年12月 p.355;图版p.268~269

林聪明 敦煌文书的形态《港台敦煌学文库》第33册,兰州:甘肃人民出版社,2014年12月 p.182

林聪明著 敦煌文书学(敦煌学导论丛刊①)台北:新文丰出版股份有限公司,1991年8月 p.68

中国美编 中国散藏敦煌文献分类目录 北京:北京图书馆出版社,2007年10月 p.53

朱若溪《金光明经》敦煌写本研究 杭州:浙江大学博士研究生学位论文,2017年6月 p.502(写卷简表)

甘博124(背)藏文经典

林聪明 敦煌文书的形态《港台敦煌学文库》第33册,兰州:甘肃人民出版社,2014年12月 p.182

林聪明著 敦煌文书学(敦煌学导论丛刊①)台北:新文丰出版股份有限公司,1991年8月 p.68

甘博125(收藏号13072)大般若波罗蜜多经卷三百二十二

秦明智 关于甘肃省博物馆藏敦煌遗书之浅考和目录《1983年全国敦煌学术讨论会文集》文史·遗书编(上),兰州:甘肃人民出版社,1987年3月 p.496

---

①该卷正面藏文,背面为汉文《大般若波罗蜜多经》。

徐祖蕃撰稿，施萍婷、邵国秀审订 甘肃省博物馆藏敦煌文献叙录（下）《甘肃藏敦煌文献》（第五卷），兰州：甘肃人民出版社，1999年12月 p.355；图版p.270~277；彩版（局部）

林聪明 敦煌文书的形态《港台敦煌学文库》第33册，兰州：甘肃人民出版社，2014年12月 p.181

林聪明 敦煌文书的用纸《港台敦煌学文库》第33册，兰州：甘肃人民出版社，2014年12月 p.205

林聪明著 敦煌文书学（敦煌学导论丛刊①） 台北：新文丰出版股份有限公司，1991年8月 p.67、94

中国美编 中国散藏敦煌文献分类目录 北京：北京图书馆出版社，2007年10月 p.7

甘博125V 回鹘文佛经

徐祖蕃撰稿，施萍婷、邵国秀审订 甘肃省博物馆藏敦煌文献叙录（下）《甘肃藏敦煌文献》（第五卷），兰州：甘肃人民出版社，1999年12月 图版p.278

林聪明 敦煌文书的形态《港台敦煌学文库》第33册，兰州：甘肃人民出版社，2014年12月 p.181

林聪明著 敦煌文书学（敦煌学导论丛刊①） 台北：新文丰出版股份有限公司，1991年8月 p.67

甘博126（收藏号13094） 佛经

秦明智 关于甘肃省博物馆藏敦煌遗书之浅考和目录《1983年全国敦煌学术讨论会文集》文史·遗书编（上），兰州：甘肃人民出版社，1987年3月 p.496

徐祖蕃撰稿，施萍婷、邵国秀审订 甘肃省博物馆藏敦煌文献叙录（下）《甘肃藏敦煌文献》（第五卷），兰州：甘肃人民出版社，1999年12月 p.355~356；图版p.278~280

叶贵良《甘肃藏敦煌文献》残卷未识原因初探《敦煌研究》2003年第4期 p.90

中国美编 中国散藏敦煌文献分类目录 北京：北京图书馆出版社，2007年10月 p.94

甘博127（收藏号13108） 佛经

秦明智 关于甘肃省博物馆藏敦煌遗书之浅考和目录《1983年全国敦煌学术讨论会文集》文史·遗书编（上），兰州：甘肃人民出版社，1987年3月 p.496

徐祖蕃撰稿，施萍婷、邵国秀审订 甘肃省博物馆藏敦煌文献叙录（下）《甘肃藏敦煌文献》（第五卷），兰州：甘肃人民出版社，1999年12月 p.356；图版p.280

叶贵良《甘肃藏敦煌文献》残卷未识原因初探《敦煌研究》2003年第4期 p.90

中国美编 中国散藏敦煌文献分类目录 北京：北京图书馆出版社，2007年10月 p.94

甘博128（收藏号10557） 佛说回向轮经

秦明智 关于甘肃省博物馆藏敦煌遗书之浅考和目录《1983年全国敦煌学术讨论会文集》文史·遗书编（上），兰州：甘肃人民出版社，1987年3月 p.496

徐祖蕃撰稿，施萍婷、邵国秀审订 甘肃省博物馆藏敦煌文献叙录（下）《甘肃藏敦煌文献》（第五卷），兰州：甘肃人民出版社，1999年12月 p.356；图版p.281

李小荣著 敦煌密教文献论稿 北京：人民文学出版社，2003年7月 p.10

赵晓星著 吐蕃统治时期敦煌密教研究 兰州：甘肃教育出版社，2017年3月 p.130

赵晓星 吐蕃统治敦煌时期的密教研究 兰州：兰州大学博士研究生学位论文，2007年6月 p.68

甘博128V 佛说回向轮经

徐祖蕃撰稿，施萍婷、邵国秀审订 甘肃省博物馆藏敦煌文献叙录（下）《甘肃藏敦煌文献》（第五卷），兰州：甘肃人民出版社，1999年12月 p.356；图版p.281

申国美编 中国散藏敦煌文献分类目录 北京：北京图书馆出版社，2007年10月 p.65

甘博129（收藏号10648）注维摩诘经卷第三弟子品

秦明智 关于甘肃省博物馆藏敦煌遗书之浅考和目录《1983年全国敦煌学术讨论会文集》文史·遗书编（上），兰州：甘肃人民出版社，1987年3月 p.496~497

徐祖蕃撰稿，施萍婷、邵国秀审订 甘肃省博物馆藏敦煌文献叙录（下）《甘肃藏敦煌文献》（第五卷），兰州：甘肃人民出版社，1999年12月 p.356；图版p.282~287

衣川贤次 以敦煌写经校订《大正藏》刍议《转型期的敦煌学》，上海：上海古籍出版社，2007年11月 p.424、427、430

黄征编 敦煌俗字典 上海：上海教育出版社，2005年5月 正文p.101、119、207、274、317、358、505、521；顺序索引p.745；分类索引p.749

申国美编 中国散藏敦煌文献分类目录 北京：北京图书馆出版社，2007年10月 p.69、203

陶家骏 敦煌研究院藏佚本《维摩诘经注》写卷研究 苏州：苏州大学博士研究生学位论文，2012年3月 p.10（表）；俗字表p.125；p.181、190

曾晓红 敦煌本《维摩经》注疏叙录 上海：上海师范大学硕士研究生学位论文，2008年2月 p.10；p.29（注疏略表）；p.35（注疏的文本渊源）；p.51

王建军《注维摩诘所说经》研究 西安：西北大学硕士研究生学位论文，2011年6月 p.10

陈瑞峰《甘肃藏敦煌文献》俗字研究 金华：浙江师范大学硕士研究生学位论文，2012年5月 p.52；俗字表p.141、153、190

甘博130（收藏号23096）佛性海藏智慧解脱破心相经

秦明智 关于甘肃省博物馆藏敦煌遗书之浅考和目录《1983年全国敦煌学术讨论会文集》文史·遗书编（上），兰州：甘肃人民出版社，1987年3月 p.497

徐祖蕃撰稿，施萍婷、邵国秀审订 甘肃省博物馆藏敦煌文献叙录（下）《甘肃藏敦煌文献》（第五卷），兰州：甘肃人民出版社，1999年12月 p.356；图版p.288~293；彩版（卷尾）

申国美编 中国散藏敦煌文献分类目录 北京：北京图书馆出版社，2007年10月 p.71

于淑健著 敦煌佛典语词和俗字研究——以敦煌古佚和疑伪经为中心 上海：上海古籍出版社，2012年

4月 p.73

曹凌 中国佛教疑伪经综录 上海:上海师范大学硕士研究生学位论文,2009年5月 p.229

甘博131(收藏号10410) 妙法莲华经卷第四安乐行品第十四

秦明智 关于甘肃省博物馆藏敦煌遗书之浅考和目录《1983年全国敦煌学术讨论会文集》文史·遗书编(上),兰州:甘肃人民出版社,1987年3月 p.497

徐祖蕃撰稿,施萍婷、邵国秀审订 甘肃省博物馆藏敦煌文献叙录(下)《甘肃藏敦煌文献》(第五卷),兰州:甘肃人民出版社,1999年12月 p.356~357;图版p.293~294

申国美编 中国散藏敦煌文献分类目录 北京:北京图书馆出版社,2007年10月 p.27

甘博132(收藏号13098) 大般涅槃经卷第十三圣行品第七之三

秦明智 关于甘肃省博物馆藏敦煌遗书之浅考和目录《1983年全国敦煌学术讨论会文集》文史·遗书编(上),兰州:甘肃人民出版社,1987年3月 p.497

徐祖蕃撰稿,施萍婷、邵国秀审订 甘肃省博物馆藏敦煌文献叙录(下)《甘肃藏敦煌文献》(第五卷),兰州:甘肃人民出版社,1999年12月 p.357;图版p.294~299

邰惠莉 甘肃藏敦煌汉文文献巡礼《丝绸之路》2000年S1期 p.14

申国美编 中国散藏敦煌文献分类目录 北京:北京图书馆出版社,2007年10月 p.37

景盛轩 敦煌本《大般涅槃经》研究——以版本、异文及训诂为中心 杭州:浙江大学博士研究生学位论文,2004年5月 p.56

甘博133 法华经卷第八百三十六

秦明智 关于甘肃省博物馆藏敦煌遗书之浅考和目录《1983年全国敦煌学术讨论会文集》文史·遗书编(上),兰州:甘肃人民出版社,1987年3月 p.497

邰惠莉 甘肃藏非敦煌文献的真伪、来源及相关问题《敦煌学辑刊》2000年第2期 P.75;图12

邰惠莉 甘肃藏敦煌汉文文献巡礼《丝绸之路》2000年S1期 p.15

石庆功 敦煌汉文写卷作伪与辨伪方法初探《河北科技图苑》2017年第3期 p.93

申国美编 中国散藏敦煌文献分类目录 北京:北京图书馆出版社,2007年10月 p.203

甘博134 金刚般若波罗蜜经卷第二百四十一

秦明智 关于甘肃省博物馆藏敦煌遗书之浅考和目录《1983年全国敦煌学术讨论会文集》文史·遗书编(上),兰州:甘肃人民出版社,1987年3月 p.497

邰惠莉 甘肃藏非敦煌文献的真伪、来源及相关问题《敦煌学辑刊》2000年第2期 p.75~76;图13

邰惠莉 甘肃藏敦煌汉文文献巡礼《丝绸之路》2000年S1期 p.15

甘博135 残佛经

秦明智 关于甘肃省博物馆藏敦煌遗书之浅考和目录《1983年全国敦煌学术讨论会文集》文史·遗书编(上),兰州:甘肃人民出版社,1987年3月 p.497

林聪明 谈敦煌文书的抄写问题《东吴文史学报》第9期,1991年3月 p.17;又刊载王永兴编《纪念陈寅恪先生百年诞辰学术论文集》,南昌:江西教育出版社,1994年8月 p.285;略为修订收入郑炳林、郑阿财主编《港台敦煌学文库》第33册,兰州:甘肃人民出版社,2014年12月 p.239

邰惠莉 甘肃藏非敦煌文献的真伪、来源及相关问题《敦煌学辑刊》2000年第2期 P.76;图14

邰惠莉 甘肃藏敦煌汉文文献巡礼《丝绸之路》2000年S1期 p.15

叶贵良《甘肃藏敦煌文献》残卷未识原因初探《敦煌研究》2003年第4期 p.90

杜斗城、吴通 敦煌遗书中隋独孤皇后施造"一切经"及有关问题《兰州大学学报》(社会科学版)2013年第5期 p.8

林聪明 敦煌文书的抄写《港台敦煌学文库》第34册,兰州:甘肃人民出版社,2014年12月 p.14

薄小莹 敦煌遗书汉文纪年卷编年 长春:长春出版社,1990年3月 p.18

林聪明著 敦煌文书学(敦煌学导论丛刊①) 台北:新文丰出版股份有限公司,1991年8月 p.146

林聪明著 敦煌吐鲁番文书解诂指例(敦煌丛刊二集⑮) 台北:新文丰出版公司,2001年6月 p.58注③

申国美编 中国散藏敦煌文献分类目录 北京:北京图书馆出版社,2007年10月 p.100、203

甘博136(收藏号20899) 道行品般若经卷第九

秦明智 关于甘肃省博物馆藏敦煌遗书之浅考和目录《1983年全国敦煌学术讨论会文集》文史·遗书编(上),兰州:甘肃人民出版社,1987年3月 p.497

徐祖蕃撰稿,施萍婷、邵国秀审订 甘肃省博物馆藏敦煌文献叙录(下)《甘肃藏敦煌文献》(第五卷),兰州:甘肃人民出版社,1999年12月 p.357;图版p.300~304

邰惠莉 甘肃藏非敦煌文献的真伪、来源及相关问题《敦煌学辑刊》2000年第2期 p.75;图11

邰惠莉 甘肃藏敦煌汉文文献巡礼《丝绸之路》2000年S1期 p.15

黄征 敦煌俗字种类考辨《敦煌学·日本学——石塚晴通教授退职纪念文集》,上海:上海辞书出版社,2005年12月 p.117、123;又载赵生群、方向东主编《古文献研究集刊》(第一辑),南京:凤凰出版社,2007年4月 p.34、41

于淑健 敦煌佛经俗字误读释正《文献》2008年第2期 p.54

张涌泉、陈瑞峰 古代写本钩乙号研究《浙江社会科学》2011年第5期 p.132

黄征编 敦煌俗字典 上海:上海教育出版社,2005年5月 前言p.7、26、29、32;正文p.10、22、23~24、71、78、92、113、115、116、119、120、121、127、139、142、147、151、158、161、163、195、203、205、221、237、249、254、255、258、265、287、304、313、333、361、363、364、365、368、369、373、377、401、415、441、443、451、462、476、485、493、496、514、517、529、530、547、554、559、569、580;顺序索引p.745;分类索引p.749

申国美编 中国散藏敦煌文献分类目录 北京:北京图书馆出版社,2007年10月 p.12、203

张涌泉著 敦煌写本文献学 兰州:甘肃教育出版社,2013年12月 p.181、361

朱瑶著 敦煌汉文文献题记整理与研究 北京:中国社会科学出版社,2016年7月 p.43

肖瑜《三国志》古写本用字研究 上海:复旦大学博士研究生学位论文,2006年4月 p.29、42、123

陶家骏 敦煌研究院藏佚本《维摩诘经注》写卷研究 苏州:苏州大学博士研究生学位论文,2012年3月 俗字表p.126、127、146、151、153

周远军 敦煌写卷《道行般若经》用字研究及校勘 南宁:广西大学硕士研究生学位论文,2011年6月 p.5、12、19~24、27、30、31、33、34、35、36、37、38、41、42、45、46、48、49、50、51、52、53、54、58、60、61、63、64、65、66、67、69、70、72、74、75、77、79、84、85、86、87、88、89、91、92、93、94、95、97、98、99、100、102、103、104、106、107、108、109、112、113、114、116~132、134、136、187~202

陈瑞峰《甘肃藏敦煌文献》俗字研究 金华:浙江师范大学硕士研究生学位论文,2012年5月 p.46、52、53、56;例证表p.91、92;俗字表p.109、115、116、137、150、151、153、154、164、166、206~207、225、226

薛皖东《干禄字书》所收俗字与敦煌俗字比较研究 南京:南京师范大学硕士研究生学位论文,2013年4月 p.7、27

高静怡 北图藏敦煌汉文写经《金光明经》异文研究 南宁:广西大学硕士研究生学位论文,2013年5月 p.36

甘博137 大般涅槃经卷第十九

秦明智 关于甘肃省博物馆藏敦煌遗书之浅考和目录《1983年全国敦煌学术讨论会文集》文史·遗书编(上),兰州:甘肃人民出版社,1987年3月 p.497

邰惠莉 甘肃藏非敦煌文献的真伪、来源及相关问题《敦煌学辑刊》2000年第2期 p.73~74

邰惠莉 甘肃藏敦煌汉文文献巡礼《丝绸之路》2000年S1期 p.14

中国美编 中国散藏敦煌文献分类目录 北京:北京图书馆出版社,2007年10月 p.203

甘博138(收藏号38055) 大般涅槃经卷第一寿命品第一

徐祖蕃撰稿,施萍婷、邵国秀审订 甘肃省博物馆藏敦煌文献叙录(下)《甘肃藏敦煌文献》(第五卷),兰州:甘肃人民出版社,1999年12月 p.357;图版p.304~306

景盛轩 敦煌写本《大般涅槃经》著录商补《浙江与敦煌学——常书鸿先生诞辰一百周年纪念文集》,杭州:浙江古籍出版社,2004年12月 p.351;收入氏著《〈大般涅槃经〉異文研究》,成都:巴蜀书社,2009年2月 p.343

中国美编 中国散藏敦煌文献分类目录 北京:北京图书馆出版社,2007年10月 p.35

于淑健著 敦煌佛典语词和俗字研究——以敦煌古佚和疑伪经为中心 上海:上海古籍出版社,2012年4月 p.247

景盛轩 敦煌本《大般涅槃经》研究——以版本、异文及训诂为中心 杭州:浙江大学博士研究生学位论文,2004年5月 p.24

甘博附049（收藏号10595）大般若波罗蜜多经

徐祖蕃撰稿，施萍婷、邵国秀审订 甘肃省博物馆藏敦煌文献叙录（下）《甘肃藏敦煌文献》（第五卷），兰州：甘肃人民出版社，1999年12月 p.357；图版p.306~312

陈红彦、林世田 敦煌遗书近现代鉴藏印章辑述（上）《文献》2007年第2期 p.41

陈红彦、林世田 敦煌遗书近现代鉴藏印章辑述（下）《文献》2007年第3期 p.132；收入林世田著《敦煌遗书研究论集》，北京：中国藏学出版社，2010年3月 p.303

申国美编 中国散藏敦煌文献分类目录 北京：北京图书馆出版社，2007年10月 p.96

甘博附081（收藏号10423）大般若波罗蜜多经

徐祖蕃撰稿，施萍婷、邵国秀审订 甘肃省博物馆藏敦煌文献叙录（下）《甘肃藏敦煌文献》（第五卷），兰州：甘肃人民出版社，1999年12月 p.357~358；图版p.313~314

陈红彦、林世田 敦煌遗书近现代鉴藏印章辑述（下）《文献》2007年第3期 p.132；收入林世田著《敦煌遗书研究论集》，北京：中国藏学出版社，2010年3月 p.303

申国美编 中国散藏敦煌文献分类目录 北京：北京图书馆出版社，2007年10月 p.96

甘博附133（收藏号13083）妙法莲华经卷第一

徐祖蕃撰稿，施萍婷、邵国秀审订 甘肃省博物馆藏敦煌文献叙录（下）《甘肃藏敦煌文献》（第五卷），兰州：甘肃人民出版社，1999年12月 p.358；图版p.315~322

张涌泉 敦煌卷子辨伪研究——基于字形分析角度的考察《文史》2003年第4辑，北京：中华书局，2003年11月 p.223~238；略有改订题作《敦煌写本辨伪研究——基于字形分析角度的考察》，收入氏著《张涌泉敦煌文献论丛》，上海：上海古籍出版社，2011年8月 p.91~117

张涌泉 敦博本《注心经》抄写时间考《汉字汉语研究》2018年第1期 p.11

申国美编 中国散藏敦煌文献分类目录 北京：北京图书馆出版社，2007年10月 p.97、203

于淑健著 敦煌佛典语词和俗字研究——以敦煌古佚和疑伪经为中心 上海：上海古籍出版社，2012年4月 p.312

张涌泉著 敦煌写本文献学 兰州：甘肃教育出版社，2013年12月 p.658~675

甘博附134（收藏号13075）金刚般若波罗蜜经

徐祖蕃撰稿，施萍婷、邵国秀审订 甘肃省博物馆藏敦煌文献叙录（下）《甘肃藏敦煌文献》（第五卷），兰州：甘肃人民出版社，1999年12月 p.358；图版p.322~330

张涌泉 敦煌卷子辨伪研究——基于字形分析角度的考察《文史》2003年第4辑，北京：中华书局，2003年11月 p.223~238；略有改订题作《敦煌写本辨伪研究——基于字形分析角度的考察》，收入氏著《张涌泉敦煌文献论丛》，上海：上海古籍出版社，2011年8月 p.91~117

张涌泉 大力加强近代汉字的研究《浙江大学汉语研究中心简报》2003年第4期（总第12期） p.8~9；又

载《浙江教育学院学报》2003年第6期 p.5~6

张涌泉 敦博本《注心经》抄写时间考《汉字汉语研究》2018年第1期 p.11

罗慕君、张涌泉 散藏敦煌本《金刚经》缀合研究《敦煌吐鲁番研究》(第十八卷),上海:上海古籍出版社,2019年4月 p.635、637

申国美编 中国散藏敦煌文献分类目录 北京:北京图书馆出版社,2007年10月 p.96、203

张涌泉著 敦煌写本文献学 兰州:甘肃教育出版社,2013年12月 p.658~675

张开媛《金刚经》鸠摩罗什译本在唐代的流传和接受 北京:北京外国语大学博士研究生学位论文,2015年12月 p.335、356

甘博附135(收藏号13097)佛经

徐祖蕃撰稿,施萍婷、邵国秀审订 甘肃省博物馆藏敦煌文献叙录(下)《甘肃藏敦煌文献》(第五卷),兰州:甘肃人民出版社,1999年12月 p.358;图版p.331~335

张涌泉 敦煌卷子辨伪研究——基于字形分析角度的考察《文史》2003年第4辑,北京:中华书局,2003年11月 p.223~238;略有改订题作《敦煌写本辨伪研究——基于字形分析角度的考察》,收入氏著《张涌泉敦煌文献论丛》,上海:上海古籍出版社,2011年8月 p.91~117

杜斗城、吴通 敦煌遗书中隋独孤皇后施造"一切经"及有关问题《兰州大学学报》(社会科学版)2013年第5期 p.8

张涌泉 敦博本《注心经》抄写时间考《汉字汉语研究》2018年第1期 p.11

申国美编 中国散藏敦煌文献分类目录 北京:北京图书馆出版社,2007年10月 p.204

张涌泉著 敦煌写本文献学 兰州:甘肃教育出版社,2013年12月 p.674~675;图19-4

朱瑶著 敦煌汉文文献题记整理与研究 北京:中国社会科学出版社,2016年7月 p.146~147

甘博附137(收藏号13079)大般涅槃经卷第十九梵行品第八之五

徐祖蕃撰稿,施萍婷、邵国秀审订 甘肃省博物馆藏敦煌文献叙录(下)《甘肃藏敦煌文献》(第五卷),兰州:甘肃人民出版社,1999年12月 p.358~359;图版p.335~341

景盛轩 敦煌大纸写《大般涅槃经》叙录《敦煌学辑刊》2016年第4期 p.9~12

申国美编 中国散藏敦煌文献分类目录 北京:北京图书馆出版社,2007年10月 p.97

甘博6146 佛说咒魅经一卷

于淑健著 敦煌佛典语词和俗字研究——以敦煌古佚和疑伪经为中心 上海:上海古籍出版社,2012年4月 p.71

曹凌 中国佛教疑伪经综录 上海:上海师范大学硕士研究生学位论文,2009年5月 p.169

甘博 佛经残卷[①]

施安昌 唐武周时期的刻经与敦煌写经《善本碑帖论集》,北京:紫禁城出版社,2002年2月 p.119

①施安昌《唐武周时期的刻经与敦煌写经》所列"甘博佛经残卷"暂时无法确定对应卷号,为研究所需,列出备学者参考。

2. 甘肃省博物馆藏敦煌藏文文献

甘肃省博物馆藏敦煌藏文文献共34件(号),全部出自莫高窟藏经洞(第17窟)。目录可参见张延清、勘措吉、郎惠莉编《甘肃省博物馆藏敦煌藏文文献》[①],由于受篇幅所限,仅见于上述目录者,本《引得》中不再列细目。甘肃省博物馆藏敦煌藏文文献研究著录情况如下:

GM.t.2478 大乘无量寿宗要经

俄军 甘肃省博物馆藏敦煌藏文文献补录《敦煌研究》2006年第3期 p.64~65;收入俄军主编《丝绸之路文物考古研究》,兰州:甘肃教育出版社,2015年10月 p.1~2

张延清著 吐蕃敦煌抄经研究[②] 北京:民族出版社,2016年11月 p.292、321~322、352

赵晓星著 吐蕃统治时期敦煌密教研究 兰州:甘肃教育出版社,2017年3月 p.622(附录一)

赵晓星 吐蕃统治敦煌时期的密教研究[③] 兰州:兰州大学博士研究生学位论文,2007年6月 p.167(附录一)

GM.t.10436 大乘无量寿宗要经

王南南、黄维忠 甘肃省博物馆所藏敦煌藏文文献叙录(上)《中国藏学》2003年第4期 p.69~71

张延清著 吐蕃敦煌抄经研究[④] 北京:民族出版社,2016年11月 p.316、340、341~342、353

赵晓星著 吐蕃统治时期敦煌密教研究 兰州:甘肃教育出版社,2017年3月 p.620(附录一)

赵晓星 吐蕃统治敦煌时期的密教研究 兰州:兰州大学博士研究生学位论文,2007年6月 p.166(附录一)

---

①马德主编《甘肃藏敦煌藏文文献叙录》,兰州:甘肃民族出版社,2011年9月,第33~44页。

②张延清《吐蕃敦煌抄经研究》附录第331~332页"47.吉刚";第352页"192.灵照"中Gb.t.2478馆藏编号缩写有误,Gb.t.为高台县博物馆藏品编号。经核查,甘肃省博物馆藏2478号为灵照二校,吉刚三校。应更正为GM.t.2478号。

③赵晓星博士论文《吐蕃统治敦煌时期的密教研究》第167页做"甘博T.2487",编号有误。应为甘博2478号。

④张延清《吐蕃敦煌抄经研究》附录第340~342页"104.贝吉仲玛、仲玛";"111.贝却乎";第353页"193.灵报"中Gb.t.10436馆藏编号缩写有误,Gb.t.为高台县博物馆藏品编号。经核查,甘肃省博物馆藏10436号为仲玛校,灵报二校,贝却乎三校。应更正为GM.t.10436号。

GM.t.10461 大乘无量寿宗要经

俄军 甘肃省博物馆藏敦煌藏文文献补录[1]《敦煌研究》2006年第3期 P.65;收入俄军主编《丝绸之路文物考古研究》,兰州:甘肃教育出版社,2015年10月 p.2

张延清著 吐蕃敦煌抄经研究 北京:民族出版社,2016年11月 p.289

GM.t.10461a(或10401a[2])

俄军 甘肃省博物馆藏敦煌藏文文献补录《敦煌研究》2006年第3期 P.65;收入俄军主编《丝绸之路文物考古研究》,兰州:甘肃教育出版社,2015年10月 p.2

赵晓星著 吐蕃统治时期敦煌密教研究 兰州:甘肃教育出版社,2017年3月 p.622(附录一)

赵晓星 吐蕃统治敦煌时期的密教研究 兰州:兰州大学博士研究生学位论文,2007年6月 p.167(附录一)

GM.t.10461b(或10401b)

俄军 甘肃省博物馆藏敦煌藏文文献补录《敦煌研究》2006年第3期 P.65;收入俄军主编《丝绸之路文物考古研究》,兰州:甘肃教育出版社,2015年10月 p.2

赵晓星著 吐蕃统治时期敦煌密教研究 兰州:甘肃教育出版社,2017年3月 p.622(附录一)

赵晓星 吐蕃统治敦煌时期的密教研究 兰州:兰州大学博士研究生学位论文,2007年6月 p.167(附录一)

GM.t.10461c(或10401c)

俄军 甘肃省博物馆藏敦煌藏文文献补录《敦煌研究》2006年第3期 P.65;收入俄军主编《丝绸之路文物考古研究》,兰州:甘肃教育出版社,2015年10月 p.2

赵晓星著 吐蕃统治时期敦煌密教研究 兰州:甘肃教育出版社,2017年3月 p.628(附录一)

赵晓星 吐蕃统治敦煌时期的密教研究 兰州:兰州大学博士研究生学位论文,2007年6月 p.169(附录一)

GM.t.10461d(或10401d)

俄军 甘肃省博物馆藏敦煌藏文文献补录《敦煌研究》2006年第3期 P.65;收入俄军主编《丝绸之路文物考古研究》,兰州:甘肃教育出版社,2015年10月 p.2

赵晓星著 吐蕃统治时期敦煌密教研究 兰州:甘肃教育出版社,2017年3月 p.628(附录一)

赵晓星 吐蕃统治敦煌时期的密教研究 兰州:兰州大学博士研究生学位论文,2007年6月 p.169(附录一)

GM.t.10461e(或10401e)

俄军 甘肃省博物馆藏敦煌藏文文献补录《敦煌研究》2006年第3期 P.65;收入俄军主编《丝绸之路文

---

①俄军《丝绸之路文物考古研究》第2页编号“甘博·T.1046”,有误。应为Gb.t.10461号。

②编号10401,实为10461号。

物考古研究》,兰州:甘肃教育出版社,2015年10月 p.2

赵晓星著 吐蕃统治时期敦煌密教研究 兰州:甘肃教育出版社,2017年3月 p.628(附录一)

赵晓星 吐蕃统治敦煌时期的密教研究 兰州:兰州大学博士研究生学位论文,2007年6月 p.169(附录一)

GM.t.10461f(或10401f)

俄军 甘肃省博物馆藏敦煌藏文文献补录《敦煌研究》2006年第3期 P.65;收入俄军主编《丝绸之路文物考古研究》,兰州:甘肃教育出版社,2015年10月 p.2~3

张延清著 吐蕃敦煌抄经研究[①] 北京:民族出版社,2016年11月 p.292、336

赵晓星著 吐蕃统治时期敦煌密教研究 兰州:甘肃教育出版社,2017年3月 p.622(附录一)

赵晓星 吐蕃统治敦煌时期的密教研究 兰州:兰州大学博士研究生学位论文,2007年6月 p.167(附录一)

GM.t.10461V1(或10401V1)

俄军 甘肃省博物馆藏敦煌藏文文献补录《敦煌研究》2006年第3期 P.65;收入俄军主编《丝绸之路文物考古研究》,兰州:甘肃教育出版社,2015年10月 p.3

GM.t.10461V2(或10401V2)

俄军 甘肃省博物馆藏敦煌藏文文献补录《敦煌研究》2006年第3期 P.65;收入俄军主编《丝绸之路文物考古研究》,兰州:甘肃教育出版社,2015年10月 p.3

赵晓星著 吐蕃统治时期敦煌密教研究 兰州:甘肃教育出版社,2017年3月 p.111

赵晓星 吐蕃统治敦煌时期的密教研究 兰州:兰州大学博士研究生学位论文,2007年6月 p.56~57

GM.t.10485 大乘无量寿宗要经

王南南、黄维忠 甘肃省博物馆所藏敦煌藏文文献叙录(上)《中国藏学》2003年第4期 P.71

张延清著 吐蕃敦煌抄经研究 北京:民族出版社,2016年11月 p.292

赵晓星著 吐蕃统治时期敦煌密教研究 兰州:甘肃教育出版社,2017年3月 p.620(附录一)

赵晓星 吐蕃统治敦煌时期的密教研究 兰州:兰州大学博士研究生学位论文,2007年6月 p.166(附录一)

GM.t.10490 大乘无量寿宗要经

俄军 甘肃省博物馆藏敦煌藏文文献补录《敦煌研究》2006年第3期 P.65;收入俄军主编《丝绸之路文物考古研究》,兰州:甘肃教育出版社,2015年10月 p.3

---

①张延清《吐蕃敦煌抄经研究》附录第336页"78.达木宗"中Gb.t.10401馆藏编号缩写有误。Gb.t.为高台县博物馆藏品编号。经核查,甘肃省博物馆藏10401f号为比丘达木宗二校。应更正为Gb.t.10401f号。

张延清著 吐蕃敦煌抄经研究① 北京:民族出版社,2016年11月 p.307、331~332、352、354~355

赵晓星著 吐蕃统治时期敦煌密教研究 兰州:甘肃教育出版社,2017年3月 p.622(附录一)

赵晓星 吐蕃统治敦煌时期的密教研究 兰州:兰州大学博士研究生学位论文,2007年6月 p.167(附录一)

GM.t.10491 大乘无量寿宗要经

王南南、黄维忠 甘肃省博物馆所藏敦煌藏文文献叙录(上)《中国藏学》2003年第4期 P.71~72

张延清著 吐蕃敦煌抄经研究 北京:民族出版社,2016年11月 p.278

赵晓星著 吐蕃统治时期敦煌密教研究 兰州:甘肃教育出版社,2017年3月 p.620(附录一)

赵晓星 吐蕃统治敦煌时期的密教研究 兰州:兰州大学博士研究生学位论文,2007年6月 p.166(附录一)

GM.t.10551 占卜书(拟题)②

俄军 甘肃省博物馆藏敦煌藏文文献补录《敦煌研究》2006年第3期 P.65;收入俄军主编《丝绸之路文物考古研究》,兰州:甘肃教育出版社,2015年10月 p.3

张延清著 吐蕃敦煌抄经研究 北京:民族出版社,2016年11月 p.309

GM.t.10552 密宗仪轨书

王南南、黄维忠 甘肃省博物馆所藏敦煌藏文文献叙录(上) 《中国藏学》2003年第4期 P.72

GM.t.10553 大乘无量寿宗要经

王南南、黄维忠 甘肃省博物馆所藏敦煌藏文文献叙录(上)《中国藏学》2003年第4期 P.72

赵晓星著 吐蕃统治时期敦煌密教研究 兰州:甘肃教育出版社,2017年3月 p.620(附录一)

赵晓星 吐蕃统治敦煌时期的密教研究 兰州:兰州大学博士研究生学位论文,2007年6月 p.166(附录一)

GM.t.10555 大乘无量寿宗要经

王南南、黄维忠 甘肃省博物馆所藏敦煌藏文文献叙录(上)《中国藏学》2003年第4期 P.72

张延清著 吐蕃敦煌抄经研究 北京:民族出版社,2016年11月 p.315

赵晓星著 吐蕃统治时期敦煌密教研究 兰州:甘肃教育出版社,2017年3月 p.620(附录一)

赵晓星 吐蕃统治敦煌时期的密教研究 兰州:兰州大学博士研究生学位论文,2007年6月 p.166(附录一)

---

①张延清《吐蕃敦煌抄经研究》附录第331~332页“47.吉刚”;第352页“192.灵照”;第354~355页“201.辛达尔”中Gb.t.10490馆藏编号缩写有误,Gb.t.为高台县博物馆藏品编号。经核查,甘肃省博物馆藏10490号为比丘灵照校,吉刚二校,辛达尔三校。应更正为GM.t.10490号。

②该卷正面藏文,背面为汉文《大般若波罗蜜多经》。

GM.t.10556 愿文

俄军 甘肃省博物馆藏敦煌藏文文献补录《敦煌研究》2006年第3期 P.65;收入俄军主编《丝绸之路文物考古研究》,兰州:甘肃教育出版社,2015年10月 p.3

马德 敦煌吐蕃文献新论《转型期的敦煌学》,上海:上海古籍出版社,2007年11月 p.557

GM.t.10558 密宗仪轨书

俄军 甘肃省博物馆藏敦煌藏文文献补录《敦煌研究》2006年第3期 P.65;收入俄军主编《丝绸之路文物考古研究》,兰州:甘肃教育出版社,2015年10月 p.3~4

GM.t.10564 大乘无量寿宗要经

王南南、黄维忠 甘肃省博物馆所藏敦煌藏文文献叙录(上)《中国藏学》2003年第4期 P.73

赵青山 吐蕃统治敦煌时期的写经制度《西藏研究》2009年第3期 p.50;收入敦煌研究院编《敦煌吐蕃文化学术研讨会论文集》,兰州:甘肃民族出版社,2009年12月 p.405

张延清著 吐蕃敦煌抄经研究[1] 北京:民族出版社,2016年11月 p.305~306、321~322、331~332、343、353

赵晓星著 吐蕃统治时期敦煌密教研究 兰州:甘肃教育出版社,2017年3月 p.620(附录一)

赵晓星 吐蕃统治敦煌时期的密教研究 兰州:兰州大学博士研究生学位论文,2007年6月 p.166(附录一)

GM.t.10565 赞普愿文

黄维忠 国内藏敦煌藏文文献的整理与研究回顾《敦煌学辑刊》2010年第3期 p.97

黄维忠 敦煌藏文发愿文研究综述《敦煌学辑刊》2007年第1期 p.30(续表);p.32

黄维忠著 8-9世纪藏文发愿文研究——以敦煌藏文发愿文为中心 北京:民族出版社,2007年8月 p.17、29、30、60~66、104、107、113、127

颜廷亮著 敦煌文学千年史 北京:人民文学出版社,2013年11月 p.417

GM.t.10566 大乘无量寿宗要经

王南南、黄维忠 甘肃省博物馆所藏敦煌藏文文献叙录(上)《中国藏学》2003年第4期 P.73

张延清著 吐蕃敦煌抄经研究 北京:民族出版社,2016年11月 p.280

赵晓星著 吐蕃统治时期敦煌密教研究 兰州:甘肃教育出版社,2017年3月 p.621(附录一)

赵晓星 吐蕃统治敦煌时期的密教研究 兰州:兰州大学博士研究生学位论文,2007年6月 p.166(附录一)

---

①张延清《吐蕃敦煌抄经研究》附录第331~332页“47.吉刚”;第353页“193.灵报”中Gb.t.10564馆藏编号缩写有误,Gb.t.为高台县博物馆藏品编号。第343页“118.法旺”中Gt.t.10564馆藏编号缩写有误,Gt.t.为甘肃省图书馆藏品编号。经核查,甘肃省博物馆藏10564号为灵报校,法旺二校,吉刚三校。应更正为GM.t.10564号。

GM.t.10567 大乘无量寿宗要经

王南南、黄维忠 甘肃省博物馆所藏敦煌藏文文献叙录（上）《中国藏学》2003年第4期 P.73~74

张延清著 吐蕃敦煌抄经研究 北京：民族出版社，2016年11月 p.280

赵晓星著 吐蕃统治时期敦煌密教研究 兰州：甘肃教育出版社，2017年3月 p.621（附录一）

赵晓星 吐蕃统治敦煌时期的密教研究 兰州：兰州大学博士研究生学位论文，2007年6月 p.166（附录一）

GM.t.10569 大乘无量寿宗要经

王南南、黄维忠 甘肃省博物馆所藏敦煌藏文文献叙录（上）《中国藏学》2003年第4期 P.74

朱瑶 敦煌文献"右行"考述——兼与杨森先生商榷《民族研究》2011年第4期 p.87

张延清著 吐蕃敦煌抄经研究 北京：民族出版社，2016年11月 p.287

赵晓星著 吐蕃统治时期敦煌密教研究 兰州：甘肃教育出版社，2017年3月 p.621（附录一）

赵晓星 吐蕃统治敦煌时期的密教研究 兰州：兰州大学博士研究生学位论文，2007年6月 p.166（附录一）

GM.t.10571 大乘无量寿宗要经

王南南、黄维忠 甘肃省博物馆所藏敦煌藏文文献叙录（上）《中国藏学》2003年第4期 P.74

张延清著 吐蕃敦煌抄经研究 北京：民族出版社，2016年11月 p.315

赵晓星著 吐蕃统治时期敦煌密教研究 兰州：甘肃教育出版社，2017年3月 p.621（附录一）

赵晓星 吐蕃统治敦煌时期的密教研究 兰州：兰州大学博士研究生学位论文，2007年6月 p.166（附录一）

GM.t.10572 大乘无量寿宗要经

王南南、黄维忠 甘肃省博物馆所藏敦煌藏文文献叙录（上）《中国藏学》2003年第4期 P.74~75

赵晓星著 吐蕃统治时期敦煌密教研究 兰州：甘肃教育出版社，2017年3月 p.628（附录一）

赵晓星 吐蕃统治敦煌时期的密教研究 兰州：兰州大学博士研究生学位论文，2007年6月 p.169（附录一）

GM.t.13074 大乘无量寿宗要经

王南南、黄维忠 甘肃省博物馆所藏敦煌藏文文献叙录（上）《中国藏学》2003年第4期 P.75

张延清著 吐蕃敦煌抄经研究 北京：民族出版社，2016年11月 p.297

赵晓星著 吐蕃统治时期敦煌密教研究 兰州：甘肃教育出版社，2017年3月 p.621（附录一）

赵晓星 吐蕃统治敦煌时期的密教研究 兰州：兰州大学博士研究生学位论文，2007年6月 p.166（附录一）

GM.t.13076 大乘无量寿宗要经

王南南、黄维忠 甘肃省博物馆所藏敦煌藏文文献叙录（上）《中国藏学》2003年第4期 P.76

朱瑶 敦煌文献"右行"考述——兼与杨森先生商榷《民族研究》2011年第4期 p.87

赵晓星著 吐蕃统治时期敦煌密教研究 兰州:甘肃教育出版社,2017年3月 p.621(附录一)

赵晓星 吐蕃统治敦煌时期的密教研究 兰州:兰州大学博士研究生学位论文,2007年6月 p.166(附录一)

GM.t.13081 大乘无量寿宗要经

王南南、黄维忠 甘肃省博物馆所藏敦煌藏文文献叙录(上)《中国藏学》2003年第4期 P.76

赵晓星著 吐蕃统治时期敦煌密教研究 兰州:甘肃教育出版社,2017年3月 p.621(附录一)

赵晓星 吐蕃统治敦煌时期的密教研究 兰州:兰州大学博士研究生学位论文,2007年6月 p.166(附录一)

GM.t.13084 大乘无量寿宗要经

王南南、黄维忠 甘肃省博物馆所藏敦煌藏文文献叙录(上)《中国藏学》2003年第4期 P.76~77

张延清著 吐蕃敦煌抄经研究① 北京:民族出版社,2016年11月 p.214、301、337

赵晓星著 吐蕃统治时期敦煌密教研究 兰州:甘肃教育出版社,2017年3月 p.621(附录一)

赵晓星 吐蕃统治敦煌时期的密教研究 兰州:兰州大学博士研究生学位论文,2007年6月 p.166(附录一)

GM.t.13086 般若心经

王南南、黄维忠 甘肃省博物馆所藏敦煌藏文文献叙录(上)《中国藏学》2003年第4期 P.77

赵晓星著 吐蕃统治时期敦煌密教研究 兰州:甘肃教育出版社,2017年3月 p.628(附录一)

赵晓星 吐蕃统治敦煌时期的密教研究 兰州:兰州大学博士研究生学位论文,2007年6月 p.169(附录一)

GM.t.13090 大乘无量寿宗要经

俄军 甘肃省博物馆藏敦煌藏文文献补录《敦煌研究》2006年第3期 P.65~66;收入俄军主编《丝绸之路文物考古研究》,兰州:甘肃教育出版社,2015年10月 p.4

张延清著 吐蕃敦煌抄经研究② 北京:民族出版社,2016年11月 p.298、333、355、358

赵晓星著 吐蕃统治时期敦煌密教研究 兰州:甘肃教育出版社,2017年3月 p.623(附录一)

赵晓星 吐蕃统治敦煌时期的密教研究 兰州:兰州大学博士研究生学位论文,2007年6月 p.167(附录一)

GM.t.13095 大乘无量寿宗要经

王南南、黄维忠 甘肃省博物馆所藏敦煌藏文文献叙录(上) 《中国藏学》2003年第4期 P.77

张延清著 吐蕃敦煌抄经研究 北京:民族出版社,2016年11月 p.280

---

①张延清《吐蕃敦煌抄经研究》附录第337页"80.达木恩"中Gb.t.13084馆藏编号缩写有误,Gb.t.为高台县博物馆藏品编号。经核查,甘肃省博物馆藏13084号为达木恩二校、三校卷。应更正为GM.t.13084。

②张延清《吐蕃敦煌抄经研究》附录第333页"58.吉英";第355页"202.喜然布";第358页"226.曾泰"中Gb.t.13090馆藏编号缩写有误,Gb.t.为高台县博物馆藏品编号。经核查,甘肃省博物馆藏13090号为喜然布校,曾泰二校,吉英三校。应更正为GM.t.13090号。

赵晓星著 吐蕃统治时期敦煌密教研究 兰州:甘肃教育出版社,2017年3月 p.621(附录一)

赵晓星 吐蕃统治敦煌时期的密教研究 兰州:兰州大学博士研究生学位论文,2007年6月 p.166(附录一)

GM.t.13101-1 十万颂般若波罗蜜多经

王南南、黄维忠 甘肃省博物馆所藏敦煌藏文文献叙录(上)《中国藏学》2003年第4期 P.77~78

GM.t.13101-2 十万颂般若波罗蜜多经

王南南、黄维忠 甘肃省博物馆所藏敦煌藏文文献叙录(上)《中国藏学》2003年第4期 P.79

GM.t.13101-3 十万颂般若波罗蜜多经

王南南、黄维忠 甘肃省博物馆所藏敦煌藏文文献叙录(上)《中国藏学》2003年第4期 P.79

GM.t.13102 大乘无量寿宗要经

俄军 甘肃省博物馆藏敦煌藏文文献补录《敦煌研究》2006年第3期 P.66;收入俄军主编《丝绸之路文物考古研究》,兰州:甘肃教育出版社,2015年10月 p.4

张延清著 吐蕃敦煌抄经研究[①] 北京:民族出版社,2016年11月 p.279、341~342

赵晓星著 吐蕃统治时期敦煌密教研究 兰州:甘肃教育出版社,2017年3月 p.623(附录一)

赵晓星 吐蕃统治敦煌时期的密教研究 兰州:兰州大学博士研究生学位论文,2007年6月 p.167(附录一)

GM.t.13103 大乘无量寿宗要经

俄军 甘肃省博物馆藏敦煌藏文文献补录《敦煌研究》2006年第3期 P.66;收入俄军主编《丝绸之路文物考古研究》,兰州:甘肃教育出版社,2015年10月 p.4~5

张延清著 吐蕃敦煌抄经研究 北京:民族出版社,2016年11月 p.279

赵晓星著 吐蕃统治时期敦煌密教研究 兰州:甘肃教育出版社,2017年3月 p.623(附录一)

赵晓星 吐蕃统治敦煌时期的密教研究 兰州:兰州大学博士研究生学位论文,2007年6月 p.167(附录一)

GM.t.20897 大乘无量寿宗要经

俄军 甘肃省博物馆藏敦煌藏文文献补录《敦煌研究》2006年第3期 P.66;收入俄军主编《丝绸之路文物考古研究》,兰州:甘肃教育出版社,2015年10月 p.5

张延清著 吐蕃敦煌抄经研究[②] 北京:民族出版社,2016年11月 p.322、341~342、343

---

①张延清《吐蕃敦煌抄经研究》附录第341~342页"111.贝却乎";"114.法吉"中Gb.t.13102馆藏编号缩写有误,Gb.t.为高台县博物馆藏品编号。经核查,甘肃省博物馆藏13102号为法吉二校,贝却乎三校。应更正为GM.t.13102号。

②张延清《吐蕃敦煌抄经研究》附录第341~342页"111.贝却乎";"114.法吉";"117法藏"中Gb.t.20897馆藏编号缩写有误,Gb.t.为高台县博物馆藏品编号。经核查,甘肃省博物馆藏20897号为法藏校,法吉二校,贝却乎三校。应更正为GM.t.20897号。

赵晓星著 吐蕃统治时期敦煌密教研究 兰州:甘肃教育出版社,2017年3月 p.623(附录一)

赵晓星 吐蕃统治敦煌时期的密教研究[①] 兰州: 兰州大学博士研究生学位论文,2007年6月 p.167(附录一)

GM.t.20898 大乘无量寿宗要经

俄军 甘肃省博物馆藏敦煌藏文文献补录《敦煌研究》2006年第3期 P.66~67;收入俄军主编《丝绸之路文物考古研究》,兰州:甘肃教育出版社,2015年10月 p.5

张延清著 吐蕃敦煌抄经研究 北京:民族出版社,2016年11月 p.309

M.t.20898a

俄军 甘肃省博物馆藏敦煌藏文文献补录《敦煌研究》2006年第3期 P.67;收入俄军主编《丝绸之路文物考古研究》,兰州:甘肃教育出版社,2015年10月 p.5~6

赵晓星著 吐蕃统治时期敦煌密教研究 兰州:甘肃教育出版社,2017年3月 p.623(附录一)

赵晓星 吐蕃统治敦煌时期的密教研究 兰州:兰州大学博士研究生学位论文,2007年6月 p.167(附录一)

GM.t.20898b

俄军 甘肃省博物馆藏敦煌藏文文献补录《敦煌研究》2006年第3期 P.67;收入俄军主编《丝绸之路文物考古研究》,兰州:甘肃教育出版社,2015年10月 p.6

赵晓星著 吐蕃统治时期敦煌密教研究 兰州:甘肃教育出版社,2017年3月 p.623(附录一)

赵晓星 吐蕃统治敦煌时期的密教研究 兰州:兰州大学博士研究生学位论文,2007年6月 p.167(附录一)

GM.t.20898c

俄军 甘肃省博物馆藏敦煌藏文文献补录《敦煌研究》2006年第3期 P.67;收入俄军主编《丝绸之路文物考古研究》,兰州:甘肃教育出版社,2015年10月 p.6

赵晓星著 吐蕃统治时期敦煌密教研究 兰州:甘肃教育出版社,2017年3月 p.623(附录一)

赵晓星 吐蕃统治敦煌时期的密教研究 兰州:兰州大学博士研究生学位论文,2007年6月 p.167(附录一)

GM.t.20898d

俄军 甘肃省博物馆藏敦煌藏文文献补录《敦煌研究》2006年第3期 P.67;收入俄军主编《丝绸之路文物考古研究》,兰州:甘肃教育出版社,2015年10月 p.6

赵晓星著 吐蕃统治时期敦煌密教研究 兰州:甘肃教育出版社,2017年3月 p.623(附录一)

赵晓星 吐蕃统治敦煌时期的密教研究 兰州:兰州大学博士研究生学位论文,2007年6月 p.167(附录一)

---

①赵晓星博士论文《吐蕃统治敦煌时期的密教研究》第167页做"甘博T.20879",编号有误。应为甘博20897号。

GM.t.20898e

俄军 甘肃省博物馆藏敦煌藏文文献补录《敦煌研究》2006年第3期 P.67；收入俄军主编《丝绸之路文物考古研究》，兰州：甘肃教育出版社，2015年10月 p.6~7

赵晓星著 吐蕃统治时期敦煌密教研究 兰州：甘肃教育出版社，2017年3月 p.624（附录一）

赵晓星 吐蕃统治敦煌时期的密教研究 兰州：兰州大学博士研究生学位论文，2007年6月 p.167（附录一）

GM.t.20898f

俄军 甘肃省博物馆藏敦煌藏文文献补录《敦煌研究》2006年第3期 P.67；收入俄军主编《丝绸之路文物考古研究》，兰州：甘肃教育出版社，2015年10月 p.7

赵晓星著 吐蕃统治时期敦煌密教研究 兰州：甘肃教育出版社，2017年3月 p.624（附录一）

赵晓星 吐蕃统治敦煌时期的密教研究 兰州：兰州大学博士研究生学位论文，2007年6月 p.167（附录一）

GM.t.20898g

俄军 甘肃省博物馆藏敦煌藏文文献补录《敦煌研究》2006年第3期 P.67；收入俄军主编《丝绸之路文物考古研究》，兰州：甘肃教育出版社，2015年10月 p.7

赵晓星著 吐蕃统治时期敦煌密教研究 兰州：甘肃教育出版社，2017年3月 p.624（附录一）

赵晓星 吐蕃统治敦煌时期的密教研究 兰州：兰州大学博士研究生学位论文，2007年6月 p.167（附录一）

GM.t.20898h

俄军 甘肃省博物馆藏敦煌藏文文献补录《敦煌研究》2006年第3期 P.67；收入俄军主编《丝绸之路文物考古研究》，兰州：甘肃教育出版社，2015年10月 p.7

赵晓星著 吐蕃统治时期敦煌密教研究 兰州：甘肃教育出版社，2017年3月 p.624（附录一）

赵晓星 吐蕃统治敦煌时期的密教研究 兰州：兰州大学博士研究生学位论文，2007年6月 p.167（附录一）

GM.t.20898i

俄军 甘肃省博物馆藏敦煌藏文文献补录《敦煌研究》2006年第3期 P.67~68；收入俄军主编《丝绸之路文物考古研究》，兰州：甘肃教育出版社，2015年10月 p.7

赵晓星著 吐蕃统治时期敦煌密教研究 兰州：甘肃教育出版社，2017年3月 p.624（附录一）

赵晓星 吐蕃统治敦煌时期的密教研究 兰州：兰州大学博士研究生学位论文，2007年6月 p.167（附录一）

GM.t.20898j

俄军 甘肃省博物馆藏敦煌藏文文献补录《敦煌研究》2006年第3期 P.68；收入俄军主编《丝绸之路文物考古研究》，兰州：甘肃教育出版社，2015年10月 p.8

赵晓星著 吐蕃统治时期敦煌密教研究 兰州：甘肃教育出版社，2017年3月 p.624（附录一）

赵晓星 吐蕃统治敦煌时期的密教研究 兰州:兰州大学博士研究生学位论文,2007年6月 p.167(附录一)

GM.t.22467 大乘无量寿宗要经

王南南、黄维忠 甘肃省博物馆所藏敦煌藏文文献叙录(上)《中国藏学》2003年第4期 P.79

张延清著 吐蕃敦煌抄经研究 北京:民族出版社,2016年11月 p.309

赵晓星著 吐蕃统治时期敦煌密教研究 兰州:甘肃教育出版社,2017年3月 p.621(附录一)

赵晓星 吐蕃统治敦煌时期的密教研究 兰州:兰州大学博士研究生学位论文,2007年6月 p.166(附录一)

GM.t.22468 大乘无量寿宗要经

王南南、黄维忠 甘肃省博物馆所藏敦煌藏文文献叙录(上)《中国藏学》2003年第4期 P.80

张延清著 吐蕃敦煌抄经研究 北京:民族出版社,2016年11月 p.277

赵晓星著 吐蕃统治时期敦煌密教研究 兰州:甘肃教育出版社,2017年3月 p.621(附录一)

赵晓星 吐蕃统治敦煌时期的密教研究 兰州:兰州大学博士研究生学位论文,2007年6月 p.166(附录一)

GM.t.22469 大乘无量寿宗要经

王南南、黄维忠 甘肃省博物馆所藏敦煌藏文文献叙录(上)《中国藏学》2003年第4期 P.80

张延清著 吐蕃敦煌抄经研究[①] 北京:民族出版社,2016年11月 p.340、352、354~355

赵晓星著 吐蕃统治时期敦煌密教研究 兰州:甘肃教育出版社,2017年3月 p.622(附录一)

赵晓星 吐蕃统治敦煌时期的密教研究 兰州:兰州大学博士研究生学位论文,2007年6月 p.166(附录一)

GM.t.30193 大乘无量寿宗要经

俄军 甘肃省博物馆藏敦煌藏文文献补录《敦煌研究》2006年第3期 P.68;收入俄军主编《丝绸之路文物考古研究》,兰州:甘肃教育出版社,2015年10月 p.8

赵晓星著 吐蕃统治时期敦煌密教研究 兰州:甘肃教育出版社,2017年3月 p.624(附录一)

赵晓星 吐蕃统治敦煌时期的密教研究 兰州:兰州大学博士研究生学位论文,2007年6月 p.167(附录一)

①张延清《吐蕃敦煌抄经研究》附录第340页“104.贝吉仲玛、仲玛”;第352页“192.灵照”;第354~355页“201.辛达尔”中Gb.t.22469馆藏编号缩写有误,Gb.t.为高台县博物馆藏品编号。经核查,甘肃省博物馆藏22469号为辛达尔校,仲玛二校,灵照三校。应更正为GM.t.22469号。

3. 甘肃省博物馆藏敦煌回鹘文文献

甘肃省博物馆藏敦煌回鹘文文献共2件，研究著录情况如下：

甘博10561　阿毗达磨俱舍论

杨富学、牛汝极　敦煌研究院珍藏的一页回鹘文残卷《敦煌研究》1991年第2期　p.34；收入敦煌研究院编《敦煌研究文集·敦煌研究院藏敦煌文献研究篇》，兰州：甘肃民族出版社，2000年9月　p.466

张铁山、王梅堂　北京图书馆藏回鹘文《阿毗达磨俱舍论》残卷研究《民族语文》1994年第2期　p.64；收入杨富学、杨铭主编《中国敦煌学百年文库·民族卷》（四），兰州：甘肃文化出版社，1999年　p.149

牛汝极、杨富学　敦煌回鹘文书法艺术《甘肃民族研究》1995年第1期　p.99；收入北京图书馆敦煌吐鲁番学资料中心、《南海》杂志社合编《敦煌吐鲁番学研究论集》，北京：书目文献出版社，1996年6月　p.518；收入林保尧、关友惠主编《中国敦煌学百年文库·艺术卷》（三），兰州：甘肃文化出版社，1999年　p.84；又题名作《佛教与敦煌回鹘文书法艺术》，收入杨富学著《西域敦煌宗教论稿》，兰州：甘肃文化出版社，1998年6月　p.136

杨富学　西域、敦煌文献所见回鹘之佛经翻译《敦煌研究》1995年第4期　p.18

耿世民　回鹘文阿毗达磨俱舍论《敦煌学大辞典》，上海：上海辞书出版社，1998年12月　p.494

耿世民　回鹘文《阿毗达磨俱舍论》残卷研究①《民族语文》1987年第1期　p.56~61转50；收入杨富学、杨铭主编《中国敦煌学百年文库·民族卷》（四），兰州：甘肃文化出版社，1999年　p.140~147；收入氏著《新疆文史论集》，北京：中央民族大学出版社，2001年6月　p.435~447；收入卓新平、杨富学主编《中国西北宗教文献》（佛教新疆卷三），兰州：甘肃民族出版社，2012年7月　p.385~391

耿世民　回鹘文《阿毗达磨俱舍论》残卷研究②《中央民族学院学报》1987年第4期　p.86~90；收入氏著《维吾尔古代文献研究》，北京：中央民族大学出版社，2003年12月　p.351~362；英文刊于《Central Asiatic

①该文系耿世民先生对甘肃省博物馆藏回鹘文《阿毗达磨俱舍论》残页背面的研究成果。

②该文与前文题目相同，系耿世民先生对甘肃省博物馆藏回鹘文《阿毗达磨俱舍论》残页正面的研究成果。

Journal》, vol.33, No.1-2, 1989.

李增祥、买提热依木、张铁山编著 回鹘文文献语言简志 乌鲁木齐：新疆大学出版社，1999年9月 p.32

阿依达尔·米尔卡马力 从敦煌出土回鹘文佛教文献看汉语对回鹘文佛典语言的影响 乌鲁木齐：新疆大学博士研究生学位论文，2007年6月 p.28、36

甘博10562 八十华严

耿世民 甘肃省博物馆藏回鹘文《八十华严》残经研究（一）《世界宗教研究》1986年第3期 p.68~77；收入杨富学、杨铭主编《中国敦煌学百年文库·民族卷》（四），兰州：甘肃文化出版社，1999年 p.130~139；收入卓新平、杨富学主编《中国西北宗教文献》（佛教新疆卷三），兰州：甘肃民族出版社，2012年7月 p.278~287

耿世民 甘肃省博物馆藏回鹘文《八十华严》残经研究（二）《中央民族学院学报》1986年第2期 p.84~89；收入卓新平、杨富学主编《中国西北宗教文献》（佛教新疆卷三），兰州：甘肃民族出版社，2012年7月 p.227~232

耿世民 回鹘文《八十华严》研究（续）《维吾尔古代文献研究》，北京：中央民族大学出版社，2003年12月 p.363~382；收入氏著《西域文史论稿》，兰州：兰州大学出版社，2012年1月 p.303~321

耿世民 回鹘文《金光明最胜王经》第六卷四天王护国品研究 《中央民族学院学报》第3期（语言文学·增刊），1986年9月 p.95~101下转123；收入氏著《维吾尔古代文献研究》，北京：中央民族大学出版社，2003年12月 p.322~336；收入卓新平、杨富学主编《中国西北宗教文献》（佛教新疆卷三），兰州：甘肃民族出版社，2012年7月 p.288~295

牛汝极、杨富学 敦煌回鹘文书法艺术 《甘肃民族研究》1995年第1期 p.101；收入北京图书馆敦煌吐鲁番学资料中心、《南海》杂志社合编《敦煌吐鲁番学研究论集》，北京：书目文献出版社，1996年6月 p.522；收入林保尧、关友惠主编《中国敦煌学百年文库·艺术卷》（三），兰州：甘肃文化出版社，1999年 p.87；又改题为《佛教与敦煌回鹘文书法艺术》，收入杨富学著《西域敦煌宗教论稿》，兰州：甘肃文化出版社，1998年6月 p.140

杨富学 西域、敦煌文献所见回鹘之佛经翻译《敦煌研究》1995年第4期 p.17

耿世民 回鹘文木刻本八十华严残卷《敦煌学大辞典》，上海：上海辞书出版社，1998年12月 p.496；附图1幅

杨富学、阿依达尔·米尔卡马力 回鹘文《华严经·十无尽藏品》写本残卷研究《敦煌研究》2007年第2期 p.75

阿不都热西提·亚库甫 回鹘文雕版印刷密宗文献概述《突厥语文学研究——耿世民教授八十华诞纪念文集》，北京：中央民族大学出版社，2009年11月 p.4（表1）

杨富学 新世纪初国内回鹘佛教研究的回顾与展望《西夏研究》2013年第2期 p.59

阿依达尔·米尔卡马力 安藏与回鹘文《华严经》《西域研究》2013年第3期 p.74~86

李增祥、买提热依木、张铁山编著 回鹘文文献语言简志 乌鲁木齐：新疆大学出版社，1999年9月 p.34

阿依达尔·米尔卡马力著 回鹘文诗体注疏和新发现敦煌本韵文研究 上海：上海古籍出版社，2015年12月 p.149~156、257；图版37、38、39

王红梅、杨富学、黎春林著 元代畏兀儿宗教文化研究 北京:科学出版社,2017年11月 p.35

杨富学著 回鹘文佛教文献研究 上海:上海古籍出版社,2018年4月 p.5

阿依达尔·米尔卡马力 从敦煌出土回鹘文佛教文献看汉语对回鹘文佛典语言的影响 乌鲁木齐:新疆大学博士研究生学位论文,2007年6月 p.25、120

张田芳 敦煌本回鹘文《说心性经》探原 兰州:兰州大学博士研究生学位论文,2018年12月 p.99

Johan Elverskog *Uygur Buddhist Literature*, *Silk Road Studies*（回鹘佛教文献）I.Brepols,Turnhout 1997, p.53

阿依達爾·米爾卡馬力、楊富學 回鶻文《八十華嚴·毗盧遮那品》殘葉研究《内陆アジア言语の研究》第22号,2007年7月 p.39

四

甘肃省图书馆藏敦煌文献

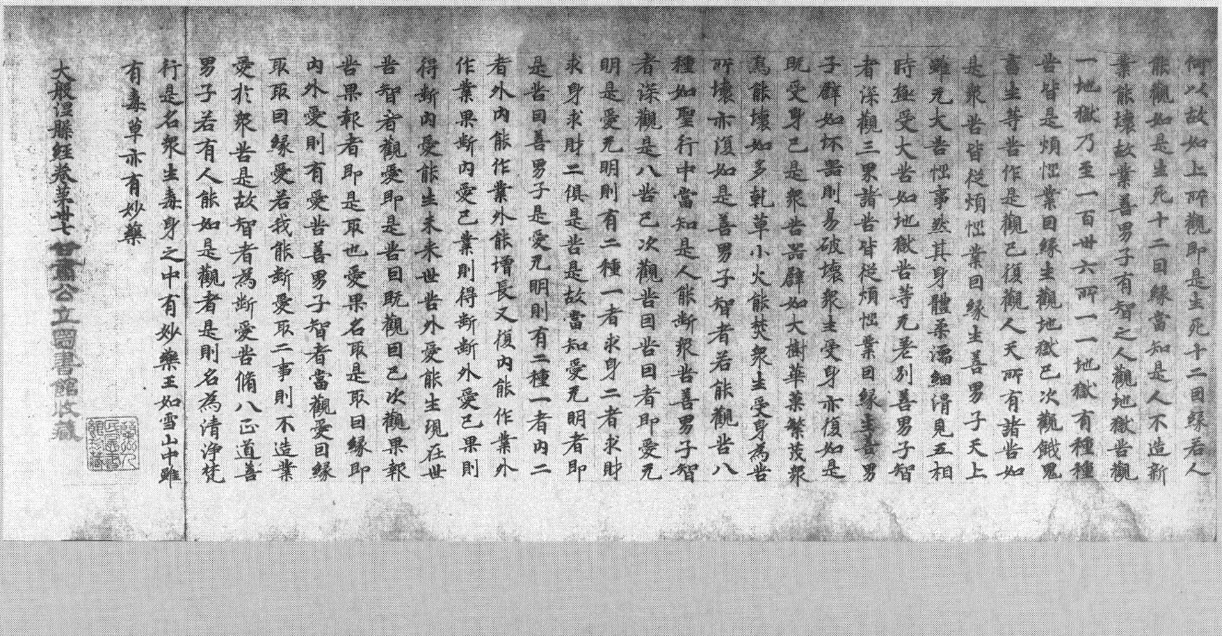
何以故如上所觀即是生死十二因緣若人
能觀如是生死十二因緣當知是人不造新
業能壞故業善男子有智之人觀地獄苦觀
一地獄乃至一百卅六所一一地獄有種種
苦皆是煩惱業因緣生觀地獄已次觀餓鬼
畜生等苦作是觀已復觀人天所有諸苦如
是衆苦皆從煩惱業因緣生善男子天上
雖无大苦惱事然其身體柔濡細滑見五相
時極受大苦如地獄苦等无差別善男子智
者深觀三界諸苦皆從煩惱業因緣生善男
子譬如坏器則易破壞衆生受身亦復如是
既受身已是衆苦器譬如大樹華葉繁茂衆
鳥能壞如多乾草小火能焚衆生受身爲苦
所壞亦復如是善男子智者若能觀苦八
種如聖行中當知是人能斷衆苦善男子智
者深觀是八苦已次觀苦因苦因者即愛无
明是愛无明則有二種一者求身二者求財
求身求財二俱是苦是故當知愛无明者即
是苦因善男子是愛无明則有二種一者內二
者外內能作業外能增長又復內能作業外
作業果斷內愛已業則得斷斷外愛已果則
得斷內愛能生未來世苦外愛能生現在世
苦智者觀愛即是苦因既觀因已次觀果報
苦果報者即是取也愛果名取是取因緣即
內外愛則有愛苦善男子智者當觀愛因緣
取取因緣愛若我能斷愛取二事則不造業
受於衆苦是故智者爲斷愛苦修八正道善
男子若有人能如是觀者是則名爲清淨梵
行是名衆生毒身之中有妙藥王如雪山中雖
有毒草亦有妙藥

大般涅槃經卷第廿七 甘肅公立圖書館收藏

甘肃省图书馆创建于1916年,初名甘肃省公立图书馆,1932年更名为甘肃省立图书馆,1942年更名为甘肃省立兰州图书馆。1944年,国立西北图书馆创办,1947年更名为国立兰州图书馆。1949年10月两馆合并为兰州人民图书馆,后更名为西北人民图书馆,从1953年起始称甘肃省图书馆。甘肃省图书馆迄今已有近百年历史，是面向社会公众提供图书阅读和知识咨询服务的学术性机构,国家一级图书馆,国务院公布的首批全国古籍重点保护单位，全国九个地区性中心图书馆之一,也是西北地区的中心图书馆。

甘肃省图书馆藏书总量逾460万册,其中以古书旧籍和西北地方文献为特色。古旧藏书包括享誉海内外的文溯阁《四库全书》、宋元刻本、大型明版木刻丛书《永乐南藏》以及敦煌写经、名人手札、珍贵字画等。甘肃省图书馆藏敦煌文献共382件,其中敦煌汉文写经31件,卷轴装,附032为日本写经;敦煌藏文写经351件,其中卷轴装32件,梵夹装319件(1128页)。

1. 甘肃省图书馆藏敦煌汉文文献

甘肃省图书馆藏敦煌汉文文献，主要来自民国初年甘肃省立图书馆的移交和民间征集，少数部分来自如孔宪廷、慕寿祺等甘肃名士以及张建先生之子的捐赠。甘肃省图书馆藏敦煌汉文文献共计31件，馆藏编号为C001-C031，卷轴装，附032为日本写经，研究著录情况如下：

甘图001（C001）妙法莲华经卷第三

邰惠莉、娜阁 甘肃省图书馆收藏敦煌文献简介《敦煌学辑刊》1998年第2期 p.73~76

邵国秀、曾雪梅 甘肃省图书馆藏敦煌写经题录《图书与情报》1999年第3期 p.69

施萍婷 甘肃藏敦煌文献概述《甘肃藏敦煌文献精粹》，兰州：甘肃人民出版社，1999年 p.2；又载段文杰主编《甘肃藏敦煌文献》（第一至六卷），兰州：甘肃人民出版社，1999年9~12月 p.2

邵国秀、曾雪梅撰稿，施萍婷审订 甘肃省图书馆藏敦煌文献叙录《甘肃藏敦煌文献》（第三卷），兰州：甘肃人民出版社，1999年9月 p.351；图版p.1~13

施萍婷 甘肃省藏敦煌汉文文献概述《"二十一世纪敦煌文献研究回顾与展望"研讨会论文集》，台中：中华自然文化学会，1999年12月 p.36；收入氏著《敦煌习学集》（上），兰州：甘肃民族出版社，2004年12月 p.287

邰惠莉、范军澍 兰山范氏藏敦煌写经目录《敦煌研究》2006年第3期 P.80

窦怀永 唐代避讳字与俗字关系试论《出土文献与古文字研究》（第一辑），上海：复旦大学出版社，2006年12月 p.307

陈红彦、林世田 敦煌遗书近现代鉴藏印章辑述（下）《文献》2007年第3期 p.139；收入林世田著《敦煌遗书研究论集》，北京：中国藏学出版社，2010年3月 p.312~313

中国美编 中国散藏敦煌文献分类目录 北京：北京图书馆出版社，2007年10月 p.21、204

于淑健著 敦煌佛典语词和俗字研究——以敦煌古佚和疑伪经为中心 上海：上海古籍出版社，2012年4月 p.271

甘图002(C002)大般涅槃经卷第三十七

邰惠莉、郷阁 甘肃省图书馆收藏敦煌文献简介《敦煌学辑刊》1998年第2期 p.73~76

邵国秀、曾雪梅 甘肃省图书馆藏敦煌写经题录《图书与情报》1999年第3期 p.69

施萍婷 甘肃藏敦煌文献概述《甘肃藏敦煌文献精粹》,兰州:甘肃人民出版社,1999年 p.2;又载段文杰主编《甘肃藏敦煌文献》(第一至六卷),兰州:甘肃人民出版社,1999年9~12月 p.2

邵国秀、曾雪梅撰稿,施萍婷审订 甘肃省图书馆藏敦煌文献叙录《甘肃藏敦煌文献》(第三卷),兰州:甘肃人民出版社,1999年9月 p.351;图版p.13~22

施萍婷 甘肃省藏敦煌汉文文献概述《"二十一世纪敦煌文献研究回顾与展望"研讨会论文集》,台中:(台湾)中华自然文化学会,1999年12月 p.36;收入氏著《敦煌习学集》(上),兰州:甘肃民族出版社,2004年12月 p.287

陈红彦、林世田 敦煌遗书近现代鉴藏印章辑述(下)《文献》2007年第3期 p.139;收入林世田著《敦煌遗书研究论集》,北京:中国藏学出版社,2010年3月 p.312~313

邰惠莉、范军澍 兰山范氏藏敦煌写经目录《敦煌研究》2006年第3期 p.80

景盛轩 敦煌北本《大般涅槃经》分卷考《〈大般涅槃经〉異文研究》,成都:巴蜀书社,2009年2月 调查表p.330

申国美编 中国散藏敦煌文献分类目录 北京:北京图书馆出版社,2007年10月 p.204

景盛轩 敦煌本《大般涅槃经》研究——以版本、异文及训诂为中心 杭州:浙江大学博士学位论文,2004年5月 p.110;p.134(表二);p.155

甘图003(C003)妙法莲华经卷第二、第三

邰惠莉、郷阁 甘肃省图书馆收藏敦煌文献简介《敦煌学辑刊》1998年第2期 p.73~76

邵国秀、曾雪梅 甘肃省图书馆藏敦煌写经题录《图书与情报》1999年第3期 p.69~70

邵国秀、曾雪梅撰稿,施萍婷审订 甘肃省图书馆藏敦煌文献叙录《甘肃藏敦煌文献》(第三卷),兰州:甘肃人民出版社,1999年9月 p.351~352;图版p.23~35

申国美编 中国散藏敦煌文献分类目录 北京:北京图书馆出版社,2007年10月 p.21、204

于淑健著 敦煌佛典语词和俗字研究——以敦煌古佚和疑伪经为中心 上海:上海古籍出版社,2012年4月 p.198~199

甘图004(C004)金刚般若波罗蜜经

邰惠莉、郷阁 甘肃省图书馆收藏敦煌文献简介《敦煌学辑刊》1998年第2期 p.73~76

邵国秀、曾雪梅 甘肃省图书馆藏敦煌写经题录《图书与情报》1999年第3期 p.70

施萍婷 甘肃藏敦煌文献概述《甘肃藏敦煌文献精粹》,兰州:甘肃人民出版社,1999年 p.6;又载段文杰主编《甘肃藏敦煌文献》(第一至六卷),兰州:甘肃人民出版社,1999年9~12月 p.6

邵国秀、曾雪梅撰稿,施萍婷审订 甘肃省图书馆藏敦煌文献叙录《甘肃藏敦煌文献》(第三卷),兰州:

甘肃人民出版社，1999年9月 p.352；图版p.36~42

施萍婷 甘肃省藏敦煌汉文文献概述《“二十一世纪敦煌文献研究回顾与展望”研讨会论文集》，台中：（台湾）中华自然文化学会，1999年12月 p.40；收入氏著《敦煌习学集》（上），兰州：甘肃民族出版社，2004年12月 p.293

窦怀永 唐代避讳字与俗字关系试论《出土文献与古文字研究》（第一辑），上海：复旦大学出版社，2006年12月 p.308

罗慕君、张涌泉 散藏敦煌本《金刚经》缀合研究《敦煌吐鲁番研究》（第十八卷），上海：上海古籍出版社，2019年4月 p.635

申国美编 中国散藏敦煌文献分类目录 北京：北京图书馆出版社，2007年10月 p.13

张开媛《金刚经》鸠摩罗什译本在唐代的流传和接受 北京：北京外国语大学博士研究生学位论文，2015年12月 p.355

甘图005（C005）大般若波罗蜜多经卷第二百七十八

郃惠莉、娜阁 甘肃省图书馆收藏敦煌文献简介《敦煌学辑刊》1998年第2期 p.73~76

邵国秀、曾雪梅 甘肃省图书馆藏敦煌写经题录《图书与情报》1999年第3期 p.70

邵国秀、曾雪梅撰稿，施萍婷审订 甘肃省图书馆藏敦煌文献叙录《甘肃藏敦煌文献》（第三卷），兰州：甘肃人民出版社，1999年9月 p.352；图版p.42~52

申国美编 中国散藏敦煌文献分类目录 北京：北京图书馆出版社，2007年10月 p.7

甘图006（C006）瑜伽师地论卷第二十三

郃惠莉、娜阁 甘肃省图书馆收藏敦煌文献简介《敦煌学辑刊》1998年第2期 p.73~76

邵国秀、曾雪梅 甘肃省图书馆藏敦煌写经题录《图书与情报》1999年第3期 p.70

邵国秀、曾雪梅撰稿，施萍婷审订 甘肃省图书馆藏敦煌文献叙录《甘肃藏敦煌文献》（第三卷），兰州：甘肃人民出版社，1999年9月 p.352~353；图版p.53~63；彩版（卷尾）

郃惠莉、范军澍 兰山范氏藏敦煌写经目录《敦煌研究》2006年第3期 P.80

陈红彦、林世田 敦煌遗书近现代鉴藏印章辑述（下）《文献》2007年第3期 p.135；收入林世田著《敦煌遗书研究论集》，北京：中国藏学出版社，2010年3月 p.306

陈乐道 历史情怀——敦煌卷子流散之随想《（甘肃）档案》2016年第4期 p.40

申国美编 中国散藏敦煌文献分类目录 北京：北京图书馆出版社，2007年10月 p.61、204

沈乐平著 敦煌书法综论 杭州：浙江古籍出版社，2009年10月 p.237（鉴藏印章检索表）

于淑健著 敦煌佛典语词和俗字研究——以敦煌古佚和疑伪经为中心 上海：上海古籍出版社，2012年4月 p.144、266

沈乐平 敦煌书法综论 杭州：中国美术学院博士研究生学位论文，2008年5月 p.236（鉴藏印章检索表）

王翠《甘肃藏敦煌文献》俗字研究 南京：南京师范大学硕士研究生学位论文，2014年5月 p.28（表）；

p.31、34~37、48；p.54（附录：唐代经卷“表”）

徐键 敦煌本《瑜伽师地论》写本考 金华：浙江师范大学硕士研究生学位论文，2015年5月 p.11

甘图007（C007）四分律删补羯摩卷上

邰惠莉、娜阁 甘肃省图书馆收藏敦煌文献简介《敦煌学辑刊》1998年第2期 p.73~76

邵国秀、曾雪梅 甘肃省图书馆藏敦煌写经题录《图书与情报》1999年第3期 p.70~71

邵国秀、曾雪梅撰稿，施萍婷审订 甘肃省图书馆藏敦煌文献叙录《甘肃藏敦煌文献》（第三卷），兰州：甘肃人民出版社，1999年9月 p.353；图版p.63~76

窦怀永 唐代避讳字与俗字关系试论《出土文献与古文字研究》（第一辑），上海：复旦大学出版社，2006年12月 p.308

申国美编 中国散藏敦煌文献分类目录 北京：北京图书馆出版社，2007年10月 p.71

于淑健著 敦煌佛典语词和俗字研究——以敦煌古佚和疑伪经为中心 上海：上海古籍出版社，2012年4月 p.176~177、201

甘图008（C008）妙法莲华经卷第五

邰惠莉、娜阁 甘肃省图书馆收藏敦煌文献简介《敦煌学辑刊》1998年第2期 p.73~76

邵国秀、曾雪梅 甘肃省图书馆藏敦煌写经题录《图书与情报》1999年第3期 p.71

邵国秀、曾雪梅撰稿，施萍婷审订 甘肃省图书馆藏敦煌文献叙录《甘肃藏敦煌文献》（第三卷），兰州：甘肃人民出版社，1999年9月 p.353；图版p.76~91

于淑健 中国古文字俗体探源——以敦煌佛经书法写本为例《艺术百家》2009年第3期 p.25

申国美编 中国散藏敦煌文献分类目录 北京：北京图书馆出版社，2007年10月 p.26

于淑健著 敦煌佛典语词和俗字研究——以敦煌古佚和疑伪经为中心 上海：上海古籍出版社，2012年4月 p.330

甘图009（C009）大般若波罗蜜多经卷第四百四十六

邰惠莉、娜阁 甘肃省图书馆收藏敦煌文献简介《敦煌学辑刊》1998年第2期 p.73~76

邵国秀、曾雪梅 甘肃省图书馆藏敦煌写经题录《图书与情报》1999年第3期 p.71

邵国秀、曾雪梅撰稿，施萍婷审订 甘肃省图书馆藏敦煌文献叙录《甘肃藏敦煌文献》（第三卷），兰州：甘肃人民出版社，1999年9月 p.353；图版p.91~101

申国美编 中国散藏敦煌文献分类目录 北京：北京图书馆出版社，2007年10月 p.8

甘图010（C010）梵网经卢舍那佛说菩萨心地戒品第十卷下并序

邵国秀、曾雪梅 甘肃省图书馆藏敦煌写经题录《图书与情报》1999年第3期 p.71

施萍婷 甘肃藏敦煌文献概述《甘肃藏敦煌文献精粹》，兰州：甘肃人民出版社，1999年 p.6；又载段文

杰主编《甘肃藏敦煌文献》(第一至六卷),兰州:甘肃人民出版社,1999年9~12月 p.6

邵国秀、曾雪梅撰稿,施萍婷审订 甘肃省图书馆藏敦煌文献叙录《甘肃藏敦煌文献》(第三卷),兰州:甘肃人民出版社,1999年9月 p.353;图版p.102~104

施萍婷 甘肃省藏敦煌汉文文献概述《"二十一世纪敦煌文献研究回顾与展望"研讨会论文集》,台中:(台湾)中华自然文化学会,1999年12月 p.40;收入氏著《敦煌习学集》(上),兰州:甘肃民族出版社,2004年12月 p.293

窦怀永 唐代避讳字与俗字关系试论《出土文献与古文字研究》(第一辑),上海:复旦大学出版社,2006年12月 p.308

于淑健 中国古文字俗体探源——以敦煌佛经书法写本为例《艺术百家》2009年第3期 p.25

申国美编 中国散藏敦煌文献分类目录 北京:北京图书馆出版社,2007年10月 p.58

于淑健著 敦煌佛典语词和俗字研究——以敦煌古佚和疑伪经为中心 上海:上海古籍出版社,2012年4月 p.330

孟雪 敦煌《梵网经》写本考暨俗字汇辑 金华:浙江师范大学硕士研究生学位论文,2014年6月 p.14

甘图011(C011) 妙法莲华经卷第三化城喻品第七

郃惠莉、娜阁 甘肃省图书馆收藏敦煌文献简介《敦煌学辑刊》1998年第2期 p.73~76

邵国秀、曾雪梅 甘肃省图书馆藏敦煌写经题录《图书与情报》1999年第3期 p.71

邵国秀、曾雪梅撰稿,施萍婷审订 甘肃省图书馆藏敦煌文献叙录《甘肃藏敦煌文献》(第三卷),兰州:甘肃人民出版社,1999年9月 p.353~354;图版p.104~111

申国美编 中国散藏敦煌文献分类目录 北京:北京图书馆出版社,2007年10月 p.23

甘图012(C012) 思益经卷第二(大乘无量寿宗要经)

郃惠莉、娜阁 甘肃省图书馆收藏敦煌文献简介《敦煌学辑刊》1998年第2期 p.73~76

邵国秀、曾雪梅 甘肃省图书馆藏敦煌写经题录《图书与情报》1999年第3期 p.71

施萍婷 甘肃藏敦煌文献概述《甘肃藏敦煌文献精粹》,兰州:甘肃人民出版社,1999年 p.2;又载段文杰主编《甘肃藏敦煌文献》(第一至六卷),兰州:甘肃人民出版社,1999年9~12月 p.2

邵国秀、曾雪梅撰稿,施萍婷审订 甘肃省图书馆藏敦煌文献叙录《甘肃藏敦煌文献》(第三卷),兰州:甘肃人民出版社,1999年9月 p.354;图版p.111~112

施萍婷 甘肃省藏敦煌汉文文献概述《"二十一世纪敦煌文献研究回顾与展望"研讨会论文集》,台中:(台湾)中华自然文化学会,1999年12月 p.36;收入氏著《敦煌习学集》(上),兰州:甘肃民族出版社,2004年12月 p.287

荣新江 甘藏敦煌文献知多少?《(甘肃)档案》2000年第3期 p.18

荣新江 有关甘肃藏敦煌文献的珍贵记录《敦煌学新论》,兰州:甘肃教育出版社,2002年9月 p.93;图27b

余欣 许承尧旧藏敦煌文献的调查与研究《敦煌学·日本学——石塚晴通教授退职纪念文集》,上海:上海辞书出版社,2005年12月 p.156

邰惠莉、范军澍 兰山范氏藏敦煌写经目录《敦煌研究》2006年第3期 P.80

陈红彦、林世田 敦煌遗书近现代鉴藏印章辑述(上、下)《文献》2007年第2期 p.42;《文献》2007年第3期 p.139;收入林世田著《敦煌遗书研究论集》,北京:中国藏学出版社,2010年3月 p.284、313

陈红彦、林世田 敦煌遗书近现代鉴藏印章辑述(下)《文献》2007年第3期 p.139

李芬林、曾雪梅 甘肃省图书馆藏敦煌文献述评《敦煌研究》2013年第6期 p.70

申国美编 中国散藏敦煌文献分类目录 北京:北京图书馆出版社,2007年10月 p.51、204

沈乐平著 敦煌书法综论 杭州:浙江古籍出版社,2009年10月 p.228(鉴藏印章检索表)

沈乐平 敦煌书法综论 杭州:中国美术学院博士研究生学位论文,2008年5月 p.227(鉴藏印章检索表)

甘图013(C013)大乘无量寿经

邰惠莉、郷阁 甘肃省图书馆收藏敦煌文献简介《敦煌学辑刊》1998年第2期 p.73~76

邵国秀、曾雪梅 甘肃省图书馆藏敦煌写经题录《图书与情报》1999年第3期 p.71

邵国秀、曾雪梅撰稿,施萍婷审订 甘肃省图书馆藏敦煌文献叙录《甘肃藏敦煌文献》(第三卷),兰州:甘肃人民出版社,1999年9月 p.354;图版p.113~117

陈红彦、林世田 敦煌遗书近现代鉴藏印章辑述(下)《文献》2007年第3期 p.139;收入林世田著《敦煌遗书研究论集》,北京:中国藏学出版社,2010年3月 p.313

申国美编 中国散藏敦煌文献分类目录 北京:北京图书馆出版社,2007年10月 p.63、204

赵晓星著 吐蕃统治时期敦煌密教研究 兰州:甘肃教育出版社,2017年3月 p.617(附录一)

赵晓星 吐蕃统治敦煌时期的密教研究 兰州:兰州大学博士研究生学位论文,2007年6月 p.165(附录一)

左丽萍 敦煌《大乘无量寿经》写本考暨俗字汇辑 金华:浙江师范大学硕士研究生学位论文,2014年6月 俗字表p.150~151

甘图014(C014)优婆塞戒经

邰惠莉、郷阁 甘肃省图书馆收藏敦煌文献简介《敦煌学辑刊》1998年第2期 p.73~76

邵国秀、曾雪梅 甘肃省图书馆藏敦煌写经题录《图书与情报》1999年第3期 p.72

邵国秀、曾雪梅撰稿,施萍婷审订 甘肃省图书馆藏敦煌文献叙录《甘肃藏敦煌文献》(第三卷),兰州:甘肃人民出版社,1999年9月 p.354;图版p.118~119

林世田、汪桂海 敦煌写本《优婆塞戒经》版本研究《文献》2008年第2期 p.33;收入林世田著《敦煌遗书研究论集》,北京:中国藏学出版社,2010年3月 p.76

申国美编 中国散藏敦煌文献分类目录 北京:北京图书馆出版社,2007年10月 p.58

林世田、杨学勇、刘波著 敦煌佛典的流通与改造 兰州:甘肃教育出版社,2013年11月 p.147

甘图015(C015) 妙法莲华经卷第一序品第一

郃惠莉、娜阁 甘肃省图书馆收藏敦煌文献简介《敦煌学辑刊》1998年第2期 p.73~76

邵国秀、曾雪梅 甘肃省图书馆藏敦煌写经题录《图书与情报》1999年第3期 p.72

施萍婷 甘肃藏敦煌文献概述《甘肃藏敦煌文献精粹》,兰州:甘肃人民出版社,1999年 p.6;又载段文杰主编《甘肃藏敦煌文献》(第一至六卷),兰州:甘肃人民出版社,1999年9~12月 p.6

邵国秀、曾雪梅撰稿,施萍婷审订 甘肃省图书馆藏敦煌文献叙录《甘肃藏敦煌文献》(第三卷),兰州:甘肃人民出版社,1999年9月 p.354;图版p.119~120

施萍婷 甘肃省藏敦煌汉文文献概述《"二十一世纪敦煌文献研究回顾与展望"研讨会论文集》,台中:(台湾)中华自然文化学会,1999年12月 p.40;收入氏著《敦煌习学集》(上),兰州:甘肃民族出版社,2004年12月 p.293

申国美编 中国散藏敦煌文献分类目录 北京:北京图书馆出版社,2007年10月 p.19

甘图016(C016) 佛说无量大慈教经一卷

郃惠莉、娜阁 甘肃省图书馆收藏敦煌文献简介《敦煌学辑刊》1998年第2期 p.73~76

邵国秀、曾雪梅 甘肃省图书馆藏敦煌写经题录《图书与情报》1999年第3期 p.72

邵国秀、曾雪梅撰稿,施萍婷审订 甘肃省图书馆藏敦煌文献叙录《甘肃藏敦煌文献》(第三卷),兰州:甘肃人民出版社,1999年9月 p.354~355;图版p.120~123

于淑健 中国古文字俗体探源——以敦煌佛经书法写本为例《艺术百家》2009年第3期 p.26

李芬林、曾雪梅 甘肃省图书馆藏敦煌文献述评《敦煌研究》2013年第6期 p.70

申国美编 中国散藏敦煌文献分类目录 北京:北京图书馆出版社,2007年10月 p.79

于淑健著 敦煌佛典语词和俗字研究——以敦煌古佚和疑伪经为中心 上海:上海古籍出版社,2012年4月 p.82、337、368

曹凌 中国佛教疑伪经综录 上海:上海师范大学硕士研究生学位论文,2009年5月 p.256

甘图017(C017) 金光明最胜王经卷第九

郃惠莉、娜阁 甘肃省图书馆收藏敦煌文献简介《敦煌学辑刊》1998年第2期 p.73~76

邵国秀、曾雪梅 甘肃省图书馆藏敦煌写经题录《图书与情报》1999年第3期 p.72

邵国秀、曾雪梅撰稿,施萍婷审订 甘肃省图书馆藏敦煌文献叙录《甘肃藏敦煌文献》(第三卷),兰州:甘肃人民出版社,1999年9月 p.355;图版p.124~129;彩版(题记)

张涌泉、李玲玲 敦煌本《金光明最胜王经音》研究《敦煌研究》2006年第6期第153;收入张涌泉著《张涌泉敦煌文献论丛》,上海:上海古籍出版社,2011年8月 p.329

张涌泉、李玲玲 敦煌本《金光明最胜王经音》辑校《出土文献与古文字研究》(第一辑),上海:复旦大学出版社,2006年12月 p.270

李芬林、曾雪梅 甘肃省图书馆藏敦煌文献述评《敦煌研究》2013年第6期 p.70

赵青山 甘图藏017号敦煌文书《金光明最胜王经》题记解析《兰州大学学报》(社会科学版)2015年第5期 p.119~124;图1

陈大为、陈卿 敦煌金光明寺与世俗社会的关系《敦煌研究》2017年第5期 p.100(表2)

申国美编 中国散藏敦煌文献分类目录 北京:北京图书馆出版社,2007年10月 p.55、204

于淑健著 敦煌佛典语词和俗字研究——以敦煌古佚和疑伪经为中心 上海:上海古籍出版社,2012年4月 p.340

朱若溪《金光明经》敦煌写本研究 杭州:浙江大学博士研究生学位论文,2017年6月 p.541(九)卷九简表

王翠 《甘肃藏敦煌文献》俗字研究 南京:南京师范大学硕士研究生学位论文,2014年5月 p.28~29(表);p.31~35;p.54(附录:唐代经卷"表")

陈卿 唐后期五代宋初敦煌金光明寺研究 上海:上海师范大学硕士研究生学位论文,2015年5月 p.13、42;p.51(表2-1);p.97(附录1:寺名索引)

土肥義和編 八世紀末期~十一世紀初期燉煌氏族人名集成(氏族人名篇 人名篇) 東京:汲古書院,2015年2月3日発行 p.92、1221

土肥義和編 八世紀末期~十一世紀初期燉煌氏族人名集成(索引篇) 東京:汲古書院,2016年5月26日発行 p.30、356、395

甘图018(C018) 大般若波罗蜜多经卷第四百一

邰惠莉、娜阁 甘肃省图书馆收藏敦煌文献简介《敦煌学辑刊》1998年第2期 p.73~76

邵国秀、曾雪梅 甘肃省图书馆藏敦煌写经题录《图书与情报》1999年第3期 p.72

邵国秀、曾雪梅撰稿,施萍婷审订 甘肃省图书馆藏敦煌文献叙录《甘肃藏敦煌文献》(第三卷),兰州:甘肃人民出版社,1999年9月 p.355;图版p.130~141

申国美编 中国散藏敦煌文献分类目录 北京:北京图书馆出版社,2007年10月 p.8

甘图019(C019) 诸星母陀罗尼经一卷

邵国秀、曾雪梅撰稿,施萍婷审订 甘肃省图书馆藏敦煌文献叙录《甘肃藏敦煌文献》(第三卷),兰州:甘肃人民出版社,1999年9月 p.355;图版p.141~143

李小荣著 敦煌密教文献论稿 北京:人民文学出版社,2003年7月 p.11

申国美编 中国散藏敦煌文献分类目录 北京:北京图书馆出版社,2007年10月 p.66、204

赵晓星著 吐蕃统治时期敦煌密教研究 兰州:甘肃教育出版社,2017年3月 p.125(表12)

赵晓星 吐蕃统治敦煌时期的密教研究 兰州:兰州大学博士研究生学位论文,2007年6月 p.64(表)

党措 吐蕃时期法成在敦煌的密典传译及其影响 西安:陕西师范大学硕士研究生学位论文,2006年5月 p.21

甘图020(C020) 诸星母陀罗尼经一卷

邰惠莉、娜阁 甘肃省图书馆收藏敦煌文献简介《敦煌学辑刊》1998年第2期 p.73~76

邵国秀、曾雪梅 甘肃省图书馆藏敦煌写经题录《图书与情报》1999年第3期 p.72~73

施萍婷 甘肃藏敦煌文献概述《甘肃藏敦煌文献精粹》,兰州:甘肃人民出版社,1999年 p.2;又载段文杰主编《甘肃藏敦煌文献》(第一至六卷),兰州:甘肃人民出版社,1999年9~12月 p.2

邵国秀、曾雪梅撰稿,施萍婷审订 甘肃省图书馆藏敦煌文献叙录《甘肃藏敦煌文献》(第三卷),兰州:甘肃人民出版社,1999年9月 p.355;图版p.144~146

施萍婷 甘肃省藏敦煌汉文文献概述《"二十一世纪敦煌文献研究回顾与展望"研讨会论文集》,台中:(台湾)中华自然文化学会,1999年12月 p.36;收入氏著《敦煌习学集》(上),兰州:甘肃民族出版社,2004年12月 p.287

荣新江 甘藏敦煌文献知多少?《(甘肃)档案》2000年第3期 p.18

荣新江 有关甘肃藏敦煌文献的珍贵记录《敦煌学新论》,兰州:甘肃教育出版社,2002年9月 p.93;图27a

余欣 许承尧旧藏敦煌文献的调查与研究《敦煌学·日本学——石塚晴通教授退职纪念文集》,上海:上海辞书出版社,2005年12月 p.156

陈红彦、林世田 敦煌遗书近现代鉴藏印章辑述(上)《文献》2007年第2期 p.42;收入林世田著《敦煌遗书研究论集》,北京:中国藏学出版社,2010年3月 p.284

李芬林、曾雪梅 甘肃省图书馆藏敦煌文献述评《敦煌研究》2013年第6期 p.70

李小荣著 敦煌密教文献论稿 北京:人民文学出版社,2003年7月 p.11

申国美编 中国散藏敦煌文献分类目录 北京:北京图书馆出版社,2007年10月 p.66、204

沈乐平著 敦煌书法综论 杭州:浙江古籍出版社,2009年10月 p.228(鉴藏印章检索表)

赵晓星著 吐蕃统治时期敦煌密教研究 兰州:甘肃教育出版社,2017年3月 p.125(表12)

赵晓星 吐蕃统治敦煌时期的密教研究 兰州:兰州大学博士研究生学位论文,2007年6月 p.64(表)

沈乐平 敦煌书法综论 杭州:中国美术学院博士研究生学位论文,2008年5月 p.227(鉴藏印章检索表)

党措 吐蕃时期法成在敦煌的密典传译及其影响 西安:陕西师范大学硕士研究生学位论文,2006年5月 p.21

甘图021(C021) 大般涅槃经卷第三十狮子吼菩萨品第十一之四

邰惠莉、娜阁 甘肃省图书馆收藏敦煌文献简介《敦煌学辑刊》1998年第2期 p.73~76

邵国秀、曾雪梅 甘肃省图书馆藏敦煌写经题录《图书与情报》1999年第3期 P.73

施萍婷 甘肃藏敦煌文献概述《甘肃藏敦煌文献精粹》,兰州:甘肃人民出版社,1999年 p.6~7;彩版(局部);又载段文杰主编《甘肃藏敦煌文献》(第一至六卷),兰州:甘肃人民出版社,1999年9~12月 p.6~7

邵国秀、曾雪梅撰稿,施萍婷审订 甘肃省图书馆藏敦煌文献叙录《甘肃藏敦煌文献》(第三卷),兰州:甘肃人民出版社,1999年9月 p.355~356;图版p.146~147;彩版(局部)

施萍婷 甘肃省藏敦煌汉文文献概述《"二十一世纪敦煌文献研究回顾与展望"研讨会论文集》，台中：（台湾）中华自然文化学会，1999年12月 p.40、43；收入氏著《敦煌习学集》（上），兰州：甘肃民族出版社，2004年12月 p.293、298

介生 遍记甘藏敦煌遗书 兼具资料学术价值——《甘肃藏敦煌文献》介评《图书与情报》2000年第2期 p.79

张涌泉 敦煌故里对敦煌学的新奉献——《甘肃藏敦煌文献》读后《敦煌研究》2001年第1期 p.182

施萍婷 甘肃藏敦煌汉文文献精品简述《敦煌习学集》（上），兰州：甘肃民族出版社，2004年12月 p.314；图版48

李芬林、曾雪梅 甘肃省图书馆藏敦煌文献述评《敦煌研究》2013年第6期 p.71

中国美编 中国散藏敦煌文献分类目录 北京：北京图书馆出版社，2007年10月 p.41

景盛轩著《大般涅槃经》異文研究 成都：巴蜀书社，2009年2月 p.63、151

景盛轩 敦煌本《大般涅槃经》研究——以版本、异文及训诂为中心 杭州：浙江大学博士研究生学位论文，2004年5月 p.96、171、220

甘图022（C022）摩诃般若波罗蜜经卷第七无生品第二十六

邵国秀、曾雪梅 甘肃省图书馆藏敦煌写经题录《图书与情报》1999年第3期 p.73

施萍婷 甘肃藏敦煌文献概述 《甘肃藏敦煌文献精粹》，兰州：甘肃人民出版社，1999年 p.6~7；又载段文杰主编《甘肃藏敦煌文献》（第一至六卷），兰州：甘肃人民出版社，1999年9~12月 p.6~7

邵国秀、曾雪梅撰稿，施萍婷审订 甘肃省图书馆藏敦煌文献叙录《甘肃藏敦煌文献》（第三卷），兰州：甘肃人民出版社，1999年9月 p.356；图版p.147~149

施萍婷 甘肃省藏敦煌汉文文献概述《"二十一世纪敦煌文献研究回顾与展望"研讨会论文集》，台中：（台湾）中华自然文化学会，1999年12月 p.40、43；收入氏著《敦煌习学集》（上），兰州：甘肃民族出版社，2004年12月 p.293、298

张涌泉 敦煌故里对敦煌学的新奉献——《甘肃藏敦煌文献》读后《敦煌研究》2001年第1期 p.182

李芬林、曾雪梅 甘肃省图书馆藏敦煌文献述评《敦煌研究》2013年第6期 p.71

中国美编 中国散藏敦煌文献分类目录 北京：北京图书馆出版社，2007年10月 p.10

甘图023（C023）妙法莲华经卷第六药王菩萨本事品第二十三

邰惠莉、娜阁 甘肃省图书馆收藏敦煌文献简介《敦煌学辑刊》1998年第2期 p.73~76

邵国秀、曾雪梅 甘肃省图书馆藏敦煌写经题录《图书与情报》1999年第3期 p.73

施萍婷 甘肃藏敦煌文献概述 《甘肃藏敦煌文献精粹》，兰州：甘肃人民出版社，1999年 p.3、6；彩版（卷尾）；又载段文杰主编《甘肃藏敦煌文献》（第一至六卷），兰州：甘肃人民出版社，1999年9~12月 p.3、6

邵国秀、曾雪梅撰稿，施萍婷审订 甘肃省图书馆藏敦煌文献叙录《甘肃藏敦煌文献》（第三卷），兰州：甘肃人民出版社，1999年9月 p.356；图版p.149~152；彩版（卷尾）

施萍婷 甘肃省藏敦煌汉文文献概述《“二十一世纪敦煌文献研究回顾与展望”研讨会论文集》，台中：(台湾)中华自然文化学会，1999年12月 p.37、40；收入氏著《敦煌习学集》(上)，兰州：甘肃民族出版社，2004年12月 p.287~288、293

韩惠言 甘藏敦煌汉文文献概况《敦煌学辑刊》2000年第2期 p.68；收入敦煌研究院编《2000年敦煌学国际学术讨论会文集——纪念敦煌藏经洞发现暨敦煌学百年》历史文化卷(上)，兰州：甘肃民族出版社，2003年9月 p.516

邰惠莉 甘肃藏非敦煌文献的真伪、来源及相关问题《敦煌学辑刊》2000年第2期 p.77

施萍婷 甘肃藏敦煌汉文文献精品简述《敦煌习学集》(上)，兰州：甘肃民族出版社，2004年12月 p.314；图版49

余欣 许承尧旧藏敦煌文献的调查与研究《敦煌学·日本学——石塚晴通教授退职纪念文集》，上海：上海辞书出版社，2005年12月 p.155

陈红彦、林世田 敦煌遗书近现代鉴藏印章辑述(上)《文献》2007年第2期 p.38；收入林世田著《敦煌遗书研究论集》，北京：中国藏学出版社，2010年3月 p.279

李芬林、曾雪梅 甘肃省图书馆藏敦煌文献述评《敦煌研究》2013年第6期 p.71

申国美编 中国散藏敦煌文献分类目录 北京：北京图书馆出版社，2007年10月 p.29、204

沈乐平著 敦煌书法综论 杭州：浙江古籍出版社，2009年10月 p.226(鉴藏印章检索表)

沈乐平 敦煌书法综论 杭州：中国美术学院博士研究生学位论文，2008年5月 p.225(鉴藏印章检索表)

甘图024(C024) 妙法莲华经卷第七陀罗尼品第二十六

邰惠莉、娜阁 甘肃省图书馆收藏敦煌文献简介《敦煌学辑刊》1998年第2期 p.73~76

邵国秀、曾雪梅 甘肃省图书馆藏敦煌写经题录《图书与情报》1999年第3期 p.73~74

施萍婷 甘肃藏敦煌文献概述《甘肃藏敦煌文献精粹》，兰州：甘肃人民出版社，1999年 p.3、6；又载段文杰主编《甘肃藏敦煌文献》(第一至六卷)，兰州：甘肃人民出版社，1999年9~12月 p.3、6

邵国秀、曾雪梅撰稿，施萍婷审订 甘肃省图书馆藏敦煌文献叙录《甘肃藏敦煌文献》(第三卷)，兰州：甘肃人民出版社，1999年9月 p.356；图版p.152~156；彩版(“瓜沙州大王印”)

施萍婷 甘肃省藏敦煌汉文文献概述《“二十一世纪敦煌文献研究回顾与展望”研讨会论文集》，台中：(台湾)中华自然文化学会，1999年12月 p.36、40；收入氏著《敦煌习学集》(上)，兰州：甘肃民族出版社，2004年12月 p.287、293

韩惠言 甘藏敦煌汉文文献概况《敦煌学辑刊》2000年第2期 p.68；收入敦煌研究院编《2000年敦煌学国际学术讨论会文集——纪念敦煌藏经洞发现暨敦煌学百年》历史文化卷(上)，兰州：甘肃民族出版社，2003年9月 p.516

邰惠莉 甘肃藏非敦煌文献的真伪、来源及相关问题《敦煌学辑刊》2000年第2期 p.77

邰惠莉、范军澍 兰山范氏藏敦煌写经目录《敦煌研究》2006年第3期 P.80

陈红彦、林世田 敦煌遗书近现代鉴藏印章辑述(上)《文献》2007年第2期 p.46；收入林世田著《敦煌遗

书研究论集》,北京:中国藏学出版社,2010年3月 p.290

李芬林、曾雪梅 甘肃省图书馆藏敦煌文献述评《敦煌研究》2013年第6期 p.71

陈乐道 历史情怀——敦煌卷子流散之随想《(甘肃)档案》2016年第4期 p.37

申国美编 中国散藏敦煌文献分类目录 北京:北京图书馆出版社,2007年10月 p.31、205

沈乐平著 敦煌书法综论 杭州:浙江古籍出版社,2009年10月 p.230(鉴藏印章检索表)

于淑健著 敦煌佛典语词和俗字研究——以敦煌古佚和疑伪经为中心 上海:上海古籍出版社,2012年4月 p.263~264

沈乐平 敦煌书法综论 杭州:中国美术学院博士研究生学位论文,2008年5月 p.229(鉴藏印章检索表)

甘图025(C025) 究竟大悲经卷第二

邰惠莉、郷阁 甘肃省图书馆收藏敦煌文献简介《敦煌学辑刊》1998年第2期 p.73~76

邵国秀、曾雪梅 甘肃省图书馆藏敦煌写经题录《图书与情报》1999年第3期 p.74

邵国秀、曾雪梅撰稿,施萍婷审订 甘肃省图书馆藏敦煌文献叙录《甘肃藏敦煌文献》(第三卷),兰州:甘肃人民出版社,1999年9月 p.357;图版p.156~166

邰惠莉 甘肃藏非敦煌文献的真伪、来源及相关问题《敦煌学辑刊》2000年第2期 p.77

施萍婷 甘肃藏敦煌汉文文献精品简述《敦煌习学集》(上),兰州:甘肃民族出版社,2004年12月 p.314;图版50

李芬林、曾雪梅 甘肃省图书馆藏敦煌文献述评《敦煌研究》2013年第6期 p.70

张小艳 敦煌疑伪经四种残卷缀合研究《宗教学研究》2015年第4期 p.87

申国美编 中国散藏敦煌文献分类目录 北京:北京图书馆出版社,2007年10月 p.77、205

沈乐平著 敦煌书法综论 杭州:浙江古籍出版社,2009年10月 p.173(钤用印章列表)

于淑健著 敦煌佛典语词和俗字研究——以敦煌古佚和疑伪经为中心 上海:上海古籍出版社,2012年4月 p.240、246~247

沈乐平 敦煌书法综论 杭州:中国美术学院博士研究生学位论文,2008年5月 p.168(钤用印章列表)

曹凌 中国佛教疑伪经综录 上海:上海师范大学硕士研究生学位论文,2009年5月 p.213

王翠《甘肃藏敦煌文献》俗字研究 南京:南京师范大学硕士研究生学位论文,2014年5月 p.29(表);p.54~55(附录:唐代经卷"表")

甘图026(C026) 大般涅槃经卷第一

邰惠莉、郷阁 甘肃省图书馆收藏敦煌文献简介《敦煌学辑刊》1998年第2期 p.73~76

邵国秀、曾雪梅 甘肃省图书馆藏敦煌写经题录《图书与情报》1999年第3期 p.74

邵国秀、曾雪梅撰稿,施萍婷审订 甘肃省图书馆藏敦煌文献叙录《甘肃藏敦煌文献》(第三卷),兰州:甘肃人民出版社,1999年9月 p.357;图版p.166~177

景盛轩 敦煌写本《大般涅槃经》著录商补《浙江与敦煌学——常书鸿先生诞辰一百周年纪念文集》,

杭州:浙江古籍出版社,2004年12月 p.349;收入氏著《〈大般涅槃经〉異文研究》,成都:巴蜀书社,2009年2月 p.340

景盛轩 敦煌北本《大般涅槃经》分卷考《〈大般涅槃经〉異文研究》,成都:巴蜀书社,2009年2月 调查表p.317

张涌泉、丁小明 敦煌文献定名研究《中华文史论丛》2011年第2期 p.353

申国美编 中国散藏敦煌文献分类目录 北京:北京图书馆出版社,2007年10月 p.35、205

景盛轩著《大般涅槃经》異文研究 成都:巴蜀书社,2009年2月 p.4、70

于淑健著 敦煌佛典语词和俗字研究——以敦煌古佚和疑伪经为中心 上海:上海古籍出版社,2012年4月 p.247

张涌泉著 敦煌写本文献学 兰州:甘肃教育出版社,2013年12月 p.718

景盛轩 敦煌本《大般涅槃经》研究——以版本、异文及训诂为中心 杭州:浙江大学博士研究生学位论文,2004年5月 p.22;p.129(表二);p.166、173

甘图027(C027)大般若波罗蜜多经卷第五百七十七

郜惠莉、娜阁 甘肃省图书馆收藏敦煌文献简介《敦煌学辑刊》1998年第2期 p.73~76

邵国秀、曾雪梅 甘肃省图书馆藏敦煌写经题录《图书与情报》1999年第3期 p.74

施萍婷 甘肃藏敦煌文献概述《甘肃藏敦煌文献精粹》,兰州:甘肃人民出版社,1999年 p.6;又载段文杰主编《甘肃藏敦煌文献》(第一至六卷),兰州:甘肃人民出版社,1999年9~12月 p.6

邵国秀、曾雪梅撰稿,施萍婷审订 甘肃省图书馆藏敦煌文献叙录《甘肃藏敦煌文献》(第三卷),兰州:甘肃人民出版社,1999年9月 p.357;图版p.178

施萍婷 甘肃省藏敦煌汉文文献概述《"二十一世纪敦煌文献研究回顾与展望"研讨会论文集》,台中:(台湾)中华自然文化学会,1999年12月 p.40;收入氏著《敦煌习学集》(上),兰州:甘肃民族出版社,2004年12月 p.293

张涌泉 敦煌故里对敦煌学的新奉献——《甘肃藏敦煌文献》读后《敦煌研究》2001年第1期 p.182

申国美编 中国散藏敦煌文献分类目录 北京:北京图书馆出版社,2007年10月 p.9、205

甘图028(C028)金光明最胜王经卷第九善生品第二十一

施萍婷 甘肃藏敦煌文献概述《甘肃藏敦煌文献精粹》,兰州:甘肃人民出版社,1999年 p.6;又载段文杰主编《甘肃藏敦煌文献》(第一至六卷),兰州:甘肃人民出版社,1999年9~12月 p.6

邵国秀、曾雪梅撰稿,施萍婷审订 甘肃省图书馆藏敦煌文献叙录《甘肃藏敦煌文献》(第三卷),兰州:甘肃人民出版社,1999年9月 p.357;图版p.178~179

施萍婷 甘肃省藏敦煌汉文文献概述《"二十一世纪敦煌文献研究回顾与展望"研讨会论文集》,台中:(台湾)中华自然文化学会,1999年12月 p.40;收入氏著《敦煌习学集》(上),兰州:甘肃民族出版社,2004年12月 p.293

申国美编 中国散藏敦煌文献分类目录 北京:北京图书馆出版社,2007年10月 p.55

朱若溪《金光明经》敦煌写本研究 杭州:浙江大学博士研究生学位论文,2017年6月 p.540(九)卷九简表

甘图029(C029) 妙法莲华经卷第一序品第一

邰惠莉、郷阁 甘肃省图书馆收藏敦煌文献简介《敦煌学辑刊》1998年第2期 p.73~76

邵国秀、曾雪梅 甘肃省图书馆藏敦煌写经题录《图书与情报》1999年第3期 p.74

施萍婷 甘肃藏敦煌文献概述《甘肃藏敦煌文献精粹》,兰州:甘肃人民出版社,1999年 p.6;又载段文杰主编《甘肃藏敦煌文献》(第一至六卷),兰州:甘肃人民出版社,1999年9~12月 p.6

邵国秀、曾雪梅撰稿,施萍婷审订 甘肃省图书馆藏敦煌文献叙录《甘肃藏敦煌文献》(第三卷),兰州:甘肃人民出版社,1999年9月 p.357;图版p.179~180

施萍婷 甘肃省藏敦煌汉文文献概述《"二十一世纪敦煌文献研究回顾与展望"研讨会论文集》,台中:(台湾)中华自然文化学会,1999年12月 p.40;收入氏著《敦煌习学集》(上),兰州:甘肃民族出版社,2004年12月 p.293

申国美编 中国散藏敦煌文献分类目录 北京:北京图书馆出版社,2007年10月 p.19

甘图030(C030) 金光明经卷第二四天王品第六

邰惠莉、郷阁 甘肃省图书馆收藏敦煌文献简介《敦煌学辑刊》1998年第2期 p.73~76

邵国秀、曾雪梅 甘肃省图书馆藏敦煌写经题录《图书与情报》1999年第3期 p.74~75

施萍婷 甘肃藏敦煌文献概述《甘肃藏敦煌文献精粹》,兰州:甘肃人民出版社,1999年 p.6;彩版(局部);又载段文杰主编《甘肃藏敦煌文献》(第一至六卷),兰州:甘肃人民出版社,1999年9~12月 p.6

邵国秀、曾雪梅撰稿,施萍婷审订 甘肃省图书馆藏敦煌文献叙录《甘肃藏敦煌文献》(第三卷),兰州:甘肃人民出版社,1999年9月 p.357~358;图版p.180~181;彩版(局部)

施萍婷 甘肃省藏敦煌汉文文献概述《"二十一世纪敦煌文献研究回顾与展望"研讨会论文集》,台中:(台湾)中华自然文化学会,1999年12月 p.40;收入氏著《敦煌习学集》(上),兰州:甘肃民族出版社,2004年12月 p.293

张涌泉 敦煌故里对敦煌学的新奉献——《甘肃藏敦煌文献》读后《敦煌研究》2001年第1期 p.182

施萍婷 甘肃藏敦煌汉文文献精品简述《敦煌习学集》(上),兰州:甘肃民族出版社,2004年12月 p.310;图版33

李芬林、曾雪梅 甘肃省图书馆藏敦煌文献述评《敦煌研究》2013年第6期 p.71

申国美编 中国散藏敦煌文献分类目录 北京:北京图书馆出版社,2007年10月 p.53

朱若溪《金光明经》敦煌写本研究 杭州:浙江大学博士学位论文,2017年6月 p.495(二)卷二简表

王翠《甘肃藏敦煌文献》俗字研究① 南京:南京师范大学硕士研究生学位论文,2014年5月 p.19(表);

①王翠硕士论文《〈甘肃藏敦煌文献〉俗字研究》第21、23页作"敦研030《金光明经卷第二四天王品第六》",有误。敦研030号为《大智度论卷第二十二释初品》。此处应为甘图030号。

p.21、22;p.53(附录:中古经卷“表”)

甘图031(C031)妙法莲华经卷第二信解品第四

邰惠莉、鄉阁 甘肃省图书馆收藏敦煌文献简介《敦煌学辑刊》1998年第2期 p.73~76

邵国秀、曾雪梅 甘肃省图书馆藏敦煌写经题录《图书与情报》1999年第3期 p.75

施萍婷 甘肃藏敦煌文献概述《甘肃藏敦煌文献精粹》,兰州:甘肃人民出版社,1999年 p.3、6;又载段文杰主编《甘肃藏敦煌文献》(第一至六卷),兰州:甘肃人民出版社,1999年9~12月 p.3、6

邵国秀、曾雪梅撰稿,施萍婷审订 甘肃省图书馆藏敦煌文献叙录《甘肃藏敦煌文献》(第三卷),兰州:甘肃人民出版社,1999年9月 p.358;图版p.182~185

施萍婷 甘肃省藏敦煌汉文文献概述《“二十一世纪敦煌文献研究回顾与展望”研讨会论文集》,台中:(台湾)中华自然文化学会,1999年12月 p.36、40;收入氏著《敦煌习学集》(上),兰州:甘肃民族出版社,2004年12月 p.287;p.293

邰惠莉 甘肃藏非敦煌文献的真伪、来源及相关问题《敦煌学辑刊》2000年第2期 p.77

邰惠莉、范军澍 兰山范氏藏敦煌写经目录《敦煌研究》2006年第3期 p.80

陈红彦、林世田 敦煌遗书近现代鉴藏印章辑述(上)《文献》2007年第2期 p.46;收入林世田著《敦煌遗书研究论集》,北京:中国藏学出版社,2010年3月 p.290

李芬林、曾雪梅 甘肃省图书馆藏敦煌文献述评《敦煌研究》2013年第6期 p.71

陈乐道 历史情怀——敦煌卷子流散之随想《(甘肃)档案》2016年第4期 p.37、38

中国美编 中国散藏敦煌文献分类目录 北京:北京图书馆出版社,2007年10月 p.21、205

沈乐平著 敦煌书法综论 杭州:浙江古籍出版社,2009年10月 p.230(鉴藏印章检索表)

沈乐平 敦煌书法综论 杭州:中国美术学院博士研究生学位论文,2008年5月 p.229(鉴藏印章检索表)

甘图附032 中阿含经卷第四十九①

施萍婷 甘肃藏敦煌文献概述《甘肃藏敦煌文献精粹》,兰州:甘肃人民出版社,1999年 p.10;彩版(日本写经);又载段文杰主编《甘肃藏敦煌文献》(第一至六卷),兰州:甘肃人民出版社,1999年9~12月 p.10

邵国秀、曾雪梅撰稿,施萍婷审订 甘肃省图书馆藏敦煌文献叙录《甘肃藏敦煌文献》(第三卷),兰州:甘肃人民出版社,1999年9月 p.358~359;图版p.185~203;彩版(日本写经)

邰惠莉 甘肃藏非敦煌文献的真伪、来源及相关问题《敦煌学辑刊》2000年第2期 p.73;图7

张涌泉 敦煌故里对敦煌学的新奉献——《甘肃藏敦煌文献》读后《敦煌研究》2001年第1期 p.184

邰惠莉、范军澍 兰山范氏藏敦煌写经目录《敦煌研究》2006年第3期 P.80

中国美编 中国散藏敦煌文献分类目录 北京:北京图书馆出版社,2007年10月 p.96、205

①甘图附032《中阿含经卷第四十九》为日本写经。

2. 甘肃省图书馆藏敦煌藏文文献

甘肃省图书馆藏敦煌藏文写经共351件，其中卷轴装32件，梵夹装319件(1128页)。目录可参见曾雪梅《甘肃省图书馆藏敦煌藏文文献叙录》①，曾雪梅、张延清《甘肃省图书馆藏敦煌梵夹装藏文写经考录》②，张延清、勘措吉、郃惠莉《甘肃省图书馆藏敦煌藏文文献叙录》③。由于受篇幅所限，仅见于上述目录者，本《引得》中不再列细目。现依据《甘肃藏敦煌藏文文献叙录》对甘肃省图书馆藏敦煌藏文文献重新编号④，刊布与研究著录情况如下：

GL.t.0001 大乘无量寿宗要经

张延清著 吐蕃敦煌抄经研究 北京：民族出版社，2016年11月 p.324、343、351、358

赵晓星著 吐蕃统治时期敦煌密教研究 兰州：甘肃教育出版社，2017年3月 p.617(附录一)

赵晓星 吐蕃统治敦煌时期的密教研究 兰州：兰州大学博士研究生学位论文，2007年6月 p.164(附录一)

GL.t.0002 大乘无量寿宗要经

张延清著 吐蕃敦煌抄经研究 北京：民族出版社，2016年11月 p.285

赵晓星著 吐蕃统治时期敦煌密教研究 兰州：甘肃教育出版社，2017年3月 p.628(附录一)

赵晓星 吐蕃统治敦煌时期的密教研究 兰州：兰州大学博士研究生学位论文，2007年6月 p.169(附录一)

---

①曾雪梅《甘肃省图书馆藏敦煌藏文文献叙录》，《敦煌研究》2003年第5期，第70~76页。

②曾雪梅、张延清《甘肃省图书馆藏敦煌梵夹装藏文写经考录》(上)，《中国藏学》2008年第3期，第194~206页；曾雪梅、张延清《甘肃省图书馆藏敦煌梵夹装藏文写经考录》(下)，《中国藏学》2008年第4期，第75~85页。

③马德主编《甘肃藏敦煌藏文文献叙录》，兰州：甘肃民族出版社，2011年9月第45~104页。

④关于甘肃省图书馆藏敦煌藏文文献的重新编号缩写，马德主编《甘肃藏敦煌藏文文献叙录》采用GL.t.××××代表甘肃省图书馆所藏敦煌藏文文献资料；而张延清著《吐蕃敦煌抄经研究》则采用Gt.t.××××代表甘肃省图书馆所藏敦煌藏文文献资料。

GL.t.0003 大乘无量寿宗要经

李芬林、曾雪梅 甘肃省图书馆藏敦煌文献述评《敦煌研究》2013年第6期 p.70

张延清著 吐蕃敦煌抄经研究 北京:民族出版社,2016年11月 p.212、285、295、331~332、352

赵晓星著 吐蕃统治时期敦煌密教研究 兰州:甘肃教育出版社,2017年3月 p.617(附录一)

赵晓星 吐蕃统治敦煌时期的密教研究 兰州:兰州大学博士研究生学位论文,2007年6月 p.165(附录一)

GL.t.0004 大乘无量寿宗要经

李芬林、曾雪梅 甘肃省图书馆藏敦煌文献述评《敦煌研究》2013年第6期 p.70

张延清著 吐蕃敦煌抄经研究 北京:民族出版社,2016年11月 p.290

赵晓星著 吐蕃统治时期敦煌密教研究 兰州:甘肃教育出版社,2017年3月 p.617(附录一)

赵晓星 吐蕃统治敦煌时期的密教研究 兰州:兰州大学博士研究生学位论文,2007年6月 p.165(附录一)

GL.t.0005 大乘无量寿宗要经

赵晓星著 吐蕃统治时期敦煌密教研究 兰州:甘肃教育出版社,2017年3月 p.628(附录一)

赵晓星 吐蕃统治敦煌时期的密教研究 兰州:兰州大学博士研究生学位论文,2007年6月 p.169(附录一)

GL.t.0006 大乘无量寿宗要经

李芬林、曾雪梅 甘肃省图书馆藏敦煌文献述评《敦煌研究》2013年第6期 p.70

张延清著 吐蕃敦煌抄经研究 北京:民族出版社,2016年11月 p.282

赵晓星著 吐蕃统治时期敦煌密教研究 兰州:甘肃教育出版社,2017年3月 p.617(附录一)

赵晓星 吐蕃统治敦煌时期的密教研究 兰州:兰州大学博士研究生学位论文,2007年6月 p.165(附录一)

GL.t.0007 大乘无量寿宗要经

张延清著 吐蕃敦煌抄经研究 北京:民族出版社,2016年11月 p.341~343

赵晓星著 吐蕃统治时期敦煌密教研究 兰州:甘肃教育出版社,2017年3月 p.617(附录一)

赵晓星 吐蕃统治敦煌时期的密教研究 兰州:兰州大学博士研究生学位论文,2007年6月 p.165(附录一)

GL.t.0008 大乘无量寿宗要经

李芬林、曾雪梅 甘肃省图书馆藏敦煌文献述评《敦煌研究》2013年第6期 p.70

张延清著 吐蕃敦煌抄经研究 北京:民族出版社,2016年11月 p.290

赵晓星著 吐蕃统治时期敦煌密教研究 兰州:甘肃教育出版社,2017年3月 p.617(附录一)

赵晓星 吐蕃统治敦煌时期的密教研究 兰州:兰州大学博士研究生学位论文,2007年6月 p.165(附录一)

GL.t.0009 大乘无量寿宗要经

李芬林、曾雪梅 甘肃省图书馆藏敦煌文献述评《敦煌研究》2013年第6期 p.70

赵晓星著 吐蕃统治时期敦煌密教研究 兰州:甘肃教育出版社,2017年3月 p.628(附录一)

赵晓星 吐蕃统治敦煌时期的密教研究 兰州:兰州大学博士研究生学位论文,2007年6月 p.169(附录一)

GL.t.0010 大乘无量寿宗要经

张延清著 吐蕃敦煌抄经研究 北京:民族出版社,2016年11月 p.291

赵晓星著 吐蕃统治时期敦煌密教研究 兰州:甘肃教育出版社,2017年3月 p.617(附录一)

赵晓星 吐蕃统治敦煌时期的密教研究 兰州:兰州大学博士研究生学位论文,2007年6月 p.165(附录一)

GL.t.0011 大乘无量寿宗要经

张延清著 吐蕃敦煌抄经研究 北京:民族出版社,2016年11月 p.309

赵晓星著 吐蕃统治时期敦煌密教研究 兰州:甘肃教育出版社,2017年3月 p.618(附录一)

赵晓星 吐蕃统治敦煌时期的密教研究 兰州:兰州大学博士研究生学位论文,2007年6月 p.165(附录一)

GL.t.0012 大乘无量寿宗要经

赵晓星著 吐蕃统治时期敦煌密教研究 兰州:甘肃教育出版社,2017年3月 p.618(附录一)

赵晓星 吐蕃统治敦煌时期的密教研究 兰州:兰州大学博士研究生学位论文,2007年6月 p.165(附录一)

GL.t.0013 大乘无量寿宗要经

张延清著 吐蕃敦煌抄经研究 北京:民族出版社,2016年11月 p.211~212、289

赵晓星著 吐蕃统治时期敦煌密教研究 兰州:甘肃教育出版社,2017年3月 p.618(附录一)

赵晓星 吐蕃统治敦煌时期的密教研究 兰州:兰州大学博士研究生学位论文,2007年6月 p.165(附录一)

GL.t.0014 大乘无量寿宗要经

赵晓星著 吐蕃统治时期敦煌密教研究 兰州:甘肃教育出版社,2017年3月 p.628(附录一)

赵晓星 吐蕃统治敦煌时期的密教研究 兰州:兰州大学博士研究生学位论文,2007年6月 p.169(附录一)

GL.t.0015 大乘无量寿宗要经

赵晓星著 吐蕃统治时期敦煌密教研究 兰州:甘肃教育出版社,2017年3月 p.628(附录一)

赵晓星 吐蕃统治敦煌时期的密教研究 兰州:兰州大学博士研究生学位论文,2007年6月 p.169(附录一)

GL.t.0016 大乘无量寿宗要经

张延清著 吐蕃敦煌抄经研究 北京:民族出版社,2016年11月 p.287

赵晓星著 吐蕃统治时期敦煌密教研究 兰州：甘肃教育出版社，2017年3月 p.618（附录一）
赵晓星 吐蕃统治敦煌时期的密教研究 兰州：兰州大学博士研究生学位论文，2007年6月 p.165（附录一）

GL.t.0017 大乘无量寿宗要经

赵晓星著 吐蕃统治时期敦煌密教研究 兰州：甘肃教育出版社，2017年3月 p.618（附录一）
赵晓星 吐蕃统治敦煌时期的密教研究 兰州：兰州大学博士研究生学位论文，2007年6月 p.165（附录一）

GL.t.0018 大乘无量寿宗要经

邰惠莉、范军澍 兰山范氏藏敦煌写经目录《敦煌研究》2006年第3期 P.80
李芬林、曾雪梅 甘肃省图书馆藏敦煌文献述评《敦煌研究》2013年第6期 p.70
张延清著 吐蕃敦煌抄经研究 北京：民族出版社，2016年11月 p.281
赵晓星著 吐蕃统治时期敦煌密教研究 兰州：甘肃教育出版社，2017年3月 p.618、619（附录一）
赵晓星 吐蕃统治敦煌时期的密教研究 兰州：兰州大学博士研究生学位论文，2007年6月 p.165（附录一）

GL.t.0019 大乘无量寿宗要经

张延清著 吐蕃敦煌抄经研究 北京：民族出版社，2016年11月 p.282、341~343
赵晓星著 吐蕃统治时期敦煌密教研究 兰州：甘肃教育出版社，2017年3月 p.618（附录一）
赵晓星 吐蕃统治敦煌时期的密教研究 兰州：兰州大学博士研究生学位论文，2007年6月 p.165（附录一）

GL.t.0020 大乘无量寿宗要经

张延清著 吐蕃敦煌抄经研究 北京：民族出版社，2016年11月 p.287、341~343
赵晓星著 吐蕃统治时期敦煌密教研究 兰州：甘肃教育出版社，2017年3月 p.618、619（附录一）
赵晓星 吐蕃统治敦煌时期的密教研究 兰州：兰州大学博士研究生学位论文，2007年6月 p.165（附录一）

GL.t.0021 大乘无量寿宗要经

张延清著 吐蕃敦煌抄经研究 北京：民族出版社，2016年11月 p.288
赵晓星著 吐蕃统治时期敦煌密教研究 兰州：甘肃教育出版社，2017年3月 p.618、619、620（附录一）
赵晓星 吐蕃统治敦煌时期的密教研究 兰州：兰州大学博士研究生学位论文，2007年6月 p.165（附录一）

GL.t.0022 大乘无量寿宗要经

张延清著 吐蕃敦煌抄经研究 北京：民族出版社，2016年11月 p.279、342、343
赵晓星著 吐蕃统治时期敦煌密教研究 兰州：甘肃教育出版社，2017年3月 p.619（附录一）
赵晓星 吐蕃统治敦煌时期的密教研究 兰州：兰州大学博士研究生学位论文，2007年6月 p.165（附录一）

GL.t.0023 大乘无量寿宗要经

赵晓星著 吐蕃统治时期敦煌密教研究 兰州:甘肃教育出版社,2017年3月 p.628(附录一)

赵晓星 吐蕃统治敦煌时期的密教研究 兰州:兰州大学博士研究生学位论文,2007年6月 p.169(附录一)

GL.t.0024 大乘无量寿宗要经

赵晓星著 吐蕃统治时期敦煌密教研究 兰州:甘肃教育出版社,2017年3月 p.628(附录一)

赵晓星 吐蕃统治敦煌时期的密教研究 兰州:兰州大学博士研究生学位论文,2007年6月 p.169(附录一)

GL.t.0025 大乘无量寿宗要经

张延清著 吐蕃敦煌抄经研究 北京:民族出版社,2016年11月 p.291

赵晓星著 吐蕃统治时期敦煌密教研究 兰州:甘肃教育出版社,2017年3月 p.619(附录一)

赵晓星 吐蕃统治敦煌时期的密教研究 兰州:兰州大学博士研究生学位论文,2007年6月 p.165(附录一)

GL.t.0026 大乘无量寿宗要经

张延清著 吐蕃敦煌抄经研究 北京:民族出版社,2016年11月 p.341~342、343

赵晓星著 吐蕃统治时期敦煌密教研究 兰州:甘肃教育出版社,2017年3月 p.619(附录一)

赵晓星 吐蕃统治敦煌时期的密教研究 兰州:兰州大学博士研究生学位论文,2007年6月 p.165(附录一)

GL.t.0027 大乘无量寿宗要经

张延清著 吐蕃敦煌抄经研究 北京:民族出版社,2016年11月 p.281

赵晓星著 吐蕃统治时期敦煌密教研究 兰州:甘肃教育出版社,2017年3月 p.619(附录一)

赵晓星 吐蕃统治敦煌时期的密教研究 兰州:兰州大学博士研究生学位论文,2007年6月 p.165(附录一)

GL.t.0028 大乘无量寿宗要经

张延清著 吐蕃敦煌抄经研究 北京:民族出版社,2016年11月 p.212、289、353

赵晓星著 吐蕃统治时期敦煌密教研究 兰州:甘肃教育出版社,2017年3月 p.619(附录一)

赵晓星 吐蕃统治敦煌时期的密教研究 兰州:兰州大学博士研究生学位论文,2007年6月 p.165(附录一)

GL.t.0029 大乘无量寿宗要经

张延清著 吐蕃敦煌抄经研究 北京:民族出版社,2016年11月 p.323、340、352、354~355

赵晓星著 吐蕃统治时期敦煌密教研究 兰州:甘肃教育出版社,2017年3月 p.619(附录一)

赵晓星 吐蕃统治敦煌时期的密教研究 兰州:兰州大学博士研究生学位论文,2007年6月 p.165(附录一)

编号0029-2 大乘无量寿宗要经

张延清、谢尔萨 敦煌藏文写经生结构分析 《丝绸之路民族古文字与文化学术讨论会文集》(上),西安:三秦出版社,2007年7月 p.119~120;p.125(附表三)

GL.t.0030 大乘无量寿宗要经

张延清著 吐蕃敦煌抄经研究 北京:民族出版社,2016年11月 p.283

赵晓星著 吐蕃统治时期敦煌密教研究 兰州:甘肃教育出版社,2017年3月 p.619(附录一)

赵晓星 吐蕃统治敦煌时期的密教研究 兰州:兰州大学博士研究生学位论文,2007年6月 p.166(附录一)

GL.t.0031 大乘无量寿宗要经

邰惠莉、范军澍 兰山范氏藏敦煌写经目录《敦煌研究》2006年第3期 P.80

李芬林、曾雪梅 甘肃省图书馆藏敦煌文献述评《敦煌研究》2013年第6期 p.70

张延清著 吐蕃敦煌抄经研究 北京:民族出版社,2016年11月 p.282

赵晓星著 吐蕃统治时期敦煌密教研究 兰州:甘肃教育出版社,2017年3月 p.620(附录一)

赵晓星 吐蕃统治敦煌时期的密教研究 兰州:兰州大学博士研究生学位论文,2007年6月 p.166(附录一)

GL.t.0031a

李芬林、曾雪梅 甘肃省图书馆藏敦煌文献述评《敦煌研究》2013年第6期 p.70

GL.t.0032 大乘无量寿宗要经

李芬林、曾雪梅 甘肃省图书馆藏敦煌文献述评《敦煌研究》2013年第6期 p.70

赵晓星著 吐蕃统治时期敦煌密教研究 兰州:甘肃教育出版社,2017年3月 p.628(附录一)

赵晓星 吐蕃统治敦煌时期的密教研究 兰州:兰州大学博士研究生学位论文,2007年6月 p.169(附录一)

GL.t.0033–GL.t.0035 十万颂般若波罗蜜多经

曾雪梅、张延清 甘肃省图书馆藏敦煌梵夹装藏文写经考录(上)《中国藏学》2008年第3期 p.195

马德主编,张延清、勘措吉、邰惠莉编写 甘肃省图书馆藏敦煌藏文文献《甘肃藏敦煌藏文文献叙录》,兰州:甘肃民族出版社,2011年9月 p.54

GL.t.0036 十万颂般若波罗蜜多经第三卷第二品

巴桑旺堆 关于古藏文写本的研究方法的再探索《中国藏学》2009年第3期 p.78;收入氏著《吐蕃历史文献研究论集》,上海:上海古籍出版社,2018年7月 p.37

张延清著 吐蕃敦煌抄经研究 北京:民族出版社,2016年11月 p.306、327、328、342、343、352

GL.t.0037 十万颂般若波罗蜜多经第三卷第三品

曾雪梅、张延清 甘肃省图书馆藏敦煌梵夹装藏文写经考录(上)《中国藏学》2008年第3期 p.195

马德主编,张延清、勘措吉、邰惠莉编写 甘肃省图书馆藏敦煌藏文文献《甘肃藏敦煌藏文文献叙录》,兰州:甘肃民族出版社,2011年9月 p.55

GL.t.0038 十万颂般若波罗蜜多经

曾雪梅、张延清 甘肃省图书馆藏敦煌梵夹装藏文写经考录(上)《中国藏学》2008年第3期 p.195

马德主编,张延清、勘措吉、邰惠莉编写 甘肃省图书馆藏敦煌藏文文献《甘肃藏敦煌藏文文献叙录》,兰州:甘肃民族出版社,2011年9月 p.55

GL.t.0039 十万颂般若波罗蜜多经

张延清著 吐蕃敦煌抄经研究 北京:民族出版社,2016年11月 p.306、335、350

GL.t.0040 十万颂般若波罗蜜多经第三卷第四品

曾雪梅、张延清 甘肃省图书馆藏敦煌梵夹装藏文写经考录(上)《中国藏学》2008年第3期 p.195

马德主编,张延清、勘措吉、邰惠莉编写 甘肃省图书馆藏敦煌藏文文献《甘肃藏敦煌藏文文献叙录》,兰州:甘肃民族出版社,2011年9月 p.55

GL.t.0041 十万颂般若波罗蜜多经第三卷第五品

曾雪梅、张延清 甘肃省图书馆藏敦煌梵夹装藏文写经考录(上)《中国藏学》2008年第3期 p.195

马德主编,张延清、勘措吉、邰惠莉编写 甘肃省图书馆藏敦煌藏文文献《甘肃藏敦煌藏文文献叙录》,兰州:甘肃民族出版社,2011年9月 p.55

GL.t.0042 十万颂般若波罗蜜多经第三卷第五品

巴桑旺堆 关于古藏文写本的研究方法的再探索《中国藏学》2009年第3期 p.78;收入氏著《吐蕃历史文献研究论集》,上海:上海古籍出版社,2018年7月 p.37

张延清著 吐蕃敦煌抄经研究 北京:民族出版社,2016年11月 p.316、344、346、354

GL.t.0043 十万颂般若波罗蜜多经第三卷第六品

巴桑旺堆 关于古藏文写本的研究方法的再探索《中国藏学》2009年第3期 p.78;收入氏著《吐蕃历史文献研究论集》,上海:上海古籍出版社,2018年7月 p.37

张延清著 吐蕃敦煌抄经研究 北京:民族出版社,2016年11月 p.294、327~328、356、357~358

GL.t.0044 十万颂般若波罗蜜多经第三卷第七品

曾雪梅、张延清 甘肃省图书馆藏敦煌梵夹装藏文写经考录(上)《中国藏学》2008年第3期 p.196

马德主编,张延清、勘措吉、邰惠莉编写 甘肃省图书馆藏敦煌藏文文献《甘肃藏敦煌藏文文献叙录》,兰州:甘肃民族出版社,2011年9月 p.56

GL.t.0045–GL.t.0047 十万颂般若波罗蜜多经

曾雪梅、张延清 甘肃省图书馆藏敦煌梵夹装藏文写经考录(上)《中国藏学》2008年第3期 p.196

马德主编,张延清、勘措吉、邰惠莉编写 甘肃省图书馆藏敦煌藏文文献《甘肃藏敦煌藏文文献叙录》,兰州:甘肃民族出版社,2011年9月 p.56

GL.t.0048 十万颂般若波罗蜜多经第三卷第九品

巴桑旺堆 关于古藏文写本的研究方法的再探索《中国藏学》2009年第3期 p.78;收入氏著《吐蕃历史文献研究论集》,上海:上海古籍出版社,2018年7月 p.37

张延清著 吐蕃敦煌抄经研究 北京:民族出版社,2016年11月 p.300、328、342、343、352

GL.t.0049 十万颂般若波罗蜜多经第三卷第十品

曾雪梅、张延清 甘肃省图书馆藏敦煌梵夹装藏文写经考录(上)《中国藏学》2008年第3期 p.196

马德主编,张延清、勘措吉、邰惠莉编写 甘肃省图书馆藏敦煌藏文文献《甘肃藏敦煌藏文文献叙录》,兰州:甘肃民族出版社,2011年9月 p.56~57

GL.t.0050 十万颂般若波罗蜜多经

巴桑旺堆 关于古藏文写本的研究方法的再探索《中国藏学》2009年第3期 p.78;收入氏著《吐蕃历史文献研究论集》,上海:上海古籍出版社,2018年7月 p.37

张延清著 吐蕃敦煌抄经研究 北京:民族出版社,2016年11月 p.292、337、353、354

GL.t.0051 十万颂般若波罗蜜多经第三卷第十品

巴桑旺堆 关于古藏文写本的研究方法的再探索《中国藏学》2009年第3期 p.78、79;收入氏著《吐蕃历史文献研究论集》,上海:上海古籍出版社,2018年7月 p.37、38

张延清著 吐蕃敦煌抄经研究 北京:民族出版社,2016年11月 p.294、350、356、357~358

GL.t.0052 十万颂般若波罗蜜多经第三卷第十一品

张延清著 吐蕃敦煌抄经研究 北京:民族出版社,2016年11月 p.279、328、337、344、345~346

GL.t.0053 十万颂般若波罗蜜多经第三卷第十二品

张延清著 吐蕃敦煌抄经研究 北京:民族出版社,2016年11月 p.278、328、343、344、352

GL.t.0054 十万颂般若波罗蜜多经第三卷第十三品

曾雪梅、张延清 甘肃省图书馆藏敦煌梵夹装藏文写经考录(上)《中国藏学》2008年第3期 p.196

马德主编,张延清、勘措吉、邰惠莉编写 甘肃省图书馆藏敦煌藏文文献《甘肃藏敦煌藏文文献叙录》,兰州:甘肃民族出版社,2011年9月 p.57~58

GL.t.0055 十万颂般若波罗蜜多经

张延清著 吐蕃敦煌抄经研究 北京:民族出版社,2016年11月 p.280、328、337、344、345~346

GL.t.0056 十万颂般若波罗蜜多经

张延清著 吐蕃敦煌抄经研究 北京:民族出版社,2016年11月 p.305、328、337、344、345~346

GL.t.0057 十万颂般若波罗蜜多经第三卷第十五品

曾雪梅、张延清 甘肃省图书馆藏敦煌梵夹装藏文写经考录(上)《中国藏学》2008年第3期 p.196~197

马德主编,张延清、勘措吉、邰惠莉编写 甘肃省图书馆藏敦煌藏文文献《甘肃藏敦煌藏文文献叙录》,兰州:甘肃民族出版社,2011年9月 p.58

GL.t.0058–GL.t.0059 十万颂般若波罗蜜多经

曾雪梅、张延清 甘肃省图书馆藏敦煌梵夹装藏文写经考录(上)《中国藏学》2008年第3期 p.197

马德主编,张延清、勘措吉、邰惠莉编写 甘肃省图书馆藏敦煌藏文文献《甘肃藏敦煌藏文文献叙录》,兰州:甘肃民族出版社,2011年9月 p.58

GL.t.0060 十万颂般若波罗蜜多经

巴桑旺堆 关于古藏文写本的研究方法的再探索《中国藏学》2009年第3期 p.77~78;收入氏著《吐蕃历史文献研究论集》,上海:上海古籍出版社,2018年7月 p.36、38

黄维忠 国内藏敦煌藏文文献的整理与研究回顾《敦煌学辑刊》2010年第3期 p.101

黄维忠 西藏分治割据时期的文化并未割裂——从新发现的9-13世纪藏文文献谈起《中国藏学》2015年第3期 p.282

张延清著 吐蕃敦煌抄经研究 北京:民族出版社,2016年11月 p.277、332、336~337、356

GL.t.0061 十万颂般若波罗蜜多经第三卷第十九品

张延清 翻译家校阅大师法成及其校经目录《敦煌学辑刊》2008年第3期 p.91~92;收入德吉卓玛编《吐

蕃佛教史研究论文集》,北京:中国藏学出版社,2015年4月 p.647

巴桑旺堆 关于古藏文写本的研究方法的再探索《中国藏学》2009年第3期 p.79;收入氏著《吐蕃历史文献研究论集》,上海:上海古籍出版社,2018年7月 p.38

张延清 翻译家校阅大师法成事略[①]《佛教艺术与文化国际学术研讨会论文集》,西安:三秦出版社,2009年9月 p.238

李芬林、曾雪梅 甘肃省图书馆藏敦煌文献述评《敦煌研究》2013年第6期 p.72

张延清著 吐蕃敦煌抄经研究 北京:民族出版社,2016年11月 p.140、309、332~333、344、346

札平 敦煌古藏文文献中的佛教神话原型研究——以《贤愚姻缘经》为例 兰州:西北民族大学硕士研究生学位论文,2011年6月 p.12

GL.t.0062 十万颂般若波罗蜜多经第三卷第二十品

巴桑旺堆 关于古藏文写本的研究方法的再探索《中国藏学》2009年第3期 p.78;收入氏著《吐蕃历史文献研究论集》,上海:上海古籍出版社,2018年7月 p.37、38

张延清著 吐蕃敦煌抄经研究 北京:民族出版社,2016年11月 p.309、332、354、356

GL.t.0063 十万颂般若波罗蜜多经

张延清著 吐蕃敦煌抄经研究 北京:民族出版社,2016年11月 p.281、335、350

GL.t.0064–GL.t.0065 十万颂般若波罗蜜多经

曾雪梅、张延清 甘肃省图书馆藏敦煌梵夹装藏文写经考录(上)《中国藏学》2008年第3期 p.197

马德主编,张延清、勘措吉、郃惠莉编写 甘肃省图书馆藏敦煌藏文文献《甘肃藏敦煌藏文文献叙录》,兰州:甘肃民族出版社,2011年9月 p.59

GL.t.0066 十万颂般若波罗蜜多经第三卷第二十六、二十七品

张延清著 吐蕃敦煌抄经研究 北京:民族出版社,2016年11月 p.293、329~330

GL.t.0067 十万颂般若波罗蜜多经第三卷第二十八、二十九、三十品

张延清著 吐蕃敦煌抄经研究 北京:民族出版社,2016年11月 p.293、329~330

GL.t.0068 十万颂般若波罗蜜多经第三卷第三十一品

曾雪梅、张延清 甘肃省图书馆藏敦煌梵夹装藏文写经考录(上)《中国藏学》2008年第3期 p.197

---

①张延清《翻译家校阅大师法成事略》为较早敦煌藏文写经研究成果,第238页作"甘肃省图书馆藏、敦煌研究院敦煌文献研究所制登录卡卡号00061《十万般若颂》"。

马德主编，张延清、勘措吉、邰惠莉编写 甘肃省图书馆藏敦煌藏文文献《甘肃藏敦煌藏文文献叙录》，兰州：甘肃民族出版社，2011年9月 p.60

GL.t.0069–GL.t.0070 十万颂般若波罗蜜多经

曾雪梅、张延清 甘肃省图书馆藏敦煌梵夹装藏文写经考录（上）《中国藏学》2008年第3期 p.198

马德主编，张延清、勘措吉、邰惠莉编写 甘肃省图书馆藏敦煌藏文文献《甘肃藏敦煌藏文文献叙录》，兰州：甘肃民族出版社，2011年9月 p.60

GL.t.0071 十万颂般若波罗蜜多经

巴桑旺堆 关于古藏文写本的研究方法的再探索《中国藏学》2009年第3期 p.78；收入氏著《吐蕃历史文献研究论集》，上海：上海古籍出版社，2018年7月 p.37

张延清著 吐蕃敦煌抄经研究 北京：民族出版社，2016年11月 p.323、327、335、357~358

GL.t.0072 十万颂般若波罗蜜多经第三卷第三十五品

曾雪梅、张延清 甘肃省图书馆藏敦煌梵夹装藏文写经考录（上）《中国藏学》2008年第3期 p.198

马德主编，张延清、勘措吉、邰惠莉编写 甘肃省图书馆藏敦煌藏文文献《甘肃藏敦煌藏文文献叙录》，兰州：甘肃民族出版社，2011年9月 p.60

GL.t.0073–GL.t.0075 十万颂般若波罗蜜多经

曾雪梅、张延清 甘肃省图书馆藏敦煌梵夹装藏文写经考录（上）《中国藏学》2008年第3期 p.198

马德主编，张延清、勘措吉、邰惠莉编写 甘肃省图书馆藏敦煌藏文文献《甘肃藏敦煌藏文文献叙录》，兰州：甘肃民族出版社，2011年9月 p.60~61

GL.t.0076 十万颂般若波罗蜜多经

巴桑旺堆 关于古藏文写本的研究方法的再探索《中国藏学》2009年第3期 p.78；收入氏著《吐蕃历史文献研究论集》，上海：上海古籍出版社，2018年7月 p.37

张延清著 吐蕃敦煌抄经研究 北京：民族出版社，2016年11月 p.284、327~328、356、357~358

GL.t.0077 十万颂般若波罗蜜多经第三卷第四十一品

曾雪梅、张延清 甘肃省图书馆藏敦煌梵夹装藏文写经考录（上）《中国藏学》2008年第3期 p.198

马德主编，张延清、勘措吉、邰惠莉编写 甘肃省图书馆藏敦煌藏文文献《甘肃藏敦煌藏文文献叙录》，兰州：甘肃民族出版社，2011年9月 p.61

GL.t.0078 十万颂般若波罗蜜多经

巴桑旺堆 关于古藏文写本的研究方法的再探索《中国藏学》2009年第3期 p.78;收入氏著《吐蕃历史文献研究论集》,上海:上海古籍出版社,2018年7月 p.37

张延清著 吐蕃敦煌抄经研究 北京:民族出版社,2016年11月 p.287、328、336~337、338、343

GL.t.0079 十万颂般若波罗蜜多经第三卷第四十二品

曾雪梅、张延清 甘肃省图书馆藏敦煌梵夹装藏文写经考录(上)《中国藏学》2008年第3期 p.198

马德主编,张延清、勘措吉、邰惠莉编写 甘肃省图书馆藏敦煌藏文文献《甘肃藏敦煌藏文文献叙录》,兰州:甘肃民族出版社,2011年9月 p.61

GL.t.0080 十万颂般若波罗蜜多经第三卷第四十三品

巴桑旺堆 关于古藏文写本的研究方法的再探索《中国藏学》2009年第3期 p.78;收入氏著《吐蕃历史文献研究论集》,上海:上海古籍出版社,2018年7月 p.37

张延清著 吐蕃敦煌抄经研究 北京:民族出版社,2016年11月 p.310、328、336、342、343~344、352

GL.t.0081 十万颂般若波罗蜜多经第三卷第四十三品

张延清著 吐蕃敦煌抄经研究 北京:民族出版社,2016年11月 p.305、336、343~344、352

GL.t.0082 十万颂般若波罗蜜多经第三卷第四十四品

张延清著 吐蕃敦煌抄经研究 北京:民族出版社,2016年11月 p.305、336、341~342、343~344

GL.t.0083 十万颂般若波罗蜜多经第三卷第四十五品

张延清 张议潮与吐蕃文化《敦煌研究》2005年第3期 p.92(续附表)

张延清著 吐蕃敦煌抄经研究 北京:民族出版社,2016年11月 p.303、330、336、343~344、348、352

GL.t.0084–GL.t.0085 十万颂般若波罗蜜多经

曾雪梅、张延清 甘肃省图书馆藏敦煌梵夹装藏文写经考录(上)《中国藏学》2008年第3期 p.199

马德主编,张延清、勘措吉、邰惠莉编写 甘肃省图书馆藏敦煌藏文文献《甘肃藏敦煌藏文文献叙录》,兰州:甘肃民族出版社,2011年9月 p.62

GL.t.0086 十万颂般若波罗蜜多经

巴桑旺堆 关于古藏文写本的研究方法的再探索《中国藏学》2009年第3期 p.78;收入氏著《吐蕃历史文献研究论集》,上海:上海古籍出版社,2018年7月 p.37

张延清著 吐蕃敦煌抄经研究 北京:民族出版社,2016年11月 p.298~299、326、336~337、343~344、345~

346、352

GL.t.0087 十万颂般若波罗蜜多经第三卷第四十九品

曾雪梅、张延清 甘肃省图书馆藏敦煌梵夹装藏文写经考录(上)《中国藏学》2008年第3期 p.199

马德主编,张延清、勘措吉、邰惠莉编写 甘肃省图书馆藏敦煌藏文文献《甘肃藏敦煌藏文文献叙录》,兰州:甘肃民族出版社,2011年9月 p.63

GL.t.0088 十万颂般若波罗蜜多经

曾雪梅、张延清 甘肃省图书馆藏敦煌梵夹装藏文写经考录(上)《中国藏学》2008年第3期 p.199

马德主编,张延清、勘措吉、邰惠莉编写 甘肃省图书馆藏敦煌藏文文献《甘肃藏敦煌藏文文献叙录》,兰州:甘肃民族出版社,2011年9月 p.63

GL.t.0089 十万颂般若波罗蜜多经

巴桑旺堆 关于古藏文写本的研究方法的再探索《中国藏学》2009年第3期 p.78;收入氏著《吐蕃历史文献研究论集》,上海:上海古籍出版社,2018年7月 p.38

张延清著 吐蕃敦煌抄经研究 北京:民族出版社,2016年11月 p.313、332、337、354

GL.t.0090 十万颂般若波罗蜜多经

巴桑旺堆 关于古藏文写本的研究方法的再探索《中国藏学》2009年第3期 p.78;收入氏著《吐蕃历史文献研究论集》,上海:上海古籍出版社,2018年7月 p.37

张延清著 吐蕃敦煌抄经研究 北京:民族出版社,2016年11月 p.309、336~337、353

GL.t.0091 十万颂般若波罗蜜多经第三卷第五十二品

张延清著 吐蕃敦煌抄经研究 北京:民族出版社,2016年11月 p.314~315、339

GL.t.0092 十万颂般若波罗蜜多经第三卷第五十三品

巴桑旺堆 关于古藏文写本的研究方法的再探索《中国藏学》2009年第3期 p.78、79;收入氏著《吐蕃历史文献研究论集》,上海:上海古籍出版社,2018年7月 p.37、38

张延清著 吐蕃敦煌抄经研究 北京:民族出版社,2016年11月 p.309、353、354、356

GL.t.0093 十万颂般若波罗蜜多经第三卷第五十五品

巴桑旺堆 关于古藏文写本的研究方法的再探索《中国藏学》2009年第3期 p.78、79;收入氏著《吐蕃历史文献研究论集》,上海:上海古籍出版社,2018年7月 p.37、38

张延清著 吐蕃敦煌抄经研究 北京:民族出版社,2016年11月 p.287、336~337、353

GL.t.0094 十万颂般若波罗蜜多经第三卷第五十八品

巴桑旺堆 关于古藏文写本的研究方法的再探索《中国藏学》2009年第3期 p.78、79；收入氏著《吐蕃历史文献研究论集》，上海：上海古籍出版社，2018年7月 p.37、38

张延清著 吐蕃敦煌抄经研究 北京：民族出版社，2016年11月 p.304、336~337、353、356

GL.t.0095 十万颂般若波罗蜜多经第三卷第五十九品

巴桑旺堆 关于古藏文写本的研究方法的再探索《中国藏学》2009年第3期 p.77；收入氏著《吐蕃历史文献研究论集》，上海：上海古籍出版社，2018年7月 p.35

张延清著 吐蕃敦煌抄经研究 北京：民族出版社，2016年11月 p.315、337、339

GL.t.0096 十万颂般若波罗蜜多经第三卷第六十一品

巴桑旺堆 关于古藏文写本的研究方法的再探索《中国藏学》2009年第3期 p.78；收入氏著《吐蕃历史文献研究论集》，上海：上海古籍出版社，2018年7月 p.37

张延清著 吐蕃敦煌抄经研究 北京：民族出版社，2016年11月 p.307、353、354、356

GL.t.0097 十万颂般若波罗蜜多经

巴桑旺堆 关于古藏文写本的研究方法的再探索《中国藏学》2009年第3期 p.78；收入氏著《吐蕃历史文献研究论集》，上海：上海古籍出版社，2018年7月 p.37

赵青山 吐蕃占领敦煌时期写经道场相关问题考述《藏学学刊》第11辑，北京：中国藏学出版社，2014年12月 p.31

张延清著 吐蕃敦煌抄经研究 北京：民族出版社，2016年11月 p.305、326、328、331、342、343~344、352、353

GL.t.0098 十万颂般若波罗蜜多经

张延清著 吐蕃敦煌抄经研究 北京：民族出版社，2016年11月 p.300、342

GL.t.0099 十万颂般若波罗蜜多经

曾雪梅、张延清 甘肃省图书馆藏敦煌梵夹装藏文写经考录（上）《中国藏学》2008年第3期 p.200

马德主编，张延清、勘措吉、邰惠莉编写 甘肃省图书馆藏敦煌藏文文献《甘肃藏敦煌藏文文献叙录》，兰州：甘肃民族出版社，2011年9月 p.65

GL.t.0100 十万颂般若波罗蜜多经第三卷第六十六、六十七品

巴桑旺堆 关于古藏文写本的研究方法的再探索《中国藏学》2009年第3期 p.78；收入氏著《吐蕃历史文献研究论集》，上海：上海古籍出版社，2018年7月 p.37

张延清著 吐蕃敦煌抄经研究 北京:民族出版社,2016年11月 p.323、327~328、356、357~358

GL.t.0101 十万颂般若波罗蜜多经

巴桑旺堆 关于古藏文写本的研究方法的再探索《中国藏学》2009年第3期 p.78;收入氏著《吐蕃历史文献研究论集》,上海:上海古籍出版社,2018年7月 p.37

张延清著 吐蕃敦煌抄经研究 北京:民族出版社,2016年11月 p.303、326、328、336~337、343、352

GL.t.0102 十万颂般若波罗蜜多经第三卷第六十七品

巴桑旺堆 关于古藏文写本的研究方法的再探索《中国藏学》2009年第3期 p.78;收入氏著《吐蕃历史文献研究论集》,上海:上海古籍出版社,2018年7月 p.37

张延清著 吐蕃敦煌抄经研究 北京:民族出版社,2016年11月 p.319、333、337、338、342

GL.t.0103 十万颂般若波罗蜜多经第三卷第六十八品

巴桑旺堆 关于古藏文写本的研究方法的再探索《中国藏学》2009年第3期 p.78;收入氏著《吐蕃历史文献研究论集》,上海:上海古籍出版社,2018年7月 p.37

张延清著 吐蕃敦煌抄经研究 北京:民族出版社,2016年11月 p.290、333、342、343~344

GL.t.0104 十万颂般若波罗蜜多经第三卷第六十九品

张延清 张议潮与吐蕃文化《敦煌研究》2005年第3期 p.92(续附表)

巴桑旺堆 关于古藏文写本的研究方法的再探索《中国藏学》2009年第3期 p.78;收入氏著《吐蕃历史文献研究论集》,上海:上海古籍出版社,2018年7月 p.37;收入氏著《吐蕃历史文献研究论集》,上海:上海古籍出版社,2018年7月 p.37

李芬林、曾雪梅 甘肃省图书馆藏敦煌文献述评《敦煌研究》2013年第6期 p.72

赵青山 吐蕃占领敦煌时期写经道场相关问题考述《藏学学刊》第11辑,北京:中国藏学出版社,2014年12月 p.31

张延清著 吐蕃敦煌抄经研究 北京:民族出版社,2016年11月 p.286、328、333、336、337~338、342、343~344、352

GL.t.0105 十万颂般若波罗蜜多经第三卷第七十品

巴桑旺堆 关于古藏文写本的研究方法的再探索《中国藏学》2009年第3期 p.77、78;收入氏著《吐蕃历史文献研究论集》,上海:上海古籍出版社,2018年7月 p.36、37

黄维忠 国内藏敦煌藏文文献的整理与研究回顾《敦煌学辑刊》2010年第3期 p.101

黄维忠 西藏分治割据时期的文化并未割裂——从新发现的9-13世纪藏文文献谈起 《中国藏学》2015年第3期 p.282

张延清著 吐蕃敦煌抄经研究 北京：民族出版社，2016年11月 p.305、333、334、336~337、338、339、343、351

GL.t.0106 十万颂般若波罗蜜多经

张延清著 吐蕃敦煌抄经研究 北京:民族出版社,2016年11月 p.319、333、337~338、342、343~344

GL.t.0107 十万颂般若波罗蜜多经第三卷第七十二品

曾雪梅、张延清 甘肃省图书馆藏敦煌梵夹装藏文写经考录(上)《中国藏学》2008年第3期 p.201

马德主编,张延清、勘措吉、郃惠莉编写 甘肃省图书馆藏敦煌藏文文献《甘肃藏敦煌藏文文献叙录》,兰州:甘肃民族出版社,2011年9月 p.67

GL.t.0108 十万颂般若波罗蜜多经第三卷第七十三品

张延清著 吐蕃敦煌抄经研究 北京:民族出版社,2016年11月 p.309、328、333、337~338、340、342、343~344、348、352

GL.t.0109 十万颂般若波罗蜜多经第三卷第七十四品

赵青山 吐蕃占领敦煌时期写经道场相关问题考述《藏学学刊》第11辑,北京:中国藏学出版社,2014年12月 p.31

张延清著 吐蕃敦煌抄经研究 北京:民族出版社,2016年11月 p.126、282、333、337~338、342、343~344

GL.t.0110–GL.t.0112 十万颂般若波罗蜜多经

曾雪梅、张延清 甘肃省图书馆藏敦煌梵夹装藏文写经考录(上)《中国藏学》2008年第3期 p.201

马德主编,张延清、勘措吉、郃惠莉编写 甘肃省图书馆藏敦煌藏文文献《甘肃藏敦煌藏文文献叙录》,兰州:甘肃民族出版社,2011年9月 p.67

GL.t.0113 十万颂般若波罗蜜多经第三卷第三品

张延清著 吐蕃敦煌抄经研究 北京:民族出版社,2016年11月 p.311~312、330、333、334

GL.t.0114 十万颂般若波罗蜜多经

巴桑旺堆 关于古藏文写本的研究方法的再探索《中国藏学》2009年第3期 p.77;收入氏著《吐蕃历史文献研究论集》,上海:上海古籍出版社,2018年7月 p.35

张延清著 吐蕃敦煌抄经研究 北京:民族出版社,2016年11月 p.315

GL.t.0115 十万颂般若波罗蜜多经

张延清著 吐蕃敦煌抄经研究 北京:民族出版社,2016年11月 p.306、335、350

GL.t.0116 十万颂般若波罗蜜多经第三卷第五品

曾雪梅、张延清 甘肃省图书馆藏敦煌梵夹装藏文写经考录(上)《中国藏学》2008年第3期 p.201

马德主编,张延清、勘措吉、邰惠莉编写 甘肃省图书馆藏敦煌藏文文献《甘肃藏敦煌藏文文献叙录》,兰州:甘肃民族出版社,2011年9月 p.68

GL.t.0117 十万颂般若波罗蜜多经

曾雪梅、张延清 甘肃省图书馆藏敦煌梵夹装藏文写经考录(上)《中国藏学》2008年第3期 p.201

马德主编,张延清、勘措吉、邰惠莉编写 甘肃省图书馆藏敦煌藏文文献《甘肃藏敦煌藏文文献叙录》,兰州:甘肃民族出版社,2011年9月 p.68

GL.t.0118 十万颂般若波罗蜜多经

李芬林、曾雪梅 甘肃省图书馆藏敦煌文献述评《敦煌研究》2013年第6期 p.72

张延清著 吐蕃敦煌抄经研究 北京:民族出版社,2016年11月 p.287、326、342、343~344、352

GL.t.0119 十万颂般若波罗蜜多经

张延清著 吐蕃敦煌抄经研究 北京:民族出版社,2016年11月 p.305、328、342、343~344、352

GL.t.0120 十万颂般若波罗蜜多经

巴桑旺堆 关于古藏文写本的研究方法的再探索《中国藏学》2009年第3期 p.78;收入氏著《吐蕃历史文献研究论集》,上海:上海古籍出版社,2018年7月 p.37

张延清著 吐蕃敦煌抄经研究 北京:民族出版社,2016年11月 p.294、327~328、356、357~358

GL.t.0121 十万颂般若波罗蜜多经第三卷第八品

张延清著 吐蕃敦煌抄经研究 北京:民族出版社,2016年11月 p.294、327~328、356、357~358

GL.t.0122 十万颂般若波罗蜜多经第三卷第九品

曾雪梅、张延清 甘肃省图书馆藏敦煌梵夹装藏文写经考录(上)《中国藏学》2008年第3期 p.202

马德主编,张延清、勘措吉、邰惠莉编写 甘肃省图书馆藏敦煌藏文文献《甘肃藏敦煌藏文文献叙录》,兰州:甘肃民族出版社,2011年9月 p.69

GL.t.0123 十万颂般若波罗蜜多经

曾雪梅、张延清 甘肃省图书馆藏敦煌梵夹装藏文写经考录(上)《中国藏学》2008年第3期 p.202

马德主编,张延清、勘措吉、邰惠莉编写 甘肃省图书馆藏敦煌藏文文献《甘肃藏敦煌藏文文献叙录》,兰州:甘肃民族出版社,2011年9月 p.69

GL.t.0124 十万颂般若波罗蜜多经

张延清著 吐蕃敦煌抄经研究 北京:民族出版社,2016年11月 p.321、327、328、337、344、345~346

GL.t.0125 十万颂般若波罗蜜多经

巴桑旺堆 关于古藏文写本的研究方法的再探索《中国藏学》2009年第3期 p.78;收入氏著《吐蕃历史文献研究论集》,上海:上海古籍出版社,2018年7月 p.38

张延清著 吐蕃敦煌抄经研究 北京:民族出版社,2016年11月 p.294、332、354、356

GL.t.0126 十万颂般若波罗蜜多经第三卷第十一品

张延清 张议潮与吐蕃文化《敦煌研究》2005年第3期 p.92(续附表)

张延清 翻译家校阅大师法成事略[①]《佛教艺术与文化国际学术研讨会论文集》,西安:三秦出版社,2009年9月 p.240

巴桑旺堆 关于古藏文写本的研究方法的再探索《中国藏学》2009年第3期 p.78;收入氏著《吐蕃历史文献研究论集》,上海:上海古籍出版社,2018年7月 p.37

李芬林、曾雪梅 甘肃省图书馆藏敦煌文献述评《敦煌研究》2013年第6期 p.72

张延清著 吐蕃敦煌抄经研究 北京:民族出版社,2016年11月 p.286、353、354、356

GL.t.0127 十万颂般若波罗蜜多经第三卷第十二品

曾雪梅、张延清 甘肃省图书馆藏敦煌梵夹装藏文写经考录(上)《中国藏学》2008年第3期 p.202

马德主编,张延清、勘措吉、邰惠莉编写 甘肃省图书馆藏敦煌藏文文献《甘肃藏敦煌藏文文献叙录》,兰州:甘肃民族出版社,2011年9月 p.70

GL.t.0128 十万颂般若波罗蜜多经

张延清著 吐蕃敦煌抄经研究 北京:民族出版社,2016年11月 p.325、327、356、357~358

---

①张延清《翻译家校阅大师法成事略》为较早敦煌藏文写卷研究成果,第240页作“甘肃省图书馆藏、敦煌研究院敦煌文献研究所制登录卡卡号00111《十万般若颂》第三卷第十一品”。

GL.t.0129 十万颂般若波罗蜜多经第三卷第十三品

巴桑旺堆 关于古藏文写本的研究方法的再探索《中国藏学》2009年第3期 p.78;收入氏著《吐蕃历史文献研究论集》,上海:上海古籍出版社,2018年7月 p.37

张延清著 吐蕃敦煌抄经研究 北京:民族出版社,2016年11月 p.287、336~337、353

GL.t.0130 十万颂般若波罗蜜多经第三卷第十四品

曾雪梅、张延清 甘肃省图书馆藏敦煌梵夹装藏文写经考录(上)《中国藏学》2008年第3期 p.202

马德主编,张延清、勘措吉、邰惠莉编写 甘肃省图书馆藏敦煌藏文文献《甘肃藏敦煌藏文文献叙录》,兰州:甘肃民族出版社,2011年9月 p.70

GL.t.0131 十万颂般若波罗蜜多经第三卷第十五品

张延清 翻译家校阅大师法成及其校经目录《敦煌学辑刊》2008年第3期 p.92;收入德吉卓玛编《吐蕃佛教史研究论文集》,北京:中国藏学出版社,2015年4月 p.647~648

巴桑旺堆 关于古藏文写本的研究方法的再探索《中国藏学》2009年第3期 p.79;收入氏著《吐蕃历史文献研究论集》,上海:上海古籍出版社,2018年7月 p.38

李芬林、曾雪梅 甘肃省图书馆藏敦煌文献述评《敦煌研究》2013年第6期 p.72

张延清著 吐蕃敦煌抄经研究 北京:民族出版社,2016年11月 p.140、291、332~333、344、346

札平 敦煌古藏文文献中的佛教神话原型研究——以《贤愚姻缘经》为例 兰州:西北民族大学硕士研究生学位论文,2011年6月 p.12

GL.t.0132 十万颂般若波罗蜜多经第三卷第十六品

曾雪梅、张延清 甘肃省图书馆藏敦煌梵夹装藏文写经考录(上)《中国藏学》2008年第3期 p.202~203

马德主编,张延清、勘措吉、邰惠莉编写 甘肃省图书馆藏敦煌藏文文献《甘肃藏敦煌藏文文献叙录》,兰州:甘肃民族出版社,2011年9月 p.71

GL.t.0133 十万颂般若波罗蜜多经

曾雪梅、张延清 甘肃省图书馆藏敦煌梵夹装藏文写经考录(上)《中国藏学》2008年第3期 p.203

马德主编,张延清、勘措吉、邰惠莉编写 甘肃省图书馆藏敦煌藏文文献《甘肃藏敦煌藏文文献叙录》,兰州:甘肃民族出版社,2011年9月 p.71

GL.t.0134 十万颂般若波罗蜜多经

张延清著 吐蕃敦煌抄经研究 北京:民族出版社,2016年11月 p.322、327~328

GL.t.0135 十万颂般若波罗蜜多经第三卷第十八、十九品

张延清著 吐蕃敦煌抄经研究 北京:民族出版社,2016年11月 p.325、327~328、356、357~358

GL.t.0136–GL.t.0137 十万颂般若波罗蜜多经

曾雪梅、张延清 甘肃省图书馆藏敦煌梵夹装藏文写经考录(上)《中国藏学》2008年第3期 p.203

马德主编,张延清、勘措吉、邰惠莉编写 甘肃省图书馆藏敦煌藏文文献《甘肃藏敦煌藏文文献叙录》,兰州:甘肃民族出版社,2011年9月 p.71~72

GL.t.0138 十万颂般若波罗蜜多经第三卷第二十一品

曾雪梅、张延清 甘肃省图书馆藏敦煌梵夹装藏文写经考录(上)《中国藏学》2008年第3期 p.203

马德主编,张延清、勘措吉、邰惠莉编写 甘肃省图书馆藏敦煌藏文文献《甘肃藏敦煌藏文文献叙录》,兰州:甘肃民族出版社,2011年9月 p.72

GL.t.0139–GL.t.0141 十万颂般若波罗蜜多经

曾雪梅、张延清 甘肃省图书馆藏敦煌梵夹装藏文写经考录(上)《中国藏学》2008年第3期 p.203

马德主编,张延清、勘措吉、邰惠莉编写 甘肃省图书馆藏敦煌藏文文献《甘肃藏敦煌藏文文献叙录》,兰州:甘肃民族出版社,2011年9月 p.72

GL.t.0142 十万颂般若波罗蜜多经第三卷第二十六品

巴桑旺堆 关于古藏文写本的研究方法的再探索《中国藏学》2009年第3期 p.78;收入氏著《吐蕃历史文献研究论集》,上海:上海古籍出版社,2018年7月 p.37

张延清著 吐蕃敦煌抄经研究 北京:民族出版社,2016年11月 p.313、328、336~337、345~346

GL.t.0143 十万颂般若波罗蜜多经第三卷第二十七品

张延清著 吐蕃敦煌抄经研究 北京:民族出版社,2016年11月 p.126、283、326、342、343~344、352

GL.t.0144 十万颂般若波罗蜜多经第三卷第二十八品

曾雪梅、张延清 甘肃省图书馆藏敦煌梵夹装藏文写经考录(上)《中国藏学》2008年第3期 p.203

马德主编,张延清、勘措吉、邰惠莉编写 甘肃省图书馆藏敦煌藏文文献《甘肃藏敦煌藏文文献叙录》,兰州:甘肃民族出版社,2011年9月 p.72~73

GL.t.0145 十万颂般若波罗蜜多经第三卷第二十九品

巴桑旺堆 关于古藏文写本的研究方法的再探索《中国藏学》2009年第3期 p.78;收入氏著《吐蕃历史文献研究论集》,上海:上海古籍出版社,2018年7月 p.37

张延清著 吐蕃敦煌抄经研究 北京:民族出版社,2016年11月 p.305~306、326、336~337、343

GL.t.0146 十万颂般若波罗蜜多经

张延清著 吐蕃敦煌抄经研究 北京:民族出版社,2016年11月 p.284、327~328、336、357~358

GL.t.0147–GL.t.0148 十万颂般若波罗蜜多经

曾雪梅、张延清 甘肃省图书馆藏敦煌梵夹装藏文写经考录(上)《中国藏学》2008年第3期 p.203~204

马德主编,张延清、勘措吉、邰惠莉编写 甘肃省图书馆藏敦煌藏文文献《甘肃藏敦煌藏文文献叙录》,兰州:甘肃民族出版社,2011年9月 p.73

GL.t.0149 十万颂般若波罗蜜多经

张延清著 吐蕃敦煌抄经研究 北京:民族出版社,2016年11月 p.305、329~330

GL.t.0150–GL.t.0152 十万颂般若波罗蜜多经

曾雪梅、张延清 甘肃省图书馆藏敦煌梵夹装藏文写经考录(上)《中国藏学》2008年第3期 p.204

马德主编,张延清、勘措吉、邰惠莉编写 甘肃省图书馆藏敦煌藏文文献《甘肃藏敦煌藏文文献叙录》,兰州:甘肃民族出版社,2011年9月 p.73~74

GL.t.0153 十万颂般若波罗蜜多经第三卷第四十五品

巴桑旺堆 关于古藏文写本的研究方法的再探索《中国藏学》2009年第3期 p.77;收入氏著《吐蕃历史文献研究论集》,上海:上海古籍出版社,2018年7月 p.36

黄维忠 国内藏敦煌藏文文献的整理与研究回顾《敦煌学辑刊》2010年第3期 p.101

黄维忠 西藏分治割据时期的文化并未割裂——从新发现的9–13世纪藏文文献谈起《中国藏学》2015年第3期 p.282

张延清著 吐蕃敦煌抄经研究 北京:民族出版社,2016年11月 p.285、356~358

GL.t.0154 十万颂般若波罗蜜多经第三卷第四十六、四十七品

张延清著 吐蕃敦煌抄经研究 北京:民族出版社,2016年11月 p.286~287、318、329~330、336、354

GL.t.0155 十万颂般若波罗蜜多经

曾雪梅、张延清 甘肃省图书馆藏敦煌梵夹装藏文写经考录(上)《中国藏学》2008年第3期 p.204

马德主编,张延清、勘措吉、邰惠莉编写 甘肃省图书馆藏敦煌藏文文献《甘肃藏敦煌藏文文献叙录》,兰州:甘肃民族出版社,2011年9月 p.74

GL.t.0156 十万颂般若波罗蜜多经

张延清著 吐蕃敦煌抄经研究 北京:民族出版社,2016年11月 p.306、327、354、356

GL.t.0157 十万颂般若波罗蜜多经第三卷第五十二品

张延清著 吐蕃敦煌抄经研究 北京:民族出版社,2016年11月 p.306、327、356~358

GL.t.0158 十万颂般若波罗蜜多经第三卷第五十三品

曾雪梅、张延清 甘肃省图书馆藏敦煌梵夹装藏文写经考录(上)《中国藏学》2008年第3期 p.204

马德主编,张延清、勘措吉、邰惠莉编写 甘肃省图书馆藏敦煌藏文文献《甘肃藏敦煌藏文文献叙录》,兰州:甘肃民族出版社,2011年9月 p.75

GL.t.0159-GL.t.0160 十万颂般若波罗蜜多经

曾雪梅、张延清 甘肃省图书馆藏敦煌梵夹装藏文写经考录(上)《中国藏学》2008年第3期 p.204

马德主编,张延清、勘措吉、邰惠莉编写 甘肃省图书馆藏敦煌藏文文献《甘肃藏敦煌藏文文献叙录》,兰州:甘肃民族出版社,2011年9月 p.75

GL.t.0161 十万颂般若波罗蜜多经

张延清著 吐蕃敦煌抄经研究 北京:民族出版社,2016年11月 p.306、327、356~358

GL.t.0162 十万颂般若波罗蜜多经

张延清著 吐蕃敦煌抄经研究 北京:民族出版社,2016年11月 p.288

GL.t.0163 十万颂般若波罗蜜多经第三卷第五十六、五十七品

张延清著 吐蕃敦煌抄经研究 北京:民族出版社,2016年11月 p.305、327~328、356~358

GL.t.0164 十万颂般若波罗蜜多经

张延清著 吐蕃敦煌抄经研究 北京:民族出版社,2016年11月 p.316、327、354、356

GL.t.0165 十万颂般若波罗蜜多经

曾雪梅、张延清 甘肃省图书馆藏敦煌梵夹装藏文写经考录(上)《中国藏学》2008年第3期 p.205

马德主编,张延清、勘措吉、邰惠莉编写 甘肃省图书馆藏敦煌藏文文献《甘肃藏敦煌藏文文献叙录》,兰州:甘肃民族出版社,2011年9月 p.76

GL.t.0166 十万颂般若波罗蜜多经第三卷第六十品

张延清著 吐蕃敦煌抄经研究 北京:民族出版社,2016年11月 p.316、327~328、354、356

GL.t.0167 十万颂般若波罗蜜多经第三卷第六十一品

曾雪梅、张延清 甘肃省图书馆藏敦煌梵夹装藏文写经考录(上)《中国藏学》2008年第3期 p.205

马德主编,张延清、勘措吉、邰惠莉编写 甘肃省图书馆藏敦煌藏文文献《甘肃藏敦煌藏文文献叙录》,兰州:甘肃民族出版社,2011年9月 p.76

GL.t.0168 十万颂般若波罗蜜多经

张延清著 吐蕃敦煌抄经研究 北京:民族出版社,2016年11月 p.319、327~328、354、356

GL.t.0169 十万颂般若波罗蜜多经第三卷第六十二品

张延清著 吐蕃敦煌抄经研究 北京:民族出版社,2016年11月 p.319、327、336、357~358

GL.t.0170 十万颂般若波罗蜜多经第三卷第六十三、六十四品

张延清著 吐蕃敦煌抄经研究 北京:民族出版社,2016年11月 p.319、327~328、354、356

GL.t.0171–GL.t.0173 十万颂般若波罗蜜多经

曾雪梅、张延清 甘肃省图书馆藏敦煌梵夹装藏文写经考录(上)《中国藏学》2008年第3期 p.205

马德主编,张延清、勘措吉、邰惠莉编写 甘肃省图书馆藏敦煌藏文文献《甘肃藏敦煌藏文文献叙录》,兰州:甘肃民族出版社,2011年9月 p.77

GL.t.0174 十万颂般若波罗蜜多经

张延清著 吐蕃敦煌抄经研究 北京:民族出版社,2016年11月 p.320~321

GL.t.0175 十万颂般若波罗蜜多经

曾雪梅、张延清 甘肃省图书馆藏敦煌梵夹装藏文写经考录(上)《中国藏学》2008年第3期 p.205

马德主编,张延清、勘措吉、邰惠莉编写 甘肃省图书馆藏敦煌藏文文献《甘肃藏敦煌藏文文献叙录》,兰州:甘肃民族出版社,2011年9月 p.77

GL.t.0176 十万颂般若波罗蜜多经第三卷第七十一、七十二品

张延清著 吐蕃敦煌抄经研究 北京:民族出版社,2016年11月 p.287、343~344、356~357

GL.t.0177–GL.t.0178 十万颂般若波罗蜜多经

曾雪梅、张延清 甘肃省图书馆藏敦煌梵夹装藏文写经考录(上)《中国藏学》2008年第3期 p.205

马德主编,张延清、勘措吉、邰惠莉编写 甘肃省图书馆藏敦煌藏文文献《甘肃藏敦煌藏文文献叙录》,兰州:甘肃民族出版社,2011年9月 p.78

GL.t.0179 十万颂般若波罗蜜多经第三卷第七十二、七十三品

张延清著 吐蕃敦煌抄经研究 北京:民族出版社,2016年11月 p.294、327~328、354、356

GL.t.0180 十万颂般若波罗蜜多经第三卷第六十四、六十五品

张延清著 吐蕃敦煌抄经研究 北京:民族出版社,2016年11月 p.312、350

GL.t.0181 十万颂般若波罗蜜多经第三卷第七十四、七十五品

张延清著 吐蕃敦煌抄经研究 北京:民族出版社,2016年11月 p.294、327、336、354

GL.t.0182 十万颂般若波罗蜜多经

曾雪梅、张延清 甘肃省图书馆藏敦煌梵夹装藏文写经考录(上)《中国藏学》2008年第3期 p.206

马德主编,张延清、勘措吉、邰惠莉编写 甘肃省图书馆藏敦煌藏文文献《甘肃藏敦煌藏文文献叙录》,兰州:甘肃民族出版社,2011年9月 p.78

GL.t.0183 十万颂般若波罗蜜多经第一卷第二十四品

张延清 翻译家校阅大师法成及其校经目录《敦煌学辑刊》2008年第3期 p.92;收入德吉卓玛编《吐蕃佛教史研究论文集》,北京:中国藏学出版社,2015年4月 p.648

巴桑旺堆 关于古藏文写本的研究方法的再探索《中国藏学》2009年第3期 p.79;收入氏著《吐蕃历史文献研究论集》,上海:上海古籍出版社,2018年7月 p.38

李芬林、曾雪梅 甘肃省图书馆藏敦煌文献述评《敦煌研究》2013年第6期 p.71、72

张延清著 吐蕃敦煌抄经研究 北京:民族出版社,2016年11月 p.140、294、330、332~333、336

札平 敦煌古藏文文献中的佛教神话原型研究——以《贤愚姻缘经》为例 兰州:西北民族大学硕士研究生学位论文,2011年6月 p.12

GL.t.0184 十万颂般若波罗蜜多经第一卷第二十五品

李芬林、曾雪梅 甘肃省图书馆藏敦煌文献述评《敦煌研究》2013年第6期 p.71

张延清著 吐蕃敦煌抄经研究 北京:民族出版社,2016年11月 p.301、335、346

GL.t.0185 十万颂般若波罗蜜多经第一卷第二十六品

李芬林、曾雪梅 甘肃省图书馆藏敦煌文献述评《敦煌研究》2013年第6期 p.71

张延清著 吐蕃敦煌抄经研究 北京:民族出版社,2016年11月 p.288、345~346、352

GL.t.0186 十万颂般若波罗蜜多经第一卷第二十七品

李芬林、曾雪梅 甘肃省图书馆藏敦煌文献述评《敦煌研究》2013年第6期 p.71

GL.t.0187 十万颂般若波罗蜜多经第三卷第三品

曾雪梅、张延清 甘肃省图书馆藏敦煌梵夹装藏文写经考录(上)《中国藏学》2008年第3期 p.206

马德主编,张延清、勘措吉、邰惠莉编写 甘肃省图书馆藏敦煌藏文文献《甘肃藏敦煌藏文文献叙录》,兰州:甘肃民族出版社,2011年9月 p.79

GL.t.0188 十万颂般若波罗蜜多经第一卷第二十八、二十九品

李芬林、曾雪梅 甘肃省图书馆藏敦煌文献述评《敦煌研究》2013年第6期 p.71

张延清著 吐蕃敦煌抄经研究 北京:民族出版社,2016年11月 p.205、283、294、339、353

GL.t.0189 十万颂般若波罗蜜多经第一卷第三十品

李芬林、曾雪梅 甘肃省图书馆藏敦煌文献述评《敦煌研究》2013年第6期 p.71

GL.t.0190–GL.t.0193 十万颂般若波罗蜜多经

曾雪梅、张延清 甘肃省图书馆藏敦煌梵夹装藏文写经考录(上)《中国藏学》2008年第3期 p.206

马德主编,张延清、勘措吉、邰惠莉编写 甘肃省图书馆藏敦煌藏文文献《甘肃藏敦煌藏文文献叙录》,兰州:甘肃民族出版社,2011年9月 p.80

GL.t.0194–GL.t.0196 十万颂般若波罗蜜多经

曾雪梅、张延清 甘肃省图书馆藏敦煌梵夹装藏文写经考录(下)《中国藏学》2008年第4期 p.75

马德主编,张延清、勘措吉、邰惠莉编写 甘肃省图书馆藏敦煌藏文文献《甘肃藏敦煌藏文文献叙录》,兰州:甘肃民族出版社,2011年9月 p.80

GL.t.0197 十万颂般若波罗蜜多经

巴桑旺堆 关于古藏文写本的研究方法的再探索《中国藏学》2009年第3期 p.77、79;收入氏著《吐蕃历史文献研究论集》,上海:上海古籍出版社,2018年7月 p.35、38

张延清著 吐蕃敦煌抄经研究 北京:民族出版社,2016年11月 p.286、353、356

GL.t.0198 十万颂般若波罗蜜多经第三卷第二十六品

曾雪梅、张延清 甘肃省图书馆藏敦煌梵夹装藏文写经考录(下)《中国藏学》2008年第4期 p.75

马德主编,张延清、勘措吉、邰惠莉编写 甘肃省图书馆藏敦煌藏文文献《甘肃藏敦煌藏文文献叙录》,兰州:甘肃民族出版社,2011年9月 p.81

GL.t.0199 十万颂般若波罗蜜多经

巴桑旺堆 关于古藏文写本的研究方法的再探索《中国藏学》2009年第3期 p.77;收入氏著《吐蕃历史文献研究论集》,上海:上海古籍出版社,2018年7月 p.35

张延清著 吐蕃敦煌抄经研究 北京:民族出版社,2016年11月 p.319、339

GL.t.0200 十万颂般若波罗蜜多经第三卷第二十七品

曾雪梅、张延清 甘肃省图书馆藏敦煌梵夹装藏文写经考录(下)《中国藏学》2008年第4期 p.75

马德主编,张延清、勘措吉、邰惠莉编写 甘肃省图书馆藏敦煌藏文文献《甘肃藏敦煌藏文文献叙录》,兰州:甘肃民族出版社,2011年9月 p.81

GL.t.0201 十万颂般若波罗蜜多经

巴桑旺堆 关于古藏文写本的研究方法的再探索《中国藏学》2009年第3期 p.78;收入氏著《吐蕃历史文献研究论集》,上海:上海古籍出版社,2018年7月 p.37、38

张延清著 吐蕃敦煌抄经研究 北京:民族出版社,2016年11月 p.286、332、336~337

GL.t.0202 十万颂般若波罗蜜多经第三卷第二十八品

巴桑旺堆 关于古藏文写本的研究方法的再探索 《中国藏学》2009年第3期 p.77、78;收入氏著《吐蕃历史文献研究论集》,上海:上海古籍出版社,2018年7月 p.36、37

黄维忠 国内藏敦煌藏文文献的整理与研究回顾《敦煌学辑刊》2010年第3期 p.101

黄维忠 西藏分治割据时期的文化并未割裂——从新发现的9-13世纪藏文文献谈起《中国藏学》2015年第3期 p.282

张延清著 吐蕃敦煌抄经研究 北京:民族出版社,2016年11月 p.304、337、353、354

GL.t.0203 十万颂般若波罗蜜多经第三卷第二十九品

巴桑旺堆 关于古藏文写本的研究方法的再探索《中国藏学》2009年第3期 p.78、79;收入氏著《吐蕃历史文献研究论集》,上海:上海古籍出版社,2018年7月 p.37、38

陈楠 吐蕃统辖敦煌时期之藏文抄经活动考述 《中国藏学》(国家重点课题《西藏通史》专刊)2013年第S2期 p.36

张延清著 吐蕃敦煌抄经研究 北京:民族出版社,2016年11月 p.304、331~332、342、354

GL.t.0204 十万颂般若波罗蜜多经第三卷第三十品

巴桑旺堆 关于古藏文写本的研究方法的再探索《中国藏学》2009年第3期 p.78;收入氏著《吐蕃历史文献研究论集》,上海:上海古籍出版社,2018年7月 p.37

张延清著 吐蕃敦煌抄经研究 北京:民族出版社,2016年11月 p.304、336~337、353、356

GL.t.0205 十万颂般若波罗蜜多经第三卷第三十一品

张延清 翻译家校阅大师法成及其校经目录《敦煌学辑刊》2008年第3期 p.79、92;收入德吉卓玛编《吐蕃佛教史研究论文集》,北京:中国藏学出版社,2015年4月 p.629、648~649

巴桑旺堆 关于古藏文写本的研究方法的再探索《中国藏学》2009年第3期 p.79;收入氏著《吐蕃历史文献研究论集》,上海:上海古籍出版社,2018年7月 p.38

陈楠 吐蕃统辖敦煌时期之藏文抄经活动考述《中国藏学》(国家重点课题《西藏通史》专刊)2013年第S2期 p.36

李芬林、曾雪梅 甘肃省图书馆藏敦煌文献述评《敦煌研究》2013年第6期 p.72

张延清著 吐蕃敦煌抄经研究 北京:民族出版社,2016年11月 p.140、284、332~333、344、346

札平 敦煌古藏文文献中的佛教神话原型研究——以《贤愚姻缘经》为例 兰州:西北民族大学硕士研究生学位论文,2011年6月 p.12

GL.t.0206 十万颂般若波罗蜜多经第三卷第三十二品

张延清 翻译家校阅大师法成及其校经目录《敦煌学辑刊》2008年第3期 p.92~93;收入德吉卓玛编《吐蕃佛教史研究论文集》,北京:中国藏学出版社,2015年4月 p.649

巴桑旺堆 关于古藏文写本的研究方法的再探索《中国藏学》2009年第3期 p.79;收入氏著《吐蕃历史文献研究论集》,上海:上海古籍出版社,2018年7月 p.38

李芬林、曾雪梅 甘肃省图书馆藏敦煌文献述评《敦煌研究》2013年第6期 p.72

张延清著 吐蕃敦煌抄经研究 北京:民族出版社,2016年11月 p.140、299、331~333、344

札平 敦煌古藏文文献中的佛教神话原型研究——以《贤愚姻缘经》为例 兰州:西北民族大学硕士研究生学位论文,2011年6月 p.12

GL.t.0207 十万颂般若波罗蜜多经第三卷第三十三品

曾雪梅、张延清 甘肃省图书馆藏敦煌梵夹装藏文写经考录(下)《中国藏学》2008年第4期 p.76

马德主编,张延清、勘措吉、邰惠莉编写 甘肃省图书馆藏敦煌藏文文献《甘肃藏敦煌藏文文献叙录》,兰州:甘肃民族出版社,2011年9月 p.82~83

GL.t.0208–GL.t.0209 十万颂般若波罗蜜多经

曾雪梅、张延清 甘肃省图书馆藏敦煌梵夹装藏文写经考录(下)《中国藏学》2008年第4期 p.76

马德主编，张延清、勘措吉、邰惠莉编写 甘肃省图书馆藏敦煌藏文文献《甘肃藏敦煌藏文文献叙录》，兰州：甘肃民族出版社，2011年9月 p.83

GL.t.0210 十万颂般若波罗蜜多经第三卷第四十品

曾雪梅、张延清 甘肃省图书馆藏敦煌梵夹装藏文写经考录（下）《中国藏学》2008年第4期 p.76

马德主编，张延清、勘措吉、邰惠莉编写 甘肃省图书馆藏敦煌藏文文献《甘肃藏敦煌藏文文献叙录》，兰州：甘肃民族出版社，2011年9月 p.83

GL.t.0211 十万颂般若波罗蜜多经

曾雪梅、张延清 甘肃省图书馆藏敦煌梵夹装藏文写经考录（下）《中国藏学》2008年第4期 p.76

马德主编，张延清、勘措吉、邰惠莉编写 甘肃省图书馆藏敦煌藏文文献《甘肃藏敦煌藏文文献叙录》，兰州：甘肃民族出版社，2011年9月 p.83

GL.t.0212 十万颂般若波罗蜜多经第三卷第四十一、四十二品

张延清著 吐蕃敦煌抄经研究 北京：民族出版社，2016年11月 p.296、327~328

GL.t.0213-GL.t.0216 十万颂般若波罗蜜多经

曾雪梅、张延清 甘肃省图书馆藏敦煌梵夹装藏文写经考录（下）《中国藏学》2008年第4期 p.76

马德主编，张延清、勘措吉、邰惠莉编写 甘肃省图书馆藏敦煌藏文文献《甘肃藏敦煌藏文文献叙录》，兰州：甘肃民族出版社，2011年9月 p.83~84

GL.t.0217 十万颂般若波罗蜜多经

张延清著 吐蕃敦煌抄经研究 北京：民族出版社，2016年11月 p.283、328、336~337、345~346

GL.t.0218 十万颂般若波罗蜜多经第三卷第五十三品

张延清著 吐蕃敦煌抄经研究 北京：民族出版社，2016年11月 p.284、341、343

GL.t.0219 十万颂般若波罗蜜多经第三卷第五十四品

曾雪梅、张延清 甘肃省图书馆藏敦煌梵夹装藏文写经考录（下）《中国藏学》2008年第4期 p.77

马德主编，张延清、勘措吉、邰惠莉编写 甘肃省图书馆藏敦煌藏文文献《甘肃藏敦煌藏文文献叙录》，兰州：甘肃民族出版社，2011年9月 p.84

GL.t.0220 十万颂般若波罗蜜多经第三卷第五十五品

曾雪梅、张延清 甘肃省图书馆藏敦煌梵夹装藏文写经考录（下）《中国藏学》2008年第4期 p.77

马德主编，张延清、勘措吉、邰惠莉编写 甘肃省图书馆藏敦煌藏文文献《甘肃藏敦煌藏文文献叙录》，兰州：甘肃民族出版社，2011年9月 p.84

GL.t.0221 十万颂般若波罗蜜多经

张延清著 吐蕃敦煌抄经研究 北京：民族出版社，2016年11月 p.287、326、328、342、343~344、352

GL.t.0222 十万颂般若波罗蜜多经第三卷第五十七品

张延清著 吐蕃敦煌抄经研究 北京：民族出版社，2016年11月 p.310、326、328、336~337、343

GL.t.0223 十万颂般若波罗蜜多经

曾雪梅、张延清 甘肃省图书馆藏敦煌梵夹装藏文写经考录（下）《中国藏学》2008年第4期 p.77

马德主编，张延清、勘措吉、邰惠莉编写 甘肃省图书馆藏敦煌藏文文献《甘肃藏敦煌藏文文献叙录》，兰州：甘肃民族出版社，2011年9月 p.85

GL.t.0224 十万颂般若波罗蜜多经第三卷第六十品

曾雪梅、张延清 甘肃省图书馆藏敦煌梵夹装藏文写经考录（下）《中国藏学》2008年第4期 p.77

马德主编，张延清、勘措吉、邰惠莉编写 甘肃省图书馆藏敦煌藏文文献《甘肃藏敦煌藏文文献叙录》，兰州：甘肃民族出版社，2011年9月 p.85

GL.t.0225 十万颂般若波罗蜜多经第三卷第六十一品

李芬林、曾雪梅 甘肃省图书馆藏敦煌文献述评《敦煌研究》2013年第6期 p.72

张延清著 吐蕃敦煌抄经研究 北京：民族出版社，2016年11月 p.283、326、336~337、340、343、348

GL.t.0226 十万颂般若波罗蜜多经第三卷第六十二品

曾雪梅、张延清 甘肃省图书馆藏敦煌梵夹装藏文写经考录（下）《中国藏学》2008年第4期 p.77

马德主编，张延清、勘措吉、邰惠莉编写 甘肃省图书馆藏敦煌藏文文献《甘肃藏敦煌藏文文献叙录》，兰州：甘肃民族出版社，2011年9月 p.85

GL.t.0227 十万颂般若波罗蜜多经

曾雪梅、张延清 甘肃省图书馆藏敦煌梵夹装藏文写经考录（下）《中国藏学》2008年第4期 p.77

马德主编，张延清、勘措吉、邰惠莉编写 甘肃省图书馆藏敦煌藏文文献《甘肃藏敦煌藏文文献叙录》，兰州：甘肃民族出版社，2011年9月 p.85

GL.t.0228–GL.t.0229 十万颂般若波罗蜜多经第三卷第六十四品

曾雪梅、张延清 甘肃省图书馆藏敦煌梵夹装藏文写经考录(下)《中国藏学》2008年第4期 p.77~78

马德主编,张延清、勘措吉、邰惠莉编写 甘肃省图书馆藏敦煌藏文文献《甘肃藏敦煌藏文文献叙录》,兰州:甘肃民族出版社,2011年9月 p.86

GL.t.0230 十万颂般若波罗蜜多经

张延清著 吐蕃敦煌抄经研究 北京:民族出版社,2016年11月 p.333

GL.t.0231 十万颂般若波罗蜜多经第三卷第七十五品

曾雪梅、张延清 甘肃省图书馆藏敦煌梵夹装藏文写经考录(下)《中国藏学》2008年第4期 p.78

马德主编,张延清、勘措吉、邰惠莉编写 甘肃省图书馆藏敦煌藏文文献《甘肃藏敦煌藏文文献叙录》,兰州:甘肃民族出版社,2011年9月 p.86

GL.t.0232–GL.t.0235 十万颂般若波罗蜜多经

曾雪梅、张延清 甘肃省图书馆藏敦煌梵夹装藏文写经考录(下)《中国藏学》2008年第4期 p.78

马德主编,张延清、勘措吉、邰惠莉编写 甘肃省图书馆藏敦煌藏文文献《甘肃藏敦煌藏文文献叙录》,兰州:甘肃民族出版社,2011年9月 p.86

GL.t.0236 十万颂般若波罗蜜多经第三卷第十一品

曾雪梅、张延清 甘肃省图书馆藏敦煌梵夹装藏文写经考录(下)《中国藏学》2008年第4期 p.78

马德主编,张延清、勘措吉、邰惠莉编写 甘肃省图书馆藏敦煌藏文文献《甘肃藏敦煌藏文文献叙录》,兰州:甘肃民族出版社,2011年9月 p.86~87

GL.t.0237–GL.t.0241 十万颂般若波罗蜜多经

曾雪梅、张延清 甘肃省图书馆藏敦煌梵夹装藏文写经考录(下)《中国藏学》2008年第4期 p.78

马德主编,张延清、勘措吉、邰惠莉编写 甘肃省图书馆藏敦煌藏文文献《甘肃藏敦煌藏文文献叙录》,兰州:甘肃民族出版社,2011年9月 p.87

GL.t.0242 十万颂般若波罗蜜多经第三卷第十四品

曾雪梅、张延清 甘肃省图书馆藏敦煌梵夹装藏文写经考录(下)《中国藏学》2008年第4期 p.78

马德主编,张延清、勘措吉、邰惠莉编写 甘肃省图书馆藏敦煌藏文文献《甘肃藏敦煌藏文文献叙录》,兰州:甘肃民族出版社,2011年9月 p.87

GL.t.0243–GL.t.0246 十万颂般若波罗蜜多经

曾雪梅、张延清 甘肃省图书馆藏敦煌梵夹装藏文写经考录(下)《中国藏学》2008年第4期 p.78

马德主编,张延清、勘措吉、邰惠莉编写 甘肃省图书馆藏敦煌藏文文献《甘肃藏敦煌藏文文献叙录》,兰州:甘肃民族出版社,2011年9月 p.87~88

GL.t.0247 十万颂般若波罗蜜多经第三卷第二十六品

曾雪梅、张延清 甘肃省图书馆藏敦煌梵夹装藏文写经考录(下)《中国藏学》2008年第4期 p.78

马德主编,张延清、勘措吉、邰惠莉编写 甘肃省图书馆藏敦煌藏文文献《甘肃藏敦煌藏文文献叙录》,兰州:甘肃民族出版社,2011年9月 p.88

GL.t.0248 十万颂般若波罗蜜多经

曾雪梅、张延清 甘肃省图书馆藏敦煌梵夹装藏文写经考录(下)《中国藏学》2008年第4期 p.78

马德主编,张延清、勘措吉、邰惠莉编写 甘肃省图书馆藏敦煌藏文文献《甘肃藏敦煌藏文文献叙录》,兰州:甘肃民族出版社,2011年9月 p.88

GL.t.0249 十万颂般若波罗蜜多经第三卷第二十七、二十八品

张延清著 吐蕃敦煌抄经研究 北京:民族出版社,2016年11月 p.293、350

GL.t.0250 十万颂般若波罗蜜多经第三卷第三十品

张延清著 吐蕃敦煌抄经研究 北京:民族出版社,2016年11月 p.283、328、342、343~344、352

GL.t.0251 十万颂般若波罗蜜多经第三卷第三十一品

曾雪梅、张延清 甘肃省图书馆藏敦煌梵夹装藏文写经考录(下)《中国藏学》2008年第4期 p.79

马德主编,张延清、勘措吉、邰惠莉编写 甘肃省图书馆藏敦煌藏文文献《甘肃藏敦煌藏文文献叙录》,兰州:甘肃民族出版社,2011年9月 p.88~89

GL.t.0252 十万颂般若波罗蜜多经

张延清著 吐蕃敦煌抄经研究 北京:民族出版社,2016年11月 p.287、326、342、343~344

GL.t.0253 十万颂般若波罗蜜多经第三卷第三十二品

曾雪梅、张延清 甘肃省图书馆藏敦煌梵夹装藏文写经考录(下)《中国藏学》2008年第4期 p.79

马德主编,张延清、勘措吉、邰惠莉编写 甘肃省图书馆藏敦煌藏文文献《甘肃藏敦煌藏文文献叙录》,兰州:甘肃民族出版社,2011年9月 p.89

GL.t.0254 十万颂般若波罗蜜多经第三卷第三十二品

张延清著 吐蕃敦煌抄经研究 北京：民族出版社，2016年11月 p.323、327、356、357~358

GL.t.0255 十万颂般若波罗蜜多经

陈楠 吐蕃统辖敦煌时期之藏文抄经活动考述 《中国藏学》（国家重点课题《西藏通史》专刊）2013年第S2期 p.36

张延清著 吐蕃敦煌抄经研究 北京：民族出版社，2016年11月 p.310、328、329、342、343~344

GL.t.0256 十万颂般若波罗蜜多经第三卷第三十三品

陈楠 吐蕃统辖敦煌时期之藏文抄经活动考述《中国藏学》（国家重点课题《西藏通史》专刊）2013年第S2期 p.36

张延清著 吐蕃敦煌抄经研究 北京：民族出版社，2016年11月 p.306、328、342、343~344、347

GL.t.0257 十万颂般若波罗蜜多经第三卷第三十四品

张延清著 吐蕃敦煌抄经研究 北京：民族出版社，2016年11月 p.283、328、336~337、343

GL.t.0258 十万颂般若波罗蜜多经第三卷第三十五品

李芬林、曾雪梅 甘肃省图书馆藏敦煌文献述评《敦煌研究》2013年第6期 p.72

GL.t.0259 十万颂般若波罗蜜多经

曾雪梅、张延清 甘肃省图书馆藏敦煌梵夹装藏文写经考录（下）《中国藏学》2008年第4期 p.79

马德主编，张延清、勘措吉、邰惠莉编写 甘肃省图书馆藏敦煌藏文文献《甘肃藏敦煌藏文文献叙录》，兰州：甘肃民族出版社，2011年9月 p.90

GL.t.0260 十万颂般若波罗蜜多经第三卷第三十六品

曾雪梅、张延清 甘肃省图书馆藏敦煌梵夹装藏文写经考录（下）《中国藏学》2008年第4期 p.79

马德主编，张延清、勘措吉、邰惠莉编写 甘肃省图书馆藏敦煌藏文文献《甘肃藏敦煌藏文文献叙录》，兰州：甘肃民族出版社，2011年9月 p.90

GL.t.0261 十万颂般若波罗蜜多经

张延清著 吐蕃敦煌抄经研究 北京：民族出版社，2016年11月 p.284、327、335、350

GL.t.0262 十万颂般若波罗蜜多经

曾雪梅、张延清 甘肃省图书馆藏敦煌梵夹装藏文写经考录（下）《中国藏学》2008年第4期 p.79~80

马德主编，张延清、勘措吉、邰惠莉编写 甘肃省图书馆藏敦煌藏文文献《甘肃藏敦煌藏文文献叙录》，兰州：甘肃民族出版社，2011年9月 p.90

GL.t.0263 十万颂般若波罗蜜多经第三卷第三十七品

曾雪梅、张延清 甘肃省图书馆藏敦煌梵夹装藏文写经考录（下）《中国藏学》2008年第4期 p.80

马德主编，张延清、勘措吉、邰惠莉编写 甘肃省图书馆藏敦煌藏文文献《甘肃藏敦煌藏文文献叙录》，兰州：甘肃民族出版社，2011年9月 p.90~91

GL.t.0264-GL.t.0265 十万颂般若波罗蜜多经

曾雪梅、张延清 甘肃省图书馆藏敦煌梵夹装藏文写经考录（下）《中国藏学》2008年第4期 p.80

马德主编，张延清、勘措吉、邰惠莉编写 甘肃省图书馆藏敦煌藏文文献《甘肃藏敦煌藏文文献叙录》，兰州：甘肃民族出版社，2011年9月 p.91

GL.t.0266 十万颂般若波罗蜜多经

张延清 翻译家校阅大师法成及其校经目录《敦煌学辑刊》2008年第3期 p.93；收入德吉卓玛编《吐蕃佛教史研究论文集》，北京：中国藏学出版社，2015年4月 p.649

巴桑旺堆 关于古藏文写本的研究方法的再探索《中国藏学》2009年第3期 p.77、79；收入氏著《吐蕃历史文献研究论集》，上海：上海古籍出版社，2018年7月 p.36、38

黄维忠 国内藏敦煌藏文文献的整理与研究回顾《敦煌学辑刊》2010年第3期 p.101

李芬林、曾雪梅 甘肃省图书馆藏敦煌文献述评《敦煌研究》2013年第6期 p.72

黄维忠 西藏分治割据时期的文化并未割裂——从新发现的9~13世纪藏文文献谈起《中国藏学》2015年第3期 p.282

张延清著 吐蕃敦煌抄经研究 北京：民族出版社，2016年11月 p.140、310、331~332、332~333、342

札平 敦煌古藏文文献中的佛教神话原型研究——以《贤愚姻缘经》为例 兰州：西北民族大学硕士研究生学位论文，2011年6月 p.13

GL.t.0267 十万颂般若波罗蜜多经第三卷第四十三品

张延清 张议潮与吐蕃文化《敦煌研究》2005年第3期 p.92（续附表）

巴桑旺堆 关于古藏文写本的研究方法的再探索《中国藏学》2009年第3期 p.77、78；收入氏著《吐蕃历史文献研究论集》，上海：上海古籍出版社，2018年7月 p.36、37

黄维忠 国内藏敦煌藏文文献的整理与研究回顾《敦煌学辑刊》2010年第3期 p.101

李芬林、曾雪梅 甘肃省图书馆藏敦煌文献述评《敦煌研究》2013年第6期 p.72

黄维忠 西藏分治割据时期的文化并未割裂——从新发现的9~13世纪藏文文献谈起《中国藏学》2015年第3期 p.282

张延清著 吐蕃敦煌抄经研究 北京：民族出版社，2016年11月 p.286、331~332、342、354

GL.t.0268 十万颂般若波罗蜜多经第三卷第四十四品

张延清、谢尔萨 敦煌藏文写经生结构分析《丝绸之路民族古文字与文化学术讨论会文集》（上），西安：三秦出版社，2007年7月 p.116~117；p.124（附表二）

巴桑旺堆 关于古藏文写本的研究方法的再探索《中国藏学》2009年第3期 p.78；收入氏著《吐蕃历史文献研究论集》，上海：上海古籍出版社，2018年7月 p.37

张延清著 吐蕃敦煌抄经研究 北京：民族出版社，2016年11月 p.286、344、346、354

GL.t.0269 十万颂般若波罗蜜多经第三卷第四十五品

曾雪梅、张延清 甘肃省图书馆藏敦煌梵夹装藏文写经考录（下）《中国藏学》2008年第4期 p.80

马德主编，张延清、勘措吉、郃惠莉编写 甘肃省图书馆藏敦煌藏文文献《甘肃藏敦煌藏文文献叙录》，兰州：甘肃民族出版社，2011年9月 p.91~92

GL.t.0270 十万颂般若波罗蜜多经第三卷第四十六品

张延清著 吐蕃敦煌抄经研究 北京：民族出版社，2016年11月 p.307、339

GL.t.0271 十万颂般若波罗蜜多经第三卷第四十七品

巴桑旺堆 关于古藏文写本的研究方法的再探索《中国藏学》2009年第3期 p.78、79；收入氏著《吐蕃历史文献研究论集》，上海：上海古籍出版社，2018年7月 p.38

张延清著 吐蕃敦煌抄经研究 北京：民族出版社，2016年11月 p.287、332、336~337、356

GL.t.0272 十万颂般若波罗蜜多经第三卷第四十八品

巴桑旺堆 关于古藏文写本的研究方法的再探索《中国藏学》2009年第3期 p.78、79；收入氏著《吐蕃历史文献研究论集》，上海：上海古籍出版社，2018年7月 p.37、38

张延清著 吐蕃敦煌抄经研究 北京：民族出版社，2016年11月 p.299、342、346、354

GL.t.0273–GL.t.0274 十万颂般若波罗蜜多经

曾雪梅、张延清 甘肃省图书馆藏敦煌梵夹装藏文写经考录（下）《中国藏学》2008年第4期 p.80

马德主编，张延清、勘措吉、郃惠莉编写 甘肃省图书馆藏敦煌藏文文献《甘肃藏敦煌藏文文献叙录》，兰州：甘肃民族出版社，2011年9月 p.92

GL.t.0275 十万颂般若波罗蜜多经

张延清著 吐蕃敦煌抄经研究 北京：民族出版社，2016年11月 p.306、327~328、336、354

GL.t.0276 十万颂般若波罗蜜多经

李芬林、曾雪梅 甘肃省图书馆藏敦煌文献述评《敦煌研究》2013年第6期 p.72

张延清著 吐蕃敦煌抄经研究 北京:民族出版社,2016年11月 p.208、303、326、342、344、352

GL.t.0277 十万颂般若波罗蜜多经

曾雪梅、张延清 甘肃省图书馆藏敦煌梵夹装藏文写经考录(下)《中国藏学》2008年第4期 p.80

马德主编,张延清、勘措吉、邰惠莉编写 甘肃省图书馆藏敦煌藏文文献《甘肃藏敦煌藏文文献叙录》,兰州:甘肃民族出版社,2011年9月 p.93

GL.t.0278 十万颂般若波罗蜜多经

张延清著 吐蕃敦煌抄经研究 北京:民族出版社,2016年11月 p.306、327~328、357~358

GL.t.0279–GL.t.0283 十万颂般若波罗蜜多经

曾雪梅、张延清 甘肃省图书馆藏敦煌梵夹装藏文写经考录(下)《中国藏学》2008年第4期 p.81

马德主编,张延清、勘措吉、邰惠莉编写 甘肃省图书馆藏敦煌藏文文献《甘肃藏敦煌藏文文献叙录》,兰州:甘肃民族出版社,2011年9月 p.93

GL.t.0284 十万颂般若波罗蜜多经第三卷第六十五品

曾雪梅、张延清 甘肃省图书馆藏敦煌梵夹装藏文写经考录(下)《中国藏学》2008年第4期 p.81

马德主编,张延清、勘措吉、邰惠莉编写 甘肃省图书馆藏敦煌藏文文献《甘肃藏敦煌藏文文献叙录》,兰州:甘肃民族出版社,2011年9月 p.93~94

GL.t.0285–GL.t.0293 十万颂般若波罗蜜多经

曾雪梅、张延清 甘肃省图书馆藏敦煌梵夹装藏文写经考录(下)《中国藏学》2008年第4期 p.81

马德主编,张延清、勘措吉、邰惠莉编写 甘肃省图书馆藏敦煌藏文文献《甘肃藏敦煌藏文文献叙录》,兰州:甘肃民族出版社,2011年9月 p.94

GL.t.0294 十万颂般若波罗蜜多经

巴桑旺堆 关于古藏文写本的研究方法的再探索《中国藏学》2009年第3期 p.78、79;收入氏著《吐蕃历史文献研究论集》,上海:上海古籍出版社,2018年7月 p.37、38

张延清著 吐蕃敦煌抄经研究 北京:民族出版社,2016年11月 p.286、326、336~337、342

GL.t.0295 十万颂般若波罗蜜多经第三卷第三十一品

曾雪梅、张延清 甘肃省图书馆藏敦煌梵夹装藏文写经考录(下)《中国藏学》2008年第4期 p.81

马德主编,张延清、勘措吉、邰惠莉编写 甘肃省图书馆藏敦煌藏文文献《甘肃藏敦煌藏文文献叙录》,兰州:甘肃民族出版社,2011年9月 p.95

GL.t.0296–0298 十万颂般若波罗蜜多经

曾雪梅、张延清 甘肃省图书馆藏敦煌梵夹装藏文写经考录(下)《中国藏学》2008年第4期 p.81

马德主编,张延清、勘措吉、邰惠莉编写 甘肃省图书馆藏敦煌藏文文献《甘肃藏敦煌藏文文献叙录》,兰州:甘肃民族出版社,2011年9月 p.95

GL.t.0299 十万颂般若波罗蜜多经

张延清著 吐蕃敦煌抄经研究 北京:民族出版社,2016年11月 p.300、326、336~337、343~344、345~346

GL.t.0300–GL.t.0304 十万颂般若波罗蜜多经

曾雪梅、张延清 甘肃省图书馆藏敦煌梵夹装藏文写经考录(下)《中国藏学》2008年第4期 p.82

马德主编,张延清、勘措吉、邰惠莉编写 甘肃省图书馆藏敦煌藏文文献《甘肃藏敦煌藏文文献叙录》,兰州:甘肃民族出版社,2011年9月 p.95

GL.t.0305 十万颂般若波罗蜜多经第一卷第二十二品

李芬林、曾雪梅 甘肃省图书馆藏敦煌文献述评《敦煌研究》2013年第6期 p.71

GL.t.0306 十万颂般若波罗蜜多经第一卷第五十七品

李芬林、曾雪梅 甘肃省图书馆藏敦煌文献述评《敦煌研究》2013年第6期 p.71

GL.t.0307 十万颂般若波罗蜜多经

张延清著 吐蕃敦煌抄经研究 北京:民族出版社,2016年11月 p.312

GL.t.0308 十万颂般若波罗蜜多经

张延清著 吐蕃敦煌抄经研究 北京:民族出版社,2016年11月 p.279

GL.t.0309 十万颂般若波罗蜜多经

张延清著 吐蕃敦煌抄经研究 北京:民族出版社,2016年11月 p.317

GL.t.0310 十万颂般若波罗蜜多经

张延清著 吐蕃敦煌抄经研究 北京:民族出版社,2016年11月 p.303

GL.t.0311 十万颂般若波罗蜜多经

曾雪梅、张延清 甘肃省图书馆藏敦煌梵夹装藏文写经考录(下)《中国藏学》2008年第4期 p.82

马德主编,张延清、勘措吉、邰惠莉编写 甘肃省图书馆藏敦煌藏文文献《甘肃藏敦煌藏文文献叙录》,兰州:甘肃民族出版社,2011年9月 p.96

GL.t.0312 十万颂般若波罗蜜多经第四卷第七十品

李芬林、曾雪梅 甘肃省图书馆藏敦煌文献述评《敦煌研究》2013年第6期 p.71

GL.t.0313 十万颂般若波罗蜜多经

李芬林、曾雪梅 甘肃省图书馆藏敦煌文献述评《敦煌研究》2013年第6期 p.71

GL.t.0314 十万颂般若波罗蜜多经

曾雪梅、张延清 甘肃省图书馆藏敦煌梵夹装藏文写经考录(下)《中国藏学》2008年第4期 p.82

马德主编,张延清、勘措吉、邰惠莉编写 甘肃省图书馆藏敦煌藏文文献《甘肃藏敦煌藏文文献叙录》,兰州:甘肃民族出版社,2011年9月 p.97

GL.t.0315 十万颂般若波罗蜜多经第三卷第一品

曾雪梅、张延清 甘肃省图书馆藏敦煌梵夹装藏文写经考录(下)《中国藏学》2008年第4期 p.82

马德主编,张延清、勘措吉、邰惠莉编写 甘肃省图书馆藏敦煌藏文文献《甘肃藏敦煌藏文文献叙录》,兰州:甘肃民族出版社,2011年9月 p.97

GL.t.0316 十万颂般若波罗蜜多经

张延清著 吐蕃敦煌抄经研究 北京:民族出版社,2016年11月 p.276、343

GL.t.0317-GL.t.0319 十万颂般若波罗蜜多经

曾雪梅、张延清 甘肃省图书馆藏敦煌梵夹装藏文写经考录(下)《中国藏学》2008年第4期 p.82

马德主编,张延清、勘措吉、邰惠莉编写 甘肃省图书馆藏敦煌藏文文献《甘肃藏敦煌藏文文献叙录》,兰州:甘肃民族出版社,2011年9月 p.97

GL.t.0320 十万颂般若波罗蜜多经第三卷第七十品

曾雪梅、张延清 甘肃省图书馆藏敦煌梵夹装藏文写经考录(下)《中国藏学》2008年第4期 p.82

马德主编,张延清、勘措吉、邰惠莉编写 甘肃省图书馆藏敦煌藏文文献《甘肃藏敦煌藏文文献叙录》,兰州:甘肃民族出版社,2011年9月 p.97~98

GL.t.0342 十万颂般若波罗蜜多经

张延清著 吐蕃敦煌抄经研究 北京:民族出版社,2016年11月 p.283

GL.t.0343–GL.t.0345 十万颂般若波罗蜜多经

曾雪梅、张延清 甘肃省图书馆藏敦煌梵夹装藏文写经考录(下)《中国藏学》2008年第4期 p.85

马德主编,张延清、勘措吉、邰惠莉编写 甘肃省图书馆藏敦煌藏文文献《甘肃藏敦煌藏文文献叙录》,兰州:甘肃民族出版社,2011年9月 p.101~102

GL.t.0346 十万颂般若波罗蜜多经

张延清著 吐蕃敦煌抄经研究 北京:民族出版社,2016年11月 p.308

GL.t.0347 十万颂般若波罗蜜多经

赵青山 吐蕃占领敦煌时期写经道场相关问题考述《藏学学刊》第11辑,北京:中国藏学出版社,2014年12月 p.38

张延清著 吐蕃敦煌抄经研究 北京:民族出版社,2016年11月 p.317、331

GL.t.0348 十万颂般若波罗蜜多经

张延清著 吐蕃敦煌抄经研究 北京:民族出版社,2016年11月 p.282、331

GL.t.0349 十万颂般若波罗蜜多经

张延清著 吐蕃敦煌抄经研究 北京:民族出版社,2016年11月 p.311~312

GL.t.0350 十万颂般若波罗蜜多经

张延清著 吐蕃敦煌抄经研究 北京:民族出版社,2016年11月 p.317、331

GL.t.0351 十万颂般若波罗蜜多经

张延清著 吐蕃敦煌抄经研究 北京:民族出版社,2016年11月 p.317、331

T.0314–0351 十万颂般若波罗蜜多经(废经页38件)

李芬林、曾雪梅 甘肃省图书馆藏敦煌文献述评《敦煌研究》2013年第6期 p.72

五

敦煌市博物馆藏敦煌文献

1950年6月1日,敦煌县文化馆成立,负责当地文物征集和保护工作。1951年,敦煌县政府向文化馆移交莫高窟藏经洞出土汉文遗书59件,古藏文梵夹装写经8000多页;1952年,敦煌县政府又将没收的文物移交文化馆,这些文献成为馆藏文物的基础。到1978年,敦煌县文化馆馆藏文物已增至数千件。1979年10月6日,敦煌县决定成立敦煌县博物馆,与文化馆合署办公,对内仍为文物组。1987年6月,敦煌县第一座博物馆建成并对外开放。1987年敦煌撤县建市,1988年6月改称敦煌市博物馆。2011年搬至新馆。敦煌市博物馆现有馆藏文物13077件,主要有石器、陶器、木器、铁器、铜器、写经、丝绸、珠玉、花砖、书画、拓片等。敦煌市博物馆藏敦煌文献来源有三:一是1951年前后敦煌县人民政府向县文化馆移交;二是来自当地名士旧藏;三是历年从民间征集。

敦煌市博物馆藏敦煌文献共计6144件,包括汉文写经82件;藏文写经6062件,其中卷轴装236件,多为《大乘无量寿宗要经》,梵夹装5826件(8576页),多为《十万颂般若波罗蜜多经》。

1. 敦煌市博物馆藏敦煌汉文文献

敦煌市博物馆藏敦煌汉文文献共计82件。其中，藺国栋旧藏《地志》《星图》《占云气书》和任子宜旧藏《坛经》《定是非论》等，都具有重要的学术研究价值。荣恩奇《敦煌市博物馆藏敦煌文献叙录》刊于《甘肃藏敦煌文献》第六卷，叙解甚详；荣恩奇《敦煌之谜》一书中又列《敦煌市博物馆敦煌文献》①，因此本《引得》中不再列细目。敦煌市博物馆藏敦煌汉文文献研究著录情况如下：

敦博001（10-1）大般涅槃经卷第二十四光明遍照高贵德王菩萨品第十之四

敦煌县博物馆，荣恩奇整理 敦煌县博物馆藏敦煌遗书目录《敦煌吐鲁番文献研究论集》（第三辑），北京：北京大学出版社，1986年2月 p.543

施萍婷 敦煌研究院藏土地庙写本源自藏经洞《敦煌研究》1999年第2期 附表p.46

施萍婷 甘肃藏敦煌文献概述《甘肃藏敦煌文献精粹》，兰州：甘肃人民出版社，1999年 p.6；彩版（局部）；又载段文杰主编《甘肃藏敦煌文献》（第一至六卷），兰州：甘肃人民出版社，1999年9~12月 p.6

荣恩奇撰稿，施萍婷、邵国秀审订 敦煌市博物馆藏敦煌文献叙录《甘肃藏敦煌文献》（第六卷），兰州：甘肃人民出版社，1999年12月 p.353；图版p.1；彩版（局部）

施萍婷 甘肃省藏敦煌汉文文献概述《"二十一世纪敦煌文献研究回顾与展望"研讨会论文集》，台中：（台湾）中华自然文化学会，1999年12月 p.40；收入氏著《敦煌习学集》（上），兰州：甘肃民族出版社，2004年12月 p.293

韩惠言 甘藏敦煌汉文文献概况《敦煌学辑刊》2000年第2期 p.68~69；收入敦煌研究院《2000年敦煌学国际学术讨论会文集——纪念敦煌藏经洞发现暨敦煌学百年》历史文化卷（上），兰州：甘肃民族出版社，2003年9月 p.517~518

申国美编 中国散藏敦煌文献分类目录 北京：北京图书馆出版社，2007年10月 p.40、149

①荣恩奇著《敦煌之谜》，北京：中国戏剧出版社，2011年7月，第145~177页。

景盛轩 敦煌本《大般涅槃经》研究——以版本、异文及训诂为中心 杭州：浙江大学博士研究生学位论文，2004年5月 p.82

敦博002（10-2）大般涅槃经卷第四如来性品第四之一

敦煌县博物馆，荣恩奇整理 敦煌县博物馆藏敦煌遗书目录《敦煌吐鲁番文献研究论集》（第三辑），北京：北京大学出版社，1986年2月 p.543

施萍婷 敦煌研究院藏土地庙写本源自藏经洞《敦煌研究》1999年第2期 附表p.45

施萍婷 甘肃藏敦煌文献概述《甘肃藏敦煌文献精粹》，兰州：甘肃人民出版社，1999年 p.6；又载段文杰主编《甘肃藏敦煌文献》（第一至六卷），兰州：甘肃人民出版社，1999年9~12月 p.6

荣恩奇撰稿，施萍婷、邵国秀审订 敦煌市博物馆藏敦煌文献叙录《甘肃藏敦煌文献》（第六卷），兰州：甘肃人民出版社，1999年12月 p.353；图版p.2

施萍婷 甘肃省藏敦煌汉文文献概述《"二十一世纪敦煌文献研究回顾与展望"研讨会论文集》，台中：（台湾）中华自然文化学会，1999年12月 p.40；收入氏著《敦煌习学集》（上），兰州：甘肃民族出版社，2004年12月 p.293

林聪明 敦煌文书的形态《港台敦煌学文库》第33册，兰州：甘肃人民出版社，2014年12月 p.194

林聪明 敦煌文书的用纸《港台敦煌学文库》第33册，兰州：甘肃人民出版社，2014年12月 p.204

徐祖蕃、秦明智、荣恩奇编选 敦煌遗书书法选 兰州：甘肃人民出版社，1985年10月 p.23图版及简要说明

林聪明著 敦煌文书学（敦煌学导论丛刊①）台北：新文丰出版股份有限公司，1991年8月 p.83、92

申国美编 中国散藏敦煌文献分类目录 北京：北京图书馆出版社，2007年10月 p.36

景盛轩 敦煌本《大般涅槃经》研究——以版本、异文及训诂为中心 杭州：浙江大学博士研究生学位论文，2004年5月 p.32

敦博2号……敦研21号+敦研127号+敦研20号……敦研19号 大般涅槃经

景盛轩 公元五世纪敦煌本《大般涅槃经》写卷缀合研究[①]《浙江师范大学学报》（社会科学版）2014年第6期 p.27；p.28；图1

敦博003（10-3）修行本起经卷下出家品第五

敦煌县博物馆，荣恩奇整理 敦煌县博物馆藏敦煌遗书目录《敦煌吐鲁番文献研究论集》（第三辑），北京：北京大学出版社，1986年2月 p.543~544

施萍婷 敦煌研究院藏土地庙写本源自藏经洞《敦煌研究》1999年第2期 p.42；收入敦煌研究院编《敦煌研究文集·敦煌研究院藏敦煌文献研究篇》，兰州：甘肃民族出版社，2000年9月 p.19；收入氏著《敦煌习学

①据景盛轩《公元五世纪敦煌本〈大般涅槃经〉写卷缀合研究》，敦博2号、敦研21号、敦研127号、敦研20号、敦研19号五个写卷中，敦研21号、敦研127号、敦研20号可以直接缀合，另两件可间接缀合。

集》(上),兰州:甘肃民族出版社,2004年12月 p.281

施萍婷 甘肃藏敦煌文献概述《甘肃藏敦煌文献精粹》,兰州:甘肃人民出版社,1999年 p.6;又载段文杰主编《甘肃藏敦煌文献》(第一至六卷),兰州:甘肃人民出版社,1999年9~12月 p.6

荣恩奇撰稿,施萍婷、邵国秀审订 敦煌市博物馆藏敦煌文献叙录《甘肃藏敦煌文献》(第六卷),兰州:甘肃人民出版社,1999年12月 p.353;图版p.2~3

施萍婷 甘肃省藏敦煌汉文文献概述《"二十一世纪敦煌文献研究回顾与展望"研讨会论文集》,台中:(台湾)中华自然文化学会,1999年12月 p.40;收入氏著《敦煌习学集》(上),兰州:甘肃民族出版社,2004年12月 p.293

林聪明 敦煌文书的用纸《港台敦煌学文库》第33册,兰州:甘肃人民出版社,2014年12月 p.203

林聪明著 敦煌文书学(敦煌学导论丛刊①) 台北:新文丰出版股份有限公司,1991年8月 p.91

申国美编 中国散藏敦煌文献分类目录 北京:北京图书馆出版社,2007年10月 p.2

周远军 敦煌写卷《道行般若经》用字研究及校勘① 南宁:广西大学硕士研究生学位论文,2011年6月 p.30

敦博004(10-4) 道行般若经卷第五照明品第十

敦煌县博物馆,荣恩奇整理 敦煌县博物馆藏敦煌遗书目录《敦煌吐鲁番文献研究论集》(第三辑),北京:北京大学出版社,1986年2月 p.544

荣恩奇撰稿,施萍婷、邵国秀审订 敦煌市博物馆藏敦煌文献叙录《甘肃藏敦煌文献》(第六卷),兰州:甘肃人民出版社,1999年12月 p.353;图版p.3~4

黄征 敦煌俗字种类考辨《敦煌学·日本学——石塚晴通教授退职纪念文集》,上海:上海辞书出版社,2005年12月 p.121;又载赵生群、方向东主编《古文献研究集刊》(第一辑),南京:凤凰出版社,2007年4月 p.38

文化 敦煌遗书书法的分期及艺术风格《文艺研究》2009年第6期 p.133

林聪明 敦煌文书的用纸《港台敦煌学文库》第33册,兰州:甘肃人民出版社,2014年12月 p.204

徐祖蕃、秦明智、荣恩奇编选 敦煌遗书书法选 兰州:甘肃人民出版社,1985年10月 p.24~25图版及简要说明

林聪明著 敦煌文书学(敦煌学导论丛刊①) 台北:新文丰出版股份有限公司,1991年8月 p.92

黄征编 敦煌俗字典 上海:上海教育出版社,2005年5月 前言p.29;正文p.72、146、153、315、331、360、490、522、556;顺序索引p.745;分类索引p.749

申国美编 中国散藏敦煌文献分类目录 北京:北京图书馆出版社,2007年10月 p.12、149

陶家骏 敦煌研究院藏佚本《维摩诘经注》写卷研究 苏州:苏州大学博士研究生学位论文,2012年3月 俗字表p.117

周远军 敦煌写卷《道行般若经》用字研究及校勘 南宁:广西大学硕士研究生学位论文,2011年6月

---

①周远军硕士论文《敦煌写卷〈道行般若经〉用字研究及校勘》中作"敦博003号《佛说观佛三昧海经》",有误。敦博003号为《修行本起经》卷下。

p.5、26、36、42、44、45、46、49、56、65、68、76、77、81、87、89、94、95、104、106、107、113、119、123、125、131、136、169~170

陈瑞峰《甘肃藏敦煌文献》俗字研究 金华：浙江师范大学硕士研究生学位论文，2012年5月 俗字表p.130、215

金岡照光 敦煌の現状（一九七九年五月）《講座敦煌1〈敦煌の自然と現状〉》，東京：大東出版社，昭和五五年四月二三日（1980.4.23） p.116

敦博005（10–5） 大方广佛华严经卷第五十五、五十六

敦煌县博物馆，荣恩奇整理 敦煌县博物馆藏敦煌遗书目录《敦煌吐鲁番文献研究论集》（第三辑），北京：北京大学出版社，1986年2月 p.544~545

荣恩奇撰稿，施萍婷、邵国秀审订 敦煌市博物馆藏敦煌文献叙录《甘肃藏敦煌文献》（第六卷），兰州：甘肃人民出版社，1999年12月 p.353~354；图版p.4~14

张涌泉 敦煌故里对敦煌学的新奉献——《甘肃藏敦煌文献》读后《敦煌研究》2001年第1期 p.182

张小艳、傅及斯 敦煌本“晋译五十华严”残卷缀合研究《浙江师范大学学报》（社会科学版）2014年第6期 p.14

林聪明 敦煌文书的用纸《港台敦煌学文库》第33册，兰州：甘肃人民出版社，2014年12月 p.203

徐祖蕃、秦明智、荣恩奇编选 敦煌遗书书法选 兰州：甘肃人民出版社，1985年10月 p.59~61图版及简要说明

林聪明著 敦煌文书学（敦煌学导论丛刊①） 台北：新文丰出版股份有限公司，1991年8月 p.91

申国美编 中国散藏敦煌文献分类目录 北京：北京图书馆出版社，2007年10月 p.33

甘肃省地方史志编纂委员会编 甘肃省志·文物志（中册） 北京：文物出版社，2018年11月 p.1525

王翠《甘肃藏敦煌文献》俗字研究 南京：南京师范大学硕士研究生学位论文，2014年5月 p.21（表）；p.54（附录：中古经卷“表”）

傅及斯 敦煌本《华严经》整理与研究 上海：复旦大学硕士研究生学位论文，2014年5月 p.51；表二p.143；表十p.157；表十二p.165

敦博006（10–6） 大般涅槃经卷第三十八迦叶菩萨品第十二之六

敦煌县博物馆，荣恩奇整理 敦煌县博物馆藏敦煌遗书目录《敦煌吐鲁番文献研究论集》（第三辑），北京：北京大学出版社，1986年2月 p.545

施萍婷 敦煌研究院藏土地庙写本源自藏经洞《敦煌研究》1999年第2期 附表p.46

施萍婷 甘肃藏敦煌文献概述《甘肃藏敦煌文献精粹》，兰州：甘肃人民出版社，1999年 p.7；又载段文杰主编《甘肃藏敦煌文献》（第一至六卷），兰州：甘肃人民出版社，1999年9~12月 p.7

荣恩奇撰稿，施萍婷、邵国秀审订 敦煌市博物馆藏敦煌文献叙录《甘肃藏敦煌文献》（第六卷），兰州：甘肃人民出版社，1999年12月 p.354；图版p.14~15

施萍婷 甘肃省藏敦煌汉文文献概述《“二十一世纪敦煌文献研究回顾与展望”研讨会论文集》，台中：

(台湾)中华自然文化学会,1999年12月 p.39、43;收入氏著《敦煌习学集》(上),兰州:甘肃民族出版社,2004年12月 p.292、297

邰惠莉 敦煌写本《佛图堂所化经》初探《敦煌研究文集·敦煌研究院藏敦煌文献研究篇》,兰州:甘肃民族出版社,2000年9月 p.185

景盛轩 敦煌北本《大般涅槃经》分卷考《〈大般涅槃经〉異文研究》,成都:巴蜀书社,2009年2月 调查表p.331

徐祖蕃、秦明智、荣恩奇编选 敦煌遗书书法选 兰州:甘肃人民出版社,1985年10月 p.30~31图版及简要说明

申国美编 中国散藏敦煌文献分类目录 北京:北京图书馆出版社,2007年10月 p.43

景盛轩 敦煌本《大般涅槃经》研究——以版本、异文及训诂为中心 杭州:浙江大学博士学位论文,2004年5月 p.113;p.134(表二);p.156

说明:此卷后一部分可与敦研374号缀合。缀合顺序依次为:敦博6号(B)+ ? +敦研374号。

敦博006+青山捐赠品7 大般涅槃经卷第三十八迦叶菩萨品第十二之六

施萍婷 敦煌研究院藏土地庙写本源自藏经洞《敦煌研究》1999年第2期 p.43;略为删减修订后收入敦煌研究院编《敦煌研究文集·敦煌研究院藏敦煌文献研究篇》,兰州:甘肃民族出版社,2000年9月 p.19;收入氏著《敦煌习学集》(上),兰州:甘肃民族出版社,2004年12月 p.281;收入氏著《敦煌石窟与文献研究》,杭州:浙江大学出版社,2015年12月 p.372

敦博6号(B)+敦研374号 大般涅槃经卷

景盛轩 公元五世纪敦煌本《大般涅槃经》写卷缀合研究[①]《浙江师范大学学报》(社会科学版)2014年第6期 p.35~36;图8-1、8-2

张涌泉、罗慕君 敦煌佛经残卷缀合释例《浙江大学学报》(人文社会科学版)2016年第3期 p.16;图9;收入刘进宝、张涌泉主编《丝路文明的传承与发展》,杭州:浙江大学出版社,2017年9月 p.235~236

敦博007(10-7)道行般若经卷第四持品第八

敦煌县博物馆,荣恩奇整理 敦煌县博物馆藏敦煌遗书目录《敦煌吐鲁番文献研究论集》(第三辑),北京:北京大学出版社,1986年2月 p.545~546

施萍婷 甘肃藏敦煌文献概述《甘肃藏敦煌文献精粹》,兰州:甘肃人民出版社,1999年 p.6;又载段文杰主编《甘肃藏敦煌文献》(第一至六卷),兰州:甘肃人民出版社,1999年9~12月 p.6

荣恩奇撰稿,施萍婷、邵国秀审订 敦煌市博物馆藏敦煌文献叙录《甘肃藏敦煌文献》(第六卷),兰州:甘肃人民出版社,1999年12月 p.354;图版p.15

①据景盛轩《公元五世纪敦煌本〈大般涅槃经〉写卷缀合研究》研究,敦博6号(B)与敦研374号可缀合。

施萍婷 甘肃省藏敦煌汉文文献概述《“二十一世纪敦煌文献研究回顾与展望”研讨会论文集》，台中：(台湾)中华自然文化学会，1999年12月 p.40；收入氏著《敦煌习学集》(上)，兰州：甘肃民族出版社，2004年12月 p.293

申国美编 中国散藏敦煌文献分类目录 北京：北京图书馆出版社，2007年10月 p.12

周远军 敦煌写卷《道行般若经》用字研究及校勘 南宁：广西大学硕士研究生学位论文，2011年6月 p.5、20、24、29、42、45、56、61、63、79、80、85、97、102、103、114、118、122、129、131、132、136、164~166

敦博008(10-8) 大般涅槃经卷第二寿命品第一之二

敦煌县博物馆，荣恩奇整理 敦煌县博物馆藏敦煌遗书目录《敦煌吐鲁番文献研究论集》(第三辑)，北京：北京大学出版社，1986年2月 p.546

施萍婷 敦煌研究院藏土地庙写本源自藏经洞《敦煌研究》1999年第2期 附表p.45

施萍婷 甘肃藏敦煌文献概述《甘肃藏敦煌文献精粹》，兰州：甘肃人民出版社，1999年 p.6；又载段文杰主编《甘肃藏敦煌文献》(第一至六卷)，兰州：甘肃人民出版社，1999年9~12月 p.6

荣恩奇撰稿，施萍婷、邵国秀审订 敦煌市博物馆藏敦煌文献叙录《甘肃藏敦煌文献》(第六卷)，兰州：甘肃人民出版社，1999年12月 p.354；图版p.16~18

施萍婷 甘肃省藏敦煌汉文文献概述《“二十一世纪敦煌文献研究回顾与展望”研讨会论文集》，台中：(台湾)中华自然文化学会，1999年12月 p.40；收入氏著《敦煌习学集》(上)，兰州：甘肃民族出版社，2004年12月 p.293

徐祖蕃、秦明智、荣恩奇编选 敦煌遗书书法选 兰州：甘肃人民出版社，1985年10月 p.39~43图版及简要说明

申国美编 中国散藏敦煌文献分类目录 北京：北京图书馆出版社，2007年10月 p.35

景盛轩著《大般涅槃经》异文研究 成都：巴蜀书社，2009年2月 p.46

景盛轩 敦煌本《大般涅槃经》研究——以版本、异文及训诂为中心 杭州：浙江大学博士研究生学位论文，2004年5月 p.26、149

敦博8号……敦研198号……敦研216号……敦研244号……敦研243号……敦研232号……敦研193号……敦研213号……敦研225号……敦研33号……敦博17号 大般涅槃经

景盛轩 公元五世纪敦煌本《大般涅槃经》写卷缀合研究① 《浙江师范大学学报》(社会科学版)2014年第6期 p.30~32；图4-1、4-2、4-3、4-4、4-5

①据景盛轩《公元五世纪敦煌本〈大般涅槃经〉写卷缀合研究》，敦博8号、敦研198号、敦研216号、敦研244号、敦研243号、敦研232号、敦研193号、敦研213号、敦研225号、敦研33号、敦博17号11个写卷，都只能间接缀合。

敦博009（10–9）佛说观佛三昧海经卷第三观相品第三

敦煌县博物馆，荣恩奇整理 敦煌县博物馆藏敦煌遗书目录《敦煌吐鲁番文献研究论集》（第三辑），北京：北京大学出版社，1986年2月 p.546

荣恩奇撰稿，施萍婷、邵国秀审订 敦煌市博物馆藏敦煌文献叙录《甘肃藏敦煌文献》（第六卷），兰州：甘肃人民出版社，1999年12月 p.354；图版p.18

申国美编 中国散藏敦煌文献分类目录 北京：北京图书馆出版社，2007年10月 p.52

敦博010（10–10）比丘受戒文

敦煌县博物馆，荣恩奇整理 敦煌县博物馆藏敦煌遗书目录《敦煌吐鲁番文献研究论集》（第三辑），北京：北京大学出版社，1986年2月 p.547

荣恩奇撰稿，施萍婷、邵国秀审订 敦煌市博物馆藏敦煌文献叙录《甘肃藏敦煌文献》（第六卷），兰州：甘肃人民出版社，1999年12月 p.354；图版p.19~20

黄征编 敦煌俗字典 上海：上海教育出版社，2005年5月 正文p.107、123、281、352、358；顺序索引p.745；分类索引p.750

申国美编 中国散藏敦煌文献分类目录 北京：北京图书馆出版社，2007年10月 p.72、149

甘肃省地方史志编纂委员会编 甘肃省志·文物志（中册）北京：文物出版社，2018年11月 p.1525；图1幅

陶家骏 敦煌研究院藏佚本《维摩诘经注》写卷研究 苏州：苏州大学博士学位论文，2012年3月 p.196

陈瑞峰《甘肃藏敦煌文献》俗字研究 金华：浙江师范大学硕士学位论文，2012年5月 p.36、53；例证表p.60；俗字表p.147、157、213

敦博011（10–11）妙法莲华经卷第六常不轻菩萨品第二十

敦煌县博物馆，荣恩奇整理 敦煌县博物馆藏敦煌遗书目录《敦煌吐鲁番文献研究论集》（第三辑），北京：北京大学出版社，1986年2月 p.547

荣恩奇撰稿，施萍婷、邵国秀审订 敦煌市博物馆藏敦煌文献叙录《甘肃藏敦煌文献》（第六卷），兰州：甘肃人民出版社，1999年12月 p.354~355；图版p.20~22

陈红彦、林世田 敦煌遗书近现代鉴藏印章辑述（上）《文献》2007年第2期 p.51；收入林世田著《敦煌遗书研究论集》，北京：中国藏学出版社，2010年3月 p.296

井米兰 敦煌俗字与宋本《玉篇》俗字字形之差异及其原因初探《宁夏大学学报》（人文社会科学版）2010年第5期 p.9

林聪明 敦煌文书的题记《港台敦煌学文库》第34册，兰州：甘肃人民出版社，2014年12月 p.162

林聪明著 敦煌文书学（敦煌学导论丛刊①）台北：新文丰出版股份有限公司，1991年8月 p.296

林聪明著 敦煌吐鲁番文书解诂指例（敦煌丛刊二集⑮）台北：新文丰出版公司，2001年6月 p.136

黄征编 敦煌俗字典 上海：上海教育出版社，2005年5月 前言p.29；正文p.8、65、92、117、139、189、292、314、346、377、442、490、496、560；顺序索引p.745；分类索引p.749

申国美编 中国散藏敦煌文献分类目录 北京:北京图书馆出版社,2007年10月 p.29、149

沈乐平著 敦煌书法综论 杭州:浙江古籍出版社,2009年10月 p.233(鉴藏印章检索表)

张涌泉著 敦煌写本文献学 兰州:甘肃教育出版社,2013年12月 p.181

张元林著 北朝—隋时期敦煌法华图像研究 兰州:甘肃教育出版社,2017年9月 p.347

敦煌市博物馆编 敦煌市博物馆馆藏珍贵文物图录 沈阳:万卷出版公司,2017年12月 p.92;图1幅

沈乐平 敦煌书法综论 杭州:中国美术学院博士研究生学位论文,2008年5月 p.231(鉴藏印章检索表)

井米兰 敦煌俗字与宋本《玉篇》文字比较研究 上海:华东师范大学硕士研究生学位论文,2009年5月 p.59

周远军 敦煌写卷《道行般若经》用字研究及校勘 南宁:广西大学硕士研究生学位论文,2011年6月 p.95

陈瑞峰《甘肃藏敦煌文献》俗字研究 金华:浙江师范大学硕士研究生学位论文,2012年5月 p.24;俗字表p.108、128、137、152、164、183、207~208

栄恩奇 妙法蓮華経常不軽菩薩品第二十《中国敦煌展》(東京展、福岡展、長野展、奈良展、静岡展,1985年10月5日~1986年3月26日),東京:財団法人富士美術館発行,昭和60年10月5日;図版107及日文図版解説

段文傑著,東山健吾訳 美しき敦煌 東京:潮出版社,昭和61年3月2日,p.149;图1幅

池田温編 中國古代寫本識語集錄 東京:東京大学東洋文化研究所発行,1990年3月30日 p.159(第380号題記錄文)

敦博012(10-12) 妙法莲华经卷第五分别功德品第十七

敦煌县博物馆,荣恩奇整理 敦煌县博物馆藏敦煌遗书目录《敦煌吐鲁番文献研究论集》(第三辑),北京:北京大学出版社,1986年2月 p.547~548

方广锠 大般涅槃经《敦煌学大辞典》,上海:上海辞书出版社,1998年12月 p.693~695

施萍婷 甘肃藏敦煌文献概述《甘肃藏敦煌文献精粹》,兰州:甘肃人民出版社,1999年 p.6;又载段文杰主编《甘肃藏敦煌文献》(第一至六卷),兰州:甘肃人民出版社,1999年9~12月 p.6

荣恩奇撰稿,施萍婷、邵国秀审订 敦煌市博物馆藏敦煌文献叙录《甘肃藏敦煌文献》(第六卷),兰州:甘肃人民出版社,1999年12月 p.355;图版p.23

施萍婷 甘肃省藏敦煌汉文文献概述《"二十一世纪敦煌文献研究回顾与展望"研讨会论文集》,台中:(台湾)中华自然文化学会,1999年12月 p.40;收入氏著《敦煌习学集》(上),兰州:甘肃民族出版社,2004年12月 p.293

林聪明 敦煌文书的用纸《港台敦煌学文库》第33册,兰州:甘肃人民出版社,2014年12月 p.205

林聪明 敦煌文书的抄写《港台敦煌学文库》第34册,兰州:甘肃人民出版社,2014年12月 p.59

徐祖蕃、秦明智、荣恩奇编选 敦煌遗书书法选 兰州:甘肃人民出版社,1985年10月 p.38图版及简要说明

林聪明著 敦煌文书学(敦煌学导论丛刊①)[①] 台北:新文丰出版股份有限公司,1991年8月 p.93、189

---

①林聪明《敦煌文书学》第93、189页和郑炳林、郑阿财《港台敦煌学文库》第33册第205页"(14)敦博12号《大般涅槃经》",有误。应为《妙法莲华经卷第五分别功德品第十七》。

申国美编 中国散藏敦煌文献分类目录 北京:北京图书馆出版社,2007年10月 p.27

张涌泉著 敦煌写本文献学 兰州:甘肃教育出版社,2013年12月 p.181

池田温编 中國古代寫本識語集錄 東京:東京大学東洋文化研究所発行,1990年3月30日 p.95(第120号題記錄文);p.161(第392号題記錄文)

敦博013(10-13)佛经

敦煌县博物馆,荣恩奇整理 敦煌县博物馆藏敦煌遗书目录《敦煌吐鲁番文献研究论集》(第三辑),北京:北京大学出版社,1986年2月 p.548

荣恩奇撰稿,施萍婷、邵国秀审订 敦煌市博物馆藏敦煌文献叙录《甘肃藏敦煌文献》(第六卷),兰州:甘肃人民出版社,1999年12月 p.355;图版p.23~24

邰惠莉 敦煌写本《佛图堂所化经》初探《敦煌研究文集·敦煌研究院藏敦煌文献研究篇》,兰州:甘肃民族出版社,2000年9月 p.185

叶贵良《甘肃藏敦煌文献》残卷未识原因初探《敦煌研究》2003年第4期 p.90~91

徐祖蕃、秦明智、荣恩奇编选 敦煌遗书书法选 兰州:甘肃人民出版社,1985年10月 p.72图版及简要说明

申国美编 中国散藏敦煌文献分类目录 北京:北京图书馆出版社,2007年10月 p.94

敦博014(10-14)大般涅槃经卷第一寿命品第一

敦煌县博物馆,荣恩奇整理 敦煌县博物馆藏敦煌遗书目录《敦煌吐鲁番文献研究论集》(第三辑),北京:北京大学出版社,1986年2月 p.548~549

荣恩奇 大般涅槃经第一《敦煌》,兰州:甘肃人民出版社、南京:江苏美术出版社,1990年7月;1993年7月;1997年11月 图版p.234~235;p.287第249条图版说明

施萍婷 敦煌研究院藏土地庙写本源自藏经洞《敦煌研究》1999年第2期 附表p.45

荣恩奇撰稿,施萍婷、邵国秀审订 敦煌市博物馆藏敦煌文献叙录《甘肃藏敦煌文献》(第六卷),兰州:甘肃人民出版社,1999年12月 p.355;图版p.25~26

黄征 敦煌语言文字学研究要论《汉语史学报》(第二辑),上海:上海教育出版社,2002年5月 p.5~6;收入氏著《敦煌语言文字学研究》,兰州:甘肃教育出版社,2002年12月 p.14~15;图1幅

黄征 敦煌俗字例释《敦煌吐鲁番研究》(第八卷),北京:中华书局,2005年1月 p.250、254

李丞宰 探寻敦煌佛经的50卷本《华严经》《敦煌学·日本学——石塚晴通教授退职纪念论文集》,上海:上海辞书出版社,2005年12月 p.39

秋子 大般涅槃经残卷《敦煌写卷墨迹精选丛帖》(壹),兰州:甘肃人民美术出版社,2009年10月;2010年6月 p.13~20简介/赏析及图版

徐祖蕃、秦明智、荣恩奇编选 敦煌遗书书法选 兰州:甘肃人民出版社,1985年10月 p.11~16图版及简要说明

王靖宪编著 中国书法艺术·第三卷[魏晋南北朝] 北京:文物出版社,1996年3月第1版;1998年12月第

2次印刷 p.312；图281

黄征编 敦煌俗字典 上海：上海教育出版社，2005年5月 正文p.1、4、150、208；顺序索引p.745；分类索引p.748

中国美编 中国散藏敦煌文献分类目录 北京：北京图书馆出版社，2007年10月 p.35、149

景盛轩著《大般涅槃经》異文研究 成都：巴蜀书社，2009年2月 p.10、48

秦川编著 敦煌书法：中国书法的基因库[①] 南京：凤凰出版社，2010年7月 p.126~127；图1幅

景盛轩 敦煌本《大般涅槃经》研究——以版本、异文及训诂为中心 杭州：浙江大学博士研究生学位论文，2004年5月 p.2、22、135、151

陈瑞峰《甘肃藏敦煌文献》俗字研究 金华：浙江师范大学硕士研究生学位论文，2012年5月 例证表p.70；俗字表p.108、191

敦博14号……敦研53号……敦研125号……敦研22(3)号……敦博78号……敦研31号……敦研155号……敦研22(2)号……敦研152号……敦研22(1)号……敦博15号……敦研154号……敦研108号……敦研318号……敦研172号……敦博1号……敦研373号+敦研56(2)号……敦研160号……敦研177号……敦研305号…敦研56(3)号……敦研128号+敦研371号……敦研29号+敦研56(4)号 大般涅槃经

景盛轩 公元五世纪敦煌本《大般涅槃经》写卷缀合研究[②]《浙江师范大学学报》(社会科学版)2014年第6期 p.27~29；图2–1、图2–2、图2–3

敦博015(10–15) 大般涅槃经卷第十六梵行品第八之二

敦煌县博物馆，荣恩奇整理 敦煌县博物馆藏敦煌遗书目录《敦煌吐鲁番文献研究论集》(第三辑)，北京：北京大学出版社，1986年2月 p.549

荣恩奇撰稿，施萍婷、邵国秀审订 敦煌市博物馆藏敦煌文献叙录《甘肃藏敦煌文献》(第六卷)，兰州：甘肃人民出版社，1999年12月 p.355；图版p.26

中国美编 中国散藏敦煌文献分类目录 北京：北京图书馆出版社，2007年10月 p.38

景盛轩 敦煌本《大般涅槃经》研究——以版本、异文及训诂为中心 杭州：浙江大学博士研究生学位论文，2004年5月 p.22、63

①秦川《敦煌书法：中国书法的基因库》第126~127页上图"北魏《大般涅槃经》(敦煌研究院藏)"，标识有误。该经卷应为敦博014号《大般涅槃经》，为便于查阅、引用，在此予以更正。

②据景盛轩《公元五世纪敦煌本〈大般涅槃经〉写卷缀合研究》，敦博14号、敦研53号、敦研125号、敦研22号、敦博78号、敦研31号、敦研155号、敦研22(2)号、敦研152号、敦研22(1)号、敦博15号、敦研154号、敦研108号、敦研318号、敦研172号、敦博1号、敦研373号、敦研56(2)号、敦研160号、敦研177号、敦研305号、敦研56(3)号、敦研128号、敦研371号、敦研29号、敦研56(4)号等26个写卷，可直接缀合2个(敦研373号、敦研56(2)号可以直接缀合)，间接缀合24个。

敦博016(10–16) 悲华经卷第三大施品第三之二

敦煌县博物馆,荣恩奇整理 敦煌县博物馆藏敦煌遗书目《敦煌吐鲁番文献研究论集》(第三辑),北京:北京大学出版社,1986年2月 p.549

荣恩奇撰稿,施萍婷、邵国秀审订 敦煌市博物馆藏敦煌文献叙录《甘肃藏敦煌文献》(第六卷),兰州:甘肃人民出版社,1999年12月 p.355;图版p.27

申国美编 中国散藏敦煌文献分类目录 北京:北京图书馆出版社,2007年10月 p.2

甘肃省地方史志编纂委员会编 甘肃省志·文物志(中册) 北京:文物出版社,2018年11月 p.1525

敦博017(10–17) 大般涅槃经卷第三十九憍陈如品第十三之一

敦煌县博物馆,荣恩奇整理 敦煌县博物馆藏敦煌遗书目录《敦煌吐鲁番文献研究论集》(第三辑),北京:北京大学出版社,1986年2月 p.549~550

施萍婷 敦煌研究院藏土地庙写本源自藏经洞《敦煌研究》1999年第2期 附表p.46

荣恩奇撰稿,施萍婷、邵国秀审订 敦煌市博物馆藏敦煌文献叙录《甘肃藏敦煌文献》(第六卷),兰州:甘肃人民出版社,1999年12月 p.355;图版p.27

徐祖蕃、秦明智、荣恩奇编选 敦煌遗书书法选 兰州:甘肃人民出版社,1985年10月 p.44~45图版及简要说明

陈国灿 平康乡《敦煌学大辞典》,上海:上海辞书出版社,1998年12月 p.302

申国美编 中国散藏敦煌文献分类目录 北京:北京图书馆出版社,2007年10月 p.43、149

景盛轩 敦煌本《大般涅槃经》研究——以版本、异文及训诂为中心 杭州:浙江大学博士研究生学位论文,2004年5月 p.116~117

敦博018(10–18) 大般涅槃经卷第二十三光明遍照高贵德王菩萨品第十之三

敦煌县博物馆,荣恩奇整理 敦煌县博物馆藏敦煌遗书目录《敦煌吐鲁番文献研究论集》(第三辑),北京:北京大学出版社,1986年2月 p.550

施萍婷 敦煌研究院藏土地庙写本源自藏经洞《敦煌研究》1999年第2期 附表p.46

施萍婷 甘肃藏敦煌文献概述《甘肃藏敦煌文献精粹》,兰州:甘肃人民出版社,1999年 p.6;又载段文杰主编《甘肃藏敦煌文献》(第一至六卷),兰州:甘肃人民出版社,1999年9~12月 p.6

荣恩奇撰稿,施萍婷、邵国秀审订 敦煌市博物馆藏敦煌文献叙录《甘肃藏敦煌文献》(第六卷),兰州:甘肃人民出版社,1999年12月 p.355;图版p.28

施萍婷、邰惠莉 敦煌研究院藏敦煌文献叙录《敦煌研究文集·敦煌研究院藏敦煌文献研究篇》,兰州:甘肃民族出版社,2000年9月 p.62、80

施萍婷 甘肃省藏敦煌汉文文献概述《"二十一世纪敦煌文献研究回顾与展望"研讨会论文集》,台中:(台湾)中华自然文化学会,1999年12月 p.40;收入氏著《敦煌习学集》(上),兰州:甘肃民族出版社,2004年12月 p.293

张涌泉 敦煌故里对敦煌学的新奉献——《甘肃藏敦煌文献》读后《敦煌研究》2001年第1期 p.182

申国美编 中国散藏敦煌文献分类目录 北京:北京图书馆出版社,2007年10月 p.40

景盛轩 敦煌本《大般涅槃经》研究——以版本、异文及训诂为中心 杭州:浙江大学博士研究生学位论文,2004年5月 p.79

敦博019(10-19)小品摩诃般若波罗蜜经卷第九

敦煌县博物馆,荣恩奇整理 敦煌县博物馆藏敦煌遗书目录《敦煌吐鲁番文献研究论集》(第三辑),北京:北京大学出版社,1986年2月 p.550

荣恩奇撰稿,施萍婷、邵国秀审订 敦煌市博物馆藏敦煌文献叙录《甘肃藏敦煌文献》(第六卷),兰州:甘肃人民出版社,1999年12月 p.355~356;图版p.28

黄征编 敦煌俗字典 上海:上海教育出版社,2005年5月 正文p.222、252、254、320、366、492、558;顺序索引p.745;分类索引p.750

林聪明 敦煌文书的割裂《港台敦煌学文库》第34册,兰州:甘肃人民出版社,2014年12月 p.222

林聪明著 敦煌文书学(敦煌学导论丛刊①)[①] 台北:新文丰出版股份有限公司,1991年8月 p.359

申国美编 中国散藏敦煌文献分类目录 北京:北京图书馆出版社,2007年10月 p.12、149

陶家骏 敦煌研究院藏佚本《维摩诘经注》写卷研究 苏州:苏州大学博士研究生学位论文,2012年3月 俗字表p.108

陈瑞峰《甘肃藏敦煌文献》俗字研究 金华:浙江师范大学硕士研究生学位论文,2012年5月 p.57;例证表p.62、78;俗字表p.158、195、205

敦博020(10-20)大方广等如来藏经

敦煌县博物馆,荣恩奇整理 敦煌县博物馆藏敦煌遗书目录《敦煌吐鲁番文献研究论集》(第三辑),北京:北京大学出版社,1986年2月 p.551

荣恩奇撰稿,施萍婷、邵国秀审订 敦煌市博物馆藏敦煌文献叙录《甘肃藏敦煌文献》(第六卷),兰州:甘肃人民出版社,1999年12月 p.356;图版p.29

韩惠言 甘藏敦煌汉文文献概况《敦煌学辑刊》2000年第2期 p.69;收入敦煌研究院编《2000年敦煌学国际学术讨论会文集——纪念敦煌藏经洞发现暨敦煌学百年》历史文化卷(上),兰州:甘肃民族出版社,2003年9月 p.519

张涌泉 敦煌故里对敦煌学的新奉献——《甘肃藏敦煌文献》读后 《敦煌研究》2001年第1期 p.183

施萍婷 甘肃藏敦煌汉文文献精品简述《敦煌习学集》(上),兰州:甘肃民族出版社,2004年12月 p.316;图版57

黄征编 敦煌俗字典 上海:上海教育出版社,2005年5月 正文p.125、324、395、431、449、490;顺序索引p.745;分类索引p.750

①据林聪明《敦煌文书学》研究,此卷纸质、书法与敦博025号完全相同,且从同一收藏处征集,两卷可缀合。

申国美编 中国散藏敦煌文献分类目录 北京：北京图书馆出版社，2007年10月 p.55、149

肖瑜《三国志》古写本用字研究 上海：复旦大学博士研究生学位论文，2006年4月 p.51

陶家骏 敦煌研究院藏佚本《维摩诘经注》写卷研究 苏州：苏州大学博士研究生学位论文，2012年3月 俗字表p.137

陈瑞峰《甘肃藏敦煌文献》俗字研究 金华：浙江师范大学硕士研究生学位论文，2012年5月 p.38；例证表p.84；俗字表p.159、221、225

王翠《甘肃藏敦煌文献》俗字研究 南京：南京师范大学硕士研究生学位论文，2014年5月 p.21（表）；p.54（附录：中古经卷"表"）

敦博021（10–21）辩意长者子经

敦煌县博物馆，荣恩奇整理 敦煌县博物馆藏敦煌遗书目录《敦煌吐鲁番文献研究论集》（第三辑），北京：北京大学出版社，1986年2月 p.551

施萍婷 甘肃藏敦煌文献概述《甘肃藏敦煌文献精粹》，兰州：甘肃人民出版社，1999年 p.6；又载段文杰主编《甘肃藏敦煌文献》（第一至六卷），兰州：甘肃人民出版社，1999年9~12月 p.6

荣恩奇撰稿，施萍婷、邵国秀审订 敦煌市博物馆藏敦煌文献叙录《甘肃藏敦煌文献》（第六卷），兰州：甘肃人民出版社，1999年12月 p.356；图版p.29

施萍婷 甘肃省藏敦煌汉文文献概述"二十一世纪敦煌文献研究回顾与展望"研讨会论文集》，台中：（台湾）中华自然文化学会，1999年12月 p.40；收入氏著《敦煌习学集》（上），兰州：甘肃民族出版社，2004年12月 p.293

张涌泉 敦煌故里对敦煌学的新奉献——《甘肃藏敦煌文献》读后《敦煌研究》2001年第1期 p.182

申国美编 中国散藏敦煌文献分类目录 北京：北京图书馆出版社，2007年10月 p.51

敦博022（10–22）首楞严三昧经卷上

敦煌县博物馆，荣恩奇整理 敦煌县博物馆藏敦煌遗书目录《敦煌吐鲁番文献研究论集》（第三辑），北京：北京大学出版社，1986年2月 p.551

施萍婷 甘肃藏敦煌文献概述《甘肃藏敦煌文献精粹》，兰州：甘肃人民出版社，1999年 p.6；又载段文杰主编《甘肃藏敦煌文献》（第一至六卷），兰州：甘肃人民出版社，1999年9~12月 p.6

荣恩奇撰稿，施萍婷、邵国秀审订 敦煌市博物馆藏敦煌文献叙录《甘肃藏敦煌文献》（第六卷），兰州：甘肃人民出版社，1999年12月 p.356；图版p.30

施萍婷 甘肃省藏敦煌汉文文献概述《"二十一世纪敦煌文献研究回顾与展望"研讨会论文集》，台中：（台湾）中华自然文化学会，1999年12月 p.40；收入氏著《敦煌习学集》（上），兰州：甘肃民族出版社，2004年12月 p.293

黄征编 敦煌俗字典 上海：上海教育出版社，2005年5月 正文p.208、468；顺序索引p.745；分类索引p.750

申国美编 中国散藏敦煌文献分类目录 北京：北京图书馆出版社，2007年10月 p.52

陶家骏 敦煌研究院藏佚本《维摩诘经注》写卷研究 苏州:苏州大学博士研究生学位论文,2012年3月 俗字表p.142

陈瑞峰《甘肃藏敦煌文献》俗字研究 金华:浙江师范大学硕士研究生学位论文,2012年5月 例证表p.70;俗字表p.192

敦博023(10-23) 佛经

敦煌县博物馆,荣恩奇整理 敦煌县博物馆藏敦煌遗书目录《敦煌吐鲁番文献研究论集》(第三辑),北京:北京大学出版社,1986年2月 p.551~552

荣恩奇撰稿,施萍婷、邵国秀审订 敦煌市博物馆藏敦煌文献叙录《甘肃藏敦煌文献》(第六卷),兰州:甘肃人民出版社,1999年12月 p.356;图版p.31

叶贵良《甘肃藏敦煌文献》残卷未识原因初探《敦煌研究》2003年第4期 p.90~91

申国美编 中国散藏敦煌文献分类目录 北京:北京图书馆出版社,2007年10月 p.94

敦博024(10-24) 大般涅槃经卷第二十八狮子吼菩萨品第十五

敦煌县博物馆,荣恩奇整理 敦煌县博物馆藏敦煌遗书目录《敦煌吐鲁番文献研究论集》(第三辑),北京:北京大学出版社,1986年2月 p.552

施萍婷 敦煌研究院藏土地庙写本源自藏经洞《敦煌研究》1999年第2期 附表p.46

施萍婷 甘肃藏敦煌文献概述《甘肃藏敦煌文献精粹》,兰州:甘肃人民出版社,1999年 p.6;又载段文杰主编《甘肃藏敦煌文献》(第一至六卷),兰州:甘肃人民出版社,1999年9~12月 p.6

荣恩奇撰稿,施萍婷、邵国秀审订 敦煌市博物馆藏敦煌文献叙录《甘肃藏敦煌文献》(第六卷),兰州:甘肃人民出版社,1999年12月 p.356;图版p.31

施萍婷 甘肃省藏敦煌汉文文献概述《"二十一世纪敦煌文献研究回顾与展望"研讨会论文集》,台中:(台湾)中华自然文化学会,1999年12月 p.40;收入氏著《敦煌习学集》(上),兰州:甘肃民族出版社,2004年12月 p.293

张涌泉、陈瑞峰 古代写本钩乙号研究《浙江社会科学》2011年第5期 p.132

申国美编 中国散藏敦煌文献分类目录 北京:北京图书馆出版社,2007年10月 p.41

景盛轩著《大般涅槃经》異文研究 成都:巴蜀书社,2009年2月 p.74

张涌泉著 敦煌写本文献学 兰州:甘肃教育出版社,2013年12月 p.361

景盛轩 敦煌本《大般涅槃经》研究——以版本、异文及训诂为中心 杭州:浙江大学博士研究生学位论文,2004年5月 p.93、160

陈瑞峰《甘肃藏敦煌文献》俗字研究 金华:浙江师范大学硕士研究生学位论文,2012年5月 p.46

敦博025(10-25) 小品摩诃般若经卷第九

敦煌县博物馆,荣恩奇整理 敦煌县博物馆藏敦煌遗书目录《敦煌吐鲁番文献研究论集》(第三辑),北

京:北京大学出版社,1986年2月 p.552~553

施萍婷 甘肃藏敦煌文献概述《甘肃藏敦煌文献精粹》,兰州:甘肃人民出版社,1999年 p.6;又载段文杰主编《甘肃藏敦煌文献》(第一至六卷),兰州:甘肃人民出版社,1999年9~12月 p.6

荣恩奇撰稿,施萍婷、邵国秀审订 敦煌市博物馆藏敦煌文献叙录《甘肃藏敦煌文献》(第六卷),兰州:甘肃人民出版社,1999年12月 p.356;图版p.32

施萍婷 甘肃省藏敦煌汉文文献概述《"二十一世纪敦煌文献研究回顾与展望"研讨会论文集》,台中:(台湾)中华自然文化学会,1999年12月 p.41;收入氏著《敦煌习学集》(上),兰州:甘肃民族出版社,2004年12月 p.293

林聪明 敦煌文书的割裂《港台敦煌学文库》第34册,兰州:甘肃人民出版社,2014年12月 p.222

林聪明著 敦煌文书学(敦煌学导论丛刊①)① 台北:新文丰出版股份有限公司,1991年8月 p.359

中国美编 中国散藏敦煌文献分类目录 北京:北京图书馆出版社,2007年10月 p.12

敦博026(10-26) 金光明经卷第二四天王品第六

敦煌县博物馆,荣恩奇整理 敦煌县博物馆藏敦煌遗书目录《敦煌吐鲁番文献研究论集》(第三辑),北京:北京大学出版社,1986年2月 p.553

荣恩奇撰稿,施萍婷、邵国秀审订 敦煌市博物馆藏敦煌文献叙录《甘肃藏敦煌文献》(第六卷),兰州:甘肃人民出版社,1999年12月 p.356;图版p.33

中国美编 中国散藏敦煌文献分类目录 北京:北京图书馆出版社,2007年10月 p.53

朱若溪《金光明经》敦煌写本研究 杭州:浙江大学博士研究生学位论文,2017年6月 p.494(二)卷二简表

敦博027(10-27) 小品摩诃般若波罗蜜经卷第九见阿閦佛品第二十五

敦煌县博物馆,荣恩奇整理 敦煌县博物馆藏敦煌遗书目录《敦煌吐鲁番文献研究论集》(第三辑),北京:北京大学出版社,1986年2月 p.553

荣恩奇撰稿,施萍婷、邵国秀审订 敦煌市博物馆藏敦煌文献叙录《甘肃藏敦煌文献》(第六卷),兰州:甘肃人民出版社,1999年12月 p.357;图版p.33~34

中国美编 中国散藏敦煌文献分类目录 北京:北京图书馆出版社,2007年10月 p.12

敦博028(10-28) 金光明经卷第二四天王品第六

敦煌县博物馆,荣恩奇整理 敦煌县博物馆藏敦煌遗书目录《敦煌吐鲁番文献研究论集》(第三辑),北京:北京大学出版社,1986年2月 p.553~554

施萍婷 甘肃藏敦煌文献概述《甘肃藏敦煌文献精粹》,兰州:甘肃人民出版社,1999年 p.6;又载段文杰主编《甘肃藏敦煌文献》(第一至六卷),兰州:甘肃人民出版社,1999年9~12月 p.6

---

①据林聪明《敦煌文书学》研究,此卷纸质、书法与敦博019号完全相同,且从同一收藏处征集,两卷可缀合。

荣恩奇撰稿，施萍婷、邵国秀审订 敦煌市博物馆藏敦煌文献叙录《甘肃藏敦煌文献》(第六卷)，兰州：甘肃人民出版社，1999年12月 p.357；图版p.34~35

施萍婷 甘肃省藏敦煌汉文文献概述《“二十一世纪敦煌文献研究回顾与展望”研讨会论文集》，台中：(台湾)中华自然文化学会，1999年12月 p.41；收入氏著《敦煌习学集》(上)，兰州：甘肃民族出版社，2004年12月 p.294

黄征 敦煌语言文字学研究要论《汉语史学报》(第二辑)，上海：上海教育出版社，2002年5月 p.6；收入氏著《敦煌语言文字学研究》，兰州：甘肃教育出版社，2002年12月 p.15

中国美编 中国散藏敦煌文献分类目录 北京：北京图书馆出版社，2007年10月 p.53、149

敦博029(10–29) 妙法莲华经卷第一序品第一

敦煌县博物馆，荣恩奇整理 敦煌县博物馆藏敦煌遗书目录《敦煌吐鲁番文献研究论集》(第三辑)，北京：北京大学出版社，1986年2月 p.554

荣恩奇撰稿，施萍婷、邵国秀审订 敦煌市博物馆藏敦煌文献叙录《甘肃藏敦煌文献》(第六卷)，兰州：甘肃人民出版社，1999年12月 p.357；图版p.35

中国美编 中国散藏敦煌文献分类目录 北京：北京图书馆出版社，2007年10月 p.19

敦煌市博物馆编 敦煌市博物馆馆藏珍贵文物图录 沈阳：万卷出版公司，2017年12月 p.93；图1幅

栄恩奇 妙法蓮華経序品第一《中国敦煌展》(東京展、福岡展、長野展、奈良展、静岡展，1985年10月5日~1986年3月26日)，東京：財団法人富士美術館発行，昭和60年10月5日；図版94及日文図版解説

敦博030(10–30) 佛经

敦煌县博物馆，荣恩奇整理 敦煌县博物馆藏敦煌遗书目录《敦煌吐鲁番文献研究论集》(第三辑)，北京：北京大学出版社，1986年2月 p.554

荣恩奇撰稿，施萍婷、邵国秀审订 敦煌市博物馆藏敦煌文献叙录《甘肃藏敦煌文献》(第六卷)，兰州：甘肃人民出版社，1999年12月 p.357；图版p.36

叶贵良《甘肃藏敦煌文献》残卷未识原因初探《敦煌研究》2003年第4期 p.90

中国美编 中国散藏敦煌文献分类目录 北京：北京图书馆出版社，2007年10月 p.94

敦博031(10–31) 维摩诘经卷上弟子品第三

敦煌县博物馆，荣恩奇整理 敦煌县博物馆藏敦煌遗书目录《敦煌吐鲁番文献研究论集》(第三辑)，北京：北京大学出版社，1986年2月 p.554~555

荣恩奇撰稿，施萍婷、邵国秀审订 敦煌市博物馆藏敦煌文献叙录《甘肃藏敦煌文献》(第六卷)，兰州：甘肃人民出版社，1999年12月 p.357；图版p.36

衣川贤次 以敦煌写经校订《大正藏》刍议《转型期的敦煌学》，上海：上海古籍出版社，2007年11月 p.423、427、430

中国美编 中国散藏敦煌文献分类目录 北京:北京图书馆出版社,2007年10月 p.49

张瑞兰 敦煌本《维摩诘经》异文研究 金华:浙江师范大学硕士研究生学位论文,2013年4月 p.117

敦博032(10-32) 太子瑞应本起经卷上

敦煌县博物馆,荣恩奇整理 敦煌县博物馆藏敦煌遗书目录《敦煌吐鲁番文献研究论集》(第三辑),北京:北京大学出版社,1986年2月 p.555

施萍婷 甘肃藏敦煌文献概述《甘肃藏敦煌文献精粹》,兰州:甘肃人民出版社,1999年 p.6;又载段文杰主编《甘肃藏敦煌文献》(第一至六卷),兰州:甘肃人民出版社,1999年9~12月 p.6

荣恩奇撰稿,施萍婷、邵国秀审订 敦煌市博物馆藏敦煌文献叙录《甘肃藏敦煌文献》(第六卷),兰州:甘肃人民出版社,1999年12月 p.357;图版p.37

施萍婷 甘肃省藏敦煌汉文文献概述《"二十一世纪敦煌文献研究回顾与展望"研讨会论文集》,台中:(台湾)中华自然文化学会,1999年12月 p.41;收入氏著《敦煌习学集》(上),兰州:甘肃民族出版社,2004年12月 p.294

中国美编 中国散藏敦煌文献分类目录 北京:北京图书馆出版社,2007年10月 p.2

敦博033(10-33) 妙法莲华经卷第一序品第一

敦煌县博物馆,荣恩奇整理 敦煌县博物馆藏敦煌遗书目录《敦煌吐鲁番文献研究论集》(第三辑),北京:北京大学出版社,1986年2月 p.555

施萍婷 甘肃藏敦煌文献概述《甘肃藏敦煌文献精粹》,兰州:甘肃人民出版社,1999年 p.7;又载段文杰主编《甘肃藏敦煌文献》(第一至六卷),兰州:甘肃人民出版社,1999年9~12月 p.7

荣恩奇撰稿,施萍婷、邵国秀审订 敦煌市博物馆藏敦煌文献叙录《甘肃藏敦煌文献》(第六卷),兰州:甘肃人民出版社,1999年12月 p.357;图版p.38~39

施萍婷 甘肃省藏敦煌汉文文献概述《"二十一世纪敦煌文献研究回顾与展望"研讨会论文集》,台中:(台湾)中华自然文化学会,1999年12月 p.43;收入氏著《敦煌习学集》(上),兰州:甘肃民族出版社,2004年12月 p.297~298

施萍婷 甘肃藏敦煌汉文文献精品简述《敦煌习学集》(上),兰州:甘肃民族出版社,2004年12月 p.310;图版36

中国美编 中国散藏敦煌文献分类目录 北京:北京图书馆出版社,2007年10月 p.19

荣恩奇 妙法蓮華経序品第一《中国敦煌展》(東京展、福岡展、長野展、奈良展、静岡展,1985年10月5日~1986年3月26日),東京:財団法人富士美術館発行,昭和60年10月5日;図版95及日文図版解説

说明:此件与敦研267号、265号、040号可以缀合。

敦博034(10-34) 佛经

敦煌县博物馆,荣恩奇整理 敦煌县博物馆藏敦煌遗书目录《敦煌吐鲁番文献研究论集》(第三辑),北

京:北京大学出版社,1986年2月 p.556

荣恩奇撰稿,施萍婷、邵国秀审订 敦煌市博物馆藏敦煌文献叙录《甘肃藏敦煌文献》(第六卷),兰州:甘肃人民出版社,1999年12月 p.357;图版p.39

叶贵良《甘肃藏敦煌文献》残卷未识原因初探《敦煌研究》2003年第4期 p.90

申国美编 中国散藏敦煌文献分类目录 北京:北京图书馆出版社,2007年10月 p.94

敦博035(10–35) 佛经

敦煌县博物馆,荣恩奇整理 敦煌县博物馆藏敦煌遗书目录《敦煌吐鲁番文献研究论集》(第三辑),北京:北京大学出版社,1986年2月 p.556

荣恩奇撰稿,施萍婷、邵国秀审订 敦煌市博物馆藏敦煌文献叙录《甘肃藏敦煌文献》(第六卷),兰州:甘肃人民出版社,1999年12月 p.358;图版p.40

叶贵良《甘肃藏敦煌文献》残卷未识原因初探《敦煌研究》2003年第4期 p.90~91

申国美编 中国散藏敦煌文献分类目录 北京:北京图书馆出版社,2007年10月 p.94

敦博036(10–36) 成唯识论卷第七

敦煌县博物馆,荣恩奇整理 敦煌县博物馆藏敦煌遗书目录《敦煌吐鲁番文献研究论集》(第三辑),北京:北京大学出版社,1986年2月 p.556~557

荣恩奇撰稿,施萍婷、邵国秀审订 敦煌市博物馆藏敦煌文献叙录《甘肃藏敦煌文献》(第六卷),兰州:甘肃人民出版社,1999年12月 p.358;图版p.41

窦怀永 唐代避讳字与俗字关系试论《出土文献与古文字研究》(第一辑),上海:复旦大学出版社,2006年12月 p.308

林聪明 敦煌文书的题记《港台敦煌学文库》第34册,兰州:甘肃人民出版社,2014年12月 p.141

林聪明著 敦煌文书学(敦煌学导论丛刊①) 台北:新文丰出版股份有限公司,1991年8月 p.274

申国美编 中国散藏敦煌文献分类目录 北京:北京图书馆出版社,2007年10月 p.62

敦博037(10–37) 大般若波罗蜜多经卷第一百七十九

敦煌县博物馆,荣恩奇整理 敦煌县博物馆藏敦煌遗书目录《敦煌吐鲁番文献研究论集》(第三辑),北京:北京大学出版社,1986年2月 p.557

荣恩奇撰稿,施萍婷、邵国秀审订 敦煌市博物馆藏敦煌文献叙录《甘肃藏敦煌文献》(第六卷),兰州:甘肃人民出版社,1999年12月 p.358;图版p.42

林聪明 敦煌文书的用纸《港台敦煌学文库》第33册,兰州:甘肃人民出版社,2014年12月 p.203

林聪明著 敦煌文书学(敦煌学导论丛刊①) 台北:新文丰出版股份有限公司,1991年8月 p.91

申国美编 中国散藏敦煌文献分类目录 北京:北京图书馆出版社,2007年10月 p.5

敦煌市博物馆编 敦煌市博物馆馆藏珍贵文物图录 沈阳:万卷出版公司,2017年12月 p.103;图1幅

敦博038(10–38) A.大乘修行论

敦煌县博物馆,荣恩奇整理 敦煌县博物馆藏敦煌遗书目录《敦煌吐鲁番文献研究论集》(第三辑),北京:北京大学出版社,1986年2月 p.557~558

荣恩奇撰稿,施萍婷、邵国秀审订 敦煌市博物馆藏敦煌文献叙录《甘肃藏敦煌文献》(第六卷),兰州:甘肃人民出版社,1999年12月 p.358;图版p.40~44

韩惠言 甘藏敦煌汉文文献概况《敦煌学辑刊》2000年第2期 p.69;收入敦煌研究院编《2000年敦煌学国际学术讨论会文集——纪念敦煌藏经洞发现暨敦煌学百年》历史文化卷(上),兰州:甘肃民族出版社,2003年9月 p.519

张涌泉 敦煌故里对敦煌学的新奉献——《甘肃藏敦煌文献》读后 《敦煌研究》2001年第1期 p.183

窦怀永 唐代避讳字与俗字关系试论《出土文献与古文字研究》(第一辑),上海:复旦大学出版社,2006年12月 p.308

林聪明 敦煌文书的装潢与印信《港台敦煌学文库》第33册,兰州:甘肃人民出版社,2014年12月 p.233

林聪明著 敦煌文书学(敦煌学导论丛刊①) 台北:新文丰出版股份有限公司,1991年8月 p.127

申国美编 中国散藏敦煌文献分类目录 北京:北京图书馆出版社,2007年10月 p.79

敦博038(10–38) B.名数法门抄

荣恩奇撰稿,施萍婷、邵国秀审订 敦煌市博物馆藏敦煌文献叙录《甘肃藏敦煌文献》(第六卷),兰州:甘肃人民出版社,1999年12月 p.358;图版p.44~45

韩惠言 甘藏敦煌汉文文献概况《敦煌学辑刊》2000年第2期 p.69;收入敦煌研究院编《2000年敦煌学国际学术讨论会文集——纪念敦煌藏经洞发现暨敦煌学百年》历史文化卷(上),兰州:甘肃民族出版社,2003年9月 p.519

申国美编 中国散藏敦煌文献分类目录 北京:北京图书馆出版社,2007年10月 p.86

敦博039(10–39) 佛说解百生怨家陀罗尼经

敦煌县博物馆,荣恩奇整理 敦煌县博物馆藏敦煌遗书目录《敦煌吐鲁番文献研究论集》(第三辑),北京:北京大学出版社,1986年2月 p.558

荣恩奇撰稿,施萍婷、邵国秀审订 敦煌市博物馆藏敦煌文献叙录《甘肃藏敦煌文献》(第六卷),兰州:甘肃人民出版社,1999年12月 p.358;图版p.45

张涌泉 敦煌故里对敦煌学的新奉献——《甘肃藏敦煌文献》读后 《敦煌研究》2001年第1期 p.182

李正宇 敦煌文学的思想内容和艺术风貌《敦煌文学概论》(第四章),兰州:甘肃人民出版社,1993年3月 p.137

徐俊纂辑 敦煌诗集残卷辑考 北京:中华书局,2000年6月 p.935

李小荣著 敦煌密教文献论稿 北京:人民文学出版社,2003年7月 p.13

申国美编 中国散藏敦煌文献分类目录 北京:北京图书馆出版社,2007年10月 p.79、149

颜廷亮著 敦煌文学千年史 北京：人民文学出版社，2013年11月 p.447

甘肃省地方史志编纂委员会编 甘肃省志·文物志（中册） 北京：文物出版社，2018年11月 p.1536~1537；图1幅

敦博040（10–40） 金光明最胜王经卷第五

敦煌县博物馆，荣恩奇整理 敦煌县博物馆藏敦煌遗书目录《敦煌吐鲁番文献研究论集》（第三辑），北京：北京大学出版社，1986年2月 p.559

荣恩奇撰稿，施萍婷、邵国秀审订 敦煌市博物馆藏敦煌文献叙录《甘肃藏敦煌文献》（第六卷），兰州：甘肃人民出版社，1999年12月 p.358~359；图版p.46~47

张涌泉、李玲玲 敦煌本《金光明最胜王经音》辑校《出土文献与古文字研究》（第一辑），上海：复旦大学出版社，2006年12月 p.251、252

申国美编 中国散藏敦煌文献分类目录 北京：北京图书馆出版社，2007年10月 p.54

朱若溪《金光明经》敦煌写本研究 杭州：浙江大学博士研究生学位论文，2017年6月 p.527（五）卷五简表

北敦10029号+敦博40号 金光明最胜王经

朱若溪《金光明最胜王经》敦煌残卷缀合研究——以散藏敦煌文献为中心《丝路文明的传承与发展》，杭州：浙江大学出版社，2017年9月 p.364~365

敦博041（10–41） 大般涅槃经卷第五

敦煌县博物馆，荣恩奇整理 敦煌县博物馆藏敦煌遗书目录《敦煌吐鲁番文献研究论集》（第三辑），北京：北京大学出版社，1986年2月 p.559~560

施萍婷 敦煌研究院藏土地庙写本源自藏经洞《敦煌研究》1999年第2期 附表p.45

施萍婷 甘肃藏敦煌文献概述《甘肃藏敦煌文献精粹》，兰州：甘肃人民出版社，1999年 p.4；又载段文杰主编《甘肃藏敦煌文献》（第一至六卷），兰州：甘肃人民出版社，1999年9~12月 p.4

荣恩奇撰稿，施萍婷、邵国秀审订 敦煌市博物馆藏敦煌文献叙录《甘肃藏敦煌文献》（第六卷），兰州：甘肃人民出版社，1999年12月 p.359；图版p.47~59

施萍婷 甘肃省藏敦煌汉文文献概述《"二十一世纪敦煌文献研究回顾与展望"研讨会论文集》，台中：（台湾）中华自然文化学会，1999年12月 p.37~38；收入氏著《敦煌习学集》（上），兰州：甘肃民族出版社，2004年12月 p.289

韩惠言 甘藏敦煌汉文文献概况《敦煌学辑刊》2000年第2期 p.66~70；收入敦煌研究院编《2000年敦煌学国际学术讨论会文集——纪念敦煌藏经洞发现暨敦煌学百年》历史文化卷（上），兰州：甘肃民族出版社，2003年9月 p.513~521

邰惠莉 甘肃藏非敦煌文献的真伪、来源及相关问题《敦煌学辑刊》2000年第2期 p.73~74

景盛轩 试论敦煌佛经异文研究的价值和意义——以《大般涅槃经》为例《敦煌研究》2004年第5期 p.86

施萍婷 甘肃藏敦煌汉文文献精品简述《敦煌习学集》(上),兰州:甘肃民族出版社,2004年12月 p.322~323;图版71

陈红彦、林世田 敦煌遗书近现代鉴藏印章辑述(上)《文献》2007年第2期 p.37;收入林世田著《敦煌遗书研究论集》,北京:中国藏学出版社,2010年3月 p.277

景盛轩 敦煌北本《大般涅槃经》分卷考《〈大般涅槃经〉異文研究》,成都:巴蜀书社,2009年2月 调查表 p.318

景盛轩 敦煌大纸写《大般涅槃经》叙录《敦煌学辑刊》2016年第4期 p.9~11

林聪明 敦煌文书的用纸《港台敦煌学文库》第33册,兰州:甘肃人民出版社,2014年12月 p.203

林聪明著 敦煌文书学(敦煌学导论丛刊①) 台北:新文丰出版股份有限公司,1991年8月 p.91

申国美编 中国散藏敦煌文献分类目录 北京:北京图书馆出版社,2007年10月 p.36、150

景盛轩著《大般涅槃经》異文研究 成都:巴蜀书社,2009年2月 p.24、62、76、93、113、139、142、145

沈乐平著 敦煌书法综论 杭州:浙江古籍出版社,2009年10月 p.151;p.225(鉴藏印章检索表)

荣恩奇著 敦煌之谜 北京:中国戏剧出版社,2011年7月 p.309-311

于淑健著 敦煌佛典语词和俗字研——以敦煌古佚和疑伪经为中心 上海:上海古籍出版社,2012年4月 p.187

敦煌市博物馆编 敦煌市博物馆馆藏珍贵文物图录 沈阳:万卷出版公司,2017年12月 p.95;图1幅

景盛轩 敦煌本《大般涅槃经》研究——以版本、异文及训诂为中心 杭州:浙江大学博士研究生学位论文,2004年5月 p.33;p.129(表二);p.141、154、156、161、184、195、214、215、216

沈乐平 敦煌书法综论 杭州:中国美术学院博士学位论文,2008年5月 p.145;p.224(鉴藏印章检索表)

敦博042(10-42)妙法莲华经卷第四

敦煌县博物馆,荣恩奇整理 敦煌县博物馆藏敦煌遗书目录《敦煌吐鲁番文献研究论集》(第三辑),北京:北京大学出版社,1986年2月 p.560~561

荣恩奇撰稿,施萍婷、邵国秀审订 敦煌市博物馆藏敦煌文献叙录《甘肃藏敦煌文献》(第六卷),兰州:甘肃人民出版社,1999年12月 p.359;图版p.60~73

林聪明 敦煌文书的用纸《港台敦煌学文库》第33册,兰州:甘肃人民出版社,2014年12月 p.203

林聪明著 敦煌文书学(敦煌学导论丛刊①) 台北:新文丰出版股份有限公司,1991年8月 p.91

申国美编 中国散藏敦煌文献分类目录 北京:北京图书馆出版社,2007年10月 p.24

敦煌市博物馆编 敦煌市博物馆馆藏珍贵文物图录 沈阳:万卷出版公司,2017年12月 p.93;图1幅

栄恩奇 妙法蓮華経卷第四《中国敦煌展》(東京展、福岡展、長野展、奈良展、静岡展,1985年10月5日~1986年3月26日),東京:財団法人富士美術館発行,昭和60年10月5日;図版122及日文図版解説

敦博043(10-43)大般若波罗蜜多经卷第三百一十五

敦煌县博物馆,荣恩奇整理 敦煌县博物馆藏敦煌遗书目录《敦煌吐鲁番文献研究论集》(第三辑),北

京:北京大学出版社,1986年2月 p.561~562

荣恩奇撰稿,施萍婷、邵国秀审订 敦煌市博物馆藏敦煌文献叙录《甘肃藏敦煌文献》(第六卷),兰州:甘肃人民出版社,1999年12月 p.359;图版p.74~84

林聪明 敦煌文书的用纸《港台敦煌学文库》第33册,兰州:甘肃人民出版社,2014年12月 p.205

林聪明著 敦煌文书学(敦煌学导论丛刊①)[①] 台北:新文丰出版股份有限公司,1991年8月 p.94

申国美编 中国散藏敦煌文献分类目录 北京:北京图书馆出版社,2007年10月 p.7

敦煌市博物馆编 敦煌市博物馆馆藏珍贵文物图录 沈阳:万卷出版公司,2017年12月 p.101;图1幅

敦博044(10-44) 大般涅槃经卷第二十五光明遍照高贵德王菩萨品第十之五

敦煌县博物馆,荣恩奇整理 敦煌县博物馆藏敦煌遗书目录《敦煌吐鲁番文献研究论集》(第三辑),北京:北京大学出版社,1986年2月 p.562

施萍婷 敦煌研究院藏土地庙写本源自藏经洞《敦煌研究》1999年第2期 附表p.46

荣恩奇撰稿,施萍婷、邵国秀审订 敦煌市博物馆藏敦煌文献叙录《甘肃藏敦煌文献》(第六卷),兰州:甘肃人民出版社,1999年12月 p.359;图版p.84~85

景盛轩 敦煌北本《大般涅槃经》分卷考《〈大般涅槃经〉異文研究》,成都:巴蜀书社,2009年2月 调查表p.326

申国美编 中国散藏敦煌文献分类目录 北京:北京图书馆出版社,2007年10月 p.40

景盛轩著《大般涅槃经》異文研究 成都:巴蜀书社,2009年2月 p.121

敦煌市博物馆编 敦煌市博物馆馆藏珍贵文物图录 沈阳:万卷出版公司,2017年12月 p.96;图1幅

景盛轩 敦煌本《大般涅槃经》研究——以版本、异文及训诂为中心 杭州:浙江大学博士研究生学位论文,2004年5月 p.84;p.132(表二);p.207

敦博045(10-45) 大般若波罗蜜多经卷第三十三

敦煌县博物馆,荣恩奇整理 敦煌县博物馆藏敦煌遗书目录《敦煌吐鲁番文献研究论集》(第三辑),北京:北京大学出版社,1986年2月 p.562~563

施萍婷 甘肃藏敦煌文献概述 《甘肃藏敦煌文献精粹》,兰州:甘肃人民出版社,1999年 p.6;又载段文杰主编《甘肃藏敦煌文献》(第一至六卷),兰州:甘肃人民出版社,1999年9~12月 p.6

荣恩奇撰稿,施萍婷、邵国秀审订 敦煌市博物馆藏敦煌文献叙录《甘肃藏敦煌文献》(第六卷),兰州:甘肃人民出版社,1999年12月 p.359~360;图版p.86

施萍婷 甘肃省藏敦煌汉文文献概述《"二十一世纪敦煌文献研究回顾与展望"研讨会论文集》,台中:(台湾)中华自然文化学会,1999年12月 p.41;收入氏著《敦煌习学集》(上),兰州:甘肃民族出版社,2004年12

①林聪明《敦煌文书学》第94页和郑炳林、郑阿财《港台敦煌学文库》第33册第205页"(四)皮纸(5)敦博42号《大般若波罗蜜多经卷第三百一十五》",有误。敦博42号为《妙法莲华经第四》,为便于查阅、引用,在此予以更正。

月 p.294

中国美编 中国散藏敦煌文献分类目录 北京:北京图书馆出版社,2007年10月 p.4

敦煌市博物馆编 敦煌市博物馆馆藏珍贵文物图录 沈阳:万卷出版公司,2017年12月 p.96;图1幅

敦博046(10–46)大般若波罗蜜多经卷第五百六十六

敦煌县博物馆,荣恩奇整理 敦煌县博物馆藏敦煌遗书目录《敦煌吐鲁番文献研究论集》(第三辑),北京:北京大学出版社,1986年2月 p.563

荣恩奇撰稿,施萍婷、邵国秀审订 敦煌市博物馆藏敦煌文献叙录《甘肃藏敦煌文献》(第六卷),兰州:甘肃人民出版社,1999年12月 p.360;图版p.87~88

中国美编 中国散藏敦煌文献分类目录 北京:北京图书馆出版社,2007年10月 p.9

敦煌市博物馆编 敦煌市博物馆馆藏珍贵文物图录 沈阳:万卷出版公司,2017年12月 p.103;图1幅

敦博047(10–47)解深密经卷第四地波罗蜜多品第七

敦煌县博物馆,荣恩奇整理 敦煌县博物馆藏敦煌遗书目录《敦煌吐鲁番文献研究论集》(第三辑),北京:北京大学出版社,1986年2月 p.563~564

荣恩奇撰稿,施萍婷、邵国秀审订 敦煌市博物馆藏敦煌文献叙录《甘肃藏敦煌文献》(第六卷),兰州:甘肃人民出版社,1999年12月 p.360;图版p.89~91

林聪明 敦煌文书的形态《港台敦煌学文库》第33册,兰州:甘肃人民出版社,2014年12月 p.194

林聪明著 敦煌文书学(敦煌学导论丛刊①)台北:新文丰出版股份有限公司,1991年8月 p.83

林聪明著 敦煌吐鲁番文书解诂指例(敦煌丛刊二集⑮)台北:新文丰出版公司,2001年6月 p.144

中国美编 中国散藏敦煌文献分类目录 北京:北京图书馆出版社,2007年10月 p.56、150

敦煌市博物馆编 敦煌市博物馆馆藏珍贵文物图录 沈阳:万卷出版公司,2017年12月 p.97;图1幅

敦博048(10–48)妙法莲华经卷第一

敦煌县博物馆,荣恩奇整理 敦煌县博物馆藏敦煌遗书目录《敦煌吐鲁番文献研究论集》(第三辑),北京:北京大学出版社,1986年2月 p.564

荣恩奇撰稿,施萍婷、邵国秀审订 敦煌市博物馆藏敦煌文献叙录《甘肃藏敦煌文献》(第六卷),兰州:甘肃人民出版社,1999年12月 p.360;图版p.91~95

中国美编 中国散藏敦煌文献分类目录 北京:北京图书馆出版社,2007年10月 p.18

于淑健著 敦煌佛典语词和俗字研究——以敦煌古佚和疑伪经为中心 上海:上海古籍出版社,2012年4月 p.312

栄恩奇 妙法蓮華経序品第一·方便品第二《中国敦煌展》(東京展、福岡展、長野展、奈良展、静岡展,1985年10月5日~1986年3月26日),東京:財団法人富士美術館発行,昭和60年10月5日;図版111及日文図版解説

敦博049(10–49)药师琉璃光如来本愿功德经一卷

敦煌县博物馆,荣恩奇整理 敦煌县博物馆藏敦煌遗书目录《敦煌吐鲁番文献研究论集》(第三辑),北京:北京大学出版社,1986年2月 p.564~565

荣恩奇撰稿,施萍婷、邵国秀审订 敦煌市博物馆藏敦煌文献叙录《甘肃藏敦煌文献》(第六卷),兰州:甘肃人民出版社,1999年12月 p.360;图版p.96~102

李小荣著 敦煌密教文献论稿 北京:人民文学出版社,2003年7月 p.5

中国美编 中国散藏敦煌文献分类目录 北京:北京图书馆出版社,2007年10月 p.48

于淑健著 敦煌佛典语词和俗字研究——以敦煌古佚和疑伪经为中心 上海:上海古籍出版社,2012年4月 p.201、255

敦煌市博物馆编 敦煌市博物馆馆藏珍贵文物图录 沈阳:万卷出版公司,2017年12月 p.97;图1幅

赵晓星著 吐蕃统治时期敦煌密教研究 兰州:甘肃教育出版社,2017年3月 p.153(表16)

赵晓星 吐蕃统治敦煌时期的密教研究 兰州:兰州大学博士研究生学位论文,2007年6月 p.79(表)

刘艳红 敦煌本《药师琉璃光如来本愿功德经》写本考 金华:浙江师范大学硕士研究生学位论文,2015年5月 p.24

敦博050(10–50)大般涅槃经卷第三十、三十四

敦煌县博物馆,荣恩奇整理 敦煌县博物馆藏敦煌遗书目录《敦煌吐鲁番文献研究论集》(第三辑),北京:北京大学出版社,1986年2月 p.565

施萍婷 敦煌研究院藏土地庙写本源自藏经洞《敦煌研究》1999年第2期 附表p.46

荣恩奇撰稿,施萍婷、邵国秀审订 敦煌市博物馆藏敦煌文献叙录《甘肃藏敦煌文献》(第六卷),兰州:甘肃人民出版社,1999年12月 p.360;图版p.103~113

张涌泉 敦煌故里对敦煌学的新奉献——《甘肃藏敦煌文献》读后《敦煌研究》2001年第1期 p.182

景盛轩 敦煌写本《大般涅槃经》著录商补《浙江与敦煌学——常书鸿先生诞辰一百周年纪念文集》,杭州:浙江古籍出版社,2004年12月 p.349;收入氏著《〈大般涅槃经〉異文研究》,成都:巴蜀书社,2009年2月 p.341

景盛轩 敦煌北本《大般涅槃经》分卷考《〈大般涅槃经〉異文研究》,成都:巴蜀书社,2009年2月 调查表p.329

中国美编 中国散藏敦煌文献分类目录 北京:北京图书馆出版社,2007年10月 p.42、150

景盛轩著《大般涅槃经》異文研究 成都:巴蜀书社,2009年2月 p.83

敦煌市博物馆编 敦煌市博物馆馆藏珍贵文物图录 沈阳:万卷出版公司,2017年12月 p.98;图1幅

景盛轩 敦煌本《大般涅槃经》研究——以版本、异文及训诂为中心 杭州:浙江大学博士研究生学位论文,2004年5月 p.103;p.133(表二);p.150

敦博051(10–51)大佛顶如来密因修证了义诸菩萨万行首楞严经卷第十

敦煌县博物馆,荣恩奇整理 敦煌县博物馆藏敦煌遗书目录《敦煌吐鲁番文献研究论集》(第三辑),北京:北京大学出版社,1986年2月 p.565~566

荣恩奇撰稿,施萍婷、邵国秀审订 敦煌市博物馆藏敦煌文献叙录《甘肃藏敦煌文献》(第六卷),兰州:甘肃人民出版社,1999年12月 p.360~361;图版p.114~121

陈红彦、林世田 敦煌遗书近现代鉴藏印章辑述(上)《文献》2007年第2期 p.51;收入林世田著《敦煌遗书研究论集》,北京:中国藏学出版社,2010年3月 p.296

申国美编 中国散藏敦煌文献分类目录 北京:北京图书馆出版社,2007年10月 p.64

沈乐平著 敦煌书法综论 杭州:浙江古籍出版社,2009年10月 p.233(鉴藏印章检索表)

于淑健著 敦煌佛典语词和俗字研究——以敦煌古佚和疑伪经为中心 上海:上海古籍出版社,2012年4月 p.275

敦煌市博物馆编 敦煌市博物馆馆藏珍贵文物图录 沈阳:万卷出版公司,2017年12月 p.98;图1幅

赵晓星著 吐蕃统治时期敦煌密教研究 兰州:甘肃教育出版社,2017年3月 p.123(表11)

赵晓星 吐蕃统治敦煌时期的密教研究 兰州:兰州大学博士研究生学位论文,2007年6月 p.62(表)

沈乐平 敦煌书法综论 杭州:中国美术学院博士研究生学位论文,2008年5月 p.231(鉴藏印章检索表)

康小燕 敦煌《楞严经》写本考暨俗字汇辑 金华:浙江师范大学硕士研究生学位论文,2014年4月 p.42~43、58、59、61、63; 俗字表p.70、73、78、82、84~85、86、87、89、90、93~94、95、97、100、102、103、104、106、107、108、114、115、116、118、119、121、126、127、128、129、131、134

敦博052(10–52)金刚般若波罗蜜经

敦煌县博物馆,荣恩奇整理 敦煌县博物馆藏敦煌遗书目录《敦煌吐鲁番文献研究论集》(第三辑),北京:北京大学出版社,1986年2月 p.566~567

荣恩奇撰稿,施萍婷、邵国秀审订 敦煌市博物馆藏敦煌文献叙录《甘肃藏敦煌文献》(第六卷),兰州:甘肃人民出版社,1999年12月 p.361;图版p.122~129

林聪明 敦煌文书的用纸《港台敦煌学文库》第33册,兰州:甘肃人民出版社,2014年12月 p.205

罗慕君、张涌泉 散藏敦煌本《金刚经》缀合研究《敦煌吐鲁番研究》(第十八卷),上海:上海古籍出版社,2019年4月 p.634、637

林聪明著 敦煌文书学(敦煌学导论丛刊①)台北:新文丰出版股份有限公司,1991年8月 p.94

申国美编 中国散藏敦煌文献分类目录 北京:北京图书馆出版社,2007年10月 p.13

敦煌市博物馆编 敦煌市博物馆馆藏珍贵文物图录 沈阳:万卷出版公司,2017年12月 p.101;图1幅

张开媛《金刚经》鸠摩罗什译本在唐代的流传和接受 北京:北京外国语大学博士研究生学位论文,2015年12月 p.356

敦博053(10–53) 金刚般若波罗蜜经

敦煌县博物馆,荣恩奇整理 敦煌县博物馆藏敦煌遗书目录《敦煌吐鲁番文献研究论集》(第三辑),北京:北京大学出版社,1986年2月 p.567

文初 读敦煌卷子札记二则[关于敦煌卷子中的“八十二老人”]《敦煌语言文学研究通讯》1990年第2~3期 p.7~9

李正宇 敦煌文学的作者队伍和传播途径《敦煌文学概论》(第四章),兰州:甘肃人民出版社,1993年3月 p.97

方广锠 敦煌遗书中的《金刚经》及其注疏《敦煌学佛教学论丛》(上),香港:中国佛教文化出版有限公司,1998年8月 p.373

方广锠 金刚般若波罗蜜经《敦煌学大辞典》,上海:上海辞书出版社,1998年12月 p.682

李正宇 刺血写经《敦煌学大辞典》,上海:上海辞书出版社,1998年12月 p.591

荣恩奇撰稿,施萍婷、邵国秀审订 敦煌市博物馆藏敦煌文献叙录《甘肃藏敦煌文献》(第六卷),兰州:甘肃人民出版社,1999年12月 p.361;图版p.129~144

韩惠言 甘藏敦煌汉文文献概况《敦煌学辑刊》2000年第2期 p.67;收入敦煌研究院编《2000年敦煌学国际学术讨论会文集——纪念敦煌藏经洞发现暨敦煌学百年》历史文化卷(上),兰州:甘肃民族出版社,2003年9月 p.515

马德 敦煌写经题记的社会意义《中国佛学院学报·法源》(第19期),北京:中国佛学院《法源》编辑部,2001年12月 p.88

林正乾 唐代的《金刚经》信仰《敦煌研究》2004年第5期 p.54

杨宝玉 P.2094《持诵金刚经灵验功德记》题记的史料价值《甘肃社会科学》2009年第2期 p.99

方俊琦 从敦煌遗书看古籍形态的演变与发展《浙江师范大学学报》(社会科学版)2013年第6期 p.53

董大学 敦煌本《金刚经》注疏的流布——以题记为中心的考察《文献》2014年第1期 p.28注④

林聪明 敦煌文书的形态《港台敦煌学文库》第33册,兰州:甘肃人民出版社,2014年12月 p.146

赵鑫晔 敦煌册页装《金刚经》的整理和研究《包容的丝路,交融的敦煌——敦煌丝绸之路国际学术研讨论会文集》,全州:韩国敦煌学会,2017年11月 p.223~224

罗慕君 敦煌《金刚经》八十老人抄本考《古籍研究》(总第66期),南京:凤凰出版社,2017年12月 p.102、104

罗慕君、张涌泉 散藏敦煌本《金刚经》缀合研究《敦煌吐鲁番研究》(第十八卷),上海:上海古籍出版社,2019年4月 p.634

薄小莹 敦煌遗书汉文纪年卷编年 长春:长春出版社,1990年3月 p.117~118

林聪明著 敦煌文书学(敦煌学导论丛刊①) 台北:新文丰出版股份有限公司,1991年8月 p.28

荣新江著 归义军史研究——唐宋时代敦煌历史考索 上海:上海古籍出版社,1996年11月;2015年3月 p.215

胡同庆、安忠义著 佛教艺术 兰州:敦煌文艺出版社,2004年2月 p.300

申国美编 中国散藏敦煌文献分类目录 北京:北京图书馆出版社,2007年10月 p.13、150

沈乐平著 敦煌书法综论 杭州:浙江古籍出版社,2009年10月 p.141、153

颜廷亮著 敦煌文学千年史 北京:人民文学出版社,2013年11月 p.211

林世田、杨学勇、刘波著 敦煌佛典的流通与改造 兰州:甘肃教育出版社,2013年11月 p.56

伏俊琏著 敦煌文学总论(修订本) 上海:上海古籍出版社,2019年4月 p.53

沈乐平 敦煌书法综论 杭州:中国美术学院博士研究生学位论文,2008年5月 p.136、147

张开媛《金刚经》鸠摩罗什译本在唐代的流传和接受 北京:北京外国语大学博士研究生学位论文,2015年12月 p.335~336、356

王翠《甘肃藏敦煌文献》俗字研究 南京:南京师范大学硕士研究生学位论文,2014年5月 p.30(表);p.31、32;p.55(附录:唐代经卷"表")

池田温编 中國古代寫本識語集錄 東京:東京大学東洋文化研究所発行,1990年3月30日 p.450(第2132号題記錄文)

敦博054(10-54)妙法莲华经节抄

敦煌县博物馆,荣恩奇整理 敦煌县博物馆藏敦煌遗书目录《敦煌吐鲁番文献研究论集》(第三辑),北京:北京大学出版社,1986年2月 p.567~568

施萍婷 甘肃藏敦煌文献概述《甘肃藏敦煌文献精粹》,兰州:甘肃人民出版社,1999年 p.6;又载段文杰主编《甘肃藏敦煌文献》(第一至六卷),兰州:甘肃人民出版社,1999年9~12月 p.6

荣恩奇撰稿,施萍婷、邵国秀审订 敦煌市博物馆藏敦煌文献叙录《甘肃藏敦煌文献》(第六卷),兰州:甘肃人民出版社,1999年12月 p.361;图版p.144

施萍婷 甘肃省藏敦煌汉文文献概述《"二十一世纪敦煌文献研究回顾与展望"研讨会论文集》,台中:(台湾)中华自然文化学会,1999年12月 p.41;收入氏著《敦煌习学集》(上),兰州:甘肃民族出版社,2004年12月 p.294

韩惠言 甘藏敦煌汉文文献概况《敦煌学辑刊》2000年第2期 p.68;收入敦煌研究院编《2000年敦煌学国际学术讨论会文集——纪念敦煌藏经洞发现暨敦煌学百年》历史文化卷(上),兰州:甘肃民族出版社,2003年9月 p.516

林聪明 敦煌文书的用纸《港台敦煌学文库》第33册,兰州:甘肃人民出版社,2014年12月 p.204

薄小莹 敦煌遗书汉文纪年卷编年 长春:长春出版社,1990年3月 p.29

林聪明著 敦煌文书学(敦煌学导论丛刊①) 台北:新文丰出版股份有限公司,1991年8月 p.92

申国美编 中国散藏敦煌文献分类目录 北京:北京图书馆出版社,2007年10月 p.31

于淑健著 敦煌佛典语词和俗字研究——以敦煌古佚和疑伪经为中心 上海:上海古籍出版社,2012年4月 p.113

甘肃省地方史志编纂委员会编 甘肃省志·文物志(中册) 北京:文物出版社,2018年11月 p.1531;图1幅

王翠《甘肃藏敦煌文献》俗字研究 南京:南京师范大学硕士研究生学位论文,2014年5月 p.30(表);

p.34；p.55（附录：唐代经卷"表"）

金岡照光　敦煌の現状（一九七九年五月）《講座敦煌1〈敦煌の自然と現状〉》，東京：大東出版社，昭和五五年四月二三日（1980.4.23） p.116~117

施萍亭　妙法蓮華経摘抄《中国敦煌展》（東京展、福岡展、長野展、奈良展、静岡展，1985年10月5日~1986年3月26日），東京：財団法人富士美術館発行，昭和60年10月5日；図版125及日文図版解説

池田温编　中國古代寫本識語集錄　東京：東京大学東洋文化研究所発行，1990年3月30日　p.184（第505号題記錄文）

荣恩奇　妙法莲华经《敦煌》，兰州：甘肃人民出版社、南京：江苏美术出版社，1990年7月；1993年7月；1997年11月　图版p.245；p.288第262条图版说明

敦博054V　妙法莲华经节抄（跋）

荣恩奇撰稿，施萍婷、邵国秀审订　敦煌市博物馆藏敦煌文献叙录《甘肃藏敦煌文献》（第六卷），兰州：甘肃人民出版社，1999年12月　p.361；图版p.145

申国美编　中国散藏敦煌文献分类目录　北京：北京图书馆出版社，2007年10月　p.150

敦博055（10–55）妙法莲华经卷第六

敦煌县博物馆，荣恩奇整理　敦煌县博物馆藏敦煌遗书目录《敦煌吐鲁番文献研究论集》（第三辑），北京：北京大学出版社，1986年2月　p.568~569

林聪明　谈敦煌文书的抄写问题《东吴文史学报》第9期，1991年3月　p.20；又刊载王永兴编《纪念陈寅恪先生百年诞辰学术论文集》，南昌：江西教育出版社，1994年8月　p.287；略为修订收入郑炳林、郑阿财主编《港台敦煌学文库》第33册，兰州：甘肃人民出版社，2014年12月　p.243

杨森　唐虞世南子虞昶传略补《陕西师大学报》（哲学社会科学版）1992年第2期　p.72~75

白玉岱　从敦煌遗书看我国古代的图书翻译和抄写《出版史料》第31期，1993年8月　p.127~130

白玉岱　敦煌遗书与我国古代的图书翻译及抄写《第二届全国出版科学研究优秀论文获奖论文集》，北京：中国书籍出版社，1997年10月　p.638~639；收入宋原放主编《中国出版史料》（古代部分）第一卷，武汉：湖北教育出版社，2004年10月　p.41

方广锠　敦煌遗书中的《妙法莲花经》及有关文献《敦煌学佛教学论丛》（下），香港：中国佛教文化出版有限公司，1998年8月　p.79

施萍婷　甘肃藏敦煌文献概述《甘肃藏敦煌文献精粹》，兰州：甘肃人民出版社，1999年　p.7；彩版（题记）；又载段文杰主编《甘肃藏敦煌文献》（第一至六卷），兰州：甘肃人民出版社，1999年9~12月　p.7

荣恩奇撰稿，施萍婷、邵国秀审订　敦煌市博物馆藏敦煌文献叙录　《甘肃藏敦煌文献》（第六卷），兰州：甘肃人民出版社，1999年12月　p.361~362；图版p.145~149；彩版（局部、题记）

施萍婷　甘肃省藏敦煌汉文文献概述《"二十一世纪敦煌文献研究回顾与展望"研讨会论文集》，台中：（台湾）中华自然文化学会，1999年12月　p.43；收入氏著《敦煌习学集》（上），兰州：甘肃民族出版社，2004年12

月 p.298

韩惠言 甘藏敦煌汉文文献概况《敦煌学辑刊》2000年第2期 p.69；收入敦煌研究院编《2000年敦煌学国际学术讨论会文集——纪念敦煌藏经洞发现暨敦煌学百年》历史文化卷（上），兰州：甘肃民族出版社，2003年9月 p.518

介生 遍记甘藏敦煌遗书 兼具资料学术价值——《甘肃藏敦煌文献》介评《图书与情报》2000年第2期 p.79

张涌泉 敦煌故里对敦煌学的新奉献——《甘肃藏敦煌文献》读后《敦煌研究》2001年第1期 p.183

施萍婷 甘肃藏敦煌汉文文献精品简述《敦煌习学集》（上），兰州：甘肃民族出版社，2004年12月 p.313；图版46

秋子 妙法莲华经卷第六《敦煌写卷墨迹精选丛帖》（叁），兰州：甘肃人民美术出版社，2009年10月；2010年6月 p.10~17简介/赏析及图版

赵声良 唐代敦煌写本书法艺术《中华书画家》2010年第3期 p.56

林聪明 敦煌文书的抄写《港台敦煌学文库》第34册，兰州：甘肃人民出版社，2014年12月 p.30

林聪明 敦煌文书的题记《港台敦煌学文库》第34册，兰州：甘肃人民出版社，2014年12月 p.175

孙占鳌 敦煌遗书书法艺术研究《丝绸之路》2015年第20期 p.5

景盛轩 敦煌大纸写《大般涅槃经》叙录《敦煌学辑刊》2016年第4期 p.10

李尚全 敦煌唐代皇家写本《妙法莲华经》残卷考述《兰州大学学报》（社会科学版）2017年第5期 p.71、73

徐祖蕃、秦明智、荣恩奇编选 敦煌遗书书法选 兰州：甘肃人民出版社，1985年10月 p.75~85图版及简要说明

薄小莹 敦煌遗书汉文纪年卷编年 长春：长春出版社，1990年3月 p.36

荣恩奇 妙法莲华经《敦煌》，兰州：甘肃人民出版社、南京：江苏美术出版社，1990年7月；1993年7月；1997年11月 图版p.247；p.289第267条图版说明

林聪明著 敦煌文书学（敦煌学导论丛刊①）台北：新文丰出版股份有限公司，1991年8月 p.162、307~308

敦煌市志编纂委员会编 敦煌市志 北京：新华出版社，1994年6月 p.632

白玉岱著 甘肃出版史略 兰州：甘肃人民出版社，1995年11月 p.239

林聪明著 敦煌吐鲁番文书解诂指例（敦煌丛刊二集⑮）台北：新文丰出版公司，2001年6月 p.35、147

刘胜角著 古代楷书发展史 北京：中国戏剧出版社，2002年5月 p.300；图280

胡同庆、安忠义著 佛教艺术 兰州：敦煌文艺出版社，2004年2月 p.297

申国美编 中国散藏敦煌文献分类目录 北京：北京图书馆出版社，2007年10月 p.28、150

沈乐平著 敦煌书法综论 杭州：浙江古籍出版社，2009年10月 p.151

秦川编著 敦煌书法：中国书法的基因库 南京：凤凰出版社，2010年7月 p.120；图1幅；p.122~123；图1幅；p.126~127；图1幅

于淑健著 敦煌佛典语词和俗字研究——以敦煌古佚和疑伪经为中心 上海：上海古籍出版社，2012年4月 p.113

毛秋瑾著 墨香佛音——敦煌写经书法研究 北京：北京大学出版社，2014年4月 p.59（表2-4）

朱瑶著 敦煌汉文文献题记整理与研究 北京：中国社会科学出版社，2016年7月 p.40；p.135（表3–2）

敦煌市博物馆编 敦煌市博物馆馆藏珍贵文物图录 沈阳：万卷出版公司，2017年12月 p.94；图1幅

沈乐平 敦煌书法综论 杭州：中国美术学院博士研究生学位论文，2008年5月 p.145

陈瑞峰《甘肃藏敦煌文献》俗字研究 金华：浙江师范大学硕士研究生学位论文，2012年5月 p.2

金岡照光 敦煌の現状（一九七九年五月）《講座敦煌1〈敦煌の自然と現状〉》，東京：大東出版社，昭和五五年四月二三日（1980.4.23） p.116

栄恩奇 妙法蓮華経卷第六《中国敦煌展》（東京展、福岡展、長野展、奈良展、静岡展，1985年10月5日~1986年3月26日），東京：財団法人富士美術館発行，昭和60年10月5日；図版120及日文図版解説

池田温編 中國古代寫本識語集錄 東京：東京大学東洋文化研究所発行，1990年3月30日 p.213（第579号題記錄文）

敦博056（10–56）A.佛为首迦长者说业报差别经

敦煌县博物馆，荣恩奇整理 敦煌县博物馆藏敦煌遗书目录《敦煌吐鲁番文献研究论集》（第三辑），北京：北京大学出版社，1986年2月 p.569~570

白化文 旋风装《敦煌学大辞典》，上海：上海辞书出版社，1998年12月 p.593

荣恩奇撰稿，施萍婷、邵国秀审订 敦煌市博物馆藏敦煌文献叙录《甘肃藏敦煌文献》（第六卷），兰州：甘肃人民出版社，1999年12月 p.362；图版p.150~168

林聪明 敦煌文书的形态《港台敦煌学文库》第33册，兰州：甘肃人民出版社，2014年12月 p.145

林聪明著 敦煌文书学（敦煌学导论丛刊①） 台北：新文丰出版股份有限公司，1991年8月 p.25

申国美编 中国散藏敦煌文献分类目录 北京：北京图书馆出版社，2007年10月 p.1、150

敦博056（10–56）B.佛说无量大慈教经

敦煌县博物馆，荣恩奇整理 敦煌县博物馆藏敦煌遗书目录《敦煌吐鲁番文献研究论集》（第三辑），北京：北京大学出版社，1986年2月 p.569~570

白化文 旋风装《敦煌学大辞典》，上海：上海辞书出版社，1998年12月 p.593

荣恩奇撰稿，施萍婷、邵国秀审订 敦煌市博物馆藏敦煌文献叙录《甘肃藏敦煌文献》（第六卷），兰州：甘肃人民出版社，1999年12月 p.362~363；图版p.168~175

韩惠言 甘藏敦煌汉文文献概况《敦煌学辑刊》2000年第2期 p.67；收入敦煌研究院编《2000年敦煌学国际学术讨论会文集——纪念敦煌藏经洞发现暨敦煌学百年》历史文化卷（上），兰州：甘肃民族出版社，2003年9月 p.515

张涌泉 敦煌故里对敦煌学的新奉献——《甘肃藏敦煌文献》读后 《敦煌研究》2001年第1期 p.184

申国美编 中国散藏敦煌文献分类目录 北京：北京图书馆出版社，2007年10月 p.79、150

于淑健著 敦煌佛典语词和俗字研究——以敦煌古佚和疑伪经为中心 上海：上海古籍出版社，2012年4月 p.82

甘肃省地方史志编纂委员会编 甘肃省志·文物志（中册） 北京：文物出版社，2018年11月 p.1540

曹凌 中国佛教疑伪经综录 上海：上海师范大学硕士研究生学位论文，2009年5月 p.255

敦博057（10–57） 大宝积经卷第四十四、四十七

敦煌县博物馆，荣恩奇整理 敦煌县博物馆藏敦煌遗书目录《敦煌吐鲁番文献研究论集》（第三辑），北京：北京大学出版社，1986年2月 p.570~571

白化文 旋风装《敦煌学大辞典》，上海：上海辞书出版社，1998年12月 p.593

施萍婷 甘肃藏敦煌文献概述《甘肃藏敦煌文献精粹》，兰州：甘肃人民出版社，1999年 p.6；又载段文杰主编《甘肃藏敦煌文献》（第一至六卷），兰州：甘肃人民出版社，1999年9~12月 p.6

荣恩奇撰稿，施萍婷、邵国秀审订 敦煌市博物馆藏敦煌文献叙录《甘肃藏敦煌文献》（第六卷），兰州：甘肃人民出版社，1999年12月 p.363；图版p.176

施萍婷 甘肃省藏敦煌汉文文献概述《“二十一世纪敦煌文献研究回顾与展望”研讨会论文集》，台中：（台湾）中华自然文化学会，1999年12月 p.41；收入氏著《敦煌习学集》（上），兰州：甘肃民族出版社，2004年12月 p.294

韩惠言 甘藏敦煌汉文文献概况《敦煌学辑刊》2000年第2期 p.67；收入敦煌研究院编《2000年敦煌学国际学术讨论会文集——纪念敦煌藏经洞发现暨敦煌学百年》历史文化卷（上），兰州：甘肃民族出版社，2003年9月 p.515

张涌泉 敦煌故里对敦煌学的新奉献——《甘肃藏敦煌文献》读后 《敦煌研究》2001年第1期 p.182

林聪明 敦煌文书的形态《港台敦煌学文库》第33册，兰州：甘肃人民出版社，2014年12月 p.145

林聪明著 敦煌文书学（敦煌学导论丛刊①） 台北：新文丰出版股份有限公司，1991年8月 p.26

申国美编 中国散藏敦煌文献分类目录 北京：北京图书馆出版社，2007年10月 p.34、150

邱湘 敦煌《大宝积经》写本考暨异体字汇辑 金华：浙江师范大学硕士研究生学位论文，2011年5月 p.20、22

敦博058（10–58） 大般若波罗蜜多经卷第六十八

敦煌县博物馆，荣恩奇整理 敦煌县博物馆藏敦煌遗书目录《敦煌吐鲁番文献研究论集》（第三辑），北京：北京大学出版社，1986年2月 p.571

荣恩奇撰稿，施萍婷、邵国秀审订 敦煌市博物馆藏敦煌文献叙录《甘肃藏敦煌文献》（第六卷），兰州：甘肃人民出版社，1999年12月 p.363；图版p.177

申国美编 中国散藏敦煌文献分类目录 北京：北京图书馆出版社，2007年10月 p.4

敦博058V 大般若波罗蜜多经卷第六十八

荣恩奇撰稿，施萍婷、邵国秀审订 敦煌市博物馆藏敦煌文献叙录《甘肃藏敦煌文献》（第六卷），兰州：甘肃人民出版社，1999年12月 p.363；图版p.177

敦博059(10–59)大乘无量寿经

敦煌县博物馆,荣恩奇整理 敦煌县博物馆藏敦煌遗书目录《敦煌吐鲁番文献研究论集》(第三辑),北京:北京大学出版社,1986年2月 p.571~572

荣恩奇撰稿,施萍婷、邵国秀审订 敦煌市博物馆藏敦煌文献叙录《甘肃藏敦煌文献》(第六卷),兰州:甘肃人民出版社,1999年12月 p.363;图版p.178~180

林聪明 敦煌文书的用纸《港台敦煌学文库》第33册,兰州:甘肃人民出版社,2014年12月 p.203

林聪明著 敦煌文书学(敦煌学导论丛刊①)台北:新文丰出版股份有限公司,1991年8月 p.91

林聪明著 敦煌吐鲁番文书解诂指例(敦煌丛刊二集⑮)台北:新文丰出版公司,2001年6月 p.120

申国美编 中国散藏敦煌文献分类目录 北京:北京图书馆出版社,2007年10月 p.59、151

赵晓星著 吐蕃统治时期敦煌密教研究 兰州:甘肃教育出版社,2017年3月 p.617(附录一)

赵晓星 吐蕃统治敦煌时期的密教研究 兰州:兰州大学博士研究生学位论文,2007年6月 p.164(附录一)

左丽萍 敦煌《大乘无量寿经》写本考暨俗字汇辑 金华:浙江师范大学硕士研究生学位论文,2014年6月 俗字表p.129、136、143、147、151

池田温编 中國古代寫本識語集錄 東京:東京大学東洋文化研究所発行,1990年3月30日 p.393(第1763号)

敦博060(10–60)大乘无量寿经

敦煌县博物馆,荣恩奇整理 敦煌县博物馆藏敦煌遗书目录《敦煌吐鲁番文献研究论集》(第三辑),北京:北京大学出版社,1986年2月 p.572

荣恩奇撰稿,施萍婷、邵国秀审订 敦煌市博物馆藏敦煌文献叙录《甘肃藏敦煌文献》(第六卷),兰州:甘肃人民出版社,1999年12月 p.363~364;图版p.180

申国美编 中国散藏敦煌文献分类目录 北京:北京图书馆出版社,2007年10月 p.63

赵晓星著 吐蕃统治时期敦煌密教研究 兰州:甘肃教育出版社,2017年3月 p.617(附录一)

赵晓星 吐蕃统治敦煌时期的密教研究 兰州:兰州大学博士研究生学位论文,2007年6月 p.164(附录一)

左丽萍 敦煌《大乘无量寿经》写本考暨俗字汇辑 金华:浙江师范大学硕士研究生学位论文,2014年6月 俗字表p.142、152

池田温编 中國古代寫本識語集錄 東京:東京大学東洋文化研究所発行,1990年3月30日 p.393(第1789号)

敦博061(10–61)大乘无量寿经

敦煌县博物馆,荣恩奇整理 敦煌县博物馆藏敦煌遗书目录《敦煌吐鲁番文献研究论集》(第三辑),北京:北京大学出版社,1986年2月 p.572~573

荣恩奇撰稿,施萍婷、邵国秀审订 敦煌市博物馆藏敦煌文献叙录《甘肃藏敦煌文献》(第六卷),兰州:甘肃人民出版社,1999年12月 p.364;图版p.181~183

林聪明 敦煌文书的用纸《港台敦煌学文库》第33册,兰州:甘肃人民出版社,2014年12月 p.204

林聪明 敦煌文书的抄写《港台敦煌学文库》第34册，兰州：甘肃人民出版社，2014年12月 p.75

林聪明著 敦煌文书学（敦煌学导论丛刊①） 台北：新文丰出版股份有限公司，1991年8月 p.92、207

申国美编 中国散藏敦煌文献分类目录 北京：北京图书馆出版社，2007年10月 p.63

赵晓星著 吐蕃统治时期敦煌密教研究 兰州：甘肃教育出版社，2017年3月 p.617（附录一）

赵晓星 吐蕃统治敦煌时期的密教研究 兰州：兰州大学博士研究生学位论文，2007年6月 p.164（附录一）

左丽萍 敦煌《大乘无量寿经》写本考暨俗字汇辑 金华：浙江师范大学硕士研究生学位论文，2014年6月 俗字表p.144、147

池田温编 中國古代寫本識語集錄 東京：東京大学東洋文化研究所発行，1990年3月30日 p.390~391（第1548~1567号）

敦博062（10-62）大乘无量寿经

敦煌县博物馆，荣恩奇整理 敦煌县博物馆藏敦煌遗书目录《敦煌吐鲁番文献研究论集》（第三辑），北京：北京大学出版社，1986年2月 p.573

荣恩奇撰稿，施萍婷、邵国秀审订 敦煌市博物馆藏敦煌文献叙录《甘肃藏敦煌文献》（第六卷），兰州：甘肃人民出版社，1999年12月 p.364；图版p.183~185

申国美编 中国散藏敦煌文献分类目录 北京：北京图书馆出版社，2007年10月 p.63

敦煌市博物馆编 敦煌市博物馆馆藏珍贵文物图录 沈阳：万卷出版公司，2017年12月 p.104；图1幅

赵晓星著 吐蕃统治时期敦煌密教研究 兰州：甘肃教育出版社，2017年3月 p.617（附录一）

赵晓星 吐蕃统治敦煌时期的密教研究 兰州：兰州大学博士研究生学位论文，2007年6月 p.165（附录一）

左丽萍 敦煌《大乘无量寿经》写本考暨俗字汇辑 金华：浙江师范大学硕士研究生学位论文，2014年6月 俗字表p.147

池田温编 中國古代寫本識語集錄 東京：東京大学東洋文化研究所発行，1990年3月30日 p.390（第1503、1504号）

敦博063（10-63）大乘无量寿经

敦煌县博物馆，荣恩奇整理 敦煌县博物馆藏敦煌遗书目录《敦煌吐鲁番文献研究论集》（第三辑），北京：北京大学出版社，1986年2月 p.573~574

荣恩奇撰稿，施萍婷、邵国秀审订 敦煌市博物馆藏敦煌文献叙录《甘肃藏敦煌文献》（第六卷），兰州：甘肃人民出版社，1999年12月 p.364；图版p.186~188

申国美编 中国散藏敦煌文献分类目录 北京：北京图书馆出版社，2007年10月 p.63

赵晓星著 吐蕃统治时期敦煌密教研究 兰州：甘肃教育出版社，2017年3月 p.629（附录一）

赵晓星 吐蕃统治敦煌时期的密教研究 兰州：兰州大学博士研究生学位论文，2007年6月 p.170（附录一）

敦博064(10-64) 大乘无量寿经

敦煌县博物馆,荣恩奇整理 敦煌县博物馆藏敦煌遗书目录《敦煌吐鲁番文献研究论集》(第三辑),北京:北京大学出版社,1986年2月 p.574

荣恩奇撰稿,施萍婷、邵国秀审订 敦煌市博物馆藏敦煌文献叙录《甘肃藏敦煌文献》(第六卷),兰州:甘肃人民出版社,1999年12月 p.364;图版p.188~190

申国美编 中国散藏敦煌文献分类目录 北京:北京图书馆出版社,2007年10月 p.63

赵晓星著 吐蕃统治时期敦煌密教研究 兰州:甘肃教育出版社,2017年3月 p.617(附录一)

赵晓星 吐蕃统治敦煌时期的密教研究 兰州:兰州大学博士研究生学位论文,2007年6月 p.165(附录一)

池温编 中國古代寫本識語集錄 東京:東京大学東洋文化研究所発行,1990年3月30日 p.393(第1763号)

敦博065(10-65) 金刚般若经旨赞卷上

敦煌县博物馆,荣恩奇整理 敦煌县博物馆藏敦煌遗书目录《敦煌吐鲁番文献研究论集》(第三辑),北京:北京大学出版社,1986年2月 p.574

荣恩奇撰稿,施萍婷、邵国秀审订 敦煌市博物馆藏敦煌文献叙录《甘肃藏敦煌文献》(第六卷),兰州:甘肃人民出版社,1999年12月 p.364;图版p.191~192

申国美编 中国散藏敦煌文献分类目录 北京:北京图书馆出版社,2007年10月 p.68

张开媛《金刚经》鸠摩罗什译本在唐代的流传和接受 北京:北京外国语大学博士研究生学位论文,2015年12月 p.95

董大学 敦煌本《金刚经》注疏叙录 上海:上海师范大学硕士研究生学位论文,2009年5月 p.13、30

敦博066(10-66) 大乘无量寿经

敦煌县博物馆,荣恩奇整理 敦煌县博物馆藏敦煌遗书目录《敦煌吐鲁番文献研究论集》(第三辑),北京:北京大学出版社,1986年2月 p.575

荣恩奇撰稿,施萍婷、邵国秀审订 敦煌市博物馆藏敦煌文献叙录《甘肃藏敦煌文献》(第六卷),兰州:甘肃人民出版社,1999年12月 p.364;图版p.193~195

申国美编 中国散藏敦煌文献分类目录 北京:北京图书馆出版社,2007年10月 p.63

敦煌市博物馆编 敦煌市博物馆馆藏珍贵文物图录 沈阳:万卷出版公司,2017年12月 p.104~105;图1幅

赵晓星著 吐蕃统治时期敦煌密教研究 兰州:甘肃教育出版社,2017年3月 p.629(附录一)

赵晓星 吐蕃统治敦煌时期的密教研究 兰州:兰州大学博士研究生学位论文,2007年6月 p.170(附录一)

敦博067(10-67) 大般若波罗蜜多经卷第一百二、一百三节抄

敦煌县博物馆,荣恩奇整理 敦煌县博物馆藏敦煌遗书目录《敦煌吐鲁番文献研究论集》(第三辑),北京:北京大学出版社,1986年2月 p.575

荣恩奇撰稿,施萍婷、邵国秀审订 敦煌市博物馆藏敦煌文献叙录《甘肃藏敦煌文献》(第六卷),兰州:

甘肃人民出版社，1999年12月 p.364~365；图版p.195~197

中国美编 中国散藏敦煌文献分类目录 北京：北京图书馆出版社，2007年10月 p.5

敦博068（10–68）大乘无量寿经

敦煌县博物馆，荣恩奇整理 敦煌县博物馆藏敦煌遗书目录《敦煌吐鲁番文献研究论集》（第三辑），北京：北京大学出版社，1986年2月 p.575~576

荣恩奇撰稿，施萍婷、邵国秀审订 敦煌市博物馆藏敦煌文献叙录《甘肃藏敦煌文献》（第六卷），兰州：甘肃人民出版社，1999年12月 p.365；图版p.198~200

中国美编 中国散藏敦煌文献分类目录 北京：北京图书馆出版社，2007年10月 p.63

赵晓星著 吐蕃统治时期敦煌密教研究 兰州：甘肃教育出版社，2017年3月 p.617（附录一）

赵晓星 吐蕃统治敦煌时期的密教研究 兰州：兰州大学博士研究生学位论文，2007年6月 p.165（附录一）

池田温编 中國古代寫本識語集錄 東京：東京大学東洋文化研究所発行，1990年3月30日 p.392（第1656~1658号）

敦博069（10–69）大乘无量寿经

敦煌县博物馆，荣恩奇整理 敦煌县博物馆藏敦煌遗书目录《敦煌吐鲁番文献研究论集》（第三辑），北京：北京大学出版社，1986年2月 p.576

荣恩奇撰稿，施萍婷、邵国秀审订 敦煌市博物馆藏敦煌文献叙录《甘肃藏敦煌文献》（第六卷），兰州：甘肃人民出版社，1999年12月 p.365；图版p.201~203

左丽萍 敦煌本《大乘无量寿经》异体字考释三则《语文学刊》2013年第14期 p.33

中国美编 中国散藏敦煌文献分类目录 北京：北京图书馆出版社，2007年10月 p.63

赵晓星著 吐蕃统治时期敦煌密教研究 兰州：甘肃教育出版社，2017年3月 p.629（附录一）

赵晓星 吐蕃统治敦煌时期的密教研究 兰州：兰州大学博士研究生学位论文，2007年6月 p.170（附录一）

左丽萍 敦煌《大乘无量寿经》写本考暨俗字汇辑 金华：浙江师范大学硕士研究生学位论文，2014年6月 俗字表p.131、133、137、148

敦博070（10–70）佛说佛名经

敦煌县博物馆，荣恩奇整理 敦煌县博物馆藏敦煌遗书目录《敦煌吐鲁番文献研究论集》（第三辑），北京：北京大学出版社，1986年2月 p.576~577

荣恩奇撰稿，施萍婷、邵国秀审订 敦煌市博物馆藏敦煌文献叙录《甘肃藏敦煌文献》（第六卷），兰州：甘肃人民出版社，1999年12月 p.365；图版p.203~206；彩版（卷尾）

中国美编 中国散藏敦煌文献分类目录 北京：北京图书馆出版社，2007年10月 p.46

敦煌市博物馆编 敦煌市博物馆馆藏珍贵文物图录 沈阳：万卷出版公司，2017年12月 p.102；图1幅

刘溪 敦煌本早期《佛名经》写本研究 金华：浙江师范大学硕士研究生学位论文，2016年5月 p.91（写卷

总目）

敦博071（10–71）大佛顶陀罗尼

敦煌县博物馆，荣恩奇整理 敦煌县博物馆藏敦煌遗书目录《敦煌吐鲁番文献研究论集》（第三辑），北京：北京大学出版社，1986年2月 p.577~578

白化文 旋风装《敦煌学大辞典》，上海：上海辞书出版社，1998年12月 p.593

荣恩奇撰稿，施萍婷、邵国秀审订 敦煌市博物馆藏敦煌文献叙录《甘肃藏敦煌文献》（第六卷），兰州：甘肃人民出版社，1999年12月 p.365；图版p.206~207

韩惠言 甘藏敦煌汉文文献概况《敦煌学辑刊》2000年第2期 p.67；收入敦煌研究院编《2000年敦煌学国际学术讨论会文集——纪念敦煌藏经洞发现暨敦煌学百年》历史文化卷（上），兰州：甘肃民族出版社，2003年9月 p.515

林聪明 敦煌文书的形态《港台敦煌学文库》第33册，兰州：甘肃人民出版社，2014年12月 p.145

林聪明 敦煌文书的用纸《港台敦煌学文库》第33册，兰州：甘肃人民出版社，2014年12月 p.205~206

林聪明著 敦煌文书学（敦煌学导论丛刊①）台北：新文丰出版股份有限公司，1991年8月 p.26、94

李小荣著 敦煌密教文献论稿 北京：人民文学出版社，2003年7月 p.12

申国美编 中国散藏敦煌文献分类目录 北京：北京图书馆出版社，2007年10月 p.65、151

敦博071V 观世音菩萨说伏膏咒印药法别经、解一切咒陀罗尼、金刚儿咒

李小荣著 敦煌密教文献论稿 北京：人民文学出版社，2003年7月 p.21

申国美编 中国散藏敦煌文献分类目录 北京：北京图书馆出版社，2007年10月 p.151

敦博071V A.观世音菩萨说伏膏咒印药法别经

荣恩奇撰稿，施萍婷、邵国秀审订 敦煌市博物馆藏敦煌文献叙录《甘肃藏敦煌文献》（第六卷），兰州：甘肃人民出版社，1999年12月 p.365；图版p.208

申国美编 中国散藏敦煌文献分类目录 北京：北京图书馆出版社，2007年10月 p.67

敦博071V B.解一切咒陀罗尼

荣恩奇撰稿，施萍婷、邵国秀审订 敦煌市博物馆藏敦煌文献叙录《甘肃藏敦煌文献》（第六卷），兰州：甘肃人民出版社，1999年12月 p.365；图版p.208

申国美编 中国散藏敦煌文献分类目录 北京：北京图书馆出版社，2007年10月 p.67

敦博071V C.金刚儿咒

荣恩奇撰稿，施萍婷、邵国秀审订 敦煌市博物馆藏敦煌文献叙录《甘肃藏敦煌文献》（第六卷），兰州：甘肃人民出版社，1999年12月 p.365；图版p.208

中国美编 中国散藏敦煌文献分类目录 北京:北京图书馆出版社,2007年10月 p.67

敦博072(10–72)妙法莲华经卷第四

敦煌县博物馆,荣恩奇整理 敦煌县博物馆藏敦煌遗书目录《敦煌吐鲁番文献研究论集》(第三辑),北京:北京大学出版社,1986年2月 p.578~579

赵声良 敦煌南北朝写本的书法艺术《敦煌研究》1991年第4期 p.44;收入林保尧、关友惠主编《中国敦煌学百年文库·艺术卷》(三),兰州:甘肃文化出版社,1999年 p.32

赵声良 南北朝写经书法艺术《敦煌书法库》(第一辑)[魏晋南北朝时期],兰州:甘肃人民美术出版社,1994年1月 p.17

杨森 浅谈北朝经生体楷笔的演化《社科纵横》1994年第4期 p.61

荣恩奇撰稿,施萍婷、邵国秀审订 敦煌市博物馆藏敦煌文献叙录《甘肃藏敦煌文献》(第六卷),兰州:甘肃人民出版社,1999年12月 p.365~366;图版p.209~218

黄征 敦煌俗字例释《敦煌吐鲁番研究》(第八卷),北京:中华书局,2005年1月 p.252

黄征 敦煌俗字种类考辨《敦煌学·日本学——石塚晴通教授退职纪念文集》,上海:上海辞书出版社,2005年12月 p.116、121;又载赵生群、方向东主编《古文献研究集刊》(第一辑),南京:凤凰出版社,2007年4月 p.32、38

于淑健 敦煌佛经俗字误读释正《文献》2008年第2期 p.57

井米兰 浅谈《敦煌俗字典》中的俗字繁化现象《现代语文》(语言研究版)2008年第4期 p.107

于淑健 中国古文字俗体探源——以敦煌佛经书法写本为例《艺术百家》2009年第3期 p.26、29

肖瑜 敦煌吐鲁番出土《三国志》古写本疑难字形四例《唐山师范学院学报》2009年第3期 p.5

张涌泉、陈瑞峰 古代写本钩乙号研究《浙江社会科学》2011年第5期 p.132

林聪明 敦煌文书的题记《港台敦煌学文库》第34册,兰州:甘肃人民出版社,2014年12月 p.162

徐祖蕃、秦明智、荣恩奇编选 敦煌遗书书法选 兰州:甘肃人民出版社,1985年10月 p.46~47图版及简要说明

林聪明著 敦煌文书学(敦煌学导论丛刊①) 台北:新文丰出版股份有限公司,1991年8月 p.295

林聪明著 敦煌吐鲁番文书解诂指例(敦煌丛刊二集⑮) 台北:新文丰出版公司,2001年6月 p.136

刘胜角著 古代楷书发展史 北京:中国戏剧出版社,2002年5月 p.132;图121

黄征编 敦煌俗字典 上海:上海教育出版社,2005年5月 前言p.7、25、30;正文p.3、22、23、26、27、31、42、43、46、54、59、68、69、78、84、93、94、98、103、115、120、122、136、146、158、159、168、170、180、183、198、202、205、212、215、218、223、225、226、227、228、247、254、264、279、283、286、287、290、292、315、322、324、329、331、342、351~352、355、359、363、364、374、381、383、385、418、420、424、428、435、443、448、451、453、456、463、465、466、468、470、482、489、490、492、497、500、501、502、506、508、517、525、532、533、541、544、551、562、575、577;顺序索引p.745;分类索引p.749

中国美编 中国散藏敦煌文献分类目录 北京:北京图书馆出版社,2007年10月 p.24、151

沈乐平著 敦煌书法综论 杭州:浙江古籍出版社,2009年10月 p.96、97

赵红著 敦煌写本汉字论考 上海:上海古籍出版社,2012年4月 p.59、187

于淑健著 敦煌佛典语词和俗字研究——以敦煌古佚和疑伪经为中心 上海:上海古籍出版社,2012年4月 p.337

张涌泉著 敦煌写本文献学 兰州:甘肃教育出版社,2013年12月 p.361

肖瑜《三国志》古写本用字研究 上海:复旦大学博士研究生学位论文,2006年4月 p.22

沈乐平 敦煌书法综论 杭州:中国美术学院博士研究生学位论文,2008年5月 p.90、92

陶家骏 敦煌研究院藏佚本《维摩诘经注》写卷研究 苏州:苏州大学博士研究生学位论文,2012年3月 俗字表p.78~79、101、102、108、119、120、124、142、148、149、153;p.180、186、194、198

井米兰 敦煌俗字与宋本《玉篇》文字比较研究 上海:华东师范大学硕士研究生学位论文,2009年5月 p.24、25、39、55

周远军 敦煌写卷《道行般若经》用字研究及校勘 南宁:广西大学硕士研究生学位论文,2011年6月 p.23、25、50、68、111、113

唐帅彬 敦煌俗字论辨 南京:南京师范大学硕士研究生学位论文,2012年5月 p.18

陈瑞峰《甘肃藏敦煌文献》俗字研究 金华:浙江师范大学硕士研究生学位论文,2012年5月 p.18、23、29、35、46、49、50、53、54、55;例证表p.92;俗字表p.114、116、117、118、121、122、124、125、131、135、137、144、151、154、155、167、172、181、186、207、222、226

薛皖东《干禄字书》所收俗字与敦煌俗字比较研究 南京:南京师范大学硕士研究生学位论文,2013年4月 p.5、7

栄恩奇 妙法蓮華経巻第六《中国敦煌展》(東京展、福岡展、長野展、奈良展、静岡展,1985年10月5日~1986年3月26日),東京:財団法人富士美術館発行,昭和60年10月5日;図版110及日文図版解説

敦博073(10-73)妙法莲华经卷第三化城喻品第七

敦煌县博物馆,荣恩奇整理 敦煌县博物馆藏敦煌遗书目录《敦煌吐鲁番文献研究论集》(第三辑),北京:北京大学出版社,1986年2月 p.579~580

荣恩奇撰稿,施萍婷、邵国秀审订 敦煌市博物馆藏敦煌文献叙录《甘肃藏敦煌文献》(第六卷),兰州:甘肃人民出版社,1999年12月 p.366;图版p.218~219

申国美编 中国散藏敦煌文献分类目录 北京:北京图书馆出版社,2007年10月 p.23

于淑健著 敦煌佛典语词和俗字研究——以敦煌古佚和疑伪经为中心 上海:上海古籍出版社,2012年4月 p.236

张元林著 北朝—隋时期敦煌法华图像研究 兰州:甘肃教育出版社,2017年9月 p.347

敦煌市博物馆编 敦煌市博物馆馆藏珍贵文物图录 沈阳:万卷出版公司,2017年12月 p.99;图1幅

栄恩奇 妙法蓮華経巻第三《中国敦煌展》(東京展、福岡展、長野展、奈良展、静岡展,1985年10月5日~1986年3月26日),東京:財団法人富士美術館発行,昭和60年10月5日;図版119及日文図版解説

池田温編 中國古代寫本識語集錄 東京:東京大学東洋文化研究所発行,1990年3月30日 p.158(第378号題記錄文)

敦博074(10–74)妙法莲华经卷第七妙音菩萨品第二十四

敦煌县博物馆,荣恩奇整理 敦煌县博物馆藏敦煌遗书目录《敦煌吐鲁番文献研究论集》(第三辑),北京:北京大学出版社,1986年2月 p.580

荣恩奇撰稿,施萍婷、邵国秀审订 敦煌市博物馆藏敦煌文献叙录《甘肃藏敦煌文献》(第六卷),兰州:甘肃人民出版社,1999年12月 p.366;图版p.220~221;彩版(局部)

申国美编 中国散藏敦煌文献分类目录 北京:北京图书馆出版社,2007年10月 p.30

敦煌市博物馆编 敦煌市博物馆馆藏珍贵文物图录 沈阳:万卷出版公司,2017年12月 p.99;图1幅

敦博075(10–75)大乘无量寿经

敦煌县博物馆,荣恩奇整理 敦煌县博物馆藏敦煌遗书目录《敦煌吐鲁番文献研究论集》(第三辑),北京:北京大学出版社,1986年2月 P.580~581

荣恩奇撰稿,施萍婷、邵国秀审订 敦煌市博物馆藏敦煌文献叙录《甘肃藏敦煌文献》(第六卷),兰州:甘肃人民出版社,1999年12月 p.366;图版p.222~224

林聪明 敦煌文书的抄写《港台敦煌学文库》第34册,兰州:甘肃人民出版社,2014年12月 p.74~75

林聪明 敦煌文书的题记《港台敦煌学文库》第34册,兰州:甘肃人民出版社,2014年12月 p.158

林聪明著 敦煌文书学(敦煌学导论丛刊①) 台北:新文丰出版股份有限公司,1991年8月 p.207、292

林聪明著 敦煌吐鲁番文书解诂指例(敦煌丛刊二集⑮) 台北:新文丰出版公司,2001年6月 p.125

申国美编 中国散藏敦煌文献分类目录 北京:北京图书馆出版社,2007年10月 p.63、151

赵晓星著 吐蕃统治时期敦煌密教研究 兰州:甘肃教育出版社,2017年3月 p.617(附录一)

赵晓星 吐蕃统治敦煌时期的密教研究 兰州:兰州大学博士研究生学位论文,2007年6月 p.165(附录一)

池田温編 中國古代寫本識語集錄 東京:東京大学東洋文化研究所発行,1990年3月30日 p.391(第1604号)

敦博076(10–76)(旧编号为敦博058正面)地志

向达 西征小记——瓜沙谈往之一《国立北京大学·国学季刊》第7卷第1期,1950年7月 p.24;收入氏著《唐代长安与西域文明》,北京:生活·读书·新知三联书店,1957年4月;1979年9月;1987年4月 p.371;收入氏著《唐代长安与西域文明》,石家庄:河北教育出版社,2001年11月 p.362~363;收入齐陈骏、李并成主编《中国敦煌学百年文库·地理卷》(一),兰州:甘肃文化出版社,1999年 p.310;收入荣新江编《向达先生敦煌遗墨》,北京:中华书局,2010年3月 p.306;收入敦煌研究院编《榆林窟研究论文集》(上册),上海:上海辞书出版社,2011年9月 p.55

吴震 敦煌石室所出唐天宝初年《郡县公廨本钱簿》《中国文物》第1期,1979年10月 p.30~31;图版p.5~

11;收入氏著《吴震敦煌吐鲁番文书研究论集》,上海:上海古籍出版社,2009年12月 p.1~3

傅振伦 从敦煌发现的图经谈方志的起源《兰州大学学报》(哲学社会科学版)[敦煌学专刊],1980年2月 p.1~3;收入中国地方史志协会编《中国地方史志论丛》,北京:中华书局,1984年8月 p.303~307;收入齐陈骏、李并成主编《中国敦煌学百年文·地理卷》(一),兰州:甘肃文化出版社,1999年 p.407~410

周丕显 敦煌遗书概述《敦煌学辑刊》(第1集),1980年2月 p.23;又载《兰州大学学报》(哲学社会科学版)[敦煌学专刊],1980年第2期 P.23;收入氏著《敦煌文献研究》,兰州:甘肃文化出版社,1995年6月 p.9

薛英群 略谈敦煌地志文书中的公廨本钱《兰州大学学报》(哲学社会科学版)[敦煌学专刊],1980年2月 p.98~100

薛英群、徐乐尧 唐写本地志残卷浅考《敦煌学辑刊》第2集,1981年10月 p.23~47;收入齐陈骏、李并成主编《中国敦煌学百年文库·地理卷》(一),兰州:甘肃文化出版社,1999年 p.366~391

吴震 敦煌石窟写本唐天宝初年《郡县公廨本钱簿》校注并跋《文史》第13辑,北京:中华书局,1982年3月 p.89~145;收入氏著《吴震敦煌吐鲁番文书研究论集》,上海:上海古籍出版社,2009年12月 p.4~106

吴震 敦煌石窟写本唐天宝初年《郡县公廨本钱簿》校注并跋(续)《文史》第14辑,北京:中华书局,1982年7月 p.67~104;收入氏著《吴震敦煌吐鲁番文书研究论集》,上海:上海古籍出版社,2009年12月 p.4~106

马世长 敦煌县博物馆藏地志残卷——敦博第五八号卷子研究之一 《敦煌吐鲁番文献研究论集》,北京:中华书局,1982年5月 p.265~428;收入氏著《中国佛教研究考古论文集》,台北:财团法人觉风佛教艺术文化基金会,2001年12月 p.297~410;图3幅;p.592;图版46;收入氏著《中国佛教石窟考古文集》,北京:商务印书馆,2014年9月 p.327~455;图版46

马世长 地志中的(本)和唐代公廨本钱——敦博第五八号卷子研究之二《敦煌吐鲁番文献研究论集》,北京:中华书局,1982年5月 p.429~476;收入氏著《中国佛教研究考古论文集》,台北:觉风佛教艺术文化基金,2001年12月 p.411~441;收入氏著《中国佛教石窟考古文集》,北京:商务印书馆,2014年9月 p.456~497

敦煌县博物馆,荣恩奇整理 敦煌县博物馆藏敦煌遗书目录《敦煌吐鲁番文献研究论集》(第三辑),北京:北京大学出版社,1986年2月 p.581~583

王进玉 敦煌石窟中的古代科技成就《科学》1988年第4期 p.308;又转载《新华文摘》1989年第1期 p.175

李正宇 唐宋时代沙州寿昌县河渠泉泽简志 《敦煌研究》1989年第3期 p.32; 收入氏著《敦煌史地新论》,台北:新文丰出版股份有限公司,1996年3月 p.156

陈国灿 唐五代敦煌县乡里制的演变《敦煌研究》1989年第3期 p.44;收入齐陈骏、李并成主编《中国敦煌学百年文库·地理卷》(二),兰州:甘肃文化出版社,1999年 p.108;收入氏著《敦煌学史事新证》,兰州:甘肃教育出版社,2002年9月 p.370

郑炳林 敦煌地理文书的内容与研究《敦煌地理文书汇辑校注》,兰州:甘肃教育出版社,1989年12月 p.3

郑炳林校注 敦煌县博物馆藏地志残卷(敦博58号)《敦煌地理文书汇辑校注》,兰州:甘肃教育出版社,1989年12月 p.151~172

赵健雄 敦煌遗书地志残卷中土贡药物浅析《甘肃中医》1990年第1期 p.27~29

孙国华 敦煌遗书中的科技文献《中国科技史料》1990年第2期 p.75

陈国灿 唐五代瓜沙归义军军镇的演变《敦煌吐鲁番文书初探二编》,武汉:武汉大学出版社,1990年2月 p.557~558;p.579注⑩;收入氏著《敦煌学史事新证》,兰州:甘肃教育出版社,2002年9月 p.386~387;p.405注[11];收入氏著《陈国灿吐鲁番敦煌出土文献史事论集》,上海:上海古籍出版社,2012年9月 p.623~624;p.642注⑩

荣恩奇《地志》、《占云气书》《敦煌》,兰州:甘肃人民出版社、南京:江苏美术出版社,1990年7月;1993年7月;1997年11月 图版p.252、253;p.290第272、273、274、275、276、277条图版说明

李锦绣 唐前期公廨本钱的管理制度《文献》1991年第4期 p.103;p.108~109注⑤

李并成 敦煌遗书中地理书卷的学术价值《地理研究》1992年第3期 p.42、44~45

李并成 一批珍贵的古代地理文书——敦煌遗书中的地理书卷《中国科技史料》第13卷第4期,1992年12月 p.89

王仲荦著,郑宜秀整理 唐天宝初年地志残卷考释《敦煌石室地志残卷考释》,上海:上海古籍出版社,1993年9月 p.1~75

华林甫《姓氏录》写作年代考《敦煌研究》1995年第4期 p.99

郑炳林 唐五代敦煌的医事研究《敦煌归义军史专题研究》,兰州:兰州大学出版社,1997年9月 p.515

罗彤华 唐代州县公廨本钱数之分析——兼论前期外官俸钱之分配《新史学》(台)第10卷第1期,1999年 p.49~90

罗彤华 唐代官本放贷初探——州县公廨本钱之研究《第四届唐代文化学术研讨会论文集》,台南:成功大学教务处出版组,1999年1月 p.637~685

荣新江 敦煌本《天宝十道录》及其价值《九州》第二辑,北京:商务印书馆,1999年9月 p.116~129

施萍婷 甘肃藏敦煌文献概述《甘肃藏敦煌文献精粹》,兰州:甘肃人民出版社,1999年 p.8;彩版(局部);又载段文杰主编《甘肃藏敦煌文献》(第一至六卷),兰州:甘肃人民出版社,1999年9~12月 p.8

荣恩奇撰稿,施萍婷、邵国秀审订 敦煌市博物馆藏敦煌文献叙录《甘肃藏敦煌文献》(第六卷),兰州:甘肃人民出版社,1999年12月 p.366;图版p.224~227;彩版(局部)

施萍婷 甘肃省藏敦煌汉文文献概述《"二十一世纪敦煌文献研究回顾与展望"研讨会论文集》,台中:(台湾)中华自然文化学会,1999年12月 p.44;收入施萍婷著《敦煌习学集》(上),兰州:甘肃民族出版社,2004年12月 p.299

韩惠言 甘藏敦煌汉文文献概况《敦煌学辑刊》2000年第2期 p.69~70;收入敦煌研究院编《2000年敦煌学国际学术讨论会文集——纪念敦煌藏经洞发现暨敦煌学百年》历史文化卷(上),兰州:甘肃民族出版社,2003年9月 p.519~520

介生 遍记甘藏敦煌遗书 兼具资料学术价值——《甘肃藏敦煌文献》介评《图书与情报》2000年第2期 p.79

荣新江 敦煌地理文献的价值与研究《书品》2000年第3期 p.33;收入氏著《敦煌学新论》,兰州:甘肃教

育出版社,2002年9月 p.242~243;图54

张涌泉 敦煌故里对敦煌学的新奉献——《甘肃藏敦煌文献》读后《敦煌研究》2001年第1期 p.182

陈国灿 莫高窟北区第47窟新出唐《贷钱折粮还纳帐》的性质《敦煌研究》2001年第4期 p.102~103;收入氏著《敦煌学史事新证》,兰州:甘肃教育出版社,2002年9月 p.238~239;收入彭金章主编《敦煌莫高窟北区石窟研究》(上册),兰州:甘肃教育出版社,2011年4月 p.184~185;收入氏著《陈国灿吐鲁番敦煌出土文献史事论集》,上海:上海古籍出版社,2012年9月 p.536

荣新江 敦煌四部书抄本与中古学术史研究《敦煌学十八讲》(第十三讲),北京:北京大学出版社,2001年8月 p.268~269;图2

荣新江 敦煌学与科技史研究《敦煌学十八讲》(第十五讲),北京:北京大学出版社,2001年8月 p.295

刘玉峰 唐代公廨本钱制的几个问题《史学月刊》2002年第5期 p.46~53

施谢捷《敦煌石室地志残卷考释》匡补(一)《南京师范大学文学院学报》,2003年第2期 p.160;收入刘进宝、施和金主编《历史文献学丛稿》,长春:吉林人民出版社,2005年3月 p.404~405;收入刘进宝、施和金主编《历史文献学丛稿》(下),长春:吉林人民出版社,2005年7月 p.150

郑炳林 晚唐五代敦煌商业贸易市场研究《敦煌学辑刊》2004年第1期 p.103;又载《甘肃金融》(甘肃省钱币博物馆开馆暨钱币学术研讨会专辑)2004年增刊 p.25; 收入郑炳林主编《敦煌归义军史专题研究三编》,兰州:甘肃文化出版社,2005年5月 p.366

荣新江 惊沙撼大漠——向达的敦煌考察及其学术意义《敦煌吐鲁番研究》(第七卷),北京:中华书局,2004年1月 p.111、115;收入氏著《辨伪与存真——敦煌学论集》,上海:上海古籍出版社,2010年3月 p.224~225;收入荣新江编《向达先生敦煌遗墨》,北京:中华书局,2010年3月 p.19、24~25;收入沙知编《向达学记》,北京:生活·读书·新知三联书店,2010年6月 p.112

施萍婷 甘肃藏敦煌汉文文献精品简述《敦煌习学集》(上),兰州:甘肃民族出版社,2004年12月 p.321;图版67

李锦绣 敦煌吐鲁番地理文书与唐五代地理学《吐鲁番学研究》2005年第1期 p.50~67

王素、李方 略谈敦煌文献的收藏《中国史研究动态》2005年第9期 p.11

陈红彦、林世田 敦煌遗书近现代鉴藏印章辑述(上)《文献》2007年第2期 p.51;收入林世田著《敦煌遗书研究论集》,北京:中国藏学出版社,2010年3月 p.296

辻正博 英藏S.9478《地志残片》浅析《转型期的敦煌学》,上海:上海古籍出版社,2007年11月 p.256~259;图3;p.261注⑤⑥

王承文 晋唐时代岭南地区金银的生产和流通——以敦煌所藏唐天宝初年地志残卷为中心《唐研究》第13卷,北京:北京大学出版社,2007年12月 p.505~548

叶爱国 敦煌市博物馆藏敦煌文书第58号残卷定名《敦煌研究》2008年第1期 p.114

李正宇 沙州志(S.788)《古本敦煌乡土志八种笺证》,兰州:甘肃人民出版社,2008年11月 p.225~226

李正宇 沙州伊州志(S.367)《古本敦煌乡土志八种笺证》,兰州:甘肃人民出版社,2008年11月 p.240

李正宇 沙州归义军图经略抄(P.2691)《古本敦煌乡土志八种笺证》,兰州:甘肃人民出版社,2008年11

月 p.254~287

李正宇 寿昌县地境(散录1700)《古本敦煌乡土志八种笺证》,兰州:甘肃人民出版社,2008年11月 p.330

屈直敏 近百年来敦煌地志文书研究回顾《敦煌学辑刊》2009年第2期 p.65~68

阴朝霞 隋唐五代时期山西的地域标识——唐时敦煌人视野中的山西《忻州师范学院学报》2009年第4期 p.81~83

李并成 百年来敦煌地理文献及历史地理的研究《敦煌学辑刊》2010年第2期 p.42~43

向达(手抄稿本) 唐代地志《向达先生敦煌遗墨》,北京:中华书局,2010年3月 p.121~135

易蜜霞 唐代公廨本钱制度的特点分析《科教新报》2011年12月7日C4版

李宗俊 敦博58号文书与两唐书《地理志》等相关问题考《中国历史地理论丛》2014年第2辑 p.46~60;附图1幅

王永兴编《隋唐五代经济史料汇编校注》第一编(下册),北京:中华书局,1987年4月 p.663~889

王永兴著 敦煌经济文书导论(敦煌学导论丛刊⑪) 台北:新文丰出版股份有限公司,1994年6月 p.411~413

敦煌市志编纂委员会编 敦煌市志 北京:新华出版社,1994年6月 p.632

李明伟著 隋唐丝绸之路——中世纪的中国西北社会与文明 兰州:甘肃人民出版社,1994年10月;彩图1幅

李锦绣著 唐代财政史稿(上卷)第二分册 北京:北京大学出版社,1995年7月 p.723

黄征、程惠新著 劫尘遗珠——敦煌遗书 兰州:甘肃教育出版社,1999年7月 p.188

颜廷亮著 敦煌文化[东方文化集成·中华文化编] 北京:光明日报出版社,2000年12月 p.118

林聪明著 敦煌吐鲁番文书解诂指例(敦煌丛刊二集⑮) 台北:新文丰出版公司,2001年6月 p.197、200;p.213注[17]

续华著 悟真事迹初探《中国佛教学术论典·51》,高雄:佛光山文教基金会出版,2002年3月 p.414;415注②

王素著 敦煌吐鲁番文献 北京:文物出版社,2002年4月;2005年7月 p.89、142;p.185注[32]

杨宝玉著 敦煌文献探析 北京:人民美术出版社,2005年6月 p.64

申国美编 中国散藏敦煌文献分类目录 北京:北京图书馆出版社,2007年10月 p.82、151

郝春文著 石室写经——敦煌遗书(走近敦煌丛书) 兰州:甘肃教育出版社,2007年12月 p.58

中国国家图书馆、中国国家古籍保护中心编 第一批国家珍贵古籍名录图录(第一册) 北京:国家图书馆出版社,2008年12月 p.7、201

沈乐平著 敦煌书法综论 杭州:浙江古籍出版社,2009年10月 p.233(鉴藏印章检索表)

罗彤华著 唐代官方放贷之研究 桂林:广西师范大学出版社,2013年2月 p.10~84

荣恩奇著 敦煌之谜 北京:中国戏剧出版社,2011年7月 p.356~358

林世田、杨学勇、刘波著 敦煌遗珍——国家珍贵古籍名录·敦煌遗书 北京:国家图书馆出版社,2014

年9月 p.81

胡同庆著 敦煌文化(普及本) 兰州:甘肃文化出版社,2016年1月 p.208;图26

敦煌市博物馆编 敦煌市博物馆馆藏珍贵文物图录 沈阳:万卷出版公司,2017年12月 p.100;图1幅

甘肃省地方史志编纂委员会编 甘肃省志·文物志(中册) 北京:文物出版社,2018年11月 p.1534~1535

刘进宝著 敦煌学通论(增订本) 兰州:甘肃教育出版社,2019年4月 p.478

韩锋 敦煌本儒家文献研究 兰州:兰州大学博士研究生学位论文,2007年5月 p.97

沈乐平 敦煌书法综论 杭州:中国美术学院博士研究生学位论文,2008年5月 p.231(鉴藏印章检索表)

易蜜霞 唐代公廨本钱制度的特点与弊端分析 吉首:吉首大学硕士研究生学位论文

阴朝霞《唐代河东道研究——以敦煌文书为中心》兰州:西北师范大学硕士研究生学位论文,2010年5月

陈瑞峰《甘肃藏敦煌文献》俗字研究 金华:浙江师范大学硕士研究生学位论文,2012年5月 p.9

王翠《甘肃藏敦煌文献》俗字研究 南京:南京师范大学硕士研究生学位论文,2014年5月 p.3

马舟 唐五代时期敦煌粟特人的几个问题 南京:南京师范大学硕士研究生学位论文,2015年5月 p.34~35、45、55

芦韬 唐代河南道研究——以敦煌文书为中心 兰州:西北师范大学硕士研究生学位论文,2015年5月 p.35~41

金岡照光 敦煌の現状(一九七九年五月)《講座敦煌1〈敦煌の自然と現状〉》,東京:大東出版社,昭和五五年四月二三日(1980.4.23) p.117

布目潮沨、大野仁合撰 唐开元末府州県図制作成の试み——以敦煌所出天宝初年书写地志残巻を中心に《唐宋时代の行政、経済地図の作制研究成果报告》,大阪:大阪大学教养部,1981年 p.39~64;附图1幅

宋恩奇 地志·紫微垣星図·占雲気書《中国敦煌展》(東京展、福岡展、長野展、奈良展、静岡展,1985年10月5日~1986年3月26日),東京:財団法人富士美術館発行,昭和60年10月5日;図版85及日文図版解説

邓健吾撰文、石嘉福写真 敦煌への道集 東京:日本放送出版协会,1978年4月 p.170~171;图1幅

石嘉福著 丝绸之路千里 東京:株式会社讲谈社,1979年4月 p.158;图1幅

布目潮风主编 唐宋时代之行政经济地图的制作 大阪:大阪大学教养部出版,1981年

段文傑著,東山健吾訳 美しき敦煌 東京:潮出版社,昭和61年3月2日 p.140;图1幅

敦博076V(旧编号为敦博058背面) 紫微宫星图、占云气书

向达 西征小记——瓜沙谈往之一《国立北京大学·国学季刊》第7卷第1期,1950年7月 p.24;收入氏著《唐代长安与西域文明》,北京:生活·读书·新知三联书店,1957年4月;1979年9月;1987年4月 p.371;收入氏著《唐代长安与西域文明》,石家庄:河北教育出版社,2001年11月 p.363;收入齐陈骏、李并成主编《中国敦煌学百年文库·地理卷》(一),兰州:甘肃文化出版社,1999年 p.310;收入荣新江编《向达先生敦煌遗墨》,北京:中华书局,2010年3月 p.306;收入敦煌研究院编《榆林窟研究论文集》(上册),上海:上海辞书出版社,2011年9月 p.55

马世长 敦煌县博物馆藏星图、占云气书残卷——敦博第五八号卷子研究之三《敦煌吐鲁番文献研究

论集》,北京:中华书局,1982年5月 p.477~508;收入氏著《中国佛教研究考古论文集》,台北:觉风佛教艺术文化基金,2001年12月 p.443~465;图7幅;p.593~594;图版47、48;收入氏著《中国佛教石窟考古文集》,北京:商务印书馆,2014年9月 p.498~523;图版47、48

敦煌县博物馆,荣恩奇整理 敦煌县博物馆藏敦煌遗书目录《敦煌吐鲁番文献研究论集》(第三辑),北京:北京大学出版社,1986年2月 p.581~583

吴震 敦煌石室所出唐天宝初年《郡县公廨本钱簿》《中国文物》第1期,1979年10月 p.30;收入氏著《吴震敦煌吐鲁番文书研究论集》,上海:上海古籍出版社,2009年12月 p.1

王进玉 敦煌石窟中的古代科技成就《科学》1988年第4期 p.308;又转载《新华文摘》1989年第1期 p.175

孙国华 敦煌遗书中的科技文献《中国科技史料》1990年第2期 p.76

施萍婷 甘肃藏敦煌文献概述《甘肃藏敦煌文献精粹》,兰州:甘肃人民出版社,1999年 p.8;彩版(局部);又载段文杰主编《甘肃藏敦煌文献》(第一至六卷),兰州:甘肃人民出版社,1999年9~12月 p.8

施萍婷 甘肃省藏敦煌汉文文献概述《"二十一世纪敦煌文献研究回顾与展望"研讨会论文集》,台中:(台湾)中华自然文化学会,1999年12月 p.44;收入氏著《敦煌习学集》(上),兰州:甘肃民族出版社,2004年12月 p.299

韩惠言 甘藏敦煌汉文文献概况《敦煌学辑刊》2000年第2期 p.69~70;收入敦煌研究院编《2000年敦煌学国际学术讨论会文集——纪念敦煌藏经洞发现暨敦煌学百年》历史文化卷(上),兰州:甘肃民族出版社,2003年9月 p.519~520

介生 遍记甘藏敦煌遗书 兼具资料学术价值——《甘肃藏敦煌文献》介评《图书与情报》2000年第2期 p.79

荣新江 敦煌学与科技史研究《敦煌学十八讲》(第十五讲),北京:北京大学出版社,2001年8月 p.294~295

施萍婷 甘肃藏敦煌汉文文献精品简述《敦煌习学集》(上),兰州:甘肃民族出版社,2004年12月 p.321~322;图版68

陈于柱、张福慧 日本杏雨书屋藏敦煌文献羽42背《云气占法抄》整理研究《天水师范学院学报》2014年第4期 p.51~52

敦煌市志编纂委员会编 敦煌市志 北京:新华出版社,1994年6月 彩图1幅

王进玉著 敦煌石窟探秘 成都:四川教育出版社,1994年8月 p.77~79;彩色插页局部

李斌城主编 唐代文化(下) 北京:中国社会科学出版社,2002年2月 p.1583

杨宝玉著 敦煌文献探析 北京:人民美术出版社,2005年6月 p.72

申国美编 中国散藏敦煌文献分类目录 北京:北京图书馆出版社,2007年10月 p.151~152

中国国家图书馆、中国国家古籍保护中心编 第一批国家珍贵古籍名录图录(第一册) 北京:国家图书馆出版社,2008年12月 p.7、201

林世田、杨学勇、刘波著 敦煌遗珍——国家珍贵古籍名录·敦煌遗书 北京:国家图书馆出版社,2014

年9月 p.81~82

刘忆谆主编 敦煌风华再现:续说石窟故事 台中:自然科学博物馆,2017年4月 p.212~213

敦煌市博物馆编 敦煌市博物馆馆藏珍贵文物图录 沈阳:万卷出版公司,2017年12月 p.100;图1幅

甘肃省地方史志编纂委员会编 甘肃省志·文物志(中册) 北京:文物出版社,2018年11月 p.1534~1535

陈瑞峰《甘肃藏敦煌文献》俗字研究 金华:浙江师范大学硕士研究生学位论文,2012年5月 p.9

屈懿 敦煌占卜文书字词校释 上海:复旦大学硕士研究生学位论文,2014年5月 p.3

邓健吾撰文、石嘉福写真 敦煌への道集 東京:日本放送出版协会,1978年4月 p.170~171;图1幅

飯島忠夫著 支那古代史論(東洋文庫論叢第五) 東京:财团法人東洋文庫刊行,大正14年12月(1925.12)

荣恩奇 地志·紫微垣星図·占雲気書《中国敦煌展》(東京展、福岡展、長野展、奈良展、静岡展,1985年10月5日~1986年3月26日),東京:財団法人富士美術館発行,昭和60年10月5日;図版85及日文図版解説

段文傑著,東山健吾訳 美しき敦煌 東京:潮出版社,昭和61年3月2日,p.141;图1幅

敦博076V A.紫微宫星图

夏鼐 另一件敦煌星图写本——《敦煌星图乙本》《中国科技史探索·中华文史论丛增刊(*Explorations in the History of Science and Technology in China*-A Special Number of the"*Collections of Essays on Chinese Literature and History*")》,上海:上海古籍出版社,1986年12月 p.151~162;收入中国社会科学院考古研究所编《中国古代天文文物论集》,北京:文物出版社,1989年12月 p.211~222;收入邓文宽、马德主编《中国敦煌学百年文库·科技卷》,兰州:甘肃文化出版社,1999年 p.131~142

敦煌县博物馆,荣恩奇整理 敦煌县博物馆藏敦煌遗书目录《敦煌吐鲁番文献研究论集》(第三辑),北京:北京大学出版社,1986年2月 p.581~582

邓文宽 敦煌文献中的天文历法《文史知识》1988年第8期 p.51~52;收入氏著《敦煌吐鲁番天文历法研究》,兰州:甘肃教育出版社,2002年9月 p.5;收入氏著《邓文宽敦煌天文历法考索》,上海:上海古籍出版社,2010年12月 p.24~25

马世长 敦煌写本紫微垣星图《中国古代天文文物论集》,北京:文物出版社,1989年12月 p.199~210;图3幅

邓文宽辑校 紫微垣星图《敦煌天文历法文献辑校》(敦煌文献分类录校丛刊),南京:江苏古籍出版社,1996年5月 p.94~98

邓文宽 紫微垣星图《敦煌学大辞典》,上海:上海辞书出版社,1998年12月 p.604

荣恩奇撰稿,施萍婷、邵国秀审订 敦煌市博物馆藏敦煌文献叙录《甘肃藏敦煌文献》(第六卷),兰州:甘肃人民出版社,1999年12月 p.366;图版p.228

介生 遍记甘藏敦煌遗书 兼具资料学术价值——《甘肃藏敦煌文献》介评《图书与情报》2000年第2期 p.79

荣新江 惊沙撼大漠——向达的敦煌考察及其学术意义《敦煌吐鲁番研究》(第七卷),北京:中华书局,2004年1月 p.115;收入氏著《辨伪与存真——敦煌学论集》,上海:上海古籍出版社,2010年3月 p.225;

收入荣新江编《向达先生敦煌遗墨》,北京:中华书局,2010年3月 p.25

王素、李方 略谈敦煌文献的收藏《中国史研究动态》2005年第9期 p.11

邓文宽、刘乐贤 敦煌天文气象占写本概述《敦煌吐鲁番研究》(第九卷),北京:中华书局,2006年5月 p.409~423;收入氏著《邓文宽敦煌天文历法考索》,上海:上海古籍出版社,2010年12月 p.1~20

中国社会科学院考古研究所编著 中国古代天文文物图集 北京:文物出版社,1980年6月 p.12彩色图版一〇;p.62~64黑白图版六〇、六一、六二;p.120

黄征、程惠新著 劫尘遗珠——敦煌遗书 兰州:甘肃教育出版社,1999年7月 p.243

中国美编 中国散藏敦煌文献分类目录 北京:北京图书馆出版社,2007年10月 p.82、152

林世田、杨学勇、刘波著 敦煌遗珍——国家珍贵古籍名录·敦煌遗书 北京:国家图书馆出版社,2014年9月 p.166~167

胡同庆著 敦煌文化(普及本) 兰州:甘肃文化出版社,2016年1月 p.208~211;图28

刘进宝著 敦煌学通论(增订本) 兰州:甘肃教育出版社,2019年4月 p.478~479

Marc Kalinowski ed. *Divinationet sociétédans la Chinemédiévale, tudedes manuscrits de Dunhuang de la Bibliothéquenationale de France et de la British Library*, pp. 34–79.

敦博076V B.占云气书

陈槃 影钞敦煌写本占云气书残卷解题——古谶纬书录解题附录影(三)《"中央研究院"历史语言研究所集刊》第五十本第一分,1979年3月 p.1~27;收入中华书局编辑部编《"中研院"历史语言研究所集刊论文类编·文献考订编》(六),北京:中华书局,2009年4月 p.4965~4992(1~27);收入郑炳林、郑阿财主编《港台敦煌学文库》第49册,兰州:甘肃人民出版社,2014年12月 p.1~42

何丙郁、何冠彪 敦煌残卷《占云气书》研究(上)《文史》第25辑,北京:中华书局,1985年10月 p.67~94

何丙郁、何冠彪 敦煌残卷《占云气书》研究(下)《文史》第26辑,北京:中华书局,1986年5月 p.109~133

敦煌县博物馆,荣恩奇整理 敦煌县博物馆藏敦煌遗书目录《敦煌吐鲁番文献研究论集》(第三辑),北京:北京大学出版社,1986年2月 p.582

荣恩奇《地志》、《占云气书》《敦煌》,兰州:甘肃人民出版社、南京:江苏美术出版社,1990年7月;1993年7月;1997年11月 图版p.252、253;p.290第272、273、274、275、276、277条图版说明

苏莹辉 敦煌本"观云"、"占气"彩图解诂——敦煌科技介绍《故宫文物月刊》第8卷第5期,1990年8月 p.98~111;彩图4幅;插图2幅

何丙郁著,台建群译 一份遗失的占星术著作——敦煌残卷占云气书《敦煌研究》1992年第2期 p.85~88

朱雷《李陵变文》、《张义潮变文》、《破魔变》诸篇辨疑——读《敦煌变文集》札记(四)《魏晋南北朝隋唐史资料》第十三辑,武汉:武汉大学出版社,1994年12月 p.49;p.55注⑥;收入氏著《朱雷敦煌吐鲁番文书论丛》(当代敦煌学者自选集),上海:上海古籍出版社,2012年12月 p.428;p.438注⑥;收入氏著《敦煌吐鲁番文书研究》,杭州:浙江大学出版社,2016年4月 p.329~330

荣恩奇撰稿，施萍婷、邵国秀审订 敦煌市博物馆藏敦煌文献叙录《甘肃藏敦煌文献》(第六卷)，兰州：甘肃人民出版社，1999年12月 p.366~367；图版p.228~231；彩版(局部)

介生 遍记甘藏敦煌遗书 兼具资料学术价值——《甘肃藏敦煌文献》介评《图书与情报》2000年第2期 p.79

荣新江 惊沙撼大漠——向达的敦煌考察及其学术意义《敦煌吐鲁番研究》(第七卷)，北京：中华书局，2004年1月 p.111、115~116；收入氏著《辨伪与存真——敦煌学论集》，上海：上海古籍出版社，2010年3月 p.225；收入荣新江编《向达先生敦煌遗墨》，北京：中华书局，2010年3月 p.19、25；收入沙知编《向达学记》，北京：生活·读书·新知三联书店，2010年6月 p.112

黄正建 敦煌占卜文书研究的回顾与展望《敦煌吐鲁番研究》(第七卷)，北京：中华书局，2004年1月 p.303

王素、李方 略谈敦煌文献的收藏《中国史研究动态》2005年第9期 p.11

赵鑫晔 敦煌愿文校勘总论《艺术百家》2009年第6期 p.218

向达(手抄稿本) 占云气书一卷《向达先生敦煌遗墨》，北京：中华书局，2010年3月 p.136~150

陈槃 古谶纬书录解题附录影(三) 陈槃著作集《古谶纬研讨及其书录解题》(下)，上海：上海古籍出版社，2010年7月 p.665~750；彩图7幅；黑白图版6幅

刘泓文 百年敦煌占卜文献研究综述《2014敦煌学国际联络委员会通讯集刊》，上海：上海古籍出版社，2014年8月 p.160~161

中国社会科学院考古研究所编著 中国古代天文文物图集 北京：文物出版社，1980年6月 p.65黑白图版六三；p.121

何内郁、何冠彪合著 敦煌残卷占云气书研究 台北：艺文印书馆印行，1985年12月 p.2+2+135+8

申国美编 中国散藏敦煌文献分类目录 北京：北京图书馆出版社，2007年10月 p.82、152

郝春文著 石室写经——敦煌遗书(走近敦煌丛书) 兰州：甘肃教育出版社，2007年12月 p.113；图138

王晶波著 敦煌占卜文献与社会生活 兰州：甘肃教育出版社，2013年12月 p.150、159~161、586、605

敦博077(10–77) 敦煌禅籍

向达 西征小记——瓜沙谈往之一《国立北京大学·国学季刊》第7卷第1期，1950年7月 p.22；收入氏著《唐代长安与西域文明》，北京：生活·读书·新知三联书店，1957年4月；1979年9月；1987年4月 p.368~369；收入氏著《唐代长安与西域文明》，石家庄：河北教育出版社，2001年11月 p.360~361；收入齐陈骏、李并成主编《中国敦煌学百年文库·地理卷》(一)，兰州：甘肃文化出版社，1999年 p.308~309；收入敦煌研究院编《榆林窟研究论文集》(上册)，上海：上海辞书出版社，2011年9月 p.53~54

敦煌县博物馆，荣恩奇整理 敦煌县博物馆藏敦煌遗书目录《敦煌吐鲁番文献研究论集》(第三辑)，北京：北京大学出版社，1986年2月 p.583~584

杨曾文 中日的敦煌禅籍研究和敦博本《经坛》、《南宗定是非论》等文献的学术价值《世界宗教研究》1988年第1期 p.43~47；收入杨增文、杜斗城主编《中国敦煌学百年文库·宗教卷》(二)，兰州：甘肃文化出版

社，1999年 p.185~190

杨曾文《六祖坛经》诸本的演变和慧能的禅法思想《中国文化》第6期，1992年9月 p.24~37

荣新江、邓文宽 有关敦博本禅籍的几个问题《敦煌学辑刊》1994年第2期 p.5~16；收入氏著《鸣沙集——敦煌学学术史和方法论的探讨》，台北：新文丰出版公司，1999年9月 p.147~177；收入杨增文、杜斗城主编《中国敦煌学百年文库·宗教卷》（二），兰州：甘肃文化出版社，1999年 p.402~417；收入氏著《辨伪与存真——敦煌学论集》，上海：上海古籍出版社，2010年3月 p.102~122

韩惠言 甘藏敦煌汉文文献概况《敦煌学辑刊》2000年第2期 p.69；收入敦煌研究院编《2000年敦煌学国际学术讨论会文集——纪念敦煌藏经洞发现暨敦煌学百年》历史文化卷（上），兰州：甘肃民族出版社，2003年9月 p.519

张涌泉 敦煌故里对敦煌学的新奉献——《甘肃藏敦煌文献》读后《敦煌研究》2001年第1期 p.183

魏锦萍 任子宜与敦煌文物《丝绸之路》2001年第3期 p.56

蒋宗福 敦煌禅宗文献词语劄记《新世纪敦煌学论集》，成都：巴蜀书社，2003年3月 p.471~485

蒋宗福 敦煌禅宗文献校读札记《中国俗文化研究》（第一辑），成都：巴蜀书社，2003年5月 p.150~156

荣新江 惊沙撼大漠——向达的敦煌考察及其学术意义《敦煌吐鲁番研究》（第七卷），北京：中华书局，2004年1月 p.102、116~119；收入氏著《辨伪与存真——敦煌学论集》，上海：上海古籍出版社，2010年3月 p.204、214、229~230；收入荣新江编《向达先生敦煌遗墨》，北京：中华书局，2010年3月 p.9、26~30；收入沙知编《向达学记》，北京：生活·读书·新知三联书店，2010年6月 p.97

施萍婷 甘肃藏敦煌汉文文献精品简述《敦煌习学集》（上），兰州：甘肃民族出版社，2004年12月 p.316~317；图版58

杨曾文 慧能弟子神会及其禅法理论《敦煌与丝路文化学术讲座》（第二辑），北京：北京图书馆出版社，2005年1月 p.359

杨富学、王书庆 关于摩诃衍禅法的几个问题《唐史论丛》第十辑，西安：三秦出版社，2008年2月 p.236

谭伟 敦煌本《坛经》校注中的语言问题《汉语史研究集刊》第十七辑，成都：巴蜀书社，2014年6月 p.196~210

源正《六祖法宝坛经》中的"般若"义浅析——以杨曾文校敦博本《坛经》为主《禅和之声——2013广东禅宗六祖文化节学术研讨会论文集》，广州：羊城晚报出版社，2014年11月 p.129~135

崔峰 敦煌本《坛经》内容及其产生的社会背景探析《禅和之声——2013广东禅宗六祖文化节学术研讨会论文集》，广州：羊城晚报出版社，2014年11月 p.351~359

林聪明 敦煌文书的形态《港台敦煌学文库》第33册，兰州：甘肃人民出版社，2014年12月 p.146

侯冲 现存《坛经》的祖本及其演《古典学辑刊》第1辑，上海：华东师范大学出版社，2015年5月 p.554~567

杨曾文 我的禅宗研究《第二届中华佛教宗风论坛论文集》，北京：宗教文化出版社，2016年4月 p.11~12

洪修平、白光《坛经》版本及其与南宗禅发展之互动研究《佛教文化研究》第3辑，江苏人民出版社，2016年8月 p.30~46

张涌泉 敦博本《注心经》抄写时间考 《汉字汉语研究》2018年第1期 p.4~11

林聪明著 敦煌文书学（敦煌学导论丛刊①） 台北：新文丰出版股份有限公司，1991年8月 p.28

任继愈主编 中国佛教丛书·禅宗编（第一册） 南京：江苏古籍出版社，1993年6月

杨曾文编校 神会和尚禅话录 北京：中华书局，1996年7月；2008年1月 p.191、234

王素著 敦煌吐鲁番文献 北京：文物出版社，2002年4月；2005年7月 p.86、89

杨宝玉著 敦煌文献探析 北京：人民美术出版社，2005年6月 p.40

申国美编 中国散藏敦煌文献分类目录 北京：北京图书馆出版社，2007年10月 p.152~153

中国国家图书馆、中国国家古籍保护中心编 第一批国家珍贵古籍名录图录（第一册） 北京：国家图书馆出版社，2008年12月 p.6、180

林世田、杨学勇、刘波著 敦煌佛典的流通与改造 兰州：甘肃教育出版社，2013年11月 p.345~347

林世田、杨学勇、刘波著 敦煌遗珍——国家珍贵古籍名录·敦煌遗书 北京：国家图书馆出版社，2014年9月 p.135~137

甘肃省地方史志编纂委员会编 甘肃省志·文物志（中册） 北京：文物出版社，2018年11月 p.1537~1538

蒋宗福 敦煌禅宗文献研究 成都：四川大学博士研究生学位论文，2002年1月 p.2+207

金命镐《坛经》思想及其在后世的演变与影响研究 南京：南京大学博士研究生学位论文，2011年5月 p.54、56

吴士田 敦煌《坛经》写本俗字研究 芜湖：安徽师范大学硕士研究生学位论文，2007年6月 p.6+66

李婧 敦煌本《坛经》语言研究 上海：上海师范大学硕士研究生学位论文，2010年4月 p.6+106

唐帅彬 敦煌俗字论辨 南京：南京师范大学硕士研究生学位论文，2012年5月 p.34、38~39

陈瑞峰《甘肃藏敦煌文献》俗字研究 金华：浙江师范大学硕士研究生学位论文，2012年5月 p.9

王震 敦煌本《坛经》为"传宗简本"考 兰州：兰州大学硕士研究生学位论文，2015年3月 p.Ⅳ+39

罗二红 旅顺博物馆藏敦煌写本《坛经》研究 昆明：云南师范大学硕士研究生学位论文，2016年5月 p.Ⅵ+113

柳田圣山撰，殷勤译 禅籍解题（1）敦煌禅籍《俗语言研究》第2期，1995年6月 p.131~132

柳田圣山撰，殷勤译 禅籍解题（2）唐代禅籍《俗语言研究》第3期，1996年6月 p.186~211

田中良昭撰，殷勤译《禅籍解题（1）敦煌禅籍》补遗（1）《俗语言研究》第3期，1996年6月 p.212~222

编辑部《禅籍解题（1）敦煌禅籍》补遗（2）《俗语言研究》第3期，1996年6月 p.223

田中良昭 敦煌禅籍の研究状况とその問題点《駒澤大学佛教学部論集》第20號，平成元年10月（1989.10.31） p.514~500（41–55）

田中良昭 敦煌の禅宗燈史——その出現の意義《東洋の思想と宗教》第22號，東京：早稲田大学東洋哲学会，2005.3.25 p.1~17

鏡島元隆 田中良昭著『敦煌禅宗文献の研』（書評·紹介）《駒澤大學佛教學部論集》第14號，昭和五八年十月（2009.10） p.287~290

田中良昭著 敦煌禅宗文献の研究（第二） 東京：大東出版社，平成二一年二月二〇日発行（2009.2.20） p.768+50

敦博077 A.菩提达摩南宗定是非论一卷

向达 西征小记——瓜沙谈往之一《国立北京大学·国学季刊》第7卷第1期,1950年7月 p.22~23;收入氏著《唐代长安与西域文明》,北京:生活·读书·新知三联书店,1957年4月;1979年9月;1987年4月 p.368~369;收入氏著《唐代长安与西域文明》,石家庄:河北教育出版社,2001年11月 p.360~361;收入齐陈骏、李并成主编《中国敦煌学百年文库·地理卷》(一),兰州:甘肃文化出版社,1999年 p.308~309;收入荣新江编《向达先生敦煌遗墨》,北京:中华书局,2010年3月 p.304;收入敦煌研究院编《榆林窟研究论文集》(上册),上海:上海辞书出版社,2011年9月 p.53~54

周丕显 敦煌遗书概述《敦煌学辑刊》(第1集),1980年2月 p.28;又载《兰州大学学报》(哲学社会科学版)[敦煌学专刊],1980年第2期 p.28;收入氏著《敦煌文献研究》,兰州:甘肃文化出版社,1995年6月 p.19~20

荣恩奇撰稿,施萍婷、邵国秀审订 敦煌市博物馆藏敦煌文献叙录《甘肃藏敦煌文献》(第六卷),兰州:甘肃人民出版社,1999年12月 p.367;图版p.231~245

张勇 唐五代禅宗修习的典籍——以敦煌写本《六祖坛经》为考察范围《普门学报》第10期,2002年7月 p.71~87

王素、李方 略谈敦煌文献的收藏《中国史研究动态》2005年第9期 p.11

方广锠 关于敦煌本《坛经》《敦煌文献论集——纪念敦煌藏经洞发现一百周年国际学术研讨会论文集》,沈阳:辽宁人民出版社,2001年5月 p.483

荣新江 惊沙撼大漠——向达的敦煌考察及其学术意义《敦煌吐鲁番研究》(第七卷),北京:中华书局,2004年1月 p.102、109、111、116~117;收入氏著《辨伪与存真——敦煌学论集》,上海:上海古籍出版社,2010年3月 p.204、226~227;收入荣新江编《向达先生敦煌遗墨》,北京:中华书局,2010年3月 p.9、19~20、26~27;收入沙知编《向达学记》,北京:生活·读书·新知三联书店,2010年6月 p.97、108、112

向达(手抄稿本) 菩提达摩南宗定是非论一卷《向达先生敦煌遗墨》,北京:中华书局,2010年3月 p.171~201

杨富学、张田芳 敦煌本《秀禅师劝善文》考释《世界宗教文化》2017年第2期 p.105

任继愈主编 中国佛教丛书·禅宗编 南京:江苏古籍出版社,1993年6月 p.491~505

杨曾文编校 神会和尚禅话录 北京:中华书局,1996年7月;2008年1月 p.16、194;图版二

申国美编 中国散藏敦煌文献分类目录 北京:北京图书馆出版社,2007年10月 p.74

中国国家图书馆、中国国家古籍保护中心编 第一批国家珍贵古籍名录图录(第一册) 北京:国家图书馆出版社,2008年12月 p.6、180

于淑健著 敦煌佛典语词和俗字研究——以敦煌古佚和疑伪经为中心 上海:上海古籍出版社,2012年4月 p.280、316~317

张涌泉著 敦煌写本文献学 兰州:甘肃教育出版社,2013年12月 p.400

林世田、杨学勇、刘波著 敦煌佛典的流通与改造 兰州:甘肃教育出版社,2013年11月 p.345

敦煌市博物馆编 敦煌市博物馆馆藏珍贵文物图录 沈阳:万卷出版公司,2017年12月 p.106;图1幅

苏少瑞 敦煌本神会语录《菩提达摩南宗定是非论》语言研究 上海:上海师范大学硕士研究生学位论

文，2010年4月 p.2+91

田中良昭 敦煌の禪宗燈史——その出現の意義《東洋の思想と宗教》第22號，東京：早稲田大学東洋哲学会，2005.3.25，p.9

田中良昭、程正 敦煌禪宗文獻分類目錄 東京：大東出版社，2014年12月 p.27

敦博077 B.南阳和上顿教解脱禅门直了见性坛语

向达 西征小记——瓜沙谈往之一《国立北京大学·国学季刊》第7卷第1期，1950年7月 p.22~23；收入氏著《唐代长安与西域文明》，北京：生活·读书·新知三联书店，1957年4月；1979年9月；1987年4月 p.368~369；收入氏著《唐代长安与西域文明》，石家庄：河北教育出版社，2001年11月 p.360~361；收入齐陈骏、李并成主编《中国敦煌学百年文库·地理卷》（一），兰州：甘肃文化出版社，1999年 p.308~309；收入荣新江编《向达先生敦煌遗墨》，北京：中华书局，2010年3月 p.304；收入敦煌研究院编《榆林窟研究论文集》（上册），上海：上海辞书出版社，2011年9月 p.53~54

周丕显 敦煌遗书概述《敦煌学辑刊》（第1集），1980年2月 p.28；又载《兰州大学学报》（哲学社会科学版）［敦煌学专刊］，1980年第2期 p.28；收入氏著《敦煌文献研究》，兰州：甘肃文化出版社，1995年6月 p.20

唐代语录研究班《南阳和上顿教解脱禅门直了性坛语》补校（附录S.6977、Dx.942、Dx.1920+1921校录）《俗语言研究》第5期，京都：禅文化研究所发行，1998年3月 p.39

荣恩奇撰稿，施萍婷、邵国秀审订 敦煌市博物馆藏敦煌文献叙录《甘肃藏敦煌文献》（第六卷），兰州：甘肃人民出版社，1999年12月 p.367；图版p.246~253

方广锠 关于敦煌本《坛经》《敦煌文献论集——纪念敦煌藏经洞发现一百周年国际学术研讨会论文集》，沈阳：辽宁人民出版社，2001年5月 p.483

张勇 唐五代禅宗修习的典籍——以敦煌写本《六祖坛经》为考察范围《普门学报》第10期，2002年7月 p.71~87

荣新江 惊沙撼大漠——向达的敦煌考察及其学术意义《敦煌吐鲁番研究》（第七卷），北京：中华书局，2004年1月 p.102、109、111、117；收入氏著《辨伪与存真——敦煌学论集》，上海：上海古籍出版社，2010年3月 p.204、227；收入荣新江编《向达先生敦煌遗墨》，北京：中华书局，2010年3月 p.9、19~20、27；收入沙知编《向达学记》，北京：生活·读书·新知三联书店，2010年6月 p.97、108、112

王素、李方 略谈敦煌文献的收藏《中国史研究动态》2005年第9期 p.11

向达（手抄稿本）南阳和上顿教解脱禅门直了见性坛语《向达先生敦煌遗墨》，北京：中华书局，2010年3月 p.202~220

任继愈主编 中国佛教丛书·禅宗编 南京：江苏古籍出版社，1993年6月 p.195~203

杨曾文编校 神会和尚禅话录 北京：中华书局，1996年7月；2008年1月 p.4；图版一

中国美编 中国散藏敦煌文献分类目录 北京：北京图书馆出版社，2007年10月 p.74

林世田、杨学勇、刘波著 敦煌佛典的流通与改造 兰州：甘肃教育出版社，2013年11月 p.345

田中良昭、程正 敦煌禪宗文獻分類目錄 東京：大東出版社，2014年12月 p.162

敦博077 C.南宗定邪正五更转

张勇 唐五代禅宗修习的典籍——以敦煌写本《六祖坛经》为考察范围《普门学报》第10期，2002年7月 p.71~87

荣新江 惊沙撼大漠——向达的敦煌考察及其学术意义《敦煌吐鲁番研究》(第七卷)，北京：中华书局，2004年1月 p.102；收入氏著《辨伪与存真——敦煌学论集》，上海：上海古籍出版社，2010年3月 p.204；收入荣新江编《向达先生敦煌遗墨》，北京：中华书局，2010年3月 p.9；收入沙知编《向达学记》，北京：生活·读书·新知三联书店，2010年6月 p.97

荣恩奇撰稿，施萍婷、邵国秀审订 敦煌市博物馆藏敦煌文献叙录《甘肃藏敦煌文献》(第六卷)，兰州：甘肃人民出版社，1999年12月 p.367；图版p.253

杨曾文编校 神会和尚禅话录 北京：中华书局，1996年7月；2008年1月 p.126、234

徐俊纂辑 敦煌诗集残卷辑考 北京：中华书局，2000年6月 p.763

申国美编 中国散藏敦煌文献分类目录 北京：北京图书馆出版社，2007年10月 p.74

林世田、杨学勇、刘波著 敦煌佛典的流通与改造 兰州：甘肃教育出版社，2013年11月 p.345、357

田中良昭、程正 敦煌禪宗文獻分類目錄 東京：大東出版社，2014年12月 p.266

敦博077 D.敦煌新本六祖坛经

向达 西征小记——瓜沙谈往之一《国立北京大学·国学季刊》第7卷第1期，1950年7月 p.22~23；收入氏著《唐代长安与西域文明》，北京：生活·读书·新知三联书店，1957年4月；1979年9月；1987年4月 p.368~369；收入氏著《唐代长安与西域文明》，石家庄：河北教育出版社，2001年11月 p.360~361；收入齐陈骏、李并成主编《中国敦煌学百年文库·地理卷》(一)，兰州：甘肃文化出版社，1999年 p.308~309；收入荣新江编《向达先生敦煌遗墨》，北京：中华书局，2010年3月 p.304；收入敦煌研究院编《榆林窟研究论文集》(上册)，上海：上海辞书出版社，2011年9月 p.53~54

周丕显 敦煌遗书概述《敦煌学辑刊》(第1集)，1980年2月 p.28；又载《兰州大学学报》(哲学社会科学版)[敦煌学专刊]，1980年第2期 p.28；收入氏著《敦煌文献研究》，兰州：甘肃文化出版社，1995年6月 p.20

杨曾文 敦博本坛经及其学术价值《佛光山国际禅学会议实录》，高雄：佛光出版社，1990年3月 p.157~158

杨曾文《六祖坛经》诸本的演变和慧能的禅法思想《中国文化》第6期，1992年9月 p.24~37

潘重规 敦煌六祖坛经读后管见《敦煌学》第19辑，台北：敦煌学会编印，1992年10月 p.1~13；又载《中国文化》第7期，1992年11月 p.48~55；收入北京图书馆敦煌吐鲁番学资料中心、台北《南海》杂志社合编《敦煌吐鲁番学研究论集》，北京：书目文献出版社，1996年6月 p.24~42；冯志文、杨际平主编《中国敦煌学百年文库·综述卷》(三)，兰州：甘肃文化出版社，1999年 p.330~342；收入杨增文、杜斗城主编《中国敦煌学百年文库·宗教卷》(二)，兰州：甘肃文化出版社，1999年 p.469~480

觉明(向达) 向达手钞敦煌市博物馆藏任子宜本《敦煌坛经新书》，台北：佛陀教育基金会印，1994年12月 p.241~282

林世田 敦煌禅宗文献研究概况《北京图书馆馆刊》1995年第1~2期 p.83

金知见著,金宽宏译 敦煌《坛经》随想录——反省与展望《禅与东方文化》,北京:商务印书馆国际有限公司,1996年2月 p.393~416

邓文宽 英藏敦煌本《六祖坛经》的河西特色——以方音通假为依据的探索《敦煌吐鲁番学耕耘录》,台北:新文丰出版股份有限公司,1996年11月 p.181~202;收入敦煌研究院编《1994年敦煌学国际研讨会文集——纪念敦煌研究院成立50周年》(宗教文史卷·上),兰州:甘肃民族出版社,2000年6月 p.105~119;收入氏著《邓文宽敦煌天文历法考索》,上海:上海古籍出版社,2010年12月 p.337~351

邓文宽 敦煌本《六祖坛经》书写形式和符号发微《敦煌吐鲁番学耕耘录》,台北:新文丰出版公司,1996年11月 p.207~217;收入中国文物研究所编《出土文献研究》第3辑,北京:中华书局,1998年10月 p.228~233;收入氏著《邓文宽敦煌天文历法考索》,上海:上海古籍出版社,2010年12月 p.328~336

邓文宽《坛经校释》订补《文史》第42辑,北京:中华书局,1997年1月 p.83~104

邓文宽 近年敦煌本《六祖坛经》整理工作评介《周绍良先生欣开九秩庆寿文集》,北京:中华书局,1997年3月 p.196~207

慧能撰,王雷泉解题 坛经《中国学术名著提要·宗教卷》,上海:复旦大学出版社,1997年4月 p.265~268

湛如 简论《六祖坛经》的无相忏悔——兼谈唐代禅宗忏法体系的形成《六祖慧能思想研究——"慧能与岭南文化"国际学术研讨会论文集》,广州:学术研究杂志社,1997年5月,p.266~283;又载《法音》1997年第3期,p.13~20

饶宗颐 慧能及《六祖坛经》的一些问题《六祖慧能思想研究——"慧能与岭南文化"国际学术研讨会论文集》,广州:学术研究杂志社,1997年5月 p.233~238;收入氏著《饶宗颐二十世纪学术文集·宗教学》,台北:新文丰出版有限公司,2003年10月 p.326~331

周绍良 原本《坛经》之考定《六祖慧能思想研究——"慧能与岭南文化"国际学术研讨会论文集》,广州:学术研究杂志社,1997年5月 p.239~255;收入杨增文、杜斗城主编《中国敦煌学百年文库·宗教卷》(二),兰州:甘肃文化出版社,1999年 p.527~536

韩昇《坛经》管窥《六祖慧能思想研究——"慧能与岭南文化"国际学术研讨会论文集》,广州:学术研究杂志社,1997年5月 p.284~297

张勇 敦煌写本《六祖坛经》校读琐记《六祖慧能思想研究——"慧能与岭南文化"国际学术研讨会论文集》,广州:学术研究杂志社,1997年5月 p.298~304

张子开 敦煌写本《六祖坛经》校读拾零《四川大学学报》1998年第1期 p.65~71;《宗教》1998年第3期 p.48~54

方广锠撰 神野恭行译 敦煌《坛经》新出残片跋《禅学研究》(76),1998年3月 p.49~55

邓文宽 敦煌本《六祖坛经》口语词释《敦煌吐鲁番研究》(第三卷),北京:北京大学出版社,1998年9月 p.101;收入氏著《邓文宽敦煌天文历法考索》,上海:上海古籍出版社,2010年12月 p.356

邓文宽 三篇敦煌邈真赞研究——兼论吐蕃统治末期的敦煌僧官《出土文献研究》第4辑,北京:中华

书局,1998年11月 p.84

李申 三部敦煌《坛经》校本读后《禅学研究》第3辑,1998年11月 p.36~55;收入李申合校,方广锠简注《敦煌坛经合校简注》,太原:山西古籍出版社,1999年9月 p.109~138

方广锠 南宗顿教最上大乘摩诃般若波罗蜜经六祖慧能大师于韶州大梵寺施法坛经 《敦煌学大辞典》,上海:上海辞书出版社,1998年12月 p.728

洪修平 关于《坛经》的若干问题研究《世界宗教研究》1999年第2期 p.75~88;收入杨曾文、方广锠编《佛教与历史文化》,北京:宗教文化出版社,2001年1月 p.175~198

李申《坛经》版本刍议《国际汉学》第三辑,郑州:大象出版社,1999年4月 p.3~15;收入李申合校,方广锠简注《敦煌坛经合校简注》,太原:山西古籍出版社,1999年9月 p.12~26

李申 敦煌坛经合校《国际汉学》第三辑,郑州:大象出版社,1999年4月 p.15~45

李申 敦煌坛经合校说明《敦煌坛经合校简注》,太原:山西古籍出版社,1999年9月 p.27~28

方广锠 谈敦煌本《坛经》标题的格式《敦煌坛经合校简注》,太原:山西古籍出版社,1999年9月 p.139~144

施萍婷 甘肃藏敦煌文献概述《甘肃藏敦煌文献精粹》,兰州:甘肃人民出版社,1999年 p.7;彩版(局部);又载段文杰主编《甘肃藏敦煌文献》(第一至六卷),兰州:甘肃人民出版社,1999年9~12月 p.7

施萍婷 甘肃省藏敦煌汉文文献概述《"二十一世纪敦煌文献研究回顾与展望"研讨会论文集》,台中:(台湾)中华自然文化学会,1999年12月 p.43;收入氏著《敦煌习学集》(上),兰州:甘肃民族出版社,2004年12月 p.297

荣恩奇撰稿,施萍婷、邵国秀审订 敦煌市博物馆藏敦煌文献叙录《甘肃藏敦煌文献》(第六卷),兰州:甘肃人民出版社,1999年12月 p.367;图版p.254~274;彩版(局部)

荣新江 敦煌文献与古籍整理《庆祝吴其昱先生八秩华诞敦煌学特刊》,台北:文津出版社有限公司,2000年1月 p.278~279;收入氏著《敦煌学新论》,兰州:甘肃教育出版社,2002年9月 p.158~159

陈年高 敦博本《坛经》的人称代词《淮阴师范学院学报》2001年第2期 p.269~274

金荣华 敦煌本《坛经》所述五祖六祖事迹考辨《杨家骆教授九十冥诞纪念论文集》,台北:万卷楼图书公司,2001年1月 p.217~232

杨曾文 关于敦煌本《六祖坛经》中"无相戒"的考察《中国佛学院学报·法源》(第19期),北京:中国佛学院《法源》编辑部,2001年12月 p.23

方广锠 关于敦煌本《坛经》《敦煌文献论集——纪念敦煌藏经洞发现一百周年国际学术研讨会论文集》,沈阳:辽宁人民出版社,2001年5月 p.481~499

方广锠 敦煌本《坛经》首章校释疏义《中国禅学》第1卷,北京:中华书局,2002年6月 p.98~114

张勇 唐五代禅宗修习的典籍——以敦煌写本《六祖坛经》为考察范围《普门学报》第10期,2002年7月 p.71~87

杨曾文 敦煌本《坛经》的佛经引述及其在慧能禅法中的意义《戒幢佛学》第2卷,长沙:岳麓书社,2002年12月 p.30~43;收入白化文主编《周绍良先生纪念文集》,北京:北京图书馆出版社,2006年8月 p.453~464

张子开 敦煌写本《六祖坛经》中的修辞《绥化师专学报》2002年第2期 p.50~54

张子开 敦煌写本《六祖坛经》的题名《宗教学研究》2002年第3期 p.43~53

张子开 敦煌本《六祖坛经》的修辞《敦煌研究》2003年第1期 p.55~60

何照清《坛经》研究方法的反省与拓展——从《坛经》的版本考证谈起《中国禅学》第2卷,北京:中华书局,2003年5月 p.97~111

方广锠 关于敦煌本《坛经》《中国佛教二千年学术论文集》,广州:广东省佛教协会出版,2003年6月 p.119、122、125

邓文宽 敦煌本《六祖坛经》的整理与研究《敦煌与丝路文化学术讲座》(第一辑),北京:北京图书馆出版社,2003年9月 p.438~466

荣新江 惊沙撼大漠——向达的敦煌考察及其学术意义《敦煌吐鲁番研究》(第七卷),北京:中华书局,2004年1月 p.102、109、111、117~118;收入氏著《辨伪与存真——敦煌学论集》,上海:上海古籍出版社,2010年3月 p.227~228;收入荣新江编《向达先生敦煌遗墨》,北京:中华书局,2010年3月 p.9、19~20、27~28;收入沙知编《向达学记》,北京:生活·读书·新知三联书店,2010年6月 p.97、108、112

付义《坛经》版本管窥《宗教学研究》2005年第1期 p.144~146

王素、李方 略谈敦煌文献的收藏《中国史研究动态》2005年第9期 p.11

张子开 敦煌写本《六祖坛经》语辞三题《敦煌学国际研讨会论文集》,北京:北京图书馆出版社,2005年3月 p.211~220

李美燕 敦煌本《坛经》"自性生万法"的美学意涵《鹅湖》第31卷第4期,2005年10月 p.9~19

陈年高 敦博本《坛经》的动补结构《淮阴师范学院学报》2006年第3期 p.389~393

存德 敦煌遗书《六祖坛经》的几个文本《广东佛教》2006年第5期 p.73

黄连忠 从敦博本六祖坛经论惠能的顿悟禅学思想与功夫实践哲学《通识课程论文研讨会论文集》,高雄:高苑科技大学通识教育中心,2006年2月 p.85~110

马德 敦煌册子本《坛经》之性质及抄写年代试探《敦煌吐鲁番研究》(第九卷),北京:中华书局,2006年5月 p.57~62

陈熵 持平常心 做不平常事——访中国社科院世界宗教研究所研究员杨曾文《中国宗教》2006年第7期 p.27

黄连忠 敦煌写本六祖坛经的发现与文字校订方法刍议《法鼓佛学学报》2007年第1期 p.71~102

黄连忠 敦博本六祖坛经文字校正与白话译释的方法论《敦煌学辑刊》2007年第4期 p.97~113

蒋宗福 敦煌本《坛经》相关问题考辨《宗教学研究》2007年第4期 p.83~91

陈清香 六祖图像与坛经版本《慧炬杂志》513,2007年 p.3~7

李强 敦煌禅宗《坛经》与佛教诗歌辞曲勘证《敦煌佛教与禅宗学术讨论会文集》,西安:三秦出版社,2007年7月 p.379

方广锠 敦煌本《坛经》校释疏义(前言)《藏外佛教文献》(第二编·总第10辑),北京:中国人民大学出版社,2008年7月 p.329~337

方广锠 敦煌本《坛经》校释疏义(标题章)《藏外佛教文献》(第二编·总第10辑),北京:中国人民大学出版社,2008年7月 p.338~372

侯冲执笔,方广锠修改审定 敦煌本《坛经》校释疏义(第一章)《藏外佛教文献》(第二编·总第10辑),北京:中国人民大学出版社,2008年7月 p.373~392

侯冲执笔,方广锠修改审定 敦煌本《坛经》校释疏义(第二章)《藏外佛教文献》(第二编·总第10辑),北京:中国人民大学出版社,2008年7月 p.393~415

方广锠 敦煌本《坛经》录校三题《藏外佛教文献》(第二编·总第10辑),北京:中国人民大学出版社,2008年7月 p.419~442;收入氏著《方广锠敦煌遗书散论》,上海:上海古籍出版社,2010年12月 p.309~329

黄连忠 敦博本六祖坛经的禅宗美学思想及其学术意义《高苑学报》第14卷,2008年7月 p.331~346

吴平《坛经》的版本源流《坛经讲读》,上海:华东师范大学出版社,2008年7月 p.123~130

沈氏雪娥《坛经》版本考《安徽文学》2008年第8期 p.347~348

吴士田 敦煌写本《坛经》中的书写符号《河北青年管理干部学院学报》2009年第2期 p.47~50

秦萌 解读敦煌本《坛经》中的"三无"《浙江学刊》2009年第2期 p.40~46

田中良昭著,程正译 杨曾文先生和《六祖坛经》研究《佛教与中国传统文化——杨曾文先生七秩贺寿文集》,北京:中国社会科学出版社,2009年3月 p.18~28

黄奎 以平常心做不平常事——房中国佛教文化研究所所长杨曾文先生《佛教与中国传统文化——杨曾文先生七秩贺寿文集》,北京:中国社会科学出版社,2009年3月 p.47

法缘《六祖坛经》的基本禅法思想及其历史意义《佛教与中国传统文化——杨曾文先生七秩贺寿文集》,北京:中国社会科学出版社,2009年3月 p.136~161

吴士田 敦煌《坛经》写本的代用字《高等函授学报》(哲学社会科学版)2010年第2期 p.49~51下转57

陈年高 敦博本《坛经》的被字被动句《淮阴师范学院学报》(哲学社会科学版)2010年第6期 p.784~786

向达(手抄稿本) 南宗顿教最上大乘坛经一卷《向达先生敦煌遗墨》,北京:中华书局,2010年3月 p.221~263

白光 试探敦煌出土五种汉文写本《坛经》的先后亲疏关系《普门学报》第59期,2010年9月 p.1~32

王声忆 神秀慧能"呈心偈"解析——论禅宗史上《坛经》两个传承系统的可能性《理论界》2011年第1期 p.135~141

姚孝彦 潘著《敦煌坛经新书》管见《法光》257,台北:法光文教基金会,2011年2月 p.2~3

柳倩月 言下大悟:作为口传法宝的《坛经》《船山学刊》2012年第4期 p.153~158

白光 旅博本《坛经》之实录及与英博本、敦博本亲疏关系之研究《中国禅学》第6卷,郑州:大象出版社,2012年11月 p.475~500

哈磊、丁小平 大陆地区惠能及《六祖坛经》研究综述《六祖坛经研究集成》,北京:金城出版社,2012年12月 p.1~60

黄连忠 中国台湾地区对惠能及《六祖坛经》的研究综述《六祖坛经研究集成》,北京:金城出版社,2012年12月 p.61~104

依法 西方学术界对惠能及《六祖坛经》的研究综述——以英文体系为主《六祖坛经研究集成》,北京:金城出版社,2012年12月 p.105~122

李重硕 韩国对惠能及《六祖坛经》的研究综述《六祖坛经研究集成》,北京:金城出版社,2012年12月 p.174~188

刘波 经历曲折的旅顺博物馆敦煌本《坛经》《光明日报》2013年3月19日第13版

张文江 敦煌本《坛经》析义之惠能开悟《上海文化》2013年第11期 p.106~116

张文江 敦煌本《坛经》析义之立宗破疑《同济大学学报》(社会科学版)2014年第4期 p.75~83

袁劲 慧能的譬喻观及其实践策略——以敦博本《坛经》为中心的解读《五邑大学学报》(社会科学版)2015年第1期 p.49~53

赵世金 敦煌本《六祖坛经》近百年研究述评《2015敦煌学国际联络委员会通讯》,上海:上海古籍出版社,2015年7月 p.134~145

向帅 作为"传宗简本"的敦煌本《坛经》考《唐都学刊》2016年第1期 p.109~115

张文江 敦煌本《坛经》析义之大师迁化《上海文化》2016年第3期 p.111~118

陈兵 惠能著;丁福保笺注;哈磊整理《坛经》前言《坛经》,上海:上海古籍出版社,2016年10月 p.19

佚名 旅顺博物馆藏敦煌本六祖坛经新校《坛经》,上海:上海古籍出版社,2016年10月 p.279~310

白光 现存法海集记《坛经》的版本谱系研究《中国典籍与文化》,2017年第1期 p.9~13

吴士田 敦煌写本《坛经》的繁化俗字《长春大学学报》2017年第5期 p.39~43

马振颖、赵松山 西夏文写本、刻本文献中的小图案研究《西夏研究》2018第4期 p.65

陈士强 评《敦煌新本六祖坛经》《世界宗教研究》1994年第3期 p.150~152

周绍良 敦煌本《六祖坛经》是慧能的原本——《敦煌本禅籍录校》序《敦煌吐鲁番研究》第1卷,北京:北京大学出版社,1996年4月 p.301~311

邓文宽《敦煌新本六祖坛经》(书评)《敦煌吐鲁番研究》第1卷,北京:北京大学出版社,1996年4月 p.395~409

衣川贤次《敦煌新本六祖坛经》补校《俗语言研究》第3期,京都:禅文化研究所,1996年6月 p.69~85

方广锠《大梵寺佛音——敦煌莫高窟〈坛经〉读本》评介《敦煌研究》1998年第1期 p.182~185

季羡林《敦博本禅籍录校》序一《季羡林文集·第14卷·序跋杂文及其他(2)》,南昌:江西教育出版社,1998年6月 p.211~213;又载邓文宽、荣新江录校《敦博本禅籍录校》,南京:江苏古籍出版社,1998年12月 p.1~4;收入季羡林主编《禅与文化》,北京:中国言实出版社,2006年12月 p.231~232

周绍良《敦博本禅籍校录》序二《敦博本禅籍录校》,南京:江苏古籍出版社,1998年12月 p.1~26

介生 遍记甘藏敦煌遗书 兼具资料学术价值——《甘肃藏敦煌文献》介评《图书与情报》2000年第2期 p.79

张涌泉 敦煌故里对敦煌学的新奉献——《甘肃藏敦煌文献》读后《敦煌研究》2001年第1期 p.183

杨曾文《敦博本六祖坛经校释》序 《敦博本六祖坛经校释》,台北:万卷楼图书股份有限公司,2006年5月 p.1~5

洪修平、白光《坛经》·前言《坛经》(历代名著精选集),南京:凤凰出版社,2010年12月 p.1~14

杨曾文《六祖坛经研究集成》序二《〈六祖坛经〉研究集成》,北京:金城出版社,2012年12月 p.Ⅲ~Ⅵ

哈磊 大陆地区惠能及《六祖坛经》研究综述《〈六祖坛经〉研究集成》,北京:金城出版社,2012年12月 p.19~20

李燕晖 敦煌本《坛经》的前世今生《人民日报》(海外版)2010年6月14日第8版

黄连忠 敦博本六祖坛经文献学考察及其学术价值的再衡定《"佛教史与佛教艺术:明复法师圆寂一周年纪念研讨会"论文集》,台北:台北大学中国文学系,2006年5月

任继愈主编 中国佛教丛书·禅宗编 南京:江苏古籍出版社,1993年6月 p.41~61(影印本)

杨曾文校写 敦煌新本六祖坛经 上海:上海古籍出版社,1993年10月 p.10+4+328

潘重规居士校定 敦煌坛经新书 台北:佛陀教育基金会印,1994年12月 p.284

惠能原著,邓文宽校注 大梵寺佛音:敦煌莫高窟《坛经》读本 台北:如闻出版社,1997年2月 p.10+144

李中华注译,丁敏校阅 六祖坛经 台北:三民书局,1997年11月

周绍良编著 敦煌写本坛经原本 北京:文物出版社,1997年12月 p.2~3;图版p.64~105;p.109~192

邓文宽、荣新江录校 敦博本禅籍录校(敦煌文献分类录校丛刊) 南京:江苏古籍出版社,1998年12月 p.2+2+4+26+41+2+2+1+527;图8幅

李申合校,方广锠简注 敦煌坛经合校简注 太原:山西古籍出版社,1999年9月

曾文校订,林光明、蔡坤昌、林怡馨编译 杨校敦博本六祖坛经及其英译 台北:嘉丰出版社,2004年6月 p.141+4328

惠能原著,邓文宽校注 六祖坛经:敦煌《坛经》读本 沈阳:辽宁教育出版社,2005年1月 p.173

黄连忠撰 敦博本六祖坛经校释 台北:万卷楼图书股份有限公司,2006年5月 p.22+366

申国美编 中国散藏敦煌文献分类目录 北京:北京图书馆出版社,2007年10月 p.74

洪修平、白光注评 坛经(历代名著精选集) 南京:凤凰出版社,2010年12月 p.14+148

于淑健著 敦煌佛典语词和俗字研究——以敦煌古佚和疑伪经为中心 上海:上海古籍出版社,2012年4月 p.49

白光著《坛经》版本谱系及其思想流变研究 北京:宗教文化出版社,2013年10月 p.15+267

张涌泉著 敦煌写本文献学 兰州:甘肃教育出版社,2013年12月 p.339

林世田、杨学勇、刘波著 敦煌佛典的流通与改造 兰州:甘肃教育出版社,2013年11月 p.345~347

姚彬彬注说 六祖坛经[国学新读本] 郑州:河南大学出版社,2016年10月 p.41~58

李明译注 坛经 长沙:岳麓书社,2016年11月 p.1+12+226

余玥 关于敦博本《六祖坛经》惠能生平部分经文的传奇性研究 成都:四川大学硕士研究生学位论文,2006年3月 p.Ⅶ+69

陈明圣 敦博本《六祖坛经》的禅学思想研究 嘉义:南华大学硕士研究生学位论文,2007年 p.134

吴士田 敦煌《坛经》写本俗字研究 芜湖:安徽师范大学硕士研究生学位论文,2007年5月 p.3+66

李婧 敦煌本《坛经》语言研究 上海:上海师范大学硕士研究生学位论文,2010年4月 p.5+104

张舒翼 敦煌本《六祖坛经》连词研究 郑州:河南大学硕士研究生学位论文,2011年4月 p.Ⅲ+55

田中良昭、程正 敦煌禪宗文獻分類目錄 東京:大東出版社,2014年12月 p.134

佐藤悦成 "敦煌新本六祖壇經"試譯(1~2)《禪文化研究所紀要》23,京都:日本京都禪文化研究所,1994年 p.177~200;《禪文化研究所紀要》24,京都:日本京都禪文化研究所,1995年 p.167~193

衣川賢次《敦煌新本六祖壇經》補校《俗語言研究》3,1996年7月 p.69~85

孟东燮 敦煌本《坛经》について《禅学研究》75,1997年 p.1~67

杨曾文 敦博本坛经的学术价值《六祖坛经的世界》,汉城:民族社,1989年12月 p.35~49

송인성 敦博本『六祖壇經』의 몇 가지 虛詞(1)-副詞와 前置詞《중국어문학논집》제27호,2004.5 p.161~185

임영택 敦博本『六祖壇經』前置詞研究《중국학연구》39, 2007.3 p.33~61

김애영 敦煌原本三種『六祖壇經』初探[Ⅰ]《중어중문학》43, 2008.12 p.91~504

金爱英,李圭甲 敦煌本『六祖壇經』俗字例考察《중국어문학논집》58,2009.10 p.7~21

金愛英 敦煌本『六祖壇經』通假字考察《중국어문학논집》59,2009.12 p.7~27

Lin,Tony;Kunchang Tsai and Josephine Lin:*The Mandala Sutra and Its English Translation*:The New Dunhuang Museum Version Revised by Professor Yang Zengwen.Taipei:Jiaxing Pubisher,2004.

Bill Pine,The Platform Sutra:*the Zen Teaching of Hui-neng.*Emeryville:Shoemaker & Hoard:Distributed by Publishers Group West,2006—11.

Pine,Red(TRN),The Platform Sutra:*The Zen Teaching of Hui-neng.*Counterpoint,2008-11.

敦博077 E.目录两行

荣恩奇撰稿,施萍婷、邵国秀审订 敦煌市博物馆藏敦煌文献叙录《甘肃藏敦煌文献》(第六卷),兰州:甘肃人民出版社,1999年12月 p.367;图版p.274

申国美编 中国散藏敦煌文献分类目录 北京:北京图书馆出版社,2007年10月 p.76

敦博077 F.注般若波罗蜜多心经

向达 西征小记——瓜沙谈往之一《国立北京大学·国学季刊》第7卷第1期,1950年7月 p.22~23;收入氏著《唐代长安与西域文明》,北京:生活·读书·新知三联书店,1957年4月;1979年9月;1987年4月 p.368~369;收入氏著《唐代长安与西域文明》,石家庄:河北教育出版社,2001年11月 p.360~361;收入齐陈骏、李并成主编《中国敦煌学百年文库·地理卷》(一),兰州:甘肃文化出版社,1999年 p.308~309;收入荣新江编《向达先生敦煌遗墨》,北京:中华书局,2010年3月 p.304;收入敦煌研究院编《榆林窟研究论文集》(上册),上海:上海辞书出版社,2011年9月 p.53~54

吕澄 敦煌写本唐释净觉[注]般若波罗蜜多心经(附说明)《现代佛学》1961年第4期 p.32~38;收入杨曾文、杜斗城主编《中国敦煌学百年文库·宗教卷》(四),兰州:甘肃文化出版社,1999年 p.81~87

荣恩奇撰稿,施萍婷、邵国秀审订 敦煌市博物馆藏敦煌文献叙录《甘肃藏敦煌文献》(第六卷),兰州:

甘肃人民出版社,1999年12月 p.367~368;图版p.275~278

杨曾文 净觉及其《"注"般若波罗蜜多心经》与其校本《中华佛学学报》第6期,1993年7月 p.237~261

张勇 唐五代禅宗修习的典籍——以敦煌写本《六祖坛经》为考察范围《普门学报》第10期,2002年7月 p.71~87

荣新江 惊沙撼大漠——向达的敦煌考察及其学术意义《敦煌吐鲁番研究》(第七卷),北京:中华书局,2004年1月 p.102、109、111、118~119;收入荣新江编《向达先生敦煌遗墨》,北京:中华书局,2010年3月 p.9、20、28~30;收入沙知编《向达学记》,北京:生活·读书·新知三联书店,2010年6月 p.97、108

宫炳成、梁红《楞伽师资记》作者净觉禅师考《敦煌研究》2006年第2期 p.55~58

向达(手抄稿本) 神秀门人净觉注般若波罗蜜多心经《向达先生敦煌遗墨》,北京:中华书局,2010年3月 p.264~275

程正 玄奘译《般若心经》与初期禅宗——以禅僧注疏为中心《2013年第一届慈宗国际学术论坛论文集》,香港:慈氏学会(香港)慈氏文教基金有限公司,2013年8月 p.476~485

张涌泉 敦博本《注心经》抄写时间考《汉字汉语研究》2018年第1期 p.4~11

中国美编 中国散藏敦煌文献分类目录 北京:北京图书馆出版社,2007年10月 p.68

林世田、杨学勇、刘波著 敦煌佛典的流通与改造 兰州:甘肃教育出版社,2013年11月 p.345

程正 淨覺—その人と思想——《駒澤大學禪研究所年報》13·14合併號,2002年 p.45~62

程正 淨覺撰《注般若波羅蜜多心經》の譯注研究 《駒澤大學禪研究所年報》17,2006年 p.191~216

程正《般若心經》と初期禪宗——禪僧による注疏を中心にして《駒澤大學佛教學部論集》第37號,東京:駒澤大學佛教學部,2006年 p.255~272

池田温編 中國古代寫本識語集錄 東京:東京大学東洋文化研究所発行,1990年3月30日 p.514~515(第2450号題記錄文)

田中良昭、程正 敦煌禪宗文獻分類目錄 東京:大東出版社,2014年12月 p.200

敦博078(10–78)大般涅槃经卷第七如来性品第四之四

敦煌县博物馆,荣恩奇整理 敦煌县博物馆藏敦煌遗书目录《敦煌吐鲁番文献研究论集》(第三辑),北京:北京大学出版社,1986年2月 p.584

荣恩奇撰稿,施萍婷、邵国秀审订 敦煌市博物馆藏敦煌文献叙录《甘肃藏敦煌文献》(第六卷),兰州:甘肃人民出版社,1999年12月 p.368;图版p.278

景盛轩 试论敦煌佛经异文研究的价值和意义——以《大般涅槃经》为例《敦煌研究》2004年第5期 p.88

中国美编 中国散藏敦煌文献分类目录 北京:北京图书馆出版社,2007年10月 p.36

景盛轩著《大般涅槃经》異文研究 成都:巴蜀书社,2009年2月 p.81、127、150

景盛轩 敦煌本《大般涅槃经》研究——以版本、异文及训诂为中心 杭州:浙江大学博士研究生学位论文,2004年5月 p.39、163、209、210、219

敦博079 金刚般若波罗蜜经

荣恩奇撰稿，施萍婷、邵国秀审订 敦煌市博物馆藏敦煌文献叙录《甘肃藏敦煌文献》(第六卷)，兰州：甘肃人民出版社，1999年12月 p.368；图版p.279~281

罗慕君、张涌泉 散藏敦煌本《金刚经》缀合研究《敦煌吐鲁番研究》(第十八卷)，上海：上海古籍出版社，2019年4月 p.634

申国美编 中国散藏敦煌文献分类目录 北京：北京图书馆出版社，2007年10月 p.13

张开媛《金刚经》鸠摩罗什译本在唐代的流传和接受 北京：北京外国语大学博士研究生学位论文，2015年12月 p.356

敦博080 大乘无量寿经

荣恩奇撰稿，施萍婷、邵国秀审订 敦煌市博物馆藏敦煌文献叙录《甘肃藏敦煌文献》(第六卷)，兰州：甘肃人民出版社，1999年12月 p.368；图版p.282~284

申国美编 中国散藏敦煌文献分类目录 北京：北京图书馆出版社，2007年10月 p.63

赵晓星著 吐蕃统治时期敦煌密教研究 兰州：甘肃教育出版社，2017年3月 p.617(附录一)

赵晓星 吐蕃统治敦煌时期的密教研究 兰州：兰州大学博士研究生学位论文，2007年6月 p.165(附录一)

敦博081 写经勘误录

荣恩奇撰稿，施萍婷、邵国秀审订 敦煌市博物馆藏敦煌文献叙录《甘肃藏敦煌文献》(第六卷)，兰州：甘肃人民出版社，1999年12月 p.368；图版p.284

申国美编 中国散藏敦煌文献分类目录 北京：北京图书馆出版社，2007年10月 p.87

敦博081V 写经勘误录

荣恩奇撰稿，施萍婷、邵国秀审订 敦煌市博物馆藏敦煌文献叙录《甘肃藏敦煌文献》(第六卷)，兰州：甘肃人民出版社，1999年12月 p.368；图版p.285

敦博082 草书佛典

荣恩奇撰稿，施萍婷、邵国秀审订 敦煌市博物馆藏敦煌文献叙录《甘肃藏敦煌文献》(第六卷)，兰州：甘肃人民出版社，1999年12月 p.368~369；图版p.285~286

叶贵良《甘肃藏敦煌文献》残卷未识原因初探《敦煌研究》2003年第4期 p.90~91

申国美编 中国散藏敦煌文献分类目录 北京：北京图书馆出版社，2007年10月 p.88

敦博 大般涅槃经

沃兴华著 敦煌书法艺术 上海：上海人民出版社1994年12月 p.91；p.89；图6-5

敦博10–369 无量寿宗要经

殷光明 敦煌市博物馆藏敦煌遗书目录补录《敦煌研究》1994年第3期 p.112

敦博10–370 金刚般若波罗蜜经

殷光明 敦煌市博物馆藏敦煌遗书目录补录《敦煌研究》1994年第3期 p.113

敦博Db.t.0307V 太上玄灵北斗本命延生真经

马德、勘措吉主编，甘肃省文物局、敦煌研究院编纂 甘肃藏敦煌藏文文献③敦煌市博物馆卷，上海：上海古籍出版社，2018年7月 图版p.359~365

敦博 妙法莲华经卷第六[①]

秋子 妙法莲华经卷第六《敦煌写卷墨迹精选丛帖》(壹)，兰州：甘肃人民美术出版社，2009年10月；2010年6月 p.35~40简介/赏析及图版

敦博 妙法莲华经[②]

金岡照光 敦煌の現状(一九七九年五月)《講座敦煌1〈敦煌の自然と現状〉》，東京：大東出版社，昭和五五年四月二三日(1980.4.23) p.115

敦博 金刚般若波罗蜜经[③]

金岡照光 敦煌の現状(一九七九年五月)《講座敦煌1〈敦煌の自然と現状〉》，東京：大東出版社，昭和五五年四月二三日(1980.4.23) p.117

---

①《敦煌写卷墨迹精选丛帖》(壹)所列"敦博 妙法莲华经卷第六"暂时无法确定对应卷号，为研究所需，列出备学者参考。

②《講座敦煌1〈敦煌の自然と現状〉》一书金崗照光《敦煌の現狀(一九七九年五月)》所列"敦博 妙法莲华经"暂时无法确定对应卷号，为研究所需，列出备学者参考。

③《講座敦煌1〈敦煌の自然と現状〉》一书金崗照光《敦煌の現狀(一九七九年五月)》所列"敦博 金刚般若波罗蜜经"暂时无法确定对应卷号，为研究所需，列出备学者参考。

2. 敦煌市博物馆藏敦煌藏文文献

敦煌市博物馆藏敦煌藏文写经总计6062件，收藏号Db.t.0080–Db.t.6141，其中卷轴装236件，多为《大乘无量寿宗要经》；梵夹装5826件（8576页），多为《十万颂般若波罗蜜多经》[①]。敦煌市博物馆藏敦煌藏文经卷，均系1900年自莫高窟藏经洞（今编第17窟）所出。

1950年以来，敦煌市博物馆不断接受私人捐赠并多方访求，陆续征集到一部分敦煌汉、藏文经卷和经页。其中200多卷《大乘无量寿宗要经》是1949年9~10月间由一个不知国籍和姓名的外国人匆匆离开敦煌时扔弃在房东殷登铭家，殷氏发现后移交给敦煌县人民政府的；逾5800件梵夹装经页是原敦煌民众教育馆所保存的；有少量如Db.t.0307、0790号是敦煌县博物馆时期调查三危山文物点时在三危山王母宫处征集入藏的；还有Db.t.1530、1531号是敦煌市博物馆收购所得。

《大乘无量寿经》目录可参见傅立诚、杨俊《敦煌市博物馆藏古藏文〈大乘无量寿经〉目录》[②]，张延清、勘措吉、邰惠莉《敦煌市博物馆藏敦煌藏文文献》[③]。由于篇幅所限，仅见于上述目录者，本《引得》中不再列细目。现依据《甘肃藏敦煌藏文文献叙录》和《甘肃藏敦煌藏文文献》（敦煌市博物馆卷）对敦煌市博物馆收藏的敦煌藏文文献重新编号，刊布与研究著录情况如下：

Db.t.0080 大乘无量寿宗要经

张延清著 吐蕃敦煌抄经研究 北京：民族出版社，2016年11月 p.212、276、329、343、353

赵晓星著 吐蕃统治时期敦煌密教研究 兰州：甘肃教育出版社，2017年3月 p.593（附录一）

马德、勘措吉主编，甘肃省文物局、敦煌研究院编纂 甘肃藏敦煌藏文文献②敦煌市博物馆卷，上海：上海古籍出版社，2018年7月 图版p.1~2

赵晓星 吐蕃统治敦煌时期的密教研究 兰州：兰州大学博士研究生学位论文，2007年6月 p.156（附录一）

---

①勘措吉《敦煌市博物馆卷简介》，《甘肃藏敦煌藏文文献》②敦煌市博物馆卷，上海：上海古籍出版社，2018年7月，第7页。

②傅立诚、杨俊《敦煌市博物馆藏古藏文〈大乘无量寿经〉目录》（一），《敦煌学辑刊》2004年第2期，第41~58页；傅立诚、杨俊《敦煌市博物馆藏古藏文〈大乘无量寿经〉目录》（二），《敦煌学辑刊》2005年第3期，第53~70页。

③马德主编《甘肃藏敦煌藏文文献叙录》，兰州：甘肃民族出版社，2011年9月，第105~854页。

Db.t.0081 大乘无量寿宗要经

赵晓星著 吐蕃统治时期敦煌密教研究 兰州:甘肃教育出版社,2017年3月 p.593(附录一)

马德、勘措吉主编,甘肃省文物局、敦煌研究院编纂 甘肃藏敦煌藏文文献②敦煌市博物馆卷,上海:上海古籍出版社,2018年7月 图版p.2~5

赵晓星 吐蕃统治敦煌时期的密教研究 兰州:兰州大学博士研究生学位论文,2007年6月 p.156(附录一)

Db.t.0082 大乘无量寿宗要经

赵晓星著 吐蕃统治时期敦煌密教研究 兰州:甘肃教育出版社,2017年3月 p.593(附录一)

马德、勘措吉主编,甘肃省文物局、敦煌研究院编纂 甘肃藏敦煌藏文文献②敦煌市博物馆卷,上海:上海古籍出版社,2018年7月 图版p.5~7

赵晓星 吐蕃统治敦煌时期的密教研究 兰州:兰州大学博士研究生学位论文,2007年6月 p.156(附录一)

Db.t.0083 大乘无量寿宗要经

张延清著 吐蕃敦煌抄经研究 北京:民族出版社,2016年11月 p.277

赵晓星著 吐蕃统治时期敦煌密教研究 兰州:甘肃教育出版社,2017年3月 p.593(附录一)

马德、勘措吉主编,甘肃省文物局、敦煌研究院编纂 甘肃藏敦煌藏文文献②敦煌市博物馆卷,上海:上海古籍出版社,2018年7月 图版p.7~14

赵晓星 吐蕃统治敦煌时期的密教研究 兰州:兰州大学博士研究生学位论文,2007年6月 p.156(附录一)

Db.t.0084 大乘无量寿宗要经

张延清著 吐蕃敦煌抄经研究 北京:民族出版社,2016年11月 p.277~278

赵晓星著 吐蕃统治时期敦煌密教研究 兰州:甘肃教育出版社,2017年3月 p.593(附录一)

马德、勘措吉主编,甘肃省文物局、敦煌研究院编纂 甘肃藏敦煌藏文文献②敦煌市博物馆卷,上海:上海古籍出版社,2018年7月 图版p.14~23

赵晓星 吐蕃统治敦煌时期的密教研究 兰州:兰州大学博士研究生学位论文,2007年6月 p.156(附录一)

Db.t.0085 大乘无量寿宗要经

张延清著 吐蕃敦煌抄经研究 北京:民族出版社,2016年11月 p.278

赵晓星著 吐蕃统治时期敦煌密教研究 兰州:甘肃教育出版社,2017年3月 p.628(附录一)

马德、勘措吉主编,甘肃省文物局、敦煌研究院编纂 甘肃藏敦煌藏文文献②敦煌市博物馆卷,上海:上海古籍出版社,2018年7月 图版p.23~24

赵晓星 吐蕃统治敦煌时期的密教研究 兰州:兰州大学博士研究生学位论文,2007年6月 p.169(附录一)

Db.t.0086 大乘无量寿宗要经

赵晓星著 吐蕃统治时期敦煌密教研究 兰州:甘肃教育出版社,2017年3月 p.594(附录一)

马德、勘措吉主编,甘肃省文物局、敦煌研究院编纂 甘肃藏敦煌藏文文献②敦煌市博物馆卷,上海:上海古籍出版社,2018年7月 图版p.25~32

赵晓星 吐蕃统治敦煌时期的密教研究 兰州:兰州大学博士研究生学位论文,2007年6月 p.156(附录一)

Db.t.0087 大乘无量寿宗要经

张延清著 吐蕃敦煌抄经研究 北京:民族出版社,2016年11月 p.278

赵晓星著 吐蕃统治时期敦煌密教研究 兰州:甘肃教育出版社,2017年3月 p.594(附录一)

马德、勘措吉主编,甘肃省文物局、敦煌研究院编纂 甘肃藏敦煌藏文文献②敦煌市博物馆卷,上海:上海古籍出版社,2018年7月 图版p.32~35

赵晓星 吐蕃统治敦煌时期的密教研究 兰州:兰州大学博士研究生学位论文,2007年6月 p.156(附录一)

Db.t.0088 大乘无量寿宗要经

张延清著 吐蕃敦煌抄经研究 北京:民族出版社,2016年11月 p.279

赵晓星著 吐蕃统治时期敦煌密教研究 兰州:甘肃教育出版社,2017年3月 p.594(附录一)

马德、勘措吉主编,甘肃省文物局、敦煌研究院编纂 甘肃藏敦煌藏文文献②敦煌市博物馆卷,上海:上海古籍出版社,2018年7月 图版p.35~39

赵晓星 吐蕃统治敦煌时期的密教研究 兰州:兰州大学博士研究生学位论文,2007年6月 p.157(附录一)

Db.t.0089 大乘无量寿宗要经

张延清著 吐蕃敦煌抄经研究 北京:民族出版社,2016年11月 p.278

赵晓星著 吐蕃统治时期敦煌密教研究 兰州:甘肃教育出版社,2017年3月 p.594(附录一)

马德、勘措吉主编,甘肃省文物局、敦煌研究院编纂 甘肃藏敦煌藏文文献②敦煌市博物馆卷,上海:上海古籍出版社,2018年7月 图版p.40~41

赵晓星 吐蕃统治敦煌时期的密教研究 兰州:兰州大学博士研究生学位论文,2007年6月 p.157(附录一)

Db.t.0090 大乘无量寿宗要经

张延清著 吐蕃敦煌抄经研究 北京:民族出版社,2016年11月 p.278

赵晓星著 吐蕃统治时期敦煌密教研究 兰州:甘肃教育出版社,2017年3月 p.594(附录一)

马德、勘措吉主编,甘肃省文物局、敦煌研究院编纂 甘肃藏敦煌藏文文献②敦煌市博物馆卷,上海:上海古籍出版社,2018年7月 图版p.41~42

赵晓星 吐蕃统治敦煌时期的密教研究 兰州:兰州大学博士研究生学位论文,2007年6月 p.157(附录一)

Db.t.0091 大乘无量寿宗要经

张延清著 吐蕃敦煌抄经研究 北京:民族出版社,2016年11月 p.278、354

赵晓星著 吐蕃统治时期敦煌密教研究 兰州:甘肃教育出版社,2017年3月 p.594(附录一)

马德、勘措吉主编,甘肃省文物局、敦煌研究院编纂 甘肃藏敦煌藏文文献②敦煌市博物馆卷,上海:上海古籍出版社,2018年7月 图版p.43~44

赵晓星 吐蕃统治敦煌时期的密教研究 兰州:兰州大学博士研究生学位论文,2007年6月 p.157(附录一)

Db.t.0092(原收藏号10-92) 大乘无量寿宗要经

张延清、谢尔萨 敦煌藏文写经生结构分析《丝绸之路民族古文字与文化学术讨论会文集》(上),西安:三秦出版社,2007年7月 p.115;p.123(附表一)

张延清著 吐蕃敦煌抄经研究 北京:民族出版社,2016年11月 p.129~130、278

赵晓星著 吐蕃统治时期敦煌密教研究 兰州:甘肃教育出版社,2017年3月 p.594(附录一)

马德、勘措吉主编,甘肃省文物局、敦煌研究院编纂 甘肃藏敦煌藏文文献②敦煌市博物馆卷,上海:上海古籍出版社,2018年7月 图版p.44~47

赵晓星 吐蕃统治敦煌时期的密教研究 兰州:兰州大学博士研究生学位论文,2007年6月 p.157(附录一)

Db.t.0093 大乘无量寿宗要经

张延清著 吐蕃敦煌抄经研究 北京:民族出版社,2016年11月 p.278

赵晓星著 吐蕃统治时期敦煌密教研究 兰州:甘肃教育出版社,2017年3月 p.594(附录一)

马德、勘措吉主编,甘肃省文物局、敦煌研究院编纂 甘肃藏敦煌藏文文献②敦煌市博物馆卷,上海:上海古籍出版社,2018年7月 图版p.47~51

赵晓星 吐蕃统治敦煌时期的密教研究 兰州:兰州大学博士研究生学位论文,2007年6月 p.157(附录一)

Db.t.0094 大乘无量寿宗要经

张延清著 吐蕃敦煌抄经研究 北京:民族出版社,2016年11月 p.278

赵晓星著 吐蕃统治时期敦煌密教研究 兰州:甘肃教育出版社,2017年3月 p.595(附录一)

马德、勘措吉主编,甘肃省文物局、敦煌研究院编纂 甘肃藏敦煌藏文文献②敦煌市博物馆卷,上海:上海古籍出版社,2018年7月 图版p.52~60

赵晓星 吐蕃统治敦煌时期的密教研究 兰州:兰州大学博士研究生学位论文,2007年6月 p.157(附录一)

Db.t.0095 大乘无量寿宗要经

张延清著 吐蕃敦煌抄经研究 北京:民族出版社,2016年11月 p.279

赵晓星著 吐蕃统治时期敦煌密教研究 兰州:甘肃教育出版社,2017年3月 p.595(附录一)

马德、勘措吉主编,甘肃省文物局、敦煌研究院编纂 甘肃藏敦煌藏文文献②敦煌市博物馆卷,上海:上

海古籍出版社，2018年7月 图版p.61~66

赵晓星 吐蕃统治敦煌时期的密教研究 兰州：兰州大学博士研究生学位论文，2007年6月 p.157（附录一）

Db.t.0096 大乘无量寿宗要经

张延清著 吐蕃敦煌抄经研究 北京：民族出版社，2016年11月 p.279

赵晓星著 吐蕃统治时期敦煌密教研究 兰州：甘肃教育出版社，2017年3月 p.595（附录一）

马德、勘措吉主编，甘肃省文物局、敦煌研究院编纂 甘肃藏敦煌藏文文献②敦煌市博物馆卷，上海：上海古籍出版社，2018年7月 图版p.67~74

赵晓星 吐蕃统治敦煌时期的密教研究 兰州：兰州大学博士研究生学位论文，2007年6月 p.157（附录一）

Db.t.0097 大乘无量寿宗要经

张延清著 吐蕃敦煌抄经研究 北京：民族出版社，2016年11月 p.309

赵晓星著 吐蕃统治时期敦煌密教研究 兰州：甘肃教育出版社，2017年3月 p.595（附录一）

马德、勘措吉主编，甘肃省文物局、敦煌研究院编纂 甘肃藏敦煌藏文文献②敦煌市博物馆卷，上海：上海古籍出版社，2018年7月 图版p.74~75

赵晓星 吐蕃统治敦煌时期的密教研究 兰州：兰州大学博士研究生学位论文，2007年6月 p.157（附录一）

Db.t.0098 大乘无量寿宗要经

张延清著 吐蕃敦煌抄经研究 北京：民族出版社，2016年11月 p.309

赵晓星著 吐蕃统治时期敦煌密教研究 兰州：甘肃教育出版社，2017年3月 p.595（附录一）

马德、勘措吉主编，甘肃省文物局、敦煌研究院编纂 甘肃藏敦煌藏文文献②敦煌市博物馆卷，上海：上海古籍出版社，2018年7月 图版p.76~81

赵晓星 吐蕃统治敦煌时期的密教研究 兰州：兰州大学博士研究生学位论文，2007年6月 p.157（附录一）

Db.t.0099 大乘无量寿宗要经

张延清著 吐蕃敦煌抄经研究 北京：民族出版社，2016年11月 p.309、351

赵晓星著 吐蕃统治时期敦煌密教研究 兰州：甘肃教育出版社，2017年3月 p.596（附录一）

马德、勘措吉主编，甘肃省文物局、敦煌研究院编纂 甘肃藏敦煌藏文文献②敦煌市博物馆卷，上海：上海古籍出版社，2018年7月 图版p.82~83

赵晓星 吐蕃统治敦煌时期的密教研究 兰州：兰州大学博士研究生学位论文，2007年6月 p.157（附录一）

Db.t.0100（原收藏号10–100）大乘无量寿宗要经

张延清、谢尔萨 敦煌藏文写经生结构分析 《丝绸之路民族古文字与文化学术讨论会文集》（上），西安：三秦出版社，2007年7月 p.121；p.125（附表三）

张延清著 吐蕃敦煌抄经研究 北京:民族出版社,2016年11月 p.280

赵晓星著 吐蕃统治时期敦煌密教研究 兰州:甘肃教育出版社,2017年3月 p.596(附录一)

马德、勘措吉主编,甘肃省文物局、敦煌研究院编纂 甘肃藏敦煌藏文文献②敦煌市博物馆卷,上海:上海古籍出版社,2018年7月 图版p.83~84

赵晓星 吐蕃统治敦煌时期的密教研究 兰州: 兰州大学博士研究生学位论文,2007年6月 p.157~158(附录一)

Db.t.0101 大乘无量寿宗要经

张延清著 吐蕃敦煌抄经研究 北京:民族出版社,2016年11月 p.280

赵晓星著 吐蕃统治时期敦煌密教研究 兰州:甘肃教育出版社,2017年3月 p.596(附录一)

马德、勘措吉主编,甘肃省文物局、敦煌研究院编纂 甘肃藏敦煌藏文文献②敦煌市博物馆卷,上海:上海古籍出版社,2018年7月 图版p.85~92

赵晓星 吐蕃统治敦煌时期的密教研究 兰州:兰州大学博士研究生学位论文,2007年6月 p.158(附录一)

Db.t.0102 大乘无量寿宗要经

马德 敦煌吐蕃文献新论《转型期的敦煌学》,上海:上海古籍出版社,2007年11月 p.558

张延清著 吐蕃敦煌抄经研究 北京:民族出版社,2016年11月 p.281

赵晓星著 吐蕃统治时期敦煌密教研究 兰州:甘肃教育出版社,2017年3月 p.596(附录一)

马德、勘措吉主编,甘肃省文物局、敦煌研究院编纂 甘肃藏敦煌藏文文献②敦煌市博物馆卷,上海:上海古籍出版社,2018年7月 图版p.92~94

赵晓星 吐蕃统治敦煌时期的密教研究 兰州:兰州大学博士研究生学位论文,2007年6月 p.158(附录一)

Db.t.0103 大乘无量寿宗要经

马德 敦煌吐蕃文献新论《转型期的敦煌学》,上海:上海古籍出版社,2007年11月 p.558

张延清著 吐蕃敦煌抄经研究 北京:民族出版社,2016年11月 p.281

赵晓星著 吐蕃统治时期敦煌密教研究 兰州:甘肃教育出版社,2017年3月 p.596(附录一)

马德、勘措吉主编,甘肃省文物局、敦煌研究院编纂 甘肃藏敦煌藏文文献②敦煌市博物馆卷,上海:上海古籍出版社,2018年7月 图版p.94~95

赵晓星 吐蕃统治敦煌时期的密教研究 兰州:兰州大学博士研究生学位论文,2007年6月 p.158(附录一)

Db.t.0104 大乘无量寿宗要经

张延清著 吐蕃敦煌抄经研究 北京:民族出版社,2016年11月 p.281、341、342、343

赵晓星著 吐蕃统治时期敦煌密教研究 兰州:甘肃教育出版社,2017年3月 p.596(附录一)

马德、勘措吉主编,甘肃省文物局、敦煌研究院编纂 甘肃藏敦煌藏文文献②敦煌市博物馆卷,上海:上

海古籍出版社,2018年7月 图版p.96~97

赵晓星 吐蕃统治敦煌时期的密教研究 兰州:兰州大学博士研究生学位论文,2007年6月 p.158(附录一)

Db.t.0105 大乘无量寿宗要经

张延清著 吐蕃敦煌抄经研究 北京:民族出版社,2016年11月 p.281

赵晓星著 吐蕃统治时期敦煌密教研究 兰州:甘肃教育出版社,2017年3月 p.596(附录一)

马德、勘措吉主编,甘肃省文物局、敦煌研究院编纂 甘肃藏敦煌藏文文献②敦煌市博物馆卷,上海:上海古籍出版社,2018年7月 图版p.98~99

赵晓星 吐蕃统治敦煌时期的密教研究 兰州:兰州大学博士研究生学位论文,2007年6月 p.158(附录一)

Db.t.0106 大乘无量寿宗要经

张延清著 吐蕃敦煌抄经研究 北京:民族出版社,2016年11月 p.281

赵晓星著 吐蕃统治时期敦煌密教研究 兰州:甘肃教育出版社,2017年3月 p.596(附录一)

马德、勘措吉主编,甘肃省文物局、敦煌研究院编纂 甘肃藏敦煌藏文文献②敦煌市博物馆卷,上海:上海古籍出版社,2018年7月 图版p.99~101

赵晓星 吐蕃统治敦煌时期的密教研究 兰州:兰州大学博士研究生学位论文,2007年6月 p.158(附录一)

Db.t.0107 大乘无量寿宗要经

张延清著 吐蕃敦煌抄经研究 北京:民族出版社,2016年11月 p.282~283、341、343

赵晓星著 吐蕃统治时期敦煌密教研究 兰州:甘肃教育出版社,2017年3月 p.596(附录一)

马德、勘措吉主编,甘肃省文物局、敦煌研究院编纂 甘肃藏敦煌藏文文献②敦煌市博物馆卷,上海:上海古籍出版社,2018年7月 图版p.101~103

赵晓星 吐蕃统治敦煌时期的密教研究 兰州:兰州大学博士研究生学位论文,2007年6月 p.158(附录一)

Db.t.0108 大乘无量寿宗要经

张延清著 吐蕃敦煌抄经研究 北京:民族出版社,2016年11月 p.283

赵晓星著 吐蕃统治时期敦煌密教研究 兰州:甘肃教育出版社,2017年3月 p.596(附录一)

马德、勘措吉主编,甘肃省文物局、敦煌研究院编纂 甘肃藏敦煌藏文文献②敦煌市博物馆卷,上海:上海古籍出版社,2018年7月 图版p.103~104

赵晓星 吐蕃统治敦煌时期的密教研究 兰州:兰州大学博士研究生学位论文,2007年6月 p.158(附录一)

Db.t.0109 大乘无量寿宗要经

张延清著 吐蕃敦煌抄经研究 北京:民族出版社,2016年11月 p.283

赵晓星著 吐蕃统治时期敦煌密教研究 兰州:甘肃教育出版社,2017年3月 p.597(附录一)

马德、勘措吉主编，甘肃省文物局、敦煌研究院编纂 甘肃藏敦煌藏文文献②敦煌市博物馆卷，上海：上海古籍出版社，2018年7月 图版p.105~109

赵晓星 吐蕃统治敦煌时期的密教研究 兰州：兰州大学博士研究生学位论文，2007年6月 p.158（附录一）

Db.t.0110 大乘无量寿宗要经

张延清著 吐蕃敦煌抄经研究 北京：民族出版社，2016年11月 p.284

赵晓星著 吐蕃统治时期敦煌密教研究 兰州：甘肃教育出版社，2017年3月 p.597（附录一）

马德、勘措吉主编，甘肃省文物局、敦煌研究院编纂 甘肃藏敦煌藏文文献②敦煌市博物馆卷，上海：上海古籍出版社，2018年7月 图版p.109~110

赵晓星 吐蕃统治敦煌时期的密教研究 兰州：兰州大学博士研究生学位论文，2007年6月 p.158（附录一）

Db.t.0111 大乘无量寿宗要经

张延清著 吐蕃敦煌抄经研究 北京：民族出版社，2016年11月 p.284

赵晓星著 吐蕃统治时期敦煌密教研究 兰州：甘肃教育出版社，2017年3月 p.597（附录一）

马德、勘措吉主编，甘肃省文物局、敦煌研究院编纂 甘肃藏敦煌藏文文献②敦煌市博物馆卷，上海：上海古籍出版社，2018年7月 图版p.111~112

赵晓星 吐蕃统治敦煌时期的密教研究 兰州：兰州大学博士研究生学位论文，2007年6月 p.158（附录一）

Db.t.0112 大乘无量寿宗要经

张延清著 吐蕃敦煌抄经研究 北京：民族出版社，2016年11月 p.341、343

赵晓星著 吐蕃统治时期敦煌密教研究 兰州：甘肃教育出版社，2017年3月 p.597（附录一）

马德、勘措吉主编，甘肃省文物局、敦煌研究院编纂 甘肃藏敦煌藏文文献②敦煌市博物馆卷，上海：上海古籍出版社，2018年7月 图版p.112~114

赵晓星 吐蕃统治敦煌时期的密教研究 兰州：兰州大学博士研究生学位论文，2007年6月 p.158（附录一）

Db.t.0113 大乘无量寿宗要经

张延清著 吐蕃敦煌抄经研究 北京：民族出版社，2016年11月 p.341、343

赵晓星著 吐蕃统治时期敦煌密教研究 兰州：甘肃教育出版社，2017年3月 p.597（附录一）

马德、勘措吉主编，甘肃省文物局、敦煌研究院编纂 甘肃藏敦煌藏文文献②敦煌市博物馆卷，上海：上海古籍出版社，2018年7月 图版p.114~116

赵晓星 吐蕃统治敦煌时期的密教研究 兰州：兰州大学博士研究生学位论文，2007年6月 p.158（附录一）

Db.t.0114 大乘无量寿宗要经

赵晓星著 吐蕃统治时期敦煌密教研究 兰州:甘肃教育出版社,2017年3月 p.598(附录一)

马德、勘措吉主编,甘肃省文物局、敦煌研究院编纂 甘肃藏敦煌藏文文献②敦煌市博物馆卷,上海:上海古籍出版社,2018年7月 图版p.116~120

赵晓星 吐蕃统治敦煌时期的密教研究 兰州:兰州大学博士研究生学位论文,2007年6月 p.158(附录一)

Db.t.0115 大乘无量寿宗要经

张延清著 吐蕃敦煌抄经研究 北京:民族出版社,2016年11月 p.285

赵晓星著 吐蕃统治时期敦煌密教研究 兰州:甘肃教育出版社,2017年3月 p.598(附录一)

马德、勘措吉主编,甘肃省文物局、敦煌研究院编纂 甘肃藏敦煌藏文文献②敦煌市博物馆卷,上海:上海古籍出版社,2018年7月 图版p.121~125

赵晓星 吐蕃统治敦煌时期的密教研究 兰州:兰州大学博士研究生学位论文,2007年6月 p.158(附录一)

Db.t.0116 大乘无量寿宗要经

张延清著 吐蕃敦煌抄经研究 北京:民族出版社,2016年11月 p.285

赵晓星著 吐蕃统治时期敦煌密教研究 兰州:甘肃教育出版社,2017年3月 p.598(附录一)

马德、勘措吉主编,甘肃省文物局、敦煌研究院编纂 甘肃藏敦煌藏文文献②敦煌市博物馆卷,上海:上海古籍出版社,2018年7月 图版p.125~126

赵晓星 吐蕃统治敦煌时期的密教研究 兰州:兰州大学博士研究生学位论文,2007年6月 p.159(附录一)

Db.t.0117 大乘无量寿宗要经

张延清著 吐蕃敦煌抄经研究 北京:民族出版社,2016年11月 p.285

赵晓星著 吐蕃统治时期敦煌密教研究 兰州:甘肃教育出版社,2017年3月 p.598(附录一)

马德、勘措吉主编,甘肃省文物局、敦煌研究院编纂 甘肃藏敦煌藏文文献②敦煌市博物馆卷,上海:上海古籍出版社,2018年7月 图版p.127~128

赵晓星 吐蕃统治敦煌时期的密教研究 兰州:兰州大学博士研究生学位论文,2007年6月 p.159(附录一)

Db.t.0118 大乘无量寿宗要经

张延清著 吐蕃敦煌抄经研究 北京:民族出版社,2016年11月 p.285

赵晓星著 吐蕃统治时期敦煌密教研究 兰州:甘肃教育出版社,2017年3月 p.598(附录一)

马德、勘措吉主编,甘肃省文物局、敦煌研究院编纂 甘肃藏敦煌藏文文献②敦煌市博物馆卷,上海:上海古籍出版社,2018年7月 图版p.128~135

赵晓星 吐蕃统治敦煌时期的密教研究 兰州:兰州大学博士研究生学位论文,2007年6月 p.159(附录一)

Db.t.0119 大乘无量寿宗要经

赵晓星著 吐蕃统治时期敦煌密教研究 兰州:甘肃教育出版社,2017年3月 p.599(附录一)

马德、勘措吉主编,甘肃省文物局、敦煌研究院编纂 甘肃藏敦煌藏文文献②敦煌市博物馆卷,上海:上海古籍出版社,2018年7月 图版p.136~138

赵晓星 吐蕃统治敦煌时期的密教研究 兰州:兰州大学博士研究生学位论文,2007年6月 p.159(附录一)

Db.t.0120 大乘无量寿宗要经

张延清著 吐蕃敦煌抄经研究 北京:民族出版社,2016年11月 p.286

赵晓星著 吐蕃统治时期敦煌密教研究 兰州:甘肃教育出版社,2017年3月 p.599(附录一)

马德、勘措吉主编,甘肃省文物局、敦煌研究院编纂 甘肃藏敦煌藏文文献②敦煌市博物馆卷,上海:上海古籍出版社,2018年7月 图版p.139~144

赵晓星 吐蕃统治敦煌时期的密教研究 兰州:兰州大学博士研究生学位论文,2007年6月 p.159(附录一)

Db.t.0121 大乘无量寿宗要经

张延清著 吐蕃敦煌抄经研究 北京:民族出版社,2016年11月 p.287

赵晓星著 吐蕃统治时期敦煌密教研究 兰州:甘肃教育出版社,2017年3月 p.599(附录一)

马德、勘措吉主编,甘肃省文物局、敦煌研究院编纂 甘肃藏敦煌藏文文献②敦煌市博物馆卷,上海:上海古籍出版社,2018年7月 图版p.145~147

赵晓星 吐蕃统治敦煌时期的密教研究 兰州:兰州大学博士研究生学位论文,2007年6月 p.159(附录一)

Db.t.0122 大乘无量寿宗要经

张延清著 吐蕃敦煌抄经研究 北京:民族出版社,2016年11月 p.287

赵晓星著 吐蕃统治时期敦煌密教研究 兰州:甘肃教育出版社,2017年3月 p.628(附录一)

马德、勘措吉主编,甘肃省文物局、敦煌研究院编纂 甘肃藏敦煌藏文文献②敦煌市博物馆卷,上海:上海古籍出版社,2018年7月 图版p.148~149

赵晓星 吐蕃统治敦煌时期的密教研究 兰州:兰州大学博士研究生学位论文,2007年6月 p.169(附录一)

Db. t.0123 大乘无量寿宗要经

张延清著 吐蕃敦煌抄经研究 北京:民族出版社,2016年11月 p.287

赵晓星著 吐蕃统治时期敦煌密教研究 兰州:甘肃教育出版社,2017年3月 p.599(附录一)

马德、勘措吉主编,甘肃省文物局、敦煌研究院编纂 甘肃藏敦煌藏文文献②敦煌市博物馆卷,上海:上海古籍出版社,2018年7月 图版p.149~157

赵晓星 吐蕃统治敦煌时期的密教研究 兰州:兰州大学博士研究生学位论文,2007年6月 p.159(附录一)

Db.t.0124 大乘无量寿宗要经

张延清著 吐蕃敦煌抄经研究 北京:民族出版社,2016年11月 p.287

赵晓星著 吐蕃统治时期敦煌密教研究 兰州:甘肃教育出版社,2017年3月 p.599(附录一)

马德、勘措吉主编,甘肃省文物局、敦煌研究院编纂 甘肃藏敦煌藏文文献②敦煌市博物馆卷,上海:上海古籍出版社,2018年7月 图版p.158~160

赵晓星 吐蕃统治敦煌时期的密教研究 兰州:兰州大学博士研究生学位论文,2007年6月 p.159(附录一)

Db.t.0125 大乘无量寿宗要经

张延清著 吐蕃敦煌抄经研究 北京:民族出版社,2016年11月 p.287

赵晓星著 吐蕃统治时期敦煌密教研究 兰州:甘肃教育出版社,2017年3月 p.600(附录一)

马德、勘措吉主编,甘肃省文物局、敦煌研究院编纂 甘肃藏敦煌藏文文献②敦煌市博物馆卷,上海:上海古籍出版社,2018年7月 图版p.161~168

赵晓星 吐蕃统治敦煌时期的密教研究 兰州:兰州大学博士研究生学位论文,2007年6月 p.159(附录一)

Db.t.0126 大乘无量寿宗要经

张延清著 吐蕃敦煌抄经研究 北京:民族出版社,2016年11月 p.287

赵晓星著 吐蕃统治时期敦煌密教研究 兰州:甘肃教育出版社,2017年3月 p.600(附录一)

马德、勘措吉主编,甘肃省文物局、敦煌研究院编纂 甘肃藏敦煌藏文文献②敦煌市博物馆卷,上海:上海古籍出版社,2018年7月 图版p.168~169

赵晓星 吐蕃统治敦煌时期的密教研究 兰州:兰州大学博士研究生学位论文,2007年6月 p.159(附录一)

Db.t.0127 大乘无量寿宗要经

张延清著 吐蕃敦煌抄经研究 北京:民族出版社,2016年11月 p.287

赵晓星著 吐蕃统治时期敦煌密教研究 兰州:甘肃教育出版社,2017年3月 p.600(附录一)

马德、勘措吉主编,甘肃省文物局、敦煌研究院编纂 甘肃藏敦煌藏文文献②敦煌市博物馆卷,上海:上海古籍出版社,2018年7月 图版p.170~171

赵晓星 吐蕃统治敦煌时期的密教研究 兰州:兰州大学博士研究生学位论文,2007年6月 p.159(附录一)

Db.t.0128 大乘无量寿宗要经

张延清著 吐蕃敦煌抄经研究 北京:民族出版社,2016年11月 p.287

赵晓星著 吐蕃统治时期敦煌密教研究 兰州:甘肃教育出版社,2017年3月 p.600(附录一)

马德、勘措吉主编,甘肃省文物局、敦煌研究院编纂 甘肃藏敦煌藏文文献②敦煌市博物馆卷,上海:上海古籍出版社,2018年7月 图版p.171~175

赵晓星 吐蕃统治敦煌时期的密教研究 兰州:兰州大学博士研究生学位论文,2007年6月 p.159(附录一)

Db.t.0129 大乘无量寿宗要经

张延清著 吐蕃敦煌抄经研究 北京:民族出版社,2016年11月 p.286~287

赵晓星著 吐蕃统治时期敦煌密教研究 兰州:甘肃教育出版社,2017年3月 p.600(附录一)

马德、勘措吉主编,甘肃省文物局、敦煌研究院编纂 甘肃藏敦煌藏文文献②敦煌市博物馆卷,上海:上海古籍出版社,2018年7月 图版p.176~181

赵晓星 吐蕃统治敦煌时期的密教研究 兰州:兰州大学博士研究生学位论文,2007年6月 p.159(附录一)

Db.t.0130 大乘无量寿宗要经

张延清著 吐蕃敦煌抄经研究 北京:民族出版社,2016年11月 p.286~287

赵晓星著 吐蕃统治时期敦煌密教研究 兰州:甘肃教育出版社,2017年3月 p.601(附录一)

马德、勘措吉主编,甘肃省文物局、敦煌研究院编纂 甘肃藏敦煌藏文文献②敦煌市博物馆卷,上海:上海古籍出版社,2018年7月 图版p.182~183

赵晓星 吐蕃统治敦煌时期的密教研究 兰州:兰州大学博士研究生学位论文,2007年6月 p.159(附录一)

Db.t.0131 大乘无量寿宗要经

张延清著 吐蕃敦煌抄经研究 北京:民族出版社,2016年11月 p.288

赵晓星著 吐蕃统治时期敦煌密教研究 兰州:甘肃教育出版社,2017年3月 p.601(附录一)

马德、勘措吉主编,甘肃省文物局、敦煌研究院编纂 甘肃藏敦煌藏文文献②敦煌市博物馆卷,上海:上海古籍出版社,2018年7月 图版p.183~189

赵晓星 吐蕃统治敦煌时期的密教研究 兰州:兰州大学博士研究生学位论文,2007年6月 p.159(附录一)

Db.t.0132(原收藏号10-132)大乘无量寿宗要经

张延清 张议潮与吐蕃文化《敦煌研究》2005年第3期 p.90;p.92(续附表)

马德 敦煌吐蕃文献新论《转型期的敦煌学》,上海:上海古籍出版社,2007年11月 p.558

张延清 翻译家校阅大师法成及其校经目录《敦煌学辑刊》2008年第3期 p.81;收入德吉卓玛编《吐蕃佛教史研究论文集》,北京:中国藏学出版社,2015年4月 p.632

张延清 翻译家校阅大师法成事略《佛教艺术与文化国际学术研讨会论文集》,西安:三秦出版社,2009年9月 p.240

邰惠莉 关于吐蕃时期敦煌汉文写经的几个问题《敦煌吐蕃文化学术研讨会论文集》,兰州:甘肃民族出版社,2009年12月 p.380

张延清著 吐蕃敦煌抄经研究 北京:民族出版社,2016年11月 p.286

赵晓星著 吐蕃统治时期敦煌密教研究 兰州:甘肃教育出版社,2017年3月 p.601(附录一)

马德、勘措吉主编,甘肃省文物局、敦煌研究院编纂 甘肃藏敦煌藏文文献②敦煌市博物馆卷,上海:上海古籍出版社,2018年7月 图版p.189~193

赵晓星 吐蕃统治敦煌时期的密教研究 兰州:兰州大学博士研究生学位论文,2007年6月 p.159(附录一)

Db.t.0132a

张延清 张议潮与吐蕃文化《敦煌研究》2005年第3期 p.90;p.92(续附表)

沙武田 吐蕃对敦煌石窟影响再探——吐蕃因素影响下的归义军首任节度使张议潮功德窟《藏学学刊》第9辑,北京:中国藏学出版社,2014年6月 p.56

Db.t.0132b

张延清 张议潮与吐蕃文化《敦煌研究》2005年第3期 p.90;p.92(续附表)

沙武田 吐蕃对敦煌石窟影响再探——吐蕃因素影响下的归义军首任节度使张议潮功德窟《藏学学刊》第9辑,北京:中国藏学出版社,2014年6月 p.56

Db.t.0132c

张延清 张议潮与吐蕃文化《敦煌研究》2005年第3期 p.90;p.92(续附表)

沙武田 吐蕃对敦煌石窟影响再探——吐蕃因素影响下的归义军首任节度使张议潮功德窟《藏学学刊》第9辑,北京:中国藏学出版社,2014年6月 p.56

Db.t.0133 大乘无量寿宗要经

张延清著 吐蕃敦煌抄经研究 北京:民族出版社,2016年11月 p.289

赵晓星著 吐蕃统治时期敦煌密教研究 兰州:甘肃教育出版社,2017年3月 p.601(附录一)

马德、勘措吉主编,甘肃省文物局、敦煌研究院编纂 甘肃藏敦煌藏文文献②敦煌市博物馆卷,上海:上海古籍出版社,2018年7月 图版p.194~195

赵晓星 吐蕃统治敦煌时期的密教研究 兰州:兰州大学博士研究生学位论文,2007年6月 p.159(附录一)

Db.t.0134 大乘无量寿宗要经

张延清著 吐蕃敦煌抄经研究 北京:民族出版社,2016年11月 p.289

赵晓星著 吐蕃统治时期敦煌密教研究 兰州:甘肃教育出版社,2017年3月 p.601(附录一)

马德、勘措吉主编,甘肃省文物局、敦煌研究院编纂 甘肃藏敦煌藏文文献②敦煌市博物馆卷,上海:上海古籍出版社,2018年7月 图版p.196~197

赵晓星 吐蕃统治敦煌时期的密教研究 兰州:兰州大学博士研究生学位论文,2007年6月 p.159(附录一)

Db.t.0135 大乘无量寿宗要经

张延清著 吐蕃敦煌抄经研究 北京:民族出版社,2016年11月 p.289

赵晓星著 吐蕃统治时期敦煌密教研究 兰州:甘肃教育出版社,2017年3月 p.601(附录一)

马德、勘措吉主编，甘肃省文物局、敦煌研究院编纂 甘肃藏敦煌藏文文献②敦煌市博物馆卷，上海：上海古籍出版社，2018年7月 图版p.198~199

赵晓星 吐蕃统治敦煌时期的密教研究 兰州：兰州大学博士研究生学位论文，2007年6月 p.160（附录一）

Db.t.0135a

陈楠 吐蕃统辖敦煌时期之藏文抄经活动考述《中国藏学》（国家重点课题《西藏通史》专刊）2013年第S2期 p.36

Db.t.0135b

陈楠 吐蕃统辖敦煌时期之藏文抄经活动考述《中国藏学》（国家重点课题《西藏通史》专刊）2013年第S2期 p.36

Db.t.0136 大乘无量寿宗要经

陈楠 吐蕃统辖敦煌时期之藏文抄经活动考述《中国藏学》（国家重点课题《西藏通史》专刊）2013年第S2期 p.36

张延清著 吐蕃敦煌抄经研究 北京：民族出版社，2016年11月 p.289

赵晓星著 吐蕃统治时期敦煌密教研究 兰州：甘肃教育出版社，2017年3月 p.602（附录一）

马德、勘措吉主编，甘肃省文物局、敦煌研究院编纂 甘肃藏敦煌藏文文献②敦煌市博物馆卷，上海：上海古籍出版社，2018年7月 图版p.199~200

赵晓星 吐蕃统治敦煌时期的密教研究 兰州：兰州大学博士研究生学位论文，2007年6月 p.160（附录一）

Db.t.0137 大乘无量寿宗要经

陈楠 吐蕃统辖敦煌时期之藏文抄经活动考述《中国藏学》（国家重点课题《西藏通史》专刊）2013年第S2期 p.36

张延清著 吐蕃敦煌抄经研究 北京：民族出版社，2016年11月 p.289

赵晓星著 吐蕃统治时期敦煌密教研究 兰州：甘肃教育出版社，2017年3月 p.602（附录一）

马德、勘措吉主编，甘肃省文物局、敦煌研究院编纂 甘肃藏敦煌藏文文献②敦煌市博物馆卷，上海：上海古籍出版社，2018年7月 图版p.201~202

赵晓星 吐蕃统治敦煌时期的密教研究 兰州：兰州大学博士研究生学位论文，2007年6月 p.160（附录一）

Db.t.0138 大乘无量寿宗要经

陈楠 吐蕃统辖敦煌时期之藏文抄经活动考述《中国藏学》（国家重点课题《西藏通史》专刊）2013年第S2期 p.36

张延清著 吐蕃敦煌抄经研究 北京：民族出版社，2016年11月 p.289

赵晓星著 吐蕃统治时期敦煌密教研究 兰州:甘肃教育出版社,2017年3月 p.602(附录一)

马德、勘措吉主编,甘肃省文物局、敦煌研究院编纂 甘肃藏敦煌藏文文献②敦煌市博物馆卷,上海:上海古籍出版社,2018年7月 图版p.202~203

赵晓星 吐蕃统治敦煌时期的密教研究 兰州:兰州大学博士研究生学位论文,2007年6月 p.160(附录一)

Db.t.0139 大乘无量寿宗要经

张延清著 吐蕃敦煌抄经研究 北京:民族出版社,2016年11月 p.289

赵晓星著 吐蕃统治时期敦煌密教研究 兰州:甘肃教育出版社,2017年3月 p.602(附录一)

马德、勘措吉主编,甘肃省文物局、敦煌研究院编纂 甘肃藏敦煌藏文文献②敦煌市博物馆卷,上海:上海古籍出版社,2018年7月 图版p.204~206

赵晓星 吐蕃统治敦煌时期的密教研究 兰州:兰州大学博士研究生学位论文,2007年6月 p.160(附录一)

Db.t.0139a

陈楠 吐蕃统辖敦煌时期之藏文抄经活动考述《中国藏学》(国家重点课题《西藏通史》专刊)2013年第S2期 p.35

Db.t.0140 大乘无量寿宗要经

陈楠 吐蕃统辖敦煌时期之藏文抄经活动考述《中国藏学》(国家重点课题《西藏通史》专刊)2013年第S2期 p.35

张延清著 吐蕃敦煌抄经研究 北京:民族出版社,2016年11月 p.289

赵晓星著 吐蕃统治时期敦煌密教研究 兰州:甘肃教育出版社,2017年3月 p.602(附录一)

马德、勘措吉主编,甘肃省文物局、敦煌研究院编纂 甘肃藏敦煌藏文文献②敦煌市博物馆卷,上海:上海古籍出版社,2018年7月 图版p.207~208

赵晓星 吐蕃统治敦煌时期的密教研究 兰州:兰州大学博士研究生学位论文,2007年6月 p.160(附录一)

Db.t.0141 大乘无量寿宗要经

陈楠 吐蕃统辖敦煌时期之藏文抄经活动考述《中国藏学》(国家重点课题《西藏通史》专刊)2013年第S2期 p.35

张延清著 吐蕃敦煌抄经研究 北京:民族出版社,2016年11月 p.289

赵晓星著 吐蕃统治时期敦煌密教研究 兰州:甘肃教育出版社,2017年3月 p.602(附录一)

马德、勘措吉主编,甘肃省文物局、敦煌研究院编纂 甘肃藏敦煌藏文文献②敦煌市博物馆卷,上海:上海古籍出版社,2018年7月 图版p.208~215

赵晓星 吐蕃统治敦煌时期的密教研究 兰州:兰州大学博士研究生学位论文,2007年6月 p.160(附录一)

Db.t.0141a

陈楠 吐蕃统辖敦煌时期之藏文抄经活动考述《中国藏学》(国家重点课题《西藏通史》专刊)2013年第S2期 p.35

Db.t.0141b

陈楠 吐蕃统辖敦煌时期之藏文抄经活动考述《中国藏学》(国家重点课题《西藏通史》专刊)2013年第S2期 p.35

Db.t.0141c

陈楠 吐蕃统辖敦煌时期之藏文抄经活动考述《中国藏学》(国家重点课题《西藏通史》专刊)2013年第S2期 p.35

Db.t.0141d

陈楠 吐蕃统辖敦煌时期之藏文抄经活动考述《中国藏学》(国家重点课题《西藏通史》专刊)2013年第S2期 p.35

Db.t.0141e

陈楠 吐蕃统辖敦煌时期之藏文抄经活动考述《中国藏学》(国家重点课题《西藏通史》专刊)2013年第S2期 p.35

Db.t.0142 大乘无量寿宗要经

张延清著 吐蕃敦煌抄经研究① 北京:民族出版社,2016年11月 p.289

赵晓星著 吐蕃统治时期敦煌密教研究 兰州:甘肃教育出版社,2017年3月 p.603(附录一)

马德、勘措吉主编,甘肃省文物局、敦煌研究院编纂 甘肃藏敦煌藏文文献②敦煌市博物馆卷,上海:上海古籍出版社,2018年7月 图版p.216~217

赵晓星 吐蕃统治敦煌时期的密教研究 兰州:兰州大学博士研究生学位论文,2007年6月 p.160(附录一)

①张延清《吐蕃敦煌抄经研究》附录第289页"139.金勒贡"Dd.t.0011、0142、0143、0472、0718、0791、1022、1826把"敦煌市博物馆藏敦煌藏文文献"与"敦煌市档案馆藏敦煌藏文文献"混淆使用了,有误。敦煌市档案馆藏敦煌藏文文献仅存12个编号。经核查,金勒贡抄卷出现在敦煌市档案馆藏敦煌藏文文献Dd.t.11和敦煌市博物馆藏敦煌藏文文献Db.t.0142、Db.t.0143、Db.t.0472、Db.t.0718、Db.t.0791、Db.t.1022、Db.t.1826等卷号中。

Db.t.0143 大乘无量寿宗要经

张延清著 吐蕃敦煌抄经研究[①] 北京:民族出版社,2016年11月 p.289

赵晓星著 吐蕃统治时期敦煌密教研究 兰州:甘肃教育出版社,2017年3月 p.603(附录一)

马德、勘措吉主编,甘肃省文物局、敦煌研究院编纂 甘肃藏敦煌藏文文献②敦煌市博物馆卷,上海:上海古籍出版社,2018年7月 图版p.217~218

赵晓星 吐蕃统治敦煌时期的密教研究 兰州:兰州大学博士研究生学位论文,2007年6月 p.160(附录一)

Db.t.0144 大乘无量寿宗要经

张延清著 吐蕃敦煌抄经研究 北京:民族出版社,2016年11月 p.290

赵晓星著 吐蕃统治时期敦煌密教研究 兰州:甘肃教育出版社,2017年3月 p.603(附录一)

马德、勘措吉主编,甘肃省文物局、敦煌研究院编纂 甘肃藏敦煌藏文文献②敦煌市博物馆卷,上海:上海古籍出版社,2018年7月 图版p.219~220

赵晓星 吐蕃统治敦煌时期的密教研究 兰州:兰州大学博士研究生学位论文,2007年6月 p.160(附录一)

Db.t.0145 大乘无量寿宗要经

张延清著 吐蕃敦煌抄经研究 北京:民族出版社,2016年11月 p.290

赵晓星著 吐蕃统治时期敦煌密教研究 兰州:甘肃教育出版社,2017年3月 p.603(附录一)

马德、勘措吉主编,甘肃省文物局、敦煌研究院编纂 甘肃藏敦煌藏文文献②敦煌市博物馆卷,上海:上海古籍出版社,2018年7月 图版p.220~226

赵晓星 吐蕃统治敦煌时期的密教研究 兰州:兰州大学博士研究生学位论文,2007年6月 p.160(附录一)

Db.t.0146 大乘无量寿宗要经

张延清著 吐蕃敦煌抄经研究 北京:民族出版社,2016年11月 p.212、290、339

赵晓星著 吐蕃统治时期敦煌密教研究 兰州:甘肃教育出版社,2017年3月 p.603(附录一)

马德、勘措吉主编,甘肃省文物局、敦煌研究院编纂 甘肃藏敦煌藏文文献②敦煌市博物馆卷,上海:上海古籍出版社,2018年7月 图版p.226~227

赵晓星 吐蕃统治敦煌时期的密教研究 兰州:兰州大学博士研究生学位论文,2007年6月 p.160(附录一)

Db.t.0147 大乘无量寿宗要经

张延清著 吐蕃敦煌抄经研究 北京:民族出版社,2016年11月 p.290

---

①张延清《吐蕃敦煌抄经研究》附录第289页"139.金勒贡"Dd.t.0011、0142、0143、0472、0718、0791、1022、1826把"敦煌市博物馆藏敦煌藏文文献"与"敦煌市档案馆藏敦煌藏文文献"混淆使用了,有误。敦煌市档案馆藏敦煌藏文文献仅存12个编号。经核查,金勒贡抄卷出现在敦煌市档案馆藏敦煌藏文文献Dd.t.11和敦煌市博物馆藏敦煌藏文文献Db.t.0142、Db.t.0143、Db.t.0472、Db.t.0718、Db.t.0791、Db.t.1022、Db.t.1826等卷号中。

赵晓星著 吐蕃统治时期敦煌密教研究 兰州:甘肃教育出版社,2017年3月 p.603(附录一)

马德、勘措吉主编,甘肃省文物局、敦煌研究院编纂 甘肃藏敦煌藏文文献②敦煌市博物馆卷,上海:上海古籍出版社,2018年7月 图版p.228~229

赵晓星 吐蕃统治敦煌时期的密教研究 兰州:兰州大学博士研究生学位论文,2007年6月 p.160(附录一)

Db.t.0148 大乘无量寿宗要经

张延清著 吐蕃敦煌抄经研究 北京:民族出版社,2016年11月 p.290

赵晓星著 吐蕃统治时期敦煌密教研究 兰州:甘肃教育出版社,2017年3月 p.603(附录一)

马德、勘措吉主编,甘肃省文物局、敦煌研究院编纂 甘肃藏敦煌藏文文献②敦煌市博物馆卷,上海:上海古籍出版社,2018年7月 图版p.229~230

赵晓星 吐蕃统治敦煌时期的密教研究 兰州:兰州大学博士研究生学位论文,2007年6月 p.160(附录一)

Db.t.0149 大乘无量寿宗要经

张延清著 吐蕃敦煌抄经研究 北京:民族出版社,2016年11月 p.305

赵晓星著 吐蕃统治时期敦煌密教研究 兰州:甘肃教育出版社,2017年3月 p.604(附录一)

马德、勘措吉主编,甘肃省文物局、敦煌研究院编纂 甘肃藏敦煌藏文文献②敦煌市博物馆卷,上海:上海古籍出版社,2018年7月 图版p.231~232

赵晓星 吐蕃统治敦煌时期的密教研究 兰州:兰州大学博士研究生学位论文,2007年6月 p.160(附录一)

Db.t.0150 大乘无量寿宗要经

张延清著 吐蕃敦煌抄经研究 北京:民族出版社,2016年11月 p.305

赵晓星著 吐蕃统治时期敦煌密教研究 兰州:甘肃教育出版社,2017年3月 p.604(附录一)

马德、勘措吉主编,甘肃省文物局、敦煌研究院编纂 甘肃藏敦煌藏文文献②敦煌市博物馆卷,上海:上海古籍出版社,2018年7月 图版p.232~236

赵晓星 吐蕃统治敦煌时期的密教研究 兰州:兰州大学博士研究生学位论文,2007年6月 p.160(附录一)

Db.t.0151 大乘无量寿宗要经

张延清著 吐蕃敦煌抄经研究 北京:民族出版社,2016年11月 p.305

赵晓星著 吐蕃统治时期敦煌密教研究 兰州:甘肃教育出版社,2017年3月 p.604(附录一)

马德、勘措吉主编,甘肃省文物局、敦煌研究院编纂 甘肃藏敦煌藏文文献②敦煌市博物馆卷,上海:上海古籍出版社,2018年7月 图版p.237~239

赵晓星 吐蕃统治敦煌时期的密教研究 兰州:兰州大学博士研究生学位论文,2007年6月 p.160(附录一)

Db.t.0152 大乘无量寿宗要经

张延清著 吐蕃敦煌抄经研究 北京:民族出版社,2016年11月 p.213、305、341、342、343

赵晓星著 吐蕃统治时期敦煌密教研究 兰州:甘肃教育出版社,2017年3月 p.604(附录一)

马德、勘措吉主编,甘肃省文物局、敦煌研究院编纂 甘肃藏敦煌藏文文献②敦煌市博物馆卷,上海:上海古籍出版社,2018年7月 图版p.240~241

赵晓星 吐蕃统治敦煌时期的密教研究 兰州:兰州大学博士研究生学位论文,2007年6月 p.160(附录一)

Db.t.0153 大乘无量寿宗要经

张延清著 吐蕃敦煌抄经研究 北京:民族出版社,2016年11月 p.291

赵晓星著 吐蕃统治时期敦煌密教研究 兰州:甘肃教育出版社,2017年3月 p.604(附录一)

马德、勘措吉主编,甘肃省文物局、敦煌研究院编纂 甘肃藏敦煌藏文文献②敦煌市博物馆卷,上海:上海古籍出版社,2018年7月 图版p.241~248

赵晓星 吐蕃统治敦煌时期的密教研究 兰州:兰州大学博士研究生学位论文,2007年6月 p.160(附录一)

Db.t.0154 大乘无量寿宗要经

张延清著 吐蕃敦煌抄经研究 北京:民族出版社,2016年11月 p.291

赵晓星著 吐蕃统治时期敦煌密教研究 兰州:甘肃教育出版社,2017年3月 p.605(附录一)

马德、勘措吉主编,甘肃省文物局、敦煌研究院编纂 甘肃藏敦煌藏文文献②敦煌市博物馆卷,上海:上海古籍出版社,2018年7月 图版p.249~256

赵晓星 吐蕃统治敦煌时期的密教研究 兰州:兰州大学博士研究生学位论文,2007年6月 p.161(附录一)

Db.t.0155 大乘无量寿宗要经

张延清著 吐蕃敦煌抄经研究 北京:民族出版社,2016年11月 p.291

赵晓星著 吐蕃统治时期敦煌密教研究 兰州:甘肃教育出版社,2017年3月 p.605(附录一)

马德、勘措吉主编,甘肃省文物局、敦煌研究院编纂 甘肃藏敦煌藏文文献②敦煌市博物馆卷,上海:上海古籍出版社,2018年7月 图版p.256~257

赵晓星 吐蕃统治敦煌时期的密教研究 兰州:兰州大学博士研究生学位论文,2007年6月 p.161(附录一)

Db.t.0156 大乘无量寿宗要经

张延清著 吐蕃敦煌抄经研究 北京:民族出版社,2016年11月 p.291

赵晓星著 吐蕃统治时期敦煌密教研究 兰州:甘肃教育出版社,2017年3月 p.605(附录一)

马德、勘措吉主编,甘肃省文物局、敦煌研究院编纂 甘肃藏敦煌藏文文献②敦煌市博物馆卷,上海:上海古籍出版社,2018年7月 图版p.258~259

赵晓星 吐蕃统治敦煌时期的密教研究 兰州:兰州大学博士研究生学位论文,2007年6月 p.161(附录一)

Db.t.0157 大乘无量寿宗要经

张延清著 吐蕃敦煌抄经研究 北京:民族出版社,2016年11月 p.291

赵晓星著 吐蕃统治时期敦煌密教研究 兰州:甘肃教育出版社,2017年3月 p.605(附录一)

马德、勘措吉主编,甘肃省文物局、敦煌研究院编纂 甘肃藏敦煌藏文文献②敦煌市博物馆卷,上海:上海古籍出版社,2018年7月 图版p.259~263

赵晓星 吐蕃统治敦煌时期的密教研究 兰州:兰州大学博士研究生学位论文,2007年6月 p.161(附录一)

Db.t.0158 大乘无量寿宗要经

张延清著 吐蕃敦煌抄经研究 北京:民族出版社,2016年11月 p.291

赵晓星著 吐蕃统治时期敦煌密教研究 兰州:甘肃教育出版社,2017年3月 p.605(附录一)

马德、勘措吉主编,甘肃省文物局、敦煌研究院编纂 甘肃藏敦煌藏文文献②敦煌市博物馆卷,上海:上海古籍出版社,2018年7月 图版p.263~266

赵晓星 吐蕃统治敦煌时期的密教研究 兰州:兰州大学博士研究生学位论文,2007年6月 p.161(附录一)

Db.t.0159 大乘无量寿宗要经

张延清著 吐蕃敦煌抄经研究 北京:民族出版社,2016年11月 p.291

赵晓星著 吐蕃统治时期敦煌密教研究 兰州:甘肃教育出版社,2017年3月 p.605(附录一)

马德、勘措吉主编,甘肃省文物局、敦煌研究院编纂 甘肃藏敦煌藏文文献②敦煌市博物馆卷,上海:上海古籍出版社,2018年7月 图版p.266~269

赵晓星 吐蕃统治敦煌时期的密教研究 兰州:兰州大学博士研究生学位论文,2007年6月 p.161(附录一)

Db.t.0160 大乘无量寿宗要经

张延清著 吐蕃敦煌抄经研究 北京:民族出版社,2016年11月 p.292

赵晓星著 吐蕃统治时期敦煌密教研究 兰州:甘肃教育出版社,2017年3月 p.605(附录一)

马德、勘措吉主编,甘肃省文物局、敦煌研究院编纂 甘肃藏敦煌藏文文献②敦煌市博物馆卷,上海:上海古籍出版社,2018年7月 图版p.269~272

赵晓星 吐蕃统治敦煌时期的密教研究 兰州:兰州大学博士研究生学位论文,2007年6月 p.161(附录一)

Db.t.0161 大乘无量寿宗要经

张延清著 吐蕃敦煌抄经研究 北京:民族出版社,2016年11月 p.292

赵晓星著 吐蕃统治时期敦煌密教研究 兰州:甘肃教育出版社,2017年3月 p.606(附录一)

马德、勘措吉主编,甘肃省文物局、敦煌研究院编纂 甘肃藏敦煌藏文文献②敦煌市博物馆卷,上海:上

海古籍出版社,2018年7月 图版p.272~275

赵晓星 吐蕃统治敦煌时期的密教研究 兰州:兰州大学博士研究生学位论文,2007年6月 p.161(附录一)

Db.t.0162 大乘无量寿宗要经

张延清著 吐蕃敦煌抄经研究 北京:民族出版社,2016年11月 p.292

赵晓星著 吐蕃统治时期敦煌密教研究 兰州:甘肃教育出版社,2017年3月 p.606(附录一)

马德、勘措吉主编,甘肃省文物局、敦煌研究院编纂 甘肃藏敦煌藏文文献②敦煌市博物馆卷,上海:上海古籍出版社,2018年7月 图版p.275~281

赵晓星 吐蕃统治敦煌时期的密教研究 兰州:兰州大学博士研究生学位论文,2007年6月 p.161(附录一)

Db.t.0163 大乘无量寿宗要经

张延清著 吐蕃敦煌抄经研究 北京:民族出版社,2016年11月 p.281

赵晓星著 吐蕃统治时期敦煌密教研究 兰州:甘肃教育出版社,2017年3月 p.606(附录一)

马德、勘措吉主编,甘肃省文物局、敦煌研究院编纂 甘肃藏敦煌藏文文献②敦煌市博物馆卷,上海:上海古籍出版社,2018年7月 图版p.281~282

赵晓星 吐蕃统治敦煌时期的密教研究 兰州:兰州大学博士研究生学位论文,2007年6月 p.161(附录一)

Db.t.0164 大乘无量寿宗要经

张延清著 吐蕃敦煌抄经研究 北京:民族出版社,2016年11月 p.301

赵晓星著 吐蕃统治时期敦煌密教研究 兰州:甘肃教育出版社,2017年3月 p.606(附录一)

马德、勘措吉主编,甘肃省文物局、敦煌研究院编纂 甘肃藏敦煌藏文文献②敦煌市博物馆卷,上海:上海古籍出版社,2018年7月 图版p.283~284

赵晓星 吐蕃统治敦煌时期的密教研究 兰州:兰州大学博士研究生学位论文,2007年6月 p.161(附录一)

Db.t.0165 大乘无量寿宗要经

张延清著 吐蕃敦煌抄经研究 北京:民族出版社,2016年11月 p.304

赵晓星著 吐蕃统治时期敦煌密教研究 兰州:甘肃教育出版社,2017年3月 p.606(附录一)

马德、勘措吉主编,甘肃省文物局、敦煌研究院编纂 甘肃藏敦煌藏文文献②敦煌市博物馆卷,上海:上海古籍出版社,2018年7月 图版p.284~285

赵晓星 吐蕃统治敦煌时期的密教研究 兰州:兰州大学博士研究生学位论文,2007年6月 p.161(附录一)

Db.t.0166 大乘无量寿宗要经

张延清著 吐蕃敦煌抄经研究 北京:民族出版社,2016年11月 p.292

赵晓星著 吐蕃统治时期敦煌密教研究 兰州:甘肃教育出版社,2017年3月 p.606(附录一)

马德、勘措吉主编,甘肃省文物局、敦煌研究院编纂 甘肃藏敦煌藏文文献②敦煌市博物馆卷,上海:上海古籍出版社,2018年7月 图版p.286~287

赵晓星 吐蕃统治敦煌时期的密教研究 兰州:兰州大学博士研究生学位论文,2007年6月 p.161(附录一)

Db.t.0167 大乘无量寿宗要经

张延清著 吐蕃敦煌抄经研究 北京:民族出版社,2016年11月 p.284、341、343

赵晓星著 吐蕃统治时期敦煌密教研究 兰州:甘肃教育出版社,2017年3月 p.606(附录一)

马德、勘措吉主编,甘肃省文物局、敦煌研究院编纂 甘肃藏敦煌藏文文献②敦煌市博物馆卷,上海:上海古籍出版社,2018年7月 图版p.288~289

赵晓星 吐蕃统治敦煌时期的密教研究 兰州:兰州大学博士研究生学位论文,2007年6月 p.161(附录一)

Db.t.0168 大乘无量寿宗要经

张延清著 吐蕃敦煌抄经研究 北京:民族出版社,2016年11月 p.292

赵晓星著 吐蕃统治时期敦煌密教研究 兰州:甘肃教育出版社,2017年3月 p.607(附录一)

马德、勘措吉主编,甘肃省文物局、敦煌研究院编纂 甘肃藏敦煌藏文文献②敦煌市博物馆卷,上海:上海古籍出版社,2018年7月 图版p.289~292

赵晓星 吐蕃统治敦煌时期的密教研究 兰州:兰州大学博士研究生学位论文,2007年6月 p.161(附录一)

Db.t.0169 大乘无量寿宗要经

张延清著 吐蕃敦煌抄经研究 北京:民族出版社,2016年11月 p.292

赵晓星著 吐蕃统治时期敦煌密教研究 兰州:甘肃教育出版社,2017年3月 p.607(附录一)

马德、勘措吉主编,甘肃省文物局、敦煌研究院编纂 甘肃藏敦煌藏文文献②敦煌市博物馆卷,上海:上海古籍出版社,2018年7月 图版p.292~295

赵晓星 吐蕃统治敦煌时期的密教研究 兰州:兰州大学博士研究生学位论文,2007年6月 p.161(附录一)

Db.t.0170 大乘无量寿宗要经

张延清著 吐蕃敦煌抄经研究 北京:民族出版社,2016年11月 p.292

赵晓星著 吐蕃统治时期敦煌密教研究 兰州:甘肃教育出版社,2017年3月 p.607(附录一)

马德、勘措吉主编,甘肃省文物局、敦煌研究院编纂 甘肃藏敦煌藏文文献②敦煌市博物馆卷,上海:上海古籍出版社,2018年7月 图版p.295~296

赵晓星 吐蕃统治敦煌时期的密教研究 兰州:兰州大学博士研究生学位论文,2007年6月 p.161(附录一)

Db.t.0171 大乘无量寿宗要经

张延清著 吐蕃敦煌抄经研究 北京:民族出版社,2016年11月 p.292

赵晓星著 吐蕃统治时期敦煌密教研究 兰州:甘肃教育出版社,2017年3月 p.607(附录一)

马德、勘措吉主编,甘肃省文物局、敦煌研究院编纂 甘肃藏敦煌藏文文献②敦煌市博物馆卷,上海:上海古籍出版社,2018年7月 图版p.297~302

赵晓星 吐蕃统治敦煌时期的密教研究 兰州:兰州大学博士研究生学位论文,2007年6月 p.161(附录一)

Db.t.0172 大乘无量寿宗要经

马德 西藏发现的《喇蚌经》为敦煌写经《敦煌研究》2009年第5期 p.81

张延清 浅议西藏卓卡寺藏经与敦煌《大般若经》的关系《西藏研究》2010年第1期 p.39

勘措吉 从哲蚌寺藏《喇蚌经》谈敦煌藏文写经誊抄年代《敦煌研究》2018年第4期 p.103

张延清著 吐蕃敦煌抄经研究 北京:民族出版社,2016年11月 p.221~222、293、337、354

赵晓星著 吐蕃统治时期敦煌密教研究 兰州:甘肃教育出版社,2017年3月 p.607(附录一)

马德、勘措吉主编,甘肃省文物局、敦煌研究院编纂 甘肃藏敦煌藏文文献②敦煌市博物馆卷,上海:上海古籍出版社,2018年7月 图版p.303~304

赵晓星 吐蕃统治敦煌时期的密教研究 兰州:兰州大学博士研究生学位论文,2007年6月 p.161(附录一)

Db.t.0173 大乘无量寿宗要经

张延清著 吐蕃敦煌抄经研究 北京:民族出版社,2016年11月 p.293、331、354

赵晓星著 吐蕃统治时期敦煌密教研究 兰州:甘肃教育出版社,2017年3月 p.608(附录一)

马德、勘措吉主编,甘肃省文物局、敦煌研究院编纂 甘肃藏敦煌藏文文献②敦煌市博物馆卷,上海:上海古籍出版社,2018年7月 图版p.305~306

赵晓星 吐蕃统治敦煌时期的密教研究 兰州:兰州大学博士研究生学位论文,2007年6月 p.161(附录一)

Db.t.0174 大乘无量寿宗要经

张延清著 吐蕃敦煌抄经研究 北京:民族出版社,2016年11月 p.294

赵晓星著 吐蕃统治时期敦煌密教研究 兰州:甘肃教育出版社,2017年3月 p.608(附录一)

马德、勘措吉主编,甘肃省文物局、敦煌研究院编纂 甘肃藏敦煌藏文文献②敦煌市博物馆卷,上海:上海古籍出版社,2018年7月 图版p.306~309

赵晓星 吐蕃统治敦煌时期的密教研究 兰州:兰州大学博士研究生学位论文,2007年6月 p.162(附录一)

Db.t.0175 大乘无量寿宗要经

张延清著 吐蕃敦煌抄经研究 北京:民族出版社,2016年11月 p.296

赵晓星著 吐蕃统治时期敦煌密教研究 兰州:甘肃教育出版社,2017年3月 p.608(附录一)

马德、勘措吉主编,甘肃省文物局、敦煌研究院编纂 甘肃藏敦煌藏文文献②敦煌市博物馆卷,上海:上海古籍出版社,2018年7月 图版p.309~313

赵晓星 吐蕃统治敦煌时期的密教研究 兰州:兰州大学博士研究生学位论文,2007年6月 p.162(附录一)

Db.t.0176 大乘无量寿宗要经

赵晓星著 吐蕃统治时期敦煌密教研究 兰州:甘肃教育出版社,2017年3月 p.608(附录一)

马德、勘措吉主编,甘肃省文物局、敦煌研究院编纂 甘肃藏敦煌藏文文献②敦煌市博物馆卷,上海:上海古籍出版社,2018年7月 图版p.314~315

赵晓星 吐蕃统治敦煌时期的密教研究 兰州:兰州大学博士研究生学位论文,2007年6月 p.162(附录一)

Db.t.0177 大乘无量寿宗要经

张延清著 吐蕃敦煌抄经研究 北京:民族出版社,2016年11月 p.314~315

赵晓星著 吐蕃统治时期敦煌密教研究 兰州:甘肃教育出版社,2017年3月 p.608(附录一)

马德、勘措吉主编,甘肃省文物局、敦煌研究院编纂 甘肃藏敦煌藏文文献②敦煌市博物馆卷,上海:上海古籍出版社,2018年7月 图版p.315~316

赵晓星 吐蕃统治敦煌时期的密教研究 兰州:兰州大学博士研究生学位论文,2007年6月 p.162(附录一)

Db.t.0178 大乘无量寿宗要经

张延清著 吐蕃敦煌抄经研究 北京:民族出版社,2016年11月 p.314~315

赵晓星著 吐蕃统治时期敦煌密教研究 兰州:甘肃教育出版社,2017年3月 p.608(附录一)

马德、勘措吉主编,甘肃省文物局、敦煌研究院编纂 甘肃藏敦煌藏文文献②敦煌市博物馆卷,上海:上海古籍出版社,2018年7月 图版p.317~318

赵晓星 吐蕃统治敦煌时期的密教研究 兰州:兰州大学博士研究生学位论文,2007年6月 p.162(附录一)

Db.t.0179 大乘无量寿宗要经

张延清著 吐蕃敦煌抄经研究 北京:民族出版社,2016年11月 p.314~315

赵晓星著 吐蕃统治时期敦煌密教研究 兰州:甘肃教育出版社,2017年3月 p.609(附录一)

马德、勘措吉主编,甘肃省文物局、敦煌研究院编纂 甘肃藏敦煌藏文文献②敦煌市博物馆卷,上海:上海古籍出版社,2018年7月 图版p.318~319

赵晓星 吐蕃统治敦煌时期的密教研究 兰州:兰州大学博士研究生学位论文,2007年6月 p.162(附录一)

Db.t.0180 大乘无量寿宗要经

张延清著 吐蕃敦煌抄经研究 北京:民族出版社,2016年11月 p.314~315、337、343

赵晓星著 吐蕃统治时期敦煌密教研究 兰州:甘肃教育出版社,2017年3月 p.609(附录一)

马德、勘措吉主编,甘肃省文物局、敦煌研究院编纂 甘肃藏敦煌藏文文献②敦煌市博物馆卷,上海:上海古籍出版社,2018年7月 图版p.320~321

赵晓星 吐蕃统治敦煌时期的密教研究 兰州:兰州大学博士研究生学位论文,2007年6月 p.162(附录一)

Db.t.0181 大乘无量寿宗要经

张延清著 吐蕃敦煌抄经研究 北京:民族出版社,2016年11月 p.321

赵晓星著 吐蕃统治时期敦煌密教研究 兰州:甘肃教育出版社,2017年3月 p.609(附录一)

马德、勘措吉主编,甘肃省文物局、敦煌研究院编纂 甘肃藏敦煌藏文文献②敦煌市博物馆卷,上海:上海古籍出版社,2018年7月 图版p.321~323

赵晓星 吐蕃统治敦煌时期的密教研究 兰州:兰州大学博士研究生学位论文,2007年6月 p.162(附录一)

Db.t.0182 大乘无量寿宗要经

张延清著 吐蕃敦煌抄经研究 北京:民族出版社,2016年11月 p.147、213、320、333、354、355、358

赵晓星著 吐蕃统治时期敦煌密教研究 兰州:甘肃教育出版社,2017年3月 p.609(附录一)

马德、勘措吉主编,甘肃省文物局、敦煌研究院编纂 甘肃藏敦煌藏文文献②敦煌市博物馆卷,上海:上海古籍出版社,2018年7月 图版p.323~325

赵晓星 吐蕃统治敦煌时期的密教研究 兰州:兰州大学博士研究生学位论文,2007年6月 p.162(附录一)

Db.t.0183 大乘无量寿宗要经

张延清著 吐蕃敦煌抄经研究 北京:民族出版社,2016年11月 p.296

赵晓星著 吐蕃统治时期敦煌密教研究 兰州:甘肃教育出版社,2017年3月 p.610(附录一)

马德、勘措吉主编,甘肃省文物局、敦煌研究院编纂 甘肃藏敦煌藏文文献②敦煌市博物馆卷,上海:上海古籍出版社,2018年7月 图版p.325~333

赵晓星 吐蕃统治敦煌时期的密教研究 兰州:兰州大学博士研究生学位论文,2007年6月 p.162(附录一)

Db.t.0184 大乘无量寿宗要经

张延清著 吐蕃敦煌抄经研究 北京:民族出版社,2016年11月 p.296

赵晓星著 吐蕃统治时期敦煌密教研究 兰州:甘肃教育出版社,2017年3月 p.610(附录一)

马德、勘措吉主编,甘肃省文物局、敦煌研究院编纂 甘肃藏敦煌藏文文献②敦煌市博物馆卷,上海:上海古籍出版社,2018年7月 图版p.333~339

赵晓星 吐蕃统治敦煌时期的密教研究 兰州:兰州大学博士研究生学位论文,2007年6月 p.162(附录一)

Db.t.0185 大乘无量寿宗要经

张延清著 吐蕃敦煌抄经研究 北京:民族出版社,2016年11月 p.296、341、343

赵晓星著 吐蕃统治时期敦煌密教研究 兰州:甘肃教育出版社,2017年3月 p.610(附录一)

马德、勘措吉主编,甘肃省文物局、敦煌研究院编纂 甘肃藏敦煌藏文文献②敦煌市博物馆卷,上海:上

海古籍出版社，2018年7月 图版p.339~340

赵晓星 吐蕃统治敦煌时期的密教研究 兰州：兰州大学博士研究生学位论文，2007年6月 p.162（附录一）

Db.t.0186 大乘无量寿宗要经

张延清著 吐蕃敦煌抄经研究 北京：民族出版社，2016年11月 p.297、341、343

赵晓星著 吐蕃统治时期敦煌密教研究 兰州：甘肃教育出版社，2017年3月 p.611（附录一）

马德、勘措吉主编，甘肃省文物局、敦煌研究院编纂 甘肃藏敦煌藏文文献②敦煌市博物馆卷，上海：上海古籍出版社，2018年7月 图版p.341~342

赵晓星 吐蕃统治敦煌时期的密教研究 兰州：兰州大学博士研究生学位论文，2007年6月 p.162（附录一）

Db.t.0187 大乘无量寿宗要经

陈楠 吐蕃统辖敦煌时期之藏文抄经活动考述《中国藏学》（国家重点课题《西藏通史》专刊）2013年第S2期 p.35

张延清著 吐蕃敦煌抄经研究 北京：民族出版社，2016年11月 p.297、342、343、344

赵晓星著 吐蕃统治时期敦煌密教研究 兰州：甘肃教育出版社，2017年3月 p.611（附录一）

马德、勘措吉主编，甘肃省文物局、敦煌研究院编纂 甘肃藏敦煌藏文文献②敦煌市博物馆卷，上海：上海古籍出版社，2018年7月 图版p.342~343

赵晓星 吐蕃统治敦煌时期的密教研究 兰州：兰州大学博士研究生学位论文，2007年6月 p.162~163（附录一）

Db.t.0188 大乘无量寿宗要经

张延清著 吐蕃敦煌抄经研究 北京：民族出版社，2016年11月 p.297、341、343

赵晓星著 吐蕃统治时期敦煌密教研究 兰州：甘肃教育出版社，2017年3月 p.611（附录一）

马德、勘措吉主编，甘肃省文物局、敦煌研究院编纂 甘肃藏敦煌藏文文献②敦煌市博物馆卷，上海：上海古籍出版社，2018年7月 图版p.344~345

赵晓星 吐蕃统治敦煌时期的密教研究 兰州：兰州大学博士研究生学位论文，2007年6月 p.163（附录一）

Db.t.0189 大乘无量寿宗要经

张延清著 吐蕃敦煌抄经研究 北京：民族出版社，2016年11月 p.297

赵晓星著 吐蕃统治时期敦煌密教研究 兰州：甘肃教育出版社，2017年3月 p.611（附录一）

马德、勘措吉主编，甘肃省文物局、敦煌研究院编纂 甘肃藏敦煌藏文文献②敦煌市博物馆卷，上海：上海古籍出版社，2018年7月 图版p.345~346

赵晓星 吐蕃统治敦煌时期的密教研究 兰州：兰州大学博士研究生学位论文，2007年6月 p.163（附录一）

Db.t.0190 大乘无量寿宗要经

张延清著 吐蕃敦煌抄经研究 北京:民族出版社,2016年11月 p.297

赵晓星著 吐蕃统治时期敦煌密教研究 兰州:甘肃教育出版社,2017年3月 p.611(附录一)

马德、勘措吉主编,甘肃省文物局、敦煌研究院编纂 甘肃藏敦煌藏文文献②敦煌市博物馆卷,上海:上海古籍出版社,2018年7月 图版p.347~348

赵晓星 吐蕃统治敦煌时期的密教研究 兰州:兰州大学博士研究生学位论文,2007年6月 p.163(附录一)

Db.t.0191 大乘无量寿宗要经

张延清著 吐蕃敦煌抄经研究 北京:民族出版社,2016年11月 p.298

赵晓星著 吐蕃统治时期敦煌密教研究 兰州:甘肃教育出版社,2017年3月 p.612(附录一)

马德、勘措吉主编,甘肃省文物局、敦煌研究院编纂 甘肃藏敦煌藏文文献②敦煌市博物馆卷,上海:上海古籍出版社,2018年7月 图版p.349~350

赵晓星 吐蕃统治敦煌时期的密教研究 兰州:兰州大学博士研究生学位论文,2007年6月 p.163(附录一)

Db.t.0192 大乘无量寿宗要经

张延清著 吐蕃敦煌抄经研究 北京:民族出版社,2016年11月 p.298、331、343、357

赵晓星著 吐蕃统治时期敦煌密教研究 兰州:甘肃教育出版社,2017年3月 p.612(附录一)

马德、勘措吉主编,甘肃省文物局、敦煌研究院编纂 甘肃藏敦煌藏文文献③敦煌市博物馆卷,上海:上海古籍出版社,2018年7月 图版p.1~2

赵晓星 吐蕃统治敦煌时期的密教研究 兰州:兰州大学博士研究生学位论文,2007年6月 p.163(附录一)

Db.t.0193 大乘无量寿宗要经

张延清著 吐蕃敦煌抄经研究 北京:民族出版社,2016年11月 p.298、333、355、358

赵晓星著 吐蕃统治时期敦煌密教研究 兰州:甘肃教育出版社,2017年3月 p.612(附录一)

马德、勘措吉主编,甘肃省文物局、敦煌研究院编纂 甘肃藏敦煌藏文文献③敦煌市博物馆卷,上海:上海古籍出版社,2018年7月 图版p.2~4

赵晓星 吐蕃统治敦煌时期的密教研究 兰州:兰州大学博士研究生学位论文,2007年6月 p.163(附录一)

Db.t.0194 大乘无量寿宗要经

张延清著 吐蕃敦煌抄经研究 北京:民族出版社,2016年11月 p.298、333、355、358

赵晓星著 吐蕃统治时期敦煌密教研究 兰州:甘肃教育出版社,2017年3月 p.612(附录一)

马德、勘措吉主编,甘肃省文物局、敦煌研究院编纂 甘肃藏敦煌藏文文献③敦煌市博物馆卷,上海:上海古籍出版社,2018年7月 图版p.4~6

赵晓星 吐蕃统治敦煌时期的密教研究 兰州:兰州大学博士研究生学位论文,2007年6月 p.163(附录一)

Db.t.0195 大乘无量寿宗要经

张延清著 吐蕃敦煌抄经研究 北京:民族出版社,2016年11月 p.297

赵晓星著 吐蕃统治时期敦煌密教研究 兰州:甘肃教育出版社,2017年3月 p.612(附录一)

马德、勘措吉主编,甘肃省文物局、敦煌研究院编纂 甘肃藏敦煌藏文文献③敦煌市博物馆卷,上海:上海古籍出版社,2018年7月 图版p.6~10

赵晓星 吐蕃统治敦煌时期的密教研究 兰州:兰州大学博士研究生学位论文,2007年6月 p.163(附录一)

Db.t.0196 大乘无量寿宗要经

张延清著 吐蕃敦煌抄经研究 北京:民族出版社,2016年11月 p.297

赵晓星著 吐蕃统治时期敦煌密教研究 兰州:甘肃教育出版社,2017年3月 p.613(附录一)

马德、勘措吉主编,甘肃省文物局、敦煌研究院编纂 甘肃藏敦煌藏文文献③敦煌市博物馆卷,上海:上海古籍出版社,2018年7月 图版p.11~12

赵晓星 吐蕃统治敦煌时期的密教研究 兰州:兰州大学博士研究生学位论文,2007年6月 p.163(附录一)

Db.t.0197 大乘无量寿宗要经

张延清著 吐蕃敦煌抄经研究 北京:民族出版社,2016年11月 p.298

赵晓星著 吐蕃统治时期敦煌密教研究 兰州:甘肃教育出版社,2017年3月 p.613(附录一)

马德、勘措吉主编,甘肃省文物局、敦煌研究院编纂 甘肃藏敦煌藏文文献③敦煌市博物馆卷,上海:上海古籍出版社,2018年7月 图版p.12~16

赵晓星 吐蕃统治敦煌时期的密教研究 兰州:兰州大学博士研究生学位论文,2007年6月 p.163(附录一)

Db.t.0198 大乘无量寿宗要经

张延清著 吐蕃敦煌抄经研究 北京:民族出版社,2016年11月 p.298~299

赵晓星著 吐蕃统治时期敦煌密教研究 兰州:甘肃教育出版社,2017年3月 p.613(附录一)

马德、勘措吉主编,甘肃省文物局、敦煌研究院编纂 甘肃藏敦煌藏文文献③敦煌市博物馆卷,上海:上海古籍出版社,2018年7月 图版p.17~18

赵晓星 吐蕃统治敦煌时期的密教研究 兰州:兰州大学博士研究生学位论文,2007年6月 p.163(附录一)

Db.t.0199 大乘无量寿宗要经

张延清著 吐蕃敦煌抄经研究 北京:民族出版社,2016年11月 p.299、354

赵晓星著 吐蕃统治时期敦煌密教研究 兰州:甘肃教育出版社,2017年3月 p.613(附录一)

马德、勘措吉主编,甘肃省文物局、敦煌研究院编纂 甘肃藏敦煌藏文文献③敦煌市博物馆卷,上海:上海古籍出版社,2018年7月 图版p.18~19

赵晓星 吐蕃统治敦煌时期的密教研究 兰州:兰州大学博士研究生学位论文,2007年6月 p.163(附录一)

Db.t.0200 大乘无量寿宗要经

张延清著 吐蕃敦煌抄经研究 北京:民族出版社,2016年11月 p.299

赵晓星著 吐蕃统治时期敦煌密教研究 兰州:甘肃教育出版社,2017年3月 p.613(附录一)

马德、勘措吉主编,甘肃省文物局、敦煌研究院编纂 甘肃藏敦煌藏文文献③敦煌市博物馆卷,上海:上海古籍出版社,2018年7月 图版p.20~21

赵晓星 吐蕃统治敦煌时期的密教研究 兰州:兰州大学博士研究生学位论文,2007年6月 p.163(附录一)

Db.t.0201 大乘无量寿宗要经

张延清著 吐蕃敦煌抄经研究 北京:民族出版社,2016年11月 p.299、331、343、353

赵晓星著 吐蕃统治时期敦煌密教研究 兰州:甘肃教育出版社,2017年3月 p.613(附录一)

马德、勘措吉主编,甘肃省文物局、敦煌研究院编纂 甘肃藏敦煌藏文文献③敦煌市博物馆卷,上海:上海古籍出版社,2018年7月 图版p.21~22

赵晓星 吐蕃统治敦煌时期的密教研究 兰州:兰州大学博士研究生学位论文,2007年6月 p.163(附录一)

Db.t.0202 大乘无量寿宗要经

张延清著 吐蕃敦煌抄经研究 北京:民族出版社,2016年11月 p.299、300

赵晓星著 吐蕃统治时期敦煌密教研究 兰州:甘肃教育出版社,2017年3月 p.613(附录一)

马德、勘措吉主编,甘肃省文物局、敦煌研究院编纂 甘肃藏敦煌藏文文献③敦煌市博物馆卷,上海:上海古籍出版社,2018年7月 图版p.23~24

赵晓星 吐蕃统治敦煌时期的密教研究 兰州:兰州大学博士研究生学位论文,2007年6月 p.163(附录一)

Db.t.0203 大乘无量寿宗要经

张延清著 吐蕃敦煌抄经研究 北京:民族出版社,2016年11月 p.299、300

赵晓星著 吐蕃统治时期敦煌密教研究 兰州:甘肃教育出版社,2017年3月 p.613(附录一)

马德、勘措吉主编,甘肃省文物局、敦煌研究院编纂 甘肃藏敦煌藏文文献③敦煌市博物馆卷,上海:上海古籍出版社,2018年7月 图版p.24~25

赵晓星 吐蕃统治敦煌时期的密教研究 兰州:兰州大学博士研究生学位论文,2007年6月 p.163(附录一)

Db.t.0204 大乘无量寿宗要经

张延清著 吐蕃敦煌抄经研究 北京:民族出版社,2016年11月 p.299、300

赵晓星著 吐蕃统治时期敦煌密教研究 兰州:甘肃教育出版社,2017年3月 p.613(附录一)

马德、勘措吉主编,甘肃省文物局、敦煌研究院编纂 甘肃藏敦煌藏文文献③敦煌市博物馆卷,上海:上海古籍出版社,2018年7月 图版p.26~28

赵晓星 吐蕃统治敦煌时期的密教研究 兰州:兰州大学博士研究生学位论文,2007年6月 p.163(附录一)

Db.t.0205 大乘无量寿宗要经

张延清著 吐蕃敦煌抄经研究 北京:民族出版社,2016年11月 p.301、341、343

赵晓星著 吐蕃统治时期敦煌密教研究 兰州:甘肃教育出版社,2017年3月 p.614(附录一)

马德、勘措吉主编,甘肃省文物局、敦煌研究院编纂 甘肃藏敦煌藏文文献③敦煌市博物馆卷,上海:上海古籍出版社,2018年7月 图版p.29~30

赵晓星 吐蕃统治敦煌时期的密教研究 兰州:兰州大学博士研究生学位论文,2007年6月 p.163(附录一)

Db.t.0206 大乘无量寿宗要经

张延清著 吐蕃敦煌抄经研究 北京:民族出版社,2016年11月 p.302

赵晓星著 吐蕃统治时期敦煌密教研究 兰州:甘肃教育出版社,2017年3月 p.614(附录一)

马德、勘措吉主编,甘肃省文物局、敦煌研究院编纂 甘肃藏敦煌藏文文献③敦煌市博物馆卷,上海:上海古籍出版社,2018年7月 图版p.31~35

赵晓星 吐蕃统治敦煌时期的密教研究 兰州:兰州大学博士研究生学位论文,2007年6月 p.163~164(附录一)

Db.t.0207 大乘无量寿宗要经

张延清著 吐蕃敦煌抄经研究 北京:民族出版社,2016年11月 p.303

赵晓星著 吐蕃统治时期敦煌密教研究 兰州:甘肃教育出版社,2017年3月 p.614(附录一)

马德、勘措吉主编,甘肃省文物局、敦煌研究院编纂 甘肃藏敦煌藏文文献③敦煌市博物馆卷,上海:上海古籍出版社,2018年7月 图版p.35~38

赵晓星 吐蕃统治敦煌时期的密教研究 兰州:兰州大学博士研究生学位论文,2007年6月 p.164(附录一)

Db.t.0208 大乘无量寿宗要经

张延清著 吐蕃敦煌抄经研究 北京:民族出版社,2016年11月 p.303

赵晓星著 吐蕃统治时期敦煌密教研究 兰州:甘肃教育出版社,2017年3月 p.615(附录一)

马德、勘措吉主编,甘肃省文物局、敦煌研究院编纂 甘肃藏敦煌藏文文献③敦煌市博物馆卷,上海:上海古籍出版社,2018年7月 图版p.38~45

赵晓星 吐蕃统治敦煌时期的密教研究 兰州:兰州大学博士研究生学位论文,2007年6月 p.164(附录一)

Db.t.0209(原收藏号10-209) 大乘无量寿宗要经

张延清、谢尔萨 敦煌藏文写经生结构分析《丝绸之路民族古文字与文化学术讨论会文集》(上),西安:三秦出版社,2007年7月 p.117~118;p.124(附表二)

张延清著 吐蕃敦煌抄经研究 北京:民族出版社,2016年11月 p.158、159、305

赵晓星著 吐蕃统治时期敦煌密教研究 兰州:甘肃教育出版社,2017年3月 p.615(附录一)

马德、勘措吉主编，甘肃省文物局、敦煌研究院编纂 甘肃藏敦煌藏文文献③敦煌市博物馆卷，上海：上海古籍出版社，2018年7月 图版p.46

赵晓星 吐蕃统治敦煌时期的密教研究 兰州：兰州大学博士研究生学位论文，2007年6月 p.164(附录一)

Db.t.0209a

张延清、谢尔萨 敦煌藏文写经生结构分析《丝绸之路民族古文字与文化学术讨论会文集》(上)，西安：三秦出版社，2007年7月 p.117~118；p.124(附表二)

Db.t.0209b

张延清、谢尔萨 敦煌藏文写经生结构分析《丝绸之路民族古文字与文化学术讨论会文集》(上)，西安：三秦出版社，2007年7月 p.117~118；p.124(附表二)

Db.t.0210 大乘无量寿宗要经

张延清著 吐蕃敦煌抄经研究 北京：民族出版社，2016年11月 p.305

赵晓星著 吐蕃统治时期敦煌密教研究 兰州：甘肃教育出版社，2017年3月 p.615(附录一)

马德、勘措吉主编，甘肃省文物局、敦煌研究院编纂 甘肃藏敦煌藏文文献③敦煌市博物馆卷，上海：上海古籍出版社，2018年7月 图版p.47~49

赵晓星 吐蕃统治敦煌时期的密教研究 兰州：兰州大学博士研究生学位论文，2007年6月 p.164(附录一)

Db.t.0211 大乘无量寿宗要经

张延清著 吐蕃敦煌抄经研究 北京：民族出版社，2016年11月 p.305

赵晓星著 吐蕃统治时期敦煌密教研究 兰州：甘肃教育出版社，2017年3月 p.615(附录一)

马德、勘措吉主编，甘肃省文物局、敦煌研究院编纂 甘肃藏敦煌藏文文献③敦煌市博物馆卷，上海：上海古籍出版社，2018年7月 图版p.50~52

赵晓星 吐蕃统治敦煌时期的密教研究 兰州：兰州大学博士研究生学位论文，2007年6月 p.164(附录一)

Db.t.0212 大乘无量寿宗要经

张延清著 吐蕃敦煌抄经研究 北京：民族出版社，2016年11月 p.305

赵晓星著 吐蕃统治时期敦煌密教研究 兰州：甘肃教育出版社，2017年3月 p.616(附录一)

马德、勘措吉主编，甘肃省文物局、敦煌研究院编纂 甘肃藏敦煌藏文文献③敦煌市博物馆卷，上海：上海古籍出版社，2018年7月 图版p.53~54

赵晓星 吐蕃统治敦煌时期的密教研究 兰州：兰州大学博士研究生学位论文，2007年6月 p.164(附录一)

Db.t.0213 大乘无量寿宗要经

张延清著 吐蕃敦煌抄经研究 北京:民族出版社,2016年11月 p.305

赵晓星著 吐蕃统治时期敦煌密教研究 兰州:甘肃教育出版社,2017年3月 p.616(附录一)

马德、勘措吉主编,甘肃省文物局、敦煌研究院编纂 甘肃藏敦煌藏文文献③敦煌市博物馆卷,上海:上海古籍出版社,2018年7月 图版p.54~56

赵晓星 吐蕃统治敦煌时期的密教研究 兰州:兰州大学博士研究生学位论文,2007年6月 p.164(附录一)

Db.t.0214 大乘无量寿宗要经

赵晓星著 吐蕃统治时期敦煌密教研究 兰州:甘肃教育出版社,2017年3月 p.616(附录一)

马德、勘措吉主编,甘肃省文物局、敦煌研究院编纂甘肃藏敦煌藏文文献③敦煌市博物馆卷,上海:上海古籍出版社,2018年7月 图版p.56~57

赵晓星 吐蕃统治敦煌时期的密教研究 兰州:兰州大学博士研究生学位论文,2007年6月 p.164(附录一)

Db.t.0215 大乘无量寿宗要经

张延清著 吐蕃敦煌抄经研究 北京:民族出版社,2016年11月 p.307、341、343

赵晓星著 吐蕃统治时期敦煌密教研究 兰州:甘肃教育出版社,2017年3月 p.616(附录一)

马德、勘措吉主编,甘肃省文物局、敦煌研究院编纂 甘肃藏敦煌藏文文献③敦煌市博物馆卷,上海:上海古籍出版社,2018年7月 图版p.58~59

赵晓星 吐蕃统治敦煌时期的密教研究 兰州:兰州大学博士研究生学位论文,2007年6月 p.164(附录一)

Db.t.0216 大乘无量寿宗要经

张延清著 吐蕃敦煌抄经研究 北京:民族出版社,2016年11月 p.307

赵晓星著 吐蕃统治时期敦煌密教研究 兰州:甘肃教育出版社,2017年3月 p.616(附录一)

马德、勘措吉主编,甘肃省文物局、敦煌研究院编纂 甘肃藏敦煌藏文文献③敦煌市博物馆卷,上海:上海古籍出版社,2018年7月 图版p.59~60

赵晓星 吐蕃统治敦煌时期的密教研究 兰州:兰州大学博士研究生学位论文,2007年6月 p.164(附录一)

Db.t.0217 大乘无量寿宗要经

张延清著 吐蕃敦煌抄经研究 北京:民族出版社,2016年11月 p.307

赵晓星著 吐蕃统治时期敦煌密教研究 兰州:甘肃教育出版社,2017年3月 p.616(附录一)

马德、勘措吉主编,甘肃省文物局、敦煌研究院编纂 甘肃藏敦煌藏文文献③敦煌市博物馆卷,上海:上海古籍出版社,2018年7月 图版p.61~62

赵晓星 吐蕃统治敦煌时期的密教研究 兰州:兰州大学博士研究生学位论文,2007年6月 p.164(附录一)

Db.t.0218 大乘无量寿宗要经

张延清著 吐蕃敦煌抄经研究 北京:民族出版社,2016年11月 p.308

赵晓星著 吐蕃统治时期敦煌密教研究 兰州:甘肃教育出版社,2017年3月 p.616(附录一)

马德、勘措吉主编,甘肃省文物局、敦煌研究院编纂 甘肃藏敦煌藏文文献③敦煌市博物馆卷,上海:上海古籍出版社,2018年7月 图版p.62~65

赵晓星 吐蕃统治敦煌时期的密教研究 兰州:兰州大学博士研究生学位论文,2007年6月 p.164(附录一)

Db.t.0219 大乘无量寿宗要经

张延清著 吐蕃敦煌抄经研究 北京:民族出版社,2016年11月 p.308

赵晓星著 吐蕃统治时期敦煌密教研究 兰州:甘肃教育出版社,2017年3月 p.617(附录一)

马德、勘措吉主编,甘肃省文物局、敦煌研究院编纂 甘肃藏敦煌藏文文献③敦煌市博物馆卷,上海:上海古籍出版社,2018年7月 图版p.65~69

赵晓星 吐蕃统治敦煌时期的密教研究 兰州:兰州大学博士研究生学位论文,2007年6月 p.164(附录一)

Db.t.0220 大乘无量寿宗要经

张延清著 吐蕃敦煌抄经研究 北京:民族出版社,2016年11月 p.309

赵晓星著 吐蕃统治时期敦煌密教研究 兰州:甘肃教育出版社,2017年3月 p.617(附录一)

马德、勘措吉主编,甘肃省文物局、敦煌研究院编纂 甘肃藏敦煌藏文文献③敦煌市博物馆卷,上海:上海古籍出版社,2018年7月 图版p.70~71

赵晓星 吐蕃统治敦煌时期的密教研究 兰州:兰州大学博士研究生学位论文,2007年6月 p.164(附录一)

Db.t.0221 大乘无量寿宗要经

赵晓星著 吐蕃统治时期敦煌密教研究 兰州:甘肃教育出版社,2017年3月 p.617(附录一)

马德、勘措吉主编,甘肃省文物局、敦煌研究院编纂 甘肃藏敦煌藏文文献③敦煌市博物馆卷,上海:上海古籍出版社,2018年7月 图版p.71~77

赵晓星 吐蕃统治敦煌时期的密教研究 兰州:兰州大学博士研究生学位论文,2007年6月 p.164(附录一)

Db.t.0222 大乘无量寿宗要经

张延清著 吐蕃敦煌抄经研究 北京:民族出版社,2016年11月 p.309

马德、勘措吉主编,甘肃省文物局、敦煌研究院编纂 甘肃藏敦煌藏文文献③敦煌市博物馆卷,上海:上海古籍出版社,2018年7月 图版p.77~81

Db.t.0223 大乘无量寿宗要经

马德、勘措吉主编,甘肃省文物局、敦煌研究院编纂 甘肃藏敦煌藏文文献③敦煌市博物馆卷,上海:上

海古籍出版社，2018年7月 图版p.82~83

Db.t.0224 大乘无量寿宗要经

马德、勘措吉主编，甘肃省文物局、敦煌研究院编纂 甘肃藏敦煌藏文文献③敦煌市博物馆卷，上海：上海古籍出版社，2018年7月 图版p.83~87

Db.t.0225 大乘无量寿宗要经

马德、勘措吉主编，甘肃省文物局、敦煌研究院编纂 甘肃藏敦煌藏文文献③敦煌市博物馆卷，上海：上海古籍出版社，2018年7月 图版p.88~89

Db.t.0226 大乘无量寿宗要经

张延清著 吐蕃敦煌抄经研究 北京：民族出版社，2016年11月 p.310

马德、勘措吉主编，甘肃省文物局、敦煌研究院编纂 甘肃藏敦煌藏文文献③敦煌市博物馆卷，上海：上海古籍出版社，2018年7月 图版p.89~92

Db.t.0227 大乘无量寿宗要经

张延清著 吐蕃敦煌抄经研究 北京：民族出版社，2016年11月 p.285、310

马德、勘措吉主编，甘肃省文物局、敦煌研究院编纂 甘肃藏敦煌藏文文献③敦煌市博物馆卷，上海：上海古籍出版社，2018年7月 图版p.92~95

Db.t.0228 大乘无量寿宗要经

张延清著 吐蕃敦煌抄经研究 北京：民族出版社，2016年11月 p.312

马德、勘措吉主编，甘肃省文物局、敦煌研究院编纂 甘肃藏敦煌藏文文献③敦煌市博物馆卷，上海：上海古籍出版社，2018年7月 图版p.95~96

Db.t.0229 大乘无量寿宗要经

张延清著 吐蕃敦煌抄经研究 北京：民族出版社，2016年11月 p.312

马德、勘措吉主编，甘肃省文物局、敦煌研究院编纂 甘肃藏敦煌藏文文献③敦煌市博物馆卷，上海：上海古籍出版社，2018年7月 图版p.97~102

Db.t.0230 大乘无量寿宗要经

张延清著 吐蕃敦煌抄经研究 北京：民族出版社，2016年11月 p.314

马德、勘措吉主编，甘肃省文物局、敦煌研究院编纂 甘肃藏敦煌藏文文献③敦煌市博物馆卷，上海：上海古籍出版社，2018年7月 图版p.103~105

Db.t.0231 大乘无量寿宗要经

张延清著 吐蕃敦煌抄经研究 北京:民族出版社,2016年11月 p.315

马德、勘措吉主编,甘肃省文物局、敦煌研究院编纂 甘肃藏敦煌藏文文献③敦煌市博物馆卷,上海:上海古籍出版社,2018年7月 图版p.106~107

Db.t.0232 大乘无量寿宗要经

张延清著 吐蕃敦煌抄经研究 北京:民族出版社,2016年11月 p.312

马德、勘措吉主编,甘肃省文物局、敦煌研究院编纂 甘肃藏敦煌藏文文献③敦煌市博物馆卷,上海:上海古籍出版社,2018年7月 图版p.107~108

Db.t.0233 大乘无量寿宗要经

张延清著 吐蕃敦煌抄经研究 北京:民族出版社,2016年11月 p.314、341、343、353

马德、勘措吉主编,甘肃省文物局、敦煌研究院编纂 甘肃藏敦煌藏文文献③敦煌市博物馆卷,上海:上海古籍出版社,2018年7月 图版p.109~110

Db.t.0234 大乘无量寿宗要经

马德、勘措吉主编,甘肃省文物局、敦煌研究院编纂 甘肃藏敦煌藏文文献③敦煌市博物馆卷,上海:上海古籍出版社,2018年7月 图版p.110~113

Db.t.0235 大乘无量寿宗要经

马德、勘措吉主编,甘肃省文物局、敦煌研究院编纂 甘肃藏敦煌藏文文献③敦煌市博物馆卷,上海:上海古籍出版社,2018年7月 图版p.113~114

Db.t.0236 大乘无量寿宗要经

马德、勘措吉主编,甘肃省文物局、敦煌研究院编纂 甘肃藏敦煌藏文文献③敦煌市博物馆卷,上海:上海古籍出版社,2018年7月 图版p.115~116

Db.t.0237 大乘无量寿宗要经

张延清著 吐蕃敦煌抄经研究 北京:民族出版社,2016年11月 p.315

马德、勘措吉主编,甘肃省文物局、敦煌研究院编纂 甘肃藏敦煌藏文文献③敦煌市博物馆卷,上海:上海古籍出版社,2018年7月 图版p.116~117

Db.t.0238 大乘无量寿宗要经

张延清著 吐蕃敦煌抄经研究 北京:民族出版社,2016年11月 p.315

马德、勘措吉主编,甘肃省文物局、敦煌研究院编纂 甘肃藏敦煌藏文文献③敦煌市博物馆卷,上海:上海古籍出版社,2018年7月 图版p.118~119

Db.t.0239 大乘无量寿宗要经

张延清著 吐蕃敦煌抄经研究 北京:民族出版社,2016年11月 p.315

马德、勘措吉主编,甘肃省文物局、敦煌研究院编纂 甘肃藏敦煌藏文文献③敦煌市博物馆卷,上海:上海古籍出版社,2018年7月 图版p.119~126

Db.t.0240 大乘无量寿宗要经

张延清 吐蕃时期的抄经纸张探析《中国藏学》2012年第3期 p.101

郈惠莉 关于吐蕃时期敦煌汉文写经的几个问题《敦煌吐蕃文化学术研讨会论文集》,兰州:甘肃民族出版社,2009年12月 p.379

张延清著 吐蕃敦煌抄经研究 北京:民族出版社,2016年11月 p.165、211、212、325

马德、勘措吉主编,甘肃省文物局、敦煌研究院编纂 甘肃藏敦煌藏文文献③敦煌市博物馆卷,上海:上海古籍出版社,2018年7月 图版p.127~141

Db.t.0240a

张延清著 吐蕃敦煌抄经研究 北京:民族出版社,2016年11月 p.211

Db.t.0240b

张延清著 吐蕃敦煌抄经研究 北京:民族出版社,2016年11月 p.211

Db.t.0241 大乘无量寿宗要经

马德、勘措吉主编,甘肃省文物局、敦煌研究院编纂 甘肃藏敦煌藏文文献③敦煌市博物馆卷,上海:上海古籍出版社,2018年7月 图版p.142~143

Db.t.0242 大乘无量寿宗要经

张延清著 吐蕃敦煌抄经研究 北京:民族出版社,2016年11月 p.322

马德、勘措吉主编,甘肃省文物局、敦煌研究院编纂 甘肃藏敦煌藏文文献③敦煌市博物馆卷,上海:上海古籍出版社,2018年7月 图版p.143~144

Db.t.0243 大乘无量寿宗要经

张延清著 吐蕃敦煌抄经研究 北京:民族出版社,2016年11月 p.322

马德、勘措吉主编,甘肃省文物局、敦煌研究院编纂 甘肃藏敦煌藏文文献③敦煌市博物馆卷,上海:上

海古籍出版社,2018年7月 图版p.145~151

Db.t.0244 大乘无量寿宗要经

张延清著 吐蕃敦煌抄经研究 北京:民族出版社,2016年11月 p.322

马德、勘措吉主编,甘肃省文物局、敦煌研究院编纂 甘肃藏敦煌藏文文献③敦煌市博物馆卷,上海:上海古籍出版社,2018年7月 图版p.152~153

Db.t.0245 大乘无量寿宗要经

张延清著 吐蕃敦煌抄经研究 北京:民族出版社,2016年11月 p.314

马德、勘措吉主编,甘肃省文物局、敦煌研究院编纂 甘肃藏敦煌藏文文献③敦煌市博物馆卷,上海:上海古籍出版社,2018年7月 图版p.153~160

Db.t.0246 大乘无量寿宗要经

张延清著 吐蕃敦煌抄经研究 北京:民族出版社,2016年11月 p.314

马德、勘措吉主编,甘肃省文物局、敦煌研究院编纂 甘肃藏敦煌藏文文献③敦煌市博物馆卷,上海:上海古籍出版社,2018年7月 图版p.161~167

Db.t.0247 大乘无量寿宗要经

张延清著 吐蕃敦煌抄经研究 北京:民族出版社,2016年11月 p.314

马德、勘措吉主编,甘肃省文物局、敦煌研究院编纂 甘肃藏敦煌藏文文献③敦煌市博物馆卷,上海:上海古籍出版社,2018年7月 图版p.168~175

Db.t.0248 大乘无量寿宗要经

张延清著 吐蕃敦煌抄经研究 北京:民族出版社,2016年11月 p.314

马德、勘措吉主编,甘肃省文物局、敦煌研究院编纂 甘肃藏敦煌藏文文献③敦煌市博物馆卷,上海:上海古籍出版社,2018年7月 图版p.175~176

Db.t.0249 大乘无量寿宗要经

张延清著 吐蕃敦煌抄经研究 北京:民族出版社,2016年11月 p.314

马德、勘措吉主编,甘肃省文物局、敦煌研究院编纂 甘肃藏敦煌藏文文献③敦煌市博物馆卷,上海:上海古籍出版社,2018年7月 图版p.177~183

Db.t.0250 大乘无量寿宗要经

张延清著 吐蕃敦煌抄经研究 北京:民族出版社,2016年11月 p.314

马德、勘措吉主编，甘肃省文物局、敦煌研究院编纂 甘肃藏敦煌藏文文献③敦煌市博物馆卷，上海：上海古籍出版社，2018年7月 图版p.184~188

Db.t.0251 大乘无量寿宗要经

张延清著 吐蕃敦煌抄经研究 北京：民族出版社，2016年11月 p.314

马德、勘措吉主编，甘肃省文物局、敦煌研究院编纂 甘肃藏敦煌藏文文献③敦煌市博物馆卷，上海：上海古籍出版社，2018年7月 图版p.188~196

Db.t.0252 大乘无量寿宗要经

张延清著 吐蕃敦煌抄经研究 北京：民族出版社，2016年11月 p.165、314

马德、勘措吉主编，甘肃省文物局、敦煌研究院编纂 甘肃藏敦煌藏文文献③敦煌市博物馆卷，上海：上海古籍出版社，2018年7月 图版p.197~209

Db.t.0253 大乘无量寿宗要经

张延清著 吐蕃敦煌抄经研究 北京：民族出版社，2016年11月 p.314

马德、勘措吉主编，甘肃省文物局、敦煌研究院编纂 甘肃藏敦煌藏文文献③敦煌市博物馆卷，上海：上海古籍出版社，2018年7月 图版p.209~215

Db.t.0254 大乘无量寿宗要经

张延清著 吐蕃敦煌抄经研究 北京：民族出版社，2016年11月 p.314

马德、勘措吉主编，甘肃省文物局、敦煌研究院编纂 甘肃藏敦煌藏文文献③敦煌市博物馆卷，上海：上海古籍出版社，2018年7月 图版p.215~216

Db.t.0255 大乘无量寿宗要经

张延清著 吐蕃敦煌抄经研究 北京：民族出版社，2016年11月 p.314

马德、勘措吉主编，甘肃省文物局、敦煌研究院编纂 甘肃藏敦煌藏文文献③敦煌市博物馆卷，上海：上海古籍出版社，2018年7月 图版p.217~218

Db.t.0256 大乘无量寿宗要经

张延清著 吐蕃敦煌抄经研究 北京：民族出版社，2016年11月 p.318

马德、勘措吉主编，甘肃省文物局、敦煌研究院编纂 甘肃藏敦煌藏文文献③敦煌市博物馆卷，上海：上海古籍出版社，2018年7月 图版p.218~219

Db.t.0257 大乘无量寿宗要经

张延清著 吐蕃敦煌抄经研究 北京:民族出版社,2016年11月 p.318

马德、勘措吉主编,甘肃省文物局、敦煌研究院编纂 甘肃藏敦煌藏文文献③敦煌市博物馆卷,上海:上海古籍出版社,2018年7月 图版p.220~221

Db.t.0258 大乘无量寿宗要经

马德、勘措吉主编,甘肃省文物局、敦煌研究院编纂 甘肃藏敦煌藏文文献③敦煌市博物馆卷,上海:上海古籍出版社,2018年7月 图版p.221~228

Db.t.0259 大乘无量寿宗要经

马德、勘措吉主编,甘肃省文物局、敦煌研究院编纂 甘肃藏敦煌藏文文献③敦煌市博物馆卷,上海:上海古籍出版社,2018年7月 图版p.229~230

Db.t.0260 大乘无量寿宗要经

马德、勘措吉主编,甘肃省文物局、敦煌研究院编纂 甘肃藏敦煌藏文文献③敦煌市博物馆卷,上海:上海古籍出版社,2018年7月 图版p.230~231

Db.t.0261 大乘无量寿宗要经

马德、勘措吉主编,甘肃省文物局、敦煌研究院编纂 甘肃藏敦煌藏文文献③敦煌市博物馆卷,上海:上海古籍出版社,2018年7月 图版p.232~239

Db.t.0262 大乘无量寿宗要经

马德、勘措吉主编,甘肃省文物局、敦煌研究院编纂 甘肃藏敦煌藏文文献③敦煌市博物馆卷,上海:上海古籍出版社,2018年7月 图版p.239~246

Db.t.0263 大乘无量寿宗要经

马德、勘措吉主编,甘肃省文物局、敦煌研究院编纂 甘肃藏敦煌藏文文献③敦煌市博物馆卷,上海:上海古籍出版社,2018年7月 图版p.247~249

Db.t.0264 大乘无量寿宗要经

张延清著 吐蕃敦煌抄经研究 北京:民族出版社,2016年11月 p.343、357

马德、勘措吉主编,甘肃省文物局、敦煌研究院编纂 甘肃藏敦煌藏文文献③敦煌市博物馆卷,上海:上海古籍出版社,2018年7月 图版p.250~251

Db.t.0265 大乘无量寿宗要经

张延清著 吐蕃敦煌抄经研究 北京:民族出版社,2016年11月 p.287

马德、勘措吉主编,甘肃省文物局、敦煌研究院编纂 甘肃藏敦煌藏文文献③敦煌市博物馆卷,上海:上海古籍出版社,2018年7月 图版p.251~255

Db.t.0266 大乘无量寿宗要经

马德、勘措吉主编,甘肃省文物局、敦煌研究院编纂 甘肃藏敦煌藏文文献③敦煌市博物馆卷,上海:上海古籍出版社,2018年7月 图版p.256~257

Db.t.0267 大乘无量寿宗要经

张延清著 吐蕃敦煌抄经研究 北京:民族出版社,2016年11月 p.319~320

马德、勘措吉主编,甘肃省文物局、敦煌研究院编纂 甘肃藏敦煌藏文文献③敦煌市博物馆卷,上海:上海古籍出版社,2018年7月 图版p.257~260

Db.t.0268 大乘无量寿宗要经

张延清著 吐蕃敦煌抄经研究 北京:民族出版社,2016年11月 p.319~320

马德、勘措吉主编,甘肃省文物局、敦煌研究院编纂 甘肃藏敦煌藏文文献③敦煌市博物馆卷,上海:上海古籍出版社,2018年7月 图版p.260~266

Db.t.0269 大乘无量寿宗要经

张延清著 吐蕃敦煌抄经研究 北京:民族出版社,2016年11月 p.319~320

马德、勘措吉主编,甘肃省文物局、敦煌研究院编纂 甘肃藏敦煌藏文文献③敦煌市博物馆卷,上海:上海古籍出版社,2018年7月 图版p.266~267

Db.t.0270 大乘无量寿宗要经

张延清著 吐蕃敦煌抄经研究 北京:民族出版社,2016年11月 p.319~320、354

马德、勘措吉主编,甘肃省文物局、敦煌研究院编纂 甘肃藏敦煌藏文文献③敦煌市博物馆卷,上海:上海古籍出版社,2018年7月 图版p.268~270

Db.t.0271 大乘无量寿宗要经

张延清著 吐蕃敦煌抄经研究 北京:民族出版社,2016年11月 p.319~320

马德、勘措吉主编,甘肃省文物局、敦煌研究院编纂 甘肃藏敦煌藏文文献③敦煌市博物馆卷,上海:上海古籍出版社,2018年7月 图版p.270~271

Db.t.0272 大乘无量寿宗要经

马德、勘措吉主编，甘肃省文物局、敦煌研究院编纂 甘肃藏敦煌藏文文献③敦煌市博物馆卷，上海：上海古籍出版社，2018年7月 图版p.271~278

Db.t.0273 大乘无量寿宗要经

张延清著 吐蕃敦煌抄经研究 北京：民族出版社，2016年11月 p.321

马德、勘措吉主编，甘肃省文物局、敦煌研究院编纂 甘肃藏敦煌藏文文献③敦煌市博物馆卷，上海：上海古籍出版社，2018年7月 图版p.279~282

Db.t.0274 大乘无量寿宗要经

马德 敦煌吐蕃文献新论《转型期的敦煌学》，上海：上海古籍出版社，2007年11月 p.558

张延清 翻译家校阅大师法成及其校经目录《敦煌学辑刊》2008年第3期 p.82；收入德吉卓玛编《吐蕃佛教史研究论文集》，北京：中国藏学出版社，2015年4月 p.633

孔令梅 隋宋间敦煌令狐氏与佛教述论[①]《2009丝绸之路国际学术研讨会论文集》，西安：三秦出版社，2010年7月 p.131(统计表)；p.134

陈楠 吐蕃统辖敦煌时期之藏文抄经活动考述《中国藏学》(国家重点课题《西藏通史》专刊)2013年第S2期 p.36

张延清著 吐蕃敦煌抄经研究 北京：民族出版社，2016年11月 p.140、314~315、332、343、353

马德、勘措吉主编，甘肃省文物局、敦煌研究院编纂 甘肃藏敦煌藏文文献③敦煌市博物馆卷，上海：上海古籍出版社，2018年7月 图版p.282~284

札平 敦煌古藏文文献中的佛教神话原型研究——以《贤愚姻缘经》为例 兰州：西北民族大学硕士研究生学位论文，2011年6月 p.13

Db.t.0275 大乘无量寿宗要经

张延清著 吐蕃敦煌抄经研究 北京：民族出版社，2016年11月 p.331、354

马德、勘措吉主编，甘肃省文物局、敦煌研究院编纂 甘肃藏敦煌藏文文献③敦煌市博物馆卷，上海：上海古籍出版社，2018年7月 图版p.284~285

Db.t.0276 大乘无量寿宗要经

张延清著 吐蕃敦煌抄经研究 北京：民族出版社，2016年11月 p.331、354

马德、勘措吉主编，甘肃省文物局、敦煌研究院编纂 甘肃藏敦煌藏文文献③敦煌市博物馆卷，上海：上

①孔令梅《隋宋间敦煌令狐氏与佛教述论》第134页作"敦博T.02741"，有误。据《甘肃藏敦煌藏文文献叙录》核校，敦博T.0274藏文写卷为包晟抄。

海古籍出版社,2018年7月 图版p.286

Db.t.0277 大乘无量寿宗要经

张延清著 吐蕃敦煌抄经研究 北京:民族出版社,2016年11月 p.323

马德、勘措吉主编,甘肃省文物局、敦煌研究院编纂 甘肃藏敦煌藏文文献③敦煌市博物馆卷,上海:上海古籍出版社,2018年7月 图版p.287~288

Db.t.0278 大乘无量寿宗要经

张延清著 吐蕃敦煌抄经研究 北京:民族出版社,2016年11月 p.323

马德、勘措吉主编,甘肃省文物局、敦煌研究院编纂 甘肃藏敦煌藏文文献③敦煌市博物馆卷,上海:上海古籍出版社,2018年7月 图版p.288~289

Db.t.0279 大乘无量寿宗要经

张延清著 吐蕃敦煌抄经研究 北京:民族出版社,2016年11月 p.323

马德、勘措吉主编,甘肃省文物局、敦煌研究院编纂 甘肃藏敦煌藏文文献③敦煌市博物馆卷,上海:上海古籍出版社,2018年7月 图版p.290~291

Db.t.0280 大乘无量寿宗要经

马德、勘措吉主编,甘肃省文物局、敦煌研究院编纂 甘肃藏敦煌藏文文献③敦煌市博物馆卷,上海:上海古籍出版社,2018年7月 图版p.291~292

Db.t.0281 大乘无量寿宗要经

马德、勘措吉主编,甘肃省文物局、敦煌研究院编纂 甘肃藏敦煌藏文文献③敦煌市博物馆卷,上海:上海古籍出版社,2018年7月 图版p.293~300

Db.t.0282 大乘无量寿宗要经

马德、勘措吉主编,甘肃省文物局、敦煌研究院编纂 甘肃藏敦煌藏文文献③敦煌市博物馆卷,上海:上海古籍出版社,2018年7月 图版p.300~304

Db.t.0283 大乘无量寿宗要经

马德、勘措吉主编,甘肃省文物局、敦煌研究院编纂 甘肃藏敦煌藏文文献③敦煌市博物馆卷,上海:上海古籍出版社,2018年7月 图版p.305~307

Db.t.0284 大乘无量寿宗要经

马德、勘措吉主编,甘肃省文物局、敦煌研究院编纂 甘肃藏敦煌藏文文献③敦煌市博物馆卷,上海:上海古籍出版社,2018年7月 图版p.308~309

Db.t.0285 大乘无量寿宗要经

马德、勘措吉主编,甘肃省文物局、敦煌研究院编纂 甘肃藏敦煌藏文文献③敦煌市博物馆卷,上海:上海古籍出版社,2018年7月 图版p.309~312

Db.t.0286 大乘无量寿宗要经

马德、勘措吉主编,甘肃省文物局、敦煌研究院编纂 甘肃藏敦煌藏文文献③敦煌市博物馆卷,上海:上海古籍出版社,2018年7月 图版p.312~313

Db.t.0287 大乘无量寿宗要经

马德、勘措吉主编,甘肃省文物局、敦煌研究院编纂 甘肃藏敦煌藏文文献③敦煌市博物馆卷,上海:上海古籍出版社,2018年7月 图版p.314~315

Db.t.0288 大乘无量寿宗要经

马德、勘措吉主编,甘肃省文物局、敦煌研究院编纂 甘肃藏敦煌藏文文献③敦煌市博物馆卷,上海:上海古籍出版社,2018年7月 图版p.315~316

Db.t.0289 大乘无量寿宗要经

张延清著 吐蕃敦煌抄经研究 北京:民族出版社,2016年11月 p.214、323

马德、勘措吉主编,甘肃省文物局、敦煌研究院编纂 甘肃藏敦煌藏文文献③敦煌市博物馆卷,上海:上海古籍出版社,2018年7月 图版p.317~318

Db.t.0290 大乘无量寿宗要经

马德、勘措吉主编,甘肃省文物局、敦煌研究院编纂 甘肃藏敦煌藏文文献③敦煌市博物馆卷,上海:上海古籍出版社,2018年7月 图版p.319~320

Db.t.0291 大乘无量寿宗要经

马德、勘措吉主编,甘肃省文物局、敦煌研究院编纂 甘肃藏敦煌藏文文献③敦煌市博物馆卷,上海:上海古籍出版社,2018年7月 图版p.320~327

Db.t.0292 大乘无量寿宗要经

马德、勘措吉主编，甘肃省文物局、敦煌研究院编纂 甘肃藏敦煌藏文文献③敦煌市博物馆卷，上海：上海古籍出版社，2018年7月 图版p.328~329

Db.t.0293 大乘无量寿宗要经

马德、勘措吉主编，甘肃省文物局、敦煌研究院编纂 甘肃藏敦煌藏文文献③敦煌市博物馆卷，上海：上海古籍出版社，2018年7月 图版p.330~331

Db.t.0294 大乘无量寿宗要经

马德、勘措吉主编，甘肃省文物局、敦煌研究院编纂 甘肃藏敦煌藏文文献③敦煌市博物馆卷，上海：上海古籍出版社，2018年7月 图版p.331~333

Db.t.0295 大乘无量寿宗要经

马德、勘措吉主编，甘肃省文物局、敦煌研究院编纂 甘肃藏敦煌藏文文献③敦煌市博物馆卷，上海：上海古籍出版社，2018年7月 图版p.334

Db.t.0296 大乘无量寿宗要经

马德、勘措吉主编，甘肃省文物局、敦煌研究院编纂 甘肃藏敦煌藏文文献③敦煌市博物馆卷，上海：上海古籍出版社，2018年7月 图版p.334~335

Db.t.0297 大乘无量寿宗要经

马德、勘措吉主编，甘肃省文物局、敦煌研究院编纂 甘肃藏敦煌藏文文献③敦煌市博物馆卷，上海：上海古籍出版社，2018年7月 图版p.336~337

Db.t.0298 大乘无量寿宗要经

马德、勘措吉主编，甘肃省文物局、敦煌研究院编纂 甘肃藏敦煌藏文文献③敦煌市博物馆卷，上海：上海古籍出版社，2018年7月 图版p.337~338

Db.t.0299 大乘无量寿宗要经

马德、勘措吉主编，甘肃省文物局、敦煌研究院编纂 甘肃藏敦煌藏文文献③敦煌市博物馆卷，上海：上海古籍出版社，2018年7月 图版p.339~340

Db.t.0300-1 十万颂般若波罗蜜多经

马德、勘措吉主编，甘肃省文物局、敦煌研究院编纂 甘肃藏敦煌藏文文献③敦煌市博物馆卷，上海：上

海古籍出版社，2018年7月 图版p.340

Db.t.0300-1R 十万颂般若波罗蜜多经第四卷第十七品品题

马德主编，张延清、勘措吉、邰惠莉编写 敦煌市博物馆藏敦煌藏文文献《甘肃藏敦煌藏文文献叙录》，兰州：甘肃民族出版社，2011年9月 p.181

Db.t.0300-1Va 书信

马德、勘措吉主编，甘肃省文物局、敦煌研究院编纂 甘肃藏敦煌藏文文献③敦煌市博物馆卷，上海：上海古籍出版社，2018年7月 图版p.340

Db.t.0300-1Vb 写经记事

马德主编，张延清、勘措吉、邰惠莉编写 敦煌市博物馆藏敦煌藏文文献《甘肃藏敦煌藏文文献叙录》，兰州：甘肃民族出版社，2011年9月 p.182

Db.t.0300-1Vc 经文

马德主编，张延清、勘措吉、邰惠莉编写 敦煌市博物馆藏敦煌藏文文献《甘肃藏敦煌藏文文献叙录》，兰州：甘肃民族出版社，2011年9月 p.182

Db.t.0300-1Vd 汉文杂写

马德主编，张延清、勘措吉、邰惠莉编写 敦煌市博物馆藏敦煌藏文文献《甘肃藏敦煌藏文文献叙录》，兰州：甘肃民族出版社，2011年9月 p.182

Db.t.0300-1Ve 十万颂般若波罗蜜多经

马德主编，张延清、勘措吉、邰惠莉编写 敦煌市博物馆藏敦煌藏文文献《甘肃藏敦煌藏文文献叙录》，兰州：甘肃民族出版社，2011年9月 p.182

Db.t.0300-1Vf 十万颂般若波罗蜜多经

马德主编，张延清、勘措吉、邰惠莉编写 敦煌市博物馆藏敦煌藏文文献《甘肃藏敦煌藏文文献叙录》，兰州：甘肃民族出版社，2011年9月 p.182

Db.t.0300-2 十万颂般若波罗蜜多经

马德主编，张延清、勘措吉、邰惠莉编写 敦煌市博物馆藏敦煌藏文文献《甘肃藏敦煌藏文文献叙录》，兰州：甘肃民族出版社，2011年9月 p.182

Db.t.0300–2，第一截背面 十万颂

马德主编，张延清、勘措吉、邰惠莉编写 敦煌市博物馆藏敦煌藏文文献《甘肃藏敦煌藏文文献叙录》，兰州：甘肃民族出版社，2011年9月 p.182

Db.t.0300–2，第二截背面 杂写

马德主编，张延清、勘措吉、邰惠莉编写 敦煌市博物馆藏敦煌藏文文献《甘肃藏敦煌藏文文献叙录》，兰州：甘肃民族出版社，2011年9月 p.182

Db.t.0300–3 大乘无量寿宗要经

马德、勘措吉主编，甘肃省文物局、敦煌研究院编纂 甘肃藏敦煌藏文文献③敦煌市博物馆卷，上海：上海古籍出版社，2018年7月 图版p.341~342

Db.t.0301 十万颂般若波罗蜜多经

马德、勘措吉主编，甘肃省文物局、敦煌研究院编纂 甘肃藏敦煌藏文文献③敦煌市博物馆卷，上海：上海古籍出版社，2018年7月 图版p.342

Db.t.0302 十万颂般若波罗蜜多经

马德、勘措吉主编，甘肃省文物局、敦煌研究院编纂 甘肃藏敦煌藏文文献③敦煌市博物馆卷，上海：上海古籍出版社，2018年7月 图版p.343

Db.t.0303 般若波罗蜜多经

马德主编，张延清、勘措吉、邰惠莉编写 敦煌市博物馆藏敦煌藏文文献《甘肃藏敦煌藏文文献叙录》，兰州：甘肃民族出版社，2011年9月 p.182

Db.t.0303R 十万颂般若波罗蜜多经

马德、勘措吉主编，甘肃省文物局、敦煌研究院编纂 甘肃藏敦煌藏文文献③敦煌市博物馆卷，上海：上海古籍出版社，2018年7月 图版p.344

Db.t.303V 书信

马德、勘措吉主编，甘肃省文物局、敦煌研究院编纂 甘肃藏敦煌藏文文献③敦煌市博物馆卷，上海：上海古籍出版社，2018年7月 图版p.342

Db.t.0304 大乘无量寿宗要经

张延清著 吐蕃敦煌抄经研究 北京：民族出版社，2016年11月 p.319~320

马德、勘措吉主编，甘肃省文物局、敦煌研究院编纂 甘肃藏敦煌藏文文献③敦煌市博物馆卷，上海：上海古籍出版社，2018年7月 图版p.345~346

Db.t.0305 大乘无量寿宗要经

马德、勘措吉主编，甘肃省文物局、敦煌研究院编纂 甘肃藏敦煌藏文文献③敦煌市博物馆卷，上海：上海古籍出版社，2018年7月 图版p.346~347

Db.t.0306 大乘无量寿宗要经

马德、勘措吉主编，甘肃省文物局、敦煌研究院编纂 甘肃藏敦煌藏文文献③敦煌市博物馆卷，上海：上海古籍出版社，2018年7月 图版p.348~352

Db.t.0307 大乘无量寿宗要经①

张延清著 吐蕃敦煌抄经研究 北京：民族出版社，2016年11月 p.315

马德、勘措吉主编，甘肃省文物局、敦煌研究院编纂 甘肃藏敦煌藏文文献③敦煌市博物馆卷，上海：上海古籍出版社，2018年7月 图版p.352~359

Db.t.0307c

张延清著 吐蕃敦煌抄经研究 北京：民族出版社，2016年11月 p.290

Db.t.0307d

张延清著 吐蕃敦煌抄经研究 北京：民族出版社，2016年11月 p.291

Db.t.0308 吉祥偈颂

马德、勘措吉主编，甘肃省文物局、敦煌研究院编纂 甘肃藏敦煌藏文文献③敦煌市博物馆卷，上海：上海古籍出版社，2018年7月 图版p.366

Db.t.0309 大宝殊胜无限极密仪轨王经

马德、勘措吉主编，甘肃省文物局、敦煌研究院编纂 甘肃藏敦煌藏文文献③敦煌市博物馆卷，上海：上海古籍出版社，2018年7月 图版p.367~371

①该文献《甘肃藏敦煌藏文文献叙录》原定名作“大乘无量寿宗要经”。《甘肃藏敦煌藏文文献》③敦煌市博物馆卷为了区分正反两面藏、汉文内容，把藏文一面编号作Db.t.0307R，背面汉文书写道经《太上玄灵北斗本命延生真经》编号作Db.t.0307V。

Db.t.0310 二万五千颂般若波罗蜜多经第二十六品

马德、勘措吉主编，甘肃省文物局、敦煌研究院编纂 甘肃藏敦煌藏文文献③敦煌市博物馆卷，上海：上海古籍出版社，2018年7月 图版p.372

Db.t.0311 二万五千颂般若波罗蜜多经

马德、勘措吉主编，甘肃省文物局、敦煌研究院编纂 甘肃藏敦煌藏文文献③敦煌市博物馆卷，上海：上海古籍出版社，2018年7月 图版p.373

Db.t.0312 佛说稻秆经广释

张延清著 吐蕃敦煌抄经研究 北京：民族出版社，2016年11月 p.150、345

马德、勘措吉主编，甘肃省文物局、敦煌研究院编纂 甘肃藏敦煌藏文文献③敦煌市博物馆卷，上海：上海古籍出版社，2018年7月 图版p.374

Db.t.0313 佛说十万大宝积经

马德、勘措吉主编，甘肃省文物局、敦煌研究院编纂 甘肃藏敦煌藏文文献③敦煌市博物馆卷，上海：上海古籍出版社，2018年7月 图版p.375

Db.t.0314 佛说十万大宝积经

张延清著 吐蕃敦煌抄经研究 北京：民族出版社，2016年11月 p.284

马德、勘措吉主编，甘肃省文物局、敦煌研究院编纂 甘肃藏敦煌藏文文献③敦煌市博物馆卷，上海：上海古籍出版社，2018年7月 图版p.376

Db.t.0315 十万颂般若波罗蜜多经第一卷第四品[①]

马德 敦煌吐蕃文献新论《转型期的敦煌学》，上海：上海古籍出版社，2007年11月 p.556、557

张延清 甘藏吐蕃钵阐布敦煌校经题记《敦煌学辑刊》2010年第1期 p.30

张延清 吐蕃钵阐布考《历史研究》2011年第5期 p.165~166

张延清 从敦煌看丝绸之路上的吐蕃元素《社会科学家》2017年第11期 p.27

张延清著 吐蕃敦煌抄经研究 北京：民族出版社，2016年11月 p.69~70、71、96、300、328、332、340、341、347、355、356

马德、勘措吉主编，甘肃省文物局、敦煌研究院编纂 甘肃藏敦煌藏文文献③敦煌市博物馆卷，上海：上海古籍出版社，2018年7月 图版p.377~390

---

①该文献《甘肃藏敦煌藏文文献叙录》原定名作“十万颂般若波罗蜜多经第一卷第三、四、五品”。《甘肃藏敦煌藏文文献》③敦煌市博物馆卷图录重新校定名称作“十万颂般若波罗蜜多经第一卷第四品”。

Db.t.0316 二万五千颂般若波罗蜜多经第二十一品

马德、勘措吉主编，甘肃省文物局、敦煌研究院编纂 甘肃藏敦煌藏文文献④敦煌市博物馆卷，上海：上海古籍出版社，2019年11月 图版p.1~6

Db.t.0317 薄伽梵母十万颂般若波罗蜜多经之摄颂品

陈楠 吐蕃统辖敦煌时期之藏文抄经活动考述《中国藏学》（国家重点课题《西藏通史》专刊）2013年第S2期 p.35

张延清著 吐蕃敦煌抄经研究 北京：民族出版社，2016年11月 p.281、328

马德、勘措吉主编，甘肃省文物局、敦煌研究院编纂 甘肃藏敦煌藏文文献④敦煌市博物馆卷，上海：上海古籍出版社，2019年11月 图版p.7~18

Db.t.0318 二万五千颂般若波罗蜜多经

张延清著 吐蕃敦煌抄经研究 北京：民族出版社，2016年11月 p.191、302

马德、勘措吉主编，甘肃省文物局、敦煌研究院编纂 甘肃藏敦煌藏文文献④敦煌市博物馆卷，上海：上海古籍出版社，2019年11月 图版p.19~41

Db.t.0318g

张延清著 吐蕃敦煌抄经研究 北京：民族出版社，2016年11月 p.347

Db.t.0319 一万八千颂般若波罗蜜多经第五十八品

马德、勘措吉主编，甘肃省文物局、敦煌研究院编纂 甘肃藏敦煌藏文文献④敦煌市博物馆卷，上海：上海古籍出版社，2019年11月 图版p.42~55

Db.t.0320 二万五千颂般若波罗蜜多经

张延清著 吐蕃敦煌抄经研究 北京：民族出版社，2016年11月 p.130、305、329、337、339、341、344、347、355

马德、勘措吉主编，甘肃省文物局、敦煌研究院编纂 甘肃藏敦煌藏文文献④敦煌市博物馆卷，上海：上海古籍出版社，2019年11月 图版p.56~59

Db.t.0321（原收藏号0132-2） 佛说大宝积经第一百二十三品

张延清 张议潮与吐蕃文化《敦煌研究》2005年第3期 p.90；p.91（附表：张议潮藏文题记简表）

郃惠莉 关于吐蕃时期敦煌汉文写经的几个问题《敦煌吐蕃文化学术研讨会论文集》，兰州：甘肃民族出版社，2009年12月 p.380

沙武田 吐蕃对敦煌石窟影响再探——吐蕃因素影响下的归义军首任节度使张议潮功德窟 《藏学学

刊》第9辑，北京：中国藏学出版社，2014年6月 p.56

张延清著 吐蕃敦煌抄经研究 北京：民族出版社，2016年11月 p.286

马德、勘措吉主编，甘肃省文物局、敦煌研究院编纂 甘肃藏敦煌藏文文献④敦煌市博物馆卷，上海：上海古籍出版社，2019年11月 图版p.60

Db.t.0322 佛说月灯三昧经[①]

马德主编，张延清、勘措吉、邰惠莉编写 敦煌市博物馆藏敦煌藏文文献《甘肃藏敦煌藏文文献叙录》，兰州：甘肃民族出版社，2011年9月 p.187

马德、勘措吉主编，甘肃省文物局、敦煌研究院编纂 甘肃藏敦煌藏文文献④敦煌市博物馆卷，上海：上海古籍出版社，2019年11月 图版p.61

Db.t.0323–Db.t.0324 十万颂般若波罗蜜多经[②]

马德主编，张延清、勘措吉、邰惠莉编写 敦煌市博物馆藏敦煌藏文文献《甘肃藏敦煌藏文文献叙录》，兰州：甘肃民族出版社，2011年9月 p.187

马德、勘措吉主编，甘肃省文物局、敦煌研究院编纂 甘肃藏敦煌藏文文献④敦煌市博物馆卷，上海：上海古籍出版社，2019年11月 图版p.62~64

Db.t.0325 佛说维摩诘经[③]

马德主编，张延清、勘措吉、邰惠莉编写 敦煌市博物馆藏敦煌藏文文献《甘肃藏敦煌藏文文献叙录》，兰州：甘肃民族出版社，2011年9月 p.187

马德、勘措吉主编，甘肃省文物局、敦煌研究院编纂 甘肃藏敦煌藏文文献④敦煌市博物馆卷，上海：上海古籍出版社，2019年11月 图版p.65~67

Db.t.0326 三身注[④]

马德主编，张延清、勘措吉、邰惠莉编写 敦煌市博物馆藏敦煌藏文文献《甘肃藏敦煌藏文文献叙录》，兰州：甘肃民族出版社，2011年9月 p.187~188

---

①该文献《甘肃藏敦煌藏文文献叙录》原定名作“般若波罗蜜多经”。《甘肃藏敦煌藏文文献》④敦煌市博物馆卷图录重新校定名称作“佛说月灯三昧经”。

②该文献《甘肃藏敦煌藏文文献叙录》原定名作“般若波罗蜜多经”。《甘肃藏敦煌藏文文献》④敦煌市博物馆卷图录重新校定名称作“十万颂般若波罗蜜多经”。

③该文献《甘肃藏敦煌藏文文献叙录》原定名作“佛经”。《甘肃藏敦煌藏文文献》④敦煌市博物馆卷图录重新校定名称作“佛说维摩诘经”。

④该文献《甘肃藏敦煌藏文文献叙录》原定名作“佛经”。《甘肃藏敦煌藏文文献》④敦煌市博物馆卷图录重新校定名称作“三身注”。

马德、勘措吉主编，甘肃省文物局、敦煌研究院编纂 甘肃藏敦煌藏文文献④敦煌市博物馆卷，上海：上海古籍出版社，2019年11月 图版p.68

Db.t.0327 1.十万颂般若波罗蜜多经;2.书信

张延清著 吐蕃敦煌抄经研究 北京：民族出版社，2016年11月 p.304、327

马德、勘措吉主编，甘肃省文物局、敦煌研究院编纂 甘肃藏敦煌藏文文献④敦煌市博物馆卷，上海：上海古籍出版社，2019年11月 图版p.69

Db.t.0328 1.十万颂般若波罗蜜多经[①];2.书信

马德 敦煌吐蕃文献新论《转型期的敦煌学》，上海：上海古籍出版社，2007年11月 p.559

张延清 简析敦煌古藏文经卷的抄写年代《敦煌研究》2007年第2期 p.90~91；收入郑炳林、樊锦诗、杨富学主编《敦煌佛教与禅宗学术讨论会文集》，西安：三秦出版社，2007年7月 p.517~518

张延清 甘藏吐蕃钵阐布敦煌校经题记《敦煌学辑刊》2010年第1期 p.30~31

张延清 吐蕃钵阐布考《历史研究》2011年第5期 p.164

张延清著 吐蕃敦煌抄经研究 北京：民族出版社，2016年11月 p.30；图5、6；p.69、124、145、322、344~345

马德、勘措吉主编，甘肃省文物局、敦煌研究院编纂 甘肃藏敦煌藏文文献④敦煌市博物馆卷，上海：上海古籍出版社，2019年11月 图版p.70

Db.t.0329 1.十万颂般若波罗蜜多经;2.书信

马德 敦煌吐蕃文献新论《转型期的敦煌学》，上海：上海古籍出版社，2007年11月 p.559

张延清著 吐蕃敦煌抄经研究 北京：民族出版社，2016年11月 p.297

马德、勘措吉主编，甘肃省文物局、敦煌研究院编纂 甘肃藏敦煌藏文文献④敦煌市博物馆卷，上海：上海古籍出版社，2019年11月 图版p.71

Db.t.0330（原收藏号10-330）1.十万颂般若波罗蜜多经[②];2.书信

张延清、谢尔萨 敦煌藏文写经生结构分析《丝绸之路民族古文字与文化学术讨论会文集》（上），西安：三秦出版社，2007年7月 p.116；p.124（附表二）

马德 敦煌吐蕃文献新论《转型期的敦煌学》，上海：上海古籍出版社，2007年11月 p.559

张延清著 吐蕃敦煌抄经研究 北京：民族出版社，2016年11月 p.131、316、352

---

①该文献《甘肃藏敦煌藏文文献叙录》原定名作“十万颂般若波罗蜜多经第二卷第二十一、二十二品”。《甘肃藏敦煌藏文文献》④敦煌市博物馆卷图录重新校定名称作“十万颂般若波罗蜜多经”。

②该文献《甘肃藏敦煌藏文文献叙录》原定名作“般若波罗蜜多经”。《甘肃藏敦煌藏文文献》④敦煌市博物馆卷图录重新校定名称作“十万颂般若波罗蜜多经”。

马德、勘措吉主编，甘肃省文物局、敦煌研究院编纂 甘肃藏敦煌藏文文献④敦煌市博物馆卷，上海：上海古籍出版社，2019年11月 图版p.72

Db.t.0331 1.十万颂般若波罗蜜多经[1]；2.书信

马德主编，张延清、勘措吉、郃惠莉编写 敦煌市博物馆藏敦煌藏文文献《甘肃藏敦煌藏文文献叙录》，兰州：甘肃民族出版社，2011年9月 p.189

马德、勘措吉主编，甘肃省文物局、敦煌研究院编纂 甘肃藏敦煌藏文文献④敦煌市博物馆卷，上海：上海古籍出版社，2019年11月 图版p.73

Db.t.0332 愿文[2]

马德 敦煌吐蕃文献新论《转型期的敦煌学》，上海：上海古籍出版社，2007年11月 p.560

马德主编，张延清、勘措吉、郃惠莉编写 敦煌市博物馆藏敦煌藏文文献《甘肃藏敦煌藏文文献叙录》，兰州：甘肃民族出版社，2011年9月 p.189

张延清著 吐蕃敦煌抄经研究 北京：民族出版社，2016年11月 p.186、312

马德、勘措吉主编，甘肃省文物局、敦煌研究院编纂 甘肃藏敦煌藏文文献④敦煌市博物馆卷，上海：上海古籍出版社，2019年11月 图版p.74

Db.t.0333 十万颂般若波罗蜜多经第二卷第一品

马德 敦煌吐蕃文献新论《转型期的敦煌学》，上海：上海古籍出版社，2007年11月 p.560

张延清著 吐蕃敦煌抄经研究 北京：民族出版社，2016年11月 p.316

马德、勘措吉主编，甘肃省文物局、敦煌研究院编纂 甘肃藏敦煌藏文文献④敦煌市博物馆卷，上海：上海古籍出版社，2019年11月 图版p.75

Db.t.0334 书信[3]

马德 敦煌吐蕃文献新论《转型期的敦煌学》，上海：上海古籍出版社，2007年11月 p.560

张延清 吐蕃敦煌抄经制度中的惩治举措《敦煌研究》2010年第3期 p.106~107

马德主编，张延清、勘措吉、郃惠莉编写 敦煌市博物馆藏敦煌藏文文献《甘肃藏敦煌藏文文献叙录》，兰州：甘肃民族出版社，2011年9月 p.190~191

---

①该文献《甘肃藏敦煌藏文文献叙录》原定名作“般若波罗蜜多经”。《甘肃藏敦煌藏文文献》④敦煌市博物馆卷图录重新校定名称作“十万颂般若波罗蜜多经”。

②该文献《甘肃藏敦煌藏文文献叙录》原定名作“护经纸”。《甘肃藏敦煌藏文文献》④敦煌市博物馆卷图录重新校定名称作“愿文”。

③该文献《甘肃藏敦煌藏文文献叙录》原定名作“护经纸”。《甘肃藏敦煌藏文文献》④敦煌市博物馆卷图录重新校定名称作“书信”。

张延清著 吐蕃敦煌抄经研究 北京：民族出版社，2016年11月 p.185；图58、59；p.270~271；图119；p.324

马德、勘措吉主编，甘肃省文物局、敦煌研究院编纂 甘肃藏敦煌藏文文献④敦煌市博物馆卷，上海：上海古籍出版社，2019年11月 图版p.76

Db.t.0335 十万颂般若波罗蜜多经

马德、勘措吉主编，甘肃省文物局、敦煌研究院编纂 甘肃藏敦煌藏文文献④敦煌市博物馆卷，上海：上海古籍出版社，2019年11月 图版p.77

Db.t.0336 书信[①]

马德主编，张延清、勘措吉、邰惠莉编写 敦煌市博物馆藏敦煌藏文文献《甘肃藏敦煌藏文文献叙录》，兰州：甘肃民族出版社，2011年9月 p.191

马德、勘措吉主编，甘肃省文物局、敦煌研究院编纂 甘肃藏敦煌藏文文献④敦煌市博物馆卷，上海：上海古籍出版社，2019年11月 图版p.78

Db.t.0337 1.十万颂般若波罗蜜多经[②]**；2.书信**

马德 敦煌吐蕃文献新论《转型期的敦煌学》，上海：上海古籍出版社，2007年11月 p.560

马德主编，张延清、勘措吉、邰惠莉编写 敦煌市博物馆藏敦煌藏文文献《甘肃藏敦煌藏文文献叙录》，兰州：甘肃民族出版社，2011年9月 p.191

马德、勘措吉主编，甘肃省文物局、敦煌研究院编纂 甘肃藏敦煌藏文文献④敦煌市博物馆卷，上海：上海古籍出版社，2019年11月 图版p.79

Db.t.0338 十万颂般若波罗蜜多经[③]

张延清 敦煌古藏文佛经中的报废经页《西藏研究》2009年第1期 p.47

张延清 吐蕃敦煌抄经中的报废经页《敦煌吐蕃文化学术研讨会论文集》，兰州：甘肃民族出版社，2009年12月 p.397

马德主编，张延清、勘措吉、邰惠莉编写 敦煌市博物馆藏敦煌藏文文献《甘肃藏敦煌藏文文献叙录》，兰州：甘肃民族出版社，2011年9月 p.191

张延清著 吐蕃敦煌抄经研究 北京：民族出版社，2016年11月 p.228

---

①该文献《甘肃藏敦煌藏文文献叙录》原定名作“般若波罗蜜多经”。《甘肃藏敦煌藏文文献》④敦煌市博物馆卷图录重新校定名称作“书信”。

②该文献《甘肃藏敦煌藏文文献叙录》原定名作“般若波罗蜜多经”。《甘肃藏敦煌藏文文献》④敦煌市博物馆卷图录重新校定名称作“十万颂般若波罗蜜多经”。

③该文献《甘肃藏敦煌藏文文献叙录》原定名作“般若波罗蜜多经”。《甘肃藏敦煌藏文文献》④敦煌市博物馆卷图录重新校定名称作“十万颂般若波罗蜜多经”。

马德、勘措吉主编，甘肃省文物局、敦煌研究院编纂 甘肃藏敦煌藏文文献④敦煌市博物馆卷，上海：上海古籍出版社，2019年11月 图版p.80

Db.t.0339 1.十万颂般若波罗蜜多经[①]；2.书信

马德 敦煌吐蕃文献新论《转型期的敦煌学》，上海：上海古籍出版社，2007年11月 p.560

马德主编，张延清、勘措吉、郎惠莉编写 敦煌市博物馆藏敦煌藏文文献《甘肃藏敦煌藏文文献叙录》，兰州：甘肃民族出版社，2011年9月 p.191

马德、勘措吉主编，甘肃省文物局、敦煌研究院编纂 甘肃藏敦煌藏文文献④敦煌市博物馆卷，上海：上海古籍出版社，2019年11月 图版p.81

Db.t.0340 1.十万颂般若波罗蜜多经[②]；2.书信

马德 敦煌吐蕃文献新论《转型期的敦煌学》，上海：上海古籍出版社，2007年11月 p.560

马德主编，张延清、勘措吉、郎惠莉编写 敦煌市博物馆藏敦煌藏文文献《甘肃藏敦煌藏文文献叙录》，兰州：甘肃民族出版社，2011年9月 p.191~192

马德、勘措吉主编，甘肃省文物局、敦煌研究院编纂 甘肃藏敦煌藏文文献④敦煌市博物馆卷，上海：上海古籍出版社，2019年11月 图版p.82

Db.t.0341 十万颂般若波罗蜜多经[③]

陈楠 吐蕃统辖敦煌时期之藏文抄经活动考述《中国藏学》(国家重点课题《西藏通史》专刊)2013年第S2期 p.36

马德主编，张延清、勘措吉、郎惠莉编写 敦煌市博物馆藏敦煌藏文文献《甘肃藏敦煌藏文文献叙录》，兰州：甘肃民族出版社，2011年9月 p.192

张延清著 吐蕃敦煌抄经研究 北京：民族出版社，2016年11月 p.305、336、341、345、348、352、353

马德、勘措吉主编，甘肃省文物局、敦煌研究院编纂 甘肃藏敦煌藏文文献④敦煌市博物馆卷，上海：上海古籍出版社，2019年11月 图版p.83

---

①该文献《甘肃藏敦煌藏文文献叙录》原定名作“般若波罗蜜多经”。《甘肃藏敦煌藏文文献》④敦煌市博物馆卷图录重新校定名称作“十万颂般若波罗蜜多经”。

②该文献《甘肃藏敦煌藏文文献叙录》原定名作“般若波罗蜜多经”。《甘肃藏敦煌藏文文献》④敦煌市博物馆卷图录重新校定名称作“十万颂般若波罗蜜多经”。

③该文献《甘肃藏敦煌藏文文献叙录》原定名作“般若波罗蜜多经”。《甘肃藏敦煌藏文文献》④敦煌市博物馆卷图录重新校定名称作“十万颂般若波罗蜜多经”。

Db.t.0342 1.十万颂般若波罗蜜多经[①];2.书信

马德 敦煌吐蕃文献新论《转型期的敦煌学》,上海:上海古籍出版社,2007年11月 p.560

马德主编,张延清、勘措吉、邰惠莉编写 敦煌市博物馆藏敦煌藏文文献 《甘肃藏敦煌藏文文献叙录》,兰州:甘肃民族出版社,2011年9月 p.192

马德、勘措吉主编,甘肃省文物局、敦煌研究院编纂 甘肃藏敦煌藏文文献④敦煌市博物馆卷,上海:上海古籍出版社,2019年11月 图版p.84

Db.t.0343 1.十万颂般若波罗蜜多经[②];2.书信

马德 敦煌吐蕃文献新论《转型期的敦煌学》,上海:上海古籍出版社,2007年11月 p.560~561

马德主编,张延清、勘措吉、邰惠莉编写 敦煌市博物馆藏敦煌藏文文献《甘肃藏敦煌藏文文献叙录》,兰州:甘肃民族出版社,2011年9月 p.192~193

张延清著 吐蕃敦煌抄经研究 北京:民族出版社,2016年11月 p.277、331、335、348

马德、勘措吉主编,甘肃省文物局、敦煌研究院编纂 甘肃藏敦煌藏文文献④敦煌市博物馆卷,上海:上海古籍出版社,2019年11月 图版p.85

Db.t.0344 书信[③]

张延清著 吐蕃敦煌抄经研究 北京:民族出版社,2016年11月 p.277

马德主编,张延清、勘措吉、邰惠莉编写 敦煌市博物馆藏敦煌藏文文献《甘肃藏敦煌藏文文献叙录》,兰州:甘肃民族出版社,2011年9月 p.193

马德、勘措吉主编,甘肃省文物局、敦煌研究院编纂 甘肃藏敦煌藏文文献④敦煌市博物馆卷,上海:上海古籍出版社,2019年11月 图版p.86

Db.t.0345 书信[④]

陈楠 吐蕃统辖敦煌时期之藏文抄经活动考述《中国藏学》(国家重点课题《西藏通史》专刊)2013年第S2期 p.38

马德主编,张延清、勘措吉、邰惠莉编写 敦煌市博物馆藏敦煌藏文文献《甘肃藏敦煌藏文文献叙录》,

①该文献《甘肃藏敦煌藏文文献叙录》原定名作"般若波罗蜜多经"。《甘肃藏敦煌藏文文献》④敦煌市博物馆卷图录重新校定名称作"十万颂般若波罗蜜多经"。

②该文献《甘肃藏敦煌藏文文献叙录》原定名作"般若心经"。《甘肃藏敦煌藏文文献》④敦煌市博物馆卷图录重新校定名称作"十万颂般若波罗蜜多经"。

③该文献《甘肃藏敦煌藏文文献叙录》原定名作"护经纸"。《甘肃藏敦煌藏文文献》④敦煌市博物馆卷图录重新校定名称作"书信"。

④该文献《甘肃藏敦煌藏文文献叙录》原定名作"护经纸"。《甘肃藏敦煌藏文文献》④敦煌市博物馆卷图录重新校定名称作"书信"。

兰州:甘肃民族出版社,2011年9月 p.193~194

林世田、杨学勇、刘波著 敦煌遗珍——国家珍贵古籍名录·敦煌遗书 北京:国家图书馆出版社,2014年9月 p.186

林世田、杨学勇、刘波著 敦煌佛典的流通与改造 兰州:甘肃教育出版社,2013年11月 p.115

张延清著 吐蕃敦煌抄经研究 北京:民族出版社,2016年11月 p.186、277

马德、勘措吉主编,甘肃省文物局、敦煌研究院编纂 甘肃藏敦煌藏文文献④敦煌市博物馆卷,上海:上海古籍出版社,2019年11月 图版p.87

Db.t.0346 十万颂般若波罗蜜多经第一卷第二十一、二十二品

马德 敦煌吐蕃文献新论《转型期的敦煌学》,上海:上海古籍出版社,2007年11月 p.561

陈楠 吐蕃统辖敦煌时期之藏文抄经活动考述《中国藏学》(国家重点课题《西藏通史》专刊)2013年第S2期 p.37

张延清著 吐蕃敦煌抄经研究[①] 北京:民族出版社,2016年11月 p.94、324、344~345、353、354

马德、勘措吉主编,甘肃省文物局、敦煌研究院编纂 甘肃藏敦煌藏文文献④敦煌市博物馆卷,上海:上海古籍出版社,2019年11月 图版p.88

Db.t.0347 十万颂般若波罗蜜多经

张延清 吐蕃王妃贝吉昂楚及其敦煌校经题记《西藏民族学院学报》(哲学社会科学版)2009年第5期p.30;收入德吉卓玛编《吐蕃佛教史研究论文集》,北京:中国藏学出版社,2015年4月 p.606

张延清著 吐蕃敦煌抄经研究 北京:民族出版社,2016年11月 p.324、336、340、354

马德、勘措吉主编,甘肃省文物局、敦煌研究院编纂 甘肃藏敦煌藏文文献④敦煌市博物馆卷,上海:上海古籍出版社,2019年11月 图版p.89

Db.t.0348 十万颂般若波罗蜜多经

张延清著 吐蕃敦煌抄经研究 北京:民族出版社,2016年11月 p.314

马德、勘措吉主编,甘肃省文物局、敦煌研究院编纂 甘肃藏敦煌藏文文献④敦煌市博物馆卷,上海:上海古籍出版社,2019年11月 图版p.90

---

①张延清《吐蕃敦煌抄经研究》附录第354页“198.洪旮”Dd.t.0346、0411、0412、0524、0545、0875、1067、1104、1125、1127、1129、1145、1223、1244、1302、1319、1330、1332、1356、1604把“敦煌市博物馆藏敦煌藏文文献”与“敦煌市档案馆藏敦煌藏文文献”混淆使用了。敦煌市档案馆藏敦煌藏文文献仅存12个编号。经核查,洪旮校卷出现在敦煌市档案馆藏敦煌藏文文献Dd.t.01和敦煌市博物馆藏敦煌藏文文献Db.t.0346、0411、0412、0524、0545、0875、1067、1104、1125、1127、1129、1145、1223、1244、1302、1319、1330、1332、1356、1604等卷号中。

Db.t.0349 十万颂般若波罗蜜多经第一卷第二十六品

马德、勘措吉主编，甘肃省文物局、敦煌研究院编纂 甘肃藏敦煌藏文文献④敦煌市博物馆卷，上海：上海古籍出版社，2019年11月 图版p.91

Db.t.0350 十万颂般若波罗蜜多经

张延清著 吐蕃敦煌抄经研究 北京：民族出版社，2016年11月 p.323、327

马德、勘措吉主编，甘肃省文物局、敦煌研究院编纂 甘肃藏敦煌藏文文献④敦煌市博物馆卷，上海：上海古籍出版社，2019年11月 图版p.92

Db.t.0351 十万颂般若波罗蜜多经

陈楠 吐蕃统辖敦煌时期之藏文抄经活动考述《中国藏学》（国家重点课题《西藏通史》专刊）2013年第S2期 p.38

赵青山 吐蕃占领敦煌时期写经道场相关问题考述[①]《藏学学刊》第11辑，北京：中国藏学出版社，2014年12月 p.33~34

张延清著 吐蕃敦煌抄经研究 北京：民族出版社，2016年11月 p.305

马德、勘措吉主编，甘肃省文物局、敦煌研究院编纂 甘肃藏敦煌藏文文献④敦煌市博物馆卷，上海：上海古籍出版社，2019年11月 图版p.93

Db.t.0352 佛说月灯三昧经[②]

马德主编，张延清、勘措吉、邰惠莉编写 敦煌市博物馆藏敦煌藏文文献《甘肃藏敦煌藏文文献叙录》，兰州：甘肃民族出版社，2011年9月 p.195

马德、勘措吉主编，甘肃省文物局、敦煌研究院编纂 甘肃藏敦煌藏文文献④敦煌市博物馆卷，上海：上海古籍出版社，2019年11月 图版p.94

Db.t.0353 十万颂般若波罗蜜多经

马德、勘措吉主编，甘肃省文物局、敦煌研究院编纂 甘肃藏敦煌藏文文献④敦煌市博物馆卷，上海：上海古籍出版社，2019年11月 图版p.95~97

---

①赵青山《吐蕃占领敦煌时期写经道场相关问题考述》第33页研究内容作“Db.t.0338”，有误。Db.t.0338为《般若波罗蜜多经》，再据赵文第33~34页引报废记录“曹格端重复抄写（经文）”内容和脚注30“马德编著《甘肃藏敦煌藏文文献叙录》2011：195”的说明，应为Db.t.0351。

②该文献《甘肃藏敦煌藏文文献叙录》原定名作“佛经”。《甘肃藏敦煌藏文文献》④敦煌市博物馆卷图录重新校定名称作“佛说月灯三昧经”。

Db.t.0354 十万颂般若波罗蜜多经

张延清著 吐蕃敦煌抄经研究 北京:民族出版社,2016年11月 p.298

马德、勘措吉主编,甘肃省文物局、敦煌研究院编纂 甘肃藏敦煌藏文文献④敦煌市博物馆卷,上海:上海古籍出版社,2019年11月 图版p.98~102

Db.t.0355 一万八千颂般若波罗蜜多经第六十品[①]

马德主编,张延清、勘措吉、邰惠莉编写 敦煌市博物馆藏敦煌藏文文献《甘肃藏敦煌藏文文献叙录》,兰州:甘肃民族出版社,2011年9月 p.195

张延清著 吐蕃敦煌抄经研究 北京:民族出版社,2016年11月 p.298

马德、勘措吉主编,甘肃省文物局、敦煌研究院编纂 甘肃藏敦煌藏文文献④敦煌市博物馆卷,上海:上海古籍出版社,2019年11月 图版p.103

Db.t.0356 十万颂般若波罗蜜多经[②]

马德主编,张延清、勘措吉、邰惠莉编写 敦煌市博物馆藏敦煌藏文文献《甘肃藏敦煌藏文文献叙录》,兰州:甘肃民族出版社,2011年9月 p.195

马德、勘措吉主编,甘肃省文物局、敦煌研究院编纂 甘肃藏敦煌藏文文献④敦煌市博物馆卷,上海:上海古籍出版社,2019年11月 图版p.104

Db.t.0357 二万五千颂般若波罗蜜多经

马德、勘措吉主编,甘肃省文物局、敦煌研究院编纂 甘肃藏敦煌藏文文献④敦煌市博物馆卷,上海:上海古籍出版社,2019年11月 图版p.105~106

Db.t.0358 大般涅槃经卷第七如来性品第四之四(汉文)

马德、勘措吉主编,甘肃省文物局、敦煌研究院编纂 甘肃藏敦煌藏文文献④敦煌市博物馆卷,上海:上海古籍出版社,2019年11月 图版p.107

Db.t.0359 大乘无量寿宗要经

马德、勘措吉主编,甘肃省文物局、敦煌研究院编纂 甘肃藏敦煌藏文文献④敦煌市博物馆卷,上海:上海古籍出版社,2019年11月 图版p.108~110

---

①该文献《甘肃藏敦煌藏文文献叙录》原定名作“佛说一万八千般若波罗蜜多经”。《甘肃藏敦煌藏文文献》④敦煌市博物馆卷图录重新校定名称作“一万八千颂般若波罗蜜多经第六十品”。

②该文献《甘肃藏敦煌藏文文献叙录》原定名作“般若波罗蜜多经”。《甘肃藏敦煌藏文文献》④敦煌市博物馆卷图录重新校定名称作“十万颂般若波罗蜜多经”。

Db.t.0360 大乘无量寿宗要经

张延清著 吐蕃敦煌抄经研究 北京：民族出版社，2016年11月 p.315

马德、勘措吉主编，甘肃省文物局、敦煌研究院编纂 甘肃藏敦煌藏文文献④敦煌市博物馆卷，上海：上海古籍出版社，2019年11月 图版p.111~112

Db.t.0361 大乘无量寿宗要经

张延清著 吐蕃敦煌抄经研究 北京：民族出版社，2016年11月 p.290

马德、勘措吉主编，甘肃省文物局、敦煌研究院编纂 甘肃藏敦煌藏文文献④敦煌市博物馆卷，上海：上海古籍出版社，2019年11月 图版p.113

Db.t.0362 大乘无量寿宗要经

张延清著 吐蕃敦煌抄经研究 北京：民族出版社，2016年11月 p.289

马德、勘措吉主编，甘肃省文物局、敦煌研究院编纂 甘肃藏敦煌藏文文献④敦煌市博物馆卷，上海：上海古籍出版社，2019年11月 图版p.114~115

Db.t.0363 大乘无量寿宗要经

张延清著 吐蕃敦煌抄经研究 北京：民族出版社，2016年11月 p.322

Db.t.0363R 大乘无量寿宗要经

马德、勘措吉主编，甘肃省文物局、敦煌研究院编纂 甘肃藏敦煌藏文文献④敦煌市博物馆卷，上海：上海古籍出版社，2019年11月 图版p.116~123

Db.t.0363V 汉文经文

马德、勘措吉主编，甘肃省文物局、敦煌研究院编纂 甘肃藏敦煌藏文文献④敦煌市博物馆卷，上海：上海古籍出版社，2019年11月 图版p.124~131

Db.t.0364 汉文经文[①]

马德主编，张延清、勘措吉、邰惠莉编写 敦煌市博物馆藏敦煌藏文文献《甘肃藏敦煌藏文文献叙录》，兰州：甘肃民族出版社，2011年9月 p.197

马德、勘措吉主编，甘肃省文物局、敦煌研究院编纂 甘肃藏敦煌藏文文献④敦煌市博物馆卷，上海：上

①该文献《甘肃藏敦煌藏文文献叙录》原定名作“大乘无量寿宗要经”。《甘肃藏敦煌藏文文献》④敦煌市博物馆卷图录重新校定名称作“汉文经文”。

海古籍出版社，2019年11月 图版p.132~149

Db.t.0365 大乘无量寿宗要经

马德主编，张延清、勘措吉、郃惠莉编写 敦煌市博物馆藏敦煌藏文文献《甘肃藏敦煌藏文文献叙录》，兰州：甘肃民族出版社，2011年9月 p.197

Db.t.0365a

张延清著 吐蕃敦煌抄经研究 北京：民族出版社，2016年11月 p.314

Db.t.0365b

张延清著 吐蕃敦煌抄经研究 北京：民族出版社，2016年11月 p.314

Db.t.0365c

张延清著 吐蕃敦煌抄经研究 北京：民族出版社，2016年11月 p.314

Db.t.0365R 汉文经文

马德、勘措吉主编，甘肃省文物局、敦煌研究院编纂 甘肃藏敦煌藏文文献④敦煌市博物馆卷，上海：上海古籍出版社，2019年11月 图版p.150~157

Db.t.0365V 1.汉文经文；2.大乘无量寿宗要经

马德、勘措吉主编，甘肃省文物局、敦煌研究院编纂 甘肃藏敦煌藏文文献④敦煌市博物馆卷，上海：上海古籍出版社，2019年11月 图版p.158~166

Db.t.0366 大乘无量寿宗要经

张延清著 吐蕃敦煌抄经研究 北京：民族出版社，2016年11月 p.289

Db.t.0366R 大乘无量寿宗要经

马德、勘措吉主编，甘肃省文物局、敦煌研究院编纂 甘肃藏敦煌藏文文献④敦煌市博物馆卷，上海：上海古籍出版社，2019年11月 图版p.167~170

Db.t.0366V 汉文经文

马德、勘措吉主编，甘肃省文物局、敦煌研究院编纂 甘肃藏敦煌藏文文献④敦煌市博物馆卷，上海：上海古籍出版社，2019年11月 图版p.171~174

Db.t.0367 大乘无量寿宗要经

张延清著 吐蕃敦煌抄经研究 北京:民族出版社,2016年11月 p.287

Db.t.0367R 大乘无量寿宗要经

马德、勘措吉主编,甘肃省文物局、敦煌研究院编纂 甘肃藏敦煌藏文文献④敦煌市博物馆卷,上海:上海古籍出版社,2019年11月 图版p.175~180

Db.t.0367V 汉文经文

马德、勘措吉主编,甘肃省文物局、敦煌研究院编纂 甘肃藏敦煌藏文文献④敦煌市博物馆卷,上海:上海古籍出版社,2019年11月 图版p.181~186

Db.t.0368 大乘无量寿宗要经

张延清著 吐蕃敦煌抄经研究 北京:民族出版社,2016年11月 p.289

马德、勘措吉主编,甘肃省文物局、敦煌研究院编纂 甘肃藏敦煌藏文文献④敦煌市博物馆卷,上海:上海古籍出版社,2019年11月 图版p.187~188

Db.t.0369 大乘无量寿宗要经(汉文)

马德、勘措吉主编,甘肃省文物局、敦煌研究院编纂 甘肃藏敦煌藏文文献④敦煌市博物馆卷,上海:上海古籍出版社,2019年11月 图版p.189~190

Db.t.0370 金刚般若波罗蜜经(汉文)

马德、勘措吉主编,甘肃省文物局、敦煌研究院编纂 甘肃藏敦煌藏文文献④敦煌市博物馆卷,上海:上海古籍出版社,2019年11月 图版p.191~193

Db.t.0371(原收藏号10–371)大乘无量寿宗要经

殷光明 敦煌市博物馆藏敦煌遗书目录补录《敦煌研究》1994年第3期 p.112

马德、勘措吉主编,甘肃省文物局、敦煌研究院编纂 甘肃藏敦煌藏文文献④敦煌市博物馆卷,上海:上海古籍出版社,2019年11月 图版p.194

Db.t.0372(原收藏号10–372)大乘无量寿宗要经

殷光明 敦煌市博物馆藏敦煌遗书目录补录《敦煌研究》1994年第3期 p.112~113

张延清著 吐蕃敦煌抄经研究 北京:民族出版社,2016年11月 p.305

马德、勘措吉主编,甘肃省文物局、敦煌研究院编纂 甘肃藏敦煌藏文文献④敦煌市博物馆卷,上海:上海古籍出版社,2019年11月 图版p.195~196

Db.t.0373 汉文经文

马德、勘措吉主编，甘肃省文物局、敦煌研究院编纂 甘肃藏敦煌藏文文献④敦煌市博物馆卷，上海：上海古籍出版社，2019年11月 图版p.197

Db.t.0374 密咒残卷

马德、勘措吉主编，甘肃省文物局、敦煌研究院编纂 甘肃藏敦煌藏文文献④敦煌市博物馆卷，上海：上海古籍出版社，2019年11月 图版p.198~208

Db.t.0375 密咒残卷

马德、勘措吉主编，甘肃省文物局、敦煌研究院编纂 甘肃藏敦煌藏文文献④敦煌市博物馆卷，上海：上海古籍出版社，2019年11月 图版p.209~210

Db.t.0376 大乘无量寿宗要经

马德、勘措吉主编，甘肃省文物局、敦煌研究院编纂 甘肃藏敦煌藏文文献④敦煌市博物馆卷，上海：上海古籍出版社，2019年11月 图版p.211~213

Db.t.0376-1 大乘无量寿宗要经

张延清著 吐蕃敦煌抄经研究 北京：民族出版社，2016年11月 p.213、316~317、331、341、343、354

Db.t.0376-2 大乘无量寿宗要经

张延清著 吐蕃敦煌抄经研究 北京：民族出版社，2016年11月 p.213、283、316~317、322、331、341、354

Db.t.0377-Db.t.0382 十万颂般若波罗蜜多经[①]

马德主编，张延清、勘措吉、郈惠莉编写 敦煌市博物馆藏敦煌藏文文献《甘肃藏敦煌藏文文献叙录》，兰州：甘肃民族出版社，2011年9月 p.200

马德、勘措吉主编，甘肃省文物局、敦煌研究院编纂 甘肃藏敦煌藏文文献④敦煌市博物馆卷，上海：上海古籍出版社，2019年11月 图版p.214~220

Db.t.0383 十万颂般若波罗蜜多经

马德、勘措吉主编，甘肃省文物局、敦煌研究院编纂 甘肃藏敦煌藏文文献④敦煌市博物馆卷，上海：上海古籍出版社，2019年11月 图版p.221

---

①该文献《甘肃藏敦煌藏文文献叙录》原定名作“般若波罗蜜多经”。《甘肃藏敦煌藏文文献》④敦煌市博物馆卷图录重新校定名称作“十万颂般若波罗蜜多经”。

Db.t.0384–Db.t.0386 十万颂般若波罗蜜多经①

马德主编,张延清、勘措吉、郃惠莉编写 敦煌市博物馆藏敦煌藏文文献《甘肃藏敦煌藏文文献叙录》,兰州:甘肃民族出版社,2011年9月 p.201

马德、勘措吉主编,甘肃省文物局、敦煌研究院编纂 甘肃藏敦煌藏文文献④敦煌市博物馆卷,上海:上海古籍出版社,2019年11月 图版p.222~224

Db.t.0387 汉文佛经

马德、勘措吉主编,甘肃省文物局、敦煌研究院编纂 甘肃藏敦煌藏文文献④敦煌市博物馆卷,上海:上海古籍出版社,2019年11月 图版p.225

Db.t.0388 十万颂般若波罗蜜多经

陈楠 吐蕃统辖敦煌时期之藏文抄经活动考述《中国藏学》(国家重点课题《西藏通史》专刊)2013年第S2期 p.37

赵青山 吐蕃占领敦煌时期写经道场相关问题考述《藏学学刊》第11辑,北京:中国藏学出版社,2014年12月 p.34

马德、勘措吉主编,甘肃省文物局、敦煌研究院编纂 甘肃藏敦煌藏文文献④敦煌市博物馆卷,上海:上海古籍出版社,2019年11月 图版p.226

Db.t.0389 十万颂般若波罗蜜多经

张延清 翻译家校阅大师法成及其校经目录《敦煌学辑刊》2008年第3期 p.82;收入德吉卓玛编《吐蕃佛教史研究论文集》,北京:中国藏学出版社,2015年4月 p.634

孔令梅 隋宋间敦煌令狐氏与佛教述论《2009丝绸之路国际学术研讨会论文集》,西安:三秦出版社,2010年7月 p.131(统计表);p.134

张延清 吐蕃敦煌抄经坊《敦煌学辑刊》2011年第3期 p.50;收入中央文史研究馆、敦煌研究院、香港大学饶宗颐学术馆编《庆贺饶宗颐先生九十五华诞敦煌学国际学术研讨会论文集》,北京:中华书局,2012年12月 p.558

张延清著 吐蕃敦煌抄经研究 北京:民族出版社,2016年11月 p.85、140、305、332、342、346

马德、勘措吉主编,甘肃省文物局、敦煌研究院编纂 甘肃藏敦煌藏文文献④敦煌市博物馆卷,上海:上海古籍出版社,2019年11月 图版p.227

札平 敦煌古藏文文献中的佛教神话原型研究——以《贤愚姻缘经》为例 兰州:西北民族大学硕士研究生学位论文,2011年6月 p.12

---

①该文献《甘肃藏敦煌藏文文献叙录》原定名作"般若波罗蜜多经"。甘肃藏敦煌藏文文献④敦煌市博物馆卷图录重新校定名称作"十万颂般若波罗蜜多经"。

Db.t.0390 十万颂般若波罗蜜多经

张延清 简析敦煌古藏文经卷的抄写年代《敦煌研究》2007年第2期 p.92;收入郑炳林、樊锦诗、杨富学主编《敦煌佛教与禅宗学术讨论会文集》,西安:三秦出版社,2007年7月 p.521

张延清 敦煌古藏文佛经中的报废经页《西藏研究》2009年第1期 p.48

张延清 吐蕃敦煌抄经中的报废经页《敦煌吐蕃文化学术研讨会论文集》,兰州:甘肃民族出版社,2009年12月 p.397

张延清 吐蕃敦煌抄经制度中的惩治举措《敦煌研究》2010年第3期 p.103~105;图3 Db.t.0390局部照片1;图4 Db.t.0390局部照片2

张延清著 吐蕃敦煌抄经研究 北京:民族出版社,2016年11月 p.82;p.260~262;图109–112;p.268、324、348、349、350

马德、勘措吉主编,甘肃省文物局、敦煌研究院编纂 甘肃藏敦煌藏文文献④敦煌市博物馆卷,上海:上海古籍出版社,2019年11月 图版p.228

Db.t.0391 十万颂般若波罗蜜多经

张延清 吐蕃敦煌抄经制度中的惩治举措《敦煌研究》2010年第3期 p.103

林世田、杨学勇、刘波著 敦煌佛典的流通与改造 兰州:甘肃教育出版社,2013年11月 p.118

张延清著 吐蕃敦煌抄经研究 北京:民族出版社,2016年11月 p.152~154;图43–47;p.162;p.244~245;图86–89;p.313、346

马德、勘措吉主编,甘肃省文物局、敦煌研究院编纂 甘肃藏敦煌藏文文献④敦煌市博物馆卷,上海:上海古籍出版社,2019年11月 图版p.229

Db.t.0392 十万颂般若波罗蜜多经

张延清 敦煌古藏文佛经中的报废经页《西藏研究》2009年第1期 p.50;图14 3Db.t.0392局部

张延清 吐蕃敦煌抄经中的报废经页《敦煌吐蕃文化学术研讨会论文集》,兰州:甘肃民族出版社,2009年12月 p.398

赵青山 吐蕃统治敦煌时期的写经制度《西藏研究》2009年第3期 p.51;收入敦煌研究院编《敦煌吐蕃文化学术研讨会论文集》,兰州:甘肃民族出版社,2009年12月 p.405

赵青山 吐蕃占领敦煌时期写经道场相关问题考述《藏学学刊》第11辑,北京:中国藏学出版社,2014年12月 p.35

林世田、杨学勇、刘波著 敦煌佛典的流通与改造 兰州:甘肃教育出版社,2013年11月 p.116

张延清著 吐蕃敦煌抄经研究 北京:民族出版社,2016年11月 p.264~265;图117;p.306

马德、勘措吉主编,甘肃省文物局、敦煌研究院编纂 甘肃藏敦煌藏文文献④敦煌市博物馆卷,上海:上海古籍出版社,2019年11月 图版p.230

Db.t.0393 十万颂般若波罗蜜多经

林世田、杨学勇、刘波著 敦煌佛典的流通与改造 兰州：甘肃教育出版社，2013年11月 p.116

张延清著 吐蕃敦煌抄经研究 北京：民族出版社，2016年11月 p.231~232

马德、勘措吉主编，甘肃省文物局、敦煌研究院编纂 甘肃藏敦煌藏文文献④敦煌市博物馆卷，上海：上海古籍出版社，2019年11月 图版p.231

Db.t.0394 十万颂般若波罗蜜多经第一卷第二十二品

张延清 敦煌古藏文佛经中的报废经页《西藏研究》2009年第1期 p.50

张延清 吐蕃敦煌抄经中的报废经页《敦煌吐蕃文化学术研讨会论文集》，兰州：甘肃民族出版社，2009年12月 p.398

张延清 吐蕃敦煌抄经制度中的惩治举措《敦煌研究》2010年第3期 p.104~105；图6 Db.t.0394局部照片

赵青山 吐蕃占领敦煌时期写经道场相关问题考述《藏学学刊》第11辑，北京：中国藏学出版社，2014年12月 p.37

林世田、杨学勇、刘波著 敦煌佛典的流通与改造 兰州：甘肃教育出版社，2013年11月 p.116~117

张延清著 吐蕃敦煌抄经研究 北京：民族出版社，2016年11月 p.263~264；图116；p.268、306、336、338、343

马德、勘措吉主编，甘肃省文物局、敦煌研究院编纂 甘肃藏敦煌藏文文献④敦煌市博物馆卷，上海：上海古籍出版社，2019年11月 图版p.232

Db.t.0395 十万颂般若波罗蜜多经

张延清著 吐蕃敦煌抄经研究 北京：民族出版社，2016年11月 p.231、232

马德、勘措吉主编，甘肃省文物局、敦煌研究院编纂 甘肃藏敦煌藏文文献④敦煌市博物馆卷，上海：上海古籍出版社，2019年11月 图版p.233

Db.t.0396 十万颂般若波罗蜜多经

张延清 敦煌古藏文佛经中的报废经页《西藏研究》2009年第1期 p.48

张延清 吐蕃敦煌抄经中的报废经页《敦煌吐蕃文化学术研讨会论文集》，兰州：甘肃民族出版社，2009年12月 p.397

林世田、杨学勇、刘波著 敦煌佛典的流通与改造 兰州：甘肃教育出版社，2013年11月 p.116

林世田、杨学勇、刘波著 敦煌遗珍——国家珍贵古籍名录·敦煌遗书 北京：国家图书馆出版社，2014年9月 p.186

张延清著 吐蕃敦煌抄经研究 北京：民族出版社，2016年11月 p.202~203、229、313

马德、勘措吉主编，甘肃省文物局、敦煌研究院编纂 甘肃藏敦煌藏文文献④敦煌市博物馆卷，上海：上

海古籍出版社,2019年11月 图版p.234

Db.t.0397 十万颂般若波罗蜜多经

张延清 简析敦煌古藏文经卷的抄写年代《敦煌研究》2007年第2期 p.91~92;收入郑炳林、樊锦诗、杨富学主编《敦煌佛教与禅宗学术讨论会文集》,西安:三秦出版社,2007年7月 p.518~520

马德 西藏发现的《喇蚌经》为敦煌写经《敦煌研究》2009年第5期 p.82图

张延清 浅议西藏卓卡寺藏经与敦煌《大般若经》的关系《西藏研究》2010年第1期 p.39~40;图2幅

张延清 甘藏吐蕃钵阐布敦煌校经题记《敦煌学辑刊》2010年第1期 p.31

张延清 吐蕃钵阐布考《历史研究》2011年第5期 p.165

陈楠 吐蕃统辖敦煌时期之藏文抄经活动考述《中国藏学》(国家重点课题《西藏通史》专刊)2013年第S2期 p.37

张延清 从敦煌看丝绸之路上的吐蕃元素《社会科学家》2017年第11期 p.27

勘措吉 从哲蚌寺藏《蝲蚌经》谈敦煌藏文写经誊抄年代《敦煌研究》2018年第4期 p.104

林世田、杨学勇、刘波著 敦煌佛典的流通与改造 兰州:甘肃教育出版社,2013年11月 p.114

林世田、杨学勇、刘波著 敦煌遗珍——国家珍贵古籍名录·敦煌遗书 北京:国家图书馆出版社,2014年9月 p.185

张延清著 吐蕃敦煌抄经研究 北京:民族出版社,2016年11月 p.68;图24、25;p.199、222、277~278、353

马德、勘措吉主编,甘肃省文物局、敦煌研究院编纂 甘肃藏敦煌藏文文献④敦煌市博物馆卷,上海:上海古籍出版社,2019年11月 图版p.235~236

Db.t.0398–Db.t.0399 十万颂般若波罗蜜多经

马德、勘措吉主编,甘肃省文物局、敦煌研究院编纂 甘肃藏敦煌藏文文献④敦煌市博物馆卷,上海:上海古籍出版社,2019年11月 图版p.237~238

Db.t.0400 十万颂般若波罗蜜多经

张延清著 吐蕃敦煌抄经研究 北京:民族出版社,2016年11月 p.315

马德、勘措吉主编,甘肃省文物局、敦煌研究院编纂 甘肃藏敦煌藏文文献④敦煌市博物馆卷,上海:上海古籍出版社,2019年11月 图版p.239

Db.t.0401 十万颂般若波罗蜜多经第二卷第二十、二十一品

赵青山 吐蕃占领敦煌时期写经道场相关问题考述《藏学学刊》第11辑,北京:中国藏学出版社,2014年12月 p.38

马德、勘措吉主编,甘肃省文物局、敦煌研究院编纂 甘肃藏敦煌藏文文献④敦煌市博物馆卷,上海:上海古籍出版社,2019年11月 图版p.240

Db.t.0402 十万颂般若波罗蜜多经第二卷第二十八品

张延清著 吐蕃敦煌抄经研究 北京:民族出版社,2016年11月 p.281

马德、勘措吉主编,甘肃省文物局、敦煌研究院编纂 甘肃藏敦煌藏文文献④敦煌市博物馆卷,上海:上海古籍出版社,2019年11月 图版p.241

Db.t.0403 1.书信;2.十万颂般若波罗蜜多经①

马德主编,张延清、勘措吉、邰惠莉编写 敦煌市博物馆藏敦煌藏文文献《甘肃藏敦煌藏文文献叙录》,兰州:甘肃民族出版社,2011年9月 p.204

马德、勘措吉主编,甘肃省文物局、敦煌研究院编纂 甘肃藏敦煌藏文文献④敦煌市博物馆卷,上海:上海古籍出版社,2019年11月 图版p.242

Db.t.0404 十万颂般若波罗蜜多经

张延清著 吐蕃敦煌抄经研究 北京:民族出版社,2016年11月 p.305

马德、勘措吉主编,甘肃省文物局、敦煌研究院编纂 甘肃藏敦煌藏文文献④敦煌市博物馆卷,上海:上海古籍出版社,2019年11月 图版p.243

Db.t.0405 十万颂般若波罗蜜多经

张延清 敦煌古藏文佛经中的报废经页《西藏研究》2009年第1期 p.48~50;图9 Db.t.0405r;图10 Db.t.0405r局部;图11 Db.t.0405v;图12 Db.t.0405v局部1;图13 Db.t.0405v局部2

张延清 吐蕃敦煌抄经中的报废经页《敦煌吐蕃文化学术研讨会论文集》,兰州:甘肃民族出版社,2009年12月 p.398

张延清 吐蕃敦煌抄经制度中的惩治举措《敦煌研究》2010年第3期 p.104;图5 Db.t.0405v局部照片

华青道尔杰(张延清)、何金江 敦煌古藏文文献中的数字密码解读《藏学学刊》第9辑,北京:中国藏学出版社,2014年6月 p.20~21;图五

赵青山 吐蕃占领敦煌时期写经道场相关问题考述②《藏学学刊》第11辑,北京:中国藏学出版社,2014年12月 p.36

张延清著 吐蕃敦煌抄经研究 北京:民族出版社,2016年11月 p.248;图94;p.262~264;图113-115;p.283

马德、勘措吉主编,甘肃省文物局、敦煌研究院编纂 甘肃藏敦煌藏文文献④敦煌市博物馆卷,上海:上

---

①该文献《甘肃藏敦煌藏文文献叙录》原定名作"十万颂般若波罗蜜多经第一卷第十一品"。《甘肃藏敦煌藏文文献》④敦煌市博物馆卷图录重新校定名称作"十万颂般若波罗蜜多经"。

②赵青山《吐蕃占领敦煌时期写经道场相关问题考述》一文第36页研究内容作"Db.t.0450",有误。Db.t.0450与Db.t.0405均为"十万颂般若波罗蜜多经",但根据赵文第36页引张延清《敦煌古藏文佛经中的报废经页》(《西藏研究》2009年第1期)第49页剪条背面录文译文"多出一行,一校和二校两位瞎子竟然没有发现,三校用笔勾出"批语,应更正为Db.t.0405。

海古籍出版社，2019年11月 图版p.244

Db.t.0406 十万颂般若波罗蜜多经

华青道尔杰(张延清)、何金江 敦煌古藏文文献中的数字密码解读《藏学学刊》第9辑，北京：中国藏学出版社，2014年6月 p.19~20；图1~4

张延清著 吐蕃敦煌抄经研究 北京：民族出版社，2016年11月 p.232；p.246~248；图90-93；p.314

马德、勘措吉主编，甘肃省文物局、敦煌研究院编纂 甘肃藏敦煌藏文文献④敦煌市博物馆卷，上海：上海古籍出版社，2019年11月 图版p.245

Db.t.0407 十万颂般若波罗蜜多经

张延清著 吐蕃敦煌抄经研究 北京：民族出版社，2016年11月 p.321

马德、勘措吉主编，甘肃省文物局、敦煌研究院编纂 甘肃藏敦煌藏文文献④敦煌市博物馆卷，上海：上海古籍出版社，2019年11月 图版p.246

Db.t.0408 十万颂般若波罗蜜多经

陈楠 吐蕃统辖敦煌时期之藏文抄经活动考述《中国藏学》(国家重点课题《西藏通史》专刊)2013年第S2期 p.38

张延清著 吐蕃敦煌抄经研究 北京：民族出版社，2016年11月 p.307

马德、勘措吉主编，甘肃省文物局、敦煌研究院编纂 甘肃藏敦煌藏文文献④敦煌市博物馆卷，上海：上海古籍出版社，2019年11月 图版p.247

Db.t.0409 十万颂般若波罗蜜多经第四卷第六十六、六十七品

张延清著 吐蕃敦煌抄经研究 北京：民族出版社，2016年11月 p.313、336、342、343

马德、勘措吉主编，甘肃省文物局、敦煌研究院编纂 甘肃藏敦煌藏文文献④敦煌市博物馆卷，上海：上海古籍出版社，2019年11月 图版p.248

Db.t.0410 十万颂般若波罗蜜多经第一卷第三十七、三十八品

张延清著 吐蕃敦煌抄经研究 北京：民族出版社，2016年11月 p.278、331

马德、勘措吉主编，甘肃省文物局、敦煌研究院编纂 甘肃藏敦煌藏文文献④敦煌市博物馆卷，上海：上海古籍出版社，2019年11月 图版p.249

Db.t.0411 十万颂般若波罗蜜多经第三卷第六十九、七十品

张延清著 吐蕃敦煌抄经研究[①] 北京:民族出版社,2016年11月 p.127、143、317、351、353、354

马德、勘措吉主编,甘肃省文物局、敦煌研究院编纂 甘肃藏敦煌藏文文献④敦煌市博物馆卷,上海:上海古籍出版社,2019年11月 图版p.250

Db.t.0412 十万颂般若波罗蜜多经

张延清著 吐蕃敦煌抄经研究[②] 北京:民族出版社,2016年11月 p.143、311、326、344~345、354

马德、勘措吉主编,甘肃省文物局、敦煌研究院编纂 甘肃藏敦煌藏文文献④敦煌市博物馆卷,上海:上海古籍出版社,2019年11月 图版p.251

Db.t.0413 十万颂般若波罗蜜多经

张延清著 吐蕃敦煌抄经研究 北京:民族出版社,2016年11月 p.310

马德、勘措吉主编,甘肃省文物局、敦煌研究院编纂 甘肃藏敦煌藏文文献④敦煌市博物馆卷,上海:上海古籍出版社,2019年11月 图版p.252

Db.t.0414 十万颂般若波罗蜜多经第一卷第一品

马德 西藏发现的《喇蚌经》为敦煌写经 《敦煌研究》2009年第5期 p.80图

张延清著 吐蕃敦煌抄经研究 北京:民族出版社,2016年11月 p.232

马德、勘措吉主编,甘肃省文物局、敦煌研究院编纂 甘肃藏敦煌藏文文献④敦煌市博物馆卷,上海:上海古籍出版社,2019年11月 图版p.253~257

Db.t.0415 十万颂般若波罗蜜多经

张延清著 吐蕃敦煌抄经研究 北京:民族出版社,2016年11月 p.127~128、318、335、343

马德、勘措吉主编,甘肃省文物局、敦煌研究院编纂 甘肃藏敦煌藏文文献④敦煌市博物馆卷,上海:上海古籍出版社,2019年11月 图版p.258

---

①张延清《吐蕃敦煌抄经研究》附录第354页"198.洪晉"Dd.t.0346、0411、0412、0524、0545、0875、1067、1104、1125、1127、1129、1145、1223、1244、1302、1319、1330、1332、1356、1604把"敦煌市博物馆藏敦煌藏文文献"与"敦煌市档案馆藏敦煌藏文文献"混淆使用了。敦煌市档案馆藏敦煌藏文文献仅存12个编号。经核查,洪晉校卷出现在敦煌市档案馆藏敦煌藏文文献Dd.t.01和敦煌市博物馆藏敦煌藏文文献Db.t.0346、0411、0412、0524、0545、0875、1067、1104、1125、1127、1129、1145、1223、1244、1302、1319、1330、1332、1356、1604等卷号中。

②张延清《吐蕃敦煌抄经研究》附录第354页"198.洪晉"Dd.t.0346、0411、0412、0524、0545、0875、1067、1104、1125、1127、1129、1145、1223、1244、1302、1319、1330、1332、1356、1604把"敦煌市博物馆藏敦煌藏文文献"与"敦煌市档案馆藏敦煌藏文文献"混淆使用了。敦煌市档案馆藏敦煌藏文文献仅存12个编号。经核查,洪晉校卷出现在敦煌市档案馆藏敦煌藏文文献Dd.t.01和敦煌市博物馆藏敦煌藏文文献Db.t.0346、0411、0412、0524、0545、0875、1067、1104、1125、1127、1129、1145、1223、1244、1302、1319、1330、1332、1356、1604等卷号中。

Db.t.0416 十万颂般若波罗蜜多经第二卷第五十五品

张延清 甘藏吐蕃钵阐布敦煌校经题记《敦煌学辑刊》2010年第1期 p.31~32

赵青山 吐蕃占领敦煌时期写经道场相关问题考述《藏学学刊》第11辑，北京：中国藏学出版社，2014年12月 p.37

张延清著 吐蕃敦煌抄经研究 北京：民族出版社，2016年11月 p.69、309、341

马德、勘措吉主编，甘肃省文物局、敦煌研究院编纂 甘肃藏敦煌藏文文献④敦煌市博物馆卷，上海：上海古籍出版社，2019年11月 图版p.259

Db.t.0417 十万颂般若波罗蜜多经

张延清著 吐蕃敦煌抄经研究 北京：民族出版社，2016年11月 p.283

马德、勘措吉主编，甘肃省文物局、敦煌研究院编纂 甘肃藏敦煌藏文文献④敦煌市博物馆卷，上海：上海古籍出版社，2019年11月 图版p.260

Db.t.0418 十万颂般若波罗蜜多经

赵青山 吐蕃占领敦煌时期写经道场相关问题考述《藏学学刊》第11辑，北京：中国藏学出版社，2014年12月 p.37

张延清著 吐蕃敦煌抄经研究 北京：民族出版社，2016年11月 p.309

马德、勘措吉主编，甘肃省文物局、敦煌研究院编纂 甘肃藏敦煌藏文文献④敦煌市博物馆卷，上海：上海古籍出版社，2019年11月 图版p.261

Db.t.0419 十万颂般若波罗蜜多经

赵青山 吐蕃占领敦煌时期写经道场相关问题考述《藏学学刊》第11辑，北京：中国藏学出版社，2014年12月 p.37

张延清著 吐蕃敦煌抄经研究 北京：民族出版社，2016年11月 p.318

马德、勘措吉主编，甘肃省文物局、敦煌研究院编纂 甘肃藏敦煌藏文文献④敦煌市博物馆卷，上海：上海古籍出版社，2019年11月 图版p.262

Db.t.0420 十万颂般若波罗蜜多经

张延清著 吐蕃敦煌抄经研究 北京：民族出版社，2016年11月 p.283

马德、勘措吉主编，甘肃省文物局、敦煌研究院编纂 甘肃藏敦煌藏文文献④敦煌市博物馆卷，上海：上海古籍出版社，2019年11月 图版p.263

Db.t.0421 十万颂般若波罗蜜多经

张延清著 吐蕃敦煌抄经研究 北京：民族出版社，2016年11月 p.281

马德、勘措吉主编,甘肃省文物局、敦煌研究院编纂 甘肃藏敦煌藏文文献④敦煌市博物馆卷,上海:上海古籍出版社,2019年11月 图版p.264

Db.t.0422 十万颂般若波罗蜜多经

张延清著 吐蕃敦煌抄经研究 北京:民族出版社,2016年11月 p.309

马德、勘措吉主编,甘肃省文物局、敦煌研究院编纂 甘肃藏敦煌藏文文献④敦煌市博物馆卷,上海:上海古籍出版社,2019年11月 图版p.265

Db.t.0423 十万颂般若波罗蜜多经

马德 敦煌吐蕃文献新论《转型期的敦煌学》,上海:上海古籍出版社,2007年11月 p.558

张延清著 吐蕃敦煌抄经研究 北京:民族出版社,2016年11月 p.281

马德、勘措吉主编,甘肃省文物局、敦煌研究院编纂 甘肃藏敦煌藏文文献④敦煌市博物馆卷,上海:上海古籍出版社,2019年11月 图版p.266

Db.t.0424–Db.t.0425 十万颂般若波罗蜜多经

马德、勘措吉主编,甘肃省文物局、敦煌研究院编纂 甘肃藏敦煌藏文文献④敦煌市博物馆卷,上海:上海古籍出版社,2019年11月 图版p.267~268

Db.t.0426–Db.t.0427 十万颂般若波罗蜜多经

张延清著 吐蕃敦煌抄经研究 北京:民族出版社,2016年11月 p.313

马德、勘措吉主编,甘肃省文物局、敦煌研究院编纂 甘肃藏敦煌藏文文献④敦煌市博物馆卷,上海:上海古籍出版社,2019年11月 图版p.269~270

Db.t.0428–Db.t.0430 十万颂般若波罗蜜多经

马德、勘措吉主编,甘肃省文物局、敦煌研究院编纂 甘肃藏敦煌藏文文献④敦煌市博物馆卷,上海:上海古籍出版社,2019年11月 图版p.271~273

Db.t.0431 十万颂般若波罗蜜多经

张延清著 吐蕃敦煌抄经研究 北京:民族出版社,2016年11月 p.313

马德、勘措吉主编,甘肃省文物局、敦煌研究院编纂 甘肃藏敦煌藏文文献④敦煌市博物馆卷,上海:上海古籍出版社,2019年11月 图版p.274

Db.t.0432 十万颂般若波罗蜜多经

张延清著 吐蕃敦煌抄经研究 北京:民族出版社,2016年11月 p.324

马德、勘措吉主编,甘肃省文物局、敦煌研究院编纂 甘肃藏敦煌藏文文献④敦煌市博物馆卷,上海:上海古籍出版社,2019年11月 图版p.275

Db.t.0433 十万颂般若波罗蜜多经第四卷第五品

张延清著 吐蕃敦煌抄经研究 北京:民族出版社,2016年11月 p.294、334、337、344

马德、勘措吉主编,甘肃省文物局、敦煌研究院编纂 甘肃藏敦煌藏文文献④敦煌市博物馆卷,上海:上海古籍出版社,2019年11月 图版p.276

Db.t.0434–Db.t.0437 十万颂般若波罗蜜多经

马德、勘措吉主编,甘肃省文物局、敦煌研究院编纂 甘肃藏敦煌藏文文献④敦煌市博物馆卷,上海:上海古籍出版社,2019年11月 图版p.277~280

Db.t.0438 十万颂般若波罗蜜多经

赵青山 吐蕃占领敦煌时期写经道场相关问题考述《藏学学刊》第11辑,北京:中国藏学出版社,2014年12月 p.34

张延清著 吐蕃敦煌抄经研究 北京:民族出版社,2016年11月 p.277

马德、勘措吉主编,甘肃省文物局、敦煌研究院编纂 甘肃藏敦煌藏文文献④敦煌市博物馆卷,上海:上海古籍出版社,2019年11月 图版p.281

Db.t.0439 十万颂般若波罗蜜多经

陈楠 吐蕃统辖敦煌时期之藏文抄经活动考述《中国藏学》(国家重点课题《西藏通史》专刊)2013年第S2期 p.38

赵青山 吐蕃占领敦煌时期写经道场相关问题考述《藏学学刊》第11辑,北京:中国藏学出版社,2014年12月 p.37

马德、勘措吉主编,甘肃省文物局、敦煌研究院编纂 甘肃藏敦煌藏文文献④敦煌市博物馆卷,上海:上海古籍出版社,2019年11月 图版p.282

Db.t.0440 十万颂般若波罗蜜多经

马德、勘措吉主编,甘肃省文物局、敦煌研究院编纂 甘肃藏敦煌藏文文献④敦煌市博物馆卷,上海:上海古籍出版社,2019年11月 图版p.283

Db.t.0441 十万颂般若波罗蜜多经

张延清著 吐蕃敦煌抄经研究 北京:民族出版社,2016年11月 p.314

马德、勘措吉主编,甘肃省文物局、敦煌研究院编纂 甘肃藏敦煌藏文文献④敦煌市博物馆卷,上海:上

海古籍出版社,2019年11月 图版p.284

Db.t.0442 十万颂般若波罗蜜多经

张延清著 吐蕃敦煌抄经研究 北京:民族出版社,2016年11月 p.314、329、334

马德、勘措吉主编,甘肃省文物局、敦煌研究院编纂 甘肃藏敦煌藏文文献④敦煌市博物馆卷,上海:上海古籍出版社,2019年11月 图版p.285

Db.t.0443 十万颂般若波罗蜜多经

张延清著 吐蕃敦煌抄经研究 北京:民族出版社,2016年11月 p.297

马德、勘措吉主编,甘肃省文物局、敦煌研究院编纂 甘肃藏敦煌藏文文献④敦煌市博物馆卷,上海:上海古籍出版社,2019年11月 图版p.286

Db.t.0444 十万颂般若波罗蜜多经

张延清 翻译家校阅大师法成及其校经目录《敦煌学辑刊》2008年第3期 p.82~83;收入德吉卓玛编《吐蕃佛教史研究论文集》,北京:中国藏学出版社,2015年4月 p.634

张延清 敦煌古藏文佛经中的报废经页《西藏研究》2009年第1期 p.46;图6

张延清著 吐蕃敦煌抄经研究 北京:民族出版社,2016年11月 p.140;p.237;图78;p.315、332

马德、勘措吉主编,甘肃省文物局、敦煌研究院编纂 甘肃藏敦煌藏文文献④敦煌市博物馆卷,上海:上海古籍出版社,2019年11月 图版p.287

札平 敦煌古藏文文献中的佛教神话原型研究——以《贤愚姻缘经》为例 兰州:西北民族大学硕士研究生学位论文,2011年6月 p.12

Db.t.0445 十万颂般若波罗蜜多经

张延清著 吐蕃敦煌抄经研究 北京:民族出版社,2016年11月 p.324

马德、勘措吉主编,甘肃省文物局、敦煌研究院编纂 甘肃藏敦煌藏文文献④敦煌市博物馆卷,上海:上海古籍出版社,2019年11月 图版p.288

Db.t.0446 十万颂般若波罗蜜多经

张延清著 吐蕃敦煌抄经研究 北京:民族出版社,2016年11月 p.297

马德、勘措吉主编,甘肃省文物局、敦煌研究院编纂 甘肃藏敦煌藏文文献④敦煌市博物馆卷,上海:上海古籍出版社,2019年11月 图版p.289

Db.t.0447 十万颂般若波罗蜜多经

马德、勘措吉主编,甘肃省文物局、敦煌研究院编纂 甘肃藏敦煌藏文文献④敦煌市博物馆卷,上海:上

海古籍出版社,2019年11月 图版p.290

Db.t.0448 十万颂般若波罗蜜多经

张延清著 吐蕃敦煌抄经研究 北京:民族出版社,2016年11月 p.321

马德、勘措吉主编,甘肃省文物局、敦煌研究院编纂 甘肃藏敦煌藏文文献④敦煌市博物馆卷,上海:上海古籍出版社,2019年11月 图版p.291

Db. t. 0449 十万颂般若波罗蜜多经[①]

张延清著 吐蕃敦煌抄经研究 北京:民族出版社,2016年11月 p.278

马德、勘措吉主编,甘肃省文物局、敦煌研究院编纂 甘肃藏敦煌藏文文献④敦煌市博物馆卷,上海:上海古籍出版社,2019年11月 图版p.292

Db.t.0450 十万颂般若波罗蜜多经

张延清著 吐蕃敦煌抄经研究 北京:民族出版社,2016年11月 p.313

马德、勘措吉主编,甘肃省文物局、敦煌研究院编纂 甘肃藏敦煌藏文文献④敦煌市博物馆卷,上海:上海古籍出版社,2019年11月 图版p.293

Db.t.0451 十万颂般若波罗蜜多经第二卷第三十九、四十品

张延清著 吐蕃敦煌抄经研究 北京:民族出版社,2016年11月 p.286、326、344~345、351

马德、勘措吉主编,甘肃省文物局、敦煌研究院编纂 甘肃藏敦煌藏文文献④敦煌市博物馆卷,上海:上海古籍出版社,2019年11月 图版p.294

Db.t.0452 十万颂般若波罗蜜多经第二卷第四十三品

马德、勘措吉主编,甘肃省文物局、敦煌研究院编纂 甘肃藏敦煌藏文文献④敦煌市博物馆卷,上海:上海古籍出版社,2019年11月 图版p.295

Db.t.0453 十万颂般若波罗蜜多经第二卷第一品[②]

张延清著 吐蕃敦煌抄经研究 北京:民族出版社,2016年11月 p.278

马德、勘措吉主编,甘肃省文物局、敦煌研究院编纂 甘肃藏敦煌藏文文献④敦煌市博物馆卷,上海:上

---

①该文献《甘肃藏敦煌藏文文献叙录》原定名作"十万颂般若波罗蜜多经第四卷第二十七品"。《甘肃藏敦煌藏文文献》④敦煌市博物馆卷图录重新校定名称作"十万颂般若波罗蜜多经"。

②该文献《甘肃藏敦煌藏文文献叙录》原定名作"十万颂般若波罗蜜多经"。《甘肃藏敦煌藏文文献》④敦煌市博物馆卷图录重新校定名称作"十万颂般若波罗蜜多经第二卷第一品"。

海古籍出版社，2019年11月 图版p.296

Db.t.0454 十万颂般若波罗蜜多经第二卷第五十六品

马德、勘措吉主编，甘肃省文物局、敦煌研究院编纂 甘肃藏敦煌藏文文献④敦煌市博物馆卷，上海：上海古籍出版社，2019年11月 图版p.297

Db.t.0455–Db.t.0456 十万颂般若波罗蜜多经

马德、勘措吉主编，甘肃省文物局、敦煌研究院编纂 甘肃藏敦煌藏文文献④敦煌市博物馆卷，上海：上海古籍出版社，2019年11月 图版p.298~299

Db.t.0457 十万颂般若波罗蜜多经

陈楠 吐蕃统辖敦煌时期之藏文抄经活动考述《中国藏学》（国家重点课题《西藏通史》专刊）2013年第S2期 p.38

张延清著 吐蕃敦煌抄经研究 北京：民族出版社，2016年11月 p.313~314

马德、勘措吉主编，甘肃省文物局、敦煌研究院编纂 甘肃藏敦煌藏文文献④敦煌市博物馆卷，上海：上海古籍出版社，2019年11月 图版p.300

Db.t.0458 十万颂般若波罗蜜多经第二卷第五十品

张延清著 吐蕃敦煌抄经研究 北京：民族出版社，2016年11月 p.301

马德、勘措吉主编，甘肃省文物局、敦煌研究院编纂 甘肃藏敦煌藏文文献④敦煌市博物馆卷，上海：上海古籍出版社，2019年11月 图版p.301

Db.t.0459 十万颂般若波罗蜜多经

马德、勘措吉主编，甘肃省文物局、敦煌研究院编纂 甘肃藏敦煌藏文文献④敦煌市博物馆卷，上海：上海古籍出版社，2019年11月 图版p.302

Db.t.0460 十万颂般若波罗蜜多经

张延清著 吐蕃敦煌抄经研究 北京：民族出版社，2016年11月 p.299、335

马德、勘措吉主编，甘肃省文物局、敦煌研究院编纂 甘肃藏敦煌藏文文献④敦煌市博物馆卷，上海：上海古籍出版社，2019年11月 图版p.303

Db.t.0461 十万颂般若波罗蜜多经第四卷第七十五品

张延清著 吐蕃敦煌抄经研究 北京：民族出版社，2016年11月 p.308

马德、勘措吉主编，甘肃省文物局、敦煌研究院编纂 甘肃藏敦煌藏文文献④敦煌市博物馆卷，上海：上

海古籍出版社，2019年11月 图版p.304

Db.t.0462 十万颂般若波罗蜜多经第二卷第六品

张延清 敦煌古藏文佛经中的报废经页《西藏研究》2009年第1期 p.48

张延清 吐蕃敦煌抄经中的报废经页《敦煌吐蕃文化学术研讨会论文集》，兰州：甘肃民族出版社，2009年12月 p.397

张延清著 吐蕃敦煌抄经研究 北京：民族出版社，2016年11月 p.229、293、345

马德、勘措吉主编，甘肃省文物局、敦煌研究院编纂 甘肃藏敦煌藏文文献④敦煌市博物馆卷，上海：上海古籍出版社，2019年11月 图版p.305

Db.t.0463–Db.t.0464 十万颂般若波罗蜜多经

张延清著 吐蕃敦煌抄经研究 北京：民族出版社，2016年11月 p.313

马德、勘措吉主编，甘肃省文物局、敦煌研究院编纂 甘肃藏敦煌藏文文献④敦煌市博物馆卷，上海：上海古籍出版社，2019年11月 图版p.306~307

Db.t.0465 十万颂般若波罗蜜多经

张延清著 吐蕃敦煌抄经研究 北京：民族出版社，2016年11月 p.306

马德、勘措吉主编，甘肃省文物局、敦煌研究院编纂 甘肃藏敦煌藏文文献④敦煌市博物馆卷，上海：上海古籍出版社，2019年11月 图版p.308

Db.t.0466 十万颂般若波罗蜜多经

陈楠 吐蕃统辖敦煌时期之藏文抄经活动考述《中国藏学》（国家重点课题《西藏通史》专刊）2013年第S2期 p.37

张延清著 吐蕃敦煌抄经研究 北京：民族出版社，2016年11月 p.305

马德、勘措吉主编，甘肃省文物局、敦煌研究院编纂 甘肃藏敦煌藏文文献④敦煌市博物馆卷，上海：上海古籍出版社，2019年11月 图版p.309

Db.t.0467 十万颂般若波罗蜜多经

张延清著 吐蕃敦煌抄经研究 北京：民族出版社，2016年11月 p.321

马德、勘措吉主编，甘肃省文物局、敦煌研究院编纂 甘肃藏敦煌藏文文献④敦煌市博物馆卷，上海：上海古籍出版社，2019年11月 图版p.310

Db.t.0468 十万颂般若波罗蜜多经

陈楠 吐蕃统辖敦煌时期之藏文抄经活动考述《中国藏学》（国家重点课题《西藏通史》专刊）2013年第

S2期 p.37

华青道尔杰(张延清)、何金江 敦煌古藏文文献中的数字密码解读《藏学学刊》第9辑,北京:中国藏学出版社,2014年6月 p.20~21;图六

张延清著 吐蕃敦煌抄经研究 北京:民族出版社,2016年11月 p.248~249;图95;p.276、336

马德、勘措吉主编,甘肃省文物局、敦煌研究院编纂 甘肃藏敦煌藏文文献④敦煌市博物馆卷,上海:上海古籍出版社,2019年11月 图版p.311

Db.t.0469 十万颂般若波罗蜜多经第二卷第五十一品

张延清著 吐蕃敦煌抄经研究 北京:民族出版社,2016年11月 p.287

马德、勘措吉主编,甘肃省文物局、敦煌研究院编纂 甘肃藏敦煌藏文文献④敦煌市博物馆卷,上海:上海古籍出版社,2019年11月 图版p.312

Db.t.0470 十万颂般若波罗蜜多经

张延清著 吐蕃敦煌抄经研究 北京:民族出版社,2016年11月 p.293

马德、勘措吉主编,甘肃省文物局、敦煌研究院编纂 甘肃藏敦煌藏文文献④敦煌市博物馆卷,上海:上海古籍出版社,2019年11月 图版p.313

Db.t.0471 十万颂般若波罗蜜多经

陈楠 吐蕃统辖敦煌时期之藏文抄经活动考述《中国藏学》(国家重点课题《西藏通史》专刊)2013年第S2期 p.37

张延清著 吐蕃敦煌抄经研究 北京:民族出版社,2016年11月 p.314~315

马德、勘措吉主编,甘肃省文物局、敦煌研究院编纂 甘肃藏敦煌藏文文献④敦煌市博物馆卷,上海:上海古籍出版社,2019年11月 图版p.314

Db.t.0472 十万颂般若波罗蜜多经

张延清著 吐蕃敦煌抄经研究[①] 北京:民族出版社,2016年11月 p.289

马德、勘措吉主编,甘肃省文物局、敦煌研究院编纂 甘肃藏敦煌藏文文献④敦煌市博物馆卷,上海:上海古籍出版社,2019年11月 图版p.315

---

①张延清《吐蕃敦煌抄经研究》附录第289页“139.金勒贡”Dd.t.0011、0142、0143、0472、0718、0791、1022、1826把“敦煌市博物馆藏敦煌藏文文献”与“敦煌市档案馆藏敦煌藏文文献”混淆使用了。敦煌市档案馆藏敦煌藏文文献仅存12个编号。经核查,金勒贡抄卷出现在敦煌市档案馆藏敦煌藏文文献Dd.t.11和敦煌市博物馆藏敦煌藏文文献Db.t.0142、Db.t.0143、Db.t.0472、Db.t.0718、Db.t.0791、Db.t.1022、Db.t.1826等卷号中。

Db.t.0473 十万颂般若波罗蜜多经

张延清著 吐蕃敦煌抄经研究 北京:民族出版社,2016年11月 p.287

马德、勘措吉主编,甘肃省文物局、敦煌研究院编纂 甘肃藏敦煌藏文文献④敦煌市博物馆卷,上海:上海古籍出版社,2019年11月 图版p.316

Db.t.0474 十万颂般若波罗蜜多经

张延清著 吐蕃敦煌抄经研究 北京:民族出版社,2016年11月 p.276

马德、勘措吉主编,甘肃省文物局、敦煌研究院编纂 甘肃藏敦煌藏文文献④敦煌市博物馆卷,上海:上海古籍出版社,2019年11月 图版p.317

Db.t.0475 十万颂般若波罗蜜多经

张延清著 吐蕃敦煌抄经研究 北京:民族出版社,2016年11月 p.299

马德、勘措吉主编,甘肃省文物局、敦煌研究院编纂 甘肃藏敦煌藏文文献④敦煌市博物馆卷,上海:上海古籍出版社,2019年11月 图版p.318

Db.t.0476 十万颂般若波罗蜜多经第一卷第四十九品

陈楠 吐蕃统辖敦煌时期之藏文抄经活动考述《中国藏学》(国家重点课题《西藏通史》专刊)2013年第S2期 p.38

张延清著 吐蕃敦煌抄经研究 北京:民族出版社,2016年11月 p.286、343、353

马德、勘措吉主编,甘肃省文物局、敦煌研究院编纂 甘肃藏敦煌藏文文献④敦煌市博物馆卷,上海:上海古籍出版社,2019年11月 图版p.319

Db.t.0477 十万颂般若波罗蜜多经

张延清著 吐蕃敦煌抄经研究 北京:民族出版社,2016年11月 p.315、353

马德、勘措吉主编,甘肃省文物局、敦煌研究院编纂 甘肃藏敦煌藏文文献④敦煌市博物馆卷,上海:上海古籍出版社,2019年11月 图版p.320

Db.t.0478 十万颂般若波罗蜜多经

马德、勘措吉主编,甘肃省文物局、敦煌研究院编纂 甘肃藏敦煌藏文文献④敦煌市博物馆卷,上海:上海古籍出版社,2019年11月 图版p.321

Db.t.0479 十万颂般若波罗蜜多经

陈楠 吐蕃统辖敦煌时期之藏文抄经活动考述《中国藏学》(国家重点课题《西藏通史》专刊)2013年第S2期 p.37

张延清著 吐蕃敦煌抄经研究 北京:民族出版社,2016年11月 p.297、337、343、353、356

马德、勘措吉主编,甘肃省文物局、敦煌研究院编纂 甘肃藏敦煌藏文文献④敦煌市博物馆卷,上海:上海古籍出版社,2019年11月 图版p.322

Db.t.0480 十万颂般若波罗蜜多经

张延清著 吐蕃敦煌抄经研究 北京:民族出版社,2016年11月 p.293

马德、勘措吉主编,甘肃省文物局、敦煌研究院编纂 甘肃藏敦煌藏文文献④敦煌市博物馆卷,上海:上海古籍出版社,2019年11月 图版p.323

Db.t.0481 十万颂般若波罗蜜多经

张延清著 吐蕃敦煌抄经研究 北京:民族出版社,2016年11月 p.155~156、321、343、352、358

马德、勘措吉主编,甘肃省文物局、敦煌研究院编纂 甘肃藏敦煌藏文文献④敦煌市博物馆卷,上海:上海古籍出版社,2019年11月 图版p.324

Db.t.0482 十万颂般若波罗蜜多经第四卷第七十三品

张延清著 吐蕃敦煌抄经研究 北京:民族出版社,2016年11月 p.305、357

马德、勘措吉主编,甘肃省文物局、敦煌研究院编纂 甘肃藏敦煌藏文文献④敦煌市博物馆卷,上海:上海古籍出版社,2019年11月 图版p.325

Db.t.0483 十万颂般若波罗蜜多经

张延清著 吐蕃敦煌抄经研究 北京:民族出版社,2016年11月 p.315、344

马德、勘措吉主编,甘肃省文物局、敦煌研究院编纂 甘肃藏敦煌藏文文献④敦煌市博物馆卷,上海:上海古籍出版社,2019年11月 图版p.326

Db.t.0484 十万颂般若波罗蜜多经

张延清 简析敦煌古藏文经卷的抄写年代《敦煌研究》2007年第2期 p.92;收入郑炳林、樊锦诗、杨富学主编《敦煌佛教与禅宗学术讨论会文集》,西安:三秦出版社,2007年7月 p.521

张延清 浅议西藏卓卡寺藏经与敦煌《大般若经》的关系《西藏研究》2010年第1期 p.41

张延清著 吐蕃敦煌抄经研究 北京:民族出版社,2016年11月 p.81~82、310、357

马德、勘措吉主编,甘肃省文物局、敦煌研究院编纂 甘肃藏敦煌藏文文献④敦煌市博物馆卷,上海:上海古籍出版社,2019年11月 图版p.327

Db.t.0485 十万颂般若波罗蜜多经

赵青山 吐蕃统治敦煌时期的写经制度《西藏研究》2009年第3期 p.50~51;收入敦煌研究院编《敦煌吐

蕃文化学术研讨会论文集》,兰州:甘肃民族出版社,2009年12月 p.405

张延清著 吐蕃敦煌抄经研究 北京:民族出版社,2016年11月 p.324、343、352、353

马德、勘措吉主编,甘肃省文物局、敦煌研究院编纂 甘肃藏敦煌藏文文献④敦煌市博物馆卷,上海:上海古籍出版社,2019年11月 图版p.328

Db.t.0486 十万颂般若波罗蜜多经第二卷第二品

张延清著 吐蕃敦煌抄经研究 北京:民族出版社,2016年11月 p.288、343、343、352

马德、勘措吉主编,甘肃省文物局、敦煌研究院编纂 甘肃藏敦煌藏文文献④敦煌市博物馆卷,上海:上海古籍出版社,2019年11月 图版p.329

Db.t.0487 十万颂般若波罗蜜多经

张延清 翻译家校阅大师法成及其校经目录《敦煌学辑刊》2008年第3期 p.83;收入德吉卓玛编《吐蕃佛教史研究论文集》,北京:中国藏学出版社,2015年4月 p.634~635

黄维忠 国内藏敦煌藏文文献的整理与研究回顾《敦煌学辑刊》2010年第3期 p.97

张延清 吐蕃敦煌抄经坊《敦煌学辑刊》2011年第3期 p.50;收入中央文史研究馆、敦煌研究院、香港大学饶宗颐学术馆编《庆贺饶宗颐先生九十五华诞敦煌学国际学术研讨会论文集》,北京:中华书局,2012年12月 p.558;图1 Db.t.0487《十万般若波罗蜜多经》正面照片;图2 Db.t.0487《十万般若波罗蜜多经》局部照片

陈楠 吐蕃统辖敦煌时期之藏文抄经活动考述《中国藏学》(国家重点课题《西藏通史》专刊)2013年第S2期 p.37

林世田、杨学勇、刘波著 敦煌佛典的流通与改造 兰州:甘肃教育出版社,2013年11月 p.117

张延清著 吐蕃敦煌抄经研究 北京:民族出版社,2016年11月 p.84;图32、33;p.140、323、332

马德、勘措吉主编,甘肃省文物局、敦煌研究院编纂 甘肃藏敦煌藏文文献④敦煌市博物馆卷,上海:上海古籍出版社,2019年11月 图版p.330

札平 敦煌古藏文文献中的佛教神话原型研究——以《贤愚姻缘经》为例 兰州:西北民族大学硕士研究生学位论文,2011年6月 p.12

Db.t.0488 十万颂般若波罗蜜多经

马德、勘措吉主编,甘肃省文物局、敦煌研究院编纂 甘肃藏敦煌藏文文献④敦煌市博物馆卷,上海:上海古籍出版社,2019年11月 图版p.331

Db.t.0489 十万颂般若波罗蜜多经第二卷第十八品

张延清著 吐蕃敦煌抄经研究 北京:民族出版社,2016年11月 p.317

马德、勘措吉主编,甘肃省文物局、敦煌研究院编纂 甘肃藏敦煌藏文文献④敦煌市博物馆卷,上海:上

海古籍出版社,2019年11月 图版p.332

Db.t.0490 十万颂般若波罗蜜多经

张延清著 吐蕃敦煌抄经研究 北京:民族出版社,2016年11月 p.312

马德、勘措吉主编,甘肃省文物局、敦煌研究院编纂 甘肃藏敦煌藏文文献④敦煌市博物馆卷,上海:上海古籍出版社,2019年11月 图版p.333

Db.t.0491 十万颂般若波罗蜜多经

张延清著 吐蕃敦煌抄经研究 北京:民族出版社,2016年11月 p.323

马德、勘措吉主编,甘肃省文物局、敦煌研究院编纂 甘肃藏敦煌藏文文献④敦煌市博物馆卷,上海:上海古籍出版社,2019年11月 图版p.334

Db.t.0492 十万颂般若波罗蜜多经

张延清著 吐蕃敦煌抄经研究 北京:民族出版社,2016年11月 p.322、331

马德、勘措吉主编,甘肃省文物局、敦煌研究院编纂 甘肃藏敦煌藏文文献④敦煌市博物馆卷,上海:上海古籍出版社,2019年11月 图版p.335

Db.t.0493 十万颂般若波罗蜜多经

马德、勘措吉主编,甘肃省文物局、敦煌研究院编纂 甘肃藏敦煌藏文文献④敦煌市博物馆卷,上海:上海古籍出版社,2019年11月 图版p.336

Db.t.0494 十万颂般若波罗蜜多经

张延清著 吐蕃敦煌抄经研究 北京:民族出版社,2016年11月 p.321

马德、勘措吉主编,甘肃省文物局、敦煌研究院编纂 甘肃藏敦煌藏文文献④敦煌市博物馆卷,上海:上海古籍出版社,2019年11月 图版p.337

Db.t.0495 十万颂般若波罗蜜多经第三卷第六十六、六十七品

张延清著 吐蕃敦煌抄经研究 北京:民族出版社,2016年11月 p.283、344~345、351、353

马德、勘措吉主编,甘肃省文物局、敦煌研究院编纂 甘肃藏敦煌藏文文献④敦煌市博物馆卷,上海:上海古籍出版社,2019年11月 图版p.338

Db.t.0496 十万颂般若波罗蜜多经

张延清著 吐蕃敦煌抄经研究 北京:民族出版社,2016年11月 p.306

马德、勘措吉主编,甘肃省文物局、敦煌研究院编纂 甘肃藏敦煌藏文文献④敦煌市博物馆卷,上海:上

海古籍出版社,2019年11月 图版p.339

Db.t.0497 十万颂般若波罗蜜多经第三卷第二十二品①

马德、勘措吉主编,甘肃省文物局、敦煌研究院编纂 甘肃藏敦煌藏文文献④敦煌市博物馆卷,上海:上海古籍出版社,2019年11月 图版p.340

Db.t.0498 十万颂般若波罗蜜多经第一卷第十二、十三品

张延清著 吐蕃敦煌抄经研究 北京:民族出版社,2016年11月 p.317

马德、勘措吉主编,甘肃省文物局、敦煌研究院编纂 甘肃藏敦煌藏文文献④敦煌市博物馆卷,上海:上海古籍出版社,2019年11月 图版p.341

Db.t.0499 十万颂般若波罗蜜多经

张延清著 吐蕃敦煌抄经研究 北京:民族出版社,2016年11月 p.317

马德、勘措吉主编,甘肃省文物局、敦煌研究院编纂 甘肃藏敦煌藏文文献④敦煌市博物馆卷,上海:上海古籍出版社,2019年11月 图版p.342

Db.t.0500 十万颂般若波罗蜜多经第一卷第四十六品

张延清著 吐蕃敦煌抄经研究 北京:民族出版社,2016年11月 p.297

马德、勘措吉主编,甘肃省文物局、敦煌研究院编纂 甘肃藏敦煌藏文文献④敦煌市博物馆卷,上海:上海古籍出版社,2019年11月 图版p.343

Db.t.0501 十万颂般若波罗蜜多经

张延清著 吐蕃敦煌抄经研究 北京:民族出版社,2016年11月 p.306、338、346、349、357

马德、勘措吉主编,甘肃省文物局、敦煌研究院编纂 甘肃藏敦煌藏文文献④敦煌市博物馆卷,上海:上海古籍出版社,2019年11月 图版p.344

Db.t.0502 十万颂般若波罗蜜多经第二卷第四十八品

张延清著 吐蕃敦煌抄经研究 北京:民族出版社,2016年11月 p.287

马德、勘措吉主编,甘肃省文物局、敦煌研究院编纂 甘肃藏敦煌藏文文献④敦煌市博物馆卷,上海:上海古籍出版社,2019年11月 图版p.345

---

①该文献《甘肃藏敦煌藏文文献叙录》原定名作“十万颂般若波罗蜜多经”。《甘肃藏敦煌藏文文献》④敦煌市博物馆卷图录重新校定名称作“十万颂般若波罗蜜多经第三卷第二十二品”。

Db.t.0503 十万颂般若波罗蜜多经

张延清著 吐蕃敦煌抄经研究 北京:民族出版社,2016年11月 p.293

马德、勘措吉主编,甘肃省文物局、敦煌研究院编纂 甘肃藏敦煌藏文文献④敦煌市博物馆卷,上海:上海古籍出版社,2019年11月 图版p.346

Db.t.0504 十万颂般若波罗蜜多经

张延清著 吐蕃敦煌抄经研究 北京:民族出版社,2016年11月 p.95、312

马德、勘措吉主编,甘肃省文物局、敦煌研究院编纂 甘肃藏敦煌藏文文献④敦煌市博物馆卷,上海:上海古籍出版社,2019年11月 图版p.347

Db.t.0505 十万颂般若波罗蜜多经第一卷第十六品

张延清著 吐蕃敦煌抄经研究 北京:民族出版社,2016年11月 p.311

马德、勘措吉主编,甘肃省文物局、敦煌研究院编纂 甘肃藏敦煌藏文文献④敦煌市博物馆卷,上海:上海古籍出版社,2019年11月 图版p.348

Db.t.0506 十万颂般若波罗蜜多经

张延清著 吐蕃敦煌抄经研究 北京:民族出版社,2016年11月 p.292

马德、勘措吉主编,甘肃省文物局、敦煌研究院编纂 甘肃藏敦煌藏文文献④敦煌市博物馆卷,上海:上海古籍出版社,2019年11月 图版p.349

Db.t.0507 十万颂般若波罗蜜多经

马德 敦煌吐蕃文献新论《转型期的敦煌学》,上海:上海古籍出版社,2007年11月 p.559

张延清著 吐蕃敦煌抄经研究 北京:民族出版社,2016年11月 p.299、337、351、353

马德、勘措吉主编,甘肃省文物局、敦煌研究院编纂 甘肃藏敦煌藏文文献④敦煌市博物馆卷,上海:上海古籍出版社,2019年11月 图版p.350

Db.t.0508 十万颂般若波罗蜜多经第二卷第六十六品

张延清著 吐蕃敦煌抄经研究 北京:民族出版社,2016年11月 p.297、337、339

马德、勘措吉主编,甘肃省文物局、敦煌研究院编纂 甘肃藏敦煌藏文文献④敦煌市博物馆卷,上海:上海古籍出版社,2019年11月 图版p.351

Db.t.0509 十万颂般若波罗蜜多经

张延清著 吐蕃敦煌抄经研究 北京:民族出版社,2016年11月 p.279

马德、勘措吉主编,甘肃省文物局、敦煌研究院编纂 甘肃藏敦煌藏文文献④敦煌市博物馆卷,上海:上

海古籍出版社,2019年11月 图版p.352

Db.t.0510 十万颂般若波罗蜜多经第二卷第三十二品

张延清著 吐蕃敦煌抄经研究 北京:民族出版社,2016年11月 p.307

马德、勘措吉主编,甘肃省文物局、敦煌研究院编纂 甘肃藏敦煌藏文文献④敦煌市博物馆卷,上海:上海古籍出版社,2019年11月 图版p.353

Db.t.0511–Db.t.0512 十万颂般若波罗蜜多经

张延清著 吐蕃敦煌抄经研究 北京:民族出版社,2016年11月 p.287

马德、勘措吉主编,甘肃省文物局、敦煌研究院编纂 甘肃藏敦煌藏文文献④敦煌市博物馆卷,上海:上海古籍出版社,2019年11月 图版p.354~355

Db.t.0513–Db.t.0515 十万颂般若波罗蜜多经

马德、勘措吉主编,甘肃省文物局、敦煌研究院编纂 甘肃藏敦煌藏文文献④敦煌市博物馆卷,上海:上海古籍出版社,2019年11月 图版p.356~358

Db.t.0516 十万颂般若波罗蜜多经

张延清著 吐蕃敦煌抄经研究 北京:民族出版社,2016年11月 p.232~233

马德、勘措吉主编,甘肃省文物局、敦煌研究院编纂 甘肃藏敦煌藏文文献④敦煌市博物馆卷,上海:上海古籍出版社,2019年11月 图版p.359

Db.t.0517 十万颂般若波罗蜜多经

张延清著 吐蕃敦煌抄经研究 北京:民族出版社,2016年11月 p.300

马德、勘措吉主编,甘肃省文物局、敦煌研究院编纂 甘肃藏敦煌藏文文献④敦煌市博物馆卷,上海:上海古籍出版社,2019年11月 图版p.360

Db.t.0518 十万颂般若波罗蜜多经

张延清著 吐蕃敦煌抄经研究 北京:民族出版社,2016年11月 p.325

马德、勘措吉主编,甘肃省文物局、敦煌研究院编纂 甘肃藏敦煌藏文文献④敦煌市博物馆卷,上海:上海古籍出版社,2019年11月 图版p.361

Db.t.0519 十万颂般若波罗蜜多经

张延清著 吐蕃敦煌抄经研究 北京:民族出版社,2016年11月 p.298

马德、勘措吉主编,甘肃省文物局、敦煌研究院编纂 甘肃藏敦煌藏文文献④敦煌市博物馆卷,上海:上

海古籍出版社，2019年11月 图版p.362

Db.t.0520 十万颂般若波罗蜜多经

张延清著 吐蕃敦煌抄经研究 北京：民族出版社，2016年11月 p.309

马德、勘措吉主编，甘肃省文物局、敦煌研究院编纂 甘肃藏敦煌藏文文献④敦煌市博物馆卷，上海：上海古籍出版社，2019年11月 图版p.363

Db.t.0521 十万颂般若波罗蜜多经

张延清著 吐蕃敦煌抄经研究 北京：民族出版社，2016年11月 p.321、352、353、358

马德、勘措吉主编，甘肃省文物局、敦煌研究院编纂 甘肃藏敦煌藏文文献④敦煌市博物馆卷，上海：上海古籍出版社，2019年11月 图版p.364

Db.t.0522 十万颂般若波罗蜜多经

张延清著 吐蕃敦煌抄经研究 北京：民族出版社，2016年11月 p.304

马德、勘措吉主编，甘肃省文物局、敦煌研究院编纂 甘肃藏敦煌藏文文献④敦煌市博物馆卷，上海：上海古籍出版社，2019年11月 图版p.365

Db.t.0523 十万颂般若波罗蜜多经第三卷第四十九、五十品

张延清著 吐蕃敦煌抄经研究 北京：民族出版社，2016年11月 p.299、344~345、351、353

马德、勘措吉主编，甘肃省文物局、敦煌研究院编纂 甘肃藏敦煌藏文文献④敦煌市博物馆卷，上海：上海古籍出版社，2019年11月 图版p.366

Db.t.0524 十万颂般若波罗蜜多经第一卷第二十九、三十品

赵青山 吐蕃占领敦煌时期写经道场相关问题考述《藏学学刊》第11辑，北京：中国藏学出版社，2014年12月 p.35

张延清著 吐蕃敦煌抄经研究[①] 北京：民族出版社，2016年11月 p.143、324、344~345、353、354

马德、勘措吉主编，甘肃省文物局、敦煌研究院编纂 甘肃藏敦煌藏文文献④敦煌市博物馆卷，上海：上海古籍出版社，2019年11月 图版p.367

---

①张延清著《吐蕃敦煌抄经研究》附录第354页"198.洪穹"Dd.t.0346、0411、0412、0524、0545、0875、1067、1104、1125、1127、1129、1145、1223、1244、1302、1319、1330、1332、1356、1604把"敦煌市博物馆藏敦煌藏文文献"与"敦煌市档案馆藏敦煌藏文文献"混淆使用了。敦煌市档案馆藏敦煌藏文文献仅存12个编号。经核查，洪穹校卷出现在敦煌市档案馆藏敦煌藏文文献Dd.t.01和敦煌市博物馆藏敦煌藏文文献Db.t.0346、0411、0412、0524、0545、0875、1067、1104、1125、1127、1129、1145、1223、1244、1302、1319、1330、1332、1356、1604等卷号中。

Db.t.0525 十万颂般若波罗蜜多经第三卷第三十八品

马德、勘措吉主编，甘肃省文物局、敦煌研究院编纂 甘肃藏敦煌藏文文献④敦煌市博物馆卷，上海：上海古籍出版社，2019年11月 图版p.368

Db.t.0526 十万颂般若波罗蜜多经

张延清著 吐蕃敦煌抄经研究 北京：民族出版社，2016年11月 p.310

马德、勘措吉主编，甘肃省文物局、敦煌研究院编纂 甘肃藏敦煌藏文文献④敦煌市博物馆卷，上海：上海古籍出版社，2019年11月 图版p.369

Db.t.0527 十万颂般若波罗蜜多经第二卷第二十六、二十七品

张延清著 吐蕃敦煌抄经研究 北京：民族出版社，2016年11月 p.307、331、355、356

马德、勘措吉主编，甘肃省文物局、敦煌研究院编纂 甘肃藏敦煌藏文文献④敦煌市博物馆卷，上海：上海古籍出版社，2019年11月 图版p.370

Db.t.0528 十万颂般若波罗蜜多经

张延清著 吐蕃敦煌抄经研究 北京：民族出版社，2016年11月 p.277~278

马德、勘措吉主编，甘肃省文物局、敦煌研究院编纂 甘肃藏敦煌藏文文献④敦煌市博物馆卷，上海：上海古籍出版社，2019年11月 图版p.371

Db.t.0529 十万颂般若波罗蜜多经

张延清著 吐蕃敦煌抄经研究 北京：民族出版社，2016年11月 p.286~287

马德、勘措吉主编，甘肃省文物局、敦煌研究院编纂 甘肃藏敦煌藏文文献④敦煌市博物馆卷，上海：上海古籍出版社，2019年11月 图版p.372

Db.t.0530 十万颂般若波罗蜜多经第一卷第一品

张延清著 吐蕃敦煌抄经研究 北京：民族出版社，2016年11月 p.287

马德、勘措吉主编，甘肃省文物局、敦煌研究院编纂 甘肃藏敦煌藏文文献④敦煌市博物馆卷，上海：上海古籍出版社，2019年11月 图版p.373

Db.t.0531 十万颂般若波罗蜜多经

张延清著 吐蕃敦煌抄经研究 北京：民族出版社，2016年11月 p.293、343、345、352

马德、勘措吉主编，甘肃省文物局、敦煌研究院编纂 甘肃藏敦煌藏文文献④敦煌市博物馆卷，上海：上海古籍出版社，2019年11月 图版p.374

Db.t.0532 十万颂般若波罗蜜多经

赵青山 吐蕃占领敦煌时期写经道场相关问题考述《藏学学刊》第11辑,北京:中国藏学出版社,2014年12月 p.38

张延清著 吐蕃敦煌抄经研究 北京:民族出版社,2016年11月 p.314~315

马德、勘措吉主编,甘肃省文物局、敦煌研究院编纂 甘肃藏敦煌藏文文献④敦煌市博物馆卷,上海:上海古籍出版社,2019年11月 图版p.375

Db.t.0533 十万颂般若波罗蜜多经

张延清著 吐蕃敦煌抄经研究 北京:民族出版社,2016年11月 p.293、345

马德、勘措吉主编,甘肃省文物局、敦煌研究院编纂 甘肃藏敦煌藏文文献④敦煌市博物馆卷,上海:上海古籍出版社,2019年11月 图版p.376

Db.t.0534 十万颂般若波罗蜜多经

张延清著 吐蕃敦煌抄经研究 北京:民族出版社,2016年11月 p.314~315、337

马德、勘措吉主编,甘肃省文物局、敦煌研究院编纂 甘肃藏敦煌藏文文献④敦煌市博物馆卷,上海:上海古籍出版社,2019年11月 图版p.377

Db.t.0535 十万颂般若波罗蜜多经

张延清著 吐蕃敦煌抄经研究 北京:民族出版社,2016年11月 p.290

马德、勘措吉主编,甘肃省文物局、敦煌研究院编纂 甘肃藏敦煌藏文文献④敦煌市博物馆卷,上海:上海古籍出版社,2019年11月 图版p.378

Db.t.0536 十万颂般若波罗蜜多经

张延清著 吐蕃敦煌抄经研究 北京:民族出版社,2016年11月 p.314~315

马德、勘措吉主编,甘肃省文物局、敦煌研究院编纂 甘肃藏敦煌藏文文献④敦煌市博物馆卷,上海:上海古籍出版社,2019年11月 图版p.379

Db.t.0537 十万颂般若波罗蜜多经

赵青山 吐蕃占领敦煌时期写经道场相关问题考述《藏学学刊》第11辑,北京:中国藏学出版社,2014年12月 p.37~38

张延清著 吐蕃敦煌抄经研究 北京:民族出版社,2016年11月 p.286

马德、勘措吉主编,甘肃省文物局、敦煌研究院编纂 甘肃藏敦煌藏文文献④敦煌市博物馆卷,上海:上海古籍出版社,2019年11月 图版p.380

Db.t.0538 十万颂般若波罗蜜多经

张延清著 吐蕃敦煌抄经研究 北京:民族出版社,2016年11月 p.286

马德、勘措吉主编,甘肃省文物局、敦煌研究院编纂 甘肃藏敦煌藏文文献④敦煌市博物馆卷,上海:上海古籍出版社,2019年11月 图版p.381

Db.t.0539–Db.t.0540 十万颂般若波罗蜜多经

马德、勘措吉主编,甘肃省文物局、敦煌研究院编纂 甘肃藏敦煌藏文文献④敦煌市博物馆卷,上海:上海古籍出版社,2019年11月 图版p.382~383

Db.t.0541 十万颂般若波罗蜜多经

张延清著 吐蕃敦煌抄经研究 北京:民族出版社,2016年11月 p.287

马德、勘措吉主编,甘肃省文物局、敦煌研究院编纂 甘肃藏敦煌藏文文献④敦煌市博物馆卷,上海:上海古籍出版社,2019年11月 图版p.384

Db.t.0542 十万颂般若波罗蜜多经

张延清 敦煌古藏文佛经中的报废经页《西藏研究》2009年第1期 p.46;图7

张延清著 吐蕃敦煌抄经研究 北京:民族出版社,2016年11月 p.237~238;图79

马德、勘措吉主编,甘肃省文物局、敦煌研究院编纂 甘肃藏敦煌藏文文献④敦煌市博物馆卷,上海:上海古籍出版社,2019年11月 图版p.385

Db.t.0543 十万颂般若波罗蜜多经

马德、勘措吉主编,甘肃省文物局、敦煌研究院编纂 甘肃藏敦煌藏文文献④敦煌市博物馆卷,上海:上海古籍出版社,2019年11月 图版p.386

Db.t.0544 十万颂般若波罗蜜多经第二卷第五十二品

赵青山 吐蕃占领敦煌时期写经道场相关问题考述《藏学学刊》第11辑,北京:中国藏学出版社,2014年12月 p.38

马德、勘措吉主编,甘肃省文物局、敦煌研究院编纂 甘肃藏敦煌藏文文献④敦煌市博物馆卷,上海:上海古籍出版社,2019年11月 图版p.387

Db.t.0545 十万颂般若波罗蜜多经

张延清著 吐蕃敦煌抄经研究[①] 北京:民族出版社,2016年11月 p.94、301、344、346、354

马德、勘措吉主编,甘肃省文物局、敦煌研究院编纂 甘肃藏敦煌藏文文献④敦煌市博物馆卷,上海:上海古籍出版社,2019年11月 图版p.388

Db.t.0546 十万颂般若波罗蜜多经

张延清著 吐蕃敦煌抄经研究 北京:民族出版社,2016年11月 p.294

马德、勘措吉主编,甘肃省文物局、敦煌研究院编纂 甘肃藏敦煌藏文文献④敦煌市博物馆卷,上海:上海古籍出版社,2019年11月 图版p.389

Db.t.0547 十万颂般若波罗蜜多经

张延清著 吐蕃敦煌抄经研究 北京:民族出版社,2016年11月 p.203、313

马德、勘措吉主编,甘肃省文物局、敦煌研究院编纂 甘肃藏敦煌藏文文献④敦煌市博物馆卷,上海:上海古籍出版社,2019年11月 图版p.390

Db.t.0548–Db.t.0549 十万颂般若波罗蜜多经

马德、勘措吉主编,甘肃省文物局、敦煌研究院编纂 甘肃藏敦煌藏文文献④敦煌市博物馆卷,上海:上海古籍出版社,2019年11月 图版p.391~392

Db.t.0550 十万颂般若波罗蜜多经第三卷第十四品[②]

张延清著 吐蕃敦煌抄经研究 北京:民族出版社,2016年11月 p.278、352

马德、勘措吉主编,甘肃省文物局、敦煌研究院编纂 甘肃藏敦煌藏文文献④敦煌市博物馆卷,上海:上海古籍出版社,2019年11月 图版p.393

Db.t.0551 十万颂般若波罗蜜多经

张延清著 吐蕃敦煌抄经研究 北京:民族出版社,2016年11月 p.325、330、353

马德、勘措吉主编,甘肃省文物局、敦煌研究院编纂 甘肃藏敦煌藏文文献④敦煌市博物馆卷,上海:上海古籍出版社,2019年11月 图版p.394

---

①张延清《吐蕃敦煌抄经研究》附录第354页"198.洪孴"Dd.t.0346、0411、0412、0524、0545、0875、1067、1104、1125、1127、1129、1145、1223、1244、1302、1319、1330、1332、1356、1604把"敦煌市博物馆藏敦煌藏文文献"与"敦煌市档案馆藏敦煌藏文文献"混淆使用了,有误。敦煌市档案馆藏敦煌藏文文献仅存12个编号。经核查,洪孴校卷出现在敦煌市档案馆藏敦煌藏文文献Dd.t.01和敦煌市博物馆藏敦煌藏文文献Db.t.0346、0411、0412、0524、0545、0875、1067、1104、1125、1127、1129、1145、1223、1244、1302、1319、1330、1332、1356、1604等卷号中。

②该文献《甘肃藏敦煌藏文文献叙录》原定名作"十万颂般若波罗蜜多经"。《甘肃藏敦煌藏文文献》④敦煌市博物馆卷图录重新校定名称作"十万颂般若波罗蜜多经第三卷第十四品"。

Db.t.0552 十万颂般若波罗蜜多经

马德、勘措吉主编，甘肃省文物局、敦煌研究院编纂 甘肃藏敦煌藏文文献④敦煌市博物馆卷，上海：上海古籍出版社，2019年11月 图版p.395

Db.t.0553 十万颂般若波罗蜜多经

张延清 吐蕃敦煌抄经坊《敦煌学辑刊》2011年第3期 p.51；收入中央文史研究馆、敦煌研究院、香港大学饶宗颐学术馆编《庆贺饶宗颐先生九十五华诞敦煌学国际学术研讨会论文集》，北京：中华书局，2012年12月 p.559；图3 Db.t.0553《十万般若波罗蜜多经》图片；图4 Db.t.0553《十万般若波罗蜜多经》局部图片

张延清著 吐蕃敦煌抄经研究 北京：民族出版社，2016年11月 p.86~87；图34、35；p.234~235；图74、75；p.236、238、301、336、353

马德、勘措吉主编，甘肃省文物局、敦煌研究院编纂 甘肃藏敦煌藏文文献④敦煌市博物馆卷，上海：上海古籍出版社，2019年11月 图版p.396

Db.t.0553r 大般若经

张延清 敦煌古藏文佛经中的报废经页《西藏研究》2009年第1期 p.44~45；图2、3

Db.t.0554 十万颂般若波罗蜜多经

张延清著 吐蕃敦煌抄经研究 北京：民族出版社，2016年11月 p.318

马德、勘措吉主编，甘肃省文物局、敦煌研究院编纂 甘肃藏敦煌藏文文献④敦煌市博物馆卷，上海：上海古籍出版社，2019年11月 图版p.397

Db.t.0555 十万颂般若波罗蜜多经

张延清著 吐蕃敦煌抄经研究 北京：民族出版社，2016年11月 p.308、342、344

马德、勘措吉主编，甘肃省文物局、敦煌研究院编纂 甘肃藏敦煌藏文文献④敦煌市博物馆卷，上海：上海古籍出版社，2019年11月 图版p.398

Db.t.0556 十万颂般若波罗蜜多经

张延清著 吐蕃敦煌抄经研究 北京：民族出版社，2016年11月 p.299

马德、勘措吉主编，甘肃省文物局、敦煌研究院编纂 甘肃藏敦煌藏文文献④敦煌市博物馆卷，上海：上海古籍出版社，2019年11月 图版p.399

Db.t.0557 十万颂般若波罗蜜多经

马德、勘措吉主编，甘肃省文物局、敦煌研究院编纂 甘肃藏敦煌藏文文献④敦煌市博物馆卷，上海：上海古籍出版社，2019年11月 图版p.400

Db.t.0558–Db.t.0559 十万颂般若波罗蜜多经

张延清著 吐蕃敦煌抄经研究 北京:民族出版社,2016年11月 p.325

马德、勘措吉主编,甘肃省文物局、敦煌研究院编纂 甘肃藏敦煌藏文文献④敦煌市博物馆卷,上海:上海古籍出版社,2019年11月 图版p.401~402

Db.t.0560 十万颂般若波罗蜜多经第二卷第六十二、六十三品

马德 敦煌吐蕃文献新论《转型期的敦煌学》,上海:上海古籍出版社,2007年11月 p.557

张延清 甘藏吐蕃钵阐布敦煌校经题记《敦煌学辑刊》2010年第1期 p.32

张延清著 吐蕃敦煌抄经研究 北京:民族出版社,2016年11月 p.69、325、328、341、352、356

马德、勘措吉主编,甘肃省文物局、敦煌研究院编纂 甘肃藏敦煌藏文文献④敦煌市博物馆卷,上海:上海古籍出版社,2019年11月 图版p.403

Db.t.0561–Db.t.0565 十万颂般若波罗蜜多经

张延清著 吐蕃敦煌抄经研究 北京:民族出版社,2016年11月 p.325

马德、勘措吉主编,甘肃省文物局、敦煌研究院编纂 甘肃藏敦煌藏文文献④敦煌市博物馆卷,上海:上海古籍出版社,2019年11月 图版p.404~408

Db.t0566 十万颂般若波罗蜜多经第二卷第三十品

张延清著 吐蕃敦煌抄经研究 北京:民族出版社,2016年11月 p.324

马德、勘措吉主编,甘肃省文物局、敦煌研究院编纂 甘肃藏敦煌藏文文献④敦煌市博物馆卷,上海:上海古籍出版社,2019年11月 图版p.409

Db.t.0567 十万颂般若波罗蜜多经

张延清著 吐蕃敦煌抄经研究 北京:民族出版社,2016年11月 p.283、321、356

马德、勘措吉主编,甘肃省文物局、敦煌研究院编纂 甘肃藏敦煌藏文文献④敦煌市博物馆卷,上海:上海古籍出版社,2019年11月 图版p.410

Db.t.0568 十万颂般若波罗蜜多经第二卷第三十一品

张延清著 吐蕃敦煌抄经研究 北京:民族出版社,2016年11月 p.304

马德、勘措吉主编,甘肃省文物局、敦煌研究院编纂 甘肃藏敦煌藏文文献④敦煌市博物馆卷,上海:上海古籍出版社,2019年11月 图版p.411

Db.t.0569 十万颂般若波罗蜜多经第二卷第四十九品

张延清著 吐蕃敦煌抄经研究 北京:民族出版社,2016年11月 p.287

马德、勘措吉主编，甘肃省文物局、敦煌研究院编纂 甘肃藏敦煌藏文文献④敦煌市博物馆卷，上海：上海古籍出版社，2019年11月 图版p.412

Db.t.0570 十万颂般若波罗蜜多经

张延清著 吐蕃敦煌抄经研究 北京：民族出版社，2016年11月 p.287

马德、勘措吉主编，甘肃省文物局、敦煌研究院编纂 甘肃藏敦煌藏文文献④敦煌市博物馆卷，上海：上海古籍出版社，2019年11月 图版p.413

Db.t.0571 十万颂般若波罗蜜多经

张延清著 吐蕃敦煌抄经研究 北京：民族出版社，2016年11月 p.283

马德、勘措吉主编，甘肃省文物局、敦煌研究院编纂 甘肃藏敦煌藏文文献④敦煌市博物馆卷，上海：上海古籍出版社，2019年11月 图版p.414

Db.t.0572 十万颂般若波罗蜜多经

张延清著 吐蕃敦煌抄经研究 北京：民族出版社，2016年11月 p.284

马德、勘措吉主编，甘肃省文物局、敦煌研究院编纂 甘肃藏敦煌藏文文献④敦煌市博物馆卷，上海：上海古籍出版社，2019年11月 图版p.415

Db.t.0573 十万颂般若波罗蜜多经第二卷第五十八品

张延清著 吐蕃敦煌抄经研究 北京：民族出版社，2016年11月 p.294

马德、勘措吉主编，甘肃省文物局、敦煌研究院编纂 甘肃藏敦煌藏文文献④敦煌市博物馆卷，上海：上海古籍出版社，2019年11月 图版p.416

Db.t.0574 十万颂般若波罗蜜多经

张延清著 吐蕃敦煌抄经研究 北京：民族出版社，2016年11月 p.313~314

马德、勘措吉主编，甘肃省文物局、敦煌研究院编纂 甘肃藏敦煌藏文文献④敦煌市博物馆卷，上海：上海古籍出版社，2019年11月 图版p.417

Db.t.0575 十万颂般若波罗蜜多经[①]

张延清著 吐蕃敦煌抄经研究 北京：民族出版社，2016年11月 p.297、343、345、350

马德、勘措吉主编，甘肃省文物局、敦煌研究院编纂 甘肃藏敦煌藏文文献④敦煌市博物馆卷，上海：上

①该文献《甘肃藏敦煌藏文文献叙录》原定名作“十万颂般若波罗蜜多经第二卷第四十六品”。《甘肃藏敦煌藏文文献》④敦煌市博物馆卷图录重新校定名称作“十万颂般若波罗蜜多经”。

海古籍出版社,2019年11月 图版p.418

Db.t.0576 十万颂般若波罗蜜多经

张延清著 吐蕃敦煌抄经研究 北京:民族出版社,2016年11月 p.233、284

马德、勘措吉主编,甘肃省文物局、敦煌研究院编纂 甘肃藏敦煌藏文文献④敦煌市博物馆卷,上海:上海古籍出版社,2019年11月 图版p.419

Db.t.0577–Db.t.0579 十万颂般若波罗蜜多经

马德、勘措吉主编,甘肃省文物局、敦煌研究院编纂 甘肃藏敦煌藏文文献④敦煌市博物馆卷,上海:上海古籍出版社,2019年11月 图版p.420~422

Db.t.0580 十万颂般若波罗蜜多经

张延清著 吐蕃敦煌抄经研究 北京:民族出版社,2016年11月 p.299

马德、勘措吉主编,甘肃省文物局、敦煌研究院编纂 甘肃藏敦煌藏文文献④敦煌市博物馆卷,上海:上海古籍出版社,2019年11月 图版p.423

Db.t.0581 十万颂般若波罗蜜多经

张延清著 吐蕃敦煌抄经研究 北京:民族出版社,2016年11月 p.304

马德、勘措吉主编,甘肃省文物局、敦煌研究院编纂 甘肃藏敦煌藏文文献④敦煌市博物馆卷,上海:上海古籍出版社,2019年11月 图版p.424

Db.t.0582 十万颂般若波罗蜜多经

马德、勘措吉主编,甘肃省文物局、敦煌研究院编纂 甘肃藏敦煌藏文文献⑤敦煌市博物馆卷,上海:上海古籍出版社,2018年12月 图版p.1

Db.t.0583 十万颂般若波罗蜜多经

张延清著 吐蕃敦煌抄经研究 北京:民族出版社,2016年11月 p.285

马德、勘措吉主编,甘肃省文物局、敦煌研究院编纂 甘肃藏敦煌藏文文献⑤敦煌市博物馆卷,上海:上海古籍出版社,2018年12月 图版p.2

Db.t.0584 十万颂般若波罗蜜多经

张延清著 吐蕃敦煌抄经研究 北京:民族出版社,2016年11月 p.313~314

马德、勘措吉主编,甘肃省文物局、敦煌研究院编纂 甘肃藏敦煌藏文文献⑤敦煌市博物馆卷,上海:上海古籍出版社,2018年12月 图版p.3

Db.t.0585 十万颂般若波罗蜜多经

张延清著 吐蕃敦煌抄经研究 北京:民族出版社,2016年11月 p.297

马德、勘措吉主编,甘肃省文物局、敦煌研究院编纂 甘肃藏敦煌藏文文献⑤敦煌市博物馆卷,上海:上海古籍出版社,2018年12月 图版p.4

Db.t.0586 十万颂般若波罗蜜多经

张延清著 吐蕃敦煌抄经研究 北京:民族出版社,2016年11月 p.307、352

马德、勘措吉主编,甘肃省文物局、敦煌研究院编纂 甘肃藏敦煌藏文文献⑤敦煌市博物馆卷,上海:上海古籍出版社,2018年12月 图版p.5

Db.t.0587 十万颂般若波罗蜜多经

张延清著 吐蕃敦煌抄经研究 北京:民族出版社,2016年11月 p.309、327

马德、勘措吉主编,甘肃省文物局、敦煌研究院编纂 甘肃藏敦煌藏文文献⑤敦煌市博物馆卷,上海:上海古籍出版社,2018年12月 图版p.6

Db.t.0588 十万颂般若波罗蜜多经

马德、勘措吉主编,甘肃省文物局、敦煌研究院编纂 甘肃藏敦煌藏文文献⑤敦煌市博物馆卷,上海:上海古籍出版社,2018年12月 图版p.7

Db.t.0589 十万颂般若波罗蜜多经第二卷第六十七品

张延清著 吐蕃敦煌抄经研究 北京:民族出版社,2016年11月 p.297、345

马德、勘措吉主编,甘肃省文物局、敦煌研究院编纂 甘肃藏敦煌藏文文献⑤敦煌市博物馆卷,上海:上海古籍出版社,2018年12月 图版p.8

Db.t.0590 十万颂般若波罗蜜多经第一卷第二十八品

张延清著 吐蕃敦煌抄经研究 北京:民族出版社,2016年11月 p.309

马德、勘措吉主编,甘肃省文物局、敦煌研究院编纂 甘肃藏敦煌藏文文献⑤敦煌市博物馆卷,上海:上海古籍出版社,2018年12月 图版p.9

Db.t.0591 十万颂般若波罗蜜多经

张延清著 吐蕃敦煌抄经研究 北京:民族出版社,2016年11月 p.294、353

马德、勘措吉主编,甘肃省文物局、敦煌研究院编纂 甘肃藏敦煌藏文文献⑤敦煌市博物馆卷,上海:上海古籍出版社,2018年12月 图版p.10

Db.t.0592 十万颂般若波罗蜜多经

张延清著 吐蕃敦煌抄经研究 北京:民族出版社,2016年11月 p.293

马德、勘措吉主编,甘肃省文物局、敦煌研究院编纂 甘肃藏敦煌藏文文献⑤敦煌市博物馆卷,上海:上海古籍出版社,2018年12月 图版p.11

Db.t.0593 十万颂般若波罗蜜多经

张延清著 吐蕃敦煌抄经研究 北京:民族出版社,2016年11月 p.309

马德、勘措吉主编,甘肃省文物局、敦煌研究院编纂 甘肃藏敦煌藏文文献⑤敦煌市博物馆卷,上海:上海古籍出版社,2018年12月 图版p.12

Db.t.0594 十万颂般若波罗蜜多经

张延清著 吐蕃敦煌抄经研究 北京:民族出版社,2016年11月 p.295

马德、勘措吉主编,甘肃省文物局、敦煌研究院编纂 甘肃藏敦煌藏文文献⑤敦煌市博物馆卷,上海:上海古籍出版社,2018年12月 图版p.13

Db.t.0595 十万颂般若波罗蜜多经

马德、勘措吉主编,甘肃省文物局、敦煌研究院编纂 甘肃藏敦煌藏文文献⑤敦煌市博物馆卷,上海:上海古籍出版社,2018年12月 图版p.14

Db.t.0596 十万颂般若波罗蜜多经

马德、勘措吉主编,甘肃省文物局、敦煌研究院编纂 甘肃藏敦煌藏文文献⑤敦煌市博物馆卷,上海:上海古籍出版社,2018年12月 图版p.15

Db.t.0597 十万颂般若波罗蜜多经

张延清著 吐蕃敦煌抄经研究 北京:民族出版社,2016年11月 p.286

马德、勘措吉主编,甘肃省文物局、敦煌研究院编纂 甘肃藏敦煌藏文文献⑤敦煌市博物馆卷,上海:上海古籍出版社,2018年12月 图版p.16

Db.t.0598 十万颂般若波罗蜜多经

张延清著 吐蕃敦煌抄经研究 北京:民族出版社,2016年11月 p.290、330

马德、勘措吉主编,甘肃省文物局、敦煌研究院编纂 甘肃藏敦煌藏文文献⑤敦煌市博物馆卷,上海:上海古籍出版社,2018年12月 图版p.17

Db.t.0599 十万颂般若波罗蜜多经

马德、勘措吉主编,甘肃省文物局、敦煌研究院编纂 甘肃藏敦煌藏文文献⑤敦煌市博物馆卷,上海:上海古籍出版社,2018年12月 图版p.18

Db.t.0600 十万颂般若波罗蜜多经

张延清著 吐蕃敦煌抄经研究 北京:民族出版社,2016年11月 p.293

马德、勘措吉主编,甘肃省文物局、敦煌研究院编纂 甘肃藏敦煌藏文文献⑤敦煌市博物馆卷,上海:上海古籍出版社,2018年12月 图版p.19

Db.t.0601 十万颂般若波罗蜜多经第四卷第七十二品

马德、勘措吉主编,甘肃省文物局、敦煌研究院编纂 甘肃藏敦煌藏文文献⑤敦煌市博物馆卷,上海:上海古籍出版社,2018年12月 图版p.20

Db.t.0602 十万颂般若波罗蜜多经

张延清著 吐蕃敦煌抄经研究 北京:民族出版社,2016年11月 p.293

马德、勘措吉主编,甘肃省文物局、敦煌研究院编纂 甘肃藏敦煌藏文文献⑤敦煌市博物馆卷,上海:上海古籍出版社,2018年12月 图版p.21

Db.t.0603 十万颂般若波罗蜜多经

张延清著 吐蕃敦煌抄经研究 北京:民族出版社,2016年11月 p.293

马德、勘措吉主编,甘肃省文物局、敦煌研究院编纂 甘肃藏敦煌藏文文献⑤敦煌市博物馆卷,上海:上海古籍出版社,2018年12月 图版p.22

Db.t.0604 十万颂般若波罗蜜多经

张延清著 吐蕃敦煌抄经研究 北京:民族出版社,2016年11月 p.337

马德、勘措吉主编,甘肃省文物局、敦煌研究院编纂 甘肃藏敦煌藏文文献⑤敦煌市博物馆卷,上海:上海古籍出版社,2018年12月 图版p.23

Db.t.0605 十万颂般若波罗蜜多经

张延清著 吐蕃敦煌抄经研究 北京:民族出版社,2016年11月 p.283

马德、勘措吉主编,甘肃省文物局、敦煌研究院编纂 甘肃藏敦煌藏文文献⑤敦煌市博物馆卷,上海:上海古籍出版社,2018年12月 图版p.24

Db.t.0606 十万颂般若波罗蜜多经

马德、勘措吉主编，甘肃省文物局、敦煌研究院编纂 甘肃藏敦煌藏文文献⑤敦煌市博物馆卷，上海：上海古籍出版社，2018年12月 图版p.25

Db.t.0607 十万颂般若波罗蜜多经

马德、勘措吉主编，甘肃省文物局、敦煌研究院编纂 甘肃藏敦煌藏文文献⑤敦煌市博物馆卷，上海：上海古籍出版社，2018年12月 图版p.26

Db.t.0608 十万颂般若波罗蜜多经

马德、勘措吉主编，甘肃省文物局、敦煌研究院编纂 甘肃藏敦煌藏文文献⑤敦煌市博物馆卷，上海：上海古籍出版社，2018年12月 图版p.27

Db.t.0609 十万颂般若波罗蜜多经

马德、勘措吉主编，甘肃省文物局、敦煌研究院编纂 甘肃藏敦煌藏文文献⑤敦煌市博物馆卷，上海：上海古籍出版社，2018年12月 图版p.28

Db.t.0610 十万颂般若波罗蜜多经

马德、勘措吉主编，甘肃省文物局、敦煌研究院编纂 甘肃藏敦煌藏文文献⑤敦煌市博物馆卷，上海：上海古籍出版社，2018年12月 图版p.29

Db.t.0611 十万颂般若波罗蜜多经

张延清 敦煌古藏文佛经中的报废经页《西藏研究》2009年第1期 p.47；图8

张延清 吐蕃敦煌抄经中的报废经页《敦煌吐蕃文化学术研讨会论文集》，兰州：甘肃民族出版社，2009年12月 p.396

张延清著 吐蕃敦煌抄经研究 北京：民族出版社，2016年11月 p.227；图73

马德、勘措吉主编，甘肃省文物局、敦煌研究院编纂 甘肃藏敦煌藏文文献⑤敦煌市博物馆卷，上海：上海古籍出版社，2018年12月 图版p.30

Db.t.0612 十万颂般若波罗蜜多经

马德、勘措吉主编，甘肃省文物局、敦煌研究院编纂 甘肃藏敦煌藏文文献⑤敦煌市博物馆卷，上海：上海古籍出版社，2018年12月 图版p.31

Db.t.0613 十万颂般若波罗蜜多经

张延清著 吐蕃敦煌抄经研究 北京：民族出版社，2016年11月 p.289

马德、勘措吉主编,甘肃省文物局、敦煌研究院编纂 甘肃藏敦煌藏文文献⑤敦煌市博物馆卷,上海:上海古籍出版社,2018年12月 图版p.32

Db.t.0614 十万颂般若波罗蜜多经

张延清著 吐蕃敦煌抄经研究 北京:民族出版社,2016年11月 p.281

马德、勘措吉主编,甘肃省文物局、敦煌研究院编纂 甘肃藏敦煌藏文文献⑤敦煌市博物馆卷,上海:上海古籍出版社,2018年12月 图版p.33

Db.t.0615 十万颂般若波罗蜜多经

马德、勘措吉主编,甘肃省文物局、敦煌研究院编纂 甘肃藏敦煌藏文文献⑤敦煌市博物馆卷,上海:上海古籍出版社,2018年12月 图版p.34

Db.t.0616 十万颂般若波罗蜜多经

马德、勘措吉主编,甘肃省文物局、敦煌研究院编纂 甘肃藏敦煌藏文文献⑤敦煌市博物馆卷,上海:上海古籍出版社,2018年12月 图版p.35

Db.t.0617 十万颂般若波罗蜜多经

张延清著 吐蕃敦煌抄经研究 北京:民族出版社,2016年11月 p.305

马德、勘措吉主编,甘肃省文物局、敦煌研究院编纂 甘肃藏敦煌藏文文献⑤敦煌市博物馆卷,上海:上海古籍出版社,2018年12月 图版p.36

Db.t.0618 十万颂般若波罗蜜多经

马德、勘措吉主编,甘肃省文物局、敦煌研究院编纂 甘肃藏敦煌藏文文献⑤敦煌市博物馆卷,上海:上海古籍出版社,2018年12月 图版p.37

Db.t.0619 十万颂般若波罗蜜多经

马德、勘措吉主编,甘肃省文物局、敦煌研究院编纂 甘肃藏敦煌藏文文献⑤敦煌市博物馆卷,上海:上海古籍出版社,2018年12月 图版p.38

Db.t.0620 十万颂般若波罗蜜多经

马德、勘措吉主编,甘肃省文物局、敦煌研究院编纂 甘肃藏敦煌藏文文献⑤敦煌市博物馆卷,上海:上海古籍出版社,2018年12月 图版p.39

Db.t.0621 十万颂般若波罗蜜多经

马德、勘措吉主编，甘肃省文物局、敦煌研究院编纂 甘肃藏敦煌藏文文献⑤敦煌市博物馆卷，上海：上海古籍出版社，2018年12月 图版p.40

Db.t.0622 十万颂般若波罗蜜多经

马德、勘措吉主编，甘肃省文物局、敦煌研究院编纂 甘肃藏敦煌藏文文献⑤敦煌市博物馆卷，上海：上海古籍出版社，2018年12月 图版p.41

Db.t.0623 十万颂般若波罗蜜多经

马德、勘措吉主编，甘肃省文物局、敦煌研究院编纂 甘肃藏敦煌藏文文献⑤敦煌市博物馆卷，上海：上海古籍出版社，2018年12月 图版p.42

Db.t.0624 十万颂般若波罗蜜多经

张延清著 吐蕃敦煌抄经研究 北京：民族出版社，2016年11月 p.317

马德、勘措吉主编，甘肃省文物局、敦煌研究院编纂 甘肃藏敦煌藏文文献⑤敦煌市博物馆卷，上海：上海古籍出版社，2018年12月 图版p.43

Db.t.0625 十万颂般若波罗蜜多经第二卷第六品

张延清著 吐蕃敦煌抄经研究 北京：民族出版社，2016年11月 p.324

马德、勘措吉主编，甘肃省文物局、敦煌研究院编纂 甘肃藏敦煌藏文文献⑤敦煌市博物馆卷，上海：上海古籍出版社，2018年12月 图版p.44

Db.t.0626 十万颂般若波罗蜜多经

马德、勘措吉主编，甘肃省文物局、敦煌研究院编纂 甘肃藏敦煌藏文文献⑤敦煌市博物馆卷，上海：上海古籍出版社，2018年12月 图版p.45

Db.t.0627 十万颂般若波罗蜜多经

马德、勘措吉主编，甘肃省文物局、敦煌研究院编纂 甘肃藏敦煌藏文文献⑤敦煌市博物馆卷，上海：上海古籍出版社，2018年12月 图版p.46

Db.t.0628 十万颂般若波罗蜜多经

马德、勘措吉主编，甘肃省文物局、敦煌研究院编纂 甘肃藏敦煌藏文文献⑤敦煌市博物馆卷，上海：上海古籍出版社，2018年12月 图版p.47

Db.t.0629 十万颂般若波罗蜜多经

马德、勘措吉主编，甘肃省文物局、敦煌研究院编纂 甘肃藏敦煌藏文文献⑤敦煌市博物馆卷，上海：上海古籍出版社，2018年12月 图版p.48

Db.t.0630 十万颂般若波罗蜜多经

张延清著 吐蕃敦煌抄经研究 北京：民族出版社，2016年11月 p.324

马德、勘措吉主编，甘肃省文物局、敦煌研究院编纂 甘肃藏敦煌藏文文献⑤敦煌市博物馆卷，上海：上海古籍出版社，2018年12月 图版p.49

Db.t.0631 十万颂般若波罗蜜多经第二卷第二十八品

张延清著 吐蕃敦煌抄经研究 北京：民族出版社，2016年11月 p.323

马德、勘措吉主编，甘肃省文物局、敦煌研究院编纂 甘肃藏敦煌藏文文献⑤敦煌市博物馆卷，上海：上海古籍出版社，2018年12月 图版p.50

Db.t.0632 十万颂般若波罗蜜多经

张延清著 吐蕃敦煌抄经研究 北京：民族出版社，2016年11月 p.317、346

马德、勘措吉主编，甘肃省文物局、敦煌研究院编纂 甘肃藏敦煌藏文文献⑤敦煌市博物馆卷，上海：上海古籍出版社，2018年12月 图版p.51

Db.t.0633 十万颂般若波罗蜜多经

张延清著 吐蕃敦煌抄经研究 北京：民族出版社，2016年11月 p.278

马德、勘措吉主编，甘肃省文物局、敦煌研究院编纂 甘肃藏敦煌藏文文献⑤敦煌市博物馆卷，上海：上海古籍出版社，2018年12月 图版p.52

Db.t.0634 十万颂般若波罗蜜多经

马德、勘措吉主编，甘肃省文物局、敦煌研究院编纂 甘肃藏敦煌藏文文献⑤敦煌市博物馆卷，上海：上海古籍出版社，2018年12月 图版p.53

Db.t.0635（原收藏号0635）十万颂般若波罗蜜多经

张延清 张议潮与吐蕃文化《敦煌研究》2005年第3期 p.91（附表：张议潮藏文题记简表）

张延清著 吐蕃敦煌抄经研究 北京：民族出版社，2016年11月 p.151、286

马德、勘措吉主编，甘肃省文物局、敦煌研究院编纂 甘肃藏敦煌藏文文献⑤敦煌市博物馆卷，上海：上海古籍出版社，2018年12月 图版p.54

Db.t.0636 十万颂般若波罗蜜多经

马德、勘措吉主编,甘肃省文物局、敦煌研究院编纂 甘肃藏敦煌藏文文献⑤敦煌市博物馆卷,上海:上海古籍出版社,2018年12月 图版p.55

Db.t.0637 十万颂般若波罗蜜多经

马德、勘措吉主编,甘肃省文物局、敦煌研究院编纂 甘肃藏敦煌藏文文献⑤敦煌市博物馆卷,上海:上海古籍出版社,2018年12月 图版p.56

Db.t.0638 十万颂般若波罗蜜多经

马德、勘措吉主编,甘肃省文物局、敦煌研究院编纂 甘肃藏敦煌藏文文献⑤敦煌市博物馆卷,上海:上海古籍出版社,2018年12月 图版p.57

Db.t.0639 十万颂般若波罗蜜多经

马德、勘措吉主编,甘肃省文物局、敦煌研究院编纂 甘肃藏敦煌藏文文献⑤敦煌市博物馆卷,上海:上海古籍出版社,2018年12月 图版p.58

Db.t.0640 十万颂般若波罗蜜多经

马德、勘措吉主编,甘肃省文物局、敦煌研究院编纂 甘肃藏敦煌藏文文献⑤敦煌市博物馆卷,上海:上海古籍出版社,2018年12月 图版p.59

Db.t.0641 十万颂般若波罗蜜多经

马德、勘措吉主编,甘肃省文物局、敦煌研究院编纂 甘肃藏敦煌藏文文献⑤敦煌市博物馆卷,上海:上海古籍出版社,2018年12月 图版p.60

Db.t.0642 十万颂般若波罗蜜多经

马德、勘措吉主编,甘肃省文物局、敦煌研究院编纂 甘肃藏敦煌藏文文献⑤敦煌市博物馆卷,上海:上海古籍出版社,2018年12月 图版p.61

Db.t.0643 二万五千般若波罗蜜多经第三十一品、六十四品

马德、勘措吉主编,甘肃省文物局、敦煌研究院编纂 甘肃藏敦煌藏文文献⑤敦煌市博物馆卷,上海:上海古籍出版社,2018年12月 图版p.62~78

Db.t.0644 十万颂般若波罗蜜多经

张延清著 吐蕃敦煌抄经研究 北京:民族出版社,2016年11月 p.309

马德、勘措吉主编，甘肃省文物局、敦煌研究院编纂 甘肃藏敦煌藏文文献⑤敦煌市博物馆卷，上海：上海古籍出版社，2018年12月 图版p.79

Db.t.0645 十万颂般若波罗蜜多经

马德、勘措吉主编，甘肃省文物局、敦煌研究院编纂 甘肃藏敦煌藏文文献⑤敦煌市博物馆卷，上海：上海古籍出版社，2018年12月 图版p.80

Db.t.0646 十万颂般若波罗蜜多经

马德、勘措吉主编，甘肃省文物局、敦煌研究院编纂 甘肃藏敦煌藏文文献⑤敦煌市博物馆卷，上海：上海古籍出版社，2018年12月 图版p.81

Db.t.0647 十万颂般若波罗蜜多经

马德、勘措吉主编，甘肃省文物局、敦煌研究院编纂 甘肃藏敦煌藏文文献⑤敦煌市博物馆卷，上海：上海古籍出版社，2018年12月 图版p.82

Db.t.0648 十万颂般若波罗蜜多经

张延清著 吐蕃敦煌抄经研究 北京：民族出版社，2016年11月 p.278、353、354、355

马德、勘措吉主编，甘肃省文物局、敦煌研究院编纂 甘肃藏敦煌藏文文献⑤敦煌市博物馆卷，上海：上海古籍出版社，2018年12月 图版p.83

Db.t.0649 十万颂般若波罗蜜多经

马德、勘措吉主编，甘肃省文物局、敦煌研究院编纂 甘肃藏敦煌藏文文献⑤敦煌市博物馆卷，上海：上海古籍出版社，2018年12月 图版p.84

Db.t.0650 十万颂般若波罗蜜多经

马德、勘措吉主编，甘肃省文物局、敦煌研究院编纂 甘肃藏敦煌藏文文献⑤敦煌市博物馆卷，上海：上海古籍出版社，2018年12月 图版p.85

Db.t.0651 十万颂般若波罗蜜多经

马德、勘措吉主编，甘肃省文物局、敦煌研究院编纂 甘肃藏敦煌藏文文献⑤敦煌市博物馆卷，上海：上海古籍出版社，2018年12月 图版p.86

Db.t.0652 十万颂般若波罗蜜多经第四卷第五品

马德、勘措吉主编，甘肃省文物局、敦煌研究院编纂 甘肃藏敦煌藏文文献⑤敦煌市博物馆卷，上海：上

海古籍出版社，2018年12月 图版p.87

Db.t.0653 十万颂般若波罗蜜多经

马德、勘措吉主编，甘肃省文物局、敦煌研究院编纂 甘肃藏敦煌藏文文献⑤敦煌市博物馆卷，上海：上海古籍出版社，2018年12月 图版p.88

Db.t.0654 十万颂般若波罗蜜多经

张延清著 吐蕃敦煌抄经研究 北京：民族出版社，2016年11月 p.313

马德、勘措吉主编，甘肃省文物局、敦煌研究院编纂 甘肃藏敦煌藏文文献⑤敦煌市博物馆卷，上海：上海古籍出版社，2018年12月 图版p.89

Db.t.0655 十万颂般若波罗蜜多经

马德、勘措吉主编，甘肃省文物局、敦煌研究院编纂 甘肃藏敦煌藏文文献⑤敦煌市博物馆卷，上海：上海古籍出版社，2018年12月 图版p.90

Db.t.0656 十万颂般若波罗蜜多经

张延清 吐蕃敦煌抄经坊《敦煌学辑刊》2011年第3期 p.51；收入中央文史研究馆、敦煌研究院、香港大学饶宗颐学术馆编《庆贺饶宗颐先生九十五华诞敦煌学国际学术研讨会论文集》，北京：中华书局，2012年12月 p.560

张延清著 吐蕃敦煌抄经研究 北京：民族出版社，2016年11月 p.89、313、336、353、354、355

马德、勘措吉主编，甘肃省文物局、敦煌研究院编纂 甘肃藏敦煌藏文文献⑤敦煌市博物馆卷，上海：上海古籍出版社，2018年12月 图版p.91

Db.t.0657 十万颂般若波罗蜜多经

马德、勘措吉主编，甘肃省文物局、敦煌研究院编纂 甘肃藏敦煌藏文文献⑤敦煌市博物馆卷，上海：上海古籍出版社，2018年12月 图版p.92

Db.t.0658 十万颂般若波罗蜜多经

马德、勘措吉主编，甘肃省文物局、敦煌研究院编纂 甘肃藏敦煌藏文文献⑤敦煌市博物馆卷，上海：上海古籍出版社，2018年12月 图版p.93

Db.t.0659 十万颂般若波罗蜜多经

张延清著 吐蕃敦煌抄经研究 北京：民族出版社，2016年11月 p.313~314

马德、勘措吉主编，甘肃省文物局、敦煌研究院编纂 甘肃藏敦煌藏文文献⑤敦煌市博物馆卷，上海：上

海古籍出版社,2018年12月 图版p.94

Db.t.0660 十万颂般若波罗蜜多经

马德、勘措吉主编,甘肃省文物局、敦煌研究院编纂 甘肃藏敦煌藏文文献⑤敦煌市博物馆卷,上海:上海古籍出版社,2018年12月 图版p.95

Db.t.0661 十万颂般若波罗蜜多经

马德、勘措吉主编,甘肃省文物局、敦煌研究院编纂 甘肃藏敦煌藏文文献⑤敦煌市博物馆卷,上海:上海古籍出版社,2018年12月 图版p.96

Db.t.0662 十万颂般若波罗蜜多经

马德、勘措吉主编,甘肃省文物局、敦煌研究院编纂 甘肃藏敦煌藏文文献⑤敦煌市博物馆卷,上海:上海古籍出版社,2018年12月 图版p.97

Db.t.0663 十万颂般若波罗蜜多经

马德、勘措吉主编,甘肃省文物局、敦煌研究院编纂 甘肃藏敦煌藏文文献⑤敦煌市博物馆卷,上海:上海古籍出版社,2018年12月 图版p.98

Db.t.0664 十万颂般若波罗蜜多经

马德、勘措吉主编,甘肃省文物局、敦煌研究院编纂 甘肃藏敦煌藏文文献⑤敦煌市博物馆卷,上海:上海古籍出版社,2018年12月 图版p.99

Db.t.0665 十万颂般若波罗蜜多经

马德、勘措吉主编,甘肃省文物局、敦煌研究院编纂 甘肃藏敦煌藏文文献⑤敦煌市博物馆卷,上海:上海古籍出版社,2018年12月 图版p.100

Db.t.0666 十万颂般若波罗蜜多经

陈楠 吐蕃统辖敦煌时期之藏文抄经活动考述《中国藏学》(国家重点课题《西藏通史》专刊)2013年第S2期 p.37

赵青山 吐蕃占领敦煌时期写经道场相关问题考述《藏学学刊》第11辑,北京:中国藏学出版社,2014年12月 p.34

马德、勘措吉主编,甘肃省文物局、敦煌研究院编纂 甘肃藏敦煌藏文文献⑤敦煌市博物馆卷,上海:上海古籍出版社,2018年12月 图版p.101

Db.t.0667 十万颂般若波罗蜜多经

马德、勘措吉主编，甘肃省文物局、敦煌研究院编纂 甘肃藏敦煌藏文文献⑤敦煌市博物馆卷，上海：上海古籍出版社，2018年12月 图版p.102

Db.t.0668 二万五千颂般若波罗蜜多经第十六品

马德、勘措吉主编，甘肃省文物局、敦煌研究院编纂 甘肃藏敦煌藏文文献⑤敦煌市博物馆卷，上海：上海古籍出版社，2018年12月 图版p.103

Db.t.0669 十万颂般若波罗蜜多经

马德、勘措吉主编，甘肃省文物局、敦煌研究院编纂 甘肃藏敦煌藏文文献⑤敦煌市博物馆卷，上海：上海古籍出版社，2018年12月 图版p.104

Db.t.0670 十万颂般若波罗蜜多经

马德、勘措吉主编，甘肃省文物局、敦煌研究院编纂 甘肃藏敦煌藏文文献⑤敦煌市博物馆卷，上海：上海古籍出版社，2018年12月 图版p.105

Db.t.0671 十万颂般若波罗蜜多经

马德、勘措吉主编，甘肃省文物局、敦煌研究院编纂 甘肃藏敦煌藏文文献⑤敦煌市博物馆卷，上海：上海古籍出版社，2018年12月 图版p.106

Db.t.0672 十万颂般若波罗蜜多经

马德、勘措吉主编，甘肃省文物局、敦煌研究院编纂 甘肃藏敦煌藏文文献⑤敦煌市博物馆卷，上海：上海古籍出版社，2018年12月 图版p.107

Db.t.0673 十万颂般若波罗蜜多经

马德、勘措吉主编，甘肃省文物局、敦煌研究院编纂 甘肃藏敦煌藏文文献⑤敦煌市博物馆卷，上海：上海古籍出版社，2018年12月 图版p.108~110

Db.t.0674 十万颂般若波罗蜜多经

马德、勘措吉主编，甘肃省文物局、敦煌研究院编纂 甘肃藏敦煌藏文文献⑤敦煌市博物馆卷，上海：上海古籍出版社，2018年12月 图版p.111

Db.t.0675 十万颂般若波罗蜜多经

张延清著 吐蕃敦煌抄经研究 北京：民族出版社，2016年11月 p.313

马德、勘措吉主编，甘肃省文物局、敦煌研究院编纂 甘肃藏敦煌藏文文献⑤敦煌市博物馆卷，上海：上海古籍出版社，2018年12月 图版p.112

Db.t.0676 十万颂般若波罗蜜多经

马德、勘措吉主编，甘肃省文物局、敦煌研究院编纂 甘肃藏敦煌藏文文献⑤敦煌市博物馆卷，上海：上海古籍出版社，2018年12月 图版p.113

Db.t.0677 十万颂般若波罗蜜多经

马德、勘措吉主编，甘肃省文物局、敦煌研究院编纂 甘肃藏敦煌藏文文献⑤敦煌市博物馆卷，上海：上海古籍出版社，2018年12月 图版p.114

Db.t.0678 十万颂般若波罗蜜多经

马德、勘措吉主编，甘肃省文物局、敦煌研究院编纂 甘肃藏敦煌藏文文献⑤敦煌市博物馆卷，上海：上海古籍出版社，2018年12月 图版p.115

Db.t.0679 十万颂般若波罗蜜多经

马德、勘措吉主编，甘肃省文物局、敦煌研究院编纂 甘肃藏敦煌藏文文献⑤敦煌市博物馆卷，上海：上海古籍出版社，2018年12月 图版p.116

Db.t.0680 十万颂般若波罗蜜多经

马德、勘措吉主编，甘肃省文物局、敦煌研究院编纂 甘肃藏敦煌藏文文献⑤敦煌市博物馆卷，上海：上海古籍出版社，2018年12月 图版p.117

Db.t.0681 十万颂般若波罗蜜多经

马德、勘措吉主编，甘肃省文物局、敦煌研究院编纂 甘肃藏敦煌藏文文献⑤敦煌市博物馆卷，上海：上海古籍出版社，2018年12月 图版p.118

Db.t.0682 一万八千颂般若波罗蜜多经第七品

张延清著 吐蕃敦煌抄经研究 北京：民族出版社，2016年11月 p.320

马德、勘措吉主编，甘肃省文物局、敦煌研究院编纂 甘肃藏敦煌藏文文献⑤敦煌市博物馆卷，上海：上海古籍出版社，2018年12月 图版p.119

Db.t.0683 十万颂般若波罗蜜多经

马德、勘措吉主编，甘肃省文物局、敦煌研究院编纂 甘肃藏敦煌藏文文献⑤敦煌市博物馆卷，上海：上

海古籍出版社,2018年12月 图版p.120

Db.t.0684 十万颂般若波罗蜜多经

张延清著 吐蕃敦煌抄经研究 北京:民族出版社,2016年11月 p.297

马德、勘措吉主编,甘肃省文物局、敦煌研究院编纂 甘肃藏敦煌藏文文献⑤敦煌市博物馆卷,上海:上海古籍出版社,2018年12月 图版p.121

Db.t.0685 十万颂般若波罗蜜多经

马德、勘措吉主编,甘肃省文物局、敦煌研究院编纂 甘肃藏敦煌藏文文献⑤敦煌市博物馆卷,上海:上海古籍出版社,2018年12月 图版p.122

Db.t.0686 十万颂般若波罗蜜多经

马德、勘措吉主编,甘肃省文物局、敦煌研究院编纂 甘肃藏敦煌藏文文献⑤敦煌市博物馆卷,上海:上海古籍出版社,2018年12月 图版p.123

Db.t.0687 十万颂般若波罗蜜多经

马德、勘措吉主编,甘肃省文物局、敦煌研究院编纂 甘肃藏敦煌藏文文献⑤敦煌市博物馆卷,上海:上海古籍出版社,2018年12月 图版p.124

Db.t.0688 十万颂般若波罗蜜多经

张延清著 吐蕃敦煌抄经研究 北京:民族出版社,2016年11月 p.304

马德、勘措吉主编,甘肃省文物局、敦煌研究院编纂 甘肃藏敦煌藏文文献⑤敦煌市博物馆卷,上海:上海古籍出版社,2018年12月 图版p.125

Db.t.0689 十万颂般若波罗蜜多经

张延清著 吐蕃敦煌抄经研究 北京:民族出版社,2016年11月 p.281

马德、勘措吉主编,甘肃省文物局、敦煌研究院编纂 甘肃藏敦煌藏文文献⑤敦煌市博物馆卷,上海:上海古籍出版社,2018年12月 图版p.126

Db.t.0690 十万颂般若波罗蜜多经

张延清著 吐蕃敦煌抄经研究 北京:民族出版社,2016年11月 p.297

马德、勘措吉主编,甘肃省文物局、敦煌研究院编纂 甘肃藏敦煌藏文文献⑤敦煌市博物馆卷,上海:上海古籍出版社,2018年12月 图版p.127

Db.t.0691 十万颂般若波罗蜜多经

马德、勘措吉主编，甘肃省文物局、敦煌研究院编纂 甘肃藏敦煌藏文文献⑤敦煌市博物馆卷，上海：上海古籍出版社，2018年12月 图版p.128

Db.t.0692 十万颂般若波罗蜜多经

张延清著 吐蕃敦煌抄经研究 北京：民族出版社，2016年11月 p.291

马德、勘措吉主编，甘肃省文物局、敦煌研究院编纂 甘肃藏敦煌藏文文献⑤敦煌市博物馆卷，上海：上海古籍出版社，2018年12月 图版p.129

Db.t.0693 十万颂般若波罗蜜多经

马德、勘措吉主编，甘肃省文物局、敦煌研究院编纂 甘肃藏敦煌藏文文献⑤敦煌市博物馆卷，上海：上海古籍出版社，2018年12月 图版p.130

Db.t.0694 十万颂般若波罗蜜多经

马德、勘措吉主编，甘肃省文物局、敦煌研究院编纂 甘肃藏敦煌藏文文献⑤敦煌市博物馆卷，上海：上海古籍出版社，2018年12月 图版p.131

Db.t.0695 十万颂般若波罗蜜多经

张延清著 吐蕃敦煌抄经研究 北京：民族出版社，2016年11月 p.304

马德、勘措吉主编，甘肃省文物局、敦煌研究院编纂 甘肃藏敦煌藏文文献⑤敦煌市博物馆卷，上海：上海古籍出版社，2018年12月 图版p.132

Db.t.0696 十万颂般若波罗蜜多经

张延清著 吐蕃敦煌抄经研究 北京：民族出版社，2016年11月 p.309、357

马德、勘措吉主编，甘肃省文物局、敦煌研究院编纂 甘肃藏敦煌藏文文献⑤敦煌市博物馆卷，上海：上海古籍出版社，2018年12月 图版p.133

Db.t.0697 十万颂般若波罗蜜多经

马德、勘措吉主编，甘肃省文物局、敦煌研究院编纂 甘肃藏敦煌藏文文献⑤敦煌市博物馆卷，上海：上海古籍出版社，2018年12月 图版p.134

Db.t.0698 十万颂般若波罗蜜多经

张延清著 吐蕃敦煌抄经研究 北京：民族出版社，2016年11月 p.309

马德、勘措吉主编，甘肃省文物局、敦煌研究院编纂 甘肃藏敦煌藏文文献⑤敦煌市博物馆卷，上海：上

海古籍出版社，2018年12月 图版p.135

Db.t.0699 十万颂般若波罗蜜多经

马德、勘措吉主编，甘肃省文物局、敦煌研究院编纂 甘肃藏敦煌藏文文献⑤敦煌市博物馆卷，上海：上海古籍出版社，2018年12月 图版p.136

Db.t.0700 十万颂般若波罗蜜多经

张延清著 吐蕃敦煌抄经研究 北京：民族出版社，2016年11月 p.304

马德、勘措吉主编，甘肃省文物局、敦煌研究院编纂 甘肃藏敦煌藏文文献⑤敦煌市博物馆卷，上海：上海古籍出版社，2018年12月 图版p.137

Db.t.0701 十万颂般若波罗蜜多经、大乘无量寿宗要经

马德、勘措吉主编，甘肃省文物局、敦煌研究院编纂 甘肃藏敦煌藏文文献⑤敦煌市博物馆卷，上海：上海古籍出版社，2018年12月 图版p.138

Db.t.0702 大宝积经[①]

张延清著 吐蕃敦煌抄经研究 北京：民族出版社，2016年11月 p.284

马德、勘措吉主编，甘肃省文物局、敦煌研究院编纂 甘肃藏敦煌藏文文献⑤敦煌市博物馆卷，上海：上海古籍出版社，2018年12月 图版p.139

Db.t.0703 大宝积经[②]

张延清著 吐蕃敦煌抄经研究 北京：民族出版社，2016年11月 p.320

马德、勘措吉主编，甘肃省文物局、敦煌研究院编纂 甘肃藏敦煌藏文文献⑤敦煌市博物馆卷，上海：上海古籍出版社，2018年12月 图版p.140

Db.t.0704 大宝积经

张延清著 吐蕃敦煌抄经研究 北京：民族出版社，2016年11月 p.312

马德、勘措吉主编，甘肃省文物局、敦煌研究院编纂 甘肃藏敦煌藏文文献⑤敦煌市博物馆卷，上海：上海古籍出版社，2018年12月 图版p.141

---

①该文献《甘肃藏敦煌藏文文献叙录》原定名作“十万颂般若波罗蜜多经”。《甘肃藏敦煌藏文文献》⑤敦煌市博物馆卷重新校定名作“大宝积经”。

②该文献《甘肃藏敦煌藏文文献叙录》原定名作“十万颂般若波罗蜜多经”。《甘肃藏敦煌藏文文献》⑤敦煌市博物馆卷重新校定名作“大宝积经”。

Db.t.0705 大宝积经第一百四十八品

张延清著 吐蕃敦煌抄经研究 北京:民族出版社,2016年11月 p.315

马德、勘措吉主编,甘肃省文物局、敦煌研究院编纂 甘肃藏敦煌藏文文献⑤敦煌市博物馆卷,上海:上海古籍出版社,2018年12月 图版p.142

Db.t.0706 大宝积经

张延清著 吐蕃敦煌抄经研究 北京:民族出版社,2016年11月 p.322

马德、勘措吉主编,甘肃省文物局、敦煌研究院编纂 甘肃藏敦煌藏文文献⑤敦煌市博物馆卷,上海:上海古籍出版社,2018年12月 图版p.143

Db.t.0707 十万颂般若波罗蜜多经

张延清著 吐蕃敦煌抄经研究 北京:民族出版社,2016年11月 p.308

马德、勘措吉主编,甘肃省文物局、敦煌研究院编纂 甘肃藏敦煌藏文文献⑤敦煌市博物馆卷,上海:上海古籍出版社,2018年12月 图版p.144

Db.t.0708 十万颂般若波罗蜜多经

张延清著 吐蕃敦煌抄经研究 北京:民族出版社,2016年11月 p.283

马德、勘措吉主编,甘肃省文物局、敦煌研究院编纂 甘肃藏敦煌藏文文献⑤敦煌市博物馆卷,上海:上海古籍出版社,2018年12月 图版p.145

Db.t.0709 十万颂般若波罗蜜多经第一卷第二十三品

张延清著 吐蕃敦煌抄经研究 北京:民族出版社,2016年11月 p.301

马德、勘措吉主编,甘肃省文物局、敦煌研究院编纂 甘肃藏敦煌藏文文献⑤敦煌市博物馆卷,上海:上海古籍出版社,2018年12月 图版p.146

Db.t.0710 十万颂般若波罗蜜多经

张延清著 吐蕃敦煌抄经研究 北京:民族出版社,2016年11月 p.310

马德、勘措吉主编,甘肃省文物局、敦煌研究院编纂 甘肃藏敦煌藏文文献⑤敦煌市博物馆卷,上海:上海古籍出版社,2018年12月 图版p.147

Db.t.0711 十万颂般若波罗蜜多经

张延清著 吐蕃敦煌抄经研究 北京:民族出版社,2016年11月 p.322

马德、勘措吉主编,甘肃省文物局、敦煌研究院编纂 甘肃藏敦煌藏文文献⑤敦煌市博物馆卷,上海:上海古籍出版社,2018年12月 图版p.148

Db.t.0712 十万颂般若波罗蜜多经

张延清著 吐蕃敦煌抄经研究 北京:民族出版社,2016年11月 p.288

马德、勘措吉主编,甘肃省文物局、敦煌研究院编纂 甘肃藏敦煌藏文文献⑤敦煌市博物馆卷,上海:上海古籍出版社,2018年12月 图版p.149

Db.t.0713 十万颂般若波罗蜜多经

张延清著 吐蕃敦煌抄经研究 北京:民族出版社,2016年11月 p.203

马德、勘措吉主编,甘肃省文物局、敦煌研究院编纂 甘肃藏敦煌藏文文献⑤敦煌市博物馆卷,上海:上海古籍出版社,2018年12月 图版p.150

Db.t.0714 十万颂般若波罗蜜多经

张延清著 吐蕃敦煌抄经研究 北京:民族出版社,2016年11月 p.310

马德、勘措吉主编,甘肃省文物局、敦煌研究院编纂 甘肃藏敦煌藏文文献⑤敦煌市博物馆卷,上海:上海古籍出版社,2018年12月 图版p.151

Db.t.0715 十万颂般若波罗蜜多经

张延清著 吐蕃敦煌抄经研究 北京:民族出版社,2016年11月 p.283

马德、勘措吉主编,甘肃省文物局、敦煌研究院编纂 甘肃藏敦煌藏文文献⑤敦煌市博物馆卷,上海:上海古籍出版社,2018年12月 图版p.152

Db.t.0716 十万颂般若波罗蜜多经

张延清著 吐蕃敦煌抄经研究 北京:民族出版社,2016年11月 p.283

马德、勘措吉主编,甘肃省文物局、敦煌研究院编纂 甘肃藏敦煌藏文文献⑤敦煌市博物馆卷,上海:上海古籍出版社,2018年12月 图版p.153

Db.t.0717 十万颂般若波罗蜜多经

张延清著 吐蕃敦煌抄经研究 北京:民族出版社,2016年11月 p.287

马德、勘措吉主编,甘肃省文物局、敦煌研究院编纂 甘肃藏敦煌藏文文献⑤敦煌市博物馆卷,上海:上海古籍出版社,2018年12月 图版p.154

Db.t.0718 十万颂般若波罗蜜多经

张延清著 吐蕃敦煌抄经研究[①] 北京:民族出版社,2016年11月 p.289、344

马德、勘措吉主编,甘肃省文物局、敦煌研究院编纂 甘肃藏敦煌藏文文献⑤敦煌市博物馆卷,上海:上海古籍出版社,2018年12月 图版p.155

Db.t.0719 十万颂般若波罗蜜多经

张延清著 吐蕃敦煌抄经研究 北京:民族出版社,2016年11月 p.300

马德、勘措吉主编,甘肃省文物局、敦煌研究院编纂 甘肃藏敦煌藏文文献⑤敦煌市博物馆卷,上海:上海古籍出版社,2018年12月 图版p.156

Db.t.0720 十万颂般若波罗蜜多经

张延清著 吐蕃敦煌抄经研究 北京:民族出版社,2016年11月 p.312

马德、勘措吉主编,甘肃省文物局、敦煌研究院编纂 甘肃藏敦煌藏文文献⑤敦煌市博物馆卷,上海:上海古籍出版社,2018年12月 图版p.157

Db.t.0721 十万颂般若波罗蜜多经

马德、勘措吉主编,甘肃省文物局、敦煌研究院编纂 甘肃藏敦煌藏文文献⑤敦煌市博物馆卷,上海:上海古籍出版社,2018年12月 图版p.158

Db.t.0722 十万颂般若波罗蜜多经

张延清著 吐蕃敦煌抄经研究 北京:民族出版社,2016年11月 p.286

马德、勘措吉主编,甘肃省文物局、敦煌研究院编纂 甘肃藏敦煌藏文文献⑤敦煌市博物馆卷,上海:上海古籍出版社,2018年12月 图版p.159

Db.t.0723 十万颂般若波罗蜜多经

马德、勘措吉主编,甘肃省文物局、敦煌研究院编纂 甘肃藏敦煌藏文文献⑤敦煌市博物馆卷,上海:上海古籍出版社,2018年12月 图版p.160

Db.t.0724 十万颂般若波罗蜜多经

张延清著 吐蕃敦煌抄经研究 北京:民族出版社,2016年11月 p.304、344

---

①张延清《吐蕃敦煌抄经研究》附录第289页"139.金勒贡"Dd.t.0011、0142、0143、0472、0718、0791、1022、1826把"敦煌市博物馆藏敦煌藏文文献"与"敦煌市档案馆藏敦煌藏文文献"混淆使用了。敦煌市档案馆藏敦煌藏文文献仅存12个编号。经核查,金勒贡抄卷出现在敦煌市档案馆藏敦煌藏文文献Dd.t.11和敦煌市博物馆藏敦煌藏文文献Db.t.0142、Db.t.0143、Db.t.0472、Db.t.0718、Db.t.0791、Db.t.1022、Db.t.1826等卷号中。

马德、勘措吉主编，甘肃省文物局、敦煌研究院编纂 甘肃藏敦煌藏文文献⑤敦煌市博物馆卷，上海：上海古籍出版社，2018年12月 图版p.161

Db.t.0725 十万颂般若波罗蜜多经

张延清著 吐蕃敦煌抄经研究 北京：民族出版社，2016年11月 p.297

马德、勘措吉主编，甘肃省文物局、敦煌研究院编纂 甘肃藏敦煌藏文文献⑤敦煌市博物馆卷，上海：上海古籍出版社，2018年12月 图版p.162

Db.t.0726 十万颂般若波罗蜜多经

张延清著 吐蕃敦煌抄经研究 北京：民族出版社，2016年11月 p.315

马德、勘措吉主编，甘肃省文物局、敦煌研究院编纂 甘肃藏敦煌藏文文献⑤敦煌市博物馆卷，上海：上海古籍出版社，2018年12月 图版p.163

Db.t.0727 十万颂般若波罗蜜多经

张延清著 吐蕃敦煌抄经研究 北京：民族出版社，2016年11月 p.321

马德、勘措吉主编，甘肃省文物局、敦煌研究院编纂 甘肃藏敦煌藏文文献⑤敦煌市博物馆卷，上海：上海古籍出版社，2018年12月 图版p.164

Db.t.0728 十万颂般若波罗蜜多经

张延清著 吐蕃敦煌抄经研究 北京：民族出版社，2016年11月 p.286

马德、勘措吉主编，甘肃省文物局、敦煌研究院编纂 甘肃藏敦煌藏文文献⑤敦煌市博物馆卷，上海：上海古籍出版社，2018年12月 图版p.165

Db.t.0729 十万颂般若波罗蜜多经

马德、勘措吉主编，甘肃省文物局、敦煌研究院编纂 甘肃藏敦煌藏文文献⑤敦煌市博物馆卷，上海：上海古籍出版社，2018年12月 图版p.166

Db.t.0730 十万颂般若波罗蜜多经

张延清著 吐蕃敦煌抄经研究 北京：民族出版社，2016年11月 p.297、353

马德、勘措吉主编，甘肃省文物局、敦煌研究院编纂 甘肃藏敦煌藏文文献⑤敦煌市博物馆卷，上海：上海古籍出版社，2018年12月 图版p.167

Db.t.0731 十万颂般若波罗蜜多经

张延清著 吐蕃敦煌抄经研究 北京：民族出版社，2016年11月 p.313

马德、勘措吉主编,甘肃省文物局、敦煌研究院编纂 甘肃藏敦煌藏文文献⑤敦煌市博物馆卷,上海:上海古籍出版社,2018年12月 图版p.168

Db.t.0732 十万颂般若波罗蜜多经

张延清著 吐蕃敦煌抄经研究 北京:民族出版社,2016年11月 p.293、345

马德、勘措吉主编,甘肃省文物局、敦煌研究院编纂 甘肃藏敦煌藏文文献⑤敦煌市博物馆卷,上海:上海古籍出版社,2018年12月 图版p.169

Db.t.0733 十万颂般若波罗蜜多经

张延清著 吐蕃敦煌抄经研究 北京:民族出版社,2016年11月 p.305、352

马德、勘措吉主编,甘肃省文物局、敦煌研究院编纂 甘肃藏敦煌藏文文献⑤敦煌市博物馆卷,上海:上海古籍出版社,2018年12月 图版p.170

Db.t.0734 十万颂般若波罗蜜多经

张延清著 吐蕃敦煌抄经研究 北京:民族出版社,2016年11月 p.313、352

马德、勘措吉主编,甘肃省文物局、敦煌研究院编纂 甘肃藏敦煌藏文文献⑤敦煌市博物馆卷,上海:上海古籍出版社,2018年12月 图版p.171

Db.t.0735 十万颂般若波罗蜜多经

张延清著 吐蕃敦煌抄经研究 北京:民族出版社,2016年11月 p.307、352、353、358

马德、勘措吉主编,甘肃省文物局、敦煌研究院编纂 甘肃藏敦煌藏文文献⑤敦煌市博物馆卷,上海:上海古籍出版社,2018年12月 图版p.172

Db.t.0736 十万颂般若波罗蜜多经

张延清著 吐蕃敦煌抄经研究 北京:民族出版社,2016年11月 p.286、343、352、353

马德、勘措吉主编,甘肃省文物局、敦煌研究院编纂 甘肃藏敦煌藏文文献⑤敦煌市博物馆卷,上海:上海古籍出版社,2018年12月 图版p.173

Db.t.0737 十万颂般若波罗蜜多经

张延清著 吐蕃敦煌抄经研究 北京:民族出版社,2016年11月 p.322、331

马德、勘措吉主编,甘肃省文物局、敦煌研究院编纂 甘肃藏敦煌藏文文献⑤敦煌市博物馆卷,上海:上海古籍出版社,2018年12月 图版p.174

Db.t.0738 十万颂般若波罗蜜多经

张延清著 吐蕃敦煌抄经研究 北京:民族出版社,2016年11月 p.282

马德、勘措吉主编,甘肃省文物局、敦煌研究院编纂 甘肃藏敦煌藏文文献⑤敦煌市博物馆卷,上海:上海古籍出版社,2018年12月 图版p.175

Db.t.0739 十万颂般若波罗蜜多经

马德、勘措吉主编,甘肃省文物局、敦煌研究院编纂 甘肃藏敦煌藏文文献⑤敦煌市博物馆卷,上海:上海古籍出版社,2018年12月 图版p.176

Db.t.0740 十万颂般若波罗蜜多经

张延清著 吐蕃敦煌抄经研究 北京:民族出版社,2016年11月 p.288

马德、勘措吉主编,甘肃省文物局、敦煌研究院编纂 甘肃藏敦煌藏文文献⑤敦煌市博物馆卷,上海:上海古籍出版社,2018年12月 图版p.177

Db.t.0741 十万颂般若波罗蜜多经

张延清著 吐蕃敦煌抄经研究 北京:民族出版社,2016年11月 p.279、330、336

马德、勘措吉主编,甘肃省文物局、敦煌研究院编纂 甘肃藏敦煌藏文文献⑤敦煌市博物馆卷,上海:上海古籍出版社,2018年12月 图版p.178

Db.t.0742 十万颂般若波罗蜜多经

马德、勘措吉主编,甘肃省文物局、敦煌研究院编纂 甘肃藏敦煌藏文文献⑤敦煌市博物馆卷,上海:上海古籍出版社,2018年12月 图版p.179

Db.t.0743 十万颂般若波罗蜜多经

张延清著 吐蕃敦煌抄经研究 北京:民族出版社,2016年11月 p.289

马德、勘措吉主编,甘肃省文物局、敦煌研究院编纂 甘肃藏敦煌藏文文献⑤敦煌市博物馆卷,上海:上海古籍出版社,2018年12月 图版p.180

Db.t.0744 十万颂般若波罗蜜多经

张延清著 吐蕃敦煌抄经研究 北京:民族出版社,2016年11月 p.301、337

马德、勘措吉主编,甘肃省文物局、敦煌研究院编纂 甘肃藏敦煌藏文文献⑤敦煌市博物馆卷,上海:上海古籍出版社,2018年12月 图版p.181

Db.t.0745 十万颂般若波罗蜜多经

马德、勘措吉主编,甘肃省文物局、敦煌研究院编纂 甘肃藏敦煌藏文文献⑤敦煌市博物馆卷,上海:上海古籍出版社,2018年12月 图版p.182

Db.t.0746 十万颂般若波罗蜜多经

张延清著 吐蕃敦煌抄经研究 北京:民族出版社,2016年11月 p.309、327

马德、勘措吉主编,甘肃省文物局、敦煌研究院编纂 甘肃藏敦煌藏文文献⑤敦煌市博物馆卷,上海:上海古籍出版社,2018年12月 图版p.183

Db.t.0747 十万颂般若波罗蜜多经第四卷第三十五品

马德、勘措吉主编,甘肃省文物局、敦煌研究院编纂 甘肃藏敦煌藏文文献⑤敦煌市博物馆卷,上海:上海古籍出版社,2018年12月 图版p.184

Db.t.0748 十万颂般若波罗蜜多经

马德、勘措吉主编,甘肃省文物局、敦煌研究院编纂 甘肃藏敦煌藏文文献⑤敦煌市博物馆卷,上海:上海古籍出版社,2018年12月 图版p.185~186

Db.t.0749 十万颂般若波罗蜜多经

马德、勘措吉主编,甘肃省文物局、敦煌研究院编纂 甘肃藏敦煌藏文文献⑤敦煌市博物馆卷,上海:上海古籍出版社,2018年12月 图版p.187

Db.t.0750 十万颂般若波罗蜜多经

张延清著 吐蕃敦煌抄经研究 北京:民族出版社,2016年11月 p.321

马德、勘措吉主编,甘肃省文物局、敦煌研究院编纂 甘肃藏敦煌藏文文献⑤敦煌市博物馆卷,上海:上海古籍出版社,2018年12月 图版p.188

Db.t.0751 十万颂般若波罗蜜多经第四卷第十三品

张延清著 吐蕃敦煌抄经研究 北京:民族出版社,2016年11月 p.155、321、338

马德、勘措吉主编,甘肃省文物局、敦煌研究院编纂 甘肃藏敦煌藏文文献⑤敦煌市博物馆卷,上海:上海古籍出版社,2018年12月 图版p.189

Db.t.0752 十万颂般若波罗蜜多经第四卷第四十五品

张延清著 吐蕃敦煌抄经研究 北京:民族出版社,2016年11月 p.289、337

马德、勘措吉主编,甘肃省文物局、敦煌研究院编纂 甘肃藏敦煌藏文文献⑤敦煌市博物馆卷,上海:上

海古籍出版社，2018年12月 图版p.190

Db.t.0753 十万颂般若波罗蜜多经

张延清著 吐蕃敦煌抄经研究 北京：民族出版社，2016年11月 p.325

马德、勘措吉主编，甘肃省文物局、敦煌研究院编纂 甘肃藏敦煌藏文文献⑤敦煌市博物馆卷，上海：上海古籍出版社，2018年12月 图版p.191

Db.t.0754 十万颂般若波罗蜜多经

张延清著 吐蕃敦煌抄经研究 北京：民族出版社，2016年11月 p.325

马德、勘措吉主编，甘肃省文物局、敦煌研究院编纂 甘肃藏敦煌藏文文献⑤敦煌市博物馆卷，上海：上海古籍出版社，2018年12月 图版p.192

Db.t.0755 十万颂般若波罗蜜多经

马德、勘措吉主编，甘肃省文物局、敦煌研究院编纂 甘肃藏敦煌藏文文献⑤敦煌市博物馆卷，上海：上海古籍出版社，2018年12月 图版p.193

Db.t.0756 十万颂般若波罗蜜多经

张延清著 吐蕃敦煌抄经研究 北京：民族出版社，2016年11月 p.325

马德、勘措吉主编，甘肃省文物局、敦煌研究院编纂 甘肃藏敦煌藏文文献⑤敦煌市博物馆卷，上海：上海古籍出版社，2018年12月 图版p.194

Db.t.0757 十万颂般若波罗蜜多经

马德 敦煌吐蕃文献新论《转型期的敦煌学》，上海：上海古籍出版社，2007年11月 p.559

张延清著 吐蕃敦煌抄经研究 北京：民族出版社，2016年11月 p.287

马德、勘措吉主编，甘肃省文物局、敦煌研究院编纂 甘肃藏敦煌藏文文献⑤敦煌市博物馆卷，上海：上海古籍出版社，2018年12月 图版p.195

Db.t.0758 十万颂般若波罗蜜多经

张延清著 吐蕃敦煌抄经研究 北京：民族出版社，2016年11月 p.304

马德、勘措吉主编，甘肃省文物局、敦煌研究院编纂 甘肃藏敦煌藏文文献⑤敦煌市博物馆卷，上海：上海古籍出版社，2018年12月 图版p.196

Db.t.0759 十万颂般若波罗蜜多经第四卷第四十五品

张延清著 吐蕃敦煌抄经研究 北京：民族出版社，2016年11月 p.285

马德、勘措吉主编，甘肃省文物局、敦煌研究院编纂 甘肃藏敦煌藏文文献⑤敦煌市博物馆卷，上海：上海古籍出版社，2018年12月 图版p.197

Db.t.0760 十万颂般若波罗蜜多经

张延清著 吐蕃敦煌抄经研究 北京：民族出版社，2016年11月 p.343、352、357

马德、勘措吉主编，甘肃省文物局、敦煌研究院编纂 甘肃藏敦煌藏文文献⑤敦煌市博物馆卷，上海：上海古籍出版社，2018年12月 图版p.198

Db.t.0761 十万颂般若波罗蜜多经

马德、勘措吉主编，甘肃省文物局、敦煌研究院编纂 甘肃藏敦煌藏文文献⑤敦煌市博物馆卷，上海：上海古籍出版社，2018年12月 图版p.199

Db.t.0762 十万颂般若波罗蜜多经

马德、勘措吉主编，甘肃省文物局、敦煌研究院编纂 甘肃藏敦煌藏文文献⑤敦煌市博物馆卷，上海：上海古籍出版社，2018年12月 图版p.200

Db.t.0763 十万颂般若波罗蜜多经第二卷第七品

张延清著 吐蕃敦煌抄经研究 北京：民族出版社，2016年11月 p.318

马德、勘措吉主编，甘肃省文物局、敦煌研究院编纂 甘肃藏敦煌藏文文献⑤敦煌市博物馆卷，上海：上海古籍出版社，2018年12月 图版p.201

Db.t.0764 十万颂般若波罗蜜多经

张延清著 吐蕃敦煌抄经研究 北京：民族出版社，2016年11月 p.315

马德、勘措吉主编，甘肃省文物局、敦煌研究院编纂 甘肃藏敦煌藏文文献⑤敦煌市博物馆卷，上海：上海古籍出版社，2018年12月 图版p.202

Db.t.0765 十万颂般若波罗蜜多经

张延清著 吐蕃敦煌抄经研究 北京：民族出版社，2016年11月 p.315

马德、勘措吉主编，甘肃省文物局、敦煌研究院编纂 甘肃藏敦煌藏文文献⑤敦煌市博物馆卷，上海：上海古籍出版社，2018年12月 图版p.203

Db.t.0766 十万颂般若波罗蜜多经

张延清著 吐蕃敦煌抄经研究 北京：民族出版社，2016年11月 p.277

马德、勘措吉主编，甘肃省文物局、敦煌研究院编纂 甘肃藏敦煌藏文文献⑤敦煌市博物馆卷，上海：上

海古籍出版社，2018年12月 图版p.204

Db.t.0767 十万颂般若波罗蜜多经

张延清著　吐蕃敦煌抄经研究 北京：民族出版社，2016年11月 p.289、352、357

马德、勘措吉主编，甘肃省文物局、敦煌研究院编纂 甘肃藏敦煌藏文文献⑤敦煌市博物馆卷，上海：上海古籍出版社，2018年12月 图版p.205

Db.t.0768 十万颂般若波罗蜜多经

张延清著 吐蕃敦煌抄经研究 北京：民族出版社，2016年11月 p.297

马德、勘措吉主编，甘肃省文物局、敦煌研究院编纂 甘肃藏敦煌藏文文献⑤敦煌市博物馆卷，上海：上海古籍出版社，2018年12月 图版p.206

Db.t.0769 十万颂般若波罗蜜多经

张延清著 吐蕃敦煌抄经研究 北京：民族出版社，2016年11月 p.319

马德、勘措吉主编，甘肃省文物局、敦煌研究院编纂 甘肃藏敦煌藏文文献⑤敦煌市博物馆卷，上海：上海古籍出版社，2018年12月 图版p.207

Db.t.0770 十万颂般若波罗蜜多经

张延清著 吐蕃敦煌抄经研究 北京：民族出版社，2016年11月 p.292

马德、勘措吉主编，甘肃省文物局、敦煌研究院编纂 甘肃藏敦煌藏文文献⑤敦煌市博物馆卷，上海：上海古籍出版社，2018年12月 图版p.208

Db.t.0771 十万颂般若波罗蜜多经第四卷第五十一品

张延清著　吐蕃敦煌抄经研究 北京：民族出版社，2016年11月 p.315

马德、勘措吉主编，甘肃省文物局、敦煌研究院编纂 甘肃藏敦煌藏文文献⑤敦煌市博物馆卷，上海：上海古籍出版社，2018年12月 图版p.209

Db.t.0772 十万颂般若波罗蜜多经

张延清著 吐蕃敦煌抄经研究 北京：民族出版社，2016年11月 p.297

马德、勘措吉主编，甘肃省文物局、敦煌研究院编纂 甘肃藏敦煌藏文文献⑤敦煌市博物馆卷，上海：上海古籍出版社，2018年12月 图版p.210

Db.t.0773 十万颂般若波罗蜜多经

张延清著 吐蕃敦煌抄经研究 北京：民族出版社，2016年11月 p.301

马德、勘措吉主编，甘肃省文物局、敦煌研究院编纂 甘肃藏敦煌藏文文献⑤敦煌市博物馆卷，上海：上海古籍出版社，2018年12月 图版p.211

Db.t.0774 十万颂般若波罗蜜多经

张延清著 吐蕃敦煌抄经研究 北京：民族出版社，2016年11月 p.324

马德、勘措吉主编，甘肃省文物局、敦煌研究院编纂 甘肃藏敦煌藏文文献⑤敦煌市博物馆卷，上海：上海古籍出版社，2018年12月 图版p.212

Db.t.0775 十万颂般若波罗蜜多经

张延清著 吐蕃敦煌抄经研究 北京：民族出版社，2016年11月 p.277

马德、勘措吉主编，甘肃省文物局、敦煌研究院编纂 甘肃藏敦煌藏文文献⑤敦煌市博物馆卷，上海：上海古籍出版社，2018年12月 图版p.213

Db.t.0776 十万颂般若波罗蜜多经第一卷第七十一品

张延清著 吐蕃敦煌抄经研究 北京：民族出版社，2016年11月 p.290

马德、勘措吉主编，甘肃省文物局、敦煌研究院编纂 甘肃藏敦煌藏文文献⑤敦煌市博物馆卷，上海：上海古籍出版社，2018年12月 图版p.214

Db.t.0777 十万颂般若波罗蜜多经

张延清著 吐蕃敦煌抄经研究 北京：民族出版社，2016年11月 p.291

马德、勘措吉主编，甘肃省文物局、敦煌研究院编纂 甘肃藏敦煌藏文文献⑤敦煌市博物馆卷，上海：上海古籍出版社，2018年12月 图版p.215

Db.t.0778 十万颂般若波罗蜜多经

张延清著 吐蕃敦煌抄经研究 北京：民族出版社，2016年11月 p.298

马德、勘措吉主编，甘肃省文物局、敦煌研究院编纂 甘肃藏敦煌藏文文献⑤敦煌市博物馆卷，上海：上海古籍出版社，2018年12月 图版p.216

Db.t.0779 十万颂般若波罗蜜多经

张延清著 吐蕃敦煌抄经研究 北京：民族出版社，2016年11月 p.301

马德、勘措吉主编，甘肃省文物局、敦煌研究院编纂 甘肃藏敦煌藏文文献⑤敦煌市博物馆卷，上海：上海古籍出版社，2018年12月 图版p.217

Db.t.0780 十万颂般若波罗蜜多经

张延清、谢尔萨 敦煌藏文写经生结构分析《丝绸之路民族古文字与文化学术讨论会文集》(上),西安:三秦出版社,2007年7月 p.121;p.125(附表三)

张延清著 吐蕃敦煌抄经研究 北京:民族出版社,2016年11月 p.139;p.298~299、338

马德、勘措吉主编,甘肃省文物局、敦煌研究院编纂 甘肃藏敦煌藏文文献⑤敦煌市博物馆卷,上海:上海古籍出版社,2018年12月 图版p.218

Db.t.0781 十万颂般若波罗蜜多经第三卷第五十二品

张延清著 吐蕃敦煌抄经研究 北京:民族出版社,2016年11月 p.310、337、343、354

马德、勘措吉主编,甘肃省文物局、敦煌研究院编纂 甘肃藏敦煌藏文文献⑤敦煌市博物馆卷,上海:上海古籍出版社,2018年12月 图版p.219

Db.t.0782 十万颂般若波罗蜜多经第三卷第十八品

张延清著 吐蕃敦煌抄经研究 北京:民族出版社,2016年11月 p.287、337、344

马德、勘措吉主编,甘肃省文物局、敦煌研究院编纂 甘肃藏敦煌藏文文献⑤敦煌市博物馆卷,上海:上海古籍出版社,2018年12月 图版p.220

Db.t.0783 十万颂般若波罗蜜多经

张延清著 吐蕃敦煌抄经研究 北京:民族出版社,2016年11月 p.299

马德、勘措吉主编,甘肃省文物局、敦煌研究院编纂 甘肃藏敦煌藏文文献⑤敦煌市博物馆卷,上海:上海古籍出版社,2018年12月 图版p.221

Db.t.0784 十万颂般若波罗蜜多经

张延清著 吐蕃敦煌抄经研究 北京:民族出版社,2016年11月 p.298

马德、勘措吉主编,甘肃省文物局、敦煌研究院编纂 甘肃藏敦煌藏文文献⑤敦煌市博物馆卷,上海:上海古籍出版社,2018年12月 图版p.222

Db.t.0785 十万颂般若波罗蜜多经

张延清著 吐蕃敦煌抄经研究 北京:民族出版社,2016年11月 p.325

马德、勘措吉主编,甘肃省文物局、敦煌研究院编纂 甘肃藏敦煌藏文文献⑤敦煌市博物馆卷,上海:上海古籍出版社,2018年12月 图版p.223

Db.t.0786 十万颂般若波罗蜜多经

张延清著 吐蕃敦煌抄经研究 北京:民族出版社,2016年11月 p.287

马德、勘措吉主编，甘肃省文物局、敦煌研究院编纂 甘肃藏敦煌藏文文献⑤敦煌市博物馆卷，上海：上海古籍出版社，2018年12月 图版p.224

Db.t.0787 十万颂般若波罗蜜多经

张延清著 吐蕃敦煌抄经研究 北京：民族出版社，2016年11月 p.287

马德、勘措吉主编，甘肃省文物局、敦煌研究院编纂 甘肃藏敦煌藏文文献⑤敦煌市博物馆卷，上海：上海古籍出版社，2018年12月 图版p.225

Db.t.0788 十万颂般若波罗蜜多经

张延清著 吐蕃敦煌抄经研究 北京：民族出版社，2016年11月 p.310

马德、勘措吉主编，甘肃省文物局、敦煌研究院编纂 甘肃藏敦煌藏文文献⑤敦煌市博物馆卷，上海：上海古籍出版社，2018年12月 图版p.226

Db.t.0789 十万颂般若波罗蜜多经第三卷第十六品

马德、勘措吉主编，甘肃省文物局、敦煌研究院编纂 甘肃藏敦煌藏文文献⑤敦煌市博物馆卷，上海：上海古籍出版社，2018年12月 图版p.227~228

Db.t.0790 十万颂般若波罗蜜多经

张延清著 吐蕃敦煌抄经研究 北京：民族出版社，2016年11月 p.284

马德、勘措吉主编，甘肃省文物局、敦煌研究院编纂 甘肃藏敦煌藏文文献⑤敦煌市博物馆卷，上海：上海古籍出版社，2018年12月 图版p.229

Db.t.0791 十万颂般若波罗蜜多经

张延清著 吐蕃敦煌抄经研究[①] 北京：民族出版社，2016年11月 p.289、345

马德、勘措吉主编，甘肃省文物局、敦煌研究院编纂 甘肃藏敦煌藏文文献⑤敦煌市博物馆卷，上海：上海古籍出版社，2018年12月 图版p.230

Db.t.0792 十万颂般若波罗蜜多经

张延清著 吐蕃敦煌抄经研究 北京：民族出版社，2016年11月 p.309、332、337、351

---

①张延清《吐蕃敦煌抄经研究》附录第289页"139.金勒贡"Dd.t.0011、0142、0143、0472、0718、0791、1022、1826把"敦煌市博物馆藏敦煌藏文文献"与"敦煌市档案馆藏敦煌藏文文献"混淆使用了。敦煌市档案馆藏敦煌藏文文献仅存12个编号。经核查，金勒贡抄卷出现在敦煌市档案馆藏敦煌藏文文献Dd.t.11和敦煌市博物馆藏敦煌藏文文献Db.t.0142、Db.t.0143、Db.t.0472、Db.t.0718、Db.t.0791、Db.t.1022、Db.t.1826等卷号中。

马德、勘措吉主编，甘肃省文物局、敦煌研究院编纂 甘肃藏敦煌藏文文献⑤敦煌市博物馆卷，上海：上海古籍出版社，2018年12月 图版p.231

Db.t.0793 十万颂般若波罗蜜多经

张延清著 吐蕃敦煌抄经研究 北京：民族出版社，2016年11月 p.309

马德、勘措吉主编，甘肃省文物局、敦煌研究院编纂 甘肃藏敦煌藏文文献⑤敦煌市博物馆卷，上海：上海古籍出版社，2018年12月 图版p.232

Db.t.0794 十万颂般若波罗蜜多经

张延清著 吐蕃敦煌抄经研究 北京：民族出版社，2016年11月 p.283

马德、勘措吉主编，甘肃省文物局、敦煌研究院编纂 甘肃藏敦煌藏文文献⑤敦煌市博物馆卷，上海：上海古籍出版社，2018年12月 图版p.233

Db.t.0795 十万颂般若波罗蜜多经

张延清著 吐蕃敦煌抄经研究 北京：民族出版社，2016年11月 p.320

马德、勘措吉主编，甘肃省文物局、敦煌研究院编纂 甘肃藏敦煌藏文文献⑤敦煌市博物馆卷，上海：上海古籍出版社，2018年12月 图版p.234

Db.t.0796 十万颂般若波罗蜜多经

张延清著 吐蕃敦煌抄经研究 北京：民族出版社，2016年11月 p.283、337

马德、勘措吉主编，甘肃省文物局、敦煌研究院编纂 甘肃藏敦煌藏文文献⑤敦煌市博物馆卷，上海：上海古籍出版社，2018年12月 图版p.235

Db.t.0797 十万颂般若波罗蜜多经第三卷第二十一品

张延清著 吐蕃敦煌抄经研究 北京：民族出版社，2016年11月 p.310、337、345~346

马德、勘措吉主编，甘肃省文物局、敦煌研究院编纂 甘肃藏敦煌藏文文献⑤敦煌市博物馆卷，上海：上海古籍出版社，2018年12月 图版p.236

Db.t.0798 十万颂般若波罗蜜多经

张延清著 吐蕃敦煌抄经研究 北京：民族出版社，2016年11月 p.315

马德、勘措吉主编，甘肃省文物局、敦煌研究院编纂 甘肃藏敦煌藏文文献⑤敦煌市博物馆卷，上海：上海古籍出版社，2018年12月 图版p.237

Db.t.0799 十万颂般若波罗蜜多经第三卷第二品

张延清著 吐蕃敦煌抄经研究 北京:民族出版社,2016年11月 p.276、342、350

马德、勘措吉主编,甘肃省文物局、敦煌研究院编纂 甘肃藏敦煌藏文文献⑤敦煌市博物馆卷,上海:上海古籍出版社,2018年12月 图版p.238

Db.t.0800 十万颂般若波罗蜜多经

张延清著 吐蕃敦煌抄经研究 北京:民族出版社,2016年11月 p.287、351、354、357

马德、勘措吉主编,甘肃省文物局、敦煌研究院编纂 甘肃藏敦煌藏文文献⑤敦煌市博物馆卷,上海:上海古籍出版社,2018年12月 图版p.239

Db.t.0801 十万颂般若波罗蜜多经

张延清著 吐蕃敦煌抄经研究 北京:民族出版社,2016年11月 p.319

马德、勘措吉主编,甘肃省文物局、敦煌研究院编纂 甘肃藏敦煌藏文文献⑤敦煌市博物馆卷,上海:上海古籍出版社,2018年12月 图版p.240~242

Db.t.0802 十万颂般若波罗蜜多经

张延清著 吐蕃敦煌抄经研究 北京:民族出版社,2016年11月 p.319

马德、勘措吉主编,甘肃省文物局、敦煌研究院编纂 甘肃藏敦煌藏文文献⑤敦煌市博物馆卷,上海:上海古籍出版社,2018年12月 图版p.243~247

Db.t.0803 十万颂般若波罗蜜多经

马德、勘措吉主编,甘肃省文物局、敦煌研究院编纂 甘肃藏敦煌藏文文献⑤敦煌市博物馆卷,上海:上海古籍出版社,2018年12月 图版p.248~250

Db.t.0804 十万颂般若波罗蜜多经

张延清著 吐蕃敦煌抄经研究 北京:民族出版社,2016年11月 p.297

马德、勘措吉主编,甘肃省文物局、敦煌研究院编纂 甘肃藏敦煌藏文文献⑤敦煌市博物馆卷,上海:上海古籍出版社,2018年12月 图版p.251

Db.t.0805 十万颂般若波罗蜜多经

张延清著 吐蕃敦煌抄经研究 北京:民族出版社,2016年11月 p.318

马德、勘措吉主编,甘肃省文物局、敦煌研究院编纂 甘肃藏敦煌藏文文献⑤敦煌市博物馆卷,上海:上海古籍出版社,2018年12月 图版p.252

Db.t.0806 十万颂般若波罗蜜多经

张延清著 吐蕃敦煌抄经研究 北京:民族出版社,2016年11月 p.238~239;图80、81;p.307

马德、勘措吉主编,甘肃省文物局、敦煌研究院编纂 甘肃藏敦煌藏文文献⑤敦煌市博物馆卷,上海:上海古籍出版社,2018年12月 图版p.253

Db.t.0807 十万颂般若波罗蜜多经

张延清著 吐蕃敦煌抄经研究 北京:民族出版社,2016年11月 p.325

马德、勘措吉主编,甘肃省文物局、敦煌研究院编纂 甘肃藏敦煌藏文文献⑤敦煌市博物馆卷,上海:上海古籍出版社,2018年12月 图版p.254

Db.t.0808 十万颂般若波罗蜜多经

马德、勘措吉主编,甘肃省文物局、敦煌研究院编纂 甘肃藏敦煌藏文文献⑤敦煌市博物馆卷,上海:上海古籍出版社,2018年12月 图版p.255

Db.t.0809 十万颂般若波罗蜜多经

张延清著 吐蕃敦煌抄经研究 北京:民族出版社,2016年11月 p.278

马德、勘措吉主编,甘肃省文物局、敦煌研究院编纂 甘肃藏敦煌藏文文献⑤敦煌市博物馆卷,上海:上海古籍出版社,2018年12月 图版p.256~257

Db.t.0810 十万颂般若波罗蜜多经

张延清著 吐蕃敦煌抄经研究 北京:民族出版社,2016年11月 p.321

马德、勘措吉主编,甘肃省文物局、敦煌研究院编纂 甘肃藏敦煌藏文文献⑤敦煌市博物馆卷,上海:上海古籍出版社,2018年12月 图版p.258

Db.t.0811 十万颂般若波罗蜜多经

马德、勘措吉主编,甘肃省文物局、敦煌研究院编纂 甘肃藏敦煌藏文文献⑤敦煌市博物馆卷,上海:上海古籍出版社,2018年12月 图版p.259

Db.t.0812 十万颂般若波罗蜜多经

马德、勘措吉主编,甘肃省文物局、敦煌研究院编纂 甘肃藏敦煌藏文文献⑤敦煌市博物馆卷,上海:上海古籍出版社,2018年12月 图版p.260

Db.t.0813 十万颂般若波罗蜜多经

张延清著 吐蕃敦煌抄经研究 北京:民族出版社,2016年11月 p.313~314

马德、勘措吉主编，甘肃省文物局、敦煌研究院编纂 甘肃藏敦煌藏文文献⑤敦煌市博物馆卷，上海：上海古籍出版社，2018年12月 图版p.261

Db.t.0814 十万颂般若波罗蜜多经

马德、勘措吉主编，甘肃省文物局、敦煌研究院编纂 甘肃藏敦煌藏文文献⑤敦煌市博物馆卷，上海：上海古籍出版社，2018年12月 图版p.262

Db.t.0815 十万颂般若波罗蜜多经

张延清著 吐蕃敦煌抄经研究 北京：民族出版社，2016年11月 p.321

马德、勘措吉主编，甘肃省文物局、敦煌研究院编纂 甘肃藏敦煌藏文文献⑤敦煌市博物馆卷，上海：上海古籍出版社，2018年12月 图版p.263

Db.t.0816 十万颂般若波罗蜜多经

张延清著 吐蕃敦煌抄经研究 北京：民族出版社，2016年11月 p.308

马德、勘措吉主编，甘肃省文物局、敦煌研究院编纂 甘肃藏敦煌藏文文献⑤敦煌市博物馆卷，上海：上海古籍出版社，2018年12月 图版p.264

Db.t.0817 十万颂般若波罗蜜多经

张延清著 吐蕃敦煌抄经研究 北京：民族出版社，2016年11月 p.321

马德、勘措吉主编，甘肃省文物局、敦煌研究院编纂 甘肃藏敦煌藏文文献⑤敦煌市博物馆卷，上海：上海古籍出版社，2018年12月 图版p.265

Db.t.0818 十万颂般若波罗蜜多经

张延清著 吐蕃敦煌抄经研究 北京：民族出版社，2016年11月 p.276、350、352

马德、勘措吉主编，甘肃省文物局、敦煌研究院编纂 甘肃藏敦煌藏文文献⑤敦煌市博物馆卷，上海：上海古籍出版社，2018年12月 图版p.266

Db.t.0819 十万颂般若波罗蜜多经

张延清 吐蕃敦煌抄经坊《敦煌学辑刊》2011年第3期 p.51；收入中央文史研究馆、敦煌研究院、香港大学饶宗颐学术馆编《庆贺饶宗颐先生九十五华诞敦煌学国际学术研讨会论文集》，北京：中华书局，2012年12月 p.560

张延清著 吐蕃敦煌抄经研究 北京：民族出版社，2016年11月 p.89、293、336、339

马德、勘措吉主编，甘肃省文物局、敦煌研究院编纂 甘肃藏敦煌藏文文献⑤敦煌市博物馆卷，上海：上海古籍出版社，2018年12月 图版p.267

Db.t.0820 十万颂般若波罗蜜多经

马德、勘措吉主编，甘肃省文物局、敦煌研究院编纂 甘肃藏敦煌藏文文献⑤敦煌市博物馆卷，上海：上海古籍出版社，2018年12月 图版p.268

Db.t.0821 十万颂般若波罗蜜多经

马德 西藏发现的《喇蚌经》为敦煌写经《敦煌研究》2009年第5期 p.82~83图

张延清 浅议西藏卓卡寺藏经与敦煌《大般若经》的关系《西藏研究》2010年第1期 p.40

勘措吉 从哲蚌寺藏《蝲蚌经》谈敦煌藏文写经誊抄年代《敦煌研究》2018年第4期 p.104；图8

张延清著 吐蕃敦煌抄经研究 北京：民族出版社，2016年11月 p.223、297、353、354、356

马德、勘措吉主编，甘肃省文物局、敦煌研究院编纂 甘肃藏敦煌藏文文献⑤敦煌市博物馆卷，上海：上海古籍出版社，2018年12月 图版p.269

Db.t.0822 十万颂般若波罗蜜多经

张延清著 吐蕃敦煌抄经研究 北京：民族出版社，2016年11月 p.313

马德、勘措吉主编，甘肃省文物局、敦煌研究院编纂 甘肃藏敦煌藏文文献⑤敦煌市博物馆卷，上海：上海古籍出版社，2018年12月 图版p.270

Db.t.0823 十万颂般若波罗蜜多经

张延清著 吐蕃敦煌抄经研究 北京：民族出版社，2016年11月 p.283

马德、勘措吉主编，甘肃省文物局、敦煌研究院编纂 甘肃藏敦煌藏文文献⑤敦煌市博物馆卷，上海：上海古籍出版社，2018年12月 图版p.271

Db.t.0824 十万颂般若波罗蜜多经

张延清著 吐蕃敦煌抄经研究 北京：民族出版社，2016年11月 p.315

马德、勘措吉主编，甘肃省文物局、敦煌研究院编纂 甘肃藏敦煌藏文文献⑤敦煌市博物馆卷，上海：上海古籍出版社，2018年12月 图版p.272

Db.t.0825 十万颂般若波罗蜜多经

张延清著 吐蕃敦煌抄经研究 北京：民族出版社，2016年11月 p.297

马德、勘措吉主编，甘肃省文物局、敦煌研究院编纂 甘肃藏敦煌藏文文献⑤敦煌市博物馆卷，上海：上海古籍出版社，2018年12月 图版p.273

Db.t.0826 十万颂般若波罗蜜多经

张延清著 吐蕃敦煌抄经研究 北京：民族出版社，2016年11月 p.321

马德、勘措吉主编，甘肃省文物局、敦煌研究院编纂 甘肃藏敦煌藏文文献⑤敦煌市博物馆卷，上海：上海古籍出版社，2018年12月 图版p.274

Db.t.0827 十万颂般若波罗蜜多经

张延清著 吐蕃敦煌抄经研究 北京：民族出版社，2016年11月 p.297、343

马德、勘措吉主编，甘肃省文物局、敦煌研究院编纂 甘肃藏敦煌藏文文献⑤敦煌市博物馆卷，上海：上海古籍出版社，2018年12月 图版p.275

Db.t.0828 十万颂般若波罗蜜多经

张延清著 吐蕃敦煌抄经研究 北京：民族出版社，2016年11月 p.294、345~346

马德、勘措吉主编，甘肃省文物局、敦煌研究院编纂 甘肃藏敦煌藏文文献⑤敦煌市博物馆卷，上海：上海古籍出版社，2018年12月 图版p.276

Db.t.0829 十万颂般若波罗蜜多经

张延清著 吐蕃敦煌抄经研究 北京：民族出版社，2016年11月 p.291

马德、勘措吉主编，甘肃省文物局、敦煌研究院编纂 甘肃藏敦煌藏文文献⑤敦煌市博物馆卷，上海：上海古籍出版社，2018年12月 图版p.277

Db.t.0830 十万颂般若波罗蜜多经

张延清著 吐蕃敦煌抄经研究 北京：民族出版社，2016年11月 p.284

马德、勘措吉主编，甘肃省文物局、敦煌研究院编纂 甘肃藏敦煌藏文文献⑤敦煌市博物馆卷，上海：上海古籍出版社，2018年12月 图版p.278

Db.t.0831 十万颂般若波罗蜜多经

张延清著 吐蕃敦煌抄经研究 北京：民族出版社，2016年11月 p.286、352

马德、勘措吉主编，甘肃省文物局、敦煌研究院编纂 甘肃藏敦煌藏文文献⑤敦煌市博物馆卷，上海：上海古籍出版社，2018年12月 图版p.279

Db.t.0832 十万颂般若波罗蜜多经

张延清著 吐蕃敦煌抄经研究 北京：民族出版社，2016年11月 p.293

马德、勘措吉主编，甘肃省文物局、敦煌研究院编纂 甘肃藏敦煌藏文文献⑤敦煌市博物馆卷，上海：上海古籍出版社，2018年12月 图版p.280

Db.t.0833 十万颂般若波罗蜜多经

张延清著 吐蕃敦煌抄经研究 北京:民族出版社,2016年11月 p.313、337

马德、勘措吉主编,甘肃省文物局、敦煌研究院编纂 甘肃藏敦煌藏文文献⑤敦煌市博物馆卷,上海:上海古籍出版社,2018年12月 图版p.281

Db.t.0834 十万颂般若波罗蜜多经

张延清著 吐蕃敦煌抄经研究 北京:民族出版社,2016年11月 p.324

马德、勘措吉主编,甘肃省文物局、敦煌研究院编纂 甘肃藏敦煌藏文文献⑤敦煌市博物馆卷,上海:上海古籍出版社,2018年12月 图版p.282

Db.t.0835 十万颂般若波罗蜜多经

张延清著 吐蕃敦煌抄经研究 北京:民族出版社,2016年11月 p.287

马德、勘措吉主编,甘肃省文物局、敦煌研究院编纂 甘肃藏敦煌藏文文献⑤敦煌市博物馆卷,上海:上海古籍出版社,2018年12月 图版p.283

Db.t.0836 十万颂般若波罗蜜多经

张延清著 吐蕃敦煌抄经研究 北京:民族出版社,2016年11月 p.281

马德、勘措吉主编,甘肃省文物局、敦煌研究院编纂 甘肃藏敦煌藏文文献⑤敦煌市博物馆卷,上海:上海古籍出版社,2018年12月 图版p.284

Db.t.0837 十万颂般若波罗蜜多经第一卷第三十六品

张延清著 吐蕃敦煌抄经研究 北京:民族出版社,2016年11月 p.317

马德、勘措吉主编,甘肃省文物局、敦煌研究院编纂 甘肃藏敦煌藏文文献⑤敦煌市博物馆卷,上海:上海古籍出版社,2018年12月 图版p.285

Db.t.0838 十万颂般若波罗蜜多经

张延清著 吐蕃敦煌抄经研究 北京:民族出版社,2016年11月 p.283

马德、勘措吉主编,甘肃省文物局、敦煌研究院编纂 甘肃藏敦煌藏文文献⑤敦煌市博物馆卷,上海:上海古籍出版社,2018年12月 图版p.286

Db.t.0839 十万颂般若波罗蜜多经

张延清著 吐蕃敦煌抄经研究 北京:民族出版社,2016年11月 p.203~204、325

马德、勘措吉主编,甘肃省文物局、敦煌研究院编纂 甘肃藏敦煌藏文文献⑤敦煌市博物馆卷,上海:上海古籍出版社,2018年12月 图版p.287

Db.t.0840 十万颂般若波罗蜜多经

张延清著 吐蕃敦煌抄经研究 北京:民族出版社,2016年11月 p.309、348

马德、勘措吉主编,甘肃省文物局、敦煌研究院编纂 甘肃藏敦煌藏文文献⑤敦煌市博物馆卷,上海:上海古籍出版社,2018年12月 图版p.288

Db.t.0841 十万颂般若波罗蜜多经

张延清著 吐蕃敦煌抄经研究 北京:民族出版社,2016年11月 p.290

马德、勘措吉主编,甘肃省文物局、敦煌研究院编纂 甘肃藏敦煌藏文文献⑤敦煌市博物馆卷,上海:上海古籍出版社,2018年12月 图版p.289

Db.t.0842 十万颂般若波罗蜜多经第一卷第二十八、二十九品

赵青山 吐蕃占领敦煌时期写经道场相关问题考述《藏学学刊》第11辑,北京:中国藏学出版社,2014年12月 p.38

张延清著 吐蕃敦煌抄经研究 北京:民族出版社,2016年11月 p.324~325、329、331、333

马德、勘措吉主编,甘肃省文物局、敦煌研究院编纂 甘肃藏敦煌藏文文献⑤敦煌市博物馆卷,上海:上海古籍出版社,2018年12月 图版p.290

Db.t.0843 十万颂般若波罗蜜多经

赵青山 吐蕃占领敦煌时期写经道场相关问题考述《藏学学刊》第11辑,北京:中国藏学出版社,2014年12月 p.38

张延清著 吐蕃敦煌抄经研究 北京:民族出版社,2016年11月 p.324~325、331

马德、勘措吉主编,甘肃省文物局、敦煌研究院编纂 甘肃藏敦煌藏文文献⑤敦煌市博物馆卷,上海:上海古籍出版社,2018年12月 图版p.291

Db.t.0844 十万颂般若波罗蜜多经

赵青山 吐蕃占领敦煌时期写经道场相关问题考述《藏学学刊》第11辑,北京:中国藏学出版社,2014年12月 p.38

张延清著 吐蕃敦煌抄经研究 北京:民族出版社,2016年11月 p.317、331

马德、勘措吉主编,甘肃省文物局、敦煌研究院编纂 甘肃藏敦煌藏文文献⑤敦煌市博物馆卷,上海:上海古籍出版社,2018年12月 图版p.292

Db.t.0845 十万颂般若波罗蜜多经第一卷第三十三品

张延清著 吐蕃敦煌抄经研究 北京:民族出版社,2016年11月 p.279

马德、勘措吉主编,甘肃省文物局、敦煌研究院编纂 甘肃藏敦煌藏文文献⑤敦煌市博物馆卷,上海:上

海古籍出版社，2018年12月 图版p.293

Db.t.0846 十万颂般若波罗蜜多经

赵青山 吐蕃占领敦煌时期写经道场相关问题考述《藏学学刊》第11辑，北京：中国藏学出版社，2014年12月 p.38

张延清著 吐蕃敦煌抄经研究 北京：民族出版社，2016年11月 p.324~325、331

马德、勘措吉主编，甘肃省文物局、敦煌研究院编纂 甘肃藏敦煌藏文文献⑤敦煌市博物馆卷，上海：上海古籍出版社，2018年12月 图版p.294

Db.t.0847 十万颂般若波罗蜜多经

张延清著 吐蕃敦煌抄经研究 北京：民族出版社，2016年11月 p.304

马德、勘措吉主编，甘肃省文物局、敦煌研究院编纂 甘肃藏敦煌藏文文献⑤敦煌市博物馆卷，上海：上海古籍出版社，2018年12月 图版p.295

Db.t.0848 十万颂般若波罗蜜多经

张延清著 吐蕃敦煌抄经研究 北京：民族出版社，2016年11月 p.278

马德、勘措吉主编，甘肃省文物局、敦煌研究院编纂 甘肃藏敦煌藏文文献⑤敦煌市博物馆卷，上海：上海古籍出版社，2018年12月 图版p.296

Db.t.0849 十万颂般若波罗蜜多经

马德、勘措吉主编，甘肃省文物局、敦煌研究院编纂 甘肃藏敦煌藏文文献⑤敦煌市博物馆卷，上海：上海古籍出版社，2018年12月 图版p.297

Db.t.0850 十万颂般若波罗蜜多经

张延清著 吐蕃敦煌抄经研究 北京：民族出版社，2016年11月 p.288

马德、勘措吉主编，甘肃省文物局、敦煌研究院编纂 甘肃藏敦煌藏文文献⑤敦煌市博物馆卷，上海：上海古籍出版社，2018年12月 图版p.298

Db.t.0851 十万颂般若波罗蜜多经

赵青山 吐蕃占领敦煌时期写经道场相关问题考述《藏学学刊》第11辑，北京：中国藏学出版社，2014年12月 p.38

张延清著 吐蕃敦煌抄经研究 北京：民族出版社，2016年11月 p.276~277、331

马德、勘措吉主编，甘肃省文物局、敦煌研究院编纂 甘肃藏敦煌藏文文献⑤敦煌市博物馆卷，上海：上海古籍出版社，2018年12月 图版p.299

Db.t.0852 十万颂般若波罗蜜多经

张延清著 吐蕃敦煌抄经研究 北京:民族出版社,2016年11月 p.320

马德、勘措吉主编,甘肃省文物局、敦煌研究院编纂 甘肃藏敦煌藏文文献⑤敦煌市博物馆卷,上海:上海古籍出版社,2018年12月 图版p.300

Db.t.0853 十万颂般若波罗蜜多经第一卷第五十三品

张延清著 吐蕃敦煌抄经研究 北京:民族出版社,2016年11月 p.279

马德、勘措吉主编,甘肃省文物局、敦煌研究院编纂 甘肃藏敦煌藏文文献⑤敦煌市博物馆卷,上海:上海古籍出版社,2018年12月 图版p.301

Db.t.0854 十万颂般若波罗蜜多经

张延清著 吐蕃敦煌抄经研究 北京:民族出版社,2016年11月 p.282

马德、勘措吉主编,甘肃省文物局、敦煌研究院编纂 甘肃藏敦煌藏文文献⑤敦煌市博物馆卷,上海:上海古籍出版社,2018年12月 图版p.302

Db.t.0855 十万颂般若波罗蜜多经

张延清著 吐蕃敦煌抄经研究 北京:民族出版社,2016年11月 p.282、286

马德、勘措吉主编,甘肃省文物局、敦煌研究院编纂 甘肃藏敦煌藏文文献⑤敦煌市博物馆卷,上海:上海古籍出版社,2018年12月 图版p.303

Db.t.0856 十万颂般若波罗蜜多经

张延清著 吐蕃敦煌抄经研究 北京:民族出版社,2016年11月 p.308、342、353、354

马德、勘措吉主编,甘肃省文物局、敦煌研究院编纂 甘肃藏敦煌藏文文献⑤敦煌市博物馆卷,上海:上海古籍出版社,2018年12月 图版p.304

Db.t.0857 十万颂般若波罗蜜多经第一卷第二十四品

马德、勘措吉主编,甘肃省文物局、敦煌研究院编纂 甘肃藏敦煌藏文文献⑤敦煌市博物馆卷,上海:上海古籍出版社,2018年12月 图版p.305

Db.t.0858 十万颂般若波罗蜜多经

张延清著 吐蕃敦煌抄经研究 北京:民族出版社,2016年11月 p.308

马德、勘措吉主编,甘肃省文物局、敦煌研究院编纂 甘肃藏敦煌藏文文献⑤敦煌市博物馆卷,上海:上海古籍出版社,2018年12月 图版p.306

Db.t.0859 十万颂般若波罗蜜多经

张延清著 吐蕃敦煌抄经研究 北京:民族出版社,2016年11月 p.324

马德、勘措吉主编,甘肃省文物局、敦煌研究院编纂 甘肃藏敦煌藏文文献⑤敦煌市博物馆卷,上海:上海古籍出版社,2018年12月 图版p.307

Db.t.0860 十万颂般若波罗蜜多经

张延清著 吐蕃敦煌抄经研究 北京:民族出版社,2016年11月 p.277

马德、勘措吉主编,甘肃省文物局、敦煌研究院编纂 甘肃藏敦煌藏文文献⑤敦煌市博物馆卷,上海:上海古籍出版社,2018年12月 图版p.308

Db.t.0861 十万颂般若波罗蜜多经

张延清著 吐蕃敦煌抄经研究 北京:民族出版社,2016年11月 p.325

马德、勘措吉主编,甘肃省文物局、敦煌研究院编纂 甘肃藏敦煌藏文文献⑤敦煌市博物馆卷,上海:上海古籍出版社,2018年12月 图版p.309

Db.t.0862 十万颂般若波罗蜜多经

张延清 浅议西藏卓卡寺藏经与敦煌《大般若经》的关系 《西藏研究》2010年第1期 p.42

张延清著 吐蕃敦煌抄经研究 北京:民族出版社,2016年11月 p.224;p.290~291、344

马德、勘措吉主编,甘肃省文物局、敦煌研究院编纂 甘肃藏敦煌藏文文献⑤敦煌市博物馆卷,上海:上海古籍出版社,2018年12月 图版p.310

Db.t.0863 十万颂般若波罗蜜多经

张延清著 吐蕃敦煌抄经研究 北京:民族出版社,2016年11月 p.313

马德、勘措吉主编,甘肃省文物局、敦煌研究院编纂 甘肃藏敦煌藏文文献⑤敦煌市博物馆卷,上海:上海古籍出版社,2018年12月 图版p.311

Db.t.0864 十万颂般若波罗蜜多经

张延清著 吐蕃敦煌抄经研究 北京:民族出版社,2016年11月 p.309

马德、勘措吉主编,甘肃省文物局、敦煌研究院编纂 甘肃藏敦煌藏文文献⑤敦煌市博物馆卷,上海:上海古籍出版社,2018年12月 图版p.312

Db.t.0865 十万颂般若波罗蜜多经第三卷第五十八品

马德、勘措吉主编,甘肃省文物局、敦煌研究院编纂 甘肃藏敦煌藏文文献⑤敦煌市博物馆卷,上海:上海古籍出版社,2018年12月 图版p.313

Db.t.0866 十万颂般若波罗蜜多经

赵青山 吐蕃占领敦煌时期写经道场相关问题考述《藏学学刊》第11辑，北京：中国藏学出版社，2014年12月 p.35

张延清著 吐蕃敦煌抄经研究 北京：民族出版社，2016年11月 p.288

马德、勘措吉主编，甘肃省文物局、敦煌研究院编纂 甘肃藏敦煌藏文文献⑤敦煌市博物馆卷，上海：上海古籍出版社，2018年12月 图版p.314

Db.t.0867 十万颂般若波罗蜜多经

赵青山 吐蕃占领敦煌时期写经道场相关问题考述《藏学学刊》第11辑，北京：中国藏学出版社，2014年12月 p.38

张延清著 吐蕃敦煌抄经研究 北京：民族出版社，2016年11月 p.288、331

马德、勘措吉主编，甘肃省文物局、敦煌研究院编纂 甘肃藏敦煌藏文文献⑤敦煌市博物馆卷，上海：上海古籍出版社，2018年12月 图版p.315

Db.t.0868 十万颂般若波罗蜜多经第四卷第四十品

张延清著 吐蕃敦煌抄经研究 北京：民族出版社，2016年11月 p.294、331

马德、勘措吉主编，甘肃省文物局、敦煌研究院编纂 甘肃藏敦煌藏文文献⑤敦煌市博物馆卷，上海：上海古籍出版社，2018年12月 图版p.316

Db.t.0869 十万颂般若波罗蜜多经第三卷第四十七品

张延清著 吐蕃敦煌抄经研究 北京：民族出版社，2016年11月 p.308

马德、勘措吉主编，甘肃省文物局、敦煌研究院编纂 甘肃藏敦煌藏文文献⑤敦煌市博物馆卷，上海：上海古籍出版社，2018年12月 图版p.317

Db.t.0870 十万颂般若波罗蜜多经第四卷第七十品

张延清著 吐蕃敦煌抄经研究 北京：民族出版社，2016年11月 p.312

马德、勘措吉主编，甘肃省文物局、敦煌研究院编纂 甘肃藏敦煌藏文文献⑤敦煌市博物馆卷，上海：上海古籍出版社，2018年12月 图版p.318

Db.t.0871 十万颂般若波罗蜜多经

张延清著 吐蕃敦煌抄经研究 北京：民族出版社，2016年11月 p.283、344

马德、勘措吉主编，甘肃省文物局、敦煌研究院编纂 甘肃藏敦煌藏文文献⑤敦煌市博物馆卷，上海：上海古籍出版社，2018年12月 图版p.319

Db.t.0872 十万颂般若波罗蜜多经

张延清著 吐蕃敦煌抄经研究 北京:民族出版社,2016年11月 p.287

马德、勘措吉主编,甘肃省文物局、敦煌研究院编纂 甘肃藏敦煌藏文文献⑤敦煌市博物馆卷,上海:上海古籍出版社,2018年12月 图版p.320

Db.t.0873 十万颂般若波罗蜜多经

张延清著 吐蕃敦煌抄经研究 北京:民族出版社,2016年11月 p.297

马德、勘措吉主编,甘肃省文物局、敦煌研究院编纂 甘肃藏敦煌藏文文献⑤敦煌市博物馆卷,上海:上海古籍出版社,2018年12月 图版p.321

Db.t.0874 十万颂般若波罗蜜多经

张延清著 吐蕃敦煌抄经研究 北京:民族出版社,2016年11月 p.276~277

马德、勘措吉主编,甘肃省文物局、敦煌研究院编纂 甘肃藏敦煌藏文文献⑤敦煌市博物馆卷,上海:上海古籍出版社,2018年12月 图版p.322

Db.t.0875 十万颂般若波罗蜜多经第四卷第五十六、五十七品

马德 敦煌吐蕃文献新论《转型期的敦煌学》,上海:上海古籍出版社,2007年11月 p.559

张延清著 吐蕃敦煌抄经研究[①] 北京:民族出版社,2016年11月 p.128、324、351、353、354

马德、勘措吉主编,甘肃省文物局、敦煌研究院编纂 甘肃藏敦煌藏文文献⑤敦煌市博物馆卷,上海:上海古籍出版社,2018年12月 图版p.323

Db.t.0876 十万颂般若波罗蜜多经第三卷第十九品

张延清著 吐蕃敦煌抄经研究 北京:民族出版社,2016年11月 p.283、344

马德、勘措吉主编,甘肃省文物局、敦煌研究院编纂 甘肃藏敦煌藏文文献⑤敦煌市博物馆卷,上海:上海古籍出版社,2018年12月 图版p.324

Db.t.0877 十万颂般若波罗蜜多经

张延清著 吐蕃敦煌抄经研究 北京:民族出版社,2016年11月 p.297

马德、勘措吉主编,甘肃省文物局、敦煌研究院编纂 甘肃藏敦煌藏文文献⑤敦煌市博物馆卷,上海:上

---

①张延清《吐蕃敦煌抄经研究》附录第354页"198.洪晉"Dd.t.0346、0411、0412、0524、0545、0875、1067、1104、1125、1127、1129、1145、1223、1244、1302、1319、1330、1332、1356、1604把"敦煌市博物馆藏敦煌藏文文献"与"敦煌市档案馆藏敦煌藏文文献"混淆使用了。敦煌市档案馆藏敦煌藏文文献仅存12个编号。经核查,洪晉校卷出现在敦煌市档案馆藏敦煌藏文文献Dd.t.01和敦煌市博物馆藏敦煌藏文文献Db.t.0346、0411、0412、0524、0545、0875、1067、1104、1125、1127、1129、1145、1223、1244、1302、1319、1330、1332、1356、1604等卷号中。

海古籍出版社,2018年12月 图版p.325

Db.t.0878 十万颂般若波罗蜜多经

张延清著 吐蕃敦煌抄经研究 北京:民族出版社,2016年11月 p.285

马德、勘措吉主编,甘肃省文物局、敦煌研究院编纂 甘肃藏敦煌藏文文献⑤敦煌市博物馆卷,上海:上海古籍出版社,2018年12月 图版p.326

Db.t.0879 十万颂般若波罗蜜多经

张延清著 吐蕃敦煌抄经研究 北京:民族出版社,2016年11月 p.324

马德、勘措吉主编,甘肃省文物局、敦煌研究院编纂 甘肃藏敦煌藏文文献⑤敦煌市博物馆卷,上海:上海古籍出版社,2018年12月 图版p.327

Db.t0880 十万颂般若波罗蜜多经

赵青山 吐蕃占领敦煌时期写经道场相关问题考述《藏学学刊》第11辑,北京:中国藏学出版社,2014年12月 p.38

张延清著 吐蕃敦煌抄经研究 北京:民族出版社,2016年11月 p.317、331

马德、勘措吉主编,甘肃省文物局、敦煌研究院编纂 甘肃藏敦煌藏文文献⑤敦煌市博物馆卷,上海:上海古籍出版社,2018年12月 图版p.328

Db.t.0881 十万颂般若波罗蜜多经

张延清著 吐蕃敦煌抄经研究 北京:民族出版社,2016年11月 p.290

马德、勘措吉主编,甘肃省文物局、敦煌研究院编纂 甘肃藏敦煌藏文文献⑤敦煌市博物馆卷,上海:上海古籍出版社,2018年12月 图版p.329

Db.t.0882 十万颂般若波罗蜜多经

赵青山 吐蕃占领敦煌时期写经道场相关问题考述《藏学学刊》第11辑,北京:中国藏学出版社,2014年12月 p.38

张延清著 吐蕃敦煌抄经研究 北京:民族出版社,2016年11月 p.277、299、331

马德、勘措吉主编,甘肃省文物局、敦煌研究院编纂 甘肃藏敦煌藏文文献⑤敦煌市博物馆卷,上海:上海古籍出版社,2018年12月 图版p.330

Db.t.0883 十万颂般若波罗蜜多经第四卷第十五品

张延清著 吐蕃敦煌抄经研究 北京:民族出版社,2016年11月 p.315、330、338、352

马德、勘措吉主编,甘肃省文物局、敦煌研究院编纂 甘肃藏敦煌藏文文献⑤敦煌市博物馆卷,上海:上

海古籍出版社,2018年12月 图版p.331

Db.t.0884 十万颂般若波罗蜜多经

张延清著 吐蕃敦煌抄经研究 北京:民族出版社,2016年11月 p.288

马德、勘措吉主编,甘肃省文物局、敦煌研究院编纂 甘肃藏敦煌藏文文献⑤敦煌市博物馆卷,上海:上海古籍出版社,2018年12月 图版p.332

Db.t.0885 十万颂般若波罗蜜多经第一卷第三十九、四十品

张延清著 吐蕃敦煌抄经研究 北京:民族出版社,2016年11月 p.316、345、349、351、354

马德、勘措吉主编,甘肃省文物局、敦煌研究院编纂 甘肃藏敦煌藏文文献⑤敦煌市博物馆卷,上海:上海古籍出版社,2018年12月 图版p.333

Db.t.0886 十万颂般若波罗蜜多经

张延清著 吐蕃敦煌抄经研究 北京:民族出版社,2016年11月 p.305

马德、勘措吉主编,甘肃省文物局、敦煌研究院编纂 甘肃藏敦煌藏文文献⑤敦煌市博物馆卷,上海:上海古籍出版社,2018年12月 图版p.334

Db.t.0887 十万颂般若波罗蜜多经

赵青山 吐蕃占领敦煌时期写经道场相关问题考述《藏学学刊》第11辑,北京:中国藏学出版社,2014年12月 p.38

张延清著 吐蕃敦煌抄经研究 北京:民族出版社,2016年11月 p.295、331

马德、勘措吉主编,甘肃省文物局、敦煌研究院编纂 甘肃藏敦煌藏文文献⑤敦煌市博物馆卷,上海:上海古籍出版社,2018年12月 图版p.335

Db.t.0888 十万颂般若波罗蜜多经

张延清著 吐蕃敦煌抄经研究 北京:民族出版社,2016年11月 p.311~312

马德、勘措吉主编,甘肃省文物局、敦煌研究院编纂 甘肃藏敦煌藏文文献⑤敦煌市博物馆卷,上海:上海古籍出版社,2018年12月 图版p.336

Db.t.0889 十万颂般若波罗蜜多经

张延清著 吐蕃敦煌抄经研究 北京:民族出版社,2016年11月 p.311~312

马德、勘措吉主编,甘肃省文物局、敦煌研究院编纂 甘肃藏敦煌藏文文献⑤敦煌市博物馆卷,上海:上海古籍出版社,2018年12月 图版p.337

Db.t.0890 十万颂般若波罗蜜多经

马德、勘措吉主编,甘肃省文物局、敦煌研究院编纂 甘肃藏敦煌藏文文献⑤敦煌市博物馆卷,上海:上海古籍出版社,2018年12月 图版p.338

Db.t.0891 十万颂般若波罗蜜多经第三卷第十三品

张延清著 吐蕃敦煌抄经研究 北京:民族出版社,2016年11月 p.321

马德、勘措吉主编,甘肃省文物局、敦煌研究院编纂 甘肃藏敦煌藏文文献⑤敦煌市博物馆卷,上海:上海古籍出版社,2018年12月 图版p.339

Db.t.0892 十万颂般若波罗蜜多经

赵青山 吐蕃占领敦煌时期写经道场相关问题考述《藏学学刊》第11辑,北京:中国藏学出版社,2014年12月 p.38

张延清著 吐蕃敦煌抄经研究 北京:民族出版社,2016年11月 p.317、331、340、343、357

马德、勘措吉主编,甘肃省文物局、敦煌研究院编纂 甘肃藏敦煌藏文文献⑤敦煌市博物馆卷,上海:上海古籍出版社,2018年12月 图版p.340

Db.t.0893 十万颂般若波罗蜜多经

张延清著 吐蕃敦煌抄经研究 北京:民族出版社,2016年11月 p.320

马德、勘措吉主编,甘肃省文物局、敦煌研究院编纂 甘肃藏敦煌藏文文献⑤敦煌市博物馆卷,上海:上海古籍出版社,2018年12月 图版p.341

Db.t.0894 十万颂般若波罗蜜多经

马德、勘措吉主编,甘肃省文物局、敦煌研究院编纂 甘肃藏敦煌藏文文献⑤敦煌市博物馆卷,上海:上海古籍出版社,2018年12月 图版p.342

Db.t.0895 十万颂般若波罗蜜多经第二卷第二十品

张延清著 吐蕃敦煌抄经研究 北京:民族出版社,2016年11月 p.314

马德、勘措吉主编,甘肃省文物局、敦煌研究院编纂 甘肃藏敦煌藏文文献⑤敦煌市博物馆卷,上海:上海古籍出版社,2018年12月 图版p.343

Db.t.0896 十万颂般若波罗蜜多经

张延清著 吐蕃敦煌抄经研究 北京:民族出版社,2016年11月 p.324

马德、勘措吉主编,甘肃省文物局、敦煌研究院编纂 甘肃藏敦煌藏文文献⑤敦煌市博物馆卷,上海:上海古籍出版社,2018年12月 图版p.344

Db.t.0897 十万颂般若波罗蜜多经

张延清著 吐蕃敦煌抄经研究 北京:民族出版社,2016年11月 p.313

马德、勘措吉主编,甘肃省文物局、敦煌研究院编纂 甘肃藏敦煌藏文文献⑤敦煌市博物馆卷,上海:上海古籍出版社,2018年12月 图版p.345

Db.t.0898 十万颂般若波罗蜜多经

张延清著 吐蕃敦煌抄经研究 北京:民族出版社,2016年11月 p.313

马德、勘措吉主编,甘肃省文物局、敦煌研究院编纂 甘肃藏敦煌藏文文献⑤敦煌市博物馆卷,上海:上海古籍出版社,2018年12月 图版p.346

Db.t.0899 十万颂般若波罗蜜多经

赵青山 吐蕃占领敦煌时期写经道场相关问题考述《藏学学刊》第11辑,北京:中国藏学出版社,2014年12月 p.38

张延清著 吐蕃敦煌抄经研究 北京:民族出版社,2016年11月 p.322、331

马德、勘措吉主编,甘肃省文物局、敦煌研究院编纂 甘肃藏敦煌藏文文献⑤敦煌市博物馆卷,上海:上海古籍出版社,2018年12月 图版p.347

Db.t.0900 十万颂般若波罗蜜多经

张延清、谢尔萨 敦煌藏文写经生结构分析《丝绸之路民族古文字与文化学术讨论会文集》(上),西安:三秦出版社,2007年7月 p.115;p.123(附表一)

张延清著 吐蕃敦煌抄经研究 北京:民族出版社,2016年11月 p.129、323、331、346

马德、勘措吉主编,甘肃省文物局、敦煌研究院编纂 甘肃藏敦煌藏文文献⑤敦煌市博物馆卷,上海:上海古籍出版社,2018年12月 图版p.348

Db.t.0901 十万颂般若波罗蜜多经

张延清著 吐蕃敦煌抄经研究 北京:民族出版社,2016年11月 p.295

马德、勘措吉主编,甘肃省文物局、敦煌研究院编纂 甘肃藏敦煌藏文文献⑤敦煌市博物馆卷,上海:上海古籍出版社,2018年12月 图版p.349

Db.t.0902 十万颂般若波罗蜜多经

张延清著 吐蕃敦煌抄经研究 北京:民族出版社,2016年11月 p.299

马德、勘措吉主编,甘肃省文物局、敦煌研究院编纂 甘肃藏敦煌藏文文献⑤敦煌市博物馆卷,上海:上海古籍出版社,2018年12月 图版p.350

Db.t.0903 十万颂般若波罗蜜多经第二卷第七十三品

张延清著 吐蕃敦煌抄经研究 北京:民族出版社,2016年11月 p.297、345~346

马德、勘措吉主编,甘肃省文物局、敦煌研究院编纂 甘肃藏敦煌藏文文献⑤敦煌市博物馆卷,上海:上海古籍出版社,2018年12月 图版p.351

Db.t.0904 十万颂般若波罗蜜多经

张延清著 吐蕃敦煌抄经研究 北京:民族出版社,2016年11月 p.297、342、345~346

马德、勘措吉主编,甘肃省文物局、敦煌研究院编纂 甘肃藏敦煌藏文文献⑤敦煌市博物馆卷,上海:上海古籍出版社,2018年12月 图版p.352

Db.t.0905 十万颂般若波罗蜜多经

张延清著 吐蕃敦煌抄经研究 北京:民族出版社,2016年11月 p.320

马德、勘措吉主编,甘肃省文物局、敦煌研究院编纂 甘肃藏敦煌藏文文献⑤敦煌市博物馆卷,上海:上海古籍出版社,2018年12月 图版p.353

Db.t.0906 十万颂般若波罗蜜多经

马德、勘措吉主编,甘肃省文物局、敦煌研究院编纂 甘肃藏敦煌藏文文献⑤敦煌市博物馆卷,上海:上海古籍出版社,2018年12月 图版p.354

Db.t.0907 十万颂般若波罗蜜多经

马德、勘措吉主编,甘肃省文物局、敦煌研究院编纂 甘肃藏敦煌藏文文献⑤敦煌市博物馆卷,上海:上海古籍出版社,2018年12月 图版p.355

Db.t.0908 十万颂般若波罗蜜多经第一卷第十六品

马德、勘措吉主编,甘肃省文物局、敦煌研究院编纂 甘肃藏敦煌藏文文献⑥敦煌市博物馆卷,上海:上海古籍出版社,2018年12月 图版p.1

Db.t.0909 十万颂般若波罗蜜多经

张延清著 吐蕃敦煌抄经研究 北京:民族出版社,2016年11月 p.325

马德、勘措吉主编,甘肃省文物局、敦煌研究院编纂 甘肃藏敦煌藏文文献⑥敦煌市博物馆卷,上海:上海古籍出版社,2018年12月 图版p.2

Db.t.0910 十万颂般若波罗蜜多经第三卷第三十七、三十八品

张延清著 吐蕃敦煌抄经研究 北京:民族出版社,2016年11月 p.324、349、355

马德、勘措吉主编,甘肃省文物局、敦煌研究院编纂 甘肃藏敦煌藏文文献⑥敦煌市博物馆卷,上海:上海古籍出版社,2018年12月 图版p.3

Db.t.0911 十万颂般若波罗蜜多经

张延清著 吐蕃敦煌抄经研究 北京:民族出版社,2016年11月 p.285

马德、勘措吉主编,甘肃省文物局、敦煌研究院编纂 甘肃藏敦煌藏文文献⑥敦煌市博物馆卷,上海:上海古籍出版社,2018年12月 图版p.4

Db.t.0912 十万颂般若波罗蜜多经

马德、勘措吉主编,甘肃省文物局、敦煌研究院编纂 甘肃藏敦煌藏文文献⑥敦煌市博物馆卷,上海:上海古籍出版社,2018年12月 图版p.5

Db.t.0913 十万颂般若波罗蜜多经

马德、勘措吉主编,甘肃省文物局、敦煌研究院编纂 甘肃藏敦煌藏文文献⑥敦煌市博物馆卷,上海:上海古籍出版社,2018年12月 图版p.6

Db.t.0914 十万颂般若波罗蜜多经第三卷第三品

张延清著 吐蕃敦煌抄经研究 北京:民族出版社,2016年11月 p.284

马德、勘措吉主编,甘肃省文物局、敦煌研究院编纂 甘肃藏敦煌藏文文献⑥敦煌市博物馆卷,上海:上海古籍出版社,2018年12月 图版p.7

Db.t.0915 十万颂般若波罗蜜多经

张延清著 吐蕃敦煌抄经研究 北京:民族出版社,2016年11月 p.315

马德、勘措吉主编,甘肃省文物局、敦煌研究院编纂 甘肃藏敦煌藏文文献⑥敦煌市博物馆卷,上海:上海古籍出版社,2018年12月 图版p.8

Db.t.0916 十万颂般若波罗蜜多经第四卷第五十品

张延清著 吐蕃敦煌抄经研究 北京:民族出版社,2016年11月 p.287

马德、勘措吉主编,甘肃省文物局、敦煌研究院编纂 甘肃藏敦煌藏文文献⑥敦煌市博物馆卷,上海:上海古籍出版社,2018年12月 图版p.9

Db.t.0917 十万颂般若波罗蜜多经

马德、勘措吉主编,甘肃省文物局、敦煌研究院编纂 甘肃藏敦煌藏文文献⑥敦煌市博物馆卷,上海:上海古籍出版社,2018年12月 图版p.10

Db.t.0918 十万颂般若波罗蜜多经

张延清著 吐蕃敦煌抄经研究 北京:民族出版社,2016年11月 p.317

马德、勘措吉主编,甘肃省文物局、敦煌研究院编纂 甘肃藏敦煌藏文文献⑥敦煌市博物馆卷,上海:上海古籍出版社,2018年12月 图版p.11

Db.t.0919 十万颂般若波罗蜜多经

张延清著 吐蕃敦煌抄经研究 北京:民族出版社,2016年11月 p.292

马德、勘措吉主编,甘肃省文物局、敦煌研究院编纂 甘肃藏敦煌藏文文献⑥敦煌市博物馆卷,上海:上海古籍出版社,2018年12月 图版p.12

Db.t.0920 十万颂般若波罗蜜多经第四卷第五十二品

张延清著 吐蕃敦煌抄经研究 北京:民族出版社,2016年11月 p.321

马德、勘措吉主编,甘肃省文物局、敦煌研究院编纂 甘肃藏敦煌藏文文献⑥敦煌市博物馆卷,上海:上海古籍出版社,2018年12月 图版p.13

Db.t.0921 十万颂般若波罗蜜多经

张延清著 吐蕃敦煌抄经研究 北京:民族出版社,2016年11月 p.297

马德、勘措吉主编,甘肃省文物局、敦煌研究院编纂 甘肃藏敦煌藏文文献⑥敦煌市博物馆卷,上海:上海古籍出版社,2018年12月 图版p.14

Db.t.0922 十万颂般若波罗蜜多经

张延清著 吐蕃敦煌抄经研究 北京:民族出版社,2016年11月 p.317

马德、勘措吉主编,甘肃省文物局、敦煌研究院编纂 甘肃藏敦煌藏文文献⑥敦煌市博物馆卷,上海:上海古籍出版社,2018年12月 图版p.15

Db.t.0923 十万颂般若波罗蜜多经第二卷第七十二品

张延清著 吐蕃敦煌抄经研究 北京:民族出版社,2016年11月 p.317

马德、勘措吉主编,甘肃省文物局、敦煌研究院编纂 甘肃藏敦煌藏文文献⑥敦煌市博物馆卷,上海:上海古籍出版社,2018年12月 图版p.16

Db.t.0924 十万颂般若波罗蜜多经

张延清著 吐蕃敦煌抄经研究 北京:民族出版社,2016年11月 p.279

马德、勘措吉主编,甘肃省文物局、敦煌研究院编纂 甘肃藏敦煌藏文文献⑥敦煌市博物馆卷,上海:上海古籍出版社,2018年12月 图版p.17

Db.t.0925 十万颂般若波罗蜜多经

马德、勘措吉主编，甘肃省文物局、敦煌研究院编纂 甘肃藏敦煌藏文文献⑥敦煌市博物馆卷，上海：上海古籍出版社，2018年12月 图版p.18~19

Db.t.0926 十万颂般若波罗蜜多经

张延清著 吐蕃敦煌抄经研究 北京：民族出版社，2016年11月 p.317、331、346、348、349

马德、勘措吉主编，甘肃省文物局、敦煌研究院编纂 甘肃藏敦煌藏文文献⑥敦煌市博物馆卷，上海：上海古籍出版社，2018年12月 图版p.20

Db.t.0927 十万颂般若波罗蜜多经

张延清著 吐蕃敦煌抄经研究 北京：民族出版社，2016年11月 p.296、327

马德、勘措吉主编，甘肃省文物局、敦煌研究院编纂 甘肃藏敦煌藏文文献⑥敦煌市博物馆卷，上海：上海古籍出版社，2018年12月 图版p.21

Db.t.0928 十万颂般若波罗蜜多经

张延清著 吐蕃敦煌抄经研究 北京：民族出版社，2016年11月 p.295

马德、勘措吉主编，甘肃省文物局、敦煌研究院编纂 甘肃藏敦煌藏文文献⑥敦煌市博物馆卷，上海：上海古籍出版社，2018年12月 图版p.22

Db.t.0929 十万颂般若波罗蜜多经

张延清著 吐蕃敦煌抄经研究 北京：民族出版社，2016年11月 p.304

马德、勘措吉主编，甘肃省文物局、敦煌研究院编纂 甘肃藏敦煌藏文文献⑥敦煌市博物馆卷，上海：上海古籍出版社，2018年12月 图版p.23

Db.t.0930 十万颂般若波罗蜜多经

张延清著 吐蕃敦煌抄经研究 北京：民族出版社，2016年11月 p.285

马德、勘措吉主编，甘肃省文物局、敦煌研究院编纂 甘肃藏敦煌藏文文献⑥敦煌市博物馆卷，上海：上海古籍出版社，2018年12月 图版p.24

Db.t.0931 十万颂般若波罗蜜多经

张延清著 吐蕃敦煌抄经研究 北京：民族出版社，2016年11月 p.285

马德、勘措吉主编，甘肃省文物局、敦煌研究院编纂 甘肃藏敦煌藏文文献⑥敦煌市博物馆卷，上海：上海古籍出版社，2018年12月 图版p.25

Db.t.0932 十万颂般若波罗蜜多经

张延清著 吐蕃敦煌抄经研究 北京：民族出版社，2016年11月 p.285

马德、勘措吉主编，甘肃省文物局、敦煌研究院编纂 甘肃藏敦煌藏文文献⑥敦煌市博物馆卷，上海：上海古籍出版社，2018年12月 图版p.26

Db.t.0933 十万颂般若波罗蜜多经

张延清著 吐蕃敦煌抄经研究 北京：民族出版社，2016年11月 p.297、345~346

马德、勘措吉主编，甘肃省文物局、敦煌研究院编纂 甘肃藏敦煌藏文文献⑥敦煌市博物馆卷，上海：上海古籍出版社，2018年12月 图版p.27

Db.t.0934 十万颂般若波罗蜜多经

张延清著 吐蕃敦煌抄经研究 北京：民族出版社，2016年11月 p.324

马德、勘措吉主编，甘肃省文物局、敦煌研究院编纂 甘肃藏敦煌藏文文献⑥敦煌市博物馆卷，上海：上海古籍出版社，2018年12月 图版p.28

Db.t.0935 十万颂般若波罗蜜多经

马德、勘措吉主编，甘肃省文物局、敦煌研究院编纂 甘肃藏敦煌藏文文献⑥敦煌市博物馆卷，上海：上海古籍出版社，2018年12月 图版p.29~30

Db.t.0936 十万颂般若波罗蜜多经

张延清著 吐蕃敦煌抄经研究 北京：民族出版社，2016年11月 p.304

马德、勘措吉主编，甘肃省文物局、敦煌研究院编纂 甘肃藏敦煌藏文文献⑥敦煌市博物馆卷，上海：上海古籍出版社，2018年12月 图版p.31

Db.t.0937 十万颂般若波罗蜜多经

张延清著 吐蕃敦煌抄经研究 北京：民族出版社，2016年11月 p.231

马德、勘措吉主编，甘肃省文物局、敦煌研究院编纂 甘肃藏敦煌藏文文献⑥敦煌市博物馆卷，上海：上海古籍出版社，2018年12月 图版p.32

Db.t.0938 十万颂般若波罗蜜多经

张延清著 吐蕃敦煌抄经研究 北京：民族出版社，2016年11月 p.314~315

马德、勘措吉主编，甘肃省文物局、敦煌研究院编纂 甘肃藏敦煌藏文文献⑥敦煌市博物馆卷，上海：上海古籍出版社，2018年12月 图版p.33

Db.t.0939 十万颂般若波罗蜜多经

张延清著 吐蕃敦煌抄经研究 北京:民族出版社,2016年11月 p.289

马德、勘措吉主编,甘肃省文物局、敦煌研究院编纂 甘肃藏敦煌藏文文献⑥敦煌市博物馆卷,上海:上海古籍出版社,2018年12月 图版p.34

Db.t.0940 十万颂般若波罗蜜多经

张延清著 吐蕃敦煌抄经研究 北京:民族出版社,2016年11月 p.315

马德、勘措吉主编,甘肃省文物局、敦煌研究院编纂 甘肃藏敦煌藏文文献⑥敦煌市博物馆卷,上海:上海古籍出版社,2018年12月 图版p.35

Db.t.0941 十万颂般若波罗蜜多经

张延清著 吐蕃敦煌抄经研究 北京:民族出版社,2016年11月 p.315、357

马德、勘措吉主编,甘肃省文物局、敦煌研究院编纂 甘肃藏敦煌藏文文献⑥敦煌市博物馆卷,上海:上海古籍出版社,2018年12月 图版p.36

Db.t.0942 十万颂般若波罗蜜多经第二卷第三十四品

张延清著 吐蕃敦煌抄经研究 北京:民族出版社,2016年11月 p.307

马德、勘措吉主编,甘肃省文物局、敦煌研究院编纂 甘肃藏敦煌藏文文献⑥敦煌市博物馆卷,上海:上海古籍出版社,2018年12月 图版p.37

Db.t.0943 十万颂般若波罗蜜多经

张延清著 吐蕃敦煌抄经研究 北京:民族出版社,2016年11月 p.287

马德、勘措吉主编,甘肃省文物局、敦煌研究院编纂 甘肃藏敦煌藏文文献⑥敦煌市博物馆卷,上海:上海古籍出版社,2018年12月 图版p.38

Db.t.0944 十万颂般若波罗蜜多经

张延清著 吐蕃敦煌抄经研究 北京:民族出版社,2016年11月 p.289

马德、勘措吉主编,甘肃省文物局、敦煌研究院编纂 甘肃藏敦煌藏文文献⑥敦煌市博物馆卷,上海:上海古籍出版社,2018年12月 图版p.39

Db.t.0945 十万颂般若波罗蜜多经第二卷第四品

张延清著 吐蕃敦煌抄经研究 北京:民族出版社,2016年11月 p.287

马德、勘措吉主编,甘肃省文物局、敦煌研究院编纂 甘肃藏敦煌藏文文献⑥敦煌市博物馆卷,上海:上海古籍出版社,2018年12月 图版p.40

Db.t.0946 十万颂般若波罗蜜多经

张延清著 吐蕃敦煌抄经研究 北京:民族出版社,2016年11月 p.289

马德、勘措吉主编,甘肃省文物局、敦煌研究院编纂 甘肃藏敦煌藏文文献⑥敦煌市博物馆卷,上海:上海古籍出版社,2018年12月 图版p.41

Db.t.0947 十万颂般若波罗蜜多经

张延清著 吐蕃敦煌抄经研究 北京:民族出版社,2016年11月 p.289

马德、勘措吉主编,甘肃省文物局、敦煌研究院编纂 甘肃藏敦煌藏文文献⑥敦煌市博物馆卷,上海:上海古籍出版社,2018年12月 图版p.42

Db.t.0948 十万颂般若波罗蜜多经

马德、勘措吉主编,甘肃省文物局、敦煌研究院编纂 甘肃藏敦煌藏文文献⑥敦煌市博物馆卷,上海:上海古籍出版社,2018年12月 图版p.43~44

Db.t.0949 十万颂般若波罗蜜多经

张延清著 吐蕃敦煌抄经研究 北京:民族出版社,2016年11月 p.299、343、352、357

马德、勘措吉主编,甘肃省文物局、敦煌研究院编纂 甘肃藏敦煌藏文文献⑥敦煌市博物馆卷,上海:上海古籍出版社,2018年12月 图版p.45

Db.t.0950 十万颂般若波罗蜜多经第一卷第五十品

张延清著 吐蕃敦煌抄经研究 北京:民族出版社,2016年11月 p.295、352、353

马德、勘措吉主编,甘肃省文物局、敦煌研究院编纂 甘肃藏敦煌藏文文献⑥敦煌市博物馆卷,上海:上海古籍出版社,2018年12月 图版p.46

Db.t.0951 十万颂般若波罗蜜多经

马德、勘措吉主编,甘肃省文物局、敦煌研究院编纂 甘肃藏敦煌藏文文献⑥敦煌市博物馆卷,上海:上海古籍出版社,2018年12月 图版p.47~48

Db.t.0952 十万颂般若波罗蜜多经

张延清著 吐蕃敦煌抄经研究 北京:民族出版社,2016年11月 p.277

马德、勘措吉主编,甘肃省文物局、敦煌研究院编纂 甘肃藏敦煌藏文文献⑥敦煌市博物馆卷,上海:上海古籍出版社,2018年12月 图版p.49

Db.t.0953 十万颂般若波罗蜜多经

张延清著 吐蕃敦煌抄经研究 北京:民族出版社,2016年11月 p.318

马德、勘措吉主编,甘肃省文物局、敦煌研究院编纂 甘肃藏敦煌藏文文献⑥敦煌市博物馆卷,上海:上海古籍出版社,2018年12月 图版p.50

Db.t.0954 十万颂般若波罗蜜多经

张延清著 吐蕃敦煌抄经研究 北京:民族出版社,2016年11月 p.323

马德、勘措吉主编,甘肃省文物局、敦煌研究院编纂 甘肃藏敦煌藏文文献⑥敦煌市博物馆卷,上海:上海古籍出版社,2018年12月 图版p.51

Db.t.0955 十万颂般若波罗蜜多经

张延清著 吐蕃敦煌抄经研究 北京:民族出版社,2016年11月 p.277

马德、勘措吉主编,甘肃省文物局、敦煌研究院编纂 甘肃藏敦煌藏文文献⑥敦煌市博物馆卷,上海:上海古籍出版社,2018年12月 图版p.52

Db.t.0956 十万颂般若波罗蜜多经

张延清著 吐蕃敦煌抄经研究 北京:民族出版社,2016年11月 p.306

马德、勘措吉主编,甘肃省文物局、敦煌研究院编纂 甘肃藏敦煌藏文文献⑥敦煌市博物馆卷,上海:上海古籍出版社,2018年12月 图版p.53

Db.t.0957 十万颂般若波罗蜜多经

张延清著 吐蕃敦煌抄经研究 北京:民族出版社,2016年11月 p.323

马德、勘措吉主编,甘肃省文物局、敦煌研究院编纂 甘肃藏敦煌藏文文献⑥敦煌市博物馆卷,上海:上海古籍出版社,2018年12月 图版p.54

Db.t.0958 十万颂般若波罗蜜多经

张延清著 吐蕃敦煌抄经研究 北京:民族出版社,2016年11月 p.318

马德、勘措吉主编,甘肃省文物局、敦煌研究院编纂 甘肃藏敦煌藏文文献⑥敦煌市博物馆卷,上海:上海古籍出版社,2018年12月 图版p.55

Db.t.0959 十万颂般若波罗蜜多经

马德、勘措吉主编,甘肃省文物局、敦煌研究院编纂 甘肃藏敦煌藏文文献⑥敦煌市博物馆卷,上海:上海古籍出版社,2018年12月 图版p.56

Db.t.0960 十万颂般若波罗蜜多经第三卷第二十八品

张延清著 吐蕃敦煌抄经研究 北京:民族出版社,2016年11月 p.317

马德、勘措吉主编,甘肃省文物局、敦煌研究院编纂 甘肃藏敦煌藏文文献⑥敦煌市博物馆卷,上海:上海古籍出版社,2018年12月 图版p.57

Db.t.0961 十万颂般若波罗蜜多经

张延清著 吐蕃敦煌抄经研究 北京:民族出版社,2016年11月 p.295

马德、勘措吉主编,甘肃省文物局、敦煌研究院编纂 甘肃藏敦煌藏文文献⑥敦煌市博物馆卷,上海:上海古籍出版社,2018年12月 图版p.58

Db.t.0962 十万颂般若波罗蜜多经第二卷第五十二品

张延清著 吐蕃敦煌抄经研究 北京:民族出版社,2016年11月 p.288

马德、勘措吉主编,甘肃省文物局、敦煌研究院编纂 甘肃藏敦煌藏文文献⑥敦煌市博物馆卷,上海:上海古籍出版社,2018年12月 图版p.59

Db.t.0963 十万颂般若波罗蜜多经

张延清著 吐蕃敦煌抄经研究 北京:民族出版社,2016年11月 p.337、343、350

马德、勘措吉主编,甘肃省文物局、敦煌研究院编纂 甘肃藏敦煌藏文文献⑥敦煌市博物馆卷,上海:上海古籍出版社,2018年12月 图版p.60

Db.t.0964 十万颂般若波罗蜜多经第二卷第十六品

张延清著 吐蕃敦煌抄经研究 北京:民族出版社,2016年11月 p.304

马德、勘措吉主编,甘肃省文物局、敦煌研究院编纂 甘肃藏敦煌藏文文献⑥敦煌市博物馆卷,上海:上海古籍出版社,2018年12月 图版p.61

Db.t.0965 十万颂般若波罗蜜多经

马德、勘措吉主编,甘肃省文物局、敦煌研究院编纂 甘肃藏敦煌藏文文献⑥敦煌市博物馆卷,上海:上海古籍出版社,2018年12月 图版p.62

Db.t.0966 十万颂般若波罗蜜多经

张延清著 吐蕃敦煌抄经研究 北京:民族出版社,2016年11月 p.304

马德、勘措吉主编,甘肃省文物局、敦煌研究院编纂 甘肃藏敦煌藏文文献⑥敦煌市博物馆卷,上海:上海古籍出版社,2018年12月 图版p.63

Db.t.0967 十万颂般若波罗蜜多经

张延清著 吐蕃敦煌抄经研究 北京:民族出版社,2016年11月 p.293

马德、勘措吉主编,甘肃省文物局、敦煌研究院编纂 甘肃藏敦煌藏文文献⑥敦煌市博物馆卷,上海:上海古籍出版社,2018年12月 图版p.64

Db.t.0968 十万颂般若波罗蜜多经

张延清著 吐蕃敦煌抄经研究 北京:民族出版社,2016年11月 p.307

马德、勘措吉主编,甘肃省文物局、敦煌研究院编纂 甘肃藏敦煌藏文文献⑥敦煌市博物馆卷,上海:上海古籍出版社,2018年12月 图版p.65

Db.t.0969 十万颂般若波罗蜜多经

张延清著 吐蕃敦煌抄经研究 北京:民族出版社,2016年11月 p.350

马德、勘措吉主编,甘肃省文物局、敦煌研究院编纂 甘肃藏敦煌藏文文献⑥敦煌市博物馆卷,上海:上海古籍出版社,2018年12月 图版p.66

Db.t.0970 十万颂般若波罗蜜多经

张延清著 吐蕃敦煌抄经研究 北京:民族出版社,2016年11月 p.283

马德、勘措吉主编,甘肃省文物局、敦煌研究院编纂 甘肃藏敦煌藏文文献⑥敦煌市博物馆卷,上海:上海古籍出版社,2018年12月 图版p.67

Db.t.0971 十万颂般若波罗蜜多经

张延清 翻译家校阅大师法成及其校经目录《敦煌学辑刊》2008年第3期 p.83;收入德吉卓玛编《吐蕃佛教史研究论文集》,北京:中国藏学出版社,2015年4月 p.635

孔令梅 隋宋间敦煌令狐氏与佛教述论《2009丝绸之路国际学术研讨会论文集》,西安:三秦出版社,2010年7月 p.131(统计表);p.134

张延清 吐蕃敦煌抄经坊《敦煌学辑刊》2011年第3期 p.50;收入中央文史研究馆、敦煌研究院、香港大学饶宗颐学术馆编《庆贺饶宗颐先生九十五华诞敦煌学国际学术研讨会论文集》,北京:中华书局,2012年12月 p.558

张延清著 吐蕃敦煌抄经研究 北京:民族出版社,2016年11月 p.85、140、315、332、344、346

马德、勘措吉主编,甘肃省文物局、敦煌研究院编纂 甘肃藏敦煌藏文文献⑥敦煌市博物馆卷,上海:上海古籍出版社,2018年12月 图版p.68

札平 敦煌古藏文文献中的佛教神话原型研究——以《贤愚姻缘经》为例 兰州:西北民族大学硕士研究生学位论文,2011年6月 p.12

Db.t.0972 十万颂般若波罗蜜多经

张延清著 吐蕃敦煌抄经研究 北京:民族出版社,2016年11月 p.297

马德、勘措吉主编,甘肃省文物局、敦煌研究院编纂 甘肃藏敦煌藏文文献⑥敦煌市博物馆卷,上海:上海古籍出版社,2018年12月 图版p.69

Db.t.0973 十万颂般若波罗蜜多经

张延清著 吐蕃敦煌抄经研究 北京:民族出版社,2016年11月 p.287

马德、勘措吉主编,甘肃省文物局、敦煌研究院编纂 甘肃藏敦煌藏文文献⑥敦煌市博物馆卷,上海:上海古籍出版社,2018年12月 图版p.70

Db.t.0974 十万颂般若波罗蜜多经

张延清著 吐蕃敦煌抄经研究 北京:民族出版社,2016年11月 p.307

马德、勘措吉主编,甘肃省文物局、敦煌研究院编纂 甘肃藏敦煌藏文文献⑥敦煌市博物馆卷,上海:上海古籍出版社,2018年12月 图版p.71

Db.t.0975 十万颂般若波罗蜜多经

张延清著 吐蕃敦煌抄经研究 北京:民族出版社,2016年11月 p.316

马德、勘措吉主编,甘肃省文物局、敦煌研究院编纂 甘肃藏敦煌藏文文献⑥敦煌市博物馆卷,上海:上海古籍出版社,2018年12月 图版p.72

Db.t.0976 十万颂般若波罗蜜多经

张延清著 吐蕃敦煌抄经研究 北京:民族出版社,2016年11月 p.321

马德、勘措吉主编,甘肃省文物局、敦煌研究院编纂 甘肃藏敦煌藏文文献⑥敦煌市博物馆卷,上海:上海古籍出版社,2018年12月 图版p.73

Db.t.0977 十万颂般若波罗蜜多经

张延清著 吐蕃敦煌抄经研究 北京:民族出版社,2016年11月 p.318

马德、勘措吉主编,甘肃省文物局、敦煌研究院编纂 甘肃藏敦煌藏文文献⑥敦煌市博物馆卷,上海:上海古籍出版社,2018年12月 图版p.74

Db.t.0978 十万颂般若波罗蜜多经

马德、勘措吉主编,甘肃省文物局、敦煌研究院编纂 甘肃藏敦煌藏文文献⑥敦煌市博物馆卷,上海:上海古籍出版社,2018年12月 图版p.75~77

Db.t.0979 十万颂般若波罗蜜多经

张延清 吐蕃敦煌抄经制度中的惩治举措《敦煌研究》2010年第3期 p.107;图7 Db.t.0979局部照片

张延清著 吐蕃敦煌抄经研究 北京:民族出版社,2016年11月 p.272~273;图120–122;p.317

马德、勘措吉主编,甘肃省文物局、敦煌研究院编纂 甘肃藏敦煌藏文文献⑥敦煌市博物馆卷,上海:上海古籍出版社,2018年12月 图版p.78

Db.t.0980 十万颂般若波罗蜜多经

张延清著 吐蕃敦煌抄经研究 北京:民族出版社,2016年11月 p.317

马德、勘措吉主编,甘肃省文物局、敦煌研究院编纂 甘肃藏敦煌藏文文献⑥敦煌市博物馆卷,上海:上海古籍出版社,2018年12月 图版p.79

Db.t.0981 十万颂般若波罗蜜多经

张延清著 吐蕃敦煌抄经研究 北京:民族出版社,2016年11月 p.285

马德、勘措吉主编,甘肃省文物局、敦煌研究院编纂 甘肃藏敦煌藏文文献⑥敦煌市博物馆卷,上海:上海古籍出版社,2018年12月 图版p.80

Db.t.0982 十万颂般若波罗蜜多经

张延清著 吐蕃敦煌抄经研究 北京:民族出版社,2016年11月 p.286

马德、勘措吉主编,甘肃省文物局、敦煌研究院编纂 甘肃藏敦煌藏文文献⑥敦煌市博物馆卷,上海:上海古籍出版社,2018年12月 图版p.81

Db.t.0983 十万颂般若波罗蜜多经

张延清著 吐蕃敦煌抄经研究 北京:民族出版社,2016年11月 p.295

马德、勘措吉主编,甘肃省文物局、敦煌研究院编纂 甘肃藏敦煌藏文文献⑥敦煌市博物馆卷,上海:上海古籍出版社,2018年12月 图版p.82

Db.t.0984 十万颂般若波罗蜜多经

马德、勘措吉主编,甘肃省文物局、敦煌研究院编纂 甘肃藏敦煌藏文文献⑥敦煌市博物馆卷,上海:上海古籍出版社,2018年12月 图版p.83~84

Db.t.0985 十万颂般若波罗蜜多经

马德、勘措吉主编,甘肃省文物局、敦煌研究院编纂 甘肃藏敦煌藏文文献⑥敦煌市博物馆卷,上海:上海古籍出版社,2018年12月 图版p.85~86

Db.t.0986 十万颂般若波罗蜜多经

马德、勘措吉主编，甘肃省文物局、敦煌研究院编纂 甘肃藏敦煌藏文文献⑥敦煌市博物馆卷，上海：上海古籍出版社，2018年12月 图版p.87~88

Db.t.0987 十万颂般若波罗蜜多经

马德、勘措吉主编，甘肃省文物局、敦煌研究院编纂 甘肃藏敦煌藏文文献⑥敦煌市博物馆卷，上海：上海古籍出版社，2018年12月 图版p.89~90

Db.t.0988 十万颂般若波罗蜜多经

张延清著 吐蕃敦煌抄经研究 北京：民族出版社，2016年11月 p.293、345~346

马德、勘措吉主编，甘肃省文物局、敦煌研究院编纂 甘肃藏敦煌藏文文献⑥敦煌市博物馆卷，上海：上海古籍出版社，2018年12月 图版p.91

Db.t.0989 十万颂般若波罗蜜多经第一卷第三十五品

张延清著 吐蕃敦煌抄经研究 北京：民族出版社，2016年11月 p.303、353

马德、勘措吉主编，甘肃省文物局、敦煌研究院编纂 甘肃藏敦煌藏文文献⑥敦煌市博物馆卷，上海：上海古籍出版社，2018年12月 图版p.92

Db.t.0990 十万颂般若波罗蜜多经

张延清著 吐蕃敦煌抄经研究 北京：民族出版社，2016年11月 p.337、349

马德、勘措吉主编，甘肃省文物局、敦煌研究院编纂 甘肃藏敦煌藏文文献⑥敦煌市博物馆卷，上海：上海古籍出版社，2018年12月 图版p.93

Db.t.0991 十万颂般若波罗蜜多经

马德、勘措吉主编，甘肃省文物局、敦煌研究院编纂 甘肃藏敦煌藏文文献⑥敦煌市博物馆卷，上海：上海古籍出版社，2018年12月 图版p.94~95

Db.t.0992 十万颂般若波罗蜜多经第一卷第七十三品

张延清著 吐蕃敦煌抄经研究 北京：民族出版社，2016年11月 p.288、331

马德、勘措吉主编，甘肃省文物局、敦煌研究院编纂 甘肃藏敦煌藏文文献⑥敦煌市博物馆卷，上海：上海古籍出版社，2018年12月 图版p.96

Db.t.0993 十万颂般若波罗蜜多经

张延清著 吐蕃敦煌抄经研究 北京：民族出版社，2016年11月 p.324、335、336、354

马德、勘措吉主编，甘肃省文物局、敦煌研究院编纂 甘肃藏敦煌藏文文献⑥敦煌市博物馆卷，上海：上海古籍出版社，2018年12月 图版p.97

Db.t.0994 十万颂般若波罗蜜多经

张延清著 吐蕃敦煌抄经研究 北京：民族出版社，2016年11月 p.291

马德、勘措吉主编，甘肃省文物局、敦煌研究院编纂 甘肃藏敦煌藏文文献⑥敦煌市博物馆卷，上海：上海古籍出版社，2018年12月 图版p.98

Db.t.0995 十万颂般若波罗蜜多经

张延清 敦煌古藏文佛经中的报废经页《西藏研究》2009年第1期 p.48

张延清 吐蕃敦煌抄经中的报废经页《敦煌吐蕃文化学术研讨会论文集》，兰州：甘肃民族出版社，2009年12月 p.397

张延清著 吐蕃敦煌抄经研究 北京：民族出版社，2016年11月 p.230、304、344

马德、勘措吉主编，甘肃省文物局、敦煌研究院编纂 甘肃藏敦煌藏文文献⑥敦煌市博物馆卷，上海：上海古籍出版社，2018年12月 图版p.99

Db.t.0996 十万颂般若波罗蜜多经

张延清著 吐蕃敦煌抄经研究 北京：民族出版社，2016年11月 p.319

马德、勘措吉主编，甘肃省文物局、敦煌研究院编纂 甘肃藏敦煌藏文文献⑥敦煌市博物馆卷，上海：上海古籍出版社，2018年12月 图版p.100

Db.t.0997 十万颂般若波罗蜜多经

张延清著 吐蕃敦煌抄经研究 北京：民族出版社，2016年11月 p.281

马德、勘措吉主编，甘肃省文物局、敦煌研究院编纂 甘肃藏敦煌藏文文献⑥敦煌市博物馆卷，上海：上海古籍出版社，2018年12月 图版p.101

Db.t.0998 十万颂般若波罗蜜多经

张延清 敦煌古藏文佛经中的报废经页《西藏研究》2009年第1期 p.45；图5

张延清著 吐蕃敦煌抄经研究 北京：民族出版社，2016年11月 p.236~237；图77；p.305

马德、勘措吉主编，甘肃省文物局、敦煌研究院编纂 甘肃藏敦煌藏文文献⑥敦煌市博物馆卷，上海：上海古籍出版社，2018年12月 图版p.102

Db.t.0999 十万颂般若波罗蜜多经

张延清著 吐蕃敦煌抄经研究 北京：民族出版社，2016年11月 p.305、343

马德、勘措吉主编，甘肃省文物局、敦煌研究院编纂 甘肃藏敦煌藏文文献⑥敦煌市博物馆卷，上海：上海古籍出版社，2018年12月 图版p.103

Db.t.1000 十万颂般若波罗蜜多经

张延清著 吐蕃敦煌抄经研究 北京：民族出版社，2016年11月 p.299、347

马德、勘措吉主编，甘肃省文物局、敦煌研究院编纂 甘肃藏敦煌藏文文献⑥敦煌市博物馆卷，上海：上海古籍出版社，2018年12月 图版p.104

Db.t.1001 十万颂般若波罗蜜多经

张延清著 吐蕃敦煌抄经研究 北京：民族出版社，2016年11月 p.325

马德、勘措吉主编，甘肃省文物局、敦煌研究院编纂 甘肃藏敦煌藏文文献⑥敦煌市博物馆卷，上海：上海古籍出版社，2018年12月 图版p.105

Db.t.1002 十万颂般若波罗蜜多经

张延清著 吐蕃敦煌抄经研究 北京：民族出版社，2016年11月 p.295、343、352、353

马德、勘措吉主编，甘肃省文物局、敦煌研究院编纂 甘肃藏敦煌藏文文献⑥敦煌市博物馆卷，上海：上海古籍出版社，2018年12月 图版p.106

Db.t.1003 十万颂般若波罗蜜多经

张延清著 吐蕃敦煌抄经研究 北京：民族出版社，2016年11月 p.295

马德、勘措吉主编，甘肃省文物局、敦煌研究院编纂 甘肃藏敦煌藏文文献⑥敦煌市博物馆卷，上海：上海古籍出版社，2018年12月 图版p.107

Db.t.1004 十万颂般若波罗蜜多经

张延清 敦煌古藏文佛经中的报废经页[①] 《西藏研究》2009年第1期 p.45；图4

张延清著 吐蕃敦煌抄经研究 北京：民族出版社，2016年11月 p.235~236；图76；p.286

马德、勘措吉主编，甘肃省文物局、敦煌研究院编纂 甘肃藏敦煌藏文文献⑥敦煌市博物馆卷，上海：上海古籍出版社，2018年12月 图版p.108

Db.t.1005 十万颂般若波罗蜜多经

张延清著 吐蕃敦煌抄经研究 北京：民族出版社，2016年11月 p.286

---

①张延清《敦煌古藏文佛经中的报废经页》作“Db.t.1004”，图4下说明却注为“Db.t.1104”，文图不相符。

马德、勘措吉主编，甘肃省文物局、敦煌研究院编纂 甘肃藏敦煌藏文文献⑥敦煌市博物馆卷，上海：上海古籍出版社，2018年12月 图版p.109

Db.t.1006 十万颂般若波罗蜜多经

赵青山 吐蕃占领敦煌时期写经道场相关问题考述《藏学学刊》第11辑，北京：中国藏学出版社，2014年12月 p.34

马德、勘措吉主编，甘肃省文物局、敦煌研究院编纂 甘肃藏敦煌藏文文献⑥敦煌市博物馆卷，上海：上海古籍出版社，2018年12月 图版p.110

Db.t.1007 十万颂般若波罗蜜多经

张延清著 吐蕃敦煌抄经研究 北京：民族出版社，2016年11月 p.285

马德、勘措吉主编，甘肃省文物局、敦煌研究院编纂 甘肃藏敦煌藏文文献⑥敦煌市博物馆卷，上海：上海古籍出版社，2018年12月 图版p.111

Db.t.1008 十万颂般若波罗蜜多经

张延清著 吐蕃敦煌抄经研究 北京：民族出版社，2016年11月 p.291

马德、勘措吉主编，甘肃省文物局、敦煌研究院编纂 甘肃藏敦煌藏文文献⑥敦煌市博物馆卷，上海：上海古籍出版社，2018年12月 图版p.112

Db.t.1009 十万颂般若波罗蜜多经第四卷第五品

马德、勘措吉主编，甘肃省文物局、敦煌研究院编纂 甘肃藏敦煌藏文文献⑥敦煌市博物馆卷，上海：上海古籍出版社，2018年12月 图版p.113~114

Db.t.1010 十万颂般若波罗蜜多经

张延清著 吐蕃敦煌抄经研究 北京：民族出版社，2016年11月 p.291

马德、勘措吉主编，甘肃省文物局、敦煌研究院编纂 甘肃藏敦煌藏文文献⑥敦煌市博物馆卷，上海：上海古籍出版社，2018年12月 图版p.115

Db.t.1011 十万颂般若波罗蜜多经

张延清著 吐蕃敦煌抄经研究 北京：民族出版社，2016年11月 p.293、345~346

马德、勘措吉主编，甘肃省文物局、敦煌研究院编纂 甘肃藏敦煌藏文文献⑥敦煌市博物馆卷，上海：上海古籍出版社，2018年12月 图版p.116

Db.t.1012 十万颂般若波罗蜜多经

张延清著 吐蕃敦煌抄经研究 北京:民族出版社,2016年11月 p.293、345~346

马德、勘措吉主编,甘肃省文物局、敦煌研究院编纂 甘肃藏敦煌藏文文献⑥敦煌市博物馆卷,上海:上海古籍出版社,2018年12月 图版p.117

Db.t.1013 十万颂般若波罗蜜多经

张延清著 吐蕃敦煌抄经研究 北京:民族出版社,2016年11月 p.293、345~346

马德、勘措吉主编,甘肃省文物局、敦煌研究院编纂 甘肃藏敦煌藏文文献⑥敦煌市博物馆卷,上海:上海古籍出版社,2018年12月 图版p.118

Db.t.1014 十万颂般若波罗蜜多经第一卷第十三品

张延清著 吐蕃敦煌抄经研究 北京:民族出版社,2016年11月 p.305

马德、勘措吉主编,甘肃省文物局、敦煌研究院编纂 甘肃藏敦煌藏文文献⑥敦煌市博物馆卷,上海:上海古籍出版社,2018年12月 图版p.119

Db.t.1015(原收藏号1015)十万颂般若波罗蜜多经

张延清 张议潮与吐蕃文化《敦煌研究》2005年第3期 p.91(附表:张议潮藏文题记简表)

张延清著 吐蕃敦煌抄经研究 北京:民族出版社,2016年11月 p.320

马德、勘措吉主编,甘肃省文物局、敦煌研究院编纂 甘肃藏敦煌藏文文献⑥敦煌市博物馆卷,上海:上海古籍出版社,2018年12月 图版p.120

Db.t.1016 十万颂般若波罗蜜多经

张延清著 吐蕃敦煌抄经研究 北京:民族出版社,2016年11月 p.323

马德、勘措吉主编,甘肃省文物局、敦煌研究院编纂 甘肃藏敦煌藏文文献⑥敦煌市博物馆卷,上海:上海古籍出版社,2018年12月 图版p.121

Db.t.1017 十万颂般若波罗蜜多经

张延清著 吐蕃敦煌抄经研究 北京:民族出版社,2016年11月 p.301、343、354

马德、勘措吉主编,甘肃省文物局、敦煌研究院编纂 甘肃藏敦煌藏文文献⑥敦煌市博物馆卷,上海:上海古籍出版社,2018年12月 图版p.122

Db.t.1018 十万颂般若波罗蜜多经第一卷第六十三品

张延清著 吐蕃敦煌抄经研究 北京:民族出版社,2016年11月 p.320

马德、勘措吉主编,甘肃省文物局、敦煌研究院编纂 甘肃藏敦煌藏文文献⑥敦煌市博物馆卷,上海:上

海古籍出版社，2018年12月 图版p.123

Db.t.1019 十万颂般若波罗蜜多经

张延清著 吐蕃敦煌抄经研究 北京：民族出版社，2016年11月 p.315

马德、勘措吉主编，甘肃省文物局、敦煌研究院编纂 甘肃藏敦煌藏文文献⑥敦煌市博物馆卷，上海：上海古籍出版社，2018年12月 图版p.124

Db.t.1020 十万颂般若波罗蜜多经

张延清著 吐蕃敦煌抄经研究 北京：民族出版社，2016年11月 p.294、345~346

马德、勘措吉主编，甘肃省文物局、敦煌研究院编纂 甘肃藏敦煌藏文文献⑥敦煌市博物馆卷，上海：上海古籍出版社，2018年12月 图版p.125

Db.t.1021 十万颂般若波罗蜜多经

张延清著 吐蕃敦煌抄经研究 北京：民族出版社，2016年11月 p.293、345~346

马德、勘措吉主编，甘肃省文物局、敦煌研究院编纂 甘肃藏敦煌藏文文献⑥敦煌市博物馆卷，上海：上海古籍出版社，2018年12月 图版p.126

Db.t.1022 十万颂般若波罗蜜多经

马德 敦煌吐蕃文献新论《转型期的敦煌学》，上海：上海古籍出版社，2007年11月 p.559

张延清著 吐蕃敦煌抄经研究[①] 北京：民族出版社，2016年11月 p.289、343

马德、勘措吉主编，甘肃省文物局、敦煌研究院编纂 甘肃藏敦煌藏文文献⑥敦煌市博物馆卷，上海：上海古籍出版社，2018年12月 图版p.127

Db.t.1023 十万颂般若波罗蜜多经

张延清著 吐蕃敦煌抄经研究 北京：民族出版社，2016年11月 p.318

马德、勘措吉主编，甘肃省文物局、敦煌研究院编纂 甘肃藏敦煌藏文文献⑥敦煌市博物馆卷，上海：上海古籍出版社，2018年12月 图版p.128

Db.t.1024 十万颂般若波罗蜜多经

张延清著 吐蕃敦煌抄经研究 北京：民族出版社，2016年11月 p.278

---

①张延清《吐蕃敦煌抄经研究》附录第289页"139.金勒贡"Dd.t.0011、0142、0143、0472、0718、0791、1022、1826把"敦煌市博物馆藏敦煌藏文文献"与"敦煌市档案馆藏敦煌藏文文献"混淆使用了。敦煌市档案馆藏敦煌藏文文献仅存12个编号。经核查，金勒贡抄卷出现在敦煌市档案馆藏敦煌藏文文献Dd.t.11和敦煌市博物馆藏敦煌藏文文献Db.t.0142、Db.t.0143、Db.t.0472、Db.t.0718、Db.t.0791、Db.t.1022、Db.t.1826等卷号中。

马德、勘措吉主编,甘肃省文物局、敦煌研究院编纂 甘肃藏敦煌藏文文献⑥敦煌市博物馆卷,上海:上海古籍出版社,2018年12月 图版p.129

Db.t.1025 十万颂般若波罗蜜多经

马德、勘措吉主编,甘肃省文物局、敦煌研究院编纂 甘肃藏敦煌藏文文献⑥敦煌市博物馆卷,上海:上海古籍出版社,2018年12月 图版p.130

Db.t.1026 十万颂般若波罗蜜多经

张延清著 吐蕃敦煌抄经研究 北京:民族出版社,2016年11月 p.276

马德、勘措吉主编,甘肃省文物局、敦煌研究院编纂 甘肃藏敦煌藏文文献⑥敦煌市博物馆卷,上海:上海古籍出版社,2018年12月 图版p.131

Db.t.1027 十万颂般若波罗蜜多经第三卷第五十九品

张延清著 吐蕃敦煌抄经研究 北京:民族出版社,2016年11月 p.276

马德、勘措吉主编,甘肃省文物局、敦煌研究院编纂 甘肃藏敦煌藏文文献⑥敦煌市博物馆卷,上海:上海古籍出版社,2018年12月 图版p.132

Db.t.1028 十万颂般若波罗蜜多经

张延清 敦煌古藏文佛经中的报废经页《西藏研究》2009年第1期 p.48

张延清 吐蕃敦煌抄经中的报废经页《敦煌吐蕃文化学术研讨会论文集》,兰州:甘肃民族出版社,2009年12月 p.397

张延清著 吐蕃敦煌抄经研究 北京:民族出版社,2016年11月 p.230、304

马德、勘措吉主编,甘肃省文物局、敦煌研究院编纂 甘肃藏敦煌藏文文献⑥敦煌市博物馆卷,上海:上海古籍出版社,2018年12月 图版p.133

Db.t.1029 十万颂般若波罗蜜多经第一卷第三十九品

马德、勘措吉主编,甘肃省文物局、敦煌研究院编纂 甘肃藏敦煌藏文文献⑥敦煌市博物馆卷,上海:上海古籍出版社,2018年12月 图版p.134

Db.t.1030 十万颂般若波罗蜜多经

马德、勘措吉主编,甘肃省文物局、敦煌研究院编纂 甘肃藏敦煌藏文文献⑥敦煌市博物馆卷,上海:上海古籍出版社,2018年12月 图版p.135~141

Db.t.1031 十万颂般若波罗蜜多经

张延清著 吐蕃敦煌抄经研究 北京:民族出版社,2016年11月 p.304、331、355、356

马德、勘措吉主编,甘肃省文物局、敦煌研究院编纂 甘肃藏敦煌藏文文献⑥敦煌市博物馆卷,上海:上海古籍出版社,2018年12月 图版p.142

Db.t.1032 十万颂般若波罗蜜多经

张延清 吐蕃王妃贝吉昂楚及其敦煌校经题记《西藏民族学院学报》(哲学社会科学版)2009年第5期 p.30;收入德吉卓玛编《吐蕃佛教史研究论文集》,北京:中国藏学出版社,2015年4月 p.607

张延清著 吐蕃敦煌抄经研究 北京:民族出版社,2016年11月 p.304、340、347

马德、勘措吉主编,甘肃省文物局、敦煌研究院编纂 甘肃藏敦煌藏文文献⑥敦煌市博物馆卷,上海:上海古籍出版社,2018年12月 图版p.143

Db.t.1033 十万颂般若波罗蜜多经

张延清著 吐蕃敦煌抄经研究 北京:民族出版社,2016年11月 p.325

马德、勘措吉主编,甘肃省文物局、敦煌研究院编纂 甘肃藏敦煌藏文文献⑥敦煌市博物馆卷,上海:上海古籍出版社,2018年12月 图版p.144

Db.t.1034 十万颂般若波罗蜜多经

张延清著 吐蕃敦煌抄经研究 北京:民族出版社,2016年11月 p.325

马德、勘措吉主编,甘肃省文物局、敦煌研究院编纂 甘肃藏敦煌藏文文献⑥敦煌市博物馆卷,上海:上海古籍出版社,2018年12月 图版p.145

Db.t.1035 十万颂般若波罗蜜多经第二卷第四十六、四十七品

张延清著 吐蕃敦煌抄经研究 北京:民族出版社,2016年11月 p.204、325

马德、勘措吉主编,甘肃省文物局、敦煌研究院编纂 甘肃藏敦煌藏文文献⑥敦煌市博物馆卷,上海:上海古籍出版社,2018年12月 图版p.146

Db.t.1036 十万颂般若波罗蜜多经

张延清著 吐蕃敦煌抄经研究 北京:民族出版社,2016年11月 p.293、345~346

马德、勘措吉主编,甘肃省文物局、敦煌研究院编纂 甘肃藏敦煌藏文文献⑥敦煌市博物馆卷,上海:上海古籍出版社,2018年12月 图版p.147

Db.t.1037 十万颂般若波罗蜜多经

张延清著 吐蕃敦煌抄经研究 北京:民族出版社,2016年11月 p.321

马德、勘措吉主编，甘肃省文物局、敦煌研究院编纂 甘肃藏敦煌藏文文献⑥敦煌市博物馆卷，上海：上海古籍出版社，2018年12月 图版p.148

Db.t.1038 十万颂般若波罗蜜多经

张延清著 吐蕃敦煌抄经研究 北京：民族出版社，2016年11月 p.321、345

马德、勘措吉主编，甘肃省文物局、敦煌研究院编纂 甘肃藏敦煌藏文文献⑥敦煌市博物馆卷，上海：上海古籍出版社，2018年12月 图版p.149

Db.t.1039 十万颂般若波罗蜜多经第一卷第九品

张延清著 吐蕃敦煌抄经研究 北京：民族出版社，2016年11月 p.287

马德、勘措吉主编，甘肃省文物局、敦煌研究院编纂 甘肃藏敦煌藏文文献⑥敦煌市博物馆卷，上海：上海古籍出版社，2018年12月 图版p.150

Db.t.1040 十万颂般若波罗蜜多经第二卷第二十七、二十八品

张延清著 吐蕃敦煌抄经研究 北京：民族出版社，2016年11月 p.307、340、347、355

马德、勘措吉主编，甘肃省文物局、敦煌研究院编纂 甘肃藏敦煌藏文文献⑥敦煌市博物馆卷，上海：上海古籍出版社，2018年12月 图版p.151

Db.t.1041 十万颂般若波罗蜜多经

马德、勘措吉主编，甘肃省文物局、敦煌研究院编纂 甘肃藏敦煌藏文文献⑥敦煌市博物馆卷，上海：上海古籍出版社，2018年12月 图版p.152~153

Db.t.1042 十万颂般若波罗蜜多经

马德、勘措吉主编，甘肃省文物局、敦煌研究院编纂 甘肃藏敦煌藏文文献⑥敦煌市博物馆卷，上海：上海古籍出版社，2018年12月 图版p.154~155

Db.t.1043 十万颂般若波罗蜜多经

张延清著 吐蕃敦煌抄经研究 北京：民族出版社，2016年11月 p.287

马德、勘措吉主编，甘肃省文物局、敦煌研究院编纂 甘肃藏敦煌藏文文献⑥敦煌市博物馆卷，上海：上海古籍出版社，2018年12月 图版p.156

Db.t.1044 十万颂般若波罗蜜多经

张延清著 吐蕃敦煌抄经研究 北京：民族出版社，2016年11月 p.323、327

马德、勘措吉主编，甘肃省文物局、敦煌研究院编纂 甘肃藏敦煌藏文文献⑥敦煌市博物馆卷，上海：上

海古籍出版社,2018年12月 图版p.157

Db.t.1045 十万颂般若波罗蜜多经

马德、勘措吉主编,甘肃省文物局、敦煌研究院编纂 甘肃藏敦煌藏文文献⑥敦煌市博物馆卷,上海:上海古籍出版社,2018年12月 图版p.158~159

Db.t.1046 十万颂般若波罗蜜多经

马德、勘措吉主编,甘肃省文物局、敦煌研究院编纂 甘肃藏敦煌藏文文献⑥敦煌市博物馆卷,上海:上海古籍出版社,2018年12月 图版p.160

Db.t.1047 十万颂般若波罗蜜多经第四卷第三十品

张延清著 吐蕃敦煌抄经研究 北京:民族出版社,2016年11月 p.276

马德、勘措吉主编,甘肃省文物局、敦煌研究院编纂 甘肃藏敦煌藏文文献⑥敦煌市博物馆卷,上海:上海古籍出版社,2018年12月 图版p.161

Db.t.1048 十万颂般若波罗蜜多经

张延清著 吐蕃敦煌抄经研究 北京:民族出版社,2016年11月 p.295

马德、勘措吉主编,甘肃省文物局、敦煌研究院编纂 甘肃藏敦煌藏文文献⑥敦煌市博物馆卷,上海:上海古籍出版社,2018年12月 图版p.162

Db.t.1049 十万颂般若波罗蜜多经

张延清著 吐蕃敦煌抄经研究 北京:民族出版社,2016年11月 p.291、337、353、354

马德、勘措吉主编,甘肃省文物局、敦煌研究院编纂 甘肃藏敦煌藏文文献⑥敦煌市博物馆卷,上海:上海古籍出版社,2018年12月 图版p.163

Db.t.1050 十万颂般若波罗蜜多经

张延清著 吐蕃敦煌抄经研究 北京:民族出版社,2016年11月 p.343、352

马德、勘措吉主编,甘肃省文物局、敦煌研究院编纂 甘肃藏敦煌藏文文献⑥敦煌市博物馆卷,上海:上海古籍出版社,2018年12月 图版p.164

Db.t.1051 十万颂般若波罗蜜多经

张延清著 吐蕃敦煌抄经研究 北京:民族出版社,2016年11月 p.319

马德、勘措吉主编,甘肃省文物局、敦煌研究院编纂 甘肃藏敦煌藏文文献⑥敦煌市博物馆卷,上海:上海古籍出版社,2018年12月 图版p.165

Db.t.1052 十万颂般若波罗蜜多经

马德、勘措吉主编,甘肃省文物局、敦煌研究院编纂 甘肃藏敦煌藏文文献⑥敦煌市博物馆卷,上海:上海古籍出版社,2018年12月 图版p.166

Db.t.1053 十万颂般若波罗蜜多经

马德、勘措吉主编,甘肃省文物局、敦煌研究院编纂 甘肃藏敦煌藏文文献⑥敦煌市博物馆卷,上海:上海古籍出版社,2018年12月 图版p.167~168

Db.t.1054 十万颂般若波罗蜜多经

张延清著 吐蕃敦煌抄经研究 北京:民族出版社,2016年11月 p.308、353

马德、勘措吉主编,甘肃省文物局、敦煌研究院编纂 甘肃藏敦煌藏文文献⑥敦煌市博物馆卷,上海:上海古籍出版社,2018年12月 图版p.169

Db.t.1055 十万颂般若波罗蜜多经

张延清著 吐蕃敦煌抄经研究 北京:民族出版社,2016年11月 p.276、343

马德、勘措吉主编,甘肃省文物局、敦煌研究院编纂 甘肃藏敦煌藏文文献⑥敦煌市博物馆卷,上海:上海古籍出版社,2018年12月 图版p.170

Db.t.1056 十万颂般若波罗蜜多经

马德、勘措吉主编,甘肃省文物局、敦煌研究院编纂 甘肃藏敦煌藏文文献⑥敦煌市博物馆卷,上海:上海古籍出版社,2018年12月 图版p.171~172

Db.t.1057 十万颂般若波罗蜜多经

张延清著 吐蕃敦煌抄经研究 北京:民族出版社,2016年11月 p.321、343、352、358

马德、勘措吉主编,甘肃省文物局、敦煌研究院编纂 甘肃藏敦煌藏文文献⑥敦煌市博物馆卷,上海:上海古籍出版社,2018年12月 图版p.173

Db.t.1058 十万颂般若波罗蜜多经

张延清著 吐蕃敦煌抄经研究 北京:民族出版社,2016年11月 p.286、352、353、358

马德、勘措吉主编,甘肃省文物局、敦煌研究院编纂 甘肃藏敦煌藏文文献⑥敦煌市博物馆卷,上海:上海古籍出版社,2018年12月 图版p.174

Db.t.1059 十万颂般若波罗蜜多经

张延清著 吐蕃敦煌抄经研究 北京:民族出版社,2016年11月 p.324

马德、勘措吉主编，甘肃省文物局、敦煌研究院编纂 甘肃藏敦煌藏文文献⑥敦煌市博物馆卷，上海：上海古籍出版社，2018年12月 图版p.175

Db.t.1060 十万颂般若波罗蜜多经

张延清著 吐蕃敦煌抄经研究 北京：民族出版社，2016年11月 p.318

马德、勘措吉主编，甘肃省文物局、敦煌研究院编纂 甘肃藏敦煌藏文文献⑥敦煌市博物馆卷，上海：上海古籍出版社，2018年12月 图版p.176

Db.t.1061 十万颂般若波罗蜜多经

张延清著 吐蕃敦煌抄经研究 北京：民族出版社，2016年11月 p.315

马德、勘措吉主编，甘肃省文物局、敦煌研究院编纂 甘肃藏敦煌藏文文献⑥敦煌市博物馆卷，上海：上海古籍出版社，2018年12月 图版p.177

Db.t.1062 十万颂般若波罗蜜多经

张延清著 吐蕃敦煌抄经研究 北京：民族出版社，2016年11月 p.343、352、357

马德、勘措吉主编，甘肃省文物局、敦煌研究院编纂 甘肃藏敦煌藏文文献⑥敦煌市博物馆卷，上海：上海古籍出版社，2018年12月 图版p.178

Db.t.1063 十万颂般若波罗蜜多经

张延清著 吐蕃敦煌抄经研究 北京：民族出版社，2016年11月 p.304

马德、勘措吉主编，甘肃省文物局、敦煌研究院编纂 甘肃藏敦煌藏文文献⑥敦煌市博物馆卷，上海：上海古籍出版社，2018年12月 图版p.179

Db.t.1064 十万颂般若波罗蜜多经

张延清著 吐蕃敦煌抄经研究 北京：民族出版社，2016年11月 p.318

马德、勘措吉主编，甘肃省文物局、敦煌研究院编纂 甘肃藏敦煌藏文文献⑥敦煌市博物馆卷，上海：上海古籍出版社，2018年12月 图版p.180

Db.t.1065 十万颂般若波罗蜜多经

张延清著 吐蕃敦煌抄经研究 北京：民族出版社，2016年11月 p.315

马德、勘措吉主编，甘肃省文物局、敦煌研究院编纂 甘肃藏敦煌藏文文献⑥敦煌市博物馆卷，上海：上海古籍出版社，2018年12月 图版p.181

Db.t.1066 十万颂般若波罗蜜多经

张延清著 吐蕃敦煌抄经研究 北京:民族出版社,2016年11月 p.295

马德、勘措吉主编,甘肃省文物局、敦煌研究院编纂 甘肃藏敦煌藏文文献⑥敦煌市博物馆卷,上海:上海古籍出版社,2018年12月 图版p.182

Db.t.1067 十万颂般若波罗蜜多经

张延清著 吐蕃敦煌抄经研究[①] 北京:民族出版社,2016年11月 p.94~95、287、331、339、344、354

马德、勘措吉主编,甘肃省文物局、敦煌研究院编纂 甘肃藏敦煌藏文文献⑥敦煌市博物馆卷,上海:上海古籍出版社,2018年12月 图版p.183

Db.t.1068 十万颂般若波罗蜜多经

马德、勘措吉主编,甘肃省文物局、敦煌研究院编纂 甘肃藏敦煌藏文文献⑥敦煌市博物馆卷,上海:上海古籍出版社,2018年12月 图版p.184

Db.t.1069 十万颂般若波罗蜜多经

张延清著 吐蕃敦煌抄经研究 北京:民族出版社,2016年11月 p.309、344、353、354

马德、勘措吉主编,甘肃省文物局、敦煌研究院编纂 甘肃藏敦煌藏文文献⑥敦煌市博物馆卷,上海:上海古籍出版社,2018年12月 图版p.185

Db.t.1070 十万颂般若波罗蜜多经

张延清著 吐蕃敦煌抄经研究 北京:民族出版社,2016年11月 p.279、287、343、352、357

马德、勘措吉主编,甘肃省文物局、敦煌研究院编纂 甘肃藏敦煌藏文文献⑥敦煌市博物馆卷,上海:上海古籍出版社,2018年12月 图版p.186

Db.t.1071 十万颂般若波罗蜜多经

马德、勘措吉主编,甘肃省文物局、敦煌研究院编纂 甘肃藏敦煌藏文文献⑥敦煌市博物馆卷,上海:上海古籍出版社,2018年12月 图版p.187

---

①张延清《吐蕃敦煌抄经研究》附录第354页"198.洪旮"Dd.t.0346、0411、0412、0524、0545、0875、1067、1104、1125、1127、1129、1145、1223、1244、1302、1319、1330、1332、1356、1604把"敦煌市博物馆藏敦煌藏文文献"与"敦煌市档案馆藏敦煌藏文文献"混淆使用了。敦煌市档案馆藏敦煌藏文文献仅存12个编号。经核查,洪旮校卷出现在敦煌市档案馆藏敦煌藏文文献Dd.t.01和敦煌市博物馆藏敦煌藏文文献Db.t.0346、0411、0412、0524、0545、0875、1067、1104、1125、1127、1129、1145、1223、1244、1302、1319、1330、1332、1356、1604等卷号中。

Db.t.1072 十万颂般若波罗蜜多经第二卷第六十三品

张延清著 吐蕃敦煌抄经研究 北京:民族出版社,2016年11月 p.295

马德、勘措吉主编,甘肃省文物局、敦煌研究院编纂 甘肃藏敦煌藏文文献⑥敦煌市博物馆卷,上海:上海古籍出版社,2018年12月 图版p.188

Db.t.1073 十万颂般若波罗蜜多经第三卷第六十品

马德、勘措吉主编,甘肃省文物局、敦煌研究院编纂 甘肃藏敦煌藏文文献⑥敦煌市博物馆卷,上海:上海古籍出版社,2018年12月 图版p.189

Db.t.1074 十万颂般若波罗蜜多经

马德、勘措吉主编,甘肃省文物局、敦煌研究院编纂 甘肃藏敦煌藏文文献⑥敦煌市博物馆卷,上海:上海古籍出版社,2018年12月 图版p.190

Db.t.1075 十万颂般若波罗蜜多经第二卷第二十八品

马德、勘措吉主编,甘肃省文物局、敦煌研究院编纂 甘肃藏敦煌藏文文献⑥敦煌市博物馆卷,上海:上海古籍出版社,2018年12月 图版p.191

Db.t.1076 十万颂般若波罗蜜多经

马德、勘措吉主编,甘肃省文物局、敦煌研究院编纂 甘肃藏敦煌藏文文献⑥敦煌市博物馆卷,上海:上海古籍出版社,2018年12月 图版p.192~193

Db.t.1077 十万颂般若波罗蜜多经

马德、勘措吉主编,甘肃省文物局、敦煌研究院编纂 甘肃藏敦煌藏文文献⑥敦煌市博物馆卷,上海:上海古籍出版社,2018年12月 图版p.194

Db.t.1078 十万颂般若波罗蜜多经

张延清著 吐蕃敦煌抄经研究 北京:民族出版社,2016年11月 p.281、329、334

马德、勘措吉主编,甘肃省文物局、敦煌研究院编纂 甘肃藏敦煌藏文文献⑥敦煌市博物馆卷,上海:上海古籍出版社,2018年12月 图版p.195

Db.t.1079 十万颂般若波罗蜜多经

张延清著 吐蕃敦煌抄经研究 北京:民族出版社,2016年11月 p.320

马德、勘措吉主编,甘肃省文物局、敦煌研究院编纂 甘肃藏敦煌藏文文献⑥敦煌市博物馆卷,上海:上海古籍出版社,2018年12月 图版p.196

Db.t.1080 十万颂般若波罗蜜多经第三卷第六十六品

张延清著 吐蕃敦煌抄经研究 北京:民族出版社,2016年11月 p.305、346、353

马德、勘措吉主编,甘肃省文物局、敦煌研究院编纂 甘肃藏敦煌藏文文献⑥敦煌市博物馆卷,上海:上海古籍出版社,2018年12月 图版p.197

Db.t.1081 十万颂般若波罗蜜多经第一卷第四十七品

张延清著 吐蕃敦煌抄经研究 北京:民族出版社,2016年11月 p.294

马德、勘措吉主编,甘肃省文物局、敦煌研究院编纂 甘肃藏敦煌藏文文献⑥敦煌市博物馆卷,上海:上海古籍出版社,2018年12月 图版p.198

Db.t.1082 十万颂般若波罗蜜多经

张延清著 吐蕃敦煌抄经研究 北京:民族出版社,2016年11月 p.320

马德、勘措吉主编,甘肃省文物局、敦煌研究院编纂 甘肃藏敦煌藏文文献⑥敦煌市博物馆卷,上海:上海古籍出版社,2018年12月 图版p.199

Db.t.1083 十万颂般若波罗蜜多经第二卷第七十一、七十二品

张延清著 吐蕃敦煌抄经研究 北京:民族出版社,2016年11月 p.307、339、357

马德、勘措吉主编,甘肃省文物局、敦煌研究院编纂 甘肃藏敦煌藏文文献⑥敦煌市博物馆卷,上海:上海古籍出版社,2018年12月 图版p.200

Db.t.1084 十万颂般若波罗蜜多经

马德、勘措吉主编,甘肃省文物局、敦煌研究院编纂 甘肃藏敦煌藏文文献⑥敦煌市博物馆卷,上海:上海古籍出版社,2018年12月 图版p.201

Db.t.1085 十万颂般若波罗蜜多经

马德、勘措吉主编,甘肃省文物局、敦煌研究院编纂 甘肃藏敦煌藏文文献⑥敦煌市博物馆卷,上海:上海古籍出版社,2018年12月 图版p.202

Db.t.1086 十万颂般若波罗蜜多经

张延清著 吐蕃敦煌抄经研究 北京:民族出版社,2016年11月 p.321

马德、勘措吉主编,甘肃省文物局、敦煌研究院编纂 甘肃藏敦煌藏文文献⑥敦煌市博物馆卷,上海:上海古籍出版社,2018年12月 图版p.203

Db.t.1087 十万颂般若波罗蜜多经

张延清著 吐蕃敦煌抄经研究 北京:民族出版社,2016年11月 p.96、317、331、355

马德、勘措吉主编,甘肃省文物局、敦煌研究院编纂 甘肃藏敦煌藏文文献⑥敦煌市博物馆卷,上海:上海古籍出版社,2018年12月 图版p.204

Db.t.1088 十万颂般若波罗蜜多经第四卷第三十八、三十九品

张延清著 吐蕃敦煌抄经研究 北京:民族出版社,2016年11月 p.323

马德、勘措吉主编,甘肃省文物局、敦煌研究院编纂 甘肃藏敦煌藏文文献⑥敦煌市博物馆卷,上海:上海古籍出版社,2018年12月 图版p.205

Db.t.1089 十万颂般若波罗蜜多经

张延清著 吐蕃敦煌抄经研究 北京:民族出版社,2016年11月 p.292

马德、勘措吉主编,甘肃省文物局、敦煌研究院编纂 甘肃藏敦煌藏文文献⑥敦煌市博物馆卷,上海:上海古籍出版社,2018年12月 图版p.206~207

Db.t.1090 十万颂般若波罗蜜多经

张延清著 吐蕃敦煌抄经研究 北京:民族出版社,2016年11月 p.286

马德、勘措吉主编,甘肃省文物局、敦煌研究院编纂 甘肃藏敦煌藏文文献⑥敦煌市博物馆卷,上海:上海古籍出版社,2018年12月 图版p.208

Db.t.1091 十万颂般若波罗蜜多经

张延清著 吐蕃敦煌抄经研究 北京:民族出版社,2016年11月 p.285

马德、勘措吉主编,甘肃省文物局、敦煌研究院编纂 甘肃藏敦煌藏文文献⑥敦煌市博物馆卷,上海:上海古籍出版社,2018年12月 图版p.209

Db.t.1092 十万颂般若波罗蜜多经

马德、勘措吉主编,甘肃省文物局、敦煌研究院编纂 甘肃藏敦煌藏文文献⑥敦煌市博物馆卷,上海:上海古籍出版社,2018年12月 图版p.210~213

Db.t.1093 十万颂般若波罗蜜多经

马德、勘措吉主编,甘肃省文物局、敦煌研究院编纂 甘肃藏敦煌藏文文献⑥敦煌市博物馆卷,上海:上海古籍出版社,2018年12月 图版p.214~218

Db.t.1094 十万颂般若波罗蜜多经

马德、勘措吉主编，甘肃省文物局、敦煌研究院编纂 甘肃藏敦煌藏文文献⑥敦煌市博物馆卷，上海：上海古籍出版社，2018年12月 图版p.219~221

Db.t.1095 十万颂般若波罗蜜多经

马德、勘措吉主编，甘肃省文物局、敦煌研究院编纂 甘肃藏敦煌藏文文献⑥敦煌市博物馆卷，上海：上海古籍出版社，2018年12月 图版p.222

Db.t.1096 十万颂般若波罗蜜多经

马德、勘措吉主编，甘肃省文物局、敦煌研究院编纂 甘肃藏敦煌藏文文献⑥敦煌市博物馆卷，上海：上海古籍出版社，2018年12月 图版p.223

Db.t.1097 十万颂般若波罗蜜多经

马德、勘措吉主编，甘肃省文物局、敦煌研究院编纂 甘肃藏敦煌藏文文献⑥敦煌市博物馆卷，上海：上海古籍出版社，2018年12月 图版p.224

Db.t.1098 十万颂般若波罗蜜多经

马德、勘措吉主编，甘肃省文物局、敦煌研究院编纂 甘肃藏敦煌藏文文献⑥敦煌市博物馆卷，上海：上海古籍出版社，2018年12月 图版p.225

Db.t.1099 十万颂般若波罗蜜多经

马德、勘措吉主编，甘肃省文物局、敦煌研究院编纂 甘肃藏敦煌藏文文献⑥敦煌市博物馆卷，上海：上海古籍出版社，2018年12月 图版p.226

Db.t.1100 十万颂般若波罗蜜多经

马德、勘措吉主编，甘肃省文物局、敦煌研究院编纂 甘肃藏敦煌藏文文献⑥敦煌市博物馆卷，上海：上海古籍出版社，2018年12月 图版p.227

Db.t.1101 十万颂般若波罗蜜多经第四卷第六十六品

张延清著 吐蕃敦煌抄经研究 北京：民族出版社，2016年11月 p.313

马德、勘措吉主编，甘肃省文物局、敦煌研究院编纂 甘肃藏敦煌藏文文献⑥敦煌市博物馆卷，上海：上海古籍出版社，2018年12月 图版p.228

Db.t.1102 十万颂般若波罗蜜多经

马德、勘措吉主编，甘肃省文物局、敦煌研究院编纂 甘肃藏敦煌藏文文献⑥敦煌市博物馆卷，上海：上海古籍出版社，2018年12月 图版p.229

Db.t.1103 十万颂般若波罗蜜多经

张延清著 吐蕃敦煌抄经研究 北京：民族出版社，2016年11月 p.276

马德、勘措吉主编，甘肃省文物局、敦煌研究院编纂 甘肃藏敦煌藏文文献⑥敦煌市博物馆卷，上海：上海古籍出版社，2018年12月 图版p.230

Db.t.1104 题记[①]

马德 敦煌遗书的再度流失与陆续面世《敦煌学辑刊》2015年第3期 p.30

张延清著 吐蕃敦煌抄经研究[②] 北京：民族出版社，2016年11月 p.93~94、287、354

马德、勘措吉主编，甘肃省文物局、敦煌研究院编纂 甘肃藏敦煌藏文文献⑥敦煌市博物馆卷，上海：上海古籍出版社，2018年12月 图版p.231

Db.t.1105 题记[③]

赵青山 吐蕃占领敦煌时期写经道场相关问题考述《藏学学刊》第11辑，北京：中国藏学出版社，2014年12月 p.34

马德、勘措吉主编，甘肃省文物局、敦煌研究院编纂 甘肃藏敦煌藏文文献⑥敦煌市博物馆卷，上海：上海古籍出版社，2018年12月 图版p.232

Db.t.1106 题记[④]

马德、勘措吉主编，甘肃省文物局、敦煌研究院编纂 甘肃藏敦煌藏文文献⑥敦煌市博物馆卷，上海：上海古籍出版社，2018年12月 图版p.233

---

①该文献《甘肃藏敦煌藏文文献叙录》原定名作"十万颂般若波罗蜜多经"。《甘肃藏敦煌藏文文献》⑥敦煌市博物馆卷重新校订名称作"题记"。

②张延清《吐蕃敦煌抄经研究》附录第354页"198.洪晉Dd.t.0346、0411、0412、0524、0545、0875、1067、1104、1125、1127、1129、1145、1223、1244、1302、1319、1330、1332、1356、1604"把"敦煌市博物馆藏敦煌藏文文献"与"敦煌市档案馆藏敦煌藏文文献"混淆使用了。敦煌市档案馆藏敦煌藏文文献仅存12个编号。经核查，洪晉校卷出现在敦煌市档案馆藏敦煌藏文文献Dd.t.01和敦煌市博物馆藏敦煌藏文文献Db.t.0346、0411、0412、0524、0545、0875、1067、1104、1125、1127、1129、1145、1223、1244、1302、1319、1330、1332、1356、1604等卷号中。

③该文献《甘肃藏敦煌藏文文献叙录》原定名作"十万颂般若波罗蜜多经"。《甘肃藏敦煌藏文文献》⑥敦煌市博物馆卷重新校订名称作"题记"。

④该文献《甘肃藏敦煌藏文文献叙录》原定名作"十万颂般若波罗蜜多经"。《甘肃藏敦煌藏文文献》⑥敦煌市博物馆卷重新校订名称作"题记"。

Db.t.1107 十万颂般若波罗蜜多经

马德、勘措吉主编，甘肃省文物局、敦煌研究院编纂 甘肃藏敦煌藏文文献⑥敦煌市博物馆卷，上海：上海古籍出版社，2018年12月 图版p.234~235

Db.t.1108 薄伽梵母十万颂般若波罗蜜多经之总括讽颂会

马德、勘措吉主编，甘肃省文物局、敦煌研究院编纂 甘肃藏敦煌藏文文献⑥敦煌市博物馆卷，上海：上海古籍出版社，2018年12月 图版p.236

Db.t.1109 十万颂般若波罗蜜多经

马德、勘措吉主编，甘肃省文物局、敦煌研究院编纂 甘肃藏敦煌藏文文献⑥敦煌市博物馆卷，上海：上海古籍出版社，2018年12月 图版p.237~241

Db.t.1110 十万颂般若波罗蜜多经第三卷第六十九品

马德、勘措吉主编，甘肃省文物局、敦煌研究院编纂 甘肃藏敦煌藏文文献⑥敦煌市博物馆卷，上海：上海古籍出版社，2018年12月 图版p.242

Db.t.1111 十万颂般若波罗蜜多经第一卷第二品

马德、勘措吉主编，甘肃省文物局、敦煌研究院编纂 甘肃藏敦煌藏文文献⑥敦煌市博物馆卷，上海：上海古籍出版社，2018年12月 图版p.243

Db.t.1112 十万颂般若波罗蜜多经

马德、勘措吉主编，甘肃省文物局、敦煌研究院编纂 甘肃藏敦煌藏文文献⑥敦煌市博物馆卷，上海：上海古籍出版社，2018年12月 图版p.244~251

Db.t.1113 十万颂般若波罗蜜多经

马德、勘措吉主编，甘肃省文物局、敦煌研究院编纂 甘肃藏敦煌藏文文献⑥敦煌市博物馆卷，上海：上海古籍出版社，2018年12月 图版p.252~255

Db.t.1114 十万颂般若波罗蜜多经

张延清著 吐蕃敦煌抄经研究 北京：民族出版社，2016年11月 p.305、329、334、349、355

马德、勘措吉主编，甘肃省文物局、敦煌研究院编纂 甘肃藏敦煌藏文文献⑥敦煌市博物馆卷，上海：上海古籍出版社，2018年12月 图版p.256~261

Db.t.1115 十万颂般若波罗蜜多经

马德、勘措吉主编，甘肃省文物局、敦煌研究院编纂 甘肃藏敦煌藏文文献⑥敦煌市博物馆卷，上海：上海古籍出版社，2018年12月 图版p.262~265

Db.t.1116 十万颂般若波罗蜜多经第一卷第五品

张延清 翻译家校阅大师法成及其校经目录《敦煌学辑刊》2008年第3期 p.83；收入德吉卓玛编《吐蕃佛教史研究论文集》，北京：中国藏学出版社，2015年4月 p.635~636

张延清 吐蕃敦煌抄经坊《敦煌学辑刊》2011年第3期 p.50~51；收入中央文史研究馆、敦煌研究院、香港大学饶宗颐学术馆编《庆贺饶宗颐先生九十五华诞敦煌学国际学术研讨会论文集》，北京：中华书局，2012年12月 p.558~559

张延清著 吐蕃敦煌抄经研究 北京：民族出版社，2016年11月 p.85、140、319、331、332、342

马德、勘措吉主编，甘肃省文物局、敦煌研究院编纂 甘肃藏敦煌藏文文献⑥敦煌市博物馆卷，上海：上海古籍出版社，2018年12月 图版p.266~273

札平 敦煌古藏文文献中的佛教神话原型研究——以《贤愚姻缘经》为例 兰州：西北民族大学硕士研究生学位论文，2011年6月 p.12

Db.t.1117 十万颂般若波罗蜜多经第一卷第六品

马德、勘措吉主编，甘肃省文物局、敦煌研究院编纂 甘肃藏敦煌藏文文献⑥敦煌市博物馆卷，上海：上海古籍出版社，2018年12月 图版p.274~281

Db.t.1118 十万颂般若波罗蜜多经

张延清 甘藏吐蕃钵阐布敦煌校经题记《敦煌学辑刊》2010年第1期 p.32

张延清著 吐蕃敦煌抄经研究 北京：民族出版社，2016年11月 p.69、282、328、340、341、355

马德、勘措吉主编，甘肃省文物局、敦煌研究院编纂 甘肃藏敦煌藏文文献⑥敦煌市博物馆卷，上海：上海古籍出版社，2018年12月 图版p.282

Db.t.1119 十万颂般若波罗蜜多经第一卷第七品

张延清著 吐蕃敦煌抄经研究 北京：民族出版社，2016年11月 p.282、332、347、355、356

马德、勘措吉主编，甘肃省文物局、敦煌研究院编纂 甘肃藏敦煌藏文文献⑥敦煌市博物馆卷，上海：上海古籍出版社，2018年12月 图版p.283~289

Db.t.1120 十万颂般若波罗蜜多经第一卷第八品

张延清 简析敦煌古藏文经卷的抄写年代《敦煌研究》2007年第2期 p.91；收入郑炳林、樊锦诗、杨富学主编《敦煌佛教与禅宗学术讨论会文集》，西安：三秦出版社，2007年7月 p.519

张延清 甘藏吐蕃钵阐布敦煌校经题记《敦煌学辑刊》2010年第1期 p.32

张延清著 吐蕃敦煌抄经研究 北京：民族出版社，2016年11月 p.69、282、328、340、341、355

马德、勘措吉主编，甘肃省文物局、敦煌研究院编纂 甘肃藏敦煌藏文文献⑥敦煌市博物馆卷，上海：上海古籍出版社，2018年12月 图版p.290~297

Db.t.1121 十万颂般若波罗蜜多经第一卷第九品

马德、勘措吉主编，甘肃省文物局、敦煌研究院编纂 甘肃藏敦煌藏文文献⑥敦煌市博物馆卷，上海：上海古籍出版社，2018年12月 图版p.298~300

Db.t.1122 十万颂般若波罗蜜多经第一卷第十一品

马德 敦煌吐蕃文献新论《转型期的敦煌学》，上海：上海古籍出版社，2007年11月 p.558

张延清 翻译家校阅大师法成及其校经目录《敦煌学辑刊》2008年第3期 p.84；收入德吉卓玛编《吐蕃佛教史研究论文集》，北京：中国藏学出版社，2015年4月 p.636

张延清 吐蕃敦煌抄经坊《敦煌学辑刊》2011年第3期 p.51；收入中央文史研究馆、敦煌研究院、香港大学饶宗颐学术馆编《庆贺饶宗颐先生九十五华诞敦煌学国际学术研讨会论文集》，北京：中华书局，2012年12月 p.559

张延清著 吐蕃敦煌抄经研究 北京：民族出版社，2016年11月 p.85~86、140、280、331、332、344

马德、勘措吉主编，甘肃省文物局、敦煌研究院编纂 甘肃藏敦煌藏文文献⑥敦煌市博物馆卷，上海：上海古籍出版社，2018年12月 图版p.301~308

札平 敦煌古藏文文献中的佛教神话原型研究——以《贤愚姻缘经》为例 兰州：西北民族大学硕士研究生学位论文，2011年6月 p.12

Db.t.1123 十万颂般若波罗蜜多经第一卷第九、十品

张延清著 吐蕃敦煌抄经研究 北京：民族出版社，2016年11月 p.315、334、349

马德、勘措吉主编，甘肃省文物局、敦煌研究院编纂 甘肃藏敦煌藏文文献⑥敦煌市博物馆卷，上海：上海古籍出版社，2018年12月 图版p.309~312

Db.t.1124 十万颂般若波罗蜜多经第一卷第十品

张延清著 吐蕃敦煌抄经研究 北京：民族出版社，2016年11月 p.315、329、334、349

马德、勘措吉主编，甘肃省文物局、敦煌研究院编纂 甘肃藏敦煌藏文文献⑥敦煌市博物馆卷，上海：上海古籍出版社，2018年12月 图版p.313~316

Db.t.1125（原收藏号1125）十万颂般若波罗蜜多经第一卷第十二品

张延清 张议潮与吐蕃文化《敦煌研究》2005年第3期 p.90；p.91（附表：张议潮藏文题记简表）

马德 敦煌吐蕃文献新论《转型期的敦煌学》,上海:上海古籍出版社,2007年11月 p.558

张延清 翻译家校阅大师法成及其校经目录《敦煌学辑刊》2008年第3期 p.81、84;收入德吉卓玛编《吐蕃佛教史研究论文集》,北京:中国藏学出版社,2015年4月 p.632、636

沙武田 吐蕃对敦煌石窟影响再探——吐蕃因素影响下的归义军首任节度使张议潮功德窟《藏学学刊》第9辑,北京:中国藏学出版社,2014年6月 p.56

张延清著 吐蕃敦煌抄经研究① 北京:民族出版社,2016年11月 p.95、140、151、196、206、286、331、332、342、354

马德、勘措吉主编,甘肃省文物局、敦煌研究院编纂 甘肃藏敦煌藏文文献⑥敦煌市博物馆卷,上海:上海古籍出版社,2018年12月 图版p.317~325

札平 敦煌古藏文文献中的佛教神话原型研究——以《贤愚姻缘经》为例 兰州:西北民族大学硕士研究生学位论文,2011年6月 p.12

Db.t.1126 十万颂般若波罗蜜多经第一卷第十三品

马德 敦煌吐蕃文献新论《转型期的敦煌学》,上海:上海古籍出版社,2007年11月 p.558

张延清 翻译家校阅大师法成及其校经目录《敦煌学辑刊》2008年第3期 p.84;收入德吉卓玛编《吐蕃佛教史研究论文集》,北京:中国藏学出版社,2015年4月 p.636~637

张延清 吐蕃敦煌抄经坊《敦煌学辑刊》2011年第3期 p.51;收入中央文史研究馆、敦煌研究院、香港大学饶宗颐学术馆编《庆贺饶宗颐先生九十五华诞敦煌学国际学术研讨会论文集》,北京:中华书局,2012年12月 p.559

张延清著 吐蕃敦煌抄经研究 北京:民族出版社,2016年11月 p.86、140、298、331、332~333、342

马德、勘措吉主编,甘肃省文物局、敦煌研究院编纂 甘肃藏敦煌藏文文献⑥敦煌市博物馆卷,上海:上海古籍出版社,2018年12月 图版p.326~332

札平 敦煌古藏文文献中的佛教神话原型研究——以《贤愚姻缘经》为例 兰州:西北民族大学硕士研究生学位论文,2011年6月 p.12

Db.t.1127 十万颂般若波罗蜜多经第一卷第十四品

张延清著 吐蕃敦煌抄经研究② 北京:民族出版社,2016年11月 p.305、344、346、354

---

①张延清《吐蕃敦煌抄经研究》附录第354页"198.洪탑"Dd. t.0346、0411、0412、0524、0545、0875、1067、1104、1125、1127、1129、1145、1223、1244、1302、1319、1330、1332、1356、1604把"敦煌市博物馆藏敦煌藏文文献"与"敦煌市档案馆藏敦煌藏文文献"混淆使用了。敦煌市档案馆藏敦煌藏文文献仅存12个编号。经核查,洪䛒校卷出现在敦煌市档案馆藏敦煌藏文文献Dd.t.01和敦煌市博物馆藏敦煌藏文文献Db.t.0346、0411、0412、0524、0545、0875、1067、1104、1125、1127、1129、1145、1223、1244、1302、1319、1330、1332、1356、1604等卷号中。

②张延清《吐蕃敦煌抄经研究》附录第354页"198.洪䛒"Dd.t.0346、0411、0412、0524、0545、0875、1067、1104、1125、1127、1129、1145、1223、1244、1302、1319、1330、1332、1356、1604把"敦煌市博物馆藏敦煌藏文文献"与"敦煌市档案馆藏敦煌藏文文献"混淆使用了。敦煌市档案馆藏敦煌藏文文献仅存12个编号。经核查,洪䛒校卷出现在敦煌市档案馆藏敦煌藏文文献Dd.t.01和敦煌市博物馆藏敦煌藏文文献Db.t.0346、0411、0412、0524、0545、0875、1067、1104、1125、1127、1129、1145、1223、1244、1302、1319、1330、1332、1356、1604等卷号中。

马德、勘措吉主编，甘肃省文物局、敦煌研究院编纂 甘肃藏敦煌藏文文献⑥敦煌市博物馆卷，上海：上海古籍出版社，2018年12月 图版p.333~339

Db.t.1128 十万颂般若波罗蜜多经第一卷第十五品

张延清著 吐蕃敦煌抄经研究 北京：民族出版社，2016年11月 p.285~286、343、345~346、356

马德、勘措吉主编，甘肃省文物局、敦煌研究院编纂 甘肃藏敦煌藏文文献⑥敦煌市博物馆卷，上海：上海古籍出版社，2018年12月 图版p.340~346

Db.t.1129 十万颂般若波罗蜜多经第一卷第十六品

张延清著 吐蕃敦煌抄经研究[①] 北京：民族出版社，2016年11月 p.277、342、346、354

马德、勘措吉主编，甘肃省文物局、敦煌研究院编纂 甘肃藏敦煌藏文文献⑥敦煌市博物馆卷，上海：上海古籍出版社，2018年12月 图版p.347~354

Db.t.1130 十万颂般若波罗蜜多经第一卷第十七品

张延清 翻译家校阅大师法成及其校经目录《敦煌学辑刊》2008年第3期 p.84~85；收入德吉卓玛编《吐蕃佛教史研究论文集》，北京：中国藏学出版社，2015年4月 p.637

张延清著 吐蕃敦煌抄经研究 北京：民族出版社，2016年11月 p.140、295、331、332~333、344

马德、勘措吉主编，甘肃省文物局、敦煌研究院编纂 甘肃藏敦煌藏文文献⑥敦煌市博物馆卷，上海：上海古籍出版社，2018年12月 图版p.355~362

札平 敦煌古藏文文献中的佛教神话原型研究——以《贤愚姻缘经》为例 兰州：西北民族大学硕士研究生学位论文，2011年6月 p.12

Db.t.1131 十万颂般若波罗蜜多经第一卷第十八品

马德、勘措吉主编，甘肃省文物局、敦煌研究院编纂 甘肃藏敦煌藏文文献⑦敦煌市博物馆卷，上海：上海古籍出版社，2019年3月 图版p.1~7

Db.t.1132 十万颂般若波罗蜜多经第一卷第十九品

马德、勘措吉主编，甘肃省文物局、敦煌研究院编纂 甘肃藏敦煌藏文文献⑦敦煌市博物馆卷，上海：上海古籍出版社，2019年3月 图版p.8~10

---

①张延清《吐蕃敦煌抄经研究》附录第354页“198.洪訔”Dd.t.0346、0411、0412、0524、0545、0875、1067、1104、1125、1127、1129、1145、1223、1244、1302、1319、1330、1332、1356、1604把“敦煌市博物馆藏敦煌藏文文献”与“敦煌市档案馆藏敦煌藏文文献”混淆使用了。敦煌市档案馆藏敦煌藏文文献仅存12个编号。经核查，洪訔校卷出现在敦煌市档案馆藏敦煌藏文文献Dd.t.01和敦煌市博物馆藏敦煌藏文文献Db.t.0346、0411、0412、0524、0545、0875、1067、1104、1125、1127、1129、1145、1223、1244、1302、1319、1330、1332、1356、1604等卷号中。

Db.t.1133 十万颂般若波罗蜜多经

马德、勘措吉主编，甘肃省文物局、敦煌研究院编纂 甘肃藏敦煌藏文文献⑦敦煌市博物馆卷，上海：上海古籍出版社，2019年3月 图版p.11~13

Db.t.1134 十万颂般若波罗蜜多经第一卷第三十一、三十二、三十三、三十四品

张延清著 吐蕃敦煌抄经研究 北京：民族出版社，2016年11月 p.284~325

马德、勘措吉主编，甘肃省文物局、敦煌研究院编纂 甘肃藏敦煌藏文文献⑦敦煌市博物馆卷，上海：上海古籍出版社，2019年3月 图版p.14~33

Db.t.1135 十万颂般若波罗蜜多经第一卷第三十四、三十五品

马德、勘措吉主编，甘肃省文物局、敦煌研究院编纂 甘肃藏敦煌藏文文献⑦敦煌市博物馆卷，上海：上海古籍出版社，2019年3月 图版p.34~45

Db.t.1136 十万颂般若波罗蜜多经第一卷第四十一品

张延清著 吐蕃敦煌抄经研究 北京：民族出版社，2016年11月 p.284

马德、勘措吉主编，甘肃省文物局、敦煌研究院编纂 甘肃藏敦煌藏文文献⑦敦煌市博物馆卷，上海：上海古籍出版社，2019年3月 图版p.46~52

Db.t.1137 十万颂般若波罗蜜多经第一卷第四十二品

马德、勘措吉主编，甘肃省文物局、敦煌研究院编纂 甘肃藏敦煌藏文文献⑦敦煌市博物馆卷，上海：上海古籍出版社，2019年3月 图版p.53~56

Db.t.1138 十万颂般若波罗蜜多经

马德、勘措吉主编，甘肃省文物局、敦煌研究院编 甘肃藏敦煌藏文文献⑦敦煌市博物馆卷，上海：上海古籍出版社，2019年3月 图版p.57~60

Db.t.1139 十万颂般若波罗蜜多经第一卷第四十三品

张延清著 吐蕃敦煌抄经研究 北京：民族出版社，2016年11月 p.284

马德、勘措吉主编，甘肃省文物局、敦煌研究院编纂 甘肃藏敦煌藏文文献⑦敦煌市博物馆卷，上海：上海古籍出版社，2019年3月 图版p.61~67

Db.t.1140 十万颂般若波罗蜜多经第一卷第二十七品

张延清著 吐蕃敦煌抄经研究 北京：民族出版社，2016年11月 p.283、331、355、356

马德、勘措吉主编，甘肃省文物局、敦煌研究院编纂 甘肃藏敦煌藏文文献⑦敦煌市博物馆卷，上海：上

海古籍出版社，2019年3月 图版p.68~74

Db.t.1141 十万颂般若波罗蜜多经第一卷第二十八品

张延清著 吐蕃敦煌抄经研究 北京：民族出版社，2016年11月 p.283、331、355、356

马德、勘措吉主编，甘肃省文物局、敦煌研究院编纂 甘肃藏敦煌藏文文献⑦敦煌市博物馆卷，上海：上海古籍出版社，2019年3月 图版p.75~80

Db.t.1142 十万颂般若波罗蜜多经第一卷第二十九品

马德、勘措吉主编，甘肃省文物局、敦煌研究院编纂 甘肃藏敦煌藏文文献⑦敦煌市博物馆卷，上海：上海古籍出版社，2019年3月 图版p.81~84

Db.t.1143 十万颂般若波罗蜜多经第一卷第三十品

张延清 翻译家校阅大师法成及其校经目录《敦煌学辑刊》2008年第3期 p.85；收入德吉卓玛编《吐蕃佛教史研究论文集》，北京：中国藏学出版社，2015年4月 p.637~638

马德、勘措吉主编，甘肃省文物局、敦煌研究院编纂 甘肃藏敦煌藏文文献⑦敦煌市博物馆卷，上海：上海古籍出版社，2019年3月 图版p.85~86

札平 敦煌古藏文文献中的佛教神话原型研究——以《贤愚姻缘经》为例 兰州：西北民族大学硕士研究生学位论文，2011年6月 p.12

Db.t.1144 十万颂般若波罗蜜多经①

张延清 翻译家校阅大师法成及其校经目录《敦煌学辑刊》2008年第3期 p.85；收入德吉卓玛编《吐蕃佛教史研究论文集》，北京：中国藏学出版社，2015年4月 p.638

马德主编，张延清、勘措吉、邰惠莉编写 敦煌市博物馆藏敦煌藏文文献《甘肃藏敦煌藏文文献叙录》，兰州：甘肃民族出版社，2011年9月 p.327

张延清著 吐蕃敦煌抄经研究 北京：民族出版社，2016年11月 p.140、304、331、332~333、342

马德、勘措吉主编，甘肃省文物局、敦煌研究院编纂 甘肃藏敦煌藏文文献⑦敦煌市博物馆卷，上海：上海古籍出版社，2019年3月 图版p.87~90

札平 敦煌古藏文文献中的佛教神话原型研究——以《贤愚姻缘经》为例 兰州：西北民族大学硕士研究生学位论文，2011年6月 p.12

①该文献《甘肃藏敦煌藏文文献叙录》及张延清《吐蕃敦煌抄经研究》等著述均题作“十万颂般若波罗蜜多经第一卷第三十品”。《甘肃藏敦煌藏文文献》⑦敦煌市博物馆卷图录重新校定名称作“十万颂般若波罗蜜多经”。

Db.t.1145 十万颂般若波罗蜜多经第一卷第三十一品

马德 西藏发现的《喇蚌经》为敦煌写经《敦煌研究》2009年第5期 p.81

张延清 浅议西藏卓卡寺藏经与敦煌《大般若经》的关系《西藏研究》2010年第1期 p.39、42

勘措吉 从哲蚌寺藏《蜊蚌经》谈敦煌藏文写经誊抄年代《敦煌研究》2018年第4期 p.103

张延清著 吐蕃敦煌抄经研究① 北京:民族出版社,2016年11月 p.221、224;p.290~291、331、342、354

马德、勘措吉主编,甘肃省文物局、敦煌研究院编纂 甘肃藏敦煌藏文文献⑦敦煌市博物馆卷,上海:上海古籍出版社,2019年3月 图版p.91~97

Db.t.1146 十万颂般若波罗蜜多经第一卷第三十一、三十二、三十三品

张延清著 吐蕃敦煌抄经研究 北京:民族出版社,2016年11月 p.156~157、284、327、336、354、356、357

马德、勘措吉主编,甘肃省文物局、敦煌研究院编纂 甘肃藏敦煌藏文文献⑦敦煌市博物馆卷,上海:上海古籍出版社,2019年3月 图版p.98~108

Db.t.1147 十万颂般若波罗蜜多经第一卷第三十四品

张延清著 吐蕃敦煌抄经研究 北京:民族出版社,2016年11月 p.284、327、336、354

马德、勘措吉主编,甘肃省文物局、敦煌研究院编纂 甘肃藏敦煌藏文文献⑦敦煌市博物馆卷,上海:上海古籍出版社,2019年3月 图版p.109~114

Db.t.1148 十万颂般若波罗蜜多经第一卷第三十五品

马德、勘措吉主编,甘肃省文物局、敦煌研究院编纂 甘肃藏敦煌藏文文献⑦敦煌市博物馆卷,上海:上海古籍出版社,2019年3月 图版p.115~116

Db.t.1149 十万颂般若波罗蜜多经

张延清著 吐蕃敦煌抄经研究 北京:民族出版社,2016年11月 p.283、332、340、347、356

马德、勘措吉主编,甘肃省文物局、敦煌研究院编纂 甘肃藏敦煌藏文文献⑦敦煌市博物馆卷,上海:上海古籍出版社,2019年3月 图版p.117~120

Db.t.1150 十万颂般若波罗蜜多经第一卷第三十六、三十七、三十八品

张延清 甘藏吐蕃钵阐布敦煌校经题记《敦煌学辑刊》2010年第1期 p.32

---

①张延清《吐蕃敦煌抄经研究》附录第354页"198.洪晉"Dd.t.0346、0411、0412、0524、0545、0875、1067、1104、1125、1127、1129、1145、1223、1244、1302、1319、1330、1332、1356、1604把"敦煌市博物馆藏敦煌藏文文献"与"敦煌市档案馆藏敦煌藏文文献"混淆使用了。敦煌市档案馆藏敦煌藏文文献仅存12个编号。经核查,洪晉校卷出现在敦煌市档案馆藏敦煌藏文文献Dd.t.01和敦煌市博物馆藏敦煌藏文文献Db.t.0346、0411、0412、0524、0545、0875、1067、1104、1125、1127、1129、1145、1223、1244、1302、1319、1330、1332、1356、1604等卷号中。

张延清著 吐蕃敦煌抄经研究 北京：民族出版社，2016年11月 p.69、328、332、340、341、355

马德、勘措吉主编，甘肃省文物局、敦煌研究院编纂 甘肃藏敦煌藏文文献⑦敦煌市博物馆卷，上海：上海古籍出版社，2019年3月 图版p.121~133

Db.t.1150–1 十万颂般若波罗蜜多经第一卷第三十六品

张延清 甘藏吐蕃钵阐布敦煌校经题记《敦煌学辑刊》2010年第1期 p.33

Db.t.1150–2 十万颂般若波罗蜜多经第一卷第三十七品

张延清 甘藏吐蕃钵阐布敦煌校经题记《敦煌学辑刊》2010年第1期 p.33

张延清著 吐蕃敦煌抄经研究 北京：民族出版社，2016年11月 p.96

Db.t.1150–3 十万颂般若波罗蜜多经第一卷第三十八品

张延清 甘藏吐蕃钵阐布敦煌校经题记《敦煌学辑刊》2010年第1期 p.33

Db.t.1151 十万颂般若波罗蜜多经第一卷第三十七、三十八品

张延清著 吐蕃敦煌抄经研究 北京：民族出版社，2016年11月 p.277、327、356、357

马德、勘措吉主编，甘肃省文物局、敦煌研究院编纂 甘肃藏敦煌藏文文献⑦敦煌市博物馆卷，上海：上海古籍出版社，2019年3月 图版p.134~137

Db.t.1152 十万颂般若波罗蜜多经

张延清 甘藏吐蕃钵阐布敦煌校经题记《敦煌学辑刊》2010年第1期 p.33

张延清著 吐蕃敦煌抄经研究 北京：民族出版社，2016年11月 p.69、332、336、341、355

马德、勘措吉主编，甘肃省文物局、敦煌研究院编纂 甘肃藏敦煌藏文文献⑦敦煌市博物馆卷，上海：上海古籍出版社，2019年3月 图版p.138~139

Db.t.1153 十万颂般若波罗蜜多经

马德、勘措吉主编，甘肃省文物局、敦煌研究院编纂 甘肃藏敦煌藏文文献⑦敦煌市博物馆卷，上海：上海古籍出版社，2019年3月 图版p.140

Db.t.1154 十万颂般若波罗蜜多经第一卷第三十八品

马德、勘措吉主编，甘肃省文物局、敦煌研究院编纂 甘肃藏敦煌藏文文献⑦敦煌市博物馆卷，上海：上海古籍出版社，2019年3月 图版p.141

Db.t.1155 十万颂般若波罗蜜多经第一卷第三十九品

马德、勘措吉主编，甘肃省文物局、敦煌研究院编纂 甘肃藏敦煌藏文文献⑦敦煌市博物馆卷，上海：上海古籍出版社，2019年3月 图版p.142~144

Db.t.1156 十万颂般若波罗蜜多经第一卷第三十八品

张延清著 吐蕃敦煌抄经研究 北京：民族出版社，2016年11月 p.288、354

马德、勘措吉主编，甘肃省文物局、敦煌研究院编纂 甘肃藏敦煌藏文文献⑦敦煌市博物馆卷，上海：上海古籍出版社，2019年3月 图版p.145~152

Db.t.1157 十万颂般若波罗蜜多经第一卷第三十九品

张延清著 吐蕃敦煌抄经研究 北京：民族出版社，2016年11月 p.288、335

马德、勘措吉主编，甘肃省文物局、敦煌研究院编纂 甘肃藏敦煌藏文文献⑦敦煌市博物馆卷，上海：上海古籍出版社，2019年3月 图版p.153~161

Db.t.1158 十万颂般若波罗蜜多经第一卷第四十品

张延清著 吐蕃敦煌抄经研究 北京：民族出版社，2016年11月 p.288、335

马德、勘措吉主编，甘肃省文物局、敦煌研究院编纂 甘肃藏敦煌藏文文献⑦敦煌市博物馆卷，上海：上海古籍出版社，2019年3月 图版p.162~169

Db.t.1159 十万颂般若波罗蜜多经第一卷第四十一品

张延清著 吐蕃敦煌抄经研究 北京：民族出版社，2016年11月 p.322、335

马德、勘措吉主编，甘肃省文物局、敦煌研究院编纂 甘肃藏敦煌藏文文献⑦敦煌市博物馆卷，上海：上海古籍出版社，2019年3月 图版p.170~177

Db.t.1160 十万颂般若波罗蜜多经第一卷第四十二、四十三、四十四品

张延清著 吐蕃敦煌抄经研究 北京：民族出版社，2016年11月 p.322、335、354

马德、勘措吉主编，甘肃省文物局、敦煌研究院编纂 甘肃藏敦煌藏文文献⑦敦煌市博物馆卷，上海：上海古籍出版社，2019年3月 图版p.178~193

Db.t.1161 十万颂般若波罗蜜多经

张延清著 吐蕃敦煌抄经研究 北京：民族出版社，2016年11月 p.284、327、356、357

马德、勘措吉主编，甘肃省文物局、敦煌研究院编纂 甘肃藏敦煌藏文文献⑦敦煌市博物馆卷，上海：上海古籍出版社，2019年3月 图版p.194~201

Db.t.1162 十万颂般若波罗蜜多经第一卷第四十七、四十八品

张延清著 吐蕃敦煌抄经研究 北京:民族出版社,2016年11月 p.284、327、336、354、356、357

马德、勘措吉主编,甘肃省文物局、敦煌研究院编纂 甘肃藏敦煌藏文文献⑦敦煌市博物馆卷,上海:上海古籍出版社,2019年3月 图版p.202~215

Db.t.1163 十万颂般若波罗蜜多经第一卷第四十九品

张延清著 吐蕃敦煌抄经研究 北京:民族出版社,2016年11月 p.284、327、336、354

马德、勘措吉主编,甘肃省文物局、敦煌研究院编纂 甘肃藏敦煌藏文文献⑦敦煌市博物馆卷,上海:上海古籍出版社,2019年3月 图版p.216~221

Db.t.1164 十万颂般若波罗蜜多经第一卷第五十品

张延清著 吐蕃敦煌抄经研究 北京:民族出版社,2016年11月 p.320、328、333、347、356

马德、勘措吉主编,甘肃省文物局、敦煌研究院编纂 甘肃藏敦煌藏文文献⑦敦煌市博物馆卷,上海:上海古籍出版社,2019年3月 图版p.222~228

Db.t.1165 十万颂般若波罗蜜多经第一卷第五十二品

马德、勘措吉主编,甘肃省文物局、敦煌研究院编纂 甘肃藏敦煌藏文文献⑦敦煌市博物馆卷,上海:上海古籍出版社,2019年3月 图版p.229~233

Db.t.1166 十万颂般若波罗蜜多经第一卷第五十三品

张延清著 吐蕃敦煌抄经研究 北京:民族出版社,2016年11月 p.320、332、333、356

马德、勘措吉主编,甘肃省文物局、敦煌研究院编纂 甘肃藏敦煌藏文文献⑦敦煌市博物馆卷,上海:上海古籍出版社,2019年3月 图版p.234~240

Db.t.1167 十万颂般若波罗蜜多经第一卷第五十四品

马德、勘措吉主编,甘肃省文物局、敦煌研究院编纂 甘肃藏敦煌藏文文献⑦敦煌市博物馆卷,上海:上海古籍出版社,2019年3月 图版p.241

Db.t.1168 十万颂般若波罗蜜多经第一卷第五十四、五十五品

马德 敦煌吐蕃文献新论《转型期的敦煌学》,上海:上海古籍出版社,2007年11月 p.557

张延清 甘藏吐蕃钵阐布敦煌校经题记《敦煌学辑刊》2010年第1期 p.33~34

张延清著 吐蕃敦煌抄经研究 北京:民族出版社,2016年11月 p.69、320、328、333、340、341、355

马德、勘措吉主编,甘肃省文物局、敦煌研究院编纂 甘肃藏敦煌藏文文献⑦敦煌市博物馆卷,上海:上海古籍出版社,2019年3月 图版p.242~252

Db.t.1169 十万颂般若波罗蜜多经第一卷第五十六、五十七品

马德 敦煌吐蕃文献新论《转型期的敦煌学》,上海:上海古籍出版社,2007年11月 p.557

张延清 甘藏吐蕃钵阐布敦煌校经题记《敦煌学辑刊》2010年第1期 p.34

张延清著 吐蕃敦煌抄经研究 北京:民族出版社,2016年11月 p.69、305、328、340、341、355

马德、勘措吉主编,甘肃省文物局、敦煌研究院编纂 甘肃藏敦煌藏文文献⑦敦煌市博物馆卷,上海:上海古籍出版社,2019年3月 图版p.253~264

Db.t.1169-1 十万颂般若波罗蜜多经第一卷第五十六品

张延清 甘藏吐蕃钵阐布敦煌校经题记《敦煌学辑刊》2010年第1期 p.34

Db.t.1169-2 十万颂般若波罗蜜多经第一卷第五十七品

张延清、谢尔萨 敦煌藏文写经生结构分析《丝绸之路民族古文字与文化学术讨论会文集》(上),西安:三秦出版社,2007年7月 p.119;p.124(附表二)

张延清 甘藏吐蕃钵阐布敦煌校经题记《敦煌学辑刊》2010年第1期 p.34~35

Db.t.1170 十万颂般若波罗蜜多经第一卷第五十八品

马德 敦煌吐蕃文献新论《转型期的敦煌学》,上海:上海古籍出版社,2007年11月 p.557

张延清 甘藏吐蕃钵阐布敦煌校经题记《敦煌学辑刊》2010年第1期 p.35

张延清著 吐蕃敦煌抄经研究 北京:民族出版社,2016年11月 p.69、305、328、340、341、355

马德、勘措吉主编,甘肃省文物局、敦煌研究院编纂 甘肃藏敦煌藏文文献⑦敦煌市博物馆卷,上海:上海古籍出版社,2019年3月 图版p.265~272

Db.t.1171 十万颂般若波罗蜜多经第一卷第五十九品

马德、勘措吉主编,甘肃省文物局、敦煌研究院编纂 甘肃藏敦煌藏文文献⑦敦煌市博物馆卷,上海:上海古籍出版社,2019年3月 图版p.273~278

Db.t.1172 十万颂般若波罗蜜多经

张延清著 吐蕃敦煌抄经研究 北京:民族出版社,2016年11月 p.293、350

马德、勘措吉主编,甘肃省文物局、敦煌研究院编纂 甘肃藏敦煌藏文文献⑦敦煌市博物馆卷,上海:上海古籍出版社,2019年3月 图版p.279~280

Db.t.1173 十万颂般若波罗蜜多经

张延清 甘藏吐蕃钵阐布敦煌校经题记《敦煌学辑刊》2010年第1期 p.35

张延清著 吐蕃敦煌抄经研究 北京:民族出版社,2016年11月 p.69、276、328、340、341、355

马德、勘措吉主编，甘肃省文物局、敦煌研究院编纂 甘肃藏敦煌藏文文献⑦敦煌市博物馆卷，上海：上海古籍出版社，2019年3月 图版p.281~288

Db.t.1174 十万颂般若波罗蜜多经第一卷第六十一品

马德、勘措吉主编，甘肃省文物局、敦煌研究院编纂 甘肃藏敦煌藏文文献⑦敦煌市博物馆卷，上海：上海古籍出版社，2019年3月 图版p.289~291

Db.t.1175 十万颂般若波罗蜜多经第一卷第六十一品、六十二品

马德 敦煌吐蕃文献新论《转型期的敦煌学》，上海：上海古籍出版社，2007年11月 p.557

张延清 吐蕃王妃贝吉昂楚及其敦煌校经题记《西藏民族学院学报》（哲学社会科学版）2009年第5期 p.30~31；收入德吉卓玛编《吐蕃佛教史研究论文集》，北京：中国藏学出版社，2015年4月 p.607~608

张延清著 吐蕃敦煌抄经研究 北京：民族出版社，2016年11月 p.298、331、340、347、355、356

马德、勘措吉主编，甘肃省文物局、敦煌研究院编纂 甘肃藏敦煌藏文文献⑦敦煌市博物馆卷，上海：上海古籍出版社，2019年3月 图版p.292~304

Db.t.1176 十万颂般若波罗蜜多经第一卷第六十三、六十四、六十五品

马德 敦煌吐蕃文献新论《转型期的敦煌学》，上海：上海古籍出版社，2007年11月 p.557

张延清 吐蕃王妃贝吉昂楚及其敦煌校经题记《西藏民族学院学报》（哲学社会科学版）2009年第5期 p.31；收入德吉卓玛编《吐蕃佛教史研究论文集》，北京：中国藏学出版社，2015年4月 p.608

张延清著 吐蕃敦煌抄经研究 北京：民族出版社，2016年11月 p.298、331、340、347、348、355、356

马德、勘措吉主编，甘肃省文物局、敦煌研究院编纂 甘肃藏敦煌藏文文献⑦敦煌市博物馆卷，上海：上海古籍出版社，2019年3月 图版p.305~325

Db.t.1177 十万颂般若波罗蜜多经第一卷第六十六、六十七、六十八、六十九品

马德 敦煌吐蕃文献新论《转型期的敦煌学》，上海：上海古籍出版社，2007年11月 p.557

张延清 吐蕃王妃贝吉昂楚及其敦煌校经题记《西藏民族学院学报》（哲学社会科学版）2009年第5期 p.31；收入德吉卓玛编《吐蕃佛教史研究论文集》，北京：中国藏学出版社，2015年4月 p.608~609

张延清著 吐蕃敦煌抄经研究 北京：民族出版社，2016年11月 p.277、331、340、347

马德、勘措吉主编，甘肃省文物局、敦煌研究院编纂 甘肃藏敦煌藏文文献⑦敦煌市博物馆卷，上海：上海古籍出版社，2019年3月 图版p.326~346

Db.t.1178 十万颂般若波罗蜜多经

张延清著 吐蕃敦煌抄经研究 北京：民族出版社，2016年11月 p.320、331、355、356

马德、勘措吉主编，甘肃省文物局、敦煌研究院编纂 甘肃藏敦煌藏文文献⑦敦煌市博物馆卷，上海：上

海古籍出版社,2019年3月 图版p.347~351

Db.t.1179 十万颂般若波罗蜜多经

张延清著 吐蕃敦煌抄经研究 北京:民族出版社,2016年11月 p.320、327、354、356

马德、勘措吉主编,甘肃省文物局、敦煌研究院编纂 甘肃藏敦煌藏文文献⑦敦煌市博物馆卷,上海:上海古籍出版社,2019年3月 图版p.352~356

Db.t.1180 十万颂般若波罗蜜多经第一卷第七十品

张延清著 吐蕃敦煌抄经研究 北京:民族出版社,2016年11月 p.320、327、336、357

马德、勘措吉主编,甘肃省文物局、敦煌研究院编纂 甘肃藏敦煌藏文文献⑧敦煌市博物馆卷,上海:上海古籍出版社,2019年3月 图版p.1~8

Db.t.1181 十万颂般若波罗蜜多经第一卷第七十一品

张延清著 吐蕃敦煌抄经研究 北京:民族出版社,2016年11月 p.323、327、356、357

马德、勘措吉主编,甘肃省文物局、敦煌研究院编纂 甘肃藏敦煌藏文文献⑧敦煌市博物馆卷,上海:上海古籍出版社,2019年3月 图版p.9~16

Db.t.1182 十万颂般若波罗蜜多经第一卷第七十二、七十三、七十四品

张延清著 吐蕃敦煌抄经研究 北京:民族出版社,2016年11月 p.323、327、329、336、354、356、357

马德、勘措吉主编,甘肃省文物局、敦煌研究院编纂 甘肃藏敦煌藏文文献⑧敦煌市博物馆卷,上海:上海古籍出版社,2019年3月 图版p.17~33

Db.t.1183 十万颂般若波罗蜜多经第一卷第七十五品

张延清著 吐蕃敦煌抄经研究 北京:民族出版社,2016年11月 p.323、350

马德、勘措吉主编,甘肃省文物局、敦煌研究院编纂 甘肃藏敦煌藏文文献⑧敦煌市博物馆卷,上海:上海古籍出版社,2019年3月 图版p.34~39

Db.t.1184 十万颂般若波罗蜜多经第一卷第七十四品

张延清著 吐蕃敦煌抄经研究 北京:民族出版社,2016年11月 p.131

马德、勘措吉主编,甘肃省文物局、敦煌研究院编纂 甘肃藏敦煌藏文文献⑧敦煌市博物馆卷,上海:上海古籍出版社,2019年3月 图版p.40~48

Db.t.1185 十万颂般若波罗蜜多经

马德、勘措吉主编,甘肃省文物局、敦煌研究院编纂 甘肃藏敦煌藏文文献⑧敦煌市博物馆卷,上海:上

海古籍出版社,2019年3月 图版p.49~52

Db.t.1186 十万颂般若波罗蜜多经

张延清著 吐蕃敦煌抄经研究 北京:民族出版社,2016年11月 p.323、350

马德、勘措吉主编,甘肃省文物局、敦煌研究院编纂 甘肃藏敦煌藏文文献⑧敦煌市博物馆卷,上海:上海古籍出版社,2019年3月 图版p.53

Db.t.1187 十万颂般若波罗蜜多经第一卷第四、五、六品[①]

张延清著 吐蕃敦煌抄经研究 北京:民族出版社,2016年11月 p.324、327、354、356

马德、勘措吉主编,甘肃省文物局、敦煌研究院编纂 甘肃藏敦煌藏文文献⑧敦煌市博物馆卷,上海:上海古籍出版社,2019年3月 图版p.54~84

Db.t.1188 十万颂般若波罗蜜多经第一卷第六品

马德、勘措吉主编,甘肃省文物局、敦煌研究院编纂 甘肃藏敦煌藏文文献⑧敦煌市博物馆卷,上海:上海古籍出版社,2019年3月 图版p.85~90

Db.t.1189 十万颂般若波罗蜜多经第一卷第八、九品

张延清著 吐蕃敦煌抄经研究 北京:民族出版社,2016年11月 p.320、350

马德、勘措吉主编,甘肃省文物局、敦煌研究院编纂 甘肃藏敦煌藏文文献⑧敦煌市博物馆卷,上海:上海古籍出版社,2019年3月 图版p.91~98

Db.t.1190 十万颂般若波罗蜜多经第一卷第九、十品[②]

马德主编,张延清、勘措吉、邰惠莉编写 敦煌市博物馆藏敦煌藏文文献《甘肃藏敦煌藏文文献叙录》,兰州:甘肃民族出版社,2011年9月 p.338

马德、勘措吉主编,甘肃省文物局、敦煌研究院编纂 甘肃藏敦煌藏文文献⑧敦煌市博物馆卷,上海:上海古籍出版社,2019年3月 图版p.99~100

Db.t.1191 十万颂般若波罗蜜多经[③]

马德主编,张延清、勘措吉、邰惠莉编写 敦煌市博物馆藏敦煌藏文文献《甘肃藏敦煌藏文文献叙录》,

---

①该文献《甘肃藏敦煌藏文文献叙录》及张延清著《吐蕃敦煌抄经研究》等原定名作“十万颂般若波罗蜜多经第一卷第四、五品”。《甘肃藏敦煌藏文文献》⑧敦煌市博物馆卷图录重新校定名称增加“第六品”。

②该文献《甘肃藏敦煌藏文文献叙录》原定名作“十万颂般若波罗蜜多经”。《甘肃藏敦煌藏文文献》⑧敦煌市博物馆卷图录重新校定名称作“十万颂般若波罗蜜多经第一卷第九、十品”。

③该文献《甘肃藏敦煌藏文文献叙录》原定名作“十万颂般若波罗蜜多经第一卷第十品”。《甘肃藏敦煌藏文文献》⑧敦煌市博物馆卷图录重新校定名称作“十万颂般若波罗蜜多经”。

兰州:甘肃民族出版社,2011年9月 p.338

马德、勘措吉主编,甘肃省文物局、敦煌研究院编纂 甘肃藏敦煌藏文文献⑧敦煌市博物馆卷,上海:上海古籍出版社,2019年3月 图版p.101

Db.t.1192 十万颂般若波罗蜜多经第一卷第十一品

赵青山 吐蕃占领敦煌时期写经道场相关问题考述《藏学学刊》第11辑,北京:中国藏学出版社,2014年12月 p.31

张延清著 吐蕃敦煌抄经研究 北京:民族出版社,2016年11月 p.287、336、337、339、341、343

马德、勘措吉主编,甘肃省文物局、敦煌研究院编纂 甘肃藏敦煌藏文文献⑧敦煌市博物馆卷,上海:上海古籍出版社,2019年3月 图版p.102~110

Db.t.1193 十万颂般若波罗蜜多经第一卷第十二品

张延清 吐蕃敦煌抄经坊《敦煌学辑刊》2011年第3期 p.52;收入中央文史研究馆、敦煌研究院、香港大学饶宗颐学术馆编《庆贺饶宗颐先生九十五华诞敦煌学国际学术研讨会论文集》,北京:中华书局,2012年12月 p.560

张延清著 吐蕃敦煌抄经研究 北京:民族出版社,2016年11月 p.89、317、336、339、341、345~346、352、356

马德、勘措吉主编,甘肃省文物局、敦煌研究院编纂 甘肃藏敦煌藏文文献⑧敦煌市博物馆卷,上海:上海古籍出版社,2019年3月 图版p.111~120

Db.t.1194 十万颂般若波罗蜜多经

张延清著 吐蕃敦煌抄经研究 北京:民族出版社,2016年11月 p.305、337、339、341、343、345~346、351

马德、勘措吉主编,甘肃省文物局、敦煌研究院编纂 甘肃藏敦煌藏文文献⑧敦煌市博物馆卷,上海:上海古籍出版社,2019年3月 图版p.121~126

Db.t.1195 十万颂般若波罗蜜多经第一卷第十四品

赵青山 吐蕃占领敦煌时期写经道场相关问题考述《藏学学刊》第11辑,北京:中国藏学出版社,2014年12月 p.31

张延清著 吐蕃敦煌抄经研究 北京:民族出版社,2016年11月 p.287、339、341、343

马德、勘措吉主编,甘肃省文物局、敦煌研究院编纂 甘肃藏敦煌藏文文献⑧敦煌市博物馆卷,上海:上海古籍出版社,2019年3月 图版p.127~133

Db.t.1196 十万颂般若波罗蜜多经第一卷第十五品

张延清著 吐蕃敦煌抄经研究 北京:民族出版社,2016年11月 p.158、305、330、337、339、343、345~346、348

马德、勘措吉主编,甘肃省文物局、敦煌研究院编纂 甘肃藏敦煌藏文文献⑧敦煌市博物馆卷,上海:上海古籍出版社,2019年3月 图版p.134~140

Db.t.1197 十万颂般若波罗蜜多经第一卷第十六、十七品

张延清著 吐蕃敦煌抄经研究 北京:民族出版社,2016年11月 p.287、327、329、336、354

马德、勘措吉主编,甘肃省文物局、敦煌研究院编纂 甘肃藏敦煌藏文文献⑧敦煌市博物馆卷,上海:上海古籍出版社,2019年3月 图版p.141~152

Db.t.1198 十万颂般若波罗蜜多经

张延清 甘藏吐蕃钵阐布敦煌校经题记《敦煌学辑刊》2010年第1期 p.35

张延清著 吐蕃敦煌抄经研究 北京:民族出版社,2016年11月 p.69、323、328、340、341、355

马德、勘措吉主编,甘肃省文物局、敦煌研究院编纂 甘肃藏敦煌藏文文献⑧敦煌市博物馆卷,上海:上海古籍出版社,2019年3月 图版p.153~154

Db.t.1199 十万颂般若波罗蜜多经第一卷第十九、二十品

张延清著 吐蕃敦煌抄经研究 北京:民族出版社,2016年11月 p.323、332、347、355、356

马德、勘措吉主编,甘肃省文物局、敦煌研究院编纂 甘肃藏敦煌藏文文献⑧敦煌市博物馆卷,上海:上海古籍出版社,2019年3月 图版p.155~162

Db.t.1200 十万颂般若波罗蜜多经

马德、勘措吉主编,甘肃省文物局、敦煌研究院编纂 甘肃藏敦煌藏文文献⑧敦煌市博物馆卷,上海:上海古籍出版社,2019年3月 图版p.163

Db.t.1201 十万颂般若波罗蜜多经第三十一品

张延清 甘藏吐蕃钵阐布敦煌校经题记《敦煌学辑刊》2010年第1期 p.35~36

朱瑶 敦煌文献"右行"考述——兼与杨森先生商榷《民族研究》2011年第4期 p.87

张延清著 吐蕃敦煌抄经研究 北京:民族出版社,2016年11月 p.69、96~97、325、328、341、355

马德、勘措吉主编,甘肃省文物局、敦煌研究院编纂 甘肃藏敦煌藏文文献⑧敦煌市博物馆卷,上海:上海古籍出版社,2019年3月 图版p.164~165

Db.t.1202 十万颂般若波罗蜜多经

马德、勘措吉主编,甘肃省文物局、敦煌研究院编纂 甘肃藏敦煌藏文文献⑧敦煌市博物馆卷,上海:上海古籍出版社,2019年3月 图版p.166

Db.t.1203 十万颂般若波罗蜜多经第一卷第三十一、三十二、三十三品

张延清 甘藏吐蕃钵阐布敦煌校经题记《敦煌学辑刊》2010年第1期 p.36

张延清著 吐蕃敦煌抄经研究 北京:民族出版社,2016年11月 p.69、283、328、340、341、347、348、355、356

马德、勘措吉主编,甘肃省文物局、敦煌研究院编纂 甘肃藏敦煌藏文文献⑧敦煌市博物馆卷,上海:上海古籍出版社,2019年3月 图版p.167~182

Db.t.1204 十万颂般若波罗蜜多经第一卷第三十四、三十五品

张延清著 吐蕃敦煌抄经研究 北京:民族出版社,2016年11月 p.283、332、340、347、355

马德、勘措吉主编,甘肃省文物局、敦煌研究院编纂 甘肃藏敦煌藏文文献⑧敦煌市博物馆卷,上海:上海古籍出版社,2019年3月 图版p.183~191

Db.t.1205–Db.t.1206 十万颂般若波罗蜜多经

马德、勘措吉主编,甘肃省文物局、敦煌研究院编纂 甘肃藏敦煌藏文文献⑧敦煌市博物馆卷,上海:上海古籍出版社,2019年3月 图版p.192~195

Db.t.1207 十万颂般若波罗蜜多经第一卷第三十九品

马德、勘措吉主编,甘肃省文物局、敦煌研究院编纂 甘肃藏敦煌藏文文献⑧敦煌市博物馆卷,上海:上海古籍出版社,2019年3月 图版p.196~197

Db.t.1208 十万颂般若波罗蜜多经

马德、勘措吉主编,甘肃省文物局、敦煌研究院编纂 甘肃藏敦煌藏文文献⑧敦煌市博物馆卷,上海:上海古籍出版社,2019年3月 图版p.198~200

Db.t.1209 十万颂般若波罗蜜多经

赵青山 吐蕃占领敦煌时期写经道场相关问题考述《藏学学刊》第11辑,北京:中国藏学出版社,2014年12月 p.31

张延清著 吐蕃敦煌抄经研究 北京:民族出版社,2016年11月 p.305、327、334、343、348、352、354

马德、勘措吉主编,甘肃省文物局、敦煌研究院编纂 甘肃藏敦煌藏文文献⑧敦煌市博物馆卷,上海:上海古籍出版社,2019年3月 图版p.201~206

Db.t.1210 十万颂般若波罗蜜多经第一卷第三十九品

张延清 吐蕃敦煌抄经坊《敦煌学辑刊》2011年第3期 p.52;收入中央文史研究馆、敦煌研究院、香港大学饶宗颐学术馆编《庆贺饶宗颐先生九十五华诞敦煌学国际学术研讨会论文集》,北京:中华书局,2012年12月 p.560

张延清著 吐蕃敦煌抄经研究 北京：民族出版社，2016年11月 p.89、324、334、336、337~338、343、348

马德、勘措吉主编，甘肃省文物局、敦煌研究院编纂 甘肃藏敦煌藏文文献⑧敦煌市博物馆卷，上海：上海古籍出版社，2019年3月 图版p.207~215

Db.t.1211 十万颂般若波罗蜜多经第一卷第四十品

张延清著 吐蕃敦煌抄经研究 北京：民族出版社，2016年11月 p.303、334、336、337~338、343、354

马德、勘措吉主编，甘肃省文物局、敦煌研究院编纂 甘肃藏敦煌藏文文献⑧敦煌市博物馆卷，上海：上海古籍出版社，2019年3月 图版p.216~222

Db.t.1212 十万颂般若波罗蜜多经

张延清著 吐蕃敦煌抄经研究 北京：民族出版社，2016年11月 p.279、327、356、357

马德、勘措吉主编，甘肃省文物局、敦煌研究院编纂 甘肃藏敦煌藏文文献⑧敦煌市博物馆卷，上海：上海古籍出版社，2019年3月 图版p.223~225

Db.t.1213 十万颂般若波罗蜜多经第一卷第四十六品

张延清著 吐蕃敦煌抄经研究 北京：民族出版社，2016年11月 p.324、331、335、349

马德、勘措吉主编，甘肃省文物局、敦煌研究院编纂 甘肃藏敦煌藏文文献⑧敦煌市博物馆卷，上海：上海古籍出版社，2019年3月 图版p.226~232

Db.t.1214 十万颂般若波罗蜜多经第一卷第四十七品

马德、勘措吉主编，甘肃省文物局、敦煌研究院编纂 甘肃藏敦煌藏文文献⑧敦煌市博物馆卷，上海：上海古籍出版社，2019年3月 图版p.233

Db.t.1215 十万颂般若波罗蜜多经第一卷第四十四、四十五品

张延清著 吐蕃敦煌抄经研究 北京：民族出版社，2016年11月 p.322、335、348、349、354

马德、勘措吉主编，甘肃省文物局、敦煌研究院编纂 甘肃藏敦煌藏文文献⑧敦煌市博物馆卷，上海：上海古籍出版社，2019年3月 图版p.234~237

Db.t.1216 十万颂般若波罗蜜多经第一卷第四十八、四十九品

张延清 甘藏吐蕃钵阐布敦煌校经题记《敦煌学辑刊》2010年第1期 p.36

朱瑶 敦煌文献"右行"考述——兼与杨森先生商榷《民族研究》2011年第4期 p.87

张延清著 吐蕃敦煌抄经研究 北京：民族出版社，2016年11月 p.69、328、340、341、355

马德、勘措吉主编，甘肃省文物局、敦煌研究院编纂 甘肃藏敦煌藏文文献⑧敦煌市博物馆卷，上海：上海古籍出版社，2019年3月 图版p.238~240

Db.t.1217 十万颂般若波罗蜜多经第一卷第五十九品

马德、勘措吉主编,甘肃省文物局、敦煌研究院编纂 甘肃藏敦煌藏文文献⑧敦煌市博物馆卷,上海:上海古籍出版社,2019年3月 图版p.241~244

Db.t.1218 十万颂般若波罗蜜多经第一卷第五十九、六十品

张延清著 吐蕃敦煌抄经研究 北京:民族出版社,2016年11月 p.320、327、336、354

马德、勘措吉主编,甘肃省文物局、敦煌研究院编纂 甘肃藏敦煌藏文文献⑧敦煌市博物馆卷,上海:上海古籍出版社,2019年3月 图版p.245~257

Db.t.1219 十万颂般若波罗蜜多经

张延清著 吐蕃敦煌抄经研究 北京:民族出版社,2016年11月 p.320、327、336、357

马德、勘措吉主编,甘肃省文物局、敦煌研究院编纂 甘肃藏敦煌藏文文献⑧敦煌市博物馆卷,上海:上海古籍出版社,2019年3月 图版p.258

Db.t.1220 十万颂般若波罗蜜多经第一卷第七十一品

张延清著 吐蕃敦煌抄经研究 北京:民族出版社,2016年11月 p.323、329

马德、勘措吉主编,甘肃省文物局、敦煌研究院编纂 甘肃藏敦煌藏文文献⑧敦煌市博物馆卷,上海:上海古籍出版社,2019年3月 图版p.259~267

Db.t.1221 十万颂般若波罗蜜多经第一卷第七十二、七十三品

张延清著 吐蕃敦煌抄经研究 北京:民族出版社,2016年11月 p.323、350

马德、勘措吉主编,甘肃省文物局、敦煌研究院编纂 甘肃藏敦煌藏文文献⑧敦煌市博物馆卷,上海:上海古籍出版社,2019年3月 图版p.268~276

Db.t.1222 十万颂般若波罗蜜多经

马德 敦煌吐蕃文献新论《转型期的敦煌学》,上海:上海古籍出版社,2007年11月 p.558

张延清著 吐蕃敦煌抄经研究 北京:民族出版社,2016年11月 p.323、327、356、357

马德、勘措吉主编,甘肃省文物局、敦煌研究院编纂 甘肃藏敦煌藏文文献⑧敦煌市博物馆卷,上海:上海古籍出版社,2019年3月 图版p.277~280

Db.t.1223 十万颂般若波罗蜜多经

张延清著 吐蕃敦煌抄经研究[①] 北京：民族出版社，2016年11月 p.324、331、342、354

马德、勘措吉主编，甘肃省文物局、敦煌研究院编纂 甘肃藏敦煌藏文文献⑧敦煌市博物馆卷，上海：上海古籍出版社，2019年3月 图版p.281~282

Db.t.1224 十万颂般若波罗蜜多经

马德、勘措吉主编，甘肃省文物局、敦煌研究院编纂 甘肃藏敦煌藏文文献⑧敦煌市博物馆卷，上海：上海古籍出版社，2019年3月 图版p.283

Db.t.1225 十万颂般若波罗蜜多经

马德 敦煌吐蕃文献新论《转型期的敦煌学》，上海：上海古籍出版社，2007年11月 p.558

马德、勘措吉主编，甘肃省文物局、敦煌研究院编纂 甘肃藏敦煌藏文文献⑧敦煌市博物馆卷，上海：上海古籍出版社，2019年3月 图版p.284~285

Db.t.1226 十万颂般若波罗蜜多经

马德 敦煌吐蕃文献新论《转型期的敦煌学》，上海：上海古籍出版社，2007年11月 p.558

张延清著 吐蕃敦煌抄经研究 北京：民族出版社，2016年11月 p.286、354

马德、勘措吉主编，甘肃省文物局、敦煌研究院编纂 甘肃藏敦煌藏文文献⑧敦煌市博物馆卷，上海：上海古籍出版社，2019年3月 图版p.286

Db.t.1227-Db.t.1229 十万颂般若波罗蜜多经

马德、勘措吉主编，甘肃省文物局、敦煌研究院编纂 甘肃藏敦煌藏文文献⑧敦煌市博物馆卷，上海：上海古籍出版社，2019年3月 图版p.287~289

Db.t.1230 十万颂般若波罗蜜多经第一卷第四品

张延清著 吐蕃敦煌抄经研究 北京：民族出版社，2016年11月 p.289、338、348、349

马德、勘措吉主编，甘肃省文物局、敦煌研究院编纂 甘肃藏敦煌藏文文献⑧敦煌市博物馆卷，上海：上海古籍出版社，2019年3月 图版p.290~292

---

①张延清《吐蕃敦煌抄经研究》附录第354页“198.洪晉”Dd.t.0346、0411、0412、0524、0545、0875、1067、1104、1125、1127、1129、1145、1223、1244、1302、1319、1330、1332、1356、1604把“敦煌市博物馆藏敦煌藏文文献”与“敦煌市档案馆藏敦煌藏文文献”混淆使用了。敦煌市档案馆藏敦煌藏文文献仅存12个编号。经核查，洪晉校卷出现在敦煌市档案馆藏敦煌藏文文献Dd.t.01和敦煌市博物馆藏敦煌藏文文献Db.t.0346、0411、0412、0524、0545、0875、1067、1104、1125、1127、1129、1145、1223、1244、1302、1319、1330、1332、1356、1604等卷号中。

Db.t.1231 十万颂般若波罗蜜多经第一卷第四品

张延清著 吐蕃敦煌抄经研究 北京:民族出版社,2016年11月 p.305、329、334、349

马德、勘措吉主编,甘肃省文物局、敦煌研究院编纂 甘肃藏敦煌藏文文献⑧敦煌市博物馆卷,上海:上海古籍出版社,2019年3月 图版p.293~300

Db.t.1232 十万颂般若波罗蜜多经第一卷第五品

张延清著 吐蕃敦煌抄经研究 北京:民族出版社,2016年11月 p.305、334、349

马德、勘措吉主编,甘肃省文物局、敦煌研究院编纂 甘肃藏敦煌藏文文献⑧敦煌市博物馆卷,上海:上海古籍出版社,2019年3月 图版p.301~308

Db.t.1233 十万颂般若波罗蜜多经第一卷第六品

张延清著 吐蕃敦煌抄经研究 北京:民族出版社,2016年11月 p.134、315、339、349、350

马德、勘措吉主编,甘肃省文物局、敦煌研究院编纂 甘肃藏敦煌藏文文献⑧敦煌市博物馆卷,上海:上海古籍出版社,2019年3月 图版p.309~316

Db.t.1234 十万颂般若波罗蜜多经

张延清 简析敦煌古藏文经卷的抄写年代《敦煌研究》2007年第2期 p.91;收入郑炳林、樊锦诗、杨富学主编《敦煌佛教与禅宗学术讨论会文集》,西安:三秦出版社,2007年7月 p.519

马德 敦煌吐蕃文献新论《转型期的敦煌学》,上海:上海古籍出版社,2007年11月 p.558

张延清 甘藏吐蕃钵阐布敦煌校经题记《敦煌学辑刊》2010年第1期 p.36~37

张延清 吐蕃钵阐布考《历史研究》2011年第5期 p.165

张延清著 吐蕃敦煌抄经研究 北京:民族出版社,2016年11月 p.68~69、70、136、146、317、334、355

马德、勘措吉主编,甘肃省文物局、敦煌研究院编纂 甘肃藏敦煌藏文文献⑧敦煌市博物馆卷,上海:上海古籍出版社,2019年3月 图版p.317~319

Db.t.1235 十万颂般若波罗蜜多经第一卷第九品

马德、勘措吉主编,甘肃省文物局、敦煌研究院编纂 甘肃藏敦煌藏文文献⑧敦煌市博物馆卷,上海:上海古籍出版社,2019年3月 图版p.320~321

Db.t.1236–Db.t.1237 十万颂般若波罗蜜多经

马德、勘措吉主编,甘肃省文物局、敦煌研究院编纂 甘肃藏敦煌藏文文献⑧敦煌市博物馆卷,上海:上海古籍出版社,2019年3月 图版p.322~326

Db.t.1238 十万颂般若波罗蜜多经第一卷第九、十品

张延清著 吐蕃敦煌抄经研究 北京:民族出版社,2016年11月 p.314~315、332、347、355、356

马德、勘措吉主编,甘肃省文物局、敦煌研究院编纂 甘肃藏敦煌藏文文献⑧敦煌市博物馆卷,上海:上海古籍出版社,2019年3月 图版p.327~336

Db.t.1239 十万颂般若波罗蜜多经第一卷第十一、十二、十三、十四品

马德 敦煌吐蕃文献新论《转型期的敦煌学》,上海:上海古籍出版社,2007年11月 p.557

张延清 甘藏吐蕃钵阐布敦煌校经题记《敦煌学辑刊》2010年第1期 p.37

赵青山 吐蕃占领敦煌时期写经道场相关问题考述《藏学学刊》第11辑,北京:中国藏学出版社,2014年12月 p.33

张延清著 吐蕃敦煌抄经研究 北京:民族出版社,2016年11月 p.69、320、328、332、340、341、347、355、356

马德、勘措吉主编,甘肃省文物局、敦煌研究院编纂 甘肃藏敦煌藏文文献⑧敦煌市博物馆卷,上海:上海古籍出版社,2019年3月 图版p.337~367

Db.t.1240 十万颂般若波罗蜜多经第一卷第十五品

马德 敦煌吐蕃文献新论《转型期的敦煌学》,上海:上海古籍出版社,2007年11月 p.557

张延清 甘藏吐蕃钵阐布敦煌校经题记《敦煌学辑刊》2010年第1期 p.37~38

朱瑶 敦煌文献"右行"考述——兼与杨森先生商榷《民族研究》2011年第4期 p.87

张延清著 吐蕃敦煌抄经研究 北京:民族出版社,2016年11月 p.69、295、328、340、341、355

马德、勘措吉主编,甘肃省文物局、敦煌研究院编纂 甘肃藏敦煌藏文文献⑨敦煌市博物馆卷,上海:上海古籍出版社,2019年3月 图版p.1~6

Db.t.1241 十万颂般若波罗蜜多经第一卷第十六品

马德 敦煌吐蕃文献新论《转型期的敦煌学》,上海:上海古籍出版社,2007年11月 p.557

张延清 甘藏吐蕃钵阐布敦煌校经题记《敦煌学辑刊》2010年第1期 p.38

张延清著 吐蕃敦煌抄经研究 北京:民族出版社,2016年11月 p.69、323、328、340、341、355

马德、勘措吉主编,甘肃省文物局、敦煌研究院编纂 甘肃藏敦煌藏文文献⑨敦煌市博物馆卷,上海:上海古籍出版社,2019年3月 图版p.7~13

Db.t.1242 十万颂般若波罗蜜多经第一卷第十七品

张延清著 吐蕃敦煌抄经研究 北京:民族出版社,2016年11月 p.324、327、356、357

马德、勘措吉主编,甘肃省文物局、敦煌研究院编纂 甘肃藏敦煌藏文文献⑨敦煌市博物馆卷,上海:上海古籍出版社,2019年3月 图版p.14~19

Db.t.1243 十万颂般若波罗蜜多经第一卷第十八品

马德、勘措吉主编，甘肃省文物局、敦煌研究院编纂 甘肃藏敦煌藏文文献⑨敦煌市博物馆卷，上海：上海古籍出版社，2019年3月 图版p.20~21

Db.t.1244 十万颂般若波罗蜜多经

张延清著 吐蕃敦煌抄经研究[①] 北京：民族出版社，2016年11月 p.316、342、346、354

马德、勘措吉主编，甘肃省文物局、敦煌研究院编纂 甘肃藏敦煌藏文文献⑨敦煌市博物馆卷，上海：上海古籍出版社，2019年3月 图版p.22~26

Db.t.1245 十万颂般若波罗蜜多经第一卷第十九品

马德、勘措吉主编，甘肃省文物局、敦煌研究院编纂 甘肃藏敦煌藏文文献⑨敦煌市博物馆卷，上海：上海古籍出版社，2019年3月 图版p.27~32

Db.t.1246 十万颂般若波罗蜜多经第一卷第十八品、第十九品

张延清著 吐蕃敦煌抄经研究 北京：民族出版社，2016年11月 p.284、331

马德、勘措吉主编，甘肃省文物局、敦煌研究院编纂 甘肃藏敦煌藏文文献⑨敦煌市博物馆卷，上海：上海古籍出版社，2019年3月 图版p.33~40

Db.t.1247 十万颂般若波罗蜜多经第一卷第二十品

马德、勘措吉主编，甘肃省文物局、敦煌研究院编纂 甘肃藏敦煌藏文文献⑨敦煌市博物馆卷，上海：上海古籍出版社，2019年3月 图版p.41~44

Db.t.1248 十万颂般若波罗蜜多经

马德、勘措吉主编，甘肃省文物局、敦煌研究院编纂 甘肃藏敦煌藏文文献⑨敦煌市博物馆卷，上海：上海古籍出版社，2019年3月 图版p.45

Db.t.1249 十万颂般若波罗蜜多经第一卷第二十一品

马德、勘措吉主编，甘肃省文物局、敦煌研究院编纂 甘肃藏敦煌藏文文献⑨敦煌市博物馆卷，上海：上海古籍出版社，2019年3月 图版p.46~51

---

①张延清《吐蕃敦煌抄经研究》附录第354页“198.洪旮”Dd.t.0346、0411、0412、0524、0545、0875、1067、1104、1125、1127、1129、1145、1223、1244、1302、1319、1330、1332、1356、1604把“敦煌市博物馆藏敦煌藏文文献”与“敦煌市档案馆藏敦煌藏文文献”混淆使用了。敦煌市档案馆藏敦煌藏文文献仅存12个编号。经核查，洪旮校卷出现在敦煌市档案馆藏敦煌藏文文献Dd.t.01和敦煌市博物馆藏敦煌藏文文献Db.t.0346、0411、0412、0524、0545、0875、1067、1104、1125、1127、1129、1145、1223、1244、1302、1319、1330、1332、1356、1604等卷号中。

Db.t.1250–Db.t.1252 十万颂般若波罗蜜多经

马德、勘措吉主编，甘肃省文物局、敦煌研究院编纂 甘肃藏敦煌藏文文献⑨敦煌市博物馆卷，上海：上海古籍出版社，2019年3月 图版p.52~54

Db.t.1253 十万颂般若波罗蜜多经第一卷第二十三品

张延清 翻译家校阅大师法成及其校经目录《敦煌学辑刊》2008年第3期 p.85；收入德吉卓玛编《吐蕃佛教史研究论文集》，北京：中国藏学出版社，2015年4月 p.638

张延清著 吐蕃敦煌抄经研究 北京：民族出版社，2016年11月 p.140、292、331、332~333、342

马德、勘措吉主编，甘肃省文物局、敦煌研究院编纂 甘肃藏敦煌藏文文献⑨敦煌市博物馆卷，上海：上海古籍出版社，2019年3月 图版p.55~61

札平 敦煌古藏文文献中的佛教神话原型研究——以《贤愚姻缘经》为例 兰州：西北民族大学硕士研究生学位论文，2011年6月 p.12

Db.t.1254 十万颂般若波罗蜜多经第一卷第二十四品

马德、勘措吉主编，甘肃省文物局、敦煌研究院编纂 甘肃藏敦煌藏文文献⑨敦煌市博物馆卷，上海：上海古籍出版社，2019年3月 图版p.62~68

Db.t.1255–Db.t.1257 十万颂般若波罗蜜多经

马德、勘措吉主编，甘肃省文物局、敦煌研究院编纂 甘肃藏敦煌藏文文献⑨敦煌市博物馆卷，上海：上海古籍出版社，2019年3月 图版p.69~71

Db.t.1258 十万颂般若波罗蜜多经

张延清著 吐蕃敦煌抄经研究 北京：民族出版社，2016年11月 p.325、327、336、354

马德、勘措吉主编，甘肃省文物局、敦煌研究院编纂 甘肃藏敦煌藏文文献⑨敦煌市博物馆卷，上海：上海古籍出版社，2019年3月 图版p.72~73

Db.t.1259 十万颂般若波罗蜜多经

马德、勘措吉主编，甘肃省文物局、敦煌研究院编纂 甘肃藏敦煌藏文文献⑨敦煌市博物馆卷，上海：上海古籍出版社，2019年3月 图版p.74

Db.t.1260 十万颂般若波罗蜜多经第一卷第四十四品

张延清著 吐蕃敦煌抄经研究 北京：民族出版社，2016年11月 p.284

马德、勘措吉主编，甘肃省文物局、敦煌研究院编纂 甘肃藏敦煌藏文文献⑨敦煌市博物馆卷，上海：上海古籍出版社，2019年3月 图版p.75~80

Db.t.1261 十万颂般若波罗蜜多经第一卷第四十五品

张延清著 吐蕃敦煌抄经研究 北京:民族出版社,2016年11月 p.284

马德、勘措吉主编,甘肃省文物局、敦煌研究院编纂 甘肃藏敦煌藏文文献⑨敦煌市博物馆卷,上海:上海古籍出版社,2019年3月 图版p.81~89

Db.t.1262 十万颂般若波罗蜜多经第一卷第二十九、三十品

张延清著 吐蕃敦煌抄经研究 北京:民族出版社,2016年11月 p.325、332、347、355、356

马德、勘措吉主编,甘肃省文物局、敦煌研究院编纂 甘肃藏敦煌藏文文献⑨敦煌市博物馆卷,上海:上海古籍出版社,2019年3月 图版p.90~103

Db.t.1263 十万颂般若波罗蜜多经第一卷第三十一品

张延清著 吐蕃敦煌抄经研究 北京:民族出版社,2016年11月 p.305、333、343、348、352、354

马德、勘措吉主编,甘肃省文物局、敦煌研究院编纂 甘肃藏敦煌藏文文献⑨敦煌市博物馆卷,上海:上海古籍出版社,2019年3月 图版p.104~111

Db.t.1264 十万颂般若波罗蜜多经第一卷第三十二品

马德 敦煌吐蕃文献新论《转型期的敦煌学》,上海:上海古籍出版社,2007年11月 p.557

张延清 吐蕃敦煌抄经坊《敦煌学辑刊》2011年第3期 p.52;收入中央文史研究馆、敦煌研究院、香港大学饶宗颐学术馆编《庆贺饶宗颐先生九十五华诞敦煌学国际学术研讨会论文集》,北京:中华书局,2012年12月 p.560

张延清著 吐蕃敦煌抄经研究 北京:民族出版社,2016年11月 p.90、310、326、336、337~338、341、343、348、352

马德、勘措吉主编,甘肃省文物局、敦煌研究院编纂 甘肃藏敦煌藏文文献⑨敦煌市博物馆卷,上海:上海古籍出版社,2019年3月 图版p.112~118

Db.t.1265 十万颂般若波罗蜜多经第一卷第三十三品

马德 敦煌吐蕃文献新论《转型期的敦煌学》,上海:上海古籍出版社,2007年11月 p.557

赵青山 吐蕃占领敦煌时期写经道场相关问题考述《藏学学刊》第11辑,北京:中国藏学出版社,2014年12月 p.31

张延清著 吐蕃敦煌抄经研究 北京:民族出版社,2016年11月 p.305、326、337~338、341、343、348、352

马德、勘措吉主编,甘肃省文物局、敦煌研究院编纂 甘肃藏敦煌藏文文献⑨敦煌市博物馆卷,上海:上海古籍出版社,2019年3月 图版p.119~123

Db.t.1266 十万颂般若波罗蜜多经第一卷第三十四品

马德 敦煌吐蕃文献新论《转型期的敦煌学》,上海:上海古籍出版社,2007年11月 p.558

张延清 吐蕃敦煌抄经坊《敦煌学辑刊》2011年第3期 p.52;收入中央文史研究馆、敦煌研究院、香港大学饶宗颐学术馆编《庆贺饶宗颐先生九十五华诞敦煌学国际学术研讨会论文集》,北京:中华书局,2012年12月 p.560

张延清著 吐蕃敦煌抄经研究 北京:民族出版社,2016年11月 p.90、300、326、335、336、337~338、341、343、348、353

马德、勘措吉主编,甘肃省文物局、敦煌研究院编纂 甘肃藏敦煌藏文文献⑨敦煌市博物馆卷,上海:上海古籍出版社,2019年3月 图版p.124~129

Db.t.1267 十万颂般若波罗蜜多经第一卷第三十五品

马德 敦煌吐蕃文献新论《转型期的敦煌学》,上海:上海古籍出版社,2007年11月 p.558

张延清 吐蕃王妃贝吉昂楚及其敦煌校经题记 《西藏民族学院学报》(哲学社会科学版)2009年第5期 p.31;收入德吉卓玛编《吐蕃佛教史研究论文集》,北京:中国藏学出版社,2015年4月 p.609~610

张延清著 吐蕃敦煌抄经研究 北京:民族出版社,2016年11月 p.279、326、337~338、340、343、348

马德、勘措吉主编,甘肃省文物局、敦煌研究院编纂 甘肃藏敦煌藏文文献⑨敦煌市博物馆卷,上海:上海古籍出版社,2019年3月 图版p.130~138

Db.t.1268 十万颂般若波罗蜜多经第一卷第三十六品

张延清著 吐蕃敦煌抄经研究 北京:民族出版社,2016年11月 p.305、334、336、337~338、343、348、352

马德、勘措吉主编,甘肃省文物局、敦煌研究院编纂 甘肃藏敦煌藏文文献⑨敦煌市博物馆卷,上海:上海古籍出版社,2019年3月 图版p.139~145

Db.t.1269 十万颂般若波罗蜜多经第一卷第三十七品

张延清著 吐蕃敦煌抄经研究 北京:民族出版社,2016年11月 p.319、332、334、337~338、343、348、352、356

马德、勘措吉主编,甘肃省文物局、敦煌研究院编纂 甘肃藏敦煌藏文文献⑨敦煌市博物馆卷,上海:上海古籍出版社,2019年3月 图版p.146~153

Db.t.1270 十万颂般若波罗蜜多经

张延清 甘藏吐蕃钵阐布敦煌校经题记《敦煌学辑刊》2010年第1期 p.38

张延清著 吐蕃敦煌抄经研究 北京:民族出版社,2016年11月 p.69、279、328、340、341、356

马德、勘措吉主编,甘肃省文物局、敦煌研究院编纂 甘肃藏敦煌藏文文献⑨敦煌市博物馆卷,上海:上海古籍出版社,2019年3月 图版p.154

Db.t.1271 十万颂般若波罗蜜多经第一卷第四十品

张延清著 吐蕃敦煌抄经研究 北京:民族出版社,2016年11月 p.279、332、347、355

马德、勘措吉主编,甘肃省文物局、敦煌研究院编纂 甘肃藏敦煌藏文文献⑨敦煌市博物馆卷,上海:上海古籍出版社,2019年3月 图版p.155~161

Db.t.1272 十万颂般若波罗蜜多经第一卷第四十一、四十二、四十三、四十四品

张延清 甘藏吐蕃钵阐布敦煌校经题记《敦煌学辑刊》2010年第1期 p.38~39

赵青山 吐蕃占领敦煌时期写经道场相关问题考述《藏学学刊》第11辑,北京:中国藏学出版社,2014年12月 p.33

张延清著 吐蕃敦煌抄经研究 北京:民族出版社,2016年11月 p.69、288、328、331、332、340、341、347~348、355、356

马德、勘措吉主编,甘肃省文物局、敦煌研究院编纂 甘肃藏敦煌藏文文献⑨敦煌市博物馆卷,上海:上海古籍出版社,2019年3月 图版p.162~186

Db.t.1273 十万颂般若波罗蜜多经第一卷第四十五品

张延清 甘藏吐蕃钵阐布敦煌校经题记《敦煌学辑刊》2010年第1期 p.39

张延清著 吐蕃敦煌抄经研究 北京:民族出版社,2016年11月 p.69、288、328、340、341、355

马德、勘措吉主编,甘肃省文物局、敦煌研究院编纂 甘肃藏敦煌藏文文献⑨敦煌市博物馆卷,上海:上海古籍出版社,2019年3月 图版p.187~195

Db.t.1274 十万颂般若波罗蜜多经第一卷第四十六、四十七品

张延清 甘藏吐蕃钵阐布敦煌校经题记《敦煌学辑刊》2010年第1期 p.39~40

张延清著 吐蕃敦煌抄经研究 北京:民族出版社,2016年11月 p.69、328、332、341、347~348、355、356

马德、勘措吉主编,甘肃省文物局、敦煌研究院编纂 甘肃藏敦煌藏文文献⑨敦煌市博物馆卷,上海:上海古籍出版社,2019年3月 图版p.196~210

Db.t.1275 十万颂般若波罗蜜多经第一卷第四十八、五十品

张延清 甘藏吐蕃钵阐布敦煌校经题记《敦煌学辑刊》2010年第1期 p.40

张延清著 吐蕃敦煌抄经研究 北京:民族出版社,2016年11月 p.69、328、332、340、341、355

马德、勘措吉主编,甘肃省文物局、敦煌研究院编纂 甘肃藏敦煌藏文文献⑨敦煌市博物馆卷,上海:上海古籍出版社,2019年3月 图版p.211~228

Db.t.1175-1 十万颂般若波罗蜜多经第四十八品

张延清 甘藏吐蕃钵阐布敦煌校经题记《敦煌学辑刊》2010年第1期 p.40

Db.t.1175–2 十万颂般若波罗蜜多经第一卷第五十品

张延清 甘藏吐蕃钵阐布敦煌校经题记《敦煌学辑刊》2010年第1期 p.40

Db.t.1276 十万颂般若波罗蜜多经第一卷第五十一品

张延清著 吐蕃敦煌抄经研究 北京:民族出版社,2016年11月 p.284、327、336、354

马德、勘措吉主编,甘肃省文物局、敦煌研究院编纂 甘肃藏敦煌藏文文献⑨敦煌市博物馆卷,上海:上海古籍出版社,2019年3月 图版p.229~235

Db.t.1277 十万颂般若波罗蜜多经第一卷第五十二品

马德、勘措吉主编,甘肃省文物局、敦煌研究院编纂 甘肃藏敦煌藏文文献⑨敦煌市博物馆卷,上海:上海古籍出版社,2019年3月 图版p.236

Db.t.1278 十万颂般若波罗蜜多经第一卷第五十三品

马德、勘措吉主编,甘肃省文物局、敦煌研究院编纂 甘肃藏敦煌藏文文献⑨敦煌市博物馆卷,上海:上海古籍出版社,2019年3月 图版p.237

Db.t.1279 十万颂般若波罗蜜多经第一卷第五十二品

张延清 翻译家校阅大师法成及其校经目录《敦煌学辑刊》2008年第3期 p.85~86;收入德吉卓玛编《吐蕃佛教史研究论文集》,北京:中国藏学出版社,2015年4月 p.638~639

孔令梅 隋宋间敦煌令狐氏与佛教述论《2009丝绸之路国际学术研讨会论文集》,西安:三秦出版社,2010年7月 p.131(统计表);p.134

张延清著 吐蕃敦煌抄经研究 北京:民族出版社,2016年11月 p.140、314~315、332~333、344、346、353

马德、勘措吉主编,甘肃省文物局、敦煌研究院编纂 甘肃藏敦煌藏文文献⑨敦煌市博物馆卷,上海:上海古籍出版社,2019年3月 图版p.238~244

札平 敦煌古藏文文献中的佛教神话原型研究——以《贤愚姻缘经》为例 兰州:西北民族大学硕士研究生学位论文,2011年6月 p.12

Db.t.1280 十万颂般若波罗蜜多经第一卷第五十三品

张延清 翻译家校阅大师法成及其校经目录《敦煌学辑刊》2008年第3期 p.86;收入德吉卓玛编《吐蕃佛教史研究论文集》,北京:中国藏学出版社,2015年4月 p.639

张延清著 吐蕃敦煌抄经研究 北京:民族出版社,2016年11月 p.140、287、332~333、342、346

马德、勘措吉主编,甘肃省文物局、敦煌研究院编纂 甘肃藏敦煌藏文文献⑨敦煌市博物馆卷,上海:上海古籍出版社,2019年3月 图版p.245~250

札平 敦煌古藏文文献中的佛教神话原型研究——以《贤愚姻缘经》为例 兰州:西北民族大学硕士研

究生学位论文,2011年6月 p.12

Db.t.1281 十万颂般若波罗蜜多经第一卷第五十四品

张延清 翻译家校阅大师法成及其校经目录《敦煌学辑刊》2008年第3期 p.86;收入德吉卓玛编《吐蕃佛教史研究论文集》,北京:中国藏学出版社,2015年4月 p.639

孔令梅 隋宋间敦煌令狐氏与佛教述论《2009丝绸之路国际学术研讨会论文集》,西安:三秦出版社,2010年7月 p.131(统计表);p.134

张延清著 吐蕃敦煌抄经研究 北京:民族出版社,2016年11月 p.140、315、332~333、344、346

马德、勘措吉主编,甘肃省文物局、敦煌研究院编纂 甘肃藏敦煌藏文文献⑨敦煌市博物馆卷,上海:上海古籍出版社,2019年3月 图版p.251~257

札平 敦煌古藏文文献中的佛教神话原型研究——以《贤愚姻缘经》为例 兰州:西北民族大学硕士研究生学位论文,2011年6月 p.12

Db.t.1282–Db.t.1283 十万颂般若波罗蜜多经第一卷第五十五品

马德、勘措吉主编,甘肃省文物局、敦煌研究院编纂 甘肃藏敦煌藏文文献⑨敦煌市博物馆卷,上海:上海古籍出版社,2019年3月 图版p.258~265

Db.t.1284 十万颂般若波罗蜜多经第一卷第六十三品

马德、勘措吉主编,甘肃省文物局、敦煌研究院编纂 甘肃藏敦煌藏文文献⑨敦煌市博物馆卷,上海:上海古籍出版社,2019年3月 图版p.266

Db.t.1285 十万颂般若波罗蜜多经第一卷第六十二、六十三品

张延清著 吐蕃敦煌抄经研究 北京:民族出版社,2016年11月 p.287、329、339

马德、勘措吉主编,甘肃省文物局、敦煌研究院编纂 甘肃藏敦煌藏文文献⑨敦煌市博物馆卷,上海:上海古籍出版社,2019年3月 图版p.267~275

Db.t.1286 十万颂般若波罗蜜多经第一卷第六十四品

马德、勘措吉主编,甘肃省文物局、敦煌研究院编纂 甘肃藏敦煌藏文文献⑨敦煌市博物馆卷,上海:上海古籍出版社,2019年3月 图版p.276~279

Db.t.1287 十万颂般若波罗蜜多经第一卷第六十六品

马德、勘措吉主编,甘肃省文物局、敦煌研究院编纂 甘肃藏敦煌藏文文献⑨敦煌市博物馆卷,上海:上海古籍出版社,2019年3月 图版p.280~281

Db.t.1288 十万颂般若波罗蜜多经

马德、勘措吉主编,甘肃省文物局、敦煌研究院编纂 甘肃藏敦煌藏文文献⑨敦煌市博物馆卷,上海:上海古籍出版社,2019年3月 图版p.282~284

Db.t.1289 十万颂般若波罗蜜多经

张延清著 吐蕃敦煌抄经研究 北京:民族出版社,2016年11月 p.320、327、356、357

马德、勘措吉主编,甘肃省文物局、敦煌研究院编纂 甘肃藏敦煌藏文文献⑨敦煌市博物馆卷,上海:上海古籍出版社,2019年3月 图版p.285

Db.t.1290 十万颂般若波罗蜜多经

张延清著 吐蕃敦煌抄经研究 北京:民族出版社,2016年11月 p.320、327、336、354

马德、勘措吉主编,甘肃省文物局、敦煌研究院编纂 甘肃藏敦煌藏文文献⑨敦煌市博物馆卷,上海:上海古籍出版社,2019年3月 图版p.286

Db.t.1291 十万颂般若波罗蜜多经第一卷第六十八品

张延清著 吐蕃敦煌抄经研究 北京:民族出版社,2016年11月 p.320、327、354、356

马德、勘措吉主编,甘肃省文物局、敦煌研究院编纂 甘肃藏敦煌藏文文献⑨敦煌市博物馆卷,上海:上海古籍出版社,2019年3月 图版p.287~293

Db.t.1292 十万颂般若波罗蜜多经第一卷第六十九品

马德、勘措吉主编,甘肃省文物局、敦煌研究院编纂 甘肃藏敦煌藏文文献⑨敦煌市博物馆卷,上海:上海古籍出版社,2019年3月 图版p.294~295

Db.t.1293 十万颂般若波罗蜜多经

马德、勘措吉主编,甘肃省文物局、敦煌研究院编纂 甘肃藏敦煌藏文文献⑨敦煌市博物馆卷,上海:上海古籍出版社,2019年3月 图版p.296~297

Db.t.1294 十万颂般若波罗蜜多经第一卷第七十、七十一品[①]

张延清 甘藏吐蕃钵阐布敦煌校经题记《敦煌学辑刊》2010年第1期 p.40

张延清著 吐蕃敦煌抄经研究 北京:民族出版社,2016年11月 p.69、146、290、328、340、341、356

马德主编,张延清、勘措吉、邰惠莉编写 敦煌市博物馆藏敦煌藏文文献《甘肃藏敦煌藏文文献叙录》,

---

①该文献《甘肃藏敦煌藏文文献叙录》、张延清著《吐蕃敦煌抄经研究》等原定名作"十万颂般若波罗蜜多经"。《甘肃藏敦煌藏文文献》⑨敦煌市博物馆卷图录重新校定名称作"十万颂般若波罗蜜多经第一卷第七十、七十一品"。

兰州:甘肃民族出版社,2011年9月 p.357

马德、勘措吉主编,甘肃省文物局、敦煌研究院编纂 甘肃藏敦煌藏文文献⑨敦煌市博物馆卷,上海:上海古籍出版社,2019年3月 图版p.298~306

Db.t.1295 十万颂般若波罗蜜多经第一卷第七十二、七十三品

张延清 甘藏吐蕃钵阐布敦煌校经题记《敦煌学辑刊》2010年第1期 p.41

张延清著 吐蕃敦煌抄经研究 北京:民族出版社,2016年11月 p.69、290、328、332、340、341、347~348、355、356

马德、勘措吉主编,甘肃省文物局、敦煌研究院编纂 甘肃藏敦煌藏文文献⑨敦煌市博物馆卷,上海:上海古籍出版社,2019年3月 图版p.307~322

Db.t.1296 十万颂般若波罗蜜多经

张延清 甘藏吐蕃钵阐布敦煌校经题记《敦煌学辑刊》2010年第1期 p.41

张延清著 吐蕃敦煌抄经研究 北京:民族出版社,2016年11月 p.69、290、328、341、355

马德、勘措吉主编,甘肃省文物局、敦煌研究院编纂 甘肃藏敦煌藏文文献⑨敦煌市博物馆卷,上海:上海古籍出版社,2019年3月 图版p.323~328

Db.t.1297 十万颂般若波罗蜜多经第一卷第七十五品

张延清著 吐蕃敦煌抄经研究 北京:民族出版社,2016年11月 p.290、332、340、347~348、356

马德、勘措吉主编,甘肃省文物局、敦煌研究院编纂 甘肃藏敦煌藏文文献⑨敦煌市博物馆卷,上海:上海古籍出版社,2019年3月 图版p.329~336

Db.t.1298–Db.t.1301 十万颂般若波罗蜜多经

马德、勘措吉主编,甘肃省文物局、敦煌研究院编纂 甘肃藏敦煌藏文文献⑨敦煌市博物馆卷,上海:上海古籍出版社,2019年3月 图版p.337~347

Db.t.1302 十万颂般若波罗蜜多经

张延清著 吐蕃敦煌抄经研究[①] 北京:民族出版社,2016年11月 p.288、344、346、354

马德、勘措吉主编,甘肃省文物局、敦煌研究院编纂 甘肃藏敦煌藏文文献⑨敦煌市博物馆卷,上海:上

①张延清《吐蕃敦煌抄经研究》附录第354页"198.洪晉"Dd.t.0346、0411、0412、0524、0545、0875、1067、1104、1125、1127、1129、1145、1223、1244、1302、1319、1330、1332、1356、1604把"敦煌市博物馆藏敦煌藏文文献"与"敦煌市档案馆藏敦煌藏文文献"混淆使用了。敦煌市档案馆藏敦煌藏文文献仅存12个编号。经核查,洪晉校卷出现在敦煌市档案馆藏敦煌藏文文献Dd.t.01和敦煌市博物馆藏敦煌藏文文献Db.t.0346、0411、0412、0524、0545、0875、1067、1104、1125、1127、1129、1145、1223、1244、1302、1319、1330、1332、1356、1604等卷号中。

海古籍出版社，2019年3月 图版p.348

Db.t.1303 十万颂般若波罗蜜多经

张延清著 吐蕃敦煌抄经研究 北京：民族出版社，2016年11月 p.300、332、347~348、355、356

马德、勘措吉主编，甘肃省文物局、敦煌研究院编纂 甘肃藏敦煌藏文文献⑨敦煌市博物馆卷，上海：上海古籍出版社，2019年3月 图版p.349~351

Db.t.1304 十万颂般若波罗蜜多经第一卷第六品

张延清著 吐蕃敦煌抄经研究 北京：民族出版社，2016年11月 p.284

马德、勘措吉主编，甘肃省文物局、敦煌研究院编纂 甘肃藏敦煌藏文文献⑩敦煌市博物馆卷，上海：上海古籍出版社，2019年3月 图版p.1~9

Db.t.1305 十万颂般若波罗蜜多经第一卷第八品

马德、勘措吉主编，甘肃省文物局、敦煌研究院编纂 甘肃藏敦煌藏文文献⑩敦煌市博物馆卷，上海：上海古籍出版社，2019年3月 图版p.10

Db.t.1306 十万颂般若波罗蜜多经

马德、勘措吉主编，甘肃省文物局、敦煌研究院编纂 甘肃藏敦煌藏文文献⑩敦煌市博物馆卷，上海：上海古籍出版社，2019年3月 图版p.11~16

Db.t.1307 十万颂般若波罗蜜多经第一卷第十品

马德、勘措吉主编，甘肃省文物局、敦煌研究院编纂 甘肃藏敦煌藏文文献⑩敦煌市博物馆卷，上海：上海古籍出版社，2019年3月 图版p.17~23

Db.t.1308 十万颂般若波罗蜜多经第一卷第十二品

马德、勘措吉主编，甘肃省文物局、敦煌研究院编纂 甘肃藏敦煌藏文文献⑩敦煌市博物馆卷，上海：上海古籍出版社，2019年3月 图版p.24

Db.t.1309 十万颂般若波罗蜜多经

张延清著 吐蕃敦煌抄经研究 北京：民族出版社，2016年11月 p.277、327、336、354

马德、勘措吉主编，甘肃省文物局、敦煌研究院编纂 甘肃藏敦煌藏文文献⑩敦煌市博物馆卷，上海：上海古籍出版社，2019年3月 图版p.25~31

Db.t.1310 十万颂般若波罗蜜多经第一卷第十三品

张延清著 吐蕃敦煌抄经研究 北京:民族出版社,2016年11月 p.277、327、354、356

马德、勘措吉主编,甘肃省文物局、敦煌研究院编纂 甘肃藏敦煌藏文文献⑩敦煌市博物馆卷,上海:上海古籍出版社,2019年3月 图版p.32~38

Db.t.1311 十万颂般若波罗蜜多经第一卷第十四品

张延清著 吐蕃敦煌抄经研究 北京:民族出版社,2016年11月 p.277、327、336、354

马德、勘措吉主编,甘肃省文物局、敦煌研究院编纂 甘肃藏敦煌藏文文献⑩敦煌市博物馆卷,上海:上海古籍出版社,2019年3月 图版p.39~45

Db.t.1312 十万颂般若波罗蜜多经第一卷第十五品

张延清著 吐蕃敦煌抄经研究 北京:民族出版社,2016年11月 p.277、327、336、357

马德、勘措吉主编,甘肃省文物局、敦煌研究院编纂 甘肃藏敦煌藏文文献⑩敦煌市博物馆卷,上海:上海古籍出版社,2019年3月 图版p.46~52

Db.t.1313 十万颂般若波罗蜜多经第一卷第十六品

张延清著 吐蕃敦煌抄经研究 北京:民族出版社,2016年11月 p.324、327、336、354

马德、勘措吉主编,甘肃省文物局、敦煌研究院编纂 甘肃藏敦煌藏文文献⑩敦煌市博物馆卷,上海:上海古籍出版社,2019年3月 图版p.53~60

Db.t.1314 十万颂般若波罗蜜多经第一卷第十七品

张延清 翻译家校阅大师法成及其校经目录《敦煌学辑刊》2008年第3期 p.86;收入德吉卓玛编《吐蕃佛教史研究论文集》,北京:中国藏学出版社,2015年4月 p.640

张延清著 吐蕃敦煌抄经研究 北京:民族出版社,2016年11月 p.140、284、332~333

马德、勘措吉主编,甘肃省文物局、敦煌研究院编纂 甘肃藏敦煌藏文文献⑩敦煌市博物馆卷,上海:上海古籍出版社,2019年3月 图版p.61~73

札平 敦煌古藏文文献中的佛教神话原型研究——以《贤愚姻缘经》为例 兰州:西北民族大学硕士研究生学位论文,2011年6月 p.12

Db.t.1315 十万颂般若波罗蜜多经第一卷第十八品

马德、勘措吉主编,甘肃省文物局、敦煌研究院编纂 甘肃藏敦煌藏文文献⑩敦煌市博物馆卷,上海:上海古籍出版社,2019年3月 图版p.74

Db.t.1316–Db.t.1318 十万颂般若波罗蜜多经

马德、勘措吉主编，甘肃省文物局、敦煌研究院编纂 甘肃藏敦煌藏文文献⑩敦煌市博物馆卷，上海：上海古籍出版社，2019年3月 图版p.75~81

Db.t.1319 十万颂般若波罗蜜多经第一卷第二十一品

张延清著 吐蕃敦煌抄经研究[①] 北京：民族出版社，2016年11月 p.310、331、342、354

马德、勘措吉主编，甘肃省文物局、敦煌研究院编纂 甘肃藏敦煌藏文文献⑩敦煌市博物馆卷，上海：上海古籍出版社，2019年3月 图版p.82~88

Db.t.1320 十万颂般若波罗蜜多经第一卷第二十二品

马德、勘措吉主编，甘肃省文物局、敦煌研究院编纂 甘肃藏敦煌藏文文献⑩敦煌市博物馆卷，上海：上海古籍出版社，2019年3月 图版p.89

Db.t.1321–Db.t.1322 十万颂般若波罗蜜多经

马德、勘措吉主编，甘肃省文物局、敦煌研究院编纂 甘肃藏敦煌藏文文献⑩敦煌市博物馆卷，上海：上海古籍出版社，2019年3月 图版p.90~91

Db.t.1323 十万颂般若波罗蜜多经

张延清著 吐蕃敦煌抄经研究 北京：民族出版社，2016年11月 p.286、348、349、350

马德、勘措吉主编，甘肃省文物局、敦煌研究院编纂 甘肃藏敦煌藏文文献⑩敦煌市博物馆卷，上海：上海古籍出版社，2019年3月 图版p.92~94

Db.t.1324 十万颂般若波罗蜜多经第一卷第二十四品

马德、勘措吉主编，甘肃省文物局、敦煌研究院编纂 甘肃藏敦煌藏文文献⑩敦煌市博物馆卷，上海：上海古籍出版社，2019年3月 图版p.95

Db.t.1325–Db.t.1327 十万颂般若波罗蜜多经

马德、勘措吉主编，甘肃省文物局、敦煌研究院编纂 甘肃藏敦煌藏文文献⑩敦煌市博物馆卷，上海：上海古籍出版社，2019年3月 图版p.96~99

---

①张延清《吐蕃敦煌抄经研究》附录第354页“198.洪晉”Dd.t.0346、0411、0412、0524、0545、0875、1067、1104、1125、1127、1129、1145、1223、1244、1302、1319、1330、1332、1356、1604把“敦煌市博物馆藏敦煌藏文文献”与“敦煌市档案馆藏敦煌藏文文献”混淆使用了。敦煌市档案馆藏敦煌藏文文献仅存12个编号。经核查，洪晉校卷出现在敦煌市档案馆藏敦煌藏文文献Dd.t.01和敦煌市博物馆藏敦煌藏文文献Db.t.0346、0411、0412、0524、0545、0875、1067、1104、1125、1127、1129、1145、1223、1244、1302、1319、1330、1332、1356、1604等卷号中。

Db.t.1328 十万颂般若波罗蜜多经第一卷第二十六品

马德、勘措吉主编，甘肃省文物局、敦煌研究院编纂 甘肃藏敦煌藏文文献⑩敦煌市博物馆卷，上海：上海古籍出版社，2019年3月 图版p.100~107

Db.t.1329 十万颂般若波罗蜜多经第一卷第二十七品

张延清 翻译家校阅大师法成及其校经目录《敦煌学辑刊》2008年第3期 p.87；收入德吉卓玛编《吐蕃佛教史研究论文集》，北京：中国藏学出版社，2015年4月 p.640

张延清著 吐蕃敦煌抄经研究 北京：民族出版社，2016年11月 p.140、295、332~333、342、346

马德、勘措吉主编，甘肃省文物局、敦煌研究院编纂 甘肃藏敦煌藏文文献⑩敦煌市博物馆卷，上海：上海古籍出版社，2019年3月 图版p.108~114

札平 敦煌古藏文文献中的佛教神话原型研究——以《贤愚姻缘经》为例 兰州：西北民族大学硕士研究生学位论文，2011年6月 p.12

Db.t.1330 十万颂般若波罗蜜多经第一卷第二十八品

张延清著 吐蕃敦煌抄经研究① 北京：民族出版社，2016年11月 p.307、331、344、354

马德、勘措吉主编，甘肃省文物局、敦煌研究院编纂 甘肃藏敦煌藏文文献⑩敦煌市博物馆卷，上海：上海古籍出版社，2019年3月 图版p.115~121

Db.t.1331 十万颂般若波罗蜜多经第一卷第三十二品

张延清 翻译家校阅大师法成及其校经目录《敦煌学辑刊》2008年第3期 p.87；收入德吉卓玛编《吐蕃佛教史研究论文集》，北京：中国藏学出版社，2015年4月 p.640~641

张延清著 吐蕃敦煌抄经研究 北京：民族出版社，2016年11月 p.140、283、332~333、344

马德、勘措吉主编，甘肃省文物局、敦煌研究院编纂 甘肃藏敦煌藏文文献⑩敦煌市博物馆卷，上海：上海古籍出版社，2019年3月 图版p.122~128

札平 敦煌古藏文文献中的佛教神话原型研究——以《贤愚姻缘经》为例 兰州：西北民族大学硕士研究生学位论文，2011年6月 p.12

Db.t.1332（原收藏号1332）十万颂般若波罗蜜多经第一卷第三十三品

张延清 张议潮与吐蕃文化《敦煌研究》2005年第3期 p.91（附表：张议潮藏文题记简表）

---

①张延清《吐蕃敦煌抄经研究》附录第354页“198.洪旮”Dd.t.0346、0411、0412、0524、0545、0875、1067、1104、1125、1127、1129、1145、1223、1244、1302、1319、1330、1332、1356、1604把“敦煌市博物馆藏敦煌藏文文献”与“敦煌市档案馆藏敦煌藏文文献”混淆使用了。敦煌市档案馆藏敦煌藏文文献仅存12个编号。经核查，洪旮校卷出现在敦煌市档案馆藏敦煌藏文文献Dd.t.01和敦煌市博物馆藏敦煌藏文文献Db.t.0346、0411、0412、0524、0545、0875、1067、1104、1125、1127、1129、1145、1223、1244、1302、1319、1330、1332、1356、1604等卷号中。

邰惠莉 关于吐蕃时期敦煌汉文写经的几个问题《敦煌吐蕃文化学术研讨会论文集》,兰州:甘肃民族出版社,2009年12月 p.380

张延清著 吐蕃敦煌抄经研究[①] 北京:民族出版社,2016年11月 p.286、344、346、354

马德、勘措吉主编,甘肃省文物局、敦煌研究院编纂 甘肃藏敦煌藏文文献⑩敦煌市博物馆卷,上海:上海古籍出版社,2019年3月 图版p.129~133

Db.t.1333 十万颂般若波罗蜜多经

张延清著 吐蕃敦煌抄经研究 北京:民族出版社,2016年11月 p.280、355

马德、勘措吉主编,甘肃省文物局、敦煌研究院编纂 甘肃藏敦煌藏文文献⑩敦煌市博物馆卷,上海:上海古籍出版社,2019年3月 图版p.134

Db.t.1334 十万颂般若波罗蜜多经

马德、勘措吉主编,甘肃省文物局、敦煌研究院编纂 甘肃藏敦煌藏文文献⑩敦煌市博物馆卷,上海:上海古籍出版社,2019年3月 图版p.135

Db.t.1335 十万颂般若波罗蜜多经

张延清著 吐蕃敦煌抄经研究 北京:民族出版社,2016年11月 p.157、284、327、356、357

马德、勘措吉主编,甘肃省文物局、敦煌研究院编纂 甘肃藏敦煌藏文文献⑩敦煌市博物馆卷,上海:上海古籍出版社,2019年3月 图版p.136~137

Db.t.1336 十万颂般若波罗蜜多经第一卷第三十六品

马德、勘措吉主编,甘肃省文物局、敦煌研究院编纂 甘肃藏敦煌藏文文献⑩敦煌市博物馆卷,上海:上海古籍出版社,2019年3月 图版p.138~141

Db.t.1337-Db.t.1338 十万颂般若波罗蜜多经

马德、勘措吉主编,甘肃省文物局、敦煌研究院编纂 甘肃藏敦煌藏文文献⑩敦煌市博物馆卷,上海:上海古籍出版社,2019年3月 图版p.142~146

---

①张延清《吐蕃敦煌抄经研究》附录第354页“198.洪晉”Dd.t.0346、0411、0412、0524、0545、0875、1067、1104、1125、1127、1129、1145、1223、1244、1302、1319、1330、1332、1356、1604把“敦煌市博物馆藏敦煌藏文文献”与“敦煌市档案馆藏敦煌藏文文献”混淆使用了。敦煌市档案馆藏敦煌藏文文献仅存12个编号。经核查,洪晉校卷出现在敦煌市档案馆藏敦煌藏文文献Dd.t.01和敦煌市博物馆藏敦煌藏文文献Db.t.0346、0411、0412、0524、0545、0875、1067、1104、1125、1127、1129、1145、1223、1244、1302、1319、1330、1332、1356、1604等卷号中。

Db.t.1339 十万颂般若波罗蜜多经第一卷第三十六、三十七品

张延清著 吐蕃敦煌抄经研究 北京:民族出版社,2016年11月 p.288、335、354~355

马德、勘措吉主编,甘肃省文物局、敦煌研究院编纂 甘肃藏敦煌藏文文献⑩敦煌市博物馆卷,上海:上海古籍出版社,2019年3月 图版p.147~154

Db.t.1340 十万颂般若波罗蜜多经

张延清著 吐蕃敦煌抄经研究 北京:民族出版社,2016年11月 p.277、327、336、354

马德、勘措吉主编,甘肃省文物局、敦煌研究院编纂 甘肃藏敦煌藏文文献⑩敦煌市博物馆卷,上海:上海古籍出版社,2019年3月 图版p.155~159

Db.t.1341 十万颂般若波罗蜜多经第一卷第四十品

张延清著 吐蕃敦煌抄经研究 北京:民族出版社,2016年11月 p.277、327、336、354

马德、勘措吉主编,甘肃省文物局、敦煌研究院编纂 甘肃藏敦煌藏文文献⑩敦煌市博物馆卷,上海:上海古籍出版社,2019年3月 图版p.160~167

Db.t.1342 十万颂般若波罗蜜多经第一卷第四十一、四十二、四十三品

张延清著 吐蕃敦煌抄经研究 北京:民族出版社,2016年11月 p.279、304、327、331、336、354、355、356

马德、勘措吉主编,甘肃省文物局、敦煌研究院编纂 甘肃藏敦煌藏文文献⑩敦煌市博物馆卷,上海:上海古籍出版社,2019年3月 图版p.168~184

Db.t.1343 十万颂般若波罗蜜多经

马德、勘措吉主编,甘肃省文物局、敦煌研究院编纂 甘肃藏敦煌藏文文献⑩敦煌市博物馆卷,上海:上海古籍出版社,2019年3月 图版p.185

Db.t.1344 十万颂般若波罗蜜多经

张延清著 吐蕃敦煌抄经研究 北京:民族出版社,2016年11月 p.319、335、349

马德、勘措吉主编,甘肃省文物局、敦煌研究院编纂 甘肃藏敦煌藏文文献⑩敦煌市博物馆卷,上海:上海古籍出版社,2019年3月 图版p.186

Db.t.1345 十万颂般若波罗蜜多经第一卷第四十五品[①]

马德主编,张延清、勘措吉、邰惠莉编写 敦煌市博物馆藏敦煌藏文文献《甘肃藏敦煌藏文文献叙录》,

---

①该文献《甘肃藏敦煌藏文文献叙录》原定名作“十万颂般若波罗蜜多经”。《甘肃藏敦煌藏文文献》⑩敦煌市博物馆卷图录重新校定名称作“十万颂般若波罗蜜多经第一卷第四十五品”。

兰州：甘肃民族出版社，2011年9月 p.365

马德、勘措吉主编，甘肃省文物局、敦煌研究院编纂 甘肃藏敦煌藏文文献⑩敦煌市博物馆卷，上海：上海古籍出版社，2019年3月 图版p.187~195

Db.t.1346 十万颂般若波罗蜜多经

张延清 吐蕃敦煌抄经坊《敦煌学辑刊》2011年第3期 p.52；收入中央文史研究馆、敦煌研究院、香港大学饶宗颐学术馆编《庆贺饶宗颐先生九十五华诞敦煌学国际学术研讨会论文集》，北京：中华书局，2012年12月 p.560~561

张延清著 吐蕃敦煌抄经研究 北京：民族出版社，2016年11月 p.90、305、333、336、337、338、343、348、357

马德、勘措吉主编，甘肃省文物局、敦煌研究院编纂 甘肃藏敦煌藏文文献⑩敦煌市博物馆卷，上海：上海古籍出版社，2019年3月 图版p.196

Db.t.1347 十万颂般若波罗蜜多经第一卷第四十八品

张延清著 吐蕃敦煌抄经研究 北京：民族出版社，2016年11月 p.305、333、336、337、341、343、357

马德、勘措吉主编，甘肃省文物局、敦煌研究院编纂 甘肃藏敦煌藏文文献⑩敦煌市博物馆卷，上海：上海古籍出版社，2019年3月 图版p.197~203

Db.t.1348 十万颂般若波罗蜜多经第一卷第四十九品

张延清著 吐蕃敦煌抄经研究 北京：民族出版社，2016年11月 p.310、328、336、337、345~346、348、357

马德、勘措吉主编，甘肃省文物局、敦煌研究院编纂 甘肃藏敦煌藏文文献⑩敦煌市博物馆卷，上海：上海古籍出版社，2019年3月 图版p.204~210

Db.t.1349 十万颂般若波罗蜜多经第一卷第五十品

马德、勘措吉主编，甘肃省文物局、敦煌研究院编纂 甘肃藏敦煌藏文文献⑩敦煌市博物馆卷，上海：上海古籍出版社，2019年3月 图版p.211~216

Db.t.1350 十万颂般若波罗蜜多经

张延清著 吐蕃敦煌抄经研究 北京：民族出版社，2016年11月 p.279、337、343、348、354~355、357

马德、勘措吉主编，甘肃省文物局、敦煌研究院编纂 甘肃藏敦煌藏文文献⑩敦煌市博物馆卷，上海：上海古籍出版社，2019年3月 图版p.217~223

Db.t.1351–Db.t.1352 十万颂般若波罗蜜多经

马德、勘措吉主编，甘肃省文物局、敦煌研究院编纂 甘肃藏敦煌藏文文献⑩敦煌市博物馆卷，上海：上海古籍出版社，2019年3月 图版p.224~225

Db.t.1353 十万颂般若波罗蜜多经

张延清著 吐蕃敦煌抄经研究 北京:民族出版社,2016年11月 p.317、336、357

马德、勘措吉主编,甘肃省文物局、敦煌研究院编纂 甘肃藏敦煌藏文文献⑩敦煌市博物馆卷,上海:上海古籍出版社,2019年3月 图版p.226~229

Db.t.1354 十万颂般若波罗蜜多经第一卷第五十五品

张延清著 吐蕃敦煌抄经研究 北京:民族出版社,2016年11月 p.317、327、354、356

马德、勘措吉主编,甘肃省文物局、敦煌研究院编纂 甘肃藏敦煌藏文文献⑩敦煌市博物馆卷,上海:上海古籍出版社,2019年3月 图版p.230~235

Db.t.1355 十万颂般若波罗蜜多经

马德、勘措吉主编,甘肃省文物局、敦煌研究院编纂 甘肃藏敦煌藏文文献⑩敦煌市博物馆卷,上海:上海古籍出版社,2019年3月 图版p.236

Db.t.1356 十万颂般若波罗蜜多经第一卷第五十五、五十六品[①]

马德主编,张延清、勘措吉、邰惠莉编写 敦煌市博物馆藏敦煌藏文文献《甘肃藏敦煌藏文文献叙录》,兰州:甘肃民族出版社,2011年9月 p.367

张延清著 吐蕃敦煌抄经研究[②] 北京:民族出版社,2016年11月 p.287、331、354

马德、勘措吉主编,甘肃省文物局、敦煌研究院编纂 甘肃藏敦煌藏文文献⑩敦煌市博物馆卷,上海:上海古籍出版社,2019年3月 图版p.237~245

Db.t.1357 十万颂般若波罗蜜多经第一卷第五十七品

马德、勘措吉主编,甘肃省文物局、敦煌研究院编纂 甘肃藏敦煌藏文文献⑩敦煌市博物馆卷,上海:上海古籍出版社,2019年3月 图版p.246

Db.t.1358 十万颂般若波罗蜜多经

张延清著 吐蕃敦煌抄经研究 北京:民族出版社,2016年11月 p.305、332、333、347~348、356

---

①该文献《甘肃藏敦煌藏文文献叙录》原定名作"十万颂般若波罗蜜多经"。《甘肃藏敦煌藏文文献》⑩敦煌市博物馆卷图录重新校定名称作"十万颂般若波罗蜜多经第一卷第五十五、五十六品"。

②张延清《吐蕃敦煌抄经研究》附录第354页"198.洪晉"Dd.t.0346、0411、0412、0524、0545、0875、1067、1104、1125、1127、1129、1145、1223、1244、1302、1319、1330、1332、1356、1604把"敦煌市博物馆藏敦煌藏文文献"与"敦煌市档案馆藏敦煌藏文文献"混淆使用了。敦煌市档案馆藏敦煌藏文文献仅存12个编号。经核查,洪晉校卷出现在敦煌市档案馆藏敦煌藏文文献Dd.t.01和敦煌市博物馆藏敦煌藏文文献Db.t.0346、0411、0412、0524、0545、0875、1067、1104、1125、1127、1129、1145、1223、1244、1302、1319、1330、1332、1356、1604等卷号中。

马德、勘措吉主编，甘肃省文物局、敦煌研究院编纂 甘肃藏敦煌藏文文献⑩敦煌市博物馆卷，上海：上海古籍出版社，2019年3月 图版p.247~249

Db.t.1359 十万颂般若波罗蜜多经第一卷第六十品

马德、勘措吉主编，甘肃省文物局、敦煌研究院编纂 甘肃藏敦煌藏文文献⑩敦煌市博物馆卷，上海：上海古籍出版社，2019年3月 图版p.250

Db.t.1360–Db.t.1362 十万颂般若波罗蜜多经

马德、勘措吉主编，甘肃省文物局、敦煌研究院编纂 甘肃藏敦煌藏文文献⑩敦煌市博物馆卷，上海：上海古籍出版社，2019年3月 图版p.251~254

Db.t.1363 十万颂般若波罗蜜多经第一卷第六十二、六十三品

张延清 甘藏吐蕃钵阐布敦煌校经题记《敦煌学辑刊》2010年第1期 p.41~42

张延清著 吐蕃敦煌抄经研究 北京：民族出版社，2016年11月 p.69、317、328、333、340、341、355

马德、勘措吉主编，甘肃省文物局、敦煌研究院编纂 甘肃藏敦煌藏文文献⑩敦煌市博物馆卷，上海：上海古籍出版社，2019年3月 图版p.255~267

Db.t.1364 十万颂般若波罗蜜多经第一卷第六十四品

张延清著 吐蕃敦煌抄经研究 北京：民族出版社，2016年11月 p.317、332、333、347~348、356

马德、勘措吉主编，甘肃省文物局、敦煌研究院编纂 甘肃藏敦煌藏文文献⑩敦煌市博物馆卷，上海：上海古籍出版社，2019年3月 图版p.268~274

Db.t.1365 十万颂般若波罗蜜多经第一卷第六十五品

张延清著 吐蕃敦煌抄经研究 北京：民族出版社，2016年11月 p.317、332、340、347~348、356

马德、勘措吉主编，甘肃省文物局、敦煌研究院编纂 甘肃藏敦煌藏文文献⑩敦煌市博物馆卷，上海：上海古籍出版社，2019年3月 图版p.275~281

Db.t.1366 十万颂般若波罗蜜多经第一卷第六十六品

张延清著 吐蕃敦煌抄经研究 北京：民族出版社，2016年11月 p.320、327、332、347~348、356

马德、勘措吉主编，甘肃省文物局、敦煌研究院编纂 甘肃藏敦煌藏文文献⑩敦煌市博物馆卷，上海：上海古籍出版社，2019年3月 图版p.282~288

Db.t.1367 十万颂般若波罗蜜多经第一卷第六十七品

张延清著 吐蕃敦煌抄经研究 北京：民族出版社，2016年11月 p.320、332、340、347~348、356

马德、勘措吉主编，甘肃省文物局、敦煌研究院编纂 甘肃藏敦煌藏文文献⑩敦煌市博物馆卷，上海：上海古籍出版社，2019年3月 图版p.289~295

Db.t.1368 十万颂般若波罗蜜多经第一卷第六十八品

张延清 甘藏吐蕃钵阐布敦煌校经题记《敦煌学辑刊》2010年第1期 p.42

张延清著 吐蕃敦煌抄经研究 北京：民族出版社，2016年11月 p.69、320、327、332、333、341、356

马德、勘措吉主编，甘肃省文物局、敦煌研究院编纂 甘肃藏敦煌藏文文献⑩敦煌市博物馆卷，上海：上海古籍出版社，2019年3月 图版p.296~303

Db.t.1369 十万颂般若波罗蜜多经第一卷第六十九品

张延清 甘藏吐蕃钵阐布敦煌校经题记《敦煌学辑刊》2010年第1期 p.42

张延清著 吐蕃敦煌抄经研究 北京：民族出版社，2016年11月 p.69、320、328、341、355

马德、勘措吉主编，甘肃省文物局、敦煌研究院编纂 甘肃藏敦煌藏文文献⑩敦煌市博物馆卷，上海：上海古籍出版社，2019年3月 图版p.304~311

Db.t.1370 十万颂般若波罗蜜多经第一卷第七十品

马德、勘措吉主编，甘肃省文物局、敦煌研究院编纂 甘肃藏敦煌藏文文献⑩敦煌市博物馆卷，上海：上海古籍出版社，2019年3月 图版p.312~313

Db.t.1371–Db.t.1372 十万颂般若波罗蜜多经

马德、勘措吉主编，甘肃省文物局、敦煌研究院编纂 甘肃藏敦煌藏文文献⑩敦煌市博物馆卷，上海：上海古籍出版社，2019年3月 图版p.314~316

Db.t.1373 十万颂般若波罗蜜多经第一卷第七十三品

马德、勘措吉主编，甘肃省文物局、敦煌研究院编纂 甘肃藏敦煌藏文文献⑩敦煌市博物馆卷，上海：上海古籍出版社，2019年3月 图版p.317~319

Db.t.1374 十万颂般若波罗蜜多经第一卷第七十一品

张延清著 吐蕃敦煌抄经研究 北京：民族出版社，2016年11月 p.313、328、343、346

马德、勘措吉主编，甘肃省文物局、敦煌研究院编纂 甘肃藏敦煌藏文文献⑩敦煌市博物馆卷，上海：上海古籍出版社，2019年3月 图版p.320~326

Db.t.1375 十万颂般若波罗蜜多经第一卷第七十二品

张延清 吐蕃敦煌抄经坊《敦煌学辑刊》2011年第3期 p.52；收入中央文史研究馆、敦煌研究院、香港大

学饶宗颐学术馆编《庆贺饶宗颐先生九十五华诞敦煌学国际学术研讨会论文集》,北京:中华书局,2012年12月 p.561

张延清著 吐蕃敦煌抄经研究 北京:民族出版社,2016年11月 p.90~91、282、330、336、337、345~346

马德、勘措吉主编,甘肃省文物局、敦煌研究院编纂 甘肃藏敦煌藏文文献⑩敦煌市博物馆卷,上海:上海古籍出版社,2019年3月 图版p.327~334

Db.t.1376 十万颂般若波罗蜜多经第一卷第七十三品

张延清著 吐蕃敦煌抄经研究 北京:民族出版社,2016年11月 p.281、340

马德、勘措吉主编,甘肃省文物局、敦煌研究院编纂 甘肃藏敦煌藏文文献⑩敦煌市博物馆卷,上海:上海古籍出版社,2019年3月 图版p.335~341

Db.t.1377 十万颂般若波罗蜜多经第一卷第七十四品

张延清 吐蕃敦煌抄经坊《敦煌学辑刊》2011年第3期 p.52;收入中央文史研究馆、敦煌研究院、香港大学饶宗颐学术馆编《庆贺饶宗颐先生九十五华诞敦煌学国际学术研讨会论文集》,北京:中华书局,2012年12月 p.561

张延清著 吐蕃敦煌抄经研究 北京:民族出版社,2016年11月 p.91、305、333、336、345~346、352

马德、勘措吉主编,甘肃省文物局、敦煌研究院编纂 甘肃藏敦煌藏文文献⑩敦煌市博物馆卷,上海:上海古籍出版社,2019年3月 图版p.342~348

Db.t.1378 十万颂般若波罗蜜多经第一卷第七十五品

马德、勘措吉主编,甘肃省文物局、敦煌研究院编纂 甘肃藏敦煌藏文文献⑩敦煌市博物馆卷,上海:上海古籍出版社,2019年3月 图版p.349~350

Db.t.1379 十万颂般若波罗蜜多经第一卷第三品

马德、勘措吉主编,甘肃省文物局、敦煌研究院编纂 甘肃藏敦煌藏文文献⑩敦煌市博物馆卷,上海:上海古籍出版社,2019年3月 图版p.351~352

Db.t.1380 十万颂般若波罗蜜多经第一卷第四品

马德、勘措吉主编,甘肃省文物局、敦煌研究院编纂 甘肃藏敦煌藏文文献⑩敦煌市博物馆卷,上海:上海古籍出版社,2019年3月 图版p.353

Db.t.1381–Db.t.1382 十万颂般若波罗蜜多经第一卷第六品

马德、勘措吉主编,甘肃省文物局、敦煌研究院编纂 甘肃藏敦煌藏文文献⑩敦煌市博物馆卷,上海:上海古籍出版社,2019年3月 图版p.354~356

Db.t.1383 十万颂般若波罗蜜多经第一卷第六品

张延清 吐蕃敦煌抄经坊《敦煌学辑刊》2011年第3期 p.53；收入中央文史研究馆、敦煌研究院、香港大学饶宗颐学术馆编《庆贺饶宗颐先生九十五华诞敦煌学国际学术研讨会论文集》，北京：中华书局，2012年12月 p.561

张延清著 吐蕃敦煌抄经研究 北京：民族出版社，2016年11月 p.91、290、327、336、339、341、345~346、352

马德、勘措吉主编，甘肃省文物局、敦煌研究院编纂 甘肃藏敦煌藏文文献⑪敦煌市博物馆卷，上海：上海古籍出版社，2019年5月 图版p.1~2

Db.t.1384 十万颂般若波罗蜜多经第一卷第七品

张延清著 吐蕃敦煌抄经研究 北京：民族出版社，2016年11月 p.303、337、338、339、341、343、345~346

马德、勘措吉主编，甘肃省文物局、敦煌研究院编纂 甘肃藏敦煌藏文文献⑪敦煌市博物馆卷，上海：上海古籍出版社，2019年5月 图版p.3~8

Db.t.1385–Db.t.1386 十万颂般若波罗蜜多经

马德、勘措吉主编，甘肃省文物局、敦煌研究院编纂 甘肃藏敦煌藏文文献⑪敦煌市博物馆卷，上海：上海古籍出版社，2019年5月 图版p.9~10

Db.t.1387 十万颂般若波罗蜜多经第一卷第十一品

马德、勘措吉主编，甘肃省文物局、敦煌研究院编纂 甘肃藏敦煌藏文文献⑪敦煌市博物馆卷，上海：上海古籍出版社，2019年5月 图版p.11

Db.t.1388–Db.t.1389 十万颂般若波罗蜜多经

马德、勘措吉主编，甘肃省文物局、敦煌研究院编纂 甘肃藏敦煌藏文文献⑪敦煌市博物馆卷，上海：上海古籍出版社，2019年5月 图版p.12~13

Db.t.1390 十万颂般若波罗蜜多经

张延清著 吐蕃敦煌抄经研究 北京：民族出版社，2016年11月 p.324、327、356、357

马德、勘措吉主编，甘肃省文物局、敦煌研究院编纂 甘肃藏敦煌藏文文献⑪敦煌市博物馆卷，上海：上海古籍出版社，2019年5月 图版p.14

Db.t.1391–Db.t.1392 十万颂般若波罗蜜多经

马德、勘措吉主编，甘肃省文物局、敦煌研究院编纂 甘肃藏敦煌藏文文献⑪敦煌市博物馆卷，上海：上海古籍出版社，2019年5月 图版p.15~16

Db.t.1393 十万颂般若波罗蜜多经第四卷第十七、十八品

张延清著 吐蕃敦煌抄经研究 北京:民族出版社,2016年11月 p.281、326、355

马德、勘措吉主编,甘肃省文物局、敦煌研究院编纂 甘肃藏敦煌藏文文献⑪敦煌市博物馆卷,上海:上海古籍出版社,2019年5月 图版p.17~24

Db.t.1394 十万颂般若波罗蜜多经第一卷第十六品

马德、勘措吉主编,甘肃省文物局、敦煌研究院编纂 甘肃藏敦煌藏文文献⑪敦煌市博物馆卷,上海:上海古籍出版社,2019年5月 图版p.25

Db.t.1395 十万颂般若波罗蜜多经

马德、勘措吉主编,甘肃省文物局、敦煌研究院编纂 甘肃藏敦煌藏文文献⑪敦煌市博物馆卷,上海:上海古籍出版社,2019年5月 图版p.26

Db.t.1396 十万颂般若波罗蜜多经第一卷第十七品

马德、勘措吉主编,甘肃省文物局、敦煌研究院编纂 甘肃藏敦煌藏文文献⑪敦煌市博物馆卷,上海:上海古籍出版社,2019年5月 图版p.27

Db.t.1397 十万颂般若波罗蜜多经

张延清著 吐蕃敦煌抄经研究 北京:民族出版社,2016年11月 p.276、336、337、343、348、357

马德、勘措吉主编,甘肃省文物局、敦煌研究院编纂 甘肃藏敦煌藏文文献⑪敦煌市博物馆卷,上海:上海古籍出版社,2019年5月 图版p.28~33

Db.t.1398 十万颂般若波罗蜜多经第一卷第十八品

张延清著 吐蕃敦煌抄经研究 北京:民族出版社,2016年11月 p.305、330、338、339、343、352

马德、勘措吉主编,甘肃省文物局、敦煌研究院编纂 甘肃藏敦煌藏文文献⑪敦煌市博物馆卷,上海:上海古籍出版社,2019年5月 图版p.34~41

Db.t.1399 十万颂般若波罗蜜多经

马德、勘措吉主编,甘肃省文物局、敦煌研究院编纂 甘肃藏敦煌藏文文献⑪敦煌市博物馆卷,上海:上海古籍出版社,2019年5月 图版p.42

Db.t.1400 十万颂般若波罗蜜多经第一卷第二十品

马德、勘措吉主编,甘肃省文物局、敦煌研究院编纂 甘肃藏敦煌藏文文献⑪敦煌市博物馆卷,上海:上海古籍出版社,2019年5月 图版p.43

Db.t.1401 十万颂般若波罗蜜多经

张延清著 吐蕃敦煌抄经研究 北京：民族出版社，2016年11月 p.286、348、349、350

马德、勘措吉主编，甘肃省文物局、敦煌研究院编纂 甘肃藏敦煌藏文文献⑪敦煌市博物馆卷，上海：上海古籍出版社，2019年5月 图版p.44

Db.t.1402–Db.t.1406 十万颂般若波罗蜜多经

马德、勘措吉主编，甘肃省文物局、敦煌研究院编纂 甘肃藏敦煌藏文文献⑪敦煌市博物馆卷，上海：上海古籍出版社，2019年5月 图版p.45~53

Db.t.1407 十万颂般若波罗蜜多经第一卷第四十一、四十二品

张延清著 吐蕃敦煌抄经研究 北京：民族出版社，2016年11月 p.304、331、355、356

马德、勘措吉主编，甘肃省文物局、敦煌研究院编纂 甘肃藏敦煌藏文文献⑪敦煌市博物馆卷，上海：上海古籍出版社，2019年5月 图版p.54~59

Db.t.1408–Db.t.1409 十万颂般若波罗蜜多经

马德、勘措吉主编，甘肃省文物局、敦煌研究院编纂 甘肃藏敦煌藏文文献⑪敦煌市博物馆卷，上海：上海古籍出版社，2019年5月 图版p.60~64

Db.t.1410 十万颂般若波罗蜜多经第一卷第四十三品

马德、勘措吉主编，甘肃省文物局、敦煌研究院编纂 甘肃藏敦煌藏文文献⑪敦煌市博物馆卷，上海：上海古籍出版社，2019年5月 图版p.65

Db.t.1411 十万颂般若波罗蜜多经

张延清著 吐蕃敦煌抄经研究 北京：民族出版社，2016年11月 p.279、327、336、354

马德、勘措吉主编，甘肃省文物局、敦煌研究院编纂 甘肃藏敦煌藏文文献⑪敦煌市博物馆卷，上海：上海古籍出版社，2019年5月 图版p.66

Db.t.1412 十万颂般若波罗蜜多经第一卷第四十六品

马德、勘措吉主编，甘肃省文物局、敦煌研究院编纂 甘肃藏敦煌藏文文献⑪敦煌市博物馆卷，上海：上海古籍出版社，2019年5月 图版p.67~72

Db.t.1413 十万颂般若波罗蜜多经

张延清著 吐蕃敦煌抄经研究 北京：民族出版社，2016年11月 p.322、335

马德、勘措吉主编，甘肃省文物局、敦煌研究院编纂 甘肃藏敦煌藏文文献⑪敦煌市博物馆卷，上海：上

海古籍出版社，2019年5月 图版p.73~80

Db.t.1414 十万颂般若波罗蜜多经第一卷第四十九、五十品

张延清著 吐蕃敦煌抄经研究 北京：民族出版社，2016年11月 p.324、335、348、349

马德、勘措吉主编，甘肃省文物局、敦煌研究院编纂 甘肃藏敦煌藏文文献⑪敦煌市博物馆卷，上海：上海古籍出版社，2019年5月 图版p.81~84

Db.t.1415 十万颂般若波罗蜜多经

马德、勘措吉主编，甘肃省文物局、敦煌研究院编纂 甘肃藏敦煌藏文文献⑪敦煌市博物馆卷，上海：上海古籍出版社，2019年5月 图版p.85~89

Db.t.1416 十万颂般若波罗蜜多经第一卷第七十四品

马德、勘措吉主编，甘肃省文物局、敦煌研究院编纂 甘肃藏敦煌藏文文献⑪敦煌市博物馆卷，上海：上海古籍出版社，2019年5月 图版p.90

Db.t.1417 十万颂般若波罗蜜多经

马德、勘措吉主编，甘肃省文物局、敦煌研究院编纂 甘肃藏敦煌藏文文献⑪敦煌市博物馆卷，上海：上海古籍出版社，2019年5月 图版p.91

Db.t.1418 十万颂般若波罗蜜多经第一卷第五十四品

马德、勘措吉主编，甘肃省文物局、敦煌研究院编纂 甘肃藏敦煌藏文文献⑪敦煌市博物馆卷，上海：上海古籍出版社，2019年5月 图版p.92~95

Db.t.1419 十万颂般若波罗蜜多经

张延清 翻译家校阅大师法成及其校经目录《敦煌学辑刊》2008年第3期 p.87；收入德吉卓玛编《吐蕃佛教史研究论文集》，北京：中国藏学出版社，2015年4月 p.641

张延清著 吐蕃敦煌抄经研究 北京：民族出版社，2016年11月 p.140、288、332~333、342、346

马德、勘措吉主编，甘肃省文物局、敦煌研究院编纂 甘肃藏敦煌藏文文献⑪敦煌市博物馆卷，上海：上海古籍出版社，2019年5月 图版p.96~100

札平 敦煌古藏文文献中的佛教神话原型研究——以《贤愚姻缘经》为例 兰州：西北民族大学硕士研究生学位论文，2011年6月 p.12

Db.t.1420–Db.t.1424 十万颂般若波罗蜜多经

马德、勘措吉主编，甘肃省文物局、敦煌研究院编纂 甘肃藏敦煌藏文文献⑪敦煌市博物馆卷，上海：上

海古籍出版社，2019年5月 图版p.101~105

Db.t.1425 十万颂般若波罗蜜多经第一卷第六十五品

马德、勘措吉主编，甘肃省文物局、敦煌研究院编纂 甘肃藏敦煌藏文文献⑪敦煌市博物馆卷，上海：上海古籍出版社，2019年5月 图版p.106

Db.t.1426 十万颂般若波罗蜜多经

张延清著 吐蕃敦煌抄经研究 北京：民族出版社，2016年11月 p.281、355

马德、勘措吉主编，甘肃省文物局、敦煌研究院编纂 甘肃藏敦煌藏文文献⑪敦煌市博物馆卷，上海：上海古籍出版社，2019年5月 图版p.107

Db.t.1427 十万颂般若波罗蜜多经第一卷第六十七品

马德、勘措吉主编，甘肃省文物局、敦煌研究院编纂 甘肃藏敦煌藏文文献⑪敦煌市博物馆卷，上海：上海古籍出版社，2019年5月 图版p.108

Db.t.1428–Db.t.1429 十万颂般若波罗蜜多经

马德、勘措吉主编，甘肃省文物局、敦煌研究院编纂 甘肃藏敦煌藏文文献⑪敦煌市博物馆卷，上海：上海古籍出版社，2019年5月 图版p.109~110

Db.t.1430 十万颂般若波罗蜜多经第一卷第六十七品

马德、勘措吉主编，甘肃省文物局、敦煌研究院编纂 甘肃藏敦煌藏文文献⑪敦煌市博物馆卷，上海：上海古籍出版社，2019年5月 图版p.111~115

Db.t.1431 十万颂般若波罗蜜多经

张延清著 吐蕃敦煌抄经研究 北京：民族出版社，2016年11月 p.284、331

马德、勘措吉主编，甘肃省文物局、敦煌研究院编纂 甘肃藏敦煌藏文文献⑪敦煌市博物馆卷，上海：上海古籍出版社，2019年5月 图版p.116

Db.t.1432–Db.t.1434 十万颂般若波罗蜜多经

马德、勘措吉主编，甘肃省文物局、敦煌研究院编纂 甘肃藏敦煌藏文文献⑪敦煌市博物馆卷，上海：上海古籍出版社，2019年5月 图版p.117~121

Db.t.1435 十万颂般若波罗蜜多经

张延清著 吐蕃敦煌抄经研究 北京：民族出版社，2016年11月 p.305、331、346、348、349

马德、勘措吉主编，甘肃省文物局、敦煌研究院编纂 甘肃藏敦煌藏文文献⑪敦煌市博物馆卷，上海：上海古籍出版社，2019年5月 图版p.122~127

Db.t.1436 十万颂般若波罗蜜多经

马德、勘措吉主编，甘肃省文物局、敦煌研究院编纂 甘肃藏敦煌藏文文献⑪敦煌市博物馆卷，上海：上海古籍出版社，2019年5月 图版p.128~133

Db.t.1437 十万颂般若波罗蜜多经

张延清著 吐蕃敦煌抄经研究 北京：民族出版社，2016年11月 p.317、332、340、347~348、356

马德、勘措吉主编，甘肃省文物局、敦煌研究院编纂 甘肃藏敦煌藏文文献⑪敦煌市博物馆卷，上海：上海古籍出版社，2019年5月 图版p.134

Db.t.1438–Db.t.1440 十万颂般若波罗蜜多经

马德、勘措吉主编，甘肃省文物局、敦煌研究院编纂 甘肃藏敦煌藏文文献⑪敦煌市博物馆卷，上海：上海古籍出版社，2019年5月 图版p.135~137

Db.t.1441 十万颂般若波罗蜜多经第一卷第七十五品

张延清著 吐蕃敦煌抄经研究 北京：民族出版社，2016年11月 p.323、350

马德、勘措吉主编，甘肃省文物局、敦煌研究院编纂 甘肃藏敦煌藏文文献⑪敦煌市博物馆卷，上海：上海古籍出版社，2019年5月 图版p.138~142

Db.t.1442 十万颂般若波罗蜜多经

马德、勘措吉主编，甘肃省文物局、敦煌研究院编纂 甘肃藏敦煌藏文文献⑪敦煌市博物馆卷，上海：上海古籍出版社，2019年5月 图版p.143

Db.t.1443 十万颂般若波罗蜜多经第一卷第六品

马德、勘措吉主编，甘肃省文物局、敦煌研究院编纂 甘肃藏敦煌藏文文献⑪敦煌市博物馆卷，上海：上海古籍出版社，2019年5月 图版p.144~145

Db.t.1444 十万颂般若波罗蜜多经

张延清著 吐蕃敦煌抄经研究 北京：民族出版社，2016年11月 p.315、331、339、350

马德、勘措吉主编，甘肃省文物局、敦煌研究院编纂 甘肃藏敦煌藏文文献⑪敦煌市博物馆卷，上海：上海古籍出版社，2019年5月 图版p.146~148

Db.t.1445 十万颂般若波罗蜜多经第一卷第八品

马德、勘措吉主编，甘肃省文物局、敦煌研究院编纂 甘肃藏敦煌藏文文献⑪敦煌市博物馆卷，上海：上海古籍出版社，2019年5月 图版p.149~154

Db.t.1446–Db.t.1447 十万颂般若波罗蜜多经

马德、勘措吉主编，甘肃省文物局、敦煌研究院编纂 甘肃藏敦煌藏文文献⑪敦煌市博物馆卷，上海：上海古籍出版社，2019年5月 图版p.155~158

Db.t.1448 十万颂般若波罗蜜多经第一卷第十七、十八品

张延清著 吐蕃敦煌抄经研究 北京：民族出版社，2016年11月 p.323、332、347~348、355、356

马德、勘措吉主编，甘肃省文物局、敦煌研究院编纂 甘肃藏敦煌藏文文献⑪敦煌市博物馆卷，上海：上海古籍出版社，2019年5月 图版p.159~162

Db.t.1449 十万颂般若波罗蜜多经

马德、勘措吉主编，甘肃省文物局、敦煌研究院编纂 甘肃藏敦煌藏文文献⑪敦煌市博物馆卷，上海：上海古籍出版社，2019年5月 图版p.163

Db.t.1450 十万颂般若波罗蜜多经

张延清著 吐蕃敦煌抄经研究 北京：民族出版社，2016年11月 p.309、346

马德、勘措吉主编，甘肃省文物局、敦煌研究院编纂 甘肃藏敦煌藏文文献⑪敦煌市博物馆卷，上海：上海古籍出版社，2019年5月 图版p.164~166

Db.t.1451–Db.t.1452 十万颂般若波罗蜜多经

马德、勘措吉主编，甘肃省文物局、敦煌研究院编纂 甘肃藏敦煌藏文文献⑪敦煌市博物馆卷，上海：上海古籍出版社，2019年5月 图版p.167~169

Db.t.1453 十万颂般若波罗蜜多经第一卷第七十五品

马德、勘措吉主编，甘肃省文物局、敦煌研究院编纂 甘肃藏敦煌藏文文献⑪敦煌市博物馆卷，上海：上海古籍出版社，2019年5月 图版p.170

Db.t.1454 十万颂般若波罗蜜多经

马德、勘措吉主编，甘肃省文物局、敦煌研究院编纂 甘肃藏敦煌藏文文献⑪敦煌市博物馆卷，上海：上海古籍出版社，2019年5月 图版p.171

Db.t.1455 十万颂般若波罗蜜多经第二卷第二品[①]

张延清 吐蕃王妃贝吉昂楚及其敦煌校经题记《西藏民族学院学报》(哲学社会科学版)2009年第5期 p.31~32;收入德吉卓玛编《吐蕃佛教史研究论文集》,北京:中国藏学出版社,2015年4月 p.610

马德主编,张延清、勘措吉、邰惠莉编写 敦煌市博物馆藏敦煌藏文文献《甘肃藏敦煌藏文文献叙录》,兰州:甘肃民族出版社,2011年9月 p.380

张延清著 吐蕃敦煌抄经研究 北京:民族出版社,2016年11月 p.323、329、333、340

马德、勘措吉主编,甘肃省文物局、敦煌研究院编纂 甘肃藏敦煌藏文文献⑪敦煌市博物馆卷,上海:上海古籍出版社,2019年5月 图版p.172~181

Db.t.1456 十万颂般若波罗蜜多经第二卷第三品

张延清 吐蕃王妃贝吉昂楚及其敦煌校经题记《西藏民族学院学报》(哲学社会科学版)2009年第5期 p.32;收入德吉卓玛编《吐蕃佛教史研究论文集》,北京:中国藏学出版社,2015年4月 p.610~611

张延清著 吐蕃敦煌抄经研究 北京:民族出版社,2016年11月 p.281、340、345、354

马德、勘措吉主编,甘肃省文物局、敦煌研究院编纂 甘肃藏敦煌藏文文献⑪敦煌市博物馆卷,上海:上海古籍出版社,2019年5月 图版p.182~191

Db.t.1457 十万颂般若波罗蜜多经[②]

马德主编,张延清、勘措吉、邰惠莉编写 敦煌市博物馆藏敦煌藏文文献《甘肃藏敦煌藏文文献叙录》,兰州:甘肃民族出版社,2011年9月 p.381

马德、勘措吉主编,甘肃省文物局、敦煌研究院编纂 甘肃藏敦煌藏文文献⑪敦煌市博物馆卷,上海:上海古籍出版社,2019年5月 图版p.192

Db.t.1458 十万颂般若波罗蜜多经第二卷第四品

马德、勘措吉主编,甘肃省文物局、敦煌研究院编纂 甘肃藏敦煌藏文文献⑪敦煌市博物馆卷,上海:上海古籍出版社,2019年5月 图版p.193~196

Db.t.1459 十万颂般若波罗蜜多经

张延清 吐蕃王妃贝吉昂楚及其敦煌校经题记《西藏民族学院学报》(哲学社会科学版)2009年第5期 p.32;收入德吉卓玛编《吐蕃佛教史研究论文集》,北京:中国藏学出版社,2015年4月 p.611

---

①该文献《甘肃藏敦煌藏文文献叙录》、张延清著《吐蕃敦煌抄经研究》均定名作"十万颂般若波罗蜜多经第二卷第一、二品"。《甘肃藏敦煌藏文文献》⑪敦煌市博物馆卷图录重新校定名称作"十万颂般若波罗蜜多经第二卷第二品"。

②该文献《甘肃藏敦煌藏文文献叙录》原定名作"十万颂般若波罗蜜多经第二卷第四品"。《甘肃藏敦煌藏文文献》⑪敦煌市博物馆卷图录重新校定名称作"十万颂般若波罗蜜多经"。

张延清著 吐蕃敦煌抄经研究 北京:民族出版社,2016年11月 p.310、329、337、340、341、344、347、353

马德、勘措吉主编,甘肃省文物局、敦煌研究院编纂 甘肃藏敦煌藏文文献⑪敦煌市博物馆卷,上海:上海古籍出版社,2019年5月 图版p.197

Db.t.1460 十万颂般若波罗蜜多经

张延清著 吐蕃敦煌抄经研究 北京:民族出版社,2016年11月 p.323、334、357

马德、勘措吉主编,甘肃省文物局、敦煌研究院编纂 甘肃藏敦煌藏文文献⑪敦煌市博物馆卷,上海:上海古籍出版社,2019年5月 图版p.198~200

Db.t.1461 十万颂般若波罗蜜多经

张延清著 吐蕃敦煌抄经研究 北京:民族出版社,2016年11月 p.323

马德、勘措吉主编,甘肃省文物局、敦煌研究院编纂 甘肃藏敦煌藏文文献⑪敦煌市博物馆卷,上海:上海古籍出版社,2019年5月 图版p.201~204

Db.t.1462 十万颂般若波罗蜜多经

张延清 吐蕃王妃贝吉昂楚及其敦煌校经题记《西藏民族学院学报》(哲学社会科学版)2009年第5期 p.32;收入德吉卓玛编《吐蕃佛教史研究论文集》,北京:中国藏学出版社,2015年4月 p.611

张延清著 吐蕃敦煌抄经研究 北京:民族出版社,2016年11月 p.324、340、345、354

马德、勘措吉主编,甘肃省文物局、敦煌研究院编纂 甘肃藏敦煌藏文文献⑪敦煌市博物馆卷,上海:上海古籍出版社,2019年5月 图版p.205~207

Db.t.1463 十万颂般若波罗蜜多经第二卷第七品

马德、勘措吉主编,甘肃省文物局、敦煌研究院编纂 甘肃藏敦煌藏文文献⑪敦煌市博物馆卷,上海:上海古籍出版社,2019年5月 图版p.208~209

Db.t.1464 十万颂般若波罗蜜多经

张延清 吐蕃王妃贝吉昂楚及其敦煌校经题记《西藏民族学院学报》(哲学社会科学版)2009年第5期 p.32;收入德吉卓玛编《吐蕃佛教史研究论文集》,北京:中国藏学出版社,2015年4月 p.611~612

张延清著 吐蕃敦煌抄经研究 北京:民族出版社,2016年11月 p.324、330、340、345、354

马德、勘措吉主编,甘肃省文物局、敦煌研究院编纂 甘肃藏敦煌藏文文献⑪敦煌市博物馆卷,上海:上海古籍出版社,2019年5月 图版p.210~213

Db.t.1465 十万颂般若波罗蜜多经第二卷第八品

马德、勘措吉主编,甘肃省文物局、敦煌研究院编纂 甘肃藏敦煌藏文文献⑪敦煌市博物馆卷,上海:上

海古籍出版社，2019年5月 图版p.214~221

Db.t.1466 十万颂般若波罗蜜多经第二卷第九品①

张延清 吐蕃王妃贝吉昂楚及其敦煌校经题记《西藏民族学院学报》（哲学社会科学版）2009年第5期 p.32；收入德吉卓玛编《吐蕃佛教史研究论文集》，北京：中国藏学出版社，2015年4月 p.612

马德主编，张延清、勘措吉、郜惠莉编写 敦煌市博物馆藏敦煌藏文文献《甘肃藏敦煌藏文文献叙录》，兰州：甘肃民族出版社，2011年9月 p.382

张延清著 吐蕃敦煌抄经研究 北京：民族出版社，2016年11月 p.324、340、345、354

马德、勘措吉主编，甘肃省文物局、敦煌研究院编纂 甘肃藏敦煌藏文文献⑪敦煌市博物馆卷，上海：上海古籍出版社，2019年5月 图版p.222~236

Db.t.1467 十万颂般若波罗蜜多经第二卷第十一、十二品

张延清著 吐蕃敦煌抄经研究 北京：民族出版社，2016年11月 p.320、329

马德、勘措吉主编，甘肃省文物局、敦煌研究院编纂 甘肃藏敦煌藏文文献⑪敦煌市博物馆卷，上海：上海古籍出版社，2019年5月 图版p.237~248

Db.t.1468 十万颂般若波罗蜜多经

马德、勘措吉主编，甘肃省文物局、敦煌研究院编纂 甘肃藏敦煌藏文文献⑪敦煌市博物馆卷，上海：上海古籍出版社，2019年5月 图版p.249

Db.t.1469 十万颂般若波罗蜜多经

张延清著 吐蕃敦煌抄经研究 北京：民族出版社，2016年11月 p.320、329

马德、勘措吉主编，甘肃省文物局、敦煌研究院编纂 甘肃藏敦煌藏文文献⑪敦煌市博物馆卷，上海：上海古籍出版社，2019年5月 图版p.250

Db.t.1470 十万颂般若波罗蜜多经第二卷第十三品

马德、勘措吉主编，甘肃省文物局、敦煌研究院编纂 甘肃藏敦煌藏文文献⑪敦煌市博物馆卷，上海：上海古籍出版社，2019年5月 图版p.251~252

Db.t.1471–Db.t.1472 十万颂般若波罗蜜多经

马德、勘措吉主编，甘肃省文物局、敦煌研究院编纂 甘肃藏敦煌藏文文献⑪敦煌市博物馆卷，上海：上

---

①该文献《甘肃藏敦煌藏文文献叙录》、张延清著《吐蕃敦煌抄经研究》均定名作“十万颂般若波罗蜜多经第二卷第九、十品”。《甘肃藏敦煌藏文文献》⑪敦煌市博物馆卷图录重新校定名称作“十万颂般若波罗蜜多经第二卷第九品”。

海古籍出版社，2019年5月 图版p.253~259

Db.t.1473 十万颂般若波罗蜜多经

张延清著 吐蕃敦煌抄经研究 北京：民族出版社，2016年11月 p.320、329

马德、勘措吉主编，甘肃省文物局、敦煌研究院编纂 甘肃藏敦煌藏文文献⑪敦煌市博物馆卷，上海：上海古籍出版社，2019年5月 图版p.260~266

Db.t.1474 十万颂般若波罗蜜多经第二卷第十五品

马德、勘措吉主编，甘肃省文物局、敦煌研究院编纂 甘肃藏敦煌藏文文献⑪敦煌市博物馆卷，上海：上海古籍出版社，2019年5月 图版p.267~269

Db.t.1475 十万颂般若波罗蜜多经

张延清著 吐蕃敦煌抄经研究 北京：民族出版社，2016年11月 p.300、327

马德、勘措吉主编，甘肃省文物局、敦煌研究院编纂 甘肃藏敦煌藏文文献⑪敦煌市博物馆卷，上海：上海古籍出版社，2019年5月 图版p.270~274

Db.t.1476 十万颂般若波罗蜜多经

马德、勘措吉主编，甘肃省文物局、敦煌研究院编纂 甘肃藏敦煌藏文文献⑪敦煌市博物馆卷，上海：上海古籍出版社，2019年5月 图版p.275~276

Db.t.1477 十万颂般若波罗蜜多经

张延清著 吐蕃敦煌抄经研究 北京：民族出版社，2016年11月 p.293、329

马德、勘措吉主编，甘肃省文物局、敦煌研究院编纂 甘肃藏敦煌藏文文献⑪敦煌市博物馆卷，上海：上海古籍出版社，2019年5月 图版p.277~278

Db.t.1478 十万颂般若波罗蜜多经第二卷第十八品

马德、勘措吉主编，甘肃省文物局、敦煌研究院编纂 甘肃藏敦煌藏文文献⑪敦煌市博物馆卷，上海：上海古籍出版社，2019年5月 图版p.279

Db.t.1479 十万颂般若波罗蜜多经第二卷第二十品

马德、勘措吉主编，甘肃省文物局、敦煌研究院编纂 甘肃藏敦煌藏文文献⑪敦煌市博物馆卷，上海：上海古籍出版社，2019年5月 图版p.280~282

Db.t.1480 十万颂般若波罗蜜多经第二卷第二十、二十一品

张延清著 吐蕃敦煌抄经研究 北京：民族出版社，2016年11月 p.286、345、354、356~357

马德、勘措吉主编，甘肃省文物局、敦煌研究院编纂 甘肃藏敦煌藏文文献⑪敦煌市博物馆卷，上海：上海古籍出版社，2019年5月 图版p.283~285

Db.t.1481 十万颂般若波罗蜜多经

张延清著 吐蕃敦煌抄经研究 北京：民族出版社，2016年11月 p.307、331、343、349、356~357

马德、勘措吉主编，甘肃省文物局、敦煌研究院编纂 甘肃藏敦煌藏文文献⑪敦煌市博物馆卷，上海：上海古籍出版社，2019年5月 图版p.286~287

Db.t.1482 十万颂般若波罗蜜多经第二卷第二十一品

马德、勘措吉主编，甘肃省文物局、敦煌研究院编纂 甘肃藏敦煌藏文文献⑪敦煌市博物馆卷，上海：上海古籍出版社，2019年5月 图版p.288~290

Db.t.1483 十万颂般若波罗蜜多经第二卷第二十二、二十三品

张延清著 吐蕃敦煌抄经研究 北京：民族出版社，2016年11月 p.320、334、357

马德、勘措吉主编，甘肃省文物局、敦煌研究院编纂 甘肃藏敦煌藏文文献⑪敦煌市博物馆卷，上海：上海古籍出版社，2019年5月 图版p.291~296

Db.t.1484 十万颂般若波罗蜜多经

张延清著 吐蕃敦煌抄经研究 北京：民族出版社，2016年11月 p.294、326、336、339、341、342、346、348

马德、勘措吉主编，甘肃省文物局、敦煌研究院编纂 甘肃藏敦煌藏文文献⑪敦煌市博物馆卷，上海：上海古籍出版社，2019年5月 图版p.297~298

Db.t.1485 十万颂般若波罗蜜多经第二卷第二十二、二十三品

张延清著 吐蕃敦煌抄经研究 北京：民族出版社，2016年11月 p.285

马德、勘措吉主编，甘肃省文物局、敦煌研究院编纂 甘肃藏敦煌藏文文献⑪敦煌市博物馆卷，上海：上海古籍出版社，2019年5月 图版p.299~307

Db.t.1486 十万颂般若波罗蜜多经第二卷第二十四品

马德、勘措吉主编，甘肃省文物局、敦煌研究院编纂 甘肃藏敦煌藏文文献⑪敦煌市博物馆卷，上海：上海古籍出版社，2019年5月 图版p.308

Db.t.1487 十万颂般若波罗蜜多经

张延清著 吐蕃敦煌抄经研究 北京:民族出版社,2016年11月 p.313、336、339、341、342、346

马德、勘措吉主编,甘肃省文物局、敦煌研究院编纂 甘肃藏敦煌藏文文献⑪敦煌市博物馆卷,上海:上海古籍出版社,2019年5月 图版p.309~311

Db.t.1488 十万颂般若波罗蜜多经第二卷第二十七品

马德、勘措吉主编,甘肃省文物局、敦煌研究院编纂 甘肃藏敦煌藏文文献⑪敦煌市博物馆卷,上海:上海古籍出版社,2019年5月 图版p.312~314

Db.t.1489 十万颂般若波罗蜜多经

张延清著 吐蕃敦煌抄经研究 北京:民族出版社,2016年11月 p.320~321、334、357

马德、勘措吉主编,甘肃省文物局、敦煌研究院编纂 甘肃藏敦煌藏文文献⑪敦煌市博物馆卷,上海:上海古籍出版社,2019年5月 图版p.315

Db.t.1490 十万颂般若波罗蜜多经第二卷第二十六品

马德、勘措吉主编,甘肃省文物局、敦煌研究院编纂 甘肃藏敦煌藏文文献⑪敦煌市博物馆卷,上海:上海古籍出版社,2019年5月 图版p.316

Db.t.1491 十万颂般若波罗蜜多经

马德、勘措吉主编,甘肃省文物局、敦煌研究院编纂 甘肃藏敦煌藏文文献⑪敦煌市博物馆卷,上海:上海古籍出版社,2019年5月 图版p.317

Db.t.1492 十万颂般若波罗蜜多经

张延清著 吐蕃敦煌抄经研究 北京:民族出版社,2016年11月 p.320、327~328

马德、勘措吉主编,甘肃省文物局、敦煌研究院编纂 甘肃藏敦煌藏文文献⑪敦煌市博物馆卷,上海:上海古籍出版社,2019年5月 图版p.318

Db.t.1493 十万颂般若波罗蜜多经第二卷第二十八品

马德、勘措吉主编,甘肃省文物局、敦煌研究院编纂 甘肃藏敦煌藏文文献⑪敦煌市博物馆卷,上海:上海古籍出版社,2019年5月 图版p.319~326

Db.t.1494–Db.t.1495 十万颂般若波罗蜜多经

马德、勘措吉主编,甘肃省文物局、敦煌研究院编纂 甘肃藏敦煌藏文文献⑪敦煌市博物馆卷,上海:上海古籍出版社,2019年5月 图版p.327~328

Db.t.1496 十万颂般若波罗蜜多经第二卷第二十六、二十七品

张延清 翻译家校阅大师法成及其校经目录《敦煌学辑刊》2008年第3期 p.87~88;收入德吉卓玛编《吐蕃佛教史研究论文集》,北京:中国藏学出版社,2015年4月 p.641

张延清著 吐蕃敦煌抄经研究 北京:民族出版社,2016年11月 p.129、323、335、343

马德、勘措吉主编,甘肃省文物局、敦煌研究院编纂 甘肃藏敦煌藏文文献⑪敦煌市博物馆卷,上海:上海古籍出版社,2019年5月 图版p.329

札平 敦煌古藏文文献中的佛教神话原型研究——以《贤愚姻缘经》为例 兰州:西北民族大学硕士研究生学位论文,2011年6月 p.12

Db.t.1497 十万颂般若波罗蜜多经第二卷第三十品

马德、勘措吉主编,甘肃省文物局、敦煌研究院编纂 甘肃藏敦煌藏文文献⑪敦煌市博物馆卷,上海:上海古籍出版社,2019年5月 图版p.330

Db.t.1498 十万颂般若波罗蜜多经

马德、勘措吉主编,甘肃省文物局、敦煌研究院编纂 甘肃藏敦煌藏文文献⑪敦煌市博物馆卷,上海:上海古籍出版社,2019年5月 图版p.331

Db.t.1499 十万颂般若波罗蜜多经第二卷第二十九品

马德、勘措吉主编,甘肃省文物局、敦煌研究院编纂 甘肃藏敦煌藏文文献⑪敦煌市博物馆卷,上海:上海古籍出版社,2019年5月 图版p.332

Db.t.1500 十万颂般若波罗蜜多经

马德、勘措吉主编,甘肃省文物局、敦煌研究院编纂 甘肃藏敦煌藏文文献⑪敦煌市博物馆卷,上海:上海古籍出版社,2019年5月 图版p.333

Db.t.1501 十万颂般若波罗蜜多经第二卷第二十八品

马德、勘措吉主编,甘肃省文物局、敦煌研究院编纂 甘肃藏敦煌藏文文献⑪敦煌市博物馆卷,上海:上海古籍出版社,2019年5月 图版p.334

Db.t.1502 十万颂般若波罗蜜多经

马德、勘措吉主编,甘肃省文物局、敦煌研究院编纂 甘肃藏敦煌藏文文献⑪敦煌市博物馆卷,上海:上海古籍出版社,2019年5月 图版p.335

Db.t.1503 十万颂般若波罗蜜多经第二卷第三十品

马德、勘措吉主编，甘肃省文物局、敦煌研究院编纂 甘肃藏敦煌藏文文献⑪敦煌市博物馆卷，上海：上海古籍出版社，2019年5月 图版p.336

Db.t.1504–Db.t.1507 十万颂般若波罗蜜多经

马德、勘措吉主编，甘肃省文物局、敦煌研究院编纂 甘肃藏敦煌藏文文献⑪敦煌市博物馆卷，上海：上海古籍出版社，2019年5月 图版p.337~341

Db.t.1508–Db.t.1509 十万颂般若波罗蜜多经

马德、勘措吉主编，甘肃省文物局、敦煌研究院编纂 甘肃藏敦煌藏文文献⑫敦煌市博物馆卷，上海：上海古籍出版社，2019年5月 图版p.1~7

Db.t.1510 十万颂般若波罗蜜多经第二卷第三十三品

马德、勘措吉主编，甘肃省文物局、敦煌研究院编纂 甘肃藏敦煌藏文文献⑫敦煌市博物馆卷，上海：上海古籍出版社，2019年5月 图版p.8~9

Db.t.1511 十万颂般若波罗蜜多经

马德、勘措吉主编，甘肃省文物局、敦煌研究院编纂 甘肃藏敦煌藏文文献⑫敦煌市博物馆卷，上海：上海古籍出版社，2019年5月 图版p.10

Db.t.1512 十万颂般若波罗蜜多经

张延清著 吐蕃敦煌抄经研究 北京：民族出版社，2016年11月 p.316、334、357

马德、勘措吉主编，甘肃省文物局、敦煌研究院编纂 甘肃藏敦煌藏文文献⑫敦煌市博物馆卷，上海：上海古籍出版社，2019年5月 图版p.11

Db.t.1513 十万颂般若波罗蜜多经第二卷第三十四品

马德、勘措吉主编，甘肃省文物局、敦煌研究院编纂 甘肃藏敦煌藏文文献⑫敦煌市博物馆卷，上海：上海古籍出版社，2019年5月 图版p.12~13

Db.t.1514–Db.t.1517 十万颂般若波罗蜜多经

马德、勘措吉主编，甘肃省文物局、敦煌研究院编纂 甘肃藏敦煌藏文文献⑫敦煌市博物馆卷，上海：上海古籍出版社，2019年5月 图版p.14~18

Db.t.1518 十万颂般若波罗蜜多经

张延清著 吐蕃敦煌抄经研究 北京：民族出版社，2016年11月 p.316、334、357

马德、勘措吉主编，甘肃省文物局、敦煌研究院编纂 甘肃藏敦煌藏文文献⑫敦煌市博物馆卷，上海：上海古籍出版社，2019年5月 图版p.19

Db.t.1519 十万颂般若波罗蜜多经

马德、勘措吉主编，甘肃省文物局、敦煌研究院编纂 甘肃藏敦煌藏文文献⑫敦煌市博物馆卷，上海：上海古籍出版社，2019年5月 图版p.20

Db.t.1520 十万颂般若波罗蜜多经第二卷第三十六品

马德、勘措吉主编，甘肃省文物局、敦煌研究院编纂 甘肃藏敦煌藏文文献⑫敦煌市博物馆卷，上海：上海古籍出版社，2019年5月 图版p.21

Db.t.1521–Db.t.1522 十万颂般若波罗蜜多经

马德、勘措吉主编，甘肃省文物局、敦煌研究院编纂 甘肃藏敦煌藏文文献⑫敦煌市博物馆卷，上海：上海古籍出版社，2019年5月 图版p.22~23

Db.t.1523 十万颂般若波罗蜜多经

张延清著 吐蕃敦煌抄经研究 北京：民族出版社，2016年11月 p.279、336、341、344、346、353

马德、勘措吉主编，甘肃省文物局、敦煌研究院编纂 甘肃藏敦煌藏文文献⑫敦煌市博物馆卷，上海：上海古籍出版社，2019年5月 图版p.24~26

Db.t.1524 十万颂般若波罗蜜多经

马德、勘措吉主编，甘肃省文物局、敦煌研究院编纂 甘肃藏敦煌藏文文献⑫敦煌市博物馆卷，上海：上海古籍出版社，2019年5月 图版p.27~30

Db.t.1525 十万颂般若波罗蜜多经

张延清著 吐蕃敦煌抄经研究 北京：民族出版社，2016年11月 p.300、339、341、342、346、347

马德、勘措吉主编，甘肃省文物局、敦煌研究院编纂 甘肃藏敦煌藏文文献⑫敦煌市博物馆卷，上海：上海古籍出版社，2019年5月 图版p.31

Db.t.1526–Db.t.1529 十万颂般若波罗蜜多经

马德、勘措吉主编，甘肃省文物局、敦煌研究院编纂 甘肃藏敦煌藏文文献⑫敦煌市博物馆卷，上海：上海古籍出版社，2019年5月 图版p.32~36

Db.t.1530 十万颂般若波罗蜜多经

张延清著 吐蕃敦煌抄经研究 北京:民族出版社,2016年11月 p.314、327~328

马德、勘措吉主编,甘肃省文物局、敦煌研究院编纂 甘肃藏敦煌藏文文献⑫敦煌市博物馆卷,上海:上海古籍出版社,2019年5月 图版p.37

Db.t.1531 十万颂般若波罗蜜多经

马德、勘措吉主编,甘肃省文物局、敦煌研究院编纂 甘肃藏敦煌藏文文献⑫敦煌市博物馆卷,上海:上海古籍出版社,2019年5月 图版p.38~39

Db.t.1532 十万颂般若波罗蜜多经第二卷第四十一品

马德、勘措吉主编,甘肃省文物局、敦煌研究院编纂 甘肃藏敦煌藏文文献⑫敦煌市博物馆卷,上海:上海古籍出版社,2019年5月 图版p.40~41

Db.t.1533–Db.t.1534 十万颂般若波罗蜜多经

马德、勘措吉主编,甘肃省文物局、敦煌研究院编纂 甘肃藏敦煌藏文文献⑫敦煌市博物馆卷,上海:上海古籍出版社,2019年5月 图版p.42~43

Db.t.1535 十万颂般若波罗蜜多经

张延清著 吐蕃敦煌抄经研究 北京:民族出版社,2016年11月 p.287、339、341、344、346、347

马德、勘措吉主编,甘肃省文物局、敦煌研究院编纂 甘肃藏敦煌藏文文献⑫敦煌市博物馆卷,上海:上海古籍出版社,2019年5月 图版p.44

Db.t.1536 十万颂般若波罗蜜多经第二卷第四十三、四十四品

张延清著 吐蕃敦煌抄经研究 北京:民族出版社,2016年11月 p.292、334、357

马德、勘措吉主编,甘肃省文物局、敦煌研究院编纂 甘肃藏敦煌藏文文献⑫敦煌市博物馆卷,上海:上海古籍出版社,2019年5月 图版p.45~46

Db.t.1537 十万颂般若波罗蜜多经

马德、勘措吉主编,甘肃省文物局、敦煌研究院编纂 甘肃藏敦煌藏文文献⑫敦煌市博物馆卷,上海:上海古籍出版社,2019年5月 图版p.47

Db.t.1538 十万颂般若波罗蜜多经

张延清著 吐蕃敦煌抄经研究 北京:民族出版社,2016年11月 p.292、334、357

马德、勘措吉主编,甘肃省文物局、敦煌研究院编纂 甘肃藏敦煌藏文文献⑫敦煌市博物馆卷,上海:上

海古籍出版社,2019年5月 图版p.48~52

Db.t.1539 十万颂般若波罗蜜多经

马德、勘措吉主编,甘肃省文物局、敦煌研究院编纂 甘肃藏敦煌藏文文献⑫敦煌市博物馆卷,上海:上海古籍出版社,2019年5月 图版p.53

Db.t.1540 十万颂般若波罗蜜多经

张延清著 吐蕃敦煌抄经研究 北京:民族出版社,2016年11月 p.286~287、337、339、341、342、347

马德、勘措吉主编,甘肃省文物局、敦煌研究院编纂 甘肃藏敦煌藏文文献⑫敦煌市博物馆卷,上海:上海古籍出版社,2019年5月 图版p.54~56

Db.t.1541 十万颂般若波罗蜜多经第二卷第四十六品

马德、勘措吉主编,甘肃省文物局、敦煌研究院编纂 甘肃藏敦煌藏文文献⑫敦煌市博物馆卷,上海:上海古籍出版社,2019年5月 图版p.57~60

Db.t.1542 十万颂般若波罗蜜多经第二卷第四十五品

马德、勘措吉主编,甘肃省文物局、敦煌研究院编纂 甘肃藏敦煌藏文文献⑫敦煌市博物馆卷,上海:上海古籍出版社,2019年5月 图版p.61~63

Db.t.1543 十万颂般若波罗蜜多经

马德、勘措吉主编,甘肃省文物局、敦煌研究院编纂 甘肃藏敦煌藏文文献⑫敦煌市博物馆卷,上海:上海古籍出版社,2019年5月 图版p.64

Db.t.1544 十万颂般若波罗蜜多经

张延清著 吐蕃敦煌抄经研究 北京:民族出版社,2016年11月 p.318、329

马德、勘措吉主编,甘肃省文物局、敦煌研究院编纂 甘肃藏敦煌藏文文献⑫敦煌市博物馆卷,上海:上海古籍出版社,2019年5月 图版p.65~67

Db.t.1545 十万颂般若波罗蜜多经

张延清著 吐蕃敦煌抄经研究 北京:民族出版社,2016年11月 p.317、339、341、344、346、347

马德、勘措吉主编,甘肃省文物局、敦煌研究院编纂 甘肃藏敦煌藏文文献⑫敦煌市博物馆卷,上海:上海古籍出版社,2019年5月 图版p.68

Db.t.1546 十万颂般若波罗蜜多经第二卷第四十七品

马德、勘措吉主编，甘肃省文物局、敦煌研究院编纂 甘肃藏敦煌藏文文献⑫敦煌市博物馆卷，上海：上海古籍出版社，2019年5月 图版p.69~73

Db.t.1547 十万颂般若波罗蜜多经

张延清著 吐蕃敦煌抄经研究 北京：民族出版社，2016年11月 p.286、337、339、341、344、347

马德、勘措吉主编，甘肃省文物局、敦煌研究院编纂 甘肃藏敦煌藏文文献⑫敦煌市博物馆卷，上海：上海古籍出版社，2019年5月 图版p.74~75

Db.t.1548 十万颂般若波罗蜜多经第二卷第四十八品

马德、勘措吉主编，甘肃省文物局、敦煌研究院编纂 甘肃藏敦煌藏文文献⑫敦煌市博物馆卷，上海：上海古籍出版社，2019年5月 图版p.76~77

Db.t.1549 十万颂般若波罗蜜多经

张延清著 吐蕃敦煌抄经研究 北京：民族出版社，2016年11月 p.324、341、344、346、347、353

马德、勘措吉主编，甘肃省文物局、敦煌研究院编纂 甘肃藏敦煌藏文文献⑫敦煌市博物馆卷，上海：上海古籍出版社，2019年5月 图版p.78~80

Db.t.1550 十万颂般若波罗蜜多经第二卷第四十九品

张延清著 吐蕃敦煌抄经研究 北京：民族出版社，2016年11月 p.298、338、341、342、346、347、353

马德、勘措吉主编，甘肃省文物局、敦煌研究院编纂 甘肃藏敦煌藏文文献⑫敦煌市博物馆卷，上海：上海古籍出版社，2019年5月 图版p.81~87

Db.t.1551 十万颂般若波罗蜜多经

马德、勘措吉主编，甘肃省文物局、敦煌研究院编纂 甘肃藏敦煌藏文文献⑫敦煌市博物馆卷，上海：上海古籍出版社，2019年5月 图版p.88~92

Db.t.1552 十万颂般若波罗蜜多经第二卷第五十一品

马德、勘措吉主编，甘肃省文物局、敦煌研究院编纂 甘肃藏敦煌藏文文献⑫敦煌市博物馆卷，上海：上海古籍出版社，2019年5月 图版p.93~98

Db.t.1553 十万颂般若波罗蜜多经

张延清著 吐蕃敦煌抄经研究 北京：民族出版社，2016年11月 p.280、326、337、341、342、345~346

马德、勘措吉主编，甘肃省文物局、敦煌研究院编纂 甘肃藏敦煌藏文文献⑫敦煌市博物馆卷，上海：上

海古籍出版社，2019年5月 图版p.99

Db.t.1554 十万颂般若波罗蜜多经第二卷第五十二品

张延清著 吐蕃敦煌抄经研究 北京：民族出版社，2016年11月 p.279、326、339、341、344、346

马德、勘措吉主编，甘肃省文物局、敦煌研究院编纂 甘肃藏敦煌藏文文献⑫敦煌市博物馆卷，上海：上海古籍出版社，2019年5月 图版p.100~107

Db.t.1555 十万颂般若波罗蜜多经第二卷第五十三品

张延清著 吐蕃敦煌抄经研究 北京：民族出版社，2016年11月 p.294、326、329、337、339、341、344

马德、勘措吉主编，甘肃省文物局、敦煌研究院编纂 甘肃藏敦煌藏文文献⑫敦煌市博物馆卷，上海：上海古籍出版社，2019年5月 图版p.108~113

Db.t.1556 十万颂般若波罗蜜多经第二卷第五十四品

张延清著 吐蕃敦煌抄经研究 北京：民族出版社，2016年11月 p.315、336、337、344、345~346、348、352

马德、勘措吉主编，甘肃省文物局、敦煌研究院编纂 甘肃藏敦煌藏文文献⑫敦煌市博物馆卷，上海：上海古籍出版社，2019年5月 图版p.114~120

Db.t.1557 十万颂般若波罗蜜多经第二卷第五十五品

马德、勘措吉主编，甘肃省文物局、敦煌研究院编纂 甘肃藏敦煌藏文文献⑫敦煌市博物馆卷，上海：上海古籍出版社，2019年5月 图版p.121~125

Db.t.1558 十万颂般若波罗蜜多经

马德、勘措吉主编，甘肃省文物局、敦煌研究院编纂 甘肃藏敦煌藏文文献⑫敦煌市博物馆卷，上海：上海古籍出版社，2019年5月 图版p.126

Db.t.1559 十万颂般若波罗蜜多经第二卷第五十五品[①]

马德主编，张延清、勘措吉、邰惠莉编写 敦煌市博物馆藏敦煌藏文文献《甘肃藏敦煌藏文文献叙录》，兰州：甘肃民族出版社，2011年9月 p.394

马德、勘措吉主编，甘肃省文物局、敦煌研究院编纂 甘肃藏敦煌藏文文献⑫敦煌市博物馆卷，上海：上海古籍出版社，2019年5月 图版p.127~128

---

①该文献《甘肃藏敦煌藏文文献叙录》原定名作“十万颂般若波罗蜜多经”。《甘肃藏敦煌藏文文献》⑫敦煌市博物馆卷图录重新校定名称作“十万颂般若波罗蜜多经第二卷第五十五品”。

Db.t.1560 十万颂般若波罗蜜多经

马德、勘措吉主编，甘肃省文物局、敦煌研究院编纂 甘肃藏敦煌藏文文献⑫敦煌市博物馆卷，上海：上海古籍出版社，2019年5月 图版p.129~133

Db.t.1561 十万颂般若波罗蜜多经

张延清著 吐蕃敦煌抄经研究 北京：民族出版社，2016年11月 p.299、331、343、349、356~357

马德、勘措吉主编，甘肃省文物局、敦煌研究院编纂 甘肃藏敦煌藏文文献⑫敦煌市博物馆卷，上海：上海古籍出版社，2019年5月 图版p.134~137

Db.t.1562 十万颂般若波罗蜜多经

张延清 翻译家校阅大师法成及其校经目录《敦煌学辑刊》2008年第3期 p.88；收入德吉卓玛编《吐蕃佛教史研究论文集》，北京：中国藏学出版社，2015年4月 p.641~642

张延清著 吐蕃敦煌抄经研究 北京：民族出版社，2016年11月 p.140、320、332~333

马德、勘措吉主编，甘肃省文物局、敦煌研究院编纂 甘肃藏敦煌藏文文献⑫敦煌市博物馆卷，上海：上海古籍出版社，2019年5月 图版p.138~142

札平 敦煌古藏文文献中的佛教神话原型研究——以《贤愚姻缘经》为例 兰州：西北民族大学硕士研究生学位论文，2011年6月 p.12

Db.t.1563 十万颂般若波罗蜜多经第二卷第六十一品、六十二品

张延清 吐蕃王妃贝吉昂楚及其敦煌校经题记《西藏民族学院学报》(哲学社会科学版)2009年第5期 p.32~33；收入德吉卓玛编《吐蕃佛教史研究论文集》，北京：中国藏学出版社，2015年4月 p.612~613

张延清著 吐蕃敦煌抄经研究 北京：民族出版社，2016年11月 p.323、330、340、345、354

马德、勘措吉主编，甘肃省文物局、敦煌研究院编纂 甘肃藏敦煌藏文文献⑫敦煌市博物馆卷，上海：上海古籍出版社，2019年5月 图版p.143

Db.t.1564 十万颂般若波罗蜜多经第二卷第五十六品

马德、勘措吉主编，甘肃省文物局、敦煌研究院编纂 甘肃藏敦煌藏文文献⑫敦煌市博物馆卷，上海：上海古籍出版社，2019年5月 图版p.144

Db.t.1565 十万颂般若波罗蜜多经第二卷第六十二、六十三、六十四品

张延清 吐蕃王妃贝吉昂楚及其敦煌校经题记《西藏民族学院学报》(哲学社会科学版)2009年第5期 p.33；收入德吉卓玛编《吐蕃佛教史研究论文集》，北京：中国藏学出版社，2015年4月 p.613

张延清著 吐蕃敦煌抄经研究 北京：民族出版社，2016年11月 p.323、330、331、340、343、345、349、354、356~357

马德、勘措吉主编，甘肃省文物局、敦煌研究院编纂 甘肃藏敦煌藏文文献⑫敦煌市博物馆卷，上海：上海古籍出版社，2019年5月 图版p.145~153

Db.t.1566 十万颂般若波罗蜜多经

张延清著 吐蕃敦煌抄经研究 北京：民族出版社，2016年11月 p.323、331、343、349、356~357

马德、勘措吉主编，甘肃省文物局、敦煌研究院编纂 甘肃藏敦煌藏文文献⑫敦煌市博物馆卷，上海：上海古籍出版社，2019年5月 图版p.154~157

Db.t.1567 十万颂般若波罗蜜多经

张延清 翻译家校阅大师法成及其校经目录《敦煌学辑刊》2008年第3期 p.88；收入德吉卓玛编《吐蕃佛教史研究论文集》，北京：中国藏学出版社，2015年4月 p.642

张延清著 吐蕃敦煌抄经研究 北京：民族出版社，2016年11月 p.140、281、332~333

马德、勘措吉主编，甘肃省文物局、敦煌研究院编纂 甘肃藏敦煌藏文文献⑫敦煌市博物馆卷，上海：上海古籍出版社，2019年5月 图版p.158~163

札平 敦煌古藏文文献中的佛教神话原型研究——以《贤愚姻缘经》为例 兰州：西北民族大学硕士研究生学位论文，2011年6月 p.12

Db.t.1568 十万颂般若波罗蜜多经第二卷第六十六品

马德、勘措吉主编，甘肃省文物局、敦煌研究院编纂 甘肃藏敦煌藏文文献⑫敦煌市博物馆卷，上海：上海古籍出版社，2019年5月 图版p.164~166

Db.t.1569 十万颂般若波罗蜜多经

张延清 吐蕃王妃贝吉昂楚及其敦煌校经题记《西藏民族学院学报》（哲学社会科学版）2009年第5期 p.33；收入德吉卓玛编《吐蕃佛教史研究论文集》，北京：中国藏学出版社，2015年4月 p.613~614

张延清著 吐蕃敦煌抄经研究 北京：民族出版社，2016年11月 p.323、330、340、345、354

马德、勘措吉主编，甘肃省文物局、敦煌研究院编纂 甘肃藏敦煌藏文文献⑫敦煌市博物馆卷，上海：上海古籍出版社，2019年5月 图版p.167

Db.t.1570 十万颂般若波罗蜜多经第二卷第六十七品

马德、勘措吉主编，甘肃省文物局、敦煌研究院编纂 甘肃藏敦煌藏文文献⑫敦煌市博物馆卷，上海：上海古籍出版社，2019年5月 图版p.168

Db.t.1571 十万颂般若波罗蜜多经第二卷第六十七、六十八品

张延清著 吐蕃敦煌抄经研究 北京：民族出版社，2016年11月 p.323、331、343、349、356~357

马德、勘措吉主编,甘肃省文物局、敦煌研究院编纂 甘肃藏敦煌藏文文献⑫敦煌市博物馆卷,上海:上海古籍出版社,2019年5月 图版p.169~172

Db.t.1572–Db.t.1573 十万颂般若波罗蜜多经

马德、勘措吉主编,甘肃省文物局、敦煌研究院编纂 甘肃藏敦煌藏文文献⑫敦煌市博物馆卷,上海:上海古籍出版社,2019年5月 图版p.173~175

Db.t.1574 十万颂般若波罗蜜多经第二卷第六十八、六十九、七十品

张延清 吐蕃王妃贝吉昂楚及其敦煌校经题记《西藏民族学院学报》(哲学社会科学版)2009年第5期 p.33;收入德吉卓玛编《吐蕃佛教史研究论文集》,北京:中国藏学出版社,2015年4月 p.614

张延清著 吐蕃敦煌抄经研究 北京:民族出版社,2016年11月 p.323、330、340、343、345、349、354、356~357

马德、勘措吉主编,甘肃省文物局、敦煌研究院编纂 甘肃藏敦煌藏文文献⑫敦煌市博物馆卷,上海:上海古籍出版社,2019年5月 图版p.176~189

Db.t.1575 十万颂般若波罗蜜多经

马德、勘措吉主编,甘肃省文物局、敦煌研究院编纂 甘肃藏敦煌藏文文献⑫敦煌市博物馆卷,上海:上海古籍出版社,2019年5月 图版p.190~192

Db.t.1576 十万颂般若波罗蜜多经

张延清著 吐蕃敦煌抄经研究 北京:民族出版社,2016年11月 p.288、327~328

马德、勘措吉主编,甘肃省文物局、敦煌研究院编纂 甘肃藏敦煌藏文文献⑫敦煌市博物馆卷,上海:上海古籍出版社,2019年5月 图版p.193~195

Db.t.1577–Db.t.1578 十万颂般若波罗蜜多经

马德、勘措吉主编,甘肃省文物局、敦煌研究院编纂 甘肃藏敦煌藏文文献⑫敦煌市博物馆卷,上海:上海古籍出版社,2019年5月 图版p.196~198

Db.t.1579 十万颂般若波罗蜜多经第二卷第七十三品

马德、勘措吉主编,甘肃省文物局、敦煌研究院编纂 甘肃藏敦煌藏文文献⑫敦煌市博物馆卷,上海:上海古籍出版社,2019年5月 图版p.199~200

Db.t.1580–Db.t.1581 十万颂般若波罗蜜多经

马德、勘措吉主编,甘肃省文物局、敦煌研究院编纂 甘肃藏敦煌藏文文献⑫敦煌市博物馆卷,上海:上海古籍出版社,2019年5月 图版p.201~202

Db.t.1582 十万颂般若波罗蜜多经第二卷第七十四品

马德、勘措吉主编，甘肃省文物局、敦煌研究院编纂 甘肃藏敦煌藏文文献⑫敦煌市博物馆卷，上海：上海古籍出版社，2019年5月 图版p.203

Db.t.1583 十万颂般若波罗蜜多经

张延清 翻译家校阅大师法成及其校经目录《敦煌学辑刊》2008年第3期 p.88；收入德吉卓玛编《吐蕃佛教史研究论文集》，北京：中国藏学出版社，2015年4月 p.642

孔令梅 隋宋间敦煌令狐氏与佛教述论《2009丝绸之路国际学术研讨会论文集》，西安：三秦出版社，2010年7月 p.131（统计表）；p.134

张延清著 吐蕃敦煌抄经研究 北京：民族出版社，2016年11月 p.140、315、332~333、344、346

马德、勘措吉主编，甘肃省文物局、敦煌研究院编纂 甘肃藏敦煌藏文文献⑫敦煌市博物馆卷，上海：上海古籍出版社，2019年5月 图版p.204~210

札平 敦煌古藏文文献中的佛教神话原型研究——以《贤愚姻缘经》为例 兰州：西北民族大学硕士研究生学位论文，2011年6月 p.12

Db.t.1584–Db.t.1588 十万颂般若波罗蜜多经

马德、勘措吉主编，甘肃省文物局、敦煌研究院编纂 甘肃藏敦煌藏文文献⑫敦煌市博物馆卷，上海：上海古籍出版社，2019年5月 图版p.211~218

Db.t.1589 十万颂般若波罗蜜多经

张延清著 吐蕃敦煌抄经研究 北京：民族出版社，2016年11月 p.294、335

马德、勘措吉主编，甘肃省文物局、敦煌研究院编纂 甘肃藏敦煌藏文文献⑫敦煌市博物馆卷，上海：上海古籍出版社，2019年5月 图版p.219

Db.t.1590 十万颂般若波罗蜜多经

张延清著 吐蕃敦煌抄经研究 北京：民族出版社，2016年11月 p.323、334、357

马德、勘措吉主编，甘肃省文物局、敦煌研究院编纂 甘肃藏敦煌藏文文献⑫敦煌市博物馆卷，上海：上海古籍出版社，2019年5月 图版p.220~221

Db.t.1591 十万颂般若波罗蜜多经第二卷第三品

马德、勘措吉主编，甘肃省文物局、敦煌研究院编纂 甘肃藏敦煌藏文文献⑫敦煌市博物馆卷，上海：上海古籍出版社，2019年5月 图版p.222~225

Db.t.1592 十万颂般若波罗蜜多经第二卷第三、四品

张延清著 吐蕃敦煌抄经研究 北京:民族出版社,2016年11月 p.323、334、357

马德、勘措吉主编,甘肃省文物局、敦煌研究院编纂 甘肃藏敦煌藏文文献⑫敦煌市博物馆卷,上海:上海古籍出版社,2019年5月 图版p.226~236

Db.t.1593 十万颂般若波罗蜜多经第二卷第五品

马德、勘措吉主编,甘肃省文物局、敦煌研究院编纂 甘肃藏敦煌藏文文献⑫敦煌市博物馆卷,上海:上海古籍出版社,2019年5月 图版p.237~241

Db.t.1594 十万颂般若波罗蜜多经

马德、勘措吉主编,甘肃省文物局、敦煌研究院编纂 甘肃藏敦煌藏文文献⑫敦煌市博物馆卷,上海:上海古籍出版社,2019年5月 图版p.242

Db.t.1595 十万颂般若波罗蜜多经第二卷第六品

马德、勘措吉主编,甘肃省文物局、敦煌研究院编纂 甘肃藏敦煌藏文文献⑫敦煌市博物馆卷,上海:上海古籍出版社,2019年5月 图版p.243~244

Db.t.1596 十万颂般若波罗蜜多经

张延清著 吐蕃敦煌抄经研究 北京:民族出版社,2016年11月 p.313、334、353、354

马德、勘措吉主编,甘肃省文物局、敦煌研究院编纂 甘肃藏敦煌藏文文献⑫敦煌市博物馆卷,上海:上海古籍出版社,2019年5月 图版p.245

Db.t.1597 十万颂般若波罗蜜多经第二卷第七品

马德、勘措吉主编,甘肃省文物局、敦煌研究院编纂 甘肃藏敦煌藏文文献⑫敦煌市博物馆卷,上海:上海古籍出版社,2019年5月 图版p.246~251

Db.t.1598 十万颂般若波罗蜜多经第一卷第十九品

张延清著 吐蕃敦煌抄经研究 北京:民族出版社,2016年11月 p.313、330、336、343

马德、勘措吉主编,甘肃省文物局、敦煌研究院编纂 甘肃藏敦煌藏文文献⑫敦煌市博物馆卷,上海:上海古籍出版社,2019年5月 图版p.252~255

Db.t.1599 十万颂般若波罗蜜多经第一卷第二十品

马德、勘措吉主编,甘肃省文物局、敦煌研究院编纂 甘肃藏敦煌藏文文献⑫敦煌市博物馆卷,上海:上海古籍出版社,2019年5月 图版p.256~258

Db.t.1600 十万颂般若波罗蜜多经

张延清著 吐蕃敦煌抄经研究 北京:民族出版社,2016年11月 p.318、331、338、346、349

马德、勘措吉主编,甘肃省文物局、敦煌研究院编纂 甘肃藏敦煌藏文文献⑫敦煌市博物馆卷,上海:上海古籍出版社,2019年5月 图版p.259~261

Db.t.1601 十万颂般若波罗蜜多经第二卷第九品

马德、勘措吉主编,甘肃省文物局、敦煌研究院编纂 甘肃藏敦煌藏文文献⑫敦煌市博物馆卷,上海:上海古籍出版社,2019年5月 图版p.262~267

Db.t.1602 十万颂般若波罗蜜多经第二卷第二十一品

张延清著 吐蕃敦煌抄经研究 北京:民族出版社,2016年11月 p.301、335、352

马德、勘措吉主编,甘肃省文物局、敦煌研究院编纂 甘肃藏敦煌藏文文献⑫敦煌市博物馆卷,上海:上海古籍出版社,2019年5月 图版p.268~271

Db.t.1603 十万颂般若波罗蜜多经

马德、勘措吉主编,甘肃省文物局、敦煌研究院编纂 甘肃藏敦煌藏文文献⑫敦煌市博物馆卷,上海:上海古籍出版社,2019年5月 图版p.272~275

Db.t.1604 十万颂般若波罗蜜多经

张延清著 吐蕃敦煌抄经研究[①] 北京:民族出版社,2016年11月 p.320~321、329、354、358

马德、勘措吉主编,甘肃省文物局、敦煌研究院编纂 甘肃藏敦煌藏文文献⑫敦煌市博物馆卷,上海:上海古籍出版社,2019年5月 图版p.276

Db.t.1605-Db.t.1606 十万颂般若波罗蜜多经

马德、勘措吉主编,甘肃省文物局、敦煌研究院编纂 甘肃藏敦煌藏文文献⑫敦煌市博物馆卷,上海:上海古籍出版社,2019年5月 图版p.277~279

Db.t.1607 十万颂般若波罗蜜多经

张延清著 吐蕃敦煌抄经研究 北京:民族出版社,2016年11月 p.324~325、334、357

---

①张延清《吐蕃敦煌抄经研究》附录第354页“198.洪晉”Dd.t.0346、0411、0412、0524、0545、0875、1067、1104、1125、1127、1129、1145、1223、1244、1302、1319、1330、1332、1356、1604把“敦煌市博物馆藏敦煌藏文文献”与“敦煌市档案馆藏敦煌藏文文献”混淆使用了。敦煌市档案馆藏敦煌藏文文献仅存12个编号。经核查,洪晉校卷出现在敦煌市档案馆藏敦煌藏文文献Dd.t.01和敦煌市博物馆藏敦煌藏文文献Db.t.0346、0411、0412、0524、0545、0875、1067、1104、1125、1127、1129、1145、1223、1244、1302、1319、1330、1332、1356、1604等卷号中。

马德、勘措吉主编，甘肃省文物局、敦煌研究院编纂 甘肃藏敦煌藏文文献⑫敦煌市博物馆卷，上海：上海古籍出版社，2019年5月 图版p.280~283

Db.t.1608 十万颂般若波罗蜜多经第二卷第十六品

张延清著 吐蕃敦煌抄经研究 北京：民族出版社，2016年11月 p.320~321、350

马德、勘措吉主编，甘肃省文物局、敦煌研究院编纂 甘肃藏敦煌藏文文献⑫敦煌市博物馆卷，上海：上海古籍出版社，2019年5月 图版p.284~288

Db.t.1609 十万颂般若波罗蜜多经第二卷第十六品

马德、勘措吉主编，甘肃省文物局、敦煌研究院编纂 甘肃藏敦煌藏文文献⑫敦煌市博物馆卷，上海：上海古籍出版社，2019年5月 图版p.289

Db.t.1610 十万颂般若波罗蜜多经第二卷第十六、十七品

张延清著 吐蕃敦煌抄经研究 北京：民族出版社，2016年11月 p.324、334、357

马德、勘措吉主编，甘肃省文物局、敦煌研究院编纂 甘肃藏敦煌藏文文献⑫敦煌市博物馆卷，上海：上海古籍出版社，2019年5月 图版p.290~293

Db.t.1611–Db.t.1612 十万颂般若波罗蜜多经

马德、勘措吉主编，甘肃省文物局、敦煌研究院编纂 甘肃藏敦煌藏文文献⑫敦煌市博物馆卷，上海：上海古籍出版社，2019年5月 图版p.294~295

Db.t.1613 十万颂般若波罗蜜多经第二卷第十八品

马德、勘措吉主编，甘肃省文物局、敦煌研究院编纂 甘肃藏敦煌藏文文献⑫敦煌市博物馆卷，上海：上海古籍出版社，2019年5月 图版p.296

Db.t.1614–Db.t.1615 十万颂般若波罗蜜多经

马德、勘措吉主编，甘肃省文物局、敦煌研究院编纂 甘肃藏敦煌藏文文献⑫敦煌市博物馆卷，上海：上海古籍出版社，2019年5月 图版p.297~302

Db.t.1616 十万颂般若波罗蜜多经

张延清著 吐蕃敦煌抄经研究 北京：民族出版社，2016年11月 p.293、329

马德、勘措吉主编，甘肃省文物局、敦煌研究院编纂 甘肃藏敦煌藏文文献⑫敦煌市博物馆卷，上海：上海古籍出版社，2019年5月 图版p.303~306

Db.t.1617 十万颂般若波罗蜜多经

马德、勘措吉主编,甘肃省文物局、敦煌研究院编纂 甘肃藏敦煌藏文文献⑫敦煌市博物馆卷,上海:上海古籍出版社,2019年5月 图版p.307

Db.t.1618 十万颂般若波罗蜜多经

张延清著 吐蕃敦煌抄经研究 北京:民族出版社,2016年11月 p.317

马德、勘措吉主编,甘肃省文物局、敦煌研究院编纂 甘肃藏敦煌藏文文献⑫敦煌市博物馆卷,上海:上海古籍出版社,2019年5月 图版p.308

Db.t.1619 十万颂般若波罗蜜多经第二卷第二十一品

马德、勘措吉主编,甘肃省文物局、敦煌研究院编纂 甘肃藏敦煌藏文文献⑫敦煌市博物馆卷,上海:上海古籍出版社,2019年5月 图版p.309~314

Db.t.1620 十万颂般若波罗蜜多经第二卷第二十四品

马德、勘措吉主编,甘肃省文物局、敦煌研究院编纂 甘肃藏敦煌藏文文献⑫敦煌市博物馆卷,上海:上海古籍出版社,2019年5月 图版p.315~316

Db.t.1621–Db.t.1622 十万颂般若波罗蜜多经

马德、勘措吉主编,甘肃省文物局、敦煌研究院编纂 甘肃藏敦煌藏文文献⑫敦煌市博物馆卷,上海:上海古籍出版社,2019年5月 图版p.317~319

Db.t.1623 十万颂般若波罗蜜多经

张延清著 吐蕃敦煌抄经研究 北京:民族出版社,2016年11月 p.315、336、337、339、341、344、358

马德、勘措吉主编,甘肃省文物局、敦煌研究院编纂 甘肃藏敦煌藏文文献⑫敦煌市博物馆卷,上海:上海古籍出版社,2019年5月 图版p.320~323

Db.t.1624–Db.t.1626 十万颂般若波罗蜜多经

马德、勘措吉主编,甘肃省文物局、敦煌研究院编纂 甘肃藏敦煌藏文文献⑫敦煌市博物馆卷,上海:上海古籍出版社,2019年5月 图版p.324~326

Db.t.1627 十万颂般若波罗蜜多经第二卷第二十五品

马德、勘措吉主编,甘肃省文物局、敦煌研究院编纂 甘肃藏敦煌藏文文献⑫敦煌市博物馆卷,上海:上海古籍出版社,2019年5月 图版p.327

Db.t.1628 十万颂般若波罗蜜多经

张延清著 吐蕃敦煌抄经研究 北京:民族出版社,2016年11月 p.298、336、339、340、341、342、346

马德、勘措吉主编,甘肃省文物局、敦煌研究院编纂 甘肃藏敦煌藏文文献⑫敦煌市博物馆卷,上海:上海古籍出版社,2019年5月 图版p.328

Db.t.1629 十万颂般若波罗蜜多经

马德、勘措吉主编,甘肃省文物局、敦煌研究院编纂 甘肃藏敦煌藏文文献⑫敦煌市博物馆卷,上海:上海古籍出版社,2019年5月 图版p.329

Db.t.1630 十万颂般若波罗蜜多经

赵青山 吐蕃占领敦煌时期写经道场相关问题考述《藏学学刊》第11辑,北京:中国藏学出版社,2014年12月 p.32

张延清著 吐蕃敦煌抄经研究 北京:民族出版社,2016年11月 p.319、336、337、340、341、342、353

马德、勘措吉主编,甘肃省文物局、敦煌研究院编纂 甘肃藏敦煌藏文文献⑫敦煌市博物馆卷,上海:上海古籍出版社,2019年5月 图版p.330~334

Db.t.1631 十万颂般若波罗蜜多经

马德、勘措吉主编,甘肃省文物局、敦煌研究院编纂 甘肃藏敦煌藏文文献⑫敦煌市博物馆卷,上海:上海古籍出版社,2019年5月 图版p.335~336

Db.t.1632 十万颂般若波罗蜜多经第二卷第十八品

马德、勘措吉主编,甘肃省文物局、敦煌研究院编纂 甘肃藏敦煌藏文文献⑫敦煌市博物馆卷,上海:上海古籍出版社,2019年5月 图版p.337

Db.t.1633 十万颂般若波罗蜜多经

张延清著 吐蕃敦煌抄经研究 北京:民族出版社,2016年11月 p.298、332、334、354

马德、勘措吉主编,甘肃省文物局、敦煌研究院编纂 甘肃藏敦煌藏文文献⑫敦煌市博物馆卷,上海:上海古籍出版社,2019年5月 图版p.338

Db.t.1634–Db.t.1638 十万颂般若波罗蜜多经

马德、勘措吉主编,甘肃省文物局、敦煌研究院编纂 甘肃藏敦煌藏文文献⑫敦煌市博物馆卷,上海:上海古籍出版社,2019年5月 图版p.339~345

Db.t.1639 十万颂般若波罗蜜多经

张延清著 吐蕃敦煌抄经研究 北京：民族出版社，2016年11月 p.306、339、341、342、346、347

马德、勘措吉主编，甘肃省文物局、敦煌研究院编纂 甘肃藏敦煌藏文文献⑫敦煌市博物馆卷，上海：上海古籍出版社，2019年5月 图版p.346

Db.t.1640–Db.t.1641 十万颂般若波罗蜜多经

马德、勘措吉主编，甘肃省文物局、敦煌研究院编纂 甘肃藏敦煌藏文文献⑫敦煌市博物馆卷，上海：上海古籍出版社，2019年5月 图版p.347~348

Db.t.1642 十万颂般若波罗蜜多经

张延清著 吐蕃敦煌抄经研究 北京：民族出版社，2016年11月 p.285、334、357

马德、勘措吉主编，甘肃省文物局、敦煌研究院编纂 甘肃藏敦煌藏文文献⑫敦煌市博物馆卷，上海：上海古籍出版社，2019年5月 图版p.349~351

Db.t.1643 十万颂般若波罗蜜多经第二卷第五十二品

马德、勘措吉主编，甘肃省文物局、敦煌研究院编纂 甘肃藏敦煌藏文文献⑫敦煌市博物馆卷，上海：上海古籍出版社，2019年5月 图版p.352

Db.t.1644 十万颂般若波罗蜜多经

马德、勘措吉主编，甘肃省文物局、敦煌研究院编纂 甘肃藏敦煌藏文文献⑫敦煌市博物馆卷，上海：上海古籍出版社，2019年5月 图版p.353

Db.t.1645 十万颂般若波罗蜜多经

马德、勘措吉主编，甘肃省文物局、敦煌研究院编纂 甘肃藏敦煌藏文文献⑬敦煌市博物馆卷，上海：上海古籍出版社，2019年5月 图版p.1~4

Db.t.1646 十万颂般若波罗蜜多经

张延清著 吐蕃敦煌抄经研究 北京：民族出版社，2016年11月 p.312、350

马德、勘措吉主编，甘肃省文物局、敦煌研究院编纂 甘肃藏敦煌藏文文献⑬敦煌市博物馆卷，上海：上海古籍出版社，2019年5月 图版p.5

Db.t.1647–Db.t.1648 十万颂般若波罗蜜多经

马德、勘措吉主编，甘肃省文物局、敦煌研究院编纂 甘肃藏敦煌藏文文献⑬敦煌市博物馆卷，上海：上海古籍出版社，2019年5月 图版p.6~8

Db.t.1649 十万颂般若波罗蜜多经第二卷第五十五品

马德、勘措吉主编，甘肃省文物局、敦煌研究院编纂 甘肃藏敦煌藏文文献⑬敦煌市博物馆卷，上海：上海古籍出版社，2019年5月 图版p.9~10

Db.t.1650 十万颂般若波罗蜜多经

马德、勘措吉主编，甘肃省文物局、敦煌研究院编纂 甘肃藏敦煌藏文文献⑬敦煌市博物馆卷，上海：上海古籍出版社，2019年5月 图版p.11

Db.t.1651 十万颂般若波罗蜜多经

张延清著 吐蕃敦煌抄经研究 北京：民族出版社，2016年11月 p.311~312、327~328

马德、勘措吉主编，甘肃省文物局、敦煌研究院编纂 甘肃藏敦煌藏文文献⑬敦煌市博物馆卷，上海：上海古籍出版社，2019年5月 图版p.12

Db.t.1652 十万颂般若波罗蜜多经第二卷第五十七品

马德、勘措吉主编，甘肃省文物局、敦煌研究院编纂 甘肃藏敦煌藏文文献⑬敦煌市博物馆卷，上海：上海古籍出版社，2019年5月 图版p.13

Db.t.1653 十万颂般若波罗蜜多经第二卷第五十六品

张延清著 吐蕃敦煌抄经研究 北京：民族出版社，2016年11月 p.320~321、334、357

马德、勘措吉主编，甘肃省文物局、敦煌研究院编纂 甘肃藏敦煌藏文文献⑬敦煌市博物馆卷，上海：上海古籍出版社，2019年5月 图版p.14~21

Db.t.1654 十万颂般若波罗蜜多经第二卷第五十七品

张延清著 吐蕃敦煌抄经研究 北京：民族出版社，2016年11月 p.320~321、334、357

马德、勘措吉主编，甘肃省文物局、敦煌研究院编纂 甘肃藏敦煌藏文文献⑬敦煌市博物馆卷，上海：上海古籍出版社，2019年5月 图版p.22~29

Db.t.1655 十万颂般若波罗蜜多经第二卷第五十六品

马德、勘措吉主编，甘肃省文物局、敦煌研究院编纂 甘肃藏敦煌藏文文献⑬敦煌市博物馆卷，上海：上海古籍出版社，2019年5月 图版p.30~38

Db.t.1656 十万颂般若波罗蜜多经第二卷第五十七品

马德、勘措吉主编，甘肃省文物局、敦煌研究院编纂 甘肃藏敦煌藏文文献⑬敦煌市博物馆卷，上海：上海古籍出版社，2019年5月 图版p.39~40

Db.t.1657–Db.t.1661 十万颂般若波罗蜜多经

马德、勘措吉主编，甘肃省文物局、敦煌研究院编纂 甘肃藏敦煌藏文文献⑬敦煌市博物馆卷，上海：上海古籍出版社，2019年5月 图版p.41~49

Db.t.1662 十万颂般若波罗蜜多经第二卷第七十一品

马德、勘措吉主编，甘肃省文物局、敦煌研究院编纂 甘肃藏敦煌藏文文献⑬敦煌市博物馆卷，上海：上海古籍出版社，2019年5月 图版p.50~57

Db.t.1663 十万颂般若波罗蜜多经

张延清 吐蕃王妃贝吉昂楚及其敦煌校经题记《西藏民族学院学报》(哲学社会科学版)2009年第5期 p.33；收入德吉卓玛编《吐蕃佛教史研究论文集》，北京：中国藏学出版社，2015年4月 p.615

张延清著 吐蕃敦煌抄经研究 北京：民族出版社，2016年11月 p.292、330、340、345、354

马德、勘措吉主编，甘肃省文物局、敦煌研究院编纂 甘肃藏敦煌藏文文献⑬敦煌市博物馆卷，上海：上海古籍出版社，2019年5月 图版p.58

Db.t.1664 十万颂般若波罗蜜多经第二卷第七十二品

马德、勘措吉主编，甘肃省文物局、敦煌研究院编纂 甘肃藏敦煌藏文文献⑬敦煌市博物馆卷，上海：上海古籍出版社，2019年5月 图版p.59~62

Db.t.1665 十万颂般若波罗蜜多经

马德、勘措吉主编，甘肃省文物局、敦煌研究院编纂 甘肃藏敦煌藏文文献⑬敦煌市博物馆卷，上海：上海古籍出版社，2019年5月 图版p.63

Db.t.1666 十万颂般若波罗蜜多经第二卷第七十四品

马德、勘措吉主编，甘肃省文物局、敦煌研究院编纂 甘肃藏敦煌藏文文献⑬敦煌市博物馆卷，上海：上海古籍出版社，2019年5月 图版p.64~65

Db.t.1667 十万颂般若波罗蜜多经第二卷第七十二品

马德、勘措吉主编，甘肃省文物局、敦煌研究院编纂 甘肃藏敦煌藏文文献⑬敦煌市博物馆卷，上海：上海古籍出版社，2019年5月 图版p.66

Db.t.1668 十万颂般若波罗蜜多经

马德、勘措吉主编，甘肃省文物局、敦煌研究院编纂 甘肃藏敦煌藏文文献⑬敦煌市博物馆卷，上海：上海古籍出版社，2019年5月 图版p.67~69

Db.t.1669 十万颂般若波罗蜜多经第二卷第七十五品

马德、勘措吉主编,甘肃省文物局、敦煌研究院编纂 甘肃藏敦煌藏文文献⑬敦煌市博物馆卷,上海:上海古籍出版社,2019年5月 图版p.70~73

Db.t.1670 十万颂般若波罗蜜多经

马德、勘措吉主编,甘肃省文物局、敦煌研究院编纂 甘肃藏敦煌藏文文献⑬敦煌市博物馆卷,上海:上海古籍出版社,2019年5月 图版p.74~75

Db.t.1671 十万颂般若波罗蜜多经

张延清著 吐蕃敦煌抄经研究 北京:民族出版社,2016年11月 p.323、349、358

马德、勘措吉主编,甘肃省文物局、敦煌研究院编纂 甘肃藏敦煌藏文文献⑬敦煌市博物馆卷,上海:上海古籍出版社,2019年5月 图版p.76~77

Db.t.1672–Db.t.1677 十万颂般若波罗蜜多经

马德、勘措吉主编,甘肃省文物局、敦煌研究院编纂 甘肃藏敦煌藏文文献⑬敦煌市博物馆卷,上海:上海古籍出版社,2019年5月 图版p.78~86

Db.t.1678 十万颂般若波罗蜜多经[1]

马德主编,张延清、勘措吉、郃惠莉编写 敦煌市博物馆藏敦煌藏文文献《甘肃藏敦煌藏文文献叙录》,兰州:甘肃民族出版社,2011年9月 p.409~410

马德、勘措吉主编,甘肃省文物局、敦煌研究院编纂 甘肃藏敦煌藏文文献⑬敦煌市博物馆卷,上海:上海古籍出版社,2019年5月 图版p.87

Db.t.1679 十万颂般若波罗蜜多经第二卷第六、七品

张延清著 吐蕃敦煌抄经研究 北京:民族出版社,2016年11月 p.320~321、348、349、358

马德、勘措吉主编,甘肃省文物局、敦煌研究院编纂 甘肃藏敦煌藏文文献⑬敦煌市博物馆卷,上海:上海古籍出版社,2019年5月 图版p.88~94

Db.t.1680–Db.t.1684 十万颂般若波罗蜜多经

马德、勘措吉主编,甘肃省文物局、敦煌研究院编纂 甘肃藏敦煌藏文文献⑬敦煌市博物馆卷,上海:上海古籍出版社,2019年5月 图版p.95~101

---

①该文献《甘肃藏敦煌藏文文献叙录》原定名作“十万颂般若波罗蜜多经第二卷第六品”。《甘肃藏敦煌藏文文献》⑬敦煌市博物馆卷图录重新校定名称作“十万颂般若波罗蜜多经”。

Db.t.1685 十万颂般若波罗蜜多经第二卷第九品

张延清著 吐蕃敦煌抄经研究 北京:民族出版社,2016年11月 p.279、337~338、339、341、344

马德、勘措吉主编,甘肃省文物局、敦煌研究院编纂 甘肃藏敦煌藏文文献⑬敦煌市博物馆卷,上海:上海古籍出版社,2019年5月 图版p.102~109

Db.t.1686 十万颂般若波罗蜜多经第二卷第十品

张延清 吐蕃王妃贝吉昂楚及其敦煌校经题记《西藏民族学院学报》(哲学社会科学版)2009年第5期 p.33~34;收入德吉卓玛编《吐蕃佛教史研究论文集》,北京:中国藏学出版社,2015年4月 p.615

张延清著 吐蕃敦煌抄经研究 北京:民族出版社,2016年11月 p.313、335、339、340、341、344、346、348

马德、勘措吉主编,甘肃省文物局、敦煌研究院编纂 甘肃藏敦煌藏文文献⑬敦煌市博物馆卷,上海:上海古籍出版社,2019年5月 图版p.110~118

Db.t.1687 十万颂般若波罗蜜多经第二卷第十三品

马德、勘措吉主编,甘肃省文物局、敦煌研究院编纂 甘肃藏敦煌藏文文献⑬敦煌市博物馆卷,上海:上海古籍出版社,2019年5月 图版p.119

Db.t.1688 十万颂般若波罗蜜多经第二卷第十六品

马德、勘措吉主编,甘肃省文物局、敦煌研究院编纂 甘肃藏敦煌藏文文献⑬敦煌市博物馆卷,上海:上海古籍出版社,2019年5月 图版p.120

Db.t.1689 十万颂般若波罗蜜多经

张延清著 吐蕃敦煌抄经研究 北京:民族出版社,2016年11月 p.318~319、334、357

马德、勘措吉主编,甘肃省文物局、敦煌研究院编纂 甘肃藏敦煌藏文文献⑬敦煌市博物馆卷,上海:上海古籍出版社,2019年5月 图版p.121

Db.t.1690 十万颂般若波罗蜜多经

马德、勘措吉主编,甘肃省文物局、敦煌研究院编纂 甘肃藏敦煌藏文文献⑬敦煌市博物馆卷,上海:上海古籍出版社,2019年5月 图版p.122~123

Db.t.1691 十万颂般若波罗蜜多经

张延清著 吐蕃敦煌抄经研究 北京:民族出版社,2016年11月 p.324、334、357

马德、勘措吉主编,甘肃省文物局、敦煌研究院编纂 甘肃藏敦煌藏文文献⑬敦煌市博物馆卷,上海:上海古籍出版社,2019年5月 图版p.124

Db.t.1692 十万颂般若波罗蜜多经第二卷第一、二品

张延清著 吐蕃敦煌抄经研究 北京:民族出版社,2016年11月 p.285、329、355

马德、勘措吉主编,甘肃省文物局、敦煌研究院编纂 甘肃藏敦煌藏文文献⑬敦煌市博物馆卷,上海:上海古籍出版社,2019年5月 图版p.125

Db.t.1693 十万颂般若波罗蜜多经第二卷第二十四品

马德、勘措吉主编,甘肃省文物局、敦煌研究院编纂 甘肃藏敦煌藏文文献⑬敦煌市博物馆卷,上海:上海古籍出版社,2019年5月 图版p.126~127

Db.t.1694–Db.t.1702 十万颂般若波罗蜜多经

马德、勘措吉主编,甘肃省文物局、敦煌研究院编纂 甘肃藏敦煌藏文文献⑬敦煌市博物馆卷,上海:上海古籍出版社,2019年5月 图版p.128~138

Db.t.1703 十万颂般若波罗蜜多经第二卷第四十九品

马德、勘措吉主编,甘肃省文物局、敦煌研究院编纂 甘肃藏敦煌藏文文献⑬敦煌市博物馆卷,上海:上海古籍出版社,2019年5月 图版p.139

Db.t.1704–Db.t.1705 十万颂般若波罗蜜多经

马德、勘措吉主编,甘肃省文物局、敦煌研究院编纂 甘肃藏敦煌藏文文献⑬敦煌市博物馆卷,上海:上海古籍出版社,2019年5月 图版p.140~141

Db.t.1706 十万颂般若波罗蜜多经

张延清著 吐蕃敦煌抄经研究 北京:民族出版社,2016年11月 p.312、327~328

马德、勘措吉主编,甘肃省文物局、敦煌研究院编纂 甘肃藏敦煌藏文文献⑬敦煌市博物馆卷,上海:上海古籍出版社,2019年5月 图版p.142

Db.t.1707 十万颂般若波罗蜜多经

张延清著 吐蕃敦煌抄经研究 北京:民族出版社,2016年11月 p.317、340、343、357

马德、勘措吉主编,甘肃省文物局、敦煌研究院编纂 甘肃藏敦煌藏文文献⑬敦煌市博物馆卷,上海:上海古籍出版社,2019年5月 图版p.143

Db.t.1708 十万颂般若波罗蜜多经

马德、勘措吉主编,甘肃省文物局、敦煌研究院编纂 甘肃藏敦煌藏文文献⑬敦煌市博物馆卷,上海:上海古籍出版社,2019年5月 图版p.144

Db.t.1709 十万颂般若波罗蜜多经

张延清著 吐蕃敦煌抄经研究 北京:民族出版社,2016年11月 p.284、335

马德、勘措吉主编,甘肃省文物局、敦煌研究院编纂 甘肃藏敦煌藏文文献⑬敦煌市博物馆卷,上海:上海古籍出版社,2019年5月 图版p.145

Db.t.1710–Db.t.1721 十万颂般若波罗蜜多经

马德、勘措吉主编,甘肃省文物局、敦煌研究院编纂 甘肃藏敦煌藏文文献⑬敦煌市博物馆卷,上海:上海古籍出版社,2019年5月 图版p.146~159

Db.t.1722 十万颂般若波罗蜜多经

张延清著 吐蕃敦煌抄经研究 北京:民族出版社,2016年11月 p.309、337、353、354

马德、勘措吉主编,甘肃省文物局、敦煌研究院编纂 甘肃藏敦煌藏文文献⑬敦煌市博物馆卷,上海:上海古籍出版社,2019年5月 图版p.160~162

Db.t.1723 十万颂般若波罗蜜多经第二卷第八品

马德、勘措吉主编,甘肃省文物局、敦煌研究院编纂 甘肃藏敦煌藏文文献⑬敦煌市博物馆卷,上海:上海古籍出版社,2019年5月 图版p.163~168

Db.t.1724 十万颂般若波罗蜜多经[1]

马德主编,张延清、勘措吉、邰惠莉编写 敦煌市博物馆藏敦煌藏文文献《甘肃藏敦煌藏文文献叙录》,兰州:甘肃民族出版社,2011年9月 p.414~415

张延清著 吐蕃敦煌抄经研究 北京:民族出版社,2016年11月 p.310、345~346、348

马德、勘措吉主编,甘肃省文物局、敦煌研究院编纂 甘肃藏敦煌藏文文献⑬敦煌市博物馆卷,上海:上海古籍出版社,2019年5月 图版p.169~174

Db.t.1725 十万颂般若波罗蜜多经第一卷第二十一品

马德、勘措吉主编,甘肃省文物局、敦煌研究院编纂 甘肃藏敦煌藏文文献⑬敦煌市博物馆卷,上海:上海古籍出版社,2019年5月 图版p.175~178

Db.t.1726 十万颂般若波罗蜜多经

马德、勘措吉主编,甘肃省文物局、敦煌研究院编纂 甘肃藏敦煌藏文文献⑬敦煌市博物馆卷,上海:上

---

①该文献《甘肃藏敦煌藏文文献叙录》原定名作“十万颂般若波罗蜜多经第一卷第二十品”。《甘肃藏敦煌藏文文献》⑬敦煌市博物馆卷图录重新校定名称作“十万颂般若波罗蜜多经”。

海古籍出版社,2019年5月 图版p.179

Db.t.1727 十万颂般若波罗蜜多经

张延清著 吐蕃敦煌抄经研究 北京:民族出版社,2016年11月 p.299、327~328

马德、勘措吉主编,甘肃省文物局、敦煌研究院编纂 甘肃藏敦煌藏文文献⑬敦煌市博物馆卷,上海:上海古籍出版社,2019年5月 图版p.180~181

Db.t.1728 十万颂般若波罗蜜多经第二卷第十一品

马德、勘措吉主编,甘肃省文物局、敦煌研究院编纂 甘肃藏敦煌藏文文献⑬敦煌市博物馆卷,上海:上海古籍出版社,2019年5月 图版p.182

Db.t.1729–Db.t.1732 十万颂般若波罗蜜多经

马德、勘措吉主编,甘肃省文物局、敦煌研究院编纂 甘肃藏敦煌藏文文献⑬敦煌市博物馆卷,上海:上海古籍出版社,2019年5月 图版p.183~186

Db.t.1733 十万颂般若波罗蜜多经

张延清著 吐蕃敦煌抄经研究 北京:民族出版社,2016年11月 p.320~321、334、357

马德、勘措吉主编,甘肃省文物局、敦煌研究院编纂 甘肃藏敦煌藏文文献⑬敦煌市博物馆卷,上海:上海古籍出版社,2019年5月 图版p.187

Db.t.1734 十万颂般若波罗蜜多经

张延清著 吐蕃敦煌抄经研究 北京:民族出版社,2016年11月 p.306、346、349、351、357

马德、勘措吉主编,甘肃省文物局、敦煌研究院编纂 甘肃藏敦煌藏文文献⑬敦煌市博物馆卷,上海:上海古籍出版社,2019年5月 图版p.188

Db.t.1735 十万颂般若波罗蜜多经

马德、勘措吉主编,甘肃省文物局、敦煌研究院编纂 甘肃藏敦煌藏文文献⑬敦煌市博物馆卷,上海:上海古籍出版社,2019年5月 图版p.189

Db.t.1736 十万颂般若波罗蜜多经第二卷第五十一、五十二品

张延清著 吐蕃敦煌抄经研究 北京:民族出版社,2016年11月 p.290、346、349、357

马德、勘措吉主编,甘肃省文物局、敦煌研究院编纂 甘肃藏敦煌藏文文献⑬敦煌市博物馆卷,上海:上海古籍出版社,2019年5月 图版p.190

Db.t.1737–Db.t.1740 十万颂般若波罗蜜多经

马德、勘措吉主编,甘肃省文物局、敦煌研究院编纂 甘肃藏敦煌藏文文献⑬敦煌市博物馆卷,上海:上海古籍出版社,2019年5月 图版p.191~194

Db.t.1741 十万颂般若波罗蜜多经第二卷第七、八品

张延清著 吐蕃敦煌抄经研究 北京:民族出版社,2016年11月 p.318、338、346、349、357

马德、勘措吉主编,甘肃省文物局、敦煌研究院编纂 甘肃藏敦煌藏文文献⑬敦煌市博物馆卷,上海:上海古籍出版社,2019年5月 图版p.195

Db.t.1742 十万颂般若波罗蜜多经

马德、勘措吉主编,甘肃省文物局、敦煌研究院编纂 甘肃藏敦煌藏文文献⑬敦煌市博物馆卷,上海:上海古籍出版社,2019年5月 图版p.196

Db.t.1743 十万颂般若波罗蜜多经

张延清著 吐蕃敦煌抄经研究 北京:民族出版社,2016年11月 p.281、334、357

马德、勘措吉主编,甘肃省文物局、敦煌研究院编纂 甘肃藏敦煌藏文文献⑬敦煌市博物馆卷,上海:上海古籍出版社,2019年5月 图版p.197~201

Db.t.1744–Db.t.1748 十万颂般若波罗蜜多经

马德、勘措吉主编,甘肃省文物局、敦煌研究院编纂 甘肃藏敦煌藏文文献⑬敦煌市博物馆卷,上海:上海古籍出版社,2019年5月 图版p.202~206

Db.t.1749 十万颂般若波罗蜜多经第三卷第一、二品

马德、勘措吉主编,甘肃省文物局、敦煌研究院编纂 甘肃藏敦煌藏文文献⑬敦煌市博物馆卷,上海:上海古籍出版社,2019年5月 图版p.207

Db.t.1750–Db.t.1752 十万颂般若波罗蜜多经

马德、勘措吉主编,甘肃省文物局、敦煌研究院编纂 甘肃藏敦煌藏文文献⑬敦煌市博物馆卷,上海:上海古籍出版社,2019年5月 图版p.208~210

Db.t.1753 十万颂般若波罗蜜多经

张延清著 吐蕃敦煌抄经研究 北京:民族出版社,2016年11月 p.315、326、344

马德、勘措吉主编,甘肃省文物局、敦煌研究院编纂 甘肃藏敦煌藏文文献⑬敦煌市博物馆卷,上海:上海古籍出版社,2019年5月 图版p.211

Db.t.1754 十万颂般若波罗蜜多经第三卷第四十八品

马德、勘措吉主编，甘肃省文物局、敦煌研究院编纂 甘肃藏敦煌藏文文献⑬敦煌市博物馆卷，上海：上海古籍出版社，2019年5月 图版p.212

Db.t.1755 十万颂般若波罗蜜多经第二十八、二十九品①

马德主编，张延清、勘措吉、邰惠莉编写 敦煌市博物馆藏敦煌藏文文献《甘肃藏敦煌藏文文献叙录》，兰州：甘肃民族出版社，2011年9月 p.418

马德、勘措吉主编，甘肃省文物局、敦煌研究院编纂 甘肃藏敦煌藏文文献⑬敦煌市博物馆卷，上海：上海古籍出版社，2019年5月 图版p.213

Db.t.1756 十万颂般若波罗蜜多经

马德、勘措吉主编，甘肃省文物局、敦煌研究院编纂 甘肃藏敦煌藏文文献⑬敦煌市博物馆卷，上海：上海古籍出版社，2019年5月 图版p.214

Db.t.1757 十万颂般若波罗蜜多经

张延清著 吐蕃敦煌抄经研究 北京：民族出版社，2016年11月 p.313、328、337、342、343、345~346

马德、勘措吉主编，甘肃省文物局、敦煌研究院编纂 甘肃藏敦煌藏文文献⑬敦煌市博物馆卷，上海：上海古籍出版社，2019年5月 图版p.215

Db.t.1758 十万颂般若波罗蜜多经第三卷第五十一品

马德、勘措吉主编，甘肃省文物局、敦煌研究院编纂 甘肃藏敦煌藏文文献⑬敦煌市博物馆卷，上海：上海古籍出版社，2019年5月 图版p.216

Db.t.1759 十万颂般若波罗蜜多经第三卷第五十九品

马德、勘措吉主编，甘肃省文物局、敦煌研究院编纂 甘肃藏敦煌藏文文献⑬敦煌市博物馆卷，上海：上海古籍出版社，2019年5月 图版p.217

Db.t.1760–Db.t.1762 十万颂般若波罗蜜多经

马德、勘措吉主编，甘肃省文物局、敦煌研究院编纂 甘肃藏敦煌藏文文献⑬敦煌市博物馆卷，上海：上海古籍出版社，2019年5月 图版p.218~220

---

①该文献《甘肃藏敦煌藏文文献叙录》原定名作“十万颂般若波罗蜜多经”。《甘肃藏敦煌藏文文献》⑬敦煌市博物馆卷图录重新校定名称作“十万颂般若波罗蜜多经第二十八、二十九品”。

Db.t.1763 十万颂般若波罗蜜多经第四卷第一品

马德、勘措吉主编,甘肃省文物局、敦煌研究院编纂 甘肃藏敦煌藏文文献⑬敦煌市博物馆卷,上海:上海古籍出版社,2019年5月 图版p.221

Db.t.1764 十万颂般若波罗蜜多经第四卷第二品

马德、勘措吉主编,甘肃省文物局、敦煌研究院编纂 甘肃藏敦煌藏文文献⑬敦煌市博物馆卷,上海:上海古籍出版社,2019年5月 图版p.222~225

Db.t.1765 十万颂般若波罗蜜多经

马德、勘措吉主编,甘肃省文物局、敦煌研究院编纂 甘肃藏敦煌藏文文献⑬敦煌市博物馆卷,上海:上海古籍出版社,2019年5月 图版p.226

Db.t.1766 十万颂般若波罗蜜多经第四卷第四品

马德、勘措吉主编,甘肃省文物局、敦煌研究院编纂 甘肃藏敦煌藏文文献⑬敦煌市博物馆卷,上海:上海古籍出版社,2019年5月 图版p.227~231

Db.t.1767 十万颂般若波罗蜜多经

马德、勘措吉主编,甘肃省文物局、敦煌研究院编纂 甘肃藏敦煌藏文文献⑬敦煌市博物馆卷,上海:上海古籍出版社,2019年5月 图版p.232

Db.t.1768 十万颂般若波罗蜜多经第四卷第十七、十八品①

马德主编,张延清、勘措吉、郈惠莉编写 敦煌市博物馆藏敦煌藏文文献《甘肃藏敦煌藏文文献叙录》,兰州:甘肃民族出版社,2011年9月 p.419

马德、勘措吉主编,甘肃省文物局、敦煌研究院编纂 甘肃藏敦煌藏文文献⑬敦煌市博物馆卷,上海:上海古籍出版社,2019年5月 图版p.233~238

Db.t.1769–Db.t.1771 十万颂般若波罗蜜多经

马德、勘措吉主编,甘肃省文物局、敦煌研究院编纂 甘肃藏敦煌藏文文献⑬敦煌市博物馆卷,上海:上海古籍出版社,2019年5月 图版p.239~242

---

①该文献《甘肃藏敦煌藏文文献叙录》原定名作“十万颂般若波罗蜜多经”。《甘肃藏敦煌藏文文献》⑬敦煌市博物馆卷图录重新校定名称作“十万颂般若波罗蜜多经第四卷第十七、十八品”。

Db.t.1772 十万颂般若波罗蜜多经第四卷第三十八品

马德、勘措吉主编，甘肃省文物局、敦煌研究院编纂 甘肃藏敦煌藏文文献⑬敦煌市博物馆卷，上海：上海古籍出版社，2019年5月 图版p.243

Db.t.1773 十万颂般若波罗蜜多经

马德、勘措吉主编，甘肃省文物局、敦煌研究院编纂 甘肃藏敦煌藏文文献⑬敦煌市博物馆卷，上海：上海古籍出版社，2019年5月 图版p.244

Db.t.1774 十万颂般若波罗蜜多经

张延清 吐蕃敦煌抄经坊《敦煌学辑刊》2011年第3期 p.53；收入中央文史研究馆、敦煌研究院、香港大学饶宗颐学术馆编《庆贺饶宗颐先生九十五华诞敦煌学国际学术研讨会论文集》，北京：中华书局，2012年12月 p.561

张延清著 吐蕃敦煌抄经研究 北京：民族出版社，2016年11月 p.91、305、336、341、345~346、352

马德、勘措吉主编，甘肃省文物局、敦煌研究院编纂 甘肃藏敦煌藏文文献⑬敦煌市博物馆卷，上海：上海古籍出版社，2019年5月 图版p.245

Db.t.1775–Db.t.1776 十万颂般若波罗蜜多经

马德、勘措吉主编，甘肃省文物局、敦煌研究院编纂 甘肃藏敦煌藏文文献⑬敦煌市博物馆卷，上海：上海古籍出版社，2019年5月 图版p.246~249

Db.t.1777 十万颂般若波罗蜜多经[①]

马德主编，张延清、勘措吉、邰惠莉编写 敦煌市博物馆藏敦煌藏文文献《甘肃藏敦煌藏文文献叙录》，兰州：甘肃民族出版社，2011年9月 p.420

马德、勘措吉主编，甘肃省文物局、敦煌研究院编纂 甘肃藏敦煌藏文文献⑬敦煌市博物馆卷，上海：上海古籍出版社，2019年5月 图版p.250

Db.t.1778 十万颂般若波罗蜜多经第五十四、五十五品[②]

马德主编，张延清、勘措吉、邰惠莉编写 敦煌市博物馆藏敦煌藏文文献《甘肃藏敦煌藏文文献叙录》，兰州：甘肃民族出版社，2011年9月 p.420

---

①该文献《甘肃藏敦煌藏文文献叙录》原定名作“十万颂般若波罗蜜多经第四卷第二品”。《甘肃藏敦煌藏文文献》⑬敦煌市博物馆卷图录重新校定名称作“十万颂般若波罗蜜多经”。

②该文献《甘肃藏敦煌藏文文献叙录》原定名作“十万颂般若波罗蜜多经”。《甘肃藏敦煌藏文文献》⑬敦煌市博物馆卷图录重新校定名称作“十万颂般若波罗蜜多经第五十四、五十五品”。

马德、勘措吉主编，甘肃省文物局、敦煌研究院编纂 甘肃藏敦煌藏文文献⑬敦煌市博物馆卷，上海：上海古籍出版社，2019年5月 图版p.251

Db.t.1779–Db.t.1782 十万颂般若波罗蜜多经

马德、勘措吉主编，甘肃省文物局、敦煌研究院编纂 甘肃藏敦煌藏文文献⑬敦煌市博物馆卷，上海：上海古籍出版社，2019年5月 图版p.252~256

Db.t.1783 十万颂般若波罗蜜多经

张延清著 吐蕃敦煌抄经研究 北京：民族出版社，2016年11月 p.281、336

马德、勘措吉主编，甘肃省文物局、敦煌研究院编纂 甘肃藏敦煌藏文文献⑬敦煌市博物馆卷，上海：上海古籍出版社，2019年5月 图版p.257~264

Db.t.1784 十万颂般若波罗蜜多经第三卷第六十二品

张延清著 吐蕃敦煌抄经研究 北京：民族出版社，2016年11月 p.281、336

马德、勘措吉主编，甘肃省文物局、敦煌研究院编纂 甘肃藏敦煌藏文文献⑬敦煌市博物馆卷，上海：上海古籍出版社，2019年5月 图版p.265~272

Db.t.1785 十万颂般若波罗蜜多经第三卷第六十三品

马德、勘措吉主编，甘肃省文物局、敦煌研究院编纂 甘肃藏敦煌藏文文献⑬敦煌市博物馆卷，上海：上海古籍出版社，2019年5月 图版p.273

Db.t.1786 十万颂般若波罗蜜多经

马德、勘措吉主编，甘肃省文物局、敦煌研究院编纂 甘肃藏敦煌藏文文献⑬敦煌市博物馆卷，上海：上海古籍出版社，2019年5月 图版p.274

Db.t.1787 十万颂般若波罗蜜多经

张延清著 吐蕃敦煌抄经研究 北京：民族出版社，2016年11月 p.306、348、349、350

马德、勘措吉主编，甘肃省文物局、敦煌研究院编纂 甘肃藏敦煌藏文文献⑬敦煌市博物馆卷，上海：上海古籍出版社，2019年5月 图版p.275~277

Db.t.1788 十万颂般若波罗蜜多经第七十一、七十二品①

马德主编，张延清、勘措吉、邰惠莉编写 敦煌市博物馆藏敦煌藏文文献《甘肃藏敦煌藏文文献叙录》，

①该文献《甘肃藏敦煌藏文文献叙录》原定名作"十万颂般若波罗蜜多经"。《甘肃藏敦煌藏文文献》⑬敦煌市博物馆卷图录重新校定名称作"十万颂般若波罗蜜多经第七十一、七十二品"。

兰州:甘肃民族出版社,2011年9月 p.421

马德、勘措吉主编,甘肃省文物局、敦煌研究院编纂 甘肃藏敦煌藏文文献⑬敦煌市博物馆卷,上海:上海古籍出版社,2019年5月 图版p.278

Db.t.1789–Db.t.1790 十万颂般若波罗蜜多经

马德、勘措吉主编,甘肃省文物局、敦煌研究院编纂 甘肃藏敦煌藏文文献⑬敦煌市博物馆卷,上海:上海古籍出版社,2019年5月 图版p.279~280

Db.t.1791 般若[①]

马德主编,张延清、勘措吉、邰惠莉编写 敦煌市博物馆藏敦煌藏文文献《甘肃藏敦煌藏文文献叙录》,兰州:甘肃民族出版社,2011年9月 p.422

马德、勘措吉主编,甘肃省文物局、敦煌研究院编纂 甘肃藏敦煌藏文文献⑬敦煌市博物馆卷,上海:上海古籍出版社,2019年5月 图版p.281

Db.t.1792 十万颂般若波罗蜜多经

张延清著 吐蕃敦煌抄经研究 北京:民族出版社,2016年11月 p.293、342

马德、勘措吉主编,甘肃省文物局、敦煌研究院编纂 甘肃藏敦煌藏文文献⑬敦煌市博物馆卷,上海:上海古籍出版社,2019年5月 图版p.282~283

Db.t.1793 十万颂般若波罗蜜多经第一卷第五十三品

张延清著 吐蕃敦煌抄经研究 北京:民族出版社,2016年11月 p.316、343、345~346、350

马德、勘措吉主编,甘肃省文物局、敦煌研究院编纂 甘肃藏敦煌藏文文献⑬敦煌市博物馆卷,上海:上海古籍出版社,2019年5月 图版p.284~289

Db.t.1794 十万颂般若波罗蜜多经第一卷第五十四品

张延清著 吐蕃敦煌抄经研究 北京:民族出版社,2016年11月 p.315、339、352

马德、勘措吉主编,甘肃省文物局、敦煌研究院编纂 甘肃藏敦煌藏文文献⑬敦煌市博物馆卷,上海:上海古籍出版社,2019年5月 图版p.290~296

Db.t.1795 十万颂般若波罗蜜多经第一卷第五十八品

张延清著 吐蕃敦煌抄经研究 北京:民族出版社,2016年11月 p.293、330、338、342

---

①该文献《甘肃藏敦煌藏文文献叙录》原定名作"十万颂般若波罗蜜多经"。《甘肃藏敦煌藏文文献》⑬敦煌市博物馆卷图录重新校定名称作"般若"。

马德、勘措吉主编，甘肃省文物局、敦煌研究院编纂 甘肃藏敦煌藏文文献⑬敦煌市博物馆卷，上海：上海古籍出版社，2019年5月 图版p.297~305

Db.t.1796 十万颂般若波罗蜜多经第一卷第五十九品

马德、勘措吉主编，甘肃省文物局、敦煌研究院编纂 甘肃藏敦煌藏文文献⑬敦煌市博物馆卷，上海：上海古籍出版社，2019年5月 图版p.306~307

Db.t.1797 十万颂般若波罗蜜多经第一卷第六十品

张延清著 吐蕃敦煌抄经研究 北京：民族出版社，2016年11月 p.306、335

马德、勘措吉主编，甘肃省文物局、敦煌研究院编纂 甘肃藏敦煌藏文文献⑬敦煌市博物馆卷，上海：上海古籍出版社，2019年5月 图版p.308

Db.t.1798（原收藏号1798）十万颂般若波罗蜜多经

张延清 张议潮与吐蕃文化《敦煌研究》2005年第3期 p.91（附表：张议潮藏文题记简表）

张延清著 吐蕃敦煌抄经研究 北京：民族出版社，2016年11月 p.286、335、348、352

马德、勘措吉主编，甘肃省文物局、敦煌研究院编纂 甘肃藏敦煌藏文文献⑬敦煌市博物馆卷，上海：上海古籍出版社，2019年5月 图版p.309

Db.t.1799 十万颂般若波罗蜜多经第一卷第六十二品

马德、勘措吉主编，甘肃省文物局、敦煌研究院编纂 甘肃藏敦煌藏文文献⑬敦煌市博物馆卷，上海：上海古籍出版社，2019年5月 图版p.310~311

Db.t.1800 十万颂般若波罗蜜多经

马德、勘措吉主编，甘肃省文物局、敦煌研究院编纂 甘肃藏敦煌藏文文献⑬敦煌市博物馆卷，上海：上海古籍出版社，2019年5月 图版p.312

Db.t.1801 十万颂般若波罗蜜多经

张延清著 吐蕃敦煌抄经研究 北京：民族出版社，2016年11月 p.284、335、353

马德、勘措吉主编，甘肃省文物局、敦煌研究院编纂 甘肃藏敦煌藏文文献⑬敦煌市博物馆卷，上海：上海古籍出版社，2019年5月 图版p.313~314

Db.t.1802 十万颂般若波罗蜜多经第一卷第六十六品

马德、勘措吉主编，甘肃省文物局、敦煌研究院编纂 甘肃藏敦煌藏文文献⑬敦煌市博物馆卷，上海：上海古籍出版社，2019年5月 图版p.315~316

Db.t.1803–Db.t.1804 十万颂般若波罗蜜多经

马德、勘措吉主编，甘肃省文物局、敦煌研究院编纂 甘肃藏敦煌藏文文献⑬敦煌市博物馆卷，上海：上海古籍出版社，2019年5月 图版p.317~320

Db.t.1805 十万颂般若波罗蜜多经第一卷第七十二品

张延清著 吐蕃敦煌抄经研究 北京：民族出版社，2016年11月 p.308、339

马德、勘措吉主编，甘肃省文物局、敦煌研究院编纂 甘肃藏敦煌藏文文献⑬敦煌市博物馆卷，上海：上海古籍出版社，2019年5月 图版p.321~328

Db.t.1806（原收藏号1806）十万颂般若波罗蜜多经第一卷第七十三品

张延清 张议潮与吐蕃文化《敦煌研究》2005年第3期 p.90；p.91（附表：张议潮藏文题记简表）

沙武田 吐蕃对敦煌石窟影响再探——吐蕃因素影响下的归义军首任节度使张议潮功德窟《藏学学刊》第9辑，北京：中国藏学出版社，2014年6月 p.56

张延清著 吐蕃敦煌抄经研究 北京：民族出版社，2016年11月 p.286、346、348

马德、勘措吉主编，甘肃省文物局、敦煌研究院编纂 甘肃藏敦煌藏文文献⑬敦煌市博物馆卷，上海：上海古籍出版社，2019年5月 图版p.329~335

Db.t.1807 十万颂般若波罗蜜多经第一卷第七十四、七十五品

张延清著 吐蕃敦煌抄经研究 北京：民族出版社，2016年11月 p.299、335、352

马德、勘措吉主编，甘肃省文物局、敦煌研究院编纂 甘肃藏敦煌藏文文献⑬敦煌市博物馆卷，上海：上海古籍出版社，2019年5月 图版p.336~343

Db.t.1808 十万颂般若波罗蜜多经

马德、勘措吉主编，甘肃省文物局、敦煌研究院编纂 甘肃藏敦煌藏文文献⑬敦煌市博物馆卷，上海：上海古籍出版社，2019年5月 图版p.344~345

Db.t.1809 一万八千颂般若波罗蜜多经①

马德主编，张延清、勘措吉、邰惠莉编写 敦煌市博物馆藏敦煌藏文文献《甘肃藏敦煌藏文文献叙录》，兰州：甘肃民族出版社，2011年9月 p.424~425

马德、勘措吉主编，甘肃省文物局、敦煌研究院编纂 甘肃藏敦煌藏文文献⑭敦煌市博物馆卷，上海：上海古籍出版社，2019年5月 图版p.1

---

①该文献《甘肃藏敦煌藏文文献叙录》原定名作“十万颂般若波罗蜜多经”。《甘肃藏敦煌藏文文献》⑭敦煌市博物馆卷图录重新校定名称作“一万八千颂般若波罗蜜多经”。

Db.t.1810–Db.t.1811　十万颂般若波罗蜜多经

马德、勘措吉主编，甘肃省文物局、敦煌研究院编纂　甘肃藏敦煌藏文文献⑭敦煌市博物馆卷，上海：上海古籍出版社，2019年5月　图版p.2~3

Db.t.1812　十万颂般若波罗蜜多经第二卷第四品

马德、勘措吉主编，甘肃省文物局、敦煌研究院编纂　甘肃藏敦煌藏文文献⑭敦煌市博物馆卷，上海：上海古籍出版社，2019年5月　图版p.4

Db.t.1813　十万颂般若波罗蜜多经

马德、勘措吉主编，甘肃省文物局、敦煌研究院编纂　甘肃藏敦煌藏文文献⑭敦煌市博物馆卷，上海：上海古籍出版社，2019年5月　图版p.5~6

Db.t.1814　十万颂般若波罗蜜多经[①]

马德主编，张延清、勘措吉、郃惠莉编写　敦煌市博物馆藏敦煌藏文文献《甘肃藏敦煌藏文文献叙录》，兰州：甘肃民族出版社，2011年9月　p.425

马德、勘措吉主编，甘肃省文物局、敦煌研究院编纂　甘肃藏敦煌藏文文献⑭敦煌市博物馆卷，上海：上海古籍出版社，2019年5月　图版p.7

Db.t.1815　十万颂般若波罗蜜多经第二卷第十二品

马德、勘措吉主编，甘肃省文物局、敦煌研究院编纂　甘肃藏敦煌藏文文献⑭敦煌市博物馆卷，上海：上海古籍出版社，2019年5月　图版p.8

Db.t.1816–Db.t.1817　十万颂般若波罗蜜多经

马德、勘措吉主编，甘肃省文物局、敦煌研究院编纂　甘肃藏敦煌藏文文献⑭敦煌市博物馆卷，上海：上海古籍出版社，2019年5月　图版p.9~10

Db.t.1818　十万颂般若波罗蜜多经第二卷第十六品

张延清著　吐蕃敦煌抄经研究　北京：民族出版社，2016年11月　p.308、338、339、352

马德、勘措吉主编，甘肃省文物局、敦煌研究院编纂　甘肃藏敦煌藏文文献⑭敦煌市博物馆卷，上海：上海古籍出版社，2019年5月　图版p.11~13

①该文献《甘肃藏敦煌藏文文献叙录》原定名作“十万颂般若波罗蜜多经第二卷第四品”。《甘肃藏敦煌藏文文献》⑭敦煌市博物馆卷图录重新校定名称作“十万颂般若波罗蜜多经”。

Db.t.1819 十万颂般若波罗蜜多经

马德、勘措吉主编，甘肃省文物局、敦煌研究院编纂 甘肃藏敦煌藏文文献⑭敦煌市博物馆卷，上海：上海古籍出版社，2019年5月 图版p.14

Db.t.1820 十万颂般若波罗蜜多经第二卷第十九品

马德、勘措吉主编，甘肃省文物局、敦煌研究院编纂 甘肃藏敦煌藏文文献⑭敦煌市博物馆卷，上海：上海古籍出版社，2019年5月 图版p.15

Db.t.1821–Db.t.1822 十万颂般若波罗蜜多经

马德、勘措吉主编，甘肃省文物局、敦煌研究院编纂 甘肃藏敦煌藏文文献⑭敦煌市博物馆卷，上海：上海古籍出版社，2019年5月 图版p.16~17

Db.t.1823 十万颂般若波罗蜜多经第二卷第二十二品

张延清著 吐蕃敦煌抄经研究 北京：民族出版社，2016年11月 p.307、339

马德、勘措吉主编，甘肃省文物局、敦煌研究院编纂 甘肃藏敦煌藏文文献⑭敦煌市博物馆卷，上海：上海古籍出版社，2019年5月 图版p.18~23

Db.t.1824 十万颂般若波罗蜜多经第二卷第二十三品

张延清著 吐蕃敦煌抄经研究 北京：民族出版社，2016年11月 p.307、335、353

马德、勘措吉主编，甘肃省文物局、敦煌研究院编纂 甘肃藏敦煌藏文文献⑭敦煌市博物馆卷，上海：上海古籍出版社，2019年5月 图版p.24~29

Db.t.1825 十万颂般若波罗蜜多经

马德、勘措吉主编，甘肃省文物局、敦煌研究院编纂 甘肃藏敦煌藏文文献⑭敦煌市博物馆卷，上海：上海古籍出版社，2019年5月 图版p.30~31

Db.t.1826 十万颂般若波罗蜜多经第二卷第二十五品

张延清著 吐蕃敦煌抄经研究[①] 北京：民族出版社，2016年11月 p.289、338、339、352

马德、勘措吉主编，甘肃省文物局、敦煌研究院编纂 甘肃藏敦煌藏文文献⑭敦煌市博物馆卷，上海：上海古籍出版社，2019年5月 图版p.32~37

---

①张延清《吐蕃敦煌抄经研究》附录第289页“139.金勒贡”Dd.t.0011、0142、0143、0472、0718、0791、1022、1826把“敦煌市博物馆藏敦煌藏文文献”与“敦煌市档案馆藏敦煌藏文文献”混淆使用了。敦煌市档案馆藏敦煌藏文文献仅存12个编号。经核查，金勒贡抄卷出现在敦煌市档案馆藏敦煌藏文文献Dd.t.11和敦煌市博物馆藏敦煌藏文文献Db.t.0142、Db.t.0143、Db.t.0472、Db.t.0718、Db.t.0791、Db.t.1022、Db.t.1826等卷号中。

Db.t.1827 十万颂般若波罗蜜多经第二卷第二十六品

张延清著 吐蕃敦煌抄经研究 北京:民族出版社,2016年11月 p.278、331、335、352

马德、勘措吉主编,甘肃省文物局、敦煌研究院编纂 甘肃藏敦煌藏文文献⑭敦煌市博物馆卷,上海:上海古籍出版社,2019年5月 图版p.38~43

Db.t.1828 十万颂般若波罗蜜多经第二卷第二十七品

马德、勘措吉主编,甘肃省文物局、敦煌研究院编纂 甘肃藏敦煌藏文文献⑭敦煌市博物馆卷,上海:上海古籍出版社,2019年5月 图版p.44

Db.t.1829 十万颂般若波罗蜜多经第二卷第二十八品

马德、勘措吉主编,甘肃省文物局、敦煌研究院编纂 甘肃藏敦煌藏文文献⑭敦煌市博物馆卷,上海:上海古籍出版社,2019年5月 图版p.45

Db.t.1830 十万颂般若波罗蜜多经

马德、勘措吉主编,甘肃省文物局、敦煌研究院编纂 甘肃藏敦煌藏文文献⑭敦煌市博物馆卷,上海:上海古籍出版社,2019年5月 图版p.46~47

Db.t.1831 一万八千颂般若波罗蜜多经[①]

马德主编,张延清、勘措吉、郃惠莉编写 敦煌市博物馆藏敦煌藏文文献《甘肃藏敦煌藏文文献叙录》,兰州:甘肃民族出版社,2011年9月 p.427

马德、勘措吉主编,甘肃省文物局、敦煌研究院编纂 甘肃藏敦煌藏文文献⑭敦煌市博物馆卷,上海:上海古籍出版社,2019年5月 图版p.48

Db.t.1832 十万颂般若波罗蜜多经

张延清著 吐蕃敦煌抄经研究 北京:民族出版社,2016年11月 p.278、339、346

马德、勘措吉主编,甘肃省文物局、敦煌研究院编纂 甘肃藏敦煌藏文文献⑭敦煌市博物馆卷,上海:上海古籍出版社,2019年5月 图版p.49

Db.t.1833 十万颂般若波罗蜜多经第二卷第三十二品

马德、勘措吉主编,甘肃省文物局、敦煌研究院编纂 甘肃藏敦煌藏文文献⑭敦煌市博物馆卷,上海:上海古籍出版社,2019年5月 图版p.50~51

---

①该文献《甘肃藏敦煌藏文文献叙录》原定名作"十万颂般若波罗蜜多经"。《甘肃藏敦煌藏文文献》⑭敦煌市博物馆卷图录重新校定名称作"一万八千颂般若波罗蜜多经"。

Db.t.1834 十万颂般若波罗蜜多经第二卷第三十二品

张延清著 吐蕃敦煌抄经研究 北京:民族出版社,2016年11月 p.299、331、346

马德、勘措吉主编,甘肃省文物局、敦煌研究院编纂 甘肃藏敦煌藏文文献⑭敦煌市博物馆卷,上海:上海古籍出版社,2019年5月 图版p.52

Db.t.1835 一万八千颂般若波罗蜜多经[①]

马德主编,张延清、勘措吉、郃惠莉编写 敦煌市博物馆藏敦煌藏文文献《甘肃藏敦煌藏文文献叙录》,兰州:甘肃民族出版社,2011年9月 p.428

马德、勘措吉主编,甘肃省文物局、敦煌研究院编纂 甘肃藏敦煌藏文文献⑭敦煌市博物馆卷,上海:上海古籍出版社,2019年5月 图版p.53

Db.t.1836 十万颂般若波罗蜜多经[②]

马德主编,张延清、勘措吉、郃惠莉编写 敦煌市博物馆藏敦煌藏文文献《甘肃藏敦煌藏文文献叙录》,兰州:甘肃民族出版社,2011年9月 p.428

张延清著 吐蕃敦煌抄经研究 北京:民族出版社,2016年11月 p.299、331、346

马德、勘措吉主编,甘肃省文物局、敦煌研究院编纂 甘肃藏敦煌藏文文献⑭敦煌市博物馆卷,上海:上海古籍出版社,2019年5月 图版p.54~55

Db.t.1837 十万颂般若波罗蜜多经第二卷第四十四品

张延清著 吐蕃敦煌抄经研究 北京:民族出版社,2016年11月 p.279、336、338、343、344

马德、勘措吉主编,甘肃省文物局、敦煌研究院编纂 甘肃藏敦煌藏文文献⑭敦煌市博物馆卷,上海:上海古籍出版社,2019年5月 图版p.56~62

Db.t.1838 十万颂般若波罗蜜多经第二卷第四十六品

马德、勘措吉主编,甘肃省文物局、敦煌研究院编纂 甘肃藏敦煌藏文文献⑭敦煌市博物馆卷,上海:上海古籍出版社,2019年5月 图版p.63

Db.t.1839–Db.t.1840 十万颂般若波罗蜜多经

马德、勘措吉主编,甘肃省文物局、敦煌研究院编 甘肃藏敦煌藏文文献⑭敦煌市博物馆卷,上海:上海

---

①该文献《甘肃藏敦煌藏文文献叙录》原定名作"十万颂般若波罗蜜多经"。《甘肃藏敦煌藏文文献》⑭敦煌市博物馆卷图录重新校定名称作"一万八千颂般若波罗蜜多经"。

②该文献《甘肃藏敦煌藏文文献叙录》原定名作"十万颂般若波罗蜜多经第二卷第四十三品"。《甘肃藏敦煌藏文文献》⑭敦煌市博物馆卷图录重新校定名称作"十万颂般若波罗蜜多经"。

古籍出版社，2019年5月 图版p.64~65

Db.t.1841 十万颂般若波罗蜜多经

张延清 吐蕃敦煌抄经坊《敦煌学辑刊》2011年第3期 p.53；收入中央文史研究馆、敦煌研究院、香港大学饶宗颐学术馆编《庆贺饶宗颐先生九十五华诞敦煌学国际学术研讨会论文集》，北京：中华书局，2012年12月 p.561

张延清著 吐蕃敦煌抄经研究 北京：民族出版社，2016年11月 p.92、299、331、336

马德、勘措吉主编，甘肃省文物局、敦煌研究院编纂 甘肃藏敦煌藏文文献⑭敦煌市博物馆卷，上海：上海古籍出版社，2019年5月 图版p.66

Db.t.1842 十万颂般若波罗蜜多经第二卷第四十八品

马德、勘措吉主编，甘肃省文物局、敦煌研究院编纂 甘肃藏敦煌藏文文献⑭敦煌市博物馆卷，上海：上海古籍出版社，2019年5月 图版p.67~68

Db.t.1843 十万颂般若波罗蜜多经[①]

马德主编，张延清、勘措吉、邰惠莉编写 敦煌市博物馆藏敦煌藏文文献《甘肃藏敦煌藏文文献叙录》，兰州：甘肃民族出版社，2011年9月 p.429

张延清著 吐蕃敦煌抄经研究 北京：民族出版社，2016年11月 p.147、310、331、343、345

马德、勘措吉主编，甘肃省文物局、敦煌研究院编纂 甘肃藏敦煌藏文文献⑭敦煌市博物馆卷，上海：上海古籍出版社，2019年5月 图版p.69~71

Db.t.1844 十万颂般若波罗蜜多经第二卷第四十九品

马德、勘措吉主编，甘肃省文物局、敦煌研究院编纂 甘肃藏敦煌藏文文献⑭敦煌市博物馆卷，上海：上海古籍出版社，2019年5月 图版p.72

Db.t.1845 十万颂般若波罗蜜多经

马德、勘措吉主编，甘肃省文物局、敦煌研究院编纂 甘肃藏敦煌藏文文献⑭敦煌市博物馆卷，上海：上海古籍出版社，2019年5月 图版p.73

Db.t.1846 十万颂般若波罗蜜多经第二卷第五十品

张延清著 吐蕃敦煌抄经研究 北京：民族出版社，2016年11月 p.146、319、334、338、343

①该文献《甘肃藏敦煌藏文文献叙录》原定名作“十万颂般若波罗蜜多经第二卷第四十八品”。《甘肃藏敦煌藏文文献》⑭敦煌市博物馆卷图录重新校定名称作“十万颂般若波罗蜜多经”。

马德、勘措吉主编,甘肃省文物局、敦煌研究院编纂 甘肃藏敦煌藏文文献⑭敦煌市博物馆卷,上海:上海古籍出版社,2019年5月 图版p.74

Db.t.1847 十万颂般若波罗蜜多经第二卷第五十一品

马德、勘措吉主编,甘肃省文物局、敦煌研究院编纂 甘肃藏敦煌藏文文献⑭敦煌市博物馆卷,上海:上海古籍出版社,2019年5月 图版p.75

Db.t.1848 十万颂般若波罗蜜多经

马德、勘措吉主编,甘肃省文物局、敦煌研究院编纂 甘肃藏敦煌藏文文献⑭敦煌市博物馆卷,上海:上海古籍出版社,2019年5月 图版p.76~77

Db.t.1849 十万颂般若波罗蜜多经第二卷第五十二品

张延清著 吐蕃敦煌抄经研究 北京:民族出版社,2016年11月 p.289、331、352

马德、勘措吉主编,甘肃省文物局、敦煌研究院编纂 甘肃藏敦煌藏文文献⑭敦煌市博物馆卷,上海:上海古籍出版社,2019年5月 图版p.78~81

Db.t.1850 十万颂般若波罗蜜多经第二卷第五十三品

马德、勘措吉主编,甘肃省文物局、敦煌研究院编纂 甘肃藏敦煌藏文文献⑭敦煌市博物馆卷,上海:上海古籍出版社,2019年5月 图版p.82

Db.t.1851 十万颂般若波罗蜜多经第二卷第五十六品

马德、勘措吉主编,甘肃省文物局、敦煌研究院编纂 甘肃藏敦煌藏文文献⑭敦煌市博物馆卷,上海:上海古籍出版社,2019年5月 图版p.83~90

Db.t.1852 薄伽梵母十万颂般若波罗蜜多经讽颂部之总会[①]

马德主编,张延清、勘措吉、邰惠莉编写 敦煌市博物馆藏敦煌藏文文献《甘肃藏敦煌藏文文献叙录》,兰州:甘肃民族出版社,2011年9月 p.430

张延清著 吐蕃敦煌抄经研究 北京:民族出版社,2016年11月 p.331、342、343

马德、勘措吉主编,甘肃省文物局、敦煌研究院编纂 甘肃藏敦煌藏文文献⑭敦煌市博物馆卷,上海:上海古籍出版社,2019年5月 图版p.91

---

①该文献《甘肃藏敦煌藏文文献叙录》原定名作“十万颂般若波罗蜜多经”。《甘肃藏敦煌藏文文献》⑭敦煌市博物馆卷图录重新校定名称作“薄伽梵母十万颂般若波罗蜜多经讽颂部之总会”。

Db.t.1853 十万颂般若波罗蜜多经第二卷第五十八品

张延清著 吐蕃敦煌抄经研究 北京:民族出版社,2016年11月 p.147、298、330、344

马德、勘措吉主编,甘肃省文物局、敦煌研究院编纂 甘肃藏敦煌藏文文献⑭敦煌市博物馆卷,上海:上海古籍出版社,2019年5月 图版p.92~93

Db.t.1854 十万颂般若波罗蜜多经第二卷第五十九品

马德、勘措吉主编,甘肃省文物局、敦煌研究院编纂 甘肃藏敦煌藏文文献⑭敦煌市博物馆卷,上海:上海古籍出版社,2019年5月 图版p.94~97

Db.t.1855 十万颂般若波罗蜜多经

马德、勘措吉主编,甘肃省文物局、敦煌研究院编纂 甘肃藏敦煌藏文文献⑭敦煌市博物馆卷,上海:上海古籍出版社,2019年5月 图版p.98~100

Db.t.1856 十万颂般若波罗蜜多经第二卷第六十三品

马德、勘措吉主编,甘肃省文物局、敦煌研究院编纂 甘肃藏敦煌藏文文献⑭敦煌市博物馆卷,上海:上海古籍出版社,2019年5月 图版p.101

Db.t.1857 十万颂般若波罗蜜多经

马德、勘措吉主编,甘肃省文物局、敦煌研究院编纂 甘肃藏敦煌藏文文献⑭敦煌市博物馆卷,上海:上海古籍出版社,2019年5月 图版p.102

Db.t.1858 十万颂般若波罗蜜多经第二卷第六十七品

张延清著 吐蕃敦煌抄经研究 北京:民族出版社,2016年11月 p.297、342、353

马德、勘措吉主编,甘肃省文物局、敦煌研究院编纂 甘肃藏敦煌藏文文献⑭敦煌市博物馆卷,上海:上海古籍出版社,2019年5月 图版p.103~105

Db.t.1859–Db.t.1860 十万颂般若波罗蜜多经

马德、勘措吉主编,甘肃省文物局、敦煌研究院编纂 甘肃藏敦煌藏文文献⑭敦煌市博物馆卷,上海:上海古籍出版社,2019年5月 图版p.106~108

Db.t.1861 十万颂般若波罗蜜多经第二卷第七十四品

张延清著 吐蕃敦煌抄经研究 北京:民族出版社,2016年11月 p.286~287、338、339

马德、勘措吉主编,甘肃省文物局、敦煌研究院编纂 甘肃藏敦煌藏文文献⑭敦煌市博物馆卷,上海:上海古籍出版社,2019年5月 图版p.109~113

Db.t.1862 十万颂般若波罗蜜多经

赵青山 吐蕃占领敦煌时期写经道场相关问题考述[①] 《藏学学刊》第11辑,北京:中国藏学出版社,2014年12月 p.35

张延清著 吐蕃敦煌抄经研究 北京:民族出版社,2016年11月 p.319、343、345~346、350

马德、勘措吉主编,甘肃省文物局、敦煌研究院编纂 甘肃藏敦煌藏文文献⑭敦煌市博物馆卷,上海:上海古籍出版社,2019年5月 图版p.114~119

Db.t.1863 十万颂般若波罗蜜多经第三卷第二品

马德、勘措吉主编,甘肃省文物局、敦煌研究院编纂 甘肃藏敦煌藏文文献⑭敦煌市博物馆卷,上海:上海古籍出版社,2019年5月 图版p.120~121

Db.t.1864 十万颂般若波罗蜜多经第三卷第三品

马德、勘措吉主编,甘肃省文物局、敦煌研究院编纂 甘肃藏敦煌藏文文献⑭敦煌市博物馆卷,上海:上海古籍出版社,2019年5月 图版p.122~126

Db.t.1865–Db.t.1867 十万颂般若波罗蜜多经

马德、勘措吉主编,甘肃省文物局、敦煌研究院编纂 甘肃藏敦煌藏文文献⑭敦煌市博物馆卷,上海:上海古籍出版社,2019年5月 图版p.127~132

Db.t.1868 十万颂般若波罗蜜多经第三卷第十三品

张延清著 吐蕃敦煌抄经研究 北京:民族出版社,2016年11月 p.146、279、337、341、343、350

马德、勘措吉主编,甘肃省文物局、敦煌研究院编纂 甘肃藏敦煌藏文文献⑭敦煌市博物馆卷,上海:上海古籍出版社,2019年5月 图版p.133

Db.t.1869–Db.t.1874 十万颂般若波罗蜜多经

马德、勘措吉主编,甘肃省文物局、敦煌研究院编纂 甘肃藏敦煌藏文文献⑭敦煌市博物馆卷,上海:上海古籍出版社,2019年5月 图版p.134~139

---

①赵青山《吐蕃占领敦煌时期写经道场相关问题考述》中作"Db.t.0866",有误。Db.t.0866号与Db.t.1862号均为"十万颂般若波罗蜜多经",但根据赵文第35页引"这卷沙州人未校勘,沙弥达沃和窦强校对、审定。康勒赞抄,文序校,桑俊二校,法藏三校。有虚假,不正确"题记和脚注44马德编著《甘肃藏敦煌藏文文献叙录》2011:432的说明,应更正为Db.t.1862号。

Db.t.1875 十万颂般若波罗蜜多经[①]

马德主编,张延清、勘措吉、郃惠莉编写 敦煌市博物馆藏敦煌藏文文献《甘肃藏敦煌藏文文献叙录》,兰州:甘肃民族出版社,2011年9月 p.433

张延清著 吐蕃敦煌抄经研究 北京:民族出版社,2016年11月 p.325、337、343、356

马德、勘措吉主编,甘肃省文物局、敦煌研究院编纂 甘肃藏敦煌藏文文献⑭敦煌市博物馆卷,上海:上海古籍出版社,2019年5月 图版p.140~143

Db.t.1876 十万颂般若波罗蜜多经第三卷第三十五品

张延清著 吐蕃敦煌抄经研究 北京:民族出版社,2016年11月 p.286、337、343、350

马德、勘措吉主编,甘肃省文物局、敦煌研究院编纂 甘肃藏敦煌藏文文献⑭敦煌市博物馆卷,上海:上海古籍出版社,2019年5月 图版p.144~151

Db.t.1877 十万颂般若波罗蜜多经第三卷第三十六品

马德、勘措吉主编,甘肃省文物局、敦煌研究院编纂 甘肃藏敦煌藏文文献⑭敦煌市博物馆卷,上海:上海古籍出版社,2019年5月 图版p.152

Db.t.1878 十万颂般若波罗蜜多经

马德、勘措吉主编,甘肃省文物局、敦煌研究院编纂 甘肃藏敦煌藏文文献⑭敦煌市博物馆卷,上海:上海古籍出版社,2019年5月 图版p.153~155

Db.t.1879 十万颂般若波罗蜜多经第三卷第三十七品

马德、勘措吉主编,甘肃省文物局、敦煌研究院编纂 甘肃藏敦煌藏文文献⑭敦煌市博物馆卷,上海:上海古籍出版社,2019年5月 图版p.156~157

Db.t.1880 十万颂般若波罗蜜多经

马德、勘措吉主编,甘肃省文物局、敦煌研究院编纂 甘肃藏敦煌藏文文献⑭敦煌市博物馆卷,上海:上海古籍出版社,2019年5月 图版p.158

Db.t.1881 十万颂般若波罗蜜多经第三卷第三十七品

张延清著 吐蕃敦煌抄经研究 北京:民族出版社,2016年11月 p.309、342

马德、勘措吉主编,甘肃省文物局、敦煌研究院编纂 甘肃藏敦煌藏文文献⑭敦煌市博物馆卷,上海:上

---

①该文献《甘肃藏敦煌藏文文献叙录》原定名作“十万颂般若波罗蜜多经第三卷第三十四品”。《甘肃藏敦煌藏文文献》⑭敦煌市博物馆卷图录重新校定名称作“十万颂般若波罗蜜多经”。

海古籍出版社，2019年5月　图版p.159~160

Db.t.1882　十万颂般若波罗蜜多经第三卷第三十八品

张延清著　吐蕃敦煌抄经研究　北京：民族出版社，2016年11月　p.288、339、353

马德、勘措吉主编，甘肃省文物局、敦煌研究院编纂　甘肃藏敦煌藏文文献⑭敦煌市博物馆卷，上海：上海古籍出版社，2019年5月　图版p.161~166

Db.t.1883　十万颂般若波罗蜜多经

马德、勘措吉主编，甘肃省文物局、敦煌研究院编纂　甘肃藏敦煌藏文文献⑭敦煌市博物馆卷，上海：上海古籍出版社，2019年5月　图版p.167

Db.t.1884　十万颂般若波罗蜜多经

张延清著　吐蕃敦煌抄经研究　北京：民族出版社，2016年11月　p.131、319、338、338

马德、勘措吉主编，甘肃省文物局、敦煌研究院编纂　甘肃藏敦煌藏文文献⑭敦煌市博物馆卷，上海：上海古籍出版社，2019年5月　图版p.168~169

Db.t.1885　十万颂般若波罗蜜多经

马德、勘措吉主编，甘肃省文物局、敦煌研究院编纂　甘肃藏敦煌藏文文献⑭敦煌市博物馆卷，上海：上海古籍出版社，2019年5月　图版p.170

Db.t.1886　十万颂般若波罗蜜多经第三卷第四十一品

马德、勘措吉主编，甘肃省文物局、敦煌研究院编纂　甘肃藏敦煌藏文文献⑭敦煌市博物馆卷，上海：上海古籍出版社，2019年5月　图版p.171~176

Db.t.1887　十万颂般若波罗蜜多经

张延清著　吐蕃敦煌抄经研究　北京：民族出版社，2016年11月　p.147、280~281、338、346

马德、勘措吉主编，甘肃省文物局、敦煌研究院编纂　甘肃藏敦煌藏文文献⑭敦煌市博物馆卷，上海：上海古籍出版社，2019年5月　图版p.177

Db.t.1888　十万颂般若波罗蜜多经

马德、勘措吉主编，甘肃省文物局、敦煌研究院编纂　甘肃藏敦煌藏文文献⑭敦煌市博物馆卷，上海：上海古籍出版社，2019年5月　图版p.178~181

Db.t.1889 十万颂般若波罗蜜多经[1]

马德主编，张延清、勘措吉、邰惠莉编写 敦煌市博物馆藏敦煌藏文文献《甘肃藏敦煌藏文文献叙录》，兰州：甘肃民族出版社，2011年9月 p.435

张延清著 吐蕃敦煌抄经研究 北京：民族出版社，2016年11月 p.313、336、343、345~346、350

马德、勘措吉主编，甘肃省文物局、敦煌研究院编纂 甘肃藏敦煌藏文文献⑭敦煌市博物馆卷，上海：上海古籍出版社，2019年5月 图版p.182

Db.t.1890 十万颂般若波罗蜜多经第三卷第四十三品

马德、勘措吉主编，甘肃省文物局、敦煌研究院编纂 甘肃藏敦煌藏文文献⑭敦煌市博物馆卷，上海：上海古籍出版社，2019年5月 图版p.183~184

Db.t.1891 十万颂般若波罗蜜多经

马德、勘措吉主编，甘肃省文物局、敦煌研究院编纂 甘肃藏敦煌藏文文献⑭敦煌市博物馆卷，上海：上海古籍出版社，2019年5月 图版p.185

Db.t.1892 十万颂般若波罗蜜多经第三卷第四十七品

马德、勘措吉主编，甘肃省文物局、敦煌研究院编纂 甘肃藏敦煌藏文文献⑭敦煌市博物馆卷，上海：上海古籍出版社，2019年5月 图版p.186~187

Db.t.1893–Db.t.1902 十万颂般若波罗蜜多经

马德、勘措吉主编，甘肃省文物局、敦煌研究院编纂 甘肃藏敦煌藏文文献⑭敦煌市博物馆卷，上海：上海古籍出版社，2019年5月 图版p.188~201

Db.t.1903 十万颂般若波罗蜜多经第四卷第三十一品

张延清著 吐蕃敦煌抄经研究 北京：民族出版社，2016年11月 p.287、337、343、350

马德、勘措吉主编，甘肃省文物局、敦煌研究院编纂 甘肃藏敦煌藏文文献⑭敦煌市博物馆卷，上海：上海古籍出版社，2019年5月 图版p.202~207

Db.t.1904 十万颂般若波罗蜜多经第四卷第三十二品

马德、勘措吉主编，甘肃省文物局、敦煌研究院编纂 甘肃藏敦煌藏文文献⑭敦煌市博物馆卷，上海：上海古籍出版社，2019年5月 图版p.208~211

---

①该文献《甘肃藏敦煌藏文文献叙录》原定名作“十万颂般若波罗蜜多经第三卷第四十二品”。《甘肃藏敦煌藏文文献》⑭敦煌市博物馆卷图录重新校定名称作“十万颂般若波罗蜜多经”。

Db.t.1905 十万颂般若波罗蜜多经第四卷第三十七品

张延清著 吐蕃敦煌抄经研究 北京:民族出版社,2016年11月 p.308、346

马德、勘措吉主编,甘肃省文物局、敦煌研究院编纂 甘肃藏敦煌藏文文献⑭敦煌市博物馆卷,上海:上海古籍出版社,2019年5月 图版p.212~214

Db.t.1906 十万颂般若波罗蜜多经

马德、勘措吉主编,甘肃省文物局、敦煌研究院编纂 甘肃藏敦煌藏文文献⑭敦煌市博物馆卷,上海:上海古籍出版社,2019年5月 图版p.215~216

Db.t.1907 十万颂般若波罗蜜多经[①]

马德主编,张延清、勘措吉、邰惠莉编写 敦煌市博物馆藏敦煌藏文文献《甘肃藏敦煌藏文文献叙录》,兰州:甘肃民族出版社,2011年9月 p.437

张延清著 吐蕃敦煌抄经研究 北京:民族出版社,2016年11月 p.305、337、339、344

马德、勘措吉主编,甘肃省文物局、敦煌研究院编纂 甘肃藏敦煌藏文文献⑭敦煌市博物馆卷,上海:上海古籍出版社,2019年5月 图版p.217~219

Db.t.1908 十万颂般若波罗蜜多经第四卷第四十一品

张延清著 吐蕃敦煌抄经研究 北京:民族出版社,2016年11月 p.306、337、339、342

马德、勘措吉主编,甘肃省文物局、敦煌研究院编纂 甘肃藏敦煌藏文文献⑭敦煌市博物馆卷,上海:上海古籍出版社,2019年5月 图版p.220~227

Db.t.1909 十万颂般若波罗蜜多经第四卷第四十二品

马德、勘措吉主编,甘肃省文物局、敦煌研究院编纂 甘肃藏敦煌藏文文献⑭敦煌市博物馆卷,上海:上海古籍出版社,2019年5月 图版p.228~231

Db.t.1910–Db.t.1914 十万颂般若波罗蜜多经

马德、勘措吉主编,甘肃省文物局、敦煌研究院编纂 甘肃藏敦煌藏文文献⑭敦煌市博物馆卷,上海:上海古籍出版社,2019年5月 图版p.232~238

Db.t.1915 十万颂般若波罗蜜多经第四卷第五十九品

马德、勘措吉主编,甘肃省文物局、敦煌研究院编纂 甘肃藏敦煌藏文文献⑭敦煌市博物馆卷,上海:上

①该文献《甘肃藏敦煌藏文文献叙录》原定名作“十万颂般若波罗蜜多经第四卷第四十品”。《甘肃藏敦煌藏文文献》⑭敦煌市博物馆卷图录重新校定名称作“十万颂般若波罗蜜多经”。

海古籍出版社,2019年5月 图版p.239

Db.t.1916–Db.t.1917 十万颂般若波罗蜜多经

马德、勘措吉主编,甘肃省文物局、敦煌研究院编纂 甘肃藏敦煌藏文文献⑭敦煌市博物馆卷,上海:上海古籍出版社,2019年5月 图版p.240~243

Db.t.1918 十万颂般若波罗蜜多经

张延清著 吐蕃敦煌抄经研究 北京:民族出版社,2016年11月 p.321、330、339

马德、勘措吉主编,甘肃省文物局、敦煌研究院编纂 甘肃藏敦煌藏文文献⑭敦煌市博物馆卷,上海:上海古籍出版社,2019年5月 图版p.244

Db.t.1919 十万颂般若波罗蜜多经

马德、勘措吉主编,甘肃省文物局、敦煌研究院编纂 甘肃藏敦煌藏文文献⑭敦煌市博物馆卷,上海:上海古籍出版社,2019年5月 图版p.245~246

Db.t.1920 十万颂般若波罗蜜多经第四卷第六十一品

张延清著 吐蕃敦煌抄经研究 北京:民族出版社,2016年11月 p.313、330、339

马德、勘措吉主编,甘肃省文物局、敦煌研究院编纂 甘肃藏敦煌藏文文献⑭敦煌市博物馆卷,上海:上海古籍出版社,2019年5月 图版p.247

Db.t.1921 十万颂般若波罗蜜多经第四卷第六十二品

马德、勘措吉主编,甘肃省文物局、敦煌研究院编纂 甘肃藏敦煌藏文文献⑭敦煌市博物馆卷,上海:上海古籍出版社,2019年5月 图版p.248~250

Db.t.1922 十万颂般若波罗蜜多经

马德、勘措吉主编,甘肃省文物局、敦煌研究院编纂 甘肃藏敦煌藏文文献⑭敦煌市博物馆卷,上海:上海古籍出版社,2019年5月 图版p.251~252

Db.t.1923 十万颂般若波罗蜜多经第四卷第六十三品

马德、勘措吉主编,甘肃省文物局、敦煌研究院编纂 甘肃藏敦煌藏文文献⑭敦煌市博物馆卷,上海:上海古籍出版社,2019年5月 图版p.253~254

Db.t.1924–Db.t.1926 十万颂般若波罗蜜多经

马德、勘措吉主编,甘肃省文物局、敦煌研究院编纂 甘肃藏敦煌藏文文献⑭敦煌市博物馆卷,上海:上

海古籍出版社，2019年5月 图版p.255~259

Db.t.1927 十万颂般若波罗蜜多经第四卷第六十八品

马德、勘措吉主编，甘肃省文物局、敦煌研究院编纂 甘肃藏敦煌藏文文献⑭敦煌市博物馆卷，上海：上海古籍出版社，2019年5月 图版p.260~262

Db.t.1928 十万颂般若波罗蜜多经

马德、勘措吉主编，甘肃省文物局、敦煌研究院编纂 甘肃藏敦煌藏文文献⑭敦煌市博物馆卷，上海：上海古籍出版社，2019年5月 图版p.263

Db.t.1929 十万颂般若波罗蜜多经第一卷第一品

马德、勘措吉主编，甘肃省文物局、敦煌研究院编纂 甘肃藏敦煌藏文文献⑭敦煌市博物馆卷，上海：上海古籍出版社，2019年5月 图版p.264

Db.t.1930–Db.t.1931 薄伽梵母十万颂般若波罗蜜多经讽颂部之总会

马德、勘措吉主编，甘肃省文物局、敦煌研究院编纂 甘肃藏敦煌藏文文献⑭敦煌市博物馆卷，上海：上海古籍出版社，2019年5月 图版p.265~266

Db.t.1932 大宝积经第一百六十四卷

马德、勘措吉主编，甘肃省文物局、敦煌研究院编纂 甘肃藏敦煌藏文文献⑭敦煌市博物馆卷，上海：上海古籍出版社，2019年5月 图版p.267

Db.t.1933 十万颂般若波罗蜜多经

马德、勘措吉主编，甘肃省文物局、敦煌研究院编纂 甘肃藏敦煌藏文文献⑭敦煌市博物馆卷，上海：上海古籍出版社，2019年5月 图版p.268

Db.t.1934 十万颂般若波罗蜜多经第一卷第一、二品

张延清 甘藏吐蕃钵阐布敦煌校经题记《敦煌学辑刊》2010年第1期 p.42

勘措吉 从哲蚌寺藏《蝌蚪经》谈敦煌藏文写经誊抄年代《敦煌研究》2018年第4期 p.104；图7

张延清著 吐蕃敦煌抄经研究 北京：民族出版社，2016年11月 p.69、300、341、355

马德、勘措吉主编，甘肃省文物局、敦煌研究院编纂 甘肃藏敦煌藏文文献⑭敦煌市博物馆卷，上海：上海古籍出版社，2019年5月 图版p.269

Db.t.1935 十万颂般若波罗蜜多经第一卷第二、三品

张延清著 吐蕃敦煌抄经研究 北京:民族出版社,2016年11月 p.300、328、340、347~348、356

马德、勘措吉主编,甘肃省文物局、敦煌研究院编纂 甘肃藏敦煌藏文文献⑭敦煌市博物馆卷,上海:上海古籍出版社,2019年5月 图版p.270

Db.t.1936–Db.t.1937 十万颂般若波罗蜜多经第一卷第三品

马德、勘措吉主编,甘肃省文物局、敦煌研究院编纂 甘肃藏敦煌藏文文献⑭敦煌市博物馆卷,上海:上海古籍出版社,2019年5月 图版p.271~272

Db.t.1938 十万颂般若波罗蜜多经第一卷第四、五品

张延清 吐蕃王妃贝吉昂楚及其敦煌校经题记 《西藏民族学院学报》(哲学社会科学版)2009年第5期 p.34;收入德吉卓玛编《吐蕃佛教史研究论文集》,北京:中国藏学出版社,2015年4月 p.615~616

张延清著 吐蕃敦煌抄经研究 北京:民族出版社,2016年11月 p.281、336、340、354

马德、勘措吉主编,甘肃省文物局、敦煌研究院编纂 甘肃藏敦煌藏文文献⑭敦煌市博物馆卷,上海:上海古籍出版社,2019年5月 图版p.273

Db.t.1939 十万颂般若波罗蜜多经第一卷第七品

张延清著 吐蕃敦煌抄经研究 北京:民族出版社,2016年11月 p.283

马德、勘措吉主编,甘肃省文物局、敦煌研究院编纂 甘肃藏敦煌藏文文献⑭敦煌市博物馆卷,上海:上海古籍出版社,2019年5月 图版p.274~279

Db.t.1940 十万颂般若波罗蜜多经第一卷第八品

马德、勘措吉主编,甘肃省文物局、敦煌研究院编纂 甘肃藏敦煌藏文文献⑭敦煌市博物馆卷,上海:上海古籍出版社,2019年5月 图版p.280~284

Db.t.1941–Db.t.1942 十万颂般若波罗蜜多经第一卷第十一品

马德、勘措吉主编,甘肃省文物局、敦煌研究院编纂 甘肃藏敦煌藏文文献⑭敦煌市博物馆卷,上海:上海古籍出版社,2019年5月 图版p.285~291

Db.t.1943 十万颂般若波罗蜜多经第一卷第十一、十二品

张延清著 吐蕃敦煌抄经研究 北京:民族出版社,2016年11月 p.287

马德、勘措吉主编,甘肃省文物局、敦煌研究院编纂 甘肃藏敦煌藏文文献⑭敦煌市博物馆卷,上海:上海古籍出版社,2019年5月 图版p.292

Db.t.1944–Db.t.1945 十万颂般若波罗蜜多经第一卷第十二品

马德、勘措吉主编，甘肃省文物局、敦煌研究院编纂 甘肃藏敦煌藏文文献⑭敦煌市博物馆卷，上海：上海古籍出版社，2019年5月 图版p.293~294

Db.t.1946 十万颂般若波罗蜜多经第一卷第十三品

张延清 甘藏吐蕃钵阐布敦煌校经题记《敦煌学辑刊》2010年第1期 p.43

张延清著 吐蕃敦煌抄经研究 北京：民族出版社，2016年11月 p.69、303、341、349、357

马德、勘措吉主编，甘肃省文物局、敦煌研究院编纂 甘肃藏敦煌藏文文献⑭敦煌市博物馆卷，上海：上海古籍出版社，2019年5月 图版p.295~301

Db.t.1947 十万颂般若波罗蜜多经第一卷第十四品

马德、勘措吉主编，甘肃省文物局、敦煌研究院编纂 甘肃藏敦煌藏文文献⑭敦煌市博物馆卷，上海：上海古籍出版社，2019年5月 图版p.302

Db.t.1948 十万颂般若波罗蜜多经第一卷第十五品

马德、勘措吉主编，甘肃省文物局、敦煌研究院编纂 甘肃藏敦煌藏文文献⑭敦煌市博物馆卷，上海：上海古籍出版社，2019年5月 图版p.303

Db.t.1949 十万颂般若波罗蜜多经第一卷第十五品

张延清 甘藏吐蕃钵阐布敦煌校经题记《敦煌学辑刊》2010年第1期 p.43

张延清著 吐蕃敦煌抄经研究 北京：民族出版社，2016年11月 p.69、303、335、341、357

马德、勘措吉主编，甘肃省文物局、敦煌研究院编纂 甘肃藏敦煌藏文文献⑭敦煌市博物馆卷，上海：上海古籍出版社，2019年5月 图版p.304~310

Db.t.1950 十万颂般若波罗蜜多经第一卷第十五、十六品[①]

马德主编，张延清、勘措吉、邰惠莉编写 敦煌市博物馆藏敦煌藏文文献《甘肃藏敦煌藏文文献叙录》，兰州：甘肃民族出版社，2011年9月 p.443

马德、勘措吉主编，甘肃省文物局、敦煌研究院编纂 甘肃藏敦煌藏文文献⑭敦煌市博物馆卷，上海：上海古籍出版社，2019年5月 图版p.311~313

①该文献《甘肃藏敦煌藏文文献叙录》原定名作"十万颂般若波罗蜜多经第一卷第十五品"。《甘肃藏敦煌藏文文献》⑭敦煌市博物馆卷图录重新校定名称作"十万颂般若波罗蜜多经第一卷第十五、十六品"。

Db.t.1951 十万颂般若波罗蜜多经第一卷第十六品

张延清著 吐蕃敦煌抄经研究 北京:民族出版社,2016年11月 p.303、337、339、349

马德、勘措吉主编,甘肃省文物局、敦煌研究院编纂 甘肃藏敦煌藏文文献⑭敦煌市博物馆卷,上海:上海古籍出版社,2019年5月 图版p.314~321

Db.t.1952 十万颂般若波罗蜜多经第一卷第十六、十七品[1]

马德主编,张延清、勘措吉、邰惠莉编写 敦煌市博物馆藏敦煌藏文文献《甘肃藏敦煌藏文文献叙录》,兰州:甘肃民族出版社,2011年9月 p.443~444

张延清著 吐蕃敦煌抄经研究 北京:民族出版社,2016年11月 p.303

马德、勘措吉主编,甘肃省文物局、敦煌研究院编纂 甘肃藏敦煌藏文文献⑭敦煌市博物馆卷,上海:上海古籍出版社,2019年5月 图版p.322~330

Db.t.1953 十万颂般若波罗蜜多经第一卷第十七品

马德、勘措吉主编,甘肃省文物局、敦煌研究院编纂 甘肃藏敦煌藏文文献⑭敦煌市博物馆卷,上海:上海古籍出版社,2019年5月 图版p.331~336

Db.t.1954 十万颂般若波罗蜜多经第一卷第十九品

马德、勘措吉主编,甘肃省文物局、敦煌研究院编纂 甘肃藏敦煌藏文文献⑭敦煌市博物馆卷,上海:上海古籍出版社,2019年5月 图版p.337

Db.t.1955–Db.t.1957 十万颂般若波罗蜜多经第一卷第二十一品

马德、勘措吉主编,甘肃省文物局、敦煌研究院编纂 甘肃藏敦煌藏文文献⑭敦煌市博物馆卷,上海:上海古籍出版社,2019年5月 图版p.338~340

Db.t.1958 十万颂般若波罗蜜多经第一卷第二十一、二十二品

张延清著 吐蕃敦煌抄经研究 北京:民族出版社,2016年11月 p.281

马德、勘措吉主编,甘肃省文物局、敦煌研究院编纂 甘肃藏敦煌藏文文献⑭敦煌市博物馆卷,上海:上海古籍出版社,2019年5月 图版p.341

Db.t.1959 十万颂般若波罗蜜多经第一卷第二十二品

马德、勘措吉主编,甘肃省文物局、敦煌研究院编纂 甘肃藏敦煌藏文文献⑭敦煌市博物馆卷,上海:上

---

①该文献《甘肃藏敦煌藏文文献叙录》原定名作“十万颂般若波罗蜜多经第一卷第十六品”。《甘肃藏敦煌藏文文献》⑭敦煌市博物馆卷图录重新校定名称作“十万颂般若波罗蜜多经第一卷第十六、十七品”。

海古籍出版社，2019年5月　图版p.342

Db.t.1960　十万颂般若波罗蜜多经第一卷第二十一、二十二品

张延清著　吐蕃敦煌抄经研究　北京：民族出版社，2016年11月　p.278、332

马德、勘措吉主编，甘肃省文物局、敦煌研究院编纂　甘肃藏敦煌藏文文献⑭敦煌市博物馆卷，上海：上海古籍出版社，2019年5月　图版p.343

Db.t.1961–Db.t.1962　十万颂般若波罗蜜多经第一卷第二十三品

马德、勘措吉主编，甘肃省文物局、敦煌研究院编纂　甘肃藏敦煌藏文文献⑭敦煌市博物馆卷，上海：上海古籍出版社，2019年5月　图版p.344~345

Db.t.1963–Db.t.1964　十万颂般若波罗蜜多经第一卷第二十四品

马德、勘措吉主编，甘肃省文物局、敦煌研究院编纂　甘肃藏敦煌藏文文献⑭敦煌市博物馆卷，上海：上海古籍出版社，2019年5月　图版p.346~347

Db.t.1965　十万颂般若波罗蜜多经第一卷第二十四、二十五品

张延清著　吐蕃敦煌抄经研究　北京：民族出版社，2016年11月　p.281

马德、勘措吉主编，甘肃省文物局、敦煌研究院编纂　甘肃藏敦煌藏文文献⑭敦煌市博物馆卷，上海：上海古籍出版社，2019年5月　图版p.348

Db.t.1966–Db.t.1967　十万颂般若波罗蜜多经第一卷第二十五品

马德、勘措吉主编，甘肃省文物局、敦煌研究院编纂　甘肃藏敦煌藏文文献⑭敦煌市博物馆卷，上海：上海古籍出版社，2019年5月　图版p.349~351

Db.t.1968　十万颂般若波罗蜜多经第一卷第二十六品

马德、勘措吉主编，甘肃省文物局、敦煌研究院编纂　甘肃藏敦煌藏文文献⑮敦煌市博物馆卷，上海：上海古籍出版社，2019年6月　图版p.1

Db.t.1969　十万颂般若波罗蜜多经第一卷第二十七、二十八品

马德、勘措吉主编，甘肃省文物局、敦煌研究院编纂　甘肃藏敦煌藏文文献⑮敦煌市博物馆卷，上海：上海古籍出版社，2019年6月　图版p.2

Db.t.1970　十万颂般若波罗蜜多经第一卷第三十一品

马德、勘措吉主编，甘肃省文物局、敦煌研究院编纂　甘肃藏敦煌藏文文献⑮敦煌市博物馆卷，上海：上

海古籍出版社，2019年6月 图版p.3

Db.t.1971 十万颂般若波罗蜜多经第一卷第三十一、三十二品

张延清著 吐蕃敦煌抄经研究 北京：民族出版社，2016年11月 p.286

马德、勘措吉主编，甘肃省文物局、敦煌研究院编纂 甘肃藏敦煌藏文文献⑮敦煌市博物馆卷，上海：上海古籍出版社，2019年6月 图版p.4

Db.t.1972 十万颂般若波罗蜜多经第一卷第三十二品

马德、勘措吉主编，甘肃省文物局、敦煌研究院编纂 甘肃藏敦煌藏文文献⑮敦煌市博物馆卷，上海：上海古籍出版社，2019年6月 图版p.5

Db.t.1973 十万颂般若波罗蜜多经第一卷第三十三品

马德、勘措吉主编，甘肃省文物局、敦煌研究院编纂 甘肃藏敦煌藏文文献⑮敦煌市博物馆卷，上海：上海古籍出版社，2019年6月 图版p.6

Db.t.1974 十万颂般若波罗蜜多经第一卷第三十四品

马德、勘措吉主编，甘肃省文物局、敦煌研究院编纂 甘肃藏敦煌藏文文献⑮敦煌市博物馆卷，上海：上海古籍出版社，2019年6月 图版p.7

Db.t.1975 十万颂般若波罗蜜多经第一卷第三十三品

马德、勘措吉主编，甘肃省文物局、敦煌研究院编纂 甘肃藏敦煌藏文文献⑮敦煌市博物馆卷，上海：上海古籍出版社，2019年6月 图版p.8

Db.t.1976 十万颂般若波罗蜜多经第一卷第三十四品

马德、勘措吉主编，甘肃省文物局、敦煌研究院编纂 甘肃藏敦煌藏文文献⑮敦煌市博物馆卷，上海：上海古籍出版社，2019年6月 图版p.9~11

Db.t.1977–Db.t.1978 十万颂般若波罗蜜多经第一卷第三十五品

马德、勘措吉主编，甘肃省文物局、敦煌研究院编纂 甘肃藏敦煌藏文文献⑮敦煌市博物馆卷，上海：上海古籍出版社，2019年6月 图版p.12~13

Db.t.1979 十万颂般若波罗蜜多经第一卷第三十七品

马德、勘措吉主编，甘肃省文物局、敦煌研究院编纂 甘肃藏敦煌藏文文献⑮敦煌市博物馆卷，上海：上海古籍出版社，2019年6月 图版p.14

Db.t.1980 十万颂般若波罗蜜多经第一卷第三十七品

张延清著 吐蕃敦煌抄经研究 北京:民族出版社,2016年11月 p.303、335、337、349

马德、勘措吉主编,甘肃省文物局、敦煌研究院编纂 甘肃藏敦煌藏文文献⑮敦煌市博物馆卷,上海:上海古籍出版社,2019年6月 图版p.15~20

Db.t.1981 十万颂般若波罗蜜多经第一卷第三十六品

马德、勘措吉主编,甘肃省文物局、敦煌研究院编纂 甘肃藏敦煌藏文文献⑮敦煌市博物馆卷,上海:上海古籍出版社,2019年6月 图版p.21

Db.t.1982-Db.t.1983 十万颂般若波罗蜜多经第一卷第三十八品

马德、勘措吉主编,甘肃省文物局、敦煌研究院编纂 甘肃藏敦煌藏文文献⑮敦煌市博物馆卷,上海:上海古籍出版社,2019年6月 图版p.22~26

Db.t.1984 十万颂般若波罗蜜多经第一卷第三十八、三十九品

张延清著 吐蕃敦煌抄经研究 北京:民族出版社,2016年11月 p.295

马德、勘措吉主编,甘肃省文物局、敦煌研究院编纂 甘肃藏敦煌藏文文献⑮敦煌市博物馆卷,上海:上海古籍出版社,2019年6月 图版p.27

Db.t.1985 十万颂般若波罗蜜多经第一卷第三十九品

马德、勘措吉主编,甘肃省文物局、敦煌研究院编纂 甘肃藏敦煌藏文文献⑮敦煌市博物馆卷,上海:上海古籍出版社,2019年6月 图版p.28

Db.t.1986 十万颂般若波罗蜜多经第一卷第四十品

马德、勘措吉主编,甘肃省文物局、敦煌研究院编纂 甘肃藏敦煌藏文文献⑮敦煌市博物馆卷,上海:上海古籍出版社,2019年6月 图版p.29

Db.t.1987-Db.t.1988 十万颂般若波罗蜜多经第一卷第四十一品

马德、勘措吉主编,甘肃省文物局、敦煌研究院编纂 甘肃藏敦煌藏文文献⑮敦煌市博物馆卷,上海:上海古籍出版社,2019年6月 图版p.30~31

Db.t.1989-Db.t.1991 十万颂般若波罗蜜多经第一卷第四十二品

马德、勘措吉主编,甘肃省文物局、敦煌研究院编纂 甘肃藏敦煌藏文文献⑮敦煌市博物馆卷,上海:上海古籍出版社,2019年6月 图版p.32~36

Db.t.1992 十万颂般若波罗蜜多经第一卷第四十三品

马德、勘措吉主编，甘肃省文物局、敦煌研究院编纂 甘肃藏敦煌藏文文献⑮敦煌市博物馆卷，上海：上海古籍出版社，2019年6月 图版p.37

Db.t.1993 十万颂般若波罗蜜多经第一卷第四十四品

马德、勘措吉主编，甘肃省文物局、敦煌研究院编纂 甘肃藏敦煌藏文文献⑮敦煌市博物馆卷，上海：上海古籍出版社，2019年6月 图版p.38

Db.t.1994 十万颂般若波罗蜜多经第一卷第四十四、四十五品

张延清著 吐蕃敦煌抄经研究 北京：民族出版社，2016年11月 p.276

马德、勘措吉主编，甘肃省文物局、敦煌研究院编纂 甘肃藏敦煌藏文文献⑮敦煌市博物馆卷，上海：上海古籍出版社，2019年6月 图版p.39

Db.t.1995 十万颂般若波罗蜜多经第一卷第四十六、四十七品

张延清著 吐蕃敦煌抄经研究 北京：民族出版社，2016年11月 p.284

马德、勘措吉主编，甘肃省文物局、敦煌研究院编纂 甘肃藏敦煌藏文文献⑮敦煌市博物馆卷，上海：上海古籍出版社，2019年6月 图版p.40~47

Db.t.1996 十万颂般若波罗蜜多经第一卷第四十六品

张延清著 吐蕃敦煌抄经研究 北京：民族出版社，2016年11月 p.318、331、345~346、355

马德、勘措吉主编，甘肃省文物局、敦煌研究院编纂 甘肃藏敦煌藏文文献⑮敦煌市博物馆卷，上海：上海古籍出版社，2019年6月 图版p.48~55

Db.t.1997 十万颂般若波罗蜜多经第一卷第四十六品

马德、勘措吉主编，甘肃省文物局、敦煌研究院编纂 甘肃藏敦煌藏文文献⑮敦煌市博物馆卷，上海：上海古籍出版社，2019年6月 图版p.56~57

Db.t.1998–Db.t.1999 十万颂般若波罗蜜多经第一卷第四十七品

马德、勘措吉主编，甘肃省文物局、敦煌研究院编纂 甘肃藏敦煌藏文文献⑮敦煌市博物馆卷，上海：上海古籍出版社，2019年6月 图版p.58~60

Db.t.2000 十万颂般若波罗蜜多经第一卷第四十七、四十八品

张延清著 吐蕃敦煌抄经研究 北京：民族出版社，2016年11月 p.293、330、333、334

马德、勘措吉主编，甘肃省文物局、敦煌研究院编纂 甘肃藏敦煌藏文文献⑮敦煌市博物馆卷，上海：上

海古籍出版社，2019年6月　图版p.61

Db.t.2001–Db.t.2004　十万颂般若波罗蜜多经第一卷第四十九品

马德、勘措吉主编，甘肃省文物局、敦煌研究院编纂　甘肃藏敦煌藏文文献⑮敦煌市博物馆卷，上海：上海古籍出版社，2019年6月　图版p.62~71

Db.t.2005　十万颂般若波罗蜜多经第一卷第四十九、五十品

张延清著　吐蕃敦煌抄经研究　北京：民族出版社，2016年11月　p.318、331、345~346、355

马德、勘措吉主编，甘肃省文物局、敦煌研究院编纂　甘肃藏敦煌藏文文献⑮敦煌市博物馆卷，上海：上海古籍出版社，2019年6月　图版p.72~77

Db.t.2006　十万颂般若波罗蜜多经第一卷第五十品

马德、勘措吉主编，甘肃省文物局、敦煌研究院编纂　甘肃藏敦煌藏文文献⑮敦煌市博物馆卷，上海：上海古籍出版社，2019年6月　图版p.78

Db.t.2007–Db.t.2008　十万颂般若波罗蜜多经第一卷第五十一品

马德、勘措吉主编，甘肃省文物局、敦煌研究院编纂　甘肃藏敦煌藏文文献⑮敦煌市博物馆卷，上海：上海古籍出版社，2019年6月　图版p.79~80

Db.t.2009　十万颂般若波罗蜜多经第一卷第五十一、五十二品

张延清著　吐蕃敦煌抄经研究　北京：民族出版社，2016年11月　p.285

马德、勘措吉主编，甘肃省文物局、敦煌研究院编纂　甘肃藏敦煌藏文文献⑮敦煌市博物馆卷，上海：上海古籍出版社，2019年6月　图版p.81~85

Db.t.2010–Db.t.2011　十万颂般若波罗蜜多经第一卷第五十一品

马德、勘措吉主编，甘肃省文物局、敦煌研究院编纂　甘肃藏敦煌藏文文献⑮敦煌市博物馆卷，上海：上海古籍出版社，2019年6月　图版p.86~93

Db.t.2012　十万颂般若波罗蜜多经第一卷第五十二、五十三品

张延清著　吐蕃敦煌抄经研究　北京：民族出版社，2016年11月　p.285

马德、勘措吉主编，甘肃省文物局、敦煌研究院编纂　甘肃藏敦煌藏文文献⑮敦煌市博物馆卷，上海：上海古籍出版社，2019年6月　图版p.94~99

Db.t.2013 十万颂般若波罗蜜多经第一卷第五十三品

马德、勘措吉主编，甘肃省文物局、敦煌研究院编纂 甘肃藏敦煌藏文文献⑮敦煌市博物馆卷，上海：上海古籍出版社，2019年6月 图版p.100~101

Db.t.2014 十万颂般若波罗蜜多经第一卷第五十三、五十四品

张延清著 吐蕃敦煌抄经研究 北京：民族出版社，2016年11月 p.325

马德、勘措吉主编，甘肃省文物局、敦煌研究院编纂 甘肃藏敦煌藏文文献⑮敦煌市博物馆卷，上海：上海古籍出版社，2019年6月 图版p.102

Db.t.2015 十万颂般若波罗蜜多经第一卷第五十三、五十四品

张延清著 吐蕃敦煌抄经研究 北京：民族出版社，2016年11月 p.285

马德、勘措吉主编，甘肃省文物局、敦煌研究院编纂 甘肃藏敦煌藏文文献⑮敦煌市博物馆卷，上海：上海古籍出版社，2019年6月 图版p.103

Db.t.2016 十万颂般若波罗蜜多经第一卷第五十四品

张延清著 吐蕃敦煌抄经研究 北京：民族出版社，2016年11月 p.324~325

马德、勘措吉主编，甘肃省文物局、敦煌研究院编纂 甘肃藏敦煌藏文文献⑮敦煌市博物馆卷，上海：上海古籍出版社，2019年6月 图版p.104~109

Db.t.2017–Db.t.2018 十万颂般若波罗蜜多经第一卷第五十四品

马德、勘措吉主编，甘肃省文物局、敦煌研究院编纂 甘肃藏敦煌藏文文献⑮敦煌市博物馆卷，上海：上海古籍出版社，2019年6月 图版p.110~111

Db.t.2019 十万颂般若波罗蜜多经第一卷第五十五品

张延清著 吐蕃敦煌抄经研究 北京：民族出版社，2016年11月 p.324~325

马德、勘措吉主编，甘肃省文物局、敦煌研究院编纂 甘肃藏敦煌藏文文献⑮敦煌市博物馆卷，上海：上海古籍出版社，2019年6月 图版p.112~118

Db.t.2020–Db.t.2021 十万颂般若波罗蜜多经第一卷第五十六品

马德、勘措吉主编，甘肃省文物局、敦煌研究院编纂 甘肃藏敦煌藏文文献⑮敦煌市博物馆卷，上海：上海古籍出版社，2019年6月 图版p.119~120

Db.t.2022 十万颂般若波罗蜜多经第一卷第五十七品

马德、勘措吉主编，甘肃省文物局、敦煌研究院编纂 甘肃藏敦煌藏文文献⑮敦煌市博物馆卷，上海：上

海古籍出版社，2019年6月 图版p.121~125

Db.t.2023 十万颂般若波罗蜜多经第一卷第五十六、五十七品

张延清著 吐蕃敦煌抄经研究 北京：民族出版社，2016年11月 p.303、337、339、349

马德、勘措吉主编，甘肃省文物局、敦煌研究院编纂 甘肃藏敦煌藏文文献⑮敦煌市博物馆卷，上海：上海古籍出版社，2019年6月 图版p.126

Db.t.2024 十万颂般若波罗蜜多经第一卷第五十七品

马德、勘措吉主编，甘肃省文物局、敦煌研究院编纂 甘肃藏敦煌藏文文献⑮敦煌市博物馆卷，上海：上海古籍出版社，2019年6月 图版p.127

Db.t.2025 十万颂般若波罗蜜多经第一卷第五十七、五十八品

张延清著 吐蕃敦煌抄经研究 北京：民族出版社，2016年11月 p.303、337、339、349

马德、勘措吉主编，甘肃省文物局、敦煌研究院编纂 甘肃藏敦煌藏文文献⑮敦煌市博物馆卷，上海：上海古籍出版社，2019年6月 图版p.128

Db.t.2026–Db.t.2027 十万颂般若波罗蜜多经第一卷第五十八品

马德、勘措吉主编，甘肃省文物局、敦煌研究院编纂 甘肃藏敦煌藏文文献⑮敦煌市博物馆卷，上海：上海古籍出版社，2019年6月 图版p.129~130

Db.t.2028 十万颂般若波罗蜜多经第一卷第五十八、五十九品

张延清著 吐蕃敦煌抄经研究 北京：民族出版社，2016年11月 p.303、339、349

马德、勘措吉主编，甘肃省文物局、敦煌研究院编纂 甘肃藏敦煌藏文文献⑮敦煌市博物馆卷，上海：上海古籍出版社，2019年6月 图版p.131~132

Db.t.2029 十万颂般若波罗蜜多经第一卷第五十八、五十九品

张延清著 吐蕃敦煌抄经研究 北京：民族出版社，2016年11月 p.315、330、333、334

马德、勘措吉主编，甘肃省文物局、敦煌研究院编纂 甘肃藏敦煌藏文文献⑮敦煌市博物馆卷，上海：上海古籍出版社，2019年6月 图版p.133~140

Db.t.2030 十万颂般若波罗蜜多经第一卷第五十九品

马德、勘措吉主编，甘肃省文物局、敦煌研究院编纂 甘肃藏敦煌藏文文献⑮敦煌市博物馆卷，上海：上海古籍出版社，2019年6月 图版p.141

Db.t.2031 十万颂般若波罗蜜多经第一卷第五十八、五十九品

张延清著 吐蕃敦煌抄经研究 北京:民族出版社,2016年11月 p.278

马德、勘措吉主编,甘肃省文物局、敦煌研究院编纂 甘肃藏敦煌藏文文献⑮敦煌市博物馆卷,上海:上海古籍出版社,2019年6月 图版p.142

Db.t.2032 十万颂般若波罗蜜多经第一卷第六十品

马德、勘措吉主编,甘肃省文物局、敦煌研究院编纂 甘肃藏敦煌藏文文献⑮敦煌市博物馆卷,上海:上海古籍出版社,2019年6月 图版p.143

Db.t.2033 十万颂般若波罗蜜多经第一卷第五十九、六十品

张延清著 吐蕃敦煌抄经研究 北京:民族出版社,2016年11月 p.315、330、333、334

马德、勘措吉主编,甘肃省文物局、敦煌研究院编纂 甘肃藏敦煌藏文文献⑮敦煌市博物馆卷,上海:上海古籍出版社,2019年6月 图版p.144

Db.t.2034–Db.t.2037 十万颂般若波罗蜜多经第一卷第六十一品

马德、勘措吉主编,甘肃省文物局、敦煌研究院编纂 甘肃藏敦煌藏文文献⑮敦煌市博物馆卷,上海:上海古籍出版社,2019年6月 图版p.145~152

Db.t.2038 十万颂般若波罗蜜多经第一卷第六十六品

马德、勘措吉主编,甘肃省文物局、敦煌研究院编纂 甘肃藏敦煌藏文文献⑮敦煌市博物馆卷,上海:上海古籍出版社,2019年6月 图版p.153

Db.t.2039 十万颂般若波罗蜜多经第一卷第六十二品

马德、勘措吉主编,甘肃省文物局、敦煌研究院编纂 甘肃藏敦煌藏文文献⑮敦煌市博物馆卷,上海:上海古籍出版社,2019年6月 图版p.154

Db.t.2040 十万颂般若波罗蜜多经第一卷第六十三品

马德、勘措吉主编,甘肃省文物局、敦煌研究院编纂 甘肃藏敦煌藏文文献⑮敦煌市博物馆卷,上海:上海古籍出版社,2019年6月 图版p.155

Db.t.2041 十万颂般若波罗蜜多经第一卷第六十四、六十五品

张延清著 吐蕃敦煌抄经研究 北京:民族出版社,2016年11月 p.294、330、334

马德、勘措吉主编,甘肃省文物局、敦煌研究院编纂 甘肃藏敦煌藏文文献⑮敦煌市博物馆卷,上海:上海古籍出版社,2019年6月 图版p.156

Db.t.2042 十万颂般若波罗蜜多经第一卷第六十六品

张延清著 吐蕃敦煌抄经研究 北京:民族出版社,2016年11月 p.294、331、355、356

马德、勘措吉主编,甘肃省文物局、敦煌研究院编纂 甘肃藏敦煌藏文文献⑮敦煌市博物馆卷,上海:上海古籍出版社,2019年6月 图版p.157~161

Db.t.2043 十万颂般若波罗蜜多经第一卷第六十六、六十七品

张延清著 吐蕃敦煌抄经研究 北京:民族出版社,2016年11月 p.313

马德、勘措吉主编,甘肃省文物局、敦煌研究院编纂 甘肃藏敦煌藏文文献⑮敦煌市博物馆卷,上海:上海古籍出版社,2019年6月 图版p.162

Db.t.2044 十万颂般若波罗蜜多经第一卷第六十七、六十八品

张延清著 吐蕃敦煌抄经研究 北京:民族出版社,2016年11月 p.292、330、334、335

马德、勘措吉主编,甘肃省文物局、敦煌研究院编纂 甘肃藏敦煌藏文文献⑮敦煌市博物馆卷,上海:上海古籍出版社,2019年6月 图版p.163

Db.t.2045–Db.t.2046 十万颂般若波罗蜜多经第一卷第六十九品

马德、勘措吉主编,甘肃省文物局、敦煌研究院编纂 甘肃藏敦煌藏文文献⑮敦煌市博物馆卷,上海:上海古籍出版社,2019年6月 图版p.164~165

Db.t.2047 十万颂般若波罗蜜多经第一卷第七十品

马德、勘措吉主编,甘肃省文物局、敦煌研究院编纂 甘肃藏敦煌藏文文献⑮敦煌市博物馆卷,上海:上海古籍出版社,2019年6月 图版p.166~170

Db.t.2048 十万颂般若波罗蜜多经第一卷第六十品

马德、勘措吉主编,甘肃省文物局、敦煌研究院编纂 甘肃藏敦煌藏文文献⑮敦煌市博物馆卷,上海:上海古籍出版社,2019年6月 图版p.171

Db.t.2049–Db.t.2050 十万颂般若波罗蜜多经第一卷第七十品

马德、勘措吉主编,甘肃省文物局、敦煌研究院编纂 甘肃藏敦煌藏文文献⑮敦煌市博物馆卷,上海:上海古籍出版社,2019年6月 图版p.172~173

Db.t.2051 十万颂般若波罗蜜多经第一卷第七十一品

马德、勘措吉主编,甘肃省文物局、敦煌研究院编纂 甘肃藏敦煌藏文文献⑮敦煌市博物馆卷,上海:上海古籍出版社,2019年6月 图版p.174

Db.t.2052 十万颂般若波罗蜜多经第一卷第七十一、七十二品

张延清著 吐蕃敦煌抄经研究 北京:民族出版社,2016年11月 p.284

马德、勘措吉主编,甘肃省文物局、敦煌研究院编纂 甘肃藏敦煌藏文文献⑮敦煌市博物馆卷,上海:上海古籍出版社,2019年6月 图版p.175

Db.t.2053 十万颂般若波罗蜜多经第一卷第七十一品

马德、勘措吉主编,甘肃省文物局、敦煌研究院编纂 甘肃藏敦煌藏文文献⑮敦煌市博物馆卷,上海:上海古籍出版社,2019年6月 图版p.176

Db.t.2054–Db.t.2056 十万颂般若波罗蜜多经第四卷第七十三品

马德、勘措吉主编,甘肃省文物局、敦煌研究院编纂 甘肃藏敦煌藏文文献⑮敦煌市博物馆卷,上海:上海古籍出版社,2019年6月 图版p.177~181

Db.t.2057 十万颂般若波罗蜜多经第一卷第七十四品

马德、勘措吉主编,甘肃省文物局、敦煌研究院编纂 甘肃藏敦煌藏文文献⑮敦煌市博物馆卷,上海:上海古籍出版社,2019年6月 图版p.182

Db.t.2058 十万颂般若波罗蜜多经第一卷第七十三、七十四品

张延清著 吐蕃敦煌抄经研究 北京:民族出版社,2016年11月 p.284

马德、勘措吉主编,甘肃省文物局、敦煌研究院编纂 甘肃藏敦煌藏文文献⑮敦煌市博物馆卷,上海:上海古籍出版社,2019年6月 图版p.183

Db.t.2059 十万颂般若波罗蜜多经第一卷第七十四品

马德、勘措吉主编,甘肃省文物局、敦煌研究院编纂 甘肃藏敦煌藏文文献⑮敦煌市博物馆卷,上海:上海古籍出版社,2019年6月 图版p.184

Db.t.2060 十万颂般若波罗蜜多经第一卷第七十五品

马德、勘措吉主编,甘肃省文物局、敦煌研究院编纂 甘肃藏敦煌藏文文献⑮敦煌市博物馆卷,上海:上海古籍出版社,2019年6月 图版p.185

Db.t.2061 十万颂般若波罗蜜多经第二卷第一品

马德、勘措吉主编,甘肃省文物局、敦煌研究院编纂 甘肃藏敦煌藏文文献⑮敦煌市博物馆卷,上海:上海古籍出版社,2019年6月 图版p.186~187

Db.t.2062 十万颂般若波罗蜜多经第二卷第二品[①]

马德主编,张延清、勘措吉、邰惠莉编写 敦煌市博物馆藏敦煌藏文文献《甘肃藏敦煌藏文文献叙录》,兰州:甘肃民族出版社,2011年9月 p.461

张延清著 吐蕃敦煌抄经研究 北京:民族出版社,2016年11月 p.317、329、334

马德、勘措吉主编,甘肃省文物局、敦煌研究院编纂 甘肃藏敦煌藏文文献⑮敦煌市博物馆卷,上海:上海古籍出版社,2019年6月 图版p.188

Db.t.2063 十万颂般若波罗蜜多经第二卷第二品

马德、勘措吉主编,甘肃省文物局、敦煌研究院编纂 甘肃藏敦煌藏文文献⑮敦煌市博物馆卷,上海:上海古籍出版社,2019年6月 图版p.189

Db.t.2064 十万颂般若波罗蜜多经第二卷第三品

马德、勘措吉主编,甘肃省文物局、敦煌研究院编纂 甘肃藏敦煌藏文文献⑮敦煌市博物馆卷,上海:上海古籍出版社,2019年6月 图版p.190

Db.t.2065 十万颂般若波罗蜜多经第二卷第三品[②]

马德主编,张延清、勘措吉、邰惠莉编写 敦煌市博物馆藏敦煌藏文文献《甘肃藏敦煌藏文文献叙录》,兰州:甘肃民族出版社,2011年9月 p.461

张延清著 吐蕃敦煌抄经研究 北京:民族出版社,2016年11月 p.317、329、355

马德、勘措吉主编,甘肃省文物局、敦煌研究院编纂 甘肃藏敦煌藏文文献⑮敦煌市博物馆卷,上海:上海古籍出版社,2019年6月 图版p.191

Db.t.2066 十万颂般若波罗蜜多经第二卷第四、五品

张延清著 吐蕃敦煌抄经研究 北京:民族出版社,2016年11月 p.317、329、334

马德、勘措吉主编,甘肃省文物局、敦煌研究院编纂 甘肃藏敦煌藏文文献⑮敦煌市博物馆卷,上海:上海古籍出版社,2019年6月 图版p.192

Db.t.2067 十万颂般若波罗蜜多经第二卷第五品

马德、勘措吉主编,甘肃省文物局、敦煌研究院编纂 甘肃藏敦煌藏文文献⑮敦煌市博物馆卷,上海:上海古籍出版社,2019年6月 图版p.193

---

①该文献《甘肃藏敦煌藏文文献叙录》原定名作"十万颂般若波罗蜜多经第二卷第一、二品"。《甘肃藏敦煌藏文文献》⑮敦煌市博物馆卷图录重新校定名称作"十万颂般若波罗蜜多经第二卷第二品"。

②该文献《甘肃藏敦煌藏文文献叙录》原定名作"十万颂般若波罗蜜多经第二卷第二、三品"。《甘肃藏敦煌藏文文献》⑮敦煌市博物馆卷图录重新校定名称作"十万颂般若波罗蜜多经第二卷第三品"。

Db.t.2068 十万颂般若波罗蜜多经第二卷第六品

马德、勘措吉主编，甘肃省文物局、敦煌研究院编纂 甘肃藏敦煌藏文文献⑮敦煌市博物馆卷，上海：上海古籍出版社，2019年6月 图版p.194

Db.t.2069 十万颂般若波罗蜜多经第二卷第九品

马德、勘措吉主编，甘肃省文物局、敦煌研究院编纂 甘肃藏敦煌藏文文献⑮敦煌市博物馆卷，上海：上海古籍出版社，2019年6月 图版p.195

Db.t.2070 十万颂般若波罗蜜多经第二卷第九、十品

张延清著 吐蕃敦煌抄经研究 北京：民族出版社，2016年11月 p.313、356

马德、勘措吉主编，甘肃省文物局、敦煌研究院编纂 甘肃藏敦煌藏文文献⑮敦煌市博物馆卷，上海：上海古籍出版社，2019年6月 图版p.196

Db.t.2071–Db.t.2072 十万颂般若波罗蜜多经第二卷第十一品

马德、勘措吉主编，甘肃省文物局、敦煌研究院编纂 甘肃藏敦煌藏文文献⑮敦煌市博物馆卷，上海：上海古籍出版社，2019年6月 图版p.197~198

Db.t.2073 十万颂般若波罗蜜多经第二卷第十二品

马德、勘措吉主编，甘肃省文物局、敦煌研究院编纂 甘肃藏敦煌藏文文献⑮敦煌市博物馆卷，上海：上海古籍出版社，2019年6月 图版p.199~200

Db.t.2074 十万颂般若波罗蜜多经第二卷第十二、十三品[①]

马德主编，张延清、勘措吉、郃惠莉编写 敦煌市博物馆藏敦煌藏文文献《甘肃藏敦煌藏文文献叙录》，兰州：甘肃民族出版社，2011年9月 p.463

马德、勘措吉主编，甘肃省文物局、敦煌研究院编纂 甘肃藏敦煌藏文文献⑮敦煌市博物馆卷，上海：上海古籍出版社，2019年6月 图版p.201

Db.t.2075 十万颂般若波罗蜜多经

张延清著 吐蕃敦煌抄经研究 北京：民族出版社，2016年11月 p.317、331、346、348、349

马德、勘措吉主编，甘肃省文物局、敦煌研究院编纂 甘肃藏敦煌藏文文献⑮敦煌市博物馆卷，上海：上海古籍出版社，2019年6月 图版p.202~209

---

①该文献《甘肃藏敦煌藏文文献叙录》原定名作“十万颂般若波罗蜜多经第二卷第十三品”。《甘肃藏敦煌藏文文献》⑮敦煌市博物馆卷图录重新校定名称作“十万颂般若波罗蜜多经第二卷第十二、十三品”。

Db.t.2076 十万颂般若波罗蜜多经第二卷第十三品

马德、勘措吉主编，甘肃省文物局、敦煌研究院编纂 甘肃藏敦煌藏文文献⑮敦煌市博物馆卷，上海：上海古籍出版社，2019年6月 图版p.210~211

Db.t.2077 十万颂般若波罗蜜多经第二卷第十三、十四品

张延清著 吐蕃敦煌抄经研究 北京：民族出版社，2016年11月 p.299、331、355、356

马德、勘措吉主编，甘肃省文物局、敦煌研究院编纂 甘肃藏敦煌藏文文献⑮敦煌市博物馆卷，上海：上海古籍出版社，2019年6月 图版p.212

Db.t.2078 十万颂般若波罗蜜多经第二卷第十四品

马德、勘措吉主编，甘肃省文物局、敦煌研究院编纂 甘肃藏敦煌藏文文献⑮敦煌市博物馆卷，上海：上海古籍出版社，2019年6月 图版p.213

Db.t.2079 十万颂般若波罗蜜多经第二卷第十四品

张延清著 吐蕃敦煌抄经研究 北京：民族出版社，2016年11月 p.317、331、348、349

马德、勘措吉主编，甘肃省文物局、敦煌研究院编纂 甘肃藏敦煌藏文文献⑮敦煌市博物馆卷，上海：上海古籍出版社，2019年6月 图版p.214~219

Db.t.2080 十万颂般若波罗蜜多经第二卷第十五品

马德、勘措吉主编，甘肃省文物局、敦煌研究院编纂 甘肃藏敦煌藏文文献⑮敦煌市博物馆卷，上海：上海古籍出版社，2019年6月 图版p.220

Db.t.2081 十万颂般若波罗蜜多经第二十五品①

马德主编，张延清、勘措吉、邰惠莉编写 敦煌市博物馆藏敦煌藏文文献《甘肃藏敦煌藏文文献叙录》，兰州：甘肃民族出版社，2011年9月 p.464

张延清著 吐蕃敦煌抄经研究 北京：民族出版社，2016年11月 p.317、329、334

马德、勘措吉主编，甘肃省文物局、敦煌研究院编纂 甘肃藏敦煌藏文文献⑮敦煌市博物馆卷，上海：上海古籍出版社，2019年6月 图版p.221~227

Db.t.2082–Db.t.2084 十万颂般若波罗蜜多经第二卷第十六品

马德、勘措吉主编，甘肃省文物局、敦煌研究院编纂 甘肃藏敦煌藏文文献⑮敦煌市博物馆卷，上海：上

①该文献《甘肃藏敦煌藏文文献叙录》原定名作“十万颂般若波罗蜜多经第二卷第十五品”。《甘肃藏敦煌藏文文献》⑮敦煌市博物馆卷图录重新校定名称作“十万颂般若波罗蜜多经第二十五品”。

海古籍出版社，2019年6月 图版p.228~230

Db.t.2085 十万颂般若波罗蜜多经第二卷第十六、十七品

张延清著 吐蕃敦煌抄经研究 北京：民族出版社，2016年11月 p.317、331、355、356

马德、勘措吉主编，甘肃省文物局、敦煌研究院编纂 甘肃藏敦煌藏文文献⑮敦煌市博物馆卷，上海：上海古籍出版社，2019年6月 图版p.231~232

Db.t.2086 十万颂般若波罗蜜多经第二卷第十七品

马德、勘措吉主编，甘肃省文物局、敦煌研究院编纂 甘肃藏敦煌藏文文献⑮敦煌市博物馆卷，上海：上海古籍出版社，2019年6月 图版p.233

Db.t.2087 十万颂般若波罗蜜多经第二卷第十七、十八品

张延清著 吐蕃敦煌抄经研究 北京：民族出版社，2016年11月 p.317、331、346、348、349

马德、勘措吉主编，甘肃省文物局、敦煌研究院编纂 甘肃藏敦煌藏文文献⑮敦煌市博物馆卷，上海：上海古籍出版社，2019年6月 图版p.234~235

Db.t.2088 十万颂般若波罗蜜多经第二卷第十七、十八品

张延清著 吐蕃敦煌抄经研究 北京：民族出版社，2016年11月 p.292

马德、勘措吉主编，甘肃省文物局、敦煌研究院编纂 甘肃藏敦煌藏文文献⑮敦煌市博物馆卷，上海：上海古籍出版社，2019年6月 图版p.236

Db.t.2089 十万颂般若波罗蜜多经第二卷第十八品[①]

张延清 吐蕃王妃贝吉昂楚及其敦煌校经题记[②]《西藏民族学院学报》（哲学社会科学版）2009年第5期 p.34；收入德吉卓玛编《吐蕃佛教史研究论文集》，北京：中国藏学出版社，2015年4月 p.616

张延清、谢尔萨 敦煌藏文写经生结构分析《丝绸之路民族古文字与文化学术讨论会文集》（上），西安：三秦出版社，2007年7月 p.125（附表三）

马德主编，张延清、勘措吉、郃惠莉编写 敦煌市博物馆藏敦煌藏文文献《甘肃藏敦煌藏文文献叙录》，兰州：甘肃民族出版社，2011年9月 p.465

---

①该文献《甘肃藏敦煌藏文文献叙录》原定名作“十万颂般若波罗蜜多经第二卷第十七、十八品”。《甘肃藏敦煌藏文文献》⑮敦煌市博物馆卷图录重新校定名称作“十万颂般若波罗蜜多经第二卷第十八品”。

②根据张延清《吐蕃王妃贝吉昂楚及其敦煌校经题记》中贝吉昂楚校经题记研究成果，敦煌研究院藏品仅有敦研T.019（原收藏号0121）《般若波罗蜜多心经》一件昂楚校经题记。张延清、谢尔萨《敦煌藏文写经生结构分析》一文附表三录文号14，收藏地“敦煌研究院”，应为敦煌市博物馆藏Db.t.2089号《十万颂般若波罗蜜多经》。

张延清著 吐蕃敦煌抄经研究 北京：民族出版社，2016年11月 p.317、340、347~348

马德、勘措吉主编，甘肃省文物局、敦煌研究院编纂 甘肃藏敦煌藏文文献⑮敦煌市博物馆卷，上海：上海古籍出版社，2019年6月 图版p.237

Db.t.2090 十万颂般若波罗蜜多经第二卷第十九品

马德、勘措吉主编，甘肃省文物局、敦煌研究院编纂 甘肃藏敦煌藏文文献⑮敦煌市博物馆卷，上海：上海古籍出版社，2019年6月 图版p.238

Db.t.2091 十万颂般若波罗蜜多经第二卷第十九品[①]

马德主编，张延清、勘措吉、邰惠莉编写 敦煌市博物馆藏敦煌藏文文献《甘肃藏敦煌藏文文献叙录》，兰州：甘肃民族出版社，2011年9月 p.466

张延清著 吐蕃敦煌抄经研究 北京：民族出版社，2016年11月 p.292

马德、勘措吉主编，甘肃省文物局、敦煌研究院编纂 甘肃藏敦煌藏文文献⑮敦煌市博物馆卷，上海：上海古籍出版社，2019年6月 图版p.239

Db.t.2092 十万颂般若波罗蜜多经第二卷第二十品[②]

马德主编，张延清、勘措吉、邰惠莉编写 敦煌市博物馆藏敦煌藏文文献《甘肃藏敦煌藏文文献叙录》，兰州：甘肃民族出版社，2011年9月 p.466

张延清著 吐蕃敦煌抄经研究 北京：民族出版社，2016年11月 p.317、331、346、348、349

马德、勘措吉主编，甘肃省文物局、敦煌研究院编纂 甘肃藏敦煌藏文文献⑮敦煌市博物馆卷，上海：上海古籍出版社，2019年6月 图版p.240

Db.t.2093 十万颂般若波罗蜜多经第二卷第十九品

马德、勘措吉主编，甘肃省文物局、敦煌研究院编纂 甘肃藏敦煌藏文文献⑮敦煌市博物馆卷，上海：上海古籍出版社，2019年6月 图版p.241

Db.t.2094 十万颂般若波罗蜜多经第二卷第二十六品

马德、勘措吉主编，甘肃省文物局、敦煌研究院编纂 甘肃藏敦煌藏文文献⑮敦煌市博物馆卷，上海：上海古籍出版社，2019年6月 图版p.242

---

①该文献《甘肃藏敦煌藏文文献叙录》原定名作“十万颂般若波罗蜜多经第二卷第十八、十九品”。《甘肃藏敦煌藏文文献》⑮敦煌市博物馆卷图录重新校定名称作“十万颂般若波罗蜜多经第二卷第十九品”。

②该文献《甘肃藏敦煌藏文文献叙录》原定名作“十万颂般若波罗蜜多经第二卷第十九、二十品”。《甘肃藏敦煌藏文文献》⑮敦煌市博物馆卷图录重新校定名称作“十万颂般若波罗蜜多经第二卷第二十品”。

Db.t.2095 十万颂般若波罗蜜多经第二卷第二十一、二十二品

张延清 吐蕃王妃贝吉昂楚及其敦煌校经题记《西藏民族学院学报》(哲学社会科学版)2009年第5期 p.34;收入德吉卓玛编《吐蕃佛教史研究论文集》,北京:中国藏学出版社,2015年4月 p.616

张延清著 吐蕃敦煌抄经研究 北京:民族出版社,2016年11月 p.279、336、340、354

马德、勘措吉主编,甘肃省文物局、敦煌研究院编纂 甘肃藏敦煌藏文文献⑮敦煌市博物馆卷,上海:上海古籍出版社,2019年6月 图版p.243~244

Db.t.2096 十万颂般若波罗蜜多经第二卷第二十一品

马德、勘措吉主编,甘肃省文物局、敦煌研究院编纂 甘肃藏敦煌藏文文献⑮敦煌市博物馆卷,上海:上海古籍出版社,2019年6月 图版p.245

Db.t.2097–Db.t.2098 十万颂般若波罗蜜多经第二卷第二十一品

马德、勘措吉主编,甘肃省文物局、敦煌研究院编纂 甘肃藏敦煌藏文文献⑮敦煌市博物馆卷,上海:上海古籍出版社,2019年6月 图版p.246~248

Db.t.2099–Db.t.2102 十万颂般若波罗蜜多经第二卷第二十二品

马德、勘措吉主编,甘肃省文物局、敦煌研究院编纂 甘肃藏敦煌藏文文献⑮敦煌市博物馆卷,上海:上海古籍出版社,2019年6月 图版p.249~253

Db.t.2103–Db.t.2105 十万颂般若波罗蜜多经第二卷第二十三品

马德、勘措吉主编,甘肃省文物局、敦煌研究院编纂 甘肃藏敦煌藏文文献⑮敦煌市博物馆卷,上海:上海古籍出版社,2019年6月 图版p.254~256

Db.t.2106 十万颂般若波罗蜜多经第二卷第二十二、二十三品

张延清著 吐蕃敦煌抄经研究 北京:民族出版社,2016年11月 p.128;p.306、331、355、356

马德、勘措吉主编,甘肃省文物局、敦煌研究院编纂 甘肃藏敦煌藏文文献⑮敦煌市博物馆卷,上海:上海古籍出版社,2019年6月 图版p.257

Db.t.2107 十万颂般若波罗蜜多经第二卷第二十二、二十三品

张延清著 吐蕃敦煌抄经研究 北京:民族出版社,2016年11月 p.310

马德、勘措吉主编,甘肃省文物局、敦煌研究院编纂 甘肃藏敦煌藏文文献⑮敦煌市博物馆卷,上海:上海古籍出版社,2019年6月 图版p.258~259

Db.t.2108 十万颂般若波罗蜜多经第二卷第二十四、二十五品

张延清著 吐蕃敦煌抄经研究 北京:民族出版社,2016年11月 p.306、331、346、348、349

马德、勘措吉主编,甘肃省文物局、敦煌研究院编纂 甘肃藏敦煌藏文文献⑮敦煌市博物馆卷,上海:上海古籍出版社,2019年6月 图版p.260

Db.t.2109 十万颂般若波罗蜜多经第二卷第二十五品[①]

马德主编,张延清、勘措吉、邰惠莉编写 敦煌市博物馆藏敦煌藏文文献《甘肃藏敦煌藏文文献叙录》,兰州:甘肃民族出版社,2011年9月 p.469

张延清著 吐蕃敦煌抄经研究 北京:民族出版社,2016年11月 p.310

马德、勘措吉主编,甘肃省文物局、敦煌研究院编纂 甘肃藏敦煌藏文文献⑮敦煌市博物馆卷,上海:上海古籍出版社,2019年6月 图版p.261

Db.t.2110 十万颂般若波罗蜜多经第二卷第二十五品

马德、勘措吉主编,甘肃省文物局、敦煌研究院编纂 甘肃藏敦煌藏文文献⑮敦煌市博物馆卷,上海:上海古籍出版社,2019年6月 图版p.262

Db.t.2111-Db.t.2112 十万颂般若波罗蜜多经第二卷第二十六品

马德、勘措吉主编,甘肃省文物局、敦煌研究院编纂 甘肃藏敦煌藏文文献⑮敦煌市博物馆卷,上海:上海古籍出版社,2019年6月 图版p.263~264

Db.t.2113 十万颂般若波罗蜜多经第二卷第二十七品

马德、勘措吉主编,甘肃省文物局、敦煌研究院编纂 甘肃藏敦煌藏文文献⑮敦煌市博物馆卷,上海:上海古籍出版社,2019年6月 图版p.265

Db.t.2114 十万颂般若波罗蜜多经第二卷第二十七、二十八品

张延清著 吐蕃敦煌抄经研究 北京:民族出版社,2016年11月 p.307

马德、勘措吉主编,甘肃省文物局、敦煌研究院编纂 甘肃藏敦煌藏文文献⑮敦煌市博物馆卷,上海:上海古籍出版社,2019年6月 图版p.266

Db.t.2115 十万颂般若波罗蜜多经第二卷第二十八品

马德、勘措吉主编,甘肃省文物局、敦煌研究院编纂 甘肃藏敦煌藏文文献⑮敦煌市博物馆卷,上海:上

---

①该文献《甘肃藏敦煌藏文文献叙录》原定名作"十万颂般若波罗蜜多经第二卷第二十四、二十五品"。《甘肃藏敦煌藏文文献》⑮敦煌市博物馆卷图录重新校定名称作"十万颂般若波罗蜜多经第二卷第二十五品"。

海古籍出版社，2019年6月 图版p.267~268

Db.t.2116 十万颂般若波罗蜜多经①

马德主编，张延清、勘措吉、邰惠莉编写 敦煌市博物馆藏敦煌藏文文献《甘肃藏敦煌藏文文献叙录》，兰州：甘肃民族出版社，2011年9月 p.470

马德、勘措吉主编，甘肃省文物局、敦煌研究院编纂 甘肃藏敦煌藏文文献⑮敦煌市博物馆卷，上海：上海古籍出版社，2019年6月 图版p.269

Db.t.2117–Db.t.2118 十万颂般若波罗蜜多经第二卷第二十九品

马德、勘措吉主编，甘肃省文物局、敦煌研究院编纂 甘肃藏敦煌藏文文献⑮敦煌市博物馆卷，上海：上海古籍出版社，2019年6月 图版p.270~272

Db.t.2119–Db.t.2122 十万颂般若波罗蜜多经第二卷第三十品

马德、勘措吉主编，甘肃省文物局、敦煌研究院编纂 甘肃藏敦煌藏文文献⑮敦煌市博物馆卷，上海：上海古籍出版社，2019年6月 图版p.273~280

Db.t.2123 十万颂般若波罗蜜多经第二卷第三十一品

张延清著 吐蕃敦煌抄经研究 北京：民族出版社，2016年11月 p.283

马德、勘措吉主编，甘肃省文物局、敦煌研究院编纂 甘肃藏敦煌藏文文献⑮敦煌市博物馆卷，上海：上海古籍出版社，2019年6月 图版p.281~283

Db.t.2124–Db.t.2125 十万颂般若波罗蜜多经第二卷第三十一品

马德、勘措吉主编，甘肃省文物局、敦煌研究院编纂 甘肃藏敦煌藏文文献⑮敦煌市博物馆卷，上海：上海古籍出版社，2019年6月 图版p.284~285

Db.t.2126 十万颂般若波罗蜜多经第二卷第三十一品

张延清 吐蕃王妃贝吉昂楚及其敦煌校经题记《西藏民族学院学报》（哲学社会科学版）2009年第5期 p.34；收入德吉卓玛编《吐蕃佛教史研究论文集》，北京：中国藏学出版社，2015年4月 p.616~617

张延清著 吐蕃敦煌抄经研究 北京：民族出版社，2016年11月 p.306、340、347~348

马德、勘措吉主编，甘肃省文物局、敦煌研究院编纂 甘肃藏敦煌藏文文献⑮敦煌市博物馆卷，上海：上海古籍出版社，2019年6月 图版p.286~290

---

①该文献《甘肃藏敦煌藏文文献叙录》原定名作“十万颂般若波罗蜜多经第二卷第二十九品”。《甘肃藏敦煌藏文文献》⑮敦煌市博物馆卷图录重新校定名称作“十万颂般若波罗蜜多经”。

Db.t.2127 十万颂般若波罗蜜多经第二卷第三十二品

张延清 吐蕃王妃贝吉昂楚及其敦煌校经题记《西藏民族学院学报》(哲学社会科学版)2009年第5期 p.34;收入德吉卓玛编《吐蕃佛教史研究论文集》,北京:中国藏学出版社,2015年4月 p.617

张延清著 吐蕃敦煌抄经研究 北京:民族出版社,2016年11月 p.294、340、347~348

马德、勘措吉主编,甘肃省文物局、敦煌研究院编纂 甘肃藏敦煌藏文文献⑮敦煌市博物馆卷,上海:上海古籍出版社,2019年6月 图版p.291~294

Db.t.2128 十万颂般若波罗蜜多经第二卷第三十一品

马德、勘措吉主编,甘肃省文物局、敦煌研究院编纂 甘肃藏敦煌藏文文献⑮敦煌市博物馆卷,上海:上海古籍出版社,2019年6月 图版p.295

Db.t.2129 十万颂般若波罗蜜多经第二卷第三十一、三十二品

张延清著 吐蕃敦煌抄经研究 北京:民族出版社,2016年11月 p.306

马德、勘措吉主编,甘肃省文物局、敦煌研究院编纂 甘肃藏敦煌藏文文献⑮敦煌市博物馆卷,上海:上海古籍出版社,2019年6月 图版p.296

Db.t.2130 十万颂般若波罗蜜多经第二卷第三十一、三十二品

张延清著 吐蕃敦煌抄经研究 北京:民族出版社,2016年11月 p.299

马德、勘措吉主编,甘肃省文物局、敦煌研究院编纂 甘肃藏敦煌藏文文献⑮敦煌市博物馆卷,上海:上海古籍出版社,2019年6月 图版p.297

Db.t.2131 十万颂般若波罗蜜多经第二卷第三十二品①

马德主编,张延清、勘措吉、邰惠莉编写 敦煌市博物馆藏敦煌藏文文献《甘肃藏敦煌藏文文献叙录》,兰州:甘肃民族出版社,2011年9月 p.472

张延清著 吐蕃敦煌抄经研究 北京:民族出版社,2016年11月 p.320~321

马德、勘措吉主编,甘肃省文物局、敦煌研究院编纂 甘肃藏敦煌藏文文献⑮敦煌市博物馆卷,上海:上海古籍出版社,2019年6月 图版p.298

Db.t.2132 十万颂般若波罗蜜多经

张延清著 吐蕃敦煌抄经研究 北京:民族出版社,2016年11月 p.279

---

①该文献《甘肃藏敦煌藏文文献叙录》、张延清著《吐蕃敦煌抄经研究》等原定名作“十万颂般若波罗蜜多经第二卷第三十一、三十二品”。《甘肃藏敦煌藏文文献》⑮敦煌市博物馆卷图录重新校定名称作“十万颂般若波罗蜜多经第二卷第三十二品”。

马德、勘措吉主编，甘肃省文物局、敦煌研究院编纂 甘肃藏敦煌藏文文献⑮敦煌市博物馆卷，上海：上海古籍出版社，2019年6月 图版p.299

Db.t.2133–Db.t.2134 十万颂般若波罗蜜多经第二卷第三十三品

马德、勘措吉主编，甘肃省文物局、敦煌研究院编纂 甘肃藏敦煌藏文文献⑮敦煌市博物馆卷，上海：上海古籍出版社，2019年6月 图版p.300~301

Db.t.2135–Db.t.2136 十万颂般若波罗蜜多经第二卷第三十四品

马德、勘措吉主编，甘肃省文物局、敦煌研究院编纂 甘肃藏敦煌藏文文献⑮敦煌市博物馆卷，上海：上海古籍出版社，2019年6月 图版p.302~307

Db.t.2137–Db.t.2139 十万颂般若波罗蜜多经第二卷第三十五品

马德、勘措吉主编，甘肃省文物局、敦煌研究院编纂 甘肃藏敦煌藏文文献⑮敦煌市博物馆卷，上海：上海古籍出版社，2019年6月 图版p.308~316

Db.t.2140–Db.t.2141 十万颂般若波罗蜜多经第二卷第三十六品

马德、勘措吉主编，甘肃省文物局、敦煌研究院编纂 甘肃藏敦煌藏文文献⑮敦煌市博物馆卷，上海：上海古籍出版社，2019年6月 图版p.317~318

Db.t.2142–Db.t.2143 十万颂般若波罗蜜多经第二卷第三十七品

马德、勘措吉主编，甘肃省文物局、敦煌研究院编纂 甘肃藏敦煌藏文文献⑮敦煌市博物馆卷，上海：上海古籍出版社，2019年6月 图版p.319~320

Db.t.2144 十万颂般若波罗蜜多经第二卷第三十七品

张延清 吐蕃王妃贝吉昂楚及其敦煌校经题记《西藏民族学院学报》(哲学社会科学版)2009年第5期 p.34；收入德吉卓玛编《吐蕃佛教史研究论文集》，北京：中国藏学出版社，2015年4月 p.617~618

张延清著 吐蕃敦煌抄经研究 北京：民族出版社，2016年11月 p.321、340、347~348

马德、勘措吉主编，甘肃省文物局、敦煌研究院编纂 甘肃藏敦煌藏文文献⑮敦煌市博物馆卷，上海：上海古籍出版社，2019年6月 图版p.321~328

Db.t.2145 十万颂般若波罗蜜多经第二卷第三十七、三十八品

张延清著 吐蕃敦煌抄经研究 北京：民族出版社，2016年11月 p.311~312、329、334

马德、勘措吉主编，甘肃省文物局、敦煌研究院编纂 甘肃藏敦煌藏文文献⑮敦煌市博物馆卷，上海：上海古籍出版社，2019年6月 图版p.329~331

Db.t.2146 十万颂般若波罗蜜多经第二卷第三十八品

张延清、谢尔萨 敦煌藏文写经生结构分析《丝绸之路民族古文字与文化学术讨论会文集》(上),西安:三秦出版社,2007年7月 p.118;p.124(附表二)

张延清著 吐蕃敦煌抄经研究 北京:民族出版社,2016年11月 p.315

马德、勘措吉主编,甘肃省文物局、敦煌研究院编纂 甘肃藏敦煌藏文文献⑮敦煌市博物馆卷,上海:上海古籍出版社,2019年6月 图版p.332~335

Db.t.2147 十万颂般若波罗蜜多经第二卷第三十八品

张延清著 吐蕃敦煌抄经研究 北京:民族出版社,2016年11月 p.306、331、355、356

马德、勘措吉主编,甘肃省文物局、敦煌研究院编纂 甘肃藏敦煌藏文文献⑮敦煌市博物馆卷,上海:上海古籍出版社,2019年6月 图版p.336~342

Db.t.2148 十万颂般若波罗蜜多经第二卷第三十九品

马德、勘措吉主编,甘肃省文物局、敦煌研究院编纂 甘肃藏敦煌藏文文献⑮敦煌市博物馆卷,上海:上海古籍出版社,2019年6月 图版p.343

Db.t.2149 十万颂般若波罗蜜多经第二卷第三十九品

张延清 简析敦煌古藏文经卷的抄写年代《敦煌研究》2007年第2期 p.91;收入郑炳林、樊锦诗、杨富学主编《敦煌佛教与禅宗学术讨论会文集》,西安:三秦出版社,2007年7月 p.519

张延清 吐蕃王妃贝吉昂楚及其敦煌校经题记《西藏民族学院学报》(哲学社会科学版)2009年第5期 p.34~35;收入德吉卓玛编《吐蕃佛教史研究论文集》,北京:中国藏学出版社,2015年4月 p.618

张延清著 吐蕃敦煌抄经研究 北京:民族出版社,2016年11月 p.294、340、347~348

马德、勘措吉主编,甘肃省文物局、敦煌研究院编纂 甘肃藏敦煌藏文文献⑮敦煌市博物馆卷,上海:上海古籍出版社,2019年6月 图版p.344~346

Db.t.2150 十万颂般若波罗蜜多经第二卷第三十九、四十品

张延清著 吐蕃敦煌抄经研究 北京:民族出版社,2016年11月 p.311~312、329、334

马德、勘措吉主编,甘肃省文物局、敦煌研究院编纂 甘肃藏敦煌藏文文献⑮敦煌市博物馆卷,上海:上海古籍出版社,2019年6月 图版p.347~351

Db.t.2151–Db.t.2153 十万颂般若波罗蜜多经第二卷第四十一品

马德、勘措吉主编,甘肃省文物局、敦煌研究院编纂 甘肃藏敦煌藏文文献⑮敦煌市博物馆卷,上海:上海古籍出版社,2019年6月 图版p.352~354

Db.t.2154 十万颂般若波罗蜜多经第二卷第四十二、四十三品

张延清著 吐蕃敦煌抄经研究 北京：民族出版社，2016年11月 p.313

马德、勘措吉主编，甘肃省文物局、敦煌研究院编纂 甘肃藏敦煌藏文文献⑮敦煌市博物馆卷，上海：上海古籍出版社，2019年6月 图版p.355

Db.t.2155–Db.t.2156 十万颂般若波罗蜜多经第二卷第四十二品

马德、勘措吉主编，甘肃省文物局、敦煌研究院编纂 甘肃藏敦煌藏文文献⑮敦煌市博物馆卷，上海：上海古籍出版社，2019年6月 图版p.356~357

Db.t.2157–Db.t.2158 十万颂般若波罗蜜多经第二卷第四十三品

马德、勘措吉主编，甘肃省文物局、敦煌研究院编纂 甘肃藏敦煌藏文文献⑮敦煌市博物馆卷，上海：上海古籍出版社，2019年6月 图版p.358~359

Db.t.2159 十万颂般若波罗蜜多经第二卷第四十三、四十四品

张延清著 吐蕃敦煌抄经研究 北京：民族出版社，2016年11月 p.295、329、334

马德、勘措吉主编，甘肃省文物局、敦煌研究院编纂 甘肃藏敦煌藏文文献⑮敦煌市博物馆卷，上海：上海古籍出版社，2019年6月 图版p.360

Db.t.2160 十万颂般若波罗蜜多经第二卷第四十四品

马德、勘措吉主编，甘肃省文物局、敦煌研究院编纂 甘肃藏敦煌藏文文献⑮敦煌市博物馆卷，上海：上海古籍出版社，2019年6月 图版p.361

Db.t.2161 十万颂般若波罗蜜多经第二卷第四十六品

马德、勘措吉主编，甘肃省文物局、敦煌研究院编纂 甘肃藏敦煌藏文文献⑮敦煌市博物馆卷，上海：上海古籍出版社，2019年6月 图版p.362

Db.t.2162 十万颂般若波罗蜜多经第二卷第四十七品

马德、勘措吉主编，甘肃省文物局、敦煌研究院编纂 甘肃藏敦煌藏文文献⑮敦煌市博物馆卷，上海：上海古籍出版社，2019年6月 图版p.363~366

Db.t.2163 十万颂般若波罗蜜多经第二卷第四十八品

马德、勘措吉主编，甘肃省文物局、敦煌研究院编纂 甘肃藏敦煌藏文文献⑮敦煌市博物馆卷，上海：上海古籍出版社，2019年6月 图版p.367

Db.t.2164 十万颂般若波罗蜜多经第二卷第五十一品

马德、勘措吉主编，甘肃省文物局、敦煌研究院编纂 甘肃藏敦煌藏文文献⑮敦煌市博物馆卷，上海：上海古籍出版社，2019年6月 图版p.368

Db.t.2165 十万颂般若波罗蜜多经第二卷第六十品

马德、勘措吉主编，甘肃省文物局、敦煌研究院编纂 甘肃藏敦煌藏文文献⑯敦煌市博物馆卷，上海：上海古籍出版社，2019年7月 图版p.1

Db.t.2166 十万颂般若波罗蜜多经第二卷第六十三品

马德、勘措吉主编，甘肃省文物局、敦煌研究院编纂 甘肃藏敦煌藏文文献⑯敦煌市博物馆卷，上海：上海古籍出版社，2019年7月 图版p.2

Db.t.2167 十万颂般若波罗蜜多经第二卷第六十六品

马德、勘措吉主编，甘肃省文物局、敦煌研究院编纂 甘肃藏敦煌藏文文献⑯敦煌市博物馆卷，上海：上海古籍出版社，2019年7月 图版p.3

Db.t.2168 十万颂般若波罗蜜多经第二卷第六十七品

马德、勘措吉主编，甘肃省文物局、敦煌研究院编纂 甘肃藏敦煌藏文文献⑯敦煌市博物馆卷，上海：上海古籍出版社，2019年7月 图版p.4

Db.t.2169–Db.t.2170 十万颂般若波罗蜜多经第二卷第六十六品

马德、勘措吉主编，甘肃省文物局、敦煌研究院编纂 甘肃藏敦煌藏文文献⑯敦煌市博物馆卷，上海：上海古籍出版社，2019年7月 图版p.5~6

Db.t.2171 十万颂般若波罗蜜多经第二卷第六十六、六十七品

马德、勘措吉主编，甘肃省文物局、敦煌研究院编纂 甘肃藏敦煌藏文文献⑯敦煌市博物馆卷，上海：上海古籍出版社，2019年7月 图版p.7

Db.t.2172 十万颂般若波罗蜜多经第二卷第六十八品

马德、勘措吉主编，甘肃省文物局、敦煌研究院编纂 甘肃藏敦煌藏文文献⑯敦煌市博物馆卷，上海：上海古籍出版社，2019年7月 图版p.8~9

Db.t.2173 十万颂般若波罗蜜多经第二卷第六十八品

张延清著 吐蕃敦煌抄经研究 北京：民族出版社，2016年11月 p.294

马德、勘措吉主编，甘肃省文物局、敦煌研究院编纂 甘肃藏敦煌藏文文献⑯敦煌市博物馆卷，上海：上海古籍出版社，2019年7月 图版p.10~16

Db.t.2174–Db.t.2175 十万颂般若波罗蜜多经第二卷第六十九品

马德、勘措吉主编，甘肃省文物局、敦煌研究院编纂 甘肃藏敦煌藏文文献⑯敦煌市博物馆卷，上海：上海古籍出版社，2019年7月 图版p.17~18

Db.t.2176 十万颂般若波罗蜜多经第二卷第七十品

马德、勘措吉主编，甘肃省文物局、敦煌研究院编纂 甘肃藏敦煌藏文文献⑯敦煌市博物馆卷，上海：上海古籍出版社，2019年7月 图版p.19

Db.t.2177 十万颂般若波罗蜜多经第二卷第七十一品

张延清著 吐蕃敦煌抄经研究 北京：民族出版社，2016年11月 p.286

马德、勘措吉主编，甘肃省文物局、敦煌研究院编纂 甘肃藏敦煌藏文文献⑯敦煌市博物馆卷，上海：上海古籍出版社，2019年7月 图版p.20~27

Db.t.2178 十万颂般若波罗蜜多经第二卷第七十一品

马德、勘措吉主编，甘肃省文物局、敦煌研究院编纂 甘肃藏敦煌藏文文献⑯敦煌市博物馆卷，上海：上海古籍出版社，2019年7月 图版p.28

Db.t.2179 十万颂般若波罗蜜多经第二卷第七十二品

马德、勘措吉主编，甘肃省文物局、敦煌研究院编纂 甘肃藏敦煌藏文文献⑯敦煌市博物馆卷，上海：上海古籍出版社，2019年7月 图版p.29

Db.t.2180 十万颂般若波罗蜜多经第二卷第七十三品

张延清著 吐蕃敦煌抄经研究 北京：民族出版社，2016年11月 p.317、331、346、348、349

马德、勘措吉主编，甘肃省文物局、敦煌研究院编纂 甘肃藏敦煌藏文文献⑯敦煌市博物馆卷，上海：上海古籍出版社，2019年7月 图版p.30~36

Db.t.2181 十万颂般若波罗蜜多经第二卷第七十三品

马德、勘措吉主编，甘肃省文物局、敦煌研究院编纂 甘肃藏敦煌藏文文献⑯敦煌市博物馆卷，上海：上海古籍出版社，2019年7月 图版p.37

Db.t.2182 十万颂般若波罗蜜多经第二卷第七十四品

马德、勘措吉主编，甘肃省文物局、敦煌研究院编纂 甘肃藏敦煌藏文文献⑯敦煌市博物馆卷，上海：上海古籍出版社，2019年7月 图版p.38

Db.t.2183 十万颂般若波罗蜜多经第二卷第七十五品

马德、勘措吉主编，甘肃省文物局、敦煌研究院编纂 甘肃藏敦煌藏文文献⑯敦煌市博物馆卷，上海：上海古籍出版社，2019年7月 图版p.39~42

Db.t.2184 十万颂般若波罗蜜多经第二卷第六十六品

马德、勘措吉主编，甘肃省文物局、敦煌研究院编纂 甘肃藏敦煌藏文文献⑯敦煌市博物馆卷，上海：上海古籍出版社，2019年7月 图版p.43

Db.t.2185 十万颂般若波罗蜜多经第三卷第二、三品

张延清著 吐蕃敦煌抄经研究 北京：民族出版社，2016年11月 p.285

马德、勘措吉主编，甘肃省文物局、敦煌研究院编纂 甘肃藏敦煌藏文文献⑯敦煌市博物馆卷，上海：上海古籍出版社，2019年7月 图版p.44

Db.t.2186 十万颂般若波罗蜜多经第三卷第三品

马德、勘措吉主编，甘肃省文物局、敦煌研究院编纂 甘肃藏敦煌藏文文献⑯敦煌市博物馆卷，上海：上海古籍出版社，2019年7月 图版p.45

Db.t.2187 十万颂般若波罗蜜多经第三卷第四、五品

张延清著 吐蕃敦煌抄经研究 北京：民族出版社，2016年11月 p.285

马德、勘措吉主编，甘肃省文物局、敦煌研究院编纂 甘肃藏敦煌藏文文献⑯敦煌市博物馆卷，上海：上海古籍出版社，2019年7月 图版p.46

Db.t.2188–Db.t.2189 十万颂般若波罗蜜多经第三卷第五品

马德、勘措吉主编，甘肃省文物局、敦煌研究院编纂 甘肃藏敦煌藏文文献⑯敦煌市博物馆卷，上海：上海古籍出版社，2019年7月 图版p.47~48

Db.t.2190 十万颂般若波罗蜜多经第三卷第六品[①]

马德主编，张延清、勘措吉、邰惠莉编写 敦煌市博物馆藏敦煌藏文文献《甘肃藏敦煌藏文文献叙录》，

①该文献《甘肃藏敦煌藏文文献叙录》原定名作“十万颂般若波罗蜜多经第三卷第五、六品”。《甘肃藏敦煌藏文文献》⑯敦煌市博物馆卷图录重新校定名称作“十万颂般若波罗蜜多经第三卷第六品”。

兰州:甘肃民族出版社,2011年9月 p.482

张延清著 吐蕃敦煌抄经研究 北京:民族出版社,2016年11月 p.314、350

马德、勘措吉主编,甘肃省文物局、敦煌研究院编纂 甘肃藏敦煌藏文文献⑯敦煌市博物馆卷,上海:上海古籍出版社,2019年7月 图版p.49~52

Db.t.2191–Db.t.2193 十万颂般若波罗蜜多经第三卷第六品

马德、勘措吉主编,甘肃省文物局、敦煌研究院编纂 甘肃藏敦煌藏文文献⑯敦煌市博物馆卷,上海:上海古籍出版社,2019年7月 图版p.53~55

Db.t.2194 十万颂般若波罗蜜多经第三卷第七品

马德、勘措吉主编,甘肃省文物局、敦煌研究院编纂 甘肃藏敦煌藏文文献⑯敦煌市博物馆卷,上海:上海古籍出版社,2019年7月 图版p.56

Db.t.2195 十万颂般若波罗蜜多经第三卷第六、七品

张延清著 吐蕃敦煌抄经研究 北京:民族出版社,2016年11月 p.324~325

马德、勘措吉主编,甘肃省文物局、敦煌研究院编纂 甘肃藏敦煌藏文文献⑯敦煌市博物馆卷,上海:上海古籍出版社,2019年7月 图版p.57

Db.t.2196–Db.t.2197 十万颂般若波罗蜜多经第三卷第七品

马德、勘措吉主编,甘肃省文物局、敦煌研究院编纂 甘肃藏敦煌藏文文献⑯敦煌市博物馆卷,上海:上海古籍出版社,2019年7月 图版p.58~59

Db.t.2198 十万颂般若波罗蜜多经第三卷第八、九品

张延清著 吐蕃敦煌抄经研究 北京:民族出版社,2016年11月 p.315、329、339、350

马德、勘措吉主编,甘肃省文物局、敦煌研究院编纂 甘肃藏敦煌藏文文献⑯敦煌市博物馆卷,上海:上海古籍出版社,2019年7月 图版p.60~67

Db.t.2199–Db.t.2201 十万颂般若波罗蜜多经第三卷第八品

马德、勘措吉主编,甘肃省文物局、敦煌研究院编纂 甘肃藏敦煌藏文文献⑯敦煌市博物馆卷,上海:上海古籍出版社,2019年7月 图版p.68~70

Db.t.2202 十万颂般若波罗蜜多经第三卷第八、九品

张延清著 吐蕃敦煌抄经研究 北京:民族出版社,2016年11月 p.324~325

马德、勘措吉主编,甘肃省文物局、敦煌研究院编纂 甘肃藏敦煌藏文文献⑯敦煌市博物馆卷,上海:上

海古籍出版社，2019年7月 图版p.71

Db.t.2203 十万颂般若波罗蜜多经第三卷第八、九品

张延清著 吐蕃敦煌抄经研究 北京：民族出版社，2016年11月 p.321

马德、勘措吉主编，甘肃省文物局、敦煌研究院编纂 甘肃藏敦煌藏文文献⑯敦煌市博物馆卷，上海：上海古籍出版社，2019年7月 图版p.72~75

Db.t.2204 十万颂般若波罗蜜多经第三卷第九品

马德、勘措吉主编，甘肃省文物局、敦煌研究院编纂 甘肃藏敦煌藏文文献⑯敦煌市博物馆卷，上海：上海古籍出版社，2019年7月 图版p.76

Db.t.2205 十万颂般若波罗蜜多经第三卷第九、十品

张延清著 吐蕃敦煌抄经研究 北京：民族出版社，2016年11月 p.306

马德、勘措吉主编，甘肃省文物局、敦煌研究院编纂 甘肃藏敦煌藏文文献⑯敦煌市博物馆卷，上海：上海古籍出版社，2019年7月 图版p.77

Db.t.2206-Db.t.2208 十万颂般若波罗蜜多经第三卷第十品

马德、勘措吉主编，甘肃省文物局、敦煌研究院编纂 甘肃藏敦煌藏文文献⑯敦煌市博物馆卷，上海：上海古籍出版社，2019年7月 图版p.78~85

Db.t.2209-Db.t.2212 十万颂般若波罗蜜多经第三卷第十一品

马德、勘措吉主编，甘肃省文物局、敦煌研究院编纂 甘肃藏敦煌藏文文献⑯敦煌市博物馆卷，上海：上海古籍出版社，2019年7月 图版p.86~89

Db.t.2213 十万颂般若波罗蜜多经第三卷第十二品

马德、勘措吉主编，甘肃省文物局、敦煌研究院编纂 甘肃藏敦煌藏文文献⑯敦煌市博物馆卷，上海：上海古籍出版社，2019年7月 图版p.90

Db.t.2214 十万颂般若波罗蜜多经第三卷第十三品①

马德主编，张延清、勘措吉、邰惠莉编写 敦煌市博物馆藏敦煌藏文文献《甘肃藏敦煌藏文文献叙录》，兰州：甘肃民族出版社，2011年9月 p.486

---

①该文献《甘肃藏敦煌藏文文献叙录》原定名作“十万颂般若波罗蜜多经第三卷第十二、十三品”。《甘肃藏敦煌藏文文献》⑯敦煌市博物馆卷图录重新校定名称作“十万颂般若波罗蜜多经第三卷十三品”。

张延清著 吐蕃敦煌抄经研究 北京:民族出版社,2016年11月 p.276

马德、勘措吉主编,甘肃省文物局、敦煌研究院编纂 甘肃藏敦煌藏文文献⑯敦煌市博物馆卷,上海:上海古籍出版社,2019年7月 图版p.91~92

Db.t.2215 十万颂般若波罗蜜多经第三卷第五十六品

马德、勘措吉主编,甘肃省文物局、敦煌研究院编纂 甘肃藏敦煌藏文文献⑯敦煌市博物馆卷,上海:上海古籍出版社,2019年7月 图版p.93~96

Db.t.2216 十万颂般若波罗蜜多经第三卷第十六、十七品

马德、勘措吉主编,甘肃省文物局、敦煌研究院编纂 甘肃藏敦煌藏文文献⑯敦煌市博物馆卷,上海:上海古籍出版社,2019年7月 图版p.97~99

Db.t.2217 十万颂般若波罗蜜多经第三卷第十七、十八品

张延清著 吐蕃敦煌抄经研究 北京:民族出版社,2016年11月 p.325、329

马德、勘措吉主编,甘肃省文物局、敦煌研究院编纂 甘肃藏敦煌藏文文献⑯敦煌市博物馆卷,上海:上海古籍出版社,2019年7月 图版p.100

Db.t.2218 十万颂般若波罗蜜多经第三卷第十八、十九品

张延清著 吐蕃敦煌抄经研究 北京:民族出版社,2016年11月 p.295

马德、勘措吉主编,甘肃省文物局、敦煌研究院编纂 甘肃藏敦煌藏文文献⑯敦煌市博物馆卷,上海:上海古籍出版社,2019年7月 图版p.101

Db.t.2219–Db.t.2221 十万颂般若波罗蜜多经第三卷第二十品

马德、勘措吉主编,甘肃省文物局、敦煌研究院编纂 甘肃藏敦煌藏文文献⑯敦煌市博物馆卷,上海:上海古籍出版社,2019年7月 图版p.102~104

Db.t.2222–Db.t.2223 十万颂般若波罗蜜多经第三卷第二十一品

马德、勘措吉主编,甘肃省文物局、敦煌研究院编纂 甘肃藏敦煌藏文文献⑯敦煌市博物馆卷,上海:上海古籍出版社,2019年7月 图版p.105~106

Db.t.2224–Db.t.2226 十万颂般若波罗蜜多经第三卷第二十二品

马德、勘措吉主编,甘肃省文物局、敦煌研究院编纂 甘肃藏敦煌藏文文献⑯敦煌市博物馆卷,上海:上海古籍出版社,2019年7月 图版p.107~110

Db.t.2227 十万颂般若波罗蜜多经第三卷第二十二、二十三品

张延清著 吐蕃敦煌抄经研究 北京:民族出版社,2016年11月 p.281、329、339、350

马德、勘措吉主编,甘肃省文物局、敦煌研究院编纂 甘肃藏敦煌藏文文献⑯敦煌市博物馆卷,上海:上海古籍出版社,2019年7月 图版p.111~112

Db.t.2228 十万颂般若波罗蜜多经第三卷第二十三品

马德、勘措吉主编,甘肃省文物局、敦煌研究院编纂 甘肃藏敦煌藏文文献⑯敦煌市博物馆卷,上海:上海古籍出版社,2019年7月 图版p.113

Db.t.2229–Db.t.2230 十万颂般若波罗蜜多经第三卷第二十四品

马德、勘措吉主编,甘肃省文物局、敦煌研究院编纂 甘肃藏敦煌藏文文献⑯敦煌市博物馆卷,上海:上海古籍出版社,2019年7月 图版p.114~115

Db.t.2231 十万颂般若波罗蜜多经第三卷第二十五品

马德、勘措吉主编,甘肃省文物局、敦煌研究院编纂 甘肃藏敦煌藏文文献⑯敦煌市博物馆卷,上海:上海古籍出版社,2019年7月 图版p.116

Db.t.2232 十万颂般若波罗蜜多经第三卷第二十六品

马德、勘措吉主编,甘肃省文物局、敦煌研究院编纂 甘肃藏敦煌藏文文献⑯敦煌市博物馆卷,上海:上海古籍出版社,2019年7月 图版p.117

Db.t.2233 十万颂般若波罗蜜多经第三卷第二十八品

马德、勘措吉主编,甘肃省文物局、敦煌研究院编纂 甘肃藏敦煌藏文文献⑯敦煌市博物馆卷,上海:上海古籍出版社,2019年7月 图版p.118~119

Db.t.2234 十万颂般若波罗蜜多经第三卷第二十八、二十九品

张延清著 吐蕃敦煌抄经研究 北京:民族出版社,2016年11月 p.320

马德、勘措吉主编,甘肃省文物局、敦煌研究院编纂 甘肃藏敦煌藏文文献⑯敦煌市博物馆卷,上海:上海古籍出版社,2019年7月 图版p.120

Db.t.2235 十万颂般若波罗蜜多经第三卷第二十九品

马德、勘措吉主编,甘肃省文物局、敦煌研究院编纂 甘肃藏敦煌藏文文献⑯敦煌市博物馆卷,上海:上海古籍出版社,2019年7月 图版p.121

Db.t.2236 十万颂般若波罗蜜多经第三卷第三十品

马德、勘措吉主编，甘肃省文物局、敦煌研究院编纂 甘肃藏敦煌藏文文献⑯敦煌市博物馆卷，上海：上海古籍出版社，2019年7月 图版p.122

Db.t.2237–Db.t.2238 十万颂般若波罗蜜多经第三卷第三十一品

马德、勘措吉主编，甘肃省文物局、敦煌研究院编纂 甘肃藏敦煌藏文文献⑯敦煌市博物馆卷，上海：上海古籍出版社，2019年7月 图版p.123~125

Db.t.2239–Db.t.2240 十万颂般若波罗蜜多经第三卷第三十二品

马德、勘措吉主编，甘肃省文物局、敦煌研究院编纂 甘肃藏敦煌藏文文献⑯敦煌市博物馆卷，上海：上海古籍出版社，2019年7月 图版p.126~127

Db.t.2241 十万颂般若波罗蜜多经第三卷第三十三品

马德、勘措吉主编，甘肃省文物局、敦煌研究院编纂 甘肃藏敦煌藏文文献⑯敦煌市博物馆卷，上海：上海古籍出版社，2019年7月 图版p.128

Db.t.2242 十万颂般若波罗蜜多经第三卷第三十三品[①]

马德主编，张延清、勘措吉、郤惠莉编写 敦煌市博物馆藏敦煌藏文文献《甘肃藏敦煌藏文文献叙录》，兰州：甘肃民族出版社，2011年9月 p.490

张延清著 吐蕃敦煌抄经研究 北京：民族出版社，2016年11月 p.293

马德、勘措吉主编，甘肃省文物局、敦煌研究院编纂 甘肃藏敦煌藏文文献⑯敦煌市博物馆卷，上海：上海古籍出版社，2019年7月 图版p.129~130

Db.t.2243 十万颂般若波罗蜜多经第三卷第三十三品

张延清著 吐蕃敦煌抄经研究 北京：民族出版社，2016年11月 p.306

马德、勘措吉主编，甘肃省文物局、敦煌研究院编纂 甘肃藏敦煌藏文文献⑯敦煌市博物馆卷，上海：上海古籍出版社，2019年7月 图版p.131~136

Db.t.2244 十万颂般若波罗蜜多经第三卷第三十四品

马德、勘措吉主编，甘肃省文物局、敦煌研究院编纂 甘肃藏敦煌藏文文献⑯敦煌市博物馆卷，上海：上海古籍出版社，2019年7月 图版p.137

---

①该文献《甘肃藏敦煌藏文文献叙录》原定名作“十万颂般若波罗蜜多经第三卷第三十二、三十三品”。《甘肃藏敦煌藏文文献》⑯敦煌市博物馆卷图录重新校定名称作“十万颂般若波罗蜜多经第三卷第三十三品”。

Db.t.2245 十万颂般若波罗蜜多经第三卷第三十四品

张延清著 吐蕃敦煌抄经研究 北京:民族出版社,2016年11月 p.306

马德、勘措吉主编,甘肃省文物局、敦煌研究院编纂 甘肃藏敦煌藏文文献⑯敦煌市博物馆卷,上海:上海古籍出版社,2019年7月 图版p.138~143

Db.t.2246 十万颂般若波罗蜜多经第三卷第三十四品[①]

马德主编,张延清、勘措吉、邰惠莉编写 敦煌市博物馆藏敦煌藏文文献《甘肃藏敦煌藏文文献叙录》,兰州:甘肃民族出版社,2011年9月 p.491

张延清著 吐蕃敦煌抄经研究 北京:民族出版社,2016年11月 p.294、335

马德、勘措吉主编,甘肃省文物局、敦煌研究院编纂 甘肃藏敦煌藏文文献⑯敦煌市博物馆卷,上海:上海古籍出版社,2019年7月 图版p.144

Db.t.2247–Db.t.2248 十万颂般若波罗蜜多经第三卷第三十四品

马德、勘措吉主编,甘肃省文物局、敦煌研究院编纂 甘肃藏敦煌藏文文献⑯敦煌市博物馆卷,上海:上海古籍出版社,2019年7月 图版p.145~146

Db.t.2249 十万颂般若波罗蜜多经第三卷第三十四、三十五品

张延清著 吐蕃敦煌抄经研究 北京:民族出版社,2016年11月 p.294、354~355

马德、勘措吉主编,甘肃省文物局、敦煌研究院编纂 甘肃藏敦煌藏文文献⑯敦煌市博物馆卷,上海:上海古籍出版社,2019年7月 图版p.147

Db.t.2250–Db.t.2254 十万颂般若波罗蜜多经第三卷第三十六品

马德、勘措吉主编,甘肃省文物局、敦煌研究院编纂 甘肃藏敦煌藏文文献⑯敦煌市博物馆卷,上海:上海古籍出版社,2019年7月 图版p.148~152

Db.t.2255 十万颂般若波罗蜜多经第三卷第三十六、三十七品

张延清著 吐蕃敦煌抄经研究 北京:民族出版社,2016年11月 p.311~312

马德、勘措吉主编,甘肃省文物局、敦煌研究院编纂 甘肃藏敦煌藏文文献⑯敦煌市博物馆卷,上海:上海古籍出版社,2019年7月 图版p.153

---

①该文献《甘肃藏敦煌藏文文献叙录》原定名作“十万颂般若波罗蜜多经第三卷第三十三、三十四品”。《甘肃藏敦煌藏文文献》⑯敦煌市博物馆卷图录重新校定名称作“十万颂般若波罗蜜多经第三卷第三十四品”。

Db.t.2256 十万颂般若波罗蜜多经第三卷第三十七品

马德、勘措吉主编，甘肃省文物局、敦煌研究院编纂 甘肃藏敦煌藏文文献⑯敦煌市博物馆卷，上海：上海古籍出版社，2019年7月 图版p.154

Db.t.2257–Db.t.2259 十万颂般若波罗蜜多经第三卷第三十八品

马德、勘措吉主编，甘肃省文物局、敦煌研究院编纂 甘肃藏敦煌藏文文献⑯敦煌市博物馆卷，上海：上海古籍出版社，2019年7月 图版p.155~162

Db.t.2260 十万颂般若波罗蜜多经第三卷第三十八、三十九品

张延清著 吐蕃敦煌抄经研究 北京：民族出版社，2016年11月 p.311~312

马德、勘措吉主编，甘肃省文物局、敦煌研究院编纂 甘肃藏敦煌藏文文献⑯敦煌市博物馆卷，上海：上海古籍出版社，2019年7月 图版p.163

Db.t.2261 十万颂般若波罗蜜多经第三卷第三十九品

马德、勘措吉主编，甘肃省文物局、敦煌研究院编纂 甘肃藏敦煌藏文文献⑯敦煌市博物馆卷，上海：上海古籍出版社，2019年7月 图版p.164

Db.t.2262–Db.t.2263 十万颂般若波罗蜜多经第三卷第四十品

马德、勘措吉主编，甘肃省文物局、敦煌研究院编纂 甘肃藏敦煌藏文文献⑯敦煌市博物馆卷，上海：上海古籍出版社，2019年7月 图版p.165~167

Db.t.2264 十万颂般若波罗蜜多经第三卷第四十一品

马德、勘措吉主编，甘肃省文物局、敦煌研究院编纂 甘肃藏敦煌藏文文献⑯敦煌市博物馆卷，上海：上海古籍出版社，2019年7月 图版p.168

Db.t.2265 十万颂般若波罗蜜多经第三卷第四十三品

马德、勘措吉主编，甘肃省文物局、敦煌研究院编纂 甘肃藏敦煌藏文文献⑯敦煌市博物馆卷，上海：上海古籍出版社，2019年7月 图版p.169~170

Db.t.2266 十万颂般若波罗蜜多经第三卷第四十四品

马德、勘措吉主编，甘肃省文物局、敦煌研究院编纂 甘肃藏敦煌藏文文献⑯敦煌市博物馆卷，上海：上海古籍出版社，2019年7月 图版p.171

Db.t.2267 十万颂般若波罗蜜多经第三卷第四十六品

马德、勘措吉主编，甘肃省文物局、敦煌研究院编纂 甘肃藏敦煌藏文文献⑯敦煌市博物馆卷，上海：上海古籍出版社，2019年7月 图版p.172~173

Db.t.2268 十万颂般若波罗蜜多经第三卷第四十七品

张延清著 吐蕃敦煌抄经研究 北京：民族出版社，2016年11月 p.286

马德、勘措吉主编，甘肃省文物局、敦煌研究院编纂 甘肃藏敦煌藏文文献⑯敦煌市博物馆卷，上海：上海古籍出版社，2019年7月 图版p.174~180

Db.t.2269 十万颂般若波罗蜜多经第三卷第四十、四十六、四十七、四十九品

张延清著 吐蕃敦煌抄经研究 北京：民族出版社，2016年11月 p.306

马德、勘措吉主编，甘肃省文物局、敦煌研究院编纂 甘肃藏敦煌藏文文献⑯敦煌市博物馆卷，上海：上海古籍出版社，2019年7月 图版p.181~187

Db.t.2270 十万颂般若波罗蜜多经第三卷第四十九品

马德、勘措吉主编，甘肃省文物局、敦煌研究院编纂 甘肃藏敦煌藏文文献⑯敦煌市博物馆卷，上海：上海古籍出版社，2019年7月 图版p.188

Db.t.2271 十万颂般若波罗蜜多经第三卷第五十二、五十三品

马德、勘措吉主编，甘肃省文物局、敦煌研究院编纂 甘肃藏敦煌藏文文献⑯敦煌市博物馆卷，上海：上海古籍出版社，2019年7月 图版p.189

Db.t.2272–Db.t.2273 十万颂般若波罗蜜多经第三卷第五十三品

马德、勘措吉主编，甘肃省文物局、敦煌研究院编纂 甘肃藏敦煌藏文文献⑯敦煌市博物馆卷，上海：上海古籍出版社，2019年7月 图版p.190~191

Db.t.2274 十万颂般若波罗蜜多经第三卷第五十四品

张延清著 吐蕃敦煌抄经研究 北京：民族出版社，2016年11月 p.308

马德、勘措吉主编，甘肃省文物局、敦煌研究院编纂 甘肃藏敦煌藏文文献⑯敦煌市博物馆卷，上海：上海古籍出版社，2019年7月 图版p.192~198

Db.t.2275 十万颂般若波罗蜜多经第三卷第五十五品

马德、勘措吉主编，甘肃省文物局、敦煌研究院编纂 甘肃藏敦煌藏文文献⑯敦煌市博物馆卷，上海：上海古籍出版社，2019年7月 图版p.199~203

Db.t.2276–Db.t.2277 十万颂般若波罗蜜多经第三卷第五十六品

马德、勘措吉主编，甘肃省文物局、敦煌研究院编纂 甘肃藏敦煌藏文文献⑯敦煌市博物馆卷，上海：上海古籍出版社，2019年7月 图版p.204~206

Db.t.2278 十万颂般若波罗蜜多经第三卷第二十七品

张延清著 吐蕃敦煌抄经研究 北京：民族出版社，2016年11月 p.276~277、332、354~355、358

马德、勘措吉主编，甘肃省文物局、敦煌研究院编纂 甘肃藏敦煌藏文文献⑯敦煌市博物馆卷，上海：上海古籍出版社，2019年7月 图版p.207~213

Db.t.2279 十万颂般若波罗蜜多经第三卷第五十八品

张延清著 吐蕃敦煌抄经研究 北京：民族出版社，2016年11月 p.315

马德、勘措吉主编，甘肃省文物局、敦煌研究院编纂 甘肃藏敦煌藏文文献⑯敦煌市博物馆卷，上海：上海古籍出版社，2019年7月 图版p.214~215

Db.t.2280 十万颂般若波罗蜜多经第三卷第五十八品

马德、勘措吉主编，甘肃省文物局、敦煌研究院编纂 甘肃藏敦煌藏文文献⑯敦煌市博物馆卷，上海：上海古籍出版社，2019年7月 图版p.216

Db.t.2281 十万颂般若波罗蜜多经第三卷第五十八、五十九品

张延清著 吐蕃敦煌抄经研究 北京：民族出版社，2016年11月 p.320~321

马德、勘措吉主编，甘肃省文物局、敦煌研究院编纂 甘肃藏敦煌藏文文献⑯敦煌市博物馆卷，上海：上海古籍出版社，2019年7月 图版p.217

Db.t.2282 十万颂般若波罗蜜多经第三卷第六十品

马德、勘措吉主编，甘肃省文物局、敦煌研究院编纂 甘肃藏敦煌藏文文献⑯敦煌市博物馆卷，上海：上海古籍出版社，2019年7月 图版p.218

Db.t.2283 十万颂般若波罗蜜多经第三卷第六十一品

马德、勘措吉主编，甘肃省文物局、敦煌研究院编纂 甘肃藏敦煌藏文文献⑯敦煌市博物馆卷，上海：上海古籍出版社，2019年7月 图版p.219

Db.t.2284 十万颂般若波罗蜜多经第三卷第六十二、六十三品

马德、勘措吉主编，甘肃省文物局、敦煌研究院编纂 甘肃藏敦煌藏文文献⑯敦煌市博物馆卷，上海：上海古籍出版社，2019年7月 图版p.220~221

Db.t.2285 十万颂般若波罗蜜多经第三卷第六十四品

马德、勘措吉主编，甘肃省文物局、敦煌研究院编纂 甘肃藏敦煌藏文文献⑯敦煌市博物馆卷，上海：上海古籍出版社，2019年7月 图版p.222

Db.t.2286 十万颂般若波罗蜜多经第三卷第六十六品

马德、勘措吉主编，甘肃省文物局、敦煌研究院编纂 甘肃藏敦煌藏文文献⑯敦煌市博物馆卷，上海：上海古籍出版社，2019年7月 图版p.223

Db.t.2287–Db.t.2288 十万颂般若波罗蜜多经第三卷第六十七品

马德、勘措吉主编，甘肃省文物局、敦煌研究院编纂 甘肃藏敦煌藏文文献⑯敦煌市博物馆卷，上海：上海古籍出版社，2019年7月 图版p.224~225

Db.t.2289 十万颂般若波罗蜜多经第三卷第六十七、六十八品

张延清著 吐蕃敦煌抄经研究 北京：民族出版社，2016年11月 p.318

马德、勘措吉主编，甘肃省文物局、敦煌研究院编纂 甘肃藏敦煌藏文文献⑯敦煌市博物馆卷，上海：上海古籍出版社，2019年7月 图版p.226

Db.t.2290 十万颂般若波罗蜜多经第三卷第六十八品

马德、勘措吉主编，甘肃省文物局、敦煌研究院编纂 甘肃藏敦煌藏文文献⑯敦煌市博物馆卷，上海：上海古籍出版社，2019年7月 图版p.227

Db.t.2291 十万颂般若波罗蜜多经第三卷第六十八品

马德 西藏发现的《喇蚌经》为敦煌写经《敦煌研究》2009年第5期 p.82

张延清 浅议西藏卓卡寺藏经与敦煌《大般若经》的关系《西藏研究》2010年第1期 p.40

勘措吉 从哲蚌寺藏《蜊蚌经》谈敦煌藏文写经誊抄年代《敦煌研究》2018年第4期 p.104

张延清著 吐蕃敦煌抄经研究 北京：民族出版社，2016年11月 p.222~223、283、326、344~345、351、353

马德、勘措吉主编，甘肃省文物局、敦煌研究院编纂 甘肃藏敦煌藏文文献⑯敦煌市博物馆卷，上海：上海古籍出版社，2019年7月 图版p.228~229

Db.t.2292 十万颂般若波罗蜜多经第三卷第六十八、六十九品

张延清著 吐蕃敦煌抄经研究 北京：民族出版社，2016年11月 p.288、344~345、351、353

马德、勘措吉主编，甘肃省文物局、敦煌研究院编纂 甘肃藏敦煌藏文文献⑯敦煌市博物馆卷，上海：上海古籍出版社，2019年7月 图版p.230

Db.t.2293–Db.t.2294 十万颂般若波罗蜜多经第三卷第六十九品

马德、勘措吉主编，甘肃省文物局、敦煌研究院编纂 甘肃藏敦煌藏文文献⑯敦煌市博物馆卷，上海：上海古籍出版社，2019年7月 图版p.231~232

Db.t.2295 十万颂般若波罗蜜多经第三卷第七十品

马德、勘措吉主编，甘肃省文物局、敦煌研究院编纂 甘肃藏敦煌藏文文献⑯敦煌市博物馆卷，上海：上海古籍出版社，2019年7月 图版p.233

Db.t.2296 十万颂般若波罗蜜多经第三卷第七十一品

马德、勘措吉主编，甘肃省文物局、敦煌研究院编纂 甘肃藏敦煌藏文文献⑯敦煌市博物馆卷，上海：上海古籍出版社，2019年7月 图版p.234

Db.t.2297 十万颂般若波罗蜜多经第三卷第七十二、七十三品

张延清著 吐蕃敦煌抄经研究 北京：民族出版社，2016年11月 p.293、344~345、351、353

马德、勘措吉主编，甘肃省文物局、敦煌研究院编纂 甘肃藏敦煌藏文文献⑯敦煌市博物馆卷，上海：上海古籍出版社，2019年7月 图版p.235

Db.t.2298 十万颂般若波罗蜜多经第三卷第七十三品

张延清著 吐蕃敦煌抄经研究 北京：民族出版社，2016年11月 p.323、332、343

马德、勘措吉主编，甘肃省文物局、敦煌研究院编纂 甘肃藏敦煌藏文文献⑯敦煌市博物馆卷，上海：上海古籍出版社，2019年7月 图版p.236~242

Db.t.2299 十万颂般若波罗蜜多经第三卷第七十三、七十四品

张延清著 吐蕃敦煌抄经研究 北京：民族出版社，2016年11月 p.313、326、344~345、351

马德、勘措吉主编，甘肃省文物局、敦煌研究院编纂 甘肃藏敦煌藏文文献⑯敦煌市博物馆卷，上海：上海古籍出版社，2019年7月 图版p.243

Db.t.2300 十万颂般若波罗蜜多经第三卷第七十四品

马德、勘措吉主编，甘肃省文物局、敦煌研究院编纂 甘肃藏敦煌藏文文献⑯敦煌市博物馆卷，上海：上海古籍出版社，2019年7月 图版p.244

Db.t.2301 十万颂般若波罗蜜多经第三卷第七十四、七十五品

张延清著 吐蕃敦煌抄经研究 北京：民族出版社，2016年11月 p.313、326、344~345、351

马德、勘措吉主编，甘肃省文物局、敦煌研究院编纂 甘肃藏敦煌藏文文献⑯敦煌市博物馆卷，上海：上

海古籍出版社，2019年7月 图版p.245

Db.t.2302–Db.t.2303 十万颂般若波罗蜜多经第三卷第七十五品

马德、勘措吉主编，甘肃省文物局、敦煌研究院编纂 甘肃藏敦煌藏文文献⑯敦煌市博物馆卷，上海：上海古籍出版社，2019年7月 图版p.246~247

Db.t.2304 十万颂般若波罗蜜多经[①]

马德主编，张延清、勘措吉、邰惠莉编写 敦煌市博物馆藏敦煌藏文文献《甘肃藏敦煌藏文文献叙录》，兰州：甘肃民族出版社，2011年9月 p.501

马德、勘措吉主编，甘肃省文物局、敦煌研究院编纂 甘肃藏敦煌藏文文献⑯敦煌市博物馆卷，上海：上海古籍出版社，2019年7月 图版p.248

Db.t.2305–Db.t.2306 十万颂般若波罗蜜多经第四卷第一品

马德、勘措吉主编，甘肃省文物局、敦煌研究院编纂 甘肃藏敦煌藏文文献⑯敦煌市博物馆卷，上海：上海古籍出版社，2019年7月 图版p.249~250

Db.t.2307 十万颂般若波罗蜜多经

张延清著 吐蕃敦煌抄经研究 北京：民族出版社，2016年11月 p.320~321

马德、勘措吉主编，甘肃省文物局、敦煌研究院编纂 甘肃藏敦煌藏文文献⑯敦煌市博物馆卷，上海：上海古籍出版社，2019年7月 图版p.251

Db.t.2308 十万颂般若波罗蜜多经第四卷第一、二品

张延清著 吐蕃敦煌抄经研究 北京：民族出版社，2016年11月 p.293

马德、勘措吉主编，甘肃省文物局、敦煌研究院编纂 甘肃藏敦煌藏文文献⑯敦煌市博物馆卷，上海：上海古籍出版社，2019年7月 图版p.252

Db.t.2309 十万颂般若波罗蜜多经第四卷第二品

马德、勘措吉主编，甘肃省文物局、敦煌研究院编纂 甘肃藏敦煌藏文文献⑯敦煌市博物馆卷，上海：上海古籍出版社，2019年7月 图版p.253

Db.t.2310 十万颂般若波罗蜜多经第四卷第二、三品

张延清著 吐蕃敦煌抄经研究 北京：民族出版社，2016年11月 p.293

①该文献《甘肃藏敦煌藏文文献叙录》原定名作“薄伽梵母十万颂般若波罗蜜多经摄颂品之八十四会”。《甘肃藏敦煌藏文文献》⑯敦煌市博物馆卷图录重新校定名称作“十万颂般若波罗蜜多经”。

马德、勘措吉主编，甘肃省文物局、敦煌研究院编纂 甘肃藏敦煌藏文文献⑯敦煌市博物馆卷，上海：上海古籍出版社，2019年7月 图版p.254~255

Db.t.2311 十万颂般若波罗蜜多经第四卷第四品

马德、勘措吉主编，甘肃省文物局、敦煌研究院编纂 甘肃藏敦煌藏文文献⑯敦煌市博物馆卷，上海：上海古籍出版社，2019年7月 图版p.256

Db.t.2312 十万颂般若波罗蜜多经第四卷第四品

张延清著 吐蕃敦煌抄经研究 北京：民族出版社，2016年11月 p.307、334、357

马德、勘措吉主编，甘肃省文物局、敦煌研究院编纂 甘肃藏敦煌藏文文献⑯敦煌市博物馆卷，上海：上海古籍出版社，2019年7月 图版p.257~262

Db.t.2313 十万颂般若波罗蜜多经第四卷第五品

张延清著 吐蕃敦煌抄经研究 北京：民族出版社，2016年11月 p.303、348、349、357

马德、勘措吉主编，甘肃省文物局、敦煌研究院编纂 甘肃藏敦煌藏文文献⑯敦煌市博物馆卷，上海：上海古籍出版社，2019年7月 图版p.263~273

Db.t.2314 十万颂般若波罗蜜多经第四卷第六品

马德、勘措吉主编，甘肃省文物局、敦煌研究院编纂 甘肃藏敦煌藏文文献⑯敦煌市博物馆卷，上海：上海古籍出版社，2019年7月 图版p.274

Db.t.2315 十万颂般若波罗蜜多经第四卷第六品

张延清著 吐蕃敦煌抄经研究 北京：民族出版社，2016年11月 p.301、330、339

马德、勘措吉主编，甘肃省文物局、敦煌研究院编纂 甘肃藏敦煌藏文文献⑯敦煌市博物馆卷，上海：上海古籍出版社，2019年7月 图版p.275

Db.t.2316–Db.t.2317 十万颂般若波罗蜜多经第四卷第七品

马德、勘措吉主编，甘肃省文物局、敦煌研究院编纂 甘肃藏敦煌藏文文献⑯敦煌市博物馆卷，上海：上海古籍出版社，2019年7月 图版p.276~277

Db.t.2318 十万颂般若波罗蜜多经第四卷第七、八品

张延清著 吐蕃敦煌抄经研究 北京：民族出版社，2016年11月 p.276~277

马德、勘措吉主编，甘肃省文物局、敦煌研究院编纂 甘肃藏敦煌藏文文献⑯敦煌市博物馆卷，上海：上海古籍出版社，2019年7月 图版p.278

Db.t.2319 十万颂般若波罗蜜多经第四卷第八品

张延清著 吐蕃敦煌抄经研究 北京:民族出版社,2016年11月 p.289

马德、勘措吉主编,甘肃省文物局、敦煌研究院编纂 甘肃藏敦煌藏文文献⑯敦煌市博物馆卷,上海:上海古籍出版社,2019年7月 图版p.279~285

Db.t.2320 十万颂般若波罗蜜多经第四卷第十品

马德、勘措吉主编,甘肃省文物局、敦煌研究院编纂 甘肃藏敦煌藏文文献⑯敦煌市博物馆卷,上海:上海古籍出版社,2019年7月 图版p.286

Db.t.2321 十万颂般若波罗蜜多经第四卷第十一品

张延清著 吐蕃敦煌抄经研究 北京:民族出版社,2016年11月 p.277

马德、勘措吉主编,甘肃省文物局、敦煌研究院编纂 甘肃藏敦煌藏文文献⑯敦煌市博物馆卷,上海:上海古籍出版社,2019年7月 图版p.287~291

Db.t.2322 十万颂般若波罗蜜多经第四卷第十二品

马德、勘措吉主编,甘肃省文物局、敦煌研究院编纂 甘肃藏敦煌藏文文献⑯敦煌市博物馆卷,上海:上海古籍出版社,2019年7月 图版p.292

Db.t.2323 十万颂般若波罗蜜多经第四卷第十三品

马德、勘措吉主编,甘肃省文物局、敦煌研究院编纂 甘肃藏敦煌藏文文献⑯敦煌市博物馆卷,上海:上海古籍出版社,2019年7月 图版p.293

Db.t.2324–Db.t.2325 十万颂般若波罗蜜多经第四卷第十四品

马德、勘措吉主编,甘肃省文物局、敦煌研究院编纂 甘肃藏敦煌藏文文献⑯敦煌市博物馆卷,上海:上海古籍出版社,2019年7月 图版p.294~295

Db.t.2326 十万颂般若波罗蜜多经第四卷第十五品

马德、勘措吉主编,甘肃省文物局、敦煌研究院编纂 甘肃藏敦煌藏文文献⑯敦煌市博物馆卷,上海:上海古籍出版社,2019年7月 图版p.296

Db.t.2327 十万颂般若波罗蜜多经第四卷第十六品

马德、勘措吉主编,甘肃省文物局、敦煌研究院编纂 甘肃藏敦煌藏文文献⑯敦煌市博物馆卷,上海:上海古籍出版社,2019年7月 图版p.297

Db.t.2328 十万颂般若波罗蜜多经第四卷第十六品

张延清著 吐蕃敦煌抄经研究 北京:民族出版社,2016年11月 p.281

马德、勘措吉主编,甘肃省文物局、敦煌研究院编纂 甘肃藏敦煌藏文文献⑯敦煌市博物馆卷,上海:上海古籍出版社,2019年7月 图版p.298~304

Db.t.2329 十万颂般若波罗蜜多经第四卷第十七品

马德、勘措吉主编,甘肃省文物局、敦煌研究院编纂 甘肃藏敦煌藏文文献⑯敦煌市博物馆卷,上海:上海古籍出版社,2019年7月 图版p.305

Db.t.2330 十万颂般若波罗蜜多经第四卷第十八品

马德、勘措吉主编,甘肃省文物局、敦煌研究院编纂 甘肃藏敦煌藏文文献⑯敦煌市博物馆卷,上海:上海古籍出版社,2019年7月 图版p.306

Db.t.2331 十万颂般若波罗蜜多经第四卷第十九品

张延清著 吐蕃敦煌抄经研究 北京:民族出版社,2016年11月 p.317

马德、勘措吉主编,甘肃省文物局、敦煌研究院编纂 甘肃藏敦煌藏文文献⑯敦煌市博物馆卷,上海:上海古籍出版社,2019年7月 图版p.307~312

Db.t.2332 十万颂般若波罗蜜多经第四卷第十九品

马德、勘措吉主编,甘肃省文物局、敦煌研究院编纂 甘肃藏敦煌藏文文献⑯敦煌市博物馆卷,上海:上海古籍出版社,2019年7月 图版p.313

Db.t.2333–Db.t.2334 十万颂般若波罗蜜多经第四卷第二十品

马德、勘措吉主编,甘肃省文物局、敦煌研究院编纂 甘肃藏敦煌藏文文献⑯敦煌市博物馆卷,上海:上海古籍出版社,2019年7月 图版p.314~315

Db.t.2335–Db.t.2336 十万颂般若波罗蜜多经第四卷第二十一品

马德、勘措吉主编,甘肃省文物局、敦煌研究院编纂 甘肃藏敦煌藏文文献⑯敦煌市博物馆卷,上海:上海古籍出版社,2019年7月 图版p.316~322

Db.t.2337 十万颂般若波罗蜜多经第四卷第二十二品

马德、勘措吉主编,甘肃省文物局、敦煌研究院编纂 甘肃藏敦煌藏文文献⑯敦煌市博物馆卷,上海:上海古籍出版社,2019年7月 图版p.323~327

Db.t.2338 十万颂般若波罗蜜多经第四卷第二十三品

马德、勘措吉主编，甘肃省文物局、敦煌研究院编纂 甘肃藏敦煌藏文文献⑯敦煌市博物馆卷，上海：上海古籍出版社，2019年7月 图版p.328

Db.t.2339 十万颂般若波罗蜜多经第四卷第二十四品

马德、勘措吉主编，甘肃省文物局、敦煌研究院编纂 甘肃藏敦煌藏文文献⑯敦煌市博物馆卷，上海：上海古籍出版社，2019年7月 图版p.329~335

Db.t.2340–Db.t.2341 十万颂般若波罗蜜多经第四卷第二十六品

马德、勘措吉主编，甘肃省文物局、敦煌研究院编纂 甘肃藏敦煌藏文文献⑯敦煌市博物馆卷，上海：上海古籍出版社，2019年7月 图版p.336~338

Db.t.2342 十万颂般若波罗蜜多经第四卷第二十六、二十七品[①]

马德主编，张延清、勘措吉、邰惠莉编写 敦煌市博物馆藏敦煌藏文文献《甘肃藏敦煌藏文文献叙录》，兰州：甘肃民族出版社，2011年9月 p.507

马德、勘措吉主编，甘肃省文物局、敦煌研究院编纂 甘肃藏敦煌藏文文献⑯敦煌市博物馆卷，上海：上海古籍出版社，2019年7月 图版p.339~341

Db.t.2343 十万颂般若波罗蜜多经第四卷第二十七品

马德、勘措吉主编，甘肃省文物局、敦煌研究院编纂 甘肃藏敦煌藏文文献⑯敦煌市博物馆卷，上海：上海古籍出版社，2019年7月 图版p.342~343

Db.t.2344 十万颂般若波罗蜜多经第四卷第二十七、二十八品

张延清著 吐蕃敦煌抄经研究 北京：民族出版社，2016年11月 p.298

马德、勘措吉主编，甘肃省文物局、敦煌研究院编纂 甘肃藏敦煌藏文文献⑯敦煌市博物馆卷，上海：上海古籍出版社，2019年7月 图版p.344

Db.t.2345 十万颂般若波罗蜜多经第四卷第二十八品[②]

马德主编，张延清、勘措吉、邰惠莉编写 敦煌市博物馆藏敦煌藏文文献《甘肃藏敦煌藏文文献叙录》，

---

①该文献《甘肃藏敦煌藏文文献叙录》原定名作“十万颂般若波罗蜜多经第四卷第二十七品”。《甘肃藏敦煌藏文文献》⑯敦煌市博物馆卷图录重新校定名称作“十万颂般若波罗蜜多经第四卷第二十六、二十七品”。

②该文献《甘肃藏敦煌藏文文献叙录》、张延清著《吐蕃敦煌抄经研究》原定名作“十万颂般若波罗蜜多经第四卷第二十七、二十八品”。甘肃藏敦煌藏文文献⑯敦煌市博物馆卷图录重新校定名称作“十万颂般若波罗蜜多经第四卷第二十八品”。

兰州：甘肃民族出版社，2011年9月 p.507

张延清著 吐蕃敦煌抄经研究 北京：民族出版社，2016年11月 p.314

马德、勘措吉主编，甘肃省文物局、敦煌研究院编纂 甘肃藏敦煌藏文文献⑯敦煌市博物馆卷，上海：上海古籍出版社，2019年7月 图版p.345

Db.t.2346 十万颂般若波罗蜜多经第四卷第二十八、二十九品[①]

马德主编，张延清、勘措吉、郃惠莉编写 敦煌市博物馆藏敦煌藏文文献《甘肃藏敦煌藏文文献叙录》，兰州：甘肃民族出版社，2011年9月 p.507~508

马德、勘措吉主编，甘肃省文物局、敦煌研究院编纂 甘肃藏敦煌藏文文献⑯敦煌市博物馆卷，上海：上海古籍出版社，2019年7月 图版p.346~350

Db.t.2347 十万颂般若波罗蜜多经第四卷第二十九、三十品[②]

马德主编，张延清、勘措吉、郃惠莉编写 敦煌市博物馆藏敦煌藏文文献《甘肃藏敦煌藏文文献叙录》，兰州：甘肃民族出版社，2011年9月 p.508

马德、勘措吉主编，甘肃省文物局、敦煌研究院编纂 甘肃藏敦煌藏文文献⑯敦煌市博物馆卷，上海：上海古籍出版社，2019年7月 图版p.351~355

Db.t.2348–Db.t.2349 十万颂般若波罗蜜多经第四卷第三十一品

马德、勘措吉主编，甘肃省文物局、敦煌研究院编纂 甘肃藏敦煌藏文文献⑯敦煌市博物馆卷，上海：上海古籍出版社，2019年7月 图版p.356~361

Db.t.2350 十万颂般若波罗蜜多经第四卷第三十二品

马德、勘措吉主编，甘肃省文物局、敦煌研究院编纂 甘肃藏敦煌藏文文献⑰敦煌市博物馆卷，上海：上海古籍出版社，2019年7月 图版p.1

Db.t.2351 十万颂般若波罗蜜多经第四卷第三十三品

马德、勘措吉主编，甘肃省文物局、敦煌研究院编纂 甘肃藏敦煌藏文文献⑰敦煌市博物馆卷，上海：上海古籍出版社，2019年7月 图版p.2

---

①该文献《甘肃藏敦煌藏文文献叙录》原定名作“十万颂般若波罗蜜多经第四卷第二十九品”。《甘肃藏敦煌藏文文献》⑯敦煌市博物馆卷图录重新校定名称作“十万颂般若波罗蜜多经第四卷第二十八、二十九品”。

②该文献《甘肃藏敦煌藏文文献叙录》原定名作“十万颂般若波罗蜜多经第四卷第三十品”。《甘肃藏敦煌藏文文献》⑯敦煌市博物馆卷图录重新校定名称作“十万颂般若波罗蜜多经第四卷第二十九、三十品”。

Db.t.2352–Db.t.2355 十万颂般若波罗蜜多经第四卷第三十四品

马德、勘措吉主编，甘肃省文物局、敦煌研究院编纂 甘肃藏敦煌藏文文献⑰敦煌市博物馆卷，上海：上海古籍出版社，2019年7月 图版p.3~6

Db.t.2356 十万颂般若波罗蜜多经第四卷第三十五品

马德、勘措吉主编，甘肃省文物局、敦煌研究院编纂 甘肃藏敦煌藏文文献⑰敦煌市博物馆卷，上海：上海古籍出版社，2019年7月 图版p.7

Db.t.2357 十万颂般若波罗蜜多经第四卷第三十五品①

马德主编，张延清、勘措吉、邰惠莉编写 敦煌市博物馆藏敦煌藏文文献《甘肃藏敦煌藏文文献叙录》，兰州：甘肃民族出版社，2011年9月 p.509

张延清著 吐蕃敦煌抄经研究 北京：民族出版社，2016年11月 p.321

马德、勘措吉主编，甘肃省文物局、敦煌研究院编纂 甘肃藏敦煌藏文文献⑰敦煌市博物馆卷，上海：上海古籍出版社，2019年7月 图版p.8

Db.t.2358–Db.t.2359 十万颂般若波罗蜜多经第四卷第三十六品

马德、勘措吉主编，甘肃省文物局、敦煌研究院编纂 甘肃藏敦煌藏文文献⑰敦煌市博物馆卷，上海：上海古籍出版社，2019年7月 图版p.9~10

Db.t.2360 十万颂般若波罗蜜多经第四卷第三十六、三十七品

张延清著 吐蕃敦煌抄经研究 北京：民族出版社，2016年11月 p.323

马德、勘措吉主编，甘肃省文物局、敦煌研究院编纂 甘肃藏敦煌藏文文献⑰敦煌市博物馆卷，上海：上海古籍出版社，2019年7月 图版p.11

Db.t.2361–Db.t.2363 十万颂般若波罗蜜多经第四卷第三十七品

马德、勘措吉主编，甘肃省文物局、敦煌研究院编纂 甘肃藏敦煌藏文文献⑰敦煌市博物馆卷，上海：上海古籍出版社，2019年7月 图版p.12~14

Db.t.2364 十万颂般若波罗蜜多经第四卷第三十七、三十八品

马德、勘措吉主编，甘肃省文物局、敦煌研究院编纂 甘肃藏敦煌藏文文献⑰敦煌市博物馆卷，上海：上

①该文献《甘肃藏敦煌藏文文献叙录》、张延清著《吐蕃敦煌抄经研究》原定名作“十万颂般若波罗蜜多经第四卷第三十四、三十五品”。甘肃藏敦煌藏文文献⑰敦煌市博物馆卷图录重新校定名称作“十万颂般若波罗蜜多经第四卷第三十五品”。

海古籍出版社,2019年7月 图版p.15

Db.t.2365–Db.t.2366 十万颂般若波罗蜜多经第四卷第三十八品

马德、勘措吉主编,甘肃省文物局、敦煌研究院编纂 甘肃藏敦煌藏文文献⑰敦煌市博物馆卷,上海:上海古籍出版社,2019年7月 图版p.16~17

Db.t.2367 十万颂般若波罗蜜多经第四卷第三十八品①

马德主编,张延清、勘措吉、邰惠莉编写 敦煌市博物馆藏敦煌藏文文献《甘肃藏敦煌藏文文献叙录》,兰州:甘肃民族出版社,2011年9月 p.511

张延清著 吐蕃敦煌抄经研究 北京:民族出版社,2016年11月 p.319

马德、勘措吉主编,甘肃省文物局、敦煌研究院编纂 甘肃藏敦煌藏文文献⑰敦煌市博物馆卷,上海:上海古籍出版社,2019年7月 图版p.18

Db.t.2368 十万颂般若波罗蜜多经第四卷第三十八品

马德、勘措吉主编,甘肃省文物局、敦煌研究院编纂 甘肃藏敦煌藏文文献⑰敦煌市博物馆卷,上海:上海古籍出版社,2019年7月 图版p.19~20

Db.t.2369 十万颂般若波罗蜜多经第四卷第三十八、三十九品②

马德主编,张延清、勘措吉、邰惠莉编写 敦煌市博物馆藏敦煌藏文文献《甘肃藏敦煌藏文文献叙录》,兰州:甘肃民族出版社,2011年9月 p.511

张延清著 吐蕃敦煌抄经研究 北京:民族出版社,2016年11月 p.322

马德、勘措吉主编,甘肃省文物局、敦煌研究院编纂 甘肃藏敦煌藏文文献⑰敦煌市博物馆卷,上海:上海古籍出版社,2019年7月 图版p.21~29

Db.t.2370–Db.t.2371 十万颂般若波罗蜜多经第四卷第三十九品

马德、勘措吉主编,甘肃省文物局、敦煌研究院编纂 甘肃藏敦煌藏文文献⑰敦煌市博物馆卷,上海:上海古籍出版社,2019年7月 图版p.30~31

Db.t.2372 十万颂般若波罗蜜多经第四卷第五十三品

马德、勘措吉主编,甘肃省文物局、敦煌研究院编纂 甘肃藏敦煌藏文文献⑰敦煌市博物馆卷,上海:上

---

①该文献《甘肃藏敦煌藏文文献叙录》、张延清著《吐蕃敦煌抄经研究》原定名作"十万颂般若波罗蜜多经第四卷第三十七、三十八品"。《甘肃藏敦煌藏文文献》⑰敦煌市博物馆卷图录重新校定名称作"十万颂般若波罗蜜多经第四卷第三十八品"。

②该文献《甘肃藏敦煌藏文文献叙录》、张延清著《吐蕃敦煌抄经研究》原定名作"十万颂般若波罗蜜多经第四卷第三十九品"。《甘肃藏敦煌藏文文献》⑰敦煌市博物馆卷图录重新校定名称作"十万颂般若波罗蜜多经第四卷第三十八、三十九品"。

海古籍出版社，2019年7月 图版p.32

Db.t.2373 十万颂般若波罗蜜多经第四卷第四十品

马德、勘措吉主编，甘肃省文物局、敦煌研究院编纂 甘肃藏敦煌藏文文献⑰敦煌市博物馆卷，上海：上海古籍出版社，2019年7月 图版p.33

Db.t.2374–Db.t.2375 十万颂般若波罗蜜多经第四卷第四十一品

马德、勘措吉主编，甘肃省文物局、敦煌研究院编纂 甘肃藏敦煌藏文文献⑰敦煌市博物馆卷，上海：上海古籍出版社，2019年7月 图版p.34~35

Db.t.2376 十万颂般若波罗蜜多经第四卷第四十、四十一品[①]

马德主编，张延清、勘措吉、邰惠莉编写 敦煌市博物馆藏敦煌藏文文献《甘肃藏敦煌藏文文献叙录》，兰州：甘肃民族出版社，2011年9月 p.512

马德、勘措吉主编，甘肃省文物局、敦煌研究院编纂 甘肃藏敦煌藏文文献⑰敦煌市博物馆卷，上海：上海古籍出版社，2019年7月 图版p.36~37

Db.t.2377 十万颂般若波罗蜜多经第四卷第四十一品

马德、勘措吉主编，甘肃省文物局、敦煌研究院编纂 甘肃藏敦煌藏文文献⑰敦煌市博物馆卷，上海：上海古籍出版社，2019年7月 图版p.38

Db.t.2378 十万颂般若波罗蜜多经第四卷第四十一、四十二品[②]

马德主编，张延清、勘措吉、邰惠莉编写 敦煌市博物馆藏敦煌藏文文献《甘肃藏敦煌藏文文献叙录》，兰州：甘肃民族出版社，2011年9月 p.512

马德、勘措吉主编，甘肃省文物局、敦煌研究院编纂 甘肃藏敦煌藏文文献⑰敦煌市博物馆卷，上海：上海古籍出版社，2019年7月 图版p.39~41

Db.t.2379 十万颂般若波罗蜜多经第四卷第四十二品

马德、勘措吉主编，甘肃省文物局、敦煌研究院编纂 甘肃藏敦煌藏文文献⑰敦煌市博物馆卷，上海：上海古籍出版社，2019年7月 图版p.42

---

①该文献《甘肃藏敦煌藏文文献叙录》原定名作“十万颂般若波罗蜜多经第四卷第四十一品”。《甘肃藏敦煌藏文文献》⑰敦煌市博物馆卷图录重新校定名称作“十万颂般若波罗蜜多经第四卷第四十、四十一品”。

②该文献《甘肃藏敦煌藏文文献叙录》原定名作“十万颂般若波罗蜜多经第四卷第四十二品”。《甘肃藏敦煌藏文文献》⑰敦煌市博物馆卷图录重新校定名称作“十万颂般若波罗蜜多经第四卷第四十一、四十二品”。

Db.t.2380 十万颂般若波罗蜜多经第四卷第四十二品

张延清著 吐蕃敦煌抄经研究 北京:民族出版社,2016年11月 p.294、352、353

马德、勘措吉主编,甘肃省文物局、敦煌研究院编纂 甘肃藏敦煌藏文文献⑰敦煌市博物馆卷,上海:上海古籍出版社,2019年7月 图版p.43

Db.t.2381 十万颂般若波罗蜜多经第四卷第四十二品

马德、勘措吉主编,甘肃省文物局、敦煌研究院编纂 甘肃藏敦煌藏文文献⑰敦煌市博物馆卷,上海:上海古籍出版社,2019年7月 图版p.44

Db.t.2382 十万颂般若波罗蜜多经第四卷第四十三品

张延清著 吐蕃敦煌抄经研究 北京:民族出版社,2016年11月 p.276~277、332、354~355、358

马德、勘措吉主编,甘肃省文物局、敦煌研究院编纂 甘肃藏敦煌藏文文献⑰敦煌市博物馆卷,上海:上海古籍出版社,2019年7月 图版p.45~53

Db.t.2383–Db.t.2386 十万颂般若波罗蜜多经第四卷第四十三品

马德、勘措吉主编,甘肃省文物局、敦煌研究院编纂 甘肃藏敦煌藏文文献⑰敦煌市博物馆卷,上海:上海古籍出版社,2019年7月 图版p.54~57

Db.t.2387 十万颂般若波罗蜜多经第四卷第四十三、四十四品

张延清著 吐蕃敦煌抄经研究 北京:民族出版社,2016年11月 p.323

马德、勘措吉主编,甘肃省文物局、敦煌研究院编纂 甘肃藏敦煌藏文文献⑰敦煌市博物馆卷,上海:上海古籍出版社,2019年7月 图版p.58

Db.t.2388–Db.t.2389 十万颂般若波罗蜜多经第四卷第四十四品

马德、勘措吉主编,甘肃省文物局、敦煌研究院编纂 甘肃藏敦煌藏文文献⑰敦煌市博物馆卷,上海:上海古籍出版社,2019年7月 图版p.59~60

Db.t.2390 十万颂般若波罗蜜多经第四卷第四十四、四十五品

张延清著 吐蕃敦煌抄经研究 北京:民族出版社,2016年11月 p.320

马德、勘措吉主编,甘肃省文物局、敦煌研究院编纂 甘肃藏敦煌藏文文献⑰敦煌市博物馆卷,上海:上海古籍出版社,2019年7月 图版p.61

Db.t.2391 十万颂般若波罗蜜多经第四卷第四十五品

马德、勘措吉主编,甘肃省文物局、敦煌研究院编纂 甘肃藏敦煌藏文文献⑰敦煌市博物馆卷,上海:上

海古籍出版社，2019年7月 图版p.62

Db.t.2392 十万颂般若波罗蜜多经第四卷第四十四、四十五品

张延清著 吐蕃敦煌抄经研究 北京：民族出版社，2016年11月 p.315

马德、勘措吉主编，甘肃省文物局、敦煌研究院编纂 甘肃藏敦煌藏文文献⑰敦煌市博物馆卷，上海：上海古籍出版社，2019年7月 图版p.63~69

Db.t.2393–Db.t.2398 十万颂般若波罗蜜多经第四卷第四十五品

马德、勘措吉主编，甘肃省文物局、敦煌研究院编纂 甘肃藏敦煌藏文文献⑰敦煌市博物馆卷，上海：上海古籍出版社，2019年7月 图版p.70~82

Db.t.2399–Db.t.2403 十万颂般若波罗蜜多经第四卷第四十六品

马德、勘措吉主编，甘肃省文物局、敦煌研究院编纂 甘肃藏敦煌藏文文献⑰敦煌市博物馆卷，上海：上海古籍出版社，2019年7月 图版p.83~87

Db.t.2404–Db.t.2405 十万颂般若波罗蜜多经第四卷第四十七品

马德、勘措吉主编，甘肃省文物局、敦煌研究院编纂 甘肃藏敦煌藏文文献⑰敦煌市博物馆卷，上海：上海古籍出版社，2019年7月 图版p.88~89

Db.t.2406 十万颂般若波罗蜜多经第四卷第六十七、六十八品

张延清著 吐蕃敦煌抄经研究 北京：民族出版社，2016年11月 p.317

马德、勘措吉主编，甘肃省文物局、敦煌研究院编纂 甘肃藏敦煌藏文文献⑰敦煌市博物馆卷，上海：上海古籍出版社，2019年7月 图版p.90

Db.t.2407–Db.t.2408 十万颂般若波罗蜜多经第四卷第四十八品

马德、勘措吉主编，甘肃省文物局、敦煌研究院编纂 甘肃藏敦煌藏文文献⑰敦煌市博物馆卷，上海：上海古籍出版社，2019年7月 图版p.91~92

Db.t.2409–Db.t.2410 十万颂般若波罗蜜多经第四卷第四十九品

马德、勘措吉主编，甘肃省文物局、敦煌研究院编纂 甘肃藏敦煌藏文文献⑰敦煌市博物馆卷，上海：上海古籍出版社，2019年7月 图版p.93~96

Db.t.2411 十万颂般若波罗蜜多经第四卷第五十品

马德、勘措吉主编，甘肃省文物局、敦煌研究院编纂 甘肃藏敦煌藏文文献⑰敦煌市博物馆卷，上海：上

海古籍出版社，2019年7月 图版p.97~98

Db.t.2412–Db.t.2413 十万颂般若波罗蜜多经第四卷第五十一品

马德、勘措吉主编，甘肃省文物局、敦煌研究院编纂 甘肃藏敦煌藏文文献⑰敦煌市博物馆卷，上海：上海古籍出版社，2019年7月 图版p.99~101

Db.t.2414 十万颂般若波罗蜜多经第四卷第五十一品[①]

马德主编，张延清、勘措吉、邰惠莉编写 敦煌市博物馆藏敦煌藏文文献《甘肃藏敦煌藏文文献叙录》，兰州：甘肃民族出版社，2011年9月 p.518

张延清著 吐蕃敦煌抄经研究 北京：民族出版社，2016年11月 p.323、340、343、357

马德、勘措吉主编，甘肃省文物局、敦煌研究院编纂 甘肃藏敦煌藏文文献⑰敦煌市博物馆卷，上海：上海古籍出版社，2019年7月 图版p.102~105

Db.t.2415 十万颂般若波罗蜜多经第四卷第五十一、五十二品

张延清著 吐蕃敦煌抄经研究 北京：民族出版社，2016年11月 p.313、331、350

马德、勘措吉主编，甘肃省文物局、敦煌研究院编纂 甘肃藏敦煌藏文文献⑰敦煌市博物馆卷，上海：上海古籍出版社，2019年7月 图版p.106

Db.t.2416–Db.t.2420 十万颂般若波罗蜜多经第四卷第五十二品

马德、勘措吉主编，甘肃省文物局、敦煌研究院编纂 甘肃藏敦煌藏文文献⑰敦煌市博物馆卷，上海：上海古籍出版社，2019年7月 图版p.107~115

Db.t.2421 十万颂般若波罗蜜多经第四卷第五十二、五十三品

张延清著 吐蕃敦煌抄经研究 北京：民族出版社，2016年11月 p.305

马德、勘措吉主编，甘肃省文物局、敦煌研究院编纂 甘肃藏敦煌藏文文献⑰敦煌市博物馆卷，上海：上海古籍出版社，2019年7月 图版p.116

Db.t.2422 十万颂般若波罗蜜多经第四卷第五十三品[②]

马德主编，张延清、勘措吉、邰惠莉编写 敦煌市博物馆藏敦煌藏文文献《甘肃藏敦煌藏文文献叙录》，

---

①该文献《甘肃藏敦煌藏文文献叙录》原定名作“十万颂般若波罗蜜多经第四卷第五十、五十一品”。《甘肃藏敦煌藏文文献》⑰敦煌市博物馆卷图录重新校定名称作“十万颂般若波罗蜜多经第四卷第五十一品”。

②该文献《甘肃藏敦煌藏文文献叙录》、张延清著《吐蕃敦煌抄经研究》原定名作“十万颂般若波罗蜜多经第四卷第五十二、五十三品”。《甘肃藏敦煌藏文文献》⑰敦煌市博物馆卷图录重新校定名称作“十万颂般若波罗蜜多经第四卷第五十三品”。

兰州:甘肃民族出版社,2011年9月 p.519

张延清著 吐蕃敦煌抄经研究 北京:民族出版社,2016年11月 p.313、331、334、355

马德、勘措吉主编,甘肃省文物局、敦煌研究院编纂 甘肃藏敦煌藏文文献⑰敦煌市博物馆卷,上海:上海古籍出版社,2019年7月 图版p.117

Db.t.2423–Db.t.2424 十万颂般若波罗蜜多经第四卷第五十四品

马德、勘措吉主编,甘肃省文物局、敦煌研究院编纂 甘肃藏敦煌藏文文献⑰敦煌市博物馆卷,上海:上海古籍出版社,2019年7月 图版p.118~120

Db.t.2425 十万颂般若波罗蜜多经第四卷第五十四、五十五品

张延清著 吐蕃敦煌抄经研究 北京:民族出版社,2016年11月 p.313、331、334、355

马德、勘措吉主编,甘肃省文物局、敦煌研究院编纂 甘肃藏敦煌藏文文献⑰敦煌市博物馆卷,上海:上海古籍出版社,2019年7月 图版p.121

Db.t.2426 十万颂般若波罗蜜多经第四卷第五十四、五十五品

张延清著 吐蕃敦煌抄经研究 北京:民族出版社,2016年11月 p.305

马德、勘措吉主编,甘肃省文物局、敦煌研究院编纂 甘肃藏敦煌藏文文献⑰敦煌市博物馆卷,上海:上海古籍出版社,2019年7月 图版p.122

Db.t.2427 十万颂般若波罗蜜多经第四卷第五十五品

马德、勘措吉主编,甘肃省文物局、敦煌研究院编纂 甘肃藏敦煌藏文文献⑰敦煌市博物馆卷,上海:上海古籍出版社,2019年7月 图版p.123

Db.t.2428 十万颂般若波罗蜜多经第四卷第五十七品

马德、勘措吉主编,甘肃省文物局、敦煌研究院编纂 甘肃藏敦煌藏文文献⑰敦煌市博物馆卷,上海:上海古籍出版社,2019年7月 图版p.124

Db.t.2429 十万颂般若波罗蜜多经第四卷第五十八品

马德、勘措吉主编,甘肃省文物局、敦煌研究院编纂 甘肃藏敦煌藏文文献⑰敦煌市博物馆卷,上海:上海古籍出版社,2019年7月 图版p.125~129

Db.t.2430 十万颂般若波罗蜜多经第四卷第五十九品

马德、勘措吉主编,甘肃省文物局、敦煌研究院编纂 甘肃藏敦煌藏文文献⑰敦煌市博物馆卷,上海:上海古籍出版社,2019年7月 图版p.130

Db.t.2431–Db.t.2432 十万颂般若波罗蜜多经第四卷第六十品

马德、勘措吉主编，甘肃省文物局、敦煌研究院编纂 甘肃藏敦煌藏文文献⑰敦煌市博物馆卷，上海：上海古籍出版社，2019年7月 图版p.131~132

Db.t.2433 十万颂般若波罗蜜多经第四卷第六十一品

马德、勘措吉主编，甘肃省文物局、敦煌研究院编纂 甘肃藏敦煌藏文文献⑰敦煌市博物馆卷，上海：上海古籍出版社，2019年7月 图版p.133~134

Db.t.2434 十万颂般若波罗蜜多经第四卷第六十、六十一品[①]

马德主编，张延清、勘措吉、郚惠莉编写 敦煌市博物馆藏敦煌藏文文献《甘肃藏敦煌藏文文献叙录》，兰州：甘肃民族出版社，2011年9月 p.521

马德、勘措吉主编，甘肃省文物局、敦煌研究院编纂 甘肃藏敦煌藏文文献⑰敦煌市博物馆卷，上海：上海古籍出版社，2019年7月 图版p.135~138

Db.t.2435–Db.t.2436 十万颂般若波罗蜜多经第四卷第六十二品

马德、勘措吉主编，甘肃省文物局、敦煌研究院编纂 甘肃藏敦煌藏文文献⑰敦煌市博物馆卷，上海：上海古籍出版社，2019年7月 图版p.139~142

Db.t.2437 十万颂般若波罗蜜多经第四卷第五十二品

马德、勘措吉主编，甘肃省文物局、敦煌研究院编纂 甘肃藏敦煌藏文文献⑰敦煌市博物馆卷，上海：上海古籍出版社，2019年7月 图版p.143~148

Db.t.2438 十万颂般若波罗蜜多经第四卷第六十二品

马德、勘措吉主编，甘肃省文物局、敦煌研究院编纂 甘肃藏敦煌藏文文献⑰敦煌市博物馆卷，上海：上海古籍出版社，2019年7月 图版p.149~153

Db.t.2439 十万颂般若波罗蜜多经第四卷第六十二、六十三品

张延清、谢尔萨 敦煌藏文写经生结构分析《丝绸之路民族古文字与文化学术讨论会文集》（上），西安：三秦出版社，2007年7月 p.115；p.123（附表一）

张延清著 吐蕃敦煌抄经研究 北京：民族出版社，2016年11月 p.130、304

马德、勘措吉主编，甘肃省文物局、敦煌研究院编纂 甘肃藏敦煌藏文文献⑰敦煌市博物馆卷，上海：上

---

①该文献《甘肃藏敦煌藏文文献叙录》原定名作“十万颂般若波罗蜜多经第四卷第六十一品”。《甘肃藏敦煌藏文文献》⑰敦煌市博物馆卷图录重新校定名称作“十万颂般若波罗蜜多经第四卷第六十、六十一品”。

海古籍出版社,2019年7月 图版p.154

Db.t.2440–Db.t.2442 十万颂般若波罗蜜多经第四卷第六十三品

马德、勘措吉主编,甘肃省文物局、敦煌研究院编纂 甘肃藏敦煌藏文文献⑰敦煌市博物馆卷,上海:上海古籍出版社,2019年7月 图版p.155~161

Db.t.2443 十万颂般若波罗蜜多经第四卷第六十四品

马德、勘措吉主编,甘肃省文物局、敦煌研究院编纂 甘肃藏敦煌藏文文献⑰敦煌市博物馆卷,上海:上海古籍出版社,2019年7月 图版p.162

Db.t.2444 十万颂般若波罗蜜多经第四卷第六十四品

张延清著 吐蕃敦煌抄经研究 北京:民族出版社,2016年11月 p.323、340、343、357

马德、勘措吉主编,甘肃省文物局、敦煌研究院编纂 甘肃藏敦煌藏文文献⑰敦煌市博物馆卷,上海:上海古籍出版社,2019年7月 图版p.163~168

Db.t.2445–Db.t.2446 十万颂般若波罗蜜多经第四卷第六十五品

马德、勘措吉主编,甘肃省文物局、敦煌研究院编纂 甘肃藏敦煌藏文文献⑰敦煌市博物馆卷,上海:上海古籍出版社,2019年7月 图版p.169~170

Db.t.2447 十万颂般若波罗蜜多经第四卷第六十六品

马德、勘措吉主编,甘肃省文物局、敦煌研究院编纂 甘肃藏敦煌藏文文献⑰敦煌市博物馆卷,上海:上海古籍出版社,2019年7月 图版p.171

Db.t.2448 十万颂般若波罗蜜多经第四卷第六十七品

马德、勘措吉主编,甘肃省文物局、敦煌研究院编纂 甘肃藏敦煌藏文文献⑰敦煌市博物馆卷,上海:上海古籍出版社,2019年7月 图版p.172

Db.t.2449–Db.t.2450 十万颂般若波罗蜜多经第四卷第六十六品

马德、勘措吉主编,甘肃省文物局、敦煌研究院编纂 甘肃藏敦煌藏文文献⑰敦煌市博物馆卷,上海:上海古籍出版社,2019年7月 图版p.173~174

Db.t.2451 十万颂般若波罗蜜多经第四卷第六十六品

张延清著 吐蕃敦煌抄经研究 北京:民族出版社,2016年11月 p.315、358

马德、勘措吉主编,甘肃省文物局、敦煌研究院编纂 甘肃藏敦煌藏文文献⑰敦煌市博物馆卷,上海:上

海古籍出版社，2019年7月 图版p.175~180

Db.t.2452 十万颂般若波罗蜜多经第四卷第六十七品

马德、勘措吉主编，甘肃省文物局、敦煌研究院编纂 甘肃藏敦煌藏文文献⑰敦煌市博物馆卷，上海：上海古籍出版社，2019年7月 图版p.181

Db.t.2453 十万颂般若波罗蜜多经第四卷第六十八、六十九品

张延清著 吐蕃敦煌抄经研究 北京：民族出版社，2016年11月 p.317

马德、勘措吉主编，甘肃省文物局、敦煌研究院编纂 甘肃藏敦煌藏文文献⑰敦煌市博物馆卷，上海：上海古籍出版社，2019年7月 图版p.182~188

Db.t.2454–Db.t.2456 十万颂般若波罗蜜多经第四卷第六十九品

马德、勘措吉主编，甘肃省文物局、敦煌研究院编纂 甘肃藏敦煌藏文文献⑰敦煌市博物馆卷，上海：上海古籍出版社，2019年7月 图版p.189~193

Db.t.2457 十万颂般若波罗蜜多经第四卷第六十九、七十品

张延清、谢尔萨 敦煌藏文写经生结构分析《丝绸之路民族古文字与文化学术讨论会文集》(上)，西安：三秦出版社，2007年7月 p.115~116；p.123(附表一)

张延清著 吐蕃敦煌抄经研究 北京：民族出版社，2016年11月 p.130、302、332

马德、勘措吉主编，甘肃省文物局、敦煌研究院编纂 甘肃藏敦煌藏文文献⑰敦煌市博物馆卷，上海：上海古籍出版社，2019年7月 图版p.194

Db.t.2458 十万颂般若波罗蜜多经第四卷第七十品

张延清著 吐蕃敦煌抄经研究 北京：民族出版社，2016年11月 p.308

马德、勘措吉主编，甘肃省文物局、敦煌研究院编纂 甘肃藏敦煌藏文文献⑰敦煌市博物馆卷，上海：上海古籍出版社，2019年7月 图版p.195~199

Db.t.2459 十万颂般若波罗蜜多经第四卷第七十品

马德、勘措吉主编，甘肃省文物局、敦煌研究院编纂 甘肃藏敦煌藏文文献⑰敦煌市博物馆卷，上海：上海古籍出版社，2019年7月 图版p.200

Db.t.2460 十万颂般若波罗蜜多经第四卷第七十一品

马德、勘措吉主编，甘肃省文物局、敦煌研究院编纂 甘肃藏敦煌藏文文献⑰敦煌市博物馆卷，上海：上海古籍出版社，2019年7月 图版p.201

Db.t.2461 十万颂般若波罗蜜多经第四卷第七十一、七十二品

张延清 吐蕃王妃贝吉昂楚及其敦煌校经题记《西藏民族学院学报》(哲学社会科学版)2009年第5期 p.35;收入德吉卓玛编《吐蕃佛教史研究论文集》,北京:中国藏学出版社,2015年4月 p.618

张延清著 吐蕃敦煌抄经研究 北京:民族出版社,2016年11月 p.313、340

马德、勘措吉主编,甘肃省文物局、敦煌研究院编纂 甘肃藏敦煌藏文文献⑰敦煌市博物馆卷,上海:上海古籍出版社,2019年7月 图版p.202

Db.t.2462–Db.t.2463 十万颂般若波罗蜜多经第四卷第七十一品

马德、勘措吉主编,甘肃省文物局、敦煌研究院编纂 甘肃藏敦煌藏文文献⑰敦煌市博物馆卷,上海:上海古籍出版社,2019年7月 图版p.203~204

Db.t.2464 十万颂般若波罗蜜多经第四卷第七十一、七十二品

张延清著 吐蕃敦煌抄经研究 北京:民族出版社,2016年11月 p.323

马德、勘措吉主编,甘肃省文物局、敦煌研究院编纂 甘肃藏敦煌藏文文献⑰敦煌市博物馆卷,上海:上海古籍出版社,2019年7月 图版p.205~206

Db.t.2465–Db.t.2467 十万颂般若波罗蜜多经第四卷第七十二品

马德、勘措吉主编,甘肃省文物局、敦煌研究院编纂 甘肃藏敦煌藏文文献⑰敦煌市博物馆卷,上海:上海古籍出版社,2019年7月 图版p.207~209

Db.t.2468–Db.t.2469 十万颂般若波罗蜜多经第四卷第七十三品

马德、勘措吉主编,甘肃省文物局、敦煌研究院编纂 甘肃藏敦煌藏文文献⑰敦煌市博物馆卷,上海:上海古籍出版社,2019年7月 图版p.210~213

Db.t.2470 十万颂般若波罗蜜多经第四卷第七十四品

马德、勘措吉主编,甘肃省文物局、敦煌研究院编纂 甘肃藏敦煌藏文文献⑰敦煌市博物馆卷,上海:上海古籍出版社,2019年7月 图版p.214~215

Db.t.2471 十万颂般若波罗蜜多经第四卷第七十四品

张延清著 吐蕃敦煌抄经研究 北京:民族出版社,2016年11月 p.284

马德、勘措吉主编,甘肃省文物局、敦煌研究院编纂 甘肃藏敦煌藏文文献⑰敦煌市博物馆卷,上海:上海古籍出版社,2019年7月 图版p.216~219

Db.t.2472 十万颂般若波罗蜜多经第四卷第七十四品

马德、勘措吉主编，甘肃省文物局、敦煌研究院编纂 甘肃藏敦煌藏文文献⑰敦煌市博物馆卷，上海：上海古籍出版社，2019年7月 图版p.220~221

Db.t.2473 十万颂般若波罗蜜多经第四卷第六十八、六十九品

张延清著 吐蕃敦煌抄经研究 北京：民族出版社，2016年11月 p.276~277、358

马德、勘措吉主编，甘肃省文物局、敦煌研究院编纂 甘肃藏敦煌藏文文献⑰敦煌市博物馆卷，上海：上海古籍出版社，2019年7月 图版p.222

Db.t.2474 十万颂般若波罗蜜多经

张延清著 吐蕃敦煌抄经研究 北京：民族出版社，2016年11月 p.311~312

马德、勘措吉主编，甘肃省文物局、敦煌研究院编纂 甘肃藏敦煌藏文文献⑰敦煌市博物馆卷，上海：上海古籍出版社，2019年7月 图版p.223

Db.t.2475 十万颂般若波罗蜜多经

张延清著 吐蕃敦煌抄经研究 北京：民族出版社，2016年11月 p.318

马德、勘措吉主编，甘肃省文物局、敦煌研究院编纂 甘肃藏敦煌藏文文献⑰敦煌市博物馆卷，上海：上海古籍出版社，2019年7月 图版p.224~226

Db.t.2476 十万颂般若波罗蜜多经

张延清著 吐蕃敦煌抄经研究① 北京：民族出版社，2016年11月 p.284、334、350、356

马德、勘措吉主编，甘肃省文物局、敦煌研究院编纂 甘肃藏敦煌藏文文献⑰敦煌市博物馆卷，上海：上海古籍出版社，2019年7月 图版p.227

Db.t.2477 十万颂般若波罗蜜多经

张延清著 吐蕃敦煌抄经研究 北京：民族出版社，2016年11月 p.303

马德、勘措吉主编，甘肃省文物局、敦煌研究院编纂 甘肃藏敦煌藏文文献⑰敦煌市博物馆卷，上海：上海古籍出版社，2019年7月 图版p.228

Db.t.2478 十万颂般若波罗蜜多经

张延清著 吐蕃敦煌抄经研究 北京：民族出版社，2016年11月 p.278

---

①张延清《吐蕃敦煌抄经研究》附录第350页“167.星却乎”Gt.t.2476编号有误，Gt.t.为甘肃省图书馆藏品编号，该馆所藏敦煌古藏文文献仅有351个号。经核查，敦煌市博物馆藏2476号为星却乎三校，应更正为Db.t.2476号。

马德、勘措吉主编，甘肃省文物局、敦煌研究院编纂 甘肃藏敦煌藏文文献⑰敦煌市博物馆卷，上海：上海古籍出版社，2019年7月 图版p.229

Db.t.2479 十万颂般若波罗蜜多经

张延清著 吐蕃敦煌抄经研究 北京：民族出版社，2016年11月 p.299

马德、勘措吉主编，甘肃省文物局、敦煌研究院编纂 甘肃藏敦煌藏文文献⑰敦煌市博物馆卷，上海：上海古籍出版社，2019年7月 图版p.230~232

Db.t.2480 十万颂般若波罗蜜多经

马德、勘措吉主编，甘肃省文物局、敦煌研究院编纂 甘肃藏敦煌藏文文献⑰敦煌市博物馆卷，上海：上海古籍出版社，2019年7月 图版p.233

Db.t.2481 十万颂般若波罗蜜多经第一卷第六十三、六十四品

张延清著 吐蕃敦煌抄经研究 北京：民族出版社，2016年11月 p.294、330、334

马德、勘措吉主编，甘肃省文物局、敦煌研究院编纂 甘肃藏敦煌藏文文献⑰敦煌市博物馆卷，上海：上海古籍出版社，2019年7月 图版p.234

Db.t.2482–Db.t.2484 十万颂般若波罗蜜多经

马德、勘措吉主编，甘肃省文物局、敦煌研究院编纂 甘肃藏敦煌藏文文献⑰敦煌市博物馆卷，上海：上海古籍出版社，2019年7月 图版p.235~239

Db.t.2485 十万颂般若波罗蜜多经第一卷第八品

马德、勘措吉主编，甘肃省文物局、敦煌研究院编纂 甘肃藏敦煌藏文文献⑰敦煌市博物馆卷，上海：上海古籍出版社，2019年7月 图版p.240~244

Db.t.2486–Db.t.2491 十万颂般若波罗蜜多经

马德、勘措吉主编，甘肃省文物局、敦煌研究院编纂 甘肃藏敦煌藏文文献⑰敦煌市博物馆卷，上海：上海古籍出版社，2019年7月 图版p.245~250

Db.t.2492 十万颂般若波罗蜜多经第一卷第八、九品

张延清著 吐蕃敦煌抄经研究 北京：民族出版社，2016年11月 p.315、331、339、350

马德、勘措吉主编，甘肃省文物局、敦煌研究院编纂 甘肃藏敦煌藏文文献⑰敦煌市博物馆卷，上海：上海古籍出版社，2019年7月 图版p.251

Db.t.2493 十万颂般若波罗蜜多经

马德、勘措吉主编，甘肃省文物局、敦煌研究院编纂 甘肃藏敦煌藏文文献⑰敦煌市博物馆卷，上海：上海古籍出版社，2019年7月 图版p.252

Db.t.2494 十万颂般若波罗蜜多经第一卷第七品[①]

马德主编，张延清、勘措吉、邰惠莉编写 敦煌市博物馆藏敦煌藏文文献《甘肃藏敦煌藏文文献叙录》，兰州：甘肃民族出版社，2011年9月 p.530

马德、勘措吉主编，甘肃省文物局、敦煌研究院编纂 甘肃藏敦煌藏文文献⑰敦煌市博物馆卷，上海：上海古籍出版社，2019年7月 图版p.253~255

Db.t.2495 十万颂般若波罗蜜多经第二卷第六品

马德、勘措吉主编，甘肃省文物局、敦煌研究院编纂 甘肃藏敦煌藏文文献⑰敦煌市博物馆卷，上海：上海古籍出版社，2019年7月 图版p.256

Db.t.2496 十万颂般若波罗蜜多经

张延清 吐蕃王妃贝吉昂楚及其敦煌校经题记《西藏民族学院学报》(哲学社会科学版)2009年第5期p.35；收入德吉卓玛编《吐蕃佛教史研究论文集》，北京：中国藏学出版社，2015年4月 p.618~619

张延清著 吐蕃敦煌抄经研究 北京：民族出版社，2016年11月 p.299、340

马德、勘措吉主编，甘肃省文物局、敦煌研究院编纂 甘肃藏敦煌藏文文献⑰敦煌市博物馆卷，上海：上海古籍出版社，2019年7月 图版p.257

Db.t.2497 十万颂般若波罗蜜多经

张延清著 吐蕃敦煌抄经研究 北京：民族出版社，2016年11月 p.321

马德、勘措吉主编，甘肃省文物局、敦煌研究院编纂 甘肃藏敦煌藏文文献⑰敦煌市博物馆卷，上海：上海古籍出版社，2019年7月 图版p.258~266

Db.t.2498 十万颂般若波罗蜜多经

张延清著 吐蕃敦煌抄经研究 北京：民族出版社，2016年11月 p.281

马德、勘措吉主编，甘肃省文物局、敦煌研究院编纂 甘肃藏敦煌藏文文献⑰敦煌市博物馆卷，上海：上海古籍出版社，2019年7月 图版p.267~269

---

①该文献《甘肃藏敦煌藏文文献叙录》原定名作“十万颂般若波罗蜜多经”。《甘肃藏敦煌藏文文献》⑰敦煌市博物馆卷图录重新校定名称作“十万颂般若波罗蜜多经第一卷第七品”。

Db.t.2499 十万颂般若波罗蜜多经

张延清 甘藏吐蕃钵阐布敦煌校经题记《敦煌学辑刊》2010年第1期 p.43

张延清著 吐蕃敦煌抄经研究 北京:民族出版社,2016年11月 p.69、303、335、341、357

马德、勘措吉主编,甘肃省文物局、敦煌研究院编纂 甘肃藏敦煌藏文文献⑰敦煌市博物馆卷,上海:上海古籍出版社,2019年7月 图版p.270

Db.t.2500 十万颂般若波罗蜜多经

张延清著 吐蕃敦煌抄经研究 北京:民族出版社,2016年11月 p.284、350

马德、勘措吉主编,甘肃省文物局、敦煌研究院编纂 甘肃藏敦煌藏文文献⑰敦煌市博物馆卷,上海:上海古籍出版社,2019年7月 图版p.271~273

Db.t.2501 十万颂般若波罗蜜多经

张延清著 吐蕃敦煌抄经研究 北京:民族出版社,2016年11月 p.308

马德、勘措吉主编,甘肃省文物局、敦煌研究院编纂 甘肃藏敦煌藏文文献⑰敦煌市博物馆卷,上海:上海古籍出版社,2019年7月 图版p.274

Db.t.2502 十万颂般若波罗蜜多经

张延清著 吐蕃敦煌抄经研究 北京:民族出版社,2016年11月 p.322

马德、勘措吉主编,甘肃省文物局、敦煌研究院编纂 甘肃藏敦煌藏文文献⑰敦煌市博物馆卷,上海:上海古籍出版社,2019年7月 图版p.275

Db.t.2503 十万颂般若波罗蜜多经

张延清著 吐蕃敦煌抄经研究 北京:民族出版社,2016年11月 p.126~127、283、329、334

马德、勘措吉主编,甘肃省文物局、敦煌研究院编纂 甘肃藏敦煌藏文文献⑰敦煌市博物馆卷,上海:上海古籍出版社,2019年7月 图版p.276

Db.t.2504 十万颂般若波罗蜜多经第四卷第二十四品[①]

马德主编,张延清、勘措吉、邰惠莉编写 敦煌市博物馆藏敦煌藏文文献《甘肃藏敦煌藏文文献叙录》,兰州:甘肃民族出版社,2011年9月 p.531

张延清著 吐蕃敦煌抄经研究 北京:民族出版社,2016年11月 p.319

①该文献《甘肃藏敦煌藏文文献叙录》、张延清著《吐蕃敦煌抄经研究》原定名作"十万颂般若波罗蜜多经第四卷第二十三、二十四品"。《甘肃藏敦煌藏文文献》⑰敦煌市博物馆卷图录重新校定名称作"十万颂般若波罗蜜多经第四卷第二十四品"。

马德、勘措吉主编，甘肃省文物局、敦煌研究院编纂 甘肃藏敦煌藏文文献⑰敦煌市博物馆卷，上海：上海古籍出版社，2019年7月 图版p.277

Db.t.2505 十万颂般若波罗蜜多经

张延清 吐蕃王妃贝吉昂楚及其敦煌校经题记《西藏民族学院学报》（哲学社会科学版）2009年第5期 p.35；收入德吉卓玛编《吐蕃佛教史研究论文集》，北京：中国藏学出版社，2015年4月 p.619

张延清著 吐蕃敦煌抄经研究 北京：民族出版社，2016年11月 p.319、336、340、354

马德、勘措吉主编，甘肃省文物局、敦煌研究院编纂 甘肃藏敦煌藏文文献⑰敦煌市博物馆卷，上海：上海古籍出版社，2019年7月 图版p.278

Db.t.2506 十万颂般若波罗蜜多经

张延清著 吐蕃敦煌抄经研究 北京：民族出版社，2016年11月 p.315、331、346、348、349

马德、勘措吉主编，甘肃省文物局、敦煌研究院编纂 甘肃藏敦煌藏文文献⑰敦煌市博物馆卷，上海：上海古籍出版社，2019年7月 图版p.279

Db.t.2507 十万颂般若波罗蜜多经

张延清著 吐蕃敦煌抄经研究 北京：民族出版社，2016年11月 p.294、330、334、335

马德、勘措吉主编，甘肃省文物局、敦煌研究院编纂 甘肃藏敦煌藏文文献⑰敦煌市博物馆卷，上海：上海古籍出版社，2019年7月 图版p.280

Db.t.2508 十万颂般若波罗蜜多经

张延清著 吐蕃敦煌抄经研究 北京：民族出版社，2016年11月 p.278、327、332、337

马德、勘措吉主编，甘肃省文物局、敦煌研究院编纂 甘肃藏敦煌藏文文献⑰敦煌市博物馆卷，上海：上海古籍出版社，2019年7月 图版p.281

Db.t.2509 十万颂般若波罗蜜多经

张延清著 吐蕃敦煌抄经研究 北京：民族出版社，2016年11月 p.323

马德、勘措吉主编，甘肃省文物局、敦煌研究院编纂 甘肃藏敦煌藏文文献⑰敦煌市博物馆卷，上海：上海古籍出版社，2019年7月 图版p.282

Db.t.2510 十万颂般若波罗蜜多经

张延清著 吐蕃敦煌抄经研究 北京：民族出版社，2016年11月 p.320~321

马德、勘措吉主编，甘肃省文物局、敦煌研究院编纂 甘肃藏敦煌藏文文献⑰敦煌市博物馆卷，上海：上海古籍出版社，2019年7月 图版p.283

Db.t.2511 十万颂般若波罗蜜多经

张延清著 吐蕃敦煌抄经研究 北京:民族出版社,2016年11月 p.286~287、351

马德、勘措吉主编,甘肃省文物局、敦煌研究院编纂 甘肃藏敦煌藏文文献⑰敦煌市博物馆卷,上海:上海古籍出版社,2019年7月 图版p.284

Db.t.2512 十万颂般若波罗蜜多经

张延清著 吐蕃敦煌抄经研究 北京:民族出版社,2016年11月 p.319、330、334

马德、勘措吉主编,甘肃省文物局、敦煌研究院编纂 甘肃藏敦煌藏文文献⑰敦煌市博物馆卷,上海:上海古籍出版社,2019年7月 图版p.285

Db.t.2513 十万颂般若波罗蜜多经

张延清著 吐蕃敦煌抄经研究 北京:民族出版社,2016年11月 p.322

马德、勘措吉主编,甘肃省文物局、敦煌研究院编纂 甘肃藏敦煌藏文文献⑰敦煌市博物馆卷,上海:上海古籍出版社,2019年7月 图版p.286

Db.t.2514 十万颂般若波罗蜜多经

张延清著 吐蕃敦煌抄经研究 北京:民族出版社,2016年11月 p.309、335、339、357

马德、勘措吉主编,甘肃省文物局、敦煌研究院编纂 甘肃藏敦煌藏文文献⑰敦煌市博物馆卷,上海:上海古籍出版社,2019年7月 图版p.287

Db.t.2515 十万颂般若波罗蜜多经

张延清著 吐蕃敦煌抄经研究 北京:民族出版社,2016年11月 p.294、354~355

马德、勘措吉主编,甘肃省文物局、敦煌研究院编纂 甘肃藏敦煌藏文文献⑰敦煌市博物馆卷,上海:上海古籍出版社,2019年7月 图版p.288~289

Db.t.2516 十万颂般若波罗蜜多经

张延清著 吐蕃敦煌抄经研究 北京:民族出版社,2016年11月 p.313

马德、勘措吉主编,甘肃省文物局、敦煌研究院编纂 甘肃藏敦煌藏文文献⑰敦煌市博物馆卷,上海:上海古籍出版社,2019年7月 图版p.290

Db.t.2517 十万颂般若波罗蜜多经

张延清著 吐蕃敦煌抄经研究 北京:民族出版社,2016年11月 p.320

马德、勘措吉主编,甘肃省文物局、敦煌研究院编纂 甘肃藏敦煌藏文文献⑰敦煌市博物馆卷,上海:上海古籍出版社,2019年7月 图版p.291

Db.t.2518 十万颂般若波罗蜜多经

马德、勘措吉主编,甘肃省文物局、敦煌研究院编纂 甘肃藏敦煌藏文文献⑰敦煌市博物馆卷,上海:上海古籍出版社,2019年7月 图版p.292

Db.t.2519 十万颂般若波罗蜜多经

张延清著 吐蕃敦煌抄经研究 北京:民族出版社,2016年11月 p.279

马德、勘措吉主编,甘肃省文物局、敦煌研究院编纂 甘肃藏敦煌藏文文献⑰敦煌市博物馆卷,上海:上海古籍出版社,2019年7月 图版p.293

Db.t.2520 十万颂般若波罗蜜多经

张延清著 吐蕃敦煌抄经研究 北京:民族出版社,2016年11月 p.302、332、343

马德、勘措吉主编,甘肃省文物局、敦煌研究院编纂 甘肃藏敦煌藏文文献⑰敦煌市博物馆卷,上海:上海古籍出版社,2019年7月 图版p.294

Db.t.2521 十万颂般若波罗蜜多经

张延清著 吐蕃敦煌抄经研究 北京:民族出版社,2016年11月 p.308

马德、勘措吉主编,甘肃省文物局、敦煌研究院编纂 甘肃藏敦煌藏文文献⑰敦煌市博物馆卷,上海:上海古籍出版社,2019年7月 图版p.295

Db.t.2522 十万颂般若波罗蜜多经

张延清著 吐蕃敦煌抄经研究 北京:民族出版社,2016年11月 p.315

马德、勘措吉主编,甘肃省文物局、敦煌研究院编纂 甘肃藏敦煌藏文文献⑰敦煌市博物馆卷,上海:上海古籍出版社,2019年7月 图版p.296

Db.t.2523 十万颂般若波罗蜜多经

张延清著 吐蕃敦煌抄经研究 北京:民族出版社,2016年11月 p.309、332、339、357

马德、勘措吉主编,甘肃省文物局、敦煌研究院编纂 甘肃藏敦煌藏文文献⑰敦煌市博物馆卷,上海:上海古籍出版社,2019年7月 图版p.297

Db.t.2524 十万颂般若波罗蜜多经

张延清著 吐蕃敦煌抄经研究 北京:民族出版社,2016年11月 p.303、339、349、357

马德、勘措吉主编,甘肃省文物局、敦煌研究院编纂 甘肃藏敦煌藏文文献⑰敦煌市博物馆卷,上海:上海古籍出版社,2019年7月 图版p.298

Db.t.2525 十万颂般若波罗蜜多经

张延清著 吐蕃敦煌抄经研究 北京:民族出版社,2016年11月 p.284

马德、勘措吉主编,甘肃省文物局、敦煌研究院编纂 甘肃藏敦煌藏文文献⑰敦煌市博物馆卷,上海:上海古籍出版社,2019年7月 图版p.299

Db.t.2526 十万颂般若波罗蜜多经

张延清著 吐蕃敦煌抄经研究 北京:民族出版社,2016年11月 p.310

马德、勘措吉主编,甘肃省文物局、敦煌研究院编纂 甘肃藏敦煌藏文文献⑰敦煌市博物馆卷,上海:上海古籍出版社,2019年7月 图版p.300

Db.t.2527 十万颂般若波罗蜜多经

张延清著 吐蕃敦煌抄经研究 北京:民族出版社,2016年11月 p.284、355、356

马德、勘措吉主编,甘肃省文物局、敦煌研究院编纂 甘肃藏敦煌藏文文献⑰敦煌市博物馆卷,上海:上海古籍出版社,2019年7月 图版p.301

Db.t.2528 十万颂般若波罗蜜多经

张延清著 吐蕃敦煌抄经研究 北京:民族出版社,2016年11月 p.306

马德、勘措吉主编,甘肃省文物局、敦煌研究院编纂 甘肃藏敦煌藏文文献⑰敦煌市博物馆卷,上海:上海古籍出版社,2019年7月 图版p.302

Db.t.2529 十万颂般若波罗蜜多经

张延清著 吐蕃敦煌抄经研究 北京:民族出版社,2016年11月 p.314、329

马德、勘措吉主编,甘肃省文物局、敦煌研究院编纂 甘肃藏敦煌藏文文献⑰敦煌市博物馆卷,上海:上海古籍出版社,2019年7月 图版p.303

Db.t.2530 十万颂般若波罗蜜多经

张延清著 吐蕃敦煌抄经研究 北京:民族出版社,2016年11月 p.318

马德、勘措吉主编,甘肃省文物局、敦煌研究院编纂 甘肃藏敦煌藏文文献⑰敦煌市博物馆卷,上海:上海古籍出版社,2019年7月 图版p.304

Db.t.2531 十万颂般若波罗蜜多经

张延清 吐蕃王妃贝吉昂楚及其敦煌校经题记《西藏民族学院学报》(哲学社会科学版)2009年第5期 p.35;收入德吉卓玛编《吐蕃佛教史研究论文集》,北京:中国藏学出版社,2015年4月 p.619

张延清著 吐蕃敦煌抄经研究 北京:民族出版社,2016年11月 p.279、336、340、354

马德、勘措吉主编,甘肃省文物局、敦煌研究院编纂 甘肃藏敦煌藏文文献⑰敦煌市博物馆卷,上海:上海古籍出版社,2019年7月 图版p.305

Db.t.2532 十万颂般若波罗蜜多经

张延清著 吐蕃敦煌抄经研究 北京:民族出版社,2016年11月 p.317

马德、勘措吉主编,甘肃省文物局、敦煌研究院编纂 甘肃藏敦煌藏文文献⑰敦煌市博物馆卷,上海:上海古籍出版社,2019年7月 图版p.306

Db.t.2533 十万颂般若波罗蜜多经

张延清著 吐蕃敦煌抄经研究 北京:民族出版社,2016年11月 p.294、331、346、348、349

马德、勘措吉主编,甘肃省文物局、敦煌研究院编纂 甘肃藏敦煌藏文文献⑰敦煌市博物馆卷,上海:上海古籍出版社,2019年7月 图版p.307

Db.t.2534 十万颂般若波罗蜜多经

张延清著 吐蕃敦煌抄经研究 北京:民族出版社,2016年11月 p.316

马德、勘措吉主编,甘肃省文物局、敦煌研究院编纂 甘肃藏敦煌藏文文献⑰敦煌市博物馆卷,上海:上海古籍出版社,2019年7月 图版p.308

Db.t.2535 十万颂般若波罗蜜多经

张延清著 吐蕃敦煌抄经研究 北京:民族出版社,2016年11月 p.292、330、334、335

马德、勘措吉主编,甘肃省文物局、敦煌研究院编纂 甘肃藏敦煌藏文文献⑰敦煌市博物馆卷,上海:上海古籍出版社,2019年7月 图版p.309

Db.t.2536 十万颂般若波罗蜜多经

张延清著 吐蕃敦煌抄经研究 北京:民族出版社,2016年11月 p.288

马德、勘措吉主编,甘肃省文物局、敦煌研究院编纂 甘肃藏敦煌藏文文献⑰敦煌市博物馆卷,上海:上海古籍出版社,2019年7月 图版p.310

Db.t.2537 十万颂般若波罗蜜多经

张延清著 吐蕃敦煌抄经研究 北京:民族出版社,2016年11月 p.284

马德、勘措吉主编,甘肃省文物局、敦煌研究院编纂 甘肃藏敦煌藏文文献⑰敦煌市博物馆卷,上海:上海古籍出版社,2019年7月 图版p.311

Db.t.2538 十万颂般若波罗蜜多经

张延清著 吐蕃敦煌抄经研究 北京：民族出版社，2016年11月 p.315

马德、勘措吉主编，甘肃省文物局、敦煌研究院编纂 甘肃藏敦煌藏文文献⑰敦煌市博物馆卷，上海：上海古籍出版社，2019年7月 图版p.312

Db.t.2539 十万颂般若波罗蜜多经

张延清著 吐蕃敦煌抄经研究 北京：民族出版社，2016年11月 p.294、330、333

马德、勘措吉主编，甘肃省文物局、敦煌研究院编纂 甘肃藏敦煌藏文文献⑰敦煌市博物馆卷，上海：上海古籍出版社，2019年7月 图版p.313

Db.t.2540 十万颂般若波罗蜜多经

张延清著 吐蕃敦煌抄经研究 北京：民族出版社，2016年11月 p.319

马德、勘措吉主编，甘肃省文物局、敦煌研究院编纂 甘肃藏敦煌藏文文献⑰敦煌市博物馆卷，上海：上海古籍出版社，2019年7月 图版p.314

Db.t.2541 十万颂般若波罗蜜多经

张延清著 吐蕃敦煌抄经研究 北京：民族出版社，2016年11月 p.293

马德、勘措吉主编，甘肃省文物局、敦煌研究院编纂 甘肃藏敦煌藏文文献⑰敦煌市博物馆卷，上海：上海古籍出版社，2019年7月 图版p.315

Db.t.2542 十万颂般若波罗蜜多经

张延清 吐蕃王妃贝吉昂楚及其敦煌校经题记《西藏民族学院学报》(哲学社会科学版)2009年第5期 p.35；收入德吉卓玛编《吐蕃佛教史研究论文集》，北京：中国藏学出版社，2015年4月 p.619

张延清著 吐蕃敦煌抄经研究 北京：民族出版社，2016年11月 p.314~315、340、347~348、355

马德、勘措吉主编，甘肃省文物局、敦煌研究院编纂 甘肃藏敦煌藏文文献⑰敦煌市博物馆卷，上海：上海古籍出版社，2019年7月 图版p.316

Db.t.2543 十万颂般若波罗蜜多经

张延清著 吐蕃敦煌抄经研究 北京：民族出版社，2016年11月 p.300

马德、勘措吉主编，甘肃省文物局、敦煌研究院编纂 甘肃藏敦煌藏文文献⑰敦煌市博物馆卷，上海：上海古籍出版社，2019年7月 图版p.317

Db.t.2544 十万颂般若波罗蜜多经

张延清著 吐蕃敦煌抄经研究 北京：民族出版社，2016年11月 p.286

马德、勘措吉主编，甘肃省文物局、敦煌研究院编纂　甘肃藏敦煌藏文文献⑰敦煌市博物馆卷，上海：上海古籍出版社，2019年7月　图版p.318

Db.t.2545　十万颂般若波罗蜜多经

张延清著　吐蕃敦煌抄经研究　北京：民族出版社，2016年11月　p.324~325

马德、勘措吉主编，甘肃省文物局、敦煌研究院编纂　甘肃藏敦煌藏文文献⑰敦煌市博物馆卷，上海：上海古籍出版社，2019年7月　图版p.319

Db.t.2546　十万颂般若波罗蜜多经

张延清著　吐蕃敦煌抄经研究　北京：民族出版社，2016年11月　p.324

马德、勘措吉主编，甘肃省文物局、敦煌研究院编纂　甘肃藏敦煌藏文文献⑰敦煌市博物馆卷，上海：上海古籍出版社，2019年7月　图版p.320

Db.t.2547　十万颂般若波罗蜜多经

张延清著　吐蕃敦煌抄经研究　北京：民族出版社，2016年11月　p.298

马德、勘措吉主编，甘肃省文物局、敦煌研究院编纂　甘肃藏敦煌藏文文献⑰敦煌市博物馆卷，上海：上海古籍出版社，2019年7月　图版p.321

Db.t.2548　十万颂般若波罗蜜多经

张延清著　吐蕃敦煌抄经研究　北京：民族出版社，2016年11月　p.317

马德、勘措吉主编，甘肃省文物局、敦煌研究院编纂　甘肃藏敦煌藏文文献⑰敦煌市博物馆卷，上海：上海古籍出版社，2019年7月　图版p.322

Db.t.2549　十万颂般若波罗蜜多经

张延清著　吐蕃敦煌抄经研究　北京：民族出版社，2016年11月　p.294、330、333、334

马德、勘措吉主编，甘肃省文物局、敦煌研究院编纂　甘肃藏敦煌藏文文献⑰敦煌市博物馆卷，上海：上海古籍出版社，2019年7月　图版p.323

Db.t.2550　十万颂般若波罗蜜多经

张延清著　吐蕃敦煌抄经研究　北京：民族出版社，2016年11月　p.311~312

马德、勘措吉主编，甘肃省文物局、敦煌研究院编纂　甘肃藏敦煌藏文文献⑰敦煌市博物馆卷，上海：上海古籍出版社，2019年7月　图版p.324

Db.t.2551 十万颂般若波罗蜜多经

张延清著 吐蕃敦煌抄经研究 北京:民族出版社,2016年11月 p.307、330、334

马德、勘措吉主编,甘肃省文物局、敦煌研究院编纂 甘肃藏敦煌藏文文献⑰敦煌市博物馆卷,上海:上海古籍出版社,2019年7月 图版p.325

Db.t.2552 十万颂般若波罗蜜多经

张延清著 吐蕃敦煌抄经研究 北京:民族出版社,2016年11月 p.323、332、343

马德、勘措吉主编,甘肃省文物局、敦煌研究院编纂 甘肃藏敦煌藏文文献⑰敦煌市博物馆卷,上海:上海古籍出版社,2019年7月 图版p.326

Db.t.2553 十万颂般若波罗蜜多经

张延清著 吐蕃敦煌抄经研究 北京:民族出版社,2016年11月 p.323、340、355、357

马德、勘措吉主编,甘肃省文物局、敦煌研究院编纂 甘肃藏敦煌藏文文献⑰敦煌市博物馆卷,上海:上海古籍出版社,2019年7月 图版p.327

Db.t.2554 十万颂般若波罗蜜多经

张延清 吐蕃王妃贝吉昂楚及其敦煌校经题记《西藏民族学院学报》(哲学社会科学版)2009年第5期p.35;收入德吉卓玛编《吐蕃佛教史研究论文集》,北京:中国藏学出版社,2015年4月 p.619

张延清著 吐蕃敦煌抄经研究 北京:民族出版社,2016年11月 p.306、340、347~348

马德、勘措吉主编,甘肃省文物局、敦煌研究院编纂 甘肃藏敦煌藏文文献⑰敦煌市博物馆卷,上海:上海古籍出版社,2019年7月 图版p.328

Db.t.2555 十万颂般若波罗蜜多经

张延清著 吐蕃敦煌抄经研究 北京:民族出版社,2016年11月 p.283

马德、勘措吉主编,甘肃省文物局、敦煌研究院编纂 甘肃藏敦煌藏文文献⑰敦煌市博物馆卷,上海:上海古籍出版社,2019年7月 图版p.329

Db.t.2556 十万颂般若波罗蜜多经

张延清著 吐蕃敦煌抄经研究 北京:民族出版社,2016年11月 p.317、331、334

马德、勘措吉主编,甘肃省文物局、敦煌研究院编纂 甘肃藏敦煌藏文文献⑰敦煌市博物馆卷,上海:上海古籍出版社,2019年7月 图版p.330

Db.t.2557 十万颂般若波罗蜜多经

张延清著 吐蕃敦煌抄经研究 北京:民族出版社,2016年11月 p.321

马德、勘措吉主编，甘肃省文物局、敦煌研究院编纂 甘肃藏敦煌藏文文献⑰敦煌市博物馆卷，上海：上海古籍出版社，2019年7月 图版p.331

Db.t.2558 十万颂般若波罗蜜多经

张延清著 吐蕃敦煌抄经研究 北京：民族出版社，2016年11月 p.306

马德、勘措吉主编，甘肃省文物局、敦煌研究院编纂 甘肃藏敦煌藏文文献⑰敦煌市博物馆卷，上海：上海古籍出版社，2019年7月 图版p.332

Db.t.2559 十万颂般若波罗蜜多经

张延清著 吐蕃敦煌抄经研究 北京：民族出版社，2016年11月 p.293、329、348、350

马德、勘措吉主编，甘肃省文物局、敦煌研究院编纂 甘肃藏敦煌藏文文献⑰敦煌市博物馆卷，上海：上海古籍出版社，2019年7月 图版p.333

Db.t.2560 十万颂般若波罗蜜多经

张延清著 吐蕃敦煌抄经研究 北京：民族出版社，2016年11月 p.315、329、334

马德、勘措吉主编，甘肃省文物局、敦煌研究院编纂 甘肃藏敦煌藏文文献⑰敦煌市博物馆卷，上海：上海古籍出版社，2019年7月 图版p.334

Db.t.2561 十万颂般若波罗蜜多经

张延清著 吐蕃敦煌抄经研究 北京：民族出版社，2016年11月 p.315、329、339、350

马德、勘措吉主编，甘肃省文物局、敦煌研究院编纂 甘肃藏敦煌藏文文献⑰敦煌市博物馆卷，上海：上海古籍出版社，2019年7月 图版p.335

Db.t.2562 十万颂般若波罗蜜多经第四卷第七十四、七十五品[①]

马德主编，张延清、勘措吉、郃惠莉编写 敦煌市博物馆藏敦煌藏文文献《甘肃藏敦煌藏文文献叙录》，兰州：甘肃民族出版社，2011年9月 p.538

张延清著 吐蕃敦煌抄经研究 北京：民族出版社，2016年11月 p.278

马德、勘措吉主编，甘肃省文物局、敦煌研究院编纂 甘肃藏敦煌藏文文献⑰敦煌市博物馆卷，上海：上海古籍出版社，2019年7月 图版p.336

---

①该文献《甘肃藏敦煌藏文文献叙录》、张延清著《吐蕃敦煌抄经研究》原定名作“十万颂般若波罗蜜多经”。《甘肃藏敦煌藏文文献》⑰敦煌市博物馆卷图录重新校定名称作“十万颂般若波罗蜜多经第四卷第七十四、七十五品”。

Db.t.2563 十万颂般若波罗蜜多经

张延清著 吐蕃敦煌抄经研究 北京:民族出版社,2016年11月 p.300

马德、勘措吉主编,甘肃省文物局、敦煌研究院编纂 甘肃藏敦煌藏文文献⑰敦煌市博物馆卷,上海:上海古籍出版社,2019年7月 图版p.337

Db.t.2564 十万颂般若波罗蜜多经

张延清著 吐蕃敦煌抄经研究 北京:民族出版社,2016年11月 p.284

马德、勘措吉主编,甘肃省文物局、敦煌研究院编纂 甘肃藏敦煌藏文文献⑰敦煌市博物馆卷,上海:上海古籍出版社,2019年7月 图版p.338

Db.t.2565 十万颂般若波罗蜜多经

张延清著 吐蕃敦煌抄经研究 北京:民族出版社,2016年11月 p.320~321

马德、勘措吉主编,甘肃省文物局、敦煌研究院编纂 甘肃藏敦煌藏文文献⑰敦煌市博物馆卷,上海:上海古籍出版社,2019年7月 图版p.339

Db.t.2566 十万颂般若波罗蜜多经

张延清著 吐蕃敦煌抄经研究 北京:民族出版社,2016年11月 p.323

马德、勘措吉主编,甘肃省文物局、敦煌研究院编纂 甘肃藏敦煌藏文文献⑰敦煌市博物馆卷,上海:上海古籍出版社,2019年7月 图版p.340

Db.t.2567 十万颂般若波罗蜜多经

张延清著 吐蕃敦煌抄经研究 北京:民族出版社,2016年11月 p.319

马德、勘措吉主编,甘肃省文物局、敦煌研究院编纂 甘肃藏敦煌藏文文献⑰敦煌市博物馆卷,上海:上海古籍出版社,2019年7月 图版p.341

Db.t.2568 十万颂般若波罗蜜多经

张延清著 吐蕃敦煌抄经研究 北京:民族出版社,2016年11月 p.307、330、334

马德、勘措吉主编,甘肃省文物局、敦煌研究院编纂 甘肃藏敦煌藏文文献⑰敦煌市博物馆卷,上海:上海古籍出版社,2019年7月 图版p.342

Db.t.2569 十万颂般若波罗蜜多经

张延清著 吐蕃敦煌抄经研究 北京:民族出版社,2016年11月 p.324~325

马德、勘措吉主编,甘肃省文物局、敦煌研究院编纂 甘肃藏敦煌藏文文献⑰敦煌市博物馆卷,上海:上海古籍出版社,2019年7月 图版p.343

Db.t.2570 十万颂般若波罗蜜多经

张延清著 吐蕃敦煌抄经研究 北京：民族出版社，2016年11月 p.325

马德、勘措吉主编，甘肃省文物局、敦煌研究院编纂 甘肃藏敦煌藏文文献⑰敦煌市博物馆卷，上海：上海古籍出版社，2019年7月 图版p.344

Db.t.2571 十万颂般若波罗蜜多经

张延清著 吐蕃敦煌抄经研究 北京：民族出版社，2016年11月 p.293、350

马德、勘措吉主编，甘肃省文物局、敦煌研究院编纂 甘肃藏敦煌藏文文献⑰敦煌市博物馆卷，上海：上海古籍出版社，2019年7月 图版p.345

Db.t.2572 十万颂般若波罗蜜多经

张延清著 吐蕃敦煌抄经研究 北京：民族出版社，2016年11月 p.278

马德、勘措吉主编，甘肃省文物局、敦煌研究院编纂 甘肃藏敦煌藏文文献⑰敦煌市博物馆卷，上海：上海古籍出版社，2019年7月 图版p.346

Db.t.2573 十万颂般若波罗蜜多经

张延清著 吐蕃敦煌抄经研究 北京：民族出版社，2016年11月 p.305

马德、勘措吉主编，甘肃省文物局、敦煌研究院编纂 甘肃藏敦煌藏文文献⑰敦煌市博物馆卷，上海：上海古籍出版社，2019年7月 图版p.347

Db.t.2574 十万颂般若波罗蜜多经

张延清著 吐蕃敦煌抄经研究 北京：民族出版社，2016年11月 p.276~277、358

马德、勘措吉主编，甘肃省文物局、敦煌研究院编纂 甘肃藏敦煌藏文文献⑰敦煌市博物馆卷，上海：上海古籍出版社，2019年7月 图版p.348

Db.t.2575 十万颂般若波罗蜜多经

张延清著 吐蕃敦煌抄经研究 北京：民族出版社，2016年11月 p.285

马德、勘措吉主编，甘肃省文物局、敦煌研究院编纂 甘肃藏敦煌藏文文献⑰敦煌市博物馆卷，上海：上海古籍出版社，2019年7月 图版p.349

Db.t.2576 十万颂般若波罗蜜多经

张延清著 吐蕃敦煌抄经研究 北京：民族出版社，2016年11月 p.312

马德、勘措吉主编，甘肃省文物局、敦煌研究院编纂 甘肃藏敦煌藏文文献⑰敦煌市博物馆卷，上海：上海古籍出版社，2019年7月 图版p.350

Db.t.2577 十万颂般若波罗蜜多经

张延清著 吐蕃敦煌抄经研究 北京:民族出版社,2016年11月 p.317、346、348、349

马德、勘措吉主编,甘肃省文物局、敦煌研究院编纂 甘肃藏敦煌藏文文献⑰敦煌市博物馆卷,上海:上海古籍出版社,2019年7月 图版p.351

Db.t.2578 十万颂般若波罗蜜多经

张延清 甘藏吐蕃钵阐布敦煌校经题记《敦煌学辑刊》2010年第1期 p.43

张延清著 吐蕃敦煌抄经研究 北京:民族出版社,2016年11月 p.69;p.307、341、349、357

马德、勘措吉主编,甘肃省文物局、敦煌研究院编纂 甘肃藏敦煌藏文文献⑰敦煌市博物馆卷,上海:上海古籍出版社,2019年7月 图版p.352

Db.t.2579 十万颂般若波罗蜜多经

张延清著 吐蕃敦煌抄经研究 北京:民族出版社,2016年11月 p.315

马德、勘措吉主编,甘肃省文物局、敦煌研究院编纂 甘肃藏敦煌藏文文献⑰敦煌市博物馆卷,上海:上海古籍出版社,2019年7月 图版p.353

Db.t.2580 十万颂般若波罗蜜多经

张延清著 吐蕃敦煌抄经研究 北京:民族出版社,2016年11月 p.276~277

马德、勘措吉主编,甘肃省文物局、敦煌研究院编纂 甘肃藏敦煌藏文文献⑰敦煌市博物馆卷,上海:上海古籍出版社,2019年7月 图版p.354

Db.t.2581 十万颂般若波罗蜜多经

张延清著 吐蕃敦煌抄经研究 北京:民族出版社,2016年11月 p.293

马德、勘措吉主编,甘肃省文物局、敦煌研究院编纂 甘肃藏敦煌藏文文献⑰敦煌市博物馆卷,上海:上海古籍出版社,2019年7月 图版p.355

Db.t.2582 十万颂般若波罗蜜多经

张延清著 吐蕃敦煌抄经研究 北京:民族出版社,2016年11月 p.278、327、332、337

马德、勘措吉主编,甘肃省文物局、敦煌研究院编纂 甘肃藏敦煌藏文文献⑰敦煌市博物馆卷,上海:上海古籍出版社,2019年7月 图版p.356

Db.t.2583 十万颂般若波罗蜜多经

张延清著 吐蕃敦煌抄经研究 北京:民族出版社,2016年11月 p.276~277、329、348、350

马德、勘措吉主编,甘肃省文物局、敦煌研究院编纂 甘肃藏敦煌藏文文献⑰敦煌市博物馆卷,上海:上

海古籍出版社，2019年7月 图版p.357

Db.t.2584 十万颂般若波罗蜜多经

张延清著 吐蕃敦煌抄经研究 北京：民族出版社，2016年11月 p.303、332、339、347~348

马德、勘措吉主编，甘肃省文物局、敦煌研究院编纂 甘肃藏敦煌藏文文献⑰敦煌市博物馆卷，上海：上海古籍出版社，2019年7月 图版p.358

Db.t.2585 十万颂般若波罗蜜多经

张延清著 吐蕃敦煌抄经研究 北京：民族出版社，2016年11月 p.283、329、355

马德、勘措吉主编，甘肃省文物局、敦煌研究院编纂 甘肃藏敦煌藏文文献⑰敦煌市博物馆卷，上海：上海古籍出版社，2019年7月 图版p.359

Db.t.2586 十万颂般若波罗蜜多经

张延清著 吐蕃敦煌抄经研究 北京：民族出版社，2016年11月 p.312、329、339、350

马德、勘措吉主编，甘肃省文物局、敦煌研究院编纂 甘肃藏敦煌藏文文献⑰敦煌市博物馆卷，上海：上海古籍出版社，2019年7月 图版p.1

Db.t.2587 十万颂般若波罗蜜多经

张延清著 吐蕃敦煌抄经研究 北京：民族出版社，2016年11月 p.322

马德、勘措吉主编，甘肃省文物局、敦煌研究院编纂 甘肃藏敦煌藏文文献⑰敦煌市博物馆卷，上海：上海古籍出版社，2019年7月 图版p.2

Db.t.2588 十万颂般若波罗蜜多经

张延清著 吐蕃敦煌抄经研究 北京：民族出版社，2016年11月 p.317、331

马德、勘措吉主编，甘肃省文物局、敦煌研究院编纂 甘肃藏敦煌藏文文献⑰敦煌市博物馆卷，上海：上海古籍出版社，2019年7月 图版p.3

Db.t.2589 十万颂般若波罗蜜多经

张延清著 吐蕃敦煌抄经研究 北京：民族出版社，2016年11月 p.278

马德、勘措吉主编，甘肃省文物局、敦煌研究院编纂 甘肃藏敦煌藏文文献⑰敦煌市博物馆卷，上海：上海古籍出版社，2019年7月 图版p.4

Db.t.2590 十万颂般若波罗蜜多经

张延清著 吐蕃敦煌抄经研究 北京：民族出版社，2016年11月 p.294、354~355

马德、勘措吉主编，甘肃省文物局、敦煌研究院编纂　甘肃藏敦煌藏文文献⑱敦煌市博物馆卷，上海：上海古籍出版社，2019年7月　图版p.5

Db.t.2591　十万颂般若波罗蜜多经

张延清著　吐蕃敦煌抄经研究　北京：民族出版社，2016年11月　p.286

马德、勘措吉主编，甘肃省文物局、敦煌研究院编纂　甘肃藏敦煌藏文文献⑱敦煌市博物馆卷，上海：上海古籍出版社，2019年7月　图版p.6

Db.t.2592　十万颂般若波罗蜜多经

张延清著　吐蕃敦煌抄经研究　北京：民族出版社，2016年11月　p.321、331、345~346、355

马德、勘措吉主编，甘肃省文物局、敦煌研究院编纂　甘肃藏敦煌藏文文献⑱敦煌市博物馆卷，上海：上海古籍出版社，2019年7月　图版p.7

Db.t.2593　十万颂般若波罗蜜多经

张延清著　吐蕃敦煌抄经研究　北京：民族出版社，2016年11月　p.310

马德、勘措吉主编，甘肃省文物局、敦煌研究院编纂　甘肃藏敦煌藏文文献⑱敦煌市博物馆卷，上海：上海古籍出版社，2019年7月　图版p.8

Db.t.2594　十万颂般若波罗蜜多经

张延清著　吐蕃敦煌抄经研究　北京：民族出版社，2016年11月　p.317

马德、勘措吉主编，甘肃省文物局、敦煌研究院编纂　甘肃藏敦煌藏文文献⑱敦煌市博物馆卷，上海：上海古籍出版社，2019年7月　图版p.9

Db.t.2595　十万颂般若波罗蜜多经

张延清著　吐蕃敦煌抄经研究　北京：民族出版社，2016年11月　p.317、329、334

马德、勘措吉主编，甘肃省文物局、敦煌研究院编纂　甘肃藏敦煌藏文文献⑱敦煌市博物馆卷，上海：上海古籍出版社，2019年7月　图版p.10

Db.t.2596　十万颂般若波罗蜜多经

张延清著　吐蕃敦煌抄经研究　北京：民族出版社，2016年11月　p.317、329、355

马德、勘措吉主编，甘肃省文物局、敦煌研究院编纂　甘肃藏敦煌藏文文献⑱敦煌市博物馆卷，上海：上海古籍出版社，2019年7月　图版p.11

Db.t.2597 十万颂般若波罗蜜多经

张延清著 吐蕃敦煌抄经研究 北京:民族出版社,2016年11月 p.320~321

马德、勘措吉主编,甘肃省文物局、敦煌研究院编纂 甘肃藏敦煌藏文文献⑱敦煌市博物馆卷,上海:上海古籍出版社,2019年7月 图版p.12

Db.t.2598 十万颂般若波罗蜜多经

张延清著 吐蕃敦煌抄经研究 北京:民族出版社,2016年11月 p.320~321

马德、勘措吉主编,甘肃省文物局、敦煌研究院编纂 甘肃藏敦煌藏文文献⑱敦煌市博物馆卷,上海:上海古籍出版社,2019年7月 图版p.13

Db.t.2599 十万颂般若波罗蜜多经

张延清著 吐蕃敦煌抄经研究 北京:民族出版社,2016年11月 p.315

马德、勘措吉主编,甘肃省文物局、敦煌研究院编纂 甘肃藏敦煌藏文文献⑱敦煌市博物馆卷,上海:上海古籍出版社,2019年7月 图版p.14

Db.t.2600 十万颂般若波罗蜜多经

张延清著 吐蕃敦煌抄经研究 北京:民族出版社,2016年11月 p.278

马德、勘措吉主编,甘肃省文物局、敦煌研究院编纂 甘肃藏敦煌藏文文献⑱敦煌市博物馆卷,上海:上海古籍出版社,2019年7月 图版p.15

Db.t.2601 十万颂般若波罗蜜多经

张延清著 吐蕃敦煌抄经研究 北京:民族出版社,2016年11月 p.315

马德、勘措吉主编,甘肃省文物局、敦煌研究院编纂 甘肃藏敦煌藏文文献⑱敦煌市博物馆卷,上海:上海古籍出版社,2019年7月 图版p.16

Db.t.2602 十万颂般若波罗蜜多经

张延清著 吐蕃敦煌抄经研究 北京:民族出版社,2016年11月 p.324~325、329、339、350

马德、勘措吉主编,甘肃省文物局、敦煌研究院编纂 甘肃藏敦煌藏文文献⑱敦煌市博物馆卷,上海:上海古籍出版社,2019年7月 图版p.17

Db.t.2603 十万颂般若波罗蜜多经

张延清著 吐蕃敦煌抄经研究 北京:民族出版社,2016年11月 p.312、329、339、350

马德、勘措吉主编,甘肃省文物局、敦煌研究院编纂 甘肃藏敦煌藏文文献⑱敦煌市博物馆卷,上海:上海古籍出版社,2019年7月 图版p.18

Db.t.2604 十万颂般若波罗蜜多经

张延清著 吐蕃敦煌抄经研究 北京:民族出版社,2016年11月 p.292

马德、勘措吉主编,甘肃省文物局、敦煌研究院编纂 甘肃藏敦煌藏文文献⑱敦煌市博物馆卷,上海:上海古籍出版社,2019年7月 图版p.19

Db.t.2605 十万颂般若波罗蜜多经

张延清著 吐蕃敦煌抄经研究 北京:民族出版社,2016年11月 p.281

马德、勘措吉主编,甘肃省文物局、敦煌研究院编纂 甘肃藏敦煌藏文文献⑱敦煌市博物馆卷,上海:上海古籍出版社,2019年7月 图版p.20

Db.t.2606 十万颂般若波罗蜜多经

张延清著 吐蕃敦煌抄经研究 北京:民族出版社,2016年11月 p.281

马德、勘措吉主编,甘肃省文物局、敦煌研究院编纂 甘肃藏敦煌藏文文献⑱敦煌市博物馆卷,上海:上海古籍出版社,2019年7月 图版p.21

Db.t.2607 十万颂般若波罗蜜多经

张延清著 吐蕃敦煌抄经研究 北京:民族出版社,2016年11月 p.279

马德、勘措吉主编,甘肃省文物局、敦煌研究院编纂 甘肃藏敦煌藏文文献⑱敦煌市博物馆卷,上海:上海古籍出版社,2019年7月 图版p.22

Db.t.2608 十万颂般若波罗蜜多经

张延清著 吐蕃敦煌抄经研究 北京:民族出版社,2016年11月 p.284、329、334

马德、勘措吉主编,甘肃省文物局、敦煌研究院编纂 甘肃藏敦煌藏文文献(⑱敦煌市博物馆卷,上海:上海古籍出版社,2019年7月 图版p.23

Db.t.2609 十万颂般若波罗蜜多经

张延清著 吐蕃敦煌抄经研究 北京:民族出版社,2016年11月 p.286

马德、勘措吉主编,甘肃省文物局、敦煌研究院编纂 甘肃藏敦煌藏文文献⑱敦煌市博物馆卷,上海:上海古籍出版社,2019年7月 图版p.24

Db.t.2610 十万颂般若波罗蜜多经

张延清著 吐蕃敦煌抄经研究 北京:民族出版社,2016年11月 p.319

马德、勘措吉主编,甘肃省文物局、敦煌研究院编纂 甘肃藏敦煌藏文文献⑱敦煌市博物馆卷,上海:上海古籍出版社,2019年7月 图版p.25

Db.t.2611 十万颂般若波罗蜜多经

张延清著 吐蕃敦煌抄经研究 北京:民族出版社,2016年11月 p.317、329、334、349

马德、勘措吉主编,甘肃省文物局、敦煌研究院编纂 甘肃藏敦煌藏文文献⑱敦煌市博物馆卷,上海:上海古籍出版社,2019年7月 图版p.26

Db.t.2612 十万颂般若波罗蜜多经

张延清著 吐蕃敦煌抄经研究 北京:民族出版社,2016年11月 p.319

马德、勘措吉主编,甘肃省文物局、敦煌研究院编纂 甘肃藏敦煌藏文文献⑱敦煌市博物馆卷,上海:上海古籍出版社,2019年7月 图版p.27

Db.t.2613 十万颂般若波罗蜜多经

张延清著 吐蕃敦煌抄经研究 北京:民族出版社,2016年11月 p.321

马德、勘措吉主编,甘肃省文物局、敦煌研究院编纂 甘肃藏敦煌藏文文献⑱敦煌市博物馆卷,上海:上海古籍出版社,2019年7月 图版p.28

Db.t.2614 十万颂般若波罗蜜多经

张延清著 吐蕃敦煌抄经研究 北京:民族出版社,2016年11月 p.314、329

马德、勘措吉主编,甘肃省文物局、敦煌研究院编纂 甘肃藏敦煌藏文文献⑱敦煌市博物馆卷,上海:上海古籍出版社,2019年7月 图版p.29

Db.t.2615 十万颂般若波罗蜜多经

张延清著 吐蕃敦煌抄经研究 北京:民族出版社,2016年11月 p.314、350

马德、勘措吉主编,甘肃省文物局、敦煌研究院编纂 甘肃藏敦煌藏文文献⑱敦煌市博物馆卷,上海:上海古籍出版社,2019年7月 图版p.30

Db.t.2616 十万颂般若波罗蜜多经

张延清著 吐蕃敦煌抄经研究 北京:民族出版社,2016年11月 p.314、329

马德、勘措吉主编,甘肃省文物局、敦煌研究院编纂 甘肃藏敦煌藏文文献⑱敦煌市博物馆卷,上海:上海古籍出版社,2019年7月 图版p.31

Db.t.2617 十万颂般若波罗蜜多经

张延清著 吐蕃敦煌抄经研究 北京:民族出版社,2016年11月 p.325

马德、勘措吉主编,甘肃省文物局、敦煌研究院编纂 甘肃藏敦煌藏文文献⑱敦煌市博物馆卷,上海:上海古籍出版社,2019年7月 图版p.32

Db.t.2618 十万颂般若波罗蜜多经

张延清著 吐蕃敦煌抄经研究 北京:民族出版社,2016年11月 p.317

马德、勘措吉主编,甘肃省文物局、敦煌研究院编纂 甘肃藏敦煌藏文文献⑱敦煌市博物馆卷,上海:上海古籍出版社,2019年7月 图版p.33

Db.t.2619 十万颂般若波罗蜜多经

张延清著 吐蕃敦煌抄经研究 北京:民族出版社,2016年11月 p.315、327~328、343

马德、勘措吉主编,甘肃省文物局、敦煌研究院编纂 甘肃藏敦煌藏文文献⑱敦煌市博物馆卷,上海:上海古籍出版社,2019年7月 图版p.34

Db.t.2620 十万颂般若波罗蜜多经

张延清著 吐蕃敦煌抄经研究 北京:民族出版社,2016年11月 p.278、331、346、348、349

马德、勘措吉主编,甘肃省文物局、敦煌研究院编纂 甘肃藏敦煌藏文文献⑱敦煌市博物馆卷,上海:上海古籍出版社,2019年7月 图版p.35

Db.t.2621 十万颂般若波罗蜜多经

张延清著 吐蕃敦煌抄经研究 北京:民族出版社,2016年11月 p.295

马德、勘措吉主编,甘肃省文物局、敦煌研究院编纂 甘肃藏敦煌藏文文献⑱敦煌市博物馆卷,上海:上海古籍出版社,2019年7月 图版p.36

Db.t.2622 十万颂般若波罗蜜多经

张延清著 吐蕃敦煌抄经研究 北京:民族出版社,2016年11月 p.293、329、348、350

马德、勘措吉主编,甘肃省文物局、敦煌研究院编纂 甘肃藏敦煌藏文文献⑱敦煌市博物馆卷,上海:上海古籍出版社,2019年7月 图版p.37

Db.t.2623 十万颂般若波罗蜜多经

张延清著 吐蕃敦煌抄经研究 北京:民族出版社,2016年11月 p.310

马德、勘措吉主编,甘肃省文物局、敦煌研究院编纂 甘肃藏敦煌藏文文献⑱敦煌市博物馆卷,上海:上海古籍出版社,2019年7月 图版p.38

Db.t.2624 十万颂般若波罗蜜多经

张延清著 吐蕃敦煌抄经研究 北京:民族出版社,2016年11月 p.320~321

马德、勘措吉主编,甘肃省文物局、敦煌研究院编纂 甘肃藏敦煌藏文文献⑱敦煌市博物馆卷,上海:上海古籍出版社,2019年7月 图版p.39

Db.t.2625 十万颂般若波罗蜜多经

张延清著 吐蕃敦煌抄经研究 北京：民族出版社，2016年11月 p.278、327、332、337

马德、勘措吉主编，甘肃省文物局、敦煌研究院编纂 甘肃藏敦煌藏文文献⑱敦煌市博物馆卷，上海：上海古籍出版社，2019年7月 图版p.40

Db.t.2626 十万颂般若波罗蜜多经

张延清著 吐蕃敦煌抄经研究 北京：民族出版社，2016年11月 p.278、327、332、337

马德、勘措吉主编，甘肃省文物局、敦煌研究院编纂 甘肃藏敦煌藏文文献⑱敦煌市博物馆卷，上海：上海古籍出版社，2019年7月 图版p.41

Db.t.2627 十万颂般若波罗蜜多经

张延清著 吐蕃敦煌抄经研究 北京：民族出版社，2016年11月 p.283

马德、勘措吉主编，甘肃省文物局、敦煌研究院编纂 甘肃藏敦煌藏文文献⑱敦煌市博物馆卷，上海：上海古籍出版社，2019年7月 图版p.42

Db.t.2628 十万颂般若波罗蜜多经

张延清著 吐蕃敦煌抄经研究 北京：民族出版社，2016年11月 p.316

马德、勘措吉主编，甘肃省文物局、敦煌研究院编纂 甘肃藏敦煌藏文文献⑱敦煌市博物馆卷，上海：上海古籍出版社，2019年7月 图版p.43

Db.t.2629 十万颂般若波罗蜜多经

张延清著 吐蕃敦煌抄经研究 北京：民族出版社，2016年11月 p.278、327、332、337

马德、勘措吉主编，甘肃省文物局、敦煌研究院编纂 甘肃藏敦煌藏文文献⑱敦煌市博物馆卷，上海：上海古籍出版社，2019年7月 图版p.44

Db.t.2630 十万颂般若波罗蜜多经

张延清著 吐蕃敦煌抄经研究 北京：民族出版社，2016年11月 p.316、355

马德、勘措吉主编，甘肃省文物局、敦煌研究院编纂 甘肃藏敦煌藏文文献⑱敦煌市博物馆卷，上海：上海古籍出版社，2019年7月 图版p.45

Db.t.2631 十万颂般若波罗蜜多经

张延清著 吐蕃敦煌抄经研究 北京：民族出版社，2016年11月 p.293

马德、勘措吉主编，甘肃省文物局、敦煌研究院编纂 甘肃藏敦煌藏文文献⑱敦煌市博物馆卷，上海：上海古籍出版社，2019年7月 图版p.46

Db.t.2632 十万颂般若波罗蜜多经

张延清著 吐蕃敦煌抄经研究 北京:民族出版社,2016年11月 p.293

马德、勘措吉主编,甘肃省文物局、敦煌研究院编纂 甘肃藏敦煌藏文文献⑱敦煌市博物馆卷,上海:上海古籍出版社,2019年7月 图版p.47

Db.t.2633 十万颂般若波罗蜜多经

张延清著 吐蕃敦煌抄经研究 北京:民族出版社,2016年11月 p.299、331、355、356

马德、勘措吉主编,甘肃省文物局、敦煌研究院编纂 甘肃藏敦煌藏文文献⑱敦煌市博物馆卷,上海:上海古籍出版社,2019年7月 图版p.48

Db.t.2634 十万颂般若波罗蜜多经

张延清著 吐蕃敦煌抄经研究 北京:民族出版社,2016年11月 p.283

马德、勘措吉主编,甘肃省文物局、敦煌研究院编纂 甘肃藏敦煌藏文文献⑱敦煌市博物馆卷,上海:上海古籍出版社,2019年7月 图版p.49

Db.t.2635 十万颂般若波罗蜜多经

张延清著 吐蕃敦煌抄经研究 北京:民族出版社,2016年11月 p.281、329、339、350

马德、勘措吉主编,甘肃省文物局、敦煌研究院编纂 甘肃藏敦煌藏文文献⑱敦煌市博物馆卷,上海:上海古籍出版社,2019年7月 图版p.50

Db.t.2636 十万颂般若波罗蜜多经

张延清著 吐蕃敦煌抄经研究 北京:民族出版社,2016年11月 p.323

马德、勘措吉主编,甘肃省文物局、敦煌研究院编纂 甘肃藏敦煌藏文文献⑱敦煌市博物馆卷,上海:上海古籍出版社,2019年7月 图版p.51

Db.t.2637 十万颂般若波罗蜜多经

张延清著 吐蕃敦煌抄经研究 北京:民族出版社,2016年11月 p.285

马德、勘措吉主编,甘肃省文物局、敦煌研究院编纂 甘肃藏敦煌藏文文献⑱敦煌市博物馆卷,上海:上海古籍出版社,2019年7月 图版p.52

Db.t.2638 十万颂般若波罗蜜多经

张延清著 吐蕃敦煌抄经研究 北京:民族出版社,2016年11月 p.320

马德、勘措吉主编,甘肃省文物局、敦煌研究院编纂 甘肃藏敦煌藏文文献⑱敦煌市博物馆卷,上海:上海古籍出版社,2019年7月 图版p.53

Db.t.2639 十万颂般若波罗蜜多经

张延清著 吐蕃敦煌抄经研究 北京:民族出版社,2016年11月 p.295、331、334

马德、勘措吉主编,甘肃省文物局、敦煌研究院编纂 甘肃藏敦煌藏文文献⑱敦煌市博物馆卷,上海:上海古籍出版社,2019年7月 图版p.54

Db.t.2640 十万颂般若波罗蜜多经

张延清 吐蕃王妃贝吉昂楚及其敦煌校经题记《西藏民族学院学报》(哲学社会科学版)2009年第5期 p.35;收入德吉卓玛编《吐蕃佛教史研究论文集》,北京:中国藏学出版社,2015年4月 p.620

张延清著 吐蕃敦煌抄经研究 北京:民族出版社,2016年11月 p.307、340、347~348

马德、勘措吉主编,甘肃省文物局、敦煌研究院编纂 甘肃藏敦煌藏文文献⑱敦煌市博物馆卷,上海:上海古籍出版社,2019年7月 图版p.55

Db.t.2641 十万颂般若波罗蜜多经

张延清著 吐蕃敦煌抄经研究 北京:民族出版社,2016年11月 p.277

马德、勘措吉主编,甘肃省文物局、敦煌研究院编纂 甘肃藏敦煌藏文文献⑱敦煌市博物馆卷,上海:上海古籍出版社,2019年7月 图版p.56

Db.t.2642 十万颂般若波罗蜜多经

张延清著 吐蕃敦煌抄经研究 北京:民族出版社,2016年11月 p.281

马德、勘措吉主编,甘肃省文物局、敦煌研究院编纂 甘肃藏敦煌藏文文献⑱敦煌市博物馆卷,上海:上海古籍出版社,2019年7月 图版p.57

Db.t.2643 十万颂般若波罗蜜多经

张延清著 吐蕃敦煌抄经研究 北京:民族出版社,2016年11月 p.294、333、334

马德、勘措吉主编,甘肃省文物局、敦煌研究院编纂 甘肃藏敦煌藏文文献⑱敦煌市博物馆卷,上海:上海古籍出版社,2019年7月 图版p.58

Db.t.2644 十万颂般若波罗蜜多经

张延清著 吐蕃敦煌抄经研究 北京:民族出版社,2016年11月 p.295、329、350

马德、勘措吉主编,甘肃省文物局、敦煌研究院编纂 甘肃藏敦煌藏文文献⑱敦煌市博物馆卷,上海:上海古籍出版社,2019年7月 图版p.59

Db.t.2645 十万颂般若波罗蜜多经

张延清著 吐蕃敦煌抄经研究 北京:民族出版社,2016年11月 p.319

马德、勘措吉主编，甘肃省文物局、敦煌研究院编纂 甘肃藏敦煌藏文文献⑱敦煌市博物馆卷，上海：上海古籍出版社，2019年7月 图版p.60

Db.t.2646 十万颂般若波罗蜜多经

张延清著 吐蕃敦煌抄经研究 北京：民族出版社，2016年11月 p.321

马德、勘措吉主编，甘肃省文物局、敦煌研究院编纂 甘肃藏敦煌藏文文献⑱敦煌市博物馆卷，上海：上海古籍出版社，2019年7月 图版p.61

Db.t.2647 十万颂般若波罗蜜多经

张延清著 吐蕃敦煌抄经研究 北京：民族出版社，2016年11月 p.304

马德、勘措吉主编，甘肃省文物局、敦煌研究院编纂 甘肃藏敦煌藏文文献⑱敦煌市博物馆卷，上海：上海古籍出版社，2019年7月 图版p.62

Db.t.2648 十万颂般若波罗蜜多经

张延清著 吐蕃敦煌抄经研究 北京：民族出版社，2016年11月 p.286~287、342

马德、勘措吉主编，甘肃省文物局、敦煌研究院编纂 甘肃藏敦煌藏文文献⑱敦煌市博物馆卷，上海：上海古籍出版社，2019年7月 图版p.63

Db.t.2649 十万颂般若波罗蜜多经

张延清著 吐蕃敦煌抄经研究 北京：民族出版社，2016年11月 p.297

马德、勘措吉主编，甘肃省文物局、敦煌研究院编纂 甘肃藏敦煌藏文文献⑱敦煌市博物馆卷，上海：上海古籍出版社，2019年7月 图版p.64

Db.t.2650 十万颂般若波罗蜜多经

张延清著 吐蕃敦煌抄经研究 北京：民族出版社，2016年11月 p.312

马德、勘措吉主编，甘肃省文物局、敦煌研究院编纂 甘肃藏敦煌藏文文献⑱敦煌市博物馆卷，上海：上海古籍出版社，2019年7月 图版p.65

Db.t.2651 十万颂般若波罗蜜多经

张延清著 吐蕃敦煌抄经研究 北京：民族出版社，2016年11月 p.306、331、355~356

马德、勘措吉主编，甘肃省文物局、敦煌研究院编纂 甘肃藏敦煌藏文文献⑱敦煌市博物馆卷，上海：上海古籍出版社，2019年7月 图版p.66

Db.t.2652 十万颂般若波罗蜜多经

张延清著 吐蕃敦煌抄经研究 北京:民族出版社,2016年11月 p.294、330、334、335

马德、勘措吉主编,甘肃省文物局、敦煌研究院编纂 甘肃藏敦煌藏文文献⑱敦煌市博物馆卷,上海:上海古籍出版社,2019年7月 图版p.67

Db.t.2653 十万颂般若波罗蜜多经

张延清著 吐蕃敦煌抄经研究 北京:民族出版社,2016年11月 p.313、320~321、356

马德、勘措吉主编,甘肃省文物局、敦煌研究院编纂 甘肃藏敦煌藏文文献⑱敦煌市博物馆卷,上海:上海古籍出版社,2019年7月 图版p.68

Db.t.2654 十万颂般若波罗蜜多经

张延清著 吐蕃敦煌抄经研究 北京:民族出版社,2016年11月 p.295、308

马德、勘措吉主编,甘肃省文物局、敦煌研究院编纂 甘肃藏敦煌藏文文献⑱敦煌市博物馆卷,上海:上海古籍出版社,2019年7月 图版p.69

Db.t.2655 十万颂般若波罗蜜多经

张延清著 吐蕃敦煌抄经研究 北京:民族出版社,2016年11月 p.320~321

马德、勘措吉主编,甘肃省文物局、敦煌研究院编纂 甘肃藏敦煌藏文文献⑱敦煌市博物馆卷,上海:上海古籍出版社,2019年7月 图版p.70

Db.t.2656 十万颂般若波罗蜜多经

张延清著 吐蕃敦煌抄经研究 北京:民族出版社,2016年11月 p.325

马德、勘措吉主编,甘肃省文物局、敦煌研究院编纂 甘肃藏敦煌藏文文献⑱敦煌市博物馆卷,上海:上海古籍出版社,2019年7月 图版p.71

Db.t.2657 十万颂般若波罗蜜多经

张延清著 吐蕃敦煌抄经研究 北京:民族出版社,2016年11月 p.325、329

马德、勘措吉主编,甘肃省文物局、敦煌研究院编纂 甘肃藏敦煌藏文文献⑱敦煌市博物馆卷,上海:上海古籍出版社,2019年7月 图版p.72

Db.t.2658 十万颂般若波罗蜜多经佛说平等第六十四品[①]

马德主编,张延清、勘措吉、邰惠莉编写 敦煌市博物馆藏敦煌藏文文献《甘肃藏敦煌藏文文献叙录》,

①该文献《甘肃藏敦煌藏文文献叙录》、张延清著《吐蕃敦煌抄经研究》原定名作“十万颂般若波罗蜜多经”。《甘肃藏敦煌藏文文献》⑱敦煌市博物馆卷图录重新校定名称作“十万颂般若波罗蜜多经佛说平等第六十四品”。

兰州：甘肃民族出版社，2011年9月 p.549

张延清著 吐蕃敦煌抄经研究 北京：民族出版社，2016年11月 p.319、330、334

马德、勘措吉主编，甘肃省文物局、敦煌研究院编纂 甘肃藏敦煌藏文文献⑱敦煌市博物馆卷，上海：上海古籍出版社，2019年7月 图版p.73

Db.t.2659 十万颂般若波罗蜜多经

张延清著 吐蕃敦煌抄经研究 北京：民族出版社，2016年11月 p.298

马德、勘措吉主编，甘肃省文物局、敦煌研究院编纂 甘肃藏敦煌藏文文献⑱敦煌市博物馆卷，上海：上海古籍出版社，2019年7月 图版p.74

Db.t.2660 十万颂般若波罗蜜多经

张延清著 吐蕃敦煌抄经研究 北京：民族出版社，2016年11月 p.278

马德、勘措吉主编，甘肃省文物局、敦煌研究院编纂 甘肃藏敦煌藏文文献⑱敦煌市博物馆卷，上海：上海古籍出版社，2019年7月 图版p.75

Db.t.2661 十万颂般若波罗蜜多经

张延清著 吐蕃敦煌抄经研究 北京：民族出版社，2016年11月 p.322

马德、勘措吉主编，甘肃省文物局、敦煌研究院编纂 甘肃藏敦煌藏文文献⑱敦煌市博物馆卷，上海：上海古籍出版社，2019年7月 图版p.76

Db.t.2662 十万颂般若波罗蜜多经

张延清著 吐蕃敦煌抄经研究 北京：民族出版社，2016年11月 p.283

马德、勘措吉主编，甘肃省文物局、敦煌研究院编纂 甘肃藏敦煌藏文文献⑱敦煌市博物馆卷，上海：上海古籍出版社，2019年7月 图版p.77

Db.t.2663 十万颂般若波罗蜜多经

张延清著 吐蕃敦煌抄经研究 北京：民族出版社，2016年11月 p.307、331、355~356

马德、勘措吉主编，甘肃省文物局、敦煌研究院编纂 甘肃藏敦煌藏文文献⑱敦煌市博物馆卷，上海：上海古籍出版社，2019年7月 图版p.78

Db.t.2664 十万颂般若波罗蜜多经

张延清著 吐蕃敦煌抄经研究 北京：民族出版社，2016年11月 p.299、331、355~356

马德、勘措吉主编，甘肃省文物局、敦煌研究院编纂 甘肃藏敦煌藏文文献⑱敦煌市博物馆卷，上海：上海古籍出版社，2019年7月 图版p.79

Db.t.2665 十万颂般若波罗蜜多经

张延清著 吐蕃敦煌抄经研究 北京:民族出版社,2016年11月 p.276、330、331

马德、勘措吉主编,甘肃省文物局、敦煌研究院编纂 甘肃藏敦煌藏文文献⑱敦煌市博物馆卷,上海:上海古籍出版社,2019年7月 图版p.80

Db.t.2666 十万颂般若波罗蜜多经序言第一品①

马德主编,张延清、勘措吉、邰惠莉编写 敦煌市博物馆藏敦煌藏文文献《甘肃藏敦煌藏文文献叙录》,兰州:甘肃民族出版社,2011年9月 p.550

张延清著 吐蕃敦煌抄经研究 北京:民族出版社,2016年11月 p.285、327~328、338

马德、勘措吉主编,甘肃省文物局、敦煌研究院编纂 甘肃藏敦煌藏文文献⑱敦煌市博物馆卷,上海:上海古籍出版社,2019年7月 图版p.81

Db.t.2667 十万颂般若波罗蜜多经

张延清著 吐蕃敦煌抄经研究 北京:民族出版社,2016年11月 p.303、331、346、348、349

马德、勘措吉主编,甘肃省文物局、敦煌研究院编纂 甘肃藏敦煌藏文文献⑱敦煌市博物馆卷,上海:上海古籍出版社,2019年7月 图版p.82

Db.t.2668 十万颂般若波罗蜜多经

张延清著 吐蕃敦煌抄经研究 北京:民族出版社,2016年11月 p.317

马德、勘措吉主编,甘肃省文物局、敦煌研究院编纂 甘肃藏敦煌藏文文献⑱敦煌市博物馆卷,上海:上海古籍出版社,2019年7月 图版p.83

Db.t.2669 两万五千颂般若波罗蜜多经②

马德主编,张延清、勘措吉、邰惠莉编写 敦煌市博物馆藏敦煌藏文文献《甘肃藏敦煌藏文文献叙录》,兰州:甘肃民族出版社,2011年9月 p.551

张延清著 吐蕃敦煌抄经研究 北京:民族出版社,2016年11月 p.317、331、346、348、349

马德、勘措吉主编,甘肃省文物局、敦煌研究院编纂 甘肃藏敦煌藏文文献⑱敦煌市博物馆卷,上海:上海古籍出版社,2019年7月 图版p.84

---

①该文献《甘肃藏敦煌藏文文献叙录》、张延清著《吐蕃敦煌抄经研究》原定名作"十万颂般若波罗蜜多经"。《甘肃藏敦煌藏文文献》⑱敦煌市博物馆卷图录重新校定名称作"十万颂般若波罗蜜多经序言第一品"。

②该文献《甘肃藏敦煌藏文文献叙录》、张延清著《吐蕃敦煌抄经研究》原定名作"十万颂般若波罗蜜多经"。《甘肃藏敦煌藏文文献》⑱敦煌市博物馆卷图录重新校定名称作"两万五千颂般若波罗蜜多经"。

Db.t.2670 十万颂般若波罗蜜多经

张延清著 吐蕃敦煌抄经研究 北京:民族出版社,2016年11月 p.295

马德、勘措吉主编,甘肃省文物局、敦煌研究院编纂 甘肃藏敦煌藏文文献⑱敦煌市博物馆卷,上海:上海古籍出版社,2019年7月 图版p.85

Db.t.2671 十万颂般若波罗蜜多经

张延清著 吐蕃敦煌抄经研究 北京:民族出版社,2016年11月 p.285

马德、勘措吉主编,甘肃省文物局、敦煌研究院编纂 甘肃藏敦煌藏文文献⑱敦煌市博物馆卷,上海:上海古籍出版社,2019年7月 图版p.86

Db.t.2672 十万颂般若波罗蜜多经

张延清著 吐蕃敦煌抄经研究 北京:民族出版社,2016年11月 p.286

马德、勘措吉主编,甘肃省文物局、敦煌研究院编纂 甘肃藏敦煌藏文文献⑱敦煌市博物馆卷,上海:上海古籍出版社,2019年7月 图版p.87

Db.t.2673 十万颂般若波罗蜜多经

张延清著 吐蕃敦煌抄经研究 北京:民族出版社,2016年11月 p.276

马德、勘措吉主编,甘肃省文物局、敦煌研究院编纂 甘肃藏敦煌藏文文献⑱敦煌市博物馆卷,上海:上海古籍出版社,2019年7月 图版p.88

Db.t.2674 十万颂般若波罗蜜多经

马德、勘措吉主编,甘肃省文物局、敦煌研究院编纂 甘肃藏敦煌藏文文献⑱敦煌市博物馆卷,上海:上海古籍出版社,2019年7月 图版p.89

Db.t.2675 十万颂般若波罗蜜多经

张延清著 吐蕃敦煌抄经研究 北京:民族出版社,2016年11月 p.293

马德、勘措吉主编,甘肃省文物局、敦煌研究院编纂 甘肃藏敦煌藏文文献⑱敦煌市博物馆卷,上海:上海古籍出版社,2019年7月 图版p.90

Db.t.2676 十万颂般若波罗蜜多经

张延清著 吐蕃敦煌抄经研究 北京:民族出版社,2016年11月 p.293、330、334、335

马德、勘措吉主编,甘肃省文物局、敦煌研究院编纂 甘肃藏敦煌藏文文献⑱敦煌市博物馆卷,上海:上海古籍出版社,2019年7月 图版p.91

Db.t.2677 十万颂般若波罗蜜多经

张延清著 吐蕃敦煌抄经研究 北京:民族出版社,2016年11月 p.292、331、346、348、349

马德、勘措吉主编,甘肃省文物局、敦煌研究院编纂 甘肃藏敦煌藏文文献⑱敦煌市博物馆卷,上海:上海古籍出版社,2019年7月 图版p.92

Db.t.2678 十万颂般若波罗蜜多经

张延清著 吐蕃敦煌抄经研究 北京:民族出版社,2016年11月 p.318

马德、勘措吉主编,甘肃省文物局、敦煌研究院编纂 甘肃藏敦煌藏文文献⑱敦煌市博物馆卷,上海:上海古籍出版社,2019年7月 图版p.93

Db.t.2679 十万颂般若波罗蜜多经第十七品①

马德主编,张延清、勘措吉、郜惠莉编写 敦煌市博物馆藏敦煌藏文文献《甘肃藏敦煌藏文文献叙录》,兰州:甘肃民族出版社,2011年9月 p.552

张延清著 吐蕃敦煌抄经研究 北京:民族出版社,2016年11月 p.313

马德、勘措吉主编,甘肃省文物局、敦煌研究院编纂 甘肃藏敦煌藏文文献⑱敦煌市博物馆卷,上海:上海古籍出版社,2019年7月 图版p.94

Db.t.2680 十万颂般若波罗蜜多经第十七品②

马德主编,张延清、勘措吉、郜惠莉编写 敦煌市博物馆藏敦煌藏文文献《甘肃藏敦煌藏文文献叙录》,兰州:甘肃民族出版社,2011年9月 p.552

张延清著 吐蕃敦煌抄经研究 北京:民族出版社,2016年11月 p.320

马德、勘措吉主编,甘肃省文物局、敦煌研究院编纂 甘肃藏敦煌藏文文献⑱敦煌市博物馆卷,上海:上海古籍出版社,2019年7月 图版p.95

Db.t.2681 十万颂般若波罗蜜多经

张延清著 吐蕃敦煌抄经研究 北京:民族出版社,2016年11月 p.290

马德、勘措吉主编,甘肃省文物局、敦煌研究院编纂 甘肃藏敦煌藏文文献⑱敦煌市博物馆卷,上海:上海古籍出版社,2019年7月 图版p.96

---

①该文献《甘肃藏敦煌藏文文献叙录》、张延清著《吐蕃敦煌抄经研究》原定名作“十万颂般若波罗蜜多经”。《甘肃藏敦煌藏文文献》⑱敦煌市博物馆卷图录重新校定名称作“十万颂般若波罗蜜多经第十七品”。

②该文献《甘肃藏敦煌藏文文献叙录》、张延清著《吐蕃敦煌抄经研究》原定名作“十万颂般若波罗蜜多经”。《甘肃藏敦煌藏文文献》⑱敦煌市博物馆卷图录重新校定名称作“十万颂般若波罗蜜多经第十七品”。

Db.t.2682 十万颂般若波罗蜜多经

张延清著 吐蕃敦煌抄经研究 北京:民族出版社,2016年11月 p.317、329、334

马德、勘措吉主编,甘肃省文物局、敦煌研究院编纂 甘肃藏敦煌藏文文献⑱敦煌市博物馆卷,上海:上海古籍出版社,2019年7月 图版p.97

Db.t.2683 十万颂般若波罗蜜多经

张延清著 吐蕃敦煌抄经研究 北京:民族出版社,2016年11月 p.295、329、331、339

马德、勘措吉主编,甘肃省文物局、敦煌研究院编纂 甘肃藏敦煌藏文文献⑱敦煌市博物馆卷,上海:上海古籍出版社,2019年7月 图版p.98

Db.t.2684 十万颂般若波罗蜜多经

张延清著 吐蕃敦煌抄经研究 北京:民族出版社,2016年11月 p.317、329、355

马德、勘措吉主编,甘肃省文物局、敦煌研究院编纂 甘肃藏敦煌藏文文献⑱敦煌市博物馆卷,上海:上海古籍出版社,2019年7月 图版p.99

Db.t.2685 十万颂般若波罗蜜多经

张延清著 吐蕃敦煌抄经研究 北京:民族出版社,2016年11月 p.315、329

马德、勘措吉主编,甘肃省文物局、敦煌研究院编纂 甘肃藏敦煌藏文文献⑱敦煌市博物馆卷,上海:上海古籍出版社,2019年7月 图版p.100

Db.t.2686 十万颂般若波罗蜜多经

张延清著 吐蕃敦煌抄经研究 北京:民族出版社,2016年11月 p.313

马德、勘措吉主编,甘肃省文物局、敦煌研究院编纂 甘肃藏敦煌藏文文献⑱敦煌市博物馆卷,上海:上海古籍出版社,2019年7月 图版p.101

Db.t.2687 十万颂般若波罗蜜多经

张延清著 吐蕃敦煌抄经研究 北京:民族出版社,2016年11月 p.320~321

马德、勘措吉主编,甘肃省文物局、敦煌研究院编纂 甘肃藏敦煌藏文文献⑱敦煌市博物馆卷,上海:上海古籍出版社,2019年7月 图版p.102

Db.t.2688 十万颂般若波罗蜜多经

张延清著 吐蕃敦煌抄经研究 北京:民族出版社,2016年11月 p.306

马德、勘措吉主编,甘肃省文物局、敦煌研究院编纂 甘肃藏敦煌藏文文献⑱敦煌市博物馆卷,上海:上海古籍出版社,2019年7月 图版p.103

Db.t.2689 十万颂般若波罗蜜多经

张延清著 吐蕃敦煌抄经研究 北京:民族出版社,2016年11月 p.318

马德、勘措吉主编,甘肃省文物局、敦煌研究院编纂 甘肃藏敦煌藏文文献⑱敦煌市博物馆卷,上海:上海古籍出版社,2019年7月 图版p.104

Db.t.2690 十万颂般若波罗蜜多经

张延清著 吐蕃敦煌抄经研究 北京:民族出版社,2016年11月 p.323

马德、勘措吉主编,甘肃省文物局、敦煌研究院编纂 甘肃藏敦煌藏文文献⑱敦煌市博物馆卷,上海:上海古籍出版社,2019年7月 图版p.105

Db.t.2691 两万五千颂般若波罗蜜多经[1]

马德主编,张延清、勘措吉、邰惠莉编写 敦煌市博物馆藏敦煌藏文文献《甘肃藏敦煌藏文文献叙录》,兰州:甘肃民族出版社,2011年9月 p.553

张延清著 吐蕃敦煌抄经研究 北京:民族出版社,2016年11月 p.277

马德、勘措吉主编,甘肃省文物局、敦煌研究院编纂 甘肃藏敦煌藏文文献⑱敦煌市博物馆卷,上海:上海古籍出版社,2019年7月 图版p.106

Db.t.2692 十万颂般若波罗蜜多经

张延清著 吐蕃敦煌抄经研究 北京:民族出版社,2016年11月 p.306

马德、勘措吉主编,甘肃省文物局、敦煌研究院编纂 甘肃藏敦煌藏文文献⑱敦煌市博物馆卷,上海:上海古籍出版社,2019年7月 图版p.107

Db.t.2693 十万颂般若波罗蜜多经

张延清著 吐蕃敦煌抄经研究 北京:民族出版社,2016年11月 p.288、332、358

马德、勘措吉主编,甘肃省文物局、敦煌研究院编纂 甘肃藏敦煌藏文文献⑱敦煌市博物馆卷,上海:上海古籍出版社,2019年7月 图版p.108

Db.t.2694 十万颂般若波罗蜜多经第一卷第三十九、四十品[2]

马德主编,张延清、勘措吉、邰惠莉编写 敦煌市博物馆藏敦煌藏文文献《甘肃藏敦煌藏文文献叙录》,

---

①该文献《甘肃藏敦煌藏文文献叙录》、张延清著《吐蕃敦煌抄经研究》原定名作“十万颂般若波罗蜜多经”。《甘肃藏敦煌藏文文献》⑱敦煌市博物馆卷图录重新校定名称作“两万五千颂般若波罗蜜多经”。

②该文献《甘肃藏敦煌藏文文献叙录》、张延清著《吐蕃敦煌抄经研究》原定名作“十万颂般若波罗蜜多经”。《甘肃藏敦煌藏文文献》⑱敦煌市博物馆卷图录重新校定名称作“十万颂般若波罗蜜多经第一卷第三十九、四十品”。

兰州:甘肃民族出版社,2011年9月 p.553~554

张延清著 吐蕃敦煌抄经研究 北京:民族出版社,2016年11月 p.316、345、349、351、354

马德、勘措吉主编,甘肃省文物局、敦煌研究院编纂 甘肃藏敦煌藏文文献⑱敦煌市博物馆卷,上海:上海古籍出版社,2019年7月 图版p.109

Db.t.2695 十万颂般若波罗蜜多经

张延清著 吐蕃敦煌抄经研究 北京:民族出版社,2016年11月 p.318

马德、勘措吉主编,甘肃省文物局、敦煌研究院编纂 甘肃藏敦煌藏文文献⑱敦煌市博物馆卷,上海:上海古籍出版社,2019年7月 图版p.110

Db.t.2696 十万颂般若波罗蜜多经

张延清著 吐蕃敦煌抄经研究 北京:民族出版社,2016年11月 p.285

马德、勘措吉主编,甘肃省文物局、敦煌研究院编纂 甘肃藏敦煌藏文文献⑱敦煌市博物馆卷,上海:上海古籍出版社,2019年7月 图版p.111

Db.t.2697 十万颂般若波罗蜜多经

张延清著 吐蕃敦煌抄经研究 北京:民族出版社,2016年11月 p.325

马德、勘措吉主编,甘肃省文物局、敦煌研究院编纂 甘肃藏敦煌藏文文献⑱敦煌市博物馆卷,上海:上海古籍出版社,2019年7月 图版p.112

Db.t.2698 十万颂般若波罗蜜多经

张延清著 吐蕃敦煌抄经研究 北京:民族出版社,2016年11月 p.300

马德、勘措吉主编,甘肃省文物局、敦煌研究院编纂 甘肃藏敦煌藏文文献⑱敦煌市博物馆卷,上海:上海古籍出版社,2019年7月 图版p.113

Db.t.2699 十万颂般若波罗蜜多经

张延清著 吐蕃敦煌抄经研究 北京:民族出版社,2016年11月 p.283

马德、勘措吉主编,甘肃省文物局、敦煌研究院编纂 甘肃藏敦煌藏文文献⑱敦煌市博物馆卷,上海:上海古籍出版社,2019年7月 图版p.114

Db.t.2700 十万颂般若波罗蜜多经

张延清著 吐蕃敦煌抄经研究 北京:民族出版社,2016年11月 p.320~321

马德、勘措吉主编,甘肃省文物局、敦煌研究院编纂 甘肃藏敦煌藏文文献⑱敦煌市博物馆卷,上海:上海古籍出版社,2019年7月 图版p.115

Db.t.2701 十万颂般若波罗蜜多经佛说平等第六十四品[①]

马德主编，张延清、勘措吉、郃惠莉编写 敦煌市博物馆藏敦煌藏文文献《甘肃藏敦煌藏文文献叙录》，兰州：甘肃民族出版社，2011年9月 p.554

张延清著 吐蕃敦煌抄经研究 北京：民族出版社，2016年11月 p.299

马德、勘措吉主编，甘肃省文物局、敦煌研究院编纂 甘肃藏敦煌藏文文献⑱敦煌市博物馆卷，上海：上海古籍出版社，2019年7月 图版p.116

Db.t.2702 十万颂般若波罗蜜多经

张延清著 吐蕃敦煌抄经研究 北京：民族出版社，2016年11月 p.299

马德、勘措吉主编，甘肃省文物局、敦煌研究院编纂 甘肃藏敦煌藏文文献⑱敦煌市博物馆卷，上海：上海古籍出版社，2019年7月 图版p.117

Db.t.2703 十万颂般若波罗蜜多经

张延清著 吐蕃敦煌抄经研究 北京：民族出版社，2016年11月 p.291

马德、勘措吉主编，甘肃省文物局、敦煌研究院编纂 甘肃藏敦煌藏文文献⑱敦煌市博物馆卷，上海：上海古籍出版社，2019年7月 图版p.118

Db.t.2704 十万颂般若波罗蜜多经

张延清著 吐蕃敦煌抄经研究 北京：民族出版社，2016年11月 p.281

马德、勘措吉主编，甘肃省文物局、敦煌研究院编纂 甘肃藏敦煌藏文文献⑱敦煌市博物馆卷，上海：上海古籍出版社，2019年7月 图版p.119

Db.t.2705 十万颂般若波罗蜜多经

张延清著 吐蕃敦煌抄经研究 北京：民族出版社，2016年11月 p.308

马德、勘措吉主编，甘肃省文物局、敦煌研究院编纂 甘肃藏敦煌藏文文献⑱敦煌市博物馆卷，上海：上海古籍出版社，2019年7月 图版p.120

Db.t.2706 十万颂般若波罗蜜多经

张延清著 吐蕃敦煌抄经研究 北京：民族出版社，2016年11月 p.278

马德、勘措吉主编，甘肃省文物局、敦煌研究院编纂 甘肃藏敦煌藏文文献⑱敦煌市博物馆卷，上海：上海古籍出版社，2019年7月 图版p.121

---

①该文献《甘肃藏敦煌藏文文献叙录》、张延清著《吐蕃敦煌抄经研究》原定名作“十万颂般若波罗蜜多经”。《甘肃藏敦煌藏文文献》⑱敦煌市博物馆卷图录重新校定名称作“十万颂般若波罗蜜多经佛说平等第六十四品”。

Db.t.2707 十万颂般若波罗蜜多经

张延清著 吐蕃敦煌抄经研究 北京:民族出版社,2016年11月 p.317

马德、勘措吉主编,甘肃省文物局、敦煌研究院编纂 甘肃藏敦煌藏文文献⑱敦煌市博物馆卷,上海:上海古籍出版社,2019年7月 图版p.122

Db.t.2708 十万颂般若波罗蜜多经

张延清著 吐蕃敦煌抄经研究 北京:民族出版社,2016年11月 p.321、332

马德、勘措吉主编,甘肃省文物局、敦煌研究院编纂 甘肃藏敦煌藏文文献⑱敦煌市博物馆卷,上海:上海古籍出版社,2019年7月 图版p.123

Db.t.2709 十万颂般若波罗蜜多经

张延清著 吐蕃敦煌抄经研究 北京:民族出版社,2016年11月 p.295

马德、勘措吉主编,甘肃省文物局、敦煌研究院编纂 甘肃藏敦煌藏文文献⑱敦煌市博物馆卷,上海:上海古籍出版社,2019年7月 图版p.124

Db.t.2710 十万颂般若波罗蜜多经

张延清著 吐蕃敦煌抄经研究 北京:民族出版社,2016年11月 p.295

马德、勘措吉主编,甘肃省文物局、敦煌研究院编纂 甘肃藏敦煌藏文文献⑱敦煌市博物馆卷,上海:上海古籍出版社,2019年7月 图版p.125

Db.t.2711 十万颂般若波罗蜜多经

张延清著 吐蕃敦煌抄经研究 北京:民族出版社,2016年11月 p.325、331、346、348、349

马德、勘措吉主编,甘肃省文物局、敦煌研究院编纂 甘肃藏敦煌藏文文献⑱敦煌市博物馆卷,上海:上海古籍出版社,2019年7月 图版p.126

Db.t.2712 十万颂般若波罗蜜多经

张延清著 吐蕃敦煌抄经研究 北京:民族出版社,2016年11月 p.313

马德、勘措吉主编,甘肃省文物局、敦煌研究院编纂 甘肃藏敦煌藏文文献⑱敦煌市博物馆卷,上海:上海古籍出版社,2019年7月 图版p.127

Db.t.2713 十万颂般若波罗蜜多经

张延清著 吐蕃敦煌抄经研究 北京:民族出版社,2016年11月 p.131、313、331、334、355~356

马德、勘措吉主编,甘肃省文物局、敦煌研究院编纂 甘肃藏敦煌藏文文献⑱敦煌市博物馆卷,上海:上海古籍出版社,2019年7月 图版p.128

Db.t.2714 十万颂般若波罗蜜多经

张延清著 吐蕃敦煌抄经研究 北京：民族出版社，2016年11月 p.313

马德、勘措吉主编，甘肃省文物局、敦煌研究院编纂 甘肃藏敦煌藏文文献⑱敦煌市博物馆卷，上海：上海古籍出版社，2019年7月 图版p.129

Db.t.2715 十万颂般若波罗蜜多经第三卷第三十二品[①]

马德主编，张延清、勘措吉、郈惠莉编写 敦煌市博物馆藏敦煌藏文文献《甘肃藏敦煌藏文文献叙录》，兰州：甘肃民族出版社，2011年9月 p.556

张延清著 吐蕃敦煌抄经研究 北京：民族出版社，2016年11月 p.294、335

马德、勘措吉主编，甘肃省文物局、敦煌研究院编纂 甘肃藏敦煌藏文文献⑱敦煌市博物馆卷，上海：上海古籍出版社，2019年7月 图版p.130

Db.t.2716 十万颂般若波罗蜜多经

张延清著 吐蕃敦煌抄经研究 北京：民族出版社，2016年11月 p.308~309

马德、勘措吉主编，甘肃省文物局、敦煌研究院编纂 甘肃藏敦煌藏文文献⑱敦煌市博物馆卷，上海：上海古籍出版社，2019年7月 图版p.131

Db.t.2717 十万颂般若波罗蜜多经

张延清著 吐蕃敦煌抄经研究 北京：民族出版社，2016年11月 p.306、331、346、348、349

马德、勘措吉主编，甘肃省文物局、敦煌研究院编纂 甘肃藏敦煌藏文文献⑱敦煌市博物馆卷，上海：上海古籍出版社，2019年7月 图版p.132

Db.t.2718 十万颂般若波罗蜜多经

张延清著 吐蕃敦煌抄经研究 北京：民族出版社，2016年11月 p.283

马德、勘措吉主编，甘肃省文物局、敦煌研究院编纂 甘肃藏敦煌藏文文献⑱敦煌市博物馆卷，上海：上海古籍出版社，2019年7月 图版p.133

Db.t.2719 十万颂般若波罗蜜多经

张延清著 吐蕃敦煌抄经研究 北京：民族出版社，2016年11月 p.293、332、354~355、358

马德、勘措吉主编，甘肃省文物局、敦煌研究院编纂 甘肃藏敦煌藏文文献⑱敦煌市博物馆卷，上海：上

①该文献《甘肃藏敦煌藏文文献叙录》、张延清著《吐蕃敦煌抄经研究》原定名作“十万颂般若波罗蜜多经第三卷第三十一、三十二品”。甘肃藏敦煌藏文文献⑱敦煌市博物馆卷图录重新校定名称作“十万颂般若波罗蜜多经第三卷第三十二品”。

海古籍出版社,2019年7月 图版p.134

Db.t.2720 十万颂般若波罗蜜多经

张延清著 吐蕃敦煌抄经研究 北京:民族出版社,2016年11月 p.305

马德、勘措吉主编,甘肃省文物局、敦煌研究院编纂 甘肃藏敦煌藏文文献⑱敦煌市博物馆卷,上海:上海古籍出版社,2019年7月 图版p.135

Db.t.2721 十万颂般若波罗蜜多经

张延清著 吐蕃敦煌抄经研究 北京:民族出版社,2016年11月 p.317、329、334

马德、勘措吉主编,甘肃省文物局、敦煌研究院编纂 甘肃藏敦煌藏文文献⑱敦煌市博物馆卷,上海:上海古籍出版社,2019年7月 图版p.136

Db.t.2722 十万颂般若波罗蜜多经

张延清著 吐蕃敦煌抄经研究 北京:民族出版社,2016年11月 p.320~321

马德、勘措吉主编,甘肃省文物局、敦煌研究院编纂 甘肃藏敦煌藏文文献⑱敦煌市博物馆卷,上海:上海古籍出版社,2019年7月 图版p.137

Db.t.2723 十万颂般若波罗蜜多经

张延清 吐蕃王妃贝吉昂楚及其敦煌校经题记《西藏民族学院学报》(哲学社会科学版)2009年第5期 p.35;收入德吉卓玛编《吐蕃佛教史研究论文集》,北京:中国藏学出版社,2015年4月 p.620

张延清著 吐蕃敦煌抄经研究 北京:民族出版社,2016年11月 p.306、340、347~348

马德、勘措吉主编,甘肃省文物局、敦煌研究院编纂 甘肃藏敦煌藏文文献⑱敦煌市博物馆卷,上海:上海古籍出版社,2019年7月 图版p.138

Db.t.2724 十万颂般若波罗蜜多经

张延清著 吐蕃敦煌抄经研究 北京:民族出版社,2016年11月 p.303

马德、勘措吉主编,甘肃省文物局、敦煌研究院编纂 甘肃藏敦煌藏文文献⑱敦煌市博物馆卷,上海:上海古籍出版社,2019年7月 图版p.139

Db.t.2725 十万颂般若波罗蜜多经

张延清著 吐蕃敦煌抄经研究 北京:民族出版社,2016年11月 p.308

马德、勘措吉主编,甘肃省文物局、敦煌研究院编纂 甘肃藏敦煌藏文文献⑱敦煌市博物馆卷,上海:上海古籍出版社,2019年7月 图版p.140

Db.t.2726 十万颂般若波罗蜜多经

张延清著 吐蕃敦煌抄经研究 北京:民族出版社,2016年11月 p.317

马德、勘措吉主编,甘肃省文物局、敦煌研究院编纂 甘肃藏敦煌藏文文献⑱敦煌市博物馆卷,上海:上海古籍出版社,2019年7月 图版p.141

Db.t.2727 十万颂般若波罗蜜多经

张延清著 吐蕃敦煌抄经研究 北京:民族出版社,2016年11月 p.279

马德、勘措吉主编,甘肃省文物局、敦煌研究院编纂 甘肃藏敦煌藏文文献⑱敦煌市博物馆卷,上海:上海古籍出版社,2019年7月 图版p.142

Db.t.2728 十万颂般若波罗蜜多经

张延清著 吐蕃敦煌抄经研究 北京:民族出版社,2016年11月 p.295、329、334、349

马德、勘措吉主编,甘肃省文物局、敦煌研究院编纂 甘肃藏敦煌藏文文献⑱敦煌市博物馆卷,上海:上海古籍出版社,2019年7月 图版p.143

Db.t.2729 十万颂般若波罗蜜多经

张延清著 吐蕃敦煌抄经研究 北京:民族出版社,2016年11月 p.312

马德、勘措吉主编,甘肃省文物局、敦煌研究院编纂 甘肃藏敦煌藏文文献⑱敦煌市博物馆卷,上海:上海古籍出版社,2019年7月 图版p.144

Db.t.2730 十万颂般若波罗蜜多经

张延清著 吐蕃敦煌抄经研究 北京:民族出版社,2016年11月 p.288、332、348

马德、勘措吉主编,甘肃省文物局、敦煌研究院编纂 甘肃藏敦煌藏文文献⑱敦煌市博物馆卷,上海:上海古籍出版社,2019年7月 图版p.145

Db.t.2731 十万颂般若波罗蜜多经

张延清著 吐蕃敦煌抄经研究 北京:民族出版社,2016年11月 p.308、331、355~356

马德、勘措吉主编,甘肃省文物局、敦煌研究院编纂 甘肃藏敦煌藏文文献⑱敦煌市博物馆卷,上海:上海古籍出版社,2019年7月 图版p.146

Db.t.2732 十万颂般若波罗蜜多经

张延清著 吐蕃敦煌抄经研究 北京:民族出版社,2016年11月 p.317、331、355~356

马德、勘措吉主编,甘肃省文物局、敦煌研究院编纂 甘肃藏敦煌藏文文献⑱敦煌市博物馆卷,上海:上海古籍出版社,2019年7月 图版p.147

Db.t.2733 十万颂般若波罗蜜多经

张延清著 吐蕃敦煌抄经研究 北京:民族出版社,2016年11月 p.306

马德、勘措吉主编,甘肃省文物局、敦煌研究院编纂 甘肃藏敦煌藏文文献⑱敦煌市博物馆卷,上海:上海古籍出版社,2019年7月 图版p.148

Db.t.2734 十万颂般若波罗蜜多经

张延清著 吐蕃敦煌抄经研究 北京:民族出版社,2016年11月 p.284、329

马德、勘措吉主编,甘肃省文物局、敦煌研究院编纂 甘肃藏敦煌藏文文献⑱敦煌市博物馆卷,上海:上海古籍出版社,2019年7月 图版p.149

Db.t.2735 十万颂般若波罗蜜多经

张延清著 吐蕃敦煌抄经研究 北京:民族出版社,2016年11月 p.284

马德、勘措吉主编,甘肃省文物局、敦煌研究院编纂 甘肃藏敦煌藏文文献⑱敦煌市博物馆卷,上海:上海古籍出版社,2019年7月 图版p.150

Db.t.2736 十万颂般若波罗蜜多经

张延清著 吐蕃敦煌抄经研究 北京:民族出版社,2016年11月 p.322

马德、勘措吉主编,甘肃省文物局、敦煌研究院编纂 甘肃藏敦煌藏文文献⑱敦煌市博物馆卷,上海:上海古籍出版社,2019年7月 图版p.151

Db.t.2737 十万颂般若波罗蜜多经

张延清著 吐蕃敦煌抄经研究 北京:民族出版社,2016年11月 p.281、331、350

马德、勘措吉主编,甘肃省文物局、敦煌研究院编纂 甘肃藏敦煌藏文文献⑱敦煌市博物馆卷,上海:上海古籍出版社,2019年7月 图版p.152

Db.t.2738 十万颂般若波罗蜜多经

张延清著 吐蕃敦煌抄经研究 北京:民族出版社,2016年11月 p.285

马德、勘措吉主编,甘肃省文物局、敦煌研究院编纂 甘肃藏敦煌藏文文献⑱敦煌市博物馆卷,上海:上海古籍出版社,2019年7月 图版p.153

Db.t.2739 十万颂般若波罗蜜多经

张延清著 吐蕃敦煌抄经研究 北京:民族出版社,2016年11月 p.316

马德、勘措吉主编,甘肃省文物局、敦煌研究院编纂 甘肃藏敦煌藏文文献⑱敦煌市博物馆卷,上海:上海古籍出版社,2019年7月 图版p.154

Db.t.2740 十万颂般若波罗蜜多经

张延清著 吐蕃敦煌抄经研究 北京:民族出版社,2016年11月 p.294、329、331、334

马德、勘措吉主编,甘肃省文物局、敦煌研究院编纂 甘肃藏敦煌藏文文献⑱敦煌市博物馆卷,上海:上海古籍出版社,2019年7月 图版p.155

Db.t.2741 十万颂般若波罗蜜多经

张延清著 吐蕃敦煌抄经研究 北京:民族出版社,2016年11月 p.308

马德、勘措吉主编,甘肃省文物局、敦煌研究院编纂 甘肃藏敦煌藏文文献⑱敦煌市博物馆卷,上海:上海古籍出版社,2019年7月 图版p.156

Db.t.2742 十万颂般若波罗蜜多经

张延清著 吐蕃敦煌抄经研究 北京:民族出版社,2016年11月 p.293

马德、勘措吉主编,甘肃省文物局、敦煌研究院编纂 甘肃藏敦煌藏文文献⑱敦煌市博物馆卷,上海:上海古籍出版社,2019年7月 图版p.157

Db.t.2743 十万颂般若波罗蜜多经残片

张延清著 吐蕃敦煌抄经研究 北京:民族出版社,2016年11月 p.295

马德、勘措吉主编,甘肃省文物局、敦煌研究院编纂 甘肃藏敦煌藏文文献⑱敦煌市博物馆卷,上海:上海古籍出版社,2019年7月 图版p.158

Db.t.2744 十万颂般若波罗蜜多经

张延清著 吐蕃敦煌抄经研究 北京:民族出版社,2016年11月 p.310

马德、勘措吉主编,甘肃省文物局、敦煌研究院编纂 甘肃藏敦煌藏文文献⑱敦煌市博物馆卷,上海:上海古籍出版社,2019年7月 图版p.159

Db.t.2745 十万颂般若波罗蜜多经

张延清著 吐蕃敦煌抄经研究 北京:民族出版社,2016年11月 p.311~312

马德、勘措吉主编,甘肃省文物局、敦煌研究院编纂 甘肃藏敦煌藏文文献⑱敦煌市博物馆卷,上海:上海古籍出版社,2019年7月 图版p.160

Db.t.2746 十万颂般若波罗蜜多经

张延清著 吐蕃敦煌抄经研究 北京:民族出版社,2016年11月 p.311~312

马德、勘措吉主编,甘肃省文物局、敦煌研究院编纂 甘肃藏敦煌藏文文献⑱敦煌市博物馆卷,上海:上海古籍出版社,2019年7月 图版p.161

Db.t.2747 十万颂般若波罗蜜多经

张延清著 吐蕃敦煌抄经研究 北京:民族出版社,2016年11月 p.311~312、329、355

马德、勘措吉主编,甘肃省文物局、敦煌研究院编纂 甘肃藏敦煌藏文文献⑱敦煌市博物馆卷,上海:上海古籍出版社,2019年7月 图版p.162

Db.t.2748 十万颂般若波罗蜜多经

张延清著 吐蕃敦煌抄经研究 北京:民族出版社,2016年11月 p.295

马德、勘措吉主编,甘肃省文物局、敦煌研究院编纂 甘肃藏敦煌藏文文献⑱敦煌市博物馆卷,上海:上海古籍出版社,2019年7月 图版p.163

Db.t.2749 十万颂般若波罗蜜多经

张延清著 吐蕃敦煌抄经研究 北京:民族出版社,2016年11月 p.324

马德、勘措吉主编,甘肃省文物局、敦煌研究院编纂 甘肃藏敦煌藏文文献⑱敦煌市博物馆卷,上海:上海古籍出版社,2019年7月 图版p.164

Db.t.2750 十万颂般若波罗蜜多经

张延清著 吐蕃敦煌抄经研究 北京:民族出版社,2016年11月 p.283、329、355

马德、勘措吉主编,甘肃省文物局、敦煌研究院编纂 甘肃藏敦煌藏文文献⑱敦煌市博物馆卷,上海:上海古籍出版社,2019年7月 图版p.165

Db.t.2751 十万颂般若波罗蜜多经

张延清著 吐蕃敦煌抄经研究 北京:民族出版社,2016年11月 p.281、329、334

马德、勘措吉主编,甘肃省文物局、敦煌研究院编纂 甘肃藏敦煌藏文文献⑱敦煌市博物馆卷,上海:上海古籍出版社,2019年7月 图版p.166

Db.t.2752 十万颂般若波罗蜜多经

张延清著 吐蕃敦煌抄经研究 北京:民族出版社,2016年11月 p.293

马德、勘措吉主编,甘肃省文物局、敦煌研究院编纂 甘肃藏敦煌藏文文献⑱敦煌市博物馆卷,上海:上海古籍出版社,2019年7月 图版p.167

Db.t.2753 十万颂般若波罗蜜多经

张延清著 吐蕃敦煌抄经研究 北京:民族出版社,2016年11月 p.310

马德、勘措吉主编,甘肃省文物局、敦煌研究院编纂 甘肃藏敦煌藏文文献⑱敦煌市博物馆卷,上海:上海古籍出版社,2019年7月 图版p.168

Db.t.2754 十万颂般若波罗蜜多经

张延清著 吐蕃敦煌抄经研究 北京:民族出版社,2016年11月 p.295、329、334、349

马德、勘措吉主编,甘肃省文物局、敦煌研究院编纂 甘肃藏敦煌藏文文献⑱敦煌市博物馆卷,上海:上海古籍出版社,2019年7月 图版p.169

Db.t.2755 十万颂般若波罗蜜多经

张延清著 吐蕃敦煌抄经研究 北京:民族出版社,2016年11月 p.306

马德、勘措吉主编,甘肃省文物局、敦煌研究院编纂 甘肃藏敦煌藏文文献⑱敦煌市博物馆卷,上海:上海古籍出版社,2019年7月 图版p.170

Db.t.2756 十万颂般若波罗蜜多经

张延清著 吐蕃敦煌抄经研究 北京:民族出版社,2016年11月 p.307

马德、勘措吉主编,甘肃省文物局、敦煌研究院编纂 甘肃藏敦煌藏文文献⑱敦煌市博物馆卷,上海:上海古籍出版社,2019年7月 图版p.171

Db.t.2757 十万颂般若波罗蜜多经

张延清著 吐蕃敦煌抄经研究 北京:民族出版社,2016年11月 p.307

马德、勘措吉主编,甘肃省文物局、敦煌研究院编纂 甘肃藏敦煌藏文文献⑱敦煌市博物馆卷,上海:上海古籍出版社,2019年7月 图版p.172

Db.t.2758 两万五千颂般若波罗蜜多经[①]

马德主编,张延清、勘措吉、邰惠莉编写 敦煌市博物馆藏敦煌藏文文献《甘肃藏敦煌藏文文献叙录》,兰州:甘肃民族出版社,2011年9月 p.561

张延清著 吐蕃敦煌抄经研究 北京:民族出版社,2016年11月 p.288

马德、勘措吉主编,甘肃省文物局、敦煌研究院编纂 甘肃藏敦煌藏文文献⑱敦煌市博物馆卷,上海:上海古籍出版社,2019年7月 图版p.173

Db.t.2759 十万颂般若波罗蜜多经

马德、勘措吉主编,甘肃省文物局、敦煌研究院编纂 甘肃藏敦煌藏文文献⑱敦煌市博物馆卷,上海:上海古籍出版社,2019年7月 图版p.174

---

①该文献《甘肃藏敦煌藏文文献叙录》、张延清著《吐蕃敦煌抄经研究》原定名作“十万颂般若波罗蜜多经”。《甘肃藏敦煌藏文文献》⑱敦煌市博物馆卷图录重新校定名称作“两万五千颂般若波罗蜜多经”。

Db.t.2760 十万颂般若波罗蜜多经

张延清著 吐蕃敦煌抄经研究 北京:民族出版社,2016年11月 p.321、329~330、331、334

马德、勘措吉主编,甘肃省文物局、敦煌研究院编纂 甘肃藏敦煌藏文文献⑱敦煌市博物馆卷,上海:上海古籍出版社,2019年7月 图版p.175

Db.t.2761 十万颂般若波罗蜜多经

张延清著 吐蕃敦煌抄经研究 北京:民族出版社,2016年11月 p.316

马德、勘措吉主编,甘肃省文物局、敦煌研究院编纂 甘肃藏敦煌藏文文献⑱敦煌市博物馆卷,上海:上海古籍出版社,2019年7月 图版p.176

Db.t.2762 十万颂般若波罗蜜多经

张延清著 吐蕃敦煌抄经研究 北京:民族出版社,2016年11月 p.317

马德、勘措吉主编,甘肃省文物局、敦煌研究院编纂 甘肃藏敦煌藏文文献⑱敦煌市博物馆卷,上海:上海古籍出版社,2019年7月 图版p.177

Db.t.2763 十万颂般若波罗蜜多经

张延清著 吐蕃敦煌抄经研究 北京:民族出版社,2016年11月 p.324~325

马德、勘措吉主编,甘肃省文物局、敦煌研究院编纂 甘肃藏敦煌藏文文献⑱敦煌市博物馆卷,上海:上海古籍出版社,2019年7月 图版p.178

Db.t.2764 十万颂般若波罗蜜多经

张延清著 吐蕃敦煌抄经研究 北京:民族出版社,2016年11月 p.295

马德、勘措吉主编,甘肃省文物局、敦煌研究院编纂 甘肃藏敦煌藏文文献⑱敦煌市博物馆卷,上海:上海古籍出版社,2019年7月 图版p.179~181

Db.t.2765 十万颂般若波罗蜜多经

张延清著 吐蕃敦煌抄经研究 北京:民族出版社,2016年11月 p.325

马德、勘措吉主编,甘肃省文物局、敦煌研究院编纂 甘肃藏敦煌藏文文献⑱敦煌市博物馆卷,上海:上海古籍出版社,2019年7月 图版p.182

Db.t.2766 十万颂般若波罗蜜多经

张延清著 吐蕃敦煌抄经研究 北京:民族出版社,2016年11月 p.295

马德、勘措吉主编,甘肃省文物局、敦煌研究院编纂 甘肃藏敦煌藏文文献⑱敦煌市博物馆卷,上海:上海古籍出版社,2019年7月 图版p.183

Db.t.2767 十万颂般若波罗蜜多经

张延清著 吐蕃敦煌抄经研究 北京:民族出版社,2016年11月 p.306

马德、勘措吉主编,甘肃省文物局、敦煌研究院编纂 甘肃藏敦煌藏文文献⑱敦煌市博物馆卷,上海:上海古籍出版社,2019年7月 图版p.184~185

Db.t.2768 十万颂般若波罗蜜多经

张延清著 吐蕃敦煌抄经研究 北京:民族出版社,2016年11月 p.278、355

马德、勘措吉主编,甘肃省文物局、敦煌研究院编纂 甘肃藏敦煌藏文文献⑱敦煌市博物馆卷,上海:上海古籍出版社,2019年7月 图版p.186~192

Db.t.2769 十万颂般若波罗蜜多经

张延清著 吐蕃敦煌抄经研究 北京:民族出版社,2016年11月 p.311~312

马德、勘措吉主编,甘肃省文物局、敦煌研究院编纂 甘肃藏敦煌藏文文献⑱敦煌市博物馆卷,上海:上海古籍出版社,2019年7月 图版p.193

Db.t.2770 十万颂般若波罗蜜多经

张延清著 吐蕃敦煌抄经研究 北京:民族出版社,2016年11月 p.303、335、337、349

马德、勘措吉主编,甘肃省文物局、敦煌研究院编纂 甘肃藏敦煌藏文文献⑱敦煌市博物馆卷,上海:上海古籍出版社,2019年7月 图版p.194

Db.t.2771 十万颂般若波罗蜜多经

张延清著 吐蕃敦煌抄经研究 北京:民族出版社,2016年11月 p.306、331、346、348、349

马德、勘措吉主编,甘肃省文物局、敦煌研究院编纂 甘肃藏敦煌藏文文献⑱敦煌市博物馆卷,上海:上海古籍出版社,2019年7月 图版p.195

Db.t.2772 十万颂般若波罗蜜多经

张延清著 吐蕃敦煌抄经研究 北京:民族出版社,2016年11月 p.286~287、333、334、335

马德、勘措吉主编,甘肃省文物局、敦煌研究院编纂 甘肃藏敦煌藏文文献⑱敦煌市博物馆卷,上海:上海古籍出版社,2019年7月 图版p.196

Db.t.2773 十万颂般若波罗蜜多经

张延清著 吐蕃敦煌抄经研究 北京:民族出版社,2016年11月 p.298

马德、勘措吉主编,甘肃省文物局、敦煌研究院编纂 甘肃藏敦煌藏文文献⑱敦煌市博物馆卷,上海:上海古籍出版社,2019年7月 图版p.197

Db.t.2774 十万颂般若波罗蜜多经

马德、勘措吉主编，甘肃省文物局、敦煌研究院编纂 甘肃藏敦煌藏文文献⑱敦煌市博物馆卷，上海：上海古籍出版社，2019年7月 图版p.198

Db.t.2775 十万颂般若波罗蜜多经

张延清著 吐蕃敦煌抄经研究 北京：民族出版社，2016年11月 p.303

马德、勘措吉主编，甘肃省文物局、敦煌研究院编纂 甘肃藏敦煌藏文文献⑱敦煌市博物馆卷，上海：上海古籍出版社，2019年7月 图版p.199

Db.t.2776 十万颂般若波罗蜜多经

张延清著 吐蕃敦煌抄经研究 北京：民族出版社，2016年11月 p.312

马德、勘措吉主编，甘肃省文物局、敦煌研究院编纂 甘肃藏敦煌藏文文献⑱敦煌市博物馆卷，上海：上海古籍出版社，2019年7月 图版p.200

Db.t.2777 十万颂般若波罗蜜多经

张延清著 吐蕃敦煌抄经研究 北京：民族出版社，2016年11月 p.304

马德、勘措吉主编，甘肃省文物局、敦煌研究院编纂 甘肃藏敦煌藏文文献⑱敦煌市博物馆卷，上海：上海古籍出版社，2019年7月 图版p.201

Db.t.2778 十万颂般若波罗蜜多经

张延清著 吐蕃敦煌抄经研究 北京：民族出版社，2016年11月 p.288

马德、勘措吉主编，甘肃省文物局、敦煌研究院编纂 甘肃藏敦煌藏文文献⑱敦煌市博物馆卷，上海：上海古籍出版社，2019年7月 图版p.202

Db.t.2779 十万颂般若波罗蜜多经

张延清著 吐蕃敦煌抄经研究 北京：民族出版社，2016年11月 p.324

马德、勘措吉主编，甘肃省文物局、敦煌研究院编纂 甘肃藏敦煌藏文文献⑱敦煌市博物馆卷，上海：上海古籍出版社，2019年7月 图版p.203

Db.t.2780 十万颂般若波罗蜜多经

张延清著 吐蕃敦煌抄经研究 北京：民族出版社，2016年11月 p.317

马德、勘措吉主编，甘肃省文物局、敦煌研究院编纂 甘肃藏敦煌藏文文献⑱敦煌市博物馆卷，上海：上海古籍出版社，2019年7月 图版p.204

Db.t.2781 十万颂般若波罗蜜多经

张延清著 吐蕃敦煌抄经研究 北京:民族出版社,2016年11月 p.317

马德、勘措吉主编,甘肃省文物局、敦煌研究院编纂 甘肃藏敦煌藏文文献⑱敦煌市博物馆卷,上海:上海古籍出版社,2019年7月 图版p.205

Db.t.2782 十万颂般若波罗蜜多经

张延清著 吐蕃敦煌抄经研究 北京:民族出版社,2016年11月 p.303、335、337、349

马德、勘措吉主编,甘肃省文物局、敦煌研究院编纂 甘肃藏敦煌藏文文献⑱敦煌市博物馆卷,上海:上海古籍出版社,2019年7月 图版p.206

Db.t.2783 十万颂般若波罗蜜多经

张延清著 吐蕃敦煌抄经研究 北京:民族出版社,2016年11月 p.317、329~330、355

马德、勘措吉主编,甘肃省文物局、敦煌研究院编纂 甘肃藏敦煌藏文文献⑱敦煌市博物馆卷,上海:上海古籍出版社,2019年7月 图版p.207

Db.t.2784 十万颂般若波罗蜜多经

张延清著 吐蕃敦煌抄经研究 北京:民族出版社,2016年11月 p.295、329~330、350

马德、勘措吉主编,甘肃省文物局、敦煌研究院编纂 甘肃藏敦煌藏文文献⑱敦煌市博物馆卷,上海:上海古籍出版社,2019年7月 图版p.208

Db.t.2785 十万颂般若波罗蜜多经

张延清著 吐蕃敦煌抄经研究 北京:民族出版社,2016年11月 p.315、330、333、334

马德、勘措吉主编,甘肃省文物局、敦煌研究院编纂 甘肃藏敦煌藏文文献⑱敦煌市博物馆卷,上海:上海古籍出版社,2019年7月 图版p.209

Db.t.2786 十万颂般若波罗蜜多经

张延清著 吐蕃敦煌抄经研究 北京:民族出版社,2016年11月 p.323

马德、勘措吉主编,甘肃省文物局、敦煌研究院编纂 甘肃藏敦煌藏文文献⑱敦煌市博物馆卷,上海:上海古籍出版社,2019年7月 图版p.210

Db.t.2787 十万颂般若波罗蜜多经

张延清著 吐蕃敦煌抄经研究 北京:民族出版社,2016年11月 p.311~312、329~330、350

马德、勘措吉主编,甘肃省文物局、敦煌研究院编纂 甘肃藏敦煌藏文文献⑱敦煌市博物馆卷,上海:上海古籍出版社,2019年7月 图版p.211

Db.t.2788 十万颂般若波罗蜜多经

张延清著 吐蕃敦煌抄经研究 北京:民族出版社,2016年11月 p.308

马德、勘措吉主编,甘肃省文物局、敦煌研究院编纂 甘肃藏敦煌藏文文献⑱敦煌市博物馆卷,上海:上海古籍出版社,2019年7月 图版p.212

Db.t.2789 十万颂般若波罗蜜多经

张延清著 吐蕃敦煌抄经研究 北京:民族出版社,2016年11月 p.318

马德、勘措吉主编,甘肃省文物局、敦煌研究院编纂 甘肃藏敦煌藏文文献⑱敦煌市博物馆卷,上海:上海古籍出版社,2019年7月 图版p.213

Db.t.2790 十万颂般若波罗蜜多经

张延清著 吐蕃敦煌抄经研究 北京:民族出版社,2016年11月 p.318

马德、勘措吉主编,甘肃省文物局、敦煌研究院编纂 甘肃藏敦煌藏文文献⑱敦煌市博物馆卷,上海:上海古籍出版社,2019年7月 图版p.214

Db.t.2791 十万颂般若波罗蜜多经

张延清著 吐蕃敦煌抄经研究 北京:民族出版社,2016年11月 p.316、334、355~356

马德、勘措吉主编,甘肃省文物局、敦煌研究院编纂 甘肃藏敦煌藏文文献⑱敦煌市博物馆卷,上海:上海古籍出版社,2019年7月 图版p.215

Db.t.2792 十万颂般若波罗蜜多经

张延清著 吐蕃敦煌抄经研究 北京:民族出版社,2016年11月 p.294、331、334

马德、勘措吉主编,甘肃省文物局、敦煌研究院编纂 甘肃藏敦煌藏文文献⑱敦煌市博物馆卷,上海:上海古籍出版社,2019年7月 图版p.216

Db.t.2793 十万颂般若波罗蜜多经

张延清著 吐蕃敦煌抄经研究 北京:民族出版社,2016年11月 p.317、329~330、334

马德、勘措吉主编,甘肃省文物局、敦煌研究院编纂 甘肃藏敦煌藏文文献⑱敦煌市博物馆卷,上海:上海古籍出版社,2019年7月 图版p.217

Db.t.2794 十万颂般若波罗蜜多经

张延清著 吐蕃敦煌抄经研究 北京:民族出版社,2016年11月 p.313

马德、勘措吉主编,甘肃省文物局、敦煌研究院编纂 甘肃藏敦煌藏文文献⑱敦煌市博物馆卷,上海:上海古籍出版社,2019年7月 图版p.218

Db.t.2795 十万颂般若波罗蜜多经

张延清著 吐蕃敦煌抄经研究 北京：民族出版社，2016年11月 p.284、329~330、339、350

马德、勘措吉主编，甘肃省文物局、敦煌研究院编纂 甘肃藏敦煌藏文文献⑱敦煌市博物馆卷，上海：上海古籍出版社，2019年7月 图版p.219

Db.t.2796 十万颂般若波罗蜜多经

张延清著 吐蕃敦煌抄经研究 北京：民族出版社，2016年11月 p.318

马德、勘措吉主编，甘肃省文物局、敦煌研究院编纂 甘肃藏敦煌藏文文献⑱敦煌市博物馆卷，上海：上海古籍出版社，2019年7月 图版p.220

Db.t.2797 十万颂般若波罗蜜多经

张延清 吐蕃敦煌抄经坊《敦煌学辑刊》2011年第3期 p.53；收入中央文史研究馆、敦煌研究院、香港大学饶宗颐学术馆编《庆贺饶宗颐先生九十五华诞敦煌学国际学术研讨会论文集》，北京：中华书局，2012年12月 p.561

张延清著 吐蕃敦煌抄经研究 北京：民族出版社，2016年11月 p.92、281、336、340、341、343、345~346

马德、勘措吉主编，甘肃省文物局、敦煌研究院编纂 甘肃藏敦煌藏文文献⑱敦煌市博物馆卷，上海：上海古籍出版社，2019年7月 图版p.221

Db.t.2798 十万颂般若波罗蜜多经

张延清著 吐蕃敦煌抄经研究 北京：民族出版社，2016年11月 p.324~325

马德、勘措吉主编，甘肃省文物局、敦煌研究院编纂 甘肃藏敦煌藏文文献⑱敦煌市博物馆卷，上海：上海古籍出版社，2019年7月 图版p.222

Db.t.2799 十万颂般若波罗蜜多经

张延清 吐蕃敦煌抄经坊《敦煌学辑刊》2011年第3期 p.53；收入中央文史研究馆、敦煌研究院、香港大学饶宗颐学术馆编《庆贺饶宗颐先生九十五华诞敦煌学国际学术研讨会论文集》，北京：中华书局，2012年12月 p.561

张延清著 吐蕃敦煌抄经研究 北京：民族出版社，2016年11月 p.92、305、336、341、343、345~346

马德、勘措吉主编，甘肃省文物局、敦煌研究院编纂 甘肃藏敦煌藏文文献⑱敦煌市博物馆卷，上海：上海古籍出版社，2019年7月 图版p.223

Db.t.2800 十万颂般若波罗蜜多经

张延清著 吐蕃敦煌抄经研究 北京：民族出版社，2016年11月 p.313

马德、勘措吉主编，甘肃省文物局、敦煌研究院编纂 甘肃藏敦煌藏文文献⑱敦煌市博物馆卷，上海：上

海古籍出版社,2019年7月 图版p.224

Db.t.2801 十万颂般若波罗蜜多经

张延清著 吐蕃敦煌抄经研究 北京:民族出版社,2016年11月 p.306

马德、勘措吉主编,甘肃省文物局、敦煌研究院编纂 甘肃藏敦煌藏文文献⑱敦煌市博物馆卷,上海:上海古籍出版社,2019年7月 图版p.225

Db.t.2802 十万颂般若波罗蜜多经

张延清著 吐蕃敦煌抄经研究 北京:民族出版社,2016年11月 p.306

马德、勘措吉主编,甘肃省文物局、敦煌研究院编纂 甘肃藏敦煌藏文文献⑱敦煌市博物馆卷,上海:上海古籍出版社,2019年7月 图版p.226

Db.t.2803 十万颂般若波罗蜜多经

张延清著 吐蕃敦煌抄经研究 北京:民族出版社,2016年11月 p.306

马德、勘措吉主编,甘肃省文物局、敦煌研究院编纂 甘肃藏敦煌藏文文献⑱敦煌市博物馆卷,上海:上海古籍出版社,2019年7月 图版p.227

Db.t.2804 十万颂般若波罗蜜多经

张延清著 叶蕃敦煌抄经研究 北京:民族出版社,2016年11月 p.323

马德、勘措吉主编,甘肃省文物局、敦煌研究院编纂 甘肃藏敦煌藏文文献⑱敦煌市博物馆卷,上海:上海古籍出版社,2019年7月 图版p.228

Db.t.2805 十万颂般若波罗蜜多经

张延清著 吐蕃敦煌抄经研究 北京:民族出版社,2016年11月 p.318

马德、勘措吉主编,甘肃省文物局、敦煌研究院编纂 甘肃藏敦煌藏文文献⑱敦煌市博物馆卷,上海:上海古籍出版社,2019年7月 图版p.229

Db.t.2806 十万颂般若波罗蜜多经

张延清 甘藏吐蕃钵阐布敦煌校经题记《敦煌学辑刊》2010年第1期 p.43

张延清著 吐蕃敦煌抄经研究 北京:民族出版社,2016年11月 p.69、311~312、327~328、335、341

马德、勘措吉主编,甘肃省文物局、敦煌研究院编纂 甘肃藏敦煌藏文文献⑱敦煌市博物馆卷,上海:上海古籍出版社,2019年7月 图版p.230

Db.t.2807 十万颂般若波罗蜜多经

张延清著 吐蕃敦煌抄经研究 北京:民族出版社,2016年11月 p.311~312、327~328、348、349

马德、勘措吉主编,甘肃省文物局、敦煌研究院编纂 甘肃藏敦煌藏文文献⑱敦煌市博物馆卷,上海:上海古籍出版社,2019年7月 图版p.231

Db.t.2808 十万颂般若波罗蜜多经

张延清著 吐蕃敦煌抄经研究 北京:民族出版社,2016年11月 p.318、345~346、356

马德、勘措吉主编,甘肃省文物局、敦煌研究院编纂 甘肃藏敦煌藏文文献⑱敦煌市博物馆卷,上海:上海古籍出版社,2019年7月 图版p.232

Db.t.2809 十万颂般若波罗蜜多经

张延清著 吐蕃敦煌抄经研究 北京:民族出版社,2016年11月 p.312

马德、勘措吉主编,甘肃省文物局、敦煌研究院编纂 甘肃藏敦煌藏文文献⑱敦煌市博物馆卷,上海:上海古籍出版社,2019年7月 图版p.233

Db.t.2810 十万颂般若波罗蜜多经

张延清著 吐蕃敦煌抄经研究 北京:民族出版社,2016年11月 p.281

马德、勘措吉主编,甘肃省文物局、敦煌研究院编纂 甘肃藏敦煌藏文文献⑱敦煌市博物馆卷,上海:上海古籍出版社,2019年7月 图版p.234

Db.t.2811 十万颂般若波罗蜜多经

张延清著 吐蕃敦煌抄经研究 北京:民族出版社,2016年11月 p.315、327~328、343

马德、勘措吉主编,甘肃省文物局、敦煌研究院编纂 甘肃藏敦煌藏文文献⑱敦煌市博物馆卷,上海:上海古籍出版社,2019年7月 图版p.235

Db.t.2812 十万颂般若波罗蜜多经

张延清著 吐蕃敦煌抄经研究 北京:民族出版社,2016年11月 p.308

马德、勘措吉主编,甘肃省文物局、敦煌研究院编纂 甘肃藏敦煌藏文文献⑱敦煌市博物馆卷,上海:上海古籍出版社,2019年7月 图版p.236

Db.t.2813 十万颂般若波罗蜜多经

张延清著 吐蕃敦煌抄经研究 北京:民族出版社,2016年11月 p.278

马德、勘措吉主编,甘肃省文物局、敦煌研究院编纂 甘肃藏敦煌藏文文献⑱敦煌市博物馆卷,上海:上海古籍出版社,2019年7月 图版p.237

Db.t.2814 十万颂般若波罗蜜多经

张延清著 吐蕃敦煌抄经研究 北京:民族出版社,2016年11月 p.284、330、333、334

马德、勘措吉主编,甘肃省文物局、敦煌研究院编纂 甘肃藏敦煌藏文文献⑱敦煌市博物馆卷,上海:上海古籍出版社,2019年7月 图版p.238

Db.t.2815 十万颂般若波罗蜜多经

张延清著 吐蕃敦煌抄经研究 北京:民族出版社,2016年11月 p.277

马德、勘措吉主编,甘肃省文物局、敦煌研究院编纂 甘肃藏敦煌藏文文献⑱敦煌市博物馆卷,上海:上海古籍出版社,2019年7月 图版p.239~240

Db.t.2816 十万颂般若波罗蜜多经

张延清著 吐蕃敦煌抄经研究 北京:民族出版社,2016年11月 p.308

马德、勘措吉主编,甘肃省文物局、敦煌研究院编纂 甘肃藏敦煌藏文文献⑱敦煌市博物馆卷,上海:上海古籍出版社,2019年7月 图版p.241

Db.t.2817 十万颂般若波罗蜜多经

张延清著 吐蕃敦煌抄经研究 北京:民族出版社,2016年11月 p.315、329~330、334

马德、勘措吉主编,甘肃省文物局、敦煌研究院编纂 甘肃藏敦煌藏文文献⑱敦煌市博物馆卷,上海:上海古籍出版社,2019年7月 图版p.242~250

Db.t.2818 十万颂般若波罗蜜多经

张延清著 吐蕃敦煌抄经研究 北京:民族出版社,2016年11月 p.317、329~330、334

马德、勘措吉主编,甘肃省文物局、敦煌研究院编纂 甘肃藏敦煌藏文文献⑱敦煌市博物馆卷,上海:上海古籍出版社,2019年7月 图版p.251

Db.t.2819 十万颂般若波罗蜜多经

张延清著 吐蕃敦煌抄经研究 北京:民族出版社,2016年11月 p.312

马德、勘措吉主编,甘肃省文物局、敦煌研究院编纂 甘肃藏敦煌藏文文献⑱敦煌市博物馆卷,上海:上海古籍出版社,2019年7月 图版p.252

Db.t.2820 十万颂般若波罗蜜多经

张延清著 吐蕃敦煌抄经研究 北京:民族出版社,2016年11月 p.320~321

马德、勘措吉主编,甘肃省文物局、敦煌研究院编纂 甘肃藏敦煌藏文文献⑱敦煌市博物馆卷,上海:上海古籍出版社,2019年7月 图版p.253

Db.t.2821 十万颂般若波罗蜜多经

张延清著 吐蕃敦煌抄经研究 北京:民族出版社,2016年11月 p.300

马德、勘措吉主编,甘肃省文物局、敦煌研究院编纂 甘肃藏敦煌藏文文献⑱敦煌市博物馆卷,上海:上海古籍出版社,2019年7月 图版p.254

Db.t.2822 十万颂般若波罗蜜多经

张延清著 吐蕃敦煌抄经研究 北京:民族出版社,2016年11月 p.284

马德、勘措吉主编,甘肃省文物局、敦煌研究院编纂 甘肃藏敦煌藏文文献⑱敦煌市博物馆卷,上海:上海古籍出版社,2019年7月 图版p.255

Db.t.2823 十万颂般若波罗蜜多经

张延清著 吐蕃敦煌抄经研究 北京:民族出版社,2016年11月 p.308

马德、勘措吉主编,甘肃省文物局、敦煌研究院编纂 甘肃藏敦煌藏文文献⑱敦煌市博物馆卷,上海:上海古籍出版社,2019年7月 图版p.256

Db.t.2824 十万颂般若波罗蜜多经

张延清著 吐蕃敦煌抄经研究 北京:民族出版社,2016年11月 p.276

马德、勘措吉主编,甘肃省文物局、敦煌研究院编纂 甘肃藏敦煌藏文文献⑱敦煌市博物馆卷,上海:上海古籍出版社,2019年7月 图版p.257

Db.t.2825 两万五千颂般若波罗蜜多经①

马德主编,张延清、勘措吉、郃惠莉编写 敦煌市博物馆藏敦煌藏文文献《甘肃藏敦煌藏文文献叙录》,兰州:甘肃民族出版社,2011年9月 p.569

张延清著 吐蕃敦煌抄经研究 北京:民族出版社,2016年11月 p.278、336

马德、勘措吉主编,甘肃省文物局、敦煌研究院编纂 甘肃藏敦煌藏文文献⑱敦煌市博物馆卷,上海:上海古籍出版社,2019年7月 图版p.258

Db.t.2826 十万颂般若波罗蜜多经

张延清著 吐蕃敦煌抄经研究 北京:民族出版社,2016年11月 p.320

马德、勘措吉主编,甘肃省文物局、敦煌研究院编纂 甘肃藏敦煌藏文文献⑱敦煌市博物馆卷,上海:上海古籍出版社,2019年7月 图版p.259

---

①该文献《甘肃藏敦煌藏文文献叙录》、张延清著《吐蕃敦煌抄经研究》原定名作“十万颂般若波罗蜜多经”。《甘肃藏敦煌藏文文献》⑱敦煌市博物馆卷图录重新校定名称作“两万五千颂般若波罗蜜多经”。

Db.t.2827 十万颂般若波罗蜜多经

张延清著 吐蕃敦煌抄经研究 北京:民族出版社,2016年11月 p.320

马德、勘措吉主编,甘肃省文物局、敦煌研究院编纂 甘肃藏敦煌藏文文献⑱敦煌市博物馆卷,上海:上海古籍出版社,2019年7月 图版p.260

Db.t.2828 十万颂般若波罗蜜多经第一卷第七品[1]

马德主编,张延清、勘措吉、邰惠莉编写 敦煌市博物馆藏敦煌藏文文献《甘肃藏敦煌藏文文献叙录》,兰州:甘肃民族出版社,2011年9月 p.569

张延清著 吐蕃敦煌抄经研究 北京:民族出版社,2016年11月 p.315

马德、勘措吉主编,甘肃省文物局、敦煌研究院编纂 甘肃藏敦煌藏文文献⑱敦煌市博物馆卷,上海:上海古籍出版社,2019年7月 图版p.261

Db.t.2829 十万颂般若波罗蜜多经

张延清著 吐蕃敦煌抄经研究 北京:民族出版社,2016年11月 p.286

马德、勘措吉主编,甘肃省文物局、敦煌研究院编纂 甘肃藏敦煌藏文文献⑱敦煌市博物馆卷,上海:上海古籍出版社,2019年7月 图版p.262

Db.t.2830 十万颂般若波罗蜜多经

张延清著 吐蕃敦煌抄经研究 北京:民族出版社,2016年11月 p.319、335、343、354

马德、勘措吉主编,甘肃省文物局、敦煌研究院编纂 甘肃藏敦煌藏文文献⑱敦煌市博物馆卷,上海:上海古籍出版社,2019年7月 图版p.263

Db.t.2831 十万颂般若波罗蜜多经

张延清 吐蕃王妃贝吉昂楚及其敦煌校经题记《西藏民族学院学报》(哲学社会科学版)2009年第5期 p.35;收入德吉卓玛编《吐蕃佛教史研究论文集》,北京:中国藏学出版社,2015年4月 p.620

张延清著 吐蕃敦煌抄经研究 北京:民族出版社,2016年11月 p.288、336、340、354

马德、勘措吉主编,甘肃省文物局、敦煌研究院编纂 甘肃藏敦煌藏文文献⑱敦煌市博物馆卷,上海:上海古籍出版社,2019年7月 图版p.264

---

①该文献《甘肃藏敦煌藏文文献叙录》、张延清著《吐蕃敦煌抄经研究》原定名作“十万颂般若波罗蜜多经第一卷第六、七品”。《甘肃藏敦煌藏文文献》⑱敦煌市博物馆卷图录重新校定名称作“十万颂般若波罗蜜多经第一卷第七品”。

Db.t.2832 十万颂般若波罗蜜多经佛说平等第六十四品①

马德主编，张延清、勘措吉、邰惠莉编写 敦煌市博物馆藏敦煌藏文文献《甘肃藏敦煌藏文文献叙录》，兰州：甘肃民族出版社，2011年9月 p.570

张延清著 吐蕃敦煌抄经研究 北京：民族出版社，2016年11月 p.283

马德、勘措吉主编，甘肃省文物局、敦煌研究院编纂 甘肃藏敦煌藏文文献⑱敦煌市博物馆卷，上海：上海古籍出版社，2019年7月 图版p.265

Db.t.2833 十万颂般若波罗蜜多经

张延清 吐蕃王妃贝吉昂楚及其敦煌校经题记《西藏民族学院学报》(哲学社会科学版)2009年第5期 p.35；收入德吉卓玛编《吐蕃佛教史研究论文集》，北京：中国藏学出版社，2015年4月 p.620~621

赵青山 吐蕃占领敦煌时期写经道场相关问题考述《藏学学刊》第11辑，北京：中国藏学出版社，2014年12月 p.33

张延清著 吐蕃敦煌抄经研究 北京：民族出版社，2016年11月 p.315、340

马德、勘措吉主编，甘肃省文物局、敦煌研究院编纂 甘肃藏敦煌藏文文献⑱敦煌市博物馆卷，上海：上海古籍出版社，2019年7月 图版p.266

Db.t.2834 十万颂般若波罗蜜多经

马德、勘措吉主编，甘肃省文物局、敦煌研究院编纂 甘肃藏敦煌藏文文献⑱敦煌市博物馆卷，上海：上海古籍出版社，2019年7月 图版p.267

Db.t.2835 十万颂般若波罗蜜多经

张延清著 吐蕃敦煌抄经研究 北京：民族出版社，2016年11月 p.303

马德、勘措吉主编，甘肃省文物局、敦煌研究院编纂 甘肃藏敦煌藏文文献⑱敦煌市博物馆卷，上海：上海古籍出版社，2019年7月 图版p.268

Db.t.2836 两万五千颂般若波罗蜜多经②

马德主编，张延清、勘措吉、邰惠莉编写 敦煌市博物馆藏敦煌藏文文献《甘肃藏敦煌藏文文献叙录》，兰州：甘肃民族出版社，2011年9月 p.569

张延清著 吐蕃敦煌抄经研究 北京：民族出版社，2016年11月 p.324~325、329~330、331、334

---

①该文献《甘肃藏敦煌藏文文献叙录》、张延清著《吐蕃敦煌抄经研究》原定名作"十万颂般若波罗蜜多经"。《甘肃藏敦煌藏文文献》⑱敦煌市博物馆卷图录重新校定名称作"十万颂般若波罗蜜多经佛说平等第六十四品"。

②该文献《甘肃藏敦煌藏文文献叙录》、张延清著《吐蕃敦煌抄经研究》原定名作"十万颂般若波罗蜜多经"。《甘肃藏敦煌藏文文献》⑱敦煌市博物馆卷图录重新校定名称作"两万五千颂般若波罗蜜多经"。

马德、勘措吉主编，甘肃省文物局、敦煌研究院编纂 甘肃藏敦煌藏文文献⑱敦煌市博物馆卷，上海：上海古籍出版社，2019年7月 图版p.269

Db.t.2837 十万颂般若波罗蜜多经

张延清著 吐蕃敦煌抄经研究 北京：民族出版社，2016年11月 p.276

马德、勘措吉主编，甘肃省文物局、敦煌研究院编纂 甘肃藏敦煌藏文文献⑱敦煌市博物馆卷，上海：上海古籍出版社，2019年7月 图版p.270

Db.t.2838 十万颂般若波罗蜜多经

张延清著 吐蕃敦煌抄经研究 北京：民族出版社，2016年11月 p.313、335

马德、勘措吉主编，甘肃省文物局、敦煌研究院编纂 甘肃藏敦煌藏文文献⑱敦煌市博物馆卷，上海：上海古籍出版社，2019年7月 图版p.271

Db.t.2839 十万颂般若波罗蜜多经

张延清著 吐蕃敦煌抄经研究 北京：民族出版社，2016年11月 p.306、331、346、348、349

马德、勘措吉主编，甘肃省文物局、敦煌研究院编纂 甘肃藏敦煌藏文文献⑱敦煌市博物馆卷，上海：上海古籍出版社，2019年7月 图版p.272

Db.t.2840 十万颂般若波罗蜜多经

张延清著 吐蕃敦煌抄经研究 北京：民族出版社，2016年11月 p.308

马德、勘措吉主编，甘肃省文物局、敦煌研究院编纂 甘肃藏敦煌藏文文献⑱敦煌市博物馆卷，上海：上海古籍出版社，2019年7月 图版p.273

Db.t.2841 十万颂般若波罗蜜多经

张延清著 吐蕃敦煌抄经研究 北京：民族出版社，2016年11月 p.317

马德、勘措吉主编，甘肃省文物局、敦煌研究院编纂 甘肃藏敦煌藏文文献⑱敦煌市博物馆卷，上海：上海古籍出版社，2019年7月 图版p.274

Db.t.2842 十万颂般若波罗蜜多经

张延清著 吐蕃敦煌抄经研究 北京：民族出版社，2016年11月 p.311、356

马德、勘措吉主编，甘肃省文物局、敦煌研究院编纂 甘肃藏敦煌藏文文献⑱敦煌市博物馆卷，上海：上海古籍出版社，2019年7月 图版p.275

Db.t.2843 十万颂般若波罗蜜多经

张延清著 吐蕃敦煌抄经研究 北京:民族出版社,2016年11月 p.276

马德、勘措吉主编,甘肃省文物局、敦煌研究院编纂 甘肃藏敦煌藏文文献⑱敦煌市博物馆卷,上海:上海古籍出版社,2019年7月 图版p.276

Db.t.2844 十万颂般若波罗蜜多经

张延清著 吐蕃敦煌抄经研究 北京:民族出版社,2016年11月 p.308

马德、勘措吉主编,甘肃省文物局、敦煌研究院编纂 甘肃藏敦煌藏文文献⑱敦煌市博物馆卷,上海:上海古籍出版社,2019年7月 图版p.277

Db.t.2845 十万颂般若波罗蜜多经

张延清著 吐蕃敦煌抄经研究 北京:民族出版社,2016年11月 p.284、331、334、355~356

马德、勘措吉主编,甘肃省文物局、敦煌研究院编纂 甘肃藏敦煌藏文文献⑱敦煌市博物馆卷,上海:上海古籍出版社,2019年7月 图版p.278

Db.t.2846 十万颂般若波罗蜜多经

张延清著 吐蕃敦煌抄经研究 北京:民族出版社,2016年11月 p.281

马德、勘措吉主编,甘肃省文物局、敦煌研究院编纂 甘肃藏敦煌藏文文献⑱敦煌市博物馆卷,上海:上海古籍出版社,2019年7月 图版p.279

Db.t.2847 十万颂般若波罗蜜多经

张延清著 吐蕃敦煌抄经研究 北京:民族出版社,2016年11月 p.293、330、333、334

马德、勘措吉主编,甘肃省文物局、敦煌研究院编纂 甘肃藏敦煌藏文文献⑱敦煌市博物馆卷,上海:上海古籍出版社,2019年7月 图版p.280

Db.t.2848 十万颂般若波罗蜜多经

张延清著 吐蕃敦煌抄经研究 北京:民族出版社,2016年11月 p.310

马德、勘措吉主编,甘肃省文物局、敦煌研究院编纂 甘肃藏敦煌藏文文献⑱敦煌市博物馆卷,上海:上海古籍出版社,2019年7月 图版p.281

Db.t.2849 十万颂般若波罗蜜多经

张延清著 吐蕃敦煌抄经研究 北京:民族出版社,2016年11月 p.306、334、357

马德、勘措吉主编,甘肃省文物局、敦煌研究院编纂 甘肃藏敦煌藏文文献⑱敦煌市博物馆卷,上海:上海古籍出版社,2019年7月 图版p.282

Db.t.2850 十万颂般若波罗蜜多经

张延清著 吐蕃敦煌抄经研究 北京:民族出版社,2016年11月 p.317、331、346、348、349

马德、勘措吉主编,甘肃省文物局、敦煌研究院编纂 甘肃藏敦煌藏文文献⑱敦煌市博物馆卷,上海:上海古籍出版社,2019年7月 图版p.283

Db.t.2851 十万颂般若波罗蜜多经

张延清著 吐蕃敦煌抄经研究 北京:民族出版社,2016年11月 p.288、348、349、357

马德、勘措吉主编,甘肃省文物局、敦煌研究院编纂 甘肃藏敦煌藏文文献⑱敦煌市博物馆卷,上海:上海古籍出版社,2019年7月 图版p.284

Db.t.2852 十万颂般若波罗蜜多经

张延清著 吐蕃敦煌抄经研究 北京:民族出版社,2016年11月 p.320

马德、勘措吉主编,甘肃省文物局、敦煌研究院编纂 甘肃藏敦煌藏文文献⑱敦煌市博物馆卷,上海:上海古籍出版社,2019年7月 图版p.285

Db.t.2853–Db.t.2854 十万颂般若波罗蜜多经

马德、勘措吉主编,甘肃省文物局、敦煌研究院编纂 甘肃藏敦煌藏文文献⑱敦煌市博物馆卷,上海:上海古籍出版社,2019年7月 图版p.286~287

Db.t.2855 十万颂般若波罗蜜多经

张延清著 吐蕃敦煌抄经研究 北京:民族出版社,2016年11月 p.311~312、348、349、357

马德、勘措吉主编,甘肃省文物局、敦煌研究院编纂 甘肃藏敦煌藏文文献⑱敦煌市博物馆卷,上海:上海古籍出版社,2019年7月 图版p.288

Db.t.2856 十万颂般若波罗蜜多经

张延清著 吐蕃敦煌抄经研究 北京:民族出版社,2016年11月 p.322、327、332、355~356

马德、勘措吉主编,甘肃省文物局、敦煌研究院编纂 甘肃藏敦煌藏文文献⑱敦煌市博物馆卷,上海:上海古籍出版社,2019年7月 图版p.289

Db.t.2857 十万颂般若波罗蜜多经

张延清著 吐蕃敦煌抄经研究 北京:民族出版社,2016年11月 p.314、331、346、348、349

马德、勘措吉主编,甘肃省文物局、敦煌研究院编纂 甘肃藏敦煌藏文文献⑱敦煌市博物馆卷,上海:上海古籍出版社,2019年7月 图版p.290

Db.t.2858 十万颂般若波罗蜜多经

张延清著 吐蕃敦煌抄经研究 北京：民族出版社，2016年11月 p.285

马德、勘措吉主编，甘肃省文物局、敦煌研究院编纂 甘肃藏敦煌藏文文献⑱敦煌市博物馆卷，上海：上海古籍出版社，2019年7月 图版p.291

Db.t.2859 十万颂般若波罗蜜多经

张延清著 吐蕃敦煌抄经研究 北京：民族出版社，2016年11月 p.283

马德、勘措吉主编，甘肃省文物局、敦煌研究院编纂 甘肃藏敦煌藏文文献⑱敦煌市博物馆卷，上海：上海古籍出版社，2019年7月 图版p.292

Db.t.2860 十万颂般若波罗蜜多经

张延清著 吐蕃敦煌抄经研究 北京：民族出版社，2016年11月 p.318

马德、勘措吉主编，甘肃省文物局、敦煌研究院编纂 甘肃藏敦煌藏文文献⑱敦煌市博物馆卷，上海：上海古籍出版社，2019年7月 图版p.293

Db.t.2861 十万颂般若波罗蜜多经

张延清著 吐蕃敦煌抄经研究 北京：民族出版社，2016年11月 p.320

马德、勘措吉主编，甘肃省文物局、敦煌研究院编纂 甘肃藏敦煌藏文文献⑱敦煌市博物馆卷，上海：上海古籍出版社，2019年7月 图版p.294

Db.t.2862 十万颂般若波罗蜜多经

张延清著 吐蕃敦煌抄经研究 北京：民族出版社，2016年11月 p.321

马德、勘措吉主编，甘肃省文物局、敦煌研究院编纂 甘肃藏敦煌藏文文献⑱敦煌市博物馆卷，上海：上海古籍出版社，2019年7月 图版p.295

Db.t.2863 十万颂般若波罗蜜多经

张延清著 吐蕃敦煌抄经研究 北京：民族出版社，2016年11月 p.306

马德、勘措吉主编，甘肃省文物局、敦煌研究院编纂 甘肃藏敦煌藏文文献⑱敦煌市博物馆卷，上海：上海古籍出版社，2019年7月 图版p.296

Db.t.2864 十万颂般若波罗蜜多经

张延清著 吐蕃敦煌抄经研究 北京：民族出版社，2016年11月 p.293、329~330、348、350

马德、勘措吉主编，甘肃省文物局、敦煌研究院编纂 甘肃藏敦煌藏文文献⑱敦煌市博物馆卷，上海：上海古籍出版社，2019年7月 图版p.297

Db.t.2865 十万颂般若波罗蜜多经

张延清著 吐蕃敦煌抄经研究 北京：民族出版社，2016年11月 p.293、329~330、348、350

马德、勘措吉主编，甘肃省文物局、敦煌研究院编纂 甘肃藏敦煌藏文文献⑱敦煌市博物馆卷，上海：上海古籍出版社，2019年7月 图版p.298

Db.t.2866 十万颂般若波罗蜜多经

张延清著 吐蕃敦煌抄经研究 北京：民族出版社，2016年11月 p.283

马德、勘措吉主编，甘肃省文物局、敦煌研究院编纂 甘肃藏敦煌藏文文献⑱敦煌市博物馆卷，上海：上海古籍出版社，2019年7月 图版p.299

Db.t.2867 十万颂般若波罗蜜多经

张延清著 吐蕃敦煌抄经研究 北京：民族出版社，2016年11月 p.314

马德、勘措吉主编，甘肃省文物局、敦煌研究院编纂 甘肃藏敦煌藏文文献⑱敦煌市博物馆卷，上海：上海古籍出版社，2019年7月 图版p.300

Db.t.2868 十万颂般若波罗蜜多经

张延清著 吐蕃敦煌抄经研究 北京：民族出版社，2016年11月 p.283

马德、勘措吉主编，甘肃省文物局、敦煌研究院编纂 甘肃藏敦煌藏文文献⑱敦煌市博物馆卷，上海：上海古籍出版社，2019年7月 图版p.301

Db.t.2869 十万颂般若波罗蜜多经

张延清著 吐蕃敦煌抄经研究 北京：民族出版社，2016年11月 p.317

马德、勘措吉主编，甘肃省文物局、敦煌研究院编纂 甘肃藏敦煌藏文文献⑱敦煌市博物馆卷，上海：上海古籍出版社，2019年7月 图版p.302

Db.t.2870 十万颂般若波罗蜜多经

张延清著 吐蕃敦煌抄经研究 北京：民族出版社，2016年11月 p.323

马德、勘措吉主编，甘肃省文物局、敦煌研究院编纂 甘肃藏敦煌藏文文献⑱敦煌市博物馆卷，上海：上海古籍出版社，2019年7月 图版p.303

Db.t.2871 十万颂般若波罗蜜多经

勘措吉 从哲蚌寺藏《蜊蚌经》谈敦煌藏文写经誊抄年代 《敦煌研究》2018年第4期 p.104；图6

张延清著 吐蕃敦煌抄经研究 北京：民族出版社，2016年11月 p.308、344~345、351、353

马德、勘措吉主编，甘肃省文物局、敦煌研究院编纂 甘肃藏敦煌藏文文献⑱敦煌市博物馆卷，上海：上

海古籍出版社，2019年7月 图版p.304

Db.t.2872 十万颂般若波罗蜜多经

张延清著 吐蕃敦煌抄经研究 北京：民族出版社，2016年11月 p.281

马德、勘措吉主编，甘肃省文物局、敦煌研究院编纂 甘肃藏敦煌藏文文献⑱敦煌市博物馆卷，上海：上海古籍出版社，2019年7月 图版p.305

Db.t.2873 十万颂般若波罗蜜多经

张延清著 吐蕃敦煌抄经研究 北京：民族出版社，2016年11月 p.285

马德、勘措吉主编，甘肃省文物局、敦煌研究院编纂 甘肃藏敦煌藏文文献⑱敦煌市博物馆卷，上海：上海古籍出版社，2019年7月 图版p.306

Db.t.2874 十万颂般若波罗蜜多经

张延清著 吐蕃敦煌抄经研究 北京：民族出版社，2016年11月 p.317

马德、勘措吉主编，甘肃省文物局、敦煌研究院编纂 甘肃藏敦煌藏文文献⑱敦煌市博物馆卷，上海：上海古籍出版社，2019年7月 图版p.307

Db.t.2875 十万颂般若波罗蜜多经

张延清著 吐蕃敦煌抄经研究 北京：民族出版社，2016年11月 p.319、327、332、337

马德、勘措吉主编，甘肃省文物局、敦煌研究院编纂 甘肃藏敦煌藏文文献⑱敦煌市博物馆卷，上海：上海古籍出版社，2019年7月 图版p.308

Db.t.2876 十万颂般若波罗蜜多经

张延清著 吐蕃敦煌抄经研究 北京：民族出版社，2016年11月 p.317

马德、勘措吉主编，甘肃省文物局、敦煌研究院编纂 甘肃藏敦煌藏文文献⑱敦煌市博物馆卷，上海：上海古籍出版社，2019年7月 图版p.309

Db.t.2877 十万颂般若波罗蜜多经第一卷第七、八品

张延清著 吐蕃敦煌抄经研究 北京：民族出版社，2016年11月 p.315

马德、勘措吉主编，甘肃省文物局、敦煌研究院编纂 甘肃藏敦煌藏文文献⑱敦煌市博物馆卷，上海：上海古籍出版社，2019年7月 图版p.310

Db.t.2878 十万颂般若波罗蜜多经第一卷第十三、十四品

张延清著 吐蕃敦煌抄经研究 北京：民族出版社，2016年11月 p.315、327~328、343

马德、勘措吉主编，甘肃省文物局、敦煌研究院编纂 甘肃藏敦煌藏文文献⑱敦煌市博物馆卷，上海：上海古籍出版社，2019年7月 图版p.311

Db.t.2879 十万颂般若波罗蜜多经第一卷第十六品

马德、勘措吉主编，甘肃省文物局、敦煌研究院编纂 甘肃藏敦煌藏文文献⑱敦煌市博物馆卷，上海：上海古籍出版社，2019年7月 图版p.312

Db.t.2880 十万颂般若波罗蜜多经第一卷第十七、十八品

张延清著 吐蕃敦煌抄经研究 北京：民族出版社，2016年11月 p.278、332

马德、勘措吉主编，甘肃省文物局、敦煌研究院编纂 甘肃藏敦煌藏文文献⑱敦煌市博物馆卷，上海：上海古籍出版社，2019年7月 图版p.313

Db.t.2881 十万颂般若波罗蜜多经第一卷第二十七品[①]

马德主编，张延清、勘措吉、邰惠莉编写 敦煌市博物馆藏敦煌藏文文献《甘肃藏敦煌藏文文献叙录》，兰州：甘肃民族出版社，2011年9月 p.576

张延清著 吐蕃敦煌抄经研究 北京：民族出版社，2016年11月 p.311~312

马德、勘措吉主编，甘肃省文物局、敦煌研究院编纂 甘肃藏敦煌藏文文献⑱敦煌市博物馆卷，上海：上海古籍出版社，2019年7月 图版p.314

Db.t.2882 十万颂般若波罗蜜多经第一卷第三十一、三十二品

马德、勘措吉主编，甘肃省文物局、敦煌研究院编纂 甘肃藏敦煌藏文文献⑱敦煌市博物馆卷，上海：上海古籍出版社，2019年7月 图版p.315

Db.t.2883 十万颂般若波罗蜜多经第一卷第四十七、四十八品

张延清著 吐蕃敦煌抄经研究 北京：民族出版社，2016年11月 p.318、355~356

马德、勘措吉主编，甘肃省文物局、敦煌研究院编纂 甘肃藏敦煌藏文文献⑱敦煌市博物馆卷，上海：上海古籍出版社，2019年7月 图版p.316

Db.t.2884 十万颂般若波罗蜜多经第一卷第四十九、五十品

张延清著 吐蕃敦煌抄经研究 北京：民族出版社，2016年11月 p.320~321

①该文献《甘肃藏敦煌藏文文献叙录》、张延清著《吐蕃敦煌抄经研究》原定名作“十万颂般若波罗蜜多经第一卷第二十六、二十七品”。《甘肃藏敦煌藏文文献》⑱敦煌市博物馆卷图录重新校定名称作“十万颂般若波罗蜜多经第一卷第二十七品”。

马德、勘措吉主编,甘肃省文物局、敦煌研究院编纂 甘肃藏敦煌藏文文献⑱敦煌市博物馆卷,上海:上海古籍出版社,2019年7月 图版p.317

Db.t.2885 十万颂般若波罗蜜多经第一卷第五十九、六十品

张延清著 吐蕃敦煌抄经研究 北京:民族出版社,2016年11月 p.278

马德、勘措吉主编,甘肃省文物局、敦煌研究院编纂 甘肃藏敦煌藏文文献⑱敦煌市博物馆卷,上海:上海古籍出版社,2019年7月 图版p.318

Db.t.2886 十万颂般若波罗蜜多经第一卷第六十一、六十二品

张延清著 吐蕃敦煌抄经研究 北京:民族出版社,2016年11月 p.318

马德、勘措吉主编,甘肃省文物局、敦煌研究院编纂 甘肃藏敦煌藏文文献⑱敦煌市博物馆卷,上海:上海古籍出版社,2019年7月 图版p.319

Db.t.2887 十万颂般若波罗蜜多经第一卷第六十六、六十七品

马德、勘措吉主编,甘肃省文物局、敦煌研究院编纂 甘肃藏敦煌藏文文献⑱敦煌市博物馆卷,上海:上海古籍出版社,2019年7月 图版p.320

Db.t.2888 十万颂般若波罗蜜多经第一卷第六十八、六十九品

张延清著 吐蕃敦煌抄经研究 北京:民族出版社,2016年11月 p.288

马德、勘措吉主编,甘肃省文物局、敦煌研究院编纂 甘肃藏敦煌藏文文献⑱敦煌市博物馆卷,上海:上海古籍出版社,2019年7月 图版p.321

Db.t.2889 十万颂般若波罗蜜多经第一卷第六十六、六十七品

张延清著 吐蕃敦煌抄经研究 北京:民族出版社,2016年11月 p.284

马德、勘措吉主编,甘肃省文物局、敦煌研究院编纂 甘肃藏敦煌藏文文献⑱敦煌市博物馆卷,上海:上海古籍出版社,2019年7月 图版p.322

Db.t.2890 十万颂般若波罗蜜多经第一卷第七十一品

马德、勘措吉主编,甘肃省文物局、敦煌研究院编纂 甘肃藏敦煌藏文文献⑱敦煌市博物馆卷,上海:上海古籍出版社,2019年7月 图版p.323

Db.t.2891 十万颂般若波罗蜜多经第二卷第十二、十三品

张延清著 吐蕃敦煌抄经研究 北京:民族出版社,2016年11月 p.299、331、355~356

马德、勘措吉主编,甘肃省文物局、敦煌研究院编纂 甘肃藏敦煌藏文文献⑱敦煌市博物馆卷,上海:上

海古籍出版社,2019年7月 图版p.324

Db.t.2892 十万颂般若波罗蜜多经第二卷第十六、十七品

张延清著 吐蕃敦煌抄经研究 北京:民族出版社,2016年11月 p.321

马德、勘措吉主编,甘肃省文物局、敦煌研究院编纂 甘肃藏敦煌藏文文献⑱敦煌市博物馆卷,上海:上海古籍出版社,2019年7月 图版p.325

Db.t.2893 十万颂般若波罗蜜多经第二卷第二十三、二十四品

张延清著 吐蕃敦煌抄经研究 北京:民族出版社,2016年11月 p.310

马德、勘措吉主编,甘肃省文物局、敦煌研究院编纂 甘肃藏敦煌藏文文献⑱敦煌市博物馆卷,上海:上海古籍出版社,2019年7月 图版p.326

Db.t.2894 十万颂般若波罗蜜多经第二卷第四十四、四十五品

张延清著 吐蕃敦煌抄经研究 北京:民族出版社,2016年11月 p.295、329~330、334

马德、勘措吉主编,甘肃省文物局、敦煌研究院编纂 甘肃藏敦煌藏文文献⑱敦煌市博物馆卷,上海:上海古籍出版社,2019年7月 图版p.327

Db.t.2895 十万颂般若波罗蜜多经第三卷第一、二品

张延清著 吐蕃敦煌抄经研究 北京:民族出版社,2016年11月 p.281

马德、勘措吉主编,甘肃省文物局、敦煌研究院编纂 甘肃藏敦煌藏文文献⑱敦煌市博物馆卷,上海:上海古籍出版社,2019年7月 图版p.328

Db.t.2896 十万颂般若波罗蜜多经第三卷第三、四品

张延清著 吐蕃敦煌抄经研究 北京:民族出版社,2016年11月 p.306

马德、勘措吉主编,甘肃省文物局、敦煌研究院编纂 甘肃藏敦煌藏文文献⑱敦煌市博物馆卷,上海:上海古籍出版社,2019年7月 图版p.329

Db.t.2897 十万颂般若波罗蜜多经第三卷第二十七、二十八品

张延清著 吐蕃敦煌抄经研究 北京:民族出版社,2016年11月 p.320

马德、勘措吉主编,甘肃省文物局、敦煌研究院编纂 甘肃藏敦煌藏文文献⑱敦煌市博物馆卷,上海:上海古籍出版社,2019年7月 图版p.330

Db.t.2898 十万颂般若波罗蜜多经第三卷第二十八、二十九品

张延清著 吐蕃敦煌抄经研究 北京:民族出版社,2016年11月 p.279

马德、勘措吉主编，甘肃省文物局、敦煌研究院编纂 甘肃藏敦煌藏文文献⑱敦煌市博物馆卷，上海：上海古籍出版社，2019年7月 图版p.331

Db.t.2899 十万颂般若波罗蜜多经第三卷第六十三、六十四品

张延清著 吐蕃敦煌抄经研究 北京：民族出版社，2016年11月 p.283

马德、勘措吉主编，甘肃省文物局、敦煌研究院编纂 甘肃藏敦煌藏文文献⑱敦煌市博物馆卷，上海：上海古籍出版社，2019年7月 图版p.332

Db.t.2900 十万颂般若波罗蜜多经第三卷第七十三、七十四品

马德、勘措吉主编，甘肃省文物局、敦煌研究院编纂 甘肃藏敦煌藏文文献⑱敦煌市博物馆卷，上海：上海古籍出版社，2019年7月 图版p.333

Db.t.2901 十万颂般若波罗蜜多经

马德、勘措吉主编，甘肃省文物局、敦煌研究院编纂 甘肃藏敦煌藏文文献⑱敦煌市博物馆卷，上海：上海古籍出版社，2019年7月 图版p.334

Db.t.2902 十万颂般若波罗蜜多经第四卷第二十八、二十九品

张延清著 吐蕃敦煌抄经研究 北京：民族出版社，2016年11月 p.286

马德、勘措吉主编，甘肃省文物局、敦煌研究院编纂 甘肃藏敦煌藏文文献⑱敦煌市博物馆卷，上海：上海古籍出版社，2019年7月 图版p.335

Db.t.2903 十万颂般若波罗蜜多经第四卷第六十七、六十八品

张延清著 吐蕃敦煌抄经研究 北京：民族出版社，2016年11月 p.317

马德、勘措吉主编，甘肃省文物局、敦煌研究院编纂 甘肃藏敦煌藏文文献⑱敦煌市博物馆卷，上海：上海古籍出版社，2019年7月 图版p.336

Db.t.2904 十万颂般若波罗蜜多经第四卷第四十三、四十四品

张延清著 吐蕃敦煌抄经研究 北京：民族出版社，2016年11月 p.288

马德、勘措吉主编，甘肃省文物局、敦煌研究院编纂 甘肃藏敦煌藏文文献⑱敦煌市博物馆卷，上海：上海古籍出版社，2019年7月 图版p.337

Db.t.2905 十万颂般若波罗蜜多经

张延清著 吐蕃敦煌抄经研究 北京：民族出版社，2016年11月 p.278

马德、勘措吉主编，甘肃省文物局、敦煌研究院编纂 甘肃藏敦煌藏文文献⑱敦煌市博物馆卷，上海：上

海古籍出版社，2019年7月 图版p.338

Db.t.2906 十万颂般若波罗蜜多经

马德、勘措吉主编，甘肃省文物局、敦煌研究院编纂 甘肃藏敦煌藏文文献⑱敦煌市博物馆卷，上海：上海古籍出版社，2019年7月 图版p.340

Db.t.2907 大宝积经[1]

马德主编，张延清、勘措吉、邰惠莉编写 敦煌市博物馆藏敦煌藏文文献《甘肃藏敦煌藏文文献叙录》，兰州：甘肃民族出版社，2011年9月 p.580

马德、勘措吉主编，甘肃省文物局、敦煌研究院编纂 甘肃藏敦煌藏文文献⑱敦煌市博物馆卷，上海：上海古籍出版社，2019年7月 图版p.341

Db.t.2908 十万颂般若波罗蜜多经

张延清 翻译家校阅大师法成及其校经目录《敦煌学辑刊》2008年第3期 p.88；收入德吉卓玛编《吐蕃佛教史研究论文集》，北京：中国藏学出版社，2015年4月 p.642~643

张延清著 吐蕃敦煌抄经研究 北京：民族出版社，2016年11月 p.140、276、331、332~333、344

马德、勘措吉主编，甘肃省文物局、敦煌研究院编纂 甘肃藏敦煌藏文文献⑱敦煌市博物馆卷，上海：上海古籍出版社，2019年7月 图版p.341

札平 敦煌古藏文文献中的佛教神话原型研究——以《贤愚姻缘经》为例 兰州：西北民族大学硕士研究生学位论文，2011年6月 p.12

Db.t.2909 十万颂般若波罗蜜多经

张延清著 吐蕃敦煌抄经研究 北京：民族出版社，2016年11月 p.321、334、349

马德、勘措吉主编，甘肃省文物局、敦煌研究院编纂 甘肃藏敦煌藏文文献⑱敦煌市博物馆卷，上海：上海古籍出版社，2019年7月 图版p.342

Db.t.2910 十万颂般若波罗蜜多经第二卷第三品

张延清、谢尔萨 敦煌藏文写经生结构分析《丝绸之路民族古文字与文化学术讨论会文集》（上），西安：三秦出版社，2007年7月 p.113~114；p.123（附表一）

张延清 翻译家校阅大师法成及其校经目录《敦煌学辑刊》2008年第3期 p.79；p.88~89；收入德吉卓玛编《吐蕃佛教史研究论文集》，北京：中国藏学出版社，2015年4月 p.629、643

---

①该文献《甘肃藏敦煌藏文文献叙录》原定名作“十万颂般若波罗蜜多经”。《甘肃藏敦煌藏文文献》⑱敦煌市博物馆卷图录重新校定名称作“大宝积经”。

张延清 翻译家校阅大师法成事略[①]《佛教艺术与文化国际学术研讨会论文集》,西安:三秦出版社,2009年9月 p.238~239

林世田、杨学勇、刘波著 敦煌佛典的流通与改造 兰州:甘肃教育出版社,2013年11月 p.116

张延清著 吐蕃敦煌抄经研究 北京:民族出版社,2016年11月 p.124、140、276、332~333、344

马德、勘措吉主编,甘肃省文物局、敦煌研究院编纂 甘肃藏敦煌藏文文献⑱敦煌市博物馆卷,上海:上海古籍出版社,2019年7月 图版p.343

札平 敦煌古藏文文献中的佛教神话原型研究——以《贤愚姻缘经》为例 兰州:西北民族大学硕士研究生学位论文,2011年6月 p.12

Db.t.2911 十万颂般若波罗蜜多经

马德、勘措吉主编,甘肃省文物局、敦煌研究院编纂 甘肃藏敦煌藏文文献⑱敦煌市博物馆卷,上海:上海古籍出版社,2019年7月 图版p.344

Db.t.2912 十万颂般若波罗蜜多经

张延清 翻译家校阅大师法成及其校经目录《敦煌学辑刊》2008年第3期 p.89;收入德吉卓玛编《吐蕃佛教史研究论文集》,北京:中国藏学出版社,2015年4月 p.643

张延清著 吐蕃敦煌抄经研究 北京:民族出版社,2016年11月 p.140、325、332~333

马德、勘措吉主编,甘肃省文物局、敦煌研究院编纂 甘肃藏敦煌藏文文献⑱敦煌市博物馆卷,上海:上海古籍出版社,2019年7月 图版p.345

札平 敦煌古藏文文献中的佛教神话原型研究——以《贤愚姻缘经》为例 兰州:西北民族大学硕士研究生学位论文,2011年6月 p.12

Db.t.2913 十万颂般若波罗蜜多经

张延清 翻译家校阅大师法成及其校经目录《敦煌学辑刊》2008年第3期 p.89;收入德吉卓玛编《吐蕃佛教史研究论文集》,北京:中国藏学出版社,2015年4月 p.643~644

张延清著 吐蕃敦煌抄经研究 北京:民族出版社,2016年11月 p.140、294、328、332~333、335、343

马德、勘措吉主编,甘肃省文物局、敦煌研究院编纂 甘肃藏敦煌藏文文献⑱敦煌市博物馆卷,上海:上海古籍出版社,2019年7月 图版p.346

札平 敦煌古藏文文献中的佛教神话原型研究——以《贤愚姻缘经》为例 兰州:西北民族大学硕士研究生学位论文,2011年6月 p.12

---

①张延清《翻译家校阅大师法成事略》为较早敦煌藏文写卷研究成果,其文作"敦煌市博物馆藏、敦煌研究院敦煌文献研究所制登录卡卡号00855《十万般若颂》第二卷第三品"。

Db.t.2914 十万颂般若波罗蜜多经

张延清著 吐蕃敦煌抄经研究 北京：民族出版社，2016年11月 p.277、327、356、357

马德、勘措吉主编，甘肃省文物局、敦煌研究院编纂 甘肃藏敦煌藏文文献⑱敦煌市博物馆卷，上海：上海古籍出版社，2019年7月 图版p.347

Db.t.2915 十万颂般若波罗蜜多经第一卷第三十六、三十七品

张延清著 吐蕃敦煌抄经研究 北京：民族出版社，2016年11月 p.277、327~328、336、354

马德、勘措吉主编，甘肃省文物局、敦煌研究院编纂 甘肃藏敦煌藏文文献⑱敦煌市博物馆卷，上海：上海古籍出版社，2019年7月 图版p.348

Db.t.2916 十万颂般若波罗蜜多经

张延清 吐蕃王妃贝吉昂楚及其敦煌校经题记《西藏民族学院学报》（哲学社会科学版）2009年第5期 p.35~36；收入德吉卓玛编《吐蕃佛教史研究论文集》，北京：中国藏学出版社，2015年4月 p.621

张延清著 吐蕃敦煌抄经研究 北京：民族出版社，2016年11月 p.207、294、340~341、344、345~346、347、352

马德、勘措吉主编，甘肃省文物局、敦煌研究院编纂 甘肃藏敦煌藏文文献⑱敦煌市博物馆卷，上海：上海古籍出版社，2019年7月 图版p.349

Db.t.2917（原收藏号2917）十万颂般若波罗蜜多经

张延清 张议潮与吐蕃文化《敦煌研究》2005年第3期 p.91（附表：张议潮藏文题记简表）

张延清著 吐蕃敦煌抄经研究 北京：民族出版社，2016年11月 p.286、335、352

马德、勘措吉主编，甘肃省文物局、敦煌研究院编纂 甘肃藏敦煌藏文文献⑱敦煌市博物馆卷，上海：上海古籍出版社，2019年7月 图版p.350

Db.t.2918 十万颂般若波罗蜜多经

张延清 翻译家校阅大师法成及其校经目录《敦煌学辑刊》2008年第3期 p.89；收入德吉卓玛编《吐蕃佛教史研究论文集》，北京：中国藏学出版社，2015年4月 p.644

张延清著 吐蕃敦煌抄经研究 北京：民族出版社，2016年11月 p.140、321、332~333、337、343、346、352、353

马德、勘措吉主编，甘肃省文物局、敦煌研究院编纂 甘肃藏敦煌藏文文献⑱敦煌市博物馆卷，上海：上海古籍出版社，2019年7月 图版p.351

札平 敦煌古藏文文献中的佛教神话原型研究——以《贤愚姻缘经》为例 兰州：西北民族大学硕士研究生学位论文，2011年6月 p.12

Db.t.2919 十万颂般若波罗蜜多经

马德、勘措吉主编，甘肃省文物局、敦煌研究院编纂 甘肃藏敦煌藏文文献⑱敦煌市博物馆卷，上海：上海古籍出版社，2019年7月 图版p.352

Db.t.2920 十万颂般若波罗蜜多经

张延清 翻译家校阅大师法成及其校经目录《敦煌学辑刊》2008年第3期 p.89~90；收入德吉卓玛编《吐蕃佛教史研究论文集》，北京：中国藏学出版社，2015年4月 p.644

张延清著 吐蕃敦煌抄经研究 北京：民族出版社，2016年11月 p.140、299、332~333

马德、勘措吉主编，甘肃省文物局、敦煌研究院编纂 甘肃藏敦煌藏文文献⑱敦煌市博物馆卷，上海：上海古籍出版社，2019年7月 图版p.353

札平 敦煌古藏文文献中的佛教神话原型研究——以《贤愚姻缘经》为例 兰州：西北民族大学硕士研究生学位论文，2011年6月 p.12

Db.t.2921 十万颂般若波罗蜜多经

张延清 翻译家校阅大师法成及其校经目录《敦煌学辑刊》2008年第3期 p.90；收入德吉卓玛编《吐蕃佛教史研究论文集》，北京：中国藏学出版社，2015年4月 p.644~645

张延清著 吐蕃敦煌抄经研究 北京：民族出版社，2016年11月 p.140、287、332~333

马德、勘措吉主编，甘肃省文物局、敦煌研究院编纂 甘肃藏敦煌藏文文献⑱敦煌市博物馆卷，上海：上海古籍出版社，2019年7月 图版p.354

札平 敦煌古藏文文献中的佛教神话原型研究——以《贤愚姻缘经》为例 兰州：西北民族大学硕士研究生学位论文，2011年6月 p.12

Db.t.2922 十万颂般若波罗蜜多经

张延清 敦煌古藏文佛经中的报废经页《西藏研究》2009年第1期 p.47

张延清 吐蕃敦煌抄经中的报废经页《敦煌吐蕃文化学术研讨会论文集》，兰州：甘肃民族出版社，2009年12月 p.396

张延清著 吐蕃敦煌抄经研究 北京：民族出版社，2016年11月 p.228；p.239~240；图82；p.277~278

马德、勘措吉主编，甘肃省文物局、敦煌研究院编纂 甘肃藏敦煌藏文文献⑱敦煌市博物馆卷，上海：上海古籍出版社，2019年7月 图版p.355

Db.t.2923 十万颂般若波罗蜜多经

张延清 敦煌古藏文佛经中的报废经页《西藏研究》2009年第1期 p.47

张延清 吐蕃敦煌抄经中的报废经页《敦煌吐蕃文化学术研讨会论文集》，兰州：甘肃民族出版社，2009年12月 p.396

赵青山 吐蕃占领敦煌时期写经道场相关问题考述[①]《藏学学刊》第11辑，北京：中国藏学出版社，2014年12月 p.36

张延清著 吐蕃敦煌抄经研究 北京：民族出版社，2016年11月 p.228、279、343、354

马德、勘措吉主编，甘肃省文物局、敦煌研究院编纂 甘肃藏敦煌藏文文献⑱敦煌市博物馆卷，上海：上海古籍出版社，2019年7月 图版p.356

Db.t.2924 十万颂般若波罗蜜多经[②]

马德主编，张延清、勘措吉、邰惠莉编写 敦煌市博物馆藏敦煌藏文文献《甘肃藏敦煌藏文文献叙录》，兰州：甘肃民族出版社，2011年9月 p.583~584

张延清著 吐蕃敦煌抄经研究 北京：民族出版社，2016年11月 p.321、329、338、345

马德、勘措吉主编，甘肃省文物局、敦煌研究院编纂 甘肃藏敦煌藏文文献⑱敦煌市博物馆卷，上海：上海古籍出版社，2019年7月 图版p.357

Db.t.2925 十万颂般若波罗蜜多经第四卷第二十七品

林世田、杨学勇、刘波著 敦煌佛典的流通与改造 兰州：甘肃教育出版社，2013年11月 p.117

张延清著 吐蕃敦煌抄经研究 北京：民族出版社，2016年11月 p.239、325

马德、勘措吉主编，甘肃省文物局、敦煌研究院编纂 甘肃藏敦煌藏文文献⑱敦煌市博物馆卷，上海：上海古籍出版社，2019年7月 图版p.358

Db.t.2926（原收藏号2926）十万颂般若波罗蜜多经

张延清 张议潮与吐蕃文化《敦煌研究》2005年第3期 p.90；p.92（续附表）

张延清、谢尔萨 敦煌藏文写经生结构分析《丝绸之路民族古文字与文化学术讨论会文集》（上），西安：三秦出版社，2007年7月 p.114；p.123（附表一）

张延清 翻译家校阅大师法成及其校经目录《敦煌学辑刊》2008年第3期 p.81；收入德吉卓玛编《吐蕃佛教史研究论文集》，北京：中国藏学出版社，2015年4月 p.632

---

①赵青山《吐蕃占领敦煌时期写经道场相关问题考述》引用Db.t.2923报废记录"在经页右侧空白边缘朱笔横书：'康国耿废页。'纸背面题记'康赞热抄写，达木先校，达木哥二校，法藏三校。'经页正面右侧空白边缘朱笔横书'康赞热废页'"时把Db.t.2922和Db.t.2923两个经卷的内容混淆在了一起。经核查，应为Db.t.2922朱毛横书："康国耿废页"；Db.t.2923："康赞热抄写，达木先校，达木哥二校，法藏三校"。

②该文献《甘肃藏敦煌藏文文献叙录》原定名作"十万颂般若波罗蜜多经第三卷第六十四品"。《甘肃藏敦煌藏文文献》⑱敦煌市博物馆卷图录重新校定名称作"十万颂般若波罗蜜多经"。

赵青山 吐蕃统治敦煌时期的写经制度[①]《西藏研究》2009年第3期 p.48；修订后收入敦煌研究院编《敦煌吐蕃文化学术研讨会论文集》，兰州：甘肃民族出版社，2009年12月 p.402

邰惠莉 关于吐蕃时期敦煌汉文写经的几个问题《敦煌吐蕃文化学术研讨会论文集》，兰州：甘肃民族出版社，2009年12月 p.380

沙武田 吐蕃对敦煌石窟影响再探——吐蕃因素影响下的归义军首任节度使张议潮功德窟《藏学学刊》第9辑，北京：中国藏学出版社，2014年6月 p.56

张延清著 吐蕃敦煌抄经研究 北京：民族出版社，2016年11月 p.151~152、286、345~346

马德、勘措吉主编，甘肃省文物局、敦煌研究院编纂 甘肃藏敦煌藏文文献⑱敦煌市博物馆卷，上海：上海古籍出版社，2019年7月 图版p.359

Db.t.2927 十万颂般若波罗蜜多经

马德、勘措吉主编，甘肃省文物局、敦煌研究院编纂 甘肃藏敦煌藏文文献⑱敦煌市博物馆卷，上海：上海古籍出版社，2019年7月 图版p.360

Db.t.2928（原收藏号2928）十万颂般若波罗蜜多经

张延清 张议潮与吐蕃文化《敦煌研究》2005年第3期 p.92（续附表）

张延清著 吐蕃敦煌抄经研究 北京：民族出版社，2016年11月 p.286

马德、勘措吉主编，甘肃省文物局、敦煌研究院编纂 甘肃藏敦煌藏文文献⑲敦煌市博物馆卷，上海：上海古籍出版社，2019年8月 图版p.1

Db.t.2929 十万颂般若波罗蜜多经

张延清著 吐蕃敦煌抄经研究 北京：民族出版社，2016年11月 p.233、325

马德、勘措吉主编，甘肃省文物局、敦煌研究院编纂 甘肃藏敦煌藏文文献⑲敦煌市博物馆卷，上海：上海古籍出版社，2019年8月 图版p.2

Db.t.2930（原收藏号2930）十万颂般若波罗蜜多经第一卷第七十三品

张延清 张议潮与吐蕃文化《敦煌研究》2005年第3期 p.92（续附表）

张延清著 吐蕃敦煌抄经研究 北京：民族出版社，2016年11月 p.286

马德、勘措吉主编，甘肃省文物局、敦煌研究院编纂 甘肃藏敦煌藏文文献⑲敦煌市博物馆卷，上海：上海古籍出版社，2019年8月 图版p.3

---

①赵青山《吐蕃统治敦煌时期的写经制度》："敦煌市博物馆藏卷号为敦博837《十万般若颂》……"收入敦煌研究编《敦煌吐蕃文化学术研讨会论文集》时修订为："甘肃省敦煌市博物馆藏、卷号为敦博T·2926《十万般若颂》……"经校对与《甘肃藏敦煌藏文文献叙录》编号Db.t.2926内容完全一致，为便于查阅，故统一纳入Db.t.2926号研究条目下。

Db.t.2931 十万颂般若波罗蜜多经第三卷第四十六品

张延清著 吐蕃敦煌抄经研究 北京：民族出版社，2016年11月 p.304

马德、勘措吉主编，甘肃省文物局、敦煌研究院编纂 甘肃藏敦煌藏文文献⑲敦煌市博物馆卷，上海：上海古籍出版社，2019年8月 图版p.4

Db.t.2932 十万颂般若波罗蜜多经

张延清 翻译家校阅大师法成及其校经目录《敦煌学辑刊》2008年第3期 p.90；收入德吉卓玛编《吐蕃佛教史研究论文集》，北京：中国藏学出版社，2015年4月 p.645

赵青山 吐蕃占领敦煌时期写经道场相关问题考述《藏学学刊》第11辑，北京：中国藏学出版社，2014年12月 p.36

张延清著 吐蕃敦煌抄经研究 北京：民族出版社，2016年11月 p.140、304、332~333

马德、勘措吉主编，甘肃省文物局、敦煌研究院编纂 甘肃藏敦煌藏文文献⑲敦煌市博物馆卷，上海：上海古籍出版社，2019年8月 图版p.5

札平 敦煌古藏文文献中的佛教神话原型研究——以《贤愚姻缘经》为例 兰州：西北民族大学硕士研究生学位论文，2011年6月 p.12

Db.t.2933 十万颂般若波罗蜜多经

马德 西藏发现的《喇蚌经》为敦煌写经《敦煌研究》2009年第5期 p.81图

马德、勘措吉主编，甘肃省文物局、敦煌研究院编纂 甘肃藏敦煌藏文文献⑲敦煌市博物馆卷，上海：上海古籍出版社，2019年8月 图版p.6

Db.t.2934 十万颂般若波罗蜜多经第五十五品[1]

张延清 翻译家校阅大师法成及其校经目录《敦煌学辑刊》2008年第3期 p.90；收入德吉卓玛编《吐蕃佛教史研究论文集》，北京：中国藏学出版社，2015年4月 p.645~646

勘措吉 从哲蚌寺藏《蝲蚌经》谈敦煌藏文写经誊抄年代《敦煌研究》2018年第4期 p.104；图7

马德主编，张延清、勘措吉、邰惠莉编写 敦煌市博物馆藏敦煌藏文文献《甘肃藏敦煌藏文文献叙录》，兰州：甘肃民族出版社，2011年9月 p.585

张延清著 吐蕃敦煌抄经研究 北京：民族出版社，2016年11月 p.140、307、332~333、336、353

马德、勘措吉主编，甘肃省文物局、敦煌研究院编纂 甘肃藏敦煌藏文文献⑲敦煌市博物馆卷，上海：上海古籍出版社，2019年8月 图版p.7

札平 敦煌古藏文文献中的佛教神话原型研究——以《贤愚姻缘经》为例 兰州：西北民族大学硕士研

---

①该文献《甘肃藏敦煌藏文文献叙录》、张延清著《吐蕃敦煌抄经研究》等原定名作“十万颂般若波罗蜜多经”。《甘肃藏敦煌藏文文献》⑲敦煌市博物馆卷图录重新校定名称作“十万颂般若波罗蜜多经第五十五品”。

究生学位论文，2011年6月 p.12

Db.t.2935 十万颂般若波罗蜜多经

张延清著 吐蕃敦煌抄经研究 北京：民族出版社，2016年11月 p.286

马德、勘措吉主编，甘肃省文物局、敦煌研究院编纂 甘肃藏敦煌藏文文献⑲敦煌市博物馆卷，上海：上海古籍出版社，2019年8月 图版p.8

Db.t.2936 二万五千颂般若波罗蜜多经

张延清著 吐蕃敦煌抄经研究 北京：民族出版社，2016年11月 p.307

马德、勘措吉主编，甘肃省文物局、敦煌研究院编纂 甘肃藏敦煌藏文文献⑲敦煌市博物馆卷，上海：上海古籍出版社，2019年8月 图版p.9

Db.t.2937 十万颂般若波罗蜜多经

张延清 翻译家校阅大师法成及其校经目录《敦煌学辑刊》2008年第3期 p.91；收入德吉卓玛编《吐蕃佛教史研究论文集》，北京：中国藏学出版社，2015年4月 p.646

张延清著 吐蕃敦煌抄经研究 北京：民族出版社，2016年11月 p.140、281、332~333

马德、勘措吉主编，甘肃省文物局、敦煌研究院编纂 甘肃藏敦煌藏文文献⑲敦煌市博物馆卷，上海：上海古籍出版社，2019年8月 图版p.10

札平 敦煌古藏文文献中的佛教神话原型研究——以《贤愚姻缘经》为例 兰州：西北民族大学硕士研究生学位论文，2011年6月 p.13

Db.t.2938 十万颂般若波罗蜜多经

张延清 翻译家校阅大师法成及其校经目录《敦煌学辑刊》2008年第3期 p.91；收入德吉卓玛编《吐蕃佛教史研究论文集》，北京：中国藏学出版社，2015年4月 p.646

张延清著 吐蕃敦煌抄经研究 北京：民族出版社，2016年11月 p.140、309、332~333、344、346

马德、勘措吉主编，甘肃省文物局、敦煌研究院编纂 甘肃藏敦煌藏文文献⑲敦煌市博物馆卷，上海：上海古籍出版社，2019年8月 图版p.11

札平 敦煌古藏文文献中的佛教神话原型研究——以《贤愚姻缘经》为例 兰州：西北民族大学硕士研究生学位论文，2011年6月 p.13

Db.t.2939 十万颂般若波罗蜜多经第一卷第七品

张延清 翻译家校阅大师法成及其校经目录《敦煌学辑刊》2008年第3期 p.91；收入德吉卓玛编《吐蕃佛教史研究论文集》，北京：中国藏学出版社，2015年4月 p.646~647

张延清著 吐蕃敦煌抄经研究 北京：民族出版社，2016年11月 p.140、301、331、332~333、342

马德、勘措吉主编，甘肃省文物局、敦煌研究院编纂 甘肃藏敦煌藏文文献⑲敦煌市博物馆卷，上海：上海古籍出版社，2019年8月 图版p.12~18

札平 敦煌古藏文文献中的佛教神话原型研究——以《贤愚姻缘经》为例 兰州：西北民族大学硕士研究生学位论文，2011年6月 p.12

Db.t.2940 十万颂般若波罗蜜多经

张延清 翻译家校阅大师法成及其校经目录《敦煌学辑刊》2008年第3期 p.91；收入德吉卓玛编《吐蕃佛教史研究论文集》，北京：中国藏学出版社，2015年4月 p.647

张延清著 吐蕃敦煌抄经研究 北京：民族出版社，2016年11月 p.140、289、332~333、341、344、346

马德、勘措吉主编，甘肃省文物局、敦煌研究院编纂 甘肃藏敦煌藏文文献⑲敦煌市博物馆卷，上海：上海古籍出版社，2019年8月 图版p.19~25

札平 敦煌古藏文文献中的佛教神话原型研究——以《贤愚姻缘经》为例 兰州：西北民族大学硕士研究生学位论文，2011年6月 p.13

Db.t.2941 十万颂般若波罗蜜多经

张延清 吐蕃王妃贝吉昂楚及其敦煌校经题记《西藏民族学院学报》(哲学社会科学版)2009年第5期 p.36；收入德吉卓玛编《吐蕃佛教史研究论文集》，北京：中国藏学出版社，2015年4月 p.621

张延清著 吐蕃敦煌抄经研究 北京：民族出版社，2016年11月 p.140、207、321、332~333、336、337、340~341、342、345~346

马德、勘措吉主编，甘肃省文物局、敦煌研究院编纂 甘肃藏敦煌藏文文献⑲敦煌市博物馆卷，上海：上海古籍出版社，2019年8月 图版p.26

Db.t.2942 书信①

马德主编，张延清、勘措吉、邰惠莉编写 敦煌市博物馆藏敦煌藏文文献《甘肃藏敦煌藏文文献叙录》，兰州：甘肃民族出版社，2011年9月 p.586~587

马德、勘措吉主编，甘肃省文物局、敦煌研究院编纂 甘肃藏敦煌藏文文献⑲敦煌市博物馆卷，上海：上海古籍出版社，2019年8月 图版p.27

Db.t.2943 十万颂般若波罗蜜多经

赵青山 吐蕃占领敦煌时期写经道场相关问题考述《藏学学刊》第11辑，北京：中国藏学出版社，2014年12月 p.36~37

---

①该文献《甘肃藏敦煌藏文文献叙录》原定名作“十万颂般若波罗蜜多经”。《甘肃藏敦煌藏文文献》⑲敦煌市博物馆卷图录重新校定名称作“书信”。

张延清著 吐蕃敦煌抄经研究 北京:民族出版社,2016年11月 p.277

马德、勘措吉主编,甘肃省文物局、敦煌研究院编纂 甘肃藏敦煌藏文文献⑲敦煌市博物馆卷,上海:上海古籍出版社,2019年8月 图版p.28

Db.t.2944 十万颂般若波罗蜜多经第一卷第三十一品

马德、勘措吉主编,甘肃省文物局、敦煌研究院编纂 甘肃藏敦煌藏文文献⑲敦煌市博物馆卷,上海:上海古籍出版社,2019年8月 图版p.29

Db.t.2945 十万颂般若波罗蜜多经

马德、勘措吉主编,甘肃省文物局、敦煌研究院编纂 甘肃藏敦煌藏文文献⑲敦煌市博物馆卷,上海:上海古籍出版社,2019年8月 图版p.30

Db.t.2946 十万颂般若波罗蜜多经

张延清著 吐蕃敦煌抄经研究 北京:民族出版社,2016年11月 p.311

马德、勘措吉主编,甘肃省文物局、敦煌研究院编纂 甘肃藏敦煌藏文文献⑲敦煌市博物馆卷,上海:上海古籍出版社,2019年8月 图版p.31

Db.t.2947 十万颂般若波罗蜜多经第三十八品[①]

马德主编,张延清、勘措吉、邰惠莉编写 敦煌市博物馆藏敦煌藏文文献《甘肃藏敦煌藏文文献叙录》,兰州:甘肃民族出版社,2011年9月 p.587

张延清著 吐蕃敦煌抄经研究 北京:民族出版社,2016年11月 p.313、326、344~345、351

马德、勘措吉主编,甘肃省文物局、敦煌研究院编纂 甘肃藏敦煌藏文文献⑲敦煌市博物馆卷,上海:上海古籍出版社,2019年8月 图版p.32

Db.t.2948 阴拉勒废页[②]

马德主编,张延清、勘措吉、邰惠莉编写 敦煌市博物馆藏敦煌藏文文献《甘肃藏敦煌藏文文献叙录》,兰州:甘肃民族出版社,2011年9月 p.587

张延清著 吐蕃敦煌抄经研究 北京:民族出版社,2016年11月 p.325

马德、勘措吉主编,甘肃省文物局、敦煌研究院编纂 甘肃藏敦煌藏文文献⑲敦煌市博物馆卷,上海:上

①该文献《甘肃藏敦煌藏文文献叙录》、张延清著《吐蕃敦煌抄经研究》原定名作“十万颂般若波罗蜜多经”。《甘肃藏敦煌藏文文献》⑲敦煌市博物馆卷图录重新校定名称作“十万颂般若波罗蜜多经第三十八品”。

②该文献《甘肃藏敦煌藏文文献叙录》、张延清著《吐蕃敦煌抄经研究》原定名作“十万颂般若波罗蜜多经”。《甘肃藏敦煌藏文文献》⑲敦煌市博物馆卷图录重新校定名称作“阴拉勒废页”。

海古籍出版社，2019年8月 图版p.33

Db.t.2949 十万颂般若波罗蜜多经

马德、勘措吉主编，甘肃省文物局、敦煌研究院编纂 甘肃藏敦煌藏文文献⑲敦煌市博物馆卷，上海：上海古籍出版社，2019年8月 图版p.34

Db.t.2950 十万颂般若波罗蜜多经

张延清著 吐蕃敦煌抄经研究 北京：民族出版社，2016年11月 p.319

马德、勘措吉主编，甘肃省文物局、敦煌研究院编纂 甘肃藏敦煌藏文文献⑲敦煌市博物馆卷，上海：上海古籍出版社，2019年8月 图版p.35

Db.t.2951 十万颂般若波罗蜜多经

马德、勘措吉主编，甘肃省文物局、敦煌研究院编纂 甘肃藏敦煌藏文文献⑲敦煌市博物馆卷，上海：上海古籍出版社，2019年8月 图版p.36

Db.t.2952 一万八千颂般若波罗蜜多经[①]

马德主编，张延清、勘措吉、邰惠莉编写 敦煌市博物馆藏敦煌藏文文献《甘肃藏敦煌藏文文献叙录》，兰州：甘肃民族出版社，2011年9月 p.588

马德、勘措吉主编，甘肃省文物局、敦煌研究院编纂 甘肃藏敦煌藏文文献⑲敦煌市博物馆卷，上海：上海古籍出版社，2019年8月 图版p.37~38

Db.t.2953 十万颂般若波罗蜜多经第四卷第三十六品

马德、勘措吉主编，甘肃省文物局、敦煌研究院编纂 甘肃藏敦煌藏文文献⑲敦煌市博物馆卷，上海：上海古籍出版社，2019年8月 图版p.39

Db.t.2954 十万颂般若波罗蜜多经第一卷第五品

马德、勘措吉主编，甘肃省文物局、敦煌研究院编纂 甘肃藏敦煌藏文文献⑲敦煌市博物馆卷，上海：上海古籍出版社，2019年8月 图版p.40

Db.t.2955 十万颂般若波罗蜜多经第一卷第三十一品

马德、勘措吉主编，甘肃省文物局、敦煌研究院编纂 甘肃藏敦煌藏文文献⑲敦煌市博物馆卷，上海：上

---

①该文献《甘肃藏敦煌藏文文献叙录》原定名作“十万颂般若波罗蜜多经”。《甘肃藏敦煌藏文文献》⑲敦煌市博物馆卷图录重新校定名称作“一万八千颂般若波罗蜜多经”。

海古籍出版社,2019年8月 图版p.41

Db.t.2956 十万颂般若波罗蜜多经第一卷第七十二品

马德、勘措吉主编,甘肃省文物局、敦煌研究院编纂 甘肃藏敦煌藏文文献⑲敦煌市博物馆卷,上海:上海古籍出版社,2019年8月 图版p.42

Db.t.2957 十万颂般若波罗蜜多经第一卷第七十三品

马德、勘措吉主编,甘肃省文物局、敦煌研究院编纂 甘肃藏敦煌藏文文献⑲敦煌市博物馆卷,上海:上海古籍出版社,2019年8月 图版p.43

Db.t.2958 十万颂般若波罗蜜多经第三卷第二十一品

马德、勘措吉主编,甘肃省文物局、敦煌研究院编纂 甘肃藏敦煌藏文文献⑲敦煌市博物馆卷,上海:上海古籍出版社,2019年8月 图版p.44

Db.t.2959 十万颂般若波罗蜜多经第三卷第二十五品

马德、勘措吉主编,甘肃省文物局、敦煌研究院编纂 甘肃藏敦煌藏文文献⑲敦煌市博物馆卷,上海:上海古籍出版社,2019年8月 图版p.45

Db.t.2960 十万颂般若波罗蜜多经第三卷第二十七品

马德、勘措吉主编,甘肃省文物局、敦煌研究院编纂 甘肃藏敦煌藏文文献⑲敦煌市博物馆卷,上海:上海古籍出版社,2019年8月 图版p.46

Db.t.2961 十万颂般若波罗蜜多经第三卷第四十品

马德、勘措吉主编,甘肃省文物局、敦煌研究院编纂 甘肃藏敦煌藏文文献⑲敦煌市博物馆卷,上海:上海古籍出版社,2019年8月 图版p.47

Db.t.2962 十万颂般若波罗蜜多经第三卷第四十六品

马德、勘措吉主编,甘肃省文物局、敦煌研究院编纂 甘肃藏敦煌藏文文献⑲敦煌市博物馆卷,上海:上海古籍出版社,2019年8月 图版p.48

Db.t.2963 十万颂般若波罗蜜多经第四卷第五十一品

马德、勘措吉主编,甘肃省文物局、敦煌研究院编纂 甘肃藏敦煌藏文文献⑲敦煌市博物馆卷,上海:上海古籍出版社,2019年8月 图版p.49

Db.t.2964 十万颂般若波罗蜜多经第三卷第七十二品

马德、勘措吉主编，甘肃省文物局、敦煌研究院编纂 甘肃藏敦煌藏文文献⑲敦煌市博物馆卷，上海：上海古籍出版社，2019年8月 图版p.50

Db.t.2965 十万颂般若波罗蜜多经第四卷第七十一品[1]

马德主编，张延清、勘措吉、邰惠莉编写 敦煌市博物馆藏敦煌藏文文献《甘肃藏敦煌藏文文献叙录》，兰州：甘肃民族出版社，2011年9月 p.590

马德、勘措吉主编，甘肃省文物局、敦煌研究院编纂 甘肃藏敦煌藏文文献⑲敦煌市博物馆卷，上海：上海古籍出版社，2019年8月 图版p.51

Db.t.2966 十万颂般若波罗蜜多经第四卷第七十二品

马德主编，张延清、勘措吉、邰惠莉编写 敦煌市博物馆藏敦煌藏文文献《甘肃藏敦煌藏文文献叙录》，兰州：甘肃民族出版社，2011年9月 p.590

马德、勘措吉主编，甘肃省文物局、敦煌研究院编纂 甘肃藏敦煌藏文文献⑲敦煌市博物馆卷，上海：上海古籍出版社，2019年8月 图版p.52

Db.t.2967 十万颂般若波罗蜜多经

张延清著 吐蕃敦煌抄经研究 北京：民族出版社，2016年11月 p.298

马德、勘措吉主编，甘肃省文物局、敦煌研究院编纂 甘肃藏敦煌藏文文献⑲敦煌市博物馆卷，上海：上海古籍出版社，2019年8月 图版p.53

Db.t.2968 十万颂般若波罗蜜多经

张延清著 吐蕃敦煌抄经研究 北京：民族出版社，2016年11月 p.294、331、346、348、349

马德、勘措吉主编，甘肃省文物局、敦煌研究院编纂 甘肃藏敦煌藏文文献⑲敦煌市博物馆卷，上海：上海古籍出版社，2019年8月 图版p.54

Db.t.2969 十万颂般若波罗蜜多经第三卷第四十六品

马德、勘措吉主编，甘肃省文物局、敦煌研究院编纂 甘肃藏敦煌藏文文献⑲敦煌市博物馆卷，上海：上海古籍出版社，2019年8月 图版p.55~57

---

①该文献《甘肃藏敦煌藏文文献叙录》原定名作“十万颂般若波罗蜜多经”。《甘肃藏敦煌藏文文献》⑲敦煌市博物馆卷图录重新校定名称作“十万颂般若波罗蜜多经第四卷第七十一品”。

Db.t.2970 二万五千颂般若波罗蜜多经[①]

马德主编，张延清、勘措吉、邰惠莉编写 敦煌市博物馆藏敦煌藏文文献《甘肃藏敦煌藏文文献叙录》，兰州：甘肃民族出版社，2011年9月 p.590

张延清著 吐蕃敦煌抄经研究 北京：民族出版社，2016年11月 p.319、355

马德、勘措吉主编，甘肃省文物局、敦煌研究院编纂 甘肃藏敦煌藏文文献⑲敦煌市博物馆卷，上海：上海古籍出版社，2019年8月 图版p.58~61

Db.t.2971–Db.t.2972 十万颂般若波罗蜜多经

马德、勘措吉主编，甘肃省文物局、敦煌研究院编纂 甘肃藏敦煌藏文文献⑲敦煌市博物馆卷，上海：上海古籍出版社，2019年8月 图版p.62

Db.t.2973 二百九十二[②]

马德主编，张延清、勘措吉、邰惠莉编写 敦煌市博物馆藏敦煌藏文文献《甘肃藏敦煌藏文文献叙录》，兰州：甘肃民族出版社，2011年9月 p.591

马德、勘措吉主编，甘肃省文物局、敦煌研究院编纂 甘肃藏敦煌藏文文献⑲敦煌市博物馆卷，上海：上海古籍出版社，2019年8月 图版p.63

Db.t.2974 二百八废[③]

马德主编，张延清、勘措吉、邰惠莉编写 敦煌市博物馆藏敦煌藏文文献《甘肃藏敦煌藏文文献叙录》，兰州：甘肃民族出版社，2011年9月 p.591

马德、勘措吉主编，甘肃省文物局、敦煌研究院编纂 甘肃藏敦煌藏文文献⑲敦煌市博物馆卷，上海：上海古籍出版社，2019年8月 图版p.63

Db.t.2975 二百九废[④]

马德主编，张延清、勘措吉、邰惠莉编写 敦煌市博物馆藏敦煌藏文文献《甘肃藏敦煌藏文文献叙录》，兰州：甘肃民族出版社，2011年9月 p.591

---

①该文献《甘肃藏敦煌藏文文献叙录》、张延清著《吐蕃敦煌抄经研究》原定名作“十万颂般若波罗蜜多经”。《甘肃藏敦煌藏文文献》⑲敦煌市博物馆卷图录重新校定名称作“二万五千颂般若波罗蜜多经”。

②该文献《甘肃藏敦煌藏文文献叙录》原定名作“十万颂般若波罗蜜多经”。《甘肃藏敦煌藏文文献》⑲敦煌市博物馆卷图录重新校定名称作“二百九十二”。

③该文献《甘肃藏敦煌藏文文献叙录》原定名作“十万颂般若波罗蜜多经”。《甘肃藏敦煌藏文文献》⑲敦煌市博物馆卷图录重新校定名称作“二百八废”。

④该文献《甘肃藏敦煌藏文文献叙录》原定名作“十万颂般若波罗蜜多经”。《甘肃藏敦煌藏文文献》⑲敦煌市博物馆卷图录重新校定名称作“二百九废”。

马德、勘措吉主编，甘肃省文物局、敦煌研究院编纂 甘肃藏敦煌藏文文献⑲敦煌市博物馆卷，上海：上海古籍出版社，2019年8月 图版p.64

Db.t.2976 野僧二份，勒息一份①

马德主编，张延清、勘措吉、郃惠莉编写 敦煌市博物馆藏敦煌藏文文献《甘肃藏敦煌藏文文献叙录》，兰州：甘肃民族出版社，2011年9月 p.591

张延清著 吐蕃敦煌抄经研究 北京：民族出版社，2016年11月 p.313

马德、勘措吉主编，甘肃省文物局、敦煌研究院编纂 甘肃藏敦煌藏文文献⑲敦煌市博物馆卷，上海：上海古籍出版社，2019年8月 图版p.64

Db.t.2977–Db.t.3050 十万颂般若波罗蜜多经

马德、勘措吉主编，甘肃省文物局、敦煌研究院编纂 甘肃藏敦煌藏文文献⑲敦煌市博物馆卷，上海：上海古籍出版社，2019年8月 图版p.65~138

Db.t.3051 十万颂般若波罗蜜多经第六十六品②

马德主编，张延清、勘措吉、郃惠莉编写 敦煌市博物馆藏敦煌藏文文献《甘肃藏敦煌藏文文献叙录》，兰州：甘肃民族出版社，2011年9月 p.597

马德、勘措吉主编，甘肃省文物局、敦煌研究院编纂 甘肃藏敦煌藏文文献⑲敦煌市博物馆卷，上海：上海古籍出版社，2019年8月 图版p.139

Db.t.3052 十万颂般若波罗蜜多经第六十七品③

马德主编，张延清、勘措吉、郃惠莉编写 敦煌市博物馆藏敦煌藏文文献《甘肃藏敦煌藏文文献叙录》，兰州：甘肃民族出版社，2011年9月 p.597

马德、勘措吉主编，甘肃省文物局、敦煌研究院编纂 甘肃藏敦煌藏文文献⑲敦煌市博物馆卷，上海：上海古籍出版社，2019年8月 图版p.140

Db.t.3053–Db.t.3138 十万颂般若波罗蜜多经

马德、勘措吉主编，甘肃省文物局、敦煌研究院编纂 甘肃藏敦煌藏文文献⑲敦煌市博物馆卷，上海：上

①该文献《甘肃藏敦煌藏文文献叙录》、张延清著《吐蕃敦煌抄经研究》原定名作"十万颂般若波罗蜜多经"。《甘肃藏敦煌藏文文献》⑲敦煌市博物馆卷图录重新校定名称作"野僧二份，勒息一份"。

②该文献《甘肃藏敦煌藏文文献叙录》原定名作"十万颂般若波罗蜜多经"。《甘肃藏敦煌藏文文献》⑲敦煌市博物馆卷图录重新校定名称作"十万颂般若波罗蜜多经第六十六品"。

③该文献《甘肃藏敦煌藏文文献叙录》原定名作"十万颂般若波罗蜜多经"。《甘肃藏敦煌藏文文献》⑲敦煌市博物馆卷图录重新校定名称作"十万颂般若波罗蜜多经第六十七品"。

海古籍出版社，2019年8月 图版p.141~226

Db.t.3139 十万颂般若波罗蜜多经第三卷第八品

马德、勘措吉主编，甘肃省文物局、敦煌研究院编纂 甘肃藏敦煌藏文文献⑲敦煌市博物馆卷，上海：上海古籍出版社，2019年8月 图版p.227

Db.t.3140–Db.t.3145 十万颂般若波罗蜜多经

马德、勘措吉主编，甘肃省文物局、敦煌研究院编纂 甘肃藏敦煌藏文文献⑲敦煌市博物馆卷，上海：上海古籍出版社，2019年8月 图版p.228~233

Db.t.3146 十万颂般若波罗蜜多经第三卷第九品

马德、勘措吉主编，甘肃省文物局、敦煌研究院编纂 甘肃藏敦煌藏文文献⑲敦煌市博物馆卷，上海：上海古籍出版社，2019年8月 图版p.234

Db.t.3147–Db.t.3188 十万颂般若波罗蜜多经

马德、勘措吉主编，甘肃省文物局、敦煌研究院编纂 甘肃藏敦煌藏文文献⑲敦煌市博物馆卷，上海：上海古籍出版社，2019年8月 图版p.235~276

Db.t.3189 十万颂般若波罗蜜多经第五十四品[①]

马德主编，张延清、勘措吉、郃惠莉编写 敦煌市博物馆藏敦煌藏文文献《甘肃藏敦煌藏文文献叙录》，兰州：甘肃民族出版社，2011年9月 p.608

马德、勘措吉主编，甘肃省文物局、敦煌研究院编纂 甘肃藏敦煌藏文文献⑲敦煌市博物馆卷，上海：上海古籍出版社，2019年8月 图版p.277

Db.t.3190–Db.t.3267 十万颂般若波罗蜜多经

马德、勘措吉主编，甘肃省文物局、敦煌研究院编纂 甘肃藏敦煌藏文文献⑲敦煌市博物馆卷，上海：上海古籍出版社，2019年8月 图版p.278~355

Db.t.3268–Db.t.3276 十万颂般若波罗蜜多经

马德、勘措吉主编，甘肃省文物局、敦煌研究院编纂 甘肃藏敦煌藏文文献⑳敦煌市博物馆卷，上海：上海古籍出版社，2019年8月 图版p.1~9

①该文献《甘肃藏敦煌藏文文献叙录》原定名作“十万颂般若波罗蜜多经”。《甘肃藏敦煌藏文文献》⑲敦煌市博物馆卷图录重新校定名称作“十万颂般若波罗蜜多经第五十四品”。

Db.t.3277 十万颂般若波罗蜜多经第四卷第四十二品

马德、勘措吉主编，甘肃省文物局、敦煌研究院编纂 甘肃藏敦煌藏文文献⑳敦煌市博物馆卷，上海：上海古籍出版社，2019年8月 图版p.10

Db.t.3278–Db.t.3280 十万颂般若波罗蜜多经

马德、勘措吉主编，甘肃省文物局、敦煌研究院编纂 甘肃藏敦煌藏文文献⑳敦煌市博物馆卷，上海：上海古籍出版社，2019年8月 图版p.11~13

Db.t.3281 十万颂般若波罗蜜多经第一卷第六十九品

马德、勘措吉主编，甘肃省文物局、敦煌研究院编纂 甘肃藏敦煌藏文文献⑳敦煌市博物馆卷，上海：上海古籍出版社，2019年8月 图版p.14

Db.t.3282 十万颂般若波罗蜜多经

马德、勘措吉主编，甘肃省文物局、敦煌研究院编纂 甘肃藏敦煌藏文文献⑳敦煌市博物馆卷，上海：上海古籍出版社，2019年8月 图版p.15

Db.t.3283 十万颂般若波罗蜜多经第二卷第二十品①

马德主编，张延清、勘措吉、邰惠莉编写 敦煌市博物馆藏敦煌藏文文献《甘肃藏敦煌藏文文献叙录》，兰州：甘肃民族出版社，2011年9月 p.616

马德、勘措吉主编，甘肃省文物局、敦煌研究院编纂 甘肃藏敦煌藏文文献⑳敦煌市博物馆卷，上海：上海古籍出版社，2019年8月 图版p.16

Db.t.3284–Db.t.3294 十万颂般若波罗蜜多经

马德、勘措吉主编，甘肃省文物局、敦煌研究院编纂 甘肃藏敦煌藏文文献⑳敦煌市博物馆卷，上海：上海古籍出版社，2019年8月 图版p.17~27

Db.t.3295 十万颂般若波罗蜜多经第十四品②

马德主编，张延清、勘措吉、邰惠莉编写 敦煌市博物馆藏敦煌藏文文献《甘肃藏敦煌藏文文献叙录》，兰州：甘肃民族出版社，2011年9月 p.617

---

①该文献《甘肃藏敦煌藏文文献叙录》原定名作“十万颂般若波罗蜜多经”。《甘肃藏敦煌藏文文献》⑳敦煌市博物馆卷图录重新校定名称作“十万颂般若波罗蜜多经第二卷第二十品”。

②该文献《甘肃藏敦煌藏文文献叙录》原定名作“十万颂般若波罗蜜多经”。《甘肃藏敦煌藏文文献》⑳敦煌市博物馆卷图录重新校定名称作“十万颂般若波罗蜜多经第十四品”。

马德、勘措吉主编，甘肃省文物局、敦煌研究院编纂 甘肃藏敦煌藏文文献⑳敦煌市博物馆卷，上海：上海古籍出版社，2019年8月 图版p.28

Db.t.3296–Db.t.3320 十万颂般若波罗蜜多经

马德、勘措吉主编，甘肃省文物局、敦煌研究院编纂 甘肃藏敦煌藏文文献⑳敦煌市博物馆卷，上海：上海古籍出版社，2019年8月 图版p.29~53

Db.t.3321 十万般若波罗蜜经一卷

马德、勘措吉主编，甘肃省文物局、敦煌研究院编纂 甘肃藏敦煌藏文文献⑳敦煌市博物馆卷，上海：上海古籍出版社，2019年8月 图版p.54

Db.t.3322–Db.t.3326 十万颂般若波罗蜜多经

马德、勘措吉主编，甘肃省文物局、敦煌研究院编纂 甘肃藏敦煌藏文文献⑳敦煌市博物馆卷，上海：上海古籍出版社，2019年8月 图版p.55~59

Db.t.3327 十万颂般若波罗蜜多经第十五品[①]

马德主编，张延清、勘措吉、邰惠莉编写 敦煌市博物馆藏敦煌藏文文献《甘肃藏敦煌藏文文献叙录》，兰州：甘肃民族出版社，2011年9月 p.619

马德、勘措吉主编，甘肃省文物局、敦煌研究院编纂 甘肃藏敦煌藏文文献⑳敦煌市博物馆卷，上海：上海古籍出版社，2019年8月 图版p.60

Db.t.3328–Db.t.3361 十万颂般若波罗蜜多经

马德、勘措吉主编，甘肃省文物局、敦煌研究院编纂 甘肃藏敦煌藏文文献⑳敦煌市博物馆卷，上海：上海古籍出版社，2019年8月 图版p.61~94

Db.t.3362 十万颂般若波罗蜜多经第三品[②]

马德主编，张延清、勘措吉、邰惠莉编写 敦煌市博物馆藏敦煌藏文文献《甘肃藏敦煌藏文文献叙录》，兰州：甘肃民族出版社，2011年9月 p.622

马德、勘措吉主编，甘肃省文物局、敦煌研究院编纂 甘肃藏敦煌藏文文献⑳敦煌市博物馆卷，上海：上

①该文献《甘肃藏敦煌藏文文献叙录》原定名作“十万颂般若波罗蜜多经”。《甘肃藏敦煌藏文文献》⑳敦煌市博物馆卷图录重新校定名称作“十万颂般若波罗蜜多经第十五品”。

②该文献《甘肃藏敦煌藏文文献叙录》原定名作“十万颂般若波罗蜜多经”。《甘肃藏敦煌藏文文献》⑳敦煌市博物馆卷图录重新校定名称作“十万颂般若波罗蜜多经第三品”。

海古籍出版社，2019年8月 图版p.95

Db.t.3363–Db.t.3402 十万颂般若波罗蜜多经

马德、勘措吉主编，甘肃省文物局、敦煌研究院编纂 甘肃藏敦煌藏文文献⑳敦煌市博物馆卷，上海：上海古籍出版社，2019年8月 图版p.96~135

Db.t.3403 十万颂般若波罗蜜多经第三品①

马德主编，张延清、勘措吉、邰惠莉编写 敦煌市博物馆藏敦煌藏文文献《甘肃藏敦煌藏文文献叙录》，兰州：甘肃民族出版社，2011年9月 p.626

马德、勘措吉主编，甘肃省文物局、敦煌研究院编纂 甘肃藏敦煌藏文文献⑳敦煌市博物馆卷，上海：上海古籍出版社，2019年8月 图版p.136

Db.t.3404 十万颂般若波罗蜜多经第九品②

马德主编，张延清、勘措吉、邰惠莉编写 敦煌市博物馆藏敦煌藏文文献《甘肃藏敦煌藏文文献叙录》，兰州：甘肃民族出版社，2011年9月 p.626

马德、勘措吉主编，甘肃省文物局、敦煌研究院编纂 甘肃藏敦煌藏文文献⑳敦煌市博物馆卷，上海：上海古籍出版社，2019年8月 图版p.137

Db.t.3405–Db.t.3406 十万颂般若波罗蜜多经

马德、勘措吉主编，甘肃省文物局、敦煌研究院编纂 甘肃藏敦煌藏文文献⑳敦煌市博物馆卷，上海：上海古籍出版社，2019年8月 图版p.138~139

Db.t.3407 二万五千颂般若波罗蜜多经③

马德主编，张延清、勘措吉、邰惠莉编写 敦煌市博物馆藏敦煌藏文文献《甘肃藏敦煌藏文文献叙录》，兰州：甘肃民族出版社，2011年9月 p.626

马德、勘措吉主编，甘肃省文物局、敦煌研究院编纂 甘肃藏敦煌藏文文献⑳敦煌市博物馆卷，上海：上海古籍出版社，2019年8月 图版p.140

---

①该文献《甘肃藏敦煌藏文文献叙录》原定名作“十万颂般若波罗蜜多经”。《甘肃藏敦煌藏文文献》⑳敦煌市博物馆卷图录重新校定名称作“十万颂般若波罗蜜多经第三品”。

②该文献《甘肃藏敦煌藏文文献叙录》原定名作“十万颂般若波罗蜜多经”。《甘肃藏敦煌藏文文献》⑳敦煌市博物馆卷图录重新校定名称作“十万颂般若波罗蜜多经第九品”。

③该文献《甘肃藏敦煌藏文文献叙录》原定名作“十万颂般若波罗蜜多经”。《甘肃藏敦煌藏文文献》⑳敦煌市博物馆卷图录重新校定名称作“二万五千颂般若波罗蜜多经”。

Db.t.3408–Db.t.3422 十万颂般若波罗蜜多经

马德、勘措吉主编，甘肃省文物局、敦煌研究院编纂 甘肃藏敦煌藏文文献⑳敦煌市博物馆卷，上海：上海古籍出版社，2019年8月 图版p.141~155

Db.t.3423 十万颂般若波罗蜜多经第一卷第十一品

马德、勘措吉主编，甘肃省文物局、敦煌研究院编纂 甘肃藏敦煌藏文文献⑳敦煌市博物馆卷，上海：上海古籍出版社，2019年8月 图版p.156

Db.t.3424–Db.t.3434 十万颂般若波罗蜜多经

马德、勘措吉主编，甘肃省文物局、敦煌研究院编纂 甘肃藏敦煌藏文文献⑳敦煌市博物馆卷，上海：上海古籍出版社，2019年8月 图版p.157~167

Db.t.3435 二万五千颂般若波罗蜜多经①

马德主编，张延清、勘措吉、邰惠莉编写 敦煌市博物馆藏敦煌藏文文献《甘肃藏敦煌藏文文献叙录》，兰州：甘肃民族出版社，2011年9月 p.628

马德、勘措吉主编，甘肃省文物局、敦煌研究院编纂 甘肃藏敦煌藏文文献⑳敦煌市博物馆卷，上海：上海古籍出版社，2019年8月 图版p.168

Db.t.3436–Db.t.3441 十万颂般若波罗蜜多经

马德、勘措吉主编，甘肃省文物局、敦煌研究院编纂 甘肃藏敦煌藏文文献⑳敦煌市博物馆卷，上海：上海古籍出版社，2019年8月 图版p.169~174

Db.t.3442 十万颂般若波罗蜜多经第七品②

马德主编，张延清、勘措吉、邰惠莉编写 敦煌市博物馆藏敦煌藏文文献《甘肃藏敦煌藏文文献叙录》，兰州：甘肃民族出版社，2011年9月 p.629

马德、勘措吉主编，甘肃省文物局、敦煌研究院编纂 甘肃藏敦煌藏文文献⑳敦煌市博物馆卷，上海：上海古籍出版社，2019年8月 图版p.175

Db.t.3443–Db.t.3444 十万颂般若波罗蜜多经

马德、勘措吉主编，甘肃省文物局、敦煌研究院编纂 甘肃藏敦煌藏文文献⑳敦煌市博物馆卷，上海：上

①该文献《甘肃藏敦煌藏文文献叙录》原定名作“十万颂般若波罗蜜多经”。甘《甘肃藏敦煌藏文文献》⑳敦煌市博物馆卷图录重新校定名称作“二万五千颂般若波罗蜜多经”。

②该文献《甘肃藏敦煌藏文文献叙录》原定名作“十万颂般若波罗蜜多经”。《甘肃藏敦煌藏文文献》⑳敦煌市博物馆卷图录重新校定名称作“十万颂般若波罗蜜多经第七品”。

海古籍出版社，2019年8月 图版p.176~177

Db.t.3445 十万颂般若波罗蜜多经第三品[①]

马德主编，张延清、勘措吉、邰惠莉编写 敦煌市博物馆藏敦煌藏文文献《甘肃藏敦煌藏文文献叙录》，兰州：甘肃民族出版社，2011年9月 p.629

马德、勘措吉主编，甘肃省文物局、敦煌研究院编纂 甘肃藏敦煌藏文文献⑳敦煌市博物馆卷，上海：上海古籍出版社，2019年8月 图版p.178

Db.t.3446–Db.t.3456 十万颂般若波罗蜜多经

马德、勘措吉主编，甘肃省文物局、敦煌研究院编纂 甘肃藏敦煌藏文文献⑳敦煌市博物馆卷，上海：上海古籍出版社，2019年8月 图版p.179~189

Db.t.3457 十万颂般若波罗蜜多经第二品[②]

马德主编，张延清、勘措吉、邰惠莉编写 敦煌市博物馆藏敦煌藏文文献《甘肃藏敦煌藏文文献叙录》，兰州：甘肃民族出版社，2011年9月 p.630

马德、勘措吉主编，甘肃省文物局、敦煌研究院编纂 甘肃藏敦煌藏文文献⑳敦煌市博物馆卷，上海：上海古籍出版社，2019年8月 图版p.190

Db.t.3458–Db.t.3487 十万颂般若波罗蜜多经

马德、勘措吉主编，甘肃省文物局、敦煌研究院编纂 甘肃藏敦煌藏文文献⑳敦煌市博物馆卷，上海：上海古籍出版社，2019年8月 图版p.191~220

Db.t.3488 十万颂般若波罗蜜多经第一卷第四品

马德、勘措吉主编，甘肃省文物局、敦煌研究院编纂 甘肃藏敦煌藏文文献⑳敦煌市博物馆卷，上海：上海古籍出版社，2019年8月 图版p.221

Db.t.3489–Db.t.3513 十万颂般若波罗蜜多经

马德、勘措吉主编，甘肃省文物局、敦煌研究院编纂 甘肃藏敦煌藏文文献⑳敦煌市博物馆卷，上海：上海古籍出版社，2019年8月 图版p.222~246

---

①该文献《甘肃藏敦煌藏文文献叙录》原定名作“十万颂般若波罗蜜多经”。《甘肃藏敦煌藏文文献》⑳敦煌市博物馆卷图录重新校定名称作“十万颂般若波罗蜜多经第三品”。

②该文献《甘肃藏敦煌藏文文献叙录》原定名作“十万颂般若波罗蜜多经”。《甘肃藏敦煌藏文文献》⑳敦煌市博物馆卷图录重新校定名称作“十万颂般若波罗蜜多经第二品”。

Db.t.3514 十万颂般若波罗蜜多经第四卷第七十一品

马德、勘措吉主编，甘肃省文物局、敦煌研究院编纂 甘肃藏敦煌藏文文献⑳敦煌市博物馆卷，上海：上海古籍出版社，2019年8月 图版p.247

Db.t.3515–Db.t.3537 十万颂般若波罗蜜多经

马德、勘措吉主编，甘肃省文物局、敦煌研究院编纂 甘肃藏敦煌藏文文献⑳敦煌市博物馆卷，上海：上海古籍出版社，2019年8月 图版p.248~270

Db.t.3538 十万颂般若波罗蜜多经第四卷第二十品

马德、勘措吉主编，甘肃省文物局、敦煌研究院编纂 甘肃藏敦煌藏文文献⑳敦煌市博物馆卷，上海：上海古籍出版社，2019年8月 图版p.271

Db.t.3539–Db.t.3577 十万颂般若波罗蜜多经

马德、勘措吉主编，甘肃省文物局、敦煌研究院编纂 甘肃藏敦煌藏文文献⑳敦煌市博物馆卷，上海：上海古籍出版社，2019年8月 图版p.272~310

Db.t.3578 十万颂般若波罗蜜多经第十七品[①]

马德主编，张延清、勘措吉、郃惠莉编写 敦煌市博物馆藏敦煌藏文文献《甘肃藏敦煌藏文文献叙录》，兰州：甘肃民族出版社，2011年9月 p.640

马德、勘措吉主编，甘肃省文物局、敦煌研究院编纂 甘肃藏敦煌藏文文献⑳敦煌市博物馆卷，上海：上海古籍出版社，2019年8月 图版p.311

Db.t.3579–Db.t.3585 十万颂般若波罗蜜多经

马德、勘措吉主编，甘肃省文物局、敦煌研究院编纂 甘肃藏敦煌藏文文献⑳敦煌市博物馆卷，上海：上海古籍出版社，2019年8月 图版p.312~318

Db.t.3586 十万颂般若波罗蜜多经第十二品[②]

马德主编，张延清、勘措吉、郃惠莉编写 敦煌市博物馆藏敦煌藏文文献《甘肃藏敦煌藏文文献叙录》，兰州：甘肃民族出版社，2011年9月 p.641

---

①该文献《甘肃藏敦煌藏文文献叙录》原定名作“十万颂般若波罗蜜多经”。《甘肃藏敦煌藏文文献》⑳敦煌市博物馆卷图录重新校定名称作“十万颂般若波罗蜜多经第十七品”。

②该文献《甘肃藏敦煌藏文文献叙录》原定名作“十万颂般若波罗蜜多经”。《甘肃藏敦煌藏文文献》⑳敦煌市博物馆卷图录重新校定名称作“十万颂般若波罗蜜多经第十二品”。

马德、勘措吉主编，甘肃省文物局、敦煌研究院编纂 甘肃藏敦煌藏文文献⑳敦煌市博物馆卷，上海：上海古籍出版社，2019年8月 图版p.319

Db.t.3587–Db.t.3626 十万颂般若波罗蜜多经

马德、勘措吉主编，甘肃省文物局、敦煌研究院编纂 甘肃藏敦煌藏文文献⑳敦煌市博物馆卷，上海：上海古籍出版社，2019年8月 图版p.320~359

Db.t.3627–Db.t.3636 十万颂般若波罗蜜多经

马德、勘措吉主编，甘肃省文物局、敦煌研究院编纂 甘肃藏敦煌藏文文献㉑敦煌市博物馆卷，上海：上海古籍出版社，2019年10月 图版p.1~10

Db.t.3637 十万颂般若波罗蜜多经第二十三品[①]

马德主编，张延清、勘措吉、邰惠莉编写 敦煌市博物馆藏敦煌藏文文献《甘肃藏敦煌藏文文献叙录》，兰州：甘肃民族出版社，2011年9月 p.645

马德、勘措吉主编，甘肃省文物局、敦煌研究院编纂 甘肃藏敦煌藏文文献㉑敦煌市博物馆卷，上海：上海古籍出版社，2019年10月 图版p.11

Db.t.3638 十万颂般若波罗蜜多经

马德、勘措吉主编，甘肃省文物局、敦煌研究院编纂 甘肃藏敦煌藏文文献㉑敦煌市博物馆卷，上海：上海古籍出版社，2019年10月 图版p.12

Db.t.3639 十万颂般若波罗蜜多经第四品[②]

马德主编，张延清、勘措吉、邰惠莉编写 敦煌市博物馆藏敦煌藏文文献《甘肃藏敦煌藏文文献叙录》，兰州：甘肃民族出版社，2011年9月 p.645

马德、勘措吉主编，甘肃省文物局、敦煌研究院编纂 甘肃藏敦煌藏文文献㉑敦煌市博物馆卷，上海：上海古籍出版社，2019年10月 图版p.13

Db.t.3640 十万颂般若波罗蜜多经第七品[③]

马德主编，张延清、勘措吉、邰惠莉编写 敦煌市博物馆藏敦煌藏文文献《甘肃藏敦煌藏文文献叙录》，

①该文献《甘肃藏敦煌藏文文献叙录》原定名作“十万颂般若波罗蜜多经”。《甘肃藏敦煌藏文文献》㉑敦煌市博物馆卷图录重新校定名称作“十万颂般若波罗蜜多经第二十三品”。

②该文献《甘肃藏敦煌藏文文献叙录》原定名作“十万颂般若波罗蜜多经”。《甘肃藏敦煌藏文文献》㉑敦煌市博物馆卷图录重新校定名称作“十万颂般若波罗蜜多经第四品”。

③该文献《甘肃藏敦煌藏文文献叙录》原定名作“十万颂般若波罗蜜多经”。《甘肃藏敦煌藏文文献》㉑敦煌市博物馆卷图录重新校定名称作“十万颂般若波罗蜜多经第七品”。

兰州：甘肃民族出版社，2011年9月 p.645

马德、勘措吉主编，甘肃省文物局、敦煌研究院编纂 甘肃藏敦煌藏文文献㉑敦煌市博物馆卷，上海：上海古籍出版社，2019年10月 图版p.14

Db.t.3641 十万颂般若波罗蜜多经第十二品[①]

马德主编，张延清、勘措吉、郚惠莉编写 敦煌市博物馆藏敦煌藏文文献《甘肃藏敦煌藏文文献叙录》，兰州：甘肃民族出版社，2011年9月 p.645

马德、勘措吉主编，甘肃省文物局、敦煌研究院编纂 甘肃藏敦煌藏文文献㉑敦煌市博物馆卷，上海：上海古籍出版社，2019年10月 图版p.15

Db.t.3642 十万颂般若波罗蜜多经第十八品[②]

马德主编，张延清、勘措吉、郚惠莉编写 敦煌市博物馆藏敦煌藏文文献《甘肃藏敦煌藏文文献叙录》，兰州：甘肃民族出版社，2011年9月 p.645

马德、勘措吉主编，甘肃省文物局、敦煌研究院编纂 甘肃藏敦煌藏文文献㉑敦煌市博物馆卷，上海：上海古籍出版社，2019年10月 图版p.16

Db.t.3643–Db.t.3644 十万颂般若波罗蜜多经第十五品[③]

马德主编，张延清、勘措吉、郚惠莉编写 敦煌市博物馆藏敦煌藏文文献《甘肃藏敦煌藏文文献叙录》，兰州：甘肃民族出版社，2011年9月 p.645

马德、勘措吉主编，甘肃省文物局、敦煌研究院编纂 甘肃藏敦煌藏文文献㉑敦煌市博物馆卷，上海：上海古籍出版社，2019年10月 图版p.17~18

Db.t.3645 十万颂般若波罗蜜多经第五品[④]

马德主编，张延清、勘措吉、郚惠莉编写 敦煌市博物馆藏敦煌藏文文献《甘肃藏敦煌藏文文献叙录》，兰州：甘肃民族出版社，2011年9月 p.645

马德、勘措吉主编，甘肃省文物局、敦煌研究院编纂 甘肃藏敦煌藏文文献㉑敦煌市博物馆卷，上海：上海古籍出版社，2019年10月 图版p.19

---

①该文献《甘肃藏敦煌藏文文献叙录》原定名作“十万颂般若波罗蜜多经”。《甘肃藏敦煌藏文文献》㉑敦煌市博物馆卷图录重新校定名称作“十万颂般若波罗蜜多经第十二品”。

②该文献《甘肃藏敦煌藏文文献叙录》原定名作“十万颂般若波罗蜜多经”。《甘肃藏敦煌藏文文献》㉑敦煌市博物馆卷图录重新校定名称作“十万颂般若波罗蜜多经第十八品”。

③该文献《甘肃藏敦煌藏文文献叙录》原定名作“十万颂般若波罗蜜多经”。《甘肃藏敦煌藏文文献》㉑敦煌市博物馆卷图录重新校定名称作“十万颂般若波罗蜜多经第十五品”。

④该文献《甘肃藏敦煌藏文文献叙录》原定名作“十万颂般若波罗蜜多经”。《甘肃藏敦煌藏文文献》㉑敦煌市博物馆卷图录重新校定名称作“十万颂般若波罗蜜多经第五品”。

Db.t.3646 十万颂般若波罗蜜多经第十二品[①]

马德主编，张延清、勘措吉、邰惠莉编写 敦煌市博物馆藏敦煌藏文文献《甘肃藏敦煌藏文文献叙录》，兰州：甘肃民族出版社，2011年9月 p.645

马德、勘措吉主编，甘肃省文物局、敦煌研究院编纂 甘肃藏敦煌藏文文献㉑敦煌市博物馆卷，上海：上海古籍出版社，2019年10月 图版p.20

Db.t.3647 十万颂般若波罗蜜多经第五品[②]

马德主编，张延清、勘措吉、邰惠莉编写 敦煌市博物馆藏敦煌藏文文献《甘肃藏敦煌藏文文献叙录》，兰州：甘肃民族出版社，2011年9月 p.646

马德、勘措吉主编，甘肃省文物局、敦煌研究院编纂 甘肃藏敦煌藏文文献㉑敦煌市博物馆卷，上海：上海古籍出版社，2019年10月 图版p.21

Db.t.3648 十万颂般若波罗蜜多经第十五品[③]

马德主编，张延清、勘措吉、邰惠莉编写 敦煌市博物馆藏敦煌藏文文献《甘肃藏敦煌藏文文献叙录》，兰州：甘肃民族出版社，2011年9月 p.646

马德、勘措吉主编，甘肃省文物局、敦煌研究院编纂 甘肃藏敦煌藏文文献㉑敦煌市博物馆卷，上海：上海古籍出版社，2019年10月 图版p.22

Db.t.3649–Db.t.3650 十万颂般若波罗蜜多经

马德、勘措吉主编，甘肃省文物局、敦煌研究院编纂 甘肃藏敦煌藏文文献㉑敦煌市博物馆卷，上海：上海古籍出版社，2019年10月 图版p.23~24

Db.t.3651–Db.t.3652 十万颂般若波罗蜜多经第九品[④]

马德主编，张延清、勘措吉、邰惠莉编写 敦煌市博物馆藏敦煌藏文文献《甘肃藏敦煌藏文文献叙录》，兰州：甘肃民族出版社，2011年9月 p.646

马德、勘措吉主编，甘肃省文物局、敦煌研究院编纂 甘肃藏敦煌藏文文献㉑敦煌市博物馆卷，上海：上

---

①该文献《甘肃藏敦煌藏文文献叙录》原定名作“十万颂般若波罗蜜多经”。甘肃藏敦煌藏文文献㉑敦煌市博物馆卷图录重新校定名称作“十万颂般若波罗蜜多经第十二品”。

②该文献《甘肃藏敦煌藏文文献叙录》原定名作“十万颂般若波罗蜜多经”。甘肃藏敦煌藏文文献㉑敦煌市博物馆卷图录重新校定名称作“十万颂般若波罗蜜多经第五品”。

③该文献《甘肃藏敦煌藏文文献叙录》原定名作“十万颂般若波罗蜜多经”。甘肃藏敦煌藏文文献㉑敦煌市博物馆卷图录重新校定名称作“十万颂般若波罗蜜多经第十五品”。

④该文献《甘肃藏敦煌藏文文献叙录》原定名作“十万颂般若波罗蜜多经”。甘肃藏敦煌藏文文献㉑敦煌市博物馆卷图录重新校定名称作“十万颂般若波罗蜜多经第九品”。

海古籍出版社，2019年10月 图版p.25~26

Db.t.3653 十万颂般若波罗蜜多经

马德、勘措吉主编，甘肃省文物局、敦煌研究院编纂 甘肃藏敦煌藏文文献㉑敦煌市博物馆卷，上海：上海古籍出版社，2019年10月 图版p.27

Db.t.3654 十万颂般若波罗蜜多经第十二品①

马德主编，张延清、勘措吉、邰惠莉编写 敦煌市博物馆藏敦煌藏文文献《甘肃藏敦煌藏文文献叙录》，兰州：甘肃民族出版社，2011年9月 p.646

马德、勘措吉主编，甘肃省文物局、敦煌研究院编纂 甘肃藏敦煌藏文文献㉑敦煌市博物馆卷，上海：上海古籍出版社，2019年10月 图版p.28

Db.t.3655–Db.t.3663 十万颂般若波罗蜜多经

马德、勘措吉主编，甘肃省文物局、敦煌研究院编纂 甘肃藏敦煌藏文文献㉑敦煌市博物馆卷，上海：上海古籍出版社，2019年10月 图版p.29~37

Db.t.3664 十万颂般若波罗蜜多经第十五品②

马德主编，张延清、勘措吉、邰惠莉编写 敦煌市博物馆藏敦煌藏文文献《甘肃藏敦煌藏文文献叙录》，兰州：甘肃民族出版社，2011年9月 p.647

马德、勘措吉主编，甘肃省文物局、敦煌研究院编纂 甘肃藏敦煌藏文文献㉑敦煌市博物馆卷，上海：上海古籍出版社，2019年10月 图版p.38

Db.t.3665–Db.t.3666 十万颂般若波罗蜜多经

马德、勘措吉主编，甘肃省文物局、敦煌研究院编纂 甘肃藏敦煌藏文文献㉑敦煌市博物馆卷，上海：上海古籍出版社，2019年10月 图版p.39~40

Db.t.3667 十万颂般若波罗蜜多经第十八品③

马德主编，张延清、勘措吉、邰惠莉编写 敦煌市博物馆藏敦煌藏文文献《甘肃藏敦煌藏文文献叙录》，

①该文献《甘肃藏敦煌藏文文献叙录》原定名作“十万颂般若波罗蜜多经”。《甘肃藏敦煌藏文文献》㉑敦煌市博物馆卷图录重新校定名称作“十万颂般若波罗蜜多经第十二品”。

②该文献《甘肃藏敦煌藏文文献叙录》原定名作“十万颂般若波罗蜜多经”。《甘肃藏敦煌藏文文献》㉑敦煌市博物馆卷图录重新校定名称作“十万颂般若波罗蜜多经第十五品”。

③该文献《甘肃藏敦煌藏文文献叙录》原定名作“十万颂般若波罗蜜多经”。《甘肃藏敦煌藏文文献》㉑敦煌市博物馆卷图录重新校定名称作“十万颂般若波罗蜜多经第十八品”。

兰州：甘肃民族出版社，2011年9月 p.647

马德、勘措吉主编，甘肃省文物局、敦煌研究院编纂 甘肃藏敦煌藏文文献㉑敦煌市博物馆卷，上海：上海古籍出版社，2019年10月 图版p.41

Db.t.3668 十万颂般若波罗蜜多经

马德、勘措吉主编，甘肃省文物局、敦煌研究院编纂 甘肃藏敦煌藏文文献㉑敦煌市博物馆卷，上海：上海古籍出版社，2019年10月 图版p.42

Db.t.3669 十万颂般若波罗蜜多经第二品①

马德主编，张延清、勘措吉、邰惠莉编写 敦煌市博物馆藏敦煌藏文文献《甘肃藏敦煌藏文文献叙录》，兰州：甘肃民族出版社，2011年9月 p.647

马德、勘措吉主编，甘肃省文物局、敦煌研究院编纂 甘肃藏敦煌藏文文献㉑敦煌市博物馆卷，上海：上海古籍出版社，2019年10月 图版p.43

Db.t.3670–Db.t.3675 十万颂般若波罗蜜多经

马德、勘措吉主编，甘肃省文物局、敦煌研究院编纂 甘肃藏敦煌藏文文献㉑敦煌市博物馆卷，上海：上海古籍出版社，2019年10月 图版p.44~49

Db.t.3676 十万颂般若波罗蜜多经第三品②

马德主编，张延清、勘措吉、邰惠莉编写 敦煌市博物馆藏敦煌藏文文献《甘肃藏敦煌藏文文献叙录》，兰州：甘肃民族出版社，2011年9月 p.648

马德、勘措吉主编，甘肃省文物局、敦煌研究院编纂 甘肃藏敦煌藏文文献㉑敦煌市博物馆卷，上海：上海古籍出版社，2019年10月 图版p.50

Db.t.3677 十万颂般若波罗蜜多经第十一品③

马德主编，张延清、勘措吉、邰惠莉编写 敦煌市博物馆藏敦煌藏文文献《甘肃藏敦煌藏文文献叙录》，兰州：甘肃民族出版社，2011年9月 p.648

马德、勘措吉主编，甘肃省文物局、敦煌研究院编纂 甘肃藏敦煌藏文文献㉑敦煌市博物馆卷，上海：上

---

①该文献《甘肃藏敦煌藏文文献叙录》原定名作“十万颂般若波罗蜜多经”。《甘肃藏敦煌藏文文献》㉑敦煌市博物馆卷图录重新校定名称作“十万颂般若波罗蜜多经第二品”。

②该文献《甘肃藏敦煌藏文文献叙录》原定名作“十万颂般若波罗蜜多经”。《甘肃藏敦煌藏文文献》㉑敦煌市博物馆卷图录重新校定名称作“十万颂般若波罗蜜多经第三品”。

③该文献《甘肃藏敦煌藏文文献叙录》原定名作“十万颂般若波罗蜜多经”。《甘肃藏敦煌藏文文献》㉑敦煌市博物馆卷图录重新校定名称作“十万颂般若波罗蜜多经第十一品”。

海古籍出版社，2019年10月　图版p.51

Db.t.3678　十万颂般若波罗蜜多经第四品①

马德主编，张延清、勘措吉、邰惠莉编写　敦煌市博物馆藏敦煌藏文文献《甘肃藏敦煌藏文文献叙录》，兰州：甘肃民族出版社，2011年9月　p.648

马德、勘措吉主编，甘肃省文物局、敦煌研究院编纂　甘肃藏敦煌藏文文献㉑敦煌市博物馆卷，上海：上海古籍出版社，2019年10月　图版p.52~53

Db.t.3679–Db.t.3688　十万颂般若波罗蜜多经

马德、勘措吉主编，甘肃省文物局、敦煌研究院编纂　甘肃藏敦煌藏文文献㉑敦煌市博物馆卷，上海：上海古籍出版社，2019年10月　图版p.54~63

Db.t.3689　十万颂般若波罗蜜多经第四品②

马德主编，张延清、勘措吉、邰惠莉编写　敦煌市博物馆藏敦煌藏文文献《甘肃藏敦煌藏文文献叙录》，兰州：甘肃民族出版社，2011年9月　p.649

马德、勘措吉主编，甘肃省文物局、敦煌研究院编纂　甘肃藏敦煌藏文文献㉑敦煌市博物馆卷，上海：上海古籍出版社，2019年10月　图版p.64

Db.t.3690–Db.t.3691　十万颂般若波罗蜜多经

马德、勘措吉主编，甘肃省文物局、敦煌研究院编纂　甘肃藏敦煌藏文文献㉑敦煌市博物馆卷，上海：上海古籍出版社，2019年10月　图版p.65~66

Db.t.3692　十万颂般若波罗蜜多经第十二品③

马德主编，张延清、勘措吉、邰惠莉编写　敦煌市博物馆藏敦煌藏文文献《甘肃藏敦煌藏文文献叙录》，兰州：甘肃民族出版社，2011年9月　p.649

马德、勘措吉主编，甘肃省文物局、敦煌研究院编纂　甘肃藏敦煌藏文文献㉑敦煌市博物馆卷，上海：上海古籍出版社，2019年10月　图版p.67

---

①该文献《甘肃藏敦煌藏文文献叙录》原定名作“十万颂般若波罗蜜多经”。《甘肃藏敦煌藏文文献》㉑敦煌市博物馆卷图录重新校定名称作“十万颂般若波罗蜜多经第四品”。

②该文献《甘肃藏敦煌藏文文献叙录》原定名作“十万颂般若波罗蜜多经”。《甘肃藏敦煌藏文文献》㉑敦煌市博物馆卷图录重新校定名称作“十万颂般若波罗蜜多经第四品”。

③该文献《甘肃藏敦煌藏文文献叙录》原定名作“十万颂般若波罗蜜多经”。《甘肃藏敦煌藏文文献》㉑敦煌市博物馆卷图录重新校定名称作“十万颂般若波罗蜜多经第十二品”。

Db.t.3693–Db.t.3694 十万颂般若波罗蜜多经

马德、勘措吉主编，甘肃省文物局、敦煌研究院编纂 甘肃藏敦煌藏文文献㉑敦煌市博物馆卷，上海：上海古籍出版社，2019年10月 图版p.68~69

Db.t.3695–Db.t.3696 十万颂般若波罗蜜多经第十三品[①]

马德主编，张延清、勘措吉、邰惠莉编写 敦煌市博物馆藏敦煌藏文文献《甘肃藏敦煌藏文文献叙录》，兰州：甘肃民族出版社，2011年9月 p.649~650

马德、勘措吉主编，甘肃省文物局、敦煌研究院编纂 甘肃藏敦煌藏文文献㉑敦煌市博物馆卷，上海：上海古籍出版社，2019年10月 图版p.70~71

Db.t.3697 十万颂般若波罗蜜多经

马德、勘措吉主编，甘肃省文物局、敦煌研究院编纂 甘肃藏敦煌藏文文献㉑敦煌市博物馆卷，上海：上海古籍出版社，2019年10月 图版p.72

Db.t.3698–Db.t.3699 十万颂般若波罗蜜多经第十七品[②]

马德主编，张延清、勘措吉、邰惠莉编写 敦煌市博物馆藏敦煌藏文文献《甘肃藏敦煌藏文文献叙录》，兰州：甘肃民族出版社，2011年9月 p.650

马德、勘措吉主编，甘肃省文物局、敦煌研究院编纂 甘肃藏敦煌藏文文献㉑敦煌市博物馆卷，上海：上海古籍出版社，2019年10月 图版p.73~74

Db.t.3700–Db.t.3723 十万颂般若波罗蜜多经

马德、勘措吉主编，甘肃省文物局、敦煌研究院编纂 甘肃藏敦煌藏文文献㉑敦煌市博物馆卷，上海：上海古籍出版社，2019年10月 图版p.75~98

Db.t.3724 十万颂般若波罗蜜多经第十二品[③]

马德主编，张延清、勘措吉、邰惠莉编写 敦煌市博物馆藏敦煌藏文文献《甘肃藏敦煌藏文文献叙录》，兰州：甘肃民族出版社，2011年9月 p.652

马德、勘措吉主编，甘肃省文物局、敦煌研究院编纂 甘肃藏敦煌藏文文献㉑敦煌市博物馆卷，上海：上

①该文献《甘肃藏敦煌藏文文献叙录》原定名作"十万颂般若波罗蜜多经"。《甘肃藏敦煌藏文文献》㉑敦煌市博物馆卷图录重新校定名称作"十万颂般若波罗蜜多经第十三品"。

②该文献《甘肃藏敦煌藏文文献叙录》原定名作"十万颂般若波罗蜜多经"。《甘肃藏敦煌藏文文献》㉑敦煌市博物馆卷图录重新校定名称作"十万颂般若波罗蜜多经第十七品"。

③该文献《甘肃藏敦煌藏文文献叙录》原定名作"十万颂般若波罗蜜多经"。《甘肃藏敦煌藏文文献》㉑敦煌市博物馆卷图录重新校定名称作"十万颂般若波罗蜜多经第十二品"。

海古籍出版社，2019年10月 图版p.99

Db.t.3725 十万颂般若波罗蜜多经第八品[①]

马德主编，张延清、勘措吉、邰惠莉编写 敦煌市博物馆藏敦煌藏文文献《甘肃藏敦煌藏文文献叙录》，兰州：甘肃民族出版社，2011年9月 p.652

马德、勘措吉主编，甘肃省文物局、敦煌研究院编纂 甘肃藏敦煌藏文文献㉑敦煌市博物馆卷，上海：上海古籍出版社，2019年10月 图版p.100

Db.t.3726 十万颂般若波罗蜜多经第十二品[②]

马德主编，张延清、勘措吉、邰惠莉编写 敦煌市博物馆藏敦煌藏文文献《甘肃藏敦煌藏文文献叙录》，兰州：甘肃民族出版社，2011年9月 p.652

马德、勘措吉主编，甘肃省文物局、敦煌研究院编纂 甘肃藏敦煌藏文文献㉑敦煌市博物馆卷，上海：上海古籍出版社，2019年10月 图版p.101

Db.t.3727–Db.t.3728 十万颂般若波罗蜜多经

马德、勘措吉主编，甘肃省文物局、敦煌研究院编纂 甘肃藏敦煌藏文文献㉑敦煌市博物馆卷，上海：上海古籍出版社，2019年10月 图版p.102~103

Db.t.3729 十万颂般若波罗蜜多经第五品[③]

马德主编，张延清、勘措吉、邰惠莉编写 敦煌市博物馆藏敦煌藏文文献《甘肃藏敦煌藏文文献叙录》，兰州：甘肃民族出版社，2011年9月 p.652

马德、勘措吉主编，甘肃省文物局、敦煌研究院编纂 甘肃藏敦煌藏文文献㉑敦煌市博物馆卷，上海：上海古籍出版社，2019年10月 图版p.104

Db.t.3730 十万颂般若波罗蜜多经第十五品[④]

马德主编，张延清、勘措吉、邰惠莉编写 敦煌市博物馆藏敦煌藏文文献《甘肃藏敦煌藏文文献叙录》，

---

①该文献《甘肃藏敦煌藏文文献叙录》原定名作“十万颂般若波罗蜜多经”。《甘肃藏敦煌藏文文献》㉑敦煌市博物馆卷图录重新校定名称作“十万颂般若波罗蜜多经第八品”。

②该文献《甘肃藏敦煌藏文文献叙录》原定名作“十万颂般若波罗蜜多经”。《甘肃藏敦煌藏文文献》㉑敦煌市博物馆卷图录重新校定名称作“十万颂般若波罗蜜多经第十二品”。

③该文献《甘肃藏敦煌藏文文献叙录》原定名作“十万颂般若波罗蜜多经”。《甘肃藏敦煌藏文文献》㉑敦煌市博物馆卷图录重新校定名称作“十万颂般若波罗蜜多经第五品”。

④该文献《甘肃藏敦煌藏文文献叙录》原定名作“十万颂般若波罗蜜多经”。《甘肃藏敦煌藏文文献》㉑敦煌市博物馆卷图录重新校定名称作“十万颂般若波罗蜜多经第十五品”。

兰州：甘肃民族出版社，2011年9月 p.652

马德、勘措吉主编，甘肃省文物局、敦煌研究院编纂 甘肃藏敦煌藏文文献㉑敦煌市博物馆卷，上海：上海古籍出版社，2019年10月 图版p.105

Db.t.3731–Db.t.3732 十万颂般若波罗蜜多经

马德、勘措吉主编，甘肃省文物局、敦煌研究院编纂 甘肃藏敦煌藏文文献㉑敦煌市博物馆卷，上海：上海古籍出版社，2019年10月 图版p.106~107

Db.t.3733 十万颂般若波罗蜜多经第十一品[①]

马德主编，张延清、勘措吉、邰惠莉编写 敦煌市博物馆藏敦煌藏文文献《甘肃藏敦煌藏文文献叙录》，兰州：甘肃民族出版社，2011年9月 p.652~653

马德、勘措吉主编，甘肃省文物局、敦煌研究院编纂 甘肃藏敦煌藏文文献㉑敦煌市博物馆卷，上海：上海古籍出版社，2019年10月 图版p.108

Db.t.3734 十万颂般若波罗蜜多经第十三品[②]

马德主编，张延清、勘措吉、邰惠莉编写 敦煌市博物馆藏敦煌藏文文献《甘肃藏敦煌藏文文献叙录》，兰州：甘肃民族出版社，2011年9月 p.653

马德、勘措吉主编，甘肃省文物局、敦煌研究院编纂 甘肃藏敦煌藏文文献㉑敦煌市博物馆卷，上海：上海古籍出版社，2019年10月 图版p.109

Db.t.3735 十万颂般若波罗蜜多经第十八品[③]

马德主编，张延清、勘措吉、邰惠莉编写 敦煌市博物馆藏敦煌藏文文献《甘肃藏敦煌藏文文献叙录》，兰州：甘肃民族出版社，2011年9月 p.653

马德、勘措吉主编，甘肃省文物局、敦煌研究院编纂 甘肃藏敦煌藏文文献㉑敦煌市博物馆卷，上海：上海古籍出版社，2019年10月 图版p.110

Db.t.3736–Db.t.3746 十万颂般若波罗蜜多经

马德、勘措吉主编，甘肃省文物局、敦煌研究院编纂 甘肃藏敦煌藏文文献㉑敦煌市博物馆卷，上海：上

---

①该文献《甘肃藏敦煌藏文文献叙录》原定名作“十万颂般若波罗蜜多经”。《甘肃藏敦煌藏文文献》㉑敦煌市博物馆卷图录重新校定名称作“十万颂般若波罗蜜多经第十一品”。

②该文献《甘肃藏敦煌藏文文献叙录》原定名作“十万颂般若波罗蜜多经”。《甘肃藏敦煌藏文文献》㉑敦煌市博物馆卷图录重新校定名称作“十万颂般若波罗蜜多经第十三品”。

③该文献《甘肃藏敦煌藏文文献叙录》原定名作“十万颂般若波罗蜜多经”。《甘肃藏敦煌藏文文献》㉑敦煌市博物馆卷图录重新校定名称作“十万颂般若波罗蜜多经第十八品”。

海古籍出版社，2019年10月 图版p.111~121

Db.t.3747 十万颂般若波罗蜜多经第十一品[①]

马德主编，张延清、勘措吉、邰惠莉编写 敦煌市博物馆藏敦煌藏文文献《甘肃藏敦煌藏文文献叙录》，兰州：甘肃民族出版社，2011年9月 p.654

马德、勘措吉主编，甘肃省文物局、敦煌研究院编纂 甘肃藏敦煌藏文文献㉑敦煌市博物馆卷，上海：上海古籍出版社，2019年10月 图版p.122

Db.t.3748–Db.t.3749 十万颂般若波罗蜜多经

马德、勘措吉主编，甘肃省文物局、敦煌研究院编纂 甘肃藏敦煌藏文文献㉑敦煌市博物馆卷，上海：上海古籍出版社，2019年10月 图版p.123~124

Db.t.3750 十万颂般若波罗蜜多经第七品[②]

马德主编，张延清、勘措吉、邰惠莉编写 敦煌市博物馆藏敦煌藏文文献《甘肃藏敦煌藏文文献叙录》，兰州：甘肃民族出版社，2011年9月 p.654

马德、勘措吉主编，甘肃省文物局、敦煌研究院编纂 甘肃藏敦煌藏文文献㉑敦煌市博物馆卷，上海：上海古籍出版社，2019年10月 图版p.125

Db.t.3751–Db.t.3753 十万颂般若波罗蜜多经

马德、勘措吉主编，甘肃省文物局、敦煌研究院编纂 甘肃藏敦煌藏文文献㉑敦煌市博物馆卷，上海：上海古籍出版社，2019年10月 图版p.126~128

Db.t.3754 十万颂般若波罗蜜多经第十品[③]

马德主编，张延清、勘措吉、邰惠莉编写 敦煌市博物馆藏敦煌藏文文献《甘肃藏敦煌藏文文献叙录》，兰州：甘肃民族出版社，2011年9月 p.654

马德、勘措吉主编，甘肃省文物局、敦煌研究院编纂 甘肃藏敦煌藏文文献㉑敦煌市博物馆卷，上海：上海古籍出版社，2019年10月 图版p.129

---

①该文献《甘肃藏敦煌藏文文献叙录》原定名作"十万颂般若波罗蜜多经"。《甘肃藏敦煌藏文文献》㉑敦煌市博物馆卷图录重新校定名称作"十万颂般若波罗蜜多经第十一品"。

②该文献《甘肃藏敦煌藏文文献叙录》原定名作"十万颂般若波罗蜜多经"。《甘肃藏敦煌藏文文献》㉑敦煌市博物馆卷图录重新校定名称作"十万颂般若波罗蜜多经第七品"。

③该文献《甘肃藏敦煌藏文文献叙录》原定名作"十万颂般若波罗蜜多经"。《甘肃藏敦煌藏文文献》㉑敦煌市博物馆卷图录重新校定名称作"十万颂般若波罗蜜多经第十品"。

Db.t.3755–Db.t.3758 十万颂般若波罗蜜多经

马德、勘措吉主编，甘肃省文物局、敦煌研究院编纂 甘肃藏敦煌藏文文献㉑敦煌市博物馆卷，上海：上海古籍出版社，2019年10月 图版p.130~133

Db.t.3759–Db.t.3760 十万颂般若波罗蜜多经第十七品[①]

马德主编，张延清、勘措吉、邰惠莉编写 敦煌市博物馆藏敦煌藏文文献《甘肃藏敦煌藏文文献叙录》，兰州：甘肃民族出版社，2011年9月 p.655

马德、勘措吉主编，甘肃省文物局、敦煌研究院编纂 甘肃藏敦煌藏文文献㉑敦煌市博物馆卷，上海：上海古籍出版社，2019年10月 图版p.134~135

Db.t.3761 十万颂般若波罗蜜多经第十一品[②]

马德主编，张延清、勘措吉、邰惠莉编写 敦煌市博物馆藏敦煌藏文文献《甘肃藏敦煌藏文文献叙录》，兰州：甘肃民族出版社，2011年9月 p.655

马德、勘措吉主编，甘肃省文物局、敦煌研究院编纂 甘肃藏敦煌藏文文献㉑敦煌市博物馆卷，上海：上海古籍出版社，2019年10月 图版p.136

Db.t.3762–Db.t.3764 十万颂般若波罗蜜多经

马德、勘措吉主编，甘肃省文物局、敦煌研究院编纂 甘肃藏敦煌藏文文献㉑敦煌市博物馆卷，上海：上海古籍出版社，2019年10月 图版p.137~139

Db.t.3765 十万颂般若波罗蜜多经第二品[③]

马德主编，张延清、勘措吉、邰惠莉编写 敦煌市博物馆藏敦煌藏文文献《甘肃藏敦煌藏文文献叙录》，兰州：甘肃民族出版社，2011年9月 p.655

马德、勘措吉主编，甘肃省文物局、敦煌研究院编纂 甘肃藏敦煌藏文文献㉑敦煌市博物馆卷，上海：上海古籍出版社，2019年10月 图版p.140

Db.t.3766–Db.t.3768 十万颂般若波罗蜜多经

马德、勘措吉主编，甘肃省文物局、敦煌研究院编纂 甘肃藏敦煌藏文文献㉑敦煌市博物馆卷，上海：上

---

①该文献《甘肃藏敦煌藏文文献叙录》原定名作“十万颂般若波罗蜜多经”。《甘肃藏敦煌藏文文献》㉑敦煌市博物馆卷图录重新校定名称作“十万颂般若波罗蜜多经第十七品”。

②该文献《甘肃藏敦煌藏文文献叙录》原定名作“十万颂般若波罗蜜多经”。《甘肃藏敦煌藏文文献》㉑敦煌市博物馆卷图录重新校定名称作“十万颂般若波罗蜜多经第十一品”。

③该文献《甘肃藏敦煌藏文文献叙录》原定名作“十万颂般若波罗蜜多经”。《甘肃藏敦煌藏文文献》㉑敦煌市博物馆卷图录重新校定名称作“十万颂般若波罗蜜多经第二品”。

海古籍出版社，2019年10月 图版p.141~143

Db.t.3769 十万颂般若波罗蜜多经第二品[①]

马德主编，张延清、勘措吉、郃惠莉编写 敦煌市博物馆藏敦煌藏文文献《甘肃藏敦煌藏文文献叙录》，兰州：甘肃民族出版社，2011年9月 p.655

马德、勘措吉主编，甘肃省文物局、敦煌研究院编纂 甘肃藏敦煌藏文文献㉑敦煌市博物馆卷，上海：上海古籍出版社，2019年10月 图版p.144

Db.t.3770–Db.t.3774 十万颂般若波罗蜜多经

马德、勘措吉主编，甘肃省文物局、敦煌研究院编纂 甘肃藏敦煌藏文文献㉑敦煌市博物馆卷，上海：上海古籍出版社，2019年10月 图版p.145~149

Db.t.3775 十万颂般若波罗蜜多经第六品[②]

马德主编，张延清、勘措吉、郃惠莉编写 敦煌市博物馆藏敦煌藏文文献《甘肃藏敦煌藏文文献叙录》，兰州：甘肃民族出版社，2011年9月 p.656

马德、勘措吉主编，甘肃省文物局、敦煌研究院编纂 甘肃藏敦煌藏文文献㉑敦煌市博物馆卷，上海：上海古籍出版社，2019年10月 图版p.150

Db.t.3776 十万颂般若波罗蜜多经

马德、勘措吉主编，甘肃省文物局、敦煌研究院编纂 甘肃藏敦煌藏文文献㉑敦煌市博物馆卷，上海：上海古籍出版社，2019年10月 图版p.151

Db.t.3777 十万颂般若波罗蜜多经第六品[③]

马德主编，张延清、勘措吉、郃惠莉编写 敦煌市博物馆藏敦煌藏文文献《甘肃藏敦煌藏文文献叙录》，兰州：甘肃民族出版社，2011年9月 p.656

马德、勘措吉主编，甘肃省文物局、敦煌研究院编纂 甘肃藏敦煌藏文文献㉑敦煌市博物馆卷，上海：上海古籍出版社，2019年10月 图版p.152

---

①该文献《甘肃藏敦煌藏文文献叙录》原定名作“十万颂般若波罗蜜多经”。《甘肃藏敦煌藏文文献》㉑敦煌市博物馆卷图录重新校定名称作“十万颂般若波罗蜜多经第二品”。

②该文献《甘肃藏敦煌藏文文献叙录》原定名作“十万颂般若波罗蜜多经”。《甘肃藏敦煌藏文文献》㉑敦煌市博物馆卷图录重新校定名称作“十万颂般若波罗蜜多经第六品”。

③该文献《甘肃藏敦煌藏文文献叙录》原定名作“十万颂般若波罗蜜多经”。《甘肃藏敦煌藏文文献》㉑敦煌市博物馆卷图录重新校定名称作“十万颂般若波罗蜜多经第六品”。

Db.t.3778 十万颂般若波罗蜜多经

马德、勘措吉主编，甘肃省文物局、敦煌研究院编纂 甘肃藏敦煌藏文文献㉑敦煌市博物馆卷，上海：上海古籍出版社，2019年10月 图版p.153

Db.t.3779 十万颂般若波罗蜜多经第五十八品[①]

马德主编，张延清、勘措吉、邰惠莉编写 敦煌市博物馆藏敦煌藏文文献《甘肃藏敦煌藏文文献叙录》，兰州：甘肃民族出版社，2011年9月 p.656

马德、勘措吉主编，甘肃省文物局、敦煌研究院编纂 甘肃藏敦煌藏文文献㉑敦煌市博物馆卷，上海：上海古籍出版社，2019年10月 图版p.154

Db.t.3780–Db.t.3782 十万颂般若波罗蜜多经

马德、勘措吉主编，甘肃省文物局、敦煌研究院编纂 甘肃藏敦煌藏文文献㉑敦煌市博物馆卷，上海：上海古籍出版社，2019年10月 图版p.155~157

Db.t.3783 十万颂般若波罗蜜多经第六品[②]

马德主编，张延清、勘措吉、邰惠莉编写 敦煌市博物馆藏敦煌藏文文献《甘肃藏敦煌藏文文献叙录》，兰州：甘肃民族出版社，2011年9月 p.657

马德、勘措吉主编，甘肃省文物局、敦煌研究院编纂 甘肃藏敦煌藏文文献㉑敦煌市博物馆卷，上海：上海古籍出版社，2019年10月 图版p.158

Db.t.3784 十万颂般若波罗蜜多经

马德、勘措吉主编，甘肃省文物局、敦煌研究院编纂 甘肃藏敦煌藏文文献㉑敦煌市博物馆卷，上海：上海古籍出版社，2019年10月 图版p.159

Db.t.3785 十万颂般若波罗蜜多经第六品[③]

马德主编，张延清、勘措吉、邰惠莉编写 敦煌市博物馆藏敦煌藏文文献《甘肃藏敦煌藏文文献叙录》，兰州：甘肃民族出版社，2011年9月 p.657

马德、勘措吉主编，甘肃省文物局、敦煌研究院编纂 甘肃藏敦煌藏文文献㉑敦煌市博物馆卷，上海：上

①该文献《甘肃藏敦煌藏文文献叙录》原定名作“十万颂般若波罗蜜多经”。《甘肃藏敦煌藏文文献》㉑敦煌市博物馆卷图录重新校定名称作“十万颂般若波罗蜜多经第五十八品”。

②该文献《甘肃藏敦煌藏文文献叙录》原定名作“十万颂般若波罗蜜多经”。《甘肃藏敦煌藏文文献》㉑敦煌市博物馆卷图录重新校定名称作“十万颂般若波罗蜜多经第六品”。

③该文献《甘肃藏敦煌藏文文献叙录》原定名作“十万颂般若波罗蜜多经”。《甘肃藏敦煌藏文文献》㉑敦煌市博物馆卷图录重新校定名称作“十万颂般若波罗蜜多经第六品”。

海古籍出版社，2019年10月　图版p.160

Db.t.3786–Db.t.3788　十万颂般若波罗蜜多经

马德、勘措吉主编，甘肃省文物局、敦煌研究院编纂　甘肃藏敦煌藏文文献㉑敦煌市博物馆卷，上海：上海古籍出版社，2019年10月　图版p.161~163

Db.t.3789　十万颂般若波罗蜜多经第二品[①]

马德主编，张延清、勘措吉、郃惠莉编写　敦煌市博物馆藏敦煌藏文文献《甘肃藏敦煌藏文文献叙录》，兰州：甘肃民族出版社，2011年9月　p.657

马德、勘措吉主编，甘肃省文物局、敦煌研究院编纂　甘肃藏敦煌藏文文献㉑敦煌市博物馆卷，上海：上海古籍出版社，2019年10月　图版p.164

Db.t.3790–Db.t.3794　十万颂般若波罗蜜多经

马德、勘措吉主编，甘肃省文物局、敦煌研究院编纂　甘肃藏敦煌藏文文献㉑敦煌市博物馆卷，上海：上海古籍出版社，2019年10月　图版p.165~169

Db.t.3795　十万颂般若波罗蜜多经第三品[②]

马德主编，张延清、勘措吉、郃惠莉编写　敦煌市博物馆藏敦煌藏文文献《甘肃藏敦煌藏文文献叙录》，兰州：甘肃民族出版社，2011年9月　p.658

马德、勘措吉主编，甘肃省文物局、敦煌研究院编纂　甘肃藏敦煌藏文文献㉑敦煌市博物馆卷，上海：上海古籍出版社，2019年10月　图版p.170

Db.t.3796　十万颂般若波罗蜜多经

马德、勘措吉主编，甘肃省文物局、敦煌研究院编纂　甘肃藏敦煌藏文文献㉑敦煌市博物馆卷，上海：上海古籍出版社，2019年10月　图版p.171

Db.t.3797　十万颂般若波罗蜜多经第十三品[③]

马德主编，张延清、勘措吉、郃惠莉编写　敦煌市博物馆藏敦煌藏文文献《甘肃藏敦煌藏文文献叙录》，

---

①该文献《甘肃藏敦煌藏文文献叙录》原定名作“十万颂般若波罗蜜多经”。《甘肃藏敦煌藏文文献》㉑敦煌市博物馆卷图录重新校定名称作“十万颂般若波罗蜜多经第二品”。

②该文献《甘肃藏敦煌藏文文献叙录》原定名作“十万颂般若波罗蜜多经”。《甘肃藏敦煌藏文文献》㉑敦煌市博物馆卷图录重新校定名称作“十万颂般若波罗蜜多经第三品”。

③该文献《甘肃藏敦煌藏文文献叙录》原定名作“十万颂般若波罗蜜多经”。《甘肃藏敦煌藏文文献》㉑敦煌市博物馆卷图录重新校定名称作“十万颂般若波罗蜜多经第十三品”。

兰州：甘肃民族出版社，2011年9月 p.658

马德、勘措吉主编，甘肃省文物局、敦煌研究院编纂 甘肃藏敦煌藏文文献㉑敦煌市博物馆卷，上海：上海古籍出版社，2019年10月 图版p.172

Db.t.3798 十万颂般若波罗蜜多经

马德、勘措吉主编，甘肃省文物局、敦煌研究院编纂 甘肃藏敦煌藏文文献㉑敦煌市博物馆卷，上海：上海古籍出版社，2019年10月 图版p.173

Db.t.3799 十万颂般若波罗蜜多经第十二品[①]

马德主编，张延清、勘措吉、邰惠莉编写 敦煌市博物馆藏敦煌藏文文献《甘肃藏敦煌藏文文献叙录》，兰州：甘肃民族出版社，2011年9月 p.658

马德、勘措吉主编，甘肃省文物局、敦煌研究院编纂 甘肃藏敦煌藏文文献㉑敦煌市博物馆卷，上海：上海古籍出版社，2019年10月 图版p.174

Db.t.3800–Db.t.3806 十万颂般若波罗蜜多经

马德、勘措吉主编，甘肃省文物局、敦煌研究院编纂 甘肃藏敦煌藏文文献㉑敦煌市博物馆卷，上海：上海古籍出版社，2019年10月 图版p.175~181

Db.t.3807 十万颂般若波罗蜜多经第七品[②]

马德主编，张延清、勘措吉、邰惠莉编写 敦煌市博物馆藏敦煌藏文文献《甘肃藏敦煌藏文文献叙录》，兰州：甘肃民族出版社，2011年9月 p.658~659

马德、勘措吉主编，甘肃省文物局、敦煌研究院编纂 甘肃藏敦煌藏文文献㉑敦煌市博物馆卷，上海：上海古籍出版社，2019年10月 图版p.182

Db.t.3808–Db.t.3824 十万颂般若波罗蜜多经

马德、勘措吉主编，甘肃省文物局、敦煌研究院编纂 甘肃藏敦煌藏文文献㉑敦煌市博物馆卷，上海：上海古籍出版社，2019年10月 图版p.183~199

---

①该文献《甘肃藏敦煌藏文文献叙录》原定名作“十万颂般若波罗蜜多经”。《甘肃藏敦煌藏文文献》㉑敦煌市博物馆卷图录重新校定名称作“十万颂般若波罗蜜多经第十二品”。

②该文献《甘肃藏敦煌藏文文献叙录》原定名作“十万颂般若波罗蜜多经”。《甘肃藏敦煌藏文文献》㉑敦煌市博物馆卷图录重新校定名称作“十万颂般若波罗蜜多经第七品”。

Db.t.3825 十万颂般若波罗蜜多经第五品①

马德主编，张延清、勘措吉、邰惠莉编写 敦煌市博物馆藏敦煌藏文文献《甘肃藏敦煌藏文文献叙录》，兰州：甘肃民族出版社，2011年9月 p.660

马德、勘措吉主编，甘肃省文物局、敦煌研究院编纂 甘肃藏敦煌藏文文献㉑敦煌市博物馆卷，上海：上海古籍出版社，2019年10月 图版p.200

Db.t.3826–Db.t.3880 十万颂般若波罗蜜多经

马德、勘措吉主编，甘肃省文物局、敦煌研究院编纂 甘肃藏敦煌藏文文献㉑敦煌市博物馆卷，上海：上海古籍出版社，2019年10月 图版p.201~255

Db.t.3881–Db.t.3883 十万颂般若波罗蜜多经第十四品②

马德主编，张延清、勘措吉、邰惠莉编写 敦煌市博物馆藏敦煌藏文文献《甘肃藏敦煌藏文文献叙录》，兰州：甘肃民族出版社，2011年9月 p.665

马德、勘措吉主编，甘肃省文物局、敦煌研究院编纂 甘肃藏敦煌藏文文献㉑敦煌市博物馆卷，上海：上海古籍出版社，2019年10月 图版p.256~258

Db.t.3884–Db.t.3892 十万颂般若波罗蜜多经

马德、勘措吉主编，甘肃省文物局、敦煌研究院编纂 甘肃藏敦煌藏文文献㉑敦煌市博物馆卷，上海：上海古籍出版社，2019年10月 图版p.259~267

Db.t.3893 十万颂般若波罗蜜多经第一品③

马德主编，张延清、勘措吉、邰惠莉编写 敦煌市博物馆藏敦煌藏文文献《甘肃藏敦煌藏文文献叙录》，兰州：甘肃民族出版社，2011年9月 p.665~666

马德、勘措吉主编，甘肃省文物局、敦煌研究院编纂 甘肃藏敦煌藏文文献㉑敦煌市博物馆卷，上海：上海古籍出版社，2019年10月 图版p.268

---

①该文献《甘肃藏敦煌藏文文献叙录》原定名作“十万颂般若波罗蜜多经”。《甘肃藏敦煌藏文文献》㉑敦煌市博物馆卷图录重新校定名称作“十万颂般若波罗蜜多经第五品”。

②该文献《甘肃藏敦煌藏文文献叙录》原定名作“十万颂般若波罗蜜多经”。《甘肃藏敦煌藏文文献》㉑敦煌市博物馆卷图录重新校定名称作“十万颂般若波罗蜜多经第十四品”。

③该文献《甘肃藏敦煌藏文文献叙录》原定名作“十万颂般若波罗蜜多经”。《甘肃藏敦煌藏文文献》㉑敦煌市博物馆卷图录重新校定名称作“十万颂般若波罗蜜多经第一品”。

Db.t.3894 十万颂般若波罗蜜多经第三品①

马德主编，张延清、勘措吉、邰惠莉编写 敦煌市博物馆藏敦煌藏文文献《甘肃藏敦煌藏文文献叙录》，兰州：甘肃民族出版社，2011年9月 p.666

马德、勘措吉主编，甘肃省文物局、敦煌研究院编纂 甘肃藏敦煌藏文文献㉑敦煌市博物馆卷，上海：上海古籍出版社，2019年10月 图版p.269

Db.t.3895-Db.t.3896 十万颂般若波罗蜜多经

马德、勘措吉主编，甘肃省文物局、敦煌研究院编纂 甘肃藏敦煌藏文文献㉑敦煌市博物馆卷，上海：上海古籍出版社，2019年10月 图版p.270~271

Db.t.3897 十万颂般若波罗蜜多经第一品②

马德主编，张延清、勘措吉、邰惠莉编写 敦煌市博物馆藏敦煌藏文文献《甘肃藏敦煌藏文文献叙录》，兰州：甘肃民族出版社，2011年9月 p.666

马德、勘措吉主编，甘肃省文物局、敦煌研究院编纂 甘肃藏敦煌藏文文献㉑敦煌市博物馆卷，上海：上海古籍出版社，2019年10月 图版p.272

Db.t.3898-Db.t.3901 十万颂般若波罗蜜多经

马德、勘措吉主编，甘肃省文物局、敦煌研究院编纂 甘肃藏敦煌藏文文献㉑敦煌市博物馆卷，上海：上海古籍出版社，2019年10月 图版p.273~276

Db.t.3902 十万颂般若波罗蜜多经第五品③

马德主编，张延清、勘措吉、邰惠莉编写 敦煌市博物馆藏敦煌藏文文献《甘肃藏敦煌藏文文献叙录》，兰州：甘肃民族出版社，2011年9月 p.666

马德、勘措吉主编，甘肃省文物局、敦煌研究院编纂 甘肃藏敦煌藏文文献㉑敦煌市博物馆卷，上海：上海古籍出版社，2019年10月 图版p.277

Db.t.3903 十万颂般若波罗蜜多经

马德、勘措吉主编，甘肃省文物局、敦煌研究院编纂 甘肃藏敦煌藏文文献㉑敦煌市博物馆卷，上海：上

---

①该文献《甘肃藏敦煌藏文文献叙录》原定名作“十万颂般若波罗蜜多经”。《甘肃藏敦煌藏文文献》㉑敦煌市博物馆卷图录重新校定名称作“十万颂般若波罗蜜多经第三品”。

②该文献《甘肃藏敦煌藏文文献叙录》原定名作“十万颂般若波罗蜜多经”。《甘肃藏敦煌藏文文献》㉑敦煌市博物馆卷图录重新校定名称作“十万颂般若波罗蜜多经第一品”。

③该文献《甘肃藏敦煌藏文文献叙录》原定名作“十万颂般若波罗蜜多经”。《甘肃藏敦煌藏文文献》㉑敦煌市博物馆卷图录重新校定名称作“十万颂般若波罗蜜多经第五品”。

海古籍出版社,2019年10月 图版p.278

Db.t.3904 十万颂般若波罗蜜多经第十五品①

马德主编,张延清、勘措吉、郃惠莉编写 敦煌市博物馆藏敦煌藏文文献《甘肃藏敦煌藏文文献叙录》,兰州:甘肃民族出版社,2011年9月 p.666

马德、勘措吉主编,甘肃省文物局、敦煌研究院编纂 甘肃藏敦煌藏文文献㉑敦煌市博物馆卷,上海:上海古籍出版社,2019年10月 图版p.279

Db.t.3905–Db.t.3906 十万颂般若波罗蜜多经

马德、勘措吉主编,甘肃省文物局、敦煌研究院编纂 甘肃藏敦煌藏文文献㉑敦煌市博物馆卷,上海:上海古籍出版社,2019年10月 图版p.280~281

Db.t.3907 十万颂般若波罗蜜多经第十四品②

马德主编,张延清、勘措吉、郃惠莉编写 敦煌市博物馆藏敦煌藏文文献《甘肃藏敦煌藏文文献叙录》,兰州:甘肃民族出版社,2011年9月 p.667

马德、勘措吉主编,甘肃省文物局、敦煌研究院编纂 甘肃藏敦煌藏文文献㉑敦煌市博物馆卷,上海:上海古籍出版社,2019年10月 图版p.282

Db.t.3908–Db.t.3909 十万颂般若波罗蜜多经

马德、勘措吉主编,甘肃省文物局、敦煌研究院编纂 甘肃藏敦煌藏文文献㉑敦煌市博物馆卷,上海:上海古籍出版社,2019年10月 图版p.283~284

Db.t.3910 十万颂般若波罗蜜多经第十四品③

马德主编,张延清、勘措吉、郃惠莉编写 敦煌市博物馆藏敦煌藏文文献《甘肃藏敦煌藏文文献叙录》,兰州:甘肃民族出版社,2011年9月 p.667

马德、勘措吉主编,甘肃省文物局、敦煌研究院编纂 甘肃藏敦煌藏文文献㉑敦煌市博物馆卷,上海:上海古籍出版社,2019年10月 图版p.285

---

①该文献《甘肃藏敦煌藏文文献叙录》原定名作"十万颂般若波罗蜜多经"。《甘肃藏敦煌藏文文献》㉑敦煌市博物馆卷图录重新校定名称作"十万颂般若波罗蜜多经第十五品"。

②该文献《甘肃藏敦煌藏文文献叙录》原定名作"十万颂般若波罗蜜多经"。《甘肃藏敦煌藏文文献》㉑敦煌市博物馆卷图录重新校定名称作"十万颂般若波罗蜜多经第十四品"。

③该文献《甘肃藏敦煌藏文文献叙录》原定名作"十万颂般若波罗蜜多经"。《甘肃藏敦煌藏文文献》㉑敦煌市博物馆卷图录重新校定名称作"十万颂般若波罗蜜多经第十四品"。

Db.t.3911–Db.t.3914 十万颂般若波罗蜜多经

马德、勘措吉主编，甘肃省文物局、敦煌研究院编纂 甘肃藏敦煌藏文文献㉑敦煌市博物馆卷，上海：上海古籍出版社，2019年10月 图版p.286~289

Db.t.3915 十万颂般若波罗蜜多经第四品[①]

马德主编，张延清、勘措吉、郃惠莉编写 敦煌市博物馆藏敦煌藏文文献《甘肃藏敦煌藏文文献叙录》，兰州：甘肃民族出版社，2011年9月 p.667

马德、勘措吉主编，甘肃省文物局、敦煌研究院编纂 甘肃藏敦煌藏文文献㉑敦煌市博物馆卷，上海：上海古籍出版社，2019年10月 图版p.290

Db.t.3916–Db.t.3917 十万颂般若波罗蜜多经

马德、勘措吉主编，甘肃省文物局、敦煌研究院编纂 甘肃藏敦煌藏文文献㉑敦煌市博物馆卷，上海：上海古籍出版社，2019年10月 图版p.291~292

Db.t.3918 十万颂般若波罗蜜多经第十五品[②]

马德主编，张延清、勘措吉、郃惠莉编写 敦煌市博物馆藏敦煌藏文文献《甘肃藏敦煌藏文文献叙录》，兰州：甘肃民族出版社，2011年9月 p.668

马德、勘措吉主编，甘肃省文物局、敦煌研究院编纂 甘肃藏敦煌藏文文献㉑敦煌市博物馆卷，上海：上海古籍出版社，2019年10月 图版p.293

Db.t.3919–Db.t.3921 十万颂般若波罗蜜多经

马德、勘措吉主编，甘肃省文物局、敦煌研究院编纂 甘肃藏敦煌藏文文献㉑敦煌市博物馆卷，上海：上海古籍出版社，2019年10月 图版p.294~296

Db.t.3922 十万颂般若波罗蜜多经第一品[③]

马德主编，张延清、勘措吉、郃惠莉编写 敦煌市博物馆藏敦煌藏文文献《甘肃藏敦煌藏文文献叙录》，兰州：甘肃民族出版社，2011年9月 p.668

马德、勘措吉主编，甘肃省文物局、敦煌研究院编纂 甘肃藏敦煌藏文文献㉑敦煌市博物馆卷，上海：上

①该文献《甘肃藏敦煌藏文文献叙录》原定名作“十万颂般若波罗蜜多经”。《甘肃藏敦煌藏文文献》㉑敦煌市博物馆卷图录重新校定名称作“十万颂般若波罗蜜多经第四品”。

②该文献《甘肃藏敦煌藏文文献叙录》原定名作“十万颂般若波罗蜜多经”。《甘肃藏敦煌藏文文献》㉑敦煌市博物馆卷图录重新校定名称作“十万颂般若波罗蜜多经第十五品”。

③该文献《甘肃藏敦煌藏文文献叙录》原定名作“十万颂般若波罗蜜多经”。《甘肃藏敦煌藏文文献》㉑敦煌市博物馆卷图录重新校定名称作“十万颂般若波罗蜜多经第一品”。

海古籍出版社，2019年10月 图版p.297

Db.t.3923–Db.t.3927 十万颂般若波罗蜜多经

马德、勘措吉主编，甘肃省文物局、敦煌研究院编纂 甘肃藏敦煌藏文文献㉑敦煌市博物馆卷，上海：上海古籍出版社，2019年10月 图版p.298~302

Db.t.3928 十万颂般若波罗蜜多经第十品[①]

马德主编，张延清、勘措吉、邰惠莉编写 敦煌市博物馆藏敦煌藏文文献《甘肃藏敦煌藏文文献叙录》，兰州：甘肃民族出版社，2011年9月 p.668

马德、勘措吉主编，甘肃省文物局、敦煌研究院编纂 甘肃藏敦煌藏文文献㉑敦煌市博物馆卷，上海：上海古籍出版社，2019年10月 图版p.303

Db.t.3929 十万颂般若波罗蜜多经第八品[②]

马德主编，张延清、勘措吉、邰惠莉编写 敦煌市博物馆藏敦煌藏文文献《甘肃藏敦煌藏文文献叙录》，兰州：甘肃民族出版社，2011年9月 p.668

马德、勘措吉主编，甘肃省文物局、敦煌研究院编纂 甘肃藏敦煌藏文文献㉑敦煌市博物馆卷，上海：上海古籍出版社，2019年10月 图版p.304

Db.t.3930–Db.t.3933 十万颂般若波罗蜜多经

马德、勘措吉主编，甘肃省文物局、敦煌研究院编纂 甘肃藏敦煌藏文文献㉑敦煌市博物馆卷，上海：上海古籍出版社，2019年10月 图版p.305~308

Db.t.3934 十万颂般若波罗蜜多经第五品[③]

马德主编，张延清、勘措吉、邰惠莉编写 敦煌市博物馆藏敦煌藏文文献《甘肃藏敦煌藏文文献叙录》，兰州：甘肃民族出版社，2011年9月 p.669

马德、勘措吉主编，甘肃省文物局、敦煌研究院编纂 甘肃藏敦煌藏文文献㉑敦煌市博物馆卷，上海：上海古籍出版社，2019年10月 图版p.309

---

①该文献《甘肃藏敦煌藏文文献叙录》原定名作“十万颂般若波罗蜜多经”。《甘肃藏敦煌藏文文献》㉑敦煌市博物馆卷图录重新校定名称作“十万颂般若波罗蜜多经第十品”。

②该文献《甘肃藏敦煌藏文文献叙录》原定名作“十万颂般若波罗蜜多经”。《甘肃藏敦煌藏文文献》㉑敦煌市博物馆卷图录重新校定名称作“十万颂般若波罗蜜多经第八品”。

③该文献《甘肃藏敦煌藏文文献叙录》原定名作“十万颂般若波罗蜜多经”。《甘肃藏敦煌藏文文献》㉑敦煌市博物馆卷图录重新校定名称作“十万颂般若波罗蜜多经第五品”。

Db.t.3935 十万颂般若波罗蜜多经第六品[1]

马德主编，张延清、勘措吉、邰惠莉编写 敦煌市博物馆藏敦煌藏文文献《甘肃藏敦煌藏文文献叙录》，兰州：甘肃民族出版社，2011年9月 p.669

马德、勘措吉主编，甘肃省文物局、敦煌研究院编纂 甘肃藏敦煌藏文文献㉑敦煌市博物馆卷，上海：上海古籍出版社，2019年10月 图版p.310

Db.t.3936–Db.t.3939 十万颂般若波罗蜜多经

马德、勘措吉主编，甘肃省文物局、敦煌研究院编纂 甘肃藏敦煌藏文文献㉑敦煌市博物馆卷，上海：上海古籍出版社，2019年10月 图版p.311~314

Db.t.3940 十万颂般若波罗蜜多经第三品[2]

马德主编，张延清、勘措吉、邰惠莉编写 敦煌市博物馆藏敦煌藏文文献《甘肃藏敦煌藏文文献叙录》，兰州：甘肃民族出版社，2011年9月 p.669

马德、勘措吉主编，甘肃省文物局、敦煌研究院编纂 甘肃藏敦煌藏文文献㉑敦煌市博物馆卷，上海：上海古籍出版社，2019年10月 图版p.315

Db.t.3941–Db.t.3942 十万颂般若波罗蜜多经

马德、勘措吉主编，甘肃省文物局、敦煌研究院编纂 甘肃藏敦煌藏文文献㉑敦煌市博物馆卷，上海：上海古籍出版社，2019年10月 图版p.316~317

Db.t.3943–Db.t.3944 十万颂般若波罗蜜多经第三品[3]

马德主编，张延清、勘措吉、邰惠莉编写 敦煌市博物馆藏敦煌藏文文献《甘肃藏敦煌藏文文献叙录》，兰州：甘肃民族出版社，2011年9月 p.670

马德、勘措吉主编，甘肃省文物局、敦煌研究院编纂 甘肃藏敦煌藏文文献㉑敦煌市博物馆卷，上海：上海古籍出版社，2019年10月 图版p.318~319

Db.t.3945–Db.t.3952 十万颂般若波罗蜜多经

马德、勘措吉主编，甘肃省文物局、敦煌研究院编纂 甘肃藏敦煌藏文文献㉑敦煌市博物馆卷，上海：上

---

①该文献《甘肃藏敦煌藏文文献叙录》原定名作“十万颂般若波罗蜜多经”。《甘肃藏敦煌藏文文献》㉑敦煌市博物馆卷图录重新校定名称作“十万颂般若波罗蜜多经第六品”。

②该文献《甘肃藏敦煌藏文文献叙录》原定名作“十万颂般若波罗蜜多经”。《甘肃藏敦煌藏文文献》㉑敦煌市博物馆卷图录重新校定名称作“十万颂般若波罗蜜多经第三品”。

③该文献《甘肃藏敦煌藏文文献叙录》原定名作“十万颂般若波罗蜜多经”。《甘肃藏敦煌藏文文献》㉑敦煌市博物馆卷图录重新校定名称作“十万颂般若波罗蜜多经第三品”。

海古籍出版社，2019年10月 图版p.320~327

Db.t.3953 十万颂般若波罗蜜多经第五品[①]

马德主编，张延清、勘措吉、邰惠莉编写 敦煌市博物馆藏敦煌藏文文献《甘肃藏敦煌藏文文献叙录》，兰州：甘肃民族出版社，2011年9月 p.670

马德、勘措吉主编，甘肃省文物局、敦煌研究院编纂 甘肃藏敦煌藏文文献㉑敦煌市博物馆卷，上海：上海古籍出版社，2019年10月 图版p.328

Db.t.3954–Db.t.3982 十万颂般若波罗蜜多经

马德、勘措吉主编，甘肃省文物局、敦煌研究院编纂 甘肃藏敦煌藏文文献㉑敦煌市博物馆卷，上海：上海古籍出版社，2019年10月 图版p.329~357

Db.t.3983 十万颂般若波罗蜜多经第十七品[②]

马德主编，张延清、勘措吉、邰惠莉编写 敦煌市博物馆藏敦煌藏文文献《甘肃藏敦煌藏文文献叙录》，兰州：甘肃民族出版社，2011年9月 p.673

马德、勘措吉主编，甘肃省文物局、敦煌研究院编纂 甘肃藏敦煌藏文文献㉑敦煌市博物馆卷，上海：上海古籍出版社，2019年10月 图版p.358

Db.t.3984 十万颂般若波罗蜜多经

马德、勘措吉主编，甘肃省文物局、敦煌研究院编纂 甘肃藏敦煌藏文文献㉑敦煌市博物馆卷，上海：上海古籍出版社，2019年10月 图版p.359

Db.t.3985 十万颂般若波罗蜜多经第十八品[③]

马德主编，张延清、勘措吉、邰惠莉编写 敦煌市博物馆藏敦煌藏文文献《甘肃藏敦煌藏文文献叙录》，兰州：甘肃民族出版社，2011年9月 p.673

马德、勘措吉主编，甘肃省文物局、敦煌研究院编纂 甘肃藏敦煌藏文文献㉑敦煌市博物馆卷，上海：上海古籍出版社，2019年10月 图版p.360

---

①该文献《甘肃藏敦煌藏文文献叙录》原定名作“十万颂般若波罗蜜多经”。《甘肃藏敦煌藏文文献》㉑敦煌市博物馆卷图录重新校定名称作“十万颂般若波罗蜜多经第五品”。

②该文献《甘肃藏敦煌藏文文献叙录》原定名作“十万颂般若波罗蜜多经”。《甘肃藏敦煌藏文文献》㉑敦煌市博物馆卷图录重新校定名称作“十万颂般若波罗蜜多经第十七品”。

③该文献《甘肃藏敦煌藏文文献叙录》原定名作“十万颂般若波罗蜜多经”。《甘肃藏敦煌藏文文献》㉑敦煌市博物馆卷图录重新校定名称作“十万颂般若波罗蜜多经第十八品”。

Db.t.3986 十万颂般若波罗蜜多经第十二品[①]

马德主编，张延清、勘措吉、邰惠莉编写 敦煌市博物馆藏敦煌藏文文献《甘肃藏敦煌藏文文献叙录》，兰州：甘肃民族出版社，2011年9月 p.673

马德、勘措吉主编，甘肃省文物局、敦煌研究院编纂 甘肃藏敦煌藏文文献㉑敦煌市博物馆卷，上海：上海古籍出版社，2019年10月 图版p.361

Db.t.3987–Db.t.4123 十万颂般若波罗蜜多经

马德、勘措吉主编，甘肃省文物局、敦煌研究院编纂 甘肃藏敦煌藏文文献㉒敦煌市博物馆卷，上海：上海古籍出版社，2019年10月 图版p.1~137

Db.t.4124 十万颂般若波罗蜜多经第二卷第四十二品

马德、勘措吉主编，甘肃省文物局、敦煌研究院编纂 甘肃藏敦煌藏文文献㉒敦煌市博物馆卷，上海：上海古籍出版社，2019年10月 图版p.138

Db.t.4125–Db.t.4344 十万颂般若波罗蜜多经

马德、勘措吉主编，甘肃省文物局、敦煌研究院编纂 甘肃藏敦煌藏文文献㉒敦煌市博物馆卷，上海：上海古籍出版社，2019年10月 图版p.139~358

Db.t.4345–Db.t.4569 十万颂般若波罗蜜多经

马德、勘措吉主编，甘肃省文物局、敦煌研究院编纂 甘肃藏敦煌藏文文献㉓敦煌市博物馆卷，上海：上海古籍出版社，2019年10月 图版p.1~225

Db.t.4570 十万颂般若波罗蜜多经第四卷第二十六品

马德、勘措吉主编，甘肃省文物局、敦煌研究院编纂 甘肃藏敦煌藏文文献㉓敦煌市博物馆卷，上海：上海古籍出版社，2019年10月 图版p.226

Db.t.4571–Db.t.4594 十万颂般若波罗蜜多经

马德、勘措吉主编，甘肃省文物局、敦煌研究院编纂 甘肃藏敦煌藏文文献㉓敦煌市博物馆卷，上海：上海古籍出版社，2019年10月 图版p.227~250

---

①该文献《甘肃藏敦煌藏文文献叙录》原定名作“十万颂般若波罗蜜多经”。《甘肃藏敦煌藏文文献》㉑敦煌市博物馆卷图录重新校定名称作“十万颂般若波罗蜜多经第十二品”。

Db.t.4595 十万颂般若波罗蜜多经第四卷第五十三品

马德、勘措吉主编，甘肃省文物局、敦煌研究院编纂 甘肃藏敦煌藏文文献㉓敦煌市博物馆卷，上海：上海古籍出版社，2019年10月 图版p.251

Db.t.4596–Db.t.4599 十万颂般若波罗蜜多经

马德、勘措吉主编，甘肃省文物局、敦煌研究院编纂 甘肃藏敦煌藏文文献㉓敦煌市博物馆卷，上海：上海古籍出版社，2019年10月 图版p.252~255

Db.t.4600 十万颂般若波罗蜜多经第三卷第六十五品

马德、勘措吉主编，甘肃省文物局、敦煌研究院编纂 甘肃藏敦煌藏文文献㉓敦煌市博物馆卷，上海：上海古籍出版社，2019年10月 图版p.256

Db.t.4601–Db.t.4635 十万颂般若波罗蜜多经

马德、勘措吉主编，甘肃省文物局、敦煌研究院编纂 甘肃藏敦煌藏文文献㉓敦煌市博物馆卷，上海：上海古籍出版社，2019年10月 图版p.257~291

Db.t.4636 十万颂般若波罗蜜多经第五十九品[①]

马德主编，张延清、勘措吉、郃惠莉编写 敦煌市博物馆藏敦煌藏文文献《甘肃藏敦煌藏文文献叙录》，兰州：甘肃民族出版社，2011年9月 p.726

马德、勘措吉主编，甘肃省文物局、敦煌研究院编纂 甘肃藏敦煌藏文文献㉓敦煌市博物馆卷，上海：上海古籍出版社，2019年10月 图版p.292

Db.t.4637–Db.t.4703 十万颂般若波罗蜜多经

马德、勘措吉主编，甘肃省文物局、敦煌研究院编纂 甘肃藏敦煌藏文文献㉓敦煌市博物馆卷，上海：上海古籍出版社，2019年10月 图版p.293~359

Db.t.4704–Db.t.4723 十万颂般若波罗蜜多经

马德、勘措吉主编，甘肃省文物局、敦煌研究院编纂 甘肃藏敦煌藏文文献㉔敦煌市博物馆卷，上海：上海古籍出版社，2019年10月 图版p.1~20

---

①该文献《甘肃藏敦煌藏文文献叙录》原定名作“十万颂般若波罗蜜多经”。《甘肃藏敦煌藏文文献》㉓敦煌市博物馆卷图录重新校定名称作“十万颂般若波罗蜜多经第五十九品”。

Db.t.4724 十万颂般若波罗蜜多经第三卷第六品

马德、勘措吉主编，甘肃省文物局、敦煌研究院编纂 甘肃藏敦煌藏文文献㉔敦煌市博物馆卷，上海：上海古籍出版社，2019年10月 图版p.21

Db.t.4725–Db.t.4769 十万颂般若波罗蜜多经

马德、勘措吉主编，甘肃省文物局、敦煌研究院编纂 甘肃藏敦煌藏文文献㉔敦煌市博物馆卷，上海：上海古籍出版社，2019年10月 图版p.22~66

Db.t.4770 十万颂般若波罗蜜多经第三卷第二品

马德、勘措吉主编，甘肃省文物局、敦煌研究院编纂 甘肃藏敦煌藏文文献㉔敦煌市博物馆卷，上海：上海古籍出版社，2019年10月 图版p.67

Db.t.4771–Db.t.4831 十万颂般若波罗蜜多经

马德、勘措吉主编，甘肃省文物局、敦煌研究院编纂 甘肃藏敦煌藏文文献㉔敦煌市博物馆卷，上海：上海古籍出版社，2019年10月 图版p.68~128

Db.t.4832 十万颂般若波罗蜜多经第一卷第二十六品

马德、勘措吉主编，甘肃省文物局、敦煌研究院编纂 甘肃藏敦煌藏文文献㉔敦煌市博物馆卷，上海：上海古籍出版社，2019年10月 图版p.129

Db.t.4833–Db.t.4875 十万颂般若波罗蜜多经

马德、勘措吉主编，甘肃省文物局、敦煌研究院编纂 甘肃藏敦煌藏文文献㉔敦煌市博物馆卷，上海：上海古籍出版社，2019年10月 图版p.130~172

Db.t.4876 十万颂般若波罗蜜多经第四卷第三十一品

马德、勘措吉主编，甘肃省文物局、敦煌研究院编纂 甘肃藏敦煌藏文文献㉔敦煌市博物馆卷，上海：上海古籍出版社，2019年10月 图版p.173

Db.t.4877–Db.t.4934 十万颂般若波罗蜜多经

马德、勘措吉主编，甘肃省文物局、敦煌研究院编纂 甘肃藏敦煌藏文文献㉔敦煌市博物馆卷，上海：上海古籍出版社，2019年10月 图版p.174~231

Db.t.4935 十万颂般若波罗蜜多经第一卷第四十四品

马德、勘措吉主编，甘肃省文物局、敦煌研究院编纂 甘肃藏敦煌藏文文献㉔敦煌市博物馆卷，上海：上

海古籍出版社，2019年10月　图版p.232

Db.t.4936–Db.t.5022　十万颂般若波罗蜜多经

马德、勘措吉主编，甘肃省文物局、敦煌研究院编纂　甘肃藏敦煌藏文文献㉔敦煌市博物馆卷，上海：上海古籍出版社，2019年10月　图版p.233~319

Db.t.5023　十万颂般若波罗蜜多经第四卷第六十八品

马德、勘措吉主编，甘肃省文物局、敦煌研究院编纂　甘肃藏敦煌藏文文献㉔敦煌市博物馆卷，上海：上海古籍出版社，2019年10月　图版p.320

Db.t.5024–Db.t.5063　十万颂般若波罗蜜多经

马德、勘措吉主编，甘肃省文物局、敦煌研究院编纂　甘肃藏敦煌藏文文献㉔敦煌市博物馆卷，上海：上海古籍出版社，2019年10月　图版p.321~360

Db.t.5064–Db.t.5070　十万颂般若波罗蜜多经

马德主编，张延清、勘措吉、郈惠莉编写　敦煌市博物馆藏敦煌藏文文献《甘肃藏敦煌藏文文献叙录》，兰州：甘肃民族出版社，2011年9月　p.761~762

马德、勘措吉主编，甘肃省文物局、敦煌研究院编纂　甘肃藏敦煌藏文文献㉕敦煌市博物馆卷，上海：上海古籍出版社，2020年5月　图版p.1~7

Db.t.5071　十万颂般若波罗蜜多经第四卷第十四品

马德主编，张延清、勘措吉、郈惠莉编写　敦煌市博物馆藏敦煌藏文文献《甘肃藏敦煌藏文文献叙录》，兰州：甘肃民族出版社，2011年9月　p.762

马德、勘措吉主编，甘肃省文物局、敦煌研究院编纂　甘肃藏敦煌藏文文献㉕敦煌市博物馆卷，上海：上海古籍出版社，2020年5月　图版p.8

Db.t.5072–Db.t.5124　十万颂般若波罗蜜多经

马德主编，张延清、勘措吉、郈惠莉编写　敦煌市博物馆藏敦煌藏文文献《甘肃藏敦煌藏文文献叙录》，兰州：甘肃民族出版社，2011年9月　p.762~766

马德、勘措吉主编，甘肃省文物局、敦煌研究院编纂　甘肃藏敦煌藏文文献㉕敦煌市博物馆卷，上海：上海古籍出版社，2020年5月　图版p.9~61

Db.t.5125　十万颂般若波罗蜜多经第三卷第三十五品

马德主编，张延清、勘措吉、郈惠莉编写　敦煌市博物馆藏敦煌藏文文献《甘肃藏敦煌藏文文献叙录》，

兰州：甘肃民族出版社，2011年9月 p.766

马德、勘措吉主编，甘肃省文物局、敦煌研究院编纂 甘肃藏敦煌藏文文献㉕敦煌市博物馆卷，上海：上海古籍出版社，2020年5月 图版p.62

Db.t.5126–Db.t.5139 十万颂般若波罗蜜多经

马德主编，张延清、勘措吉、邰惠莉编写 敦煌市博物馆藏敦煌藏文文献《甘肃藏敦煌藏文文献叙录》，兰州：甘肃民族出版社，2011年9月 p.766~767

马德、勘措吉主编，甘肃省文物局、敦煌研究院编纂 甘肃藏敦煌藏文文献㉕敦煌市博物馆卷，上海：上海古籍出版社，2020年5月 图版p.63~76

Db.t.5140 十万颂般若波罗蜜多经第一卷第六十八品

马德主编，张延清、勘措吉、邰惠莉编写 敦煌市博物馆藏敦煌藏文文献《甘肃藏敦煌藏文文献叙录》，兰州：甘肃民族出版社，2011年9月 p.767~768

马德、勘措吉主编，甘肃省文物局、敦煌研究院编纂 甘肃藏敦煌藏文文献㉕敦煌市博物馆卷，上海：上海古籍出版社，2020年5月 图版p.77

Db.t.5141–Db.t.5187 十万颂般若波罗蜜多经

马德主编，张延清、勘措吉、邰惠莉编写 敦煌市博物馆藏敦煌藏文文献《甘肃藏敦煌藏文文献叙录》，兰州：甘肃民族出版社，2011年9月 p.768~772

马德、勘措吉主编，甘肃省文物局、敦煌研究院编纂 甘肃藏敦煌藏文文献㉕敦煌市博物馆卷，上海：上海古籍出版社，2020年5月 图版p.78~124

Db.t.5188 十万颂般若波罗蜜多经第二卷第七十品

马德主编，张延清、勘措吉、邰惠莉编写 敦煌市博物馆藏敦煌藏文文献《甘肃藏敦煌藏文文献叙录》，兰州：甘肃民族出版社，2011年9月 p.772

马德、勘措吉主编，甘肃省文物局、敦煌研究院编纂 甘肃藏敦煌藏文文献㉕敦煌市博物馆卷，上海：上海古籍出版社，2020年5月 图版p.125

Db.t.5189–Db.t.5236 十万颂般若波罗蜜多经

马德主编，张延清、勘措吉、邰惠莉编写 敦煌市博物馆藏敦煌藏文文献《甘肃藏敦煌藏文文献叙录》，兰州：甘肃民族出版社，2011年9月 p.772~776

马德、勘措吉主编，甘肃省文物局、敦煌研究院编纂 甘肃藏敦煌藏文文献㉕敦煌市博物馆卷，上海：上海古籍出版社，2020年5月 图版p.126~173

Db.t.5237 十万颂般若波罗蜜多经第三卷第十六品

马德主编，张延清、勘措吉、邰惠莉编写 敦煌市博物馆藏敦煌藏文文献《甘肃藏敦煌藏文文献叙录》，兰州：甘肃民族出版社，2011年9月 p.776

马德、勘措吉主编，甘肃省文物局、敦煌研究院编纂 甘肃藏敦煌藏文文献㉕敦煌市博物馆卷，上海：上海古籍出版社，2020年5月 图版p.174

Db.t.5238–Db.t.5281 十万颂般若波罗蜜多经

马德主编，张延清、勘措吉、邰惠莉编写 敦煌市博物馆藏敦煌藏文文献《甘肃藏敦煌藏文文献叙录》，兰州：甘肃民族出版社，2011年9月 p.776~779

马德、勘措吉主编，甘肃省文物局、敦煌研究院编纂 甘肃藏敦煌藏文文献㉕敦煌市博物馆卷，上海：上海古籍出版社，2020年5月 图版p.175~218

Db.t.5282 十万颂般若波罗蜜多经第三卷第三十一品

马德主编，张延清、勘措吉、邰惠莉编写 敦煌市博物馆藏敦煌藏文文献《甘肃藏敦煌藏文文献叙录》，兰州：甘肃民族出版社，2011年9月 p.779~780

马德、勘措吉主编，甘肃省文物局、敦煌研究院编纂 甘肃藏敦煌藏文文献㉕敦煌市博物馆卷，上海：上海古籍出版社，2020年5月 图版p.219

Db.t.5283–Db.t.5326 十万颂般若波罗蜜多经

马德主编，张延清、勘措吉、邰惠莉编写 敦煌市博物馆藏敦煌藏文文献《甘肃藏敦煌藏文文献叙录》，兰州：甘肃民族出版社，2011年9月 p.780~783

马德、勘措吉主编，甘肃省文物局、敦煌研究院编纂 甘肃藏敦煌藏文文献㉕敦煌市博物馆卷，上海：上海古籍出版社，2020年5月 图版p.220~263

Db.t.5327 十万颂般若波罗蜜多经第二卷第三十三品

马德主编，张延清、勘措吉、邰惠莉编写 敦煌市博物馆藏敦煌藏文文献《甘肃藏敦煌藏文文献叙录》，兰州：甘肃民族出版社，2011年9月 p.783

马德、勘措吉主编，甘肃省文物局、敦煌研究院编纂 甘肃藏敦煌藏文文献㉕敦煌市博物馆卷，上海：上海古籍出版社，2020年5月 图版p.264

Db.t.5328–Db.t.5341 十万颂般若波罗蜜多经

马德主编，张延清、勘措吉、邰惠莉编写 敦煌市博物馆藏敦煌藏文文献《甘肃藏敦煌藏文文献叙录》，兰州：甘肃民族出版社，2011年9月 p.783~784

马德、勘措吉主编，甘肃省文物局、敦煌研究院编纂 甘肃藏敦煌藏文文献㉕敦煌市博物馆卷，上海：上

海古籍出版社,2020年5月 图版p.265~278

Db.t.5342 十万颂般若波罗蜜多经第四卷第四十八品

马德主编,张延清、勘措吉、邰惠莉编写 敦煌市博物馆藏敦煌藏文文献《甘肃藏敦煌藏文文献叙录》,兰州:甘肃民族出版社,2011年9月 p.784~785

马德、勘措吉主编,甘肃省文物局、敦煌研究院编纂 甘肃藏敦煌藏文文献㉕敦煌市博物馆卷,上海:上海古籍出版社,2020年5月 图版p.279

Db.t.5343–Db.t.5423 十万颂般若波罗蜜多经

马德主编,张延清、勘措吉、邰惠莉编写 敦煌市博物馆藏敦煌藏文文献《甘肃藏敦煌藏文文献叙录》,兰州:甘肃民族出版社,2011年9月 p.785~791

马德、勘措吉主编,甘肃省文物局、敦煌研究院编纂 甘肃藏敦煌藏文文献㉕敦煌市博物馆卷,上海:上海古籍出版社,2020年5月 图版p.280~360

Db.t.5424–Db.t.5458 十万颂般若波罗蜜多经

马德、勘措吉主编,甘肃省文物局、敦煌研究院编纂 甘肃藏敦煌藏文文献㉖敦煌市博物馆卷,上海:上海古籍出版社,2019年11月 图版p.1~35

Db.t.5459 十万颂般若波罗蜜多经第一卷第二十六品

马德、勘措吉主编,甘肃省文物局、敦煌研究院编纂 甘肃藏敦煌藏文文献㉖敦煌市博物馆卷,上海:上海古籍出版社,2019年11月 图版p.36

Db.t.5460–Db.t.5512 十万颂般若波罗蜜多经

马德、勘措吉主编,甘肃省文物局、敦煌研究院编纂 甘肃藏敦煌藏文文献㉖敦煌市博物馆卷,上海:上海古籍出版社,2019年11月 图版p.37~89

Db.t.5513 十万颂般若波罗蜜多经第一卷第三十六品

马德、勘措吉主编,甘肃省文物局、敦煌研究院编纂 甘肃藏敦煌藏文文献㉖敦煌市博物馆卷,上海:上海古籍出版社,2019年11月 图版p.90

Db.t.5514–Db.t.5537 十万颂般若波罗蜜多经

马德、勘措吉主编,甘肃省文物局、敦煌研究院编纂 甘肃藏敦煌藏文文献㉖敦煌市博物馆卷,上海:上海古籍出版社,2019年11月 图版p.91~114

Db.t.5538 十万颂般若波罗蜜多经第三卷第三十品

马德、勘措吉主编，甘肃省文物局、敦煌研究院编纂 甘肃藏敦煌藏文文献㉖敦煌市博物馆卷，上海：上海古籍出版社，2019年11月 图版p.115

Db.t.5539–Db.t.5665 十万颂般若波罗蜜多经

马德、勘措吉主编，甘肃省文物局、敦煌研究院编纂 甘肃藏敦煌藏文文献㉖敦煌市博物馆卷，上海：上海古籍出版社，2019年11月 图版p.116~242

Db.t.5666 十万颂般若波罗蜜多经第三卷第十八品

马德、勘措吉主编，甘肃省文物局、敦煌研究院编纂 甘肃藏敦煌藏文文献㉖敦煌市博物馆卷，上海：上海古籍出版社，2019年11月 图版p.243

Db.t.5667–Db.t.5670 十万颂般若波罗蜜多经

马德、勘措吉主编，甘肃省文物局、敦煌研究院编纂 甘肃藏敦煌藏文文献㉖敦煌市博物馆卷，上海：上海古籍出版社，2019年11月 图版p.244~247

Db.t.5671 十万颂般若波罗蜜多经第四卷第七十四品

马德、勘措吉主编，甘肃省文物局、敦煌研究院编纂 甘肃藏敦煌藏文文献㉖敦煌市博物馆卷，上海：上海古籍出版社，2019年11月 图版p.248

Db.t.5672–Db.t.5701 十万颂般若波罗蜜多经

马德、勘措吉主编，甘肃省文物局、敦煌研究院编纂 甘肃藏敦煌藏文文献㉖敦煌市博物馆卷，上海：上海古籍出版社，2019年11月 图版p.249~278

Db.t.5702 十万颂般若波罗蜜多经第二卷第十二品

马德、勘措吉主编，甘肃省文物局、敦煌研究院编纂 甘肃藏敦煌藏文文献㉖敦煌市博物馆卷，上海：上海古籍出版社，2019年11月 图版p.279

Db.t.5703–Db.t.5783 十万颂般若波罗蜜多经

马德、勘措吉主编，甘肃省文物局、敦煌研究院编纂 甘肃藏敦煌藏文文献㉖敦煌市博物馆卷，上海：上海古籍出版社，2019年11月 图版p.280~360

Db.t.5784–Db.t.5830 十万颂般若波罗蜜多经

马德、勘措吉主编，甘肃省文物局、敦煌研究院编纂 甘肃藏敦煌藏文文献㉗敦煌市博物馆卷，上海：上

海古籍出版社，2019年11月 图版p.1~47

Db.t.5831 十万颂般若波罗蜜多经第四卷第三十品

马德、勘措吉主编，甘肃省文物局、敦煌研究院编纂 甘肃藏敦煌藏文文献㉗敦煌市博物馆卷，上海：上海古籍出版社，2019年11月 图版p.48

Db.t.5832–Db.t.5836 十万颂般若波罗蜜多经

马德、勘措吉主编，甘肃省文物局、敦煌研究院编纂 甘肃藏敦煌藏文文献㉗敦煌市博物馆卷，上海：上海古籍出版社，2019年11月 图版p.49~53

Db.t.5837 十万颂般若波罗蜜多经第十九品[①]

马德主编，张延清、勘措吉、邰惠莉编写 敦煌市博物馆藏敦煌藏文文献《甘肃藏敦煌藏文文献叙录》，兰州：甘肃民族出版社，2011年9月 p.826

马德、勘措吉主编，甘肃省文物局、敦煌研究院编纂 甘肃藏敦煌藏文文献㉗敦煌市博物馆卷，上海：上海古籍出版社，2019年11月 图版p.54

Db.t.5838–Db.t.5870 十万颂般若波罗蜜多经

马德、勘措吉主编，甘肃省文物局、敦煌研究院编纂 甘肃藏敦煌藏文文献㉗敦煌市博物馆卷，上海：上海古籍出版社，2019年11月 图版p.55~87

Db.t.5871 十万颂般若波罗蜜多经第三卷第三十品

马德、勘措吉主编，甘肃省文物局、敦煌研究院编纂 甘肃藏敦煌藏文文献㉗敦煌市博物馆卷，上海：上海古籍出版社，2019年11月 图版p.88

Db.t.5872–Db.t.5945 十万颂般若波罗蜜多经

马德、勘措吉主编，甘肃省文物局、敦煌研究院编纂 甘肃藏敦煌藏文文献㉗敦煌市博物馆卷，上海：上海古籍出版社，2019年11月 图版p.89~162

Db.t.5946 十万颂般若波罗蜜多经第四卷第六十四品

马德、勘措吉主编，甘肃省文物局、敦煌研究院编纂 甘肃藏敦煌藏文文献㉗敦煌市博物馆卷，上海：上海古籍出版社，2019年11月 图版p.163

---

①该文献《甘肃藏敦煌藏文文献叙录》原定名作“十万颂般若波罗蜜多经”。《甘肃藏敦煌藏文文献》㉗敦煌市博物馆卷图录重新校定名称作“十万颂般若波罗蜜多经第十九品”。

Db.t.5947–Db.t.6016 十万颂般若波罗蜜多经

马德、勘措吉主编，甘肃省文物局、敦煌研究院编纂 甘肃藏敦煌藏文文献㉗敦煌市博物馆卷，上海：上海古籍出版社，2019年11月 图版p.164~233

Db.t.6017 十万颂般若波罗蜜多经第一卷第一品①

马德主编，张延清、勘措吉、郃惠莉编写 敦煌市博物馆藏敦煌藏文文献《甘肃藏敦煌藏文文献叙录》，兰州：甘肃民族出版社，2011年9月 p.842

马德、勘措吉主编，甘肃省文物局、敦煌研究院编纂 甘肃藏敦煌藏文文献㉗敦煌市博物馆卷，上海：上海古籍出版社，2019年11月 图版p.234

Db.t.6018–Db.t.6106 十万颂般若波罗蜜多经

马德、勘措吉主编，甘肃省文物局、敦煌研究院编纂 甘肃藏敦煌藏文文献㉗敦煌市博物馆卷，上海：上海古籍出版社，2019年11月 图版p.235~323

Db.t.6107 十万颂般若波罗蜜多经第一卷第一品

马德、勘措吉主编，甘肃省文物局、敦煌研究院编纂 甘肃藏敦煌藏文文献㉗敦煌市博物馆卷，上海：上海古籍出版社，2019年11月 图版p.324

Db.t.6108–Db.t.6118 十万颂般若波罗蜜多经

马德、勘措吉主编，甘肃省文物局、敦煌研究院编纂 甘肃藏敦煌藏文文献㉗敦煌市博物馆卷，上海：上海古籍出版社，2019年11月 图版p.325~335

Db.t.6119 十万颂般若波罗蜜多经

张延清著 吐蕃敦煌抄经研究 北京：民族出版社，2016年11月 p.295、329~330

马德、勘措吉主编，甘肃省文物局、敦煌研究院编纂 甘肃藏敦煌藏文文献㉗敦煌市博物馆卷，上海：上海古籍出版社，2019年11月 图版p.336

Db.t.6120–Db.t.6121 十万颂般若波罗蜜多经

马德、勘措吉主编，甘肃省文物局、敦煌研究院编纂 甘肃藏敦煌藏文文献㉗敦煌市博物馆卷，上海：上海古籍出版社，2019年11月 图版p.337~338

---

①该文献《甘肃藏敦煌藏文文献叙录》原定名作“十万颂般若波罗蜜多经”。《甘肃藏敦煌藏文文献》㉗敦煌市博物馆卷图录重新校定名称作“十万颂般若波罗蜜多经第一卷第一品”。

Db.t.6122 二万五千颂般若波罗蜜多经第二十二、二十三品

马德、勘措吉主编，甘肃省文物局、敦煌研究院编纂 甘肃藏敦煌藏文文献㉗敦煌市博物馆卷，上海：上海古籍出版社，2019年11月 图版p.339~342

Db.t.6123 十万颂般若波罗蜜多经①

马德主编，张延清、勘措吉、邰惠莉编写 敦煌市博物馆藏敦煌藏文文献《甘肃藏敦煌藏文文献叙录》，兰州：甘肃民族出版社，2011年9月 p.852

马德、勘措吉主编，甘肃省文物局、敦煌研究院编纂 甘肃藏敦煌藏文文献㉗敦煌市博物馆卷，上海：上海古籍出版社，2019年11月 图版p.343

Db.t.6124–Db.t.6125 二万五千颂般若波罗蜜多经

马德、勘措吉主编，甘肃省文物局、敦煌研究院编纂 甘肃藏敦煌藏文文献㉗敦煌市博物馆卷，上海：上海古籍出版社，2019年11月 图版p.344~345

Db.t.6126 二万五千颂般若波罗蜜多经

张延清著 吐蕃敦煌抄经研究 北京：民族出版社，2016年11月 p.316、354

马德、勘措吉主编，甘肃省文物局、敦煌研究院编纂 甘肃藏敦煌藏文文献㉗敦煌市博物馆卷，上海：上海古籍出版社，2019年11月 图版p.346

Db.t.6127 二万五千颂般若波罗蜜多经第三十四、三十五品

高田时雄 吐蕃时期敦煌的写经人《敦煌吐鲁番研究》第14卷，上海：上海古籍出版社，2014年12月 p.141

马德、勘措吉主编，甘肃省文物局、敦煌研究院编纂 甘肃藏敦煌藏文文献㉗敦煌市博物馆卷，上海：上海古籍出版社，2019年11月 图版p.347

Db.t.6128–Db.t.6129 二万五千颂般若波罗蜜多经

马德、勘措吉主编，甘肃省文物局、敦煌研究院编纂 甘肃藏敦煌藏文文献㉗敦煌市博物馆卷，上海：上海古籍出版社，2019年11月 图版p.348~356

Db.t.6130 大乘无量寿宗要经②

马德主编，张延清、勘措吉、邰惠莉编写 敦煌市博物馆藏敦煌藏文文献《甘肃藏敦煌藏文文献叙录》，

---

①该文献《甘肃藏敦煌藏文文献叙录》原定名作“二万五千颂般若波罗蜜多经”。《甘肃藏敦煌藏文文献》㉗敦煌市博物馆卷图录重新校定名称作“十万颂般若波罗蜜多经”。

②该文献《甘肃藏敦煌藏文文献叙录》原定名作“二万五千颂般若波罗蜜多经”。《甘肃藏敦煌藏文文献》㉗敦煌市博物馆卷图录重新校定名称作“大乘无量寿宗要经”。

兰州:甘肃民族出版社,2011年9月 p.852

马德、勘措吉主编,甘肃省文物局、敦煌研究院编纂 甘肃藏敦煌藏文文献㉗敦煌市博物馆卷,上海:上海古籍出版社,2019年11月 图版p.357~360

Db.t.6131 二万五千颂般若波罗蜜多经

马德、勘措吉主编,甘肃省文物局、敦煌研究院编纂 甘肃藏敦煌藏文文献㉗敦煌市博物馆卷,上海:上海古籍出版社,2019年11月 图版p.361~362

Db.t.6132 二万五千颂般若波罗蜜多经第四十九品

马德、勘措吉主编,甘肃省文物局、敦煌研究院编纂 甘肃藏敦煌藏文文献㉗敦煌市博物馆卷,上海:上海古籍出版社,2019年11月 图版p.363~364

Db.t.6133–Db.t.6134 二万五千颂般若波罗蜜多经

马德、勘措吉主编,甘肃省文物局、敦煌研究院编纂 甘肃藏敦煌藏文文献㉗敦煌市博物馆卷,上海:上海古籍出版社,2019年11月 图版p.365~368

Db.t.6135 二万五千颂般若波罗蜜多经

张延清著 吐蕃敦煌抄经研究 北京:民族出版社,2016年11月 p.307

马德、勘措吉主编,甘肃省文物局、敦煌研究院编纂 甘肃藏敦煌藏文文献㉗敦煌市博物馆卷,上海:上海古籍出版社,2019年11月 图版p.369

Db.t.6136 二万五千颂般若波罗蜜多经

张延清著 吐蕃敦煌抄经研究 北京:民族出版社,2016年11月 p.307

马德、勘措吉主编,甘肃省文物局、敦煌研究院编纂 甘肃藏敦煌藏文文献㉗敦煌市博物馆卷,上海:上海古籍出版社,2019年11月 图版p.370

Db.t.6137 二万五千颂般若波罗蜜多经

马德、勘措吉主编,甘肃省文物局、敦煌研究院编纂 甘肃藏敦煌藏文文献㉗敦煌市博物馆卷,上海:上海古籍出版社,2019年11月 图版p.371

Db.t.6138–Db.t.6139 十万颂般若波罗蜜多经

马德、勘措吉主编,甘肃省文物局、敦煌研究院编纂 甘肃藏敦煌藏文文献㉗敦煌市博物馆卷,上海:上海古籍出版社,2019年11月 图版p.372~373

Db.t.6140 十万颂般若波罗蜜多经第四十二品

马德、勘措吉主编，甘肃省文物局、敦煌研究院编纂 甘肃藏敦煌藏文文献㉗敦煌市博物馆卷，上海：上海古籍出版社，2019年11月 图版p.374

Db.t.6141 十万颂般若波罗蜜多经

马德、勘措吉主编，甘肃省文物局、敦煌研究院编纂 甘肃藏敦煌藏文文献㉗敦煌市博物馆卷，上海：上海古籍出版社，2019年11月 图版p.375

敦博 十万颂般若[①]

金岡照光 敦煌の現状（一九七九年五月）《講座敦煌1〈敦煌の自然と現状〉》，東京：大東出版社，昭和五五年四月二三日（1980.4.23） p.117

敦博 大乘无量寿宗要[②]

金岡照光 敦煌の現状（一九七九年五月）《講座敦煌1〈敦煌の自然と現状〉》，東京：大東出版社，昭和五五年四月二三日（1980.4.23） p.117

敦博 无量寿宗要经[③]

金岡照光 敦煌の現状（一九七九年五月）《講座敦煌1〈敦煌の自然と現状〉》，東京：大東出版社，昭和五五年四月二三日（1980.4.23） p.117

敦博 诗歌一首、文书一件[④]

荣恩奇 北魏五级石塔《敦煌》，兰州：甘肃人民出版社、南京：江苏美术出版社，1990年7月；1993年7月；1997年11月 图版p.256~257；p.290第279、280条图版说明

敦博 大乘无量寿宗要经[⑤]

荣恩奇 古藏文大乘无量寿宗要经《敦煌》，兰州：甘肃人民出版社、南京：江苏美术出版社，1990年7

①《講座敦煌1〈敦煌の自然と現状〉》一书中金崗照光《敦煌の現状（一九七九年五月）》所列“敦博 藏文十万颂般若”暂时无法确定对应卷号，为研究所需，列出备学者参考。

②《講座敦煌1〈敦煌の自然と現状〉》一书中金崗照光《敦煌の現状（一九七九年五月）》所列“敦博 藏文大乘无量寿宗要”暂时无法确定对应卷号，为研究所需，列出备学者参考。

③《講座敦煌1〈敦煌の自然と現状〉》一书中金崗照光《敦煌の現状（一九七九年五月）》所列“敦博 藏文无量寿宗要经”暂时无法确定对应卷号，为研究所需，列出备学者参考。

④《敦煌》一书中荣恩奇撰文所列“敦博 古藏文诗歌一首、文书一件”暂时无法确定对应卷号，为研究所需，列出备学者参考。

⑤《敦煌》一书中荣恩奇撰文所列“敦博 古藏文大乘无量寿宗要经”暂时无法确定对应卷号，为研究所需，列出备学者参考。

月；1993年7月；1997年11月 图版p.258~259；p.290第281条图版说明

敦博 大乘无量寿宗要经[①]

荣恩奇 古藏文大乘无量寿宗要经《敦煌》，兰州：甘肃人民出版社、南京：江苏美术出版社，1990年7月；1993年7月；1997年11月 图版p.260~261；p.290第282条图版说明

Db.t. 十万般若颂[②]

张延清 翻译家校阅大师法成事略《佛教艺术与文化国际学术研讨会论文集》，西安：三秦出版社，2009年9月 p.240

敦博3107号 大般若经[③]

才让 敦煌藏文佛教文献价值探析《中国藏学》2009年第2期 P.39

①《敦煌》一书中荣恩奇撰文所列“敦博 古藏文大乘无量寿宗要经”暂时无法确定对应卷号，为研究所需，列出备学者参考。

②张延清《翻译家校阅大师法成事略》为较早的敦煌藏文写卷研究成果，其文作“甘肃省敦煌市博物馆藏、敦煌研究院敦煌文献研究所制登录卡卡号00837《十万般若颂》”。

③才让《敦煌藏文佛教文献价值探析》所列“敦博 3107号 大般若经”暂时无法确定对应卷号，为研究所需，列出被学者参考。

3. 其　他

国内目前已知北凉石塔共有 14 座，均发现于河西走廊及新疆的吐鲁番地区，其中敦煌发现了 5 座：□吉德塔、王貿坚塔、沙山石塔、岷州庙塔和索阿俊塔。20 世纪 30 年代，王氏塔发现于三危山老君堂，后被埋入三危山王母宫，1981 年再度发现；20 世纪 40 年代，岷州庙塔发现于敦煌县城西南岷州庙；1966 年，沙山塔发现于鸣沙山麓一土塔内；1989 年，□吉德塔被发现后由私人收藏。以上四塔中沙山石塔、王貿坚塔、□吉德塔藏于敦煌市博物馆，岷州庙塔藏于敦煌研究院。另索阿俊塔现藏美国克林富兰艺术博物馆。敦煌市博物馆藏北凉石塔研究著录情况如下：

敦博 沙山石塔

宿白 凉州石窟遗迹与“凉州模式”《考古学报》1986年第4期 p.439；收入氏著《中国石窟寺研究》，北京：文物出版社，1996年8月 p.43；收入樊锦诗、刘玉权主编《中国敦煌学百年文库·考古卷》(四)，兰州：甘肃文化出版社，1999年 p.152~153

荣恩奇 北凉石塔《敦煌》，兰州：甘肃人民出版社、南京：江苏美术出版社，1990年7月；1993年7月；1997年11月 图版p.220；p.285第236条图版说明

殷光明 敦煌市博物馆藏三件北凉石塔《文物》1991年第11期 p.76~83下转第64

殷光明 试论北凉石塔基座像与神王《敦煌研究》1996年第4期 p.8~21；收入樊锦诗、刘玉权主编《中国敦煌学百年文库·考古卷》(四)，兰州：甘肃文化出版社，1999年 p.427~441；收入郑炳林、魏迎春、赵青山主编《陇东河西石窟研究文集》(下册)，兰州：甘肃文化出版社，2014年3月 p.1304~1318

殷光明 北凉石塔分期试论《敦煌研究》1997年第3期 p.84~94；收入卓新平、杨富学主编《中国西北宗教文献》(佛教甘肃卷十一)，兰州：甘肃民族出版社，2012年7月 p.271~281；收入郑炳林、魏迎春、赵青山主编《陇东河西石窟研究文集》(下册)，兰州：甘肃文化出版社，2014年3月 p.1285~1293

彭建兵 北凉时期敦煌民间杂密信仰问题考察——以北凉石塔为中心《敦煌学辑刊》2009年第4期 p.140~146

殷光明著 北凉石塔研究 新竹：财团法人觉风佛教艺术文化基金会，2000年6月 p.41~44

张宝玺著 北凉石塔艺术 上海:上海辞书出版社,2006年9月 p.64、84~85、102~103

荣恩奇著 敦煌之谜 北京:中国戏剧出版社,2011年7月 p.128~131

敦煌市博物馆编 敦煌市博物馆馆藏珍贵文物图录 沈阳:万卷出版公司,2017年12月 p.52

《丝绸之路:敦煌、龟兹、麦积山石窟》编辑委员会编著 丝绸之路:敦煌、龟兹、麦积山石窟 成都:四川人民出版社、北京:商务印书馆,2018年3月 p.360

甘肃省地方史志编纂委员会编 甘肃省志·文物志(中册) 北京:文物出版社,2018年11月 p.1401~1402;图1幅

彭建兵 敦煌石窟早期密教状况研究 兰州:兰州大学硕士研究生学位论文,2006年5月 p.34

敦博 王覲坚塔(三危山石塔)

王毅 北凉石塔《文物资料丛刊》1,北京:文物出版社,1977年12月 p.185

宿白 凉州石窟遗迹与"凉州模式"《考古学报》1986年第4期 p.439;收入氏著《中国石窟寺研究》,北京:文物出版社,1996年8月 p.44;收入樊锦诗、刘玉权主编《中国敦煌学百年文库·考古卷》(四),兰州:甘肃文化出版社,1999年 p.153

殷光明 敦煌市博物馆藏三件北凉石塔《文物》1991年第11期 p.76~83下转第64

暨远志 中国早期佛教供养人服饰《敦煌研究》1995年第1期 p.140

殷光明 北凉石塔十二因缘经及有关问题《敦煌学辑刊》1996年第2期 p.61~68

殷光明 北凉石塔分期试论《敦煌研究》1997年第3期 p.84~94

彭建兵 北凉时期敦煌民间杂密信仰问题考察——以北凉石塔为中心《敦煌学辑刊》2009年第4期 p.140~146

荒见泰史 敦煌三危山考《包容的丝路,交融的敦煌——敦煌丝绸之路国际学术研讨会文集》,全州:韩国敦煌学会,2017年11月 p.180;图1幅

张宝玺著 北凉石塔艺术 上海:上海辞书出版社,2006年9月 p.65、86、104~105

殷光明著 北凉石塔研究 新竹:财团法人觉风佛教艺术文化基金会,2000年6月 p.44~47

荣恩奇著 敦煌之谜 北京:中国戏剧出版社,2011年7月 p.128~131

敦煌市博物馆编 敦煌市博物馆馆藏珍贵文物图录 沈阳:万卷出版公司,2017年12月 p.54

《丝绸之路:敦煌、龟兹、麦积山石窟》编辑委员会编著 丝绸之路:敦煌、龟兹、麦积山石窟 成都:四川人民出版社、北京:商务印书馆,2018年3月 图版p.330;p.360

甘肃省地方史志编纂委员会编 甘肃省志·文物志(中册) 北京:文物出版社,2018年11月 p.1401;图1幅

敦博 □吉德塔

殷光明 敦煌市博物馆藏三件北凉石塔《文物》1991年第11期 p.76~83下转第64

殷光明 关于北凉石塔的几个问题——与古正美先生商榷《敦煌学辑刊》,1993年第1期 p.64~70转76;收入郑炳林、魏迎春、赵青山主编《陇东河西石窟研究文集》(下册),兰州:甘肃文化出版社,2014年3月

p.1261~1268

殷光明 北凉石塔上的易经八卦与七佛一弥勒造像《敦煌研究》1997年第1期 p.81~89;收入郑炳林、魏迎春、赵青山主编《陇东河西石窟研究文集》(下册),兰州:甘肃文化出版社,2014年3月 p.1276~1284

殷光明 北凉石塔分期试论《敦煌研究》1997年第3期 p.84~94

彭建兵 北凉时期敦煌民间杂密信仰问题考察——以北凉石塔为中心《敦煌学辑刊》2009年第4期 p.140~146

彭建兵 论北凉沮渠氏的佛教功利主义态度《乐山师范学院学报》2009年第7期 p.71~73

殷光明著 北凉石塔研究 新竹:财团法人觉风佛教艺术文化基金会,2000年6月 p.38~41

张宝玺著 北凉石塔艺术 上海:上海辞书出版社,2006年9月 p.63、98~101

敦煌市博物馆编 敦煌市博物馆馆藏珍贵文物图录 沈阳:万卷出版公司,2017年12月 p.53

甘肃省地方史志编纂委员会编 甘肃省志·文物志(中册) 北京:文物出版社,2018年11月 p.1400;图1幅

敦博 五级石塔①

荣恩奇 北魏五级石塔《敦煌》,兰州:甘肃人民出版社、南京:江苏美术出版社,1990年7月;1993年7月;1997年11月 图版p.221;p.285~286第237条图版说明

荣恩奇著 敦煌之谜 北京:中国戏剧出版社,2011年7月 p.128~131

敦煌市博物馆编 敦煌市博物馆馆藏珍贵文物图录 沈阳:万卷出版公司,2017年12月 p.53

①五级石塔为北魏时期所造。

六

敦煌市档案馆藏敦煌文献

敦煌市档案馆成立于1958年11月1日。2016年,敦煌市档案馆新馆建成,负责全市党政机关、企事业单位和各类组织档案的收集、接收、保管、利用等工作。

敦煌市档案馆现有馆藏档案117个全宗,56000卷(盒),资料6400册,其中敦煌藏经洞出土藏文写经12件。

敦煌市档案馆藏敦煌藏文文献

敦煌市档案馆藏敦煌古藏文文献12件,其中梵夹装9件,卷轴装3件,均为莫高窟藏经洞(第17窟)出土研究著录情况如下:

Dd.t.01(敦煌档案局全宗号61·唐·1·1)十万颂般若波罗蜜多经

李淑萍、黄维忠 敦煌市档案局所藏藏文写经定名《敦煌学辑刊》2002年第2期 p.12~13

马德主编,张延清、勘措吉、邰惠莉编写 敦煌市档案馆藏敦煌藏文文献《甘肃藏敦煌藏文文献叙录》,兰州:甘肃民族出版社,2011年9月 p.855

张延清著 吐蕃敦煌抄经研究 北京:民族出版社,2016年11月 p.286、354

Dd.t.02(敦煌档案局全宗号61·唐·1·2)十万颂般若波罗蜜多经第四卷第二十八品

李淑萍、黄维忠 敦煌市档案局所藏藏文写经定名《敦煌学辑刊》2002年第2期 p.13~14

马德主编,张延清、勘措吉、邰惠莉编写 敦煌市档案馆藏敦煌藏文文献《甘肃藏敦煌藏文文献叙录》,兰州:甘肃民族出版社,2011年9月 p.855

张延清著 吐蕃敦煌抄经研究 北京:民族出版社,2016年11月 p.297

Dd.t.03(敦煌档案局全宗号61·唐·1·3)十万颂般若波罗蜜多经

李淑萍、黄维忠 敦煌市档案局所藏藏文写经定名《敦煌学辑刊》2002年第2期 p.14~15

马德主编,张延清、勘措吉、邰惠莉编写 敦煌市档案馆藏敦煌藏文文献《甘肃藏敦煌藏文文献叙录》,兰州:甘肃民族出版社,2011年9月 p.855

张延清著 吐蕃敦煌抄经研究 北京:民族出版社,2016年11月 p.301

Dd.t.04(敦煌档案局全宗号61·唐·1·4)十万颂般若波罗蜜多经

李淑萍、黄维忠 敦煌市档案局所藏藏文写经定名《敦煌学辑刊》2002年第2期 p.15

马德主编，张延清、勘措吉、邰惠莉编写 敦煌市档案馆藏敦煌藏文文献《甘肃藏敦煌藏文文献叙录》，兰州：甘肃民族出版社，2011年9月 p.855

Dd.t.05（敦煌档案局全宗号61·唐·1·5）十万颂般若波罗蜜多经

李淑萍、黄维忠 敦煌市档案局所藏藏文写经定名《敦煌学辑刊》2002年第2期 p.15~16

马德主编，张延清、勘措吉、邰惠莉编写 敦煌市档案馆藏敦煌藏文文献《甘肃藏敦煌藏文文献叙录》，兰州：甘肃民族出版社，2011年9月 p.855

Dd.t.06（敦煌档案局全宗号61·唐·1·6）十万颂般若波罗蜜多经

李淑萍、黄维忠 敦煌市档案局所藏藏文写经定名《敦煌学辑刊》2002年第2期 p.16~17

马德主编，张延清、勘措吉、邰惠莉编写 敦煌市档案馆藏敦煌藏文文献《甘肃藏敦煌藏文文献叙录》，兰州：甘肃民族出版社，2011年9月 p.855

Dd.t.07（敦煌档案局全宗号61·唐·1·7）十万颂般若波罗蜜多经

李淑萍、黄维忠 敦煌市档案局所藏藏文写经定名《敦煌学辑刊》2002年第2期 p.17

马德主编，张延清、勘措吉、邰惠莉编写 敦煌市档案馆藏敦煌藏文文献《甘肃藏敦煌藏文文献叙录》，兰州：甘肃民族出版社，2011年9月 p.856

Dd.t.08（敦煌档案局全宗号61·唐·1·8）十万颂般若波罗蜜多经

李淑萍、黄维忠 敦煌市档案局所藏藏文写经定名《敦煌学辑刊》2002年第2期 p.17~18

马德主编，张延清、勘措吉、邰惠莉编写 敦煌市档案馆藏敦煌藏文文献《甘肃藏敦煌藏文文献叙录》，兰州：甘肃民族出版社，2011年9月 p.856

Dd.t.09（敦煌档案局全宗号61·唐·1·9）十万颂般若波罗蜜多经

李淑萍、黄维忠 敦煌市档案局所藏藏文写经定名《敦煌学辑刊》2002年第2期 p.18~19

马德主编，张延清、勘措吉、邰惠莉编写 敦煌市档案馆藏敦煌藏文文献《甘肃藏敦煌藏文文献叙录》，兰州：甘肃民族出版社，2011年9月 p.856

Dd.t.10（敦煌档案局全宗号61·唐·1·10）大乘无量寿宗要经

李淑萍、黄维忠 敦煌市档案局所藏藏文写经定名《敦煌学辑刊》2002年第2期 p.19~20

马德主编，张延清、勘措吉、邰惠莉编写 敦煌市档案馆藏敦煌藏文文献《甘肃藏敦煌藏文文献叙录》，兰州：甘肃民族出版社，2011年9月 p.856

张延清著 吐蕃敦煌抄经研究 北京：民族出版社，2016年11月 p.314

Dd.t.11（敦煌档案局全宗号61·唐·1·11）大乘无量寿宗要经

李淑萍、黄维忠 敦煌市档案局所藏藏文写经定名《敦煌学辑刊》2002年第2期 p.20~21

马德主编，张延清、勘措吉、邰惠莉编写 敦煌市档案馆藏敦煌藏文文献《甘肃藏敦煌藏文文献叙录》，兰州：甘肃民族出版社，2011年9月 p.856

张延清著 吐蕃敦煌抄经研究 北京：民族出版社，2016年11月 p.289

Dd.t.12（敦煌档案局全宗号61·唐·1·12）大乘无量寿宗要经

李淑萍、黄维忠 敦煌市档案局所藏藏文写经定名《敦煌学辑刊》2002年第2期 p.21~22

马德主编，张延清、勘措吉、邰惠莉编写 敦煌市档案馆藏敦煌藏文文献《甘肃藏敦煌藏文文献叙录》，兰州：甘肃民族出版社，2011年9月 p.856

张延清著 吐蕃敦煌抄经研究 北京：民族出版社，2016年11月 p.282

敦煌市档案馆 佛教经文①

拓志平主编 甘肃馆藏档案精粹 兰州：甘肃人民美术出版社，2009年9月 p.4~5

①其非指某一卷号，系作者对敦煌市档案馆藏12件藏文写经的概括介绍，并附有三幅彩图。

七

酒泉市博物馆藏敦煌文献

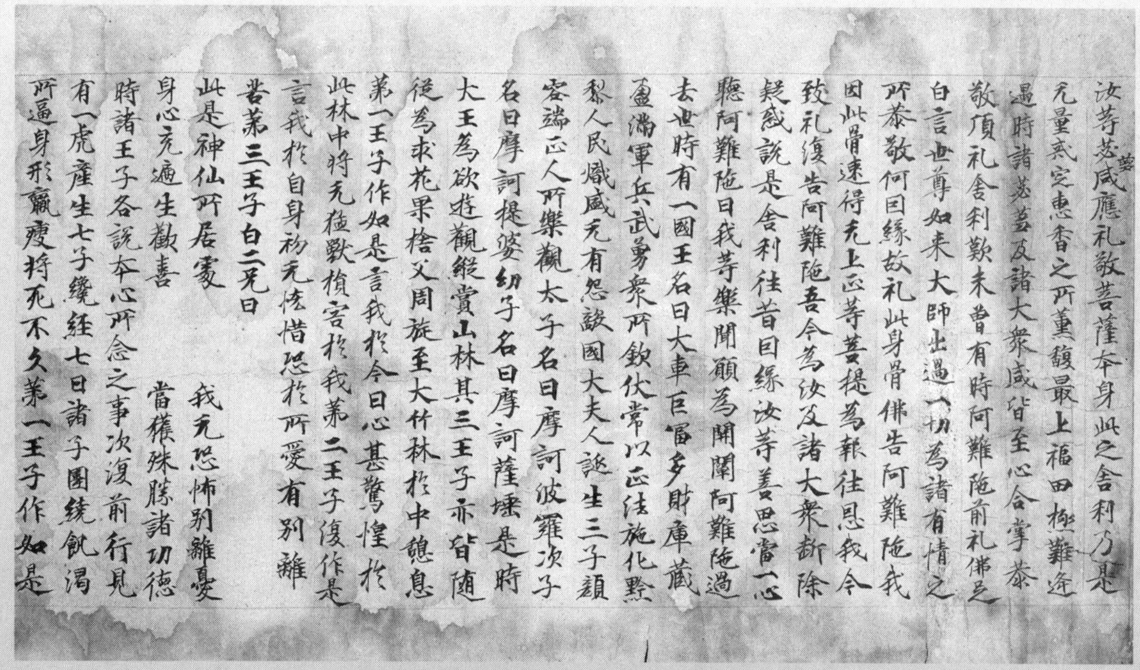
汝等苾蒭咸應礼敬菩薩本身此之舍利乃是
无量戒定惠香之所熏馥最上福田極難逢
遇時諸苾蒭及諸大衆咸皆至心合掌恭
敬頂礼舍利歎未曾有時阿難陁前礼佛足
白言世尊如来大師出過一切為諸有情之
所恭敬何因緣故礼此身骨佛告阿難陁我
因此骨速得无上正等菩提為報往恩我今
致礼復告阿難陁吾今為汝及諸大衆斷除
疑惑說是舍利往昔因緣汝等善思當一心
聽阿難陁曰我等樂聞願為開闡阿難陁過
去世時有一國王名曰大車巨富多財庫藏
盈滿軍兵武勇衆所欽伏常以正法施化黔
黎人民熾盛无有怨敵國大夫人誕生三子顏
容端正人所樂觀太子名曰摩訶波羅次子
名曰摩訶提婆幼子名曰摩訶薩埵是時
大王為欲遊觀縱賞山林其三王子亦皆隨
從為求花果捨父周旋至大竹林於中憩息
第一王子作如是言我於今日心甚驚惶於
此林中將无猛獸損害於我第二王子復作是
言我於自身初无悋惜恐於所愛有別離
苦第三王子白二兄曰
此是神仙所居處　　我无恐怖別離憂
身心充遍生歡喜　　當獲殊勝諸功德
時諸王子各說本心所念之事次復前行見
有一虎產生七子纔經七日諸子圍繞飢渴
所逼身形羸瘦將死不久第一王子作如是

酒泉市博物馆位于酒泉市东大街,原为周公祠、左公祠所在地。1964年旧祠被拆除,修建了展览馆。1978年,在展览馆的基础上成立了博物馆,2012年9月,新馆建成开放。

酒泉市博物馆是一个综合性博物馆,现有各类藏品5200余件。其中文物3200多件,文物类型主要有画像砖、铜器、陶器、瓷器、石器、石刻、砖瓦、玺印符牌、钱币、标本化石等。馆藏敦煌文献共47件,包括汉文文献28件、藏文文献19件,均系敦煌莫高窟藏经洞(第17窟)出土。

1. 酒泉市博物馆藏敦煌汉文文献

酒泉市博物馆藏敦煌汉文写经共28件。2000年,《甘肃藏敦煌文献》出版,其第二卷中以图版、题录的形式刊出酒泉市博物馆藏敦煌汉文文献19件;2011年,酒泉市博物馆在申报甘肃省重点古籍保护名录时,又在其他纸质文物中发现夹杂的敦煌写经1件(编号酒博019),并与一直未整理的敦煌写经残片9件刊布于《敦煌研究》2012年第5期。酒泉市博物馆藏敦煌汉文文献研究著录情况如下:

酒博001(收藏号25) 大般涅槃经卷第三十四迦叶菩萨品第十二之二、卷第三十五迦叶菩萨品第十二之三

施萍婷 甘肃藏敦煌文献概述《甘肃藏敦煌文献精粹》,兰州:甘肃人民出版社,1999年 p.7;又载段文杰主编《甘肃藏敦煌文献》(第一至六卷),兰州:甘肃人民出版社,1999年9~12月 p.7

邰惠莉撰稿,施萍婷、邵国秀审订 酒泉市博物馆藏敦煌文献叙录《甘肃藏敦煌文献》(第二卷),兰州:甘肃人民出版社,1999年9月 p.318;图版p.229~241

施萍婷 甘肃省藏敦煌汉文文献概述《"二十一世纪敦煌文献研究回顾与展望"研讨会论文集》,台中:(台湾)中华自然文化学会,1999年12月 p.43;收入氏著《敦煌习学集》(上),兰州:甘肃民族出版社,2004年12月 p.298

施萍婷 甘肃藏敦煌汉文文献精品简述《敦煌习学集》(上),兰州:甘肃民族出版社,2004年12月 p.314;图版51

景盛轩 敦煌北本《大般涅槃经》分卷考《〈大般涅槃经〉異文研究》,成都:巴蜀书社,2009年2月 调查表p.329

王保东 酒泉博物馆藏敦煌写经《敦煌研究》2012年第5期 p.76;收入王保东主编《肃州历史文化遗产研究文集》,兰州:甘肃文化出版社,2016年7月 p.414

申国美编 中国散藏敦煌文献分类目录 北京:北京图书馆出版社,2007年10月 p.42

景盛轩著《大般涅槃经》異文研究 成都:巴蜀书社,2009年2月 p.11

景盛轩 敦煌本《大般涅槃经》研究——以版本、异文及训诂为中心 杭州:浙江大学博士研究生学位论文,2004年5月 p.106;p.133(表二);p.172

酒博002(收藏号26) 大乘无量寿经

邰惠莉撰稿,施萍婷、邵国秀审订 酒泉市博物馆藏敦煌文献叙录《甘肃藏敦煌文献》(第二卷),兰州:甘肃人民出版社,1999年9月 p.318;图版p.242~246

邰惠莉 关于吐蕃时期敦煌汉文写经的几个问题《敦煌吐蕃文化学术研讨会论文集》,兰州:甘肃民族出版社,2009年12月 p.380

王保东 酒泉博物馆藏敦煌写经《敦煌研究》2012年第5期 p.76;收入王保东主编《肃州历史文化遗产研究文集》,兰州:甘肃文化出版社,2016年7月 p.414

申国美编 中国散藏敦煌文献分类目录 北京:北京图书馆出版社,2007年10月 p.62

赵晓星著 吐蕃统治时期敦煌密教研究 兰州:甘肃教育出版社,2017年3月 p.618(附录一)

赵晓星 吐蕃统治敦煌时期的密教研究 兰州:兰州大学博士研究生学位论文,2007年6月 p.165(附录一)

左丽萍 敦煌《大乘无量寿经》写本考暨俗字汇辑 金华:浙江师范大学硕士研究生学位论文,2014年6月 俗字表p.129、136、140

酒博003(收藏号27) 金刚般若波罗蜜经

邰惠莉撰稿,施萍婷、邵国秀审订 酒泉市博物馆藏敦煌文献叙录《甘肃藏敦煌文献》(第二卷),兰州:甘肃人民出版社,1999年9月 p.318;图版p.247~251

王保东 酒泉博物馆藏敦煌写经《敦煌研究》2012年第5期 p.76;收入王保东主编《肃州历史文化遗产研究文集》,兰州:甘肃文化出版社,2016年7月 p.415

罗慕君、张涌泉 散藏敦煌本《金刚经》缀合研究《敦煌吐鲁番研究》(第十八卷),上海:上海古籍出版社,2019年4月 p.635

申国美编 中国散藏敦煌文献分类目录 北京:北京图书馆出版社,2007年10月 p.13

张开媛《金刚经》鸠摩罗什译本在唐代的流传和接受 北京:北京外国语大学博士研究生学位论文,2015年12月 p.355

酒博004(收藏号28) 金光明最胜王经卷第八

邰惠莉撰稿,施萍婷、邵国秀审订 酒泉市博物馆藏敦煌文献叙录《甘肃藏敦煌文献》(第二卷),兰州:甘肃人民出版社,1999年9月 p.318~319;图版p.252~256

邰惠莉 关于吐蕃时期敦煌汉文写经的几个问题《敦煌吐蕃文化学术研讨会论文集》,兰州:甘肃民族出版社,2009年12月 p.377

王保东 酒泉博物馆藏敦煌写经《敦煌研究》2012年第5期 p.76;收入王保东主编《肃州历史文化遗产研究文集》,兰州:甘肃文化出版社,2016年7月 p.415~416

申国美编 中国散藏敦煌文献分类目录 北京:北京图书馆出版社,2007年10月 p.55

甘肃省地方史志编纂委员会编 甘肃省志·文物志(中册) 北京:文物出版社,2018年11月 p.1557

朱若溪《金光明经》敦煌写本研究 杭州:浙江大学博士研究生学位论文,2017年6月 p.537(八)卷八简表

酒博005 药师琉璃光如来本愿功德经(存疑)

施萍婷 甘肃藏敦煌文献概述《甘肃藏敦煌文献精粹》,兰州:甘肃人民出版社,1999年 p.6;又载段文杰主编《甘肃藏敦煌文献》(第一至六卷),兰州:甘肃人民出版社,1999年9~12月 p.6

施萍婷 甘肃省藏敦煌汉文文献概述《"二十一世纪敦煌文献研究回顾与展望"研讨会论文集》,台中:(台湾)中华自然文化学会,1999年12月 p.41;收入氏著《敦煌习学集》(上),兰州:甘肃民族出版社,2004年12月 p.294

王保东 酒泉博物馆藏敦煌写经《敦煌研究》2012年第5期 p.76~77

酒博附005(收藏号29) 药师琉璃光如来本愿功德经

邰惠莉撰稿,施萍婷、邵国秀审订 酒泉市博物馆藏敦煌文献叙录《甘肃藏敦煌文献》(第二卷),兰州:甘肃人民出版社,1999年9月 p.321;图版p.294~299

彭建兵 敦煌早期密教写经的分类《兴义民族师范学院学报》2011年第1期 p.30

李小荣著 敦煌密教文献论稿 北京:人民文学出版社,2003年7月 p.5

申国美编 中国散藏敦煌文献分类目录 北京:北京图书馆出版社,2007年10月 p.98

赵晓星著 吐蕃统治时期敦煌密教研究 兰州:甘肃教育出版社,2017年3月 p.153(表16)

彭建兵 敦煌石窟早期密教状况研究 兰州:兰州大学硕士研究生学位论文,2006年5月 p.63~64

赵晓星 吐蕃统治敦煌时期的密教研究 兰州:兰州大学博士研究生学位论文,2007年6月 p.79(表)

刘艳红 敦煌本《药师琉璃光如来本愿功德经》写本考 金华:浙江师范大学硕士研究生学位论文,2015年5月 p.35

酒博006(收藏号30) 金刚般若波罗蜜经

邰惠莉撰稿,施萍婷、邵国秀审订 酒泉市博物馆藏敦煌文献叙录《甘肃藏敦煌文献》(第二卷),兰州:甘肃人民出版社,1999年9月 p.319;图版p.257~261

窦怀永 唐代避讳字与俗字关系试论《出土文献与古文字研究》(第一辑),上海:复旦大学出版社,2006年12月 p.307、309

王保东 酒泉博物馆藏敦煌写经《敦煌研究》2012年第5期 p.77;收入王保东主编《肃州历史文化遗产研究文集》,兰州:甘肃文化出版社,2016年7月 p.416

罗慕君、张涌泉 散藏敦煌本《金刚经》缀合研究《敦煌吐鲁番研究》(第十八卷),上海:上海古籍出版社,2019年4月 p.635

申国美编 中国散藏敦煌文献分类目录 北京:北京图书馆出版社,2007年10月 p.13

张开媛《金刚经》鸠摩罗什译本在唐代的流传和接受 北京:北京外国语大学博士研究生学位论文,2015年12月 p.355

酒博007(收藏号31)四分戒本出昙无德律

邰惠莉撰稿,施萍婷、邵国秀审订 酒泉市博物馆藏敦煌文献叙录《甘肃藏敦煌文献》(第二卷),兰州:甘肃人民出版社,1999年9月 p.319;图版p.262~270

王保东 酒泉博物馆藏敦煌写经《敦煌研究》2012年第5期 p.77;收入王保东主编《肃州历史文化遗产研究文集》,兰州:甘肃文化出版社,2016年7月 p.416~417

申国美编 中国散藏敦煌文献分类目录 北京:北京图书馆出版社,2007年10月 p.57

甘肃省地方史志编纂委员会编 甘肃省志·文物志(中册) 北京:文物出版社,2018年11月 p.1539~1540

胡方方 敦煌本《四分律》及其戒本写本考 金华:浙江师范大学硕士研究生学位论文,2016年5月 p.11

酒博008(收藏号32)药师琉璃光如来本愿功德经

施萍婷 甘肃藏敦煌文献概述《甘肃藏敦煌文献精粹》,兰州:甘肃人民出版社,1999年 p.6~7;又载段文杰主编《甘肃藏敦煌文献》(第一至六卷),兰州:甘肃人民出版社,1999年9~12月 p.6~7

邰惠莉撰稿,施萍婷、邵国秀审订 酒泉市博物馆藏敦煌文献叙录《甘肃藏敦煌文献》(第二卷),兰州:甘肃人民出版社,1999年9月 p.319;图版p.271~273

施萍婷 甘肃省藏敦煌汉文文献概述《"二十一世纪敦煌文献研究回顾与展望"研讨会论文集》,台中:(台湾)中华自然文化学会,1999年12月 p.41、43;收入氏著《敦煌习学集》(上),兰州:甘肃民族出版社,2004年12月 p.294、298

介生 遍记甘藏敦煌遗书 兼具资料学术价值——《甘肃藏敦煌文献》介评《图书与情报》2000年第2期 p.79

施萍婷 甘肃藏敦煌汉文文献精品简述《敦煌习学集》(上),兰州:甘肃民族出版社,2004年12月 p.314;图版52

王保东 酒泉博物馆藏敦煌写经《敦煌研究》2012年第5期 p.77;收入王保东主编《肃州历史文化遗产研究文集》,兰州:甘肃文化出版社,2016年7月 p.417

申国美编 中国散藏敦煌文献分类目录 北京:北京图书馆出版社,2007年10月 p.48

李小荣著 敦煌密教文献论稿,北京:人民文学出版社,2003年7月 p.5

赵晓星著 吐蕃统治时期敦煌密教研究 兰州:甘肃教育出版社,2017年3月 p.153(表16)

赵晓星 吐蕃统治敦煌时期的密教研究 兰州:兰州大学博士研究生学位论文,2007年6月 p.79(表)

刘艳红 敦煌本《药师琉璃光如来本愿功德经》写本考 金华:浙江师范大学硕士研究生学位论文,2015年5月 p.35

酒博009(收藏号33)金光明最胜王经卷第十

邰惠莉撰稿,施萍婷、邵国秀审 酒泉市博物馆藏敦煌文献叙录《甘肃藏敦煌文献》(第二卷),兰州:甘肃人民出版社,1999年9月 p.319;图版p.274~277

王保东 酒泉博物馆藏敦煌写经《敦煌研究》2012年第5期 p.77;收入王保东主编《肃州历史文化遗产研究文集》,兰州:甘肃文化出版社,2016年7月 p.417~418

申国美编 中国散藏敦煌文献分类目录 北京:北京图书馆出版社,2007年10月 p.55

朱若溪《金光明经》敦煌写本研究 杭州:浙江大学博士研究生学位论文,2017年6月 p.544(十)卷十简表

酒博010(收藏号34) 金刚般若波罗蜜经

施萍婷 甘肃藏敦煌文献概述《甘肃藏敦煌文献精粹》,兰州:甘肃人民出版社,1999年 p.6;又载段文杰主编《甘肃藏敦煌文献》(第一至六卷),兰州:甘肃人民出版社,1999年9~12月 p.6

邰惠莉撰稿,施萍婷、邵国秀审订 酒泉市博物馆藏敦煌文献叙录《甘肃藏敦煌文献》(第二卷),兰州:甘肃人民出版社,1999年9月 p.319~320;图版p.278~280

施萍婷 甘肃省藏敦煌汉文文献概述《"二十一世纪敦煌文献研究回顾与展望"研讨会论文集》,台中:(台湾)中华自然文化学会,1999年12月 p.41;收入氏著《敦煌习学集》(上),兰州:甘肃民族出版社,2004年12月 p.294

窦怀永 唐代避讳字与俗字关系试论《出土文献与古文字研究》(第一辑),上海:复旦大学出版社,2006年12月 p.307

王保东 酒泉博物馆藏敦煌写经《敦煌研究》2012年第5期 p.77;收入王保东主编《肃州历史文化遗产研究文集》,兰州:甘肃文化出版社,2016年7月 p.418

罗慕君、张涌泉 散藏敦煌本《金刚经》缀合研究《敦煌吐鲁番研究》(第十八卷),上海:上海古籍出版社,2019年4月 p.635

申国美编 中国散藏敦煌文献分类目录 北京:北京图书馆出版社,2007年10月 p.13

张开媛《金刚经》鸠摩罗什译本在唐代的流传和接受 北京:北京外国语大学博士研究生学位论文,2015年12月 p.355

酒博011(收藏号35) 大般若波罗蜜多经卷第一百八十八

邰惠莉撰稿,施萍婷、邵国秀审订 酒泉市博物馆藏敦煌文献叙录《甘肃藏敦煌文献》(第二卷),兰州:甘肃人民出版社,1999年9月 p.320;图版p.280~281

王保东 酒泉博物馆藏敦煌写经《敦煌研究》2012年第5期 p.77~78;收入王保东主编《肃州历史文化遗产研究文集》,兰州:甘肃文化出版社,2016年7月 p.418

申国美编 中国散藏敦煌文献分类目录 北京:北京图书馆出版社,2007年10月 p.5

酒博012(收藏号36) 大般若波罗蜜多经卷第四百七十三

施萍婷 甘肃藏敦煌文献概述《甘肃藏敦煌文献精粹》,兰州:甘肃人民出版社,1999年 p.6;又载段文杰主编《甘肃藏敦煌文献》(第一至六卷),兰州:甘肃人民出版社,1999年9~12月 p.6

邰惠莉撰稿,施萍婷、邵国秀审订 酒泉市博物馆藏敦煌文献叙录《甘肃藏敦煌文献》(第二卷),兰州:甘肃人民出版社,1999年9月 p.320;图版p.282

施萍婷 甘肃省藏敦煌汉文文献概述《"二十一世纪敦煌文献研究回顾与展望"研讨会论文集》,台中:

(台湾)中华自然文化学会,1999年12月 p.41;收入氏著《敦煌习学集》(上),兰州:甘肃民族出版社,2004年12月 p.294

张涌泉 敦煌故里对敦煌学的新奉献——《甘肃藏敦煌文献》读后《敦煌研究》2001年第1期 p.182

王保东 酒泉博物馆藏敦煌写经《敦煌研究》2012年第5期 p.78;收入王保东主编《肃州历史文化遗产研究文集》,兰州:甘肃文化出版社,2016年7月 p.418~419

申国美编 中国散藏敦煌文献分类目录 北京:北京图书馆出版社,2007年10月 p.9

酒博013(收藏号37;馆藏号2732) 佛说无常三启经

邰惠莉撰稿,施萍婷、邵国秀审订 酒泉市博物馆藏敦煌文献叙录《甘肃藏敦煌文献》(第二卷),兰州:甘肃人民出版社,1999年9月 p.320;图版p.283~284

施萍婷 甘肃藏敦煌汉文文献精品简述《敦煌习学集》(上),兰州:甘肃民族出版社,2004年12月 p.317~318;图版59

窦怀永 唐代避讳字与俗字关系试论《出土文献与古文字研究》(第一辑),上海:复旦大学出版社,2006年12月 p.307

王保东 酒泉博物馆藏敦煌写经《敦煌研究》2012年第5期 p.78;收入王保东主编《肃州历史文化遗产研究文集》,兰州:甘肃文化出版社,2016年7月 p.419

申国美编 中国散藏敦煌文献分类目录 北京:北京图书馆出版社,2007年10月 p.56

俄敦5318号+酒博13号 无常经残卷

张炎 敦煌本《无常经》残卷缀合研究《图书馆杂志》2018年第7期 p.119;124~125

酒博014(收藏号38) 大般若波罗蜜多经卷第六

邰惠莉撰稿,施萍婷、邵国秀审订 酒泉市博物馆藏敦煌文献叙录《甘肃藏敦煌文献》(第二卷),兰州:甘肃人民出版社,1999年9月 p.320;图版p.284~288

王保东 酒泉博物馆藏敦煌写经《敦煌研究》2012年第5期 p.78;收入王保东主编《肃州历史文化遗产研究文集》,兰州:甘肃文化出版社,2016年7月 p.419

徐浩、张涌泉 从缀合看古代写经的制作——以敦煌本汉文《大般若经》为例《人文杂志》2017第10期 p.72

申国美编 中国散藏敦煌文献分类目录 北京:北京图书馆出版社,2007年10月 p.3

莫秋新 唐宋时期敦煌报恩寺研究 上海师范大学硕士研究生学位论文,2018年5月 p.107(附录1)

酒博015(收藏号39、41) 大般涅槃经卷第一寿命品第一

施萍婷 甘肃藏敦煌文献概述《甘肃藏敦煌文献精粹》,兰州:甘肃人民出版社,1999年 p.6;又载段文杰主编《甘肃藏敦煌文献》(第一至六卷),兰州:甘肃人民出版社,1999年9~12月 p.6

邰惠莉撰稿,施萍婷、邵国秀审订 酒泉市博物馆藏敦煌文献叙录《甘肃藏敦煌文献》(第二卷),兰州:

甘肃人民出版社，1999年9月 p.320~321；图版p.288~289

施萍婷 甘肃省藏敦煌汉文文献概述《"二十一世纪敦煌文献研究回顾与展望"研讨会论文集》，台中：（台湾）中华自然文化学会，1999年12月 p.41；收入氏著《敦煌习学集》（上），兰州：甘肃民族出版社，2004年12月 p.294

窦怀永 唐代避讳字与俗字关系试论《出土文献与古文字研究》（第一辑），上海：复旦大学出版社，2006年12月 p.307

王保东 酒泉博物馆藏敦煌写经《敦煌研究》2012年第5期 p.78；收入王保东主编《肃州历史文化遗产研究文集》，兰州：甘肃文化出版社，2016年7月 p.420

申国美编 中国散藏敦煌文献分类目录 北京：北京图书馆出版社，2007年10月 p.35

景盛轩著《大般涅槃经》异文研究 成都：巴蜀书社，2009年2月 p.60

景盛轩 敦煌本《大般涅槃经》研究——以版本、异文及训诂为中心 杭州：浙江大学博士研究生学位论文，2004年5月 p.23~24、153

酒博016（收藏号40）大般若波罗蜜多经卷第五百九十

施萍婷 甘肃藏敦煌文献概述《甘肃藏敦煌文献精粹》，兰州：甘肃人民出版社，1999年 p.6；又载段文杰主编《甘肃藏敦煌文献》（第一至六卷），兰州：甘肃人民出版社，1999年9~12月 p.6

邰惠莉撰稿，施萍婷、邵国秀审订 酒泉市博物馆藏敦煌文献叙录《甘肃藏敦煌文献》（第二卷），兰州：甘肃人民出版社，1999年9月 p.321；图版p.290~291

施萍婷 甘肃省藏敦煌汉文文献概述《"二十一世纪敦煌文献研究回顾与展望"研讨会论文集》，台中：（台湾）中华自然文化学会，1999年12月 p.41；收入氏著《敦煌习学集》（上），兰州：甘肃民族出版社，2004年12月 p.294

王保东 酒泉博物馆藏敦煌写经《敦煌研究》2012年第5期 p.78；收入王保东主编《肃州历史文化遗产研究文集》，兰州：甘肃文化出版社，2016年7月 p.420

申国美编 中国散藏敦煌文献分类目录 北京：北京图书馆出版社，2007年10月 p.9

酒博017（收藏号42）大佛顶如来密因修正了义诸菩萨万行首楞严经卷第五

施萍婷 甘肃藏敦煌文献概述《甘肃藏敦煌文献精粹》，兰州：甘肃人民出版社，1999年 p.6；又载段文杰主编《甘肃藏敦煌文献》（第一至六卷），兰州：甘肃人民出版社，1999年9~12月 p.6

邰惠莉撰稿，施萍婷、邵国秀审订 酒泉市博物馆藏敦煌文献叙录《甘肃藏敦煌文献》（第二卷），兰州：甘肃人民出版社，1999年9月 p.321；图版p.291~292

施萍婷 甘肃省藏敦煌汉文文献概述《"二十一世纪敦煌文献研究回顾与展望"研讨会论文集》，台中：（台湾）中华自然文化学会，1999年12月 p.41；收入氏著《敦煌习学集》（上），兰州：甘肃民族出版社，2004年12月 p.294

王保东 酒泉博物馆藏敦煌写经《敦煌研究》2012年第5期 p.78；收入王保东主编《肃州历史文化遗产

研究文集》,兰州:甘肃文化出版社,2016年7月 p.420

李小荣著 敦煌密教文献论稿 北京:人民文学出版社,2003年7月 p.10

申国美编 中国散藏敦煌文献分类目录 北京:北京图书馆出版社,2007年10月 p.64

赵晓星著 吐蕃统治时期敦煌密教研究 兰州:甘肃教育出版社,2017年3月 p.123(表11)

赵晓星 吐蕃统治敦煌时期的密教研究 兰州:兰州大学博士研究生学位论文,2007年6月 p.62(表)

康小燕 敦煌《楞严经》写本考暨俗字汇辑 金华:浙江师范大学硕士研究生学位论文,2014年4月 p.25

酒博018(收藏号43) 妙法莲华经卷第一序品第一

施萍婷 甘肃藏敦煌文献概述《甘肃藏敦煌文献精粹》,兰州:甘肃人民出版社,1999年 p.6~7;又载段文杰主编《甘肃藏敦煌文献》(第一至六卷),兰州:甘肃人民出版社,1999年9~12月 p.6~7

郃惠莉撰稿,施萍婷、邵国秀审订 酒泉市博物馆藏敦煌文献叙录《甘肃藏敦煌文献》(第二卷),兰州:甘肃人民出版社,1999年9月 p.321;图版p.292~293

施萍婷 甘肃省藏敦煌汉文文献概述《"二十一世纪敦煌文献研究回顾与展望"研讨会论文集》,台中:(台湾)中华自然文化学会,1999年12月 p.41、43;收入氏著《敦煌习学集》(上),兰州:甘肃民族出版社,2004年12月 p.294、298

王保东 酒泉博物馆藏敦煌写经《敦煌研究》2012年第5期 p.78;收入王保东主编《肃州历史文化遗产研究文集》,兰州:甘肃文化出版社,2016年7月 p.420~421

申国美编 中国散藏敦煌文献分类目录 北京:北京图书馆出版社,2007年10月 p.19

酒博019(2731;0158) 大般若波罗蜜多经卷第五百二十三第三分施等品第二十九之二

王保东 酒泉博物馆藏敦煌写经《敦煌研究》2012年第5期 p.78;收入王保东主编《肃州历史文化遗产研究文集》,兰州:甘肃文化出版社,2016年7月 p.421

酒博020 大般涅槃经卷包首

王保东 酒泉博物馆藏敦煌写经《敦煌研究》2012年第5期 p.78~79;收入王保东主编《肃州历史文化遗产研究文集》,兰州:甘肃文化出版社,2016年7月 p.421

酒博021 金刚般若波罗蜜经

王保东 酒泉博物馆藏敦煌写经《敦煌研究》2012年第5期 p.79;收入王保东主编《肃州历史文化遗产研究文集》,兰州:甘肃文化出版社,2016年7月 p.421

酒博022 妙法莲华经卷第一序品第一

王保东 酒泉博物馆藏敦煌写经《敦煌研究》2012年第5期 p.79;收入王保东主编《肃州历史文化遗产研究文集》,兰州:甘肃文化出版社,2016年7月 p.421

酒博023 金刚般若波罗蜜经

王保东 酒泉博物馆藏敦煌写经《敦煌研究》2012年第5期 p.79；收入王保东主编《肃州历史文化遗产研究文集》，兰州：甘肃文化出版社，2016年7月 p.422

酒博024 妙法莲华经卷第一序品第一

王保东 酒泉博物馆藏敦煌写经《敦煌研究》2012年第5期 p.79；收入王保东主编《肃州历史文化遗产研究文集》，兰州：甘肃文化出版社，2016年7月 p.422

酒博025 佛顶尊胜陀罗尼经

王保东 酒泉博物馆藏敦煌写经《敦煌研究》2012年第5期 p.79；收入王保东主编《肃州历史文化遗产研究文集》，兰州：甘肃文化出版社，2016年7月 p.422

酒博026 药师琉璃光如来本愿功德经

王保东 酒泉博物馆藏敦煌写经《敦煌研究》2012年第5期 p.79；收入王保东主编《肃州历史文化遗产研究文集》，兰州：甘肃文化出版社，2016年7月 p.422

酒博027 药师琉璃光如来本愿功德经

王保东 酒泉博物馆藏敦煌写经《敦煌研究》2012年第5期 p.79；收入王保东主编《肃州历史文化遗产研究文集》，兰州：甘肃文化出版社，2016年7月 p.422

酒博028 金刚般若波罗蜜经

王保东 酒泉博物馆藏敦煌写经《敦煌研究》2012年第5期 p.79；收入王保东主编《肃州历史文化遗产研究文集》，兰州：甘肃文化出版社，2016年7月 p.423

酒博022 大乘无量寿经[①]

左丽萍 敦煌本《大乘无量寿经》异体字考释三则《语文学刊》2013年第14期 p.33

①左丽萍《敦煌本〈大乘无量寿经〉异体字考释三则》中酒博022号具体所指难以对应。

2. 酒泉市博物馆藏敦煌藏文文献

1950年，酒泉县文化馆工作人员在市场上发现有人出售敦煌藏文经卷，便全部购入，原统一编为馆藏文物2714号。1978年，中央民族学院黄文焕教授在《河西吐蕃文献概述》一文中首次公布了这批藏文写经的数量。酒泉市博物馆藏19件藏文写经，均系敦煌莫高窟藏经洞（第17窟）所出，全为卷轴装《大乘无量寿宗要经》。2005年，酒泉市博物馆与敦煌研究院文献研究所合作对这批藏文写经进行了重新整理，现依据《甘肃藏敦煌藏文文献叙录》对酒泉市博物馆藏敦煌藏文文献重新编号，刊布与研究著录情况如下：

Jb.t.001 大乘无量寿宗要经

张耀中 酒泉博物馆古藏文《大乘无量寿经》叙录《敦煌研究》2006年第3期 p.74

马德主编，张延清、勘措吉、邰惠莉编写 酒泉市博物馆藏敦煌藏文文献《甘肃藏敦煌藏文文献叙录》，兰州：甘肃民族出版社，2011年9月 p.857

张延清著 吐蕃敦煌抄经研究 北京：民族出版社，2016年11月 p.319

赵晓星著 吐蕃统治时期敦煌密教研究 兰州：甘肃教育出版社，2017年3月 p.624（附录一）

赵晓星 吐蕃统治敦煌时期的密教研究 兰州：兰州大学博士研究生学位论文，2007年6月 p.167（附录一）

Jb.t.002 大乘无量寿宗要经

张耀中 酒泉博物馆古藏文《大乘无量寿经》叙录《敦煌研究》2006年第3期 p.74~75

马德主编，张延清、勘措吉、邰惠莉编写 酒泉市博物馆藏敦煌藏文文献《甘肃藏敦煌藏文文献叙录》，兰州：甘肃民族出版社，2011年9月 p.857

张延清著 吐蕃敦煌抄经研究 北京：民族出版社，2016年11月 p.214、295

赵晓星著 吐蕃统治时期敦煌密教研究 兰州：甘肃教育出版社，2017年3月 p.624（附录一）

赵晓星 吐蕃统治敦煌时期的密教研究 兰州：兰州大学博士研究生学位论文，2007年6月 p.168（附录一）

Jb.t.003 大乘无量寿宗要经

张耀中 酒泉博物馆古藏文《大乘无量寿经》叙录《敦煌研究》2006年第3期 p.75

马德主编，张延清、勘措吉、邰惠莉编写 酒泉市博物馆藏敦煌藏文文献《甘肃藏敦煌藏文文献叙录》，兰州：甘肃民族出版社，2011年9月 p.857~858

张延清著 吐蕃敦煌抄经研究 北京：民族出版社，2016年11月 p.324

赵晓星著 吐蕃统治时期敦煌密教研究 兰州：甘肃教育出版社，2017年3月 p.624（附录一）

赵晓星 吐蕃统治敦煌时期的密教研究 兰州：兰州大学博士研究生学位论文，2007年6月 p.168（附录一）

Jb.t.004 大乘无量寿宗要经

张耀中 酒泉博物馆古藏文《大乘无量寿经》叙录《敦煌研究》2006年第3期 p.75

马德主编，张延清、勘措吉、邰惠莉编写 酒泉市博物馆藏敦煌藏文文献《甘肃藏敦煌藏文文献叙录》，兰州：甘肃民族出版社，2011年9月 p.858

张延清著 吐蕃敦煌抄经研究 北京：民族出版社，2016年11月 p.299

Jb.t.004A

张耀中 酒泉博物馆古藏文《大乘无量寿经》叙录《敦煌研究》2006年第3期 p.75

马德主编，张延清、勘措吉、邰惠莉编写 酒泉市博物馆藏敦煌藏文文献《甘肃藏敦煌藏文文献叙录》，兰州：甘肃民族出版社，2011年9月 p.858

赵晓星著 吐蕃统治时期敦煌密教研究 兰州：甘肃教育出版社，2017年3月 p.628（附录一）

赵晓星 吐蕃统治敦煌时期的密教研究 兰州：兰州大学博士研究生学位论文，2007年6月 p.169（附录一）

Jb.t.004B

张耀中 酒泉博物馆古藏文《大乘无量寿经》叙录《敦煌研究》2006年第3期 p.75

马德主编，张延清、勘措吉、邰惠莉编写 酒泉市博物馆藏敦煌藏文文献《甘肃藏敦煌藏文文献叙录》，兰州：甘肃民族出版社，2011年9月 p.858

赵晓星著 吐蕃统治时期敦煌密教研究 兰州：甘肃教育出版社，2017年3月 p.624（附录一）

赵晓星 吐蕃统治敦煌时期的密教研究 兰州：兰州大学博士研究生学位论文，2007年6月 p.168（附录一）

Jb.t.004C

张耀中 酒泉博物馆古藏文《大乘无量寿经》叙录《敦煌研究》2006年第3期 p.75

马德主编，张延清、勘措吉、邰惠莉编写 酒泉市博物馆藏敦煌藏文文献《甘肃藏敦煌藏文文献叙录》，兰州：甘肃民族出版社，2011年9月 p.858

赵晓星著 吐蕃统治时期敦煌密教研究 兰州：甘肃教育出版社，2017年3月 p.624、628（附录一）

赵晓星 吐蕃统治敦煌时期的密教研究 兰州：兰州大学博士研究生学位论文，2007年6月 p.168（附录一）

Jb.t.005 大乘无量寿宗要经

张耀中 酒泉博物馆古藏文《大乘无量寿经》叙录《敦煌研究》2006年第3期 p.75

马德主编,张延清、勘措吉、邰惠莉编写 酒泉市博物馆藏敦煌藏文文献《甘肃藏敦煌藏文文献叙录》,兰州:甘肃民族出版社,2011年9月 p.858

张延清著 吐蕃敦煌抄经研究 北京:民族出版社,2016年11月 p.294

Jb.t.005A

张耀中 酒泉博物馆古藏文《大乘无量寿经》叙录《敦煌研究》2006年第3期 p.75

马德主编,张延清、勘措吉、邰惠莉编写 酒泉市博物馆藏敦煌藏文文献《甘肃藏敦煌藏文文献叙录》,兰州:甘肃民族出版社,2011年9月 p.858

赵晓星著 吐蕃统治时期敦煌密教研究 兰州:甘肃教育出版社,2017年3月 p.628(附录一)

赵晓星 吐蕃统治敦煌时期的密教研究 兰州:兰州大学博士研究生学位论文,2007年6月 p.169(附录一)

Jb.t.005B

张耀中 酒泉博物馆古藏文《大乘无量寿经》叙录《敦煌研究》2006年第3期 p.75

马德主编,张延清、勘措吉、邰惠莉编写 酒泉市博物馆藏敦煌藏文文献《甘肃藏敦煌藏文文献叙录》,兰州:甘肃民族出版社,2011年9月 p.858

赵晓星著 吐蕃统治时期敦煌密教研究 兰州:甘肃教育出版社,2017年3月 p.625(附录一)

赵晓星 吐蕃统治敦煌时期的密教研究 兰州:兰州大学博士研究生学位论文,2007年6月 p.168(附录一)

Jb.t.005C

张耀中 酒泉博物馆古藏文《大乘无量寿经》叙录《敦煌研究》2006年第3期 p.76

马德主编,张延清、勘措吉、邰惠莉编写 酒泉市博物馆藏敦煌藏文文献《甘肃藏敦煌藏文文献叙录》,兰州:甘肃民族出版社,2011年9月 p.858

Jb.t.005D

张耀中 酒泉博物馆古藏文《大乘无量寿经》叙录《敦煌研究》2006年第3期 p.76

马德主编,张延清、勘措吉、邰惠莉编写 酒泉市博物馆藏敦煌藏文文献《甘肃藏敦煌藏文文献叙录》,兰州:甘肃民族出版社,2011年9月 p.858~859

赵晓星著 吐蕃统治时期敦煌密教研究 兰州:甘肃教育出版社,2017年3月 p.625(附录一)

赵晓星 吐蕃统治敦煌时期的密教研究 兰州:兰州大学博士研究生学位论文,2007年6月 p.168(附录一)

Jb.t.006 大乘无量寿宗要经

张耀中 酒泉博物馆古藏文《大乘无量寿经》叙录《敦煌研究》2006年第3期 p.76

马德主编,张延清、勘措吉、郃惠莉编写 酒泉市博物馆藏敦煌藏文文献《甘肃藏敦煌藏文文献叙录》,兰州:甘肃民族出版社,2011年9月 p.859

张延清著 吐蕃敦煌抄经研究 北京:民族出版社,2016年11月 p.321~322、340、353

赵晓星著 吐蕃统治时期敦煌密教研究 兰州:甘肃教育出版社,2017年3月 p.625(附录一)

甘肃省地方史志编纂委员会编 甘肃省志·文物志(中册) 北京:文物出版社,2018年11月 p.1557

赵晓星 吐蕃统治敦煌时期的密教研究 兰州:兰州大学博士研究生学位论文,2007年6月 p.168(附录一)

Jb.t.007 大乘无量寿宗要经

张耀中 酒泉博物馆古藏文《大乘无量寿经》叙录《敦煌研究》2006年第3期 p.76

马德主编,张延清、勘措吉、郃惠莉编写 酒泉市博物馆藏敦煌藏文文献《甘肃藏敦煌藏文文献叙录》,兰州:甘肃民族出版社,2011年9月 p.859

张延清著 吐蕃敦煌抄经研究 北京:民族出版社,2016年11月 p.319

赵晓星著 吐蕃统治时期敦煌密教研究 兰州:甘肃教育出版社,2017年3月 p.625(附录一)

赵晓星 吐蕃统治敦煌时期的密教研究 兰州:兰州大学博士研究生学位论文,2007年6月 p.168(附录一)

Jb.t.008 大乘无量寿宗要经

张耀中 酒泉博物馆古藏文《大乘无量寿经》叙录《敦煌研究》2006年第3期 p.76

马德主编,张延清、勘措吉、郃惠莉编写 酒泉市博物馆藏敦煌藏文文献《甘肃藏敦煌藏文文献叙录》,兰州:甘肃民族出版社,2011年9月 p.859

张延清著 吐蕃敦煌抄经研究 北京:民族出版社,2016年11月 p.319、341~344

赵晓星著 吐蕃统治时期敦煌密教研究 兰州:甘肃教育出版社,2017年3月 p.625(附录一)

赵晓星 吐蕃统治敦煌时期的密教研究 兰州:兰州大学博士研究生学位论文,2007年6月 p.168(附录一)

Jb.t.009 大乘无量寿宗要经

张耀中 酒泉博物馆古藏文《大乘无量寿经》叙录《敦煌研究》2006年第3期 p.76

马德主编,张延清、勘措吉、郃惠莉编写 酒泉市博物馆藏敦煌藏文文献《甘肃藏敦煌藏文文献叙录》,兰州:甘肃民族出版社,2011年9月 p.859~860

张延清著 吐蕃敦煌抄经研究 北京:民族出版社,2016年11月 p.298

Jb.t.009A

张耀中 酒泉博物馆古藏文《大乘无量寿经》叙录《敦煌研究》2006年第3期 p.76~77

马德主编,张延清、勘措吉、郃惠莉编写 酒泉市博物馆藏敦煌藏文文献《甘肃藏敦煌藏文文献叙录》,兰州:甘肃民族出版社,2011年9月 p.860

赵晓星著 吐蕃统治时期敦煌密教研究 兰州:甘肃教育出版社,2017年3月 p.625(附录一)

赵晓星 吐蕃统治敦煌时期的密教研究 兰州:兰州大学博士研究生学位论文,2007年6月 p.168(附录一)

Jb.t.009B

赵晓星著 吐蕃统治时期敦煌密教研究 兰州:甘肃教育出版社,2017年3月 p.625(附录一)

张耀中 酒泉博物馆古藏文《大乘无量寿经》叙录《敦煌研究》2006年第3期 p.77

马德主编,张延清、勘措吉、邰惠莉编写 酒泉市博物馆藏敦煌藏文文献《甘肃藏敦煌藏文文献叙录》,兰州:甘肃民族出版社,2011年9月 p.860

赵晓星 吐蕃统治敦煌时期的密教研究 兰州:兰州大学博士研究生学位论文,2007年6月 p.168(附录一)

Jb.t.010 大乘无量寿宗要经

张耀中 酒泉博物馆古藏文《大乘无量寿经》叙录《敦煌研究》2006年第3期 p.77

马德主编,张延清、勘措吉、邰惠莉编写 酒泉市博物馆藏敦煌藏文文献《甘肃藏敦煌藏文文献叙录》,兰州:甘肃民族出版社,2011年9月 p.860

张延清著 吐蕃敦煌抄经研究 北京:民族出版社,2016年11月 p.319

赵晓星著 吐蕃统治时期敦煌密教研究 兰州:甘肃教育出版社,2017年3月 p.625(附录一)

赵晓星 吐蕃统治敦煌时期的密教研究 兰州:兰州大学博士研究生学位论文,2007年6月 p.168(附录一)

Jb.t.011 大乘无量寿宗要经

张耀中 酒泉博物馆古藏文《大乘无量寿经》叙录《敦煌研究》2006年第3期 p.77

马德主编,张延清、勘措吉、邰惠莉编写 酒泉市博物馆藏敦煌藏文文献《甘肃藏敦煌藏文文献叙录》,兰州:甘肃民族出版社,2011年9月 p.860

张延清著 吐蕃敦煌抄经研究[①] 北京:民族出版社,2016年11月 p.282~283、329、340、354~355

赵晓星著 吐蕃统治时期敦煌密教研究 兰州:甘肃教育出版社,2017年3月 p.625(附录一)

甘肃省地方史志编纂委员会编 甘肃省志·文物志(中册) 北京:文物出版社,2018年11月 p.1557

赵晓星 吐蕃统治敦煌时期的密教研究 兰州:兰州大学博士研究生学位论文,2007年6月 p.168(附录一)

Jb.t.012 大乘无量寿宗要经

张耀中 酒泉博物馆古藏文《大乘无量寿经》叙录《敦煌研究》2006年第3期 p.77

马德主编,张延清、勘措吉、邰惠莉编写 酒泉市博物馆藏敦煌藏文文献《甘肃藏敦煌藏文文献叙录》,兰州:甘肃民族出版社,2011年9月 p.860~861

张延清著 吐蕃敦煌抄经研究 北京:民族出版社,2016年11月 p.325、340、352~355

---

①酒泉市博物馆藏敦煌藏文文献19件,张延清《吐蕃敦煌抄经研究》附录第282~283页"74.张禄勒"抄经编号为Jb.t.011303,该卷号是原馆藏编号还是抄录错误尚待确定。Jb.t.011号《大乘无量寿宗要经》题记为:"张禄勒抄,辛达尔校,仲玛三校,张却端校。"

赵晓星著 吐蕃统治时期敦煌密教研究 兰州:甘肃教育出版社,2017年3月 p.625(附录一)

甘肃省地方史志编纂委员会编 甘肃省志·文物志(中册) 北京:文物出版社,2018年11月 p.1557

赵晓星 吐蕃统治敦煌时期的密教研究 兰州:兰州大学博士研究生学位论文,2007年6月 p.168(附录一)

Jb.t.013 大乘无量寿宗要经

张耀中 酒泉博物馆古藏文《大乘无量寿经》叙录《敦煌研究》2006年第3期 p.77

马德主编,张延清、勘措吉、邰惠莉编写 酒泉市博物馆藏敦煌藏文文献《甘肃藏敦煌藏文文献叙录》,兰州:甘肃民族出版社,2011年9月 p.861

张延清著 吐蕃敦煌抄经研究 北京:民族出版社,2016年11月 p.319

赵晓星著 吐蕃统治时期敦煌密教研究 兰州:甘肃教育出版社,2017年3月 p.626(附录一)

赵晓星 吐蕃统治敦煌时期的密教研究 兰州:兰州大学博士研究生学位论文,2007年6月 p.168(附录一)

Jb.t.014 大乘无量寿宗要经

张耀中 酒泉博物馆古藏文《大乘无量寿经》叙录《敦煌研究》2006年第3期 p.77~78

马德主编,张延清、勘措吉、邰惠莉编写 酒泉市博物馆藏敦煌藏文文献《甘肃藏敦煌藏文文献叙录》,兰州:甘肃民族出版社,2011年9月 p.861

张延清著 吐蕃敦煌抄经研究 北京:民族出版社,2016年11月 p.323

赵晓星著 吐蕃统治时期敦煌密教研究 兰州:甘肃教育出版社,2017年3月 p.626(附录一)

赵晓星 吐蕃统治敦煌时期的密教研究 兰州:兰州大学博士研究生学位论文,2007年6月 p.168(附录一)

Jb.t.015 大乘无量寿宗要经

张耀中 酒泉博物馆古藏文《大乘无量寿经》叙录《敦煌研究》2006年第3期 p.78

马德主编,张延清、勘措吉、邰惠莉编写 酒泉市博物馆藏敦煌藏文文献《甘肃藏敦煌藏文文献叙录》,兰州:甘肃民族出版社,2011年9月 p.861

张延清著 吐蕃敦煌抄经研究 北京:民族出版社,2016年11月 p.319

赵晓星著 吐蕃统治时期敦煌密教研究 兰州:甘肃教育出版社,2017年3月 p.626(附录一)

赵晓星 吐蕃统治敦煌时期的密教研究 兰州:兰州大学博士研究生学位论文,2007年6月 p.168(附录一)

Jb.t.016 大乘无量寿宗要经

张耀中 酒泉博物馆古藏文《大乘无量寿经》叙录《敦煌研究》2006年第3期 p.78

马德主编,张延清、勘措吉、邰惠莉编写 酒泉市博物馆藏敦煌藏文文献《甘肃藏敦煌藏文文献叙录》,兰州:甘肃民族出版社,2011年9月 p.861

张延清著 吐蕃敦煌抄经研究 北京:民族出版社,2016年11月 p.322、341~344

赵晓星著 吐蕃统治时期敦煌密教研究 兰州:甘肃教育出版社,2017年3月 p.626(附录一)

赵晓星 吐蕃统治敦煌时期的密教研究 兰州:兰州大学博士研究生学位论文,2007年6月 p.168(附录一)

Jb.t.017 大乘无量寿宗要经

张耀中 酒泉博物馆古藏文《大乘无量寿经》叙录 《敦煌研究》2006年第3期 p.78

马德主编,张延清、勘措吉、邰惠莉编写 酒泉市博物馆藏敦煌藏文文献《甘肃藏敦煌藏文文献叙录》,兰州:甘肃民族出版社,2011年9月 p.861~862

张延清著 吐蕃敦煌抄经研究 北京:民族出版社,2016年11月 p.319

赵晓星著 吐蕃统治时期敦煌密教研究 兰州:甘肃教育出版社,2017年3月 p.626(附录一)

赵晓星 吐蕃统治敦煌时期的密教研究 兰州:兰州大学博士研究生学位论文,2007年6月 p.168(附录一)

Jb.t.018 大乘无量寿宗要经

张耀中 酒泉博物馆古藏文《大乘无量寿经》叙录 《敦煌研究》2006年第3期 p.78

马德主编,张延清、勘措吉、邰惠莉编写 酒泉市博物馆藏敦煌藏文文献《甘肃藏敦煌藏文文献叙录》,兰州:甘肃民族出版社,2011年9月 p.862

张延清著 吐蕃敦煌抄经研究 北京:民族出版社,2016年11月 p.323

赵晓星著 吐蕃统治时期敦煌密教研究 兰州:甘肃教育出版社,2017年3月 p.626(附录一)

赵晓星 吐蕃统治敦煌时期的密教研究 兰州:兰州大学博士研究生学位论文,2007年6月 p.168(附录一)

Jb.t.019 大乘无量寿宗要经

张耀中 酒泉博物馆古藏文《大乘无量寿经》叙录 《敦煌研究》2006年第3期 p.78

马德主编,张延清、勘措吉、邰惠莉编写 酒泉市博物馆藏敦煌藏文文献《甘肃藏敦煌藏文文献叙录》,兰州:甘肃民族出版社,2011年9月 p.862

张延清著 吐蕃敦煌抄经研究 北京:民族出版社,2016年11月 p.293

赵晓星著 吐蕃统治时期敦煌密教研究 兰州:甘肃教育出版社,2017年3月 p.626(附录一)

赵晓星 吐蕃统治敦煌时期的密教研究 兰州:兰州大学博士研究生学位论文,2007年6月 p.168(附录一)

八

张掖博物馆藏敦煌文献

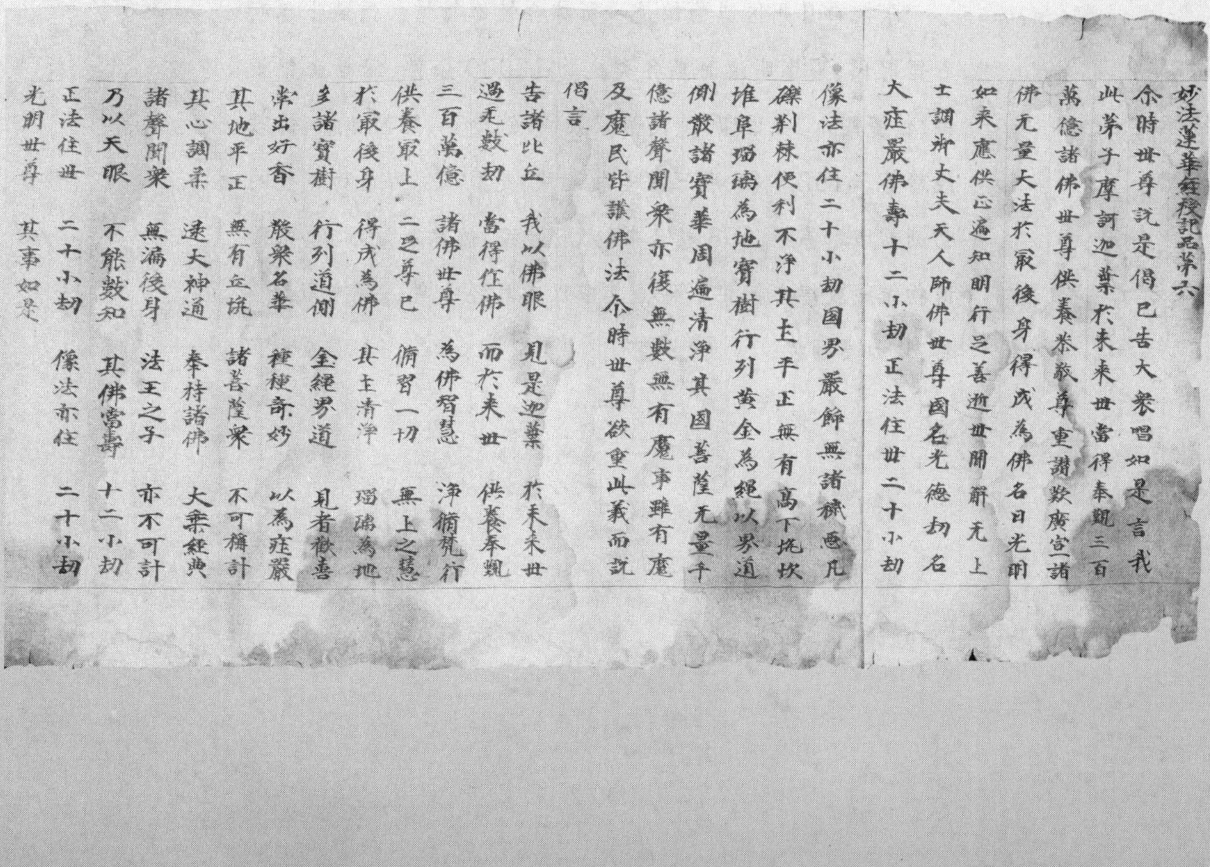

妙法蓮華經授記品第六
尒時世尊說是偈已告大衆唱如是言我
此弟子摩訶迦葉於未來世當得奉覲三百
萬億諸佛世尊供養恭敬尊重讚歎廣宣諸
佛无量大法於最後身得成為佛名曰光明
如來應供正遍知明行足善逝世間解无上
士調御丈夫天人師佛世尊國名光德劫名
大莊嚴佛壽十二小劫正法住世二十小劫
像法亦住二十小劫國界嚴飾無諸穢惡瓦
礫荊棘便利不淨其土平正無有高下坑坎
堆阜瑠璃為地寶樹行列黃金為繩以界道
側散諸寶華周遍清淨其國菩薩无量千
億諸聲聞衆亦復無數無有魔事雖有魔
及魔民皆護佛法尒時世尊欲重此義而說
偈言
告諸比丘　我以佛眼　見是迦葉　於未來世
過無數劫　當得作佛　而於來世　供養奉覲
三百萬億　諸佛世尊　為佛智慧　淨脩梵行
供養最上　二足尊已　脩習一切　無上之慧
於最後身　得成為佛　其土清淨　瑠璃為地
多諸寶樹　行列道側　金繩界道　見者歡喜
常出好香　散衆名華　種種奇妙　以為莊嚴
其地平正　無有丘坑　諸菩薩衆　不可稱計
其心調柔　逮大神通　奉持諸佛　大乘經典
諸聲聞衆　無漏後身　法王之子　亦不可計
乃以天眼　不能數知　其佛當壽　十二小劫
正法住世　二十小劫　像法亦住　二十小劫
光明世尊　其事如是

张掖博物馆初创于1958年9月,原设于镇远楼。1985年,曾一度在张掖钟鼓楼成立过博物馆,但未正式设立机构,与文化馆一套班子。1986年8月,张掖市委、市政府决定分设文化、图书、博物三馆。博物馆成立于1987年11月,隶属张掖市文化局;1996年张掖地区行政公署改设为张掖市,原张掖市改设为张掖市甘州区,博物馆隶属甘州区。2017年12月,张掖市博物馆正式开馆。现有张掖市博物馆、甘州区博物馆,两馆一班人员,藏品多收藏于甘州区博物馆。

张掖市甘州区博物馆是一所综合性博物馆，馆藏上起新石器时代、下迄明清时期各类文物10000余件,涵括金银玉铜、铁瓷陶木、钱币印信、民俗家具、书法绘画、雕塑造像、佛教经籍等。6152卷《大明三藏圣教北藏》是我国保存最为完整的初刻初印本佛经,558卷金书《大般若经》被鉴定为国宝。张掖博物馆藏敦煌文献共3件，其中汉文写经1件，藏文写经2卷,均为卷轴装。

1. 张掖博物馆藏敦煌汉文文献

张掖博物馆藏敦煌汉文文献共1件，卷轴装，系敦煌莫高窟藏经洞（第17窟）出土的唐本《妙法莲华经》，后虽有唐高宗咸亨三年（672）题记，但从书体和书法看，题记与经文并非出自一人之手，题记的书写年代明显晚于经文抄写年代。张掖博物馆藏敦煌汉文文献研究著录情况如下：

张博001（收藏号0456） 妙法莲华经卷第三

邰惠莉撰稿，施萍婷、邵国秀审订 张掖市博物馆藏敦煌文献叙录《甘肃藏敦煌文献》（第三卷），兰州：甘肃人民出版社，1999年9月 p.366；图版p.339~350；彩版（卷尾）

窦怀永 唐代避讳字与俗字关系试论《出土文献与古文字研究》（第一辑），上海：复旦大学出版社，2006年12月 p.308

中国美编 中国散藏敦煌文献分类目录 北京：北京图书馆出版社，2007年10月 p.21

朱瑶著 敦煌汉文文献题记整理与研究 北京：中国社会科学出版社，2016年7月 p.35、36、38

甘肃省地方史志编纂委员会编 甘肃省志·文物志（中册） 北京：文物出版社，2018年11月 p.1527；图1幅；p.1533~1534

王翠《甘肃藏敦煌文献》俗字研究 南京：南京师范大学硕士研究生学位论文，2014年5月 p.10；p.29（表）；p.31~34、37、38、40；p.55（附录：唐代经卷“表”）

2. 张掖博物馆藏敦煌藏文文献

张掖博物馆藏敦煌藏文文献共2件，卷轴装，系敦煌莫高窟藏经洞（第17窟）出土的《大乘无量寿宗要经》，研究著录情况如下：

Zhb.t.00382 大乘无量寿宗要经

孙宏武、寇克红 张掖甘州区、高台县两博物馆藏文《大乘无量寿经》简介 《敦煌研究》2006年第3期 p.71

马德主编，张延清、勘措吉、邰惠莉编写 张掖市甘州区博物馆藏敦煌藏文文献《甘肃藏敦煌藏文文献叙录》，兰州：甘肃民族出版社，2011年9月 p.863

张延清著 吐蕃敦煌抄经研究 北京：民族出版社，2016年11月 p.302

甘肃省地方史志编纂委员会编 甘肃省志·文物志（中册） 北京：文物出版社，2018年11月 p.1557~1558

Zhb.t.00382A

孙宏武、寇克红 张掖甘州区、高台县两博物馆藏文《大乘无量寿经》简介 《敦煌研究》2006年第3期 p.71

马德主编，张延清、勘措吉、邰惠莉编写 张掖市甘州区博物馆藏敦煌藏文文献《甘肃藏敦煌藏文文献叙录》，兰州：甘肃民族出版社，2011年9月 p.863

赵晓星著 吐蕃统治时期敦煌密教研究 兰州：甘肃教育出版社，2017年3月 p.626（附录一）

赵晓星 吐蕃统治敦煌时期的密教研究 兰州：兰州大学博士研究生学位论文，2007年6月 p.168（附录一）

Zhb.t.00382B

孙宏武、寇克红 张掖甘州区、高台县两博物馆藏文《大乘无量寿经》简介 《敦煌研究》2006年第3期 p.71~72

马德主编，张延清、勘措吉、邰惠莉编写 张掖市甘州区博物馆藏敦煌藏文文献《甘肃藏敦煌藏文文献叙录》，兰州：甘肃民族出版社，2011年9月 p.863

赵晓星著 吐蕃统治时期敦煌密教研究 兰州：甘肃教育出版社，2017年3月 p.626（附录一）

赵晓星 吐蕃统治敦煌时期的密教研究 兰州:兰州大学博士研究生学位论文,2007年6月 p.168(附录一)

Zhb.t.00382C

孙宏武、寇克红 张掖甘州区、高台县两博物馆藏文《大乘无量寿经》简介 《敦煌研究》2006年第3期 p.72

马德主编,张延清、勘措吉、邰惠莉编写 张掖市甘州区博物馆藏敦煌藏文文献《甘肃藏敦煌藏文文献叙录》,兰州:甘肃民族出版社,2011年9月 p.863

赵晓星著 吐蕃统治时期敦煌密教研究 兰州:甘肃教育出版社,2017年3月 p.626(附录一)

赵晓星 吐蕃统治敦煌时期的密教研究 兰州:兰州大学博士研究生学位论文,2007年6月 p.168(附录一)

Zhb.t.00382D

孙宏武、寇克红 张掖甘州区、高台县两博物馆藏文《大乘无量寿经》简介 《敦煌研究》2006年第3期 p.72

马德主编,张延清、勘措吉、邰惠莉编写 张掖市甘州区博物馆藏敦煌藏文文献《甘肃藏敦煌藏文文献叙录》,兰州:甘肃民族出版社,2011年9月 p.863~864

赵晓星著 吐蕃统治时期敦煌密教研究 兰州:甘肃教育出版社,2017年3月 p.626(附录一)

赵晓星 吐蕃统治敦煌时期的密教研究 兰州:兰州大学博士研究生学位论文,2007年6月 p.168(附录一)

Zhb.t.00727 大乘无量寿宗要经

孙宏武、寇克红 张掖甘州区、高台县两博物馆藏文《大乘无量寿经》简介 《敦煌研究》2006年第3期 P.72

马德主编,张延清、勘措吉、邰惠莉编写 张掖市甘州区博物馆藏敦煌藏文文献《甘肃藏敦煌藏文文献叙录》,兰州:甘肃民族出版社,2011年9月 p.864

张延清著 吐蕃敦煌抄经研究 北京:民族出版社,2016年11月 p.291

Zhb.t.00727A

孙宏武、寇克红 张掖甘州区、高台县两博物馆藏文《大乘无量寿经》简介 《敦煌研究》2006年第3期 p.72

马德主编,张延清、勘措吉、邰惠莉编写 张掖市甘州区博物馆藏敦煌藏文文献《甘肃藏敦煌藏文文献叙录》,兰州:甘肃民族出版社,2011年9月 p.864

赵晓星著 吐蕃统治时期敦煌密教研究 兰州:甘肃教育出版社,2017年3月 p.626(附录一)

赵晓星 吐蕃统治敦煌时期的密教研究 兰州:兰州大学博士研究生学位论文,2007年6月 p.168(附录一)

Zhb.t.00727B

孙宏武、寇克红 张掖甘州区、高台县两博物馆藏文《大乘无量寿经》简介 《敦煌研究》2006年第3期 p.72

马德主编,张延清、勘措吉、邰惠莉编写 张掖市甘州区博物馆藏敦煌藏文文献《甘肃藏敦煌藏文文献叙录》,兰州:甘肃民族出版社,2011年9月 p.864

赵晓星著 吐蕃统治时期敦煌密教研究 兰州:甘肃教育出版社,2017年3月 p.627(附录一)

赵晓星 吐蕃统治敦煌时期的密教研究 兰州:兰州大学博士研究生学位论文,2007年6月 p.168(附录一)

Zhb.t.00727C

孙宏武、寇克红 张掖甘州区、高台县两博物馆藏文《大乘无量寿经》简介 《敦煌研究》2006年第3期 p.72

马德主编,张延清、勘措吉、邰惠莉编写 张掖市甘州区博物馆藏敦煌藏文文献《甘肃藏敦煌藏文文献叙录》,兰州:甘肃民族出版社,2011年9月 p.864

赵晓星著 吐蕃统治时期敦煌密教研究 兰州:甘肃教育出版社,2017年3月 p.627(附录一)

赵晓星 吐蕃统治敦煌时期的密教研究 兰州:兰州大学博士研究生学位论文,2007年6月 p.169(附录一)

九

高台县博物馆藏敦煌文献

高台县博物馆成立于1991年12月。现有藏品5000余件,其中魏晋壁画砖、彩绘木器、木版画以及十六国时期纪年简牍和汉晋丝绸最具特色。高台县博物馆藏敦煌文献共8件,多从民间收集,包括汉文写经6件,藏文写经2件,均为卷轴装。

1. 高台县博物馆藏敦煌汉文文献

高台县博物馆藏敦煌汉文文献共6件。其中唐本《金刚般若波罗蜜经》为咸亨三年(672)宫廷写经，是已故酒泉驼运商人李培芝于1942年从敦煌侯士祖处购得，1947年转由高台县名士公维义收藏，1952年捐献给国家的；两件《妙法莲华经》为唐写本，均从民间征集；高博513、516、517是否为敦煌文献，学界尚有争议，在此一并著录，供研究参考。高台县博物馆藏敦煌汉文文献研究著录情况如下：

高博001(收藏号518) 金刚般若波罗蜜经并序

施萍婷 甘肃藏敦煌文献概述《甘肃藏敦煌文献精粹》，兰州：甘肃人民出版社，1999年 p.7；又载段文杰主编《甘肃藏敦煌文献》(第一至六卷)，兰州：甘肃人民出版社，1999年9~12月 p.7

邰惠莉撰稿，施萍婷、邵国秀审订 高台县博物馆藏敦煌文献叙录《甘肃藏敦煌文献》(第六卷)，兰州：甘肃人民出版社，1999年12月 p.371；图版p.321~328

施萍婷 甘肃省藏敦煌汉文文献概述《"二十一世纪敦煌文献研究回顾与展望"研讨会论文集》，台中：(台湾)中华自然文化学会，1999年12月 p.43；收入氏著《敦煌习学集》(上)，兰州：甘肃民族出版社，2004年12月 p.298

介生 遍记甘藏敦煌遗书 兼具资料学术价值——《甘肃藏敦煌文献》介评《图书与情报》2000年第2期 p.79

施萍婷 甘肃藏敦煌汉文文献精品简述《敦煌习学集》(上)，兰州：甘肃民族出版社，2004年12月 p.313~314；图版47

陈丽萍、侯振兵 "中国社会科学院敦煌学研究回顾与前瞻学术研讨会"综述《中国史研究动态》2011年第5期 p.63~64；收入黄正建主编《中国社会科学院敦煌学研究回顾与前瞻学术研讨会论文集》，上海：上海古籍出版社，2012年3月 p.409

赵和平 S.5710《金刚般若经序》初步研究《中国社会科学院敦煌学研究回顾与前瞻学术研讨会论文集》，上海：上海古籍出版社，2012年3月 p.159~160

赵和平 俄藏三件敦煌宫廷写经初步研究《敦煌研究》2013年第3期 p.154~156

董大学 论唐代《金刚经》信仰之仪式化倾向——以敦煌文献为中心的考察《华东师范大学学报》(哲学社会科学版)2017年第1期 p.129

罗慕君、张涌泉 散藏敦煌本《金刚经》缀合研究《敦煌吐鲁番研究》(第十八卷),上海:上海古籍出版社,2019年4月 p.635、637

申国美编 中国散藏敦煌文献分类目录 北京:北京图书馆出版社,2007年10月 p.14

朱瑶著 敦煌汉文文献题记整理与研究 北京:中国社会科学出版社,2016年7月 p.40;p.135(表3-2);p.137

甘肃省地方史志编纂委员会编 甘肃省志·文物志(中册)北京:文物出版社,2018年11月 p.1531~1532;图1幅

张开媛《金刚经》鸠摩罗什译本在唐代的流传和接受 北京:北京外国语大学博士研究生学位论文,2015年12月 p.41、44、336~337、356~357

王翠《甘肃藏敦煌文献》俗字研究 南京:南京师范大学硕士研究生学位论文,2014年5月 p.30(表);p.31、35;p.55(附录:唐代经卷"表")

高博002(收藏号519)妙法莲华经卷第三

文化 敦煌佛教写经与士人书法的审美意识《敦煌研究》1997年第4期 p.56

郜惠莉撰稿,施萍婷、邵国秀审订 高台县博物馆藏敦煌文献叙录《甘肃藏敦煌文献》(第六卷),兰州:甘肃人民出版社,1999年12月 p.371;图版p.328~338

申国美编 中国散藏敦煌文献分类目录 北京:北京图书馆出版社,2007年10月 p.21

高博003(收藏号520)妙法莲华经卷第五

郜惠莉撰稿,施萍婷、邵国秀审订 高台县博物馆藏敦煌文献叙录《甘肃藏敦煌文献》(第六卷),兰州:甘肃人民出版社,1999年12月 p.371;图版p.339~351

申国美编 中国散藏敦煌文献分类目录 北京:北京图书馆出版社,2007年10月 p.26

于淑健著 敦煌佛典语词和俗字研究——以敦煌古佚和疑伪经为中心 上海:上海古籍出版社,2012年4月 p.136

高博513 唐故圭峰定慧禅师传法碑并序

郜惠莉 甘肃藏非敦煌文献的真伪、来源及相关问题《敦煌学辑刊》2000年第2期 p.73;图6

郜惠莉 甘肃藏敦煌汉文文献巡礼《丝绸之路》2000年S1期 p.14

高博516 菩提延寿真经第一品

郜惠莉 甘肃藏非敦煌文献的真伪、来源及相关问题《敦煌学辑刊》2000年第2期 p.76

郜惠莉 甘肃藏敦煌汉文文献巡礼《丝绸之路》2000年S1期 p.15

高博517 古佛菩萨福寿经第一品

邰惠莉 甘肃藏非敦煌文献的真伪、来源及相关问题《敦煌学辑刊》2000年第2期 p.76；图16

邰惠莉 甘肃藏敦煌汉文文献巡礼《丝绸之路》2000年S1期 p.15

2. 高台县博物馆藏敦煌藏文文献

高台县博物馆藏敦煌藏文文献共2件，是从民间征集而来，为卷轴装《大乘无量寿宗要经》，研究著录情况如下：

Gb.t.514 大乘无量寿宗要经

孙宏武、寇克红 张掖甘州区、高台县两博物馆藏文《大乘无量寿经》简介 《敦煌研究》2006年第3期 p.72

马德主编，张延清、勘措吉、邰惠莉编写 高台县博物馆藏敦煌藏文文献《甘肃藏敦煌藏文文献叙录》，兰州：甘肃民族出版社，2011年9月 p.865

张延清著 吐蕃敦煌抄经研究 北京：民族出版社，2016年11月 p.306

Gb.t.514A

孙宏武、寇克红 张掖甘州区、高台县两博物馆藏文《大乘无量寿经》简介 《敦煌研究》2006年第3期 p.72~73

马德主编，张延清、勘措吉、邰惠莉编写 高台县博物馆藏敦煌藏文文献《甘肃藏敦煌藏文文献叙录》，兰州：甘肃民族出版社，2011年9月 p.865

赵晓星著 吐蕃统治时期敦煌密教研究 兰州：甘肃教育出版社，2017年3月 p.627(附录一)

赵晓 吐蕃统治敦煌时期的密教研究 兰州：兰州大学博士研究生学位论文，2007年6月 p.169(附录一)

Gb.t.514B

孙宏武、寇克红 张掖甘州区、高台县两博物馆藏文《大乘无量寿经》简介 《敦煌研究》2006年第3期 p.73

马德主编，张延清、勘措吉、邰惠莉编写 高台县博物馆藏敦煌藏文文献《甘肃藏敦煌藏文文献叙录》，兰州：甘肃民族出版社，2011年9月 p.865

赵晓星著 吐蕃统治时期敦煌密教研究 兰州：甘肃教育出版社，2017年3月 p.627(附录一)

赵晓星 吐蕃统治敦煌时期的密教研究 兰州：兰州大学博士研究生学位论文，2007年6月 p.169(附录一)

Gb.t.514C

孙宏武、寇克红 张掖甘州区、高台县两博物馆藏文《大乘无量寿经》简介 《敦煌研究》2006年第3期 p.73

马德主编，张延清、勘措吉、邰惠莉编写 高台县博物馆藏敦煌藏文文献《甘肃藏敦煌藏文文献叙录》，兰州：甘肃民族出版社，2011年9月 p.865

赵晓星著 吐蕃统治时期敦煌密教研究 兰州：甘肃教育出版社，2017年3月 p.627(附录一)

赵晓星 吐蕃统治敦煌时期的密教研究 兰州：兰州大学博士研究生学位论文，2007年6月 p.169(附录一)

Gb.t.514D

孙宏武、寇克红 张掖甘州区、高台县两博物馆藏文《大乘无量寿经》简介 《敦煌研究》2006年第3期 p.73

马德主编，张延清、勘措吉、邰惠莉编写 高台县博物馆藏敦煌藏文文献《甘肃藏敦煌藏文文献叙录》，兰州：甘肃民族出版社，2011年9月 p.865

赵晓星著 吐蕃统治时期敦煌密教研究 兰州：甘肃教育出版社，2017年3月 p.627(附录一)

赵晓星 吐蕃统治敦煌时期的密教研究 兰州：兰州大学博士研究生学位论文，2007年6月 p.169(附录一)

Gb.t.514E

孙宏武、寇克红 张掖甘州区、高台县两博物馆藏文《大乘无量寿经》简介 《敦煌研究》2006年第3期 p.73

马德主编，张延清、勘措吉、邰惠莉编写 高台县博物馆藏敦煌藏文文献《甘肃藏敦煌藏文文献叙录》，兰州：甘肃民族出版社，2011年9月 p.865~866

赵晓星著 吐蕃统治时期敦煌密教研究 兰州：甘肃教育出版社，2017年3月 p.627(附录一)

赵晓星 吐蕃统治敦煌时期的密教研究 兰州：兰州大学博士研究生学位论文，2007年6月 p.169(附录一)

Gb.t.515 大乘无量寿宗要经

孙宏武、寇克红 张掖甘州区、高台县两博物馆藏文《大乘无量寿经》简介 《敦煌研究》2006年第3期 p.73

马德主编，张延清、勘措吉、邰惠莉编写 高台县博物馆藏敦煌藏文文献《甘肃藏敦煌藏文文献叙录》，兰州：甘肃民族出版社，2011年9月 p.866

张延清著 吐蕃敦煌抄经研究 北京：民族出版社，2016年11月 p.279

Gb.t.515A

孙宏武、寇克红 张掖甘州区、高台县两博物馆藏文《大乘无量寿经》简介 《敦煌研究》2006年第3期 p.73

马德主编，张延清、勘措吉、邰惠莉编写 高台县博物馆藏敦煌藏文文献《甘肃藏敦煌藏文文献叙录》，兰州：甘肃民族出版社，2011年9月 p.866

赵晓星著 吐蕃统治时期敦煌密教研究 兰州：甘肃教育出版社，2017年3月 p.627(附录一)

赵晓星 吐蕃统治敦煌时期的密教研究 兰州：兰州大学博士研究生学位论文，2007年6月 p.169(附录一)

Gb.t.515B

孙宏武、寇克红 张掖甘州区、高台县两博物馆藏文《大乘无量寿经》简介 《敦煌研究》2006年第3期 p.73

马德主编，张延清、勘措吉、邰惠莉编写 高台县博物馆藏敦煌藏文文献《甘肃藏敦煌藏文文献叙录》，兰州：甘肃民族出版社，2011年9月 p.866

赵晓星著 吐蕃统治时期敦煌密教研究 兰州：甘肃教育出版社，2017年3月 p.627（附录一）

赵晓星 吐蕃统治敦煌时期的密教研究 兰州：兰州大学博士研究生学位论文，2007年6月 p.169（附录一）

Gb.t.515C

孙宏武、寇克红 张掖甘州区、高台县两博物馆藏文《大乘无量寿经》简介 《敦煌研究》2006年第3期 p.73

马德主编，张延清、勘措吉、邰惠莉编写 高台县博物馆藏敦煌藏文文献《甘肃藏敦煌藏文文献叙录》，兰州：甘肃民族出版社，2011年9月 p.866

赵晓星著 吐蕃统治时期敦煌密教研究 兰州：甘肃教育出版社，2017年3月 p.627（附录一）

赵晓星 吐蕃统治敦煌时期的密教研究 兰州：兰州大学博士研究生学位论文，2007年6月 p.169（附录一）

十

武威市博物馆藏

敦煌文献

武威市博物馆建立于1982年9月，原为武威县文物管理委员会。1986年，武威撤县建市，随之更名为武威市博物馆，2001年9月武威地区撤地设市，原武威市改称凉州区，博物馆隶属武威市。

武威市博物馆设立于全国重点文物保护单位武威文庙。武威文庙始建于明正统二至四年(1437—1439)，距今已有600多年的历史。2000年在文庙东建成西夏博物馆，作为武威市博物馆的一部分。武威市博物馆馆藏各类文物46111件，有玉石器、骨器、陶器、木器、铜器、铁器、金银器、瓷器、丝织品、书画、货币、家具、古籍图书、汉藏文典籍等。馆藏齐家文化器物、汉唐文物、西夏文物、佛教文物、清代水陆画、汉藏文典籍等具有鲜明的地方特色和浓郁的民族风格。馆藏敦煌藏文文献2件，为当地名士段永新捐赠。

武威市博物馆藏敦煌藏文文献

武威市博物馆藏敦煌藏文文献共2件，研究著录情况如下：

Wb.t.6718–1064 十万颂般若波罗蜜多经

勘措吉、黎大祥 武威市博物馆藏敦煌藏文写本《敦煌研究》2006年第3期 p.69；收入黎大祥著《名城史迹：武威文物研究文集》，兰州：甘肃文化出版社，2009年10月 p.297

马德主编，张延清、勘措吉、邰惠莉编写 武威市博物馆藏敦煌藏文文献《甘肃藏敦煌藏文文献叙录》，兰州：甘肃民族出版社，2011年9月 p.867

武博6718–1065 祈愿文

勘措吉、黎大祥 武威市博物馆藏敦煌藏文写本《敦煌研究》2006年第3期 p.69~70；收入黎大祥著《名城史迹：武威文物研究文集》，兰州：甘肃文化出版社，2009年10月 p.297~300

马德主编，张延清、勘措吉、邰惠莉编写 武威市博物馆藏敦煌藏文文献《甘肃藏敦煌藏文文献叙录》，兰州：甘肃民族出版社，2011年9月 p.867

甘肃省地方史志编纂委员会编 甘肃省志·文物志（中册） 北京：文物出版社，2018年11月 p.1558

十二

永登县博物馆藏敦煌文献

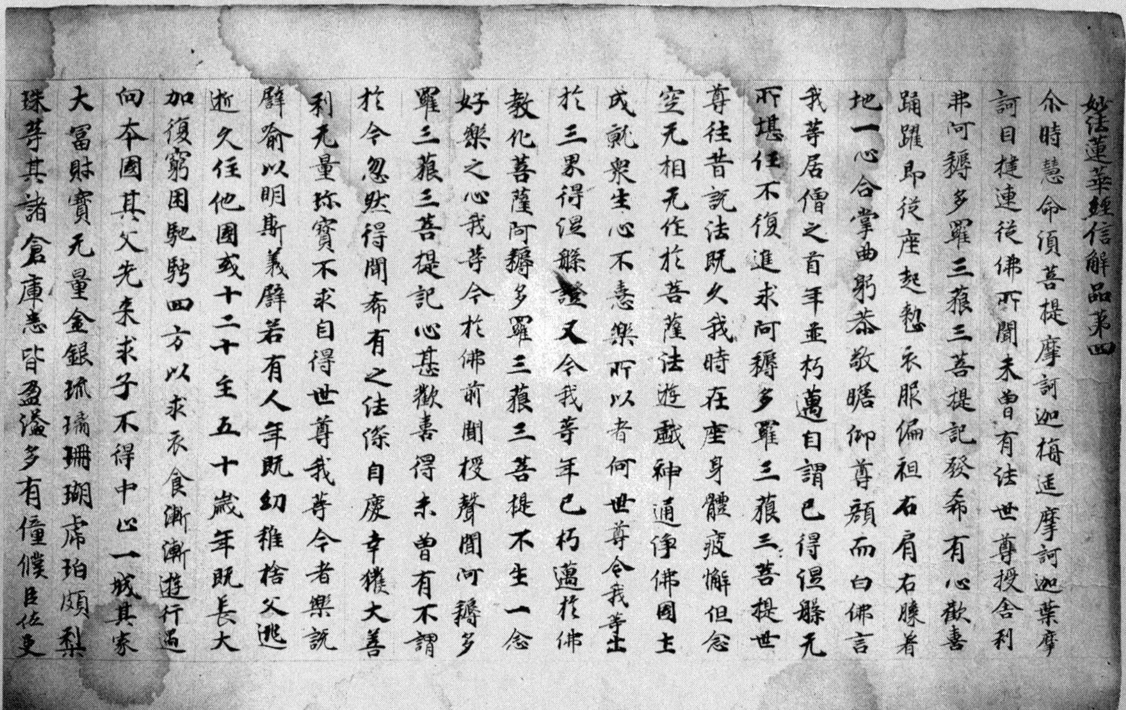
妙法蓮華經信解品第四
尒時慧命須菩提摩訶迦旃延摩訶迦葉摩
訶目揵連從佛所聞未曾有法世尊授舍利
弗阿耨多羅三藐三菩提記發希有心歡喜
踊躍即從座起整衣服偏袒右肩右膝着
地一心合掌曲躬恭敬瞻仰尊顏而白佛言
我等居僧之首年並朽邁自謂已得涅槃无
所堪任不復進求阿耨多羅三藐三菩提世
尊往昔說法既久我時在座身體疲懈但念
空无相无作於菩薩法遊戲神通淨佛國土
成就衆生心不喜樂所以者何世尊令我等出
於三界得涅槃證又今我等年已朽邁於佛
教化菩薩阿耨多羅三藐三菩提不生一念
好樂之心我等今於佛前聞授聲聞阿耨多
羅三藐三菩提記心甚歡喜得未曾有不謂
於今忽然得聞希有之法深自慶幸獲大善
利无量珍寶不求自得世尊我等今者樂說
譬喻以明斯義譬若有人年既幼稚捨父逃
逝久住他國或十二十至五十歲年既長大
加復窮困馳騁四方以求衣食漸漸遊行遇
向本國其父先來求子不得中止一城其家
大富財寶无量金銀琉璃珊瑚虎珀頗梨
珠等其諸倉庫悉皆盈溢多有僮僕臣佐吏

永登县博物馆成立于1990年12月，现有馆藏文物2898件，是一个地方综合类博物馆。馆藏文物有新石器时代马家窑彩陶、石器、两汉文物、钱币、书画、敦煌经卷、布丝物、金银玉器、明清佛教文物及瓷器等。其中馆藏敦煌写经8件，可能源自皋兰张晋三或武威段永恩旧藏。据学者研究，今编号005~008号，内容拟定《大般涅槃经》卷第三十九、《金刚般若波罗蜜经》经论、《妙法莲华经》卷第六、《妙法莲华经》卷第三残经四种虽然题签作“敦煌写经”，但实际上为吐鲁番写本。

永登县博物馆藏敦煌汉文文献

永登县博物馆藏敦煌汉文文献共8件，其中有4件为吐鲁番写经。敦煌写卷中有三件为《妙法莲华经》，一件为《药师琉璃光如来本愿功德经》。永登县博物馆藏敦煌汉文文献研究著录情况如下：

永博001（收藏号589–1）妙法莲华经卷第二

苏裕民、谭蝉雪 永登县博物馆藏古写经《敦煌研究》1992年第2期 p.81~84转第88

邰惠莉撰稿，施萍婷、邵国秀审订 永登县博物馆藏敦煌文献叙录《甘肃藏敦煌文献》(第三卷)，兰州：甘肃人民出版社，1999年9月 p.363；图版p.304~309

陈红彦、林世田 敦煌遗书近现代鉴藏印章辑述（下）《文献》2007年第3期 p.140；收入林世田著《敦煌遗书研究论集》，北京：中国藏学出版社，2010年3月 p.314

申国美编 中国散藏敦煌文献分类目录 北京：北京图书馆出版社，2007年10月 p.20

沈乐平著 敦煌书法综论 杭州：浙江古籍出版社，2009年10月 p.242(鉴藏印章检索表)

于淑健著 敦煌佛典语词和俗字研究——以敦煌古佚和疑伪经为中心 上海：上海古籍出版社，2012年4月 p.235

沈乐平 敦煌书法综论 杭州：中国美术学院博士研究生学位论文，2008年5月 p.240(鉴藏印章检索表)

永博002（收藏号589–2）妙法莲华经卷第二

苏裕民、谭蝉雪 永登县博物馆藏古写经《敦煌研究》1992年第2期 p.81~84转第88

邰惠莉撰稿，施萍婷、邵国秀审订 永登县博物馆藏敦煌文献叙录《甘肃藏敦煌文献》(第三卷)，兰州：甘肃人民出版社，1999年9月 p.363~364；图版p.310~312

陈红彦、林世田 敦煌遗书近现代鉴藏印章辑述（下）《文献》2007年第3期 p.140；收入林世田著《敦煌遗书研究论集》，北京：中国藏学出版社，2010年3月 p.314

申国美编 中国散藏敦煌文献分类目录 北京：北京图书馆出版社，2007年10月 p.20

沈乐平著 敦煌书法综论 杭州：浙江古籍出版社，2009年10月 p.242(鉴藏印章检索表)

于淑健著 敦煌佛典语词和俗字研究——以敦煌古佚和疑伪经为中心 上海：上海古籍出版社，2012年4月 p.217、273

沈乐平 敦煌书法综论 杭州：中国美术学院博士研究生学位论文，2008年5月 p.240（鉴藏印章检索表）

永博003（收藏号589-3）妙法莲华经卷第三

苏裕民、谭蝉雪 永登县博物馆藏古写经《敦煌研究》1992年第2期 p.81~84转第88

郜惠莉撰稿，施萍婷、邵国秀审订 永登县博物馆藏敦煌文献叙录《甘肃藏敦煌文献》（第三卷），兰州：甘肃人民出版社，1999年9月 p.364；图版p.313~323

申国美编 中国散藏敦煌文献分类目录 北京：北京图书馆出版社，2007年10月 p.21

永博004（收藏号589-4）药师琉璃光如来本愿功德经

苏裕民、谭蝉雪 永登县博物馆藏古写经《敦煌研究》1992年第2期 p.81~84转第88

郜惠莉撰稿，施萍婷、邵国秀审订 永登县博物馆藏敦煌文献叙录《甘肃藏敦煌文献》（第三卷），兰州：甘肃人民出版社，1999年9月 p.364；图版p.323~325

李小荣著 敦煌密教文献论稿 北京：人民文学出版社，2003年7月 p.5

申国美编 中国散藏敦煌文献分类目录 北京：北京图书馆出版社，2007年10月 p.48

赵晓星著 吐蕃统治时期敦煌密教研究 兰州：甘肃教育出版社，2017年3月 p.153（表16）

甘肃省地方史志编纂委员会编 甘肃省志·文物志（中册） 北京：文物出版社，2018年11月 p.1536

赵晓星 吐蕃统治敦煌时期的密教研究 兰州：兰州大学博士研究生学位论文，2007年6月 p.79（表）

刘艳红 敦煌本《药师琉璃光如来本愿功德经》写本考 金华：浙江师范大学硕士研究生学位论文，2015年5月 p.22

永博附005（收藏号589-5A）大般涅槃经卷第三十九憍陈如品第十三之一

苏裕民、谭蝉雪 永登县博物馆藏古写经《敦煌研究》1992年第2期 p.81~84转第88

郜惠莉撰稿，施萍婷、邵国秀审订 永登县博物馆藏敦煌文献叙录《甘肃藏敦煌文献》（第三卷），兰州：甘肃人民出版社，1999年9月 p.364；图版p.326

郜惠莉 甘肃藏非敦煌文献的真伪、来源及相关问题《敦煌学辑刊》2000年第2期 p.74

陈红彦、林世田 敦煌遗书近现代鉴藏印章辑述（上）《文献》2007年第2期 p.37；收入林世田著《敦煌遗书研究论集》，北京：中国藏学出版社，2010年3月 p.278

朱玉麒 段永恩与吐鲁番文书的收藏与研究《2013敦煌、吐鲁番国际学术研讨会论文集》，台南：成功大学中国文学系，2014年12月 p.35~36

荣新江 中国散藏吐鲁番文献知见录《敦煌吐鲁番文书与中古史研究：朱雷先生八秩荣诞祝寿集》，上海：上海古籍出版社，2016年5月 p.33

申国美编 中国散藏敦煌文献分类目录 北京：北京图书馆出版社，2007年10月 p.97

景盛轩 敦煌本《大般涅槃经》研究——以版本、异文及训诂为中心 杭州：浙江大学博士研究生学位论文，2004年5月 p.116

王翠《甘肃藏敦煌文献》俗字研究 南京：南京师范大学硕士研究生学位论文，2014年5月 p.19（表）；p.41；p.53（附录：中古经卷“表”）

说明：此件为吐鲁番出土。

永博附006（收藏号589-5B）金刚般若波罗蜜经论

苏裕民、谭蝉雪 永登县博物馆藏古写经《敦煌研究》1992年第2期 p.81~84转第88

施萍婷 甘肃藏敦煌文献概述《甘肃藏敦煌文献精粹》，兰州：甘肃人民出版社，1999年 p.6；彩版（吐鲁番出土）；又载段文杰主编《甘肃藏敦煌文献》（第一至六卷），兰州：甘肃人民出版社，1999年9~12月 p.6

邰惠莉撰稿，施萍婷、邵国秀审订 永登县博物馆藏敦煌文献叙录《甘肃藏敦煌文献》（第三卷），兰州：甘肃人民出版社，1999年9月 p.364~365；图版p.327~328；彩版（吐鲁番出土）

施萍婷 甘肃省藏敦煌汉文文献概述《“二十一世纪敦煌文献研究回顾与展望”研讨会论文集》，台中：（台湾）中华自然文化学会，1999年12月 p.41；收入氏著《敦煌习学集》（上），兰州：甘肃民族出版社，2004年12月 p.294

邰惠莉 甘肃藏非敦煌文献的真伪、来源及相关问题《敦煌学辑刊》2000年第2期 p.74

陈红彦、林世田 敦煌遗书近现代鉴藏印章辑述（上）《文献》2007年第2期 p.37；收入林世田著《敦煌遗书研究论集》，北京：中国藏学出版社，2010年3月 p.278

朱玉麒 段永恩与吐鲁番文书的收藏与研究《2013敦煌、吐鲁番国际学术研讨会论文集》，台南：成功大学中国文学系，2014年12月 p.37

荣新江 中国散藏吐鲁番文献知见录《敦煌吐鲁番文书与中古史研究：朱雷先生八秩荣诞祝寿集》，上海：上海古籍出版社，2016年5月 p.33

申国美编 中国散藏敦煌文献分类目录 北京：北京图书馆出版社，2007年10月 p.98

沈乐平著 敦煌书法综论 杭州：浙江古籍出版社，2009年10月 p.225（鉴藏印章检索表）

沈乐平 敦煌书法综论 杭州：中国美术学院博士研究生学位论文，2008年5月 p.224（鉴藏印章检索表）

董大学 敦煌本《金刚经》注疏叙录 上海：上海师范大学硕士研究生学位论文，2009年5月 p.25

王翠《甘肃藏敦煌文献》俗字研究 南京：南京师范大学硕士研究生学位论文，2014年5月 p.23、24

说明：此件为吐鲁番出土。

永博附007（收藏号589-5C）妙法莲华经卷第六法师功德品第十九

苏裕民、谭蝉雪 永登县博物馆藏古写经《敦煌研究》1992年第2期 p.81~84转第88

邰惠莉撰稿，施萍婷、邵国秀审订 永登县博物馆藏敦煌文献叙录《甘肃藏敦煌文献》（第三卷），兰州：甘肃人民出版社，1999年9月 p.365；图版p.328~329

邰惠莉 甘肃藏非敦煌文献的真伪、来源及相关问题《敦煌学辑刊》2000年第2期 p.74

陈红彦、林世田 敦煌遗书近现代鉴藏印章辑述(上)《文献》2007年第2期 p.37;收入林世田著《敦煌遗书研究论集》,北京:中国藏学出版社,2010年3月 p.278

朱玉麒 段永恩与吐鲁番文书的收藏与研究《2013敦煌、吐鲁番国际学术研讨会论文集》,台南:成功大学中国文学系,2014年12月 p.37

荣新江 中国散藏吐鲁番文献知见录《敦煌吐鲁番文书与中古史研究:朱雷先生八秩荣诞祝寿集》,上海:上海古籍出版社,2016年5月 p.33

申国美编 中国散藏敦煌文献分类目录 北京:北京图书馆出版社,2007年10月 p.97

沈乐平著 敦煌书法综论 杭州:浙江古籍出版社,2009年10月 p.225(鉴藏印章检索表)

沈乐平 敦煌书法综论 杭州:中国美术学院博士研究生学位论文,2008年5月 p.224(鉴藏印章检索表)

王翠《甘肃藏敦煌文献》俗字研究 南京:南京师范大学硕士研究生学位论文,2014年5月 p.19~20(表);p.23;p.53(附录:中古经卷"表")

说明:此件为吐鲁番出土。

永博附008(收藏号589-5D)妙法莲华经卷第三化城喻品第七

苏裕民、谭蝉雪 永登县博物馆藏古写经《敦煌研究》1992年第2期 p.81~84转第88

邰惠莉撰稿,施萍婷、邵国秀审订 永登县博物馆藏敦煌文献叙录《甘肃藏敦煌文献》(第三卷),兰州:甘肃人民出版社,1999年9月 p.365;图版p.330

邰惠莉 甘肃藏非敦煌文献的真伪、来源及相关问题《敦煌学辑刊》2000年第2期 p.74~75

陈红彦、林世田 敦煌遗书近现代鉴藏印章辑述(上)《文献》2007年第2期 p.37;收入林世田著《敦煌遗书研究论集》,北京:中国藏学出版社,2010年3月 p.278

朱玉麒 段永恩与吐鲁番文书的收藏与研究《2013敦煌、吐鲁番国际学术研讨会论文集》,台南:成功大学中国文学系,2014年12月 p.37~38

荣新江 中国散藏吐鲁番文献知见录《敦煌吐鲁番文书与中古史研究:朱雷先生八秩荣诞祝寿集》,上海:上海古籍出版社,2016年5月 p.33

申国美编 中国散藏敦煌文献分类目录 北京:北京图书馆出版社,2007年10月 p.97

沈乐平著 敦煌书法综论 杭州:浙江古籍出版社,2009年10月 p.225(鉴藏印章检索表)

沈乐平 敦煌书法综论 杭州:中国美术学院博士研究生学位论文,2008年5月 p.224(鉴藏印章检索表)

说明:此件为吐鲁番出土。

十二

定西博物馆藏敦煌文献

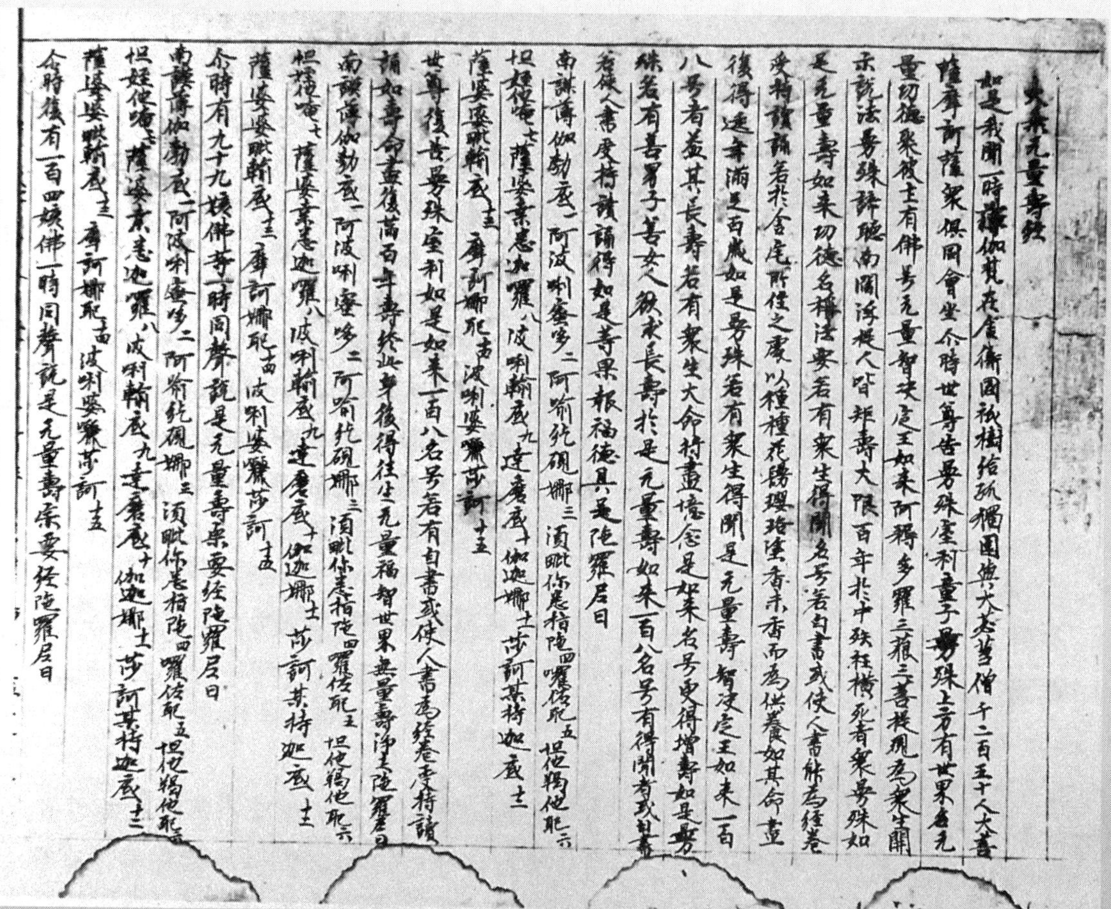

大乘無量壽經
如是我聞一時薄伽梵在舍衛國祇樹給孤獨園與大苾芻僧千二百五十人大菩
薩摩訶薩眾俱會坐爾時世尊告曼殊室利童子曼殊上方有世界名無
量功德聚彼土有佛號無量智決定王如來阿耨多羅三藐三菩提現為眾生開
示說法曼殊諦聽南閻浮提人皆拜壽大限百年於中殀枉橫死者眾曼殊如
是無量壽如來功德名稱法要若有眾生得聞名號若自書或使人書能為經卷
受持讀誦若於舍宅所住之處以種種花鬘瓔珞塗香末香而為供養如其命盡
復得延年滿足百歲如是曼殊若有眾生得聞是無量壽智決定王如來一百
八號者益其長壽若有眾生大命將盡憶念是如來名號更得增壽如是曼
殊若有善男子善女人欲求長壽於是無量壽如來一百八名號有得聞者或自書
若使人書受持讀誦得如是善果報福德具足陀羅尼曰
南謨薄伽勃底一 阿波唎蜜多二 阿喻紇硯娜三 須毗你悉指陀四 囉佐耶五 怛他羯他耶六
怛姪他唵七 薩婆桑悉迦羅八 波唎輸底九 達摩底十 伽迦娜十一 莎訶某持迦底十二
薩婆婆毗輸底十三 摩訶娜耶十四 波唎婆囉莎訶十五
世尊復告曼殊室利如是如來一百八名號若有自書或使人書為經卷受持讀
誦如壽命盡復滿百年壽終此身後得往生無量福智世界無量壽淨土陀羅尼曰
南謨薄伽勃底一 阿波唎蜜多二 阿喻紇硯娜三 須毗你悉指陀四 囉佐耶五 怛他羯他耶六
怛姪他唵七 薩婆桑悉迦羅八 波唎輸底九 達摩底十 伽迦娜十一 莎訶某持迦底十二
薩婆婆毗輸底十三 摩訶娜耶十四 波唎婆囉莎訶十五
爾時有九十九姟佛等一時同聲說是無量壽宗要經陀羅尼曰
南謨薄伽勃底一 阿波唎蜜多二 阿喻紇硯娜三 須毗你悉指陀四 囉佐耶五 怛他羯他耶六
怛姪他唵七 薩婆桑悉迦羅八 波唎輸底九 達摩底十 伽迦娜十一 莎訶某持迦底十二
薩婆婆毗輸底十三 摩訶娜耶十四 波唎婆囉莎訶十五
爾時復有一百四姟佛一時同聲說是無量壽宗要經陀羅尼曰

定西博物馆成立于1996年11月,与文化馆两块牌子一班人员。1998年3月,博物馆与县文化馆分设。2008年被确定为全省首批免费开放的博物馆之一。

定西博物馆藏敦煌文献共12件,系定西近现代文化名人郭杰三和康锡晋先生捐赠。

定西博物馆藏敦煌汉文文献

定西博物馆藏敦煌汉文文献共12件。除定博006号为《瑜伽师地论》外,其余皆为残佛经。定西博物馆藏敦煌汉文文献研究著录情况如下:

定博001(收藏号236-1) 大宝积经卷第十五净居天子会第四之一

施萍婷 甘肃藏敦煌文献概述《甘肃藏敦煌文献精粹》,兰州:甘肃人民出版社,1999年 p.6;又载段文杰主编《甘肃藏敦煌文献》(第一至六卷),兰州:甘肃人民出版社,1999年9~12月 p.6

邰惠莉撰稿,施萍婷、邵国秀审订 定西县博物馆藏敦煌文献叙录《甘肃藏敦煌文献》(第六卷),兰州:甘肃人民出版社,1999年12月 p.369;图版p.287~288

施萍婷 甘肃省藏敦煌汉文文献概述《"二十一世纪敦煌文献研究回顾与展望"研讨会论文集》,台中:中华自然文化学会,1999年12月 p.41;收入氏著《敦煌习学集》(上),兰州:甘肃民族出版社,2004年12月 p.294

郑亚萍 安定区博物馆馆藏唐代敦煌写经简述《丝绸之路》2011年第12期 p.23

中国美编 中国散藏敦煌文献分类目录 北京:北京图书馆出版社,2007年10月 p.33

邱湘 敦煌《大宝积经》写本考暨异体字汇辑 金华:浙江师范大学硕士研究生学位论文,2011年5月 p.13;异体字字表p.153、154、155、158、172、180、182、201、203、216、217、235、237

定博002(收藏号237-2) 妙法莲华经卷第七

邰惠莉撰稿,施萍婷、邵国秀审订 定西县博物馆藏敦煌文献叙录《甘肃藏敦煌文献》(第六卷),兰州:甘肃人民出版社,1999年12月 p.369;图版p.289~291

窦怀永 唐代避讳字与俗字关系试论《出土文献与古文字研究》(第一辑),上海:复旦大学出版社,2006年12月 p.308

郑亚萍 安定区博物馆馆藏唐代敦煌写经简述《丝绸之路》2011年第12期 p.23

中国美编 中国散藏敦煌文献分类目录 北京:北京图书馆出版社,2007年10月 p.29

于淑健著 敦煌佛典语词和俗字研究——以敦煌古佚和疑伪经为中心 上海:上海古籍出版社,2012年

4月 p.301~302

定博003(收藏号238-3) 大乘无量寿经

邰惠莉撰稿,施萍婷、邵国秀审订 定西县博物馆藏敦煌文献叙录《甘肃藏敦煌文献》(第六卷),兰州:甘肃人民出版社,1999年12月 p.369;图版p.292~297

郑亚萍 安定区博物馆馆藏唐代敦煌写经简述《丝绸之路》2011年第12期 p.23~24

中国美编 中国散藏敦煌文献分类目录 北京:北京图书馆出版社,2007年10月 p.63

赵晓星著 吐蕃统治时期敦煌密教研究 兰州:甘肃教育出版社,2017年3月 p.618(附录一)

甘肃省地方史志编纂委员会编 甘肃省志·文物志(中册) 北京:文物出版社,2018年11月 p.1536

赵晓星 吐蕃统治敦煌时期的密教研究 兰州:兰州大学博士研究生学位论文,2007年6月 p.165(附录一)

定博004(收藏号239) 金光明最胜王经卷第六四天王护国品第十二

邰惠莉撰稿,施萍婷、邵国秀审订 定西县博物馆藏敦煌文献叙录《甘肃藏敦煌文献》(第六卷),兰州:甘肃人民出版社,1999年12月 p.369~370;图版p.298~302

张涌泉、李玲玲 敦煌本《金光明最胜王经音》辑校《出土文献与古文字研究》(第一辑),上海:复旦大学出版社,2006年12月 p.252~257

郑亚萍 安定区博物馆馆藏唐代敦煌写经简述《丝绸之路》2011年第12期 p.24

中国美编 中国散藏敦煌文献分类目录 北京:北京图书馆出版社,2007年10月 p.54

于淑健著 敦煌佛典语词和俗字研究——以敦煌古佚和疑伪经为中心 上海:上海古籍出版社,2012年4月 p.264

朱若溪《金光明经》敦煌写本研究 杭州:浙江大学博士研究生学位论文,2017年6月 p.531(六)卷六简表

定博005(收藏号240-5) 大乘无量寿经

邰惠莉撰稿,施萍婷、邵国秀审订 定西县博物馆藏敦煌文献叙录《甘肃藏敦煌文献》(第六卷),兰州:甘肃人民出版社,1999年12月 p.370;图版p.303~307

郑亚萍 安定区博物馆馆藏唐代敦煌写经简述《丝绸之路》2011年第12期 p.24

中国美编 中国散藏敦煌文献分类目录 北京:北京图书馆出版社,2007年10月 p.63

赵晓星著 吐蕃统治时期敦煌密教研究 兰州:甘肃教育出版社,2017年3月 p.618(附录一)

赵晓星 吐蕃统治敦煌时期的密教研究 兰州:兰州大学博士研究生学位论文,2007年6月 p.165(附录一)

定博006(收藏号242-7) 瑜伽论第三十六、三十七分门记

邰惠莉撰稿,施萍婷、邵国秀审订 定西县博物馆藏敦煌文献叙录《甘肃藏敦煌文献》(第六卷),兰州:甘肃人民出版社,1999年12月 p.370;图版p.308~316

韩惠言 甘藏敦煌汉文文献概况《敦煌学辑刊》2000年第2期 p.69;收入敦煌研究院编《2000年敦煌学

国际学术讨论会文集——纪念敦煌藏经洞发现暨敦煌学百年》历史文化卷(上),兰州:甘肃民族出版社,2003年9月 p.519

郑亚萍 安定区博物馆馆藏唐代敦煌写经简述《丝绸之路》2011年第12期 p.24

徐键 中贸圣佳拍品敦煌写卷《瑜伽师地论》真伪考《敦煌研究》2019年第5期 p.124~125

中国美编 中国散藏敦煌文献分类目录 北京:北京图书馆出版社,2007年10月 p.62

朱瑶著 敦煌汉文文献题记整理与研究 北京:中国社会科学出版社,2016年7月 p.80

甘肃省地方史志编纂委员会编 甘肃省志·文物志(中册) 北京:文物出版社,2018年11月 p.1536

徐键 敦煌本《瑜伽师地论》写本考 金华:浙江师范大学硕士研究生学位论文,2015年5月 p.29~30

定博007(收藏号244-9) 大般若波罗蜜多经卷第九十五

郘惠莉撰稿,施萍婷、邵国秀审订 定西县博物馆藏敦煌文献叙录《甘肃藏敦煌文献》(第六卷),兰州:甘肃人民出版社,1999年12月 p.370;图版p.317~319

郑亚萍 安定区博物馆馆藏唐代敦煌写经简述《丝绸之路》2011年第12期 p.24

申国美编 中国散藏敦煌文献分类目录 北京:北京图书馆出版社,2007年10月 p.5

王翠《甘肃藏敦煌文献》俗字研究 南京:南京师范大学硕士研究生学位论文,2014年5月 p.30(表);p.55(附录:唐代经卷“表”)

定博007V 大般若波罗蜜多经卷第九十五(题记)

郘惠莉撰稿,施萍婷、邵国秀审订 定西县博物馆藏敦煌文献叙录《甘肃藏敦煌文献》(第六卷),兰州:甘肃人民出版社,1999年12月 p.370;图版p.319

定博008(收藏号245-10a) 金光明最胜王经卷第六四天王护国品第十二

郘惠莉撰稿,施萍婷、邵国秀审订 定西县博物馆藏敦煌文献叙录《甘肃藏敦煌文献》(第六卷),兰州:甘肃人民出版社,1999年12月 p.370;图版p.320

郑亚萍 安定区博物馆馆藏唐代敦煌写经简述《丝绸之路》2011年第12期 p.24

申国美编 中国散藏敦煌文献分类目录 北京:北京图书馆出版社,2007年10月 p.54

朱若溪《金光明经》敦煌写本研究 杭州:浙江大学博士研究生学位论文,2017年6月 p.530(六)卷六简表

定博009(收藏号245-10b) 大般若波罗蜜多经卷第八十四

施萍婷 甘肃藏敦煌文献概述《甘肃藏敦煌文献精粹》,兰州:甘肃人民出版社,1999年 p.6;又载段文杰主编《甘肃藏敦煌文献》(第一至六卷),兰州:甘肃人民出版社,1999年9~12月 p.6

郘惠莉撰稿,施萍婷、邵国秀审订 定西县博物馆藏敦煌文献叙录《甘肃藏敦煌文献》(第六卷),兰州:甘肃人民出版社,1999年12月 p.370;图版p.320

陈红彦、林世田 敦煌遗书近现代鉴藏印章辑述(上)《文献》2007年第2期 p.39;收入林世田著《敦煌遗

书研究论集》,北京:中国藏学出版社,2010年3月 p.281

郑亚萍 安定区博物馆馆藏唐代敦煌写经简述《丝绸之路》2011年第12期 p.24

中国美编 中国散藏敦煌文献分类目录 北京:北京图书馆出版社,2007年10月 p.4

沈乐平著 敦煌书法综论 杭州:浙江古籍出版社,2009年10月 p.227(鉴藏印章检索表)

沈乐平 敦煌书法综论 杭州:中国美术学院博士研究生学位论文,2008年5月 p.226(鉴藏印章检索表)

定博010

施萍婷 甘肃藏敦煌文献概述《甘肃藏敦煌文献精粹》,兰州:甘肃人民出版社,1999年 p.6;又载段文杰主编《甘肃藏敦煌文献》(第一至六卷),兰州:甘肃人民出版社,1999年9~12月 p.6

定博011 金光明最胜王经卷第六四天王护国品

施萍婷 甘肃省藏敦煌汉文文献概述《"二十一世纪敦煌文献研究回顾与展望"研讨会论文集》,台中:(台湾)中华自然文化学会,1999年12月 p.41;收入氏著《敦煌习学集》(上),兰州:甘肃民族出版社,2004年12月 p.294

定博012 大般若波罗蜜多经卷第八十四

施萍婷 甘肃省藏敦煌汉文文献概述《"二十一世纪敦煌文献研究回顾与展望"研讨会论文集》,台中:(台湾)中华自然文化学会,1999年12月 p.41;收入氏著《敦煌习学集》(上),兰州:甘肃民族出版社,2004年12月 p.294

定博241-6(b) 残佛经

邰惠莉 甘肃藏非敦煌文献的真伪、来源及相关问题《敦煌学辑刊》2000年第2期 p.76

邰惠莉 甘肃藏敦煌汉文文献巡礼《丝绸之路》2000年S1期 p.15

定博243-8 残佛经

邰惠莉 甘肃藏非敦煌文献的真伪、来源及相关问题《敦煌学辑刊》2000年第2期 p.76

十三

西北师范大学博物馆藏敦煌文献

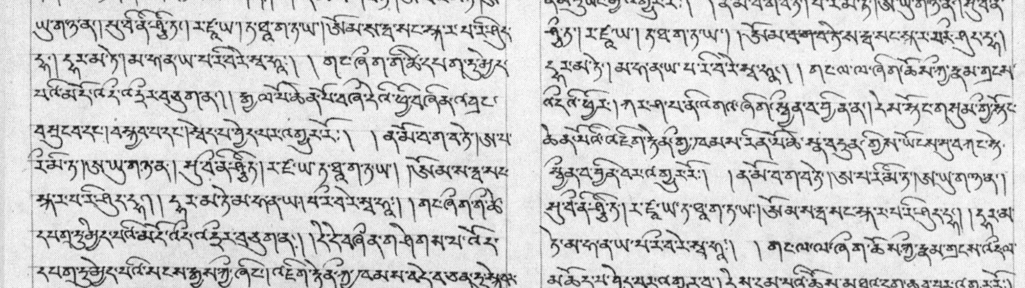

西北师范大学前身为国立北平师范大学，发端于1902年建立的京师大学堂师范馆。西北师范大学博物馆创建于2000年,是在整合学校历史文化资源的基础上成立的综合性博物馆,设有历史文物馆、校史馆、动物标本馆和植物矿物标本馆等展馆,馆舍面积3300平方米。

西北师范大学博物馆馆藏商周以来不同历史时期各种文物8000余件,包括青铜器、甲骨文、陶瓷器、古文书、古钱币等。其中,最具代表性的如敦煌写经、西夏印、西夏腰牌以及甘肃彩陶等。西北师范大学博物馆藏敦煌文献共24件,其中汉文文献19件,藏文文献5件。

1. 西北师范大学博物馆藏敦煌汉文文献

西北师范大学博物馆藏敦煌汉文文献共19件。除一件为《瑜伽师地论》外，其余皆为佛经。西北师大003号《大般若波罗蜜多经》前有《太宗皇帝圣教序》《大唐（高宗）皇帝圣教序》，004号《大乘密严经》前有武则天撰写的《大唐后三藏圣教序》，还有一方“瓜沙州大王印”。这些圣教序的抄写时代较早，可校传世本者有多处。西北师范大学博物馆藏敦煌汉文文献研究著录情况如下：

西北师大001（收藏号001）大乘密严经自识境界品第七十卷下

曹怀玉整理 西北师院历史系文物室藏敦煌写卷录《西北师院学报》（社会科学版）1983年第4期 p.44

邰惠莉撰稿，施萍婷、邵国秀审订 西北师范大学藏敦煌文献叙录《甘肃藏敦煌文献》（第三卷），兰州：甘肃人民出版社，1999年9月 p.359；图版p.204~216

窦怀永 唐代避讳字与俗字关系试论《出土文献与古文字研究》（第一辑），上海：复旦大学出版社，2006年12月 p.308

申国美编 中国散藏敦煌文献分类目录 北京：北京图书馆出版社，2007年10月 p.56

西北师大002（收藏号002）大佛顶如来密因修证了义诸菩萨万行首楞严经第一

曹怀玉整理 西北师院历史系文物室藏敦煌写卷录《西北师院学报》（社会科学版）1983年第4期 p.44

邰惠莉撰稿，施萍婷、邵国秀审订 西北师范大学藏敦煌文献叙录《甘肃藏敦煌文献》（第三卷），兰州：甘肃人民出版社，1999年9月 p.359；图版p.216~224

李小荣著 敦煌密教文献论稿 北京：人民文学出版社，2003年7月 p.10

申国美编 中国散藏敦煌文献分类目录 北京：北京图书馆出版社，2007年10月 p.64

赵红著 敦煌写本汉字论考 上海：上海古籍出版社，2012年4月 p.160、162

赵晓星著 吐蕃统治时期敦煌密教研究 兰州：甘肃教育出版社，2017年3月 p.123（表11）

赵晓星 吐蕃统治敦煌时期的密教研究 兰州：兰州大学博士研究生学位论文，2007年6月 p.62（表）

康小燕 敦煌《楞严经》写本考暨俗字汇辑 金华：浙江师范大学硕士研究生学位论文，2014年4月 p.10、

57~58、61、64、66、67;俗字表p.72、73、74、75、77、78、79、80、82、90、91、95、97、98、99、102、103、105、106、107、108、110、111、112、114、115、117、118、120、121、122、123、127、129、131、133、134、136

西北师大003(收藏号003)大般若波罗蜜多经卷第一并序

曹怀玉整理 西北师院历史系文物室藏敦煌写卷录《西北师院学报》(社会科学版)1983年第4期 p.44~45

邰惠莉撰稿,施萍婷、邵国秀审订 西北师范大学藏敦煌文献叙录《甘肃藏敦煌文献》(第三卷),兰州:甘肃人民出版社,1999年9月 p.359~360;图版p.225~236

申国美编 中国散藏敦煌文献分类目录 北京:北京图书馆出版社,2007年10月 p.3

中国国家图书馆、中国国家古籍保护中心编 第一批国家珍贵古籍名录图录 北京:国家图书馆出版社,2008年12月 p.5、120~121

西北师大004(收藏号004)大乘密严经卷上并序

曹怀玉整理 西北师院历史系文物室藏敦煌写卷录《西北师院学报》(社会科学版)1983年第4期 p.45

邰惠莉撰稿,施萍婷、邵国秀审订 西北师范大学藏敦煌文献叙录《甘肃藏敦煌文献》(第三卷),兰州:甘肃人民出版社,1999年9月 p.360;图版p.237~248

林聪明 敦煌文书的形态《港台敦煌学文库》第33册,兰州:甘肃人民出版社,2014年12月 p.195

林聪明著 敦煌文书学(敦煌学导论丛刊①)台北:新文丰出版股份有限公司,1991年8月 p.83

申国美编 中国散藏敦煌文献分类目录 北京:北京图书馆出版社,2007年10月 p.56

王翠《甘肃藏敦煌文献》俗字研究 南京:南京师范大学硕士研究生学位论文,2014年5月 p.9、10;p.29(表);p.31~34、38;p.55(附录:唐代经卷"表")

西北师大005(收藏号005)大般若波罗蜜多经卷第三百八十八

曹怀玉整理 西北师院历史系文物室藏敦煌写卷录《西北师院学报》(社会科学版)1983年第4期 p.45

邰惠莉撰稿,施萍婷、邵国秀审订 西北师范大学藏敦煌文献叙录《甘肃藏敦煌文献》(第三卷),兰州:甘肃人民出版社,1999年9月 p.360~361;图版p.249~260

林聪明 敦煌文书的题记《港台敦煌学文库》第34册,兰州:甘肃人民出版社,2014年12月 p.162~164

林聪明著 敦煌文书学(敦煌学导论丛刊①)台北:新文丰出版股份有限公司,1991年8月 p.296

申国美编 中国散藏敦煌文献分类目录 北京:北京图书馆出版社,2007年10月 p.8

池田温编 中國古代寫本識語集錄 東京:東京大学東洋文化研究所発行,1990年3月30日 p.554(補17号题記錄文)

西北师大006(收藏号006)大般若波罗蜜多经卷第二百七十一

曹怀玉整理 西北师院历史系文物室藏敦煌写卷录《西北师院学报》(社会科学版)1983年第4期 p.45

施萍婷 甘肃藏敦煌文献概述《甘肃藏敦煌文献精粹》,兰州:甘肃人民出版社,1999年 p.3~4;又载段

文杰主编《甘肃藏敦煌文献》(第一至六卷),兰州:甘肃人民出版社,1999年9~12月 p.3~4

邰惠莉撰稿,施萍婷、邰国秀审订 西北师范大学藏敦煌文献叙录《甘肃藏敦煌文献》(第三卷),兰州:甘肃人民出版社,1999年9月 p.361;图版p.260~269

施萍婷 甘肃省藏敦煌汉文文献概述《"二十一世纪敦煌文献研究回顾与展望"研讨会论文集》,台中:(台湾)中华自然文化学会,1999年12月 p.37~38;收入氏著《敦煌习学集》(上),兰州:甘肃民族出版社,2004年12月 p.289

邰惠莉 甘肃藏非敦煌文献的真伪、来源及相关问题《敦煌学辑刊》2000年第2期 p.75;图10

邰惠莉 甘肃藏敦煌汉文文献巡礼《丝绸之路》2000年S1期 p.14

张秀清 敦煌文献整理中断代方法的具体应用《昆明学院学报》2012年第5期 p.97~99

林聪明 敦煌文书的题记《港台敦煌学文库》第34册,兰州:甘肃人民出版社,2014年12月 p.212

林聪明著 敦煌文书学(敦煌学导论丛刊①) 台北:新文丰出版股份有限公司,1991年8月 p.344

申国美编 中国散藏敦煌文献分类目录 北京:北京图书馆出版社,2007年10月 p.6

朱瑶著 敦煌汉文文献题记整理与研究 北京:中国社会科学出版社,2016年7月 p.35、36、38

王翠《甘肃藏敦煌文献》俗字研究 南京:南京师范大学硕士学位论文,2014年5月 p.31、34

池田温编 中國古代寫本識語集錄 東京:東京大学東洋文化研究所発行,1990年3月30日 p.550(補6号題記錄文)

西北师大007(收藏号007) 佛说佛名经

曹怀玉整理 西北师院历史系文物室藏敦煌写卷录《西北师院学报》(社会科学版)1983年第4期 p.45

邰惠莉撰稿,施萍婷、邰国秀审订 西北师范大学藏敦煌文献叙录《甘肃藏敦煌文献》(第三卷),兰州:甘肃人民出版社,1999年9月 p.361;图版p.270~280

林聪明 敦煌文书的形态《港台敦煌学文库》第33册,兰州:甘肃人民出版社,2014年12月 p.195

林聪明著 敦煌文书学(敦煌学导论丛刊①) 台北:新文丰出版股份有限公司,1991年8月 p.83

申国美编 中国散藏敦煌文献分类目录 北京:北京图书馆出版社,2007年10月 p.46

刘溪 敦煌本早期《佛名经》写本研究 金华:浙江师范大学硕士研究生学位论文,2016年5月 p.91(写卷总目)

西北师大008(收藏号008) 大佛顶如来密因修正了义诸菩萨万行首楞严经第四

曹怀玉整理 西北师院历史系文物室藏敦煌写卷录《西北师院学报》(社会科学版)1983年第4期 p.45

邰惠莉撰稿,施萍婷、邰国秀审订 西北师范大学藏敦煌文献叙录《甘肃藏敦煌文献》(第三卷),兰州:甘肃人民出版社,1999年9月 p.361;图版p.280~282

李小荣著 敦煌密教文献论稿 北京:人民文学出版社,2003年7月 p.10

申国美编 中国散藏敦煌文献分类目录 北京:北京图书馆出版社,2007年10月 p.64

赵晓星著 吐蕃统治时期敦煌密教研究 兰州:甘肃教育出版社,2017年3月 p.123(表11)

赵晓星 吐蕃统治敦煌时期的密教研究 兰州:兰州大学博士研究生学位论文,2007年6月 p.62(表)

西北师大009(收藏号009) 瑜伽师地论卷第三十八

曹怀玉整理 西北师院历史系文物室藏敦煌写卷录《西北师院学报》(社会科学版)1983年第4期 p.45~46

郜惠莉撰稿,施萍婷、邵国秀审订 西北师范大学藏敦煌文献叙录《甘肃藏敦煌文献》(第三卷),兰州:甘肃人民出版社,1999年9月 p.361~362;图版p.283~290;彩版(局部)

申国美编 中国散藏敦煌文献分类目录 北京:北京图书馆出版社,2007年10月 p.62

徐键 敦煌本《瑜伽师地论》写本考 金华:浙江师范大学硕士研究生学位论文,2015年5月 p.17

西北师大010(收藏号010) 佛顶尊胜陀罗尼经

曹怀玉整理 西北师院历史系文物室藏敦煌写卷录《西北师院学报》(社会科学版)1983年第4期 p.46

郜惠莉撰稿,施萍婷、邵国秀审订 西北师范大学藏敦煌文献叙录《甘肃藏敦煌文献》(第三卷),兰州:甘肃人民出版社,1999年9月 p.362;图版p.290~291

李小荣著 敦煌密教文献论稿 北京:人民文学出版社,2003年7月 p.10

申国美编 中国散藏敦煌文献分类目录 北京:北京图书馆出版社,2007年10月 p.65

赵晓星著 吐蕃统治时期敦煌密教研究 兰州:甘肃教育出版社,2017年3月 p.121(表10)

赵晓星 吐蕃统治敦煌时期的密教研究 兰州:兰州大学博士研究生学位论文,2007年6月 p.61(表)

杨扬 敦煌本《佛顶尊胜陀罗尼经》写本考暨俗字汇辑 金华:浙江师范大学硕士研究生学位论文,2015年5月 p.33;俗字表p.80、88

西北师大011(收藏号011) 增壹阿含经卷第四十二

曹怀玉整理 西北师院历史系文物室藏敦煌写卷录《西北师院学报》(社会科学版)1983年第4期 p.46

郜惠莉撰稿,施萍婷、邵国秀审订 西北师范大学藏敦煌文献叙录《甘肃藏敦煌文献》(第三卷),兰州:甘肃人民出版社,1999年9月 p.362;图版p.291

申国美编 中国散藏敦煌文献分类目录 北京:北京图书馆出版社,2007年10月 p.1

西北师大012(收藏号012) 十一面神咒心经

曹怀玉整理 西北师院历史系文物室藏敦煌写卷录《西北师院学报》(社会科学版)1983年第4期 p.46

郜惠莉撰稿,施萍婷、邵国秀审订 西北师范大学藏敦煌文献叙录《甘肃藏敦煌文献》(第三卷),兰州:甘肃人民出版社,1999年9月 p.362;图版p.292~294

李小荣著 敦煌密教文献论稿 北京:人民文学出版社,2003年7月 p.6

申国美编 中国散藏敦煌文献分类目录 北京:北京图书馆出版社,2007年10月 p.65

赵红著 敦煌写本汉字论考 上海:上海古籍出版社,2012年4月 p.180、215

肖倩 敦煌写卷中古俗字研究 南京:南京师范大学硕士学位论文,2014年5月 p.53

赵晓星著 吐蕃统治时期敦煌密教研究 兰州:甘肃教育出版社,2017年3月 p.126

赵晓星 吐蕃统治敦煌时期的密教研究 兰州:兰州大学博士研究生学位论文,2007年6月 p.64

西北师大013(收藏号013-1) 妙法莲华经卷第四安乐行品第十四

施萍婷 甘肃藏敦煌文献概述《甘肃藏敦煌文献精粹》,兰州:甘肃人民出版社,1999年 p.6;彩版(局部);又载段文杰主编《甘肃藏敦煌文献》(第一至六卷),兰州:甘肃人民出版社,1999年9~12月 p.6

邰惠莉撰稿,施萍婷、邵国秀审订 西北师范大学藏敦煌文献叙录《甘肃藏敦煌文献》(第三卷),兰州:甘肃人民出版社,1999年9月 p.362;图版p.294~295;彩版(局部)

施萍婷 甘肃省藏敦煌汉文文献概述《"二十一世纪敦煌文献研究回顾与展望"研讨会论文集》,台中:(台湾)中华自然文化学会,1999年12月 p.41;收入氏著《敦煌习学集》(上),兰州:甘肃民族出版社,2004年12月 p.294

窦怀永 唐代避讳字与俗字关系试论《出土文献与古文字研究》(第一辑),上海:复旦大学出版社,2006年12月 p.308

申国美编 中国散藏敦煌文献分类目录 北京:北京图书馆出版社,2007年10月 p.27

西北师大014(收藏号013-2) 妙法莲华经卷第二譬喻品第三

施萍婷 甘肃藏敦煌文献概述《甘肃藏敦煌文献精粹》,兰州:甘肃人民出版社,1999年 p.6;又载段文杰主编《甘肃藏敦煌文献》(第一至六卷),兰州:甘肃人民出版社,1999年9~12月 p.6

邰惠莉撰稿,施萍婷、邵国秀审订 西北师范大学藏敦煌文献叙录《甘肃藏敦煌文献》(第三卷),兰州:甘肃人民出版社,1999年9月 p.362;图版p.296

施萍婷 甘肃省藏敦煌汉文文献概述《"二十一世纪敦煌文献研究回顾与展望"研讨会论文集》,台中:(台湾)中华自然文化学会,1999年12月 p.41;收入氏著《敦煌习学集》(上),兰州:甘肃民族出版社,2004年12月 p.294

申国美编 中国散藏敦煌文献分类目录 北京:北京图书馆出版社,2007年10月 p.21

西北师大015(收藏号013-3) 妙法莲华经卷第二药草喻品第五

施萍婷 甘肃藏敦煌文献概述《甘肃藏敦煌文献精粹》,兰州:甘肃人民出版社,1999年 p.6;又载段文杰主编《甘肃藏敦煌文献》(第一至六卷),兰州:甘肃人民出版社,1999年9-12月 p.6

邰惠莉撰稿,施萍婷、邵国秀审订 西北师范大学藏敦煌文献叙录《甘肃藏敦煌文献》(第三卷),兰州:甘肃人民出版社,1999年9月 p.362;图版p.297~298

施萍婷 甘肃省藏敦煌汉文文献概述《"二十一世纪敦煌文献研究回顾与展望"研讨会论文集》,台中:(台湾)中华自然文化学会,1999年12月 p.41;收入氏著《敦煌习学集》(上),兰州:甘肃民族出版社,2004年12月 p.294

申国美编 中国散藏敦煌文献分类目录 北京:北京图书馆出版社,2007年10月 p.22

西北师大016(收藏号013-4) 妙法莲华经卷第四安乐行品第十四

施萍婷 甘肃藏敦煌文献概述《甘肃藏敦煌文献精粹》,兰州:甘肃人民出版社,1999年 p.6;又载段文杰主编《甘肃藏敦煌文献》(第一至六卷),兰州:甘肃人民出版社,1999年9~12月 p.6

邰惠莉撰稿,施萍婷、邵国秀审订 西北师范大学藏敦煌文献叙录《甘肃藏敦煌文献》(第三卷),兰州:甘肃人民出版社,1999年9月 p.363;图版p.298~300

施萍婷 甘肃省藏敦煌汉文文献概述《"二十一世纪敦煌文献研究回顾与展望"研讨会论文集》,台中:(台湾)中华自然文化学会,1999年12月 p.41;收入氏著《敦煌习学集》(上),兰州:甘肃民族出版社,2004年12月 p.295

施萍婷 甘肃藏敦煌汉文文献精品简述《敦煌习学集》(上),兰州:甘肃民族出版社,2004年12月 p.314;图版53

申国美编 中国散藏敦煌文献分类目录 北京:北京图书馆出版社,2007年10月 p.27

西北师大017(收藏号014-1) 大方等陀罗尼经护戒分卷第四

施萍婷 甘肃藏敦煌文献概述《甘肃藏敦煌文献精粹》,兰州:甘肃人民出版社,1999年 p.6~8;又载段文杰主编《甘肃藏敦煌文献》(第一至六卷),兰州:甘肃人民出版社,1999年9~12月 p.6~8

邰惠莉撰稿,施萍婷、邵国秀审订 西北师范大学藏敦煌文献叙录《甘肃藏敦煌文献》(第三卷),兰州:甘肃人民出版社,1999年9月 p.363;图版p.300~302

施萍婷 甘肃省藏敦煌汉文文献概述《"二十一世纪敦煌文献研究回顾与展望"研讨会论文集》,台中:(台湾)中华自然文化学会,1999年12月 p.41~44;收入氏著《敦煌习学集》(上),兰州:甘肃民族出版社,2004年12月 p.295;p.298~299

施萍婷 甘肃藏敦煌汉文文献精品简述《敦煌习学集》(上),兰州:甘肃民族出版社,2004年12月 p.316

张涌泉 敦煌故里对敦煌学的新奉献——《甘肃藏敦煌文献》读后《敦煌研究》2001年第1期 p.182

彭建兵 敦煌早期密教写经的分类《兴义民族师范学院学报》2011年第1期 p.30

申国美编 中国散藏敦煌文献分类目录 北京:北京图书馆出版社,2007年10月 p.67、234

李小荣著 敦煌密教文献论稿 北京:人民文学出版社,2003年7月 p.4、24、27

彭建兵 敦煌石窟早期密教状况研究 兰州:兰州大学硕士研究生学位论文,2006年5月 p.62

王翠《甘肃藏敦煌文献》俗字研究 南京:南京师范大学硕士研究生学位论文,2014年5月 p.19(表);p.53(附录:中古经卷"表")

西北师大018(收藏号014-2) 大方等大集经贤护分卷第四称赞功德品第八

施萍婷 甘肃藏敦煌文献概述《甘肃藏敦煌文献精粹》,兰州:甘肃人民出版社,1999年 p.6;又载段文杰主编《甘肃藏敦煌文献》(第一至六卷),兰州:甘肃人民出版社,1999年9~12月 p.6

邰惠莉撰稿,施萍婷、邵国秀审订 西北师范大学藏敦煌文献叙录《甘肃藏敦煌文献》(第三卷),兰州:甘肃人民出版社,1999年9月 p.363;图版p.302~303

施萍婷 甘肃省藏敦煌汉文文献概述《"二十一世纪敦煌文献研究回顾与展望"研讨会论文集》，台中：(台湾)中华自然文化学会，1999年12月 p.41；收入氏著《敦煌习学集》(上)，兰州：甘肃民族出版社，2004年12月 p.295

申国美编 中国散藏敦煌文献分类目录 北京：北京图书馆出版社，2007年10月 p.45

西北师大019(收藏号014–3) 大般若波罗蜜多经卷第四十七

施萍婷 甘肃藏敦煌文献概述《甘肃藏敦煌文献精粹》，兰州：甘肃人民出版社，1999年 p.6；又载段文杰主编《甘肃藏敦煌文献》(第一至六卷)，兰州：甘肃人民出版社，1999年9~12月 p.6

邰惠莉撰稿，施萍婷、邵国秀审订 西北师范大学藏敦煌文献叙录《甘肃藏敦煌文献》(第三卷)，兰州：甘肃人民出版社，1999年9月 p.363；图版p.303

施萍婷 甘肃省藏敦煌汉文文献概述《"二十一世纪敦煌文献研究回顾与展望"研讨会论文集》，台中：(台湾)中华自然文化学会，1999年12月 p.41；收入氏著《敦煌习学集》(上)，兰州：甘肃民族出版社，2004年12月 p.295

申国美编 中国散藏敦煌文献分类目录 北京：北京图书馆出版社，2007年10月 p.4

XD.1 大乘无量寿经

李并成 西北师范大学敦煌学研究所藏敦煌经卷录《敦煌研究》1993年第1期 p.83

XD.2 大乘无量寿经

李并成 西北师范大学敦煌学研究所藏敦煌经卷录《敦煌研究》1993年第1期 p.83

西北师大013 佛曲残卷四件

曹怀玉整理 西北师院历史系文物室藏敦煌写卷录《西北师院学报》(社会科学版)1983年第4期 p.46

西北师大014 佛经残卷三件

曹怀玉整理 西北师院历史系文物室藏敦煌写卷录①《西北师院学报》(社会科学版)1983年第4期 p.46

①曹怀玉《西北师院历史系文物室藏敦煌写卷录》中"西北师大013、014"把数卷编为一号处理，为了便于查阅引用，不与他卷混淆，此处照原样列出。

2. 西北师范大学博物馆藏敦煌藏文文献

西北师范大学博物馆藏敦煌藏文文献共5件，均为《大乘无量寿宗要经》，研究著录情况如下：

西北师大015 藏文经卷三件

曹怀玉整理 西北师院历史系文物室藏敦煌写卷录《西北师院学报》（社会科学版）1983年第4期 p.46

NNUM.t.15–1 大乘无量寿宗要经

马德主编，张延清、勘措吉、邰惠莉编写 西北师范大学博物馆藏敦煌藏文文献《甘肃藏敦煌藏文文献叙录》，兰州：甘肃民族出版社，2011年9月 p.871

NNUM.t.015–2 大乘无量寿宗要经

马德主编，张延清、勘措吉、邰惠莉编写 西北师范大学博物馆藏敦煌藏文文献《甘肃藏敦煌藏文文献叙录》，兰州：甘肃民族出版社，2011年9月 p.871

NNUM.t.015–3 大乘无量寿宗要经

马德主编，张延清、勘措吉、邰惠莉编写 西北师范大学博物馆藏敦煌藏文文献《甘肃藏敦煌藏文文献叙录》，兰州：甘肃民族出版社，2011年9月 p.872

NNUM.t.015–4 大乘无量寿宗要经

马德主编，张延清、勘措吉、邰惠莉编写 西北师范大学博物馆藏敦煌藏文文献《甘肃藏敦煌藏文文献叙录》，兰州：甘肃民族出版社，2011年9月 p.872

NNUM.t.015–5 大乘无量寿宗要经

马德主编，张延清、勘措吉、邰惠莉编写 西北师范大学博物馆藏敦煌藏文文献《甘肃藏敦煌藏文文献叙录》，兰州：甘肃民族出版社，2011年9月 p.872

十四

西北民族大学图书馆藏敦煌文献

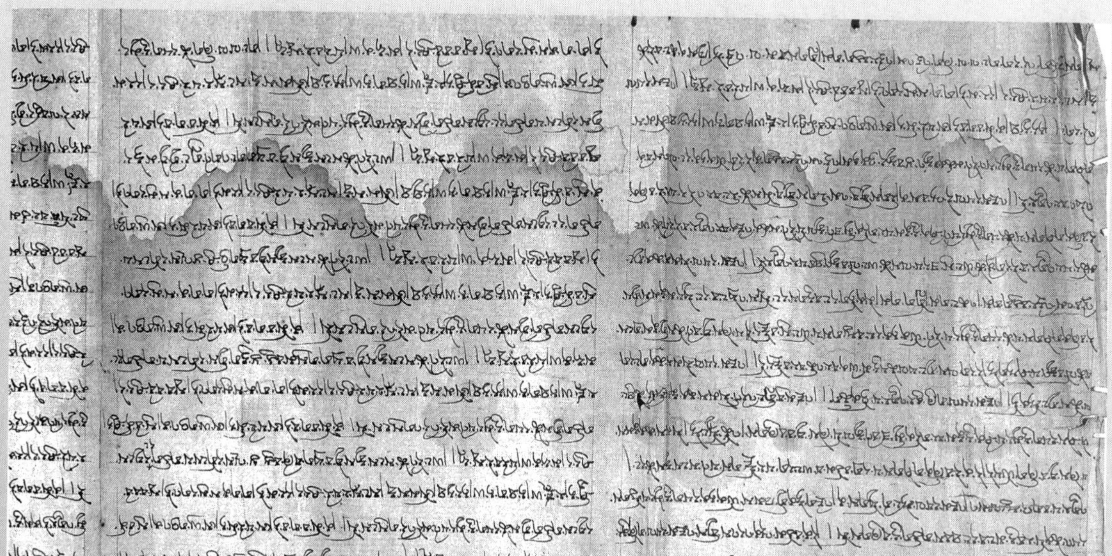

西北民族大学图书馆与学校同步，始建于1950年，现分城关校区图书馆与榆中校区图书馆两处。

西北民族大学图书馆馆藏藏文古籍4000余种，最具代表性的有藏传佛教格鲁派三师徒宗喀巴、克珠、嘉察全集，五世达赖喇嘛全集，拉卜楞寺历世嘉木样活佛全集等。最具版本价值和史料价值的当推藏文手抄本《大藏经》(甘珠尔)，共105函，系用金粉、朱砂、墨汁三色，经明万历至清道光前后200余年手抄而成，弥足珍贵。此外，代表性文献还有《四库全书存目丛书》《四库禁毁书丛刊》《四库未收书辑刊》《续修四库全书》《中国方志丛书》等。古籍文献特藏库收藏莫高窟藏经洞(第17窟)出土藏文写经共3件。

西北民族大学图书馆藏敦煌藏文文献

西北民族大学图书馆藏敦煌藏文文献共3件，均为《大乘无量寿宗要经》，研究著录情况如下：

NUNL.t.–1 大乘无量寿宗要经

张延清、李毛吉 西北民族大学图书馆藏敦煌藏文文献叙录《西藏民族学院学报》(哲学社会科学版)2012年第2期 p.121~123

马德主编，张延清、勘措吉、郈惠莉编写 西北民族大学图书馆藏敦煌藏文文献《甘肃藏敦煌藏文文献叙录》，兰州：甘肃民族出版社，2011年9月 p.873

NUNL.t.–2 大乘无量寿宗要经

张延清、李毛吉 西北民族大学图书馆藏敦煌藏文文献叙录《西藏民族学院学报》(哲学社会科学版)2012年第2期 p.121~123

马德主编，张延清、勘措吉、郈惠莉编写 西北民族大学图书馆藏敦煌藏文文献《甘肃藏敦煌藏文文献叙录》，兰州：甘肃民族出版社，2011年9月 p.873

NUNL.t.–3 大乘无量寿宗要经

张延清、李毛吉 西北民族大学图书馆藏敦煌藏文文献叙录《西藏民族学院学报》(哲学社会科学版)2012年第2期 p.121~123

马德主编，张延清、勘措吉、郈惠莉编写 西北民族大学图书馆藏敦煌藏文文献《甘肃藏敦煌藏文文献叙录》，兰州：甘肃民族出版社，2011年9月 p.873~874

十五

甘肃中医药大学图书馆藏敦煌文献

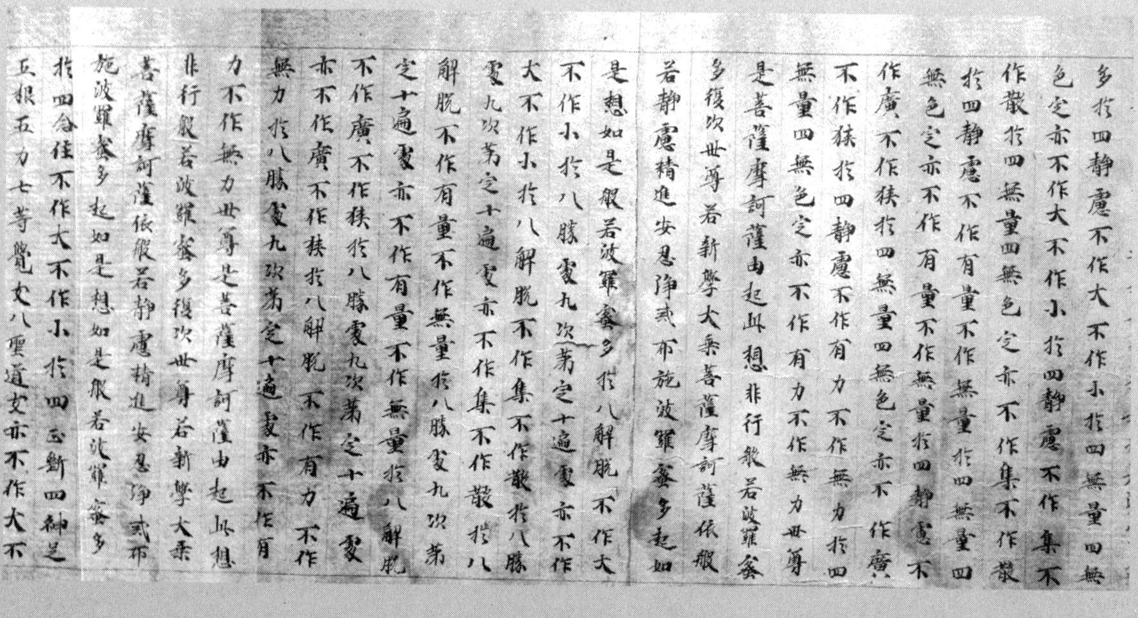

多於四靜慮不作大不作小於四無量四無
色定亦不作大不作小於四靜慮不作集不
作散於四無量四無色定亦不作集不作散
於四靜慮不作有量不作無量於四無量四
無色定亦不作有量不作無量於四靜慮不
作廣不作狹於四無量四無色定亦不作廣
不作狹於四靜慮不作有力不作無力於四
無量四無色定亦不作有力不作無力世尊
是菩薩摩訶薩由起此想非行般若波羅蜜
多復次世尊若新學大乘菩薩摩訶薩依般
若靜慮精進安忍淨戒布施波羅蜜多起如
是想如是般若波羅蜜多於八解脫不作大
不作小於八勝處九次第定十遍處亦不作
大不作小於八解脫不作集不作散於八勝
處九次第定十遍處亦不作集不作散於八
解脫不作有量不作無量於八勝處九次第
定十遍處亦不作有量不作無量於八解脫
不作廣不作狹於八勝處九次第定十遍處
亦不作廣不作狹於八解脫不作有力不作
無力於八勝處九次第定十遍處亦不作有
力不作無力世尊是菩薩摩訶薩由起此想
非行般若波羅蜜多復次世尊若新學大乘
菩薩摩訶薩依般若靜慮精進安忍淨戒布
施波羅蜜多起如是想如是般若波羅蜜多
於四念住不作大不作小於四正斷四神足
五根五力七等覺支八聖道支亦不作大不

甘肃中医药大学是2015年经教育部批准由成立于1978年的甘肃中医学院更名而来。甘肃中医药大学图书馆成立于1978年,2000年搬入新馆。

甘肃中医药大学图书馆馆藏各类图书58万册(种),其中纸质图书40万册,电子图书18万册。纸质图书中有古籍2.8万余册,古籍文献室所藏朝鲜内府刊《东医宝鉴》、元刻《(闻人氏)痘疹论》、明刻本《类经》等善本,还有《敦煌宝藏》、文渊阁影印本《四库全书》以及《中国西北文献丛书》等。甘肃中医药大学图书馆藏敦煌文献共5件,其中汉文写经4件(1件存疑),藏文写经1件。

1. 甘肃中医药大学图书馆藏敦煌汉文文献

甘肃中医药大学图书馆藏敦煌汉文文献共4件(1件存疑)。中医学院001号《大般若波罗蜜多经》卷第一百七十五尾存题记:“勘了 邓英写 第一校 第二校 第三校。”在敦煌出土文献中,邓英写的《大般若经》目前公布的有5件。由此看来,邓英是参加了某一部《大般若波罗蜜多经》抄写的经生之一。甘肃中医药大学图书馆藏敦煌汉文文献研究著录情况如下:

中医学院001(收藏号001)大般若波罗蜜多经卷第一百七十五

邰惠莉撰稿,施萍婷、邵国秀审订 甘肃中医学院藏敦煌文献叙录《甘肃藏敦煌文献》(第三卷),兰州:甘肃人民出版社,1999年9月 p.365;图版p.331~336;彩版(卷尾)

邰惠莉 关于吐蕃时期敦煌汉文写经的几个问题《敦煌吐蕃文化学术研讨会论文集》,兰州:甘肃民族出版社,2009年12月 p.384(续表);p.393(续表)

徐浩 敦煌本汉文《大般若经》同一人写经残卷缀合研究《丝路文明的传承与发展》,杭州:浙江大学出版社,2017年9月 p.329~330

申国美编 中国散藏敦煌文献分类目录 北京:北京图书馆出版社,2007年10月 p.5

土肥義和編 八世紀末期—十一世紀初期燉煌氏族人名集成(氏族人名篇 人名篇)東京:汲古書院,2015年2月3日発行 p.548、1221

中医学院002(收藏号002)大般若波罗蜜多经卷第一百七十四

邰惠莉撰稿,施萍婷、邵国秀审订 甘肃中医学院藏敦煌文献叙录《甘肃藏敦煌文献》(第三卷),兰州:甘肃人民出版社,1999年9月 p.365;图版p.337

徐浩 敦煌本汉文《大般若经》同一人写经残卷缀合研究《丝路文明的传承与发展》,杭州:浙江大学出版社,2017年9月 p.329~330

申国美编 中国散藏敦煌文献分类目录 北京:北京图书馆出版社,2007年10月 p.5

中医学院003(收藏号003) 维摩诘所说经卷下香积佛品第十

施萍婷 甘肃藏敦煌文献概述《甘肃藏敦煌文献精粹》,兰州:甘肃人民出版社,1999年 p.6;又载段文杰主编《甘肃藏敦煌文献》(第一至六卷),兰州:甘肃人民出版社,1999年9~12月 p.6

邰惠莉撰稿,施萍婷、邵国秀审订 甘肃中医学院藏敦煌文献叙录《甘肃藏敦煌文献》(第三卷),兰州:甘肃人民出版社,1999年9月 p.365~366;图版p.338

施萍婷 甘肃省藏敦煌汉文文献概述《"二十一世纪敦煌文献研究回顾与展望"研讨会论文集》,台中:(台湾)中华自然文化学会,1999年12月 p.41;收入氏著《敦煌习学集》(上),兰州:甘肃民族出版社,2004年12月 p.294

中国美编 中国散藏敦煌文献分类目录 北京:北京图书馆出版社,2007年10月 p.50

张瑞兰 敦煌本《维摩诘经》异文研究 金华:浙江师范大学硕士研究生学位论文,2013年4月 p.209

中医学院004 金刚般若波罗蜜多经

邰惠莉 甘肃藏非敦煌文献的真伪、来源及相关问题《敦煌学辑刊》2000年第2期 p.76

2. 甘肃中医药大学图书馆藏敦煌藏文文献

甘肃中医药大学图书馆藏敦煌藏文文献 1 件,研究著录情况如下:

Gzy.t.001 大乘无量寿宗要经

马德主编,张延清、勘措吉、邰惠莉编写 甘肃中医学院图书馆藏敦煌藏文文献《甘肃藏敦煌藏文文献叙录》,兰州:甘肃民族出版社,2011年9月 p.875

十六

甘肃省档案馆藏敦煌文献

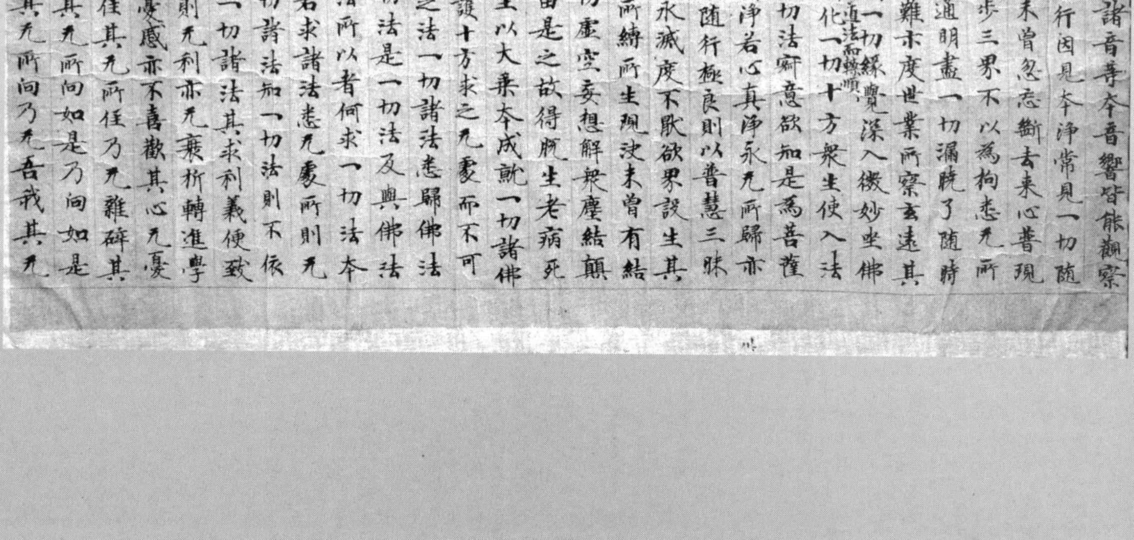
色其以神通普入諸音等本音響皆能覩察
一切衆生心念所行因見本淨常見一切隨
時開化常念識之未曾忽忘斷去來心普現
神足无所罣礙獨步三界不以爲㧱悉无所
有不造立行其神通明盡一切漏曉了隨時
不失其節現生死難亦度世業所察玄遠其
神通明皆起聲聞一切緣覺深入微妙坐佛
樹時道法聖輪開化一切十方衆生使入法
律至阿維顏轉一切法覊意欲知是爲菩薩
心齋之業心行清淨若心真淨永无所歸亦
无不喜性安調和隨行極良則以普慧三昧
定意而行五受不永滅度不猒欲界設生其
中无所繫着不爲所縛所生現沒未曾有結
所以者何以度一切虛空妄想解衆塵結顛
倒所受心无所着由是之故得脫生老病死
離有所生悉无所生以大乘本成就一切諸佛
道法斯諸佛法救護十方求之无處而不可
得乃了一切諸佛之法一切諸法悉歸佛法
是諸佛之法悉一切法是一切法及與佛法
不是法亦非非法所以者何求一切法本
末處所而不可得若求諸法悉无處所則无
有數起諸住數一切諸法知一切法則不依
倚諸法以不依倚一切諸法其求利義便致
大乘其无思求彼則无利亦无乘析轉進學
前其見利義心无憂慼亦不喜歡其心无憂
志无罣礙則无所住其无所住乃无雜碎其
无雜碎則无所向其无所向如是乃向如是
乃向者尒乃无向其无所向乃无吾我其无

甘肃省档案馆成立于1959年10月22日,甘肃省档案局成立于1960年1月6日。现为一套机构、两块牌子,系甘肃省委、省政府直属正厅级事业单位,履行档案事业行政管理和档案保管利用两种职能,归口甘肃省委办公厅管理,1997年被国家档案局评为国家一级档案馆。

甘肃省档案馆现馆藏档案269个全宗、32.8万多卷,资料3.7万余卷册。甘肃省档案馆藏敦煌文献共2件,均为汉文文献。

甘肃省档案馆藏敦煌汉文文献

甘肃省档案馆藏敦煌汉文文献共2件，原为杨遇春先生收藏的敦煌写经，无编号。两个卷子，一长一短，早期经杨景周、冯国瑞、谢国泽等观览时认定是敦煌写经残卷。甘肃省档案馆藏敦煌汉文文献研究著录情况如下：

甘肃省档案馆 金刚般若波罗蜜多经

陈乐道 敦煌卷子流散见闻录《档案》2007年第1期 p.29~35

孙小云 甘肃省档案局举行杨遇春先生珍藏史料捐赠仪式 两件敦煌卷子入藏甘肃省档案馆《(甘肃)档案》2007年第3期 p.1

师养龙 两件敦煌经文写卷入藏甘肃省档案馆《云南档案》2007年第3期 p.18

师养龙 耄耋老人为保护珍贵史料捐赠国宝级档案 两件敦煌经文写卷入藏甘肃省档案馆《中国档案报》2007年4月23日第1版

朱婕、师养龙、赵耘海 兰州市民为国捐宝 敦煌写经《金刚经》"归档"《兰州晨报》2007年4月13日

尤婷婷、师养龙 杨遇春老人向甘肃省档案馆捐赠敦煌经卷《甘肃日报》2007年4月13日

市民"献宝"《金刚经》归档《甘肃日报》2007年4月20日

姜洪源 敦煌卷子入藏记《中国档案》2009年第6期 p.16~17

姜洪源 敦煌卷子入藏记《发展》2010年第12期 p.158

陈乐道 历史情怀——敦煌卷子流散之随想 《(甘肃)档案》2016年第4期 p.40

拓志平主编 甘肃馆藏档案精粹 兰州：甘肃人民美术出版社，2009年9月 p.2~3

甘肃省档案馆 大宝积经卷第九

陈乐道 敦煌卷子流散见闻录《档案》2007年第1期 p.29~35

孙小云 甘肃省档案局举行杨遇春先生珍藏史料捐赠仪式 两件敦煌卷子入藏甘肃省档案馆《(甘肃)档案》2007年第3期 p.1

师养龙 两件敦煌经文写卷入藏甘肃省档案馆《云南档案》2007年第3期 p.18

师养龙 耄耋老人为保护珍贵史料捐赠国宝级档案 两件敦煌经文写卷入藏甘肃省档案馆《中国档案报》2007年4月23日第1版

尤婷婷、师养龙 杨遇春老人向甘肃省档案馆捐赠敦煌经卷《甘肃日报》2007年4月13日

朱婕、师养龙、赵耘海 兰州市民为国捐宝 敦煌写经《金刚经》"归档"《兰州晨报》2007年4月13日

市民"献宝"《金刚经》归档《甘肃日报》2007年4月20日

姜洪源 敦煌卷子入藏记《中国档案》2009年第6期 p.16~17

姜洪源 敦煌卷子入藏记《发展》2010年第12期 p.158

陈乐道 历史情怀——敦煌卷子流散之随想《(甘肃)档案》2016年第4期 p.40

拓志平主编 甘肃馆藏档案精粹 兰州:甘肃人民美术出版社,2009年9月 p.3

十七

兰山范氏藏敦煌文献

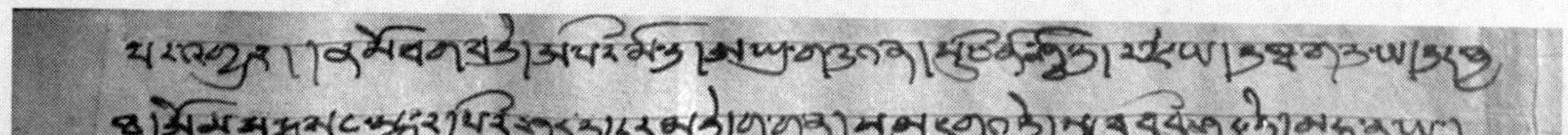

范耕球(1922—2005),山东省临沂人,从小受家庭熏陶,喜爱古玩书籍文物。范氏祖籍山东临沂,工作、生活在兰州。临沂、兰州均有山名兰山,故范耕球先生将其所藏敦煌写经28件称为兰山范氏藏品。

1. 兰山范氏藏敦煌汉文文献

兰山范氏藏敦煌汉文文献共3件,研究著录情况如下:

LF.005 大乘无量寿经

邰惠莉、范军澍 兰山范氏藏敦煌写经目录《敦煌研究》2006年第3期 p.82

马德主编,张延清、勘措吉、邰惠莉编写 兰山范氏藏敦煌藏文文献《甘肃藏敦煌藏文文献叙录》,兰州:甘肃民族出版社,2011年9月 p.879

LF.006 大般若波罗蜜多经卷第三百五十九

邰惠莉、范军澍 兰山范氏藏敦煌写经目录《敦煌研究》2006年第3期 p.82

马德主编,张延清、勘措吉、邰惠莉编写 兰山范氏藏敦煌藏文文献《甘肃藏敦煌藏文文献叙录》,兰州:甘肃民族出版社,2011年9月 p.879

LF.007 金光明经卷第四

邰惠莉、范军澍 兰山范氏藏敦煌写经目录《敦煌研究》2006年第3期 p.82

马德主编,张延清、勘措吉、邰惠莉编写 兰山范氏藏敦煌藏文文献《甘肃藏敦煌藏文文献叙录》,兰州:甘肃民族出版社,2011年9月 p.879

2. 兰山范氏藏敦煌藏文文献

兰山范氏藏敦煌藏文文献共24件，研究著录情况如下：

LF.t.001 大乘无量寿宗要经

邰惠莉、范军澍 兰山范氏藏敦煌写经目录《敦煌研究》2006年第3期 p.81

马德主编，张延清、勘措吉、邰惠莉编写 兰山范氏藏敦煌藏文文献《甘肃藏敦煌藏文文献叙录》，兰州：甘肃民族出版社，2011年9月 p.878

张延清著 吐蕃敦煌抄经研究 北京：民族出版社，2016年11月 p.307、352、354~355

LF.t.002 大乘无量寿宗要经

邰惠莉、范军澍 兰山范氏藏敦煌写经目录《敦煌研究》2006年第3期 p.81

马德主编，张延清、勘措吉、邰惠莉编写 兰山范氏藏敦煌藏文文献《甘肃藏敦煌藏文文献叙录》，兰州：甘肃民族出版社，2011年9月 p.878

张延清著 吐蕃敦煌抄经研究 北京：民族出版社，2016年11月 p.306、341~343

LF.t.003 大乘无量寿宗要经

邰惠莉、范军澍 兰山范氏藏敦煌写经目录《敦煌研究》2006年第3期 p.81~82

马德主编，张延清、勘措吉、邰惠莉编写 兰山范氏藏敦煌藏文文献《甘肃藏敦煌藏文文献叙录》，兰州：甘肃民族出版社，2011年9月 p.879

LF.t.004A 大乘无量寿宗要经

邰惠莉、范军澍 兰山范氏藏敦煌写经目录《敦煌研究》2006年第3期 p.82

马德主编，张延清、勘措吉、邰惠莉编写 兰山范氏藏敦煌藏文文《甘肃藏敦煌藏文文献叙录》，兰州：甘肃民族出版社，2011年9月 p.879

LF.t.004B 大乘无量寿宗要经

邰惠莉、范军澍 兰山范氏藏敦煌写经目录《敦煌研究》2006年第3期 p.82

马德主编,张延清、勘措吉、邰惠莉编写 兰山范氏藏敦煌藏文文献《甘肃藏敦煌藏文文献叙录》,兰州:甘肃民族出版社,2011年9月 p.879

张延清著 吐蕃敦煌抄经研究 北京:民族出版社,2016年11月 p.296、340、353

LF.t.008 大乘无量寿宗要经

邰惠莉、范军澍 兰山范氏藏敦煌写经目录《敦煌研究》2006年第3期 p.82

马德主编,张延清、勘措吉、邰惠莉编写 兰山范氏藏敦煌藏文文献《甘肃藏敦煌藏文文献叙录》,兰州:甘肃民族出版社,2011年9月 p.879

LF.t.009 大乘无量寿宗要经

邰惠莉、范军澍 兰山范氏藏敦煌写经目录《敦煌研究》2006年第3期 p.82~83

马德主编,张延清、勘措吉、邰惠莉编写 兰山范氏藏敦煌藏文文献《甘肃藏敦煌藏文文献叙录》,兰州:甘肃民族出版社,2011年9月 p.879~880

张延清著 吐蕃敦煌抄经研究 北京:民族出版社,2016年11月 p.278、343、353、357

LF.t.010A 大乘无量寿宗要经

邰惠莉、范军澍 兰山范氏藏敦煌写经目录《敦煌研究》2006年第3期 p.83

马德主编,张延清、勘措吉、邰惠莉编写 兰山范氏藏敦煌藏文文献《甘肃藏敦煌藏文文献叙录》,兰州:甘肃民族出版社,2011年9月 p.880

LF.t.010B 大乘无量寿宗要经

邰惠莉、范军澍 兰山范氏藏敦煌写经目录《敦煌研究》2006年第3期 p.83

马德主编,张延清、勘措吉、邰惠莉编写 兰山范氏藏敦煌藏文文献《甘肃藏敦煌藏文文献叙录》,兰州:甘肃民族出版社,2011年9月 p.880

LF.t.011A 大乘无量寿宗要经

邰惠莉、范军澍 兰山范氏藏敦煌写经目录《敦煌研究》2006年第3期 p.83

马德主编,张延清、勘措吉、邰惠莉编写 兰山范氏藏敦煌藏文文献《甘肃藏敦煌藏文文献叙录》,兰州:甘肃民族出版社,2011年9月 p.880

LF.t.011B 大乘无量寿宗要经

邰惠莉、范军澍 兰山范氏藏敦煌写经目录《敦煌研究》2006年第3期 p.83

马德主编，张延清、勘措吉、邰惠莉编写 兰山范氏藏敦煌藏文文献《甘肃藏敦煌藏文文献叙录》，兰州：甘肃民族出版社，2011年9月 p.880

张延清著 吐蕃敦煌抄经研究 北京：民族出版社，2016年11月 p.305、341~343

LF.t.012 大乘无量寿宗要经

邰惠莉、范军澍 兰山范氏藏敦煌写经目录《敦煌研究》2006年第3期 p.83~84

马德主编，张延清、勘措吉、邰惠莉编写 兰山范氏藏敦煌藏文文献《甘肃藏敦煌藏文文献叙录》，兰州：甘肃民族出版社，2011年9月 p.880~881

张延清著 吐蕃敦煌抄经研究 北京：民族出版社，2016年11月 p.305、341~343

LF.t.013 大乘无量寿宗要经

邰惠莉、范军澍 兰山范氏藏敦煌写经目录《敦煌研究》2006年第3期 p.84

马德主编，张延清、勘措吉、邰惠莉编写 兰山范氏藏敦煌藏文文献《甘肃藏敦煌藏文文献叙录》，兰州：甘肃民族出版社，2011年9月 p.881

张延清著 吐蕃敦煌抄经研究 北京：民族出版社，2016年11月 p.298、341~344

LF.t.014 大乘无量寿宗要经

邰惠莉、范军澍 兰山范氏藏敦煌写经目录《敦煌研究》2006年第3期 p.84

马德主编，张延清、勘措吉、邰惠莉编写 兰山范氏藏敦煌藏文文献《甘肃藏敦煌藏文文献叙录》，兰州：甘肃民族出版社，2011年9月 p.881

LF.t.015A 大乘无量寿宗要经

邰惠莉、范军澍 兰山范氏藏敦煌写经目录《敦煌研究》2006年第3期 p.84

马德主编，张延清、勘措吉、邰惠莉编写 兰山范氏藏敦煌藏文文献《甘肃藏敦煌藏文文献叙录》，兰州：甘肃民族出版社，2011年9月 p.881

LF.t.015B 大乘无量寿宗要经

邰惠莉、范军澍 兰山范氏藏敦煌写经目录《敦煌研究》2006年第3期 p.84

马德主编，张延清、勘措吉、邰惠莉编写 兰山范氏藏敦煌藏文文献《甘肃藏敦煌藏文文献叙录》，兰州：甘肃民族出版社，2011年9月 p.881

张延清著 吐蕃敦煌抄经研究 北京：民族出版社，2016年11月 p.305、341~343

LF.t.016 大乘无量寿宗要经

邰惠莉、范军澍 兰山范氏藏敦煌写经目录《敦煌研究》2006年第3期 p.84

马德主编，张延清、勘措吉、邰惠莉编写 兰山范氏藏敦煌藏文文献《甘肃藏敦煌藏文文献叙录》，兰州：甘肃民族出版社，2011年9月 p.881

LF.t.017 大乘无量寿宗要经

邰惠莉、范军澍 兰山范氏藏敦煌写经目录《敦煌研究》2006年第3期 p.84

马德主编，张延清、勘措吉、邰惠莉编写 兰山范氏藏敦煌藏文文献《甘肃藏敦煌藏文文献叙录》，兰州：甘肃民族出版社，2011年9月 p.881

LF.t.018 大乘无量寿宗要经

邰惠莉、范军澍 兰山范氏藏敦煌写经目录《敦煌研究》2006年第3期 p.84~85

马德主编，张延清、勘措吉、邰惠莉编写 兰山范氏藏敦煌藏文文献《甘肃藏敦煌藏文文献叙录》，兰州：甘肃民族出版社，2011年9月 p.881~882

LF.t.019 大乘无量寿宗要经

邰惠莉、范军澍 兰山范氏藏敦煌写经目录《敦煌研究》2006年第3期 p.85

马德主编，张延清、勘措吉、邰惠莉编写 兰山范氏藏敦煌藏文文献《甘肃藏敦煌藏文文献叙录》，兰州：甘肃民族出版社，2011年9月 p.882

LF.t.020 大乘无量寿宗要经

邰惠莉、范军澍 兰山范氏藏敦煌写经目录《敦煌研究》2006年第3期 p.85

马德主编，张延清、勘措吉、邰惠莉编写 兰山范氏藏敦煌藏文文献《甘肃藏敦煌藏文文献叙录》，兰州：甘肃民族出版社，2011年9月 p.882

LF.t.021 大乘无量寿宗要经

邰惠莉、范军澍 兰山范氏藏敦煌写经目录《敦煌研究》2006年第3期 p.85

马德主编，张延清、勘措吉、邰惠莉编写 兰山范氏藏敦煌藏文文献《甘肃藏敦煌藏文文献叙录》，兰州：甘肃民族出版社，2011年9月 p.882

张延清著 吐蕃敦煌抄经研究 北京：民族出版社，2016年11月 p.284、321~322、340、353

LF.t.022 大乘无量寿宗要经

邰惠莉、范军澍 兰山范氏藏敦煌写经目录《敦煌研究》2006年第3期 p.85

马德主编，张延清、勘措吉、邰惠莉编写 兰山范氏藏敦煌藏文文献《甘肃藏敦煌藏文文献叙录》，兰州：甘肃民族出版社，2011年9月 p.882

张延清著 吐蕃敦煌抄经研究 北京：民族出版社，2016年11月 p.278

LF.t.023 大乘无量寿宗要经

邰惠莉、范军澍 兰山范氏藏敦煌写经目录《敦煌研究》2006年第3期 p.85

马德主编，张延清、勘措吉、邰惠莉编写 兰山范氏藏敦煌藏文文献《甘肃藏敦煌藏文文献叙录》，兰州：甘肃民族出版社，2011年9月 p.882

张延清著 吐蕃敦煌抄经研究 北京：民族出版社，2016年11月 p.297、337、344

3. 兰山范氏藏敦煌回鹘文文献

兰山范氏藏未编号敦煌回鹘文写经一件,共两页,研究著录情况如下:

LF. 八十华严

杨富学、阿依达尔·米尔卡马力 回鹘文《华严经·十无尽藏品》写本残卷研究《敦煌研究》2007年第2期 p.74~81;附图4幅

杨富学 新世纪初国内回鹘佛教研究的回顾与展望《西夏研究》2013年第2期 p.59~60

阿依达尔·米尔卡马力 安藏与回鹘文《华严经》《西域研究》2013年第3期 p.74~86

王红梅、杨富学、黎春林著 元代畏兀儿宗教文化研究 北京:科学出版社,2017年11月 p.37

杨富学著 回鹘文佛教文献研究 上海:上海古籍出版社,2018年4月 p.3~31;图8幅

阿依達爾·米爾卡馬力、楊富學 回鶻文《八十華嚴·毗盧遮那品》殘葉研究《内陆アジア言语の研究》第22号,2007年7月 p.39~52

十八

甘肃私人庋藏（或散失）敦煌文献

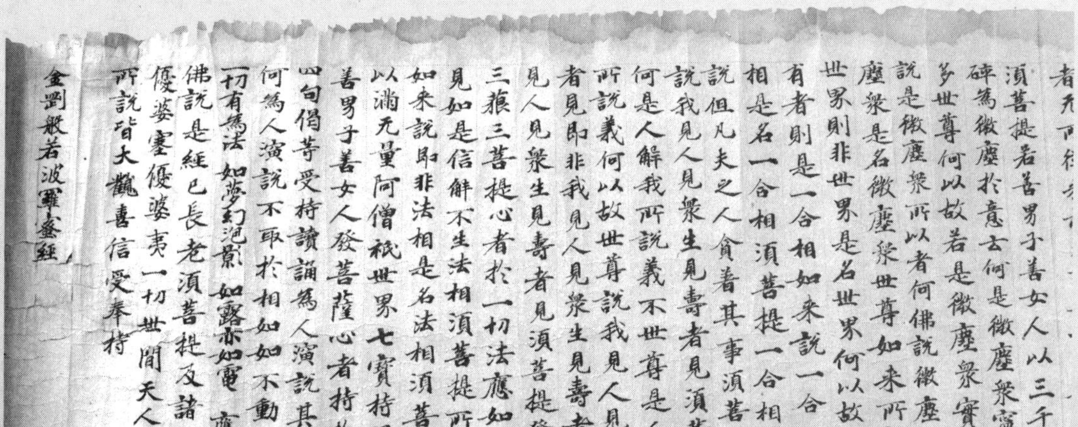

者无所
須菩提若善男子善女人以三千大千世界
碎爲微塵於意云何是微塵衆寧爲多不甚
多世尊何以故若是微塵衆實有者佛則不
說是微塵衆所以者何佛說微塵衆則非微
塵衆是名微塵衆世尊如來所說三千大千
世界則非世界是名世界何以故若世界實
有者則是一合相如來說一合相則非一合
相是名一合相須菩提一合相者則是不可
說但凡夫之人貪著其事須菩提若人言佛
說我見人見衆生見壽者見須菩提於意云
何是人解我所說義不世尊是人不解如來
所說義何以故世尊說我見人見衆生見壽
者見即非我見人見衆生見壽者見是名我
見人見衆生見壽者見須菩提發阿耨多羅
三藐三菩提心者於一切法應如是知如是
見如是信解不生法相須菩提所言法相者
如來說即非法相是名法相須菩提若有人
以滿无量阿僧祇世界七寶持用布施若有
善男子善女人發菩薩心者持於此經乃至
四句偈等受持讀誦爲人演說其福勝彼云
何爲人演說不取於相如如不動何以故
一切有爲法 如夢幻泡影 如露亦如電 應作如是觀
佛說是經已長老須菩提及諸比丘比丘尼
優婆塞優婆夷一切世間天人阿脩羅聞佛
所說皆大歡喜信受奉持
金剛般若波羅蜜經

敦煌文献的散失，是我国学术史上最为痛心的一页。敦煌文献不仅流散在英国、法国、美国、俄罗斯、日本、印度、德国、丹麦、瑞典等国的博物馆、图书馆和私家机构，散藏在国内收藏机构者亦不少，仅甘肃就达17家之多。然而，散藏于民间藏书家手中的敦煌遗书，由于数量庞大，藏地分散，加上藏家将之视为家珍，其一直未能将系统、完整的整理，甚至很少为世人所了解。此中，甘肃民间私人庋藏（或散失）敦煌文献亦有之。

甘肃私人庋藏(或散失)敦煌文献

甘肃私人庋藏(或散失)敦煌文献已知有7件,研究著录情况如下:

LAL.01 大乘百法明门论疏残卷[①]

马德 新见敦煌本唐人草书《大乘百法明门论疏》残卷述略《敦煌研究》2005年第5期 p.49~50;图版15

马德 敦煌本唐人草书大乘百法明门论疏残卷简介《收藏家》2009年第1期 p.53~54

张景峰 2009年敦煌学宗教文化研究综述《世界宗教研究》2010年第3期 p.182

WJ.02 妙法莲华经度量天地品[②]

段鹏、马德 敦煌本《妙法莲华经·度量天地品》有关问题初探《敦煌研究》2019年第1期 p.87

写经[③](经名不详)

毛秋瑾 从敦煌吐鲁番写本看佛教信众与写经书法《南京艺术学院学报》(美术与设计版)2009年第6期 p.14~15

毛秋瑾著 墨香佛音——敦煌写经书法研究 北京:北京大学出版社,2014年4月 p.149~150(表4-1)

池田温编 中國古代寫本識語集錄 東京:東京大学東洋文化研究所発行,1990年3月30日 p.131(第261号題記錄文)

①编号LAL.01《大乘百法明门论疏》残卷,为兰州LǐAiLián收藏。后转售。

②编号WJ.02《妙法莲华经》度量天地品,为兰州WàngJīn收藏。

③无编号写经题记为:"保定元年十月甲戌朔十二日乙酉柱国杞公高弼为亡妻元圣威写经。"

散1700 寿昌县地境①

向达 记敦煌石室出晋天福十年写本寿昌县地境《图书季刊》新第5卷第4期，1944年12月 p.1~11；影印收入王志庚、顾烨青主编《近代著名图书馆馆刊荟萃四编》第6册，北京：国家图书馆出版社，2013年5月 p.137~147；收入氏著《唐代长安与西域文明》，北京：生活·读书·新知三联书店，1957年4月；1979年9月；1987年4月 p.429~442；收入氏著《唐代长安与西域文明》，石家庄：河北教育出版社，2001年11月 p.421~433；收入齐陈骏、李并成主编《中国敦煌学百年文库·地理卷》(一)，兰州：甘肃文化出版社，1999年 p.61~69

向达 西征小记——瓜沙谈往之一《国立北京大学·国学季刊》第7卷第1期，1950年7月 p.8、12、24；收入氏著《唐代长安与西域文明》，北京：生活·读书·新知三联书店出版，1957年4月；1979年9月；1987年4月 p.347~348、354、371；收入氏著《唐代长安与西域文明》，石家庄：河北教育出版社，2001年11月 p.338~339、345、362~363；收入齐陈骏、李并成主编《中国敦煌学百年文库·地理卷》(一)，兰州：甘肃文化出版社，1999年 p.295~296、299、310；收入荣新江编《向达先生敦煌遗墨》，北京：中华书局，2010年3月 p.287、293、306；收入敦煌研究院编《榆林窟研究论文集》(上册)，上海：上海辞书出版社，2011年9月 p.43、46、54~55

向达 西征小记(续)[四、在此所见到之敦煌写经] 上海《大公报》(图书周刊·第14期)，1947年3月12日；收入孙彦、萨仁高娃、胡月平选编《民国期刊资料分类汇编·敦煌学研究》第1册，北京：国家图书馆出版社，2009年4月 p.434

苏莹辉 中外敦煌古写本纂要《图书馆学报》(台)第4期，台中：东海大学图书馆编印，1962年8月 p.117~132；收入氏著《敦煌论集》，台北：台湾学生书局，1969年8月；1979年4月；1983年6月 p.318

史树青 敦煌遗书概述《历史教学》1964年8月号 p.27；收入程焕文编《中国图书论集》，北京：商务印书馆，1994年8月 p.142

傅振伦 从敦煌发现的图经谈方志的起源《兰州大学学报》(哲学社会科学版)[敦煌学专刊]，1980年2月 p.2；收入中国地方史志协会编《中国地方史志论丛》，北京：中华书局，1984年8月 p.304；收入齐陈骏、李并成主编《中国敦煌学百年文库·地理卷》(一)，兰州：甘肃文化出版社，1999年 p.408

周丕显 敦煌遗书概述《敦煌学辑刊》(第1集)，1980年2月 p.22、23；又载《兰州大学学报》(哲学社会科学版)[敦煌学专刊]，1980年第2期 p.22、23；收入氏著《敦煌文献研究》，兰州：甘肃文化出版社，1995年6月 p.7、9

陈梦家 玉门关与玉门县《考古》1965年第9期 p.473；收入氏著《汉简缀述》，北京：中华书局，1980年12月 p.200；收入新疆社会科学院考古研究所编《新疆考古三十年》，乌鲁木齐：新疆人民出版社，1983年6月 p.243；收入齐陈骏、李并成主编《中国敦煌学百年文库·地理卷》(一)，兰州：甘肃文化出版社，1999年 p.111；

---

①五代后晋开运二年(945)写本《寿昌县地境》，1900年出土于敦煌莫高窟藏经洞(第17窟)，为敦煌县高级小学校长祁居温(字子厚)所收藏。前清拔贡吕钟(字少卿)及当地文士窦景桂(字萃五)曾假以录副。1942年冬向达先生赴敦煌考察，无缘获睹原本，"仅从窦萃五、吕少卿处得见录本，据以录副"，于1943年9月撰成《记敦煌石室出晋天福十年写本寿昌县地境》一文发表于《北平图书馆图书季刊》新五卷第四期(1944)。从此，本卷内容公之于海内外。此后，向氏录本又经多次重刊，海内外传之甚广。祁居温所藏原本及窦景桂过录本，皆下落不明，唯吕钟过录本保存于吕氏编撰的《重修敦煌县志》(未刊抄本)内。王仲荦、李正宇、郑炳林等依向氏录本多有校注、研究。

收入纪忠元、纪永元主编《敦煌阳关玉门关论文选萃》，兰州：甘肃人民出版社，2003年8月 p.142；收入中国新疆维吾尔自治区文物局编《西域文物考古全集（1）研讨与研究卷①》，美国：克鲁格出版社、乌鲁木齐：新疆美术摄影出版社、新疆电子音像出版社，2014年10月 p.319

陈梦家 河西四郡的设置年代《汉简掇述》，北京：中华书局，1980年12月 p.181注①；p.186；收入陈国灿、陆庆夫主编《中国敦煌学百年文库·历史卷》（一），兰州：甘肃文化出版社，1999年 p.439注①；p.445

唐耕耦 西魏敦煌计帐文书以及若干有关问题《文史》第9辑，北京：中华书局，1980年6月 p.42；p.52注[16]；收入沙知、孔祥星编《敦煌吐鲁番文书研究》，兰州：甘肃人民出版社，1984年8月 p.57注②；收入郑学檬、郑炳林主编《中国敦煌学百年文库·文献卷》（二），兰州：甘肃文化出版社，1999年 p.544注②

吴礽骧、余尧 汉代的敦煌郡《西北师院学报》1982年第2期 p.24~32；收入齐陈骏、李并成主编《中国敦煌学百年文库·地理卷》（二），兰州：甘肃文化出版社，1999年 p.258~269

陈国灿 唐朝吐蕃陷落沙州城的时间问题《敦煌学辑刊》1985年第1期 p.1；收入陈国灿、陆庆夫主编《中国敦煌学百年文库·历史卷》（一），兰州：甘肃文化出版社，1999年 p.527；收入氏著《敦煌学史事新证》，兰州：甘肃教育出版社，2002年9月 p.472；修订后收入氏著《陈国灿吐鲁番敦煌出土文献史事论集》，上海：上海古籍出版社，2012年9月 p.597

孙修身 敦煌遗书吐蕃文书P.t1284号第三件书信有关问题考《敦煌研究》1989年第2期 p.70~71；收入杨富学、杨铭主编《中国敦煌学百年文库·民族卷》（二），兰州：甘肃文化出版社，1999年 p.339

李正宇 唐宋时代沙州寿昌县河渠泉泽简志《敦煌研究》1989年第3期 p.32 ~ 38；收入氏著《敦煌史地新论》，台北：新文丰出版股份有限公司，1996年3月 p.155~171

郑炳林 敦煌地理文书的内容与研究《敦煌地理文书汇辑校注》，兰州：甘肃教育出版社，1989年12月 p.1~2

郑炳林校注 寿昌县地境《敦煌地理文书汇辑校注》，兰州：甘肃教育出版社，1989年12月 p.60~64

孙国华 敦煌遗书中的科技文献《中国科技史料》1990年第2期 p.75、78

陈国灿 唐五代瓜沙归义军军镇的演变《敦煌吐鲁番文书初探二编》，武汉：武汉大学出版社，1990年2月 p.555 ~ 580；补充订正后收入氏著《敦煌学史事新证》，兰州：甘肃教育出版社，2002年9月 p.384~407；收入氏著《陈国灿吐鲁番敦煌出土文献史事论集》，上海：上海古籍出版社，2012年9月 p.621~643

葛蓬天《寿昌县地境》校误一则《中国历史地理论丛》1991年第1期 p.106

李并成 敦煌遗书在古地名研究方面的价值《地名知识》1991年第5期 p.43；收入李并成、李春元著《瓜沙史地研究》，兰州：甘肃文化出版社，1996年6月 p.184、186

王仲荦 敦煌石窟出《寿昌县地镜》考释《敦煌学辑刊》1992年第1、2合期 p.1~5；收入齐陈骏、李并成主编《中国敦煌学百年文库·地理卷》（二），兰州：甘肃文化出版社，1999年 p.307~312

王仲荦著；郑宜秀整理《寿昌县地镜》考释《敦煌石室地志残卷考释》，上海：上海古籍出版社，1993年9月 p.184~195

李正宇 敦煌吕钟氏录本《寿昌县地境》《敦煌研究》1993年第4期 p.42~46

邓文宽 重新面世的敦煌写本《大历序》《九州学刊》第6卷第4期，1995年3月 p.155；收入氏著《敦煌吐

鲁番天文历法研究》,兰州:甘肃教育出版社,2002年9月 p.177

程喜霖 汉代敦煌军防《1990敦煌学国际研讨会文集》史地、语文编,沈阳:辽宁美术出版社,1995年7月 p.41;收入陈国灿、陆庆夫主编《中国敦煌学百年文库·历史卷》(二),兰州:甘肃文化出版社,1999年 p.280

谭蝉雪 敦煌马文化《敦煌研究》1996年第1期 p.112

李并成 归义军新城镇考《北京图书馆馆刊》1997年第4期 p.79注①;收入李并成、李春元著《瓜沙史地研究》,兰州:甘肃文化出版社,1996年6月 p.151注①

陈国灿 敦煌五十九首佚名诗历史背景新探《敦煌吐鲁番研究》(第二卷),北京:北京大学出版社,1997年10月 p.88~89;p.99注[11][12][13];收入郑阿财、颜廷亮、伏俊连主编《中国敦煌学百年文库·文学卷》(五),兰州:甘肃文化出版社,1999年 p.543~544;注⑤①②;有所修正后收入氏著《敦煌学史事新证》,兰州:甘肃教育出版社,2002年9月 p.499;p.514注[11][12][13];收入氏著《陈国灿吐鲁番敦煌出土文献史事论集》,上海:上海古籍出版社,2012年9月 p.645~646;p.660注⑩⑪⑫

陈国灿 李正宇著《古本敦煌乡土志八种笺证》序《敦煌研究》1998年第3期 p.164~165;又题名作《古本敦煌乡土志八种笺证》序二,收入李正宇著《古本敦煌乡土志八种笺证》,台北:新文丰出版股份有限公司,1998年11月 p.8~9;收入李正宇著《古本敦煌乡土志八种笺证》,兰州:甘肃人民出版社,2008年11月 p.4~5

池田温《古本敦煌乡土志八种笺证》序一《古本敦煌乡土志八种笺证》,台北:新文丰出版股份有限公司,1998年11月 p.3;收入李正宇著《古本敦煌乡土志八种笺证》,兰州:甘肃人民出版社,2008年11月 p.2

李并成《古本敦煌乡土志八种笺证》序三《古本敦煌乡土志八种笺证》,台北:新文丰出版股份有限公司,1998年11月 p.14;收入李正宇著《古本敦煌乡土志八种笺证》,兰州:甘肃人民出版社,2008年11月 p.8

李正宇 沙州图经卷第一(S.2593)《古本敦煌乡土志八种笺证》,台北:新文丰出版股份有限公司,1998年11月 引言p.2;笺证p.6④;收入氏著《古本敦煌乡土志八种笺证》,兰州:甘肃人民出版社,2008年11月 引言p.4;笺证p.6④

李正宇 沙州都督府图经卷第三(P.2005)《古本敦煌乡土志八种笺证》,台北:新文丰出版股份有限公司,1998年11月 p.12;收入氏著《古本敦煌乡土志八种笺证》,兰州:甘肃人民出版社,2008年11月 p.42

李正宇 沙州图经卷第五(P.5034)《古本敦煌乡土志八种笺证》,台北:新文丰出版股份有限公司,1998年11月 p.133~204;收入氏著《古本敦煌乡土志八种笺证》,兰州:甘肃人民出版社,2008年11月 p.157~210

李正宇 沙州志(S.788)《古本敦煌乡土志八种笺证》,台北:新文丰出版股份有限公司,1998年11月 p.205~230;收入氏著《古本敦煌乡土志八种笺证》,兰州:甘肃人民出版社,2008年11月 p.214~232

李正宇 沙州伊州志(沙州寿昌县之部)(S.367)《古本敦煌乡土志八种笺证》,台北:新文丰出版股份有限公司,1998年11月 p.231~249;收入氏著《古本敦煌乡土志八种笺证》,兰州:甘肃人民出版社,2008年11月 p.238~250

李正宇 沙州归义军图经略抄(P.2691)《古本敦煌乡土志八种笺证》,台北:新文丰出版股份有限公司,1998年11月 p.251~298;收入氏著《古本敦煌乡土志八种笺证》,兰州:甘肃人民出版社,2008年11月 p.254~287

李正宇《寿昌县地境》(敦煌吕钟氏抄本)[附载:古本敦煌乡土志影本(八种) 8.寿昌县地境(敦煌吕

钟氏录本]）《古本敦煌乡土志八种笺证》，台北：新文丰出版股份有限公司，1998年11月 p.327~386；p.445~446；又题名作《寿昌县地境（散录1700）》，载氏著《古本敦煌乡土志八种笺证》，兰州：甘肃人民出版社，2008年11月 p.319~360

沙知 寿昌县地境《敦煌学大辞典》，上海：上海辞书出版社，1998年12月 p.327

荣新江 李正宇著《古本敦煌乡土志八种笺证》（书评）《敦煌吐鲁番研究》（第五卷），北京：北京大学出版社，2001年5月 p.418~422；收入氏著《敦煌学新论》，兰州：甘肃教育出版社，2002年9月 p.223~229

陈国灿 莫高窟北47窟新出《唐开元廿四年（736）后丁租牒》的复原与研究《敦煌研究》2002年第2期 p.9；收入彭金章主编《敦煌莫高窟北区石窟研究》（上册），兰州：甘肃教育出版社，2011年4月 p.174；修订后题作《莫高窟北区47窟新出唐开元廿四年（736年）后丁租牒的复原与研究》，收入氏著《敦煌学史事新证》，兰州：甘肃教育出版社，2002年9月 p.260~261；又题名作《莫高窟北区新出唐开元廿三年后沙州检勘丁租并脚及营窖钱粮牒的复原与研究》，收入氏著《陈国灿吐鲁番敦煌出土文献史事论集》，上海：上海古籍出版社，2012年9月 p.557

郑炳林 晚唐五代敦煌归义军行政区划制度研究（之二）《敦煌研究》2002年第3期 p.69；收入郑炳林主编《敦煌归义军史专题研究续编》，兰州：兰州大学出版社，2003年7月 p.51

李并成 敦煌学与沙漠历史地理研究《2000年敦煌学国际学术讨论会文集——纪念敦煌藏经洞发现暨敦煌学百年》历史文化卷（上），兰州：甘肃民族出版社，2003年9月 p.486

荣新江 惊沙撼大漠——向达的敦煌考察及其学术意义《敦煌吐鲁番研究》（第七卷），北京：中华书局，2004年1月 p.102、111、114~115；收入氏著《辨伪与存真——敦煌学论集》，上海：上海古籍出版社，2010年3月 p.204、215、218~219、222~224；收入荣新江编《向达先生敦煌遗墨》，北京：中华书局，2010年3月 p.9、19、23~24；收入沙知编《向达学记》，北京：生活·读书·新知三联书店，2010年6月 p.98、112

郑炳林 敦煌写本《张议潮处置凉州进表》拼接缀合与归义军对凉州的管理《敦煌吐鲁番研究》（第七卷），北京：中华书局，2004年1月 p.385；收入郑炳林主编《敦煌归义军史专题研究三编》，兰州：甘肃文化出版社，2005年5月 p.489

许建平 跋国家图书馆所藏敦煌《诗经》写卷《敦煌学国际研讨会论文集》，北京：北京图书馆出版社，2005年3月 p.57~59；收入氏著《敦煌文献丛考》，北京：中华书局，2005年12月 p.116~121；收入氏著《敦煌经学文献论稿》，杭州：浙江大学出版社，2016年4月 p.217~222

吴浩军 酒泉古旧方志存佚及研究整理考述《河西学院学报》2007年第3期 p.68；收入氏著《酒泉地域文化丛稿》，兰州：甘肃文化出版社，2007年11月 p.70

吴浩军 什么是乡土志——兼说《古本敦煌乡土志八种笺证》《酒泉地域文化丛稿》，兰州：甘肃文化出版社，2007年11月 p.31~32

李宗俊 敦煌寿昌县的废置与唐前期对西域石城、播仙二镇地区的经营《中国边疆史地研究》2008年第2期 p.22~29

吴浩军 乡土志探源——兼说《古本敦煌乡土志八种笺证》《中国地方志》2008年第8期 p.54~55

屈直敏 近百年来敦煌地志文书研究回顾《敦煌学辑刊》2009年第2期 p.65~80

郝军 敦煌学研究的重要工具书和参考书——《古本敦煌乡土志八种笺证》评介《中国出版》2009年第5期 p.73

李并成 百年来敦煌地理文献及历史地理的研究《敦煌学辑刊》2010年第2期 p.42~43

向达（手抄稿本）寿昌县地境《向达先生敦煌遗墨》①，北京：中华书局，2010年3月 p.107~120

屈直敏 近百年来甘肃汉唐方志整理研究综述《中国地方志》2011年第7期 p.52

黄正建 国家图书馆藏敦煌写本《逆刺占》札记《敦煌文献·考古·艺术综合研究——纪念向达先生诞辰110周年国际学术研讨会论文集》，北京：中华书局，2011年12月 p.514~515

樊锦诗 辉煌灿烂的敦煌石窟艺术《敦煌：丝路佛光》，敦煌研究院、华美协进社中国美术馆，2013年 p.30

林聪明 敦煌文书的题记《港台敦煌学文库》第34册，兰州：甘肃人民出版社，2014年12月 p.199

侯丕勋 西汉敦煌"渥洼水"今名今地考辨《石河子大学学报》（哲学社会科学版）2016年第2期 p.107~110

王重民著 敦煌古籍叙录 北京：商务印书馆，1958年6月 p.118 ~ 123；京都：中文出版社，1978年1月；北京：中华书局，1979年9月新1版 p.118 ~ 123；台北：国泰文化事业有限公司，1980年

王重民原编，黄永武新编 敦煌古籍叙录新编（第7册史部）台北：新文丰出版公司，1986年6月 p.13~17

苏莹辉著 敦煌学概要（增订再版）台北：编译馆中华丛书编审委员会，1981年10月 p.41、44、174~175

苏莹辉著 敦煌学概要 台北：五南图书出版公司，1988年12月 p.41、44、174~175

唐耕耦、陆宏基编 敦煌社会经济文献真迹释录（第一辑）北京：书目文献出版社，1986年11月 p.52~53

林聪明著 敦煌文书学（敦煌学导论丛刊①）台北：新文丰出版股份有限公司，1991年8月 p.330

王惠民著 敦煌宝藏（中华文明宝库）上海：上海古籍出版社，1996年9月 p.87

李正宇著 敦煌历史地理导论（敦煌学导论丛刊⑬）台北：新文丰出版股份有限公司，1997年4月 p.17~18、25、56

李正宇著 古本敦煌乡土志八种笺证 台北：新文丰出版股份有限公司，1998年11月 前言p.20~21

李正宇著 古本敦煌乡土志八种笺证 兰州：甘肃人民出版社，2008年11月 前言p.1~2

颜廷亮著 敦煌文化[东方文化集成·中华文化编] 北京：光明日报出版社，2000年12月 p.385

王素著 敦煌吐鲁番文献 北京：文物出版社，2002年4月；2005年7月 p.142

罗彤华著 唐代官方放贷之研究 桂林：广西师范大学出版社，2013年2月 p.82

韩红 敦煌逆刺占文献校录研究 兰州：兰州大学硕士研究生学位论文，2014年5月 p.2~3

森鹿三 新出敦煌石室遺書特に寿昌縣地鏡について《東洋史研究》通卷第10卷第2号，昭和廿三年四月（1948.04）p.65 ~ 79（1–15）

樊錦詩 きらびやかに輝く敦煌石窟『敦煌美術展』（岐阜展、岡山展、佐賀展、横浜展，2001年9月8日~2002年3月12日），東京：大塚巧藝社，2001年 p.22

池田温編 中國古代寫本識語集錄 東京：東京大学東洋文化研究所発行，1990年3月30日 p.561（補51号題記錄文）

---

①《向达先生敦煌遗墨》一书影印刊出三个"寿昌县地境"抄本；其一p.107~110；其二p.111~114；其三p.115~120。

上元金箓简文真仙品

向达 西征小记——瓜沙谈往之一《国立北京大学·国学季刊》第7卷第1期，1950年7月 p.23；收入氏著《唐代长安与西域文明》，北京：生活·读书·新知三联书店，1957年4月；1979年9月；1987年4月 p.370；收入氏著《唐代长安与西域文明》，石家庄：河北教育出版社，2001年11月 p.361；收入齐陈骏、李并成主编《中国敦煌学百年文库·地理卷》(一)，兰州：甘肃文化出版社，1999年 p.309；收入荣新江编《向达先生敦煌遗墨》，北京：中华书局，2010年3月 p.305；收入敦煌研究院编《榆林窟研究论文集》(上册)，上海：上海辞书出版社，2011年9月 p.54

荣新江 惊沙撼大漠——向达的敦煌考察及其学术意义《敦煌吐鲁番研究》(第七卷)，北京：中华书局，2004年1月 p.111～112；收入氏著《辨伪与存真——敦煌学论集》，上海：上海古籍出版社，2010年3月 p.204、219；收入荣新江编《向达先生敦煌遗墨》，北京：中华书局，2010年3月 p.9、20

向达(手抄稿本) 残道经·上元金箓简文真仙品《向达先生敦煌遗墨》，北京：中华书局，2010年3月 p.44～50

刘屹 向达先生摹抄本《上元金箓简文》残卷重识《敦煌文献·考古·艺术综合研究——纪念向达先生诞辰110周年国际学术研讨会论文集》，北京：中华书局，2011年12月 p.535～548

毛诗诂训传残卷

向达 西征小记——瓜沙谈往之一《国立北京大学·国学季刊》第7卷第1期，1950年7月 p.23、24；收入氏著《唐代长安与西域文明》，北京：生活·读书·新知三联书店出版，1957年4月；1979年9月；1987年4月 p.370；收入氏著《唐代长安与西域文明》，石家庄：河北教育出版社，2001年11月 p.363；收入齐陈骏、李并成主编《中国敦煌学百年文库·地理卷》(一)，兰州：甘肃文化出版社，1999年 p.309、310；收入荣新江编《向达先生敦煌遗墨》，北京：中华书局，2010年3月 p.305；收入敦煌研究院编《榆林窟研究论文集》(上册)，上海：上海辞书出版社，2011年9月 p.54、55

苏莹辉 中外敦煌古写本纂要《东海大学图书馆学报》第4期，1962年8月 p.117～132；收入氏著《敦煌论集》，台北：台湾学生书局，1969年8月；1979年4月；1983年6月 p.311

苏莹辉著 敦煌学概要(增订再版) 台北：编译馆中华丛书编审委员会，1981年10月 p.36

苏莹辉著 敦煌学概要 台北：五南图书出版公司，1988年12月 p.36

金刚般若波罗蜜经

窦侠父 散失在敦煌民间的唐写本《金刚经》《敦煌研究》(创刊号·总第三期)，兰州：甘肃人民出版社，1983年12月 p.244；图版22；插图2幅

孔令梅 隋宋间敦煌令狐氏与佛教述论《2009丝绸之路国际学术研讨会论文集》，西安：三秦出版社，2010年7月 p.131(统计表)

参考文献

敦煌文物研究所资料室，刘忠贵、施娉婷：敦煌文物研究所藏敦煌遗书目录[附：关于《敦煌遗书目录》的说明]，《文物资料丛刊》(1)，北京：文物出版社，1977年12月，第54~67页；收入冯志文、杨际平主编《中国敦煌学百年文库·综述卷》(二)，兰州：甘肃文化出版社，1999年，第264~286页；收入施萍婷著《敦煌习学集》(下)，兰州：甘肃民族出版社，2004年12月，第341~345页

黄文焕：河西吐蕃文书简述，《文物》1978年第12期，第59~63页；收入郑学檬、郑炳林主编《中国敦煌学百年文库·文献卷》(二)，兰州：甘肃文化出版社，1999年，第476~483页；杨富学、杨铭主编《中国敦煌学百年文库·民族卷》(二)，兰州：甘肃文化出版社，1999年，第147~154页；卓新平、杨富学主编《中国西北宗教文献》(佛教甘肃卷三)，兰州：甘肃民族出版社，2012年7月，第53~57页

黄文焕：河西吐蕃经卷目录跋，《世界宗教研究》第二集，北京：中国社会科学出版社，1980年8月，第56~62页；收入杨富学、杨铭主编《中国敦煌学百年文库·民族卷》(二)，兰州：甘肃文化出版社，1999年，第161~169页

黄文焕：河西吐蕃卷式写经目录并后记，《世界宗教研究》1982年第1期，第84~102页；收入杨富学、杨铭主编《中国敦煌学百年文库·民族卷》(二)，兰州：甘肃文化出版社，1999年，第170~191页；卓新平、杨富学主编《中国西北宗教文献》(佛教甘肃卷三)，兰州：甘肃民族出版社，2012年7月，第333~351页

李并成：敦煌遗书数量的新统计，《古籍整理研究学刊》1992年第5期，第45~47页

曹怀玉整理：西北师院历史系文物室藏敦煌写卷录，《西北师院学报》1983年第4期，第44~46页

敦煌县博物馆，荣恩奇整理：敦煌县博物馆藏敦煌遗书目录，《敦煌吐鲁番文献研究论集》第3辑，北京：北京大学出版社，1986年2月，第541~584页

秦明智：关于甘肃省博物馆藏敦煌遗书之浅考和目录，《1983年全国敦煌学术讨论会文集》文史·遗书编(上)，兰州：甘肃人民出版社，1987年3月，第459~499页

苏裕民、谭蝉雪：永登县博物馆藏古写经，《敦煌研究》1992年第2期，第81~84页下转第88页

李并成：敦煌遗书数量的新统计，《古籍整理研究学刊》1992年第5期，第45~47页

郝春文：敦煌文献与历史研究的回顾和展望，《历史研究》1998年第1期，第112~136页；收入《历史研

究》编辑部编《历史研究》五十年论文选(20世纪中国历史学回顾·中),北京:社会科学文献出版社,2005年7月,第737~789页

方广锠:敦煌藏经洞封闭年代之我见——兼论“敦煌遗书”与“藏经洞遗书”之界定《敦煌学佛教学论丛》(上),香港:中国佛教文化出版有限公司,1998年8月,第49~85页

李并成:西北师范大学敦煌学研究所藏敦煌经卷录,《敦煌研究》1993年第1期,第83页

殷光明:敦煌市博物馆藏敦煌遗书目录补录,《敦煌研究》1994年第3期,第112~113页

杨森:敦煌研究院藏敦煌文献论著目录,《敦煌研究文集·敦煌研究院藏敦煌文献研究篇》,兰州:甘肃民族出版社,2000年9月,第568~627页

李淑萍、黄维忠:敦煌市档案局所藏藏文写经定名,《敦煌学辑刊》2002年第2期,第11~22页

韩惠言:甘藏敦煌汉文文献概况,《敦煌学辑刊》2000年第2期,第66~70页

史金波:敦煌莫高窟北区出土西夏文文献初探,《敦煌研究》2000年第3期,第1~16页

荣新江:甘藏敦煌文献知多少?《(甘肃)档案》2000年第3期,第16~19页

邓明:关于《甘藏敦煌文献知多少?》的一点补充,《(甘肃)档案》2002年第2期,第23~24页

曾雪梅:甘肃省图书馆藏敦煌遗书的来源及特点,《(甘肃)档案》2002年第6期,第34~35转38页

王南南、黄维忠:甘肃省博物馆所藏敦煌藏文文献叙录(上),《中国藏学》2003年第4期,第68~82页

曾雪梅:甘肃省图书馆藏敦煌藏文文献叙录,《敦煌研究》2003年第5期,第70~76页

傅立诚、杨俊:敦煌市博物馆藏古藏文《大乘无量寿经》目录(1~2),《敦煌学辑刊》2004年第2期,第41~58页;《敦煌学辑刊》2005年第3期,第53~70页

张延清、梁旭澍、勘措吉、郭俊叶:敦煌研究院藏敦煌古藏文写经叙录,《敦煌研究》2006年第3期,第42~63页

俄军:甘肃省博物馆藏敦煌藏文文献补录,《敦煌研究》2006年第3期,第64~68页;收入俄军主编《丝绸之路文物考古研究》,兰州:甘肃教育出版社,2015年10月,第1~8页

勘措吉、黎大祥:武威市博物馆藏敦煌藏文写本,《敦煌研究》2006年第3期,第69~70页;收入黎大祥著《名城史迹:武威文物研究文集》,兰州:甘肃文化出版社,2009年10月,第297~300页

孙宏武、寇克红:张掖甘州区、高台县两博物馆藏敦煌藏文《大乘无量寿经》简介,《敦煌研究》2006年第3期,第71~73页

张耀中:酒泉博物馆古藏文《大乘无量寿经》叙录,《敦煌研究》2006年第3期,第74~78页

邰惠莉、范军澍:兰山范氏藏敦煌写经目录,《敦煌研究》2006年第3期,第79~85页

马德:甘肃藏敦煌藏文文献概述,《敦煌研究》2006年第3期,第37~41页

杨秀清:百科全书式的敦煌文献,《图书与情报》2006年第3期,第121~123转134页

嘎日迪:近十几年来敦煌石窟区考古发现中的蒙古文文献,《丝绸之路民族古文字与文化学术讨论会文集》(上),西安:三秦出版社,2007年7月,第166~170页;收入彭金章主编《敦煌莫高窟北区石窟研究》(下册),兰州:甘肃教育出版社,2011年4月,第565~570页

曾雪梅、张延清:甘肃省图书馆藏敦煌梵夹装藏文写经考录(上、下),《中国藏学》2008年第3期,第

194～206 页;《中国藏学》2008 年第 4 期,第 75~85 页

夏生平:近二十年来敦煌文献的收藏、整理与刊布,《敦煌研究》2008 年第 5 期,第 51~58 页

杜建录:中国藏西夏文献叙录,《西夏学》第三辑(纪念《中国藏西夏文献》出版专号),银川:宁夏人民出版社,2008 年 7 月,第 72~158 页

张延清、李晓红:麦积山石窟艺术研究所藏古藏文经卷考录,《敦煌研究》2009 年第 5 期,第 94~95 页

黄维忠:国内藏敦煌藏文文献的整理与研究回顾,《敦煌学辑刊》2010 年第 3 期,第 93~102 页

张延清、李毛吉:西北民族大学图书馆藏敦煌藏文文献叙录,《西藏民族学院学报》(哲学社会科学版)2012 年第 2 期,第 121~123 页

王保东:酒泉博物馆藏敦煌写经,《敦煌研究》2012 年第 5 期,第 75～79 页

杨富学:新世纪初国内回鹘佛教研究的回顾与展望,《西夏研究》2013 年第 2 期,第 57~77 页

党燕妮、郭向东、陈军:敦煌少数民族文献举要,《图书与情报》2014 年第 2 期,第 31~38 页

马德:敦煌遗书的再度流失与陆续面世,《敦煌学辑刊》2015 年第 3 期,第 28~32 页

桑吉东知:百余年敦煌藏文中与西方净土信仰相关文献之研究综述,《藏学研究》2016 年第 4 期,第 36~42 页

勘措吉、万玛项杰:《甘肃藏敦煌藏文文献》刊印概述,《青海民族大学学报》(藏文版),2018 年第 1 期,第 98~104 页

宋雪春:国内外藏敦煌文献的数量、内容及来源的介绍与考察,《上海高校图书情报工作研究》2018 年第 4 期,第 83~88 页

黄维忠:70 年来国内敦煌西域藏文文献研究及其特点,《中央民族大学学报》2019 年第 5 期,第 169~176 页

李正宇著:古本敦煌乡土志八种笺证(敦煌丛刊二集⑪),台北:新文丰出版股份有限公司,1998 年 11 月版

甘肃藏敦煌文献编委会、甘肃人民出版社、甘肃省文物局编,段文杰主编:甘肃藏敦煌文献,兰州:甘肃人民出版社,1999 年 9~12 月第 1 版

第一卷 本卷主编:樊锦诗,副主编:施萍婷 1999 年 9 月

第二卷 本卷主编:樊锦诗,副主编:施萍婷 1999 年 9 月

第三卷 本卷主编:潘寅生,副主编:邵国秀、王三北 1999 年 9 月

第四卷 本卷主编:初世宾,副主编:徐祖蕃 1999 年 9 月

第五卷 本卷主编:初世宾,副主编:徐祖蕃 1999 年 12 月

第六卷 本卷主编:施萍婷,副主编:邵国秀、荣恩奇 1999 年 12 月

敦煌研究院编;彭金章、王建军编著:敦煌莫高窟北区石窟(第一至三卷),北京:文物出版社,2000 年 7 月;2004 年 7 月

刘进宝编著:藏经洞之谜——敦煌文物流散记,兰州:甘肃人民出版社,2000 年 6 月

宁夏大学西夏学研究中心、国家图书馆、甘肃古籍文献整理编译中心编:中国藏西夏文献⑯,兰州:甘

肃人民出版社、敦煌文艺出版社，2006年9月第1版

中国美编：中国散藏敦煌文献分类目录，北京：北京图书馆出版社，2007年10月第1版

郝春文著：石室写经——敦煌遗书，兰州：甘肃教育出版社，2007年12月

马德主编，张延清、勘措吉、邰惠莉编写：甘肃藏敦煌藏文文献叙录，兰州：甘肃民族出版社，2011年9月第1版

杜建录编著：中国藏西夏文献研究，上海：上海古籍出版社，2012年9月第1版

敖特根著：敦煌莫高窟北区出土蒙古文文献研究，北京：民族出版社，2010年3月第1版

张延清著：吐蕃敦煌抄经研究，北京：民族出版社，2016年11月第1版

马德主编，甘肃省文物局、敦煌研究院编纂：甘肃藏敦煌藏文文献①敦煌研究院卷，上海：上海古籍出版社，2017年12月第1版

马德、勘措吉主编，甘肃省文物局、敦煌研究院编纂：甘肃藏敦煌藏文文献②、③、④、⑤、⑥、⑦、⑧、⑨、⑩、⑪、⑫、⑬、⑭、⑮、⑯、⑰、⑱、⑲、⑳、㉑、㉒、㉓、㉔、㉕、㉖、㉗敦煌市博物馆卷，上海：上海古籍出版社，2018年7月至2019年11月第1版

后　　记

国学大师陈寅恪先生曾悲叹道："敦煌者，吾国学术之伤心史也。"我们在编纂这部《甘肃藏敦煌遗书研究文献引得》时深有同感。自从敦煌藏经洞遗书被发现，东西方学者纷纷从中探寻和研究政治、经济、文化、民族、宗教、语言、文学、科技等众多方面的问题，并取得了重要成就。然而，由于历史原因，敦煌文献被分藏于英国、法国、俄国、日本和中国的图书馆、博物馆中，某些私人箱箧也有秘藏，其他一些国家和地区亦有少量收藏，致使人们至今难以全部寓目。20世纪中叶，中、英、法几国的主要藏品已制成缩微胶卷公之于世，为学者提供了前所未有的方便。进入21世纪，随着科学技术的不断发展，学者已经可以便捷使用数字化的敦煌文献高清图片了。

针对甘肃藏敦煌文献分散于各处而给研究带来不便的状况，专家们建议编纂一部较为完善的目录以应研究参考之需。笔者编纂《甘肃藏敦煌遗书研究文献引得》的目的也是要让学者有一本明细"账目"，能为今后的研究带来便利，解决学者之前如"大海捞针"般的困惑。

《甘肃藏敦煌遗书研究文献引得》各章节完成情况如下。

李国、王海彬、李博雅完成以下章节：

敦煌研究院藏敦煌文献；

麦积山石窟艺术研究所藏敦煌文献；

甘肃省博物馆藏敦煌文献；

甘肃省图书馆藏敦煌文献；

酒泉市博物馆藏敦煌文献；

张掖博物馆藏敦煌文献；

高台县博物馆藏敦煌文献；

定西博物馆藏敦煌文献；

西北师范大学博物馆藏敦煌文献；

西北民族大学图书馆藏敦煌文献；

甘肃中医药大学图书馆藏敦煌文献；

甘肃省档案馆藏敦煌文献。

师俊杰完成以下章节：

敦煌市博物馆藏敦煌文献；

敦煌市档案馆藏敦煌文献；

武威市博物馆藏敦煌文献；

永登县博物馆藏敦煌文献；

兰山范氏藏敦煌文献；

甘肃私人庋藏（或散失）敦煌文献。

《甘肃藏敦煌遗书研究文献引得》的编纂，得到了学界诸多人士的关心、支持，特别是得到了敦煌研究院领导及同事们的指导和帮助；为了使本《引得》收录更完整，尽量减少缺漏，编者多次赴国家图书馆、首都图书馆及甘肃省图书馆等查阅资料，得到各单位的大力协助，在此一并致以真诚的谢意。

本《引得》旨在为敦煌学研究者提供一个较为完整的甘肃诸家收藏敦煌遗书的研究文献信息，虽然前后花费了近 8 年时间，但我们清醒地认识到，由于自己的专业和学识所限，疏漏之处不少。敬请方家和各界人士批评指正。

谨以此书献给：纪念敦煌藏经洞发现 120 周年！

编　者

2020 年 3 月于敦煌莫高窟